핀란드
에스토니아
라트비아
리투아니아
루마니아
불가리아

히틀러 평전 II

HITLER
by
Joachim C. Fest

히틀러 평전

요아힘 C. 페스트 지음 / 안인희 옮김

II

도서출판 푸른숲

히틀러 평전 II / 차　례

히틀러 평전 I / 차　례

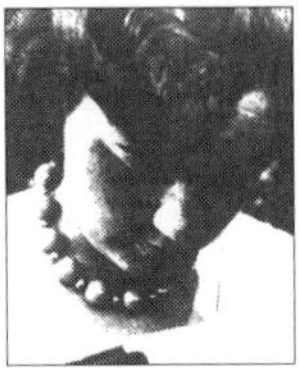

· **겔리 라우발** : 히틀러의 이복누나의 딸. 열여섯 살에 히틀러의 애인이 되었지만 갈등 끝에 스무 살 어린 나이로 자살하였다.

· **그레고어 슈트라서** : 초기 국가사회당의 2인자. 당내 좌파 이념의 대표자. 국가사회당이 본격적인 부상을 하기 전에 히틀러와의 견해 차이를 못 이겨 스스로 당을 떠났다가 긴 칼의 밤에 암살됨.

· **디트리히 에카르트** : 뮌헨의 지역정치가 시절에 히틀러를 도왔던 인물. 아직 촌스럽던 히틀러에게 상류층과 접촉할 길을 열어주고 기본적인 예의를 가르쳐주었다. 히틀러를 도이치 민족이 고대하던 위대한 지도자로 여겨 지도자 신화를 만들어냈다. 당이 부상하기 전 일찍 죽어서 뒷날까지 히틀러의 추앙을 받았다.

· **롬멜 장군** : 도이치군 장군. '사막의 여우'라는 별명으로 연합군측에서도 존경을 받았다. 슈타우펜베르크 사건 이후 히틀러의 강요를 받아 자살하였다.

· **루덴도르프** : 1차대전 도이치군 총사령관. 바이마르 공화국 시절 반정부 성향의 우익 민족주의 그룹의 대표자 중 한 사람. 히틀러와 함께 1923년 11월 뮌헨에서 이른바 '비어홀 쿠데타'를 일으켰으나 뒷날에는 히틀러와 갈라섬.

· **리벤트로프** : 제3제국 외무장관. 히틀러의 수상 초기 시절 영국과의 해군 협정을 성사시켜 히틀러의 신임을 얻었다.

· **무솔리니** : 히틀러와 함께 파시즘 독재자의 대표적인 인물. 파시스트당의 당수가 된 후 쿠데타를 통해 독재정권을 수립하였고, 독일 · 일본과 함께 국제 파시즘 진영을 구성하였다. 1945년 독일 항복 직전에 반파쇼 의용군에게 체포되어 사살되었다.

· **브뤼닝** : 공화국 수상 역임. 경제공황을 극복하기 위해 갖은 노력을 다했으나 인기 없는 수상이었다. 파펜에게 수상직을 물려줌. 외국으로 피신해서 긴 칼의 밤에 암살을 모면하였다.

· **블롬베르크 장군** : 제3제국 초기 국방장관. 히틀러의 전쟁이념에 반대하다가 제거됨.

· **슈타우펜베르크 대령** : 1944년 7월 히틀러 암살을 기도하였으나 실패로 돌아가 처형당함.

· **슐라이허 장군** : 공화국 최후의 수상. 모사꾼. 공화국 최후의 어지러운 장면들을 만들어내다가 스스로도 몰락하였다. 긴 칼의 밤에 암살됨.

· **안톤 드렉슬러** : 뮌헨의 철도 공작소 노동자로 국가사회당의 전신인 도이치 노동자당을 창설하였으나 히틀러에 의해 배경으로 밀려났다.

· **알버트 슈페어**:히틀러가 마지막 순간까지도 총애하였던 건축가. 전쟁 중 군비(軍備) 장관. 히틀러의 측근으로서 회고록이 유명하다.

· **에른스트 룀** : 돌격대(SA) 대장. 돌격대를 국가사회당 군대로 조직하고 키워낸 인물. 돌격대는 국가사회당의 상승시절 결정적인 공을 세웠다. 그러나 히틀러가 합법화 노선으로 수상직에 오른 다음에도, 국가사회당이 돌격대의 힘을 이용하여 폭력적인 방식으로 국가 전복을 통해서 전권을 장악해야 한다고 믿음으로써 히틀러의 노선에 대립하였다. 1934년 6월 30일 밤에 돌격대 주요 지휘자들과 함께 체포되어 사살됨('긴 칼의 밤'). 룀과 돌격대 세력을 격파함으로써 히틀러는 일인독재 전체주의 국가로 가는 길에 놓여있던 마지막 장애를 제거하였다. 룀이 죽은 이후로 돌격대의 기능은 히믈러의 친위대로 넘어감.

· **에바 브라운** : 겔리 라우발이 죽은 이후 히틀러의 애인이 됨. 1945년 히틀러와 결혼 직후에 동반자살함.

· **오토 슈트라서** : 그레고어 슈트라서의 동생. 당내 과격좌파. 히틀러에 맞서 당내에서 좌파이념을 고집하다가 괴벨스에 의해서 베를린 지구당에서 축출됨. 그 뒤로 형 그레고어의 몰락이 가속화되었다.

· **요제프 괴벨스** : 선전부 장관. 국가사회당의 상승 시절과 뒷날 제3제국 치하에서 선전 및 기념비적인 대규모 행사들을 주관함. 제3제국 언론문화정책의 총책임자. 뛰어난 연설능력과 치밀한 연출 능력을 지니고 마지막 순간까지 히틀러에게 충성을 다하였다. 꼼꼼하게 기록한 그의 일기장은 이 시기 역사의 중요한 자료이다.

· **카이텔 장군** : 프리치 장군의 후임으로 전쟁중 방위군 사령관을 지냄.

· **파펜** : 공화국 수상 역임. 공화국 말기에 등장하여 힌덴부르크의 신임을 받으면서 슐라이허에 대립하여 히틀러를 수상으로 만드는 데 결정적인 작용을 하였다. 히틀러 치하에서 부수상 역임.

· **프리치 장군** : 제3제국 초기 육군 사령관. 히틀러의 전쟁이념에 반대하다가 제거됨.

· **하인리히 히믈러** : 친위대(SS) 총사령관. 친위대 산하 '거주 및 종족국'을 중심으로 2차대전 중 독일 점령지역의 주민 이주 정책과 유대인 색출 및 학살을 총지휘함.

· **헤르만 괴링** : 공군조종사 출신으로 국가사회당이 부상하는 과정에서 괴벨스와 나란히 히틀러의 오른팔 노릇을 했다. 뒷날 국회의장, 정무장관, 공군사령관 역임

· **후겐베르크** : 도이치 국가민족당 당수. 스스로 도이치 우파연합의 지도자로 자처하여 히틀러를 이용하고 나서 제압하려다가 그 자신이 히틀러에 의해 이용당하고 나서 제압당했다. 지역 정치가였던 히틀러를 전국적 규모의 정치판으로 끌어들인 인물.

· **힌덴부르크** : 1차대전 도이치군 총사령관. 국민적인 영웅으로 존경받음. 프리드리히 에버트 이후 공화국 대통령이 됨. 처음에는 히틀러를 탐탁치 않게 여겼으나 마지막에는 제3제국을 위해 합법적인 길을 열어준 인물.

HITLER

5부

권력 장악

제1장 합법적 혁명

상대가 없었기에 그것은 승리가 아니었다.
—오스발트 슈펭글러, 1933년

겨우 몇 달밖에 걸리지 않은 폭풍 같은 일정 속에서 히틀러는 권력을 장악했을 뿐 아니라 자신의 광범위한 혁명 요구의 일부를 성취하였다. 그의 취임식에는 그를 하찮게 여기는 주석들만이 나왔다. 중도파에서 사회민주당과 공산당에 이르기까지 모두가 한결같은 망상 속에서 그를 후겐베르크의 '포로'라고 간주하거나, 아니면, 그가 그다지 오랜 기회를 갖지 못할 것이라 여겼다.[1] 그가 보수파 연정 파트너들, 힌덴부르크와 방위군, 대중의 저항, 특히 좌파 정당들과 노동조합의 저항, 그리고 수많은 경제적 난제들, 외국의 개입, 마침내 드러난 자신의 딜레탕티슴 등 그 어딘가에서 좌절할 것이라는 회의적인 예언들이 나왔다.

그러나 그 모든 문제들은 역사상 유례가 없는 권력 장악 과정에서 인상적으로 제거되었다. 하나 하나의 사건 과정에서 우리가 지금 돌아보는 것처럼 사소한 것까지 미리 예측될 수는 없었다. 그러나 히틀러는 언제나 자신의 목적을 뚜렷하게 알고 있었다. 여든다섯 살 된 대통령이 죽기 전에 모든 권력을 장악한다는 것이었다. 그리고 그는 전략도 가지고 있었다. 두려움과 불확실성의 느낌에서 형성되어 지난 몇 년 간 시험해본 결과 성공이 입증된 노선이었다. 수단으로는 기습적인 역동성을 이용하였다. 상대방의 새로운 입장들을 연속적으로 날려버리고, 저항할 힘을 빼앗고, 스스로 전열을 가다듬을 기회도 주지 않는다. 반면 상대방이 자신에게 우연과 기회를 주거나, 혹은 자기가 자랑삼는 섭리의 외투자락을 슬쩍 날리면 자신은 더욱 확고한 정신력으로 그것을 바싹 움켜쥐는 것이다.

히틀러는 2월 2일 내각회의를 벌써 새로운 선거의 준비과정으로 이끌어갔다. 그는 이 선거의 약속을 1월 30일 서약식 직전에 저항하는 후겐베르크에게 빼앗아냈고, 중도파와 겉보기 협상이 결국 실패로 돌아감으로써 정당성을 얻었다. 국가의 모든 수단을 이용할 권한은 지난 11월의 패배를 만회할 기회를 줄 뿐 아니라, 수상 취임 첫 순간에 벌써 도이치 국가민족당의 견제에서 벗어날 기회를 만들어줄 것이다. 선거전을 위해서 백만 마르크를 사용할 권한을 정부측에 주자는 프리크의 제안은 재무장관 폰 슈베린 크로지크에 의해서 거절되었다. 그러나 국가의 힘을 등에 업은 지금, 괴벨스가 일기장에서 예고한 것 같은 '선동의 걸작품' 을 만들어내기 위해서 그런 도움은 필요하지 않았다.[2)]

언제나 한 가지 점에 집착하는 히틀러의 성향에 알맞게 다음 순간부터 모든 사고, 모든 전략적 행보는 3월 5일로 정해진 선거의 캠페인을 위한 것이었다. 그 자신이 '도이치 국민에게 호소' 를 해서 출발신호를 보냈다.

이 연설은 2월 1일 늦은 저녁에 라디오로 방송되었다. 그는 자신의 새로운 역할과, 그 역할이 요구하는 태도에 재빨리 적응하였다. 낭독할 때에 옆에 있던 히얄마르 샤흐트는 히틀러의 흥분을 관찰할 수 있었다. 그는 때때로 '전신을 부르르 떨었지만'[3)] 각료들에게 미리 돌려서 재가를 받은 문서 자체는 정치가의 성명서에 알맞은 온건한 음조를 가진 것이었다. 그것은 과거를 비판적으로 거부하면서 민족적, 보수적, 기독교적 가치의 확신을 제시한 내용이었다. 그는 이렇게 말을 시작하였다. 1918년 11월 배신의 날 이후로 "전능하신 분은 우리 민족에게서 축복을 거두어가셨습니다".

정당들 사이의 갈등, 미움과 혼란이 민족의 통일성을 '정치적 · 이기적 대립으로' 바꾸었으며, 독일은 '가슴을 찢는 분열상' 을 보여주었다. 일반화시키는 판단으로 그는, 내면의 타락과 지난 몇 년 동안의 비참, 굶주림, 품위 없음, 파국들을 탄식하였다. 그리고 공산주의의 포괄적인 '의지와 폭력의 돌진'에 직면하여 2천 년 문화의 종말을 이야기했다.

> 가족에서 시작하여, 명예와 충성, 민족과 조국, 문화와 경제 등의 모든 개념을 넘어 우리 도덕과 우리 신앙의 영원한 기반에 이르기까지 그 어느 것도, 모든 것을 부정하고 파괴하는 공산주의 이념에 대하여 안전하지 않습니다. 마르크스주의 14년은 독일을 파괴하였습니다. 볼셰비즘 일년이면 독일은 사라져버릴 것입니다. 오늘날 세계에서 가장 부유하고 가장 아름다운 문화지역이 혼란과 쓰레기밭으로 변할 것입니다. 지난 15년 동안의 고통이 아무리 심해도 심장부에 절멸의 붉은 깃발이 꽂힌 유럽의 고민에 비할 수는 없을 것입니다.

'우리 민족의 정신적인, 의지력의 통일'을 회복하는 것이 새로운 정부의 과제라고 했다. 그리고 "기독교를 우리의 전체적인 도덕 기반으로, 가족을 우리 민족과 국체의 핵심으로" 보호하겠다고 약속하고, 계급투쟁을 극복하겠으며 전통을 다시 명예롭게 만들겠다고 했다. 경제재건을 위해서는 공산주의 적에게서 배운 원칙대로 4년 계획을 두 번에 걸쳐 실시할 것이다. 외국을 향해서는 특별한 어조로 독일이 생존권을 가지고 있다는 사실을 보여주겠지만, 동시에 화해의지의 달래는 형식들로 안심시킬 것이다. 자신의 정부는 '4년 뒤에 14년 동안의 빚을 청산하도록' 노력할 것이다. 그리고 마지막으로 경건한 간청으로 신의 축복을 청하기 전에 정부가 헌법의 통제를 넘어가게 되리라는 사실을 분명하게 밝혔다. "정부는 붕괴에 책임이 있는 사람들의 동의를 얻어서 재건작업을 할 수는 없습니다. 마르크스주의 정당들과, 그 협조자들은 14년 동안이나 자기들의 능력을 입증할 시간을 가졌습니다. 결과는 쓰레기밭입니다…….

장군들 앞에서

이 호소는 위협적이고 혁명적인 속마음과 달리 전체적으로 전략적인 신중함을 지키고 있지만, 이틀 뒤 육군 사령관 하머슈타인 장군의 집에서 방위군 지휘관들에게 연설할 때는 벌써 그런 신중함을 던져버렸다. 수없이 자기에게 몰려드는 과제들에도 불구하고 그는 이상하도록 서둘러서 군 지휘자들과 만날 기회를 얻으려고 하였다. 그러한 서두름은 자신의 권력 장악 개념에서 군부에게 핵심적인 역할이 주어지기 때문만은 아니었다. 오히려 이 며칠 동안의 도취와 충일감에서 자기은폐의 필요성에도 불구하고, 자신의 장엄한 관점들을 위한 동지를 발견하고자 하는 욕구가 그를 충동질했기 때문이다. 이런 초조함은 군 지휘자들에게 말한 것이야말로 히틀러의 내심의 중심적인 생각이라는 사실을 무엇보다 분명하게 보여주었다.[4]

이 모임에 참석했던 어떤 사람이 묘사한 바에 따르면 폰 하머슈타인은 "어느 정도 '호의를 가지고' 위로부터 아래로 '수상 각하'를 소개하였다. 장군들은 예의바른 냉정함으로 답변하였고, 히틀러는 사방을 향해 겸손하고 서투른 절을 하며 당황한 태도로 있었다. 식사가 끝나고 식탁에서 긴 연설을 할 기회를 가질 때까지 그랬다."

그는 군부가 국내 유일의 무장세력으로 앞으로도 조용하게 발전하리라고 약속하였고, 거의 두 시간 가량 계속된 인사말에서, 뒤셀도르프 산업가 클럽에서 그랬던 것처럼 국내정치 우선의 생각을 밝혔다. 새로운 정부의 가장 절박한 목표는 "현재의 국내정치 상황을 완전히 뒤집어서" 정치적 힘을 회복하는 것이라고 했다. 공산주의자와 평화주의자를 가차없이 제거하고, "극히 팽팽한 권위주의적 통치"를 통해서 광범위한 전투 및 방어준비를 한다. 이렇게 준비를 해두어야만 처음에는 조심스러운 외교정책의 도움을 받아서 베르사유에 대항한 싸움을 개시하고, 나아가 힘을 모아서 "동부에 새로운 생존공간을 정복하고 그것을 가차없이 게르만으로 만드는" 단계로 넘어갈 보증이 된다는 것이다. 그는 군사 지정학적인 식량정책의 논리적 근거들뿐 아니라, 경제위기를 이러한 팽창정책의 필요성의 근거로 제시하였다. 그 원인과 해결은 결국 생존공간에 있다는 것이다. 자기가 상황을 점검해보면 은밀하게 정치적 · 군사적 재건을 하게 될 앞으로 몇 년은 문제가 많을 것으로 보인다. 이 기간에 프랑스에 정치가들이 있는지 입증될 것이다. "만일 그렇다면 프랑스는 우리에게 시간을 주지 않고 우리를 기습해올 것입니다(아마도 동방부대로 말이죠)."라고 참석자 한 사람이 단언했다.

이 인사말은 히틀러의 조합시키는 사고 구조를 새로운 측면에서 밝혀 보여주었다는 점에서만 중요한 것이 아니다. 그는 모든 현상을 이미 오래 전에 확정된 이념에 첨가적인 논거로만 파악하였다. 그러면서 경제위기의 경우처럼 그 본질을 그로테스크하게 오해한 것일지라도 어쨌든 그가 이해할 수 있는 유일한 해결책은 언제나처럼 폭력에만 존재했다. 동시에 이러한 진술은 히틀러 사고세계의 계속성을 보여주는 것이며, 정치적 책임이 처음에 그를 온화하게 만들었다가 뒷날, 그러니까 대개 1938년경에 히틀러가 본질적으로 변했다고 주장하는 이론들을 부인하는 것이다. 1938년에 그가 옛날의 공격적인 증오 콤플렉스로 되돌아갔다거나, 아니면 또 다른 견해에 따르면 새로운 종류의 광증에 빠졌다는 등의 이론들 말이다.

권력 장악의 개념

권력 장악에 대한 히틀러의 개념은 이미 시험해본 볼셰비즘과 파시즘의 국가전복 경험에서 얻어온 것들이지만 그가 성취한 정말 얼마 안 되는 독창적인 출세의 요소들이었다. 그 과정은 민주제도가 자발적으로 전체주의로 넘어가는 과정의 고전적 모델이 되었다.

즉 국가 공권력에 대립하지 않고 공권력의 도움을 받아서 이루어지는 과정인 것이다. 수단이라는 측면에서 한 번도 당황하지 않은 상당히 풍부한 발상으로, 지난 몇 달 동안의 방법들을 이용해서 새로운 상황에 알맞게 변화시켰다. 갈색 보조부대와 철저한 협조체제를 이룬 혁명적인 기습작전 과정들은 법적 제재와 아주 교묘하게 결합되었다. 그래서 개별적으로는 자주 문제가 많았지만 전체적으로 확고한 합법적 무대장치는 이 정권의 위법성을 눈에 보이지 않게 만들었다. 낡은 제도의 겉모양을 유지한 것도 같은 노선이었다. 이러한 겉모습 뒤에 숨어서 상황 전체를 뒤집어엎기를 계속할 수 있었다. 그런 일은 체제의 옳고 그름에 대한 당시 사람들의 판단과, 체제에 대한 충성심과 반감이 구제불능으로 혼란을 일으키게 될 때까지 계속되었다. 합법적 혁명이라는 역설적인 개념도 '선전술의 기만 이상'이었으며, 권력 장악의 성공에 있어서 그 중요성은 아무리 평가해도 모자랄 정도다.[5]

히틀러 자신이 나중에 돌아보기를, 독일은 그 시절에 질서를 갈망하고 있어서 자신은 모든 공개적인 폭력 사용을 포기하지 않을 수 없었다고 했다. 그리고 생애 최후의 며칠 동안 절망적인 분위기에서 과거의 잘못과 소홀히 한 점들을 돌아보면서 그는, 도이치 사람들의 질서의식, 준법정신, 혼란에 대한 뿌리 깊은 거부감 등이 이미 1918년 혁명에 확고하지 못한 특성을 부여했고, 장군홀 앞에서 자신의 쿠데타 기도를 수포로 돌아가게 만들었고, 이 모든 어정쩡한 특성들과 타협, 불운한 일이지만 피를 흘리는 전복행위를 포기토록 만든 원인이라는 사실을 깨달았다. "그렇지 않았다면 당시 이미 수천 명이 제거되었을 것이다……. 사람들은 나중에서야 그토록 선량했다는 사실을 후회하곤 한다."[6]

초기의 비상법령들

이 순간에 합법적 장식을 달고 기습적으로 진행하는 혁명전략이 비상하게 성공적인 것이라는 사실이 입증되었다. 2월에 세 번의 비상법령을 통해서 모든 것이 이미 근본적으로 결정되어버렸다. 이 법령들의 합법성은 시민계급 보증인들이 확인해주고, 힌덴부르크 대통령이 서명하고, 국가주의 구호들의 연막이 어느 정도 보증해주는 것으로 보였다. 2월 4일에 '도이치 국민 보호법'이 발령되었다. 그것은 경쟁 정당의 정치 행사들과 신문 및 모든 인쇄물을 불확실한 이유로 금지할 권한을 정부에 부여하는 법안이었다. 어떤 노선이든지 조금이라도 이상한 정치적 견해를 품고 있으면 이 가혹한 조치들이 취해졌고 순식간에 성공을 거두었다.

심지어 크롤 오페라(Krolloper) 소속 예술가들과 좌경지식인의 모임은 시작되자마자 이른바 무신론적인 발언들을 이유로 중지당했다. 의회주의 방식으로 프로이센 주의회 해체시도가 실패하고 난 지 이틀 뒤에 또 다른 긴급법령을 통해서 프로이센 주의회가 해체되었다. 그것은 두 번째 국가 쿠데타라 부를 만한 것이었다(첫 번째 국가 쿠데타는 1932년 7월 20일 파펜 수상이 프로이센 정부를 해체한 사건이었다. 제4부 제3장 참조 : 역주).

다시 이틀 뒤에 히틀러는 도이치의 주도적인 언론인들 앞에서 2월 4일자 긴급법령의 근거를 밝혔다. 그는 리하르트 바그너에 대한 신문 평이 잘못된 점을 지적하고, 자신은 "현재의 언론을 모든 비슷한 오류들에서 보호할 생각"이라고 선언하였다. 동시에 그는 "의도적으로 독일에 해를 입히려는" 모든 사람들에 대해서 가혹한 조치를 취하겠다고 으름장을 놓았다.[7] 그러나 아주 빈약한 인간적인 지시들도 온갖 위협 및 폭력행위와 효과적으로 조합된 형태로나마 이 혼란스러운 소식들 사이에 섞여 있었다. 2월 5일에 국가사회당 홍보실은 "개인적으로 매우 뮌헨을 사랑하는" 아돌프 히틀러가 자기 집을 그곳에 그대로 둘 것이고, 그밖에도 수상으로서의 봉급을 포기하였다고 전했다.

그러면서 국가사회주의자들은 행정부 기구 내부로 깊숙이 파고들었다. 합법적인 혁명의 역할 목록에서 가차없이 광포한 과제들은 괴링에게 주어졌다. 그의 비만은 폭력에 상당히 유쾌한 모습을 부여하였다. 이 새로운 긴급법령은 파펜에게 프로이센 정부권한을 주었지만 실권은 괴링에게 주었다. 부수상 파펜이 '내각에서 교육자 노릇'[8]을 하려고 애쓰는 동안 히틀러의 추종자 괴링은, 친위대 지휘자인 쿠어트 달뤼게(K. Daluege) 같은 사람들을 상당수 이른바 명예위원으로 만들어서 프로이센 내무부로 끌어들였다. 이들은 독일에서 가장 큰 행정부 기구 안에 확고하게 자리를 잡고 많은 사람들을 해임하고 새로 임명하였다. 당시의 어떤 보고서에는 이런 말이 나온다. "차례로 체제의 보스들이 쫓겨났다. 주지사부터 수위에 이르기까지 가차없는 숙청작업이 이루어졌다."[9]

괴링의 눈길은 특별히 경찰지휘부로 쏠렸다. 그는 짧은 시간 내에 경찰지휘부를 고위급 돌격대 지휘자들로 채웠다. 2월 17일에 그는 경찰에 "국가주의 연합(돌격대, 친위대, 철모단)을 위해서는 최고의 협조를 해줄 것"을, 그리고 좌파에 대해서는 "필요할 경우 가차없이 총을 사용할 것"을 명령하였다. 나중의 연설에서 그는 이 명령을 이렇게 분명한 말로 확인하였다.

"이제 경찰의 총구에서 나간 모든 총알은 나의 총알이다. 살인에 대해서 사람들이 떠들면 내가 살인한 것이다. 내가 모든 것을 명령하였으니 내가 책임진다."

베를린 경찰 지휘부에서 헌법에 위반되는 노력들을 옹호하는 데 헌신한 눈에 띄지 않는 작은 부서를 그는 비밀 국가경찰(die Geheime Staatspolizei)로 만들기 시작하였다. 그 기구는 4년 뒤에는 정원이 40배로 커졌고 베를린에만 4천 명의 관리가 있었다.[10]

"비상사태에 정상적인 경찰력의 짐을 덜어주기" 위해서 그는 2월 22일에 약 5만 명의 강력한 보조경찰을 임명하였다. 주로 돌격대와 친위대원들이 이 자리를 채웠고, 그로써 경찰의 중립이라는 허구는 당에 유리한 테러 기능을 위해 활짝 열리게 되었다. 앞으로 벌어질 흰색 완장, 고무 몽둥이, 권총 등을 동원한 거친 체포활동과 당 군대의 월권행동은 국가를 위한 적법한 활동으로서 미리 합법화되었다.

괴링은 당시에 도취된 목소리로 행한 폭력선언에서 이렇게 말했다. "나의 조치는 그 어떤 법적인 고려를 통해서도 약해지지 않을 것이다. 나의 조치들은 그 어떤 관료제도에 의해서도 약해지지 않을 것이다. 여기서 나는 적법한 것을 행하려는 것이 아니다. 여기서 나는 오직 파괴하고 뿌리뽑을 뿐이다. 그 이상은 아무것도 아니다."[11]

이러한 선전포고는 특히 공산주의자들을 향한 것이었다. 공산주의자들은 원칙상의 적이었을 뿐 아니라 다가오는 의원선거에서도 다수당 자리를 놓고 결전을 벌일 상대였다. 공산당이 총파업과 데모를 선동하자 내각이 구성되고 사흘 만에 벌써 괴링은 프로이센에서 공산당 집회를 일절 금지하였다. 조용한 내전은 아직도 계속되고 있었다. 2월 초 며칠 동안에만 양측의 충돌은 15명의 사망자와 그보다 약 열 배에 이르는 부상자를 냈다. 2월 24일에 당은 대규모 장비를 갖춘 작전을 벌여 베를린 뵐로브 광장에 있는 공산당 본부인 칼 리프크네히트 집(Karl-Liebknecht-Haus)으로 쳐들어갔다. 공산당 지휘부는 물론 도망치고 난 다음이었다. 다음날로 신문과 방송은 '수백 파운드 상당의 국가반역 문서들'을 발견하였다고 떠들었다. 국가사회주의 선거본부는 이것을 공산주의 혁명의 무서운 이미지들의 어두운 색채로 칠했다. 그것은 물론 출판된 적은 없다. "민족과 국가의 지도자들에 대한 암살음모 등등, 중요한 기업들과 공공건물에 대한 공격, 두려운 인물들의 독살, 유명한 사람들의 아내와 아이들을 인질로 사로잡기 등은 사람들 사이에 두려움과 공포를 불러일으킬 것이다."라고 당의 보고서에 기록되어 있다. 물론 공산당 투표자들이 사회민주당으로 몰려가는 일이 생기지 않도록 공산당 자체를 금지하는 방법은 고려되지 않았다.

한 번 더 선거전

그 사이 국가사회주의자들은 가장 요란하고 거침없는 선거전을 가열시켰다. 히틀러가 가장 강력한 득표효과를 냈으므로 그 자신이 베를린 스포츠궁에서 대규모 연설을 개시하였다. 그것은 지난 14년 동안의 수치와 비참에 대한 규탄과, 11월 범죄자들과 체제정당들에 대한 오래 묵은 대결, 그리고 옛날의 구원형식들을 되풀이한 것이었다. 주기도문을 화려하게 바꾸어서 이렇게 말을 끝냈다. 자신은 "오늘날 우리를 미워하는 수백만 명이 우리 편에 서서 우리와 함께 일구고 힘들여 쟁취하고 애써 얻은 새로운 도이치 제국을 환영하게 될 것이라고 굳게 확신합니다. 위대함과 명예와 힘과 당당함과 정의의 제국을 말입니다, 아멘!"12)

이제는 국가의 특권과 배경까지 합세한 상태에서 다시금 옛날의 기술적인 매체들이 투입되었다. 호소, 표어들, 행진, 깃발 대행진 등이 발작처럼 전국을 뒤덮었다. 히틀러는 다시 독일 비행을 시작하였다. 괴벨스가 구상한 지점들은 라디오 방송국을 광범위하게 이용하기 위한 것이었다. 방송국의 이용 가능성에 대해서 "우리 적들은 어떻게 시작해야 할지도 모른다."고 선전부 지휘자 괴벨스는 적었다. "그럴수록 우리는 그것을 다루는 방법을 배워야 한다." 히틀러는 방송국이 있는 모든 도시에서 연설해야 한다는 것이다. "우리는 방송중계를 통해서 민중 속으로 들어간다. 그리고 청취자에게 우리 집회에서 이루어지는 일에 대해서 조형적인 그림을 전달해야 한다. 지도자의 연설을 준비하는 도입 연설을 언제나 내가 맡아 하면서, 청취자에게 우리 대중집회의 마법과 분위기를 전달하도록 노력할 것이다."[13)]

기업가들 앞에서

선거전을 위한 비용의 상당부분은 괴링이 2월 20일 지도적인 산업계 인사들을 의회의장 공관으로 초대한 모임에서 충당되었다. 약 스물다섯 명의 참석자들 중에는 히얄마르 샤흐트, 크루프 폰 볼렌, 연합철강의 알버트 푀글러, IG 염료 공업주식회사의 게오르크 폰 슈니츨러, 쿠어트 폰 슈뢰더, 중공업협회 회장, 광산협회 회장, 은행연합 회장 등이 끼여 있었다. 연설에서 히틀러는 다시금 권위적인 기업가 이데올로기와 민주주의 관점을 대립시켰다. 민주주의 관점은 허약과 퇴폐의 정치조직이라고 비웃었다. 그는 강력하게 조직된 세계관을 가진 국가만이 공산주의 위협에 맞서는 유일한 기회라고 찬양하고, 위대한 개인의 개성의 권리를 칭찬하였다. 그리고 자신은 중앙당이 자신을 참아주는 것을 거절하였다고 말했다. 후겐베르크와 도이치 국가민족당은 자신을 붙잡고 늘어질 뿐이다. 자신은 적을 최종적으로 바닥에 쓰러뜨리기 위해서 전권을 얻어야 한다. 합법성의 겉모습마저 포기한 표현으로 그는 청중에게 재정적 협조를 호소하였다. "우리는 이제 마지막 선거를 앞두고 있습니다…… 어쨌든 선거에 의해 결정되지 않으면 다른 방법으로라도 결정이 내려져야 하니까요." 이어서 괴링은 재정적 헌금은 "산업계를 확실히 편안하게 해줄 것이다. 3월 5일의 선거는 분명하게 앞으로 10년을 위한 것이고, 예측으로는 아마 백년을 위한 것"이라고 했다. 이어서 샤흐트는 모인 사람들에게 "자, 신사 여러분, 창구로 갑시다!"라고 말하고 '선거기금'을 만들자고 제안하였다. 그는 산업계의 주도적인 회사들 사이에서 적어도 3백만 마르크, 아마도 그 이상을 거두어들였다.[14)]

선거유세에서도 히틀러는 상당한 정도로 신중한 자세를 포기하였다. "국제적인 수다의 시대, 민족들 사이의 화해에 대한 약속의 시대는 지나갔습니다. 그 대신에 도이치 민족공동체가 들어설 것입니다."라고 그는 카셀에서 부르짖었다. 슈투트가르트에서는 "부패현상을 태워 없애고 독을 제거하겠다."고 약속하였다. 자신은 "어떤 경우라도 독일을 과거의 정권에 되돌려

주지 않겠다."고 확언하였다. 그는 모든 정책적인 약속을 조심스럽게 피하였다("우리는 거짓말하지 않습니다, 우리는 속이고 싶지 않으며…… 싸구려 약속을 하고 싶지 않습니다."). 다만 "마르크스주의와 그 동반 현상을 독일에서 몰아낸다는 책임을 …… 절대로, 절대로 멀리하지 않겠다."는 의도만을 밝혔다. 자기 정책의 '첫 번째 점'은 적들을 향해서 "모든 망상을 치워라!"라고 요구하는 것이라고 했다. 자신은 4년 뒤에 붕괴되는 정당이 아니라 도이치 민족 앞에 다시 서겠다, 민족이 심판해야 한다고 그는 한 번 더 허풍치듯 외쳤다. 이 시기의 그는 메시아적인 자신감에서 툭하면 이런 허풍쟁이의 어조를 쓰곤 하였다. 민족 이외에는 다른 누구도 심판해서는 안 된다. 민족이 "내가 의무를 완수하지 못했다고 믿는다면 나를 십자가에 못박아야 할 것입니다."[15]

공개적인 테러와 금지조치를 통해서 강제로 적을 제압하지 않고 우선 폭력행위를 하도록 유도한 다음 합법적인 억압조치를 위한 변명과 정당성을 얻는다는 전략도 합법적인 혁명개념에 포함되어 있었다. 괴벨스는 이러한 전략적 방법을 이미 1월 31일자 일기장에 다음과 같은 문장으로 표현하였다. "앞으로 우리는 (공산당에 대해서) 직접적인 반대조치를 배제하고자 한다. 볼셰비즘 혁명 기도가 먼저 불타올라야 한다. 그러고 나서 적절한 순간에 우리가 덤벼든다."[16]

그것은 히틀러의 오래된 혁명의 이상 구도였다. 공산주의의 전복 기도가 절정에 도달했을 때 최후에 절망적으로 갈구하는 구원자의 모습으로 등장해서, 극적인 대립으로 거대한 적을 몰살시키고 혼란을 제거하고, 환호하는 질서의 힘으로 대중에게서 적법성과 존경을 얻는다는 것이다. 1월 30일 최초의 내각회의에서 그는, 공산당을 일시 금지시키고, 공산당 소속 의원들을 징계처분하고, 이런 식으로 의회의 다수석을 확보하고, 새로운 선거를 하지 말자는 후겐베르크의 요구를 거절하였다.

물론 공산주의자들이 대규모의 활동적인 소란행위를 할 형편이 못 되지 않을까 하는 걱정이 그를 사로잡았다. 그는 여러 번이나 공산주의자들의 혁명적 능력에 대한 회의를 표현하였다. 1932년 초에 이미 공산당이 더 이상 위험하지 않다고 인식하였던 괴벨스의 생각도 같은 것이었다.[17] 실제로 공산주의자들이 자기들의 출생증명서에 맞게 유령의 모습으로 이리저리 출몰하도록 양식화하기 위해서는 어느 정도 선전의 노력이 필요하였다. 공산당 본부에서 파운드 단위로 발견되었다는 혁명문서에 대한 소문은 바로 이러한 목적으로 이용되었다. 또한 2월 중순부터 상당히 널리 퍼진, 분명히 국가사회주의자들 자신이 만들어낸 히틀러 암살기도에 대한 소문도 역시 이러한 목적으로 이용되었다.

"도이치 프롤레타리아는 어디 있는가?"라는 1918년 로자 룩셈부르크(R. Luxemburg)의 공허한 질문에 대해서는 아직도 여전히 대답이 없었다.

2월 처음 한두 주 동안 몇 군데에서 거리싸움이 벌어졌지만 그것은 명백하게 지역적인 성격의 충돌에 불과하였다. 전국적으로 조직된 공산당 폭동기도에서 두려운 공포심이 확산되어 나와야 할 판이었지만 그런 징후는 조금도 보이지 않았다. 당연히 공산당에 강력한 작용을 하는 노동자 계층의 의기소침과 에너지 부족만이 이러한 사태의 원인은 아니었다. 공산당 지도부가 역사적 상황을 판단하는 과정에서 기묘한 오류를 범한 것도 원인이었다. 정부의 억압과 학대에도 불구하고, 그리고 수많은 동지들이 도망치고, 당의 추종자들이 대량으로 떨어져나가고 있는데도 불구하고 공산주의자들은, 자신들의 원래의 적은 사회민주당이라고 굳게 믿었다. 그들은 파시즘과 의회민주주의 사이의 차이를 보지 못하고 히틀러는 다만 꼭두각시에 불과하다고 여겼다. 그가 권력을 장악한다면 그는 공산주의자들에게 권력을 가져다줄 뿐이다. 이러한 단계에서는 인내심이 최고의 혁명적 미덕이라는 판단이었다.

이러한 전략적 오류는 분명히 더 깊은 권력 이동 과정의 표현이었다. 국가사회주의는 그토록 오랫동안 공산당이라는 적 덕분에 존속해 왔고, 이 적을 통해서 거대한 성장을 했는데, 이런 상대방이 대립의 순간에 등장도 안 하고 있다는 사실은 히틀러 권력 장악 과정의 특이한 점들 중의 하나였다.

아직 유력하게 작용하는 위협, 시민계급의 두려움이 존재하고 있는데 수백만 공산주의 지지세력은 저항의 표시도 한 번 못하고, 행동도 신호도 없이 도망쳐버린 것이다. 자본주의와 공산주의에 대해서 이야기하지 않고는 파시즘에 대해서 이야기할 수 없다는 말이 맞는다면[18] 이제 이런 결합이 하나씩 끝나고, 파시즘은 이제부터 도구도, 부정도, 모범도 아니었다. 권력장악의 시기에 그것은 스스로의 권한에서 일어섰다. 공산주의는 마지막까지 도발해오는 적대적 힘으로 일어서지 못하게 될 것이다.

의사당 방화사건

1933년 2월 27일에 일어난 의사당 화재사건은 히틀러의 권력 장악을 보장해준 사건이었다. 이 사건은 바로 이런 배경에서 바라보아야 한다. 그리고 이 행위에 대한 여러 해에 걸친 토론도 그에 관한 것이었다. 공산주의자들은 언제나 정열적으로 방화와 연관되었다는 주장 자체를 문제로 삼았고, 그들은 사실상 그럴 동기가 없었다. 그들의 자기 주장 의지는 부서져 있었기에 공격 신호를 울리지 못했다. 방화의 책임이 국가사회주의자들에게 있다는 주장은, 이 사건이 히틀러의 혁명적인 초조함이라는 그림에 완벽하게 들어맞기 때문에 더욱 설득력이 있다. 세부적인 문제들은 설명되지도 않았고, 돈 주고 고용한 증인들과 위조 문서를 가지고 싸움이 이루어진 것을 알 수 있지만, 그래도 국가사회주의자들이 방화범이라는 사실은 오랫동안 거의 의심의 여지없이 정설로 되어 있다. 사건의 범죄적인 정황도 야심만만한 연대기 기록자들의 상상력을 여러 가지로 자극하였다. 그래서 사건은 일부는 피상적인, 일부는 대담한 고의적 거짓말로 가득 차게 되었고, 논란의 여지가 없는 양상으로 위조되어 나타났다.

60년대 초에 프리츠 토비아스(F. Tobias)가 출간한 유명한 연구서는 무엇보다도 당파적인, 혹은 다만 상상력에 의한 전설 창조자들의 수많은 거친 창안들을 세부적으로 분석하여 밝혀냈다는 점에 그 의미와 공적이 있다.

그 이상의 주장들, 예를 들면 국가사회주의자들이 아니라, 땀을 흘리며 절반쯤 벌거벗은 모습으로 불타는 의사당에서 체포되어 승리에 찬 어조로 "항의! 항의!" 하고 중얼거린 네덜란드 사람 마리누스 판 데어 루베(M. v. d. Lubbe)가 단독범인이라는 주장은 사건경과에 대한 지금까지 나온 다른 어떤 견해들보다 더 정밀하고 설득력 있게 입증된 것이 사실이다. 그러나 상당한 의문이 그대로 남아 있어서 그에 대해서 여러 해 전부터 격렬한 논쟁이 불붙었다.[19)]

여기서는 그에 대한 찬반이나, 이러한 주장들의 무게는 하찮은 것이다. 어쨌든 방화범이 누구냐 하는 의문, 범죄적 야심의 문제는 권력 장악의 역사적 이해를 위해서는 부차적인 문제이기 때문이다. 사건을 즉각적으로 독재 계획을 위해 이용함으로써 국가사회주의자들은 어쨌든 이 행위를 자기 것으로 만들었고 어떤 의미에서 자기들이 공범이라는 사실을 드러낸 셈이었다. 범죄구성요건에 대한 탐색과 범인에 대한 질문만으로는 알아낼 수 없는 의미인 것이다. 괴링은 뉘른베르크 전범재판에서, 어떤 경우라도 공산당에 대한 체포와 수색조치들은 이루어졌을 것이고 의회 방화사건은 다만 그것을 촉진시켰을 뿐이라고 고백하였다.[20)]

최초의 조치들은 사건 현장에서 이미 이루어졌다. 히틀러가 수상 광장에 있는 괴벨스의 집에서 저녁시간을 보내고 있을 때 한프슈텡글이 전화를 해서 의사당이 불타고 있다고 알렸다. '정말 멋진 상상력'이라고 생각하고 괴벨스는 처음에 히틀러에게 알리지 않았다. 곧 이어서 그 말이 사실임이 확인되자 비로소 그는 보고를 했다. "드디어 잡았군!" 하는 히틀러의 첫 외침이 벌써 그가 이 사건을 선전을 위해서 전략적으로 어떻게 이용할 생각인지를 보여주고 있다. 이어서 두 사람은 '시속 1백 킬로미터 속도로 샤를로테 성 대로를 달려서 의사당으로' 가서 굵은 소방 호스를 넘어서 거대한 로비로 들어섰다. 여기서 그들은 괴링을 만났다. 그는 맨 먼저 달려와서 '잔뜩 흥분한 상태로' 공산당의 조직화된 정치활동이라는 명백한 구호를 내뱉은 참이었다. 그것은 이 순간부터 경찰, 언론, 사법부의 의견 형성에 작용하게 되었다. 당시 괴링의 협력자였고, 나중에 비밀경찰 게슈타포의 최초의 대장이 되었던 루돌프 딜스(R. Diels)는 현장에 대해서 이런 보고를 하고 있다.

> 내가 들어서자 괴링이 내게 다가왔다. 그의 음성에는 극적인 순간의 운명을 실은 격정이 들어 있었다. '이것은 공산당 궐기의 시작이야. 그들은 이제 시작할 거요! 한 순간도 놓쳐선 안 돼!'
>
> 괴링은 더 이상 계속할 수가 없었다. 히틀러가 모여든 사람들을 향했다. 이제 나는 그의 얼굴이 흥분과 반구 천장을 태우고 있는 열기로 붉게 타오르는 것을 보았다. 폭발하려는 듯이 지금까지 한 번도 그에게서는 볼 수 없었던 자제력을 잃은 모습으로 소리를 질렀다. '이제 동정의 여지가 없소. 우리 길을 가로막는 자는 누가 되었든 쓰러뜨리겠어. 도이치 민족은 온화함을 이해하지 못할 것입니다. 모든 공산당 간부는 어디서 만나든 쏘아버리시오. 공산당 의원들은 이 밤으로 목매달아야 할 것입니다. 무엇이 공산당과 결탁하고 있는지 분명히 밝혀졌어요. 사회민주당과 국기당에 대해서도 이제는 전혀 용서가 없을 것입니다!'[21]

그러는 사이 괴링은 전경찰에 1급 경보를 명령했다. 그날 밤으로 약 4천 명의 사람들, 특히 공산당 간부들, 미움받던 작가, 의사, 변호사들이 체포되었다. 그들 중에는 칼 폰 오시에츠키, 루트비히 렌(L. Renn), 에리히 뮈잠(E. Mühsam), 에곤 에르빈 키시(E. E. Kisch) 등도 끼여 있었다. 사회민주당의 당사들과 신문사들이 점거되었다. 괴벨스는 "저항이 있게 되면 거리에 돌격대를 풀겠다."고 위협하였다.[22] 체포된 사람의 다수가 잠자다가 끌려나왔고, 제일 먼저 죄를 덮어쓴 공산당 대표의원 에른스트 토르글러(E. Torgler)는 경찰에 자발적으로 출두하였다. 자기에 대한 고발이 근거가 없음을 보여주기 위해서였다. 그런데도 2월 27일자에 나온 담당관청의 묘사는 다음과 같았다(!).

> 의사당 화재는 피의 궐기와 내전의 신호였다. 화요일 새벽 4시에 벌써 베를린에서는 엄청난 약탈이 자행되었다. 오늘 날짜로 독일 전국에서 개별 인사

들, 개인 재산, 평화로운 국민의 생명을 향한 테러행위가 시작되었고, 전반적인 내전상태를 벌이기로 예정되었음이 밝혀졌다…….

혐의를 받고 있는 두 명의 지도적인 공산당 의원들에 대해서 체포명령이 내려졌다. 나머지 공산당 의원들과 간부들은 보호 감금될 것이다. 공산당 신문과 잡지, 팸플릿, 벽보 등은 프로이센에서 4주간 금지된다. 사회민주당의 신문, 잡지, 팸플릿, 벽보 등도 모두 2주 동안 금지된다…….”[23]

제3제국의 기본법

다음날 오전중에 벌써 히틀러는 파펜과 함께 대통령에게 출두하였다. 사건 경과를 극적으로 채색해서 설명한 다음에 그는 대통령에게 미리 준비한 긴급법령을 제출하였다. 그것은 중요한 기본권 전체를 무효화하고, 사형의 적용범위를 대단히 확대하고, 지방에 대해서 상당수의 조치들을 내리는 것을 허용하고 있어서 필요한 경우 매우 광범위하게 이용될 수 있는 것이었다. “사람들은 마비된 것 같았다.”라고 당시 어떤 사람이 보고하였다.[24]

공산주의의 위협이 이보다 더 심각하게 느껴진 적이 없었다. 집안 사람들끼리 두려운 약탈에 대비하여 경비를 조직하고, 농부들은 우물과 샘에 독을 풀까 두려워서 초소를 세웠다. 모든 선전수단을 다 동원해서 만들어낸 두려움을 유용하게 이용할 수 있는 짧은 순간 히틀러는 거의 모든 일이 다 가능하였다. 이해가 안 되는 일일지 모르지만 파펜과 그의 보수파 통제관들은 자기들에게서 모든 조종권을 빼앗고 국가주의 혁명을 가로막는 모든 방해물을 없애버릴 긴급법령에 비준하였다. 그러나 하비스 코퍼스 권리(Habeas-Corpus-Rechte. 1679년 공포된 영국의 인신 보호법. 개인의 신체자유의 권리에 대한 기본법 : 역주)가 중지되었다는 것이 가장 결정적인 문제였다. 이 ‘무시무시한 틈새’는 국가의 침해에 대해서 원칙적으로 아무런 제한을 두지 않았다. 경찰은 멋대로 ‘체포하고 체포 기간을 무제한으로 연장할 수 있었다. 아무런 이유도 제시하지 않고 친척들을 갈라놓고, 체포된 사람의 운명을 결정할 수가 있었다. 경찰은 변호사나 그밖의 다른 사람이 그를 방문하거나 서류를 열람하는 것을 방해할 수 있고, ……그에게 지나친 노동을 부과할 수 있고, 형편없는 식사와 숙소를 공급해도 되고, 증오스런 경구를 되풀이하거나 노래를 부르도록 강요할 수 있으며, 그를 고문할 수도 있었다…… 어떤 법정도 서류상으로 그 사건을 찾아내지 못했다. 그리고 어떤 판사가 비공식적으로 상황에 대해서 알게 되었을 경우라도, 그 어떤 법정도 개입할 권한이 없었다.[25]'

'민족과 국가를 보호하기 위한' 긴급법령에 이어서 다음날 '도이치 민족에 대한 배신과 국가반역의 책동을 막기 위한' 긴급법령이 보충적으로 나왔다. 이 법안은 국가사회주의 지배질서의 결정적인 기본원칙이었다. 그리고 의심할 바 없이 제3제국의 가장 중요한 법안이었다. 그것은 법치국가를 항구적인 비상상태로 바꾸어버렸다. 몇 주 뒤에 나온 전권위임법이 아니라 바로 이 긴급법령이 이 정권의 법적인 근거라는 주장은 합당한 것이다. 1945년에 이르기까지 이 법령은 변하지 않고 유효하게 남았다. 그것은 1944년 7월 20일까지 도이치 국민의 저항에 대한 억압, 수색, 전체주의 테러 등을 위한 겉보기에 합법적인 근거를 마련해주었다.[26] 동시에 그것은 공산주의자들이 방화를 했다는 국가사회주의자들의 주장을 취소할 수 없도록 만드는 것이기도 했다. 그리고 판 데어 루베의 죄를 입증할 수 있었던 뒷날의 재판을 심각한 패배라고 여기도록 만들었다. 범죄적인 세부사항이 아니라 바로 이러한 맥락에서 의사당 방화사건의 역사적인 무게를 바라보아야 한다.

〈데일리 익스프레스〉지의 특파원인 세프튼 델머(Sefton Delmer)가 이 무렵에 히틀러에게 국내 반대파에 대한 대량학살이 임박했다는 소문이 맞는가 질문했을 때 히틀러는 비웃으며 이렇게 대답하였다. "친애하는 델머, 나는 바르톨로뮤의 밤은 필요가 없어요. 국민과 국가를 보호하기 위한 긴급령의 도움으로 우리는 국가의 모든 적을 고발하고 합법적으로 처단할 특별법정을 마련하였소."

2월 28일 비상법령에 근거해서 3월 중순까지 프로이센에서만 체포된 사람의 수가 1만 명 이상에 이른 것으로 추산된다. 괴벨스는 권력 장악의 행진에서 거둔 이러한 진보를 너무나 행복해 하며 이렇게 표현하였다. "살 맛이 난다!"[27]

3월 5일의 선거

이렇게 진동음이 강한 장식물을 배경으로 선거 전 몇 주 동안에 국가사회주의 선동의 모든 수단은 꾸준히 상승하였다. 괴벨스는 3월 5일을 '깨어나는 국민의 날'이라고 선언하였다. 그것을 위해서 모든 대중집회와 화려하게 울리는 퍼레이드, 깃발 달기, 폭력행위, 환호의 장면들, 히틀러의 '오라토리오 연설의 기적' 등이 행해졌다. 이러한 행사들의 격렬하고 길을 쓸어버리는 열광은 무엇보다도 연정 파트너인 도이치 국가민족당을 길에서 쓸어버렸고, 다른 정당들은 수많은 방해물에 노출되었다. 경찰은 말없이 아무 행동도 하지 않고 구경만 하였다. 선거 날까지 국가사회당의 적들 사이에서 51명의 사망자와 수백 명의 부상자가 나왔다. 국가사회당측은 사망 18명을 기록하였다. 〈민족관찰자〉는 국가사회당의 선동을 '과격한 망치질'에 비교하였는데 틀린 말이 아니었다.[28]

선거 전날 행사는 쾨니히스베르크에서 화려한 흥행으로 이루어졌다. 히틀러가 도이치 민족을 향해 황홀경의 호소를 끝냈을 때 "너의 머리를 높이 쳐들고 자랑하라! 이제 그대는 노예가 아니며 부자유가 아니다. 그대는 이제 자유이니…… 신의 자비로운 도움을 받아서" 네덜란드의 감사기도가 울려퍼지고, 그 마지막 구절을 쾨니히스베르크 대성당의 종소리가 뒤덮었다.

모든 라디오 방송국은 이 행사를 직접 중계하라는 지시를 받았다. 그리고 "그럴 능력을 갖춘 방송국은 수상의 목소리를 거리에도 생중계할 것"이라고 당 지령서에 적혀 있었다. 방송이 끝나자 사방에서 돌격대 부대들이 행진을 하였다. 산 위에서, 그리고 경계선을 따라서 이른바 자유의 불길이 불타올랐다. "그것은 엄청난 승리가 될 것이다."라고 행사 주최측은 기뻐하였다.[29]

그럴수록 3월 5일의 결과가 알려지자 실망이 컸다. 거의 89퍼센트의 유권자가 투표한 가운데 국가사회당은 288석을 얻었다. 연정 파트너인 검정 · 하양 · 빨강 전선은 52석을 얻었다. 중앙당은 73석을, 사회민주당은

120석을 얻어서 자기들의 표를 지켰다. 공산당조차 100석을 얻어서 겨우 19석을 잃었을 뿐이다. 국가사회주의자들의 진짜 승리는 남부의 주들, 뷔르템베르크와 바이에른에서 성취되었다. 그때까지는 평균 이하의 득표밖에 못했던 곳들이었다. 43.9퍼센트의 표를 얻어서 열망하던 다수당이 되기에는 거의 40석이 부족하였다. 따라서 히틀러는 적어도 형식적으로는 파펜과 후겐베르크의 후원에 의지해야만 했다. 그들의 참여로 그는 겨우 51.9퍼센트로 다수당이 될 수 있었다.

선거결과를 들었던 괴링의 집에서 그는 침울하게 힌덴부르크 대통령이 살아 있는 한 '굴레'를 벗어날 수 없다고 말했다. 그것은 연정 파트너인 도이치 국가민족당을 가리킨 말이었다.[30] 괴벨스는 이렇게 선언하였다. "이제 와서 숫자가 무슨 의미란 말인가? 우리는 나라와 프로이센의 주인이다." 〈공격〉지에다가 그는 의회를 향해서 어처구니없는 요구를 하였다. "정부에 어떤 어려움도 만들어내지 말고 사태를 제 방향으로 가도록 놔두라."는 요구였다.

권력 장악의 숨가쁜 스타일과 국가사회당의 심리에는, 철저히 승리의 범주로만 생각하고, 가장 힘든 후퇴를 겪어도 모든 겉모습에 반하여 승리를 축하한다는 것도 포함되었다. 실망했음에도 불구하고 국가사회주의자들은 선거결과를 압도적인 승리라고 주장하고, 그로부터 "국민이 공산주의자들에게 내린 판결을 실행할" 역사적 과제를 유추해냈다. 카톨릭 중앙당이 선거 직후에 갈고리 십자가 기를 공공건물에 내거는 일을 항의하자 괴벨스는 당당하게 답변하였다. "도이치 국민의 압도적 부분이" 3월 5일에 갈고리 십자가 기를 인정하였다. "시대의 표지를 이해하지 못하는 한 집단의 소망이 아니라 도이치 민족 다수의 의지를 지키는 것이 나의 책임이다." 3월 7일 내각회의에서 히틀러는 선거결과를 짤막하게 '혁명'이라고 해석하였다.[31]

돌격대 혁명

기습적인 기도를 해서 그는 선거가 끝난 지 4일 동안 각 주의 권력을 자기 편으로 끌어들였다. 이 과정에서 돌격대는 철저히 자신을 통제하지 못하는 민중의 분노라는 오래된 역사적 역할을 맡았다. 돌격대는 데모하면서 거리를 행진하고, 관청건물들을 포위하고 시장, 경찰청장, 정부 자체의 하야를 요구하였다. 함부르크, 브레멘, 뤼벡에서, 헤센 주, 바덴 주, 뷔르템베르크 주, 작센 주에서 언제나 똑같은 행동을 취한 다음 정부의 퇴각을 강요하고, 그럼으로써 '국가주의' 내각을 위한 길을 열었다.

그러는 사이 조심스럽게 세웠던 합법화의 겉모습도 내던지고, 법도 없는 혁명적인 권력요구를 하였다. "정부는 극히 잔인하게 정부에 대립하는 자를 쓰러뜨릴 것"이라고 뷔르템베르크의 대관구 지도자 빌헬름 무르(W. Murr)는 조작된 선거를 통해서 새로운 주지사로 선출된 후에 선언하였다. "우리는 눈에는 눈, 이에는 이라고 말하지 않는다. 아니다. 우리는 우리 눈을 치는 자의 머리를 날려보낼 것이고, 우리 이빨을 빼는 자의 턱을 날려버릴 것이다."[32)]

바이에른 관구 지도자 아돌프 바그너(A. Wagner)는 에른스트 룀, 하인리히 히믈러와 함께 주지사인 헬트(Held)를 3월 9일에 사직시키고 행정부 건물을 점령하였다.

그보다 며칠 전에 뮌헨에서는 통합 위험을 막기 위해서 루프레히트 황태자를 왕으로 하는 군주제 회복을 고려했다. 그리고 마인 강 선을 넘어오려고 하는 중앙정부 위원은 누구라도 주 경계선에서 체포할 것이라고 위협하였다. 그러나 중앙정부 위원은 이미 오래 전부터 바이에른 주 안에 있었고, 민속성이라는 점에서는 모든 주 장관들을 능가한다는 사실이 밝혀졌다.

3월 9일에 행정부 권한은 에프 장군에게 양도되었다. 그는 1919년에 바이에른의 소비에트 정권을 붕괴시킨 인물이었다. 사흘 뒤에 벌써 히틀러가 뮌헨으로 갔다. 그는 오전에 라디오 연설에서 국민 애도의 날을 선포하였다. 검정 · 빨강 · 황금의 바이마르 공화국 기는 내려지고, 검정 · 하양 · 빨강 기와 갈고리 십자가 기가 장차 공동으로 국기가 되리라는 사실을 알렸다. 동시에 그는 국민적 힘의 '승리를 축하하기 위해서' 사흘간의 국기게양을 명령하였다. 그는 이제 투쟁의 '제1부가 끝났음'을 선포하고 이렇게 덧붙였다. "각 주의 정치적 의지를 국민의 의지와 통합하는 과업이 완성되었다"[33)]

실제로 이러한 통합이야말로 국가사회주의 혁명이 이루어낸 본래의 형태였다. 히틀러는 지난 몇 년 동안 언제나 되풀이해서 혁명을 '대중을 위한 구경거리'로 여기는 구식의 감상적인 혁명가들에 반대하였다. 그리고 이렇게 선언하였다. "우리는 허수아비 프롤레타리아를 믿는 말만의 혁명가가 아니다."[34)]

그의 생각에 알맞은 혁명은 소동이 아니라 조종된 혼란이고, 멋대로 하기나 법 없는 무정부상태가 아니고 잘 정돈된 폭력의 승리였다. 그래서 그는 선거 직후에 터져나온 시끄러운 승리의 구호들로 달아오른 돌격대의 테러행위를 몹시 못마땅하게 여겼다. 그러한 행동이 폭력적이어서가 아니라 제멋대로였기 때문이다. 적들, 변절자들, 치명적인 비밀을 아는 자들이 통제받지 않은 보복행위의 희생자가 되었다. 켐니츠 구역에서 이틀 동안에 다섯 명의 공산주의자들이 살해되었고 사회민주당 신문 발행인이 총에 맞아 쓰러졌으며, 글라이비츠에 있는 중앙당 의원의 창문으로 수류탄이 날아들었다. 무장한 돌격대원들이 뒤셀도르프 시장인 레어(Lehr) 박사의 회합에 쳐들어가서 거기 있는 사람 하나를 가죽채찍으로 때렸다. 드레스덴에서는 돌격대가 프리츠 부시(F. Busch) 지휘의 오페라를 중단시켰고, 키일에서는 사회민주당 변호사를 죽였다. 그들은 유대인 사업체에 대해 불매운동을 벌이고 당 소속 죄수들을 석방하였다. 은행을 점거하고 정치적으로 싫어하는 관리들의 교체를 강요하였다. 그와 함께 가택침입, 약탈, 도둑질 등의 파도가 일어났다. 그들은 정치적인 적들에게 높은 몸값을 내도록 해서, 이 태풍은 이따금 일종의 거친 인신매매를 유발하였다. 모든 상황을 고려해보면 처음 몇 달 동안에 죽은 사람의 수는 5, 6백 명에 이르고, 3월 8일에 벌써 프리크가 예고했던 수용소에 갇힌 사람 수는 5만 명 이상에 이르렀던 것으로 추산된다.

복잡한 국가사회주의 행동방식을 분석할 경우에 언제나 그렇듯이 정치적인 동기들, 개인적인 충동만족, 냉정한 계산 등이 거의 풀기 어렵게 혼합되어 있다. 이 시기의 몇몇 희생자의 이름은 이러한 사실을 보여준다. 살해된 사람들 중에는 무정부주의 시인 에리히 뮈잠, 극장 감독 로터(Rotter)와 그의 아내, 예전에 국가사회주의 의원이었다가 복스하임 문서를 관청에 넘겼던 셰퍼, 예언가인 하누센(Hanussen), 1923년 시민양조장에서 히틀러에게 맞섰던 바이에른의 경감 훙글리너(Hungliner) 등이 끼여 있었다. 나아가 이전의 친위대 지휘자 에어하르트 하이덴, 혹은 호르스트 베셀의 살인자인 알리 횔러(Ali Höhler)도 들어 있었다.

히틀러는 거리 지배에 대한 시민적 파트너들의 온갖 불만을 과격하고 모욕받은 심정으로 물리쳤다. 파펜을 향해서 자기는 돌격대와 친위대원들의 '전대미문의 기율'이 경탄스럽다, "역사의 판단이 우리가 역사적 순간에 시민세계의 허약과 비겁에 감염되어서 무쇠주먹이 아니라 윤나는 가죽장갑 낀 손을 내밀었다고 비난할까 두렵다."고 선언하였다. 자신은 그 누구도 마르크스주의자 제거라는 의무에서 벗어나는 것을 허용하지 않을 것이며, 따라서 "앞으로는 이러한 불만을 제기하지 말아달라."고 절박하게 청하였다. 그렇긴 하지만 3월 10일에 그는 돌격대와 친위대에 "1933년 국민 혁명이 역사에서 1918년의 배낭 맨 스파르타쿠스단(리프크네히트와 룩셈부르크가 1917년에 창립한 급진좌익 집단, 독일 공산당의 전신 : 역주)의 혁명과 비교되는 일이 없도록" 조심하라고 경고하였다.[35)]

자연스러운 일이지만 돌격대는 이런 경고에 깊이 실망하였다. 돌격대는 권력 장악이란 공개적이고 변명이 필요 없는 폭력 사용이라고 이해하고 있었다. 자기들이 이제 사람들을 추적하고, 고문하고, 살해한다면 그것은 혁명에 진짜 열정을 주기 위한 것이라고 여겼다. 그리고 승리한 다음에 독일이 자기들 것이라는 여러 해 동안의 약속이 이제 와서 갑자기 아무런 힘도 없는 은유로 해석되는 것도 싫었다.

그들은 혁명을 장교 임명장, 군수 자리, 봉급, 사회적 안전장치 등 구체적인 요구들과 연결시켰다. 반면 히틀러의 권력 장악 개념은 적어도 초기 국면에서는 잘 조절된 압력 아래서 핵심자리만 교체한다는 뜻이었다. 그에 반해서 제2급 전문가 집단은 현혹과 위협으로 협조하도록 만들어야 한다.

그래서 그는 신중한 설명으로 자신의 돌격대원들을 진정시키려고 했다. "(공산주의자들을) 파괴할 시간이 되었다!"고 그는 2월 초에 그들에게 호소하였다.[36]

그러나 돌격대의 실망이 시민계급의 희망이었다. 시민계급은 질서의 회복을 기대하였지, 갈색 근위병들이 권리침해, 살인, 거친 수용소 설립 등을 하기를 기대했던 것이 아니었다. 그래서 이제 시민계급은 돌격대가 질서로 되돌아가고 모금함을 든 평화로운 기능을 통해서나 아니면 일요일에 집단을 이루어 교회에 가는 행동 등을 통해서 혁명적인 활동에서 멀어지는 것을 만족스럽게 바라보았다. 합법적 상태의 수호자로서 끊임없이 자신의 과격한 추종자들과 마찰을 빚는 온건해진 히틀러라는 이미지는 이 시기의 경험에서 나온 것이다. 그것은 혼란을 초래하면서도 위신을 세워주는 이미지였다.

국민궐기

그러나 '합법적 혁명' 전략은 히틀러가 만들어낸 '두 번째 마법의 말'[37]인 '국민궐기'를 통해서 비로소 완성되고 그 결정적인 효과를 발휘하게 된다. 그것은 통제되지 않은, 혹은 조종된 수많은 폭력행위들을 혁명으로 정당화시켜주었을 뿐 아니라 그의 국수주의적 자의식에 어울리는 도발적인 구호를 제공하였다. 이 정권의 다른 권력 목표들은 이 장식적인 구호 뒤로 숨어버렸다.

국민궐기라는 구호는 열정적인 소용돌이를 일으키며 모든 법 위반 행위를 동반하였고 그러한 행위를 덮어버렸다. 위협적인 폭력과 국민적 구호의 결합은 내각의 보수적인 히틀러 통제관으로부터 광범위한 시민적인 여론계층에 이르기까지 모든 사람들을 마비시키는 작용을 하였다. 이러한 결합은 아무런 저항도 받지 않고 권력을 쥔 국가사회주의자들이 가차없이 행한 행동이 오히려 당파를 초월한 '국민적 봉기'로서 환영받도록 만들어주었다.

이것은 국민이 그에 따라 통일적으로 장악되고 정렬되는 사고양식이며 감정양식이었다. 그 중심부에는 끝도 없이, 그리고 때로는 그로테스크하게

국가권위의 힘을 이용한 혁명. 새로 임명된 수상이 자신의 '통제자들'인 폰 파펜, 폰 블롬베르크 장군과 이야기하고 있다.

변형된 형태로 '민족 수상'의 모습이 서 있었다.

그는 당파들의 싸움과 작은 이해들을 멀리 초월하여 오직 국민의 법과 안녕을 위해서만 자신을 바치는 인물이었다. 괴벨스는 이제 온갖 국가적인 힘을 다해서 점점 소란해지는 선전에서 이런 이미지를 만들어내는 일을 떠맡았다.

힌덴부르크 대통령은 3월 13일에 처음부터 계획되어 있었지만 오직 연정 파트너를 고려해서 미루어 두었던 '국민계몽 및 선전부' 장관직을 괴벨스에게 맡기는 임명장에 서명하였다. 이로써 히틀러는 내각의 구성은 변화시킬 수 없다는 처음의 모든 약속을 완전히 넘어섰다.

새로 장관이 된 괴벨스는 다른 장관들의 업무영역에서 광범위한 권한들을 가져왔지만 동시에 그의 거동은 강요되지 않은 정중함을 보였다. 그것은 대부분의 갈색부대 지휘자들의 승리에 도취된 '뺨 치는 듯한 어조'와는 확연히 구별되는 태도였다.

언론을 앞에 두고 행한 최초의 정책연설에서 그는 "정부는 새로운 부서를 만들면서 민족을 더는 그 자신에게 맡겨두지 않으려는 목표를 가지고 있습니다. 이 정부는 민족정부라고들 합니다 …… 새로운 부서는 국민에게 정부의 의도들을 알리고, 국민과 정부 사이의 정치적인 통합을 이루려는 목적을 가지는 것입니다."[38)]

히틀러는 내각에서 새로운 부서를 만든 것에 대해서 아이러니가 없지도 않았지만 가능한 한 온갖 보편적인 의무들을 이유로 내세웠다. 예를 들면 국민이 석유와 지방(脂肪) 문제의 해결을 위해 필요한 준비를 하도록 만들려는 것이라는 이유도 포함되었다. 그러나 어떤 장관도 다시 질문하거나 설명을 요구하지 않았다. 그것은 노선 경쟁을 하면서 히틀러가 보인 능숙한 신중함을 증언하는 것일 뿐 아니라, 몇 주 안에 보수파의 모든 통제 의도를 없애버리겠다는 그의 도발적인 에너지를 보여주는 것이다. 파펜은 복종적인 환영의 태도만 신경쓰고 있었고, 블롬베르크는 히틀러의 사람 꼬시는 매력에 홀랑 넘어가버렸다. 후겐베르크는 때때로 터져나오는 불만을 혼잣말로만 중얼거렸고, 나머지 사람들은 거의 아무것도 아니었다.

괴벨스가 실질적으로, 그리고 망설임 없이 시작한 일은 새로운 국가 시작의 화려한 자기과시를 위한 준비였다. 그러한 행사는 계획하고 있는 전권위임법을 위해서 심리적으로 길을 트는 일이기도 했다. 히틀러는 의회주의 체제에 대한 '치명적인 일격'으로 고안된 이 법안을 가결하기 위해서, 의사당 화재 긴급법을 다시 발동시켜서 헌법개정에 필요한 2/3 의석이 남게 될 때까지 좌파 의원들을 체포하였다. 실제로 이런 가능성은 프리크가 온갖 계산된 예들을 다 동원해서 내각에 제시하였고, 내각에선 상세한 토론이 벌어졌다.[39)]

히틀러는 형식적으로 올바른 길을 선택할 수가 있었고 중도 정당의 동의를 얻으려고 애썼다. 히틀러가 폭력과 합법성의 두 가지 길을 다 걸었던 것은 우연한 정황증거만은 아니고 권력 장악 전체의 전략적 스타일이었다.

공산당과 사회민주당 의원들이 강력한 위협으로 협박당하고 일부는 체포되는 동안 히틀러는 가장 두드러진 방식으로 시민정당들의 온갖 비위를 다 맞추었다. 그들에게도 물론 2월 28일의 의사당 화재 긴급법으로 얻게 된 무제한의 권력을 위협적으로 보여주기도 하였다. 그 시기의 과도한 민족주의적 태도, 기독교 도덕 내세우기, 전통에 굴복하기, 그리고 시민적이고 정치가답게 통제된 그의 행동방식 자체가 이러한 의도에서 나온 것이었다. 시민계급에 대한 히틀러의 구애는 극히 화려하고, 분명히 마법적인 분위기를 지닌 포츠담의 날에 찬란한 절정을 이루었다.

그것은 동시에 새로운 선전부 장관의 최초의 성공적인 자기증명이었다.

3월 5일을 '깨어나는 국민의 날'로 이름 붙였듯이 그는 제3제국 최초의 의회 개회날에 열린 3월 21일 행사를 '국민궐기의 날'이라고 선언하였다.

프리드리히 대왕의 무덤이 내려다보이는 포츠담 수비대 교회에서 장엄한 국가행사로 하루 일정이 시작되어야 한다. 아늑하고 엄격한 프로이센 왕궁이 국민적인 궐기의 필요성에 다양한 연결점을 제공하고 있다면, 3월 21일이라는 날짜는 봄이 시작되는 날일 뿐 아니라, 또한 1871년 비스마르크가 최초의 도이치 제국의회를 열어서 역사상의 전환점을 이루었던 날이기도 하다. 이 행사의 모든 면면, 모든 진행과정을 괴벨스는 히틀러의 감수를 받아 연출하였다. 나중에 그토록 압도적으로, 혹은 인상적으로 작용한 것, 즉 행진부대의 정확한 질서, 도중에 꽃다발을 든 아이, 불꽃 발사, 수염을 하얗게 내려뜨린 1864년, 1866년, 1871년 전쟁의(비스마르크가 독일 통일 과정에 벌인 전쟁들. 각각 덴마크, 오스트리아, 프랑스를 상대로 한 전쟁이었다 : 역주) 노병들, 오르간의 정확한 박자의 울림 사이로 끼어드는 감상의 절묘한 혼합 등은 냉정하고 확고하게 계획된 계산의 효과 표현이었다. 괴벨스는 장소들을 검열한 다음 즉석에서 이렇게 적었다. "이렇게 거대한 국가적 축제에서는 가장 작은 세부사항들이 중요하다."[40]

포츠담의 날

축제의 신을 예배하는 것으로 이날은 시작되었다. 베를린에서 오는 최초의 자동차 행렬들이 10시 직후에 사람들로 가득 찬 거리로 들어서서 앞으로 나갔다. 힌덴부르크, 괴링, 파펜, 프리크, 의회의원들, 돌격대 지휘자들, 장군들이었다. 낡은 독일과 새로운 독일이었다. 집 앞면에는 꽃장식들과 오색의 양탄자들이 내걸렸다. 수많은 꽃줄기 장식들과 번갈아가며 검정 · 하양 · 빨강 기와 갈고리 십자가 기가 화려하게 치장된 화해의 축제를 위해 내걸렸다. 힌덴부르크는 정치에서 물러서면서 검은색 프록코트보다 점점 더 자주 선호하게 된 낡은 사령관 제복을 입고 개신교인 수비대 교회로 들어섰다. 이어서 그는 포츠담 시를 일주하는 드라이브를 하였다. 성 페터와 성 바울 교회에서 이루어진 카톨릭 예배식에 참석하기 위해서 중앙당 의원들은 아이러니컬하게도 옆문으로 들어섰다. 히틀러와 괴벨스는 '카톨릭 주교단의 적대적인 태도 때문에' 이 예배식에는 오지 않았다. 초대받지 못한 공산당과 사회민주당은 이 '국민적인 화합의 민족축제'에 빠졌다. 프리크가 3월 14일에 공개적으로 설명한 바에 따르면 일부는 "수용소에서…… 절실하고 더욱 쓸모 있는 일을 하느라고" 여기 참석하는 것을 방해받았다.[41)]

12시 직전에 힌덴부르크와 히틀러는 수비대 교회의 계단에 함께 서서 악수를 나누었다. 그것은 수백만 장의 우편엽서와 벽보에 인쇄되어 뿌려진 그 유명한 악수 장면으로서, 내적인 화합을 향한 국민의 열망을 상징적으로 나타낸 행동이었다. 이 사람이 없었다면 자기가 권력을 넘겨받지 못했을 것이라고 히틀러 스스로 말했던 바로 '이 노신사의 축복'이 주어진 것이다.[42)]

교회의 합창대석과 회랑은 황제군과 방위군의 장성들, 외교관들, 수많은 고위직 인물들로 가득 차 있었다. 신도석에는 정부요인들이 자리를 잡았고, 그 뒤에는 갈색 셔츠를 입은 국가사회당 의원들이 중도정당의 의회대표들에 둘러싸여 있었다. 전통적인 황제 좌석은 비었지만 그 뒤에는 궁중식 예복을 입은 황태자가 앉아 있었다.

힌덴부르크는 꼿꼿한 걸음으로 교회 안쪽에 마련된 자기 자리로 걸어가던 중에 한 순간 황제석 앞에 멈추어서서 인사하듯이 사령관 지팡이를 쳐들었다. 존경심에 넘쳐서, 검은 모닝코트 차림의 히틀러가 신참의 당황스러움을 간직한 채 우수에 찬 노인을 뒤따랐다. 그 뒤로 제복들이 물결쳤다. 그러고 나서 오르간 음악과 로이텐(Leuthen)의 찬미가, 이제 모두 신께 감사 드리세…….

힌덴부르크의 인사말은 짧았다. 그는 자신과 국민이 그 사이 새로운 정부에 대해서 신뢰감을 가지게 되었으며 "정부의 일을 위한 헌법적인 토대를 마련했다."는 사실을 밝혔다. 의원들에게 힘든 과제를 맡고 있는 정부를 후원하라고 호소하고, "이 명예로운 장소의 오랜 정신"이 "하나로 합쳐진, 자유롭고 자랑스런 독일을 축복하기 위해서…… 당파적 싸움과 이기심"을 막아주기를 기원하였다.

히틀러의 연설도 그와 똑같은 어조로 적절한 감정상태를 드러냈다. 국민의 위대성과 패배를 돌아본 다음 국민의 생명을 위한 '영원한 토대'인 역사와 문화의 전통을 고백하였다. 힌덴부르크 대통령의 '너그러운 결심'이 '과거의 위대함의 상징과 젊은 힘의 상징'의 결합을 가능케 하였다고 대통령을 찬양한 다음, 그는 섭리를 향해서 "위대한 왕의 관을 앞에 두고 우리 민족의 자유와 위대성을 위해 싸운 사람으로서 우리가, 모든 도이치 사람에게 신성한 이 장소에서 느끼는 저 용기와 지속성"을 달라고 간구하였다.

> 괴벨스는 이렇게 기록하였다. "마지막에 모두들 아주 깊이 감동되었다. 나는 힌덴부르크 대통령 옆에 앉아 있었는데 그의 눈에 눈물이 치솟는 것을 보았다. 모두들 자리에서 일어서서 젊은 수상에게 손을 내미는 늙은 사령관에게 찬사를 보냈다. 역사적인 순간이었다. 도이치 명예의 간판이 다시 깨끗하게 씻겼다. 우리 독수리가 그려진 연대기들이 높이 올라갔다. 힌덴부르크 대통령은 프로이센 대왕들의 무덤에 월계관을 바쳤다. 밖에서는 대포소리가 울렸다. 이제 나팔소리 울려퍼지고, 대통령은 높은 무대에 섰다. 손에는 사령관 지휘봉을 들고 그 앞을 행진해가는 방위군, 돌격대, 친위대, 철모단에 인사하였다. 그는 서서 인사하였다……"[43]

이 그림들은 모든 참석자들, 의원들, 군인들, 외교관들, 외국인 관찰자들, 광범위한 여론에 비상한 효과를 불러일으켜서 포츠담의 날을 정말로 대전환의 날로 만들어주었다. 자신이 몇 달 안에 히틀러를 구석으로 몰아넣어서, '그가 캑캑거리도록'[44] 만들고 말겠다던 파펜의 오만한 말은 오래전에 사라져버렸다. '포츠담의 감동 코미디'는 버릇없는 나치 지도자가 그래도 국민적 보수주의의 그물 안으로 들어온 것을 보여주는 듯했다. 그는 프로이센 왕궁에서 이상적인 중심점을 가졌고, 힌덴부르크 대통령을 자신의 충실한 관리자로 인정하였기 때문이다. 마치 히틀러 자신이 젊고, 신앙심 깊고, 경외심에 가득 차서 이러한 전통에 몸을 굽힌 것처럼 보였다. 이 화려한 구경거리가 만들어낸 최면의 영향을 받지 않은 사람은 극소수뿐이었다.

3월 5일에만 해도 히틀러에게 반대표를 찍었던 대부분의 사람들은 이제 자신의 판단이 매우 불확실하게 여겨졌다. 그때까지만 해도 철저히 냉정한 태도를 유지해 왔던 국수주의 경향을 가진 시민계급의 수많은 관리들, 장교들, 법률가들은 정권이 국민적 감동의 기쁨을 보여주었을 때 정권에 대한 불신을 지워버렸다.

시민적 우파 신문은 이렇게 적었다. "폭풍의 파도처럼, 어제 민족주의 열광이 독일 위를 쓸고 지나갔다." 그래서 "우리는 수많은 정당들이 이 물결에 대항하여 쌓아놓은 둑이 무너지고, 스스로 자신을 걸어잠갔던 문들이 열리기를 희망하고 싶다."[45] 축제 프로그램은 베를린 시까지 계속된 횃불행진과 바그너 오페라 〈장인 가수(Meistersinger)〉의 갈라(Gala) 공연으로 끝났다.

전권위임법

이틀 뒤 정부와 히틀러는 전혀 다른 모습으로 등장하였다. 3월 23일 오후 2시경에 의회는 임시로 마련된 크롤 오페라 극장에서 개원되었다. 포츠담의 날은 그것을 위한 연극적인 전주곡이었다. 장면은 온통 국가사회당의 색깔과 상징들로 채워졌다. 친위대 단위부대들이 이날 처음으로 대규모로 등장해서 건물 앞을 차단하는 책임을 맡았다. 건물 내부에는 갈색 제복을 입은 돌격대원들이 긴 줄을 지어서 위협적인 울타리를 만들었다. 내각과 대통령 좌석이 마련된 무대 배경에는 거대한 갈고리 십자가 기가 매달렸다. 괴링의 개원 연설도 의회의 당파를 초월한 특성을 험악하게 무시하였다. 그는 '동료의원'들을 향해서 아무런 연관성도 없는 디트리히 에카르트의 추모연설을 했다.

이어서 지난 몇 주 동안 주로 양복을 입고 등장하던 히틀러가 갈색 셔츠를 입고서 의회에서 첫 연설을 하기 위해 등장하였다. 언제나 똑같은 연설방식에 따라서 그는 다시 1918년 11월 이후 시대의 어두운 파노라마, 독일이 빠져들어간 곤궁과 몰락의 위험으로 연설을 시작하였다. 이어서 지난 몇 주 동안의 발언들에 어울리게 대단히 공개적인 방식으로 정부의 의도와 과제들의 광범위한 그림을 펼쳤다. 그러고 나서 이렇게 말했다.

> 정부가 일반적으로 특징지어진 틀 안에 있는 과제들을 수행할 수 있도록 정부는 국가사회당과 도이치 국가민족당 연합으로 전권위임법안을 의회에 상정하였습니다…… 정부가 어떤 조치를 내리기 위해서 그때마다 의회의 허락을 구하고 청원한다는 것은 국민궐기의 뜻을 어기는 것이 될 것이며, 의도된 목적에도 맞지 않을 것입니다. 정부는 의회를 그토록 높은 자리에 올려놓으려는 의도에 의해서 흔들리지 않을 것입니다. 반대로 정부는 장차 정부의 조치들에 대해서 때때로 의회에 통보를 할 것입니다…… 정부는 생활에 필수적인 조치들을 시행하기 위해 이 법이 필요할 경우에만 사용할 생각입니다. 의회도 상원도 아무런 문제 없이 계속 존속될 것입니다. 대통령의 지위도 권한도 그대로입니다…… 주의 구성도 그대로입니다…….

이 모든 진정시키는 약속들에도 불구하고 이 법의 다섯 개 조항 하나 하나가 '도이치 헌법의 결정적인 부분을 붕괴시키는' 것들이었다.[46] 제1조에 따르면 의회의 입법권은 정부에 이양된다. 제2조는 헌법개정에 대한 정부의 전권을 확정해주는 것이며, 제3조는 대통령의 법안 비준권을 수상에게 양도하는 것을, 제4조는 외국과의 특정조약에도 이 법이 효력을 가진다는 것, 제5조는 이 법의 효력을 4년으로 정하고, 현정부의 존속과 연계시킨다는 조항이었다. 히틀러는 다시금 어조를 바꾸어서 선전포고로 연설을 끝냈다.

> 정부가 의회 내에서 분명한 다수를 장악하고 있기 때문에 그와 같은 법을 이용할 내적 필연성이 나타나는 경우는 극히 제한된 것입니다. 그러나 정부는 국민궐기를 위해서 이 법안의 가결을 주장하는 것입니다. 정부는 모든 경우에 명백한 결정을 선호합니다. 의회 정당들에게 편안한 도이치 발전의 가능성과 미래를 향해 스스로 길을 연 이해의 가능성을 제시하는 바입니다. 정부는 단

호하며, 거부의 표현, 따라서 저항의 선언에 맞설 준비가 되어 있습니다. 의원 여러분, 이제 평화냐 전쟁이냐 결정을 내리시기 바랍니다.[47]

박수갈채 속에 일어서서 독일 노래를 합창하면서 미래의 의회 기능을 빼앗는 가운데 히틀러의 연설은 끝났다. 사방에 진을 치고 있는 돌격대, 친위대들 덕분에 포위상태와 비슷한 분위기 속에서 각 당파 소속의원들은 세 시간의 토의를 위해 물러났다. 건물 밖에서 제복을 입은 히틀러 추종자들이 소리지르기 시작하였다. "우리는 전권위임법을 요구한다. 아니면 불이다!"[48]

이제 모든 것은 중앙당의 태도에 달렸다. 중앙당이 찬성하면 헌법개정에 필요한 다수를 확보해줄 것이다. 중앙당 당수 카스 박사(Dr. Kaas)와의 협상에서 히틀러는 협정에 해당하는 여러 가지 약속을 하였다. 그리고 '중앙당의 유리한 표결의 대가로' '의사당 화재 긴급법에서 국민의 시민적 자유와 정치적 자유를 해치는 부분들을 철회하고', 이 법안을 오직 특별한 조건에서만 적용하겠다는 선언을 포함하는 각서를 써주기로 약속하였다. 후겐베르크와 브뤼닝이 이틀 전 3월 21일 저녁에 만났을 때, 중앙당은 시민적 자유와 정치적 자유에 대한 보장 조항을 받아낼 경우에만 법안에 찬성하기로 합의를 했다. 도이치 국가민족당측은 브뤼닝이 만든 제안을 상정하기로 했다.

검토를 위한 정회(停會) 동안에 브뤼닝은 도이치 국가민족당에서 미리 약속된 수정안에 대하여 심각한 당 내 저항이 있다는 소식을 들었다. 약속한 대로 이 수정안을 상정하는 것이 불가능하다는 것이다. 다시금 흔들리게 된 중앙당 의원들은 새로이 자기들의 태도에 대해 토론하였다. 다수가 찬성을 주장하는 가운데 특히 브뤼닝이 굴복에 열렬히 반대하였다. 그는 비참하게 죽기보다는 차라리 명예롭게 몰락하는 것이 낫다고 외쳤다. 그러다가 마침내 다수 의견에 따르기로 결정을 보았다. 이렇게 된 결정적인 이유는 이 당의 전통적인 기회주의와 포츠담의 날의 영향 때문이기도 했다. 또한 당이 이 법안을 반대할 처지에 있지 않다, 차라리 약속된 각서를 받으면 그것으로 히틀러를 지금보다 효과적으로 합법성에 붙들어맬 수 있으리라는 체념적인 생각 때문이기도 했다.

물론 히틀러의 각서는 정회가 끝났을 때에도 여전히 오지 않았다. 브뤼닝의 재촉을 받고 카스는 히틀러를 찾아갔다가 돌아와서, 각서는 이미 서명되어서 중앙당에 넘기도록 내무장관에게 주었으며, 아마 표결 시간에 받게 될 것이라고 설명하였다. 카스는 "자기가 어떻든 히틀러를 믿은 적이 있다면 이번에야말로 확고한 어조로 보아 그를 믿어야 할 것"이라고 덧붙였다.

그 사이 사회민주당의 당수인 오토 벨스(O. Wels)는 멀리서 돌격대와 친위대의 스피커 소리만 울리는 가운데 깊은 침묵에 사로잡힌 분위기에서 연단에 올라섰다. 민주주의에 대한 최후의 공개적인 고백을 하면서 그는 사회민주당측의 반대입장 이유를 밝혔다. 사회민주당도 독일의 외교적 대등성을 언제나 찬성해 왔다. 그리고 적의 비방 시도에 반대하였다. 방어력이 없다는 것이 명예가 없다는 뜻은 아니라고 설명하였다. 선거는 두 개 여당에 다수표를 주었고, 그로써 헌법에 맞게 통치할 권한을 주었다. 이 가능성이 존재하는 한 그렇게 하는 것은 의무다. 비판이란 건강에 좋은 것이고, 그것을 없앤다고 해서 얻을 것은 없다. 그리고 그는 국민의 권리의식에 대한 호소와, 박해받는 자들과 친구들에 대한 인사말로 연설을 끝냈다.

겉으로 보아 이 온건하고도 기품 있는 거부가 히틀러를 극단적인 흥분상태로 몰아넣었다. 그는 붙잡으려는 파펜을 옆으로 밀쳐버리고 한 번 더 연단으로 올라갔다. 팔을 쭉 뻗어서 오토 벨스를 가리키면서 그는 말을 시작하였다. "당신들은 늦게 왔소, 하지만 오긴 했지! 의원님, 당신이 방금 말씀하신 멋진 이론들은 세계사에 너무 늦게 등장했단 말입니다." 점점 더 흥분하면서 그는 사회민주당의 모든 주장, 공동 외교에 대한 요구, 국민적 명예감정, 법의 의미 등을 하나씩 비판하였다. 그리고 점점 더 폭풍같이 일어나 연설의 흥을 돋우는 박수갈채를 받으면서 말을 계속하였다.

> 당신은 박해를 이야기합니다. 나는 여기 있는 우리 중에 당신네들의 박해를 감옥에서 맛보지 않은 사람이 별로 없다고 생각합니다…… 당신은 여러 해

동안이나 우리 셔츠 색깔이 당신들 마음에 안 든다는 이유로 우리의 셔츠를 찢어버렸다는 사실을 잊은 것 같군요…… 당신들의 박해를 받으며 우린 컸습니다!

당신은 비판이 건강에 좋다고 하셨지요. 독일을 사랑하는 사람이라면 누구라도 우리를 비판할 수 있습니다. 그러나 인터내셔널을 숭배하는 사람은 우리를 비판할 수 없습니다! 이 점에서도 깨달음이 너무 늦군요, 의원님. 비판의 건강은 우리가 야당으로 있을 때 당신들이 알았어야죠…… 당시 우리 언론은 금지되고, 금지되고, 또 금지되었습니다. 우리의 집회도 금지였죠, 여러 해 동안이나! 그리고 이제 당신은 말합니다. 비판은 건강하다고!

이 순간 사회민주당원들의 생생한 항의가 커지자 의장이 종을 울렸다. 말소리가 잦아들자 괴링이 말했다. "옛날 이야기를 하지 말고 지금은 경청하시오!" 히틀러는 말을 계속하였다.

우리들이 혁명을 계속하기 위해 의회를 차단하려 한다고 당신은 말합니다. 여러분, 우리는 그런 이유라면…… 이러한 법안을 상정할 필요가 없었을 것입니다. 다른 방법으로도 당신들과 대립할 용기를 우리는 정말로 가지고 있으니까요!

당신은 또 이렇게 말하셨죠. 사회민주당은 잊혀질 수 없다고 말입니다. 사회민주당이야말로 여기 이 장소를 남작과 백작들을 위해서가 아니라 국민을 위해, 노동하는 사람들을 위해서 이렇게 자유롭게 개방한 최초의 사람들이기 때문이라고 말입니다. 모든 점에서 당신은 너무 늦게 왔습니다, 의원님! 어째서 당신은 이러한 생각에 대해서 제때에 당신의 친구인 체진스키에게, 또 다른 친구들인 브라운과 세베링에게 알려주지 않았습니까? 그들은 여러 해 동안이나 내가 환쟁이에 불과하다고 나를 비난했단 말입니다! 여러 해 동안이나 당신은 그 사실을 당신들의 벽보에서 주장했단 말입니다('수상이 말을 끝내도록 하시오!' 하는 괴링의 외침이 끼여듦). 그리고 개채찍으로 때려서 나를 독일에서 쫓아내겠다고 위협을 했죠.

> 도이치 노동자가 주장하고 요구하는 모든 것을 위해 우리 국가사회주의자들이 이제부터 길을 닦을 것입니다. 우리 국가사회주의자들이 노동자의 대변인이 될 것입니다. 당신들은 더 이상 필요치 않아요!…… 그리고 우리를 시민세계와 혼동하지 마시오. 당신들의 별이 다시 떠오를 거라고 당신들은 믿겠지요! 여러분, 독일의 별이 떠오를 것이고, 당신들의 별은 질 것이오…… 민중의 삶에서 부서져버린 것, 낡고 허약한 것은 스러지고 다시는 오지 않을 것이오.

자신을 완전히 폭로하는 말로써 그는 "도이치 의회는 우리가 어차피 가질 수 있는 것을 우리에게 허용하기"를 오직 "법 때문에", 그리고 심리적인 이유에서 호소한다고 말했다. 그리고 마지막으로 사회민주당원들을 향하여 소리질렀다.

> 당신들은 그 심성으로 보아 우리를 이토록 영감으로 가득 채우는 이 의도를 이해하지 못할 것이기 때문에 이 법안에 찬성하지 않으리라 믿소……. 나는 당신들에게 이것만 말할 수 있어요. 당신들이 여기 찬성하기를 바라지도 않는다고 말이오! 독일은 자유로워져야 합니다, 그러나 당신들을 통해서는 아니오!

의회 기록은 이 문장 뒤에 이렇게 기록하고 있다. '국가사회주의자들 사이에서, 그리고 방청석에서 오랫동안 폭풍 같은 하일 외침, 박수갈채. 도이치 국가민족당에서 손뼉. 언제나 다시 끼여드는 폭풍 같은 환호성과 하일 외침.'[49)]

사실상 이 답변은 히틀러 연설의 재치에 대한 가장 유명한 예로 여겨지고 있다. 그러나 그보다 앞선 오토 벨스의 연설이 미리 언론에 전해져서 히틀러가 그 내용을 알았으리라는 사실을 기억해야 한다. 괴벨스는 '넝마가 날아가는 것'을 보고 환호하였다. "누군가가 이토록 바닥에 쓰러뜨려지고 패배한 적은 없었다." 능란한 야비함과 완승에 대한 도취된 즐거움이라는 면에서 이 연설은 1919년 9월의 답변을 생각나게 한다. 토론에 참가한 어떤 교수가 처음으로 히틀러 능변의 수문을 활짝 열어서, 견실한 안톤 드렉슬러를 놀라운 경탄으로 이끌어갔던 그 답변 말이다. 다음날 각료회의에서 후겐베르크는 "나머지 각료들의 이름으로…… 마르크스주의 지도자 벨스를 그토록 완패시킨 데 대해서" 감사하였다.[50)]

히틀러의 연설에 이어 박수갈채가 가라앉고 나머지 정당 대표들도 연단으로 올라갔다. 그들은 한 사람씩 찬성하는 이유를 밝혔다. 카스는 당혹한 상태였다. 프리크가 마침내 "심부름꾼이 히틀러의 각서를 이미 크롤 오페라에 있는 자신의 사무실에 갖다놓았다고 확인해준" 다음 카스도 역시 찬성하였다.[51)] 몇 분 만에 법안이 세 번 낭독되었다. 표결은 441 대 94표였다. 사회민주당만이 거부표를 던졌다. 그것은 필요한 2/3를 훨씬 넘는 결과였다. 81명의 공산당 의원과 감금되거나 도망치거나 병들어서 참석하지 못한 26명의 사회민주당 의원들이 모두 거부표를 던졌다고 해도 충분한 표였다. 괴링이 결과를 발표하자마자 국가사회당원들이 앞으로 몰려나갔다. 팔을 높이 쳐들고 그들은 정부측 벤치 앞에서 '호르스트 베셀 노래'를 부르기 시작하였다. 같은 날 저녁에 법안은 통합된 상원에서 만장일치로 통과되었다. 히틀러의 각서는 끝내 중앙당의 손에 들어오지 않았다.[52)]

전권위임법의 공식명칭인 '국민과 나라의 곤궁제거법'이 가결되면서 의회는 제거되고 정부에 무제한 행동의 자유가 주어졌다. 중도 당파들이 이 강력한 적, 가차없는 의지 앞에서 항복하였다는 사실이 이날에 대한 기억을 그토록 어둡게 하는 것이 아니다. 오히려 그들이 자기 자신의 제거에 동참한 그 허약한 방식이 더욱 마음을 어둡게 한다.

시민 정치가들은 2월 28일의 이른바 화재 긴급법이 벌써 독재체제로 넘어가는 길을 튼 것이며, 전권위임법은 권력장악 과정에서 오히려 형식적인 의미만을 가진 것이라고 주장하고 있으며 그것은 틀린 말이 아니다. 그러나 그렇다면 표결은 그들에게, 지난 몇 주 동안의 혁명적인 사건에 합법적인 계속성의 겉모습을 장식해주는 대신 인상적인 몸짓으로 저항해 보일 기회를 주었다. 2월 28일의 긴급법령이 바이마르 공화국의 실질적인 몰락이었다면 전권위임법은 그 도덕적 몰락이었다. 이 몰락은 정당들의 자퇴 과정에 마지막 도장을 찍어준 것이다. 이 과정은 대연정이 붕괴되었던 1930년에 이미 시작되었다.

힌덴부르크의 자포자기

전권위임법으로 권력 장악의 첫째 과정이 끝났다. 그것은 히틀러를 대통령의 긴급권한에서 자유롭게 해주었을 뿐 아니라 보수주의 파트너들과의 결합에서도 자유롭게 해주었다. 이미 그것만으로 새 정권에 대한 조직화된 권력투쟁의 가능성은 사라졌다. 〈민족관찰자〉는 올바른 이야기지만 이렇게 적었다. "역사적인 날. 의회제도는 새로운 독일 앞에 무릎 꿇었다. 4년 동안 히틀러는 필요하다고 생각하는 모든 일을 할 수 있을 것이다. 소극적으로는 마르크스주의의 모든 힘을 근절하는 것, 적극적으로는 새로운 민족공동체를 일으켜 세우는 일이다. 위대한 기획이 이제 시작되었다! 제3제국의 날이 왔다!"

실제로 히틀러는 자신의 파트너들을 속이고 모든 저항력을 무력하게 만드는 데 석 달도 채 걸리지 않았다. 이 과정의 빠르기에 대해서 적절한 개념을 가지려면 무솔리니가 이탈리아에서 그 비슷한 힘을 얻는 데 무려 7년이 걸렸다는 점을 생각해보면 될 것이다.

히틀러의 목적의식과 정치가 스타일에 대한 그의 감성은 처음부터 힌덴부르크에게 깊은 영향을 주었고, 대통령은 곧 과거의 망설임을 거두어들였다. 이제 정부가 분명하게 표결의 승리를 거두자 이러한 감정의 급변이 더욱 강화되었다. 한때 자신을 지지한 사람들이 박해를 받고 있건만 이 차갑고 이기적인 노인은 그러한 박해를 무시하였다. 이제야 비로소 올바른 전선에 섰다고 느끼고 히틀러가 '끔찍하고 버르장머리 없는, 당이라는 괴물'을 없애버린 데 대해서[53] 그를 임용한 것이 자신의 공적이라고 여겼다. 히틀러를 임명한 이틀 뒤에 벌써 루덴도르프가 그에게 편지를 보내서, 나라를 "모든 시대 최고의 선동가에게 넘겨주었다."고 비난하였다. "예언하는 바이지만 이 불행한 남자는 우리나라를 구렁텅이에 빠뜨리고 우리 민족을 알 수 없는 불운으로 이끌어갈 것입니다. 다가오는 세대들은 이러한 행동을 한 데 대해서 무덤 속에 있는 당신에게 저주를 퍼부을 것입니다."[54]

그러나 힌덴부르크는 그것을 무시하고 자신이 '장애물을 건너뛰고 장기간에 걸친 평화를 얻은 것'을 만족스럽게 여겼다. 자기배제의 행진과정에서 그는 전권위임법에 대한 내각회의중에 국무비서 마이스너를 시켜서 이 전권위임에 관하여 발령된 법안에 대한 대통령의 협조는 '필요치 않다'고 선언하였다. 그는 오랫동안 자신을 짓눌러 오던 책임에서 벗어나게 된 것이 마냥 기쁘다는 것이다. 대통령과 수상의 모든 회동에 동참하겠다는 파펜의 요구도 마찬가지로 사라져버렸다. 힌덴부르크 자신이 파펜에게 히틀러를 '모욕하지 말라'고 간청하였다.[55] 바이에른의 주지사 헬트가 대통령궁으로 찾아와서 국가사회주의자들의 테러와 헌법 위반에 대해서 불만을 털어놓으려 하자 정신이 가물거리는 이 노인은 히틀러에게 직접 하소연하라고 청했다.[56]

히틀러의 목적의식과 정치가로서의 감각은 힌덴부르크 대통령에게 깊은 인상을 심어주어서 한때의 망설임을 없애도록 만들었다. 그리고 히틀러가 '추악하고 버르장머리없는 당이라는 괴물'을 없애버리자 히틀러를 임명한 것을 오히려 공적으로 여기게 되었다.

괴벨스가 기록한 바로는 내각에서도 "지도자의 권위는 확고하게 굳었다. 표결은 이미 없어졌다. 지도자가 결정한다. 모든 것은 우리가 감히 기대하였던 것보다도 훨씬 더 빠르게 진행되고 있다."

국가사회주의자들의 구호와 공개적인 선전포고는 거의가 오직 공산주의자들을 향한 것이었지만 그 충격은 또한 파트너인 도이치 국가민족당에게도 향했다. 그들은 머리를 쥐어짜 포위해서 통제하기 위한 그물을 만들었다. 흔한 말로 거미줄에 불과한 이 그물로 그들은 독수리를 잡으려 한 것이다. 좌파에 대한 근시안적인 열성에 사로잡혀서 파펜과 후겐베르크와 그 추종세력들은 히틀러가 좌파 제거에 사용한 수단으로 결국 자기들도 해체당하고 말리라는 사실을 보지 못했다. 그들은 이 결탁의 위험성을 파악할 능력도 없었던 듯하며, 자기들이 히틀러와 함께 식탁에 앉을 경우에는 긴 숟가락이 필요하다는 사실을 전혀 몰랐던 것 같다.

칼 괴르델러(C. Goerdeler)는 아무것도 모르는 보수주의자의 건방으로, 히틀러를 건축에 신경쓰게 만들면 아무 방해도 받지 않고 자기들이 정치를 할 수 있을 거라고 확신하였다. 반대로 당시에 히틀러는 오래된 짜증을 표출하면서 시민계급의 연정 파트너들을 '유령'이라고 부르며 이렇게 선언하였다. "반동세력은 나를 쇠사슬로 묶었다고 믿는다. 그들은 할 수 있는 한 내게 여러 가지 덫을 놓겠지. 하지만 우리는 그들이 행동하기까지 기다리지 않을 것이다……. 우리는 배려라는 것을 아예 모른다. 나는 시민적인 신중성이 없다! 그들은 나를 교육받지 못한 야만인으로 여긴다. 그렇다! 우리는 야만인이 될 것이다. 그것은 명예로운 칭호다. 우리가 세상을 젊게 만들 것이다. 이 세계는 종말에 이르렀다……."[57)]

공개무대에서의 혁명

그러나 좌파와 우파를 손보는 것만이 전권위임법이 히틀러에게 가져온 이익의 전부가 아니었다. 혁명을 통한 권력 찬탈자가 아니라 입법자의 외투를 입고서, 그 외투가 아무리 구멍 투성이이고 기워 맞춘 것일지라도 어쨌든 그런 외투를 걸치고서 무한 권력을 장악한다는 전략은, 일반적으로 폭력적인 전복(顚覆)의 결과로 나타나는 권리 없는 공간의 생성도 방해하였다. 앞으로의 활동 의도를 위해서 꼭 필요한 사법기관을 비롯한 국가 관료기구가 전권위임법과 더불어 히틀러의 손 안에 들어왔다. 그것은 양심을 만족시키고 실증주의적인 필요성을 만족시켜줄 바탕을 마련하였다. 대다수의 관리는 만족감을 가지고 이 합법적인 혁명을 바라보았다.

그로써 혁명은 개별적으로는 온갖 폭행을 다 저질렀음에도 불구하고

1918년 혁명의 야비한 모습과는 완전히 달랐다. 이러한 특성은 관리 계층의 반민주적인 전통 이상으로 강력하게 혁명에 협조할 각오를 일깨웠다. 그런데도 거부하는 사람은 곧장 발령된 특수법을 통해서 개인적인 견책을 당할 뿐 아니라 이제부터는 법의 외양마저도 그에게 불리하게 되었다.

그 법은 물론 겉보기 법에 불과하였다. 의회주의 공화체제에서 전체주의적 국가로 중단 없이 매끄럽게 넘어갔다는 널리 퍼진 주장과는 반대로 모든 상황을 잘 고려해보면 합법적 혁명 과정에서 혁명적인 요소가 합법적인 요소를 훨씬 능가하였음을 확인하게 된다. 무대를 공개한 상태에서 장면을 바꾼다는 발상은 이 사건의 진정한 본성에 대하여 일반여론을 가장 심하게 기만하였다. 혁명적 권력장악 행동은 전권위임법을 통해서 미리 확인을 받은 것이었다. 법이 요구하는 그대로 이 법안은 1937년, 1941년, 1943년에 연장되었다. 그러나 일종의 비상사태하에서 비상사태법이 그대로 존속되었다.

정권의 용어들도 권력 장악 과정의 혁명적인 성격을 강조하는 것이었다. 처음에는 물론 이 사건을 '국민궐기'로 선언하기 위해 세심한 주의를 다 기울였다. 실제로 이러한 개념으로써 단순한 동참자들의 다양한 환상들, 복구의 열망들, 헌신의 욕구들을 일깨울 수 있었다. 그러나 전권위임법을 가결하기 위한 연설에서 이미 히틀러는 '국민궐기'라는 말 대신에 '국민혁명'이라는 말을 쓰고 있으며, 2주 뒤에는 괴링이 다시 어떤 연설에서 이 표현조차도 단호하게 물리치고 '국가사회주의 혁명'이라는 개념으로 대체해버렸다.[58)]

이름 없는 몰락들

그후에 일어난 일들은 오직 부수적인 작업일 뿐이다. 이미 쟁취한 권력들을 정리하는 일이었다. 몇 주 안에 주정부들을 중앙정부와 통합시키는 일이 끝났다. 그와 나란히 모든 정치 단체와 연맹들의 완전한 격파가 이루어졌다. 공산주의자들은 거의 침묵한 가운데 소리 없는 테러의 분위기에서 지하에 숨어들든가 아니면 기회주의적으로 전향하는 형식으로 붕괴되었다.

공산주의자들에 이어서 국가사회주의자들은 노동조합들을 공격하였다. 그들은 3월 처음 며칠 동안에 벌써 치명적으로 추락하면서 방책 없음과 허약함을 노출하였고, 불행하게도 부드러운 태도로 몰락을 피할 수 있으리라 믿었다.

전국적으로 예전 회원들의 체포와 추적이 늘어나고, 돌격대가 노조 사무실을 기습하는 일이 벌어지고 있는데도 전국연맹 대표부는 3월 20일에 히틀러에 대해서 일종의 충성서약을 하였다. 그것은 '국가 체제가 어떻든 상관없이' 순수하게 사회적인 노동조합의 과제들을 지적하고 있었다.[59)]

히틀러가 공화국에서도 실현되지 못한 오래된 노동운동을 자기 것으로 삼고, 5월 1일을 국민 축제일로 선포했을 때 노동조합 지도부는 노동자에게 데모에 참여하라고 호소하였다. 사방에서 낯선 깃발 아래 노동조합 소속 노동자들과 샐러리 맨들이 거대한 축제행렬에 끼여들었다. 박수치라는 강요를 받으면서 국가사회주의 간부들의 연설을 괴로운 심정으로 들었으며, 그러다가 갑작스럽게 자기들이 여전히 적대적인 전선의 한가운데 끼여 있음을 깨달았다. 이 혼란스런 경험만큼 수백만 노동조합원의 저항의지를 꺾어놓은 것은 없었다. 〈노동조합 신문〉이 지도부의 적응전략에 맞추어서 5월 1일을 '승리의 날'이라고 축하하던 5월 2일에 돌격대와 친위대는 독일 전국에서 노동조합 사무소와 연맹 소속 사업소와 노동자 은행 등을 점거하였다. 조합 간부들은 체포되고 일부는 수용소로 끌려갔다. 이름 없는 몰락이었다.

사회민주당의 종말도 똑같이 극적인 방식으로 이루어졌다. 한 쪽의 개별적인 저항 호소에 이어서 다른 쪽 간부들이 그 호소를 취소하는 바람에 마비상태에 빠져서, 전통적 형식에 고정된 대중정당의 무기력을 드러냈다. 1월 30일 이후로 사회민주당은 국가사회주의자들이 무자비하게 망가뜨린 헌법에 매달렸다. 당은 법의 토대를 떠나서는 한 걸음도 움직이지 않을 것이라는 정말 진부한 주장에 꼭 매달렸다. 글자 그대로 믿는 마르크스주의자들은 국가사회주의를, 역사결정주의의 법칙으로 보아 절대로 마음을 끌 수 없는 '반동 최후의 카드'라고 여겼다. 마찬가지로 사회민주당 지도부는

'준비하고 있는 것이 전부!'[60]라는 전략구호로 동원령을 내리지 않은 것을 정당화하였다. 그러나 그들의 수동성도 여러 가지로 행동을 촉구하는 하부 조직들의 사기를 잃게 만들었다. 아무런 방어의 조짐도 없는 가운데 5월 10일에 괴링의 촉구를 좇아서 사회민주당과 국기당의 당사들, 신문들, 모든 재산 등이 압류되었다. 지도부가 격렬한 토론과 대립을 벌인 끝에 진정시키자는 노선의 대표자들이 이겼다. 그들은 환영의 전략으로 정부를 진정시키려고 하였다. 5월 17일에 히틀러의 대대적인 외교선언을 될 수 있는 한 승인하기로 한 의회 내 사회민주파의 결정에도 같은 생각이 작용하였다. 특별한 입장표명을 해서 찬성을 표시하려는 의도는, 히틀러의 무지막지한 절멸의지에 비춰보면 너무나 섬세한 생각이었다.

수용소에 감금된 사회민주당원들을 죽이겠다는 프리크의 위협 아래서 당은 의회에서의 정부선언에 찬성하기로 결정하였다. 괴링은 좌파를 향해 어느 정도 조롱하는 눈길을 보내면서 폐회식에서, "도이치 민족은 운명이 걸린 일에서는 의견이 하나가 된다는 사실을 세계가 보았다."고 선언하였다.[61] 물러터지고 용기를 잃은 사회민주당이 저항의 몸짓을 하리라고 기대하는 사람도 없었다. 그러다가 6월 22일에 당은 금지되고 의사당 내 그들의 좌석은 폐기되었다.

통합의 소용돌이 속에서 나머지 정치 집단들도 모두 끝났다. 신문은 거의 매일같이 해체 혹은 자진해산의 소식을 알렸다. 도이치 국가민족당 전투대와 철모단을 시작으로 해서(6월 21일), 남아 있던 노동자 조직과 고용자 조직들(6월 22일), 도이치 민족 민중당이 뒤따랐다. 이들은 국민궐기에서 함께 싸웠으므로 자기들은 존속할 권리가 있다고 믿었지만 헛일이었다. 그렇게 오랫동안 사냥개들과 함께 몰이를 계속했는데 어쩌다가 이렇게 토끼들 사이에 끼여서 도망치는 신세가 되었는지 스스로도 이해하지 못했다. 이어서 국기당이 종말을 고했고(6월 28일), 도이치 민족전선(6월 28일), 중앙당 연합(7월 1일), 청년 도이치단(7월 3일), 바이에른 민중당(7월 4일), 도이치 민중당(7월 4일), 그리고 협정을 위한 협상으로 마비되어 있다가 포기에 이르게 된 중앙당(7월 5일)도 마침내 끝났다.

이어서 산업, 상업, 수공업, 농업 등의 이익단체들도 통합되었다. 그러나 그 어떤 방어행동도 전혀 없었다. 지역적인 의미 이상을 가진 사건조차 없었다. 6월 27일에 나치 용어로 '늙은 당근돼지'라고 표현되었던 후겐베르크가 은퇴를 강요당하는 것을 보고도 그의 보수파 친구들 중 누구도 손가락 하나 까딱하지 않았다. 바로 직전에 열렸던 런던의 세계경제회의에서 그는 우크라이나까지 이르는 식민제국과 도이치 경제팽창에 대한 과장 섞인 요구를 해서 국가사회주의자들의 선동을 앞질러보려는 노력을 하고 난 다음이었다. 그의 그런 노력은 실제로는 모든 도이치 평화교란자에 반대하면서, 이성과 민족의 평화를 옹호할 계기를 히틀러에게 만들어주었을 뿐이다.

이러한 제거를 통해서 중앙정부와 프로이센 주에 비게 된 네 개의 장관자리를 히틀러는 이틀 뒤에 연합보험 총재 쿠어트 슈미트(K. Schmidt, 경제부)와 발터 다레(식량과 농업부) 등으로 채웠다. 동시에 그는 '지도자의 대리인' 루돌프 헤스를 각료회의에 언제나 참석시켰다. 4월에 이미 프란츠 젤테가 국가사회당으로 전향하였기 때문에 내각 안에서 국가사회당과 도이치 국가민족당의 비율이 거의 역전되었다(8 대 5). 도이치 국가민족당 장관들은 배후에 당의 지지세력이 없었기에 아무런 무게도 없는 전문가급으로 추락하고 말았다. 정부는 1933년 7월 14일에 국가사회당이 유일 정당이라고 선언하는 법안으로 그 동안 이미 행동으로 옮긴 것을 법적으로 뒷받침하였다.

바이마르와의 내적인 작별

좌파에서 우파에 이르기까지 모든 정치권력들이 이렇듯 저항 없이, 재빠르게 소멸한 것은 국가사회주의 권력 장악 과정의 특징을 아주 잘 나타내준다. 바이마르 공화국을 떠받쳤던 기관들이 아무런 수고도 없이 점령당한 일은 공화국의 생명력이 이미 파괴되었음을 알려준다. "이토록 보잘것없는 붕괴가 가능하리라고는 전혀 생각지 못했다."고 히틀러 자신이 7월 초에 도르트문트에서 말했을 정도였다.[62] 얼마 전이라면 분명히 내전 비슷한 소동을 불러일으켰을 침범과 금지들을 사람들은 그저 어깨만 으쓱하며 받아들였다. 그 몇 달 동안의 거대한 항복에 대해서 오직 정치적인 원인만 생각하고, 정신적이고 심리적인 원인들을 생각지 않는다면 그것을 제대로 이해할 수 없을 것이다. 몇 주 동안 온갖 법 위반과 폭력행위를 했음에도 불구하고, 어쨌든 모두가 항복했다는 사실에서 히틀러의 역사적 정당성이 나오는 것이다.

포츠담의 날에 브뤼닝이 의원들의 행렬 속에서 수비대 교회로 올라가면서 '형장으로 끌려가는' 기분이라고 느꼈을 때 그는 자기가 생각한 것 이상으로 진실을 말했던 것이다.[63] 당시의 예리한 관찰자 한 사람은 '진실의 얼굴, 자유의 얼굴에' 아무런 방어도 없이 계속 펀치가 날아들어오는 것을 보면서, 그리고 정당들과 의회질서의 제거과정을 바라보면서, "여기서 없애버리고 있는 모든 것들에 대해서 사람들이 전혀 아무렇지도 않게 여긴다."는 느낌을 받았다고 적었다.

사실상 전권위임법과 그에 앞선 포츠담의 날, 그리고 그 뒤에 이어진 이름 없는 몰락들은 하나의 전환점을 표시한 것이었다. 그것은 바이마르 국가와의 내적인 이별을 뜻하였다. 이제부터 과거의 정치질서는 희망이나 저항의지를 담을 그 어떤 대안(代案)이 아니었다. 히틀러 정권이 들어설 때 이미 막연하고 거의 종말적인 기대감으로 나타났던 시대변화의 느낌이 이제 더 넓은 층을 사로잡았다. '3월의 전사자들(Märzgefallenen)' 이라는 개념에는 경멸적인 억양으로 그 시기의 대규모 전향이 표현되어 있다. 날카로운 눈길에는 정권 변화의 합법성이 의심스럽게 여겨질지 모르지만, 히틀러는 선동가라는 조롱 섞인 칭호 이상을 뜻하는 존경받는 정치가의 합법성을 재빨리 획득하였다. 열병처럼 주변에서 일어나고 있는 가입 욕구에 저항하는 사람들은 점점 줄어드는 소수파가 되어 점점 더 고립되었고, 명백하게 '역사 자체에 의해서' 주어진 패배를 앞에 두고 분노와 고독한 역겨움을 감추었다. 낡은 것은 죽었다. 새 정권이 미래를 가진 것처럼 보였다. 정권은 점점 더 많은 추종자, 환호성, 그리고 갑작스런 기반 등을 갖게 되었다. "비록 침묵하고 있지만 그래도 확고한 거부의 표현을 하는 것은 오직 하녀들뿐"이라고 로버트 무질(R. Musil)은 1933년 3월에 냉소적으로 썼다. 그는 저항하기에는 대안이 없다, 혁명적으로 일어나는 질서를 이전의 상태, 혹은 그보다 더 이전의 상태를 불러옴으로써 대체하겠다는 생각은 불가능하다고 고백하였다. "이러한 느낌은, 국가사회주의가 단순한 소용돌이가 아니라 역사의 한 단계로서의 사명을 가지고 있고, 지금이 그 시간이라고밖에는 달리 해석할 길이 없다." 좌파인 쿠어트 투홀스키가 그에게 독특하지만 무모한 낙담의 심정으로 "대양을 향해서는 꾸짖지 못한다."고 썼을 때 그도 역시 같은 느낌을 표현한 것이었다.[64]

이러한 운명론과 문화적인 체념의 분위기가 국가사회주의의 성공을 더욱더 부추겼다. 승리하는 쪽의 궤적이 거대한 설득력을 가졌다. 거기 맞서 저항할 수 있는 사람은 거의 없었다. 테러와 불법적인 행동들이 눈에 띄지 않은 것은 아니었다. 그러나 오래된 유럽식 갈등, 즉 '양심을 가지고 고달프게 사느냐 아니면 시대의 사건과 더불어 사느냐(dêtre en mauvais ménage avec la conscience ou avec les affeires duasiécle)' 하는 갈등 속에서 역사를 자신을 위한 사업처럼 여기는 사람들의 편이 더 많았다. 그럴수록 이 정권이 권력에 이어 사람들을 정복하는 것도 힘든 일이 아니었다.

제2장 총통국가로 가는 길

나는 지난 14년 동안 설교해 온 것과 다르게 행동하려고 수상이 된 것이 아닙니다.
—아돌프 히틀러, 1933년 11월 1일

전략적인 당혹성의 어떤 표지도, 어떤 망설임도 권력장악 과정이 제1단계에서 제2단계로 넘어가는 것을 중단시키지 않았다. 1933년 여름에 민주적 권리 및 정당국가의 붕괴가 본질적으로 완료되고, 그 무너진 잔재들은 통제 가능한 전체주의적 총통국가의 통합체 속으로 녹아들기 시작하였다. "우리는 권력을 가졌습니다. 아무도 오늘 우리에게 저항해올 수 없습니다. 이제 우리는 이 국가를 위해 도이치 사람들을 교육해야 합니다. 거대한 작업을 해야 할 것입니다."라고 히틀러는 7월 9일에 돌격대를 앞에 두고 미래의 과제에 대해서 선언하였다.[1)]

히틀러가 폭력지배의 의도만을 좇은 것은 절대 아니었다. 히틀러라는 현상의 본질과 성향은 단순한 권력욕만 가지고는 설명이 되지 않는다. 그를 전제정치의 현대적 형태들의 하나로만 보고 연구대상으로만 삼기는 어렵다. 물론 그에게는 거의 무제한의 권력 사용이 매우 중요했다. 그러나 그는 단 한 순간도 그것만으로 만족하지 않았다. 그가 권력을 장악하고, 확장하고, 이용하고, 마침내 다 써버린 그 쉬지 않는 행동은 그가 단순한 독재자로는 얼마나 안 어울리는가 하는 것에 대한 증거다. 그는 유럽과 아리안 종족의 치명적인 위협에 맞서겠다는 사명감에 사로잡혀 있었다. 그리고 이 목적을 위해서 '영속하는 세계왕국을 세우겠다' 고 생각하였다. 역사 관찰, 특히 자기 시대의 관찰이 그에게 그것을 위해서는 물질적인 수단만 요구되는 것이 아니라는 사실을 가르쳐주었다. 오히려 위대한, '러시아 혁명에 견줄 만한 혁명' 만이 이러한 목적에 알맞은 엄청난 역동성을 만들어낼 수 있다는 사실을 가르쳐주었다.

"나는 독재자가 아니다!"

언제나 그렇듯이 그는 이러한 과제를 앞에 놓고 무엇보다도 심리학과 선전의 범주에서 생각하였다. 그는 이 시기만큼 그렇게 대중에게 종속된 느낌을 가졌던 적이 없었다. 그는 모든 반응들을 두려운 걱정으로 살펴보았다. 그는 대중의 흔들리는 기분을 두려워하였다. 민주 시대의 아들이며 대표로서만 그런 두려움을 느낀 것이 아니고, 동의와 갈채에 대한 개인적인 필요성 때문에도 역시 그랬다. "나는 독재자가 아니며 절대로 독재자가 되지 않을 것"이라고 그는 말했다. 그리고 얕잡아보는 태도로, 독재자 노릇이라면 "바보 멍청이라도 통치를 할 줄 알 것"이라고 말했다. 그는 표결의 원칙을 없애기는 하였지만 그 때문에 자유로운 것은 절대로 아니라고 했다. 엄격하게 보자면 멋대로 하는 통치란 없고 다만 '일반의지' 를 산출하는 방법들이 여러 가지가 있을 뿐이라는 것이다. "국가사회주의는 의회주의에서 타락해버린 민주주의를 중히 여긴다."고 확인하였다. "우리는 케케묵은 제도들을 던져버렸다. 그것들이 국민 전체와 생산적인 관계에 있도록 도움을 주지 않기 때문이 아니라 그것이 수다로, 뻔뻔스런 기만으로 되었기 때문에 던져버린 것이다." 괴벨스가 대중정치의 시대에 민중을 "비상사태와 9시 이후 외출금지령만으로 통제할 수는 없다."고 말했을 때 역시 같은 생각을 표현한 것이다. 대중에게 그들의 상상력과 애착을 위한 대상을 마련해주지 않으면 그들은 제 갈길로 가버릴 것이라고 했다.[2]

국민의 심리 파악과 동원령이 우연이나 변덕이나 아니면 비판적인 사람들의 판단에 맡겨지지 않은 것은 이러한 정치적 실천에 맞는 일이었다. 오히려 그런 능력은 계속적인 감시, 단속, 지도 등을 통해서 모든 사회구조를 계속적이고 전체적으로 통제한 결과로 나왔다. 이러한 감시와 지도는 한편으로는 '우리에게 귀속될 때까지 사람들을 계속 개조하는 것'을, 다른 한편으로는 모든 사회적 영역을 파악하고 사적인 부분까지 뚫고 들어가는 것을 목표로 삼았다. "개별적인 생활이 이루어지는 계통조직들을 발전시킬 필요가 있다. 모든 개인의 모든 활동과 모든 필요성은 당에 의해 대표되는 보편성에 의해 통제된다. 이제 멋대로란 없으며, 개인이 자기 자신으로 돌아가는 자유로운 공간은 없다…… 개인적 행복의 시대는 끝났다."[3]

제동 걸린 혁명

물론 히틀러는 전체주의적인 지배의 표상을 한꺼번에 실행에 옮기지 않았다. 그의 전략적 지성에는 확고한 속도의식도 포함되어 있었다. 그리고 1933년의 격렬한 초여름에 적어도 한 번 이상 사건 통제력이 자신의 능력을 벗어날지 모른다는 걱정을 하였다. "마지막까지 성공적으로 추진된 혁명보다 처음에 성공한 혁명들이 더 많다."고 그는 추종자들의 초조함을 진정시키려 했던 당시의 어떤 연설에서 설명하였다.[4]

추종세력과 달리 그는 성공의 도취에 빠지지 않았고 언제나 순간의 감정들을 더 광범위한 권력의 목적 아래 종속시킬 줄을 알았다. 그는 국가의 혁명적 점유를 실질적인 권력 장악의 시점 너머까지 계속 추진하려는 시도들에 대해서 심하게 반대하였다. 그의 날카로운 성공 감각은 그에게 신중하기를 충고하였다. 당이 기다리는 세월 동안 만들어냈던 그림자 국가의 장관들은 즉각적으로 정부의 제자리에 찾아들어가지 못했다. 오직 괴벨스, 다레, 그리고 부분적으로 히믈러만 이 시기에 성공을 거두었다. 그러나 외무부 장관직을 노리던 로젠베르크는 실패하였다. 에른스트 룀도 마찬가지였다.

국가를 즉각적으로 당의 약탈에 내맡기는 것에 대한 히틀러의 거부는 이중으로 심사숙고해서 이루어진 일이었다. 한편으로 오직 이러한 방법으로만 국민의 재화합의 감정을 만들어낼 수 있었다. 그러한 감정은 폐쇄적인 권력국가를 만들기 위해서는 반드시 필요한 것이었다. 히틀러는 거듭해서 1933년 여름에 추종세력에게, "여러 해를 바라보고, 아주 큰 시간을 놓고 계산하라."고 경고하였다. 고집스럽게 서두르면서 "아직 더 혁명거리가 없나 찾아보아야" 얻을 것이 없다고 했다. 이론은 아무것도 아니며, 오히려 "영리하고 조심스러운 것"이 훨씬 중요한 일이라고 했다.[5)]

다른 한편 그는 국가를 권력기술적으로 자기가 당수로 있는 당의 견제도구로 삼을 만큼 충분히 생각이 깊었다. 국가사회당 안에서 언제나 경쟁적인 기구들을 만들어내고 상호 경쟁을 부추겨서 그들의 싸움질 위에서 아무런 문제도 없이 자신의 전권을 주장하였듯이, 그는 이제 국가의 기관들을 이용해서 지배의 안정성이라는 마키아벨리의 게임을 더욱더 혼란스럽고 다양하게 조직하려고 했다. 시간이 흐르면서 그는 기구들을 점점 더 늘렸다.

국가의 정비

두 개, 혹은 힌덴부르크가 죽은 다음에는 세 개의 사무처가 그에게만 소속되어 있었다. 라머스 박사(Dr. Lammers)가 지휘하는 수상 사무처, 헤스와 보어만(Bormann)이 지휘하는 당수 사무처, 그리고 에버트와 힌덴부르크 시절부터 그 자리를 지켜온 국무비서 마이스너가 이끄는 대통령 사무처였다. 외교정책, 교육, 언론, 예술, 경제 등은 서너 개의 경쟁적인 기관들이 철저히 싸우는 영역이었다. 이 작은 전쟁과 경쟁들의 울림과 소음은 정권 마지막 날에도 울리고 있었다. 이러한 경쟁관계는 가장 하층부까지 계속되었다. 심지어 하지의 횃불 놓기 행사를 놓고도 해당부처 사이의 싸움과 서로 모순되는 지시들에 대해서 담당자가 불평하였다.[6)]

1942년에 최고위급 중앙부서만 58개와 그밖에도 비공식적인 기구들이 존재하였다. 이 기구들은 서로 뒤엉켜서 주무관청을 통해서 명령을 내리고 지휘권을 놓고 싸우고, 권한들을 얻으려고 애썼으니, 제3제국을 가리켜 권위적으로 통치되는 무정부상태라 부른 것도 어느 정도 옳은 말이었다. 의도적으로 명확하지 않은 의무를 가진 장관들, 위원들, 특수요원들, 담당자들, 군수들, 주지사들 등이 풀기 힘든 경쟁의 매듭을 이루고 있어서 오직 히틀러 자신에 의해서만 어느 정도 합스부르크식의 지도력으로 조망되고, 균형을 유지하고 통제될 수 있었다.

이 정권이 그토록 극단적으로 히틀러 개인에 종속되고 마지막까지 이념적인 문제들이 아니라 오직 은총을 얻기 위해서만 싸움이 벌어진 이유들 중 한 가지는 분명히 이러한 직급의 혼란에 있었다. 그것은 정통성을 둔 싸움처럼 그토록 치열하고 파괴적인 것이었다. 권위적인 체제들에 결단력과 추진에너지를 주었다고 평가되는 인기 있는 견해들을 놓고 벌인 대립들은 거의 혼돈의 지경까지 이르렀다. 그것은 다른 형태의 국가조직과 구별시켜 주는 점이었고, 질서의 과시는 장엄한 겉모습 뒤에 통치기술적 동기를 가진 혼란을 숨기기 위한 것이기도 했다. 친위대 지휘자인 발터 셸렌베르크(W. Schellenberg)가 전쟁중에 이중으로 내려진 명령들과 무의미하게 경쟁하는 부처들의 실용성에 대해서 불만을 토했다가 히틀러에게서 생존경쟁 이론을 암시하는 답변을 들었다. "사람들을 서로 문지르게 해야 돼. 문지르면 온기가 생기고 온기는 곧 에너지야." 그러나 히틀러는 그것이 낭비된 에너지며, 아무런 위협도 만들어내지 못하고, 통치기술상 중립을 유지하는 힘이라는 말은 하지 않았다.

1938년부터 그가 각료회의를 폐쇄한 것은 물론 그런 모임의 동지적인 정신이 투쟁원칙에 위배되기 때문이었다. 라머스는 동료 장관들을 때로 맥주 마시는 모임에 초대하려고 했다가 히틀러에 의해서 제지당하곤 했다. 이러한 지휘 스타일은 '다원주의적 제도'라고 부를 만한 것이다. 이 제도가 효율성이 더 크다는 널리 퍼진 견해는 사실, 모든 권위주의 체제가 만들어낸 '생존을 위한 거짓말'이라는 주장은 부당한 말이 아니었다.[7]

히틀러가 국가를 당의 약탈물로 내주지 않았기 때문에 추종세력 사이에서 엄청난 불만이 터져나왔다. 온갖 이념적인 동기에도 불구하고 권력 장악의 바탕에 들어 있는 기본적인 물질적 충동력을 무시할 수는 없는 법이다. 6백만 혹은 그 이상의 실업자들은 무서운 사회적 에너지의 원천이었다. 일에 대한 욕망, 약탈의 욕구와 경력에 대한 기대가 충족되지 않고 있었다.

혁명의 파도는 처음에 일부 간부층을 의회와 시의회들, 그리고 쫓겨난 관리들의 책상으로 데려갔다. 이제는 지난 몇 해의 반자본주의 분위기에 힘입어 빈손뿐인 자들이 상업계과 산업계로 몰려들었다. 옛날 전사들은 관리직, 회계국장, 감독관직을 차지하겠다고, 혹은 폭력과 힘으로 무조건 주주가 되겠다고 나섰다. 그들의 거친 정복욕은 분명하게 혁명적인 특성을 드러냈다. 다만 그 사건은 통합의 포효소리에 가려졌을 뿐이다.

쿠어트 뤼데케는 이 시기에 대해서 이런 보고를 하고 있다. 권력과 지위에 굶주린 당 간부들 중 하나가 방금 넘겨받은 사무실 문턱을 넘어서면서 너무나도 행복해서 자기를 향해 이렇게 소리쳤다고 한다. "안녕하시오, 뤼데케! 정말 근사하군! 난 통치한단 말이오!" 이런 사회적 스펙트럼의 다른 쪽 끝에는 헤르만 라우슈닝이 보고한 당원의 절망의 부르짖음이 있다. 이 당원은 이렇게 외쳤다. "또 낙오되지는 않겠어. 당신들은 기다릴 수도 있겠죠. 당신들은 총알을 받지는 않으니까 말이죠! 빌어먹을, 자리가 없다고! 그런 꼴을 다시 겪느니 차라리 범죄자가 되고 말걸. 난 무슨 수를 쓰든지 위로 올라가야겠어. 우린 한 번도 위로 올라가보지 못했단 말예요!"[8]

권력 장악의 제2단계로 넘어가기 위한 전제는 이렇게 과격하고 통제되지 않은 에너지를 단단히 붙잡아놓는 일이었다. 3월의 '돌격대 소동' 사건을 보고 이미 그랬듯이 히틀러는 7월 초에 세 개의 대규모 경고연설에서 혁명의 열기에 제동을 걸기 위해 노력했다. 모든 일은 "마구 풀려난 혁명의 폭풍을 발전이라는 안전한 침대로 데려가는 것"에 달려 있다고 했다.[9] 그러면서도 그는 그것을 계속 앞으로 몰아가기 위해 노력하였다. 모험적인 방종도 위험한 일이지만 상황이 정체되는 것도 역시 위험한 노릇이었다. 혁명에 대한 과장된 혐오감에서든, 점점 새로 밀려드는 당원으로 숨이 막힌 거대정당의 어쩔 수 없는 거동 불편에서든 이유야 어쨌든 말이다. 히틀러는 추종자들에게 기율을 지키라고 경고하고 다른 한편으로는 '시민화' 경향을 염려하면서 1933년 5월 1일자로 입당금지령을 내렸다. 지난 석 달 동안에 이미 150만 명 이상의 신규가입자가 85만 명의 옛 당원들을 소수파로 몰아넣은 다음이었다. 대외적으로는 상업계와 산업계에서 부당한 이권을 빼앗은 당원들을 본보기로 당에서 쫓아내고 수용소로 보냈다.[10] 그러나 가까운 측근들 앞에서는 이러한 이권 추구는 혁명의 추진요소라고 인정해주고, '의도적인 부패'라는 말도 했다.

부하들이 호주머니를 채우는 것은 그대로 놔두면서 이전의 권력자들에 대해서만 부패 소송을 펼친다고 시민계급 사람들이 자신을 비난하였다고 말했다. 한 참석자의 보고에 따르면 그는 화를 내면서 이렇게 말했다. "나는 이 바보들에게 어떤 방식으로 지난 몇 해 동안 비인간적인 상황에서 싸워온 당 동지들의 보상을 바라는 정당한 소원을 들어줄 수 있는지 알려달라고 했소. 돌격대에게 거리를 내맡기면 더 좋겠는가 물었던 게지. 그렇게 할 수도 있다고 말이오. 내겐 상관없는 일이야. 몇 주 동안 정말 피의 혁명이 벌어진다면 아마 민족 전체로 보자면 더 건강한 일일게요. 그렇지만 바로 그들을 생각해서, 그들의 시민적인 안락을 생각해서 그런 일을 말렸던 것이지. 하지만 이제라도 그럴 수 있다고 말이야!…… 우리가 독일을 위대하게 만들고 있다면 우린 우리 자신을 생각할 권리도 있는 것이니까."

혁명을 계속 흘러가게 하면서도 안정시키고, 고삐를 붙잡으면서도 앞으로 나가게 하는 이런 이중적인 전략으로 히틀러는 이 시기에도 자신의 권력심리의 원칙대로 행동한 것이다. 다만 느슨해진 채로 항구적인 불안 상태에 있는 변혁의식을 다잡아서 통제하려고 한 것일 뿐이었다. "대중을 무감각 상태에서 이끌어내어야만 그들을 이끌어갈 수 있다. 광신적으로 된 대중만이 유도가 가능하다. 무감각하고 둔감한 대중은 모든 공동체에는 최대의 적"이라고 그는 설명하였다.[11]

대중을 일깨워서 '도구로 만들려는' 이런 시도는 이제 표면으로 부상하였다. 의사당 화재사건과 관련해서 공산당에 대한 공포를 불러일으킨 것, 행진들, 공동체의 영접, 모금운동, 깨어나라는 구호와 고양시키는 구호들, 지도자 숭배, 한마디로 말해서 재치 있게 배합된 이 모든 기만과 테러의 혼합은 국민을 통합적인 사고도식과 감정도식으로 이끌어가는 시작이었다. 오랫동안 뒤로 물러서 있던 이념적인 고정점들이 다시금 앞으로 나타나게 되었다. 그리고 이전의 투쟁의 기간을 생각나게 하는 날카로움으로 오랫동

돌격대의 최초의 반유대주의 행동들. "도이치 사람들아! 자신을 지키자! 유대인 상점에서 물건을 사지 말자!"

안 무시되고 있던 유대인의 모습이 다시금 악의 원칙으로, 모든 불쾌감에 대항하여 관심을 다른 데로 유도하는 수단으로 등장하게 되었다.

4월 1일 유대인에 대한 불매운동

3월에 이미 돌격대 부대들에 의한 최초의 반유대주의 비행들이 나타났다. 이런 비행들은 외국에서 과격한 항의 사태를 불러일으켜서 괴벨스와 율리우스 슈트라이허가 히틀러에게 공식적으로 압력을 강화해서 비판을 잠재워달라고 부탁했을 정도였다. 히틀러는 모든 유대 기업들과 기업가, 변호사, 관리들에 대항하는 테러 사육제를 위해 추종자에게 거리를 내달라는 원래의 제안에는 따르지 않았지만 단 하루 동안 불매운동을 벌이자는 의견에 설득당하였다.

4월 1일 토요일 유대인 가게와 사무소 문 앞에 무장한 돌격대원들이 지키고 서서 방문객이나 고객들에게 이 장소에 들어서지 말라고 요구하였다. 진열장에는 불매운동 구호나 욕설을 적은 벽보들이 붙었다. "도이치 사람들아, 유대인 상점에서 물건을 사지 말자!" "유대인 나가라!" 따위의 구호들이었다.

그러자 국민의 거부적인 질서의식이 한 번 더 정권에 반발하였다. 법도 없이 멋대로 자의에 내맡겨져 있었건만 그런 행동은 기대하였던 효과를 내지 못했다. 나중에 서부 독일에서 나온 정황 보고서에 의하면 대부분의 주민들의 분위기는 "유대인들을 동정하는 분위기였다…… 유대인 상점들의 매상은, 특별히 농촌지역에서는 전혀 줄어들지 않았다."[12]

처음의 위협과는 달리 불매운동은 다시 되풀이되지 않았다. 슈트라이허는 실망하여 한 연설에서, 정권이 세계 유대인 세력 앞에서 뒤로 물러서고 말았다는 사실을 내비쳤다. 그에 반해 괴벨스는 한 순간 미래를 향한 한 줄기 시선을 보여주었다. 그는 새로운 공격을 예고하였다. "도이치 유대인 세력을 절멸시키려는…… 우리의 확고한 결심을 의심하지 말라."고 예고하였다.[13]

며칠 뒤에 나온 법적인 조치들은 상당히 눈에 띄는 방법으로 유대인을 공적인 생활, 사회적인 지위와 사업상의 지위에서 쫓아냈다. 약 1년 뒤에는 수백 명의 유대인 교수들, 1만여 명의 의사들, 변호사, 관리들, 2천 명의 음악가와 연극인들이 자리에서 쫓겨났다. 거의 6만 명의 사람들이 압제의 파도라는 최초의 인상을 받고 대개는 받아들일 준비가 별로 되어 있지 않은 유럽의 다른 나라들로 도망쳤다.

국민적 형제애

그러나 정권이 찬양한 '도이치 통일성의 기적'이라는 자화자찬 용어는 마르크스주의자와 유대인 같은, 바라지 않는 국민과 참된 국민을 구별한다는 뜻일 뿐 아니라 박수갈채를 보내는 국민을 갈구한다는 뜻이기도 했다. 불매운동의 실패는 대중이 자신의 원한과 얼마나 거리가 먼가를 히틀러에게 깨닫게 해주었다. 4월 1일은 부정적인 공동체 체험을 만들어냈지만, 5월 1일 노동자의 날이나 10월 1일 농부의 날은 그럴수록 더욱 긍정적인 효과를 내야만 했다.

외교인사 귀빈인 프랑스 대사 앙드레 프랑수아 퐁세(André François-Poncet)는 5월 1일 저녁에 베를린 템펠호프 들판에서 거행된 마감행사를 다음과 같이 서술하였다. "밤이 되면서 깃발을 앞세운 빽빽한 부대들이 악단의 연주에 맞추어서 아름다운 질서, 똑같은 발걸음으로 베를린 시내를 행진해서 행사 장소로 모여들었다. 오페라 〈장인 가수(Meistersingern)〉에 나오는 가수들의 행진과 같은 모습이었다! 모두들 넓은 들의 자기에게 배당된 자리에 가

끝없이 계속되는 긍정적인 공동체 체험. 추수감사제에서 히틀러가 추수왕관을 받고 있다.

서 멈추어섰다……. 붉게 빛나는 깃발들의 바다가 배경을 장식하였다. 뱃머리처럼 앞쪽에 무대가 솟아 있었다. 수많은 확성기들이 장치되어 있었다. 그 아래에 대중이 파도치고 있었다. 방위군의 대열, 그 뒤로는 수많은 남자들.

돌격대와 친위대는 이 어마어마한 집회에 엄격한 질서를 유지하였다. 나치 지휘자들이 민중의 생기찬 인사를 받으며 하나씩 등장하였다. 각기 작업복을 입은 바이에른 농부들, 광산 노동자들, 어부들, 오스트리아 대표단, 자를란트 대표단, 단치히 대표단이 무대에 올랐다. 그들은 모두 제국의 귀빈들이었다. 모두 즐겁게 호흡하고 일반적으로 기쁨이 넘쳤다. 강제를 연상시키는 부분은 없었다…….

8시에 움직임이 일어났다. 히틀러가 자동차에 똑바로 선 채 팔을 쭉 뻗은 자세로, 얼굴이 약간 경직된 모습으로 나타났다. 그는 수천 명의 목구멍에서 울려나오는 길다란 외침으로 이루어진 환영을 받았다. 그 사이 완전한 밤이 되었다. 먼 곳에 장치된 조명등들이 길게 빛을 비추고 그 창백한 빛줄기 사이에 어둠이 놓였다. 사람들의 바다였다. 그 바다의 여기저기에서 빛줄기에 따라 움직이는 사람들의 모습이 나타나곤 하였다. 조명등의 빛을 따라 눈에 보이고 나머지는 어둠 속에 잠겨 있는 대중이 숨쉬고 물결치는 모습은 정말 특이한 그림이었다.

괴벨스의 도입 연설이 있은 다음에 히틀러가 연단으로 올라갔다. 조명등은 모두 꺼지고 오직 지도자를 비추는 불빛만 남아서 그는 강렬한 빛 속에 떠올라 마치 대중의 파도 위에 있는 동화 속의 배를 타고 있는 것 같았다. 사방은 교회처럼 조용했다. 히틀러가 연설했다."[14]

단상의 외국 귀빈들만 정부행사 진행의 천재성, 제복, 조명 유희, 음악의 리듬, 깃발, 다양하게 흩어지는 불꽃들이 불러일으키는 '정말 아름답고 경이로운 축제'의 인상을 받아들이고 '제3제국 위에 빛나는 화해와 단합의 숨결'을 본 것은 아니었다.[15] 그러한 경험은 물론 도이치 사람들 자신에게 훨씬 더 오래도록 압도적인 인상을 남겼다.

오전에 이미 베를린에는 온갖 계층의 사람들이 150만 명이나 모였다. 노동자, 관리, 회사 관리직, 수공업자, 교수, 영화배우, 월급쟁이들이 행렬을 이루어 행진을 하였다. 히틀러는 저녁 식순에 따라, 계급차별의 중지와 '주먹의 노동자와 머리의 노동자들' 모두의 공동체를 외치면서 이 그림을 불러냈다. 그러고 나서 그 옛날에 자주 그랬듯이 변경시킨 기도 같은 어조로 다음과 같은 말로 연설을 끝맺었다. "우리는 활동하고자 하며, 일하고, 형제로 사이좋게 지내고 서로 승강이하다가 시간이 되면 주님 앞에 나서서 이렇게 기도할 수 있게 되기를 바랍니다. 주여, 당신은 우리가 스스로 변했음을 보십니다. 도이치 민족은 이제 더 이상 명예를 잃고, 수치와 자기파괴와 소심증의 민족, 믿음 없는 민족이 아닙니다. 주여, 도이치 민족은 다시 정신이 강해지고, 의지가 강해지고, 견디는 힘이 강해지고, 모든 희생을 감당하는 힘이 강해졌습니다. 주여, 우리는 당신을 멀리하지 않으니, 우리의 싸움을 축복해주소서."[16]

이런 종교적인 외침과 통합의 호소, 의식적인 행사의 마법은 효과가 있었고, 많은 사람들에게 소속감과 집단 동료의식이라는 잃어버린 감정을 되찾아주었다. 예배식과 민속축제의 혼합은 얼핏 보기에 정치적이지 않은 인상 때문에 대다수의 사람들에게 더 큰 공통점을 이끌어내었다. 물론 1933년 초의 사람들을 승리자와 패배자로 가른다면 정권이 뒷날 괴물 같은 모

대중축제의 화려한 마비상태에서 사람들은 역사 자체가 자신을 건드린다고 느꼈다.
환각적인 형제애의 느낌으로 변화된 것을 느꼈다.

습으로 인해 불러들인 지적인 단순화의 위험에 빠져들게 된다.

골로 만(Golo Mann)이 적절하게 지적한 것처럼 많은 사람들 속에는 승리감과 패배감, 불확실성, 두려움, 수치심 등이 나란히, 혹은 적대적인 형태로[17] 공존하고 있었다. 이런 날에는 대중축제의 장엄한 마비상태 속에서 사람들은 역사 자체에 의해서 건드려진 것처럼 느꼈고, 멀리 떨어져 있는 그러나 잊을 수 없는 1914년 8월(1차대전이 시작되던 시기 : 역주)의 통합감정에 대한 기억으로 압도되었다. 갑작스럽게 환각적인 형제애의 느낌으로 변화된 것 같았다. 뒷날 국민의 기억 속에 이 처음 몇 달 동안은 누구도 그 이유를 분명하게 제시하지 못하면서도 흥분과 깃발 내걸기, 봄, 자기 변화, 새로운 위대성을 향한 도움닫기 등의 감정들이 뒤섞인, 이해하기 힘든 혼합감정으로 남았다.

수많은 전향자들이 나올 정도로 일종의 역사적으로 고양된 감정상태를 만들어내는 것은 아마도 분석하기 어려운 히틀러의 능력이었던 것 같다. 5월 1일의 인사말은 일자리를 만들어낼 구체적인 계획도, 국가사회주의나 경제 건설을 위한 원칙의 천명도 없었다. 그런데도 그것은 위대성과 역사적 의미라는 의식을 만들어냈다. 여기서는 물론 동반된 테러행위들도 심리적으로 그런 역할을 하였다. 그런 행동들은 사건들에 극단적이고 운명적인 진지함의 특성을 부여하였고, 수많은 사람들은 자기들이 품고 있는 의혹을 하찮고, 이 역사적 사건의 등급에 안 어울리는 것이라고 느꼈던 것이다.

문화적 통합

그것은 단순히 개별적인 과도함이 아니라 운명에 사로잡혔다는 압도적인 느낌의 표현이었다. 당시 지적인 명사 중의 한 사람이 5월 축제를 바라보면서, 노동은 이제 프롤레타리아적인 고통의 흔적에서 벗어나 마침내 새로운 공동체 의식의 기반이 되었으며, "인권의 일부가 새로 선언되었다."고 썼을 때[18] 바로 그런 느낌이 표현되었다.

하루 뒤에 벌어진 노동조합 기습행위는 정권이 추구하는 이중전략의 다른 측면을 드러내 보였다. '예술가 정치가 아돌프 히틀러'가 이끄는 정권이 로마의 아우구스투스 황제시대 같은 문치(文治)의 기대를 부풀리고 있던 5월 10일에 다시 공공연하게 정신에 적대적인 잔혹행위가 나타났다. 돌격대와 친위대 악대가 '조국의 현자(賢者)들'을 연주하는 동안 횃불행진과 이른바 불의 주문과 더불어 전국 대학도시들의 공공 장소에서 거의 2만 종의 '도이치 아닌 문서들'을 불태웠다. 전략적인 측면에서 권력 장악은 언제나 거의 황폐한, 그러면서도 오류가 없는 일관성으로 도취수단과 억압수단을 한데 조합하였다. 이러한 결합은 12년 동안 의회주의라는 공위(空位)기간을 보낸 다음 독일이 다시금 통치되고 축하된다는 느낌을 만들어냈다. 히틀러 정권은 친숙한 권위주의 국가의 정치 스타일을 다시 끌어들인 것이다.

처음에는 우연히 나온 국민의 심리적 정비를 위한 조치들이 곧 체제와 확고한 관할권으로 발전되었다. 이 기간 동안 무대 뒤에서 진행된 권력투쟁에서 요제프 괴벨스가 가장 큰 영향력을 획득하였다. 그가 이끄는 선전부는 정신적·문화적 분야의 일곱 개 영역(홍보, 방송, 신문, 영화, 연극, 음악, 미술)에서, 정부의 전권을 가장 효과적으로 휘둘렀다. 끊임없이 공격받은 문화국의 구성은 선전부 전체의 편성과 같았다. 문화국은 일곱 개의 개

책 태우기.

별적인 국들 안에서 예술 · 출판 분야의 모든 사람들을 통괄하였다. 건축가, 미술품 상인들, 화가, 장치미술가, 조명가, 신문 판매업자에 이르기까지 모든 사람들이 다 이곳의 통제를 받았다.

괴벨스가 공공연히 선언한 바에 따르면 새로운 국가는 그들 모두에게서 '위안 없는 공허의 느낌'을 없애버리려고 하였다. 그리고 이 문화적 통제 및 정치 조직에 받아들여지지 않거나 거기서 빠지면 그것은 직업활동 금지를 뜻했다. 경찰은 곧 수많은 밀고에 따라 조사를 벌였으며, 배척당한 예술가들의 작품을 찾아내거나 작업금지령이 잘 지켜지는지 감시하였다.

1933년 12월에 총 1천 종의 책들, 부분적으로 경쟁하는 곳들에서 나온 21종의 전집류 등이 금지령을 받았고, 일년 뒤에는 4천 종 이상의 출판물이 금지령을 받았다.

혁명은 어디서도 정지하지 않는다고 괴벨스는 문화에 대한 '원칙론의 연설'에서 선언하였다. 중요한 것은 "개별적인 사람과 그의 찬미 대신에 민족과 민족의 찬미가 들어선다는 것이다. 민족이 사물의 중심에 있다……. 예술가들은 정치가 의회주의 정당들의 후계 다툼만 뜻하는 시대에 스스로 비정치적이라고 선언할 권리가 있다. 그러나 정치가 민족의 드라마를 쓰고, 세계가 붕괴되고, 낡은 가치들이 무너지고 다른 가치들이 생겨나는 순간에 예술가는, 그것은 나하고 아무 상관 없어 하고 말할 수는 없다. 그런 일은 그의 주요 관심사인 것이다."[19] 국가사회당의 선전 책임자로서 괴벨스는 그의 성격대로 전국을 41개 당 선전부의 촘촘한 조직망으로 뒤덮었다. 일년 뒤에 그것은 중앙정부 기관으로 승격되었다.

1933년 초에 이미 방송통합은 인물로나 실무적으로나 광범위하게 끝나 있었다. 독일에 있는 약 3천 개의 신문사들 중에서 특히 지방지 상당수는 경제적인 압력에서 혹은 국가적인 권력수단으로 행사되는 구독자 전쟁을 통해서 폐쇄되었고, 대형 중앙지 등 명성이 높아서 이점을 가진 몇 개의 신문들은 압류되었다. 이 신문들은 〈프랑크푸르트 신문〉의 경우처럼 전쟁 때까지 계속 존속될 수 있었다.

그러나 활동공간은 권력 장악 초기에 이미 대단히 좁아졌다. 대개 매일의 기자회견에서 발표되는 지시문들과 언어통제의 엄격한 원칙이 정치적 규제를 했고, 언론자유는 행간(行間)으로 숨어들어갔다. 그렇지만 괴벨스는 형식적이고 문체적인 측면에서는 적극적으로 차이를 권장하였다. 국가의 의견 통제를 언론의 다양성으로 완화시키고 감추어보려는 속셈이었다. 언론이란 문화 일반과는 아주 달리 "의지는 단일해야 하지만 의지의 표현에서는 다양한 형태"라는 것이 그가 제시한 모토였다.[20]

전체적으로 전망해보면 문화적인 영역에서 통합은 아무런 항의 없이, 그리고 효과적인 저항의 흔적 없이 이루어졌다. 오직 개신교회만이, 그것도 분열을 대가로 치르면서 공개적인 권력장악에 저항하였을 뿐이다. 반면에 카톨릭 교회의 주교들은 맨 처음에 과격한 선언서에서 국가사회주의를 공격하고 공식적으로 비난하였다. 그러다가 히틀러가 온갖 약속들과 거짓고백으로 가동시킨 로마 교황청과의 정치 및 종교협약을 통해서 저항의 근거를 빼앗기고 말았다. 카톨릭측의 저항 노력은 어차피 때늦은 것이었고, 너무나 많은 전략적 고려들에 의해서 방해를 받는 것이었지만 그나마 근거조차 잃었던 것이다. 이 정권의 사이비 기독교적인 태도는 신구교 신자들에게 영향을 미쳤다.

히틀러 자신도 계속해서 '주 하느님' 혹은 '섭리' 등을 불러대며 자신이 경건한 사고방식을 가지고 있다는 인상을 만들어냈다. 국가사회주의 세계관의 일부 요구들은 처음에 '하느님을 모르는 마르크스주의' '회의론자', '풍기문란' '타락한 예술' 등에 대항하여 싸움을 시작하였고, 그것이 수많은 신자들에게 사실상 철저히 친숙한 문제들이었다는 사실도 저항의지를 약화시켰다. 다채로운 국가사회주의 이념의 일부는 "기독교 신앙에서 나온 것이며, 이해도 안 되고 신을 부정하는 주변세계 및 현대적 발전과 대결하면서 기독교 공동체 생활에서 형성된 원한과 이념"이기 때문이다.[21]

지식인들

대학에서도 아주 약한 자기주장 의지만 움직였다. 그것은 밑으로부터의 '자발적인' 의지표명과 위로부터 추진된 관리행위가 결합되면서 패배하고 말았다. 개별적인 거부행위들이 있기는 했다. 그러나 전체적으로 지식인, 교수, 예술가, 문필가, 대학과 각종 교육기관들의 압도적 다수는 아무런 수고도 없이 재빨리 정부의 손으로 넘어갔다. 고위 장교단이나 대기업체들이 국가사회주의의 침입 조작에 가장 허약한 집단이었다는 널리 퍼진 주장이 의심스러울 정도였다.

처음 몇 달 동안 정권은 인정받고 장식적인 이름이나 얻기를 원하고 있었다. 그런데 바라지도 않았던 충성서약들이 비처럼 쏟아져 내렸다. 3월 초에, 그리고 다시 5월에 수백 명의 온갖 분야의 대학교수들이 공개적으로 히틀러와 새 정부를 지지하였다. '민족수상 아돌프 히틀러를 위한 도이치 시인들의 충성맹세'는 빈딩(Binding), 할베(Halbe), 폰 몰로(v. Molo), 폰텐(Ponten), 폰 숄츠(v. Scholz) 등의 이름을 포함하였다. 또 다른 선언서에는 핀더(Pinder), 자우어브루흐(Sauerbruch), 하이데거(Heidegger) 같은 유명한 학자들의 서명이 들어 있었다. 그밖에 개별적인 찬성 표명들이 수없이 많았다.

괴벨스가 여러 해 동안이나 '노동조합의 괴테'라고 비웃었던 게르하르트 하우프트만(G. Hauptmann)은 교열자가 덧붙인, 그러나 잘 어울리는 '나는 찬성!'이라는 제목이 붙은 기사를 썼다. 한스 프리드리히 블룽크(H. F. Blunck)는 새로운 시대의 시작과 결합되려는 기대감을 이런 형식으로 표현하였다. '신 앞에 겸손, 국가에 명예, 예술들의 결혼'. 문학사가인 에른스트 베르트람(E. Bertram)은 자기 친구 토마스 만의 작품들이 포함된 책을 불지른 사건을 위하여 〈불꽃의 말〉이라는 시를 썼다.

게어하르트 하우프트만.

> 너희를 혼란케 하는 것을 내던져라
> 너희를 유혹하는 것을 추방하라!
> 순수한 의지를 키우지 않는 것은
> 너희를 위협하는 것과 함께 불꽃 속으로!

테오도어 아도르노(Th. W. Adorno)조차도 발두어 폰 시라흐(B. v. Schirach)의 연작시를 작곡한 것을 듣고 괴벨스가 주장한 '낭만적 사실주의'의 '생각할 수 있는 한 가장 강렬한 효과'라고 여겼다.[22)]

그 사이 처음 몇 주 동안에만 250명 정도의 문필가와 학자들이 나라를 떠났다. 다른 사람들은 다양한 억압, 직업활동 금지, 세련된 행정조치 등을 당했다. 문화적으로 야심만만한 정부의 대변자들은 곧 독일 최초의 '문화여름'이 성숙한 국가의 모습보다는 도살장의 모습을 띠고 있다는 사실을 고백해야만 했다.[23)]

1933년 8월 이후로 내무부 장관이 내는 계속적인 공고를 통해서 수많은 예술가, 문필가, 학자들의 국적 박탈 사실이 밝혀졌다. 그중에는 리온 포이히트방거(Lion Feuchtwanger), 알프레트 케르(A. Kerr), 하인리히 만과 토마스 만, 테오도어 플리비어(Th. Plivier), 안나 제거스(A. Seghers), 알버트 아인슈타인(A. Einstein) 등이 끼여 있었다. 남아 있는 사람들은 법석 떨지 않고 학계와 예술계의 거대한 자리들을 차지하면서, 쫓겨나고 추방된 사람들의 비극을 쳐다보지 않으려고 했다. 요청을 받은 사람들은 정부를 위해 봉사하였다. 리하르트 슈트라우스(R. Strauss), 빌헬름 푸르트뱅글러(W. Furtwängler), 베르너 크라우스(W. Krauss), 구스타프 그륀트겐스(G.

'도이치 통합의 기적'은 진짜 국민과 원치 않는 국민을 갈라놓았다. 왼쪽부터 하인리히 만, 토마스 만, 알버트 아인슈타인.

Gründgens) 등이었다. 물론 그들 모두가 약하거나 기회주의에서만 그랬던 것은 아니었다. 그들은 오히려 권력 장악의 진동과 국민적인 출발의 감격에 휩쓸렸다. 그러한 감격은 스스로 바치고 통합되고자 하는 항거할 수 없는 욕구를 일깨웠다. 어떤 사람들은 국가사회주의라는 '거대한 이상적 민족운동'에서 긍정적인 힘을 강화하고, 정직하지만 단순한 나치 무사들을 전문적인 보호 안에 받아들여서 그들의 우중충한 에너지를 순화시키고, "'민족의 남자' 아돌프 히틀러의 선량하지만 아직 서투른 이념들"을 섬세하게 만들고, 이와 같은 방식으로 "국가사회주의자들에게 그들의 어두운 충동에 이미 들어 있는 것을 보여주어서 '더 나은' 국가사회주의"로 만들겠다는 생각을 가졌다.[24]

더 나빠지는 것을 막겠다는 것은 혁명의 시대에 자주 등장하는 희망이었다. 그러한 희망은 위대한 국민적 형제애가 '더러운 정치'를 정신적인 것으로 만들 기회를 준다는 생각과 이상하게 짝을 이루었다. 그러한 지적인 망상에서, 널리 퍼져 있던 비겁함과 적응 욕구가 아니라 오히려 국가사회주의가 특별히 도이치의 계승이라는 사실을 더 잘 볼 수 있다.

그러나 변하는 시대의 지배적인 감정을 고려하지 않는다면 여전히 단편적인 이해가 되고 만다. 노골적으로 반정신적인 히틀러 운동이 문필가들, 교수들, 지식인들 사이에서 성공을 거둔 이유에 대한 끝없는 질문은 반정신적인 시대 경향 자체에서 답을 찾을 수 있기 때문이다. '모든 망상 중에서 가장 결실 없는' 망상인 정신에 대해서 '생명의 원초적 힘'을 마주세웠던 반이성적인 분위기가 시대를 지배하면서 이성 지배의 종말을 예고하고 있었다. 독일에서 그러한 경향은 무엇보다도 공화국의 현실에서 불붙었다. 공화국은 냉정하고 감정적으로 메마른 가운데 이성 원칙의 실패를 너무나 분명히 확인해주는 듯했다.

막스 셸러(M. Scheler)는 20년대 말 어떤 강연에서 스스로는 정신의 모욕으로부터 어느 정도 거리를 둔 태도로 시대의 비합리적인 움직임을 '기본적 과정' '우리 아버지들의 지나친 지성주의에 대항하여……. 새로운 시대 사람들의 체계적인 충동의 반발'이라고 해석하였다.[25] 그리고 히틀러 운동의 승리를 건강 되찾기 과정에 나타난 정치적인 돌파구로 해석하였다. 종교적 영역에서의 유사 종교적인 도주 욕구, 문명에 대한 증오, 그리고 '인식에 대한 염증' 등이 가장 분명하게 실현된 것이었다. 그것으로 국가사회주의는 수많은 지식인들에게 유혹적인 작용을 하였다. 지식인들은 자기들의 문자세계에 고립된 채 대중과의 결합을 갈망하고, 대중의 생명력, 감정주의, 역사적인 작용력 등에 동참하기를 갈망하였다. 반계몽주의적인 시대 분위기와 그러한 분위기에 감염되기 쉬운 허약함은 전유럽적인 현상이었다.

국수주의적 문필가인 에드가 융(E. Jung)은 "민족운동에 대한 존경심, 승리에 찬 관구 지도자와 돌격대 지도자의 전투력에 대한 존경심"을 표명하는가 하면 폴 발레리(Paul Valéry) 같은 사람은 "나치스가 정신을 그토록 경멸하는 것이 매력적"이라고 생각하였다.[26] 이러한 동기들의—착각, 희망, 자기유혹 등—총목록은 이민 간 클라우스 만에게 보낸 시인 고트프리트 벤의 유명한 편지에 잘 드러나 있다.

> 나는 극히 개인적으로 새로운 국가에 찬성하는 바입니다. 여기서 자기 길을 닦는 것은 바로 나의 민족이기 때문입니다. 내가 누구기에 자기 자신을 예외로 삼고 더 나은 것을 안다고 하겠습니까. 아닙니다! 나는 물론 내 민족이 갔으면 좋겠다고 여겨지는 곳으로 내 능력이 미치는 만큼 민족을 이끌어가려

고트프리트 벤.

고 애쓸 수는 있겠지요. 그러나 민족이 나 있는 곳까지 오지 못한다고 해도 여전히 그것은 나의 민족입니다. 민족은 대단한 것입니다! 나의 정신적, 경제적 존재, 나의 언어, 나의 삶, 나의 인간관계, 내 두뇌의 총합을 나는 우선 민족에 힘입고 있습니다. 그리고 나는 시골에서 가축떼 곁에서 자랐기에 고향이 무엇인지 압니다. 대도시, 산업화, 지성주의, 이 시대가 내 생각에 드리운 이 모든 그림자들, 내 작품 안에서 나 자신과 마주선 이 세기의 모든 힘들, 이 모든 고통받은 삶이 가라앉고, 평야, 먼 거리, 계절들, 대지, 단순한 말들 이외에는, 민족 이외에는 아무것도 없는 그런 순간들이 있습니다.[27]

이러한 언명들은 이념의 빈곤이라는 비난이 국가사회주의의 본질과 그 특수한 유혹의 힘을 제대로 설명하지 못한다는 사실을 분명하게 보여주고 있다. 좌파의 사고체계와 비교해볼 때 국가사회주의는 엄청난 사람들의 모임, 달아오른 얼굴, 갈채의 외침, 행진, 인사하기 위해 들어올린 팔 등 집단적인 온기밖에 주지 않았다는 사실은[28] 지식층에는 특별히 매력적인 것으로 여겨졌다. 지식층은 오래 전부터 자기 자신에 절망하고, 시대의 온갖 이론적 싸움에 물려서 '사상으로는 사물에 더 이상 다가갈 수 없다'는 깨달음을 되찾은 참이었다. 그것은 바로 이념, 개념, 체계들로부터 도망쳐서 단순하고, 복잡하지 않은 소속감을 가지려는 욕구였다. 국가사회주의 운동에 동참한다는 소속감은 수많은 전향자들을 불러들였다.

사회적 동원

국가사회주의는 새로운 사회적 활동공간을 다양하게 만들어서 이러한 소속감의 욕구를 충족시키려고 하였다. 인간은 어딘가에 소속되고자 한다는 생각은 청년기의 사회적인 소외감에서 히틀러가 일찌감치 터득한 기본적인 인식들 중의 하나였다.

이제 전국을 무성한 덩굴처럼 뒤덮은 당의 수많은 편성들, 정치적으로 조직된 직업 연합들, 부서들, 직위들, 연합체들에서 강제의 요소만을 보려 한다면 잘못 생각하는 것이다. 모든 연령층, 기능층의 개인들을 여가 시간이나 오락까지도 사로잡아서 잠자는 것만 개인적인 일로 남겨두는 방법은 사회적인 참여에 대한 광범위한 욕구에 부응한 것이었다.

히틀러가 추종자들에게 언제나 희생을 요구한다고 정기적으로 강조하였지만 그것은 과장이 아니었다. 실제로 그는, 사람들은 편입의 욕구를 가지며, 기능 욕구라는 것이 있고, 광범위한 의식층에는 자유의 지적인 꿈보다 자기희생의 기회가 더 중요하다는 잃어버린 진실을 재발견하였다.

초기에 일깨워진 이 모든 불확실한 원동력을 목적 지향적인 사회적 에너지로 바꿀 수 있었던 것은 히틀러의 가장 소중한 공적들에 속한다. 그가 제시한 자기 도전의 음조는, 실업, 비참, 굶주림 등에 쇠약해진 민족을 열광시켰고, 거의 몽상적인 헌신의지를 일깨웠다. 아무도 그처럼 믿음직하게 외칠 수는 없었을 것이다. "위대한 과제를 부여하는 시대에 사는 것은 멋진 일입니다." 그는 공개적인 장소에 나가고자 하는 지치지 않는 욕구를 전례 없는 여행과 연설 일정에서 만족시켰다. 근본적으로는 아무 일도 일어나지 않았건만 모든 것이 변화하였다.

에른스트 룀은 믿을 수 없다는 눈길로 히틀러를 바라보며 이렇게 말했다. "말이야, 말뿐이라구. 그런데 수백만의 가슴이 그를 향해 열리니, 정말 환상적이군."[29)]

그는 끊임없이 초석 놓기와 첫삽 뜨기를 계속해서 일종의 동원의식을 만들어내고, 일터로 가자는 연설을 수없이 해서 노동의식을 일깨웠다. 그것은 정부의 군사용어를 전 노동계층에 확산시키고 컨베이어 벨트에서 혹은 향토에서의 동원을 승리로 이끌어갔다. 그러한 형태로 작용하는 전쟁의식이 희생의 의지를 활성화시켰다. 그러한 의지는 자극하는, 때로는 "도이치 여성들이여, 뜨개질하자!" 같은 그로테스크하기도 한 표어들을 통해서 점점

끊임없이 초석 놓기와 첫삽 뜨기를 계속해서 일종의 동원의식을 만들어내고, 일터로 가자는 연설을 수없이 해서 노동의식을 일깨웠다. 그것은 광범위한 희생의지를 만들어냈다.

더 고조되었다.[30)]

국가 축제, 축하식, 퍼레이드와 마찬가지로 이러한 스타일도 새 정부를 인기 있게 만들었다. 히틀러의 오페라 기질은 현대의 정치적·사회적 기능 맥락의 추상적 성격을 단순한 그림으로 바꾸는 능력에서 가장 분명하게 드러났다. 대중은 분명히 정치적으로 용기를 빼앗기고, 그들의 권리는 축소되거나 지양되었다. 한때 나타났던 성년의식은 그들에게 별로 흔적을 남기지 않았다. 그들은 그것에 대해서는 하찮은 기억만을 가졌다. 반면에 끊임없이 몰아붙이는 히틀러의 자기 서술과 과시욕은 국가에 참여한다는 뚜렷한 느낌을 만들어냈다. 의기소침한 여러 해를 보낸 다음 수많은 사람들은 자기들의 행동이 마침내 의미를 되찾은 것처럼 느꼈다. 가장 하찮은 행위라고 하더라도 값진 의미의 차원으로 높여졌고, 히틀러는 정말로 자기가 목적으로 삼았던 의식을 확산시켰다고 말할 수 있을 것이다. 그는 "거리 청소부라도 이 나라의 시민이라는 사실"은 명예라고 말했다.[31)]

주도권과 자신감을 일깨우는 이런 능력은 히틀러가 아무런 구체적인 프로그램도 갖지 않았다는 점에서 더욱 놀라운 일이다. 3월 15일 내각회의에서 처음으로 그는 자신의 딜레마를 고백하였다. 집회와 과시, 활동성 등을 통해서 "순수한 정치 쪽으로 사람들의 마음을 유도하는 것"이 필요하다. "경제적인 결정은 앞으로 때를 기다려야 하기 때문"이라고 했다.

9월에도 프랑크푸르트-하이델베르크 간 최초의 고속도로 구간을 위한 첫삽 뜨기 행사에서 자기도 모르게 속마음을 담은 발언이 새 나왔다. 이제는 "어디서든(!) 기념비적인 거대공사를 통해서 도이치 경제를 다시 가동시켜야" 한다고 말했다.[32]

헤르만 라우슈닝이 확인해준 바에 따르면 히틀러가 권력을 넘겨받았을 때의 전체적인 실무적 구상은, "상당히 원시적이지만 효과적인 원칙으로 일을 무사히 끝낼 수 있으리라는 무한한 자신감뿐이었다. 즉 명령하면 이루어진다는 원칙이다. 어쩌면 짐작했던 것보다 사정이 더 나쁘겠지만 그래도 시간이 흐르면 사람들은 계속 그런 식으로 생각하게 된다는 것이었다."

이러한 생각은 경우에 따라서는 일종의 마법적인 효력이 있다는 사실이 입증되었다. 지배적인 무력감을 극복하는 것이 문제가 되고 있었기 때문이다. 물질적인 상황은 1934년에야 개선된다는 느낌이 들었지만 첫날부터 벌써 '견고하다는 느낌'이 생겨났다. 동시에 그것은 히틀러에게 자신의 의도들을 변화하는 요구들에 맞추어 적응시킬 활동의 여지를 상당히 마련해주었다. 그래서 그의 통치 스타일을 '항구적인 즉흥 처리'라고 규정하는 것도 맞는 말이었다.[33]

그는 당 강령의 불변성을 고집하였지만 어떠한 확정도 꺼리는 전략가의 습성이 그를 사로잡았다. 완전히 자유로운 입장에 서기 위해서 그는 처음 몇 달 동안 언론이 《나의 투쟁》에서 멋대로 인용하는 것을 금지하였다. 야당 당수로서의 생각은 정부 수반의 생각과 완전히 일치할 수 없다는 것이 그 이유였다. 25개 조항의 당 강령을 제시하는 일도, 앞으로는 강령이 아니라 실질적인 노동이 중요하다는 이유를 붙여서 금지되었다.

당시 국가사회당의 관점에서 어떤 문서가 이렇게 피력하였다. "새로운 수상은 그의 관점에서 보면 철저히 이해가 가는 일이지만 강령을 하나 하나 제시하는 일을 지금까지 거부하였다('당 동지 1번은 대답하지 않는다'고 베를린 사람이 말했다)."[34]

예전의 당 간부 중 한 사람은 그런 관찰들에 대해서, 히틀러는 정확하게 표현할 만한 목적이나 의도들을 가져본 적이 없다는 사실을 확인해주었다. 실제로 그는 변화하는 사태를 조망하고, 그 가능성을 재빠른 힘으로 파악하는 비상한 능력과 비전들만을 가졌던 듯하다.[35] 세계의 붕괴와 종족의 황혼이라는 종말론적 안개에 감싸인 장엄한 환상은 그의 것이었고 동시에 교활하고 냉혹하게 연출된 순간의 사건이기도 했다. 공상가와 전략가가 특이하게 결합된 형태였다. 포괄적으로 계획되고, 인내심 있게 추진되는 정책의 중간영역, 즉 역사의 공간은 그에게는 낯선 것이었다.

강령 포기

사실상 그에게 있어서 강령은 중요한 것이 아니었다. 그는 '반동적인' 후겐베르크를 내각에서 쫓아내고, 동시에 이제는 경제부에 국무비서로 있는 고트프리트 페더에게 강요해서 '이자노예의 철폐'라는 위대한 사상을 철회의 정도까지 약화시키도록 만들었다. 한때 방위군 지역사령부의 신임인물 시절의 깨달음처럼 자신을 사로잡았던 이념을 그는 '당파적으로 생각했던 공상'이라고 물리쳐버린 것이다.[36] 당의 원래 추종세력이었던 소규모 가게주인들은 당 강령 16조에 따라서 이제 자신들의 판매대를 세울 장소를 보아두려고 백화점으로 몰려갔다. 그러나 7월 초에 히틀러는 루돌프 헤스를 내세워서 이렇게 설명하였다. 백화점 문제에 대한 당의 입장은 "근본적으로 전과 변함이 없다." 그러나 현실적으로 이 조항은 최종적으로 파기되었다. 그는 독일을 강하게 만들려고 하는 것이지 가난한 사람들을 부유하게 만들려는 것이 아니기 때문이다.

수많은 다른 옛날 동지들에게도 사태는 비슷하였다. 그들은 이념적인 단독자로서 점점 더 자주 비웃음을 당하고 배제되었다. 모든 불만과 원한의 정당으로서 국가사회당은 상승하던 시절에 수많은 작은 유토피아의 꿈을 가진 사람들을 끌어들였다. 하나의 이념, 새로운 질서관을 지니고서 역동적인 히틀러 당이 자기들의 개혁의지를 가장 분명하게 대변해준다고 믿었던 사람들이었다. 이제 현실이 아주 가까이 다가오자 수많은 이런 구상들의 비현실성, 우스꽝스러운 제한성이 드러났다. 한편 다른 구상들은 권력을 상승시킬 가능성이 전혀 없어 보였고 그래서 히틀러의 관심을 얻지 못했다.

'신분구조'와 헌법 및 국가 개선 계획들, 게르만 제국 이념, 트러스트의 국유화, 토지개혁 혹은 생산수단의 국가 대여법 사상들은 개별적이고 공명 없는 외침을 넘어서지 못했다. 이러한 생각들은 서로 모순되는 것이라 그 대표들끼리 서로 열렬히 싸우는 일도 드물지 않았다. 반면 히틀러는 다시 모든 것을 허공에 띄워두고, '조직 없는 상태'라는 불만들에 대해서는 전혀 개의치 않았다.[37] 반대로 오히려 그러한 상태를 통해서 그의 의지는 이 정권에서 제한 없는, 독자적인 기본법이 되었던 것이다.

그러나 국가사회주의가 불러일으킨, 혹은 끌어들인 에너지들은 새로운 질서를 세울 능력은 없다고 하더라도 여전히 낡은 상황을 파헤쳐서 붕괴시킬 만큼은 강했다. 이 국면에서 이미 정권의 구조적 취약점이 드러났다. 이 정권은 비상한 목적의식을 가지고 있지만 무정부 상태의 구조와 부당한 요구들을 드러냈다. 그것은 해체적인 성향을 가지고 있어서 건설하는 힘으로는 적당하지 않았고, 더 큰 역사적 맥락에서 보면 단순히 제거기능을 떠맡았을 뿐이었다. 근본적으로 그것은 자신의 권력정책적인 의도를 위해서도 합리적이고 합목적적인 형식을 발전시킬 능력이 없었다. 전체주의 국가를 실현했지만 그 초기 국면을 거의 넘어가지 못했다. 프란츠 노이만이 표현한 대로 레비아탄이기보다는 오히려 베헤모트였다. 즉 비국가(非國家)이며, 조종되는 혼란상태로서, 그래도 국가라고 할 수 있는, 테러에 의한 강제국가도 못 되는 국가였다. 모든 것은 성급하게 만들어진 윤곽뿐인 목적을 그때그때 추구하였다. 극히 배타적인 힘으로 히틀러의 상상력을 온통 사로잡아서 다른 아무것도 효력을 가질 수 없게 만드는 위대한 정복의 행진이었다.

사회적 구조와 정치적 구조를 정비하고, 한 개인을 넘어서 지속할 수 있는 제도에 대해서 그는 관심이 없었다. 그는 오직 공허한 문자상으로 천 년 단위로 생각하였다. 그래서 제3제국은 독특하게 완성되지 못한 임시적인 상태로 들어가게 되었다. 이쪽저쪽으로 치달리는 구상들의 폐허더미, 그 위에서 과거의 개별적인 겉모습들이 새로 만들어진 기초들을 가렸다. 이 새 기초들은 다시 여러 가지로 시작된 성벽들, 파괴된 것과 부서진 것들로 채워졌다. 그것은 단 한 가지 점에 의해서만 의미와 지속성을 얻었다. 즉 히틀러의 괴물 같은 권력의지와 출동의지였다.

모든 결정이 권력 목적을 지향하도록 만드는 히틀러의 성향은 슈트라서 일파의 잔당에 아직도 개별적으로 살아남아 있던 사회화 의도에 대한 태도에서 가장 인상적으로 드러났다. 국가사회당은 혁명에 대한 두려움과 시민계급의 공포 분위기에서 출발한 운동이었기에, 그는 정권을 전통적인 혁명 관념의 근처로 몰아가는 일체의 행동을 피하려고 노력하지 않으면 안 되었다. 특히 국유화나 공공연한 계획경제 시도 같은 것을 피하려고 하였다. 그러나 사태 자체의 성격으로 보면 그 자신도 이러한 것을 의도하고 있었으므로 그는 '국가주의 사회주의'라는 표어 아래 모든 차원에서 모든 사람이 국가와 무조건적인 협조를 하라고 선언하였다. 그리고 모든 관할권은 언제가 되었든 결국 그 자신에게 돌아오게 되어 있었으므로 이것은 사유 경제 권한이 지속된다는 허구 아래 사실은 일체의 사유 재산권을 없애버리는 것을 뜻하였다.

국가의 제한 없는 간섭권에 대한 보상으로 기업 경영자들은 법으로 규정된 노동의 평화와 생산 및 판매를 보장받았고, 시간이 흐르면서 국민경제 기반이 강력하게 확장되리라는 불확실한 희망을 얻었다. 히틀러는 가장 단기적인 목적들에 의해 움직이는 이 모든 구상들로써 확실한 일꾼을 얻었다.

그는 가까운 측근에게 조소와 예리한 감각을 드러내면서 이러한 단기적 구상의 이유를 설명하였다. 자신은 러시아처럼 유산계층을 뒤집어엎을 생각은 조금도 없다. 오히려 여러 가지 가능한 방법으로 그들이 능력을 다해서 경제를 건설하도록 그들을 강요할 것이다. 기업가들은 그들의 생명과 재산을 보호해주고, 이러한 방식으로 그들을 종속시킨다고 해도 분명히 기뻐할 것이다. 그런데 이런 유리한 상황을 변경시켜서, 오직 자기 공적만 주장하는 옛날 전사들과 열성이 넘친 당 동지들과 다툴 필요가 있겠는가? 생산수단에 대한 소유의 형식적 명칭이 무엇이 됐든 상관없다. "사람들을 빠져나갈 수 없는 기율 속에 확고히 묶어놓는다면 그런게 다 무슨 상관인가 말이오. 그들이 원하는 한 부동산이고 토지고 공장이고 무엇이든 다 가져도 괜찮아. 그들이 소유자든 노동자든 상관없이 국가가 당을 통해서 그들의 운명을 결정한다는 것이 중요한 일이지. 이해하시겠소, 이 모든 게 아무 의미도 없단 말이오. 우리 사회주의는 훨씬 더 깊이 장악하고 있지. 그것은 사태의 외형적인 질서를 변화시키지 않아, 오직 국민의 국가에 대한 관계만을 변화시키지……. 그렇게 되면 소유고 수입이란 게 다 뭐란 말인가. 은행과 공장의 사회화란 게 우리한테 왜 필요하단 말인가. 우리는 사람들을 사회화시키는데 말이야."[38]

경제위기의 극복

놀라울 정도로 빠르게 대량실업사태를 극복한 것도 이념과 무관한 히틀러의 실용주의 덕분이었다. 그는 정권의 운명도 자신의 개인적인 체면도 곤궁에 시달리는 주민의 처지를 개선시키는 일에 달려 있다는 사실을 의심하지 않았다. 이 문제의 해결은 "우리 혁명의 성공에 결정적인 역할을 할 것"이라고 그는 설명하였다.[39] 너무나 오랫동안 선전이라는 줄타기를 해왔기에 이 실업 위기를 극복하지 않고는 자신의 약속을 지킬 수 없게 되었다. 동시에 오직 이런 방법으로만 수많은 타협과 적응행위에 대한 옛 전우들의 불만, '혁명의 배신'에 대한 그들의 불쾌감을 진정시킬 수 있었다.

히틀러는 바이마르 시대의 어떤 정치가와도 달리 위기의 심리적 측면을 이해하였다는 점이 결정적으로 작용하였다. 물론 천천히 다시 작동되는 세계경제의 회복이 그에게 도움이 되었다. 그러나 낙담, 의기소침, 무감각 등은 세계의 질서에 대한 비관적인 의심에서 나온 것이며, 따라서 대중도 경제도 의미 있는 자극을 요구한다는 그의 인식은, 적어도 이 전환이 이루어지는 속도를 위해서 중요한 일이었다. 기업가들의 용기를 북돋우는 수많은 발언들, 혁명 초기의 소란에서 경제를 지키려는 지속적인 노력 등은 일반적인 신뢰의 분위기를 만들어내려는 의도였다. 처음 몇 달 동안 대부분의 제안들은 경제 이성 때문에 도입되었다기보다는 활동적인 태도를 만들어내기 위해서 도입되었다.

히틀러는 슐라이허 정권이 결정한, 일자리를 만들기 위한 '긴급계획' 같

"우리는 저항을 물리치고 위대한 과제를 시작할 것입니다." 로젠하임 근교의 고속도로.

은 옛날 계획들을 다시 받아들였다. 이제 화려한 모습으로 등장하는 또 다른 계획들도 바이마르의 서류더미에서 나온 것들이었다. 바이마르 시절의 일 추진을 방해하는 민주 절차, 결정을 꺼리는 태도 혹은 체념들이 그 실행을 방해했다. 예를 들면 정권의 인기와 결합되어 있던 고속도로 건설은 오래 전부터 말이 있어왔지만 시작도 되지 못했다.[40] 중앙은행 총재인 한스 루터(H. Luther)는 통화긴축 정책에 단단히 매달려서 일자리 창출을 위한 대규모 투자를 거부하였다. 히틀러는 그를 해임시키고 또다시 수많은 동지들이 '자본주의자'니 '고위직 프리메이슨'이니 하면서 못마땅하게 여기는 히얄마르 샤흐트를 그 자리에 임명하였다.

그는 이른바 메포(Mefo) 어음의 힘을 빌어서 인플레이션 효과를 일으키지 않고 공공사업의 재정과 뒷날에는 군비확장 계획의 재정을 가능하게 만들었다. 전임자들보다 주저 없이, 또한 더욱 과감하게 히틀러는 수많은 너그러운 조치들을 통해서 생산활동을 증가시켰다. 이미 5월 1일 연설에서 그는 '전도이치 민족'에게 호소하는 어조로 설명하였다. "모든 개인…… 모든 기업가, 모든 주택 소유자, 모든 사업가" 등이 지속적인 공동체적 긴장으로 노동할 의무가 있다는 것이다. 국가는 국가대로, 히틀러가 좋아하는 말인 '거대한' 계획을 통해서 할 일을 할 것이다. "우리는 저항들을 물리치고 위대한 과업을 시작할 것입니다."라고 그는 확언하였다.[41]

신도시 건설계획과 도로건설 같은 국가 발주 사업, 공공투자와 민간투자의 유인, 대출, 세금 감면, 보조금 지급 등은 경기 활성화를 촉진시켰다. 그리고 물론 그 사이로 언제나 말, 구호, 말들이 끼여들었다. 말들은 그 나름대로 성과를 거두었고 "큰 거짓말쟁이는 위대한 마법사이기도 하다."는 히틀러의 아이러니컬한 공식에 놀라운 의미를 부여하였다.

히틀러가 이 몇 주 동안 발전시킨 충동자극 심리는 처음에 우선 자발적인 노동봉사의 확대를 포함하였다. 그것은 젊은 실업자들을 받아들이는 그릇 노릇을 했을 뿐 아니라 정권의 건설 낙관주의를 분명히 보여주었다. 늪지대와 제방 안쪽 지역을 개간하여 농토로 만들기, 조림, 고속도로 건설, 강물 줄기 조정 등에서 업적의지와 미래의지가 눈에 보이게 되었다.

또한 1935년 이후로 의무화된 조직은 계급 한계의 극복과 입대 전 교육에 도움을 주었다. 이 모든 발안들과 요소들이 함께 작용하였다. 1934년이 경과하는 동안에도 여전히 3백만의 실업자들이 있었으나 그래도 기술자 부족현상이 나타나게 되었다. 2년 뒤에는 완전고용이 이루어졌다.

노동자들

이러한 경제활성화는 사회정치 영역에서 효과적으로 투입된 상당한 정도의 활동성을 가능하게 해주었다. 정부는 반동적으로 보일지 모른다는 걱정에서, 예를 들면 파업금지령이나 통합 노동조합인 '도이치 노동전선'의 설립 같은 엄격한 질서의지를 관철시키는 과정에서 노동자에게 친절한 화해적 태도를 과시하였다. 그렇게 해서 노동자를 위한 광범위한 행사들이 생겨났다. 휴가 여행, 스포츠 축제, 미술전시회, 포크 댄스, 교육과정 등을 통해서 사람들을 조직하였다. 이러한 행사들은 '즐거움을 통한 힘'이나 '노동의 아름다움' 같은 표어들 못지않게 사람들을 통제하고 진정시키는 기능을 하였다.

1935년 4월의 기업체 선거결과에 대해 남겨진 개별적인 기록을 살펴보면 몇 군데 기업들의 경우 이 시기에 종업원의 30 내지 40퍼센트 정도만이 국가사회주의 후보자를 찍은 것으로, 따라서 새로운 질서에 찬성한 것으로 나타난다. 그러나 1932년에 국가사회주의 기업세포 조직(NSBO)은 평균 4퍼센트의 표를 얻는 데 그쳤다.

즐거움을 통한 힘.

아르투어 로젠베르크(A. Rosenberg) 같은 공산주의 역사가도 국가사회주의는 민주주의 혁명이 성취하지 못한 몇 가지 요구들을 실현시켰다고 고백하고 있다. 어쨌든 장기적으로는 노동자들 사이에서 정부의 다양하게 펼쳐진 고집스러운 선전의 효과가 나타났다. 그들 중 상당수는 과거와 차이가 있다면 "잃어버린 권리보다는 되찾은 일자리"라는 사실을 인정하였다.[42]

이것이야말로 제3제국의 엄격한 사회정책의 성공을 위한 가장 결정적인 전제조건이었다. 자유와 사회적인 자율성의 상실, 훈육, 국민 총생산이 증가하는데도 분명하게 줄어든 몫, 이 모든 사실도 노동자계층을 흔들어놓지 못했다. 이념적인 구호들은 시민계층보다 노동자계층에 더 먹혀들지 않았다. 오히려 공포와 좌절의 악몽 같은 세월을 보낸 다음 사회적인 안전의 느낌을 되찾았다는 사실이 중요하였다. 이 느낌은 모든 것을 뒤덮었다. 그것은 처음에 아주 널리 퍼져 있던 저항적인 분위기를 없애고, 공적을 세우겠다는 의욕을 불러일으켰으며 근본적으로 사회적인 만족의 이미지를 만들어냈다.

새 집권층은 자신 있게 이러한 이미지를 기반으로 삼을 수가 있었다. 계급투쟁은 금지되었을 뿐 아니라 자발적으로 포기되었다. 새 정권은 한 사회계층이 나머지 모든 계층을 지배하는 것이 아니라, 누구에게나 출세의 기회가 주어져 있다는 사실을 분명하게 강조하였고 실제로 상당한 정도로 계급에 대해 중립적이었다. 아직도 남아 있는 사회적인 거리감의 의식은, 기업가, 노동자, 봉급생활자, 농부 등 모든 계층에 가해진 사회적인 억압을 통해서 해소되고 말았다.

최초의 외교적 조치들

이미 사라져버린 낡은 사회구조를 붕괴시켰을 뿐 아니라 실질적으로 광범위한 계층의 물질적 처지를 개선시킨 이 모든 조치들에서 그 어떤 현실적이고 새로운 사회정책적인 구상을 찾아볼 수는 없었다. 히틀러는 단순히 권력 장악 구상만을 가졌을 뿐이다. 안으로나 밖으로나 그랬다. 새로운 사회상은 없었다. 근본적으로 따져보면 그는 사회를 변화시키려 한 것이 아니라 그것을 장악하려고만 하였다.

1925년에 벌써 그와 대화를 나누어본 사람이 이런 기록을 남기고 있다. "그의 이상이라면 대략 군대처럼 조직된 국민을 가진 독일이라고 할 수 있을 것이다." 그리고 권력 장악 과정의 마지막에 히틀러 자신이 이런 말을 했다. 독일의 질서는 "이제부터 확고하게 자리잡은 전쟁터 질서"라고 했다. 당이 독일 정복을 위한 도구였듯이 이제 독일이 '지속적인 세계 지배를 위한 문'을 열어줄 도구가 되어야 할 차례였다.[43] 히틀러의 국내정책은 그의 대외정책과 철저히 연관지어서 관찰해야만 한다.

대중 동원을 위해서 그는 활용 가능한 사회적인 에너지만을 이용하지 않고 다이내믹한 국민적인 모티프도 이용하였다. 승전국들은 독일에 원칙적인 평등을 약속하기는 했지만 실질적으로는 여전히 최하위의 상대자로 취급하고 있었다. 특히 히틀러의 집권에 몹시 불안해진 프랑스는 실질적인 대등관계에 반대하였다. 영국은 과거 동맹국들이 만들어낸 모순에 대해서 분명한 불쾌감을 표시하였다. 히틀러는 집권 초기 일년 반 동안 프랑스의 두려움, 영국의 의심, 독일의 원한을 이용하여 전략적인 걸작품을 만들어냈다. 그것은 유럽의 동맹체제를 뒤흔들어놓고 국민을 더욱 확고하게 결속시키고, 자신의 생존공간 정책을 위한 토대를 마련해주었다.

처음의 상황은 그의 야심만만한 의도에 전혀 이롭지 않은 것이었다. 테러를 통한 집권의 부작용인 월권과 남용, 특히 종족상의 이유로 사람들을 박해하는 행동은, 정치적 대립에 대한 문명화된 견해와 정면충돌하면서 흥분되고 냉랭한 분위기를 만들어냈다. 이러한 분위기는 영국 하원의 유명한 '푸른 목요일 논쟁'에서 가장 적합한 표현법을 얻었다.

예전에 외무 장관이었던 오스틴 체임벌린 경(Sir A. Chamberlain)은, 독일의 사건들은 베르사유 조약의 변경에 대한 논의를 극히 불편하게 만들었다고 말했다. 야만성, 종족적 오만, 장화 뒤굽으로 짓밟는 정책이라는 말도 했다.

오랫동안 이민자들의 히스테리의 표현이라고 비웃음을 받아온 '히틀러, 그는 전쟁이다!'[44]라는 표어가 처음으로 어느 정도의 정당성을 얻은 듯이 보였다. 여러 가지로 독일에 적대적인 조치들이 이어졌다. 폴란드 정부는 파리를 향해서 프랑스는 히틀러 정권을 제거하기 위해서 예방전쟁을 할 각오가 되어 있는지 물어보았을 정도였다. 1933년 여름, 독일은 외교적으로 거의 완전히 고립되었다.

이러한 상황에서 히틀러는 우선 진정하라는 몸짓을 해보이고 모든 수단을 다해서 온건한 바이마르식 변화정책을 계속 보이려고 애썼다. 외교부서 사람들을 경멸하고, 때때로 그들을 가리켜 '빌헬름 거리에 있는 산타클로스들'이라 부르기도 했지만 외무부 직원과 외교관들은 거의 교체하지 않았다. 추종자에게 말한 바에 따르면 적어도 6년 동안은 유럽 강대국들과 일종의 '역내(域內) 평화'를 유지해야 할 처지였다. 그리고 국민 사이에 칼소리가 나지 않아야 한다고 했다.[45]

이러한 정책의 절정은 1933년 5월 17일에 행한 '평화의 연설'이었다. 이 연설에서 그는 승전국과 패전국에 대한 계속적인 무제한 차별에 항의하고, 독일에 실질적인 평등이 계속 거부된다면 군비축소 회담에 참석하지 않고 국제연맹에서도 탈퇴하겠다고 위협하였다. 독일이 명백하게 차별대우를 당하고 있는 판이라 그는 거의 힘도 들이지 않고, 이성(理性)과 민족간 상호이해를 위한 옹호자 역할을 떠맡을 수 있었다. 그는 '자결권(自決權)'과 '공정한 평화'라는 유럽 강국들의 주장을 받아들여서 그들을 공격하였다. 히틀러의 절제된 태도에 대한 만족감이 일반적으로 얼마나 컸던지 아무도 이 연설에 포함된 경고를 알아채지 못했다. 〈런던 타임스〉지는 동등권에 대한 히틀러의 요구에 대하여 수많은 목소리로 후원하였다. 미국의 대통령 루스벨트는 히틀러의 등장에 '감격' 하였다.[46]

이러한 정책의 분명한 성과는 1933년 여름에 영국, 프랑스, 독일, 이탈리아 사이의 4강 조약으로 나타났다. 이 조약은 실제로 비준되지는 못했지만 그래도 강대국 사회가 새로운 독일을 도덕적으로 수용한다는 의미를 가진 것이었다. 히틀러 정권 최초의 국제적인 파트너는 소련이었다. 소련은 1931년에 시작된 베를린 조약을 연장할 의사를 보였다. 곧 이어서 7월에 바티칸과 독일 제국 사이의 정치 및 종교에 관한 조약이 체결되었다. 이 모든 성과에도 불구하고 히틀러는 가을에 눈먼 감정에서 솟구쳐나온 듯한 갑작스런 행동으로 방향을 급선회하면서, 혼란을 불러일으키는 몇 가지 충격적 조치로 결정적인 위치강화를 성취하였다.

국제연맹에 대항한 쿠데타

1932년 초부터 제네바에서 열리고 있는 군비축소 회담이 이러한 책략을 위한 공간이 되어주었다. 이 회담에서 독일은 군사적인 약세로 인해서 특별히 강력한 도덕적인 입지를 차지하였다. 동등권의 원칙은, 다른 열강들을 자국의 군비를 축소하든지 아니면 독일의 군비확장을 인정해야 할 처지로 몰아넣었다. 히틀러는 수많은 연설과 선언을 통해서 독일은 군비축소의 각오가 되어 있다고 강조하였다. 이 과정에서 우직한 태도를 보일수록 특히 프랑스의 근심이 더욱 분명하게 나타났다. 프랑스는 매우 불안한 태도로 독일의 상황을 관찰하고, 실제로 벌어지는 상황을 히틀러의 속이 빤히 들여다보이는 맹세보다 중요하게 여겼다. 프랑스는 독일에 대한 지속적인 불신으로 모든 협상을 가로막아서 국제적으로 점점 더 어려운 처지로 몰렸다. 그래도 독일에서 벌어지는 억압의 체제, 군국주의의 강화, 계속되는 행진, 깃발, 군복, 그리고 '돌격대' '연대' '사령부 초소' 따위의 용어들, 사람들을 떨게 만들거나 아니면 세계가 독일의 것이라는 전쟁 노래들을 지적해서 마침내 열강들의 마음을 돌리는 데 성공하였다.[47] 독일에 원칙적으로 동등권을 허용하되 4년 동안의 보호관찰 기간을 둔다는 내용이었다. 이 기간 동안 독일이 정말로 상호이해를 위한 각오가 되어 있는지, 교정 의도대로 움직이는지 밝혀질 것이라고 했다.

히틀러는 이에 대해 폭발로 응수하였다. 영국 외무장관 존 사이먼(J. Simon) 경이 연합국의 새로운 생각을 발표하고, 필요할 경우 회담 테이블에서 독일에 대한 보호관찰 조사를 강요하겠다는 의지를 분명히 했을 때 히틀러는 군비축소 회담에 참석하지 않겠다는 의도를 천명하였다. 동시에 독일은 국제연맹에서 탈퇴하겠다고 발표하였다. 당시 그의 확고한 의지는 뒷날 뉘른베르크에서 알려지게 된 지시문에 드러나 있다. 여기서 그는 연합국의 제재조치가 취해질 경우에는 무장저항을 하겠다는 의사를 군부에 알리고 있다.[48]

히틀러가 외교정책을 손아귀에 잡게 되는 이 최초의 반란에 대한 당혹감은 비상한 것이었다. 널리 퍼진 견해와 달리 그는 독단으로 이런 결단을 내리지 않고, 특히 외무장관인 폰 노이라트(v. Neurath)의 지지를 받았다. 그는 자신감을 근거로 강경 외교노선을 지지하였다. 그러나 이러한 조치의 근거를 밝히면서 보인 열광적인 몸짓, 격분한 어조 등은 분명히 그 자신의 것이었다. 그는 '결렬이냐 아니면 불명예냐' 하는 과격한 양단논법을 내세웠다. 그날 저녁의 라디오 연설에서 국내정치에 이용했던 이중책략을 처음으로 외교정책에 응용하였다. 고백과 진심 어린 공감선언 등을 잔뜩 퍼부어서 모욕을 완화시키고 얼버무리려고 하였다. 프랑스를 가리켜 "우리의 오래 묵은, 그러나 영광스러운 적"이라고 부르고, 프랑스가 "우리 두 나라 사이에 전쟁 같은 것을 상상"하다니 "돌았다"고 했다.

이러한 전략은 공동전선을 결성하자는 유럽 열강의 의도가 그러지 않아도 허약하던 것을 완전히 마비시켜버렸다. 어느 나라의 지도자도 대응책을 몰랐다. 바이마르 정권이 그토록 오랫동안 참을성 있게 기다리면서 얻으려고 애쓰던 명예를 히틀러가 그들의 발치에다가 내동댕이치면서 내보인 경멸감은 그들의 세계관을 뒤집는 것이었다. 당사국들은 각자 자신의 당혹감을 감추었다. 그러면서 불쾌한 파트너가 없어진 것을 두고 서로 축하하였다. 다른 나라들은 군사적인 개입을 요구하였다. 제네바의 건물 로비에서는 진지하지는 않지만 어쨌든 격분한 "이건 전쟁이다!" 하는 외침이 울려나왔다. 그러나 이 모든 소음들 사이에서 처음으로 이 남자가 낡은 유럽에 공시선서를 강요하리라는 예감이 깨어난 듯했다. 유럽은 아직 그럴 준비가 되어 있지 않았다. 그리고 그가 공포, 불신, 이기주의 등으로 속에서부터 무너지고 있던, 이미 손상된 국제연맹의 원칙에 치명적인 일격을 날렸다는 예감이 나타났다. 그와 동시에 군비축소의 이념도 죽었다.

히틀러의 권력 장악이 베르사유 평화조약 체제에 대한 실질적인 선전포고라면[49] 이 선전포고는 10월 14일에 표명된 것이다. 물론 아무도 이 선전포고를 받아들이지 않았다. 언제까지나 꾸물거리는 제네바 회의, 모순과 중상모략에 대한 광범위한 혐오감은 특히 영국 언론에서 표현되었다. 보수적인 〈모닝 포스트〉지는 "국제연맹과 군비축소 회담이 없어진 것에 대해서 눈물도 안 흘릴 것"이라고 선언하였다. 오히려 "그따위 허튼 짓"이 끝난 것에 대해서 안도감을 표현하였다. 런던의 어떤 영화관에서는 주간 뉴스 시간에 히틀러의 모습이 비치자 관람객들이 박수를 치기까지 하였다.[50]

기습전략의 매끈한 성공이 히틀러의 기를 부추겼을까 두려워하면서 헤르만 라우슈닝은 제네바에서 돌아오자마자 베를린 수상관저로 그를 방문하였다. 히틀러는 '긴장과 활동욕으로 팽팽하게 부풀어오른 황홀한 기분상태'에 있었다. 제네바에서는 분노가 지배하고 있고 군사행동의 요구가 있다고 경고하자 그는 경멸적인 손짓으로 이 경고를 물리쳤다. 그러면서 말했다. "그 사람들이 전쟁을 원한다고? 그들은 그런 생각도 안 해……. 서글픈 종족이 거기 모여 있다구. 그들은 행동하지 않아요. 다만 항의할 뿐이지. 그들은 언제나 너무 늦게 행동할 거라구……. 이 사람들은 독일의 상승을 막지 못할걸."

라우슈닝의 보고에 따르면 히틀러는 한동안 말없이 오락가락했다. 1월 30일 이후 처음으로 위험지대에 들어섰다는 것을 의식한 듯했다. 그는 이 위험지대를 뚫고 나가야 할 상황이었고, 무력행동은 나라를 고립 상태로 몰아갈 수도 있었다. 라우슈닝 쪽을 쳐다보지도 않고 히틀러는 혼잣말을 하듯이 자신의 결심을 변론하였다. 그 과정에서 자신이 이런 결정을 내리게 된 이유들의 구조를 관찰하였다.

> 나는 그렇게 해야만 했소. 일반적으로 이해할 수 있는 거대한 해방행위가 필요했던 거요. 도이치 민족을 이 모든 굴종, 규정들, 잘못된 이념들의 그물에서 빼내어 우리 자신의 행동의 자유를 되찾아와야 했소. 이것은 일상의 정치가 아니야. 순간의 어려움은 더 커졌을지 몰라. 도이치 민족에게서 신뢰를 얻는 것으로 보상해야 하겠지. 바이마르의 정당들이 10년 동안이나 추구해 온 것을 놓고 우리가 계속 논쟁이나 벌이고 있다면 아무도 그것을 이해하지 못했을 거요……. (국민은) 무슨 일인가 일어나기를 바라고 있으며 언제나 똑같은 속임수가 계속되기를 바라는 것이 아니니까. 곰곰 생각하는 지식인이 합목적적이라고 여기는 것이 필요한 게 아니고 함께 휩쓸어가는 행동이 필요한 거요. 그것은…… 확고한 의지를 향해 새로운 시작을 알리는 것이지. 영리하게 행동했든 아니든 국민은 행동을 이해하겠지만 아무런 성과도 없고 무엇인가를 만들어내지도 못할 협상 따위는 이해하지 못해요. 민족은 이리저리 우롱당하는 일에 지쳐버렸거든.[51)]

이러한 관찰이 얼마나 정확한 것인가는 곧 드러났다. 히틀러는 국제연맹에서 탈퇴한 데 이어서 원래의 동기를 훨씬 넘어서는 또 다른 조치를 취하였다. 엄청난 선전비를 들여 최초의 통합 국민투표를 실시해서 자신의 결심의 정당성을 검증하였다. 이 투표와 새 의회 선거를 연계시켰다. 3월 5일에 선출된 의회는, 바이마르 시절의 정당 이미지로 보아도 부분적으로 시대착오적인 것이었다.

투표결과에 대해서는 의심의 여지가 있을 수 없었다. 독일에 대한 냉대와, 이 나라를 차별하고 패전국의 처지로 몰아넣었던 수많은 불평등에 대한, 여러 해 동안이나 품어온 깊이 자리잡은 원한의 감정들에 길을 터주는 것이기 때문이다. 바로 다음 순간 적극적인 저항을 시작하게 될 비판적인 사람들조차도 히틀러의 자신감에 넘친 제스처를 찬양하였다.

국제연맹이 범한 여러 가지 실패에 대해 복수할 필요가 있다는 사실에 사람들이 공감했다고 영국 대사는 런던에 보고하였다. 히틀러가 제네바의 논점을 자신의 정책에 대한 일반적인 문제와 완전히 뒤섞어서 표결에 붙였기 때문에 탈퇴 결정에는 찬성하고 내부의 정책에 대해서는 반대할 길이 없었다. 그래서 이 투표는 국내권력의 확보 과정에서 가장 효과적인 승부수의 하나였다.

히틀러는 10월 24일에 베를린 스포츠궁에서 행한 대규모 연설로 캠페인을 시작하였다. 투표는 11월 12일에 실시되었다. 그날은 1918년의 종전 15주년 기념일 다음날이었다. 마침내 국민투표라는 도전을 다시 눈앞에 두고 히틀러는 최면술적인 발작상태로 빠져들었다. 그는 대중을 향해 이렇게 외쳤다. "나는 가장 성스러운 확신에 따라 도이치 민족에게 참을 수 없는 것으로 생각되는 것에 서명하기보다는 차라리 죽어버리겠노라고 선언하는 바입니다." 그는 국민에게 이렇게 청하기도 했다. "내가 이 점에서 잘못을 하거나 아니면 민족이 나의 행동을 감쌀 수 없다고 믿게 되는 날이면…… 처형을 받겠습니다. 조용히 서서 처형을 기다릴 것입니다!"

오해를 받거나 짓밟힌다고 느낄 때면 언제나 그랬듯이 그는 자신에게 닥친 부당한 일에 열을 올렸다. 장화를 신고 군복바지와 어두운 신사복 상의를 입은 모습으로 거대한 조립기계를 배경으로 지멘스 슈케르트 공장의 노동자들 앞에 섰다. "우리는 모든 국제적인 조약에 참여할 준비가 되어 있습니다. 그러나 이것은 어디까지나 대등한 파트너 자격으로 참여하겠다는 말입니다. 나는 개인 자격으로도 나를 원치 않거나 대등하게 취급하지 않는 고귀한 자리에 끼여들어간 적이 없습니다. 그런 것은 필요 없어요. 도이치 민족은 바로 이런 성격을 가지고 있습니다. 우리는 어디든 구두닦이나 열등한 존재로 참석하지는 않습니다. 대등한 권리를 가지고 참석하든가 아니면 그 어떤 회담에도 참석하지 않든가 할 것입니다."

권리는 독일 편이다

전에도 그랬듯이 다시 요란한 '플래카드 전쟁'이 펼쳐졌다. "우리는 명예와 동등권을 원한다!"는 것이다. 베를린, 뮌헨, 프랑크푸르트에서 휠체어를 탄 상이용사들이 경고의 팻말을 들고 거리로 나섰다. "독일의 전사자들은 당신의 표를 요구한다!" 전시 영국의 수상이었던 로이드 조지의 말도 자주 인용되었다. "권리는 독일 편이다!"는 말과 "영국은 언제까지나 이런 치욕을 견딜 것인가?" 하는 말이었다.[52] 거대한 행진, 항의 축제, 대중 호소 등이 다시금 나라를 뒤덮었다. 투표일을 며칠 앞둔 어떤 영웅 추모식에서 국민은 2분 동안 묵념을 올렸다.

히틀러는 솔직한 태도로 다음과 같이 확인하였다. 독일에서의 삶은 프랑스에게 보이기 위해서 그토록 군사적인 형태를 취하는 것이 아니라 "공산주의를 쓰러뜨리기 위해 필요한 정치적 의지의 형성을 보여주고 기록하기 위해서입니다……. 나머지 세계가 깨지지 않는 요새 속에 몸을 숨기고 무시무시한 비행 편대를 이루고 거대한 탱크를 만들고 어마어마한 대포를 주조하면서 위협을 받는다는 말을 할 수는 없습니다. 도이치의 국가사회주의자들은 비무장으로 4열 종대를 이루어서 행진을 함으로써 눈에 보이는 표현과 효과적인 방어를 도이치 민족공동체에 마련해주려는 것뿐이니까요……. 독일의 안전은 다른 국민들에게도 안전과 권리가 되는 것입니다."[53]

오랫동안 멸시받아 왔다고 느끼는 한 민족의 모든 원한과 강도 높은 겁주기가 투표결과로 나타났다. 유효표의 95퍼센트가 정부의 결정에 찬성하였다. 이 결과가 조작된 것이고, 테러에 의한 강제투표를 통해서 성취된 것이라고 하더라도 어쨌든 여론의 방향을 근사치로 표현해준 것이다. 동시에 실시된 의회 선거에서는 4,500만 투표자 중에서 3,900만 표 이상이 국가사회주의 통합후보들에게 표를 주었다.

이날은 '도이치 민족형성의 기적'이라고 과도하게 찬양되었다.[54] 반면에 영국 대사 에릭 핍스(E. Phipps) 경은 영국 정부에 이렇게 보고하였다. "한 가지 확실한 것은 히틀러 씨의 위상이 흔들리지 않는 것이라는 점입니다. 국가사회주의자들을 전혀 찬성하지 않는 그룹에서도 마찬가지입니다. 그는 투표를 통해서 아니면 캠페인에서 행한 연설을 통해서 자신의 신망을 더욱 늘렸습니다……. 이전의 모든 선거전에서 그는 물론 자기 정당을 위한 전사였고 적들을 두렵게 만들었습니다. 이번에…… (도이치 사람들은) 새로운 수상을, 피와 쇠로 이루어진 남자를 보았습니다. 그리고 그는 공산주의자들을 징벌하던 열두 달 전의 그 나치 괴물처럼 보이지 않았습니다."

국내에서 권력 장악을 하는 동안 성공적인 방법이라는 사실이 입증되었던 기습적인 연쇄행동 전략을 히틀러는 밖을 향해서도 적용하였다. 제네바와의 결렬에 대한 당혹감이 채 가시기도 전에, 그리고 민족자결이라는 민주적 원칙으로 민주주의 자체를 공격하려는 그의 불손한 시도에 대한 분노가 그대로 남아 있는데, 그는 다시 새롭고 유리한 기반 위에서 방금 거칠게 대한 사람들과의 대화를 위한 주도권을 잡았다.

12월 중순에 어떤 메모에서 군비축소에 대한 철회를 지시하였으면서도, 그는 독일에 30만 의무병력을 보유할 권한을 인정한다면 방어무기로만 군비를 제한할 각오가 되어 있다고 선언하였다. 이것은 전쟁이 일어날 때까지 여러 해 동안이나 그의 외교적 성공을 만들어주는 비상하게 확실한 제안들 중 최초의 것이었다. 이 제안을 보고 영국인들은 협상근거로서의 여지가 있다고 생각한 반면 프랑스 사람들은 미리 예측한 대로 받아들일 수 없다고 생각하였다. 두 나라가 프랑스측의 불신으로 고통받으면서 양보 한계에 대해서 힘들게 질질 끄는 토론에 열중하고 있는 동안, 히틀러는 적수들끼리의 싸움과 합의되지 않았다는 상황을 이용해서 아무런 방해도 받지 않고 자기 의도를 앞으로 밀고 나갈 수 있었다.

폴란드와의 불가침 조약

약 한 달 뒤인 1934년 1월 26일에 히틀러는 장면을 확 바꾸어버리는 또 다른 행동을 보였다. 폴란드와 10년 동안의 불가침 조약을 맺은 것이다. 이러한 노선 전환의 당황스러운 요인을 이해하기 위해서는 두 나라 사이의 전통적으로 긴장상태인, 수많은 원한들로 인해 희망 없을 정도로 뒤얽힌 관계를 알아야 한다. 베르사유 조약에서 도덕적인 측면들을 빼면 새로운 폴란드에 대한 영토 양도 부분이 독일에서 가장 큰 분노의 감정으로 수용된 항목이었다. 이 항목은 동 프로이센 지방과 독일의 나머지 영토를 갈라놓는 일종의 분리지대를 만들어냈다. 혹은 다른 말로 하면 단치히를 자유도시로 만들었다. 그것은 독일과 폴란드 두 국민 사이에 계속적인 분쟁의 원인이었고, 끊임없는 위협의 산실이었다. 바이마르 공화국 초기 시절에 폴란드는 국경침범과 월권행사로 독일의 국민감정을 모욕하였다. 그를 통해서 독일은 자신의 무력을 실감했을 뿐 아니라 슬라브 신하국민에 대한 도이치의 오래된 주인의식이 상처를 입었기 때문이다. 그렇기 때문에 히틀러의 국경 수정주의가 우선 폴란드를 향할 것이라고 누구나 추측하고 있었다. 폴란드는 프랑스의 동맹국가로서 독일을 고립시키는 정책을 취하고 있었다. 구스타프 슈트레제만을 포함하여 바이마르의 외교정책은 폴란드의 영토소유를 보장하려는 요구에 철저하게 반대해 왔다.

히틀러는 오래 주저하지 않고서 전통적으로 외교상 친러시아적이고, 군국주의적인 프로이센 사람들을 지배하는 이러한 감정들을 넘어서버렸다. 상대방 쪽에서는 필수드스키(Pilsudski) 원수가 똑같이 단호한 태도를 보였다. 그는 프랑스의 성의 없고 신경질적인 정책을 보면서 폴란드의 전체적인 동맹정책을 버리고 히틀러가 프로이센이 아닌 남 도이치 사람이고 카톨릭 교도이며 '합스부르크 사람'으로서 폴란드를 두렵게 만드는 정치적 전통과는 멀리 떨어져 있으리라는 희망을 가졌다.

히틀러가 감정의 정치가이고 자신의 변덕과 광기의 꼭두각시라는 널리 퍼진 오판(誤判)이 여기에서보다 더 잘 반박되는 경우는 드물다. 히틀러는 물론 폴란드에 대한 국민적인 반감을 가지고 있었다. 다만 그의 정책이 그런 감정에 흔들리지 않았을 뿐이다. 거대한 동방 확장개념 안에서 동쪽 이웃나라인 폴란드의 역할이 상당히 불분명하게 남아 있었지만, 유럽대륙 전체를 향한 히틀러의 거대한 비전에 비추어볼 때 폴란드라는 작은 독립국가를 위한 공간은 전혀 없었다고 보아도 좋을 것이다.

1933년 4월에만 해도 히틀러는 프랑수아 퐁세에게 아무도 독일에 현상태의 동쪽 국경을 요구할 수 없다고 말했다. 그리고 외무장관인 폰 노이라트(v. Neurath)는 "도이치-폴란드 국경선 변경에 대한 세계의 관심이 잠들지 않도록" 하기 위해서 폴란드와의 협상이란 "가능하지도 않거니와 바람직하지도 않다."고 말했다. 그러나 폴란드가 독립적이고 군사적이고 다른 나라와의 동맹을 통해서 안전을 보장받고 있는 한 히틀러는 이 상황을 변화시킬 수 없으며 거기서 벗어날 수 없었다. 그러므로 감정을 배제하고 이 상황을 자기에게 유리한 것으로 바꾸려고 했던 것이다.

1934년 1월 30일 의회에 변명성 보고를 하는 자리에서 그는 이렇게 설명하였다. "도이치 사람과 폴란드 사람은 존재의 현실을 받아들일 수밖에 없습니다. 그러므로 천 년 전에 제거할 수 없었고, 우리 세대 이후로도 역시 제거하기 힘든 문제로 남아 있게 될 이 상태에서 두 국민에게 가능한 한 유리한 이점들을 이끌어내는 일이 더 합리적인 일입니다."[55]

히틀러가 이 조약에서 이끌어낸 이점은 실제로 작은 것이 아니었다. 이 조약은 독일에서는 거의 인기가 없었다. 그러나 세계를 향해서 히틀러는 가장 악명 높은 적대국가와도 협상할 용의가 있다는 사실의 증거를 제시할 수 있게 되었다. 그리고 실제로 영국 대사인 에릭 핍스 경은 런던으로 보내는 보고서에서, 도이치 수상은 외교적인 합리성을 위해서 자신의 인기를 희생시킴으로써 정치가라는 사실을 입증하였다고 적었다.[56]

동시에 히틀러는 국제연맹 체제의 신용을 떨어뜨리는 데도 성공하였다. 국제연맹은 지난 몇 년 동안 위태롭고도 긴장감이 감도는 도이치-폴란드 국경문제를 해결하지 못하였다. 히틀러의 확신에 찬 어조에 따르면 그 결과 "분노는 점차…… 양측의 정치적인 세습문제의 성격"을 띠게 되었다. 얼핏 보아 힘들이지 않고, 오래 걸리지도 않은 양측의 협상을 거쳐서 그는 이제 이 복잡한 문제를 해결해버린 것이다.

그러나 이 조약은 독일을 둘러싼 방어벽이 얼마나 부서지기 쉬운 것인가를 입증해 보였다. 폰 제크트 장군은 바이마르 공화국 외교정책의 하나를 "폴란드가 무너지는 것과 함께 베르사유 평화조약의 가장 강력한 기둥 하나가 무너질 것이다."라고 천명한 적이 있었다. 이 말은 분명히 군사적 행동으로 이웃 국가를 제거하겠다는 의도를 드러낸 것이었다.[57] 히틀러는 환상적인 정치적 수단으로 훨씬 더 큰 성과를 거둘 수 있다는 사실을 보여주었다. 이 조약은 폴란드-프랑스 연합 전선의 위협에서 독일을 해방시켰을 뿐 아니라 영원히 돌이킬 수 없는 일이지만, 집단적인 평화 및 안전체제의 중요한 부분을 붕괴시켰기 때문이다. 제네바 실험은 이 순간 실패로 돌아갔다. 히틀러는 단숨에 이 실험을 파괴하고 그 동안 바이마르 공화국의 외교정책을 힘과 고집으로 가로막아 온 프랑스를 평화 교란자로 만들어버렸다. 이 순간부터 그는 동맹과 계략이라는 이중정책을 쓰기 시작하였다. 그것은 그의 외교정책에서 가장 확고한 전략이었다. 연합 전선을 상대하지 않고 고립된 적들을 상대해야만 그의 성공기회가 있었기 때문이다.

국내 정치 무대에서도 그토록 멋지게 써먹고 멋진 성과를 거두었던 게임이 새로 시작되었다. 그러자 게임 상대자들이 몰려들었다. 1934년 2월에 나타난 최초의 상대자는 영국의 총무처 장관인 앤서니 이든(A. Eden)이었다.

히틀러의 개인적인 등장방식이 불러일으킨 당혹감은 그의 가장 성공적인 협상효과들 중의 하나였다. 그는 정부 업무에 대한 특별한 경험도 없이 수상 자리를 차지하였고, 국회의원이 된 적도 없으며, 외교적인 관례도 업무 스타일도 알지 못했고, 세계에 대해서도 알지 못하고 있었다. 한동안 후겐베르크, 슐라이허, 파펜, 그리고 상당수의 추종자들이 그랬던 것처럼 이제 이든, 사이몬, 프랑수아 퐁세, 무솔리니 등 다른 나라 지도자들은 약간 선동가적인 재능을 지닌 변덕스럽고 편협한, 군화 신은 당수를 상대한다고만 믿었다. 콧수염, 내려뜨린 머리카락, 제복 등 거의 믿기 어려운 외모에 그의 특성이 드러나 있고, 시민복장을 하면 오히려 자기가 보여주고 싶은 인물을 모방한다는 인상을 주는 이 남자는 한동안 전유럽의 조롱거리였다. '프로이센의 군화 신은 간디'로 묘사되거나, 아니면 약간 모자란 찰리 채플린이 한층 더 높은 수상의 무대에서 연기하고 있는 것으로 묘사되었다. 어쨌든 '극단적으로 이국적'이라고 영국의 어떤 관찰자가 조롱 섞인 어조로 표현하였다. '변덕스런 사생활에, 담배도 술도 안 하는 채식주의자에, 말도 안 타고 사냥놀이도 싫어하는 미친 마호메트 교도'들 중의 하나라는 것이

다.[58]

그럴수록 히틀러가 외국의 협상 상대자들에게 불러일으킨 놀라움은 더욱 컸다. 그는 정밀하게 계산적인 정치가로 처신하는 일을 힘들게 여기지 않았으며, 여러 해 동안이나 그러한 처신으로 그들을 기습하고 그럼으로써 매우 자주 결정적인 심리적 우위를 차지하였다. 이들은 히틀러의 '영리하고 거의 우아한 모습'에 깜짝 놀랐으며 그가 '절도 있고 친절한' 태도를 보이는 것에 경탄하였다. 그는 갖은 비난에도 불구하고 탁 트인 자세를 보였고 사람들이 흔히 묘사하곤 하는 멜로드라마 같은 과장된 태도를 보인 적은 한 번도 없었다는 것이다. 히틀러는 자기가 말하는 내용을 잘 알고 있었다고 그는 회고하였다. 도이치 수상은 협상의 내용을 완전히 파악하고 있었으며 한 번도, 세부사항에 대해서도 전문가들에게 자문을 구해야 할 입장에 빠진 적이 없다는 표현에도 그의 끝없는 놀라움이 나타나고 있다.

존 사이먼 경은 나중에 폰 노이라트에게 이렇게 말했다. 히틀러는 정상회담에 임할 때 "탁월한 능력을 보였고 대단히 확신에 찬 모습"이었으며 자신은 그에 대해서 잘못 생각했다고 말했다. 히틀러는 또한 재치로도 사람들을 깜짝 놀라게 만들었다. 영국인들은 조약을 준수하는 것을 좋아한다고 그가 뼈있는 암시를 하자 히틀러는 짐짓 놀란 모습을 보이면서 이렇게 대꾸했다. "언제나 그렇지는 않았죠. 1813년 조약은 도이치 군대를 금지했습니다. 하지만 워털루에서(1815년) 웰링튼(Wellington) 장군이 도이치의 블뤼허(Blücher) 장군에게 '당신의 군대는 불법이오. 그러니 제발 전쟁터를 떠나주시오!' 라고 말했다고 기억되지는 않는 걸요."

1934년 베네치아에서 무솔리니와 만났을 때 어떤 외교관의 증언에 의하면 히틀러는 처음 등장하면서 '품위와 친절과 개방성'을 보여주었으며 그때까지만 해도 대단히 회의적인 생각을 품고 있던 이탈리아 사람들 사이에 '강렬한 인상'을 불러일으켰다고 한다.

아놀드 토인비(A. Toynbee)는 동부에서의 독일의 수비대 역할에 대한 설명에 깜짝 놀랐다. 토인비 자신이 말한 바에 따르면 그것은 논리와 명징성이라는 측면에서 매우 비상한 것이었다. 히틀러는 정신적 능력이 뛰어나

광신적인 주위 사람들에 의해 의기양양해진 히틀러는 광범위한 국법상의 문헌에 의해 이론적으로 기초가 다져진 동일시에 빠져들었다.

고, 준비가 잘 되어 있고, 드물지 않게 사랑스러운 면을 보이는 사람이었다. 예를 들면 프랑수아 퐁세가 만나본 뒤에 말한 것처럼 '완벽한 정직성'의 면모를 보여주곤 하였다.[59)]

외국 방문객이 많다는 것은 다시금 히틀러의 명성에 상당한 작용을 하였다. 한동안 도이치 사람들이 그를 찾아와서 감탄하곤 하더니 이제는 외국의 방문객들이 점점 더 무리를 지어 찾아와서 그를 둘러싼 위대성과 경탄의 분위기를 더욱 크게 만들었다. 다만 그들은 지나치게 열렬히 그의 말에 귀를 기울였다. 그는 질서와 노동을 갈구하는 민중의 갈망에 대해서 말하고, 전선(戰線)의 병사였던 자신의 개인적 체험을 들먹이면서 평화의 의지를 강조하곤 하였다. 그들은 그의 민감한 명예심에 대해서 이해한다는 태도를 보였다. 이미 이때쯤 해서 특히 독일에서는, 한때의 광신적인 당 지도자와 현재의 책임감 있는 현실주의자를 다르게 보게 되었다. 황제 시대 이후 처음으로 다수의 사람들이 동정심, 근심, 부끄러움의 감정 없이 자기 나라를 받아들일 수 있다는 느낌을 가졌다.

이러한 성공과 더불어 전보다 더욱 강하게 지도자이며 구원자의 모습이 은유적인 음조를 띤 선전의 수단이 되었다. 5월 1일 오전 행사에서 괴벨스는 도입연설을 질질 끌며 계속하다가 마침내 해가 구름을 뚫고 나오자 그 빛나는 광채와 더불어 히틀러가 대중 앞에 등장하도록 만들었다. 이렇게 잘 계산된 상징은 지도자의 상에 초자연적 원칙의 신통력을 부여하였다. 가장 작은 세포단위에 이르기까지 모든 사회적 상황들은 이와 같은 유형의 단위를 이루었다. 대학총장은 '대학교 지도자'로 여겨졌고, 기업가는 '기업 지도자'로, 그리고 수많은 당 지도자들이 있었다. 1935년에는 30만, 1937년에는 70만이었다가 전쟁중에는 모든 보조조직과 하부조직들을 다 포함하여 거의 2백만의 지도자들이 있었다.

모든 사람이 빠짐없이 조직화된 이 모든 헤아릴 수 없는 지도자와 추종세력의 관계들은 히틀러 단계에서 거의 종교적인 완성의 경지에 이르렀다. 그래서 튀링겐의 어떤 흥분한 장로는 이렇게 말하기까지 하였다. "그리스도께서 아돌프 히틀러의 모습을 하고 우리에게 오셨다."[60]

어려운 국면을 전환시키거나 아니면 스스로 그 일을 떠맡는 위대하고 고독한 선택된 남자의 운명은 수많은 지도자 시, 지도자 영화, 지도자 그림, 지도자 연극 등의 주제가 되었다. 리하르트 오이링거(R. Euringer)의 합창극인 〈도이치 수난곡〉은 1933년에 공연되어 엄청난 성공을 거두었고, 국가사회주의 연극학의 모델이라는 찬사를 들었다. 이 합창극에서 주인공은 부활한 낯선 병사의 모습으로 나타난다. 뚜렷하게 성서의 모티프를 드러내서 '민족을 불쌍히 여기사' 머리에는 가시철망으로 만든 가시관을 쓰고 밀매꾼, 주주, 지식인, 프롤레타리아, '11월 국가'의 대표자들이 있는 세계로 들어온다. 분노한 대중이 그를 사로잡아 십자가에 못박으려고 할 때에 그는 기적의 행위로 그들을 물리치고 국민을 '무기와 노동으로' 이끌어와서, 전사자들과 살아 있는 사람들을 제3제국이라는 국가 공동체 안에 화해시킨다. 그러고 나면 그의 상처에서 '광채가 터져나오고' 그는 '다 이루었다!'는 말을 하면서 하늘로 올라가는 것이다. 마지막 장면의 지문은 다음과 같다. '하늘에서 오르간 소리. 아득한 것을 향한 그리움. 예배의식으로, 리듬과 화음이 지상의 행진곡과 뒤섞인다.'[61]

그와 같은 문학적인 헌정들과 연관해서 시대 조류에 편승하려는 저질 모

곧 다시 나타난 바쁜 여행일정에서 그는 베를린, 뮌헨, 베르히테스가덴, 바이로이트, 그리고 행사 장소와 사열식 광장들 사이에 모습을 나타냈다.

방문화가 상당히 번창하였다. 저질 작품들이 '선량한 아돌프' 라는 상표를 달고 팔렸다. 돌격대 모자 모양을 한 저금통도 있었고, 히틀러의 초상화가 넥타이, 손수건, 탁상용 거울에 등장하였고, 갈고리 십자가가 재떨이나 맥주 조끼에 그려졌다. 국가사회주의측은 지도자의 사진이 "사업감각을 가지고 '예술을 추구하는' 사람들에 의해서 이용되고 악용되고 있다."고 위협적으로 지적하였다.[62]

그러한 비난에도 불구하고 과도한 찬사들이 히틀러 자신에게도 어느 정도 영향을 미쳤다. 그는 인위적으로 자신의 주위에 둘러쳐진 도취상태를 적잖이 심리적 전술의 수단으로 보았다. "대중은 우상을 필요로 하는 법이거든." 하고 그는 설명하였다. 그러나 점차 뚜렷하게 '지도자 교황' 으로서의 거만한 모습이 다시 나타났다. 그것은 권력 장악 과정의 초기 단계에서 사라졌다.

1934년 2월 25일에 벌써 루돌프 헤스는 뮌헨의 쾨니히 광장에서 가까이 울려오는 대포소리에 맞추어서 백만 명의 정치 지도자, 히틀러 청년단 지도자, 노동봉사대 지도자들에게 라디오 중계를 통해서 선서를 시켰다. "아돌프 히틀러는 독일, 독일은 아돌프 히틀러, 히틀러에 충성을 맹세하면 독일에도 충성을 맹세하는 것".[63]

광신적인 주위 사람들에 의해 의기양양해져서 그는 그 사이 광범위한 국법상의 문헌에 의해 이론적으로 기초가 다져진 이러한 동일시에 빠져들었다. "지도자 헌법의 새롭고도 결정적인 점은, 통치자와 피치자 사이의 민주적인 구분을 지도자와 추종세력이 이루어낸 통합 속에 극복하였다는 점이다."

모든 관계자와 사회적인 반대이론들은 그 안에서 녹아버렸고, 지도자는 결합시키고 풀 권한을 가지며 길과 임무와 역사의 법칙을 알고 있다고 했다.[64] 이러한 발상법을 토대로 히틀러는 연설을 할 때면 점점 더 여러 세기들을 다루고, 때로는 섭리에 대한 자신의 특수한 관계를 암시하기도 하였다. 그는 전에 이미 수많은 옛 전사들의 강령 기대들을 무시하였듯이, 지금도 예를 들면 단치히의 추종자들에게 폴란드 정책의 갑작스러운 방향 전환을 받아들여 지역이익을 고려하지 말고 엄격한 기율로 보조를 맞추라고 강요하였다. "독일에서의 모든 것은 이 남자에게서 시작되어 이 남자에게서 끝난다."고 그의 부관인 빌헬름 브뤼크너(W. Brückner)가 적었다.[65]

히틀러가 재론의 여지 없이 확실하게 권력을 장악했다고 느낄수록 옛날 보헤미안 기질, 무감각, 변덕 등이 선명히 나타나기 시작하였다. 아직 그는 근무 시간을 엄격하게 지켰다. 오전 10시에 집무실로 들어가서 저녁의 방문객들에게 만족감이 없지도 않은 태도로 그날 해치운 산더미 같은 서류를 가리켜 보이곤 했다. 그러나 그는 원래 틀에 박힌 규칙적인 일과의 무게를 증오하였다. 그래서 "단 하나의 천재적인 발상이 일생 동안 양심적으로 관리의 일을 하는 것보다 가치가 있다."고 말하곤 했다.[66]

수상직무의 매력이 사라지고, 역사적인 무대, 비스마르크의 책상과 사무집기 등에서 뿜어나오는 날개돋친 흥분이 어느 정도 가라앉자마자 그는 이것을 다시 내던지기 시작하였다. 젊은 시절엔 피아노 연주, 학교, 그림, 그리고 시간이 흐르면서는 그밖에 무엇이든지 마구 내팽개쳤듯이 이제 마침내 정치적 유희도 내팽개치기 시작한 것이다. 다만 공포와 야심으로 특징지어지는 강박관념들만은 끝까지 내던지지 못했다.

당연한 일이지만 그의 모습은 다시 20년대 뮌헨 슈바빙의 용병대장 스타일을 어느 정도 드러내기 시작하였다. 각양각색의 아마추어 예술가, 싸움꾼, 부관 패거리를 뒤에 거느린 채 그는 다시 쉬지 않는 여행 일정을 시작하였다. 이런 여행은 제국수상 집무실, 갈색집(국가사회당사), 윗소금산, 바이로이트, 사열식 광장들과 집회가 열리는 홀들 사이로 도망쳐 다니는 그

수상 직무의 최초의 매력이 사라지고, 비스마르크의 책상과 사무집기 등에서 뿜어나오는 날개돋힌 흥분이 어느 정도 가라앉자마자 그는 다시 공공연한 무위도식 스타일로 빠져들었다. 히틀러와 비니프레트 바그너(위 가운데), 썰매타기(위 오른쪽), 하인리히 호프만과 함께(왼쪽), 괴벨스와 함께 한 히틀러(아래 왼쪽). 배를 조종하는 히틀러(아래 가운데). 전국 당사 건물을 살펴보는 히틀러(아래 오른쪽).

의 모습을 보여주었다. 그것은 동시에 그가 어디에든 존재한다는(偏在) 느낌을 널리 퍼뜨렸다.

예를 들면 1933년 7월 26일에 그는 뮌헨에서 470명의 이탈리아 청년 파시스트 당원 대표들을 환영하는 인사말을 하였다. 14시에는 베를린에서 거행된 슈뢰더(v. Schroeder) 장군의 장례식에 참석하였고, 17시에는 바이로이트의 축제극장에 모습을 나타냈다. 7월 29일에는 다시 바이로이트에서 비니프레트 바그너의 리셉션에 귀빈 자격으로 참석하였고, 다음날에는 작곡가의 무덤에 꽃다발을 바쳤다. 오후에는 슈투트가르트에서 열리는 도이치 체전(體典)에서 연설을 하고 이어서 베를린으로 갔다. 그런 다음 윗소금산(남 독일에 위치)에서 전국 지도자와 관구 지도자들과 모임을 가졌다. 8월 12일에는 새 백조성(노이슈반슈타인)에서 열리는 리하르트 바그너 축제에 참석하였다.

이곳에서 그는 연설하면서 자신이야말로 루트비히 2세의 의도를 완성한 사람이라고 말했다. 여기서 그는 일주일 예정으로 윗소금산으로 돌아갔다가 8월 18일에는 전당대회 준비를 위해서 뉘른베르크로 갔고, 다음날은 돌격대와 친위대 지도자 회의에 참석하러 고데스베르크 온천으로 향했다. 일치된 증언에 따르면 성공했다는 의식이 자리잡게 되는 이 무렵 벌써 그의 일정은 이전 시절처럼 죽끓듯이 변덕스러운 소망과 관심들을 드러내기 시작했다. 자주 그는 오랫동안 아무런 결정도 내리지 못한 채 이리저리 흔들리다가 갑작스럽게, 특히 권력문제에 직면하면 폭발적인 에너지를 드러내곤 하였다. 직무에 따르는 수많은 극히 일상적인 의무들에서 도망쳐서 별로 숨길 생각도 없이 오페라에 가거나 영화를 즐겼다.

그는 이 몇 달 동안 거의 70권에 육박하는 칼 마이(K. May, 19세기 독일의 통속작가. 주로 인디언 대상 모험 이야기들을 썼다. 청소년들 사이에 인기가 높았다 : 역주)의 작품들을 한 번 더 읽었다. 뒷날 전쟁이 한창일 때 그는 이 책들이 세상을 향한 자신의 눈을 열어주었다고 말했다. 이토록 공개적인 무위도식의 통치 스타일을 보고 오스발트 슈펭글러는 제3제국이 "노동을 꺼리는 사람들이 이끄는 실업자들의 조직"[67]이라고 비꼬는 발언을 하였다.

예를 들면 히틀러가 자신이 준비한 시위행사보다 어떤 빙상경기 관람을 선택하는 것을 보고 로젠베르크는 할 말을 잃었다. 일찍부터 고트프리트 페더는, 하루 일정의 질서와 프로그램을 관리하도록 장교 한 명을 히틀러에게 보내려고 하였다. 그러나 괴벨스는 그 특유의 표현방식으로 이렇게 말했다. "우리가…… 언제나 타당하게 만들려고 애쓰는 것이 그에게는 세계적인 차원의 체계가 되었다. 그의 작업방식은 어느 분야든 상관 없이 진짜 예술가의 작업방식이다."[68]

수상직 첫 해의 결산

뒤돌아보면 히틀러는 수상직 첫 해에 놀랄 정도로 많은 것을 성취하였다. 그는 바이마르 공화국을 제거하였고, 자기 개인에게만 집중된 총통국가의 건설을 위해 결정적인 조치들을 단행하였고, 국민의 시선을 중앙으로 집중시켜서 정치적으로 동일하게 만들었다. 그리하여 국민을 자기가 원하는 모든 것을 위한 무기로 만들 기틀을 마련하였다. 경제적인 급성장을 유도하였고, 국제연맹이라는 질곡에서 자유로워졌으며, 외국의 존경심을 얻었다. 짧은 시간 안에 수많은 권력중심과 영향력을 가진 다양한 자유사회를 태워서 '균질의 순수한 복종적인 재'로 만들었다. "수많은 견해들과 기구들을 가진 세계를 없애고 그 자리에 하나의 다른 세계를 만들어냈다."고 그 자신이 요약하였다.[69] 반대세력은 모두 뿔뿔이 흩어져서 지도자도 없고, 조직화되지 못하고, 정치적 무게도 갖지 못한 작은 그룹들로 해체되었다.

괴벨스가 '국민개조 과정'이라고 불렀던 것은 폭력 사용 없이 이루어지지 않았다. 권력 장악 과정에 완력수단의 비율이 미미한 것이었고, '세계역사상 가장 유혈이 적은 혁명'이라는 히틀러의 말은 곧 정권의 수사적인 기본용어가 되는데, 어쨌든 이런 말은 정확한 핵심을 포함하고 있었다. 그렇다고는 해도 수용소들의 건립, 정치범의 숫자(1933년 7월 31일 공식적인 보고에 따르면 약 2만 7천 명), 혹은 1933년 7월 22일에 이루어진 사면 숫자 등도 이 용해과정이 어떤 수단을 이용했는지 분명히 보여주고 있다. 이때의 사면은 '이른바 비판세력의 싸움을 위해서'라는 명분으로 이루어진 것

1933년에 있었던 대규모 체포.

이었다. 누가 불만을 표현하기만 해도 비판세력, 곧 '마르크스주의 책동의 계속'으로 여겨져서 박해를 하였다. 민족공동체라는 '기적'에 눈길을 돌려보아도, 과거의 여러 정당들 대신에 하나의 독자적인 정당이 들어섰고, 경쟁하는 그룹들이 바뀌었을 뿐이라는 사정을 간과할 수는 없다. 전체주의적인 생각의 대변자, 패거리 대장, 당 귀족들이 영향력을 얻기 위해 다투었다. 게임규칙도 없이 공식적인 통제의 저편에 감추어진 채 진행되는 정글투쟁이 민주주의적인 권력투쟁을 대신하였다. 실제로 제복화와 갖은 선전들만으로 민족공동체의 기만적이고 허구적인 특성을 완전히 잊어버리도록 만든 적은 한 번도 없었다. 그것은 감명 깊은 겉모습이었을 뿐이다. 사회적인 갈등은 제거되지 않고 고작해야 가려졌을 뿐이다.

히틀러 정권 초기의 일화 하나는 국민의 화해가 강제와 기만으로 이루어진 것임을 기묘하고도 분명한 방식으로 보여주고 있다. 이른바 '돌격대 제33 살인부대'의 악평이 자자한 지휘자('붉은 수탉') 한스 마이코브스키(H. Maikowski)가 1933년 1월 30일 밤에 역사적인 횃불 대행진에서 돌아오는 길에 살해당하자, 같은 밤에 살해당한 경찰관 차우리츠(Zauritz)와 더불어 히틀러의 명에 따라 국장(國葬)으로 장례식을 치렀다. 민족공동체의 이름으로 카톨릭이며 좌익인 경찰관이 국법 위반자이며 자신만의 생각을 가졌던 돌격대 지도자와 함께 특별한 상황도 없이 교회 지도부의 반발을 무릅쓰고 루터파 대교회 묘지에 묻혔다. 그 과정에서 그때까지는 이러한 강제 화해에 끼어들지 않았던 예전의 황태자가 두 개의 관에 꽃다발을 내려놓았다.[70]

이 모든 부정적인 요인에도 불구하고 권력 장악의 두 번째 국면은 기대하였던 것보다도 더욱 빠르게, 마찰 없이 진행되었다. 이미 완성된 조치들을 제한하고 새로운 조치들을 마련하는 이 모든 합법적인 혼란의 유희 속에서 국가조직과 당조직은 총통국가를 향한 확고한 발걸음을 내딛었다. 중앙정부 대표자들이 당 태수(太守) 자격으로 주(州)마다 자리를 잡고서 주장관들을 파면하고 관리들을 임명하고, 주내각 회의에 참석하고, 아래쪽으로 무제한의 권한을 행사하였다. 각 주의 주권은 법적으로 중앙정부에 이양되고 상원은 해체되었다. 중앙정부는 주의 최고 사법권도 빼앗았다. 당의 새로운 조직구조는 전국을 32개의 관구(管區)로 나누었다. 대관구는 다시 하부관구, 소관구, 세포, 소구역 등으로 나뉘었다.

1933년 12월 1일자 법령은 당과 국가의 통합을 선포하였으나 히틀러는 실제로 그 분리를 지향하였다. 어느 정도 전략적인 구상을 배후에 가진 채 그는 국가사회당의 전국 지휘부를 뮌헨에 두었고, 당이 정부사업에 영향력 행사를 하지 못하도록 막으려는 의사를 분명히 드러내보였다. 허약하고 복종적이고 당 내 세력도 미약한 루돌프 헤스를 '부지도자(뒷날 부총통)'로 지명한 사실도 같은 방향을 보여주는 부분이다. 어쨌든 국가사회당은 국가에 대하여 정치적인 우선권을 갖지 못했다. 통합은 오히려 히틀러 개인에게 집중되었다. 그는 여전히 다양하게 쪼개진 권한들을 꽉 움켜쥐었고 당은 오직 개별적으로만, 국가기능을 차지하고 전체주의적인 요구를 관철하는 일을 하곤 하였다.

거의 모든 강력한 기구나 제도들이 제압당하였다. 힌덴부르크 대통령은 더 이상 아무런 영향력도 없었다. 그의 친구이자 이웃한 영지의 주인인 폰 올덴부르크 야누샤우가 간결하게 표현한 것처럼 그는 "이제는 더 이상 존재가치가 없는"[71] 대통령이었다. 당연한 일이지만 당의 지도부는 2월 25일 대중 방어 측면에서 당과 국가의 일치법이 요구하는 바에 따라 대통령에게 충성을 맹세하는 것이 옳았으련만 히틀러에게 충성을 맹세하였다. 이 노인은 많은 사람들의 생각 속에서는 아직도 법과 전통의 희망으로 여겨지고 있었지만 그 자신이 히틀러에게 굴복하였을 뿐만 아니라 히틀러에 의해 어느 정도 매수되기도 하였다.

국가사회당의 권력 장악 과정을 자신의 도덕적 권위로 떠받쳐줄 각오가 되어 있었다는 사실은 어쨌든 그가 공화국을 운명에 내맡겼던 불만스러운 신중성과는 상당히 대비되는 일이었다. 전나무 산(탄넨베르크) 전투 기념일에 그는 새로운 권력자들에게서 노이데크 영지에 이웃한 국유지 랑게나우(Langenau)와 채무관계 없는 프로이센 숲을 선물로 받았고, 도이치 군 역사에 극히 드문 태도로 이 너그러움에 대해 경의를 표했다. 그는 퇴역 대위 헤르만 괴링에게 '전쟁과 평화시 그의 탁월한 공로를 인정하여' 보병장군 직위를 수여하였다.

방위군과 돌격대의 갈등

이러한 통합과정에서 벗어난 단 하나의 기구는 방위군이었다. 돌격대의 혁명적인 야심은 점점 더 초조하게 방위군을 지향하였다. "잿빛 바위(방위군)는 갈색 물결(돌격대) 속에 가라앉아야 한다."고 에른스트 룀은 말하곤 하였다.[72] 그리고 히틀러가 전략과 기회를 이유로 들어서 혁명을 포기할지 모른다는 그의 두려움이 막 생겨나고 있는 갈등의 결정적인 동기였다.

히틀러 쪽에서 보면 방위군과 돌격대는 아직도 독자적인 자의식을 유지하고 있는 유일한 권력인자들이었다. 그가 둘 중 하나를 이용해서 다른 쪽을 파괴하고, 그런 다음에 남은 쪽도 파괴하면서 동시에 모든 면에서 혁명적인 지도자의 생존 문제를 해결한 방법, 즉 혁명의 가장 충실한 자식들을 잡아먹히도록 내던지고, 배신의 행동을 어느 정도 역사적 업적으로 바꾸어 놓은 것 – 그것은 한 번 더 그의 전략적인 탁월성을 보여주는 부분이다.

생애의 결정적인 상황에서는 언제나 그렇듯이 그는 한 번 더 망설이면서 경쟁 당사자들이 조르는 것을 억눌렀다. "우리는 사태가 무르익기를 기다려야 한다."

1934년 초부터 대립하는 방식으로 사태의 발전을 촉진시키는 힘들이 작동을 시작하였다. 1934년 6월 30일에 수많은 이권과 충동들이 함께 몰려들어 집행명령부의 총구 앞에서 맞부딪쳤다.

제3장 룀 사건 — 토사구팽

혁명이 있은 다음에는 언제나 혁명가들의 의문이 나타난다.
—무솔리니가 모슬리에게

히틀러가 발전시킨 합법적인 혁명 전략은 권력 장악 과정에서 상대적으로 폭력이 없고 유혈이 없는 길을 마련해주었다. 그리고 모든 국민이 혁명의 시기에 얻게 되는 깊은 균열을 피할 수 있게 해주었다. 그러나 이러한 전략은 낡은 정권의 지도층이 적응을 통해서 혁명을 공격하고 적어도 이론상으로는 새로운 정권에 대해 의문을 제기할 수도 있다는 단점을 포함한 것이었다. 이 계층은 추월당하거나 때로 함께 휩쓸리기도 하지만 완전히 제거하거나 행동력을 없앨 수 없기 때문이다.

동시에 히틀러의 전략은 당에게 권력에 이르는 길을 열어주었던 전위부대 돌격대에게서 분노의 열매를 빼앗는 것이기도 했다. 갈색 근위병들은 조소의 쓰라린 심정을 품고서 '반동분자', 곧 자본가, 장군들, 토지귀족(융커), 보수적인 정치가들과 온갖 '비겁한 속물'들이 검은 예복을 입고서 민족주의 혁명 승리의 축제에서 명예의 단상으로 올라가 갈색 제복과 나란히 어우러진 꼴을 바라보았다. 무분별한 개종행위가 혁명에서 적을 빼앗아간 것이다.

권력 장악 과정에 대해서 구식 명예심을 가진 저돌적인 사나이 룀이 느낀 분노는 그가 되풀이해서 말한 공개적인 언사에 이미 드러났다. 1933년 5월에 그는 미리 돌격대에게 특히 거짓 친구와 거짓 축제에 끼지 말라고 경고하였으며, 아직도 목표달성을 하지 못했음을 상기시켰다. "축제는 벌써 실컷 치렀다. 나는 이제 돌격대와 친위대가 계속되는 축제에서 명백하게 벗어나기를 바란다……. 국가사회주의 혁명을 완수하고, 국가사회주의 제국을 건설해야 한다는 여러분의 과제가 아직도 앞에 놓여 있다."[1]

서투른 룀보다 훨씬 간교하고 교활한 히틀러는 혁명을 일종의 합법적인 겉모습을 한 붕괴 과정으로 보았다. 그런 과정에서 선전술, 느린 붕괴, 속임수 등의 수단이 전면에 드러나고 폭력은 뒤흔들기 위해서 오직 보조수단으로만 사용하였다.

그에 반해 룀은 혁명이란 개념을 낡은 세력이라는 요새를 향하여 전투의 섬광, 폭약 연기, 돌풍 같은 공격 등 폭동의 국면을 가지는 것으로 여겼다. 그러고 나서 혁명이 유혈의 정점에 도달하면 '긴 칼의 밤'에 증오스런 낡은 세력이 무너지는 것과 동시에 살아남은 세상도 무너지고, 마침내 새로운 질서가 승리하는 것이라고 생각하였다. 그런 일이 하나도 일어나지 않았으니 룀은 마음 깊이 실망하였다.

불안정한 짧은 기간을 보내고 나서 그는 돌격대를 거대한 국민적인 용해과정에서 빼내려는 시도를 하였다. 그는 사방을 향하여 반대 발언을 하였으며, 돌격대의 특수성을 찬양하였다. "돌격대만이 순수하고 오염되지 않은 국가주의와 사회주의를 쟁취하고 유지할 것이다."[2] 돌격대 지휘자들에게 그는 새로운 국가에서 지위나 명예로운 자리를 받아들이지 말라고 경고하였다. 경쟁자인 괴링, 괴벨스, 히믈러, 라이, 그밖에 다른 조직의 수많은 추종자들이 국가의 유력지위를 얻어서 영향력을 확대하고 있었지만 그는 반대의 길을 가려고 하였다. 오래지 않아 350만에서 4백만 명으로 늘어난 자기 조직을 보수적으로 완성하여, 어느 날인가는 기존질서를 혁명적으로 뒤엎고 돌격대 국가를 만들어내려고 하였던 것이다.

두 번째 혁명이라는 표어

당연한 일이지만 이러한 상황에서 정치기구와의 해묵은 갈등이 다시 불거져나왔다. 정치기구의 모가지 굵은 중간급 이기주의자들에 대한 군사혁명가들의 원한이었다. 그들은 꽉 조이는 관리제복을 입고 헐떡이면서도 봉급과 자리를 두고 다투는 소인배의 싸움에서는 분명히 돌격대원들을 능가하고 있었다. 1933년 7월에 벌써 돌격대의 무수한 야전 보호감호소가 제거되기 시작하였고, 곧 이어서 최초의 보조경찰 단위부대들도 해체되었다. 룀의 부하들은 자기들이 치렀던 희생과, 자기들이 이겼던 싸움을 들먹였으나 아무 소용도 없었다. 그들은 이미 한물 간 것처럼 느껴졌다. 놓쳐버린 혁명의 잊혀진 혁명가들이 된 것이다. 권력 장악은 끝났고 돌격대의 임무는 완수되었다는 점점 더 자주 들리는 설명에 대해서 룀은 1933년 7월에 날카롭게 반발하였다. 오늘날 혁명을 진정시키자고 요구하는 자는 혁명을 배신하는 자라고 그는 선언하였다. 자신의 돌격대 기 아래서 행진하였던 노동자, 농민, 병사들은 통합된 '속물들과 불평가들'에 맞서 가차없는 의무를 완수할 것이라고 했다. "그들 마음에 들든 아니든, 우리는 우리의 싸움을 계속할 것이다. 그들이 문제의 핵심을 파악한다면 그들과 함께! 그들이 들으려 하지 않는다면 그들 없이! 그리고 꼭 필요하다면 그들에 맞서서라도!"[3)]

이것이 '두 번째 혁명'이라는 표어의 의미였다. 이 표어는 그 뒤로 돌격대의 숙소와 술집에 소문으로 쫙 퍼졌다. 돌격대는 수많은 미진한 일들과 타협들 속에 숨어 있는, 혹은 배신적인 1933년 초의 권력 장악을 부축하여 일으켜서 전체적인 혁명, 전국가의 접수로 이끌어갈 것이라는 말이었다. 이 암호는 윤곽에 불과한 것일지라도 갈색 부대 내부에 새로운 기도가 존재했다는 사실에 대한 증거로 자주 인용되곤 하였다. 그러나 '전체를 향한 성스러운 사회주의 의지'라는 막연한 표현보다 더 확정적인 개념은 나타나지 않았으며, 돌격대 국가란 어떤 것을 말하는지 아무도 알지 못했다.

이 사회주의는 룀 자신과 그의 측근의 동성연애자들이 적대적인 주변세계에 대해 가지는 사회적 패거리 의식으로 더욱 날카로워진, 거칠고 생각

없는 전사(戰士)들의 공산주의라는 개념을 넘어서지 못했다. 그리고 돌격대 국가란 용어는 근본적으로는 수많은 직업 없는 돌격대원들의 절망적인 사회적 문제들을 실질적으로 해결해주는 국가라는 의미 이상이 되지 못했다. 그와 나란히 정치적인 모험집단의 불안감이 있었다. 그들은 국가사회주의 이데올로기로 자신들의 허무주의를 정치적으로 포장하였지만, 마침내 승리를 쟁취하고 난 지금 어째서 모험, 싸움, 불안과 작별을 고해야 하는지 이해하려 들지 않는 집단이었다.

"아돌프는 우리 모두를 배신할 거야"

돌격대의 혁명적 정서에 대상이 없다는 사실이 일반적으로 광범위한 근심을 일깨웠다. 아무도 룀이 그 막강한 권력을 누구를 향하여 사용할지 몰랐다. 그는 행진, 사열, 화려한 집회 등을 열정적으로 벌여서 독일 전국에 위협을 가하였다. 보란 듯이 돌격대 내부에서 오래된 군사적 경향들을 불러일으키려고 애썼다. 그러면서 산업계와 관계를 가지려 애쓰고 헌금자를 찾으려고 했다.

돌격대 야전경찰 내부에 독자적인 행정부서를 만들고, 독자적인 돌격대 재판권을 만들어서 돌격대원들이 금지된 행동들, 강도, 도둑질, 약탈 등을 할 경우 가장 엄격한 형벌을 규정하기는 하였으나, 또한 "돌격대원을 살해한 형벌로는, 대원 소속 돌격대장이, 살해를 준비한 적대적 기구의 소속원 열두 명에 이르기까지 처형할 수 있다."고 규정하였다.[4] 동시에 룀은 주 행정부, 학술영역 및 출판영역에 토대를 만들려고 하였으며, 사방에다 돌격대의 특수한 요구들을 알리려고 노력하였다.

그의 불쾌감은 반유대주의, 외교정책, 노동조합의 제거, 혹은 자유로운 여론의 억압 등에 대한 비판적인 판단으로 나타났다. 그는 괴벨스, 괴링, 히믈러, 헤스 등에 대해서 분노의 태도를 보였으며, 대규모 갈색 부대로 수적으로 훨씬 적은 방위군을 집어삼켜서 국가사회주의 민병대를 만들겠다는 계획으로 도전을 해왔다. 방위군의 전통과 특권을 질투해서 생겨난 일반의 적대감이었다. 히틀러의 다양한 전략적 고려에 깊이 마음이 상해서 그는 친구들과 함께 있을 때 분노를 터뜨렸다.

아돌프는 비열해, 하고 그가 욕했다. 그는 우리 모두를 배신할 거야. 반동분자들만 상대하고 있어. 옛날 동지들은 너무 못났다 이거지. 그래서 이 동 프로이센 장군들을 데려왔단 말씀이야. 그들이 이제 믿음직한 사람들이라구……. 내가 무엇을 원하는지 아돌프는 정확하게 알고 있어. 내가 아주 여러 번이나 얘길 했으니까 말이지. 옛날 황제 부대를 다시 만들어내려는 게 아니야. 우린 혁명인가, 아닌가?…… 그렇다면 뭔가 새로운 게 있어야잖아, 내 말 이해하겠어? 새로운 기율 말이야. 새로운 조직원칙 말이야. 장군들이란 늙은 수선공들이라구. 그들은 새로운 생각을 해낼 수 없어…….

그렇지만 아돌프는 민간인이고 앞으로도 그럴 거야. '예술가'고, 몽상가지. 나 좀 내버려둬라고 생각하고 있는 거지. 그는 지금도 산에 틀어박혀서 사랑하는 하느님 노릇을 하고 싶을 거야. 우리 같은 놈들은 손가락이 근질거려도 그대로 자빠져 있어라 이거지……. 여기 딱 한 번 뭔가 새로운 것, 위대한 것을 이룰 기회가 있어. 그것으로 우린 세상을 확 바꿔버릴 수 있는 거지. 하지만 히틀러가 나를 꼬시고 있어. 사물에 각기 제 갈길을 터주겠다 이거지. 그런 다음 하늘의 기적을 바라는 거야. 그게 진짜 아돌프야. 그는 완성된 군대를 상속받으려는 거야. 그것을 '전문가들'에게 수리해달라고 맡기려는 거지. 이런 말을 들으면 미치고 팔짝 뛸 지경이야. 그는 나중에 이 군대를 국가사회주의 편으로 만들겠다고 말하고 있어. 하지만 우선은 군대를 프로이센 장군들에게 맡긴다 이거지. 그런 다음 혁명정신이 뒤따라올 거라구! 그런 군대는 새로운 전쟁에서 절대로 이기지 못할 늙은 염소 같은 꼴이 될 거란 말이야. 날 속이진 못해, 모두가 힘을 합쳐서도 말이야. 여기서 너희는 우리 운동의 가장 중요한 부분을 망가뜨리고 있어.[5]

모든 자료가 잘못된 것이 아니라면 히틀러는 룀의 생각을 좇으려는 생각을 진지하게 해본 적이 한 번도 없었다. 돌격대의 임무에 대한 오래된 쟁점에 대해서 그는 권력을 장악한 이후에도 갈색 부대는 정치적 기능을 맡아야지 군사적 기능을 맡아서는 안 된다고 확고하게 생각하고 있었다. 돌격대를 거대한 '히틀러 돌격반'으로 만들어내려고 했을 뿐이며 혁명군 장교를 시킬 생각은 없었다. 마찬가지로 그는 외면적으로도 처음에는 결심을 못한 듯이 보였지만 점차 룀의 야망을 방위군의 요구와 중도 노선으로 결합시킬 것을 희망하였다. 그는 의심할 바 없이, 오만하고 완고한 외눈 안경을 쓴 '늙은 수선공'들(방위군 장군들)에 대해서 1923년의 경험을 통하여 강화된, 깊은 반감을 지니고 있었다. 히믈러는 그가 한 번은 시선을 장군들에게 고정시킨 채 이렇게 말하는 것을 들었다. "저들은 한 번 더 나를 향해 총을 쏠 거야!"[6] 그러나 그들의 배후 지원이 권력 장악의 성공적인 마무리를 위해서는 꼭 필요하였다.

온갖 원한도 11월 쿠데타의 큰 교훈을 잊어버리게 만들지는 못했다. 그것은 군부와는 절대로 공공연한 갈등에 빠지지 말아야 한다는 교훈이었다. 당시의 패배를 군대와의 적대관계 탓으로 돌렸고, 그와 똑같은 정도로 1933년의 성공을 군부 지도자의 후원 혹은 적어도 호감 섞인 중립 덕으로 돌렸다. 나아가 그들의 전문적인 지식은 1933년 초여름에 이미 도입된 재무장을 위해서 꼭 필요한 것이었다. 장기간에 걸친 그의 팽창계획의 시작은 바로 이 재무장에 달려 있었다. 뿐더러 정규군만이 자신의 의도에 알맞은 공격력을 지니고 있으며, 룀이 자랑하는 민병대는 엄격한 의미에서 방어수단에 불과하였다.

히틀러와 방위군

방위군 수뇌부와 개인적으로 접촉을 하면서 얻은 최초의 체험들은 분명히 히틀러의 불신을 누그러뜨렸다. 국방장관 폰 블롬베르크와 국방부의 새로운 참모 육군소장 폰 라이헤나우(v. Reichenau)를 보고 그는 동지를 만났다고 여겼다. 그들은 물론 서로 다른 이유에서 그의 노선을 무조건적으로 따랐다. 폰 블롬베르크의 뿌리내리지 못하는 기질 탓이었다. 그러한 기질과 몽상적인 불안정성은 히틀러의 목적의식이 뚜렷한 설득력에 쉽게 넘어갔다. 그는 특이하게도 민주주의에 대한 확신, 인지학, 프로이센 사회주의 이념, 그런 다음 러시아 여행 이후에는 '거의 공산주의', 그리고 점차 권위적 생각들에 빠져들었다가 마지막에는 과도한 태도로 새로운 우상 히틀러에 빠져들었다.

블롬베르크는 과거를 회상하면서, 1933년의 하룻밤 새 자기가 기대하지도 못했던 일들이 자기 품으로 떨어졌다고 말했다. 신념, 한 사람에 대한 존경, 하나의 이념에 대한 완전한 집착 등이었다. 당시의 증언에 따르면 히틀러의 친절한 말을 듣고 그의 눈에 눈물이 고였으며, 때로는 지도자의 충심 어린 악수만으로 감기가 나았다고 말한 적도 있다고 한다.[7)]

그에 반해서 폰 라이헤나우는 냉정하고 마키아벨리적인 사고방식을 지닌 사람이었다. 그의 야심만만한 생각들은 감정에 의해서 흔들리지 않았으며 국가사회주의는 확신과 열광이 아니라 대중운동의 이데올로기라고 여겼다. 이런 대중운동의 열광을 그는 자신의 개인적인 경력을 위해서, 그리고 군의 권력확보를 위해서 이용하고 적절한 순간에 통제할 속셈이었다. 그는 냉정하고도 지적이고, 결단력이 있고, 약간 경박한 측면이 없지도 않았지만, 기술교육을 받은, 선입견 없는 현대적인 장교의 전형적인 모습을 구현한 인물이었다. 선입견이 없다는 말은 물론 도덕적인 영역에도 해당되는 것이었다.

1933년 지휘관 회의에서 그는 국가의 붕괴상태는 오직 테러를 통해서만 제거될 수 있고, 군부는 "세워 총!" 자세는 취하되 개입은 하지 않아야 한다고 말했다. 이 구호는 히틀러의 전략적 기대에 정확하게 일치하였으므로 히틀러는 훼방꾼 룀을 위해서 이러한 군사 전문가들의 충성 제안을 거부해야 할 이유가 무엇인가 스스로 질문해 보았음 직하다. 그는 가까운 사람들에게 자기들이 '군사 엘리트감'이라고 착각하는 '진짜 곱사등이 돌격대 놈들'을 비웃었다.[8)]

룀에 대항하기로 결정

히틀러는 이중 게임으로 적들을 속이고 서로 충돌해서 스스로 망가지도록 만들곤 하는 그의 성향과는 달리 이번 경우에는 외면적으로 아주 잠깐 동안만 자신의 의도에 대해 미심쩍은 태도를 내보였다. 언제나처럼 돌격대의 군사적 활동성을 격려하면서 이렇게 말하기도 하였다. "여러분의 삶은 싸움 그 자체다. 여러분은 싸움에서 나왔으니 오늘이나 내일 평화를 기대하지 말라."[9]

12월 1일 룀을 내각에 소환한 일이나 신년을 맞이하여 돌격대 사령관 룀에게 보낸 감사 편지 등은 돌격대 내부의 독특한 야심의 측면에서 이해되었다. 그럼에도 불구하고 히틀러는 방위군을 향하여 거듭, 방위군이야말로 국민의 유일한 군대이며 앞으로도 그럴 것이라고 말했다. 해가 바뀔 무렵 내려진, 일반 병역의무를 방위군의 범위 안으로 국한시킨다는 결정은 룀의 광범위한 민방위군 계획을 망가뜨리는 것이었다.

그러나 히틀러가 언제나처럼 전략만 좇고 있으며, 마음 속으로는 전처럼 여전히 자기와 의견이 일치할 거라고 믿고서 룀은 그의 조언자들 속에 자신의 원수가 있으리라고 짐작하였다. 어려운 일이 닥치면 직접 부딪쳐서 극복하는 습관대로 그는 시끄러운 행진을 하는 것으로 반응을 보이고, 자신의 요구를 보란 듯이 제시하였다. 그는 히틀러를 '멍청하고 위험한 놈들'의 손아귀에 떨어진 '약자'라고 불렀다. 하지만 자기가 그를 '이러한 사슬에서 해방시키겠다'고 선언하였다.[10]

돌격대가 무장한 돌격대 사령부 초소에 위병배치를 시작하는 동안 룀은 국방장관에게 건의서를 보내어 국방의 영역은 '돌격대의 영역'이라고 선언하고 군대는 군사교육만을 맡아야 한다고 주장하였다. 확고한 태도로 말하고 호통을 치면서 그는 자신의 운명이 결정될 이 무대를 스스로 정돈하였다. 돌격대 사령관이며 자신의 막역한 친구인 룀에게 다정한 말로 감사 편지를 보낸 며칠 뒤인 1월 초에 벌써 히틀러는 비밀 국가경찰 총수인 루돌프 딜스(R. Diels)에게 '룀 씨와 그의 친구들'에게 불리한 증거자료와 돌격대의 테러 활동에 대해서 불리한 자료들을 수집하라고 지시하였다. "그것은 당신이 지금까지 한 일 중에서 가장 중요한 일입니다."라고 그는 딜스에게 말했다.[11]

그 사이 방위군도 아무 일도 안 하고 있었던 것은 아니다. 룀의 건의서는 모든 통합 노력이 실패하였으며 이제는 히틀러가 결정을 내려야 할 때라는 사실을 분명히 보여주었다. 2월 초에 보란 듯이 정반대의 행동을 하면서 블롬베르크 장관은 '아리안 조항'을 국방부에서 인수하였다. 그리고 국가사회당의 가장 신성한 표지인 갈고리 십자가를 공식적인 방위군 상징으로 격상시켰다. 육군사령관 폰 프리치(v. Fritsch) 장군은 이러한 결정에 대해서 "수상 각하께 돌격대에 대항하기 위해 필요한 힘"을 마련해주려는 것이라고 설명하였다.[12)]

대관구 지도자들에게 행한 연설

사실상 히틀러는 이제 분명한 입장표명을 하지 않을 수 없게 되었다. 2월 2일에 그는 베를린에 모인 대관구 지도자들을 앞에 놓고 인사말을 하였다. 이 연설은 당시 그의 근심을 보여주고 있으며 나아가 특기할 만한 원칙 표명의 특성을 가진 것이다. 기록은 다음과 같다.

> 지도자(국가사회당의 당수)는 강조하기를…… 혁명이 끝나지 않았다고 주장하는 사람들은 바보라고 했다……. 그리고 계속해서 우리 운동에는 혁명이란 지속적인 카오스 상태를 뜻하는 것이라고 생각하는 사람들이 있다고 했다……. 지도자는 한편 유능하면서도 다른 한편 맹목적으로 복종하면서 정부의 조치를 수행할 인재를 모으는 일이 가장 시급한 주요과제라고 말했다. 당은 단합하여 전체 도이치 미래를 위해 필요한 안정을 가져와야 한다고 했다……. 제1지도자는 운명이 뽑았다. 제2지도자는 처음부터 충실하고 확고한 공동체를 배후에 지니고 있어야 한다. 개인적인 권력을 구축한 그 누구도 선출되어서는 안 된다!
>
> 그밖에도 지도자는 언제나 한 사람뿐이다……. 내적인 확고함과 강인함을 지닌 그런 조직은 영원히 지속될 것이다. 그 무엇도 그것을 쓰러뜨릴 수 없다. 당 내에 별도의 공동체가 있다면 그것은 배신자 그룹일 수밖에 없다. 우리는 서로 싸워서는 안 된다. 밖에 있는 사람들에게 절대로 거리감이 노출되어서는 안 된다! 우리가 서로의 신뢰를 깨뜨린다면 민족이 우리를 맹목적으로 믿을

수 없다. 설사 잘못된 결정의 결과라고 하더라도 무조건적인 결속을 통해서 보상되어야 한다. 절대로 하나의 권위가 다른 권위와 다투어서는 안 된다…….

따라서 불필요한 토론도 필요없다! 개별적인 지휘부가 아직 명백하게 결정을 내리지 못한 문제들은 절대로 공개적으로 토론되어서는 안 된다. 그랬다가는 다수에게 결정권을 내주게 될 것이기 때문이다. 그것은 민주주의라는 망상이었다. 그러나 그것을 통해서 우린 오직 지휘의 가치를 놓쳤을 뿐이다……

그밖에 우리는 언제나 단 하나의 싸움만을 싸워야 한다. 차례로 하나씩 싸워나간다. 그러므로 '적이 많으면 명예도 크다'고 해서는 안 되고 '적이 많으면 멍청함만 늘어난다'고 말하는 것이 옳다. 민중은 열두 개의 싸움을 동시에 싸우면서 사태를 이해하지는 못한다. 그러므로 우리는 민족을 언제나 단 하나의 생각만으로 가득 채우고 단 하나의 생각에만 집중하도록 만들어야 한다. 특히 외교적인 문제들을 위해서는 전민족을 배후에 가지는 일이 필수적이다. 전국민이 스포츠 정신으로, 도박꾼의 정열로 이 외교적 싸움에 관심을 가지고 있어야 한다. 이것은 필수적인 일이다. 전국민이 이 싸움에 동참하고 있으면, 전국민이 함께 도박에서 잃게 된다. 국민이 관심을 잃으면 지휘부만 도박에서 잃는다. 앞의 경우에 국민의 분노는 적을 향하게 되지만 두 번째 경우는 지도자를 향하게 된다.[13]

이러한 언급은 전쟁의 시기에 이르기까지 강령적인 실체로 남게 되는데, 여기서 나온 결론들이 오래지 않아 나타났다. 2월 21일에 히틀러는 자신을 방문한 앤서니 이든에게 돌격대의 2/3를 줄일 생각이고 남은 부대는 무기도 군사훈련도 받지 못할 것이라고 확언하였다.

일주일 뒤에 그는 방위군 지휘자들과 룀, 히믈러를 선두로 한 돌격대 및 친위대 지휘자들을 블렌들러 거리에 있는 국방부로 소환하였다. 장교들이 박수를 치고 돌격대 지도자들이 얼굴을 찌푸리는 가운데 행해진 연설에서 그는 방위군과 돌격대 사이의 협약 초안을 내놓았다. 그것은 갈색 돌격대의 임무를 군사적인 주변기능에만 한정시키고, 그밖에 주요 임무는 국민의 정치교육 작업이라는 내용이었다. 그는 돌격대 지휘자들에게 이토록 중대한 시기에 자기에게 저항하지 말라고 호소하고, 자신의 팔에 떨어지는 자는 누가 되었든지 파괴로 응징할 것이라고 위협하였다.

룀은 이 경고를 무시하였다. 그는 부드러운 태도를 잃지 않고 거기 모인 사람들을 '화해의 아침식사'에 초대하기까지 하였다. 그러나 장군들이 그곳을 떠나자마자 불쾌감을 드러냈다. 소문에 따르면 그는 히틀러를 '무식한 상병'이라고 부르고 노골적으로 자신은 "협약을 지킬 생각이 없다. 히틀러는 약속을 지키지 않으니 적어도 휴가를 가야 할 것"이라고 말했다.[14)]

사건 전개는 극적인 통속소설처럼 진행되었고 거기에 꼭 맞게 배신자의 모습도 빠지지 않는다. 돌격대 고위급 지도자인 루체(Lutze)가 윗소금산으로 히틀러를 찾아와서 여러 시간 밀담하면서 그 동안 있었던 여러 사건들과 룀의 암담한 허풍에 대해서 보고하였다.

그러나 룀을 사로잡은 것은 30개 사단의 병력을 장악하고 있다고 자랑스럽게 선포하는 남자로서의 반발과 건방만은 아니었다.[15)] 그는 오히려 히틀러가 자신에게 받아들일 수 없는 양자택일을 강요하고 있다는 사실을 너무나 정확하게 알고 있었다. 국민을 교육하거나 아니면 전쟁터를 청소하라는 요구는 선택의 여지가 있는 것 같은 말투를 취하고 있지만 실은 파면을 뜻하는 것이었다.

히틀러가 '곱사등이'라고 불렀던 돌격대원들이 아리안 주인종족의 교육적 유토피아를 위해 적합한 교육기관이라고 진지하게 받아들일 사람은 아무도 없었다. 자신의 처지가 해결책이 없다는 사실을 정확하게 깨닫고 룀은 3월 초에 히틀러를 방문해서 그에게 '작은 해결책'을 제안하려고 하였다. 수천 명의 돌격대원을 방위군에 받아들여 달라는 것이었다. 그럼으로써 자신은 적어도 부하들에게 가장 긴급한 사회적 의무를 다할 수 있을 것이라고 했다.

그러나 돌격대가 방위군 속으로 침투해 들어갈지 모른다는 위험을 느낀 힌덴부르크와 방위군 지휘부가 그것을 거부하였다. 룀은 격분하고 점점 초조해 하는 부하들에게 자극받아서, 그리고 자신의 권력욕에 밀려서 다시금 반란의 길로 접어들게 되었다. 실제로 1934년 초부터 새로이 제2의 혁명이라는 구호가 소문으로 돌아다녔다. 쿠데타와 반란에 대한 말이 돌기는 했지만 구체적인 행동계획을 보여주는 증거는 없다. 이렇게 거칠고 건장한 패거리의 방식에 어울리는 일이지만 그들은 그저 피 냄새 나는 말투만으로 만족하고 있었다.

룀 자신은 일종의 체념상태에 빠져서 때로는 볼리비아로 돌아갈까 하는 생각도 하였다. 프랑스 대사와 만났을 때 자신은 병들었다고 말했다.[16] 그는 점점 더 두텁게 자신을 둘러싸는 고립의 사슬을 뚫고 슐라이허와 또 다른 반대편 세력들과 접촉을 만들어보려고 노력하였다. 그는 새롭고 연속적인 강력한 행진들을 조직하였고, 쉬지 않는 승리의 행진을 통해 돌격대의 붕괴되지 않는 힘을 보여주려고 애썼다. 동시에 그는 외국에서 사들인 상당한 무기의 일부를 확보하고 단위부대의 군사훈련 계획을 강화시켰다.[17] 그렇게 함으로써 사실은 실망하고 흥분하여 돌아다니는 돌격대원들을 바쁘게 만들려고 했으리라는 가능성을 배제할 수 없다. 그러나 이러한 활동은 히틀러와 방위대 사령부측에 도전으로 받아들여졌고 온갖 폭동에 대한 소문에 근심스러운 이유를 만들어주지 않을 수 없었다.

몰이가 시작되다

히틀러는 적어도 이 시점에서 선의의 방식으로 룀을 제자리에 돌려놓으려던 노력을 중지한 것으로 보이며 해결방식을 폭력적인 방향으로 바꾸었다. 4월 17일 베를린 스포츠궁에서 열린 친위대의 신년 음악회에 그는 마지막으로 룀과 함께 공개석상에 등장하였다.

그 자신이 뒷날 주장한 바에 따르면 이 시점에 딜스에게 맡긴 의무를 일반 당직자들 선까지 확대하였다. 제2의 혁명에 대한 소문을 추적하고 그 기원을 찾아내라는 명령이었다. 동시에 시작된 안전부(SD)의 설립은 그것과 연관이 있는 것이 분명하다. 프로이센 국가비밀경찰(게슈타포)을 하인리히 히믈러가 인수한 것도 마찬가지다. 돌격대 범죄자를 잡아내려는 치안당국의 노력들이 이제 처음으로 얼마간의 성과를 거두었다는 사실도 같은 맥락에 있다. 소문에 의하면 집단수용소 다하우(Dachau)의 소장인 테오도어 아이케(Th. Eicke) 역시 4월에 '바람직하지 않은 인물들'의 이름이 적힌 '전국 리스트'를 작성하라는 명령을 받았다.[18]

그럼으로써 진짜 수색전이 벌어졌다. 그것은 소문과 음모를 앞에 놓고 신경질적 분위기에서 시작되었다. 룀은 이제 거의 모든 방향에서 자신의 몰락을 위한 작업이 이루어지고 있다는 사실을 의심할 수 없게 되었다. 정치기구의 간부들, 특히 괴링과 헤스가 주요 활동자들이었다. 그들은 모두 돌격대 사령관이 개인적인 권력집단을 이루고 그럼으로써 당 내 2인자 자리를 차지하고 있는 것을 싫어하던 사람들이었다.

과격한 천성 탓으로 처음에 룀의 편을 들었던 괴벨스도 그들에게 합류하였다. 그리고 하인리히 히믈러도 합세하였다. 그는 돌격대 산하부대인 친위대를 지휘하고 있었고, 룀의 몰락을 통해서 자신이 이익을 얻기를 바랐다. 방위군 지휘부는 조심스럽게 배후에서 작용을 하였지만 차차 모습을 드러냈다. 룀에 대한 정보들을 교묘하게 퍼뜨리고 방위군 특유의 독자성의 일부를 포기하면서까지 히틀러 편을 들었다.

1934년 2월에 벌써 장교단의 전통적인 한쪽 기둥인 사회적 폐쇄성의 원칙을 자발적으로 포기하였다. 그리고 앞으로는 '오래된 장교계급 출신'이라는 것뿐만이 아니라 '새로운 국가에 대한 이해력'도 군사적 경력을 위한 결정적인 자질 표현으로 참작될 것이라는 지시가 내려졌다.[19]

곧 이어서 방위군은 부대원들에 대한 정치 교육을 도입하였다. 블롬베르크는 히틀러의 생일인 4월 20일에 과장된 축사를 발표하였다. 그리고 뮌헨의 오래된 연대 리스트 병영을 '아돌프 히틀러 병영'으로 이름을 바꾸었다. 그의 생각과 특히 라이헤나우의 의도는 히틀러와 룀 사이의 대립을 부추겨서 공개적인 대립으로 만든 다음 자기들이 승리자가 되려는 것이었다. 충분히 예리하지 못한 생각으로 그들은 히틀러가 룀의 권력을 빼앗음으로써 자신의 권력을 빼앗아서 방위군에 넘겨주게 된다는 사실을 깨닫지 못하고 있을 것이라고 기대하였다.

점점 더 커지는 긴장감은 점차 일반에게도 알려지게 되었다. 전국적으로 불안감이 퍼져나가서 마비와 낙담의 감정과 혼합되었다. 히틀러는 일년이나 걸려서 열화와 같은 연설, 호소, 기습, 연극적 발상 등을 통해서 국민의 호흡을 사로잡는 데 성공하였다. 이제 관객과 연출자는 한꺼번에 지쳐버린 듯이 보였다. 이러한 의식의 휴식이 국민에게 자신들의 진짜 상태를 돌아볼 최초의 기회를 주었다.

선전의 압력에 아직 완전히 제압당하지도 매수당하지도 않은 상태에서 국민은 강제, 규격화, 저항의 방책이 없는 소수민족에 대한 억압, 수용소, 교회와의 갈등, 생각 없는 지출경제를 통해 생겨난 인플레이션의 유령, 돌격대의 테러와 위협, 그리고 어디서나 점점 커지는 불신 등을 깨달았다. 이 모든 인식은 분위기를 일변시켰다. 괴벨스가 시끄럽게 연출한 '불평분자와 혹평가에 대항한 전쟁'도 그것을 회복시키지 못했다.

1934년 초에 생겨난 것은 대규모의 불쾌감은 아니었다. 그리고 광범위한 거부감이 분명히 일깨워지지는 않았다. 그래도 회의, 압박감, 의심 등의 감정이 분명히 나타났고, 무엇보다도 부패한 마법에 대한 예감이 생겨났다.

사방에서 나타난 환멸은 멀리 사라진 1933년 1월의 보수파 조종자들에게 한 번 더 눈길을 향하도록 만들었다. 그들은 비록 통합되고 역할 없는 단역으로 밀려나 있었지만 상황이 자신들을 부르고 있다는 것을 곧장 알아챈 것 같았다. 파펜과 그의 동료들은 너무나 오랫동안 말없이 무릎 꿇은 자세로 히틀러 앞에 엎드려 있었다. 여전히 한때의 꿈에 잠겨 바알세불(작은 악마) 역할을 해서 악마를 속여보려는 망상에 빠져들었다.

6월 초에 힌덴부르크는 노이데크로 휴가여행을 떠나면서 부수상인 파펜에게 염세적으로 이런 말을 했다. "사정이 좋지 않아, 파펜. 사태를 바로잡아보시오."[20] 대통령 자신은 분명하게 권력을 상실해버려서 주연배우로서 효과적인 반대수를 둘 수가 없었기에 실망한 보수주의자들은 왕정 복고라는 생각에 점점 더 관심을 갖게 되었다.

1934년 1월 30일 의회연설에서 히틀러가 이 생각을 명백하게 거부하였지만, 파펜의 독촉에 따라 힌덴부르크는 유언장에 왕정의 재도입을 추천하는 구절을 집어넣을 준비가 되어 있었다. 그밖에도 왕정에 찬성하는 사람들은, 히틀러가 상황의 압력에 굴복하여 여러 가지로 바라지 않는 고백에 동의하게 되기를 희망하고 있었다.

룀과의 최후협상

힌덴부르크의 마지막이 다가오고 있음을 알리는 소식들이 늘어나자 히틀러에게는 서둘러 결정을 내려야 할 필요성이 점점 더 절박해졌다. 그의 전략 개념에 따르면 대통령직이 아무런 마찰 없이 자신에게 이양되고, 따라서 권력 장악의 마무리 단계인 방위군 통수권을 확보한다는 것이었다.

6월 4일에 그는 한 번 더 룀과 만났다. 뒷날 해명연설에서 표현한 바에 따르면 "당과 나의 돌격대를 위해 그와 같은 대립의 수치를 피하고 가장 힘든 싸움 없이 해악을 제거하기 위해서"였다. 약 다섯 시간 계속된 대화에서 그는 룀에게 "그 자신이 이런 망상(두 번째 혁명이라는)에 맞서라."고 호소하였다. 그러나 히틀러는, 어쩔 줄 모르고 있기는 하지만 완전한 자포자기를 인정할 수도 인정할 마음도 없는 룀에게서 일상적인 내용 없는 수긍만을 받아냈을 뿐이다.

사회에 널리 퍼진 불쾌감에 대항하는 선전공세가 강화되었고 돌격대 이외에도 점차 옛 시민계층, 귀족, 교회, 특히 군주제의 보수적인 입장에 대항하여 선전공세가 펼쳐지는 동안 룀은 아무런 생각도 없이 휴가를 떠났다. 평일명령을 내리면서 그는 부하에게 류머티스 때문에 비스 호수 온천(Bad Wiessee)으로 요양차 떠나야겠다고 말하고 상황의 긴장을 좀 완화시키기 위해서 7월 한 달 동안 부대의 다수를 휴가 보냈다.

그러나 그의 서한은 '돌격대의 적들'에게 돌격대가 휴가에서 안 돌아오거나, 아니면 일부만이 귀대할 것이라는 잘못된 희망을 갖지 말라고 경고하였다. 그리고 어두운 음조로 그들에게 '적절한 응답'을 주겠다고 위협하였다. 기억해두어야 할 일이지만 이 명령은 히틀러의 이름을 거론하지 않았다.

뒷날의 단언과 달리 히틀러는, 사령부와 반역 동지들이 수도를 점령하고 정부를 접수하고 '여러 날 동안 유혈대치'가 벌어지는 동안 히틀러 자신까지 제거하기 위한 예방조치를 취했으리라고 믿었다는 점에서 룀과 생각이 다르지 않았던 것 같다. 9일 뒤에 그는 베네치아로 최초의 외국여행을 떠났기 때문이다. 밝은 색 레인 코트를 입고 훈장을 단 이탈리아 독재자를 향하여 걸어갈 때 신경질적이고 산만하고 좋지 못한 기분 상태를 보였다.

독일의 정치적 재담에 따르면 무솔리니는 그에게 "어서 오시오, 모방자 양반!" 하고 중얼거렸다고 한다. 상호 경탄과 어느 정도 맹목성으로 가득 찬 이 특이한 관계는 극히 불리하게 시작되었다. 히틀러는 금세 이 관계에서 일방적으로 주도권을 갖게 되고, 머잖아 이 관계 또한 자신의 잔인한 우정관에 종속시켜버렸다.[21] 그러나 특권과 선동가적이고 정치적인 노련함을 이용하여 오직 그 자신만이 막을 수 있는 쿠데타 위협을 바로 눈앞에 두고서 외국으로 나갔다는 사실 자체가, 적어도 이 기간 동안 룀의 봉기가 있지 않을 것이라고 믿었다는 추가 증거가 될 것이다.

파펜의 마르부르크 연설

룀이 아니라 다른 사람들이 행동하였다. 눈앞으로 닥친 힌덴부르크의 죽음이 정부를 좀더 신중한 길로 이끌어들일 마지막 기회를 망가뜨릴지 모른다는 염려에서 프란츠 폰 파펜의 보수파 배후인물들이 즉시 신호를 보내려고 하였다.

6월 17일 일요일에 히틀러가 게라에서 열리는 대관구 당 대회에 참석하고 있는 동안 부수상 파펜은 마르부르크 대학교에서 연설을 하였다. 보수파 문필가인 에드가 융(E. Jung)이 그에게 써준 연설문이었다. 상당히 주목을 끄는 방식으로 그는 폭력정권과 국가사회주의 혁명의 통제할 수 없는 과격주의를 비판하였다. 그리고 품위 없는 아첨의 분위기와 평준화시키는 통합정책, '반자연적인 전체주의적 요구', 정신적 작업을 천박하게 경시하는 것 등을 날카롭게 공박하였다. 그리고 나서 다음과 같이 말했다.

역사 앞에 바로 서기를 원하는 어떤 민족도 아래쪽으로부터의 영원한 봉기를 견디어낼 수는 없습니다. 언젠가는 당 운동이 끝나야 합니다. 언젠가는 영향받지 않는 사법기관과 논란의 여지가 없는 국권에 뒷받침된 확고한 사회적 구조가 생겨나야 합니다. 영원한 역동성만으로는 아무것도 만들어지지 않습니다. 독일은 허공으로 가는 행렬이 되어서는 안 될 것입니다…….

정부는 도이치 혁명이라는 구실 아래 사리사욕, 나약함, 진실하지 못함, 기사적이지 못함, 불손함 따위를 퍼뜨리고 있는 실체가 무엇인지 잘 알고 있습니다. 정부는 도이치 국민이 선물해준 믿음이라는 풍성한 보물이 위협받고 있다는 사실에 대해서도 잘 알고 있습니다. 국민에게 가깝고 국민과 결합되기를 바란다면 국민의 지혜를 모자란 것으로 평가해서는 안 되겠지요. 그 믿음을 키우면서 끝없이 후견인 노릇을 하려 해서는 안 될 것입니다……. 특히 젊은이를 자극하거나, 어찌할 바 모르는 국민의 엘리트를 위협해서가 아니라, 오직 국민과의 믿음에 찬 토의를 통해서만 자신감과 일하는 즐거움이 생겨날 수 있는 것이지요……. 비판의 말 한마디 한마디가 악의에서 나온 것이라 해석되지 않고, 약한 소리를 하는 애국자들이 나라의 적이라고 낙인찍히지 않는다면 말입니다.[22)]

이 연설은 엄청난 센세이션을 불러일으켰다. 그것은 말 그대로 일반에 공개되지 않았는데도 그랬다. 괴벨스가 그날 저녁으로 예정된 라디오 중계방송을 간단히 거절해버리고 언론을 통한 출판을 아예 금지시켰기 때문이다. 히틀러 자신은 파펜의 등장을 개인적인 도전으로 받아들이고 친위대 앞에서 사나운 위협을 해댔다. '모든 난쟁이 놈들'에 몹시 화가 나서 그들은 "우리 공동 이념의 힘에 의해 쓸려나가고 말 것"이라고 위협하였다. "전에 그들은 국가사회주의의 발전을 방해할 힘을 가졌어. 하지만 깨어난 국민을 이제 다시 잠들게 할 수는 없어……. 그들이 불평만 하는 것이라면 우리와는 상관없을지도 모르지. 하지만 조금이라도 이런 비판을 새로운 배신행위로 옮기려고 할 경우에는 오늘 자기들이 맞서고 있는 존재가 1918년의 비겁하고 부패한 시민계급이 아니라 전국민의 주먹이라는 사실을 분명히 알게 될걸."[23)] 이어서 파펜이 그의 퇴각을 요구하자 히틀러는 함께 노이데크로 힌덴부르크를 방문하자는 제안을 하였다.

히틀러는 정말로 한 순간 자신감을 잃고 무슨 일을 해야 할지 몰랐던 것처럼 보인다. 대통령의 불만족스런 말들은 의심의 여지없이 때때로 그에게 전달되었고, 마찬가지로 그는 방위군 수뇌부의 근심도 잘 알고 있었다. 그러므로 근심 없고 언제나 입빠른 폰 파펜이 마르부르크에서 은밀하게 시작된 결속력을 과시하고, 군 지휘부와 대통령, 그리고 여전히 영향력이 큰 보수진영의 모든 힘을 배후에 가지고 있는 것을 보고 질투심을 느꼈을 법하다.

6월 21일에 그는 노이데크로 갔고, 이틀 전에 했던 약속을 어기고 파펜에게 함께 가자고 청하지 않음으로써 그에게 도전하였다. 그러나 이 방문은 힌덴부르크와 파펜 사이의 염려스런 결속을 깨뜨리고, 대통령의 기분과 결단력을 알아보려는 의도를 가진 것이었다. 그러기 위해서는 부수상이 필요하지 않았던 것이다. 대통령을 방문하기 앞서 그는 노이데크에 머물고 있던 전국 홍보책임자인 발터 풍크(W. Funk)에게서 옛날 총사령관(대통령)의 독특한 군사적 태도에 대해서 들었다. "파펜이 기강을 잡지 못하면 대통령이 결단을 내리지 않을 수 없다."는 것이다.

힌덴부르크 자신도 히틀러를 진정시켰던 것 같다. 그러나 이 사건은 시간이 없다는 사실을 분명히 알려주었다. 돌아오자마자 그는 사흘 동안 윗소금산으로 물러나서 상황에 대해서 심사숙고하였다. 모든 자료가 잘못된 것이 아니라면 여기서 싸움을 위한 최종적인 결심이 내려졌으며 이미 작전 날짜까지 잡았다. 다시 베를린에서 6월 26일에 히틀러는 에드가 융의 체포를 명령하였다. 그리고 파펜이 불평을 하려고 들자 단번에 거절하였다. 마침 자기와 함께 수상관저의 뜰에 있던 알프레트 로젠베르크에게 그는 바로 이웃한 부수상의 사무소를 향해 위협적인 태도로 이런 말을 했다. "그래, 저기서 모든 게 나오고 있지. 언젠가는 저 건물 전체를 뭉개버려야겠어."[24)]

전국 리스트

이 모든 일이 일어나기 전에, 그리고 일어나는 동안에 긴장의 강도를 더욱 높이는 사건들이 일어났다. 6월 초에 친위대와 안전부는 돌격대에 대한 감시를 강화하라는 지시를 받았고 투입준비를 했다. 다하우의 친위대장 아이케는 자신의 지휘부와 더불어 뮌헨, 레히펠트, 비스 호수 온천 등지에서의 작전을 위한 도상(圖上) 훈련을 하였다. 룀이 슐라이허와 그레고어 슈트라서와 연결되었다는 소문들이 퍼졌다. 전 수상인 브뤼닝은 목숨이 위험하니 은밀히 독일을 떠나라는 암시를 받았다. 슐라이허는 수많은 비슷한 경고들을 받고 한동안 베를린을 떠나 있었지만 곧바로 돌아와서 친구인 오트(Ott) 대령이 일본으로 여행하자는 초대를 거절하였다. '고향을 떠나지' 않기 위해서였다.[25]

힘러와, 자꾸만 서두르는 그의 조수 라인하르트 하이드리히(R. Heydrich), 괴링, 블롬베르크 사이에서는, 필요한 순간에 체포하거나 사살해야 할 인물들의 이름이 적힌 이른바 '전국 리스트'라는 것이 돌아다니고 있었다. 하이드리히와 안전부장 베르너 베스트(W. Best)는 돌격대의 뮌헨 지구 사령관 슈나이트후버(Schneidhuber)의 품성에 대해서 의견의 일치를 보지 못했다. 한 사람은 그가 "착실하고 충성스럽다."고 여겼고, 또 한 사람은 다른 놈들과 "똑같이 위험하다."고 생각하였다. 루체는 아직도 극히 일부 고위급만 제거할 것인지 아니면 광범위한 '주동자' 그룹을 제거할 것인지에 대해서 히틀러와 이야기를 하는 중이었다. 루체는 원래 상위 일곱 명으로 희생자가 국한되어 있었는데, 주관적인 복수욕에서 처음에 열일곱으로, 최종적으로는 80명 이상의 희생자를 내게 된 것은 친위대의 포악함 탓이라고 주장하였다.[26]

6월 23일에 돌격대에 무장을 명하는 이른바 룀의 비밀명령이 내려졌다. 기묘한 상황에서 국방부 방어국 책상으로 이 명령서가 전달되었다. 물론 이 명령서가 룀의 가장 가까운 적대자인 힘러, 하이드리히, 그리고 사건 기획자들의 손으로 들어갔다는 사실만 보아도 그것은 위조된 것이었다. 대략 같은 날 슐레지엔의 돌격대 사령관 에드문트 하이네스(E. Heines)는 방위군이 돌격대에 대항하여 작전을 펼치고 있다는 소식을 들었다. 한편 방위군 브레슬라우 연대장 폰 클라이스트(v. Kleist) 장군에게는 '돌격대의 열광적인 준비상황'이 보고되었다.[27] 거의 매일매일 라디오 방송과 공개적인 발표문을 통해서 '제2의 혁명'을 찬성하는 자들과 보수파 반대진영을 향한 경고를 보냈다.

6월 21일에 괴벨스는 베를린 경기장에서 열린 하지 횃불행사에서 이렇게 선언하였다. "이러한 종류의 사람들에게는 오직 힘, 자의식, 강함 등만이 두려운 마음을 일으키는 법입니다. 그들은 그런 것을 갖게 될 것입니다!…… 그들은 세기의 발걸음을 붙들어 막지는 못합니다. 우린 그들을 넘어갈 것입니다." 4일 뒤에 헤스는 라디오 연설에서 '혁명 게임을 하는 자들'에게 '위대한 혁명의 전략가'인 아돌프 히틀러를 잘못 판단하지 말라고 경고하였다. "충성심을 버리는 자는 화를 입을 것!"이라고 했다.

6월 26일에 괴링은 함부르크 집회에서 군주제 계획을 거부하였다. "우리 살아 있는 사람들에게는 아돌프 히틀러가 있습니다!" 그리고 '반동적인 이해집단'에게 위협을 하였다. "어느 날인가 정도가 넘치면 나는 공격할 것입니다! 우린 지금까지 아무도 그런 적이 없을 정도로 일을 해왔습니다. 우리 뒤에는 우리를 믿는 국민이 버티고 있기 때문입니다……. 국민의 믿음에 반대하는 죄를 짓는 사람은 머리통을 잃어버린 겁니다." 그리고 헤스가 한 번 더 예언적인 말을 했다. "국가사회주의가 도이치 민족의 정치 무대에서 물러서는 날…… 유럽의 혼란"이 찾아올 것이라고 했다.[28]

확고한 손에 이끌린 것처럼 사건은 차츰 정점을 향해 서둘러 나아갔다. 돌격대가 전혀 아무것도 알아채지 못한 채 휴가 준비를 하고 있는 동안 룀과 그의 가까운 측근은 비스 호수에 있는 '한슬바우어' 호텔에 임시사령부를 마련하였다. 6월 25일에 '도이치 장교 전국연합'은 그를 제명하였다. 그럼으로써 엄격한 장교연합의 명예에서 그를 배제한 것으로 그는 이제 제거의 손길에 노출된 것이다.

다음날 히믈러는 친위대 및 안전부의 모든 고급 지휘자들에게 "룀의 지휘 아래 돌격대의 반란이 임박했다."고 알렸다. 이 반란에는 다른 반대 세력도 동참하게 될 것이라고 했다.[29] 다시 이튿날 친위대 지역사령관이며 아돌프 히틀러 근위대 대장인 제프 디트리히(S. Dietrich)는 군 참모부 책임자에게 지도자의 비밀명령을 수행하기 위해 추가로 무기를 더 달라고 요청하였다. 자신의 무리한 요구에 강렬한 인상을 주기 위해서 디트리히는 돌격대가 작성한 이른바 '최종 리스트'를 보여주었는데, 거기에는 이 책임자의 이름도 들어 있었다. 모든 의심을 진정시키기 위해서 라이헤나우와 히믈러는 기만, 거짓말, 두려움을 불러일으키는 수많은 허구들을 이용하였다. 곧 돌격대가 모든 나이든 장교들을 '죽일 것'이라는 소문이 나돌았다.[30)]

그 사이 상당수의 방위군 지휘관들도 임박한 돌격대 쿠데타 소식을 들었고, 이어서 친위대는 군대 편에 서 있으며, 따라서 필요할 경우 친위대에 무기를 공급해도 좋다는 지시를 받았다. 베크(Beck) 중장은 6월 29일에 벤들러 거리에 있는 모든 장교들에게 권총 발사준비를 해두라는 명령을 내렸다. 같은 날 〈민족관찰자〉는 국방장관 블롬베르크가 쓴 기사를 실었다. 그것은 무조건적인 충성서약의 형식으로, 방위군의 이름으로 히틀러에게 돌격대에 대항할 전권을 맡긴다는 내용이었다.

가짜 돌격대 반란

모든 준비가 끝났다. 돌격대는 아무것도 모르고 있고, 방위군을 배후에 둔 친위대와 안전부는 출전 준비가 완료되었다. 보수파들은 겁이 나서 움츠러들었고, 대통령은 멀리 떨어진 노이데크에서 병들어 정신이 가물거리고 있었다. 파펜 일파가 힌덴부르크를 졸라서 비상사태의 선포를 얻어내려고 마지막 시도를 하였지만 아들인 오스카 폰 힌덴부르크의 두려움과 맹목성으로 인해 실패하였다. 히틀러 자신은 6월 28일 이른 아침에 베를린을 떠났다. 나중에 설명한 바에 따르면 "대외적으로 절대적 평정의 표현을 일깨우기 위해(원문대로임!), 그리고 배신자들이 경계심을 품지 않도록"[31)] 하기 위해서였다고 한다. 몇 시간 뒤에 그는 에센에서 대관구 지도자 테르보벤(Terboven)의 결혼식에 참석하였다. 그 자신은 별로 안 좋은 기분으로 얼이 빠져서 생각에 잠겨 있는 동안, 그의 주변에서는 미친 듯이 활발한 움직임이 계속되었다. 저녁에 그는 룀에게 전화를 걸어서 돌격대의 모든 고위급 지휘자들을 6월 30일 토요일에 비스 호수 온천으로 초대하라고 지시하였다. 라인란트의 돌격대원들이 외국의 외교관들에게 야비한 말을 지껄였다는데 앞으로 그래서는 안 된다고도 말했다. 이 전화 통화는 히틀러가 상대방을 안심시키기 위한 것이었다고 하더라도 어쨌든 분명히 화해적인 분위기에서 진행되었다. 비스 호수의 룀이 자신의 회의 탁자로 돌아왔을 때 소문에 의하면 그는 '매우 만족스러운 태도'를 보였기 때문이다.

배후에 있는 연출자들에게는 이제 오직 하나의 소동만이 필요하였다. 이 소동에 맞서서 광범위한 예방조치가 미리 취해져 있었다. 사실상 돌격대는 조용한 상태였고 일부는 휴가중이었고, 여러 주 동안 계속된 안전부의 조사도 뒷날 피의 보복을 정당화시키기에 충분한 조사결과를 내놓지 못하고 있었다.

6월 29일에 히틀러가 코데스베르크 온천(Bad Codesberg)으로 떠나고 괴링이 베를린 당 지부에 경계경보를 명하고 있을 때 히믈러는 머리 속으로는 예상하고 있었지만 아직도 나타나지 않고 있는 돌격대의 '폭동'을 손수 마련하였다.[32] 손으로 씌어진 익명의 메모지를 받은 뮌헨 돌격대 단위부대들이 갑자기 거리에 나타나서 목적 없이 이리저리 행진하였다. 이들은 서둘러 소집된 당황한 지휘자들에 의해서 재빨리 귀대조치를 받았지만 뮌헨의 관구 지도자 바그너는 이른바 쿠데타를 일으킨 돌격대 부대의 소동을 코데스베르크 온천의 히틀러에게 보고할 수 있게 되었다.

히틀러는 드레젠 호텔의 라인 강 쪽에서 벌어지는 노동봉사대의 대규모 소등신호에 참석해서, 맞은편 산기슭에서 6백 명의 노동자들이 손에 횃불을 들고 불타는 갈고리 십자가를 만들어내는 것을 바라보고 있었다. 자정이 막 지났을 때 그에게 바그너의 소식이 들어왔다. 동시에 베를린 돌격대가 다음날 오후에 정부지역을 기습해서 점령할 계획을 세웠다는 히믈러의 보고도 함께 들어왔다. 여기 대해서 히틀러는 이렇게 말했다. "이런 상황에서는 오직 한 가지 결정만이 가능하였다. 가차없는 피의 공격만이 폭동의 확산을 막을 수 있었다……."

"룀, 넌 체포됐어!"

이 두 개의 보고가 정말로 히틀러에게, 룀이 배후에서 벌어지는 계략을 알아채고 이제 역습을 준비하고 있을지도 모른다는 두려움을 불러일으켰다고 생각할 수도 있다. 오늘날에 이르기까지 히틀러 자신이 이 사건에서 어느 정도까지 기만당했는지 명백하지 않다. 특히 끈질기고도 잔혹하게 돌격대 수뇌부를 제거함으로써 자신의 출세에 이용하려고 하였던 히믈러에 의해서 얼마나 이용당했는지 분명하지 않다.

어쨌든 그는 다음날 아침에 뮌헨으로 비행하려던 원래의 계획을 변경시켜서 즉시 출발하기로 결심하였다. 새벽 4시경 동틀 무렵에 그는 괴벨스, 오토 디트리히, 픽토르 루체 등을 거느리고 뮌헨에 도착하였다. 작전이 개시되었다. 바이에른 내무부에서 그는 신경질이 폭발한 상태로 그 사이 체포된 전날밤의 폭도들과 지역 총지휘자인 샤인트후버, 지역 지휘자인 슈미트 등과의 관계를 청산하였다. 그들의 어깨에서 견장들을 뜯어내고 슈타델하임 감옥으로 끌고가라고 명령하였다.

곧 이어서 그는 긴 자동차 행렬을 이루어서 비스 호수 온천으로 향했다. 그의 운전기사인 에리히 켐프카(E. Kempka)는 이렇게 보고하였다. 히틀러는 "손에 채찍을 들고서 룀의 침실로 들어섰다. 그의 뒤에는 두 명의 사복형사들이 안전장치를 푼 권총을 들고 있었다. 그는 '룀, 넌 체포됐다!' 고 말했다. 룀은 베개에서 졸린 눈으로 올려다보면서 '하일, 나의 지도자!' 하고 웅얼거렸다. '넌 체포됐다니까!' 하고 히틀러는 두 번째로 소리지르고 몸을 돌려서 방에서 나갔다."[33] 이미 그곳에 도착한 다른 돌격대 지휘자들도 상황이 비슷하였다. 슐레지엔에서 온 에드문트 하이네스만 동성애 파트너와 함께 침대에 있다가 기습을 당하자 저항하였다. 막 도착하고 있던 사람들은 히틀러가 뮌헨으로 돌아가는 동안 체포되어서 슈타델하임으로 끌려갔다. 전국 각처에서 모여든 약 2백 명의 고위급 돌격대 지도자들이었다.

10시경에 괴벨스는 베를린으로 전화를 걸어서 '콜리브리(Kolibri)' 라는 암호를 말했다. 이어서 괴링, 히믈러, 하이드리히는 베를린의 돌격대 지휘부를 해산시켰다. '전국 리스트' 에 이름이 오른 돌격대 지휘자들은 체포되어서 리히터펠트 사관학교로 끌려갔다가 뮌헨의 동료들과는 달리 벽에 일렬로 세워져서 총살당했다.

그 사이 히틀러는 당사인 갈색집으로 가서 서둘러 소집된 당직자들에게 짤막한 인사말을 한 뒤에 사태에 대한 홍보전략을 지휘하기 시작하였다. 여러 시간 동안이나 그는 군사적으로 강력한 안전장치가 되어 있는 당사 건물에서 지령들, 명령들, 공개적인 성명서 등을 불러주었다. 이러한 성명서에서 그는 자신을 3인칭인 '지도자'라고 지칭하였다.

그러나 은폐와 변장을 서두르는 바람에 중대한 실수를 범하고 말았다. 오늘날의 어휘에까지 남겨진, 뒷날의 공식적인 관점과는 달리 6월 30일의 수많은 고지문에서는 어디서도 룀의 쿠데타, 혹은 쿠데타 시도에 대한 말이 없다. 그 대신 '극히 중대한 과오' '대립들' '병적인 소질' 등의 표현들이 나타나며 때로 '음모'라는 표현도 나타나기는 하지만 도덕적인 동기를 가진 침입이라는 인상이 압도적이다. 히틀러는 자기 자신의 행동을 피해자의 모습으로 묘사하였다. "지도자는 이러한 페스트 종양의 가차없는 제거를 명령하였다. 앞으로는 수백만의 올바른 사람들이 몇몇 병적인 소질을 가진 사람들에 의해 부담을 겪고 연루되는 꼴을 참지 않을 것이다."[34]

특히 수많은 돌격대 지휘자들은 마지막 순간까지 무슨 일이 벌어지고 있는지 알지 못했다. 그들은 쿠데타도 음모도 계획하지 않았으며, 그때까지 그들의 도덕성이 히틀러측에 의해서 언급되거나 비판의 대상이 된 적이 없었다. 예를 들면 베를린 지역의 돌격대장 에른스트(Ernst)는 히믈러의 보고에 따르면 이날 오후에 정부지구를 기습할 계획을 세웠다고 되어 있었다. 그러나 실은 브레멘에 있었고, 테네리파로 신혼여행을 떠나려던 참이었다. 배에 오르기 직전에 체포되었는데, 동지들이 고약한 장난을 치고 있다고 생각한 그는 왕처럼 굴었다. 비행기로 베를린으로 실려왔고, 착륙한 다음에도 미소 지으며 수갑을 내보이면서 거기 나타난 친위대 지휘부와 농담을 주고받으며 준비된 경찰차로 걸어갔다. 공항 건물 바깥에서 팔리고 있던 호외는 이미 그의 죽음을 알리고 있었건만 에른스트는 여전히 아무것도 모르고 있었다. 반 시간 뒤에 그는 리히터펠트의 벽에 세워져서 마지막까지 사태를 믿지 못하는 태도로 당황하여 "히틀러 만세!"를 중얼거리며 죽었다.

그날 저녁 히틀러는 베를린으로 돌아왔다. 우선 제프 디트리히에게 슈타델하임 형무소의 인수 명단에 표시된 사람들을 인수해다가 즉시 처형하라는 명령을 내렸다. 바이에른의 주 법무장관 한스 프랑크가 개입해서—어쨌든 그의 보고를 믿을 수 있다면—희생자의 수가 줄어들었다.[35]

한때 룀은 폰 에프의 참모부에서 막 출세하기 시작한 히틀러의 친구 겸 후견인으로 일한 적이 있었는데 에프는 지금 주지사가 되어 있었다. 그는 히틀러에게 피의 해결책을 만류하려고 하였으나 아무런 소용이 없었다. 그래도 어쨌든 히틀러가 한 번 더 의심을 하면서 룀에 대한 결정을 미룬 것은 그의 변호 덕분이었을지 모른다.

베를린에서 히틀러는 폐쇄된 템펠호프 공항에서 상당수의 대표들에 의해 영접을 받았다. 그 자리에 있었던 한 사람은 이 도착에 대한 자신의 인상을 이렇게 기록하였다. "명령 소리가 울린다. 의장대가 참석하고 있다. 괴링, 히믈러, 쾨르너, 프리크, 달뤼게와 약 20명의 경찰간부들이 비행기로 다가간다. 문이 열리고 제일 먼저 아돌프 히틀러가 내려온다. 그가 보여주는 모습은 '특이한' 것이다. 갈색 셔츠, 검은 넥타이, 짙은 갈색 가죽외투, 검은 색의 높은 군화, 모든 것이 어두운 색 일색이다. 게다가 모자를 쓰지 않고, 백묵처럼 창백하고, 뜬눈으로 밤을 새운 듯 수염을 깎지 않은 얼굴은 움푹 패였으면서 부은 듯이 보인다……. 히틀러는 가까이에 서 있는 사람들에게 하나하나 손을 내밀어 악수를 청한다. 숨소리조차 들리지 않는 적막을 통해서 오직 단조로운 군화 발굽소리만 들린다."[36]

명령 확대

초조하고도 흥분된 상태로 히틀러는 공항에서 제거대상자 명단을 달라고 하였다. 참석자 한 명이 뒷날 표현한 대로 그것이 '유일한 기회'[37]였던 탓으로, 괴링과 히믈러는 '룀 쿠데타 참가자들'을 훨씬 넘는 범위까지 살상 행위를 확대시켰다. 파펜은 힌덴부르크와 개인적으로 가까웠던 덕분에 겨우 죽음을 모면하였다. 그러나 부수상이라는 지위에도 불구하고, 그 자신의 항의에도 불구하고 가택연금을 당했다. 그를 도와주었던 측근인 개인비서 폰 보제(v. Bose)와 에드가 융은 총살당했고, 다른 두 사람은 체포되었다. 파견대 하나는 자기 책상 앞에 앉아 있던 교통부 국장이며 카톨릭 행동대 대장인 에리히 클라우제너(E. Klausener)를 살해하였다. 다른 파견대는 제약 공장에서 그레고어 슈트라서를 찾아내서 알프레히트 왕자 거리에 있는 비밀 경찰 본부로 데려갔다가 그 건물 지하실에서 총살하였다. 점심 시간쯤 해서 살인부대는 새 바벨 산(Neu-Babelsberg)에 있는 슐라이허의 별장으로 몰려들어가서 책상에 앉아 있던 그에게 폰 슐라이허 장군인가 물어보고 나서 대답도 기다리지 않고 그 자리에서 즉시 총을 쏘았다. 그 과정에서 그의 부인도 함께 희생되었다. 살해된 사람들 가운데에는 전 수상의 내각 동지였던 폰 브레도브(v. Bredow) 장군, 그리고 옛날의 바이에른 주지사 폰 카르도 끼여 있었다.

히틀러는 그가 1923년 11월 9일에 자신을 '배신'한 것을 절대로 용서하지 못했다. 그리고 《나의 투쟁》의 편집고문의 한 사람이었지만 그 사이 당과 사이가 멀어진 슈템플레 신부(Pater Stempfle)도 있었다. 당이 상승하던 시기에 히틀러의 길을 방해하였던 기술자 오토 발러슈테트도 끼여 있었고, 완전히 무관한 음악비평가 빌리 슈미트(Wili Schmid) 박사도 희생되었다. 그는 돌격대 지역 지휘관인 빌헬름 슈미트(W. Schmid)와 이름이 혼동되는 바람에 희생된 것이다. 슐레지엔 지방에서 가장 과격한 살상행위가 벌어졌던 것 같다. 그곳에서는 친위대장인 우도 폰 보이르시(U. v. Woyrsch)가 단위부대에 대한 통제권을 상실하였다. 당연한 일이지만 사무실, 가정집, 길거리 등 어디서나 마구 부주의하게 살해가 이루어졌다. 수많은 시체들이 몇 주가 지난 다음에야 겨우 숲이나 강물에서 발견되었다. 룀의 추종세력은 6월 30일에 유대인에 대항한 것도 잘못한 일이라고 판정되었다. 우연히 이날 유대인 묘지를 파괴하던 돌격대원 세 명은 당 군대에서 제명되고 일 년 동안 금고형을 선고받았다.[38]

오늘날에 이르기까지 히틀러가 독단적인 명령 확대를 세부사항에 이르기까지 동의하였는지는 밝혀지지 않았다. 괴링은 이러한 명령의 확대 실시를 그날 저녁 기자회견에서 자랑하였다. 근본적으로 살상행위는 엄격한 합법화 노선이라는 히틀러의 전략적인 명령을 깨뜨린 것이었다. 그리고 희생자가 늘어날수록 그 사실을 더욱더 뚜렷하게 만들 뿐이었다. 여러 해 동안이나 그는 온갖 위장술을 다해서 옛날의 거친 행동을 없애고 끈질긴 조심성으로 겉보기 전망을 만들어 왔다. 이러한 전망을 배후에 두고 그는 강력하지만 온건한 정치가로 행세해왔다. 그런데 전체적인 권력과 직위를 차지한다는 목표 달성을 눈앞에 둔 지금 그는 자기 폭로 행동으로 애써 만들어온 신뢰를 잃어버릴 위기로 치닫고 있는 것이다. 그리고 합법적 혁명의 다른 행동가들과 더불어 전혀 위장도 없이 자신의 권력욕이 얼마나 확고한 것인지를 보여주었다. 개별적인 증거들을 보면 히틀러가 온건하게 행동하려고 애썼고, 6월 30일의 권력기술적인 목표 설정에 비추어보면 어쨌든 상대적으로 희생자 수가 적었던 이유는 아마도 위 사정을 고려해야만 밝혀낼 수 있을 것이다.[39]

히틀러는 살인행동의 확대를 아무런 진지한 이의도 없이 허가하였다. 그리고 이러한 위기에서 어떤 이득을 보리라는 희망을 빼앗기 위해서 가능한 한 사방으로 총을 쏜다는 것이 분명히 그의 의도에도 맞는 일이었다. 그래서 마구잡이 총살이라는 야만적인 행동, 살인자의 흔적에 대해 뚜렷한 증거가 되는 시체를 길거리에 내버려두는 행위 등이 이루어졌다. 그리고 예외적으로 합법성이라는 겉모습을 포기했던 것이다. 어떤 심문도, 죄에 대한 계량도, 판결도 없었고, 오직 미쳐날뛰는 행동만 있었다. 그 무차별적인 방식을 루돌프 헤스는 뒷날 다음과 같은 말로 변명하려고 들었다. "도이치 민족의 생존이냐 몰락이냐가 문제되고 있던 그런 순간에 개인의 죄의 크기를 저울질하고 있을 수는 없었다. 죄가 있느냐 없느냐를 조금도 묻지 않고 열 명 중 한 명이 총을 맞음으로써 병사들 사이에서 이 폭동이 속죄되었다면 그것이 비록 냉혹한 것이었더라도 깊은 의미를 가지는 것이다."[40]

여기서도 다시 히틀러는 완전히 권력이라는 목적만을 지향했던 것이다. 잔혹한 르네상스 시대의 영주들의 이야기를 들먹이면서 자신의 살인욕구를 미화시키는 피투성이 사디스트로 히틀러를 묘사한 당시의 공격은 분명히 잘못된 것이었다.[41] 그리고 그가 영적인 무관심 상태에서, 감정적인 무능력자의 냉혹함을 가지고 오래 묵은 동지들, 추종자들, 가까운 친구들을 제거해버린 인물이라고 보았던 사람들도 잘못 생각하였다. 사실상 하나는 괴링을, 다른 하나는 히믈러를 서술하기에 적합한 생각이었다. 그 두 사람은 총합적인 냉혹함으로 자신들의 살인과업을 수행하였다. 그들과 달리 히틀러는 상당한 내적인 압력에 노출되어 있었다. 이 며칠 동안 그를 만났던 모든 사람들은 그의 극단적인 흥분상태, 모든 행동을 할 때 뚜렷이 보이는 신경의 발작을 알아보았다. 그 자신이 의회에서 행한 해명연설에서 자기 생애의 '가장 쓰라린 결정'이었다고 말했다.

그리고 모든 자료가 잘못된 것이 아니라면 여러 달이 지난 뒤에도, 예를 들면 1935년 1월 3일자 비밀스런 분위기가 감도는 지도자 회의에서 서둘러 불러모은 당 지도자와 방위군 지휘관들에게 그는 연극적인 태도로, 죽은 사람들, 적어도 살해된 친구들과 추종자들의 영들을 마주보며 하나가 되라고 촉구하였다. 여기에서나 다른 수많은 기회에서도 그의 신경은 그의 도덕의식과 같은 냉정함을 지니지 못했음이 드러나고 있다. 언제나 적보다 더 빨리 더 과격하게 공격하라는 그의 표어에 어울리는 일이지만 6월 30일의 공격이 마찰 없이 진행된 것은 기습적인 행동방식과 감동 없는 기계성에 기반을 둔 것이었다. 그럴수록 일곱 명의 돌격대 사령관들의 1차 처형을 명령하기 앞서서 히틀러가 보인 망설임, 그리고 룀의 살해를 앞두고 한 번 더 망설인 일 등이 더욱 눈에 띈다. 이 두 가지 경우 그의 태도는 근본적으로 감상적인 동기만으로 충분히 설명이 가능하다. 적어도 몇 시간 동안은 권력의 이성보다 더욱더 강한 감정적 결합을 가지고 있었다는 증거였다.

7월 1일의 가든 파티

7월 1일 일요일에 히틀러는 전날의 불안을 극복하고 자신의 반응을 다시금 확고하게 통제하게 되었다. 그는 정오쯤 해서 수상관저의 역사적인 창가에서 괴벨스가 소집한 대중 앞에 모습을 나타냈다. 오후에는 고위 당직자와 각료들을 위한 가든 파티를 베풀었다. 거기에는 부인과 아이들까지 초청되었다. 이러한 방식으로 그는 안정을 되찾고 일상을 회복하였음을 보여주려 했을 뿐 아니라 가장 자연스런 규범성의 분위기를 통해서 스스로 살해행위라는 현실에서 벗어나려고 했다고 짐작해볼 수 있다. 몇 킬로미터 떨어진 리히터펠트에서 소대들이 아직도 작업을 하는 동안 그는 유쾌한 기분으로 손님들 사이에서 이야기하고, 차를 마시고, 아이들을 귀여워하였다. 그러면서도 숨죽인 채 현실에서 도망치고 있었다. 이 장면은 위대한 한 조각 심리학이다. 악을 행할 만큼 충분히 강하지 못한 셰익스피어의 부정적 주인공들의 모습이 어렵지 않게 여기 나타난다. 서둘러서 만들어낸 인공적인 가상세계에서 그는, 아직도 슈타델하임 감방에서 기다리고 있는 에른스트 룀을 살해하라는 명령을 내렸다.

그에 따라 18시 직전에 테오도어 아이케와 친위대 대장 미하엘 리퍼트(M. Lippert)가 방으로 들어섰다. 루돌프 헤스가 집행명령을 얻어내려고 애썼지만 거절당한 뒤였다.[42] 그들은 전날의 사건을 대대적으로 보도하고 있는 〈민족관찰자〉 최신호와 함께 권총 한 자루를 룀의 탁자에 내려놓고 그에게 10분 동안의 여유를 주었다. 10분이 지나도 여전히 아무 소리도 들리지 않았기 때문에 간수는 무기를 꺼내오라는 명령을 받았다. 아이케와 리퍼트가 총을 쏘면서 감방 안으로 뛰어들었을 때 룀은 셔츠를 활짝 열어젖힌 모습으로 방 한가운데 서 있었다.

이러한 친구 살해의 상황이 비록 역겨운 것이기는 하지만 히틀러가 다른 선택의 여지가 있었는지 질문해볼 필요가 있다. 룀이 돌격대 국가의 실현을 어느 정도까지 진행시킬 생각이었든간에 그의 실질적인 목표는 모든 이데올로기적인 장식을 벗어나 군인들이 기본적으로 최우선권을 가지는 사회였다. 배후에 수백만의 추종세력을 가진 사람의 확고한 자의식으로 그는 자신의 욕심이 지나치다는 사실을 보지 못했다. 그는 당 조직과 방위군의 저항에 부딪치지 않을 수 없었고, 적어도 광범위한 여론에 수동적인 저항감을 불러일으켰다. 그는 히틀러에 대해서는 아직도 충성을 다한다고 믿었다. 그러나 실질적인 대립이 그들의 개인적인 정분마저 갈라놓는 것은 시간 문제였다. 히틀러는 날카로운 전략적 이해력으로, 룀의 의도가 자기 자신의 위치를 위협하고 있음을 곧바로 알아보았다. 그레고어 슈트라서와 결별한 이후로 돌격대 사령관은 히틀러에 대하여 개인적인 독자성을 확보하고 그의 의지력에 저항한 유일한 인물이었다. 그는 유일하게 중요한 경쟁자였으며, 룀이 요구하는 대로 그에게 권력을 주었다면 그것은 전략적인 원칙에 어긋나는 일이었을 것이다. 분명히 룀은 쿠데타를 계획하지 않았다. 그러나 그의 특수의식과 배후에 있는 막강한 권력을 바탕으로 그는 의심 많은 히틀러에게 계속해서 쿠데타의 가능성을 의미하는 인물이었다.

다른 방식으로는 룀을 파면시키거나 그의 세력을 쉽사리 빼앗을 수 없었다. 그는 일개 하급 지휘관이 아니라 인기 있는 총사령관이었다. 그리고 돌격대 사령관의 권력을 빼앗으려는 시도를 했다면 히틀러가 뒷날 자신의 행동을 변호하였던 소동이 정말로 생겨났을 것이다. 그리고 룀을 고립시키는 일이 실제로 성공했다고 하더라도 그는 여전히 계속해서 위협을 만들어냈을 것이다. 룀은 영향력 있는 수많은 친구들이 있었다. 재판을 한다는 것도 쉬운 일이 아니었다. 히틀러가 의회건물 화재사건 재판의 결말 이후로 사법계에서 신용을 잃은 때문만도 아니었다. 분명히 극단적으로 단호한, 자신의 가까운 친구에게 공식적인 자기 변호의 기회를 준다는 생각은 그에게 견딜 수 없는 일이었을 것이다. 룀을 그토록 강하게 만든 것은 오랜 기간 계속된 우정 덕분이었지만 그것은 또한 히틀러에게 다른 어떤 출구도 허용하지 않았다. 만 3년이 지난 뒤에 그는 "유감스럽게도…… 이 남자와 그의 추종자들을 근절"해야만 했다고 말했다. 다른 기회에 고위 당직자들과 함께 있을 때 그는 이 재능 있는 조직자가 국가사회당의 상승과 권력 장악에 얼마나 결정적인 작용을 했는지 지적하였다. 국가사회주의 운동의 역사가 씌어지는 날이 온다면 언제나 룀을 자신과 나란히 제2인자로 기억해야 할 것이라고 말했다.[43]

따라서 이 정당의 법칙에 따라 '대형 스타일의 암살'만이 유일한 해결방법으로 남는다.[44] 룀도 자신의 지위를 쉽사리 없앨 수 없었으며 수백만 추종세력의 역동성과 요구에 공물을 바치지 않을 수 없었다는 사실을 고려하고, 이 두 명의 적대자가 처했던 객관적인 필연성을 고려하는 경우에만 1934년 여름의 유혈사건에서 일말의 비극성의 흔적을 놓치지 않을 것이다. 히틀러의 생애에는 비극성이라는 개념이 전혀 어울리지 않는 것이었기에, 이것이 유일한 경우였다.

내적 · 외적인 결론은 1934년 6월 30일을 이날 이후의 국가사회주의 권력 장악에서 결정적인 날짜로 만들었다. 히틀러는 물론 즉각적으로 일상성이 회복되었다는 이미지들을 통해서 이 사건의 의미를 덮어버리려고 했다. 7월 2일에 벌써 괴링은 전 경찰서에 "지난 이틀 동안의 행동과 관련된 서류를 모두…… 불살라버릴 것"을 지시하였다.[45] 선전부는 지시를 내려서 언론에 살해된 자, 혹은 "도망중에 사살된 자"들의 사망광고를 금지시켰다.

그리고 7월 3일 각료회의에서 히틀러는 별로 중요하지 않은 스무 개 이상의 법령들 중에 하나의 법령을 끼워 통과시킴으로써 그 범죄를 추인하였다. 그것은 단 하나의 조항으로 이루어진 법령이었다. "1934년 6월 30일, 7월 1일, 2일에 국가 및 지역에 반역하는 공격을 파괴하기 위해서 행해진 조치들은 국가방어 행동으로 합법적인 것이다."

의회에 선 히틀러

그러나 히틀러는 비밀에 부치려는 모든 노력이 허사라는 사실을 곧 깨달은 듯하다. 얼마 동안 그는 어찌할 바를 몰랐으며 룀과 슈트라서 살해를 잊기 위해 적지 않은 노력을 했다. 어쨌든 모든 심리학과 선전술의 법칙에 위배되는, 열흘 이상 계속된 그의 침묵은 설명하기 어려운 것이다. 그리고 7월 13일에 마침내 의회에서 여러 시간에 걸쳐 행한 해명연설은 말은 많았으나 적절하지 못하고, 결함 투성이이고, 장엄한 몸짓을 많이 했다는 점에서 눈에 띄는 것이었고, 분명히 성공하지 못한 연설에 속하는 것이었다. 자신의 근심과 공적을 요약하고, 한 번 더 연설이라는 가장 믿음직한 수단으로 공산주의 위협을 되살려서 그것을 향해 1백 년이나 된 소멸전을 선포하는 도입부를 끝낸 다음 그는 모든 죄를 룀에게 덮어씌웠다. 룀은 언제나 자기를 수용할 수 없는 양자택일로 몰아갔고, 주변에 부패, 동성애, 방탕 등

"나는 우리 내면의 우물을 오염시킨 종양을 빨간 살이 보일 때까지 잘라내고 소독하라고 명령하였습니다." 1934년 2월 히틀러와 룀.

을 허용하고 격려하기까지 했다는 것이다. "규칙적인 인간 사회질서에 대한 내적인 관계를 잃어버리고" "혁명을 위한 혁명을 숭배하며, 혁명을 지속적 상태로 보고자 하는 혁명가"의 파괴적이고 뿌리뽑힌 요소들이었다고 이야기하였다. 히틀러는 계속하기를 혁명이란 "우리에게는 항구적인 상태가 아닙니다. 한 민족의 자연적인 발전과정에 억지로 치명적인 방해가 주어지면 인공적으로 막힌 진보는 폭력행위를 통하여 자연스런 발전을 위한 길을 트는 것입니다. 주기적으로 되풀이되는 폭동을 수단으로 한 행복한 발전이란…… 없습니다." 한 번 더 그는 국가사회주의 군대라는 룀의 개념을 비난하고 방위군을 향해서 자기가 대통령에게 했던 약속을 확인해주었다. "국가에는 오직 하나의 군사력, 즉 국방력이 있어야 합니다. 국가사회주의 정당은 정치적 의지만을 지니고 있을 뿐입니다." 오랫동안이나 해명의 시도를 한 다음 연설의 마지막에 이르러서야 히틀러는 공격적으로 표현하기 시작하였다.

인간은 영원히 똑같은 강철의 법칙에 따라 반역을 파괴합니다. 누군가 어째서 정상적인 재판을 열어서 판결을 내리지 않았느냐고 우리를 비난한다면 나는 이렇게 대답할 것입니다. 이 순간에 나는 도이치 국민의 운명에 대해서 책임을 지고 있었고, 따라서 도이치 민족의 최고 재판관이었노라고 말입니다!…… 나는 이 반역죄의 주동자들을 사살하라는 명령을 내렸으며 우리 내면의 우물을 오염시킨 종양을 빨간 살이 보일 때까지 잘라내고 소독하라고 명령하였습니다…… 아무도 국민의 존재를 – 이것은 내면의 질서와 안전을 통해서만 확보되는 것입니다만 – 위태롭게 만들고도 벌을 받지 않는 일은 없다는 사실을 알아야 합니다! 누구라도 국가를 향하여 한방 먹이려고 손을 쳐들었다가는 더욱 확실한 죽음이 자신의 운명이라는 사실을 알아야 할 것입니다.

이러한 문장에서도 여전히 나타나는 히틀러의 비정상적인 불안감은 6월 30일 사건에 대한 국민의 깊은 경악을 적잖이 반영하고 있다. 국민은 본능적으로 이 사건과 더불어 새로운 국면이 시작되었다는 사실, 수상쩍은 모험, 위험, 두려움이 앞에 놓여 있다는 사실을 깨달은 듯이 보인다. 지금까지는 정권의 본성에 대한 속임수가 어디에나 있었다. 불법성과 테러는, 전체적으로 분명한 질서의 특성을 지닌 혁명에서 피할 수 없는 일시적 동반현상일 것이라는 망상이 그럭저럭 유지될 수 있었다. 그러나 이제 처음으로 그런 요구는 정치적 오류라는 것이 드러났다. 국가의 정책수단으로서 살인은 선량한 믿음의 가능성을 파괴하였으며, 히틀러는 연설에서 비행을 저지른 사실을 숨기지도 않았다. 그리고 아무런 방해도 받지 않고 생사를 결정하는 '최고 재판관'의 자유를 자기 것이라고 요구하기까지 했다. 이제부터는 히틀러와 그 정권의 과격화 의지에 맞설 아무런 법적 · 도덕적 안전장치도 없었다. 이러한 경향을 분명하게 확인해주는 것처럼 히믈러와 제프 디트리히의 모든 공범자들은 말단 친위대 앞잡이에 이르기까지 포상을 받았고, 7월 4일 베를린에서 열린 기념식에서 '명예의 단도'로 표창을 받았다.[46] 6월 30일의 살인행위와 뒷날 동부지역 수용소에서 자행된 대량학살 사이에 직접적인 연관성을 지적하려 해도 아무런 보충적인 구조가 없다. 오히려 히믈러 자신이 그 유명한 1943년 10월 4일 포젠의 연설에서 이러한 연관 관계를 만들어냈고, 그럼으로써 '범죄의 연속성'을 확인해주었다. 그것은 이상적 정열이라는 특징을 가진 중요한 국가사회주의 지배의 초기 국면과 자기 파괴적인 퇴화를 일으킨 뒷날 사이에 아무런 차이도 허용하지 않는 것이었다.[47]

국민 사이에 널리 퍼진 불안감은 물론, 무질서와 제멋대로 행동하는 천박한 권력에 대한 깊은 공포심을 만들어냈던 돌격대의 혁명적인 활동에 종지부를 찍었다는 사실에서 오는 안도감에 자리를 내주었다. 정부의 선전이 그럴싸하게 표현한 것처럼 '전에 없는 열광'이 지배한 것은 물론 전혀 아니었다. 히틀러가 자주 말하곤 하던 시민계급에 대한 비난, 곧 법치국가에 열광하면서도 "국가를 위해서 분명히 민족에 해악을 끼치는 자들이 해를 못 끼치게 만들면, 예를 들어 그런 자들을 죽여버리면" 커다란 비명이나 질러대는 시민계급에 대한 비난은, 자신의 가차없는 행동에 열광하지 않았다는 사실을 배경에 놓고 보면 이해가 가는 것이다.[48] 그렇기는 하지만 국민여론은 이틀 간의 살상행위를 전통적인 반혁명적인 정서로 해석하였다. 즉 '당 운동의 개구쟁이 시절'을 극복하고, 히틀러 주변의 온건한 질서의식을 지닌 세력집단이 국가사회주의의 혼란스런 에너지에 대하여 승리를 거둔 것으로 여겼다. 제거된 자들 중에는 악명이 자자한 살인자들과 불량배들이 끼여 있다는 사실이 이런 생각을 뒷받침하였다. 그리고 룀에 대항한 작전은 분명히 모델처럼 히틀러의 책략을 보여주는 것이다. 그는 모든 공격을 망가진 자신감을 회복하고, 자신에게 감사할 계기로 만들었던 것이다. 그는 구원자의 탈을 뒤집어쓰고 자신의 범죄를 행했다. 한 번 더 혼란에 빠진 대통령이 '깊은 감사'를 표현한 전보도 똑같이 진정시키는 방향으로 작용하였다. 대통령은 히틀러에게 이렇게 써보냈다. "당신은 도이치 민족을 무거운 위험에서 구해냈습니다." 히틀러의 권력전략적인 결정에 장대한 신화적인 무게의 빛을 던져주는 정당화의 공식도 힌덴부르크에게서 나온 것이었다. 그것은 이런 말이었다. "역사를 만들려고 하는 사람은 피를 흘릴 수도 있어야 합니다."[49]

방위군의 반응이 의심과 나쁜 예감을 몰아내는 데 더욱 결정적인 작용을 하였다. 자기들이 이 사건의 진짜 승리자라는 믿음에서 방위군은 '갈색 똥'[50]을 치운 일에 대한 만족감을 노골적으로 표현하였다.

7월 1일 아직도 한창 살해가 이루어지고 있는 동안에 베를린 수비군 중대는 히틀러가 특별히 좋아하는 바덴바일 행진곡에 발을 맞추어 분열행진 박자로 빌헬름 거리를 통과해서 수상관저를 지나 행진하였다. 그리고 국방장관 블롬베르크는 이틀 뒤에 내각의 이름으로 히틀러에게 '청산작전'의 성공적인 마무리를 축하하였다. 자신의 성공을 자주 과장적으로 만끽하고 그럼으로써 위태롭게 만들기까지 하였던 이전과 달리 히틀러는 방위군의 승리감을 격려하였다. 의회 연설에서 그는 방위군을 향해서 극히 단호하게 국가의 유일한 군대라는 특권을 확인해주었을 뿐 아니라 자신은 '군대를 비정치적인 기구'로 보존할 것이라고 선언하였다. 자신은 장교들과 병사들에게 "그들이 개별적으로 우리 운동 편을 들라고 요구할 수는 없다."고 했다.

두 번도 없는 이렇게 특이한 고백으로 히틀러는 군 지휘자들에게 자신의 운명을 그들의 손아귀에 맡겨둔 지난 위기의 순간에 군이 충성스럽게 자리를 지켜준 일을 감사하였다. 친위대 분대들이 슐라이허 장군, 그 부인, 브레도브 장군 등을 살해하고 난 지금 모든 것이 한 번 더 마지막으로 미결 상태에 있었다. 방위군이 이 순간 법적인 조사를 고집하였다면 모반이론은 붕괴되었을 것이고 그럼으로써 보수파에 대한 공격은 권력을 얻기 위한 살인이었다는 사실이 밝혀졌을 것이다. 시민적 우파는 항구적으로 마비되지 않았을 것이고 어쩌면 강화된 자의식으로 이 사건에서 벗어났을 것이다. 그리고 자기 주장과 도덕적인 충성의 행동이 역사에서도 타당하다는 사실은, 이 사건의 과정에서는 아무리 작은 것이라도 오직 그런 행동에 의해서만 입증될 수 있었을 것이다. 그리고 어쨌든 괴링이 7월 13일 의회를 다음과 같은 선언으로 끝내는 것만은 막았을 것이다. 즉 전체 도이치 국민은 "한 사람 한 사람이" 한 목소리로 "하나의 외침을 외쳐야 합니다. '우리 모두는 우리 지도자께서 행하는 일을 언제나 승인합니다'라고 말입니다."[51]

히틀러는 권력상황에 대한 날카로운 후각으로 다음의 사실을 파악하였기 때문이다. 즉 방위군이 동료의 살해를 허용하였다면 자신은 무제한의 권력을 위한 출발이라는 목적을 달성하였다는 것, 군이 이러한 공격을 한 번 받아들였다면 앞으로도 절대로 효과적으로 자기에게 대항하지 못할 것이라는 것 등이었다.

군 지휘부는 아직도 환호성을 올리고 있고, 라이헤나우는 사태가 그렇게 진전되어서 순수한 당(黨) 분열 같은 효과를 내도록 만드는 것이 쉬운 일이 아니었다고 자랑하고 있었다.[52] 그러나 히틀러 자신이 감사해야 할 정도로 방위군이 룀의 제거에 적극적으로 개입하지 않고, 그러면서도 방위군이 스스로 부패할 만큼 이 사태에 개입하도록 한다는 것이 바로 히틀러의 전략이었다. 블롬베르크는 앞으로 군의 명예는 그 '교활함'에 있다고 잊을 수 없는 말을 한 적이 있지만, 이런 제복 입은 정치 아마추어들이 히틀러와 결탁하였다는 사실은 '불평등 동맹'이었다. 그리고 군을 이끌어 간 것은 영국의 역사가 존 휠러 베네트(J. W. Wheeler-Bennett)가 주장한 것처럼 '권력의 네메시스(복수의 여신)'가 아니라 사실은 정치적인 무능력이었고, 비정치적인 오만이었다는 사실이 적절하게 지적되기도 하였다.[53]

블롬베르크가 나중에 서술한 것처럼 실질적으로 공공질서가 폭도들과 모반자들에 의해 위협을 받았다면 방위군이 개입할 의무가 있었을 것이다. 만약에 사태가 그것이 아니었다면 방위군은 여러 날 동안의 살육에 대해 중단을 명령해야 했을 것이다. 그러나 방위군은 그중 어느 것도 하지 않았고 기다리면서 무기를 내주었다. 그리고도 마지막에는 깨끗한 손으로 승리자가 된 자신들의 예리한 감각을 찬양하였다. 이 승리가 얼마나 잠깐일지 알지도 못하는 상태였다. 살인이 한창일 때 전직 대통령 비서관 플랑크(Planck)가 폰 프리치 장군에게 개입을 요청하자 장군은 명령을 받지 못했다는 핑계를 댔다. 플랑크는 경고하였다. "장군, 지금 행동하지 않고 바라만 보았다가는 머지않아 당신도 같은 꼴을 당할 것입니다."

3년 반 뒤에 폰 프리치 장군, 폰 블롬베르크 장관 등은 중상을 받아서 해직되었다. 고발된 죄목은 폰 슐라이허와 폰 브레도브의 경우와 마찬가지로 위조된 문서에 근거를 둔 것이었다. 그리고 돌격대 쪽에서는 '6월 30일 사건에 대한 복수'라는 말이 돌았다.[54] 스스로의 승리를 통해서 몰락한 기관이라는 것이다.

친위대의 상승

사건의 전개는 이 말을 현학적인 방식으로 뒷받침해주었다. 6월 30일

기습이 돌격대에 치명적인 한 방을 먹였다. 한때 폭도 같고 자부심 강하던 돌격대의 모습은 점차 소시민적인 모습들로 감추어지고, 싸울 때 쓰는 반지며, '총구멍'이나 '지우개' 등도 모금상자에 자리를 내주고 말았다. 그러나 방위군이 돌격대의 자리를 차지하지는 못했다. 히틀러는 3주 뒤에 벌써 노골적으로 드러난 군 지휘부의 약점을 이용하였다. 1934년 7월 20일에 그는 "큰 공로를 인정하여……, 특히 6월 30일 사태와 연관해서" 친위대를 돌격대의 하부조직이라는 위치에서 해방시켜서, 직접 자신에 소속된 독립 조직으로 격상시켰다. 처음에는 1개 사단뿐이었지만 방위군과 나란히 무장병력으로서의 지위를 인정받았다.[55] 이러한 결정은 다른 어떤 것보다도 히틀러의 전략적인 기질의 본질을 확실하게 보여주고 있다. 그는 돌격대를 제거한 직후에 같은 종류의, 새로운 병력의 건설을 촉진한 것이다. 방해받지 않고 정권의 안전을 위한 게임을 계속해 나가기 위해서였다. 6월 30일 사태에 얼마간이라도 참여한 사람들은 단순하게도 이것이 힘의 문제를 결정지었다고 생각하였다. 그러나 히틀러는 자기 주변에서 힘의 분쟁이 정말로 사라지지 않도록 만들어서 자신의 권력을 안전하게 지켰다. 그는 이 분쟁을 다른 차원으로 옮겼을 뿐이며 새로운 모습으로 변화된 대치상황을 계속 만들어냈다.

'충성에 충성을 거듭하라' : 룀 사건이 지난 지 한 주일 만에 모든 신문은 이런 제목으로 이 사진을 게재하였다. 사진은 당의 깨지지 않는 통일성을 보여주기 위해서 돌격대원과 친위대원의 모습을 함께 보여준다. 실제로 돌격대는 항구적으로 권력을 상실하였다.

친위대는 전략적으로뿐 아니라 정치적으로도 수많은 돌격대의 기능을 넘겨받았다. 친위대는 룀의 추종자들이 언제나 시끄럽게 요구하곤 했던 독자성의 요구를 포기하였을 뿐이다. 돌격대는 맹목적인 복종의 원칙에 한 번도 완전히 굴복한 적이 없었다. 오만한 특별의식을 가지고서 경멸하는 당 인사들과는 거리를 두겠다는 의도를 거듭 분명히 하곤 했다. 그와 반대로 친위대는 완전히 충성스런 정예부대였다. 이 부대는 국가사회주의 이념의 수비대이고 전위부대이며 길잡이 노릇을 했다. 그리고 순수한 도구의 원칙에서 지도자의 뜻에 완전히 복종하였다. 이러한 표지 아래서 친위대는 6월 30일 사태와 더불어 사방을 향한, 끊이지 않는 확장 과정을 시작하였다. 이 강력한 과정의 그림자 속에 우선 돌격대가, 이어서 당이 파묻혀버렸다. 친위대를 건너뛰어서 권력에 이를 길이 없어졌다.

앞으로 제3제국의 역사와 얼굴을 본질적으로 결정하고, 돌격대가 몰락했어도 끝나지 않았던 친위대의 상승은, 자기가 궁극적으로 히틀러와 같은 생각을 가지고 있다는 룀의 확신이 틀린 것이 아니었음을 분명히 보여준다. 하인리히 히믈러는 쉬지 않고 배후에서 작용하는 라인하르트 하이드리히에게 자극받고 조종당하면서 수많은 하부조직을 가진 막강한 전국적인 친위대 조직망을 건설하였다. 그것은 국가 속의 국가가 되어 모든 기존 조직체에 파고들어서 그 속을 비게 만들고 마지막에 해체시키곤 하였는데, 이러한 행동은 에른스트 룀의 성공하지 못한 초조한 전망과 다를 바가 없었기 때문이다. 룀의 야심만만한 부하들이 돌격대 국가를 꿈꾸었다면 이제 친위대 국가가 현실로 나타난 것이다. 히틀러가 측근에 설명한 바에 따르면 룀은, 자기가 "천천히, 뚜렷한 목적의식을 가지고 한 걸음씩" 성취하려고 했던 일을, 직접 공격해서 실현시키려고 하였기 때문에 제거되었다.[56)]

6월 30일 사건은 히틀러 상승의 역사에서 거의 필수적인 유형 하나를 제거하였다. 즉 대단히 거칠고, 대개는 해고된 장교단 출신의 무사로서, 처음에는 의용군 전사 노릇을 하다가 다음에는 히틀러 산하의 거리의 영웅이 되어서 전쟁의 체험을 시민적 현실에 실현시키려고 하였고, 목표가 달성되자 갑자기 할 일이 없어진 인물 유형이었다. 마키아벨리는, 권력을 정복할 때의 추종세력과 함께 권력을 나누지 않는다는 유명한 말을 하였다. 그리고 소문에 의하면 무솔리니가 베네치아에서 히틀러와 만났을 때도 그와 비슷한 말을 했다고 한다. 돌격대 지휘부의 제거와 더불어 권력 장악 과정에 제한적으로 허용되었던 아래로부터의 혁명이 끝났다. 그리고 권력 장악과 혁명에 들어 있던 시대착오적 특성도 끝났다. 룀 사건은 이른바 투쟁의 시기를 마무리지었다.

그것은 불확실하고 유토피아적인 당 운동이 냉철하고 몽상적이지 않은 질서국가의 현실로 바뀌는 전환점이었다. 이 사건을 통해서 룀과 그 측근이 좋아했던 19세기의 낭만적인 바리케이드 투사는 친위대가 만들어낸 현대적인 혁명가 유형으로 대체되었다. 공무원의 모습을 한 냉정하고 기능적인 혁명가 유형이었다. 그들은 전체주의의 관리자 겸 집행관으로서 전례 없는 혁명을 만들어냈으며, 길거리가 아니라 국가구조 안에서 여러 가지 발상을 하였으므로 자기들의 폭발원칙을 이전의 어떤 혁명가들보다 더욱 깊은 곳에 장치하였다.

그러나 히틀러가 룀의 죽음을 넘어서는 더 원대한 의도들을 갖지 않았다면 룀은 초조하다는 이유로 죽을 필요까지는 없었을 것이다. 6월 30일 사건을 단순히 룀과의 대립으로, 그리고 돌격대의 제거로만 본다면 오늘날에도 여전히 이 정권의 언어사용 방식에 농락당하게 된다. 작전이 있기 전 몇 주 동안 계속된 선전을 통한 공격들이 보여주고 있듯이 이 공격은 적대적인, 혹은 독립적인 입장 자체를 공격한 것이었다. 실제로 이때의 경험은 이후로 여러 해 동안 어느 정도 비중을 갖춘, 조직화된 저항을 없애버렸다. 이 작전이 이중의 칼날을 가진 것이라는 사실은 이 시기의 히틀러의 말에 드러나 있다. 그는 돌격대 지휘자들이 너무 서둘렀고 어리석었다고 비난하였다. 다른 한편 자신을 '참여하도록' 만들고, 속였다고 착각한 보수주의자들에 대한 묵은 원한과 끝없는 증오를 터뜨렸다.

> 그들 모두 잘못 생각하였다. 그들은 나를 얕잡아보았다. 내가 밑바닥 출신이고 '국민의 쓰레기' 출신이라고, 내가 교육을 받지 못했다고, 그들의 참새머리로 올바르게 여겨지는 처신을 내가 할 줄 모른다는 이유에서 그랬다. 내가 자기들과 같은 종류의 사람이라면 나를 위대한 사람이라고 했을 것이다. 그러나 나는 역사적인 위대성을 확인받기 위해 그들이 필요하지 않다. 돌격대의 반항적인 태도가 내게서 수많은 승리들을 앗아갔다. 그러나 나는 다른 승리들

을 손에 쥐었다. 어떤 일이 잘못된다고 해도 나는 도움을 못 받는 일은 없다……

나는 그들의 구상을 망가뜨렸다. 그들은 내가 감히 그 일을 하지 못하리라고 생각했다. 그러기에는 너무 비겁하다는 것이다. 그들은 자기들이 나를 삼켜서 내가 버둥거리고 있다고 여겼다. 그들은 나를 도구로만 여겼다. 내 뒤에서 내가 이제 아무런 권력도 없다고 비웃었다. 내가 우리 편을 처치해버렸다고 말이다. 나는 그들의 손가락을 때렸다. 그들이 오랫동안 그 뒷맛을 느끼도록 말이다. 돌격대에 대해 내가 법정에서 지불했던 것을 법정은 봉건적인 놀음꾼, 전문적인 도박꾼들인 슐라이허와 그 패거리들에게서 받아낸 것이다.

내가 오늘이라도 국민에게 호소하면 국민은 나를 따를 것이다. 내가 당에 호소하면 당은 과거 어느 때보다도 단호하게 일어설 것이다. 신사 여러분, 이리 오시라, 파펜과 후겐베르크여, 난 벌써 다음 일전을 치를 준비가 되어 있으니 말이다.[57]

이들과의 다음 일전이란 존재하지 않으리라는 것을 그는 이미 알고 있었고, 그의 말은 사실 그런 뜻이었다.

모든 것을 종합해보면 6월 30일 사건 이전에 히틀러가 직면하고 있던 전략적인 문제는 총 다섯 가지 문제의 동시 해결을 요구하고 있었다. 즉 그는 우선 룀과 반항적인 돌격대 난동꾼들을 제거해야만 했다. 그리고 방위군의 요구를 충족시켜야 했으며 나아가 길거리의 난동과 눈에 보이는 테러에 대한 국민의 불쾌감을 해결해야 했고, 보수파 진영의 계획을 파괴해야만 했다. 그리고 그 어느 쪽의 포로도 되지 않고 이 모든 것을 한꺼번에 해결해야만 했다. 그는 단 한 번의 짧은 작전으로, 그리고 상대적으로 적은 희생을 치르면서 이 모든 목표를 한꺼번에 달성하였다. 그럼으로써 그의 가장 중요한 의도를 실현시키기 위해 방해가 되는 것이면 모두 없애버렸다. 이 의도의 실현과 더불어 권력 장악 과정은 끝나게 되어 있었다. 그것은 바로 힌덴부르크 대통령의 뒤를 잇는다는 것이었다.

힌덴부르크의 죽음

7월 중순부터 대통령의 건강 상태는 눈에 띄게 나빠졌다. 그 이후로 가까운 사람들 사이에서 그의 임종은 언제라도 가능한 것으로 여겨졌다. 7월 31일에 정부는 처음으로 공보를 발행했다. 그리고 이튿날 소식은 상당히 믿을 만한 것이었지만 히틀러는 불경스럽게 서둘러서 내각에 힌덴부르크의 죽음과 함께 발효될 법안을 제출하였다. 그것은 '지도자이며 제국수상'이 대통령직을 겸임한다는 내용이었다. 이러한 조치는 1934년 1월 30일자 법안, 즉 새로운 헌법안의 결정권을 중앙정부에 위임한다는 법안에 근거를 둔 것이었다. 이 제헌 권한은 전권위임법에서 나온 것이므로, 그에 근거한 모든 법 제정 행위는 전권위임법에 명시된 보증 조항들을 준수해야만 할 것이었다. 대통령직도 이 보증 조항에 포함되어 있었다. 그러나 히틀러가 제출한 '국가 원수에 관한 법'은 이러한 법규들을 무시한 것이고 이런 행동은 다시 자신의 합법화 원칙도 무시한 것이다. 그로써 히틀러의 단독지배를 가로막는 마지막 장애가 제거되었다. 히틀러가 얼마나 제멋대로 초조하게 처리하였는가 하는 것은 회의에 참석하지도 않은 파펜까지 법안에 서명한 것을 보면 알 수 있다.

같은 날 히틀러는 노이데크로 달려갔다. 힌덴부르크는 잠깐 의식이 깨어나서 그에게 '위엄' 있게 말을 걸었다.[58] 눈길을 사로잡고 아울러 전설을 만들어낸 그 모든 위풍당당한 모습에도 불구하고 그는 언제나 종속적 상황에 있다고 느껴왔다.

다음날 8월 2일 아침 시간에 그가 죽자 중앙정부의 포고는 마지막으로 그에게 돌로 새긴 듯 강력한 꼭두각시 역할을 맡기려고 하였다. 바로 이런 역할 덕분에 그는 명성과 실패의 비난을 얻었다. 마구잡이로 쏟아부은 찬사들에 뒤덮여서 그는 '도이치 민족의 충실한 에케하르트'라고 찬양되었고 '먼 과거에서 나온 불멸의 기념비'가 되었다. 그의 '거의 헤아리기도 어려운 공적들'은 '젊은 국가사회주의 운동을 위해 바이마르 공화국의 문'을 열어주었던 '1933년 1월 30일에' 절정에 도달하였다. 어제의 독일이 내일의 독일과 '깊은 화해'에 도달하였고, 그는 전쟁시에나 평화시에나 늘 같은

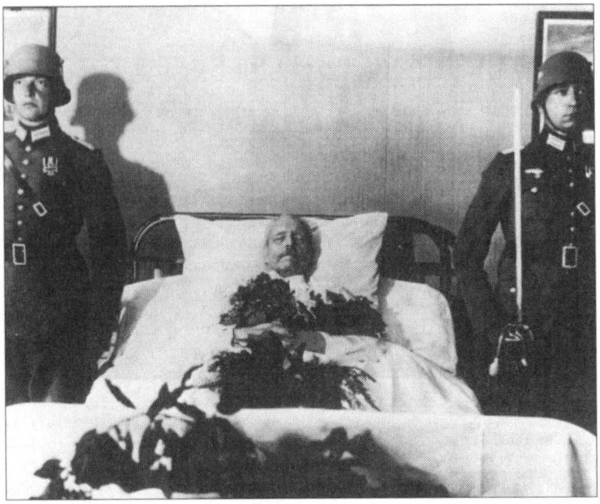

대통령의 죽음은 어떤 공백도 만들어내지 않았다. 얼마간의 환상들이 사라졌을 뿐이다. 임종의 침상에 누운 힌덴부르크.

인물이었으니 '도이치 민족의 국민적 신화'였다는 것이다.[59]

힌덴부르크의 죽음은 그 어떤 눈에 띄는 공백도 만들어내지 않았다. 얼마간의 희망, 약간의 환상들이 사라졌을 뿐이다. 사방에서 사후의 명성과 애도의 표명이 풍부하게 나오는 가운데 법적인 조치들은 눈에 띄지 않고 넘어갔다. 잘 준비된 법적인 조치들이야말로 새로운 상황의 특성을 결정하게 될 것들이었다.

정부의 발령은 내무장관에게 국민투표의 준비를 위임하였다. 그것은 이미 '헌법적으로 유효한' 것으로 포고된 수상의 대통령직 겸직 법안에 대해 '도이치 국민의 명백한 승인'을 얻기 위한 것이라고 했다. 성공을 확신한 히틀러는 이렇게 설명하였다. 자기는 "모든 국가권력이 국민에게서 나와야 하고, 자유 비밀 투표를 통해서 국민의 확인을 받아야 한다는 신념에 극히 투철한" 사람이라고 했다. 이제는 제도적으로도 자기 한 사람에게 집중된 절대권력을 감추기 위해서 그는 이렇게 단언하였다. '고인의 위대성'이 자기가 대통령이라는 직함을 사용하는 것을 자신에게 허락하지 않는다. 그러니 자신은 "공식적으로나 비공식적인 자리에서 지금까지 그래 왔던 것처럼 지도자이며 수상으로 불리기"를 바란다고 했다.[60] (히틀러는 국가사회당의 당수로서 추종자들 사이에서 지도자라는 호칭으로 불리기를 좋아했다. 국가권력을 완전하게 장악한 히틀러는 자신의 오랜 소원대로 이제 1인 독재체제인 지도자 국가 Führerstaat 즉 총통국가를 만드는 일에 성공하였다. 앞으로 지도자 Führer라는 말이 히틀러를 지칭할 경우 '총통'이라는 우리에게 널리 알려진 용어로 옮기기로 한다 : 역주)

힌덴부르크의 임종 날에도 방위군 지휘부는 작고한 총사령관에 대한 결속을 넘어서는 절대적인 충성을 히틀러에게 보여주었다. 3주 뒤에나 합법적인 수권이 이루어지게 되어 있었지만 기회주의적인 과잉 열성으로 국방장관 폰 블롬베르크는 모든 수비대의 장교와 군인들에게 새로운 통수권자께 충성을 맹세하라고 명령하였다. 지금까지는 '국민과 조국'에만 바쳐졌던 충성의 맹세를 중지하고, '신 앞에서' 히틀러 개인에 대한 절대적 복종을 맹세하라는 의무가 부과되었다.

그것은 뒷날 1934년의 기대와 망상들이 오래 전에 날아가버린 다음에 역사를 만들어냈다. 이 맹세의 형식이 맨 먼저 히틀러의 전체주의적인 총통국가를 인정하였다. 총통국가는 군대의 단호한 도움 없이는 절대로 성취될 수 없었을 것이다. 곧 이어서 개인적인 충성서약은 중앙정부의 장관들을 포함한 공무원들에게도 요구되었고 그럼으로써 '군주제의 일부'가 복구되었다.[61]

죽은 대통령의 장례식은 여러 날 동안이나 생각해낼 수 있는 온갖 화려함을 다해서 거행되었다. 이 의식은 히틀러에게 연극적인 죽음의 숭배라는 위대한 장관을 보여줄 기회를 주었다. 이 정권은 죽음의 의식에서 즐겨 감정적인 원조를 얻었다. 그것은 또한 히틀러의 높아진 권력의식을 보여줄 기회이기도 하였다. 8월 6일에 의회의 장례의식이 거행되었는데 그 중심점은 히틀러의 고인에 대한 추모사와 바그너의 〈신들의 황혼〉에서 발췌한 음악이었다. 의식이 끝난 다음 방위군은 크롤 오페라 앞에서 처음으로 새로운 통수권자 앞을 행진해서 지나갔다. 그러나 '국민의 유일한 무장병력'인 방위군 바로 뒤에는 똑같은 행진과 똑같은 철모에, 일부는 총검을 꽂은 모습으로 친위대의 아돌프 히틀러 근위연대 의장대가 지나갔고, 헤르만 괴링의 지방경찰부대 특수부대가 지나갔으며 돌격대 명예부대, 그밖에 방위군 이외의 준군사조직 특수부대들이 지나갔다.

이튿날 힌덴부르크는 1914년 승전장소인 동 프로이센의 전나무산 기념(Tannenberg-Denkmals) 묘지에 묻혔다. 히틀러는 "이 육신의 마지막 흔적이 사라져버리고 나도" 고인의 이름은 영원히 남으리라고 추모하였다. 마지막 문장은 다음과 같았다. "죽은 장군님, 이제 발할(Walhall. 전사한 사람들이 들어가는 천당. 바그너 오페라에 등장한다 : 역주)로 들어가십시오!"[62]

전권

8월 19일에 실시된 국민투표는 광범위하게 확장된 장례의식과 같은 목적을 위한 것이었다. 히틀러는 이 며칠 동안에 영국 언론인인 워드 프라이스(W. Price)와의 어떤 인터뷰에서 이 나라의 여론은 이런 방식으로 지도층의 정책을 뒷받침하거나 질책할 가능성을 가진다고 말했다. 심술궂은 아이러니가 담긴 어조로 이렇게 덧붙였다. "거친 우리 도이치 사람들이 다른 국민들보다 더 나은 민주주의자들이죠."[63] 그러나 사실은 온갖 선전수단을 울려대면서 이루어진 투표는 다시금 정치적 목적을 위하여 비정치적 감정을 동원하는 것이었다. 연속해서 대규모로 선동가를 투입한 것은, 어느 정도 중동방식으로(폭력으로) 해결된 룀 사건이 불러일으킨 불안을 몰아내기 위한 것이었다. 그리고 일시적으로 마비된 사람들의 충성심을 다시 불지르기 위한 것이었다.

의회의 추도연설에서 히틀러는 여론을 향해서, 이미 일어난 일을 뒤로 하고 "이제는 눈길을 과거에서 미래로 향해야 한다."고 호소하였다.[64] 그러나 표결 결과 반대표가 상당히 많아서 이런 무리한 요구의 곤란함을 분명하게 보여주었고, 새로운 권력층의 위신이 크게 손상되었다는 사실을 뚜렷하게 보여주었다. 전체주의적인 정권의 100퍼센트 찬성과는 거리가 먼 일로서 베를린 지역은 찬성표가 84.6퍼센트였다. 그러나 아헨이나 베저뮌데에서는 70퍼센트에도 미치지 못했고, 함부르크, 빌레펠트, 뤼벡, 라이프치히, 브레슬라우 등지도 거의 1/3이 반대표를 던졌다. 거부의사는 특히 사회주의와 카톨릭 유권자 쪽에서 나온 것이었다.

다음날의 성명서에는 표결결과에 대한 히틀러의 실망이 뚜렷하게 나타나 있다. 그것은 "제국의 가장 높은 자리에서 시작하여 모든 행정부서를 거쳐 멀리 떨어진 지역의 통치권까지…… 도이치 제국은 오늘날 국가사회주의당의 손에" 있다고 말함으로써 15년에 걸친 권력을 얻기 위한 싸움이 끝났음을 알리고 있다. 그러나 "마지막 한 사람이 제국의 상징을 자기 가슴의 고백으로 지니게 될 때까지 우리의 소중한 국민"을 얻기 위한 싸움은 조금도 줄지 않고 계속될 것이라고 히틀러는 선언하였다.

14일 뒤에 히틀러는 뉘른베르크 회의장에서 열린 제6회 전당대회의 개회식사에서 모든 불평분자를 향해 위협적인 어조로 말했다. 언제나처럼 뮌헨 관구 지도자 바그너가 그를 대신하여 이렇게 말했다. "국민이 누구에게 (지휘권을) 맡겼는지 우리 모두 잘 압니다. 이것을 알지 못하거나 잊어버리는 사람은 불행한 사람입니다! 도이치 민족에게 혁명은 드물었습니다. 19세기라는 신경질적인 시대는 우리에게서 마침내 종말을 고했습니다. 다음 천 년 동안 독일에는 혁명이 일어나지 않을 것입니다!"라고 그는 말을 맺었다.[65)]

조용한 혁명의 시작

바로 이 순간에 독일에서는 진짜 혁명이 시작되었다. 폭력적인 전복을 향해 돌진하는 당의 힘들은 차단되었고 그 역동적인 불안은 이제부터 주로 선전과 조종의 과제로 바뀌었다. 히틀러가 그 동안 힌덴부르크와 방위군을 의식하고 어느 정도 자제를 했다면, 그런 점에서 1933년 초의 길들이기 작전은 마지막 때늦은 승리를 얻었다고 볼 수도 있을 것이다. 그를 길들이려던 보수주의자들이 마지막에 함께 몰락으로 휩쓸려들어가기는 했지만 말이다. 그러나 자기는 "오늘 독일에서 모두를 향한 권력을 쥐고 있다."고 하는, 뉘른베르크에서 행한 히틀러의 오만한 장담은, 모든 것을 원한다는 그의 결심과 결부된 것이다. 정권의 야만적인 측면들은 다시 배후에서 작용하는 이데올로기적 · 정치적 추진력, 즉 반유대주의, 도이치 헤게모니주의자들의 실망, 혹은 특수한 국가적 사명의식 등을 관찰의 중심점으로 끌어들였다.

그러나 국가사회주의에 영양을 공급하고 밀어준 사회적인 충동이 못지않게 중요하였다. 광범위한 시민계층이 그의 권력 장악을 보고, 그가 질서 잡힌 사회 전복의 방식으로, 단단한 권위주의 국가의 구조와 사회권위적인 억압들을 깨뜨려줄 것이라는 기대를 가졌다. 1918년의 혁명은 바로 이러한 권위에 부딪쳐서 실패했다. 시민계층 사람들에게 있어서 히틀러는 무엇보다도 도이치 혁명을 되찾을 기회를 의미하였다. 그들은 수없이 돌진에 실패한 다음에 민주적인 세력들이 그러한 혁명을 해낼 것이라고 믿지 않게 되었고, 공산주의를 믿어보려고 한 적은 한 번도 없었다.

혁명이 끝났다는 사실을 다시 알리는 여러 가지 포고문들은 특히 뒤흔들린 민심을 달래기 위한 것이었다. 1934년 가을이 되면서 질서가 잡히기 시작한 상황을 알리는 최초의 표지들이 나타났다. 그렇다고 히틀러의 확고한 장기적 목적들이 변화되지는 않았다. 이 모든 구호 형태의 진정시키려는 노력들 한가운데서도 그는 뉘른베르크 전당대회 폐식사에서 분명하게, 당이 혁명적인 추진력을 잃어버리고 과격한 계획을 포기했다는 망상을 갖지 말라고 경고하였다. "그 주장은 불변이고, 그 조직은 강철 같고, 그 전략은 유연하면서도 적응력이 있고, 전체적으로 보면 수도회 같은 모습으로" 당은 미래를 바라보아야 한다고 했다. 측근에게도 그는 비슷한 생각에서 외적으로는 혁명을 끝냈지만 이제는 내면을 향하여 그것을 계속한다고 말했던 것이다.[66]

정권의 혁명적 속성이 쉽게 잡히지 않는 까닭은 히틀러의 본질에 깊이 뿌리박은 이러한 은폐행동과 관계가 있다. 그가 만들어낸 전복은 이상한 형식으로 완성되었다. 폭동적인 형태의 혁명은 역사적으로 끝났다는 인식이야말로 위대한 국가 전복의 역사에서 히틀러가 한 자리를 차지하게 만드는 특별한 공적이다.

프리드리히 엥겔스가 1895년에 표현한 깨달음, 곧 공식적인 권력에 맞선 구식의 혁명가는 필연적으로 패배할 수밖에 없다는 깨달음에서 히틀러는 무솔리니보다 더욱 확고한 결론을 이끌어냈다. 그리고 혁명을 현대적인 개념의 차원으로 끌어들였다. 전통적인 혁명개념은 룀이 좋아했던 것처럼 폭동이라는 이미지에 절대적인 지배를 받았다. 이런 이미지에 밀려서 혁명 원래의 이념적 · 사회적 양상인 지배자의 변화, 혹은 소유관계의 변화는 오히려 배경으로 물러나버린다.

혁명은 언제나 궐기이고, 길거리에서 이루어졌다. 그에 반해서 히틀러가 생각한 현대적인 혁명이란 권력을 정복하는 것이 아니라, 그것을 '장악'하는 것이고 폭력수단보다는 관료정치적인 수단을 더욱 잘 이용하는 것이다. 그것은 조용한 과정이었다. 말라파르테(Malapartes)가 히틀러에 대해서 한 말을 일반화시켜서 말하자면 총소리는 귀가 아플 뿐이었다.

그렇다고 혁명이 덜 움켜쥐거나 무엇을 가리거나 하는 것은 아니었다. 그것은 정치 기구들을 변화시키고 군대와 관료제도, 부분적으로는 경제의 계급구조를 무너뜨리고, 여전히 주도권을 잡고 있는 귀족과 구식 상층부를 파괴하고 부패시키고 힘을 빼앗았다. 그리고 시대에 뒤떨어졌다는 점이 매력이기도 하고 통풍 안 된 답답함이기도 한 독일에, 오늘날 산업사회에 꼭 필요한 사회적 동원력과 평등을 만들어냈던 것이다.

현대성을 일시적인 것이라고, 혹은 갈색 혁명가들(국가사회주의자들)의 의지에 거슬러서 일어난 일이라고 비난할 수는 없다. 기술에 대한 히틀러의 경탄, 문명발전을 향한 그의 열광은 분명한 것이었고 수단이라는 측면에서 그는 철저히 현대적인 생각을 가졌다. 특히 그는 광범위한 자신의 지배목적들을 위해서 합리적이고 기능적인 산업국가를 필요로 했다.

히틀러 정권이 작동시킨 구조혁명은, 고대 민속과 선조들의 유산을 장식적인 명예로 삼는 관점으로 인해 방해받았다. 도이치의 하늘에는 낭만적인 어두운 구름이 끼여 있었다. 이런 측면에서 국가사회주의는, 조잡하고 전통과는 거리가 먼 진보의 실천을 낭만적인 내면화 이념으로 가장하는 19세기의 성향을 극단적인 결론까지 이끌어갔다. 예를 들면 농민계층은 광범위한 몽상의 대상이었지만, 실제로 그들의 경제 조건들은 점점 나빠졌고 이른바 농촌 이탈 현상은 1933년에서 1938년 사이에 새로운 절정에 도달하였다.

비슷한 방식으로 정권은 산업화 계획을 통해서(특히 중부 독일에서 전쟁에 필요한 화학공장들을 위주로) 도시화 현상을 촉진시켰다. 그러나 정권은 도시화 현상을 극히 싫어하였다. 혹은 처음에 여성인력을 산업발전에 받아들였다. 그러면서도 모든 자유주의적이고 마르크스주의적인 (여성의) 남성화 경향에 대한 반대를 계속하였다. 히틀러 정권이 역설하는 전통숭배와는 달리 1936년 초의 '기밀보고'는 이런 표현을 하고 있다. "전통과의 연관성은 끊임없이 파괴되어야 한다. 전에 들어본 적이 없는 완전히 새로운 형식들이다. 개인의 권리가 전혀 없도록……."[67]

이렇게 이중적인 현상의 특성을 파악하기 위해 '이중혁명'[68]이라는 말도 나왔다. 시민적 규범의 이름으로 시민질서에 반대하고, 전통의 이름으로 전통에 반대하는 것이다. 편안하고 낭만적인 장식은 단순히 비웃는 유령이며 가장행렬이었을 뿐 아니라, 현실에서는 돌이킬 수 없이 사라져버린 것을 생각이나 상징 속에 붙잡아보려는 시도이기도 했다. 어쨌든 거기 동참한 대중은 국가사회주의 이념의 목가적인 장식들을 그렇게 이해하였다. 히틀러 자신도 자기 나라를 점점 더 산업화 이전의 낙원에서 멀어지게 만드는 엄격한 경제적 · 사회적 현실을 보면서, 아무도 건드리지 않은 동방에서 잃어버린 것을 되찾으려는 의도를 강화시켰다.

1938년 1월 고급장교들을 상대로 한 비밀연설에서 그는 정치적 · 사회적 진보가 야기한 우울한 갈등과 고통에 대해서 말했다. 이러한 갈등이 '성스러운 전통들'과 자주 정면 충돌한다고 했다. "그것은 언제나 파국이었습니다…… (당사자들은) 언제나 고통을 받아야 했습니다…… 언제나 소중한 추억들을 희생시켜야 했으며, 전승된 것들은 간단히 무시되고 말았습니다. 지난 세기는 많은 사람들에게 그토록 무거운 고통을 덧붙여주었습니다. 사람들은 세계에 대해서 그토록 쉽게 말합니다, 그리고 당시 쫓아버린 다른 도이치 사람들에 대해서도 그토록 쉽게 말합니다. 그것은 필연적인 일이었어요! 그럴 수밖에 없었다고 말입니다……. 그런 다음 1918년이 왔고, 새로운 고통을 덧붙여주었죠. 그것도 필연적인 일이었어요. 그러고 나서 우리 혁명이 온 것입니다. 그것은 최후의 결론을 이끌어냈습니다. 그것도 필연적인 일입니다. 그럴 수밖에 없는 것이지요."[69]

국가사회주의 혁명을 특징짓는 이중성은 상당한 정도로 정권의 성격을 특징지었고, 야누스적인 독특한 겉모습을 만들어냈다. '파시즘 실험'에 이끌려서 점점 더 많은 외국인 방문객들이 밀려들어 왔고 그들은 평화로운 독일을 보았다. 기차는 전처럼 아주 정확하게 운행되고, 시민적인 규범, 준법성, 행정의 정확성이 지배하는 나라였다. 독일을 빠져나온 이민자들은 분노에 떨면서 자신들이 겪은 불행과 박해받고 고통받는 친구들에 대해서 이야기하곤 했는데 그들의 말이 정확한 것처럼 외국의 방문객들이 본 것도 정확한 것이었다.

돌격대의 폭력적인 제거는 분명히 탈법적인 폭력 사용을 끝내고, 안정상태를 불러왔다. 권위적인 질서국가의 힘들이 전체주의 혁명의 역동성에 제동을 걸었다. 한동안 거의 질서 잡힌 상태가 찾아든 것처럼 보였다. 규범성이 다시 비상사태를 몰아냈고, 1933년 7월 1일에 바이에른의 주지사에게 올라온 보고서에 씌어진 대로, 서로 체포하고, 서로 다하우 수용소로 보내겠다고 위협하던 시절은 지나갔다.[70]

부당성의 국가 한가운데서 목가적 상태를 만나고, 과거 어느 때보다도 현실적으로 목가적 상태를 갈구하고 가꾸었다는 관찰만큼 1934년에서 1938년 사이의 독일을 더 잘 표현한 말은 드물다. 나라 밖으로 나가는 이민의 숫자는 눈에 띄게 줄어들었고 유대인 주민의 이민도 계속적으로 줄었다.[71] 많은 사람들은 내면세계로, '심정의 피난처(cachettes du coeur)'로 이민을 갔다. 정치에 대한 낡은 독일식 의혹, 정치의 요구와 부담에 대한 불쾌감은 이 몇 년 동안에 진짜라고 확인되었고 올바른 것이라고 여겨졌다.

정치적 무감각이 환호하는 승인과 어우러졌다는 점에서도 이중의식은 '이중국가'[72]에 어울리는 것이었다. 히틀러는 언제나 국민의 열광을 얻기 위한 계기들을 마련하였다. 외교정책상의 반란과 센세이션을 통해서, 이제까지 본 적이 없는 행사의 마법, 기념비적인 건축 계획들을 통해서, 심지어는 상상력을 자극하고 자신감을 높이고, 아니면 생각 없는 관심을 진정시킬 목적으로 만들어진 사회적인 조치들을 통해서였다. 그의 통치기술의 본질은 상당부분 분위기를 자극하는 기술에 근거하고 있었다. 그것은 상당히 신경질적이고 철저히 인위적인 인기의 도식을 만들어냈다. 그것은 불쾌감과 소외감의 표지와 나란히 갑작스런 비약을 보여주는 도식이었다. 히틀러의 심리적인 강력함은 그의 카리스마와 또한, 질서 재창출을 해냈다는 사실에 대한 존경심에 근거하고 있었다. 그것은 사실이었다. 지난 몇 해 동안의 두려움, 불안, 폭도들, 실업, 그리고 멋대로 굴던 돌격대, 외교상의 굴욕 등을 행진이나 당 대회에서 펼쳐지는 현재의 질서 잡힌 모습과 비교해보면 그의 잘못의 흔적을 찾기가 어려웠다. 게다가 정권은 처음에 우선 권위적·보수적 모습을 되찾고 군국주의적인 도이치 민족주의 진영의, 엄격하게 조직된 연대처럼 보이려고 애썼다. '새로운 국가'라는 파펜의 개념도 아마 그와 비슷한 것이었을 것이다. 그와 함께 히틀러 정권은 온갖 엄격함 속에서도 다양한 낭만적인 기회들을 제공하였고, 현대적인 사회복지국가에서는 생각하기 어려운 모험, 영웅적인 자기도취 등의 경향과 히틀러에게 특징적인 도박꾼의 열정을 상당한 정도로 보여주었다.

이러한 질서의 모습 뒷면에서는 물론 당대 사람들 중 그 누구도 제대로 상상할 수 없었던 과격한 에너지가 작용하고 있었다. 움츠러든 시민계급이 상상한 것처럼 히틀러가 보수적이고 반혁명적인 세력으로서 룀을 능가한 것이 아니었다. 혁명의 법칙에 알맞은 일이지만 단순히 과격한 혁명가에 대항하여 더욱더 과격한 혁명가로서 히틀러는 룀을 이겼다.

괴링은 6월 30일 오후에 벌써 이렇게 적절히 설명하였다. "제2의 혁명은 준비가 끝났다. 그러나 그것을 불러낸 사람들이 아니라 그들에게 맞서서 우리가 해낸 것이다."[73] 질서와 완전고용과 국제적 평등의 국가만으로는 절대로 히틀러의 야심을 만족시킬 수 없다는 사실을 날카로운 관찰자라면 그 당시에 이미 볼 수 있었던 것이다.

1934년 11월에 그는 어떤 프랑스의 방문객을 향해서 자신은 정복을 생각하는 것이 아니라 새로운 사회질서의 건설을 생각한다고 말했다. 그러한 질서의 건설을 통해서 자신은 자기 민족의 감사와, 따라서 수많은 승리를 거둔 유명한 사령관보다도 더 지속적인 기념비를 얻기를 바란다고 했다.[74] 그러나 이것은 몸짓에 불과하였다. 그는 경멸하는 소시민의 온갖 행복을 다 갖춘 전체주의적 복지국가라는 이상에서 자신의 내적인 역동성과 추진력을 얻어본 적이 없었다. 그의 힘은 지평선 저 멀리로 뻗어나가 적어도 천 년은 계속된다는, 지나치게 긴장된 과대망상적인 전망에서 나온 것이었다.

HITLER

6부

정복이냐, 동맹이냐

2차 세계대전의 진행상황

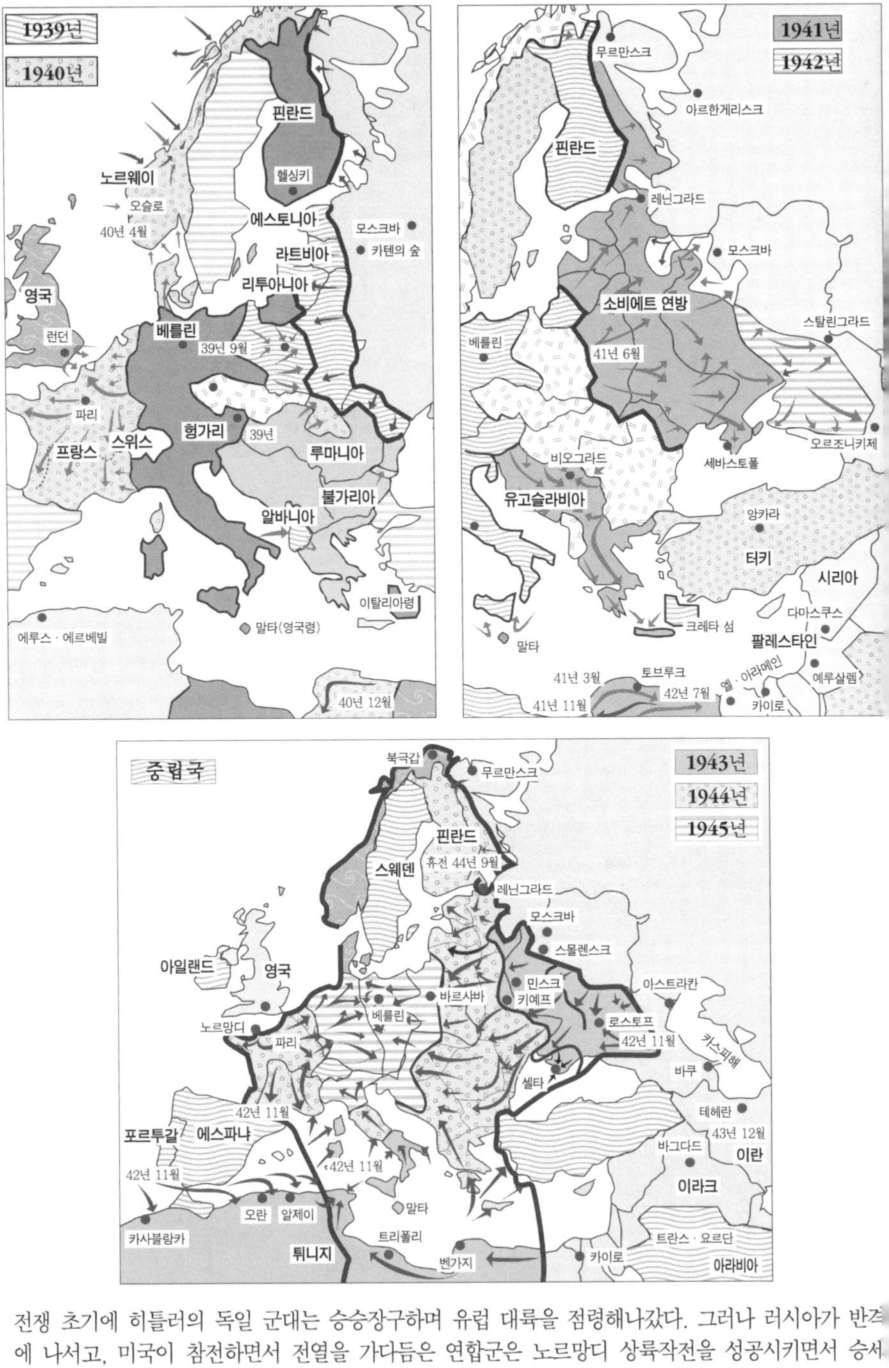

전쟁 초기에 히틀러의 독일 군대는 승승장구하며 유럽 대륙을 점령해나갔다. 그러나 러시아가 반격에 나서고, 미국이 참전하면서 전열을 가다듬은 연합군은 노르망디 상륙작전을 성공시키면서 승세를 잡기 시작했다.

제1장 되찾은 외교정책

약한 자여, 저주 있으라!
—아돌프 히틀러

히틀러가 국내에서 사용한 정복의 방식을 똑같이 도박꾼처럼 이용해서 외교정책에서도 성공을 거두는 30년대 중반을 돌아보면 역사 관찰자는 혼란을 겪게 된다. "외부의 적을 물리치기에 앞서 우선 내부에 있는 적을 없애야 한다."[1]는 주장에 충실하게 그는 지난 몇 달 동안 바깥을 향해서는 수동적인 태도를 보였고, 다만 국제연맹 탈퇴와 폴란드와의 조약을 통해서만 장면을 약간 극적으로 조명했을 뿐이었다.

그 사이 그는 은밀히 재무장을 시작하였다. 군사적으로 무능한 나라는 외교적으로 운신 폭에 제한을 받는다는 사실을 잘 알고 있었기 때문이다. 강력한 이웃나라의 조약 파기와 도전이 없을 수 없는 과도기 과정에 그는 모든 것을 한 장의 카드에 걸었다. 권력 장악의 처음 단계와 마찬가지로 예측 결과는 불리했다. 수많은 관찰자들은 그의 마법이 힘을 잃었고 몰락이 눈앞에 있다고 예언하였다. 그러나 외교적인 쿠데타를 계속함으로써 몇 달 만에 그는 베르사유 조약에서 모든 제한들을 제거하고 바라는 대로 확장을 위한 출발점을 만들 수 있었다.

권력 장악 과정이 룀 사건이라는 유혈사태로 막을 내렸다는 사실이 이 사람의 본질과 정책을 보여주었으리라는 점을 생각해보면 히틀러의 도전에 직면한 유럽 국민들의 태도는 이해하기가 더욱 힘들다. 그러나 도이치 사람들이 그랬듯이 유럽 국민들을 이끌어간 것은 도덕적인 허약함이나 비굴함, 모반적인 악의는 아니었다. 그들은 자신들이 굴복한 것을, 수많은 도이치 사람들을 히틀러에게 데려다 주었던 위태로운 의식의 혼탁 탓으로 돌릴 수도 없었다. 그리고 그에게 속을 이유도 훨씬 적었다.

히틀러는 1941년 1월의 연설에서 불쾌한 기분으로, 그러나 올바르게 설명하였다. "나의 계획은 베르사유 조약의 제거였습니다. 오늘날 다른 세계에서는 내가 그것을 1933년 혹은 1935년 아니면 1937년에 처음으로 찾아낸 계획이기라도 한 것처럼, 어리석게 굴어서는 안 될 것입니다. 신사분들은 단지…… 내가 쓴 것을 읽기만 했더라면 되었을 것이니까요. 나는 그것을 수도 없이 썼습니다. 어떤 사람도 자기가 바라는 것을 내가 한 것만큼 그렇게 자주 설명하거나 쓰지는 않았습니다. 나는 언제나 베르사유 조약의 제거!라고 적었습니다!"[2)]

적어도 이 목표에 대해서는 첫 순간부터 아무도 잘못 생각하지 않았다. 그것은 모든 연설의 두터운 언어 장벽 아래서도 분명히 들을 수 있는 것이었다. 그리고 모든 행동은 그것을 위한 것이었다. 이러한 행동이 거의 모든 유럽 국민들의 직접적인 이해에 반하는 것이었기 때문에, 아주 분명하게 드러나는 것은 아니라도 더욱 강한 동기가 있었던 것이 분명하다. 그러한 동기가 반감을 꺾고 히틀러에게 손쉬운 승리를 마련해준 것이었다.

여기서도 분명히 히틀러의 가장 깊은 본질에 속하는 이중성의 요소가 결정적으로 중요한 의미를 가진다. 이런 이중성은 그의 모든 행동방식, 그의 전략적 · 정치적 · 이념적 개념들을 분명하게 특징짓고 있다. 그가 단순히 국수주의적인 생각을 가진 사람으로서 도이치의 동등권을 요구하는 사람이었거나, 후겐베르크식의 모든 도이치주의자였거나, 반공주의자, 공격적인 생존공간 예언자, 혹은 슈트라이허 종류의 맹목적인 반유대주의자였다면 분명히 유럽 국민들 혹은 문명 세계의 단합된 저항을 불러일으켰을 것이라고 올바르게 지적되었다.

그는 이 모든 요소들을 뒤섞어 가지고 있었고 자기가 불러일으키는 모든 두려움에 희망을 마주세우는 능력을 가졌다. 그리고 "기회에 따라서는 한 가지를 추켜세우고 다른 것은 물러서게 만드는 재능을 가지고 있었기에 그는 자신을 부정하는 일 없이 적들을 분열시켰다…… 그것은 천재적인 방식이었다."[3]

반공 분위기

시민적 유럽의 자유주의적인 보수주의의 기본적인 반공 분위기는 그의 인품과 정책에 대한 의혹을 없애는 결정적인 수단이 되었다. 프랑스 문필가인 샤를르 뒤 보(Ch. d. Bos)는 1933년 초에 도이치 친구에게 독일과 서유럽 사이에는 하나의 심연이 놓여 있다고 장담한 적이 있었다.[4] 그러나 그것은 도덕적인 측면에 국한된 것이지 심리적인 측면에도 해당되는 것은 아니었다. 이해관계의 대립, 모든 얽히고설킨 적대감을 넘어서 유럽은 공동의 감정을 지니고 있었다. 그중에는 무엇보다도 혁명, 멋대로 굴기, 공적인 무질서 등에 대한 시대의 거대한 공포도 끼여 있었다.

히틀러는 독일에서 이 공포를 극복한 사람으로 찬양되었다. 30년대에 공산주의 사명의식에는 힘과 공격적인 약속의 힘이 상당부분 없어져 있었다. 그러나 프랑스의 인민전선 실험, 에스파냐 내전, 모스크바의 과정 등에서 한때 유럽을 떠돌던 공산주의 망령이 한 번 더 기억 속에 등장하게 되었다. 이 망령은 철저히 붕괴를 겪게 되지만, 묵은 공포를 새롭게 할 만큼은 아직 충분히 힘이 있었다.

히틀러는 상대방의 기분과 비밀스런 동기를 냄새 맡는 비상한 후각을 가지고 있어서 이러한 공포의 동기를 이용하였다. 그리고 수많은 연설에서 '볼셰비스트 배후 조종자들의 음모', 그들의 '수많은 황금 채널과 선동 채널' '유럽 대륙의 혁명화' 등에 대해서 이야기하였으며, 그럼으로써 자기가 말하는 공포의 정신병을 오히려 상승시켰다. "저기서는 도시들이 불타고 있으며, 농촌들이 무너져 잿더미로 변하고 있습니다. 아무도 다른 사람을 모릅니다. 계급이 계급에 맞서고, 신분이 신분에 맞서고, 형제가 형제를 죽입니다. 우리는 다른 세계를 선택하였습니다." 그는 아놀드 토인비를 향해서 "볼셰비즘을 향한 피할 수 없는 이 싸움에서 인류의 앞장을 서는 사람"이라고 자신의 사명을 설명하였다.[5)]

이 소외되고 뒤처진 히틀러의 독일이 유럽에서 그토록 많고 깊은 압박감을 일깨웠으므로 수많은 기대 또한 독일을 향하였다. 독일이 제국의 옛 역할을 다시 떠맡아서 '악을 끊는 존재'가 되고, 히틀러가 말하듯이 '늑대 모습을 한 괴물이 다시 지상에서 날뛰는' 시기에 방벽이나 방파제가 되어줄 것이라는 기대였다.[6)]

특히 독일의 서쪽 이웃 나라들의 기대의 틀에서 보면 자연스러운 일이지만, 순간적인 온갖 분노에도 불구하고 히틀러의 위법, 그의 극단주의, 수많은 '잔악행위'들은 제대로 무게를 갖지 못했다. 자기들이 어떻게 해나갈지 도이치 사람들이 알겠지. 반대로 이 사람의 이렇게 끔찍하고 호전적인 모습이야말로—물론 그의 모습은 스탈린의 모습보다는 그래도 친근한 것으로 보였다—보수적인 유럽의 견해에 따르면 보호자와 방벽 지휘관의 얼굴에 더 잘 어울리는 것이었다. 그의 역할이 더 위대하고, 더 위압적이라도 꼭 지혜로워야 하는 것은 아니라고 여겼다.

그것은 부수적인 부분까지 한때 카르에서 파펜에 이르기까지 히틀러를 상대한 모든 보수주의자들이 보여주었던 똑같은 단순성, 머리 굴리기, 역사적 오만 등이 뒤섞인 태도였다. 물론 그 뒤에는 수많은 어두운 근심들이 작용하고 있었고, 드물지 않게 '갱두목' 히틀러에 대한 정직한 혐오감도 있었다. 그러나 이러한 감정들을 정치 속으로 개입시키지 않았다. 헤르만 라우슈닝이 히틀러의 목표에 대해서 보고한 것을 체임벌린이 들었을 때 그는 그것을 받아들이기를 짤막하게 거절하였다.

베를린의 영국 대사 에릭 핍스 경은 유럽 국가들의 히틀러 길들이기 작전을 이렇게 표현하였다. "우리는 히틀러를 단순히 《나의 투쟁》의 저자로만 볼 수는 없습니다. 그리고 그를 무시할 수도 없습니다. 그러니까 이 끔찍하게 동적인 사람을 묶어두는 쪽이 낫지 않을까요? 묶어둔다는 것은, 그러니까 그의 자유롭고 자부심에 넘친 서명이 담긴 조약으로 말입니다. 어쩌면 그는 생각지도 못한 두뇌의 굴곡을 통해서 의무가 있다고 느낄지도 모르는 일이지요……. 자신의 서명은 과거 어떤 도이치 사람도 해보지 못할 정도로 강하게 독일을 구속한다는 식으로 말입니다. 그러면 세월이 흐를 것이고 히틀러도 늙을 것이며 이성이 그의 두려움을 쫓아낼지도 모르지요."

그로테스크하고 거의 확실한 것으로 되어버린 역사의 반복성에 대한 감각을 지니고, 히틀러는 비꼬는 어조로 런던과 파리에 있는 보수적인 '달래는 사람들'을 '나의 후겐베르크들'이라고 불렀다.[7]

다른 전염병

독일에서나 외국에서 히틀러에게 도움이 되고 상대방의 전선을 붕괴시켜버린 것은 권위적인 모델의 매력이었다. 그 자신이 '민주주의의 위기'가 지배적인 시대현상이라고 말했다. 그리고 많은 당시의 관찰자들에게는 "지난 세기에 자유의 이념이 그랬듯이 이제는 독재의 이념이 전염성인 것"처럼 보였다.[8]

온갖 끔찍한 동반현상에도 불구하고 근엄하게 명령하는 독일은 유혹적인 힘을 발산하였다. 특히 동부와 동남 유럽에서 그때까지 지배적이던 프랑스의 영향에 맞서는 힘이 되었다. 폴란드의 외무장관 베크의 집무실에 히틀러와 무솔리니의 서명이 든 사진이 걸린 것은 우연이 아니었다. 파리나 런던에 있는 시대착오적인 무능력의 섬세한 감각을 가진 시민적인 적들이 아니라, 히틀러와 무솔리니가 바로 '시대정신의 복화술자'들로 보였다. 시대의 확신에 따르면 사회적 · 정치적 이해타산의 자유로운 게임에서 이성은 패배하고, 폭력이 새로운 질서의 프로그램이 되었다는 것이다. 새로운 질서의 대변자는 바로 아돌프 히틀러였다. 짧은 기간에 이루어진 그의 성공은 유럽의 정치적 분위기를 최면술적으로 변화시키고 새로운 척도를 알려주었다.

그는 이러한 경향과 분위기를 혼합하였고 그것은 그에게 도움이 되었다. 그는 유럽의 반유대주의에서 상당한 이득을 얻었다. 반유대주의는 특히 폴란드, 헝가리, 루마니아, 그리고 발트 해 연안 국가들에 엄청난 추종자를 가지고 있었지만 프랑스에도 널리 퍼져 있었다. 영국에서는 1935년에 파시스트 그룹의 지도자가 나와서 유대인 문제를 '죽음의 방'을 만들어서 과격하고도 위생적으로 해결하자는 제안을 할 정도였다.[9]

히틀러는 나아가 현재의 평화 질서의 모순에서도 이익을 얻었다. 베르사유 조약은 처음으로 국가간 관계에 도덕적 동기들을 도입하였다. 죄, 명예, 평등, 자기결정이라는 동기들이었다. 이것들은 이제 히틀러가 점점 더 강력하게 게임에 끌어들이는 형식이 되었다. 에른스트 놀테(E. Nolte)가 적절하게 지적하고 있듯이 한동안 그는 우스꽝스럽게도 오래 전에 사라져버린 우드로 윌슨이 주창한 원칙들의 최후의 수호자 행세를 하는 것을 좋아하였다.

승전국에 대한 가장 중요한 (도덕적) 채권자 역할을 맡아 하면서 상환되지 않은 요구들 한 더미를 손에 들고 그는 특히 영국에서 지속적인 효과를 얻기를 바랐다. 그의 호소는 영국 국민에게 양심의 가책을 불러일으켰을 뿐 아니라 영국의 전통적인 힘의 균형 정책에도 어울리는 것이었기 때문이다.

영국은 대륙에서 프랑스의 영향력이 너무 커진 것을 불안하게 지켜보고 있었다. 영국의 목소리는 무엇보다도 히틀러에게 항상 용기를 북돋워주었다. 〈타임스〉는 대륙에서 도이치 제국의 가장 막강한 위치를 인정하지 않는 모든 질서는 '인위적'인 것이라고 불렀다. 영국 항공부의 고위관리 한 사람은 1935년 초에 도이치측 대화상대자에게 '영국에서는 어떤 반발도 없을 것'이라고 말하면서, 독일은 베르사유의 결정을 어기고 공군을 정비해도 좋다고 알렸다.[10]

영국이나 대륙의 독일이나 승전국이나 패전국이나 권위주의자나 민주주의자나 양측 모두 눈앞에 다가와 있는 시대 변화에 대한 예감에 가득 차 있었고 히틀러는 그것을 이용하였다. 그는 때로 이렇게 말하곤 했다. "우리들 모든 국민들은 시대의 전환기에 처해 있다고 느낍니다. 한때의 패전국이었던 우리뿐 아니라 승전국들도 무엇인가가 정상이 아니다, 특히 이성이 인간을 떠난 것 같다는 내면의 확신을 가지고 있습니다……. 어디서나 국민들은 이렇게 느끼고 있습니다. 특히 민족들이 서로 밀접하게 몰려 있는 이곳 대륙에 새로운 질서가 나타나야 한다고 말입니다. 이 새로운 질서 위에는 이성과 논리, 이해와 상호간의 배려 같은 말들이 새겨져야 합니다. 새로운 질서의 입구에 '베르사유'라는 간판이 세워질 수도 있을 것이라고 믿는 사람들은 잘못 생각한 것입니다. 그것은 새로운 질서의 주춧돌이 아니라 비석일 뿐입니다."[11]

모든 것을 종합해보면 유럽은 독일이 그랬듯이 히틀러를 위해서 수많은 입구들을 제공하였다. 히틀러와 유럽 사이에는 수많은 일치감과 이해관계가 있었는데도 그들 사이에서 오직 대립만을 지적한다면 다 못한 저항을 늦게나마 해보려는 망상에 불과한 것이다. 토마스 만은 "내면으로 망명하거나 외부로 망명을 떠난 도이치 사람들이, 유럽을 위해 우리가 마음을 바쳤고, 도덕적으로는 유럽이 우리 편이라고 믿었지만, 사실은 그렇지 않았다는 사실을 정말 느리게 깨닫고, 거의 극단에 이르기까지 깨닫기를 부인했던 일"[12]을 쓰라린 마음으로 표현하였다.

히틀러와 영국

영국측의 수많은 격려는 히틀러의 가장 대담한 기대를 정당화시키기에 알맞은 것이었다. 그는 1923년 초에 마련해두었던 영국과의 동맹이라는 생각을 그대로 확정하였고, 그것은 여전히 그의 외교정책의 중심적인 사상이 되었다. 즉 세계 분배의 이념이었다. 그에 따르면 영국은 해상권력을 장악하고 바다와 해외영역을 지배한다. 독일은 영국과 다투지 않는 지상세력이 되어서 거대한 유럽 대륙을 지배한다는 것이다.

히틀러 정권 초기의 모든 외교적 고려의 중심에는 언제나 영국이 들어 있었다. 해협 저편에서 자신의 행동을 인정해주는 반응을 얻고 있다는 사실이야말로 자신이 올바른 길로 들어섰다는 자신감을 보장해주는 것이었다. 물론 1933년 5월에 로젠베르크가 런던을 방문했을 때 받았던 치명적인 환영, 국제연맹에서 요란하게 탈퇴한 것 등은 이러한 의도에 그다지 이롭지 못했다. 그리고 1934년 7월에 오스트리아의 국가사회주의자들이 감행한 오스트리아 연방수상 엥겔베르트 돌푸스(E. Dollfuß) 살해 사건은, 히틀러가 이 암살 계획에 가담하지 않았다는 사실이 밝혀진 것처럼 보였는데도 그를 상당히 곤란하게 만들었다.

그러나 언제나 그렇듯이 이해관계가 도덕적 분노보다 강력하였다. 히틀러 자신은 암살 가담자들을 파멸시키는 데 조금도 주저하지 않았다. 독일로 도망쳐온 암살자들을 오스트리아 정부에 넘겨주었고, 이어서 국가사회당의 오스트리아 지역감독관 테오 하비히트(Th. Habicht)를 직위해제시키고, 사건에 연루된 도이치 대사 리트 박사(Dr. Rieth)를 베를린으로 소환하였다. 그 자리에는 전직 부수상 역할을 하고 있던 프란츠 폰 파펜을 임명하였다. 그는 카톨릭 보수주의자로서, 마르부르크 연설 이후 다시 시민계층의 근심에 대한 증인으로 자처하고 있었다.

돌푸스 암살 사건에 대한 외국의 반응이 한 목소리였다는 사실이 히틀러에게 너무 서둘러서는 안 된다는 것, 자기 적들을 분열시켜야 한다는 것을 보여주었다. 특히 자신의 목표를 누르고 도덕성에 쉽게 승리를 내주어서는 안 된다는 사실을 보여주었다. 서둘러서 작업에 착수했지만 협동이 잘 이루어지지 않았던 빈의 국가전복 시도가 보여준 것보다 더 많은 냉정함, 참을성, 기율 등이 필요하다는 사실을 알려준 것이다. 나아가서 그는 자신의 위치가 아직은 거대한 도전을 할 만큼 충분히 강하지 않다는 것도 깨달았다. 그래서 도전적인 계기가 다가오기를 기다리거나, 아니면 오랫동안 준비해온 자신의 행동들을 은폐시켜줄 정도로 우선 적들이 무리한 장기 말을 두게 만드는 쪽이 더 낫다는 사실을 깨달았다.

곧 이어 1935년 1월 13일에 이루어진 자르 지역의 국민투표를 통해서 히틀러는 바라던 대로 위신을 세울 수 있었다. 베르사유 조약을 통해서 독일에서 분리된 이 지역에서 압도적 다수가 독일과의 재통합에 표를 던졌다. 약 44만 5천 표가 찬성, 프랑스와의 통합에 대한 찬성표는 약 2천 표, 그리고 현상태대로 국제연맹의 통치를 찬성한 표는 4만 6천 표였다. 이것은 전부터 이미 당연하게 여겨왔던 일이었지만 그래도 히틀러는 어렵지 않게 이런 투표결과를 개인적인 성공으로 이용하였다. 베르사유 부당행위의 하나가 마침내 시정되었다고 그는 사흘 뒤에 미국인 기자 피에르 허스(P. Huss)와의 인터뷰에서 말했다.[13] 몇 주 뒤에 벌써 서방국가들은 그가 이제부터 주로 이용하는 저 역습을 위한 핑곗거리를 만들어주었다.

유럽의 주도적인 국가들이 히틀러에 대해서 가졌던 전략적인 약점은 무엇보다도 그들의 협상욕에 근거를 둔 것이었다. 사방 모든 나라에서 사람들은 이 통제되지 않는 사람을 붙잡아둘, 혹은 그를 협소한 위치로 몰아넣게 될 제안들을 가지고 접근해왔다.

1935년 초에 특히 영국과 프랑스는 공습에 대한 안전협약을 통해서 로카르노 조약을 확대하자는 제안을 해왔고, 나아가 동부와 중부 유럽국가들과 비슷한 조약을 맺기 위한 조건들을 제안하였다. 이러한 제안들을 진지하게 고려할 생각은 않고 히틀러는 자신의 전략적 행동을 위한 기반으로 이들을 환영하였다. 그들은 그가 불안을 퍼뜨리고, 그럴듯한 위장설명을 통해서 편안한 효과를 노리고, 변함없이 추진하는 의도들을 은폐하도록 허락해준 꼴이었다.

영국과의 해군협정

1934년에 벌써 그는 영국과 공군의 군비 협정을 맺기 위한 조치들을 감행했다. 이러한 행동의 배후에 들어 있는 전략적 고려는, 런던을 협상 테이블에 끌어들임으로써 독일에 대해서 군비금지령을 내린 베르사유 조약을 존재하지 않는 것처럼 취급하려는 것이었다. 나아가 이러한 대화 자체와 그것이 퍼뜨리는 친밀한 분위기는 영국과 프랑스 사이에 존재하는 불신감을 키우기에 알맞은 수단이라는 생각도 물론 숨어 있었다.

어쨌든 이 대화가 돌푸스 살해사건에 대한 흥분상태에서 일단 중단된 다음 1934년 말에 히틀러는 새로운 제안을 가지고 영국 정부에 접근하였다. 패배를 겪은 다음 그에게 언제나 특징적인 일이지만 그는 이번에 요구의 수위를 한층 높였다. 그 전까지는 독일이 절반의 공군력을 갖추겠다고 요구했지만 이번에는 슬쩍 지나가는 언급에서 동등권은 '자명한' 일이라고 말했던 것이다. 그러나 그에게 있어서 이 테마는 이미 더 이상 협상 대상이 아니었다. 이번 제안에서 핵심은 오히려 영국과의 해군협정의 제안에 있었다.

사람들은 이러한 제안을 하겠다는 발상을 어느 정도 과장해서 히틀러의 '왕의 발상'이라고 불렀다.[14] 그리고 물론 여기에는 치밀한 외교적 술수가 숨겨져 있는 것이 사실이다. 공군군비 협정 협상은 빈 사건의 결과뿐만 아니라, 영국인들이 이 계약에 관심은 있었지만 이런 이중적인 계약을 할 준비가 되어 있지 않았기 때문에 실패하였다. 그러나 해군협정의 제안은 영국인들의 치명적인 급소를 건드렸다. 이 협상은 일반적인 해군협정을 동시에 다루는 것이기 때문에 처음에 영국인들은 망설였다.

그러나 히틀러의 발상은 모든 장애와 후퇴를 넘어설 힘을 갖춘 것이었다. 최초의 접촉에서 그는 구속력이 없는 접촉이라고 말해서 냉담한 상대방의 긴장을 풀었다. 이러한 담화들은 감상적 동기가 없지도 않은 바다 지배에 대한 영국의 요구를 편드는 것이었다. 그것은 영국이 자신의 기본원칙들을 저버릴 정도로 영국측의 관심을 자극할 충분한 기회를 마련해주었다. 브리타니아가 온 세상의 파도를 지배한다는 상상은 집단 협약이라는 문제 많은 원칙보다는 영국인들이 비할 수 없이 이해하기 쉬운 테마였다. 마지막에 히틀러는 갑작스러운 돌진으로 그들을 기습했고 그들은 당황해서 어느 정도는 어찌할 바 모른 채 거기 응하였다.

최초의 암시들은 히틀러의 특별전권 대사인 리벤트로프(Ribbentrop)가 1934년 11월 중순에 런던에서 총무처 장관 이든과 영국 외무장관 존 사이먼 경을 만났을 때 나왔다. 1935년 초에 접촉이 계속되었다. 1월 25일에 히틀러는 '비공식적으로' 허트우드의 앨런(Allen) 경을, 4일 뒤에는 다시 '비공식적으로' 자유주의 정치가 로디언(Lothian) 경을 맞아들였다. 도이치 수상은 군비협상이 질질 끌기만 하는 것을 탄식하고 양측의 이해가 평행을 이루고 있다는 사실을 강조하였다. 그리고 바다에 대한 대영제국의 지배적 위치는 논쟁의 여지가 없다고 지적하였다. 그런 다음에야 비로소 그는 구체적으로 들어가서 독일과 영국 사이에 해군 비율을 35 대 100으로 확정하는 협약을 맺을 준비가 되어 있다고 말했다. 그 대신 독일은 국민적인 전통에 따라서 강력한 육군을 보유하겠다는 것이다.

히틀러가 로디언 경과의 담화에 이어서 독자적으로 표현한 거대한 개념의 윤곽은 다음과 같았다. 자기가 만약 제국의 수상이 아닌 '역사학도' 자격으로 말해도 된다면 자신은 독일 · 영국 공동의 포고문을 발령하는 것이 가장 확실한 평화의 보장이라고 생각한다고 말했다. 그 포고문은 앞으로 평화를 교란하는 어떤 나라든지 양국에 의해서 보복을 당하고 벌을 받을 것이라는 내용을 담은 것이면 된다고 했다.[15]

5월 7일로 약속된 영국 외무장관의 베를린 방문이 점점 다가오고 있었다. 히틀러의 제안이 만들어낸 이런 토론은 그가 얼마나 정확하게 상대방의 관심과 심리를 파악하고 있었는가 하는 것을 오늘날까지 보여준다. 그것은 마치 본보기처럼 영국이 자국 내에서 마음을 진정시킨 목록을 드러내준다. 그것은 온갖 실망을 넘어서서 다음 몇 년 동안의 정책에 분명한 특성을 마련해준 것이었다.

영국측의 기본적인 전제는 히틀러가 자신의 무장정책을 합법화하고 독일이 마침내 동맹을 맺을 수 있도록 만들기 위해서 조약을 맺으려는 열렬한 소망을 품고 있다는 것이다. 그것은 어떤 경우에도 포기해서는 안 되는 카드다. 이 카드는 군비확장 경쟁을 종결짓고, 독일의 재무장을 통제 가능한 선으로 제한하고, 마지막에는 히틀러를 통제할 기회를 마련해줄 것이다. 영국측의 투자는 그에 비해서 상대적으로 별것이 아니고 근본적으로 어차피 시대에 뒤떨어진 베르사유 조약의 5번 부분을 희생시키는 것에 불과하다. 그것은 독일의 군비축소를 결정하고 있는 부분이었다. 물론 프랑스는 영국 · 독일의 조약을 두려워하겠지만, 영국 해군 전문잡지인 〈해군 리뷰〉지가 표현한 것처럼 "영국은 지속적인 친구가 아니라 지속적인 이해관계"를 가질 뿐이라는 사실을 배우게 될 것이다.[16]

그리고 독일 같은 강대국이 바다 지배권에 대한 영국의 요구를 문제삼지 않고 인정한다면 그것은 영국의 이해에 합당한 일이 될 것이다. 더욱이 히틀러가 그토록 적절한 조건들을 수락하고 있기 때문에 아무 문제가 없다. 프랑스가 중요성을 가졌던 베르사유 시대는 어쨌든 끝났다고 보았다. 그리고 1934년 3월 21일 외무부의 건의서에는 "어차피 장례식을 치를 수밖에 없다면 히틀러가 장의사 수고비를 지불할 기분으로 있을 때 하는 쪽이 낫다."고 적혀 있었다.[17]

이 모든 생각들의 원래의 의미는 1차 세계전쟁에 의해서 만들어지고 베르사유에서 확인된 연대의식이 끊어졌음을 보여주었다는 것이다. 그리고 적의 전선을 분열시키고 그들 각 부분이 서로 대립하게 만드는 히틀러의 새로운 능력을 어느 정도 혼란스런 존경심으로 인정할 수밖에 없다는 점일 것이다. 패전국들에 이어서 차츰 승전국들 사이에서도, 자신들이 15년 전에 자랑스럽게 선포한 세계평화질서가 참을 수 없는 것이라는 느낌이 퍼져 나가도록 만든 그의 능력은 물론 더욱 놀라운 것이다.

공화국 말기 선거전에서 이미 드러났던 그의 천부적 재능, 즉 문제가 많은 상황의 부조리와 부당성을 양식화해내는 그의 재능이 외부를 향해서 처음으로 나타났다. 물론 잠깐 동안 그의 상대방들은 한 번 더 저항하려 했던 것으로 보인다. 그러나 그것은 공허한 저항의 몸짓으로서 너무나 분명하게 자신의 변덕을 감추려 한 것이었을 뿐 히틀러를 속일 수는 없었다. 그러고 나자 그들은 그에게 더욱 방해받지 않는 토대를 넘겨주었다.

자국의 외무장관을 엄호하기 위해서인 듯 영국 정부는 3월 4일에 백서를 발간하였다. 그것은 조약을 위반하면서 대규모로 감행하는 독일의 군비 확장을 비난하고, 공격적인 전쟁의 정신이 점점 더 커지는 불안에 대한 책임이 있다고 지적하고, 증가하는 공군 군비 계획의 이유들을 유추하는 내용이었다. 그러나 히틀러는 움츠러들기는커녕 불쾌해 하면서 갑작스럽게 나타난 '감기'를 핑계로 존 사이먼 경의 방문을 거절하였다. 동시에 역습을 위해서 자칭 자기에게 주어진 부당성을 이용하였다.

3월 9일에 외국 정부들에게, 독일이 그 사이 공군력을 이미 재건하였다고 알렸다. 그러자 프랑스 정부는 출산율이 적었던 몇 해를 위해 군 복무기간을 연장하겠다고 발표하고, 영국 외무장관은 하원에서 침착한 태도로 자신과 이든 장관은 여전히 베를린을 방문할 생각이라고 말했다.

히틀러는 다음 주말인 3월 16일에 한 번 더 도전적인 발걸음을 내디뎠다. 우선 우드로 윌슨 시절 이후로 독일은 이웃나라들에 대해서 언제나 거듭 신뢰를 다하였지만 아무런 소용도 없었고, 그 결과 강력하게 무장한 주변국가들 한가운데서 '아무런 방비도 없이 품위 없고 위험한 상태'에 빠져들게 되었다고 지적하였다. 그러면서 이웃나라들의 조치를 지적하고, 독일에 일반 병역의무를 다시 도입하겠다고 선언하고, 새로운 국방력을 평화시에 36개 사단 55만 병력으로 편성하겠다고 공표하였다.[18]

포고문과 아울러 호화찬란한 군사행사가 이어졌다. 3월 17일 국민 애도의 날을 '영웅 추모일'로 이름을 바꾸고 국립 오페라 극장에서 장중한 의식을 치른 다음 거대한 퍼레이드를 벌였다. 이 퍼레이드에는 새로운 공군 단위부대들도 참석하였다. 히틀러는 유일하게 살아 있는 황제군 시대의 사령관 늙은 폰 마켄젠(v. Mackensen) 장군과 나란히 서서, 고위급 장성들이 뒤를 따르는 가운데 린덴 거리를 따라 내려가서 성(城)의 테라스로 갔다. 그곳에서 군대의 깃발에 십자훈장을 달았다. 그러고 나서 그는 수만 명의 박수갈채를 받으며 퍼레이드를 떠났다. 일반 병역의무의 재도입이 베르사유에 대항한 자의식의 표현으로 독일에서 인기가 있었다. 히틀러는 이전에 비슷한 경우라면 국민투표에 부쳤겠지만 이번에는 감히 그렇게 하지는 못했다.

베르사유의 승전국들이 이 공개적인 계약 위반에 어떻게 반응할 것인가 하는 것이 이 순간에는 훨씬 더 중요한 일이었다. 불안한 몇 시간을 보내고 난 다음 히틀러는 벌써 자신의 대담한 행동이 옳았다는 사실을 알았다. 영국 정부는 격렬한 항의를 했지만 항의서에는 히틀러가 아직도 외무장관을 영접할 마음이 있는가 하는 질문이 들어 있었다. 당시 참석자 한 사람이 말한 대로 그것은 도이치에는 '대단한 센세이션'[19]이었다.

프랑스와 이탈리아는 다시 확고한 반대조치를 취할 준비가 되어 있었다. 그래서 4월 중순에 영국, 프랑스, 이탈리아 세 나라는 라고 마조레(Lago Maggiore) 강변에 있는 스트레사(Stresa)에서 회의를 하였다. 무솔리니는 특히 독일의 계속적인 돌진에 제동을 걸어야 한다고 주장하였다. 그러나 영국측 대표단은 처음부터 제재를 가할 의사가 없다는 것을 분명히 하였다. 그래서 이 회의는 생각의 교환 수준에 머물고 말았다. 현실에 직면하여 아무런 결정도 내리지 못하면 마지막으로 도망치는 것이 회의라고 무솔리니는 이 회담에 대해서 한마디 했다.[20]

사이먼과 이든은 3월 말에 베를린에 왔을 때 자신만만해진 히틀러를 만나게 되었다. 그는 참을성 있는 친절함으로 대화 상대자들의 제안을 경청하였지만 구체적인 확정은 일절 피했으며 볼셰비즘의 위협에 대해 장황한 설명을 한 다음 마침내 독일 민족의 생존공간이 좁은 것을 지적하면서 지구적인 동맹제안을 내놓았다. 그 제1단계가 이미 제안한 해군협정이라는 것이다. 상대방이 우물거리며 영국·독일간의 특별한 관계의 산출을 고려하기를 거부하고 특히 프랑스와의 밀접한 관계를 희생시키기를 거부하자 히틀러는 협상에서 곤란한 처지에 빠져들었다. 한 순간 동맹에 대한 그의 생각 전체, 거대한 착상 전체가 실패한 듯이 보였다. 그러나 그는 끄떡도 하지 않았다.

다음날의 대화가 그에게 새로운 기회를 주자 그는 그것을 이용하여 대담한 협박을 하였다. 존 사이먼 경이 공군의 대등권에 대한 독일측 요구에 대해서 독일 공군력의 현재 병력을 질문하자 히틀러는 잠시 동안 망설이는 듯 생각하고 난 다음에 독일은 이미 영국과 대등한 수준에 도달해 있다고 대답하였다. 참석했던 어떤 사람의 보고에 의하면 이 소식은 충격적인 것이었다.

영국인들의 얼굴은 놀라움과 의심을 나타냈지만 이것은 전환점이었다. 어째서 히틀러가 대화를 그토록 연기했던가 하는 이유가 분명해졌다. 공군력의 확보와 일반 병역의무의 도입이 알려질 때까지 연기해 온 것이다. 단순한 구애만으로 영국을 얻을 수는 없는 일이었다. 오직 압력과 협박의 수단으로써만 자신의 제안에 무게를 실을 수가 있었던 것이다.

히틀러가 이 협상을 마친 직후에 괴링, 리벤트로프, 몇몇 각료들과 더불어 영국 대사관으로 아침식사를 하러 가자 집주인인 에릭 핍스는 대사관 홀에 자기 아이들을 세워놓고 기다리고 있었다. 아이들은 히틀러에게 작은 팔을 들어올려 도이치식 인사를 하면서 수줍게 "하일!" 하는 말을 했다.[21]

독일-영국 해군협정

어쨌든 영국인들은 깊은 인상을 받았다. 4월 17일에 국제연맹 이사회가 독일의 베르사유 조약 파기를 비난하고 이어서 프랑스가 소련과 동맹조약을 맺었을 때 히틀러를 고립시킬 가능성이 한 번 더 있었는데도 영국인들은 베를린에서 약속한 해군협정을 위한 협상일을 그대로 지켰다.

모든 자료가 잘못된 것이 아니라면 히틀러는 이 사실에서 이미 상대방의 결정적인 약점을 알아채고 그것을 이용하기로 마음먹었다. 그래서 그는 특별대사 리벤트로프를 시켜서 6월 4일 영국 외무부에 최종적인 요구사항을 내밀면서 대화를 시작하도록 지시하였다.

최종적인 요구사항이란, 영국은 해군력 비율 35 대 100을 받아들일 것. 이것은 독일측 제안이 아니라 총통의 흔들리지 않는 결심이며, 이 조건을 수용하는 것이 바로 협상 시작의 전제조건이라고 했다. 사이먼은 분노로 얼굴이 벌개져서 독일 사절대표를 타이르고 나서 협상 장소를 떠났다. 그러나 리벤트로프는 자신의 조건을 고집하였다. 그는 뻰뻰스럽고 고집스러우며, 자기가 상대방에게 요구하는 것에 대해서 전혀 감정이 없는 사람이었다.

협상이 시작되자마자 그는 상대방에게 이렇게 요구하였다. 얼마 전에 백서에서, 그 다음 일반 병역의무와 관련된 항의서에서, 그리고 스트레사에서, 그리고 바로 직전 국제연맹 이사회를 통해서 비난하였지만 실은 영국 스스로 조약을 위반한 사실을 인정하라고 요구한 것이다. 이어서 그가 보낸 보고서에 따르면 그는 모든 항의에 대해서 '절대적으로' 대항하였고, '역사적인 도이치 제안'을 거론하였고, 동맹의 기간을 '영원히'라고 말했으며, 그에 따른 비난에 대해서 곤란한 문제들을 처음에 토의하든 마지막에 토의하든 마찬가지라고 응수했다.[22] 그래서 협상 참가자들은 아무런 성과도 없이 헤어졌다.

그럴수록 이틀 뒤에 영국인들이 다시 만나기를 요청해왔을 때 놀라움은 더욱 큰 것이었다. 영국대표는 영국 정부가 도이치 수상의 요구를 앞으로 양국간 해군협정의 토대로 인정하기로 결정하였다는 설명으로 회담을 시작하였다. 히틀러가 영국에서 구하고 있는 특별한 신뢰관계가 이미 시작되기라도 한 듯이, 사이먼은 다만 "정부 상황이 유감스럽게도 독일과 영국처럼 안정되어 있지 못한 프랑스의 처지를 고려하면"[23] 특별히 얼마 동안 시간을 흘려보내야 할 필요가 있다고 신중한 공범자의 태도로 말했다.

며칠 뒤에 이미 아무런 문제도 없어진 조약문안이 타결되자, 상징성의 의미가 없지도 않게 6월 18일을 조약 서명날짜로 잡았다. 2백 년 전 이날 영국과 프로이센은 워털루에서 프랑스를 격퇴시켰던 것이다. 히틀러가 나중에 말한 것처럼 '비스마르크보다 더욱 위대한 성과를 거두고' 위대한 정치가로서 리벤트로프는 독일로 돌아왔다. 히틀러 자신이 이날을 '자기 생애 가장 행복한 날'이라고 불렀다.[24]

그것은 정말 특별한 성공이었다. 그리고 이 성공은 히틀러가 이 순간 바랄 수 있는 모든 것을 그에게 주었다. 영국측의 변명은 언제나 대영제국의 안전의 필요성을 지적하고, 또한 이러한 승낙을 통해서 히틀러를 통제할 기회를 얻으려 한 것이었다라고 주장한다. 그러나 이러한 필요성과 공허한 기대가 과연 뻔뻔스런 조약 파기의 정책을 승인하고, 서방의 연대감을 궁극적으로 파괴하는 시도를 정당화시킬 수 있는가 하는 의문이 여전히 남는다. 그것을 통해서 유럽의 정치적 상황은 흔들리게 되고, 일단 흔들리면 언제 어디서 이 흔들림이 멈추게 될지 아무도 알 수가 없는 상황이었다.

이 해군협정을 '상징적인 의미가 실질적인 내용보다 비할 수 없이 큰, 시대의 사건'이라고 부른 것은 옳은 일이었다.[25] 무엇보다도 특히 이 사건은 히틀러에게 강압적인 수단으로 모든 것을 성취할 수 있다는 생각을 확인시켜주었고, 세계 분할을 위한 거대한 동맹에 대한 그의 희망을 키워주었다.

그는 허풍스럽게 말했다. 이 조약은 "새로운 시대의 시작이었다……. 나는 영국인들이 이 부분에서 우리와 결탁을 맺은 것을 더 큰 협동을 위한 발단으로 생각하리라고 확신한다. 독일 · 영국 결합은 나머지 모든 힘을 합친 것보다 더 강하게 될 것이다."

그의 외람된 역사적 요구가 진지했다는 점을 생각해보면, 히틀러가 9월 초에 뉘른베르크에서 칼 대제의 칼의 모형을 받아들였던 것은 공허한 형식의 몸짓만은 아니었다(칼 대제는 8~9세기 유럽 대륙의 대부분을 점령한 프랑크족의 황제였다. 프랑스 말로는 샤를마뉴 : 역주).

에티오피아 사건

독일 · 영국 해군조약은 더 큰 결과를 초래하였고, 그것은 유럽의 상황을 실제로 급변시켰다. 히틀러가 도이치 수상으로 임명된 2년 반 동안 무솔리니는 이념적인 동질성에도 불구하고 히틀러에 대해서 비판적인 신중함의 정책을 추구하였고 "국가사회주의의 비정상적이고 위협적인 요소에 대해서 서방의 다른 어떤 정치가보다 더욱 예리한 감각을 가졌다."[26]고 말했다.

독일에서 파시스트 원칙이 승리한 것에 대한 개인적인 만족감은 그가 북부의 이웃나라 독일을 보면서 느낀 깊은 불안감을 막지 못하였다. 독일은 무솔리니가 자기 민족에게 수많은 어려움을 겪으면서 힘들여서 불러일으키려고 애쓴 역동성, 생동력, 기율 등을 가졌다. 베네치아 회담은 히틀러에 대한 의심을 오히려 확인해주었다.

그러나 그것은 또한 처음으로 위압 콤플렉스를 일깨웠다. 이 콤플렉스를 그는 자부심으로 찌푸린 얼굴, 제국주의적인 행동들, 혹은 사라져버린 과거를 이용하여 보충해보려고 애썼다. 그것은 그를 점점 더 깊이 히틀러와의 치명적인 동반관계로 몰아넣은 이유이기도 했다. 그는 히틀러를 만난 직후 그의 종족 이념을 염두에 두고 어떤 연설에서 이렇게 말했다. 3천 년의 역사는 이탈리아 사람들에게 "알프스 저편의 어떤 신조든 고귀한 무심함으로 바라보도록 해줍니다. 그것은 위대한 카이사르, 비르길리우스, 아우구스투스의 시대에 아직도 문맹이던 사람들의 후예가 만들어낸 것이니까요."

또 다른 자료에 따르면 그는 히틀러를 '어릿광대'라고 불렀다. 그의 종족이론은 '유대적'이라고 밀고하고, 독일인들이 과연 '종족적으로 순수한 패거리'가 되는 것이 가능할까 하는 비꼬는 의심을 표현하였다. "가장 유리한 가설에 따르더라도…… 6백 년은 걸릴 것이다."[27]

프랑스나 영국과는 달리 그는 히틀러의 외교정책상의 위반들에 대해서 군사적인 시위들로 대응할 각오가 되어 있었다. "도이치 사람들에게 제동을 거는 가장 좋은 방식은 1911년을 불러들이는 것이다." 돌푸스 살해사건이 나자 그는 몇 개의 이탈리아 사단을 북부 국경으로 보냈다. 그리고 오스트리아 정부에 전보를 쳐서, 오스트리아가 나라의 독립을 지키려고 할 경우 온갖 지원을 약속하고, 마지막에는 이탈리아 언론이 히틀러와 도이치 사람들에 대해서 인기 있는 욕설을 하는 것을 허용하였다.

이제 그는 그렇게 수많은 선행에 대한 보상을 기대하였다. 그의 눈길은, 에리트레아(Eritrea)와 소말릴랜드(Somaliland) 식민지의 확장 시도가 비참하게 좌절된 19세기 말 이후로 이탈리아의 제국주의적인 환상을 사로잡고 있는 에티오피아로 향하였다(1896년에 이탈리아는 주권국가였던 에티오피아를 정복하기 위해서 에티오피아 원주민과 전투를 벌였으나 패배하였다 : 역주). 그가 기대하는 바에 따르면 영국과 프랑스는 히틀러에 대한 방어전선에서 여전히 이탈리아를 필요로 할 것이기 때문에 이런 정복행위에 대해서 아무런 방해도 하지 않을 것이다.

일종의 '주인 없는 땅' 가운데 놓인 아디스 아바바는 베를린만큼 중요할 리가 없기 때문이다. 그는 라발(Laval)이 1월에 로마를 방문했을 때 했던 절반 승낙을, 스트레사에서 영국의 침묵이 신중한 동의의 표시였던 것과 같은 것이라고 해석하였다. 그리고 독일 · 영국 해군조약이 서방에서, 특히 프랑스에게 이탈리아의 가치를 더욱 높였으리라고 생각하였다.

제멋대로 일어난 국경의 사건들과 오아시스 분쟁 등을 그는 그 특유의 시대착오적인 식민지 전쟁의 분위기로 유인하였다. 프랑스는 동맹체제의 또 다른 기둥이 깨질까 하는 근심에서 그에게 수동적인 지원을 약속하였다. 그는 저 카이사르식 태도로 이용 가능한 온갖 중개수단을 이용하였다. 놀랍게도 그 계획을 망친 것은 영국이었다.

영국은 4월에 히틀러의 불안 야기 행동에 대해서는 제재를 거부하더니 9월에는 무솔리니에 대한 제재를 요구하였다. 그리고 확고한 결단력을 보여주기 위해서 지중해 해군을 강화시켰다. 그러나 프랑스는 방금 히틀러와 합작해서 전혀 믿을 수 없는 동지라는 사실을 입증한 영국을 위해서 이탈리아와의 좋은 화합관계를 위태롭게 할 수 없다고 여기고 이에 항의하였다. 그리고 이것은 다시 영국에 불쾌하게 작용하였다.

한편 이탈리아에서는 대단한 분노가 일어나서 대영제국에 대항하여 선제공격을 취하자는(조소적으로 '광기 작전'이라고 불렀다) 말까지 나왔다. 요약하자면 모든 이해관계와 오랫동안 계속된 신뢰는 이제 산산조각이 나고 만 것이다. 프랑스에서는 무솔리니의 영향력 있는 지지자들, 특히 수많은 지식인들이 이탈리아의 확장정책을 지지하는 입장을 취했다.

프랑스 우파의 대변자인 샤를 모라는 이탈리아에 대한 제재조치를 요구하는 모든 국회의원들에게 공공연히 죽이겠다고 협박하고, 패배주의적인 아이러니는 "에티오피아 국왕폐하를 위해서 죽을래?(Mourir pour le Négus?)"라고 질문하곤 하였다. 머잖아 이 질문은 단치히에도 적용될 것이었다.[28)]

특히 히틀러를 염두에 둔 영국의 태도는, 영국 정부가 무솔리니의 침략행위에 극히 단호하게 대처하고 그러는 과정에서 전쟁의 위험까지도 각오할 경우에만 정당화될 수 있는 것이었다. 그러나 영국의 결심이 그렇게까지 대단한 것은 아니었고 오히려 불행을 촉진시켰을 뿐이다. 무솔리니는 어쨌든 발표된 위협을 통해서 이탈리아의 자부심과 명예심이 도전을 받았다고 느꼈고 그래서 적대감을 터뜨릴 수 있게 되었다.

1935년 10월 2일에 그는 2천만 명 이상의 사람들이 이탈리아 전국의 거리와 광장에 모여들어 귀를 기울이는 가운데 에티오피아에 전쟁을 선포하였다. "우리 조국의 역사에서 위대한 시간이 시작되었습니다…… 4천만 이탈리아 사람들은 힘을 모은 공동체가 되어서 하늘 아래 자기 자리를 뺏기지 않을 것입니다!"

영국이 장악하고 있던 수에즈 운하를 폐쇄하거나, 석유수출을 중지하는 것만으로 이미 중무장한 이탈리아의 원정군을 순식간에 마비시키고, 40년 전에 같은 땅에서 에티오피아의 메넬리크(Menelik) 황제에게 굴복한 것과 똑같은 패배를 안길 수 있었을 것이다. 무솔리니는 뒷날, 그랬더라면 자신에게는 '생각할 수도 없는 파국'이 되었을 것이라고 확인하였다.[29)]

그러나 영국과 프랑스는 그것을 꺼려했고 다른 국민도 마찬가지였다. 다만 몇 가지 어설픈 조치들만 취했을 뿐인데 그런 조치들이 아무런 성과도 없었기에 그것은 민주주의와 국제연맹측에 겨우 남아 있던 얼마간의 체면만 망가뜨렸을 뿐이었다. 이렇게 조심한 동기는 아주 여러 가지였다. 예컨대 체코슬로바키아의 수상 베네시(Benesch)는 경제 제재조치를 특별히 역설했던 인물이었지만 자국의 이탈리아 수출만은 예외로 여겼다.

유럽의 내적인 모순과 대립은 무솔리니에게 거의 무제한의 자유를 허용하였다. 현대화된 이탈리아 군대는 비인간적인 전쟁의 새로운 양식을 확립하는 전례 없는 잔인성으로, 심지어는 독가스까지 사용하면서 전투하였고, 아무런 준비도 없는 거의 무방비 상태의 적을 절멸시켰다. 유명한 장교들 중에는 무솔리니의 두 아들 브루노(Bruno)와 비토리오(Vittorio)도 끼여 있었다. 장교들은 천박한 오만으로 우쭐대면서 전투기를 멋대로 몰아서 도망가는 수백 수천 명에 이르는 사람들을 향해 소이탄과 폭탄을 퍼부어댔다.[30]

1936년 5월 9일에 이탈리아 독재자는 베네치아 광장의 발코니에서 열광하며 모여든 사람들에게 '50개 민족에 대한 승리'를 자랑할 수가 있었다. 그는 '운명적인 로마의 언덕들 위에 제국이 되돌아온 것"을 선포하였다.

히틀러는 에티오피아 분쟁에서 처음에는 냉정하게 중립을 지켰다. 무솔리니를 미워할 충분한 이유가 있었기 때문만은 아니었다. 오히려 그의 에티오피아 모험이 자신의 외교정책의 기본개념을 혼란시켰다. 영국 및 이탈리아와의 동반관계라는 생각은 그러한 외교정책을 기초로 삼은 것이었다. 이제 새로 시작된 영국 · 이탈리아간의 대립은 가장 중요한 미래의 두 동지들을 대립시켰고 히틀러는 예측하지 못한 양자택일 앞에 놓이게 되었다.[31]

그는 오랫동안 망설인 끝에 놀랍게도 이탈리아 편을 들었다. 몇 달 전만 해도 독일 · 영국 조약을 새로운 시대의 시작이라고 환영했건만 이제 이탈리아에 원료, 특히 석탄을 공급하였다. 그가 그런 행동을 한 것은 물론 이데올로기적인 감상은 아니었다. 그리고 경제적 동기도 결정적인 것은 아니었다. 물론 그런 생각들에 의해서 어느 정도 영향을 받았을 수는 있지만 말이다. 그보다 더욱 확실한 동기는 그가 이런 갈등에서 이미 얼어붙은 유럽의 상황을 파헤칠 기회를 보았기 때문이다.

이러한 위기 부채질하기의 논리는 언제나 대립이 있을 때 강자에 대항하여 약자 편을 든다는 것이다. 그래서 히틀러는 1935년 여름만 해도 에티오피아 황제에게 두 번에 걸쳐서 극비리에 약 4백만 마르크에 상당하는 전쟁물자를 전달하였다. 그중에는 30개의 대전차포가 들어 있었고, 이 대포는 물론 이탈리아 부대를 겨냥할 것이었다. 그러더니 이번에 그는 서방의 세력에 맞서서 무솔리니를 후원하였다.[32)]

이런 결정은 1937년 4월의 비밀연설에서 밝혀졌듯이 그가 영국의 참여를 진지한 것으로 여기지 않았기에 더욱 쉬운 것이었다. 영국이 추구하는 원칙들, 소수민족의 통합, 평화의 보호, 자기결정권 등이 그에게는 아무런 의미도 없는 것이었다. 그는 이탈리아의 제국주의적인 전략에서 오히려 정치의 법칙과 논리가 작동하는 것을 보았다.

그것은 그가 1939년 8월과 9월에 범한 것과 같은 무거운 오류였다. 맹목적인 권력이해만을 계산하는 경우와는 달리 합리적인 측면에서의 무능력과 관계된 오류였다. 그는 성급한 성공의 감정에 취해서, 이제 막 맺은 영국과의 동맹에 부담을 주어도 될 만큼 안전하다고 느꼈던 것이다. 이런 행동을 통해서 지금까지는 여러 모로 노력하였음에도 거의 적대적으로 자신을 거부하던 무솔리니를 또 다른 동맹자로 얻기만 한다면 말이다.

라인란트 점령

그러나 히틀러는 남부에서의 고립을 없애기 위해서만 에티오피아 전쟁을 이용한 것은 아니었다. 오히려 그는 분명하게 드러난 서유럽 나라들의 우유부단과 국제연맹의 마비상태를 이용하여 또 하나의 외교정책상의 기습적 반란을 일으켰다. 1936년 3월 7일에 도이치 군대는 로카르노 조약 체결 이후 비무장 지역으로 남아 있던 라인란트를 점령하였다. 사건의 논리상 그것은 필연적인 다음 단계였다.

그러나 이것은 히틀러에게도 갑작스러운 일이었던 듯하다. 자료에 따르면 그는 2월 중순에 처음으로, 원래는 1937년 초로 예정되어 있던 이 작전을 혼란스런 국제 정세를 틈타 앞당기는 것이 바람직하지 않을까 하는 생각을 하였다.[33] 그리고 벌써 며칠 뒤에는 그렇게 하기로 결심을 하였다. 무솔리니가 두 번이나 연이어서 스트레사의 정신은 죽었고, 이탈리아는 독일에 대한 제재조치에 가담하지 않을 것이라는 사실을 알려왔기 때문이다. 물론 히틀러는 이번에도 푸대접받은 사람의 거대한 단역을 맡아서 세계 앞에 나서서 자기에게 행해진 모욕을 고발할 계기가 주어지기를 기다렸다.

이번에는 프랑스 · 소련 군사협조 조약이 그에게 핑곗거리를 마련해주었다. 그것은 이미 오래 전부터 협상이 이루어졌지만 비준되지 않았던 것이었다. 그럴수록 히틀러의 역습을 위한 출발점으로서 더욱 적합한 것이었다. 그것은 프랑스 국내의 지속적인 논쟁의 대상이 되어 있었고, 프랑스를 넘어서 특히 영국에서 상당한 걱정을 불러일으켰기 때문이다.

자신의 의도를 감추기 위해서 히틀러는 2월 21일 베르트랑 드 주베넬(B. d. Jouvenel)과 인터뷰를 하면서 독일과 프랑스의 접촉이 자신이 바라는 것이라고 표현하였다. 특별히 자신의 책 《나의 투쟁》의 날카로운 반프랑스적 정서와 거리를 두었다. 그 책을 쓸 당시에는 프랑스와 독일이 서로 적이었다, 그러나 그 사이 갈등 이유들이 다 없어졌다고 그는 설명하였다. 그렇다면 어째서 일종의 정치적 성서로 간주되는 이 책이 변함없는 형태로 판을 거듭하는가 하고 주베넬이 질문하자 히틀러는 자신은 자기 작품을 계속 고치는 작가가 아니라 정치가라고 말하면서 이렇게 답변하였다. "나는 프랑스와의 관계를 대립이 아니라 상호이해로 고친 교정본을 직접 외교정책을 통해서 보여주려는 것입니다……. 나의 수정본은 역사라는 커다란 책 속에 씌어지는 것이지요!"[34]

그러나 이 인터뷰 기사가 일주일 뒤, 특별히 프랑스 · 소련 동맹조약의 하원 비준 다음날에 〈파리 미디〉지에 실리자 히틀러는 속은 기분이 되었다. 3월 2일에 자신을 방문한 프랑스 대사 프랑수아 퐁세를 흥분상태로 맞아들였고, 자기를 바보로 만들고 인터뷰 기사가 제때에 나가는 것을 정치권에서 음모로 방해하였다고 화가 나서 단언하였다. 새로운 제안을 기대한다는 자신의 설명을 완전히 낡아빠진 것으로 만들어버렸다고 했다.

같은 3월 2일에 폰 블롬베르크 국방장관에게 라인란트 점령을 위한 준비를 하라는 지시가 내려졌다. 히틀러는 이러한 기도의 위험성을 알고 있었다. 1936년 3월 7일 아침에 독일 군대는 주민들의 박수갈채와 꽃다발로 뒤덮여서 라인 강을 건너갔다. 그는 이 48시간이 자기 생애의 '가장 흥분된 순간'이라고 표현하고 앞으로 10년 동안에 비슷한 부담을 떠맡을 생각이 없다고 말하기도 하였다. 왜냐하면 병력의 재건은 이제 방금 시작된 참이었는데, 위기가 닥칠 경우 한줌의 사단병력으로 프랑스의 거의 2백 개 사단과 동유럽의 프랑스 동맹국들에 마주서야 할 상황이었기 때문이다. 동유럽 국가들 뒤에는 다시 소련이 끼여들 수도 있는 상황이었다.

참가자 중 한 사람이 뒷날 주장한 바에 따르면 히틀러 자신은 신경발작을 일으키지 않았지만 다혈질의 국방장관이 신경이 마비되었다고 한다. 그는 작전 개시 직후에 흥분상태에서 프랑스의 개입을 예상하고 군대를 뒤로 돌리자고 제안하였다. 히틀러는 이렇게 고백하였다. "프랑스 사람들이 당시 라인란트로 들어왔다면 우리는 욕을 퍼붓고 수치스러운 꼴로 철수해야만 했을 것이다. 우리가 이용할 수 있는 병력이 적절하게 저항할 수가 없는 수준이었기 때문이다."[35]

히틀러는 위기 속으로 들어가는 것을 망설이지 않았다. 그러한 각오는 의심의 여지없이 프랑스에 대한 점점 더 경멸적인 의견과 관계된 것이었다. 그는 진정한 방식으로 이 작전에 안전장치를 하였다. 그는 작전날짜를 토요일로 잡았다. 서유럽 국가의 결정권을 가진 위원회들이 주말에는 결정능력이 없다는 사실을 알고 있었기 때문이다. 그리고 그는 이번에 베르사유 조약과 로카르노 조약의 두 가지를 다 위반하는 작전을 펼치면서 앞으로는 행실을 바르게 하겠다는 맹세와, 동맹제안들을 함께 내놓았다. 그중에는 프랑스와의 25년 동안 불가침 조약의 제안, 독일의 국제연맹 복귀 등도 들어 있었다. 그리고 이 조치를 투표에 부침으로써 민주적으로 합법화하였다. 이번에 처음으로 99퍼센트라는 '꿈의 수치(數値)'[36]에 도달하였다. "밖으로나 안으로 그것은 엄청난 효과가 있었다."고 그는 나중에 인정하였다.

이러한 기습적인 점령을 벌이면서 그가 얼마나 의도적으로 안전을 위한 연설을 하였는가 하는 것은 '원탁 대화'에서 했던 어떤 언급에 나타나고 있다. 그는 교황청에 대한 무솔리니의 굴복을 이렇게 비판하였다. "나 같으면 바티칸으로 행진해 들어가서 교황청을 쫓아낼 것이다. 그런 다음 이렇게 말할 것이다. '용서하십시오, 나는 잘못 생각했습니다!' 하지만 그들은 이미 떠났을 게 아닌가!" 자신의 전략을 그토록 결정적으로 확정한 이 국면을 가리켜서 그는 정당하게 '기정사실(faits accomplis)의 시대'라고 불렀다.[37]

히틀러가 이 작전을 떠받쳤던 의회연설은 선동의 대가다운 방식으로 독일과 유럽의 모순들, 공포, 평화의 열망 등을 이용하였다. 말도 풍성하게 그는 '공산주의의 국제적 증오독재의 공포', 프랑스가 유럽으로 불러들인 끔찍한 동방 위험 등을 들먹였다. 그리고 "일반적인 유럽 민족 및 국가간의 대립이라는 문제를 비이성적이고 정열적인 요소의 영역에서 벗어나게 만들어 더 높은 깨달음의 고요한 빛 아래 놓자."고 역설하였다.

개별적인 항목으로 들어가서 독일의 법 이해에 따르면 프랑스·소련 조약은 로카로노 조약의 파기로 여겨진다고 말함으로써 자신이 내린 조치의 근거로 삼았다. 이 조약은 결국 독일을 겨냥한 것이기 때문이라는 것이다. 프랑스 사람들은 이에 반발하였지만 히틀러의 생각이 근거가 없는 것은 아니었다.[38] 비록 안전을 걱정하는 프랑스가 이 조약을 맺도록 만든 것은 다름아닌 그의 엄숙한 수정주의 정책의 탓이었긴 하지만 말이다.

어쨌든 그의 이유와 맹세들은 효과가 있었다. 오늘날 우리가 아는 것처럼 파리 정부는 한 순간 군사적 반격을 고려해보았지만, 당시의 평화주의적인 분위기에 비추어 일반적인 동원령을 내리는 것을 꺼렸다. 영국은 다시 프랑스의 흥분을 이해하기가 쉽지 않았다. 영국의 판단에 따르면 독일은 '자기 자신의 정원으로' 돌아온 것뿐이기 때문이다. 이든은 수상인 볼드윈(Baldwin)에게, 군사령부간의 접촉을 통해서 프랑스의 근심에 대해 공감을 표시하자고 제안했다가 이런 대답을 들었다. "그런데 젊은이들이 그럴 마음이 없단 말씀이야."[39]

프랑스의 동맹국들 중에는 오직 폴란드만이 개입할 각오를 보였다. 그러나 프랑스 정부의 수동적인 태도에 풀이 죽은 채 마지막에는 상당히 곤란한 처지에 빠지고 말았다. 사태에 개입할 각오가 베를린에도 알려져서 그 사실에 대해서 수상쩍지 않은 이유를 찾아내야 했기 때문이다.

그래서 모든 것은 그 이전의 위기들의 모범에 따라서 지나갔다. 히틀러의 번개 같은 작전에 이어서 시끄러운 항의와 위협, 회의들, 그리고 여러 협상들(독일을 포함한 혹은 제외한)이 뒤따라 나왔다. 모든 에너지가 없어질 때까지 그렇게 계속되었다. 국제연맹 이사회는 흥분해서 런던에 임시회의를 소집하였고 한 목소리로 독일이 조약을 위반하였다고 선언하였다. 그러나 히틀러가 거듭 천명한 '협조의 의지'를 고맙게 찬양하는 것을 게을리하지 않았다. 마치 원래 이런 투표가 조약 위반국과의 협상을 자극하기 위한 변덕스런 기분에서 나오기라도 한 것 같았다.

이사회가 라인란트에 20킬로미터 넓이의 중립지대를 만들 것을 명령하고 독일에 이 지역 안의 방어시설을 포기하기를 요구하자 히틀러는 곧장 이런 명령에 굴복할 수는 없다, 독일의 품위는 회복되자마자 곧장 다시 제한되고 제거되기 위한 것이 아니라고 선언하였다. 이것으로 강대국들이 승리의 목소리로 명령을 내리는 일은 마지막이 되고 말았다. 어차피 승리는 이미 오래 전에 사라져버린 참이었다. 어쨌든 기죽지 않은 환대정책의 대변자로서 히틀러의 태도에서 '새로운 건설을 위한 기회'를 보았던 〈런던 타임스〉도 바로 그런 생각을 드러낸 것이었다.

이 모든 반응들은 서유럽 강국들이 베르사유 조약과 그 이후에 만들어진 평화질서를 옹호할 만한 능력이 없거나 아니면 의지가 없다고 고백한 것에 지나지 않았다. 이미 일년 전에 일반 병역의무를 도입한 것에 대해서 미지근한 반응을 보이고 난 다음 프랑수아 퐁세는 근심에 차서, 히틀러는 이제 "자기에게 모든 것이 허용되어 있다, 유럽에 법칙을 부여할 수도 있다고 확신하고 있을 것"이라고 적었다.[40)]

자기 민족의 환호성과 상대방의 허약함과 이기주의에 용기를 얻어서 그는 점점 더 대담해졌다. 되찾은 라인란트를 통과하는 승리의 드라이브에서 돌아오는 길에 쾰른 대성당 앞에서 종소리와 함께 시작된 연설을 끝내고, 네덜란드의 감사기도와 마지막 15분 동안 방송 없는 시간을 보내면서, 그는 친근한 주위사람들에게 상대방의 우유부단함에 대해서 한 번 더 안도하는 모습을 보였다. "난 기뻐요! 맙소사! 이렇게 잘 진행된 것이 정말 기쁩니다. 세상은 용기 있는 사람의 것이오. 신이 그를 돕는 것이지."

밤에 루르 지방을 통과하는 길에 이글거리는 용광로, 운반탑과 석탄 더미들을 지나칠 때에 음악에 대한 소원을 일깨우는, 저 떠오르는 듯한 자기 압도의 기분이 그를 사로잡았다. 그는 리하르트 바그너의 음반을 걸어달라고 부탁하였다. 그리고 〈파르시팔 전주곡〉에 맞추어 명상에 잠겼다. "파르시팔에서 나는 나의 종교를 만들어낸다. 장엄한 형식의 예배…… 굴종의 연극이 없이…… 오직 영웅의 의상을 입고서만 신을 예배할 수 있는 것이므로."

그의 기록은, 거의 끝없는 성공에 버릇이 없어지고, 환호에 마비된 것 같은 그런 순간에도 원한에 가득 찼던 초기 시절과 얼마나 비슷한가, 그리고 그가 행복의 순간에도 침착함과 관대함에 얼마나 마음을 열지 못했던가 하는 것을 증언해준다.

'신들의 황혼'에서 장례행진곡이 연주된 다음 그는 이렇게 적었다. "나는 이 곡을 빈에서 처음으로 들었다. 빈 오페라에서. 집에 돌아가는 길에 내 곁을 지나쳐 간 몇몇 카프탄 입은 유대인들에 대해 얼마나 미칠 듯이 분노했던가를 마치 오늘 일처럼 기억한다. 이보다 더 안 어울리는 대립을 생각해낼 수는 없으리라. 죽어가는 영웅의 장엄한 신비와 똥 같은 유대인 말이다!"[41]

라인란트 점령은 처음에 유럽 열강의 실질적인 힘의 상황을 거의 변화시키지 않았다. 그러나 이 사건은 히틀러에게 서쪽을 향해서 홀가분한 심정을 갖도록 해주었다. 그런 심정을 그는 이제 좀더 가까워진, 동남과 동부 유럽에서의 목적 실현을 위해 무조건적으로 필요로 하였다. 그래서 이 작전에 대한 흥분이 사그러들자마자 그는 독일 서부전선을 따라서 강력한 방어선을 건설하기 시작하였다. 독일의 얼굴을 동쪽으로 돌린 채 말이다.

에스파냐 내전

공산주의 위협에 대한 의식이 커진 것도 동쪽으로 향하기 위한 심리적인 준비과정에 속하는 것이었다. 히틀러가 역사적 진행과정의 목록을 알고 있기라도 한 것처럼, 상황은 다시 그를 향해 친절하게 다가왔다. 전년도 여름에 공산주의 인터내셔널에 의해서 결성된 새로운 인민전선은 1936년 2월에 에스파냐에서, 그리고 곧 이어 프랑스에서도 상당한 성공을 거두었다. 프랑스 좌파 연합의 선거전 승리는 특히 공산주의자들에게 이로운 것이었다. 그들은 열 개의 의석밖에 없었는데 이제 72개로 의석수를 높였다. 1936년 6월 4일에 레옹 블룸(L. Blum)은 인민전선 정부를 세웠다. 6주 뒤인 7월 17일 모로코에서 군사폭동이 일어나면서 에스파냐 내전이 시작되었다.

에스파냐 인민전선은 프랑스 인민전선과 소련에 도움을 청했고, 반란군 지휘자인 프랑코(Franco) 장군은 독일과 이탈리아에 비슷한 도움을 요청하였다. 에스파냐 장교 한 사람과 더불어 두 명의 국가사회당 간부가 모로코의 테투안을 출발해서 히틀러와 괴링에게 프랑코의 개인 편지를 전달하기 위해 베를린으로 향했다. 외무부와 국방부는 이들 사절단을 공식적으로 맞아들이기를 거부하였다. 그러나 루돌프 헤스는 그들을 히틀러에게 안내하기로 결정하였다. 히틀러는 바이로이트의 연례축제에 참석하고 있었다.

7월 25일 저녁에 세 명의 사절은 축제언덕에서 집으로 돌아오는 히틀러에게 편지들을 전달하였다. 그리고 그는 순간의 상쾌한 기분에서 담당장관들과는 상의도 해보지 않고 프랑코를 적극적으로 지원하겠다는 결정을 내렸다. 공군 통수권자인 괴링과 폰 블롬베르크 국방장관은 지체없이 이 지시를 받았다. 처음에 가장 중요한, 그리고 어쩌면 결정적인 조치는 지체없이 몇 개의 유(Ju) 52편대를 파견하는 일이었다. 이 편대의 도움을 받아서 프랑코는 부대를 바다 건너편으로 수송하고 에스파냐 본토에 교두보를 구축할 수 있었다. 다음 3년 동안 그는 전쟁물자, 기술자, 고문, 그리고 특히 유명한 '콘도르 군단' 등을 지원받았다. 그러나 독일의 원조는 내전 상황에 본질적으로 영향을 주지 않았다. 어쨌든 무솔리니가 보내준 지원에는 훨씬 못미치는 것이었다.

이 사건의 서류를 조사해서[42] 밝혀진 가장 특기할 만한 사정은 히틀러가 여기서 다시 무엇보다도 전략적으로 행동하고 완전히 이념과 무관한 합리적인 냉정함을 보이고 있다는 사실이다. 여러 해 동안이나 그는 프랑코의 승리를 위해서는 거의 아무 일도 하지 않고, 갈등이 계속되도록 만들기 위해서는 무슨 일이든 다했다. 그가 알고 있는 한 언제나 위기가 그의 기회였기 때문이다. 위기 상황이 요구하는, 실질적인 이해에 대한 공시선서, 불경기, 깨어짐, 새로운 방향 등이 정치적 상상력에 실마리를 주었다. 히틀러가 에스파냐 내전에서 이끌어낼 수 있었고, 영리하게 조종하면서 실제로 이끌어냈던 이익은 바로 내전의 소란스러움이었다. 이 소란스러움을 그는 견고한 유럽의 상황으로 끌어들였다.

이 본질적인 이점에 견주어보면 나머지 모든 것은 별것이 아니었다. 독일 공군과 전차부대를 위한 실전연습의 기회가 아무리 컸다고 하더라도 그렇다. 물론 모든 경쟁적인 정치 체제에 대하여 군사적 우세가 처음으로 확인된 것은 연습기회보다는 중요한 일이었다. 알메이라(Almeira) 항구의 사격이나 게르니카(Guernica)에 대한 폭탄공격에 대해서 문명세계 전체를 가득 채운 분노의 외침 속에는 비인간적인 결단력에 대한 도착된 존경심도 섞여 있었다. 공산주의 위협은 그런 비인간적인 결단력의 측면에서 도전을 받았고 오히려 패배하였던 것이다. 테러가 대중을 매혹한다는, 맥주홀 싸움의 경험이 확장된 차원에서 확인된 것이었다.

곧 이어서 전쟁이 상황을 어떤 방향으로 몰아갈지 드러났다. 여기서도 전쟁은 오래 전부터 잘 알려진 노선을 그렸다. 에스파냐 싸움터에서 반파시즘이 신화를 창조했다는 말은 옳았다.[43] 수많은 도당과 분파로 갈라졌고 내부의 불화로 약해진 좌파는 최후의 싸움을 위해서인 듯 에스파냐의 외인부대로 몰려들었다. 그러면서 옛날 신화의 힘을 계속해서 만들어냈다. 좌파가 힘과 위협이 된다는 주장은 진실로 전설 이상이었던 적이 없었다. 좌파는 전설로서 가장 성공적인 기능을 해냈다. 즉 상대진영을 결합시키고 동원한 것이다.

좌파가 그 모든 패배에도 불구하고 에스파냐에 개입함으로써 성취했던 효과는 바로 이것이었다. 즉 오랫동안 둘로 갈라져 있던 파시스트 진영이 망설이면서 접근해 마침내 힘을 합치도록 만든 것이다. 1936년 11월 11일에 무솔리니가 제안한 '베를린-로마 축'을 만들어낸 것이다. 그것은 새로운 승리의 질서요소라고 자처하였다. 이 축을 중심으로 망가진 민주주의와 좌파의 비인간적인 테러 체제가 빠른 소용돌이를 그리며 돌았다. 이제 이 시간 이후로 강력하게 빛나는 힘의 중심을 가진 국제적 파시즘이 존재하게 된 것이다. 그와 더불어 처음으로 2차 세계대전의 권력상황이 윤곽을 드러냈다.

외부로부터의 모든 자극에도 불구하고 이러한 동맹관계는 아무런 방해도 받지 않고 후퇴하지도 않고 이루어졌다. 이탈리아측에서 그랬듯이 독일에서도 이탈리아와의 밀접한 관계에 대해서 상당한 저항감이 있었다. 친구로나 적으로나 믿을 수 없는 이 나라와는 어떤 정책도 추진할 수 없다는 비스마르크의 말은 1차 대전에서도 상당한 등급의 진실성을 확보하였다.

여론에 대해서도 이탈리아와의 동맹은 폴란드와의 동맹만큼이나 설득력이 없었다. 1934년 12월에 로마에 있는 독일 대사 울리히 폰 하셀(U. v. Hassell)에게 무솔리니는 독일에서는 이탈리아를 향한 전쟁만큼 인기가 있는 전쟁은 없을 거라고 생각한다고 말했지만 그 정도까지는 아니었다. 그러나 적어도 파시스트 이탈리아는 모든 이익추구를 포기하였으며 과거의 욕설이 주장하듯이 '민주주의의 창녀'는 아니라는 외무장관 치아노의 말을 믿을 분위기도 물론 아니었다.[44]

히틀러와 무솔리니

그런데도 이렇듯 밀접하게 결속시킨 것은 무엇보다도 히틀러와 무솔리니가 베네치아에서 처음 만나 실패한 다음에도 상호간에 커진 개인적인 호감이었다. 개별적으로는 차이점들이 많았다. 무솔리니의 외향적인 활동성, 건전한 합리성, 자유스런 태도, 너그러운 삶의 애착 등은 히틀러의 엄격한 경직성과는 극단적인 대비를 이루었다. 그러나 두 사람은 대단히 비슷하였다. 권력의지, 위대함을 향한 갈증, 민감성, 허풍스런 조소, 연극적 기질이란 측면에서 아주 비슷했다. 무솔리니는 나이가 위여서 보호자인 듯 굴면서 독일에 대해서 더 오래된 파시스트의 연조를 자랑하곤 하였다. 어쨌든 상당수의 지도적인 국가사회당 고위 당직자들이 마키아벨리를 읽기 시작하였다. 갈색집에 있는 히틀러의 집무실에는 이탈리아 독재자의 무거운 청동상이 세워져 있었다. 1936년 10월에 이탈리아의 외무장관이 베르히테스가덴을 방문했을 때 히틀러는 아주 특별한 존경의 몸짓으로 그를 '전세계의 지도적인 정치가'라고 불렀다. '누구도 그 근처에는 미치지 못한다'는 것이다.[45)]

무솔리니는 처음에 히틀러의 공개적인 구애를 회의적인 신중함으로 대했다. '게르만주의'에 대한 뿌리깊은 두려움에서만 그렇게 신중했던 것이 아니다. 오히려 자기 나라의 이익이 반대의 방향을 향하고 있기 때문이었다. 동 아프리카 식민지에 대해서 국가사회주의 독일의 도움을 적잖이 받았던 것이 사실이다. 그러나 독일은 제국의 안전에는 아무런 기여도 하지 않았다. 모든 것은 오히려 서유럽에 대한 올바른 처신이라는 정책을 통해서 새로운 관계를 만들어낼 수 있느냐에 달려 있었다.

어쨌든 한 가지는 정치적인 고려였다. 갑자기 유럽에서 강력하게 성장하는 히틀러 현상을 보고 무솔리니는 정치뿐 아니라 역사를 만들어내려고 하였다. 즉 위대함을 향한 출발을 같이 하고, 역동성을 펼치고, 믿음을 일깨우고, 오래된 '전쟁을 향한 향수'[46)]를 충족시키고 운명적인 감동의 표현이 무엇이 되었든 역사에 동참하고자 하였다. 독일 독재자의 특이하게 어두운 모습이 그에게 얼마나 이상하게 보였던가. 계산적인 이성에 반하여 국제연맹을 탈퇴하고, 일반 병역제도를 발표하고, 세계에 대하여 언제나 저항하고, 정체된 유럽의 상황에 변화를 가져왔을 때, 이 모든 대담성이 무솔리니를 괴롭히고 존경심을 불러일으켰다. 베네치아에서 보았던 저 서투른 몸짓이 세계를 향해 펼친 진짜 빛나는 '파시스트' 정책이라고 여겼다. 자신의 명성을 잃을까 두려워하면서 그는 접근을 고려하기 시작하였다.

히틀러는 가장 어려운 장애물을 전략적인 조작으로 제거하였다. 친구들 사이에서는 나중에 모든 것을 다시 조정할 수 있으리라는 신념에서 그는 오스트리아 문제에서 일단 굴복하였다. 1936년에 빈과 협정을 체결하였다. 이 협정에서 그는 특히 오스트리아의 주권을 인정하고, 비개입 정책을 찬양하고, 그에 대한 대가로 '행동 바른' 국가사회주의자들이 정치적 책임을 맡는 것을 더 이상 방해하지 않겠다는 인정을 받아냈다.

이해할 수 있는 일이지만 무솔리니는 이 조약을 상당히 개인적인 성공이라고 평가하였다. 어쨌든 바로 이 순간에 상황이 혼란스러운 방법으로 유리하게 돌아가지 않았더라면 그는 아마도 독일과의 밀접한 관계를 맺는 일을 여전히 꺼렸을 것이다.

7월에 국제연맹의 회원국들은 이탈리아에 대해서 효과도 없는 제재결정을 철회하고 그로써 결국 자기들의 실패를 인정한 꼴이 되어서 에티오피아를 그 정복자에게 넘겨주었다. 동시에 무솔리니는 에스파냐에서 자신감을 강화할 수 있었다. 그의 참여는 히틀러의 참여보다 훨씬 큰 것이었고, 그곳에서는 파시스트 세계의 지도적인 힘으로 여겨지게 되었기 때문이다.

한스 프랑크가 9월에 그를 방문해서 지중해 지역에서 이탈리아의 주도적 입장을 인정하면서, 초대를 제안했을 때도 무솔리니는 여전히 머뭇거렸다. 아직 밀접한 협조 제안이 나오기도 전이었다. 그러나 그가 보인 행동은 위대한 사람의 대가다운 퉁명스러움이었다. 한 달 뒤에는 자신의 사위이며 외무장관인 치아노 백작을 보내 독일을 정찰하도록 만들었다. 곧 이어서 툴리오 치아네티(T. Cianetti), 레나토 리치(R. Ricci), 그밖에 수많은 전위대들을 독일로 보냈다. 그런 다음 1937년 9월에 마침내 무솔리니 자신이 독일로 왔다.

무솔리니의 독일 방문

히틀러는 손님을 접대하기 위해 그의 정부가 할 수 있는 온갖 화려한 행사를 다 준비하였다. 뮌헨 관구 지도자 바그너가 확인해준 바에 따르면 대부분은 히틀러 자신이 직접 고안하거나 아니면 그의 자극에 따른 것이었다. 월계수 나무에 둘러싸인 로마 황제들의 흉상을 두 줄로 늘어세우고, 이탈리아 제국의 지도자이며 새로운 창설자를 유럽 국가 역사의 고귀한 조상들의 대열에 세웠다. 최초의 대화에서 히틀러는 그에게 독일 최고 훈장을 수여하였을 뿐 아니라 그때까지는 오직 자신만이 지니고 다녔던 황금으로 된 당의 상징물을 수여하였다. 베를린은 무대미술가인 베노 폰 아렌트(B. v. Arent)의 도움을 받아서 브란덴부르크 문과 베스트엔트 사이 1킬로미터 거리에 승리의 길을 만들었다. 풍부한 주름장식을 늘어세우고, 꽃장식과 재치 있게 엮은 깃발들, 이탈리아 파시스트의 표장들, 갈고리 십자가와 다른 상징물들, 경탄을 불러일으키는 무대장치 등으로 꾸몄다. 승리의 거리 양편에는 빛나는 하얀색 탑문이 두 정권을 상징하였다. 린덴 거리에는 꼭대기에 황금 독수리가 앉아 있는 수백 개의 기둥들이 세워졌다. 밤을 위해서는 이탈리아의 초록 · 하양 · 빨강 기와 갈고리 십자가 깃발을 이용한 조명이 준비되었다.

무솔리니의 화려한 베를린 입성에 앞서서 히틀러는 이 귀빈과 헤어졌다. 그러나 이탈리아 독재자를 실은 특별열차가 시 경계에 도착하자 옆 선로에서 놀랍게도 히틀러가 탄 열차가 나타났다. 두 기차는 한동안 나란히 달리더니 마지막에 거의 알아채지도 못하게 히틀러의 기차가 앞서나갔다. 무솔리니가 헤어 거리의 정거장에 도착하자 히틀러는 이미 약속된 장소에서 그를 기다리고 있다가 인사하기 위해 손을 내밀었다.

무솔리니는 자기에게 베풀어지는 이 모든 숭배의 진지함과 솔직함에 깊은 감동을 받으며 히틀러와 나란히 덮개 없는 자동차를 타고서 독일제국 수도로 들어갔다. 시찰, 퍼레이드, 연회, 집회 등이 이어졌다. 메클렌부르크의 군사훈련소에서 최신 무기와 방위군의 파괴력 시범이 있었다. 에센의 크루프 제철소에서는 독일 방위산업의 생산능력을 볼 수 있었다. 9월 28일 저녁에 올림픽 경기장에서 멀지 않은 마이펠트에서 '1억 1천5백만 국민에게 알림'의 의식이 있었다. 여기서 히틀러는 손님의 자부심을 향해 정치가로서 비위를 맞추었다. 무솔리니는 "역사가 그 힘을 시험해보는 사람이 아니라, 스스로 역사를 만들어 나가는 시대의 고독한 사람들 중 하나"라는 것이다.

이 며칠 동안 자기를 위해 마련된 광채와 힘의 체험에 압도되어서 이탈리아의 지도자는 도이치 말로 행한 연설에서 '제네바와 모스크바의 거짓되고 망가진 우상들'에 대하여 '빛나는 진실'을 마주세웠다. 그 진실은 내일이면 유럽은 파시즘으로 된다는 것이다. 그가 연설을 끝마치기도 전에 심한 뇌우가 몰려와서 구름을 찢을 듯한 비를 퍼부었고, 모여든 사람들이 놀라 흩어져서 그는 자기도 모르는 새 혼자 남겨지고 말았다. 치아노는 비꼬는 말투로 마이펠트에는 "놀라운 안무가 있어서 많은 감동과 많은 비가 내렸다."고 적었다. 무솔리니는 흠뻑 젖은 꼴로 베를린으로 돌아와야 했다. 독일 방문의 인상은 그에게 영원히 잊을 수 없는 것으로 남았다.

"당신에게 경탄합니다, 총통!" 하고 에센에서 그때까지 엄격하게 비밀로 유지되던 거대한 대포를 보고 그는 소리쳤다. 그러나 그 감정은 반대도 참이었다. 히틀러는 좀처럼 분리되지 않은 감정을 보일 능력이 없는 사람이었지만 이 이탈리아 독재자에게는 이상스럽게도 개방된, 거의 순진하다고 할 정도의 호의를 보였다. 그리고 뒷날의 수많은 실망을 견디고 여전히 유지되었다.

무솔리니는 그가 아무런 편견, 계산, 질투 없이 대했던 몇 안 되는 사람들 중 하나였다. 상대방도 자기처럼 별다른 배경이 없는 상황에서 출발한 사람이라는 것도 작용했다. 그는 대부분이 옛 시민계급 대표자들인 다른 유럽 지도자들처럼 편협한 태도를 요구하지 않았던 것이다. 그들의 상호이해는 어쨌든 베네치아의 실패 이후로는 자발적인 것이었다. 그 다음 신뢰를 쌓은 상황에서 히틀러가 정치적 대화를 망설인 것은 단 한 시간뿐이었다. 무솔리니는 분명히 판단력과 정치적 감각을 지니고 있었지만 히틀러가 가진 개인적인 외교정책의 스타일, 직접적인 협상의 방식, 악수, 남자다운 말 등은 더욱 강한 그의 본질에 어울리는 것이었다.

무솔리니는 히틀러의 영향에 점점 더 자신을 맡겼다. 다른 수많은 사람들이 그랬듯이 무솔리니도 이상할 정도로 저항 없이, 초라하게, 마지막에는 지쳐빠져서 그렇게 했다. 그가 비위 맞추기와 화려한 행사의 효과에 정신이 팔려서 정치적 고려를 잊은 이 순간에 그는 근본적으로 패배한 것이었다.

피아찰레 로레토의 주유소에서 맞이한 이름 없는 최후는, 8년 뒤가 아니라 이미 지금 예견된 것이었다. 히틀러와의 온갖 이념적인 공통점에도 불구하고 이해관계가 근본적으로 다르다는 사실을 염두에 두는 것이 그에게는 무엇보다도 중요한 일이었기 때문이다. 그것은 약하게 자급하는 세력과 강력하게 팽창하는 세력 사이에 존재하는 이해관계의 차이였다.

이 며칠 동안 독일 방문의 자극적인 인상 아래서 그가 어느 정도나 정치의 개념들을 운명적 결속이라는 비정치적인 범주로 바꾸었던가 하는 것은 그가 행한 베를린 연설의 핵심적인 구절 한 곳에서 드러난다. 그는 파시즘적 도덕과 개인적 도덕의 원칙들을 말하면서 친구를 찾아낸 사람은 "최후의 순간까지 그와 더불어 행진"해야 한다고 말했던 것이다.[47]

이렇게 해서 히틀러는 자신의 동맹 구상의 한편을 놀랄 정도로 빠르게 성취하였다. 현대사에서 처음으로 두 국가가 이데올로기의 표지 아래서 하나의 '행동 공동체'로 결속되었다. "그리고 그것은 레닌의 예언들과는 달리 두 개의 사회주의 국가가 아니라 두 개의 파시즘 국가 사이에서 일어난 일이었다."[48] 문제는 히틀러가 이렇게 분명하게 이념상의 동맹을 맺은 다음에 아직도 또 다른 이상(理想)의 파트너 곧 영국을 얻을 수 있느냐 하는 것이었다. 그 자신의 전제와 목적에 따라서 그가 생각했던 대로 여기서 이미 그에게는 운명이 될 첫 번째 발걸음을 내디뎠는가 하는 점이었다.

영국을 얻기 위한 새로운 노력

라인란트를 점령한 직후에 히틀러는 영국을 자기 편으로 끌어들이기 위해 새로운 노력을 하였다. 이번에도 그는 외무부를 이용하지 않았다. 외무부는 곧 비정치적인 일상적 업무를 수행하는 기술적 기구의 역할만을 하게 되었다. 자신의 중요한 목표의 실현을 위해서 그는 특별대사 제도를 만들어냈다. 주류 상인인 요아힘 폰 리벤트로프가 해군협정을 성공적으로 성사시킨 다음부터 외교상의 천부적 재질, 영국 전문가, 스타로 통하고 있었다. 히틀러는 이번에도 영국과 조약을 맺어서 자신의 외교적인 발상을 빛나게 만들도록 그를 임명하였다.

그의 선택은 아마 이보다 더 잘못되기도 쉽지 않았을 것이며 이보다 더 특징적이기도 어려울 것이다. 제3제국의 지도적 인물들 중 그 누구도 이 리벤트로프처럼 마지막에 그렇게 압도적으로 거부의 목소리의 합창에 몰린 사람도 없었다. 친구든 적이든 누구나 그의 호감이 가는 측면뿐 아니라 모든 실무적인 능력에 대해서도 시비를 걸었다. 1935년 여름 이후로 이 지겨운 집행인이 총애와 후원을 얻었다는 사실은 이 시기에 히틀러가 얼마나 단순한 도구를 필요로 하였으며 예속관계를 찾고 있었던가 하는 것을 분명히 보여준다.

리벤트로프는 히틀러에 대한 관계에서 거의 절대적으로 굴종하는 만큼이나 밖을 향해서는 과장된 오만을 보였다. 언제나 애쓰는 정치가의 어두운 이마를 하고 있지만 그는 1933년 이후 계급이 교체되던 무렵에 출세한 소시민의 전형이었다. 자신의 원한과 파국 취향을 역사적 위대성이라는 악마적 유형으로 만들어버린 인물이었다. 그가 손수 도안한 외교관의 새로운 제복 소매 부분에는 제국 독수리가 지배하는 모습으로 내려앉아 있는 지구본이 수놓아져 있었다.

중개인을 통해서 리벤트로프는 영국의 수상 볼드윈에게 접근해서 히틀러와의 회동을 제안하였다. 대화의 결말은 '여러 세대의 운명을 결정할' 것이며 성공적으로 진행된다면 독일 수상의 '가장 큰 생애의 소망'이 이루어지는 것이라고 했다. 볼드윈은 대단히 망설이는 인물이었다. 굼뜨고, 편안한 생활환경에 대한 다정한 애착을 지닌 사람이었다. 신임하던 사람에 의해서 알려진 바에 따르면 저녁의 페이션스 카드놀이에 몰두하고 있는 그를 중단시키고, 이해가 맞는 세력들 사이에 계획되고 있는 회동이 만들어낸 희망과 비약에 대해서 이야기하는 일이 쉽지만은 않았다고 한다.

볼드윈은 우선 이 계획과 연관된 복잡성들에 대한 취미가 없었다. 그는 유럽 전체에 대해서 그렇듯이 이 히틀러라는 사람을 대수롭게 여기지 않았다. 그는 처칠이 올바르게 지적했듯이 유럽에 대해서 별로 알지 못했고, 그가 아는 얼마 안 되는 것도 그의 마음에 별로 들지 않았다. 그렇지만 정말로 회동이 이루어져야 한다면 히틀러가 와야 할 거라고 말했다. 자기 자신은 비행기도 안 좋아하고 배를 타는 것도 좋아하지 않는다. 그는 열광하는 사람들과 이야기하면서 어쩌면 번거롭게 애쓰지 않아도 8월에는 수상이 이쪽으로 올 수 있을 것이다. 산에서 만나는 것도 괜찮다, 컴벌랜드의 호수지역에서 말이다. 그래서 그들은 밤이 될 때까지 기뻐하였다. "그런 다음 맬번 탄산수를 조금 마시고 잠자리에 들었다."고 보고서는 끝을 맺고 있다. 영국 해안 근처에서 배에서 만나면 어떨까 하는 생각은 나중에야 나왔다. 히틀러는 당시 부관이 전하는 바에 따르면 영국 수상을 만날 생각에 "기쁨으로 빛났다."[49]

일본과의 동맹

그는 이 거대한 동맹의 이념을 더욱 광범위한 생각으로 보충해놓고 있었다. 일본을 끌어들이기로 한 것이다. 이 극동의 국가는 1933년 초에 처음으로 영국, 이탈리아에 이어서 가능한 동맹 파트너로 이미 고려되었었다. 종족적인 차이에도 불구하고 일본은 극동에 있는 독일의 변종이었다. 때늦게 나타났고, 기율이 엄하며, 만족하지 못하고 있었다. 그밖에도 러시아와 국경을 맞대고 있었다. 히틀러의 새로운 구상에 따르면 영국은 동유럽과 동아시아에서 조용하게 처신하기만 하면 되었다. 그러면 독일과 일본이 동맹을 맺고 배후는 걱정하지 않고 소련을 양쪽에서 공격해서 파괴할 수 있는 것이다.

그들은 이런 방식으로 대영제국을 날카로운 위협에서 해방시킬 뿐 아니라 현존하는 질서, 곧 낡은 유럽을 가장 위험한 적으로부터 해방시키고 나아가 필요한 생존공간을 확보하는 것이다. 히틀러가 2년 동안이나 추구하고 무엇보다도 영국과의 동맹에 설득력을 주려고 했던 것도 바로 세계적인, 반소련 동맹의 이념이었다. 1936년 초에 그는 이런 생각을 런던데리(Londonderry) 경과 아놀드 토인비에게 털어놓았다.

볼드윈과 계획된 회동이 어째서 실패했는가 하는 것은 오늘날까지 분명히 밝혀지지 않고 있다. 그러나 모든 사정에 비추어보면 이든의 정열적인 반대가 상당히 중요한 역할을 했던 것 같다. 히틀러 주변의 신임인물 중 한 사람에 의하면 히틀러는 영국인들이 네 번째 접근 시도를 물리친 것에 대해서 '몹시 실망' 하였지만[50] 아직도 포기하지 않았다.

1936년 여름에 리벤트로프는 죽은 레오폴트 폰 회시(L. v. Hoesch)의 뒤를 이어 런던 주재 독일 대사로 임명되었다. 그의 임무는 영국인들에게 '확고한 동맹' 제안을 하고 "그 경우 영국은 독일에 대해 동유럽에서의 활동의 자유를 주어야 한다."는 것이었다. 히틀러가 곧 이어서 로이드 조지에게 말한 바에 따르면 그것은 독일 정치의 목적과 필연성을 대영제국에게 이해시키고자 하는 '마지막 노력' 이었다.[51]

이 시도는 공산주의에 대한 새로운 반대 캠페인과 함께 이루어졌다. 히틀러가 특별히 신학적인 어조로 표현한 바에 따르면 공산주의는 '인류의 오래된 적이며 철천지 원수' 였다.[52] 에스파냐 내전은 그의 말에 새로운 근거와 이미지들을 보태주었다. 그래서 그는 "국민파 장교들에 대한 잔인한 대량학살, 장교들의 아내들에게 휘발유를 끼얹고 불지른 행위, 국민파 부모의 아이들과 갓난아기들의 학살"에 대해서 이야기하였다. 그리고 인민전선으로 정권이 넘어간 프랑스에 대해서도 비슷한 공포를 예언하였다. "그러고 나면 유럽은 피와 눈물의 바다에 빠질 것"이라고 예언했다. "고대의 선사시대에 열매를 맺어 이제 곧 2천5백 년의 역사를 가지게 될 유럽 문명은 모든 시대의 가장 잔혹한 야만적인 힘에 의해 해체당할 것입니다." 동시에 그는 자기가 좋아하는 이런 종말론적 모습에서 자기가 방벽이며 피난처라고 내세웠다. "우리 주변의 전세계가 불타기 시작할지라도 국가사회주의 국가는 백금처럼 볼셰비스트의 불 속에서 솟아나올 것입니다."[53]

어쨌든 캠페인은 여러 달 동안이나 계속되었지만 기대했던 성과를 보이지 않았다. 영국인들은 물론 공산주의 위협을 알고 있었지만 그들의 느림, 합리성, 히틀러에 대한 불신이 그보다 더 강했다. 어쨌든 1936년 11월 베를린은 반 코민테른 조약의 서명에 일본을 끌어들이는 데 성공하였다. 이 조약은 공산주의 활동에 대해서 공동의 방어정책을 위한 것으로 동맹국은 소련과 정치적 조약을 맺지 않을 것, 그리고 소련에 의한 도발공격이 있을 경우에 소련의 상황을 쉽게 해줄지도 모르는 어떤 조치도 취하지 않을 의무를 가졌다. 전체적으로 히틀러는 독일 · 일본 · 이탈리아란 삼각형의 무게 면이 영국에 대한 구애에 어느 정도 무게를 실어주기에 충분할 것이라고 기대하였다. 이 시기에 처음으로 그는 이 말썽꾸러기 섬나라를 위협해서 동부로 나갈 길을 열도록 만들까 하는 생각도 했던 것 같다. 어쨌든 그는 1936년 말에는 이토록 끈질기고, 구애해도 소용없는 영국에 대항한 전쟁을 사고에서 배제하지 않았다.[54)]

심리적으로 이러한 전환점은 의심할 바 없이 계속된 성공이 그에게 마련해준 자신감의 확대에 근거한 것이었다. "우리는 오늘 이제 다시 세계적인 강대국이 되었습니다!"라고 그는 1937년 2월 24일에 뮌헨의 호프 양조장에서 열린 당 창설 기념일에 외쳤다. 집권한 지 4년 만인 1월 30일에 의회에 내놓은 인상 깊은 성공의 목록을 말하면서 그는 차별적인 베르사유 조약에서 독일의 서명을 '화려하게' 빼냈다.

이어서 그는 여러 해 동안이나 독일의 군비축소를 주장한 '평화와 민족 사이의 이해를 말하는 에스페란토 언어들'을 비웃었다. "이 언어로는 국제적으로 의사소통을 잘할 수가 없다는 사실이 밝혀졌습니다. 우리가 거대한 군대를 갖게 된 다음에 비로소 사람들은 우리 언어를 제대로 이해하게 되었습니다." 그는 자신을 오래된 로엔그린 상, 백마의 기사에 견주기를 좋아하였다. 이 백마의 기사의 이념으로 돌아가서 그는 말했다. "우리는 평화를 사랑하는, 그러나 청동과 무쇠로 무장한 천사로서 세상으로 나갑니다."[55)]

이러한 생각은 그에게 이제 보란 듯이 불쾌감을 나타낼 확실성을 주었다. 봄이 될 때까지 그는 벨기에에 대한 보장을 제시함으로써 영국에 접근하려는 시도를 하였다. 그러나 동시에 이미 예고되었던 폰 노이라트(v. Neurath)의 런던 방문을 갑작스럽게 취소함으로써 영국정부에 냉정한 태도를 취했다. 로디언 경이 1937년 5월 4일에 두 번째 담화를 위해 방문했을 때도 그는 불쾌감을 보이면서 공산주의 위협을 제대로 인식하지도 못하고 자기들의 이해도 파악하지 못하는 영국의 정책을 심하게 비난하였다. 자기는 '문필가' 시절부터 이미 언제나 영국 편이었다, 이들 국민들간의 두 번째 전쟁은 두 강대국을 역사에서 물러나게 하는 것과 같은 의미이며 아무런 쓸모도 없이 붕괴시킬 것이다. 자기는 확고한 이해의 바탕에서 협조를 제안하는 것이라고 했다.[56] 한 번 더 반 년 간 그는 런던의 반응을 기다렸다. 아무런 반응이 없자 그는 자신의 구상을 변경시켰다.

히틀러의 이상적인 구상에서 본질적인 전제조건 하나가 이루어지지 않았지만 그는 자기 의도를 놀라울 정도로 이미 성취하였다. 이탈리아와 일본을 얻었고, 영국은 흔들리면서 위신을 재고 있고, 프랑스는 약점을 노출하였다. 또한 그가 집단 안보의 원칙을 파괴하고, 국민들간의 이기주의를 정치의 원칙으로 재확립한 것도 못지않게 중요한 일이었다.

빠르게 바뀌는 권력상황에 직면해서 특히 약소국들은 눈에 띄게 불안을 드러냈고 상대진영의 해체를 촉진시켰다. 폴란드에 이어서 벨기에도 힘이 없는 프랑스 동맹에 등을 돌렸다. 헝가리, 불가리아, 유고슬라비아도 같은 방향을 잡았고, 히틀러가 베르사유 체제에 가한 치명적인 일격으로 이 체제가 억누르기만 했을 뿐 제거하지 못한 수많은 갈등요인들이 되살아났다. 남동부 유럽 전체가 흔들리기 시작하였다.

자연스러운 일이지만 이들 나라의 정치가들은, 자기 나라의 무기력을 극복하고 자부심의 굴욕을 끝내고 한때의 승전국들에 두려움을 가르쳐준 히틀러의 예를 보고 경탄하였다. 그는 곧 '새로운 유럽의 운명의 신'[57] 자격으로, 정치적 순회를 확대하였다. 그의 충고와 원조는 무게를 갖게 되었다. 그가 이루어낸 놀라운 성공들은 전체주의 정권의 행동력이 우월하다는 것을 입증한 것처럼 보였다. 자유주의적인 민주체제는 장황한 회담, 여러 가지 심급 단계들, 성스러운 주말, 그리고 맬번 소다수를 지닌 채 전망 없이 뒤처진 상태였다.

이 시기에 베를린의 사치스런 레스토랑 호르허에서 조약을 맺은 국가의 외교관 동료들과 만나 저녁식사를 하곤 하던 프랑수아 퐁세는 이런 보고를 하고 있다. 이 모임은 발자크(Balzac) 소설에서 이름을 얻어서 상어 가죽(peau de chagrin)이라고 불리고 있었는데 히틀러가 성공할 때마다 여기

모이는 참석자들의 수가 점점 줄어들었다고 한다.[58]

독일에 미친 반작용

독일에 미친 반작용은 물론 상당히 깊었다. 그것은 특히 어차피 수가 줄어들던 회의론자와 반대자에게서 의심의 근거를 빼앗았다. 당시 베를린 주재 영국 대사관에 있던 이본 커크패트릭(I. Kirkpatrick)은 서방의 우유부단으로 해서 가능했던 히틀러의 주말 작전이 국내에서 얼마나 '파괴적인' 작용을 했던가를 이렇게 서술하였다. "조심하라고 경고하였던 사람들은 반박을 받았다. 히틀러는 모든 것을 누릴 수 있다는 자신의 신념이 확인된 것을 보았다. 게다가 히틀러가 나라를 파국으로 몰아갈까 두려워서 그에게 반대했던 사람들 중 상당수가 나치의 깃발로 몰려들었다."[59] 히틀러는 나라를 파국으로 몰아가는 대신 성공과 위신과 존경을 얻었다. 자신감에 깊은 상처를 입은 국민은 마침내 자신만만하게 자신들을 대표하는 인물을 보았고, 그토록 강력하던 어제의 승리자들이 거듭 기습적인 반격을 받고 어찌할 바 모르는 것을 보고 격렬한 만족을 얻었다. 복권을 향한 기본적인 욕구가 만족된 것이다.

히틀러 정권의 국내에서의 성공은 이러한 욕구를 특별한 방식으로 뒷받침하였다. 얼마 전에만 해도 위축되어 있던 나라가, 출구 없어 보이는 국민적 · 사회적 비참 속에서 시대의 모든 위기와 병폐를 한데 합친 것 같던 나라가 갑자기 모범으로 부러움을 사게 된 것이다. 괴벨스는 그토록 갑작스러운 상황의 변화를 특유의 자화자찬 어조로 '20세기 최대의 정치 기적'이라고 불렀다.[60]

세계의 모든 나라에서 대표들이 와서 경제 재건이나 실업의 제거를 위한 독일의 조치 혹은 광범위하게 펼쳐진 사회복지 제도를 연구하였다. 노동조건의 개선, 기업체의 국가보조를 받는 구내식당과 주택, 스포츠 시설, 공원, 유치원 시설, 기업체 사이의 경쟁, 직업들 사이의 시합, 혹은 '즐거움을 통해 힘을 얻자(KdF)'는 휴양 운동과 노동자 휴양소 등이었다. 수만 명을 효과적으로 분산시키기 위해 독자적인 지하철 망을 갖춘, 뤼겐 호수에 세워질 4킬로미터 길이의 대중호텔 모델은 1937년 파리의 세계박람회에서 대상을 차지하였다. 비판적인 관찰자들도 이런 업적에 깊은 인상을 받았다. C. J. 부르크하르트는 히틀러에게 보낸 편지에서 '제국 고속도로와 노동봉사의 파우스트적인 업적'을 찬양하였다.[61]

1937년 1월 30일 의회의 대연설에서 히틀러는 '놀라움의 시대'는 끝났다고 선언하였다. 그의 다음 조치들은 그 동안의 행동들 하나 하나와 연관된 출발점에서 나왔다. 폴란드 조약이 체코슬로바키아 침공을 위한 열쇠를 그의 손에 쥐어주었듯이 이탈리아와의 이해는 오스트리아 합병을 위한 지렛대가 되었다. 독일 정치가들이 활발하게 폴란드를 방문하고, 폴란드 정치가들을 독일로 초대하고, 우정의 맹세를 하고, 영토 포기선언을 하면서 히틀러는 폴란드를 자기 편으로 끌어당기려고 애썼다.

괴링이 바르샤바를 방문해서 폴란드 영토 내의 회랑에 대한 독일측의 무관함을 표현하는 동안 히틀러 자신은 베를린에 있는 폴란드 대사 요제프 립스키(J. Lipski)에게, 오랫동안 논란거리가 되어온 단치히는 폴란드와 합병될 것이다, 그 점에 대해서는 변화가 없을 것이라고 단언하였다.[62] 동시에 그는 이탈리아와의 결탁을 강화하였다.

1937년 11월 초에 그는 다시 리벤트로프의 도움을 받아서 일본과 맺은 반 코민테른 조약에 이탈리아가 합세하도록 만들었다. 도쿄 주재 미국 대사인 조셉 그루(J. C. Grew)는 이 '세계정치의 삼각형'에 대한 분석에서 동맹국들은 "반공적일 뿐만 아니라 그들의 정책과 실천은 이른바 민주적 국가들에 대해서도" 반대하고 있다고 말했다. '현상태의 붕괴'를 목표로 삼은 무산자 국가들의 연합체라는 것이다.

무솔리니는 서명식에 앞서 가졌던 리벤트로프와의 대화에서 자신은 오스트리아의 독립을 위한 파수꾼 노릇을 하는 데 지쳤다고 말했다. 이탈리아 독재자는 새로운 우정을 위해서 현상태를 포기할 각오를 한 것이다. 그는 그럼으로써 자신이 마지막 카드를 손에서 내려놓는다는 사실을 눈치채지 못했던 듯하다. 그는 "우리는 오스트리아에 독립을 강요할 수는 없지요."라고 말했다.[63]

팔라초 베네치아에서 이 대화가 이루어지던 1937년 11월 5일 같은 날에 히틀러는 베를린에서 폴란드 대사에게 단치히 합병을 승인하였다. 16시 직후에 방위군 수뇌부와 외무장관이 수상 집무실에 나타났다. 네 시간 동안 비밀회동을 갖는 가운데 히틀러는 그들에게 자신의 '기본적 구상'을 밝혔다. 종족의 위협, 존재의 두려움, 공간의 필요성 등에 대한 오래된 생각들이었다. 그는 '유일한, 그리고 어쩌면 꿈처럼 보이는 시정책'으로 새로운 생존공간의 확보, 공간적으로 폐쇄된 거대한 세계제국의 건설을 생각한다고 했다. 이러한 생각은 권력 장악과 준비의 세월을 거친 다음 놀랄 만한 일관성을 가지고 마침내 팽창의 국면으로 들어서는 것이다.

제2장 정치의 예술가

그는 지상의 척도를 훨씬 넘어서서 대리석상처럼 서 있다.
- 〈민족관찰자〉 1935년 11월 9일 히틀러의 등장에 대한 묘사

이 몇 년 간을 서술하면서 언제나 거듭, 오직 히틀러의 성공과 승리들만 말하다 보면, 도덕적 · 문헌적 권리라는 측면에서 역사 관찰자를 혼란에 빠뜨릴지도 모르겠다. 그러나 이 몇 년은 정말로 그가 비상한 우월성과 힘을 발전시킨 시기였다. 올바른 순간에 돌진하거나 인내심을 입증하고, 위협하고 구애하고 행동해서 자기 앞에 놓인 모든 저항을 무너뜨리고, 시대의 모든 매혹, 호기심, 공포를 자기 자신에게 집중시킨 시기였다. 이것은 단 하나의 능력, 곧 자신의 권력과 성공을 압도적인 크기로 과시하고, 그것을 표현해서 자기 인기의 상승으로 만들어버리는 능력에서 나온 것이었다.

특이할 정도로 토막난 히틀러 생애의 이력은 이런 사실에 잘 어울린다. 그의 생애는 과격한 단절들로 특징지어져서, 서로 다른 국면들 사이의 연결요소를 찾기가 쉽지 않을 정도이다. 56년의 생애는 반사회적이고 불확실한 초기의 30년과 갑작스럽게 감전된 듯한 정치적인 후반기 사이의 단절만 나타나는 것이 아니다. 후반의 생애는 세 개의 뚜렷하게 구별되는 시기로 다시 나뉜다. 맨 처음 약 10년의 준비와 이념적인 연마, 전략적인 실험의

시기가 나타난다. 이 단계에서 히틀러는, 선동과 정치조직의 측면에서 상당히 특별한 인상을 주는 과격파 주변인물이라는 등급 이상을 얻지는 못하였다. 그런 다음 10년은 시대의 중심인물로 떠올라서, 이 시기를 돌아보는 관찰자는 대중의 환호성과 촘촘하게 엮어진 히스테리의 사슬 속에 들어가게 된다. 이 시기의 동화 같은 특성에 대한 느낌과, 점점 뚜렷해진 선택된 사람이라는 의식으로 그는 이것이 '인간의 작업만은 아니라' 고 말했다.[1] 그러고 나서 마지막 6년 동안 얼핏 보기에 그로테스크한 오류들, 거듭된 실수, 범죄, 전쟁, 절멸의 길과 죽음이 등장하는 것이다.

히틀러의 연출 재능

이런 사실은 새삼 아돌프 히틀러라는 인물에게로 눈길을 돌리게 만든다. 그의 개인적인 윤곽은 상당히 희미한 모습으로 남아 있다. 때때로 그는 개인적인 상황보다는 오히려 그 자신이 국가적·사회적 상황에 새겨넣은 압형(押型)에서 보아야 더욱 뚜렷한 모습을 드러내는 것 같다. 그가 정치적 자기 묘사의 온갖 화려함 한가운데서 스스로를 양식화한 조각상이 그 뒤에 감추어진 실체보다 오히려 그의 본질을 더 잘 보여주는 것처럼 보인다.

거대한 구경거리, 퍼레이드, 축성의 순간, 횃불행진, 공중불꽃, 쉴 틈 없는 행진들의 불꽃놀이 등이 히틀러가 성공하던 시기의 정치적 사건들을 동반하였다. 전체주의 정권 특유의 외교정책과 국내정치 사이의 밀접한 관련성은 일찍부터 지적되었다. 그러나 외교정책과 국내정치는 선전정책과 더욱 밀접한 연관성을 가졌다. 기념일, 돌발사건들, 외국방문, 추수, 혹은 심복부하의 죽음, 조약의 체결이나 결렬 등이 계속 이어지는 흥분된 연속장면을 만들어내고 무차별적으로 광범위한 심리기술을 전개하기 위한 추진력으로 쓰였다. 그것은 국민을 점점 더 촘촘하게 통합하고 일반적인 동원의식을 불러일으키려는 데 목적이 있었다.

이러한 결합은 히틀러의 국가에서 특별히 밀접하고 색깔도 풍부하게 이루어졌다. 너무나 밀접해서 어느 정도 중심이동이 생겼을 정도다. 정치가 점점 우위를 잃어버리고, 장엄한 연극효과를 위한 시녀로 전락하는 듯한 모습을 띠는 것이다. 장래 제국 수도의 거대한 중심가에 대한 계획을 논하면서 히틀러는 효과를 높이기 위해서 심지어는 자신의 지배에 대항한 모반을 일으키려는 생각까지도 했다. 몽상적인 말투로, 장갑차를 거느린 친위대가 강력하고 저항할 수 없는 왈츠를 추듯이 120미터 넓이의 도로 위에서 천천히 그의 궁을 향하여 밀려오는 광경을 묘사해 보였던 것이다.[2] 그의 연극적인 천성이 자기도 모르는 사이에 표면에 등장해서, 정치적 범주들을 연출의 범주에 종속시키도록 유혹하곤 하였다. 후기 시민적 보헤미안이라는 히틀러의 출신성분, 그가 언제까지나 거기에 뿌리박고 있다는 사실은 미학적 요소와 정치적 요소를 이렇게 융합시킨 형태로 분명하게 나타났다.

위대한 등장과 제국주의적인 태도가 불러일으키는 심리를 분명하게 인식하다. 뉘른베르크 전당대회에서의 아돌프 히틀러.

국가사회주의 행사들의 양식도 그러한 기원을 보여주고 있다. 이 행사들에서는 화려함을 사랑하는, 다채롭게 동원된 카톨릭 교회의식의 영향을 보게 되지만, 또한 리하르트 바그너와 그의 과도한 제의극(祭儀劇)의 요소도 똑같이 분명하게 드러나고 있다. 막스 호르크하이머(M. Horkheimer)는 시민세계에서 사치와 화려함이 때로 큰 의미를 가진다는 사실을 지적하였다. 시민연극은 전당대회의 오페라식 화려함에서 그 극단적인 가능성을 보여주었다. 영상으로 남겨진 기록들에서 오늘날에도 볼 수 있는 이런 행사들의 광범위하고 도취적인 작용은 이런 기원과 적잖은 관계가 있다.

네빌 헨더슨(N. Henderson) 경은 다음과 같이 적었다. "전쟁 이전 6년 동안 성 페테르부르크에서 러시아 발레의 전성기를 구경하였다. 그러나 이 장엄한 구경거리와 견줄 만한 발레는 한 번도 보지 못했다."[3] 그것은 위대한 공연의 연출과 작은 인간의 심리에 대한 정확한 지식을 보여준 것이었다. 깃발들의 숲과 횃불의 유희, 행진하는 종대들, 날카로운 음악 등에서 마법이 나오는 것이다. 무정부주의의 이미지들로 불안해진 시대의식이 이 강력한 마법에 대항하기란 어려운 노릇이었다.

이러한 효과들 하나하나가 히틀러에게 얼마나 중요했던가 하는 것은, 그가 인간 장방형의 측량할 길 없이 거대한 축제에서 가장 사소한 세부사항에 이르기까지 검사하고, 동작 하나, 걸음걸이까지도 정밀하게 감정하고, 깃발이나 꽃장식 등 장식적인 세부사항과 귀빈들의 좌석배치도 손수 점검하였다는 데서 드러나고 있다.

죽음의 미학적 변용

히틀러의 연출재능이 죽음의 축제에서 비로소 그 압도적인 힘을 발휘하였다는 사실은 제3제국 행사 양식의 특징이며, 상당히 시사하는 바가 크다. 삶은 그의 발상능력을 마비시키고, 삶을 축하하려는 모든 시도는 답답한 소작농의 민속 수준을 넘어가지 못했다. 5월제 기둥 아래의 춤이라든가 자식복이나 소박한 관습의 행복을 노래하고, 민속에 어울리는 두꺼운 목을 가진 당직자들이 램프를 비추는 것이 고작이었다.

그에 반해서 그의 염세적인 기질은 죽음의 의식을 준비할 경우 지치지 않고 새로운 현혹작용들을 이끌어냈다. 뮌헨의 쾨니히 광장에서, 혹은 뉘른베르크 전당대회장에서 음산한 음악을 배경으로 수십만 명 속에 섞여서 죽은 자들을 예배하러 넓은 거리를 걸어갈 때면 그가 처음으로 계획적으로 발전시킨 예술적 선동의 진정한 절정이 나타났다. 정치화된 수난절의 마법인 이러한 장면에서는 리하르트 바그너의 음악에서처럼 '죽음을 위한 광채가 선전을 하는'[4] 것이다. 이런 장면에서 미학화된 정치라는 히틀러의 표상이 개념이 되어 나타났다.

밤의 배경에 대한 애착도 죽음의 미학적 변용이라는 같은 맥락에 속하는 것이다. 횃불, 장작더미, 불꽃의 바퀴들이 계속 불타올랐다. 전체주의적 분

히틀러는 사람들로 이루어진 넓은 거리를 통과하여 걸어가서 관 앞에서, 혹은 기념비 화환 앞에서 죽음을 찬양하였다.

위기를 만드는 기술자들은 그것을 삶을 축하하기 위한 것이라고 주장하였지만, 실제로는 삶의 가치를 고통스럽게 빼앗는 일이었다. 이러한 장관들은 삶을 묵시록적인 표상에 결합시켜서, 세계화재와 몰락에 대한 두려움을 불러들이고, 그런 생각에서 자기 자신의 몰락을 배제할 수 없기 때문이다.

축제들과 대중집회

1935년 11월 9일, 뒷날의 의식의 모범이 되는 거대한 의식으로 히틀러는 장군홀로 행진하다 죽은 동지들의 추모식을 거행하였다. 건축가인 루트비히 트로스트(L. Troost)는 뮌헨의 쾨니히 광장에 두 개의 의고주의적 사원을 건립하였다. 최초의 '피의 증인들'의 유골이 발굴되어 열여섯 개의 청동관 안에 담겼다.

행사 전날 저녁 시민양조장에서 전통적인 히틀러 연설이 진행되는 동안 불꽃 쟁반들로 장식된 장군홀에 갈색 헝겊을 둘러씌운 이 관들이 안치되었다. 자정 직전에 히틀러는 덮개 없는 자동차에 선 채로 승리의 문을 통과하여, 기둥들 때문에 불안한 모습을 띤, 그림자가 짙게 드리워진 루트비히 거리의 오데온 광장으로 갔다. 돌격대와 친위대원들이 들고 있는 횃불이 거리를 통과하며 두 개의 움직이는 불의 선(線)으로 이루어진 울타리를 만들어냈다. 그 바깥쪽에 구경꾼들이 몰려들어 있었다. 자동차가 천천히 달려서 장군홀에 도착하자 히틀러는 팔을 높이 쳐들고 계단에 깔린 융단을 밟고

1935년 11월 9일 뮌헨시를 통과하는 기념행진.

올라갔다. 그는 관 하나하나 앞에서 꺼질 듯이 멈추어서서 '침묵의 대화'를 했고, 이어서 6만 명의 제복 입은 추종자들이 수많은 횃불과 당(黨) 형성기의 모든 연대기들을 들고서 죽은 자들 앞을 행진해 지나갔다.

다음날 아침 11월의 흐린 빛 속에서 추모의식이 시작되었다. 1923년에 행진했던 길을 따라서 수백 개의 검붉은 천을 댄 기둥들이 세워졌고 그 기둥들에는 황금색 문자로 '운동의 전사자들'의 이름이 새겨져 있었다. 확성기는 계속해서 당가(黨歌)인 호르스트 베셀 노래를 틀었다. 행렬이 희생자들을 위한 커다란 주발 앞에 도착하면 그때마다 거기서 죽은 자들의 이름이 불렸다. 행렬의 선두에는 과거에 지도자였던 사람들이 갈색 셔츠나 역사적인 제복('11월 8~9일 사무소'에 준비되어 있는 회색 방풍 재킷과 스키용 모자 '모델 23호')을 입고 히틀러와 나란히 서 있었다.

1923년에 행렬이 총을 맞고 쓰러졌던 장군홀 앞의 그 장소에는 검문을 상징하는 무장세력의 대표들이 나와 있었고, 열여섯 발의 예포가 도시 위로 울려퍼졌다. 그런 다음 히틀러가 거대한 화환을 기념비에 내려놓는 동안 쥐죽은 듯한 정적이 깔렸다. 독일 노래가 새롭게 연주되고, 그들 모두 인사하듯 숙여진 깃발의 울타리를 통과해서 '승리의 행진'에 맞추어 쾨니히 광장으로 움직여 갔다. 전사자들의 이름을 부르는 '최후의 호명'에 따라 그들을 대신하여 대중이 "예!" 하고 대답하였고, 죽은 자들은 '영원한 보초'를 서게 되었다.

죽은 자들의 숭배는 뉘른베르크 당 대회의 정점에도 나타난다. 그러나 그것을 훨씬 넘어서는 사변적인 죽음의 이념이, 여러 날이나 계속된 회의에서, 거의 모든 의식, 연설, 호소 등에 나타나곤 하였다. 히틀러가 종소리에 맞추어 깃발로 장식되고 인간으로 물결치는 도시에 들어서기도 전에 행사가 시작되자마자 인사하면서 나타난 근위대의 검은색 정장이 죽음의 악센트를 주는 것이었다. 그것은 붉은 철십자 기에도 나타나 있고, 루이트폴트 숲에서의 행사에도 나타났다.

거기서 히틀러는, 두 명의 기사가 존경을 표시하면서 뒤를 따르는 가운데 10만이 넘는 강력한 돌격대와 친위대 집단을 지나 '지도자의 길'이라 불리는 넓은 콘크리트 지대를 지나서 연단으로 올라갔다. 기(旗)들이 고개를 숙인 가운데 그는 날카롭고 가느다란 그림자를 받으며, 일종의 전령과 같은 슬픔을 얼굴에 드러낸 채 오랫동안 자신의 내면에 빠져들었다. '지도자'라는 개념의 감각적인 연출장면이었다. 말없이 자신을 지켜보는 당 군대 한가운데서, 그러나 지도자와 그 사명에 대한 신념으로 자신을 바친 영웅들과 자신에게만 속하는, 공허하고 뛰어넘을 길 없는 카이사르의 고독의 공간에 둘러싸이는 것이다.[5)]

무대의 마법을 상승시키기 위해서 수많은 행사들은 저녁이나 밤시간에 이루어졌다. 1937년 당 대회에서 히틀러는 저녁 8시경에 행진을 마친 정치 지도자들 앞에 나섰다. 로버트 라이가 그에게 참가자들을 알리고 난 직후에 "사방에서 갑자기 하얀 불빛이 어둠을 밝혔다."고 '공식 보고서'에 나와 있다.

"150개의 거대한 조명등 불빛이 짙은 회색으로 덮인 밤하늘로 유성처럼 쏟아져나갔다. 하늘에서는 빛의 기둥들이 구름덮개에 부딪쳐서 4각의 불타는 화환이 되었다. 압도적인 그림이었다. 약한 바람을 받고서 무대 위 사방을 장식한 깃발들이 불빛 속에 가만히 흔들렸다……. 주무대는 눈이 멀 듯이 환하게 빛났다. 떡갈나무 잎으로 만든 화환 속에 황금빛으로 빛나는 갈고리 십자가가 주무대 위에 장식되어 있다. 왼쪽과 오른쪽의 마지막 기둥에는 거대한 주발에서 불길이 타오르고 있다."[6)]

팡파르가 울리는 가운데 히틀러는 높게 만들어진 주무대의 가운데로 올라섰다. 하나의 구령에 따라서 무대 맞은편에서 3만 개 이상의 깃발의 물결이 꼭대기와 술장식을 조명등 불빛을 받아 빛내면서 무대를 향하여 쏟아

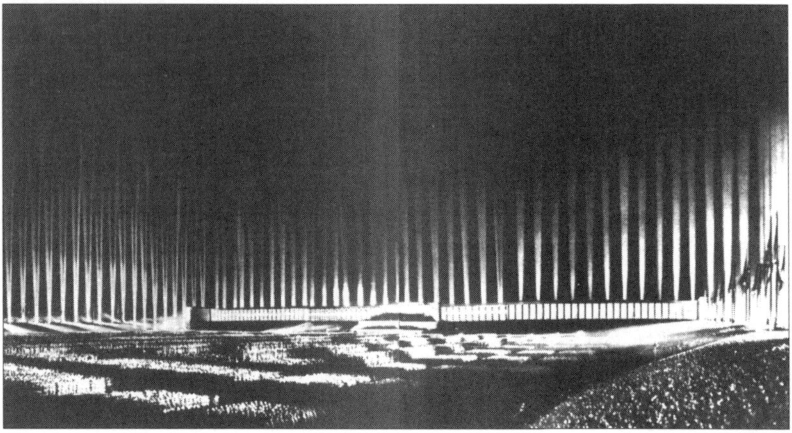

빛으로 이루어진 사원에서 행해진 행사에서 '미학화하는 정치' 라는 그의 표상이 성취되었다. 뉘른베르크 당대회에서, 죽은 자들에 대한 숭배.

져내렸다. 그리고 언제나처럼 히틀러 자신이 대중, 빛, 좌우대칭, 비극적 생활감정 등으로 이루어진 이런 연출의 최초의 희생자였다. 죽은 자들을 위한 묵념 후 추종자들에게 행한 연설에서 그는 기쁨의 도취에 빠진 비정상적인 어조로 신비적인 영성체 의식을 치렀다. 마지막으로 들판 한가운데로 떨어진 조명등에 깃발, 제복 악대의 악기들이 붉은색, 은색, 황금색으로 함께 빛났다.

1937년 그는 이렇게 외쳤다. "삶을 선물받은 사람은 언제나 함께 더불어 삶을 형성한 사람들을 그리워한다는 느낌을 받게 됩니다. 여러분이 없다면 내 인생은 무엇일까요! 여러분이 나를 찾아냈다는 사실, 여러분이 나를 믿었다는 사실이 여러분의 삶에 새로운 의미, 새로운 과제를 주었습니다. 내가 여러분을 찾아냈다는 사실이 나의 삶과 나의 투쟁을 가능하게 했습니다!" 일년 전에도 그는 같은 집회에서 이렇게 외쳤다.

> 우리를 하나로 합쳤던 그 기적을 이 순간 우리가 어떻게 다시 느끼지 않을 수가 있겠습니까! 여러분은 그 언젠가 한 남자의 음성을 들었습니다. 그 소리가 여러분의 가슴을 치고, 여러분을 깨웠지요. 여러분은 이 목소리를 따랐습

니다. 여러분은 여러 해 동안이나 그 소리의 주인공을 보지도 못한 채 그 뒤를 따랐습니다. 여러분은 다만 한 목소리를 듣고 그것을 따라간 것입니다.

우리가 여기서 만나니 이 만남의 기적 같은 요소가 우리 모두를 가득 채웁니다. 여러분 한 사람 한 사람이 모두 나를 보지 못하고, 나도 여러분 한 사람 한 사람을 보지 못합니다. 그러나 나는 여러분을 느끼고 여러분은 나를 느낍니다! 우리 같은 작은 사람들을 크게 만들고, 우리처럼 가난한 사람들을 부자로 만들고 우리처럼 흔들리고 용기 없고 두려워하는 사람들을 용감하고 자신있게 만든 것은 우리 민족에 대한 믿음입니다. 우리 길 잃은 사람들을 다시 보게 만들고 우리를 하나로 합쳐준 믿음 말입니다.[7]

전국 당 대회는 교황 같은 화려함의 전성기에 국가사회주의 일정의 절정이었을 뿐 아니라 히틀러 개인에게도 젊은 날의 기념비적인 의상의 꿈들을 압도적으로 실현시켜주었다. 뉘른베르크 주간 동안 언제나 흥분상태가 그를 사로잡고, 억누를 수 없는 연설의 폭풍 속으로 이끌어갔다는 주변의 증언들이 전해지고 있다.

그는 이 일주일 동안 대개 열다섯 내지 스무 번의 연설을 했고, 그중에는 원론적인 문화연설과 위대한 폐회사가 포함되어 있다. 그리고 그 사이로 당 대회의 의식이 요구하는 대로 히틀러 청년단, 부인회, 노동봉사대, 방위군 등을 향하여 하루 네 번의 연설을 하였다. 해마다 그는 강력하게 계획된 사원도시의 초석 놓기를 통하여 건축에 대한 정열을 만족시켰다. 그 다음에는 다시 행진, 훈련연습, 회의, 채색된 연기 등이 나타났다.

이 당 대회는 정치적 결정의 장소로도 의미가 있었다. 제국기 법, 혹은 뉘른베르크 종족법 등이 당 대회의 틀 안에서 서둘러 통과되었다. 이 행사는 해가 지나면서 일종의 총체적 민주주의의 일반적 집회로 발전되었다고 생각할 수도 있다. 폐회에 맞추어 10만 명이 파도를 이루며 다섯 시간 정도 행진을 했다. 이 행진의 물결은 성모 마리아 교회 앞 중세적인 시장광장에서 히틀러 앞을 행진해 갔다. 그는 덮개 없는 자동차의 뒷좌석에 선 채로 팔을 수직으로 뻗고 움직이지 않고 굳은 듯이 서 있었다. 그의 주변으로는 오래된 도시의 낭만적인 분위기가 감돌았다.

어떤 외국인 관찰자가 기록한 것처럼 '거의 신비적인 황홀경, 일종의 신성한 망상'의 분위기였다. 히틀러처럼 다른 사람들도 이 며칠 동안 비판적인 신중성을 잃어버리고, 한 프랑스 외교관이 말한 것처럼, 자기들도 국가사회주의자가 되었다고 고백하고 싶어지곤 하였다.[8]

나치 달력의 축제일 일정은 권력 장악의 날인 1월 30일에 시작되어서 11월 9일에 끝났다.[9] 이 달력에는 성스러운 시간들, 호소들, 행진날, 추모일 등이 잔뜩 들어차 있었다. '축제, 여가 및 기념행사를 위한 부서'가 '국가사회주의 운동의 축하를 위해서, 투쟁의 세월에 자라난 형상화 원칙의 기반 위에서 국가사회주의적인 집회의 틀을 만들어낸다'는 공식임무를 완수하기 위해 노력하였다. 이 부서는 특별한 잡지를 발간하였다.[10] 그밖에도 그때그때의 상황에서 나온 수많은 기념일들이 있었다.

1936년의 올림픽 경기는, 제3제국이 개별적으로는 온갖 사나운 모습을 다 가지고 있었으면서도 시민들에게 복지국가의 엄격한 행복을 베푼다는 기만적인 이미지를 온 세상에 퍼뜨린 선전의 절정이었다. 국가사회주의자들은 자기들이 권력을 장악하기 전에 베를린에 유치된 이 경기가, 세계의 손님을 맞아들이는 주인의 입장에서 이용할 절호의 기회라는 사실을 알아차렸다. 그래서 열렬히 군비를 확대하는 전쟁을 각오한 나치국가라는 잔인한 이미지에 반하여 평화스럽고 분주한 목가의 모습을 마주세우기 위해 온갖 일을 다하였다.

경기가 시작되기 몇 주 전에 모든 반유대주의적인 증오의 장광설이 중지되었다. 예를 들면 국가사회당의 지역 선전지휘자들은 집 벽과 울타리에 남아 있는 반정권 구호의 흔적을 다 제거하고, 추한 풍자화들이 내걸리지 않도록 하고, 심지어는 "모든 집주인은 앞마당을 흠 없이 꾸며놓도록" 하라[11]는 지시를 받았다. 8월 1일 화려하게 올림픽 종소리가 울려퍼지는 가운데 왕들, 왕자들, 장관들, 수많은 귀빈들 사이에서 히틀러는 경기 시작을 선언하였다. 지난번 마라톤 우승자인 그리스인 스피리돈 루이스(Spyridon Louis)가 '사랑과 평화의 상징'인 올리브 가지를 그에게 넘겨주는 동안 합창대는 리하르트 슈트라우스가 작곡한 찬가를 불렀고, 평화의 비둘기떼가 하늘로 날아올랐다.

입장식에서 프랑스 선수단을 비롯한 선수단 일부가 연단을 지나가면서 히틀러식 인사를 하였다는 사실은, 히틀러가 선전하듯 화해된 세계라는 이미지에 잘 들어맞았다. 나중에 프랑스 선수단은 때늦은 저항의 표시를 하면서 그것은 '올림픽 인사'였을 뿐이라고 고집하였다.[12)]

총 14일 동안 계속된 화려한 행사들이 손님들의 마음을 조이게 하고, 경탄을 불러일으켰다.

괴벨스는 이탈리아의 밤을 위하여 1천 명이나 되는 사람을 공작섬으로 초대하였다. 리벤트로프도 거의 그만큼 많은 사람들을 달렘에 있는 자신의 빌라에서 접대하였고, 괴링은 값비싼 비단으로 뒤덮인 오페라에서 축제 무도회를 베풀었다. 히틀러 자신도 수많은 손님들을 접견하였다. 그들은 모두 올림픽을 핑계로 유럽과 세계의 운명을 손아귀에 쥔 듯한 이 사람을 만나려는 사람들이었다.

심리적 맥락

기념식과 대중축제의 필요성을 강조하는 앞면에는 분명하게 국민의 상상력을 사로잡고, 그들의 의지를 통일적으로 동원하려는 의도가 들어 있다. 그러나 그 뒷면에는 히틀러의 개성과 정신 병리학을 분명하게 보여주는 동기들이 들어 있다. 일상생활 능력의 결핍만을 뜻하는 것이 아니다. 그는 분명히 화려한 원형경기장식의 나팔취주, 팡파르 등을 향한 단순한 욕구에 사로잡혔다. 자신의 삶을 장엄한 무대등장의 연속으로 보았던 것뿐이 아니었다. 그는 무대에서 숨죽인 관객을 앞에 두고 번쩍이는 무대장치의 불빛 속에서 언제나 위대한 주인공 역할을 낭송하였다. 이 정권의 축제와 기념식에 대한 정열에서, 거대한 장식물들로 현실을 위조하려는 오래 묵은 욕구를 볼 수 있다. 마법처럼 차단하는 벽의 역할을 하는 빛의 지붕은 이러한 욕구의 가장 적절한 상징일 뿐 아니라 알버트 슈페어가 보고하듯이 극단적으로 지루한 현실을 가려보려는 소망이 그에게 이런 창안을 하도록 영감을 주었다. 봉급을 받으며 살만 찐 정치 지도자들의 비만을 어둠과 날카로운 빛의 효과로 감춰보려는 의도였던 것이다.[13]

자기양식화와 두려움

거대한 의식을 향한 그의 이런 성향은 긴장된 양식화 의지를 드러내고 있다. 그것은 언제나 혼돈의 위협을 받는 불안한 존재에 대해 질서의 승리를 보이려는 시도였다. 공포의 의식에서 나온 악마 쫓는 기술이었다. 동시대의 예리한 사람들은 이 모든 행진기둥들, 깃발의 숲, 인간의 집단을 바라보면서 그것을 원시부족들의 의식과 비슷한 것으로 여겼지만 꼭 그런 것만은 아니었다.

심리적으로 관찰해보면 히틀러의 존재의식을 일찍부터 특징지었고, 언제나 새로운 역할의 도움을 받아서 세상을 향한 방향과 근거를 찾아내도록 자극한 것은 바로 이 양식화 의지였다. 산책용 지팡이와 윤나는 가죽장갑을 끼고 린츠의 산책로를 걸으면서, 좋은 집안 아들에 게으름뱅이 대학생 행세를 하던 초기 시절에서 지도자, 천재, 선택된 자의 역할을 거쳐, 마침내 현실에서 바그너 오페라를 재현하려 한 종말에 이르기까지 그는 언제나 자기최면적인 가식과 인위적인 존재형식으로 자신을 드러내 보였다. 외교적인 기습에 성공하고 난 다음에 화려한 솔직성으로 자신을 '유럽 최고의 배우'라고 불렀는데[14] 그것은 자신의 능력뿐 아니라 자신의 욕구까지 표현한 것이다.

그리고 그것은 히틀러의 근본적인 동기인 불안과 공포에서 나온 욕구였다. 그는 아주 정확하게 감정을 묘사해 보일 수 있었지만 그럴수록 그것을 내보이는 일을 극히 꺼렸다. 그는 임의적인 요소를 억눌렀다. 그러나 눈에 띄지 않는 개별적인 특성들이 그를 폭로하였다. 특히 잠시도 가만 있지 못하고, 심지어는 기념비처럼 굳어 있는 순간에도 불안하게 이리저리 움직이는 그의 눈이 그를 폭로하였다. 비스듬히 내뻗은 손 뒤로 얼굴을 가린 채 멋대로 나오는 동작을 피하기 위해 웃음을 짓곤 하였다. 또한 그는 자기 개와 놀다가 들키는 것을 몹시 싫어하였다. 여비서들 중 한 명이 보고하듯이

누군가 자기를 관찰한다는 사실을 깨닫기만 하면 그는 '개를 거칠게 쫓아버렸다.'[15]

1934년 윗소금산에서의 히틀러.

우스꽝스럽게 보일까 봐, 혹은 집안을 관리하는 사람일지라도 어쨌든 주변의 실수로 자기 체면이 깎일까 봐 그는 늘 조바심냈다. 그리고 새 양복이나 새 모자를 쓰고 대중 앞에 나서기 전에 항상 사진을 찍게 해서 그 효과를 검증해보곤 하였다. 자신은 절대로 수영도 보트도('보트에서 무엇을 잃을까마는!') 말도 타지 않는다. 그리고 자신은 "절대로 바보의 친구가 아니다. 그들이 얼마나 쉽사리 제 길을 벗어나는지는 열병식을 해보면 금세 드러나곤 한다."[16] 그는 삶이란 거대한 관객을 앞에 두고 언제까지나 계속되는 일종의 열병식이라고 생각하였다. 그래서 그는 괴링에게 담배를 끊어야 할 가장 특징적인 이유를 댔다. 기념 조각상을 만들 경우 '담배를 입에 문' 모습으로 묘사될 수는 없다는 것이다.

하인리히 호프만이 1939년 가을 모스크바에서 손에 담배를 들고 있는 스탈린의 사진을 가져왔을 때 히틀러는 그것을 보자마자 동지 의식에서 그 사진이 출간되는 것을 금지시켰다. 독재자의 기념비적 사진에 악영향을 주지 않기 위해서였다.[17]

같은 이유에서 그는 사생활이 들통나는 일을 몹시 꺼렸다. 단 한 통의 개인적인 편지도 전해지지 않는다. 에바 브라운(Eva Braun)조차도 꼭 필요한 말만 적은 간단한 메모를 받았을 뿐이며, 조심하기 위해서 이 메모들도 우편으로 전달된 적이 한 번도 없었다. 그리고 마지막 순간까지 그녀와의 관계를 대부분의 측근에게까지 감추기 위해 보여준 우스꽝스러운 거리 유지도 또한 거창한 폼을 잡지 않고는 살아갈 수 없는 그의 특성을 증언하고 있다.

그가 남긴 가장 개인적인 편지는 역설적인 일이지만 린츠 시당국에 보낸, 스물네 살난 병역기피자의 사면을 요청하는 편지였다. 히틀러는 때때로 말하기를 "정치 지도자의 생애의 체험은 극히 중요한 것이다. 말로 할 수 있는 것을 절대로 글로 써서는 안 된다. 절대로!"

또 다른 자리에서는 이런 말도 했다. "너무 많은 글들이 씌어지고 있다. 연애편지로 시작되지만 정치적 편지로 끝나게 된다. 그리고 이런 일에는 언제나 얼마간의 부담이 있게 마련이다."[18]

그는 언제나 자신을 관찰하고, 시민계층 측근 한 사람이 보고한 바에 따르면 문자 그대로 생각 없는 말은 한 번도 뱉은 적이 없었다. 그는 은밀한 욕망, 감추어진 감정, 임시 대용물들만을 알았다. 히틀러가 감정적으로 자제하지 못하고, 거칠게 행동한다는 널리 알려진 이미지는 법칙과 예외의 관계를 정확하게 거꾸로 뒤집은 것이다. 그는 생각할 수 있는 한 가장 집중된 존재였고, 경련이 일어날 정도로 엄격하게 훈련된 인물이었다.

히틀러의 연극적 기질

히틀러의 그 유명한 분노의 폭발도 사실은 심사숙고해서 펼치는 자기 흥분이었다. 초기의 관구 지도자 한 사람은 미쳐날뛰는 히틀러가 문자 그대로 침이 입술 가장자리에서 턱으로 흘러내리고 분노로 정신을 잃을 것처럼 보였는데, 그럼에도 불구하고 단 한 순간도 예외 없이 지적으로 정확하게 통제된 논리적 근거를 제시해서 이 모든 겉모습이 거짓이라는 사실을 폭로했던 일을 묘사하고 있다.[19]

그가 일부러 광중에 대한 '신성한 두려움' 같은 것을 만들어내려 애썼다고 추측하는 것은 물론 지나친 일이다. 그렇지만 히틀러가 그 같은 상황에서도 자기 통제력을 잃어버리지 않고, 다른 사람들의 감정과 자신의 감정까지도 이용하려 했다고 전제할 수는 있을 것 같다. 대개 처음에는 합리적으로 계산하는 사려 깊음이 먼저 나타나고, 그것이 실현되는 과정에서 비로소 상황에 맞게 자신의 기질을 터뜨렸다. 그는 잔인하거나 가차없는 것뿐 아니라 감동적인 매혹으로도 이익을 얻을 줄 알았다. 눈물을 흘리거나 간청하거나 자주 묘사되는 미칠 듯한 흥분에 빠져들 줄을 알았다. 그러한 흥분은 마지막까지 모든 대화상대자를 깜짝 놀라게 만들지만 또한 매우 자주 그들의 저항을 깨뜨렸던 것이다.

그는 '이 세상에서 가장 끔찍한 설득력'을 가졌다. 게다가 상대방에게 최면적인 힘을 행사하는 능력도 있었다. 당 지도부, 그와 고락을 함께한 관구 지도자인 옛날의 전우들은 의심할 바 없이 '한 더미의 서로 대치되는 어릿광대이며 이기주의자들'이었지만 전통적인 의미에서 복종적이지만은 않았다. 장교들 일부도 마찬가지였다. 그런데도 히틀러는 그들에게 멋대로 자기 의지를 강요하였다. 권력의 정상에서뿐만 아니라, 그 이전에 거의 주목도 받지 못하던 정치적 우파의 주변인물에 불과했던 시절에도 그랬고 마지막에 한때 강력하던 남자의 타버린 껍질에 불과하던 시절에도 여전히 그랬다. 특히 연합국의 외교관들 몇은 그의 마력에 빨려들어가서, 자기 정부의 대변자라기보다는 오히려 히틀러의 신임인물 노릇을 하는 것처럼 보일 정도였다.[20]

풍자만화가가 오랫동안 그려낸 것과 달리 히틀러는 대화상대자들을 대중집회처럼 대한 적이 없었다. 그의 수단이 하멜른의 쥐잡이처럼 다양했기 때문에 그는 개인적인 담화에서 더 큰 효과를 보았다. 그에 비해 대중집회의 분위기는 그를 언제나 날카로운 흥분상태로 몰아넣곤 했다. 게다가 마이크를 사용하게 되면서부터 자신의 음성이 금속성으로 확대되는 것이 그를 몹시 흥분시켰다.

자기 기질을 선동가적으로 이용하는 히틀러의 능력이 외국에 있는 도이치 교민에 대한 태도에서 가장 뚜렷하게 드러났다고 지적한 것은 옳은 일이었다.[21] 남부 티롤, 폴란드, 발트해 연안 국가 등에 있는 도이치 사람들은 그의 외교 개념이 요구하기 전까지는 전혀 그의 관심사가 아니었다. 그러나 상황이 바뀌면서 "민족의 이 소중한 아들들에게 가해지는 참을 수 없는 부당함"이 그를 분노에 빠뜨리곤 하였다. 분노의 폭발은 단순히 연기(演技)된 정도가 아니었다. 날카로운 관찰자의 눈에 인위적인 흥분의 요소는 보이지 않을 수 없었다. 그는 남 몰래 이 분노를 이용하기까지 하였다. 그의 특기할 만한 감정이입 능력과 배우적 재능은 그에게 상당히 쓸모가 있었다. 그는 종종 대화가 진행되는 동안 다양한 측면을 드러내보이고, 억눌린 어조로 말을 하다가 갑작스러운 연극적인 단절을 보이면서 깜짝 놀라게 만드는 폭발로 옮겨가곤 하였다. 주먹으로 책상을 내리치거나 신경질적으로 안락의자 팔걸이를 두드리고, 짧은 시간 간격 사이사이 사려 깊다가, 솔직하다가, 고통스러워하다가, 승리에 넘친 모습을 보이곤 하였다.

수상직에 오르기 이전에 그는 친근한 사람들에게 가끔 다른 사람의 흉내를 내보였다. 한 번은 고약하지만 대단히 훌륭하게 뒷날 루덴도르프의 아내가 된 마틸데 켐니츠를 흉내내 보였다. 그녀가 자기를 '결혼으로 유혹하려고 하는' 모습이었다. "히틀러는 이른바 이 고귀한 부인의 사제적인 껍질, 철학적인 껍질, 학문적인 껍질, 에로틱한 껍질, 그밖의 껍질들을 하나하나 벗겨내서 고약하고 악의적인 양파 하나가 달랑 남게 만들었다."[22]

음악에 대한 관계

그는 자신이 음악 애호가라고 생각했지만 그것은 잘못이었다. 사실상 음악은 그에게 거의 아무것도 아니었다. 리하르트 바그너의 모든 오페라를 수도 없이 방문하였고, 〈트리스탄〉이나 〈장인 가수〉만도 각기 백 번 이상을 들었다. 그러나 협주곡이나 실내악 작품들은 거의 완전히 그의 관심 밖이었다. 그 대신 셀 수도 없이 여러 번 〈유쾌한 과부(Die Lustige Witwe)〉와 〈박쥐(Fledermaus)〉(리하르트 슈트라우스의 오페레타 : 역주)를 장엄하고 무미건조한 애착을 지니고 방문하였다. 그는 오직 임시 변통으로만 가끔 음반을 들었다. 음반으로는 무대장면을 볼 수가 없기 때문이었다. 그럴 경우에도 장대하고 기술적으로 어렵고 화려한 부분에만 한정시켰다.

오페라를 방문한 후에도 그는 오직 무대기술이나 연출에 대한 이야기뿐이고 음악적 해석에 대해서는 거의 한 마디도 없었다는 사실이 측근들에 의해 강조되곤 하였다.[23] 엄격하게 말하자면 그에게 있어 음악이란 연극적인 효과를 높이기 위한 극히 상징적인 음향수단 이상이 아니었기 때문이다. 물론 음악은 그에게 없어서는 안 되는 것이었다. 그는 음악이 없는 연극작품과는 거의 아무런 관계도 맺지 않았다. 그의 여비서들 중 한 사람은 그의 도서관에 단 한 권의 고전 작품도 없었다고 말했다.

바이마르를 그토록 수없이 방문했어도 한 번도 극장을 찾은 적이 없었고 오직 오페라만 보러 갔다. 오페라의 최고 표현은 〈신들의 황혼〉의 마지막 장면이었다. 바이로이트에서 신들의 성(城)이 음악적 흥분 속에서 불타 무너져 앉을 때마다 그는 로열석의 어둠 속에서 자기 옆에 앉아 있는 비니프레트 부인의 손을 잡고 감동에 겨워서 그녀의 손에 입을 맞추었다.[24)]

이런 연극적 욕구는 그의 본질의 근본을 건드렸다. 그는 무대에서 움직인다는 특별한 느낌을 가졌다. 그리고 모든 것을 압도하는 주요행동과 국가적인 행동을 필요로 하였고, 번개와 요란한 양철음을 동반한 극적인 효과를 필요로 하였다. 관객을 지루하게 할지도 모른다는 흥행주의 오래된 공포심에 사로잡혀서 그는 히트 작품을 생각하고, 과거의 무대를 능가하기 위해 모든 수단을 다했다. 그의 정치적 활동성을 특징짓고, 그러한 활동에 상대방을 압도해서 숨막히게 만드는 특성을 부여하는 부지런함은 바로 이것과 관계가 있다. 그것은 또한 파국과 세계화재에 대한 열광과도 관계된다. 파국과 세계화재에서 그는 염세적인 최고 효과의 가능성을 보았다. 정확하게 관찰해보면 그는 모든 이념보다 효과를 더욱 믿었다. 근본적으로 그는 연극적 존재였고, 자기가 현실에 마주세운 저 연극적 가상세계만이 그의 본래의 세계였다. 그에게 붙어 있는 진지함의 결핍, 위선자 같은 태도, 멜로드라마적 요소, 싸구려 무법자의 요소 등은 바로 거기서 기원한 것이다. 현실을 무시하는 태도도 마찬가지로 거기서 유래하였다. 그런 태도가 본래의 예리한 현실감각 및 근본적인 집중력과 결합되어 있는 동안 그것은 그의 강점이 되었다.

자기 존재를 신화로 만들기

자기 존재를 신화로 만들려는 시도들은 자기양식화를 위한 이러한 노력들 중에서도 특수한 역할을 하였다. 히틀러의 보수적인 동반자들 중 한 사람은, 그가 한 번도 자신의 하잘것없는 출신과 '높은 출세' 사이에 존재하는 부조화에 대한 감정을 잃어버린 적이 없다고 말했다.[25] 젊은 시절에 이미 그랬듯이 그는 모든 것을 변함없이 신분의 범주로 생각하는 사람이었다. 때때로 그는 분명하게 자신을 '노동자' 혹은 '프롤레타리아'라고 부름으로써 자신의 불쾌한 출신의식을 뛰어넘어 보려고 하였다.[26] 그러나 낮은 신분을 신화적 후광으로 덮어보려는 노력이 더 컸다. 가장 하찮은, 가장 존경받지 못하는 계층을 불러들이는 것은 정치적 권력찬탈의 오래된 동기였던 것이다. 그가 연설의 도입부에서 '1차 세계전쟁의 이름 없는 병사'라거나, 섭리의 부름을 받은 '이름도, 돈도, 영향력도, 추종자도 없는 남자', 혹은 '무(無)에서 나온 고독한 방랑자'라고 자신을 소개한 것은 '민중에서 나온 남자의 신화'를 되풀이한 것이다.[27] 그가 주변에 화려한 제복 차림의 사람들을 두는 것을 좋아한 것도 같은 맥락에 속한다. 그 제복들을 배경으로 하면 자신이 입고 있는 단순한 바지의 파토스는 효과만점이 되는 것이다. 그에게 붙어 있는 소박한 요구와 또한 엄격함과 음울함, 여자 없는 생활, 은둔상태 등은 대중의 의식 속에 그가 고독하고 위대한, 선택의 짐을 짊어진 남자라는 이미지에 아주 잘 들어맞았다. 그것은 자기 희생의 비밀의식으로 보였다.

폰 디르크젠 부인이 자주 그의 고독을 생각한다고 그에게 말하면 그는 그녀의 말을 수긍하였다. "그렇습니다. 나는 정말 고독해요. 그러나 아이들과 음악이 나를 위로해줍니다."[28] 그 말이 보여주는 것처럼 그는 자기 자신과 자기 역할에 관해서 비꼬는 마음 없이 엄숙한 감정으로 자신을 바라보았다.

산장에서 그는 자기 앞에 펼쳐진 거대한 아랫산(Untersberg)을 바라보았다. 전설에 의하면 아랫산에는 프리드리히 황제가 잠들어 있다고 했다. 그는 언젠가는 돌아와서 적을 부수고 억압받는 민족을 고향으로 데려올 것이라고 했다. 히틀러는 상당히 감격해서 자신의 집이 이 산을 마주 보는 곳에 있다는 사실에 의미심장한 암시를 부여하였다. "그것은 우연이 아니야. 그 사실에서 나는 소명을 본다." 점점 더 자주 그는 그곳으로 돌아가 파묻혔다. 특히 '파괴시키는' 베를린 사람들이나 '거친' 뮌헨 사람들에게서 벗어나고 싶을 때면 그랬다.

그는 라인 지방의 기질을 더 좋아했고, 여러 해가 지난 다음에도 쾰른을 방문했을 때 대중이 열광하여 마음이 흔들리기 시작하던 모습을 즐겁게 회상하곤 하였다. "내 생애 최고의 환영이었다."[29] 자신이 선택받았다는 확신은 역사적 사명의 본질을 표현할 때마다 섭리를 부르도록 만들었다.

> 한 인간이 무엇을 할 수 있으며 그의 한계가 어디 있는가 하는 것은 내게 상당히 분명한 일입니다. 그러나 신에 의해 창조된 인간들은 또한 이 전능자의 의지를 따라 살아야 한다고 확신합니다. 신께서는 쉽게 자신을 포기하고 망치고 파괴하라고 민족들을 만드신 것이 아닙니다……. 개별적인 인간은 그 전체 본질과 행동이 극히 허약하지만 마지막에는 전능하신 섭리와 그 의지에 마주서게 됩니다. 그리하여 그는 섭리의 뜻에 따라 행동하는 순간에 비할 수 없이 강하게 되는 것입니다! 그렇게 되면 세상의 모든 위대한 현상들에 나타났던 저 힘이 그에게로 쏟아져 내려오는 것이죠.[30]

이러한 확신은 그의 이념적인 생각의 기초를 이루고 거기에 종교적인 원칙의 힘을 부여하였다. 그것은 그에게 강인함, 결단력을 주고, 흔들리지 않는 실천의지를 주었다. 그리고 동시에 자기 개인에 대한 숭배에 불을 붙이고, 우상숭배의 순수한 특성을 부여하기도 했다.

로버트 라이는 그가 절대로 잘못을 범하지 않는 유일한 사람이라고 말했고, 한스 프랑크는 그가 하느님처럼 고독하다고 했다. 그리고 지방 친위대 지휘자 한 사람은 지도자는 고작 열두 명의 제자를 가졌던 신보다도 더 위대하다, 히틀러는 결집된 거대한 민족의 선두에 서 있기 때문이라고 했다.

히틀러가 그러한 숭배를 냉정하게 물리치고, 이런 천재숭배의 형식들을 단순히 은유적으로만 이용하는 동안 그것은 상당한 에너지를 그에게 가져다주었다. 그러나 자신의 사명에 대한 빛나는 의식을 마키아벨리적인 계산으로 통제하는 일이 불가능하게 되었을 때, 그리고 그 자신이 자기의 초인

성의 표상에 굴복하였을 때 하강이 시작되었다.[31]

사회적 관계의 결핍

그의 사회적인 관계의 결핍은 자신을 신화로 만드는 이런 시선의 다른 측면에 불과하였다. 그가 높이 올라갈수록 그의 주변에 인간이 없는 공간은 커졌다. 지속적으로 그는 전보다 더욱 옛날 전우들의 온갖 접촉시도와 개인적으로 가까워지려는 요구에서 도망쳤다. 그는 모든 사람이 엑스트라나 도구가 되고 마는 연출적인 관계 이외에는 거의 다른 관계를 몰랐다. 사람들은 한 번도 정말로 그의 관심과 참여를 일깨우지 못했다.

우리는 "작은 민중과 충분히 결합될 수 없다."[32]는 그의 원칙은 이미 이런 의도적 표현 자체 안에 인위적인 특성이 드러나 있다. 그의 건축적인 애착도 거대한 배경의 건설에만 한정된 것이다. 그가 거주지구의 건설을 얼마나 지루하게 여겼는지 우리는 알고 있다.

그가 있는 자리에서는 대화가 불가능했다는 사실도 역시 동일한 사회적 빈곤화 과정의 또 다른 측면일 뿐이다. 여러 가지로 증언되고 있듯이 히틀러가 이야기하고 다른 모든 사람들은 경청하였다. 혹은 다른 모든 사람들이 서로 이야기하고 히틀러는 어찌할 바 모른 채 앉아만 있었다. 정열 없이, 주변과 차단된 채, 눈을 내리뜨고, 어떤 참석자가 보고하듯이 '무시무시한 방법으로 이를 쑤시면서' 그렇게 앉아 있는 것이다. "혹은 그는 불안하게 오락가락하였다. 그는 아무도 말하지 못하게 하였다. 누구의 말도 끝까지 듣지 못하고 이 주제에서 저 주제로 마구 도망쳐다녔다."[33]

그의 듣기 능력도 라디오에서 나오는 외국 정치가의 연설을 끝까지 들을 수 없을 정도였다.[34] 따라서 그는 방심하거나 아니면 독백을 할 수 있을 뿐이었다. 독서는 그만두었고 주변에는 경탄하는 사람이나 예스맨들만을 두었기 때문에 그는 점점 더 두터운 지적인 고립상태에 빠져들었다. 자기 자신과, 사방에서 되풀이되는 자신의 독백의 메아리만을 상대하는 폐쇄된 공간이었다. 그러나 고독이야말로 그가 찾고 있는 것이었다. 그는 확장하거나 변화시키지 않고 더욱더 강화시킨 초기의 강령적인 확신들에만 붙박여 있었다.

그는 자기 음성에 매혹되고, 사색의 풍성한 자유에 매혹된다는 말을 거듭하였다. 헤르만 라우슈닝이 전하는 30년대 초의 대화는 온갖 양식화에도 불구하고, 자신의 장광설에 매혹되어 말 만드는 환상적인 가능성들에 귀를 기울이는 한 남자의 병적인 음조를 들려준다.

총통 사령부의 원탁 대화에서도 분명히 집중력이 떨어진 상태이긴 하지만 비슷한 것을 볼 수 있다. 히틀러는 "말이란 탐구되지 않은 영역에 다리"를 건설하는 것이라고 말했다.[35]

무솔리니가 독일을 방문했을 때 히틀러는 식사가 끝난 다음 한 시간 반 이상을 쉬지 않고 손님을 향해 떠들었다. 초조하게 기다리는 상대방에게 반격의 기회를 한 번도 주지 않았다. 모든 방문객이나 동지들은 비슷한 경험을 가졌다. 이 쉬지 않는 사람의 언변이 끝도 없이 계속되는 밤이면 총통 사령부의 장군들은 절망적으로 잠과 싸우면서 예술, 철학, 종족, 기술, 역사 등에 대한 '성스러운 세계잡담'을 대책 없는 존경심으로 들어야 했다. 그에게 필요한 것은 언제나 청중이었다. 청중은 그의 생각을 완성시키기도 하고 자기 흥분에 빠지도록 만들기도 하는 일종의 엑스트라였다.

어떤 예리한 관찰자는, 히틀러가 '방금 모르핀 주사를 맞은 사람'처럼 방문객들을 놓아보낸다고 적었다.[36] 때때로 핑계가 성공할 경우에는, 다만 더 끝없이 계속되는, 한계도, 질서도, 끝도 모르는 연상작용을 위한 자극제가 될 뿐이었다.

그런 관계의 빈곤은 인간적으로는 그를 격리시켰지만 정치적으로는 그에게 이로웠다. 그는 사람들을 오직 게임판의 장기말처럼 여겼다. 아무도 이 거리를 극복하지 못했다. 그에게 가장 가까웠던 사람들도 그에게는 조금 덜 멀었을 뿐이었다. 그의 가장 강렬한 감정은 죽은 사람들을 향한 것이었다. 윗소금산의 개인적인 공간에는 어머니의 초상화와, 아버지가 아니라 1936년에 죽은 운전기사 율리우스 슈레크의 초상화가 걸려 있었다. 그리고 죽은 겔리 라우발은 살아 있을 때보다 그에게 오히려 더 가까운 존재가 되었다. "어떤 의미에서 히틀러는 인간적이지 않다. 닿을 수 없고, 건드릴 수

없는 존재다."라고 마그다 괴벨스가 이미 30년대 초에 말했다.[37)]

권력의 정상에서, 그리고 수백만의 관심의 한가운데서 그는 빈이나 뮌헨 시절 가장 가까운 사람들에게조차 생활환경을 알리지 않았던, 속을 알 수 없는 젊은 남자의 면모를 아직도 지니고 있었다. 히틀러가 때로 감상적인 생각에서, 광채와 사치스런 삶에 길든 시민성에 대한 젊은 날의 꿈의 실현이라고 여겼던 알버트 슈페어는 뉘른베르크 재판에서 이렇게 설명하였다. "히틀러에게 친구가 있었다면 나는 분명히 그중 한 명이었다."[38)]

그러나 슈페어도 이 거리를 뛰어넘지는 못했다. 그렇게 많은 낮과 밤을 함께 계획하면서 보내고 자신을 잊은 거대한 망상에 함께 빠져들었으면서도 그는 히틀러가 좋아하는 건축가 이상은 아니었다. 히틀러가 특별한 존경의 뜻으로 그를 '천재적'이라고 말했지만 전문적 문제를 넘어서는 신뢰를 그에게 주지는 않았다. 에로틱한 동기의 흔적들을 가진 이 관계에도 나타나지 않는 친밀감이 다른 관계에 나타날 리가 없었다.

에바 브라운

겔리 라우발과 달리 에바 브라운은 단순히 그의 정부였을 뿐이다. 그녀는 이런 관계에 당연히 따르는 온갖 두려움, 비밀, 굴욕 등을 맛보았다. 그녀는, 뮌헨의 '4계절' 호텔에서 저녁을 먹으면서 세 시간 동안이나 히틀러 옆에 앉아 있었지만 그에게 말을 거는 일을 금지당했던 경험을 말하고 있다. 출발 직전에 그는 '돈이 든 봉투'를 그녀에게 꽂아주었다. 그는 그녀를 20년대 말에 하인리히 호프만의 사진관에서 알았다. 그리고 어쩌면 이 관계가 겔리 라우발을 자살로 몰고간 동기들 중의 하나였을지도 모른다. 조카가 죽은 뒤 얼마 있다가 히틀러는 그녀를 자신의 애인으로 만들었다. 그녀는 소박한 꿈과 생각을 가진 단순한 처녀였다. 사랑, 유행, 영화, 수다떠는 일 등이 주요 관심사였고, 버림받을까 봐 끊임없이 걱정하고, 히틀러의 이기적인 변덕과 폭군 가장의 요소로 고통받는 여자였다. 규제욕구에서 그는 그녀에게 일광욕, 춤, 담배 등을 금지하였다("에바가 담배 피우는 꼴을 보기만 한다면 곧장 끝장내고 말겠어"). 그의 질투심은 대단했지만 동시에 그는

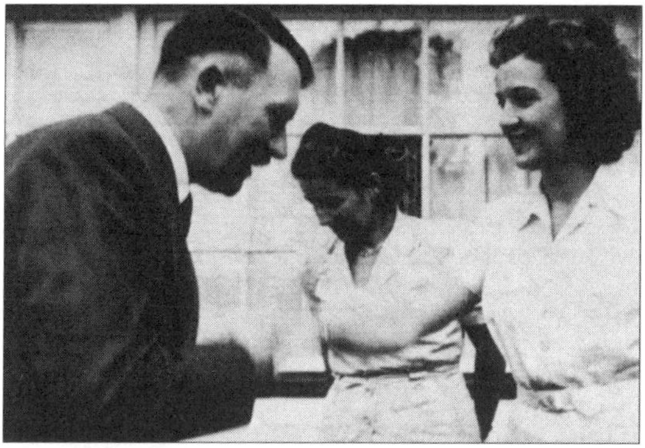

히틀러와 에바 브라운.

모욕적인 방식으로 그녀를 무시하였다.[39] '완전히 혼자가 아니기' 위해서 그녀는 여러 번이나 '강아지'를 소원하였지만("그럼 정말 좋겠어요") 히틀러는 말없이 무시해버렸다. 오랫동안이나 그는 거의 모욕적일 정도로 허약한 관계만을 유지하였다. 그녀가 남긴 일기장은 그녀의 불행한 처지를 알려주고 있다. 다음의 구절들은 특징적이다.

> 나는 단 한 가지 소원뿐이다. 심하게 병이 나서 적어도 8일 동안 그에 대해서 아무것도 몰랐으면 싶다. 어째서 내게는 아무 일도 안 일어날까, 어째서 나는 이 모든 것을 견디어내야만 하는 걸까? 차라리 그를 몰랐더라면. 나는 절망상태다. 다시 수면제를 산다. 그러면 비몽사몽에 빠져서 그렇게 많은 생각을 안 하게 되겠지.
>
> 어째서 악마는 나를 데려가지 않는지. 악마 곁에 있는 것이 여기 있는 것보다 낫겠다. 세 시간 동안이나 칼튼 앞에서 기다렸다. 그리고 그가 온드라에게 꽃을 사주고 그녀를 저녁식사에 초대하는 꼴을 보아야만 했다. 그는 특별한 목적을 위해서만 나를 필요로 한다. 다른 것은 가능하지 않다.
>
> 나를 사랑한다고 말할 때면 바로 이런 순간을 뜻하는 것이다. 그가 한 번도 지키지 않은 약속들과 꼭 같다. 어째서 그는 나를 이토록 괴롭히면서 곧장 끝내지 않는 걸까?

겔리 라우발이 죽은 지 일년 뒤에 에바 브라운은 자살을 시도하였다. 2년 뒤인 1935년 5월에 그녀는 한 번 더 자살하려고 했다. 일기장은 이 스물세 살짜리 처녀의 절망을 보여준다.

히틀러가 1935년 중간에 석 달 동안이나 그녀에게 '단 한마디도' 소식을 보내지 않고, 얼마 전부터 〈발퀴레〉 가수 하나와 함께 다니고 있다는 소식을 들었을 때 그녀는 과도한 분량의 수면제를 먹고 편지를 썼다. 이 편지에서 그녀는 히틀러에게 다른 사람에게 대필시켜서라도 소식을 보내달라고 청했다. "맙소사, 그가 오늘도 답장을 안 보낼까 겁난다."는 것이 이 시기에 씌어진 마지막 말이다. "나는 서른다섯 알을 먹기로 결심하였고, 이번에는 정말 '확실한' 것이 될 것이다. 그가 적어도 다른 사람을 시켜서 전화라도 걸어온다면."

에바 브라운은 자살을 두 번 시도하였다. 1932년 11월에 벌써 첫 번째 시도를 하였다. 목에 권총을 쏘았다. 두 번째는 1935년 5월 28일에서 29일로 넘어가는 밤에 일어났다. 아마도 그 때문에 히틀러는 불안해졌던 것 같다. 특히 겔리 사건을 아직 기억하고 있었기 때문이다. 겔리의 어머니이며 히틀러의 이복누이인 라우발 부인이 1936년에 산장을 떠나고 그 자리에 대신 에바 브라운을 데려오자 이 관계는 안정되었다. 그녀는 여전히 절반쯤 감추어진 존재였고, 뒷문이나 옆계단으로 몰래 드나들어야 했다. 그리고 그가 식사 때 자기를 혼자 놓아두면 히틀러의 사진으로 만족하였다. 그녀는 베를린에 오는 것이 금지되었고, 손님들이 들어서면 히틀러는 그녀를 거의 언제나 방에서 나오지 못하게 했다. 그러나 그녀의 안정감이 커지면서 그에게도 작용을 하여 그녀는 곧 그의 가장 가까운 측근에 끼게 되었다.

그는 그들 앞에서 위대한 남자 노릇을 그만두고, 차 마시는 시간에 안락의자에서 잠이 들기도 했다. 저녁 때면 헐렁한 바지를 입고 영화관에 가거나 아니면 벽난롯가의 이야기에 초대하였다. 마음이 느긋해지면서 그의 거칠고 감정 없는 면모가 밖으로 드러나기도 하였다.

그는 그녀가 있는 자리에서 알버트 슈페어에게 이렇게 말했다. "아주 지적인 사람들은 원시적이고 바보 같은 여자를 얻어야 해요. 내 일에 참견하는 여자를 얻었다고 생각해보시오! 여가시간에 그저 휴식이나 취하는 거지."[40]

몇 개의 아마추어 소형영화에서 에바 브라운이 산장의 테라스에서 히틀러와 함께 있는 모습을 볼 수 있다. 약간 도가 지나쳐서 쉽게 믿기 어려운 변덕의 분위기가 언제나 나타나 있다.

히틀러의 평범한 하루 일과는 여러 모로 묘사되었다. 그는 정기적으로 틀어박히곤 하는 침실에서 아침이면 문을 조금 열고 문 옆 걸상에 놓인 신문을 집어들고 다시 틀어박힌다.[41] 산책, 여행, 건축 이야기, 손님 접대, 자동차 파티 등은 어떤 일정한 외적인 틀을 만들어내는 것이 아니라 하루의 시간을 연속적으로 산만하게 쪼개는 것일 뿐이다. 공식석상에서 분명한 스타일을 보여주는 만큼이나 하루의 일과와 임의의 기분에서는 개인적인 스타일을 거의 보이지 않는다. 그는 사생활이 없었다.

주변인물들

그의 주변인물들은 언제나 부관, 여비서들, 운전기사, 당번병들로 이루어져 있었다. 어떤 관찰자는 이렇게 묘사하고 있다. "장정들이 수행원의 일부를 이루었다. 짧은 고수머리, 평범하고 무뚝뚝한, 유약한 몸짓을 하는 사람들이다." 그는 변함없는 습관대로 비판할 줄 모르고 우둔하고 단순한 사람들과 함께 있기를 좋아했다. 그들이 "그 자신처럼…… 어떤 식으로든 삶의 길에서 쫓겨나" 있을 경우에는 특히 그랬다. 윗소금산에 머물 때마다 그는 그런 사람들을 데리고 언제나 똑같이 단조로운 모범에 따라 긴 저녁시간을 보내곤 하였다. 참가했던 사람 중 하나가 '아주 특이한 공허의 기억만' 남

았다고 말한 그런 저녁이었다.[42]

이런 저녁은 보통 서너 시간 계속되는 영화로 시작되었다. 히틀러는 비속한 재치와 감상적인 결말을 가진 사회희극 계통을 좋아했다. 하인츠 뤼만(H. Rühmann)의 〈추락한 비행사 크박스〉, 〈적포도주 럼 칵테일(Feuerzangebowle)〉, 바이스 페르들(W. Ferdl)의 하인 코미디인 〈두 마리 바다표범(Die beiden Seehunde)〉, 빌리 포르스트(W. Forst)의 오락영화 등이었다. 그리고 일반 영화관에서는 상연이 금지된 수많은 외국영화들도 그가 좋아하는 목록에 포함되었고, 열 번 이상이나 상연되었다. 이어서 모인 사람들은 지치고 녹초가 된 몸을 아무런 대화도 없이 벽난로 앞으로 옮긴다. 거대한 식탁에서도 그랬듯이 여기서도 여기저기 흩어진 거대한 가구들이 생각의 교환을 방해하였다. 히틀러 자신도 주변을 마비시키는 작용을 하였다.

"극소수의 사람만이 그가 있는 자리에서 기분이 유쾌하였다."고 옛날 동지 한 사람이 벌써 여러 해 전에 말했다. 한두 시간 동안 힘들게 질질 끄는, 언제나 지루한 이야기를 하며 지낸다. 때때로 히틀러는 말없이 자기 앞을 바라보거나 불 속을 뚫어질 듯이 쏘아본다. 그러면 나머지 사람들은 존경심과 피로가 뒤섞인 상태에서 침묵한다. "타오르는 불꽃이라는 똑같은 단정함을 언제나 앞에 두고 이 끝도 없는 모임에 참석하는 일은 대단한 자제력을 필요로 하는 것이었다."[43]

밤 2시와 3시 사이에 히틀러가 에바 브라운에게 형식적인 작별 인사를 고하고 곧 이어서 그 방을 떠나면 비로소 자유롭게 남겨진 사람들은 짧은 명랑함을 되찾았다. 베를린에서도 저녁시간은 비슷하게 흘러갔다. 다만 사람들이 좀더 많았고, 분위기가 좀더 긴장되었을 뿐이다. 어떻든 변화를 좀 가져보려는 모든 시도들은 히틀러의 거부에 부딪쳐서 실패하고 말았다. 그는 이러한 시간의 진부한 공허함에서 낮 동안의 양식화 스트레스를 보상받으려고 했다. 고독하게 불을 밝힌 창이라는 고전적인 전체주의적 선전 모티프는 이런 현실과는 아주 달랐다. "매일 밤 새벽 6, 7시경까지 그의 창에서 불빛이 새나오는 것을 보았다."고 괴벨스는 선언하였다. 청년단의 휴식시간의 텍스트에는 이런 글이 나온다.

수많은 밤이 이렇게 흘러가네
우리는 잠들고, 당신은 두려운 근심 속에 깨어 있네
수많은 밤들이 그렇게 스러져 가리라
당신이 생각에 잠긴 채, 그러다가 아침이면
밝은 눈으로 아침 빛을 바라보시리.[44]

히틀러의 유아증

1935년 여름에 히틀러는 윗소금산에 있는 주말주택을 과시적인 저택으로 확장하기로 결심하고, 새 집의 기초, 외관, 형태를 척도에 맞게 스케치하였다. 이 구상은 아직도 전해지고 있으며 그가 한 번 가진 생각에 대한 집착을 보여준다. 그는 한 번 세운 과제를 새로운 관점에서 새롭게 관찰하는 능력이 아예 없었다. 그의 스케치에는 언제나 원래의 구상이 아주 조금만 변경되어서 그대로 유지되었다. 그가 나중에 손님들을 향하여 세계에서 가장 큰 창문이라고 소개했던, 베르히테스가덴, 아랫산, 잘츠부르크 등이 내려다보이는 전망을 가진, 초공간적인 창문이 보여주듯이 균형감 상실도 두드러진 요소다.

에른스트 놀테가 통제되지 않는 욕심, 완강하고 억누르기 힘든 소유의지를 분석하면서 말한 대로 '히틀러 본질에 있는 유아적 요소'는 그가 성숙하지 못하던 시절에는 짧은 시간 안에 30, 40번이나 〈트리스탄〉을 보도록 만들었고, 제국 수상이 되어서는 반 년 안에 적어도 여섯 번이나 〈유쾌한 과부〉 공연을 관람하도록 만든 요소였다.[45]

이 유아적 요소는 일생 동안 계속되는 기록갱신의 욕구에도 반영되어 있다. 그것은 모두 자신의 젊은 시절과 그 꿈들, 상처, 원한을 제대로 극복하지 못한 남자의 성향이었다. 열여섯 살의 나이로 이미 린츠 박물관 건물벽에 붙은 120미터 길이의 장식띠(Fries)를, 이 도시가 '대륙에서 가장 거대한 조각띠'를 갖도록 100미터나 더 연장하고 싶어했다. 그리고 그 뒤 몇

해 동안 이 도시의 강물 위 90미터 높이에 '세계에 둘도 없는' 다리를 만들어주고 싶어하였다.[46)]

뒷날 수상이 되기 전에 대로상에서, 특히 미국산 대형 자동차들과 경주를 벌이곤 하던 일이나, 그 뒤로 여러 해 동안이나 자신의 메르세데스 자동차가 승리한 것을 기억할 때마다 느끼던 만족감 등도 이런 유아적 기본요소에 어울리는 행동이었다. 세계에서 제일 큰 창문이라는 생각은, 6미터 길이의 통짜로 된 대리석 책상판, 가장 높은 둥근 지붕, 가장 막강한 연단, 거대한 승리의 아치 등, 한마디로 말해서 거대한 비정상을 정상으로 만드는 온갖 허세에 다시 나타난다. 건축물을 구상하는 도중에 역사적으로 중요한 건물을 크기 면에서 '이겼다'는 말을 건축가들에게서 듣게 되면 그는 열광하였다.

제3제국의 거대 건축물들은 이런 유아적 기록갱신 욕구와 욕심 많은 독재자들의 전통적인 파라오 콤플렉스가 결합되어 나온 것이다. 이런 독재자들은 자기 개인에만 근거하는 정권의 허약함을 강력한 건축물로 뒷받침해보려 했다. 히틀러의 수많은 말들에서 이러한 목표의식을 잘 드러낸 예로 히틀러는 1937년 전국 당 대회에서 이렇게 말했다.

> 우리는 이 제국의 영원성을 믿기 때문에 이런 건축물들도 영원한 것이어야 합니다. 다시 말하면…… 1940년이나 2000년을 위한 것이 아니라, 우리 과거의 대성당들처럼 미래의 천 년을 견디어야 한다는 말입니다.
>
> 하느님께서 오늘날 시인과 가수들이 전사(戰士)이기를 바라신다면 그분은 이 전사들에게 건축가들을 보내주셨습니다. 그들은 이 싸움의 성과가 유일하고 위대한 건축물 안에 사라지지 않고 견고하게 남도록 애쓰는 사람들입니다. 이 나라는 문화 없는 권력이나 아름다움 없는 힘이 되어서는 안 됩니다.[47)]

미술과 건축

강력한 건축물의 도움을 받아서 히틀러는 한때 자신의 예술가의 꿈을 뒤늦게 만족시키려고 했다. 같은 시기에 나온 한 연설에서 1차 세계대전이

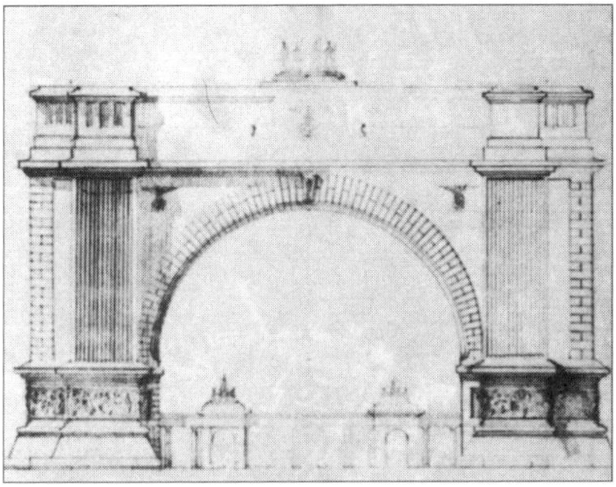

히틀러의 유아성은 거대한 비정상을 정상으로 만드는 온갖 허세에 다시 나타난다. 그는 건축물을 구상하는 도중에 건축가들에게서 역사적으로 중요한 건물을 크기 면에서 '이겼다'는 말을 듣게 되면 열광하였다. 히틀러의 스케치들.

"일어나지 않았더라면, 자신은…… 아마도—그렇다, 거의 확실하게—독일 최고는 아니라도, 최고 건축가들 중의 한 명이 되었을 것"이라고 말했다.[48]

이제 그는 독일 최고의 건축주가 되었다. 몇 명의 정선된 건축가들과 함께 그는 수많은 도시를 고쳐서 거대건물과 시설들을 세우는 일을 구상하였다. 그러한 구상들은 압도적 크기, 우아함의 결핍, 고대적인 형식요소 등이 합쳐져서 화려하게 통제된 공허의 인상을 불러일으켰다.

1936년에 그는 베를린을 '고대 이집트, 바빌론, 로마와 견줄 만한'[49] 세계의 수도로 만들 계획을 세웠다. 약 15년 안에 그는 도시 전체를 제국주의적 거대함을 가진 단 하나의 과시적 기념물로 개축하기를 원했다. 중심에 대성당식의 둥근 지붕 건물이 자리잡고 넓은 대로들, 번쩍이는 거대한 상들이 들어 있는 도시였다.

이 둥근 지붕 건물은 거의 3백 미터 높이의 세계에서 가장 높은 건축물로서 18만 명을 수용할 수 있도록 계획되었다. 내부의 총통석은 집채 높이의 황금 독수리 아래 자리잡고 있는데 이곳에서 그는 대게르만 제국의 국민을 통치하고 폐허로 변한 세계에 법칙을 부여해줄 꿈을 꾸었다. 이 건물은 5킬로미터 길이의 대로를 통해서 80미터 높이의 개선문들과 연결된다. 이 문들은 수많은 싸움과 세계제국 건설을 위한 전쟁에서 얻은 승리들을 상징하는 것이었다. 전쟁이 절정에 이르러 있을 때 히틀러는, 해마다 "일단의 키르기스 사람들이 제국 수도로 안내되어 와서 돌로 된 기념물들의 거대함과 힘으로 자기들의 상상력을 가득 채운다."[50]는 공상을 하였다.

이른바 총통관저의 계획안은 전체 스케일이 어느 정도인지 보여준다. 그것은 베를린 중심부에 대지 2백만 평방미터에 자리잡은 요새와 같은 궁전으로서, 히틀러의 거실과 집무실들 외에도 수많은 연회실, 로비, 옥상정원, 분수들과 극장 등을 포함하도록 계획되었다. 히틀러가 좋아한 건축가 알버트 슈페어가 뒷날 이 옛날 구상을 다시 보게 되었을 때 '세실 드 밀(C. B. de Mille)의 영화에 나오는 고대 페르시아 총독관저'를 연상한 것도 무리가 아니다.

그 안에서 히틀러는 멀리 떨어진 시대정신과 의사소통을 하였다. 이 지

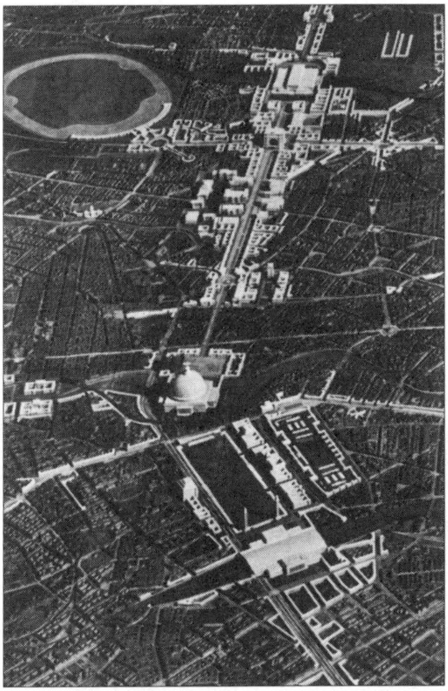
약 15년의 시간 안에 베를린을 제국주의적 거대함을 가진 단 하나의 과시적 기념물로 개축하기로 했다. 5킬로미터 길이의 화려한 대로는 제국의 새로운 중심점이 될 예정이었다.

하 합의의 증인들은 석상의 모습으로 모스크바와 파리, 워싱턴, 헐리우드 등에서 오늘날에도 구경할 수 있다.

거의 모든 대도시들에 대한 광범위한 개축 계획에서 예술가 정치가라는 히틀러의 이상이 실현되었다. 긴급한 국가업무 한가운데서도 그는 언제나 확대 건축가 회의를 위한 시간을 만들어냈다. 그는 밤에 잠을 이루지 못하면 자주 평면도와 건물 스케치를 하였다. 그리고 언제나 다시 수상관저 뒤에 있는 이른바 장관들의 정원을 거쳐서 슈페어의 사무실로 갔다. 그곳에서 30미터 길이의 조명등을 받고 있는 '거리 모델' 앞에서 이 젊은 건축가와 함께 결코 이루어지지 않을 공상의 건축에 열중하곤 하였다.

뉘른베르크 시에 '미래의 영원한 특성'을 주기 위해서 계획된 건축물들 중에는 40만 관객을 수용할 수 있는 경주장도 있었다. 그것은 역사상 가장 강력한 건축물의 하나가 될 예정이었다. 16만 개의 무대석을 갖춘 사열대, 퍼레이드를 펼칠 거리, 여러 개의 회의용 건축물들. 이 모든 것이 합쳐져서 거대한 사원을 이루는 것이다.

이 설계도는 1937년 파리 세계박람회에서 대상을 차지하였다. 슈페어의 지적에 따라서 히틀러는 건축재료에 특별한 주의를 기울였다. 건축물들이 부서져서 폐허로 남아도, 담쟁이가 뒤얽힌 거대한 건축물의 잔재가 그가 통치하던 시대의 위대함을 말해주도록 하기 위해서였다. 저 룩소르의 피라

미드가 파라오들의 권력과 영화를 말해주듯이 말이다.

뉘른베르크 회의 건물의 기공식에서 그는 이렇게 말했다. "우리 운동이 어느 날인가 잠잠해져도 수천 년이 지나도록 여기 이 증인만은 계속 말할 것입니다. 아주 오래된 성스런 너도밤나무 숲 한가운데서 사람들은 제3제국의 건축물들 가운데 제일 거대한 이 건축물에 대해서 경외심과 경탄을 보일 것입니다."[51]

그러나 건축은 히틀러의 특별한 관심이 선택한 예술 원칙일 뿐이었다. 그와 나란히 젊은 시절부터 계속된 관심으로 회화와 음악극장에 대한 애착, 근본적으로 모든 예술에 대한 애착이 나타난다. 한 시대의 예술적 등급은 정치적 위대성을 반영할 뿐이라는 생각에 맞게 그는 정치가의 원래 업적을 예술적인 생산에서 구하려고 하였다. 제3제국 초기에 나온 확신에 찬 예언들, '도이치 예술이 전례 없이 꽃피기' 시작했다든가, '아리안 사람들의 새로운 예술적 르네상스' 같은 예언들은 이런 이념적인 배경에서 바라보아야 한다. 그럴수록 페리클리스의 꿈이 사라지고 모든 노력이 전쟁신의 비더마이어(극단적인 간소와 실용을 모토로 한 19세기 도이치의 예술양식. 현실도피적인 은둔과 일상적인 것에 집착하는 특성을 보임 : 역주) 수준을 넘어가지 못하게 되었을 때 히틀러는 더욱 자극적으로 반응하였다.[52]

비더마이어적 은둔주의는 세상과 차단된 자신의 협소함을 자랑으로 여기면서, 젖빛 창문 뒤에서 본질을 생각하는, 엉터리 낭만주의적 어둠 숭배를 부채질하였다. 그것이 요구하는 것은 향기로운 흙더미, 철모 영웅주의, 눈덮인 산봉우리, 그리고 한결같이 강력한 노동철학이었다. 그토록 격렬한 민족적 방어 태세에서 나온 문화적인 위축감이 문학작품이나 조형예술에 뚜렷하게 드러났다. 해마다 뮌헨에서 열리는, 부분적으로는 히틀러 자신이 판정하기도 한 수집품 전시회는 비싸게 얻은 승리를 통해서 현재의 황폐함을 덮어보려는 시도였다. 거의 모든 예술연설에서 광범위한 자리를 차지하는 '11월 예술', 과거의 '예술적인 어리석음'에 대한 히틀러의 끝없는 비난은 그가 얼마나 단호하게 예술적 규범과 정치적 규범을 동일시하는지를 보여준다. 그가 '문화적 네안데르탈인들'을 의사의 보호나 감옥에 보내겠다

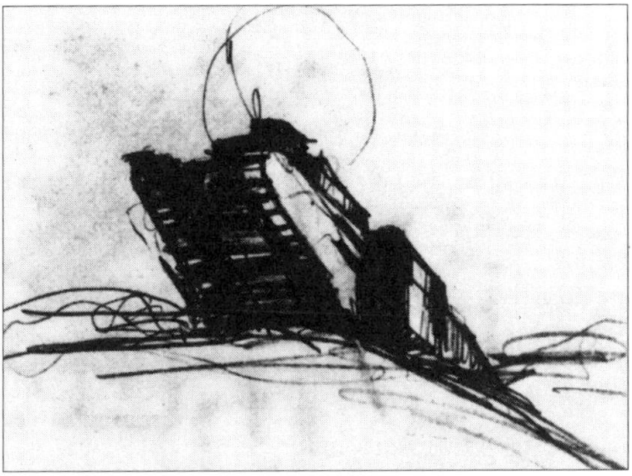

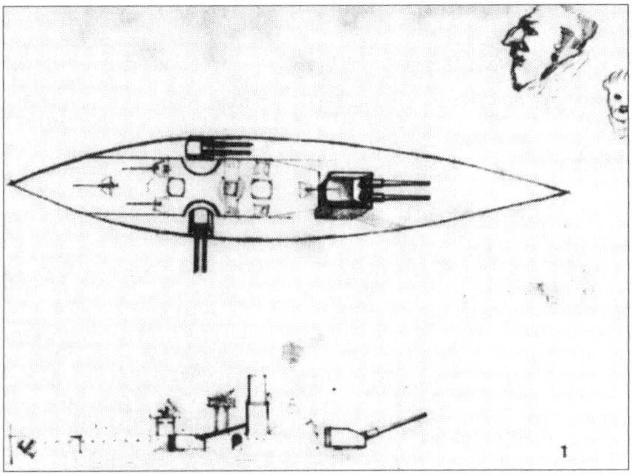

최근에 발견된 히틀러의 1925년도 스케치북에 들어 있는 설계도들. 과시용 건축물들, 둥근 지붕 홀, 탱크, 전함, 리하르트 바그너의 〈트리스탄〉을 위한 무대그림 등.

고 위협하고, '파렴치한 대담성의 부산물'에 불과한 이런 '국제적 엉터리 예술'을 파괴해버리기로 결정했다면 바로 그런 이유에서였다.[53] 1937년에 열린 '타락한 예술' 전시회는 이런 위협을 부분적으로 실천에 옮긴 것이다.

히틀러의 예술관에도 초기의 경직현상이 나타난다. 그것은 그의 사상세계와 관념세계를 특징짓는 것이다. 시대의 예술적 · 지적인 폭동의 곁을 아무런 관계도 없이 지나쳤던 빈 시절 이후로 그의 판단 범주는 전혀 변하지 않았다. 한편으로는 의고주의적인 냉정한 화려함, 다른 한편으로는 그럴싸한 데카당스, 안셀름 폰 포이어바흐와 한스 마카르트 등이 그가 좋아하는 예술적 방향지점들이었다. 그는 미술 아카데미 입학 실패자의 원한을 가지고 자신의 감각을 규범으로 격상시켰다. 그와 함께 그는 특히 이탈리아 르네상스와 초기 바로크 미술에 경탄하였다. 산장에 있는 상당수의 그림들은 모두 이 시기의 것이다. 티치안 파인 보르도네(Bordone)와 티폴로(Tiepolo)의 화려한 색채 스케치들에 대하여 그는 특별한 애착을 느꼈다. 도이치 르네상스의 화가들은 화려하지 않고 엄격하다는 이유로 거부하였다.[54] 그 자신의 수채화에 나타난 진부한 사실주의를 보면 추측할 수 있는 바이지만 그는 어느 경우에나 기술적인 정확성을 요구하였다. 그는 초기의 로비스 코린트(Lovis Corinth)를 좋아하였지만 일종의 천재적인 도취상태에서 만들어진 후기의 작품은 불쾌하게 여겨 박물관에 전시를 금지하였다. 그는 에두아르트 그뤼츠너(E. Grützner)가 술 취한 승려와 뚱뚱한 술집 주인을 그린 그림처럼 감상적인 풍속화들을 좋아하였다. 그는 측근들에게 생애 한 번은 성공해서 그뤼츠너 그림 진품을 소장할 수 있었으면 하는 것이 젊은 시절의 꿈이었다고 말했다.[55] 그래서 뒷날 뮌헨의 왕자섭정 거리에 있는 아파트에는 이 화가의 수많은 그림들과 함께 슈피츠 벡(Spitz Weg)의 부드러운 소시민들의 목가, 렌바호(Lenbach)가 그린 비스마르크 초상화, 안셀름 폰 포이어바흐의 공원 풍경, 그리고 프란츠 폰 슈툭(F. v. Stuck)의 〈죄〉의 여러 판본들이 걸렸다.

1925년 자신의 스케치북의 첫 페이지에 그려진 '도이치 국립미술관 설계도'에는 위에 거론한 화가들과, 오버벡(Overbeck), 모리츠 폰 슈빈트(M.

v. Schwind), 한스 폰 마레스(H.v. Marées), 데프레거(Defregger), 뵈클린(Böcklin), 필로티(Piloty), 라이블(Leibl), 아돌프 폰 멘첼(A. v. Menzel) 등이 나온다. 멘첼을 위해서는 다섯 개의 방을 할당하였다.[56] 이미 일찍부터 그는 대리인들을 통하여 이 예술가들의 모든 중요한 작품들을 사들이기 시작하여, 언젠가는 린츠에 자신이 미술관장인 미술관을 건립하리라 마음먹고 있었다.

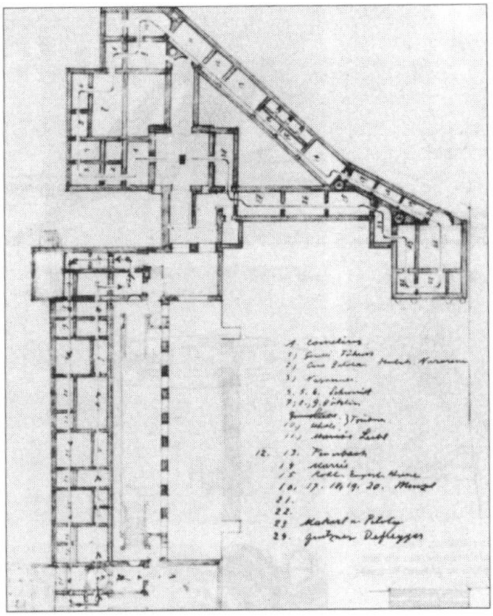

히틀러의 '도이치 국립 박물관' 설계도는 그가 좋아하던 19세기 화가들에 대해서 알려준다. 그는 친필로 이렇게 적었다. 멘첼을 위한 방 다섯 개, 슈빈트를 위해서 세 개, 뵈클린이 세 개, 포이어바흐가 두 개. 방 한 개는 그뤼츠너와는 데프레거를 위한 것, 다른 하나는 마카르트와 필로티를 위한 것.

그러나 그가 손 댄 모든 일이 그렇듯이 순식간에 강제로 초공간으로 확대되기 시작하였다. 그래서 린츠 미술관 계획은 측량할 수 없는 것으로 확대되었다. 처음에는 19세기를 대표하는 도이치 미술작품만을 모으려고 했지만 1938년 이탈리아를 여행하면서 이탈리아 박물관들의 풍요로움에 압도되고 자극받은 나머지 그에 견줄 만한 거대한 박물관을 린츠에 세우려고 하였다. 그리고 그것은 그의 공상 속에서 이미 '세계에서 가장 큰 박물관'으로 작동하기 시작하였다. 그러다가 이 생각은 전쟁 초기의 최종적인 상승을 거쳐서 전체 유럽 예술품의 새로운 분배 계획이 되었다. 그에 따르면 이른바 게르만 영향권에서 나온 모든 작품들은 독일로, 특히 독일의 로마인 린츠로 옮겨지고 수집되어야 한다는 것이다. 히틀러는 드레스덴 미술관의 총감독인 한스 포세(H. Posse)가 이러한 의도를 위해 적합한 전문가라고 보았다. 광범위한 협력자 팀을 이끌고 포세는 유럽 미술품 거래 시장에 나온 모든 물건을 검사하고 사들이거나, 특히 뒷날에는 점령 국가에서 모든 수준급의 예술작품들을 압류하였다. 그리고 여러 권으로 된

'총통 목록'에 기록하였다.

히틀러가 지적한 작품들은 뮌헨에 수집되었고, 전쟁중에도 그는 이 도시에 들를 때마다 맨 먼저 총통 건물로 향하였다. 새로운 수집품을 검사하고 현실과 멀리 떨어져서 확대 미술품 회의에 참석하기 위해서였다.

1943~1944년에만 린츠를 위해서 3천 점의 그림들이 수집되고 전쟁경비의 부담에도 불구하고 미술품 수집을 위해서 1억 5천만 제국마르크(RM)의 돈을 지불하였다. 뮌헨에 공간이 없어지자 히틀러는 수집된 보물을 호엔슈방가우 성이나 새 백조성, 수도원, 산의 동굴 등에 보관하도록 하였다. 전쟁 말기에는 14세기의 소금광산인 알트 아우스 호수(Alt-Aussee) 보관소에만 6,755점의 거장들의 미술품이 보관되어 있었다. 그밖에 스케치, 판화들, 고블랭, 조각상, 수많은 예술 가구들이 있었다. 통제할 수 없도록 확대된 유아적 소유욕의 최후 표현이었다. 그림들 중에는 레오나르도 다 빈치, 미켈란젤로의 브뤼그 마돈나, 루벤스, 렘브란트, 버메어의 유명 작품들, 반 아이크 형제의 겐트 제단 등이 있었다. 그리고 히틀러가 무솔리니에게 졸라서 선물받은 한스 마카르트의 〈피렌체의 페스트〉도 있었다.

총통 사령부의 지하 벙커에서 나와서 상부 도나우 관구 지도자인 아우구스트 아이그루버(A. Eigruber)를 통해 처형 협박과 더불어 전달된, 보관품에 대한 폭발명령은 지켜지지 않았다.[57)]

딜레탕티슴

히틀러 현상 위에는 언제나 특이하게 열등한 모습, 협소함과 서투름의 인상이 남아 있다. 그 수많은 승리들도 이런 인상을 없애지 못했다. 모든 개인적인 모습들은 여전히 그의 개성을 만들어내지 못했다. 그의 측근에서 나온 보고와 회고록들에서 그의 현상을 더 잘 알 수 있게 되지도 않았다.

그는 가면 쓴 비개성의 모습으로 자기가 지배했던 장면들을 통과해 간다. 역사상 가장 위대한 연설가의 한 사람이었으면서도 단 하나의 불멸의 공식도 찾아내지 못했듯이 그에 관한 일화들도 없다. 권력을 쥐고 제멋대로 움직였고 절대주의의 종말 이후로 다른 어떤 정치가도 해본 적이 없을 정도로 거침없이 제멋대로 굴었는데도 그렇다.

이토록 압도적인 괴벽스러운 개인적 요소 때문에 수많은 관찰자들이 그를 딜레탕트라고 불렀던 것이다. 그리고 실제로 이런 인물이 의무보다 취향, 법칙과 엄격한 지속성보다 기분 상태의 지배를 받은 것을 서술해놓고 보면, 히틀러는 정치에 침투한 딜레탕트였을 뿐이다. 그를 마침내 정치에 들어오게 만든 특성은 그의 삶의 초기 특성들에 이미 뚜렷하게 드러나 있었다.

그가 권력을 행사한 시기는 개인적인 것이 규범적인 힘이 된 유일한 경우였다. 그의 성공 비결인 거침없음과 과격성은 거기서 나온 것이었다. 진정한 호모 노부스(homo novus, 새로운 인간)였다. 경험도 게임법칙에 대한 존경심도 그를 가로막지 못했다. 그는 전문가의 망설임이라는 것을 알지 못했으며 어떤 일에도 뒤로 물러서지 않았다. 그는 직관적으로 시작하였으나, 위대한 의도에 따르는 실질적인 어려움에 대한 감정이 없었다. 그것은 언제나 어린아이 놀이거나 의지의 행동이었다. 그의 대담성은 자신이 대담하다는 사실을 의식하지도 못했다. '전문지식 없는 결단의 기쁨'[58]을 가지고 그는 아무데나 끼여들어서 다른 사람들은 생각지도 못하는 것을 말하고 간섭하고 실행하였다. 잘못의 고백에 대한 두려움이 딜레탕트적이었고, 적재 톤수, 총 구경, 통계적인 지식을 자랑하려는 욕구도 딜레탕트적이었다. 대규모에 대한 탐닉, 트릭과 속임수와 마법적인 효과에 대한 단순한 기쁨도 그의 딜레탕트 본질에 근거한 것이다. 그는 생각보다는 영감을, 열심보다는 천재를 더 믿었다.[59]

그가 과도한 스케일의 힘을 빌어서 덮어보려고 애쓴 것은 이러한 딜레탕티슴이었다. 그것을 보이지 않게 하기 위해서 그는 기념비 속으로 빠져들었다. 그런 점에서 보면 그는 19세기의 인물이었다. 척도든 인간이든 온갖 형태의 거대함에 압도당했다. 거대함은 모든 것을 정당화했으며 세계는 거대함을 위한 실험영역 혹은 단순한 배경이 될 뿐이었다. 니체의 과격한 말에 따라서 그는 민족이란 몇 명 안 되는 중요한 인물을 만들어내기 위한 자연의 우회로일 뿐이라고 확신하였다. 그는 자기 자신을 염두에 두고서 이렇게 말했다. "특수한 종류의 천재들은 정상적인 인류에 대해 어떤 고려도 하지 않는다." 자기들의 더 나은 통찰, 더 높은 의무가 온갖 냉혹함을 정당화해준다는 것이다. 그의 관념에서는 개인들의 총합이란 위대성과 역사적 명성에 대한 천재들의 요구에서 보면 단순히 '혹성세균'일 뿐이었다.[60]

히틀러 관념세계의 특징적인 요소는 천재, 위대함, 명성, 사명, 세계의 싸움의 이미지로 나타난다. 그는 사회적이 아니라 신화적으로 생각하였으며 그의 현대성은 태고의 모습들로 채워진 것이다. 세계와 인류, 이익들, 기질들, 에너지들의 복잡한 뒤얽힘은 본능으로 파악된 몇 개의 대상들로 축소되었다. 친구와 적, 선과 악이 있었다. 순수가 불순에 맞서고, 빈곤이 부유함에 맞서고, 독특하게 솟구쳐나오는 멋진 기사의 이미지가 보물을 지키는 용에 맞서는 것이다. 히틀러는 로젠베르크가 자신의 주요저서에 '잘못된 제목'을 달았다고 비난하였다. 로젠베르크는, 국가사회주의는 20세기의 신화를 정신에 맞세운 것이 아니라, "20세기의 신념과 지식을 19세기의 신화에 맞세운 것"이라고 지적한 적이 있었다.[61] 그러나 히틀러는 자신의 진술이 말해주는 것보다는 로젠베르크에게 더 가까이 있었다. 그의 합리성은 언제나 방법론적인 측면에만 한정되어 있었고, 그의 두려움과 감정의 어두운 구석을 밝혀주지 못했다. 몇 개 안 되는 신화적인 전제의 바탕에서 그는 계획적인 합리성으로 행동하였다. 냉정함과 잘못된 믿음, 마키아벨리즘, 마법에 빠져드는 행동 등을 뒤섞어서만 히틀러라는 전체 현상을 설명할 수 있다.

고대세계와 게르만

모든 세대에 나타났던 애국적인 교수들과 엉터리 예언가들의 논문 나부랭이에서 유래된, 제멋대로 조잡하게 얽어 만든 전제들이 전통적인 도이치 역사관을 결정적으로 특징지었다. 역사를 신화처럼 철천지 원수나 단회로(單回路) 수신기들로 가득 채우고, 단도로 찌르기, 니벨룽겐의 충성, 승리냐 절멸이냐의 과격한 양단논법에 익숙하게 만들었다. 국가사회주의가 이탈리아나 프랑스 파시즘과는 달리, 파시즘 사고의 원칙들에 속하는, '(찬란한) 역사를 통한 잘못된 안내'의 현상을 알지 못했다는 것[62]은 맞는 말이다. 도이치 국가사회주의는 자신의 명예욕과 영웅적인 모방충동을 동원할 만한 이상적인 시대를 갖지 못했다. 국가사회주의가 알았던 것은 역사의 비판적 부정이었다. 즉 과거의 약점과 깨어짐이라는 일그러진 이미지로 현재의 명예욕을 자극하려는 시도였던 것이다. 히틀러는 과거를 부정함으로써 무솔리니가 로마 제국의 영광을 불러들여서 얻은 것과 똑같은 정도의 역동성을 얻었다. 이러한 사태를 현재의 것으로 바꾸기 위해서는 오직 '베르사유' 혹은 '(베르사유) 체제 시대' 등과 같은 개념만 기억나게 만들면 충분했다.

괴벨스가 선전 책임자들에게 내준 언어법칙은 1918년부터 1933년까지의 시기를 근본적으로 '범죄적'인 시기로 묘사하라고 요구하고 있다.[63] 폴 발레리가 때로 말했듯이 역사란 인간 두뇌의 화학이 만들어낸 가장 위험한 산물이며, 그것은 민족들을 꿈꾸거나 고통받게 만들고, 민족들을 망상적으로, 분하게, 허영심에 넘치게, 견딜 수 없게 만드는 것이다. 어쨌든 20세기 전반부에 모든 민족들의 증오와 정열은, 온갖 종족 이데올로기들과 질투나 확장의지보다 잘못된 역사관을 통해서 더욱 강렬하게 자극되었다.

히틀러는 도이치의 어떤 시대에 대해서도 경탄하지 않았기에 과거를 부정하는 수단을 쓰는 수밖에 없었다. 그의 이상적 세계는 고대였다. 아테네, 스파르타('역사상 가장 분명한 종족국가'), 로마 제국 등이었다. 그는 카이사르나 아우구스투스를 아르미니우스보다 더 가깝게 느꼈고, 게르만 숲속에서 문맹으로 살던 조상들이 아니라 이 고대인들을 '모든 시대의 가장 개명한 정신들'로 여겼다. 그 종족들을 '내가 들어가는…… 올림포스 산'에서 다시 찾아내기를 희망하였다.[64]

이 고대 국가들의 몰락은 언제나 그의 마음을 사로잡았다. "자주 나는 고대 세계가 몰락한 원인에 대해서 곰곰 생각한다." 그는 이교도적인 가장 행렬이나 수많은 선사시대의 목동신앙들을 부활시키려고 하는 히믈러의 노력을 숨기지도 않고 비웃었다. 그리고 점토 조각 민속과 게르만 약초재배에 대해서 신랄하게 반응하였다. 자기는 "그런 일을 하진 않는다."고 말했다. “오늘날 선사시대 연구자들이 많이 발굴해낸 돌함지와 점토 항아리를 우리 조상들이 만들어내던 시기에 그리스에서는 아크로폴리스가 이미 건축되어 있었지.”[65] 또 다른 자리에서, “홀슈타인에서 멈춘 게르만 사람들은 2천 년이 지난 다음에도 여전히 야만인이었어……. (오늘날) 마오리 족보다 더 나을 게 없는 문화단계지.” 남쪽으로 내려간 사람들만이 문화적으로 상승하였다는 것이다. “우리 나라는 돼지의 땅이었어……. 누군가 우리에게 조상에 대해서 묻는다면 우린 언제나 그리스 사람들을 가리켜 보여야 하는 처지야.”[66]

고대말고는 특히 영국이 그의 경탄과 질투심을 불러일으켰다. 영국은 국민적으로 폐쇄되어 있고, 주인의식을 가졌으며, 대규모로 생각하는 능력을 가졌기 때문이다. 영국은 도이치의 세계 시민주의, 도이치의 무기력, 도이치의 편협함에 대립되는 모습이었다. 그리고 이 분야에서도 또다시 유대인이 은밀하고 사나운 경탄의 대상이며, 말할 수 없는 공포의 대상으로 나타난다. 그들의 종족적인 자폐성과 순수성, 선택의식, 냉혹함과 지성에 그는 경탄하였다. 근본적으로 그는 유대인을 부정적 초인으로 보았다. 게르만의 순수종족도 그들에게는 패배할 것이라고 그는 원탁에서 설명했다. 5천 명의 유대인을 스웨덴으로 보내면 그들은 짧은 시간 안에 모든 지도적인 위치를 장악해버릴 것이라고 했다.[67]

새로운 인간

이러한 이상(理想)의 모습들이 아무리 부정확하고 얼키설키 얽어 만든 것이라도, 이러한 모습들에서 그는 ‘새로운 인간’의 이념을 만들어냈다. 스파르타의 강인함과 욕심 없음, 로마인의 윤리, 영국인의 주인의식, 유대인의 종족적 모럴 등을 하나로 합친 유형이었다. 권력욕, 헌신, 광신주의로부터, 그리고 전쟁의 연기 속에서도 언제나 이 종족적인 환상이 다시 나타나곤 하였다. “국가사회주의를 단순히 정치운동이라고 이해하는 사람은 그것을 거의 제대로 이해하지 못한다. 그것은 종교 이상이다. 새로운 인간창조를 위한 의지인 것이다.”[68]

이것이야말로 모든 두려움과 부정을 대체하는 그의 내면 깊은 곳의 가장 위대한 생각이며 관념이었다. 즉 그의 긍정적 이념이었다. 이 세상의 모든 클링조르의 정원에서 허비된 아리안의 피를 다시 모아서 그 소중한 주발을 언제까지나 보존한다는 것, 그리하여 상처입지 않고 세계의 주인이 된다는 것이다. 모든 권력 전략적인 계산과 조소는 이 거대한 전망, 곧 새로운 인간 앞에서 멈춘다. 1933년 초에 이미 히틀러는 최초의 입법적인 조치들을 위한 계기를 마련하였다. 이 조치들은 목표로 삼고 있는 조작들의 목록으로 확장되었다. 일부는 이른바 종족 타락의 중지를 위한 것이며, 일부는 '새로운 인간의 양육을 통하여…… 민족의 재탄생'을 만들어내기 위한 것이었다.

1929년 뉘른베르크 당 대회의 폐회연설에서 히틀러는 이렇게 선언하였다. "독일이 해마다 백만 명의 아이들을 얻는다 치고, 그중 70만에서 80만까지 약한 아이들을 제거한다면 마지막에는 어쩌면 힘의 상승이라는 결과를 얻을 것입니다."

이 정권에서 지적인 사람들이 그러한 자극을 받아들여서 '퇴화되고 감염된 자들에…… 대항한 세계전쟁'을 호소하기에 이르렀다. 종족사상가 에른스트 베르크만(E. Bergmann)은 "대도시의 인간 쓰레기를 백만 명까지 치워버렸으면 한다"고 선언하였다.[69] 반유대주의 조치들과 나란히 '좋은 피의 안전'을 위한 수많은 활동들이 진행되었다. 그것은 결혼법과 후손 건강 특별법에서 시작하여 확대된 불임 및 안락사 프로그램까지 다양한 것들이었다.

교육 프로그램들이 우생학 프로그램들을 보충하였다. "'정신적인 종족'은 단순한 종족보다 더욱 단단하고 잘 견딘다."고 히틀러는 주장했다. 그리고 이런 주장의 이유로는 '육체에 대한 정신의 우월성'을 내세웠다.[70]

새로운 교육 체계는 국가정치적 교육기관(나폴라), 아돌프 히틀러 학교, 기사단의 성, 특히 로젠베르크가 조직했지만 초기단계에서 멈추어버린 고급 학교 등을 내세워서 종족적인 관점에 따라 선별된 엘리트를 이념적으로 교육하고 다양한 방면으로 준비시키기 위한 것이었다. 얼마 안 되는 심복들을 앞에 놓고 히틀러는 친위대에서 부분적으로 실현된 새로운 유형은 맹수 같고 악마적인 모습을 가지고 있으며, '겁 없고 잔인' 해서 그 자신도 그 이미지에 놀라게 된다고 말했다.[71] 그러한 형식들은 첫눈에 벌써 독서로 얻은 지식이라는 점이 나타나며, 전체주의 정권의 권력 및 자기보존의 필요성이 허용하는 것 이상의 문헌들을 포함하고 있다는 것을 알 수 있다. 전체주의 정권의 유지를 위해서는 악마적인 유형이 아니라 훈련된 유형을, 겁 없는 유형이 아니라 공격적인 유형을 필요로 한다. 그 공격성은 물론 길들여져서 임의의 목적을 위해서 쓸 수 있는 것이어야 한다.

그러나 어쨌든 히틀러의 독특성과 터무니없는 강인함은 문헌을 현실로 바꾸는 능력에서 나타났다. 새로운 인간의 상에 따라서 다가오는 대게르만 제국의 젊은 엘리트들이 양육되었는데, 이런 유형은 위에 말한 것과는 다른 방식으로 두려운 존재였다. 집중된 온순함과 소견 좁은 이상주의로 특징지어지는 그런 인간은 잔인하다기보다는 기계적으로 확고하고 완벽하였다. 히틀러가 1945년 2월 13일에 최후의 고백적인 독백에서 설명하고 있듯이 그런 인간은 일단 현장에 투입되면 대담하고, 주인의식으로 가득 차서 '다른 사람을 절멸시키라는 요구' 에 따를 존재인 것이다.[72]

그러나 그건 그림의 윤곽에 불과했다. 아리안 피의 정수와 우월성은 종족적으로 너무나 뒤섞여 있어서 그렇게 빨리 되찾을 수 없었다. "우리 모두 이렇게 뒤섞인, 상한 피로 병을 앓고 있다."고 히틀러는 때때로 설명하였다. 실제로 새로운 인간의 현상에서 특유의 불순과 허약이라는 병을 어렵지 않게 읽어낼 수 있다. 그는 오랜 시간을 계산에 넣었다.[73] 1939년의 어떤 연설에서 백 년이나 걸리는 과정이라고 말했다. 그런 다음에야 도이치 민족의 다수가 세계를 정복하고 지배할 수 있는 저 특징들을 지니게 될 것이다. 그는 이런 의도가 성공하리라는 점을 의심하지 않았다. 《나의 투쟁》의 마지막에 그는 이렇게 자기 생각을 적고 있다. "종족오염의 시대에 종족 최고의 요소들을 보살피는 일에 최선을 다하는 국가는 언젠가는 지구의 주인이 될 것이다."[74]

시간 공포

그 자신에게 그리 많은 시간이 주어지지 않았다. 근심을 불러일으키면서 진행된 종족 타락과 한 인간의 삶의 순간이 짧다는 의식이 그를 앞으로 몰아갔다. 게으른 천성에도 불구하고 그의 삶은 열병과 같은 부지런함으로 특징지어진다. 1928년 7월에 이미 그는 어떤 편지에서 자신은 이제 서른 아홉이다, 그러니 자신의 '엄청난 의무'를 위해서는 '가장 좋을 경우에도 고작 20년이 남아 있을 뿐'이라고 썼다.[75] 자신의 생애 동안 많은 것을 성취하지 못하고 시간이 흘러가버리지 않을까 하는 근심이 그때부터 언제나 그를 앞으로 몰아간 동기였다. 때이른 죽음에 대한 생각이 그를 끊임없이 괴롭혔다. "나는 충분히 오래 살지 못한다…… 다른 사람들이 내 뒤를 따라 계속 건설할 수 있도록 기초를 닦아야 한다. 나는 그것이 완성되는 모습을 보지 못할 것이다."[76] 그는 또한 암살도 두려워하였다. 어떤 '범죄자, 어떤 바보가' 자기를 제거하고 의무의 실현을 방해할지도 모른다는 것이다.

그러한 두려움의 콤플렉스에서 그는 자신에 대한 진부한 근심을 만들어 냈다. 끊임없이 확대된 히믈러의 감시체제는 완고한 거인의 눈처럼 전국 방방곡곡에 뻗쳐 있었다. 그리고 히틀러는 30년대 초부터 시작한 채식주의 등 광범위한 예방조치를 통해서 생명을 유지하려고 애썼다. 그것이 아무리 어울리지 않는 것이라도 경찰기구와 수프를 통해서 자신의 '엄청난 의무'를 지키려고 하였다. 담배도 안 피우고 술도 안 마시고, 심지어는 커피나 홍차도 피하고, 그 대신 연하게 약초를 다린 물을 마셨다. 말년에는 주치의인 모렐(Morell) 교수의 추천이 없지도 않았지만 그는 거의 약물중독에 빠졌다. 끊임없이 약을 먹거나 적어도 환약이라도 빨았다. 우울증 환자 같은 근심으로 그는 자신을 관찰하였다. 때때로 나타나는 위경련을 그는 눈앞에 닥쳐온 암의 전조라고 여겼다. 1932년 초 대통령 선거전이 진행되고 있을 때 추종자 한 사람이 함부르크의 호텔로 그를 찾아갔을 때 그는 야채 수프 접시를 가리키면서 자신은 기다릴 시간이 없다, "단 일년도 더 잃어버릴 수 없어. 얼른 권좌에 올라야 해. 내게 남겨진 시간 안에 이 엄청난 과제들을 다 해결하기 위해서 말이야. 그래야 한다니까!"[77]라고 말했다. 뒷날의 수많은 표현들과 연설에서 비슷한 암시들이 나타난다. 사적인 영역에서는 자기가 "더 이상 시간이 많지 않다" "곧 여기를 떠난다" "겨우 몇 년밖에 더 못 살 것"이라는 식의 말들이 입에 붙어다녔다.

의사의 소견은 조금도 그런 설명을 하지 않고 있다. 히틀러는 말년에 위통으로 고생을 했고 1935년 이후로는 때때로 순환장애를 하소연하였다. 그러나 현존하는 의학상의 검진결과들을 보면 그의 불안은 심리적인 원인에서 온 것으로밖에 설명되지 않는다. 그러한 불안증은 특별한 사명의식을 가진 수많은 역사상의 주역들의 생애에서 흔히 볼 수 있는 것이다. 거의 끊임없는 도주 욕구처럼 보이는 여행을 향한 그의 열정과 불면증을 통해서도 그런 가정은 뒷받침된다. 그는 해가 갈수록 점점 더 오래 깨어 있었고, 전쟁중에는 총통사령부에서 밤과 낮을 말 그대로 뒤바꾸어서 생활하였다. 그의 열성은 규칙적인 활동이나 수고를 불가능하게 만들었다. 한번 시작한 일은 곧장 끝내야만 했다. 그는 '나일 진흙탕에 몸을 담그고 악어가 졸듯이' 며칠이고 마취상태처럼 움직이지 않고 보낼 수가 있었다. 그러고 나서 갑작스럽게 앞으로 몰아가는 활동 속으로 뛰어드는 것이다.

1937년 4월 포겔장 성의 연설에서 그는 자신의 '손상된' 신경에 대해서 이야기했다. 그리고 거의 주문을 읊듯이 말했다. "나는 내 신경을 다시 정상으로 만들어야 합니다……. 그것은 아주 명백해요. 근심, 근심, 근심, 미칠 듯한 근심, 이건 정말 엄청난 근심입니다. 이제 나는 굉장히 많은 일을 끝내야 해요. 신경이 다시 정상을 찾아야 합니다."[78] 알버트 슈페어를 향해서 수도의 모델을 앞에 놓고 축축해진 눈길로 말했다. "내가 건강하기만 하다면." 냉혹한 계산에서 나온 것처럼 보이는 수많은 시도들은 죽음의 예감에서 나온 불안의 표현이었던 것이다. "나는 그것이 완성된 것을 보지 못할 게야!" 1937년 10월에 선전 지도자들 앞에서 행한 인사말에서 그는 이렇게 말했다. 어떤 참석자의 메모는 다음과 같다.

> 자기 히틀러는 인간의 척도로는 오래 살 수가 없다고 한다. 자기 가족 중에는 오래 산 사람이 없다고. 양친은 일찍 죽었다고 한다.

그러므로 풀어야 할 문제들을(생존공간!) 가능한 한 빨리 해결해야 한다고. 자기가 살아 있는 동안 해내기 위해서. 다음 세대는 이 일을 해낼 수가 없을 것이다. 오직 그 자신만이 그것을 할 수 있다.

자기는 힘든 내적인 싸움을 한 다음에 아직 존재하는 종교적인 유치한 관념에서 해방되었다. '나는 이제 푸른 초장 위의 망아지처럼 싱싱하다.'[79)]

그러나 언제나 분명하게 나타나는 히틀러의 성급함의 바탕에는 심리적 고려가 깔려 있었다. 수많은 표지들은 1937년 말 이후로 그가 점점 더 커지는 두려움에 사로잡혔다는 사실을 뚜렷하게 보여주고 있다. 권력 장악 과정이 끝나는 것과 더불어 제동이 걸린 혁명이 전체적으로 역동성을 잃어버리고 정적 속에 가라앉을지 모른다는 근심이었다. 내부적인 절제, 사방을 향한 평화의 몸짓, 항구적인 축제욕구 등 짧게 말해서 이 정권의 온갖 가면이 진지하게 받아들여져서 '위대한 최종 목적을 향한 도약의 기회를 놓치게'[80)] 될지도 모른다는 걱정이었다. 선전의 힘에 대한 거의 무제한의 믿음으로 그는 인공적으로 만들어낸, 목가적인 무대장치를 실수로 진짜 목가로 바꾸는 선전을 하였던 것이다. 1938년 11월 10일에 국내언론계의 주필들을 앞에놓고 행한 중요한 비밀연설에서 그는 이런 갈등을 분명하게 분석해 보여주었다.

상황은 나로 하여금 십수 년 동안이나 거의 오직 평화만을 말하도록 하였습니다. 도이치 평화의지와 평화의도를 계속 강조해서만 도이치 민족이 조금씩 자유를 되찾고, 무장을 하도록 만들 수가 있었습니다. 무장은 다시 다음 단계를 위한 전제로서 꼭 필요한 것이었지요. 이 십수 년 동안 계속된 평화의 선전이 미심쩍은 측면들을 가진다는 것은 당연한 일입니다. 수많은 사람들의 머리에서 현정권은 어떠한 상황에서도 굳은 의지력과 굳건한 결심으로 평화를 지키려한다는 생각을 가지기가 쉽기 때문이지요. 그렇게 된다면 이 정권의 목표설정을 잘못 판단하는 것이 될 뿐더러, 무엇보다도 도이치 국민이…… 지속적인 패배주의에 사로잡혀 현정권의 성공을 빼앗는 정신으로 가득 채워지게 될 것입니다.

내가 여러 해 동안이나 오직 평화만을 이야기한 이유는 그럴 수밖에 없었던 사정 때문이었습니다. 이제는 도이치 국민을 심리적으로 변화시키고, 평화적인 수단으로 이룰 수 없으면 폭력의 수단으로 이루는 수밖에 없는 일들이 있다는 사실을 점차 분명히 해야 할 때입니다……. 이러한 작업은 여러 달이 걸렸습니다. 이 작업은 계획에 따라 시작되고 계속되고 강화되었습니다.[81)]

실제로 1937년 후반기 이후로 그 동안 억눌려 온 과격 에너지들이 다시 밖으로 분출되고, 국민은 전보다 더욱 꾸준히 정권의 폭력 의도에 맞도록 조직화되었다. 이제서야 친위대 국가의 부상이 시작되었다. 그것은 수용소를 늘리고, 무장 친위대 부대의 건설을 재촉하는 형태로 분명하게 나타났다. 적십자는 동원령이 내릴 경우에 대비하라는 명령을 받았다. 동시에 히틀러 청년대는 방위산업에서 예상되는 인력 감축분을 대체하라는 지시를 받았다. 사법기관, 교회, 관료계층에 대한 대규모 공격은 새로운 협박들을 만들어냈다. 그 동안 히틀러는 전보다 더욱 격렬하게 회의적인 지식인들을 공격하고("국민의 기초돌로는 전혀 써먹을 수 없는" 이 "뻰뻰스럽고 부끄럼 모르는 먹물들"), 단순한 마음을 칭찬하였다. 1937년 11월에 언론은, 국가사회당이 모든 지부에 내린 '전면전'에 대비한 준비상황들을 공개적으로 거론하지 말라는 지시를 받았다.[82)]

이러한 준비과정은 점점 일관성을 가지고 경제영역으로도 스며들었다. 제3제국이 대자본가들의 이익을 지나치게 대변하였다는 주장과는 반대로 기업가들은 '정치적 결정에 대해서 임시직원들보다 더 큰 영향력도 없는'[83)] 고분고분한 도구 이상이 되지 못한다는 사실이 드러났다. 그들이 주어진 요구에 적합하지 않다면 "독일이 몰락하는 것이 아니라 고작해야 몇 명의 기업가들이 몰락하는 것일 뿐"이라고 히틀러는 1936년 가을에 이미 자신의 경제 프로그램을 요약한 어떤 건의서에 적었다. 언제나 그렇듯이 그는 이 점에서도 오로지 능률에 대한 고려에서만 출발하였다. 히틀러 정권의 경제문제를 이념적인 표지로 해석하려고 하면 모든 실질적인 문제들에 부닥쳤을 때 교조적이지 않은 그의 합리성을 보지 못한다. 근본적으로는 자본주의 질서가 중요하였으나, 그것은 더욱 권위적인 명령구조에 밀려나고 일그러져 부정형(不定形)이 되고 만다.

건의서에서 히틀러는 수상으로서는 처음으로 팽창 의도에 대해 구속력이 있는 표현을 하였다. 계획을 가속화하면서 그는 근심스러운 독일의 원자재와 식량사정을 핑계로 삼았다. 그리고 구제불능으로 인구가 과밀한 나라의 공포감을, 평방킬로미터 당 140명의 인구라는 간결한 공식으로 표현하였다. 소비에트 러시아의 모범에 따른 4개년 계획은 생존공간 정책의 전제조건을 확보하기 위한 것이었다. 헤르만 괴링이 기업가들에게 비용이나 경제적 결과를 고려하지 말고 냉혹한 수단으로 자급자족과 무장계획을 강요할 임무를 위임받았다. 그래서 그는 히틀러의 건의서가 전달된 장관회의에서, 우리가 "절박한 전쟁위협 단계에 있는 것처럼 모든 조치가 취해져야 한다."고 요구하였다. 몇 달 뒤에 그는 대기업가들이 모인 자리에서, 이제는 경제적으로 생산한다는 것이 중요한 것이 아니라 생산한다는 것 자체가 중요한 일이라고 설명하였다. 그것은 정복전쟁을 목적으로 하고, 오직 정복전쟁을 통해서만 정당화될 수 있는 지속적인 혹사계획이었다. 히틀러는 뒷날 전쟁중에도 "패배할 경우에는 어차피 모든 것이 모랫더미에 파묻힐 판이라는 사실을 언제나 염두에 두어야 할 것"[84]이라고 말하였다. 히얄마르 샤흐트가 이런 방법들을 비판하자 곧 그들의 관계는 망가졌고, 그는 내각에서 해임되었다. 히틀러는 이제 시간이 없다고 생각하였다. 건의서에서 그는 경제적 무장은 정치적 · 군사적인 전쟁준비와 "똑같은 속도, 똑같은 단호함, 그리고 필요하다면 똑같은 난폭함으로" 추진되어야 한다고 선언하였다. 마지막 문장들은 다음과 같다. "그럼으로써 나는 다음의 과제들을 제안하는 바이다. 첫째, 도이치 군대는 4년 안에 투입준비가 완료되어야 한다. 둘째, 도이치 경제는 4년 안에 전쟁준비가 완료되어야 한다."[85]

이 시기의 분위기에 대한 보고서는 '어느 정도의 피로와 무신경'을 말하고 있다.[86] 부분적으로 견디기 힘들 정도로 과도한 인간의 조직화, 정권의 교회정책, 소수민족 비난, 종족숭배, 예술과 학문에 대한 압력, 관리들의 오만 등이 불안을 만들어냈다. 그러한 불안은 물론 말없는 불만의 표현으로만 나타날 뿐이었다. 다수는 가능한 한 이 정권과 그 부당성을 스쳐지나서 살아보려고 했다. 위에 말한 보고서에는 이런 말도 들어 있다. "도이치식 인사법은—언제나 정치적 분위기의 흔들림에 대한 각도기다—당원들과 관리들의 범위를 벗어나면 거의 완전히 통상적인 인사말로 대치되거나 아니면 아주 표피적으로만 답변된다."

그런 지역적인 보고서들에서 일반적인 결론을 이끌어낼 수는 없겠지만 어쨌든 히틀러의 과격성을 보여준다. 그에 따르면 그의 과제는, 주민들을 무감각에서 이끌어내고 근심, 자부심, 모욕받은 자존심 등을 결집하여 "민족의 내적인 목소리가 서서히 폭력을 갈구하는" 상황을 만들어내야만 한다는 것이다.[87)]

히틀러가 전망하는 곳에서는 어디나 전쟁이 눈에 보인다고 콘라트 하이덴은 이 무렵에 썼다. 그리고 같은 맥락에서, '세상을 해체하지 않고' 이 남자가 존재할 수 있을까라고 질문하였다.[88)]

제3장 가장 위대한 도이치 사람

여러분, 한 사람씩 여기 여기에 입맞춰주시오!
오늘은 내 인생 최고의 날입니다.
나는 가장 위대한 도이치 사람이 되어서 역사 속으로 들어가는 것이오!
—1939년 3월 15일, 아돌프 히틀러가 여비서들에게

히틀러의 초조감과 행동 결심은 1937년 11월 5일의 비밀 회의에서 최초로 그 구체적인 모습을 드러냈다. 이날의 상황은 국방부 부관이었던 호스바흐(Hoßbach) 대령의 기록으로 전해지고 있다. 외무장관 폰 노이라트, 전쟁부 장관 폰 블롬베르크, 그리고 군 수뇌부, 폰 프리치, 래더, 괴링 등 가까운 사람들을 앞에 놓고 그는 사람들이 깜짝 놀랄 생각을 펼쳐 보였다. 이것은 이날의 참석자들뿐 아니라, 뒷날 뉘른베르크 재판에서 이 사실이 드러났을 때도 역시 사람들을 깜짝 놀라게 만든 생각이었다. 그것은 머지않아 전쟁을 일으키려는 결심을 기록으로 남긴 것이기 때문이다.

물론 이번 설명은 정치적 의미보다 심리적 의미가 더 컸다. 그리고 호스바흐의 기록은 새로운 의도보다는 이미 분명하게 드러나곤 하던 시대 공포에 대한 기록이었다. 히틀러가 상황의 유리함에 힘입어서 상기된 목소리로 수상관저에 모인 사람들에게 네 시간 이상 걸린 연설에서 말한 것은 그가 벌써 여러 해 전에 《나의 투쟁》에서 전개하였고, 그 이후로도 오해의 여지 없이 그의 모든 저술과 작전에서 고정점이 되었던 것들이기 때문이다.

새로운 점이라면 그가 현재의 정치 상황을 배경으로 해서 이러한 생각을

현실화하려는 구체적이고 초조한 태도뿐이었다. 그는 인사말에 덧붙여서 그 자리에 모인 사람들에게 다음의 '생각들을 자기가 죽을 경우 자신의 유언으로 여겨달라' 고 청했다.[1)]

그는 말을 시작하였다. 민족 다수의 안전, 생존, 번성을 도이치 정치의 목적이라고 생각해볼 때 곧장 '공간 문제' 에 부딪치게 된다. 모든 경제적 · 사회적 어려움, 온갖 종족적 위험들은 공간 결핍만 극복하면 완전히 해결할 수 있고, 독일의 장래는 오로지 거기에만 달려 있다. 자유주의 식민시대의 강국들과는 달리 이 문제는 해외로 넘어감으로써 해결될 수는 없다. 독일의 생존 공간은 유럽 대륙에 자리잡아야 한다. 로마 제국이나 대영제국의 역사가 보여주고 있듯이 모든 형태의 팽창은 상당한 위험을 포함한다.

"옛날이나 오늘날이나 주인 없는 땅은 없고, 공격하는 사람은 언제나 땅 주인과 충돌하게 마련"이다. 그러나 아주 높은 이익, 곧 공간적으로 폐쇄되고, 하나의 확고한 '종족핵' 이 지배하는 방어적인 대제국이라는 높은 이익이 높은 투자를 정당화해준다. "도이치 민족이 가진 문제를 해결하기 위해서는 오로지 폭력의 길밖에 없다."고 그는 선언하였다.

그러나 한 번 그 해결책을 결심하고 나면 이제는 폭력 사용의 시점과 유리한 상황이 문제가 된다고 그는 말을 계속하였다. 6, 7년 뒤에는 상황이 독일에 불리하게 바뀔지도 모른다. 그래서 자기가 "아직 살아 있을 때, 곧 늦어도 1943~1945년에는 도이치 공간 문제를 해결한다는 것이 자신의 굳은 결심"이며, 경우에 따라서는 그보다 더 일찍 나타나는 기회도 이용할 생각이라고 했다. 그것이 프랑스의 내적인 위기든 아니면 어떤 서방 국가가 전쟁에 휘말리는 것이든 말이다.

어쨌든 오스트리아와 체코슬로바키아를 쓰러뜨리는 것으로 시작되어야 한다고 그는 강조하였다. 그러나 자신은 수데텐 지역의 합병이라는, 민족주의적인 국경 수정주의 요구만으로 만족하지는 않을 것이다. 체코슬로바키아 전체의 정복을 더욱 광범위한 제국주의적 목표 설정의 출발점으로 삼고 있다는 사실은 논란의 여지가 없다고 했다. 그를 통해서 독일은 열두 개의 사단을 얻을 뿐 아니라 추가로 5, 6백만 명을 위한 식량 거점을 얻게 된다는 것이다. '체코 지역에서 2백만, 오스트리아 지역에서 1백만 명을 강제로 이주시킬 수만' 있다면 말이다.

아마 다음 해에는 지중해 지역에서 서방 국가들을 끌어들일 갈등이 전개될 가능성이 있다. 자신은 이미 1938년에 싸움을 시작하기로 결심하고 있다. 이러한 사정을 고려하면 에스파냐에서 프랑코가 과격하고 완벽한 승리를 거두는 것은 도이치 관점에서는 바람직하지 않다. 지중해 지역의 긴장이 오래 유지되는 쪽이 도이치측에 유리하다는 것이다. 그리고 무솔리니가 계속 확장 정책을 펼치도록 부추기는 것이 낫지 않겠는가를 생각해보아야 한다고 했다. 이탈리아와 서방 국가들 사이에 전쟁 이유가 생겨나도록 말이다. 이러한 방식으로 독일은 '번개처럼 빠르게 체코 민족을 습격' 할 가장 안전한 기회를 얻게 될 것이라는 것이다.

이러한 진술은 모여든 사람들 일부에게 분명히 당혹감을 불러일으켰다. 호스바흐의 회의 과정 서술에 따르면 이어진 토론이 '일시적으로 매우 날카로운 형식' 을 띠었다고 한다.[2] 특히 노이라트, 블롬베르크, 프리치 등은 히틀러의 상세한 진술에 맞서, 서방 국가들과 전쟁할 경우의 위험을 분명하게 경고하였다. 히틀러는 이들을 불러모아서 자신의 죄 없음을 이해시키고, 회의가 시작되기 전에 괴링에게 설명했던 것처럼, 특히 블롬베르크와 프리치를 '다그치려고 했다. 그는 군의 무장 상황에 만족할 수가 없기 때문' 이었다.[3]

그러나 대립이 계속되면서 그는 거의 원칙적인 의견 차이를 의식하게 되었다. 나흘 뒤에 프리치는 한 번 더 면담을 청했다. 노이라트는 자기 말처럼 '극단적으로 혼란스러워져서' 히틀러와 이야기를 해서 그의 전쟁 노선을 말려보려고 했다. 그러나 히틀러는 그 사이 갑자기 결심하고 베를린을 떠나서 베르히테스가덴에 틀어박혔다. 그는 기분이 나빠져서 1월 중순에 돌아가기까지는 외무장관을 만나려 들지 않았다.

11월 5일의 논쟁 상대자들이 대규모로 경질된 것은 우연이 아니다. 얼마 뒤에 이루어진 개각을 통해서 히틀러는 특히 군과 외무부에 남아 있던 보수주의 세력을 제거하였다. 위험의 각오, 배짱, 일종의 강도(强盜) 같은 용기 등을 요구하는 그의 광범위한 계획들을, 낡은 시민계층의 까다로운 대표자들과 더불어 실현할 수는 없다는 최종적인 확신을 갖도록 해준 것이 바로 이 11월 5일의 만남이었다.

그들의 냉정함과 저항적인 고집은 그에게 두려운 것이었으며, 그것은 다시 그의 반시민적인 원한들을 통해서 더욱 강화되었다. 그는 그들의 오만, 그들의 계급의식에 기초한 요청 등을 미워하였다. 그는 국가사회주의 외교관 유형을 정확한 공무원 유형이 아니라, 혁명가이며 특수요원이라고 즐겨 불렀고, '맺어주고 위조할 줄' 아는 능력을 가진 '오락과장' 같은 존재라고 부르기를 좋아하였다. 그의 이해력으로 보면 장군들은 "그러지 않았다가는 사람들을 물려고 덤빌 것이므로 목걸이에 꼭 묶어두어야 할 푸줏간 개" 같은 존재였다. 노이라트, 프리치, 혹은 블롬베르크가 이런 생각에 전혀 어울리지 않는다는 것은 분명한 일이지만 그들 중 한 명이 말한 것처럼 그들은 모두 이 정권 아래서 '공룡목(目)'이었다.[4]

1937년 11월 회의가 만들어낸 것은 양측 모두 상대에 대한 실망이었다. 보수주의자들, 특히 군 지휘부는 자기들의 목적과 관심의 좁은 한계를 벗어나려는 생각을 해본 적이 없는 사람들이었다. 그들은 당황해서 히틀러가 연설하는 것을 지켜보았다. 그리고 히틀러는 지난 준비의 세월 동안 침묵하고 복종하고 봉사해 온 이 사람들을 보면서 자신의 보수파 동맹자들에 대한 경멸감을 확인하였다. 그들은 지금, 독일의 위대함을 바라기는 하지만 어떤 위험도 원치 않고, 군비 확장은 바라지만 전쟁은 바라지 않고, 국가사회주의 질서는 원하지만 국가사회주의 세계관은 바라지 않는 앞뒤 틀린 소시민적 특성을 드러낸 것이다.

이러한 인식으로부터, 지난 몇 년 동안 외교와 국방 분야에서 제한된 독립성이나마 지키려고 하던 고집스런 보수파의 노력에 대하여 새로운 조명을 하게 되었다. 외교 분야에서 보수파는 별로 성공하지 못했다. 히틀러가 특별대사 제도를 통해서 외무부의 자기 주장 노력을 어느 정도 비켜갔기 때문이다. 그러나 그는 훨씬 더 폐쇄적인 장교 집단에 대해서는 개별적인 성공은 했을망정 그 정도까지 미치지 못했다. 그가 속마음을 털어놓은 것에 대해서 블롬베르크, 프리치, 노이라트가 반대하고 있으니 이 문제의 해결이 절실하게 필요해졌다.

그가 곤란한 처지에 있게 되면 언제나 우연이 그를 도와주곤 했듯이 이번에도 연속되는 사건들이 그에게 기회를 마련해주었다. 그는 비상하게 전략적인 반응의 재능을 발휘하여 이 기회를 잡아서 즉석에서 이용하였다. 석 달 뒤에 그는 결정적인 핵심 부서를 갈아치우고 외무부와 국방부를 눈앞에 닥쳐온 과제에 알맞게 새로 구성하였다.

블롬베르크 사건

여러 해 전에 첫째 부인이 죽은 블롬베르크가 재혼하려는 결심을 한 것이 해롭지 않은 듯이 보인 출발점이 되었다. 블롬베르크 자신이 실수를 인정한 것처럼 선택된 아가씨 에르나 그룬(E. Gruhn) 양이 '약간의 과거'가 있었고, 따라서 장교 집단의 엄격한 계급개념에 잘 맞지 않는다는 점이 문제였다. 그는 동료인 괴링을 믿고 충고를 구하였다. 괴링은 그의 편을 들어주고, 뿐만 아니라 돈을 주고 연적을 외국으로 쫓아보내는 일까지 도와주었다.[5] 1938년 1월 12일에 어느 정도 비밀스럽게 결혼식이 거행되었다. 히틀러와 괴링이 결혼식의 증인이 되어주었다.

그러나 며칠이 지나자 벌써 소문을 통해서 장군의 결혼이 풍속적인 문제를 지닌 불운이었다는 사실이 알려졌다. 곧 이어서 방금 결혼한 신부가 한동안 창녀 노릇을 하였고, 점잖지 못한 사진 모델을 했다는 죄목으로 처벌받은 적도 있다는 경찰 문서가 나타났다. 그래서 블롬베르크가 12일 뒤 짧은 신혼여행에서 돌아왔을 때 괴링은 그에게 더는 그 자리에 있기가 곤란하게 되었다고 알려주었다. 장교 집단도 오랫동안이나 히틀러에게 소년 같은 애착을 보여온 국방장관을 편들 이유가 없었다.

이틀 뒤인 1월 26일에 히틀러는 사임하러 찾아온 그를 맞아들였다. 그는 이렇게 말했다. "나나 당신에게 부담이 너무 큽니다. 그냥 내버려두고 있을 수만은 없어요. 우린 헤어지는 수밖에 없군요." 잠깐 후임자에 대한 이야기를 나눈 다음 히틀러는 예상되던 후보인 프리치뿐 아니라 괴링도 배제하였다. 괴링은 원래 직위에 대한 욕망이 강해서 이 자리를 차지하려고 안 해본 짓이 없을 정도였다.

블롬베르크가 히틀러에게 어차피 그 자신의 생각이기도 했던 제안을 한 것으로 보인다. 즉 그가 손수 국방장관직을 넘겨받으라는 것이다. 히틀러는 마침내 이렇게 말했다. "독일을 위한 시간이 울리면 당신을 다시 곁에 두겠소. 그러면 모든 과거는 지워질 겁니다."[6] 괴링이 분주하게 경쟁자인 프리치를 물리치기 위해서 음모를 꾸미고 있는 동안 결정은 이미 내려져 있었다.

프리치의 위기

그런 다음에 괴링과 히믈러 합작으로 두 번째 경찰 문서가 빛을 보게 되었다. 그것은 프리치가 동성애라고 비난하는 문서였다. 아무것도 모르는 육군 사령관 프리치는 수상관저에서 더러운 기름을 뒤집어쓴 꼴로 매수된 증인과 마주서게 되었다. 그에 대한 고발은 곧이어서 아무런 근거도 없는 것이라는 사실이 밝혀졌지만 어쨌든 목적만은 달성하였다. 히틀러는 이 사건을 1938년 2월 4일에 광범위한 인물 교체의 계기로 삼았기 때문이다.

이제 프리치도 해임되었고, 히틀러 자신이 방위군 사령관직도 물려받았다. 전쟁부는 해체되고 그 자리에 빌헬름 카이텔(W. Keitel) 장군을 수반으로 하는 방위군 사령부가 들어섰다. 카이텔 임명에 관한 요들의 일기장 기록을 읽으면 히틀러의 희극배우적 특성을 목격한다는 느낌이 든다.

> 13시에 카이텔이 민간 복장을 하고 총통에게 불려 들어왔다. 총통은 그에게 자신을 내리누르는 무게에 대하여 속마음을 털어놓았다. 자신은 점점 더 고독해만진다……. 그는 카이텔에게 말했다. "당신을 믿어요, 당신은 내 곁에 있겠지요. 당신은 방위군 문제에서 나의 신임을 받고 있는 유일한 고문입니다. 통합되고 제한된 방위군 지휘는 내게 신성하고도 건드릴 수 없는 것이오." 그리고 곧바로 이어서 똑같은 어조로 이렇게 말했다. "나는 당신의 도움을 받아서 그것을 손수 물려받기로 했어요."

프리치의 후임으로는 폰 브라우히치(v. Brauchitsch)가 임명되었다. 그는 카이텔과 마찬가지로 고분고분하고 성격이 약하다는 이유로 이 자리에 추천되었다고 느꼈고, 그래서 히틀러가 자기에게 요구하는 "모든 일을 할 각오가 되어 있다."고 선언했다. 특히 군을 국가사회주의에 더 가까이 접근시키겠다는 약속을 하였다.[7] 이러한 조치가 이루어지는 과정에서 16명의 장군들이 퇴역하고, 44명이 자리를 옮겼다. 괴링의 실망을 달래려고 히틀러는 그를 육군 원수로 임명하였다.

저항의 흔적도 없이 히틀러는 단번에 어느 정도 무게를 가진 마지막 권력인자를 쫓아낸 것이다. 그것은 '건조한 6월 30일'이었다. 그는 모든 장군들이 비겁하다는 사실을 확인했다고 경멸 섞인 말투로 내뱉었다.[8] 수많은 장성들이 폰 프리치가 복권되기도 전에 문제가 있는 자리들을 생각 없이 받아들이는 것을 보고 그의 경멸감은 더욱 강해졌다. 이 과정은 장교 집단의 내적인 통일성이 궁극적으로 깨졌고, 폰 슐라이허와 폰 브레도브 살해 사건에서도 입증되지 않았던 계급적인 연대감이 더는 존재하지 않는다는 사실을 보여주었다.

육군대장 폰 프리치는 체념한 태도로 '뒷날의 역사 서술'을 위해 '이런 수치스런 취급'에 대한 자신의 분노를 진술하였다. 그러나 그는 이 사건을 반역 활동의 출발점으로 삼으려고 자기에게 접근을 꾀한 일단의 장교들을 물리쳤다. 반 년 뒤에도 한 번 더, "이 남자는 독일의 운명이다. 그리고 이 운명은 자신만의 길을 지나서 종말에 도달할 것"이라는 운명론적인 발언으로 반역 집단에게 지지를 거부하였다.[9]

이런 경질은 방위군에만 국한되지 않았다. 군 수뇌부의 변경을 알렸던 각료 회의에서 외무장관 노이라트의 해임도 발표되었다. 그 자리에는 리벤트로프가 들어섰다. 동시에 몇몇 중요한 대사직도(로마, 도쿄, 빈) 교체되었다. 히틀러가 얼마나 멋대로 국사를 주물렀는가 하는 것은 그가 발터 풍크(W. Funk)를 경제장관으로 임명한 사정에서 드러난다. 히틀러는 그를 어느 날 저녁 오페라 극장에서 만나 휴식시간에 그에게 이 자리를 제안하였다. 그리고 괴링이 다음 지시를 전할 것이라고 알려주었다. 2월 4일 내각

회의에서 풍크는 샤흐트의 후임으로 임명되었다. 그것은 이 정권 역사상 마지막 내각 회의였다.

오스트리아 합병

위기가 진행되는 동안 히틀러는 외국에서 이 사건들을 감추어진 권력 싸움의 조짐으로 보고 여기서 어떤 약점을 찾아낼까 봐 조마조마했다. 그는 또한 장군들에게 허락해주지 않을 수 없었던, 프리치 사건에 대한 군법회의 조사부가 음모를 밝혀내고 육군대장을 복권시킬 경우 새로운 대립이 나타날까 봐 두려웠다. "이 사실이 군부에 알려지면 혁명이 일어날 것"이라고 정보통 한 사람은 예언하였다. 그래서 히틀러는 하나의 위기를, 더 큰 다른 위기로 뒤덮어버리기로 결심하였다.

1월 31일에 벌써 요들은 일기장에 이렇게 기록했다. "총통은 방위군에서 다른 곳으로 조명을 돌리려고 한다. 유럽이 한순간 숨을 멈추게 만들고 여러 장소들을 새로 점령해서 허약하다는 인상이 아니라 권력이 집중된다는 인상을 일깨우려고 한다. 슈슈닉(오스트리아 수상 : 역주)이 용기를 가져서는 안 되고 벌벌 떨어야 한다는 것이다."[10]

그럼으로써 히틀러가 이제부터 단호하게 작전을 펼칠 위기의 장소가 지적되었다. 1936년 7월 협정 이후로 그는 도이치 · 오스트리아 관계를 개선하려는 어떤 행동도 취하지 않았다. 꼬치꼬치 권리를 요구하는 척하면서 언제나 새로운 싸움을 시작하기 위해서만 이 조약을 이용하였다.

빈 정부는 점점 더 근심스럽게 이 싸움이 어떻게 결말이 나는지 지켜보고 있었다. 심한 압력 아래서 받아들인 조약의 의무들과, 점점 가까워지는 로마와 베를린 관계는 빈 정부의 행동 자유를 제약하였다. 여기다가 오스트리아 안에서 강력한 국가사회주의 지하운동까지 더해졌다. 이 지하운동은 독일측의 격려와 돈을 받으면서 도전적인 활동을 펼쳤다.

정열적인 합병 캠페인은 그 근거를 도이치 민족의 오래된 통합의 꿈에서 찾을 수 있었다. 이 꿈은 1919년 오스트리아 · 헝가리 이중왕국이 해체되면서 마침내 가능해졌다. 뿐만 아니라 히틀러가 오스트리아 출신이라는 점에 근거해서 그 개인 안에 통일의 이념이 미리 성취되어 나타난 것처럼 여겨졌다. 이러한 선전은 잊을 수 없는 거대권력의 추억을 안고서, 그에게는 아무런 의미도 없는, 이미 기능을 잃어버린 몸통국가로 살고 있는 나라에서 효력을 발휘하였다.

군주국에서 잘게 쪼개진 후예국가들과는 여러 모로 구별되는 모습으로, 풀죽고 가난하고, 모욕적으로 종속된 상황에서 오스트리아 국민은 점점 더 변화의 필요성을 느꼈다. 그들은 현재 상태를 통해서 너무나 강한 모욕감을 느끼고 있었기에 다가오는 상태의 현실성을 오랫동안 물어볼 겨를이 없었다. 줄지 않는 종족적 · 역사적 결합의 감정으로 그들은 변화된 듯이 보이는, 자신감에 찬 독일을 향해 점점 더 강하게 눈길을 돌렸다. 독일은 어제의 오만한 승전국들 사이에 두려움을 불러일으키고 있었다.

암살된 수상 돌푸스의 후임자인 쿠어트 폰 슈슈닉(K. v. Schuschnigg)은 절망적으로 사방을 향해 도움을 청하는 눈길을 돌렸다. 그는 1937년에 오스트리아에 대한 영국의 보장 선언을 얻으려고 노력하였으나 허사가 되고 난 다음에도 오랫동안 끈질기게 국가사회주의자들에 저항하였다. 그러나 금지와 박해로 이어진 그의 저항은 점차 약해지고만 있었다.

파펜이 1938년 2월 초에 그에게 도이치 수상과의 만남을 제안했을 때 그는 마지못해 동의하였다. 2월 12일 아침에 그는 베르히테스가덴으로 와서 산장의 계단에서 히틀러의 영접을 받았다. 인사말이 오가고 난 뒤 바로 이어서, 극적으로 흥분된 풍성한 말이 봇물 터지듯 그에게 쏟아져내렸다. 커다란 거실이 제공하는 인상적인 풍경에 대해 언급하자 히틀러는 "네, 여기서 내 생각들이 여물지요. 하지만 우리는 아름다운 전망과 날씨 이야기를 하려고 여기 모인 것은 아니잖습니까."라는 말로 끊어버렸다.

그러고 나서 그는 흥분하였다. 오스트리아의 역사는 "국민에 대한 끊임없는 배신입니다. 그것은 이전이나 오늘날이나 마찬가지예요. 그러나 이런 역사적인 모순은 마침내 오래 전에 마련된 종말을 맞이해야 합니다. 그래서 당신에게 이런 말씀을 드리는 겁니다, 슈슈닉 씨. 나는 그 모든 것과 끝장을 내기로 단단히 결심했어요……. 나는 역사적 과업을 가지고 있습니다.

그리고 그것을 실현시킬 겁니다. 하늘의 섭리가 나를 그렇게 만들었기 때문이지요……. 나는 어떤 도이치 사람이 걸어간 것보다 힘든 길을 걸어왔어요. 그리고 나는 도이치 역사에서 도이치 민족에게 주어진 가장 위대한 일을 이루었습니다……. 당신은 나를 반 시간만이라도 붙들어놓을 수 있다고 생각하는 건 아니겠지요? 누가 알겠어요, 어쩌면 내가 밤 사이 갑자기 빈에 있게 될지 말입니다. 마치 봄날의 폭풍처럼 말이죠. 그렇게 되면 당신은 단단히 쓴맛을 보게 되겠죠!"

그는 말을 계속하였다. 자신의 인내심은 한계에 도달하였다, 오스트리아는 친구가 없다, 영국도 프랑스도 이탈리아도 손가락 하나 까딱하지 않을 것이다. 그는 국가사회주의자들의 자유로운 활동을 보장하라고 요구하였다. 자신의 추종자인 자이스 인크바르트(Seyß - Inquart)를 오스트리아 내무장관으로 임명하고 일반사면을 할 것, 그리고 오스트리아의 외교 및 경제 정책을 도이치 제국의 그것과 동일하게 하라고 요구하였다.

그 사이에 식사를 하게 되자, 이렇게 흥분된 몸짓을 하던 남자가 곧장 친밀하게 손님을 접대하는 주인으로 변했다고 슈슈닉은 전했다. 그러나 식사 후에 계속된 대화에서 그는, 슈슈닉이 자기 나라의 헌법에 근거하여 여기서 최종적인 동의를 할 수는 없다고 버티자 문을 열어젖히면서 그에게 밖을 가리켜 보이고 무시무시한 어조로 카이텔 장군을 소리쳐 불렀다. 카이텔 장군이 들어와서 문을 닫고 히틀러의 명령이 무엇이냐고 묻자 그는 "아무것도 아니오! 자리에 앉으시오."라고 대답했다.

잠시 뒤에 슈슈닉은 제시된 요구 사항에 서명하였다. 저녁식사를 하라는 히틀러의 초대를 거절한 그는 파펜을 동반하고서 국경을 넘어 잘츠부르크로 내려갔다. 가는 동안 내내 그는 한마디도 하지 않았다. 파펜만이 거침없이 지껄였다. "그래요, 총통은 그래요, 방금 겪어보셨지요. 하지만 다음번에 또 오신다면 당신은 훨씬 더 쉽게 말씀을 하시게 될 겁니다. 총통은 아주 매력적일 줄도 알거든요."[11] 그러나 슈슈닉은 다음번에 감시를 받으면서 와서 다하우 수용소로 향하였다.

베르히테스가덴 회담은 오스트리아 국가사회주의자들을 대단히 자극하였다. 요란한 폭력행위를 연속하는 것으로 그들은 권력 승계가 눈앞에 다가와 있음을 알렸다. 몇 가지 저항운동을 조직하려는 슈슈닉의 모든 노력은 이미 너무 늦었다. 마지막 순간에 국가 권력이 공공연히 해체되는 것을 막아보려고 그는 3월 8일 저녁에, 다가오는 일요일, 3월 13일에 국민투표를 하기로 결정하였다. 국민투표를 통해서 오스트리아 국민의 다수가 자기편이라는 히틀러의 주장이 맞지 않는다는 것을 전세계의 눈앞에 입증하려고 했던 것이다.

그러나 베를린에서 즉시 나온 압력으로 그는 자신의 의도를 포기해야 했다. 괴링이 마구 밀어붙여서 히틀러는 필요할 경우 군사적인 힘으로 오스트리아로 밀고 들어가기로 결심하였다. 런던 대사인 리벤트로프가 영국측이, 베르사유 조약의 이 숙명적인 잔해를 위해서 싸울 마음이 없다는 사실을 보고하고 난 다음이었다. 히틀러는 영국이 참가하지 않으면 프랑스도 출전하지 않으리라는 사실을 알고 있었다.

오직 무솔리니만이 한동안 도이치의 빈 침공에 대해서 오래된 알레르기 반응을 보였다. 3월 10일에 히틀러는 필립 폰 헤센 왕자에게 자신의 친필 편지를 주어서 로마로 파견하였다. 이 편지에는 독일에 대한 오스트리아의 반역, 민족주의 다수파에 대한 억압, 내전의 위협 등이 거론되고 있었다. '오스트리아 땅의 아들'로서 자신은 더 이상 보고만 있을 수는 없고, 이제는 자기 고향땅에 법과 질서를 회복하기로 확고하게 결심하였다고 했다.

"각하, 당신도 이탈리아의 운명이 걸린 일이라면 다르게 행동하실 수는 없을 것입니다." 그는 무솔리니에게 변함 없는 호감을 가지고 있다고 확인하고, 한 번 더 브레너 국경선을 약속하였다. "이 결정은 절대로 흔들리지 않고 다만 약간 변화될 뿐입니다."[12)]

흥분된 준비로 몇 시간을 보내고 난 다음 자정 직후에 '오토' 작전을 위한 지시 11호가 발령되었다.

> 다른 수단으로 목표에 도달할 수 없을 경우 나는 무력으로 오스트리아에 들어갈 생각이다. 그곳에 합법적인 상태를 회복시키고 도이치계 주민에 대한

더 이상의 폭력행위를 중단시키기 위해서이다.

전체 작전명령은 내가 내린다……. 전체 작전이 폭력 사용 없이 주민이 환영하는 가운데 평화스런 행진을 하는 형식으로 진행되는 것이 우리의 관심사다. 따라서 도발은 피하도록 한다. 그러나 저항에 부딪치게 될 경우에는 가차 없이 무력으로 분쇄해야 할 것이다…….

다른 나라들과 맞닿은 도이치 국경에서는 그 동안 아무런 안전 조치도 취하지 않는다.[13)]

이 문서의 자신감 넘치는 간결한 어조는 그것이 만들어진 실제 상황의 히스테리와 망설임의 분위기를 거의 완벽하게 감추고 있다. 히틀러 주변에서 나온 모든 보고들은 그가 생애 최초의 팽창 정책을 펴나가면서, 결정을 내리는 과정에서 극단적인 혼란을 보였다고 말하고 있다. 너무 서두른 나머지 잘못된 결정을 내리고, 분노를 폭발시키고, 쓸데없는 전화들, 지시와 취소가 거듭되는 등의 일이, 슈슈닉의 호소가 나온 시간부터 3월 12일까지의 겨우 몇 시간 동안 계속되었다.

모든 사정으로 보아서 히틀러가 전에 말한 것처럼, '손상된 신경'이 '제자리로' 돌아가지 못하고 있었던 것이다. 그는 흥분해서 몇 시간 안에 군 지휘부에게 작전 계획을 만들도록 요구했다가, 베크와 나중에는 폰 브라우히치의 이의신청을 화가 나서 물리쳤다가, 자신이 내린 행군 명령을 취소했다가, 그것을 다시 발동시켰다. 그리고 그 사이에 호소, 협박, 오해들이 끼여들었다. 카이텔은 나중에 '고문'이었다고 말했다.[14)] 괴링이 적절한 순간에 주도권을 틀어쥐지 않았더라면 어쩌면 히틀러가 대단히 부담스러운 상황에서 얼마나 노이로제 증상의 불안과 혼란을 보이는지 온 세상에 알려졌을지도 모른다. 그러나 프리치 사건에 개입했던 덕분에 이 사건과, 그 연막 효과에 깊은 관심을 가지고 있던 괴링은 흔들리는 히틀러를 정력적으로 앞으로 밀어붙였다.

몇 해 뒤에 히틀러는 상대방의 냉혈적인 둔감에 대하여, 신경질적인 인간의 경탄을 품고서 거의 더듬거리듯이 이렇게 말했다. "장군은 나와 함께 아주 많은 어려움을 헤쳐 왔지, 위기에서도 아주 냉정한 사람이야. 위기 상황에서는 이보다 더 나은 고문을 찾아내기 어려울걸. 장군은 위기 상황에서는 잔인하고 냉정해지지. 나는 사태가 이판사판이 될 때마다 그가 가혹하고 냉정한 인간이 되는 것을 보았어. 그러니까 더 나은 사람은 찾아낼 수 없는 거지, 더 나은 사람을 구할 수는 없을 거야. 그는 나하고 온갖 어려움을 다 겪었어, 가장 힘든 위기들을 말이야, 그러면 그는 냉정해지는 거야. 상황이 아주 어려워질 때면 언제나 그는 냉정해지곤 했어…….”[15)]

다음날 3월 11일에 괴링은 최종적으로 슈슈닉의 퇴각과 자이스 인크바르트를 새 수상으로 임명할 것을 요구하였다. 국가사회주의자들은 베를린에서 나온 한 지시문에 따라서 오후가 되자 오스트리아 전국에서 거리로 몰려나왔다. 빈에서 그들은 수상 집무실로 몰려가서 계단과 복도들을 가득 메우고, 사무실에 편안하게 자리를 차지하고 앉았다. 슈슈닉이 저녁 무렵 라디오 방송을 통해서 자신이 물러난다고 알리고, 오스트리아 군대에 도이치 군이 행진해올 때 아무런 저항도 하지 말고 뒤로 물러나 있으라고 지시하기까지 이 사태가 계속되었다.

오스트리아 연방 대통령 미클라스(Miklas)가 자이스 인크바르트를 새 수상으로 임명하는 것을 고집스럽게 거부하자 괴링은 빈과 전화통화를 하면서 자신의 중개자 한 사람에게 독특한 지시를 하고 있다.

> 잘 들으시오. 중요한 것은 인크바르트가 정부 전체를 장악하고 방송국을 확보하는 것이오……. 자이스 인크바르트가 다음의 전보를 보내도록 하시오. 자 받아써요.
>
> ‘오스트리아 임시정부는 슈슈닉 정부가 물러난 다음 이제 오스트리아에 평화와 질서를 회복하는 것을 의무로 여기며, 도이치 정부에 이러한 의무를 이행하는 것을 지원하고 유혈사태를 막도록 도와주기를 긴급히 요청함. 이 목적을 위해서 오스트리아 임시정부는 도이치 정부에 가능한 한 빨리 도이치 군대를 파견해주기를 요청함.’

짧은 대화를 한 끝에 괴링은 이렇게 말하면서 통화를 끝냈다. "그러니까 우리 군대는 오늘 국경을 넘어갑니다……. 전보는 가능하면 빨리 보내야 합니다. 그에게 이 문안을 넘기면서 우리가 청하더라고 말해요. 그는 전보를 보낼 필요도 없어요, 그냥 동의한다고 말하기만 하면 됩니다."[16)]

국가사회주의자들이 전국의 공공건물을 점거하고 있는 동안 히틀러는 자이스 인크바르트가 원조 요청을 해오기도 전인 20시 45분에 최종적으로 행군 명령을 내렸다. 도이치 군대를 만류하려는 자이스 인크바르트의 때늦은 요청을 그는 물리쳤다. 정확하게 두 시간 뒤에 초조하게 기다리던 소식이 로마에서 도착하였다. 10시 반경에 필립 폰 헤센 왕자가 전화를 걸어왔다. 기뻐 어쩔 줄 모르는 히틀러의 반응은 그가 얼마나 초조하게 이 왕자의 소식을 기다리고 있었는지를 보여주었다.

헤센 : 방금 베네치아 궁에서 돌아오는 길입니다. 지도자 무솔리니는 전체 사건을 아주 호의적으로 받아들였어요. 그는 각하께 진심으로 인사드리라고 했습니다…….

히틀러 : 그렇다면 무솔리니에게 내가 이 일을 절대로 잊지 않으리라고 말해주십시오.

헤센 : 그러겠습니다.

히틀러 : 절대로, 절대로, 절대로, 어떤 일이 있어도 말입니다……. 오스트리아 사태가 이제 해결된다면 나는 그와 함께 어떤 역경이라도 헤쳐나갈 생각입니다. 나머지 모든 것은 아무래도 상관없어요……. 그에게는 내가 정말로 감사하더라고만 전하세요. 나는 이 일을 절대로, 절대로 잊지 않을 거라고 말입니다. 이 일을 절대로 잊지 않을 겁니다.

헤센 : 그러죠, 총통 각하.

히틀러 : 그가 이렇게 해준 일을 절대로 잊지 않을 겁니다, 사정이 어떻든 말입니다. 그가 어떤 곤궁이나 어떤 위험에 빠지게 된다면 그는 내가 즉석에서 자기 편이 되리라고 확신해도 됩니다. 일이 어떻게 되든, 온 세상이 그에게 맞선다 하더라도 말입니다.[17)]

3월 12일 오후에 히틀러는 종소리가 울리는 가운데 자기가 탄생한 도시 브라우나우 근처에서 국경을 넘었고, 네 시간 뒤에는 꽃으로 장식된 마을들과 빽빽이 모여든 수천 명의 사람들을 지나 린츠로 입성하였다. 시 경계선 바로 앞에서 자이스 인크바르트와 글라이제 폰 호르스테나우(G. v. Horstenau), 그리고 하인리히 히믈러 등이 그를 맞이하였다. 히믈러는 '민족 배신자들과 다른 역적들'의 손에서 나라를 지키기 위해서 전날 저녁에 벌써 빈으로 출발했다.

분명히 흥분된 목소리로 히틀러는 시청 발코니에서 어둠 속에 몰려든 군중을 향해서 짧은 연설을 하였다. 연설을 하면서 그는 거듭 자신의 특별한 소명 의식을 끌어들였다. "섭리가 나를 그 옛날 이 도시에서 이끌어내 도이치 제국을 통치하라고 불러냈다면, 나에게 하나의 과제를 내준 것이 분명합니다. 그것은 분명 나의 소중한 고향을 도이치 제국과 합치라는 과제였습니다! 나는 이 과제를 믿었고, 그것을 위해서 살고 싸웠습니다. 나는 이제 그것을 이루었다고 생각합니다!" 다음날 아침에 그는 레온딩에 있는 양친의 무덤에 화환을 바쳤다.

자료들이 틀리지 않는다면 히틀러는 이 순간까지도 오스트리아의 미래에 대해서 어떤 구체적인 결정을 내리지 못하고 있었다. 어쩌면 그는 마지막까지 외국의 반응을 보려고 했는지도 모른다. 새로운 상황의 우연들, 연결들, 기회들을 기다리고 있다가 적보다 잽싸게 그것을 이용할 생각이었는지도 모른다. 브라우나우에서 린츠까지 승리의 행진을 하면서, 환호성, 꽃들, 깃발 등을 보면서, 다른 어떤 사정이나 대안을 허용하지 않는 아주 원초적인 통합의 기쁨을 보면서 비로소 그는 즉각적인 합병을 결심했던 것 같다.

3월 13일 저녁 늦게 린츠의 바인칭거 호텔에서 '오스트리아와 도이치 제국의 재통일에 관한 법'에 서명이 이루어졌다. 참석자 한 사람이 보고하는 바에 따르면 그는 매우 흥분하였다. 오랫동안 조용히 서 있었고, 눈물이 뺨 위로 흘러내렸다. 그러다가 마침내 말했다. "그래, 올바른 정치적 행동이 피를 아낄 수 있는 거야."[18]

히틀러의 가장 큰 승리. 빈의 영웅광장에서 그는 '역사 앞에서' 자기 고향이 도이치 제국에 편입되었음을 선언하였다.

이 순간과 다음날 히틀러가 환호성과 쇤브룬 성의 종소리가 울리는 가운데 빈으로 입성했을 때 그의 가장 초기의 꿈이 실현되었다. 그의 실패를 보았고, 그를 부끄럽게 만들고 기죽였던 두 도시가 마침내 경탄과 부끄러움과 두려움에 떨면서 자기 발치에 놓인 것을 보았던 것이다. 그 시절의 온갖 목적 없음과 무기력이 이제는 정당화되었고, 그 옛날의 온갖 보상 욕구는, 그가 황제성(皇帝城) 발코니에서 영웅광장에 몰려든 수십만 인파를 향하여 자기 생애의 '가장 큰 성취를 알리는' 순간에 한동안 충족되었다. "도이치 민족과 제국의 지도자이며 수상으로서 나는 역사 앞에서 이제 내 고향이 도이치 제국에 편입되었음을 알립니다."

이 재통일 순간 열광의 장면들은 '온갖 표현을 넘어서는 것'이라고 한 스위스 신문은 썼다.[19] 이 환호, 이 꽃들, 외침, 눈물이 무엇인가의 조종에 의한 것이었는지 아니면 자발적인 정열이었는지 규정하기는 어렵다고 하더라도 어쨌든 이 사건이 민족의 가장 깊은 감정을 자극한 것만은 의심할 수 없는 일이다.

린츠, 빈, 잘츠부르크 등에서 여러 시간 동안이나 거리를 가득 메웠던 사람들에게 있어서 이 순간에 통합을 향한 열망이 이루어졌던 것이다. 그것은 여러 세대에 걸친 도이치 사람들 사이의 불화, 갈등, 내전 등을 넘어 살아남은 원초적인 욕구였다. 히틀러를 비스마르크의 극복자이며 완성자라고 찬양한 것도 이런 감정이었다. "하나의 민족, 하나의 국가, 하나의 지도자!"라는 외침은 요령 좋은 선전구호 이상의 그 무엇이었다. 이러한 분위기에서만 교회들뿐 아니라 칼 레너(K. Renner) 같은 도이치 사회주의자들까지도 이런 통일 열기에 휩쓸렸던 이유를 설명할 수 있다.[20]

국내정치적인 대립의 종결에 대한 희망도 바로 이 같은 의식에서 나왔다. 그것은 또한 살아남을 능력이 없는 국가의 존재 공포에서도 나온 것이다. 이 모든 열망들은, 강력하게 통합된 제국이, 군주제의 종말과 더불어 꺼졌던 영광, 그리고 비록 사생아이고 천박하기는 하지만, 오스트리아의 잃어버린 아들의 모습에서 다시 나타난 것처럼 보이는 그 영광을 되찾기를 바라는 소망에 의해 뒷받침되어 있었다.

사건에 수반되었던 모든 폭력행위들은 모두를 뒤덮은 성취, 위대함, 축복의 감정 속에 파묻혔다. '군대에 뒤이어, 경찰과 상부 바이에른 해골단으로 구성된 친위대 처리반 4만 명이 연대 단위로 제2의 물결을 이루어 등장한다'고 방위군 사령부 일지는 기록하고 있다.[21] 그리고 이 단위 부대들은 순식간에 엄격한 억압의 체제를 만들어냈다.

통합의 도취 속에서 그의 원한도 사라졌으리라고 여긴다면 히틀러의 심리를 잘못 본 것이다. 실제로 그의 사령부가 1933년 독일에서와는 달리 공개적으로 적들과 이른바 종족의 원수들에게 행한 냉혹함과 제약 없음을 보면 이 도시에 대한 그의 미움이 잊혀지지 않았음을 볼 수 있다고 여길 정도였다.

독일에서 돌아오는 오스트리아 의용군이 행한 부분적으로 참혹한 월권행위들은, 히틀러가 자유주의적인 도이치 반유대주의에 첨가한 아시아적 요소를 보여주었다. 그 요소는 그 자신의 출신과 감정구조를 가진 오스트

친위대는 유대인 시민들을 강요해서 맨손으로 거리를 청소하도록 했다.

리아 추종자들을 통해서 밖으로 드러났다. 당시 어떤 체험자가 이렇게 기록하였다. "대학교수들이 거리를 맨손으로 문질러 닦아야 했다. 수염이 허연 경건한 유대인들이 사원으로 끌려가서, 소리지르는 청년들의 강요로 무릎을 꿇고서 목소리를 합쳐서 '하일 히틀러' 하고 소리쳐야 했다. 길거리에서 죄 없는 사람들을 토끼처럼 끌어모아서 돌격대 막사의 변소 청소를 시켰다. 더러운 증오의 상상력이, 밤이면 열광 상태에서 생각해낸 모든 병적인 것이 훤한 대낮에 밖으로 뛰쳐나온 꼴이었다."[22]

도이치가 아닌 유럽 국가로 도주의 행렬이 이어졌다. 슈테판 츠바이크, 지그문트 프로이트, 발터 메링(W. Mehring), 칼 추크마이어(C. Zuckmayer) 등 수많은 사람들이 나라를 등졌고, 문필가인 에곤 프리델(E. Friedell)은 자기 집 창문에서 뛰어내렸다. 국가사회주의 테러가 최초로 아주 분명하게 모습을 드러낸 것이다.

그러나 밖으로는 이런 내부 사정이 전혀 아무런 영향도 주지 못했다. 환호성의 인상이 너무 강했고, 도이치측이 3월 16일 실시된 다섯 번째이자 이 정권 최후의 국민투표에서 99퍼센트의 찬성으로 화려하게 확인된 윌슨의 자기 결정 원칙을 들이밀자 아무도 반박할 수가 없었다.

서방 국가들은 불안하기는 하였으나 프랑스는 내심 방책이 없는 상태였고, 영국은 프랑스나 체코슬로바키아에 대해서 어떤 보장도 거절하였다. 영국은 히틀러가 앞으로 멋대로 구는 것을 막기 위해서 협약을 하자는 소련측의 제안도 거절하였다. 체임벌린과 유럽의 보수주의자들은 여전히 히틀러를 반공을 위한 보루책임자로 보았다. 반면에 좌익은 슈슈닉이 그 옛날 노동자에게 총을 쏜 카톨릭 파시즘 정권의 대표자로서 이제 몰락한 것일 뿐이라는 생각으로 자신을 진정시켰다. 국제연맹 회의조차 열리지 않았다. 체념한 세계는 분노의 몸짓을 하는 것조차도 포기하였고, 슈테판 츠바이크가 분개하며 썼듯이 세계의 양심은 "약간 웅얼거린 다음 잊어버리고 용서하였다."[23)]

체코슬로바키아: '사형선고를 받은 나라'

히틀러는 빈에 24시간도 머무르지 않았다. 그가 그토록 서둘러 돌아간 것은 '사치의 도시'에 대한 증오감에서였는지 아니면 초조감에서였는지 밝히기는 어렵다. 어쨌든 외교정책의 최초의 중요한 단계를 아무런 힘도 들이지 않고 성취했다는 사실이 그에게 용기를 주어서 그는 곧바로 다음 목표를 향해 덤벼들었다.

오스트리아를 합병한 지 2주 만에 그는 수데텐(Sudeten) 도이치 지도자인 콘라트 헨라인(K. Henlein)을 만났다. 그 자리에서 체코슬로바키아 문제를 가까운 장래에 해결하겠다는 결심을 밝혔다. 다시 7주 뒤인 4월 21일에 그는 카이텔 장군과 이야기하는 자리에서 체코슬로바키아에 대한 군사적 공격 계획을 언급하였다. 그러면서 세계 여론을 의식해서 '어떤 계기나 정당화의 가능성도 없이 맑은 하늘에서 느닷없이 기습'하는 방법을 거절하였다. 그는 오히려 '어떤 사건을 계기로 번개 같은 작전'을 펼치는 것을 찬성하였고 이러한 맥락에서 '반도이치 데모에 이어 도이치 외교관의 피살'을 고려하였다.[24)]

이미 오스트리아에 대해서 그랬듯이 히틀러는 여기서도 다시 베르사유 체제의 내적인 모순을 이용할 수 있었다. 체코슬로바키아는 승전국들이 근거하고 있는 원칙을 무시하고 제멋대로 만들어낸 유일한 나라였다. 이 나라는 자기 결정권과는 거의 관계 없이 프랑스의 전략적 · 동맹정책적 고려와 관계가 있었다. 그것은 해체된 거대한 다민족국가 오스트리아의 후예로서 조그마한 다민족국가였다.

이 나라에서는 한 소수민족이, 다른 소수민족들이 합쳐진 다수에 맞서 있었고, 자기 자신이 독립 투쟁을 하면서 그토록 강조하였던 민족적 이기주의를 앞에 두고 어쩔 줄을 몰랐다. 국가가 아니라 그저 '꿰매붙인 넝마조각' 이라고 체임벌린은 말했다. 이 나라가 자기 국민에게 허용한, 상대적으로 높은 자유와 정치적 결정권도 이 나라에서 활동중인 원심분리적인 힘들을 붙잡아놓기에 충분하지 못했다. 그래서 파리에 있는 폴란드 대사는 짤막하게 '사형선고를 받은 나라' 라고 말했다.[25]

정치의 온갖 법칙에 따라서 도이치 세력이 점점 커지면서 체코슬로바키아와의 갈등은 거의 피할 수 없는 것이 되었다. 350만 수데텐 도이치 사람들은 체코슬로바키아 공화국이 건설된 이후로 줄곧 억압받는다고 느꼈고, 실제로 커진 경제적 곤란을 구조적인 데서 찾기보다는 프라하의 '이민족 지배' 탓으로 돌렸다. 히틀러의 권력 장악과 1935년 5월 선거에서 콘라트 헨라인의 수데텐 도이치당이 최대 정당으로 부상하게 되자 그들의 자의식은 비상하게 높아졌고, 오스트리아가 합병되자 "제국으로 돌아가자!"는 구호를 내건 거대한 시위들이 행해졌다.

1936년에 이미 수데텐 지역에서 이름을 밝히지 않고 편지를 보낸 어떤 사람은 히틀러를 '메시아처럼' 기다리고 있다고 말했다. 이러한 기대의 열광은 이제 사나운 연설, 도전, 충돌들을 일으켰다. 헨라인과 만난 자리에서 히틀러는 프라하에서 '체코 정부가 받아들일 수 없는' 강도 높은 요구들을 하라고 지시하였다. 그리고 도전적인 자세를 가지라고 격려하였다.[26] 그렇게 해서 그는 나중에 변명할 수 있는 간섭거리를 마련하였다.

히틀러의 이탈리아 방문

그리고는 한동안 사건이 되어가는 대로 내버려두었다. 5월 초에 그는 장관들, 장군들, 당직자들을 잔뜩 거느리고 이탈리아 공식 방문길에 올랐다. 무솔리니가 독일을 방문했을 때 온갖 것을 다 보여주려 애썼듯이 이제 무솔리니도 히틀러의 경비를 능가하기 위해서 애썼다. 영원한 도시의 배경은 깃발과 속간묶음들, 갈고리 십자가들로 화려하게 치장되었다. 철로변에 늘어선 집들을 새로 칠하고 성 파올로 루오리 근처에 특별 정거장을 만들었

'토스카나의 마법'을 추억함. 몇 년이 지난 다음에도 히틀러는 1938년의 이탈리아 방문에 대해 몽상적으로 말하곤 했다.

다. 여기서 히틀러는 왕과 무솔리니의 영접을 받았다.

규정에 따라서 무솔리니는 처음에 뒤로 물러나 있어야 하고, 그 자신이 '호두까기 왕'이라고 얕잡아 부르는 빅토르 에마누엘 3세의 손님이 되어야 한다는 사실을 알자 히틀러는 분개하였다.[27] 그리고 왕이 자기보다 앞서서 왕의 4륜마차에 오르는 작은 무례들에 대해서 모욕감을 느꼈다. 그는 왕정 국가의 반동적이고 어두운 모습에 부딪친 것이다. 오랫동안이나 그는 그것을 이 추축 동맹국에 대한 불신행동들의 이유로 내세웠다.

그에 반해서 무솔리니의 영접과 환대는 히틀러에게 깊은 인상을 주었다. 화려한 행진을 하는 가운데 새로운 '로마길'을 선보였다. 나폴리의 함대 퍼레이드에서는 1백 대의 잠수함들이 동시에 물 속으로 숨었다가 몇 분 뒤에 유령처럼 정확하게 다시 떠올랐다. 그밖에도 여러 곳을 둘러보면서 히틀러의 미적인 취향을 충족시켰다.

여러 해가 지난 다음에도 그는 '피렌체와 로마의 마법'의 추억을 떠올리곤 했다. 그는 토스카나와 움브리아는 얼마나 아름다웠던가 하고 외치곤 하였다. 건축적인 비례에서 개별적으로나 전체적으로 조화를 이루지 못하고 모든 것이 그에게 고통스럽게 비춰졌던 모스크바, 베를린, 혹은 파리와

는 달리 로마는 '올바른 감동을 주었다'는 것이다.[28]

정치적으로도 이번 여행은 히틀러에게 성공적인 것이었다. 무솔리니가 독일을 방문한 이후로 추축 동맹은 부담스러운 것이 되어 있었다. 오스트리아 합병은 남부 티롤 문제로 인한 오래 묵은 근심을 일깨웠다. 그러나 이번에 히틀러는 무솔리니의 이 근심을 없앨 수 있었다. 무엇보다도 팔라초 베네치아에서 행한 연설은 히틀러의 양식감각과 심리적인 본능을 잘 보여주었고, 하나의 전기를 마련하였다.

치아노는 처음의 분위기가 '일반적인 적대감'이었지만, 히틀러가 연설과 개인적 접촉을 통해서 공감을 얻어냈다고 당혹스러운 태도로 적었다. 그리고 피렌체 시는 그에게 '마음과 지성을 다 바쳤다'고 말했다.[29] 5월 10일에 히틀러가 독일로 가는 기차에 탔을 때는 모든 합의가 다시 이루어진 듯했으며, 무솔리니는 힘차게 그의 손을 잡고 흔들었다. "이제 그 무엇도 우리를 갈라놓을 수 없을 겁니다."

이 며칠 동안 몇 번 안 되는 정치적 대화에서 히틀러는 이탈리아가 체코슬로바키아 문제에 대해서 독일에 재량권을 부여할 각오가 되어 있다는 말을 들었다. 서방 국가들도 그 사이에 프라하측에 수데텐 도이치 사람들의 뜻을 받아들이라고 요구하였다. 한편 그들은 히틀러에게 체코슬로바키아 문제는 해결될 수 있으며, 베를린에 있는 영국 대사가 리벤트로프에게 표현한 바에 따르면 '독일은 완전히 승리할 것'이라고 알려왔다.[30]

그랬기 때문에 프라하 정부가 독일의 침공 준비에 대한 수많은 소문에 불안해져서 5월 20일에 부분 동원령을 내리고, 영국과 프랑스는 소련의 지원 아래서 자기들의 원조 의무를 암시하면서 이 조치에 분명하게 동의했을 때 히틀러는 깜짝 놀랐다.

5월 22일 일요일에 산장에 소집한 회의에서 히틀러는 모든 준비를 중단해야 할 처지에 있음을 보았다. 그 동안 그는 체코슬로바키아에 대한 작전 시기를 1938년 가을이라고 몇 번이나 말했지만 이제 그의 계획은 엉망이 된 것처럼 보였다. 국제 언론이 '5월 위기'가 마침내 성공적으로 극복되고 독일이 기죽은 것을 찬양하자 그의 분노는 더욱 커졌다. 이와 비슷한 1932

년 8월의 패배를 겪을 때도 그랬듯이 그는 며칠 동안 산장에 머물렀다.

지금 그의 마음을 움직인 것이 당시와 똑같은 복수욕, 똑같은 파괴환상이라고 생각하기는 어렵지 않다. 뒷날에도 그는 반복해서 이 시기의 '강한 체면 손상'을 지적하곤 하였다. 그것이 약점으로 비치지 않을까 걱정하는 거의 노이로제에 가까운 두려움에서 그는 무솔리니와 영국 외무장관에게 특별대사를 통해서 '협박, 압력 혹은 폭력을 통해서' 자기에게 무엇을 요구할 수는 없으며, '그런 일은 분명하게 오직 반대의 결과만을 만들어내고 그를 냉정하고도 굽히지 않도록 만든다'는 점을 알리는 것이 좋겠다고 생각하였다.[31]

5월 28일에 그는 베를린에서 국방부와 외무부 수뇌들과 회동하였다. 지도를 앞에 놓고 분개한 어조로 자신이 체코슬로바키아 문제를 어떻게 해결하려고 생각하는지를 밝혔다. 이른바 '녹색 사건' 작전을 위한 지난번 군사 지시문은 다음과 같은 문장으로 시작되고 있었다. "가까운 장래에 아무런 도전도 없이 체코슬로바키아를 군사 행동으로 쳐부수는 것은 내 의도가 아니다." 새로운 지시문에는 이렇게 되어 있다. "가까운 장래에 체코슬로바키아를 군사 행동으로 쳐부수는 것이 나의 굽힐 수 없는 결심이다."[32] 그는 정밀한 저항의 태도로 그 시점을 10월 1일로 못박았다.

그는 이제 긴장을 높이기 위해서 수단 방법을 가리지 않았다. 6월 말에는 체코슬로바키아 국경에서 군사 연습을 하고, 그 사이에 서부 방벽 건축을 더욱 서둘러 진척시켰다. 지시에 따라서 헨라인이 대립을 위한 구실을 찾고 있는 동안 히틀러는 조심스럽게 체코슬로바키아의 이웃나라, 특히 헝가리와 폴란드의 욕심을 일깨웠다. 서방 국가들은 프라하 정부에 계속해서 새로운 양보를 요구하고 나섰다. 단 한 번 결단의 몸짓을 한 것으로 모든 힘을 다 써버리기라도 한 듯이 그들은 다시 이전의 양보하는 태도로 돌아갔고 유화정책은 점점 더 절정을 향해 치달았다.

그 동기가 아무리 정직하거나 이해할 만한 것이었다 하더라도 이런 유화정책은, 히틀러를 모른다는 병과, 중부 유럽의 특수한 문제를 모른다는 병에 걸려 있었다. 이 병은 대륙 중부 지역의 복잡성과 다채롭게 뒤얽힌 적개심에 대해서 깊은 거부감을 품고 있었다. 서방 국가들은 중부 유럽의 인종적 · 종교적 · 국민적 · 종족적 · 문화적 · 역사적 원한들의 복잡한 미로를 뚫고 들어갈 능력의 결핍에 굴복한 것이다.

네빌 헨더슨(N. Henderson)에게 있어서 체코 사람들은 다만 '빌어먹을 체코놈들'에 불과했고, 로더미어(Rothermere) 경은 〈데일리 메일〉지에 '체코인은 우리와 무관하다'는 제목의 기사를 발표하였다. 체임벌린이 '우리가 모르는 문제로 서로 싸우는 사람들이 있는 먼 나라'라고 말했을 때 그것은 모두의 기본 감정을 요약한 것이었다. 영국 정부가 8월에 런시맨(Runciman) 경에게 사정을 알아보라고 체코슬로바키아로 파견한 것은 이런 무관심을 고백한 것이었다. 어떤 동요(童謠) 하나가 그의 사명이란 그저 무엇인가를 하는 척하는 것에 불과하다는 사실을 폭로하였다. "산타클로스는 뭐하러, 우린 런시맨이 있는데."[33)]

이러한 배경을 놓고 수데텐 지역을 독일에 양도하라는 제안을 담은 9월 7일자 〈타임〉지 사설을 보아야 한다. 벌써 여러 주 동안이나 히틀러는 겉보기에 뒤로 물러나 있다가 위기가 저절로 점점 더 고조되고 난 다음, 9월 12일 뉘른베르크 전당대회 폐막식에서 온 세상이 기다리고 있던 연설을 하였다. 연설의 특징을 이루는 격렬하고 도전적인 어조에는 수많은 양보의 조짐들도 곁들여 있다는 사실을 배제할 수 없다.

그러나 그는 여러 번이나 저 잊지 못할 5월의 굴욕으로 되돌아가곤 하였다. '치욕스런 어지럼증' '테러적인 압력', 프라하 정부의 '범죄적인 목적들'을 말하고, 자기가 적들의 단호한 태도를 보고 뒤로 물러섰다는 주장에 한 번 더 격분하고 그들의 손쉬운 전쟁 각오를 규탄하였다. 자기는 앞으로 그런 것을 물리칠 수 있는 결론을 이끌어냈다고 했다. "나는 어떤 상황에서도 체코슬로바키아에 있는 도이치 민족 동지들의 억압을 끝없이 조용히 지켜만 보지는 않을 것입니다……. 체코슬로바키아에 있는 도이치 사람들은 방어책이 없지도 않고 버림받은 존재도 아닙니다. 그 사실을 이제 알게 될 것입니다."

베르히테스가덴에 온 체임벌린

이 연설은 수데텐 지역의 궐기를 위한 신호였다. 그것은 수많은 희생자를 냈고, 독일에서도 격렬한 군사적 준비를 하고, 등화관제 훈련을 실시하고, 자동차를 압류하는 사태를 빚어냈다. 한동안 전쟁이 피할 수 없는 것처럼 보이고 있을 때 사태는 놀라운 전기를 맞이하였다. 9월 13일 밤에 통지문을 보내서, 영국 수상은 지체 없이, 그리고 체면 문제를 완전히 접어두고 원하는 장소 어디에서든지 히틀러와 직접 대화하러 찾아갈 생각이라고 알려온 것이다. "비행기로 가기를 제안하는 바이며 내일 당장이라도 떠날 수 있다."고 체임벌린은 썼다.

히틀러는 이 제안이 점점 더 멋대로 추진하던 자신의 충돌 욕구에 제동을 걸어올 것인데도 불구하고 의기양양해졌다. "나는 어리둥절하였다."고 그는 나중에 설명했다.[34] 일생 동안 너그러운 태도를 몰랐던 것은 물론 그의 불안감 탓이었다. 그것은 이번에도 거의 일흔이나 된 손님, 그것도 일생 처음으로 비행기를 타려는 노인에게 한치도 양보하지 못하게 만들었다. 그는 베르히테스가덴에서 만나기를 제안하였다.

영국 수상이 9월 15일 오후에 거의 일곱 시간이나 여행을 하고 나서 산장에 들어섰을 때, 그는 커다란 노천 계단의 맨 위 층계까지밖에 마중나오지 않았다. 그리고 위협적인 외모의 카이텔 장군이 자신을 수행하도록 만들었다. 체임벌린이 두 사람만의 회담을 원한다고 말하자 거기 응하기는 하였으나 상대를 좀더 지치게 만들기 위해서 유럽의 상황, 도이치 · 영국 관계, 자신의 타협 각오, 그리고 성공 등에 대해서 장황한 설명을 늘어놓았다. 금욕적인 태연함으로 체임벌린은 히틀러의 기만과 술책을 간파하였다. 이틀 뒤 내각에 보고하면서 그를 가리켜 자기가 지금까지 만나본 중에서 '가장 비열하고 속좁은 개' 라고 말했다.[35]

마침내 본론으로 들어갔을 때 현재의 위기에 대해서 히틀러는 수데텐 지역의 합병을 요구하였다. 체임벌린이 그것으로 만족하는가 아니면 체코슬로바키아 전체를 쳐부수려 하는가 하는 질문으로 그의 말을 중단시키자, 그는 폴란드와 헝가리의 요구를 지적하였다. 그러나 그 모든 일은 자기의

'내가 만나본 중에 가장 속좁은 개'. 수데텐 위기 동안 산장을 방문한 체임벌린.

관심사가 아니라고 히틀러는 말했다. 지금은 기술적인 처리 문제를 논할 시점이 아니라고 했다.

"수데텐 도이치 3백 명이 살해되었습니다. 더 이상 그런 일이 일어나서는 안 되지요. 그것은 즉각 해결되어야 합니다. 나는 이 문제를 해결하기로 결심했어요. 세계 전쟁이 일어나든 말든 나하고는 상관없습니다."

체임벌린이 화가 나서 히틀러가 어차피 폭력을 쓰기로 결심했다는 것밖에 할 말이 없다면 무엇하러 자기가 그렇게 긴 여행을 했는지 모르겠다고 대꾸하자 비로소 양보하였다. "오늘이나 내일 평화로운 해결책이 가능한지 검토해보겠다."고 말한 것이다. 결정적인 것은 "영국이 민족들의 자기 결정권에 근거한 수데텐 지역의 해결책에 동의할 각오가 되어 있는가 하는 것이다. 여기서 그(총통)가 꼭 말해두어야 할 것은 이 자기 결정권은 자기가 체코슬로바키아 문제를 위해서 1938년에 창안해낸 것이 아니라, 1918년에 이미 베르사유 조약에 근거한 변화의 도덕적 토대를 만들기 위해서 나온 것이라는 점이다."

이어서 체임벌린은 영국으로 돌아가 이 문제에 대해서 내각 회의를 하고, 한편 히틀러는 그 동안에 아무런 군사적 조치도 취하지 않는다는 것을 보장하기로 합의하였다.

체임벌린이 떠나자마자 히틀러는 자신의 준비를 계속 추진해나갔다. 영국 수상의 양보는 그를 극단적으로 당황하게 만들었다. 그것은 결국은 전체 '체코족'의 합병을 지향하는 광범위한 그의 의도를 헛되게 만들 것이기 때문이다. 그러나 체임벌린이 내각에서, 혹은 프랑스 사람들이 반대해서, 아니면 체코슬로바키아 자체의 모순 때문에 실패할지도 모른다는 희망을 가지고 그는 준비를 계속하였다.

언론이 공포의 캠페인을 펼치는 동안 그는 '수데텐 도이치를 보호하고 계속적인 불안과 충돌을 유지하기 위해서' 독일로 도망쳐온 콘라트 하이덴의 지휘 아래 수데텐 도이치 의용대를 창설하도록 했다. 그는 헝가리와 폴란드를 부추겨서 프라하측에 영토를 요구하도록 했으며, 동시에 슬로바키아족이 자치를 요구하도록 선동하였다. 마침내 대규모 충돌을 만들어내기 위해서 수데텐 도이치 의용군에게 에거와 아쉬 시(市)를 점령하도록 조종하였다.[36]

고데스베르크

9월 22일 고데스베르크의 호텔 드레젠에서 두 정상이 다시 만나서 체임벌린이 그에게, 수데텐 지역의 양도에 대해서 영국과 프랑스 및 체코슬로바키아가 동의했다는 사실을 전했을 때 그는 할 말을 잃었다. 그리고 체코슬로바키아 공화국이 독일 제국의 측면에 대항하는 '창날'로 쓰일지도 모른다는 두려움을 없애기 위해서 영국 수상은 프랑스, 소련, 체코슬로바키아간 동맹조약의 해제를 제안하였다. 이 조약 대신에 국제적 보장을 통해서 이 나라의 독립을 지킨다는 것이다.

히틀러는 이런 통고에 너무나도 당황해서 이 제안은 프라하 정부의 동의를 얻은 것이냐고 한 번 더 물어보았을 정도였다. 체임벌린이 만족스런 태도로 시인하자 짧은 당황스런 침묵이 있은 다음 히틀러는 조용히 대답하였다. "체임벌린 씨, 내가 이 문제에 동의할 수 없어서 정말 유감입니다. 지난 며칠간의 사태 발전이 있고 난 지금 이 해결책은 소용이 없게 되었습니다."[37]

체임벌린은 극도로 당황하고 화난 모습을 보였다. 어떤 사정이 그 사이에 상황을 그토록 변화시켰느냐는 분노의 항의에 대해서 히틀러는 다시 헝가리와 폴란드의 요구를 들먹이고, 체코 사람들을 공격했다가, 수데텐 도이치 종족의 고통을 탄식했다가, 마침내 자신을 구해줄 방해물을 찾아냈다. 그것을 그는 즉시 붙잡았다. "가장 중요한 것은 빨리 행동한다는 것입니다. 며칠 이내에 결정이 내려져야 해요……. 나는 10월 1일까지는 문제가 최종적으로 해결되어 있어야 한다는 사실을 강조하지 않을 수 없습니다."라고 했다.

세 시간 동안 결론 없는 회담을 끝내고 체임벌린은 라인 강 다른 쪽에 있는 페터스베르크 호텔로 돌아갔다. 편지 의견 교환도 성과 없이 끝나자 그는 출발을 알리면서 도이치측 요구들을 서면으로 만들어달라고 요청하였다. 폰 바이체커의 보고에 따르면 히틀러는 이러한 과정을 묘사하면서 '성공을 기뻐할 때처럼' 박수를 쳤다. 두서없고 수선스런 작별의 대화 속으로 끼여든, 체코슬로바키아에 동원령이 내려졌다는 소식은 다가오는 재앙의 감정을 더욱 강화시켰다. 히틀러는 이제 몇 가지 하찮은 양보만 각오한 듯이 보인 반면, 체임벌린은 체념의 표시를 드러내면서 자신은 이제 더는 히틀러를 위해 중재하지 않으리라는 점을 분명히 하였다.

실제로 9월 25일 일요일에 히틀러의 서면 요구를 검토하기 위해 소집된 영국 내각은 새로 나온 요구들을 거절하고, 프랑스 정부가 독일과 전쟁을 벌일 경우 후원하기로 약속하였다. 베르히테스가덴의 조건들을 극단적인 압력을 받고서야 겨우 수용했던 프라하도 이제 히틀러의 무리한 의도를 거절할 자유를 되찾았다. 영국과 프랑스에서는 전쟁 준비가 시작되었다.

생각지도 않은 상대방의 비타협주의를 보자 히틀러는 다시 분노한 사람의 역할을 떠맡았다. 그는 9월 26일 오후에 체임벌린의 통지를 들고 수상관으로 찾아온 호레이스 윌슨(H. Wilson) 경에게 "어떻게든 더 협상하는 것은 아무 의미가 없다."고 소리질렀다. "도이치 사람들이 깜둥이 같은 취급을 받았다는 것이다. 터키 사람도 그렇게 취급되지는 않을 것이다. 10월 1일에 그들은 체코슬로바키아에서 자신들이 원하는 곳을 차지할 것이다."[38] 그러고 나서 그는 윌슨에게 시간을 주었다. 고데스베르크 문서가 9월 28일 14시까지 프라하 정부에 의해 수용될 경우에만 도이치 사단들의 행진을 중단할 것이라고 했다.

지난 며칠 동안 그는 끊임없이 위험성이 없는 절반의 성공과 위험스런 전면적인 승리 사이에서 흔들렸다. 두 번째 방법이 그의 과격한 기질에 훨씬 잘 맞는 것이었다. 그는 칼스바트와 에거를 선물로 받는 것보다는 차라리 프라하를 점령하고 싶었다. 그가 이 며칠 동안 느꼈던 긴장감은 베를린 스포츠궁에서 행한 유명한 연설에 드러나고 있다. 이 연설을 통해서 그는 위기를 더욱 날카롭게 만들었다. 물론 이런 위기에 대해서, 이 지역이 마침내 평화에 도달하게 될 경우의 목가(牧歌)를 대조적으로 드러내보이기도 하였다.

> 이제 우리 앞에는 반드시 해결되어야 하고, 실제로 해결될 마지막 문제가 남아 있습니다! 이것은 내가 유럽에 제시하는 마지막 영토상의 요구입니다. 그러나 내가 결코 그만두지는 않을 요구이며, 신께서 보호하사 내가 반드시 이루어내고야 말 요구이기도 합니다.

그는 자기 결정의 원칙과 다민족 국가의 현실 사이에 있는 모순들을 비웃으며 폭로하고 위기 과정을 설명하면서 다시금 자신이 모욕받은 사람이라는 효과만점의 역할을 떠맡았다. 그리고 수데텐 지역의 끔찍한 테러를 묘사하고 도망자의 숫자를 제시하면서, 숫자 및 기록 콤플렉스로 인해서 사실보다 훨씬 과장하였다.

> 우리는 끔찍한 숫자를 보게 됩니다. 도망자들이 하루는 1만 명, 다음날은 2만 명, 다음날은 3만 7천, 이틀 뒤에는 4만 1천, 그러고 나서는 7만 8천, 이제 9만, 10만 7천, 오늘은 21만 4천 명이나 나오고 있습니다. 지역 전체가 비어가고 있으며, 지방들은 불태워지고, 수류탄과 독가스로 도이치 사람들을 몰아내고 있어요. 베네시는 프라하에 앉아서 이렇게 확신하고 있지요. '난 아무 일도 없어. 내 뒤에는 영국과 프랑스가 있으니까 말이야.' 이제 국민 여러분, 나는 난폭한 말을 할 시간이 왔다고 생각합니다……. 그는 10월 1일에 이 지역을 우리에게 넘겨주어야 할 것입니다……. 그는 이제 결정권을 자기 손에

쥐고 있습니다! 평화냐 전쟁이냐 하는 결정권이죠!

한 번 더 그는 체코슬로바키아의 소멸이나 합병에 대해서는 관심이 없다고 맹세하였다. "우리는 체코 사람을 원하는 것이 아닙니다!"라고 그는 강조하며 소리지르고, 마지막에 도달하자 열광적인 기쁨의 상태에 빠져들었다. 눈길을 홀 천장에 두고, 순간의 위대함, 대중의 환호성과 자신의 발작으로 달아올라서 열광적으로 말을 맺었다.

> 나는 이제 첫 번째 병사가 되어 내 민족의 앞에 서려고 합니다. 전세계가 알겠지만 내 뒤에서는 이제 한 민족이 행진합니다. 그리고 이 민족은 1918년과는 다른 존재입니다……. 이 민족은 내 의지를 자신의 의지라 느끼고, 나와 똑같이 민족의 미래, 민족의 운명이 바로 내게 행동을 명령했다는 사실을 볼 것입니다! 우리는 이 공동의 의지를 전쟁시대만큼 강화시키려고 합니다. 내가 단순하고 이름 없는 병사로 출정하여 한 제국을 만들어내려고 하던 바로 그 시절만큼 말입니다……. 그러므로 나의 도이치 민족이여, 바라노니, 이제 남자나 여자나 다 내 뒤에 서시오……. 우리는 결정을 내렸습니다! 베네시 씨, 이제 결정을 내리시죠!

몇 분 동안이나 박수갈채가 이어졌다. 히틀러가 땀으로 목욕을 하고 번득이는 눈길로 자기 자리를 찾아가는 동안 괴벨스가 연단에 올라섰다. "1918년 11월은 다시 되풀이되지 않을 것입니다."라고 그는 외쳤다. 미국 기자 윌리엄 쉬러(W. Shirer)는 히틀러가 괴벨스를 바라보는 모습을 회랑에서 관찰하였다. "그것은 마치 그가 저녁 내내 찾고 있던 말 같았다. 히틀러는 벌떡 일어서더니 오른손을 커다란 아치 모양을 이루며 공중으로 들어올렸다가 탁자를 탁 치면서, 잊을 수 없는 광신적 요소를 눈에 드러내고서 있는 힘을 다하여 소리쳤다. '그렇습니다!' 그러고 나서 그는 지친 모습으로 자기 의자에 주저앉았다."[39]

이날 저녁 괴벨스는 "총통이 명령하면 우리는 따른다!"는 구호를 외쳤다. 대중은 집회가 끝나고도 오랫동안이나 이 구호를 되풀이하였다. 히틀러가 나갈 때 그들은 노래하기 시작하였다. "쇠를 자라게 하신 신이여……."

전날 저녁의 열기와 히스테리에 휩싸인 모습으로 히틀러는 다음날 정오에 한 번 더 호레이스 윌슨 경을 맞아들였다. 자신의 요구가 거절된다면 자기는 체코슬로바키아를 쳐부술 것이라고 위협하였다. 그리고 윌슨이, 프랑스측이 체코슬로바키아를 도와야 한다고 여길 경우 영국도 군사적으로 개입할 것이라고 대답하자, 히틀러는 오직 이 사실만을 안다고 말했다. "프랑스와 영국이 출정하려고 한다면 그렇게 하시오. 나로서는 완전히 상관없는 일이오. 우린 모든 우발적인 경우에 대비한 준비가 되어 있어요. 오늘은 목요일이고, 다음 월요일에 우리는 전쟁중이겠군요."[40] 같은 날 그는 확대 동원령을 내렸다. 그러나 9월 27일 오후는 그의 쾌감을 한 번 더 약화시켰다. 국민의 전쟁 열기를 검사하고 강화시키기 위해서 히틀러는 제2기계화사단에게 슈테틴에서 체코슬로바키아 국경선으로 통하는 도로상으로 수도를 가로질러 통과하고, 넓은 동서축을 지나 빌헬름 거리를 통과해서 수상관저 앞을 지나가라고 명령하였다. 예고된 군사 구경거리가 사람들을 거리로 불러낼 것이고, 그러면 그들의 공격 열기를 일깨우겠다는 생각이 그의 마음 속에 작용했을 것이다. 그는 수상관저 발코니에서 마지막으로 호소해서 이 열기를 '군사력 사용을 요구하는 외침'으로 만들려고 했다. 그러나 어떤 외국의 관찰자는 일기장에 이렇게 실제 상황을 적었다.

나는 1914년 전쟁 발발 시기에 대해서 묘사해놓은 것 같은, 엄청난 사람떼를 보고 장관을 구경하게 되리라는 기대를 품고 빌헬름 거리와 운터 덴 린덴 거리가 만나는 모퉁이로 걸어갔다. 환호의 외침과 꽃들과 키스하는 아가씨들……. 그러나 오늘 사람들은 서둘러서 지하철로 숨어버렸고, 거리에 서 있는 몇몇 사람들도 깊은 침묵을 지키고 있었다……. 그것은 내가 체험한 것 중 가장 이상스런 반전(反戰)시위였다.

그 다음 빌헬름 거리를 통과해서 수상관저가 있는 쪽으로 걸어갔다. 히틀러는 군대 행진을 맞이하려고 발코니에 서 있었다. 그곳에는 채 2백 명도 안

되는 사람들이 서 있었다. 히틀러는 어두운 얼굴을 하고 있더니, 화가 나서 행군을 보지도 않고 서둘러 안으로 들어가버렸다.[41]

이 사건의 냉정한 효과는 이어진 나쁜 소식들로 해서 더욱 강화되었다. 그에 따르면 프랑스, 영국, 체코슬로바키아 공화국의 전쟁 준비는 예상했던 것보다 훨씬 강력한 것으로 분명히 도이치 쪽의 가능성을 훨씬 능가하는 것이었다. 프라하만 해도 1백만 명을 동원하였고 프랑스와 합치면 독일보다 거의 세 배의 군대가 되었다. 런던에서는 방공호를 파고 병원들을 비우고 있으며, 파리에서는 떼를 이루어 시민들이 도시를 떠나고 있었다. 전쟁은 피할 수 없는 것으로 보였다. 이 하루가 지나는 동안 유고슬라비아, 루마니아, 스웨덴, 미국 등이 경고하면서 상대방 편을 들었고, 몇 시간 안에 히틀러 자신이 제시한 기간이 지나기 때문에 수상관저에서는 이것이냐 저것이냐 하는 분위기가 갑자기 변하기 시작하였다.

9월 27일 늦은 저녁 시간에 히틀러는 체임벌린에게 보내는 편지를 불러주었다. 이 편지는 화해적인 어조를 띤 것으로 체코슬로바키아의 존립에 대한 형식상의 보장을 제시하고 이성에 호소하는 것으로 끝맺고 있다. 그러나 이 마지막 순간 이 사건들에 예상하지 못한 전기를 마련해줄 것으로 보이는 활동들이 이루어지고 있었다.

독일의 저항운동

모든 정치진영에서 나온 인물들이 모여서 이루어진 영향력 있는 반역자들의 작은 집단이 지난 몇 년 동안 집중적인 활동을 벌였다. 이 활동은 처음에는 전쟁 방해를 목적으로 하였지만, 히틀러가 과격한 갈등을 만들어내자, 그들의 결론도 암살 및 국가 전복 계획으로 상승하게 되었다. 모든 집단을 자극하고 중개한 인물은 방위군 중앙부의 과장인 한스 오스터(H. Oster) 중령이었다.

도이치 군사 전통이 정치적 저항에 대해서는 거의 어떤 연결점도 제공하지 못하고, 베를린 주재 이탈리아 대사인 베르나르도 아톨리코(B. Attolico)

가 그 당시에 말한 것처럼 도이치 사람의 성격에는 끈기, 인간 본성에 대한 지식, 심리학, 전략, 아첨의 능력 같은 음모적인 특성들이 완전히 결핍되어 있다("로젠하임과 아이트쿠넨 사이 어디서 대체 그런 것을 찾는단 말입니까?")[42] 는 것이 맞는다면 오스터는 하나의 예외였다.

그는 도덕성, 교활함, 풍부한 발상, 심리적 계산, 원칙에 충실함 등이 독특하게 결합된 인물로서 히틀러와 국가사회주의에 대해서 아주 일찍부터 비판적인 태도를 가졌다. 국방부 안에 있는 동료들을 자기편으로 삼으려고 애썼지만 오랫동안 아무런 성과가 없었다. 히틀러의 전쟁 노선이 점차 뚜렷해지고 무엇보다도 프리치 사건이 일어나자 도무지 움직이지 않던 고루한 장교 집단이 겨우 움직이게 되었다. 다른 진영에서도 힘들이 쏟아져나왔고, 그는 이제 그런 세력들을 꾸준히 끌어모아 키우고, 국방부 안의 기구와 그 대장인 카나리스(Canaris) 제독의 비호를 받아서 광범위하게 가지를 친 저항 세력 하나를 만들어냈다.

전체주의 정권은 한번 안정되면 오직 내부와 외부의 적들이 힘을 합쳐서만 제거할 수 있다는 인식에서 전략적인 생각들이 결정되었다. 1938년 초부터 도이치 저항 세력의 대표자들은 파리나 런던으로 순례 여행을 나섰다. 그러나 그들의 노력은 언제나 허사가 되곤 하였다. 1938년 3월 초에 칼 괴르델러(C. Goerdeler)는 파리로 가서, 체코슬로바키아 문제에 대해서 양보하지 말라고 프랑스 정부를 자극하려고 했다.

한 달 뒤에 그는 한 번 더 여행을 떠났지만 지난번이나 이번이나 아무런 구속력 없는 대답만 들었을 뿐이었다. 런던 방문도 비슷하게 끝났다. 영국 외무부의 외교 문제 수석 고문관인 로버트 밴시타트(R. Vansittart) 경이 이 도이치 방문객에게 당황한 어조로, 그가 지금 꾸미고 있는 일은 국가 반역이라고 대답했다는 사실은 이런 사명의 문제성을 날카롭게 조명해주는 것이다.[43]

보수주의 정치가로서, 여러 해 전에 은퇴해서 포메른에 있는 자신의 소유지로 돌아갔다가 이제 영국에 있는 여러 관계망을 이용하여 영국 정부가 히틀러의 팽창 의도에 날카롭게 대응하도록 자극하려고 애쓰는 에발트 폰 클라이스트 슈멘친(E. v. Kleist - Schmenzin)의 경우도 사정이 크게 다르지 않았다. 그는 히틀러가 오스트리아 합병으로 만족하지 않을 것이라고 경고하였다. 히틀러는 체코슬로바키아 합병 이상의 것을 목표로 삼고 있으며, 세계 지배를 갈망하고 있다는 것을 보여주는 믿을 만한 정보들이 있다고 했다.

1938년 여름에 폰 클라이스트는 직접 런던으로 갔다. 참모총장인 루트비히 베크(L. Beck) 장군이 그에게 일종의 사명을 주었던 것이다. "체코슬로바키아가 공격당하면 영국이 참전할 것이라는 확실한 증거를 가져오십시오. 그러면 나는 이 정권을 끝장내겠습니다."[44)]

폰 클라이스트가 떠난 지 2주 만에 산업가인 한스 뵘 테텔바흐(H. Böhm - Tettelbach)도 같은 사명을 띠고 런던으로 갔다. 그가 여행에서 돌아오자마자, 국무비서 폰 바이체커가 지휘하는 외무부의 반역 음모 그룹의 주도로 런던 주재 대사관 참사관인 테오 코르트(Th. Kordt)를 통해서 여러 가지 새로운 노력들이 성공하였다. 9월 1일에 바이체커 자신이 단치히 시장인 칼 야콥 부르크하르트에게 개인적인 관계를 이용해서 영국 정부가 히틀러에게 '아주 분명한 말'을 하도록 노력해보라고 청했다. 어쩌면 '편견 없고 외교관이 아닌 영국인, 승마 채찍을 쥔 장군이나 뭐 그런 사람'을 보내는 것이 아마 가장 효과가 있을 것이다, 그리고 이런 방법으로 어쩌면 히틀러가 말을 듣도록 할 수 있을지도 모른다고 했다. 부르크하르트는 이렇게 기록하였다. "바이체커는 당시 모든 것을 마지막 카드에 거는 절망한 사람의 솔직성으로 말했다."[45)]

같은 시기에 오스터는 테오 코르트의 형으로, 외무부 장관실 실장으로 근무하고 있던 에리히 코르트에게, 수단 방법을 다해서 런던측으로부터 개입하겠다는 위협을 받아내라고 재촉하였다. 그 위협은 외교적인 훈련을 받은 귀뿐 아니라, '교육을 제대로 받지 못하고, 힘깨나 쓰는 독재자'도 알아들을 만한 것이어야 한다고 했다. 히틀러의 의도에 대한 정보들과 경고를 잔뜩 덧붙였다.

그러나 그 모든 노력은 허사였다. 폰 클라이스트가 밴시타트에게 말했듯이, 심부름꾼들은 '목에 밧줄을 걸어놓고(죽을 각오를 하고)' 찾아오지만 모두들 유화론자의 양보 열의, 오해 혹은 속좁은 무지에 희생되고 말았다. 영국의 고급 정보장교는 런던까지 찾아온 도이치 참모부 장교의 노력을 '더러운 뻔뻔스러움'[46]이라면서 물리쳤다.

'국가 반역'이라는 밴시타트의 표현은 반역자들의 동기를 이해하는 일이, 자기들만의 관념으로 굳어진 세계에는 얼마나 어려운 일인가를 분명히 보여주었다. 반역자들 중 몇 명은 복고적인 성향들, 혹은 히틀러와도 그다지 다르지 않은 수정주의적인 요구들을 통해서 대화 상대자의 의심을 불러일으켰다는 사실도 놓쳐서는 안 될 것이다.

거의 모든 밀사들이 편들고 있는 도이치 보수주의자들과 군부 인사들은 서방에서는 어차피 전통적으로 동유럽에 호감을 가진 세력이라는 의심을 받고 있었다. 섬세하지만 양심이 없다는 소문이 그들 모두를 둘러싸고 있었다. 게다가 라팔로 충격뿐 아니라 방위군이 여러 해 동안이나 붉은 군대와 협조했다는 사실도 아직 잊혀지지 않았다. 이러한 협조 관계는 히틀러가 비로소 끝낸 것이었다. 그래서 대부분의 외국 대화 상대자들에게는, 저항운동 뒤에 옛 독일의 왕당파 반동세력인, 토지귀족과 군국주의자들이 숨어 있는 것처럼 생각되었다. 그래서 '히틀러냐 프로이센이냐' 하는 양자택일까지 나돌 지경이었다.[47]

제어되지는 않지만 의심의 여지없이 서방을 지향하는 독재자에게 맞서기 위해서 어제의 정신을 후원할 각오가 모든 사람에게 되어 있었던 것은 아니다. 극적인 하루였던 9월 26일에 프랑스 참모총장 가멜렝(Gamelin)이 체임벌린에게 도이치 저항운동의 의도를 전달했다가 얻은 답변이 "독일이 나중에 볼셰비스트가 되지 않는다고 누가 우리에게 보장해주지?"라는 것이었다. 체임벌린이 말한 것은 히틀러의 보장이 도이치 보수주의자들의 그것보다 더 믿을 만하다는 뜻이었다.

히틀러에게 다시 유리하게 작용한 것은 동유럽에 반대하는 전통적인 정서였다. 그것은 서방의 악몽이었다. 나폴레옹이 성 헬레나 섬에서 가졌던 악몽이었고, 지금은 프랑스 총리 달라디에(Daladier)가 근심스럽게 인용한 말이기도 했다. “코사크족이 유럽을 지배하게 될 것이다.”[48]

국내의 반대 활동도 주로 군인들에 의해서 이루어졌는데, 이 활동들도 외국에서의 사건들과 사정이 비슷했다. 점점 더 확고하게 작성된 일련의 건의서에서 특히 루트비히 베크는 히틀러의 전쟁 결심에 반대작용을 하려고 노력하였다. 1938년 7월 16일 건의서가 가장 강력한 것으로, 이것은 세계적인 전쟁의 위험성을 한 번 더 강조하고 있다. 도이치 국민이 느끼는 갈등에 대한 피로감, 서쪽을 향한 허약한 방어력을 지적하고, 정치적 · 군사적 · 경제적 이유들을 모아서, 이 전쟁에서 독일은 세계의 도전을 받게 될 것이고 따라서 이 ‘생사를 건’ 싸움을 승리로 이끌 가능성이 없다는 결론을 내린 문서였다. 베크는 브라우히치에게 고급 장교들의 연대문서에 동참하라고 졸랐다. 일종의 ‘장군들의 총파업’으로 히틀러에게 맞서야 하며, 집단 퇴역 위협으로 전쟁 준비를 중지시켜야 한다고 했다.[49]

베크의 고집스런 재촉에 브라우히치는 마침내 굴복하였다. 8월 4일에 소집된 장군 회의에서 그는 베크의 7월 건의서를 낭독하게 하고, 아담(Adam) 장군이 서부 방벽의 방어가 불충분하다는 보고를 할 기회를 주었다. 참가자들은 깊은 인상을 받아서 한 목소리로 제안된 견해에 가담하였다. 오직 라이헤나우와 부시 장군만이 몇 가지 이의를 내놓았다. 그에 반해 브라우히치는 분명하게 동의하였다.

그러나 놀라운 일이지만 그는 공동의 항의문서 작성을 요구하는, 베크가 초안한 인사말을 하지 않았다. 그리고 바로 뒤이어 베크의 건의서를 히틀러에게 제출함으로써 참모총장의 생각을 폭로하였다. 히틀러가 8월 18일에 유터복에서 열린 회의에서 다음 몇 주 안에 수데텐 문제를 힘으로 해결할 것이라고 예고하자 베크는 은퇴하였다.

이러한 체념의 태도나 브라우히치의 거절도 도이치 군부 지도층의 특징적인 고정관념과 관계가 있었다. 이런 태도와 히틀러의 공격적인 외교정책의 성공들 사이에 밀접한 연관성이 존재한다는 사실도 놓쳐서는 안 될 것이다. 서방 국가에서 더욱 단호한 말을 얻어내려고 노력하였으나 실패함으로써 낙심한 상태에서 베크는 은퇴를 요청했던 것이다. 도이치 저항운동의 저항 의지는 영국이나 프랑스 수상들의 저항 의지보다 더 단호한 것은 못 되었다.

그러나 반역자들의 계획은 베크의 후임으로 할더(Halder) 장군이 들어온 다음에도 전혀 중단되지 않았다. 그는 참모총장직을 맡으면서 브라우히치에게 자기는 전임자나 마찬가지로 히틀러의 전쟁 계획을 거부한다, 그리고 '히틀러에 대항하여 싸우기 위해 모든 가능성을 다 이용할' 생각이라고 밝혔다.[50)]

할더는 과격한 반정부 인사는 아니었다. 오히려 정확하고 냉정한 참모장교 유형이었다. 그러나 히틀러는 그에게 작전 선택권을 전혀 주지 않았다. 그는 히틀러를 극단적인 방식으로 미워하면서, '범죄자'니, '정신병자'니, '피 빨아먹는 놈'이라고 불렀다. 자기는 '저항하도록 강요'받은 셈이라고 말하면서, 그것은 '끔찍하고 고통스런 체험'이었다고 했다. 그는 베크보다 더 냉정하고 일관성 있게 반역자들의 생각을 순식간에 국가 반역 계획으로 확대하였다. 그리고 오스터 주도로 히얄마르 샤흐트와 새로운 정부를 위한 협상을 하고, 9월 15일 이전에 모든 준비를 끝마쳤다.[51)]

히틀러가 선전포고를 하는 순간 베를린 수비사령관인 폰 비츨레벤(v. Witzleben) 장군의 지휘 아래 기습 행동으로 히틀러와 현정권의 지도적 인사들을 체포하여 곧바로 법정으로 넘겨서 그의 공격 목표를 전세계에 알린다는 계획이었다. 참가자들은 이런 방식으로, 제2의 배후 배신설을 피할 뿐더러, 큰 도이치 통합 열기의 광채로 둘러싸인 인기 높은 히틀러에게 반대하는 자신들의 지지세력을 확보하고 내전을 피해보려고 했던 것이다.

할더는 작은 엘리트 집단의 생각과 도덕적 범주가 아니라, 국민의 원칙적인 동의가 문제라고 말했다. 반역에 참가한 대법원 고문인 한스 폰 도나니(H. v. Dohnanyi)는 1933년 이후로 히틀러를 고소하기 위한 비밀문서를 작성해놓고 있었다. 오스터는 또한 베를린 시경총장인 헬도르프(Helldorf) 백작과 시경 부총장인 프리츠 디틀로프 폰 데어 슐렌부르크(F. - D. v. d. Schulenburg) 백작을 모반자 그룹으로 끌어들이는 데 성공하였다. 포츠담, 란츠베르크, 튀링겐의 여러 지휘관들과도 밀접한 접촉이 있었다.[52)]

그리고 빌헬름 로이슈너(W. Leuschner) 혹은 율리우스 레버(J. Leber) 같은 사회주의자들과도 접촉이 이루어졌고, 나아가 베를린 자선병원 심리과장인 칼 본회퍼(K. Bonhoeffer) 교수는 어떤 쿠데타 계획에서, 히틀러 주치의사단 회장의 자격으로 그가 정신병자라고 선언할 인물로 선정되었다.

예전에 철모단 지휘자였던 프리드리히 빌헬름 하인츠(F. W. Heinz)는 다시 '반역 속의 반역'을 꾸몄다. 그는 폰 비츨레벤에게서 정해진 순간에 수상관저로 쳐들어갈 사령부 돌격반을 강화하기 위해서 젊은 장교, 노동자, 학생 등을 모집하라는 위임을 받고서 재판에 대한 생각과 히틀러를 형무소로 보낸다는 생각이 완전히 비현실적인 것이라고 여겼다. 히틀러 혼자만 해도 비츨레벤과 그 모든 군대를 합친 것보다 더 강하다고 오스터에게 설명하였다. 따라서 그는 자기 부하들에게 히틀러를 체포하지 말고 몸싸움을 벌이는 중에 여러 사정 볼 것 없이 사살하라고 비밀 지시를 내렸다.[53)]

그렇게 해서 모든 준비가 완료되었다. 그것은 예전보다 철저하고 분명 더 큰 성공 가능성을 지닌 것이었다. 하인츠 돌격반은 무기와 탄약을 마련해서 베를린의 개인사령부에 준비해두고, 군사 및 경찰 조치들을 완벽하게 해두었다. 마찰 없이 방송국을 접수하기 위한 준비도 되었고, 국민을 향한 호소문도 작성되었다. 할더는 작전개시 신호를 히틀러가 체코슬로바키아로 행진하라는 명령을 내리는 순간으로 정했다.

모두들 기다렸다. 9월 26일 영국은, 체코슬로바키아 공화국 공격이 있을 경우 프랑스 편을 들어 참전하게 될 것이라고 선언함으로써 반역자들에게 아주 필수적인 확고한 태도를 알려준 셈이었다. 9월 27일, 망설이던 브라우히치도 가담하였다. 히틀러가 정오에 첫 번째 공격 파도를 위한 준비 조치를 명령하고 몇 시간 뒤에는 19개 사단에 동원령을 내리고 나자, 모두들 다음날 14시에 일반 동원령이 나오리라 기대하였다. 에리히 코르트는 슐렌부르크의 도움으로 수상관저 입구에 있는 초소 뒤편 커다란 2중문을 열어두도록 일을 꾸몄다.

정오경에 브라우히치는 히틀러의 결심을 듣기 위해 정부 회의에 갔다.

비츨레벤파는 호엔촐러른담 국방구(區)에 위치한 지역사령부에서 초조하게 기다렸다. 비츨레벤 장군 자신은 티르피츠 변에 있는 육군사령부로 할더 장군을 방문하였고, 하인츠 돌격반은 정해진 곳에서 대기중이었다. 그때 심부름꾼이 참모총장에게, 무솔리니의 중재에 힘입어서 히틀러가 뮌헨에서 회의를 열기로 동의하였다는 소식을 전해왔다.

이 소식은 문자 그대로 폭탄처럼 터졌다. 참가자들에게는 그로써 거사 계획 전체의 기반이 무너져내렸다는 사실이 아주 분명하였다. 혼란과 마비가 모두를 사로잡았다. 민간인 반역자였던 기제비우스(Gisevius)만이 절망적인 장광설로 비츨레벤에게 그래도 시작해야 한다고 역설했을 뿐이다. 그러나 이 계획은 히틀러의 정치적 실패에만 초점을 맞추었기 때문에 이제 행동의 기회가 없었다.

이것은 엄격하게 말하자면 국가 반역 기도의 결정적이고도 피할 길 없는 딜레마였다. 그것은 히틀러나 서방 국가 그 어느 쪽의 특정한 행동 방식에 종속되어 있었다. 반역자들은 히틀러를 잘못 보지는 않았다. 그러나 영국이 근본적으로, 헨더슨의 표현대로 설득을 통해서 히틀러에게 '착한 소년이 될' 기회를 주려고 한다는 사실을 못 보았기 때문에 그들의 계획은 실패하였다. "당신이 우리에게 그랬던 것처럼 우린 당신에게 그렇게 솔직할 수가 없었어요."라고 뮌헨 협정이 이루어진 다음에 핼리팩스(Halifax)는 유감스럽게 여기면서 테오 코르트에게 말했다.[54)]

충격의 여파는 이 순간을 넘어 훨씬 멀리 퍼졌다. 체임벌린이 베르히테스가덴으로 간다는 소식만 해도 벌써 반역자들을 마비시키는 작용을 했다. 이번에 저항운동은 전체적인 붕괴를 겪었고 다시는 이 붕괴에서 완전히 일어서지 못했다. 물론 저항운동이 존속하는 동안에도 이미 양심, 맹세 문제, 충성 갈등으로 힘들었다. 그리고 극단적인 반성, 심사숙고, 참석자들간의 밤샘 토론 등으로 언제나 거듭, 교육을 통해 새겨지고 습관으로 강화된 한계에 부딪치곤 하였다. 이 한계에서 도덕과 배신이 갈라지는 것이다.

이번의 충격은 도이치 저항운동의 전체 역사에 흔적을 남겼다. 그것은 군부 안의 반역자들을 방해하고 그들의 계획에서 성공을 위해서는 필수적인 극단적인 단호함을 빼앗고 말았다. 히틀러는 어떤 상황이든지 이겨낸다는 믿음뿐 아니라, 상황, 승리의 원칙, 행운, 우연 등, 줄여 말하자면 역사 자체와도 결탁하고 있다는 믿음까지 덧붙여져서 저항운동에 부담이 되었다.

"그것은 아마 히틀러의 마지막이 되었을 것"이라고 괴르델러는 그 시기에 미국인 친구에게 적어보냈다. 이 예언은 수많은 문제들을 미해결 상태로 놓아둔 것이지만, 그 다음에 이어진 예언은 문자 그대로 실현되었다. "체임벌린 씨는 작은 위험을 보고 뒤로 물러섬으로써 전쟁을 피할 수 없는 것으로 만들었습니다. 영국 국민과 프랑스 국민은 이제 무기를 들고서 자기들의 자유를 지켜야 할 상황에 부딪칠 것입니다. 그들이 노예 방식의 생존을 더 좋아하지 않는다면 말입니다."[55]

뮌헨 협정

다음날인 9월 29일 12시 45분경에 벌써 뮌헨에서는 영국, 프랑스, 이탈리아, 독일 정부 수반의 회담이 시작되었다. 히틀러가 즉각적인 회동을 고집하였기 때문이다. 그는 전보다 더 확고하게 10월 1일에 수데텐 지역에 들어가고자 하였다. 미리 무솔리니와 타협해두기 위해서 그는 쿠프슈타인까지 마중나갔다. 모든 자료가 잘못된 것이 아니라면 그는 이 순간까지도 전면적인 승리를 얻을 욕심에 회담을 결렬시키기로 절반쯤 결심하고 있었다.

어쨌든 그는 무솔리니에게 지도를 보이면서 체코슬로바키아에 대한 기습전 계획과 이어서 프랑스에 대한 공격 계획을 설명하였다. 겨우 애써서만 이런 의도를 물리칠 마음을 보였다. 그러나 그는 다음의 사실을 전혀 의심하지 않았다. "회담이 빠른 시간 안에 성공하든지 아니면 무기를 통해서 결판이 날 것이다."[56]

그러나 그렇게 엄격한 양자택일이 전혀 필요치 않았다. 서방측, 특히 영국의 협상 목적은 히틀러가 수데텐 지역을 전쟁 없이도 얻을 수 있다는 것을 확신하도록 만들려는 것뿐만이 아니었다. 이 요구에 대해서는 4강국이

이미 오래 전에 합의가 되어 있었다. 이 만남은 이런 합의를 문서로 만들려는 것이었다.[57)]

의견 차이가 전혀 없었으므로, 그리고 짧은 회담 시간 때문에 이 회담은 비정상적일 정도로 문제 없이 진행되었다. 인사를 하고 나서 히틀러는 다른 사람들에 앞장서서 쾨니히 광장에 새로 지은 총통 건물의 회의실로 들어갔다. 그는 나직한 둥근 탁자를 둘러싸고 놓여 있는 무거운 안락의자 한 곳에 털썩 주저앉으며 신경질적인 동작으로 다른 손님들에게도 의자에 앉으라고 권했다.

그는 창백하고 흥분된 상태였다. 자신만만한 모습을 보이는 무솔리니를 흉내내서, 무솔리니처럼 말하거나 웃거나 얼굴을 찌푸렸다. 체임벌린은 나이들어 기품 있는 모습이었고 달라디에는 조용하고 기분이 좋지 못했다. 체코슬로바키아 대표도 부르자는 요구를 히틀러는 처음부터 원칙적으로 거절하였다. 4강국은 자기들끼리만 남았다. 달라디에는 곧장 '베네시의 완고함'과 '프랑스의 전쟁 선동가'들의 영향을 불평하였는데 그것은 히틀러의 특별한 주목을 받았다.[58)]

차츰 대사들과 수행원들이 방으로 들어와서 회담 탁자를 둘러쌌다. 끊임없이 오고가는 가운데 회담은 끝나고 개별적인 담화들을 나누게 되었다. 이른 오후에 무솔리니가 협정 문서 초안을 내놓았다. 실은 지난 밤에 괴링, 노이라트, 바이체커 등이 군사 행동을 촉구하는 리벤트로프를 앞지르기 위해서 만든 문안이었다. 이 초안을 토대로 새벽 2시에서 3시 사이에 뮌헨 협정에 서명이 이루어졌다. 수데텐 지역의 점령은 10월 1일과 10일 사이에 이루어진다는 것이고 자세한 내용은 4강국과 체코슬로바키아 대표로 이루어진 위원회가 결정하기로 되어 있었다. 영국과 프랑스는 더 작아진 이 나라의 통합을 보장할 의무를 가졌다.

모든 참석자들은 한동안 만족한 듯이 보였다. 다만 프랑수아 퐁세만이 불안의 흔적을 가지고 말했다. "프랑스가 자신의 충실한 친구였던 동맹국을 대하는 태도를 보라."[59)] 관리들이 문서 작성을 하는 동안 회담 참석자들은 앉아 있거나 오락가락하였다. 달라디에는 지친 모습으로 안락의자에 깊이 파묻혀 있었고 무솔리니는 체임벌린과 이야기를 나누었고 히틀러는 어떤 참관자의 보고에 따르면 움직이지 않고 한편에 서서 팔짱을 낀 채 앞만 바라보고 있었다.

히틀러의 불쾌감

그의 불쾌감은 다음날에도 계속되었다. 체임벌린이 낮시간에 왕자섭정 광장에 있는 그의 개인집을 방문했을 때도 그는 이상스러울 정도로 말이 짧았고 내놓은 협정 제안에 대해서도 마지못해 동의하였다. 영국 수상이 뮌헨 거리를 통과해서 자동차로 달릴 때에 주민들이 열광적인 환영을 했다는 말을 듣자 그의 분노는 더욱 커지기만 했다. 이틀 전 베를린에서도 그랬다. 이 민족은 분명히 히틀러가 부여하려는 '일급 과제'를 위한 준비가 되어 있지 않았다. 체임벌린이 이 순간의 인물로 보였다.[60]

그러나 그의 마음을 움직인 것은 국민이 싫어한다는 것이나, 이제 분명해진 전쟁 혐오증만은 아니었다. 날카롭게 관찰해보면 그의 불쾌감은 훨씬 더 복잡한 동기에 근거한 것이다. 뮌헨 협정은 군말 필요없이 그의 개인적인 승리였다. 공공연히 폭력을 사용하지도 않고서 히틀러는 우세한 상대편에게서 광범위한 지역을 얻어왔다. 체코슬로바키아에서 유명한 요새 체계를 없앴고 자신의 전략적 위치를 단연 개선시켰으며, 새로운 산업체들을 얻었고 증오스런 베네시 대통령을 도망치게 만들었다. '유럽 역사에서…… 수백 년 이래로 전쟁도 없이 그렇게 근본적인 변화는 없었던' 것이 사실이다.[61]

히틀러는 강대국의 희생을 대가로 그들의 동의를 얻어냈다는 점이 이 승리의 특징이었다. 한 번 더 그는 혁명적 세력과 기득권 세력 사이의 동맹이라는, 고전적인 파시즘 구도를 만들어냈다. 일종의 '유럽적 차원에서의 하르츠부르크 전선'이었던 셈이다. 뮌헨 협정이 이루어진 직후에 체코슬로바키아는 소련과의 동맹을 해지하고 공산당을 금지하였다.

그러나 그는 이 모든 승리를 너무 비싼 값을 주고 얻은 것처럼 여겼다. 항구적으로는 아니라도 어쨌든 자기의 시간 계획, 그와 더불어 자신의 위대한 개념을 뒤죽박죽으로 만들 만큼 충분히 오래 자기를 묶어둘 수 있는 협정문에 서명을 해야 했기 때문이다. 그는 반 년 전에 빈으로 들어갔듯이 가을에는 프라하로 쳐들어가려고 생각했다. 그는 자신의 시간 계획을 도둑맞았고 아울러 정복자로서의 승리를 도둑맞은 것처럼 느꼈다. "체임벌린, 그놈이 내가 프라하로 진군하는 것을 망쳤어." 하고 그가 말하는 것을 샤흐트는 들었다.

1939년 1월에도 그는 아주 비슷한 방식으로 고개를 흔들면서 헝가리 외무장관에게, '체코슬로바키아가 그렇게 친구들의 시중을 받는 일'이 가능하다고는 생각지 않았다고 말했다. 1945년 2월에도 지하 벙커에서 과거를 돌아보는 명상을 하면서 그는 '고루한 거대 자본주의자 놈들'에 대한 분노를 터뜨렸다. "1938년에 전쟁을 시작해야만 했다. 그것은 이 전쟁을 국지전으로 만들 마지막 기회였다. 그러나 사방에서 그놈들이 끼여들었다. 비겁자들처럼 그들은 우리의 모든 요구에 굴복하였다. 그래서 적대감을 위한 주도권을 쥐기가 정말로 힘들었다. 우리는 뮌헨에서 단 한 번뿐인 기회를 놓친 것이다."[62]

이런 말 뒤에는, 한 번 더 극단에 이르러 배수의 진을 치고 도박판을 벌이려는 성향이 드러나 있다. 뮌헨 협정은 그의 신경을 만족시키기에는 너무나 평이하고 너무나 매끈하게 목적에 도달하고 만 것이다. 그는 빠른 해결책을 싫어하였고 그 자신이 말한 것처럼 "자신을 싸구려로 팔아버릴 수 있다는 생각은…… 위험한" 것이다.[63]

그러한 독특한 운명관이 그의 냉정함을 일관하고 있었다. 바로 이런 이유에서 뮌헨 협정 이후로 온갖 환호성을 지르고 있지만 수많은 저항으로 맞서는 고집센 국민을, 극단적이고 피로 물든 도전을 통해서 돌이킬 수 없도록 자기에게 묶어두어야 한다는 생각이 그의 내면에 자리잡게 되었다.

합리적 시간 계산, 배짱의 요구, 신화로 만드는 정치관 등 3중의 배경을 놓고서, 이제부터 점점 뚜렷하게 드러나는 히틀러의 전쟁 성향을 보아야 한다. 체임벌린의 저항이 자기를 "어떤 의미에서 기습한 것"이라고 그는 뒷날 변명하였다. 전쟁 성향은 이후로 그가 적들에 대해서 품게 된 공개적인 경멸감을 통해서 더욱 강화되었다. 장군들 앞에서 그는 적들을 '작은 벌레들'이라고 비웃었고, 11월 6일 바이마르 연설에서 그는 체임벌린을 암시하면서 '우리의 시민적인 초기 정당 세계의 우산 유형'이라고 말하고 마지노선은 죽을 준비를 하는 국민의 방어선이라고 불렀다.[64)]

히틀러의 도전적인 전쟁 의지는 실질적인 세력 상황과는 놀랄 만한 모순을 이루고 있었다. 이것은 그의 현실감 상실의 최초의 표지라고 볼 수 있을 것이다. 그가 1938년 가을에 무장 대립을 했더라면 겨우 며칠밖에 견딜 수 없었으리라는 사실이 오늘날 논란의 여지가 없는 것으로 밝혀졌기 때문이다. 연합군 군사전문가와 도이치 군사전문가의 판단들, 서류들과 수치들은 이 문제에 대해서 의심을 허용하지 않는다. 예를 들면 요들은 뉘른베르크에서 이렇게 말했다. "5개 사단과 7개 탱크 사단으로 거대한 건축 현장에 불과했던 서부 방벽에서 1백 개 프랑스 사단에 맞서 견딘다는 것은 완전히 불가능한 일이었다. 그것은 군사적으로 불가능하다."[65)]

그럴수록 서방 세력의 굴복과 자기 약화는 이해되지 않는 일이다. 그들의 태도는 유화정책의 이유들을 넘어서, 히틀러가 말했던 것처럼 정치적 체념의 심리로써만 가장 잘 설명될 수 있을 것이다. 이미 시행된 동맹 의무를 배신하고, 전통적인 유럽의 가치개념들마저 배신한 것은—히틀러는 모든 연설, 법칙, 행동 등에서 이런 유럽의 가치들에 대해서 숨김 없는 적대감을 드러내고 있었다—그래도 어쨌든 봐줄 수 있을 것이다. 동의, 압력, 어찌할 바 모름 등이 뒤섞인 것이라고 설명할 수도 있을 테니까. 그러나 이상하게도 서방 국가들은 뮌헨 협정이 가져올 정치적인 효과, 특히 심각한 체면 손상을 고려하지 않았던 것으로 보인다. 영국과 프랑스는 거의 신용을 잃었고, 그들의 말은 이제부터 바람 속에 씌어진 말처럼 보이게 되었다.

그 이후로 특히 동유럽 국가들은 각자 자기 주먹만을 믿고서 히틀러와 맞대면하기 시작하였다. 특히 소련은 뮌헨에서 서방 국가들에 의해서 배제되었다는 사실을 잊지 않았다. 협정이 끝난 지 나흘 만에 모스크바의 도이치 대사는 "스탈린이…… 결론을 이끌어낼 것"이고 외교정책을 다시 검토하게 될 것이라고 지적하였다.[66)]

그 사이 체임벌린과 달라디에는 자기들의 수도로 돌아갔다. 그러나 그들이 예상하였던 분노한 시위의 물결이 아니라 환영을 받았다. 어떤 외무부 관리가 말한 것처럼 '작은 동맹국들을 배신한 것이 아니라 적에 대한 큰 승리를 축하하는 것' 같았다. 달라디에는 풀이 죽어서, 환호하는 사람들을 가리키며 비서에게 "멍청이들!" 하고 말했다. 체임벌린은 달라디에보다 단순하고 낙천적인 사람이라 런던에 도착하면서 종이 한 조각을 하늘에 대고 흔들면서 '우리 시대를 위한 평화'를 알렸다.

뒤돌아보면 유럽이 함께 느꼈던 일시적인 안도의 느낌을 이해하기가 쉽지 않으며, 그러한 망상에 존경심을 품기는 더욱 어렵다. 런던에서는 대중이 다우닝 거리 10번지 앞에서 '그는 즐겁고 좋은 친구이기에' 하는 즐거운 노래를 불렀다. 프랑스 신문 〈파리 석간〉은 체임벌린에게 '프랑스 땅 한 조각'을 낚시질하라고 제공하면서 '이보다 더 결실 풍부한 평화의 모습은 상상하기 힘들다'고 했다.[67] 뒤이어 진행된 하원 논쟁에서 윈스턴 처칠(W. Churchill)이, "우리는 전면적이고 포괄적인 패배를 한 것"이라는 말로 연설을 시작하자 항의의 물결이 일어났다.

협정에 따라서 도이치 군대가 수데텐 지역으로 진군해 들어가고 히틀러가 10월 3일에, 찻길 밖에서도 달릴 수 있는 벤츠 자동차를 타고 국경을 넘는 동안 수데텐 도이치 사회민주당 지도자 벤첼 야크시(W. Jaksch)는 런던으로 도망쳤다. 뒷날의 정복 절차에 맞는 일이지만 방위군 부대들에 뒤이어 안전부와 비밀경찰 부대들이 따라들어와서 '곧바로 해방 지역에서 마르크스주의 민족 배신자와 다른 국적(國賊)들을 청소하기' 시작하였다.

야크시는 위험에 빠진 친구들을 위해서 비자와 그밖의 도움들을 요청하였다. 런시맨 경은 그에게 런던 시장의 기부목록에서 박해받는 사람들을 위한 기부가 나갈 것이니 거기 등록하라고 말했다. 〈런던 타임스〉는 기뻐 날뛰며 꽃비 속을 행진해가는 도이치 부대의 사진을 실었다. 그러나 편집장 제프리 도슨(G. Dawson)은 그들을 피해 도망친 사람들의 사진을 싣는 것을 거절하였다.

벤첼 야크시는 비자를 받지 못했다. 버림받고 사지가 잘린 나라에서 폴란드와 헝가리도 상당 부분을 자기 몫으로 챙겼다. 이 가을에 역사는 맹목, 이기주의, 허약함, 배신 행동들로 가득 채워졌다. 프라하 정부는 얼마 뒤에 국내로 숨었던 벤첼 야크시의 친구들을 독일측에 넘겨주었다.[68]

심리적 동원령

뮌헨 협정의 결말에 대한 히틀러의 불쾌감은 당연히 초조한 마음을 더욱 강하게 만들었다. 열흘 뒤에 그는 카이텔에게 철저히 비밀리에 독일의 군사적 가능성에 대한 질문 목록을 내놓았다. 10월 21일에 군사적으로 '체코 잔당을 해결' 할 것과 '메멜 강 지역의 점유' 를 지시하였고, 11월 24일에 추가로 단치히 점령 준비를 지시하였다. 동시에 그는 슬로바키아 민족주의자들에게 이전의 수데텐 도이치들의 역할을 맡아서 새로운 체코슬로바키아의 붕괴 작업을 계속하라고 격려하였다.

지난 며칠의 실망감에서 그는 이제 여론의 심리적 동원령을 강화하는 조치들을 위한 영감을 얻었다. 독일의 열광은 컸고 히틀러의 인기는 어지럼증이 날 정도로 올라갔지만 그는 이러한 환호성 뒤에는 전쟁을 피한 데 대한 안도감이 상당 정도 숨어 있다는 사실을 간파하였다.

11월 초에 어떤 유대인 망명자가 파리의 도이치 대사관에 근무하는 서기관 에른스트 폼 라트(E. v. Rath)를 쏘아죽인 사건이 발생한 것을 그는 포괄적인 선전 활동을 위한 기회로 삼았다. 주로 개인적인 동기에서 생겨난 이 암살 사건을 히틀러는 순식간에, 언제나 최고의 선전 효과를 얻었던 '세계 유대주의의 음모' 탓으로 돌렸다. 거대한 장례식, 베토벤 음악, 선동적인 애도 등으로 이루어진 축제 캠페인이 학교와 기업체까지 파고들었다. 마지막으로 돌격대가 한때 지녔던, 그러나 오래 전에 그만두었던 맹목적인 민족 분노의 역할을 맡았다.

11월 9일에 독일 전역에서 유대인 교회인 시나고그들이 불길에 휩싸였다. 유대인의 집들이 공격을 받고 상점들이 약탈되었으며 사람들이 거의 1백 명이나 살해되고 약 2만 명이 체포되었다. 친위대 신문 〈검은 장교단〉은 '불과 칼을 써서' 유대인을 근절할 것, '독일의 유대인을 실질적 · 최종적으로 끝장낼' 것을 검토하였다.

그러나 국민 속에 깊이 뿌리박은 시민적 본능은 무질서와 무법의 시절 빛바랜 추억들을 다시 불러냈고, 이러한 거리의 무법을 통해서 두려움을 얻기는 했지만 히틀러가 바라는 대로 움직여지지는 않았다.[69] 가장 강한 감정들이 여론에 대해서도 가장 강한 심리적 효과를 만들어낼 것이라고 믿는 것은 히틀러의 현실감 상실에 가속도가 붙는 징후였다. 그의 지독한 유대인 증오와 도이치 민족의 미지근한 반유대주의 사이에 존재하는 분명한 대립은 이제 점점 더 뚜렷해졌다. 당연한 일이지만 이런 활동은 오직 빈에서만 성공하였다.

그러나 대중의 무관심은 그의 노력을 더욱 증가시켰을 뿐이다. 뮌헨 협정 이후로 점점 더 강한 선전의 표지들이 나타났다. 히틀러 자신도 점점 커지는 공격성으로 여기 끼여들었다. 10월 9일 자르브뤼켄에서 행한 분노한 연설과 11월 6일의 바이마르 연설, 11월 8일의 뮌헨 연설도 여기 속한다. 혹은 1938년의 결산보고는 긍지, 증오, 신경질, 자신감 등이 뒤섞인 것이었다. 이 보고는 '민족체의 단합'을 요구하였고, 유대주의를 공격하면서 그것은 유럽에서 말살될 것이라고 예언하였다.[70]

비슷한 시기에 도이치 편집장들에게 행한 비밀 연설도 언론이 평화 선서와 타협 호소에서 벗어나 공격적인 단호함의 어조로 옮겨가도록 만들려는 의도가 결정적인 동기였다. 그는 사람을 허약하게 만드는 평화와 타협의 효과를 베를린과 뮌헨에서 이미 보았다고 여겼다. 어쨌든 이 연설은 심리적인 동원령이었다. 그는 '믿음이 강하고, 단합되어 있고, 자신감에 넘치는, 믿음직한 도이치 민족'을 배후에 가지는 것이 얼마나 필요한 일인지를 거듭 강조하였다. 동시에 비평가들과 여론을 흐리는 지식인들에 대한 분노를 터뜨렸다.

우리나라에서 이 지식인 계층을 보고 있으면, 유감스럽게도 그들은 필요한 존재입니다. 그렇지 않다면 어느 날 갑자기, 나도 모르겠지만 어쨌든 그들을 쓸어버릴 수 있겠지요. 그러나 유감스럽게도 그들은 필요한 존재입니다. 이

지식인 계층을 바라보고, 그들이 나와 우리의 작업을 대하는 태도를 생각해보면, 나는 거의 두려워져요. 내가 정치활동을 하고 특히 독일 제국을 통치한 이후로 나는 오직 성공만을 거두었기 때문입니다. 그런데도 이들은 사방에서 역겹고도 혐오스런 방식으로 떠들고 있단 말입니다. 우리가 실패라도 하는 날이면 대체 무슨 일이 일어나겠습니까? 실패하는 수도 있거든요, 여러분. 그럴 경우에는 이 시끄러운 닭떼들이 어떻게 굴겠습니까?

전에 나는 후퇴의 시간에도 확고하고 광신적인 태도로 내 뒤를 따르던, 바로 그런 순간에 광신적인 모습을 보여준 정당을 창설한 것을 나의 가장 큰 자랑으로 여겼습니다. 그것은 나의 가장 큰 자랑이었지요……. 우리는 민족 전체도 그렇게 교육해야 합니다. 민족은 절대적이고, 확고하고, 당연한 믿음을 가지도록 교육되어야 합니다. 마지막에 우리는 모든 필요한 것을 다 이루고 말 것입니다. 이런 일은 민족의 힘에 꾸준히 호소하고, 한 민족의 긍정적인 가치를 계속 불러내고, 부정적인 측면들은 가능한 한 무시함으로써만 가능한 것입니다.

그러기 위해서는 언론이 완전히 눈먼 태도로, '지도부는 올바르게 행동한다!'는 원칙을 채택하는 것이 필수적인 일입니다……. 그렇게 해서만 우리는 민족을 불행하게 만드는 의심에서 민족을 해방시킬 수가 있는 것입니다. 대중은 그런 일로 부담을 느끼지 않습니다. 대중은 단 하나의 소망을 가지고 있을 뿐입니다. 그들은 잘 통솔되기를 바랍니다. 지도부를 신뢰할 수 있기를, 지도부가 서로 싸우지 않고, 단합된 모습으로 자기들 앞에 서서 인도하기를 바라는 것입니다.

내 말을 믿으십시오. 나는 이 민족을 아주 잘 압니다. 도이치 민족은, 내가 예를 들면 11월 9일 같은 날에 거리를 걷고, 내 옆에서 동지들이 함께 걸어가는 것을 보게 된다면 그보다 더 큰 기쁨이 없습니다. '저게 아무개고, 저게 아무개고, 저게 아무개야' 하고 그들은 말하지요. 사람들은, 그들은 모두 힘을 합치고 있다, 그들은 모두 총통을 따르고 있구나, 총통은 이 모든 사람들 편이다, 그들이 우리 지도자들이라는 생각에 안도감을 느끼는 것이지요.

어쩌면 많은 지식인은 그런 것을 이해하지 못할 것입니다. 그러나 저 밖에 있는 소시민들은, 그들은…… 그것을 바라고 있단 말입니다! 전에도 도이치 역사에서는 언제나 그랬어요. 민족은 위쪽에 있는 몇 사람이 그렇게 힘을 합치면 언제나 행복해 하는 거지요. 그것은 또한 아래쪽의 민중도 한데로 합치게 만드는 것입니다.[71]

체코슬로바키아의 종말

히틀러가 사건들의 역동성에 박차를 가한 것도 뮌헨 협정 이후 심리적인 동원령 과정에 속하는 일이었다. 관찰자는 이 정책이 이토록 숨가쁜 것인가, 아니면 어떤 숨가쁨이 정책의 형태로 드러나게 된 것인가 물어보고 싶어질 정도다.

한 주 한 주 지날 때마다 안팎으로, 방책 없는 체코슬로바키아를 향한 압력이 점점 강해졌다. 3월 13일에 히틀러는 베를린으로 소환된 슬로바키아 민족지도자인 티소(Tiso)에게 프라하에서 떨어져나오라고 재촉하였다. 다음날 프레스부르크에서 열린 슬로바키아 의회에서는 리벤트로프가 넘겨준 슬로바키아 말로 된 독립선언서가 낭독되었다. 같은 날 저녁에 체코 사람인 하카(Hacha) 대통령이 외무장관 크발코프스키(Chvalkowsky)를 데리고 베를린으로 왔다. 베를린에서 그는 압력 작전에 말려들었다. 이 작전을 히틀러는 뒷날 저급한 만족감을 가지고 '하카 만들기 작전'이라 부르곤 하였다.

체코에서 온 손님들은 규정에 맞는 명예로 영접을 받기는 하였지만 신경을 말라붙게 만드는 대기 시간을 보내야 했다. 이 시간 동안 그들은 협상의 주제에 대해서 알아보려고 했지만 소용이 없었다. 그런 다음 새벽 1시에서 2시 사이에 그들은 수상관저로 안내되었다. 늙고 병든 하카는 새로 지은 수상관저의 끝도 없는 복도와 홀들을 지나 지치도록 걸은 다음에 비로소 히틀러에게 안내되었다.

히틀러는 겨우 몇 개의 스탠드 조명만을 받고 있는 거대하고 어두컴컴한 집무실 자기 책상 앞에서 그를 기다리고 있었다. 그의 옆에는 몸집 큰 괴링과, 시위 효과 만점의 무시무시한 모습을 한 카이텔이 서 있었다. 대통령의 인사말은 사방에서 버림받은 나라의 절망적인 기회주의를 완전히 드러내고 있다. 기록문서에는 이렇게 되어 있다.

> 하카 대통령은 총통에게 인사하고 자기를 맞아들여준 데 대해서 감사를 표현하였다. 자기는 오랫동안이나 그 사상을 읽고 따르던 사람을 한번 알고 싶다는 소망을 가져왔다고 했다. 얼마 전까지만 해도 자신은 알려지지 않은 사람이었다. 자기는 한 번도 정치에 관심을 가져본 적이 없었고 다만 빈 행정기구의 법무 관리였을 뿐이다.
>
> 1918년에 그는 프라하로 소환되었고 1925년에는 행정재판소장으로 임명되었다. 행정재판소장으로서 자신은 정치가들, 혹은 자기가 좋아하는 표현으로는 '정치에 대해 왈가왈부하는 패거리들'과는 아무런 관계도 맺지 않았다……. 자신은 한 번도 인기가 있었던 적이 없었다. 마사릭 대통령과는 일년에 한 번 판사들의 연회에서 만났고, 베네시 대통령과는 만난 적이 더 드물었다. 한 번은 베네시와 만났다가 오해가 벌어지기도 했다.
>
> 그밖에도 자기는 사태가 변한 직후에 체코슬로바키아가 독립국가라는 점이 체코슬로바키아에 행운인가 하는 질문을 했던 탓으로 정권과도 거리가 멀어졌다. 이 가을에 자기에게 이 나라의 수반이 되라는 의무가 주어졌다. 자신은 늙은 사람이다……. 그리고 (체코슬로바키아의) 운명은 총통의 손에 잘 보존되고 있다고 생각한다.[72)]

하카가 자기 민족에게 국민으로서의 권리를 인정해달라는 청원으로 말을 맺자 히틀러는 장황한 독백을 늘어놓기 시작하였다. 그는 여러 모로 입증된 체코 사람들의 적대감, 현재 정부의 무능함 등을 탄식하고, 베네시의 정신이 아직도 존속하고 있음을 지적하였다. 그리고 자기 앞에 말없이 '거의 돌처럼 굳어져서' 앉아 있는 사람들에게 비난을 거듭 퍼부었다. 그들은 "눈을 끔벅이는 것으로만…… 살아 있는 사람들임을 알아볼 수 있었다."[73)] 히틀러는 자신의 인내심이 다했다고 하면서 계속 말을 이었다.

6시에 사방에서 도이치 군대가 체코로 들어갈 것이다. 도이치 공군은 공항들을 점유할 것이다. 두 가지 가능성이 있다. 첫째로는 도이치 군대의 진입이 전쟁으로 발전하는 경우다. 그렇게 되면 그쪽의 저항은 모든 완력의 수단을 다해서 분쇄될 것이다. 두 번째는 도이치 군대의 행군이 견딜 만한 형식으로 이루어지는 것이다. 그렇게 되면 총통으로서는 체코슬로바키아에서 체코인의 삶을 새로 만들어나가는 데 너그러운 생활, 자율권, 특정한 민족적인 자유 등을 베풀기 쉬워질 것이다…….

이것이야말로 총통이 하카를 이리로 오십사고 청한 이유다. 이 초대는 그가 체코 민족에게 해줄 수 있는 최후의 선량한 봉사인 것이다……. 시간은 다 지나갔다. 6시면 군대가 행진해 들어갈 것이다. 체코군 대대를 향해서 도이치군 사단이 들어간다고 말하는 일이 부끄러울 정도다. 군사 행동은 소규모는 아니지만 극히 너그럽게 행해질 것이다.

하카가 어떻게 자신이 네 시간 만에 전 체코 민족의 저항을 말릴 수 있겠느냐고 억양 없는 목소리로 질문을 하자 히틀러는 거만하게 대답하였다.

이미 작동 중인 군대를 만류할 길은 없다. 하카는 프라하의 담당자를 설득해야 할 것이다. 그것은 위대한 결단이다. 그 대신 그는 두 국민 사이에 오랜 평화시대를 향한 가능성이 동트는 것을 볼 것이다. 다른 결정을 내린다면 그는 체코슬로바키아의 멸망을 보게 될 것이다……. 자신의 결정은 철회될 수 없다. 총통의 결심이 어떤 의미를 가지는지 알 것이다.

2시가 조금 지나서 히틀러의 집무실에서 풀려난 하카와 크발코프스키는 프라하와 전화 통화를 하려고 애썼다. 괴링이 시간이 흐르는 것을 가리키면서 도시를 폭격할 것이라는 계획을 밝히고, 거친 순박함으로 파괴 장면을 그려 보이자 대통령은 심장 발작을 일으켰다. 주위에 있던 사람들은 한순간 최악의 사태를 두려워하였다. "내일이면 전세계가 그가 이날 밤에 수상관저에서 살해되었다고 떠들 것이다."라고 거기 있던 사람 중 하나가 기

프라하는 히틀러의 최후의 무혈 승리였고 동시에 일종의 전환점이었다. 핼리팩스 경은 다음번에 히틀러는 피를 흘리지 않을 수 없을 것이라고 말했다. 프라하로 진입하는 도이치 군대.

록하였다.

그러나 용의주도한 연출가가 미리 대기시켜놓았던 모렐(Morell) 박사가 쓰러진 사람을 다시 소생시켰다. 그래서 프라하 관리들은 도이치군의 진입에 아무런 저항도 하지 말라는 지시를 제때에 받을 수 있었다. 4시 직전에 하카는 굴종 문서에 서명하였다. 이로써 그는 '체코 국민과 국가의 운명을 신뢰에 넘친 마음으로 도이치 제국 총통의 손에' 넘겼다.

하카가 방을 떠나자마자 히틀러는 그 모든 습관이 된 태도를 잃어버렸다. 그는 흥분해서 여비서들의 방으로 달려가서 자기에게 키스하라고 요구하였다. "여러분, 하카가 서명했어. 오늘은 내 생애 가장 위대한 날이야. 나는 가장 위대한 도이치 사람이 되어서 역사 속으로 들어가는 거야!"[74)]

두 시간 뒤에 그의 군대는 국경선을 넘었다. 가장 빠른 부대들은 9시경에는 벌써 봄빛 짙은 눈보라 속에 프라하에 입성하였다. 길 가장자리에는 환호하는 사람들이 기다리고 있었으나 오직 소수일 뿐이었다. 대다수는 등을 돌리거나 아니면 뒷줄에서 눈에 무기력과 분노의 눈물을 담은 채 말없이 서 있었다. 같은 날 저녁에 히틀러 자신이 프라하에 들어와서 흐라친에 있는 성에서 밤을 보냈다. 그는 승리에 도취해서 "체코슬로바키아는 이로써 존재하기를 멈추었다."고 선언하였다. 겨우 이틀간의 작업이었다.

18일에 영국과 프랑스 대사들이 베를린에 항의 문서를 전달했을 때 히틀러는 이미 보헤미아와 모라비아에 보호령을 내린 다음이었다. 진정시키려는 이유에서 온건하다고 정평이 나 있는 폰 노이라트를 이곳의 총독으로 임명하고 슬로바키아와 보호조약을 맺고 귀로에 올랐다. 무솔리니가 반 년 전 뮌헨 협약 직전에 말했던 것, "민주주의는 불쾌한 것을 참기 위해 만들어진 것이다."[75]라는 말이 참말이 된 것만 같았다.

전환점

그러나 프라하 점령은 전환점을 이루는 것이었다. 서방측에게 실망감, 잘못되었다는 느낌, 악용된 참을성의 느낌 등이 너무나 깊었다. 3월 10일에만 해도 체임벌린은 몇 명의 기자들을 향해서 전쟁의 위협은 줄어들고, 긴장 완화의 새 시대가 다가오고 있다고 말했다.

그러나 3월 17일에는 버밍검에서 '그 어느 때보다도 무거운 충격'이라는 말을 하고, 프라하 작전에 나타난 수많은 약속 위반들을 지적하였다. 그리고 '이것이 낡은 모험의 끝인가, 아니면 새로운 모험의 시작인가'라고 물었다. 같은 날 그는 기한을 정하지 않고 독일 주재 대사 헨더슨을 소환하였다. 핼리팩스 경은, 피를 흘리지 않는 승리에 대한 히틀러의 취향을 이해한다, 그러나 다음번에는 아마 피를 흘리지 않을 수 없을 것이라고 말했다.[76]

프라하 점령은 물론 서유럽측에 하나의 전환점이었다. 유화주의자들과 도이치 정권에 보조한 사람들의 변명에는 언제나, 히틀러 자신이 프라하 진입으로 전환점을 만들어냈다는 주장이 등장하고 있다. 이 시점에 이르러서 히틀러가 처음으로 부당함의 노선을 걷기 시작하였고, 그 이전까지 추구하던 수정주의적 목표들을 과격하게 확대하였다는 주장이다. 그러나 이러한 주장들이 히틀러의 의도와 그가 추구하는 것, 그리고 그의 본질을 얼마나 잘못 본 것인가를 이제 우리는 모두 안다. 그는 이미 오래 전에 원칙적인 결정들을 끝내놓은 상태였다. 프라하는 다만 하나의 전략적인 단계였

흐라친 호텔의 창가에 나타난 히틀러.

을 뿐이고 몰다우는 그의 루비콘 강이 아니었다.

어쨌든 이런 시도는 일종의 자기 폭로였다. 당시 요들 대령은 때때로 계속된 외교적 승리의 시절에 이미 이런 기록을 남겼다. "이러한 정책 추진 방식은 유럽에서는 새로운 현상이다."[77] 실제로 히틀러가 그때까지 사용했던 방식, 즉 위협, 아첨, 평화의 맹세, 폭력행위 등을 역동적으로 혼합한 방식은 특이하고도 마비시키는 경험이었다. 서방 정치가들이 한참 동안이나 히틀러의 의도에 속을 만도 했던 것이다.

핼리팩스 경은 자신의 불확실한 느낌을 이렇게 묘사하였다. "말하고 행동하는 모든 것이 마치 장님과도 같았다. 저쪽 안전지대에 서 있는 사람들이 저마다 다음번 위험지역에 대해 여러 가지 정보들을 소리쳐 알려주고 있는 동안, 늪 위로 난 길을 찾으려는 장님처럼 더듬거렸다."[78]

히틀러의 프라하 작전은 상황에서 모든 불확실성을 제거해버렸다. 이제 처음으로 체임벌린과 프랑스 쪽 파트너들에게 후겐베르크 경험이 분명하게 보이게 되었다. 핼리팩스가 표현한 대로 '이 이상한 사람'은 폭력을 안 쓰고는 묶어둘 수도 통제할 수도 없다는 경험이었다.

그러나 프라하 사건은 다른 의미에서 히틀러의 생애에서 일종의 전환점이 되었다. 거의 15년 세월이 흐르는 동안 그의 최초의 무거운 실수였다. 전략적으로 그의 성공은 거의 언제나 상황에 여러 가지 의미를 부여해서 상대방 진영을 헷갈리게 하고 저항 의지 자체를 마비시키는 능력에서 나온 것이었다. 그런데 이제 처음으로 그는 완전히 분명한 형태로 본모습을 드러낸 것이다. 그때까지는 언제나 이중역할을 했다. 적이면서도 은밀한 동맹 파트너 노릇을 하거나 아니면 방어하는 척하면서 상황의 도전을 시작하곤 했던 것이다.

그런데 지금은 전혀 도망칠 수 없이 가장 내심의 본질을 드러내 보이고 만 것이다. 뮌헨 협정에서는 마지못해서였지만 어쨌든 '파시즘 정국'을 만들어냈다. 적의 도움을 받아서 다른 적에 대해 승리를 거둔 것이었다. 1938년 11월의 소수민족 박해는 성공을 위한 전략적인 처방을 처음으로 포기한 효과를 냈다. 프라하 사건은 그가 모두의 적이라는 사실에 대한 의혹을 완전히 제거한 것이다.

그의 전략 특성으로 보아 이 최초의 실수는 이미 돌이킬 수 없는 실수였다. 히틀러 자신이 나중에 프라하 침공의 치명적인 의미를 인정하였다. 그러나 그의 초조함, 건방짐, 광범위한 계획들은 다른 선택의 여지를 남기지 않았다. 프라하 점령 다음날 그는 괴벨스에게 언론이 "'큰 도이치 세계 왕국'이라는 개념을 사용하는 것은 바람직하지 않으며…… 다음 기회를 위해서 유보하라."고 지시하라는 명령을 내렸다. 4월에 50회 생일을 준비하면서 그는 리벤트로프에게 명령하였다. "외국 손님들, 특히 가능하면 많은 비겁한 민간인과 민주주의자들을 초대할 것, 나는 그들에게 가장 현대화된 방위군대의 행진을 보여줄 것이다."[79]

제4장 전쟁을 일으키다

파괴하려는 생각이 언제나 내 안에 있었다.
—아돌프 히틀러

1939년 초부터 히틀러가 자신의 역동성에 제동을 걸 능력이 없어졌다는 사실이 두드러지게 보인다. 여러 해 전 권력 장악 과정에서 입증해 보였던 분명한 속도 감각이 차츰 사라지면서 신경쇠약증의 충동에 자리를 내주기 시작한 것이다. 상대방이 내보인 허약함과 의견 차이를 고려해보면 그는 보수세력들을 통한 안전장치라는 전략으로, 온갖 수정주의 요구들과 어쩌면 훨씬 더 광범위한 생존 공간 개념의 일부분도 실현시킬 수 있었을 것이다.

지금 그는 이런 전략을 포기하였다. 항의하면서 자란 정치가의 성공에 맛들여서 오만한 마음으로 '포기할 수 없는 요구'라는 식으로 생각하는 데 익숙해진 나머지, 그리고 정신없이 서두르는 마음에서 그랬다. 총통의 천재성이란 기다릴 줄 안다는 데 있다고 정권의 선전부가 선전해 왔다. 그런데 히틀러는 더 이상 기다리지 않게 된 것이다.

프라하로 진입한 지 일주일 만에 그는 스비네뮌데(Swinemünde)로 가서 장갑순양함 '도이칠란트' 호에 올라 메멜 강으로 진로를 잡았다. 동프로이센 북쪽 국경선 바깥에 있는 이 작은 항구도시는 1919년 전후의 혼란 속에서 리투아니아에 합병되었으며, 그 반환 요구는 이제 오직 시간문제일 뿐이라고 여겨지고 있었다. 그러나 반환 과정에 극적인 열광과 기습 승리의 요소를 부여하기 위해서, 히틀러는 3월 21일 수도 코브노(Kowno)에 자리잡은 리투아니아 정부에 그쪽의 전권대사들이 '내일 특별기 편으로' 베를린으로 날아와서 양도 문서에 서명하라고 통보하였다. 그 자신은 상대방의 답변도 알지 못한 채 벌써 길을 떠났다.

리벤트로프가 리투아니아 전권대사를 '하카로 만들고' 있는 동안, 그는 '도이칠란트' 호에서 배멀미에 시달리면서 자신이 평화롭게 그 도시로 들어갈 수 있는지 아니면 배에 있는 대포로 강제로 길을 뚫고 들어가야 할지 알고 싶다는 무선 연락을 하였다. 3월 23일 새벽 1시 반경에 리투아니아는 양도에 동의하였고, 점심 때쯤 히틀러는 한 번 더 환호성에 둘러싸인 채 메멜 강으로 진입하였다.

폴란드에 내놓은 제안

이틀 전에 폰 리벤트로프는 베를린에 있는 폴란드 대사 요제프 립스키(J. Lipski)를 소환해서 포괄적인 도이치 · 폴란드 균형을 위한 협상을 제안하였다. 이 자리에서 그는 이미 전에도 여러 번이나 내놓았던 여러 가지 요구들을 강조하면서 되풀이하였다. 그중에는 특히 자유도시 단치히의 반환과 폴란드 영토 내에 치외법권의 통로(도이치 본국과 도이치 영토인 동프로이센 사이에 폴란드 영토가 가로놓여 있었다. 두 개의 도이치 영토를 잇는 통로를 말함 : 역주) 건설이 포함되어 있었다. 그에 대한 반대급부로는 1934년 불가침조약을 25년 기한으로 연장하는 것과 형식적인 국경선 보장을 제시하였다.

이러한 제안들이 얼마나 진지한 것이었던가는 동시에 진행된 폴란드를 반 코민테른 조약으로 끌어들이고자 하는 시도에서 드러나고 있다. 리벤트로프의 협상 자체가 '특별히 소련에 반대하는 성향'에 기초하여 상호 연대를 다지는 것을 목적으로 하고 있었다. 외무부의 긴급기획안은 바르샤바측에 협동 강화에 대한 보상으로 상당히 노골적으로 우크라이나 점령에 대한 전망을 제공하고 있었다. 이러한 노선에서 히틀러는 3월 25일에 브라우히치와 이야기하는 중에 단치히 문제의 무력 해결 방식을 거부하였다. 그러나 '특별히 유리한 정치적 전제조건' 아래서는 폴란드에 대한 무력 행사도 고려할 만한 가치가 있다는 점을 인정하였다.[1)]

히틀러가 정복이냐 동맹이냐를 결정하지 않고 놓아둔 이 특이한 무관심은 분명한 이유를 가지고 있었다. 실제로 그는 단치히에 별 관심이 없었다. 이 도시는 그가 폴란드와 대화하기 위해서, 그리고 가능하면 동업을 하기 위해서 이용한 구실에 불과하였다. 그는 어쩌면 자신의 제안이 너그러운 것이라고 여겼을지도 모른다. 그것은 폴란드측이 얼마 안 되는 대가를 지불하고 엄청난 이익을 얻을 것이라고 약속하는 것이기 때문이다. 단치히는 어차피 도이치 도시였고, 이 도시를 제국에서 분리시킨 것은 베르사유 조약이 폴란드의 체면 욕구를 인정해준 것에 불과하였다.

이 체면 욕구는 해가 감에 따라 점점 그 중요성을 잃어버렸고, 이 도시가 항구적으로 폴란드 것일 수는 없었다. 그리고 독일측이 요구한 동프로이센과의 연결 통로는, 동프로이센을 제국에서 분리시킨 문제점 많은 결정 자체의 공정성을 매듭짓기 위해서는 꼭 부당한 것만도 아닌 요구였다. 히틀러가 정말로 원했던 것은 그의 모든 정책의 최종적인 목적과 관계가 있었다. 그것은 새로운 생존 공간의 확보였다.

소련과 국경선을 맞댄다는 것은 동방을 향한 정복 행진에서 절대로 양보할 수 없는 전제조건의 하나였다. 그때까지 다른 나라들이 띠처럼 늘어서서 히틀러가 눈독을 들이고 있던 러시아의 평원지대와 도이치 땅을 분리시키고 있었다. 이것은 동해에서 흑해까지, 발트 해 국가들에서 루마니아까지 이르는 국가들의 띠였다. 그들 중 하나 혹은 여러 나라들이 그가 러시아로 접근해 들어가기 위한 군사적 전투 진지로 쓸모가 있게 될 것이었다. 그렇지 않으면 전쟁은 시작될 수가 없었다.

히틀러에게 있어 이러한 조건은 이론상 세 가지 방식으로 실현이 가능하였다. 첫째 그는 동맹을 통해서 '유럽 내' 국가들을 자기편으로 만들 수 있다. 둘째로는 그 자신이 이 국가들을 하나씩 개별적으로 합병하는 방법, 아니면 셋째로 러시아측에서 독일 쪽으로 국경선을 밀어붙이면서 이 국가들을 합병한다는 가능성이었다. 히틀러는 다음 몇 달이 흘러가는 동안 이 모든 가능성들을 다 이용하였다. 세계가 말을 잃고 바라보고 있는 동안 그가 이쪽 저쪽으로 방향전환을 해보인 유연함과 냉정함은 — 마지막으로 — 그가 전략적 능력의 절정에 있음을 보여주었다.

서방측의 참을성에 분명 가혹한 시련으로 등장한 프라하 진입 이후로 그는 새로운 긴장을 만들어내지 않고, 첫 번째 가능성으로 돌아가려고 굳게 결심하였다. 그는 소련에 대항하는 동맹 파트너를 찾아내려는 의도를 보였다. 서유럽과 진짜로 갈등에 빠졌다가는 모든 목표를 위태롭게 만들 것이기 때문이었다. 유럽내 국가들 중에서 특히 폴란드가 그의 의도에 적합하였다. 폴란드는 강력한 반공, 반소, 반유대주의 성향을 가지고 권위적으로 통치되는 국가였다. 그러니까 '견고한 공통점들'을 가진 나라였고,[2] 이런 공통점 위에서 독일의 지휘를 받으며 확장 정책을 펼쳐나갈 수 있는 나라였다. 나아가 폴란드는 독일과 불가침 조약을 통해 확보된 좋은 관계를 유지하고 있었다. 이러한 관계를 위한 기반은 히틀러 자신이 닦아놓았다.

따라서 통상적인 협상의 수준을 훨씬 넘어서고, 수정주의적 욕심을 만족시키는 이상의 것들이 리벤트로프의 제안에 대한 폴란드 정부의 답변에 달려 있었다. 히틀러에게는 생존 공간 이념 자체가 문제가 되었던 것이다. 이러한 양상에서 보아야만 그가 이 문제에서 보여준 고집스러움과 과격한 결론을 완전히 이해할 수 있다.

물론 폴란드는 도이치의 제안을 통해서 극도로 혼란을 느꼈다. 이 제안들은 이 나라가 그때까지 지켜오던 정책의 기반을 위태롭게 하고, 그렇지 않아도 심각한 상황을 더욱 심각하게 만드는 것이기 때문이었다. 이 나라는 그때까지 두 개의 이웃 강대국 독일과 러시아 사이에서 엄격한 등거리 정책에서만 자신의 살 길을 찾아왔다. 두 강대국이 임시로 무력해진 1919년에 국가가 성립되었을 뿐만이 아니었다. 이 두 나라의 희생을 대가로 폴란드는 상당히 커졌다.

두 강대국 중 어느 한 쪽과의 친교는 적대 관계 못지않게 두려운 것이라는 사실을 폴란드는 오랜 역사에서 배웠다. 이제 그 교훈이 그 어느 때보다도 중요한 시기였다. 독일의 제안은 폴란드 국가 정책의 가장 내면적인 원칙에 완전히 어긋나는 것이었다. 그것은 지난 수백 년 동안이나 못된 취급을 당했다고 느끼는 낭만적인 민족이 할 수 있는 것보다 더 큰 영리함, 균형 의식, 적응 감각 등을 요구하는 극히 위험스러운 상황이었다. 선택에 내맡겨지자 폴란드는 전체적으로 약간 독일편으로 기울었다. 그러나 새로운 독일은 수많은 권력투쟁, 숙청, 교조적인 장황함 등에 뒤얽힌 소련보다 더욱 불안하고 욕심사나웠다.

폴란드 외무장관인 요제프 베크는 다섯 개의 공을 가지고 노는 무모한 게임을 하는, 권모술수에 능한 인물이었다. 그는 '제3의 유럽'을 위한 야심만만한 계획을 추진함으로써 상황을 더욱더 복잡하게 만들었다. 그는 동해에서 다다넬스 해협까지에 폴란드가 주도하는 중립적인 세력권을 건설하려고 하였다. 폴란드를 위해서는 히틀러의 공격적인 정책에서 이점을 얻으려고 하였다.

대외적으로 조심스러운 그의 친독일 정책은 속으로는 '원칙적으로 도이치 사람들의 오류를 강화'하려는 것이었다. 그리고 '단치히를 폴란드 영토에 조건 없이 귀속시키는 것뿐만이 아니라 동프로이센 전체, 슐레지엔, 포메른……. 그렇다, 우리의 포메른'까지 노리고 있었다. 그런 말은 점점 더 자주 공개적으로 등장하였다.[3]

베크의 거절

베크가 히틀러의 요구를 뜻밖에도 냉담하게 거절하고 도전적으로 몇 개 사단을 국경지역에 배치한 일은 폴란드가 가진 은밀한 대국의 꿈이 그 배경이었다. 엄격하게 사태를 바라보면 그는 독일의 요구를 불공평하다고 생각지도 않았던 것 같다. 폴란드에게 단치히는 오직 상징적인 의미만 가진다는 점을 그는 시인하였다.[4] 그러나 어떠한 양보도 모든 폴란드 정책의 가장 깊은 내면의 의도를 완전히 뒤집는 것과 마찬가지 작용을 할 것이다.

이러한 이유에서 이 시점에서 가능한 유일한 전략적 해결책이 될 수 있었던, 부분적 양보를 통한 시간 끌기 작전도 제외되고 말았다. 다른 한편

베크와 바르샤바 정부는, 히틀러가 최초의 요구에 뒤이어서 계속 새로운 요구들을 내놓을지 모른다고 두려워했다. 그래서 원칙적인 거절만이 원래의 위치를 보존하는 길이라고 여겼다. 간단히 말하자면 폴란드는 근원적인 상황에 마주서 있었다. 선택의 여지가 없는 일이었다.

베크가 3월 23일에 영국, 프랑스, 소련, 폴란드간의 협의 협정을 하자는 영국측 제안을 거절한 것도 이러한 딜레마를 드러낸 것이다. 베크는 소련이 참가하는 어떤 조약도 받아들이려고 하지 않았다. 그는 도이치 제국에 대해서 반소련 성향의 조약을 거절하였고, 마찬가지로 소련측에는 반도이치 의도를 가진 조약을 거절한 것이다.

그가 한 가지 알아채지 못한 것이 있다면 자기가 이제 히틀러가 강화시킨 상황에서 선택해야 한다는 사실이었다. 이제부터 소련에 대항하기 위해서는 오직 독일의 치명적인 보호가 있을 뿐이며, 도이치의 요구들에 맞서서는 소련의 보호만이 폴란드를 구할 수 있다는 사실이었다. 그는 이 사실을 충분히 잘 알고 있었다.

소련은 3월 22일자 타스 통신에서 이런 원조는 자명한 의무와 같은 것이라고 말함으로써 처음으로 이 의심을 확인하였다. 그러나 베크는 동쪽에 있는 옛날 박해자(소련)의 보호를 받기보다는 오히려 몰락할 생각이었다. 정치적으로 그의 자부심은 도이치 · 소련 대립의 본성은 중재할 길이 없다는 원칙에 뿌리박고 있었다. 그러나 그는 두 이웃 국가를 똑같이 거부함으로써 자기도 모르는 새 그들 사이의 접근을 위한 전제조건을 만들어냈다. 전쟁 발발을 위한 전선(戰線)이 형성되기 시작한 것이다.

영국의 원조 약속

베크는 영국 정부의 태도가 자신의 자의식을 확인해주는 것을 보았다. 히틀러의 프라하 진입에 아직도 화가 나서 체임벌린은 3월 말에 일종의 절망적 조치를 결심하였다. 도이치의 단치히 기습에 대한 확인되지 않은 몇 가지 소식에 근거해서 그는 바르샤바에 폴란드는 영국의 보증 선언에 대해 이의가 있는가를 물었다. 그리고 "폴란드와 같은 상황에 처한 국가를 향해서, 그 국가가 독일처럼 강력한 이웃과의 관계를 망치라고 제안한다는 것은 어린애 같고 단순하며 동시에 불공평한 일"[5]이라고 경고하는 예리한 사람들의 말에도 불구하고 베크는 즉각적으로 영국의 제안에 동의하였다.

그가 뒷날 확인한 바에 따르면, 이런 결심을 검토할 충분한 시간이 없었다고 한다. 담뱃재를 털어내기도 부족한 시간밖에 없었다는 것이다. 이어서 3월 31일에 체임벌린은 하원에서 유명한 선언을 했다. 영국과 프랑스는 "폴란드의 독립성을 분명히 위협하는 어떤 행동에 대해서도 폴란드 정부를 위해서 힘이 미치는 한 즉각적인 도움을 줄 의무가 있다고 느낀다."는 것이다.[6]

이러한 원조 약속은 당시 국면에서 하나의 전환점을 이루었다. 영국은 히틀러의 확장 욕구에 대해서 언제, 어디, 어떤 일이든 상관없이 무조건 반대하기로 결심한 것이다. 그것은 비정상적인, 그리고 주목을 끄는 결심이었으며, 열정은 많으나 지혜는 부족한 결심이었다. 그것은 실망한 사람의 감정에서 나온 것임을 너무나 분명하게 보여주고 있었다.

그 비판자들은 이미 일찍부터 이 결정에 들어 있는 문제점들을 지적하였다. 그것은 히틀러가 다른 유럽 국가를 침공할 경우에 대비해서 폴란드측에 반대급부의 보장을 요구하지도 않았으며, 소련측과도 원조 협상을 벌이라는 요구도 없었다는 것이다. 소련의 참가는 결정적인 중요성을 가진 것이었는데도 그랬다.

나아가 유럽의 전쟁이냐 평화냐 하는 문제가 바르샤바에 있는 고집스럽고 민족주의적인 몇 명의 인물에게 내맡겨졌다. 그들은 체코슬로바키아에 대해서 히틀러와 공동 작업을 벌였고, 지금 자기들이 절실하게 여기고 있는 독립성의 원칙을 배신했던 인물들이었다.

3월 31일자 체임벌린의 결심은 히틀러에게 새로운 숙고를 하도록 강요하였다. 영국측의 보장에서 그는 독일을 멋대로 전쟁의 기도에 끌어들일 전권이 기벽스런 폴란드에 주어졌다는 사실만을 본 것은 아니었다. 더욱 결정적인 것은 그의 눈에 영국이 이제 확고한 적대자로 등장하였다는 사실이다. 동쪽을 향한 길은 그에게 개방되지 않았으며, 그는 분명히 최후의 대립을 결심하였다. 소련에 대항한 대 부르주아 세력의 거대한 결집은 이제 분명히 이룰 수 없는 일이었다. 그러므로 그의 모든 개념 자체가 이제 의문에 처하게 되었다.

모든 자료가 잘못된 것이 아니라면 이 3월 마지막 날은 그에게, 1936년 말 이후로 여러 가지 언급에서 분명하게 드러나고 있었지만 계속해서 미루기만 해왔던 저 과격한 전환점을 향한 최종적인 자극을 준 날이었다. 이제 그는 얼마 전에 표현한 대로 '젊은날의 작업을 결산'하기 위해 일보를 내디뎠다.[7)]

그는 영국을 자기편으로 삼으려는 헛된 노력을 그만두었을 뿐 아니라, 동쪽에서 새로운 생존 공간을 정복하는 과정에서 거듭 영국에 부딪치게 될 것이며, 따라서 우선 이 섬나라를 정복해야 한다는 결론을 내렸다. 동서 양쪽 전선에서 전투를 벌이는 일을 피하려고 하자 그것은 또 다른 결론과 결부되었다. 즉 내일의 적과 일시적으로 화해한다는 전략이었다. 폴란드의 태도는 그에게 그럴 가능성을 열어주었다. 소련과의 동맹의 가능성이 열린 것이다.

다음 몇 달 동안 히틀러의 정책은 단 하나의 대규모 작전이다. 그것은 이러한 전환을 만들어내고 유럽 전선을 자신의 전략적 고려에 맞도록 재편한다는 작전이었다. 영국이 폴란드에 원조 약속을 했다는 소식이 들어왔을 때 그의 곁에 있었던 카나리스 제독은 히틀러가 이렇게 소리쳤다고 전하고 있다. "놈들을 고아서 악마의 음료로 만들어버릴 테다."[8)]

다음날 벌써 그는 빌헬름 항만에서 거행된 '티르피츠'호의 진수식에서 영국의 '봉쇄 정책'에 반대하는 연설을 하고, '독일에 저항하는 것을 유일한 의무로 삼고 있는 위성국가들'에게 위협을 하였다. 그리고 독일·영국간 해군 협정의 해지를 암시하였다.

> 나는 한때 영국과 조약을 체결하였습니다. 해군 협정 말입니다. 그것은 영국과 절대로 전쟁을 벌이지 않겠다는, 우리 모두가 품고 있는 뜨거운 소망에 근거한 것입니다. 이러한 소망은 두 나라 모두의 것이어야 합니다. 영국에 이

러한 소망이 존재하지 않는다면 이 협정을 위한 실질적인 전제조건이 사라진 것입니다. 독일은 아주 침착하게 그 모든 것을 받아들일 것입니다! 우리는 강하기 때문에 자신감이 있습니다. 그리고 우리는 굳게 결심하고 있기 때문에 강합니다……. 힘을 갖지 못한 자는 살 권리도 잃어버리는 것입니다![9]

이 시기에 히틀러를 만난 사람은 누구나 영국에 대한 분노의 폭발을 보고하고 있다.[10] 4월 초에 선전부는 영국을 독일의 가장 위험한 적으로 묘사하라는 내용의 지시를 내렸다. 동시에 히틀러는 폴란드와의 협상을 중단해 버렸다. 그 제안은 단 한 번뿐이었다고 국무비서 폰 바이체커를 통해 선언하도록 하고 동시에 더욱 불확실한 또 다른 요구를 하였다. 상황의 심각성을 표현하기 위해서라는 듯 그는 여러 해 동안이나 소홀하게 취급해 왔던 폴란드 내의 도이치 소수민족에 대하여 갑작스러운 관심을 드러냈다. 그들은 유대인과 함께 폴란드 사람들의 원한과 국수주의적 우월감의 희생자였다는 것이다.

바이스 사건

히틀러가 새로운 국면에서 이끌어낸 성과 큰 결론은 4월 3일 군부에 내린 지시문이었다. 그것은 '바이스 사건'이라는 가명을 달고 있었다.

현재 폴란드의 태도는…… 필요할 경우 장차 폴란드측에서 올 모든 위협을 없애기 위해서 군사적 준비를 해둘 것을 강요하고 있다.

폴란드에 대한 독일의 관계는 교란을 피한다는 근본 원칙을 계속 따른다. 폴란드가 독일에 대해서 지금까지와 같은 원칙에 근거한 정책을 변화시키고 제국을 위협하는 태도를 취할 경우에는 불가침 조약을 무시하고 최종적인 담판을 할 필요가 생길 수도 있다.

그럴 경우 목표는 폴란드 방위력을 격파하고 동쪽에 국가 방위의 필요성에 상응하는 상태를 만들어내는 것이다. 자유국가 단치히는 늦어도 갈등이 시작되는 시점에서 도이치 영토로 선언될 것이다…….

도이치 방위력 건설의 거대한 목표들은 앞으로도 서방 민주주의 국가 상대자들에 따라서 결정될 것이다. '바이스 사건'은 단순히 예비적인 준비의 보충 자료일 뿐이다.[11)]

이 서류 도입부의 메모에는 "39년 9월 1일 이후로는 언제든 실현이 가능하도록 만들어둘 것"이라는 히틀러의 지시가 붙어 있다.

전쟁을 가리키는 바늘

밖으로는 모든 것이 얼마나 변치 않고 그대로 있든 상관없이 유럽은 이제 신경질적인 긴장에 사로잡혔다. 독일에서 선전 캠페인은 히틀러의 공격적인 발언들을 날카로운 선동으로 바꾸었다. 폴란드와 특히 영국에서 처음으로 다소 격렬한 반 도이치 데모가 일어났다. 그리고 유럽의 싸움과 분규에 잠깐이라도 동참하지 않는 것은 이탈리아의 자존심에 당치도 않은 일이라는 듯이 무솔리니도 끼여들어서 모습을 나타냈다. 물론 이탈리아의 힘과 용맹성을 적절하게 고려한 등장이었다.

1939년 4월 7일에 그는 군대를 거느리고 작은 나라 알바니아를 기습하여 선망의 대상인 독일을 모방해서 이 나라에 보호령을 선포한 것이다. 그는 이제 '무엇이든 받아들일' 수밖에 없다고 그 직전에 베를린에서 선언했다. 그 결과 서방측은 그리스와 루마니아에 대해서도 원조 보증을 선언하였다. 이어서 독일이 유럽의 작은 나라들에게 '영국의 유혹 시도'에 넘어가지 말라고 경고하였고 그로써 긴장감을 널리 퍼뜨리자 여러 해 동안이나 실망 속에 퇴각하여 세계 정치의 고립지대에 남아 있던 미국도 드디어 목소리를 냈다.

4월 14일에 루스벨트 대통령은 히틀러와 무솔리니에게 편지를 보냈다. 그것은 거명된 31개의 나라들에 대해서 10년 동안 침범하지 않겠다는 맹세를 하라는 요청을 담고 있었다. 무솔리니가 이런 서한을 인정하기를 즉각적으로 거절한 데 반해서 히틀러는 이 뜻밖의 도전에 깊은 만족감을 느꼈다. 연설가로 처음 등장한 이후로 그는 언제나 논쟁적인 답변에서 자신의 연설의 열화를 가장 효과적으로 전개해 왔다. 독일이나 이탈리아와 국경선도 맞대지 않고 의견 차이도 없는 나라들(에이레, 에스파냐, 터키, 이라크, 시리아, 팔레스티나, 이집트, 페르시아 등)까지 나열한 루스벨트 호소의 단순한 선동에 대해 대답하는 일은 히틀러에게는 식은 죽 먹기였다. 도이치 정보국의 선언을 통해서 그는 의회 앞에서 공개적으로 이 편지에 답변할 것이라는 말을 퍼뜨렸다.

4월 28일 히틀러의 연설은 유럽 위기의 진행에서 뚜렷한 표지판이었다. 그것은 전쟁을 가리키는 바늘이었다. 이미 검증된 도식에 따라서 그것은 평화 선언과 해롭지 않은 몸짓으로 가득 차 있었다. 큰소리로 죄 없는 맹세를 하면서 모든 실질적인 의도들에 대해서는 침묵을 지켰다. 히틀러는 한 번 이상 동유럽에서 제한적이고 신중한 수정주의 프로그램의 대변자 노릇을 하려고 했지만 소련을 향한 악의적인 공격은 없었다. 동시에 그는 빈정거림, 최면술적인 논리, 설득력 등을 다 내보였다. 그래서 많은 관찰자들은 이것이 '아마도 그가 행한 가장 빛나는' 연설이었다고 칭하기도 했다.[12)]

그는 영국에 대한 공격을 이 섬나라에 대한 경탄과 친밀한 감정의 표현과 결합시켰다. 폴란드에는—모든 실망에도 불구하고—지속적인 협상 각오를 밝히고, '국제적인 전쟁 선동가'들에 대한 맹공격을 퍼부었다. '유럽 민주주의의 종나라들을 독일에 대항하도록' 부추기는 '도전자들'과 '평화의 적들'과, '악의에서 혹은 생각이 모자라서 유럽에 수많은 화약통을 세우는 베르사유 마술사들'에 대한 공격이었다. 그런 다음 마침내 절정에 도달하였다. 그것은 의원들의 열광과 터져나오는 폭소를 받으면서 미국 대통령과의 한판 승부를 벌인 것이었다.

히틀러는 루스벨트의 편지를 21개항으로 나누어서 항목별로 답변하였다. 그는 설명하기를 미국 대통령은 자신에게 일반적인 전쟁의 두려움을 암시하였지만 1919년 이후로 있었던 열네 개의 전쟁 중 독일은 그 어느 것에도 참전한 적이 없었고, '서쪽의 반구(半球)' 나라들이 참전했다. 대통령께서 이 나라들의 대변자 노릇을 하고 계시지만 말이다.

그리고 같은 기간의 26개 무력 유혈 간섭과도 독일은 아무 관계가 없다.

반면 예컨대 미국은 여섯 개의 경우에 끼여들었다. 나아가 대통령께서는 모든 문제를 협상 테이블에서 해결하라고 설교하시지만 미국이야말로 협상 효과에 대한 자신의 불신에 가장 예리한 표현을 준 나라였다. 미국이 '모든 시대 가장 위대한 협상'인 국제연맹을 탈퇴하였을 때 그랬다. 약속과는 달리 독일은 이 연맹에서 오랫동안이나 배제되어 있었지만. 이런 '쓰라린 체험들'에도 불구하고 독일은 자신이 통치하게 되어서야 비로소 미국의 예를 따랐던 것이다.

또한 대통령께서는 군비축소를 옹호하시지만 독일은 무기 없이 베르사유의 협상 테이블에 나타났다가 '이전의 수(Sioux)족 추장들보다도 더 형편없는 취급을 받은' 이후로 언제나 그 반대의 교훈만을 얻었다. 루스벨트는 유럽에서 독일의 의도에 대해서 그토록 큰 관심을 가지고 계시므로, 미국의 외교정책이 예를 들면 중남미 국가들에 대해서 어떤 목적을 따르는지 반대 질문이 절로 나올 지경이다.

대통령께서는 그런 질문을 물론 무례한 것이라고 여기고 먼로 독트린을 보여주실 것이다. 그리고 독일 정부가 똑같은 방식으로 행동한 것이 분명한데도 독일 정부는 루스벨트 대통령이 열거한 국가들을 향해서 그들이 독일에 의해서 위협을 받는다고 느끼는지 물어보아야 한다는 것이다. 대답은 "철저히 부정적인 것이고, 일부는 날카롭게 거부하는" 것이었다.

그리고 히틀러는 조소 섞인 말을 계속했다. 물론 "일부의 국가와 국민에게는 나의 이런 재심문이 전달되지도 않았습니다만, 그 나라들이—시리아의 경우처럼—스스로 자유를 갖지 못하고 민주주의 국가들의 군사력에 점령되어 있어서 답변할 권리도 없기 때문에 말입니다." 그럼에도 불구하고 독일 정부는 위에 열거된 국가들 하나 하나가 그것을 원할 경우 불가침 보장을 해줄 준비가 있다. 그러고 나서 그는 말을 계속했다.

> 루스벨트 대통령 각하! 당신 나라의 크기와 당신 나라의 엄청난 부가 당신으로 하여금 전세계의 운명과 모든 민족들의 운명에 대해 책임감을 느끼는 일을 허용하고 있다는 사실을 나는 잘 이해합니다. 루스벨트 대통령 각하, 나는

훨씬 보잘것없고 작은 틀 안에 들어 있을 뿐이지요. 나는 세계의 운명에 대해서 책임감을 느낄 수는 없군요. 이 세계는 내 민족의 비참한 운명에 대해서 아무런 관심도 없기 때문이지요. 나는 오직 내 민족에게 봉사하고, 그 끔찍한 곤궁에서 민족을 구하기 위해서 섭리의 부름을 받았다고 생각합니다…….

나는 독일의 혼돈을 극복하였고, 질서를 회복하고, 우리 국민 경제의 모든 영역에서 생산성을 엄청나게 높였습니다……. 우리 모두의 가슴을 울리는 7백만 실업자들을 쉬지 않고 쓸모 있는 생산부서에 투입하는 일이 성공적으로 이루어졌습니다……. 나는 도이치 민족을 정치적으로만 하나로 만들었을 뿐 아니라 군사적으로도 무장을 시켰으며, 448개 조항 안에 일찍이 민족과 인간에게 부과된 가장 비열한 유린을 포함하는 그 조약을 하나씩 제거하였습니다.

나는 우리가 1919년에 빼앗긴 지역들을 제국에 되찾아왔으며 우리에게서 떨어져나가 깊이 불행한 도이치 사람 수백만 명을 다시 고향으로 안내하였습니다. 나는 도이치 생존 공간의 1천 년 역사적 통일성을 다시 회복하였으며, 대통령 각하, 이 모든 것을 피를 흘리지 않고, 내 민족에게나 다른 민족에게 전쟁의 노래를 덧붙이지 않고 이루기 위해 노력하였습니다.

대통령 각하, 나는 21년 전에만 해도 전혀 알려지지 않았던 우리 민족의 노동자이며 병사의 자격으로, 내 자신의 힘으로 이 모든 일을 이루어낸 것입니다……. 당신은 그에 비해 모든 것이 너무나도 쉬웠지요. 내가 1933년 수상이 되었을 때 당신은 미합중국의 대통령이 되셨습니다. 당신은 그로써 첫 순간에 이미 세계에서 가장 크고 가장 부유한 국가의 정상 자리에 오른 것입니다……. 그래서 당신은 그 모든 상황의 크기를 통해서 우주적인 문제들에 관심을 기울일 시간과 한가로움을 얻을 수 있었겠지요.

루스벨트 대통령 각하, 나의 세계는…… 공간적으로 훨씬 좁아요. 이 세계는 오직 내 민족만을 포함하고 있습니다. 다만 그럼으로써 오히려 나의 세계는 우리 모두의 가슴에 맺혀 있는 것, 즉 전인류 공동체의 정의와 복지와 진보와 평화를 위해 쓸모가 있으리라고 나로서는 생각합니다만![13]

히틀러의 연설은 물론 수사적인 효과만을 담고 있는 것이 아니라 상당한 정치적 결정을 포함하고 있었다. 이틀 뒤에 영국은 일반 병역의무를 도입하였다. 그리고 그에 대한 답변으로 히틀러는 독일 · 영국 해군 협정과 폴란드와의 조약을 파기한다고 통보하였다.

이 모든 극적인 외관에도 불구하고 이러한 선언은 직접적인 결과를 가진 것은 아니었다. 그것은 오직 몸짓이었을 뿐이다. 그러나 이러한 몸짓과 더불어 히틀러는 그러한 협약에 포함된 약속, 즉 모든 쟁점들을 선의로 해결하겠다는 약속을 없애버린 것이었다. 이 선언은 폴란드에 대한 서방의 보장 약속, 혹은 루스벨트의 간섭에 비할 수 있는 것이었다. 그것은 도덕적인 선전포고였다. 적들은 입장을 정리하였다.

소련, 무대에 등장하다

4월 28일에 히틀러는 위의 연설을 했고, 4월 30일에는 파리 주재 영국 대사가 프랑스 외무장관 보네(Bonnet)에게 "각하께서는 히틀러 씨가 러시아에 대해서 약간 비밀스럽게 침묵한 것을 어떻게 생각하시는지" 물었다. 사실상 그때까지는 주변에 대해서 막강한 그림자로만 존재하고 있던 소련이 이 순간 사건의 중심부로 들어오기 시작하였다. 히틀러가 몸을 사린 것은 서방측이 모스크바에 대해서 갑작스럽게 관심을 갖게 된 것과 마찬가지로, 변하는 상황을 나타내는 징후였다. 사방에서 불신, 두려움, 시기심으로 가득 찬, 동맹을 맺기 위한 은밀한 경주가 시작되었다. 이 경주의 결말이 전쟁이냐 평화냐를 결정할 것이었다.

4월 15일에 프랑스측에서 소련측에, 1935년 상호 조약을 변화된 세계 정세에 알맞게 수정하자는 제안을 함으로써 이 경주가 시작되었다. 유화주의자들이 히틀러에 대해서 망상을 가졌던 시절에 집단안보 체제를 해소시켰고, 이제 그것을 서둘러 복구하려면 모스크바의 참여를 통해서만 가능한 것이었다. 그래야 효과를 보고 히틀러에게 무력을 통한 방식이 전망이 없다는 사실을 보여줄 수 있을 것이기 때문이다.

곧 이어서 여기에 영국도 끼어들게 되었지만 처음부터 협상은 상호간의 불신으로 인해 잘 진행되지 않았다. 스탈린은 서방측이 확고한 저항의 결단을 내렸는지 의심하고 있었는데 근거가 없는 일이 아니었다. 특히 체임벌린은 시민 세계가 세계 혁명의 나라에 대해서 느끼는, 깊이 뿌리박은 의혹을 완전히 극복하지 못하였다. 서투른 외교술 탓으로 소련의 앞마당이라 할 수 있는 동해에서 흑해에 이르는 전지역의 방어를 서방의 의무로 만들어버렸기 때문에 모스크바측의 관심이 더욱 줄어들었다.

나아가서 서방의 협상 위치는 동유럽 국가들의 끊임없는 방해공작으로 인해서 더욱 어렵게 되었다. 동유럽 국가들은 소련과의 어떠한 동맹도 열정적으로 반대하고 있었고, 소련에 대한 보장 약속은 곧 자기들의 몰락에 대한 보장이라고 여겼다. 실제로 서방의 외교관들은, 오직 상당한 정도의 영토, 전략, 정치상의 양보를 통해서만 모스크바를 자기들 편으로 얻을 수 있다는 사실을 알게 되었다.

그러한 양보들은 그들이 소련의 도움을 받아서 거부하려는 히틀러의 조건들과 비슷한 데가 있었다. 서방의 노력은 작고 약한 국가들을 거대한 국가의 팽창 욕구에 맞서서 지키겠다는 원칙에서 출발한 것이었지만 이들의 노력은 곧 해결할 길 없는 딜레마에 빠지게 되었다.

프랑스 외무장관은 이런 억압적인 상황을 정확하게 지적하였다. "이 원칙에 근거하면 크레믈린과의 조약은 성립될 수 없다. 원칙상의 공통점이 없는데 원칙의 토대 위에서 협상을 벌일 수는 없는 법이다. 이럴 경우에는 인간 행동의 기본 형식들, 즉 폭력과 교환만이 지배할 수 있다. 이익들이 서로 교환될 수 있을 뿐이다. 바라는 이익들, 피하고자 하는 불리함들, 쟁취하고자 하는 노획물, 당하고 싶지 않은 폭력 등을 교섭하는 것이다. 그 모든 것은 눈금도 정확하게 정밀 계량된다……. 그러나 서방의 외교술은 선량하고도 몽상적인 무기력을 구경거리로 제공하고 있다."[14)]

다음 몇 달 동안의 협상 과정은 이러한 조명 아래서 보아야만 한다. 특히 소련측이 명백하게 다가오는 갈등에서 벗어나려는 합의를 원하기나 했는가, 적어도 그런 의도를 가지고나 있었는가, 아니면 뒷날 지치고 망가진 유럽에 불변하는 혁명 이념을 전파할 기회를 더 늘리기 위해서 이러한 갈등을 오히려 부추기려고 했던 것이나 아닌가 하는 논란 많은 의문은 특히 더 그렇다.

서방측의 여전한 의혹에 의해 지연되고 질질 끌면서 협상이 진행되는 동안 소련은 히틀러와 대담한 이중게임을 시작하였다. 3월 10일자 스탈린의 연설이 최초의 손짓을 해보인 다음 소련은 여러 각도에서 도이치 정부에 접근하였다. 그리고 관계를 새로 조정하는 문제에 대한 관심을 표명하였다. 이데올로기상의 의견차가 '꼭 방해가 될 이유는…… 없다'는 것이다. 서구 지향적이고 유대인 혈통이어서 국가사회주의 쪽에서 보면 '유대인 핑켈슈타인'에 불과한, 오랜 기간의 외무장관 리트비노프(Litwinov)를 몰로토프(Molotov)로 바꾸고 난 다음 소련은 베를린측에 이러한 경질이 도이치의 태도에 긍정적인 영향을 줄 수 있는가 문의하였다.[15]

소련 지도자들이 히틀러의 불변하는 목적, 즉 동쪽으로의 대규모 전쟁, 소련을 희생시켜서 세계 제국을 만들려는 목적을 몰랐다고 가정할 수는 없다. 그러나 그들은 한순간 히틀러 제국의 막강한 권력 증대와 동방을 향한 팽창 조치들을 견딜 각오가 되어 있었다. 그들의 동기들 중에는 특히 자본주의와 파시즘 세력이 현재의 적대감에도 불구하고, 결국은 독일의 역동성의 방향을 공산주의 쪽으로 돌리지 않을까 하는 염려가 포함되어 있었다.

소련은 1차 세계 전쟁에서 서부 지역과 발트 연안 국가들을 잃어버리고 난 이후로는 스스로 '(국경)수정주의 세력'이라고 자처하고 있었다.[16] 스탈린은 히틀러가 소련의 영토 재탈환 의지를 이해하고, 온갖 의심과 원칙들과 도덕적인 잔근심을 가진 서방의 까다로운 정치가들보다 너그럽게 대해주리라고 기대했던 것이 분명하다. 히틀러의 두 가지 기본 동기인 공포와 팽창 의지는 스탈린의 동기이기도 했던 것이다.

히틀러를 향한 모스크바의 손짓이 이보다 더 적절한 순간에 나올 수는 없었을 것이다. 물론 반볼셰비즘이 그의 정치 경력의 거대한 주장들 중의 하나였고, 공포라는 동기가 실제로 그를 몰아갔으며 공산주의 혁명은 그에게 언제나 도발적인 공포의 그림들을 제공하였다. 그는 러시아 땅 가운데 있는 '인간학살소' '불타는 마을' '폐허가 된 도시들', 무너진 교회, 치욕을 당한 여자들과 수용소 형리들에 대해서 수없이 되풀이 이야기하고 국가사

회주의와 공산주의 사이의 '절대로 극복할 수 없는 간격'을 강조하곤 했다.[17]

3월 10일 스탈린 연설 직후에 이론적 배경이 없는 리벤트로프는 소련측에 접근할 것을 찬성하였지만 그와 달리 히틀러는 불안정하고 이데올로기에 사로잡혀 있었다. 여러 달 동안의 협상 과정에서 언제나 거듭 흔들리면서 그는 여러 가지로 접촉을 중단시키곤 하였다. 다만 영국의 태도에 대한 실망과 압도적인 전략적 이익, 계획된 대로 폴란드를 침공할 경우 두 개의 전선 사이에 끼는 일을 피할 수 있다는 점 등이 마침내 모든 망설임을 밀어냈다.

스탈린이 결국은 승리하리라는 기대감에서 '파시스트 페스트'와의 절망적인 게임을 시작했듯이, 히틀러도 소련과는 뒷날 대결하리라는 의도를 그대로 간직함으로써 이런 '배신'을 정당화하겠다는 생각을 해서만 겨우 자신을 진정시켰다. 그제야 겨우 소련과 국경선을 맞대기 위한 전제조건을 확보하였다. '악마를 쫓아내기 위해서 사탄과 계약'을 맺는다고 얼마 뒤에 그는 가까운 사람들에게 말했다.

리벤트로프가 모스크바로 떠나기 불과 며칠 전인 8월 11일에도 어떤 외국인 방문객을 향해 이해하기 힘든 솔직함으로 이렇게 설명하였다. "내가 기획하는 모든 것은 러시아에 반대하는 일입니다. 서방이 너무 둔하고 눈이 멀어서 이 사실을 이해하지 못한다면 나는 러시아 사람들과 타협을 보는 수밖에 없지요. 서방을 치고, 그리고 서방이 쓰러진 다음에는 내 힘을 한데 모아서 소련을 향해 대적하기 위해서 말입니다."[18]

온갖 냉소와 전략적인 생각 없음에도 불구하고 히틀러는 걱정 없이 자신의 의도만을 따르기에는 지나치게 이데올로기적이었다. 그리고 그는 모스크바와의 조약은 고작 차선책에 불과하다는 사실을 절대로 잊지 못하고 있었다.

강철 조약

상황이 다시 그의 손 안에 떨어지기라도 한 듯이 그 무렵 그의 입장을 개선시켜주는 일이 생겼다. 다가오는 갈등의 소식에 불안을 느낀 이탈리아 외무장관 치아노가 5월 초에 리벤트로프를 밀라노로 초대해서 이탈리아의 준비가 불충분하다는 이유로 전쟁 개시를 적어도 3년 동안 미루어달라고 부탁하였다. 독일 외무장관은 그에게 실제로 '4, 5년의 긴 평화시기 뒤에' 거대한 대립이 계획되고 있는 것이 사실이라고 확인해주었다.

막연히 의견 교환을 하는 중에 몇 가지 의견이 더 일치하게 되자 기분 내키는 대로 무솔리니가 직접 협상에 끼여들었다. 여러 해 동안이나 그는 근심스럽고 어두운 예감에서 독일과의 관계가 구체적인 의무를 진 동맹 관계로 발전되는 것을 거부해 왔다. 이제 그는 독일과 이탈리아는 군사 동맹에 합의했다고 치아노에게 짤막하게 알렸다. 히틀러는 이 동맹이 폴란드 편을 들겠다는 서방의 결정을 약화시킬 것이라는 희망을 갖게 된 반면, 무솔리니에게 있어서 그것은 오직 파국적인 효과만을 가질 뿐이었다.

전세계가 그가 정복한 것으로 인정할 수밖에 없었던 것들을 독일의 엄호 덕분에 정복하였고, 이렇게 정복한 것을 서방과의 조약을 통해 확실하게 만드는 일에 그가 모든 관심을 쏟아야 한다는 지적은 옳은 것이었다.[19] 그렇게 하지는 않고 그는 지금 자기 나라의 운명을, 전쟁을 결심한 더욱 강력한 국가와 조건 없이 결부시켜서 스스로를 가신(家臣)의 지위로 떨어뜨렸다. 이제부터 그는 언젠가 베를린에서 분위기에 압도되어서 고백했던 대로 히틀러와 더불어 '마지막까지 행진' 하게 된 것이다.

이른바 '강철 조약' 의 내용은 거기 참가한 국가 중 하나가 적대 관계에 휘말릴 경우 군사 원조를 하는 것을 의무로 규정하고 있었다. 이것은 침입을 하는 경우나 침입을 받을 경우에 아무런 차이가 없었고, 공격 목적과 방어 목적 사이에도 차이를 두지 않았으며 군사 원조 약속은 아무런 조건도 붙어 있지 않은 것이었다. 치아노는 나중에 거의 그대로 작성된 도이치측 초안을 처음으로 보았을 때 이렇게 말했다. "나는 이와 비슷한 조약 문안을 읽어본 적이 없다. 이것은 정말 다이너마이트다."

1939년 5월 22일에 베를린 수상관저에서 엄청난 의식 속에서 조약에 서명이 이루어졌다. 이탈리아 외무장관은 이렇게 기록하였다. "나는 히틀러가 선량하고 매우 명랑하며 훨씬 덜 공격적인 것을 보았다. 약간 나이든 모습이었다. 눈 가장자리가 약간 더 검어졌다. 그는 잠을 별로 자지 않는다. 점점 더 조금 자고 있다."[20]

무솔리니 자신은 베를린 사절단이 보내온 소식을 근심스럽게 받아들였던 것 같다. 8일 뒤에 벌써 그는 개인적인 건의서를 히틀러에게 보냈다. 이 편지에서 그는 한 번 더 몇 년 동안의 평화기간에 대한 이탈리아의 요구를 강조하고 그 동안에 "반유대주의 운동을 원조하고, 평화주의 운동들을…… 후원하고, 자치권을 얻으려는 운동들(알사스, 브레타뉴, 코르시카, 아일랜드)을 격려하고, 도덕의 붕괴를 촉진하고, 식민지 민족들의 궐기를 부추겨서 적들의 내적 결속을 느슨하게 만들 것"을 제안하였다.[21]

1939년 5월 23일 히틀러의 연설

무솔리니는 자신의 걱정이 얼마나 근거가 있는 것인지 정확하게 알지 못했다. 히틀러의 부관 슈문트(Schmundt) 중령의 기록에 따르면 강철 조약에 서명한 다음날 벌써 히틀러는 육해공군 사령관들을 수상관저 집무실로 불러서 그들에게 자신의 생각과 의도를 알려주었다. 지극히 정밀하게 그는 최초의 전쟁 국면을 전개해 보였다. 네덜란드와 벨기에를 침공하고, 이어서 1차 대전 때의 전략과는 다르게 파리를 공격하지 않고 해협의 항구들을 공격해서 지체 없이 영국을 향한 폭격 및 봉쇄전을 수행하도록 한다는 것이다. 이 연설에서 영국은 실질적인 적으로 나타난다.

> (도이치의) 8천만 대중은 이념적인 문제들을 해결했어요. 경제적인 문제들도 해결되어야 합니다. 용기도 문제 해결에 포함돼요. 상황에 적응함으로써 문제 해결을 벗어난다는 원칙은 통하지 않습니다. 오히려 상황을 요구에 적응시키라고 말하는 편이 낫겠지요. 이것은 남의 나라를 침범하지 않고, 혹은 남의 재산을 공격하지 않고는 가능하지가 않아요…….
>
> 단치히는 중요한 목표가 아닙니다. 우리에게는 동쪽으로 생존 공간을 확대하는 일과 식량을 확보하는 일이 중요합니다……. 유럽에서는 다른 가능성을

볼 수가 없어요……. 그러니까 폴란드를 보호하는 문제는 제외되고, 알맞은 기회에 폴란드를 공격할 결심만이 남게 되는 거죠.

체코 사람들이 같은 일을 반복하리라고 믿을 수는 없어요. 전투를 하게 될 겁니다. 문제는 폴란드를 고립시키는 겁니다. 고립에 성공하는 일이 결정적인 것이지요……. 서방과 동시에 폴란드와의 대립에 빠져들어서는 안 됩니다.

원칙은 이렇습니다. 폴란드 공격으로 시작되는 폴란드와의 대립은 서방이 끼여들지 않을 경우에만 성공한다는 것입니다. 그것이 가능하지 않다면 차라리 서쪽을 공격하고 동시에 폴란드를 해치우는 쪽이 더 낫지요…….

영국 및 프랑스와의 전쟁은 생사를 건 전쟁이 될 것입니다……. 우리는 전쟁에 끌려들어가지는 않겠지만 전쟁을 우회해서 돌아갈 수는 없습니다.[22]

이 시점부터 다가오는 갈등의 표지들이 점점 많아진다. 6월 14일에 제3군단의 총사령관 블라스코비츠(Blaskowitz) 장군이 8월 20일까지 폴란드로 행군할 모든 준비를 완료하라는 명령을 단위부대에 내렸다. 다시 이틀 뒤에 히틀러는 비스와 강 하류에 있는 다리들을 손상 없이 점령하기 위한 정밀 계획안을 작성하라는 명령을 내렸고, 7월 27일에는 마침내 단치히를 점령하라는 지시문이 작성되었다. 아직 날짜만 비어 있었다.

그러는 동안 도이치 언론은 긴 침묵을 거친 뒤에 다시 반폴란드 캠페인을 전개하였다. 선전부의 지시는 '테러 행위들을 머릿기사'로 싣도록 요구하고 있으며, 며칠 뒤에 괴벨스는 이렇게 지시했다. "언제나처럼 폴란드 혐오는 결정적인 것으로 남아 있어야 한다. 우리 민족이나 외국에서 그것을 믿느냐 안 믿느냐 하는 것은 중요하지 않다. 중요한 것은 신경전의 마지막 국면에서 독일이 패배하지 않는 것이다."[23] 동시에 전체 통로에 대한 요구를 포젠과 상부 슐레지엔 부분까지 확대하였다. 단치히 사건에서 돌격대원이 죽은 것은 선동에 새로운 재료를 덧붙여주었다.

폴란드 정부는 점점 더 단호하고 과도하게 반응하였고, 도이치측과는 모욕당한 대국의 얼음장 같은 어조로 대화한다는 자세를 유지하였다. 수많은 표지들은 폴란드 정부가 점차 전쟁을 피할 수 없다는 생각을 가지기 시작했음을 보여준다. 어느 정도 과시적인 의도를 지닌 채 폴란드측은 단치히 관세보호를 위한 훈령을 강화하고 그로써 위기를 야기하였다. 이 위기의 결과 바르샤바와 베를린 사이에 날카로운 통첩을 교환하기까지 이르렀다. 도전, 경고, 최후 통첩 등을 서로 주고받았으며 다양한 의회 보고용 색표지 외교문서들이 그러한 내용들로 가득 채워졌다.

단치히에서는 '불행의 사절이며 폭풍을 알리는 바다제비' 노릇을 하는 전쟁 관찰자들이 나타나기 시작하였다. 그들은 간섭을 통해서 혹은 과장된 보고들을 통해서 위기를 더욱 악화시켰다. "사람들은 어디서나 파국을 원한다."고 이탈리아 대사인 아톨리코(Attolico)가 체념한 어조로 말했다. 8월 8일에 파리 주재 도이치 대사가 휴가에 앞서 프랑스 외교장관에게 작별을 고했을 때 두 사람은 비관적인 기분이었다. 보네는 나중에 이렇게 썼다. "내가 그의 말을 듣고 있는 동안 나는 모든 것이 결정났다는 기분이 들었다. 그리고 그가 작별을 고했을 때 그를 다시는 보지 못하리라는 사실을 알았다."[24]

사흘 뒤에 단치히 시장인 칼 야콥 부르크하르트는 윗소금산의 회동에 참석하였다. 부르크하르트가 나중에 묘사한 바에 따르면[25] 히틀러는 "훨씬 더 늙고 머리가 세어 있었다. 그는 두려운 인상을 만들어내고 신경질적으로 보였다." 그는 실제로는 자신에게 유리한 폴란드의 자신만만한 단호함에 대해 흥분하고 불평하고 번민하고 위협하였다.

그리고 가장 하찮은 사건만 일어나도 "경고도 없이 폴란드를 파괴해서 뒷날 폴란드의 흔적도 찾을 수 없도록 하겠다. 기계화 부대의 모든 힘을 다해서 번개처럼 쳐부술 것"이라고 말했다. 방문객이 이러한 결정은 전면전을 초래할 것이라고 대답하자 히틀러는 흥분해서 말했다. "그렇다면 그렇게 돼야겠죠. 내가 전쟁을 해야 한다면 내일보다는 차라리 오늘 치르는 것이 낫겠소."

그는 영국과 프랑스의 군사력에 대해서 비웃었고, 러시아 사람들은 자신을 '소름끼치게 하지 못한다'고 했으며 '알렉산더와 나폴레옹의 비전들을 훨씬' 능가하는 폴란드 참모부의 계획도 비슷한 것이라고 했다. 한 번 더 그는 서방과의 세속적인 형평이라는 자신의 이념을 부르크하르트에게 납득시키려고 했다.

> 전쟁에 대한 이런 소문은 어리석은 일이며 민족들을 미치게 만드는 것이죠. 도대체 문제가 뭡니까? 그저 우리가 곡식과 목재를 필요로 한다는 것뿐입니다. 곡식 때문에 동쪽의 공간이 필요하며 목재 때문에 나는 식민지가 필요하다는 것입니다. 단 하나의 식민지 말입니다.
>
> 우리는 살아갈 수는 있죠. 1938년도와 올해 수확은 특별히 좋았어요……. 그러나 어느 날인가 땅이 싫증을 느껴서 흥분제를 먹은 몸처럼 스트라이크를 일으킨다고 생각해보시오. 그러면 어떻게 될까요? 나는 내 민족이 굶주림을 견딘다는 사실을 받아들일 수가 없어요. 굶주림으로 2백만 명을 잃어버리기보다는 차라리 그들을 전쟁터로 보내는 쪽이 낫지 않겠어요? 우리는 굶어죽는다는 것이 어떤 건지 알지 않습니까…….
>
> 난 낭만적인 목표들은 없어요. 지배하겠다는 소망도 없습니다. 특히 나는 서방에는 아무것도 기대하지 않아요. 오늘도, 내일도 아닙니다. 나는 인구가 빽빽한 세계의 지역들에서는 아무것도 기대하지 않아요. 여기서는 전혀 아무것도 기대하지 않습니다. 전혀요. 사람들이 내 것이라고 말하는 모든 생각들은 꾸며낸 것입니다. 나는 다만 동방에서만 자유로운 행동권을 갖고자 하는 것이에요.[26]

하루 뒤에 치아노가 산장에서 연설을 했다. 그는 이번 회담의 기회를 이용하여 점점 커지는 갈등의 평화적인 해결을 가늠해보겠다는 생각으로 이곳에 왔다. 그러나 그는 히틀러가 참모부 지도들을 앞에 펼쳐놓고 완전히 군사적인 문제에 몰두해 있는 것을 보았다. 도이치 제국은 서쪽으로는 공격할 수준이 못 되고, 폴란드는 며칠 내에 함락될 것이며, 서방 국가들과 뒷날 대치할 경우에는 어차피 반대편에 서게 될 것이므로 그는 우선 하나의 적을 제거할 생각이라고 말했다.

어쨌든 그는 최근 폴란드의 도전을 침략의 구실로 이용할 결심이 되어 있다. 그리고 날짜는 '늦어도 8월 말'이라고 말했다. 그 이후에는 동부의 길들이 가을비로 인해서 기갑부대에 적합하지 않게 질척거린다는 것이다. 어차피 전날 리벤트로프에게서 독일은 단치히나 통로를 원하는 것이 아니라 폴란드와의 전쟁을 원한다는 말을 들었던 치아노는 "아무것도 할 일이 없음을 알았다. 그는 그편에 붙기로 결정하였고, 실제로 그렇게 되었다."[27]

우연히도 같은 날 영국·프랑스 장교위원회가 모스크바에서의 협상을 받아들였다. 이 위원회는 전날 소련 수도에서 만나 참모회의를 열어서 여러 달 전부터 논의되어 온 동맹의 군사적 측면들을 협의했던 것이다. 이들은 8월 5일에 길을 떠났다. 비행기로 갔더라면 하루 만에 목적지에 도착하였을 것이다. 그러나 도발적인 무관심으로 그들은, 뒷날 소련의 묘사에 따르면 '시속 13노트에 불과'한 화물선을 타고 레닌그라드로 갔다가 그곳에서 소련 수도까지 다시 차를 타고 달렸다.

대표단이 마침내 도착했을 때는 이미 늦었다. 히틀러가 그들보다 앞섰던 것이다.

모스크바의 주도권

7월 중순에 모스크바는 새로 주도권을 잡고서 3주 전에 히틀러가 중단시킨 도이치·소련 경제 협상을 다시 시작하였다. 이번에 히틀러는 망설이지 않았다. 이 협상으로 영국과 폴란드의 기를 꺾는 효과를 기대할 수 있다는 이유만으로도 벌써 그랬다. 모스크바와 베를린에서 그는 상대방이 주도권을 잡고서 일을 꾸며가도록 내버려두었다.

7월 26일에 외무부 경제과 관리인 율리우스 슈누레(J. Schnurre)가 두 명의 소련 외교관과 식사를 하였다. 이 기회에 정치적 접근의 가능성이 논의되었다. 소련 대리공사 아스타코프(Astachov)가 국가사회주의 독일이 소련에 대해서 그토록 적대적인 생각을 가지는 이유를 모스크바에서는 도무지 이해하지 못한다고 말하자 슈누레는 "우리나라에서 소련의 위협에 대한 말은 전혀 없다……. 도이치 정책은 영국과 대립하고 있다."고 대답하였다. 어쨌든 '양측 이해의 광범위한 조정'을 생각할 수 있으며 특히 '동해에서 흑해와 극동에 이르기까지 전 국경선에서' 외교정책상의 대립은 없다고 했다. 영국은 소련에게 '고작해야 유럽 전쟁과 독일의 적대감'을 제공할 수 있을 뿐이지만 독일은 아무런 방해도 받지 않는 발전을 소련측에 허용할 수도 있다. 그러면서 독일 외교관은 마지막으로 "세계관이 다르지만 독일, 이탈리아, 소련의 이데올로기에는 하나의 공통점이 있다. 즉 서방의 자본주의 민주주의에 대한 대립"이라고 말했다.[28)]

그럼으로써 거의 모든 결정적인 핵심 부분이 거론되었다. 이 핵심 부분들은 앞으로 3주 동안에 걸쳐서 점점 더 집중적으로 진행되는 도이치 · 소련 의견 교환의 중심 테마였다. 이번에는 소련이 논의를 질질 끄는 반면, 독일이 노골적인 솔직함으로 앞으로 밀어붙였다.

8월 14일에 리벤트로프는 모스크바 주재 대사인 슐렌부르크 백작에게 전보 지시문을 보냈다. 그것은 동해와 흑해 사이 관심영역의 경계 설정에 대한 대규모의 제안을 포함하고 있었다. 그는 이 지시문에서 공동의 적을 '자본주의적 서방 민주주의'로 규정하고 거의 노골적으로 빠른 약탈의 전망을 내놓고서 '역사적인 전환'을 촉진하기 위해서 자신이 곧 모스크바를 방문하겠다는 제안을 했다. 모스크바측에서 긍정적인 답변이 오리라는 기대에 기분이 좋아져서 히틀러는 같은 날 저녁 군 사령관들이 모인 자리에서 이제 '연극 전체가 종말을 향해' 다가간다고 말했다.[29)]

그러나 도이치의 초조함이 자신에게 어떤 이익을 가져다주는지 순식간에 알아챈 몰로토프는 날짜며 일의 추진 질서 문제를 까다롭게 조작하였다. 독일은 불가침조약 체결의 각오가 되어 있는지 물어보고 접근의 단계적 계획을 작성하고 마지막으로 '외교정책의 이런 저런 문제들'에 대한 규정들을 포함하는 '특별 기록'을 제안하였다. 말은 그렇지만 실제로는 폴란드 분할과 발트 연안 국가들의 제거를 준비한다는 의미였다.

리벤트로프의 모스크바 여행 날짜로 8월 26일이나 27일을 제안하고 독일측에서 두 번이나 신경질적으로 개입하였는데도 전혀 끄덕도 하지 않았다. 리벤트로프는 도이치 대사에게 다음과 같이 설명하라고 지시하였다. "도이치 · 폴란드 관계는 나날이 날카로워지고 있다. 총통은 도이치 · 러시

'평화의 전당대회'는 취소되었다. 뉘른베르크 회의장에 앉아 있는 히틀러.

아 관계를 천명하기 위한 노력을 하는 과정에서 도이치 · 폴란드 갈등이 갑작스럽게 폭발되지 않도록 하는 것이 꼭 필요하다고 여긴다. 그러므로 이 갈등에서 러시아의 이익을 고려하기 위해서는 앞의 선언이 꼭 필요하다고 간주한다."

진군 날짜를 고려해서 외교적인 온갖 수단을 다한 히틀러의 비상조치가 마침내 국면을 바꾸었다. 8월 20일 저녁에 '모스크바의 I. W. 스탈린 씨께' 보내는 전보에서 그는 소련 지도자에게 리벤트로프를 8월 22일이나 23일 중에 맞아들여달라고 부탁하였다. 외무장관은 '불가침 조약과 특별 기록의 작성과 서명을 위한 극히 포괄적인 일반전권'을 가지고 있다고 했다.

자신의 신경도 다스리지 못하는 극단적인 불안감 속에서 히틀러는 대답을 기다렸다. 그는 거의 잠을 이룰 수 없었기에 한밤중에 괴링에게 전화를 걸어서 자신의 근심을 이야기하고 러시아의 무감각에 대해서 화를 냈다. 8월 후반 들면서 그는 전쟁 준비를 끊임없이 독려하였다. 25만 명을 소집하고, 차량을 징발하고 전함 두 척과 잠수함 선대 일부를 대기 상태에 두었으며 어떤 지시문에서 9월 첫째주로 예정된 '평화의 전당대회' 라고 명명된 전당대회를 취소시켰다.

전쟁이냐, 전쟁이 아니냐, 그의 계획이 성공하느냐, 실패하느냐 하는 결정이 이 24시간 동안 전적으로 스탈린에게 달려 있었다. 마침내 8월 21일 21시 35분에 초조하게 기다리던 답변이 왔다. 소련은 '리벤트로프 씨가 8월 23일에 모스크바에 오는 것에 동의한다' 는 내용이었다.

결정은 내려졌다. 견디기 힘든 긴장감에서 해방된 히틀러는 다음날 12시에 군 최고 사령관들을 윗소금산으로 불렀다. 그의 표현대로 그들에게 자신의 '철회할 수 없는 행동 결정' 을 알리기 위해서였다.[30]

불운과의 경주

이 순간에 한 번 더, 전혀 있을 법하지 않은 일이었지만 다가오는 불운을 향한 절망적인 경주가 벌어졌다. 소련의 태도가 불명확하기는 했지만 그래도 모스크바와 베를린 사이의 생생한 교류가 서방측의 정보망을 벗어나지는 못했다. 특히 영국 내각은 폰 바이체커의 경고를 통해서 일찌감치 광범위한 도이치 · 소련 접촉을 알고 있었다.[31] 모든 것은 이제 모스크바에서 뒤늦게 시작된 군사 회담의 즉각적인 체결에 달려 있었다.

보로실로프(Voroshilov) 원수가 소련측 대표를 맡아 진행된 협상은 해결할 길이 없어 보이는 문제에 걸려 곧바로 막혀버렸다. 붉은 군대가 자국 영토를 통과해갈 권리를 폴란드가 확고하게 거부한 것이다. 소련측 협상자들은 바르샤바의 저항에 맞서 자기들이 어떻게 적에게 도달할 수 있는지 고집스럽게 알고 싶어하고, 서방측 대표들이 협상을 계속하려고 노력하는 동안 폴란드는 자신의 보호 세력들을 아랑곳하지 않고 1921년에 소련에서 자국에 넘겨진 영토로 소련군을 통과시킨다는 생각은 해본 적도 없다고 선언하였다.

도이치 · 소련 협상에 대한 소식들이 불안하게 울릴수록 서방 국가들은 바르샤바에 양보하라고 재촉하였다. 보네와 핼리팩스는 폴란드 외무장관에게 폴란드가 계속 고집부릴 경우 전체 동맹체제가 붕괴될 것이라고 말하였다. 그러나 베크는 고집스럽게 버텼다. 8월 19일에도 폴란드는 아직도 허용할 수가 없다고 말했다. "어떤 방식으로든 우리 영토의 일부를 외국 군대가 이용하는 문제를 토론하도록 할 수는 없다. 그것은 우리에게는 원칙의 문제다. 우리는 소련과는 군사 협정이 없다. 그것을 맺고 싶지도 않다."

다음날의 계속된 노력도 실패로 돌아갔다. 폴란드는 몰락을 앞에 두고도 장엄한 고집으로 자신들의 원칙에 달라붙어 있었다. 정열적으로 개입하는 프랑스 대사에게 리츠 스미글리(Rydz-Smigly) 원수는 냉정하게 대답하였다. "우리는 독일과는 자유를 잃어버릴 위험에 처하게 된다. 그러나 러시아 사람들과 붙으면 영혼을 잃어버리게 된다."[32)]

리벤트로프가 모스크바로의 여행을 앞둔 8월 22일 밤에도 폴란드는 끄떡도 않고 버텼다. 세계 질서가 뒤집히고 나라는 이미 잃어버린 것이나 다름없는데도 폴란드 정치가들은 이번 방문은 단지 히틀러의 상황이 얼마나 절망적인 것인가를 보여줄 뿐이라고 생각했다.

사태의 진행에 당황해서 프랑스는 마침내 바르샤바의 동의를 더 이상 기다리지 않고 혼자 힘으로 행동하기로 결심하였다. 8월 22일 밤에 두망(Doumenc) 장군은 보로실로프 원수에게, 자신은 정부로부터 붉은 군대가 폴란드와 루마니아를 지나 행진하는 것을 용인하는 군사 협정을 체결할 전권을 받았다고 알렸다. 폴란드와 루마니아의 동의를 제시할 수 있는가 하는 상대편의 끈질긴 질문에 두망은 자신은 협상을 체결하기 위해 왔노라는 말만 되풀이할 수 있을 뿐이었다. 그런 다음 리벤트로프의 방문에 대하여 신경을 자극하는 암시를 하면서 "그러나 시간이 흘러갑니다."라고 말했다. 그러자 원수도 비꼬는 어조로 대답했다. "물론이죠, 시간이 흘러가죠."[33)] 결국 아무런 성과도 없이 헤어졌다.

다음날에도 폴란드의 동의는 여전히 나오지 않았다. 프랑스 외무장관은 베크의 마음을 돌리기 위해서 한 번 더 절망적인 시도를 하였다. 정오 무렵에 리벤트로프가 소련 수도에 도착해서 거의 곧바로 크레믈린으로 향했다. 세계의 참석자들에게 복잡하지 않은 전체주의 외교의 구경거리를 보여주기라도 하려는 듯이 그들은 협상을 시작한 지 세 시간 만에 불가침 조약과 아울러 관심지역의 경계 설정에 대해서도 합의를 보았다. 생각지도 않았던 소련측의 요구에 대해서 리벤트로프가 질문해오자 히틀러는 간결하게 '물론 동의함'이라는 답변을 전보로 보냈다.

이제서야 폴란드는 뒤틀린 성명서에서 프랑스측의 요구에 동의한다고 선언했다. 두망 장군은 "도이치의 공격에 대항하는 공동작전을 펼칠 경우에 폴란드와 소련 사이에 뒷날 협정될 기술적인 조건 아래서 협조를 배제하지 않는다는 확실성을 얻었다."고 선언해도 좋다고 베크는 승인하였다. 서방측은 폴란드가 굴복한 것을 만족스럽게 여겼다. 그러나 히틀러가 소련에 대해서 짤막한 '물론 동의함'이라는 말로 핀란드와 베사라비아 지방을 포함하는 동유럽 절반을 제공했던 데 반해서 "서방측은 탐나는 지역을 특정한 상황 아래 제한된 방식으로 제한된 시간 동안 폴란드의 통제 아래 단순한 작전기지로 러시아 사람들에게 넘겨주기로, 폴란드가 앞으로 약속하게 될 것이라고 약속하였다."[34] 불운과의 경주에서 진 것이다.

모스크바 조약

8월 23일 저녁 시간에 리벤트로프와 몰로토프가 불가침 조약과 비밀 문서에 서명을 하였다. 이 문서는 전쟁이 끝난 다음 뉘른베르크 재판 과정에서 도이치 변호인단에게 건네져서 알려지게 되었다.[35] 그 안에는 조약 상대국들이 '영토 변경을 할' 경우에 동유럽을 리투아니아 북부 국경선부터 나레브 강, 비스와 강, 산 강을 따라 내려오는 관심선으로 분할한다는 합의를 담고 있었다. "양측의 관심이 독립적인 폴란드 국가의 유지를 바라는 것인지, 그리고 이 국가가 어떤 국경선을 그릴 것인지" 하는 문제는 결정하지 않은 채 그대로 놓아두었다. 노골적인 표현은 이 협정의 제국주의적인 기본 성격을 드러내고 다가올 전쟁과의 연관성을 명백하게 보여주었다.

소련의 장황한 변명 시도는 결국 이러한 맥락에서 실패하고 만다. 스탈린은 불가침 조약에 대하여 수많은 이유를 댈 수 있었다. 그것은 그에게 유명한 '숨 돌릴 틈'을 주었고, 소련의 방어체제를 가능한 한 결정적인 정도로 서쪽으로 옮겨주었으며, 특히 히틀러가 자신의 원래 목표로 되돌아와서 소련을 공격할 경우 변덕스런 서방측이 독일과 분명한 갈등 관계에 있으리라는 확실성을 마련해주었다. 그리고 소련측 변호인들은 1939년 8월 23일의 이 조약이 체임벌린이 일년 전 뮌헨에서 한 것과 똑같은 것일 뿐이라고 주장하였다. 스탈린이 이제 시간을 벌기 위해서 폴란드를 내놓았듯이 일년 전에 체임벌린이 체코슬로바키아를 포기했던 것이다.

그러나 이 주장들은 불가침조약을 곧장 공격조약으로 바꾸는 비밀 협정 문서를 잊어버리게 만들지는 못했다. 체임벌린은 히틀러의 온갖 제안에도 불구하고 한 번도 그와 관심 영역을 공유하지 않았으며, 오히려 히틀러의 거대한 꿈을 깨뜨렸다. 아무런 방해도 받지 않고 소련을 향해 진출하는 것을 막은 것이다. 지금 소련의 지도자들은 체임벌린 같은 신중함을 보이지 않았다. 더욱 엄격하게 판단해보면 전략적·정치적 변호 요소들에 대해 소련측이 어떤 주장을 펼친다고 하더라도, 이 추가 협상은 '역사 발전을 가장 깊이 꿰뚫어본다고 주장하는 이데올로기 운동에는 어울리지 않는 것'이었다.[36] 소련은 세계 혁명이 노골적인 지배 확장의 행동이 아니라 인류의 도덕성을 인식하고 방어한다고 줄곧 주장하였던 것이다.

당연한 일이지만 모스크바의 저녁은 거의 친밀한 분위기를 띠었다. 리벤트로프는 나중에, 스탈린과 몰로토프가 '매우 친절'했다고 말했다. 그는 "그들 사이에 있으면서 오래된 당료들 사이에 있는 것처럼 느꼈다."는 것이다.[37] 그날 밤에 그가 만들어낸 반 코민테른 조약에 이야기가 미치자, 그는 상당히 당황하였다. 그러나 스탈린의 상냥한 기분이 그를 격려해서 그는 이 조약을 우스꽝스러운 것으로 만들어버릴 수 있었다.

독일측 참석자의 보고에 따르면 그는 이 조약을 "근본적으로는 소련에 대항하는 것이 아니라 서구 민주주의를 겨냥한 것이며……. 스탈린 씨는,

반 코민테른 조약은 사실상 주로 런던 시와 영국의 소매상들을 깜짝 놀라게 만든 것이라고 말했다. 리벤트로프 씨는 동의하고 농담조로 스탈린 씨는 반 코민테른 조약에 대해서 런던 시와 영국의 소매상인들보다 분명 덜 놀라셨다고 대답하였다." 이어서 이렇게 계속된다.

이야기가 계속되는 동안 스탈린 씨는 임의로 다음의 말들을 하면서 총통을 위해 건배를 제안하였다. '나는 독일 민족이 그 지도자를 얼마나 사랑하는지 알죠. 그래서 나는 그분의 건강을 위해서 건배하고 싶군요.'

몰로토프 씨는 리벤트로프 씨와 슐렌도르프 대사를 위해서 건배하였다. 나아가 몰로토프 씨는 스탈린 씨 머리 위로 잔을 높이 쳐들었다. 그러면서 말하기를, 독일측에서 제대로 이해하였던 금년 3월의 연설을 통해서 관계의 역전을 시작한 사람은 스탈린이었다고 했다. 몰로토프 씨와 스탈린 씨는 다시금 불가침 조약, 도이치·러시아 관계의 새로운 시대, 도이치 민족 등을 위해서 건배하였다…….

헤어질 때 스탈린 씨는 리벤트로프 씨에게 이렇게 말했다. 소련은 새로운 조약을 진지하게 여긴다. 그는 소련이 조약 상대를 배신하지 않으리라는 자신의 약속을 믿어도 좋다고 말했다.[38]

건배 제의와 잔 부딪치는 소리 속에서 여러 해 동안의 적대관계의 거짓 베일이 찢겨지고 이 밤의 친밀함 속에서 이제야 비로소 두 정권의 가까움이 그들 자신과 세계에 명백하게 밝혀진 것처럼 보였다. 사실상 1939년 8월 23일은, 합의란 원래 수단과 사람이 일치하는 데서 생겨나는 것이라는 사실을 입증하는 출발점으로 작용하였다.

스탈린이 히틀러를 위해서 건배를 제안한 것은 보통의 경우처럼 상투어는 아니었다. 그는 어느 정도 융통성 없이 충실하게, 작별할 때 던진 자신의 말을 지켰다. 온갖 겉모습과 전문가들의 경고에도 불구하고 그는 2년 뒤인 1941년 6월에 마침내 히틀러가 소련으로 쳐들어올 때까지도 그 침공을 믿지 않았다. 그리고 당시 유효한 경제 조약의 공급 의무를 이행하기 위해서 물자를 실은 자동차들이 밀려오는 도이치 군대를 스쳐서 서쪽으로 달렸다.

불신이 심하고 교활한 소련 지도자의 이런 당황스런 순진성은, 그가 자기와 마찬가지로 형편없는 환경에서 역사적 중요성의 높이로 올라선 인물에 대해 느끼던 경탄에 주로 그 이유가 있었다. 그는 히틀러를 자기 시대에 유일하게 자기와 같은 인물로 존경하였다. 그리고 히틀러는 이런 그의 감정에 언제나 적절하게 반응하였다. '철천지 원수' 임에도 불구하고 상대방의 위대성에 대한 상호존중의 감정은 사라지지 않았다. 그리고 그들은 이러한 방식으로 이데올로기를 넘어서 역사가 자기들에게 부여한 등급으로 맺어져 있었다.

루마니아의 외무장관 그리고레 가펜쿠(G. Gafencu)는 회고록에서 제1차 폴란드 분할에 대한 알버트 소렐(A. Sorel)의 관찰을 인용하였다. "러시아를 다른 나라와 갈라놓는 모든 것을 프로이센이 보충하였다. 러시아처럼 프로이센도 세계 무대에 갑자기 나타난 국가였다. 프로이센은 자신의 미래를 스스로 닦아야 했다. 카테리나 여왕은 프로이센이 확고하게 엄청난 재력, 엄청난 가능성, 엄청난 성향 등과 관계를 맺으려 하는 것을 알아보았다."[39]

이 문장들은 이 두 후계자들의 상황과 심리를 적절하게 묘사하고 있다. 그들의 불안한 변화 의지, 거대한 몽상과, 세계 무대를 변화시키는 그들의 스타일 등이었다. 그러한 스타일은 그들을 역사의 극적인 쿠데타 안에 하나로 묶었다. 두 사람의 이데올로기는 권력 정치라는 유보 조건을 가진 것이었다. "그는 역사적 순간을 이용하지 않고 흘려보내지 않는 사람들에 속한다."고 히틀러는 때때로 말하곤 하였고 이러한 말은 상대방에게도 영향을 미쳤다.

그런 특성을 이해하지 못하는 아랫사람들의 항의는 그들 두 사람에게 통하지 않았다. 모스크바 조약으로 공산주의 정당들이 최면술적인 힘들의 나머지를 잃어버릴 위기에 빠져들고 있던 8월 25일 아침에 히틀러의 추종자들은 뮌헨에 있는 갈색집 울타리 위로 수백 개의 완장들을 던져올렸다.[40]

같은 날 서방측의 군사 특사들은 소련의 하급 장군들의 전송을 받으며 모스크바를 떠났다. 그들은 전날 보로실로프 원수에게 만나자는 전갈을 보냈지만 아무런 대답도 듣지 못했다. 보로실로프는 나중에 자신은 오리사냥 중이었다고 사과하였다.

장군들 앞에서

모스크바 조약의 체결과 더불어 히틀러 쪽에서 보자면 폴란드에 대한 성급하고 마비시키는 승리를 위한 모든 조건들이 실현되었다. 이제 일어나는 사건은 '도화선이 마지막까지 타들어가듯이' 오직 기계적인 과정뿐이었다. 그 사이 그의 모든 염려는 알리바이를 마련하고, 모든 방해가 되는 중재를 물리치고, 어차피 성공한 일이었지만 서방 국가들을 폴란드와 격리시키는 것뿐이었다. 이러한 세 가지 목적을 가지고 남은 8일 동안의 모든 주도적 활동과 최후의 제안들이 이루어졌다. 수많은 헛된 희망들이 이러한 제안들과 결합되었다.

히틀러가 8월 22일에 윗소금산에서 행한 연설이 우선 이런 배려에서 나온 것이었다. 모스크바의 성공을 이미 확신하고서 황홀한 기분으로 그는 바깥에서는 산 위로 뇌우가 몰아치는 가운데 군 지휘자들에게 현 상황을 설명하고 한 번 더 자신의 전쟁 결심의 근거를 제시하였다. 그의 개성과 그 비할 바 없는 권위, 그리고 경제적 상황이 대립을 요구하고 있다. "우리에겐 다른 어떤 것도 남아 있지 않습니다. 우리는 행동해야 합니다." 정치적인 고려와 동맹 상황도 빠른 결단을 촉구하고 있다. "이 모든 다행스런 상황은 2, 3년 뒤에는 벌써 사라지고 없을 것입니다. 내가 얼마나 오래 살아 있을지는 아무도 몰라요. 그러므로 지금 당장 대결하는 쪽이 낫습니다."라고 이 연설을 기록한 문서에 적혀 있다.[41] 이어서 그는 한 번 더, 서방측이 진지하게 개입하지 않으리라는 자신의 확신에 대한 근거를 제시하였다.

적은 러시아가 폴란드를 정복한 다음에 우리의 적이 되리라는 희망을 가지고 있었지요. 그들은 나의 결심의 힘은 계산하지 않았습니다. 우리 적들은 작

"내가 앞으로 얼마나 오래 살지 아무도 모른다. 그러니 지금 당장 대결하는 쪽이 낫다." 전쟁 발발 며칠 전에 리벤트로프와 함께 윗소금산에 서 있는 히틀러.

은 벌레들이에요. 나는 뮌헨에서 그 꼴을 보았습니다.

나는 스탈린이 영국의 제안에 절대로 동의하지 않으리라는 점을 확신하고 있었습니다. 러시아는 폴란드 유지에는 관심이 없거든요……. 통상조약과 연관시켜서 우리는 정치적 대화를 하게 된 것이지요. 불가침 조약의 제안 말입니다. 그런 다음 러시아측에서 거대한 제안이 나온 것이죠……. 이제 폴란드는 우리가 원하는 상황에 놓이게 되었어요.

우리는 봉쇄를 두려워할 필요가 없습니다. 동유럽이 우리에게 곡식, 가축, 석탄, 철, 아연 등을 공급할 것입니다. 그것은 엄청난 투입을 요구하는 거대한 목적입니다. 마지막 순간에 어떤 개자식이 중재 계획을 내놓지나 않을까 하는 것만이 걱정입니다.

간단한 식사를 한 다음 두 번째 연설에서 히틀러는 서방측의 태도와 관련해서 좀더 회의적인 측면을 보여주었다. "사정이 다르게 진행될 수도 있지요." 그에 따라 '가장 확고한 결심'이 필요하다. "그 무엇을 보고도 물러서지 않을 결심…… 생사를 건 싸움." 이런 말이 그를, 역사가 싸움과 승리와 몰락으로 가득 찬 피의 전망으로 등장하는 신화적인 기분으로 몰고갔다. 연설의 앞부분에서 이미 그는 '큰 독일의 건설을…… 하나의 업적'이라고 불렀다. 그러나 그러한 업적은 "정치 지도부의 공갈을 통해서 실현되었기 때문에 걱정스럽다."고 했다. 이제 그는 다시 확신을 주었다.

> 오랜 평화시기가 우리에게는 좋지 못한 것일지도 모르겠습니다……. 남자다운 태도 말이지요. 기계들이 서로 싸우는 것이 아니라 사람들이 싸우는 겁니다. 우리에게는 질적으로 더 나은 사람들이 있습니다. 영적인 인자들이야말로 결정적인 것입니다.
>
> 폴란드의 절멸이 눈앞에 있습니다. 목표는 살아 있는 힘들의 제거이지 특정한 노선의 성취가 아닙니다…….
>
> 나는 전쟁 발발을 위한 선전의 계기를 제공할 것입니다. 믿을 만한 것이든 아니든 관계없습니다. 승리자는 나중에 진실을 말했는지 아닌지 추궁당하지 않습니다. 전쟁의 시작과 전쟁을 수행하는 도중에는 권리가 아니라 승리가 문제가 됩니다.
>
> 마음은 동정에 대해 문을 닫고 있습니다. 잔혹한 일이지요. 8천만의 사람들이 자신의 권리를 되찾아야 합니다. 그들의 생존이 확보되어야 합니다. 강한 자가 권리를 가집니다. 가장 큰 냉혹함이죠.

적대감의 폭발에 대한 명령은 나중에 전달될 것이다, 아마도 8월 26일 토요일 아침이 될 것이라는 말과 함께 히틀러는 장군들에게 작별을 고했다. 다음날 할더 장군은 이렇게 메모하였다. "Y(날짜) = 26. 8.(토요일) 확정 ― 더 이상 명령 없음."[42)]

전쟁이 미루어지다

그 사이 이 시간표는 한 번 더 지워졌다. 모스크바 조약을 위한 서구의 정책이 거의 모든 측면에서 붕괴되었는데도 불구하고 특히 영국이 지극히 무관심한 자세를 보였기 때문이다. 폴란드는 이미 몰락한 것과 다름없었다. 그런데 영국 내각은 메마른 어조로 최근의 사건들이 아무것도 변화시킨 것이 없다고 발표한 것이다. 군사적 준비는 노골적으로 강화되었다.

히틀러에게 보낸 서한에서 체임벌린은 영국측의 저항 결심을 의심하지 말라고 경고하였다. "이보다 더 큰 잘못을 범할 수는 없을 것입니다……. 우리 정부가 1914년의 입장을 더욱 명백하게 밝혔더라면 저 거대한 재앙을 피했을 것이라고 주장되곤 합니다……. 우리 정부는 이번 사건에서는 그토록 비극적인 오해가 일어나지 않도록 조심하기로 굳게 결심하고 있습니다." 수상의 하원 연설은 같은 어조로 이루어졌다.

낙담한 프랑스는 아주 힘들여서 단호함을 보존하고 있었고, '단치히를 위해서 죽는다?'는 질문에서 패배주의의 달콤함을 맛보고 있었다. 그런 프랑스와 달리 영국은 이제 한치도 물러서지 않았다. 히틀러나 마찬가지로 체임벌린에게도 단치히가 문제가 아니었다. 사실상 그것은 그가 하원에서 말한 대로 '낯선 나라의 먼 도시'였을 뿐이다. 아무도 그 도시를 위해서 죽지는 않을 것이다.

그러나 언젠가 그래야 한다면 영국은 바로 지금 모스크바와 조약을 맺으려는 정책이 전면적으로 실패한 것으로 보이는 이 순간에, 무엇을 위해 싸워야 하는지, 그리고 죽기도 해야 하는지 인식하고 있었다. 유화정책은 공산주의 혁명에 대한 시민세계의 두려움에 기반을 두고, 그래서 유지되어 왔다. 영국 정치가들의 역할 이해에 따르면 히틀러에게는 군사적 방어자의 의무가 주어져 있었다. 이것이야말로 그의 온갖 요구들, 도전, 위반들을 받아들이도록 강요한 것이었다.

그러나 바로 그 때문이었을 뿐이다. 이제 그가 소련과 타협을 했으므로 그는 자기가 주장해 온 대로 혁명의 적이 아니며 시민적 질서의 보호자도 아니고 '세계 부르주아지의 브랑겔 장군'도 아니라는 사실을 알린 것이다.

스탈린과의 조약이 외교상의 대작이었다 해도 그것은 믿을 수 없는 실책을 포함하고 있었다. 그것은 히틀러와 서방이 상호 정책을 추진해 온 전제들을 무력화시킨 것이다. 그것은 돌이킬 수 없는 잘못이었다. 가장 단호한 유화정책의 옹호론자들에 이르기까지 모두 합쳐서 영국은 극히 드문 한 목소리로 저항을 결심하였다.

이러한 저항 의지의 수많은 표명들에 대해서 히틀러는 지나치게 흥분된 반응을 보였다. 헨더슨은 수상의 편지를 윗소금산으로 전달했을 때 흥분된 장광설을 들어야 했다. 그것은 자기 히틀러는 "이제 궁극적으로 영국과 독일이 절대로 서로 타협할 수 없다는 견해가 옳다는 사실을 확신하기에 이르렀다."는 선언으로 귀착되는 것이었다. 그는 이틀 뒤인 8월 25일 점심시간에도 한 번 더 세계 분할에 대한 '거대한 제안'을 되풀이하였다. 대영 제국의 유지를 독일측에서 인정하고, 군비축소와 서쪽 국경선을 인정하는 대가로 독일이 방해받지 않고 동쪽으로 진출할 권리를 달라는 것이었다.

이미 여러 번이나 그랬던 것처럼 그는 자신의 요구를 저 폭군적인 한숨과 결합시켰다. 이러한 한숨으로 그는 가차없고 야비한 정치세계에 대한 자신의 무관심을 증명하려고 하였다. 자신은 "자연의 예술가이며 정치가가 아니다. 그리고 폴란드 문제가 해결되면 나는 전쟁을 일으키는 사람이 아니라 예술가로서 삶을 마감할 것이다. 나는 독일을 거대한 군대 막사로 변화시키려는 것이 아니다. 오직 강요될 경우에만 그런 일을 한다. 폴란드 문제가 해결되기만 하면 은퇴할 것이다."[43]

그러나 괴링과 친분이 두터운 스웨덴 상인 비르거 달레루스(B. Dahlerus)가 여러 번이나 베를린과 런던을 오가며 수행한 이 전달 임무는, 자신의 의도를 감추고 영국측이 의무를 단념하도록 만들려는 히틀러의 시도에 도움이 되었을 뿐이다. 프랑스 총리를 향한 최후의 호소도 마찬가지 목적만을 가졌다. 헨더슨은 시간을 잃지 않고 이런 제안을 즉각적으로 전달해야 한다고 여겼다. 그러나 헨더슨이 방을 나서자마자 8월 25일 15시 2분에 히틀러는 카이텔 장군을 불러서, 다음날 동틀 무렵 폴란드를 공격하라는 명령을 내렸다.

몇 시간 지나서 그가 한 번 더 망설이기 시작한 것도 동일한 전략적 고려와 관계있는 일이었다. 전쟁의 결심 자체가 아니라, 그것을 시작할 시점이, 오후에 수상관저로 전달된 두 개의 소식에 의해서 갑자기 문제시되었기 때문이다. 하나는 런던에서 온 것으로 영국과 폴란드를 갈라놓으려는 히틀러의 마지막 노력이 실패했다는 것이었다. 여러 달 동안이나 질질 끌어온 협상 끝에 영국 정부는 폴란드에 대한 일시적인 군사 원조 보장을 군사 협정으로 바꾼 것이다. 히틀러는 이러한 사실에서 자신의 거대한 제안이 단호하게 거절당한 것을 보지 않을 수 없었다. 동시에 영국의 단호한 개입 의사에 대한 의심이 완전히 사라졌다. 그 자리에 있었던 사람은 히틀러가 이 소식을 받은 이후에 '한동안 생각에 잠겨서 책상에 앉아' 있는 것을 보았다.[44]

사념에서 그를 일깨운 또 다른 소식은 그를 더욱 강타하였다. 그것은 로마에서 온 소식이었는데, 이탈리아가 최근에 급작스럽게 체결된 조약에서 슬며시 빠져나갈 준비를 한다는 것이었다. 여러 주 전부터 갈등의 순간이 가까워올수록 무솔리니는 활기차게 움직이면서 감정의 고양과 절망적인 기분 사이를 오락가락하고 있었다. 치아노의 일기장은 비꼬는 어조로 '감정의 그네'를 타고 오락가락한다고 적어놓았다.

그는 한 번은 갑자기 히틀러의 전쟁과 거리를 두기로 결심한 것 같았다. "그런 다음 명예심이 자기가 독일과 함께 행진하기를 요구한다고 말했다. 마침내 그는 크로아티아와 달마티아에서 자기 몫을 받겠다고 장담하였다." 이틀 뒤에 그는 "독일과의 결별을 준비하기는 하되 극히 조심스럽게 하기로" 결심하였다. 그러다가 무솔리니는 다음과 같이 생각하였다. "민주주의는 행진하지 않을지도 모른다. 그리고 독일은 무솔리니가 빠지고 싶지 않은 빛나는 사업을 손쉽게 성취할 수도 있다. 게다가 그는 히틀러의 분노를 두려워한다."[45]

이렇게 오락가락하는 동기의 혼란 속에서 그는 8월 25일 15시 30분에 독일 대사에게 조건 없는 원조를 약속하였다. 두 시간이 지난 다음 그는 히틀러에게 보내는 전보에서 이 약속을 취소하였다. 그러나 치아노가 말한 대로 '황소라도 죽일 수 있을 만큼' 물질적인 원조의 강력한 목록을 붙여 서였다.[46] 상호 합의에서 전쟁은 더욱 뒷날로 약속되어 있었고, 이탈리아 군대는 전쟁을 할 정도로 무장되지 않았다는 핑계를 대서 그는 파멸과 배신 사이에서 제3의 가능성으로 도망치려고 하였다.

엄격하게 보자면 히틀러는 기분 나쁠 이유가 없었다. 이탈리아 사람들은 경멸적인 교류 방식으로 인해서 수없이 모욕당하고 기만당했다고 여길 만도 했다. 히틀러가 무솔리니에게 모스크바 조약에 대해서 뒤늦게 알리는 편지는 하찮게 취급하는 외교의 모범적 경우였다. 그것은 조약 파트너의 정보 요구를 싸구려 문구와 신문에 대한 혐오감을 내세워서 얼버무리고, 모든 입장을 뒤엎는 이데올로기와 정치적 결론에 대해서는 한마디도 없는 편지였다. 그리고 히틀러는 무솔리니의 편지를 전달한 이탈리아 대사를 '얼음장 같은 얼굴'로 대했고 수상실에서는 "'충실하지 못한 추축 파트너'에 대한 경멸적인 발언들"이 울려나왔다. "총통은 상당히 허물어졌다."고 할더는 일기장에 적었다.[47]

전쟁 지휘부에 내린 지시 1호

한 번 더 사건은 극적으로 미루어진 듯이 보였다. 사흘 뒤에야 비로소 히틀러는, 주변 인사가 전하듯이 밤샌 모습에 갈라진 목소리로 고급 당직자와 군 지휘자들을 앞에 놓고 무솔리니의 태도를 변명하려고 애썼다. 그는 어두운 기분이었고, 다가오는 전쟁은 '매우 힘들고 어쩌면 전망 없는 것'이라고 말했다. 그러나 그는 이제 물러서지 않았다. 언제나 그랬듯이 오히려 이러한 저항들이 자신을 더욱 강하게 만든다고 했다. "내가 살아 있는 한 항복 이야기는 없을 것."[48] 9월 1일을 새로운 공격 날짜로 확정지었다.

그에 따라 이루어진 마지막 며칠 동안의 사건들, 즉 정열적인 평화 노력들, 사신들, 여행들, 수도들 사이에 이루어진 활동들 등에는 비현실적인 모습이 붙박여 있다. 그것은 역사 관찰자에게 마지막 순간의 연극 같은 모습을 보여준다. 겉보기 대화들, 속이 뻔히 보이는 혼란과 때로는 그로테스크한 삽입물 등이다. 달라디에의 감동적인 개인적 호소와 히틀러에게 '인간이며 프랑스인으로서 내 가슴이 내게 불어넣어줄 수 있는' 모든 것을 말한 쿨롱드르(Coulondre)의 표현들이 있었지만 허사였다. 영국의 유도하는 몸짓이 있었지만 역시 허사였다. 히틀러는 거기 대해 새로운 비난으로 맞섰기 때문에 참을성 있는 헨더슨마저도 자제력을 잃고 히틀러에게 맞받아 소리치기 시작했을 정도였다. 자기는 "그에게서도 다른 누구에게서도 그런 말을 듣기를 바라지 않았다……. 그가 전쟁을 바란다면 하면 될 것이다."라고 소리쳤던 것이다. 그리고 마지막으로 확약을 보장하는 회담으로 히틀러를 유도하기를 바랐던 무솔리니의 간곡한 편지 역시 허사로 돌아갔다. "당신의 위대한 창조의 리듬은 중단되지 않을 것입니다."라고 그는 썼다.[49]

오직 두 사람의 적대자, 즉 히틀러와 베크만이 출구 없는 상황이라는 사실을 분명히 알았던 것처럼 보인다. 그들은 오직 전쟁만을 생각했다. 한 편으론 절박하고 초조하게 자신이 정한 날짜에 붙박인 채, 그리고 다른 한 편으론 치명적이고 피곤한 모습으로, 매수되지 않는 운명을 눈앞에 둔 채로였다.

히틀러는 군사적 힘의 전개에만 너무나 열중한 나머지 자신의 정치적 기회들을 제대로 파악하지도 못했다. 영국 외교관들의 고백에 근거해서 보면 런던이 어떠한 작전을 예상했고, 어떠한 고백을 준비하고 있었는지가 드러난다. 전쟁을 포기하기만 했다면 히틀러는 아마도 단치히와 연결 통로뿐 아니라, 식민지 반환 및 대규모 균형에 대한 영국측의 보장까지도 얻을 수 있었을 것으로 보인다.[50]

그러나 히틀러는 더는 대안을 생각하지 않았다. 그리고 다음 몇 년이 흐르면서 점점 더 뚜렷하게 드러나는 일이지만, 군사적 목적을 넘어서 생각하지 못하고, 정치적 가능성에 비추어 전쟁의 상황을 검토하는 능력이 없다는 사실이 여기서 처음으로 분명히 드러나고 있다. 그래서 그는 폴란드와 직접 협상하라는 영국측의 제안을 받아들이기는 하였지만 곧장 최후통첩을 내놓았고, 전권을 위임받은 폴란드 협상자가 24시간 이내에 등장하기를 요구하였다.

이러한 장기말은, 폴란드가 항복하거나 아니면 전에 체코슬로바키아가 그랬듯이 평화 교란자의 역할을 하도록 만들려는 속셈을 드러낸 것이었다. 독일이 협상을 위해 준비하라는 요구 목록도 거짓 양보를 통해서 상대 진영의 분열만을 노린 것이었다. 그것은 단치히 반환의 요구를 포함하고는 있었지만 그밖에는 국민투표, 배상 제안들, 국제적 관리, 소수민족 권리의 보장, 동원령 해제 제안 등을 통해서 세계 여론을 자기편으로 얻기 위한 것일 뿐이었다.

할더는 8월 29일 오후에 히틀러와의 만남에 대해서 이런 기록을 남기고 있다. "총통은 영국, 프랑스, 폴란드 사이에 균열을 만들어내기를 희망하고 있다……. 기본적 구상은 이렇다. 사회통계적이고 민주적인 요구들을 마구잡이로 낭비해버릴 것." 이어서 실질적인 시간표가 나온다. "8월 30일 — 폴란드 베를린에 옴. 8월 31일 — 파열. 9월 1일 — 무력 동원."[51]

그러나 폴란드는 베를린으로 오지 않았다. 슈슈닉과 하카의 그림자가 베크를 너무나 두렵게 만들었다. 영국과 프랑스측이 조르는데다가 이탈리아까지 합세했지만 그는 협상할 것이 없다는, 절망적인 무언의 거부만을 해 보였다. 8월 31일에 헨더슨은, 폴란드 정부가 12시까지 협상자들을 보내는 일에 동의하지 않을 경우 히틀러가 공격 명령을 내릴 것이라는 정보를 입수하였다.

최근에 모스크바에서 있었던 것과 비슷하게 한 번 더 폴란드의 게으름을 놓고 시간과의 게임이 벌어졌다. 헨더슨은 두 명의 특사를 보내서 베를린에 있는 폴란드 대사의 마음을 돌려보려고 애썼다. 그들 중 한 명이 기록하고 있듯이 립스키는 이미 어느 정도 비워진 자신의 집무실로 방문객들을 맞아들였다. 그는 '아마포처럼 창백'했으며 떨리는 손으로 독일의 요구가 적힌 서류를 받아들었다. 넋이 나간 듯이 그것을 바라보더니 마침내 나지막한 소리로 자신은 거기 적혀 있는 말을 이해할 수가 없다고 말했다. 그는 다만 확고한 자세를 취해야 한다는 것, 그리고 "동맹국들로부터 버림받은 폴란드는 싸우다가 홀로 죽어갈 각오가 이미 되어 있다."고 말했다.[52] 죽음만이 폴란드의 유일한 생각이었다.

12시 40분에 베크가 베를린 주재 폴란드 대사에게 보낸 중간 회답도 같은 생각이었다. 어찌할 바 모르는 문서였고, 시간의 표시라는 점에서만 가치가 있는 것이었다. 같은 순간에 히틀러는 '전쟁 지휘부를 위한 지시 1호'에 서명을 하고 있었기 때문이었다. 잠시 뒤에 그는 이탈리아 대사의 질문에 모든 것은 끝났다고 답변하였다.[53] 지시문은 이렇게 시작된다.

> 독일이 참을 수 없는 동부 국경선의 상황을 평화적인 방법으로 해결할 모든 정치적 가능성이 사라지고 난 다음 나는 무력적인 해결책을 택하기로 결정하였다.
>
> 폴란드 공격은 바이스 사건의 준비대로 시행되어야 한다……. 공격 날짜 : 1939년 9월 1일. 공격 시간 : 4시 45분…….
>
> 서쪽에서는 적대감의 개시에 대한 책임이 분명하게 영국과 프랑스 쪽에 넘어가도록 하는 것이 중요하다. 간단한 국경 침입은 처음에는 오로지 국지적으로만 대응할 것. 우리측에서 네덜란드, 벨기에, 룩셈부르크, 스위스 등지에 보장해준 중립성은 엄밀하게 지킬 것…….

공격

저녁 21시에 모든 방송들은 폴란드를 향한 독일측 제안들을 방송하였다. 이 제안들은 폴란드측에는 전달되지 않았다. 상당히 정확하게 같은 시간에 친위대 돌격대대 지휘관인 알프레트 나우욕스(A. Naujocks)는 폴란드측의 공격을 위장하여 도이치 방송인 글라이비츠 방송국으로 쳐들어와서 짤막한 포고문을 낭독하고 권총을 몇 발 발사하였다. 그리고 이 일을 위해서 뽑은 몇 명의 죄수의 시체를 뒤에 남겼다.

몇 시간 뒤 9월 1일 아침이 시작되자 베스터플라테의 폴란드 지휘관 수카르스키(Sucharski) 소령이 알려왔다. "4시 45분에 장갑순양함 '슐레스비히 홀스타인' 호가 베스터플라테를 향해 모든 포문을 열고 발사하기 시작하였다. 이 발사는 한참이나 계속되었다." 동시에 도이치 · 폴란드 국경선을 따라서 단위부대들이 대기 위치에서 뛰쳐나왔다. 선전포고는 없었다. 제2차 세계대전이 시작되었다.

히틀러는 물론 여전히 대규모의 갈등을 피할 수 있기를 바랐다. 10시 직전에 그는 크롤 오페라에서 열리는 의회에 갔다. 당시의 보고에 따르면 거리에는 거의 사람이 없었고, 얼마 안 되는 행인들은 히틀러가 회색 전투복을 입고 앉아 있는 자동차 곁을 말없이 스쳐 지나갔다. 그의 연설은 짧았고 창백한 진지함을 띤 것이었다. 그는 자신의 평화 사랑과 '무한한 인내심'을 맹세하고 한 번 더 서방의 희망을 일깨우려고 애썼다. 소련과의 새로운 우정을 말하고 당황하여 이탈리아를 맹방이라고 말하고 마지막으로 폴란드 정부에 대한 비난을 거듭하였다.

그는 조잡한 숫자들을 들먹이며 지난 며칠간 국경선의 충돌을 이야기하고, "폴란드 정부가 지난 밤 처음으로 우리 지역에서 정규군을 통해 총을 발사했어요. 5시 45분 이후로 이쪽도 응사하고 있습니다! 이제부터는 폭탄에 대해 폭탄으로 대응하겠습니다." 자신은 제국의 첫 번째 병사가 되고자 한다. "그래서 내게는 가장 성스럽고 가장 소중한 저 의상을 다시 입었습니다. 승리한 다음에 그것을 벗을 것입니다. 그렇지 않으면 나는 이 종말을 맛보지 않을 것입니다."[54]

이 갈등을 오로지 폴란드에만 국한시키려는 히틀러의 지속적인 희망은 무엇보다도 서방의 망설임에서 자양분을 얻었다. 서방 국가들은 동맹국의 의무에 맞게 독일의 공격에 맞서 즉각적인 선전포고로 답변하지 않았다. 특히 프랑스 정부에게 전쟁 결심은 정말 어려웠다. 프랑스 정부는 계속해서 새로운 핑계를 대면서, 참모부의 발언, 무솔리니의 중재 활동, 아직도 진행중인 대도시의 주민 철거 등을 거론하고 마지막에는 하다못해 전쟁 시작을 몇 시간만이라도 늦추려고 애썼다.[55]

영국의 태도가 훨씬 단호한 것이었지만 그래도 역시 결정을 표현하기까지는 시간이 걸렸다. 체임벌린은 9월 1일 의회에서 연설하였다. "일년 반 전에 나는 이 장소에서, 전쟁의 결정을 내리도록 나라에 요구하는 책임이 내게 떨어지지 않기를 간절히 바란다는 소망을 이야기했습니다." 이제 자기는 독일 정부에 대해서, 폴란드에 대한 공격 행위를 중단하고 군대를 철수시키라는 요구를 해야 할 처지에 있다. 어떤 의원이 그를 위해서 유예기

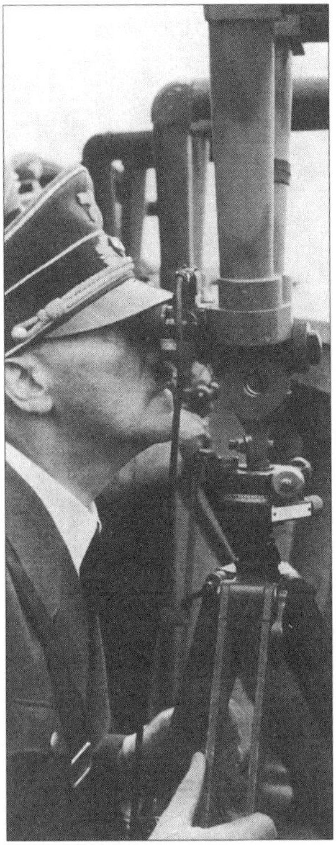

히틀러가 입체 망원경을 통해서 불타는 바르사바를 바라보고 있다.

간을 두었는가고 소리치자 수상은 이렇게 답변하였다. "이 최후의 경고에 대한 답변이 불리한 것일 경우에는—이와 다를 것이라고 기대하지도 않습니다만—영국 대사에게는 여권을 요구하라는 지시가 내려져 있습니다. 이 경우 우리는 각오가 되어 있습니다."

그러나 히틀러는 이 경고를 가벼이 여겼거나 아니면 이런 말을 듣고서 영국이 분명하게 내놓은 동맹 철회에도 불구하고 전투의 개시는 여전히 조건들과 연관되어 있다고만 생각하였다. 그래서 그는 9월 1일자 영국의 통첩에 처음에는 아예 답변도 하지 않았다. 영국과 프랑스가 끈질긴 협상을 거쳐서 공동 대응을 합의하려고 애쓰는 동안 독일 군대는 폴란드에서 폭풍처럼 앞으로 나아갔다.

상대방의 이러한 약점들이 히틀러를 부추겨서 무솔리니의 제안을 거부하도록 만들었다. 무솔리니는 9월 2일에 시간의 유리함을 지적하면서 협상으로 해결하라고 그를 설득하려고 했던 것이다. 그는 히틀러에게 이렇게 말했다. "단치히는 이미 도이치입니다. 독일은 요구 사항의 대부분을 확보해줄 담보물을 손에 쥐고 있습니다. 그밖에도 독일은 '도덕적인 만족'도 얻었습니다. 독일이 협상 제안을 받아들인다면 독일은 모든 목표를 달성하고도 전쟁을 피하게 될 것입니다. 전쟁은 오늘날 전면전이 될 것이고 비상하게 오래 걸릴 것으로 보입니다."[56]

9월 2일 밤시간에 영국은 마침내 프랑스와의 공동 대응을 포기하고 헨더슨에게 지시하였다. 독일 외무장관에게 다가오는 일요일 아침 9시에 11

화염에 휩싸인 바르샤바.

시까지 유예기간을 둔 최후통첩을 전달하라는 내용이었다. 리벤트로프는 자신의 수석 통역사인 파울 슈미트 박사(Dr. P. Schmidt)를 대리로 내보냈다. 그는 영국의 통첩을 수상관저에 전달하고 난 직후에 이 장면을 기록하였다. 히틀러의 대기실에는 각료들과 수많은 당직자들이 모여 있어서 그들을 뚫고 들어가느라 힘이 들 정도였다. 그가 집무실로 들어서자 히틀러는 책상에 앉아 있었다. 리벤트로프는 조금 떨어진 창가에 서 있었다.

두 사람은 나를 긴장해서 바라보았다. 나는 히틀러의 책상에서 약간 떨어진 곳에 서서 그에게 천천히 영국 정부의 최후통첩을 번역해주었다. 내가 말을 끝내자 완전한 침묵이 지배하였다…….

히틀러는 돌로 변한 것처럼 앉아서 앞만 바라보았다. 그는 나중에 사람들이 주장한 것처럼 제정신을 잃어버리지도 않았고 미쳐 날뛰지도 않았다. 그는 아주 조용히 움직이지 않고 자기 자리에 앉아 있었다. 내게는 영원처럼 여겨진 한순간이 지나자 그는 굳은 모습으로 창가에 서 있던 리벤트로프를 향했다. '어떡하지?' 히틀러는 분노한 눈길로 외무장관의 눈을 바라보았다. 마치 리벤트로프가 영국의 반응에 대한 정보를 잘못 전달했다는 것을 표현하려는 것 같았다. 리벤트로프는 낮은 음성으로 대답했다. '다음 순간에는 프랑스인들이 똑같은 최후통첩을 우리에게 전달하리라고 생각합니다.'[57]

쿨롱드르가 점심때 독일 외무장관에게 나타났을 때는 영국은 이미 독일과 교전 상태에 있었다. 프랑스의 최후통첩은 영국의 것과 같았으나 몇 가지 세부 사항에서만 그것과 달랐다. 파리 정부는 아직도 '전쟁'이라는 표현을 쓰기를 꺼리는 듯이 독일이 즉각적으로 폴란드에서 군대를 철수하지 않을 경우에는 '폴란드에 대해서 프랑스가 이미 동의했고, 독일 정부도 잘 알고 있는 계약상의 조건을 이행'할 것이라고 위협하였다. 쿨롱드르는 대사관으로 돌아가면서 직원들 앞에서 울음을 터뜨렸다.[58]

그러나 영국도 전쟁의 현실에 적응하기는 힘들었다. 폴란드는 절망 상태에서 군사적 지원이나 아니면 어쨌든 짐이 가벼워지기를 기다렸다. 그리고 훨씬 나중에서야 실질적인 원조가 없다는 사실을 깨달았다. 영국의 행동이 힘든 것은 물론 기질이나 군사적 준비가 부족한 탓만은 아니었다. 오히려 바르샤바에 대한 원조가 영국에서 그다지 큰 호응을 얻은 적이 없었던 것이 더 큰 원인이었다. 두 나라 사이에는 전통적인 교우관계가 없었다. 그리고 폴란드는 권위적인 지배의 협소함과 압제만을 보이며 권력의 연극적 마법과 도취를 보이지 않는 독재 정권의 하나로만 여겨졌다.[59]

9월의 처음 며칠 동안에 보수파 야당 의원 한 사람이 각료 한 사람에게 폴란드 원조를 촉구하면서 당시 논의된 대로 독일의 검은 숲(Schwarzwald)을 소이탄으로 불태워버리자는 계획을 말하자 그는 이런 대답을 들었다. "오, 그럴 수는 없지요, 그것은 사유재산이에요. 그러다가 다음번엔 루르 지방을 폭격하라고 요구하겠군요."

프랑스는 폴란드에 대해서 전쟁 발발 16일째까지 35개에서 38개 사단 병력을 동원하여 공격을 개시한다는 조약상의 의무를 지고 있었다. 그러나 오로지 방어와 자신의 국민적 목가의 주장에만 익숙한 이 나라는 공격을 계획할 능력이 없었다. 독일의 요들 장군은 뉘른베르크에서 이렇게 말했다. "우리가 1939년에 붕괴되지 않았다면 그것은 오직, 폴란드 전선이 형성되어 있는 동안 서부에서 영국과 프랑스의 대략 110개 사단이 독일의 25개 사단을 완전히 무력화시키지 않았던 때문이다."[60]

이러한 상황에서 현대화된 독일 군대는 단번에 승리의 행진을 하면서 폴

폴란드에서는 1차 세계대전이 2차 세계대전에 맞서 싸웠다. 그것은 폴란드 기병대가 독일 기갑부대를 공격한다는 치명적인 돈키호테 방식에서 가장 분명하게 드러났다.

란드를 유린할 수 있었다. 독일군의 완벽성과 기능적인 역동성에 맞서서 상대방은, 폴란드측의 고백에 따르면 오직 '감동적인 부조리'의 작전으로 대응할 수 있었을 뿐이다.[61] 전에 한 번도 보지 못한 형태로 집단을 이루어 뚫고 들어오는 탱크 부대와 기계화된 보병 부대, 그리고 모든 것을 제압하는 공군력의 협동작전이었다. 공군의 '급강하 폭격기(Stukas)'는 귀를 멍멍하게 만드는 소음을 내며 공격 지점으로 날아 내려왔다. 게다가 정밀하게 활약하는 정보 및 보급 체제까지 합세하였다.

기계의 힘으로 밀려오는 이 거대한 군단의 위력에 맞서 폴란드는 다만 자신의 용기만을 드러낼 수 있었을 뿐이다. 베크 자신이 말한 대로 폴란드의 전투력은 "탄력성이 있고 오래 끄는 야전에 대비한 것이었다. 이제 엄청난 놀라움을 경험하게 된 것이다."[62] 그러나 이러한 야전의 원래 의미는 여기서 2차 대전이 1차 대전에 맞서 싸우고 있다는 사실이었다. 이렇게 어울리지 않는 현황은 폴란드의 단위부대 하나가 말에 높이 올라타고 도이치 탱크부대에 맞서 달려나갔던 투켈 들판의 기병부대 공격의 치명적인 돈 키호테 방식에서 가장 잘 드러났다.

'적은 패배한 것이나 다름없음.' 9월 5일 오전에 이미 할더 장군은 작전회의를 한 다음에 이렇게 적었다. 9월 6일에는 크라카우가 함락되고 하루

1939년 폴란드에서 총통 사령부 차량 앞에서 히틀러와 리벤트로프.

뒤에는 바르샤바 정부가 루블린으로 피신하였고 다시 하루 뒤에는 도이치 전위부대가 폴란드 수도로 입성하였다. 9월 9일에 시작된 두 개의 대규모 포위 공격에서 폴란드 전력의 나머지가 갇혔다가 서서히 붕괴되었다. 8일 뒤에 이미 야전이 거의 끝난 상황에서 동쪽에서 소련군이 이미 진압된 나라로 들어왔다. 물론 공격의 비난에 대해서 광범위한 법률적 · 외교적 안전장치가 마련되었다. 9월 18일에 도이치군과 소련군은 브레스트 리토브스크에서 만났다. 최초의 기습전이 끝났다. 며칠 뒤에 바르샤바는 함락되고 히틀러는 7일 동안 매일 12시에서 13시 사이에 종을 울리라고 지시하였다.

그런데도 그가 이 빠른 군사적 승리에서 근심 없는 만족감을 느꼈던 것인지, 아니면 온갖 환호성과 종소리도 이 승리가 이미 패배라는 예감을 뒤덮지 못했던 것이나 아닌지 물어볼 만하다. 어쨌든 히틀러는 즉시 자신의 거대한 개념이 엉망이 되어 있는 것을 알아챘다. 그는 엉뚱한 전선에서 싸웠다. 너무나도 짧은 며칠간의 폴란드 전선이 펼쳐져 있는 동안 줄곧 자신을 설득한 것처럼 전선은 동부를 향한 것이 아니었다. 이제부터 서부를 향하게 되는 것이다.

거의 20년 동안이나 그의 모든 생각과 모든 전략이 정확하게 반대로 이

서부 방벽을 둘러보는 히틀러.

루어진 것이다. 그의 부지런함, 주제넘음, 거대한 성공이 가지는 매혹하는 힘 등이 모든 이성적인 생각들을 눌러 이기고 '파시즘' 정국을 궁극적으로 파괴해버린 것이었다. 그는 '혁명가들을 때려부수기 전에 보수주의자들과의 전쟁'에 휘말려든 것이다.[63]

그가 이미 이 시기에 이러한 치명적인 오류를 의식하였다는 사실을 암시하는 것들이 몇 가지 있다. 그의 주변 사람들은 비관으로의 급변과 갑작스럽게 엄습하는 공포 상태들을 보고한다. "그는 이 올가미에서 벗어나고 싶어했다."[64] 그리고 영국과의 전쟁이 확실하게 된 직후에 그는 루돌프 헤스에게 이렇게 말했다. "나의 모든 작업이 이제 망가지고 있다. 나의 책은 아무것도 아닌 것이 되어버렸어."

때때로 그는 로마에 대항하여 싸울 마음이 없었던 마르틴 루터에 자신을 견주곤 하였다. 그토록 그는 영국에 대항하여 싸울 마음이 없었던 것이다. 그런 다음 그는 다시 우연의 지식으로 영국의 약점과 민주주의의 타락을 말하곤 하였다. 아니면 영국 정부가 형식적으로만 인기 없는 동맹 의무를 지키기 위해서 벌이는 '가짜 전쟁'일 거라고 말함으로써 자신의 예감을 진정시키려 들었다. 8월 마지막 며칠 동안에도 그는, 폴란드가 제압되자마자

"우리는 서방 국가들과 거대한 평화 회담을 하게 될 것"이라고 말했다.[65] 그는 이제 그것을 희망하였다.

처음에 폴란드 전쟁이 끝난 직후에, 그리고 나중에 프랑스 점령이 끝난 다음에 한 번 더 히틀러가 오직 절반의 전력으로만 영국과 대립하려 했던 노력들은 이런 맥락에서 이해할 수 있다. 영국에서 '엉터리 전쟁(phoney war)' 이라는 개념으로 표현되었던 것으로, 전쟁 위협이 커지는 가운데 선전 책동이 붕괴된 상황 같은 것이 그것이다.

거의 2년 동안이나 그의 전쟁 지휘에는, 잘못된 정국을 다시 제자리로 돌리려는 거듭된 시도가 함께 등장하고 있다. 그것은 한때 쉽게 포기한 개념을 되찾으려는 시도였다. 1939년 7월 22일 전쟁이 발발하기 몇 주 전에 그는 되니츠(Dönitz) 제독에게, 자신은 어떤 경우에도 영국과 전쟁하지 않을 것이다, 영국과의 전쟁은 '게르만의 종말(finis Germaniae)' 을 의미한다고 말했다.[66] 이제 그는 영국과의 전쟁에 들어갔다.

중간관찰 : 히틀러의 전쟁은 왜 '실패' 인가?

시대의 운세는 평화가 아니라 전쟁을 가리키고 있다.
—아돌프 히틀러

제2차 세계대전에는 책임 문제가 제기되지 않는다. 책임 문제를 밝혀내려는 시도에는 변명의 필요성이나 테일러(A. J. P. Taylor) 방식으로 밝혀낼 수 없는 것의 근거를 밝혀내서, 즉 역사가의 판단을 내놓아서 자신의 재치를 증명하려는 성향이 뒤섞여 있다. 위기가 진행되는 동안 히틀러의 태도, 그의 도전적인 방자함, 그의 반응방식을 분명하게 지배하고 있는, 위기를 날카롭게 만들려는 충동과 거대한 파국을 향한 충동 등은 누가 전쟁의 원인이냐 하는 질문을 불필요한 것으로 만든다. 이 전쟁은 가장 광범위한 의미에서 히틀러의 전쟁이었기 때문이다.

지나간 여러 해 동안, 엄격한 의미에서 보자면 그의 전 생애 동안 그의 정책은 전쟁에 지향점을 둔 것이었다. 전쟁이 없다면 지나간 세월은 목적도 일관성도 없으며, 히틀러는 지금 알려진 그 사람이 아닐 것이다.

그는 전쟁이란 '정치의 최종 목적'이라고 말했다.[1] 그리고 이 말은 다른 어떤 말보다 그의 세계관의 명백한 원칙들의 하나였다. 그 근거가 되는 생각들을 그는 수많은 자리에서, 글에서, 연설과 대화에서 거듭 되풀이하였다. 정치란 한 민족의 생존 공간 확보라고 했다. 요구되는 생존 공간은 예로부터 오직 전쟁을 통해서만 극복되고 보존될 수 있었다. 그러므로 정치란 일종의 항구적인 전쟁 수행이며, 무력대결은 그 절정인 것이다. 그것은 히틀러가 말한 대로는 정치뿐 아니라 삶 자체의 '가장 강하고 가장 고전적인 표현'이다. 평화주의에서 인간은 시들어갈 뿐이며 '그들의 자리에 짐승이 다시 등장'한다. 짐승들은 자연의 법칙을 틀림없이 좇는 것이다.[2)]

1940년 12월 그는 불가리아의 사신 드라가노프(Draganoff)에게 장엄한 시적인 어조로 이렇게 말했다. "지구가 태양을 중심으로 돌고 있는 한, 추위와 더위가 있고, 비옥함과 불모가 있고, 폭풍과 태양빛이 있는 한에는 전쟁이 계속될 것입니다. 사람들 사이에서나 민족들 사이에서 말이죠……. 인간이 에덴의 정원에 산다면 그들은 퇴화되고 말걸요. 현재 인류를 이룬 것은 전쟁을 통해서 그렇게 된 것입니다." 전쟁 동안에 그는 원탁에 모인 사람들에게 25년 이상 계속되는 평화는 민족에는 해로운 것이라고 말하기도 했다.[3)]

그의 사고의 신화적인 영역에서는 권력욕, 명예욕이나 혁명적인 치유의 확신 등이 전쟁을 일으킬 권리를 갖지 못했다. 히틀러는 지하자원을 얻기 위한 전쟁을 심지어는 '범죄'라고까지 불렀다. 오직 공간을 얻기 위한 동기만이 무기를 집어드는 것을 허락하는 것이다. 그러나 순수한 형식이라는 측면에서 보자면 전쟁은 공간 동기에서도 자유로워야 한다. 그것은 오직 삶과 죽음, 그리고 둘 중 하나를 통하여 다른 것을 얻는다는 태고의 법칙이며, 없앨 수 없는, 세대 건너뛰기 유전인 것이다.

"전쟁은 가장 자연스러운 것, 가장 일상적인 것이다. 전쟁은 영원하며, 전쟁은 어디나 있다. 시작은 없으며 평화의 종결도 없다. 전쟁은 곧 삶이다. 전쟁은 모든 싸움이다. 전쟁은 원초 상태다."[4)] 우정, 이데올로기, 현재의 동맹 등에 의해 전혀 영향을 받지 않은 채 그는, 어느 날인가 무솔리니의 조림 계획이 현실로 나타나면 어쩌면 이탈리아에 대항한 전쟁이 필요할지도 모른다고 원탁에서 말하기도 했다.[5)]

국가사회주의가 유토피아를 포함하지 않고 오로지 전망만을 가지는 이유는 바로 이러한 사고방식에서 찾아야 할 것이다. 히틀러는 거대하고 포괄적인 평화 질서의 그림을 '우스꽝스러운' 것일 뿐이라고 말했다.[6] 그의 세계 왕국의 꿈조차도 조화를 이룬 시대의 파노라마에서 절정에 이르지 않고, 무기소리, 소요, 소동 등으로 가득 찬 것이었다. 언젠가 독일의 권력이 아무리 거대한 것이 될지라도 어디선가는 싸우고 피흘리는 국경선이 있을 것이다. 바로 이 자리에서 종족이 훈련을 받고 가장 우수한 인재들이 선발되어야 한다는 것이다. "우리는 자기 쪽의 희생을 측량하고 가능한 성공의 크기를 재보고 공격에 나선다."고 그는 '제2권'에 썼다. "오늘날의 국경선보다 10킬로미터나 1천 킬로미터 뒤쪽에서 멈추어선다 해도 상관이 없다. 우리의 성공이 어디서 끝나든 그것은 언제나 새로운 투쟁의 출발점이 될 것이기 때문이다."

전쟁의 개념과 이념에 완고하게 집착하는 이러한 현상은 사회적 다윈주의의 출발점을 넘어서 히틀러와 국가사회주의가 어느 정도나 전쟁 체험에서 유래한 존재들인지를 새삼 가리키고 있다. 그것은 그들의 감상(感傷)이고 권력의 행사이고 그들의 이데올로기를 어느 정도 특징짓는 것이다. 자신에게 있어 세계 전쟁은 절대로 끝난 것이 아니라고 히틀러는 언제나 되풀이해서 말하곤 하였다.

그와 그의 세대 전체는 이상할 정도로 평화의 이념을 싫어하였다. 평화의 이념은 그들의 공상의 대상이 아니었고, 그들은 오히려 전쟁과 적대감에 매료되었다. 권력 장악 과정이 끝나자마자, 국내의 적들이 제거되자마자 괴벨스는 외국의 외교관에게 이렇게 말했다. 자신은 "그리움에 넘치는 마음으로 이전의 시대를 생각하곤 한다. 그때는 언제나 공격의 기회가 있었기 때문"이라고. 히틀러의 가장 가까운 주변 인물 한 사람은 히틀러가 "병적으로 투쟁적인 본성"을 가졌다고 말했다.[7] 모든 것을 능가하고 집어삼키려는 이러한 욕구가 오랫동안 드러났던 히틀러의 정치적 천재성을 상당히 강력하게 지배한 것이었다.

뒤바뀐 전선

히틀러의 생각과 욕구가 오로지 전쟁만을 목적으로 하고 있다고 해도,

1939년 9월 3일에 서방측의 선전포고와 함께 시작되었고, 부조리하게 뒤바뀐 전선으로 특징지어지는 이 전쟁은 그가 갈구하던 전쟁이 아니었다. 수상이 되기 직전 냉정하게 치솟던 영감의 시절에 그는 주변을 향해서 이렇게 말했다. 자신은 적대 세력과의 대결을 온갖 낭만적인 감정들과 분리시켜서 오직 전략적인 고려에 따라서만 시작할 것이다. 자신은 전쟁을 가지고 놀지 않을 것이며 그 누구에 의해서도 전쟁에 휘말려 들어가지 않을 것이다.

"전쟁은 내가 수행한다. 공격에 적당한 시점도 내가 정한다. 단 하나의 적합한 순간이 있는 법이다. 나는 그것을 기다릴 것이다. 얼음과 같은 단호함으로. 그리고 나는 그 순간을 놓치지 않을 것이다. 나는 모든 에너지를 거기에 쏟아부을 것이며, 그것을 이끌어갈 것이다. 그것이 나의 의무다. 내가 그것을 강행할 경우에 나는 젊은이들을 죽음으로 보낼 권리를 가지는 것이다."[8)]

영국의 태도에 대한 오판

히틀러는 분명히 스스로 부과한 의무에서 실패하였다. 그는 정말로 실패하였던가? 어째서, 혹은 히틀러가 과연 2차 세계대전을 자발적으로 시작하였는가 하는 것은 문제가 아니다. 사건의 진행을 거의 전적으로 결정하였던 그가 어째서 자신의 모든 계획에 반하여 이 시점에서 이 전쟁으로 빠져들었던가를 물을 수 있을 뿐이다.

그는 분명히 영국의 태도를 잘못 생각하였다. 그리고 한 번 더 이성에 반하여 게임을 했던 것이다. 너무나도 자주 그는 비슷한 상황에서 승리하였기에 불가능한 것의 가능성을 일종의 개인적인 삶의 법칙이라고 인식할 지경에 이르렀던 것이다. 그가 다음 몇 달 동안 생각해낸 수많은 헛된 희망들의 근거는 바로 여기에 있다.

처음에는 폴란드의 빠른 함락에서 그는 영국이 마음을 돌리기를 희망하였다. 그 다음에는 독일측에서 소련에 침공한 일이었다. 그는 한동안 섬나라에 대한 전쟁 행위를 약화시키려고 하다가 나중에는 폭탄전을 강화하였다. 다음에는 영국의 대륙 쪽 검, 즉 프랑스에 승리함으로써 전환점을 기대하였다. 1940년 3월에 그는 무솔리니에게 이렇게 말했다. "전쟁은 프랑스에서 승부가 납니다. 프랑스가 처리되면…… 영국은 평화조약을 체결할 겁니다."[9] 영국은 아무런 동기도 없이 근본적으로는 오직 이탈리아의 불확실한 태도 때문에 전쟁에 끼어들었다는 것이다.

이런 이유들 하나 하나가 모두 영국을 전쟁에서 빠지도록 자극하기에 충분한 것처럼 여기기도 했다. 그는 상대방의 다른 동기들을 전혀 보지 못했다. 그리고는 아주 자신감에 넘쳐서 태연스럽게 이른바 Z작전을 내세워 이미 줄어든 잠수함 건조 계획을 월별 29척이 아니라 오직 2척의 진수식만을 계속하도록 내버려두었다.

그러나 영국의 전쟁 각오에 대한 오판만으로 히틀러의 전쟁 결심 이유를 충분히 설명할 수는 없다. 그는 어쨌든 자신이 맞이한 위험을 의식하고 있었다. 8월 25일에 런던이 폴란드에 대한 군사 원조 협정을 통해서 개입 의사를 표명했을 때 히틀러는 이 소식을 듣고 공격 명령을 한 번 더 철회했다. 남은 며칠 동안 영국의 저항 의지가 약해졌다고 추측하도록 만드는 계기는 없었다. 그래서 8월 31일에 그가 공격 명령을 다시 내렸다면 그의 결심을 확정한 더욱 강한 동기가 있었던 것이 분명하다.

정치와의 결별

그의 행동의 전체적인 상에서 눈에 띄는 것은 완고하고 맹목적인 초조함이다. 이런 초조함으로 그는 대결 상황으로 뛰어들었다. 이러한 특성은 히틀러의 특징이 되어 온, 끊임없이 흔들리고 망설이는 결정의 과정과 기묘한 대조를 이룬다. 괴링이 8월의 마지막 며칠 동안 게임을 너무 서둘지 말라고 하소연하자 자신은 일생 동안 언제나 모든 것을 한 번에 다 걸어왔다고 그는 성급하게 대답하였다.[10]

이 말이 사태에 얼마나 적합한 말이든 그것은 지난 몇 년 동안 히틀러 정책상의 특징이 되어 온 의심 많고 사려 깊은 스타일과는 모순된 말이다. 그렇다면 더욱 거슬러 올라가서 그의 인생 역정의 초기, 정치가가 되기 이전의 국면까지 돌아가야만 1939년 여름에 나타난 이 갑작스러운, 그 옛날의 도전과 모험을 연상시키는 태도에 대한 접촉점을 찾아내게 된다.

사실상 모든 것은, 마치 히틀러가 이 몇 달 동안 하나의 전략 이상의 것, 즉 정치 자체를 포기한 것처럼 보이게 한다. 정치 분야에서 그는 15년 동안이나 우수성을 발휘하였고 때로는 동급의 적대자를 찾을 수도 없을 정도로 성공을 거두었다. 그러다가 마침내 모든 까다로운 강제들, 영원한 신중성, 위장술, 외교적인 조절들에 싫증을 느끼고 다시금 '위대하고 일반적으로 이해가 되는, 해방시키는 행동'을 찾으려 한 것처럼 보인다.[11]

1923년 11월 쿠데타는 이 생애의 날카로운 중간 휴식기에 속하는 것이다. 엄격한 의미에서 이것이 히틀러의 정치 입문이었다. 그 이전까지 그는 무엇보다도 제한을 받지 않는 태도로 특출했다. 우회할 줄 모르는 반응의 공격성, 전부냐, 무냐의 과격한 양자택일 등을 그는 장군홀로 행진하기 전날 밤에도 한 번 더 강조했다. "존재냐, 죽음이냐를 결정하는 싸움이 우리를 부르면 우리 모두는 한 가지 사실만을 알 뿐입니다. 우리 위에는 하늘, 우리 아래는 땅, 우리 앞에는 적이 있을 따름입니다." 그때까지 그는 안으로나 밖으로나 오직 앞으로 난 관계만을 알았다. 당수로서의 난폭한 명령은 공격적으로 돌진하는 연설가 스타일과 잘 맞았다. 당수로서의 명령은 철저히 절대적이고 무뚝뚝한 단호함만을 보였다.[12]

1923년 11월 9일의 실패가 비로소 히틀러에게 정치 게임, 전략적 술책, 연대, 가짜 타협 등이 만들어내는 기회를 의식하도록 만들고 한때의 공격적인 반란자를 사려 깊고 정돈된 정치가로 만들었다. 그러나 자기 역할을 통제하면서 배운 온갖 사려 깊음에도 불구하고 그는 자신이 많은 것을 억지로 꾹 참아야 했다는 사실을 완전히 감추지는 못했다. 그리고 우회, 게임 규칙, 합법성, 그리고 그 모든 것을 넘어서 정치 자체에 대해서까지 여전히 깊은 반감을 지니고 있다는 사실도 완전히 감추지 못했다.

되찾은 반란자의 자유

이제 그는 자신의 초기 상태로 되돌아간 것이다. 마침내 그 모든 속박과 거짓 합의의 그물을 끊어버리고, 저 반란자의 자유를 되찾기로 확고하게 결심한 것이다. 정치가란 '내게 중재의 제안을 내미는 개자식'이라고 규정하기로 마음먹은 것이다. 히틀러는 '자연력'처럼 굴었다고 루마니아의 외무장관 가펜쿠가 1939년 4월에 베를린을 방문한 다음 보고하였다.[13] 그 어떤 표현도 예전 20년대의 선동가이며 소란꾼을 이보다 더 잘 묘사할 수는 없었을 것이다.

당연한 일이지만 전쟁의 결심과 더불어 한때의 비정치적인 양자택일, 곧 승리냐 절멸이냐, 세계 권력이냐 몰락이냐 하는 공식이 동일한 연설에서 정기적으로 등장하였다. 그의 감추어진 기질은 이러한 방식을 좋아했던 것이다. 예를 들면 1939년 11월 23일에 그는 장군들 앞에서 이렇게 말했다. "타협에 대한 희망은 유치한 것입니다. 승리냐 몰락이냐입니다." 그리고 잠시 뒤에 이렇게 말한다. "나는 도이치 민족을 위대한 높이로 이끌어 올렸습니다. 이제 사람들이 우리를 미워하지만 말이죠. 이 작업을 나는 게임에 거는 것입니다. 나는 승리 아니면 절멸 사이에서 선택해야 합니다. 나는 승리를 선택합니다."

몇 문장 지나서 다시 이렇게 말한다. "개인의 문제가 아니라 민족이 사느냐 죽느냐의 문제입니다."[14] 정치에서 이렇듯 물러났다는 의미에서 그는 용어나 표현상 점점 더 비합리적인 영역으로 되돌아가고 있다. "오직 운명과 싸우는 사람만이 은총의 섭리를 가질 수 있습니다."라고 그는 위의 연설에서 말했다.

그의 가까운 측근 한 사람은 8월 마지막 며칠 동안 눈에 띌 정도로 '니벨룽겐 죽음의 성향'을 보였다고 지적하였다. 히틀러 자신은 변명조로 칭기즈 칸을 인용하였다. 그는 '수백만 여자들과 아이들을 죽음으로 몰아갔다'는 것이다. 그리고 전쟁이란 "그 어떤 영리한 정치적, 혹은 전략적 능숙함으로도 빠져나가거나 떼어버릴 수 없는 운명적인 싸움이며, 정말 일종의 흉노족의 싸움이다……. 이 싸움에서는 누구든 살아남거나 아니면 쓰러져서 죽을 뿐이다. 둘 중 하나다."[15] 이 모든 고백에서 그가 다시 모든 경멸스러운 책략 대신에 역사가, 매끄러운 정치술 대신에 운명의 발걸음이 사건을 결정한다고 보는, 정치 이전의 영역으로 되돌아갔다는 징후들을 보지 않을 수 없다.

다음 몇 년은 히틀러가 정치에서 물러난 것이 일시적인 기분에서 나온 것이 아니라는 사실을 보여준다. 그는 근본적으로 다시는 정치로 복귀하지 않았기 때문이다. 그의 주변의 온갖 시도들, 괴벨스의 간곡한 청원들, 리벤트로프나 로젠베르크의 자극들, 심지어는 무솔리니, 호르티, 라발 같은 외국 정치가들의 권고도 아무 소용이 없었다. 정기적으로 되풀이한, 전쟁이 계속되면서 점점 더 드물어진 위성국가 총독들과의 회동만이 거의 유일한 것이었다. 그러나 그마저 정치적 활동과는 아무런 상관이 없는 것이었고, 히틀러는 적절하게 그러한 회동을 가리켜서 '최면술 요법'이라고 불렀다. 마지막에 그는 사령부 내 외무부 조정자인 헤벨(Hewel)이 1945년 초에 정치적 방법이라는 최후의 가능성을 이용하자는 요청을 하자 이렇게 대답하였다. "정치? 나는 더는 정치를 하지 않아. 그건 역겨워."[16]

그는 그밖에는 자신의 수동성을 변화하는 상황의 모순 탓으로 돌렸다. 전쟁이 유리하던 국면에서 시대가 자기에게 유리하게 돌아가는 것을 볼 때나 아니면 후퇴의 국면에서 자신의 협상 위치가 불리한 것을 두려워할 때나 마찬가지였다. 그는 전쟁의 두 번째 국면에서 이렇게 설명했다. "나는 왕거미 같다. 그렇게 행운의 거미줄에서 기다리고 있다. 그리고 누구나 각오하고 이 순간을 위해서 모든 준비를 해두어야 한다."

현실에서 그는 이러한 이미지들 뒤에 정치 전반에 대한 지속적인 의혹을 감추었다. 정치적 노력은 그에게 너무나 하찮게 여겨지고, 그 핵심들은 그에게 너무나 천박하게 여겨졌으며 성공을 승리로 바꾸어주던 저 열기를 조금도 지니지 않은 것으로만 여겨졌다. 전쟁의 시기 동안 행한 여러 가지 발언들에는 그의 생각이 담겨 있다. "가능한 후퇴 전선을 차단해야 한다……. 그렇게 되면 더욱 쉽고 단호하게 싸우게 된다."[17] 이 단계에서 그는 정치란 '가능한 후퇴 전선'이라고 여겼던 것이다.

이데올로기의 강화

정치를 포기하면서 히틀러는 그 옛날의 원칙적인 이데올로기로 되돌아갔다. 끝없이 전략적이고 방법론적인 민첩성에 밀려서 그토록 오랫동안 가려 있던 응고된 세계관이 다시금 더욱 강화된 윤곽을 지니고 등장하였다.

전쟁은 한 인간을 전체적으로 사로잡아서 그 모든 반응을 마비시키는 화석화를 진행시켰다. 전쟁이 시작된 날인 1939년 9월 1일에 히틀러가 내놓은, 불치병 환자를 '안락사' 시키라는 무뚝뚝한 명령이 벌써 경고의 표지를 지닌 것이다.[18] 이 과정은 광적으로 상승하는 히틀러의 반유대주의에서 가장 뚜렷한 모습을 보였다. 이것 자체가 신화로 만드는 의식의 왜곡 형식이었다.

1943년 초에 그는 외국의 대화 상대자에게 이렇게 말했다. "유대인들은 볼셰비즘에 대한 자연의 동맹자다. 그들은 볼셰비즘으로 되는 과정에서 죽여버릴 수 있는 지성인이 차지한 자리들을 노리고 있다. 그래서 (히틀러 자신은)…… 유대인에 대해서는 과격하면 할수록 더욱더 잘하는 일이라는 의견이다. 나는 살라미스 해전을 불명확한 싸움보다 좋아하고 내 뒤에 있는 모든 다리를 파괴해버리는 편이 낫다고 본다. 유대인 증오는 어차피 거대한 것이기 때문이다. 독일에서는…… 한번 접어든 길에서 후퇴란 있을 수 없다."[19]

그에게는 거대한 최종 대결로 들어선다는 감정이 점점 더 강해졌으며 그의 표현대로 종말론은 외교관을 모르는 법이다.

동기들

이 모든 과정을 진행시킨 구체적인 충동 요소를 찾으면, 물론 정치에 대한 혐오가 시간이 흐르면서 점점 더 결정적인 염증으로 그의 심리 속에 자리잡았다는 말이 적절한 것이라고는 하더라도 전체 현상을 설명할 수는 없다. 때로는 그의 개성 구조가 병에 의해서 붕괴되었다는 가정을 해보기도 하지만 그럴 만한 어떤 지지점이 없다.

그러한 주장의 배후에는 드물지 않게 성공한 히틀러와 실패한 히틀러 사이의 차이를 설명하려고 애쓰는, 히틀러 정권에 참여했던 당원의 실망이 숨겨져 있다. 그의 삶이 어떤 단절들을 포함하고 있다 하더라도 전체적으로는 변하지 않는 표상과 이데올로기의 특성이 있기 때문이다. 그것은 이 국면에 등장해서 현재의 상태를 이전의 생의 기간들과 밀접하게 관련시켜서, 히틀러의 본질 안에는 단절이 아니라 오히려 변치 않는 핵심이 있다는 사실을 드러내주는 특성이다.

물론 그의 초조함이 모든 곳에 작용하고 있다. 극적인 상승의 욕구, 성공에 대한 빠른 싫증, 역동성 등의 원인은 그 자신이었고, 나중에는 그 자신 그러한 특성의 희생자가 되었다. 그리고 울리히 폰 하셀(U. v. Hassell)이 라인지역 점령시에 벌써 알아보았던 '수동성에서 벗어나고자' 하는 '항거할 수 없는 충동'이 그에게 있었다.

마지막으로 시간에 대한 공포가 있다. 그것은 늦어도 1938년부터는 그의 행동 스타일에 특징적인 면모를 부여하였고, 이제는 시간이 단순히 흘러갈 뿐 아니라 자기에게 적대적으로 작용한다는 생각을 통해서 더욱 강화되었다. 그는 무솔리니에게 이렇게 털어놓았다. 자신은 "잠이 안 오는 밤에 전쟁을 2년 간 연기하는 것이 독일에 더 좋은 일일까 아닐까 하는 질문에 대한 답변을 찾으려고" 했다. 그런 다음 갈등을 피할 수 없으며 상대가 점점 더 강해진다는 생각에 "가을에 폴란드를 공격했다."는 것이다.[20]

1939년 9월 27일에 그는 이런 맥락에서 브라우히치와 할더에게 말했고 또한 보름 뒤에 작성된 건의서에도 이렇게 적었다. "사태의 상황으로 보건대……. 시간은 우리의 동맹자들보다는 서방측 동맹자들에게 더 유리하게 작용할 것으로 보인다."[21] 계속 새로운 방식으로 그는 이런 생각을 합리화하였고, '스스로 전쟁을 지휘한다는 행운'에 대해서 말할 뿐 아니라 다른 사람이 자기 뒤에 이 전쟁을 시작할지도 모른다는 생각에 질투심이 난다는 말까지도 하고 있다.

또 다른 자리에서는 자신의 후계자를 얕잡아보는 말투로 "자기가 죽은 다음에 '멍청한 전쟁들'이 오는 것"을 바라지 않는다고 말한 적도 있다. 1939년 11월 23일 연설에서 그의 가장 잘 알려진 동기들이 요약된 형태로 나타나 있다. 그는 최고지휘관들에게 서방에 대한 가능한 한 즉각적인 공격의 동기를 제시하려고 하였다. 정세를 분석하고 난 다음 그는 이렇게 말하고 있다.

> 최후의 인자로서 나는 삼가 나라는 사람을 거론해야겠습니다. 나는 대신할 수 없는 사람이죠. 군인이나 민간인 중 누구도 나를 대신할 수 없습니다. 암살 시도(1939년 11월 8일 시민양조장에서처럼)가 되풀이될 수 있습니다. 나는 나의 두뇌의 힘과 결단력에 대해 확신하고 있습니다. 전쟁이란 언제나 상대방의 절멸로만 끝나는 법입니다. 다르게 생각하는 사람은 무책임한 거죠. 시간은 적의 편입니다. 지금은 힘의 판도가 우리편에 더 유리해지지는 않고 오직 불리해지기만 하는 시기입니다. 힘의 판도가 우리에게 불리하다면 적은 평화조약을 체결할 수 없습니다. 타협은 없습니다. 자신에 대해서 냉혹할 뿐이죠. 나는 공격할 것이며 항복하지 않을 것입니다. 제국의 운명은 오직 내게만 달려 있습니다. 나는 그에 따라 행동할 것입니다.[22]

이토록 도취된 합리화 속에 분명히 드러나 있는 정치 포기를 계속하도록 히틀러는 전쟁의 초기 국면에 지나치게 성공적인 진행을 통해서 자신을 격려하였다. 폴란드 전쟁 때만 해도 어느 정도 뒤로 물러서서 행했던 야전사령관 노릇을 그는 점점 더 정열적으로 맡아 하게 되었다. 그리고 모든 재미있는 체험들을 한 번쯤 맛보고 싶어하는 유아적인 특성은 전쟁 동안 총통사령부의 작전 책상 앞에서 무제한으로 전쟁에 참가한 데서 엿볼 수 있다.

그것은 그의 신경에 새로운 자극과 새로운 흥분을 주었다. 그리고 그는 야전사령관 직책에서 '자신의 두뇌의 힘'에 대한 최고의 도전만을 느낀 것이 아니라 자신의 연극적 기질이라는 측면에서도 최고의 도전을 느꼈다. 즉 '거대한 종류', 치명적인 진지함을 연출하는 의무였다. 음악적인 인간만이 야전사령관의 재능을 가진다는 그의 발언은 이런 생각을 더욱더 강화시켰다. 초기의 힘들이지 않은 승리들은 자신이 선동가와 정치가로서의 명성에 이어서 야전사령관으로서의 명성도 얻게 되리라는 확신을 점점 더 강하게 만들었다. 전쟁이 진행되면서 이러한 명성이 점점 멀어졌을 때 그는 그것을 뒤쫓기 시작하였다. 숨이 차서 고집스럽게, 온갖 망상들을 다 지닌 채 몰락에 이르기까지 뒤쫓았다.

즉흥적 전쟁

전쟁을 향한 히틀러의 의지는 그 때문에 뒤집어진 개념을 견딜 정도로 확고하고도 무조건적이었다. 그러나 그뿐만은 아니었다. 준비가 지극히 불충분한데도 그는 대결의 길로 나섰다. 길거리의 억눌린 분위기, 지난 몇 달 동안 여러 가지 방식으로 드러난 환호의 거부 등은 국민의 심리적 조직화가 이루어지지 않았음을 보여주는 것들이었다.

히틀러는 너무나도 초조감에 사로잡혀서 그것을 개선하려는 노력을 거의 하지 않았다. 4월 28일자 의회 연설 이후로 그는 대중 앞에 거의 나서지 않았다. 그는 아마도 사건 자체의 극적 요소가 충분히 동원령의 에너지를 함축하고 있다고 전제했던 것 같다. 그러나 라인 지역 탈환, 오스트리아 합병, 수데텐 진군 등이 만들어냈던 만족감이 프라하 점령에서는 사라지고 손상되었다. 단치히도 폴란드 통로도 그토록 오랫동안이나 수치를 당했다고 느꼈던 민족의 체면 욕구에 실질적인 의미를 갖지 못했다.

폴란드에 대한 전쟁은 2차 세계대전이 경과하는 동안 다른 어떤 전투보다 인기가 있었다. 그러나 어떤 도발적인 동기도 거기에 함축되어 있지 않았다. 살해된, 고문당한, 혹은 겁탈당한 도이치 사람들에 대한 과장된 보고도, 대략 7천 명에 이르는 실제 희생자의 숫자도 이러한 동기를 만들어내지 못했다. 전쟁이 시작되고 몇 달 안 돼서 벌써 불만의 소리들이 쌓였다. 안전부는 국민의 목소리를 진단하면서 '충분한 준비 없이 전쟁을 시작하였다'고 보았다. 크리스마스와 신년 사이에 처음으로 불평분자들에게 맞서기 위해 경찰이 투입되어야 했다.[23]

히틀러의 전쟁 결정에는 국민의 전쟁 각오가 앞으로 더욱 낮아질지도 모른다는 두려움도 함께 작용하였다. 분명히 마비되고 있지만 그래도 지난 몇 해 동안의 역동성과 결합될 가능성이 남아 있는 동안에 싸움을 시작해야 한다는 배려도 들어 있었던 것이다. 전에도 그는 이렇게 말한 적이 있다. "싸움을 피하는 사람은 싸움을 할 만한 힘에 절대로 도달하지 못할 것이다."

그리고 전쟁 시작의 시점을 정당화하였던 마지막 연설들 중 한 곳에서("1939년보다 더 다행스런 순간이란…… 있을 수가 없다") 그는 자신의 결정에는 다음과 같은 심리적 고려도 함께 들어 있다고 강조하였다. 즉 "열광과 희생의 각오를…… 병에 담아서 보관할 수는 없다. 그것은 한 번 혁명의 모습으로 나타났다가 서서히 시들어가는 것이다. 회색의 일상과 삶의 편안함이 사람들을 다시금 틀 안으로 몰아넣고 속물로 만든다. 우리가 국가사회주의 교육을 통해서, 우리 민족을 사로잡은 무시무시한 파도를 통해서 성취했던 것을 그대로 흘려보내서는 안 된다." 전쟁이 그것을 다시 불붙일 기회라고 보았던 것이다.[24]

그러나 전쟁은 심리적인 영역에서만, 그가 지휘하기 위해 꼭 필요한 전제들의 일부가 부족했던 것이 아니었다. 더욱 엄밀한 의미에서 보면 대결에 대한 히틀러의 기본개념 자체가 그의 노름꾼 기질을 다시 드러내 보여주었다. 1944년 7월 초의 연설에서 그는 이 원칙을 아주 공공연히 밝혔다. 전쟁이란 "뒷날의 업적, 뒷날의 작업, 뒷날의 원료, 뒷날의 식량 근거를 위한 사전 금융이며, 동시에 미래에도 우리에게 부과될 과제들을 다루기 위한 무시무시한 교육과정이기도 하다."[25]

경제적 준비와 군비 기술상의 준비는 심리적인 준비보다도 더욱 불충분한 것이었다. 독일의 선전은 거듭해서 막강한 방어 준비를 지적하곤 했고, 전세계는 이 선전을 믿었고 또한 전쟁 준비가 이미 여러 해 전부터 독일 경제의 가장 중요한 목표였다는 이 정권의 주도적 인사들의 연설을 믿었다. 괴링은 4년 계획의 추진 임무를 맡게 되었을 때 바로 이런 의미에서, 독일은 이미 전쟁중이다, 아직 총만 쏘지 않았을 뿐이라고 떠벌렸다.[26]

그러나 현실은 상당히 달랐다. 철강 생산에서 이 나라가 적대국들을 앞질렀고, 석탄 비축량도 더 많았고, 산업이 훨씬 더 능률적이었던 것은 사실이다. 그러나 온갖 자급 노력에도 불구하고 전쟁을 결정지을 원료들의 외국 의존도는 높았고, 예를 들면 주석은 90퍼센트, 구리는 70퍼센트, 고무는 80퍼센트, 석유는 75퍼센트, 보크사이트는 99퍼센트에 달하고 있었다. 가장 중요한 원료 수요는 대략 일년치 정도가 확보되어 있었지만 구리, 고무, 주석 등의 비축 물량은 1939년 초에 이미 거의 바닥나 있었다. 소련의 강력한 경제적 지원이 없었다면 독일은 영국의 경제 봉쇄에 아마 쉽게 굴복했을 것이며, 몰로토프는 히틀러와 이야기하는 중에 이 사실을 지적하였다.[27]

군비 측면에서도 그다지 다르지 않았다. 9월 1일 의회 연설에서 히틀러는 9백조 마르크를 이미 군비를 위해 지출했다고 말했지만 이것은 그가 숫자를 말할 때마다 빠져들곤 하던 허풍의 하나였다.[28] 지난 몇 년 동안의 지출에도 불구하고 독일은 9월 1일 전쟁(폴란드 전쟁)을 위한 무장은 되었지만 9월 3일 전쟁(서유럽 전쟁)을 위한 무장은 다하지 못했다. 군은 102개 사단으로 이루어져 있었으나 그중 절반만이 활동적이고 싸울 준비가 되어 있었다. 훈련 상태도 적잖은 결함을 지니고 있었다. 해군은 영국뿐 아니라 프랑스 해군에도 못 미치는 수준이었고, 1935년 도이치 · 영국 해군 협정에서 허용된 수준까지도 도달하지 못했다. "이미 완성된 혹은 적어도 싸울 준비가 된 얼마 안 되는 해군력으로는 용감하게 싸우면서 패배할 수 있을 뿐이었다."[29]

오직 공군력만 더 강했다. 3,298대의 비행기를 갖추고 있었지만 탄약은 폴란드 전선이 끝날 무렵 약 절반 정도를 써버렸기 때문에 전쟁이 활발하게 이어진다면 겨우 3~4주일치만이 남아 있었다. 요들 장군은 뉘른베르크에서 당시 비축된 군수품이 '정말 웃기는' 수준이었다고 말했다. 장비 비축분도 육군 최고사령부가 요구하는 4개월 한계보다 훨씬 밑돌았다. 서방이 절반 정도의 전력으로 공격을 해왔더라도 아마 1939년 가을에는 독일이 패배했을 것이고 따라서 전쟁은 끝났을 것이다. 군 전문가들도 이러한 생각을 확인해주고 있다.[30]

히틀러는 물론 의심의 여지없이 이런 어려운 점들과 위험을 보고 있었다. '서방의 전쟁 수행에 대한' 1939년 10월 9일자 건의서에서 그는 그

점에 동의하였고, 독립된 단락에서 '도이치 현황의 위험들'을 분석하고 있다. 그의 주요 근심은 전쟁이 장기화되는 것이었다. 독일은 정치적으로나 물질적으로나 심리적으로 장기전에 충분히 대비하지 못했다고 그는 생각하였다. 그러나 이러한 모든 약점들은 독일의 일반적인 상황이었을 뿐 구체적인 상황은 아니었다. 따라서 "짧은 시간 안에는 아무리 노력해도 근본적으로 개선할 수 없다."고 여겼다.[31] 그 말은 독일은 현재 상황에서 세계 전쟁을 수행할 처지에 있지 않다는 말이었다.

번개전 개념

예리한 감각과 심지어는 자기 자신에 대한 교활함까지도 보이는 비상하게 특징적인 어법을 써서 히틀러는 이 딜레마에 대응하였다. 독일이 연합된 적을 향하여 거대하고 장기적인 전쟁을 수행할 처지에 있지 못하다면, 개별적으로 선별된 적을 향해 짧고 시간적으로 분리된 집중된 일격들을 통해서 자신의 힘을 드러내고 그러한 방식으로 군사·경제적 기초를 한 걸음씩 개선시켜서 마지막에는 세계 전쟁을 수행할 만한 처지에 이르게 된다는 것이다. 이것이 바로 전략적인 번개전(전격전)의 개념이었다.[32]

번개전이라는 생각은 오랫동안 단순히 기습적인 방식으로 적을 섬멸하는 전략적인 혹은 작전상의 방법이라고만 이해되어 왔다. 그러나 그것은 훨씬 더 광범위하게 고안되었다. 도이치 상황의 특수한 약점들과 이점들을 계산하여 재치 있게 새로운 정복의 실전과 결합시킨다는 총체적 전쟁 수행 방식인 것이다. 여러 개의 야전들 사이에 발생하는 시간을 새로운 무장을 위해 이용함으로써 각각의 준비는 개별적인 적들만을 대비한 것일 수 있고 또한 경제와 여론상의 물질적인 부담을 상대적으로 줄일 수 있다는 것이다. 그러면서 때때로 대규모 승리의 팡파르를 울려서 심리적인 자극제로 이용한다는 것이다.

번개전 개념은 세계전 시대의 불길한 상투어를 고려하려는 시도였다. 그에 따르면 전쟁이 승리로 끝나는 여러 개의 전투들로 해체되었기 때문에 독일은 전투에서는 이겼지만 전쟁에서는 졌다는 것이다. 그러나 여기에 바로 이 개념의 문제성과 자기 기만이 들어 있다. 그것은 그밖에도 이 정권의 본질과 순간적인 착상으로 특징지어지는 히틀러의 즉흥적인 스타일과도 잘 어울리는 것이었다. 이 개념은 적대국가들이 강력한 연합군을 형성해서 장기적인 전쟁을 하겠다는 결정을 내리는 순간에 실패하지 않을 수 없는 것이다.

히틀러는 이 개념을 너무나 믿었기에 대규모 전쟁이라는 대안을 위한 준비를 전혀 하지 않았다. 1939년 여름에 제시된 국방군 지휘부의 제안, 즉 광범위한 대결의 경우를 위하여, 상황을 "탁상모의 전술과 도상작전 훈련으로…… 분명하게 만들어달라."는 제안을 거절하였다. 전쟁은 폴란드에 국한될 것이라는 명백한 핑계를 댔다.[33]

10월 9일 그의 건의서는 서방과의 대결 상황과 목적을 정의하려는 최초의 구체적인 시도였다. 지속적이고 전면적으로 수행되는 전쟁의 요구에 맞추어서 경제의 원칙을 전환하자는 제안들도 그는 거절하였다. 산업 총생산은 1940년도에 지난 해보다 약간 줄었다. 1941~1942년 겨울 직전에는 소련에 대한 임박한 '번개 승리'의 기대로 군사 물품의 생산이 줄어들기까지 했다.[34] 여기에도 1차 세계대전의 체험이 함께 작용하였다. 그는 어떤 상황에서도 여러 해나 계속되는, 심리적으로 위축시키는 엄격한 긴축 경제의 작용만은 피해보려 했던 것이다.

세계 권력 의지의 계속성

1차 세계대전과 2차 세계대전 사이의 연관성은 여러 가지 차원의 해석을 위한 것만은 아니다. 히틀러는 거듭 자기 뒤에는 오직 휴전이 있을 뿐이지만 자기 앞에는 '우리가 1918년에 내버린 승리'가 있다고 말하곤 했다. 그리고 1939년 11월 23일 연설에서 1차대전을 지적하면서 이렇게 말했다. "오늘 이 드라마의 제2막이 쓰여진다."[35]

연관성이란 조명에서 보면 히틀러는 도이치 세계 권력 이념의 특히 과격한 대표자로 나타난다. 그것은 후기 비스마르크 시대까지 거슬러 올라가는 이념으로서 세기가 바뀔 무렵에 이미 구체적인 전쟁 목적이 되었다가 1914

~1918년에 실패하였고 그 뒤로는 2차 세계대전에서 새롭고도 더 확고한 단호함으로 실현을 시도하였던 이념이었다. 도이치 역사의 거의 1백 년에 걸친 제국주의적인 연속성이 히틀러에서 그 절정에 도달하였다.[36]

사실상 이러한 개념은 스스로 설득력이 있는 이유들을 만들어낼 수 있다. 히틀러와 세계대전 이전 시대 사이의 일반적인 연관성, 그리고 그 콤플렉스, 이데올로기, 방어 반응 등에서 그가 유래하였다는 사실 등이 이미 이러한 개념에 무게를 부여한다. 온갖 현대성에도 불구하고 그는 깊이 시대착오적인 현상이었고, 19세기의 찌꺼기였다. 그의 단순한 제국주의, 거대함에 대한 콤플렉스, 세계 권력으로의 상승과 몰락 사이의 피할 수 없는 양자택일 등이 그렇다. 원칙적으로는 빈 시절의 젊은 경향 시민이 이미 특징적인 기본 운동을 되풀이한 것이다.

이러한 기본 운동은 사회적인 공포로부터 팽창적인 개념 속으로 도피해 들어간 시대의 보수적 지도층이 보여준 것이다. 그는 그것을 확대하고 과격하게 만들었을 뿐이다. 지도층은 전쟁과 정복을, 자신들의 사회적 · 정치적 특권이라는 뜻에서 '상황을 건강하게 만들기' '가부장적 질서와 감각의 강화'[37]라고 여겼다. 그에 반해서 그는 언제나 그렇듯이 거대하게 확장된 범주로 생각하면서 전쟁과 확장을 단순한 계급 이해의 차원을 넘어서 민족과 심지어는 종족의 유일한 생존 기회로 여겼던 것이다. 전승되어 오는 게임 방식의 사회제국주의가 히틀러의 사고에서는 생물학적 요소들과 뒤섞였던 것이다.

그러나 이쪽이나 저쪽이나 위협받고 협소해진 존재라는 기본 동기가 세계 권력 비전을 이끌어나갔다. 한편은, 그러니까 적어도 1914년의 수상인 폰 베트만 홀베크(B. Hollweg)의 경우에는 풀죽어서 어깨를 움찔하면서 어느 정도 운명론적인 약함을 지닌 채였고, 다른 한편은 화를 꾹 참으며 과격한 의식을 지닌 상태였지만 말이다. 두 명의 주연배우들은 물론 서로 비교될 수 없다. 도이치 세계 제국의 이념은 베트만 홀베크의 경우에는 '역겹고 생각할 수도 없는 생각'이었다. 독일은 '승리한다면 정치적 지배에 치어 스스로 지적으로 몰락해갈 것'이라고 그는 말하곤 했다.[38]

히틀러는 이렇게 망가진 회의주의를 어렴풋하게도 알지 못하였다. 베트만 홀베크가 교양시민 계층답게 섬세한 방식으로지만 어쨌든 히틀러와 똑같이 염세적 환상과 게르만식으로 울리는 몰락의 분위기로 가득 차 있었다는 사실은 도이치 의식에 광범위하게 퍼진 운명과 파국 동기의 일반성을 보여주는 것이다. 베트만 홀베크가 1917년에 쓰러뜨린 격분한 세계 권력의 몽상가들에 대해서는 침묵하더라도 말이다.

히틀러가 자신의 확장 의도에 부여한 방향도 멀리 거슬러 오르는 전통에 합치된다. 동쪽이 제국의 생존 공간이라는 생각은 오래 전부터 내려온 도이치 이데올로기의 일부였다. 히틀러가 이중왕국 출신이라는 사실은 이러한 시각을 더욱더 날카롭게 만들었다. 시끄러운 선동을 펼쳤던 모든 도이치 연합 선언서는 1894년에 국민의 관심을 동부와 남동부로 돌리게 만들었다. '게르만 종족이 자신의 힘을 완전히 발전시키기 위해 필요한 생활 조건을 확보하기 위해서' 였다.

1912년 12월 8일의 유명한 '전쟁 회의' 에서 참모총장 폰 몰트케(v. Moltke)는 '언론을 통해 대 러시아 전쟁의 민속성' 을 마련해달라고 요구하였다. 바로 이런 맥락에서 〈함부르크 소식〉은 동유럽에 대항하여 피할 길 없는 결정전을 요구하였던 것이다. 〈게르마니아〉지가 이 말을 편들면서, 유럽 지배권을 게르만족이 쥐느냐 아니면 슬라브족이 쥐느냐 하는 문제라고 말했다.

전쟁이 발발한 지 며칠 뒤에 외무부에서 동유럽에, 독일에 군사적으로 종속되어 있는 '여러 개의 꼭두각시 국가들을 만들' 계획이 나왔다. 모든 도이치 운동의 회장인 하인리히 클라스(H. Claß)의 건의서가 '도이치의 전쟁 목적에 관해서' 라는 제목으로 1917년에 팸플릿으로 인쇄되어 나왔다. 이 글은 동유럽으로 주(州)들을 확장하고, 볼가 도이치 사람들과 러시아 사람들을 교환해서 '민족적인 들판 청소' 를 할 것, 유대인을 팔레스티나로 이주시킬 것, 폴란드 민족 경계선을 동쪽으로 옮길 것 등의 요구를 담고 있다.[39] 히틀러의 동방정책 개념은 1차 세계대전 동안의 허풍스러운 계획들로 특징지어지는 전쟁 목적 토론 없이는 생각할 수 없다. 그중에서 어디까지가 뮌헨의 러시아 이민자 그룹의 영향이며, 어디까지가 지적인 과장을 향한 자신의 성향이든 상관없는 일이다.

그러므로 히틀러의 동맹 구상은 모범이 없는 것이 아니다. 오스트리아·헝가리 이중왕국과 함께 동쪽으로 정복 전쟁을 하고 가능하다면 프랑스에 대항한 전쟁도 동시에 해나가기 위해서 독일은 영국의 중립성을 확보해야 한다는 생각은 황제 시대의 정책과 완전히 무관한 것이 아니다. 베트만 홀베크는 1차 세계 전쟁이 시작된 직후에 이러한 관념을 정교하게 만들고, 서방에서의 번개전에 이어서 영국과 동맹을 맺는 일도 가능하다고 여겼다. 영국과 함께 러시아로 진출하기 위해서였다. 그러다가 전쟁의 마지막에 그는 이러한 대결은 "오직 영국과의 타협을 통해서만 피할 수 있었을 것"이라고 선언하였다.[40] 그것은 다름아닌 히틀러의 이상이었다. 바이마르 공화국이 특히 구스타프 슈트레제만 치하에서 프랑스와의 화해 정책에 우선순위를 둔 다음 히틀러는 곧장 영국과의 타협 및 영국의 중립성을 얻으려고 애썼다.

도이치 세계 권력 의지의 계속성은 이데올로기적·공간정책적·동맹기술적인 맥락을 넘어서서 사회적 그룹에서도 어렵지 않게 근거를 찾아볼 수 있다. 황제시대의 광범위한 개념을 구상하였고 1918년의 붕괴에서 더욱 강화된 영향력 콤플렉스를 만들어낸 사람들은 보수적인 지도층이었다. 그 이후로 그들은 독일의 망가진 자의식을 회복하고 잃어버린 영토(특히 폴란드의 영토)를 되찾으려 하였고, 바이마르 시대 동안 언제나 동유럽에 대한 국경 보장을 완강하게 거부하였다.

예를 들면 1926년에 외무부에 제출한 군부 지도층의 건의서는 가장 특징적으로 도이치 외교정책의 노선을 보여주고 있다. 라인란트와 자르 지역의 해방, 폴란드 통로의 제거와 폴란드 쪽 상부 슐레지엔의 탈환, 도이치·오스트리아 합병, 그리고 비무장 지역의 제거 등이다.[41] 그것은 순서만 빼면 30년대 히틀러의 외교적인 시간 계획이었다.

이 그룹은 국가사회당의 당수가 자기들의 수정주의적 의도를 실현시킬 만한 사람이라고 보았다. 그는 다른 누구보다도 모든 제약을 넘어서 베르사유 조약과 널리 퍼진 굴욕감을 국민을 동원하기 위한 통합의 수단으로 이용할 줄 알았기 때문이다. 당연한 일이지만 그들은 그가 당수가 된 초기에 그의 노선을 더욱 강화하려고 애썼다. 군축회담 탈퇴, 국제연맹 탈퇴, 그리고 군비축소 문제에서 보수적인 각료들은 망설이는 히틀러를 앞으로 밀어붙였다. 뮌헨 협약에 이르기까지 근본적으로 히틀러의 외교 노선이 아니라 대담한 노름꾼 기질만이 그들의 불신을 받았던 것이다.

계속성의 단절

여기서 계속성은 끝난다. 폰 노이라트, 폰 블롬베르크, 폰 파펜, 폰 바이체커 유형의 수정주의적인 보수주의자들이 목적으로 여긴 것이 히틀러에게는 하나의 과정도 아니고 오로지 준비 단계에 불과하였기 때문이다. 그는 이런 얼치기 파트너들을 경멸하였다. 그들이 그의 변치 않는 '미래 목표'인 '세계 권력의 장악'을 바라지 않았기 때문이다. 새로운 (혹은 옛날의) 국경이 아니라 새로운 공간, 1백만 평방킬로미터, 그렇다, 우랄까지 이르는 모든 나라를 말이다.

그것도 넘어서서 "우리는 동유럽에 우리의 법칙을 구술해주게 될 것이다. 우리는 진출할 것이며 점점 더 앞으로 나가 우랄까지 이를 것이다. 나는 우리 세대가 그 일을 해내기를 바란다……. 그러고 나면 우리는 미래를 위해서 건강한 새싹을 가려뽑게 될 것이다. 그럼으로써 우리 게르만 민족에 의해 영도되고 질서 잡히고 안내를 받는 유럽 전체가, 분명히 다시 뚫고 나올 아시아와의 운명적인 싸움들을 이겨낼 전제조건을 만들어낼 것이다. 그것이 언제가 될지 우리는 모른다. 한편 인류가 10억에서 15억에 이르게 되면 내 희망으로는 2억 5천에서 3억 명에 이르는 게르만 민족이 총 6억에서 7억에 이르는 다른 유럽 민족들과 힘을 합쳐서 우랄까지 전진기지를 만들거나 혹은 1백 년 안에 우랄을 넘어서 아시아와의 생존 싸움을 벌여야 할 것이다."[42]

이런 제국주의를 황제시대와 질적으로 구별해주고 계속성을 단절시키는 것은, 모든 도이치 운동이나 권력 정치적으로 1918년 루덴도르프의 동방

정책에서 이미 암시되었던 강력한 공간 열망이 아니라, 오히려 그에게 결합과 충동력을 부여한 이데올로기적인 요소였다. 즉 적자생존, 종족 블록, 종말론적 사명에 대한 생각들이 차이점이었다. 이러한 차이점을 너무나 뒤늦게 깨달았다는 사실은 당시 보수주의자 한 명이 히틀러의 특징을 표현한 말 속에 나타나 있다. "이 인간은 전혀 우리 종족에 속하지 않는다. 그에게는 무언가 낯선 것, 이미 오래 전에 멸종해버린 어떤 근원종족과 같은 요소가 있다."[43]

2차 세계대전은 1차 세계대전의 계속이라는 히틀러의 말은 자주 생각되어 온 것처럼 제국주의적인 상투어는 아니었다. 그것은 오히려 그 자신이 계속하기를 원치 않았던 계속성 속으로 빌붙으려는 시도였다. 그리고 장군들과 보수적인 동반자들을 마지막으로 속이려는 시도였다. 자기는 그들의 실현되지 않은 거대 권력의 꿈을 위한 실천자이고, 원래는 그들의 것이어야 하지만 도둑맞은 1918년의 승리를 되찾으려는 사람이라는 것을 그들에게 보여주려는 시도였던 것이다. 실제로는 전혀 그렇지 않았다. 그들의 수정주의적인 정서는 그에게는 오직 이상적인 접합점이었을 뿐이다. 비변증법적인 계속성의 개념으로만 생각하면 쉽사리 이 현상의 특성을 놓치게 된다. 히틀러는 빌헬름 3세가 아니었다.

폴란드 분할과 테러

《나의 투쟁》에서 이미 그는 자기가 추구하는 프로그램은 '현존하는 질서, 현존하는 세계관에 대항한 선전포고의 형식화' 라고 썼다.[44] 1939년 9월에 그는 무기의 힘을 빌어서 국경선을 넘어서는 대립을 시작한 것뿐이었다. 1차 대전은 이미, 적어도 부분적으로는 이데올로기와 지배체제의 충돌이었다. 2차 대전은 비상하게 날카로워진, 더욱 원칙적인 방식의 충돌이었다. 그것은 세계적으로 확대된 시민 전쟁의 일종으로서 미래 세계를 지배할 권력이 아니라 도덕을 결정짓는 싸움이었다.

폴란드가 예상 밖으로 빨리 패배한 다음 서로 마주서게 된 적대국들은 영토상의 분쟁 대상도 없었고 정복 목적도 없었다. 그래서 이 가을의 '이상한 전쟁(Drôle de guerre)'에서 한동안 전쟁이 그 동기를 상실한 것처럼 보였다. 허약한 평화의 기회가 그 위에 자리잡았다. 10월 5일에 히틀러는 승리의 퍼레이드를 하러 바르샤바에 갔다. 그리고 다음날 의미심장한 '평화의 호소'를 하겠다고 예고했다. 이어서 한 번 더 나온 불확실한 최후의 희망이 얼마나 공허한 것인가를 거의 아무도 짐작하지 못했다.

벌써 보름 전에 스탈린이 도이치 독재자에게, 자신은 폴란드 나머지 부분의 독립이라는 생각에 거의 공감을 느끼지 못한다고 알려왔다. 히틀러는 얼마 전부터 정치적 대안에 반대하는 특성을 보이기 시작했고 이러한 성향으로 러시아측의 협상 제안에 동의하였다. 10월 4일에 도이치 · 러시아 협상이 끝났을 때 폴란드는 다시 한 번 이웃의 강대국들에 의해서 분할되었다. 그와 동시에 독일이 정치적 해결을 통해서 서방 국가들과의 전쟁을 끝낼 가능성도 함께 사라져버렸다. 어떤 외국 외교관은 히틀러의 의회 연설에 대해서 그것은 평화를 징역형에 처하겠다고 위협한 것이라고 말했다.[45]

히틀러는 자신의 큰 개념의 틀에서 철저히 올바르게 행동하였다. 그가 서쪽과의 군사 협정이라는 이상적인 정국을 되찾기를 진정으로 바랐다고 하더라도, 스탈린의 제안은 그에게 마침내 소련과 국경을 맞대는 일을 가능케 해준 것이었기 때문이다. 바로 그것을 위해서 그는 원래 폴란드 전쟁을 시작했다. 1939년 10월 17일에 이미 그는 방위군 수뇌인 카이텔 장군과 저녁의 회동에서 장래의 계획을 의논하면서 폴란드 점령 지역이 '우리에게 전진 방어망의 의미를 가진다는 사실, 그리고 진군을 위해 이용될 수 있다는 사실을' 고려하라고 요구하였다. "그러기 위해서 철도, 도로, 연락망 등이 우리 목적을 위해서 질서 잡혀 있어야 하고 이용되어야 한다. 폴란드 정황을 굳게 다지려는 모든 노력들은 제거되어야 한다." 그리고 아이러니컬한 일이지만 "'폴란드 경제'는 꽃피어나야 한다."고 했다.[46]

철회할 수 없게 된 전쟁

그러나 그는 이제 도덕적으로도 전쟁을 철회할 수 없는 것으로 만드는 경계선을 넘어간 것이다. 카이텔과의 만남에서 그는 '지도층으로서 폴란드

지식인이 스스로를 개방하도록' 만들려는 모든 노력을 그만두라고 요구하였다. "이 나라에는 더 낮은 생활 수준이 유지되어야 한다. 우리는 여기서 다만 노동력만을 얻으려고 한다."

1914년의 국경선을 훨씬 넘어서 특히 이른바 바르테 강 지역과 상부 슐레지엔의 산업지구가 제국에 편입되었다. 나머지 지구는 식민지역으로서 총독 한스 프랑크의 지휘 아래 안정되었다. 일부는 냉혹한 도이치화 과정에, 일부는 노예화 과정과 근절 정책에 내맡겨졌다. 프랑크는 '악마의 작업을 완수할' 능력이 있어야 할 것이라고 히틀러는 선언하였다. 9월 마지막 며칠 동안에 그는 하인리히 히믈러에게 강제로 종족 '경지 정리'를 하라고 맡겼다. 그리고 1939년 10월 25일에 군사 행정부를 해체함으로써 히믈러가 '민족성 전투'를 시작할 길을 열어주었다.

친위대와 경찰 단위부대들이 공포정치를 시작하였다. 체포하고 이주시키고 쫓아내고 소탕하였던 것이다. 어떤 도이치 장교는 놀라움을 표현한 편지에서 '살인자, 강도, 약탈자 패거리'라고 말했다. 그 동안 한스 프랑크는 이제 독일을 위해 시작된 '동방의 시대'를 꿈꾸었다. '가장 강력한 식민지 개척에 알맞게 재편성하는 시대'를 꿈꾼 것이다.[47]

이데올로기가 강화되던 이 시기에 점점 더 권력을 얻은 하인리히 히믈러에 대해서 히틀러는 때때로 칭찬의 말을 했다. 그는 전혀 거침없이 '비난할 만한 수단들을 써서' 앞으로 나아가고, 그럼으로써 질서뿐 아니라 공범자들을 만들어낸다는 것이다.[48] 이런 심리적인 고려는 온갖 지리적 팽창 의도를 넘어서 점점 더 노골적으로 체제 자체를 범죄화시켰던 것으로 보인다. 무시무시한 범죄를 통해서 전 민족을 정권에 붙들어매고, 배가 모두 불타 버렸다는 의식을 만들어내려는 의도였다. 히틀러가 말한 적이 있는 저 살라미스의 감정, 정치를 완전히 포기하고 후퇴의 가능성을 없애버리려는 시도였던 것이다.

전쟁이 시작된 이후 히틀러가 했던 거의 모든 연설에서 계속 1918년 11월이 반복되지 않으리라는 표현이 등장한다. 의심의 여지없이 히틀러도 육군대장 리터 폰 레프(R. v. Leeb)가 1939년 10월 3일에 일기장에 기록했던 것을 느꼈다. "국민의 분위기가 나쁘다. 환호는 전혀 없으며 집들마다 기를 내걸지도 않았다. 모두들 평화를 기대한다. 민족은 전쟁이 필요하지 않다고 느끼고 있다."[49] 곧 이어서 개시된 동부에서의 말살 정책은 전쟁을 돌이킬 수 없는 것으로 만드는 수단들 중의 하나였다.

전쟁은 이제 출구가 없어졌다. 옛날의 흥분을 느끼면서 벽을 등지고 선 셈이었다. 그가 말하곤 했듯이 갈등은 이제 '싸움으로 해결되어야' 했다. 1940년 3월 2일에 자신을 방문한 미 국무차관 섬너 웰레스(S. Welles)에게 그는 이렇게 설명하였다. "독일이 파괴될 것이냐가 중요한 것이 아니다", 독일은 극단적인 단계까지 스스로를 방어할 것이다. 그러나 "최악의 경우에는 모두가 파괴될 것이다."[50]

HITLER

7부

승리자와 패배자

제1장 천재적인 야전사령관

그는 천재임에 틀림없다!
—빌헬름 카이텔

1939년 10월이 지나는 동안에 히틀러는 승리한 사단들을 서쪽으로 새로 배치하기 시작하였다. 한번 결심하면 언제나 그렇듯이 광적인 행동 욕구가 그를 사로잡았다. 어쨌든 다음 몇 달 동안 결정을 내리지 못하고 기다린 기간을 한마디로 요약할 수 있는, '대기전'이라는 개념은 그의 행동 방식에는 맞지 않는 것이다.

10월 6일 그의 '평화 호소'에 대해서 서방측이 반응을 보이기도 전에 그는 카이텔과 할더 등의 사령관들을 불러서 그들에게 군을 위한 건의서를 내놓았다. 그것은 1648년 베스트팔렌 평화조약 이후로 계속된 프랑스의 적대적 태도에 대한 역사적 서술로 시작하였고 그것을 즉각적인 서방 공격 결정에 대한 근거로 삼고 있었다. 전쟁 목표로는 '유럽에서 도이치 민족의 계속적인 발전을 방해할 수 있는…… 서방의 힘과 능력의 섬멸'을 제시하였다.[1] 서부 전쟁은 동부로의 거대한 정복 전쟁을 시작하기 앞서 배후의 위협을 차단하기 위해 피할 수 없는 우회로일 뿐이라는 것이다.

그는 폴란드에서 이용한 활동적인 야전의 방법을 상세히 설명하고 서부 전선에서도 그것을 이용할 것을 권고하였다. 대규모 전차부대를 투입해서

'군의 작전상 전진을 계속 유지하고 1914~1918년의 진지전을 피하는 것이 중요하다.' 그것은 이듬해 5월과 6월에 그토록 결정적인 성공을 가져올 전략이었다.

동시에 내놓은 전쟁 지시 6호도 그렇지만 이 건의서는 심리적으로 고급 장교단에 나타난 저항적인 분위기를 극복하기 위한 것이었다. "가장 중요한 일은 적을 쳐부수려는 의지다."라고 히틀러는 참석자들에게 말했다.[2] 사실상 일부 장군들은 '프랑스인과 영국인들을 전쟁터로 불러들여서 쳐부수겠다'는 히틀러의 의지가 잘못된 것이고 위험하다고 여기고 있었다. 오히려 방어 태도를 유지해서 전쟁을 '잠재우는' 것이 낫다고 여겼다. 장군들 중 한 사람은 '광적인 공격'이라는 말을 했고, 폰 브라우히치, 할더, 그리고 특히 군수국의 책임자인 토마스 장군과 병참부 책임자인 슈튈프나겔(Stülpnagel) 장군은 부족한 원료 비축, 바닥난 탄환, 겨울 전선의 위험, 적의 강점 등을 지적해서 전문가적인 반대 의견을 내세웠다. 정치적, 군사적, 때로는 도덕적인 이유에서 새로운 반대 의지가 형성되었다. 요들 장군은 10월 초에 걱정스럽게 할더 장군에게, 장교들의 동요는 '가장 나쁜 종류의 위기'를 의미한다고 말하고, 히틀러는 "군인들이 자기 말을 좇지 않는다고 화를 내고 있다."고 했다.[3]

장군들이 저항적으로 행동할수록 히틀러는 더욱 초조하게 서부 공격의 시작을 재촉하였다. 그는 원래 11월 15일에서 20일 사이를 공격 시점으로 잡고 있었지만 공격 날짜를 11월 12일로 앞당겼다. 그럼으로써 장교들에게 결단을 재촉한 것이다. 1938년 9월에 그랬던 것처럼 그들은 치명적이라고 여겨지는 전쟁을 준비하든가 아니면 모반을 통해서 히틀러를 쓰러뜨려야 할 선택 앞에 놓였다.

무대 뒤에서 다시 같은 배우들이 활동하였다. 오스터 대령, 그 사이 은퇴한 육군 대장 베크, 카나리스 제독, 칼 괴르델러, 나아가 예전의 로마 대사 울리히 폰 하셀(U. v. Hassell) 등이었다. 이들 활동의 중심은 초센에 있는 참모본부였다. 11월 초에 반란자들은 히틀러가 계속해서 공격 명령을 고집할 경우에는 모반을 일으키기로 결정하였다. 폰 브라우히치는 11월 5

일로 예정된 회동에서 히틀러의 마음을 돌리기 위해 최후의 시도를 해보겠노라고 자청하였다. 그것은 도이치 부대가 네덜란드, 벨기에, 룩셈북르크로 진출하기 위한 거점을 점령하기로 되어 있는 날이었다.

베를린 수상관저에서의 회동은 극적인 대립에 이르렀다. 처음에 히틀러는 겉보기에 침착한 태도로 육군대장이 일종의 '반대 건의서'에 요약해놓은 우려를 경청하였다. 가장 좋지 못한 날씨라는 지적을 그는 날씨는 상대방에게도 똑같이 불리하다는 말로 짤막하게 물리쳐버렸다. 교육 상태가 불충분하다는 우려에 대해서는 어차피 4주가 지나도 상황이 변하지 않는다는 말로 응수하였다. 폰 브라우히치가 폴란드 전선에서 보인 군의 태도를 비난하고 군기가 없다는 말을 하자 히틀러는 마침내 엄청난 분노의 폭발을 위해 기다리던 계기를 잡았다.

나중에 할더의 회고록에 쓰여 있듯이 분노로 날뛰면서 그는 증거를 요구하였다. 대체 어떤 단위부대에서 사건이 일어났는지 알려달라고 하였다. 그런 일은 사형집행감이라고 했다. 사실은 군 지휘부가 싸우고 싶어하지 않는 것이며, 그래서 무장의 속도가 그토록 느리다는 것을 이 자리에서 확인하게 되었다고 했다. 침착성을 잃고 창백한 얼굴로 육군대장은 수상관저를 떠났다. "브라우히치는 완전히 쓰러졌다."고 그 자리에 참석했던 사람이 적었다.[4] 같은 날 저녁 히틀러는 한 번 더 분명하게 공격 날짜는 11월 12일이라고 다짐하였다.

그로써 모반을 위한 조건은 실현된 셈이었지만 모반자들은 아무 일도 하지 않았다. '초센의 정신'을 단순히 위협한 것만으로 그들의 허약함과 우유부단을 드러내기에 충분했던 것이다. "모든 것은 너무 늦었고 완전히 끝났다."고 오스터의 심복 중 하나인 그로스쿠르트(Groscurth) 중령이 자기 일기장에 적었다. 할더는 지나치게 서두르며 모든 부담스러운 서류들을 불태웠고 진행중이던 준비를 중단시켰다. 히틀러가 사흘 뒤에 뮌헨의 시민양조장에서 어떤 개인이 꾸몄던 암살을 간신히 모면했을 때, 비밀경찰의 대규모 체포 작전에 대한 공포감이 그나마 남아 있던 반역 의지를 꺾어버렸다.[5]

그밖에도 어떤 우연한 사건이 모반자들에게 유리하게 작용해서 그들 자신의 의도에서 벗어나게 해주었다. 11월 7일에 불리한 날씨 탓으로 공격 날짜가 연기되었다. 물론 히틀러는 며칠밖에 연기하지 않았다. 장교들은 장기적인 연기를 요구하였지만 그가 거의 고려조차도 하지 않았다는 것은 이 작전이 결국 1940년 5월에 시작될 때까지 전부 합쳐서 스물아홉 번이나 연기되었다는 사실에서 알 수 있다.

11월 후반에 군 지휘자들은 이데올로기상의 분위기 조성을 위해서 베를린으로 소환되었다. 괴링과 괴벨스는 그들에게 날카로운 연설을 하였고, 11월 23일에는 히틀러 자신이 그들 앞에 나서서 장교들을 설득하고 겁주기 위해 일곱 시간 동안 세 번이나 연설하였다.[6] 그는 지난 몇 년을 돌아보면서 그들의 신뢰가 부족하다고 비난하고, 자신은 '아주 깊이 모욕감을 느낀다'고 말했다. '누군가가 자기에게 군대가 정상이 아니라'고 말하는 것을 참을 수 없다고 했다. 그리고 위협하듯이 덧붙였다. "여러분이 끼든 안 끼든 내부 혁명은 가능하지 않아요."

즉각적인 서부 공격에 대한 자신의 결심은 변할 수 없는 것이라고 했다. 지금 계획된 중립국 네덜란드와 벨기에 공격을 몇 명의 장교들이 비판하고 있지만 그것은 중요하지 않은 것이라고 했다("우리가 승리하고 나면 아무도 그런 것을 묻지 않는다"). 그리고 이렇게 위협하였다. "나는 그 무엇을 보고도 물러서지 않을 것이며 나에게 대드는 사람은 누구든 없애버릴 것이다." 연설은 이렇게 끝을 맺었다.

> 나는 죽어야 한다면 기품 있게 그것을 견딜 수 있도록 내 삶을 살아가기로 결심했어요. 나는 적을 없앨 겁니다. 내 뒤에는 도이치 민족이 있어요. 민족의 도덕은 나날이 나빠만 집니다……. 우리가 전쟁에서 이긴다면—그리고 우리는 이길 것입니다만—우리의 시대는 우리 민족의 역사 속으로 들어가는 것이죠. 나는 이 전쟁에서 견디거나 아니면 쓰러질 것입니다. 나는 내 민족의 패배를 견디고 살아남지는 않을 것이오. 밖으로는 항복하지 않을 것이며 안으로는 혁명이 없을 것입니다.

1939년 가을의 장교 위기는 광범위한 결과를 가져왔다. 언제나 총체적인 감정을 지향하는 본성대로 히틀러는 그 이후로 장군들의 충성심뿐 아니라 그들의 전문적인 충고도 불신하게 되었다. 그는 이제 초조감에서 야전사령관 노릇까지 떠맡게 되었는데, 그렇게 된 기원은 바로 이 장교 위기였다. 거꾸로 분명하게 밝혀진 장군들, 특히 육군 지휘부의 허약함과 굴종은 군 지휘 조직을 단순히 도구적인 기능으로 떨어뜨리려는 그의 의도에 잘 맞았다.

스웨덴의 광산을 확보하고 대영국전을 위한 작전 기지를 얻기 위해서 감행된 덴마크 및 노르웨이 기습전을 준비하면서 그는 육군 사령부를 완전히 배제하였다. 그는 이 계획을 방위군 사령부의 특수 작업반에 맡겼다. 그럼으로써 군대 서열에서도 그의 지배원칙인 경쟁 기관 제도를 실현시켰다.

1940년에 시작된 지극히 위험한 작전, 즉 전통적인 해전의 모든 원칙에 위배되고 따라서 연합군 사령부측에서는 거의 예상치도 못한 작전이 완전히 성공했을 때 그는 자신이 옳았다고 여겼다. 이제부터 그는 장군들 쪽의 공개적인 반대를 아예 허용하지 않았다. 가을 위기 동안에 할더가 국무비서 폰 바이체커에게, 자기가 1백만 마르크를 장만할 테니 어떤 여자 예언가를 매수해서 히틀러에게 영향을 미칠 수 없겠는가 물었다는 것은 장군들의 허약함을 잘 보여주는 예이다. 폰 브라우히치는 어떤 방문객에게 '완전히 끝나버린, 고립된' 것 같다는 인상을 주었다.[7]

서부전선

1940년 5월 10일 아침 동틀 무렵에 마침내 그토록 오래 기다려온 공격이 개시되었다. 전날 저녁 오스터 대령은 자기와 친분이 있던 네덜란드의 무관인 사스(G. J. Sas) 대령을 통해서 적에게 바로 임박한 공격을 알려주었다. 그러나 회의적인 연합군 참모부는 그것이 함정일 거라고 믿고 있다가 다음날 아침 총소리와 폭탄소리가 시작되었을 때 완전히 기습당하고 말았다.

서둘러서 영국과 프랑스 병력을 북부 프랑스로 소집했고 그들은 마침내 브뤼셀 동부에서 벨기에를 거쳐 들어오는 도이치 전초부대를 잡을 수 있었다. 자신들의 반응이 도이치 공군에 의해서 거의 방해를 받지 않았다는 사실이 그들의 의심을 일깨우지도 않았다. 이것이야말로 그들이 빠져든 함정이었다. 그들이 이토록 아무것도 몰랐다는 사실이 벌써 그들에게서 승리의 기회를 빼앗아갔다.

변경된 작전 계획

작전의 원래 기본 구상을 돌아보면 도이치 야전 계획은 벨기에를 넘어 진출함으로써 프랑스 방어선을 우회해서 북서 방향에서 밀고 들어간다는 것이었다. 도이치 지도부는 이 계획의 문제점을 잘 알고 있었다. 여기에는 기습의 요소가 없어서 공격은 1차 대전의 경우보다도 더 일찍이 지루한 대치전으로 고정될 위험이 있었다. 뿐만 아니라 이 계획은 강과 운하들로 잘게 나뉜 지역에 대규모 탱크 부대를 투입할 것을 요구하고 있었고, 그럼으로써 히틀러의 전체적인 전쟁 계획의 기반을 이루고 있는 빠른 결전에 적합하지 않은 것이었다.

그러나 대안이 없었다. A군단의 참모인 폰 만슈타인(v. Manstein)이라는 장군이 1939년에 제출한 계획은 브라우히치와 할더에 의해서 거부되었고, 만슈타인 자신은 명령권까지도 뺏겼다. 그는 도이치 진출의 무게중심을 오른쪽 날개에서 중심부로 이동시키고, 이러한 방식으로 도이치 전략에 기습적 특성을 회복해야 한다고 주장했다. 일반적인 생각으로 아르덴 산맥은 광범위한 탱크 작전에 적합하지 않았다. 프랑스 지휘부는 전선의 이 지역을 상대적으로 허약하게 방어하고 있었고 만슈타인의 계획은 바로 그 점에 기초한 것이었다. 도이치 탱크들이 숲이 우거진 산악 지역만 극복하고 나면 거의 아무런 방해도 받지 않고 북 프랑스 평지를 넘어서 바다까지 굴러가서 벨기에로 넘어온 연합군 보병을 기지에서 분리시키고 배후에 해변을 두고 싸우도록 몰아갈 수 있을 것이었다.

육군 최고사령부는 처음에 잘못 생각했던 것이지만, 이 계획의 예상하지 못한 대담한 특성이야말로 순식간에 히틀러를 사로잡은 것이었다. 소문에 따르면 그는 폰 만슈타인의 제안을 알았을 때 자신도 이미 비슷한 생각에 몰두해 있었고, 그래서 1940년 2월 중순에 장군과 이야기를 한 다음에 야전 계획을 새로 작성하라고 명령하였다. 결정은 결정적인 것이어야 한다고 했다.

서부전선에서 단 한 번에 숨이 막힐 정도의 승리를 얻어낸 것은 숫자나 군비 기술상의 우위가 아니었다. 5월 10일에 서로 대치하고 있는 양 진영은 연합군이 숫자상으로 약간 우세하였지만 거의 비슷한 세력이었다. 네덜란드와 벨기에의 34개 사단이 가세하여 서방측은 총 137개 사단을 이루었고 136개의 도이치 사단이 그에 맞서고 있었다. 연합군의 공군은 2,800기의 비행기로 도이치 공군보다 정확하게 1천 기 많았다.

상대의 탱크와 장갑차 약 3천 대에 비해서 도이치측은 대부분 독자적인 탱크 사단에 속하는 2,500대로 맞서고 있었다. 결국 우수한 도이치 작전계획이 결정적인 역할을 하였다. 처칠이 적절하게도 '낫으로 베기' 작전이라고 불렀던 것으로,[8] 상대방이 '뒤바뀐 전선들과의 전투'를 하도록 몰아붙인 작전이었다.

도이치 공격은 선전포고도 없이 기습적인 방식으로 상대방 공군을 차단하면서 시작되었다. 네덜란드, 벨기에, 룩셈부르크를 향해 갑작스럽게 공격하여 5일 만에 '네덜란드 요새'를 붕괴시켰다. 고도로 훈련된 소규모 낙하산 단위부대를 전선(戰線) 뒤쪽 중요 지점들에 투입한다는, 히틀러 자신이 고안해낸 발상은 빠른 성공에 결정적인 한몫을 했다. 그것은 벨기에 방어체제의 중심을 붕괴시켰다. 수송용 글라이더에 실려와 요새 한복판에 투하된 낙하산 부대에 의해서, 뤼티히 요새 지역에서 가장 중요한 에벤 에마엘 요새가 차단되었기 때문이다. 그 사이에 도이치 군은 적이 전혀 예상치 못했던 룩셈부르크와 아르덴 산맥 지역을 거쳐 밀려들어와 빠른 속도로 앞으로 나갔다.

5월 13일에는 탱크부대가 디낭과 세당 근처에서 마스 강을 건넜고, 5월 16일에는 라옹이, 5월 20일에는 아미엥이 함락되었으며, 같은 날 저녁에 최초의 부대가 해협 쪽에 도착하였다. 때때로 전초부대가 너무 앞서 나가서 뒤따르는 부대들이 선두와의 연락을 잃어버린 일도 있었다. 히틀러는 언제나 그렇듯이 심술궂게 자신의 승리마저도 의심하였다. 할더는 5월 17일에 "총통은 무서울 정도로 신경질이다."라고 적었다. "그는 자기 자신의 성공을 두려워한다. 어떤 위험도 감수하려 하지 않으며 우리를 붙잡아놓으려고 한다." 다음날. "총통은 이해가 안 될 정도로 남쪽 날개에 집착한다. 그는 우리가 작전 전체를 망치고 자신을 패배의 위험으로 내몰고 있다고 소리지르고 화를 낸다."[9]

뒹케르크

사실상 그럴 위험은 아예 없었다. 영국의 새 수상 윈스턴 처칠이 이즈음 전선의 상황에 대한 경고를 받고서 파리로 왔을 때 연합군의 지상부대 최고 사령관인 가멜랭(Gamelin) 장군은 자신의 빠른 부대 대부분이 도이치군이 쳐놓은 함정에 빠지고 말았다고 고백하였다. 유명한 회고록을 인용하자면 5월 17일의 명령은, 1914년 9월 마르네 전투를 앞에 둔 조프레(Joffres) 장군의 명령을 말 그대로 되풀이하면서 병사들에게 단 한 걸음도 물러서지 말라고 지시하고 있다.

그러나 연합군 지휘부는 퇴각하는 군대를 모아서 새로운 전선을 구축하고 반격을 조직하는 데 실패하였다. 5월 24일 도이치군 구데리안(Guderian) 장군의 탱크부대 선두가 뒹케르크 남쪽 수킬로미터 지점에서, 적을 붙잡지 못하더라도 지금 확보한 지점에 머물러 있으라는 명령을 받지 못했더라면 연합군은 완전히 패배할 뻔하였다. 도이치 군대가 48시간을 지체한 결과 연합군측에 항구 한 개, 즉 뒹케르크가 남게 되었고 그로써 퇴각의 가능성이 남겨졌다. 8일간에 걸쳐서 2차대전의 가장 모험적인 임시 작전 하나가 이루어졌다. 어선, 유람선, 개인용 요트까지 끼여 있는 극히 작은 배들 약 9백 척의 도움을 받아서 부대 대부분인 거의 34만 명이 영국으로 수송된 것이다.

뒹케르크 바로 앞에서 멈추라는 명령에 대한 책임은 그 이후로 광범위한 논의의 대상이 되었다. 거기에는 수많은 견해들이 나타났다. 히틀러가 언제나 모색하고 있던 영국과의 화해 가능성을 차단하지 않기 위해서 영국 원정군 대부분이 빠져나가게 일부러 놓아두었다는 것이다. 그러나 이런 결정은 그의 건의서에 표현된 전쟁 목적과 어긋날 뿐더러 5월 24일 지시 13호에도 어긋난다. 이 지시문은 다음과 같은 문장으로 시작된다. "작전의 다음 목표는 우리측 북부 날개의 집중적인 공격을 통해서 아르트와와 플란더즈 지역에 투입된 프랑스 · 영국 · 벨기에 연합군을 섬멸하는 것이다……. 공군의 임무는 투입된 지역에 있는 적의 모든 저항을 무너뜨리고 영국군이 해협으로 빠져나가는 것을 방해하는 것이다."[10]

히틀러의 정지 명령은 육군 최고사령부의 격렬한 저항에 부딪쳤지만 A군단 사령관 룬트슈테트(Rundstedt) 장군의 지지를 받았다. 이것은 프랑스를 정복하기 위한 싸움을 눈앞에 두고 지난 보름 동안의 싸움에 참가한 탱크부대를 보호하려는 의도에 따른 것이었다. 공군을 투입해서 뒹케르크 항구를 불바다로 만들고 거기 정박한 배를 모두 침몰시키겠다는 괴링의 허풍스런 말은 히틀러의 결심을 응원했다. 약 열흘 전에 이미 아무 방어도 없이 구데리안의 사정권 안에 들어왔던 도시가 6월 4일에 마침내 도이치 군의 손에 떨어졌을 때 할더는 이렇게 적었다. "뒹케르크를 접수하고 해안에 도달하다. 프랑스 사람들조차도 가버렸다."[11]

하늘이 무너지다

그러나 도이치 군의 성공을 이끌어낸 것은 우세한 작전계획 덕분만은 아니었다. 히틀러의 군대가 영불해협 해안의 포위 작전에 이어서 남부를 향했을 때 그들은 용기를 잃어버리고 붕괴된 적을 만나게 되었다. 적의 패배주의는 북부의 붕괴를 통해서 더욱더 강화되어 있었다. 프랑스 사령부는 오래 전부터 붕괴된 부대들과, 무너지고 탈영하고 해체되어버린 사단들을 데리고 작전을 펼쳤으며 5월 말에 벌써 어떤 영국 장군이 프랑스 군대를 가리켜 기율이란 조금도 없는 '폭도의 무리'라고 불렀을 정도였다.[12]

수백만의 피난민이 산더미처럼 쌓아올린 가재도구를 실은 마차를 질질 끌면서 도로를 메우고 이리저리 목적도 없이 방황하면서 자기 쪽 부대의 이동을 가로막고 그들을 혼란에 빠뜨렸다. 피난민들은 도이치 탱크부대에 길을 내주고, 급강하 폭격기의 폭탄과 사이렌소리에 놀라서 공황상태에 빠져들곤 했으며, 이루 말할 수 없는 혼란 속에서 군대의 조직적인 저항 가능성을 망가뜨렸다. 이 나라는 방어를 위한 준비만 했지 붕괴를 위한 준비는 되어 있지 않았다.

브리아르에 있는 프랑스 사령부에는 군대와 외부 세계로 연결되는 전화기가 단 하나뿐이었고 그나마 12시에서 14시 사이는 교환수가 밥 먹으러 가는 바람에 통화도 되지 않았다. 영국 원정군 사령관인 브룩(Brooke) 장군이 '브레타뉴 요새' 방어를 위한 사단에 대해서 질문했을 때 새로 임명된 사령관인 베강(Weygand) 장군은 체념한 태도로 어깨를 움찔하면서 "그냥 몽상일 뿐이라는 걸 잘 압니다."라고 대답했다. 블랑샤르(Blanchard) 장군이나 다른 수많은 지휘 장군들은 상황 지도를 마치 하얀 벽처럼 바라볼 뿐이었다. 사실상 프랑스 위로 하늘이 무너져내리는 듯한 상황이었다.[13)]

프랑스 점령 전쟁에 대한 도이치군의 계획이 적의 어떤 반응을 고려한 것은 아니었고 전투라기보다는 오히려 확대 행군 연습 정도로 보이는 것이었지만, 그런데도 히틀러는 군대의 행군 속도에 놀라고 말았다. 6월 14일에 도이치 군대는 포트 메요를 거쳐서 파리에 입성하였고 에펠 탑에서 프랑스 국기를 내렸다. 사흘 뒤 롬멜(Rommel)은 단 하루 만에 240킬로미터를 행군하였다. 구데리안이 같은 날 탱크부대로 퐁타를리에에 도착하였다는 소식을 전하자 히틀러는 전보로 오류가 아닌가, 그러니까 '아마 사온 강의 퐁타이에를 말하는 것'이 아닌가 물었다. 그러나 구데리안이 다시 알려왔다. '잘못이 아님. 지금 스위스 국경선 퐁타를리에에 있음.'[14)] 그는 그곳에서 동북쪽으로 올라가면서 마지노선을 뒤쪽에서 붕괴시켰다. 프랑스의 전략뿐 아니라 사고 전체를 지배하고 있던 방어벽이 거의 전투도 없이 무너진 것이다.

이탈리아 참전

그 사이 점차 분명해진 도이치의 승리에 이탈리아도 도움을 주었다. 무솔리니는 언제나 말하곤 했듯이 자기 나라가 신뢰할 만하지 못하다는 평판을 싫어했으며, 이것을 '칼날처럼 올곧은 정치'를 통해서 잊게 만들려고 하였지만, 상황이 그의 마음대로 되지 않았다. 전쟁과는 거리를 두겠다는 그의 결심은 폴란드에서 독일이 성공한 것을 보면서 흔들렸다.

11월에 그는 히틀러가 전쟁에서 이길지 모른다는 생각에 '정말 참을 수 없다'고 느꼈으며 12월에는 치아노에게 '독일의 패배'를 소원한다고 말하면서 네덜란드와 벨기에측에 도이치의 공격 날짜를 알려주었다. 그런 다음 1월 초에 그는 히틀러에게 편지를 써서 '독재자들의 우두머리'로서 자신감에 넘친 충고들을 하고 히틀러의 역동성을 동쪽으로 유도하려고 애썼다.[15)]

> 정치라는 것이 나름의 전략적인 요구들을 한다는 사실에 대해서 아무도 이제 40년 정치 경험을 가진 나보다 더 잘 알지는 못합니다. 이것은 혁명적인 정치에도 맞는 말이지요……. 그래서 나는 당신이…… 두 번째의 전선을 피했다는 사실을 잘 이해합니다. 그럼으로써 러시아는 아무런 수고도 하지 않고 폴란드와 동해 지역에서 전쟁으로 이익을 거두는 입장이 되었습니다.
>
> 그러나 태어나면서부터 혁명가이며 자신의 관점을 한 번도 바꾼 적이 없는 나는 당신이 특정한 정책 순간의 전략적 요구들에 이롭도록 혁명의 원칙들을 언제까지나 희생할 수는 없을 것이라고 말씀드리는 바입니다. 나는 당신이 지난 20년 동안이나 소리 높여 주장해 온 대로 반유대주의, 반볼셰비스트 깃발을 떨어뜨리지 않으리라고 확신하고 있습니다……. 그리고 모스크바와의 관계를 개척하는 쪽으로 한 걸음만 앞으로 나가도 이탈리아에는 황폐한 작용을 불러일으킬 것이라는 말을 덧붙여서 극히 중요한 나의 의무를 다하는 바입니다.

그러나 1940년 3월 18일 브레너에서 한 번 만나는 것으로 히틀러는 별다른 수고도 없이 무솔리니의 불쾌감을 제거하고 상대방의 마음에 옛날의 콤플렉스를 다시 불러일으키는 데 성공하였다. 치아노는 이렇게 적었다. "지도자(무솔리니)가 히틀러에게 홀딱 반했다는 것을 감출 수가 없다. 그리고 이렇게 반한 일은 행동을 촉구하는 그 자신의 본성을 향해 방향을 잡고 있다."

그 이후로 무솔리니의 결심은 전쟁에 참가하겠다는 쪽으로 쏠리게 되었다. "상대방은 역사를 만들고 있는데 손을 마주잡고 그대로 서 있기만 하는 것"은 품위 없는 일이라고 말했다. "누가 승리하느냐가 중요한 것이 아니다. 한 민족을 위대하게 만들기 위해서는 민족을 전쟁으로 몰아넣어야 한다. 경우에 따라서는 엉덩이를 걷어차서라도 말이다. 나는 그렇게 할 것이다."[16]

운명의 동지에 눈이 멀어서 왕, 산업계, 군대의 의사에 반하여, 심지어는 내각 안에서 영향력이 있는 자신의 일부 전우들의 의사에 반하면서까지 그는 이제부터 이탈리아의 참전을 추구하였다. 바돌리오(Badoglio) 원수가 6월 초에 공격 개시 명령을 듣고, 자신의 병사들은 "충분한 숫자의 셔츠도 없다."고 반대하자 무솔리니는 이렇게 대답하였다. "9월에는 모든 것이 끝날 거라고 약속드리죠. 그리고 전쟁 당사국들이 평화 협상을 위해 모이는 자리에 나도 참가하기 위해서는 몇천 명의 전사자가 필요하단 말이오."

6월 10일에 이탈리아 부대들은 공격을 시작하였다. 그러나 그들은 국경 도시 멘톤에 붙박이고 말았다. 이탈리아의 독재자는 화가 나서 소리질렀다. "물자가 없단 말이야. 미켈란젤로도 조각을 하기 위해선 대리석이 필요했어. 점토밖에 없었다면 그는 토기장이가 되고 말았을 거야."[17] 일주일 뒤에는 사건의 흐름이 그의 야심을 뒤덮어버리고 말았다. 페탱(Pétain) 원수가 르브룅(Lebrun) 대통령에게서 새로운 정부를 구성하라는 위임을 받은 것이다. 페탱은 제일 먼저 에스파냐 정부를 통하여 도이치 사령부에 휴전 요구를 전달하였다.

프랑스의 항복

히틀러는 프랑스 국경 가까이에 있는 벨기에 마을 브륄리 르 페슈에 자리잡은 자신의 총사령부에서 이 소식을 들었다. 활동사진 하나가 그의 감정 상태를 전달해주고 있다. 역할 의식에 고정된 모습으로 오른쪽 다리를 쳐들고 기쁨의 춤을 추고 있다. 웃으면서 머리를 흔들면서 허벅지를 치면서 춤을 추었다. 그리고 극단적인 숭배의 태도로 카이텔은 처음으로 그를 '모든 시대에 걸쳐 가장 위대한 야전사령관'이라고 추켜세웠다.[18]

사실상 이것은 유례 없는 성공이었다. 3주 만에 방위군은 폴란드를 제압하였고 두 달 남짓한 기간에 노르웨이, 덴마크, 네덜란드, 벨기에, 룩셈부르크, 프랑스 등을 정복하고 영국인들을 섬으로 쫓아보내고 영국 전함에 효과적으로 도전하였다. 이 모든 일을 상대적으로 얼마 안 되는 손실을 겪으며 이루어낸 것이다. 서부전선에서 도이치는 전사자 2만 7천 명을 냈는 데 반해 상대측은 대략 13만 5천 명을 냈다. 물론 야전의 성공이 단순히 야전사령관으로서 히틀러의 개인적인 공적에만 힘입은 것은 아니었지만 그것은 행운이나 고문관들의 조언, 혹은 상대방의 실패의 결과만은 아니었다.

탱크부대의 의미는 30년대에 프랑스와 다른 곳에서도 이미 인정된 바가 있었다. 그러나 히틀러만이 거기서 결론들을 이끌어내었고 저항이 없지도 않았지만 방위군에 탱크사단 열 개를 만들었다. 전통적인 고정관념에 사로잡혀 있는 장군들보다 훨씬 더 날카로운 안목으로 그는 프랑스의 약점과 사기가 떨어진 무기력을 꿰뚫어보았다. 폰 만슈타인의 작전계획에 그가 개인적으로 기여한 바가 아무리 적다고 하더라도 어쨌든 그는 즉각적으로 그 의미를 알아보았고, 도

프랑스가 휴전 제안을 해온 것에 대한 히틀러의 반응을 기록한 영화. 기쁨의 춤을 춘 직후에 카이텔이 그를 '모든 시대 가장 위대한 야전사령관'이라고 추켜세웠다.

이치 작전 개념을 그에 알맞게 변경시켰다.

그는 적어도 이 시기에는 전통적이지 않은 가능성들에 대한 안목을 가지고 있었고 그것은 독학자의 자유로움으로 더욱 예리하게 되었다. 오랫동안 집중적으로 군사 전문서적을 탐독하였고 전쟁 전기간에 걸쳐서 잠자기 전의 독서는 대부분 함대연감과 군사학의 기본서들이었다. 전쟁사 이론들과 군사기술적인 세부 사항에 대한 놀라운 기억력으로 그는 효과적인 모습을 연출하곤 하였다. 다양한 무기 체계의 톤수와 구경(口徑), 사정권, 요새 무장 등을 이야기할 때의 자신감은 자주 주변 사람들을 깜짝 놀라 멍하게 만들 정도였다. 동시에 그는 이러한 지식들을 상상력 풍부하게 응용할 줄 알았다. 그는 현대 무기의 투입과 효과의 가능성에 대해 놀라운 감각을 가지고 있었고, 그러한 감각이 적의 심리에 대한 고도의 이해력과 결합되었다.

이 모든 특성들은 확고한 작용을 가진 기습 효과들과 전략적인 대응책을 정확하게 예측하는 것, 그리고 유리한 기회들을 잽싸게 포착하는 형태로 나타났다. 에벤 에마엘 요새 기습에 대한 발상은 그가 내놓은 것이었고, 폭격기에 끔찍한 효과를 내는 사이렌소리를 부착하자는 생각도 그의 것이었다.[19] 그리고 수많은 전문가들의 견해를 거스르면서 탱크에 총신이 긴 대포를 장착한 것도 그의 아이디어였다. 그를 '자기 시대의 가장 폭넓고 다양한 지식을 갖춘 군사 기술 전문가'의 한 사람이라고 부른 것은[20] 아주 틀린 말은 아니었다. 그는 뒷날 도이치 장군들 일부의 오만한 해명서가 지적하듯이 '명령하는 상사'에 불과했던 것은 분명 아니었다.

어쨌든 그가 주도권을 쥐고 있는 동안에는 아니었다. 그의 약점들이 분명하게 존재하는 강점들을 없애기 시작하고 작전상의 대담성이 부조리한 과대평가로 바뀌고, 에너지는 고집, 용기는 노름꾼의 특성으로 변하게 된 시점은 분명 훨씬 더 뒷날이었다. 장군들, 그들 중에서도 특히 저항적이던 사람들이 공포스런 적 프랑스에 대한 빛나는 성공을 보면서 그의 '천재성'을 인정했을 뿐 아니라 그의 상황 분석이 자신들의 판단보다 우수하다는 고백을 하였다. 그의 상황 분석들은 분명히 군사적 인자들을 고려하고 있을 뿐 아니라 밑바탕에 있는 전문가 지평을 넘어서는 요소를 가지고 있었다.

뒷날 장군들이 허망하기 짝이 없는 희망이라는 집을 계속 세워올린 거의 이해하기 힘든 신뢰의 이유는 바로 여기에 있다. 히틀러 자신에게 있어서 프랑스 전선에서의 승리는 그러지 않아도 이미 고삐가 풀려 있던 자의식을 다시금 한없이 상승시켰다. 그리고 그의 소명 의식을 가장 분명하게 확인해주었으니, 곧 전쟁터에서의 확신을 준 것이었다.

6월 21일에 도이치 · 프랑스 휴전 협상이 시작되었다. 사흘 전에 히틀러는 뮌헨으로 가서 무솔리니를 만났고 무엇보다도 이탈리아 동맹자의 끝없는 요구들을 진정시켜야 했다. 전쟁터에서 엑스트라 역할을 해준 데 대한 대가로 이탈리아 지도자는 니차, 코르시카, 튀니지, 치부티, 나아가 시리아, 알제리의 거점, 론 강 유역까지 프랑스 영토 내 이탈리아 점령지, 그리고 프랑스 전함 전부, 또한 경우에 따라서는 말타, 이집트와 수단에서의 영국 권리의 이양 등을 요구해왔기 때문이다.

그러나 이미 머리 속으로 전쟁의 다음 단계에 대한 생각으로 골몰한 히틀러는 그에게 이탈리아의 야심은 영국에 대한 승리를 뒤로 미룰 뿐이라는 사실을 알려주었다. 휴전의 형식과 조건들이 전투를 계속하겠다는 영국의 결단에 대해 상당한 심리적인 영향을 줄 것이 분명하였기 때문이다. 그러나 히틀러는 최신 설비를 갖춘 프랑스의 전함들이 자신의 공격을 피해서 북부 아프리카와 영국의 여러 항구들에 정박해 있었는데, 이 전함들이 지나치게 가혹한 조건들을 보고 상대편으로 넘어가든가 아니면 프랑스의 이름으로 식민지를 거점으로 전투를 계속할지 모른다는 점을 두려워하고 있었다. 어쩌면 순간적으로 관대함이 그를 움직였던 것인지도 모른다.

어쨌든 그는 무솔리니가 그 모든 욕심 많은 꿈을 포기하도록 만들고 마지막에는 프랑스 정부가 휴전을 받아들이도록 하는 일이 중요하다고 설득할 수가 있었다. 승리의 기분에 젖어 있던 이탈리아측이 이러한 협상 결과에 얼마나 실망하였든 히틀러의 모습과 그가 제시한 이유들이 효과를 낸 것이다. 비웃기 잘하는 치아노는 그에 관해서 이렇게 적었다. "그는 그런 큰 승리를 거둔 뒤에 오늘 정말 깜짝 놀랄 정도의 절제와 명료함을 지닌 태도로 말한다. 나는 그에 대해서 특별히 호감의 느낌을 가지고 있다고 생각하지는 않지만 이 순간 정말 그에게 경탄하게 된다."[21]

콩피에뉴 숲의 휴전 의식

휴전 의식을 준비하면서 히틀러는 물론 그렇게 너그럽지 않았다. 상대방의 기를 꺾는 상징에 대한 그의 욕구는 이 의식을 파리 북동쪽에 있는 콩피에뉴 숲에서 열도록 만들었다. 1918년 11월 18일에 도이치 대표단에게 휴전 조건들을 제시한 장소였다. 당시 역사적인 만남이 이루어졌던 특등객실을 박물관에서 꺼내다가 1918년에 세워졌던 자리에 다시 세웠다. 쓰러진 도이치 독수리를 묘사한 기념비 위에는 깃발을 덮었다. 조약 초안의 프랑스 말 텍스트는 전날 밤 브룰리 르 페슈의 작은 마을 교회에서 촛불을 밝히고 작성된 것이었다. 히틀러는 때때로 이 작업이 이루어지는 곳으로 가서 작업 상황에 대해서 묻곤 하였다.

만남 자체도 상징적인 보상(補償)의 특성들을 강조한 것이었다. 히틀러는 수행원을 잔뜩 거느리고 15시 직전에 자동차에서 내렸다. 그는 맨 먼저 이 장소 한가운데 있는, '도이치 제국의 범죄적인 오만'이란 말이 적혀 있는 화강암 쪽으로 갔다. 다리를 벌리고 오만한 승리와 이 장소에 대한 경멸의 태도로 의미야 무엇이 되었든 손으로 엉덩이께를 받쳐올렸다.[22] 그는 이 기념비를 갈아버리라고 명령하고 나서 객차에 올라가 1918년 포흐(Foch) 원수가 앉았던 의자에 앉았다. 곧 이어 들어선 프랑스 대표단에게 카이텔이 낭독해 들려준 조약 머리말은 한 번 더 역사를 인용한 것이었다.

바로 이 장소에서 시작되었던 약속 파기, '도이치 민족의 고난의 시기', 그리고 '불명예와 굴욕' 등에 관한 말이었다. 지금, 바로 같은 장소에서 '모든 시대 가장 깊은 치욕'이 해소되어야 한다는 것이다. 조약 문안이 건네지기도 전에 히틀러는 자리에서 일어서서 팔을 쭉 뻗친 인사를 하고 객차를 떠났다. 밖에서는 군악대가 도이치 국가와 호르스트 베셀 노래를 연주하였다.

프랑스에게 승리를 거두고 난 며칠 동안처럼 국민이 완전히 정권의 뒤를 따른 적은 드물었다. 귀국하면서 베를린 운터 덴 린덴 거리를 행진하는 군대.

1940년 6월 21일에 그가 콩피에뉴 숲속의 공터를 별 모양으로 둘러싸고 있는 너도밤나무 가로수를 따라 자기 자동차를 향해 걸어갈 때 그는 인생의 절정에 서 있었다. 한때 상승의 시절에 그는 1918년 11월의 부당함을 원상 복구하기 전에는 쉬지도 않겠다고 약속했다. 그럼으로써 공명과 추종자를 얻었다. 지금 그는 뜻을 이룬 것이다. 오랜 원한은 한 번 더 그 힘을 증명하였다.

도이치 사람들은 처음에 이 전쟁이 의미가 없다고 느꼈지만 콩피에뉴 장면을 보면서 정치를 초월한 정당성을 느꼈고, 내면의 감동으로 '다시 회복된 권리'의 장면을 지켜보았다.[23] 이 며칠 동안 수많은 의심들이 그 무게를 잃거나 존경심과 굴복으로 바뀌었다. 미움은 고독하게 남았다. 지난 몇 년간 국민이 이토록 정권에 대해서 감정을 활짝 터놓은 적은 드물었다. 프리드리히 마이네케(F. Meinecke)조차도 "나는…… 모든 것은 아니라도 많은 것에 대해 의견을 바꾸려고 한다."고 적었다.

6월 후반의 안전부 보고들은 전에 한 번도 이룩된 적이 없는 도이치 민족의 결속을 말하고 있다. 심지어는 지하로 숨어든 공산주의 세력조차도 그 조직적 활동을 거의 멈추었고 오직 교회 세력만이 여전히 '패배주의적'이었다.[24] 이 사건을 둘러싼 이런 축하 분위기는 히틀러의 태도에도 나타났다. 6월 24일에서 25일에 이르는 밤에 아직 총성이 멎기 전에 그는 브륄리르 페슈의 농가에서 불을 끄고 창문을 열어달라고 부탁하고서 몇 분 동안이나 밤을 응시하였다.

파리의 히틀러

사흘 뒤에 그는 파리로 갔다. 예술을 이해하는 수행원들을 미리 불러모았다. 그중에는 알버트 슈페어, 아르노 브레커, 건축가인 헤르만 기슬러(H. Giessler) 등이 있었다. 비행장에서 곧장 그는 대 오페라 극장으로 가서 전문가적인 몽상에 젖어서 건물의 안내를 떠맡았다. 그리고 샹젤리제를 거쳐서 자동차 행렬을 에펠 탑 앞에서 멈추게 했다. 앵발리드 기념관에서는 나폴레옹의 관 앞에 오래 멈추어 서 있었고, 콩코르드 광장의 장관에 열광하였다. 그 다음 몽마르트르로 가서 그곳의 사쿠레쾨르(聖心) 교회를 보고 끔찍하다고 여겼다. 세 시간 뒤에 그는 귀로에 올랐지만 '내 생애의 꿈'이 실현되었다고 말했다.

이어서 그는 두 명의 옛날 전우들과 더불어 1차 대전의 전쟁터들을 이곳저곳 둘러보고[25] 엘자스를 방문하였다. 7월 초에 환호성과 꽃들, 종소리가 울리는 가운데 베를린으로 들어왔다. 그것은 그의 생애의 마지막 개선 행진이었다. 그가 언제나 필요로 했고 현상이 무너지면서 점점 더 갈구했지만 얻을 수 없었던 거대한 개선 행진이라는 아편을 마지막으로 얻은 것이었다.

그는 물론 프랑스 수도를 접수하면서 거대한 개선 행진을 원했지만 이루지 못했다. 부분적으로는 프랑스 사람들의 감정을 보호하기 위해서, 부분적으로는 괴링이 영국 공습에서 안전하다는 보장을 해주지 못했기 때문이었다. 사실상 히틀러는 영국인들의 반응에 대해서 여전히 불안해 하면서 조심스럽게 그들의 행동 하나 하나를 지켜보았다. 도이치 · 프랑스 휴전협정에 그는 런던을 향한 조용한 제안으로 생각되는 조항을 하나 삽입하였다.[26)]

치아노가 7월 초에 베를린에서 다시 이탈리아의 요구를 내놓자 그는 해협 저편의 저항 의지를 일깨울지도 모르는 일은 반드시 피해야 한다는 이유로 거절하였다. 외무부가 평화조약을 위한 상세한 제안들을 작성하는 동안 그 자신은 의회에서 '너그러운 제안'을 포함하는 연설을 하였다. 동시에 그는 자신의 제안이 거부될 경우에 '불과 얼음 폭풍을 영국인들 위에 쏟아부을' 결심도 말하였다.[27)]

파리에 온 히틀러. 앵발리드 기념관에서 그는 나폴레옹의 관 앞에 오랫동안 멈추어 있었다.

처칠

그러나 기다리던 신호는 오지 않았다. 5월 10일에 방위군이 서쪽으로 공격을 개시했을 때 대영제국은 체임벌린에서 그의 오랜 적이었던 윈스턴 처칠로 수상을 바꾸었다. 새로운 수상은 취임 연설에서 자신은 이 나라에 "피와 고난과 눈물과 땀밖에는 제공할 것이 없다."고 말하였다.[28] 그러나 그것은 마치 히틀러와 복잡한 합의를 본 것 같았다. 그리고 패배주의에 깊이 물든 유럽이 이 남자와 더불어 그 규범과 언어와 자기 주장 의지를 되찾은 것처럼 보였다.

그는 모든 정치적 이해관계를 넘어서 이 대결에 거대한 도덕적인 동기를 불어넣고, 단순하고도 누구나 이해할 수 있는 의미를 불어넣었다. 히틀러가 30년대의 모든 적대자들보다 탁월한 정치가였다는 말이 옳다면, 적들을 능가한 그의 그릇 크기를 평가하기 위해서는 적들의 그릇 크기도 알아야 한다는 말도 역시 적절한 것이다. 처칠은 히틀러의 상대역만 한 것은 아니다. 이 도이치 독재자는 공포에 빠진 유럽에 거의 어찌해볼 수 없는 운명처럼 여겨졌다. 처칠은 히틀러를 극복 가능한 차원으로 끌어내렸다.

프랑스 정부가 처칠의 표현처럼 항복이라는 '멜랑콜릭한 결정'을 내린 다음날인 6월 18일에 이미 처칠은 하원에 나가서 어떠한 상황에서도 전쟁을 계속할 것이라는 확고한 결심을 밝혔다. "대영제국과 그 양식(良識)이 1천 년이 흐른 다음에도 여전히 존속한다면 사람들이 '그것이야말로 그들의 가장 위대한 시간이었다'고 말하도록 만들어야 합니다." 그는 정열적으로 전쟁을 조직화하고 두려운 공격에 맞서 섬나라의 방어를 조직하였다.

7월 3일에 히틀러가 아직도 유도의 표지를 기다리고 있는 동안 그는 굴복하지 않는다는 증거로, 오란 항구에 정박해 있는 어제의 동맹자인 프랑스 전함을 향해서 발포하라는 명령을 영국 전함에 내렸다. 히틀러는 놀라고 실망해서 7월 18일로 예고된 의회 연설을 무기한 연기하였다. 승리의 기쁨 속에서 그는 영국인들이 전망 없는 전쟁을 포기하리라고 기대했던 것이다. 특히 자신이 영국의 세계 제국을 건드릴 의사를 조금도 갖지 않았기 때문에 더욱 그러했다. 그러나 처칠은 다시금 보란 듯한 자세로 협상이 있을 수 없다는 사실을 분명히 하였다.

7월 14일 런던 방송에서 그는 다음과 같이 선언한 것이다. "인류 발전의 문서들을 보관하고 있는 이곳 이 막강한 피난처에서, 우리 함대들이 지배하는 바다와 대양들에 둘러싸인 곳, 이곳에서 우리는 위협해오는 습격을 아무런 두려움도 없이 기다리고 있습니다. 어쩌면 그것은 오늘 오겠지요. 어쩌면 다음 주에 올 것입니다. 어쩌면 영영 오지 않을지 모릅니다……. 그러나 우리의 고통이 격렬한 것이든, 오래 끄는 것이든, 아니면 이 두 가지 다이든 우리는 타협하지 않을 것입니다. 우리는 협상을 허용하지 않을 것입니다. 우리는 어쩌면 은총이 지배하도록 할지도 모릅니다만, 절대로 은총을 구하지는 않을 것입니다."[29]

히틀러의 평화 제안

이어서 히틀러는 7월 19일 19시 크롤 오페라에 의회를 소집하였다. 여러 시간이나 계속된 연설에서 그는 처칠과 영국 정부를 향해 답변하였다.

운명이 이 사람들을 쓰러뜨리려고 나를 골랐다면 정말 유감입니다. 전쟁을 하자는 것이 아니라 고귀한 문화를 가진 새로운 사회국가를 건설하자는 것이 나의 의도였기 때문입니다. 전쟁의 해가 흐르면서 해마다 내게서 이 의도를 앗아가겠지요. 그리고 이런 박탈의 원인은 우스꽝스런 공허입니다. 그것은 고작해야 자연의 정치적인 대량 생산품이라고 부를 수 있는 것이지요. 처칠 씨는 전쟁을 원한다고 최근 다시 선언하였습니다. 내가 다음과 같은 것을 예언한다면 그는…… 이번에는 내 말을 곧이곧대로 믿는 것이 좋을 것입니다.

이 전쟁을 통해서 거대한 세계 제국이 붕괴될 것입니다. 그것을 파괴하거나 손상을 입히는 것이 나의 의도였던 적은 한 번도 없었습니다. 나는 다만 이 전쟁의 계속은 두 전쟁 당사국 중 어느 한 편이 완전히 무너지는 것으로 끝날 것이라는 점을 분명히 해두는 바입니다. 처칠 씨는 그렇게 망할 나라가 독일이라고 믿고 있겠지요. 나는 그것이 영국이라는 사실을 잘 알고 있습니다.[30]

널리 퍼진 기대와 달리 히틀러의 연설은 평화 제안을 담지 않고, 다만 일반적으로 울리는 '이성에의 호소' 만을 담고 있었다. 이것은 처칠의 확고함을 보면서 영국과 평화를 맺는 것을 체념하는 최초의 기록 문서였다. 약한 표지를 내보이지 않기 위해서 히틀러는 연설을 하면서 군사력을 과시하였다. 그는 괴링을 총원수로, 열두 명의 장군들을 육군 원수로 지명하고 상당히 큰 폭의 승진을 발표하였다. 그의 희망이 얼마나 작아졌는지는 의회 연설이 있기 사흘 전에 '영국 상륙 작전 준비를 위한 지시 제16호', 가명 '물개' 를 발령했다는 사실에서 알 수 있다.

당연한 일이지만 그는 그때까지는 영국에 대하여 전쟁을 계속할 생각을 해본 적이 없었다. 이 전쟁이 그의 개념에 맞지 않았기 때문이다. 변화된 상황이 그의 생각의 원칙을 바꾸게 하지는 못했다. 행운에 익숙하고 지금까지 적들의 허약함에 버릇이 나빠져서 그는 자신의 천재성, 행운, 자신이 번개처럼 이용할 수 있는 순간의 기회들을 믿었다. 지시 제16호는 구체적인 작전의도라기보다는 오히려 어찌할 바 모르는 분노의 표지였다. "영국이 군사적으로 전망이 없는 상황에서 아직도 협상 준비를 했다는 어떠한 표지도 알려오지 않기에 나는 영국 상륙 작전을 준비하고, 필요하다면 실천하기로 결심하였다."[31]

히틀러가 영국 상륙을 한 번도 진지하게 고려하지 않고 다만 신경전을 위한 무기로만 이용했다는 가능성을 배제할 수는 없다. 1939년 가을 이후로 군사 지휘자들, 특히 해군 사령관 레더 제독은 상륙 작전의 문제점들에 대해서 그의 관심을 불러일으키려고 애썼지만 거듭 실패하였다. 히틀러는 동의를 하자마자 유보 조항들을 말하고 전에는 한 번도 인정한 적이 없는 난점들을 들먹이곤 하였다. '물개' 작전을 발동시킨 지 5일 만에 그는 이 작전의 난점들에 대해서 비관적인 말을 했다. 그는 40개의 육군사단, 보급품 문제의 해결, 완전한 공군 통제력, 해협에 중대포를 드문드문 배치할 것, 엄청난 지뢰 지역 등을 요구하였고, 그 모든 것을 위해 겨우 6주간의 시간만을 허락하였다. "모든 준비가 9월초까지 완료되지 못하면 다른 계획을 고려하지 않을 수 없다."[32]

'브리튼 전투'와 '물개' 작전

히틀러의 망설임은 영국에 대한 그의 콤플렉스에 가득 찬 관계하고만 연관된 것이 아니었다. 오히려 그는 처칠이 동원하고 있는 저항의 근본 발상을 아주 모르지 않았다. 광범위한 해외 거점들을 가진 세계 제국은 다양한 자기 주장의 가능성을 가지고 있었다. 그래서 모국의 침입과 점령이 곧 패배가 되는 것은 아니었다. 영국은 예를 들면 캐나다에서 그를 엉뚱한 장소에서의 전투 안으로 상당히 심각하게 끌어들일 수가 있었다. 그리고 심지어는 두려운 미국과의 전쟁에 말려들게 만들 수도 있었다. 대영제국을 붕괴시키는 일이 성공한다고 하더라도 1940년 7월 13일 회담에서 그가 말한 것처럼 독일이 아니라 '오직 일본, 미국과 다른 나라들'만이 이익을 얻게 될 것이다.[33]

영국에 대한 전쟁을 강화하면서 그는 이러한 사정을 곰곰이 생각하였고, 사실상 영국의 패배가 아니라 그 원조를 얻으려 하는 것은 감상적인 이유들 때문만이 아니라 정치적인 이유에서 나온 행동이었다. 이러한 생각에서 히틀러는 당황한 모습을 보이면서 다음 몇 달간의 전략을 전개하였다. 물자 공급에 타격을 입히고 정치적 공작들을 동원해서 영국을 점차 평화로 끌어들이고, 그럼으로써 동부로 행진할 수 있도록 뒤쪽을 안전하게 만들겠다는 것이다. 그것은 그가 오랫동안 사로잡혀 있던 옛날 꿈의 모습이었다. 그가 정치적인 방법으로 추구하였던 이상적인 배치였고, 지금 공개적인 대립 상황에서도 그가 추구하는 것이기도 하였다.

군사적으로는 도이치의 잠수함들로 브리튼 섬을 '포위'하는 것과 영국에 대한 공중전이 그러한 구상의 실현을 도와줄 것이었다. 이러한 개념의 모순들은 히틀러가 전투를 지휘하면서 오직 절반만 힘을 쏟아붓는 형태로 나타났다. 군사 기구들이 갖은 노력을 다 해보아도 그는 '전면적인' 공중전이나 해전의 개념으로 넘어갈 각오를 하지 못했다.[34]

1940년 8월 13일('독수리 날')에 남부의 비행장과 레이더 기지를 향한 최초의 대규모 공습으로 시작된, 전설이 된 영국 폭격 '브리튼 전투'는 나쁜 날씨 조건으로 해서 심각한 손실을 겪은 다음 9월 16일에 중단되고 말았다. 폭격기들은 목표 지점들 중 어느 한 곳에도 도달하지 못하였다. 영국의 산업에 심각한 타격을 주지도 못했고, 국민을 심리적으로 제압하거나 공중전의 우위도 확보하지 못하였다. 래더 제독이 여러 날 전부터 해군은 착륙 작전 준비가 완료되었다고 보고하였는데도, 히틀러는 이 작전을 '계속' 연기하였다. 방위군 최고사령부의 10월 12일자 지시는 '영국 상륙을 위한 준비는 이제부터 내년 봄까지 오로지 영국에 대한 정치적 · 군사적 압력 수단으로만 유지한다'고 되어 있다.[35] '물개' 작전은 포기된 것이다.

대륙 봉쇄 이념

군사력 투입과 더불어, 정치적인 방식으로 전 유럽이 광범위한 '대륙 봉쇄'를 형성해서 영국을 항복하도록 만들려는 시도가 나란히 이루어졌다. 이러한 목표의 실현을 위한 전제들은 불리한 것은 아니었다. 유럽의 일부는 이미 파시즘 국가였고, 다른 일부는 공감이나 조약으로 제국과 연결되어 있었고, 다시금 다른 일부는 정복되거나 패배하였다. 패배는 대부분 모방적인 파시즘을 상부층으로 도입하는 작용을 해서, 그때까지 이렇다 할 추종 세력은 없어도 어쨌든 권력과 그 결정화 작용을 가지고 있었다.

군사적인 승리는 히틀러를 대륙의 두려운 독재자로 만들었을 뿐 아니라, 그와 그의 정권에서 뿜어나오는 최면적인 후광을 더욱 강화시켰다. 그는 역사의 순간과 미래를 구현하는 힘처럼 보였다. 특히 프랑스의 패배는 민주주의 체제의 무기력과 종말에 대한 증거라고 받아들여졌다. 이 나라는 '정치에 의해서 도덕적으로 파괴되었다'고 나라가 붕괴되었을 때 페텡은 당시 널리 퍼져 있던 민주주의에 대한 염증을 표현하였다.[36] 새로 불거져나온 동남 유럽의 국경분쟁을 해결하기 위한 8월 30일 빈의 중재 회담에서 히틀러는 최고 재판관 역할을 떠맡았다. 민족들은 그의 충고를 기다리고, 그는 이 지역의 운명을 자기 손에 쥐게 되었다.

대규모 대륙 연합은 유럽 전체를 포괄하는 것이어야 했다. 소련, 에스파냐, 포르투갈, 비시가 통치하는 프랑스 지역 등이었다. 그와 함께 대영제국을 주변 지역에서 공격하는 것, 지중해에서 대결을 한다는 계획도 동시에 추진되었다. 지중해의 두 개의 문인 지브롤터와 수에즈 운하를 정복하고, 그로써 북부 아프리카와 서남 아시아에서 영국의 제국주의적 위치를 휘저으려는 것이었다. 동시에 진행된 다른 생각은 포르투갈령인 카보베르데 군도와 카나리아 군도, 아조레스 군도, 마데이라 군도 등을 점령하는 것이었다. 더블린 정부와의 접촉은 아일랜드와 동맹을 맺어서 영국에 맞선 공군 기지를 확보하려는 것이었다.

외교상의 실패

이 모든 군사적 가능성들을 넘어서 한 번 더 위대한 정치적 전망이 1940년 여름에 히틀러 앞에 펼쳐졌다. 파시즘 유럽이 아주 가까이 다가와 있었고, 독일의 헤게모니가 이보다 더 분명해본 적이 없었다. 한동안 그가 자기에게 주어진 기회를 잡으려는 것처럼 보이는 듯도 했다.

어쨌든 히틀러는 그해 가을에 지나간 정치적 성공을 불러내려는 듯이 한 번 더 활발한 외교 활동을 펼쳤다. 그는 에스파냐 외무장관과 여러 번이나 협상하였고, 10월 후반에는 프랑코와 만나러 헨다이에로 갔다. 이어서 그는 몽투아르에서 페탱 및 그의 대리인인 라발과도 만났다. 그러나 9월 27일에 일본 및 이탈리아와 체결한 3자조약을 빼면 그의 모든 외교적 노력들은 성과가 없었다. 특히 11월 중순에 몰로토프가 베를린을 방문한 기회에 추진된, 소련을 3자조약에 끌어들여서 인도양의 영국 지배 지역으로 관심을 유도함으로써 새로운 세계 분할 계획을 위한 동맹 상대로 만들려는 계획이 실패로 돌아갔다.

이 실패는 히틀러가 그 사이 가지게 된, 정치적 행동을 하찮게 여기는 태도에 원인이 있었다. 그것은 새로운 승리자의 감정을 통해서 더욱 상승되었다. 대개의 기록들에 나타나는 그의 협상 기술은 소명 의식에 자리를 내주고, 한때는 사려 깊던 배려는 상스러운 부정직함에 밀려났다. 대화 상대자들은 예전에 주관적인 엉터리 진실들로나마 섬세하게 짜맞추었던 논리적 근거들 대신에 오직 자신의 권리를 더욱 키우려는 생각만 하는 사람의 점점 더 속들여다보이는 이기주의에 맞닥뜨리게 되었다.

그러나 나란히 진행되는 군사 계획들, 곧 '펠릭스(지브롤터)' '아틸라(비시 프랑스의 조심스런 점령)' 등과 같은 계획들을 보면 그가 집중되지 못한 방식과 관심으로 이 계획들을 추진했다는 인상을 받게 된다. 그가 대영제국에 대항한 전쟁 활동 자체를 줄이고, 거대한 대륙 봉쇄 이념의 망상적인 효과만으로 만족하려고 한 것처럼 보이는 것이다. 그의 변하지 않는 최종 목적이 동방으로의 확장이라는 점을 감안해보면, 이러한 방식으로 그는 점점 더 자기 마음을 불안하게 만드는 요소를 가장 많이 막을 수 있었던 것 같다. 미국이 전쟁에 개입해서 모든 노력, 희생, 개념들을 허사로 만들 위험이 점점 더 커지고 있었다.[37]

새로운 개념 : 동부의 번개전

미국의 침입에 대한 두려움은 1940년 여름부터 모든 생각에 새로이 위협적인 색깔을 주었으며 무엇보다도 히틀러의 시간 공포를 크게 만들었다. 프랑스의 패배 이후로 그는 결정도 나지 않는 외교적이고 군사적인 활동을 하느라 에너지를 이리저리 분산시켰다. 도이치 군대는 나르빅에서 시칠리아까지 뻗쳐 있었고, 실패하는 이탈리아의 도움 요청을 받은 1941년 초 이후로는 북부 아프리카에도 주둔하게 되었지만 이런 온갖 활동성에는 모든 것을 결정하는 개념이 결여되어 있었다. 전쟁은 원치 않는 방향으로 흘렀던 것이다.

히틀러가 전쟁 자체를 위해서 뒤바뀐 전선에서 싸움을 시작하고, 전체 계획을 발전시키지 않았다는 사실이 이제 대가를 요구하고 있었다. '총통은 눈에 띄게 의기소침하다'고 육군 부관이 이 무렵 히틀러의 상태에 대한 포괄적인 보고에서 말하고 있다. '그는 이 순간 일이 어떻게 될지 모르고 있는 것 같다.'[38]

전쟁이 이런 방식으로 그의 손아귀를 빠져나가려고 하던 가을에 히틀러는 사상적으로 그것을 새로이 집약해서 하나의 개념으로 되돌리기 시작하였다. 그는 두 가지 가능성을 가지고 있었다. 우선 사방을 향해서 상당한 양보를 함으로써 소련과 일본을 포함하는 강력한 세력권을 형성해서 마지막 순간에 미국을 되돌려놓는 것이다. 그러려면 물론 계획하고 있는 동방 확장 정책이 몇 년 뒤로 미루어질 것이다. 두 번째로는 적당한 시점을 잡아서 동쪽으로 치고 들어가 소련을 번개전으로 제압하고 동반자가 아닌 신하로 거느린 세력권을 형성하는 것이었다.

히틀러는 여러 달 동안 결정을 내리지 못했다. 1940년 여름에 그는 극히 초조한 태도로 무의미하고 부담스런 서부 전쟁을 끝내버리려고 애썼다. 지난 해 6월 2일 뒹케르크 공격이 이루어지고 있을 때 벌써 그는 영국이 '분별 있는 평화조약'을 맺을 준비가 되어 있기를 희망하였다. 자신의 '위대한 본래의 과업, 즉 볼셰비즘과의 대립'을 위하여 '마침내 양손을 자유로' 쓰기 위해서였다.[39] 몇 주 뒤인 7월 21일에 그는 폰 브라우히치에게 러시아에 대항하여 전쟁을 일으키기 위한 '사상적인 준비'를 하라고 요구했다.

그리고 당시의 승리 분위기 속에서 1940년 가을 전쟁을 개시할 것인가 하는 생각도 했다. 그러나 방위군과 참모부의 건의서는 그에게 그러한 기도가 실현 불가능하다고 입증하였다. 그 이후로도 그는 계속 시간적으로 분리된 두 번의 대결을 포기하고 서부전선과 동방 확장을 결합하여 단 한 번의 세계 전쟁을 한다는 생각에 집착하였다. 7월 31일에 그는 할더에게 다음과 같이 이런 생각의 근거를 제시하였다.

> 영국의 희망은 러시아와 미국이오. 러시아에 대한 희망이 사라지면 미국도 사라집니다. 러시아의 탈락이 동양에서 일본의 가치를 이루 헤아릴 수 없을 정도로 높일 것이기 때문입니다……. 러시아가 독일이 커지는 것을 원치 않는다는 말을 영국측에 하기만 하면 영국은 술 취한 사람처럼 여섯 달에서 여덟 달 사이에 사태가 완전히 바뀌게 되리라고 바라게 될 겁니다. 그러나 러시아가 붕괴되면 영국의 마지막 희망이 사라지지요. 그렇게 되면 독일이 유럽과 발칸 반도의 주인이 되는 겁니다.
>
> 그러니까 이러한 대립의 일환으로 러시아가 제거되어야 합니다. 1941년 초에 말이죠.[40]

9월, 그리고 11월 초에 한 번 더 히틀러는 다시 마음이 흔들려서 동맹을 더 낫게 보는 듯했다. '일찌감치 러시아를 반영국 전선으로 끌어들일 수 있기를 희망한다'고 11월 1일에 할더는 기록하고 있다. 그러나 사흘 뒤에 나오는 기록은 다른 대안을 암시하고 있다. 히틀러는 이때 다음과 같이 말한 것으로 기록되어 있다. 러시아는 '유럽의 모든 문제인 채로 있어야 한다. 거대한 담판을 향한 각오를 위해 모든 조치가 취해져야 한다.'[41]

12월이 경과하면서 비로소 이러한 생각에 종말을 고하고 히틀러는, 자신의 본질과 초조하게 추구해 온 핵심적 이념, 그리고 당시의 과대망상에 어울리는 결정을 내린 듯하다. 즉 소련에 대항하는 전쟁을 가능한 한 즉각 시작한다는 생각이었다. 루스벨트가 미합중국의 대통령으로 다시 선출된 것과 몰로토프와의 협상이 분명히 그의 결심을 촉진하였다.

어쨌든 그는 소련 외무장관이 출발한 다음날 벌써, 이것은 '타산적인 결혼감도 못 된다'고 말했다. 그리고 동쪽에 적절한 총통사령부를 위한 지역과 북부, 중부, 남부에 세 개의 사령부를 위한 자리를 알아보고 '조속히' 건설하라는 명령을 내렸다.[42] 12월 17일에 그는 요들 장군에게 전선을 위한 작전상의 사색들을 털어놓았고 "1942년 이후로는 미국이 개입할 상황에 있으므로 우리가 1941년에 유럽 대륙 지역의 모든 문제들을 해결해야 할 것"이라는 말로 끝을 맺었다.[43]

서부에서 전쟁이 끝나기도 전에 소련을 공격하겠다는 결정은 히틀러의 '맹목적인' '수수께끼 같은' '이해하기 힘든' 결정으로 여겨져 왔다. 그러나 그것은 첫눈에 보기보다는 더 많은 합리성과 동시에 더 많은 절망을 포함한 것이었다. 히틀러는 이 공격 명령을 자신이 내려야 했던 수많은 '가장 힘든 결정들' 중의 하나라고 올려세움으로써 이 명령과 관련된 문제성을 분명하게 보여주었다. 1945년 초부터 수상관저 지하 벙커에서 마르틴 보어만(M. Bormann)에게 불러주었던 회고적인 관찰에서 그는 다음과 같은 발언을 하고 있다.

나는 전쟁 기간 동안 러시아 공격보다 더 힘든 결정을 내린 적이 없다. 어떤 경우라도 이중 전선 전쟁을 피해야 한다고 나는 거듭 말해 왔다. 나아가 내가 다른 어떤 사람보다도 더 많이 나폴레옹의 러시아 체험에 대해서 생각했다는 점을 아무도 의심하지는 않을 것이다. 그런데 어째서 러시아에 대항하여 전쟁을 해야 했으며, 어째서 하필 이 시점이어야 했느냐?

우리는 영국 영토에 대한 성공적인 공격으로 전쟁을 마무리지을 희망을 잃어버렸다. 멍청한 지도자들이 통치하는 이 나라는 유럽에서 우리의 우월성을 인정하고 승리 없이 우리와 평화를 체결하는 일을 거절하였다. 독일 제국에 원칙적으로 적대적으로 대항할 거대한 세력이 대륙에 남아 있는 한 말이다. 전쟁은 따라서 영원히 계속되고 영국인들에 뒤이어서 미국이 점점 더 활동적으로 참전하는 것이 불가피하게 되었다. 미국 잠재력의 의미, 중단 없는 무장……, 영국 해안이 가깝다는 점, 이 모든 것은 우리가 장기전으로 돌입해서는 안 된다는 점을 알리고 있었다. 시간이—언제나 시간이 문제다!—점점 더 우리에게 적대적으로 작용할 것이기 때문이다.

영국인들이 자기들의 의무로 돌아가고, 평화를 지향하도록 만들기 위해서는 그들에게서 대륙에서 우리 정도의 적대자, 곧 붉은 군대를 우리에게 마주세운다는 희망을 빼앗는 것뿐이었다. 우리는 선택의 여지가 없었다. 유럽의 장기판에서 러시아 장기말을 없애는 것은 우리에게 피할 수 없는 숙제였다. 거기에 대해서는 두 번째의, 똑같이 심각한 이유가 있었다. 그것은 그 자체로 이미 충분히 고려할 만한 이유였다. 즉 러시아가 그 존재 자체만으로 우리에게 제공하는 엄청난 위험이었다. 러시아가 어느 날 우리를 공격한다면 그것은 우리에게는 재앙이 될 것이 분명했다.

러시아를 제압할 우리의 유일한 기회는 러시아를 앞지르는 것뿐이었다……. 우리는 붉은 군대에게 사령부의 이점을 제공할 수는 없었고, 그들의 자동화 부대가 행군하도록 우리의 고속도로를, 그리고 사람과 물자를 운반하도록 우리의 철도망을 내줄 수는 없었다. 우리는 행동의 주도권을 쥐게 된다면 그들을 자기들 나라에서 기습할 수 있었다. 우리나라처럼 문명화된 나라의 영토가 아니라, 그들의 늪지와 진흙뻘에서 말이다. 우리나라에서 싸운다면 그것은 그들에게 유럽을 기습할 도약대를 마련해주는 꼴이 되었을 것이다.

어째서 1941년이었느냐? 가능한 한 망설임을 줄여야 했기 때문이다. 더욱이 서부의 적은 전투력을 계속 증강하고 있는 상황이었다. 나아가 스탈린 자신도 가만히 있지는 않았다. 양쪽 전선에서 시간은 우리에게 불리하기만 했다. 그러므로 '어째서 1941년 6월 22일이었느냐?' 가 문제가 아니라 '어째서 더 일찍 하지 못했던가?' 가 문제였다……. 지난 몇 주 동안 나의 강박관념은 스탈린이 나를 앞지를지도 모른다는 것이었다.[44]

1940년 여름과 가을 히틀러의 생각을 온통 사로잡은 것은 실패로 돌아간 굳어진 전쟁의 상황을 갑작스럽고 깜짝 놀라운 공격을 통해서 변화시키고 그럼으로써 거대한 정복 이념을 실현하겠다는 은밀한 희망이었다. 그런 방식으로 그는 생애의 불운에서 자주 빠져나오곤 했던 것이다. 잔뜩 부풀어오른 망상 속에서 대 러시아 전선이 갑자기 예상치도 못했던, 온갖 어려움이 마법을 쓴 것처럼 갑자기 해결되는 국면으로 바뀌어서 세계 지배의 실현을 위한 전제처럼 여겨지게 되었다.

1941년 1월 9일에 그는 방위군과 육군 최고사령부를 앞에 놓고 이렇게 말했다. 독일은 "공격할 수 없게 될 것이다. 러시아의 거대한 공간은 측량할 수 없는 부를 감추고 있다. 독일은 그것을 경제적 · 정치적으로 지배는 하지만 합병하지는 말아야 한다. 그럼으로써 독일은 장차 대륙들에 대항한 전투를 수행할 온갖 가능성을 다 얻게 되고 그렇게 되면 그 누구도 독일을 패퇴시킬 수 없을 것이다."[45]

소련의 빠른 붕괴는 일본에게 오랫동안 계획해 온, 그러나 배후에 소련의 위협을 놓고 거듭 미루어 온 '남방 팽창' 을 위한 신호가 될 것이라고 그는 생각하였다. 그것은 다시 미국을 태평양에 묶어두고 따라서 유럽에 거리를 두게 할 것이고, 그렇게 되면 대영제국도 항복하는 수밖에 없게 될 것이라 여겼다. 북 아프리카, 근동 아시아, 코카서스 등에 대한 광범위한 3중의 협공을 통해서, 러시아 정복에 이어 아프가니스탄으로 나갈 생각이었다. 그곳에서 방해가 되는 영국 세계 제국의 중심부, 곧 인도로 나가기 위해서였다. 그가 꿈꾼 대로 세계 지배가 가까이 다가선 것이다.

이러한 개념의 약점은 분명한 것이었다. 히틀러는 지금까지 소련 침공의 전제조건으로 서쪽의 안전을 요구해 왔고, 두 개 전선과의 갈등을 피한다는 것이 독일 외교정책의 기본 원칙이었다.[46] 지금 그는 예방 기습을 통해서 이러한 안전을 확보하고 두 개 전선 전쟁보다 앞서기 위해서 두 개 전선 전쟁이라는 모험을 감행하려는 것이다. 그는 또한 적을 얕잡아보고 자기 쪽 힘을 웃잡아보았다. '우리는 3주 안에 페테르부르크에 있게 될 것'이라고 그는 12월 초에 말하고 불가리아 대사인 드라가노프에게 소련 군대는 '재치 이상은 아니다'라고 말했다.[47]

무엇보다도 현실과 밀접하게 연관시켜서 생각할 능력이 없다는 사실이 여기 드러나고 있다. 언제나 그는 최초의 조치들에 대한 계획이 잡히면 현실의 발판을 떠나서 생각을 합리적으로가 아니라 몽상적으로 끝맺곤 하였다. 예상하는 승리에 이어서 동부에서의 진행 상황에 대해 생각하는 것을 소홀히 했다는 것이 그런 성향을 잘 보여주고 있다. 그것은 폴란드 침공과 이어서 프랑스 전선에서 이미 범한 것과 똑같은 실책이었다.

겨울이 오기 전에 새로운 번개전을 해서 모스크바까지 혹은 심지어 우랄까지 진출하는 일이 성공한다고 해도 절대로 전쟁이 끝나는 것이 아니라는 점을 그는 인정해야 했다. 소련에는 모스크바 뒤, 우랄 뒤쪽에도 여전히 광대한 공간이 남아 있어서 그곳에서 남은 병력을 결집하고 조직할 수가 있을 것이기 때문이다. 그가 생각한 대로 국경을 다소 허술하게 유지한다고 해도 광대한 러시아 국경선은 여전히 대단히 강력한 도이치 군세력을 묶어 둘 것이기 때문에 영국과 미국의 전쟁 의지를 북돋우기에 아무런 문제가 없었다.

그러나 히틀러는 이런 구체적인 가능성을 완전히 생각해보지 않았다. 오직 '붕괴'니 '와해'니 하는 공허한 공식들로 감격하고 만족하곤 하였다. 중부 육군단 사령관으로 예정되어 있던 보크(Bock) 원수가 2월 초에 그에게, 붉은 군대에 대한 군사적 승리는 가능하다고 간주하지만 '소련이 어떻게 평화조약을 체결하도록 강요할지'는 상상이 되지 않는다고 말하자 히틀러는 명확하지 않은 태도로 "우크라이나, 모스크바, 레닌그라드를 정복하고 나면…… 소련 사람들은 분명히 화해에 동의하게" 될 것이라고 대답하였다.[48] 이런 발언은 분명히 그의 사색의 불완전성을 드러냈다.

발칸 전선

그러는 동안 그는 이의를 받아들이지 않았다. 어떤 논쟁이나 반대에도 굴하지 않고 공격 준비를 하였다. 1940년 10월, 페텡과 만난 날 밤에 그는 무솔리니의 편지를 통해서 그리스를 침공하려는 이탈리아의 의도를 알게 되었다. 이 예상치도 못했던 조치가 발칸 반도 사건에 독일을 연루시키게 되리라는 분명한 전망이 그로 하여금 여행 일정을 변경해서 서둘러 잡은 피렌체 회담에 참석하도록 만들었다.

전에도 여러 번이나 비슷하게 갑작스러운 일들을 저질러서 독일측을 놀라게 했고, 수많은 승리에 대해 독일이 대가를 치르도록 만들었던 무솔리니는 히틀러의 도착 몇 시간 전에 갑자기 작전을 개시하였다. 동맹국 이탈리아가 예상했던 어려움에 빠지자 독일군 부대를 그리스로 파견할 필요성이 생겼지만 그런 일이 히틀러가 동부 전선에 대한 계획과 진군을 계속 추진하는 일을 방해하지는 못했다.

그는 무솔리니가 알바니아에서 곤경에 빠지고 1940년 12월 초에 북부 아프리카 전선의 붕괴를 체험했을 때와 다르지 않게 반응하였다. 히틀러는 이런 재앙들을 맞아 침착하게 대처하였고, 필요한 지시를 내리고 거듭해서 위태로운 장소에 새로 사단들을 파견하였다. 그러면서 단 한 순간도 자신의 중요 목표에 대해서 마음이 흔들리지 않았다. 2월 28일에 그는 동맹국 루마니아 영토에서 불가리아에 있는 소련인들에 대해 예비 조치를 취해야 했다. 약 한 달 뒤에 그는 반란을 일으킨 장교 그룹을 통해서 도이치 영향권에서 벗어나려고 시도했던 유고슬라비아를 점령하였다.

이런 새로운 활동에도 불구하고 그는 소련 침공을 잊어버리지 않았고, 다만 뒷날 큰 불행의 원인이 될 4주의 기간을 연기했을 뿐이었다. 4월 17일에 그는 유고슬라비아 군대의 항복을 받았다. 6일 뒤에는 무솔리니 군대에 대해서 그토록 오래 효과적인 저항을 했던 그리스 사람들이 항복하였다. 한편 북 아프리카로 파견한, 롬멜(Rommel) 장군 휘하 군단은 12일 안에 이탈리아 사람들이 잃어버린 치레나이카 전지역을 탈환하였다. 곧 이어서 1941년 5월 20일과 27일에 도이치 낙하산 부대가 크레타 섬을 접수하였다.

한 순간 동부 지중해에서 영국의 전체적인 세력 붕괴가 눈앞에 다가온 것처럼 보였다. 래더와 해군 지도부는 점점 더 강조하면서 1941년 가을에 영국의 근동 거점들에 대한 대규모 공격을 요청하였다. 그것은 대영제국에 대해 '런던을 접수한 것보다도 더 치명적인' 것이 되리라는 주장이었다. 뒷날 밝혀진 상대방의 고려는 이 생각이 옳았다는 것을 확인해주었다. 그러나 히틀러는 무엇보다도 중요한 동방 팽창의 이념을 다시 미룰 마음이 없었다. 그래서 주변인물 중 일부가 그의 마음을 바꾸려고 노력하였지만 아무런 성과도 없었다.[49] 미국의 물질적 지원이 점차 뚜렷하게 나타나고 있었고, 공중전에 이어서 잠수함 전투도 패배할 것처럼 보이는 서부전선의 상황도 그를 제지할 수 없었다.

루돌프 헤스의 영국행

히틀러는 새로운 전쟁 개념의 수많은 약점들을 보았고 고려했을지도 모른다. 이중전선의 위험, 정복할 수 없이 넓은 공간 러시아에서 겪은 나폴레옹의 체험, 동맹국 이탈리아의 이탈, 자국 군대의 체력 소모 등이 번개전 개념을 분명하게 부인하고 있었다. 그가 그 모든 것 위에 내세운 고집은 자신의 중심적인 생각에 대한 집착에서 나온 것이다.

1941년 초여름이 자신의 생각을 실현할 마지막 기회라는 사실을 그는 점점 더 분명히 의식하였다. 그는 자기 말마따나 총알이 단 한 방 남은 남자의 상황에 있었고,[50] 장전 효과가 분명히 줄어들고 있다는 것이 특수한 점이었다. 그도 알고 있었지만 물자전과 소모전의 특성을 받아들일 경우 전쟁을 이길 수는 없었다. 그렇게 되면 독일은 점점 더 소련에 의존하게 될 것이고, 마지막에는 오직 미국의 우세만이 입증될 것이기 때문이다.

공격 이념의 배후에는 불확실하고 애매한 형태로나마 소련에 대한 공격을 통해서 자기를 편들어주었던 보수적인 힘들의 중립을 되찾겠다는 희망이 작용하고 있었다고 생각할 수도 있다. 그 옛날 공동의 적을 다시 적으로 여김으로써 말이다. 어쨌든 이것은 1941년 5월 10일에 '뒤집어진 전쟁'을 끝낸다는 의무를 지고 영국으로 날아갔던 그의 옛날 숭배자 루돌프 헤스를 움직인 희망이었다. 그러나 그를 향해 돌아온 무관심은, 그런 기회마저도 이미 사라졌고 히틀러는 정말로 선택의 여지가 없다는 사실을 분명히 해주었다. 이 시점에 동부 전쟁을 개시하겠다는 그의 결정은 절망의 행동과 같았다. 그에게 아직 남아 있던 유일한 길은 몰락으로의 길이었다.

자기 설득

히틀러가 이 딜레마를 얼마나 분명하게 파악하고 있었던가 하는 것은 1940년 가을 이후의 발언들이 풍부하게 증언해준다. 외교관들, 장군들, 정치가들과의 회의는 개별적인 의미를 넘어서 항구적인 자기 설득 과정에 대한 기록문서이다. 적을 해롭지 않게 하거나 깔보는 것, 적을 끔찍하게 여기는 것 등은 그 과정에서 중요한 의미를 가진 것이었다. 소련은 한편으로는 '머리 없는 점토덩어리'거나 아니면 '볼셰비즘화한 사막' '그냥 끔찍한' 존재이고, '전 유럽을 위협하는 민족적 · 세계관적 돌진'이고 한때 체결한 조약이 갑작스럽게 '매우 고통스러운' 것이 되었다.[51]

그리고 나서 그는 두 개 전선 전쟁을 하지 않을 것이라고 말했다. 1941년 3월 30일에 그는 장군들에게 이렇게 말했다. "이제 뒤쪽이 자유로운 상태에서 러시아를 공격할 가능성이 생겼습니다. 그것은 쉽게 다시 오지 않을 가능성입니다. 내가 이 기회를 잡지 않는다면 나는 도이치 민족의 장래에 대한 범죄자라고 할 것입니다!" 모든 도이치 연합의 목표와, 마침내 프랑스 전선까지 쟁취한 초기 국면의 '수정주의적인' 노선을 인정하였던 여론이 이제 명백한 거부 의사를 표시했지만 그에게 아무런 인상도 주지 못했다. "선전에 일부 암시된, 유럽의 지도 국가라는 미래 독일의 역할과 동부 지역의 직접 합병이라는 생각은…… 국민 대부분의 생각에 다가가지 못하고 있다."는 근심스런 상황보고도 그를 걱정하게 만들지 못했다.[52]

자신의 결정들이 높으신 섭리의 보장을 받고 타당성을 인정받은 것이라는, 점점 더 초조해지는 확신으로 그는 자신의 요구들을 뒷받침하였다. 자신의 결정들을 비합리적인 방법으로 확인하려는 이런 노력은 불안 상태를 가장 분명하게 반영하고 있었다. 마적인 자기 확인 행동들이 실무적인 대화에 직접적으로 끼여드는 일도 드물지 않았다. 예를 들면 1941년 3월에 그는 어떤 헝가리 주재 외교관에게 독일과 미국의 군비를 비교한 다음에 다음과 같이 설명하였다. "과거 자신의 길과 제안들을 되돌아보면 섭리가 이 모든 일을 그렇게 만들었다는 확신에 도달하게 된다고 그는 말했다. 자기가 원래 추진했던 일을 평화적인 방식으로 해결했다면 그것은 오직 절반의 해결이었을 뿐일 거라고 했다. 그런 해결 방식은 언젠가는 분명히 또 다른 분쟁을 야기시켰을 것이라는 말이다. 그는 터키에 대한 우리의 관계가 개선되었으면 하는 특별한 소망을 가지고 있다고 했다."[53]

결정이 내려지다

1940년 여름 이후로 독일과 소련 사이에는 일련의 외교적 마찰이 있었다. 그것은 모스크바측이 두려울 정도로 상승한 독일 제국의 세력에 대항하여 전진기지를 확보하려는 가차없는 시도를 한 탓이라고만 돌릴 수는 없었다. 러시아는 발트 연안 국가들과 루마니아의 일부를 합병하고 발칸에서 도이치의 영향력 확대에 끈질기게 저항한 것이 사실이었다. 그러나 1941년 모스크바 주재 영국 대사인 스태포드 크립스(S. Cripps) 경은, 소련은 독일에 대항한 전쟁에 말려들게 만들려는 모든 노력에 '절대로 확실하게' 저항할 것이라고 판단하고 있다. 히틀러 자신이 소련을 침공하기로 결심하지만 않는다면 말이다. 그리고 그는 히틀러가 자기 적들에게 그렇게 좋은 일을 해주지는 않을 것이라고 생각했다.[54]

그러나 히틀러는 그렇게 했다. 치명적인 상황의 온갖 어려움에도 불구하고 히틀러의 소련 침공 결심은 한 번 더 그의 결정 방식의 본질을 보여주었다. 그것은 일찍부터 그의 특징이었던 자살자 스타일의 결정들 중 가장 두려운 최후의 결정이었다. 절망적인 상황에서 어차피 암담한 사정을 두 배로 확대하는 결정이었던 것이다. 물론 그의 계산은 부정적인 측면에서만 진실이었다. 그가 대 소련 전선에서 패배한다면 실질적으로 전체 전쟁도 패배하게 된다. 그에 반해서 그가 동부에서 승리를 거둔다고 해도 전체 전쟁에서 승리를 할 수는 없었다. 그 자신은 아무리 그렇게 믿으려고 해도 말이다.

그러나 또 다른 측면에서 히틀러의 공격 결심은 특이한 일관성을 보여주었다. 모스크바 조약은 '정치적' 국면에서 나온 것이었다. 그는 그 사이 이러한 정치적 국면을 극복해버렸다. 그것은 전략적 동기에서 자신의 이데올로기 원칙들을 배신한 것이었고 따라서 시대에 뒤떨어진 요소였다. "이 조약은 한 번도 정직한 것이 아니었다."고 히틀러는 부관 한 사람에게 말했다. "세계관 차이가 그토록 깊기 때문"이었다.[55] 이제 중요한 것은 과격한 고백의 정직성이었다.

1941년 6월 21일에서 22일로 넘어가는 새벽 3시 직후에 무솔리니는 잠자다가 히틀러의 특사에 의해 불려나갔다. "나는 밤이면 하인도 방해하지 않는다. 그런데 도이치 사람들은 인정머리없이 나를 침대에서 불러냈다."고 그는 기분이 상해서 불평했다.[56] 이 편지는 "여러 달에 걸친 근심에 가득 찬 숙고"를 지적하는 것으로 시작되고 있다. 그러고 나서 무솔리니에게 공격이 임박했음을 알리고 있다. 히틀러는 끊임없이, 그리고 자기중심적으로, 자신을 주제로 다루고 있는 이 문서에서 이렇게 말하고 있다. "나는 이 결심에 도달한 이후 내적으로 다시 자유를 느낍니다. 소련과의 협조 관계는 궁극적인 긴장 완화를 가져오려는 노력의 정직성에도 불구하고 내게는 극히 부담스러운 것이었습니다. 그것은 어딘지 나 자신의 출생, 나의 견해, 나의 이전의 의무들과의 결별을 뜻하는 것으로 여겨졌기 때문입니다. 이러한 영혼의 고통을 제거하게 된 것이 기쁩니다."[57]

이 안도의 느낌은 근심스러운 바탕음을 깔고 있었다. 가까운 주변, 특히 군 수뇌부는 낙관적인 말만 했다. '도이치 병사에게 불가능한 것은 없다'고 1941년 6월 11일자 발칸과 북 아프리카 전투에 대한 방위군 보고서가 밝히고 있다. 히틀러 자신은 압력과 불안에 사로잡힌 모습이었다고 보고되고 있다. 그러나 그는 자신의 생애의 꿈을 그대로 놓아둘 사람이 아니었다. 하물며 이러한 꿈을 이루기까지는 겨우 몇 주짜리 전투 하나가 가로놓여 있을 뿐인데 말이다.

그러고 나면 동방의 거대 공간을 얻게 될 것이고, 영국은 몸을 굽히고, 미국도 굴복하고, 전세계는 그를 숭배할 것이다. 위험은 오직 목적의 도발적 특성만 높여주었다. 그는 공격 전날 밤 분주한 진군 분위기 한가운데서 이렇게 말했다. "마치 어둡고, 한 번도 본 적이 없는 방으로 통하는 문 앞에서 저 문 뒤에 무엇이 있는지도 모르고 서 있는 것 같다."[58]

제2장 잔혹한 인간 살육전

'바르바로사'가 일어선다면 세계는 숨을 멈추고 조용히 행동할 것이다.

—아돌프 히틀러

153개 사단, 자동차 60만 대, 전차 3,580대, 총기 7,184정, 비행기 2,740대로 히틀러는 1941년 6월 22일 새벽 3시 15분경 소련 공격을 개시하였다. 그것은 역사상 한 장소에 집결된 가장 거대한 전투력이었다. 도이치 군 부대와 나란히 루마니아 군 12개 사단과 10개 여단, 핀란드 사단 18개, 헝가리의 3개 여단, 슬로바키아의 2.5개 사단, 그리고 뒷날에는 이탈리아 군 3개 사단과 에스파냐의 '푸른 사단'까지 가세하였다.

대부분 그 이전 전선의 예에 따라서 이번 공격도 선전포고 없이 이루어졌다. 이번에도 공군의 기습적인 대량 투입으로 전투를 개시하였다. 이 기습전은 한 번에 소비에트 러시아의 전투기 약 1천 대를 파괴하였다. 폴란드와 서부전선에서도 그랬지만 공격자들은 대대적으로 전차부대를 쐐기처럼 적진 깊숙이 박아넣고, 그런 다음 재빠른 가위 모양의 작전으로 강력한 포위전에 들어갔다. 러시아를 향해 '아르고 원정'을 할 계획은 없다고 히틀러는 지난 몇 해 동안 되풀이해서 말해왔다.[1] 이제 그는 원정길에 나섰다.

군대에 뒤이어서, 히틀러가 이미 3월 3일에 내린 명령, 곧 '유대 · 볼셰비즘 지식인'을 가능한 한 작전 지역에서 근절하라는 명령을 받은 특수 부대가 두 번째 파도처럼 뒤를 따랐다.[2] 이 명령이야말로 처음부터 이번 전투에 모든 경험을 뛰어넘는 유례 없는 성격을 부여한 것이었다. 전선이 전략적으로 전체 전쟁과 얼마나 결부되어 있든 대 러시아 전쟁은 본질적 · 도덕적으로 완전히 새로운 것이었다. 즉 3차 세계대전의 특성을 지닌 것이었다.

인민위원 명령과 특수부대

어쨌든 그것은 '유럽의 정상적인 전쟁'의 개념을 벗어난 것이었다. 지금까지는 정상적인 전쟁의 법칙들이 전쟁을 규정해 왔다. 폴란드에서 새롭고 과격한 행동의 기미들이 드러나기는 했지만 말이다. 그러나 폴란드 점령지역에서 친위대의 테러 통치가 지역의 군 지휘자들 사이에 불러일으켰던 저항의 체험이야말로, 히틀러로 하여금 작전지역에서 이 이데올로기적인 파괴 전쟁을 실시하도록 자극한 원인이었다. 수많은 복잡성, 우회로, 뒤바뀐 전선 배치 등이 있은 다음 대 러시아 전쟁이야말로 바로 그 자신의 전쟁이었기 때문이다.

이 전선에서 그는 조금도 양보할 수 없었다. 한 줄기 광란 상태를 드러내며, 점차 다른 전쟁터를 소홀히 하면서까지 그는 이 전쟁을 무자비하게 이끌어갔다. 그는 전술적인 배려도 하지 않았다. 다시 말하자면 최면적인 해방구호들의 도움으로 우선 군사적 우세를 확보하고, 그런 다음에 비로소 노예화 작업과 절멸작업을 시작한다는 방식을 포기하였다. 이제 그는 오직 최종 해결만을 추구하였다. 이 점은 바로 그의 지속적인 정치 포기의 징후였다. 1941년 3월 30일에 그는 베를린 수상관저에서 거의 250명의 육해공군 고위 장교들을 소집하고 두 시간 반 동안 연설하면서 앞에 놓인 전쟁의 새로운 성격을 설명하였다. 할더의 일기장은 그 점을 확인해주고 있다.

> 러시아에 대한 우리의 의무 : 방위력을 파괴하고, 국가를 해체시킬 것……. 두 개 세계관의 싸움이다. 볼셰비즘에 대한 파괴 판결은 반사회적인 범죄를 향한 것과 같다. 공산주의는 미래에 대한 엄청난 위험이다. 우리는 병사의 동

소련 전선. 군대에 뒤이어서 히틀러가 이미 3월 3일에 내린 명령, 곧 '유대 · 볼셰비즘 지식인'을 가능한 한 작전지역에서 근절하라는 명령을 받은 특수부대가 두 번째 파도처럼 뒤를 따랐다.

지애라는 관점에서 벗어나야 한다. 공산주의자는 전에도 동지가 아니었고 뒤에도 동지가 아니다. 절멸 정책이 중요하다…….

와해시키는 독(毒)에 대항한 전쟁을 수행해야 한다. 이것은 전범 재판의 문제가 아니다. 군 지도자들은 무엇이 문제인지 알아야 한다. 그들은 전쟁 속으로 들어가야 한다……. 인민위원들과 소련 비밀경찰은 범죄자이며 범죄자로 취급되어야 한다……. 이번 전쟁은 서부 전쟁과는 아주 다르다. 동부에서는 미래를 위해서 가혹함이야말로 온화함이다.

지도자들은 망설임을 극복하는 희생을 자신에게 요구해야 한다.[3)]

그 자리에 참석한 누구도 이런 공범 호소에 반박하지는 않았지만 히틀러는 장군들이 전통적인 계층 규범에 사로잡혀 있다고 의심하였고, 그래서 냉혹함의 구호로만 만족하지는 않았다. 그의 모든 노력은 전통적인 전쟁 지도부와 특수임무조 사이의 거리를 없애는 데 집중되었고, 특수임무 요소를 절멸 전쟁이라는 전체 모습 안으로 끌어들이려고 했다. 그렇게 되면 전쟁에 참가한 사람 모두가 범죄자가 된다.

이렇게 준비된 노선의 결과 후방 통치권은 방위군에서 빼내서 특수위원회에 넘겨지고, 친위대 대장인 하인리히 히믈러에게는 총인원 3천 명으로 이루어진 안전경찰과 안전부의 4개 부대를 거느리고 작전지역에서 '특수임무'를 수행하라는 임무가 주어졌다. 이것은 '대립적인 두 경찰 국가간의 최종 승부를 가리는 전쟁에서 생겨난' 임무였다.

1941년 5월 프레치에서 열린 모임에서 하이드리히는 특수부대 지휘자들에게 구두(口頭)로, 모든 유대인, 모든 '아시아 소수민족', 모든 공산당 간부, 모든 집시들을 죽이라고 명령하였다.[4] 동시에 내려진 '총통 지시'는 방위군은 적대국 시민들에게 행해진 범죄 행위를 조사하지 말라는 것이었다. 또 다른 명령, 1941년 6월 6일의 이른바 인민위원 명령은, 붉은 군대의 정치적 인민위원들은 '야만적인 아시아식 전쟁 방식의 원흉들로서……, 전투 중에 혹은 저항 중에 잡히면 원칙적으로 즉석에서 무기로 처리'되어도 좋다는 것이었다.

한편 방위군 최고사령부의 '노선'이 공격 개시 직전에 동부군 3백만 명 이상에게 전달되었는데, 그것은 '볼셰비즘 선동가, 의용군, 태업자들, 유대인에 대한 가차없고 열정적인 조치를 취할 것과 모든 적극적 · 소극적 저항을 중단 없이 제거할 것'을 요구하고 있다.[5] '몽골 침략'의 이미지들을 떠올리고, '슬라브 하위 인간'에 대항한 요란한 캠페인이 이러한 조치들을 뒷받침하였다. 볼셰비즘이란 이미 아틸라와 칭기즈 칸이 감행했던 아시아인들의 유럽 해체 욕구의 현대적인 표현이라고 규정되었다.

이 모든 요소들은 동부 전쟁에 비정상적인 이중 성격을 부여하였다. 그것은 한편으로는 공산주의에 대항한 세계관의 전쟁이었다. 수많은 십자군 분위기가 이 공격에 덧붙여졌다. 그러나 다른 한편으로, 그리고 앞의 것에 못지않은 강도로 이것은 19세기 스타일의 식민지 정복 전쟁이었다. 물론 전통적인 유럽 강국 한 곳을 겨냥하고 있으며, 이 국가를 해체하려는 목적을 가진 정복 전쟁이었다.

히틀러 자신이 7월 중순에 가까운 수뇌부를 향해서 '볼셰비즘에 대항한 유럽의 전쟁'이라는 공식을 분노 속에 물리쳤을 때 그는, 전면에 내세운 선전구호들을 뒷받침하는 자신의 이데올로기를 스스로 웃음거리로 만든 셈이었다. 그는 이 전쟁의 이유를 이렇게 밝혔다. "근본적으로 거대한 케이크를 손에 잡기 좋게 자르는 것이 문제다. 그것을 첫째로 장악하고, 둘째로 통치하고, 셋째로 약탈할 수 있도록 말이다." 물론 이 합병 의도는 처음에는 감추어졌다. "모든 필요한 조치들을—사살, 강제 이주 등—우리는 할 것이고, 할 수 있다."[6]

방위군이 질풍처럼 앞으로 나가서 거의 보름 만에 드네프르 강에 도달하고, 일주일 뒤에는 스몰렌스크까지 나가는 동안 특수부대는 점령지역에 테러 통치부를 세우고 도시와 지역들을 이 잡듯 뒤지고, 유대인, 공산당 간부, 지식인, 그밖에 사회적인 지도층에 속한 모든 사람들을 전부 잡아들여서 제거하였다. 이 특수부대의 지휘자 중 한 사람이었던 오토 올렌도르프(O. Ohlendorf)는 뉘른베르크 재판에서, 자신의 단위부대는 처음 일년 동안 거의 9만 명의 남자들, 여자들, 아이들을 살해했다고 진술하였다. 조심스러운 계산에 따르면 러시아 서부에서 그쪽의 유대인 인구 중 대략 50만 명이 살해되었다.[7]

히틀러는 끄떡도 하지 않고 근절 행위들을 계속하라고 독려하였다. 이 시기에 나온 그의 발언들에는 모든 정복 및 약탈 욕구를 넘어서, 그의 초기 시절을 상기시키는 과격함으로 깊은 이데올로기적인 증오가 나타나고 있다. "유대인들은 인류의 인질이다." 7월 21일에 그는 크로아티아 외무장관인 슬라드코 크바테르니크(S. Kvaternik)에게 설명하였다. "유대인들이 소비에트 낙원에서처럼 멋대로 할 방도를 갖게 되면 그들은 정신나간 계획들을 실현시킬 것이다……. 단 하나의 국가가 그 어떤 이유에서든 하나의 유대인 가족을 자기 나라에 허용하면 이 한 가족이 새로운 와해를 위한 세균의 서식처가 될 것이다. 유럽에 유대인만 없다면, 유럽 국가들의 통일성은 전혀 방해받지 않게 될 것이다."[8]

승리의 확신

도이치 군대가 매우 빠른 속도로 앞으로 나갔지만 그래도 처음에는 오직 중앙의 일부만이 러시아 전선의 작전 개념을 이루는 저 강력한 포위전을 수행할 수 있는 입장이었다.[9] 그에 반해서 나머지 전선에서는 적의 대군을 힘들게 밀어붙여서만 겨우 그것이 가능하였다. 우리 앞에는 적이 없고 우리 뒤에는 보급이 없다는 것이 이 전쟁의 특수한 문제의 공식이었다.

7월 11일까지 거의 60만 소련군 포로가 도이치 군 손 안에 들어왔다. 그들 중 7만 명 이상이 투항자였다. 히틀러도 육군 최고사령부도 붉은 군대의 붕괴가 임박했다고 믿었다. 7월 3일에 할더는 이렇게 적었다. "러시아 전선이 보름 안에 승리할 것이라고 내가 주장한다고 해도 지나친 말은 아니다." 다만 광범위한 영토에 기반을 둔 끈질긴 저항으로 인해서 도이치 군은 여러 주간을 더 필요로 할 뿐이라고 했다.

히틀러 자신은 며칠 뒤에 "유럽 쪽 러시아의 저항이 6주 이상 계속되리라고는 생각지 않는다고 했다. 러시아 사람들이 어디로 갔는지 자신은 모른다. 어쩌면 우랄 산맥이나 우랄 산맥 너머로 가버렸다. 그러나 우리는 그들을 따라갈 것이다. 그리고 총통 자신은 우랄을 넘어가는 것을 조금도 망설이지 않을 것이라고 했다……. 그는 스탈린이 어디로 도망치든 그를 따라갈 것이라고 했으며……. 9월 중순경에도 전투가 계속되리라고는 생각지 않는다고 말한다. 6주 안에 전투가 끝나 있을 것이라고."[10]

7월 중순에 무장 계획의 중점은 잠수함과 공군 쪽으로 넘어갔다. 그리고 2주 뒤로 예상되는 도이치 사단들의 퇴각을 위한 계획이 시작되었다. 모스크바의 마지막 무관인 쾨스트링(Köstring) 장군이 이 시기에 총통 사령부에 보고하러 왔을 때 히틀러는 그를 전황 지도 앞으로 데리고 가서 손 움직임으로 점령지역을 가리켜 보이고는 "아무도 나를 여기서 밀어내지 못할 것"이라고 설명했다.[11]

히틀러가 잔혹성을 상세하게 묘사하면서 느낀 만족감은 그가 분명 초기 시절의 노골적인 비속함으로 되돌아간 것을 보여준다. 에스파냐 대사인 에스피노사(Espinosa)를 향해서 그는 동부 전쟁을 단순한 '인간살륙'이라고 표현했다. 적은 12 혹은 13대열을 이룬 사다리 꼴로 공격을 했지만 거듭 쓰러지고 '서로 얽혀 난도질' 되었다고 했다. 러시아 병사들은 '일부는 무기력감에 일부는 한숨과 신음에 사로잡혀 있다. 인민위원들은 악당들이라서…… 한꺼번에 총살당했다.'[12]

히틀러가 초대형 수류탄을 검사하고 있다.

동시에 그는 인간을 증오하는 장황한 환상 속에 빠져들었다. 모스크바와 레닌그라드를 굶주림으로 죽게 할 생각이며, '볼셰비즘뿐 아니라 모스크바 사람들의 중심을 빼앗는 민족 파국'을 불러올 생각이라고 했다. 이어서 그는 이 두 도시를 완전히 깔아뭉개서 거대한 쓰레기더미로 만들 것이라고 했다. 두 도시에 대한 기억을 없애고, 한때 도시였던 모든 것을 없애기 위해서다.

그는 예상되는 항복 제안을 거부하라고 예방 차원에서 명령하였다. 그리고 자신의 가장 가까운 측근들을 향해서 이렇게 변명하였다. "아마도 많은 사람들은 두 손을 머리에 대고 혼자서 이렇게 물어볼 것이다. 어떻게 총통은 성 페테르부르크 같은 도시를 파괴할 수가 있을까 하고 말이다. 나는 본질적으로 전혀 다른 종류의 인간이다. 나도 그 누구를 해칠 필요가 없다면 더 좋겠다. 그러나 종(種)이 위험하다는 사실을 생각만 하면 냉혹한 사고를 하도록 감정이 길을 비켜준다."[13]

능력의 한계선에서

8월이 경과하면서 도이치 군대는 '스탈린 선'을 통과한 다음 모든 전선에서 인상적인 포위전을 벌이는 데 성공하였다. 동시에 지난달의 낙관적인 예상이 잘못된 것이었다는 사실이 분명해졌다. 포로의 숫자가 아무리 많아도 여전히 새로 투입되는 숫자가 더 많아 보였다. 게다가 새로운 적은 폴란드 군대나 프랑스 전선의 군인들보다 더욱 격렬하게 저항하였다. 히틀러 쪽의 전쟁이 절멸전의 성격을 가진 것이라는 사실을 깨닫자, 저항 의지는 초기에 위기를 겪은 다음 더욱 강해졌다.

먼지와 소택지로 이루어진 러시아 땅에서 물자 소모도 예상보다 더 컸다. 승리를 거둘 때마다 추적자들은 끝도 없는 대륙 안으로 점점 더 깊이 이끌려 들어갔다. 이제 처음으로 도이치 전쟁 당국은 능력의 한계에 부딪친 듯이 보였다. 예컨대 산업계는 매달 요구되는 6백 대의 전차 중 약 1/3밖에 생산하지 못했다. 보병은 지금까지의 공간 개념을 확실하게 뛰어넘는 전쟁을 할 만큼 충분히 기계화되지 못했다. 공군은 이중전선을 감당할 수 없었고, 연료 비축은 겨우 한 달 수요분으로 줄어들었다. 이러한 상황에서 남은 물자를 전선의 어느 부분에 쏟아부어야 가장 효과적으로 결정적인 일격을 거둘 수 있을 것인가 하는 질문이 근본적으로 중요하게 되었다.

육군 사령부와 중부 전선의 사령관들은 불확실한 태도로 모스크바에 집중적인 공격을 하자고 요구하였다. 수도의 문 앞에서 적은 온갖 힘을 다 모아서 거대한 결정전에 임하게 될 것이고, 이러한 방식으로 제때 전쟁을 마무리짓고 그럼으로써 번개전 이념의 승리를 가능케 하자는 것이 그들의 희망이었다. 그에 반해서 히틀러는 북부 공격을 주장하였다. 소련 사람들이 동해에 접근하는 것을 차단하고, 남부에서 광범위한 돌격을 감행해서 우크라이나와 도네츠베켄의 농업 및 산업 생산지역을 정복하고 코카서스에서 석유 보급을 받기 위해서였다.

이것은 그의 전략적 우월성과 동시에 그의 곤란한 처지를 단적으로 보여주는 계획이었다. 히틀러는 완전한 승리의 확신 한가운데서도 수도를 무시할 줄 아는 사람인 척함으로써 실질적으로는 더 분명하게 드러나는 경제적 곤궁을 피하려고 했던 것이다. "나의 장군들은 전쟁 경제학을 전혀 모른다."고 그는 거듭 말했다. 히틀러와 장군들 사이의 불안정한 관계를 드러내 주는, 고집스럽게 진행된 대립은 마침내 중부 군단에게, 북부와 남부를 위해 기계화 부대들을 내놓으라는 지시로 끝을 맺었다. 할더는 '참을 수 없는' '전례 없는' 일이라고 기록하였고, 폰 브라우히치에게 함께 퇴역하자고 권했다. 그러나 브라우히치는 거절하였다.[14)]

키에프 전투의 대승리는 도이치 군에 약 66만 5천 명의 포로와 엄청난 물자 손실을 가져왔지만 어쨌든 히틀러의 군사적 천재성을 한 번 더 입증해준 듯이 보였다. 더욱이 이번 성공은 중부 전선에 대한 측면 위협을 없앰으로써 모스크바로 향한 길을 처음으로 열어준 것이었다. 실제로 히틀러는 수도 공격에 동의하였다. 그러나 끊어지지 않고 이어지는 승리의 사슬에 눈이 멀고, 전쟁의 행운에 버릇이 나빠져서 그는 동시에 멀리 떨어진 북부와 남부에서도 목적을 향해 계속 진군할 수 있으리라고 믿었다. 무르만스크 통로 차단, 로스토프 시와 마이코프 석유 매장지역 정복, 6백 킬로미터 이상 떨어진 스탈린그라드 진출 등을 동시에 추진한 것이다.

모든 힘을 언제나 단 한 곳에 투입하라는 옛날의 원칙을 잊어버리기라도 한 것처럼 그는 이런 방식으로 군대를 점점 더 멀리 분산시켰다. 1941년 10월 2일에 폰 보크 원수는 거의 2개월 동안이나 지체한 끝에 대단히 줄어든 병력으로 마침내 모스크바 공격을 개시하였다. 다음날 히틀러는 베를린 스포츠궁에서 행한 연설에서—진짜 허풍의 유일한 기록문서이다—적을 가리켜 '민주주의 제로들' '못난 놈들' '짐승이며 야수'라고 욕하고 '적은 이미 무너졌고, 다시는 일어서지 못할 것'이라고 말했다.[15)]

겨울 재앙

4일 뒤에 가을비가 시작되었다. 브야스마와 브르얀스크 근처에서 우세한 적군을 향해서 두 번이나 거대한 포위 작전을 펼친 끝에 도이치 부대는 성공적인 공격의 개시를 이루어냈으나 점점 더 깊어지는 진흙탕이 모든 작전을 마비시켰다. 보급은 끊기고, 무엇보다도 연료가 바닥나서 점점 더 많은 자동차들과 총기들이 진흙창 속에 틀어박히게 되었다. 11월 중순경 온화한 추위가 시작되었을 때 꽉 막혔던 공격조는 다시 앞으로 나갔다. 북부 포위전에 투입되었던 탱크부대는 마침내 소련 수도 30킬로미터 지점인 크라스나야 폴리야나에 접근하였다. 서쪽에서 다가오던 부대는 도시 중심부에서 50킬로미터까지 접근하였다. 그때 갑자기 러시아의 겨울이 시작되었다. 영하 30도, 뒤에는 때때로 영하 50도까지 떨어졌다.

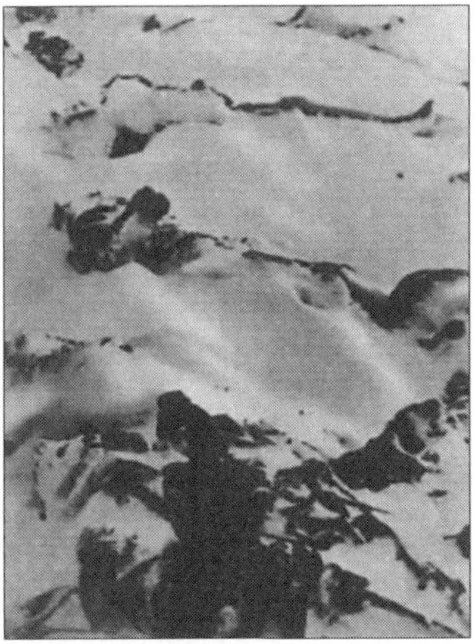

눈 속에 파묻힌 병사들.

도이치 군대는 이런 추위의 엄습에 완전히 무방비 상태였다. 전쟁이 서너 달 안에 끝날 것이라는 확신에서 히틀러는 그 특유의 결정적인 몸짓으로 배수진을 치면서 군대를 위해 겨울 장비를 준비하지 않았다. '겨울 전선이란 없을 것이기 때문'이라고 그는 조심스럽게 겨울을 위한 대비책을 말하던 파울루스(Paulus) 장군의 말을 물리쳤다.[16)]

전선에서는 수천 명이 얼어죽었다. 자동차들과 자동화기들은 기능이 마비되었고, 야전병원에서 부상자들은 떨고 있었고, 곧 추위로 인한 피해가 전투로 인한 손실을 능가하였다. '여기는 공황 상태'라고 구데리안은 보고하였다. 11월 말에는 자신의 군대는 '끝났다'고 표현하였다. 며칠 뒤에 모스크바 바로 앞에 있던 부대가 영하 30도의 추위 속에서 러시아 방어선을 돌파하려는 마지막 시도를 하였다. 몇몇 소대들은 도시의 외곽지역까지 뚫고 들어갔다. 쌍안경으로 그들은 크레믈린 탑들을 또렷하게 볼 수가 있었고 거리의 교통까지도 관찰할 수 있었다. 그런 다음 공격은 얼어붙었다.

붉은 군대의 반격

그새 전혀 예상치도 못했는데, 새로 유입된 시베리아 정예사단을 동원한 소련의 반격에 도이치 부대는 심각한 손실을 겪으면서 뒤로 물러섰다. 며칠 동안 전선이 흔들리는 듯하더니 러시아의 눈 속에 파묻혀 붕괴되고 말았다. 전략적인 철수를 통해서 이 재앙을 피하자는 장군들의 온갖 호소를 히틀러는 굳세게 물리쳤다. 그는 병기의 손실을 두려워했다. 그리고 자기 개인의 불패(不敗)의 광채가 깨지면서 초래될 심리적인 반작용이 두려웠다. 짧게 말하자면 그토록 자주 그의 오만의 대상이었던 패배한 나폴레옹의 이미지가 두려웠다.[17]

12월 16일 그는 명령을 내려서 병사 한 사람 한 사람에게 각자의 위치에서 '광신적인 저항'을 할 것과 '측면과 배후에서 파괴된 적을 가차없이 대할 것'을 요구하였다. 구데리안이 이런 명령이 가져올 무의미한 희생을 만류하자 히틀러는 장군은 프리드리히 대왕의 척탄병들이 즐거운 마음으로 죽었다고 생각하느냐고 물었다. "당신은 사태에 너무 가까이 있는 거요."라고 그는 말했다. "당신은 병사들에게 너무나 많은 동정심을 느끼고 있소. 약간 좀 거리를 두는 게 좋겠소."

모스크바 앞의 '정지 명령'과 히틀러의 이를 악문 저항 의지가 다 깨져버린 전선을 고정시켰다는 견해가 오늘날까지도 널리 퍼져 있다. 그러나 부대원의 손실, 공간의 이점 및 보급선의 거리를 줄이는 것을 포기한 일 등은 생각할 수 있는 모든 이익을 다 없애버렸다.[18] 나아가 이런 결정은 히틀러가 자신의 의지를 신축적으로 조절하는 능력을 잃어버렸음을 보여주는 것이었다. 그가 지난 여러 해 동안 추구해 온 기념비적인 양식화 과정은 이제 분명히 그 자신의 본질로 방향을 돌려서 그에게 병적인 기념비적 경직을 가져다준 것이다. 그가 위기에 맞서 아무리 단호했다고 해도, 소련 수도 바로 문 앞에서 번개전 작전 '바르바로사'뿐 아니라 전체 전쟁 계획이 실패로 돌아갔다는 것은 의심의 여지가 없는 일이다.

'도이치 민족을 위한 눈물은 없다'

이 사실을 깨달은 것은, 살면서 마법에서 깨어날 때마다 언제나 그랬듯이 그에게 충격적인 무게로 다가왔다. 거의 20년 동안의 성공, 정치적 · 군사적 승리들 뒤에 나타난 최초의 무거운 실패였다. 모든 저항에 맞서 그가 절망적으로 주장한 결심, 무슨 수를 써서라도 모스크바 앞의 위치를 지키겠다는 결심은 전환점을 불러들이는 성격을 지닌 것이었다.

지나치게 긴장된 이 게임에서 최초의 패배와 더불어 모든 전제까지 다 붕괴되었다는 사실을 그는 너무나도 분명하게 의식하였다. 11월 중순에 벌써 그는 체념한 예감에 사로잡혀서 가까운 주변을 향해서 마치 공허에 대고 말하듯이 '협상 평화'의 생각을 말했다. 그리고 영국의 보수적 지도층에 대한 막연한 희망을 표명하였다.[19] 마치 자기 성공의 비밀을 오래 전에 버렸고 다시는 시대의 적의 힘을 빌어 또 다른 시대의 적과 싸울 처지로 돌아갈 수 없으리라는 사실을 완전히 잊어버리기라도 한 것 같았다.

전체 전쟁계획이 실패하였다는 최초의 예감. 그러나 아직도 그는 정치적으로 전쟁을 해결하기를 거부하였다. 찾아온 외국 정치가들에게 그는 끝없는 독백을 늘어놓아서 자기 말마따나 "최면을 걸었다." 총통 사령부에 온 안토네스쿠 원수.

요들 대장은 전쟁 말기에 작전 회의에서, 러시아 겨울의 재앙을 보면서 자기와 히틀러는 '어떠한 승리도 더는 쟁취할 수 없을 것'이라는 사실을 분명히 알았다고 말했다.[20] 11월 27일에 병참감 바그너가 총통사령부에서 상황 보고를 했다. 할더는 그 결과를 이렇게 요약하였다. "우리는 인적 · 물적 능력의 마지막에 와 있다." 같은 날 저녁 생애의 위기 국면에 부딪치면 빠져들곤 하던 인간 혐오증의 무거운 분위기 속에서 히틀러는 어떤 외국 방문객에게 이렇게 말했다. "도이치 민족이 생존을 위해서 자신의 피를 바칠 만큼 강하고 희생의 각오가 되어 있지 않다면 이 민족은 몰락하고 다른 더 강한 힘에 의해 절멸되어야 한다." 저녁에 다시 진행된 두 번째 이야기에서 또다시 외국 방문객에게 그는 그 생각에 이런 발언을 덧붙였다. "그렇

게 된다고 해도 자신은 도이치 민족을 위해 눈물을 흘리지는 않을 것"이라고 했다.[21]

진주만

전쟁 계획이 전체적으로 실패로 돌아갔다는 깨달음은 12월 11일 미국을 향해서 그토록 오래 두려워했던 전쟁을 선포하겠다는 히틀러의 결심 뒤에도 숨어 있다. 나흘 전에 일본 함재기 350대가 진주만에 있는 미군 함대와 오아후에 있는 비행장들에 폭탄 세례를 퍼부으며 기습하였고 즉각적인 공격을 통해서 극동 지역에서 전투가 개시되었다. 베를린에서는 오시마 대사가 독일 제국이 일본편에서 즉각적으로 전쟁에 개입해달라고 청했다. 히틀러는 극동의 동맹국에게 소련을 공격하거나 아니면 동남아의 대영제국을 귀찮게 하라고 언제나 졸라왔지만, 그리고 미국에 대항한 전쟁이 독일에는 얼마나 불편한 일인가를 분명히 해왔지만 즉각적으로 일본의 요구를 따랐다.

그가 근본적으로 자신에게만 허용하고 있던 비밀주의가 손상당했는데도 그는 일본인들에게 화를 내지 않았다. 추축국 조약의 엄격한 해석에 따르면 독일은 원조 의무가 없다는 리벤트로프의 이의도 간단히 물리쳐버렸다. 일본측이 공격을 개시하였던 기습전의 장관이 그에게 깊은 인상을 주었고, 그는 그러한 효과에 함께 말려들어가고 싶어했다. "자신은 일본인들의 최초의 작전에 대한 소식을 들었을 때 벌써 마음이 열렸다."고 그는 오시마에게 말했다.[22] 그러나 미국에 대한 선전포고 결심의 배후에는 자신의 전략적인 전체 개념의 붕괴에 대한 깨달음이 더 많이 들어 있었다.

미국에 대한 선전포고

그는 똑같이 치명적인 두 개의 가능성 중에서 하나를 골라야 했기 때문이다. 첫째로는 일본과 미국 사이의 협상을 각오하는 것이다. 그렇게 되면 미국 대통령은 태평양 쪽의 배후가 자유롭게 되고, 그럼으로써 더욱 효과적으로 독일에 대항한 개입이 가능해질 것이다. 루스벨트는 '전쟁의 가장 자리까지만' 개입한다는 전쟁 수행의 원칙을(전쟁의 단축) 가지고서 오래 전부터 이 목적을 위해서 힘을 다해 왔다. 두 번째로는 일본과 미국 사이의 갈등에 끼여드는 방법이었다. 극동의 동맹국 일본이 독일 제국 편에 서서 소련에 대항한 전쟁에 개입하는 것을 명백하게 거부했는데도 말이다.

자연스러운 일이지만 히틀러는 두 번째 방책을 더 낫게 보았다. 이것은 첫 번째 방책보다 더 일찍이 미국과의 전쟁에 말려들도록 하는 것이었다. 어차피 갈등은 피할 수 없다고 그는 자신에게 말했을지도 모른다. 어차피 피할 수 없다면 즉각적으로 시작하는 쪽이 언제나 얼마간의 이점이 있다. 그것은 지금까지 미국측의 온갖 도전적인 간섭을 받아들이지 않을 수 없었던 독일의 해전을 편하게 만들어준다. 그보다 더 중요한 것은 심리적으로 효과만점인 일본의 성공이 러시아에서의 위기를 감추어줄 것이다.

히틀러의 결정에는 반발심, 다해버린 인내심, 실패한 전쟁에 대한 분노 등도 하나의 역할을 하였다. 온갖 의도에 반해서 일련의 전격적인 기습을 통해서 전쟁을 이길 수는 없었고, 이제 그것은 전세계적인 운명의 전쟁으로 상승하기를 요구하고 있었다. 아니면 의미도, 효과도, 기회도 없는 전쟁이 될 판이었다. 즉 더 많은 원료 비축, 생산성, 국민 숫자 등이 결판을 내주는 물자 전쟁, 탈진 전쟁 말이다.

그러나 이 모든 이유들은 거의 설득력을 갖지 못했다. 그리고 히틀러가 특별한 동기도 없이 미국과의 전쟁에 말려들었음을 감출 수 없었다. 자신의 이유들은 이제 얼마나 허약해지고 말았는가 하고 그는 생각하였다. 2년 남짓 만에 그는 도발적으로 확보되어 있던 우세한 정치적 지위를 잃어버렸고, 그때까지 서로 불구대천의 원수들이었던 세계의 강대국들을 하나의 '부자연스런 동맹' 관계로 결속하게 만들었다. 대 미국 전쟁 결정은 소련 침공보다 더 부자유스럽고 속박된 것이었다. 그것은 이미 그 자신의 결정 행동이 아니라 갑작스럽게 끼여든 무기력함의 의식에 조종된 몸짓이었다. 얼마간의 중요성을 띤, 히틀러 최후의 전략적 주도권이었다. 그것뿐 아무것도 아닌 결정이었던 것이다.

미국의 참전은 연합군 진영의 긴장과 확장이라는 측면에서 순식간에 두

드러진 효과를 냈다. 윈스턴 처칠은 독일이 소련을 침공하던 날 라디오 연설에서, 자신은 지난 25년 동안 공산주의에 대항한 자신의 발언을 한마디도 철회하지 않는다고 말했다. 동쪽에서 시작된 구경거리를 앞에 두고 '온갖 범죄, 어리석음, 비극을 가진 과거'가 가라앉고 있다고 했다.[23] 그렇지만 그는 이 새로운 동맹국에 대해서 거리감을 여전히 간직하고 있는 것처럼 보였다.

그에 반해서 미국 대통령 루스벨트는 이 순간에 적이 요구하는, 깨지지 않는 도덕적 확고함을 지니고 전쟁에 참가하였다. 전쟁에 끼어들기 얼마 전에 벌써 그는 대영제국과 나란히 소련도 미국의 물질적 지원 계획의 범위에 포함시켰다. 그러나 그는 이제서야 비로소 미국의 모든 잠재력을 동원하기 시작하였다. 일년 이내에 그는 탱크 건조를 2만 4천 대, 비행기를 4만 8천 대까지 확대하였고, 1943년까지는 미군 병력을 두 번이나 두 배로 늘려서 총 7백만 명으로 확대하였고, 참전 첫 해 말에 벌써 미국의 군비생산은 세 개의 추축국을 다 합친 것과 같은 분량에 도달했다. 1944년까지 그는 이 분량을 또다시 두 배로 늘렸다.[24]

유럽의 연대

미국의 주도 아래서 연합군은 이제 그들의 전략을 서로 조율하기 시작하였다. 한 번도 군사적으로 통일된 계획을 발전시키지 못한 세 개의 추축국과는 달리 즉시 창설된 연합군측의 위원회들과 사령부들은 2백 번 이상이나 회의를 하면서 끊임없이 공동 보조를 취하였다. 그들은 일치된 확고한 목표를 추구한다는 이점이 있었다. 즉 적을 격파한다는 것이었다.

그에 반해서 독일, 이탈리아, 일본은 각각 고작해야 막연하고 극단적인 목표들만을, 그것도 세계의 각기 다른 지역에서 추구하고 있었다. 무솔리니는 이 세계 정치상 가진 것 없는 세 나라의 꼴사나운 땅 욕심을—그것은 자체의 역동성에 의해 매혹적인 것이기도 하고 선동적인 것이기도 했다—1941년 8월 말의 어떤 언급에서 비꼬았다. 그때 그는 히틀러와 함께 브레스트 · 리토브스크 요새의 폐허를 둘러보고, 도이치 독재자는 세계 분배 계

1942년에 무솔리니와 함께.

획 하나를 몽상적으로 떠들고 있던 참이었다. 잠깐 쉬는 틈을 타서 무솔리니는 비꼬는 온화함을 가지고, 마지막에는 자기들의 정복 의지를 위해서 "달밖에는 남는 것이 없겠다."고 말했다는 것이다.[25)]

이 만남은 개략적으로 드러난 상대측의 연합에 대항하는 하나의 시위 효과를 위해서 이루어졌다. 약 2주 전에 루스벨트와 처칠은 뉴 펀들랜드 해안에서 만나서 이른바 대서양 조약안(條約案)에 그들의 전쟁 목표를 표명하였다. 이 목표에 대항해서 추축국은 히틀러가 제안한 '유럽의 새 질서', 혹은 '유럽의 연대'라는 구호를 내세웠다. '볼셰비즘에 대항한 전 유럽의 십자군'이라는 구호와 연관지어서 그들은, 내적인 모순을 한 번도 제대로 생각해보지 않은 채 모든 파시즘 운동의 특징이 되는 저 국제주의를 활성화시키려고 노력하였다.

그러나 여기서 다시 히틀러가 실천하고 있는 정치 포기의 결과들이 모습을 드러냈다. 그 동안 위협과 약속을 풀기 힘들게 뒤섞은 구애를 통해서, 즉 전략적인 이중게임 원칙 덕분에 가장 큰 성공들을 얻은 사람답지 않게 그는 유럽 민족들을 향해서 원시적인 지배관계만을 내세운 것이다. "내가 자유로운 국가를 정복하면, 그것은 오직 그 국가에 자유를 되돌려주기 위해서"라고 하면서 1942년 초에 그는 이렇게 물었다. "어째서냐? 피 흘린 사람은 지배할 권리도 가지기 때문이다." 그리고 "수다쟁이들이 공동체란 서로 대화하는 법이라고 말한다면" 자신은 웃을 수 있을 뿐이다. "공동체는 힘으로만 만들어지고 유지되는 법이다."[26]

뒷날, 지속적인 패배의 인상 속에서도 그는, 유럽 위에 만들어진 멍청한 예속 체제를 동반자적인 의미에서 느슨하게 만들자는 주변의 온갖 제안들을 물리쳤다. 사람들이 자기에게 계속해서 이 작은 '지저분한 국가들'의 이른바 명예라는 것을 들먹이면 자신은 '정말로 화가 난다'고 했다. 이 국가들은 '얼마간의 유럽 강국들이 먹어치우기로 합의를 보지 못해서' 존재할 뿐이라고 했다.[27] 그는 이제 절대로 변치 않는, 재치 없는 격려와 이를 악문 고집의 개념만을 알게 되었다.

한 번 더 공격

공황 분위기에 의해 더욱 커진 이 같은 성향은 전선에서 처음으로 장군들과의 불화로 이어졌다. 도이치 군대가 성공을 하고 있는 동안 모든 의견 차이는 감추어지고 거듭 불거져나오는 불신은 승리의 축배소리에 스러지곤 하였다. 그러나 국면이 바뀌기 시작하면서 오랫동안 억눌렸던 원한들이 훨씬 더 큰 무게를 지니고 밖으로 드러나게 되었다.

점점 더 자주 히틀러는 작전에 개입하였고, 군단들과 참모진에게 직접적인 지시를 내리고 드물지 않게 사단과 연대 차원의 전략적인 결정들에도 끼여들었다. 육군 총사령관은 '우편배달부에 지나지 않는다'고 1941년 12월 7일 할더는 적었다.[28] 12일 뒤에 '정지 명령'에 관한 견해 차이를 놓고 폰 브라우히치는 노여움을 얻고 사직을 간청하여 허락받았다. 지휘 체계가 위기에 몰릴 때의 해결 방식이 전에도 그랬듯이 히틀러는 손수 육군 통수권을 물려받았다.

그것은 이제 모든 차원에서 나타나는 지휘 혼선에 대한 하나의 증거였을 뿐이다. 그는 이제 이중으로 자기 자신에 종속되었다. 1934년에 힌덴부르크가 죽었을 때 그는 (주로 대표 기능인) 방위군 최고 통수권자 직위를 물려

스탈린그라드 패배 후 도이치 장교들에 대한 심문.

받았다. 그리고 1938년 폰 블롬베르크가 물러났을 때 (실질적인) 방위군 통수권을 물려받았다. 이제 그는 분노와 함께 이데올로기를 강화하려는 의도를 알리는 발언으로 자신의 결심 이유를 밝혔다. '약간의 작전 지휘란 누구라도 할 수 있는 것'이라고 그는 말했다. "육군 최고사령관의 과제는 군을 국가사회주의적으로 교육시키는 것이다. 나는 이 과제를 내가 뜻하는 의미에서 수행할 수 있는 육군의 장군을 알지 못한다. 그래서 나는 육군에 대한 통수권을 손수 장악하기로 결심하였다."[29]

브라우히치와 같은 날 중부 군단의 총사령관 폰 보크도 폰 클루게(v. Kluge) 원수로 교체되었고, 남부 군단 총사령관 폰 룬트슈테트(v. Rundstedt)는 폰 라이헤나우 원수로 교체되었다. '정지 명령'에 반대했다는 이유로 구데리안 장군도 교체되고, 회프너(Hoepner) 장군은 아예 군에서 쫓겨났다. 폰 슈포네크(v. Sponeck) 장군은 사형선고를 받았다. 반면에 북부 군단 총사령관 폰 레프(v. Leeb) 원수는 자발적으로 물러났다. 수많은 다른 장군들과 사단장들이 교체되었다.

히틀러가 1941년 말부터 폰 브라우히치 장군에 대해서 품고 있던 '경멸의 표현'은 근본적으로 고위 장교단 전체에 대한 판단을 반영하고 있다. "허영심 많고 비겁한 놈……. 언제나 계속되는 말참견과 불복종으로 동부의 전투 계획 전체를 졸작으로 만들고 망쳐버린 놈"이라고 했다. 반 년 전, 스몰렌스크 전투가 한창이던 때만 해도 자기는 "역사에 남을 만한 장군들을 가지고 있고, 자신의 장교단은 유일무이한 것"이라고 말했다.[30]

1942년 초 몇 달 동안 모든 전선에서 격심한 방어전이 계속되었다. 전쟁일지에는 계속해서 '바람직하지 않은 전개' '엄청난 손실' '힘든 전투의 하루' '심각한 패배' '총통, 극적 장면들 연출' 등의 말들이 나오고 있다. 2월 말에 모스크바는 다시 전선에서 수백 킬로나 멀어졌다. 도이치군의 총 피해는 이 시점에 이미 1백만 명 이상, 혹은 동부군의 31.4퍼센트의 사상자에 이르고 있었다.[31]

봄이 되어 날씨가 풀리기 시작하면서 심각한 전투들이 수그러들었다. 양측은 힘의 한계에 도달했다. 이런 사건들에 영향을 받은 모습으로 히틀러는 원탁에서 겨울 재앙이 한동안 자신을 마비시켰으며, 지난 석 달 동안 얼마나 힘이 들었는지, 자기 신경이 얼마나 소모되었는지 아무도 모른다고 고백했다. 총통사령부로 그를 찾아온 괴벨스에게 그는 '비애를 자아내는 인상'을 주었다. 그는 '매우 나이들어' 보였고 전에 그가 '그토록 진지하고 그토록 말없는' 모습을 본 기억이 없다고 했다. 히틀러는 어지럼증을 호소했고, 눈을 보기만 해도 심리적인 고통이 생긴다고 말했다. 4월 말 히틀러는 며칠 동안 베르히테스가덴에 갔다가 그곳에서 갑작스럽게 때늦은 눈을 만나자 놀라서 다시 그곳을 떠났다. '이른바 눈으로부터의 도피'라고 괴벨스는 썼다.[32]

'우리 재앙의 이 겨울'[33]이 마침내 지나고 봄이 시작되면서 도이치 전초부대가 다시 움직이기 시작하자, 히틀러는 원래의 자신감을 되찾고 분위기가 좋을 때는, 운명이 자신을 겨우 2류급 적을 상대로 싸우도록 한다고 불평을 말하기도 했다. 그러나 그의 자신감이 얼마나 무너지기 쉽고, 그의 신경이 얼마나 불안정한가 하는 것이 육군 참모총장의 일기장에 드러나 있다. "이미 전에도 그랬지만 적의 가능성들에 대한 과소평가는 점차 그로테스크한 형태를 취하고 있다."고 그는 썼다. "진지한 문제를 더 이상 토론할 수가 없다. 순간의 인상에 대한 병적인 반응, 지휘부와 그 가능성의 평가에 들어 있는 결함이 너무 완벽해서 이른바 '지휘부'의 특징이 되고 있다."[34]

1942년 여름을 위한 작전계획은 히틀러가 지난해의 경험에서 배운 것이 있다는 인상을 일깨우는 것이 사실이다. 지금까지처럼 세 군데로 공격 지점을 나누지 않고 모든 공격력을 남부로 집중시켜서, '소련 사람들에게 아직 남아 있는 방위력을 최종적으로 절멸시키고 가장 중요한 전쟁 경제력의 원천을 가능한 한 광범위하게 그들에게서 빼앗으려고' 하였다. 또한 작전을 제때에 중지시키고 겨울 진영을 준비하고 경우에 따라서는 서부 방벽에 비길 만한 방어선 ('동부 방벽')을 건설하기로 했다. 1백 년의 전쟁이라도 견딜 만한 것으로 말이다. 1백 년 전쟁도 '우리에게 아무런 특별한 근심도 만들어내지 못하게' 될 것이라고 했다.[35]

그러나 막상 1942년 7월 후반에 도이치 군대가 돈 강에 도착하자 계획된 대로 아직 거대한 포위전도 벌이지 못하고 있는데 히틀러는 다시금 초조감과 허약한 신경에 굴복해서 지난 여름의 모든 교훈을 도로 잊었다. 7월 23일에 그는 아주 멀리 떨어진 두 개 지역을 동시에 공격하라고 명령하였다. B군단은 스탈린그라드를 넘어 카스피 바다에 면한 아스트라칸으로 향하고, A군단은 로스토프 근처에 자리잡은 적군을 격파하고, 흑해 동부 해안에 이어서 바쿠로 진군하라고 명령하였다. 공격 초기에 8백 킬로미터의 전선을 이루었던 병력은 작전 마지막에는 4천 킬로미터 이상 벌어진 지역에서 적을 방어하게 되었다. 그들은 적군을 싸움터로 유인하지도 못하고 따라서 격파할 수 없는 상황이었다.

자신의 가능성에 대한 히틀러의 잘못된 판단은 아마도 지도를 제멋대로 바라본 데서 유래한 것이었다. 1942년 여름에 그의 세력은 최고로 확장된 지경에 도달하였다. 북극 갑(Nordkap)에서 대서양 해안을 따라서 에스파냐 국경까지 도이치 군대가 자리잡고 있었고, 핀란드와 발칸 반도 전지역, 북 아프리카에도 있었다. 북 아프리카에는 연합군의 견해로는 이미 패배한

동부전선 전투지역에서.

롬멜 장군이 열악한 군대를 거느리고 영국인들을 이집트 국경 넘어 엘 알라메인까지 패퇴시켰다.

동부 전선에서 방위군 병사들은 7월 말에 아시아 쪽 경계선을 넘었다. 이국적인 사람들이 수수께끼 같은 말로 인사말을 우물거렸고, 그림자도 없는 스텝 지역에서 군대는 자욱한 먼지를 피워올리며 앞으로 달려나갔다. 남부에서 그들은 8월 초에 불타고 부서진 마이코프의 정유공장에 도착하였다. 지난 몇 주 동안의 길고도 힘들었던 전투를 정당화시켜줄 석유는 거의 얻지 못했다. 8월 21일에 도이치 병사들은 갈고리 십자가 깃발을 코카서스의 가장 높은 산인 엘브루스 산에 게양하였다. 이틀 뒤에 6군단의 부대 일부가 스탈린그라드 옆의 볼가 강에 도달하였다.

그러나 이런 겉모습은 기만적인 것이었다. 세 개의 대륙, 대양과 공중에서 빠르게 진행되는 전투에는 사람, 장비, 수송수단, 원료, 지휘 등이 결핍되어 있었다. 히틀러가 절정에 도달했을 때 그는 이미 오래 전에 패배한 사람이었다. 갑작스럽게 끼여든 위기들, 패배들은 그의 고집으로 더욱 나빠만 졌고, 그러한 상황은 이토록 널리 확장된 세력의 비현실적인 특성을 보여 주었다.

장군들과의 불화

최초의 위기 징후들은 동부에서 나타났다. 1942년 여름 공격 시작 이후로 히틀러는 자신의 사령부를 라스텐부르크에서 우크라이나에 있는 비니차로 옮겼다. 그리고 이곳에서 매일 열리는 진영 회의에서 그는 코카서스 지역과 스탈린그라드를 정복하겠다는 결심을 점점 더 열을 올려서 옹호하였다. 이 볼가 강변 도시는 수상 교통을 연결시켜준다는 것 이외에는 거의 아무런 의미도 없어진 곳이었다. 그런데도 히틀러는 자신의 주장에 대해서 어떤 반대 주장도 참으려 들지 않았다. 8월 21일에 참모총장 할더 장군이, 도이치의 실제 병력은 그토록 힘을 소모시키는 두 개의 공격을 할 만한 힘이 없다고 말했을 때 분노한 말다툼이 일어났다. 참모총장은 히틀러의 야전사령관로서의 결정은 가능성의 한계를 무시한 것이라고 주장하였다. 그리고 그가 후에 표현한 대로 "소원을 행동의 법칙으로" 만든 것이었다. 이러한 말다툼이 진행되는 동안 그가 소련 사람들이 한 달에 1,200대의 탱크를 생산한다는 점을 지적하자 히틀러는 극도로 흥분해서 "그런 멍청한 수다"를 들으려 하지 않았다.[36]

뒤이어 거의 2주 동안 코카서스 지역의 진군이 막혔기 때문에 총통사령부에서는 또다시 충돌이 일어났다. 이번에는 헌신적인 요들이 나서서 A군단 사령관 리스트(List) 장군을 공개적으로 옹호하려고 들었을 뿐 아니라, 히틀러 자신의 말을 인용해서 리스트는 주어진 지시만을 따랐다는 점을 증명하였다. 히틀러는 분노로 제정신을 잃은 채 회의를 중단했다. 9월 9일에 그는 리스트 장군에게 사직을 명하고 같은 날 저녁에 군단의 지휘권을 넘겨받았다. 너무나도 기분이 나빠진 나머지 그는 이제부터 총통사령부의 장군들과 거의 모든 접촉을 끊었고 여러 달 동안이나 요들과는 악수조차 하려고 들지 않았다.

그는 회의실을 피하고 가장 가까운 사람들만을 자신의 비좁은 막사에 불러모아서 회의는 언제나 얼음장 같은 분위기로 진행되었다. 이 회의의 내용들은 정확한 보고서에 기록되었다. 히틀러는 깜깜해진 다음 은밀한 길을 통해서만 숙소를 벗어나곤 하였다. 식사도 혼자서만 했다. 오직 그의 사냥개만이 동무가 되어주곤 하였다. 방문객도 잘 받지 않았다. 저녁의 원탁도 사정은 마찬가지였다. 그럼으로써 저 소시민적인 즐거움도 끝났고, 총통사령부의 악명이 자자한 친밀한 분위기도 끝났다.

9월 말에 그는 할더도 해임하였다. 얼마 전부터 서부지역 사령관인 차이츨러(Zeitzler) 장군의 보고가 그의 눈에 띄었다. 그 보고들은 전략적인 발상의 풍부함과 한결같은 낙관적 기본자세가 두드러졌다. 그는 이제 '이 차이츨러 같은 사람'을 자기 곁에 두고자 한다고 말하고,[37] 그를 육군 참모총장으로 임명하였다.

그 사이 늘어나는 손실을 겪으며 6군단의 대부분이 스탈린그라드에 도착하였고 도시의 남부와 북부에도 자리를 잡았다. 겉보기에 소비에트 러시아 사람들은 이번에는 피하지 않고 전쟁을 감행하기로 결심하고 있었다. 스탈린의 명령서 한 장이 도이치군의 손에 들어왔는데, 이 명령서에서 스탈린은 자상한 국부(國父)의 어조로 말을 시작해서 소련은 이제부터 영토를 내주지 않을 수 있다고 장담하였다. 단 한 발짝 넓이의 땅도 끝까지 지켜내야 한다고 했다.

히틀러는 이 명령서에 의해서 개인적으로 도전이라도 받은 것처럼 6군단장 파울루스 장군과 차이츨러의 충고를 거스르면서 스탈린그라드를 정복하라고 명령하였다. 도시는 이제 체면의 상징처럼 되었고 히틀러가 10월 2일에 설명하였듯이 그 정복은 '심리적인 이유에서 절실하게 필요하게' 되었다. 일주일 뒤에 그는 보충적으로 공산주의에서 '그 성스러움을 빼앗아야' 한다고 설명하였다.[38] 그는 한때 6군단과 더불어 하늘도 무너뜨릴 수 있을 것이라고 말했다. 이제 그는 집들과 거주구역, 공장지대를 놓고 피의 전투를 시작하였다. 그것은 양측에 엄청난 손실을 요구하는 전투였다. 도이치 병력은 그 사이에 1/4로 줄었다. 그러나 전세계는 스탈린그라드의 함락

소식이 금방이라도 나오리라고 기대하였다.

전쟁의 전환점에서

최초로 패배의 악령이 나타난 겨울 재앙 이후로 히틀러는 그때까지보다 더욱더 자신의 온갖 에너지를 러시아 전선에 쏟아부었다. 나머지 모든 전쟁터를 그는 점점 더 소홀히 여겼다. 그는 광범위한 척도로, 영겁과 대륙 단위로 생각하는 것을 좋아하였지만, 그래도 북 아프리카는 그에게 너무 멀리 떨어져 있었다. 어쨌든 지중해의 전략적 중요성을 그는 제대로 인식해본 적이 없었고, 그럼으로써 다시금 그의 사고방식이 얼마나 비정치적이고 추상적인지, 그리고 얼마나 '문헌적' 인지 분명히 보여주었다.

그의 불안정한 관심과, 보급 및 장비의 결핍 등으로 인해서 아프리카 군대의 공격력은 소실되었다. 그리고 잠수함대도 히틀러의 다혈질적인 전략으로 병을 앓았다. 1941년 말까지는 투입 가능한 잠수함이 60척에도 못 미쳤고, 일년 뒤 전쟁 초기에 요구하였던 숫자인 거의 1백 척에 도달하게 되었을 때에는, 도이치군의 성공에 자극받은 적군의 방어 체계가 작동되면서 사태를 전환시켰다.

공중전도 상황이 변했다. 1941년 1월 초에 영국 내각은 전략적인 공중전 계획을 가결하였다. 그것은 연속적인 공습을 통해서 독일의 종합적인 연료 산업을 폐쇄시키고 일종의 '횡단면 마비' 를 통해서 전체적인 전쟁 지휘 체계를 마비시킨다는 목적을 가진 것이었다. 이 개념을 즉각적으로 실천했더라면 전쟁이 분명히 다르게 진행되었을 것이지만 이것은 3년 뒤에야 비로소 시행되었다.[39)]

그 사이에 다른 개념들, 특히 비전투 시민을 향한 공중 테러인 '지역 공습' 작전 개념이 나타났다. 1942년 3월 28일 밤에 영국 공군이 뤼벡에 대규모 공습을 하면서 새로운 국면이 시작되었다. 이 오래된 부유한 시민도시가 공식 보고서에 따르면 '불쏘시개처럼' 불타올랐다. 그에 대한 보복으로 히틀러는 전부 약 1백 대 가량의 비행기를 시칠리아에서 소환하였다. 다음 몇 주 동안에 걸쳐서 영국의 오래된 도시들의 관광명소를 겨냥하여

'보복 공격' 이른바 '베데커 기습'을 하였다. 그것은 전체적인 힘의 상황이 그 사이 얼마나 변했는가를 분명히 보여주었다.

영국인들은 1942년 5월 30일에서 31일 밤에 최초의 '1천 대 폭격기 공습'으로 응답하였다. 그해 후반부에는 미군 폭격까지 가세하였다. 1943년 이후 독일은 '주야간 연속 폭격'의 끊임없는 공습에 노출되었다. 분명히 변화된 상황을 보고 처칠은 런던 시장 관저 연설에서 이렇게 말했다. "이것은 아직 끝이 아닙니다. 그리고 끝의 시작도 아닙니다. 아마도 시작의 끝이라고 해야 할 것입니다."[40]

사수(死守) 전략

전선의 사건들은 이 발언을 확인해주었다. 11월 2일에 몽고메리(Montgomery) 장군은 열흘 동안이나 집중적인 포화를 퍼부은 끝에 엘 알라메인 근처에서 도이치 · 이탈리아 전선을 압도적 우세로 뚫었다. 곧 이어서 11월 7일에서 8일로 넘어가는 밤에 영국과 미국의 군대가 모로코와 알제리 해변에 상륙해서 튀니지 국경까지 이르는 프랑스령 북 아프리카 지역을 점령하였다. 약 10일 후인 11월 19일 새벽 5시에 스탈린그라드 근교에서 처음에는 두 개의 소련 군 부대가 눈보라가 미친 듯 퍼붓는 틈을 이용해서 반격을 개시하고 루마니아 전선을 뚫는 데 성공한 다음, 1백 대의 탱크와 1,800정의 대포와 1만 대의 자동차로 무장한 약 22만 명의 병사를 볼가 강과 돈 강 사이에 몰아넣었다.

파울루스 장군이 이 봉쇄를 보고하자 히틀러는 사령부를 시내로 옮기고 진지를 구축하라고 명령하였다. "나는 볼가 강에 머물 것이다!" 며칠 전에도 그는 후퇴 요청을 해온 롬멜 장군에게 이런 전보를 보냈다. "귀관이 처한 상황에서는 사수하는 것 이외의 방도는 있을 수 없다. 한 발짝도 비키지 말고 아직 쓸 수 있는 마지막 무기와 병사까지도 전투에 던져넣을 것……. 강인한 의지가 적의 강인한 대대를 이긴 것은 역사상 처음도 아닐 것이다. 부대에는 승리나 죽음 이외에 다른 길을 보이지 말 것."[41]

1942년 11월 세 번의 공격은 전쟁의 국면 전환을 기록하였다. 주도권은 궁극적으로 상대편으로 넘어갔다. 그는 한 번 더 위대한 야전사령관의 결정을 내릴 능력을 보여주려는 듯이 11월 11일에 프랑스의 비점령 지역으로 행군하라고 명령하였다. 여느 해처럼 1923년 11월 쿠데타를 기념하는 연설에서 그는 스탈린그라드 접수를 압도적 승리라고 축하하였다. 마치 그것을 공식적으로 못박고 그럼으로써 작전상의 결정 자유를 없애기라도 하려는 듯이 보였다. "우리 쪽에서 평화 제안은 없습니다."라고 그는 외쳤다. 황제시대 독일과 달리 나라의 정상에는 "오직 전쟁만을, 그와 더불어 오직 하나의 원칙, 곧 공격, 공격, 또 공격만을 아는" 남자가 서 있다고 했다. 결국 "누가 결정적인 훅을 먹이느냐"가 결정적인 문제라고 했다. 그리고 설명하였다.

> 나는 그들에 대해 항복이라는 단어를 생각지 않는 적입니다. 벌써 어린아이적부터 나는 언제나 그랬지요. 나의 습관은—그 당시는 어쩌면 무례한 일이었겠지만 전체적으로 보면 역시 미덕입니다만—마지막 말을 지킨다는 것입니다. 나의 모든 적들은 확신해도 될 것입니다. 한때 독일은 12시 15분 전에 무기를 내려놓았지만, 나는 원칙적으로 12시 5분에야 일을 중단한다고 말입니다![42]

이전의 모든 전략들을 보충하는 그의 새로운 전략은 '사수하자! 마지막 탄알까지!' 라는 것이었다. 아프리카 군단의 패배가 확실하게 되었을 때 그는 롬멜에게 보내주기를 거절하였던 몇 개 부대에 이를 악문 사수 의지로 튀니스를 향해서 이미 잃어버린 초소로 가라고 명령하였다. 스탈린과 협상을 시도하라는 무솔리니의 간청도 그는 간단히 물리쳤다. 그리고 동부 전선을 뒤쪽으로 옮겨서 전선의 길이를 줄이자는 제안도 물론 거절하였다. 그는 북 아프리카에 머물고자 하였고, 튀니스를 지키려 하였고, 알제리로 진격하려 하였으며 크레타를 방어하고, 열네 개의 유럽 국가들을 계속 점령하고, 소련 및 영국과 미국을 한꺼번에 패퇴시키고자 하였다. 그리고 초기 정서가 점점 더 자주 등장하면서 무엇보다도 패배와 도주와 불운의 한

가운데서 그는 지금이야말로 "국제적인 유대주의의 악마적인 위험성을 인식할 수 있다."고 말하곤 하였다.[43]

곳곳에서 보이는 지휘 기술의 붕괴 과정에는 지적인 용해 현상이 수반되었다. 북 아프리카에 연합군이 상륙을 시작한 날 저녁에 히틀러는 위에 말한 뮌헨 연설을 하였다. 이어서 그는 부관과 개인 심복들을 거느리고 베르히테스가덴에 있는 '산장'으로 갔다. 카이텔과 요들 장군은 그곳의 가장자리에 있는 건물에 묵었고, 방위군 참모부는 잘츠부르크 정거장에 있는 특별열차 속에 있었다. 육군 전문 참모부는 아주 멀리 떨어진 곳, 동 프로이센의 앙거부르크 근처에 있는 마주르 족 진영에 머물고 있었다.

다음 며칠 동안 히틀러는 방어 조치들을 논의하고 조직하는 대신, 베르히테스가덴에 머물면서 자신이 거대한 무적함대에 대항하도록 임명된 사람이라는 심미적인 만족감을 늘어놓았다. 그는 광범위한 작전이라는, 이제는 사라져버린 가능성에 도취하였고, 적의 신중한 조치를 비판하였다. 자기라면 훨씬 더 직접적이고, 심리적으로 효과적인 방식으로 로마 바로 앞에 상륙하고 이런 방식으로 북 아프리카와 남 이탈리아에 있는 추축국 부대를 차단하여 처리했을 것이라고 말했다.[44]

스탈린그라드

그러는 사이 스탈린그라드를 둘러싼 포위망이 점점 좁혀졌다. 11월 23일 저녁에야 히틀러는 라스텐부르크에 있는 총통사령부로 돌아갔다. 그가 상황의 심각성을 얕잡아보았는지 아니면 과시적인 태연함으로 상황의 심각성을 자신과 주변에 감추려고 했는지 분명하지 않다. 어쨌든 몇 가지 때늦은 결정들을 지시하면서 자신을 만나려고 하는 차이츨러 장군을 거절하고 다음날로 미루었다. 참모총장 차이츨러 장군이 굴복하지 않고 6군단에게 즉시 포위망을 뚫고 탈출하라는 명령을 내려야 한다고 제안하자 다시금 논쟁으로 발전하고 말았다.

이런 대립은, 히틀러의 사수 전략이 와해되는 2월 초까지 계속되었다. 밤 2시경에 차이츨러는 히틀러를 설득했다고 믿은 것 같다. 어쨌든 그는

총통 사령부에서 요들(왼쪽)과 카이텔(오른쪽)과 함께 있는 히틀러.

육군 B군단 본부에 다음날 이른 아침이면 탈출 명령서에 서명을 받을 것 같다는 기대의 표현을 하였다. 그러나 히틀러는 사실은 겉보기에만 그의 말을 따르는 듯이 행동했고, 그럼으로써 다음 몇 주 동안 다양하게 전개된 의견 다툼을 시작하였다. 온갖 설득 기술을 다 동원하고, 오래 계속되는 진정시키는 침묵을 통해서, 혹은 불필요한 일들에 대한 끝없는 요설들과 엉뚱한 양보를 통해서, 무엇보다도 끈질긴 고집으로 히틀러는 자신의 결정을 밀고나갔다. 심지어는 그의 방식과는 완전히 반대되는 일이었지만 제3자를 내세워서 자신의 결정을 옹호하려고까지 했다. 심리적으로 능란하게 그는 위신이 현저하게 깎인 괴링, 이제 낙관적인 모습을 보일 기회를 엿보고 있던 그를 이용해서 공군이 포위된 군대에 보급을 해줄 수 있다는 확인을 받았다.[45)]

차이츨러와 대립이 계속되는 동안 그는 카이텔과 요들을 불러서 방위군 총사령관, 방위군 작전본부장, 참모총장을 세워둔 채로 심각한 표정을 지으며 그들의 의견을 물었다. "나는 아주 중대한 결정을 내려야 해요. 그러기 전에 여러분 의견을 듣고 싶어요. 스탈린그라드를 포기해야 할까?" 언제나 처럼 불행한 카이텔이 그의 편을 들었다. 그는 눈을 반짝이면서 "총통 각하! 볼가 강에 남아야 합니다!"라고 말했다. 요들은 기다릴 것을 권했고, 차이츨러만 다시 탈출을 옹호하였다. 그래서 히틀러는 이렇게 요약할 수 있게 되었다. "보시오, 장군. 나 혼자만 이런 의견이 아니오. 여기 두 분 장군도 그런 의견이시오. 두 분 다 장군의 상관이오. 그러니 지금까지의 내 결정을 그대로 두겠소."[46)]

그러는 사이 히틀러가 스탈린그라드에서 수많은 얼치기 승리를 거두고 난 다음 마침내 최종적인 승부를 걸려고 한다는 인상이 풍겨났다. 스탈린뿐 아니라, 그리고 이제 거의 분명하게 드러난 모든 전선의 적들뿐 아니라 그는 운명과 한판 승부를 벌이려고 하는 것이다. 점점 더 분명해진 위기도 그를 뒤로 물러서게 하지 못하였다. 특이한 방식으로 그는 오히려 위기를 믿었다. 위기를 찾아내서 그것을 극복함으로써 새로운 역동성과 승리의 확신을 얻는다는 것은 1921년 여름의 당쟁 이후로 언제나 그에게 승리를 가져다준 성공의 처방전이었다.

스탈린그라드를 사이에 둔 전투가 전쟁의 전체 과정에 분명한 군사적 전기를 마련해준 것이었다면 그것은 히틀러 자신에게도 그랬다. "우리가 그것을, 스탈린그라드를 포기한다면 우리는 전선의 의미 자체를 포기하는 것이 됩니다."고 히틀러는 설명하였다.[47)] 신화로 만들려는 성향에서 그는 자신의 가장 거대한 상징적 적의 이름을 달고 있는 이 도시를 둘러싼 전투를 운명의 손가락질이라 여겼다. 이곳에서 그는 승리하거나 패배하려고 했다.

1월 말 정세는 전망 없는 것이었다. 그러나 파울루스 장군이 어차피 붕괴는 불가피한 것이라면서 추위와 전염병과 굶주림에 완전히 망가진 병사들을 위해서 항복 허가를 구했을 때 히틀러는 이렇게 전보를 보냈다. "항복 금지. 군은 마지막 병사, 마지막 탄약까지 제자리를 지킨다. 영웅적인 사수를 통해서 방어선 구축과 서양의 구원을 위해 잊을 수 없는 공헌을 하라."[48)] 이탈리아 대사에게 그는 6군단을 테르모필렌 통로에 있는 3백 명의 그리스 군사와 비교하였다. 괴링은 그와 비슷한 의미에서 스탈린그라드의 폐허에서 이미 저항이 거의 사라지고, 얼마 안 되는 절망하고 망가진 나머지 군사들이 저항하고 있던 1월 30일에 이렇게 연설하였다. "뒷날 볼가 강가의 영웅전투에 대해 이런 이야기가 나올 것입니다. 그대가 독일로 돌아가거든, 명예의 법칙과 지휘부가 독일을 위해서 명령한 대로 우리가 스탈린그라드에 누워 있는 것을 보았노라고 전하게."

사흘 뒤인 2월 2일에 군의 나머지가 항복하였다. 히틀러가 며칠 전에 파울루스 장군을 야전 총사령관으로 임명하고 다른 117명의 장교들을 한 계급씩 진급시키고 난 다음이었다. 15시 직전에 도시 위로 높이 날던 도이치 정찰기는 스탈린그라드에서 '전투 활동이 보이지 않는다'고 무전을 보냈다. 도이치 병사 9만 1천 명이 포로로 잡혔고, 그들 중 5천 명이 몇 년 뒤에 돌아왔다.

몰락을 견뎌내지 못하고 미리 항복한 파울루스 장군에 대한 히틀러의 분노는 총통사령부에서 행한 다음번 작전 회의에서 터져나왔다.

> 그는 얼마나 쉽게 처리했는가! 이 사람은 권총 자살을 해야만 한다. 이전에 야전사령관들이 패전한 것을 알았을 때 칼 속으로 몸을 던졌듯이 말이지. 그거야 당연한 일 아닌가. 바루스도 노예에게 명령했어. 이제 나를 죽여라! 하고 말이지…….
>
> 대체 '삶'이란 무엇인가? 삶이란 민족이다. 개인은 죽어야 한다. 개인들을 넘어서 살아남는 것은 민족이다. 그러나 의무가 개인을 이 비참의 골짜기에 붙들어두지 않는다면 고난에서 해방되는 이 순간을 어찌 두려워하랴! 그래! 파울루스는…… 곧 라디오에서 연설하게 될 거야. 여러분도 보게 될 거요. 자이틀리츠와 슈미트도 라디오에서 연설하게 될 거야. 그들을 지하실에 가두고 이틀만 지치게 만들어 봐, 그럼 곧장 연설할 테니…….
>
> 인간이 얼마나 비겁한 것인지. 난 이해를 못하겠어……. 그럴 때 대체 무슨 일을 해야겠는가? 내 개인적으로는 그를 야전사령관으로 승진시켰다는 사실이 가장 고통스럽다. 그에게 최후의 기쁨을 주려고 했는데 말이지. 그건 내가 이 전쟁에서 만든 최후의 야전사령관이었다구. 저녁이 지나고 나서 낮을 찬양

해야 하는 법인데……. 웃기는 일일 뿐이지. 그렇게 많은 사람들이 죽어야 하는데, 그런 사람 하나가 와서 마지막 순간에 다른 수많은 사람들의 영웅주의를 그렇게 더럽히다니. 그는 이 모든 고난에서 벗어나서 영원으로, 민족의 불멸성 속으로 들어갈 수가 있었는데, 차라리 모스크바로 가려고 하다니. 어떻게 아직도 선택이 있을 수 있나. 뭔가가 미친 거지.[49]

스탈린그라드는 군사적 관점에서는 아니라도 심리적 관점에서는 전쟁의 가장 큰 전환점의 하나였다. 소련에서뿐 아니라 연합군 전체에 이 승리는 분명한 사기 변화를 가져왔고, 이미 포기한 수많은 희망들을 되살려냈다. 반면 독일측 동맹국과 중립국가들 사이에서 히틀러의 불패에 대한 믿음이 분명한 타격을 입었다. 독일에서만 해도 이미 비판을 받고 있던, 히틀러의 지휘 기술에 대한 신뢰가 더욱 약해졌다.

매일 열리는 선전부 회의에서 괴벨스는 이 패배를 '심리적으로 우리 민족의 강화를 위해' 이용해야 한다고 지시하였다. 그는 '이 영웅적 전투에 대한 모든 말이 역사 속으로 들어가야 한다'고 경고하였다. 특히 방위군 보고를 위해서 '수백 년이 지나도 마음을 움직일 만한…… 형식화'를 요구하였다. 그에 대한 모범으로 그는 카이사르가 자신의 병사들에게 한 연설, 프리드리히 대왕이 로이텐 전투에 앞서 장군들에게 한 격려, 나폴레옹이 친위대에 한 호소 등을 제시하였다. 선전부의 특별지시문에는 이런 말이 나온다. "어쩌면 우리는 이제 이 강력한 결정의 프리드리히 대왕 시대로 들어선 것 같다. 콜린, 호흐키르히, 쿠너스도르프, 이 세 개의 이름들은 프리드리히 대왕의 심각한 패배, 진짜배기 파멸을 의미한다. 그 효과는 지난 주 동부전선에서 일어난 모든 것보다도 훨씬 더 나쁜 것이었다. 그러나 콜린에 이어서 로이텐이, 호흐키르히와 쿠너 마을에 이어서 리그니츠와 토르가우와 부르커 마을의 승리가 나타난다. 그리고 마침내 최종적인 승리가 말이다……."

그러나 이제부터 이 전쟁의 마지막에 이르기까지 점점 더 강조하여 인용되는 이 모든 분위기를 자극하는 비교에도 불구하고 안전부 보고에는 이런 말이 들어 있다. "스탈린그라드가 전쟁의 전환점을 뜻한다는 확신이 널리 존재하고 있다……. 불안정한 국민은 스탈린그라드의 패배가 종말의 시작이라고 보는 편이다."[50)]

히틀러 자신에게도 이 전투의 패배는 새로운 신화적인 후퇴를 뜻하였다. 이 순간부터 그의 상상 세계는 점점 더 파국적으로 연출된 붕괴의 그림들로 채워진다. 처칠과 루스벨트가 1월 말에 '무조건 항복'의 원칙을 공표하고 그럼으로써 연합군측에서 모든 연결 가능성을 차단해버린 카사블랑카 회의는 이런 생각을 더욱 강화시켰다. 1943년 한 해를 온통 지배하였던 무조건 사수의 전략에서 벗어나면서 히틀러는 종말이 다가올수록 점점 더 원칙적으로 장엄한 종말의 전략을 발전시켜나갔다.

제3장 현실감의 상실

새로 얻은 동부지역을 우리는 에덴 동산으로 만들어야 합니다.
—아돌프 히틀러

러시아 전투가 시작된 이후로 히틀러는 은둔 생활을 해왔다. 그의 사령부에는 방위군 최고사령부도 자리를 잡고 있었고, 1943년 3월 비니차에서 돌아온 다음에는 다시 동 프로이센에 있는 라스텐부르크 뒤쪽의 널따란 숲속에 자리를 잡았다. 장벽들, 철조망, 지뢰 등의 두터운 띠가 사방에 흩어진 막사들과 건축물들을 안전하게 지켜주었다. 어둠과 단조로움이 이 장소를 둘러싸고 있었다.

당시의 관찰자는 적절하게도 그것을 수도원과 수용소를 혼합한 꼴이라고 묘사하였다. 단순한 목재가구들이 자리잡은 좁고 장식 없는 공간들은 지난 몇 해 동안 베를린, 뮌헨, 베르히테스가덴 등의 장식적인 화려함, 널찍한 홀들, 거대한 전망, 효과적으로 배치된 화려함과 두드러진 대조를 이루었다. 마치 히틀러가 동굴 속으로 은둔한 것처럼 보였다. 이탈리아 외무장관 치아노는 사령부의 거주자들을 동굴 원시인들과 비교하였고, 분위기가 부담스럽다고 여겼다. "단 하나의 색채도 단 하나의 살아 있는 톤도 볼 수 없다. 앞방들은 온통 담배 피우고 먹고 지껄이는 사람들로 채워져 있다. 부엌, 제복, 무거운 장화 냄새."[1)]

전쟁 초기 몇 달 동안 히틀러는 때에 따라 전선 시찰도 나가고 싸움터, 사령부들이나 야전병원들을 돌아보기도 하였다. 그러나 최초의 실패가 있은 다음에는 현실을 피하고, 지도가 놓인 탁자와 작전 회의의 추상적인 세계 속으로 물러서기 시작하였다. 이 시기 이후로 그는 전쟁을 거의 오로지 종이로 된 풍경 위에 줄을 긋고 숫자놀음을 하는 것으로만 체험하였다. 대중 앞에 나서는 일도 점점 더 드물어졌고, 한때 그토록 좋아하던 대규모 행사에 등장하는 일도 꺼렸다.

거듭된 패배가 그의 후광과 양식화 에너지를 모두 파괴하였다. 그리고 기념비적인 태도에서 벗어나면서 그에게 일어난 변화가 거의 중간 과정도 없이 밖으로 드러났다. 지치고 어깨를 축 늘어뜨린 모습으로 한 쪽 발을 질질 끌면서 그는 사령부의 장면들에 등장하였다. 윤곽 없이 물러진 얼굴에서 두 눈은 뚫어질 듯 광채 없이 한 곳에 고정되어 있었고, 왼쪽 손은 가볍게 떨렸다. 육체적으로 분명하게 쇠약해지고 자신의 말에 따르면 우울증으로 고통받는 사람이었다.[2] 점점 더 초기 시절의 열등감과 증오심에 다시 사로잡혔다.

히틀러의 겉모습이 응고되고 정적인 모습들로 각인되어 있었으므로 이 단계에서 그를 본 사람들은 급격한 축소 과정을 목격하였다. 그러나 동시에 이 축소 과정에서 비로소 그의 원래 모습이 다시 나타나는 듯도 하였다.

세계로부터의 격리

장군들과의 불화 이후 히틀러가 빠져들어간 격리 상태는 스탈린그라드 이후로 더욱 심각해졌다. 그는 생각에 잠겨서 깊은 낙담에 빠진 채 여기저기 앉아 있거나 아니면 눈길을 내면으로 향한 채 사냥개를 옆에 두고 사령부의 난간을 통해서 이리저리 거닐었다. 모든 관계 위에는 긴장된 편견이 자리잡았다. "얼굴들은 굳어서 가면이 되었고 우리는 자주 말없이 모여서 있었다."고 어떤 참가자가 뒷날 회고하였다. 괴벨스는 "총통이 그렇게 삶과 담을 쌓고 어처구니없이 불건강한 생활을 하는 것을 보고 슬픔을" 느꼈다. "그는 신선한 공기를 마시러 나오지도 않았고, 전혀 긴장을 풀지 않고, 병

'늑대굴' 사령부의 대식당.

커에 앉아서 행동하고 생각한다……. 총통사령부의 고독과 그곳의 작업 방식 전체가 물론 총통에게 우울하게 작용한다."[3]

사실상 히틀러는 점점 더 눈에 띄게 스스로 선택한 은둔으로 고통받기 시작하였다. 어린 시절과는 달리 그는 "전혀 혼자 있을 수 없다."고 탄식하였다. 전쟁 초기에 이미 스파르타식이었던 그의 생활 방식은 점점 더 요구가 적어지고, 총통 식탁의 식사는 악명이 자자할 정도로 소박하였다. 꼭 한 번 그는 바이로이트에서 〈신들의 황혼〉 공연을 보았고, 러시아 전쟁의 두 번째 겨울이 지난 다음에는 음악을 들으려고도 하지 않았다.

그는 나중에 이렇게 말했다. 1941년 이후로 자기의 과제는 "어떤 상황에서도 통제력을 잃지 않고서 어디서든 붕괴가 있으면 언제나 다시 역사를 어떻게든 고치기 위해서 출구와 방도를 찾아내는 것이다……. 나는 5년 전부터 그밖의 다른 세계와는 단절되었다. 나는 극장을 찾지도 않고, 음악회도 가지 않으며 영화도 보지 않았다. 나는 오로지 이 전쟁을 지휘한다는 한 가지 과제만을 위해 살았다. 강철 같은 의지가 뒤에 서 있지 않으면 전쟁을 이길 수는 없다는 사실을 알고 있기 때문이다."[4] 그러나 이런 광적인 의지력이 만들어낸 강요들, 이를 악물고 전쟁에만 집중한 것이야말로 그의 의지를 점점 더 좁게 만들고 그에게서 내면의 자유를 빼앗아간 것이 아니었던가 물어볼 만하다.

그를 사로잡은 긴장감은 전보다 더욱 강렬하게, 진정되지 않는 연설의 욕구로 나타났다. 그는 여비서들을 새로운 청중으로 삼았다. 이 새로운 청중에게 그는 케이크와 벽난로를 통해서 비록 아무런 도움도 안 됐지만 어쨌든 '안락한 분위기'를 만들어주려고 애썼다. 그의 부관들, 의사들, 보어만과 우연히 들른 이런저런 친밀한 사람들도 거기 끼었다. 불면증이 심해진 뒤로 그는 이런 독백을 점점 더 늘렸고, 1944년에 이 모임은 절망적으로 주저앉는 눈꺼풀을 붙잡으면서 동터오는 새벽까지 계속되는 일도 드물지 않았다. 구데리안의 보고에 따르면 그제서야 히틀러는 "짧은 시간 잠에 빠진다. 그러나 늦어도 9시경에는 청소부가 그의 침실 문 앞에서 비질하는 소리에 잠에서 깨어나곤 하였다."[5]

원탁의 대화

그는 언제나 같은 주제에 머물렀다. 그 주제들은 초기 시절의 레퍼토리였다가 이제 '원탁대화' 속으로 넘어가게 되었다. 그것들은 빈에서의 청년기, 세계 전쟁, 전투시절, 역사, 선사시대, 식량, 여자들, 예술, 삶의 투쟁 등이었다. 그는 무용수 그레트 팔루카(G. Palucca)는 '럼주 마시고 펄쩍펄쩍 뛴다'고 흥분하고, 현대 미술은 '병신같이 찍찍 칠한 것'이라 욕하고, 오페라는 가수들을 꽥꽥 소리지르게 만드는 벅벅 긁는 포르티시모라고 흥분하였다. 그것들은 '괴물처럼 보인다'는 것이다.

그는 '바보 같은 시민계급', 바티칸의 '돼지떼' '김빠진 기독교의 천국'에 대해 혐오감을 표시하였다. 제국주의적인 종족국가, 방위에 쓸모가 있는 밀렵꾼들, 한니발의 코끼리, 빙하시대의 파국들, '카이사르의 계집' 혹은 '법률가 패거리' 등에 대해서 말하고, 채식주의 생활 방식을 권장하기도 하고 '아가씨들도 뭔가 읽을 수 있도록' '많은 그림'과 하나의 소설을 담은 대중적인 일요신문을 내라고 추천하기도 하였다.[6] 이탈리아 외무장관은 이 심각한 정도의 연설 욕구에 놀라서, 히틀러는 그토록 계속 이야기를 할 수 있으니까 아마 히틀러라는 사실이 매우 행복할 것이라고 말했다.[7]

그의 지속적인 독백 욕구보다 더욱 두드러지게 눈에 띄는 것은, 물론 일반적인 대화에서지만 그의 표현 방식의 천박함이었다. 이것은 그의 원래의 출신 성분을 아주 분명하게 드러내주었다. 사고 자체, 분노, 배고픔, 목적들이 이전의 자기 증언들과 똑같을 뿐만 아니었다. 그는 이제 모든 가식과 정치가의 태도를 벗어버리고 양조장 선동가, 혹은 남자 하숙생 시절의 분노하고 평범한 형식들로 되돌아갔다.

어느 정도 만족감을 가지고 그는 빨치산이나 포위된 레닌그라드에서 사람 고기 먹은 일화들을 이야기했고, 루스벨트를 가리켜 '정신병에 걸린 바보'라고 부르고, 처칠의 연설은 '소주 마신 주정뱅이의 헛소리'라고 불렀다. 그리고 화가 나서 폰 만슈타인(v. Manstein)을 '오줌싸개 전략가'라고 욕했다. 소련 체제가 모든 '휴머니티 헛소리'를 없앤 점을 칭찬하고, 독일에 폭동이 일어나서 '수십만 명에 이르는 천민 패거리를 쏘아 죽이는' 모습을 그려 보였고 자기가 좋아하는 '꾸준히 되풀이된' 원칙 하나를 이렇게 말했다. "죽으면 자신을 방어할 수 없다."[8]

축소 현상들

축소 현상들에는 지적인 축소도 들어 있다. 그것은 그를 사로잡아 지방 수준 당수의 관념 세계로 되돌려보냈다. 지구 전체로 확대된 '권력 장악'의 단계에서와는 달리 그는 1942년에서 1943년으로 해가 바뀔 무렵 이후로는 전쟁을 보지 않았다. 어쨌든 세계를 포괄하는 대립으로 확장시키지는 못했다. '투쟁시기'에도 자기는 막강한 상대방에 맞섰노라고 그는 자신을 위로하였다. '얼마 안 되는 추종자들을 거느린 단 한 사람'으로서 말이다. 전쟁은 이제 이전의 경험들이 '거대한 차원에서 되풀이'되는 것이라고 했다. 원탁 대화의 서술에는 이런 말이 나온다. "점심 때…… 대장은, 이 전쟁은 투쟁시기의 상황을 그대로 재현한 것이라고 말했다. 당시 국내 정당들간의 싸움으로 나타났던 일이 오늘날에는 나라 밖에서 민족들간의 싸움으로 나타나고 있다는 것이다."[9]

피할 수 없는 노화 현상이 밖으로 나타난 것처럼 세월이 자기에게서 도박군 기분을 모두 빼앗아가버렸다고 그는 가끔 탄식하였다.[10] 사상적으로도 그는 점점 더 추억으로 살았다. 밤의 독백을 온통 채우면서 오래 전에 지나가버린 것을 풍부한 말로 다시 붙잡았는데 그것은 명백하게 노년의 항수의 특성이었다. 마찬가지로 그는 군사적 결정에서도 흔히 1차 대전의 경험들을 인용하였다.

그리고 무기 기술상의 관심들도 점점 더 일방적으로 전통적인 무기 시스템에만 제한되었다. 그는 레이더 조작과 핵분열의 결정적인 의미를 이해하지 못했고, 열에 의해 조종되는 대공 로켓이나 음향 유도 어뢰의 가치를 이해하지 못했다. 그리고 최초의 제트 추진 비행기 Me 262기의 대량생산도 가로막았다. 노인의 완고함으로 언제나 거듭 드물지 않게 사리에 맞지 않는 핑계들을 댔고, 결정들을 번복하거나 변경하였고, 성급하게 풀어낸 숫자들로 주변을 괴롭히거나 심리적인 토론의 광범위한 영역으로 도망쳐버렸다.

영국의 제트기 시험비행들을 보고하는 언론 보도가 1944년 초에 마침내 Me 262기의 생산을 허용하도록 만들었을 때 그는 적어도 부분적으로라도 정당성을 확보하기 위해서 전문가들의 조언에 반대하여 비행기를, 침입해 들어오는 연합군 비행기들에 맞설 전투기로 만들지 않고 빠른 폭격기로 만들라고 명령하였다. 그는 조종사들에게 요구할 수 없는 신체적 부담을 이유로 들면서 더 빠른 비행기는 공중전에서는 더 느린 비행기가 된다고 말하고 온갖 이유를 끌어댔다. 도이치 도시들이 잿더미 속에 가라앉는 동안 그는 단 한 번도 시험적으로라도 이 비행기들을 전투기로 투입하는 것을 허용하지 않았고, 이 문제를 계속 거론하는 것을 마침내 금지시켜버렸다.[11]

당연한 일이지만 이런 대립에 휘말려들면서 원래 극단적이던 그의 불신감은 더욱 커졌다. 드물지 않게 그는 자신의 가장 가까운 군사적 협조자들의 단계를 뛰어넘어 참모부에서 직접 소식을 가져왔고 때로는 육군 부관인 엥겔 소령더러 비행기를 타고 전선으로 진영을 검사하라고 내보내기도 하였다. 전투지역에서 온 장교들은 총통 벙커에 들어오기 전에는 그 누구와도 군사적 협의를 할 수 없었다. 특히 참모부와는 절대로 안 되었다.[12]

총통사령부에서. 카이텔의 연설을 듣고 있는 히틀러와 방위군 수뇌부.

통제 욕구에 사로잡혀서 히틀러는 자기 조직의 가장 치명적인 결함을 칭찬하였다. 동부 전선은 그 엄청난 길이에도 불구하고 '총통사령부에 있는 자기 자리에서 하루 세 번씩 추적되지 않는 연대나 대대는 없다'고 그는 자랑했다. 수많은 장교들은 바로 이토록 마비시키는, 모든 관계를 망가뜨리는 악의에 걸려서 실패하고 말았다. 육군의 모든 최고사령관들, 참모총장들 모두, 18명 중 11명의 야전원수들, 거의 40명에 육박하는 육군 대장들 중 21명, 동부 전장 세 개 전선의 거의 모든 최고사령관들이 여기 시달렸다. 그의 주변 공간은 점점 더 비어만 갔다. 히틀러가 사령부에 머물러 있는 한 그의 개 블론디가 그 어떤 인간보다도 그에게 더 가깝다고 괴벨스는 말했다.

스탈린그라드 이후로 분명히 그의 통제력은 사라졌다. 그때까지만 해도 히틀러는 엄격한 태도를 잃어버리는 경우가 드물었다. 그것은 위대한 야전사령관의 특성이라고 그는 믿었다. 위태로운 상황에서도 그는 보란 듯이 침착성을 유지하였다. 그러나 이제는 그런 태도가 무너지기 시작하였다. 여러 해 동안의 과도한 긴장이 불러일으킨 과도한 분노의 폭발이 나타났다. 그는 작전 회의에서 참모부 장교들을 '멍청이들' '비겁자들' '거짓말쟁이들' 이라고 불렀다. 그리고 몇 주 만에 그를 다시 본 구데리안은 당황한 태도로 히틀러의 '성급함' 과 그의 말과 결정의 예측 불가능성을 기록하고 있다.[13]

또한 전에는 별로 없던 감상의 발작도 나타났다. 보어만이 그에게 아내의 분만을 알리자 히틀러는 눈에 눈물을 흘리며 반응하였다. 그리고 전보다 더 자주, 사색과 독서와 박물관을 보살피는 문화적 목가 속으로 은퇴하는 이야기를 했다.

1942년 말부터 그가 전체적인 신경 안정의 붕괴를 겪었음을 말해주는 증거가 몇 가지 있다. 그것은 오직 엄청나고 절망적인 극기를 통해서 겨우 감추어지고 있었다. 총통사령부의 장군들은 위기의 징후를 느꼈다. 정말 미쳐날뛰는, 고삐 풀린 성질의 발작에 노출된 히틀러에 대한 뒷날의 묘사들은 변명을 위한 과장이다. 부분적으로 현존하는 전황 회의록들은 오히려 그가 분명한 에너지 소모 속에서도 자신의 엄격한 자기 이해에 알맞게 행동하려고 얼마나 노력했는지를 보여준다. 그에게는 몹시 힘든 일이었을지라도 대개는 의심의 여지없이 사실 그렇게 행동했다.

총통사령부의 엄격한 하루 일과가 벌써 그렇다. 깨어난 직후에 소식을 살펴보고, 점심 무렵의 전황 체크, 회의들, 구술, 영접, 여러 가지 작전 회의들, 그리고 대개 밤에 이루어지는 저녁 전황 체크. 이런 정기적인 의무 이행은 자기 자신에 대한 영원한 폭력행위였다. 이러한 행동으로 그는 수동성과 게으른 습관을 향한 깊이 뿌리박힌 성향과 반대로 행동한 것이다.

1944년 12월에도 그는 지나가는 말 속에서 불변성을 통해서 확고해지는 천재성의 이미지를 전개하였다. 힘이 들지만, 그리고 때때로 거기서 벗어나기도 했지만, 그래도 그런 천재성의 이미지에 맞추려고 애썼다. 그는 이렇게 말했다. "천재성이란 지속성과 광신적인 끈질김이 뒷받침되지 않으면 빛을 내지 못한다. 그것은 인간의 삶 전체에서 가장 중요한 것이다. 기발한 착상과 생각들만을 가지고 성격적인 확고함과 끈질김과 지속적인 요소를 갖지 못한 사람들은 아무것도 이루어내지 못한다. 그들은 행운의 기사들이다. 일이 잘되면 높이 올라간다. 그러나 잘못되면 곧장 몸을 웅크리고 모든 것을 방치해버린다. 그래서는 세계사를 만들어낼 수 없다."[14]

약과 병

의무의 엄격함과 음울함에 휩싸인 총통사령부는 한때 아버지가 자기를 데려가려고 했던 저 '국가라는 새장'과 상당히 비슷했다. 젊은 히틀러의 관찰에 따르면 그곳에서 사람들은 '원숭이처럼 한데 모여 웅크리고 앉아 있는' 것이다. 그는 자신의 삶을 자기 본질에 맞지도 않게 기계적으로 이끌어갔고, 이러한 기계적인 삶의 방식은 오직 인공적인 방식으로만 가능하였다.

의약품과 마약 비슷한 약제들이 그가 익숙지 않은 규율에 맞추도록 해주었다. 1940년 말까지는 약품 투여가 그의 건강 상태에 거의 영향을 주지 않았다. 리벤트로프는 그해 여름 상당히 흥분한 논쟁 도중에 히틀러가 의자에 쓰러져서, 자기는 시들어가고, 뇌졸중 발작이 다가오고 있음을 느낀다고 탄식했다는 보고를 하고 있긴 하다.[15] 그러나 전체적인 묘사가 보여주듯이 이 장면은 절반은 히스테리성, 절반은 히틀러가 필요한 반격의 수단으로 이용하곤 했던 의도적으로 연출된 장면으로 볼 수 있다. 1940년 초와 말의 의사들의 검진은 혈압이 약간 높은 편이고 오랫동안 지병으로 고생해 온 위장 장애 정도만을 알리고 있다.[16]

우울증 성향의 잔 근심으로 히틀러는 약간이라도 이상한 것은 다 계산에 넣었다. 자신을 끊임없이 관찰하고, 맥박을 재고, 의약 서적들을 뒤적이고 약을 '정량에 맞추어' 복용하였다. 수면제와 콜라 정, 소화제, 감기약, 비타민 정, 그리고 항상 준비가 되어 있는 유칼립투스 사탕도 건강을 위한 예방책이라는 느낌을 만들어주었다. 정확한 조제 없이 약품이 처방되면 아침부터 저녁까지 거의 끊임없이 그것을 먹었다.

베를린에서 피부비뇨기과 인기 의사였던 모렐(Morell) 교수는, 하인리히 호프만의 중개로 히틀러의 주치의로 승진한 사람으로, 의사로서의 모든 활동에 어느 정도 수상쩍고 야바위꾼 같은 면모를 지니고 있었다. 그는 히틀러에게 이 모든 약들 이외에도 거의 매일 주사를 놓아주었다. 설파마인, 선(腺) 제재들, 포도당, 호르몬 등, 순환과 장균, 신경 상태를 안정시키거나 재생시킨다는 약제들을 주사하였다. 그래서 괴링은 비꼬는 말투로 이 의사를 '제국 주사 선생'이라고 불렀다.[17]

주치의 모렐과 함께.

당연한 일이지만 모렐은 히틀러의 활동력을 유지하기 위해서, 시간이 흐르면서 점점 짧은 간격을 두고 점점 더 강한 약제를 쓰지 않을 수 없었다. 그 다음에는 반란을 일으키는 신경을 안정시키기 위해서 진정 효과를 가진 해독제를 써야만 했고 이렇게 해서 히틀러는 지속적인 붕괴 과정에 노출되었다. 때로 스물여덟 가지나 되는 서로 다른 의약품들의 지속적인 간섭 작용 결과가 전쟁중에 나타났다. 긴장시키는 사건, 얼마 안 되는 잠, 채식의 단조로움, 사령부 벙커 세계의 유령 같은 생활 방식 등이 약제의 작용을 더욱 강화시켰기 때문이다.

1941년 8월에 히틀러는 졸도, 매스꺼움, 오한 등을 호소했고, 종아리에 부종이 생겼다. 여러 해 동안이나 의약품을 투여한 신체의 최초의 반작용이었을 것이라는 점을 배제할 수 없다. 어쨌든 이 시점부터 탈진 상태는 점점 더 자주 나타났다. 스탈린그라드 이후로 그는 이틀에 한 번씩 우울증 약을 먹었다.[18] 그 이후로 그는 밝은 빛을 견디지 못하였고 이런 이유에서 야외로 나가기 위해서는 커다란 차양이 달린 모자를 썼다. 그밖에도 그는 균형감의 혼란을 호소하였다. "언제나 오른쪽으로 쓰러지는 것 같은 느낌이다."[19]

외모가 눈에 띄게 변하고 등이 굽고 머리카락이 빠른 속도로 세고 튀어나온 눈에 피로한 얼굴을 하고 있었지만 그는 마지막까지 비상한 활동력을 유지하였다. 그는 거의 무너지지 않는 자신의 에너지를 당연한 일이지만 모렐의 노력 덕으로 돌렸다. 그러면서 자기가 어느 정도나 미래를 앞당겨서 살고 있는지 알지 못했다. 역시 히틀러의 가장 가까운 의사였던 칼 브란트(K. Brandt) 교수는 전쟁이 끝난 다음에, 모렐의 처방은 '여러 해의 삶의 정수를 앞당겨서 소모하는' 작용을 일으켰다고 말했다. 히틀러는 '해마다 한 살씩이 아니라 네댓 살씩 더 먹는 것처럼 늙어' 갔다고 했다.[20] 여기에 바로 갑작스럽게 나타난 때이른 노화, 그가 사용했던 의약품에 의한 쾌감으로 두드러지게 된, 손상된 모습의 원인이 있다.

그러므로 히틀러의 분명한 해체 현상들, 위기, 발작적인 폭발 등을 그의 본질이 구조적으로 변화된 탓이라고 돌리는 것은 잘못일 것이다. 자신의 육체의 가능성들과 비축분을 낭비적으로 사용한 것은 원래 있던 요소들을 부분적으로는 은폐하고 부분적으로는 강화시켰지만 그러나 때때로 주장되는 것처럼 그때까지 흠이 없던 인품을 손상시킨 것은 분명 아니기 때문이다.[21] 모렐 의약품 일부에 포함되어 있던 스트리키닌의 효과에 대한 엇갈린 의견은 여기서 한계에 부딪친다.

마찬가지로 자료에 근거해서는 확인할 길 없는 의문, 곧 히틀러가 파킨슨 병을 앓았는지, 혹은 왼손의 떨림, 굽은 자세, 운동장애 등도 정신적 이유 탓으로 돌릴 수 있는 것이 아니냐 하는 의문 역시 부수적인 문제로서 역사적인 관심을 끌 만한 것은 아니다. 겉모습으로 보면 아무리 그림자만 남은 것 같아도, 가면과 같은 표정을 하고 지팡이에 의지한 모습으로 사령부를 돌아다니는 사람은 옛날 그대로의 그 사람이었기 때문이다. 그리고 전쟁의 마지막 몇 년 동안 그토록 숨막히는 특성을 만들어낸 것은 그의 근원적인 변화가 아니라, 그가 이전의 강박관념들을 다시 붙잡아서 실현시키는, 단단한 일관성이었다.

'총통 위기'

그는 언제나 다시금 인공적인 충전을 필요로 하는 인간이었다. 모렐의 의약품들이 어느 정도는 대중 숭배라는 낡은 자극제를 대신해주었다. 스탈린그라드 이후로 히틀러는 점점 더 대중을 기피하였고 근본적으로 대규모 연설은 두 번 더 했을 뿐이다. 전쟁 시작 직후에 벌써 그의 모습은 분명히 배경으로 물러섰고, 그의 모습이 불러일으키는 황홀경을 신화적으로 평가하려는 모든 선전상의 노력은 그가 어디에나 있다는 널리 퍼진 느낌을 대신하지 못했다. 어디에나 있다는 느낌의 도움으로 히틀러 정권은 에너지, 자발성, 희생의 각오 등의 잠재적인 여분을 불러내서 이용했다.

그에 반해서 이번 생각은 실패였다. 히틀러 자신은 정복되지 않는 남자라는 후광을 잃을까 염려하는 마음에서 망가진 도시로 나가지 않았고, 또한 전쟁의 전기가 찾아온 다음에는 대중 앞에 더욱더 나타나지 않았다. 그는 아마도 이러한 기피가 자기에게서 사람들의 마음을 다스리는 힘뿐 아니라, 이상스런 상응 관계 속에서 자기 자신의 에너지마저도 빼어간다는 것을 느꼈을 텐데도 그랬다. "현재 나를 이루는 모든 것은 오직 여러분을 통해서만 그렇게 된 것입니다."라고 그는 때때로 대중들에게 소리쳤다.[22] 그럼으로써 모든 권력기술적인 양상들을 넘어서 구조적인, 거의 생리적인 의존관계를 표현했던 것이다.

아직 불확실한 상황에서 뮌헨의 맥주홀에 최초로 등장하던 때부터 고단하고 싸움에 지친 마지막 2년의 시도들에 이르기까지 그의 생애에 나타나는 연설가로서의 넘치는 에너지는 다른 사람을 일깨웠던 것만은 아니고 자기 자신의 힘을 활성화하는 데도 이용되었다. 그리고 온갖 정치적 동기나 목적들을 넘어서 자기 보존의 수단이었다. 마지막 대규모 연설들 중 하나에서 그는 마지막 국면에 두드러지게 나타난 침묵을 전선에서 일어난 사건의 크기 탓으로 돌렸다. "이제 내가 무슨 말을 해야 하겠습니까?" 그러나 나중에 그는 가까운 사람들에게, 자신은 1만 명이나 되는 사람들 앞에서 감히 연설할 수가 없었노라고 탄식하였다. 그리고 자기는 이제 다시는 대규모 연설을 할 수 없을 것이라고 말했다. 그에게 있어서 연설가 경력의 종말이라는 생각은 일반적인 종말 자체의 개념과 결합되어 있었다.[23]

대중에게서 물러서면서 처음으로 히틀러 본래의 지휘력의 허약함이 분명히 드러났다. 상승의 시절 이래로 그는 언제나 선동가의 카리스마와 전략적인 발상의 풍부함으로 자신의 우위를 지켜냈다. 그런데 전쟁의 이 단계에서 그는 다른 지휘자들의 요구를 인정해야 했다. 기관들이 서로 경쟁한다는 원칙, 세력들의 다툼과 권모술수는 그 동안 인물 및 지배와 관계된 권력의 혼란으로서, 지난 여러 해 동안 마키아벨리적인 능숙함으로 그가 자기 주변에 만들어냈던 지배 방식이었다. 그것은 이제 단 하나의 확고한 적에 대항한 싸움을 해나가기에 적합하지 않은 것이고, 이 정권의 치명적인 약점이라는 사실이 드러났다. 그것은 밖을 향한 싸움에 필요한 에너지를 내부의 싸움으로 전환시키고, 거의 완전한 무정부상태를 만들어냈기 때문이다.

군사적 영역만 놓고 보아도 방위군 사령부의 싸움터와 육군 사령부의 싸움터들이 있었고, 규정되지 않은 괴링이라는 특수 지위가 있었고, 온갖 것에 다 관여하는 히믈러와 친위대의 임무, 온갖 종류의 사단들, 보병 부대들, 공군 보병 부대, 무장 친위대, 수많은 임무들을 지닌 민중 돌격대, 그리고 마지막으로 동맹 국가 부대들과의 상호 불신으로 멍든 관계도 있었다. 점령된 유럽 지역의 행정 조직도 마찬가지로 뒤죽박죽이었다. 그것은 언제나 새로운 굴종의 형식을 발전시켰다. 모든 권력을 단 한 명의 인물에게 집중시키려는 시도는 전체적인 붕괴로 끝나곤 하였다.

물론 히틀러가 자신의 지휘 양식의 파괴적인 효과를 제대로 알기나 했는지 전혀 확실하지 않다. 합리적인 질서들, 구조적인 합목적성, 낭비 없는 권위란 그에게 근본적으로 낯선 것이었다. 그리고 문자 그대로 전쟁의 마지막 날까지 그는 언제나 거듭 자신의 주변에서 직위와, 관할권, 우스꽝스런 서열 문제 등을 놓고 갈등을 겪도록 만들었다.

그가 이런 대립에 드러난 권력욕과 이기심을 사욕 없는 태도보다 훨씬 더 믿었다는 것을 입증하는 것들이 몇 가지 있다. 권력욕과 이기심이 그 자신의 세계상 안에 확고한 자리를 잡고 있었기 때문이다. 이 점에 전문가들에 대한 그의 불신의 이유가 있다. 그는 전문가들의 협조를 광범위하게 포기한 상태로, 그러니까 조언이나 실질적인 자료 혹은 논리적인 계산 등이 없이 시대착오적인 스타일로 거의 고대풍의 야전사령관의 고독으로 전쟁을 지휘하려고 하였고, 패배하였다.

전면전은 없다

히틀러의 지휘의 약점은 특히 1943년이 경과하면서 뚜렷하게 드러났다. 그는 앞으로의 대결 상황에 대해서 아무런 전략적인 생각도 발전시키지 못했다. 그의 주변에서 나온 일치된 진술에 따르면 그는 불안하고, 결정을 내리지 못하고 흔들리고 있었다. 괴벨스는 솔직하게 '총통 위기'라고 말하고 있다.[24] 그는 여러 번이나 되풀이해서 노여워하는 히틀러에게, 개념도 없이 허비되는 전쟁에서 모든 비축분을 다 동원해서 주도권을 되찾으라고 간청하였다.

1942년에 군비(軍備) 장관에 임명된 알버트 슈페어, 로버트 라이, 발터 풍크와 연합해서 괴벨스는 광범위한 행정 간소화, 특권층 개인 소비의 과격한 축소, 추가 군비 투자, 그밖에 다른 비슷한 조치들을 위한 안을 만들었다. 그러나 겨우 관구 지도자, 고위급 돌격대 지도자와 당원들 집단이 예전의 강력하던 헌신 의지를 다 잃어버리고 기생충 같은 나으리 태도를 지니게 되었다는 사실을 알았을 뿐이었다. 1943년 2월 18일 스포츠 궁전 연설에서 초대받은 추종자 세력을 앞에 놓고 괴벨스는 유명한 열 개의 질문을 제시하였다. 그리고 그 자신이 쓴 대로 '미친 듯한 기분의 혼란 속에서' 전면전의 동의를 얻어냈다. 그것은 무엇보다도 대중에 대한 과격한 호소를 통해서 고위 당직자들의 저항과 히틀러의 우유부단을 극복하려는 계산에서 이루어진 일이었다.[25]

히틀러가 전면전이 초래할 추가 결핍을 대중에게 요구하기를 거부한 것은 한편으로는 회상과 1918년 11월 혁명의 충격적 체험에서 나온 것이고, 다른 한편으로는 게으르고 믿을 수 없는 대중에 대한 그의 깊이 뿌리박은 불신에서 나온 것이었다. 그리고 그가 보인 반응을 보면, 자신의 지배가 얼마나 부서지기 쉽고 순간적인 것인지, 놀라 뒤로 물러선 도이치 민족을 그 자신의 표현대로 '위대해지도록 강요'하려는 자신의 의도가 얼마나 힘든 것인지 그가 어느 정도 예감했던 것처럼 보일 지경이다. 어쨌든 그가 전쟁에 분발한 결과 영국에서 개인적인 삶의 안락이 독일 제국에서보다 훨씬 더 과격하게 낮아졌고, 방위산업에 참여한 여성 노동력의 수치는 훨씬 높았다.[26]

마르틴 보어만

그러나 히틀러가 전면전으로 넘어가기를 망설인 것은 또한 마르틴 보어만의 간계 많은 활동 때문이기도 했다. 그는 괴벨스와 슈페어의 시도에서 자신의 위치에 대한 어떤 위험을 냄새맡았다. 그는 적응 의지와 근면, 지치지 않고 꾸미는 음모를 통해서 지난 몇 년 동안에 '총통의 비서'로 출세하였다. 아무런 요구도 없는 이 명칭 뒤에서 그는 정권 내 가장 강력한 요직의 하나를 차지하였다. 잘 어울리지 않는 갈색 관복을 입은 그는 땅딸막한 모습에 언제나 주의 깊고, 신중하게 생각하고 혹은 농부 같은 얼굴에 엿보는 표정을 지니고 있었다. 그 모습은 총통사령부의 사진들 중에서 확고한 위치를 차지하고 있다. 경계가 불확실한 자신의 권한을 그는 이른바 총통의 의지라는 핑계로 무한히 확대하였다. 그것은 그를 실질적인 '독일의 비밀 실세' 지위에 올려놓았다.[27]

히틀러는 겸손한 비서를 통해서 행정기술적인 일상업무의 짐에서 벗어나게 된 것을 만족스럽게 여겼다. 보어만은 곧 이어서 총통의 총애와 권한을 베풀거나 거부하였고, 온갖 영역의 임명과 승진을 장악하였고, 칭찬하고 괴롭히거나 제거하고, 모든 일에서 침묵하면서 배후에 서고, 가장 강력한 라이벌보다도 의심과 아첨을 언제나 더 많이 지닌 인물이었다. 그는 방문객 명단에 의존해서 외부 세계에 대한 히틀러의 접촉을 감시하고, 관찰자의 증언에 따르면 히틀러 주변에 '진짜 만리장성'을 쌓아올렸다.[28]

현실의 차단

보어만은 이러한 차단 노력으로 점점 더 늘어나는 히틀러의 요구를 따랐으므로 게임이 더욱 쉬워졌다. 히틀러는 남자 하숙집 시절 환상 속에서 궁전에 살았듯이, 지금 전선마다 후퇴하는 전투사령관으로서 뒤로 물러나서

총통사령부에서 리벤트로프, 보어만과 함께.

자기만의 가상 세계를 만들어냈다. 현실에 대한 거부 의식은 전쟁의 전환점이 나타난 시점과 더불어 점점 더 노이로제 특성을 지니게 되었다.

수많은 행동 방식들은 이 사실을 인상적으로 분명하게 보여주었다. 가리개를 내린 특등 객차를 타고 가능하면 밤에, 도주하듯이 나라를 가로질러 가거나, 빛이 환한 날씨에도 총통사령부의 회의실 창문들을 잠그거나 어둡게 만들곤 하던 습관도 그랬다. 그는 하루를 신문 논평의 낭독으로 시작하였고 이어서 최근의 정보를 받았다. 그가 사건 자체를 그 메아리보다 더 침착하게 받아들였고, 마찬가지로 현실 자체를 그 그림자보다 더 가볍게 여겼다고 그의 주변 사람들이 보고하고 있다.[29)]

끊임없이 독백조인 그의 대화 형식, 귀를 기울이거나 이의를 받아들이는 능력의 결핍, 극단적으로 부풀린 숫자에 대한 욕구, 숫자로 나타나는 분노 등이 이러한 맥락에 들어 있다. 1943년 말에도 그는 토마스 장군이 소련의 잠재력을 언제나 그렇듯이 진지한 위험이라고 묘사한 연구 보고를 아주 하찮게 여기며 비웃었다. 그리고 이러한 종류의 건의서를 금지시켰다.[30] 동시에 그는 전선이나 전선 뒤쪽 참모부를 방문하기를 거부하였다. 그가 군단 사령부를 마지막 방문한 기록은 1943년 9월 8일자로 되어 있다.[31]

현실에 대한 무지에서 수없이 많은 대단히 잘못된 결정들이 나왔다. 진영 지도에 표시된 군대와 사단들의 위치에 기후, 피로 정도 혹은 심리적인 여유 등은 나타나지 않으므로, 그리고 회의실의 특별하게 상승된 분위기에서는 군장비의 총수나 보급에 대해서 오직 드물게만 현실적인 수치가 제시되곤 하였기 때문이다. 현존하는 기록들에서 적어도 할더가 물러난 뒤로는, 군 수뇌부의 비판 없는 수용 자세, 품위 없는 아첨 등이 분위기를 지배했음을 볼 수 있다. 그래서 모든 회의는 일종의 '쇼회의'로 여길 수 있을 정도였다. 동맹국 정치인들 앞에서 벌어지는 기만적으로 만들어진 전황 보고들을 총통사령부의 은어로 이렇게 불렀다.

히틀러를 젊은 일선 장교들과 만나도록 하려는 슈페어의 시도나, 파괴된 도시를 방문하도록 하려는 의도는 다 실패하고 말았다. 괴벨스는 처칠의 대단히 인상적인 예들을 들었으나 소용이 없었다. 한 번은 총통의 특별열차가 뮌헨으로 가고 있을 때 실수로 창의 햇빛 가리개가 올라가 있을 때 부상자들이 수송되는 옆에 정차하게 되었다. 히틀러는 벌떡 일어나더니 승무원에게 즉각 창문의 가리개를 내리라고 명령하였다.[32]

진짜 현실

물론 지난 여러 해 동안 현실을 이토록 무시한 것이 그의 강점이었다. 그것은 아무것도 없는 것에서 그를 돌출하고 위로 올라가도록 해주었다. 그리고 정치가로서의 연속되는 승리와 군사적 성공의 일부도 마찬가지로 그 덕분이었다. 그러나 국면이 한 번 바뀌고 난 지금 현실 무시는 모든 패배의 효과를 포함하였다. 때때로 현실과 피할 수 없이 부딪치고 난 다음에 자기는 자기 의사에 반하여 정치가가 되었으며, 자신을 문화적인 활동 계획에서 멀리 떼어놓은 잿빛 웃옷이 무겁다는 오래 묵은 탄식들이 다시 터져나오곤 하였다.

그리고 이렇게 말했다. "평화의 작업, 그러니까 예술 같은 것에 종사하는 대신에 술꾼 새끼(처칠) 때문에 전쟁을 해야 하다니 유감이다." 자신은 베를린의 극장이나 겨울 정원을 방문하고 싶다, '그리고 다시 사람들 사이에서 사람'이 되고 싶다고 했다. 아니면 그는 사방의 기만과 배신, 장군들의 지속적인 오도를 불평하고, 점점 더 거침없이 비감어린 인간 경멸의 비정상적인 어조에 빠져들었다. "언제나 속기만 한다구!"[33]

그의 초기의 추종자들 중 한 명은 비교 관찰에서 20년대에 벌써 히틀러는 행동을 하기 위해서 자기기만을 필요로 한다는 결론을 이끌어냈다.[34] 결정을 못 내리는 성질, 깊은 무기력은 장엄하게 구성된 가상 세계들을 필요로 하였다. 그 가상 세계를 배경으로 하고 보면 모든 장애물은 별것 아닌 것이 되고 문제들이 하찮게 보인다. 일종의 기만적인 망상증을 통해서만 그는 행동의 능력이 생겼다. 히틀러 현상을 둘러싼 망상적인 과잉 긴장은 바로 이와 같은 현실 장애에 그 원인이 있다. 비현실적인 특성이 그를 현실적으로 만들었다. 전쟁 마지막 국면에 측근들을 향한 피로하고 억양 없는 연설들에서 그가 '거대한 의무'니, 미래의 '거인적인 의도'를 이야기할 때만 그의 목소리는 다시 생동감을 지니게 되었다. 그러한 것들이 그의 진짜 현실이었던 것이다.[35]

'진정한 황금시대'

밤의 원탁회의를 향해서 그가 '옆문을 통해서 낙원의 광경'을 보여줄 때면 그 앞에 펼쳐지는 것은 장대한 장관이었다. 대량 학살과 확장된 강제 이주 활동, 동화 과정, 오랫동안 비어 있던 공간들의 새로운 분할 등을 통해서 대륙을 소멸시키고 변화시키는 것. 지구상의 한 부분의 과거를 의식적으로 파괴하고 역사 없는 계산으로 그것을 재구성하는 작업이었다.

그의 지적인 성향에 알맞게 히틀러는 거대한 상황 속에서 움직였다. 영원을 바라보는 그의 눈앞에 세기들은 짧은 순간으로 줄어들고, 세계는 작아지고 그가 때때로 말하였듯이 지중해는 '호수'로 줄어들었다.[36] 소박한 시대는 끝나고 학문과 예술적인 예언에 의해 인정된 새로운 인식의 1천 년이 눈앞에 나타났다. 그 핵심적인 생각은 순수한 피와 열등한 피 사이에서 종말론적 투쟁이 벌어져 수백 년 묵은 질병에서 세계를 구한다는 것이었다.

그의 사명은 좋은 피를 위해 제국주의적인 기반을 마련하는 것이라고 했다. 유럽의 대부분과 아시아의 광범위한 지역을 포함하는, 독일이 지배하는 대제국은 1백 년 안에 지금까지 존재했던 '가장 단합되고 가장 거대한 세력권'이 될 참이었다.[37] 히믈러 및 친위대와는 달리 그는 온갖 동양적인 낭만주의에서 벗어나 있었다. 그는 "나는 차라리 걸어서 플란더즈로 가겠다."고 말하고, 동쪽으로 공간 정복을 하도록 자신을 강요하는 운명을 탄식하였다. 러시아는 '끔찍한 땅……, 세계의 끝'이라 했다. 그에 대한 생각을 그는 도이치 사람들의 지옥 이미지와 결합시켰다. "오직 이성만이 우리더러 동쪽으로 가라 명한다."[38]

공격적인 메시아 구원사상의 보루인 이 세력권은 종족적으로 통일된 주인민족에 의해 정복되고 형성되어야 한다. 주인민족에 대해서 히믈러는 '아탈란타 · 아리안 · 북구 종(種)의 창조적인 아리안 인류'라고 강조하였다.[39] 이 종족은 생존 투쟁, 피의 숭배, 종족적인 증기의 파노라마에서 일어섰고, 이 종족이 나타났다는 것은 죽을 병에 걸린 세계의 희망이고 이 종족의 지배는 '진정한 황금시대'의 시작이다.

이 종족이 발전시킨 엄격한 사회 계급은 세 개의 계층으로 이루어졌다. 첫째 전쟁을 통해 정선된 국가사회주의 '고급 귀족', 둘째 '새로운 중산층'을 이루게 될 광범위한 엘리트 당원들, 그리고 셋째로 히틀러의 해석대로 '익명의 대규모 대중, 봉사하는 다수로 영원히 성숙하지 못한 자들'이었다. 그들 모두가 '우리가 편안하게 현대의 노예 계층이라 부를 만한…… 종속된 외국인 계층'을 지배하라는 소명을 받았다.[40]

이러한 구상의 지적인 발상이 얼마나 보잘것없는 것이든 그것은 국가사회주의 세계관의 전위부대에는 적어도 이상적인 질서의 매력을 갖춘 것이었다. 공산주의가 지속적으로 평등한 사회의 유토피아를 선언하고 있다면 이것은 지속적인 계층 사회의 유토피아였다. 다만 한 계급의 역사적인 지배 규정이 한 종족의 '자연적인' 지배 규정으로 바뀌었을 뿐이었다.

상처입은 자연 질서의 회복을 위한 광범위한 목록은 이미 전쟁 이전에 친위대의 결혼 명령, 혹은 친위대 종족 및 거주 관리청의 기율점수제로 시작되었던 것인데, 이제는 동부 점령지역에서 훨씬 더 광범위하고 과격하게 또다시 시작되었다. 다시금 히틀러와 새로운 질서의 집행자들은 적극적 조치와 소극적 조치들에서 출발하였다. 그리고 좋은 피의 선별 노력을 열등종족의 제거와 연결지었다. '그들은 모기처럼 쓰러지게 될 것'이라고 친위대의 운동 지침서가 예고하고 있다. 히틀러의 독백에서 그 자신의 표현에 따르면, 게르만 만들기와 더불어 이방 '천민'의 생물학적인 '청소 과정'이란 구상이 함께 발전해 나왔다.[41)]

히믈러. 수많은 다른 기능들 이외에도 새로 얻은 지역의 통합임무를 맡은 제국 위원. 민족성을 확고하게 만들 책임을 맡음.

언제나처럼 그는 파괴 쪽에 더 큰 힘을 실었다. 1939년 10월 7일에 그는 비밀명령을 통해서 친위대 총사령관인 하인리히 히믈러를 '도이치 민족성의 강화를 위한 최고책임자'로 임명하고 동부지역에 광범위한 신거주 정책을 위한 종족적 '경지 정리'를 준비하라고 위임하였다. 이 정권이 어떤 영역에서나 만들어냈던 경쟁과 의도의 혼란이 이 분야에도 나타났다. 점령된 동부지역은 순전히 딜레탕트적인 돌진, 품종개량의 실험장 이상이 되지는 못했다. 그리고 새로운 질서의 몇 가지 혼란스런 윤곽 이외에는 아무것도 이루어지지 않았다.

그에 반해서 파괴 분야에서 이 정권은 유례 없는 역동성을 보였다. 이 사건을 둘러싸고 있는 중요한 어휘들이 이미 이 활동을 정권 자신의 본질 및 규정과 동일시하고 있다는 것을 보여준다. 이것은 '세계사적인 의무'이고, '우리 역사의 업적의 페이지'라고 했다. 그리고 추종세력이 새로운 영웅주의의 원칙들과 자기 자신에 대한 강인함을 키우기 위한 '최고의 입증시험'이라고 했다.

히믈러는 설명했다. "한 중대와 더불어 전투에 참가하는 것은 많은 경우 훨씬 쉬운 일이다. 한 중대와 더불어 어떤 지역의 적대적인 주민에게서 문화의 뿌리를 뽑아내고, 집행하고, 사람들을 끌어내 이주시키고, 소리지르고 울부짖는 아낙네들을 쫓아보내는 것……. 이 조용한 필수 행위, 이 조용한 활동, 세계관을 지키는 보초 근무, 이 일관성 유지, 가차없는 행동, 이것이야말로 많은 측면에서 훨씬 더 어려운 일이다."[42]

그는 자신의 임무를 이렇게 정의하였다. 유대인 문제를 '아주 명료하게 해결'하고, '이 민족을 지구상에서 사라지도록 만들려는' 것이라고 했다. 그러나 도이치 민족 대다수는 종족적으로 계몽된 의식을 갖지 못했으므로 친위대는 "우리 민족을 위해 그 일을 떠맡고, 책임을 우리가 짊어졌다……. 그리고 이 비밀을 우리 무덤으로 가져가는 것이다."[43]

최종 해결책

히틀러가 언제 유대인 문제의 최종적인 해결을 결심하게 되었는지는 오늘날까지도 불확실하다. 어쨌든 그는 가까운 추종자들보다 훨씬 더 먼저 '제거'나 '근절' 같은 개념들을 은유적으로 뿐만 아니라 물리적인 절멸 행동으로 이해하였던 것이 분명하다. 그런 생각들이 그를 놀라 뒤로 물러서게 하지 못하였기 때문이다. 괴벨스는 경탄하는 음조를 바닥에 깔고서 이렇게 적었다. "이 점에서도 총통은 과격한 해결책의 분명한 선구자이며 대변자이다."

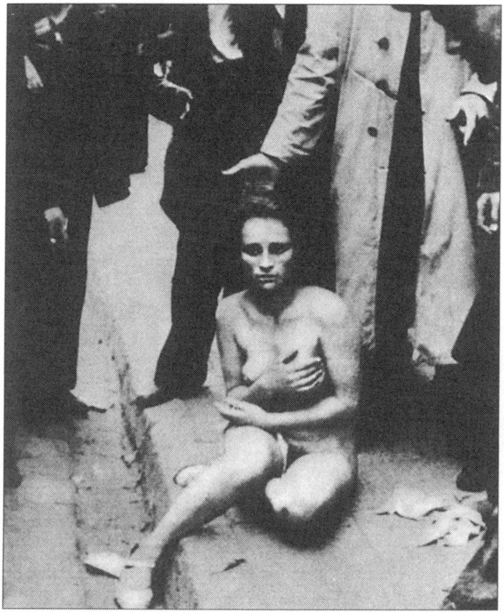

괴벨스는 유대인 학살에 대해서 자기 일기장에 이렇게 적었다. "이 점에서도 총통은 과격한 해결책의 대변자이다." 동부에서의 유대인 학살과 청산.

30년대 초에 벌써 히틀러는 가까운 측근들에게 '민족 말살의 기술'을 개발하라고 요구하였다. 그리고 그 말은 민족 전체의 제거를 뜻한다고 분명히 못박았다. "자연은 잔인하다. 그러므로 우리도 잔인할 수 있다. 내가 도이치 사람들의 피를 다가오는 전쟁의 포탄우박 속으로 보낸다면, 그리고 여기서 흘리게 될 이 소중한 도이치의 피에 대해서 조금도 유감을 느끼지 않는다면, 독충처럼 번식하는 다른 열등한 종족 수백만을 제거할 권한을 가지지 않겠는가."[44]

1941년 12월 낡아서 쓰이지 않는, 쿨름호프 근처 숲속의 성에서 처음으로 독가스를 살해 방법으로 사용했는데, 이 방법은 히틀러 자신의 세계 전쟁 체험에서 발상을 얻은 것이다. 어쨌든 《나의 투쟁》 한 구절은 당시 '1만 2천 혹은 1만 5천 명의 헤브라이 민족 파괴자들을 그렇게 독가스로' 데려가지 않았다고, 그러니까 수십만 도이치 병사들이 전선에서 당한 것처럼 하지 않았다고 탄식하고 있다.[45]

그것이 언제였든간에 최종 해결책의 결정은 전쟁의 상황이 악화된 것과는 아무런 상관이 없다. 동부의 대량 학살을 전쟁의 경과에 대한 점점 커지는 분노의 표현이라고, 그래서 옛날 상징적인 적에 대한 복수 행위라고 해석한다면 그것은 히틀러 의도의 핵심 부분을 조잡하게 오해한 것이다. 오히려 이 대량 학살은 완전히 히틀러 사상의 일관성 속에 들어 있는 것이고, 그 전제로 보아서 거의 필연적인 일이었다.

친위대의 종족 및 거주국에서, 그리고 외무부에서 때때로 거론된 계획, 즉 마다가스카르 섬을 대략 1천5백만 유대인을 위한 대규모 게토(유대인 거주구역 : 역주)로 만들겠다는 계획은 결정적인 점에서 히틀러의 의도를 부인한 것이다. 그가 거듭해서 설명하고 썼던 바에 따르면 유대인은 거대한 세계 질병의 원래 보균전염자이므로 유대인에게 거처를 마련해주는 것이 아니라 생물학적 존재 자체를 근절시키는 것이 그의 종말론적인 사상에 중요한 일이었기 때문이다.

1939년 말에 이미 식민지 정부의 게토로 강제 이주가 시작되었다. 그러나 대량 근절에 대한 히틀러의 구체적인 결심은 분명히 러시아 전선을 활발하게 준비하던 무렵에 나온 것이다. 1941년 3월 31일에 행한 연설은 상당수의 고위급 장교들에게 후방에서 히믈러의 '특수임무'에 대해서 하나의 이미지를 제공하고 있다. 이 연설은 광범위한 살해 기도에 대한 최초의 분명한 암시를 표현하고 있다. 이틀 뒤에 알프레트 로젠베르크는 히틀러와 두 시간에 걸친 이야기를 마친 다음에 두려움의 여운을 남긴 채 일기장에 이렇게 토로하였다. "오늘 내가 여기 적지 않는 내용을 절대로 잊을 수는 없을 것이다." 1941년 7월 31일에 괴링은 안전부장 라인하르트 하이드리히에게 '바라던 바대로 유대인 문제의 최종 해결책'을 알렸다.[46)]

처음부터 비밀 유지 노력이 이 사건을 특징짓고 있다. 1942년 초 이후로 유럽의 모든 지역에서 체계적으로 끌어모은 유대인을 압송하는 끝도 없는 행렬은 목적이 알려지지 않은 채 계속되었다. 점령된 동부지역에 새로 건설된 아름다운 도시들에 대한 소문이 의도적으로 퍼뜨려졌다. 살인 명령부에는 끊임없이 새로운 정당화의 이유들이 전달되었고, 때로는 유대인들이 특히 저항자나 전염병 환자라는 이유가 붙었다.

국가사회주의 이념을 따르던 사람들조차도 자기 이데올로기의 결론을 견뎌낼 수가 없었던 것 같다. 히틀러 자신의 침묵도 이러한 추측을 뒷받침한다. 그 여러 해 동안에 그 많은 원탁 대화들, 연설들, 참석자들의 기록문서들이나 회고록들에서 이 말살 행위에 대한 단 하나의 구체적인 암시도 전해지지 않고 있기 때문이다.[47)] 아무도 히틀러가 투입 부대의 보고에 대해서 어떻게 반응하였는지, 그리고 그가 기록 필름이나 사진들을 요구하였는지, 보았는지, 격려나 칭찬이나 질책으로 이 사건에 개입하였는지 여부를 모른다.

그는 자기를 사로잡은 모든 것을 장황한 연설로 바꾸어 들려주곤 하였고, 그 자신의 과격성, 비속성, 극단적인 결과에 대한 각오 등으로 인해서 모든 것을 절대로 숨기지 않았다는 점을 생각해보면, 자기 삶의 일반적인 관심사, 세계의 구원 문제에 대한 이런 침묵은 정말 이상한 일이 아닐 수 없다. 그가 그렇게 행동한 동기들에 대해서 수많은 추측들을 해볼 수 있다. 그의 일반적인 비밀주의적인 태도, 시민적인 도덕성의 잔재, 사건을 추상적으로 만들고, 그것을 바라봄으로써 감정을 약화시키지 않으려는 의도 등, 그래도 자신의 구원의 행동을 몰래 감추어두는 구원자의 이미지는 여전히 이상스럽기만 하다.

정권 고위지도자 중에서는 오직 하인리히 히믈러만이 1942년 8월 말에 한 번 대량 학살을 참관하였다. 그러나 그는 거의 정신을 잃고 이어서 히스테리 발작을 일으켰다.[48] 친위대 관료층은 마침내 독자적인 은어들을 만들어냈다. '이민' '특별 취급' '숙청' '숙소 이전(移轉)' 혹은 '자연 감소' 등의 말들이 나왔다. 현실로 돌아가보면 다음과 같다.

> 뫼니케스와 나는 곧장 구덩이로 갔다. 우리는 전혀 제지를 받지 않았다. 그때 나는 커다란 흙더미 뒤쪽에서 연달아 기관총소리가 나는 것을 들었다. 트럭에서 내려지는 사람들, 온갖 연령층의 남자들과 여자들과 아이들은 손에 말과 개에게 쓰는 채찍을 든 친위대원의 명령에 따라서 옷을 벗고 옷가지들을 구두, 상의, 하의로 분리시켜서 각각 정해진 자리에 갖다놓았다. 나는 대략 8백에서 1천 켤레의 구두더미와 속옷과 옷들의 커다란 더미를 보았다. 이 사람들은 소리치거나 울지도 않고서 옷을 벗고 가족 단위로 모여서 서로 키스하고 작별을 고하고는, 똑같이 손에 채찍을 들고 구덩이 가장자리에 서 있는 다른 친위대원의 손짓에 따라서 기다렸다.
>
> 나는 구덩이 근처에 약 15분 가량 머물렀는데 그 동안 탄식소리나 살려달라는 간청은 전혀 듣지 못했다. 나는 약 여덟 명으로 된 한 가족을 관찰하였다……. 눈처럼 하얀 머리를 한 늙은 여인이 한 살 가량의 아기를 팔에 안고 노래를 부르면서 간지럼을 태웠다. 아기는 좋아서 키득거렸다. 부부는 눈에 눈물을 머금고 바라보았다. 아버지는 열 살 가량된 아이의 손을 잡고서 그에게 나직하게 무슨 말을 하고 있었다. 소년은 눈물을 흘리지 않으려고 안간힘을 쓰고 있었다. 아버지는 손가락으로 하늘을 가리키고 아이의 머리를 쓰다듬고 그에게 무엇인가를 설명하는 것 같았다.
>
> 그때 구덩이 옆에 있던 친위대원이 동료에게 무어라고 소리쳤다. 이 사람은 약 스무 명의 사람을 갈라내더니 그들에게 흙더미 뒤로 가라고 지시하였

다. 내가 관찰하던 가족도 그들 속에 끼었다. 검은 머리에 날씬한 소녀가 내 곁을 지나가면서 손으로 아래쪽을 가리키면서 "스물세 살이에요!" 하고 말하던 모습이 아직도 생생하게 기억난다.

흙더미를 돌아가자 엄청난 구덩이가 있었다. 사람들이 너무나도 촘촘하게 쌓여 있어서 겨우 머리들만 보일 정도였다. 거의 모든 머리에서 피가 어깨 위로 흘러 있었다. 총에 맞은 사람들 중 일부는 아직도 움직이고 있었다. 어떤 사람들은 아직 살아 있다는 것을 보이기 위해서 팔을 들어올리거나 머리를 돌렸다…….

나는 사격수를 찾아보았다. 친위대원인 사격수는 구덩이 가장자리 땅바닥에 앉아서 다리를 구덩이에 내려뜨리고서 무릎 위에 기관총을 놓고 담배를 피우고 있었다. 완전히 벌거벗은 사람들이 구덩이의 점토벽에 파여진 계단을 내려가서 쓰러져 있는 사람들의 머리 위로 미끄러지면서 친위대원이 지시하는 자리로 다가갔다. 그들은 이미 죽은 혹은 총에 맞은 사람들 앞에 누웠다. 몇몇 사람은 아직 살아 있는 사람들을 쓰다듬고 그들에게 나직이 무슨 말을 속삭였다.

그리고 나서 나는 총소리를 들었다. 구덩이를 바라보자 몸뚱이들이 경련을 일으키거나 머리들이 자기들 앞에 놓인 몸뚱이들 위에 조용히 놓여 있는 것을 보았다. 목에서 피가 흘렀다.[49]

이것이 현실이었다. 고도로 조직화된 살인 작업장들을 연결해서 이런 근절 작업은 차츰 일반인들의 눈에서 벗어나 합리화되었고 독가스로 전환되었다. 1942년 3월 17일에 하루 1만 5천 명의 '살해 능력'을 갖춘 벨체크(Belzec) 수용소가 활동을 개시하였고, 4월에는 우크라이나 국경 근처 소비보르(Sobibor) 수용소가 하루 2만 명, 이어서 트레블링카(Treblinka)와 마이다네크(Majdanek)도 약 2만 5천 명의 처리 능력을 발휘하였다. 그리고 아우슈비츠(Auschwitz), 그곳의 수용소장이었던 루돌프 회스(R. Höß)가 심문 과정에서 비뚤어진 자부심을 가지고 자랑한 대로 '모든 시대에 걸쳐 제일 큰 인간 처형장'도 가동되었다.

해당자를 가려내서 가스로 처형하고 시체를 치우고 유품을 정리하기까지의 전체 살해 과정이 이곳에서는 마찰 없이 서로 맞물려 돌아가는 일련 과정으로 잘 체계화되었다. 루블린의 친위대장 겸 경찰서장이었던 오딜로 글로보크니크(O. Globocnik)가 설명한 대로 '단 하루도 그곳에서 지체하지 않도록' 서둘러서, 점점 더 가속도를 붙여가면서 근절 작업이 이루어졌다.[50]

수많은 증인들은 사람들이 죽음으로 끌려가면서 보이는 복종의 자세를 서술하였다. 쿨름호프에서 15만 2천 명 이상의 유대인이, 벨체크에서 60만 명, 소비보르에서 25만, 트레블링카에서 70만, 마이다네크에서 20만, 아우슈비츠에서 1백만 명이 처형되었다. 이런 가스 처형장 외에도 여전히 총살 집행이 계속되고 있었다. 국가안전부의 계산에 따르면 거의 1천1백만 명의 유대인이 처형될 예정이었다.[51] 그중 5백만 명 이상이 처형되었다.

생존 공간 비전들

히틀러와 그의 생존 공간 위원들은 유럽 동부를 텅 빈, 과거도 없는 지역이라고 보았다. 슬라브 주민들을 일부는 강제 이주로 추방하고 일부는 죽이고, 특히 게르만 주인 계층의 노예 종족으로 삼는다는 발상이었다. 1억 명이 동부 지역에 자리잡아야 하고, 1백만 명 단위로 사람들을 보내서 히틀러의 설명으로는 '우리 이주자들이 원주민을 수적으로 압도하게 될 때까지' 계속한다는 생각이었다. 유럽인들의 이민은 미국을 향해서는 안 되고 오직 동부로만 나가야 한다. 그리고 자신은 '늦어도 10년 뒤에는…… 동부 지역에 적어도 2천만 명의 도이치 사람들이 살고 있다는 보고를 받기 바란다'고 했다.[52]

이 '거대한 케이크'는 네 개의 제국위원회로 분배되어야 한다(동부국, 우크라이나, 코카서스, 모스크바 지역). 알프레트 로젠베르크는 한때 당의 지도적인 사상가였지만 지난 몇 년 동안 거듭 무시당하고 아무런 쓸모도 없이 이리저리 밀쳐지기만 하다가 이제 '점령된 동부지역 장관'으로 복귀하였다. 그는 소련 지역을 정치적인 자치권을 가진 민족 집단으로 분할하자고 주장하였으나 아무런 소용이 없었다. 히틀러는 이런 발상에서 새로운 종족적인, 혹은 역사적 정당성을 가진 국가를 위한 위험한 소질을 알아보았기 때문이다.

그는 '국가 조직을 피하고, 그럼으로써 이 민족 집단들을 가능한 한 낮은 문화적 수준으로 유지하는 것'이 아주 중요한 일이라고 주장하였다. 자신은 이 민족들에게 어느 정도 개별적인 자유를 허용할 마음도 있다. 인간의 조직체 중 최고의 형식인 국가가 거부된 상태에서 자유는 퇴보적으로만 작용하기 때문이라고 했다.[53)]

줄지 않는 열성으로 그는 자신의 제국주의적인 백일몽을 아주 세세한 데에 이르기까지 묘사해서 들려주었다. 게르만 주인들과 슬라브 하인종족들이 함께 힘을 합쳐 거대한 동부지역을 분주한 활동들로 가득 채운다. 물론 종족적인 이유에서 생겨난 계급 차별을 가능한 온갖 방법으로 드러내면서 말이다. 도이치 도시들은 그의 눈앞에서 번쩍이는 총독의 궁전들, 높이 솟은 문화적 건축물과 관공서 건축물들을 가진 모습으로 펼쳐진다. 그에 반해서 원주민의 거주지는 의도적으로 품위 없게 만들고, 절대로 '정비되거나 미화되어서는 안 되는' 곳이다. '점토 바르기'나 초가지붕조차도 똑같아서는 안 된다고 그는 말했다.

슬라브 주민들에게는 교육 수준을 낮추어서, 그들은 고작해야 교통신호, 제국 수도의 이름, 그리고 몇 마디 도이치 말을 배울 수는 있지만 예를 들면 셈하기 지식 같은 것을 가져서는 안 된다. 요들 장군은 우크라이나 말로 철도 시설 내에 들어오는 것을 금한다는 표지판을 세우기를 반대하였는데 그것은 당연한 일이라고 그는 덧붙이기도 했다. '원주민이 차에 치여 죽든 말든 우리 관심사가 아니기' 때문이다.[54)]

긴장이 풀린 순간에 털어놓곤 하는 이런 익살스런 마키아벨리즘에서 한 번은, 슬라브 민족들은 '몸짓 언어'로 가장 잘 가르칠 수 있고, 라디오를 통해서 '그들에게 주어진 것, 음악을 무한정……(유쾌한 음악은 노동 의욕을 북돋우니까)' 틀어주면 된다고 말했다. 모든 건강상의 배려, 위생을 '미친 짓'이라고 여기고, '접종이나 그 비슷한 것은 아주 위험한 것'이라는 미신

아시아 내부 깊숙한 곳까지 이르는 대제국은 죽은 자들의 성들이 화환처럼 둘러싸게 된다. 동부의 평원에 있는 도이치 군대들.

을 퍼뜨리라고 추천하였다. 어떤 건의서에서 점령된 동부지역에서 낙태 약제들의 판매와 사용을 금지시켜야 한다는 제안을 보았을 때 그는 흥분해서 "이 바보를 직접 총 쏘아죽이겠다."고 말했다. 그에 비해 '피임약의 거래'를 촉진시키는 것은 꼭 필요한 일이라고 했다. 다시 농담처럼 "그러나 그런 일을 널리 퍼뜨리기 위해서는 유대인을 불러다가 도움을 받아야 할 것"이라고 말했다.[55)]

넓은 도로와 교통 연결망 체계(모든 문명의 시작)를 통해 나라를 지배하고 자원에 접근하려고 했다. 도네츠베켄에 이르는 철도의 선로를 4미터 넓이로 만들어서 2층짜리 열차들이 시속 2백 킬로미터로 오가는 모습은 히틀러가 좋아하는 생각들 중의 하나였다. 교통망의 요충지들이 거점 도시들의 중심점이 된다. 이 도시들은 동원 가능한 대규모 전투부대들을 숙박시키고, 중심점에서 30, 40킬로미터 반경에 방어력을 갖춘 주민들이 사는 '반지 모양의 아름다운 마을'을 만든다는 것이다.

1940년 11월 26일 건의서에서 히믈러는 폴란드 점령지역의 건설을 위한 기본 노선을 내놓았다. 여기에는 도이치 거주자들 사이에 농부에서 '본토 총통'의 대리인들에 이르기까지 사회적인 서열이 확정되어 있다. 그것은 마을들과 궁정들('벽 두께가…… 38센티미터 이하는 안 됨')의 설비를 꼼꼼하게 그려 보이고 있으며, 특히 나무와 덤불, 꽃들에 대한 타고난 도이치 혈통의 사랑을 표현하고, 풍경 전체에 도이치의 인상을 부여해줄 '녹지 설비'까지도 정해놓고 있다. 마을에 떡갈나무와 보리수나무 심기는 '전기 배선을 가능하면 눈에 안 띄게 건물에' 연결시키는 일만큼이나 꼭 필요한 일이라고 했다.[56] 러시아의 방어농 지구를 위해서도 똑같이 낭만적인 목가가 계획되었다. 전투력을 갖춘 작은 이주 촌락들이 적대적인 주위환경 한가운데서 항구적인 생존 싸움의 원형적 상황을 보여주고, 그런 가운데 자신을 유지해야 한다는 것이다.

그러는 동안 공간의 크기가 온갖 이주의 가능성을 훨씬 더 넘어선다는 사실이 분명해졌다. 특히 이른바 동남 유럽 국가들과 다른 대륙 출신의 종족적 도이치 사람들, 참전용사들, 친위대원들이 새로운 이주자들로 꼽히고 있었다. 동부는 친위대의 것이라고 친위대 종족 및 거주국장인 오토 호프만(O. Hofmann)이 선언하였다. 계획 입안자들의 계산에 따르면 새로운 이주자들이 대략 5백만을 넘지 않았다. 1942년 4월 27일자 건의서에 나타난 것처럼 특별히 유리한 상황을 예상한다면 '이 지역에서 약 30년 뒤에 도이치 사람들의 수가 대략 8백만 정도에 이를 것으로 계산된다.'[57] 이제 처음으로 특정한 공간 공포가 널리 퍼진 듯하다.

예상하지도 못했던 이 딜레마를 극복하기 위해 여러 가지 조치들의 목록이 나왔다. '도이치 민족에게서 동부를 향한 이주 열기를 일깨우고', 종족적으로 가치 있는 이웃 민족들에게 동부 식민지에 참여하는 것을 허락하겠다는 계획이었다. 로젠베르크의 건의서는 덴마크 사람, 네덜란드 사람들 이외에 '전쟁이 승리로 끝난 다음에는 영국인들도' 이주시키는 것을 고려하고 있다. 그들 모두가 다 '제국의 지체(肢體)들'이라고 히틀러는 확인하였고 이러한 과정은 1백 년 전에 몇몇 도이치 국가들이 관세 동맹으로 협조한 것과 비슷한 의미를 가진다고 말했다.[58]

동시에 로젠베르크의 동부장관실에서 나온 어떤 건의서에 따르면 러시아 서부의 4천5백만 주민들 중에서 3천1백만 명을 추방하거나 살해하고, 나아가 경쟁하는 파벌들을 도입한다는 생각도 나왔다. 이것으로 충분하지 못할 경우에는 히틀러가 생각하는 것처럼 지배하는 거점도시들로부터 '다른 도시들에 몇 개의 폭탄을 떨어뜨리면 사태는 해결될 것' 이라고 했다.[59]

가장 큰 희망은 좋은 피의 재탈환을 위한 조치들을 지향하고 있었다. 히틀러 자신이 이른바 투쟁시대의 활동을 자석의 작용과 비교하였다. 자석은 도이치 민족에게 있는 '모든 금속 성분' 을 끌어모은다고 했다. 1942년 2월 초에 그는 이렇게 설명하였다. "새로운 국가 건설에서도 그같이 해야 한다. 세계에 게르만의 피가 있는 곳은 어디서든지 좋은 것을 우리 쪽으로 끌어들인다. 다른 사람들에게 남는 것으로 게르만 제국에 대항하지 못할 것이다."[60]

폴란드에서 이미 종족위원회가 수없이 많은 선별된 사람들을 '도이치 민족' 에 합당한가 심사하고 필요할 경우 '민족 전환' 을 시키기 위해서 독일로 호송해 왔다. 그 과정에서 비교적 간단하게 나이 어린 사람들을 잡았다. 앞으로는 해마다 한 번씩 프랑스에서도 '혈통에 맞는 고기잡이' 를 준비할 것이라고 히믈러는 라스텐부르크의 저녁 식탁에서 확인하였다. 그리고 붙잡은 아이들은 도이치 기숙사로 보내자는 제안을 하였다. 그들에게 프랑스 국적을 가진 것은 순전히 우연임을 가르치고, 게르만 혈통 의식을 길러주기 위해서라는 것이다. "우리는 우리가 평가하는 좋은 피를 얻을 것입니다. 그 피는 우리 편에 편입되거나 아니면—여러분은 이것을 잔인하다고 하실 것입니다만, 자연은 잔인한 것입니다—이 피를 없애버리는 것이죠."[61]

'혈통의 바탕 확장' 을 위한 이러한 생각의 뒤에는 아리안 족의 소멸에 대한 오래된 공포심이 있었다. 히틀러가 《나의 투쟁》에서 말한 적이 있는 것처럼 두 번째로 '낙원에서 추방' 당할까 하는 두려움이었다.[62] 그는 이런 망상을 하였다. 제국을 '종족적으로 고귀하고 순수하게' 보존할 수 있다면 제국은 수정 같은 강도를 얻고 공격할 수 없는 존재가 될 것이다. 그렇게 되면 다시금 더 큰 힘, 대담성, 야만적 폭력이 제자리를 찾을 것이고 이성과 휴머니티라는 잘못된 종교가 몰락하고, 방해받은 자연 질서가 승리를 거둘 것이다. '세계사의 가장 탐욕스러운 맹수'[63]인 국가사회주의는 자연 질서와 그 약속을 자기 편으로 삼게 될 것이다. 그리고 원래 망가진 현실 의식으로부터 그 자신의 비전들이 실현 가능한 것으로 여겨졌다. 그런 의식 속에서 그는 동부에 있는 '게르만 혈통의 식목원'에서 몇 년 이내에 간절히 바라는 새로운 인간 유형이 자라나오는 모습을 보았다. 그가 열광하였듯이 '진짜 주인종족이며 섭정들'의 모습이었다.[64]

새로운 결혼법

동시에 그는 특히 히믈러와 보어만이 제시한 새로운 결혼법 발령을 위한 노력을 격려하였다. 이러한 발상은 전쟁이 끝난 다음에는 국민의 부족이 더욱 심각하게 될 것이라는 점에서 출발하였다. 3백만에서 4백만의 여자들이 결혼하지 않은 상태가 될 것이고, 히틀러가 말한 대로 이러한 손실을 사단으로 환산해보면 '우리 민족에게는 참을 수 없는 일'이 될 것이기 때문이었다.

이 여자들에게 아이를 가질 가능성을 주고, '단정하고 성격이 굳세고, 신체적 · 심리적으로 건강한 남자들에게' 더욱 확고한 자손 번창의 기회를 마련해주기 위해서 특별한 신청 및 선별 과정을 거쳐서 '한 여자뿐 아니라 또 다른 여자하고도 확고한 결혼 계약을 맺을 수 있는' 가능성을 마련해주고자 하였다.

히믈러는 보어만이 어떤 건의서에 적어낸 이런 발상을 보충해서 예를 들면 '도미나(Domina)'라는 명칭으로 첫 번째 부인의 특별 지위를 보장해주고, 두 번째 결혼 계약을 맺을 수 있는 권리를 '전쟁 영웅들, 도이치 황금십자훈장 수여자들, 기사 십자훈장 수여자들에게 하나의 명예'로서 허락하자는 제안을 하였다. 그렇게 되면 나중에 '1급 철십자훈장 수여자들, 은과 금으로 된 육탄전 버클을 받은 사람들까지 확대할 수 있을 것'이라고 했다.

히틀러는 이렇게 말하곤 하였다. "가장 아름다운 여자는 가장 위대한 전사에게 어울린다……. 도이치 남자가 병사로서 조건 없이 죽을 각오가 되어 있다면 그는 조건 없이 사랑할 자유 또한 누려야 한다. 전투와 사랑은 같은 종류이기 때문이다. 속물들은 남는 것을 얻는 것만으로 기뻐해야 한다."[65)]

특히 친위대 지휘부 안에서 이런 생각이 광범위하게 퍼져나갔고 성(性)의 힘을 합리적으로 이용하기 위한 가능성들이 고안되기도 하였다. 5년이 넘도록 아이가 없는 결혼은 국가를 위해서 이혼이 가능해야 하고 나아가 '모든 독신 여자와 결혼한 여자들은 네 명의 아이를 갖지 않았을 경우 35세에 이르기까지는 종족적으로 나무랄 데 없는 도이치 남자들과 네 명의 아이들을 낳을 의무를 가진다. 이 남자들이 결혼을 했느냐 여부는 전혀 관계가 없다. 이미 네 명의 아이를 가진 가족은 남편이 이러한 활동을 하도록 놓아주어야 한다.'[66)]

동부의 거주지는 유럽의 국민적 · 종족적 쟁점들을 해결하기 위한 것이기도 했다. 예를 들면 거주 계획의 대상이었던 크리미아 반도는 히틀러가 때때로 말하곤 했듯이 '완전히 청소'되어야 하고, 이곳의 옛날 그리스 명칭인 '타우리스' 아니면 '고트 나라(Gotenland)'라는 이름으로 제국 직속 영토가 되어야 한다. 그리고 심페로폴은 고텐부르크(고트족 성), 세바스토폴은 테오데리흐 항구라는 이름이 되어야 한다고 했다.[67)]

이 계획들 중 하나는 수백 년이 흐르는 동안에 스키타이, 흉노, 고트, 타타르족 등을 끌어들였던 기후가 온화한 이 반도를 '거대한 도이치 요양소'로 만들자는 것이었고, 또 다른 제안은 이곳을 흑해 지배를 위한 '도이치 지브롤터'로 삼자는 것이었다.

이주민으로는 루마니아의 트란스니스트리에 사는 14만 명의 도이치 종족이 물망에 올랐다. 한동안은 건의서와 서류들에서 2천 명의 팔레스티나 도이치 사람들이 거명되기도 했다. 그러나 남부 티롤의 주민이 이 지역을 위한 새 질서 공상에서 가장 압도적인 지지를 받았다. 크리미아 반도를 위한 총독으로 지명된 관구 지도자 프라우엔펠트(Frauenfeld)의 제안은 남부 티롤 사람들만을 이 반도로 이주시키자는 것이었는데, 히틀러는 이 제안을 '특별히 좋다'고 인정하였다. 자신은 "크리미아 반도가 기후나 토양의 측면에서 남부 티롤 주민에게 특별히 적합한 것이라고 믿는다. 그밖에도 크리미아는—남부 티롤 사람들의 현재의 거주 구역과 비교하자면—젖과 꿀이 흐르는 땅이다. 남부 티롤 사람들을 크리미아로 이주시키는 일은 신체적으로나 심리적으로 아무런 어려움도 만들어내지 않을 것이다. 그들은 도이치의 강, 즉 도나우 강만을 따라 내려가면 벌써 그곳에 도달한다."[68] 프라우엔펠트는 야일라 산맥에 이 반도를 위한 새로운 대도시를 세울 계획을 추진하였다.

1942년 7월 초에 이미 크리미아 반도의 러시아 주민들을 철수시키라는 총통의 지시가 나왔지만 이 모든 신거주지 계획들은 경쟁과 전쟁 속에서 뒤죽박죽이 되고 말았다. 단지 파이루스 호수와 오네가 호수 사이에 위치한 인그리엔(게르만 나라)은 새로운 거주를 위한 최초의 구역으로 예정되어 있었다. 그곳은 생존 공간 전문가들의 생각에 따르면 비교적 게르만적 주민 요소를 지니고 있기 때문이었다.

이 구역에만 광범위한 이주 활동이 실현되었다. 1942년 초에 핀란드 정부는 '핀란드 쪽' 주민들을 되찾아가도 좋다는 통보를 받았다. 독일이 이 지역을 다시 뺏긴 1944년 초까지 실제로 약 6만 5천 명을 강제로 쫓아냈다. 이 사건은 유일한 경우로서 새 질서 계획의 기본적 특성을 폭로하고 있다. 그것은 현존하지 않는 소수민족 문제를 해결하였고, 핀란드에 새로운 소수민족 문제를 만들어냈기 때문이다.[69]

합병

히틀러의 확장 의지는 동쪽으로만 향한 것이 아니었다. 그는 전쟁이 시작된 다음에도 서부에는 정복 목표를 가지고 있지 않다고 거듭 맹세하였다. 그러나 이 의도는 곧장 한 번 얻은 것을 도로 내놓지 못하는 그의 성격과 갈등을 일으켰다. 그는 자기가 이러한 관점에 서 있다는 것을 아무도 의심할 수 없을 것이라고 말했다. "가진 사람이 가진다! 자기가 가진 것을 다시 내놓는 사람은 죄를 짓는 것이다. 그는 강자로서 자기가 이 땅에서 힘들여 정복한 것을 도로 내놓는 것이기 때문이다. 땅은 우승컵과 같은 것이며, 언제나 가장 강한 사람의 손으로 들어가기 때문에 값진 것이다. 그것은 수천 년 전부터 지구상에서 이리저리 옮겨다니는 것이다."[70]

그의 의도는 곧 민족적인 혹은 모든 도이치 연합에서 기원한 전쟁의 요구들을 넘어서서 '도이치 민족의 대 게르만 제국'이라는 비전으로 올라섰다. 그것은 거의 전 유럽 대륙을 통일적으로 조직된, 전체주의적이고 경제적으로 자주적인 하나의 제국 안으로 포괄하는 것이었다. 이 제국의 개별적인 부분들은 여러 가지 형식의 종속으로 묶여서 원래의 세계 권력 야망에 봉사하도록 예정되었다.

히틀러는 슬로바키아 대통령 티소(Tiso)와의 대화 중에 "낡은 유럽은 끝났다."고 말했다. 그리고 독일이 라틴 국가들을 정복하기 직전의 로마의 처지에 있다고 보았다. 그는 때때로 유럽의 '잡동사니 소국가들'을 제거하려 한다고 말하곤 했다.[71] 미국, 대영제국, 일본이 형성한 대동아 제국 등과 나란히 독일 제국이 통치하는 유럽을 네 번째 경제 제국으로 만들려고 했다. 세계는 이렇게 네 개의 경제권으로 분할되어야 한다고 했다.

그의 생각에 따르면 수백 년 동안이나 구대륙은 인구 과밀 문제를 해외 식민지의 도움으로 해결하거나 적어도 은폐할 수 있었다. 그러나 식민시대의 종말이 눈앞에 닥쳐온 지금 인구가 적은 동부지역만이 유일한 탈출구를 제공할 수 있다는 것이다. "우크라이나가 유럽의 방식으로 통치된다면 세 배의 결실을 낼 수 있을 것이다. 우리는 거기서 생산된 것을 유럽에 무제한으로 공급할 수 있다. 동부에는 철, 석탄, 석유 등 모든 것이 무한한 척도로 존재한다. 그리고 그것은 또한 유럽이 필요로 하는 모든 것을 심을 수 있는 땅이다. 곡식, 올리브, 고무, 면 등등."[72]

1928년의 이른바 '제2권'에서 이미 히틀러는 유럽은 연방공동체가 아니라 오직 종족적으로 가장 강한 국민에게 종속될 것이라는 생각을 전개하였다. 과거의 이런 생각은 정복된, 혹은 동맹을 맺은 민족들에 대한 그의 통치 스타일에 점점 더 분명하게 나타났다. 예를 들면 1941년 4월 프랑스가 제시한 파시즘 연방제 유럽의 틀 안에서의 협력관계에 대한 제안을 그는 대답할 만한 가치도 없고 주제넘는 일이라고 여겼다.

그는 국민이라는 이념이 '종족이라는 상위 개념' 속에 스며들게 만들기를 좋아하였다. "그것(종족개념)은 낡은 것을 해체하고 새로운 결합의 가능성을 제공한다."고 설명하였다. "국민의 개념으로 프랑스는 위대한 혁명을 국경 밖으로 끌고나갔다. 종족의 이름으로 국가사회주의는 자신의 혁명을 세계의 새 질서를 이루기까지 수행해나갈 것이다."[73]

그러나 실제로 그는 자신의 초기의 강박관념을 절대로 극복하지 못하는 19세기의 협소한 민족주의자였다. 그는 청년기의 민족적 자기 주장 감정에 꼭 달라붙어 있었다. 모든 전선에서 최초의 대규모 후퇴가 있은 다음에도, 어쨌든 적어도 전략적인 고려에 따라 상대편의 대서양 헌장에 대해서 '추축국의 유럽 헌장'[74]을 마주세워야 할 필요가 있을 때에도, 그는 냉혹한 주인민족 국가주의에 붙박여서 약점의 표지를 보일지 모른다는 두려움에서 모든 양보를 거절하였다.

그에게 있어서 미래 유럽의 모습은 폭넓은 병합을 통해서 확장된 제국이었다. 이것은 각자 자신만의 역사적 사명을 가진 복종적인 난쟁이 국가들로 이루어진 하나의 화환 내부에서 자신의 이익을 추구하는 제국이다. 프랑스 전투 직후 그가 직접 참가한 가운데 서부의 국경 조정을 위한 초안 작업이 이루어졌다. 그에 따르면 독일 제국의 영토는 네덜란드, 벨기에, 룩셈부르크 등을 병합하고 플란더즈 해안까지 뻗쳐 있었다. 그는 "세상의 그 무엇도 우리에게 서부전선의 전투를 통해 획득한…… 해협 지역을 다시 포기하도록 자극할 수는 없을 것"이라고 말했다. 그곳으로부터 새로운 국경은 "솜므 강 하구로부터, 동쪽으로는 파리 분지의 북쪽 가장자리를 동쪽으로 돌아서 샹파뉴 지역을 따라서 아르곤 지역까지 이르고, 그곳에서 남쪽으로 꺾어져서 부르고뉴 지역을 넘어서 프랑셰 콩테 지역 서쪽으로 제네바 호수에 이르는 것"이다.[75] 상세한 판정과 도이치 편입 조치들은 이러한 습득을 역사적으로 정당화하기 위한 것들이었다. 낭시는 앞으로 난치히라는 이름으로 불릴 예정이었고, 브장송은 비잔츠라는 이름을 가질 참이었다.

그는 또한 노르웨이에서도 '다시는 나오지 않을' 생각이라고 말했다. 그는 드론트하임을 인구 25만 명의 도이치 도시로 만들고 동시에 커다란 군항으로 만들 계획이었다. 1941년 초에 알버트 슈페어와 해군 지도부에 그에 상응한 임무들을 주었다. 바닷길을 확보하기 위한 비슷한 거점들은 프랑스의 대서양 해안을 따라서 그리고, 북서부 아프리카 쪽에도 계획되었다. 로테르담은 '게르만 공간의 거대한 항구도시'로 만들 예정이었다.[76]

그리고 점령된 국가들의 경제도 도이치 산업계의 모범과 이익 상황에 따라서 조직할 생각이었다. 임금과 생계비도 독일의 상황에 맞추고, 일자리 창출과 생산의 문제도 대륙의 척도에 맞추어 조정하고, 시장을 새로 분배할 계획이었다. 유럽 내부의 국경선은 곧 의미를 잃어버릴 것이라고 새 질서의 기획자 한 사람이 적었다. '북부의 게르만 제국과 남부의 로마 제국을 가르는 알프스 국경만을 예외로 하고' 말이다.[77]

국가사회주의의 근본적 모순

이러한 헤게모니의 전망도 화려한 배경이 능가해버렸다. 그 거대한 크기를 통해서 정권은 자기 자신에 대한 두려움을 배우고 느꼈다. 그 한가운데 세계의 수도 게르마니아가 솟아 있는 것인데, 이것을 히틀러는 오직 고대 제국들의 대도시들하고만 비교하려고 했다. "고대의 이집트, 바빌론, 아니면 로마……. 그에 비하면 대체 런던은 무엇이고 파리는 무엇이란 말인가?"[78]

여기서 출발해서 북극갑과 흑해에 이르기까지, 수비대, 당의 요새들, 예술의 사원들, 진영들, 망루들의 촘촘한 망이 뻗어 있고, 그 그림자 속에서 주인 천성의 종족이 아리안 피의 숭배와 새로운 신인간(神人間)을 육성하는 것이다. 히틀러는 바이에른 숲이나 알사스·로렌 지방처럼 열등한 피들이 자리잡은 지역에는 친위대 조직을 배치하고, '그것을 통해서 주민 혈통을 갱신하도록' 만들려고 생각했다.[79]

깊이 뿌리박은 오래된 성향에 따라서 그는 새로운 유럽을 죽음의 신화와 결합시켰다. 전쟁이 끝난 다음에 대규모 교회 청산이 시작되고 교황이 교황관을 쓰고 법복을 입은 모습으로 베드로 광장에서 처형당하고 나면 스트라스부르의 대성당은 무명용사들을 위한 명예의 전당으로 바꿀 예정이었다. 제국의 경계선에는 앞으로 불쑥 튀어나온 대서양의 바위 갑에서부터

러시아의 평원에 이르기까지 기념비적인 죽은 자들의 성들이 화환처럼 세워질 참이었다.[80]

그것은 모든 권리와 타인의 생존 욕구에 대해서 무관심한 조건 없는 계획열이었다. 이러한 프로젝트의 형태로 나타난 이 계획열은 운명을 부과하고, '서출(庶出) 종족들'을 유린하고 민족집단들을 이주시키거나, 혹은 위에 말한 동부장관실의 건의서에 적힌 대로 간단히 '해체'시켜버렸다. 히틀러 자신은 새 질서의 구성을 '놀랍게 아름다운 것'이라고 느꼈다.[81] 그가 자신의 비전들을 펼치는 정복된 땅으로 이루어진 광범위한 공간들, 동부의 거대한 평원들은 사람들을 산업화의 노예, 대도시 환경의 종족적·도덕적 추락에서 해방시켜서, 선조들의 잃어버린 삶으로, 근원으로 데려가줄 것이기 때문이다.

그러한 생각들은 다시금 국가사회주의에 본래 내재한 근원적 모순, 즉 지적인 현실성과 비합리주의의 결합, '쇠의 차가움'과 마법의 결합, 현대성과 중세의 결합 등을 분명하게 보여주었다. '킴브리아 뜨개질 기술'의 부활, 혹은 콕 사기스 뿌리의 재배 등을 장려하고, 금욕, 걷기, 좋은 섭생 등이 사내아이의 탄생을 보장해준다고 추천하는 세계관의 전초부대가, 미래 제국의 아스팔트 세계를 통해서 행진하는 것이다.

통치의 합리성에 하찮은 공상의 요소가 끼여들었다. 이것은 '신성한 진지함으로' 귀리죽과 다년생의 호밀, 원시종족 여자들에게 나타나는 '살찐 엉덩이', 혹은 파리 비슷한 전염병의 원인인 나사브 따위에 대한 관심으로 나타났다.[82] 그리고 '개를 보살피기 위한 친위대 특별임무반' 혹은 '모기 및 곤충 퇴치를 위한 하사관' 따위를 만들어냈다. 히틀러 자신이 온갖 어리석은 미신들을 조롱하곤 했으면서도 그는 자기 방식으로 미신에 붙잡혀 있었다. 그는 하늘이 무너진다든가 달이 움푹 꺼지는 것, '대규모 민족들의 폭식' 따위의 조잡한 이론들에 마음이 기울었다. 콧수염이 아래쪽으로 자라는 것을 보고 체코 사람들이 몽골에서 기원했다고 생각하였고, 미래의 대제국에 흡연을 금지하고 채식주의를 도입할 계획을 세우기도 하였다.[83]

똑같은 모순이 그의 위대한 꿈에도 반영되어 있다. 종족의식을 가진 2억 명의 사람들을 이 지역의 지배자로 삼았다. 하나의 민족이 군사적 · 기술적 세력의 독점을 통해서 지배권을 확보하고, 대규모로 계획을 세우고, 금욕적이고 국방에 힘쓰고 아이들을 많이 낳고, 대륙을 부지런하게 조직하고 유럽의 국민들을 계급적인 종속관계에 굴종시켜서 그들이 '선과 악의 저편에서 검소하고도 스스로 만족스러운 삶'을 살아가도록 만든다는 꿈이었다.

이 민족 자신은 역사적인 사명을 따르고, 성 요한 축일(6월 24일)에 들불을 돌며 춤추고, 자연의 법칙, 예술, 위대함의 사상을 숭배하고, 영불해협 군도, 노르웨이 피오르드 해안, 혹은 크리미아 반도에 있는 '기쁨을 통한 힘(KdF)' 프로그램의 대중 호텔에서 즐거운 공동체 민속과 오페레타 음악을 통해서, 역사의 임무를 수행하느라 지친 피로를 푼다는 것이다. 히틀러는 우수에 젖은 채 이런 자신의 비전에 도달하기까지 얼마나 많이 남았는가, 1백 년 혹은 2백 년의 기간이나 될 것이라고 하면서, 자신은 '모세처럼 약속의 땅을 멀리서만 바라볼 것'이라 했다.[84]

'패배자 무솔리니'

1943년 여름에 연속된 후퇴의 행진도 그의 꿈을 밀어내지 못했다. 쿠르스크 근처 대규모 공격이 실패한 다음 7월 중순에 소련군은 기습적으로 공격해왔다. 그리고 절망적으로 항거하는 도이치 군대를 끝도 없이 비축된 힘으로 밀어붙였다. 남부지역에서 힘의 비율은 1 대 7, 북부와 중부 지역에서는 1 대 4였다. 여기에다 정확하게 약속된 계획에 따라 소련군 공격을 지원하는 빨치산 부대까지 가세하였다. 예를 들면 8월 한 달 동안에만 도이치 후방지역의 선로가 1만 2천 곳이나 파손되었다. 8월 초에 붉은 군대는 오룔을 점령하고, 약 3주 뒤에는 차르코프를, 9월 25일에는 스몰렌스크와 이어서 도네츠베켄을 점령하였다. 10월 중순에는 키예프 앞까지 진출하였다.

그러는 사이에 지중해 지역의 정세 역시 절망적으로 진행되었다. 도이치 측의 온갖 격려와 양보에도 불구하고 새해가 시작되면서, 이탈리아의 붕괴가 눈앞에 다가왔다는 징후들이 분명해졌다. 지치고 병든 무솔리니는 점점 더 권력을 잃고, 사방에서 속썩이는 당파들에 의해서 생각도 없이 조종되는 꼭두각시에 불과하였다. 4월 중순에 그는 잘츠부르크에서 히틀러를 만났다. 그는 주변의 압력을 받고서, 이탈리아가 전쟁을 계속하기 위한 조건들을 동맹국 독일에 솔직하게 털어놓으려고 하였다. 특히 몇 주 전에도 이미 내놓았던 제안이지만 동부에서 평화조약을 체결하자는 요구를 반복할 셈이었다. 그러나 그는 히틀러의 최면술적인 연설의 폭포를 감당하지 못했다. 무솔리니는 도착할 때는 '무너진 늙은이' 같았는데 나흘 뒤 돌아갈 때는 '기운을 차리고 활동을 즐거워하는 사람'의 인상을 주었다고 히틀러는 요약하였다.[85]

3개월 뒤인 1943년 7월 19일에 전황이 악화되자 두 사람은 북부 이탈리아의 펠트레에서 다시 만났다. 그 사이에 연합군은 튀니스와 비테르타를 점령하였고, 롬멜의 충고에 반해서 25만 명으로 강화된 아프리카 병력을 사로잡았다. 그리고 7월 중순에는 시칠리아에 두 번째 전선이 형성되면서 추축국의 '허약한 하체를 공격'해왔다. 무솔리니의 의도는 히틀러에게 동맹 탈퇴를 허락받고, 이탈리아가 전쟁에서 빠지고, 병력을 알프스 선의 방어에 집중하는 것이 도이치군 쪽에도 유리하다는 점을 알리자는 것이었다.

그러나 히틀러는 도무지 아무 말도 들으려 하지 않았다. 온갖 설득력을 다 동원해서 그는 도이치 장군들 틈에 낀 무솔리니에게 참고 견디라고 설득하였다. 세 시간 동안이나 그는 그 자리에 배석한 통역의 수고를 구하지도 않고 도이치 말로 창백하고 집중하지 못하는 무솔리니를 향해 떠들었다. 로마에 떨어진 최초의 대규모 공습의 극적인 소식이 히틀러의 장기적인 전망들보다 더 무솔리니의 관심을 끌고 있었다.

싸우다가 이기거나 몰락하는 것만이 가능하다는 것이 히틀러의 모든 문장에 들어 있는 유일한 생각이었다. "우리 과제를 뒷세대에게 떠넘길 수도 있다고 누군가 내게 말한다면 나는 이것은 경우가 틀리다고 말할 것입니다. 다가오는 세대가 거인들의 세대일는지 아무도 말할 수가 없습니다. 독일은 다시 일어서기 위해 30년 세월이 필요했습니다. 로마는 다시는 일어서지 못했지요. 이것이 역사의 언어입니다."[86]

그러나 무솔리니는 침묵할 따름이었다. 그가 일생 동안 그토록 쉽게 빨려들곤 하던 역사의 유혹적인 부름도 단순한 자기 주장 의지도 그를 체념에서 다시 끌어내지 못하는 듯했다. 로마로 돌아간 다음 며칠 동안에도 그는 수동적인 상태 그대로 남아 있었다. 다른 모든 사람들처럼 그 자신도 몰락이 눈앞에 닥쳐왔다는 사실을 느끼고 있었으면서도 말이다.

자기에게서 권력을 빼앗고 유명한 파시스트 3두로 대체하려는 모반자들의 의도에 대해서 알았으면서도 그는 7월 24일에서 25일 밤에 의회의 모임을 방해하지 않았다. 이 마지막 순간에 음모를 분쇄하라고 충고하는 추종자에게 그는 침묵을 청하였다. 말없이, 그리고 놀란 듯이 그는 열 시간에 걸친, 자신에 대한 열정적인 심판을 따랐다. 다음날 저녁 그는 체포되었다. 아무도 그를 위해 손 하나 까딱하지 않았다. 그토록 수많은 발작과 연극적인 흥분을 터뜨리곤 하더니 이제 소리 없이 그와 파시즘은 공식적인 무대에서 사라졌다. 정부 수반으로 임명된 바돌리오(Badoglio) 원수는 당을 해산하고 당직자들을 해임하였다.

이런 사태를 예상하지 않았던 것은 아니지만 히틀러는 무솔리니의 몰락에 깊은 상처를 입었다. 이탈리아 독재자는 그가 어느 정도 개인적인 친밀감을 느꼈던 유일한 정치인이었다. 물론 더욱 불안한 것은 이 사건의 정치적 결과들이었다. 특히 너무나 분명한 '독일과의 유사성'이었다. 정치경찰의 보고에 따르면 이러한 유사성들이 여론에 자주 등장하였다. '비슷하게 일어섰으니 비슷하게 쓰러진다'고 치아노는 몇 년 전에 벌써 두 체제의 운명적 동일성을 지적하였다.[87)]

당연한 일이지만 히틀러는 연설하기를 거절하였다. 그러나 소요를 막기 위한 광범위한 조치들을 취하라고 명령하였다. 그런 다음 그는 서둘러서 어느 정도 조심스럽게 무솔리니의 구출을 위한 계획('떡갈나무' 작전), 이탈리아의 군사적 점령('검정'), 그리고 파시즘 정부를 다시 세우기 위하여 바돌리오와 왕 체포하기('학생') 등의 계획을 세웠다. 7월 25일 저녁 회의에서 그는 더욱 정밀한 소식을 기다려보자는 요들의 제안을 비난하였다.

한 가지만은 의심의 여지가 없다. 저들은 물론 모반의 의도를 품고서 앞으로도 계속해서 이 체제에서 벗어나지 않겠다고 선언할 것이다. 그것은 분명하다. 그러나 그것은 모반이다. 그들은 체제를 유지하지 않을 것이다……. 그놈(바돌리오)은 물론 곧장 선언하였다. 전쟁은 계속된다, 그 점에서 변한 것은 없다고 말이다.

사람들은 그렇게 해야 한다. 그것은 모반이니까. 그러나 우리 쪽에서도 똑같은 게임을 계속할 것이다. 모든 준비를 해두었다가 번개처럼 이놈들을 통째로 사로잡아버리기 위해서 말이지.

나는 내일 한 사람을 이탈리아로 파견할 것이다. 그는 제3탱크사단의 지휘자에게 특수 부대를 거느리고 곧바로 로마로 가라는 명령을 전달한다. 로마로 가서 정부, 왕, 모든 패거리를 체포하고, 특히 황태자를 즉각 체포하고, 이놈들, 특히 바돌리오와 그 패거리를 사로잡으라는 명령 말이다. 그러면 여러분은 그들이 뼈 속까지 기력을 잃고 2~3일 내에 다시 뒤집어지는 것을 보게 될 것이다.[88)]

저녁 늦게 부대들을 이탈리아 작전 장소에 새로 배치하고 추가병력을 준비하면서 히틀러는 바티칸을 점령하겠다는 욕망을 느꼈다. "거기에는 무엇보다도 외교 집단이 있단 말이야."라면서 그는 짤막한 발언으로 모든 이의를 물리쳤다. "아무래도 상관없어. 그 패거리가 거기 있어, 그 패거리들을 우리가 잡아오는 거지……." 일이 끝난 다음에 사과할 수 있을 거라고 했다. 그러나 그는 마침내 그 생각을 포기하였다. 어쨌든 그는 이탈리아에 자신의 병력을 강화했고, 바돌리오가 얼마 뒤 연합국과 휴전하기로 합의를 보자 수적으로 훨씬 많은 이탈리아 부대를 몇 시간 만에 장악하고 이 나라의 요충지들을 점령할 수 있었다.

무솔리니는 체포된 다음 며칠 동안 이곳 저곳으로 호송되었다. 그러다가 도이치 파견대가 그란 사소(Gran Sasso)에 있는 산장 호텔에서 그를 구해냈다. 그는 별다른 관심도 없이 권력에 복귀되는 것을 받아들였다. 10월에 그는 트리에스트, 이스트리엔, 남부 티롤, 트리엔트, 라이바호를 독일에 넘겨주어야 했다. 아무런 동요도 없이 그렇게 했다. 그는 근본적으로 고향인 로마냐로 돌아가고 싶다는 소망밖에는 없었다. 그의 생각은 종말만을 향했다. 그가 사로잡혀 있는 동안 그에게 사인을 청한 어떤 숭배자에게 그는 '패배자 무솔리니(Mussolini defunto)' 라고 적어주었다.[89]

히틀러, 결심을 강화하다

히틀러의 단호함은 이러한 과정을 통해서 조금도 약화되지 않고 오히려 강해졌다. 그가 보게 된 인간적인 약점들, 불완전함, 배반들은 오직 그의 거리감을 강하게 만들었을 뿐이며, 그가 역사적 등급이라는 생각과 결합시키곤 하던 위대한 비극적 분위기에 대한 의식만을 만들어주었다. 출세하던 시기에 위기에서 가장 강한 확신들을 얻어냈듯이 지금도 자신에 대한 그의 믿음은 후퇴와 더불어 오히려 커졌다. 비관적인 기본 감정에 맞게 자기는 파국에서 힘과 근거들을 얻는다고 여겼다. '지금까지 상황의 어려움은 마지막에 우리에게 더 나은 것을 의미하곤 했다' 고 그는 장군들에게 말하였다.[90]

주변 사람들, 회의적인 장교들, 불안해 하는 당직자들에게 미친 그의 영향력은 분명히 이 운명의 타격들이 그에게 마련해준 더 큰 확신의 힘에서 나온 것이었다. 증인들은 그가 1943년 가을에 침묵과 인간 경멸감에 휩싸인 채 총통사령부의 벙커들을 통해서 몸을 질질 끌고 다닐 때 여러 번이나 '점차 스러져가는 인간' 이라는 인상을 불러일으켰다고 묘사하였다.[91] 그러나 모든 사람들은 그가 이런 겉모습과는 아주 달리 언제나 줄지 않는 최면적인 힘을 가졌다고 증언하였다. 물론 이런 판단은 기회주의, 지적인 부패, 정당화의 필요성 등에 의해 영향받은 것이리라. 그러나 재앙 속에서 에너지가 더 커진다는 특이한 현상은 어쨌든 사실이다.

이제 그가 의지할 수 있는 논리적 근거는 대단히 허약한 것이었기 때문이다. 그는 투쟁시기를 즐겨 인용하곤 하였다. 그것을 의지와 끈기의 승리라는 위대한 우화로 만들어냈다. 그리고 독일에 대한 연합군의 공습에 맞설 '기적의 무기' 가 있다고 말하곤 했다. 그밖에 적의 '부자연스런 연합' 이 곧 붕괴될 거라는 기대를 확대시키곤 하였다. 그러나 그는 어느 한 나라와 분리된 평화 협상을 한다는 가능성을 고려해볼 마음조차 없었다.

1942년 12월에, 그리고 1943년 여름에 한 번 더 소련은 스톡홀름에 있는 대표부를 통해서 히틀러와 특별 평화 협상을 할 용의가 있다는 사실을 알려왔다. 서방 국가들이 독일과 소련 사이의 소모전을 정책으로 삼고 있다는 두려움에 사로잡혀서 소련은 1943년 9월에 조심스런 형태로 자기 쪽의 제안을 구체적으로 제시하였다. 1941년 도이치 · 러시아 국경선을 회복하고, 분쟁을 일으키고 있는 해협 문제에서 손을 뺄 것이며, 경제관계를 확대하자는 제안이었다. 그리고 현재 소련의 외무차관이며 전직 베를린 대사였던 블라디미르 데카노소프(W. Dekanosov)가 의견 교환을 위해서 9월 12일에서 16일까지 스톡홀름에서 대기하겠다는 것이었다.

그러나 히틀러는 모든 협상을 거절하였다. 그는 소련의 접촉을 전략적인 조작극이라고만 여겼다. 실제로 오늘날까지 모스크바의 의도가 얼마나 진지했는지는 밝혀지지 않고 있다. 다만 히틀러의 생각은 광적으로 확고하게 한번 잡은 결심에서 벗어나지 않고 그대로 머물렀다. 모스크바측과의 평화 접촉을 찬성하고 있던 외무장관에게 그는 이렇게 말했다. "이봐요, 리벤트로프, 내가 오늘 러시아와 합의를 보면 내일 다시 러시아를 공격할 거요. 나는 달리는 어쩔 도리가 없소." 히틀러는 이제 정치의 의미와 가능성을 전혀 이해하지 못한다는 리벤트로프의 말은 옳았다. 그에게는 '승리냐 몰락이냐'의 양자택일만이 있을 뿐이었다. 9월 중순에 히틀러는 괴벨스에게 말했다. 지금은 정치적 접촉을 위한 시기로는 '전혀 적합하지 않다', 자신은 결정적인 군사적 성공을 한 다음에만 풍부한 전망을 가지고 협상에 임할 수 있을 것이라고 했다.[92]

그러나 결정적인 군사적 성공은 그에게 언제나 더 큰 결정적인 군사적 성공들을 향한 욕망을 일깨워왔다. 국면 전환은 생각도 할 수 없었다. 요들이 말한 것처럼 전쟁의 신은 이 시점에 이미 도이치군에 등을 돌리고 상대편으로 가버렸다. 대규모 건축 계획을 세우던 1938년에 알버트 슈페어는 세계 수도 게르마니아를 위한 거대 건축 경비를 위해서 은행구좌를 만들었

다. 히틀러의 양해도 구하지 않고 1943년 말에 그는 그것을 조용히 해지해 버렸다.[93)]

HITLER

8부

신화의 종말

제1장 저항운동

죽이시오!
—폰 슈타우펜베르크.
1942년 말 히틀러를 어떻게 할 것인가 하는 질문에 대해서

1944년 초에 '유럽 요새'를 향하여 전력을 다한 공격이 이루어졌고 모든 전선에서 히틀러는 수세로 몰렸다. 남쪽에서 서방 세력은 중부 이탈리아까지 밀려왔고, 우세한 전파탐지기 덕분에 가능하게 된 기술상의 비약적인 발전은 연합군에게 거의 전면적인 공중전을 가능하게 해주었다. 뿐만 아니라 도이치측을 일시적인 잠수함 전쟁으로 몰아갔다.

그 사이 동쪽에서는 도이치군이 1941년 여름에 최초의 승리를 거두었던 전쟁터로 소련군이 폭풍처럼 접근해왔다. 사방에서 방어선이 흔들리고 깨지는 가운데 히틀러는 여전히 마지막 한 사람까지 저항하라는 구호만 반복하였다. 그럼으로써 야전사령관으로서의 그의 능력은 오직 공격의 국면에만 나타난다는 사실을 분명히 보여주었다.

너무나 성급한 퇴각은 적에게 '완전히 불타버리고 망가진 땅'을 넘겨주겠노라는 그의 의지의 실현을 방해하였다.[1] 그렇지만 그 지역의 풍경 자체가 유령 같은 장면을 보여주었다. 기름에 젖은 쇠격자가 세워진 거대한 화덕 주변에서 '1005 부대' 대원들이 말없이 열에 들떠서 일하였다. 이 부대는 거의 3년 동안의 지배기간에 생겨난 수많은 공동묘지들을 찾아내서 시

체들을 파내고 지나간 대량 학살의 모든 흔적들을 없애라는 명령을 받고 있었다. 거대하고 시커먼 연기 구름이 소각 장소에서 피어올랐다. 히틀러 정권은 자신의 비전들을 파기하고 축소시켜서 고정관념으로 만들어버렸다.[2)]

히틀러 권력 집단의 힘이 마비되고 있다는 사실이 드러난 이후 유럽 도처에서 저항운동이 일어났다. 저항운동은 다양한 형태로 공산당 안에 집결되었다. 그밖에도 장교들, 카톨릭 교회, 혹은 지식인 집단 등을 이루고 유고슬라비아, 폴란드, 프랑스 같은 몇몇 나라에서는 거의 군사 집단을 이루었다. 이들 군사 집단들은 '향토군'이나 '국내 저항세력' 등의 형태로 나타나서 점령군을 향하여 분노한 유혈 싸움을 일으켰다.

점점 늘어나는 암살과 태업 등에 대해서 도이치측은 집단적인 인질 처형으로 응수하였다. 보초 한 명의 죽음에 대한 보복으로 스물, 서른, 혹은 그 이상의 희생자들이 나왔다. 프랑스의 오라두르 마을과 사건과 관계가 없는 그 마을의 주민 6백 명에 대한 친위대 '제국' 사단의 보복 행위는 이토록 가차없이 자행된 작은 전쟁의 절정이었다. 한편 티토의 유명한 네레트바 유역 돌파 작전, 혹은 바르샤바의 1944년 여름 궐기 등은 유럽 저항운동의 전설적인 전투 행위로 전해지고 있다.

도이치 저항운동의 딜레마

그와 동시에 독일 안에서도 반대세력들이 다시 나타났다. 그들은 지난 몇 년 동안 처음에는 히틀러의 외교적 성공에, 다음에는 군사적 성공에 밀려 실패하였다. 특히 도이치군의 프랑스 점령과 더불어 이런 저항운동은 용기를 잃고 침체되었다. 그러나 전쟁의 상황이 바뀌면서 그 동안 억눌려 온 의심이 다시 나타났다. 이 의심은 환호성을 지를 때나 호황을 누릴 때에도 언제나 히틀러 정권을 따라다녔던 것이다. 스탈린그라드 이후로, 그리고 1943~1944년 겨울 패배 이후로 독일에서는 두려움, 혐오, 둔감이 기묘하게 뒤섞인 분위기가 일시 지배하였다. 이런 분위기는 반대파의 노력에 새로운 추진력을 주고 공감을 얻을 전망을 마련해주었다.

지난 몇 년 동안의 수많은 실망에 뒤이어 이제 빠르게 다가오는 패배에 의해서 한 번 더, 그리고 항구적으로 행동의 기회를 빼앗길지 모른다는 근심이 행동 결심을 비상하게 촉진시켰다. 그러나 이런 갑작스런 성급함은 도이치 저항운동이 기회주의적이고 정권이 어차피 무너질 지경에 이르러서야 비로소 붕괴시키기로 결심하였으며, 국가의 도덕성보다는 오히려 국가의 권력을 구하려는 일단의 민족주의자들의 계산적인 절망 행위였다는 비난에 대해서 어느 정도 근거를 마련해주고 있다.

이러한 관찰자의 판단은 1944년 초에 저항운동이 부딪쳤던 곤란함을 고려하지 않은 때문일 수도 있다. 얼마 전부터 비밀경찰 게슈타포는 저항운동의 '본부'인 오스터의 직책을 없애고, 그의 가장 중요한 동지들을 체포하였다. 카나리스는 여전히 파면 상태에 있었고, 베크는 중병으로 행동력이 전혀 없었다. 그밖에도 무솔리니의 붕괴는 히틀러에게 극단적인 경고를 보내서 그의 의심을 강화시켰다. 그는 지금까지보다도 더 엄격하게 자신의 여행을 비밀에 붙였고, 수행원들은 괴링이나 히믈러 같은 최고위직 인물들에게도 계획된 일정을 숨기라는 지시를 받았다. 대중 앞에 나설 경우 그는 대개 등장하기 몇 분 전에야 계획을 바꾸곤 하였다. 총통사령부에서도 그는 귀 위로 깊이 내리덮이는 무거운 방탄모자를 쓰는 것이 보통이었다. 이탈리아 사건을 언급하고 있는 9월 10일 라디오 연설에서 그는 위협적인 어조를 바탕에 깔고서 '야전사령관, 제독, 장군들'의 충성심을 강조하였고, 도이치 장교단이 '이탈리아에서처럼 배신자'라고 생각하려는 적들의 희망을 물리쳤다.[3)]

독일에서 활동적인 반정부주의자들이 당면한 딜레마에는 동기와 방해물, 약점들이 알아보기 힘들게 뒤섞여 있었다. 물론 여기에는 문제가 많은 전통과 교육 원칙들이 한 역할을 하면서 갈등의 배경이 되었다. 그러나 유럽 다른 나라의 저항운동에 있어서 민족적이고 도덕적인 의무가 거의 항상 분명한 것이었다면 도이치 저항운동의 경우 수많은 사람들에게 있어서 규범은 해결할 수 없는 문제였다. 무엇보다도 군부 내 반정부 지도자들은 여러 해 동안 음모를 꾸미면서도, 자기들이 꾸미는 일이 국가 반역으로서 모든 전통적인 가치관에 다시 한 번 칼을 꽂고 그것을 망가뜨리는 것이라는 최후의 감정적인 울타리를 끝내 극복하지 못하였다.

유럽 다른 나라의 저항운동과는 달리 그들은 해방 행위를 통하여 우선 자유를 기대할 수가 없었고, 패배한 다음 자기 자신을 분노한 적에게 내맡기는 것만을 기대할 형편이었다. 히틀러에 대한 미움과, 이미 저질러진 범죄 행위에 대하여 극단적인 두려움을 느끼면서도 동시에 '붉은 테러', 혹은 카틴의 희생자들에 이르는 대규모 숙청 작업 등, 스탈린의 범죄도 함께 기억하는 사람들의 내적인 갈등은 오직 우쭐대는 도덕심의 힘으로만 무시할 수 있었다.

그러한 망설임은 끝날 줄 모르는 토론을 불러일으켰다. 그 진지함은 오늘날에도 부분적으로는 오직 역사적으로만 추적할 수 있을 정도다. 맹세를 깬 사람에게도 여전히 남아 있는 맹세의 효력, 복종심, 그리고 특히 암살, 이것은 한편의 사람들에게는 유일하게 타당한 저항 행동이고 불가피한 것으로 보였다. 다른 사람들의 경우 도덕적인 동기는 의심의 여지가 없었지만[4] 암살에 대한 생각을 마지막까지 거부하였다. 이쪽이나 저쪽이나 그들은 자기 나라 안에서 격리된 사람들이었다.

가담자들이 점점 더 늘어나면서 거대한 감시 기구의 추적에 노출되거나 밀고될 위험이 커졌다. 게다가 모든 계획이 하루하루의 사건에 의존할 수밖에 없다는 사정도 그들의 행동의 자유를 해쳤다. 히틀러의 승리가 내부 쿠데타의 가능성을 약화시켰다면 그의 패배는 바깥쪽, 즉 연합국을 향한 기회를 없앴다. 그들의 행동을 위해서는 밖의 지원이 불가피하였다.

이러한 상황에서 도이치 저항운동의 역사는 회의와 갈등과 혼란의 역사였다. 이 저항운동의 동기가 된 의심의 상당 부분은 집요한 문제화 태도에 의해서 생겨난 것이고, 그러한 태도는 해결책도 없는 상태에서, 행동의 강요에서 벗어나기 위한 것이었다는 의혹을 보여주는 자료들이 있다. 또 다른 망설임은 특히 일부 고위 장교들의 도덕적인 행동력 없음을 감추는 것을 도와주었다.

그러나 이런 점을 염두에 두더라도 이 모든 발언과 활동들 위에는 뚜렷하게 깊은 절망의 표현이 남아 있다. 절망은 이와 같은 폭력 정권에 대한 외적인 무기력감에서 나온 것이라기보다는 오히려 자기들의 가치관이 시대 착오적이고 방해하는 특성을 가진 것임을 분명히 알면서도 그것을 포기할 수 없는 인간들의 내적인 무력감에서 나온 것이었다.

당연한 일이지만 베크, 할더, 폰 비츨레벤, 카나리스 등은 히틀러를 아주 싫어하였고 수많은 저항감을 느끼면서 행동을 결심하였다가 1938년에 한 번 실패한 다음에는 어떤 독자적인 시도도 하지 않았다. 한 때의 선입견 없는 젊은 장교들이 가담하면서 비로소, 수많은 이유들과 반대 이유들로 지쳐버린 이 시도는 새로운 에너지를 얻었다. 그들 중 하나인 게르스도르프(v. Gersdorff) 대령은 어떤 고백서에서 이런 대립을 다음과 같이 분명하게 서술하였다. 야전사령관 만슈타인은 어떤 회의에서 히틀러에 대항하여 반역자들 편에 가담하라는 요청을 거듭 거부하였다. 그는 생각에 잠겨 침묵하고 나서 말없는 사람들에게 "자네들은 그를 죽이려는 것이지!" 하고 물었다. 그리고 간략한 대답을 들었다. "그렇습니다, 사령관 각하, 미친 개처럼 말입니다."[5)]

암살 기도들

1943년 초부터 암살 시도가 계속 이어졌다. 이러한 시도들은 한 번은 기술적인 실패로 인하여, 다음에는 위험에 대한 히틀러의 예감으로, 혹은 생각지도 않은 우연이 끼어드는 바람에 실패하였다.

1943년 3월 중순에 헤닝 폰 트레스코브(H. v. Tresckow)와 파비안 폰 슐라브렌도르프(F. v. Schlabrendorff)가 중부군단 총사령부로 히틀러를 방문한 다음 총통 전용기에 설치한 두 개의 폭탄은 터지지 않았다. 일주일 뒤 베를린의 군수품 창고를 순찰하던 히틀러 및 정부 지도부 전체와 더불어 함께 폭사하기로 했던 게르스도르프의 의도는 히틀러가 그곳에 머무는 시간을 갑자기 10분으로 줄이는 바람에 시한 뇌관에 불도 붙이지 못하고 실패하였다. 총통사령부 작전 회의 시간에 폭탄을 터뜨리려는 슈티프(Stieff) 대령의 계획은 폭발물이 시간보다 일찍 터지는 바람에 실패하였다.

게르스도르프의 불운을 극복할 생각으로 젊은 보병대위 악셀 폰 데어 부셰(A. v. d. Bussche)는 11월에 반역자들에게, 새로운 군복을 선보이는 자리에서 히틀러에게 덤벼들어 끌어안고 폭발물을 터뜨리겠다고 선언하였지만 바로 전날 연합군 공습에 견본품들이 파괴되었다. 12월에 폰 데어 부셰가 새로 만들어진 군복을 선보이려고 했을 때 히틀러는 갑자기 베르히테스가덴으로 가기로 결정하였다. 그럼으로써 이 계획을 망가뜨렸을 뿐 아니라 12월 26일로 예정된 병무과 대령 클라우스 솅크 폰 슈타우펜베르크(C. Sch. v. Stauffenberg)의 암살 기도를 허사로 만들었다.

그는 서류가방에 시한폭탄을 넣고 총통사령부로 들어가려고 생각하고 있었다. 폰 데어 부셰가 얼마 뒤에 중상을 입자 다른 젊은 장교인 에발트 하인리히 폰 클라이스트(E. H. v. Kleist)가 나타났지만 히틀러는 알 수 없는 이유로 2월 11일로 예정되어 있던 모임에 나타나지 않았다. 산장의 회의 중에 히틀러를 쏘려고 했던 리트마이스터 폰 브라이텐북스(R. v. Breitenbuchs)는 친위대 보초가 히틀러의 명령이라는 이유로 그를 대형 홀에 들여보내지 않아서 실패하였다.[6] 그밖에도 여러 가지 암살 계획들이 그 비슷하게 끝나고 말았다.

서방의 소극성

국가 반역이 성공할 경우에 대비하여 외교적인 승인을 받으려는 반역자들의 노력도 그다지 성공적이지 못했다. 여러 가지 통로로 추진된 끊임없는 접촉 노력은 완전히 실패로 돌아갔다. 연합군 정치가들의 거절을 이해 못할 바는 아니다. 마침내 눈앞에 나타난 승리를 앞에 두고 손이 묶이기를 거부한 것이나 소련에 대한 비방을 두려워한 것이나 다 이유가 있었다.

그러나 또한 성공을 확신하는 기분에 잠겨서 그들이 도이치 반역자들의 복잡하게 뒤얽힌 정치적·도덕적 갈등을 이해할 능력이 없었다는 사실도 분명히 보아야 한다. 루스벨트와 처칠 및 그들의 조언자들의 경우 분명한 반 도이치 원한으로 인해서 신중성은 더 커졌다. 이런 원한은 새로운 질서의 담당자라고 주장하지만 분명히 그저께의 질서를 대표하는 것으로 보이는 이들 반역자들, 곧 '군국주의자' '프로이센 토지 귀족' '참모부' 등의 유형에 의해서 더욱 불붙었다.

1943년에 다름아닌 하인리히 히믈러가 한동안 저항운동의 외곽지대에 등장했다는 사실은 서방의 혼란을 더욱더 높여만 주었다. 히틀러의 병적인 고집에 불안을 느끼고 몇몇 추종자들의 부추김을 받아서 그는 히틀러가 전체적으로 병적인 상태에 있다고 진단하는 의학상의 판정을 받았다. 그러자 히믈러는 비록 끊임없이 망설이기는 했지만 어쨌든 안전부 외국 담당 국장인 발터 셸렌베르크(W. Schellenberg)가 에스파냐, 스웨덴, 그리고 수많은 미국의 중개인들을 통해서 히틀러를 배제한, 혹은 히틀러의 의견에 반하는 평화 협상의 가능성을 알아보는 일에 동의하였다.[7)]

이러한 생각은 정부 내 핵심 인사들을 서로 반목하게 하고 반역 세력을 친위대, 경찰, 비밀경찰 안으로까지 확대하려는 몇몇 보수적인 반역자들의 노력과 잘 맞아떨어졌다. 1943년 8월 26일에 프로이센 재무장관 요하네스 포피츠(J. Popitz)와 하인리히 히믈러 사이에 회동이 이루어졌다. 이 사건은 반대파에게 이 정권의 최고지도부조차도 얼마나 불안한 상태인가를 알려주는 계기가 되었다.

그러나 모든 면에서 거의 동시에 이런 연결의 실마리들이 끊어졌다. 외부적으로는 특히 영국이 때이른 평화 협상 노력들을 극히 단호한 태도로 거부하였고, 내부적으로는 반대파 주역들이 격렬한 논쟁에 휩싸였다. 물론 포피츠와 이런 음모적인 저항을 찬성하는 사람들은 자기들이 계획하는 거사가 성공한 다음 히믈러와 친위대를 진압하고 적법한 상태로 돌아갈 생각이었다. 그러나 이러한 생각에는 1933년 초에 보수파가 가졌던 통제 망상이 한 번 더 드러났다. 그뿐 아니라 악명이 자자한 인물들과 일시적으로라도 결탁한 일은 저항운동의 의미와 도덕성을 근본적으로 깎아내리는 일이었다. 중부 군단 총사령부에서 논쟁을 벌이는 가운데 젊은 장교들 몇 명은, 카나리스 장군에게 히믈러와 의도적인 접촉을 할 경우 앞으로 그를 돕지 않을 것이라고 격분해서 선언하였다.[8)]

저항운동 집단들과 그들 사이의 대립

그와 같은 의견 차이와 도이치 저항운동에 숨어 있는 원래의 혼란은 이 저항운동이 하나의 '단합된 운동'이 아니며 정밀성이 없어서 엄격한 의미에서 하나의 통합적인 개념으로 집약하기에 적합하지 않다는 사실을 확인해준다. 그것은 실질적이고 개인적인 저항감을 가진 수많은 집단들의 느슨한 결속이었다. 이러한 집단들은 정권에 반대한다는 측면에서만 공통성을 가졌다.

이중 세 집단이 두드러진다. 헬무트 제임스 폰 몰트케(H. J. v. Moltke) 백작의 슐레지엔 영지의 이름을 따서 크라이사우 서클이라 불리는 집단은 기독교와 사회주의적인 개혁의 생각들을 가진 친구들의 토론 서클로서, 민간 그룹의 제한된 가능성에 알맞게 정권 붕괴를 주로 고무 · 격려하는 역할을 맡았다. '같은 생각을 가졌다는 이유만으로 우리는 처형될 것'이라고 폰 몰트케는 감옥에서 보낸 마지막 편지 한 곳에서 사형 언도에서 증명된 정신의 힘에 대해 적었다.[9]

두 번째로는 라이프치히 시장이었던 칼 괴르델러(C. Goerdeler)와 은퇴한 참모총장 루트비히 베크를 중심으로 한 보수적 · 민족주의적 유명인사들의 모임이었다. 이들은 히틀러 정책의 치명적인 작용들을 제대로 알지도 못하면서 언제나 그렇듯이 유럽 안에서 독일의 지도적 역할만을 요구하는 사람들이었다. 그래서 그들의 생각이 히틀러의 제국주의적인 팽창주의에 대한 진짜 대안인지 의심스러운 것이었다. 그들 자신은 권위주의적인 국가 성향 덕분에 바이마르 공화국에 대한 민주주의 반대파의 후계라고 자처하였다. 몰트케는 간결하게 '괴르델러 쓰레기'라고 불렀다.[10]

마지막으로 폰 슈타우펜베르크, 폰 트레스코브, 올브리히트(Olbricht) 등과 같은 비교적 젊은 장교들의 모임이 있었다. 그들은 이데올로기적으로는 거의 합쳐질 수 없었다. 물론 대체로 좌파와의 결합을 추구하였고, 서방측과 힘을 합쳐 쿠데타를 일으키려는 베크 및 괴르델러와는 달리 소련측과 결합하려는 성향이었다. 출신으로 보면 옛 프로이센의 귀족 출신 이름들이 눈에 띄게 많다. 그들 중에는 성직자, 교수, 고위공무원 등도 끼여 있었다.

전체적으로 보아서 이들을 행동으로 몰아간 것은 원래 보수적인 혹은 자유주의적인 사람들의 저항이었다. 물론 사회민주당원들(좌파)도 몇 명 있기는 했다. 좌파는 여전히 박해에 시달리고 있었고, 또한 그들의 특징적인 이데올로기 집착으로 인해서 장교들과의 결탁을 '악마와의 계약'이라고 여겨서 두려워했다.[11] 수많은 참가자들 중에 바이마르 공화국의 대표자가 한 명도 없었다는 점이 특이하다. 바이마르는 하다못해 저항운동 속에도 살아남지 못했던 것이다. 또한 하급 중산층과 기업가 계층도 빠져 있다. 한 쪽은 소시민의 우둔한 충성심에 사로잡혀서 개인 차원을 넘어선 참여를 하지 못하였고, 다른 쪽은 도이치의 전통적인 정경유착에 붙박여 있었다. 오랫동안 계속된 기업가와 국가의 결탁은 특별한 경제적 업적을 만들어내긴 했지만 결국은 수많은 복잡한 루트를 통과해서 뉘른베르크 산업 재판의 피고석에서 끝을 보게 되었다.

저항운동에는 노동자의 참여가 거의 없었다. 그들의 저항은 오늘날까지 역사 서술에 드러난 것보다는 광범위한 것이었지만 역사적으로 거대한 저항자의 역할에는 훨씬 못 미쳤다. 근본적으로 노동자들이 행한 것은 현실적인 거점을 가진 실질적인 저항이 아니라 일종의 시위였다. 그들은 1933년 패배 이후 말없이, 계획 없이, 마치 마비된 것처럼 프롤레타리아의 권력과 역할에 대한 사라진 꿈들을 드러냈다.[12] 이편이나 저편이나 움츠러들어 있었고 전쟁에 지치고 신경쇠약 상태였다. 저항이라 부를 만한 것은 '상층부의' 저항뿐이었다.

저항운동은 사방으로 고립되어 있었다. 그밖에도 2월에는 폰 몰트케가 체포되고 크라이사우 서클은 붕괴되었으며 곧 이어서 저항이 뿌리뽑혔다. 그래서 아무때라도 반역이 들통날 참이었다. 흐르는 시간에 저항하려는 괴르델러와 베크가 최후의 시도로 1944년 4월 미국측에, 쿠데타 이후에 서부전선을 열고 연합군 낙하산 부대가 독일 땅에 착륙하는 것을 가능하게 만들겠다는 제안을 하였다. 그러나 여전히 답변이 없었다.[13] 그로써 이제 정부를 제거하겠다는 생각은 온갖 전략적 · 정치적 고려와는 무관하게 오직 도덕적인 차원만을 고려한다는 방법이 남게 되었다. 몇몇 반역자들은 권력자들에게서 몰락을 면제해주면 안 된다는 생각에 도달한 것처럼 보인다. 권력자들은 이제 자기들의 몰락의 길을 끝까지 가야 한다는 생각이었다.

폰 슈타우펜베르크

새로 생겨난 이런 망설임마저도 파괴하고 지치지도 않고 결속을 시도하고 반역자들을 끌어모으고 온갖 방해를 넘어서, 연합군측이 '조건 없는 항복'을 요구하는데도 불구하고, 배후의 계략이며 기회주의적인 계산이라는 위험에도 불구하고 암살과 국가 반역을 주도한 인물은 누구보다도 슈타우펜베르크였다.

오래된 남 도이치 귀족 집안 출신으로 요크 집안, 그나이제나우 집안과 친척인 그는 젊은 시절에는 시인 슈테판 게오르게의 서클과 친밀한 관계를 맺었다. 그가 1933년 1월 30일 밤베르크에서 열광하는 인파의 선두에 서 있었다는 사실은 전설의 영역에 속한다고는 하지만, 어쨌든 그는 이 정권의 혁명적인 출발과 히틀러의 초기 성공에 공감을 가졌던 것이 사실이다.

1938년 유대인 박해를 보면서 그 사이 참모부 장교가 된 그는 처음으로 회의를 느꼈고, 전쟁이 진행되면서 특히 동부의 점령지 정책 및 유대인 정책을 보면서 국가사회주의 국가의 원칙에 대한 적대자가 되었다. 그는 서른일곱 살 때 북 아프리카 전투에서 오른쪽 손, 왼쪽 손가락 두 개, 한 쪽 눈을 잃었다. 그는 사상적인 조작만으로 고착되어버린 수많은 기도에 조직적인 기반을 제공하였고, 수많은 장교들을 가치의 혼란 속으로 끌어들이는, 시대에 뒤진 개념들 대신에 거의 혁명적인 단호함을 불어넣었다. 새로 가입한 동지와의 대화에서 그는 이렇게 말했다. "이제는 가운데 길로 갑시다. 나는 내게 주어진 모든 수단을 다해서 국가 반역을 꾀할 것이오."[14]

시간이 급했다. 봄에 반역자들은 인기 있는 장교였던 롬멜 장군을 국가 반역 계획의 총지휘자로 포섭하는 데 성공하였다. 거의 동시에 히믈러는, 카나리스에게 방위군 안에서 반역 모의가 이루어지고 있다는 사실을 분명히 알고 있으며 적절한 순간에 반역 행위를 깨부술 것이라고 말했다. 그밖에도 반역자들의 온갖 정치적 저의를 망가뜨리고 무엇보다도 전통의 제약을 받는 나이든 장교들에게 새로운 핑곗거리를 만들어줄 연합군의 상륙작전이 다가와 있다는 사실도 염두에 두어야 했다. 안톤 제프코브(A. Saefkow)를 중심으로 한 공산주의 그룹과의 접촉을 통해서 저항세포 조직망을 확대하려고 했던 율리우스 레버와 아돌프 라이히바인(A. Reichwein)을 비밀경찰이 체포하였을 때 사건은 고비에 도달하였다.

1944년 7월 15일. 슈타우펜베르크(왼쪽)가 총통사령부에서 히틀러의 영접을 받고 있다.

슈타우펜베르크마저도 이 시기에 한동안 망설였던 듯하다. 반역자들의 가장 비밀스런 동기를 밝혀주는 트레스코브의 통지문은 슈타우펜베르크에게 모든 성공적인 생각들을 뒤로 물리치고 더 이상 기다리지 말라고 간청하고 있다. "암살은 성공해야 합니다, 어떤 일이 있더라도 말이죠. 성공하지 못한다 하더라도 베를린에서 행동에 옮겨져야 합니다. 실질적인 목적이 문제가 아니라 도이치 저항운동이 세계와 역사 앞에 확고한 자세를 보이는 것이 문제이기 때문입니다. 나머지 모든 것은 아무래도 상관없습니다."[15)]

노르망디 상륙

1944년 6월 6일 밤에 남부 잉글랜드의 항구들에서 공격이 개시되었다. 5천 척의 대함대가 노르망디 해안을 향하였다. 그 동안 상륙 지점으로 예정된 지역에는 영국과 미국의 낙하산 부대들이 하늘에서 날아 내려왔다. 새벽 3시경에 해안에서 몇 킬로미터 떨어진 지점에서 최초의 상륙선들이 아래로 내려지고 곧 이어서 심하게 파도치는 가운데 수송선의 그림자들로부터 떨어져나왔다.

세 시간 뒤 먼동이 틀 무렵 상륙선들이 해안에 접근하자 수천 대의 비행기들이 노르망디 해안의 상륙 지점을 뒤덮고 도이치 진지들을 향해 폭탄우박을 퍼부었다. 동시에 상륙 지점 전체가 시커먼 배의 연기로 뒤덮였다. 몇몇 지점들, 특히 코탕탱 반도의 발치와 오른 강 어귀 지역에서 예상치 못한 도이치군의 경미한 저항을 뚫고 상륙 작전은 성공하였다. 다만 중부지역인 비에르빌에서만 미군은 때마침 훈련연습 중이던 도이치 사단에 맞닥뜨려서 격렬한 전투를 벌였다('오마하 비치').

방어군은 '인간 양탄자' 위로 총을 갈겼다고 어떤 보고서는 전하였다. 해안 전체가 불붙은 전차와 배들, 시체와 부상자들로 뒤덮였다.[16] 저녁 무렵 미군은 두 개의 자그마한 상륙 지점을, 영국군과 캐나다군은 거의 3백 평방킬로미터에 이르는 해안지역 한 곳을 확보하였다. 무엇보다도 연합군은 상륙 지점에서 이미 수적으로 우세하였다.

방어군이 작전을 성공적으로 저지하지 못한 것은 물질적 · 군사적 영역에서 그들의 열세를 다시 한 번 더 확인해주었다. 총통사령부는 상륙 작전의 시간과 장소에 대해서 아무런 정보도 얻지 못하였다. 도이치 공군이 허약하였기 때문에 남부 잉글랜드 집결지에 군대와 배들이 집결된 것이 발각되지 않았다. 한편 상륙 날짜를 정확하게 예견했던 방위군의 암시는 아무런 주목도 받지 못했다.[17]

서부전선 총사령관인 폰 룬트슈테트(v. Rundstedt) 장군은 히틀러에게 5월 30일에, 바로 눈앞에 다가와 있던 상륙 작전의 표지를 전혀 찾아볼 수 없다는 내용의 보고를 했다. 해안 방어 관리를 맡고 있던 롬멜 장군은 6월 5일에 자신의 사령부를 떠나 히틀러와 만나기 위해서 베르히테스가덴으로 향했다. 게다가 도이치군 지휘부는 상대의 침공이 해협의 가장 좁은 구간인 도버 해협에서 이루어지리라고 확신하고 있었고, 그래서 주력부대를 이 지역에 집결시켰다. 그에 반해서 히틀러는 그 본래의 '직관'에 따라서 노르망디 역시 상륙 작전을 위해 적합한 지역이라는 견해를 밝혔다. 그러나 마침내 군사 전문가들의 판단을 따랐다. 상대방의 수많은 작전들이 그러한 판단을 뒷받침하는 듯이 보였기 때문이었다.

상륙 작전이 도이치군 지휘부에 불러일으킨 혼란은 더욱더 특기할 만한 것이었다. 이런 혼란은, 히틀러가 상륙 작전을 막는 가장 적절한 방식에 대해서 장군들의 견해를 하나의 통일된 개념으로 만들어내지 못했다는 것을 암시하고 있다.[18] 그래서 불명확한 타협안은 현재 상태의 혼란으로 인해 더욱 혼란스러워졌고, 모든 작전을 마비시키는 결정적인 상황을 만들어냈다.[19] 6월 6일에 베르히테스가덴 전지역에 퍼져 있던 군 지휘부는 어떤 부분도 다른 부분 없이는 완전한 기능을 할 수가 없었다. 지휘부는 오전 내내 오직 전화를 통해서만 서로 연락을 하였고, 주로 서부전선에 있는 네 개 예비사단의 통제 해제를 놓고 서로 다투었다.

한편 히틀러는 공허하고 긴 연설의 밤을 보낸 다음 아침 무렵에야 잠자리에 들었으며 아무도 감히 그를 깨우려 들지 않았다. 이른 오후나 되어서야 최초의 작전 회의가 열리게 되어 있었지만 히틀러는 참석자들에게 자동차로 한 시간 떨어진 클레스하임 성으로 오라고 미리 부탁해두었던 참이었다. 그는 이날 그곳에서 헝가리 수상 스토야이(Sztójay)를 맞이하기로 되어 있었던 것이다.

연합군의 기만 작전을 짐작했는지, 아니면 측근마저 속이려고 했는지 도무지 알 수 없는 얼굴을 하고서 그는 지도가 놓인 탁자에 도착하자 사투리로 가볍게 말했다. "자 시작하지." 몇 분 뒤에 새로 시작된 전선의 최근 상황에 대한 설명을 듣자 그는 위층의 '관측소'로 올라갔다.[20] 17시 직전에야 그는 마침내 "적은 교두보에서 6월 6일 밤에 근절되어야 한다."는 명령을 내렸다.

히틀러는 첫날의 몽유병적이고 현실과 거리가 먼 태연함을 거의 상륙 작전 초기 국면 내내 유지하였다. 지난 몇 달 동안 그는 서부의 공격이 승리냐 패배냐를 가늠할 것이라고 거듭 설명해왔다. "상륙 작전을 막지 못할 경우 전쟁에서 우리 편은 이미 패배한 것이나 다름없다." 이제 그는 자신이 잘못을 범할 리 없다는 신념에 넘쳐서 연합군의 침공이 실제 침공이라는

패배의 인상 속에서 광채와 함께 그 모든 양식화 에너지도 부서졌다. 지치고 어깨를 앞으로 축 늘어뜨리고 한쪽 발을 질질 끌면서 히틀러는 사령부 풍경 속을 움직여 다녔다. 아니면 사냥개를 데리고 목적도 없이 몇 발짝 걸었다. 육체적으로 무너지고, 심란하고, 자신의 말을 빌리자면 우울증에 갉아먹힌 남자. 1944년의 히틀러.

사실을 인정하려 들지 않고서 센 강과 셸드 강 사이 지역에 주둔한 막강한 병력을 그대로 유지하였다. 그곳에서 그들은 저 유령사단들의 상륙을 기다렸으나 허사였다. 그는 적의 속임수에 넘어가고 말았던 것이다('불굴' 작전). 동시에 그는 언제나 그랬듯이 손수 하부 명령 체계까지 전쟁 상황에 개입해서 일선의 사정과 맞지 않는 결정들을 내렸다. 6월 17일에 그는 폰 룬트슈테트와 롬멜의 간청에 굴복하고 회의를 하기 위해 침공 전선의 후방 지역으로 왔다.

회의는 수아송 북쪽 마르지발에 있는 총사령부 '늑대골짜기 2'에서 열렸다. 그곳은 1940년 영국에 침입하기 위해서 기초를 닦아둔 곳이었다. 히틀러는 '창백하고 밤을 새운 사람처럼 보였다'고 롬멜의 참모인 슈파이델(Speidel) 장군이 적었다. "그는 신경질적으로 안경을 매만지고 손가락 사이에 쥔 온갖 색깔의 연필들을 가지고 장난쳤다. 그 혼자만 몸을 굽힌 채 걸상에 앉아 있었고 장군들은 다 선 채였다. 이전의 최면적인 힘은 다 사라진 듯했다. 짤막하고 냉랭한 인사를 한 다음 그는 몹시 흥분하고 분노한 목소리로 연합군의 상륙 성공에 대한 불쾌감을 표현하고 지역 사령관들에게 잘못을 떠넘겼다."

적이 상대가 되지 않을 정도로 우세하다는 롬멜의 지적을 그는 물리쳤다. 위협을 받고 있는 도이치 병력을 코탕탱 반도에서 철수시키고 도버 해협에 있는 예비병력을 이쪽으로 보내달라는 간청도 거절하였다. 그러기는 커녕 그는 보복병기들의 '전쟁을 결정하는 효력'을 점점 더 강조하면서 하늘에서 적을 쫓아내고 영국을 무릎 꿇게 만들 '대량의 제트 엔진 전투기'를 약속하였다. 롬멜이 정치적인 문제들로 관심을 돌려서 상황의 심각성을 고려하여 전쟁을 종결시켜야 한다는 간절한 요청을 하였을 때 히틀러는 간단히 그의 말을 끊고 말했다. "전쟁의 계속에 대해서는 걱정하지 말고 당신의 전선이나 염려하시오."[21]

이 만남에서 분명하게 드러난 대립은 어차피 심각하던 히틀러의 장교들에 대한 불신을 더욱 강화시켰다. 당연한 일이지만 그는 도착 직전에 친위대를 통해서 그 지역을 봉쇄하였고 폰 룬트슈테트와 롬멜 장군 등 사령관들과 함께 냄비요리로 식사를 하기 전에 미리 음식을 먹어보도록 시켰다. 식사 시간 내내 그의 의자 뒤에서 두 명의 친위대원들이 자리를 지켰다. 헤어질 때 장군들은 롬멜의 사령부에서 몇몇 일선 장교들의 보고를 들어달라고 부탁하였다. 히틀러는 마지못해 6월 19일에 방문하겠다고 약속하였다. 그러나 룬트슈테트와 롬멜이 마르지발을 떠나자마자 그도 역시 출발해서 베르히테스가덴으로 돌아갔다.[22]

약 열흘 뒤에 연합군은 특히 '인공 항구들' 덕분으로 히틀러가 확고하게 기대하고 있던 보급 문제를 해결하고, 거의 1백만 명의 군대와 50만 톤의 물자를 상륙시켰다. 그러나 두 야전사령관들은 베르히테스가덴을 방문해서도 여전히 히틀러를 움직여서 적어도 작전 결정권만이라도 얻어내는 데 실패했다. 그는 그들의 생각을 얼음장처럼 경청하고서 다른 사람들을 물리치고 회의를 하자는 그들의 청을 무시하였다. 그러기는커녕 그 바로 직후에 폰 룬트슈테트의 직위를 빼앗았다. 그의 후임으로는 폰 클루게(v. Kluge) 원수를 임명하였다.

클루게는 취임 초기에 히틀러 주변에서 현실의 모습이 얼마나 기만적이고 왜곡되어 있는가를 분명하게 보여주었다. 그는 2주 동안이나 손님으로 히틀러의 산장에 머물렀다. 그는 약간 흔들리기는 하였지만 그래도 히틀러에 대해서 비판적이었는데 이 기간 동안에 서부전선의 지휘부가 배짱이 약하고 패배주의적이라는 히틀러의 견해를 받아들였다. 전선에 들어선 직후에 날카로운 의견 대립을 보이면서 그는 롬멜이 적의 물질적 우세에 지나치게 영향을 받고 자신의 고집으로 히틀러의 근거가 충분한 명령을 위반하였다고 비난하였다.

새로운 사령관의 '베르히테스가덴 스타일'에 화가 나서 롬멜은 직접 눈으로 한번 상황을 살펴보라고 요구하였다. 이틀 위에 폰 클루게는 기대했던 모습으로 전선에서 돌아왔다. 7월 15일에 롬멜은 폰 클루게 편에 히틀러에게 서신을 보냈다. '대등하지 않은 이 전쟁은 이미 끝나가는 중'이라고 그는 쓰고 이어서 이렇게 요청하였다. '이 상황에서 즉각적으로 결론을 내려주시기를 간청드리는 바입니다.' 슈파이델에게 그는 이렇게 말했다. "그(히틀러)가 적절한 결론을 이끌어내지 않으면 우리는 행동할 것이오."[23]

슈타우펜베르크도 행동을 결심하고 있었다. 바로 얼마 전에 시작된 소련의 여름 공격을 받아서 동부전선도 전체적으로 붕괴된 것처럼 보였다. 일이 운 좋게 진행되어서 슈타우펜베르크가 바라는 대로 되었다. 그는 6월 20일에 보충부대 사령관 프리드리히 프롬(F. Fromm) 장군의 참모장으로 임명되었다. 그리고 앞으로는 총통사령부 작전 회의에 참석하게 되었다. 7월 1일에 취임하면서 그는 프롬에게 자신은 국가 반역을 꾀하고 있다는 사실을 충성심에서 장군께 보고드린다고 선언하였다. 프롬은 말없이 듣고 있더니 새로운 참모장에게 직위를 받아들이라고 청했다.[24]

7월 6일과 11일에 폰 슈타우펜베르크는 산장에 있는 총통사령부의 회의에 참석하라는 부름을 받았다. 수많은 잘못을 범한 다음 그는 이제 손수 암살 행위를 맡고 국가 반역의 지휘권도 맡기로 결정하였다. 그는 두 번 다 폭발물이 든 꾸러미를 가지고 갔고 즉각적으로 베를린으로 돌아갈 길도 확보하였다. 그러나 암살 계획을 포기해야만 했다. 히틀러와 함께 제거하려고 마음먹고 있던 괴링과 히믈러가 이 회의장에 나타나지 않았기 때문이다. 7월 15일의 새로운 계획도 실패하였다. 슈타우펜베르크가 회의 시작 전에 뇌관에 불을 붙일 기회를 찾지 못했기 때문이다. 7월 11일과 15일에 베를린 점령을 위해 준비된 군대는 경계 상태에 있었지만 두 번 다 명령이 취소되었고 온갖 의혹의 순간들을 넘겨야 했다.

지난번 시도가 있은 이틀 뒤 7월 17일에 반역자들은 괴르델러에 대한 체포 명령이 임박했다는 소식을 들었다. 레버, 라이히바인, 폰 몰트케, 본회퍼(Bonhoeffer)의 경우와는 달리 괴르델러가 비밀경찰의 심문을 받으면서 오랫동안 침묵을 지킬지 전혀 확실하지가 않았다. 슈타우펜베르크는 이 소식을 행동을 위한 최후의 자극이라고 받아들였고 이제 루비콘 강을 건넜다고 말했다. 같은 날 롬멜이 저공 비행기 공격을 받고 중상을 입었다는 소식을 듣고 그는 더 이상 머뭇거리지 않았다. 롬멜은 그의 계획의 핵심 인물 중의 하나였는데 이제 사라져버렸다. 그의 계획으로는 연합군측에 의해서도 존경을 받는 이 장군의 도움으로 전쟁을 중지시키고 점령지역에서 철수하고, 귀환하는 군대의 힘을 빌어 국가 전복을 하려고 했던 것이다. 자기는 이제 어떤 일이 있어도 행동할 것이라고 슈타우펜베르크는 말했다. 그리고 이것이 자신의 마지막 시도가 될 것이라고 덧붙였다.[25]

며칠 전에 총통사령부는 베르히테스가덴에서 다시 라스텐부르크로 옮겨졌다. 호송단은 출발 준비를 마쳤다. 함께 여행할 사람들이 자동차에 올라탔는데 히틀러는 한 번 더 산장으로 돌아갔다. 그는 거실에 들어서서 커다란 창문 앞에 서 있더니 불확실한 걸음으로 느릿느릿 방안을 거닐었다. 안셀름 포이어바흐의 〈나나〉 앞에서 그는 한동안이나 멈추어섰다. 주변에 서 있던 사람 하나에게 그는 어쩌면 다시는 이곳으로 돌아오지 못할 것이라고 말했다.[26]

슈타우펜베르크는 7월 20일 라스텐부르크에서 보고하겠다고 신청하였다.

1944년 7월 20일

이날의 암살 기도와 그 극적인 과정은 자주 묘사되었다. 덜 어둡다는 이유로 작전 회의를 갑작스럽게 바라크로 옮긴 것, 슈타우펜베르크가 옆 건물에서 집게로 시한 신관을 뽑다가 들켜서 두 번째 폭탄의 신관을 뽑지 못한 것, 그러고 나서 늦게 도착한 것, 그가 폭탄을 무거운 탁자 아래 히틀러 옆에 놓아두고 방을 떠난 다음 슈타우펜베르크를 찾은 일. 히틀러가 탁자 위로 깊이 몸을 숙이고 손으로 턱을 괴고서 지도를 바라보면서 호이징거(Heusinger) 장군의 상황 보고를 듣고 있을 때 일어난 폭발. 슈타우펜베르크가 준비해둔 자동차 옆에 서서 어느 정도 떨어진 거리에서 바라크 위로 거대한 연기 구름이 치솟고, 목재며 종이들이 공중으로 날아오르고 사람들이 부서진 건물에서 뛰쳐나오는 것을 관찰한 다음 사령부를 빠져나간 일. 히틀러가 죽었다고 그가 확신했다는 사실. 베를린으로 날아간 것, 그래서 되찾을 길 없는 시간을 놓쳐버린 일 등.

다른 모든 사람들과 마찬가지로 히틀러도 '지옥처럼 환한 불꽃'과 귀를 찢는 날카로운 폭발음을 느꼈다. 그가 그을음으로 꺼매진 얼굴과 뒷머리를 조금 태운 모습으로 불붙어서 연기가 피어오르는 쓰레기더미에서 몸을 일으켰을 때 카이텔이 큰소리로 "총통 각하, 어디 계십니까?" 외치면서 그에게 달려와서 그 장소를 떠나도록 도왔다. 히틀러의 바지는 줄줄이 찢겨서 늘어지고 그는 온통 먼지 투성이였다. 그러나 거의 상처가 없었다.

오른쪽 팔꿈치에 약간 피가 났고, 왼쪽 손등에 대수롭지 않은 긁힌 상처가 몇 개 있었고 양쪽 고막이 파손되었지만 잠시 뒤에 청각을 되찾았다. 다리에 입은 상처들이 가장 심한 것이었다. 수많은 나뭇가지에 찔린 상처였지만 그는 얼마 안 되어서 놀랍게도 왼쪽 다리의 떨림이 없어졌다는 사실을 알았다. 폭발시에 그 장소에 있었던 스물네 사람 중에서 오직 네 사람만이 심한 부상을 입었다. 히틀러 자신은 폭발 순간에 몸을 기대고 있던 무거운 상판 덕분에 보호를 받았다.

1944년 7월 20일 오후. 히틀러, 무솔리니, 보어만, 괴링, 리벤트로프.

그는 흥분하였지만 이상할 정도로 안도하는 듯했다. 주위 사람들을 향해서 거듭거듭 벌써 오래 전부터 반역이 진행되고 있다는 사실을 알고 있었다, 이제 마침내 반역자들을 밝힐 수 있게 되었다고 말했다. 찢어진 바지를 그는 트로피처럼 자랑하였고, 등쪽에 네모난 구멍이 뚫린 상의도 마찬가지였다.[27] 그의 침착함은 무엇보다도 '기적적인 구원'의 감정에서 나온 것이었다. 그는 이런 반역 덕분에 자신의 소명의식을 더욱더 강화시킨 듯했다. 어쨌든 무솔리니가 같은 날 오후 미리 예고한 대로 라스텐부르크로 왔을 때 그는 이 사건을 이렇게 설명하였다. 함께 폭발 장소를 둘러보면서 히틀러는 말했다. "모든 것을 한 번 더 되살려보면 나로서는 사태가 분명해집니다……. 내게는 아무 일도 일어나지 않는다는 것이죠. 내가 기적적으로 죽음을 모면한 것이 이번이 처음은 아니기 때문에 하는 말입니다……. 오늘 죽음의 위험에서 벗어나고 보니까 전보다 더욱더 강하게 우리의 이 위대한 일을 성공적으로 이끌어가라는 의무가 나에게 주어져 있다는 생각이 듭니다!" 강한 인상을 받은 무솔리니가 보충하였다. "이것은 하늘의 계시였군요!"[28]

오후가 지나면서 오랫동안 잠잠하던 신경이 마침내 폭발하였다. 히틀러는 손님과 함께 17시경에 총통 벙커에 도착해서 괴링, 폰 리벤트로프, 되니츠(Dönitz), 카이텔, 요들 등과 만났다. 대화는 다시금 히틀러의 구원에 관한 것이었지만 곧 이어서 점점 더 격렬한 상호비방으로 넘어갔다. 되니츠는 반역적인 군을 욕하고, 괴링이 그에게 찬성하였다. 그러나 되니츠는 공군과 공군의 공로 없음을 공격하였다. 괴링은 리벤트로프가 외교정책에 실패하였다고 비난하고, 오늘날 전해지는 보고가 맞는다면 그를 장군봉으로 위협하였다. 한편 폰 리벤트로프는 괴링이 '폰'이라는 귀족 칭호 없이 이름을 부르자 화가 나서 자기는 외무장관이고 폰 리벤트로프라고 소리쳤다.

한동안 히틀러는 생각에 잠겨 있는 듯했다. 안락의자에 파묻혀 무심하게 자기 앞만 바라보면서 꼼짝도 않고서 모렐이 처방한 색색의 환약을 빨았다. 싸우던 사람 중의 하나가 룀 사건을 거론하자 그는 말 그대로 펄쩍 뛰어오르더니 미쳐날뛰기 시작하였다. 당시 배신자들을 재판했던 형사법정은 자기가 지금 하려고 하는 보복과는 전혀 비교할 수가 없다, 이번에는 죄인의 마누라와 자식들까지도 제거할 것이고 섭리에 거스른 사람은 아무도 보호받을 수 없을 것이라고 했다. 그가 소리지르는 동안 친위대 당번병들은 말없이 안락의자들의 뒤를 돌면서 복수, 피, 근절 등에 관한 독백에 맞추어 차를 따라주었다.

절정들, 위기와 몰락을 가진 베를린에서의 사건도 여러 모로 서술되었다. 이해할 수 없을 정도로 머뭇거린 작전계획 '발퀴레'의 발령, 총통사령부의 연락망 차단 실패, 레머가 히틀러와 전화 통화한 일("레머 소령, 내 말 듣고 있소?"), 그리고 프롬의 체포. 그 동안에도 슈타우펜베르크는 확고하게 맹세하면서 예상 밖으로 힘든 반란기구를 작동시키려 애썼다. 비츨레벤 사령관이 화가 나서 블렌들러 거리의 국방부로 들어선 것, 21시경에 히틀러가 오늘밤 도이치 국민에게 연설하리라는 라디오 예고가 나오자 반역자들 사이에 최초의 당황한 표지, 베를린 수비사령관 폰 하제(v. Hase)의 체포, 그리고 여전히 정열적이지만 마치 허공을 향해 외치는 듯한 슈타우펜베르크, 그러다가 저녁 늦게 다시 나타나서 체념하여 눈가리개도 벗어던진 모습으로 건물의 방들을 걸어가는 모습, 그리고 이 장면에 극적으로 복귀하는 프롬, 그것은 반역자들이 큰 희망을 걸었지만 마비되었던 반역기구를 갑작스럽게 기능하도록 만들었다. 그리고 마침내 체포의 물결, 베크의 자살 시도 실패, 국방부 안뜰의 모래더미 앞에 서둘러 마련된 처형대가 몇 대의 화물차 불빛으로 환하게 조명되었던 것, 마지막으로 총통을 향해 '만세!' 하는 프롬의 외침. 밤 1시경에 히틀러의 음성이 모든 도이치 방송을 통해서 울려나왔다.

> 도이치 국민 여러분! 지금까지 얼마나 여러 번이나 나를 향하여 암살 시도가 계획되었고 실천에 옮겨졌는지 나는 모릅니다. 오늘 여러분에게 이렇게 말씀을 드리는 것은 두 가지 이유가 있습니다. 첫째로는 여러분이 내 음성을 듣고 내가 상처입지 않고 건강하다는 사실을 알도록 하기 위함입니다. 둘째로는 여러분이 도이치 역사에서나 찾아볼 만한 범죄 행위에 대해서 자세한 내용을 알도록 하기 위함입니다.
>
> 명예를 탐하고 양심 없고 동시에 범죄적이고 어리석은 몇몇 장교들 집단이 음모를 꾸며서 나를 제거하고 동시에 도이치 방위군 지휘권을 실질적으로 없애버리려고 하였습니다. 대령인 폰 슈타우펜베르크 백작이 놓아두었던 폭탄이 내 오른쪽 2미터 떨어진 곳에서 폭발하였습니다. 이 폭발은 소중한 동료 몇 명에게 심한 부상을 입히고 한 명을 죽였습니다. 나 자신은 약간 긁히고 부딪치고 덴 작은 상처를 빼고는 전혀 이상이 없습니다. 나는 이것을 보고 지금까지 해온 대로 내 삶의 목적을 계속 추구하라는 섭리의 뜻을 확인하였습니다…….
>
> 이 반역을 꾀한 집단은 아주 작은 집단에 불과합니다. 이 집단은 도이치 방위군, 특히 도이치 육군과는 아무런 상관도 없습니다……. 이번에 우리 국가 사회주의자들은 익숙한 방식대로 결말을 맺을 것입니다.[29]

지나친 반응

같은 날 밤에 이 국가 반역과 관계가 있든 없든 거의 모든 협의자에 대한 광범위한 체포의 물결이 휩쓸었다. 약 한 달 뒤에 다시 이루어진 두 번째 물결('뇌우 작전')은 특히 옛날 정당들 출신의 반대파 1천 명 정도를 더 잡아들였다.[30] 이 일을 위해 만들어진 '7월 20일 사태 특별위원회'에는 4백 명의 공무원들이 일을 하면서 정권이 무너지는 날까지 여러 달 동안이나 모든 흔적을 조사하였고, 거듭되는 새로운 성과 보고를 통해서 저항운동의 폭을 보여주었다. 녹초가 되도록 억압하고 고문하고 조사해서 여러 해 동안이나 움직여 온, 근본적으로는 이론적이고 행동력도 없는 반대파의 활동들이 드러나게 되었다. 편지들, 일기들은 이러한 반역의 영원한 혼잣말 특성을 보여주었다.

추적자들이 어떤 수단을 썼는가 하는 것은 헤닝 폰 트레스코브의 예에서 볼 수 있다. 그는 7월 21일에 일선에서 권총 자살을 했고, 방위군 보고서에는 가장 탁월한 장군 중 하나였다고 언급되었다. 그가 국가 전복 기도에 동참했다는 사실이 밝혀지자마자 담당자들이 온갖 욕설을 퍼부으며 가족 묘지에서 그의 시체를 파내서 베를린으로 옮겨다가 심문 과정에서 고집스럽게 사건 연루를 부인하는 친구들에게 하나의 충격 수단으로 이용하였다.[31]

정권은 정열 없고 사심 없는 집행이라는 원래의 이상과는 완전히 반대로 특기할 정도의 잔인성을 드러냈다. 이러한 잔인성에 히틀러는 거듭 표어를 제시하였다. 그는 통제된 반응을 보인 순간에도, 자기에게 거절하거나 저항한 것에 대해서는 극히 과격한 방식으로 복수하려는 특이한 욕구를 가졌다. 폴란드의 근절 정책은 그 분노한 테러 상황을 보면 그 동안 준비해 온 동부 민족들의 취급 방식 개념을 따른 것이라기보다는, 오히려 이 민족들 사이에서 히틀러가 자기 생애의 꿈, 곧 소련 진격을 실현하기 위해 동맹 파트너를 찾으려 해도 소용이 없었던 일에 대한 보복 욕구에 어울리는 것이었다.

유고슬라비아가 1941년 초에 장교 쿠데타를 일으켜서 강요된 3국 동맹에서 빠져나갔을 때, 히틀러는 분노로 정신이 나가서 방어도 없는 이 나라의 수도를 '처벌 작전'을 위해 사흘 동안 저공비행을 통해서 체계적으로

민간재판정에 선 반역자들. 위 왼쪽부터 시계 방향으로 폰 하제와 폰 비츨레벤, 레버, 괴르델러, 폰 몰트케, 슈티프.

폭격하도록 명령하였다. 지금 암살 행위 며칠 뒤에 그는 작전 회의에서 이렇게 말했다. "이제 끝내야 해. 안 될 말이지. 역사 속에서 한때 군복을 입었던 이들 비천한 놈들, 이곳의 시간을 벗어나버린 이 비열한 자식들을 쫓아내서 추방해버려야 한다." 반역 사건의 법적인 처리에 대해서 그는 이렇게 말했다.

이번에는 짧은 재판을 해야 한다. 이 범죄자들은 군사재판정에 서서는 안 돼. 거기엔 놈들의 조수들이 앉아서 재판을 질질 끌 거야. 놈들을 방위군에서 추방한 다음 민간재판정에 세워야 해. 정직한 총알을 받아서는 안 돼, 천한 반역자처럼 교수형을 받아야 한다. 군법회의가 우선 놈들을 방위군에서 쫓아내고, 놈들은 민간인으로 재판을 받는다. 놈들이 군의 명예를 더럽혀서는 안 되지. 재판은 번개처럼 빠르게 진행되어야 한다. 놈들은 발언을 해서는 안 된다. 판결이 선포된 지 두 시간 안에 처형되어야 해! 어떤 사면도 없이 즉각 교수형을 당해야 한다구. 가장 중요한 점은 놈들이 긴 연설을 하도록 해서는 안 된다는 점이야. 프라이슬러는 그 일을 잘 해낼 거야. 그는 우리의 비신스키니까 말이지.[32]

고문, 처형, 일족의 전멸

실제로 그렇게 되었다. 룬트슈테트 사령관의 주재 아래 '군법회의'가 열렸고, 여기에는 카이텔, 구데리안, 슈로트(Schroth), 슈페히트(Specht), 크리벨(Kriebel), 부르크도르프(Burgdorf), 마이젤(Maisel) 장군 등이 참석하였다. 8월 4일에 개인적인 발언도 없이 스물두 명의 장교들이 수치스럽게 군에서 추방되었다. 그들 중에는 한 명의 원수와 여덟 명의 장군들이 끼여 있었다.

심문이 시작된 이후로 히틀러는 매일 상세한 결과 보고를 받았다. 그리고 체포와 처형에 관한 소식들을 '탐욕스럽게 들이삼켰다.' 그는 민간재판장인 롤란트 프라이슬러(R. Freisler)와 책임 있는 사형집행관들을 총통사령부로 불러들였다. 죄수들에게 종교적인 위안이나 어떠한 형태의 마음의 평안도 절대로 허용되어서는 안 된다고 고집하였다. "나는 그들이 교수형 당하기를, 가축처럼 대롱대롱 매달리기를 바라오."라는 것이 그의 지시였다.[33]

8월 8일에 최초로 여덟 명의 반역자들이 플뢰첸 호수 형무소에서 처형되었다. 그들은 죄수복을 입고 나무신을 신고 두 개의 작은 창문을 통해서 희미한 빛이 들어오는 처형장으로 들어섰다. 기요틴의 칼날을 지나서 갈고리들이 있는 쪽으로 끌려갔다. 갈고리들은 천장을 가로지르는 선로에 고정되어 있었다. 형리는 수갑을 풀고 올가미를 그들 목에 감고서 허리까지 옷을 벗겼다. 그런 다음 그들은 사형수들을 공중으로 들어올려서 올가미의 힘에 매달리도록 놓았다. 사형수들이 천천히 숨이 막혀 죽어가는 동안 형리들은 바지를 벗겼다.

보고서는 통상 처형 시간이 20초까지 걸렸다고 기록하였다. 그런데도 죽는 시간을 더 늘리라는 지시가 나왔다. 처형이 있고 난 다음이면 사형집행관과 조수들은 방 한가운데 탁자 위에 마련된 소주로 힘을 돋우어야 했다. 이 광경을 필름에 담아서 전체 과정이 기록되었으며, 같은 날 저녁에 히틀러는 범죄자들의 마지막 경련까지 처형 장면을 찬찬히 바라보았다.[34)]

이렇게 지나친 반응은 추적의 강도뿐 아니라 그 폭에서도 나타났다. 반역자들은 이데올로기 핑계를 대고 일가족 처형을 당했다. 국가 전복 기도가 실패하고 2주가 지난 다음인 1944년 8월 3일에 포젠에서 열린 관구 당대회 연설에서 하인리히 히믈러는 이렇게 말했다.

> 여기서는 절대적인 일가족 처형 제도를 도입할 예정입니다. 우리는 이미 그렇게 진척시켰어요……. 아무도 우리에게 와서, 당신들이 한 일은 볼셰비즘이라고 말하는 일이 있어서는 안 되지요. 그렇지 않아요. 그렇게 나쁘게 생각해서는 안 됩니다. 그것은 볼셰비즘이 아니라 아주 오래된 것으로 우리 조상들 사이에서도 관습이었습니다. 게르만 설화들을 한 번 읽어만 보면 알 것입니다. 그들이 한 가족을 쫓아내고 추방을 선언하거나 혹은 어떤 가족에게 살인에 대한 복수를 할 경우에는 아주 철저하게 일을 했죠. 한 가족이 추방되었다고 선언되고 쫓겨나게 되면 그들은 이렇게 말했어요. 이 남자는 배신을 행하였다. 그 피는 더럽다. 그 안에는 배신자의 피가 흐르니 그것을 없애버려야 한다고 말이죠. 피의 복수를 할 경우에는 혈족의 마지막 일원까지 없애버렸지요. 슈타우펜베르크 백작의 가족은 마지막 일원까지 사라질 것입니다.[35)]

이러한 원칙에 따라서 슈타우펜베르크 형제들의 모든 구성원들은 한편으로는 세 살바기 아기까지, 그리고 다른 한편으로는 그의 사촌의 여든다섯 살 된 아버지에 이르기까지 모두 체포되었다. 괴르델러, 폰 트레스코브, 폰 자이틀리츠(v. Seydlitz), 폰 레엔도르프(v. Lehndorff), 슈베린 폰 슈바넨펠트(Sch. v. Schwanenfeld), 요르크 폰 바르텐부르크, 폰 몰트케, 오스터, 레버, 폰 클라이스트, 폰 헤프텐과 그밖의 다른 사람들의 가족들도 마찬가지였다.

위 왼쪽부터 시계 방향으로 베르너 폰 헤프텐, 베크, 요르크 폰 바르텐부르크, 오스터, 카나리스, 폰 트레스코브.

롬멜 사령관은 자발적으로 목숨을 끊지 않으면 일가족 체포와 재판을 당하게 될 것이라는 위협을 받았다. 그에게 히틀러의 요구를 가져온 부르크도르프와 마이젤 장군은 독약이 든 앰플을 건네주었다. 약 반 시간 뒤에 그들은 시체를 울름의 병원에 넘기면서 검시를 하지 말라고 지시하였다. "시체를 건드리지 마시오."라고 부르크도르프는 수석의에게 선언하였다. "모든 것은 베를린에서 이미 결정된 것이오." 처형은 1945년 4월까지 계속되었다.

쿠데타 실패의 원인들

그렇게 해서 7월 20일 국가 전복 기도의 흔적은 처형장과 시체들의 홀 속으로 사라져버렸다. 그 실패에 작용한 원인들 가운데 첫 번째 것은 사고

습관과 전통으로 거룩해진 생각에 위반되는 행위에 대한 내면적인 장애였다고 할 수 있다. 그것은 장교들의 반역으로서 한 계층의 온갖 화석들과 관계가 있었다. 장교가 아닌 다른 사회적인 출신과 사상 배경을 가진 그룹이라면 전혀 방해받지 않았을 문제였다.

핵심 반역자들은 이런 문제를 절망적일 정도로 잘 알고 있었다. 이 행동이 아주 처음부터 부담을 느꼈던 약점의 일부는 '발퀴레' 작전이 '합법적인 쿠데타'라는 허구에 묶여 있었다는 점에 원인이 있었다. 그것은 장교단의 맹세 콤플렉스 및 반역 콤플렉스를 이기기 위한 생각이었다. 주동자 중 한 명인 회프너 장군은 7월 20일에도 서면으로 된 명령서가 자기 앞에 놓이고 지휘권 인수의 합법성이 분명하게 확인된 다음에야 비로소 보충부대 지휘권을 받아들였다.[36] 그러한 답답함은 이 국가 반역에 도덕적인 진지함 속에 서투른, 거의 패러디풍의 특성을 부여하였다. 수많은 일화들과 세부사항들을 돌아보면 1938년에 부분적으로 히믈러의 간계를 통해서 물러났던 프리치 장군이 친위대 사령관에게 결투를 신청하려고 했다는 저 잊지 못할 돈 키호테적 특성을 보여주는 것이다.

여기서 낡은 세계는 선입견 없는 혁명가 집단과 충돌한 것이고, 타락하지 않은 이 낡은 세계의 대표자들 일부를 통해서 거의 어찌할 바 모르는 기묘한 반응을 보여주었다. 그래서 암살에 엄격하게 반대했던 괴르델러는 자신이 대화를 통해 히틀러를 깨달음으로 이끌어서 그의 마음을 돌릴 수 있을 것이라고 믿었다. 그리고 슈타우펜베르크와 다른 반역자들은 합법적인 상태를 창출한 다음에 자발적으로 법정에 출두하겠다는 의도를 가졌다.[37]

이 기도가 실패한 다음에도 그 같은 삶의 태도가 여러 번이나 드러났다. 그들은 움직이지도 않고 도망치거나 몸을 숨길 힘도 없이 추적자들을 기다렸다. '도망치지 말고, 극복한다'고 국방부 내에서 초기 주모자 중 하나였던 클라우징(Klausing) 대위가 그 이유를 댔다. 테오도어 슈텔처(Th. Stelzer)는 노르웨이에서 귀국까지 했고, 펠기벨(Fellgiebel) 장군은 체포되기 직전에 제공된 권총을, 그런 일은 하지 않는다는 말과 함께 거절하였

다.[38]

이런 모든 태도들, 옛날 프랑크식의 특성은 모범적인 확고한 몸짓으로 표현되었다. 칼 괴르델러는 그런 몸짓으로 배낭을 둘러매고 방랑의 지팡이를 손에 들고서 도주길에 올랐다. 심문에서도 참석자들 일부는 자신을 방어하는 일보다는 오히려 반역의 진지함과 확고함을 증언하려고 들었다. 다른 사람들은 도덕적인 이유에서 거짓말을 포기하였다. 자기들의 자부심이 조사공무원의 손 안에 떨어질 위험에도 불구하고 그랬다. '7월 20일 사태 특별위원회'의 지도자 한 사람은 "이상주의자들의 남자다운 입장이 어둠 속에 얼마간의 빛을 던져주었다."[39]

쿠데타 기도가 총 한 방 쏘지 않고 진행되었으며, 그럼으로써 의심의 여지 없이 몇 번의 성공 기회를 놓쳤다는 사실도 이러한 원칙적인 도덕성과 관계 있다. 군사적 명령 체계를 이용한다는 최초의 생각은 바로 이러한 이유가 있었다. 명령을 할 뿐 쏘지는 않는다는 것이었다. 반란자 중 하나인 한스 베른트 기제비우스(H. B. Gisevius)는, 어째서 반역 초기에 국방부에서 반역자들의 길을 가로막은 친위대 지휘자와 히틀러 편인 장교가 감금되기만 하고 '즉각적으로 벽에 세워져' 총살을 당하지 않았는가고 물었는데 이 질문은 부당한 것이 아니었다. 그렇게 했더라면 다른 사람들이 국가 반역을 분명히 믿게 되었을 것이고 사태는 극단적인 도전의 성격을 띠게 되었을 것이다.[40]

7월 20일 사태는 쏘고 체포하고 점령할 대원들이 없었다는 점에서 장교 쿠데타였다는 사실이 분명해진다. 그날의 보고를 볼 때면 특별 투입을 준비하고 있던 작은 장교단들을 거듭 만나게 된다. 반역본부인 국방부에서도 늦은 저녁에 보초병도 장악하지 않았고, 예거 대령은 폰 하제 장군에게 괴벨스를 체포할 돌격반을 달라고 청했지만 소용이 없었다. 이 반역 기도는 근본적으로 전혀 타격력을 갖지 못했고 정상급 장교들도 대부분이 지적인 참모장교 유형들이었을 뿐, 레머 같은 굽히지 않는 고참병도 못 되었다. 이날 마지막에 두 번이나 실패한 베크의 자살 기도는 상징적으로 한 번 더 반역자들의 허약한 행동력을 보여주었다.

마지막으로 쿠데타는 국민 사이에서 아무런 지지도 받지 못하였다. 히틀러는 7월 20일 저녁에 총통사령부 역에서 무솔리니를 맞이해서 돌아오던 중에 한 떼의 건축 노동자들 옆에 서서 말했다. "여러분이 아니었다는 것을 처음부터 알고 있었어요. 내 적들은 '폰'이라는 것, 저 귀족들이라는 것이 내 깊은 신념이지요."[41] 단순한 사람들 사이에서 그는 도발적인 방식으로 안전하다는 느낌을 가졌다. 이제는 그들의 소원, 행동 방식, 한계들을 잘 알고 있다고 느꼈던 것이다.

사실상 여론은 어느 정도 기계적인 반응을 보이면서 국가 반역을 국가 범죄라고 여겼다. 이러한 국가 범죄를 여론은 무관심과 거부감이 뒤섞인 감정으로 맞이하였다. 이러한 반응은 물론 상당한 정도 국가의 응집력에 원인이 있으며 히틀러의 신망이 아직도 지속되고 있는 탓이기도 했다. 그 사이 원인들이 바뀌기는 하였지만 그는 여전히 심리적인 힘을 가지고 있었다. 그 힘은 그 옛날처럼 경탄이 아니라 오히려 서로를 결합시키는 둔하고 숙명적인 감정이었다. 그것은 독일측의 선전이나 연합군의 선전을 통해서, 위협적으로 다가오는 붉은 군대를 통해서, 그리고 비밀경찰, 밀정, 친위대 등 두려운 억압을 통해서 강화된 감정이기도 했다.

이 모든 것은 이 남자가 과거 한때 그랬듯이 이런 재앙을 처리하는 방법을 알고 있을 것이라는 공허한 희망으로 뒤덮인 것이었다. 암살의 실패와 국가 반역의 지나치게 빠른 종말은 국민에게 결정의 질문을 면제해주었다. 반역자들은 수용소의 사건들, 히틀러의 고의적인 전쟁 및 말살 정책 등 정권의 도덕적 문제들을 보여줌으로써 국민이 이 문제에 정면으로 맞닥뜨리게 만들었을 것이다. 괴르델러는 여론을 통해 분노의 외침이 일어날 것이며 국민 궐기가 터져나올 것이라고 확신하였다.[42] 그러나 의문조차 제기되지 않았다.

흔적도 없어진 쿠데타

그렇게 해서 7월 20일은 몇몇 개인들의 결심이자 행동으로 끝나버렸다. 반역의 특징적인 사회학은 무엇보다도 이 사건과 더불어 쿠데타 이상의 그 무엇이 함께 끝나는 결과를 가져왔다. 반역의 주역이었던 프로이센 귀족들과 더불어 전통적인 계층 하나가 붕괴되었던 것이다. 그것은 '어쩌면 독일이 최근에 배출한, 분명히 가장 강력한 통치력을 가지고 있고 국가 형성력을 가진 유일한 세력'이었다. 이 세력은 "지배계급이 필요로 하는 것, 도이치 고급 귀족도, 시민계급도, 그리고 도이치 노동자 계급이 과거에도 현재도 가지지 못한 것을 가졌다. 즉 단호함, 스타일, 지배 의지, 뚫고 나가는 힘, 자신감, 자기 통제력, 도덕성 등이다."[43]

히틀러는 전에도 이 계층을 타락시키고 힘을 빼앗고 그들의 기생적인 요구들을 폭로하였다. 그러나 이제서야 그는 이 계급을 평정하였다. 그들, 수많은 유명한 이름들과 더불어 낡은 독일은 이제 퇴장하였다. 낡은 독일이 오래 전에 이미 명성을 가졌지만 기회주의적이고 생각 없이 히틀러와 함께 하면서 그것을 잃었다면, 한때의 동맹을 해지하려는 결심도 이 사람들에게서 나왔다는 사실을 인정해야 할 것이다.

히틀러의 과도한 반응에는 낡은 세계에 대한 절대로 포기되지 않은 원한도 들어 있었다. 그것은 시민계급에 대한 그의 관계를 이중적으로 특징지은 증오의 작용이었다. 그는 "나는 때때로 스탈린이 한 것처럼 장교단을 완전히 숙청해버리지 않은 일을 가슴아프게 후회하였다."고 말했다.[44] 7월 20일은 이런 맥락 속에 들어 있었고, 국가사회주의 혁명의 종말이 바로 뒤이어 찾아왔다.

어떤 사회적 계층이 '역사에서 퇴장'[45]하는 것이 이보다 더 인상적으로, 이보다 더 마음을 끌면서 이루어진 경우는 드물다. 전체적으로 보면 이 계층은 자기 자신을 위해서 희생을 바친 것이었다. 물론 슈타우펜베르크가 처형 명령에 앞서 정열적으로 외쳐 불렀던 '신성한 도이칠란트'가 추진력이기는 했다. 그러나 그 뒤에는 언제나 계층으로서 행동하며, 계층으로서 하나의 특별한 도덕적 명령에 굴복한다는 확신이 굳건히 작용하고 있었다. 이 도덕적 명령이 저항을 위한 권리를 준 것이고, 폭군 살해를 의무로 만들었던 것이다. 슈티프 장군은 그토록 성공이 불확실한 이런 행동을 한 동기에 대해서 질문을 받자 '우리는 우리 자신을 정화한 것'이라고 대답하였

다.[46]

그들은 이러한 의식에서 결정적인 동기들을 끌어냈다. 그에 비하면 국가 반역, 맹세 파기, 혹은 배후의 공격 등의 비난은 별것이 아니었던 셈이고, 자기들 앞으로 닥쳐올 오해와 비방도 마찬가지였다. "이제 전세계가 우리에게 덤벼들어서 우리를 욕할 것"이라고 헤닝 폰 트레스코브는 죽기 직전에 친구에게 말했다. "그러나 나는 여전히 우리가 올바르게 행동했다고 바위처럼 굳세게 확신한다."[47]

사실상 국가사회주의의 선전과 연합군측의 선전은 전쟁의 이 국면에서 점점 더 자주 이상할 정도로 한 목소리가 되었으며, 양측은 다같이 반역자들을 의심하고 저주하였다. 양측은 히틀러 정권이 하나의 통돌로 이루어져 있다는 주장, 총통과 민족 사이에 확고한 일체성이 있다는 주장에만 관심이 있었다. 연합군은 심지어 전쟁이 끝난 다음에도 오랫동안 점령 관청을 통해서 도이치 저항운동에 대한 출판을 가로막기까지 하였다. 반역자들에 대해서 오늘날에도 사방에서 표하는 마지못한 존경심은 과거의 이러한 불쾌감을 보존한 것이다.

어쨌든 그들의 이념과 가치관에 대해서는 오늘날까지 아무것도 전해지지 않았다. 그들은 거의 아무런 흔적도 남기지 않았으며 역사의 우연들도 이상한 방법으로 이러한 퇴장을 지워 없앴다. 처형된 사람들의 시체는 베를린 대학교의 해부학 연구소로 보내졌다. 그곳의 소장은 반역자들 몇 명의 가까운 친구였고, 그래서 그들을 건드리지도 않고 화장해서 근처에 있는 마을 묘지에 매장하도록 하였다. 그러나 연합군 공습에 대부분의 유골단지들은 파손되고 말았다.[48]

과격화

7월 20일 사건은 정권에 한 번 더 과격화의 충동을 덧붙여주었다. 정권이 전체주의 지배라는 개념에 더 가까워졌다면, 이 마지막 몇 달 동안 과거 전쟁기간 전체를 합친 것보다 더 많은 희생과 황폐화가 그 결과로 나타났다. 암살 사건이 있던 당일에 히틀러는 친위대 대장인 하인리히 히믈러를 보충병력의 지휘관으로 임명하였고 그로써 장교단의 기를 꺾을 속셈으로 방위군의 핵심부서 하나를 그에게 맡긴 것이었다.

다시 닷새 뒤에 괴벨스는 줄기차게 재촉해서 '총력 전쟁을 위한 전국 책임자' 라는 직책에 임명되었다. 그리고는 "민족이 원한다!"는 구호 아래 온갖 제약들, 차단, 정지의 목록을 발령하였다. 거의 모든 극장과 버라이어티쇼 극장들이 폐쇄되었다. 모든 교육기관과 상업학교들의 방학이 취소되었고, 50세 이하 여성의 의무 노동제가 도입되었고 그밖에도 수많은 일들이 이루어졌다. 8월 24일에 그는 총동원령을 내렸고, 15세에서 60세 사이 거의 모든 남자들이 '민족돌격반' 에 편성되었다. "히틀러는 바닥을 들여다보기 위해서 엉덩이 아래에 폭탄이 필요했다."고 괴벨스는 말했다.[49]

동시에 군수장비 생산이 한 번 더 전보다 높은 수치에 도달하였다. 후퇴와 쉬지 않는 폭격은 계속해서 어려움을 만들어냈지만 그래도 슈페어는 풍부한 발상과 정열적인 임기응변으로 어려움들을 극복하였다. 총기 생산은 1943년 2만 7천 정에서 4만 정 이상으로 늘었고, 장갑차 수는 2만에서 2만 7천으로, 비행기 숫자는 2만 5천에서 거의 3만 8천 대로 늘었다.

그러나 그것은 극단적인, 모든 비축분을 가차없이 마치 최후의 전투를 하려는 것처럼 투입한 것으로서 이제 비축분도 없었고, 대체할 것도 없었으며 다시는 되풀이될 수도 없는 숫자였다. 따라서 그것은 붕괴를 재촉했을 뿐이다. 더욱이 연합군은 한때 계획하였다가 그만두었던 작전을 다시 펴서 정유공장들을 체계적으로 공격하기 시작하였다. 예를 들면 비행기 연료는 1944년 5월에 15만 6천 톤이던 것이 6월에는 5만 2천 톤으로 줄었다. 1944년 9월에는 1만 톤이었다가 1945년 2월에는 겨우 1천 톤이 되었다.[50]

전쟁을 계속하기 위한 가능성들이 하나씩 사라지기 시작하였다. 후퇴와 공습은 민감한 원자재 부족을 가져왔다. 이것은 다시 무기 생산과 생산된 무기의 투입 가능성을 줄였고, 그 결과 새로운 영토 상실이 생겨났으며, 다시 그 결과 적의 항공 편대 출발 기지를 독일 영토 쪽으로 점점 더 가까이 이동하도록 해주었다. 어떤 작전 결정도 장비기술상의 고려와 무관하게 이루어질 수 없게 되었고 모든 작전 회의에서는 언제나 원료 비축, 운송의 곤란함, 부족분 문제들이 논의되었다.

1944년 가을 이후로 폭약은 20퍼센트까지 소금으로 채워졌다. 비행장에는 출전 가능한 전투기들이 연료통이 텅 빈 채로 세워져 있었다. 이 시기에 나온 건의서에서 슈페어는 '현 상황과 지친 산업계의 지구력을 고려해볼 때…… 크롬에 의존하는 생산, 곧 군수장비 생산 전체가 1946년 1월 1일에는 멈추어설 것'이라는 결론에 도달하였다.[51]

그 사이에 소련은 무너진 중부지역 전선을 통과하여 비스와 강까지 진출하였다. 그 과정에서 히틀러의 이를 악문 사수 전략 덕분에 거듭 새로이 도이치 병력을 깎아없애고 포위하곤 하였다. 작전 회의를 할 때마다 도이치 지휘부에서는 갑작스럽게 아무런 흔적도 없이 사라져서 다시는 나타나지 않는 사단들이 생겨나곤 하였다. 연합군이 7월 말에 야전을 개시하면서 서부전선에서도 비슷하게 돌파당하고 포위당하는 일이 연속되었다.

한때 그토록 성공적으로 야전 작전을 이용하였던 히틀러는 적절한 답변을 찾아내지 못했고, 새로 임명된 참모총장 구데리안 장군이 동적인 방어를 하자고 제안하였지만 거절하였다. 그 대신 그는 자신의 공격 개념에 거의 강박관념처럼 붙박여서 끊임없이 새로운 공격 계획을 만들어냈다. 이러한 계획들은 지역사령관에게 공격해나갈 마을들, 다리들, 길까지 지시하는 세부적인 것이었다.[52] 방위군이 아직은 9백만 이상의 병력을 가지고 있다고는 하지만 이 병력은 스칸디나비아에서 발칸 반도에 이르는, 지구의 거의 절반을 덮다시피 하고 있었다. 잃어버린 체면을 되찾으려는 히틀러의 의도, 사라져가는 원료 기지를 확보할 필요성 등은 작전상의 자유를 가로막는 것이었다.

8월에 유전을 가진 루마니아가 붉은 군대의 손에 떨어졌다. 9월에는 불가리아가, 그리고 발칸에서 도이치 진지가 저항도 없이 붕괴되면서 지친 핀란드도 전쟁에서 떨어져나갔다. 거의 동시에 영국군이 그리스에 상륙해서 아테네를 점령하였다. 8월 말까지 연합군은 북 랑스도 점령하였고, 그 과정에서 엄청난 분량의 물자와 군수품을 약탈하고 엄청난 수의 병사를 사로잡았다. 9월 처음 며칠 동안에 연합군의 탱크 부대는 모젤 강에 도착하였고, 일주일 뒤 9월 11일에 미 척후병 소대가 처음으로 도이치 서부 국경을 넘었다. 소련군이 동 프로이센에서 돌진이 약간 늦어지면서 한 번 더 패배하기는 하였지만 이제는 전쟁이 독일로 되돌아갔다는 사실이 확실해졌다.

그런데도 히틀러는 의무를 생각하지 않았다. 방위군 안에 나타난 최초의 해체 현상에 대해서 그는 과격한 수단으로 맞섰다. 그리고 예를 들면 9월 초에 히믈러를 통해서 모든 탈영병들에게 일족 전멸로 위협하였다. 그는 연합군의 분열을 믿었고, 7월 20일에 한 번 더 확인된 '섭리'를 믿었으며 깜짝 놀랄 만한 국면 전환을 믿었다. "그들은 비틀거리며 자기들의 멸망 속으로 들어선다."고 그는 총통사령부 연설에서 말했다. 이 연설은 어떤 상황에서도 전쟁을 계속하겠다는 그의 결심을 분명히 한 것이었다.

> 나는 이렇게 말하겠소. 우리가 올해 벌써 동부에서 경험한 것보다 더 큰 위기는 상상하기가 쉽지 않겠지요. 모델 사령관이 왔을 때 실제로 중부 군단은 하나의 구멍에 불과했소. 그러니까 전선이라기보다는 오히려 구멍에 가까웠단 말이지요. 그러다가 마침내 구멍이 아니라 전선이 되었어요…….
>
> 우리는 필요하다면 라인 강에서도 싸울 겁니다. 그건 완전히 상관없는 일이오. 우린 어떤 상황에서도 이 전쟁을 계속해 갈 것입니다. 프리드리히 대왕이 이미 말한 것처럼 우리 증오스런 적들 중 하나가 마침내 계속 싸우는 것에 지칠 때까지 싸울 겁니다. 마침내 우리 도이치 민족에게 다음 50년, 1백 년 동안 삶을 확보해주고 무엇보다도 우리의 명예를 1918년처럼 두 번 다시는 그렇게 수치스럽게 하지 않는 평화를 얻을 때까지 말입니다…….
>
> 내 생명이 (7월 20일에) 끝이 났다면 내 개인에게는—감히 말하는 바이지만—근심과 잠 못 이루는 밤, 무거운 신경발작에서 풀려난 것을 뜻했겠지요. 그건 1초의 몇 분의 1에 불과했을 겁니다. 그러면 그 모든 일에서 놓여나서 휴식과 영원한 평화를 얻는 거지요. 그런데도 나는 내가 살아 있다는 사실에 대해서 섭리에 감사드립니다.[53]

그의 몸은 항구적인 초긴장에 대해서 전보다 더 자주 참지 못하는 반응을 보이는 듯했다. 7월 20일 이후로 히틀러는 벙커를 떠나는 일이 전보다 더 드물어졌다. 그리고 신선한 공기를 피했다. 그는 감염과 암살자들을 두려워했다. 우울하게 만드는 분위기를 가진 답답하고 좁은 방들을 떠나라는 의사들의 경고에 그는 굴복하지 않았다. 8월에 지속적인 두통을 호소하였고 9월에는 황달을 앓았으며 동시에 치통으로 고생하였다. 연합군 대부대가 독일 땅으로 들어오고 난 직후인 9월 중순에 그는 심장발작으로 쓰러졌다.

7월 20일 이후로 그는 벙커를 떠나는 일이 전보다 더욱 드물었다. 감염과 암살자들이 두려워서였다. 1944년 가을의 히틀러.

전해지는 보고서에 따르면 그는 감각 없이 야전침대에 누워 있었고 그의 음성은 나직하고 때로 그에게서 생명의지가 빠져나간 듯아 보였다. 어지럼증, 발한, 위경련 등이 번갈아 나타났으며 이 모든 것이 무거운 염증과 합쳐졌다. 1935년 가을에도 그랬듯이 지금도 성대 치료가 꼭 필요해졌다는 사실은 이 질병들이 히스테리에 의한 것이 아닐까 하는 의심을 확인해주는 것이라고 볼 수 있다.

10월 1일 의사들이 치료를 하는 도중에 히틀러는 잠깐 의식을 잃었다.[54)]그 다음 비로소 병들이 점차 사라지기 시작하였다. 다만 사지 떨림은 전보다 더 심해졌으며 균형 상실도 자주 나타났다. 마침내 설득당해서 아주 드물게 나서는 산책에서 그는 갑자기 마치 낯선 손길에 조종당한 듯이 옆으로 기울어지는 경우들이 생겼다. 전체적으로 놀라운 이러한 재생이 어쩌면 그가 이제 다가오는 전쟁의 마지막 국면을 눈앞에 두고 내린 원칙적인 결정들에 함께 작용했다고도 생각할 수 있다.

서부 공격 결심

전략적으로 그에게는 두 가지 대안만이 있었다. 옛날의 요새전 개념으로 돌아가서 남아 있는 힘을 동부에 결집하여 장기적인 방어전선을 강화하거나, 아니면 단번에 서쪽으로의 일격을 준비하는 것이다. 1943년 이후 여러 가지로 나타난 질문을 군사적으로 요약하자면 하나의 기회를 동쪽에서 찾을 것이냐 아니면 서쪽에서 찾을 것이냐 하는 문제였다. 그 기회가 아무리 약하고 근거가 없는 것이라 하더라도 말이다.

1944년 초에 히틀러는 라디오 방송 연설에서 '볼셰비즘 혼란'에 맞서는 유럽의 구원자라는 역할을 다시 만들어내려고 노력하였다. 자신의 사명을 그리스와 로마의 그것과 비교하고 이 전쟁은 독일과 소련 사이의 결정전으로서 비로소 더 높은 의미를 얻게 된다고 설명하였다. 자신은 서유럽과 미국을 위협하는 새로운 흉노의 침입에 대한 방어선이라고 했다. 소련이 이긴다면 "10년 뒤에는 가장 오래된 문화 대륙이 삶의 본질적인 윤곽들을 잃어버리고, 우리 모두에게 아주 소중하게 여겨지는, 2,500년 이상 된 음악적 · 물질적 발전의 상이 사라져버리고, 이 문화를 지녀온 민족들, 그 대표자들은…… 사형을 당하지 않는다면 어딘가 숲이나 시베리아 늪지대에서 시들어갈 것입니다."[55)]

겨우 몇 달 뒤에 그는 서부 공격을 결심하였다. 그러기 위해서 힘들게 압박하는 동부전선의 약화를 감수하기로 하였다. 이 결심은 흔히 최후의 가면 벗기라고 해석되어 왔다. 생각 없이 비꼬는 사람의 자기 폭로이며, 그로써 헤르만 라우슈닝이 보았던 허무주의적 혁명가가 자신을 감추었던 저 베일이 마침내 찢긴 것처럼 보였다. 어떤 이념도, 프로그램도, 목적도 알지 못하고, 다만 수많은 이념들, 목적들, 프로그램들을 권력 장악과 활동을 위해서 이용한 남자 말이다.

그가 이 시점에서 당면하게 된 강압적인 상황이 이러한 특성을 밖으로 드러내준 것은 의심의 여지가 없다. 이념과 신념들에 대한 그의 정절 없음과 원칙들을 경시하는 태도 등이 나타난 것이 사실이다. 그리고 이런 결정은 '볼셰비즘에 대항한 싸움'이라는 어차피 낡아버린 기치를 더욱 희미하게 만드는 것이었다. 엄격하게 보자면 그것은 모스크바 조약보다도 더 위험한 것이었다. 모스크바 조약을 히틀러는 우회로이며 전략적인 행동이라고 정당화해볼 수 있었다. 이제는 우회로도 없었다.

그러나 서방을 공격하겠다는 결심도 히틀러 필생의 고정관념을 완전히 지우지는 못했다. 그러한 고정관념이 자주 잊혀지고 거의 망상적인 특성을 가지고 있다는 증거들이 수없이 많기는 하지만 말이다. 엄밀히 관찰해보면 그의 결심 속에는 일관성이 없지 않다. 물론 오기와 절망이 작용하였고 자기의 거대한 계획을 망가뜨린 서방에 대한 증오도 있었다.

그리고 아마도 마지막 국면의 과격한 분위기 속에서 한 번 더 '천재적인 친구' 스탈린에게서 더 가까운 느낌을 찾아냈던 것 같다. 스탈린에 대해서는 '무조건적인 존경심'을 가져야 한다고 그는 말하곤 했다.[56] 전체적으로 권력과 생애의 마지막 국면에 선 히틀러의 결심은, 이런 몰락 과정에서 사람들이 그에게 부여하는 것보다는 더 많이 계산적인 숙고를 포함하고 있었다.

우선 그는 스탈린에 대한 경탄에서 그의 행동에 대한 귀납적 추리를 할 수 있다고 믿었다. 위대함이란 본질적으로 가혹한 것이다. 그것은 흔들림도 굴복도 모른다. 흔들림이나 굴복 같은 것은 시민적 정치가나 하는 일이다. 다시 동쪽으로 돌진하는 것은 어쩌면 종말을 연기할 수 있을지는 모르지만 피할 수 있게 하지는 못한다. 그에 반해서 서방에 대한 공격은 그의 생각으로는 변덕스런 미국인과 영국인에게 분명한 충격을 줄 것이고 그러면 자기가 주도권을 되찾아오고 그럼으로써 시간을 벌 수 있을 것이다. 그리고 시간을 벌면 그 사이 기대하던 대로 연합군 내부의 갈등이 생겨날 것이다. 그런 의미에서 공격은 서방 연합군을 향하여 함께 일해보자는 일종의 최후의 절망적인 제안이었다. 무엇보다도 그에게는 서쪽에서만 공격이 가능한 것으로 여겨졌다.

이러한 생각이 거의 모든 것을 결정지었다. 여기서 자기는 한 번 더 진격할 수 있다. 한 번 더 공격에 우세한 야전사령관으로서의 천재성을 보여줄 수 있다. 지치지 않은 시절이라도 달리다가 지쳐버릴 만한 엄청난 공간을 배후에 지니고 끝도 없이 펼쳐진 동부전선은 서쪽에 비해서 공격을 위한 출발점이나 목적 지점이 없었다. 서쪽에서 공격은 서부방벽 요새를 넘어서 앞으로 나갈 수 있고 비교적 거리가 가깝기 때문에 연료도 적게 든다.

그밖에도 히틀러는 동부에 투입된 군대가 어차피 분격하여 항전을 해줄 것이라고 믿었다. 동부에는 두려움이 결속을 도와줄 것이다. 그에 반해서 서쪽에서는 패배주의가 점점 커진다는 것을 생각하지 않을 수 없었다. 최근에 알려진 미국 재무장관 헨리 모겐소 2세(H. Morgenthau jr.)의 계획은 독일을 분할해서 다시 농업지역으로 만들려는 것이었는데 이 계획을 자극적인 공포의 동기로 만들려는 선전 전문가들의 시도는 효과가 없지는 않았지만 기대했던 거친 두려움을 만들어내지는 못했다. 그러므로 그는 서방을 공격해서 동부지역에 이미 마련된 것과 같은 결정전과, 화해의 가능성이 없다는 특성을 만들어내려고 했다.

아르덴 산맥을 통한 공격

공격 개시 며칠 전인 12월 11일과 12일에 히틀러는 서부전선의 지휘관들을 두 그룹으로 나누어서 룬트슈테트 사령관의 사령부로 소집하였다. 그들에게서 우선 무기와 서류가방들을 뺏고 나서 약 반 시간 동안 시골길을 통해 이리저리 달린 다음 자동차 행렬은 광대한 벙커 기지의 입구에 멈추어섰다. 이 벙커 기지는 나우하임 온천에서 멀지 않은 곳에 위치한 총통사령부 '독수리 둥지'였다.

양쪽으로 줄지어 선 친위대원들 사이를 지나서 사령관들은 히틀러에게 다가갔다. 참석자 중 한 명은 '창백하고 부풀어오른 얼굴에 구부정한 모습을 하고 의자에 깊숙이 앉아서 떨리는 두 손으로 심한 경련을 일으키는 왼쪽 팔을 가능하면 감추어보려고 하는' 그를 당황하여 바라보았다. 모든 의자 뒤에는 무장한 경비병이 서 있었고, 참석자 한 사람이 뒷날 확인한 바에 따르면 '우리 중 누구도 그의 손수건조차 잡아당길 수 없었을 것'이라고

했다.[57]

두 시간에 걸쳐서 격려와 변명이 뒤섞인 연설을 하면서 히틀러는 모인 사람들에게 '가을 안개' 작전을 알렸다. 공격은 아르덴 산맥을 넘어서 연합군의 가장 중요한 공급 항구인 안트워프로 향하게 된다. 그리고 그보다 북쪽에 있는 모든 적의 세력을 박멸한다는 계획이었다. 히틀러는 자신의 계획이 '대담한 것' 이고 '현 병력과 상황에 어울리지 않는' 것처럼 보인다는 사실을 인정하였다. 그러나 이런 위험이 이제 자기를 부추긴다는 것이다.

그는 이제 마지막으로 모든 것을 하나의 카드에 걸었다는 생각에 유혹되었다. 그는 무엇보다도 전체적으로 방어적인 상황에서 공격 전략을 취하는 이점을 찬양하고 장교들에게 '자기가 무엇을 하든 관계 없이 절대로, 한 번도 항복을 생각지 않았다는 점을 적에게 분명히 알려주라' 고 요청하였다. 그리고 점점 더 확고해지는 희망을 향해 한 번 더 말을 돌렸다.

> 세계사에서 우리의 적처럼 이렇게 이질적인 요소들이 그토록 다양한 목적을 가지고 결합된 연합이란 한 번도 존재한 적이 없어요……. 이 연합은 목표만 놓고 보자면 지금 당장이라도 찢어져나갈 수 있는 국가들이에요. 누구라도 거미처럼 망을 치고 앉아서 이 상황을 보고 있노라면 이런 갈등이 어떻게 발전해나갈지 볼 수가 있어요. 이 시점에서 어려운 전투 몇 개만 이긴다면 다음 순간에는 인공적으로 얽어놓은 이 공동전선이 갑작스러운 거대한 천둥소리와 함께 붕괴될 수도 있는 것이오……. 이 전쟁이 어떤 경우라도 독일의 약점 쪽으로 들어가지 않아야 한다는 전제조건이 붙긴 하지만 말이오…….
>
> 여러분, 나는 이제 다른 전선에서 꼭 필요한 것은 아닌 희생을 감당하였습니다. 바로 이곳에서 공격을 위해 필요한 전제조건을 만족시키기 위해서 말이오.[58]

나흘 뒤 12월 16일에 적이 공습을 할 수 없을 정도로 구름이 낮게 깔린 날씨 속에서 140킬로미터 넓이로 공격이 시작되었다. 히틀러는 몇 개의 강력한 사단을 동부전선에서 빼냈고 무선 장난을 통해서 적을 교란시켰다.

어떤 낌새도 알아채지 못하도록 무거운 장비 일부는 말들을 이용해서 옮겨졌고 저공 비행기들이 시끄러운 소리로 출동 지역을 뒤덮어서, 실제로 기습은 완전 성공이었고 도이치 부대들은 수많은 돌파를 달성하였다.

그러나 며칠이 지나자 벌써 공격은 미군의 반격을 빼더라도 도이치측의 힘과 물자 비축이 다 된 까닭으로 실패할 수밖에 없다는 것이 분명해졌다. 어떤 탱크부대는 1,500만 리터의 휘발유를 저장하고 있는 미군 물자 창고를 겨우 2킬로미터 앞에 두고 연료가 없어서 멈추어섰다. 다른 부대는 몇 킬로미터만 내려가면 마스 강에 도달할 테지만 디낭 구릉지대 위에서 연료와 전력 보강을 기다렸으나 오지 않았다. 크리스마스 직전에 날씨가 바뀌었다. 짙푸른 하늘에는 다시금 연합군 공습기들이 새까맣게 떼를 지어서 나타났고 며칠 안에 1만 5천 회나 출격하여 도이치 보급선을 문자 그대로 갈가리 찢어놓았다. 12월 28일에 히틀러는 사단 지휘관들을 한 번 더 자신의 사령부로 불러서 호소하였다.

> 나는 일생 동안 항복이란 단어를 알지 못해요. 그리고 나는 아무것도 없는 상태에서 스스로 노력하여 위로 올라온 사람 중 하나요. 오늘 우리가 당면한 상황은 내게는 새로운 것도 아니오. 상황은 내게 전혀 다른 것이었지, 훨씬 더 나빴어요. 내가 어째서 이토록 광신적으로 목적을 추구하며 어째서 그 무엇도 나를 물러서게 할 수 없는가 여러분이 아시라고 이런 말을 하는 겁니다. 나는 아직도 근심으로 고통받을 줄도 알고 나 자신으로 말하자면 건강하게 고통을 견딜 수 있다는 거죠. 그 어떤 것도 계속 싸운다는 나의 결심을 변화시킬 수는 없을 겁니다…….[59]

동부로부터의 대공격

그 사이에 동쪽에서 준비를 마친 붉은 군대가 광범위한 전선에서 공격을 개시하였다. 1월 9일에 구데리안은 한 번 더 히틀러에게 다가오는 위험을 설득하려고 하였다. 그러나 히틀러는 초조하게 자신은 공격만 생각한다고 말하고, 계획하고 작전을 펼칠 가능성을 되찾은 것을 옹호하였다. 그는 자신에 반대하는 모든 경고들을 '완전히 멍청한' 것이라고 부르고 구데리안의 정보에 따르자면, 동부 외국인 부대장을 '즉시 정신병원'에 가두라고 요구하였다. 동부전선은 지금 이 순간보다 더 많은 비축 물량을 가진 적이 없었노라는 그의 말에 참모총장은 대답하였다. "동부전선은 카드로 지은 집(공중누각)입니다. 전선 단 한 곳만 무너지면 전체가 붕괴될 것입니다."[60]

아르덴 산맥 공격이 두 번에 걸쳐 남쪽으로 멀리 진격했다가 엄청난 손실을 입은 가운데 출발점으로 쫓겨 돌아오기 직전인 1월 12일에, 콘예브 장군의 지휘를 받는 최초의 러시아 공격부대가 바라노브 교두보를 출발하여 아무런 힘도 들이지 않고 도이치 방어선을 뚫었다. 하루 뒤에 슈코브 장군의 군대는 폴란드 수도를 사이에 두고 양쪽에서 비스와 강을 건넜고, 더 북쪽에서는 두 개 부대가 동 프로이센과 단치히 만으로 진격하였다.

그로써 동해와 카르파티아 산맥 사이의 전선 전체가 움직였다. 보병이 11 대 1, 탱크 9 대 1, 대포 20 대 1 비율로 상대가 우세한 상황이었다. 거대한 인간 사태처럼 앞으로 밀어붙이면서, 도이치군의 이미 무너진 저항 노력을 간단히 짓밟았다. 1월 말에는 벌써 슐레지엔을 빼앗고 오데르 강변에 도착하였다. 붉은 군대는 베를린을 겨우 150킬로미터 앞에 두고 있었다. 베를린 시민들은 밤마다 벌써 무거운 대포소리를 들을 수 있었다.

1945년 1월 30일 수상으로 임명된 지 12년이 되던 날 히틀러는 방송을 통해서 최후의 연설을 하였다. 그는 한 번 더 '아시아 내륙의 해일'을 간구하고, 놀랍도록 지치고 확신 없는 문구를 써서 개개인에게 호소하였다. 그리고 이렇게 연설을 끝맺었다. "현재의 위기가 아무리 힘든 것일지라도 우리의 변치 않는 의지력, 희생의 각오, 우리의 능력을 통해서 마침내 극복될 것입니다. 우리는 이 곤궁도 이겨낼 것입니다."[61]

같은 날 알버트 슈페어는 히틀러에게 돌이킬 수 없이 패배했다고 알리는 건의서를 보냈다.

제2장 신들의 황혼

짧게 말하자면 집안에 상속할 후계자가 없는 사람은
그 안에 있는 모든 것과 함께 자신도 불타버리는 것이 가장 낫다.
거대한 장작더미 위에서 불타듯이 말이다.
—아돌프 히틀러

소련의 대규모 공격 개시 소식을 듣고 히틀러는 1월 16일 베를린으로 돌아왔다. 한때는 새로운 수도 건설의 출발점으로 생각되었던 거대한 회색 건물은 그 사이 산더미 같은 쓰레기들, 폭탄에 패인 구멍들과 폐허들이 있는 풍경 한가운데 놓여 있었다. 폭탄들은 수많은 부분들을 망가뜨렸고 반암과 대리석을 날려버렸으며 유리창이 날아간 구멍들은 널빤지들이 대신하였다. 히틀러의 거처와 작업 공간으로 쓰이던 건물 부분만이 상하지 않고 그대로였다. 이쪽 부분의 유리창조차도 멀쩡하였다.

그러나 쉬지 않고 퍼붓는 공습은 히틀러를 자주 수상관저 뜰 지하 8미터 깊이에 있는 벙커로 피신하도록 만들었고, 그러다가 얼마 뒤에는 아주 그곳으로 이사해버렸다. 어차피 지하 동굴 속으로 피신하는 일은 점점 더 강해지는 그의 기질, 즉 두려움, 불신, 현실 부정 등의 상태와 잘 어울렸다. 처음 몇 주 동안에는 건물에서 식사를 하곤 하였지만 그럴 때에도 어차피 커튼이 항상 내려져 있었다.[1] 밖에서는 불타는 도시들과 끝없는 피난 행렬을 배경으로 사방에서 전선들이 무너져내리면서 아비규환 사태가 벌어지고 있었다.

그러나 제국을 단순히 끝나도록 하지 않고 서서히 무너지도록 작용하는 어떤 힘이 작용하는 듯이 보였다. 히틀러는 정치 경력의 처음부터 언제나 자기가 좋아하는 세계 권력이냐 몰락이냐 하는 공식을 주장해 왔다. 그 무엇도 끝을 허용하지 않았다. 그는 몰락을 지금은 실패한 세계 권력의 야욕과 문자 그대로 대등하게 여긴다고 했다. 극적이지 않은 종말은 그의 지금까지의 오페라 같은 삶, 위대한 효과에 열광한 성질을 부정해버렸을 것이다. 그는 눈앞에 전쟁의 망상을 떠올리며 30년대 초에 벌써 이렇게 말한 적이 있다. 이길 수 없다면 "우리는 몰락하면서도 세계의 절반을 우리와 함께 몰락으로 끌고갈 것이다."[2]

물론 연극적인 필요성만이, 오기와 절망만이 파국의 의도를 불러일으킨 것은 아니었다. 히틀러는 파국에서 오히려 극단적인 살아남을 기회를 보았다. 역사 연구는 그에게, 오직 위대한 몰락들만이 신화를 형성하는 힘을 펼쳐보이고, 신화를 형성하는 힘이 이름을 후세에 남기도록 할 수 있다는 사실을 가르쳐주었다. 그래서 그는 남은 힘을 자신의 퇴장 장면 연출을 위해 다 쏟아부었다.

그 사이 소장으로 승진한 오토 에른스트 레머가 1월 말에 어째서 분명한 패배에도 불구하고 전쟁을 계속하려 하는가 물었을 때 히틀러는 어두운 목소리로 대답하였다. "절망적인 전쟁은 모범으로서 영원한 가치를 가지는 법이야. 레오니다스와 3백 명의 스파르타 사람들을 생각해보시오. 우리가 양떼처럼 죽임을 당하는 것은 전혀 우리 스타일에 어울리지 않아. 그들은 우리를 없앨 수 있을지는 모르지만 우리를 도살장으로 끌고가지는 못할 거라구."[3]

장엄한 최후를 위한 전략

이러한 의도는 마지막 국면 내내 히틀러의 태도에 이를 악문 일관성을 부여하였다. 그리고 특히 장엄한 최후를 위한 전략이라는 그의 마지막 전쟁 수행 개념의 핵심적인 내용을 이루었다. 연합군 병사들이 도이치 국경으로 진격해오던 1944년 가을에 그는 도이치 지역에서도 '불타버린 지구

(地球)' 계획을 실천하라고 명령하였다. 그래서 적에게 문명의 쓰레기만을 남겨주라고 요구하였다.

처음에는 작전상의 고려를 통해서 어쨌든 정당화되는 것처럼 보이던 것이 발전해서 얼마 지나지 않아 목적과는 무관한, 거의 추상적인 파괴 열광으로 변했다. 공장들과 공급처들뿐 아니라 삶의 유지를 위해서 필요한 모든 시설들도 파괴하라고 명령한 것이다. 식품 창고, 하수 시설, 라디오 증폭기, 통신 케이블, 송신탑, 전화국, 가스, 수도, 전류의 배선 지도들, 부품 창고, 주민등록 서류와 호적 관계 서류들, 은행의 통장 기록부 등이었다. 심지어는 공습을 피해 아직도 살아남은 예술품들도 파괴 목록에 들어갔다. 역사적 건물들, 성들, 교회, 극장, 오페라 하우스 등이었다. 히틀러의 얄팍한 문화시민주의 아래 숨어 있던 문화 파괴 욕구와 야만적 성향이 가면을 벗고 모습을 드러냈다.

마지막 작전 회의들 중 하나에서 그는 괴벨스와—이제 초기의 과격한 성향으로 되돌아가서 마지막 몇 주 동안 전보다도 더욱더 히틀러와 가까워졌던—한 목소리로 자기들이 고전적 의미의 혁명을 하지 않았다고 탄식하였다. 그리고 오스트리아 합병은 저항 없이 '아름다움의 오류'라는 병에 사로잡혀 있었다고 탄식하였다. 그렇지 않았더라면 '우리는 모든 것을 망가뜨릴 수 있었을 것'이라고 선전부 장관이 열을 올렸다. 히틀러는 자신이 수많은 양보를 해준 것이 유감이라고 했다. "그렇게 선량했다는 것을 나중에 후회하게 된다."[4]

할더의 보고에 따르면 그는 전쟁 처음부터 바로 이런 의미에서 장군들의 의견에 반하여 후세에 남겨줄 만한 바르샤바 시를 공습하고 포격하도록 고집하였고 파괴의 사진들을 보고 미적으로 흥분하였던 것이다. 묵시록적으로 캄캄해진 하늘, 1백만 톤의 폭탄들, 무너져내린 벽들, 공포 상태의 인간들과 몰락의 사진이었다.[5]

러시아 전선이 형성되어 있는 동안 그는 초조하게 모스크바와 레닌그라드의 파괴를 고대하였다. 마찬가지로 1944년에는 런던과 파리의 파괴를 꿈꾸었고, 나중에는 만족스러운 태도로 맨해튼의 거리에 폭탄을 떨어뜨리면

나타날 참혹한 효과를 그려보았다. 그러나 이런 기대와 망상들 중에서 아무것도 성취하지는 못하였다.[6]

지금 그는 한 번 더, 그리고 거의 무제한으로 파괴를 향한 자신의 원초적 욕구를 따를 수 있었다. 그것은 특별한 몰락의 전략하고만 결합된 것이 아니라, 힘들이지 않고 세계를 향한 혁명적인 증오와 결합되었다. 이 모든 것이 합쳐져서 마지막 국면의 구호들에는 저 몰아적인 몰락 찬미의 어조가 나타나는 것이다. 이 어조는 모든 분노의 외침 속에 함께 울렸고, 극단적인 자기 폭로 행동처럼 작용하였다.

"무너진 우리 도시들의 잔해 아래서 시민적인 19세기가 성취한 최후의 것들이 최종적으로 파묻혀버렸다."고 괴벨스는 거의 몽상적으로 표현하였다. "문화 기념비들과 더불어 우리 혁명 과업의 성취를 위한 마지막 장애들이 사라질 것이다. 모든 것이 폐허 속에 누워 있는 이제, 우리는 유럽을 재건해야 할 처지에 있다. 과거에는 사유재산이 우리에게 시민적인 자제를 강요하였다. 이제 폭탄은 유럽인을 모두 죽이는 대신에 그들을 가두었던 감옥의 벽만 부수었다……. 유럽의 미래를 망치려던 적은 과거만을 없애버렸다. 그럼으로써 모든 낡은 것과 관습들이 사라져버린 것이다."[7]

망가진 겉모습

히틀러가 은둔한 벙커는 수상관저의 뜰 아래로 뻗어나가서 둥근 콘크리트 탑에서 끝났다. 이 탑은 비상 탈출구로도 쓰였다. 이른바 윗벙커였던 지하 벙커 위층에 있는 열두 개의 방에는 직원들 일부, 히틀러의 식이요법 음식을 위한 부엌, 살림살이를 위한 방들이 몇 개 들어 있었다. 나선형 계단이 위에서부터 이른바 총통 벙커로 연결되어 있었다.

더 아래쪽에 자리 잡은 총통 벙커는 스무 개의 방으로 이루어져 있었고 널찍한 복도로 연결되었다. 오른쪽으로 난 문을 통해서 보어만, 괴벨스, 친위대 의사 슈툼페거(Stumpfegger) 박사의 방들, 그리고 몇 개의 사무실들이 자리잡았다. 왼쪽에는 히틀러가 쓰는 여섯 개의 방이 자리잡고 있었다. 정면으로 난 복도는 몇 미터 떨어진 곳에 있는 대 회의실로 통하였다.

히틀러가 은둔한 벙커는 수상관저의 뜰 아래로 뻗어나가서 둥근 콘크리트 탑에서 끝났다. 이 탑은 비상탈출구로도 쓰였다. 낮 동안 대개 히틀러는 자신의 거실에 머물렀다. 거실에는 프리드리히 대왕의 초상화가 지배하듯이 걸려 있었고 얼마 안 되는 가구들이 자리잡고 있었다.

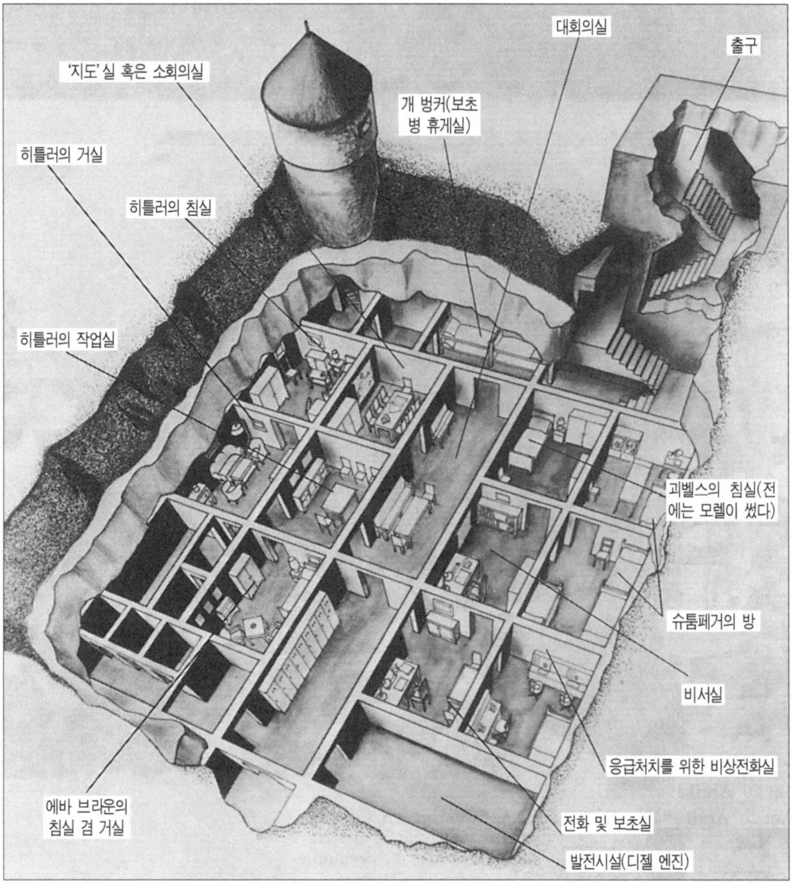

낮 동안 히틀러는 대개 자신의 거실에 머물렀다. 거실에는 프리드리히 대왕의 초상화가 지배하듯이 걸려 있었고 작은 책상 하나, 좁은 소파 하나, 작은 탁자와 세 개의 안락의자가 자리잡고 있었다.[8] 아무런 장식도 없이 좁아빠진, 창문 없는 방은 답답한 분위기를 만들어냈고 수많은 방문객들은 그 점을 탄식하였다. 그러나 콘크리트, 고요함, 전깃불로 이루어진 이러한 최후의 거처는 히틀러 자신의 본질의 어떤 점을 지닌 것이었다. 그의 존재의 고립과 인공적 요소가 특별히 적절하게 표현된 것이다.

마지막 몇 주 동안 증인들의 히틀러 묘사는 서로 잘 일치하고 있는데, 무엇보다도 앞으로 굽은 몸, 잿빛의 그늘진 얼굴, 점점 더 낮아지는 목소리 등을 꼽고 있다. 한때 그토록 최면적으로 작용하던 눈 위로는 탈진과 피로의 흐린 안개가 덮였다. 점점 더 눈에 띄게 그는 시들어 갔고, 마치 그렇게 오랜 기간의 양식화 압력이 이제 대가를 요구하는 것 같았다. 윗도리는 자주 음식 찌꺼기가 묻어 있었고, 축 늘어진 늙은이 입술에는 케이크 부스러기가 달라붙어 있었다. 작전보고 때 그가 안경을 왼손에 잡고 있을 때면 손이 떨리는 바람에 안경이 상판에 닿아 달그락거리는 소리를 냈다. 때로 그는 그 사실을 깨달은 듯이 안경을 옆으로 밀쳐버렸다. 오직 의지력만이 그를 붙잡고 있었다. 사지의 떨림은 쇠 같은 의지력만 있으면 무엇이든 할 수 있다는 그의 생각과 어긋난다는 이유에서도 그를 몹시 괴롭혔다. 참모장교 하나는 자신이 받은 인상을 다음과 같이 기록하였다.

> 그는 신체적으로 끔찍한 모습이었다. 힘들여서 몹시 무겁게 상체를 앞으로 굽히면서 다리를 질질 끌고 거실에서 벙커의 회의실로 나왔다. 균형 감각이 없었다. 그는 잠깐 걷고 나면(20에서 30미터 정도) 이런 경우를 위해서 여기저기 마련되어 있는 의자에 주저앉거나 아니면 옆사람에게 기댔다……. 눈은 충혈되어 있었다. 그를 위한 서류들은 모두 세 배 크기로 확대된 문자로 특별한 '총통 타자기'로 타자된 것이었는데도 그는 돋보기를 사용해야만 읽을 수가 있었다. 입 가장자리에서는 자주 침이 흘러내렸다…….[9]

잠을 뒤로 미룬 결과 낮과 밤이 문자 그대로 뒤바뀌었고 마지막 작전 회의는 대개 새벽 6시경에 끝났다. 완전히 지쳐서 소파에 누운 채로 히틀러는 여비서들이 오기를 기다렸다. 그날의 지시를 내리기 위해서였다. 그들이 방에 들어오면 그는 힘들여 몸을 일으켰다. 비서 중 한 명이 나중에 이렇게 보고하였다. "다리가 후들거리고 손이 떨려서 그는 한동안 우리 앞에 서 있다가 잠시 뒤에 다시 소파에 주저앉았다. 그러면 하인이 그의 다리를 들어 올려 주었다. 완전히 무감각한 모습으로 그는 누워서 초콜릿과 케이크 생각으로만 가득 차 있곤 했다. 케이크에 대한 그의 갈망은 병적인 것이 되었다. 전에는 고작해야 세 조각의 케이크를 먹더니 이제는 접시를 세 번이나 가득 채우게 만들곤 하였다. 그는 거의 말을 하지 않았다."[10]

점점 더 빨리 망가지고 있었지만 히틀러는 작전 지휘를 여전히 손에서 놓지 않았다. 고집과 불신과 사명의식과 의지력에 대한 열정들이 혼합되어서 그를 이끌어갔다. 1944년 초 이후로 쭉 그를 보지 못했던 의사 한 사람이 1945년 2월 중순에 그를 보았을 때 깊이 당황해서 특히 히틀러의 나빠진 기억력, 집중력의 결핍, 자주 얼빠진 상태에 빠지는 것 등을 변화로 꼽았다. 반응 방식도 점점 더 예측할 수 없게 되었다.

구데리안이 2월 초에 히틀러에 반대해서 동부에 방어진지를 건설하자는 제안을 했을 때 히틀러는 한마디도 않고 지도만 뚫어지게 바라보았다. 그러더니 천천히 몸을 일으켜서 몇 걸음 흔들리며 걷고 나서 허공을 응시한 채로 멈추어섰다. 그러고 나서 참석자들에게 작별을 고했다. 아무도 그러한 모습이 어디까지 그의 광대 기질에서 나온 것인지 알 수가 없었다.

며칠 뒤 참모총장의 반대는 저 대단한 분노의 폭발을 일으켰다. "노여움으로 빨개진 뺨을 하고 주먹을 쳐들고 전신을 떠는 사람이 내 앞에 서서 분노로 정신이 나가서 완전히 통제력을 잃었다. 분노를 폭발시키고 날 때마다 히틀러는 양탄자 가장자리에서 이리저리 몇 걸음 걷다가 다시 바로 내 앞에 멈추어서서 다음번 비난을 내게 퍼부었다. 그는 지나칠 정도로 소리를 질러서 두 눈이 구멍에서 튀어나올 지경이고 뺨에 핏줄이 부풀어올랐다."[11]

기분의 급변

그러한 기분의 급변은 마지막 몇 주간의 상태에 특징적인 것이었다. 그는 여러 해 동안이나 가까이서 자기를 지켜본 사람들을 갑작스럽게 내보내고 아무런 이유도 없이 다른 사람들을 불러들였다. 여러 해 동안이나 그의 곁을 지킨 의사 브란트 박사와 그의 동료인 폰 하셀바흐(v. Hasselbach)가 모렐의 영향을 물리치고 히틀러를 치명적인 약물중독에서 구하려고 시도하자 히틀러는 간단히 그를 해고하고 이어서 사형을 선고하였다. 구데리안, 리벤트로프, 괴링, 그밖에 수많은 다른 사람들도 비슷하게 퉁명스런 방식으로 잘렸다.

자주 그는 초기 형성기에 그토록 특징적이었던 어두운 상념 속으로 돌아갔다. 생각 없이 소파에 누워서 블론디가 최근에 낳은 새끼 중 그가 '늑대'라고 부르면서 손수 훈련시킨 놈을 품에 안고 지냈다. 자신이 죄가 없다고 단언하고 불충을 비난하면서 겨우 현실로 되돌아오곤 하였다. 인류는 너무나 나빠서 '계속 살 만한 가치가 없을 정도'라고 그는 자주 탄식하였다.[12)]

취향 없이 주변 사람들을 괴롭혀서 자신의 인간 혐오증을 만족시키려는 이미 확인된 욕구가 더욱 강해졌다. 그는 때때로 여자들이 모여 있는 자리에서 "립스틱은 파리의 설거지 물로 만들어졌다."고 주장하거나, 식사시간에 채식주의 아닌 손님들을 향해서 모렐이 자신의 피를 뽑아낸 것에 빗대어 이렇게 농담하였다. "내 남는 피로 여러분을 위해 피 소시지를 만들라고 하겠소. 별미로 말이지. 왜 안 되겠소? 여러분은 그렇게도 고기를 좋아하시니 말이야!"

그의 여비서들 중 한 명은 그가 어느 날 보통때처럼 대규모 배신에 대해서 탄식을 하고 난 다음 자기가 죽은 뒤의 시간에 대해서 풀죽은 목소리로 이렇게 말했다고 보고하고 있다. "내게 무슨 일이 생기면 독일은 지도자도 없어질걸. 후계자가 없으니 말이지. 첫 번째 사람은 미쳐버렸고(헤스), 두 번째 사람은 민족의 공감을 놀림감으로 삼았고(괴링), 세 번째 사람은 당에서 거부할 것이고(히믈러)……. 게다가 완전히 음악을 모르는 사람이란 말이지."[13)]

그런데도 울적한 감정에서 벗어나는 일이 여전히 가능하였다. 그는 자주 우연과 중요하게 여기는 부대장의 이름들을 이용하거나 아니면 다른 울림이 좋은 하찮은 것들의 이름을 이용해서 자극제로 삼았다. 마지막 작전 회의의 보고서들에 보면 그가 하나의 단어나 암시를 붙잡아서 변형시키고 부풀려서 마지막에는 황홀한 승리의 확신에 불을 붙이는 과정을 보여주고 있다.[14)]

때때로 그는 그러한 환상을 신중하게 만들어내기도 하였다. 1944년 가을 이후로 그는 전선 체험을 쌓은 부대를 투입하면서 이른바 수많은 민병대 사단들을 배치하라고 명령하였다. 그러나 동시에 패배한 사단의 나머지를 전통적인 방식으로 해체하지 말고 계속 끌고다니다가 서서히 '피를 다 흘려서' 죽게 만들라고 명령하였다. 심각한 패배가 사기를 잃게 만드는 작용은 극복할 수 없는 것이라 여겼기 때문이다.[15)]

이러한 명령은 그러나 점점 손실이 커지면서 막강하게 커진 전투력이라는 생각을 품게 만들었다. 그가 점점 더 자주 절대로 이루어진 적이 없는 공격 작전, 포위 활동, 그리고 결전의 전투를 하도록 배치하는 저 유령사단들과 교류한 것은 벙커 속 비현실 세계상들의 일부였다.

그의 주변 사람들은 자기 기만, 현실 왜곡, 광증 등, 이제는 뻔히 보이는 온갖 거짓 속으로 아직도 거의 저항 없이 그를 따라 들어갔다. 몸을 떨면서 윗몸을 구부리고 그는 상황 지도 앞에 앉아서 산만한 태도로 지도 위를 이리저리 휩쓸었다. 멀지 않은 곳에 폭탄이 떨어져서 천장의 등이 깜박이기 시작할 때면 그의 눈길은 앞에 서서 불안하게 위를 올려다보는 장교들의 움직임 없는 얼굴을 이리저리 살펴보았다. "이번 건 정말 가까웠어!"[16)]

그러나 그런 온갖 부서지기 쉬운 요소, 유령 같은 허약함에도 불구하고 그는 여전히 최면적인 힘을 간직하고 있었다. 개별적인 해체 현상들은 그의 측근에서도 분명하게 나타났다. 무질서의 표지들, 엉망인 기율, 규정 위반, 그리고 직원들의 거의 배신자적인 친근함 등이었다. 히틀러가 대회의실에 들어가도 거기 있던 사람 중 누군가가 일어서는 일도 드물었고 대화가 중단되는 법은 거의 없었다. 이 모든 것은 철회를 게을리하는 태도였다. 여기서는 궁중 사회의 비현실적인 분위기가 여전히 지배하고 있었고 이제는 지하 세계의 비현실성으로 인해서 오히려 더욱 강화되었다. 작전 회의 참가자 한 사람은 이렇게 묘사하였다. “이런 노예근성, 신경쇠약, 거짓 등의 경향을 통해서 영적으로만 억압을 느끼는 것이 아니라, 거의 육체적인 불쾌감으로 그것을 감지하였다. 그곳에서는 공포 이외에 진짜는 아무것도 없었다.”[17]

히틀러는 여전히 신뢰를 전파하고 가장 어리석으나마 희망을 일깨울 수 있었다. 그의 권위는 그 모든 오류, 거짓, 궤변에도 불구하고 그가 형벌이나 상을 줄 수도 없고 자기 의지를 더는 강요할 수 없게 된 문자 그대로 마지막 순간까지도 여전히 의문의 여지가 없는 것이었다. 그는 자기 주변으로 들어온 모든 사람들의 현실감을 알 수 없는 이상한 방식으로 망가뜨릴 능력이 있는 것 같았다.

3월 중순에 관구 지도자 포르스터가 절망한 모습으로 벙커에 나타나서 러시아 탱크 1천1백 대가 단치히 앞에 주둔하고 있다, 방위군은 겨우 네 대의 호랑이 탱크뿐이라고 하면서 히틀러를 만나기 전에 자신은 히틀러를 만나면 아주 솔직하게 ‘완전히 치유할 길 없는 상황의 현실’을 보고하고 ‘분명한 결단을 하도록 강요할’ 생각이라고 떠들었다. 그러나 잠깐 동안 이야기를 하고 난 다음에 그는 ‘완전히 변한 모습으로’ 돌아나오더니, 총통께서 자기에게 ‘새로운 사단들’을 약속하셨고 자기는 단치히를 구할 것이다, 그리고 “그 점에 대해서는 의심의 여지가 없다.”고 말했다.[18]

부하들을 믿지 못함

그러한 사건들은 물론 정반대의 결론을 허용하는 것이다. 히틀러 주변에서 충성심의 체계가 얼마나 인공적인 것이고 얼마나 항구적으로 개인적인 성격에 종속된 것인가 하는 점이다. 그의 극단적인 불신이 이 마지막 몇 달 동안에 거의 병적이고도 그로테스크한 형식으로 상승된 것은 바로 이런 이유에서 나온 것이다. 아르덴 산맥 공격 이전에 이미 그는 어차피 엄격한 비밀 명령을 비정상적인 조치를 통하여 강화하고, 준비기간 동안에 사령관들에게 문서로 된 비밀 엄수 명령을 내렸다.

1945년 1월 1일에 마지막 비축분을 다 투입해서 한 번 더 이루어진 공중전은 이러한 불신의 파괴적 희생물이 되었다. 약 8백 대의 대편대는 이날 북 프랑스, 벨기에, 네덜란드의 연합군 비행장을 저공으로 공격해서 아군기 1백여 대를 희생하면서 몇 시간 안에 거의 2천 대의 적군 비행기를 파손시켰다('바닥판' 작전). 그러나 돌아오는 길에 지나친 비밀 엄수 명령으로 인해서 아군의 대공포 공격을 받아 약 2백 대의 비행기를 잃었다. 1월 중순 바르샤바를 잃었을 때 히틀러는 권총을 들이대면서 담당 장교들을 체포하라고 명령하였다. 그리고 자신의 현직 참모총장이 여러 시간이나 냉혈한인 비밀경찰 총수 뮐러의 심문을 받도록 만들었다.[19]

마치 지나간 시절의 돌격, 과격성, 믿음 등을 확인하려는 듯이 옛날 전우들의 모임을 자주 찾은 것도 그의 불신과 관계가 있다. 관구 지도자를 국가 방어 위원으로 임명한 것은 옛 전우들을 부르는 행동이었다. 이제 그는 약 15년 동안이나 배후로 물러나 있던 헤르만 에서를 기억해냈고, 2월 25일 당 강령 포고 25주년 기념식에서는 에서가 뮌헨에서 선언문을 읽도록 했다. 그 자신은 그 동안 베를린에서 고위 당직자 대표를 접견하였다. 그는 인사말에서 거기 모인 사람들에게 게르만 영웅 전쟁의 이념을 위해 최후의 한 사람까지 의무를 다하게 만들려고 애썼다. "비록 내 손이 떨려도"라고 말하면서 그는 자기 시선에 당황한 회중을 향해서 말했다. "그리고 내 머리가 떨리는 한이 있더라도, 내 심장은 절대로 떨지 않을 것이오."[20]

모든 전선에서 공격받다

이틀 뒤에 소련군은 포메른 지역에서 동해를 향하여 나갔고, 그와 더불어 독일 정복을 위한 시작의 표지가 나타났다. 서부에서는 연합군이 3월 초에 아헨에서 팔츠에 이르는 서부방벽 전 구간을 넘어 공격해왔고 3월 6일에는 쾰른을 정복하고 레마겐 근처에 라인강 오른편의 교두보를 구축하였다. 그 다음 소련군이 다시 헝가리에서 대공격을 개시해서 제프 디트리히(S. Dietrich)의 친위대 정예부대를 도주시키고, 거의 동시에 티토의 빨치산 부대도 공격을 해왔다. 그 동안 서부의 연합군은 여러 지역에서 라인 강을 넘어서 폭풍우처럼 나라 안으로 밀려들어왔다. 전쟁은 마지막 국면에 접어들었다.

히틀러는 모든 전선에서의 붕괴에 대해서 사수 명령, 분노의 폭발, 즉석 군법회의 등으로 반응하였다. 폰 룬트슈테트를 세 번째로 해임하고 제프 디트리히 부대에서 수를 놓아 사단 이름을 새긴 완장을 빼앗고 3월 28일에는, 6주 예정으로 휴가 여행을 떠나라고 요구하는 것으로 구데리안과 작별을 고했다. 현존하는 보고서들이 증언하는 바에 따르면 그는 전체를 개관하는 능력을 잃어버리고 싸움질, 비난, 회상을 하느라고 시간을 다 써버렸다. 신경질적이고 지속적인 간섭은 진영의 상황을 악화시키기만 하였다.

3월 말에 그는 야전 탱크 22대를 가진 보충부대를 피르마젠스 지역으로 파견하라고 명령하였다. 그러나 모젤 지역의 위험 소식을 듣고 이 부대를 '트리어 지역으로' 보내라고 지시하였다가 곧 이어서 '코블렌츠 방향'으로 돌렸다가 상황이 바뀌는 데 따라 수시로 명령을 바꾸었기 때문에 마지막에는 아무도 탱크 부대가 어디 있는지 알 수가 없었다.[21]

그러나 무엇보다도 몰락의 전략이 현실화되기 시작하였다. 물론 냉정하게 계산된 자기 파괴 시스템은 아니었지만 생각 없음, 분노의 폭발, 히스테리성 흐느낌 등의 반응이 연이어 나타났다. 심장도 떨렸던 것이다. 그 뒤에는 거의 모든 순간 파국 의지가 작용한 것을 볼 수 있었다. 화해의 가능성이 전혀 없다는 분위기를 만들어내기 위해서 히틀러는 2월에 선전부에 지시를 하였다. 연합군 정치가들을 공격하고 개인적으로 모욕을 가해서 '그들이 도이치 민족에게 어떤 제안도 할 가능성이 없도록' 하라는 것이었다.[22]

이렇게 배수의 진을 치고서 그는 이제 싸움에 임하였다. 3월 19일에 시작된('네로 명령') 연속적인 명령들은 '모든 군사적인 교통, 정보, 산업, 공급 시설과 독일 내에서 적이 전쟁을 계속하기 위해서 즉각적으로 혹은 어느 정도 시간 간격을 두고서 이용할 수 있는…… 모든 가치 있는 시설을 파괴할 것'을 지시하였다. 루르 지방에서 즉각적으로 수직갱도, 운반 장치 등이 파괴되었고, 시멘트를 실은 배들을 가라앉혀서 물길을 못 쓰게 만들고 지역 안에 있는 주민을 튀링겐 지역과 엘베 강 유역으로 이주시킬 준비를 하였다. 한편 뒤에 남겨진 도시들은 뒤셀도르프의 관구 지도자 플로리안의 호소가 예고한 대로 불태워질 예정이었다.

이른바 '깃발 명령'은 하얀 깃발을 내건 집에 있는 모든 남자들을 즉석에서 사살하라는 것이었다. 3월 말 사령관들에게 내려진 지시에서는 '이동하는 적에 대항한 전쟁'을 '가장 광적으로 수행'하라는 것이었다. "주민에 대한 그 어떤 고려도 현재로서는 이루어질 수 없다."고 했다.[23] 이상할 정도로 그와는 반대로 대륙 곳곳에서 모아들인 예술품을 구하기 위한 노력과, 린츠 시 건설 모델에 열중하는 것 등은 한동안 더 계속되었다. 린츠 시 모델은 '아름다움의 국가'라는 이제는 사라져버린 꿈의 마지막 허망한 노력이었다.

신화로 만들려는 성향

종말이 다가옴에 따라 신화로 만들려는 성향도 점점 더 두드러지게 나타났다. 사방에서 습격받는 독일은 고독한 영웅의 모습으로 양식화되었고, 도이치 의식에 깊이 새겨져 있는 삶의 경멸을 이상화하는 경향, 전쟁터 낭만주의, 폭력적인 죽음을 미화하려는 경향 등이 한 번 더 본격적으로 나타났다. 히틀러가 사방에 건설하고 사수하라고 명령하였던 요새와 진지들은 전체적으로 독일을 나타내는, 잃어버린 초소의 이념을 작은 규모로 상징하였다.

이러한 이념은 히틀러와 파시즘 추종세력의 비관적인 감정 세계에서는 오래 전부터 어두운 매력을 지닌 것이었다. 바그너 모티프들, 게르만 허무주의, 수많은 몰락의 낭만주의 등이 오페라처럼 날카롭게 스며들어 있는 것이다. "단 한 가지만을 나는 원하노라. 종말, 종말을!" 마르틴 보어만이 1945년 4월 초에 수상관저에서 보낸 마지막 편지를 보고 그의 아내는 '에첼 왕의 홀에서 옛날 오래 전 니벨룽겐'의 최후를 연상하였다. 그리고 이 부지런한 비서 보어만이 이런 생각을 자기 상관에게서 얻었을 것이라는 추

측이 나온다.[24]

뷔르츠부르크, 드레스덴, 포츠담 등이 파괴되었을 때 괴벨스에게 있어서 그것은 온갖 어두운 재앙들 속에서 한 번 더 피어난 위대한 나날들이었다. 이런 무의미한 야만 행위가, 이번 전쟁에서 민주주의가 스스로의 원칙들을 배신하였기 때문에 분명히 패배할 것이라는 히틀러의 예측을 뒷받침했기 때문만은 아니었다. 이런 공격은 원래의 해체 의도에도 거꾸로 작용했던 것이다. 2월 24일에 히틀러는 윗소금산에 있는 산장이 아직도 폭격에서 안전하다는 사실이 유감이라고 선언하였다. 그런 다음 얼마 지나지 않아서 목격자의 보고에 따르면 엔진 네 개짜리 랑카스터 폭격기 380대가 이 장소를 순식간에 '달풍경'으로 만들어버렸다.[25]

히틀러가 그토록 부지런히 추구한 몰락에서 자신만은 벗어나려 했다는 생각 자체가 잘못된 것이었다. 오히려 이 몇 주간은 그에게 모든 실패 속에서도 복합적인 성취감을 가져다준 나날이었다. 그를 일생 동안 쫓아다니고 언제라도 거대한 위험을 감수하도록 만들었던 절망적인 자살자 충동이 마침내 목적지에 도달한 것이다. 그는 한 번 더 등을 벽에 기대고 섰다. 그러나 모든 게임은 끝났다. 판돈을 두 배로 불려줄 기회는 없었다. 이런 흥분된 자기 만족의 요소야말로 마지막에 점점 더 두드러지게 되었던 그의 의지력을 설명해준다. 이 의지력은 벙커 속에 함께 살았던 어떤 사람이 이 몇 주간의 히틀러를 묘사한 것처럼 '케이크를 집어삼키는 인간 폐허'를 계속 움직이도록 만들었다.[26]

슈페어의 반대 활동

그러나 몰락의 결심은 예기치도 못한 반대에 부딪쳤다. 지난 시절 건축가의 몽상을 함께 나눈 친구이며 심복이었던 알버트 슈페어는 1944년 가을에 이미 군비 장관으로서의 직위를 이용하여 점령 국가와 도이치 국경지대에서 히틀러가 명령한 파괴 활동을 방해하기 시작하였다.

그는 고민을 완전히 떨쳐버리지는 못했다. 그 사이에 끼여든 온갖 거리감도 자기가 히틀러에게 많은 덕을 입고 있다는 감정을 완전히 털어버리지는 못했다. 개인적인 공감의 표시들, 넉넉한 예술적 가능성들, 영향, 명성, 권력 등이 다 그에게서 나온 것이었다. 그러나 산업체를 파괴하라는 명령을 받아들자, 실무적이면서도 낭만적인 동기들로 독특하게 채색된 그의 책임감이 개인적인 충성심보다 더욱 강했다. 수많은 건의서에서 그는 전쟁이 군사적으로 전망이 없다고 히틀러를 설득하고, 동굴 속 사령부 안에서 바라보는 허망한 상들에 맞서서 현실적인 상황 분석을 내세우려고 무던히 애썼다.

물론 그 결과 히틀러의 불쾌감밖에는 산 것이 없었다. 이런 불쾌감은 언제나 다시 감상적인 동기에서 사라져 없어지곤 하였다. 2월에 그는 '절망감'에서 지하의 통풍 장치 속에 독가스를 주입해서 총통 벙커의 입주자들을 죽이려는 계획을 세웠다. 그러나 마지막 순간에 환기 통로를 고치는 바람에 이 의도의 실현이 불가능해졌고, 히틀러는 한 번 더 암살 계획에서 보호되었다.

슈페어가 3월 18일에 다시, 눈앞에 다가온 '도이치 경제의 궁극적인 붕괴를 확실하게' 예언하면서, '패배한 전쟁에서 민족이 역사적으로 종말에 이르지 않도록 하는 것'이 지도부의 의무라고 상기시키는 건의서를 제출했을 때 마침내 충돌이 일어났다. 암담한 파국의 기분에 사로잡혀서 히틀러는 그에게 자신의 몰락 개념을 내세웠다. 그 개념은 그 사이 위대한 퇴장이 아니라, 자연법칙의 원초적인 힘 속에 자기 파괴적으로 귀의하는 것을 목표로 삼게 되었다. 슈페어는 이 대화의 핵심을 뒷날 히틀러에게 보낸 편지에서 다음과 같은 말로 반복하였다.

> 당신은 내게…… 저녁에 상세한 논의를 펼쳐 보였습니다. 그 점에서 보면—내가 당신을 잘못 이해한 것이 아니라면 말입니다—다음과 같은 점이 분명해졌지요. 전쟁에 패배하면 민족도 패배하게 된다. 이 운명은 바꿀 수가 없는 것이다. 민족이 원초적으로 연명해나가기 위해 필요한 토대를 고려할 필요는 없다. 반대로 이러한 것들을 파괴하는 쪽이 더 낫다. 민족은 이미 허약한 존재로 판명이 났으니 미래는 오로지 더 강한 동방 민족의 것이다. 전쟁 뒤에

남는 것은 어차피 열등한 인간들뿐일 것이다. 우수한 존재들은 다 쓰러졌으니까.

이 말에 대해서 나는 깊은 충격을 받았습니다. 다음날 파괴 명령을 받고 곧 이어서 철거 명령을 읽었을 때 나는 이러한 의도들을 실천하기 위한 최초의 조치들을 보게 되었습니다.[27)]

파괴 명령은 슈페어에게서 권한을 빼앗았고 모든 그의 지시들을 무효로 만들었지만, 그는 전선 지역으로 가서 이런 명령이 무의미하다는 것을 지역 관청에 설득하였고, 폭발물을 가라앉히고 생활에 중요한 기업의 지도자들에게 폭발 명령에 대항하여 기업을 지키라고 가벼운 기관총을 마련해주었다.

히틀러에게 답변을 요구받고서 그는 전쟁에 질 것이라는 의견을 고집하였다. 그리고 휴가를 떠나는 것도 거절하였다. 극적인 장면에서 히틀러는 그에게 전쟁에 지지 않을 것이라고 장담하였고 이어서 슈페어가 고집을 꺾지 않자 히틀러는 승리를 확신한다고 말하라고 요구하였다. 마지막에는 히틀러가 거의 간청하다시피 자신의 요구를 줄여서 전쟁의 '성공적인 계속'에 대한 희망만이라도 말하라고 요청하였다. "적어도 우리가 지지 않았다고 희망해볼 수는 있지 않겠소! ……그렇다면 내 만족하지." 그런데도 슈페어는 여전히 침묵하였다. 스물네 시간 동안 생각할 시간을 갖기로 하고 쌀쌀하게 헤어졌다. 그는 마침내 개인적인 충성의 서약을 하고서야 이 논쟁의 결판에서 벗어났다. 히틀러는 너무나 감격해서 그에게서 빼앗았던 전권의 일부를 되돌려주기까지 하였다.[28)]

동시에 히틀러는 오데르 강 전선을 방문하기 위해서 마지막으로 벙커를 떠났다. 폴크스바겐(국민차)을 타고 그는 프라이엔발데 근처에 있는 성 앞에 멈추었다. 그곳에서 9군단의 장군들과 참모들이 그를 맞이하였다. 허연 머리에 움츠러든 얼굴을 한 허리가 굽은 늙은 남자는 애써서야 겨우 미소를 지었다. 지도가 놓인 책상 앞에서 그는 둘러선 장교들에게 러시아의 베를린 진격을 차단해야 한다고 요청하였다. 국면을 전환시킬 무시무시한 무기를 완성하기 위해서는 단 하루 단 한 시간이라도 소중하다고 했다. 그것이 자신이 호소하는 의미라고 했다. 장교 중 한 사람은 히틀러가 무덤에서 빠져나온 사람처럼 보였다고 말했다.[29]

동부에서는 소련군의 진격을 사실상 얼마 동안 붙잡아 세울 수 있었던 반면에 서부전선은 붕괴되었다. 4월 1일에 모델 장군의 군단은 루르 지역에 갇혔고, 4월 11일에 미군은 벌써 엘베 강에 도달하였다. 이틀 전에 쾨니히스베르크가 함락되었다. 오데르 강변에서 소련군은 베를린 공격을 준비하고 있었다.

이 희망 없는 날들에 대한 괴벨스의 보고에 따르면, 그는 풀죽은 총통을 위로하기 위해서 칼라일(Carlyle)의 〈프리드리히 대왕 이야기〉를 낭독해 들려주었다. 특히 왕이 1761~1762년 겨울에 당면하였던 어려움을 서술하는 부분을 골랐다.

> 대왕 자신 아무런 방책도, 어찌할 바도 모르고, 그의 모든 장수들과 정치가들도 그의 패배를 확신하고, 적들은 패배한 프로이센에 대하여 회의를 시작하고, 미래는 완전히 잿빛으로 그의 앞에 놓였는데, 핑켄슈타인 백작에게 보낸 마지막 편지에서 2월 15일까지 국면의 전환이 이루어지지 않으면 자신은 포기하고 독약을 먹을 것이라고 써보낸 순간이었다. 여기서 칼라일은 이렇게 쓰고 있다. '용감한 왕이여, 잠깐만 더 기다리시오, 그러면 당신의 고난의 날들은 지나가고, 구름 뒤편에 당신의 행운의 태양이 숨어 있다가 당신에게 그 모습을 보일 것이니.' 2월 12일에 러시아 황후가 죽고 브란덴부르크 집안의 기적이 나타났다. 총통은 눈에 눈물이 고였다고 괴벨스는 말했다.[30]

현실 바깥에서 표지와 희망을 찾으려는 성향은 종말이 다가옴에 따라 문헌을 훨씬 넘어서는 것이 되었다. 그러면서 현대성을 가장한 국가사회주의의 비합리주의가 한 번 더 모습을 나타냈다. 라이는 4월 처음 며칠 동안 흥분해서 '살인광선'의 발명에 대한 옹호자가 되었다. 괴벨스는 두 개의 점성술 예언에서 정보를 얻었다. 미군이 알프스 쪽에 도착하고 슐레스비히 ·

홀스타인이 떨어져나가고 빈이 함락되는 동안, 행성들의 결합, 천체의 떠오름, 정방형 속을 지나감 따위를 보고 2월 후반부에 위대한 전환점이 나타나리라는 희망이 피어올랐다.

이러한 암시와 예측에 완전히 사로잡힌 상태에서 괴벨스는 4월 13일 격렬한 공습이 이루어지는 동안 전선을 방문하고 베를린으로 돌아와서 불꽃 속에서 선전부 건물의 계단을 올라가다가 미국 대통령 루스벨트가 죽었다는 소식을 들었다. "그는 무아지경에 빠졌다."고 함께 소식을 들은 사람이 묘사하였다. 그리고 총통 벙커에 전화를 걸도록 했다. "총통 각하, 축하드립니다."라고 그는 전화기에 대고 소리쳤다. "4월 후반부에 우리에게는 전환점이 찾아올 거라고 별들이 알려주었지요. 오늘은 4월 13일 금요일입니다. 이것은 전환점이에요!"[31] 벙커에서 히틀러는 회의론자이며 잘 믿지 않는 사람들인 장관들, 장군들, 당직자들을 한데 불러모았다. 지난 몇 달 동안 그는 그들에게 거듭 '최면'을 걸어야 했다. 지금 그는 약간 무아경에 빠져서 이 사실을 알렸다. "여기 있소! 여러분은 절대로 믿으려 들지 않았지만……."[32]

한 번 더 그에게 섭리가 신뢰를 보여주는 듯이 보였다. 그의 생애의 수많은 경이로운 연결을 마지막으로 압도적인 힘으로 증명해주는 듯했다. 몇 시간 동안 벙커 속은 시끄럽게 기분이 고조되었다. 안도, 고마움, 신뢰, 그리고 거의 승리에 대한 확신까지도 뒤섞인 분위기였다. 그러나 어떤 감정도 오래 지속되지는 않았다. 슈페어는 이렇게 회상하였다. 나중에 "히틀러는 지친 모습으로 홀가분하면서도 짓눌린 듯이 안락의자에 앉아 있었다. 그런데도 그는 희망 없다는 인상을 주었다."

1933년 내각의 잊혀진 보수진영 각료 한 사람은 이날 '역사의 천사 날개가 방을 통해 지나가는' 것을 느끼기까지 하였다.[33] 거의 모든 영역에 나타난 현실감 상실을 이보다 더 잘 보여주는 이야기도 없다. 루스벨트의 죽음은 전쟁에 전혀 아무런 영향도 주지 않았다. 사흘 뒤에 소련은 250만 병사, 41,600대의 총기, 6,250대의 탱크, 7,560대의 비행기로 베를린을 향한 공격을 개시하였다.

1945년 4월 20일

4월 20일, 히틀러의 56회 생일 날, 정권 지휘부는 마지막으로 모였다. 괴링, 괴벨스, 히믈러, 보어만, 슈페어, 라이, 리벤트로프, 그리고 방위군 수뇌부 등이었다. 며칠 전에는 예기치도 않았는데 에바 브라운이 이곳으로 왔다. 그리고 누구나 그녀의 도착이 무엇을 뜻하는지 알고 있었다. 그런데도 짐짓 꾸며낸 낙천주의가 벙커 속을 채웠다. 히틀러 자신도 생일 축하 행사 동안 이러한 분위기를 일깨우려고 노력하였다. 그는 몇 번의 짧은 인사말을 하였고, 칭찬하고 용기를 북돋우고 추억을 나누었다. 뜰에서 그는 마지막으로 사진사들 앞에 섰다. 빠르게 진격해 오는 소련군에 맞선 싸움에서 살아남은 히틀러 소년단 몇 명을 토닥여주고 그들에게 훈장을 달아주었다. 거의 같은 시간에 1944년 7월 20일 사건과 관련된 마지막 사형집행이 이루어졌다.

원래 히틀러는 이날 베를린을 떠나 윗소금산으로 돌아갈 생각이었다. 그곳 '알프스 요새' 에서 전설로 둘러싸인 아랫산을 내려다보면서 전쟁을 계속하기 위해서였다. 직원 중 일부는 벌써 그곳으로 파견되었다. 그러나 생일 전날 저녁에 그는 다시 마음이 흔들렸다. 특히 괴벨스는 베를린의 문 앞에서 전쟁을 결정지을 전투를 벌여야 한다고 정열적으로 그를 설득하였다. 그리고 경우에 따라서는 도시의 폐허야말로 그의 과거, 한때의 맹세, 역사적인 등급 등에 알맞은 최후를 위한 장소라고 했다. 베를린에서는 '도덕적인 성공' 을 찾을 수 있다는 것이다.

다른 모든 사람들은 이미 잃어버린 도시를 포기하고 아직 남아 있는 좁다란 통로를 통해서 남쪽으로 도망쳐야 한다고 주장하였다. 당장이라도 베를린을 둔 싸움이 끝날 수 있다는 것이다. 그러나 히틀러는 마음을 정하지 못했고, 독일이 상대의 진격을 통해서 분리될 경우에 명령 부서를 남부와 북부로 나누는 것에 대해서만 동의하였다. 그는 이렇게 말했다. "내가 안전을 찾아간다면 어떻게 부대에 베를린을 구하기 위한 싸움을 하라고 할 수가 있겠는가!" 마침내 그는 결정을 운명에 맡긴다고 선언하였다.[34]

그날 저녁에 벌써 탈출이 시작되었다. 히믈러, 리벤트로프, 슈페어, 그밖

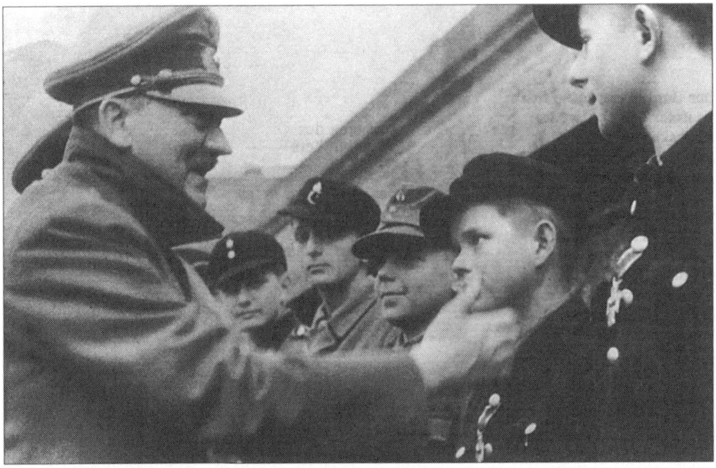

1945년 4월 20일 마지막 생일을 맞은 히틀러가 공식적인 축하 행사에 이어서 몇 명의 히틀러 소년단원들을 맞이하여 토닥이고 칭찬하고 훈장을 주었다.

에 거의 모든 공군 수뇌부가 하루종일 계속된 길다란 화물차 행렬에 합류하였다. 괴링은 창백한 모습으로 땀을 흘리면서 이별을 고했다. '남부 독일에 긴급한 용무'가 있다고 했지만 히틀러는 마치 허공을 바라보듯이 이 거구의 남자를 바라보았다.[35] 이 순간에 자기 주변에서 발견되는 허약함과 기회주의적인 계산을 향한 경멸이 미리 앞서서 그의 결단을 만들어냈다는 증거가 몇 가지 있다.

이루어지지 않은 슈타이너의 공격

어쨌든 그는 시 경계까지 밀려온 소련군을 할 수 있는 힘을 다하여 공격해서 물리치라고 명령하였다. 마지막 사람, 탱크, 비행기까지 다 투입하라고 명령하고 멋대로 했다가는 가장 심한 벌을 받으리라고 위협하였다. 그는 친위대 대지역 사령관인 펠릭스 슈타이너(F. Steiner)에게 공격 지휘를 위임하였다. 손수 단위부대들을 행진시키고 그들의 목적지를 정하고, 초기의 섬멸전을 위해서 오래 전부터 존재하지 않는 사단을 구성하였다.

참가자들 중 한 사람은, 새 참모총장인 크렙스(Krebs) 장군이 구데리안과는 달리 히틀러에게 정확한 보고를 하지 않고 그를 어느 정도 현실과 분리시켜서, 그의 망상과 나머지 참가자들이 '전쟁 놀음'을 하도록 만들었던 것이 아닐까 하는 의혹을 표현하였다.[36] 공군 참모장인 칼 콜러(K. Koller)의 메모는 그 며칠간의 사령부의 혼란상을 눈에 보이게 전해주고 있다.

4월 21일. 이른 아침 히틀러가 전화를 걸다. '베를린이 대포 공격을 받고 있다는 것을 아시오? 도심 말이야.' '모릅니다.' '아무 소리도 안 들린단 말야?' '안 들립니다! 전 베르더 수렵구 안에 있습니다.'

히틀러 : 장거리 대포 공격으로 도시에서는 난리들이오. 소구경 중대포의 철도 중대라고들 하는데. 러시아 놈들이 오데르 강 위에 철교를 가지고 있다는데. 공군은 즉각 이 중대를 찾아내서 싸워야 하오.

나 : 적은 오데르 강에 철교를 가지고 있지 않습니다. 어쩌면 도이치 중대포를 가지고 이리저리 끌고다니고 있을지 모르죠. 그러나 아마도 러시아 야전군의 중간짜리 대포일 가능성이 많습니다. 이 대포를 끌고 적은 이미 도시 중심부까지 도착하고 있을 것입니다만.

오데르 강 위에 철교가 있느냐 없느냐, 러시아 야전군의 대포는 베를린 중심부까지 도달할 수 있느냐에 대해서 긴 논의…….

곧 이어서 히틀러가 다시 직접 전화하다. 베를린 남부에 현재 투입된 비행기의 정확한 숫자를 묻다. 나는 군대와의 정보통신망이 흠없이 작동하고 있지 않기 때문에 그런 질문에 당장 답변을 드릴 수 없다고 대답. 자동으로 들어오는 아침 보고와 저녁 보고로 만족하는 수밖에 없다고 답변함. 그는 몹시 화를 냄.

그런 다음 그가 다시 전화를 걸어서 어제 슈트랄러 비행기들이 프라하 근처의 기지에서 출격하지 않았다고 항의하다. 나는 비행장들이 계속 적의 전투기 공격을 받아서 우리측 비행기들은…… 출격할 수도 없다고 설명. 히틀러는 욕을 하다. '그렇다면 슈트랄러도 쓸모가 없군. 공군은 쓸모가 없어…….'

히틀러는 화가 나서 기업가인 뢰흘링(Röchling)의 편지를 들먹이며 소리 지르다. '그가 써보낸 것으로 충분해! 공군 지휘부 전체를 목매달아야 한다더군!'

20시 30분에서 21시 사이에 그는 다시 전화하다. '총원수(괴링)가 카린할에 개인 군대를 두고 있다네. 이 군대를 즉각 풀어서…… 친위대 슈타이너 사령관 휘하에 넘겨야겠어.' 그리고 전화를 끊음. 이게 대체 무슨 뜻일까 생각하고 있는데 히틀러가 다시 전화를 걸어옴. '베를린과 슈테틴 · 함부르크 해안 사이의 지역에 있는 공군은 마지막 한 사람까지 내가 명령한 베를린 북동부 공격에 투입하시오' ……대체 어디서 공격이 이루어지고 있느냐고 내가 질문하자 아무런 대답도 없었다. 그는 이미 전화를 끊었다…….

몇 번의 전화 통화를 하면서 사태를 명백하게 알려고 노력함. 참모인 콘라트(Konrad) 장군 휘하에 있는 프라이강 소령을 통해서 친위대 지휘자 슈타이너가 에버스발데 지역에서 남부를 향한 공격을 지휘하라는 명령을 받았다는 사실을 들었다. 그러나 지금까지는 슈타이너 혼자만 장교 한 사람을 데리고 쇤발데 지역으로 들어갔다는 것이다. 공격을 위한 군대에 대해서는 알려진 것이 없음.

총통 벙커와 전화 통화를 하다가 22시 30분에야 비로소 크렙스 장군과 연결됨. 계획된 공격에 대하여 상세한 정보를 묻는데…… 맙소사, 히틀러가 끼어들었다. 갑자기 흥분한 그의 목소리가 전화기 속으로 울렸다. '아직도 내 명령에 대해서 의심한단 말인가? 나는 충분히 설명했다고 생각하는데…….' 23시 50분에 다시 히틀러의 전화. 그는 슈타이너 공격을 위한 공군의 조치들에 대해 질문하다. 보고함. 그러면서 나는 그들이 전혀 전투에 익숙지 않은 부대들이며, 지상 전투를 위한 훈련을 받은 적도 없고 적절한 무장을 갖추지도 않았으며 게다가 중무기가 전혀 없다고 강조하였다. 그는 내게 잠깐 전황을 설명하였다……."[37]

히틀러가 그토록 큰 희망을 걸었던 슈타이너 공격의 허구적인 특성을 파악하기 위해서는 이런 배경을 알아야 한다. 그는 콜러에게 이렇게 말했다.

"두고보시오, 러시아 놈들이 베를린 문 앞에서 자기들 역사상 가장 큰 패배, 가장 많은 피가 흐르는 패배를 겪게 될 거요."

다음날 오전 내내 그는 초조하게, 점점 더 절망감에 뒤덮이면서 작전 진행에 관한 소식을 기다렸다. 3시경 작전 회의가 시작되었는데도 여전히 슈타이너로부터 아무런 소식이 들어오지 않았다. 전날의 지시들이 전선을 극히 혼란시켰다는 사실이 분명해졌다. 결국 적에게 길을 터주었고, 붉은 군대는 베를린 북부의 최종 방어선을 뚫고 전차부대를 선두로 도시로 진입하였다. 슈타이너 공격은 이루어지지 않았다.

4월 22일 회의와 베를린에서 죽기로 결심

이 4월 22일의 회의를 기억할 만한 것으로 만들어준 분노의 폭풍이 터져나왔다. 알을 깨고 나오기 위한 짤막한 침묵이 지나간 다음 끝없는 실망감에 사로잡힌 히틀러가 미쳐 날뛰기 시작하였다. 그는 비겁, 파렴치, 불충 등에 대해서 세상 전체에 대한 일종의 전면적 고발을 시작하였다. 지난 몇 달 동안 거의 속삭이는 정도로 낮아진 그의 음성은 한 번 더 왕년의 힘을 되찾았다.

이런 큰소리에 이끌려 바깥 복도와 계단에는 벙커 안에 사는 사람들이 몰려들었고, 그는 자기가 완전히 버림받았다고 소리질렀다. 군을 저주하고 부패, 허약, 거짓 등을 비난하였다. 여러 해 전부터 자신은 배신자들과 실패자들에 둘러싸여 있었다는 것이다. 말하면서 그는 주먹을 흔들고 두 뺨 위로는 눈물이 흘러내렸다. 생애에서 대규모로 마법에서 풀려나는 파국이 있을 때 언제나 그랬던 것처럼, 거의 히스테리식으로 극단적인 기대를 걸었던 한 가지 일이 무너져내리면서 모든 것이 한꺼번에 무너져내렸다.

종말이 다가왔다고 그는 말했다. 자신은 이제 더 갈 수가 없다, 자기에게는 이제 죽음만 남았다, 여기 이 도시에서 자신은 죽음을 맞이하리라. 히틀러가 힘이 빠져 소리가 잦아들면서 둘러선 사람들이 겨우 목소리를 되찾고 항의와 간청을 했지만 그는 모두 물리쳤다. 자신은 이제 더는 끌려다니지 않겠다. 저 '늑대굴 요새'를 떠나지 말아야 했다는 것이다. 히믈러와 되니츠가 전화로 설득하려고 했으나 아무런 소용도 없었다. 리벤트로프의 말은 들으려고도 하지 않았다. 자신은 베를린에 머물렀다가 수상관저 계단에서 전사할 것이라고 말했다.

그 극적이고도 독신(瀆神)적인 그림에 마음이 흔들려서 그는, 어떤 증인의 보고에 따르면 열 번이나 스무 번쯤 같은 말을 되풀이했다. 자기가 손수 도시 방어 지휘권을 맡겠다는 결심을 라디오 방송에 발표하게 하고 그럼으로써 돌이킬 수 없게 만든 다음에야 그는 회의를 해산하였다. 저녁 8시였다. 모든 참가자들은 마음이 깊이 흔들리고 지친 상태였다.[38)]

이어서 히틀러의 개인 공간에서 좀 작은 규모로 언쟁이 한 번 더 되풀이 되었다. 히틀러는 우선 괴벨스를 오라고 해서 그에게 가족과 함께 총통 벙커로 옮겨오라고 제안하였다. 그러고 나서 그는 개인 서류들을 긁어모으기 시작하였다. 한번 결심하고 나면 언제나 그랬듯이 망설이지 않고 빠르게 실천에 옮겼다. 문서들을 불태우라고 명령하면서 그는 카이텔과 요들 장군에게 베르히테스가덴으로 가라고 요구하고 작전명령을 내려주십사는 그들의 청을 거절하였다. 그들의 거듭된 이의에 그는 힘주어서 선언하였다. "나는 베를린을 절대 떠나지 않을 것이오. 절대로!"

한동안 두 장군은 제각기 히틀러를 억지로 벙커에서 데리고 나가 '알프스 요새'로 옮겨가야 할 것인가 하는 문제를 생각해보았다. 그러나 이 생각은 실현 불가능한 것임이 드러났다. 카이텔은 이어서 베를린에서 남서쪽으로 약 60킬로미터 떨어진 상급 산림지 '옛날 지옥'에 위치한 벵크(Wenck) 부대 사령부로 갔다. 이 부대는 남은 며칠 동안 한 번 더 과도한 희망의 대상이었다. 한편 요들은 몇 시간 뒤에 얼마 전의 대화를 다음과 같이 기록하였다.

> 히틀러는…… 베를린에 남기로 결심하였다. 여기서 방어전을 지휘하다가 마지막 순간에 권총 자살을 하기로 말이다. 그는 신체적인 이유에서 싸울 수는 없다, 개인적으로 싸우지는 않을 것이다, 그랬다가 부상을 입고 적의 손아귀에 떨어질 위험이 있기 때문이라고 했다. 우리는 모두 그를 말리려고 애썼

고, 서부전선의 군대를 동쪽으로 돌리자고 제안하였다. 그에 대해서 그는 모두가 뿔뿔이 흩어졌으니 자신은 그렇게 할 수 없다, 그것은 총원수가 할 일이라고 말했다. 어떤 병사도 총원수와 더불어는 싸우려들지 않을 것이라는 측근의 말에 히틀러는 이렇게 대꾸했다. 싸운다고! 더 이상 싸울 것도 많지 않아.[39]

마침내 그는 굴복한 듯이 보였다. 그를 일찍부터 따라다녔고, 때로 자취를 감추기는 했을망정 완전히 흔들려본 적이 없는, 굽히지 않는 소명 의식이 분명히 체념에 길을 내주었던 것이다. "그는 신념을 잃었다."고 에바 브라운은 이 사건을 보면서 한 여자친구에게 써보냈다.

저녁에 단 한 번 친위대 대지역 사령관인 베르거(Berger)가 '그토록 충실하고 그토록 오랫동안 견디어준' 민족에 대해 말을 꺼내자 히틀러는 다시 오후의 흥분 상태에 빠져들어 '얼굴이 빨개져서' 거짓말과 배신에 대해 소리질렀다.[40] 그러나 나중에 부관인 율리우스 샤우프(J. Schaub), 두 명의 여비서, 속기사들과 수많은 주위 사람들과 작별인사를 할 때 그는 다시 침착해졌다. 그리고 슈페어가 '반발하는 기분'에 가득 차서 다음날 저녁에 한 번 더 포위되어 불타는 베를린으로 날아와서 히틀러에게 작별을 고했을 때 그는 거의 부자연스러운 방식으로 침착한 모습을 보였고, 눈앞에 놓인 종말과 구원에 대해 말했다. "나한테는 쉬운 일이오." 슈페어가 지난 여러 달 동안 명령에 반대되는 행동을 해왔다고 고백했는데도 히틀러는 침착한 모습이었고, 오히려 상대방의 자유에 깊은 인상을 받은 듯이 보였다.[41]

그러나 이미 다음번의 분노의 발작이 준비되고 있었다. 생애의 남은 시간 동안 점점 더 급격한 변덕, 깊은 의기소침 직후의 병적인 쾌감 등이 계속되었다. 이렇게 기분 상태가 비약하는 것을 보면, 모렐의 심리약품들을 여러 해 동안이나 함부로 사용한 끝에 마침내 붕괴 단계가 나타났다는 생각이 확인되고 있다. 히틀러는 이날 저녁에 "어떤 약품도 내게 도움이 될 수가 없다."는 말로 의사와 작별인사를 했다.[42] 그러나 모렐이 떠난 다음에도 여전히 그의 약을 먹었다.

전체적으로 보자면 히틀러가 지금 얻은 것은 철학적인 평온은 아니었다. 자신의 운명에 순응하는 것과는 아주 거리가 멀었고, 그의 체념에는 거부적인 경멸감의 어조가 아직도 바닥에 깔려 있었다. 그는 완전히 해체되었을망정 침착할 수는 없었다. 속기로 남겨진 마지막 작전 회의 기록은 망상적인 오만과 패배감과 경멸감이 나란히 존재하는 것을 특징적으로 보여준다.

내게는 의심의 여지가 없다. 전투는 여기서 절정에 달했다. 샌프란시스코에서 연합군 사이에 다툼이 일어난다는 것이 정말로 맞는다면—그런 일은 일어날 것이다—내가 볼셰비스트 덩치에 한 방만 먹여도 국면이 바뀔 것이다. 그렇게 되면 다른 사람들도, 볼셰비스트 덩치를 정지시킬 수 있는 존재는 단 하나뿐이라는 확신에 이르게 될 것이다. 그게 바로 나고, 당이며 오늘날의 도이치 국가라는 확신 말이다.

운명이 다른 결정을 내린다면 나는 이름 없는 도망자가 되어서 세계사의 일등석에서 사라져가겠지. 나는 그러나 여기 쓰러지는 것보다 윗소금산에서 자살을 하는 것이 1천 배나 더 비겁한 일이라고 생각할 것이다. 사람들이, 당신은 총통으로서…… 하고 말하는 일이 일어나서는 안 된다.

내가 정말로 지휘를 하고 있는 한 나는 총통이다. 어딘가 산에 앉아서 지휘를 할 수는 없는 노릇이다. 내 산장 하나를 보호하기 위해서, 그만한 일을 위해서 나는 세상에 온 것이 아니다.

이어서 그는 만족스럽게 적이 '힘의 큰 부분을 소모해버렸다'고 적의 손실을 지적하였다. 그리고 베를린을 놓고 주택 쟁탈전을 벌이면서 '피를 흘릴 수밖에' 없을 것이라고 했다. 그러고 나서 그는 이렇게 말했다. "나는 오늘 약간 편안한 마음으로 몸을 눕힐 것이다. 다만 러시아 전차가 내 침실 바로 앞에 선 상태에서 누군가 나를 깨우기를 바랄 뿐이다." 이어서 그는 자신의 죽음과 더불어 사라질 그 모든 기억들에 대해서 탄식하였지만 곧 어깨를 으쓱하면서 말했다. "그러나 그 모든 것이 대체 무엇이랴. 어쨌든 한 번은 이 모든 쓰레기를 뒤에 남겨야 하는 법인데."[43]

괴링의 '배신'

이제부터 그는 늘 그런 식이었다. 4월 23일에 베르히테스가덴에서 괴링이 전보로, 베를린에 남겠다는 히틀러의 결심은 자기 총원수에게 후계권을 넘긴다는 1941년 6월 29일의 법을 발령시키는 것이냐고 물었다. 히틀러는 충성스런 어조로 작성된 전보를 편안하게 받아보았지만 괴링의 오래된 적수인 보어만이 나서서 이것은 일종의 쿠데타 시작이라고 설득하는 데 성공하였다.

히틀러는 몇 명의 부추김을 받아서 다시 거대한 분노의 발작을 일으키고 말았다. 괴링이 비겁하고 쓸모없다고 비난하고 그가 하나의 선례를 보임으로써 '우리나라에 부패를 가능하게 만든' 사람이었다고 분개하였다. 그를 마약중독자라고 부르고, 보어만이 읽은 라디오 연설에서 그의 모든 직위와 권한을 빼앗았다. 그리고 그는 지친 상태로, 약간의 둔한 만족감이 없지도 않은 태도로 원래의 무감각 상태로 되돌아가서 경멸하듯이 말했다. "하지만 내 쪽에서 보자면 괴링이 항복 협상을 지휘해도 상관없어. 전쟁이 패배한 판인데 누가 그 일을 하든 무슨 상관이야."[44]

그는 이제 전혀 여력이 없었다. 무기력, 두려움, 자기 연민의 감정이 직접 표현되어 나왔고, 그가 그토록 오랫동안 자신을 숨겨온 온갖 열렬한 위장을 더는 참지 못했다. 그의 절망은 상당 부분이 다음의 사실에서 나온 것이었다. 일생 동안 그는 역할을 필요로 했고 찾아다녔는데 지금 아무런 역할도 갖지 못했다. 예를 들면 존경하는 프리드리히 왕과는 달리 패배를 하면서 숭고한 효과를 얻지 못하였고, 히틀러가 맡으려고 했던 바그너의 영웅 인물과는 달리 남은 힘이 너무 부족하였다. 싸움과, 분노의 폭발, 그리고 수많은 증인들 앞에서 마구 터뜨린 흐느낌의 발작 등으로 표현된 절제력 없는 태도는 역할을 잃어버린 데 따른 딜레마였던 것이다.

4월 26일 괴링의 후임으로 공군 사령관으로 임명받은 리터 폰 그라임(R. v. Greim) 대장이 여자 비행사 한나 라이치(H. Reitsch)와 함께 포위된 도시로 왔다. 히틀러가 손수 임명식을 하겠다고 고집을 부렸기 때문이다. 한나 라이치가 묘사한 바에 따르면 그는 괴링의 '최후통첩'을 말하면서 눈에 눈물을 글썽이고 얼굴은 죽은 사람처럼 창백하였다. 그리고 그는 이렇게 말했다. "이제 아무것도 남은 것이 없소. 내게 남겨진 것은 아무것도 없어. 충성도, 명예도 없어요. 실망도, 배신도 내게 남지 않았어. 그리고 이것까지도 말이오. 모든 것은 끝났어. 내게 덧붙여줄 부당함도 더는 없을 게야."

보이지는 않았지만 그는 여전히 희망을 품고 있었다. 쉴새없는 혼잣말 속에서 그는 자신의 환상 세계의 확신에 도달하였다. 밤에 그는 한나 라이치를 불러서 그녀에게 자신이 그것을 위해 살았고 투쟁해 온 위대한 일이 이제 망가진 것처럼 보인다고 말했다. 이미 가까이 다가온 벵크 장군의 군대가 포위망을 뚫고 구원을 해오지 않는다면 말이다. 그는 그녀에게 독이 든 플라스크를 주었다. "하지만 나는 아직도 희망을 품고 있어요, 한나. 벵크 장군의 군대가 남쪽으로부터 뚫고 들어올 거요. 그는 우리 민족을 구하기에 충분할 정도로 러시아 놈들을 쫓아보낼 거요."[45]

그날 밤에 소련군의 유탄들이 처음으로 총통 관저의 난간에 떨어졌다. 벽이 무너져내리는 바람에 벙커가 뒤흔들렸다. 정복자들은 몇 군데 장소에서는 거의 1킬로미터 거리 이내에 들어와 있었다.

벙커 속의 명상

다음날 친위대 지역사령관이며 총통사령부에서 히믈러의 대리인 노릇을 하는 페겔라인(Fegelein)이 민간인 복장으로 체포되었다. 벙커에서는 다시금 끝도 없이 널리 퍼진 배신에 대한 탄식이 터져나왔다. 이제 불신은 모든 사람을 향했다. 에바 브라운이 "가련한, 가련한 아돌프, 모두들 당신을 떠났군요, 모두들 당신을 배신했어요." 하고 외쳤다. 그녀는 페겔라인이 자기 여동생인 그레틀과 결혼하였기 때문에 그와는 사돈간이었다.[46]

그녀말고는 근본적으로 괴벨스와 보어만이 아직도 의심에서 벗어나 있었다. 그들은 괴벨스가 벌써 여러 해 전에 몰락을 숭상하면서 과격하게 찬양했던 대로 '마지막 남은 손가락 뼈마디'였다. 히틀러는 우울증과 인간을 혐오하는 기분에 빠져들수록 이 몇 명 안 되는 사람들을 더욱 가까이 부르곤 하였다. 그는 총통 관저로 돌아온 다음 대부분의 저녁시간을 그들과 더불어 보냈다. 때로는 라이가 끼여드는 수도 있었다. 여러 가지 표지들로 보아서 그들은 은밀한 일을 벌이고 있는 것 같았고, 그것은 곧 벙커 안에 있는 다른 거주자들의 관심을 끌었다.[47]

히틀러가 2월 초에서 4월 중순까지 계속된 이 모임에서 일종의 전반적인 회고를 하였고, 따라서 자기 생애를 요약하였다는 사실은 여러 해가 지난 다음에야 알려졌다. 계속해서 이루어진 독백에서 그는 한 번 더 자신의 길, 자기 정책의 전제들과 목표들, 그리고 기회의 잘못들을 검토하였다. 언제나 그렇듯이 그는 생각들을 장황하고 두서없이 펼쳤다. 그러나 근본적으로 그의 생애의 기본 문서 중 하나인 이 회고록의 페이지들에는 오래된 생각들의 힘이 비록 위축되긴 했으나 여전히 흔적을 보이고 있다. 옛날의 강박관념들도 나타나 있다.

도이치 · 영국 조약 이념의 실패가 그의 생각의 출발점을 이루고 있다. 그는 이렇게 명상을 전개하고 있다. 영국을 향해 '자신의 저항 의지를 런던 상공에서 증명하고' 나아가 '이탈리아인들이 북부 이탈리아에서 수치스럽게 패배한 것을 자신의 대변(빚 받을 것)에' 기입했더라면 1941년 초에 이 무의미하고 실패한 전쟁을 끝낼 수 있었을 것이다. 이런 방식으로 미국을 유럽의 상황에서 멀리 떼어놓고 스스로의 약점을 확인한 프랑스와 이탈리아에 '시대에 맞지 않는 대국 정책'을 포기하도록 강요하고 동시에 '이슬람에 대하여 대담한 우호 정책'을 펼칠 수 있었을 것이다. 그의 대국 정책의 핵심이었던 영국은 '대제국의 편안함'을 얻고 한편 독일은 배후의 안전을 보장받은 채 참된 숙제를 위하여 헌신할 수 있었을 것이다. "나의 생애의 목적과 국가사회주의가 생겨난 이유이기도 했던 볼셰비즘의 근절을 위해서 말이다."[48]

그는 이 생각을 망가뜨린 원인들을 탐구하는 가운데 아주 일찍부터 언제나 자기 길에 방해가 되었던 적을 다시금 찾아내었다. 그는 이 적의 힘을 잘못 평가하였다고 했다. 이것이야말로 자기의 가장 큰 실수였다고 그는 회고하였다. "나는 처칠이 지휘하는 영국인들에 대한 유대인의 초특급 영향을 얕잡아보았다." 그의 반성의 페이지마다 끼어드는 끝도 없는 반유대주의 발작의 한 군데에서 그는 이렇게 탄식한다. "늙어서 굳어가는 영국을 위해서 운명이 술꾼에다가 유대화된 절반 미국놈(처칠) 대신에 또 한 명의 피트(Pitt)를 선물해주었더라면!"

같은 이유에서 그는 그토록 동맹을 맺으려고 애썼지만 아무런 소용이 없었던 오만한 영국인들을 미워하였다. 그들은 그 사이 다른 누구보다도 더 큰 적이 되었고, 가까운 시간 안에 그들이 역사에 작별을 고하게 되리라는 사실에 그는 만족감을 감추지 않았다. 그 다음에는 삶의 법칙에 따라서 그들은 몰락할 것이라고 했다. "영국 민족은 그 저주받은 섬에서 배고픔과 결핵으로 죽어갈 것이다."[49]

소련을 향한 전쟁은 모든 현실적인 고려보다 위쪽에 놓여 있음을 한 번 더 강조하였다. 그것은 지배적인 목표였다고 했다. 물론 실패의 위험은 항상 있었다. 그러나 그것을 포기하는 일은 그 어떤 패배보다도 더 나빴을 것이라고 그는 말했다. 그것은 배신행위와 똑같은 것이기 때문이다. "우리는 전쟁을 일으키라는 형벌을 받았다. 우리가 한번 시작한 이후로 다시는 그만둘 수 없었다는 것은 거의 당연한 일이다."

전쟁의 시점에 대해서는 그렇게 단호하지 못했다. 그리고 이 문제에 대해서 여러 날 저녁을 보내면서, 그 전략적 · 전술적 특성을 언급하고 그것을 정당화해줄 이유들을 찾아낸 열성도 그 점에서 가장 심각한 잘못을 인식하고 있었다는 것을 알려주는 부분이다. 그는 물론 이 잘못을 어쩔 수 없는 상황 탓으로 돌렸다.

> 이 전쟁의 불행은 그것이 독일에 있어서 한편으로는 너무 일렀고, 다른 한편으로는 약간 늦게 시작되었다는 사실에 있었다. 군사적인 관점에서 보면 우리는 약 일년 전에 전쟁을 시작하는 쪽이 유리하였다. 1938년에 주도권을 잡아야 했다. 그러지 않고 1939년에 나는 억지로 주도권을 빼어야 했다. 어쨌든 그것은 불가피한 일이었다. 그러나 영국과 프랑스가 뮌헨에서 나의 요구를 모

두 수용하는 바람에 달리 어쩔 도리가 없었다.

그런 측면에서 보면 전쟁은 너무 늦었다. 그러나 우리의 도덕적인 준비 상황이라는 측면에서 보자면 그것은 너무나 이른 전쟁이었다. 나는 사람들을 내 계획에 맞도록 형성할 시간이 없었다. 새로운 엘리트층이 성숙하기 위해서 20년은 필요했을 것이다. 그 엘리트층은 엄마 젖과 함께 국가사회주의적인 사고방식으로 키워져야 했을 것이다.

도이치 사람들의 드라마는 절대로 충분한 시간을 가질 수 없다는 것이다. 언제나 상황이 우리를 몰아댄다. 우리에게 시간이 없다는 것은 주로 우리에게 공간이 없는 탓이다. 러시아 사람들은 그 엄청난 평원에서 아무것에도 쫓기지 않는 사치를 누릴 수가 있다. 시간은 그들 편이다. 그러나 시간은 우리에게는 반대편이다…….

불운하게도 나는 모든 일을 한 인간의 수명이라는 짧은 시간 동안에 이루어내야만 했다……. 다른 사람들이 영원이라는 시간을 쓰고 있는데 나는 겨우 몇 년밖에 없는 것이다. 다른 사람들은 자기들의 과업을 자기들이 끝낸 그 자리에서 계속 이어가면서 같은 쟁기로 똑같은 이랑을 만들어 갈 후계자가 생길 것이라는 사실을 잘 알고 있다. 나는 내 바로 직계의 후계자들 가운데 내 손에서 미끄러져 내려온 횃불을 다시 쳐들 사람이 나타날지 자신에게 물었다.

나의 또 다른 불운은 내가 불운한 과거를 가진 민족에게 봉사해야만 한다는 사실이었다. 도이치 민족처럼 그렇게 변덕이 심하고 비약이 심해서 극히 이상한 태연함으로 상황에 따라 하나의 극단에서 다른 극단으로 빠져드는 이런 민족에게 말이다…….[50]

이것이 바로 전제들이었고, 그 자신은 그 포로였다고 했다. 그리고 그는 상황과 물질의 원칙적인 방해를 받아들일 수밖에 없었다. 그러나 자기도 극단적으로 불운한 생각 없음이라는 잘못을 범했다. 그는 어떤 이해관계나 필연성을 통해서도 하지 않았을 고백을 하였다. 그가 이런 회상을 하는 지금 일생 동안 흠이 없었던 얼마 안 되는 인간관계의 하나를 부인하고 잘못이었다고 고백하고 있는 것은 시사해주는 바가 크다.

감상주의에서 벗어나 사건들을 냉정하게 바라보면 나는 이탈리아와 무솔리니를 향한 변하지 않은 나의 우정을 내 잘못의 구좌에 집어넣을 수밖에 없다. 이탈리아와의 동맹은 우리보다는 적들에게 더 이로웠다고 말할 수 있을 것이다……. 그리고 마지막에는 우리가—승리가 우리 편이 되지 않는다면—전쟁에서 지도록 공헌한 일이었다…….

동맹국 이탈리아는 거의 어디서나 우리를 방해하였다. 예를 들면 북 아프리카에서 혁명적 정책을 수행하는 것을 방해하였다……. 왜냐하면 우리의 이슬람 친구들이 우리를 보고 우리가 원하든 원치 않든 자기들의 억압자와 공범이라고 보았기 때문이다……. 세누시족에 대한 야만적인 보복 조치에 대한 기억이 그들의 머리 속에 여전히 남아 있었다. 그밖에도 무솔리니가 '이슬람의 칼'로 불러달라고 요구한 것을 생각하면 전쟁 전에도 그랬지만 아직도 웃음이 터져나온다. 마호메트가 썼고, 오마르 같은 위대한 정복자가 사용했던 이 호칭을 무솔리니는 몇 놈을 매수하거나 아니면 테러를 가해서 억지로 받아냈던 것이다. 이슬람에 대해서는 대규모 정책을 펼칠 기회가 있었다. 그 기회를 놓치고 말았다. 동맹국 이탈리아에 충성을 다하느라고 우리가 놓쳐버린 다른 많은 기회들처럼 말이다…….

군사적으로도 더 나을 것이 없었다. 이탈리아가 전쟁에 개입하자마자 곧장 우리 적들에게 최초의 승리를 안겨주었고, 처칠이 국민에게 새로운 용기를 불어넣고 온 세계의 친영국파에게 새로운 희망을 불어넣을 수 있도록 만들어주었다. 이탈리아인들은 에티오피아와 키레네 지방을 유지할 능력이 없다는 사실이 드러났는데도 불구하고 우리에게는 물어보지 않고, 알리지도 않고서 완전히 무의미한 그리스 전쟁을 시작하는 뻔뻔스러움을 보였다……. 그것은 모든 계획과는 반대로 우리를 발칸에 개입하도록 만들었고, 이것은 다시금 러시아 전쟁의 시작을 연기하도록 만든다는 치명적인 결과를 초래하였다……. 우리는 1941년 5월 15일에 러시아를 공격해서……. 겨울 전에 야전을 끝낼 수 있었을 텐데 말이다. 그랬다면 모든 상황이 달라졌을 것이다!

'합병' 기간 동안(1938년 오스트리아 합병을 뜻함 : 역주) 무솔리니의 행동을 잊지 못하고 고마운 심정을 가졌기에 나는 이탈리아를 비판하고 유죄판결을 내리는 일을 전혀 생각지도 않았다. 반대로 언제나 이탈리아를 대등하게 대하려고 노력하였다. 삶의 법칙은 유감스럽게도 대등하지 않은 사람을 대등하게 취급하는 것은 잘못이라는 사실을 보여준다……. 나는 이탈리아에 대해서 잔인한 우정을 권고하는 이성을 따르지 않은 것을 후회한다.[51]

전체적으로 보아서 그토록 승리에 가까이 다가갔다가 실패하게 만든 것은 어쨌든 그의 양보 탓이었으며 냉혹함과 무감동이 부족한 탓이었다는 것이다. 이 마지막 문서에서도 그는 자기에게 독특한, 변함없는 과격주의를 드러냈다. 단 한 가지 점에서만 그는 자신의 무조건적 요구를 따랐다. "나는 유대인들에 대해서 전혀 두려움 없이 싸웠다. 전쟁이 시작되면서 나는 그들에게 최후의 경고를 보냈던 것이다……."[52]

그밖에는 도이치 보수주의자들을 더 가혹하게 잘라버리지 않았던 것, 에스파냐에서 공산당이 아니라 프랑코와 귀족과 교회를 원조한 일, 프랑스에서 '화석이 되어버린 시민계급'의 손에서 노동계급의 해방을 빼어내는 것을 소홀히 했던 점 등을 모두 후회하였다. 세계 곳곳에서 식민지 주민들의 궐기를 부추기고, 억압되고 착취되는 민족들의 각성을 일깨웠더라면, 이집트, 이라크, 근동 전체가 도이치의 승리를 환호하고 혁명을 향해 일어섰을 것이라고 했다. 이제 독일 제국은 자기의 공격성과 과격함으로 인해 몰락하는 것이 아니라, 과격주의를 향한 능력이 모자랐기 때문에 몰락하는 것이다. 자기가 도덕에 사로잡혀 있었기 때문에 몰락하는 것이라고 했다. 그는 기가 죽어서 "우리의 가능성을 생각해보라!"고 말했다.

휴 트레버 로퍼는 히틀러가 이 독백에서 자신의 세계 지배 사상의 기회와 실패의 원인을 찾아낸 것은 '주목할 만한 명료성'이라고 지적하였다. 유럽이 대륙의 한 세력에 의해서 지배될 수 있다는 사실을 그는 분명하게 의식하였다. 이 세력이 러시아 서쪽을 통제하고, 아시아에서 물자를 얻고, 정치적 혁명을 사회적 해방 구호와 결합시켜서 식민지 민족들의 선구자가 되었다면 말이다.

그는 바로 이 기회를 놓고 소련과 한 판 전쟁을 해야 한다는 사실도 깨닫고 있었다. 자기가 이 대결을 혁명 전쟁의 철저함을 가지고 수행하지 않았기 때문에 이 대결은 그렇게 결판이 났다. 자기는 옛날 식의 까다로운 외교관들과 군대를 이끌고 이 대결을 이끌어야 했고, 무솔리니에 대한 우정으로 방해를 받았으며, 양쪽 어느 편에서도 벗어날 수가 없었다. 자기의 과격주의는 결코 충분하지 못했다. 자기는 너무나 많은 시민적 감상과 시민적인 미지근함을 드러냈다. 이것이 그의 사색의 결론이었다. "삶은 약함을 용서하지 않는다!"[53]

히믈러도 배신자

끝장을 내려는 결심은 28일에서 29일 사이 밤에 이루어졌다. 22시 직전 히틀러는 리터 폰 그라임과 이야기 도중에 하인인 하인츠 링게(H. Linge)에 의해서 갑자기 중단을 당했다. 링게는 그에게 친위대 총대장인 하인리히 히믈러가 항복에 대해 서방측과 협상하기 위해서 스웨덴의 베르나도테(Bernadotte) 백작과 접촉하고 있다고 로이터 통신이 보도했다고 알렸다.

이 소식이 불러일으킨 충격은 지난 몇 주 동안의 온갖 기분의 움직임보다 더욱 격렬한 것이었다. 히틀러는 언제나 괴링을 기회주의적이고 부패한 사람이라고 여겼다. 그러니까 총원수의 배신은 예상한 실망 이상이 되지는 않았다. 그러나 충성을 모토로 삼고 언제나 부패되지 않은 청렴을 자랑하던 히믈러의 이 같은 행동은 하나의 원칙이 붕괴된 것을 뜻하였다.

한나 라이치는 그 다음에 벌어진 광경을 이렇게 적었다. "그는 미친 사람처럼 미쳐 날뛰었다. 얼굴이 새빨갛게 되어 거의 알아볼 수 없을 정도였다."[54] 앞서 일어났던 다른 발작들과는 달리 이번에는 잠시 뒤에 힘이 다했다. 그는 괴벨스, 보어만과 함께 물러나서 문을 닫고 자기들끼리만 이야기를 했다.

결혼과 유언장

다시금 하나의 결심과 더불어 다른 모든 것도 결정되었다. 복수욕을 만족시키기 위해서 히틀러는 히믈러와 연결되어 있다고 믿는 페겔라인을 우선 잠깐 심문하고 이어서 보초병들을 시켜서 수상관저 뜰에서 총살형에 처했다. 그리고 그라임을 찾아서 베를린을 빠져나가서 히믈러를 체포하도록 노력하라고 명령하였다. 그는 온갖 반대의견을 들은 척도 하지 않았다. "배신자가 내 뒤를 이어 총통이 되어선 안 되오. 그가 그렇게 되지 못하도록 최선을 다하시오!"[55] 그러고 나서 그는 개인적인 일들을 처리하기 시작하였다.

급히 서둘러서 그는 결혼 예식을 위하여 소회의실을 정돈하도록 했다. 근처에 위치한 민중 돌격대에서 일하는 발터 바그너(W. Wagner)라는 이름의 관구 지도자가 불려들어와서 총통과 에바 브라운의 결혼식을 주재하라는 부탁을 받았다. 괴벨스와 보어만이 증인이 되었다. 두 사람은 특별한 상황을 고려하여 즉시 효력이 발생되는, 출전 군인과 치르는 결혼식을 부탁하였다. 그들은 자기들이 순수 아리안 혈통이며 유전병이 없다고 진술하였다. 신청서들이 접수되고 결혼 예고가 '검토되고 규정에 맞는다는 사실이 확인되었다' 고 기록되어 있다. 이 문서에 따르면 그 다음에 바그너가 두 사람을 향했다.

> 나는 이제 결혼 예식을 거행하려고 합니다. 위에 부른 증인들이 지켜보는 가운데…… 나의 총통인 아돌프 히틀러에게 에바 브라운 양과의 이 결혼을 원하는지 묻겠습니다. 원한다면 '네' 라고 대답하십시오.
>
> 이제 에바 브라운 양, 당신이 나의 총통인 아돌프 히틀러와의 결혼을 원하는지 묻겠습니다. 원한다면 '네' 라고 대답하십시오.
>
> 이 두 사람의 약혼자가 결혼을 하겠다고 선언하였으므로 이제 나는 이 결혼이 적법하게 맺어진 것임을 선언합니다.

이어서 참석자들은 증서에 서명하였다. 신부는 너무 흥분한 나머지 결혼 전 성으로 서명을 시작하였다가 첫 글자인 B자를 지우고 '에바 히틀러, 출생은 브라운' 이라고 서명하였다. 그러고 나서 모두들 개인방으로 건너갔다. 그곳에서는 여비서들, 히틀러의 요리사인 만치알리(Manzialy) 양, 그리고 몇 명의 부관들이 기다리고 있다가 함께 간단한 음료를 들면서 우수에 차서 옛날을 회상하였다.

마치 사건과 그 조종간이 이 순간부터 히틀러를 아주 떠나버린 듯했다. 그가 마지막 행동을 더욱 장엄하고 파국적으로, 그리고 열정, 스타일, 놀라움을 훨씬 더 넉넉하게 연출하고 싶어했으리라고 짐작된다. 그러나 실제로 일어난 일은 이상할 정도로 어찌할 바를 모르고 쩔쩔매는 것이었다. 그리고 마치 그가 이 순간까지 자기 생애의 수많은 기적 같은 전환점들을 기억하느라고 돌이킬 수 없는 종말의 가능성을 제대로 생각하지 않은 것처럼 즉흥적이었다.

동반 자살을 위한 결혼식이라는 이 끔찍한 생각은 마치 그가 합법적이지 않은 죽음의 침상을 두려워하기라도 한 것처럼 아주 하찮게 진행되었고, 그가 마지막 효과를 놓고도 얼마나 지쳐 있었나를 보여주는 것이다. 비록 동반 죽음에 대한 바그너식 회상이 그의 눈에는 비극적인 붕괴에 화해적인 모습을 부여했을지도 모르지만 말이다. 어쨌든 그의 이름과 결합된 것이 무엇이든 그것은 신화를 벗겨내는 종말이었다.

그는 원래 삶이란 역할이라고 여겨왔고, 그러한 삶의 연출가 노릇마저 지금 포기했던 것일지 모른다. 모든 임시적인 상황에도 불구하고 결혼식은 다른 관점에서 보자면 특이한 쉼표가 되기 때문이다. 히틀러가 언젠가 말한 적이 있는 것처럼 사냥개 블론디말고는 마지막까지 자신에게 충실했던 단 한 사람을 인정하는 몸짓만은 아니었을지 모른다. 그것은 오히려 확정적인 퇴직의 행동이었다.

그는 여러 번이나 되풀이해서 자신은 총통이기에 결혼할 수가 없다고 말했다. 그가 이 직함과 결합시킨 신화적인 표상은 어떤 인간적인 모습도 갖지 않았던 것이다. 지금 이 순간에 그는 바로 총통이기를 포기하였고 그럼으로써 국가사회주의의 계속을 믿지 않았다는 추측을 확인해주는 것이다. 실제로 그는 손님들을 향해서 이념은 끝났고 다시는 살아나지 않을 것이라고 말했다.[56] 그러고 나서 그는 사람들을 떠나 옆방으로 가서 최후의 의지를 구술하였다.

그는 정치적인 유언장과 개인적인 유언장을 하나씩 만들었다. 하나는 유대인에 대한 과격한 고발들, 자신의 무죄 맹세, 그리고 저항정신의 호소 등으로 채워진 것이다. "수백 년이 흘러가도 우리 도시들과 예술작품들의 폐허에서 최종적 책임이 있는 민족, 그 모든 파괴에 책임이 있는 민족을 향한 증오가 다시 일어날 것이다. 즉 국제 유대주의와 그 하수인 말이다!"

25년이 흐르는 동안 그는 전례 없는 상승과 생각지도 못한 승리들을 경험하였고, 절망 상태와 붕괴들을 겪었다. 그러나 그는 젊은 날의 친구 아우구스트 쿠비체크가 1938년에 다시 만났을 때 당혹스럽게 목격했던 것처럼, 나이가 들었을 뿐 달라지지는 않았다. 정치적 유언장의 이데올로기 부분은 마지막 말에 이르기까지 그의 경력의 최초의 증언인 1919년 아돌프 겜리히에게 보낸 편지, 혹은 젊은 지역 선동가 시절의 연설들과 별로 다르지 않았다. 히틀러를 특징짓는 초기의 경직성, 모든 체험의 거부 등이 이 문서에서 마지막으로 나타나고 있는 것이다.

특별 부분에서 그는 괴링과 히믈러를 당과 모든 직위에서 쫓아냈다. 대통령직의 후계자 겸 방위군 최고사령관으로는 되니츠 장군을 임명하였다. 해군에서는, 넘겨준다는 것을 모르는 명예 개념이 유효하다는 유언장의 지적은 명백하게 자기가 죽은 다음에도 몰락하기까지 투쟁을 계속하라는 명령으로 이해되었다. 동시에 그는 괴벨스를 수반으로 한 새로운 정부를 요구하였다. 깨달음, 결속감, 관용 등의 흔적을 전혀 보이지 않고 이 순간의 고통에 대한 말조차도 없는 이 문서는 다음과 같은 말로 끝맺고 있다. "무엇보다도 나는 국민을 이끌 의무를 지니고 있으며, 종족 법칙을 꼼꼼하게 지킬 의무가 있으며, 모든 민족들을 오염시키는 국제 유대주의에 가차없이 저항할 의무를 지니고 있다."[57]

히틀러의 개인적인 유언장은 훨씬 더 짧았다. 정치적 유언장이 역사 앞에서의 요구를 하고 있다면 이 문서에서는 그의 온갖 가면 뒤에도 항상 남아 있던 레온딩 출신의, 세관원 아들의 목소리가 들린다.

> 나는 지난 전쟁 기간 동안 결혼하는 것이 책임감 없는 행동이라고 믿었기

에 지금 지상의 이력을 끝내기에 앞서 오랜 세월 우정을 나눈 다음 자유의사로 거의 완전히 포위된 도시로 들어와서 나의 운명을 함께 나누려는 이 아가씨를 아내로 맞아들이기로 결심하였다. 그녀는 자신의 소원에 따라 내 아내로서 나와 함께 죽게 될 것이다. 죽음은 민족에 봉사해야 하는 나의 일이 우리 두 사람에게서 빼앗아간 것을 우리에게 보상해줄 것이다.

내가 가진 것은—그것이 가치가 있다면 말이지만—당의 소유가 된다. 당이 존재하지 않는다면 국가 소유이고, 국가마저 파괴된다면 내가 내린 결정은 아무 소용도 없을 것이다.

나는 여러 해 동안 사들인 그림들을 개인적인 목적을 위해서 모았던 것이 아니고 언제나 내 고향 도시 도나우 강변의 린츠에 화랑을 건설하기 위해서 모았다. 이것이 이루어지는 것은 가장 귀한 소망이다. 유언장 집행인으로는 가장 충실한 당 동지 마르틴 보어만을 임명한다. 그는 모든 결정을 최종적으로 내릴 권한을 가진다. 개인적인 추억의 가치를 가진 것이나 시민적인 생활을 유지하기 위해 필요한 모든 것을, 나의 형제자매들과 내 아내의 어머니, 그리고 그도 잘 알고 있는 충실한 직원들에게, 특히 여러 해 동안이나 업무에서 나를 도와준 나이든 남녀 비서들과 빈터 부인에게 나누어줄 권한을 가진다.

나 자신과 내 아내는 파면이나 항복의 수치에서 벗어나기 위해서 죽음을 택한다. 지난 12년 동안 민족에게 봉사하면서 내 일상의 업무 대부분을 처리한 이곳에서 즉시 불태워진다는 것이 우리의 의지다.

두 장의 유언장은 4월 29일 새벽 4시경에 서명되었다. 세 장의 사본이 만들어지고 그날 하루 동안 여러 경로들을 통해서 벙커에서 밖으로 전파되었다. 심부름꾼의 한 사람은 히틀러의 공군 부관인 폰 벨로브(v. Below) 대령이었다. 그는 카이텔 장군에게 소식을 들고갔다. 이것은 히틀러가 작성한 마지막 문서였고 다음과 같은 특이한 문장들로 끝나고 있다.

민족과 방위군은 이 길고도 힘든 싸움에서 모든 것을 마지막까지 바쳤다. 희생은 엄청난 것이었다. 그러나 나의 신뢰는 여러 사람들에 의해서 남용되었다. 전쟁 기간 내내 불충과 배신이 저항력을 떨어뜨렸다. 그래서 나의 민족을 승리로 이끌어가는 일이 내게 허용되지 않았다. 군의 참모총장은 1차 대전의 참모총장과 비교될 수 없었다. 그의 업적들은 전투가 벌어지는 일선의 업적보다 훨씬 못 미치는 것이다……

이 전쟁에서 도이치 민족의 노력과 희생은 너무나도 커서 나는 그러한 노력과 희생이 허사가 되었다고는 믿을 수가 없다. 앞으로도 도이치 민족을 위해 동쪽에서 공간을 얻는 것은 계속 목표가 되어야 한다."[58]

최후

마지막 몇 주 동안 히틀러는 '모스크바 동물원에 전시'되거나 '유대인이 연출한 연극'에 주연으로 출연해야 할지 모른다는 걱정들을 여러 가지로 표현하였다.[59] 이러한 걱정들은 4월 29일 무솔리니의 최후에 대한 소식이 들어오면서 더욱 강해졌다. 이틀 전에 무솔리니는 코모 호숫가 마을에서 빨치산에게 잡혀서 애인인 클라라 페타치(C. Petacci)와 함께 별 격식도 없이 총에 맞았다. 시체는 밀라노로 옮겨져서 로레토 광장에 있는 주유소에서 발이 묶여 거꾸로 매달렸다. 소리지르는 사람들이 시체를 치고 침뱉고 돌을 던졌다.

이러한 소식을 듣고 히틀러는 자신의 최후를 위한 준비를 시작하였다. 그를 따르던 수많은 사람들, 그들 중에는 하인 하인츠 링게, 기사인 에리히 켐프카, 그의 비행사인 한스 바우르(H. Baur) 등에게 그는 자신의 유해가 적의 손에 넘어가지 않도록 보살펴달라고 부탁하였다. 그가 행한 준비들은 일생 동안의 자기 은폐 노력을 마지막으로 보여주는 듯했다. 그리고 히틀러가 이제 준비하고 있는 동굴 속의 죽음과 무솔리니의 최후보다 더 대조가 되는 것은 생각하기 어렵다. 무솔리니는 남은 추종자들에게 함께 벨틀린으로 가서 그곳에서 '얼굴에 햇빛을 받으며 죽자'고 요구했다.[60]

그러나 히틀러는 준비된 독약이 신속하고 확실하게 죽음을 불러오지 못할까 봐 두려웠다. 그래서 약물의 효과를 자신의 사냥개에게 시험해보라고 명령하였다. 한밤중에 블론디는 벙커 화장실로 끌려와서 히틀러의 개 조련

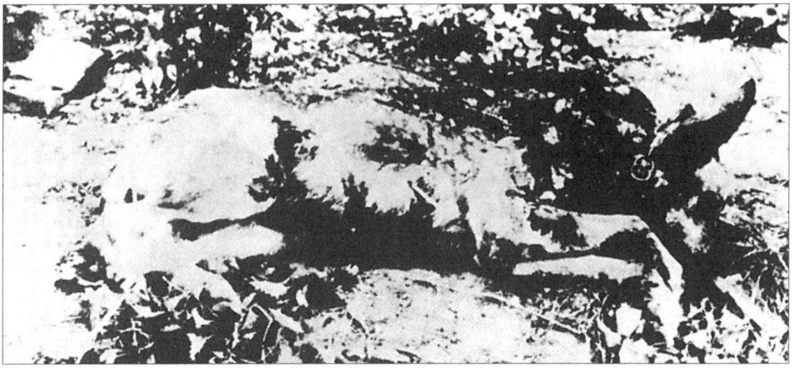

히틀러는 사냥개 블론디에게 독약의 효능을 실험해보도록 했다. 그는 이 독약을 작은 캡슐에 넣어서 주위사람들에게 나누어 주었다.

사인 토르노브(Tornow) 상사가 억지로 입을 벌리고 있는 동안 의료진의 한 사람인 하제(Haase) 교수가 끼여들어서 집게의 도움으로 독약 앰플을 으깨서 털어넣었다.

곧 이어서 히틀러가 방으로 들어서서 한동안이나 표정 없이 시체를 바라보았다. 이어서 그는 이웃한 두 벙커의 거주자들을 회의실로 불러서 이별을 고했다. 정신나간 얼굴로 그는 열을 따라 걸으면서 한 사람 한 사람에게 말없이 손을 내밀었다. 몇 사람은 몇 마디 말을 하였으나 그는 대답하지 않거나 아니면 들리지 않게 입술만 달싹거렸다. 새벽 3시 직후에 그는 되니츠에게 군사 조치들이 불충분하다고 불평하는 전보를 보냈다. 그것은 김빠진 몸짓으로 '모든 배신자들을 신속하고도 가차없이' 취급하라는 요구를 담은 것이었다. 그러나 그것은 답변이 오기까지 몇 시간 정도 다가오는 종말을 연기하고 온갖 허구를 만들어내려는 시도였을 뿐이다. 그의 생애의 '가장 힘든 결심들' 중에서도 그가 하찮은 일이라고 여기곤 했던 지금 이 일이 분명 가장 힘든 일이었던 것이다.

그는 언제나처럼 다음날 오전 늦게 작전 회의를 열었다. 그 사이 소련군이 동물원 구역까지 점령했다는 소식을 그는 동요하는 기색 없이 들었다. 포츠담 광장과 수상관저에서 아주 가까운 포스 거리의 지하철 구역도 마찬가지로 점령되었다. 그는 2백 리터의 휘발유를 준비하라고 지시하였다. 2

히틀러의 유명한 최후의 사진.

시에 여비서들과 요리사와 함께 점심을 먹었다. 같은 순간에 두 명의 러시아 중사가 도이치군의 총알이 날아오는 가운데 근처에 있는 의사당 지붕에 붉은 기를 달고 있었다.

식사를 마친 다음 히틀러는 가까운 부하들을 불렀다. 그중에는 괴벨스, 보어만, 부르크도르프 장군과 크렙스 장군, 그리고 비서들인 크리스치안(Christian) 부인과 융게(Junge) 부인, 그리고 몇 명의 당번병들이 더 있었다. 아내와 함께 그는 모두에게 악수를 하고 나서 말없이 허리를 굽힌 모습으로 문 안으로 사라졌다. 그토록 광범하게 연출된 의도들로 채워졌고 날카로운 효과만을 배려했던 이 생애가, 모양새 없는 효과만을 내면서 끝낼 수 있다는 듯이, 참가자들의 보고가 믿을 수 있는 것이라면, 바로 이 순간 수상관저의 구내식당에서 춤판이 벌어졌다. 지난 몇 주 동안 과도하게 긴장된 신경을 억지로 가라앉히기 위해서인 듯했다. 총통이 죽으려 한다는 긴박한 생각조차도 그것을 중단시키지 못했다.[61] 1945년 4월 30일, 4시 반 직전이었다.

다음에 일어난 일은 아주 분명하게 설명되지는 않는다. 살아남은 대부분의 벙커 생활자들의 진술에 따르면 단 한 방의 총성만 울렸다. 곧 이어서 친위대 보초부대 지휘자인 라텐후버(Rattenhuber)가 방으로 들어갔다. 히틀러는 무너져 앉은 모습으로 피로 더럽혀진 손을 소파 위에 내려뜨리고 있었고, 옆에는 사용하지 않은 리볼버 권총을 무릎 위에 놓아둔 채 그의 아내가 죽어 있었다. 그녀는 독약을 먹었던 것이다.

소련 전문가들은 그에 반해서 히틀러도 독약으로 목숨을 끊었다고 주장하였다. 한편으로는 발견된 두개골 잔해에서 총자국을 부인하면서 다른 한편으로는 히틀러의 주위에서 대체 누가 안전을 위하여 '확인 사살'을 하라는 명령을 받았는지 찾아내려고 노력하였던 소련측의 모순된 입증활동은 정치적 동기를 가진 자살이라는 추측이 굳어지게 만들었다. 이런 추측은 히틀러가 살아 있는 동안 벌써 그를 깎아내리려던 거듭된 시도의 마지막 메아리였다.

도덕적으로 비난을 받는 사람에게 정치적·전략적 능력과 힘을 인정해 준다는 생각이 저항감을 일으키는 것 같다. 한때 철십자 훈장이 그랬고, 정치적·전략적 재능과 나중에는 정치가로서의 재능도 논란의 대상이 되었듯이 뒷날에는 권총 자살이라는, 명백하게 더 힘든 자살 방식이 요구하는 용기가 그에게 있었다는 사실마저도 논란거리가 되고 말았다.[62]

어쨌든 라텐후버는 시체를 뜰로 옮기라고 명령하였다. 그곳에서 그는 준비된 휘발유를 시체 위에 뿌리고 사람들에게 장례식을 위해 모이라고 불렀다. 참석자들이 모이자마자 러시아군의 포탄 공격이 그들을 벙커 입구로 도망치도록 만들었다. 히틀러의 친위대 부관 오토 귄셰(O. Günsche)가 불붙은 천 조각을 시체 위로 던졌다. 불길이 높이 솟아올라 시체를 휘감았을 때 모든 사람들은 반듯한 자세로 서서 한 손을 쳐들어 경례하였다.

반 시간 뒤에 이 장례식장을 지나갔던 보초병 한 명은 히틀러를 이미 '알아볼 수가 없었다. 그가 상당히 많이 불타 있었기 때문'이라고 했다. 두 시간쯤 지난 다음 그가 다시 그 장소를 찾아왔을 때 그의 말로는 '흩어진 조각들이 이미 바람에 날리고 있었다.' 귄셰의 보고에 따르면 23시 직후에 거의 불타버린 시체의 잔해를 천막의 천으로 감싸서 '벙커 출입구 앞에 있는 수류탄 떨어진 구덩이에 던져넣었다. 흙을 그 위에 덮고 나무토막들로 덮었다.'[63]

히틀러가 경력 초기에 좋아하였던 모습들 중의 하나에서, 자기는 "살아남은 개보다는 죽은 아킬레스가 되겠다."는 단호함으로 자신의 몰락을 준비하는 사람이라고 떠벌렸다.[64] 비슷하게 과도한 표상으로 자신의 죽음에 대한 생각이 인상지어져 있었다. 자신의 매장 장소로는 린츠 근처 도나우 강변에 계획하고 있는 거대한 건물의 종탑에, 거대한 납골당을 생각했다.[65] 이제 그는 쓰레기더미, 무너진 담벽의 잔해, 콘크리트더미와 오물이 여기저기 흩어진 한가운데 수류탄 구덩이에 파묻혔다.

시체의 소재

그것이 역사의 종말은 아니었다. 이틀 뒤 괴벨스가 '5월 1일에 공동 축제'를 하자는 제안으로 소련측에 특별 협상을 시도하였으나 실패로 돌아가자 자살하고, 보어만이 나머지 벙커 거주자들과 함께 탈출을 감행한 다음 소련 군대는 버려진 벙커를 점령하고 곧이어서 히틀러 시체의 잔해를 찾기 시작하였다. 1945년 5월 8일 심하게 불탄 남자의 시체를 법의학자가 검시한 결과 '아마도 히틀러의 시체'를 찾아낸 것 같다는 결론에 도달하였다.

이어서 다른 성명서가 주장을 취소했다가 치열 검사를 토대로 히틀러임이 확인되었다는 소련측 입장을 다시 확인해주었다. 그러고 나서 이 선언은 다시 의심을 받았고, 영국 당국이 그를 자기들의 점령 지역에 숨겨두었다는 주장이 나왔다. 1945년 7월 말 포츠담 회담에서 스탈린은 히틀러의 시체를 찾아내지 못했고, 히틀러는 에스파냐나 남미에 몸을 숨겼다고 장담하였다.[66] 마지막에 소련측은 이 문제를 신비스런 어둠 속에 감추는 일에 성공하였고 그 결과 히틀러의 종말에 대하여 황당무계한 이야기들이 나돌게 되었다.

어떤 사람들은 그가 베를린 동물원 지역에서 도이치 장교단에 의해서 사살되었다고 주장하였고, 다른 사람들은 그가 잠수함으로 먼 섬으로 탈출하

러시아 사람들이 찾아낸 히틀러의 유해(위쪽). 히틀러 시체를 발견한 장소에 선 러시아 병사들(왼쪽).

였다고 추측하였으며, 또 다른 사람들은 그가 스페인의 수도원이나 남미의 농장에 살아 있다고 주장하였다. 살아 있는 동안 히틀러는 이런 혹은 저런 적들 덕분에 성공의 상당 부분을 얻었다. 이제 다시금 하나의 적이 마치 온갖 시대의 잘못을 뒤늦게 보여주려는 듯이 죽은 다음에 한동안 그에게 절반쯤 신비적인 사후 생존을 가능하게 해주었다.

이런 과정이 아무리 효과 없는 것일지라도 그것은 하나의 상징이었다. 그것은 히틀러라는 현상, 그의 상승과 승리의 조건들이 좁은 도이치 상황의 틀을 멀리 벗어난 조건들 속에 자리잡고 있었다는 점을 한 번 더 강조해서 보여주고 있는 것이다. 물론 각 국민이 자기 역사에 대해서 책임이 있다. 그러나 아무런 깨달음도 없이 시대의 불행에서 벗어난 의식은 그를 단한 국민의 인물이라고 부르면서, 강력한 시대 경향이 그에게서 정점에 이르렀다는 인식을 거부하였다. 이번 세기의 절반이 그런 시대 경향의 표지 속에 서 있었는데도 말이다.

그렇게 히틀러는 독일만을 망가뜨린 것이 아니라, 민족주의, 온갖 갈등, 서로간의 미움, 정직하지 못한 의무조항들을 가진, 그러나 또한 광채와 위대성을 가진 낡은 유럽에 종말을 마련하였다. 그는 유럽이 '시대에 뒤떨어졌다'고 표현했을 때 아마도 착각을 했던 것일지도 모른다.[67] 유럽을 망가뜨리기 위해서는 그의 독특한 과격성, 그의 비전들, 그의 사명 의식, 그리고 그 결과로 유례 없는 에너지의 폭발 등이 필요했다. 그러나 그래도 분명한 것은 그가 유럽의 도움이 없었다면 유럽을 파괴할 수 없었으리라는 사실이다.

마지막 관찰 : 히틀러가 인류에게 남긴 것은?

'도이치 민족은 로마인들과의 전쟁을 견뎌냈소. 도이치 민족은 민족이동도 견뎌냈소.
도이치 민족은 중세 초기와 후기의 대규모 전쟁들도 견뎌냈소.
도이치 민족은 근대의 종교전쟁도 이겨냈소. 도이치 민족은 30년 전쟁도 이겨냈소.
도이치 민족은 나폴레옹 전쟁, 자유 전쟁도 이겨냈고, 심지어는 세계 전쟁도, 혁명까지도 이겨냈소.
도이치 민족은 또한 나를 이겨낼 것입니다!'

—아돌프 히틀러, 1938년

거의 중간 상태 없이 한 순간에서 다음 순간으로 넘어가듯이 히틀러의 죽음 및 항복과 더불어 국가사회주의도 사라졌다. 마치 국가사회주의는 그가 만들어낸 운동이고 최면 상태이고 파국인 것 같았다. 1945년 보고서에 되풀이해서 다음의 어법들이 나타나는 것은 우연이 아니다. 갑자기 하나의 '마법'이 풀렸고, '유령'이 사라졌다는 것이다. 정권의 비현실적 특성과 그 종말의 자연스럽지 못한 성격이 이런 마법 영역에서 이끌어낸 표현들을 통해 분명해졌다.

히틀러의 선전 전문가들은 무너지지 않는 알프스 요새들이니, 저항의 성채니, 성장하는 빨치산 부대니 하고 말하면서 전쟁을 넘어서 전쟁이 계속될 것이라고 떠들어댔지만 그럴 낌새는 없었다. 파시즘 자체가 그런 법이지만 국가사회주의는 본질적으로 초강대 권력, 불손함, 승리 등에 얼마나 얽매어 있었던가, 그리고 본질상 패배의 순간에 대항할 아무런 무기도 없다는 사실이 한 번 더 분명히 드러난 것이다. 그러므로 독일이 2차 대전 중에 레지스탕스 운동 한 번 없이 패배한 유일한 국가라는 지적은 올바른 것이다.[1)]

이러한 지속성 없음은 정권의 주도적 인물들의 행동에서 매우 뚜렷하게 나타났다. 특히 뉘른베르크 재판이 진행되는 동안, 그리고 이어진 심문들에서 거의 예외 없이 스스로 이 사건에 이데올로기적인 거리를 두고, 종말론적인 의미까지도 가졌던 비행(非行)들을 무력화시키고 거부하려는 노력이 두드러지게 나타났다. 마지막에는 폭력, 전쟁, 종족 살해 등 모든 것이 하나의 두렵고도 어리석은 오해였다는 특성을 띠게 되었다.

그것은 국가사회주의가 시대 전체를 뒤덮었던 현상이 아니라 오직 개개인의 권력욕과, 불안하고 정복욕에 빠진 한 민족의 원한에서 나온 것이라는 인상을 만들어냈다. 그것이 시대에 깊이 뿌리박은 것이었다면, 그리고 그 본질적인 운동의 하나였다면 그렇게 과격하게 하룻밤 만에 기억상실증에 빠져들 수는 없었을 것이기 때문이다.

그러나 국가사회주의는 겨우 12년이 흐른 다음에 전혀 다른 얼굴을 세계에 마련해주었다. 그토록 과격한 변화 과정은 권력을 가진 한 개인의 변덕만으로 충분히 설명될 수 없다는 것이 분명하다. 이 개인이 수많은 감정들, 두려움들, 혹은 이해관계들을 통합한 인물이고, 멀리까지 거슬러 올라가는 힘찬 에너지가 그를 앞으로 몰아갔을 경우에만 비로소 그런 일이 가능해지는 것이다. 그래야만 히틀러가 자기를 둘러싼 힘들과의 관계에서 맡은 역할과 의미가 한 번 더 드러난다.

그 에너지는 공격성, 공포, 헌신 의지, 이기주의 등을 향한 거대하고 무질서한 잠재력이었다. 그것은 이미 준비되어 있었으나 다른 한편으로는 강력한 어떤 현상에 의하여 일깨워지고, 한데 엮어지고, 부름받기를 바라는 힘이었다. 그 힘은 이 현상 덕분에 충격력과 정당성을 얻었으며, 그와 더불어 과격한 승리를 축하하였고, 또한 그와 더불어 몰락하였다.

그러나 히틀러는 그 수많은 시대 현상들을 결합시킨 인물만은 아니었다. 오히려 그는 사건에 방향과 폭과 과격성을 부여한 사람이었다. 아무런 전제조건 없이 생각하고, 원칙, 적, 동맹 파트너, 국민, 이념 등 모든 것들을 냉정하고도 광적으로 자신의 끔찍한 목적에 맞도록 종속시켰던 것이 그에게 도움이 되었다. 그의 극단주의는 그가 모든 힘들에 대해 가지고 있던 내적인 거리감과 잘 맞아떨어졌다. 아우구스트 쿠비체크는 자기 친구의 성향을 가리켜 '수천 년도 간단히 뒤집어엎을' 수 있는 성격이라고 말했다.[2]

이 회상 형식의 의미를 지나치게 확대하지 않는 것이 바람직하더라도, 이 말이 암시하는 것처럼 세계에 대한 관계에서 어린아이처럼 전혀 전제조건이 없다는 특성이 히틀러의 행동에 언제나 나타나 있었다. 자신은 "얼음처럼 차갑고 무시무시할 정도로 전제조건이 없이 모든 것에 마주선다."[3]는 그 자신의 말은 바로 이 같은 내용을 가리키는 것이다.

그가 자신의 소년 시절을 돌아보며 말한 것과는 달리, 역사가 무엇인지 제대로 이해하지 못했던 사람이라는 사실을 암시하는 것들이 많다. 그는 역사를 명예욕이 많은 사람들을 전시하는 명예의 전당쯤으로 여겼다. 형성된 것의 의미와 권리에 대해서는 아무것도 몰랐다. 시민적인 몰락의 기분과 그를 둘러싼 지친 분위기에도 불구하고 그는 '새로운 인간(homo novus)'이었다. 추상적인 느낌이 드는 무심함으로 그는 자기 의도의 실현을 추진해 나갔다.

다른 정치가들이 현존하는 권력 상황의 현실을 계산하였던 반면 그는 텅 빈 평면에서 출발하였다. 베를린 시를 과대망상적으로 새롭게, 현존하는 것에 대한 고려 없이 새로 구상하기 시작한 것과 똑같이 그는 유럽과 세계를 위하여 근본부터 새롭게 계획을 세웠다. 그는 공허에서 나왔을 뿐 아니라 공허에서 생각을 시작하였다.

전쟁들과 권력의 변천을 지나면서 확정된 유럽 지도를 그는 이런 방식으로 변화시키고, 나라들을 파괴하고, 새로운 힘들이 일어서도록 도와주고, 혁명들을 일으키고, 식민시대를 마감하였다. 그는 인류의 체험 지평을 비상하게 확대하였다. 그가 자기 나름으로 존경하였던 쇼펜하우어의 말을 변화시켜서 말하자면 그는 세계가 두 번 다시 배우지 못할 몇 가지를 세계에 가르쳐준 것이다.

유럽의 자기 주장

그가 시대정신의 강력한 사조와 교감하였던 몇 가지 동기들 중에는 피할 길 없는 압도적인 두려움이 들어 있었다. 여러 세기가 흐르는 동안 수많은 나라들과 민족들이 그 희생물이 되었고, 지금 모든 역사의 갈림길에서 인류를 위협하는 힘으로 드러나고 있는 전세계적인 절멸 과정에 대한 두려움이었다. 새로운 수상관저에서 찍은 사진들 중 하나는 히틀러의 탁자 위에 《세계의 구원》이라는 제목을 달고 있는 2절판 책 한 권을 보여준다.[4)]

그의 생애의 수많은 이정표는 그가 얼마나 분명하게 구원자의 역할을 찾아다녔는지를 보여준다. 그것은 그의 소명이고 '외눈박이 거인의 눈'이었을 뿐 아니라, 연출적인 사색으로 가득 찬 이 삶에서, 그가 젊은날 좋아했던 오페라 〈로엔그린〉[5)]과 수많은 해방 영웅들, 백마의 기사들에 대한 신화의 기억들에서 얻어온 거대한 모범적인 역할이었다.

그에게 있어서 구원 이념은 유럽의 자기 주장과 뗄 수 없이 연관되어 있다. 유럽 이외에 다른 땅은 없고, 같은 급수의 문화도 없었다. 다른 모든 대륙들은 다만 지리였고, 노예와 착취의 공간이었으며, 역사 없는 공허의 평면이었다. 여기에는 사자들이 있을 뿐이다. 히틀러의 등장은 자신의 주인이자 동시에 모든 역사의 주인으로 남고자 하는 유럽의 요구의 마지막 표현이었다.

그의 세계상에서 유럽은 초년 시절 의식에서 도이치 정신이 차지하는 것과 같은 역할을 차지하였다. 그것은 위협을 받아서 거의 망해가는 가장 고귀한 가치였다. 그는 유럽 대륙이 사방으로 해체 압력에 노출되어 있다는 사실에 대해서, 그리고 이 대륙의 가치가 안팎으로 위협을 당하고 있다는 사실에 대해서 매우 민감한 감각을 가졌다.

그것은 헤아릴 수 없이 퍼져나가면서 지구를 뒤덮으려 하는, 숨막히는 아시아, 아프리카, 아메리카의 '열등종족들'에 의한 위협이었고, 유럽 전통과 역사와 위대성을 부정하는 유럽의 민주주의 이데올로기들에 의한 위협이었다.

그는 민주주의 시대의 인물이긴 했으나, 일반투표 결과와 지도자 카리스마를 결합시킨 특징을 가진 반(反)자유주의적 변종이었다. 민주주의와 무정부주의 사이에 막연하나마 결탁이 이루어져 있다는 인식은 절대로 극복되지 못한 1918년 11월 혁명의 체험들에서 나온 것이었다. 혼란스런 상태들이 진짜 민주주의의 순수한 표현이고, 멋대로 구는 것이 그 법칙이라는 인식이었다.

히틀러의 상승은 낡은 유럽을 친숙한 위대성의 조건들 속에 붙잡아놓으려는, 최후의 절망적인 노력이라는 사실을 어렵지 않게 알 수 있다. 그가 하층부의 도움을 받아서 스타일, 질서, 권위에 대한 의식을 옹호하려 했다는 것은 히틀러 현상의 역설들 중 하나다. 민주주의는 다수에게 발언권을, 평민에게 동등권을 주고, 해방을 주고, 민족적 · 종족적인 정체성을 붕괴시키면서 가까이 다가오고 있었고 그는 이렇게 다가오는 민주주의 시대에 맞섰다. 대자본의 경멸스런 이기주의에 대한 오래 묵은 반항을 이용하고, 시민적 이데올로기와 물질주의의 부패한 결탁에 대한 반감을 이용하였다.

그는 유럽 대륙이 외세에 물들었다고 보고 강력한 이중공격을 펼쳤다. 한편으로는 '영혼 없는' 미국식 자본주의에 의해서, 다른 한편으로는 '비인간적인' 러시아 볼셰비즘에 의해서 삼켜지고 있다고 했다. 그의 활동의 본질을 '죽음과의 싸움'이라고 정의한 것은 올바른 일이었다.[6] 이러한 관념들을 지구적인 차원으로 확대시키면 어렵지 않게 초기 파시즘 추종세력의 전형적인 상황을 볼 수 있다. 일반적인 공포 분위기를 배경으로 한편으로는 노동조합에 의해서 다른 한편으로는 백화점들에 의해서, 그리고 한편으로는 공산주의에 의해서 다른 편으로는 익명의 기업 합병들에 의해서 천천히 목졸림을 당한다고 느끼는 중간층 다수의 상황이었다.

이런 상황에서 히틀러는 시대의 두 가지 지배적인 힘들, 곧 좌파와 우파, 동과 서 사이에 일종의 제3의 위치를 주장하고 나섰다. 이것은 그의 등장에 두 가지 얼굴이라는 특성을 부여하였다. 따라서 일방적인 입장만 표현한 규정들, 즉 그에게 '보수적' '반동적' '자본주의적' '소시민적'이라는 수식어를 붙인 규정들만으로는 이러한 이중적 특성을 제대로 파악할 수 없다. 이 두 입장들 사이에 섬으로써 그는 양쪽 모두에 참여하고 동시에 양쪽 모두의 본질적인 요소들을 찬탈하였다.

그러나 그는 무엇보다도 그 두 가지를 독특하고 분명한 하나의 현상으로 결합시켰다. 그의 권력 장악과 더불어 1차대전 이후 윌슨과 레닌이 독일을 놓고 전개하였던 대립이 끝났다.[7] 한쪽은 독일을 의회민주주의와 민족들 사이의 평화 이념의 편으로 끌어들이려 했고, 다른 쪽은 독일을 세계 혁명의 편에 가담시키려 하였다. 12년이 지난 다음에 이 대립은 새로 시작되었고 솔로몬 방식으로 나라를 분할함으로써 결말이 내려졌다.

히틀러에 의해서 추구된 제3의 위치는 유럽 대륙 전체를 포괄하는 것이었지만 독일에 그 힘의 중심을 두었다. 현재 독일 제국의 사명은 지친 유럽을 자극하여 독일의 세계 지배를 위한 힘의 저장고로 이용한다는 것이었다. 히틀러는 도이치 발전에서 놓쳐버린 제국주의 단계를 뒤늦게라도 따라잡으려고 했으며, 역사상의 늦깎이로서 가능한 한 최고의 보상을 얻으려고 하였다. 동쪽에서 거대하게 힘을 확장함으로써 유럽을 지배하고 유럽을 통해서 세계를 지배하려는 것이었다.

그는 나누어진 지구는 앞으로 제국을 정복할 가능성을 주지 않으리라는 전제에서 출발하였다. 그것은 틀린 생각은 아니었다. 그는 언제나 날카로운 양자택일 방식으로 생각하는 버릇이 있었기 때문에 독일이 세계 제국을 건설하든가 아니면, '이 지구상에서 소멸하거나 노예민족이 되어서 다른 민족을 위해 봉사하는' 지경까지는 아니라 하더라도 '제2의 네덜란드, 제2의 스위스가 되어서…… 존재를 마감할' 형편이라고 생각하였다.[8]

자신의 의도가 독일이 가진 힘과 가능성을 희망 없을 정도로 혹사시키리라는 생각은 그를 진짜로 불안하게 만들지 못했다. 그의 말로는 오히려 그것은 '자신의 운명 앞에서 망설이는 도이치 민족을 강요하여 위대함을 향한 원래의 길을 가도록' 만드는 것이라고 했다. 그러다가 독일이 끝장날지도 모른다는 위험에 대한 생각은, 자주 초기의 언어사용으로 되돌아가곤 하던 전쟁 기간 동안에, '모든 것이 병 속에' 들어 있다는 말에서만 겨우 끌어낼 수 있을 뿐이다.[9]

따라서 히틀러의 국가주의는 그렇게 뜻이 명백한 것이 아니고 국가의 이해관계를 주저 없이 넘어서는 것이다. 그는 언제나 극히 과격해서 사방으로 저항을 불지르는 성향이었다. 히틀러가 요약해낸 것이 부분적으로는 한 시대, 지구상의 한 부분의 거부감이기는 했지만, 그리고 그의 메시아적인 구호들이 원래의 한계를 훨씬 넘어서서 독일은 히틀러라는 인물로 인해서 존경받고 심지어는 부러움의 대상이 되기까지 하였지만,[10] 그는 자신의 방어 의도에 협소하고 냉혹한 민족주의의 옆모습 이상을 부여하지는 못했다.

1945년 봄, 벙커 명상에서 그는 자신을 '유럽의 마지막 기회'라고 표현하였다. 그리고 이런 맥락에서 대륙에 대한 폭력 사용을 정당화하려고 하였다. "대륙은 매혹과 설득력으로 정복될 수는 없었다. 대륙을 갖기 위해서는 억지로 욕보이는 수밖에 없었다."[11]

그러나 유럽의 기회는 소질로나 망상으로나 혹은 전략적인 계산으로 보아도 히틀러가 아니었다. 그는 어떤 시점에서도 자신의 한계를 넘어서 진짜 정치적인 대안(代案) 노릇을 할 수 없었다. 늦어도 전쟁 중에, 소련에 맞선 전쟁에 유럽의 특성을 부여하는 것이 완전히 전망 없는 시도라는 사실이 드러났을 때쯤 해서는, 그가 자신의 원래 출발점이었던 '국제주의'의 철천지 원수라는 사실이 밝혀졌다. 유럽 내륙 지역 출신에다가, 지나간 시대의 적대감에 꼭 달라붙은 남자라는 사실 말이다.

히틀러의 현대성과 시대착오

그럼으로써 한 번 더, 시대에 특이하게 모순되는 히틀러의 입장을 향해 눈길을 돌리게 된다. 온갖 방어적인 기본자세에도 불구하고 그는 오랫동안 진보적이고 현대적인 인물로 여겨졌다. 대부분의 동시대 사람들에게 그를 둘러쌌던 미래 의지는 오늘날에 압도적으로 시대착오적인 본성을 가진 사람으로 보이는 만큼이나 분명한 것으로 여겨졌다. 기술과 집단적인 질서 개념, 기념비적인 스케일, 전사(戰士)적인 태도, 대중적 인간의 자부심과 스타의 광채는 20년대와 30년대만 해도 현대적이고 시대정신을 넘어선 것으로 여겨졌다. 국가사회주의가 이 모든 요소들을 재치 있게 이용했다는 것은 국가사회주의 성공의 이유들 중 하나였다.

위대한 개인들의 명령적 몸짓도 마찬가지였다. 히틀러의 상승과 성공의 시기는 광범위하게 카이사르식 경향들의 표지가 나타났다. 그것은 스탈린이 지배하는 소련의 전체주의적 지도자 숭배와 루스벨트의 권위적인 스타일에서도 특징적으로 나타나는 경향이었다. 이러한 배경을 놓고 보면 노골적이고 원칙적으로 이런 지배 형태를 드러내놓고 고백한 히틀러는 새로운 시대의 신호처럼 보였다. 그는 슈펭글러가 예고한 대로 대중시대 저 대형 무대의 열광과 공포를 요구하였다. 당연한 일이지만 밖을 향해서 그는 국가사회주의의 낙관적이고 미래지향적인 특성을 퇴보적이고 문명비관적인 과거지향보다 훨씬 더 강조하였다. 과거지향의 모습은 특히 히믈러와 다레, 그리고 친위대 지휘부의 광범위한 정예부대가 대표하고 있었다.

사실 그는 미래를 두려워하였다. 자신은 기술시대의 초기만을 겪는다는 사실이 기쁘다고 총통사령부의 저녁식탁에서 말하였다. 뒷세대들은 '세상이 한때는 얼마나 아름다웠던가'를 알지 못하리라고 했다.[12] 진보를 의식한 온갖 몸짓에도 불구하고 그는 너무나도 때늦게 나타난 인물이었고 특히 19세기의 그림들, 규범들, 자극들에 사로잡혀 있었다. 19세기를 그는 고대와 나란히 인류 역사상 가장 중요한 시대라고 여겼다.

최후의 순간에도, 비록 그것이 비천하고 연극적으로 실패한 것처럼 보였을지라도, 그가 경탄하였고 한 번 더 대표하였던 시대의 두 모습이 반영되어 있었다. 오페라용 접는 모자를 쓰던 시대의 실패한 도박꾼처럼 방금 결혼한 정부와 나란히 벙커 소파에서 죽었을 때는, 오페라 마지막에 '신들의 황혼' 모티프로 표현되는 천둥치는 광채처럼 저속한 가짜의 요소가 나타나 있다. 그것은 그가 시대에서 떨어져 나가면서 자기 존재의 옛날식 기반을 드러내 보인 피날레였다.

19세기와의 연관성

이 삶에서 되풀이해서 만나게 되는 응고 현상은 이런 배경에서 보아야 비로소 제 의미를 얻게 된다. 그는 자신의 형성기에 세계가 보여주었던 단 한순간을 붙잡고 있었던 것이다. 일반적인 파시스트 유형과는 달리, 그러니까 무솔리니, 모라, 혹은 히믈러와도 달리 그는 역사에 의해 유혹받지 않았다. 그는 자신의 성장 체험, 사춘기의 행복과 두려움에 이끌렸다. 그러므로 그가 의도했던 구원은 위대한 19세기의 표지 속에서만 성공할 수 있는 것이었다.

히틀러의 전체적인 세계상, 생존 경쟁, 종족, 공간 등에 대한 집착, 그리고 청소년기의 우상과 위대한 사람들에 대하여 마지막까지 계속된 경탄, 그리고 일반적으로 위대한 사람들을 향한 경탄은 1945년 4월 루스벨트가 죽었을 때 가졌던 무의미한 희망에서도 나타났다. 그는 역사란 위대한 사람들의 의지의 반영이라고 여겼기 때문이다.

이러한 사실과 그밖의 다른 것들도 그의 고정관념의 전체 크기를 보여주는 것이다. 그는 이번 세기의 지평에서는 개념이 떠오르지 않는 곤란을 느꼈다. 그의 연설에 끊임없이 등장하는 평방킬로미터 당 인구 140명이라는 공포의 수치는 그가 생존 공간 요구를 정당화시키기 위해서 이용하곤 하였던 것인데, 이것은 내적인 생존 공간을 정복하는 현대적인 해결책에 대한 무능을 보여주었다. 그리고 그의 현대주의는 적어도 부분적으로는 몸짓에 불과하다는 사실을 폭로하였다. 원자시대를 향한 문턱에서 전체적으로 그가 보는 세계는, 1942년 2월에 어느 정도 감사하는 마음을 품고서 표현하였듯이 칼 마이에 의해서 눈을 뜬 사람들이 보는 세계와 같은 것이었다.[13]

위대함의 본질에 대해서도 그는 두루말이식으로, 옛날 이야기책에 나오는 것처럼 이해하였다. 즉 고독한 초인이라는 낭만적인 개념이었다. 그는 위대하려고만 했을 뿐 아니라 어떤 예술가의 방식, 스타일, 기질에 따라서 위대하려고 했다는 사실도 그의 세계상의 일관성에 속한다.

그가 어떤 연설에서 '천재의 독재'를 선포했을 때[14] 그는 분명히 예술가들의 통치권을 생각하고 있었다. 그는 위대함의 관념을 프리드리히 대왕과 리하르트 바그너의 예에서 얻었다. 두 사람 다 예술 영역과 정치 영역을 똑같이 가로질렀던 사람들이었다. 그들을 '영웅적'이라고 정의하고, 초기 시절의 적인 구스타프 폰 카르에 대해서는 가장 무거운 비난을 퍼부었다. 그가 '전혀 영웅적이지 않은 현상'이었기 때문이다.[15]

근본적으로 히틀러는 위대함을 조각상, 특히 기념비적 조각상으로 실현되는 카테고리라고 여겼다. 이런 생각에 들어 있는 정신병적인 특성을 알아보기 위해서 번거로운 해석의 노력도 필요하지 않다. 상당히 열심이고 무리하게 추진하는 사람에게서 보이는 이러한 사고방식에는 단순하고 유치한 특성이 작용하고 있다. 그가 습득한 의지의 인간이라는 태도는 완전히 거기서 나온 것이다. 그 뒤에 얼마나 큰 무감동, 우유부단, 신경의 허약함 등이 숨어 있는지, 히틀러가 위대한 힘의 몸짓을 하기 위해서 얼마나 인공적인 자극을 필요로 했는지 생각해보라. 이러한 몸짓에는 전류를 통하여 근육을 기계적으로 움찔거리게 만드는 요소가 들어 있었다. 그가 기꺼이 자유롭고 강압적인 냉정한 주인 천성이라고 여겼던 부도덕성 역시 비슷하게 인위적이고 강제된 것이었다. 그는 얼마나 은밀한 보복 의지가 자신을 채우고 있는지 감추기 위해서 그러한 냉정함을 보였다.

마키아벨리식의 자유로움을 좋아했음에도 불구하고 그는 도덕의 참견에서 완전히 자유롭지 못했다. 그는 도덕을 가리켜 '괴물 키마이라'이며,[16] 오래된 빙하시대의 존재이고, 소화불량이라고 비웃었다. 이런 연관성 속에 들어 있는 유형을 전형적인 19세기 사람으로 분류하기는 어렵지 않다. 신경의 약함은 초인인 체하는 태도로 보충되었다. 이 점에서 고비노, 바그너, 니체의 시대였던 후기 시민시대와 히틀러의 연관성을 알아볼 수 있다.

그가 온통 부서지기 쉽고 낯설기만 하다는 사실이 바로 이러한 연관성을 특징적으로 드러내주었다. 히틀러가 '고립된 사람'이라 불린 것은 틀리지 않은 일이었다.[17] 문화시민적인 온갖 성향들에도 불구하고 그는 진짜로 시민 세계에 속하지 않았다. 어쨌든 그는 그 한계에 동참할 정도로 깊숙이 그 세계에 뿌리박고 있지 않았다. 이러한 이유에서 그의 거부감은 그토록 원한에 가득 찬 것이었고, 그래서 그는 세계의 보호를 말하면서 세계를 파괴로 이끌었다.

도이치 혁명 모델

그러나 놀랍게도 분명히 19세기적인 특성을 지닌 회고적인 이런 인물이 독일과 독일의 역동성에 휘말려든 세계의 일부를 20세기로 이끌어들였다. 역사에서 히틀러의 자리는 멈추어 있는 보수적인 권력자들보다는 위대한 혁명가들 편에 훨씬 가까이 있다. 그는 물론 현대의 시작을 방해하고, 온갖 오류와 잘못된 발전의 출발점을 세계사적으로 위대하게 수정함으로써 과거로 되돌아가려는 의도에서 결정적인 추진력을 얻었다. 그는 스스로 표현하였듯이 혁명에 반대한 혁명가로서 출발하였다.[18]

그러나 그의 구원을 고대하였던 세력들과 투입 의지가 한번 가동되자 그것은 해방 과정을 비상하게 촉진시켰다. 그의 등장과 연관되어 있는 권위, 스타일, 질서 등의 지나친 긴장은 오히려 그 구속력을 약화시켰고, 저 민주주의 이데올로기를 성공적인 것으로 만들어주었다. 이 이데올로기에 대항하기 위하여 그가 그토록 절망적인 에너지를 쏟아부었건만 그랬다. 혁명을 몹시 싫어했건만 그는 사실은 도이치 혁명의 현상이 되었다.

분명히 독일은 이미 1918년 이래로 과격한 변화 과정에 있었다. 그러나 그것은 어중간한 것이었고 극히 우유부단한 형태로 진행되고 있었다. 히틀러가 비로소 이 과정에 과격성을 불어넣고, 진짜로 혁명적인 것으로 만들고, 수많은 권위적인 사회구조 속에 응고되어 있던 나라를 깊이 변화시켰다. 이제 전체주의적인 총통 국가의 요구 아래서 비로소 권위 있는 기관들이 붕괴되고 사람들은 전통적인 결속관계에서 떨어져 나오고, 특권이 제거되고 히틀러가 이끌어내지 않은, 혹은 보호하지 않은 온갖 권위들이 파괴되었다. 동시에 일반적으로 과거와의 결별에 따르는 두려움과 뿌리뽑힌다는 정서를 달래거나 아니면 사회적으로 쓸모 있는 에너지로 바꾸는 일이 성공하였다. 그가 대중에게 포괄적인 대체권위로서의 신뢰를 얻었기 때문이다. 무엇보다도 그는 혁명적인 미래 공포의 가장 평범한 형식, 즉 좌익세력을 제거하였다.

물론 폭력이 이용되었다. 그러나 그는 처음부터 완력수단만을 신뢰하지는 않았다. 히틀러는 세계 혁명과 역사를 결정하는 프롤레타리아의 힘이라는 신화에 대항하여 경쟁할 만한 이데올로기를 마주세웠다. 클라라 체트킨(C. Zetkin)은 파시즘 추종세력이 모든 계층에서 실망한 사람들이고, '모든 계급의 가장 쓸모 있고, 가장 강하고, 가장 결단력이 있고 가장 대담한 인자들'이라고 보았다.[19] 이러한 인자들을 긁어모아 하나의 새롭고 파괴력을 갖춘 대중운동으로 만든 사람이 바로 히틀러였다. 지속적인 것은 아니었다고 하더라도 한동안 요제프 괴벨스가 '빨간' 베를린을 얻기 위한 싸움을 벌이면서 내걸었던 "아돌프 히틀러가 칼 마르크스를 집어삼킨다!"는 구호는 맨 처음에 생각되었던 것처럼 그렇게 엉터리가 아니었다.

어쨌든 이데올로기의 주도권은 30년대에 모스크바에서 베를린으로 넘어왔으며, 계급간의 화해라는 유토피아가 모든 계급에 대한 한 계급의 독재라는 유토피아보다 훨씬 우세하였다. 그래서 히틀러는 두려움에 떠는 프롤레타리아 상당수도 자기 편에 끌어들여서 모든 계급과 의식과 존재 방식이 화려하게 뒤섞인 자신의 추종세력으로 삼을 수가 있었다. 그런 의미에서 그는 사실상 '마르크스주의의 파괴자' 라는 자신의 요구에 잘 들어맞았다.

적어도 그는 마르크스주의의 약점을 드러냈고, 마르크스주의가 역사 법칙을 자기 편으로 하고 있지 못하다는 사실을 보여주었다. 수많은 현혹하는 이데올로기들이 주장하듯이 그는 쇠퇴하는 자본주의 최후의 절망적인 발걸음은 아니었던 것이다.

도이치 사회혁명의 인물로서 히틀러는 상반되는 개념을 보여주는 현상이었다. 여러 모로 나타나는 그의 '이중성' 은 이 맥락에서 가장 잘 드러났다. 그의 작업이었던 혁명이 그의 의도에 반대로 진행되었다고 말할 수는 없기 때문이다. '갱신(更新)' 을 향한 혁명적 발상, 국가와 사회를 하나의 갈등 없고, 군사적으로 결속된 '민족공동체' 로 과격하게 변화시키려는 발상이 언제나 두드러지게 드러났다.

히틀러는 변화 의지, 목적 제시, 그리고 이 두 가지를 하나로 합칠 각오 등을 가졌다. 그를 후겐베르크, 브뤼닝, 파펜, 브라이차이트 등 바이마르 시대 정치인과 견주어보면, 그리고 공산당 지도자 텔만과 견주어보면 그가 분명히 더 현대적인 현상이라고 말하지 않을 수가 없다. 국가사회주의 혁명의 동반 현상들, 그 숨막히는 과격성, 충동성, 계획 없는 야망 등도 그것을 만들어내고 이끌어간 사람들을 혁명가라고 부르는 일을 어렵게 만드는 이유가 될 수는 없다. 아주 가까이서 보면 거의 모든 폭력적인 변화 과정들은 '고통스럽게 피 흐르는 엉터리 치료제' 로 보이는 법이기 때문이다.[20)]

히틀러의 지배를 고립시켜서 관찰해서는 아마 안 될 것이다. 독일을 20세기로 강제로 밀어넣었고, 오늘날까지도 완전히 종결되지 않은 광범위한 사회 혁명의 진행 중에 드러난, 테러적이고 어느 정도 자코뱅적인 국면으로 보아야 할 것이다. 그러나 이 혁명이 뒷날의 해석보다 훨씬 더 우연에 의한 것이었고, 앞을 못 보았고, 목적도 없는 것이 아니었던가 하는 의심이 완전히 사라지지는 않는다. 이러한 변화들은 장기적인 숙고가 아니라 다만 히틀러의 멋대로 구는 의지와 전제조건 없음에 바탕을 두고 있었던 것이 아닌가, 독일의 사회적 · 역사적 · 심리적 특성에 대한 표상이 결핍되어 있었던 것이 아닌가, 그리고 그가 빛나는 모습의 과거를 끌어들일 때마다 실은, 미래에 대한 두려움을 가짜 민속품 뒤에 감추도록 도와주는 공허한 전통주의만을 뜻했던 것이 아닌가 하는 의심이다.

이데올로기 문제에 있어서 극히 '보수적'으로 치장하려던 국가사회주의의 성향이 그러한 의심과 적지아니 관계가 있다. 국가사회주의가 단순히 자신의 석유에 성수(聖水) 몇 방울을 섞었던 파리 코뮌 참가자들과 비슷한 것이 아니었던가 하는 의문이다.

국가사회주의가 절대로 의도하지 않았던 것은 산업화 이전의 특권적인 국가를 회복하는 것이었다. 그리고 온갖 가면을 다 썼어도, 국가사회주의가—도이치 과거, 품위, 전원식 마법, 귀족적 특성 등을 되찾는다는 자신의 주장과는 반대로—이 나라를 과격한 폭력을 써서 현대 속으로 밀어넣었고, 과거의 권위주의 국가로 되돌아갈 퇴로를 완전히 끊어버렸다는 사실을 놓쳐서는 안 된다. 아직 변하지 않은 도이치 사람들의 기질은 온갖 사회적 변화를 넘어서 과거로 돌아갈 퇴로들을 열어두고 있었기 때문이다.

역설적인 현상이지만 그와 더불어 19세기는 독일에서 종말에 도달하였다. 히틀러가 아무리 시대착오적으로 행동했어도, 그는 국내에 있는 자신의 정치적 적수들보다 한결 더 현대적이었거나 아니면 한결 더 단호하게 현대성을 지향하였다. 도덕적인 인식이 정치적 인식보다 훨씬 더 위대했다는 사실이야말로 보수적 저항 세력의 비극이었다. 낭만적인 때늦음에 빠져든 권위적인 독일은 보수적 저항 세력 속에 숨어서 현대와 전망 없는 싸움을

벌였다.[21]

사회민주주의자들에 이르기까지 모든 적수들보다 히틀러가 우세했던 점은 그가 변화의 필연성을 훨씬 날카롭고 확고하게 파악했다는 사실에 기초하고 있었다. 그가 현대 세계를 부정했다면 그것은 어디까지나 현대의 징후 아래서 일어난 일이었고, 그가 자신의 감정에 시대정신의 모습을 부여함으로써 일어난 일이었다. 그는 혁명가로서 자신이 별 수 없이 빠져든 분열을 완전히 의식하고 있었다. 예를 들면 사회민주주의자들이 1918년 군주제도를 물리쳐버렸다고 찬양하면서 다른 한편으로는 사회적인 변화가 '심한 고통'을 만들어낸다고 말했던 것이다.[22]

그를 혁명가라고 부르는 것에 대한 저항감은 물론 혁명이란 개념이 진보라는 개념과 밀접하게 연관된 것으로 여겨진다는 데서 비롯한다. 그러나 히틀러 지배는 이러한 용어들을 어느 정도 수정하였고, 그 결과 혁명의 개념은 오랫동안 주장해 온 도덕적 요구를 잃어버렸다.

사적인 세계의 파괴

그러나 국가사회주의 혁명은 낡은 사회구조들만을 파악하고 파괴했던 것은 아니다. 이 혁명의 심리적인 작용이 그에 못지않게 깊었고, 어쩌면 가장 성공적인 양상이기도 했다. 이 혁명은 정치에 대한 도이치 사람들의 관계를 근본적으로 변화시켰다.

이 책의 수많은 페이지들에서 이미 도이치 세계가 정치를 얼마나 낯설게 여기고, 사적인 성향, 미덕, 목적들을 지향하고 있는지 분명해졌다. 히틀러의 성공은 부분적으로는 그것과 관계가 있었다. 이 책의 대단히 넓은 범위에 걸쳐 나타나는 사람 없는 현상, 사람들이 오직 때에 따라서만, 그리고 멀리서부터 수동적인 요소로, 도구나 혹은 배경으로만 나타나고 마는 현상은 전통적인 도이치의 정치에 대한 거리감을 반영하고 있다.

정권은 이것을 심리적으로 아주 능숙하게 이용하였다. 전체적으로 행진, 손 들어올리기, 박수 등의 행동에만 제한되었던 국민은 히틀러를 통해서 정치에서 제외되었다기보다는 오히려 정치에서 풀려났다. 제3제국, 민족

공동체, 총통주의, 운명, 위대함 따위의 가치 목록은 정치에 대한 거부감, 정당과 의회의 세계, 즉 계략과 타협의 세계에 대한 거부감을 보여주었다는 점에서 광범위한 박수를 얻었다.

정치적이 아니라 역사적으로 생각하고, 사회적이 아니라 비극적으로 생각하고, 공동의 이해 대신에 압도하는 신화적인 대용물을 내세우려 했던 히틀러의 성향은 극히 제멋대로 받아들여지고 해석되었다. 리하르트 바그너는 비음악적인 것을 위한 음악을 만들어냈다고들 말한다.[23] 같은 의미에서 이렇게 말할 수 있을 것이다. 히틀러는 비정치적인 것을 위한 정치를 만들어냈다고 말이다.

히틀러는 정치에 대한 도이치의 거리감을 두 가지 방식으로 없앴다. 처음에 그는 끊임없는 전체주의적 동원을 통해서 사람들을 억지로 공공영역으로 끌어냈다. 그것은 주로 마비시키는 대중 축제를 통하여 모든 정치적 관심을 다 소모시켜버리려는 동기에서 나온 것이었지만, 그렇다고 해서 새로운 체험 영역이 열리는 것을 방해할 수는 없었다. 처음으로 국민은 지속적으로 자신들의 사적인 세계에서 멀어졌던 것이다. 정권이 국민에게 허용한, 혹은 요구한 참여 방식이 제의적(祭儀的)인 것에 국한되었지만, 그러한 참여도 의식을 바꾸었다. 그 뒤에서 밑바탕을 뒤흔드는 사회 혁명의 여러 가지 활동을 통해서 친숙한 도이치의 내면이 붕괴되었다. 자신의 꿈들, 세상과 거리가 먼 행복, 비정치적인 정치를 향한 동경 등을 가진 사적인 만족의 영역이 무너져내린 것이다.

또 한편으로는, 히틀러가 이 나라에 가져온 정치적 · 도덕적 파국에 대한 충격이 의식을 바꾸도록 만들었다. 아우슈비츠는 사적인 도이치 세계의 실패였고, 자폐적인 자기 망각에서 나온 실패였다. 대부분의 도이치 사람들은 집단 학살 수용소에서 행해진 일에 대해서 아무것도 몰랐다는 것이 사실이다.[24] 적어도 1941년 말 이후로는 계속된 경고를 통해서 이 대량 범죄에 주목하였던 세계 여론보다 훨씬 부정확한 정보밖에 얻지 못했던 것이 사실이다. 이 책의 앞에서 언급한 하인리히 히믈러의 발언을 통해서도 입증되는 부분이다.

그에 따르면 도이치 여론은 학살 조치들을 이해할 정도로 정치적으로 충분히 성숙하지 못했으므로 친위대는 이 '비밀을 무덤으로' 가지고 가야 한다는 것이다. 떠도는 소문에 대해서 사람들이 별다른 반응을 보이지 않은 것도 옛날부터 정치의 영역을 오로지 국가에만 떠맡겼던 전통 없이는 생각할 수 없다.

변화된 도이치 정치 상황

1945년 이후 도이치 민족의 심리적 억압의 성향도 거기에 원인이 있었다. 히틀러를 극복한다는 것은 적어도 부분적으로는 하나의 생활 방식을 극복하는 일이었고, 오랫동안 도이치 민족을 대표해 왔던 사적인 세계 및 문화적인 유형과 작별한다는 것을 의미하였기 때문이다. 더 젊은 세대가 비로소 이 단절을 이루어냈다. 과거를 향한 연결고리들을 감상 없이, 선입견과 추억 없이 끊어버렸던 것이다. 역설적인 일이지만 젊은 세대는 그런 의미에서 히틀러의 혁명을 완성하였다.

그들은 이전 독일에는 없었던 정도로 정치적 · 사회적 · 실용적 사고방식을 가지고 있다. 몇몇 시끄럽고 낭만적인 주변 단체를 빼면 새로운 세대는 모든 지적인 과격성, 위대한 이론을 향한 반사회적인 정열 등을 버렸다. 그리고 그토록 오랜 세월 동안 도이치 사고의 특성이었던 것, 즉 체계성, 깊이, 현실 얕보기 등을 과거의 것으로 만들었다. 그들은 냉정하게, 사실과 연관된 사고를 한다. 그리고 베르톨트 브레히트의 유명한 말에 따르자면 나무들에 관한 대화를 정말로 그만둔 것이다.[25]

그들의 의식은 극히 현재의 것이고, 한 번도 존재한 적이 없는 과거의 왕국, 상상적인 미래의 왕국은 없어졌다. 이 나라는 역사상 처음으로 현실과 화해를 한 것이다. 그러나 그와 동시에 도이치 사고방식은 그 정체성의 일부를 잃어버렸다. 그것은 이제 경험적 방식으로 이루어지고, 균형을 지향하고, 일반적인 쓸모를 고려한다. 카를로 스포르차(C. Sforza)가 히틀러의 취임 직전에 말했던 '도이치 스핑크스'가[26] 그 수수께끼를 포기한 것이다. 그럼으로써 세계는 더 편안해졌다.

계속되는 파시즘 경향들

물론 독일에는 다른 나라도 마찬가지지만 파시즘 혹은 그와 비슷한 경향들이 살아남았다. 무엇보다도 몇 가지 심리적인 전제들이 살아남았다. 그것들은 물론 국가사회주의와 명백한 연관성을 가지고 있는 것은 아니고, 심지어는 상당수가 좌파 표지들을 가지고 등장하고 있다.

사회적 · 경제적 동반 상황들도 그렇다. 두 개의 전쟁 사이에 나타났던 국가주의, 대권력을 둔 불안, 혹은 공포스런 반공산주의 등과 같은 이념적 전제들은 가장 조금만 살아남았다. 안정되고 속박하는 질서로부터 현대 사회라는 불안한 미래로 넘어가는 과정에 대한 반응 형식으로서, 파시즘식 해결 방안에서 개별적으로 유리한 인자들은 적응 위기가 계속되는 한 살아남을 것이다. 다만 아직은 그것이 어떻게 가장 효과적으로 나타날 수 있는가가 불확실할 뿐이다.

국가사회주의 체험은 위기 원인을 합리적으로 분석하는 것만을 촉진시켰던 것은 아니다. 오히려 오랫동안 그것을 방해하였다. 학살 수용소들이 던지는 거대한 그림자는 여기서 문제가 되는 현상들이 얼마나 시대를 규정하는, 혹은 사람들의 보편적인 욕구와 결부되어 있는가에 대한 인식을 흐리게 만들었다. 파시즘 현상들은 미래에 대한 불안, 저항의 모티프들, 단순한 것을 감정적으로 미화하기 등과 결부되어 있다. 그리고 모든 것을 바꾸고 일종의 원초 상태를 복구할 수 있을 것이라는, 한 세대 건너뛰어 유전되는 동경과 결부되어 있는 것이다.

사건의 이러한 양상들은 오랫동안 심리적으로 억압되어 있었다. 도덕적인 분노는, 사람들이 히틀러를 따랐고, 환호성과 그 야만성을 준비했던 것이지 괴물이 그런 일을 한 것이 아니라는 통찰을 흐려놓았다. 60년대 말의 세계적인 불안은 새로이 수많은 요소들을 드러내 보였다. 이 요소들은 파시즘 전단계의 모습들을 보였다. 즉 문명에 반대하는 정서, 자발성의 요구, 도취와 관조 요소, 젊은 세대의 격렬함, 폭력의 미화 등이었다. 물론 둘 사이에 거리가 상당히 크다는 것도 맞는 말이다.

파시즘이 아무런 관심도 갖지 않았던 약하고 억압된 사람들에 대한 질문

앞에서 그 옛날의 파시즘 운동과 60년대 말의 이런 현상들 사이의 일치는 중단된다.[27] 히틀러는 '인류의 위대한 해방자'로 자처하면서 '개인들은 무의미하다는 구원하는 가르침'을 지적했다.[28] 그러나 과거에 파시즘 증세가 모든 요소를 포함하는 순수한 형식으로 등장하자마자, 언제라도 새로운 방식의 게임으로 바뀔 수 있었다는 사실을 생각해보는 것은 여전히 쓸모 있는 일이다.

살아남을 능력 없음

파시즘이 시대의 위기감에 뿌리를 박고 있는 한, 그것은 잠재되어 있게 마련이고 그 시대가 끝나야만 비로소 끝나게 될 것이다. 그것은 아주 높은 정도의 반응방식이고 절망적인 방어양상이므로, 본질적으로 파시즘이 기반으로 삼고 있는 조건들은 다만 조건들일 따름이다. 즉 파시즘 운동은 다른 정치 그룹들보다 훨씬 더 강하게 탁월한 지도자를 필요로 한다는 말이다.

파시즘은 원한들을 긁어모으고, 적들의 목록을 만들고, 우울증을 도취로 바꾸고, 허약함을 힘의 의식으로 바꾼다. 신경의 위기를 넘어서 광범위한 전망을 얻어낼 수 있었다는 것은 분명 히틀러의 주목할 만한 업적들 중의 하나다. 다른 누구와도 달리 그는 두 세계 전쟁 사이의 기간이 가진 이념상의 역동적인 가능성을 확신하였다. 그의 종말과 더불어 모든 것이 강제로 무너져내렸다. 높이 달구어지고, 패거리를 이루고, 분명한 목적의식을 지향했던 감정들은 곧장 무너져내려서 기운 없고 무질서한 원래의 상태로 되돌아갔다.

살아남을 능력이 없다는 사실이 모든 분야에서 분명하게 드러났다. 히틀러가 아무리 자기 과제의 초개인적인 측면을 강조하고, 자신의 사명을 보여주고, 자신을 섭리의 도구라고 표현했어도 그는 자신의 시대를 넘어서지 못했다. 그는 미래세계의 어떤 모습도 널리 퍼뜨리지 못했고, 어떤 희망도, 용기를 북돋우는 목적도 내놓지 못했으므로 어떤 생각도 그를 넘어서 살아남지 못했다. 그가 언제나 도구로만 이용하였던 이념들은 너덜너덜하고 치욕적인 모습으로 뒤에 남겨졌다.

이 위대한 선동가는 단 한마디 말도, 단 하나의 인상적인 형식도 남기지 못했다. 또한 모든 시대 가장 위대한 건축가가 되고 싶어했던 그는 오늘날에 아무런 건물도 남기지 못했다. 장엄한 모습으로 계획되었던 폐허조차도 남은 것이 없다. 히틀러 현상의 심리적인 힘을 증언하는 기록들 중에서는, 오늘날에는 열광보다는 당혹감을 불러일으킬 그의 목소리의 인상 이외에는 별로 남겨진 것이 없다.

그러므로 이른바 권력 장악 이후에 국가사회당 내부의 과격열성파 당원이 내놓았던 생각, 즉 "죽은 히틀러가…… 운동을 위해서는 살아 있는 히틀러보다 더 쓸모가 있을 것"이라는 생각, 혹은 그는 언젠가 신화의 어둠 속으로 사라지고, "믿기 잘하는 대중에게 신비로 남기" 위해서 그의 시체는 결코 찾을 수 없도록 해야 할 것이라는 생각에는 얼마나 낭만적인 오해가 깔려 있었던가가 한 번 더 분명해진다.[29]

늦어도 전쟁의 전환점에서 얻었던 체험, 곧 촉매로 작용하는 히틀러의 힘이 없어서는 절대로 안 되고, 의지, 목적, 결속력 등 모든 것이 이 위대한 '지도자'의 모습이 보이지 않으면 순식간에 무너져내리고 만다는 체험이 한 번 더 확인되었다. 그를 추종하고 경탄한 사람들은 절대로 하나의 비전, 하나의 힘을 좇았던 것이 아니었다. 돌아보면 이 삶은 무시무시한 에너지가 단 한 번 힘을 펼쳤던 현상처럼 보인다. 이 에너지의 작용들은 폭력적이고, 그것이 만들어낸 두려움은 전례가 없는 것이었다. 그러나 그것을 넘어서면 그에 대한 기억조차 거의 남지 않는 것이었다.

5부 권력 장악

제1장 합법적 혁명

1. "흘러가게 놔두라"고 각료인 폰 노이라트가 말할 정도였다. 라우슈닝, 《Gespräche》, 141쪽 참조.

2. 괴벨스, 《Kaiserhof》, 256쪽.

3. 샤흐트(H. Schacht), 《Abrechnung mit Hitler》, 31쪽. 호소문은 도마루스, 위의 책, 191쪽 이하에 들어 있다.

4. 파울 클루케(P. Kluke), 《Nationalsozialistische Europaideologie》, in:VJHfZ 1955/3, 244쪽. 그는 히틀러의 태도가 오직 "마침내 권력쟁취를 성취한 순간에 생겨난 승리의 감정으로 설명된다."는 입장이다. 여기 대해서는 한스 베른트 기제비우스(H. B. Gisevius), 《Adolf Hitler》, 175쪽.

인사말의 텍스트는 전해지지 않는다. 그러나 부분적으로는 상세하고 상호보완적인 여러 참석자들의 보고가 전해지고 있다. 당시 하머슈타인의 제2부관인 호르스트 폰 멜렌틴(H. v. Mellenthin)의 수기가 《Zeugenschrifttum des IfZ München》, 105호, 1쪽 이하에 수록되어 있다. 다음 단락에 나오는 묘사는 이 수기에 힘입은 것이다. 또한 연설이 이루어지는 동안 메모를 한 리프만(Liebmann) 장군의 기록도 틸로 포겔장(Th. Vogelsang)의 기록문서로, VJHfZ 1954/2, 434쪽 이하에 들어 있다. 래더(Raeder)의 뉘른베르크 진술은 IMT XIV, 28쪽에 있다. 그는 '전쟁의 의도, 혹은 전쟁을 감안한 의도'에 대해서는 '절대로 언급되지 않았다'고 확언하고 있다. 그러나 이런 말은 다른 진술들과 일치하지 않는다. 히틀러의 진술은 '모든 청중에게 만족스럽게' 작용하였다는 래더의 주장도 특히 부셰(Bussche) 장군의 말과 아주 달라서 의문의 여지가 많다. 여기 대해서는 하머슈타인, 《Spähtrupp》, 64쪽도 참조. 히틀러 자신은 블롬베르크에게, 이 연설은 "가장 어려운 연설 중의 하나였다. 그 시간 내내 벽을 향해 이야기하는 것 같았기 때문"이라고 말했다. 헤르만 푀르치(H. Foertsch), 《Schuld und Verhängnis》, 33쪽.

5. 브라허, 《Diktatur》, 210쪽.

6. 1945년 4월 27일자, 마지막으로 기록된 군사회의 참조. 1966년 1월 10일자 〈Der Spiegel〉지에서 인용. 괴벨스는 오스트리아를 합병한 1938년에도 "빈이 저항을 하고 우리가 모든 것을 때려부술 수 있었더라면 더 좋았을 것"이라고 덧붙였다.

《Tischgespräche》, 364, 366쪽도 참조.

7. 도마루스, 위의 책, 202쪽 이하, 200쪽.

8. 파펜, 위의 책, 294쪽.

9. 에리히 그리츠바흐(E. Gritzbach), 《Hermann Göring. Werk und Mensch》, 31쪽. 호르켄바흐, 위의 책, 66쪽도 참조. 32명의 보안경찰 지휘자들 중에서 22명이 해임되었다는 사실만 해도 이 조치의 범위가 어느 정도였을지 짐작케 한다. "다음 몇 달 동안 수백 명의 위관급 경찰관과 수천 명의 경사들이 그 뒤를 따랐다. 신참들이 몰려왔다. 어디서나 돌격대와 친위대의 거대한 조직에서 넘어온 사람들이었다."고 괴링 자신이 《Aufbau einer Nation》, 84쪽에 쓰고 있다.

10. 브라허, 《Machtergreifung》, 73쪽. 크랑크쇼(Crankshaw), 《Die Gestapo》, 35쪽 이하도 참조. 여기에서 이러한 상승이 상당히 분명하게 묘사되어 있다. 괴링의 언급에 대해서는, 《Aufbau einer Nation》, 86쪽 이하 참조.

11. 1933년 3월 3일에 마인 강변의 프랑크푸르트에서 열린 국가사회당 집회에서 행한 연설. 괴링, 《Reden und Aufsätze》, 뮌헨, 1939, 27쪽 참조.

12. 도마루스, 위의 책, 208쪽.

13. 괴벨스, 《Kaiserhof》 256쪽 이하.

14. 이 행사들의 경과과정과 의미는 뉘른베르크 전범재판 과정에서야 비로소 밝혀졌다. IMT XXXV, 42쪽 이하. IMT V, 177쪽 이하, XII, 497쪽 이하, XXXVI, 520쪽 이하.

15. 도마루스, 위의 책, 214, 207, 209, 211쪽 참조. 바이네스, 위의 책 1권, 252, 238쪽 참조.

16. 괴벨스, 《Kaiserhof》, 254쪽.

17. 같은 곳, 86쪽. 마르크스주의 혁명의 피로에 대한 히틀러의 판단은 1927년 초 튀링겐의 집회에서 행한 연설. 야콥센/요흐만, 위의 책, '1927년 초' 항목 아래 2쪽에서 인용. 다른 기회에도 이런, 혹은 비슷한 언급이 있었다는 사실을 배경으로 해서 오늘날까지 작용하는, 히틀러와 괴벨스에 의해서 가장 열렬히 선전된 주장을 검토해야 한다. 독일은 당시 공산주의냐 국가사회주의냐의 피할 길 없는 양자택일의 기로에 놓여 있었다는 주장이다. 다음에 나오는 암살 소문에 대해서는, 괴벨스, 《Kaiserhof》, 272쪽.

18. 이런 맥락에서는 놀테, 《Kapitalismus-Marxismus-Faschismus》, in:〈Merkur〉 1973/2, 111쪽 이하.

19. 프리츠 토비아스(F. Tobias), 《Der Reichstagsbrand》. 토비아스의 이 원고가 끝나는 시점까지 본래의 조사가 이루어지지 않았던 수많은 고지문들에서 에두아르트 칼릭과 그가 이끄는 '2차 세계대전의 원인과 결과의 학문적 조사를 위한 유럽 위원회'는 그와 반대의견이었다. 그에 대해서는 몸젠(H. Mommsen), 《Der Reichstagsbrand und seine politischen Folgen》, in:VJHfZ 1964/4와 역시 몸젠이 1971년 2월 26일에 〈Die Zeit〉 11쪽에 기고한 글 참조. 판 데어 루베 혼자서 몇 분 안에 수많은 진화지점을

만들어낸다는 것은 실제로 의심스럽다. 또한 같은 날 일어난 판 데어 루베의 세 건의 다른 방화사건은 전체적으로 대단히 서투른 것이어서 의사당 방화사건의 대담성과 정력적인 신중성과는 도무지 맞지 않는다.

20. IMT IX, 481쪽 이하 참조. 그밖에 괴링은 마지막 순간까지 화재사건의 연루를 정력적으로 부인하였다. 믿을 수 없는 것만도 아니지만 자신은 공산주의자들에게 대항하기 위해서 특별한 계기가 필요치 않았다고 주장하였다. "잘못이 너무 컸다. 그들의 범죄는 충분히 폭력적인 것이어서, 나는 다른 동기 없이도 내게 주어진 권한에 속하는 수단들로 이 페스트에 대항하여 가차없는 근절전쟁을 시작하기로 결심할 수 있을 정도였다. 내가 이미 의사당 방화사건 재판에서 말했던 것과는 반대로 그토록 재빠른 조치를 내리도록 나를 강요하였던 이 방화는 내게는 극도로 불쾌한 사건이었다. 이 사건은 내가 의도했던 것보다 더 빨리 행동하도록 몰아세웠고, 필요한 모든 준비를 끝내기도 전에 이미 시작되었기 때문이다."《Aufbau einer Nation》, 93쪽 이하에서.

21. 루돌프 딜스,《Lucifer ante portas》, 194쪽.

22. 괴벨스,《Kaiserhof》, 271쪽. 체포행위에 대해서는 호르켄바흐, 위의 책, 74쪽.

23.《프로이센 공보실 관보(官報)》, 호르켄바흐, 위의 책, 72쪽에서 인용.

24. 브뤼닝, 위의 책, 652쪽.

25. 브레히트(A. Brecht),《Vorspiel zum Schweigen》, 125쪽 이하. 1933년 2월 28일자 긴급법령은 다음과 같다. "도이치 제국의 헌법 114, 115, 117, 118, 123, 124, 153조는 당분간 효력을 상실한다. 그에 따라 개인의 자유, 언론 자유를 포함한 자유로운 의견개진의 권리, 집회와 결사의 권리 등이 제한되고, 서신, 우편, 전보, 장거리 전화의 비밀에 개입하고, 가택수색 및 재산의 압류와 제한의 명령도 법적인 한계규정 너머까지 가능하다."

26. 브라허,《Machtergreifung》, 82쪽 이하. 브라허는 '국가 존립을 위협하는 공산당의 폭력행위'로 긴급법령을 너무 서둘러서 만들어낸 것은 늦어도 도이치 대법원의 판결에 따라 무효화되었다고 올바르게 지적하였다. 긴급법령이 여전히 유효한 상태로 남았다는 사실은 '국가사회주의 국가를 형식상 불법국가로 규정하는 것'을 가능케 한다. 같은 곳, 85쪽.

27. 괴벨스,《Kaiserhof》, 271쪽과 1933년 3월 3일자 〈Daily Express〉. 그리고 제프톤 델머,《Die Deutschen und ich》, 196쪽 참조. 체포에 대해서는 브로차트, 위의 책, 101쪽 이하.

28. 〈Völkischer Beobachter〉, 1933년 3월 6일자. 괴벨스,《Kaiserhof》, 273쪽 이하. 손실에 대해서는 하이덴,《Geburt》, 116쪽.

29. 괴벨스,《Kaiserhof》, 274쪽.

30. 마르틴 좀머펠트(M. Sommerfeldt),《Ich war dabei》, 42쪽. 괴벨스의 다음 언급에 대해서는 그의 혁명일기, 275쪽과 호르켄바흐, 위의 책, 98쪽 참조.

31. 1933년 3월 7일의 각료회의. 《Akten zur Deutschen Auswärtigen Politik 1918~1945》, Serie D(ADAP), 114쪽. 1933년 3월 5일자 국가사회당의 전국 언론부의 성명서. 슐트헤스, 1933, 54쪽 이하. 중앙당 의원 요스(Joos)와 괴링 사이의 전보교신에 대해서는 《Ursachen und Folgen》 IX, 80쪽 참조.

32. 막스 밀러(M. Miller), 《Eugen Bolz, Staatsmann und Bekenner》, 슈투트가르트, 1951, 440쪽. 국가사회주의자들이 정부에 참여하고 있는 작은 주들은 2월 중순에 이미 통합되었다. 예를 들면, 튀링겐, 안할트, 리페, 브라운슈바이크, 메클렌부르크, 슈베린, 노이슈트렐리츠 등지.

33. 도마루스, 위의 책, 222쪽.

34. 칼릭, 위의 책, 59쪽. 앞선 언급에 대해서는, 라우슈닝, 《Gespräche》, 164쪽.

35. 1933년 3월 10일자 히틀러의 호소는, 도마루스, 위의 책, 219쪽에서 인용. 다른 한편 33년 3월 10일자로 도이치 국가민족당의 부의장 폰 빈터펠트(v. Winterfeld)의 불만을 못마땅하게 여긴 히틀러의 반응은 BAK R 43 II, 1263. 파펜에게 보낸 히틀러의 편지는 복사본이 힌덴부르크와 국방장관에게도 전달되었다. 브로차트, 위의 책, 111쪽. 1933년 1월 31일부터 8월 23일까지 도이치 신문에 의해서 살해된 것으로 알려진 사람들은, 국가사회당의 적 196명에 대해서 히틀러 추종자 24명이었다. 3월 선거까지의 기간 동안 51명의 적과 18명의 국가사회주의자들의 이름이 나오고 있다.

36. 같은 곳, 215쪽.

37. 브라허, 《Die Technik der nationalsozialistischen Machtergreifung》, in: 《Deutschland zwischen Demokratie und Diktatur》, 168쪽.

38. 호르켄바흐, 위의 책, 114쪽.

39. 브라허, 《Machtergreifung》, 158쪽을 보라. 〈민족관찰자〉는 3월 17일에 이미 승리에 넘친 말투로 미리 계산해 보였다. 즉 81명의 공산당 의원을 빼는 것만으로 국가사회당은 절대다수를 10석이나 넘어설 수 있다는 것이다.

40. 괴벨스, 《Kaiserhof》, 284쪽.

41. 호르켄바흐, 위의 책, 106쪽.

42. 《Tischgespräche》, 366쪽.

43. 괴벨스, 《Kaiserhof》, 285쪽 이하.

44. 에발트 폰 클라이스트 슈멘친(E. v. Kleist-Schmenzin)은 〈Politische Studien〉 10 (1959), 106권, 92쪽에서 이런 의견을 보고하였다. 이 행사를 '포츠담의 감동 코미디'라고 본 사람은, 마이네케, 위의 책, 25쪽.

45. 〈Berliner Börsenzeitung〉 1933년 3월 22일자. 호르켄바흐, 위의 책, 127쪽에서 인용.

46. 하이덴, 《Geburt》, 147쪽.

47. 이 연설은, 도마루스, 위의 책, 229쪽에 실려 있다.

48. 세베링, 위의 책, 2권, 385쪽. 다음에 제시된, 실제로는 훨씬 더 광범위하게 뒤얽힌 각서사건에 대해서는, 브뤼닝, 위의 책, 655쪽 이하. 역시 브뤼닝, 《Ein Brief》 in:〈Deutsche Rundschau〉 1947, 15쪽.

49. 도마루스, 위의 책, 242쪽 이하. 히틀러가 벨스의 연설을 미리 알았다는 추측에 대해서는 프리드리히 슈탐퍼(F. Stampfer), 《Erfahrungen und Erkenntnisse》, 쾰른, 1957, 268쪽.

50. BAK Kabinettsprotokolle R 43 I. 괴벨스, 《Kaiserhof》, 287쪽. 다른 자리에서 괴벨스는 히틀러의 답변에 대해서 이렇게 말하고 있다. "여기서 고양이와 쥐가 놀고 있다는 느낌을 받았다. 마르크스주의자는 한구석에서 다른 구석으로 쫓겨다녔다. 그가 보호를 희망한 곳에는 오직 파멸만이 있었다." 《Der Führer als Redner》 in:《Adolf Hitler》 (Reemtsma-Bilderdienst), 33쪽.

51. 브뤼닝, 《Ein Brief》, 19쪽.

52. 각서가 오지 않았다는 점에 대해서 나중에 되풀이된 질문은 히틀러의 다음과 같은 암시로 끝을 맺었다. 도이치 국가민족당원들은 (미리 합의된) 각서의 양도와 출판에 대해서 이의를 제기하였다고 한다. 질문을 받은 도이치 국가민족당원들은 히틀러의 주장을 부인하였다. 그들은 반대로 각서의 출판을 소원했다고 한다. 브뤼닝, 위의 책, 660쪽 참조.

53. 괴를리츠/크빈트, 위의 책, 372쪽.

54. 파브리, 위의 책, 91쪽에서 인용. 분명히 대통령 측근에서 나온 발언을 되풀이한 것으로 보이는 다음의 암시에 대해서는, 브뤼닝, 위의 책, 650쪽.

55. 파펜, 위의 책, 295쪽. 히틀러는 나중에 힌덴부르크가 어느 날 자신에게 직접, 어째서 파펜이 언제나 담화에 참석하는가를 물었다고 주장하였다. "나는 당신과 이야기하고 싶단 말이오!" 《Tischgespräche》, 410쪽 참조. 3월 15일자 각료회의에서 마이스너의 발언에 대해서는, IMT XXXI, 407쪽 참조. 마이스너는 "특별한 의미가 있는 몇 개 법령들의 경우에 대통령 각하의 권위를 개입시키는 것이 좋지 않겠는가."고 제안하였다.

56. 1933년 3월 10일자 마이스너가 헬트에게 보낸 전보에서. 브라허, 《Diktatur》, 228쪽. 다음에 나오는 괴벨스 인용은 《Kaiserhof》, 302쪽 참조(1933년 4월 22일).

57. 라우슈닝, 《Gespräche》, 78쪽 이하. 칼 괴르델러의 발언에 대해서는 칼릭, 위의 책, 171쪽.

58. 호르켄바흐, 위의 책, 168쪽 이하. 이 단계에서의 관료정치의 역할과, 히틀러 정권의 관료정책에 대해서는 한스 몸젠, 《Beamtentum im Dritten Reich》, Schriftenreihe der VJHfZ 13번.

59. 마티아스(E. Matthias), 《Der Untergang der alten Sozialdemokratie 1933》, in:VJHfZ 1956/3, 272쪽. 다음의 말은 회그너(Hoegner), 《Die verratene Republik》, 360쪽.

60. 1933년 1월 31일자 브라이차이트의 보고서 제목. 이 보고서는 당 수뇌부의 수동성

을 미래를 확신하는 사려 깊은 행동이었다고 이념적으로 정당화하는 글이다. 마티아스, 위의 책, 263쪽 참조.

61. 의회의 협상들, 457권, 1933년 5월 17일. 69쪽.

62. 프랑수아 퐁세, 위의 책, 136쪽에서 인용.

63. 브뤼닝, 위의 책, 657쪽. 다음의 언급은 로버트 무질의 일기(함부르크, 1955년 발간)에서 나온 것이다. 빌프리트 베르크한(W. Berghahn), 《Robert Musil in Selbstzeugnissen und Bilddokumenten》, 함부르크, 1963, 123쪽.

64. 로버트 무질, 위의 책, 125쪽. 투홀스키의 발언은 작가 발터 하젠클레버(W. Hasenclever)에게 1933년 4월 11자로 보낸 편지에서 인용. 투홀스키, 전집 3권, 399쪽.

제2장 총통국가로 가는 길

1. 도마루스, 위의 책, 288쪽.

2. 하이버, 《Joseph Goebbels》, 149쪽에서 인용. 라우슈닝, 《Gespräche》, 185쪽 이하 참조. 특히 민주국가에서 온 방문객들을 향해서 히틀러는 자신은 입법부의 교체뿐 아니라 자신의 개별적인 조치들에 대해서도 투표를 하고 있으며, 언제라도 국민의 새로운 투표에 기꺼이 따를 각오가 되어 있다고 자랑하곤 하였다. 야콥센(H.-A. Jacobsen), 《Nationalsozialistische Außenpolitik》, 327쪽.

3. 라우슈닝, 《Gespräche》, 179쪽 이하. 하이버, 《Joseph Goebbels》, 137쪽 참조. 그 뒤에는 여러 세대에 걸쳐서 성취되지 못한 도이치 국민적인 동경의 테마 중의 하나였던 민족공동체의 이념이 유혹적으로 드러나 있다. 민족 안에서 실현되는 공동체는 신비적으로 이해된 최고 형식의 사회적 존재로서 광범위한 변용문학의 주제였다. 국가사회주의는 이러한 변용문학의 생각들을 받아들여서 마르크스주의적인 계급투쟁이론과 자유주의적인 다수주의 이론에 날카롭게 대비시켰다. 망가진 민족, 그 사회적인 적대감과 갈등은 신뢰, 징계, 명예, 기율, 헌신의 토대 위에 자리잡은 국가의 대립상으로 제시되었다. 이러한 국가는 조화로운 통일에 대한 오래된 꿈 같은 비전뿐 아니라 강력하고 두려움의 대상이 되는 공동체라는 도발적인 이념을 포함한다. 평화 없고 우둔한 대중 대신에 "대중에서 자라나온 민족공동체, 잘 분류되고, 자의식을 갖춘 민족"이 들어서야 한다고 히틀러는 말했다. 이제 제2의 권력 장악 과정의 가장 중요한 핵심은 그것의 실현으로 향하였다.

4. 7월 6일자 중앙정부가 각 주에 파견한 주정부 감독관들에게 행한 연설. 〈민족관찰자〉 1933년 7월 8일자 참조.

5. 같은 곳. 히틀러가 얼마나 의식적으로 전체의 화해를 추구하였는가 하는 것은 그가 뒷날 프랑코에 대해서 한 비난에서 드러나고 있다. 프랑코는 한때의 적들을 '비적들처럼' 취급하고 있다고 했다. 그리고 계속하기를 '한 나라의 절반이 추방되었다고 선언한다면 해결책이 아니다.' 그리고 자신은 당시 잘못된 정보를 받았다, 그렇지 않았더라면 이런 일을 절대로 허용하지 않았을 것이라고 덧붙였다. 《Le Testament politique de

Hitler》, 76쪽 이하.

6. 1939년 1월 19일자 지역선전 책임자 트리어(Trier)의 편지. 하이덴, 위의 책, 326쪽 이하.

7. 브라허, 《Diktatur》, 258쪽. 쉰바움, 위의 책, 336쪽. 발터 셸렌베르크(W. Schellenberg), 《Memoiren》, 98쪽.

8. 라우슈닝, 《Gespräche》, 96쪽. 뤼데케, 위의 책, 518쪽.

9. 앞에서 이미 언급한 7월 6일의 주정부 감독관들에게 행한 연설에서.

10. 도마루스, 위의 책, 285쪽에 제시된 6월 29일자 '국가사회당의 중앙 홍보처 공고' 참조. F. J. 하이덴, 위의 책, 115쪽. '당의 시민화'에 대한 염려는 1933년 2월의 〈NS-Monatshefte〉의 한 논문의 논쟁적인 구절에 표현되어 있다. 다음의 인용에 대해서는 라우슈닝, 위의 책, 89쪽 이하 참조.

11. 같은 곳, 198쪽. 이어지는 언급도 같은 곳에서 나온 것임.

12. F. J. 하이덴, 위의 책, 134쪽. 크로이츠나흐 온천의 소관구 지도관의 보고.

13. 1933년 4월 1일자 '유대인의 혐오선전에 대항한' 괴벨스의 라디오 연설. 《Dokumente der deutschen Politik》 I, 166쪽 이하에 인쇄되어 있다.

14. 프랑수아 퐁세, 위의 책, 218쪽 이하.

15. 프랑수아 퐁세, 같은 곳.

16. 호르켄바흐, 위의 책, 196쪽.

17. 골로 만(G. Mann), 《Deutsche Geschichte》, 804쪽.

18. 벤(G. Benn), 《Antwort an die literarischen Emigranten》, GW IV, 245쪽.

19. 호르켄바흐, 위의 책, 207쪽. 힐데가르트 브레너(H. Brenner), 《Die Kunstpolitik des Nationalsozialismus》, 50쪽.

20. 발터 하게만(W. Hagemann), 《Publizistik im Dritten Reich》, 35쪽. 특히 통합 시기에 나치 언론정책의 전체적인 맥락에 대해서는 정보와 자료가 풍부한 연구서, 오론 할레(O. J. Hale), 《Presse in der Zwangsjacke》 참조.

21. 브로차트, 위의 책, 286쪽.

22. 〈Der Diskus〉 1963/1 참조. 아도르노의 입장표명이 들어 있는 '공개편지'. 그중에는 다음과 같은 말이 들어 있다. "진정한 잘못은 나의 잘못된 상황판단에 있었습니다. 이민 결심이 정말로 어렵다고 생각하는 사람의 어리석음이라고 말할 수도 있겠지요. 제3제국이 오래 견디지 못할 것이며, 결국에는 나타나게 될 구원을 얻기 위해서 그저 여기 머물면 될 것이라고 믿었습니다. 다른 어떤 것도 내게 그 어리석고 전략적인 문장을 쓰도록 자극하지 않았습니다. 히틀러 이전과 이후의 삶에서 내가 쓴 모든 것은 이 문장들과 반대 입장에 있습니다." 바로 이러한 주장이 이 언명을 더욱더 이해하기 어렵게 만든다. 본문에서 언급된 아도르노의 글은 1934년 6월에 〈Die Musik〉이란 잡지에 발표된 것이다. 에른스트 베르트람(E. Bertram)의 '불꽃의 말'에 대해서는, 브레너, 위의 책, 188쪽 이하.

에른스트 아돌프 드라이어(E. A. Dreyer) 펴냄, 《Deutsche Kultur im Dritten Reich》, 베를린, 1934년, 79쪽 참조.

23. 베티나 파이스텔 로메더(B. Feistel-Rohmeder), 《Im Terror des Kunstbolschewismus》, 칼스루에, 1938, 187쪽.

24. 브라허, 《Diktatur》, 271쪽.

25. 막스 셸러(M. Scheler), 《Der Mensch im Weltalter des Ausgleichs》, 베를린, 1929, 정치에 대한 대학의 기고문들, 45쪽. 셸러는 시대의 반이성적 경향의 징후들로서 볼셰비즘, 파시즘, 청년운동, 춤에 대한 열광, 심리분석, 어린이에 대한 새로운 평가, 원시적 · 신화적 심성을 즐기는 것 등을 들었다.

26. 에드가 융(E. J. Jung), 《Neubelebung von Weimar?》 in:〈Deutsche Rundschau〉 1932년 6월. 폴 발레리의 언급에 대해서는 토마스 만, 《Nachlese, Prosa 1951~55》, 196쪽.

27. 벤, 앞에서 인용한 편지, 위의 책, 245쪽 이하.

28. 체슬라브 밀로즈(Czeslaw Milosz), 《Verführtes Denken》, 20쪽.

29. 뤼데케, 위의 책, 443쪽. 히틀러 인용은, 도마루스, 위의 책, 315쪽.

30. 놀테, 《Faschismus》 294쪽에 있는 그림 참조.

31. 《Mein Kampf》, 491쪽.

32. 도마루스, 위의 책 302쪽. 라우슈닝의 이어지는 언급은 《Gespräche》, 27쪽 이하.

33. 브라허, 《Diktatur》, 253쪽. 하이덴, 《Geburt》, 257쪽.

34. 한스 벤트(H. Wendt), 《Hitler regiert》, 23쪽 이하. 힐데가르트 슈프링거(H. Springer), 《Es sprach Hans Fritzsche》, 159쪽. 2월 10일 스포츠궁의 연설에서 히틀러는 이렇게 말했다. "우리에게 우리의 상세한 프로그램을 말해달라고 그들이 말하면 나는 이렇게 대답할 수 있을 뿐입니다. 아주 구체적인 몇 가지 점들을 갖춘 프로그램은 아마 어떤 정부든 언제라도 내놓을 수 있었을 것이다. 그러나 당신들의 경제 이후로, 당신들의 활동 이후로, 당신들의 붕괴 이후로 도이치 민족은 근본부터 새로이 건설되어야 할 판이다. 당신들이 근본까지 파괴했으므로 그렇다! 그것이 우리의 프로그램이다!라고 말입니다." 도마루스, 위의 책, 204쪽 참조.

35. 크렙스, 위의 책, 148쪽 이하.

36. 《Mein Kampf》, 228쪽 이하와 라우슈닝, 《Gespräche》, 26쪽. 페더의 실패에 대해서는 1933년 7월 28일자 〈민족관찰자〉를 보라. 그 단계의 중산층 정책의 상세한 묘사는, 하이덴, 《Geburt》, 172쪽 이하와 브로차트, 위의 책, 213쪽에서 볼 수 있다.

37. 베스트팔렌 노동관리자 클라인(Klein) 박사가 국무비서 그라우어트(Grauert)에게 보낸 편지. 《Ursachen und Folgen》 IX, 681쪽에서 인용.

38. 라우슈닝, 《Gespräche》, 151, 179쪽 이하.

39. 슐트헤스, 1933, 168쪽.

40. IfZ/München MA 151/16. 1932년 하반기에 여기 언급된 고속도로 계획을 놓고 관할권이 이리저리 오간 것은 심리적인 직감의 결핍을 분명하게 보여준다. 이 시점에서는 실업과 사회적인 비참에 풀죽은 사람들에게서 그렇게 거대한 계획에 착수하는 것이 불러일으킬 분위기의 작용을 계산했던 것이 분명하다. 그에 반해 히틀러는 이러한 기회를 즉각적으로 알아보았다. 그리고 그 점이야말로 그에게 있어서 이 시점에서는 이 계획이 가진 경제적 · 기술적 · 전략적 목표보다도 더욱 중요했던 것 같다.

41. 《Ursachen und Folgen》 IX, 664쪽에서 인용. 그곳에는 히틀러 정권의 노동 창출 정책을 위한 다른 기록들도 있다. 다음에 나오는 인용은 《Adolf Hitler in Franken》, 151쪽에서 인용.

42. 쇤바움, 위의 책, 150쪽. 에센부르크, 《Dokumentation》, in:VJHfZ 1955/3, 314쪽 이하. 히스토리쿠스(Historikus), 《Der Faschismus als Massenbewegung》, 칼스바트, 1934, 7쪽.

43. 라우슈닝, 《Gespräche》, 126쪽과 165쪽. 방금 위에 나온 인용문은 1925년 3월 27일 뮌헨 주재 오스트리아 총영사의 보고. 도이얼라인, 《Aufstieg》, 252쪽에서 인용.

44. 오토 슈트라서의 신문 〈Die Schwarze Front〉. 괴를리츠/크빈트, 위의 책, 367쪽 참조. 하원의 논쟁에 대해서는, 하이덴, 《Geburt》, 209쪽.

45. 1933년 3월 15일에 함부르크의 시장 크로크만(Krogmann)을 향해서 이렇게 말했다. H.-A. 야콥센, 《Nationalsozialistische Außenpolitik》, 395쪽. 그리고 25쪽에도 권력 장악 과정에 나타나는 인물의 교체에 대해서 풍부한 자료들이 제시되어 있다. 외무부에서는 "고작 6퍼센트만이 정치적 이유에서 교체되었다." 그리고 단 한 명의 외교관, 워싱턴 주재 도이치 대사인 폰 프리트비츠 가프론(v. Prittwitz-Gaffron)만이 정치적인 이유로 사임하였다. 히틀러를 통한 외무부의 특성화에 대해서는 라우슈닝, 《Gespräche》, 250쪽 참조.

46. 외국의 반응에 대해서는, 쉬러, 위의 책, 207쪽.

47. 마인크(Meinck), 《Hitler und die deutsche Aufrüstung》, 33쪽 이하 참조.

48. IMT XXXIV, C-140

49. 놀테, 《Krise》, 138쪽.

50. 영국 언론인 워드 프라이스가 1933년 10월 18일 히틀러와의 인터뷰를 하는 동안 이런 말을 했다. 〈민족관찰자〉 1933년 10월 20일자. 호르켄바흐, 위의 책, 479쪽.

51. 라우슈닝, 《Gespräche》, 101쪽 이하.

52. 1933년 11월 15일 영국 대사의 보고는 《Ursachen und Folgen》 X, 56쪽 이하. 마르틴 니묄러(M. Niemöller)와 목사들이 이 기회에 히틀러에게 보낸 전보에서. "민족과 조국을 위해 정해진 이 시간에 우리는 우리의 지도자께 인사를 드립니다. 우리는 독일의 명예였던 남자다운 행동과 명료한 말에 대해 감사드립니다. 신앙운동에 속하지 않은 2천5백 명 이상의 개신교 목사들의 이름으로 우리는 충실한 추종과 기도의 생각을 약속합니

다." 파브리, 위의 책, 123쪽에서 인용.

53. 인용된 연설은, 도마루스, 위의 책, 312쪽 이하, 324쪽. 호르켄바흐, 위의 책, 536쪽 이하. 영국 대사의 보고에도 상황묘사가 선명하다.

54. 호르켄바흐, 위의 책, 554쪽.

55. 도마루스, 위의 책, 357쪽. 프랑스 대사를 향한 히틀러의 암시에 대해서는, H.-A. 야콥센, 《Nationalsozialistische Außenpolitik》, 331쪽. 노이라트의 발언에 대해서는 로버트 인그림(R. Ingrim), 《Hitlers glücklichster Tag》, 87쪽. 1928년 10월 31일자 〈민족관찰자〉에서 어떤 오스트리아 국가사회주의자가 분명하게 이렇게 선언하였다. 도이치의 동방 확장 의도에 비추어볼 때 폴란드는 현재의 영역에서 사라져야 할 것이며, 체코 사람들은 폴란드 뒤쪽으로 밀치거나 아니면 남아메리카로 이주시킬 수 있을 것이라고 했다.

56. 《Documents on British Foreign Policy》, 2nd ser. vol. IV, 1934년 1월 30일자 보고.

57. 율리우스 엡슈타인(J. Epstein), 《Der Seeckt-Plan》, in:〈Der Monat〉, Heft 2, 1948년 11월호 42쪽 이하.

58. 아놀드 토인비가 1937년에 한 말. 마틴 길버트/리하르트 고트(M. Gilbert/R. Gott), 《Der gescheiterte Frieden》, 54쪽에서 인용. 칼 랑게(K. Lange), 《Hitlers unbeachtete Maximen》, 113쪽 이하. 서머 웰스(S. Welles)도 미국의 관심은 주로 히틀러의 특성에, 그리고 그의 수염과 찰리 채플린의 수염 사이의 유사성에 쏠렸다고 말했다. 같은 곳, 125쪽 이하.

59. 앤서니 이든(A. Eden), 《Angesichts der Diktatoren》, 87쪽 이하. 프랑수아 퐁세, 위의 책, 164쪽. 여기서도 일부 소개된 수많은 다른 부분에 대해서는 야콥센, 《Nationalsozialistische Außenpolitik》, 369쪽 이하에서 찾아볼 수 있다. 존 사이먼 경과의 일화는 커크패트릭(I. Kirkpatrick), 《Im Inneren Kreis》, 34쪽 이하에서.

60. 파브리, 위의 책, 115쪽에서 인용.

61. 브레너, 위의 책, 100쪽 이하.

62. 같은 곳, 40쪽. 트로타(Th. v. Trotha), 《Das NS-Schlichtheitsideal》, in:〈NS-Monatshefte〉 4. Jhg. 35권, 1933년 2월호 90쪽.

63. 루돌프 헤스(R. Heß), 《Reden》, 뮌헨, 1938, 14쪽. 대중의 우상숭배에 대한 히틀러의 언급은 《Tischgespräche》, 478쪽.

64. "지도자의 권력은…… 자유롭고 독립적이고 배타적이고 제한이 없다."고 에른스트 루돌프 후버(E. R. Huber), 《Verfassungsrecht》, 230쪽에서 요약하고 있다. 그보다 앞선 인용은 에른스트 포르스토프(E. Forsthoff), 《Der totale Staat》, 37쪽.

65. 브뤼크너(W. Brückner), 《Der Führer in seinem Privatleben》, in:《Adolf Hitler》 (Cigaretten-Bilderdienst), 36쪽.

66. O. 디트리히, 《Zwölf Jahre》, 150쪽. 《Tischgespräche》에서(322쪽) 위대한 사상을 가진 인간은 "하루 두 시간 집중해서 일하는 것으로 충분하다."고 주장하고 있다.

67. 안톤 코크타네크(A. M. Koktanek), 《Oswald Spengler in seiner Zeit》, 458쪽. 칼 마이 읽기에 대해서는 《Libres propos》, 306쪽과 오토 디트리히, 《Zwölf Jahre》, 164쪽.

68. 괴벨스, 《Wer hat die Initiative?》. 《Das eherne Herz》, 380쪽에 인쇄되어 있다. 페더의 장교비서관 주선에 대해서는 티렐, 위의 책, 60쪽 참조.

69. 도마루스, 위의 책, 352쪽. 하이덴, 《Geburt》, 260쪽.

70. 마이스너/빌데, 위의 책, 195쪽 참조. 호레이스 럼볼드(H. Rumbold) 경의 1933년 2월 22일자 보고서, 《Ursachen und Folgen》 IX, 41쪽에서 인용.

71. 발터 괴를리츠(W. Görlitz), 《Hindenburg》, 본, 1953, 412쪽.

72. 크라우스니크, 1954년 6월 30일자 《Das Parlament》 기고문, 319쪽.

제3장 룀 사건-토사구팽

1. IfZ München MA-1236(1933년 5월 30일자 지시문).

2. 같은 곳.

3. 룀(E. Röhm), 《SA und deutsche Revolution》, in:〈NS-Monatshefte〉 4. Jhg. 1933, 251쪽 이하.

4. 지시문 Ch Nr. 1415/33 1933년 7월 31일자. Doc. Centre, 43/I 참조.

5. 라우슈닝, 《Gespräche》, 143쪽 이하. 룀의 의도에 대해서는 두 가지 상이한 견해가 있다. 그가 돌격대를 방위군과 별도로 일종의 민병대로 조직할 생각이었다고 보는 편이 있고, 혹은 돌격대를 무장집단으로 선언하고 방위군을 그 안으로 받아들일 생각이었다고 보는 편도 있다. 기록문서들과 여러 가지 사정들은 룀이 누구를 상대로 하느냐에 따라서 이 두 가지 생각을 다 밝혔으며, 그 과정에서 첫 번째 견해는 두 번째 견해로 넘어가는 과도적인 것으로 이해했다는 추측을 뒷받침해주고 있다.

6. 괴를리츠/크빈트, 위의 책, 440쪽.

7. 딜스, 위의 책, 278쪽. 폰 블롬베르크와 폰 라이헤나우의 인품에 대해서는 푀르치, 위의 책, 30쪽 이하 참조. 프리드리히 호스바흐(F. Hoßbach), 《Zwischen Wehrmacht und Hitler》, 76쪽과 VJHfZ 1959/4, 429쪽 이하.

8. 라우슈닝, 《Gespräche》, 147쪽. 위에 언급한 사령관 회의에 대한 라이헤나우의 설명에 대해서는, IfZ Zeugenschrifttum Nr. 279 I, 19쪽. 히틀러가 성공적인 권력 장악의 진행을 고려해서 방위군에 부여한 의미에 대해서는, 1933년 9월 23일자 연설 참조, 호르켄바흐, 위의 책, 413쪽에서 인용.

9. 1933년 5월 7일자 키일 돌격대를 앞에 둔 연설. 슐트헤스, 위의 책, 124쪽. 1934년 3월 19일에도 그는 뮌헨의 옛날 전사들 앞에서 "혁명은 계속되어야 한다!"고 선언하였다.

도마루스, 위의 책, 371쪽 참조.

10. 게어하르트 로스바흐(G. Roßbach), 《Mein Weg durch die Zeit》, 150쪽. 베를린 주재 프랑스 대사관 무관 르농도(Renondeau) 장군의 1934년 4월 23일자 보고. 《Ursachen und Folgen》 X, 153쪽에서 인용. 룀의 도전적인 발언들에 대해서는, 딜스, 위의 책, 121쪽.

11. 딜스, 위의 책, 275쪽.

12. 1934년 2월 2일/3일자 사령관 회의. IfZ 뮌헨, Blatt 76 이하에서 리프만 장군의 수기에 따라 인용. 앞에 인용된 '아리안 조항'은 1933년 4월 7일자 직업공무원 재건을 위한 법령규정이었다. 그에 따르면 1차 대전 이전에 공무원이었거나 전선에서 싸웠다는 사실을 입증할 수 없는 모든 유대인은 공무원직에서 물러나야 한다는 것이었다.

13. 국가사회당의 중앙 문서고인 후버 연구소의 Reel 54, Folder 1290. 야콥센/요흐만, 위의 책, 1934년 2월 2일자 참조.

14. 헬무트 크라우스니크(H. Krausnick), 《Juden-Verfolgung》, 319쪽.

15. 딜스의 진술. 브라허, 《Machtergreifung》, 942쪽 (주).

16. 크라우스니크, 위의 책, 320쪽. 1934년 3월 23일자 룀과의 대화에 대한 쾨스터(Köster)의 보고. ADAP III, 263쪽에서 인용.

17. 브라허, 《Machtergreifung》, 946쪽에서 자우어(W. Sauer) 참조. 자우어에 따르면 1934년 여름 돌격대의 무장해제시에, 총 177,000정, 중기관총 651정, 경기관총 1,250정이 나왔다. 이 무기는 베르사유 조약에 따라 방위군 보병 10개 사단의 무장에 해당하는 것이다.

18. 같은 곳, 949쪽 주 참조.

19. 리프만 수기, 위의 책, Blatt 70쪽.

20. 파펜, 위의 책, 344쪽.

21. '잔인한 우정'이 히틀러와 무솔리니의 관계를 묘사한 책의 제목이다. 이것은 1945년 4월자 히틀러의 발언에 근거한 것이다.

22. 이 연설은 《Ursachen und Folgen》 X, 157쪽 이하에 발췌 인쇄되어 있다.

23. 도마루스, 위의 책, 390쪽 이하.

24. 로젠베르크, 《Das politische Tagebuch》, 31쪽(1934년 7월 28일자 기록).

25. 브라허, 《Machtergreifung》, 923쪽, 자우어 참조.

26. 같은 곳, 954쪽.

27. 크라우스니크, 위의 책, 321쪽. 이 과정에서 배후의 연출자들에게 사고가 일어났다. 이 사고는 사건의 무대 뒤를 한 번 구경할 수 있게 해준다. 폰 클라이스트와 하이네스는 공개발언대에서 서로 만났다. 클라이스트가 나중에 말한 바에 따르면 여기서 그들은 "우리는…… 제3자에 의해서-나는 히믈러를 생각했다-부추김을 받고 있으며, 수많은 소식들이 그에게서 나오고 있다."는 공통된 의혹을 갖게 되었다. 폰 클라이스트는 뉘른베르크

재판 IMT 앞에서 이렇게 발언하였다. 여기서는 베네케(Bennecke), 《Die Reichswehr und der 'Röhm-Putsch'》, 빈, 1964, 85쪽.

28. 《Das Archiv》, 1934년 6월, 316쪽 이하 참조. 여기에는 비슷한 종류의 발언들이 수없이 많다.

29. 크라우스니크, 위의 책, 321쪽.

30. 브라허, 《Machtergreifung》, 958쪽, 자우어 참조.

31. 《Das Archiv》, 1934년 6월, 327쪽에서 인용. 또한 앞으로 나오는 이 사건에 대한 공식적인 설명은 모두 여기서 나온 것.

32. 뮌헨 '모반'을 준비한 사람에 대한 질문은 오늘날까지 명백하게 밝혀지지 않고 있다. 몇 가지 증거들은 히믈러 외에 뮌헨의 관구 지도자 바그너를 가리키고 있다. 그는 그러나 히믈러 쪽의 자극이 없이는 끼여들지 않았을 것으로 보인다.

33. 에리히 켐프카의 보고. 《Ursachen und Folgen》 X, 168쪽 이하에 나와 있다.

34. 도마루스, 위의 책, 399쪽.

35. 프랑크, 위의 책 142쪽 이하.

36. 기제비우스(H. B. Gisevius), 《Adolf Hitler》, 291쪽에서 인용.

37. 1949년 7월 4일 헤르만 빌트(H. Wild)의 진술. 마우(H. Mau), 《Die zweite Revolution-Der 30. Juni 1934》, in:VJHfZ, Heft 1/1953, 134쪽.

38. F. J. 하이덴, 위의 책, 129쪽. 이 이틀 동안 총희생자의 수는 오늘날까지 밝혀지지 않았다. 공식보고는 희생자 77명이라고 되어 있지만 대략 두 배 정도가 사실에 가까울 것 같다. 4백 명, 경우에 따라서는 1천 명까지 거론되는 평가는 논란의 여지없이 과장된 것이다. 이런 맥락에서는, 《Amtliche Totenliste vom 30. Juni 1934》, IfZ München, Sign. MA-131, Bl. 103458-64.

39. 위의 주 18에서 언급된 픽토르 루체의 암시 참조. 다른 참가자들의 진술과 보고들에서는 괴링, 히믈러, 하이드리히가 주도적인 인물들이었고, 희생자 수를 늘린 사람들이었다고 한다. 로젠베르크, 《Das politische Tagebuch》, 36쪽에서는 이 부분에 대해서, 예를 들면 그레고어 슈트라서의 살해에 대해서는 히틀러의 '명령이 없었다'고 하며, 히틀러는 오히려 '그 책임자들에게 설명을 요구하기 위해서' 조사를 명령하였다고 한다.

40. 하이덴, 《Hitler》 I, 456쪽 이하에서 인용.

41. 오토 슈트라서, 《Mein Kampf》, 98쪽. 그에 따르면 히틀러는 특별히 체자레 보르지아를 꿈꾸었으며, 보르지아가 자신의 용병대장들을 화해의 만찬에 초대했던 것을 그려보았다고 한다. "주도적인 대귀족 집안의 신사들이 모두 도착하자 화해의 만찬을 즐기기 위해 식탁에 앉았다. 12시에 체자레 보르지아는 일어서서 이제 모든 불화는 끝났다고 선언하였다. 그러자 손님들 각자의 뒤에서 검은 옷을 입은 두 남자들이 앞으로 나서서 용병대장들을 의자에 묶었다. 그러자 보르지아는 묶여 있는 사람을 차례로 하나씩 죽여나갔다."고 묘사하였다. 그러나 이 저질 책은 거의 믿을 만하지 못하며, 고작해야 특별한 기분

에서 나온 설명이라고 생각된다. 그리고 이런 서술은 슈트라서가 주장하는 특성화의 가치를 갖지 못하는 것으로 보인다.

42. 로젠베르크, 《Das politische Tagebuch》, 34쪽. 그에 따르면 히틀러는 룀을 죽이지 않으려고 했지만, 루돌프 헤스와 막스 아만이("제일 큰 돼지는 제거되어야 한다") 그의 마음을 바꾸게 했다고 한다.

43. 헤르만 마우, 《Die 'zweite Revolution'-der 30. Juni 1934》, in:VJHfZ 1953/1, 126쪽. 도마루스, 위의 책, 424쪽. 당연한 일이지만 히틀러는 룀의 살해를 뒷날에도 돌격대의 도덕적인 잘못이나 모반음모 탓으로 돌린 적이 한 번도 없으며, 언제나 룀의 반항적 태도와 군사정치적인 차이점을 이유로 들었다.

44. 브라허, 《Machtergreifung》, 934쪽 이하, 자우어. 그는 히틀러의 전제조건으로 보아 룀을 죽이는 이외에 다른 선택의 여지가 없었다는 입장을 밝히고 있다.

45. 기제비우스, 《Bis zum bitteren Ende》, 270쪽. 마이스너, 위의 책, 370쪽 참조.

46. 예를 들면 제프 디트리히는 지역 대장으로, 히틀러의 오랜 친구들인 크리스티안 베버와 에밀 모리스는 대장 혹은 연대장으로 승진되었다. 《Das Archiv》, 1934년 7월, 470쪽 참조. 히믈러 자신은 친위대의 독립성이라는 보상을 받았으며, 무장 친위대 병력을 설립할 수 있게 되었다. 1934년 7월 5일과 1934년 10월 9일자 사령관 회의 참조, 리프만 수기, Blatt 101과 110.

47. 브라허, 《Diktatur》, 263쪽. 포젠(Posen)의 연설에서 히믈러는 이 문제에 대해서 이렇게 설명하고 있다. "명령받은 의무를 이행하고, 잘못을 저지른 전우들을 벽에 세우고 총살하는 일은…… 누구에게나 두려운 일이었다. 그러나 명령을 받고 그 같은 일이 꼭 필요하다면 다음번에도 같은 일을 하리라는 것은 누구에게나 분명한 일이다. 나는 지금 유대인 말살, 유대종족 제거를 말하는 것이다." IMT, 1919-PS, XXIX, 145쪽에서 인용.

48. 《Tischgespräche》, 348쪽. 1934년 7월 2일자 언론에 공표한 것, 도마루스, 위의 책, 405쪽에서 인용.

49. 그 과정에서 자신의 오랜 심복이며 한때의 수상이었던 폰 슐라이허의 피를 흘렸다는 사실이 그에게는 일고의 가치도 없었던 듯이 보인다. 풍크가 피커에게, 《Tischgespräche》, 405쪽. 프랑크, 위의 책, 144쪽.

50. 뒷날의 육군원수인 폰 룬트슈테트(v. Rundstedt)가 그렇게 말했다. 바질 헨리 리델 하트(B. H. L. Hart), 《Jetzt dürfen sie reden》, 슈투트가르트/함부르크, 1950, 124쪽.

51. 도마루스, 위의 책, 425쪽.

52. 마우, 《Die 'zweite Revolution'- der 30. Juni 1934》, 133쪽.

53. 브라허, 《Diktatur》, 268쪽. 폰 블롬베르크의 치명적인 말은 다음과 같다. 프로이센 장교의 명예는 정확하다는 것이었다, 도이치 장교의 명예는 교활하다는 것이어야 할 것이다. 괴를리츠, 《Der deutsche Generalstab》, 348쪽 참조.

54. 페터 보어(P. Bor), 《Gespräche mit Halder》, 116쪽 이하. 돌격대 금지기간의

어떤 편지에 그뢰너는 이렇게 적었다. "군대가 마침내 히스테리의 여인처럼 쉬클그루버 씨(히틀러를 낮추어 부른 말. 쉬클그루버는 할머니의 성 : 역주)에게 키스하지 않도록 하는 것은 장군들의 몫"이라고 했다. 그러나 이런 이미지야말로 전체적으로는 폰 블롬베르크가 히틀러를 대하는 방식에 알맞은 것이다. 글라이흐(Gleich)에게 보낸 그뢰너의 편지 참조. 그뢰너 가이어, 위의 책, 326쪽에 인쇄되어 있다.

55. 위에 있는 주 46참조.

56. 라우슈닝, 《Gespräche》, 148쪽.

57. 같은 곳, 161쪽 이하.

58. 페르디난트 자우어브루흐(F. Sauerbruch), 《Das war mein Leben》, 뮌헨, 1960, 520쪽.

59. 《Dokumente der deutschen Politik》 II, 32쪽 이하에서 인용.

60. 8월 2일자 프리크에게 보낸 히틀러의 편지. '국가원수에 관한 법'의 완성에 대한 내용. 같은 곳, 34쪽 이하 참조.

61. 브로차트, 위의 책, 273쪽.

62. 도마루스, 위의 책, 447쪽 이하.

63. 같은 곳, 433쪽.

64. 같은 곳, 436쪽.

65. 같은 곳, 448쪽.

66. 라우슈닝, 《Gespräche》, 165쪽. 〈민족관찰자〉 1934년 9월 11일자.

67. 어떤 주 지도자의 〈친밀한 보고서〉. 이 보고서에는 히틀러 정권의 수많은 전체주의적 발상들이 드러나 있다. F. J. 하이덴, 위의 책, 171쪽 이하에서 인용.

68. 쇤바움, 위의 책, 그는 이 사태에 대한 광범위한 자료들을 제시하였다. 특히 196쪽 이하와 226쪽 이하를 볼 것. 국가사회주의와 제2제국의 혁명적인 성격에 대해서는 전체적으로, 다렌도르프, 위의 책, 431쪽 이하. 터너(H. A. Turner), 《Faschismus und Antimodernismus in Deutschland》, in:《Faschismus und Kapitalismus in Deutschland》, 157쪽 이하.

69. 야콥센/요흐만, 위의 책, 1939년 1월 25일자, 9쪽. 1937년 6월 27일 히틀러의 뷔르츠부르크 연설 참조. 역사상 "이 고통스러운 과정이 독일에서보다 더 영리하고, 합리적이고, 조심스럽고, 감정 있게 완성된" 경우는 없었다고 한다. 도마루스, 위의 책, 703쪽에서 인용.

70. Epp-Material, IfZ MA-1236, 브로차트, 위의 책, 258쪽. 그밖에 같은 곳, 271쪽 이하.

71. 유대인들이 독일에서 이민 나간 수는 1933년 63,400명, 1934년 45,000, 1935년 35,500, 1936년 34,000, 1937년 25,000, 1938년 49,000, 1939년 68,000명. 독일에서 유대인 통합의 자료 참조, 포츠담에 있는 도이치 중앙 문서고, Rep. 97.

72. 같은 제목의 책에 전개되어 있는 에른스트 프렝켈(E. Fraenkel)의 유명한 표현.
73. 《Das Archiv》, 1934년 6월, 359쪽.
74. 프랑스 참전용사회의 의장 장 고이(J. Goy)와의 대담, 도마루스, 위의 책, 460쪽 이하. 이런 맥락에서, 놀테, 《Faschismus》, 170쪽도 참조.

6부 정복이냐, 동맹이냐

제1장 되찾은 외교정책

1. 《Mein Kampf》, 775쪽. 같은 곳 365쪽 이하에도 비슷한 말.
2. 1941년 1월 30일자 연설, 도마루스, 위의 책, 1,659쪽 참조.
3. 놀테, 《Faschismus》, 189쪽 이하.
4. 그라프 케슬러, 위의 책, 716쪽.
5. 1936년 9월 9일자 연설, 도마루스, 위의 책, 638쪽. 1936년 9월 10일자 연설, 같은 곳, 640쪽과 프랑크, 위의 책, 209쪽.
6. 1934년 전당대회에서의 문화연설. 〈Völkischer Beobachter〉, 1934년 9월 6일자.
7. 라우슈닝, 《Gespräche》, 255쪽. 체임벌린의 거절에 대해서는 라우슈닝을 믿을 수 있다. 처칠(Churchill), 《Der Zweite Weltkrieg》 I, 419쪽 참조. 위의 에릭 핍스 경의 발언은 독일-폴란드 조약에 대한 그의 보고서에 들어 있다. 인그림, 위의 책, 70쪽에서 인용.
8. 발레리, 질로네, 위의 책, 36쪽에서 인용. '민주주의의 위기'에 대한 히틀러의 상론은, 다른 점에서도 주목할 만한 1937년 4월 29일자 오르덴스부르크에서 행한 그의 연설을 참조할 것. 코체/크라우스니크, 위의 책, 111쪽 이하에 인쇄되어 있다.

다음에 나오는 폴란드 외무장관 베크가 히틀러와 무솔리니에 경탄한 사실에 대해서는, 부르크하르트, 위의 책, 298쪽 이하 참조. 나아가, 브로차트, 《Faschismus und Kollaboration in Ostmitteleuropa》, in:VJHfZ 1966/3, 225쪽 이하.

9. 아놀드 스펜서 리즈(A. S. Leese)의 말, 놀테, 《Krise》, 332쪽에서 인용.
10. 윙 아키 보일(W. Cdr. A. Boyle)이 오버뮐러(Obermüller)에 대해서. 1935년 3월 15일에 로젠베르크가 히틀러에게 보낸 편지. 야콥센, 《Nationalsozialistische Außenpolitik》, 78쪽에서 인용. 앞에 언급된 〈Times〉 인용은 로디언 경이 상원에서 한 연설을 반복한 것이다. 인그림, 《Von Talleyrand zu Molotov》, 슈투트가르트, 1951, 153쪽.
11. 1936년 3월 22일자 연설, 도마루스, 위의 책, 610쪽에서 인용.
12. 토마스 만, 《Dieser Friede》, GW 12, 783쪽 참조.
13. 도마루스, 위의 책, 473쪽 이하에서 인용.
14. 인그림, 위의 책, 107쪽.

15. 쿤, 위의 책, 159쪽.

16. 인그림, 위의 책, 140쪽과 139쪽. 유화정책의 동기에 대해서는, 벌록, 위의 책, 336쪽과 (그에 관한 문헌의 풍부함으로 보면) 길버트/고트, 위의 책, 제바스치안 하프너(S. Haffner), 《Der Selbstmord des Deutschen Reiches》. 나아가 고트프리트 니트하르트(G. Niedhart), 《Großbritannien und die Sowjetunion 1934~1939. Studien zur britischen Politik der Friedenssicherung zwischen den beiden Weltkriegen》과 베른트 유르겐 벤트(B.-J. Wendt), 《Appeasement 1938. Wirtschaftliche Rezession und Mitteleuropa》.

17. 인그림, 위의 책, 143쪽.

18. 도마루스, 위의 책, 491쪽 이하.

19. 파울 슈미트(P. Schmidt), 《Statist auf diplomatischer Bühne》, 292쪽.

20. 키스 필링(Keith Feiling), 《Life of Neville Chamberlain》, 256쪽.

21. 슈미트, 위의 책, 301쪽. 펍스는 베를린 주재 대사로 재직하던 시기에 히틀러에 대한 견해를 바꾸었다. 파리 주재 미국 대사에게 자신은 히틀러를 "적어도 유럽 전체의 지배를 꿈꾸는 광신자로 생각한다."고 말했다. 베를린 주재 미국 대사에게 그는 독일은 1938년 이전에는 전쟁을 하지 않을 것이다, 그러나 "전쟁이 이 나라에서 목적"이라고 말했다. 길버트/고트, 위의 책, 26쪽 이하.

22. 인그림, 위의 책, 129쪽 이하에 나타난 묘사 참조. 슈미트, 위의 책, 315쪽과 크로그만 일기에 나오는 보고도 참조할 것. 크로그만 일기는 야콥센, 《Nationalsozialistische Außenpolitik》, 415쪽, 주에서 인용.

23. 인그림, 위의 책, 133쪽에서 인용. 에리히 레더(E. Raeder), 《Mein Leben》 I, 298쪽 이하에서 인용.

24. 리벤트로프, 위의 책, 64쪽.

25. 브라허, 《Diktatur》, 323쪽. 다음에 인용되는 히틀러의 진술은 코르트(E. Kordt), 《Nicht aus den Akten》, 109쪽에서 인용.

유화정책에 대한 영국측의 변명에 대해서는 사무엘 호어(S. Hoare) 경의 1935년 7월 11일자 하원연설. 처칠, 위의 책, 178쪽에서 인용. 나아가 호어, 《Neun bewegte Jahre》, 뒤셀도르프, 1955. 127쪽 이하. 처칠은 그 당시 정부정책에 반대하였지만 표결에서는 찬성하였다. 결과는 247 대 44로 찬성이 많았다.

26. 놀테, 《Epoche》, 288쪽.

27. 같은 곳, 288쪽. 나아가 무솔리니, 《Opera Omnia》 XXVI, 피렌체, 1951, 319쪽. 커크패트릭, 《Mussolini》, 268쪽. 같은 곳, 이어지는 무솔리니 인용은 275쪽.

28. 그에 대해서는, 놀테, 《Krise》, 162쪽.

29. 슈미트, 위의 책, 342쪽.

30. 놀테, 《Krise》, 160쪽.

31. 이 갈등에 근거해서 처음에 쿤은 히틀러의 외교정책에 대한 위의 책에서 상론을 펼쳤다. 아래 인용되는 1937년 4월 29일자 히틀러의 비밀연설에 대한 지적도 그에게 힘입은 것이다.

32. 만프레트 풍케(M. Funke), 《Sanktionen und Kanonen. Hitler, Mussolini und der Abessinienkonflikt》, 뒤셀도르프, 1971 참조.

33. 호스바흐, 위의 책, 97쪽. 그는 히틀러가 2월 12일에 처음으로 더 빠른 작전을 고려하였다고 보고하고 있다. 히틀러가 주어진 상황에 따라서는 평소의 결정을 꺼리는 태도와는 달리 극히 재빠른 결심을 할 수 있다는 사실에 대한 증거다. 다음에 언급되는 무솔리니의 격려에 대해서는, 야콥센, 《Nationalsozialistische Außenpolitik》, 418쪽 참조. 스트레사의 정신은 죽었다는 발언은 당시 목표로 삼고 있던 세력들 사이의 조약의 일방적인 파기통보에 대해서 가능한 수단으로 대항할 것이라는 합의와 관계된 것이었다.

34. 도마루스, 위의 책, 580쪽.

35. 슈미트, 위의 책, 320쪽. 나아가, 호스바흐, 위의 책, 23쪽과 98쪽. 히틀러가 때때로 신경발작을 일으켰다는, 추측컨대 과장된 주장은 다른 어떤 측면에서도 뒷받침되지 않고, 오직 코르트, 《Nicht aus den Akten》, 134쪽에서 나온 것.

36. 브라허, 《Diktatur》, 325쪽. 《Tischgespräche》에서 히틀러는 "쿠데타 뒤에 선거를 하였다. 밖으로나 안으로나 그것은 최대의 효과가 있다."고 고백하였다. 위의 책, 169쪽.

37. 호프만, 위의 책, 82쪽. 나아가, 《Tischgespräche》, 155, 169쪽. 치아노는 같은 의미로, 완성된 사실의 '파시즘적 기본원칙'이라는 말을 했다. 《Tagebücher》, 9쪽.

38. 마인크, 위의 책, 145쪽 이하에 분석되어 있다. 참조할 것.

39. 에이븐(Avon) 경, 《Facing the Dictators》, 런던, 1962, 362쪽.

40. 프랑수아 퐁세, 위의 책, 264쪽.

41. 프랑크, 위의 책, 204쪽 이하.

42. ADAP III 참조. 이탈리아 병력은 5만 명 이상인데 반해 도이치 병력은 대략 6천 명 정도였으나 계속 교체되었다. 스페인 자원자를 공개적으로 모집하는 일이 히틀러에 의해 거절되었기 때문에 전체적인 투입상황은 공개되지 않고 엄격하게 비밀에 붙여졌다.

43. 놀테, 《Krise》, 178쪽.

44. 치아노, 《Tagebücher》, 46쪽.

45. 치아노, 《Diplomatic Papers》, 벌록, 위의 책, 351쪽에서 인용.

46. 치아노, 《Tagebücher》, 13쪽.

47. 도마루스, 위의 책, 738쪽에서 인용. 거기에는 그밖에도 이날이 경과하는 동안 나온 다른 진술들도 들어 있다.

48. 놀테, 《Faschismus》, 270쪽 이하.

49. 비데만, 위의 책, 150쪽. 볼드윈과의 저녁회담에 대한 에피소드는, 길버트/고트, 위의 책, 34쪽.

50. 비데만, 위의 책, 150쪽. 나아가, 이든(A. Eden), 《Angesichts der Diktatoren》, 437쪽 참조.

51. 존스(Th. Jones), 《A Diary with Letters 1931~1950》, 런던, 1954, 251쪽. 리벤트로프 위임에 대해서는, 1939년 7월 5일, 불가리아의 수상 키오세이바노프(Kiosseiwanoff)에게 리벤트로프가 말한 것. ADAP VI, 714쪽에 들어 있음. 그밖에 부르크하르트, 위의 책, 285, 295쪽도 참조.

52. 1936년 11월 13일자 연설. 도마루스, 위의 책, 643쪽에서 인용.

53. 1937년 전국 당의 날 선언문에서. 같은 곳 716쪽에서 인용. 바로 위에 나온 인용은, 같은 곳, 646쪽을 볼 것.

54. 쿤, 위의 책, 198쪽 이하 참조. 물론 새로운 생각에 따른 군사적 계획은 거의 영향을 받지 않았다.

55. 1937년 2월 24일자 연설. 코체/크라우스니크, 위의 책, 90, 92쪽에서 인용. 나아가, 도마루스, 위의 책, 667쪽.

56. 제임스 버틀러(J. R. M. Butler), 《Lord Lothian》, 337쪽.

57. 벌록, 위의 책, 355쪽.

58. 프랑수아 퐁세, 위의 책, 188쪽 이하.

59. 커크패트릭, 《Im inneren Kreis》, 44쪽.

60. 괴벨스, 《Der Führer als Staatsmann》, in:《Adolf Hitler》(Cigaretten-Bilderdienst), 54쪽 이하.

61. 1936년 5월 23일자 편지, BAK R 43 II/1495.

62. 폴란드 백서, 36쪽 이하. 벌록, 위의 책, 365쪽에서 인용.

63. 치아노, 《Diplomatic Papers》, 146쪽. 나아가 테오 좀머(Th. Sommer), 《Deutschland und Japan zwischen den Mächten 1935~1940》, 90쪽 이하. 그로(E. Grew), 《Zehn Jahre in Japan》

제2장 정치의 예술가

1. 도마루스, 위의 책, 704쪽.

2. 슈페어, 위의 책, 173쪽.

3. 벌록, 위의 책, 380쪽에서 인용. 여기 인용된 막스 호르크하이머의 지적은 그의 에세이 《Egoismus und Freiheitsbewegung》에 들어 있다. 카톨릭 교회의 의식에서 양식화를 빌려온 것에 대해서는 《Tischgespräche》, 479쪽 참조.

4. 아도르노, 위의 책, 155쪽. 이런 죽음의 숭배는 모든 파시즘 운동에서 볼 수 있다. 루마니아의 무쇠 근위대에서 가장 뚜렷하게 볼 수 있으며, 상세한 탐구를 해볼 만하다.

5. 칼하인츠 슈메어(K. Schmeer), 《Die Regie des öffentlichen Lebens im Dritten Reich》, 113쪽. 이 책에서는 당 대회 전체 연출의 상세한 묘사와 분석들을 볼 수 있

다.

6. 《Der Parteitag der Arbeit vom 6. bis 13. September 1937. Offizieller Bericht》 1937년 9월 12일자 〈Niederelbisches Tageblatts〉의 한 기사가 이 밤행사의 현실도피적인 성격을 표현하였다. '빛의 바다가 저 바깥 어둠을 막아주는 추모의 시간'에 대한 보고가 나온다.

7. 도마루스, 위의 책, 641쪽(1936년 9월 11일자 연설)과 722쪽(1937년 9월 10일자 연설).

8. 로베르 쿨롱드르(R. Coulondre), 《Vom Moskau nach Berlin》, 473쪽. 파울 슈텔린(P. Stehlin), 《Auftrag in Berlin》, 56쪽 참조. 위에 나온 발언은 베를린에서 쿨롱드르의 전임자였던 프랑수아 퐁세의 것이다. 그는 이렇게 계속한다. "이 8일 동안 뉘른베르크는 기쁨만이 지배하는 도시이고, 마법에 걸린 도시이며, 거의 무아경의 도시이다. 이런 분위기는 행사의 아름다움과 너그러운 손님접대와 결합되어서 외국인들에게 강한 인상을 주었다. 이 정권은 외국인들을 이 연례행사에 초대하는 일을 절대로 잊은 적이 없다. 대부분의 사람들에게 있어 항거하기에 너무나 강력한 효과다. 집에 돌아갈 때쯤이면 그들은 유혹되었고, 이미 저쪽 사람이 된 상태이다."(308쪽)

9. 확정된 일정에 따르면 1월 30일에 이어서 영웅 추모의 날(3월 중순)이 온다. 그러고 나면 총통의 생일(4월 20일), 노동절(5월 1일), 전국당대회(9월 초), 추수감사제(9월 말/10월 초), 그리고 11월 9일 순이다.

10. 슈메어, 위의 책, 30쪽. 여기 말한 잡지의 제목은 〈Die neue Gemeinschaft〉.

11. 남 하노버-브라운슈바이크 관구 지도부의 선전부서가 1936년 7월 21일에 내린 지시문. 《Ursachen und Folgen》 XI, 62쪽. 이런 맥락을 위해서는 1936년 4월 27일자 헤센의 중앙감독관의 회람장 참조. F. J. 하이덴, 위의 책, 145쪽. 그에 따르면 유대인들이 바람직하지 않다는 지시를 공개적인 장소에서 증오스런 형태로 수행하지 말라고 되어 있다.

12. 슈텔린, 위의 책, 53쪽. 프랑수아 퐁세, 위의 책, 304쪽. 프랑수아 퐁세는 (전이나 후에 서술된 적이 없는) 이 인사법에 대한 서술을 남겼다. '쭉 뻗은 팔은 어깨 높이와 수평을 이룬다'고 되어 있다. 그밖에도 대부분의 행진대열에 있는 사람들은 이 인사를 했다. 영국인과 일본인들은 가장 강력한 예외를 이루었다.

13. 슈페어, 위의 책, 71쪽 이하.

14. 크로지크 백작, 위의 책, 220쪽.

15. 촐러, 위의 책, 127쪽 참조. 히틀러의 경련적인 웃음의 태도와 그의 불안한 눈길은 여러 가지로 전해 내려오고 있다. 영화에서 여러 가지로 포착되었다. 《Tischgespräche》, 227, 243쪽 참조. 촐러, 위의 책, 84쪽. 여기에는 다음과 같은 기록이 있다. "단 한 번도 그가 마음껏 웃는 것을 들은 적이 없다. 어떤 일이 우습게 여겨지거나 다른 사람들의 즐거움이 그에게 전염되면 그는 고작 날카롭게 쿡쿡 하는 소리를 냈다." 그밖에 선명한 묘

사는 벤, 《Den Traum allein tragen》, 비스바덴, 1966, 116쪽.

16. 《Tischgespräche》, 433쪽 이하. 호프만, 위의 책, 196쪽 이하. 실수에 대한 히틀러의 줄기찬 근심은, 촐러, 126쪽 참조. 히틀러는 때때로 무솔리니가 수영복 차림으로 사진을 찍게 하다니 이해가 되지 않는다고 말하곤 했다. "정말 위대한 정치가는 그런 일을 안 하는 법이거든."

17. 호프만, 위의 책, 113쪽 이하.

18. 1937년 4월 29일자 포겔장 성에서 소관구 지도자들을 앞에 두고 행한 연설에서 이렇게 말했다. 보고서는 앞의 말을 보고하면서 히틀러가 강하게 책상을 쳤다고 기록하고 있다. 코체/크라우스니크, 위의 책, 154쪽. 156쪽 에바 브라운의 기록에 대해서는 촐러, 위의 책, 125쪽 이하. 히틀러가 문자 그대로 한 번도 생각 없는 말을 내뱉은 적이 없다는 다음의 관찰은 샤흐트, 《Abrechnung mit Hitler》, 32쪽에서 인용한 것이다.

19. 크렙스, 위의 책, 135쪽. 히틀러가 '신성한 두려움'을 어쩌면 의도적으로 불러일으키려 했다는 추측도 여기서 나온 것이다. 슈페어, 위의 책, 111쪽도 참조.

20. 힐그루버, 《Staatsmänner》 I, 23쪽 참조. 한프슈텡글. 《The Missing Years》, 266쪽도 참조.

21. 벌록, 위의 책, 376쪽.

22. 크렙스, 위의 책, 128쪽 이하 참조.

23. 치글러, 위의 책, 54, 57, 58, 64, 67, 70쪽 등. 이 책에서 인용된 모든 발언이나 행동방식들은 슈페어가 필자에게 확인해준 바로는 자기도 들었거나 보았다고 한다.

히틀러의 음악적인 성향에 대해서는 괴벨스, 《Der Führer und die Künste》, in: 《Adolf Hitler》(Reemtsma-Cigaretten-Bilderdienst), 67쪽. 디트리히, 《Adolf Hitler als künstlerischer Mensch》, in:〈NS-Monatshefte〉, 4 Jhg., 43권, 1933년 10월, 474쪽. 디트리히, 《Mit Hitler in die Macht》, 198쪽도 참조. 히틀러의 비서인 슈뢰더(Schröder) 양도 히틀러는 바그너 이외에는 특히 〈박쥐〉와 〈유쾌한 과부〉에 깊은 인상을 받았으며, 때로는 "문자 그대로 빨려들어갔다."고 보고한다. "한동안 그가 저녁마다 벽난로 앞에서 이 오페레타의 음반을 틀어놓고 있었던 것이 기억난다. 일을 할 때도 그는 창가에 서서 손을 호주머니에 집어넣고, 하늘 저편을 바라보면서 이 오페레타의 멜로디를 휘파람 불곤 했던 것 같다." 촐러, 위의 책, 58쪽 참조.

24. 슈페어의 보고. 그는 대개 바그너 부인의 다른 편 곁에 앉아서 아주 가까이에서 이 광경을 목격하곤 하였다.

25. 샤흐트, 《Abrechnung mit Hitler》, 31쪽.

26. 부르크하르트, 위의 책 340쪽.

27. 1942년 5월 30일자 장교후보생들을 놓고 행한 비밀연설이 특별한 예를 보여준다. 피커(Picker), 《Tischgespräche》에 부록으로 인쇄되어 있다.

28. 부르크하르트, 위의 책, 153쪽.

29. 《Tischgespräche》, 227쪽. 히틀러에 대한 아랫산의 상징적 의미는 슈페어의 보고에 근거한 것. 위의 책, 100쪽 참조.

30. 도마루스, 위의 책, 704쪽(1937년 6월 27일자 뷔르츠부르크 연설).

31. 벌록, 위의 책, 386쪽. 여기 언급된 헌사에 대해서는, 요아힘 페스트(J. C. Fest) 《Das Gesicht des Dritten Reiches》, 76쪽 참조. 나아가 히틀러를 통해서 다윈주의에서 다시 '하느님'께로 돌아갔다는 라이(Ley)의 말도 언급할 만한 일이다. 숄츠, in:VJHfZ 1967/3, 280쪽 참조.

32. 포겔장 성에서 행한 연설에서. 코체/크라우스니크, 위의 책, 157쪽. 옛날 전사들에 대한 거부감은 슈페어, 위의 책, 58쪽 참조.

33. 라우슈닝이 《Hitler privat》라는 장에서 이렇게 적었다. 이 장은 《Gespräche》 도이치어 판에는 실리지 않았다. 테오도어 시더(Th. Schieder), 《Hermann Rauschnings 'Gespräche mit Hitler' als Geschichtsquelle》. 80쪽에 실려 있다. 워드 프라이스(W. Price), 《Führer und Duce》, 14쪽도 참조.

34. 1932년 12월에 이미 히틀러는 슐라이허의 정부 성명서를 라디오로 듣기를 거부하였다. "나는 어떤 방식으로도 영향받고 싶지 않아." 호프만, 위의 책, 70쪽 참조.

35. 촐러, 위의 책, 45쪽. 시더, 위의 책, 52쪽에서도 라우슈닝이 히틀러의 단조로운 자기도취적 연설 스타일을 적절하게 지적했다고 말했다. 그뢰너 장군이 히틀러의 대화방식을 묘사한 것도 아주 특징적인 것이다. 그는 히틀러를 만나고 난 다음 이렇게 적었다. "실무적인 대화들을 그는 피하고 곧장 역사의 여러 세기들을 통과하며 공상을 펼친다. 그는 몽환상태에 빠진 듯이 속세를 벗어난 눈길로 혼잣말을 한다. 그러다가 말들, 구들, 그림들의 폭포수가 쉼표도 마침표도 없이 쏟아져나와서 마침내 완전히 지쳐서 떨어질 때까지 계속되었다!" 크레이그, 《Groener Papers》, 랑게, 위의 책, 48쪽에서 인용.

36. 라우슈닝, 《Gespräche》, 162쪽. 다른 곳(104쪽)에서 그는 히틀러의 능변은 '육체적인 무절제'와 같은 작용을 한다고 말했다.

37. 뤼데케, 위의 책, 378쪽. 어머니와 운전기사 슈레크의 초상화를 지적한 사람은 슈페어.

38. IMT XVI, 476쪽.

39. 촐러, 위의 책, 73쪽. 에바 브라운에 대해서는 전체적으로 물론 저질적인 요소들이 없지 않은 네린 군(N. E. Gun), 《Eva Braun-Hilter. Leben und Schicksal》 참조.

40. 슈페어, 위의 책, 106쪽. 히틀러와 에바 브라운의 관계에 대한 언급들이 더 들어 있다. 같은 곳, 144쪽.

41. 칼 빌헬름 크라우제(K. W. Krause), 《Kammerdiener》, 12쪽 이하. 슈페어, 위의 책, 97쪽 이하, 131쪽 이하도 참조.

42. 슈페어, 위의 책, 107쪽. 촐러, 위의 책, 21쪽도 참조. 앞에서 언급한 주변의 특성에 대해서는 히틀러의 주치의 브란트 교수(Prof. Brandt)의 말이다. 《Tischgespräche》,

47쪽 참조. 고트프리트 벤은 '황제궁' 호텔로 히틀러를 방문했을 때 그의 주변에 있는 장정들을 관찰하였다. 벤, 《Den Traum allein tragen》, 116쪽 참조.

43. 촐러, 위의 책, 21쪽. 위에 인용된 관찰은, 뤼데케, 위의 책, 459쪽 참조.

히틀러가 좋아한 영화들에 대해서는 바르크하우젠(Barkhausen)/BAK 덕분에 알게 되었다. 그는 30년대에 히틀러의 영화 조달자였다. 독일에서 공식적으로 상영될 수 없었던 약 2천 개 영화의 목록이 바르크하우젠의 목록에 등장한다. 그 이상은, 호프만, 위의 책, 191쪽 참조.

44. 트리어의 BDM 근로주간의 개회식순. F. J. 하이덴, 위의 책, 230쪽에서 인용. 괴벨스, 《Unser Hitler》, 1935년 4월 20일자 라디오 연설은 《Adolf Hilter》(Reemtsma-Cigaretten-Bilderdienst), 87쪽에서 인용.

45. 놀테, 《Epoche》, 358쪽 이하. 〈트리스탄〉과 〈유쾌한 과부〉 관람에 대해서는 《Libres propos》, 322쪽 참조. 디트리히, 《Zwölf Jahre》, 165쪽도 참조. 놀테가 적절하게 지적하듯이 히틀러의 끊임없이 계속된 증오스런 학교 추억들도 역시 유아적인 성향이라고 말할 수 있을 것이다. 그는 "마치 청소년기에서 전혀 벗어나지 못한 것 같았고, 확대시키고 마모시키는 시간의 체험이 완전히 결여된 사람" 같았다.

46. 쿠비체크, 위의 책, 125, 123쪽 참조.

47. 《Offizieller Bericht》, 78쪽. 자신의 계획이 역사적 건축물을 능가할 때마다 보인 히틀러의 열광에 대해서는, 슈페어, 위의 책, 83쪽 참조.

48. 《Tischgespräche》, 323쪽.

49. 같은 곳, 195쪽.

50. 같은 곳, 143쪽. '고대 페르시아 총독 관저'에 대한 다음의 언급은 슈페어의 회고록, 174쪽에 들어 있다.

51. 도마루스, 위의 책, 527쪽(1935년 9월 11일자 연설). 전체 맥락에 대해서 상세한 진술은, 슈페어, 위의 책, 특히 3~6, 8, 10~13장을 참조.

52. 슈페어가 필자에게 알려준 것. 그에 따르면 히틀러는 페리클레스를 자기 자신과 '일종의 대등한 존재'라고 보았다. 같은 곳, 466쪽 참조.

53. 이러한 종류의 어법은 거의 모든 이른바 문화연설과 《Tischgesprächen》에서 찾아볼 수 있다. 디트리히 슈트로트만(D. Strothmann), 《Nationalsozialistische Literaturpolitik》, 302쪽 참조. 히틀러는 도이치 미술품의 전시가 일반관객과 미술가들에게 대해 가지는 교육적 의미를 강조하기를 좋아했다. 그것은 "무능한 사람에게 진정한 공포를 불러일으키는 유령"이라고 했다. 《Tischgespräche》, 491쪽.

54. 슈페어의 말. 그는 예를 들면 루카스 크라나흐(L. Cranach)의 작품에 대한 히틀러의 거부감이, 그의 여인상들이 자신의 토실토실한 이상형에 맞지 않았던 탓이라는 사실을 눈치챘다. 크라나흐의 여자들은 "미적이지 않다."고 말했다는 것이다.

55. 호프만, 위의 책, 168쪽. 그는 히틀러를 위한 미술품 구입자였으며 미술 문제에 대

해서 가장 가까이서 조언해준 사람이었다. 왕자섭정 거리에 있는 히틀러의 집에 걸린 그림들에 대해서도 같은 곳 175쪽. 코린트(L. Corinth)에 대해서는 《Tischgespräche》, 379쪽 참조.

56. 865쪽의 사진 참조. 다음에 이어지는 서술에 대해서는, 호프만, 위의 책, 180쪽 참조.

57. 이 부분의 전체 맥락을 위해서는, 브레너, 위의 책, 특히 154쪽 이하 〈Der 'Führerauftrag Linz' 〉라는 장을 참조. 이 책에 지적된 것은 바로 여기서 인용한 것이다.

58. 슈페어, 위의 책, 244쪽. 그는 히틀러의 딜레탕티슴을 부추겼던 인물이다.

59. 《Tischgespräche》, 322쪽. 여기서 히틀러는 세세한 일들이 중요한 것이 아니고 '위대한 생각' 을 할 수 있는 능력이 중요하다고 말하고 있다.

60. 디트리히, 《Zwölf Jahre》, 168쪽 참조. 프랑크, 위의 책, 133쪽도 참조. 《Mein Kampf》, 501쪽.

61. 《Tischgespräche》, 269쪽. 기독교와 볼셰비즘의 동일시에 대해서는, 같은 곳, 169쪽을 보라.

62. 놀테, 《Epoche》, 500쪽 참조.

63. 브라허, 《Diktatur》, 286쪽 이하에서 인용. 이어서 인용되는 폴 발레리의 말에 대해서는, 탈몬, 위의 책, 2권, 200쪽 참조.

64. 《Tischgespräche》, 186쪽. 다음에 나오는 언급은, 같은 곳, 171쪽.

65. 같은 곳, 446쪽.

66. 같은 곳, 159, 173쪽. 슈페어, 위의 책, 108쪽 이하도 참조.

67. 《Libres propos》, 253쪽. 《Mein Kampf》에는 이런 말이 나온다. 혈통의 순수성은 "지상의 어떤 민족보다 유대인이 더 잘 지키고 있다. 그럼으로써 유대인은 그 운명적인 길을 계속해서 갈 것이다. 다른 힘이 그들에 맞서서 격렬한 싸움을 해서 이 거인족들을 다시 악마에게 돌려보낼 때까지 말이다."(751쪽) 이 맥락에 대해서는, 놀테, 《Epoche》, 500쪽 이하 참조.

68. 라우슈닝, 《Gespräche》, 232쪽. 전체 맥락을 위해서는, 클라우스 되르너(K. Dörner), 《Nationalsozialismus und Lebensvernichtung》, in:VJHfZ 1967/2, 149쪽 참조.

69. 같은 곳, 131쪽. 도마루스, 위의 책, 717쪽. 히틀러는 당 정책의 틀 안에서 이렇게 공표하고 있다. "독일은 이 나라에서 처음으로 계획적으로 착수된 민족 및 종족 위생정책을 통해서 가장 위대한 혁명을 겪고 있다. 이 도이치 종족정책의 결과는 우리 민족의 장래를 위해서 다른 모든 법칙의 작용보다 더욱 결정적인 것이 될 것이다. 그것은 새로운 인간을 만들어내기 때문이다."

70. 1945년 2월 13일자 히틀러의 발언. in:《Testament politique de Hitler》, 85쪽.

71. 라우슈닝, 《Gespräche》, 233쪽. 호르스트 위버호르스트(H. Überhorst), 《Elite

für die Diktatur》와 베르너 클로제(W. Klose), 《Generation im Gleichschritt》도 참조.

72. 《Le Testament politique de Hitler》, 85쪽.

73. 라우슈닝, 《Gespräche》, 217쪽.

74. 《Mein Kampf》, 782쪽. 장교들에게 행한 연설은, 야콥센/요흐만, 위의 책에서 1939년 1월 25일자 아래 인쇄되어 있다.

75. 아르투어 딘터에게 보낸 편지. 티렐, 위의 책, 205쪽에서 인용. 1935년 초에도 영국인 콘웰 에반스(T. P. Conwell-Evans)와의 대화에서 히틀러는 눈에 띌 정도로 자기가 겨우 예순 살까지만 살게 될 거라는 전제에서 말하였다. 야콥센, 《Nationalsozialistische Außenpolitik》, 375쪽 주 참조. 나이에 대한 똑같은 생각이 슈페어에게 한 말에도 들어 있다. 《Erinnerungen》, 117쪽 이하 참조.

76. 라우슈닝, 《Gespräche》, 190쪽. 암살자에 대한 다음의 언급은 1939년 8월 22일자 군 최고사령관들에게 행한 히틀러의 연설(야콥센, 《1939~1945》, 115쪽에서 인용)에도 나타난다. 그리고 같은 시기 폴란드 대사인 요제프 립스키(J. Lipski)에게 한 말에도 나타난다(《Diplomat in Berlin》, 뉴욕, 1958, 205쪽).

77. 크렙스, 위의 책, 137쪽. 히틀러의 병력 전체에 대해서는, 마저, 《Hitler》, 326쪽 이하.

78. 코체/크라우스니크, 위의 책, 160쪽에서 인용. 다음 인용에 대해서는, 슈페어, 위의 책, 153쪽 참조.

79. 관구 선전책 발데마르 포크트(W. Vogt)의 말. 도마루스, 위의 책, 745쪽 참조.

80. 브로차트, 위의 책, 432쪽. 더욱 자세하게 언급되어 있다.

81. 도마루스, 위의 책, 974쪽.

82. 브라머 자료. 야콥센, 《Nationalsozialistische Außenpolitik》, 435쪽 참조. 히틀러의 지식인에 대한 공격은 1937년 4월 29일자 연설과 1937년 5월 20일자 연설. 코체/크라우스니크, 위의 책, 149쪽 이하와 241쪽 이하에 인쇄되어 있다.

83. 놀테, 《Faschismus》, 325쪽.

84. 《Tischgespräche》, 142쪽. 1939년 8월 22일자 히틀러가 군 사령관들에게 행한 연설에서도 볼 수 있다. "우리는 잃을 것이 없으며 오직 얻을 것뿐입니다. 우리의 경제적 처지는 여러 가지 제약들로 말미암아 겨우 몇 년을 더 유지할 수 있을 정도입니다. 괴링이 그 사실을 확인해줄 것입니다. 다른 가능성이 우리에게 없습니다. 우린 행동해야 합니다." IMT XXVI, 338쪽에서 인용. 괴링의 발언은 IMT XXXVI, Dok. EC-416 참조.

85. 히틀러의 건의서는 VJHfZ 1955/2, 184쪽 이하에 인쇄되어 있다.

86. 크로이츠나흐 온천의 지역고문관의 상황보고서. F.J. 하이덴, 위의 책, 290쪽 이하에서 인용. 그 이상의 언급들도 들어 있다.

87. 1938년 11월 10일자 연설. 도마루스, 위의 책, 974쪽 참조.

88. 하이덴, 《Hitler》 II, 215, 251쪽.

제 3 장 가장 위대한 도이치 사람

1. 여러 가지로 오해를 불러일으키는 '보고서' 라는 명칭은 실제로는 1937년 11월 10일에야 호스바흐 대령이 자신의 메모를 근거로 쓴 글을 가리키는 말이다. 이것은 IMT XXV, 402쪽(386-PS)에 들어 있음. 자세한 내용에 대해서는 발터 부스만(W. Bußmann), 《Zur Entstehung und Überlieferung der 'Hoßbach-Niederschrift' 》, in : VJHfZ 1968/4, 373쪽 이하.

2. 호스바흐, 《Zwischen Wehrmach und Hitter》 219쪽.

3. IMT IX, 344쪽. 괴링의 발언은 뉘른베르크에서 레더에 의해서 확인되었다. IMT XIV 44쪽 이하 참조. 히틀러 행동의 구체적인 정치적 의미를 약화시키려는 괴링과 레더의 의도가 그들 발언의 신빙성을 상대화시키기는 하지만, 히틀러의 발언은 그래도 여전히 시대공포라는 일반적인 상에 정확하게 들어맞고 있다.

4. 이탈리아 대사 아톨리코가 칼 야콥 부르크하르트와 대화하는 중에 나온 말. 《Meine Danziger Mission》, 307쪽. 《Tischgesprächen》, 341쪽, 외무부는 '짐승들을 잡탕으로 모아놓은 것' 이라는 히틀러의 언급도 참조할 것. 장군들에 대한 언급에 대해서는 슐라브렌도르프, 《Offiziere gegen Hitler》, 60쪽, 외교관들에 대한 언급에 대해서는 라우슈닝, 《Gespräche》, 249쪽 이하 참조.

5. 푀르치, 《Schuld und Verhängnis》, 85쪽 이하.

6. 요들 일기장, IMT XXVIII, 357쪽.

7. 같은 곳, 358쪽 이하. 브라우히치는 이 자리에 취임하면서 이혼을 성사시키기 위해서 상당한 액수의 돈을 선물로 받았다는 사실을 통해서 한 번 더 권위가 떨어졌다.

8. 괴를리츠/크빈트, 《Adolf Hitler. Eine Biographie》, 489쪽. 2월 4일을 '건조한 날 6월 30일' 이라고 표현한 것은 프랑수아 퐁세, 위의 책, 334쪽에서 나온 것.

9. 푀르치, 위의 책, 179쪽. 울리히 폰 하셀(U. v. Hassell), 《Vom anderen Deutschland》, 39쪽.

10. 요들 일기장, 위의 책, 362쪽. 위의 인용은 368쪽.

11. 쿠어트 폰 슈슈닉(K. v. Schuschnigg), 《Ein Requiem in Rot-Weiß-Rot》, 44쪽. 여기에는 산장에서의 만남에 대해서도 자세히 나와 있다. 대화가 아주 자세하게 제시되지는 않지만 슈슈닉은 히틀러의 말투와 논쟁 스타일을 아주 훌륭하게 전달해주고 있다. 괴를리츠 엮음, 《Generalfeldmarschall Keitel》, 177쪽.

12. ADAP 1권, 468쪽 이하.

13. IMT XXXIV, 102-C.

14. 괴를리츠, 《Keitel》, 179쪽 이하.

15. 《Lagebesprechungen》, 306쪽(1943년 7월 25일).

16. IMT XXXI, 2949-PS, 367쪽 이하.

17. 같은 곳, 368쪽 이하.

18. 1945년 9월 9일 자이스 인크바르트의 건의서. IMT XXXII, 3254-PS, 70쪽.

19. 〈Neue Basler Zeitung〉 1938년 3월 16일자. 도마루스, 《Hitler. Reden und Proklamationen》, 822쪽에서 인용.

20. 브라허, 《Diktatur》, 338쪽 참조.

21. IMT XXVIII, 371쪽, 1780-PS.

22. 슈테판 츠바이크, 《Die Welt von gestern》, 446쪽 이하.

23. 위의 책, 448쪽.

24. IMT XXV, 414쪽 이하, 388-PS.

25. 부르크하르트, 위의 책, 157쪽. 챔벌린의 발언에 대해서는 베른트 유르겐 벤트(B. J. Wendt), 《München 1938》, 26쪽.

26. 1938년 3월 28일 헨라인과 아돌프 히틀러 사이의 회담 기록. 프로인트(Freund), 《Weltgeschichte der Gegenwart in Dokumenten》 1권, 20쪽 이하. 익명의 편지에 대해서는 야콥슨, 《Nationalsozialistische Außenpolitik》, 350쪽.

27. 오이겐 돌만(E. Dollmann), 《Dolmetscher der Diktatoren》, 37쪽.

28. 《Tischgespräche》, 134쪽 이하.

29. 치아노, 《Tagebücher》, 158쪽 이하. 커크패트릭, 《Mussolini》, 331쪽 이하.

30. 1938년 5월 21일에 헨더슨이 리벤트로프에게. ADAP 2권, 184번. 4월 22일에 이미 국무차관 버틀러(Butler)가 런던 주재 도이치 대사관 대표에게 비슷한 말을 하였다. 영국에서는 독일이 다음번 목표를 (그는 체코슬로바키아 문제를 거명하였다) 이루게 될 것이라고 확신하고 있다고 그는 말했다. 같은 곳, 1권, 750번.

31. ADAP 7권, 부록 III H. 같은 곳, 2권, 415번.

32. IMT XXV, 388-PS, 422쪽과 434쪽.

33. 길버트/고트, 《Der gescheiterte Frieden》, 99쪽. 같은 곳, 89쪽. 체임벌린의 발언은 1938년 9월 27일자 라디오 연설, 1938년 9월 28일 〈Times〉 참조. 로마 주재 체코슬로바키아 대사는 이 시기에 무솔리니를 향해서 "영국에서는 보헤미아 문제를 모르고들 있다. 자기가 런던에서 대학에 다니고 있을 때 언젠가 자기가 체코 사람이라는 사실만으로 어떤 파티에서 자기에게 바이올린을 맡긴 적도 있었다는 것이다. 그들은 보헤미아와 집시를 혼동하고 있는 것이다." 치아노, 위의 책, 248쪽 참조.

34. 네이미어(Namier), 《Diplomatic Prelude》, 런던, 1948, 35쪽.

35. 더프 쿠퍼(Duff Cooper), 《Das läßt sich nicht vergessen》, 291쪽. 이 만남에 대한 서술은 일반적으로 슈미트, 《Statist auf diplomatischer Bühen》, 395쪽 이하에 근거한 것임. 그리고 체임벌린과의 만남 및 그의 편지에 대한 보고서. 두 가지는 프로인트, 위의 책, 133쪽 이하에 인쇄되어 있음.

36. 브로차트, 《Das Sudetendeutsche Freikorps》, VJHfZ 1961/1, 30쪽 이하 참조.

37. 이 대담의 보고는 프로인트, 위의 책, 172쪽 이하 참조.

38. 커크패트릭의 고백. 벌록, 《Hitler. Eine Studie über Tyrannei》, 463쪽 이하에서 인용.

39. 쉬러, 《Aufstieg und Fall》, 374쪽 참조. 히틀러의 연설은, 도마루스, 《Hitler. Reden und Proklamationen》, 924쪽 이하에 실려 있다.

40. 커크패트릭의 고백, 위의 책, 462쪽. 슈미트, 위의 책, 409쪽도 참조.

41. 쉬러, 위의 책, 376쪽. 동일한 경과 과정이 다른 수많은 관찰자들에 의해서도 아주 정밀하게 일치하여 보고되고 있다. 예를 들면, 슈미트, 위의 책, 410쪽. 비데만, 《Der Mann, der Feldherr werden wollte》, 176쪽 이하. 코르트(Kordt), 《Nicht aus den Akten》, 259쪽, 265쪽 이하. 부르크하르트는 8월 말에 한 친구에게 "다시 전쟁에 대해서 말하기 시작하면서 대중의 두려움, 그렇다, 대중의 절망"이란 상상할 수도 없는 정도라고 써보냈다. "나는 민족들이 지도자의 범죄에 대해서 책임이 없다는 사실을 이보다 더 분명하게 본 적은 없었다." 위의 책, 155쪽.

42. 폴 시버리(P. Seabury), 《Die Wilhelmstraße》, 149쪽에서 인용. 오스터와 반역의 주모자들에 대해서, 그리고 이 시기 그들의 활동에 대해서는 해롤드 도이치(H. C. Deutsch), 《Verschwörung gegen den Krieg》 참조.

43. 페터 호프만(P. Hoffmann), 《Widerstand, Staatsstreich, Attentat》, 79쪽. 연초에 파리를 방문했을 때 괴르델러는 특히 피에르 베르토(P. Bertaux)와 세인트 존 퍼스(St.-John Perse)라는 이름의 작가로 활동하는 알레시스 레제(A. Léger)와 함께 만났다. 그는 프랑스 외무성의 고위 관리였다.

44. 같은 곳, 83쪽. 체코슬로바키아 공화국에 대한 공개적인 원조선언과 군사적 결단을 보여주는 것이 확실한 증거로 여겨졌다.

45. 부르크하르트, 위의 책, 182쪽.

46. 데이비드 에스터(D. Astor)는 도이치 저항운동에 대한 영국측의 힘들고도 이해심 없는 태도에 대해 비판적인 관찰을 하고 있다. "1944년 7월 20일. 반역은 실패할 수밖에 없었다. 연합국이 신호를 이해하지 못했기 때문이다." 1966년 7월 18일자 〈Die Zeit〉지에 실려 있다. 조지 케넌(G. F. Kennan), 《Memoirs 1925~1950》 119쪽 이하도 참조.

47. B. J. 벤트, 《München》, 72쪽.

48. 달라디에는 9월 27일 파리 주재 미국 대사인 불릿(Bullit)과의 대화에서 이렇게 말했다. 가멜렝을 향한 체임벌린의 발언은 중개인을 통해서 알려진 것이기 때문에 엄격한 의미에서 확실한 것이라고 할 수는 없다. 그러나 이 발언은 당시 영국 정책의 전체적인 특성에 잘 들어맞는다. 같은 곳, 108쪽 이하 참조.

49. 볼프강 푀르스터(W. Foerster), 《Generaloberst Ludwig Beck》, 125쪽 이하. 비슷한 시기에 해군참모총장인 구제(Guse) 중장이 어떤 건의서에서 베크와 비슷한 생각을

밝혔다. 호프만, 위의 책, 104쪽 참조.

50. 에리히 코스트호르스트(E. Kosthorst), 《Die deutsche Opposition gegen Hitler》, 50쪽. 전체 맥락을 위해서는 클라우스 유르겐 뮐러(K.-J. Müller), 《Das Heer und Hitler》, 345쪽 이하 참조. 그밖에도 브라우히치는 여기 언급된 고백을 하고서 할더의 두 손을 꼭 잡았다.

51. 히틀러에 대한 할더의 관계에 대해서는, 크라우스니크, 《Vorgeschichte und Beginn des militärischen Widerstandes gegen Hitler》, in : 《Vollmacht des Gewissens》, 뮌헨, 1956, 338쪽. 기제비우스, 《Bis zum bitteren Ende》, 348쪽 이하. 기제비우스의 보고는 그가 할더의 가장 날카로운 비판자들 중 하나이기 때문에 특별한 무게를 가진다. 그밖에도 게르하르트 리터(G. Ritter), 《Carl Goerdeler》, 184쪽.

52. 포츠담 23사단장 브로크도르프 알레펠트(v. Brockdorff-Ahlefeldt) 장군, 바르테 강변에 위치한 란츠베르크에 주둔한 제50보병 연대장인 폰 하제 대령, 그리고 뮌헨에 주둔한 친위대 연대가 베를린으로 침투하려고 시도할 경우에 튀링겐에 주둔한 연대와 함께 그것을 방해하라는 명령을 받은 회프너 장군 등이었다.

53. 카나리스와 오스터는 아마도 이러한 의도에 참여하고 그들을 인정했던 것 같다. 이러한 방법으로만 7월 20일에도 그토록 치명적인 무게를 지니고 있던 맹세의 결속력을 간단히 없애버릴 것이라는 고려에서 비롯된 것이었다.

54. 한스 로트펠스(H. Rothfels), 《Opposition gegen Hitler》, 68쪽. 헬무트 뢰네파르트(H. Rönnefarth), 《Die Sudetenkrise》 1권, 506쪽.

55. 리터, 위의 책, 198쪽 이하. 같은 뜻에서 헨더슨은 뮌헨 협정 직후에 "현재 사정으로 보자면 우리는 평화를 유지함으로써 히틀러와 그의 정권을 구했다." K. J. 뮐러, 위의 책, 378쪽. 여기서도 히틀러는 자신에 반대하는 상당수의 탁월한 장교들과 아담 장군 같은 사람을 한꺼번에 해고하고 그럼으로써 저항운동의 중요한 직위들을 없앰으로써 성공을 거두었다.

56. 치아노, 위의 책, 240쪽.

57. 같은 곳, 243쪽. 모든 상황은 실무적인 합의를 계약으로 확정하는 것이 중요하다는 사실을 분명히 보여주고 있다. 협정은, 어쨌든 서방 정부수반 두 사람의 눈에는 히틀러를 붙잡아놓고 계속적인 확장을 어렵게 하려는 의도를 가진 것이었다. 그러나 모든 보장선언은 단지 한 쪽만 서명한 부수적인 합의로 끝나고 말았다.

58. 치아노, 위의 책, 242쪽. 이 과정에 대해서는 슈텔린, 《Auftrag in Berlin》, 125쪽 이하도 참조. P. 슈미트, 위의 책, 415쪽 이하와 프랑수아 퐁세, 위의 책, 381쪽 이하 참조.

59. 치아노, 위의 책, 243쪽.

60. 히틀러는 그뢰신 호수에 있는 기사단의 성을 축성하는 1936년 4월 24일자 연설에서 이렇게 말했다. Hoover-Instit., Folders 19-59. 슈미트, 위의 책, 417쪽 이하. 커크

패트릭, 《Im inneren Kreis》, 110쪽.

61. 놀테, 《Faschismus》, 281쪽.

62. 《Le Testament politique de Hitler》, 118쪽 이하. 샤흐트의 발언은 IMT XIII, 4쪽 참조. 1938년 9월의 히틀러의 발언은 헬무트 그로스쿠르트(H. Groscurth)의 《Tagebüchern》에 제시되어 있다. "그(히틀러)는 9월에는 물러서야 했고, 자신의 목적을 달성하지 못했다고 말했다. 자기가 살아 있는 동안 전쟁을 해야 한다. 어떤 도이치 사람도 그토록 무제한의 신뢰를 얻지는 못할 것이다. 오직 자기만이 전쟁을 일으킬 수 있다는 것이다. 전쟁목적 : a)유럽의 지배, b)수백 년 동안의 세계 지배. 다른 나라들의 무장으로 인해서 곧바로 전쟁이 일어나야 한다고 했다." 166쪽.

63. 1939년 5월 23일자 방위군 수뇌부를 앞에 두고 행한 연설. IMT XXXVII, 551쪽. 히틀러는 1938년 11월 8일 시민양조장에서 행한 전통적인 기념식사에서도 비슷한 의견을 말했다. 이 연설에서 그는 명백하게 글라우제비츠의 문장을 되풀이하였다. "나는 스스로 위험에서 벗어나려고 하는 엉터리 영리함이 두려움과 공포가 불러일으킬 수 있는 가장 고약한 것이라는 것을 온 세상과 후세에 선언하는 바입니다." 도마루스, 위의 책, 966쪽 참조.

64. 제시된 순서에 따라 보면 1939년 8월 22일자 연설. 도마루스, 위의 책, 1,234쪽 이하.

65. IMT XX, 397쪽. 카이텔은 뉘른베르크에서 도이치 공격수단은 체코슬로바키아 국경요새를 뚫고 지나가기에 충분한 정도에도 도달한 적이 없었다고 설명했다.

66. ADAP 476번, 529쪽 이하.

67. 길버트/고트, 위의 책, 144쪽 이하 참조.

68. 같은 곳, 147, 150쪽. 안전부와 비밀경찰 투입의 암시는 〈민족관찰자〉 1938년 10월 10일자에서 나온 것.

69. 베를린에 있는 영국측 대리공사가 이렇게 말했다. 《Documents on British Foreign Policy》, 2nd Series III, 277쪽. '검은 사단'의 인용은 브라허, 《Diktatur》, 399쪽 참조. 도이치 제국의 여러 지역에서 유대인 박해에 대한 공감의 세부사항은, 마를리스 슈타이너트(M. G. Steinert), 《Hitlers Krieg》, 75쪽.

70. 도마루스, 위의 책, 1,058쪽.

71. 히틀러에 관한 열쇠가 되는 문서들에 속하는 이 연설은 VJHfZ 1958/2, 181쪽 이하에 실려 있다.

72. 공사관 참사관인 헤벨의 고백, ADAP IV, 228번.

73. 슈미트, 위의 책, 430쪽.

74. 촐러, 《Hitler Privat》, 84쪽. 이어지는 인용은 하카와의 회담 이전에 이미 만들어진 것이 분명한 3월 15일자 〈Proklamation an das deutsche Volk〉에서 나온 것. 도마루스, 위의 책, 1,095쪽 참조.

75. 치아노, 위의 책, 225쪽.

76. 놀테, 《Faschismus》, 330쪽에서 인용. 버밍검에서 행한 체임벌린의 연설은 《Ursachen und Folgen》 XIII, 95쪽 이하. 길버트/고트, 위의 책, 164쪽도 참조.

77. IMT XXVIII, 377쪽(1780-PS).

78. 벤트, 《München》, 72쪽 참조.

79. 코르트(E. Kordt), 《Wahn und Wirklichkeit》, 153쪽. 프라하에 대항한 반대공작에 대한 히틀러의 뒷날의 비판은 《Testament politique de Hitler》, 119쪽 이하. 1939년 3월 16일자 언론에 대한 지시는 힐그루버(A. Hillgruber), 《Strategie》, 15쪽 참조.

제4장 전쟁을 일으키다

1. 전체 맥락에 대해서는 프로인트(M. Freund), 《Weltgeschichte der Gegenwart in Dokumenten》 II, 58쪽 이하. 나아가 《Ursachen und Folgen》 XIII, 151쪽 이하.

2. 제바스치안 하프너(S. Haffner)는 대단히 많은 지적 자극을 해주고 예리하게 작성된 연구서 《Der Teufelspakt》의 92쪽에서 이렇게 말하고 있다. 이 책은 히틀러 정책의 세 가지 가능성에 대한 탐구도 포함하고 있다.

3. 부르크하르트, 위의 책, 157쪽.

4. 베크와 챔벌린 및 핼리팩스 사이의 1939년 4월 4일자 회담 보고서. 프로인트, 《Weltgeschichte》 II, 122쪽에서 인용.

5. 같은 곳, 97쪽 참조.

6. 같은 곳, 101쪽 이하.

7. 1938년 11월 24일에 남 아프리카의 장관 피로우(Pirow)와의 대화에서 히틀러가 한 말. ADAP IV, 271번. "나는 도이치 · 영국 타협을 얻기 위해 일평생을 다바쳐 싸웠다. 나는 저서 《나의 투쟁》에 이 사실을 적기도 하였다……. 그러나 어떤 사람도 영국에 의해서 총통인 나보다 더 하찮은 취급을 받은 사람은 없을 것이다……. 무거운 마음으로 나는 영국이 그것을 바라지 않는다는 사실을 알아채고서 마침내 젊은날의 작업을 청산하는 길로 접어들었다."

8. 기제비우스, 《Bis zum bitteren Ende》 II, 107쪽

9. 도마루스, 위의 책, 1,119쪽 이하.

10. 프랑수아 퐁세, 위의 책, 397쪽. 나아가 그리고레 가펜쿠(G. Gafencu), 《Derniers Jours de l' Europe》, 98쪽 이하. 이어지는 것에 대해서는 《Ursachen und Folgen》, XIII, 211쪽 이하와 214쪽 이하.

11. IMT XXXIV, 380쪽 이하(120-C).

12. 쉬러, 위의 책, 438쪽. 벌록, 위의 책, 506쪽에서 비슷한 언급이 나온다.

13. 도마루스, 위의 책, 1,148쪽 이하.

14. 프로인트, 《Weltgeschichte》 II, 373쪽 이하에서 인용.

15. 1939년 5월 5일에 베를린 주재 소련 대리 공사인 게오르기 아스타코프(G. Astachov)와 만났던 참사관 율리우스 슈누레(J. Schnurre)의 보고서. ADAP VI, 355쪽. 1939년 4월 17일 소련 대사인 메레칼로브(Merekalow)와 만났던 바이체커의 보고서. 같은 곳, 215번.

16. 브라허, 《Diktatur》, 345쪽.

17. 도마루스, 위의 책, 509쪽.

18. 부르크하르트, 위의 책, 348쪽. 히틀러의 망설임과 흔들리는 태도에 대해서는, 같은 곳, 325쪽 이하. 그밖에도 벌록, 위의 책, 518쪽. '사탄과의 계약'에 대한 말은 8월 28일자 담화에 나온다. 할더(Halder), KTB I, 38쪽 참조.

19. 놀테, 《Faschismus》, 286쪽.

20. 치아노, 위의 책, 92, 89쪽.

21. ADAP VI, 514쪽 이하.

22. IMT XXXVII, 546쪽.

23. 봄스(H. Booms), 《Der Ursprung des Zweiten Weltkriegs-Revision oder Expansion?》, in : 〈Geschichte in Wissenschaft und Unterricht〉, 1965년 6월, 349쪽 이하.

24. 프로인트, 《Weltgeschichte》 III, 15쪽. 아톨리코의 발언과 단치히의 상황에 대해서는, 부르크하르트, 위의 책, 305, 318쪽 참조.

25. 1939년 8월 14일자 부르크하르트의 보고에 대한 외무부 관리의 보고. 같은 곳, 59쪽.

26. 부르크하르트, 위의 책, 341쪽 이하.

27. 치아노, 위의 책, 122쪽. 치아노는 리벤트로프와 전날을 함께 보내고 그에 대해 이렇게 기록하였다. "전쟁을 향한 의지는 흔들리지 않는다. 도이치 사람들은 자기들이 요구하는 것 이상을 받는다 해도 공격을 시작하리라고 나는 확신한다. 그들은 파괴 귀신에 사로잡혔기 때문이다."

28. ADAP VI, 729번.

29. 할더, KTB I, 11쪽. 리벤트로프의 유명한 전보는 프로인트, 《Weltgeschichte》 III, 143쪽 이하에 실려 있다.

30. IMT XXVI(798-PS).

31. 바이체커, 《Erinnerungen》, 235쪽.

32. 조르주 보네(G. Bonnet), 《Vor der Katastrophe》, 255쪽.

33. 프로인트, 《Weltgeschichte》 III, 115쪽에서 인용.

34. 같은 곳, 124쪽. 1939년 8월 23일자 폴란드 외무장관의 설명은 123쪽에, 리벤트로프-히틀러 사이의 전보교환은 165쪽.

35. 소련측 판사들은 첨가된 보고서가 증거로 받아들여지는 것을 방해할 수가 있었다.

그래서 재판 동안에 이 보고서는 아무런 역할도 하지 못했다.

36. 놀테, 《Krise》, 204쪽.

37. 로젠베르크, 《Das politische Tagebuch》 82쪽. 로젠베르크는 분노해서 이렇게 적었다. "이것은 국가사회주의에 가해진 가장 뻔뻔스런 모욕이다."

38. 1939년 8월 24일자 참사관 헨케(Hencke)의 글. 프로인트, 《Weltgeschichte》 III, 166쪽 이하에서 인용.

39. 가펜쿠, 위의 책, 여기서는, 프로인트, 《Weltgeschichte》 III, 174쪽에서 인용. 이런 암시는 바로 프로인트에게서 얻은 것이다. 스탈린에 대한 히틀러의 존경심과 그밖의 수많은 발언들에 대해서는, 피커(H. Picker), 《Tischgespräche》 참조. 1945년 봄의 명상에서도 그는 일반적으로 나타나는 적에 대한 경멸적인 태도와는 뚜렷한 대조를 이루는 태도로 스탈린에 대한 존경심을 표현하고 있다. 《Testament politique de Hitler》, 134, 137쪽 참조.

40. 호프만, 《Der Hitlerputsch》, 103쪽. 이용되지 않는 역사적 순간에 대한 발언은, 힐그루버, 《Staatsmänner》 I, 122쪽.

41. 이 연설에 대해서는 강조점이 서로 다른 총 여섯 개의 판본이 전해지고 있다. 그에 대해서는 빈프리트 바움가르트(W. Baumgart)의 비교 연구를 참조할 것. VJHfZ 1968/2, 120쪽 이하. 여기 인용된 판본은 IMT XXVI 798-PS(1부)와 1014-PS(2부)에 나온 것. 이 연설이 참가자들에게 만들어낸 인상에 대해서는, 래더, 위의 책, II, 165쪽 이하. 에리히 폰 만슈타인(E. v. Manstein), 《Verlorene Siege》, 19쪽 이하 참조.

42. 할더, KTB I, 27쪽.

43. 프로인트, 《Weltgeschichte》 III, 271쪽에서 인용.

44. 슈미트, 위의 책, 450쪽 이하.

45. 치아노, 위의 책, 123쪽 이하(1939년 8월 13일에서 18일).

46. 같은 곳, 131쪽. 뒷날 '몰리브덴(Molybdän) 리스트'라 불렸던, 당시 가장 값진 군비물자에(이탈리아가 6백 톤 이상을 요구하였던) 대한 목록을 말한다. 이 목록은 발터 호퍼(W. Hofer), 《Die Entfesselung des Zweiten Weltkriegs》, 256쪽 이하에서 인용된 것.

47. 할더, KTB I, 34쪽. 슈미트, 위의 책 453쪽도.

48. 할더, KTB I, 38, 40쪽.

49. 1939년 8월 29일에 히틀러에게 보낸 무솔리니의 편지. 프로인트, 《Weltgeschichte》 III, 328쪽에서 인용. 프랑스 대사 쿨롱드르(R. Coulondre)가 프랑스 외무장관에게 히틀러와 나눈 대화를 보고한 것. 위의 책, 287쪽. 헨더슨이 핼리팩스에게 한 보고는 길버트/고트, 위의 책, 232쪽에서 인용.

50. 이본 커크패트릭 경, 옴 사전트(Orme Sargent) 경, 핼리팩스 경의 고백들. 위의 책, 320쪽 이하.

51. 할더, KTB I, 42쪽. 도이치 '평화 계획'에 대해서는 ADAP VII, 372쪽 이하. 슈미트, 위의 책, 459쪽 이하.

52. 달레루스(B. Dahlerus), 《Der letzte Versuch》, 110쪽. 1939년 8월 31일자 헨더슨 경의 고백은, 프로인트, 《Weltgeschichte》 III, 372쪽 이하에서 인용.

53. 1939년 8월 31일 19시 히틀러와 아톨리코 사이의 대담에 관한 슈미트의 고백은, 프로인트, 《Weltgeschichte》 III, 391쪽에서 인용. 지시 1호에 대해서는 ADAP VII, 397쪽 이하.

54. 도마루스, 위의 책, 1,312쪽 이하. 전쟁 시작의 시점에 대해서 히틀러가 자신에게 약속하였다. 지시 1호에 확정된 바에 따르면 공격은 4시 45분에 시작되었다.

55. 영국과의 협상에서 프랑스는 전투 행위가 9월 4일에야 시작되기를 바랐다. 보네가 핼리팩스에게 강조한 것처럼 월요일 저녁에 말이다. 프로인트, 《Weltgeschichte》 III, 412쪽 이하 참조. 이어지는 체임벌린의 하원 연설에 대해서는 영국 정부의 청서(青書), 바젤 1939, 105호 참조.

56. ADAP VII, 425쪽.

57. 슈미트, 위의 책, 463쪽 이하.

58. 슈텔린, 위의 책, 234쪽. ADAP VII, 445쪽. 쉬러, 《Aufstieg und Fall》, 562쪽은 이 특기할 만한 차이를 지적하고 있다.

59. 길버트/고트, 위의 책, 284쪽 이하. 다음에 언급되는 일화도 이곳에 보고되어 있다. 274쪽 참조.

60 IMT XV, 385쪽 이하.

61. 뒷날 폴란드 수상이 이렇게 말했다. 프로인트, 《Weltgeschichte》 III, 406쪽.

62. 부르크하르트, 위의 책, 164쪽.

63. 놀테, 《Krise》, 205쪽.

64. 부르크하르트 위의 책, 351쪽.

65. 바이체커, 위의 책, 258쪽. 히틀러의 불안과 자신을 진정시키려는 노력은, 촐러, 위의 책, 156쪽 참조. 힐그루버, 《Staatsmänner》 I, 196쪽. 할더, KTB I 39쪽. 영국의 허약함과 타락에 대한 언급들은 1937년 11월 5일부터 1939년 8월 22일까지 히틀러의 연설들 여러 곳에 나타난다.

66. 칼 되니츠(K. Dönitz), 《Zehn Jahre und zwanzig Tage》, 45쪽.

중간관찰 : 히틀러의 전쟁은 왜 '실패'인가?

1. 1919년 함부르크 국수주의 클럽에서 행한 연설. 요흐만, 《Im Kampf》, 83쪽에서 인용.

2. 1942년 2월 15일 장교들과 예비장교들을 앞에 두고 행한 연설. 코체/크라우스닉, 위의 책, 308쪽에서 인용. 《Tischgespräche》, 248쪽도 참조.

3. 《Hitler' s Table Talk》, 661쪽. 힐그루버, 《Staatsmänner》 I, 388쪽.

4. 라우슈닝, 《Gespräche》, 12쪽. 《Tischgespräche》, 172쪽.

5. 같은 곳, 328쪽.

6. 힐그루버, 《Staatsmänner》 I, 388쪽.

7. 오토 디트리히, 《Zwölf Jahre》, 156쪽. 괴벨스의 발언에 대해서는 커크패트릭, 《Im inneren Kreis》, 69쪽 참조. 《Zweiten Buch》의 발언은 77쪽.

8. 라우슈닝, 《Gespräche》, 16쪽.

9. 힐그루버, 《Staatsmänner》 I, 102쪽 이하. 같은 대화에서 히틀러는 자신은 이미 1940년 가을에 '온 힘을 다하여' 잠수함에 투자할 예정이지만 '그러나 그때까지는 이미 적들을 해치웠기를 바란다'고 말했다. 같은 곳, 92쪽 이하. 영국은 오직 이탈리아의 불확실한 태도로 인해서 전쟁에 말려들어갔다는 다음 문장에 대해서는, 치아노와의 대화, 위의 책, 42쪽 참조.

10. 바이체커, 위의 책, 258쪽.

11. 히틀러는 1933년 가을에 국제연맹을 탈퇴하겠다는 결정의 근거로 이렇게 말했다. 라우슈닝, 《Gespräche》, 101쪽 이하.

12. 1922년 4월 26일자 통지문. 호른, 《Führeridelolgie》, 69쪽에서 인용. 다른 예들은, 같은 곳, 67쪽 이하. 앞에 나온 인용은 1922년 12월 16일자 히틀러의 돌격대 호소문에서 인용한 것. PND-보고, 393번, HA 65/1483.

13. 프로인트, 《Weltgeschichte》 III, 189쪽.

14. 도마루스, 위의 책, 1,425쪽 이하.

15. 1944년 7월 31일 전황회의에서. 《Lagebesprechungen》, 587쪽 참조. 바이체커, 위의 책, 258쪽. 칭기즈 칸에 대한 지적은 1939년 8월 22일자 연설에서 나온 것. VJHfZ 1968/2, 139쪽에서 인용.

16. 나이든 참모부 장교의 고백. 《Kriegstagebuch des OKW》(KTB/OKW) IV, 2, 1,704쪽에 인쇄되어 있다. 앞에서 언급한 히틀러의 말에 대해서는 《Lagebesprechungen》, 862쪽 참조.

17. 1944년 3월 16일자 클레스하인 성의 회담에서 불가리아 섭정고문단에게. 힐그루버, 《Staatsmänner》 II, 377쪽에서 인용. 같은 대화에서 히틀러는 "이 전쟁의 종말을 향한 다른 가능성들이 있을 거라는 망상을 덜 할수록 더욱더 단호하게 전쟁을 수행할 수가 있다."고 말했다. 같은 곳, 376쪽.

18. 이 명령은 편지의 형식으로 다음과 같은 말을 담고 있다. "전국지도자 불러(Bouhler)와 의사 브란트는 특정한 의사들에 대한 전권을 확대할 책임을 갖는다. 의사들은 인간적인 척도로 치료할 수 없는 환자들의 질병상태가 비판적으로 판정이 날 경우에 안락사를 허용할 수 있어야 한다. 아돌프 히틀러." IMT XXVI, 169쪽 참조. 물론 이 안락사 계획은 특히 교회의 항의로 인해서 완전히 실시되지 못했다.

19. 1943년 4월 13일에 안토네스쿠 장군에게 이렇게 말했다. 힐그루버, 《Staatsmänner》 II, 232쪽 이하.

20. 1940년 3월 18일자 브레너에서 무솔리니와의 대화. 힐그루버, 《Staatsmänner》 I, 90쪽에서 인용. 울리히 폰 하셀(U. v. Hassell)의 언급에 대해서는 《Vom anderen Deutschland》, 27쪽.

21. IMT XXXVII, 469쪽(052-L)에 인쇄되어 있다. 브라우히치와 할더에게 히틀러는 이렇게 설명하였다. "'시간'은 우리가 광범위하게 그것을 이용하지 않으면 일반적으로 우리에게 반대 작용을 한다. 상대방의 경제적 수단들은 더 강해진다. 적들은 물건을 사들이고 운송할 수가 있다. 군사적인 측면에서도 '시간'은 우리 편이 아니다. 심리적·물질적 이유에서 시간은 군사적인 측면에서도 우리에게 반대 작용을 한다." 할더, KTB I, 86쪽 이하. 약 5년 뒤 아르덴 산맥 공격을 바로 앞에 두고 행한 연설에서 "1939년 이래로 이보다 더 행운의 순간은…… 없었다."는 히틀러의 말은 《Lagebesprechungen》, 717쪽을 볼 것.

22. IMT XXVI, 332쪽(789-PS). 그 앞의 언급에 대해서는, 힐그루버, 《Staatsmänner》 I, 125, 51, 57쪽 참조.

23. 1940년 1월 8일자 국내문제에 대한 안전부의 보고. 하인츠 보버라흐(H. Boberach) 펴냄, 《Meldungen aus dem Reich》, 34쪽 이하.

24. 1944년 12월 12일자 사단사령관들에게 행한 연설에서 이렇게 말했다. 《Lagebesprechungen》, 718쪽 참조. 《Hitlers zweites Buch》, 138쪽. 전쟁의 전단계에서 전쟁책임에 대한 비난을 — 이러한 비난은 동원에 의미가 있다 — 피하기 위한 알리바이를 만들어내려고 한 히틀러의 여러 가지 시도들은 속이 뻔히 다 들여다보이는 짓들이었다. 히틀러는 단치히와 폴란드 통로 문제의 해결을 위하여 자신이 8월 마지막에 내놓은 제안들에 대해서 뒷날 거리낌없이 이렇게 말했다. "나는 특히 도이치 민족을 향해서 알리바이가 필요했어. 평화를 지키기 위해서 모든 노력을 다했음을 민족에게 보여주기 위해서 말이지." 슈미트, 위의 책, 469쪽 참조.

25. 코체/크라우스닉, 위의 책, 345쪽에 인쇄되어 있다.

26. 앨런 밀워드(A. S. Milward), 《Die deutsche Kriegswirtschaft 1939-1945》, 30쪽에서 인용.

27. 힐그루버, 《Strategie》, 31쪽 이하에는 다른 문헌들도 제시되어 있으며 모스크바 조약의 경제적 측면도 다루고 있다. 밀워드, 위의 책, 30쪽. 몰로토프의 발언은 1940년 11월 13일자의 대담에 나타난다. 힐그루버, 《Staatsmänner》 I, 307쪽 참조.

28. 《도이치 제국 통계서(Statistischen Handbuchs des Deutschen Reiches)》의 수치에 따르면 국가사회주의 지배기간 동안의 군비지출은 다음과 같다. 1933/34 회계연도 19억(총 81억 중에서), 1934/35년 19억(총 104억), 1935/36년 40억(총 128억), 1936/37년 58억(총 158억), 1937/38년 82억(총 201억), 1938/39년 184억(318억 중에

서).

29. 벤젤(R. Bensel), 《Die deutsche Flottenpolitik von 1933 bis 1939》, 베를린/프랑크푸르트(마인), 1958년, 68쪽. 래더, 위의 책, 172쪽. 힐그루버, 《Strategie》, 35쪽 이하.

30. IMT XV, 385쪽 이하 (앞에 언급된 인용과 함께 요들의 발언. 같은 맥락에서 요들은 '실질적인 무장은 전쟁 동안에 비로소 이루어졌다'고 설명하였다). H.-A. 야콥센, 《Fall Gelb》, 4쪽 이하. 군수품의 현황에 대해서는 KTB I, 99쪽 참조. 공군력은 1939년 9월 1일에 다음과 같았다. 전술 항공기 1,180대, 추적기 771, 급강하 폭격기 336, 폭격기 408, 전투기 40, 수송기 552, 정찰기 379, 해군기 240대 등이다. 1939년 말까지 2,518대의 항공기가 더 제작되었다. 1940년에는 10,392대, 1941년 12,392대, 1942년 15,497대, 1943년 24,795대, 1944년 40,593대, 1945년에도 7,541대의 비행기가 더 제작되었다. 힐그루버, 《Strategie》, 38쪽 주 참조.

31. IMT XXXVII, 468쪽 이하(052-L).

32. 번개전 이념이 단순히 전략적인 개념 이상의 것으로서 현대적인 전쟁수행 방식이었다는 주장은, 앞에 언급한 밀워드의 연구서, 《Die deutsche Kriegswirtschaft》에서 처음으로 전개된 것이다. 여기에 대해서는 《Le Testament politique de Hitler》, 106쪽 이하.

33. KTB/OKW I, 150 E쪽.

34. 밀워드, 위의 책, 17쪽. 힐그루버, 《Strategie》, 45쪽에는 다른 사항들도 더 제시되어 있다.

35. IMT XXVI, 330쪽. 라우슈닝, 《Gespräche》, 120쪽. 히틀러는 1941년 11월 8일자 건의서에서 비슷한 말을 했다. "이것은 옛날식 영원한 투쟁이고, 옛날식 영원한 전쟁이다. 이 전쟁은 1918년에 끝을 보지 못했다. 그 당시 그들이 우리를 속여서 승리를 빼앗아갔다……. 그러나 그것은 시작이었을 뿐이고 이 드라마의 제1편에 불과하다. 그 제2편과 최종편이 이제 씌어져야 한다. 우리는 이번에는 당시 우리에게서 속여서 빼앗아간 그것을 되찾을 것이다. 한 점 한 점, 위치 하나 하나가 계산서에 등록되었고, 값을 받아내고야 말 것이다." 도마루스, 위의 책, 1,781쪽 참조.

36. 프리츠 피셔(F. Fischer)와 그의 학파의 (발언된, 혹은 발언되지 않은) 주장들이다. 특히 다음 책들을 참조할 것. 피셔, 《Griff nach der Weltmacht》와 《Krieg der Illusionen》, 헬무트 뵈메(H. Böhme), 《Deutschlands Weg zur Großmacht》, 클라우스 베르네케(K. Wernecke), 《Der Wille zur Weltgeltung》. 또한 부분적으로는 날카로운 대립의견을 보이는 다음의 책들도 참조할 것. 에그몬트 체클린(E. Zechlin), 《Die Illusion vom begrenzten Krieg》, in:〈Die Zeit〉 1965년 9월 17일자. 프리츠 슈테른(F. Stern), 《Bethmann Hollweg und der Krieg》, in:〈Recht und Staat〉, 351/352호. 볼프강 몸젠(W. J. Mommsen), 《Die deutsche Kriegszielpolitik 1914-1918》,

in:〈Journal of Contemporary History〉 도이치어판 〈1914년 7월〉, 뮌헨, 1967. 그리고 특히 쿠어트 리츨러(K. Riezler), 《Tagebücher, Aufsätze, Dokumente》에 부친 칼 디트리히 에르트만(K. D. Erdmann)의 도입부. 17쪽 이하.

37. 몸젠, 《Die deutsche 'Weltpolitik' und der Erste Weltkrieg》, in:NPL 1971/4, 492쪽. 이미 널리 퍼져버린, 리츨러 일기장에서 나온 한 구절을 여기서 다루고 있다. 리츨러는 물론, 베트만 홀베크가 '그런 헛소리에 대해서 펄쩍 뛰었다'고 덧붙이고 있다. 이 점에 대해서는 피셔, 《Illusionen》, 359쪽 이하도 참조.

38. 리츨러, 위의 책, 217쪽(1914년 10월 11일자). 같은 곳 285쪽(1915년 7월 16일자)도 참조. 베트만 홀베크에게 있어서 '세계 지배 운운하는 생각은 전통적으로 맞지 않는다'는 것.

39. 알프레트 크루크(A. Kruck), 《Geschichte des Alldeutschen Verbandes 1890~1939》, 85쪽과 44쪽. 이미 언급된 몰트케의 발언과 두 개의 언론 인용은, 루돌프 아우크슈타인(R. Augstein), 《Deutschlands Fahne auf dem Bosporus》, in:〈Der Spiegel〉 48/1969, 94쪽. 피셔, 《Illusionen》 62쪽 이하.

40. 볼프강 슈테글리히(W. Steglich), 《Die Friedenspolitik der Mittelmächte》 I, 프라이부르크, 1964, 418쪽에서 인용. 아우크슈타인, 위의 책, 100쪽 참조.

영국이 전쟁 이전, 도중, 이후에 도이치 요구들에 대한 결정적인 라이벌이라는 생각은 아직도 남아 있다. 그뢰너(Groener) 장군은 1919년 5월 15일에 총사령부에서 행한 어떤 보고에서 1차대전을 가리켜, '영국과 더불어 세계 지배를 얻으려 했던' 시도의 실패라고 불렀다. 그뢰너는 계속 이렇게 말했다. "세계 지배를 쟁취하려고 한다면 긴 호흡으로 미리 앞을 예측하면서 가차없는 일관성으로 준비를 해야만 한다. 이리저리 흔들리면서 평화 정책을 추구해서는 안 되고, 쉬지 않고 권력정책을 추진해야 한다. 우리가 서 있는 기반이 안으로나 밖으로나 확고하고 흔들리지 않아야 함은 물론이다. 우리는 모르는 사이에 세계 지배를 추구하였다. 그것을 나는 물론 아주 가까운 사람들 사이에서만 말해야겠지만, 그러나 어느 정도 분명하게 역사적으로 사태를 관찰하는 사람은 그에 대해서 의심할 수 없을 것이다. 대륙에서의 우리 위치를 확고히 하기도 전에 말이다."

피셔, 《Illusionen》, 1쪽. 이것은 정확하게 히틀러의 의도에 깔려 있는 생각이기도 했다.

41. 힐그루버, 《Kontinuität und Diskontinuität in der deutschen Außenpolitik von Bismarck bis Hitler》, 뒤셀도르프, 1969, 19쪽.

42. 히믈러는 포젠의 연설에서(1943년 10월 4일) 이렇게 말했다. 이것은 의심의 여지 없이 히틀러의 생각이기도 했다. 예를 들면 이 시기에 《Tischgesprächen》에 지속적인 형태로 드러나고 있다. IMT XXIX, 172쪽(1919-PS).

43. 오토 힌체(O. Hintze)가 프리드리히 마이네케(F. Meinecke)에게 한 말. 《Die deutsche Katatstrophe》, 89쪽 참조.

44. 《Mein Kampf》, 508쪽.

45. 괴를리츠/크빈트, 위의 책, 547쪽 참조.

46. IMT XXVI, 378쪽 이하(864-PS).

47. 요제프 불프(J. Wulf), 《Das Dritte Reich und seine Vollstrecker》, 베를린, 1961, 352쪽 이하에서 인용. 도이치 장교의 편지는 VJHfZ 1954/3, 298쪽 이하에서 인용.

48. 《Lagebesprechungen》, 63쪽 이하.

49. H. A. 야콥센, 《Der Zweite Weltkrieg》, 67쪽.

50. 힐그루버, 《Staatsmänner》 I, 76쪽.

7부 승리자와 패배자

제1장 천재적인 야전사령관

1. IMT XXXVII, 466쪽 이하(052-L).

2. 히틀러는 건의서를 읽은 다음 보충적인 설명에서 이렇게 말했다. 할더, KTB I, 102쪽 참조.

3. 같은 곳, 98쪽. 93쪽 이하도 참조. 어떤 군단 사령관인 육군대장 레프(Leeb)는 '미친 공격'이라고 말했다. 야콥센, 《Fall Gelb》, 50쪽 이하 참조. 폰 레프는 히틀러의 '평화 호소'에 대해서도 이렇게 말했다. "의회에서 총통이 한 연설은 도이치 민족의 거짓말일 뿐이다." 전쟁을 '잠재우기' 위한 하나의 대안에 대해서는, 요들 대장이 뉘른베르크에서 '전략가로서의 히틀러'에 대해서 서술한 것을 참조할 것. 《Kriegstagebuch des OKW》(KTB/OKW) IV, 2, 1,717쪽에 실려 있다. 이 기간 장교들의 반대에 대해서 전체적으로는 해롤드 도이치, 위의 책, 71쪽 이하 참조.

4. 그로스쿠르트, 위의 책, 224쪽. 코스트호르스트, 위의 책, 96쪽. 할더, KTB I, 120쪽과 뉘른베르크에서 브라우히치의 발언. IMT XX 628쪽.

5. 안톤 호흐(A. Hoch), 《Das Attentat auf Hitler im Münchener Bürgerbräukeller 1939》, in : VJHfZ 1969/4, 383쪽 이하.

6. 하인츠 구데리안(H. Guderian), 《Erinnerungen eines Soldaten》, 76쪽. 다음에 인용된 연설은 대체로 서로 일치하는 여러 판본들로 전해지고 있다. 여기서 토대로 삼은 두 개의 판본들 중에서 하나는 뉘른베르크 문서 PS-789(IMT XXVI, 327쪽 이하)로 전해지고, 다른 하나는 프라이부르크의 군사 문서고에 N 104/3에 보존되고 있다. 이 글을 쓴 사람은 그로스쿠르트로 추정됨.

7. 그로스쿠르트, 위의 책, 233쪽.

8. 윈스턴 처칠(W. Churchill), 《The Second World War》 II, 74쪽.

9. 할더, KTB I, 302쪽.

10. 야콥센 펴냄, 《Dokumente zum Westfeldzug 1940》, 괴팅겐/베를린/프랑크푸르트(마인), 1960, 121쪽.

11. 할더, KTB I, 332쪽. 괴링의 발언에 대해서는 베른하르트 폰 로스베르크(B. v. Loßberg), 《Im Wehrmachtsführungsstab》, 80쪽 이하. 정지 명령에 대한 논쟁은 베질 헨리 라이델 하트(B. H. L. Hart), 《The other Side of the Hill》, 185쪽 이하. 아르투어 브리안트(A. Bryant), 《Kriegswende》, 야콥센/로버(H.-A. Jacobsen/J. Rohwer), 《Dünkirchen 1940》, in : 《Entscheidungsschlachten des Zweiten Weltkriegs》, 7쪽 이하.

12. 육군 중장 앨런 브룩(A. Brooke)이 한 말. 브리안트, 위의 책, 142쪽에서 인용.

13. 자크 베누아 메생(J. Benoist-Méchin)의 책 제목 《Frankreichs Tragödie 1940》. 앞에서 언급된 일화는 브룩, 위의 책, 116쪽과 레이먼드 카티어(R. Cartier), 《Der Zweite Weltkrieg》 I, 175, 168쪽.

14. 카티어, 위의 책, 177쪽.

15. 치아노, 위의 책 39, 168, 179, 212쪽. 무솔리니가 히틀러에게 보낸 다음의 편지는 《Hitler e Mussolini, Lettere i Documenti》, 밀라노, 1946, 35쪽.

16. 치아노, 위의 책, 222, 208쪽.

17. 같은 곳, 251쪽. 앞의 언급은 카티어, 위의 책 176쪽에서 인용. 《Ursachen und Folgen》 XV, 150쪽도 참조.

18. 촐러, 위의 책, 141쪽.

19. 알버트 슈페어가 필자에게 알려준 것. 여기 언급된 요들의 기록은 KTB/OKW IV, 2, 1,718쪽 이하. 요들은 그밖에도 7.5센티미터 구경 탱크용 대포가 때맞춰 개발된 것도 히틀러의 공적으로 꼽고 있다.

20. 《Lagebesprechungen》, 30쪽. 이 문제에 대해서는, 부분적으로 논쟁의 여지가 있는 견해들 중에서 페터 보르(P. Bor), 위의 책, 게르트 부흐하이트(G. Buchheit), 《Hitler, der Feldherr》, 야콥센, 《Fall Gelb》, 145쪽 이하. 에리히 폰 만슈타인, KTB/OKW IV, 2, 1,705쪽 이하와 1,724쪽. 퍼시 에른스트 슈람(P. E. Schramm), 《Hitler, Oberster Befehlshaber der Wehrmacht, als 'Feldherr'》, in : KTB/OKW I, 37쪽 이하.

21. 치아노, 위의 책, 249쪽. 무솔리니가 나중에 '겸손한' 것이라고 표현했던 이탈리아 측의 요구들에 대해서는, ADAP X, 207쪽 이하 참조(로마 주재 도이치 대사 폰 마켄센의 1940년 7월 17일자 전보).

22. 쉬러, 《Berlin Diary》 331쪽에 나오는 묘사.

23. 놀테, 《Epoche》, 435쪽.

24. 슈타이너트, 위의 책, 136쪽 이하 참조. 마이네케(F. Meinecke), 《Ausgewählter Briefwechsel》, 루트비히 데히오(L. Dehio)와 페터 클라센(P. Classen) 펴냄, 슈투트가

르트, 1962, 363쪽 이하. 저항운동의 실패에 대해서는 하셀의 일기장, 156쪽 이하.

오스터, 도나니, 구텐베르크 등의 '심하게 흔들린 마음들'이라는 말이 나온다. 칼 괴르델러에 대해서도 비슷한 말이 나오며, 케셀은 '완전히 포기하고 고고학을 공부하고 싶어한다'고 표현되어 있다. 저항운동 진영에 속했던, 이름이 알려지지 않았던 어떤 사람이 모습을 드러내고서 '그 정도 성공을 거둔 사람이라면 신이 함께 하고 있는 것이 분명하다고 믿으려는' 분위기를 대변하였다. 폰 하셀은 수많은 적대자들 사이의 내적인 갈등을 '성공을 기뻐할 수 없는 비극의 부담 아래서의 절망'이라고 표현하였다. 이어서 등장하는 브륄리 르 페슈의 일화에 대해서는, 슈페어, 《Erinnerungen》, 185쪽 이하.

25. 헬무트 그라이너(H. Greiner), 《Die Oberste Wehrmachtführung》, 110쪽. 슈페어, 위의 책, 186쪽 이하와 《Tischgespräche》, 134쪽 이하 참조. 히틀러 말로는 로마는 자신에게 파리보다도 더욱 강렬한 인상을 남겼다고 했다. 파리는 '콜로세움이나 천사성, 바티칸 스타일의 위대함을 아무것도' 갖지 않았다는 것이다. "파리에서 보았던 것은 내게서 미끄러져갔지만 로마는 나를 곧바로 붙잡았다."

26. 조약의 8조가 문제가 된다. "도이치 정부는 도이치의 통제를 받는 항구에 있는 프랑스 전함들을 전쟁에서 자기측의 목적을 위해서 사용할 의도가 없다는 점을 프랑스 정부에 선언한다."는 조항이었다.

27. 치아노, 위의 책, 257쪽. 힐그루버, 《Staatsmänner》 I, 150쪽 이하 참조. 칼 클로디우스(K. Clodius) 공사와 리터(Ritter) 대사가 작성한 평화 조약을 위한 제안들에 대해서는, ADAP IX, 390쪽 이하와 407쪽 이하 참조.

28. 처칠, 《Reden》 I, 취리히, 1948, 333쪽.

29. 처칠, 《Der zweite Weltkrieg》 II, 1, 272쪽.

30. 도마루스, 위의 책, 1,557쪽 이하. 위에 나오는 인용은 7월 14일자 처칠의 연설에서 나온 것, 《Reden》 I, 380쪽 이하 참조.

31. 발터 후바치(W. Hubatsch) 펴냄, 《Hitlers Weisungen》, 61쪽 이하에서 인용. 영국을 유도할 수 있으리라는 히틀러의 계속된 희망에 대해서는, 힐그루버, 《Strategie》, 146쪽 이하 참조.

32. 《Führerkonferenzen in Marine-Angelegenheiten》, 1940년 7월 21일의 담화. 벌록, 위의 책, 598쪽에서 인용. 히틀러는 7월 19일에 의회연설을 하고 난 다음에 룬트슈테트 총원수에게 상륙 준비는 방금 내놓은 지시와는 반대로 단지 하나의 심리적 작전으로만 생각한다고 말했다. 〈Frankfurter Allgemeine Zeitung〉 1958년 5월 20일자 참조. 그밖에 칼 클레(K. Klee), 《Das Unternehmen Seelöwe》, 244쪽. 힐그루버, 《Strategie》, 171쪽의 주장은 이와 다르다.

33. 할더, KTB II, 21쪽.

34. 힐그루버, 《Strategie》, 157쪽 이하, 특히 165쪽 참조.

35. 클레, 《Dokumente zum Unternehmen 'Seelöwe'》, 괴팅겐/베를린/프랑크푸

르트(마인), 1959년, 441쪽 이하. '공군의 우세가 확보된다는 전제 아래서' 해군에게 착륙 기회가 있다는 래더 제독의 보고는 KTB/OKW I, 63쪽 참조.

36. 1940년 6월 6일에 에드워드 스페어(E. Spear) 경에게 말한 것. 《Ursachen und Folgen》 XV, 261쪽에서 인용. 전체적으로 이런 의미에서 알프레트 로젠베르크는 1940년 11월 28일에 프랑스 사절단에게 행한 연설에서 이 사건을 이렇게 해석하려고 하였다.

"프랑스 혁명의 후예들은 위대한 도이치 혁명의 최초의 부대들과 충돌하였습니다. 그럼으로써…… 이제 1789년의 시대는 종말에 도달한 것입니다. 이 시대는 승리감에 도취해서…… 벌써 썩어 있는데도 20세기에도 여전히 유럽의 운명을 지배하려 들다가 이렇게 나뒹굴게 된 것입니다."

로젠베르크, 《Gold und Blut》, 뮌헨, 1941, 7쪽.

37. 전부터 존재해 오던 이 공포는 오직 선전포고로만 해석될 수 있는, 날카로운 1940년 7월 19일자 루스벨트의 연설을 통해서 특별한 추진력을 얻었다. 그에 대해서는 워싱턴 주재 도이치 대사 디크호프(Dieckhoff)의 1940년 7월 21일자 기록을 볼 것. ADAP X, 213쪽 이하. 그밖에 할더, KTB II, 30쪽(1940년 7월 22일자). 이 공포는 이 순간부터 거의 모든 전략적 계획수립을 위한 대화에 고정적으로 등장한다. 래더, 위의 책, II, 246쪽 이하. 그밖에 KTB/OKW I, 88쪽 이하. 그에 대해서 전체적으로 사울 프리틀랜더(S. Friedländer), 《Auftakt zum Untergang. Hitler und die Vereinigten Staaten von Amerika》

38. 엥겔 일기장, 1940년 11월 4일자. 힐그루버, 《Strategie》, 354쪽 주에서 인용.

39. 샤를레빌에 있는 A군단(폰 룬트슈테트) 참모부. 클레, 《Das Unternehmen 'Seelöwe'》, 189쪽 이하.

40. 할더, KTB II, 49쪽. 히틀러는 방위군 및 육군 수뇌부와의 1941년 1월 9일자 회의에서 아주 비슷한 발언을 했다. KTB/OKW I, 257쪽 이하.

41. 할더, KTB II, 165, 158쪽. 최초의 해결방안은 동부전쟁의 포기를 가리키는 것이 아니라 그 연기를 의미하는 것일 뿐이었다.

42. 엥겔 일기. 힐그루버, 《Strategie》, 358쪽 주에서 인용. 히틀러가 1945년 초에 보어만에게 구술하였던 '정치적 유서'에서도 그는 소련에 대한 공격의 최종적인 결심은 몰로토브가 베를린을 떠난 직후에 이루어졌다고 설명하였다. 같은 곳, 96쪽.

사령부 건설을 위한 준비는 1940년 10월 초에 시작되었다. 할더, KTB II, 121쪽 참조. 그리고 장소는 라스텐부르크, 스팔라, 포기 등지에서였다.

43. KTB/OKW I, 996쪽. 히틀러가 소련을 공격하기로 언제 최종적으로 결심하였는가 하는 질문은 논쟁의 여지가 아주 많다. 지금까지 언급된 많은 문헌들 이외에 특히 게르하르트 바인베르크(G. L. Weinberg), 《Der deutsche Entschluß zum Angriff auf die Sowjetunion》, in : VJHfZ 1953/2, 301쪽 이하와 세라핌(H. G. Seraphim)과 힐그루버의 반격, 같은 곳, 1954/2, 240쪽 이하.

44. 《Le Testament politique de Hitler》, 93쪽 이하(프랑스 말에서 거꾸로 번역). 히틀러는 마지막에 스탈린에 의해서 언제라도 압력수단으로 이용될 수 있는 러시아의 경제적 물자지원에 독일이 의존하고 있다는 점을 내세웠다. 특히 핀란드, 루마니아, 불가리아, 터키 등을 참작한 것이었다. "친선을 맺고 있는 이들 국가들을 공산주의의 제단에 희생시킨다는 것은 유럽의 대변자이며 보호자인 제3제국에는 어울리지 않는 일이었다. 그것은 우리의 명예를 빼앗아갔을 것이며 그 점에 대해서 벌을 받았을 것이다. 도덕적 · 전략적 관점에서 보면 이것은 잘못된 판단이 되었을 것이다." 같은 곳, 96쪽 참조.

히틀러가 1941년 6월 12일에 루마니아의 국가원수인 안토네스쿠(Antonescu) 원수에게 제시했던 이유도 이와 비슷하였다. 힐그루버, 《Staatsmänner》 I, 588쪽 이하 참조. 히틀러의 대 소련 전쟁이 '진짜' 전쟁이었다는 것은 서부전쟁이 끝나기 전에 동부전쟁을 시작해야 한다는 1940년 7월 그의 언급에 드러나 있다. 그는 '영국에 대한 승리 직후에 나타날 분위기 속에서 러시아에 대항한 새로운 전쟁을 하도록 민족을 부추기기는 어려울' 것이기 때문이라고 했다. 로스베르크, 위의 책, 105쪽 참조.

45. KTB/OKW I, 258쪽. 이 맥락에서, 힐그루버, 《Strategie》, 391쪽 참조.

46. 핀란드 외무장관 비팅(Witting)에게 그는 1941년 11월 27일에 이렇게 설명하였다. "독일에는 하나의 법칙이 있습니다. 그것은 어떤 상황에서라도 두 방향을 향해서 동시에 싸우는 것을 피해야 한다는 것입니다." 힐그루버, 《Staatsmänner》 I, 639쪽 참조.

47. 방위군의 수석부관 슈문트(Schmundt) 대령이 할더 대장에게 보고한 것. 할더, KTB II, 203쪽 참조. 힐그루버, 《Staatsmänner》 I, 385쪽.

48. 힐그루버, 《Strategie》, 373쪽에서 인용. 한스 프리체(Hans Fritzsche)는 러시아 전선이 시작되고 난 직후에 베를린 외신기자단을 앞에 놓고 도이치 동부전선 개념을 이렇게 설명하였다. "도이치 군대는 동부의 어떤 지점에서 멈추어설 것입니다. 그러고 나면 동부지역에 대해서 위대한 유럽을…… 지키기 위해서 우리가 그은 국경선이 생겨나 있을 것입니다. 군사적 긴장과 전쟁의 대치국면이 부분적으로는 8년이나 10년쯤 계속될지도 모릅니다. 그러나 도이치 국가수뇌부의 의지에 따르면 이런 상황이 유럽대륙을 건설하고, 독일이 만들어낸 법칙에 따라 유럽대륙을 개편하는 것을 변경시키지는 못할 것입니다. 물론 이것은 '철조망에 둘러싸인 유럽'입니다마는, 경제적 · 산업적 · 농업적으로 완전히 자급자족을 하고 군사적으로 공격할 수 없는 지역이 될 것입니다." 빌리 뵐케(W. A. Boelcke) 펴냄, 《Wollt ihr den totalen Krieg?》 189쪽에서 인용.

49. 특히 래더, 롬멜, 폰 바이체커, 모스크바 주재 도이치 대사인 폰 데어 슐렌부르크, 모스크바의 무관인 쾨스트링(Köstring) 장군 등이었다. 근동 공격의 이념에 대해서는, 벌록, 위의 책, 644쪽 참조. 벌록의 의견에 따르면, 소련 공격을 위해 예정된 군사력의 1/4만 투입했더라도 근동지역의 영국군대에는 치명적인 일격이 되었을 것이라고 한다.

50. 1941년 1월 20일 무솔리니에게. KTB/OKW I, 275쪽.

51. 힐그루버, 《Staatsmänner》 I, 586쪽, 384쪽 이하, 352쪽. 그리고 이 맥락에서는

366, 385, 421, 495, 516쪽도 참조할 것. 그리고 '점토덩이'라는 발언에 대해서는 KTB/OKW I, 258쪽을 볼 것.

52. 이 보고는 1941년 8월 1일자, 따라서 러시아 전선 개시 이후에 나온 것이지만 이런 분위기는 그 이전에 이미 존재하였다. 이 보고는, 슈타이너트, 위의 책, 207쪽 이하에 실려 있다. 그것은 많은 것을 밝혀주는 다음의 구절도 포함하고 있다. "이제 러시아로 전진함으로써, 이전의 폴란드 지역만 해도 풀기가 힘들다고 도이치 민족이 생각했던 문제, 곧 정착 주민들을 진정시키고 만족시키는 문제는 더욱 큰 지역으로 확대될 것이다……. 순수 민족국가로서 큰 도이치 제국의 이념은(이 제국에서는 보헤미아와 모라비아조차도 이물질에 불과하다) 근본적으로 동일한 질서를 가진 유럽 민족들의 틀 안에서는 일반적인 의식 안에 확고하게 뿌리박은 것이다." 그밖에도 보크(Bock)의 일기, 힐그루버, 《Strategie》, 370쪽 주에서 인용.

53. 힐그루버, 《Staatsmänner》 I, 517쪽.

54. 힐그루버, 《Strategie》, 440쪽에서 인용.

55. 엥겔 일기, 같은 곳, 369쪽에서 인용.

56. 치아노, 위의 책, 340쪽.

57. ADAP XII, 2, 892쪽.

58. 기제비우스, 《Adolf Hitler》, 471쪽. 전쟁이 시작되기 전 며칠 동안 군사 지휘부의 낙관론과 두드러지게 대립된 히틀러의 침울한 감정에 대해서는, 셸렌베르크, 《Memoiren》, 179쪽 이하 참조.

제2장 잔혹한 인간 살육전

1. 영국 대사에게 이렇게 말했다. 야콥센, 《Nationalsozialistische Außenpolitik》, 377쪽에서 인용.

2. KTB/OKW I, 341쪽.

3. 할더, KTB II, 335쪽 이하.

4. 크라우스니크, 《Judenverfolgung》, in :《Anatomie des SS-Staates》 II, 363쪽 이하 참조. 이곳에는 그밖에 다른 원전들과 자료들이 제시되고 있다. 1941년 3월 13일 히틀러의 직접 지시에 따라 그 자신이 직접 OKW 지시에 편집해 넣은 히믈러의 임무에 대해서는, KTB/OKW I, 340쪽 이하. 그밖에 바를리몬트(W. Warlimont), 《Im Hauptquartier der Wehrmacht》, 167쪽 이하.

5. 뉘른베르크 문서 NOKW-1692 참조. 야콥센, 《Kommissarbefehl und Massenexekutionen sowjetischer Kriegsgefangener》, in :《Anatomie des SS-Staates》 II, 223쪽 이하에 실려 있다. 같은 곳, 225쪽에 실린 이른바 위원회 명령도 참조할 것. 그밖에도 뉘른베르크에서 장군들의 발언에 대해서는, IMT XX, 635, 663쪽. IMT XXVI, 406쪽 이하 XXXIV, 252쪽 이하, 191쪽 이하.

6. IMT XXXVIII, 86쪽 이하(221-L). 로젠베르크는 바로 이런 의미에서 1941년 6월 20일에 '동부 문제에 밀접한 관련자들' 에게 설명하였다. "우리는 오늘부터 볼셰비즘에 대항한 '십자군 전쟁' 만을 수행하는 것이 아니다. '가련한 러시아놈들' 을 볼셰비즘에서 영원히 구원하기 위해서만이 아니라, 도이치 세계정책을 추진하고 도이치 제국을 안전하게 하기 위해서 전쟁을 계속한다." IMT XXVI, 614쪽(1058-PS) 참조.

7. 오토 올렌도르프(O. Ohlendorf), 《Eidesstattliche Aussage》, 뉘른베르크 문서, IV, 312쪽 이하. 그밖의 진술들은, 크라우스니크, 위의 책, 367쪽 이하.

8. 힐그루버, 《Die 'Endlösung' und das deutsche Ostimperium》, in : VJHfZ 1972/2, 142쪽에서 인용.

9. 1940년 12월 5일자 묘사에서 이미 히틀러는 러시아 전선을 위한 작전 개념을 설명하였다. "러시아 군대를 공격하는 경우 그들을 앞쪽으로 밀어붙이는 일을 피해야 한다. 우리 방식으로 러시아 군대는 찢어지고 부분으로 갈라져 압살되어야 한다. 이렇게 해서 대규모 작전을 할 수 있는 출발지점이 확보되어야 한다." 할더, KTB II, 214쪽 참조. 도이치군의 놀라운 초기의 승리는 수많은 경고에도 불구하고 준비를 하지 않고 있다가 갑작스럽게 당황한 적의 덕을 얼마나 입은 것인가, 하는 질문에 대해서는 힐그루버, 《Strategie》, 430쪽 이하에 있는 지적들을 참조할 것.

10. 1941년 7월 15일 일본 대사 오시마에게 이렇게 말했다. 힐그루버, 《Staatsmänner》 I, 600쪽 이하에서 인용. 위에 언급한 할더의 기록은 그의 전쟁일기, III, 38쪽 참조.

11. 알렉산더 달린(A. Dallin), 《Deutsche Herrschaft in Rußland》, 74쪽 참조. 도이치 군대가 소련에서 퇴각하기 위한 군비와 계획의 변화에 대해서는 1941년 7월 14일자 지시 32 b를 참조할 것. 후바치(W. Hubatsch), 《Hitlers Weisungen》, 136쪽 이하와 KTB/OKW I, 1,022쪽 이하에 실려 있다.

12. 힐그루버, 《Staatsmänner》 I, 622쪽 이하 참조.

13. 《Hitler's Table Talk》, 44쪽. 레닌그라드와 모스크바를 위해 예비된 운명에 대해서는, 할더, KTB III, 53쪽, 《Tischgespräche》, 251쪽 참조. 힐그루버, 《Staatsmänner》 I, 643쪽, KTB/OKW I, 1,021, 1,070 참조. 촐러, 위의 책, 143쪽 참조. 1941년 11월 8일자 연설에서도 히틀러는 레닌그라드는 정복되지 않고 기아로 망할 것이라고 선언하였다. 도마루스, 위의 책, 1,775쪽 참조. 개별적인 도시의 절멸이 어떤 식으로 진행될지는 해군 사령부 참모 쿠어트 프리케(K. Fricke) 제독의 1941년 9월 29일자 지시에 상세히 나타나 있다. "도시를 좁게 포위하고 모든 구경의 대포들을 쏘고 공군력을 투입해서 도시를 땅바닥과 똑같이 평평하게 만드는 것이 목표다. 도시 진영에서 나오는 투항 간청은 거절된다. 주민의 유지와 급식문제가 우리측에 의해서 해결될 수도 없고 해결될 필요도 없기 때문이다. 이 대도시 주민의 일부만 유지하려는 관심도 이 생존투쟁에 들어 있지 않다……." 《Ursachen und Folgen》, XVII, 380쪽 이하에서 인용.

14. 할더, KTB III, 193쪽. 히틀러는 1941년 8월 22일자 '건의서'에서 자신의 논리적 근거들을 요약하고 있다. 그에 대해서는, 힐그루버, 《Strategie》, 547쪽 이하 참조. 장군들이 전쟁경제학을 이해하지 못한다는 비난에 대해서는, 하인츠 구데리안, 위의 책, 182쪽 참조.

15. 도마루스, 위의 책, 1,758쪽 이하. 일주일 뒤에 선전부의 국무비서인 오토 디트리히는 히틀러의 지시에 따라 언론에, 동부전선 개시가 결정되었다고 알렸다. 《Zwölf Jahre》, 101쪽 이하 참조. 그에 대해서는 베르너 슈테판(W. Stephan), 《Joseph Goebbels》, 226쪽도 참조.

16. 프리드리히 파울루스(F. Paulus), 《Ich stehe hier auf Befehl》, 49쪽 이하.

17. 수많은 대담 중에 나타난 지적들은 힐그루버, 《Staatsmänner》 I, 64, 594, 619, 628쪽. 할더에 따르면 1812년 전선에 대한 쿨랭쿠르(Coulaincourt) 원수의 회고록이 1941/42년 겨울에 이야기에서 빠졌다. 달린, 위의 책, 93쪽 참조.

18. 야콥센/로버, 《Entscheidungsschlachten des Zweiten Weltkriegs》, 181쪽 이하에 실린 루돌프 호프만(R. Hoffmann), 《Die Schlacht von Moskau 1941》의 신중한 판단을 참조할 것. 만슈타인의 비판적인 판단은, 《Verlorene Siege》 310쪽 이하. '히틀러 명령'에 대해서는 KTB/OKW I, 1,084쪽 참조. 구데리안이 히틀러와 대립했던 것에 대해서는 구데리안의 《Erinnerungen eines Soldaten》, 240쪽 이하.

19. 할더, KTB III, 295쪽 이하. 힐그루버, 《Strategie》, 551쪽 이하. 다음해 초에 히틀러는 한 번 더, 자신은 "볼셰비즘에 대항한 이 전쟁을 영국 해군 및 공군을 파트너삼아 수행하고 싶었다."고 설명하였다. 《Tischgespräche》, 244쪽 참조.

20. KTB/OKW IV, 1,503쪽.

21. 스웨덴 외무장관 스카베니우스(Scavenius)와의 대담 및, 크로아티아 외무장관 로르코비치(Lorković)와의 대담에서 이렇게 말했다. 힐그루버, 《Staatsmänner》 I, 657, 661쪽에서 인용.

22. 같은 곳, 683쪽.

23. 로타르 그루흐만(L. Gruchmann), 《Der Zweite Weltkrieg》, 141쪽에서 인용.

24. 미국 군수품 생산에 대해서는 야콥센 《1939-1945》 561쪽 이하의 통계자료를 참조할 것.

25. 돌만, 위의 책, 27쪽.

26. 《Tischgespräche》, 50, 71쪽.

27. 《Lagebesprechungen》, 786쪽.

28. 할더, KTB III, 332쪽.

29. 보르, 위의 책, 214쪽.

30. 1941년 7월 15일에 오시마 대사에게 이렇게 말했다. 힐그루버, 《Staatsmänner》 I, 605쪽에서 인용. 폰 브라우히치에 대한 판단에 대해서는, 괴벨스, 《Tagebücher aus

den Jahren 1942/43》, 132쪽 참조. 폰 슈포네크(v. Sponeck)에 대한 사형선고를 히틀러는 요새 감금으로 바꾸었다. 그러나 2년 반 뒤 1944년 7월 20일 암살미수 사건이 있고 난 다음에 비밀경찰이 게르머스하임 요새에 나타나서 형식 요건도 갖추지 않고 장군을 쏘아죽였다.

31. 정확한 숫자는 1,005,636에 달하며, 부상, 전사, 행방불명 등의 숫자이고 환자 숫자는 아니다. 할더, KTB III, 409쪽에 나오는 통계 참조. 동상환자 숫자는 쉬러, 위의 책, 793쪽에 따르면 총 112,627명이었다.

32. 괴벨스, 《Tagebücher 1942/43》, 186쪽 이하. 같은 곳 131, 133, 177쪽. 히틀러의 발언에 대해서는 《Hitler' s Table Talk》, 221, 339쪽. 《Tischgespräche》, 263, 300, 363쪽도 참조. 여기서 히틀러는 중국 사람들을 지적하면서, "흰색을 애도의 색깔로 보았다는 것은 아주 원초적으로 느낀 일이었다. '수의' 인 눈더미가 아래로 흘러가고 난 다음에 비로소 자신은 알프스에서 즐거움을 느끼게 될 것이다."

33. 구데리안, 위의 책, 231쪽.

34. 할더, KTB III, 489쪽.

35. 괴벨스, 《Tagebücher 1942/43》, 133쪽.

36. 할더, 《Hitler als Feldherr》, 뮌헨, 1949, 50, 52쪽. 슈페어, 위의 책, 253쪽에서 보고되고 있듯이 히틀러가 극단적으로 기분이 나빠진 부분은 엘브루스 등반이었다. 그는 이에 대해서 '여러 시간 동안이나 미쳐날뛰면서' 그 특유의 일반화를 거쳐서 자신의 '야전 계획 전체가 이 시도를 통해서 망가졌다' 고 주장하였다.

37. 바를리몬트, 위의 책, 271쪽.

38. 엥겔 일기. KTB/OKW II, 1, 67쪽에 힐그루버가 쓴 서론에서 인용. 다음에 나오는 히틀러의 발언은 하인츠 슈뢰터(H. Schröter), 《Stalingrad…… bis zur letzten Patrone》, 저자의 출판사, 오스나브뤼크, 13쪽 참조.

39. 슈페어 위의 책, 300쪽. 슈페어는 필자에게 이렇게 설명하였다. "내가 영국공군의 어떤 참모에게서 들은 바에 따르면 횡단면 마비 개념의 실현에는 기술적인 장애가 가로놓여 있었지요. 밤에 그 먼 거리에서 전기의 힘으로 목표물을 찾아내기는 불가능하고, 미군 낮 공습기를 엄호하는 전투기의 사정거리가 충분하지 못하다는 등이었습니다. 미군기들은 엄호도 없이 대낮에 슈바인푸르트를 공격하려고 했으며 엄청난 손실을 입고 말았지요. 이 모든 상황은 1944년에야 겨우 변하게 되었습니다." 도이치 전쟁지휘는 약 1/3이 종합 벤진의 생산에 달려 있었고 공군무기의 추진력은 전적으로 거기서 얻었다. 힐그루버, 《Strategie》, 420쪽 이하.

40. 야콥센, 《Der Zweite Weltkrieg》, 210쪽에서 인용.

41. 1942년 11월 3일자 GFM 롬멜에게 내린 총통명령. 야콥센, 위의 책, 352쪽에서 인용.

42. 도마루스, 위의 책, 1,935쪽, 1,937쪽 이하, 1,941쪽 참조.

43. 같은 곳, 1,937쪽.

44. 슈페어, 위의 책, 259쪽 이하. 바를리몬트, 위의 책, 284쪽 이하.

45. 6군단은 처음에 하루 약 7백 톤을 요구하였다가 5백 톤으로 낮추었다. 실질적으로 평균적인 공습량은 하루 104.7톤이었다. 발터 괴를리츠(W. Görlitz)의 자료가 풍부한 연구 《Die Schlacht um Stalingrad 1942-1943》, 야콥센/로버, 《Entscheidungsschlachten》, 303쪽 이하에 실림. 바를리몬트는, 위의 책, 295쪽 이하에서 총통 사령부에서 스탈린그라드에 대한 의견 다툼은 뒷날 생각한 것처럼 그다지 시끄럽지 않았다는 사실을 보여주고 있다. 히틀러는 쓸데없는 일을 지껄이는 방법으로 상당한 성과를 거두었다.

46. 《The fatal decisions》에 들어 있는 시대에 대한 보고. 요아힘 비더(J. Wieder), 《Stalingrad und die Verantwortung des Soldaten》, 307쪽 이하.

47. 바를리몬트, 위의 책, 296쪽.

48. 슈뢰터, 위의 책, 13쪽. 파울루스의 발언과 약간 차이가 난다. IMT VII, 320쪽.

49. 《Lagebesprechungen》, 126쪽 이하.

50. 보버라흐, 위의 책, 346쪽. 빌케, 위의 책, 329쪽. 슈타이너트, 위의 책, 326쪽 이하에는 그밖에 다른 지적들도 들어 있다.

제3장 현실감의 상실

1. 치아노, 위의 책, 500쪽. 괴벨스, 《Tagebücher 1942/43》, 126쪽. 슈페어, 위의 책, 315쪽.

2. 프랑크, 《Im Angesicht des Galgens》, 413쪽.

3. 괴벨스, 《Tagebücher 1942/43》, 241쪽. 앞서 나온 관찰에 대해서는 슈페어, 위의 책, 263쪽을 볼 것.

4. 《Lagebesprechungen》, 615쪽 이하.

5. 구데리안, 위의 책, 401쪽. '편안한 분위기'를 만들어내기 위한 노력들은, 슈페어, 위의 책, 309쪽 참조.

6. 《Tischgesprächen》에서 이 책에 언급된 순서로, 210, 212, 303, 348, 171, 181쪽.

7. 치아노, 위의 책, 501쪽.

8. 제시된 순서대로, 《Tischgespräche》, 355, 351, 361, 468, 258쪽과 촐러, 위의 책, 174쪽. 폰 만슈타인의 판단에 대해서는 〈Der Spiegel〉, 1968/21, 31쪽.

9. 《Tischgespräche》, 465쪽. 이른바 투쟁시대와 비교한 것은 이미 앞에서도 언급한 1942년 11월 8일 연설에서 처음으로, 그리고 여러 번이나 나온다. 도마루스, 위의 책, 1,935, 1,936, 1,937, 1,941, 1,943쪽 참조. 같은 곳 2,085쪽과 《Tischgespräche》, 364쪽.

10. 《Tischgespräche》, 338쪽.

11. 슈페어, 위의 책, 372쪽 이하.

12. 피커(H. Picker), 《Tischgespräche》, 130쪽과 132쪽에서. 다음에 이어지는 히틀러의 발언은 같은 곳, 337쪽을 볼 것.

13. 슈페어, 위의 책, 318쪽. 구데리안, 위의 책, 402쪽. 슈람(P. E. Schramm), 《Tischgesprächen》의 서문, 위의 책, 106쪽.

14. 《Lagebesprechungen》, 779쪽 이하. 《Tischgespräche》, 128, 130쪽에서 피커의 말. 그밖에 슈페어, 위의 책, 255쪽.

15. 리벤트로프가 뉘른베르크 법정 심리학자 더글라스 켈리(D. M. Kelley)에게. 한스 디트리히 뢰르스(H.-D. Röhrs), 《Hitler. Die Zerstörung einer Persönlichkeit》, 53쪽 이하에서 인용.

16. 마저, 《Hitler》, 332쪽 이하에서 상세하게 지적하고 있다.

17. 슈페어, 위의 책, 119쪽. 수많은 다른 증인들의 보고는 크라우제의 서술을 확인해준다. 크라우제, 《Kammerdiener》, 56쪽 이하

18. 모렐 보고서. 마저, 위의 책, 339쪽에서 인용. 정낭선과 전립선 추출물에 관한 것. 모렐과 그가 사용한 처방 방법에 대해서는, 트레버 로퍼, 《Hitlers letzte Tage》, 86쪽 이하 참조.

19. 의사인 에르빈 기징(E. Giesing) 박사의 1945년 6월 2일자 보고. 마저, 위의 책, 429쪽에서 인용.

20. 슈페어 장관실의 예전 직원이었던 한스 케를(H. Kehrl)에게 이렇게 말했다. 《Tischgespräche》, 108쪽 이하에서 피커. 괴링도 같은 의견이었다. 1943년에 히틀러는 전쟁 이후로 열다섯 살은 더 늙어보인다고 말했다. 벌록, 위의 책, 720쪽.

21. 뢰르스, 위의 책, 121쪽에서 완전히 잘못된 것이지만 이런 주장을 하고 있다. 히틀러가 일종의 파킨슨 병을 앓고 있었는가 아니면 이른바 파킨슨 증후를 보였는가 하는 질문에 대해서는, 같은 곳, 특히 43쪽 이하와 101쪽 이하. 요한 렉텐발트(J. Reckten-wald), 《Woran hat Adolf Hitler gelitten?》은 뇌수가 원인이 된 파킨슨 증후설을 받아들이고 있다. 마저, 위의 책, 326쪽 이하. 벌록, 위의 책, 720쪽도 참조. 히틀러 질병의 정확한 성질에 대한 질문은 아마도 해결되지 못할 것이다. 특수한 문제제기를 전제로 한 검사가 전혀 이루어지지 않았기 때문이다. 극히 불충분한 자료들의 도움을 받는 것만으로는 여러 가지 진단들 중에서 어느 것도 확고한 근거를 댈 수가 없으며, 또한 확고하게 부인할 길도 없다. 팔이나 다리의 떨림 같은 파킨슨 병의 핵심적인 증후는 다른 수많은 병의 증세일 수도 있는 것이다.

22. 1936년 1월 30일 베를린 유원지에서 3만 명의 돌격대원을 앞에 놓고 행한 호소. 도마루스, 위의 책, 570쪽에서 인용. 일종의 에너지 교환이라는 유사한 언급은, 같은 곳, 609, 612, 643쪽.

23. 《Lagebesprechungen》, 608쪽. 1942년 11월 8일자 연설 참조. 도마루스, 위의 책, 1,944쪽.

24. 슈페어, 위의 책, 271쪽.

25. 이 연설의 동기와 배경은 여러 가지로 다르게 해석되고 있다. 일부는 3주 전에 카사블랑카에서 나온 '무조건 항복' 요구의 맥락에서 관찰되었다(예를 들면, 베르너 슈테판, 《Joseph Goebbels》, 256쪽 이하). 일부는 자신의 개인적인 위치를 높이 평가하고 제2인자 지위에 대한 요구를 알리려는 선전부 장관의 시도로 파악되었다. 이러한 2인자 요구는 히틀러의 하락과 괴링의 체면 손상과 더불어 전보다 더욱 의미를 지니게 되었다. 그에 대해서는 루돌프 젬러(R. Semler), 《Goebbels-the man next to Hitler》, 68쪽 이하. 그밖에 로저 만벨(R. Manvell)/하인리히 프랭켈(H. Fraenkel), 《Goebbels》, 275쪽 이하. 하이버, 《Joseph Goebbels》, 328쪽 이하. 귄터 몰트만(G. Moltmann), 《Goebbels' Rede zum totalen Krieg》, in : VJHfZ 1964/1, 13쪽 이하. 괴벨스 · 슈페어 · 라이 · 풍크의 충돌에 대해서는, 슈페어, 위의 책, 266쪽 이하도 참조할 것.

26. 영국에서는 개인가정의 고용직 숫자가 1/3로 줄었는 데 반해 독일에서는 오히려 늘었다. 슈페어, 위의 책, 234쪽과 548쪽 이하. 산업체에서 일하는 여성들의 숫자는 독일의 경우 전쟁 동안에 별로 늘지 않았다. 1939년 7월 31일에 262만 명이었다가 1943년 7월 31일에 280만 8천 명이었고, 일년 뒤에 다시 267만 8천 명으로 줄었다. USSBS, 《The Effects of Strategic Bombing on the German Economy》 참조. 1943년 2월 26일 경제위원회에서 나온 믿을 만한 보고서는 BAK 115/1942. BAK NS 19/1963도 참조. 앞에 나온 히틀러의 발언에 대해서는, 라우슈닝, 《Gespräche》, 22쪽 참조.

27. 촐러, 위의 책, 43쪽.

28. 같은 곳, 223쪽.

29. 슈페어, 위의 책, 311쪽 참조.

30. 같은 곳, 315쪽 이하.

31. 이 방문은 남부 군단(폰 만슈타인)을 향한 것이었다. 이 해에는 그 이전에 두 번의 전선시찰이 있었다. 2월 17일에 남부 군단을, 3월 13일에 중부 군단(폰 클루게)을 방문했다. 1944년 6월 19일에 한 번 더 상륙군 전선, 곧 로셰 기용 성에 자리잡은 롬멜의 참모사령부를 방문할 예정이었지만 이 계획은 직전에 취소되었다. 그에 대해서는 한스 슈파이델(H. Speidel), 《Invasion 1944》, 112쪽 이하.

32. 슈페어, 위의 책, 259, 312, 308쪽.

33. 《Lagebesprechungen》, 535쪽. 그밖에 《Tischgespräche》, 196쪽. 괴벨스, 《Tagebücher 1942/43》, 336쪽.

34. 크렙스, 위의 책, 124쪽 이하.

35. 코체/크라우스니크, 위의 책, 331쪽 참조. 연설은 같은 곳, 335쪽 이하.

36. 힐그루버, 《Staatsmänner》 I, 647쪽 참조. 그리고 피커 《Tischgespräche》 127쪽 참조.

37. 《Tischgespräche》, 356쪽.

38. 같은 곳, 174쪽. 그밖에 힐그루버, 《Staatsmänner》 II, 130쪽. 폴란드에서의 체험에 대해서 히틀러는 무솔리니에게, '차라리 돌아서서 이 위안 없는 땅과 그곳에 있는 더욱 위안 없는 사람들을 그냥 버려두는 것이 낫지 않을까 하고 스스로 질문해보는' 순간들이 자주 있었다고 말했다. 힐그루버, 《Staatsmänner》 I, 95쪽.

39. 하이버(펴냄) 《Reichsführer!…… Briefe an und von Himmler》, 201쪽.

40. 라우슈닝, 《Gespräche》, 45쪽 이하. '황금시대'에 대해서는, 고트프리트 그리스마이르(G. Grießmayr), 《Das völkische Ideal》 (원고 상태로 인쇄됨), 160쪽 참조.

41. 《Tischgespräche》, 387쪽. 앞서 나온 인용은 히믈러가 4백만 부나 발간한 《하급 인간(Der Untermensch)》이라는 반유대 선전 팸플릿에서 나온 말이다.

42. 부흐하임(Buchheim), 《Befehl und Gehorsam》, in : 《Anatomie des SS-Staates》 I, 338쪽 이하.

43. 같은 곳, 329쪽.

44. 라우슈닝, 《Gespräche》, 129쪽. 괴벨스의 발언에 대해서는 그의 1942/43년 일기, 1942년 3월 27일자 참조.

45. 《Mein Kampf》, 772쪽.

46. IMT XXVI, 266쪽(710-PS). 로젠베르크의 발언에 대해서는 로버트 켐프너(R. M. W. Kempner), 《Eichmann und Komplicen》, 97쪽. 이른바 최종해결을 구체적으로 결심한 문제에 대해서는, 크라우스니크, 《Judenverfolgung》, in : 《Anatomie des SS-Staates》 II, 360쪽 이하 참조. '최종해결'이라는 개념은 1941년 5월 20일자 제국 안전부의 발령시에 처음으로 등장하였다. IMT NG-3104 참조.

47. 로젠베르크의 암시와 역시 비슷하게 암울한 괴벨스 일기장의 암시 이외에도 1942년 11월 8일자 연설에서 유대인에게 '근절' 위협을 하는 히틀러의 발언도 있다. 그 사이에 사람들이 자기를 '예언자라고 비웃었다'고 음침한 태도로 덧붙였다. 그러나 "그 당시 웃었던 사람들 중에서 수많은 사람들이 이제는 웃지 않게 되었으며, 지금 웃고 있는 사람들도 아마 얼마 지나면 더는 웃지 못할 것"이라는 것이다. 도마루스, 위의 책, 1,937쪽. 비밀리에 실행한 것에 대해서는, 관구지도자들을 향한 보어만의 지시를 볼 것. "유대인 문제를 공공연히 다루는 경우에는 장차의 종합적 해결책에 대한 언급은 피해야 한다." BAK NS b/vol. 344.

48. 친위대 상급 지휘자인 에리히 폰 데어 바흐 첼레브스키(E. v. d. Bach-Zelewski), ND NO-2653 참조.

49. 1942년 우크라이나 두브노에서 친위대와 우크라이나 민병대에 의해서 약 5천 명의 유대인이 집단적으로 처형당하는 광경에 대하여 기술자 헤르만 프리드리히 그레베(H. F. Gräbe)가 진술한 일부.

50. 크라우스니크, 위의 책, 417쪽 이하에서 인용.

51. 브라허, 《Diktatur》, 463쪽에서 인용. 동부의 대형 처형장에서 살해된 유대인의 숫

자에 대해서는, 회네, 위의 책, 349쪽 참조. 루돌프 회스(R. Höß)의 발언은 그의 생애 서술 《Kommandant in Auschwitz》, 슈투트가르트, 1958, 1961년, 120쪽에 나온다. 이상스럽게 도착된 성취욕에 사로잡혀서 아우슈비츠에서만 약 3백만 명의 희생자를 만들어냈다.

52. 《Tischgespräche》, 330쪽. 《Hitler's Table Talk》, 426쪽.

53. 같은 곳, 270쪽. 특이한 주석을 달고 있다. "사람들에게 개인적 자유를 허용하면 그들은 원숭이처럼 행동한다."

54. 앞에 나오는 지적과 인용을 위해서는 《Tischgespräche》, 143, 270쪽, 469쪽 이하.

55. 《Tischgespräche》, 469, 190쪽, 271쪽 이하. 1942년 4월 27일자 친위대 사령관의 동부 총계획을 위한 건의서는 바로 이런 의미에서 동부지역의 산파들을 '낙태 보조자'로 재교육시켜야 한다는 제안을 담고 있다. 하이버, 《Der Generalplan Ost》, in : VJHfZ 1958/3, 292쪽.

56. 《Ursachen und Folgen》 XIV, 154쪽 이하.

57. VJHfZ 1958/3, 299쪽. 호프만의 발언에 대해서는, ND, NO-4113을 볼 것

58. IMT XXVI, 550쪽(1017-PS). VJHfZ 1958/3, 298쪽.

59. 《Tischgespräche》, 143쪽. 종파 만들기에 대해서는, 하이버, 《Reichsführer!……》, 273쪽 이하. "마을마다 자신의 종파를 가진다면 우리는 그것을 환영할 수 있다. 그것은 러시아 공간에 분리적인 요소들의 숫자가 그만큼 늘어나는 것이기 때문"이라고 히틀러는 설명하였다. 달린, 위의 책, 486쪽에서 인용. 위에 말한 건의서는 VJHfZ 1958/3, 281쪽 이하에 실려 있다.

60. 《Tischgespräche》, 174, 475쪽.

61. IMT XXXVII, 517쪽. 그밖에 《Tischgespräche》, 253쪽.

62. 《Mein Kampf》, 421쪽.

63. 《Libres propos》, 93쪽. 그밖에 《Tischgespräche》, 256쪽.

64. 같은 곳, 137쪽.

65. 같은 곳, 288쪽. 촐러, 위의 책 105쪽.

66. 친위대 수뇌부와 동일한 생각을 담은 칼텐브루너의 발언. IMT XXXII, 297쪽(3462-PS) 참조. 이런 맥락에서는 무엇보다도 1944년 1월 29일자 마르틴 보어만의 건의서를 참조할 것. 야콥센/요흐만, 《Ausgewälten Dokumenten zur Geschichte de Nationalsozialismus》, 같은 날짜 항목에서 인용.

67. 《Hitler' s Table Talk》, 110, 621쪽. 그밖에 1941년 12월 14일에 로젠베르크가 히틀러와 만난 것에 대해서는, IMT XXVII, 272쪽(1517-PS). '타우리엔' 이라는 말은 로젠베르크의 생각이었고 히틀러는 '고트 나라' 를 더 좋아했다.

68. 《Tischgespräche》, 429쪽 이하. 같은 곳, 336쪽도 참조. 히믈러와 프라우엔펠트

사이의 편지. ND, NO-2417에 실려 있다.

69. 달린, 위의 책, 293쪽.

70. 《Tischgespräche》, 320쪽. '우승컵'이라는 은유는 다른 곳에서도 나타났다. 1933년 1월 30일 밤 히틀러의 독백에서였다. 괴를리츠/크빈트, 위의 책, 367쪽 참조.

71. 1943년 5월 사고를 당한 돌격대 참모, 픽토르 루체(V. Lutze)를 위한 국가적인 행사를 마친 다음 수상관저에서 전국 지도자와 관구 지도자들에게 행한 연설. 괴벨스, 《Tagebücher 1942/43》, 324쪽 참조. 티소에게 말한 것은, 힐그루버, 《Staatsmänner》 I, 186쪽 참조. 이전의 로마 상황과의 비교에 대해서는, 히틀러의 《Zweites Buch》, 129쪽 이하를 볼 것. 전체 맥락을 위해서는, 파울 클루케(P. Kluke), 《Nationalsozialistische Europaideologie》, in : VJHfZ 1955/3, 240쪽 이하.

72. 힐그루버, 《Staatsmänner》 I, 655쪽 이하.

73. 라우슈닝, 《Gespräche》, 218쪽 이하. 프랑스측의 제안에 대해서는, 에버하르트 예켈(E. Jäckel), 《Frankreich in Hitlers Europa》, 159쪽. 그밖에 클루케, 위의 책, 263쪽 이하에는 다른 맥락들도 나타난다.

74. 그루흐만, 위의 책, 213쪽 이하.

75. 국무비서 슈투카르트(Stuckart)의 구상. 슈투카르트의 동조자인 글로브케(Globke)에 대한 1945년 9월 25일자 심문 보고서. RF-602, IMT IV, 472쪽 이하. 그밖에도 ND, NG-3572. NG-3455. 1940년 6월 19일 괴링의 사령부에서 약탈욕에 가득 찬 담화에 대한 메모. IMT XXVII, 29쪽 이하(1155-PS)에 실려 있다. 코르트(E. Kordt), 《Nicht aus den Akten》, 393쪽에 따르면 칼레와 불로뉴는 도이치 군의 거점으로 남겨둘 예정이었다. 해협 해안의 형세에 대한 히틀러의 발언은 《Tischgespräche》, 336쪽 참조. 다음에 나오는 건의서에 관해서는, 클루케, 위의 책, 256쪽 주 참조.

76. 자이스 인크바르트의 제안. 《Ursachen und Folgen》 XV, 435쪽. 그밖에 힐그루버, 《Staatsmänner》 I, 239쪽. 슈페어, 위의 책, 196쪽.

77. 막스 클라우스(M. Clauß), 《Tatsache Europa》. 바로 직전에 모든 유럽이념을 부인하는 〈Das Reich〉라는 제목으로 나온 잡지에 들어 있다. 클루케, 위의 책, 252쪽에서 인용. 경제적 헤게모니에 대해서는, 《Ursachen und Folgen》 XV, 501쪽 이하에 나오는 문서들 참조. 이 문서들은 개별적인 기도들의 무모한 이해 제국주의로 인해 특기할 만한 것이다. 1940년 6월에 벌써 괴링의 사령부에서 이루어진 대담에서 괴링이 이렇게 설명했다. "점령지역의 기업들을 지금 당장 인수하려는 도이치 산업계의 노력은 극히 단호하게 거절되어야 한다. 점령지역으로 산업가가 들어가는 일은 당분간 허용되어서는 안 된다." IMT XXVII, 30쪽(1155-PS).

78. 《Tischgespräche》, 195쪽.

79. 같은 곳, 334쪽. 같은 곳, 463쪽도 참조할 것.

80. 1940년부터 빌헬름 크라이스(W. Kreis)의 지휘 아래 '도이치 전쟁 묘역 형성을 위

한 총건설 위원회'가 활동하였다. 건설 임무는 다음과 같다. "대서양 해안의 암벽들 위에 서쪽을 향해서 거대한 건축물이 세워진다. 도이치 심장 민족의 영도 아래 대륙이 지금까지의 속박에서 벗어난 것과 유럽이 하나가 된 것을 영원히 기념하는 기념비이다. 고대 헬라스 문명의 정신을 도이치가 이어받은 사실에 대한 상징으로 테르모필레에 엄격하고 고상한 아름다움을 갖춘 병사묘지가 만들어져야 한다. 기율 잡힌 게르만 질서의 힘으로 동부 초원지대의 혼란스런 힘들을 제어한 것을 상징하여 동부 지역에 탑 건축물들을 쌓아올려야 한다. 이미 2천 년 전부터 도이치 혈통 전사들의 묘지에 둘러싸여서 아시아 내륙에서 불어오는 파괴적인 폭풍에 맞서 서양 문명세계는 구원을 받았던 것이다." 브레너, 《Die Kunstpolitik des Nationalsozialismus》, 128쪽 이하.

81. 《Tischgespräche》, 146쪽. 동부 장관실의 건의서에 대해서는 여러 모로 인용된 《Der Generalplan Ost》, in : VJHfZ 1958/3, 295쪽 참조.

82. 이런 예들은 앞에서 인용한 히믈러의 편지 모음집 《Reichsführer!……》에서 나온 것이다. 인용 순서에 따르자면 194쪽, 222쪽 이하, 251, 145, 95쪽. 하이버의 서문도 참조. 특히 22쪽 이하.

83. 촐러, 위의 책, 73쪽. 《Libres propos》, 123쪽. 《Mein Kampf》, 723쪽. 양치기들에 대한 히틀러의 믿음에 대해서는, 《Tischgespräche》, 166쪽 이하와 333쪽을 볼 것.

84. 《Tischgespräche》, 186쪽. 앞의 인용에 대해서는, 클루케, 위의 책, 269쪽.

85. 괴벨스, 《Tagebücher 1942/43》, 319쪽.

86. 《Hitler e Mussolini》, 165쪽 이하. 벌록, 위의 책, 718쪽 이하에서 인용. 슈미트, 위의 책, 567쪽은 히틀러가 무솔리니를 '철저히 질타했다'고 보고하고 있다. 무솔리니는 로마 공격에 대한 보고를 듣고 "너무나 흥분해서 돌아가자마자 로마에서 이 대화에 대한 나의 기록을 요구해왔다. 그는 이 결론을 따를 수가 없었다는 말을 우리에게 전해왔다."

87. 치아노, 위의 책, 33쪽. 그밖에 보버라흐, 위의 책, 424쪽.

88. 《Lagebesprechungen》, 315쪽. 다음에 나오는 언급은, 같은 곳, 329쪽.

89. 놀테, 《Epoche》, 299쪽에서 인용.

90. 《Lagebesprechungen》, 231쪽(1943년 5월 20일자).

91. 슈페어, 위의 책, 314쪽.

92. 괴벨스, 위의 책, 392쪽 이하. 폰 리벤트로프에게 한 발언에 대해서는, 《Zwischen London und Moskau》, 265쪽. 리벤트로프의 발언에 대해서는, 엘러스, 《Technik und Moral einer Verschwörung》, 113쪽 참조.

93. 같은 곳, 155쪽. 요들의 발언은 1942년 말의 상황에 관계된 것. KTB OKW IV, 2, 1,721쪽 참조.

8부 신화의 종말

제1장 저항운동

1. 히틀러의 명령을 받고 히믈러가 말한 것. 1943년 9월 7일에 친위대 및 경찰 지휘자 프뤼츠만(Prützmann)에게 보낸 편지에는, "사람 한 명, 가축 한 마리, 곡식 한 톨, 철도 선로 하나 남겨서는 안 된다. 집 한 채도 남아서는 안 되고, 광산도 파괴되어야 하고, 독을 타지 않은 우물이 남아서는 안 된다. 적은 완전히 불타고 망가진 땅을 보아야 한다……. 인간으로서 가능한 모든 일을 다 하시오." 하이버, 《Reichsführer!……》, 233쪽에서 인용.

2. 라인하르트 헨키스(R. Henkys), 《Die nationalsozialistischen Gewaltverbrechen》, 124쪽 참조.

3. 도마루스, 위의 책, 2,038쪽.

4. 헬무트 제임스 그라프 폰 몰트케(H. J. G. v. Moltke)와, 크라이사우 서클에 가입한 그의 친구들. 몰트케 자신에 대해서 조지 케넌(G. F. Kennan)은 이런 말을 하고 있다. "대단히 도덕적인 인물이며, 2차 대전 중 전선의 양측에서 만날 수 있었던 사람 중에서 둘도 없이 풍부하고 빛나는 아이디어의 소유자." 케넌, 위의 책, 121쪽 참조.

5. 엘러스, 위의 책, 92쪽.

6. 1943~1944년의 수많은 암살기도들에 대해서는 호프만의 세밀한 연구 참조. 호프만, 위의 책, 309쪽 이하. 엘러스, 위의 책, 126쪽 이하. 에버하르트 첼러(E. Zeller), 《Geist der Freiheit》, 221쪽 이하. 슐라브렌도르프, 위의 책, 88쪽 이하. 슈티프가 개인적으로 암살을 수행할 각오를 했는지는 확실하지 않다. 그에 대해서는 호프만, 위의 책, 776쪽 참조.

7. 셸렌베르크, 위의 책, 279쪽 이하 참조. 히믈러의 판정에 대해서는, 펠릭스 케르스텐(F. Kersten), 《Totenkopf und Treue》, 209쪽 이하. 케르스텐은 진찰 근거도 없는 병에 대한 보고서를 읽은 다음, 히틀러는 총통 사령부가 아니라 황급히 신경과 병원으로 가야 한다고 말했다. 친위대 '저항'의 전체 맥락, 그 동기와 다양한 주도권 등에 대해서는, 회네, 위의 책, 448쪽 이하.

8. 슐라브렌도르프, 위의 책, 91쪽.

9. 엘러스, 위의 책, 102쪽에서 인용. 크라이사우 회원들이 생각만을 했고, 심지어는 온갖 행동에 대한 경멸감을 자랑스럽게 여겼다는 널리 퍼진 오해는, 최초로 벌록, 위의 책, 739쪽에서 발견된다. 그에 대해서는 특히 게르 판 론(Ger van Roon), 《Neuordnung im Widerstand》 참조. 그는 풍부한 자료들을 제시하면서 이런 견해를 반박하였다.

10. 엘러스, 위의 책, 93쪽. 도이치 국수주의 모반자들에 대한 원칙적인 반대에 대해서는, 한나 아렌트(H. Arendt), 《Eichmann in Jerusalem》, 134쪽 이하 참조.

11. 구스타프 다렌도르프(G. Dahrendorf)의 보고에 따르면 그렇다. 엘러스, 위의 책

93쪽에서 인용. 헤르만 마스(H. Maaß)도 사회주의자들은 장군들 및 보수파와의 협조를 오직 일시적인 것으로만 여겼다고 말했다. 쿠데타가 성공하면 그들은 곧바로 권력을 인수했을 것이다.

12. 크라이사우 서클에 속하는 예수회 신부 알프레트 델프(A. Delp)의 주장에 따라 실시했던 노동자들 사이의 설문조사는 그다지 고무적이지 않은 결과를 보였다. 트로트(Trott)의 회고록도 노동자 계층의 전체적인 수동성을 보고하고 있다. 한스 몸젠(H. Mommsen), 《Gesellschaftsbild und Verfassungspläne des deutschen Widerstands》, 발터 슈미테너/한스 부흐하임(W. Schmitthenner/H. Buchheim) 펴냄, 《Der deutsche Widerstand gegen Hitler》에 실려 있다. 75쪽 참조. 사회민주당의 의견조사는 1942년 '우리는 대중을 거리로 몰아가지 않을 것'이라는 결론에 도달하였다. 에밀 헹크(E. Henk), 《Die Tragödie des 20. Juli 1944》, 하이델베르크, 1946, 21쪽 이하 참조. 앨런 웰슈 덜레스(A. W. Dulles), 《Verschwörung in Deutschland》, 138쪽 이하. 좌익의 저항에 대해서는 전체적으로, 귄터 바이젠보른(G. Weisenborn), 《Der lautlose Aufstand》 참조. 그밖에도 전쟁 동안에 좌익 과격파의 이렇다 할 저항은 소련 공격 개시 이후에 비로소 나타났다. 좌익 저항운동은 육군 중위 하로 슐체 보이젠(H. Schulze-Boysen)과 고급행정관인 아르비트 하르나크(A. Harnack)를 중심으로 한 이른바 '붉은 예배당' 안에 결집되었는데, 이들은 부분적으로는 소련을 위한 간첩 노릇도 하고 있었다. 1942년 8월에 이러한 활동과 관련해서 약 1백 명이 체포되었고 대부분은 체포 직후에 처형당했다. 안톤 제프코브(A. Saefkow)를 중심으로 한 다른 그룹은 1944년 7월 초에 발각되었고, 다음에 이어서 설명되는 것처럼 슈타우펜베르크가 행동을 서두르기로 결심하는 데 한 역할을 하였다.

13. 덜레스, 위의 책, 171쪽. 게오르게 벨(G. K. A. Bell), 《Die Ökumene und die innerdeutsche Opposition》, in : VJHfZ 1957/4, 374쪽.

14. 엘러스, 위의 책, 143쪽. 슈타우펜베르크의 전기는, 크리스치안 뮐러(Ch. Müller), 《Oberst i. G. Stauffenberg》 참조. 슈테판 게오르게가 1933년 12월 4일에 로카르노 근처 미누시오에서 죽었을 때 슈타우펜베르크는 형제 두 명과 게오르게의 친구들 여덟 명과 함께 그의 임종의 자리에 있었다.

15. 슐라브렌도르프, 위의 책, 138쪽.

16. 카티어, 위의 책, II, 753쪽 참조.

17. 바를리몬트, 위의 책, 452쪽 이하. 히틀러는 시간을 정확하게 제시하는 것은 혼란을 야기할 의도의 증거라고 여겼다. 슈페어, 위의 책, 364쪽 참조.

18. 알버트 노먼(A. Norman), 《Die Invasion in der Normandie》, in : 야콥센/로버, 《Entscheidungsschlachten des Zweiten Weltkriegs》, 419쪽 이하. 여기서는 롬멜의 의견처럼 무엇보다도 예비군을 재빨리 투입해서 가능한 한 해안 근처에서 적을 잡아서 바다로 되쫓아보내는 것이 중요한가, 아니면 룬트슈테트의 의견처럼 예비군을 중앙에

집결시켜서 '백 핸드'로 교두보를 날려버릴 것인가 하는 문제가 주로 논의되었다. 이 두 가지 의견 사이에는 수많은 대안들이 존재하였다.

19. 그에 대해서는 바를리몬트, 위의 책, 455쪽 참조. 여기에는 서부에 준비해두었던 4개 예비군사단의 관할권을 놓고 의견차가 존재했다는 사실이 암시되어 있다.

20. 같은 곳, 457쪽.

21. 슈파이델, 위의 책, 113쪽 이하. 당연한 일이지만 히틀러는 두 명의 야전원수들에게 만남이 이루어진다는 것과 만날 장소를 불과 몇 시간 전에야 알리게 했다.

22. 히틀러의 갑작스런 출발의 동기로는 룬트슈테트와 롬멜이 출발한 직후에 목표를 잃어버린 V-1기가 총통사령부 상공으로 날아들어왔다는 사실이 거론되고 있다. 실제로는 히틀러가 대면을 피하기 위해서 사용했던 핑계의 하나였다고 해야 할 것이다. 그렇지 않다면 실수로 마르지발에 들어온 로케트가 어째서 멀리 떨어진 로셰 기용에서의 만남을 더욱 위험하게 만든단 말인가. 이 사건에 대해서는, 슈파이델, 위의 책, 119쪽 참조.

23. 같은 곳, 155쪽 이하.

24. 호프만, 위의 책, 445쪽.

25. 같은 곳, 462쪽 이하.

26. 벨로브 부인이 필자에게 알려준 것.

27. 촐러, 위의 책, 184쪽. 히틀러는 옷가지를 "산장에 있는 브라운 양에게 보내서 조심스럽게 보관하라고 전해달라."고 부탁하였다.

28. 슈미트, 위의 책, 582쪽.

29. 도마루스, 위의 책, 2,127쪽 이하.

30. '뇌우작전'은 1944년 8월 22일에 '기습적으로' 개시되었으며, 예전 정당의 의원들과 당직자들 5천 명을 붙잡았다. 그들 중에는 콘라트 아데나우어와 쿠어트 슈마허 등도 끼여 있었다. 발터 하머(W. Hammer), 《Die Gewitteraktion vom 22. 8. 1944》, in : 〈Freiheit und Recht〉 1959/8-9, 15쪽 이하 참조.

31. 첼러, 위의 책, 455쪽 참조. 다른 고문 방법들에 대해서는, 호프만, 위의 책, 620쪽 이하.

32. 샤이트(W. Scheidt), 《Gespräche mit Hitler》, 첼러, 위의 책, 538쪽에서 인용. 그밖에 《Lagebesprechungen》, 588쪽.

33. 엘러스, 위의 책, 113쪽에서 인용. 첼러, 위의 책, 461쪽.

34. 증인에게 심문한 것을 바탕으로 존 휠러 베네트(J. Wheeler-Bennett)가 한 말. 《Die Nemesis der Macht》, 705쪽 참조. 그밖에 호프만, 위의 책, 628쪽 이하. 슈페어, 위의 책, 404쪽. 최초의 희생자 여덟 명은 비츨레벤 원수, 회프너, 슈티프, 폰 하제 장군, 베르나르디스 중령, 클라우징 대위, 하겐 중위 등이었다. 뒤에는 부분적으로는 참수형도 이루어졌다. 프롬 중장 등 몇 명 안 되는 장교들만이 계급의 권리대로 총살당했다.

35. 이 연설은, VJHfZ 1953/4, 357쪽 이하에 실려 있다. 인용은 384쪽 이하.

36. 1944년 8월 7일과 8일에 열린 국민재판의 심리과정 속기록. IMT XXXIII, 430쪽 이하(3881-PS)에 실려 있다.

37. 엘러스, 위의 책, 123쪽. 그밖에 호프만, 위의 책, 437쪽. 프리치의 결투신청에 대해서는 푀르치, 위의 책, 134쪽을 볼 것. 자기 쪽에서 프리치에게 그 의도를 말렸다고 주장하는 폰 룬트슈테트의 진술에 근거한 것.

38. 호프만, 위의 책, 611쪽과 438쪽 이하. 클라우스니크, 엘러스, 위의 책, 31쪽 이하.

39. 평가단장 게오르크 키젤(G. Kiesel) 박사는 이런 말을 덧붙였다. "그들은 물론 동료들을 보호하려고 하였지만 능숙한 범죄전문가에게 있어서 벽돌 위에 벽돌을 쌓아올리는 것은 식은 죽 먹기였다." 호프만, 위의 책, 607쪽에서 인용. 《Spiegelbild einer Verschwörung》이라는 제목으로 출간된 이른바 칼텐브루너 보고서도 비슷한 것을 제시하고 있다. 괴르델러의 진술 각오는 물론 다르게 평가되어야 한다. 그의 전기작가인 게르하르트 리터(G. Ritter)가 말하듯이 그는 진실을 밝히는 일을 도우려고 했다. 반대자의 폭과 다양성을 히틀러에게 알림으로써 그의 전향을 기대하였다. 리터, 위의 책, 442쪽 이하 참조.

40. 친위대 상급지휘자인 훔버트 피프라더(H. Pifrader)와 방위군 III/베를린 · 브란덴부르크 지역 사령관인 폰 코르츠플라이슈(v. Kortzfleisch) 장군을 말하는 것. 프롬 중장도 체포되어서 약속과는 달리 풀려나 공관으로 돌아갔고, 그곳에서 그는 사라져서 반역자들을 체포할 가능성을 얻었다.

41. 도마루스, 위의 책, 2,127쪽.

42. 이 콤플렉스를 위해서는 엘러스, 위의 책 182쪽 참조. 그는 이런 '가상화법 질문'에는 국민적인 잘못의 문제가 들어 있음을 인식하였다. 모든 반역자들이 괴르델러 같은 낙관론을 폈던 것은 아니다. 체사르 폰 호파커(C. v. Hofacker)는 에른스트 융거(E. Jünger)와의 대화에서, 히틀러는 "공중분해되어야 한다. 이 친구가 마이크 앞으로 달려가는 것을 우리가 제지하지 않는다면 그는 대중을 다시 5미터 아래로 집어던질 것"이라고 했다. 이런 발언에 대한 융거의 답변은 히틀러의 대중최면술이 줄었다는 사실을 고려하지 않은 것이다. "당신이 마이크 앞에서 그만큼 강해져야지요. 당신이 이 힘을 갖지 못한다면 암살을 통해서도 그 힘이 더 커지지는 않으니까 말입니다." 이 발언은 반역자들의 도덕적인 추진력을 특이한 방법으로 알려주고 있을 뿐 아니라 그들이 선전술의 분야에서 히틀러와 경쟁할 의사가 없었다는 사실도 보여주고 있다. 에른스트 융거, 《Werke》 III, (《Strahlungen》), 슈투트가르트, 1962년 251쪽 참조. 여전히 효력을 발휘하는 히틀러의 영향에 대한 이런 걱정 때문에 반역자들은 오랫동안이나 그를 암살하고 나서 사고로 위장하려고 계획하였다.

43. 하프너(S. Haffner), 잡지 〈Konkret〉 1964/2에 실린 하머슈타인의 책, 《Spähtrupp》에 나오는 대화에서.

44. 아돌프 호이징거(A. Heusinger). 《Befehl im Widerstreit》, 367쪽.

45. 볼프 욥스트 지들러(W. J. Siedler), 《Behauptungen》, 11쪽 참조.

46. 로트펠스, 위의 책, 79쪽에서 인용.

47. 슐라브렌도르프, 위의 책, 154쪽. 다음 문장에서 거론되는, 저항운동에 대한 책들에 대한 뒷날 점령관청들의 방해에 대해서는 한스 로트펠스, 《Werden die Historiker dem 20. Juli gerecht?》 in : 〈Die Zeit〉, 1966년 7월 18일자

48. 어쨌든 첼러, 위의 책, 539쪽에는 그렇게 되어 있다. 이 연구소장은 슈티베(Stieve) 교수였다. 여기 나온 지적은 그의 발언에 근거한 것이다. 발터 하머(W. Hammer)는 그에 반해서, 유골단지들은 히틀러의 지시에 따라 법무장관 티어라크(Thierack)에게 전달되었고, 그는 "그것을 슬며시 없앴다고 한다. 주말에 텔토브 군에 있는 영지로 가면서 눈에 띄지 않게 어떤 숲속의 공터에 파묻곤 했다."(같은 곳). 처형자들의 숫자가 대단히 많았던 점에 비추어보면(거의 2백 명) 이 두 가지가 다 맞는 말일 것 같다. 그밖에도 7월 20일에 프롬에 의해 판결을 받고 처형당한 다섯 명의 반역자들, 곧 슈타우펜베르크, 헤프텐, 올프리히트, 메르츠 폰 크비른하임(M. v. Quirnheim), 베크 등의 시체를 히믈러는 며칠 뒤에 무덤에서 파내서 불에 태우라고 명령하였다. 재는 사방으로 흩날려 보냈다.

49. 벌록, 위의 책, 760쪽에서 인용.

50. 야콥센, 《1939-1945》, 561쪽 이하에 나오는 통계자료 참조.

51. 슈페어, 위의 책, 414쪽 이하.

52. 클루게스의 참모장교인 블루멘트리트(Blumentritt) 장군은 이렇게 간섭하는 전쟁지휘 방식에 대해서 8월 초에 아방셰 근처에 미군이 '통로'를 형성했을 때 히틀러가 내렸던 차단공격을 예로 들고 있다. "우리는 마지막까지 상세히 손질된 계획을 명령받았다. 우리가 투입해야 할 사단들까지도 지정되어 있었다……. 공격이 이루어지는 방식은 아주 정확하게 서술되어 있었고, 병력이 지나갈 거리며 마을들까지도 상세히 적혀 있었다. 이 계획은 베를린에서 지도를 보고 작성된 것이었다. 프랑스에 있던 장군들에게는 한마디의 충고도 구하지 않았다."

53. 《Lagebesprechungen》, 615, 620쪽(1944년 8월 31일).

54. 세부사항과 출처들은, 마저, 《Hitler》, 344쪽 이하.

55. 1월 30일자 라디오 연설은 도마루스, 위의 책, 2,083쪽에서 인용.

56. 《Tischgespräche》, 468쪽. 같은 곳, 376쪽도 참조.

57. 바이얼라인(Bayerlein) 장군이 말했다. 카티어, 위의 책, 918쪽에서 인용. 히틀러 묘사는 만토이펠(v. Manteuffel) 장군이 한 것. 쉬러, 《Aufstieg und Fall》, 997쪽에서 인용.

58. 《Lagebesprechungen》, 721쪽 이하. 아르덴 산맥 공격사에 대해서는 헤르만 융(H. Jung), 《Die Ardennenoffensive 1944/45. Ein Beispel für die Kriegführung Hitlers》, 괴팅겐/취리히/프랑크푸르트(마인), 1971년 참조. 그밖에 지휘자의 관점에서 본 것, 하소 폰 만토이펠(H. v. Manteuffel), 《Die Schlacht in den Ardennen 1944-

1945》, 야콥센/로버, 위의 책, 527쪽 이하.

59. 같은 곳, 740쪽.

60. 구데리안, 위의 책, 350쪽 이하. 히틀러가 곧바로 정신병원으로 보내라고 명령한 장군은 라인하르트 겔렌(R. Gehlen) 장군.

61. 도마루스, 위의 책, 2,198쪽.

제2장 신들의 황혼

1. 출러, 위의 책, 203쪽.

2. 라우슈닝, 《Gespräche》, 115쪽.

3. 《Le Testament politique de Hitler》, 67쪽. 앞의 인용은 레머(Remer)가 필자에게 알려준 것을 토대로 한 것이다. 레머는 히틀러가 몇 주 전에만 해도 아르덴 공격을 이 전쟁 최후의 기회라고 지칭했고, 여기서 실패하면 전쟁에 완전히 패배한 것이라고 말했다는 사실을 히틀러에게 상기시켰다고 했다.

4. 《Lagebesprechung》, 1945년 4월 27일. 〈Der Spiegel〉 1966/3, 42쪽에 실려 있다. 파괴 계획에 대해서는 슈페어, 위의 책, 412쪽.

5. 트레버 로퍼, 《Hitlers letzte Tage》, 96쪽에서 인용.

6. 슈페어, 위의 책, 433쪽 참조. 히틀러는 1944년 7월 20일 무솔리니에게 이렇게 설명하였다고 한다. 자신은 V2 로켓을 발사해서 '런던을 완전히 폐허로 만들기로 결심했다'고 말했다. '도시 전체가 완전히 파괴될 때까지 런던을 향해 계속 발사할 것'이라고. 힐그루버, 《Staatsmänner》 II, 470쪽 이하 참조. 파리를 방어하거나 혹은 폐허로 만들라는 명령은 1944년 8월 23일 도시 탈환 직전에 나왔지만 콜티츠(v. Choltitz) 장군이 따르지 않았다. 그에 대해서는 래리 콜린스/도미니크 라피에르(L. Collins/D. Lapierre)의 보고서, 《Brennt Paris?》, 베른/뮌헨/빈, 1964년 참조. 명령은 야콥센의 《1939-1945》, 587쪽 이하에도 나오고 있다.

7. 괴벨스가 한 말. 트레버 로퍼, 《Hitlers letzte Tage》, 80쪽.

8. 출러, 위의 책 1,248쪽의 지도 참조. 중앙 복도 오른편에 있는 방에 거주한 사람들은 여러 번이나 바뀌었다. 나중에 괴벨스의 침실이 된 방은 처음에는 모렐의 방이었다. 슈툼페거 박사의 응급처리방은 때로는 히틀러의 하인 링게(Linge)의 거처가 되기도 했다.

9. KTB/OKW IV, 2, 1,701쪽 이하에 실려 있다. 게르하르트 볼트(G. Boldt), 《Die letzten Tage》, 15쪽에도 이 묘사가 들어 있다.

10. 출러, 위의 책, 150쪽.

11. 구데리안, 위의 책, 376쪽. 볼트, 위의 책, 26쪽 이하. 앞에 언급된 의사는 기징(Giesing) 박사. 마저, 《Hitler》, 350쪽 이하의 보고 참조.

12. 출러, 위의 책, 230쪽. 이 보고는 이렇게 계속된다. "그는 때때로 눈길을 프리드리

히 대왕의 초상화를 향하여 쳐들었다. 초상화는 그의 책상 위에 걸려 있었고, 대왕의 좌우명이 들어 있었다. '사람들'에 대해 알게 된 이후로 나는 개들을 사랑하게 되었다."

13. 같은 곳, 204, 232쪽.

14. 1945년 1월 27일자 정오 상황은 특징적인 예를 포함한 것이다. 유명한 기갑사단 '큰 도이칠란트'가 동 프로이센의 초점지역으로 들어오게 되리라는 암시만으로 벌써 히틀러의 기분은 눈에 띄게 좋아졌다. 구데리안이 계획된 재편성을 하기에는 연료가 불충분하다는 사실을 지적하였는데도 그랬다. 《Lagebesprechungen》, 839쪽 참조.

15. 슈페어, 위의 책, 408쪽.

16. 촐러, 위의 책, 152쪽.

17. KTB/OKW IV, 2, 1,700쪽 참조.

18. 촐러, 위의 책, 29쪽 이하. 1월에 히틀러는 작전 회의에서 '이제는 새로운 수류탄을 만들어낼' 것인가를 고려해야 하지 않겠는가고 말했다(《Lagebesprechungen》, 867쪽). 칼 볼프(K. Wolff) 장군이 4월 18일에 그를 방문했을 때 히틀러는 '다음 순간을 위한 계획들'을 세우고 있었다. 돌만, 위의 책, 235쪽 참조.

19. 구데리안, 위의 책, 360쪽.

20. 괴를리츠/크빈트, 위의 책, 616쪽에서 인용. 도마루스, 위의 책, 2,202쪽도 참조.

21. 볼트, 위의 책, 38쪽 참조. 구데리안의 해임에 대해서는 그의 《Erinnerungen》, 386쪽 이하.

22. 슈페어, 위의 책, 433쪽.

23. 여기 나온 깃발명령은 야콥센, 《1939-1945》, 591쪽에 실려 있다. 슈페어, 위의 책 586쪽과 451쪽도 참조. 이른바 '네로 명령'은 KTB/OKW IV, 2, 1,580쪽 이하에 실려 있다.

24. 《The Bormann Letters》, 트레버 로퍼 펴냄, 198쪽.

25. 베르히테스가덴의 안전부 지휘자 프랑크의 보고. 칼 콜러(K. Koller), 《Der letzte Monat》, 48쪽 이하. 민주주의의 자기 배신에 대한 히틀러의 발언은 힐그루버, 《Staatsmänner》 I, 463쪽을 볼 것.

26. 촐러, 위의 책, 150쪽.

27. 슈페어가 히틀러에게 보낸 편지. KTB/OKW IV, 2, 1,581쪽 이하에서 인용.

28. 슈페어, 위의 책, 456쪽 이하.

29. 괴를리츠/크빈트, 위의 책, 618쪽 참조.

30. 루츠 그라프 슈베린 폰 크로지크(L. G. Schwerin v. Krosigk)의 미간행 일기책. 트레버 로퍼, 《Hitlers letzte Tage》, 116쪽에서 인용. 트레버 로퍼는 프리드리히 대왕의 장관이란 슈베린 폰 크로지크를 뜻한다고 말했지만 실제로는 다르장송(d'Argenson) 백작이었다.

31. 선전부 장관의 여비서였던 하버체텔(Haberzettel) 부인의 말. 트레버 로퍼,

《Hitlers letzte Tage》, 118쪽에 나오는 서술 참조.
라이, 《Todesstrahlen》에 대해서는, 슈페어, 위의 책, 467쪽 이하 참조.

32. 슈페어, 위의 책, 467쪽. 이어지는 히틀러의 관찰도 여기서 나온 것.

33. 슈베린 폰 크로지크의 일기장, 위의 책, 117쪽.

34. 슈페어, 위의 책, 477쪽. 괴벨스의 태도에 대해서는 증인들이 많다. 여기 인용된 발언은 1945년 4월 23일자 작전 회의에서 나온 것. 〈Der Spiegel〉, 위의 책, 34쪽 참조.

35. 같은 곳, 477쪽.

36. 같은 곳, 463쪽.

37. 콜러, 위의 책, 19쪽 이하.

38. 이 과정의 증인들은 특히 카이텔, 요들, 크리스치안(Christian) 장군, 프라이타그로링호펜(Freytag-Loringhoven) 대령, 로렌츠(Lorenz) 대령, 폰 벨로브(v. Below) 대령, 보어만의 여비서인 크뤼거(Krüger) 양 등이다. 이곳의 묘사는 주로 트레버 로퍼의 서술에 따른 것이다. 그는 열거한 증인들의 발언을 나란히 비교검토하고 일치된 핵심만을 추려냈다. 《Hitlers letzte Tage》, 131쪽 이하. 그밖에 속기사였던 게르하르트 헤르게젤(G. Herrgesell)의 증언. KTB/OKW IV, 2, 1,696쪽 이하.

39. 콜러, 위의 책 31쪽에 나오는 보고. 괴를리츠, 《Keitel》, 346쪽 이하와 352쪽. 납치에 대한 생각도 여기 나온다.

40. 트레버 로퍼, 《Hitlers letzte Tage》, 138쪽에서 인용. 4월 22일자 에바 브라운의 편지는 군(N. E. Gun), 위의 책, (쪽번호 없이) 그림 참조.

41. 슈페어, 위의 책, 483쪽. 같은 곳 488쪽도 참조.

42. 트레버 로퍼, 《Hitlers letzte Tage》, 139쪽에서 인용.

43. 〈Der Spiegel〉, 위의 책, 42쪽(1945년 4월 25일 작전 회의)에 실려 있다.

44. 슈페어, 위의 책, 486쪽 참조.

45. 한나 라이치의 보고, N. B. 3734-PS 참조. 벵크의 군대는 심한 공격을 받은 세 개의 사단으로 구성되어 있었고 베를린에서 남서쪽으로 약 60킬로미터 떨어진 곳에 있었다. 상세한 것은 프란츠 쿠로브스키(F. Kurowski), 《Armee Wenck》 참조.

46. 한나 라이치의 보고서.

47. 슈페어, 위의 책, 433쪽 이하. 여기 언급된 괴벨스 인용에 대해서는, 하이버, 《Joseph Goebbels》, 398쪽 참조.

48. 《Le Testament politique de Hitler》, 61쪽(1945년 2월 4일). 원본이 아직까지 공개되지 않았기 때문에 이것은 어디까지나 프랑스 말에서 거꾸로 번역된 판본에 따른 것이다. 그러므로 부분적으로는 히틀러에게 일반적으로 고유하지 않은 언어적, 사상적 강조점이 나타날 가능성도 있다. 그밖에도 그것은 지나칠 정도로 손질된 원고이고, 여기 인용된 구절들은 호흡이 길고, 감정의 폭발들을 지닌 장황한 텍스트에서 추려낸 것이라는 사실을 염두에 두어야 할 것이다. 알버트 슈페어는 필자에게 괴벨스가 이 문서를 상당부분

손질했다고 말했다. 부분적으로는 손수 작성한 것도 있다고 한다. 어쨌든 이 구술된 유서는 전체적으로 히틀러의 문체보다는 괴벨스의 문체를 생각나게 한다.

49. 같은 곳, 57쪽 이하(1945년 2월 4일).

50. 같은 곳, 87쪽 이하, 129쪽 이하(1945년 2월 14일과 25일). 1943년 3월 5일자 작전 회의에서 히틀러의 발언과 아주 유사하다. 《Lagebesprechungen》, 171쪽 참조. 라우슈닝, 《Gespräche》 115쪽과도 비교해볼 만하다.

51. 같은 곳, 101쪽 이하(1945년 2월 17일). 실제로 동부전선은 몇 주간 연기되었다. 그러나 연기 결정은 무솔리니의 그리스 침공 탓만은 아니었다. 날씨 문제, 그리고 동맹군의 합류를 위한 시간 등이 필요했다. 프라이부르크에 있는 군 역사 연구소의 문서 "영국의 그리스 침공이 도이치의 러시아 침공을 지연시켰는가, 아닌가?"를 참조할 것. 그밖에도 힐그루버, 《Strategie》, 506쪽 참조. 그밖에도 히틀러 자신이, 어쨌든 무솔리니를 향해서 원래는 다른 맥락에서 이렇게 말하기도 했다. 놀테, 《Epoche》, 586쪽 참조.

52. 《Le Testament politique de Hitler》, 78쪽.

53. 같은 곳, 108쪽(1945년 2월 17일). 트레버 로퍼의 지적에 대해서는, 46쪽 이하 참조. 그밖에도 히틀러의 판단은 당혹스런 방식으로 프랑스 작가인 드리외 라 로셸(Drieu la Rochelle)의 발언과 일치한다. 그는 자살하기 직전인 1944년 말에 벌써 패배의 원인을 다음과 같이 설명하였다.

"도이치 정책의 붕괴 원인은 그 무모함에 있지 않고 오히려 결단력 부족에 있다. 도이치 혁명은 어떤 영역에서도 충분히 앞으로 나가지 못했다……. 도이치 혁명은 경제계와 군부의 늙은 남자들과 더불어 너무나 조심스럽게 진행되었다. 혁명은 낡은 관료집단을 지나치게 보호하였다. 이러한 이중의 잘못은 7월 20일에 밝게 드러났다. 히틀러는 배신한 좌파를 가장 가혹하게 다루어야 했고, 배신한 우파 또한 가차없이 다루어야 했을 것이다. 그가 그 일을 안 했거나 아니면 불충분하게 했기 때문에 전쟁이 진행되면서 돌이킬 수 없는 결과들이 점점 더 치명적인 것으로 드러났다. 유럽의 모든 점령 국가에서 도이치 정책은 낡은 전쟁 수행방식과 낡은 외교방식의 선입견에 부딪쳐 부담을 안게 되었다. 도이치 혁명은 자신에게 주어진 위대한 과제의 새로움과 폭을 충분히 이용하지 못했다. 옛날 방식의 정복 전쟁을 혁명 전쟁으로 바꿀 능력이 없었던 것이다. 도이치 정책은 전쟁 수행의 과격함을 최소화할 수 있으리라 여겼고, 그럼으로써 유럽의 여론을 자기편으로 돌릴 수 있으리라 여겼다. 그런데 새로움과 강요를 전혀 제공하지 못했기 때문에 유럽의 여론이 이 정책에 반대하는 것을 목격하지 않으면 안 되었던 것이다." 놀테, 《Faschismus》, 380쪽에서 인용.

54. N. B. 3734-PS.

55. 같은 곳.

56. 트레버 로퍼, 《Hitlers letzte Tage》, 173쪽.

57. 히틀러의 정치적 유서와 개인적 유서는 두 가지 다 N. B. 3569-PS에 실려 있다.

괴벨스의 정부는 다음과 같은 구성이었다. 보어만 : 당 장관, 자이스 인크바르트 : 외무장관, 한케(Hanke) : 친위대장, 기슬러(Giesler, 상부 바이에른 관구 지도자) : 내무장관, 자우르(Saur) : 군비장관, 쇠르너(Schörner) : 군 최고 사령관, 라이, 풍크, 슈베린 폰 크로지크 등은 원래의 직함을 그대로 유지하였다.

58. 이 문서의 원본은 파손되었고 여기서는 트레버 로퍼, 《Hitlers letzte Tage》, 188쪽에 실린 폰 벨로브의 재구성을 제시하였다.

59. 레프 베지멘스키(L. Besymenski), 《Der Tod des Adolf Hitler》, 92쪽 참조. 그 밖에, 트레버 로퍼, 《Hitlers letzte Tage》, 189쪽.

60. 놀테, 《Epoche》, 306쪽 참조.

61. 트레버 로퍼, 《Hitlers letzte Tage》, 190쪽 이하.

62. 소련 위원회의 검시 보고서, Akte 12는 히틀러로 추정된 사체의 입 안에서 독약 앰플의 찌꺼기를 발견했다고 주장한다. 그러나 이 보고서는 시안 화합물의 특징인 쓴맛 편도 냄새를 확인해주지 않고 있다. 다른 사체에서는 그것이 확인되었다. 도이치 참관자들은 사체가 불에 탄 정도로 보아 그런 독약 찌꺼기를 찾아낼 수 없었을 것이라는 의문을 제기하였다. 마저, 《Hitler》, 432쪽 이하 참조. 자살이 실패할까 봐 걱정한 나머지 히틀러가 독약 캡슐을 물어뜯으면서 동시에 총을 쏘았다는 가정도 완전히 배제할 수는 없다. '유명한 소련 법의학자'를 지적함으로써 이런 가능성을 배제하려는 베지멘스키의 시도는 그 형식상 이미 설득력이 강하지 못하다. 위의 책, 91쪽 이하 참조. 히틀러 주변의 증인들의 진술에 대해서는, 트레버 로퍼, 《Hitlers letzte Tage》, 35쪽 이하 참조.

63. 오토 귄셰의 발언. 마저, 《Hitler》, 432쪽에서 인용. 앞에 제시된 진술은 보초병 헤르만 카르나우(H. Karnau)가 말한 것. 페스트, 위의 책, 431쪽에서 인용.

64. 〈민족관찰자〉, 1923년 4월 8/9일.

65. 슈페어의 개인적인 진술. 히틀러가 총애한 또 다른 건축가인 헤르만 기슬러(H. Giessler)는 히틀러가 린츠 근처 도나우 강변에 계획된 건축물의 종탑에 묻히기를 원했다는 말에 이의를 제기하였다. 히틀러의 어머니만 거기 묻힐 예정이었다는 것이다. 그러나 슈페어는 아주 분명하게 히틀러의 발언을 기억하였다. 그에 따르면 히틀러는 바로 이 장소에 매장되기를 원했다고 한다.

66. 베지멘스키는 소련측의 비밀주의의 이유는 "누군가가 '어떤 기적을 통해 구원된 총통'의 역할을 떠맡으려 할" 경우에 대비하여 법의학적 결과를 유보하려 하였기 때문이라고 말했다. 그밖에도 오류를 일절 배제하려고 했다는 것이다. 첫 번째 이유에 대해서는 이런 침묵이야말로 그런 일을 자극하는 작용을 하였고 실제로 그런 결과를 만들어냈다는 사실에 비추어 설득력이 없는 것이고, 두 번째 이유 역시 그다지 믿을 만하지 못하다. 검시감정서의 신빙성이 해가 가면서 더 커질 수는 없는 것이기 때문이다. 베지멘스키, 위의 책, 86쪽 참조. 여러 가지 소문들에 대해서는, 트레버 로퍼, 《Hitlers letzte Tage》, 5쪽 이하. 그는 같은 자리에서 소련 사람들에게 설명이나 협조를 구하려던 노력이 모두 허사

가 되고 말았다는 사실을 분명하게 밝혀주고 있다.

67. 힐그루버, 《Staatsmänner》 I, 187쪽 참조.

마지막 관찰 : 히틀러가 인류에게 남긴 것은?

1. 트레버 로퍼, 《Hitlers letzte Tage》, 74쪽 이하.

2. 쿠비체크, 《Adolf Hitler, mein Jugendfreund》, 100쪽.

3. 라우슈닝, 《Gespräche》, 212쪽.

4. 필자가 소유한 사진.

5. 쿠비체크, 위의 책, 233쪽 이하.

6. 놀테, 《Epoche》, 507쪽.

7. 《Ursachen und Folgen》 IX, XXXIX쪽 참조.

8. 《Hitlers Zweites Buch》, 174쪽과 《Mein Kampf》, 732쪽. 그에 대해서는 《Le Testament politique de Hitler》, 62쪽 이하 참조(1945년 2월 4일). "독일은 선택의 여지가 없었다……. 호주머니만 채워진다면 공허한 약속들만으로도 잘 넘어가는 스웨덴이나 스위스 사람들을 만족시킬 수 있었을지 모르지만, 우리는 가짜 독립으로 만족할 수가 없었다. 바이마르 공화국은 그 이상은 요구하지 않았다. 그러나 제3제국은 그런 얌전한 요구만으로 만족할 수가 없었다. 우리는 전쟁을 하도록 운명지어져 있었다."

9. 《Tischgespräche》, 273쪽. 그밖에 라우슈닝, 《Gespräche》, 105쪽.

10. 가장 유명한 것이고, 도이치 변명 문헌에서 빈번히 인용되는 것은 윈스턴 처칠의 《Great Contemporaries》, 뉴욕, 1937년, 226쪽에 사용된 표현이다. "히틀러의 체제는 혐오할지라도 그의 애국적인 업적은 경탄할 만한 것이다. 우리나라가 패배한다면 나는 우리가 똑같이 경탄할 만한 선구자를 찾아낼 수 있기를 바란다. 우리에게 용기를 주고, 민족들 사이에서 우리 자리를 되찾아낼 그런 사람을 말이다."

또한 로이드 조지가 윗소금산을 방문한 다음 베르히테스가덴의 호텔 앞에서 딸이 비꼬는 말투로 "하일 히틀러!" 하고 인사를 하자, "그럼 하일 히틀러다. 나도 그렇게 말하겠다. 그는 정말 위대한 사람이니까 말이다." 하고 대답했다는 사실도 참조할 것. 슈미트, 위의 책, 340쪽 참조.

11. 《Le Testament politique de Hitler》, 139쪽(1945년 2월 26일).

12. 《Tischgespräche》, 489쪽.

13. 《Libres propos》, 306쪽. 독일의 인구과밀에 대한 그의 근심이 평방킬로미터당 140명이라는 공식으로 표현된 것은 히틀러의 수많은 연설들에 나타난다. 전쟁 초 몇 달 동안의 연설을 특히 참조할 것. 도마루스, 위의 책, 1,177쪽(1939년 4월 28일), IMT XLI, 25쪽(1939년 8월 22일), 도마루스, 위의 책, 1,422쪽(1939년 11월 23일), 1,456쪽(1940년 1월 30일자) 등. 당연한 일이지만 히틀러는 이른바 내부의 식민지를 처음부터 비난하였다. 《Mein Kampf》, 145쪽 이하 참조.

14. '조국이냐 식민지냐' 하는 연설을 위한 히틀러의 표어 참조. 마저, 《Zeugnisse》, 341쪽에 실려 있다.

15. 호프만, 위의 책, 254쪽. 그밖에 《Adolf Hitler in Franken》, 26쪽.

16. 라우슈닝, 《Gespräche》, 212쪽.

17. 놀테, 《Epoche》, 409쪽.

18. 1924년 2월 26일 뮌헨 국민재판의 심문에서 히틀러는 이렇게 말했다. 뵈플레, 위의 책, 110쪽 참조.

19. 공산주의 인터내셔널의 확대 집행위원회의 보고서. 모스크바, 1923년 6월 12~13일. 놀테, 《Theorien》, 92쪽에서 인용. 이 연설은 수없이 떠돌아다닌 좌파의 온갖 모반이론을 넘어서, 파시즘이 사회주의에 실망한 대중을 수용한 사상이라는 사실을 진지하게 취급하고 있다는 점에서 적잖이 흥미롭다.

20. 니체, Werke I, 1,258쪽.

21. 이런 맥락에서는 특히 랄프 다렌도르프(R. Dahrendorf), 《Gesellschaft und Demokratie in Deutschland》, 431쪽 이하. 보수파의 저항운동은 완전히 복잡한 감정 없이는 회상할 수가 없다. 구제도(Ancien régime)는 독일에서 1934년 6월 30일에서 1944년 7월 20일 사이에 자신의 지도층 세력을 잃었고 그 뒤에 동부지역과 동독(DDR)에서 경제적 · 사회적 기반의 상당 부분을 잃었다. 그리고 여러 모로 분명하게 드러난 부패와 불충분의 행동들을 통해서 추억의 통일성마저 망쳐버렸다. 구제도의 몰락은 수많은 결과들을 가져왔다. 그것은 어쩔 수 없이 축소와 빈곤화를 의미하였다. 그것은 또한 연방공화국(옛날 서독 : 역주)에서 보수파의 위치를 빈 자리로 만드는 작용을 하였다. 또한 이 나라에서 군부의 저항운동을 면제해주고, 바이마르 공화국을 끝장나게 만든 것 같은 수많은 위기 상황을 모면하게 해주었다.

22. 1939년 1월 25일자 연설. 야콥센/요흐만, 위의 책, 9쪽, 위의 날짜에 들어 있다. 도이치 사회민주주의에 대한 언급은, 《Libres propos》, 36쪽 참조. 미국의 사회학은 독특하게 도덕적 색채를 띤 용어상의 문제를 피하기 위해서 '현대화'라는 개념을 끌어들였다. 그에 따르면 이탈리아와 독일에서 파시즘 체제는 무엇보다도 전통적인 사회구조를 억누르는 과정의 단계들이라는 것이다. 이것은 단지 하나의 해석방법이 될 수 있을 뿐이다. 이런 방법은 파시즘이 전적으로 산업화, 도시화, 합리화의 태도라고만 정의될 수 없다는 사실을 충분히 고려하지 않고 있다. 적확하고 만족스런 탐구는 아직도 나타나지 않고 있다. 데이비드 에프터(D. Apter), 《The Politics of Modernization》, 시카고, 1965년 참조. 터너(H. A. Turner), 《Faschismus und Antimodernismus》, in : 《Faschismus und Kapitalismus in Deutschland》, 157쪽 이하에는 더 많은 문헌들이 제시되어 있다.

23. 아도르노, 〈Die Musik〉, 28쪽.

24. 1941년 12월 20일자 〈뉴욕 포스트〉지에 실렸던 유명한 기사가 시작이었다. 바르샤

바 유대인 1천 명에 대한 가스 살포에 대한 내용.

25. 브레히트, 《Gedichte》 IV, 143쪽. 이 구절은 〈An die Nachgeborenen〉이라는 시에서 나온 것. 전체 맥락은 이렇다. "나무에 대해 이야기하는 것이 거의 범죄라니/대체 이 무슨 시대란 말인가!/그것이 그토록 많은 비행(非行)에 대하여 침묵하는 것이기에."

26. 카를로 스포르차(C. Sforza), 《Europäische Diktaturen》, 131쪽.

27. 놀테, 《Theorien》, 71쪽 참조.

28. 라우슈닝, 《Gespräche》, 212쪽.

29. 같은 곳, 150, 262, 264쪽.

Amt : 부(部) das Amt der Agrarpolitik : 농업부
das Amt der Siedlung : 거주부
das Amt der Volksgesundheit und Rasse : 국민건강 및 종족부
das außenpolitische Amt : 외무부
das rechtspolitische Amt : 법무부
das wehrpolitische Amt : 국방부

Arbeiterräte : 노동자 평의(원)회 혹은 노동위원회

Arbeitsgemeinschaft der Vaterländischen Kampfverbände : 조국 전투연합 노동공동체

außerordentliche Mitgliederversammlung : 임시전당대회

Ausnahmezustand : 비상사태

Berliner Polizeipräsident : 베를린 시경찰 총경

Betriebsmarxismus : 기업 공산주의

Betriebszellenorganisation : 기업 세포조직

Blauer Reiter : 푸른 기사파

Brücke : 다리파

Bund Oberland : 고지 연합

Bundesarchiv Koblenz(BAK) : 코블렌츠 연방문서고

Dada : 다다

Danziger Senatspräsident : 단치히 시장(Senat=Stadtverwaltung)

das Zentrum : 중앙당

Dawes-Plan : 도즈 안

der erste Vorsitzende mit diktatorischen Machtbefugnissen : 전권을 가진 당수

der Nationalsozialistiche Deutsche Arbeiterverein(in München) : 국가사회주의 도이치 노동자 연합

Deutsche Arbeiterpartei(DAP) : 도이치 노동자당

Deutsche Arbeitsfront : 도이치 노동전선

Deutscher Kampfbund : 도이치 전투동맹

Deutsche Volkspartei(DVP) : 도이치 민족당

Deutschnationaler Front : 도이치 민족 전선

Deutschnationale Volkspartei(DNVP) : 도이치 국가민족당(약칭 국가민족당)

Deutschvölkische Freiheitspartei : 도이치 민족자유당

die Alldeutschen : 모든 도이치 당(黨), 모든 도이치 운동

die Bayerische Volkspartei : 바이에른 민족당

die Christlich-Sozialen : 기독교 사회당

die Staatspartei : 국가당

Diktat : 강제명령

Doppelmonarchie : (오스트리아 · 헝가리) 이중왕국

Ehrenvorsitz : 당 고문

Entente : 1차대전 연합국

Europäisches Bündnissystem : 유럽 연합체제

Fasci di Combattimento : 무솔리니의 전사(戰士) 동맹

Fauves : 야수파

Freikorps Ritter v. Epp : 에프 의용군

Gauleiter : 대관구 지도자

Gau : 대관구

Geheime Staatspolizei(Gestapo) : 비밀경찰

Generalbefehlshaber : 방위군 총사령관

Generalmitgliedsversammlung : 전당대회

Generalstaatskommissar : 계엄사령관

Geschäftsführer : 당 사무장

Großdeutsche Volksgemeinschaft(GVG) : 큰 도이치 민족공동체

Hauptstaatsarchiv : 국립 중앙 문서고

Hitlerismus : 히틀러 주의

Illustrierter Beobachter : 화보 관찰자

Jungdeutscher Orden : 도이치 청년단

Kampfverband Niederbayern : 저지 바이에른 전투연합

Katholisches Zentrum : 카톨릭 중앙당

Kreis : 하부 관구

Landbund : 지주연맹

Lichtspieltheater : 영화관

Mitgliedsbücher : 당원 지침서

Mittelpartei : 온건파 정당

Münchener Beobachter : 뮌헨 관찰자. 후에 민족관찰자로 개칭됨.

Nationale Einheitsfront : 국가주의 통일전선

Nationaler Sozialist : 국가주의 사회주의자. 슈트라서가 발간한 신문.

Nationalsozialismus : 국가사회주의(나치즘)

Nationalsozialistische Deutsche Arbeiterpartei(NSDAP) : 국가사회주의 도이치 노동자당(약칭 국가사회당)

Nationalsozialistischer Staat : 국가사회주의 국가

Nationalsozialistischer Brief : 국가사회주의 편지. 괴벨스의 반 월간지. 북 도이칠란트의 슈트라서 일파가 발간.

NS-Frauenschaft : 나치 여성대

NS-Kraftfahrer-Korps : 나치 운전사대

Oberbefehlshaber des Heeres : 육군 사령관

Oberkommando der Wehrmacht(OKW) : 방위군 사령부
Oberkommando des Heeres : 육군 사령부
Organisationsabteilung I : 당기구 제1분과(정치기구)
Organisationsabteilung II : 당기구 제2분과
Ortsgruppe : 소관구
Politische Organisation(PO) : 정치기구
Politische Zentralsekretariat : 정치부 중앙 사무처
Polizeikommandeur : 총감
Reichsbanner : 국기단
Reichsflagge : 제국기
Reichskanzler : (제국) 수상
Reichslandbund : 제국연맹
Reichspropagandaleiter : 전국선전 책임자, 선전부 장관
Reichsstatthalter : 주 정부 감독관
Reichstag : (중앙) 의회(국회)
Revolutionäre Nationalsozialisten : 혁명적 국가사회주의자. 오토 슈트라서의 신당. 후에 Schwarze Front(검은 전선)로 개칭됨.
Roter Frontkämpferbund : 붉은 전선(戰線) 연맹
Roter Hakenkreuz : 붉은 갈고리 십자가
Räterepublik : 소비에트 공화국
Sammellager : 종합관
Schattenstaat : 그림자 국가(그림자 내각)
Schutzstaffel(SS) : 친위대
Sicherheitsdienst(SD) : 안전부(정보부)
Soldatenräte : 사병 평의회, 사병위원회
Stahlhelm : 재향군인회 철모단(1918년에 창립됨)
Sturmabteilung(SA) : 돌격대
Flieger-SA : 비행 돌격대

Marine-SA : 해상 돌격대

Pionier-SA : 개척 돌격대

Sanitäts-SA : 위생 돌격대

Technische Sachlichkeit : 기술 신즉물주의

Thule-Gesellschaft : 툴레 결사대

Untersuchungs-und Schlichtungsausschuß(USCHLA) : 조사 및 조정위원회

Vaterländischer Verein München : 뮌헨 조국연합

Vereinigte Vaterländische Verbänden Bayerns(VVV) : 바이에른 통일 조국 연합

Versailler Vertrag : 베르사유 평화협정(베르사유 조약)

Volksbegehren : 국민청원

Völkerbund : 국제연맹(1919~1946년)

Völkischer Beobachter : 〈민족관찰자〉. 잡지. 신문.

Völkischer Block Bayern : 바이에른 민족단

Weimarer Reichsverfassung : 바이마르 헌법

Weltbühne : 세계무대 지(誌)

Zelle : 세포

Zentralrat : 중앙위원회

Zentrumsverbände : 중앙당 연합

Zusammenschluß : (정당) 연합

Zwischenstaatliche Kanzlei : 국가간 사무처. 모든 국가사회주의 정당들을 결속시키는 서비스를 맡음.

1889년 4월 20일. 오스트리아의 인 강변 브라우나우에서 세관원인 아버지 알로이스 히틀러와 그의 세 번째 부인인 클라라 사이에서 네 번째 아이로 태어남.

1895년. 람바흐 근교의 피슐람에서 초등학교에 입학.

1900년. 린츠에서 실업학교 입학. 1학년 낙제.

1903년 1월. 아버지 사망.

1905년. 슈타이르의 실업학교 4학년 때 졸업을 하지 못하고 학업을 그만 둠.

1906년 5~6월. 빈에 체류함.

1907년 9월. 빈에 있는 미술 아카데미 입학시험에 응시했으나 낙방.
12월. 어머니 사망.

1908년 9월. 예술 아카데미 다시 낙방.

1908~1913년. 빈의 남자 하숙집에 살면서 유산과 고아 연금, 수채화와 삽화를 판 돈으로 생활비를 충당함.

1913년 5월. 병역를 피하기 위해 뮌헨으로 이주함.

1914년 2월. 잘츠부르크에서 징병검사에 소환됨. '무기를 다룰 능력이 없다'고 판정되어 병역 의무에서 벗어남.

1914년 8월. 1차 세계대전이 발발하자 16보병 연대에 자원하여 입대.

1914년 12월. 2급 철십자 훈장 받음.

1915년. 연락병으로 보직을 받음.

1916년 10월. 가벼운 부상으로 벨리츠 육군병원에서 치료받음.

1918년 8월. 1급 철십자 훈장 받음.

10월. 전투중 눈이 가스에 중독됨. 포메른에 있는 파제발크 군병원에서 치료.

11월. 뮌헨에 있는 리스트 연대 제1예비대대 7중대로 전출.

1919년 8월. 레히펠트의 귀향자 수용소에서 연설을 시작함.

9월. 도이치 노동자당 집회에 참가.

10월. 도이치 노동자당 당원이 됨.

1920년 2월. 도이치 노동자당에서 국가사회주의 도이치 노동자당(NSDAP)으로 당명 바꿈.

4월. 제대함.

1921년 7월. 정당 탈당 후 재입당. 당수가 됨.

11월. 돌격대 창설.

1922년 7월. 4주 동안 복역.

1923년 11월. 뮌헨에서 쿠데타를 일으킴. 군부와 관료의 지지를 얻지 못하여 실패하고 체포됨.

1924년 2월. 히틀러 재판이 열림. 5년형을 선고받고 란츠베르크 요새에서 《나의 투쟁》 1권을 구술함.

7월. 체포 기간 동안 국가사회주의 도이치 노동자당의 당수직을 그만둠.

12월. 집행유예로 석방됨.

1925년 2월. 당을 새로 창설.

3월. 연설을 금지당함.

4월. 오스트리아 국적을 버림.

7월. 《나의 투쟁》 1권 출간.

11월. 친위대 창설.

1926년 12월. 《나의 투쟁》 2권 출간.

1930년 9월. 총선거에서 18.3퍼센트의 득표로 사회민주당에 이어 두 번째 정당이 됨. 법정에서 합법성을 맹세함.

1931년 1월. 뮌헨의 브리엔 거리에 중앙당사인 '갈색집'을 마련.

10월. 후겐베르크, 젤테와 함께 브뤼닝 노선에 반대하는 투쟁 동맹을 결성.

1932년 2월. 브라운슈바이크의 주정부 임원이 됨. 독일 국적 취득.

3월~4월. 대통령 선출을 위한 투표에서 힌덴부르크에게 패배.

1933년 1월. 수상에 취임.

7월. 1당 독재체제를 확립.

1934년 6월. 베네치아에서 무솔리니와 만남.

8월. 힌덴부르크 사망 이후 국가원수와 수상직을 통합.

1937년 1월. 독재권을 4년으로 연장.

9월. 베를린을 방문한 무솔리니와 만남.

11월. 측근들에게 전쟁계획을 밝힘.

1938년 3월. 오스트리아를 합병함.

5월. 로마 방문.

9월. 뮌헨 협정을 통해 수데텐 지역을 양도받음.

1939년 3월. 보헤미아와 모라비아를 보호국으로 만듦.

8월. 독일 · 러시아 불가침 조약 체결.

9월. 폴란드 공격 시작. 영국과 프랑스가 독일에 선전포고.

11월. 뮌헨의 시민 양조장에서 있었던 암살 기도를 피함.

1940년 4월. 노르웨이와 덴마크 점령.

5월. 네덜란드와 벨기에 점령.

6월. 프랑스 점령.

9월. 독일 · 이탈리아 · 일본의 3강 협약 체결.

1941년 3월. 아프리카 작전 개시.

4월. 발칸 반도로 진군 개시. 유고슬라비아와 그리스 점령.

6월. 러시아를 공격함.

12월. 이탈리아와 함께 미국에 선전포고.

1942년 1월. '유대 문제의 최종 해결'을 제시하여 전 유럽에서 최소한 450만 명을 희생시킴.

10월. 영국군의 반격을 받음.
1943년 2월. 스탈린그라드에 있던 잔여병이 항복함. 독일 전면전 선언.
5월. 독일 · 이탈리아의 아프리카 군단이 튀니지에서 항복함.
7월. 연합군의 폭격전으로 함부르크 지역이 파괴됨.
10월. 무솔리니가 실각하고, 이탈리아는 독일에 선전포고.
1944년 6월. 연합군의 노르망디 상륙작전 성공.
7월. 독일 저항 세력의 암살 시도를 피함.
9월. 향토방위대 창설.
10월. 연합군이 아헨을 점령함.
12월. 독일 최후의 대작전 개시.
1945년 1월. 소련군이 바이흐셀을 돌파함.
3월. 적에게 이용될 수 있는 독일의 모든 산업기지와 병참시설 파괴를 명령함.
4월 29일. 에바 브라운과 결혼. 유서를 남김.
4월 30일. 에바 브라운과 함께 자살.
5월. 독일의 항복과 종전이 선포됨.

■인명 색인

가멜렝, 모리스(Gamelin, Maurice) 991
가펜쿠, 그리고레(Gafencu, Grigore) 1042, 976
게르마누스 아그리콜라(Germanus Agricola), 딩펠더, 요하네스를 볼 것.
게오르게, 슈테판(George, Stefan) 122, 186, 1212
고비노 백작, 요제프 아르투어(Gobineau, Joseph Arthur) 115, 229, 363, 372, 1298
괴르델러, 칼(Goerdeler, Carl) 674, 989, 996, 1088, 1210, 1211, 1219, 1227, 1229~1231
괴링, 헤르만(Göring, Hermann) 45, 249, 302, 303, 308, 316, 333~335, 353, 385, 409, 416, 438, 505~507, 575, 584, 588~592, 600, 603, 606, 607, 721, 722, 724, 728, 729, 733, 740, 743, 747, 753, 755, 811, 814, 816, 825, 831~840, 855, 862, 880, 893, 907, 919, 921, 955, 957, 889, 961~963, 967~970, 997, 1005, 1007, 1037, 1047, 1065, 1090, 1095, 1105, 1108, 1151, 1152, 1165, 1168, 1179, 1205, 1219, 1222, 1251, 1262, 1263, 1265, 1270, 1271, 1277, 1280
괴벨스, 요제프 파울(Goebbels, Joseph Paul) 403~407, 413, 414, 417, 418, 422~424, 426, 428, 437~439, 446, 453, 462, 464, 465, 467, 469, 475, 476, 478, 481, 488, 489, 493, 499, 504, 524~526, 528, 529, 531~534, 536, 542, 546, 549, 554, 556, 558, 560, 561, 564, 565, 568, 574~576, 579, 583, 584, 587~589, 591~593, 595, 598, 603, 606~608, 630, 716, 723, 725, 728, 729, 731~733, 738~742, 748, 751, 760, 761, 766, 767, 769, 771~775, 802, 808, 814, 816, 826, 829, 832, 835, 840, 906, 919, 930, 934, 947, 986, 1011, 1031, 1063, 1068, 1090, 1142, 1154, 1157, 1162, 1169~1172, 1176, 1199, 1230, 1234, 1246, 1247, 1257, 1260~1262, 1267, 1271, 1277, 1278, 1280, 1284, 1286
구데리안, 하인츠(Guderian, Heinz) 1094~1096, 1133, 1134, 1141, 1159, 1163, 1226, 1235, 1242, 1243, 1250, 1251, 1255, 1263
귀르트너, 프란츠(Gürtner, Franz) 306, 389, 564
그라이너, 요제프(Greiner, Josef) 105, 112, 129, 184
그라임, 로버트 리터 폰(Greim, Robert Ritter v.) 1270, 1277, 1278
그라프, 울리히(Graf, Ulrich) 247, 323, 333, 392, 418, 512
그레페, 알프레히트 폰(Graefe, Albrecht v.) 386, 392, 395
그뢰너, 빌헬름(Groener, Wilhelm) 501, 505~507, 560, 561
기제비우스, 한스 베른트(Gisevius, Hans Bernd) 995, 1230

나폴레옹 1세, 보나파르트(Napoleon I. Bonaparte) 38, 53, 163, 282, 315, 372, 534, 554, 991, 1104, 1115, 1119, 1134, 1154, 1289
노르츠, 에두아르트(Nortz, Eduard) 288, 289, 303
노이라트 남작, 콘스탄틴 폰(Neurath, Konstantin Freiherr v.) 605, 792, 798, 801, 904, 957, 959~963, 997, 1009, 1080
노이만(Neumann), 히틀러의 남자 하숙집 동료 93, 114
놀테, 에른스트(Nolte, Ernst) 872, 935
니체, 프리드리히(Nietzsche, Friedrich) 88, 110, 117, 118, 179, 229, 354, 549, 945, 1298
니커보커, 허버트(Knickerbocker, Hubert R.) 457, 547
니키쉬, 에른스트(Niekisch, Ernst) 182, 197, 200, 201

다레, 발터(Darré, Walter) 454, 591, 756, 761, 1296
달라디에, 에두아르(Daladier, Edouard) 991, 997, 1001, 1049
되니츠, 칼(Dönitz, Karl) 1060, 1222, 1266, 1280, 1283
뒤링, 칼 오이겐(Dühring, Karl Eugen) 180
뒤스터베르크, 테오도어(Duesterberg, Theodor) 419, 506, 532~535
드라가노프, 파르반(Draganoff, Parvan), 불가리아 대사 1062, 1117
드렉슬러, 안톤(Drexler, Anton) 210~213, 220, 222~224, 252~256, 272, 296, 323, 335, 336, 343, 393, 401, 410, 749
디트리히, 오토(Dietrich, Otto) 506, 535, 536, 835
디트리히, 제프(Dietrich, Sepp) 832, 833, 837, 845, 1254, 1255
딘터, 아르투어(Dinter, Artur) 386, 394, 438
딜스, 루돌프(Diels, Rudolf) 728, 820, 824
딩펠더, 요하네스(Dingfelder, Johannes) 220, 222

라가르드, 폴 앙통 드(Lagarde, Paul Anton de) 177, 178
라발, 피에르(Laval, Pierre) 884, 1068
라우발, 겔리(Raubal, Geli) 408, 437, 452, 537, 539, 540, 929, 930
라우발, 앙겔라(Raubal, Angela), 결혼 전 성 히틀러(히틀러의 이복누이) 408, 452, 854
라우슈닝, 헤르만(Rauschning, Hermann) 360, 572, 573, 764, 781, 793, 870, 929, 1238
라이, 로버트(Ley, Robert) 282, 406, 413, 590, 592, 814, 915, 927, 1169, 1260, 1261, 1272
라이헤나우, 발터 폰(Reichenau, Walther v.) 818, 819, 825, 833, 847, 992, 1141
랑벤, 율리우스(Langbehn, Julius) 177, 178, 625
래더, 에리히(Raeder, Erich) 957, 1110, 1119
런시맨 경, 월터(Runciman, Lord Walter) 980, 1001

자이서, 한스 폰(Seisser, Hans v.) 302, 313, 318, 319, 322～329, 337, 339, 570
자이스 인크바르트, 아르투어(Seyß-Inquart, Arthur) 966, 969~971
자이틀리츠, 발터(Seydlitz, Walter) 1153, 1227
제크트, 한스 폰(Seeckt, Hans v.) 293, 311, 312, 317, 318, 491, 508, 799
젤테, 프란츠(Seldte, Franz) 506, 601, 756

차이츨러, 쿠어트(Zeitzler, Kurt) 1146, 1150~1152
처칠, 윈스턴(Churchill, Winston) 117, 1001, 1093, 1094, 1105~1109, 1138, 1139, 1148, 1155, 1160, 1172, 1173, 1208, 1273, 1275
체임벌린, 네빌(Chamberlain, Neville) 241, 870, 974, 976, 980~984, 988, 991, 995~1001, 1010, 1017, 1018, 1026, 1040, 1046, 1053, 1106
체임벌린, 휴스턴 스튜어트(Chamberlain, Houston Stewart) 116, 247, 321, 353, 354, 628
체진스키, 알버트(Grzesinski, Albert) 532, 566, 567, 591, 747
치아노 백작, 갈레아초 디 코르텔라초(Ciano, Galeazzo Graf di Cortellazo) 187, 895, 897, 899, 978, 1029, 1033, 1034, 1048, 1097, 1101, 1105, 1196
칭키즈 칸(Dschingis Chan) 170, 1067, 1127

카나리스, 빌헬름(Canaris, Wilhelm) 989, 1019, 1088, 1205, 1207, 1209, 1212
카르, 구스타프 폰(Kahr, Gustav v.) 197, 239, 240, 241, 293, 300, 310～319, 322～331, 337, 339, 347, 400, 511, 570, 838, 1297
카이사르, 가이우스 율리우스(Caesar, Gaius Julius) 625, 883, 884, 915, 947, 1154, 1159, 1295
카이텔, 빌헬름(Keitel, Wilhelm) 962, 963, 966, 968, 975, 981, 1002, 1005, 1047, 1082, 1087, 1099, 1102, 1150~1152, 1220, 1222, 1226, 1267, 1281
카프, 볼프강(Kapp, Wolfgang) 238, 239, 240, 337
켐프카, 에리히(Kempka, Erich) 835, 1282
쾨르너, 오스카(Körner, Oskar) 296, 305, 335
쿠비체크, 아우구스트(Kubizek, August) 66～69, 80～85, 95, 101, 184, 1280, 1291
쿨롱드르, 로베르(Coulondre, Robert) 1050, 1056
크닐링, 오이겐 폰(Knilling, Eugen v.) 301, 310, 314, 329
크리벨, 헤르만(Kriebel, Hermann) 300～304, 308, 314～316, 333, 337, 383, 385, 1226
클라스, 하인리히(Claß, Heinrich) 508, 1078
클라우제너, 에리히(Klausener, Erich) 567, 838
클라이스트 슈멘친, 에발트(Kleist-Schmenzin, E. v.) 989

클루게, 귄터 폰(Kluge, Günther v.) 1141, 1218
키르도르프, 에밀(Kirdorf, Emil) 298, 451, 506

텔만, 에른스트(Thälmann, Ernst) 532, 534, 535, 565, 610, 1300
토마스 장군, 게오르크(Thomas, Georg) 1088, 1172
토인비, 아놀드(Toynbee, Arnold) 801, 870, 902
투홀스키, 쿠어트(Tucholsky, Kurt) 471, 758
트레스코브, 헤닝 폰(Tresckow, Henning v.) 1207, 1210, 1213, 1224, 1227, 1233
트로스트, 파울 루트비히(Troost, Paul Ludwig) 452, 913
티센, 프리츠(Thyssen, Fritz) 298, 450, 452, 521
티소, 요제프(Tiso, Josef) 1005, 1190
티토, 요시프 브로즈(Tito, Josip Broz) 1204

파울루스, 프리드리히(Paulus, Friedrich) 1133, 1146, 1148, 1152, 1153
파펜, 프란츠 폰(Papen, Franz v.) 241, 293, 557, 562~586, 594~609, 613, 721, 730, 733, 736, 739~742, 746, 751, 752, 800, 826, 828~830, 833, 837, 852, 853, 862, 870, 874, 965, 966, 1080, 1300
페더, 고트프리트(Feder, Gottfried) 205, 207, 210~213, 223, 242, 252, 305, 394, 406, 413, 438, 475, 506, 587, 589, 782, 808
페텡, 필립(Pétain, Philippe) 1098, 1110, 1111, 1118
페퍼 폰 살로몬, 프란츠 펠릭스(Pfeffer v. Salomon, Franz Felix) 245, 419, 478, 479, 481, 494, 495
포이어바흐, 안셀름 폰(Feuerbach, Anselm v.) 82, 85, 942, 1219
푀글러, 알버트(V gler, Albert) 515, 724
푀너, 에른스트(Pöhner, Ernst) 241, 279, 288, 311, 325, 335~338, 386, 388, 401
푈출, 클라라, 결혼성 히틀러(Pölzl, Klara, verg. Hitler), 히틀러의 어머니, 히틀러, 클라라를 볼 것.
풍크, 발터(Funk, Walter) 506, 514, 630, 830, 963, 964, 1169
프랑수아 퐁세, 앙드레(François-Poncet, André) 767, 798, 800, 802, 888, 891, 905, 997
프랑코, 프란치스코(Franco, Francisco) 893, 894, 959, 1111, 1276
프랑크, 한스(Frank, Hans) 54, 55, 210, 346, 354, 418, 491, 629, 630, 897, 927, 1083
프리드리히 2세(Friedrich II) 452, 615, 740, 1134, 1154, 1236, 1249, 1260, 1297
프리치, 테오도르(Fritsch, Theodor) 209, 821, 848, 957, 959, 960~964, 968, 989, 1229
프리크, 빌헬름(Frick, Wilhelm) 279, 438, 451, 499, 509, 587, 589, 716, 735, 739~741, 755, 837

핍스 경, 에릭(Phipps, Sir Eric) 796, 799, 870, 880

하니쉬, 라인홀트(Hanisch, Reinhold) 52, 102~104, 112, 113
하러, 칼(Harrer, Karl) 210, 218~220
하셀, 울리히 폰(Hassel, Ulrich v.) 895, 1070, 1088
하우프트만, 게르하르트(Hauptmann, Gerhard) 774
하이네스, 에드문트(Heines, Edmund) 264, 570, 831, 835
하이덴, 콘라트(Heiden, Konrad) 102, 190, 514, 587, 956
하이드리히, 라인하르트(Heydrich, Reinhard) 831, 835, 850, 1127, 1179
하이스, 아돌프(Heiß, Adolf) 300, 307~309, 312
하제 장군, 파울 폰(Hase, Paul v.) 1222, 1230
하카, 에밀(Hácha, Emil) 1005~1008, 1051
한프슈텡글, 에르나(Hanfstaengl, Erna) 244~246
한프슈텡글, 에른스트(푸치)(Hanfstaengl, Ernst 'Putzi') 248, 249, 276, 296, 306, 336, 383, 408, 535, 728
할더, 프란츠(Halder, Franz) 993~995, 1045, 1049, 1051, 1057, 1070, 1087, 1088~1095, 1113, 1125, 1129, 1132, 1135, 1140, 1146, 1172, 1207, 1246
핼리팩스 경, 에드워드 프레데릭(Halifax, Lord Edward Frederick) 995, 1009, 1010
헤겔, 게오르크 빌헬름 프리드리히(Hegel, Georg Wilhelm Friedrich) 40, 613, 622
헤벨, 발터(Hewel, Walter) 1068
헤스, 루돌프(Heß, Rudolf) 210, 240, 257, 264, 303, 329, 352, 356, 378, 387, 423, 454, 472, 507, 607, 629, 756, 762, 782, 804, 810, 816, 825, 832, 839, 841, 893, 1059, 1119, 1120, 1251
헨더슨 경, 네빌(Henderson, Sir Nevile) 911, 980, 995, 1009, 1047, 1050, 1051, 1054
헨라인, 콘라트(Henlein, Konrad) 975, 976, 979
헬도르프 백작, 볼프 하인리히 폰(Helldorf, Wolf Heinrich Graf v.) 993
헬트 박사, 하인리히(Held, Dr. Heinrich) 382, 388~390, 734, 751
호프만, 하인리히(Hoffmann, Heinrich) 248, 298, 408, 432, 535, 921, 930, 1164
회스, 루돌프(Höß, Rudolf) 1181
후겐베르크, 알프레트(Hugenberg, Alfred) 241, 444~450, 453, 454, 482, 486, 502~513, 528, 563, 597, 601~607, 715, 716, 724, 725, 733, 739, 745, 749, 752, 756, 782, 800, 852, 868, 1010, 1300
휘틀러, 요한 네포묵(Hüttler, Johann Nepomuk), 히틀러의 부계 할아버지 54, 55, 56
히들러, 요한 게오르크(Hiedler, Johann Georg), 히틀러의 부계 할아버지 54
히믈러, 하인리히(Himmler, Heinrich) 45, 55, 303, 335, 454, 467, 478, 506, 533, 619,

■ 참고 문헌

A. 인쇄된 출전과 사실 기록

Akten zur Deutschen Auswärtigen Politik 1918–1945, Serie D: 1937–1945, Baden-Baden 1950 ff. (zit. als ADAP)

Documents on British Foreign Policy 1919–1939, Second Series (1930 ff.), London 1950 ff.

Dokumente der deutschen Politik, hrsg. von Paul Meier-Benneckenstein, 7 Bde, Berlin 1937 ff.

Dokumente der deutschen Politik und Geschichte, 3 Bde, Berlin/München. o. J.

Dokumentationen der ›Vierteljahreshefte für Zeitgeschichte‹ (zit. als VJHfZ)

Gutachten des Instituts für Zeitgeschichte, 2 Bde, München 1958 und 1966

Hitler und Kahr. Aus dem Untersuchungsausschuß des bayerischen Landtags, München 1928

Das Deutsche Reich von 1918 bis heute, hrsg. von Cuno Horkenbach, Berlin 1930 ff. (zit. als C. Horkenbach)

Kriegstagebuch des Oberkommandos der Wehrmacht, hrsg. von Percy Ernst Schramm, 7 Bde, Frankfurt/M. 1961 ff. (zit. als KTB/OKW)

Der Prozeß gegen die Hauptkriegsverbrecher vor dem Internationalen Militärgerichtshof, Nürnberg 1947 (zit. als IMT)

Spiegelbild einer Verschwörung. Die Kaltenbrunner-Berichte an Bormann und Hitler über das Attentat vom 20. Juli 1944, Stuttgart 1961

Ursachen und Folgen. Vom deutschen Zusammenbruch 1918 und 1945 bis zur staatlichen Neuordnung Deutschlands in der Gegenwart, hrsg. von Herbert Michaelis und Ernst Schraepler, Berlin 1958 ff.

그밖의 출전들은 다음의 문헌에서 펴낸이 이름 항목에 표시하기로 한다. 문헌은 여기서 사용된 것들만 제시하였다. 이 책에서 단 한 번만 언급된 것으로, 근본적인 중요성을 갖지 않은 출판물은 해당 주석란에 제시하였다. 인쇄되지 않은 출전, 개인적인 진술 등도 역시 주석란에서 처리하였다.

B. 문헌

Abendroth, Wolfgang (Hrsg.), »Faschismus und Kapitalismus. Theorien über die sozialen Ursprünge und die Funktion des Faschismus«, Frankfurt/M. 1967

Adorno, Theodor W., »Versuch über Wagner«, München 1964
Andics, Hellmuth, »Der ewige Jude. Ursachen und Geschichte des Antisemitismus«, Wien 1965
Arendt, Hannah, »Elemente und Ursprünge totaler Herrschaft«, Frankfurt/M. 1955
– »Eichmann in Jerusalem«, München 1964

v. Baden, Prinz Max, »Erinnerungen und Dokumente«, Stuttgart 1968
Baynes, Norman H., »The Speeches of Adolf Hitler 1922–1939«, vol. I and II, Oxford 1942
Benn, Gottfried, »Gesammelte Werke in vier Bänden«, hrsg. von Dieter Wellershoff, Wiesbaden 1961
Bennecke, Heinrich, »Hitler und die SA«, München/Wien 1962
– »Wirtschaftliche Depression und politischer Radikalismus«, München 1968
Besymenski, Lew, »Der Tod des Adolf Hitler«, Hamburg 1968
Bloch, Charles, »Hitler und die europäischen Mächte 1933/34. Kontinuität oder Bruch«, Frankfurt/M. 1966
Boberach, Heinz (Hrsg.), »Meldungen aus dem Reich. Auswahl aus den geheimen Lageberichten des Sicherheitsdienstes der SS 1939–1944«, Neuwied 1965
Böhme, Helmut, »Deutschlands Weg zur Großmacht«, Köln/Berlin 1966
Boelcke, Willi A. (Hrsg.), »Wollt ihr den totalen Krieg? Die geheimen Goebbels-Konferenzen 1939–1943«, Stuttgart 1967
Boepple, Ernst, »Adolf Hitlers Reden«, 3. Aufl., München 1933
Boldt, Gerhard, »Die letzten Tage der Reichskanzlei«, Hamburg 1947
Bonnet, Georges, »Vor der Katastrophe«, Köln 1951
Bor, Peter, »Gespräche mit Halder«, Wiesbaden 1950
Bouhler, Philipp, »Kampf um Deutschland. Ein Lesebuch für die deutsche Jugend«, Berlin 1938
Bracher, Karl Dietrich, »Die Auflösung der Weimarer Republik. Eine Studie zum Problem des Machtverfalls in der Demokratie«, Stuttgart/Düsseldorf 1955 (zit. als »Auflösung«)
– »Deutschland zwischen Demokratie und Diktatur«, Bern/München 1964
– »Die deutsche Diktatur. Entstehung, Struktur, Folgen des Nationalsozialismus«, Köln/Berlin 1969 (zit. als »Diktatur«)
– (zus. mit Wolfgang Sauer und Gerhard Schulz), »Die nationalsozialistische Machtergreifung«, Köln/Opladen 1960 (zit. als »Machtergreifung«)
Brecht, Arnold, »Vorspiel zum Schweigen. Das Ende der deutschen Republik«, Wien 1948
Brenner, Hildegard, »Die Kunstpolitik des Nationalsozialismus«, Reinbek 1963
Bronder, Dietrich, »Bevor Hitler kam«, Hannover 1964
Broszat, Martin, »Der Staat Hitlers«, München 1969
Brüning, Heinrich, »Memoiren 1918–1934«, Stuttgart 1970
Bryant, Arthur, »Kriegswende«, Düsseldorf 1957
– »Sieg im Westen 1943–1946«, Düsseldorf 1960
Bucher, Peter, »Der Reichswehrprozeß. Der Hochverrat der Ulmer Reichswehroffiziere 1929/30«, Boppard 1967
Buchheim, Hans, »Die SS – das Herrschaftsinstrument. Befehl und Gehorsam«, in: »Anatomie des SS-Staates«, Olten/Freiburg i. Br. 1965

Buchheit, Gert, »Hitler, der Feldherr. Die Zerstörung einer Legende«, Rastatt 1958
Bullock, Alan, »Hitler. Eine Studie über Tyrannei«, 5. Aufl. Düsseldorf 1957
Burckhardt, Carl J., »Meine Danziger Mission 1937–1939«, Zürich/München 1960
Burckhardt, Jacob, »Gesammelte Werke«, Basel 1956
Burke, Kenneth, »Die Rhetorik in Hitlers ›Mein Kampf‹ und andere Essays zur Strategie der Überredung«, Frankfurt/M. 1967
Butler, James R. M., »Lord Lothian ›Philipp Kerr‹ 1882–1940«, London/New York 1960
Butler, Rohan D'O., »The Roots of National Socialism«, New York 1942

Calic, Edouard, »Ohne Maske. Hitler-Breiting. Geheimgespräche 1931«, Frankfurt/M. 1968
Carsten, Francis L., »Der Aufstieg des Faschismus in Europa«, Frankfurt/M. 1968
Cartier Raymond, »Der Zweite Weltkrieg«, 2 Bde, München 1967
Chamberlain, Houston Stewart, »Die Grundlagen des 19. Jahrhunderts«, 6. Aufl., München 1906
Churchill, Winston, »Der Zweite Weltkrieg«, Bern 1954
Ciano, Galeazzo, »Tagebücher 1939/43«, Bern 1946
Cooper, Duff, »Das läßt sich nicht vergessen«, München 1954
Coulondre, Robert, »Von Moskau nach Berlin. 1936–1939«, Bonn 1950
Crankshaw, Edward, »Die Gestapo«, Berlin 1959
Czichon, Eberhard, »Wer verhalf Hitler zur Macht?«, Köln 1967

Dahlerus, Birger, »Der letzte Versuch«, München 1948
Dahrendorf, Ralf, »Gesellschaft und Demokratie in Deutschland«, München 1965
Daim, Wilfried, »Der Mann, der Hitler die Ideen gab«, München 1958
Dallin, Alexander, »Deutsche Herrschaft in Rußland 1941–1945. Eine Studie über Besatzungspolitik«, Düsseldorf 1958
Deakin, F. W., »Die brutale Freundschaft. Hitler, Mussolini und der Untergang des italienischen Faschismus«, Köln 1962
Delmer, Sefton, »Die Deutschen und ich«, Hamburg 1963
Deuerlein, Ernst, »Der Hitler-Putsch. Bayerische Dokumente zum 8./9. November 1923«, Stuttgart 1962
– »Der Aufstieg der NSDAP 1919–1933«, Düsseldorf 1968, (zit. als »Aufstieg«)
Deutsch, Harold C., »Verschwörung gegen den Krieg. Der Widerstand in den Jahren 1939–1940«, München 1969
Diels, Rudolf, »Lucifer ante portas«, Zürich o. J.
Dietrich, Otto, »Mit Hitler in die Macht«, München 1934
– »Zwölf Jahre mit Hitler«, München 1955
Dönitz, Karl, »Zehn Jahre und zwanzig Tage«, Frankfurt/M./Bonn 1964
Dollmann, Eugen, »Dolmetscher der Diktatoren«, Bayreuth 1963
Domarus, Max, »Hitler. Reden und Proklamationen 1932–1945«, 2 Bde, Würzburg 1962/63
Drexler, Anton, »Mein politisches Erwachen«, München 1919
Duesterberg, Theodor, »Der Stahlhelm und Hitler«, Wolfenbüttel 1949

Dulles, Allen Welsh, »Verschwörung in Deutschland«, Kassel 1949

Eckart, Dietrich, »Der Bolschewismus von Moses bis Lenin. Zwiegespräche zwischen Adolf Hitler und mir«, München 1925
Eden, Anthony, »Angesichts der Diktatoren«, Köln/Berlin 1964
Ehlers, Dieter, »Technik und Moral einer Verschwörung«, Frankfurt/M./Bonn 1964
Eyck, Erich, »Geschichte der Weimarer Republik«, 2 Bde, Zürich 1954

Fabry, Philipp W., »Mutmaßungen über Hitler«, Düsseldorf 1969
Feiling, Keith, »The Life of Neville Chamberlain«, London 1946
Fest, Joachim C., »Das Gesicht des Dritten Reiches«, München 1963
Fischer, Fritz, »Griff nach der Weltmacht. Die Kriegszielpolitik des kaiserlichen Deutschland 1914/18«, Düsseldorf 1961
– »Krieg der Illusionen. Die deutsche Politik von 1911 bis 1914«, Düsseldorf 1969
Foerster, Wolfgang, »Generaloberst Ludwig Beck. Sein Kampf gegen den Krieg«, München 1953
Foertsch, Hermann, »Schuld und Verhängnis. Die Fritschkrise im Frühjahr 1938 als Wendepunkt in der Geschichte der nationalsozialistischen Zeit«, Stuttgart 1951
Forsthoff, Ernst, »Der totale Staat«, Hamburg 1933
Fraenkel, Ernst, »The Dual State«, London/New York 1941
François-Poncet, André, »Botschafter in Berlin 1931–1938«, Berlin/Mainz 1962
Frank, Hans, »Im Angesicht des Galgens. Deutung Hitlers und seiner Zeit auf Grund eigener Erlebnisse und Erkenntnisse«, 2. Aufl., Neuhaus 1955
Franz-Willing, Georg, »Die Hitlerbewegung. Der Ursprung 1919–1922«, Hamburg/Berlin 1962
Friedensburg, Ferdinand, »Die Weimarer Republik«, Hannover/Frankfurt/M. 1957
Friedländer, Saul, »Auftakt zum Untergang. Hitler und die Vereinigten Staaten von Amerika«, Stuttgart 1965
Freund, Michael, »Weltgeschichte der Gegenwart in Dokumenten«, 3 Bde, Freiburg 1954–56 (zit. als »Weltgeschichte«)
– Abendglanz Europas«, Stuttgart 1967
Funke, Manfred, »Sanktionen und Kanonen. Hitler, Mussolini und der Abessinienkonflikt«, Düsseldorf 1971

Gafencu, Grigore, »Derniers jours de l'Europe«, Paris 1946
Geßler, Otto, »Reichswehrpolitik in der Weimarer Zeit«, Stuttgart 1958
Gilbert, Martin/Gott, Richard, »Der gescheiterte Frieden. Europa 1933 bis 1939«, Stuttgart 1964
Gisevius, Hans Bernd, »Bis zum bitteren Ende«, 2 Bde, Zürich 1946
– »Adolf Hitler. Versuch einer Deutung«, München 1963
Goebbels, Joseph, »Das Tagebuch von Joseph Goebbels 1925/26«, mit weiteren Dokumenten hrsg. von Helmuth Heiber, Stuttgart o. J. (zit. als »Goebbels-Tagebuch«)
– »Vom Kaiserhof zur Reichskanzlei. Eine historische Darstellung in Tagebuchblättern«, München 1934 (zit. als »Kaiserhof«)

– »Tagebücher aus den Jahren 1942/43«, mit anderen Dokumenten hrsg. v. L. P. Lochner, Zürich 1948 (zit. als »Tagebücher 1942/43«)
– »Die Zweite Revolution. Briefe an Zeitgenossen«, Zwickau/S. o. J.
Göring, Hermann, »Aufbau einer Nation«, Berlin 1934
Görlitz, Walter (Hrsg.), »Der deutsche Generalstab. Geschichte und Gestalt«, Frankfurt/M. 1953
– »Generalfeldmarschall Keitel. Verbrecher oder Offizier? Erinnerungen, Briefe, Dokumente des Chefs OKW«, Göttingen/Berlin/Frankfurt/M. 1961
– (zus. mit Quint H. A.), »Adolf Hitler. Eine Biographie«, Stuttgart 1952
Gordon jr., Harold J., »Hitlerputsch 1923. Machtkampf in Bayern 1923 bis 1924«, Frankfurt/M. 1971
Govern, W. M., »From Luther to Hitler«, London 1946
Greiner, Helmuth, »Die oberste Wehrmachtführung 1939–1943«, Wiesbaden 1951
Greiner, Josef, »Das Ende des Hitler-Mythos«, Zürich/Leipzig/Wien 1947
Grew, Joseph C., »Zehn Jahre in Japan. 1932–1942«, Stuttgart 1947
Gritzbach, Erich, »Hermann Göring. Werk und Mensch«, 2. Aufl., München 1938
Groener-Geyer, Dorothea, »General Groener, Soldat und Staatsmann«, Frankfurt/M. 1955
Groscurth, Helmut, »Tagebücher eines Abwehroffiziers 1938–1940«, hrsg. von Helmut Krausnick u. Harold C. Deutsch, Stuttgart 1970
Gruchmann, Lothar, »Der Zweite Weltkrieg«, München 1967
Guderian, Heinz, »Erinnerungen eines Soldaten«, Heidelberg 1951
Gumbel, Emil Julius, »Verräter verfallen der Feme«, Berlin 1929
Gun, Nerin E., »Eva Braun – Hitler. Leben und Schicksal«, Velbert/Kettwig 1968
Gutmann, Robert W., »Richard Wagner. Der Mensch, sein Werk, seine Zeit«, München 1970

Haffner, Sebastian, »Der Teufelspakt. 50 Jahre deutsch-russische Beziehungen«, Reinbek 1968
– »Der Selbstmord des deutschen Reiches«, Bern/München/Wien 1970
Hagemann, Walter, »Publizistik im Dritten Reich«, Hamburg 1948
Halder, Franz, »Kriegstagebuch. Tägliche Aufzeichnungen des Chefs des Generalstabs des Heeres 1939–1942«, Stuttgart 1962/64 (zit. als KTB)
Hale, Oron J., »Presse in der Zwangsjacke«, Düsseldorf 1965
Hallgarten, George W. F., »Hitler, Reichswehr und Industrie«, Frankfurt/M. 1955
– »Dämonen oder Retter«, München 1966
v. Hammerstein, Kunrat, »Spähtrupp«, Stuttgart 1963
– »Flucht. Aufzeichnungen nach dem 20. Juli«, Olten 1966
Hanfstaengl, Ernst, »The missing Years«, London 1957
– »Zwischen Weißem und Braunem Haus«, München 1970
v. Hassell, Ulrich, »Vom anderen Deutschland«, Zürich/Freiburg 1946
Hauser, Oswald, »England und das Dritte Reich«, Bd. I, Stuttgart 1972
Heiber, Helmut, »Adolf Hitler. Eine Biographie«, Berlin 1960
– »Joseph Goebbels«, Berlin 1962
– (Hrsg.), »Hitlers Lagebesprechungen«, Stuttgart 1962 (zit. als »Lagebesprechungen«)

– (Hrsg.), »Reichsführer! ... Briefe an und von Himmler«, Stuttgart 1968
Heiden, Konrad, »Adolf Hitler. Das Zeitalter der Verantwortungslosigkeit. Ein Biographie«, 2 Bde, Zürich 1936/37 (zit. als »Hitler« I bzw. »Hitler« II)
– »Geburt des Dritten Reiches. Die Geschichte des Nationalsozialismus bis Herbst 1933«, 2. Aufl., Zürich 1934 (zit. als »Geburt«)
– »Geschichte des Nationalsozialismus. Die Karriere einer Idee«, Berlin 1932 (zit. als »Geschichte«)
Henkys, Reinhard, »Die nationalsozialistischen Gewaltverbrechen«, 2. Aufl., Stuttgart 1965
Heusinger, Adolf, »Befehl im Widerstreit«, Tübingen/Stuttgart 1950
Heuß, Theodor, »Hitlers Weg. Eine Schrift aus dem Jahre 1932«, neu hrsg. von Eberhard Jäckel, Stuttgart 1968
Heyen, Franz Josef, »Nationalsozialismus im Alltag«, Boppard 1967
Hildebrand, Klaus, »Deutsche Außenpolitik 1933–1945. Kalkül oder Dogma?«, Stuttgart 1971
Hillgruber, Andreas, »Hitlers Strategie. Politik und Kriegführung 1940 bis 1941«, Frankfurt/M. 1965 (zit. als »Strategie«)
– (Hrsg.), »Staatsmänner und Diplomaten bei Hitler. Vertrauliche Aufzeichnungen über Unterredungen mit Vertretern des Auslands«, 2 Bde, Frankfurt/M. 1967/70 (zit. als »Staatsmänner« I bzw. »Staatsmänner« II)
Hitler, Adolf, »Mein Kampf«, 37. Aufl., München 1933
– »Adolf Hitler in Franken. Reden aus der Kampfzeit«, hrsg. von Heinz Preiss, o. O., o. J.
– »Libres Propos sur la Guerre et la Paix«, Version française de François Genoud, Paris 1952 (zit. als »Libres propos«)
– »Hitler's Table Talk. 1941–1944«, London 1953
– »Le Testament politique de Hitler«, hrsg. von H. R. Trevor-Roper, Paris 1959
– »Hitlers Zweites Buch. Ein Dokument aus dem Jahre 1928«, Stuttgart 1961
– »Hitlers Lagebesprechungen. Die Protokollfragmente seiner militärischen Konferenzen 1942–1945«, hrsg. von Helmut Heiber, Stuttgart 1962 (zit. als »Lagebesprechungen«)
– »Hitlers Weisungen für die Kriegsführung«, hrsg. von Walther Hubatsch, Frankfurt/M. 1962
– »Hitlers Tischgespräche im Führerhauptquartier 1941–1942«, hrsg. von Henry Picker, Stuttgart 1965 (zit. als »Tischgespräche«)
Hoegner, Wilhelm, »Hitler und Kahr. Die bayerischen Napoleonsgrößen von 1923«, München 1928
– »Die verratene Republik«, München 1958
Höhne, Heinz, »Der Orden unter dem Totenkopf. Die Geschichte der SS«, Gütersloh 1967
Hofer, Walther, »Die Entfesselung des Zweiten Weltkriegs«, Frankfurt/M. 1960
Hoffmann, Heinrich, »Hitler was my friend«, London 1955
Hoffmann, Peter, »Widerstand, Staatsstreich, Attentat. Der Kampf der Opposition gegen Hitler«, München 1969

Hofmann, Hanns Hubert, »Der Hitlerputsch. Krisenjahre deutscher Geschichte 1920 bis 1924«, München 1961
Horn, Wolfgang, »Führerideologie und Parteiorganisation in der NSDAP 1919–1933«, Düsseldorf 1972
Hoßbach, Friedrich, »Zwischen Wehrmacht und Hitler 1934–1938«, Wolfenbüttel/Hannover 1949
Hubatsch, Walther, »Hindenburg und der Staat«, Göttingen 1966
Huber, Ernst Rudolf, »Verfassungsrecht des Großdeutschen Reiches«, Hamburg 1939

Ingrim, Robert, »Hitlers glücklichster Tag«, Stuttgart 1962
Jacobsen, Hans-Adolf, »Fall Gelb. Der Kampf um den deutschen Operationsplan zur Westoffensive 1940«, Wiesbaden 1957
– »1939–1945. Der Zweite Weltkrieg in Chronik und Dokumenten«, 5. Aufl., Darmstadt 1961
– »Der Zweite Weltkrieg. Grundzüge der Politik und Strategie in Dokumenten«, Frankfurt/M./Hamburg 1965
– »Kommissarbefehl und Massenexekutionen sowjetischer Kriegsgefangener«, in: »Anatomie des SS-Staates«, Olten/Freiburg i. Br. 1965
– »Nationalsozialistische Außenpolitik 1933–1938«, Frankfurt/M./Berlin 1968
Jacobsen, Hans-Adolf/Jochmann, Werner, »Ausgewählte Dokumente zur Geschichte des Nationalsozialismus 1933–1945«, Bielefeld 1961
Jacobsen, Hans-Adolf/Rohwer, Jürgen (Hrsg.), »Entscheidungsschlachten des Zweiten Weltkriegs«, Frankfurt/M. 1960
Jäckel, Eberhard, »Frankreich in Hitlers Europa«, Stuttgart 1966
– »Hitlers Weltanschauung. Entwurf einer Herrschaft«, Tübingen 1969
Jaspers, Karl, »Die geistige Situation der Zeit (1931)«, Berlin 1947
Jenks, William A., »Vienna and the young Hitler«, New York 1960
Jetzinger, Franz, »Hitlers Jugend. Phantasien, Lügen – und die Wahrheit«, Wien 1956
Jochmann, Werner, »Im Kampf um die Macht. Hitlers Rede vor dem Hamburger Nationalklub von 1919«, Frankfurt/M. 1960
– »Nationalsozialismus und Revolution. Ursprung und Geschichte der NSDAP in Hamburg 1922–1933«, Frankfurt/M. 1963
Joll, James, »Three Intellectuals in Politics«, New York 1960

Kallenbach, Hans, »Mit Adolf Hitler auf der Festung Landsberg«, 4. Aufl., München 1943
Kempner, Robert M. W., »Eichmann und Komplicen«, Zürich/Stuttgart/Wien 1961
Kennan, George F., »Memoirs 1925–1950«, Boston 1967
Kersten, Felix, »Totenkopf und Treue. Heinrich Himmler ohne Uniform. Aus den Tagebuchblättern des finnischen Medizinalrats Felix Kersten«, Hamburg o. J.
Keßler, Harry Graf, »Tagebücher 1918–1937«, Frankfurt/M. 1961
Kirkpatrick, Sir Ivone, »Im inneren Kreis. Erinnerungen eines Diplomaten«, Berlin 1964
– »Mussolini«, Berlin 1965
Klages, Ludwig, »Der Geist als Widersacher der Seele«, München/Bonn 1954

Klee, Karl, »Das Unternehmen Seelöwe«, Göttingen/Berlin/Frankfurt/M. 1958
v. Klemperer, Klemens, »Konservative Bewegungen zwischen Kaiserreich und Nationalsozialismus«, München/Wien o. J.
Knickerbocker, H. R., »Deutschland so oder so?«, Berlin 1932
v. Koerber, Viktor, »Hitler, sein Leben und seine Reden«, München 1923
Koktanek, Anton Mirko, »Oswald Spengler in seiner Zeit«, München 1968
Koller, Karl, »Der letzte Monat«, Mannheim 1948
Kordt, Erich, »Wahn und Wirklichkeit. Die Außenpolitik des Dritten Reiches. Versuch einer Darstellung«, Stuttgart 1948
– »Nicht aus den Akten. Die Wilhelmstraße in Frieden und Krieg. Erlebnisse, Begegnungen und Eindrücke 1928–1945«, Stuttgart 1950
Kosthorst, Erich, »Die deutsche Opposition gegen Hitler zwischen Polen- und Frankreichfeldzug«, 3. Aufl., Bonn 1957
v. Kotze, Hildegard/Krausnick, Helmut, »Es spricht der Führer. Sieben exemplarische Hitler-Reden«, Gütersloh 1966
Kracauer, Siegfried, »Die Angestellten«, Neuauflage Allensbach 1959
Krause, Karl Wilhelm, »Zehn Jahre Kammerdiener bei Hitler«, Hamburg o. J.
Krausnick, Helmuth, »Judenverfolgung«, in: »Anatomie des SS-Staates«, Olten/Freiburg i. Br. 1965
Krebs, Albert, »Tendenzen und Gestalten der NSDAP. Erinnerungen an die Frühzeit der Partei«, Stuttgart 1948
Kruck, Alfred, »Geschichte des Alldeutschen Verbandes 1890–1939«, Wiesbaden 1954
Kubizek, August, »Adolf Hitler, mein Jugendfreund«, Graz/Göttingen 1953
Kühnl, Reinhard, »Die nationalsozialistische Linke 1925–1930«, Meisenheim am Glan 1966
Kuhn, Axel, »Hitlers außenpolitisches Programm«, Stuttgart 1970
Kurowski, Franz, »Armee Wenck«, Neckargemünd 1967

Lange, Karl, »Hitlers unbeachtete Maximen. ›Mein Kampf‹ und die Öffentlichkeit«, Stuttgart 1968
Laqueur, Walter, »Deutschland und Rußland«, Berlin 1965
Lepsius, Rainer M., »Extremer Nationalismus. Strukturbedingungen vor der nationalsozialistischen Machtergreifung«, Stuttgart 1966
Liddell Hart, Basil Henry, »The other Side of the Hill«, London 1951
v. Loßberg, Bernhard, »Im Wehrmachtsführungsstab«, Hamburg 1949
Luedecke, K. G. W., »I knew Hitler«, London 1938
Lukács, Georg, »Schriften zur Literatursoziologie«, Neuwied 1961
– »Die Zerstörung der Vernunft«, Neuwied 1962

Mann, Golo, »Deutsche Geschichte des neunzehnten und zwanzigsten Jahrhunderts«, Frankfurt/M. 1958
Mann, Thomas, »Gesammelte Werke in zwölf Bänden«, Band I bis XII, Frankfurt/M. 1956 (zit. als GW)
– »Betrachtungen eines Unpolitischen«, Frankfurt/M. 1956
v. Manstein, Erich, »Verlorene Siege«, Frankfurt/M. 1963
Manvell, Roger/Fraenkel, Heinrich, »Goebbels. Eine Biographie«, Köln/Berlin 1960

Maser, Werner, »Die Frühgeschichte der NSDAP. Hitlers Weg bis 1924«, Frankfurt/M./Bonn 1965 (zit. als »Frühgeschichte«)
– »Hitler's Mein Kampf«, München/Esslingen 1966
– »Adolf Hitler. Legende, Mythos, Wirklichkeit«, München/Esslingen 1971 (zit. als »Hitler«)
Matthias, Erich/Morsey, Rudolf (Hrsg.), »Das Ende der Parteien 1933«, Düsseldorf 1960
McRandle, James H., »The Track of the Wolf«, Evanston 1965
Meier-Welcker, Hans, »Seeckt«, Frankfurt/M. 1967
Meinck, Gerhard, »Hitler und die deutsche Aufrüstung 1933–1937«, Wiesbaden 1959
Meinecke, Friedrich, »Die deutsche Katastrophe. Betrachtungen und Erinnerungen«, 5. Aufl., Wiesbaden 1955
Meißner, Hans Otto/Wilde, Harry, »Die Machtergreifung«, Stuttgart 1958
Meißner, Otto, »Staatssekretär unter Ebert–Hindenburg–Hitler. Der Schicksalsweg des deutschen Volkes von 1918–1945, wie ich ihn erlebte«, 3. Aufl., Hamburg 1950
Mend, Hans, »Adolf Hitler im Felde 1914–1918«, Gießen 1931
Milosz, Czeslaw, »Verführtes Denken«, Köln/Berlin 1953
Miltenberg, Weigand v. (i. e. Herbert Blanck), »Adolf Hitler – Wilhelm III«, Berlin 1930/31
Milward, Alan S., »Die deutsche Kriegswirtschaft 1939–1945«, Stuttgart 1966
Mosse, George L. (hrsg. zus. mit Walter Laqueur), »Internationaler Faschismus 1920–1945«, München 1966
Müller, Christian, »Oberst i. G. Stauffenberg. Eine Biographie«, Düsseldorf 1970
v. Müller, Karl Alexander, »Mars und Venus. Erinnerungen 1914–1919«, Stuttgart 1954
– »Im Wandel einer Welt. Erinnerungen 1919–1932«, München 1966
Müller, Klaus-Jürgen, »Das Heer und Hitler. Armee und nationalsozialistisches Regime 1933–1940«, Stuttgart 1969

Neumann, Franz Leopold, »Behemoth. The Structure and Practice of National Socialism«, 2. Aufl., New York 1944
Neumann, Sigmund, »Die Parteien der Weimarer Republik«, Stuttgart 1965
Nicolson, Harold, »Tagebücher und Briefe 1930–1941«, Frankfurt/M. 1969
Niedhart, Gottfried, »Großbritannien und die Sowjetunion 1934–1939«, München 1972
Niekisch, Ernst, »Gewagtes Leben. Begegnungen und Begebnisse«, Köln/Berlin 1958
Nietzsche, Friedrich, »Werke in drei Bänden«, hrsg. von Karl Schlechta, München 1954/56
Nolte, Ernst, »Der Faschismus in seiner Epoche. Die Action Française, der italienische Faschismus, der Nationalsozialismus«, München 1963 (zit. als »Epoche«)
– »Der Faschismus von Mussolini zu Hitler. Texte, Bilder, Dokumente«, München 1968 (zit. als »Faschismus«)
– »Die Krise des liberalen Systems und die faschistischen Bewegungen«, München 1968 (zit. als »Krise«)
– (Hrsg.), »Theorien über den Faschismus«, Köln/Berlin 1967 (zit. als »Theorien«)

Nyomarkay, Joseph, »Charisma and Factionalism in the Nazi Party«, Minneapolis 1967

v. Oertzen, Friedrich Wilhelm, »Die deutschen Freikorps 1918–1923«, München 1936
Olden, Rudolf, »Hitler«, Amsterdam 1936
Orlow, Dietrich, »The History of the Nazi Party 1919–1933«, Pittsburgh 1969

v. Papen, Franz, »Der Wahrheit eine Gasse«, München 1952
Paulus, Friedrich, »Ich stehe hier auf Befehl. Lebensweg des Generalfeldmarschalls Friedrich Paulus«, hrsg. von Walter Görlitz, Frankfurt/M. 1963
Picker, Henry (Hrsg.), »Hitlers Tischgespräche im Führerhauptquartier 1941 bis 1942«, Bonn 1951 (zit. als »Tischgespräche«)
Pulzer, Peter G. J., »Die Entstehung des politischen Antisemitismus in Deutschland und Österreich 1867–1914«, Gütersloh 1966

Raeder, Erich, »Mein Leben«, 2. Bd., Tübingen 1956/57
Rauschning, Hermann, »Die Revolution des Nihilismus. Kulisse und Wirklichkeit im Dritten Reich«, 5. Aufl., Zürich/New York 1938
– »Gespräche mit Hitler«, Zürich/Wien/New York 1940. Vierter unveränderter Neudruck (zit. als »Gespräche«)
Reck-Malleczeven, Friedrich P., »Tagebuch eines Verzweifelten. Zeugnis einer inneren Emigration«, Stuttgart 1966
Recktenwald, Johann, »Woran hat Adolf Hitler gelitten?«, München/Basel 1963
Reichmann, Eva Gabriele, »Die Flucht in den Haß. Die Ursachen der deutschen Judenkatastrophe«, Frankfurt/M. o. J.
v. Ribbentrop, Joachim, »Zwischen London und Moskau. Erinnerungen und letzte Aufzeichnungen«, Leoni 1953
Riezler, Kurt, »Tagebücher, Aufsätze, Dokumente«, hrsg. von Karl Dietrich Erdmann, Göttingen 1972
Ritter, Gerhard, »Carl Goerdeler und die deutsche Widerstandsbewegung«, Stuttgart 1954
Röhm, Ernst, »Die Geschichte eines Hochverräters«, 5. Aufl., München 1934
Röhrs, Hans-Dietrich, »Hitler. Die Zerstörung einer Persönlichkeit«, Neckargemünd 1965
Rönnefarth, Helmuth K. G., »Die Sudetenkrise in der internationalen Politik 1938«, 2 Bde, Wiesbaden 1961
Roon, Ger van, »Neuordnung im Widerstand. Der Kreisauer Kreis innerhalb der Widerstandsbewegung«, München 1967
Rosenberg, Alfred, »Letzte Aufzeichnungen«, Göttingen 1955
– »Das politische Tagebuch Alfred Rosenbergs aus den Jahren 1934/35 und 1939/40«, hrsg. und erläutert von Hans-Günther Seraphim, Göttingen 1956
Rosenberg, Arthur, »Entstehung und Geschichte der Weimarer Republik«, Frankfurt/M. 1955
Roßbach, Gerhard, »Mein Weg durch die Zeit«, Weilburg 1950
Rothfels, Hans, »Die deutsche Opposition gegen Hitler. Eine Würdigung«, Frankfurt/M. 1958
Sauer, Wolfgang, (zus. mit K. D. Bracher und G. Schulz), »Die nationalsozia-

listische Machtergreifung. Studien zur Errichtung des totalitären Herrschaftssystems in Deutschland 1933/34«, Köln/Opladen 1960 (zit. als »Machtergreifung«)
Schacht, Hjalmar, »Abrechnung mit Hitler«, Hamburg/Stuttgart 1948
– »76 Jahre meines Lebens«, München 1953
Schellenberg, Walter, »Memoiren«, Köln 1956
Scheringer, Richard, »Das große Los. Unter Soldaten, Bauern und Rebellen«, Hamburg 1959
Schieder, Theodor, »Hermann Rauschnings ›Gespräche mit Hitler‹ als Geschichtsquelle«, Opladen 1972
v. Schirach, Baldur, »Ich glaubte an Hitler«, Hamburg 1967
v. Schlabrendorff, Fabian, »Offiziere gegen Hitler«, Frankfurt/M./Hamburg 1959
Schmeer, Karlheinz, »Die Regie des öffentlichen Lebens im Dritten Reich«, München 1956
Schmidt, Paul, »Statist auf diplomatischer Bühne 1923–1945. Erlebnisse eines Chefdolmetschers im Auswärtigen Amt mit den Staatsmännern Europas«, Bonn 1950
Schmitthenner, Walter/Buchheim, Hans (Hrsg.), »Der deutsche Widerstand gegen Hitler. Vier historisch-kritische Studien«, Köln/Berlin 1966
Schoenbaum, David, »Die braune Revolution. Eine Sozialgeschichte des Dritten Reiches«, Köln/Berlin 1968
Schubert, Günter, »Anfänge nationalsozialistischer Außenpolitik«, Köln 1963
Schüddekopf, Otto-Ernst, »Das Heer und die Republik. Quellen zur Politik der Reichswehrführung 1918–1933«, Hannover/Frankfurt/M. 1955
– »Linke Leute von rechts«, Stuttgart 1960
v. Schuschnigg, Kurt, »Ein Requiem in Rot-Weiß-Rot«, Zürich 1946
v. Schwerin-Krosigk, Lutz Graf, »Es geschah in Deutschland, Menschenbilder unseres Jahrhunderts«, Tübingen/Stuttgart 1951
Schwertfeger, Bernhard, »Rätsel um Deutschland«, Heidelberg 1948
Seabury, Paul, »Die Wilhelmstraße. Die Geschichte der deutschen Diplomatie 1930–1945«, Frankfurt/M. 1956
Semler, Rudolf, »Goebbels – the Man next to Hitler«, London 1947
Severing, Carl, »Mein Lebensweg«, Bd. II, Köln 1950
Sforza, Carlo, »Europäische Diktaturen«, Berlin 1932
Shirer, William L., »A Berlin Diary«, London 1941
– »Aufstieg und Fall des Dritten Reiches«, Köln/Berlin 1961
Siedler, Wolf Jobst, »Behauptungen«, Berlin 1965
Silone, Ignazio, »Die Kunst der Diktatur«, Köln/Berlin 1965
Smith, Bradley F., »Adolf Hitler. His Family, Childhood and Youth«, Stanford 1967
Sombart, Werner, »Die Juden und das Wirtschaftsleben«, München/Leipzig 1920
Sommer, Theo, »Deutschland und Japan zwischen den Mächten 1935–1940«, Tübingen 1962
Sommerfeldt, Martin H., »Ich war dabei. Die Verschwörung der Dämonen«, 1933–1939«, Darmstadt 1949
Sontheimer, Kurt, »Antidemokratisches Denken in der Weimarer Republik. Die politischen Ideen des deutschen Nationalismus zwischen 1918 und 1933«, München 1962
Speer, Albert, »Erinnerungen«, Berlin 1969

Speidel, Hans, »Invasion 1944«, Tübingen/Stuttgart 1961
Spengler, Oswald, »Preußentum und Sozialismus«, München 1919
Springer, Hildegard, »Es sprach Hans Fritzsche«, Stuttgart 1949
Stampfer, Friedrich, »Die vierzehn Jahre der ersten deutschen Republik«, Offenbach 1947
Stehlin, Paul, »Auftrag in Berlin«, Berlin 1966
Steinert, Marlis G., »Hitlers Krieg und die Deutschen«, Düsseldorf/Wien 1970
Stephan, Werner, »Joseph Goebbels. Dämon einer Diktatur«, Stuttgart 1949
Stern, Fritz, »Kulturpessimismus als politische Gefahr«, Bern/Stuttgart/Wien 1963
Stoltenberg, Gerhard, »Politische Strömungen im schleswig-holsteinischen Landvolk 1918–1933«, Düsseldorf 1962
Strasser, Gregor, »Kampf um Deutschland«, München 1932
Strasser, Otto, »Hitler und ich«, Konstanz 1948
– »Mein Kampf«, Frankfurt/M. 1969
Strothmann, Dietrich, »Nationalsozialistische Literaturpolitik. Ein Beitrag zur Publizistik im Dritten Reich«, Bonn 1960

Talmon, J. L., »Politischer Messianismus«, 2 Bde, Köln/Opladen 1961/63
Tobias, Fritz, »Der Reichstagsbrand. Legende und Wirklichkeit«, Rastatt 1962
Treue, Wilhelm, »Deutschland in der Weltwirtschaftskrise in Augenzeugenberichten«, Düsseldorf 1967
Treviranus, Gottfried Reinhold, »Das Ende von Weimar«, Düsseldorf 1968
Trevor-Roper, Hugh R. (Hrsg.), »The Bormann Letters. The Private Correspondence between Martin Bormann and his Wife from January 1943 to April 1945«, London 1954
– »Hitlers letzte Tage«, Frankfurt/M. 1965
Tucholsky, Kurt, »Gesammelte Werke«, 3 Bde, hrsg. von Mary Gerold-Tucholsky, Fritz Raddatz, Hamburg 1961
Turner, Henry Ashby, »Faschismus und Kapitalismus in Deutschland«, Göttingen 1972
Tyrell, Albrecht, »Führer befiehl . . . Selbstzeugnisse aus der ›Kampfzeit‹ der NSDAP«, Düsseldorf 1969

Viénot, Pierre, »Ungewisses Deutschland. Zur Krise seiner bürgerlichen Kultur«, Frankfurt/M. 1931
Vogelsang, Thilo, »Reichswehr, Staat und NSDAP«, Stuttgart 1962

Wagner, Richard, »Gesammelte Schriften und Dichtungen«, Leipzig 1907
Warlimont, Walter, »Im Hauptquartier der Wehrmacht 1939–1945«, Bonn 1964
Weisenborn, Günther, »Der lautlose Aufstand. Bericht über die Widerstandsbewegung des deutschen Volkes 1933–1945«, Hamburg 1953
v. Weizsäcker, Ernst, »Erinnerungen«, München/Leipzig/Freiburg 1950
Wendt, Bernd-Jürgen, »München 1938. England zwischen Hitler und Preußen«, Stuttgart 1965
– Appeasement 1938. Wirtschaftliche Rezession und Mitteleuropa«, Frankfurt/M. 1966

Wendt, Hans, »Hitler regiert«, Berlin 1933
Wernecke, Klaus, »Der Wille zur Weltgeltung«, Düsseldorf 1969
Wheeler-Bennett, John W., »Die Nemesis der Macht. Die deutsche Armee in der Politik 1918–1945«, Düsseldorf 1954
Wiedemann, Fritz, »Der Mann der Feldherr werden wollte«, Velbert/Kettwig 1964
Wieder, Joachim, »Stalingrad und die Verantwortung des Soldaten«, München 1962

Zeller, Eberhard, »Geist der Freiheit. Der 20. Juli«, 4. Aufl., München 1963
Ziegler, Hans Severus, »Hitler aus dem Erleben dargestellt«, 2. Aufl., Göttingen 1964
Zoller, Albert, »Hitler privat. Erlebnisbericht seiner Geheimsekretärin«, Düsseldorf 1949
Zweig, Stefan, »Die Welt von gestern«, Frankfurt/M. 1949

시

그대 굳이 사랑하지 않아도 좋다

• 이정하 시집/신4 · 6판/104쪽

이루어질 수 없는 사랑에 때론 아파하고 때론 절망하는 마음을 서정적인 감성으로 그린 시집.

너는 눈부시지만 나는 눈물겹다

5년 연속 시부문 전국 베스트셀러

• 이정하 시집/신4 · 6판/104쪽

사랑의 애잔한 아픔과 그 속에 깃든 사랑의 힘을 섬세하게 풀어쓴 시집.

그대가 곁에 있어도 나는 그대가 그립다

10년 연속 시부문 전국 베스트셀러

• 류시화 시집/신4 · 6판/112쪽

뛰어난 서정성과 환상적 이미지로 삶의 비밀을 섬세하게 풀어낸 류시화 시집.

그대에게 가고 싶다

• 안도현 시집/신4 · 6판/92쪽

가슴 아픈 사랑의 마음을 그린 서정시집.

그대, 거침없는 사랑

• 김용택 시집/신4 · 6판/108쪽

〈섬진강〉의 시인 김용택이, 소박하고 꾸밈없는 목소리로 사랑의 경건함과 따사로움, 사랑의 순정함을 노래한다.

아름다운 사람 하나

• 고정희 시집/신4 · 6판/144쪽

고통스러우면서도 절실한 사랑의 감정을 통해 성숙해가는 이를 그린 서정시집.

소설

허균, 최후의 19일

• 김탁환 장편소설/신국판/전2권

이 땅의 역사를 바꾸고자 했던 사내 허균, 그의 야망과 고독, 그리고 눈물을 읽는다.

누가 내 애인을 사랑했을까

• 김탁환 장편소설/신국판/264쪽

이 시대 청춘들의 치명적인 삶과 사랑을 발랄하지만, 슬픔 어린 문체로 이야기하는 연작 장편소설.

담무갈

• 남지심 장편소설/신국판/전4권

14년 만에 탈고한《우담바라》완결편!

현란하게 변해가는 세상 속에서도 종교적 신성(神性)을 잃지 않는 사람들의 모습을 보여주면서 우리에게 진정으로 고귀한 삶의 가치는 무엇인가를 되묻고 있다.

우담바라

• 남지심 장편소설/신국판/전4권

길고 긴 강가에 놓인 징검다리처럼 힘겨운 우리 삶에 용기와 위안을 주는 소설!

세상에서 제일 잘생긴 익사체

• 마르케스 外/신국판/300쪽

지난 반세기 서구 단편문학의 풍성한 줄기를 한 눈에 살필 수 있는 소설집. 〈플레이 보이〉지에 실렸던 수백 편의 작품들 중 문학성과 재미를 두루 갖춘 열 편을 엄선하여 실었다.

눈 이야기

• 조르주 바타유/신국판/292쪽

성적 무절제를 통해 개인의 주권을 옹호한 소설 〈눈 이야기〉와 후일 필립 솔레르스가 '우리의 모든 현대성을 다룬 책' 이라고 격찬한 〈하늘의 푸른 빛〉이 수록된 작품집.

봉순이 언니

• 공지영 장편소설/신국판/216쪽

60~70년대 고도성장의 뒷골목에서 한없이 추락하면서도 삶에 대한 낙관을 포기하지 않는 주인공을 통해 끝끝내 포기할 수 없는 '희망' 의 메시지를 건져올린 공지영의 장편소설.

무소의 뿔처럼 혼자서 가라

• 공지영 장편소설/신국판/332쪽

'착한 여자' 에 대한 환상과 '능력 있는 여자' 혹은 '똑똑한 여자' 에 대한 편견, 그리고 이율배반적인 이 두 가지 가치를 동시에 요구받고 있는 여성들의 혼란과 고통을 생생하게 이야기하는 소설.

허삼관 매혈기

'99 출판인회의 '이달의 좋은책' 선정도서 / '99 중앙일보 좋은책 100선 선정도서

• 위화(余華) 장편소설/신국판/348쪽

《살아간다는 것》에 이어 소개되는 중국 제3세대 소설가 위화의 장편소설. 출간 직후부터 지금까지 중국 최고의 베스트셀러가 된 문제작으로 독일 · 이탈리아 · 프랑스에서 출간돼 격찬받았다.

살아간다는 것
• 위화(余華) 장편소설/신국판/312쪽

사랑하는 가족 모두를 먼저 보내야 했던 늙은 농부가 자신의 인생을 반추하는 형식을 통해 가차없는 현실과 운명에 맞설 수 있게 하는 사랑과 우정의 힘, 인간 본성과 생명에 대한 근원적 믿음을 보여주고 있다.

내게는 이름이 없다
• 위화(余華) 단편소설집/신국판/312쪽

세상사는 연기와 같다
• 위화(余華) 중편소설집/신국판/296쪽

에세이

정찬용의 입시 공부 그만해라
• 정찬용 지음/신국판/216쪽

'영절하' 의 저자 정찬용 박사가 이번에는 변화무쌍한 교육 정책에 질린 학부모들을 대신해 우리 나라 교육과 입시 제도에 신랄한 비판의 칼을 들이댄다. 더불어 소모적인 입시 준비에 청춘을 저당잡히고 있는 학생들에게 현실적인 목표인 대입을 잡는 방법과 함께 궁극적이고 이상적인 목표인 '생각하는 능력' 과 '인생에서 진짜 필요한 실력' 을 동시에 키울 수 있는 대안을 제시한다.

희망은 또 다른 희망을 낳는다
• 서진규 지음/신국판/368쪽

가발공장 여공에서 하버드대생으로 거듭나기까지 역동적인 인생유전을 펼쳐온 저자가 딸 조성아 양을 키우면서 웃고 울고 가슴 쓸어내리며 보낸 23년 간의 이야기를 풍부한 사례와 함께 흥미진진하게 써내려 가고 있다.

나는 대한민국 경찰이다
• 김강자 지음/신국판/300쪽

미성년 매매춘과의 전쟁을 통해 전국민적으로 알려진 저자가 종암경찰서장에 부임하자마자 가동한 일명 '미아리 텍사스 프로젝트' 의 15년 준비 과정과 경찰 제복을 입고 만나온 사람들, 사건들이 흥미진진하게 소개된다.

우리는 다시 만나기 위해 태어났다
• 잭 캔필드 · 마크 빅터 한센/류시화 옮김/신국판/236쪽

어린 연인들의 간절한 사랑에서부터 노년의 잔잔한 사랑까지, 때로는 죽음을 넘어서고, 때로는 신의 손길에 이끌리면서 영혼의 동반자를 만나 사랑하는 모습이 한 편 한 편마다 아름답고 신비롭게 그려져 있다.

영혼을 위한 닭고기 수프
• 잭 캔필드 · 마크 빅터 한센/류시화 옮김/신국판/전2권

살아가면서 잃어버리기 쉬운 꿈과 행복을 어떻게 지키며 살아가야 하는가를 보여주는 1백여 편의 감동적인 이야기.

사람보다 아름다운 영혼을 가진 동물 이야기
• 잭 캔필드/이상원 옮김/신국판/262쪽

전세계 27개국에 출간되어 수천만 부 이상이 팔린 화제의 베스트셀러《영혼을 위한 닭고기 수프》의 후속 시리즈 중 하나로 동물을 매개로 펼쳐지는 감동적인 실화를 모은 책이다.

아름답고 슬픈 야생동물 이야기
• 어니스트 톰슨 시튼/장석봉 옮김/신국판/312쪽

야생 세계에 관한 가장 매혹적인 이야기꾼이자 화가인 시튼이 최초로 쓴 작품이자 가장 훌륭한 작품인《Wild Amimals I Have Known》(1898년)의 완역본이다.

개와 고양이에 관한 우습고도 놀라운 진실
• 리처드 토레그로사/이상원 옮김/변형 4 · 6판 양장본/248쪽

사소하면서도 재미있고 때론 놀라운 개와 고양이에 관한 이야기.

인생은 어떻게 역전되는가
• 인도우화/이옥순 옮김/변형4 · 6판 양장본/248쪽

인도인의 지혜롭고 낙천적인 인생관이 짙게 깔린 41편의 우화집. 현실적 행복과 유머를 포기하지 않으면서도 궁극적으로 선을 지향하는 주인공들의 삶을 통해 우리 같은 평범한 사람들이 한 세상을 살아가는 데 필요한 여러 가지 미덕들을 배울 수 있다.

삶이 나에게 가르쳐준 것들
• 류시화 명상 에세이/국판 양장본/228쪽

삶을 찾아 끊임없이 헤매다닌 긴 여행길의 이야기들을 내적인 체험과 다양하고 재미있는 우화 사이를 넘나들면서 류시화 특유의 바람결 같은 문체로 이끌어가고 있다.

간절히@두려움 없이
• 전여옥 지음/신국판/352쪽

한 세기를 넘어 새 천년이라는 거센 변화의 파도

를 어떻게 맞이할 것인가를 주제로 쓴 에세이.

여성이여, 느껴라 탐험하라

• 전여옥 · 임정애 지음/신국판/372쪽

우리 사회의 성차별과 남성 우위의 의식 구조에 문제 의식을 갖고서, 억압되어온 여성의 성(性) 문제를 조명하였다.

바람의 딸, 우리 땅에 서다

• 한비야 지음/신국판/312쪽

바람의 딸 한비야가 800km에 이르는 우리 땅을 두 발로 걸어다니며 쓴 49일 간의 여행기. 이 땅을 걷는 한 걸음 한 걸음에는 길 위에서 체득한 여행 철학과 삶의 깨달음이 배어 있다.

헤르만 헤세의 인도 여행

• 헤세/이인웅 · 백인옥 옮김/변형 4 · 6판 양장본/652쪽

도스토예프스키의 유럽 인상기

• 도스토예프스키/이길주 옮김/변형 4 · 6판 양장본/408쪽

괴테의 이탈리아 기행

• 괴테/박영구 옮김/변형 4 · 6판 양장본/720쪽

인문 · 사회과학

침대 밑의 인류학자

• 아서 니호프/남경태 옮김/신국판/전2권

세계적인 인류학자 아서 니호프가 자신의 인생 경험을 바탕으로 '짝짓기가 이루어지는 다양한 관계'를 소설 형식으로 풀어 쓴 책.

아서 니호프 교수의 사람의 역사

'99 중앙일보 좋은책 100선 선정도서 / '99 교보문고 좋은책 선정도서

• 아서 니호프/남경태 옮김/신국판/전2권

인류학적 상상력과 역사적 사실, 흥미로운 공상과학을 넘나들며 입체적으로 재현한 인간의 문화와 역사. 선사시대에서 우주시대까지 5백만 년의 시간을 살아온 인간들의 생생한 삶과 마음을 읽는다.

시간 박물관

• 움베르크 에코 外/김석희 옮김/변형 5 · 7판 양장본/308쪽

세계적인 석학 24인의 글을 통해 인간이 시간을 어떻게 지각하고 있는지를 검토하고, 세계 곳곳의 다양한 문화가 시간에 대해 어떻게 반응 · 측정 · 표현하는지를 정리하고 있다.

지상으로 내려온 철학

• 이진우/신국판/272쪽

문명, 문화, 정보, 멀티미디어, 감성, 섹슈얼리티 등 디지털시대의 새로운 화두와 철학이 어떻게 만나야 하는지를 실증적으로 예시하는 철학 교양서.

철학의 모험

• 이진경 지음/신국판/400쪽

《수학의 몽상》의 저자 이진경의 철학 입문서. 데카르트 이후 주요한 근대 철학자들의 철학 개념이나 사고 방식을 다양한 소재를 등장시켜 하나하나 짚어가고 있다. 스스로 사고하려면 어떤 태도가 필요한지, 어떻게 공부해야 하는지를 잘 보여준다.

新국어독본

• 윤세진/신국판/240쪽

읽고, 쓰고, 말하고, 듣는 모든 것을 새로운 시각으로 바라보게 하는 새로운 개념의 청소년 교양서.

수학의 몽상

• 이진경/신국판/304쪽

형식을 파괴하는 자유분방한 상상력으로 근대 수학의 역사를 파헤쳐, 서양의 근대성 형성에 수학이 행한 핵심적 역할을 밝힌다.

수학 악마

• 하인리히 헴메/마티아스 슈베러 그림/안영란 옮김
변형4 · 6배판 양장본/165쪽

언제나 누구에게나 일어날 수 있는 사건, 재미있는 에피소드를 통해 논리적으로 사고할 수 있는 힘을 키워주는 퀴즈 형식의 수학 교양서.

문명의 공존

• 하랄트 뮐러/이영희 옮김/변형 국판 양장본/362쪽

새뮤얼 헌팅턴의 《문명의 충돌》을 본격적으로 비판하고, 전쟁이 아닌 대화와 공존의 길을 모색하는 적극적인 대안서.

미녀와 야수, 그리고 인간

• 김용석 지음 / 신국판 / 440쪽

대중문화, 그 중에서도 가장 보편적인 장르라 할 수 있는 애니메이션에 대한 문화 담론은 어떻게 가능한지 그 전형을 보여주는 책. 저자는 〈미녀와 야수〉 〈알라딘〉 〈라이언 킹〉 〈인어 공주〉 4편

의 디즈니 애니메이션 작품을 텍스트로 삼아 분석하면서 독자와 철학적 대화를 꾀한다. 또한 각 작품 속에 배어 있는 인문학 컨텐츠들을 명쾌한 논리와 따뜻한 문체로 풀어놓고 있다.

문화적인 것과 인간적인 것

• 김용석 지음/변형 국판 양장본/400쪽

현대 문화의 특성을 다차원적으로 조명하는 철학 에세이. 오늘날 우리 삶에서 문화의 핵심적 의미를 반영하는 '현대적 사건' 들을 섬세하게 분석하고 있다.

덧없는 인간과 예술

• 앙드레 말로 / 유복렬 옮김 / 신국판 양장본 / 320쪽

프랑스의 소설가이자, 예술가, 정치가로 20세기 프랑스 최고의 지성으로 일컬어지는 거대한 인물인 앙드레 말로의 마지막 에세이. 인간의 유한성, 그리고 이 유한성을 극복할 수 있는 예술의 영원성……. 말로가 끝없이 집착했던 두 가지 요소가 바로 이 책의 제목으로 집약된다. 말로는 이 책에서 다양한 명저들과 작가들의 정신세계를 예술 세계와 연결시키고 있으며, 많은 예술작품과 예술가들의 근본적인 정신을 탐구하고 있다.

불행한 철학자 쇼펜하우어의 행복의 철학

• 아르투어 쇼펜하우어 / 정초일 옮김 / 4·6판 양장본 / 166쪽

실존철학의 선구자 아르투어 쇼펜하우어의 진정한 행복에 관한 성찰. 추한 외모, 여자들의 무관심, 거의 무명에 가까운 학자로서 고독과, 좌절, 고통을 겪으며 산 이 철학자는 불행에서 벗어나려는 몸부림으로 견딤의 철학, 삶의 철학을 전개한다. 이는 고통 속에서 위안을 찾고, 행복을 찾는 지혜와 실천의 철학이며, 행복과 불행은 결국 자기 마음속에 있다는 메시지를 통해 고통스럽게 살아가는 사람들에게 전하는 위로의 메시지이다.

도교와 문학, 그리고 상상력

• 정재서 지음 / 변형국판 / 336쪽

서양의 오리엔탈리즘, 중국의 화이론(華夷論)을 넘어 제3의 중국학론으로 우리 학문의 새로운 방법론을 제시하고 있는 정재서 교수의 역작. 거대한 상상 체계인 도교가 문학 이론과 서사의 세계에 대해 어떻게 작용하여 서구와는 다른 동아시아 고유의 문학 전통을 빚어냈는지를 탐색하는 저작이다. 동아시아의 문학 형성에 미친 도교적 상상력의 힘을 파악하도록 해준다.

동양과 서양, 그리고 미학

• 장파(張法)/유중하 外 옮김/변형 국판 양장본/592쪽

동서양 미학의 태동과 서로 다른 변천 과정을 철학적, 종교적, 문화사적 관점에서 조명한 중국 장파 교수의 대표적 저서.

이탈리아 르네상스의 문화

• 야콥 부르크하르트/안인희 옮김/변형 국판 양장본/756쪽

19세기의 빛나는 역사가 부르크하르트가 남긴 문화사 최고의 고전(古典). 14세기부터 16세기까지의 이탈리아 문화 전체를 종횡으로 들여다보며 현대인의 기원과 '개인' 이라는 의식의 생성 과정에 대한 답변을 모색한다.

지혜로 읽는 史記

'99 간행물윤리위원회 '읽을 만한 책' 선정도서

• 김영수 지음/신국판/328쪽

權力場(권력장)

• 곽존복/김영수 옮김/신국판/484쪽

중국 역사 속에 나타난 다양한 권력 행사 유형을 통해 권력의 본질과 올바른 권력 행사 방법을 제시하는 역사서.

2000년, 이 땅에 사는 나는 누구인가

• 이진우 外/신국판/324쪽

2000년을 눈앞에 둔 전환의 시기에 한국의 지식인 23명의 자기성찰과 메시지를 담은 책.

마르크스 평전

• 프랜시스 윈 / 정영목 옮김 / 변형 국판 양장본 / 588쪽

마르크스는 20세기의 역사를 바꾼 철학자, 역사가, 경제학자, 비평가, 혁명가였다. 그러나 더 중요한 사실은 마르크스 역시 평범한 인간이었다는 것이다. 이 책은 필요에 따라 신격화되기도 하고, 모든 악의 근원으로 악마처럼 폄하되기도 한 위대한 사상가를 피와 살을 지닌 인간으로 복원시킨다. 수많은 약점을 지닌 허약한 인간의 모습과, 시대의 모순을 자신의 고통으로 느끼면서 그 모순에 대항해 처절하게 투쟁한 거인의 삶을 함께 읽을 수 있다.

히틀러 평전

한겨레 '98 상반기 추천도서

• 요하임 페스트/안인희 옮김/변형 국판 양장본/전2권

광기의 천재, 정치의 예술가 히틀러 평전의 결정판. 방대한 자료와 거대한 스케일로 시대를 복원한 평전의 모범이자 한 인간의 전기를 넘어선 탁월한 20세기 역사서. 성(姓)도 불확실한 보잘것

없는 집안 출신으로 18세에 고아가 된 후 30세까지 떠돌이 생활, 싸구려 화가로 비참하게 지낸 한 인물이 독일의 총통이 되어 전유럽을 손에 넣은 삶의 궤적이 극적으로 그려진다.

츠바이크의 발자크 평전

• 슈테판 츠바이크/안인희 옮김/변형 4 · 6판 양장본/692쪽

소설보다 더 극적이고 파란만장한 발자크의 삶과 문학을 생생하게 그려낸 슈테판 츠바이크 최후의 걸작. 자기 시대 인간 군상의 모습을 가장 적나라하게 보여준 위대한 작가의 내면세계가 입체적으로 그려져 있다.

한 권으로 읽는 니체

• 로버트 솔로몬 · 캐슬린 히긴스 / 고병권 옮김 / 신국판 / 332쪽

"니체는 파시스트였을까?" "니체는 여성들을 혐오했을까?" "니체는 전쟁을 찬미했을까?"

프리드리히 니체는 역사상 가장 많이 이야기되는 철학자이면서 가장 오해받고 있는 철학자이다. 이 책은 '반시대적' 사상가이자 논쟁의 여지가 많은 철학자 니체에 관한 명쾌한 해설서이다. 잠언, 신비스런 우화 등 문학적 형식을 사용하여 철학을 한 니체의 철학을 다각도로 살피고, 니체의 긍정의 철학과 삶에 대한 적극적인 제안들을 논한다.

한 권으로 읽는 프로이트

• 데이비드 스탠포드 클라크/최창호 옮김/신국판/276쪽

한 권으로 읽는 융

• 에드워드 암스트롱 베넷/김형섭 옮김/신국판/240쪽

도도의 노래

'98 언론노동조합연맹 선정 올해의 책 / '99 중앙일보 좋은책 100선 선정도서

• 데이비드 쾀멘/이충호 옮김/신국판/전2권

상상하는 한국사

'97교보문고 청소년 권장도서

• 김정환 지음/신국판/전7권

경제 · 경영

태도의 경쟁력

• 키스 해럴 지음 / 이상원 옮김 / 신국판 / 244쪽

긍정적인 태도를 발전시키는 자기 관리 훈련서. 확신의 말, 시각화, 내면 대화, 열정, 유머 등의 방식으로 이루어진 태도 훈련을 통해 독자들은 자신 안에 내재된 힘을 인식하고 목표를 향해 치밀하게 나아가는 강인함과 긍정성을 키우게 될 것이다.

회사를 떠나라

• 리처드 워젤 지음 / 이상원 옮김 / 신국판 / 328쪽

월급쟁이 탈출을 꿈꾸는 직장인들에게 사업가로 홀로 설 수 있는 마인드와 체계적인 전략을 제시하는 책. 다양한 분야의 창업자들을 취재, 그들의 성공과 실패 요인을 분석한 저자의 다양하고도 포괄적인 해법이 펼쳐진다. 인터넷 관련업, 네트워크 마케팅, 프랜차이즈 사업처럼 개인 사업의 대안이 될 수 있는 분야도 검토했다.

필로소피아 총서

탈주의 공간을 위하여

• 서울사회과학연구소 편/신국판 양장본/388쪽

야만적 별종

• 안토니오 네그리/윤수종 옮김/신국판 양장본/472쪽

근대적 시 · 공간의 탄생

• 이진경 지음/신국판 양장본/180쪽

니체와 해석의 문제

• 앨런 슈리프트/박규현 옮김/신국판 양장본/356쪽

분자 혁명

• 펠릭스 가타리/윤수종 옮김/신국판 양장본/468쪽

반항의 의미와 무의미

• 줄리아 크리스테바/유복렬 옮김/신국판 양장본/472쪽

마르크스의 정치이론

• 최형익 지음/신국판 양장본/336쪽

옮긴이 안인희

한국외국어대학교에서 독문학을 공부하였으며, 1986~1987년에 독일 밤베르크대학에서 수학하였다. 1990년 문학박사 학위를 취득하였으며, 한국외국어대학교 독일어과 강사, 이화여자대학교 교육학과 교수를 지냈다. 1995년 쉴러의《인간의 미적 교육에 관한 편지》로 제2회 한국번역문학상을 수상하였다. 번역서로 프리드리히 쉴러의《발렌슈타인 3부작》,《빌헬름 텔》과 슈테판 츠바이크의《광기와 우연의 역사》,《스코틀랜드의 여왕 메리 스튜어트》와《바흐》,《갈릴레이 평전》 등이 있다.

히틀러 평전 II

첫판 1쇄 펴낸날 1998년 6월 25일
8쇄 펴낸날 2014년 7월 25일

지은이 요하임 C. 페스트 **옮긴이** 안인희
발행인 김혜경
편집인 김수진
편집기획 이은정 김교석 이다희 백도라지 윤진아
디자인 김은영 정은화
경영지원국 안정숙
마케팅 문창운 노현규 **특판** 김용환 조한나
회계 임옥희 양여진 신미진

펴 낸 곳 (주)도서출판 푸른숲
출판등록 2002년 7월 5일 제 406-2003-032호
주 소 경기도 파주시 회동길 57-9번지, 우편번호 413-120
전 화 031)955-1400(마케팅부), 031)955-1410(편집부)
팩 스 031)955-1406(마케팅부), 031)955-1424(편집부)
www.prunsoop.co.kr

ISBN 978-89-7184-326-0 03990
978-89-7184-324-6 (전2권)

* 잘못된 책은 구입하신 서점에서 바꾸어 드립니다.
* 본서의 반품 기한은 2019년 7월 31일까지입니다.

2차 세계대전 중 연합군의 대반격(1943~1945년)

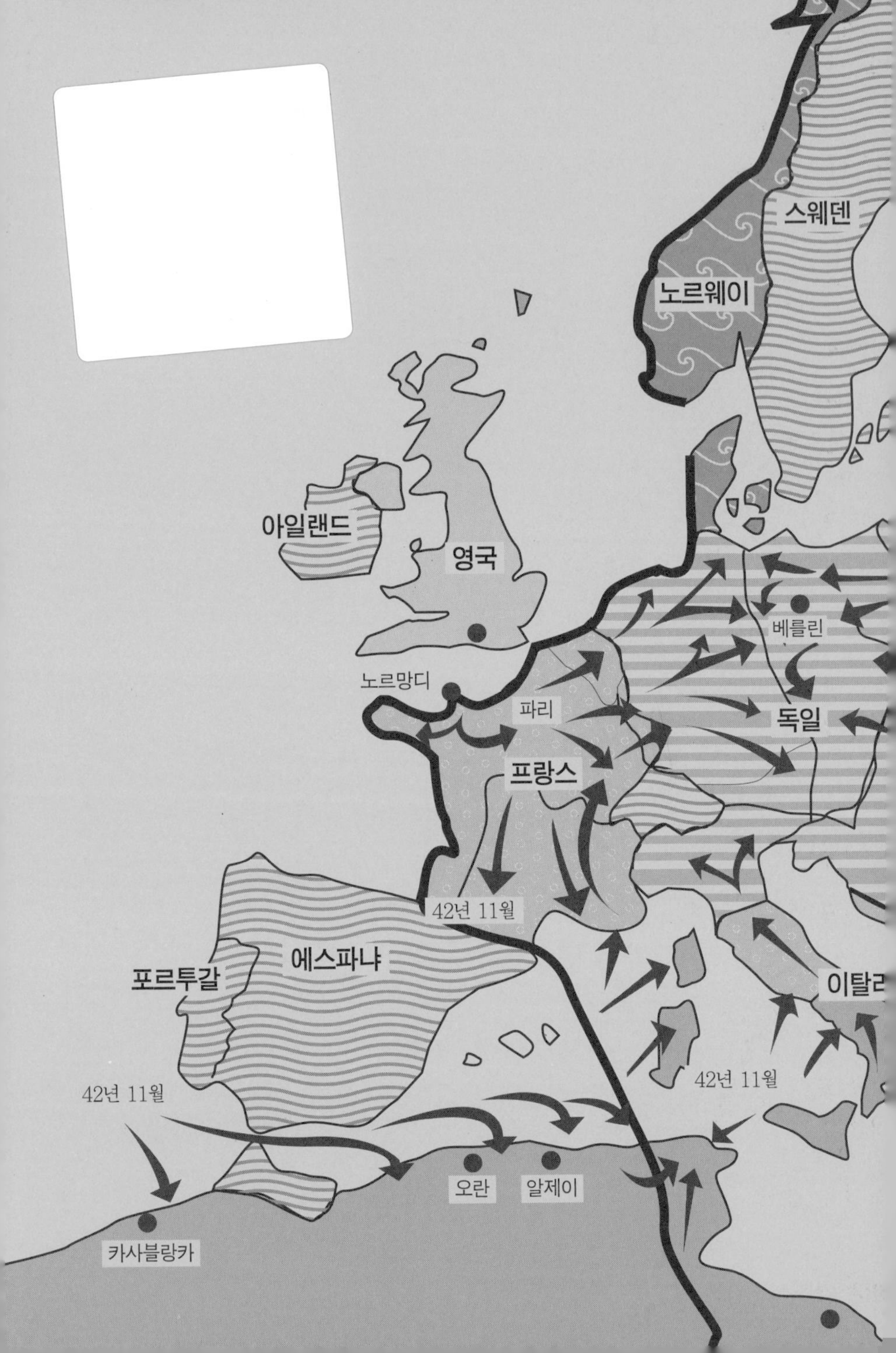

통합기본서

지역농협 6급

시대에듀

2025 하반기 시대에듀 All-New
NCS 지역농협 6급 필기시험 통합기본서

Always **with you**

사람의 인연은 길에서 우연하게 만나거나 함께 살아가는 것만을 의미하지는 않습니다.
책을 펴내는 출판사와 그 책을 읽는 독자의 만남도 소중한 인연입니다.
시대에듀는 항상 독자의 마음을 헤아리기 위해 노력하고 있습니다. 늘 독자와 함께하겠습니다.

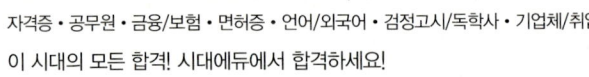

핵심이론
암기노트

NCS 직무능력평가

CHAPTER 01

의사소통능력

01 동의어 · 유의어

각오(覺悟)=결심(決心), 결의(決意)
간단(簡單)=간이(簡易), 단순(單純)
강조(强調)=부각(浮刻), 역점(力點)
개량(改良)=개선(改善), 개신(改新)
거부(拒否)=거절(拒絕), 사절(謝絕)
결점(缺點)=결함(缺陷), 허점(虛點)
결정(決定)=결의(決意), 결단(決斷)
결핍(缺乏)=결여(缺如), 부족(不足)
고국(故國)=조국(祖國), 모국(母國)
고무(鼓舞)=고취(鼓吹), 독려(督勵)
과오(過誤)=실수(失手), 과실(過失)
공헌(貢獻)=기여(寄與), 이바지
구속(拘束)=속박(束縛), 억압(抑壓)
구획(區劃)=경계(境界), 지구(地區)
규제(規制)=규정(規定), 한정(限定)
귀감(龜鑑)=모범(模範), 교훈(敎訓)
기아(飢餓)=기근(饑饉), 기황(饑荒)
기초(基礎)=기저(基底), 기본(基本)
나태(懶怠)=태만(怠慢), 나만(懶慢)
납득(納得)=요해(了解), 수긍(首肯)
달변(達辯)=웅변(雄辯), 능변(能辯)
달성(達成)=성취(成就), 성공(成功)
답습(踏襲)=모방(模倣), 인습(因襲)
도야(陶冶)=수양(修養), 수련(修鍊)
독점(獨占)=전유(專有)
동조(同祖)=찬성(贊成), 찬동(贊同)
모두(冒頭)=허두(虛頭), 서두(序頭)
모반(謀反)=반역(反逆), 반란(反亂)
모순(矛盾)=상반(相反), 상충(相衝)
발췌(拔萃)=요약(要約), 발취(拔取)
방법(方法)=방도(方道), 방식(方式)
배타(排他)=배척(排斥), 배제(排除)
백미(白眉)=출중(出衆)
사려(思慮)=변별(辨別), 분별(分別)
사명(捨命)=임무(任務), 책임(責任)
삭제(削除)=제거(除去), 말살(抹殺)
상황(狀況)=형편(刑鞭), 처지(處地)
손해(損害)=타격(打擊), 손실(損失)
수리(修理)=수선(修繕), 수장(修粧)
시조(始祖)=원조(元祖), 태두(泰斗)
실망(失望)=실의(失意), 낙담(落膽)
실행(實行)=실천(實踐), 이행(履行)
안전(安全)=안녕(安寧), 평안(平安)
양성(養成)=육성(育成), 함양(涵養)
업적(業績)=공적(功績), 거보(巨步)
영양(營養)=자양(滋養), 양분(養分)
오만(傲慢)=거만(倨慢), 교만(驕慢)

운명(運命)=숙명(宿命), 천운(天運)

운송(運送)=운반(運搬), 수송(輸送)

윤리(倫理)=도덕(道德), 윤상(倫常)

위엄(威嚴)=위세(威勢), 위신(威信)

의견(意見)=의사(意思), 견해(見解)

이용(利用)=활용(活用), 응용(應用)

이익(利益)=이윤(利潤), 수익(收益)

재능(才能)=능력(能力), 기량(器量)

절약(節約)=절감(節減), 절용(節用)

정확(正確)=명확(明確), 확실(確實)

진보(進步)=발전(發展), 향상(向上)

진퇴(進退)=거동(擧動), 거취(去就)

차별(差別)=구별(區別), 차이(差異)

창공(蒼空)=창천(蒼天), 창궁(蒼穹)

창립(創立)=창설(創設), 설립(設立)

추측(推測)=추리(推理), 예측(豫測)

치욕(恥辱)=모욕(侮辱), 모멸(侮蔑)

칭찬(稱讚)=칭송(稱頌), 갈채(喝采)

쾌활(快活)=활발(活潑), 명랑(明朗)

특수(特殊)=특별(特別), 특이(特異)

허락(許諾)=승낙(承諾), 허용(許容)

효용(效用)=효능(效能), 효과(效果)

희롱(戲弄)=농락(籠絡), 희설(戲媟)

희망(希望)=염원(念願), 소망(所望)

힐난(詰難)=힐책(詰責), 책망(責望)

02 반의어

결(可決)－부결(否決)

가열(加熱)－냉각(冷却)

간헐(間歇)－지속(持續)

감성(感性)－이성(理性)

강건(剛健)－유약(柔弱)

강대(强大)－약소(弱小)

강림(降臨)－승천(昇天)

개방(開放)－폐쇄(閉鎖)

객관(客觀)－주관(主觀)

객체(客體)－주체(主體)

거시적(巨視的)－미시적(微視的)

건조(乾燥)－습윤(濕潤)

걸작(傑作)－졸작(拙作)

검약(儉約)－낭비(浪費)

겸손(謙遜)－거만(倨慢)

경솔(輕率)－신중(愼重)

고정(固定)－유동(流動)

공급(供給)－수요(需要)

과격(過激)－온건(穩健)

관철(貫徹)－좌절(挫折)

구속(拘束)－해방(解放)

구체(具體)－추상(抽象)

권리(權利)－의무(義務)

규정(規定)－자유(自由)

귀납(歸納)－연역(演繹)

근면(勤勉)－나태(懶怠)

근소(僅少)－상당(相當)

기결(旣決)－미결(未決)

기발(奇拔)－평범(平凡)

기수(基數) – 서수(序數)
긴장(緊張) – 해이(解弛)
길조(吉兆) – 흉조(凶兆)
낙천(樂天) – 염세(厭世)
남용(濫用) – 절약(節約)
낭독(朗讀) – 묵독(黙讀)
내포(內包) – 외연(外延)
눌변(訥辯) – 능변(能辯)
능멸(凌蔑) – 추앙(推仰)
다원(多元) – 일원(一元)
단순(單純) – 복잡(複雜)
단축(短縮) – 연장(延長)
당황(唐慌) – 침착(沈着)
도심(都心) – 교외(郊外)
동요(動搖) – 안정(安定)
득의(得意) – 실의(失意)
막연(漠然) – 확연(確然)
망각(忘却) – 기억(記憶)
매몰(埋沒) – 발굴(發掘)
명예(名譽) – 치욕(恥辱)
문명(文明) – 야만(野蠻)
문어(文語) – 구어(口語)
문외한(門外漢) – 전문가(專門家)
물질(物質) – 정신(精神)
미봉적(彌縫的) – 근본적(根本的)
민감(敏感) – 둔감(鈍感)
밀집(密集) – 산재(散在)
반항(反抗) – 복종(服從)
발랄(潑剌) – 위축(萎縮)
방심(放心) – 조심(操心)
배은(背恩) – 보은(報恩)
부연(敷衍) – 생략(省略)
부인(否認) – 시인(是認)
분리(分離) – 결합(結合)
불문율(不文律) – 성문율(成文律)
산문(散文) – 운문(韻文)
상승(上昇) – 하강(下降)
생성(生成) – 소멸(消滅)
선천(先天) – 후천(後天)
성숙(成熟) – 미숙(未熟)
수절(守節) – 훼절(毁節)
수축(收縮) – 팽창(膨脹)
순탄(順坦) – 험난(險難)
승낙(承諾) – 거절(拒絕)
심야(深夜) – 백주(白晝)
암시(暗示) – 명시(明示)
역경(逆境) – 순경(順境)
열등감(劣等感) – 우월감(優越感)
완만(緩慢) – 급격(急激)
완비(完備) – 불비(不備)
왕복(往復) – 편도(片道)
원인(原因) – 결과(結果)
우량(優良) – 열악(劣惡)
우연(偶然) – 필연(必然)
우회(迂廻) – 첩경(捷徑)
유물론(唯物論) – 유심론(唯心論)
유보(留保) – 결정(決定)
유실(遺失) – 습득(拾得)
은폐(隱蔽) – 공개(公開)
이득(利得) – 손실(損失)
이례(異例) – 통례(通例)
이론(理論) – 실제(實際)

이질(異質)－동질(同質)
인위(人爲)－자연(自然)
자율(自律)－타율(他律)
절대(絶對)－상대(相對)
정숙(靜肅)－소란(騷亂)
정오(正午)－자정(子正)
정착(定着)－표류(漂流)
조잡(粗雜)－정밀(精密)
중상(重傷)－경상(輕傷)
중시(重視)－경시(輕視)
증가(增加)－감소(減少)
증진(增進)－감퇴(減退)
직계(直系)－방계(傍系)
진화(進化)－퇴화(退化)
질서(秩序)－혼돈(混沌)
질의(質疑)－응답(應答)
집중(集中)－분산(分散)
집합(集合)－해산(解散)
착륙(着陸)－이륙(離陸)
참신(斬新)－진부(陳腐)
창조(創造)－모방(模倣)
촉진(促進)－억제(抑制)
취임(就任)－사임(辭任)
칭찬(稱讚)－비난(非難)
쾌락(快樂)－고통(苦痛)
타당(妥當)－부당(不當)
퇴영(退嬰)－진취(進取)
패배(敗北)－승리(勝利)
평등(平等)－차별(差別)
폐지(廢地)－존속(存續)
폭등(暴騰)－폭락(暴落)
학대(虐待)－우대(優待)
한랭(寒冷)－온난(溫暖)
합법(合法)－위법(違法)
현상(現象)－본질(本質)
확대(擴大)－축소(縮小)
환희(歡喜)－비애(悲哀)
획득(獲得)－상실(喪失)
횡단(橫斷)－종단(縱斷)
흥분(興奮)－안정(安靜)
희박(稀薄)－농후(濃厚)
희생(犧牲)－이기(利己)

03 속담

- 가게 기둥에 입춘 : 격에 어울리지 않음 (㊒ 개 발에 주석 편자)
- 가꿀 나무는 밑동을 높이 자른다 : 장래를 생각해서 미리부터 준비를 철저하게 해두어야 함
- 가는 날이 장날이다 : 생각지도 않은 일이 우연히 들어맞음
- 가루는 칠수록 고와지고 말은 할수록 거칠어진다 : 말이란 옮아 갈수록 보태어져서 좋지 않게 되기 쉽기 때문에 말을 삼가야 함
- 갓 쓰고 자전거 탄다 : 어울리지 않고 어색함
- 같은 말이라도 '아' 다르고 '어' 다르다 : 비슷한 말이라도 듣기 좋은 말이 있고 듣기 싫은 말이 있듯이 말을 가려 해야 함
- 개 꼬리 삼년 두어도 황모 못 된다 : 본디부터 나쁘게 태어난 사람은 어떻게 하여도 그 성질이 바뀌지 않음
- 개구리도 움쳐야 뛴다 : 일이 아무리 급해도 준비할 시간이 있어야 함
- 개미가 절구통을 물어 간다 : 협동하여 일을 하면 불가능한 일이 없음
- 개밥에 도토리 : 개는 도토리를 먹지 않기 때문에 밥 속에 있어도 먹지 않고 남긴다는 뜻에서, 따돌림을 받아서 사람들 사이에 끼지 못하는 사람을 비유적으로 이름
- 개 보름 쇠듯 한다 : 명절날 맛좋은 음식도 해 먹지 못하고 그냥 넘김
- 건너다보니 절터 : 얻고자 하나 남의 소유이므로, 도저히 그 뜻을 이룰 수 없음
- 고기는 씹어야 맛이요, 말은 해야 맛이다 : 필요한 말이면 시원히 해 버려야 함
- 고슴도치도 제 새끼는 함함하다고 한다 : 고슴도치도 제 새끼의 털이 부드럽고 번지르르하다고 하듯이 누구든 제 자식은 예뻐함
- 고양이 쥐 생각 : 마음속으로는 전혀 생각지도 않으면서 겉으로만 생각해 주는 척 함
- 광에서 인심 난다 : 자기의 살림이 넉넉해야 비로소 남을 동정함
- 구관이 명관이다 : 무슨 일이든 경험이 많거나 익숙한 이가 더 잘함
- 구더기 무서워서 장 못 담글까 : 다소 방해물이 있어도 할 일은 해야 함
- 굿하고 싶지만 맏며느리 춤추는 것 보기 싫어 못한다 : 무엇을 하려고 할 때 자기 마음에 들지 않는 사람이 참여하여 기뻐하는 것을 보기 싫어서 꺼려 함
- 굳은 땅에 물이 고인다 : 검소한 사람이 아껴서 재산을 모음
- 굽은 나무가 선산을 지킨다 : 쓸모없는 것이 도리어 제 구실을 하게 됨
- 굿이나 보고 떡이나 먹지 : 남의 일에 쓸데없는 간섭 말고 이익이나 얻도록 하라는 뜻
- 귀에 걸면 귀걸이, 코에 걸면 코걸이 : 원칙이 없어 둘러대기에 따라 이렇게도 되고 저렇게도 될 수 있음
- 급하다고 바늘 허리에 실 매어 쓰랴 : 급하다고 해서 밟아야 할 순서를 건너뛸 수는 없음
- 긁어 부스럼이다 : 공연히 일을 만들어 재앙을 불러들임

- 기둥을 치면 대들보가 울린다 : 넌지시 말해도 알아들을 수가 있음
- 깊은 물이라야 큰 고기가 논다 : 깊은 물에 큰 고기가 놀듯이 포부가 큰 사람이라야 큰일을 하게 되고 성공도 하게 됨
- 꿈보다 해몽이 좋다 : 하찮거나 언짢은 일을 그럴듯하게 돌려 생각하여 좋게 풀이함
- 꿔다 놓은 보릿자루 : 아무 말도 없이 우두커니 앉아 있는 사람
- 끓는 국에 맛 모른다 : 급하면 사리 판단을 옳게 할 수 없음
- 나귀는 제 귀 큰 줄을 모른다 : 누구나 남의 허물은 잘 알아도 자기 자신의 결함은 알기 어려움
- 나는 바담 풍(風) 해도 너는 바람 풍 해라 : 자신은 잘못된 행동을 하면서 남보고는 잘하라고 요구함
- 남 떡 먹는데 고물 떨어지는 걱정한다 : 쓸데없는 걱정을 하는 것
- 남이 장에 간다고 하니 거름지고 나선다 : 주관 없이 남의 행동을 따라 함
- 남의 염병이 내 고뿔만 못하다 : 남의 큰 걱정이나 위험도 자기와 관계없으면 하찮게 여김
- 내 칼도 남의 칼집에 들면 찾기 어렵다 : 자기의 물건이라도 남의 손에 들어가면 다시 찾기가 어려움
- 냉수 먹고 이 쑤시기 : 실속은 없으면서 있는 체함
- 노는 입에 염불하기 : 하는 일 없이 노는 것보다 무엇이든 하는 것이 나음
- 노적가리에 불 지르고 싸라기 주워 먹는다 : 큰 것을 잃고 작은 것을 아끼는 사람
- 논 끝은 없어도 일한 끝은 있다 : 일을 꾸준히 하면 성과가 있음
- 높은 가지가 부러지기 쉽다 : 높은 지위에 있으면 시기하는 사람이 많아 오히려 몰락하기 쉬움
- 누울 자리 봐 가며 발 뻗는다 : 다가올 일의 경과를 미리 생각해 가면서 시작함
- 눈 가리고 아웅 : 얕은 수로 남을 속이려 함
- 눈 둘, 귀 둘, 다만 입은 하나 : 눈과 귀가 각각 둘인데 비해서 입이 하나인 것은 눈과 귀는 짝 열고, 보고, 듣되, 입은 꾹 다물고 함부로 말하지 말라는 뜻
- 눈으로 우물 메우기 : 눈(雪)으로 우물을 메우면 눈이 녹아서 허사가 되듯이 헛되이 애만 씀
- 느릿느릿 걸어도 황소걸음 : 일을 천천히 하는 듯해도 꾸준히 하면 큰 성과를 얻을 수 있음
- 다리 아래서 원을 꾸짖는다 : 직접 말을 못하고 안 들리는 곳에서 불평이나 욕을 함
- 달걀에도 뼈가 있다 : 안심했던 일에서 오히려 실수하기 쉬우니 항상 신중을 기해야 함
- 달도 차면 기운다 : 모든 것이 한번 번성하고 가득 차면 다시 쇠퇴함
- 당장 먹기엔 곶감이 달다 : 당장에 좋은 것은 한순간이고 참으로 좋은 것이 못 됨
- 닭 소 보듯 한다 : 서로 무관심하게 보기만 하고 아무 말도 하지 않음
- 도깨비도 수풀이 있어야 모인다 : 의지할 곳이 있어야 무슨 일이든지 이루어짐
- 도끼가 제 자루 못 찍는다 : 자기 허물을 자기가 스스로 고치기는 어려움

- 도둑집 개는 짖지 않는다 : 윗사람이 나쁜 짓을 하면 아랫사람도 자기 할 일을 잊어버리고 태만하게 됨
- 도둑을 맞으려면 개도 안 짖는다 : 운수가 나쁘면 모든 것이 제대로 되지 않음
- 도마에 오른 고기 : 이미 피할 수 없는 운명에 부딪침
- 돌절구도 밑 빠질 날이 있다 : 아무리 단단한 것도 결딴이 날 때가 있음
- 두꺼비 파리 잡아먹듯 한다 : 무엇이고 닥치는 대로 음식을 잘 먹어댐
- 두부 먹다 이 빠진다 : 방심하는 데서 뜻밖의 실수를 함
- 들으면 병이고, 듣지 않으면 약이다 : 마음에 거슬리는 말은 듣지 않는 것만 못함
- 등치고 간 내 먹는다 : 겉으로는 제법 위하는 체 하면서 실상으로는 해를 끼침
- 뚝배기보다 장맛이 좋다 : 겉모양보다 내용이 훨씬 훌륭함
- 마파람에 게 눈 감추듯 : 음식을 어느 결에 먹었을지 모를 만큼 빨리 먹어 버림
- 말은 보태고 떡은 뗀다 : 말은 퍼질수록 더 보태어지고, 음식은 이 손 저 손으로 돌아가는 동안 없어짐
- 말은 할수록 늘고 되질은 할수록 준다 : 말은 퍼질수록 보태어지고, 물건은 옮겨 갈수록 줄어듦
- 말이 많으면 쓸 말이 적다 : 말이 많으면 오히려 실속 있는 말은 적음
- 말이 많은 집은 장맛도 나쁘다 : ① 말만 화려한 사람은 실제로 덕이 없음 ② 집안에 말이 많으면 살림이 잘 안됨
- 말 타면 경마 잡히고 싶다 : 사람의 욕심이란 끝이 없음
- 맑은 물에 고기 안 논다 : 너무 청렴하면 주변에 사람이 모이지 않음
- 망건 쓰자 파장 : 준비를 하다가 때를 놓쳐 목적을 이루지 못함
- 머리를 삶으면 귀까지 익는다 : 제일 중요한 것만 처리하면 다른 것은 자연히 해결됨
- 모난 돌이 정 맞는다 : ① 말과 행동에 모가 나면 미움을 받음 ② 강직한 사람이 남의 공박을 받음
- 모진 놈 옆에 있다가 벼락 맞는다 : 모진 사람하고 같이 있다가 그 사람에게 내린 화를 같이 입음
- 무쇠도 갈면 바늘 된다 : 꾸준히 노력하면 아무리 어려운 일도 이룰 수 있음
- 물동이 이고 하늘 보기 : 물동이를 머리에 이고 하늘을 보면 물동이에 가려서 하늘이 보일 리 없듯이 어리석은 행동을 함
- 물방아 물도 서면 언다 : 물방아가 정지하고 있으면 그 물도 얼듯이 사람도 항상 노력하지 않으면 발전이 없음
- 물 본 기러기 꽃 본 나비 : 바라던 바를 이룸
- 물은 트는 대로 흐른다 : 사람은 가르치는 대로 되고, 일은 사람이 주선하는 대로 됨
- 물이 깊을수록 소리가 없다 : 생각이 깊은 사람일수록 잘난 체하거나 아는 체 떠벌이지 않음 (㉥ 빈 수레가 요란하다)

- 미운 놈 떡 하나 더 준다 : 미운 사람일수록 더 잘 대우해주어 호감을 갖도록 함
- 바늘 가는 데 실 간다 : 서로 밀접한 관계가 있는 것끼리 떨어지지 않고 항상 따름
- 바늘 허리 꿰어 못 쓴다 : 아무리 마음이 급해도 과정을 거쳐야 원하는 것을 얻을 수 있음
- 배 먹고 이 닦기 : 한 가지 일의 성과 외에 또 이익이 생김
- 버들가지가 바람에 꺾일까 : 부드러운 것이 때로는 단단한 것보다 강함
- 벌거벗고 환도 찬다 : 격에 어울리지 않음
- 범은 그려도 뼈다귀는 못 그린다 : 겉모양은 볼 수 있어도 그 내막을 모름
- 변죽을 치면 북판이 울린다 : 슬며시 귀띔만 해 줘도 눈치가 빠른 사람은 곧 알아들음
- 부엌에서 숟가락을 얻었다 : 명색 없는 일을 큰일이나 해낸 듯 자랑함
- 비를 드니까 마당 쓸라고 한다 : 그렇잖아도 하려고 생각하고 있는 일을 남이 시키면 성의가 줄어듦
- 빛 좋은 개살구 : 겉보기에는 먹음직스러운 빛깔을 띠고 있지만 맛은 없는 개살구라는 뜻으로, 겉만 그럴듯하고 실속이 없는 경우를 이름
- 사공이 많으면 배가 산으로 올라간다 : 무슨 일을 할 때 간섭하는 사람이 많으면 일이 잘 안 됨
- 사람과 쪽박은 있는 대로 쓴다 : 살림살이를 하는 데 있어 쪽박이 있는 대로 다 쓰이듯이 사람도 제각기 쓸모가 있음
- 사람 살 곳은 골골이 있다 : 세상 어디에 가나 서로 도와주는 풍습이 있어 살아갈 수 있음
- 새가 오래 머물면 반드시 화살을 맞는다 : 편하고 이로운 곳에 오래 있으면 반드시 화를 당함
- 새도 가지를 가려서 앉는다 : 친구를 사귀거나 사업을 함에 있어서 잘 가리고 골라야 함
- 산이 높아야 골이 깊다 : 원인이나 조건이 갖추어져야 일이 이루어짐
- 소도 언덕이 있어야 비빈다 : 언덕이 있어야 소도 가려운 곳을 비비거나 언덕을 디뎌 볼 수 있다는 뜻으로, 누구나 의지할 곳이 있어야 무슨 일이든 시작하거나 이룰 수 있음
- 손 안 대고 코풀려고 한다 : 수고는 조금도 하지 않고 큰 소득만 얻으려고 함
- 쇠뿔도 단김에 빼랬다 : 무슨 일이든 시작하면 끝을 맺어 버려야 함
- 술 익자 체 장수 간다 : 술이 익어 체로 걸러야 할 때에 마침 체 장수가 지나간다는 뜻으로, 일이 공교롭게 잘 맞아 감
- 쌀독에 앉은 쥐 : 부족함이 없고 만족한 처지
- 썩어도 준치 : 값있는 물건은 아무리 낡거나 헐어도 제대로의 가치를 지님
- 썩은 새끼도 잡아 당겨야 끊어진다 : 아무리 쉬운 일이라도 하지 않고 기다리고 있으면 이루어지지 않음
- 아랫돌 빼어 윗돌 괴기 : 임시변통으로 급한 대로 일을 처리함
- 약방에 감초 : 한약에 감초를 넣는 경우가 많아 한약방에는 감초가 반드시 있다는 데서 유래한 것으로 어떤 일이나 빠짐없이 끼어드는 사람 또는 꼭 있어야 할 물건을 가리킴

• 어둔 밤에 주먹질하기다 : 상대방이 보지 않는데서 화를 내는 것은 아무 소용이 없음
• 언 발에 오줌 누기 : 임시변통은 될지 모르나 효력이 오래가지 못함
• 업은 아이 삼년 찾는다 : 가까운 데 있는 것을 모르고 여기저기 찾아다님
• 우물에 가서 숭늉 찾는다 : 일의 순서도 모르고 성급하게 덤빔
• 입찬소리는 무덤 앞에 가서 하라 : 입찬소리는 죽어서나 하라는 뜻으로, 함부로 장담을 해서는 안 됨
• 잔솔밭에서 바늘 찾기 : 매우 찾기 어려움
• 잘 집 많은 나그네가 저녁 굶는다 : 일을 너무 여러 가지로 벌여 놓기만 하면 결국에는 일의 결실을 보지 못하고 실패함
• 장님 코끼리 만지듯 : 전체를 보지 못하고 일부만 가지고 전체인 듯이 말함
• 장수 나자 용마 난다 : 일이 잘되느라 적합한 조건이 잇달아 생김
• 절룩말이 천 리 간다 : 약한 사람이라도 꾸준하게 열심히 노력하면 무슨 일이라도 할 수 있음
• 절에 가면 중노릇하고 싶다 : 일정한 주견이 없이 덮어 놓고 남을 따르려 함
• 정들었다고 정말 말라 : 아무리 가깝고 다정한 사이라도 서로에게 해서는 안 될 말은 절대로 나누지 말아야 함
• 죽은 자식 나이 세기 : 그릇된 일은 생각해도 소용이 없음
• 중이 미우면 가사도 밉다 : 그 사람이 밉다보니 그에게 딸린 것까지 다 밉게만 보임
• 지붕 호박도 못 따는 주제에 하늘의 천도 따겠단다 : 아주 쉬운 일도 못하면서 당치도 않은 어려운 일을 하겠다고 덤빔
• 찬 물에 기름 돌듯 한다 : 서로 화합하지 않고 따로 도는 사람을 보고 하는 말
• 참깨 들깨 노는데 아주까리가 못 놀까 : 남들이 다 하는 일을 나라고 못 하겠느냐는 뜻
• 처삼촌 묘 벌초하듯 하다 : 일에 정성을 드리지 않고 건성건성 해치움
• 천리마는 늙었어도 천리 가던 생각만 한다 : 몸은 비록 늙었어도 마음은 언제나 젊은 시절과 다름이 없음
• 초상술에 권주가 부른다 : 때와 장소를 분별하지 못하고 행동함
• 초상집 개 같다 : 의지할 데가 없이 이리 저리 헤매어 초라함
• 치고 보니 삼촌이라 : 매우 실례되는 일을 저지름
• 침 뱉은 우물을 다시 먹는다 : 다시는 안 볼 듯이 야박하게 행동하더니 어쩌다가 자신의 처지가 아쉬우니까 다시 찾아옴
• 콩 볶아 먹다가 가마솥 터뜨린다 : 작은 이익을 탐내다가 도리어 큰 해를 입음
• 큰 방축도 개미구멍으로 무너진다 : 작은 사물이라 업신여기다가 그 때문에 큰 화를 입음
• 큰 북에서 큰 소리 난다 : 도량이 커야 훌륭한 일을 함
• 태산을 넘으면 평지를 본다 : 고생을 하게 되면 그 다음에는 즐거움이 옴
• 터진 꽈리 보듯 한다 : 터져서 쓸데없는 꽈리를 보듯이 어느 누구도 탐탁지 않게 여기고

중요시하지 않음

- 팔이 들이굽지 내굽나 : 친밀한 사이에 있는 사람을 먼저 동정하게 됨
- 핑계 없는 무덤 없다 : 무슨 일이든 반드시 둘러댈 핑계가 있음
- 하늘 보고 주먹질한다 : 아무 소용없는 일을 함
- 한강에 돌 던지기 : 지나치게 작아 전혀 효과가 없음
- 혀 아래 도끼 들었다 : 말을 잘못하면 화를 입게 되니 말조심해야 함
- 행랑 빌면 안방까지 든다 : 처음에는 소심하게 발을 들여놓다가 재미를 붙이면 대담해져 정도가 심한 일까지 함
- 호미로 막을 것을 가래로 막는다 : 적은 힘으로 될 일을 기회를 놓쳐 큰 힘을 들이게 됨
- 흘러가는 물도 떠 주면 공이 된다 : 쉬운 일이라도 도와주면 은혜가 됨

04 한자성어

- 가담항설(街談巷說) : 사람들 사이에 떠도는 소문
- 각주구검(刻舟求劍) : 칼을 강물에 떨어뜨리자 뱃전에 그 자리를 표시했다가 나중에 그 칼을 찾으려 한다는 뜻으로, 현실에 맞지 않는 낡은 생각을 고집하는 어리석음을 이름 (㊌ 수주대토)
- 간난신고(艱難辛苦) : 갖은 고초를 겪어 몹시 힘들고 괴로움
- 간담상조(肝膽相照) : 간과 쓸개를 서로 내놓고 보일 정도로 마음을 터놓고 사귀는 사이
- 갈이천정(渴而穿井) : 목이 말라야 우물을 팜
- 감언이설(甘言利說) : 남의 비유에 맞도록 꾸민 달콤한 말과 이로운 조건
- 감탄고토(甘呑苦吐) : 달면 삼키고 쓰면 뱉는다는 뜻으로, 옳고 그름에 상관없이 자기 비위에 맞으면 좋아하고 그렇지 않으면 싫어함
- 갑론을박(甲論乙駁) : 자기의 주장을 세우고 남의 주장을 반박함
- 개세지재(蓋世之才) : 세상을 덮을 만한 재주
- 거두절미(去頭截尾) : 머리와 꼬리를 잘라버린다는 뜻으로, 요점만을 말함
- 거안사위(居安思危) : 편안할 때에도 위기를 생각하며 대비해야 함
- 건곤일척(乾坤一擲) : 승패를 걸고 단판 승부를 겨룸
- 격화소양(隔靴搔痒) : 신을 신은 채 가려운 발바닥을 긁음과 같이 일의 효과를 나타내지 못함
- 견강부회(牽强附會) : 이치에 맞지 않은 말을 억지로 끌어 붙여 자기에게 유리하게 함
- 견문발검(見蚊拔劍) : 모기를 보고 검을 빼든다는 뜻으로, 사소한 일에 지나치게 반응함
- 결자해지(結者解之) : 맺은 사람이 풀어야 한다는 뜻으로, 일을 저지른 사람이 끝을 맺어야 함
- 결초보은(結草報恩) : 죽은 뒤에도 은혜를 잊지 않고 갚음
- 계란유골(鷄卵有骨) : 달걀 속에도 뼈가 있다는 뜻으로, 뜻밖에 장애물이 생김
- 계륵(鷄肋) : '닭의 갈비'라는 뜻으로, 자기에게 별로 요긴한 것은 아니지만 버리기에는 아까운 사물을 이르는 말
- 계명구도(鷄鳴狗盜) : 닭의 울음소리를 잘 내는 사람과 개의 흉내를 잘 내는 좀도둑이라는 뜻으로, 천한 재주를 가진 사람도 때로는 요긴하게 쓸모가 있음
- 고립무원(孤立無援) : 고립되어 구원받을 데가 없음
- 고복격양(鼓腹擊壤) : 배를 두드리면서 땅을 친다는 뜻으로, 태평세월을 표현한 말
- 고식지계(姑息之計) : 임시변통으로 그 순간만을 넘기려는 대책 (㊌ 미봉책, 동족방뇨)
- 고육지계(苦肉之計) : 적을 속이기 위해 자신의 희생을 무릅쓰고 꾸미는 계책

- 고장난명(孤掌難鳴) : ① 혼자서는 어떤 일을 이룰 수 없음 ② 상대(相對) 없이는 싸움이 일어나지 않음
- 과유불급(過猶不及) : 지나친 것은 도리어 미치지 못한 것과 같음 (㊌ 과여불급)
- 괄목상대(刮目相對) : 눈을 비비고 상대를 본다는 뜻으로, 상대의 학식이나 재주가 놀랄 정도의 발전을 보임
- 교각살우(矯角殺牛) : 쇠뿔을 바로잡으려다 소를 죽인다는 뜻으로, 결점을 고치려다 정도가 지나쳐 오히려 일을 그르침
- 교언영색(巧言令色) : 남의 환심을 사기 위해 말을 교묘하게 하고 표정을 꾸밈 (㊌ 감언이설)
- 구밀복검(口蜜腹劍) : 입속에는 꿀을 담고 뱃속에는 칼을 지님 (㊌ 면종복배, 표리부동)
- 구상유취(口尙乳臭) : 입에서 아직 젖내가 난다는 뜻으로, 말과 행동이 매우 유치함
- 귤화위지(橘化爲枳) : 강남(江南)의 귤을 강북(江北)으로 옮기어 심으면 귤이 탱자가 된다는 뜻으로 환경에 따라 사물의 성질이 달라짐
- 근묵자흑(近墨者黑) : 먹을 가까이 하면 검게 된다는 뜻으로 좋지 못한 사람과 가까이 하면 물들게 됨 (㊌ 근주자적)
- 금의야행(錦衣夜行) : 비단 옷을 입고 밤길 걷기. 즉, 아무 보람 없는 일을 하거나 어떤 일을 해도 남이 알아주지 않음을 가리킴
- 금의환향(錦衣還鄕) : 비단 옷을 입고 고향으로 돌아옴. 즉, 타향에서 크게 성공하여 자기 집으로 돌아감
- 기우(杞憂) : 옛날 기나라의 어떤 사람이 하늘이 무너질까 봐 걱정을 했다는 데서 나온 말로, 쓸데없는 걱정을 함
- 난형난제(難兄難弟) : 누구를 형이라 하고 누구를 동생이라 할 지 분간하기 어려움. 즉, 우열을 가리기 어려움 (㊌ 막상막하, 백중지세)
- 낭중지추(囊中之錐) : 송곳이 주머니 속에 들어 있어도 날카로운 끝을 드러내는 것처럼, 재능이 뛰어난 사람은 세상에서 피해 있어도 자연히 사람들에게 알려짐
- 낭중취물(囊中取物) : 주머니 속의 물건을 꺼내는 것과 같이 매우 용이한 일
- 노마지지(老馬之智) : 늙은 말의 지혜라는 뜻으로, 연륜이 깊으면 나름의 장점이 있음
- 누란지세(累卵之勢) : 계란을 쌓아올린 것과 같이 몹시 위태로운 형세
- 능소능대(能小能大) : 모든 일에 두루 능함
- 단기지계(斷機之戒) : 학문을 중도에 그만두는 것은 짜던 베를 끊는 것과 같이 이익이 없음
- 단사표음(簞食瓢飮) : 변변치 못한 음식. 즉, 매우 가난한 살림
- 단순호치(丹脣皓齒) : 붉은 입술과 흰 이. 즉, 여자의 아름다운 얼굴을 가리킴
- 당구풍월(堂狗風月) : 서당 개 삼 년이면 풍월을 읊는다는 뜻으로, 비록 무식한 사람이라도 유식한 사람들과 오래 사귀게 되면 자연히 견문이 생김

- 당랑거철(螳螂拒轍) : 제 힘으로 당하지 못할 것을 생각지 않고 대적하려 함
- 도탄지고(塗炭之苦) : 진흙구덩이나 숯불 속에 떨어진 것 같은 괴로움. 즉, 생활이 몹시 곤란함
- 동량지재(棟梁之材) : 기둥이나 들보가 될 만한 훌륭한 인재. 즉, 한 집이나 한 나라의 큰일을 맡을 만한 사람
- 동상이몽(同床異夢) : 같은 자리에서 자면서 다른 꿈을 꾼다는 뜻으로, 겉으로는 같이 행동하면서도 속으로는 각각 딴생각을 함
- 득롱망촉(得隴望蜀) : 중국 한나라 때 광무제가 농을 정복한 뒤 촉을 쳤다는 데서 나온 말로, 끝없는 욕심을 이름
- 등고자비(登高自卑) : 높은 곳에 오르려면 낮은 곳에서부터 시작해야 함. 즉, 모든 일은 순서를 밟아야 함
- 등하불명(燈下不明) : 등잔 밑이 어두움. 즉, 가깝게 있는 것을 도리어 잘 모름
- 마부위침(磨斧爲針) : 도끼를 갈아 바늘을 만든다는 뜻으로, 아무리 이루기 힘든 일도 끊임없는 노력과 인내로 성공함
- 막역지우(莫逆之友) : 거스름 없는 친한 친구 (㊒ 막역지간)
- 망년지교(忘年之交) : 나이를 따지지 않고 허물없이 사귀는 벗
- 망양보뢰(亡羊補牢) : 양을 잃고서 우리를 고친다는 뜻으로, 어떤 일이 있고 나서야 뒤늦게 대비함
- 망운지정(望雲之情) : 타향에서 어버이를 그리워하는 마음
- 맥수지탄(麥秀之嘆) : 기자(箕子)가 은나라가 망한 뒤에도 보리만은 잘 자라는 것을 보고 한탄하였다는 데서 유래한 것으로 고국의 멸망을 한탄함을 이름
- 면종복배(面從腹背) : 겉으로는 복종하는 체하면서 속으로는 음해할 마음을 가지고 있거나 뒤에서는 모함함
- 멸사봉공(滅私奉公) : 사(私)를 버리고 공(公)을 위하여 힘씀
- 명경지수(明鏡止水) : 사념(邪念)이 전혀 없는 깨끗한 마음을 이름
- 명실상부(名實相符) : 이름과 실상이 들어맞음
- 명약관화(明若觀火) : 불을 보는 것처럼 밝음. 즉, 더 말할 나위 없이 명백함
- 명재경각(命在頃刻) : 목숨이 곧 끊어질 것 같은 위태로운 상황 (㊒ 풍전등화, 일촉즉발, 초미지급, 위기일발)
- 모순(矛盾) : 무엇이든 다 뚫을 수 있는 창과 무엇이든 다 막을 수 있는 방패라는 뜻으로, 말이나 행동의 앞뒤가 일치되지 않음 (㊒ 자가당착)
- 목불식정(目不識丁) : 낫 놓고 기역자도 모를 만큼 아주 무식함
- 목불인견(目不忍見) : 딱한 모양을 눈 뜨고 차마 볼 수 없음
- 묘두현령(猫頭懸鈴) : 고양이 목에 방울 달기라는 뜻으로, 실행할 수 없는 헛된 논의를 가리킴

• 무불통지(無不通知) : 무슨 일이든 모르는 것이 없음 (㊞ 무소부지)
• 무소불위(無所不爲) : 못할 것이 없음
• 무위도식(無爲徒食) : 하는 일 없이 먹기만 함
• 묵적지수(墨翟之守) : '묵적의 지킴'이라는 뜻으로 즉, ① 자기 의견이나 주장을 굽히지 않고 끝까지 지킴 ② 융통성이 없음 (㊟ 묵수)
• 문일지십(聞一知十) : 하나를 들으면 열을 알 정도로 총명함
• 미증유(未曾有) : 지금까지 한 번도 있어 본 일이 없음
• 박이부정(博而不精) : 널리 알되 능숙하거나 정밀하지 못함
• 반목질시(反目嫉視) : 미워하고 질투하는 눈으로 봄 (㊞ 백안시)
• 반포보은(反哺報恩) : 자식이 자라서 어버이의 은혜에 보답함 (㊞ 반포지효)
• 발본색원(拔本塞源) : 폐단의 근원을 아주 뽑아 버려 다시 고치려는 것
• 방약무인(傍若無人) : 곁에 사람이 없는 것처럼 아무 거리낌 없이 함부로 말하고 행동함
• 백골난망(白骨難忘) : 죽어도 잊지 못할 큰 은혜를 입음
• 백년가약(百年佳約) : 남녀가 부부가 되어 평생을 함께 하겠다는 아름다운 약속
• 백년하청(百年河淸) : 백 년을 기다린다 해도 황하의 물은 맑아지지 않는다는 뜻으로, 아무리 바라고 기다려도 실현될 가능성이 없음
• 백년해로(百年偕老) : 부부가 되어 서로 사이좋게 지내며 함께 늙음
• 백중지세(伯仲之勢) : 두 사람의 능력이 비슷하여 우열을 가릴 수 없음 (㊞ 난형난제, 막상막하, 백중지간)
• 부화뇌동(附和雷同) : 아무런 주견 없이 남이 하는 대로 덩달아 행동함
• 불립문자(不立文字) : 마음에서 마음으로 전함 (㊞ 이심전심)
• 불문가지(不問可知) : 묻지 않아도 알 수 있음
• 불치하문(不恥下問) : 자기보다 아랫사람에게 묻는 것을 부끄럽게 여기지 않음
• 빙탄지간(氷炭之間) : 얼음과 숯의 사이. 즉, 서로 화합될 수 없음
• 사면초가(四面楚歌) : 아무에게도 도움을 받지 못하는 외롭고 곤란한 처지
• 사상누각(沙上樓閣) : 모래 위에 세운 누각이라는 뜻으로, 기초가 튼튼하지 못하여 오래 견디지 못할 상태
• 사족(蛇足) : 안 해도 될 쓸데없는 일을 해서 도리어 일을 그르침
• 사필귀정(事必歸正) : 모든 일은 결국 옳은 이치대로 돌아감
• 사후약방문(死後藥方文) : 때가 지난 후에 대책을 세우니 소용이 없음
• 상산구어(上山求魚) : 산에서 물고기를 찾는다는 뜻으로, 당치 않은 곳에서 되지도 않는 것을 원함 (㊞ 연목구어)
• 상전벽해(桑田碧海) : 뽕나무 밭이 변하여 푸른 바다가 된다는 뜻으로, 세상일의 변천이 심함
• 새옹지마(塞翁之馬) : 인생의 길흉화복은 일정하지 않아 예측할 수 없음

• 설망어검(舌芒於劍) : 혀는 칼보다 날카로움. 즉, 말이 칼보다 무서움
• 수구초심(首丘初心) : 여우가 죽을 때 머리를 자기가 살던 굴 쪽으로 둔다는 뜻으로, 고향을 그리워하는 마음
• 수불석권(手不釋卷) : 손에서 책을 놓지 않는다는 뜻으로 늘 학문을 열심히 함
• 수어지교(水魚之交) : 물고기가 물을 떠나서는 살 수 없듯이 떨어지려해도 떨어질 수 없는 아주 친한 사이를 이름
• 숙맥불변(菽麥不辨) : 콩인지 보리인지를 분별하지 못함. 즉, 사물을 잘 분별하지 못하는 어리석은 사람을 가리킴
• 순망치한(脣亡齒寒) : 입술을 잃으면 이가 시리다는 뜻으로, 서로 의지하는 사이 중 한 쪽이 망하면 다른 한쪽도 영향을 받음
• 식소사번(食少事煩) : 먹을 것은 적은데 할 일은 많다는 뜻으로 고생에 비해 대가가 적음
• 십벌지목(十伐之木) : 열 번 찍어 안 넘어가는 나무가 없음
• 십시일반(十匙一飯) : 여러 사람이 힘을 모으면 한 사람을 돕기는 쉬움
• 아전인수(我田引水) : 자기 논에 물대기. 즉, 자기에게만 이롭게 하는 것
• 애이불비(哀而不悲) : 속으로는 슬프지만 겉으로는 슬픔을 나타내지 않음
• 양두구육(羊頭狗肉) : 양 머리를 걸어 놓고 개고기를 판다는 뜻으로, 겉과 속이 서로 다름
• 언중유골(言中有骨) : 부드러운 표현 속에 만만치 않은 뜻이 들어 있음
• 여반장(如反掌) : 손바닥을 뒤집는 것처럼 쉬움
• 염량세태(炎凉世態) : 세력이 있을 때는 따르고 세력이 없어지면 푸대접하는 세상인심
• 오매불망(寤寐不忘) : 자나 깨나 잊지 못함
• 오월동주(吳越同舟) : ① 어려운 상황에서는 원수(怨讐)라도 힘을 모으게 됨 ② 뜻이 전혀 다른 사람들이 한자리에 있게 됨
• 온고지신(溫故知新) : 옛것을 익혀서 그것으로 미루어 새것을 깨달음 (㊒ 법고창신)
• 우공이산(愚公移山) : 어떤 일이라도 끊임없이 노력하면 반드시 이루어짐 (㊒ 마부작침, 적소성대, 적토성산)
• 유비무환(有備無患) : 미리 준비가 되어 있으면 근심이 없음
• 이구동성(異口同聲) : 입은 다르나 목소리는 같다는 뜻으로, 여러 사람의 말이 한결같음
• 이현령비현령(耳懸鈴鼻懸鈴) : ① 정해 놓은 것이 아니고 둘러대기에 따라 다름 ② 하나의 사물(事物)이 양쪽에 관련되어 어느 한쪽으로 결정짓기가 어려움
• 인과응보(因果應報) : 행한 대로 대가를 받음
• 인지상정(人之常情) : 사람이라면 누구나 가지는 인정이나 생각
• 일어탁수(一魚濁水) : 한 사람의 잘못이 여러 사람에게 미침
• 임갈굴정(臨渴掘井) : 목이 마르고서야 우물을 판다는 뜻으로, 미리 준비하지 않고 지내다가 일을 당하고 나서야 서두름

- 자가당착(自家撞着) : 자기 언행의 전후가 일치하지 않음
- 자강불식(自强不息) : 스스로 몸과 마음을 가다듬어 쉬지 않음
- 적수공권(赤手空拳) : 맨손과 맨주먹. 아무것도 가진 것이 없음
- 전전반측(輾轉反側) : 근심이 있어 뒤척거리며 잠을 못 이룸
- 전화위복(轉禍爲福) : 재앙이 복으로 바뀜. 불행한 일도 노력에 따라 행복으로 바꿀 수 있음
- 정문일침(頂門一鍼) : 정수리에 침을 준다는 뜻으로, 남의 급소를 찔러 충고하는 것
- 조령모개(朝令暮改) : 아침에 내린 명령을 저녁에 다시 바꾼다는 뜻으로, 법령이나 명령을 자주 바꿈
- 조삼모사(朝三暮四) : 간사한 꾀로 남을 속이거나, 눈앞에 보이는 차이만 아는 어리석음
- 좌정관천(坐井觀天) : 우물 속에 앉아서 하늘을 본다는 뜻으로, 사람의 견문(見聞)이 매우 좁음 (㊒ 정중관천, 정저지와)
- 주마가편(走馬加鞭) : 달리는 말에 채찍질한다는 뜻으로, 자신의 위치에 만족하지 않고 계속 노력함
- 주마간산(走馬看山) : 달리는 말 위에서 산천을 구경함. 바쁘고 어수선하여 되는 대로 지나쳐 봄
- 중구난방(衆口難防) : 막기 어려울 정도로 여럿이 마구 지껄임
- 지기지우(知己之友) : 자기의 속마음을 참되게 알아주는 벗
- 지록위마(指鹿爲馬) : 사슴을 가리켜 말이라고 한다는 뜻으로, 윗사람을 속여 함부로 권세를 부림
- 진인사대천명(盡人事待天命) : 사람으로서 할 수 있는 일을 다 하고 나서 천명을 기다림
- 창해일속(滄海一粟) : 넓고 큰 바다 속의 좁쌀 한 알이라는 뜻으로, 아주 많거나 넓은 것 가운데 있는 매우 하찮고 작은 것 (㊒ 구우일모)
- 천우신조(天佑神助) : 하늘이 돕고 신이 도움
- 천재일우(千載一遇) : 천 년에 한 번 만남. 좀처럼 만나기 어려운 좋은 기회
- 청출어람(靑出於藍) : 제자가 스승보다 더 훌륭한 경우 (㊒ 후생가외)
- 초미지급(焦眉之急) : 눈썹에 불이 붙음과 같이 매우 다급한 상황
- 촌철살인(寸鐵殺人) : 조그만 쇠붙이로 사람을 죽인다는 뜻으로, 간단한 말로 사물의 가장 요긴한 데를 찔러 듣는 사람을 감동하게 하는 것
- 침소봉대(針小棒大) : 바늘같이 작은 것을 몽둥이라고 크게 말한다는 뜻으로 즉, 작은 것을 크게 과장해서 말함
- 타산지석(他山之石) : 다른 사람의 사소한 언행이나 실수도 나에게 커다란 교훈이나 도움이 될 수 있음
- 토사구팽(兎死狗烹) : 토끼를 다 잡고 나면 개를 삶는다는 뜻으로, 쓸모 있을 때는 이용하다가 가치가 없어지면 버림

- 파안대소(破顔大笑) : 얼굴이 찢어지도록 크게 웃는다는 뜻으로, 한바탕 크게 웃음
- 평지풍파(平地風波) : 고요한 땅에 바람과 물결을 일으킨다는 뜻으로, 괜한 일을 만들어서 뜻밖에 분쟁을 일으킴
- 풍수지탄(風樹之歎) : 부모가 돌아가셔서 더 이상 효도를 할 기회가 없는 슬픔
- 하로동선(夏爐冬扇) : 여름의 화로와 겨울의 부채라는 뜻으로, 쓸모없는 재능을 말함
- 하석상대(下石上臺) : 아랫돌 빼서 윗돌 괴고 윗돌 빼서 아랫돌 괴기. 즉, 임시변통으로 이리 저리 둘러댐
- 학수고대(鶴首苦待) : 학의 목처럼 목을 길게 빼고 간절히 기다림
- 한우충동(汗牛充棟) : 수레로 끌면 마소가 땀을 흘리고, 쌓아 올리면 들보에 닿을 만하다는 뜻으로 책이 많음을 뜻함
- 해로동혈(偕老同穴) : 부부가 살아서는 함께 늙으며 죽어서는 한 무덤에 묻힌다는 뜻으로, 사랑의 굳은 맹세를 이름
- 허심탄회(虛心坦懷) : 마음속에 아무런 거리낌 없이 솔직한 태도로 품은 생각을 터놓고 말함
- 형창설안(螢窓雪案) : 반딧불이 비치는 창과 눈(雪)에 비치는 책상이라는 뜻으로, 어려운 가운데서도 학문에 힘씀
- 호가호위(狐假虎威) : 여우가 호랑이의 위세를 빌려 뽐냄. 즉, 남의 힘을 빌어서 힘있는 체 함
- 호구지책(糊口之策) : ① 살아갈 방법 ② 그저 먹고 살아가는 방책
- 호사유피(虎死留皮) : 범이 죽으면 가죽을 남기는 것과 같이 사람도 죽은 뒤에 이름을 남겨야 함
- 호사토읍(狐死兎泣) : 여우의 죽음에 토끼가 슬피 운다는 뜻으로, 같은 무리의 불행을 슬퍼함
- 화룡점정(畵龍點睛) : 가장 요긴한 곳에 손을 대어 작품을 완성함
- 혼정신성(昏定晨省) : 자식이 아침저녁으로 부모의 안부를 물어서 살핌
- 효시(嚆矢) : 소리 나는 화살을 적진에 쏨으로써 전쟁의 시작을 알림. 즉, 사물의 '맨 처음'을 가리킴
- 회자정리(會者定離) : 만나면 반드시 헤어지게 마련임
- 흥진비래(興盡悲來) : 즐거운 일이 지나가면 슬픈 일이 닥쳐온다는 뜻으로, 세상일은 순환됨 (㉥ 고진감래)

05 헷갈리기 쉬운 어휘

×	○	×	○
~기 마련이다	~게 마련이다	뚜렷히	뚜렷이
가벼히	가벼이	말숙하다	말쑥하다
간(한 간)	칸(한 칸)	머릿말	머리말
강남콩	강낭콩	멋적다	멋쩍다
객적다	객쩍다	몇 일	며칠
거칠은	거친	모밀	메밀
곰곰히	곰곰이	무우	무
곱배기	곱빼기	바래다	바라다(望)
구지	굳이	반짓고리	반짇고리
금새	금세(지금 바로)	번번히	번번이
꺼꾸로	거꾸로	삭월세	사글세
껍질채	껍질째	생각컨대	생각건대
꼬깔	고깔	서슴치	서슴지
끔찍히	끔찍이	숫놈	수놈
널판지	널빤지	숫닭	수탉
넓다랗다	널따랗다	아지랭이	아지랑이
넙적하다	넓적하다	옛스럽다	예스럽다
네째	넷째	오랫만에	오랜만에
녹슬은	녹슨	요컨데	요컨대
높따랗다	높다랗다	일찌기	일찍이
눈쌀	눈살	조그만하다	조그마하다
늙으막	늘그막	집개	집게
닥달하다	닦달하다	치닥거리	치다꺼리
더우기	더욱이	통털어	통틀어
뒷굼치	뒤꿈치	풋나기	풋내기
딱다구리	딱따구리	어떻해	어떻게 해 / 어떡해

06 문서 작성법

1. 공문서

- '누가, 언제, 어디서, 무엇을, 어떻게(왜)'가 드러나도록 작성한다.
- 날짜는 연도와 월일을 반드시 함께 언급한다.
- 날짜 다음에 괄호를 사용할 때는 마침표를 찍지 않는다.
- 내용이 복잡할 경우 '－다음－', '－아래－'와 같은 항목을 만들어 구분한다.
- 한 장에 담아내는 것이 원칙이다.
- 마지막엔 반드시 '끝' 자로 마무리한다.
- 대외문서이고 장기간 보관되는 문서이므로 정확하게 기술한다.

2. 설명서

- 간결하게 작성한다.
- 전문용어의 사용은 가급적 삼간다.
- 복잡한 내용은 도표화한다.
- 명령문보다 평서형으로, 동일한 표현보다는 다양한 표현으로 작성한다.
- 글의 성격에 맞춰 정확하게 기술한다.

3. 기획서

- 무엇을 위한 기획서인지, 핵심 메시지가 정확히 도출되었는지 확인한다.
- 상대가 요구하는 것이 무엇인지 고려하여 작성한다.
- 글의 내용이 한눈에 파악되도록 목차를 구성한다.
- 분량이 많으므로 핵심 내용의 표현에 유념한다.
- 효과적인 내용 전달을 위해 표나 그래프를 활용한다.
- 제출하기 전에 충분히 검토한다.
- 인용한 자료의 출처가 정확한지 확인한다.

4. 보고서

- 핵심 내용을 구체적으로 제시한다.
- 간결하고 핵심적인 내용의 도출이 우선이므로 내용의 중복을 피한다.
- 상대가 궁금한 점을 질문할 것에 대비한다.
- 산뜻하고 간결하게 작성한다.
- 도표나 그림을 적절히 활용한다.
- 참고자료는 정확하게 제시한다.
- 개인의 능력을 평가하는 기본 자료이므로 제출하기 전 최종점검을 한다.

07 경청의 방해요인

구분	내용
짐작하기	상대방의 말을 듣고 받아들이기보다 자신의 생각에 들어맞는 단서들을 찾아 자신의 생각을 확인하는 것
대답할 말 준비하기	자신이 다음에 할 말을 생각하기에 바빠서 상대방이 말하는 것을 잘 듣지 않는 것
걸러내기	상대방의 말을 듣기는 하지만 상대방의 메시지를 온전하게 듣지 않는 것
판단하기	상대방에 대한 부정적인 판단 때문에 또는 상대방을 비판하기 위해 상대방의 말을 듣지 않는 것
언쟁하기	단지 반대하고 논쟁하기 위해서만 상대방의 말에 귀를 기울이는 것
조언하기	본인이 다른 사람의 문제를 지나치게 해결해 주고자 하는 것으로, 말끝마다 조언하려고 끼어들면 상대방은 제대로 말을 끝맺을 수 없음
자존심 세우기	자존심이 강한 사람에게서 나타나는 태도로, 자신의 부족한 점에 대한 상대방의 말을 듣지 않으려 함
슬쩍 넘어가기	문제를 회피하려 하거나 상대방의 부정적 감정을 회피하기 위해서 유머 등을 사용하는 것으로, 이로 인해 상대방이 진정한 고민을 놓치게 됨
비위 맞추기	상대방을 위로하기 위해서 너무 빨리 동의하는 것으로, 상대방에게 자신의 생각이나 감정을 충분히 표현할 시간을 주지 못하게 됨

CHAPTER

02 수리능력

01 기본계산

1 기본계산

(1) 곱셈 기호와 나눗셈 기호의 생략

① 문자와 수의 곱에서는 곱셈 기호 ×를 생략하고, 수를 문자 앞에 쓴다.

예 $x\times 4=4x$

② 문자와 문자의 곱에서는 곱셈 기호 ×를 생략하고, 보통 알파벳 순으로 쓴다.

예 $b\times(-3)\times a=-3ab$

③ 같은 문자의 곱은 거듭제곱의 꼴로 나타낸다.

예 $x\times x\times x=x^3$

④ 문자가 섞여 있는 나눗셈에서는 나눗셈 기호 ÷는 쓰지 않고 분수의 모양으로 나타낸다.

예 $a\div 2=\dfrac{a}{2}$, $a\times b\div c=\dfrac{ab}{c}$ $(c\neq 0)$

(2) 사칙연산

① 덧셈(+)

㉠ 같은 부호일 때 : 절댓값의 합에 공통인 부호를 붙인다.

㉡ 서로 다른 부호일 때 : 절댓값의 차에 절댓값이 큰 수의 부호를 붙인다.

② 뺄셈(−) : 빼는 수의 부호를 바꾸어서 덧셈으로 고쳐서 계산한다.

③ 곱셈(×)

㉠ 같은 부호일 때 : 절댓값의 곱에 양의 부호를 붙인다.

㉡ 서로 다른 부호일 때 : 절댓값의 곱에 음의 부호를 붙인다.

④ 나눗셈(÷)

㉠ 같은 부호일 때 : 절댓값의 나눗셈의 몫에 양의 부호를 붙인다.

㉡ 서로 다른 부호일 때 : 절댓값의 나눗셈의 몫에 음의 부호를 붙인다.

덧셈(+)·뺄셈(−)·곱셈(×)·나눗셈(÷)의 혼합 계산 거듭제곱 → 괄호 → 곱셈·나눗셈 → 덧셈·뺄셈 ※ 괄호 : ( ) → { } → [ ]의 순서

2 등식의 성질

(1) 등식의 양변에 같은 수를 더하거나 빼도 등식은 성립한다.

$a=b$이면 $a+c=b+c$

(2) 등식의 양변에 같은 수를 곱하여도 등식은 성립한다.

$a=b$이면 $a\times c=b\times c$

(3) 등식의 양변을 0이 아닌 같은 수로 나누어도 등식은 성립한다.

$a=b$이면 $\frac{a}{c}=\frac{b}{c}$(단, $c\neq 0$)

3 지수법칙

m, n이 자연수일 때

(1) $a^m\times a^n=a^{m+n}$

(2) $(ab)^n=a^nb^n$

(3) $(a^m)^n=a^{m\times n}$

(4) $\left(\frac{a}{b}\right)^n=\frac{a^n}{b^n}$(단, $b\neq 0$)

(5) $a^0=1$

(6) $a^{-n}=\frac{1}{a^n}$(단, $a\neq 0$)

(7) $a^m\div a^n=\begin{cases} a^{m-n}(m>n\text{일 때}) \\ 1(m=n\text{일 때}) \\ \frac{1}{a^{n-m}}(m<n\text{일 때}) \end{cases}$

4 곱셈 공식과 인수분해

(1) 곱셈 공식

① $(a+b)^2=a^2+2ab+b^2$

② $(a-b)^2=a^2-2ab+b^2$

③ $(a+b)(a-b)=a^2-b^2$

④ $(x+a)(x+b)=x^2+(a+b)x+ab$

⑤ $(ax+b)(cx+d)=acx^2+(ad+bc)x+bd$

(2) 인수분해

① $a^2+2ab+b^2=(a+b)^2$

② $a^2-2ab+b^2=(a-b)^2$

③ $a^2-b^2=(a+b)(a-b)$

④ $x^2+(a+b)x+ab=(x+a)(x+b)$

⑤ $acx^2+(ad+bc)x+bd=(ax+b)(cx+d)$

02 수 · 문자추리

1 수열

(1) 등차수열 : 첫째 항부터 차례로 일정한 수를 더하여 만든 수열

예 1　3　5　7　9　11　13　15

　↗ +2　↗ +2　↗ +2　↗ +2　↗ +2　↗ +2　↗ +2

(2) 등비수열 : 첫째 항부터 차례로 일정한 수를 곱하여 만든 수열

예 1　2　4　8　16　32　64　128

　↗ ×2　↗ ×2　↗ ×2　↗ ×2　↗ ×2　↗ ×2　↗ ×2

(3) 계차수열 : 앞의 항과의 차가 일정하게 증가하는 수열

예 1　2　4　7　11　16　22　29

　↗ +1　↗ +2　↗ +3　↗ +4　↗ +5　↗ +6　↗ +7

　　↗ +1　↗ +1　↗ +1　↗ +1　↗ +1　↗ +1

(4) 피보나치수열 : 앞의 두 항의 합이 그다음 항이 되는 수열

$a_n = a_{n-1} + a_{n-2} (n \geq 1,\ a_1 = 1,\ a_2 = 1)$

예 1　1　$\underset{1+1}{\underline{2}}$　$\underset{1+2}{\underline{3}}$　$\underset{2+3}{\underline{5}}$　$\underset{3+5}{\underline{8}}$　$\underset{5+8}{\underline{13}}$　$\underset{8+13}{\underline{21}}$

(5) 건너뛰기 수열

- 두 개 이상의 수열이 일정한 간격을 두고 번갈아가며 나타나는 수열

예 1　1　3　7　5　13　7　19

- 홀수항 : 1　3　5　7

　↗ +2　↗ +2　↗ +2

- 짝수항 : 1　7　13　19

　↗ +6　↗ +6　↗ +6

- 두 개 이상의 규칙이 일정한 간격을 두고 번갈아가며 적용되는 수열

예 0　1　3　4　12　13　39　40

　↗ +1　↗ ×3　↗ +1　↗ ×3　↗ +1　↗ ×3　↗ +1

(6) 군수열 : 일정한 규칙성으로 몇 항씩 묶어 나눈 수열

① 주어진 수열을 묶어 군수열을 만든다.

② 각 군의 초항을 모아서 새로운 수열 하나를 만든다.

③ 각 군의 초항으로 이루어진 수열의 일반항을 구한다.

④ 일반항을 활용하여 문제에서 요구하는 답을 구한다.

예 1 | 1 2 | 1 2 3 | 1 2 3 4 | 1 2 3 4 5
(1) (1 2) (1 2 3) (1 2 3 4) (1 2 3 4 5)

(7) 여러 가지 수열

① 제곱형 수열

예 1 4 9 16 25 36 49 64
1^2 2^2 3^2 4^2 5^2 6^2 7^2 8^2

② **표·도형 수열** : 나열식 수열추리와 크게 다르지 않은 유형으로 수가 들어갈 위치에 따라 시계 방향이나 행, 열의 관계를 유추해야 한다.

예

1	9	12	6
3	11	14	8

(위의 숫자)+2=(아래의 숫자)

③ **묶음형 수열** : 수열을 몇 개씩 묶어서 제시하는 유형으로 묶음에 대한 동일한 규칙을 빠르게 찾아내야 한다.

예 1 3 4 | 6 5 11 | 2 6 8 | 9 3 12
1+3=4 6+5=11 2+6=8 9+3=12

※ **대표 유형**

A B C

예 A+B=C, A−B=C, A×B=C, $(A+B)^2$=C, A^B=C, A^2+B^2=C, A=B÷C

A B C D

예 A+B+C=D, A×B÷C=D, A+B=C−D, (A+B=C, B+C=D), (A×B=C, C+1=D)

A B C D E

예 A×B=C, C+D−1=E

2 문자열

(1) 알파벳

1	2	3	4	5	6	7	8	9	10	11	12	13	14	15
A	B	C	D	E	F	G	H	I	J	K	L	M	N	O
16	17	18	19	20	21	22	23	24	25	26				
P	Q	R	S	T	U	V	W	X	Y	Z				

(2) 한글 자음

1	2	3	4	5	6	7	8	9	10	11	12	13	14	
ㄱ	ㄴ	ㄷ	ㄹ	ㅁ	ㅂ	ㅅ	ㅇ	ㅈ	ㅊ	ㅋ	ㅌ	ㅍ	ㅎ	

1	2	3	4	5	6	7	8	9	10	11	12	13	14	15
ㄱ	ㄲ	ㄴ	ㄷ	ㄸ	ㄹ	ㅁ	ㅂ	ㅃ	ㅅ	ㅆ	ㅇ	ㅈ	ㅉ	ㅊ
16	17	18	19											
ㅋ	ㅌ	ㅍ	ㅎ											

(3) 한글 모음

- 일반모음 순서

1	2	3	4	5	6	7	8	9	10	
ㅏ	ㅑ	ㅓ	ㅕ	ㅗ	ㅛ	ㅜ	ㅠ	ㅡ	ㅣ	

- 이중모음이 포함된 순서

1	2	3	4	5	6	7	8	9	10	11	12	13	14	15
ㅏ	ㅐ	ㅑ	ㅒ	ㅓ	ㅔ	ㅕ	ㅖ	ㅗ	ㅘ	ㅙ	ㅚ	ㅛ	ㅜ	ㅝ
16	17	18	19	20	21									
ㅞ	ㅟ	ㅠ	ㅡ	ㅢ	ㅣ									

03 응용수리

1 방정식

1. 날짜 · 요일 · 시계

(1) 날짜 · 요일

① 정의 : 일정 시간 또는 일수 후에 무슨 요일인지 구하는 유형으로 출제

② 계산

- 1일=24시간=1,440(24×60)분=86,400(1,440×60)초
- 월별 일수 : 1, 3, 5, 7, 8, 10, 12월은 31일, 4, 6, 9, 11월은 30일, 2월은 28일(또는 29일)
- 윤년(2월이 29일)은 4년에 1번 돌아온다.
- x월 y일이 z요일일 때, n일 후 요일은 n을 7로 나눈 나머지를 z요일에 가산하여 구한다(단, x, y, n은 자연수이고, z는 월, 화, 수, 목, 금, 토, 일 중에 하나이다).

(2) 시계

① 정의 : 시침과 분침이 이루는 각도를 구하는 유형으로 출제

② 계산

- 시침이 1시간 동안 이동하는 각도 : $\frac{360°}{12}=30°$
- 시침이 1분 동안 이동하는 각도 : $\frac{30°}{60}=0.5°$
- 분침이 1분 동안 이동하는 각도 : $\frac{360°}{60}=6°$

2. 시간 · 거리 · 속력

(1) 시간

① 정의 : 어떤 거리를 일정한 속력으로 가는 데 걸리는 시간

② 계산 : $(\text{시간})=\frac{(\text{거리})}{(\text{속력})}$

(2) 거리

① 정의 : 일정한 속력으로 일정 시간 동안 이동한 거리

② 계산 : (거리)=(속력)×(시간)

- 기차가 터널을 통과하거나 다리를 지나가는 경우
  (기차가 움직인 거리)=(기차의 길이)+(터널 또는 다리의 길이)
- 두 사람이 반대 방향 또는 같은 방향으로 움직이는 경우
  (두 사람 사이의 거리)=(두 사람이 움직인 거리의 합 또는 차)

(3) 속력

① 정의 : 단위 시간 동안 이동한 거리

② 계산 : $(\text{속력})=\dfrac{(\text{거리})}{(\text{시간})}$

- 흐르는 물에서 배를 타는 경우
  - (하류로 내려갈 때의 속력)=(배 자체의 속력)+(물의 속력)
  - (상류로 올라갈 때의 속력)=(배 자체의 속력)−(물의 속력)

3. 나이 · 인원 · 개수

(1) 나이

① 정의 : 여러 명의 나이를 상대적으로 비교하였을 때, 특정 사람의 나이를 구하는 유형으로 출제

② 계산

- 구하고자 하는 것을 x로 놓는다.
- 미지수의 개수를 최소로 하여 방정식을 세운다.
- 현재의 나이와 과거 또는 미래의 나이를 헷갈리지 않도록 주의한다.

(2) 인원 · 개수

① 정의 : 인원이나 개수를 구하는 문제로 주로 증가, 감소 개념과 함께 출제

② 계산

- x가 $a\%$ 증가하면, $\left(1+\dfrac{a}{100}\right)x$
- x가 $a\%$ 감소하면, $\left(1-\dfrac{a}{100}\right)x$

4. 원가 · 정가 · 할인가(판매가)

(1) 원가

① 정의 : 이익을 붙이기 전의 가격

② 계산 : (원가)=(정가)−(이익)

(2) 정가

① 정의 : 원가에 이익을 가산한 가격

② 계산 : (정가)=(원가)+(이익)

(3) 할인가(판매가)

① 정의 : 정가에서 할인율을 적용하여 실제로 판매하는 가격

② 계산 : $(\text{할인가})=(\text{정가})\times\left\{1-\frac{(\text{할인율})}{100}\right\}$

- (a원에서 b% 할인한 가격)$=a\times\left(1-\frac{b}{100}\right)$
- (a원에서 b원 할인했을 때 할인율)$=\frac{b}{a}\times100(\%)$

5. 일률 · 톱니바퀴

(1) 일률

① 정의 : 단위시간 동안 처리할 수 있는 작업량

② 계산 : 전체 작업량을 1로 놓고, 분 · 시간 등의 단위 시간 동안 한 일의 양을 기준으로 식을 세운다.

- $(\text{일률})=\frac{(\text{작업량})}{(\text{작업시간})}$
- $(\text{작업시간})=\frac{(\text{작업량})}{(\text{일률})}$
- (작업량)=(일률)×(작업시간)

(2) 톱니바퀴

① **정의** : 톱니의 맞물리는 힘으로 동력을 전달하는 장치. 주로 두 개 이상의 톱니바퀴가 맞물려 돌아갈 때, 회전수 또는 톱니 수를 묻는 문제가 출제

② **계산**

(톱니 수)×(회전수)=(총 톱니 수)임을 이용한다. 즉, 맞물려 돌아가는 A, B 두 톱니에 대하여, (A의 톱니 수)×(A의 회전수)=(B의 톱니 수)×(B의 회전수)가 성립한다.

6. 농도

① **정의** : 용액을 구성하는 용질의 양의 정도

② **계산**

- (용액)=(용매)+(용질)
- $(\text{용액의 농도})=\dfrac{(\text{용질의 양})}{(\text{용액의 양})}\times 100=\dfrac{(\text{용질의 양})}{(\text{용질의 양})+(\text{용매의 양})}\times 100$
- $(\text{용질의 양})=\dfrac{(\text{용액의 농도})}{100}\times(\text{용액의 양})$

7. 수

① **정의** : 주로 자연수(양의 정수)에 대하여 세 수나 홀/짝, 자릿수로 출제

② **계산**

- 연속하는 세 자연수 : $x-1$, x, $x+1$
- 연속하는 세 짝수 또는 홀수 : $x-2$, x, $x+2$
- 십의 자릿수가 x, 일의 자릿수가 y인 두 자리 자연수 : $10x+y$
  이 수에 대해, 십의 자리와 일의 자리를 바꾼 수 : $10y+x$
- 백의 자릿수가 x, 십의 자릿수가 y, 일의 자릿수가 z인 세 자리 자연수
  : $100x+10y+z$

8. 단리법 · 복리법

원금을 a, 이율을 r, 기간을 n, 원리금 합계를 S라 할 때, 또는 현재가치를 PV, 이율을 r, 기간을 n, 미래가치를 FV라 할 때(단, 이율과 기간은 연단위로 한다)

(1) 단리법

① 정의 : 원금에 대해서만 약정된 이자율과 기간을 곱해서 이자를 계산하는 방법

② 계산

- $S = a \times (1 + r \times n)$
- $FV = PV \times (1 + r \times n)$

(2) 복리법

① 정의 : 원금에 대한 이자를 가산시킨 후 이 합계액을 새로운 원금으로 계산하는 방법

② 계산

- $S = a \times (1 + r)^n$
- $FV = PV \times (1 + r)^n$

2 부등식

① 정의 : 두 수 또는 두 식의 관계를 부등호로 나타낸 식

② 계산 : 문제에 '이상', '이하', '최대', '최소' 등이 들어간 경우로 방정식과 해법이 비슷하다. 구하고자 하는 것을 미지수 x로 놓고 세운 부등식을 다음과 같은 부등식의 성질을 이용하여 풀이한다.

③ 성질

- 부등식의 양변에 같은 수를 더하거나 양변에 같은 수를 빼도 부등호의 방향은 바뀌지 않는다.

$a < b$이면 $a + c < b + c$, $a - c < b - c$

- 부등식의 양변에 같은 양수를 곱하거나 양변을 같은 양수로 나누어도 부등호의 방향은 바뀌지 않는다.

$a < b$, $c > 0$이면 $a \times c < b \times c$, $\frac{a}{c} < \frac{b}{c}$

• 부등식의 양변에 같은 음수를 곱하거나 양변을 같은 음수로 나누면 부등호의 방향은 바뀐다.

$$a<b,\ c<0\text{이면 } a\times c>b\times c,\ \frac{a}{c}>\frac{b}{c}$$

3 경우의 수

① 정의 : 어떤 사건이 일어날 수 있는 모든 가짓수

② 성질

사건 A가 일어나는 경우의 수를 m, 사건 B가 일어나는 경우의 수를 n이라 하면

• 합의 법칙

두 사건 A, B가 동시에 일어나지 않을 때, 사건 A 또는 사건 B가 일어나는 경우의 수는 $(m+n)$. '또는, ~이거나'라는 말이 나오면 합의 법칙을 사용

• 곱의 법칙

사건 A와 사건 B가 동시에 일어나는 경우의 수는 $(m\times n)$. '그리고, 동시에'라는 말이 나오면 곱의 법칙을 사용

(1) 순열

① 정의 : 서로 다른 n개에서 순서를 고려하여 서로 다른 r개를 선택하는 가짓수 (단, $0\leq r\leq n$)

② 계산 : ${}_n\mathrm{P}_r=n\times(n-1)\times(n-2)\times\cdots\times(n-r+1)=\frac{n!}{(n-r)!}$

③ 성질

• ${}_n\mathrm{P}_n=n!=n\times(n-1)\times(n-2)\times\cdots\times2\times1$

• $0!=1,\ {}_n\mathrm{P}_0=1$

(2) 조합

① 정의 : 서로 다른 n개에서 순서를 고려하지 않고 서로 다른 r개를 선택하는 가짓수(단, $0\leq r\leq n$)

② 계산 : ${}_n\mathrm{C}_r=\frac{{}_n\mathrm{P}_r}{r!}=\frac{n!}{r!\times(n-r)!}$

③ 성질 : ${}_n\mathrm{C}_r={}_n\mathrm{C}_{n-r},\ {}_n\mathrm{C}_0={}_n\mathrm{C}_n=1$

(3) 여러 가지 경우의 수

① 동전 n개를 던졌을 때, 경우의 수 : 2^n

② 주사위 n개를 던졌을 때, 경우의 수 : 6^n

③ 동전 n개와 주사위 m개를 던졌을 때, 경우의 수 : $2^n \times 6^m$

④ n명을 한 줄로 세우는 경우의 수 : $n! = n \times (n-1) \times (n-2) \times \cdots \times 2 \times 1$

⑤ n명 중, m명을 뽑아 한 줄로 세우는 경우의 수 : ${}_{n}\mathrm{P}_{m} = n \times (n-1) \times \cdots \times (n-m+1)$

⑥ n명을 한 줄로 세울 때, m명을 이웃하여 세우는 경우의 수 : $(n-m+1)! \times m!$

⑦ 0이 아닌 서로 다른 한 자리 숫자가 적힌 n장의 카드에서, m장을 뽑아 만들 수 있는 m자리 정수의 개수 : ${}_{n}\mathrm{P}_{m}$

⑧ 0을 포함한 서로 다른 한 자리 숫자가 적힌 n장의 카드에서, m장을 뽑아 만들 수 있는 m자리 정수의 개수 : $(n-1) \times {}_{n-1}\mathrm{P}_{m-1}$

⑨ n명 중, 자격이 다른 m명을 뽑는 경우의 수 : ${}_{n}\mathrm{P}_{m}$

⑩ n명 중, 자격이 같은 m명을 뽑는 경우의 수 : ${}_{n}\mathrm{C}_{m} = \frac{{}_{n}\mathrm{P}_{m}}{m!}$

⑪ 원형 모양의 탁자에 n명을 앉히는 경우의 수 : $(n-1)!$

4 확률

① 정의 : 발생할 수 있는 모든 사건의 가짓수 중 특정 사건이 발생할 수 있는 가짓수의 비율

② 성질

- 모든 사건 A에 대해서 $0 \le \mathrm{P}(A) \le 1$이 성립한다.
- 절대로 일어날 수 없는 사건의 확률 $\mathrm{P}(\varnothing)=0$이다.
- 반드시 일어나는 사건의 확률은 1이다.

사건 A가 일어날 확률을 p(단, $0 \le p \le 1$), 사건 B가 일어날 확률을 q(단, $0 \le q \le 1$)라고 하면

– 확률의 덧셈

두 사건 A, B가 동시에 일어나지 않을 때, 즉 배반사건의 경우 사건 A 또는 사건 B가 일어날 확률은 합으로 계산

$\mathrm{P}(A \cup B) = \mathrm{P}(A) + \mathrm{P}(B) = p + q$

– 확률의 곱셈

사건 A와 B가 서로 무관하게 일어날 때, 즉 독립사건의 경우 사건 A와 사건 B가 동시에 일어날 확률은 곱으로 계산

$P(A \cap B) = P(A) \times (B) = p \times q$

(1) 수학적 확률

① 정의 : 표본공간 S에 속하는 근원사건의 수를 $n(S)$, 사건 A에 속하는 근원사건의 수를 $n(A)$이라 할 때 사건 A가 일어날 확률

② 계산

$$(\text{사건 } A\text{가 발생할 확률}) = P(A) = \frac{n(A)}{n(S)} = \frac{(\text{사건 } A\text{가 발생하는 경우의 수})}{(\text{모든 사건이 발생하는 경우의 수})}$$

(단, $0 \leq p \leq 1$)

(2) 여사건의 확률

① 정의 : 사건 A에 대하여 사건 A가 일어나지 않을 사건을 A의 여사건이라고 하고, 주로 '적어도'라는 말이 나오면 사용

② 계산 : $P(A^c) = 1 - P(A)$

(3) 조건부 확률

① 정의 : 표본공간 S에서 두 사건 A와 B에 대하여 $P(B) > 0$일 때, 사건 B가 일어난 조건하에서 사건 A가 일어날 확률

② 계산 : $P(A|B) = \dfrac{P(A \cap B)}{P(B)}$

(4) 여러 가지 확률

① 연속하여 뽑을 때, 꺼낸 것을 다시 넣고 뽑는 경우 : 처음과 나중의 모든 경우의 수는 같다.

② 연속하여 뽑을 때, 꺼낸 것을 다시 넣지 않고 뽑는 경우 : 나중의 모든 사건이 발생하는 경우의 수는 처음의 모든 사건이 발생하는 경우의 수보다 1만큼 작다.

③ 도형에서의 확률 : $\dfrac{(\text{해당하는 부분의 넓이})}{(\text{전체 넓이})}$

04 자료해석

(1) 비율

- 기준량에 대한 비교하는 양의 크기
- $\dfrac{(\text{비교하는 양})}{(\text{기준량})}$

(2) 백분율

- 기준량을 100으로 했을 때의 비율
- $(\text{비율}) \times 100 = \dfrac{(\text{비교하는 양})}{(\text{기준량})} \times 100$

(3) 자료의 비교

- 대푯값 : 전체 자료의 특징을 대표적으로 나타내는 값
- 평균 : $\dfrac{(\text{변량의 총합})}{(\text{변량의 개수})} = \dfrac{(\text{계급값}) \times (\text{도수})\text{의 총합}}{(\text{도수의 총합})}$
- 중앙값 : 변량을 크기 순으로 나열할 때, 중앙에 오는 값
- 최빈값 : 변량 중에서도 도수가 가장 큰 값

(4) 비례배분

- 전체의 양을 주어진 비로 나누는 것
- 전체의 양과 비에 따라 비례배분한 값은 달라짐
- 비례배분한 각각의 값의 합은 전체의 양과 같아짐

※ 전체의 양을 A : B = x : y로 비례배분하기

A=(전체의 양)$\times \dfrac{x}{x+y}$

B=(전체의 양)$\times \dfrac{y}{x+y}$

(5) 통계

- 변량 : 조사 내용의 특성을 수량으로 나타낸 것
- 편차 : 수치, 위치, 방향 따위가 일정한 기준에서 벗어난 정도의 크기
  - (편차) : (변량) − (평균)
- 분산 : 통계에서 변량이 평균으로부터 떨어져 있는 정도를 나타내는 값
  - $(\text{분산})=\frac{(\text{편차})^2\text{의 총합}}{(\text{변량의 개수})}$
- 표준편차 : 자료의 분산 정도를 나타내는 수치, 분산의 제곱근
  - $(\text{표준편차})=\sqrt{(\text{분산})}$

(6) 증감률

$(\text{증감률})=\frac{(\text{비교대상 값})-(\text{기준값})}{(\text{기준값})}\times 100$

(7) %와 %p

- %(퍼센트) : 어떤 양이 전체의 양에 대하여 얼마를 차지하는 단위
- %p(퍼센트포인트) : %로 나타낸 수치가 이전 수치와 비교했을 때 증가하거나 감소한 양

CHAPTER 03

문제해결능력

01 문제해결

1 문제의 분류

구분	내용
발생형 문제 (보이는 문제)	• 눈앞에 발생되어 해결하기 위해 고민하는 문제 • 이탈 문제 : 어떤 기준을 이탈함으로써 생기는 문제 • 미달 문제 : 기준에 미달하여 생기는 문제
탐색형 문제 (보이지 않는 문제)	• 현재의 상황을 개선하거나 효율을 높이기 위한 문제 • 잠재 문제 : 문제가 잠재되어 인식하지 못하다가 결국 확대되어 해결이 어려운 문제 • 예측 문제 : 현재는 문제가 아니지만 계속해서 현재 상태로 진행될 경우를 가정했을 때 앞으로 일어날 수 있는 문제 • 발견 문제 : 현재는 문제가 없으나 좋은 제도나 기법, 기술을 발견하여 개선·향상시킬 수 있는 문제
설정형 문제 (미래의 문제)	• 장래의 경영 전략을 통해 앞으로 어떻게 할 것인가 하는 문제 • 새로운 목표를 설정함에 따라 일어나는 문제로, 목표 지향적 문제라고도 함 • 많은 창조적인 노력이 요구되므로 창조적 문제라고도 함

2 제3자를 통한 문제해결

구분	내용
소프트 어프로치	• 대부분의 기업에서 볼 수 있는 전형적인 스타일 • 조직 구성원들이 같은 문화적 토양을 가짐 • 직접적인 표현보다는 암시를 통한 의사전달 • 결론이 애매하게 산출되는 경우가 적지 않음 • 제3자 : 결론을 미리 그려 가면서 권위나 공감에 의지함
하드 어프로치	• 조직 구성원들이 상이한 문화적 토양을 가짐 • 직설적인 주장을 통한 논쟁과 협상 • 논리, 즉 사실과 원칙에 근거한 토론 • 이론적으로는 가장 합리적인 방법 • 창조적인 아이디어나 높은 만족감을 이끌어 내기 어려움 • 제3자 : 지도와 설득을 통해 전원이 합의하는 일치점을 추구함
퍼실리테이션	• 그룹의 지향점을 알려 주고, 공감을 이룰 수 있도록 도와주는 것 • 창조적인 해결방안 도출, 구성원의 동기와 팀워크 강화 • 퍼실리테이터가 미리 정한 합의점이나 줄거리대로 결론을 도출해서는 안 됨 • 제3자 : 깊이 있는 커뮤니케이션을 통해 창조적인 문제해결을 도모함

02 명제추리

(1) 연역 추론

이미 알고 있는 판단(전제)을 근거로 새로운 판단(결론)을 유도하는 추론이다.

① **직접 추론** : 한 개의 전제에서 새로운 결론을 이끌어내는 추론이며, 대우 명제가 대표적인 예이다.

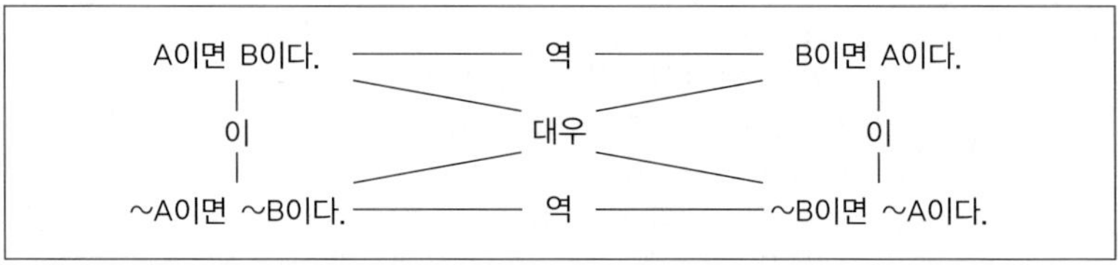

- ~A는 A의 부정 명제이다.
- 명제가 참일 경우 대우 명제도 반드시 참이 된다.
- 명제가 참일 경우 '역'과 '이'는 참일 수도 있고 거짓일 수도 있다.

예 • 명제 : 바나나는 노란 과일이다(참).
  • 역 : 노란 과일은 바나나이다(거짓).
  • 이 : 바나나가 아니면 노란 과일이 아니다(거짓).
  • 대우 : 노란 과일이 아니면 바나나가 아니다(참).

② **간접 추론** : 둘 이상의 전제에서 새로운 결론을 이끌어내는 추론이며, 삼단논법이 가장 대표적인 예이다.

㉠ 정언 삼단논법 : 세 개의 정언 명제로 구성된 간접 추론 방식이다. 세 개의 명제 가운데 두 개의 명제는 전제이고, 나머지 한 개의 명제는 결론이다.

예 모든 사람은 죽는다(대전제). 소크라테스는 사람이다(소전제). 따라서 소크라테스는 죽는다(결론).

㉡ 가언 삼단논법 : '만약 ~이면(전건), ~이다(후건).'라는 하나의 가언 명제와 그 전건 또는 후건에 대한 긍정 또는 부정 명제로 이루어진 삼단논법이다.

예 만일 안개가 끼면, 비행기가 뜨지 않는다. 오늘 안개가 꼈다. 따라서 오늘 비행기가 뜨지 않는다.

㉢ 선언 삼단논법 : ' ~이거나 ~이다.'의 형식으로 표현되며 전제 속에 선언 명제를 포함하고 있는 삼단논법이다.

예 내일은 비가 오거나 눈이 온다. 내일은 비가 오지 않는다. 따라서 내일은 눈이 온다.

(2) 귀납 추론

특수 사실에서 일반적이고 보편적인 법칙을 찾아내는 추론 방법이다.

예 히틀러는 사람이고 죽었다. 스탈린도 사람이고 죽었다. 따라서 모든 사람은 죽는다.

① **통계적 귀납 추론** : 전체 대상 중에서 일부만을 조사하고 관찰한 후에 전체에 대하여 결론을 내리는 추론 방법이다.

② **인과적 귀납 추론** : 이미 발생한 현상이나 결과에서 그 원인을 추론해 가는 추론 방법이다.

(3) 유비 추론

같은 종류의 것들을 비교하는 관계의 속성에서 새로운 사실을 추론하는 사고 방법이다. 즉, 어떤 두 가지의 집합이 있을 때 그 집합이 어떤 관계적 속성을 공유한다면 특정 집합에 A와 B라는 속성이 있고, 다른 집합에 A라는 속성이 있다면 B에 상응하는 속성이 있다는 것을 유추할 수 있다는 것이다. 따라서 유추는 잣대(기준)가 되는 사물이나 현상이 있어야 한다.

예 지구에는 생물이 있다. 화성은 여러 점에서 지구와 유사하다. 따라서 화성에도 생물이 있을 것이다.

03 사고력

1 브레인스토밍 진행방법

- 주제를 구체적이고 명확하게 정한다.
- 구성원의 얼굴을 볼 수 있는 좌석 배치와 큰 용지를 준비한다.
- 구성원들의 다양한 의견을 도출할 수 있는 사람을 리더로 선출한다.
- 구성원은 다양한 분야의 사람들로 5～8명 정도로 구성한다.
- 발언은 누구나 자유롭게 할 수 있도록 하며, 모든 발언 내용을 기록한다.
- 아이디어에 대해 비판해서는 안 된다.

2 창의적 사고 개발 방법

구분	내용
자유 연상법	생각나는 대로 자유롭게 발상 예 브레인스토밍
강제 연상법	각종 힌트와 강제적으로 연결 지어서 발상 예 체크리스트
비교 발상법	주제의 본질과 닮은 것을 힌트로 발상 예 NM법, Synetics

3 논리적 오류의 종류

- 권위나 인신공격에 의존한 논증
  상대방의 주장이 아니라 상대방의 인격을 공격
- 허수아비 공격의 오류
  상대방의 주장과는 전혀 상관없는 별개의 논리를 만들어 공격
- 무지의 오류
  그럴 듯해 보이지만 증명되지 않은 주장(신의 존재 유무 등 증명할 수 없거나 증명이 어려운 분야에서 자주 등장)
- 결합·분할의 오류
  하나의 사례에는 오류가 없지만 여러 사례를 잘못 결합하여 오류가 발생, 논리적 주장을 확대하거나 쪼개서 적용할 경우 흔히 발생됨
- 성급한 일반화의 오류
  몇몇 사례를 일반화하여 발생
- 복합 질문의 오류
  "또다시 이런 죄를 지을 것인가?"와 같은 질문의 경우 "예", "아니요" 중 어떤 답변을 해도 이미 죄를 지었다는 것을 인정하게 됨
- 과대 해석의 오류
  문맥을 무시하고 과도하게 문구에만 집착하여 발생하는 오류
- 연역법의 오류
  삼단 논법을 잘못 적용하여 발생하는 결과의 오류

04 문제처리

1 문제 인식

절차	환경 분석	주요 과제 도출	과제 선정
내용	Business System상 거시 환경 분석 예 3C 분석, SWOT 분석	분석자료를 토대로 성과에 미치는 영향과 의미를 검토하여 주요 과제 도출	후보과제를 도출하고 효과 및 실행가능성 측면에서 평가하여 과제 도출

2 SWOT 분석 및 전략

내부환경요인 / 외부환경요인

	강점 (Strengths)	약점 (Weaknesses)
기회 (Opportunities)	SO 내부강점과 외부기회 요인을 극대화	WO 외부기회를 이용하여 내부약점을 강점으로 전환
위협 (Threats)	ST 외부위협을 최소화하기 위해 내부강점을 극대화	WT 내부약점과 외부위협을 최소화

구분	내용
SO전략	외부환경의 기회를 활용하기 위해 강점을 사용하는 전략 선택
ST전략	외부환경의 위협을 회피하기 위해 강점을 사용하는 전략 선택
WO전략	자신의 약점을 극복함으로써 외부환경의 기회를 활용하는 전략 선택
WT전략	외부환경의 위협을 회피하고 자신의 약점을 최소화하는 전략 선택

CHAPTER 04

자원관리능력

01 시간자원관리

1 시간자원관리의 의의

(1) 시간의 특성

- 시간은 똑같은 속도로 흐른다.
- 시간의 흐름은 멈추게 할 수 없다.
- 시간은 빌리거나 저축할 수 없다.
- 시간은 어떻게 사용하느냐에 따라 가치가 달라진다.
- 시간은 시기에 따라 밀도·가치가 다르다.

(2) 시간자원관리의 효과

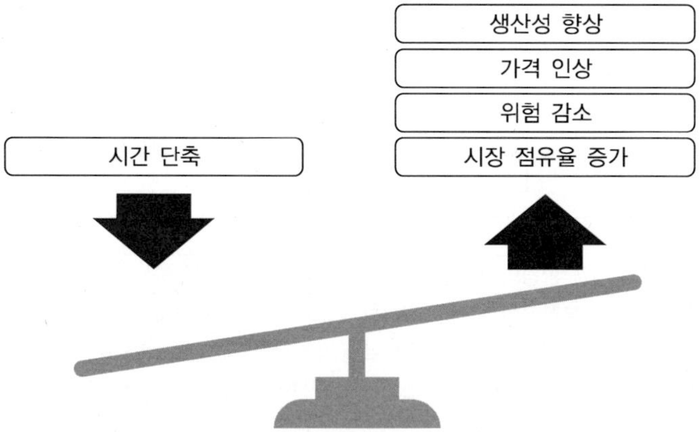

※ 가격 인상은 기업의 입장에서 일을 수행할 때 소요되는 시간을 단축함으로써 비용이 절감되고, 상대적으로 이익이 늘어남으로써 사실상 가격 인상 효과가 있다는 의미이다.

2 시간계획 작성의 순서

(1) 명확한 목표 설정

(2) 일의 우선순위 판단(Stenphen R. Covey)

중요성	결과와 연관되는 사명과 가치관, 목표에 기여하는 정도
긴급성	즉각적인 처리가 요구되고 눈앞에 보이며, 심리적으로 압박감을 주는 정도

	긴급함	긴급하지 않음
중요함	Ⅰ 긴급하면서 중요한 일 • 위기상황 • 급박한 문제 • 기간이 정해진 프로젝트	Ⅱ 긴급하지 않지만 중요한 일 • 예방 생산 능력 활동 • 인간관계 구축 • 새로운 기회 발굴 • 중장기 계획, 오락
중요하지 않음	Ⅲ 긴급하지만 중요하지 않은 일 • 잠깐의 급한 질문 • 일부 보고서 및 회의 • 눈앞의 급박한 상황 • 인기 있는 활동	Ⅳ 긴급하지 않고 중요하지 않은 일 • 바쁜 일, 하찮은 일 • 우편물, 전화 • 시간낭비거리 • 즐거운 활동

(3) 예상 소요 시간 결정

모든 일의 자세한 계산을 할 필요는 없으나, 규모가 크거나 힘든 일의 경우에는 정확한 소요 시간을 계산하여 결정하는 것이 효과적이다.

(4) 시간 계획서 작성

해야 할 일의 우선순위와 소요 시간을 바탕으로 작성하며 간단한 서식, 일정관리 소프트웨어 등 다양한 도구를 활용할 수 있다.

3 60 : 40의 법칙

계획된 행동(60%)	계획 외의 행동(20%)	자발적 행동(20%)

◀── 총 시간 ──▶

02 예산자원관리

1 예산자원관리의 의의

(1) 예산자원관리의 의미

아무리 예산을 정확하게 수립하였다 하더라도 활동이나 사업을 진행하는 과정에서 계획에 따라 적절히 관리하지 않으면 아무런 효과가 없다. 따라서 활동이나 사업에 소요되는 비용을 산정하고, 예산을 편성하는 것뿐만 아니라 예산을 통제하는 과정이 필요하며, 이 과정을 예산자원관리라 한다.

(2) 예산자원관리의 필요성

예산자원관리는 이용 가능한 예산을 확인하고, 어떻게 사용할 것인지 계획하여 그 계획대로 사용하는 능력을 의미하며, 최소의 비용으로 최대의 효과를 얻기 위해 요구된다.

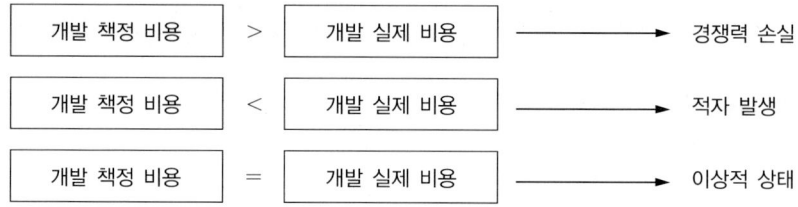

(3) 예산책정의 원칙

개발 책정 비용	>	개발 실제 비용	→	경쟁력 손실
개발 책정 비용	<	개발 실제 비용	→	적자 발생
개발 책정 비용	=	개발 실제 비용	→	이상적 상태

2 예산의 구성요소

(1) 직접비용

간접비용에 상대되는 용어로, 제품 생산 또는 서비스를 창출하기 위해 직접 소비된 것으로 여겨지는 비용을 말한다.

예 재료비, 원료와 장비, 시설비, 여행경비 및 잡비, 인건비 등

(2) 간접비용

제품을 생산하거나 서비스를 창출하기 위해 소비된 비용 중에서 직접비용을 제외한 비용으로, 제품 생산에 직접 관련되지 않은 비용을 말한다.

예 보험료, 건물관리비, 광고비, 통신비, 사무비품비, 각종 공과금 등

03 물적자원관리

1 물적자원관리의 의의

(1) 물적자원의 종류

- 직접비용 : 컴퓨터 구입비, 빔 프로젝터 대여료, 인건비, 출장 교통비, 건물 임대료 등
- 간접비용 : 보험료, 건물관리비, 광고비, 통신비 등

(2) 물적자원 활용의 방해요인

- 보관 장소를 파악하지 못하는 경우
- 훼손된 경우
- 분실한 경우
- 분명한 목적 없이 물건을 구입한 경우

04 인적자원관리

1 인적자원관리의 의의

(1) 인적자원관리의 의미

• 기업이 필요한 인적자원을 조달・확보・유지・개발하여 경영조직 내에서 구성원들이 능력을 최고로 발휘하게 하는 것
• 근로자 스스로가 자기만족을 얻게 하는 동시에 경영 목적을 효율적으로 달성하게끔 관리하는 것

(2) 효율적이고 합리적인 인사관리 원칙

구분	내용
적재적소 배치의 원칙	해당 직무 수행에 가장 적합한 인재를 배치해야 함
공정 보상의 원칙	근로자의 인권을 존중하고 공헌도에 따라 노동의 대가를 공정하게 지급해야 함
공정 인사의 원칙	직무 배당・승진・상벌・근무 성적의 평가・임금 등을 공정하게 처리해야 함
종업원 안정의 원칙	직장에서 신분이 보장되고 계속해서 근무할 수 있다는 믿음을 갖게 하여 근로자가 안정된 회사 생활을 할 수 있도록 해야 함
창의력 계발의 원칙	근로자가 창의력을 발휘할 수 있도록 새로운 제안・건의 등의 기회를 마련하고, 적절한 보상을 하여 인센티브를 제공해야 함
단결의 원칙	직장 내에서 구성원들이 소외감을 갖지 않도록 배려하고, 서로 유대감을 가지고 협동・단결하는 체제를 이루도록 해야 함

CHAPTER

05 조직이해능력

01 조직이해

1 조직과 조직이해

(1) 조직의 기능

경제적 기능	재화나 서비스를 생산함
사회적 기능	조직 구성원들에게 만족감을 주고 협동을 지속시킴

(2) 조직의 유형

구분	기준	유형	설명
조직	공식성	공식조직	조직의 규모・기능・규정이 조직화된 조직
		비공식조직	인간관계에 따라 형성된 자발적 조직
	영리성	영리조직	예 사기업
		비영리조직	예 정부조직, 병원, 대학, 시민단체
	조직 규모	소규모조직	예 가족 소유의 상점
		대규모조직	예 대기업

2 조직의 변화

(1) 조직 변화의 과정

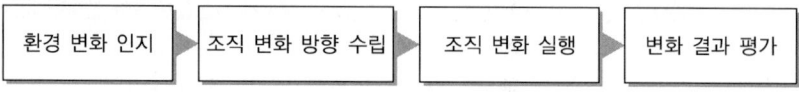

환경 변화 인지 → 조직 변화 방향 수립 → 조직 변화 실행 → 변화 결과 평가

(2) 조직 변화의 유형

제품 · 서비스의 변화	기존 제품과 서비스의 문제점을 인식하고 고객의 요구에 부응하기 위한 것으로, 고객을 늘리거나 새로운 시장을 확대하기 위해 변화함
전략 · 구조의 변화	조직의 목적 달성과 효율성 제고를 위해 조직 구조 · 경영 방식 · 각종 시스템 등을 개선함
기술의 변화	새로운 기술을 도입하는 것으로, 신기술이 발명되었을 때나 생산성을 높이기 위해 변화함
문화의 변화	구성원들의 사고방식 · 가치체계를 변화시키는 것으로, 조직의 목적과 일치시키기 위해 문화를 유도함

02 경영이해

1 경영의 4요소

경영 목적	조직의 목적을 어떤 과정과 방법을 통해 수행할 것인가를 제시함
조직 구성원	조직에서 일하고 있는 임직원으로, 이들의 역량과 직무 수행능력에 따라 경영 성과가 달라짐
자금	경영 활동에 사용할 수 있는 돈으로, 이윤 추구를 목적으로 하는 사기업에서 자금은 새로운 이윤을 창출하는 기초가 됨
경영 전략	기업 내 모든 인적 · 물적 자원을 경영 목적을 달성하기 위해 조직화하고, 이를 실행에 옮겨 경쟁우위를 달성하는 일련의 방침 및 활동

2 의사결정과정

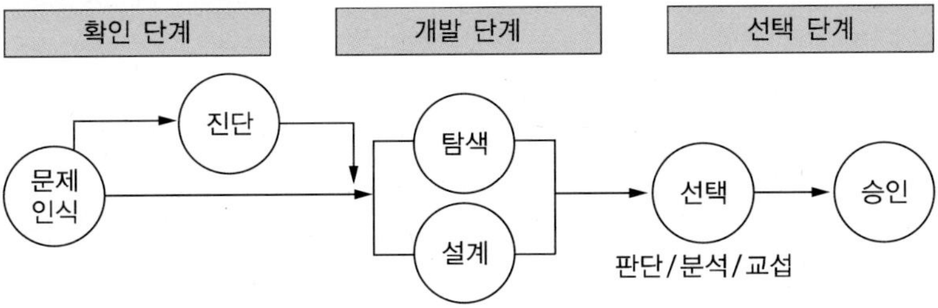

3 본원적 경영 전략

원가우위 전략	• 원가를 절감해 해당 산업에서 우위를 점하는 전략 • 대량생산을 통해 원가를 낮추거나 새로운 생산 기술을 개발해야 함
차별화 전략	• 생산품과 서비스를 차별화해 고객에게 가치 있게 인식되도록 하는 전략 • 연구·개발·광고를 통해 기술·품질·서비스·브랜드 이미지를 개선해야 함
집중화 전략	• 특정 시장과 고객에게 한정된 전략 • 경쟁 조직들이 소홀히 하고 있는 시장을 집중적으로 공략함

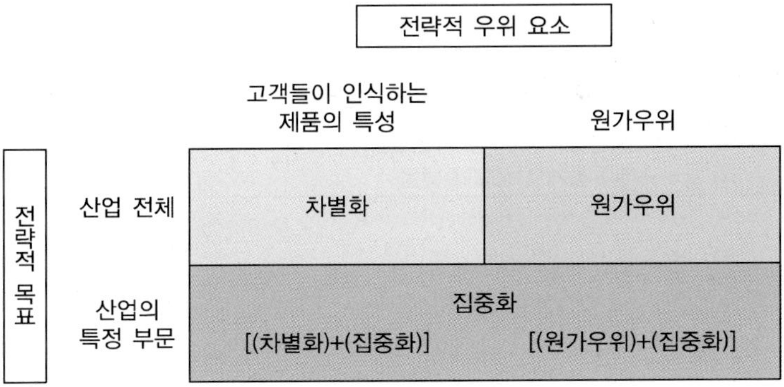

03 체제이해

1 조직 구조의 결정 요인

전략	• 조직의 목적을 달성하기 위해 수립한 계획 • 조직이 자원을 배분하고 경쟁적 우위를 달성하기 위한 주요 방침
규모	• 대규모조직은 소규모조직에 비해 업무가 전문화·분화되어 있고 많은 규칙과 규정이 존재
기술	• 조직이 투입 요소를 산출물로 전환시키는 지식·기계·절차 등을 의미 • 소량생산 기술은 유기적 조직, 대량생산 기술은 기계적 조직과 연결
환경	• 안정적이고 확실한 환경에서는 기계적 조직, 급변하는 환경에서는 유기적 조직이 적합

2 조직 구조의 유형

기계적 조직	• 구성원들의 업무가 분명하게 정의됨 • 다수의 규칙과 규제가 존재함 • 상하 간 의사소통이 공식적인 경로를 통해 이루어짐 • 위계질서가 엄격함
유기적 조직	• 의사결정 권한이 하부 구성원들에게 많이 위임됨 • 업무가 고정되지 않고 공유가 가능함 • 비공식적인 의사소통이 원활함 • 규제나 통제의 정도가 낮음

머리말 PREFACE

농협은 농업인의 경제적 · 사회적 · 문화적 지위 향상과 국민경제의 균형 있는 발전을 위해 1961년 창립되었다. 농업인의 복지 증진과 농촌 발전의 주역으로서 그 역할을 충실히 수행하고 있으며, 농업인이 전액 출자하고 농업인 대표에 의해 운영되는 자주적 생산자 단체이다. 창립 이래 지도 · 경제 · 신용 · 공제 사업 등 다양한 사업을 추진하는 종합 농협의 면모를 갖추어 국민의 생명 창고인 농업을 지원 · 육성하고 있다.

지역농협은 인재를 채용하기 위해 인 · 적성평가 및 직무능력평가를 실시하고 있다. 인 · 적성평가란 개인의 성격이 지원한 기업과 업무에 부합하는지 객관적으로 파악 · 판단하기 위한 검사이고, 직무능력평가는 직무에 필요한 능력을 보유하고 있는지 측정하는 검사이다.

이에 시대에듀에서는 지역농협 6급 필기시험을 준비하는 수험생들이 시험에 효과적으로 대응할 수 있도록 다음과 같은 특징의 본서를 출간하게 되었다.

도서의 특징

1. 2025년 상반기 기출복원문제를 수록하여 최근 출제경향을 한눈에 파악할 수 있도록 하였다.
2. NCS 직무능력평가 출제영역별 대표기출유형과 기출응용문제를 수록하여 체계적인 학습이 가능하도록 하였다.
3. 70문항 유형/60문항 유형으로 구성된 최종점검 모의고사 4회분을 수록하여 자신의 실력을 스스로 평가할 수 있도록 하였다.
4. 지역농협 기초 상식을 수록하여 필기시험을 빈틈없이 준비하도록 하였다.
5. 지역농협 인재상과의 적합 여부를 판별할 수 있는 인 · 적성평가와 면접 기출 질문을 수록하여 한 권으로 채용 전반에 대비할 수 있도록 하였다.

끝으로 본서가 지역농협 6급 필기시험을 준비하는 여러분 모두에게 합격의 기쁨을 전달하기를 진심으로 기원한다.

SDC(Sidae Data Center) 씀

INTRODUCE

지역농협 기업분석

◇ 비전2030

비전	변화와 혁신을 통한 새로운 대한민국 농협
슬로건	희망농업, 행복농촌 농협이 만들어 간다.

◇ 핵심가치

- 국민에게 사랑받는 농협
- 농업인을 위한 농협
- 지역 농축협과 함께하는 농협
- 경쟁력 있는 글로벌 농협

◇ 혁신전략

- 농업인 · 국민과 함께 농사같이(農四價値)운동 전개
- 중앙회 지배구조 혁신과 지원체계 고도화로 농축협 중심의 농협 구현
- 디지털 기반 생산 · 유통 혁신으로 미래 농산업 선도, 농업소득 향상
- 금융부문 혁신과 디지털 경쟁력을 통해 농축협 성장 지원
- 미래 경영과 조직문화 혁신을 통해 새로운 농협으로 도약

◇ 심볼마크

「V」꼴은 「농」자의 「ㄴ」을 변형한 것으로 싹과 벼를 의미하여 농협의 무한한 발전을, 「V」꼴을 제외한 아랫부분은 「업」자의 「ㅇ」을 변형한 것으로 원만과 돈을 의미하며 협동 단결을 상징한다. 또한, 마크 전체는 「협」자의 「ㅎ」을 변형한 것으로 「ㄴ+ㅎ」은 농협을 나타내고 항아리에 쌀이 가득 담겨 있는 형상을 표시하여 농가 경제의 융성한 발전을 상징한다.

◇ 커뮤니케이션 브랜드

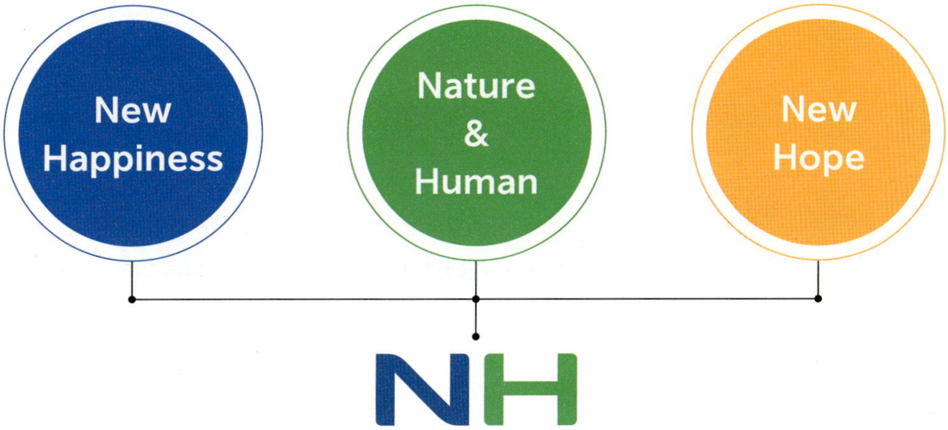

[NH]는 고객과의 커뮤니케이션을 위해 농협의 이름과는 별도로 사용되는 영문 브랜드로 미래지향적이고 글로벌한 농협의 이미지를 표현하고 있다.

지역농협 기업분석

◇ 인재상

시너지 창출가

항상 열린 마음으로 계통 간, 구성원 간에 존경과 협력을 다하여
조직 전체의 성과가 극대화될 수 있도록 시너지 제고를 위해 노력하는 인재

행복의 파트너

프로다운 서비스 정신을 바탕으로
농업인과 고객을 가족처럼 여기고 최상의 행복 가치를 위해 최선을 다하는 인재

최고의 전문가

꾸준한 자기계발을 통해 자아를 성장시키고,
유통 · 금융 등 맡은 분야에서 최고의 전문가가 되기 위해 지속적으로 노력하는 인재

정직과 도덕성을 갖춘 인재

매사에 혁신적인 자세로 모든 업무를 투명하고 정직하게 처리하여
농업인과 고객, 임직원 등 모든 이해관계자로부터 믿음과 신뢰를 받는 인재

진취적 도전가

미래지향적 도전의식과 창의성을 바탕으로 새로운 사업과 성장동력을 찾기 위해
끊임없이 변화와 혁신을 추구하는 역동적이고 열정적인 인재

◇ 농협이 하는 일

교육지원부문

농업인의 권익을 대변하고 농업 발전과 농가 소득 증대를 통해 농업인 삶의 질 향상에 도움을 주고 있다. 또한 또 하나의 마을 만들기 운동 등을 통해 농업 · 농촌에 활력을 불어넣고 농업인과 도시민이 동반자 관계로 함께 성장 · 발전하는 데 기여하고 있다.

교육지원사업 : 농 · 축협 육성 · 발전 지도, 영농 및 회원 육성 · 지도, 농업인 복지 증진, 농촌사랑 · 또 하나의 마을 만들기 운동, 농정활동 및 교육사업 · 사회공헌 및 국제 협력 활동 등

경제부문

농업인이 영농활동에 안정적으로 전념할 수 있도록 생산 · 유통 · 가공 · 소비에 이르기까지 다양한 경제사업을 지원하고 있다. 경제사업 부문은 크게 농업경제 부문과 축산경제 부문으로 나누어지며, 농축산물 판로확대, 농축산물 유통구조 개선을 통한 농가소득 증대와 영농비용 절감을 위한 사업에 주력하고 있다.

농업경제사업 : 영농자재(비료, 농약, 농기계, 면세유 등) 공급, 산지유통혁신, 도매사업, 소비지유통 활성화, 안전한 농식품 공급 및 판매

축산경제사업 : 축산물 생산 · 도축 · 가공 · 유통 · 판매사업, 축산 지도(컨설팅 등), 지원 및 개량사업, 축산기자재(사료 등) 공급 및 판매

금융부문

농협의 금융사업은 농협 본연의 활동에 필요한 자금과 수익을 확보하고, 차별화된 농업금융 서비스 제공을 목적으로 하고 있다. 금융사업은 시중 은행의 업무 외에도 NH카드, NH보험, 외국환 등의 다양한 금융 서비스를 제공하여 가정경제에서 농업경제, 국가경제까지 책임을 다해 지켜 나가는 우리나라의 대표 금융기관이다.

상호금융사업 : 농촌지역 농업금융 서비스 및 조합원 편익 제공, 서민금융 활성화

농협금융지주 : 종합금융그룹(은행, 보험, 증권, 선물 등)

INFORMATION

신규직원 채용 안내

◇ 응시자격

❶ 연령/학력/학점/어학점수 제한 없음

❷ 채용공고일 전일 기준 본인 · 부 · 모 중 1인의 주민등록상 주소지가 응시 가능 주소지 내에 있는자

※ 남자는 병역필 또는 면제자에 한함(지정일까지 병역필 가능한 자 포함)

◇ 채용절차

- 서류접수
- 자기소개서 심사

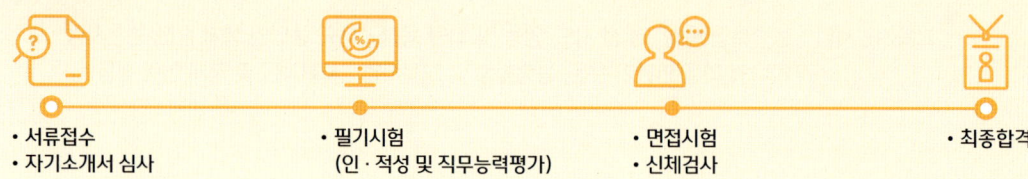

- 필기시험
  (인 · 적성 및 직무능력평가)

- 면접시험
- 신체검사

- 최종합격

◇ 필기시험

구분	영역		유형	시험시간	비고
1	인 · 적성평가		151문항/200문항/210문항 유형	25분/30분	–
2	직무능력평가	의사소통능력 수리능력 문제해결능력 자원관리능력 조직이해능력	70문항 유형	70분	5지선다
			60문항 유형	60분/70분	4지선다

◇ 시험유형

구분	채용지역	비고
60문항/60분	서울, 강원	4지선다
60문항/70분	경기, 충북, 충남 · 세종, 대전, 전북, 전남, 경북 · 대구	5지선다
70문항/70분	경남	5지선다

※ 상기 지역별 시험유형 및 시간은 2025년 상반기 필기시험을 기준으로 합니다.

❖ 자세한 채용절차는 직무별 채용방침에 따라 변경될 수 있으니 반드시 채용공고를 확인하기 바랍니다.

ANALYSIS

2025년 상반기 기출분석

총평

2025년 상반기 지역농협 6급 필기시험은 전년 대비 고난도로 출제되었다. 60문항 유형의 경우 평이한 수준으로 출제된 의사소통능력과 달리, 까다로운 문제들로 구성된 수리능력이 체감 난도를 높였다. 70문항 유형의 경우 어려웠다는 후기가 지배적이었다. 의사소통능력에서는 일반 상식을 활용한 어휘 관계 유추 문제가 지난 시험에 이어 연속적으로 출제되었다. 수 · 문자추리 문제가 두 유형에서 모두 적지 않은 비중을 차지하였으므로 해당 유형을 훈련해두는 것이 도움이 되었으리라 판단된다.

◇ 영역별 출제비중

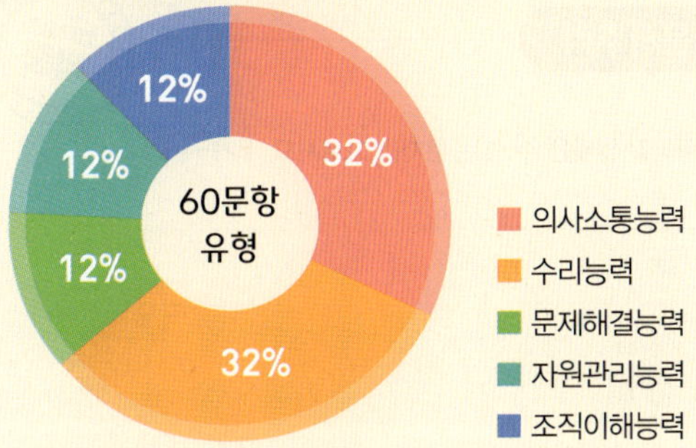

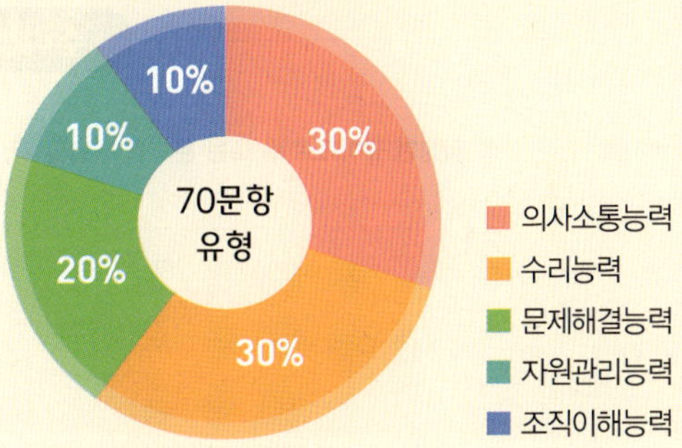

◇ 영역별 출제특징

구분	출제특징	
	60문항 유형	70문항 유형
의사소통능력	• 구분, 분류 등 유의어를 찾는 문제 • 구밀복검, 표리부동 등 한자성어 문제	• 빛과 거리, 광년 관련 지문 • 초례상, 함진아비 등을 통해 연상할 수 있는 단어를 고르는 문제
수리능력	• 알파벳을 이용한 수열 문제 • 루트 등을 활용하는 단순 계산 문제 • 예 · 적금의 만기환급금을 구하는 문제	• 알파벳을 이용한 문자추리 문제 • 자살율/행복지수 등에 대한 자료해석 문제 • 식이 성립하도록 알맞은 부호를 고르는 문제
문제해결능력	• 명제 문제 • 거짓을 말하는 사람을 고르는 문제	• 예산을 책정하는 문제 • 직 · 간접비를 구별하는 문제
자원관리능력	• 가장 효율적인 업무 수행 방식을 고르는 문제	• 예약 가능한 회의실을 고르는 문제
조직이해능력	• 부서별 업무로 옳은 것을 고르는 문제	• 흙의 날 • 농협의 슬로건, 윤리경영 등 기업 상식을 묻는 문제

주요 금융권 적중 문제

지역농협 6급

의사소통능력 ▶ 관계유추

04 다음 제시된 단어에서 공통으로 연상할 수 있는 단어로 가장 적절한 것은?

서유럽 예루살렘 탈환

① 로마
② 바티칸
③ 십자군
④ 여행

수리능력 ▶ 문자추리

※ 일정한 규칙으로 수 또는 문자를 나열할 때, 빈칸에 들어갈 알맞은 수 또는 문자를 고르시오. [21~22]

21

ㅁ ㅅ ㅅ ㅊ ㅈ ㅍ ㅋ ( )

① ㄴ
② ㅂ
③ ㅈ
④ ㅌ

자원관리능력 ▶ 품목확정

20 N회사의 A대리는 다음 주 분기종합회의를 위해 회의실을 예약하고자 한다. 회의 조건과 세미나실별 다음 주 예약현황, 세미나실별 시설현황이 다음과 같을 때, A대리가 다음 주 분기종합회의를 위해 예약 가능한 세미나실과 요일로 옳은 것은?

〈회의 조건〉

- 회의는 오후 1시부터 오후 4시 사이에 진행되어야 한다.
- 회의는 1시간 30분 동안 연이어 진행되어야 한다.
- 회의 참석자는 24명이다.
- 회의에는 빔프로젝터가 필요하다.

〈세미나실별 다음 주 예약현황〉

구분	월	화	수	목	금
본관 1세미나실	인재개발원 (10:00 ~ 15:00)			조직개발팀 (13:30 ~ 15:00)	기술전략처 (14:00 ~ 15:00)
본관 2세미나실	환경조사과 (10:00 ~ 11:30)	위기관리실 (14:00 ~ 15:00)	남미사업단 (13:00 ~ 16:00)	데이터관리과 (16:00 ~ 17:00)	–
국제관 세미나실A	–	품질보증처 (10:00 ~ 11:30)	건설기술처 (09:00 ~ 10:00)	–	성과관리과 (09:30 ~ 10:30)
국제관 세미나실B	회계세무부 (14:00 ~ 16:00)	글로벌전략실 (13:00 ~ 13:30)	내진기술실 (14:00 ~ 15:30)	글로벌전략실 (10:00 ~ 16:00)	
복지동 세미나실	경영관리실 (09:30 ~ 11:00)	–	법무실 (14:00 ~ 16:30)	–	법무실 (10:00 ~ 11:00)

하나은행

의사소통능력 ▶ 주제 · 제목찾기

2025년 적중

10 다음 글의 중심 내용으로 가장 적절한 것은?

> 칸트는 인간이 이성을 부여받은 것은 욕망에 의해 움직이지 않게 하기 위함이라고 말하면서 자신의 행복을 우선시하기보다는 도덕적인 의무를 먼저 수행해야 한다고 주장했다. 칸트의 시각에서 볼 때 행동의 도덕적 가치를 결정하는 것은 어떠한 상황에서든 모든 사람이 그 행동을 했을 때에 아무런 모순이 생기지 않아야 한다는 보편주의이다. 내가 타인을 존중하지 않으면서 타인이 나를 존중하고 도와줄 것을 기대한다면, 이는 보편주의를 위배하는 것이다. 그러므로 남이 나에게 해주길 바라는 것을 실천하는 것이 바로 도덕적 행동이라는 것이다. 따라서 도덕적 행동이 나의 이익이나 본성과 일치하지 않더라도 나는 나의 의무를 수행해야 한다고 역설했다.

① 칸트의 도덕관에 대한 비판
② 칸트가 생각하는 도덕적 행동

수리능력 ▶ 도형

2025년 적중

41 다음 삼각형의 면적은?

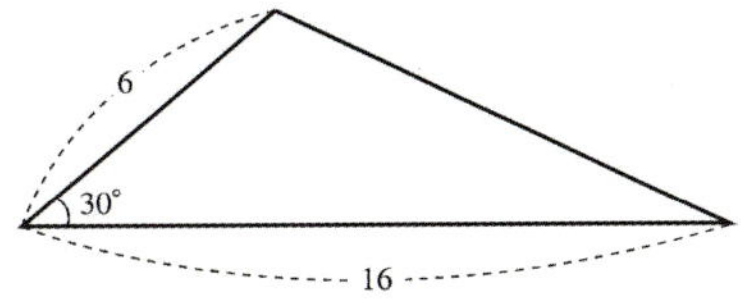

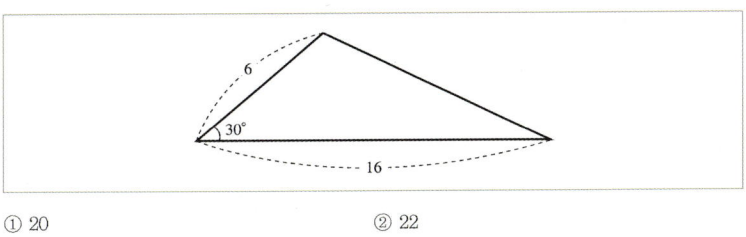

① 20　　② 22
③ 24　　④ 54

문제해결능력 ▶ 문제처리

2025년 적중

62 H은행은 행원들의 체력증진 및 건강개선을 위해 운동 프로그램을 운영하고자 한다. 해당 프로그램을 운영할 업체는 행원들을 대상으로 한 사전조사 결과를 바탕으로 결정된다. 다음 〈조건〉에 따라 업체를 선정할 때, A ~ D업체 중 최종적으로 선정될 업체는?

〈후보 업체 사전조사 결과〉

구분	프로그램	흥미 점수	건강증진 점수
A업체	집중GX	5점	7점
B업체	필라테스	7점	6점
C업체	자율 웨이트	5점	5점
D업체	근력운동	6점	4점

조건

- H은행은 전 행원을 대상으로 후보 업체들에 대한 사전조사를 하였다. 각 후보 업체에 대한 흥미 점수와 건강증진 점수는 전 행원이 10점 만점으로 부여한 점수의 평균값이다.
- 흥미 점수와 건강증진 점수를 2 : 3의 가중치로 합산하여 1차 점수를 산정하고, 1차 점수가 높은 후보 업체 3개를 1차 선정한다.

TEST CHECK

주요 금융권 적중 문제

신한은행

의사소통능력 ▶ 주제 · 제목찾기

2025년 적중

32 다음 글의 중심 내용으로 가장 적절한 것은?

> 발전된 산업 사회는 인간을 단순한 수단으로 지배하기 위해 새로운 수단을 발전시키고 있다. 여러 사회 과학과 심층 심리학이 이를 위해 동원되고 있다. 목적이나 이념의 문제를 배제하고 가치 판단으로부터의 중립을 표방하는 사회 과학들은 인간 조종을 위한 기술적 · 합리적인 수단을 개발해 대중 지배에 이바지한다. 마르쿠제는 이런 발전된 산업 사회에서의 도구화된 지성을 비판하면서 이것을 '현대인의 일차원적 사유'라고 불렀다. 비판과 초월을 모르는 도구화된 사유라는 것이다.
> 발전된 산업 사회는 이처럼 사회 과학과 도구화된 지성을 동원해 인간을 조종하고 대중을 지배할 뿐만 아니라 향상된 생산력을 통해 인간을 매우 효율적으로 거의 완전하게 지배한다. 즉, 발전된 산업 사회는 높은 생산력을 통해 늘 새로운 수요들을 창조하고, 모든 선전 수단을 동원하여 이러한 새로운 수요들을 인간의 삶을 위해 불가결한 것으로 만든다. 그리하여 인간이 새로운 수요들을 지향

수리능력 ▶ 자료추론

2025년 적중

42 다음은 엔화 대비 원화 환율과 달러화 대비 원화 환율 추이 자료이다. 이에 대한 〈보기〉의 설명 중 옳은 것을 모두 고르면?

〈원/엔 환율 추이〉

〈원/달러 환율 추이〉

문제해결능력 ▶ 참 · 거짓

2025년 적중

53 다음 다섯 사람이 얘기를 하고 있다. 이 중 두 사람은 진실만을 말하고, 세 사람은 거짓만을 말하고 있다. 지훈이 거짓을 말할 때, 진실만을 말하는 사람을 짝지은 것은?

> • 동현 : 정은이는 지훈이와 영석이를 싫어해.
> • 정은 : 아니야. 난 둘 중 한 사람은 좋아해.
> • 선영 : 동현이는 정은이를 좋아해.
> • 지훈 : 선영이는 거짓말만 해.
> • 영석 : 선영이는 동현이를 싫어해.
> • 선영 : 맞아. 그런데 정은이는 지훈이와 영석이 둘 다 좋아해.

① 동현, 선영 ② 정은, 영석

KB국민은행

의사소통능력 ▶ 비판 · 반박하기

2025년 적중

09 다음 중 ㉠의 입장에서 호메로스의 『일리아스』를 비판한 내용으로 적절하지 않은 것은?

> 기원전 5세기, 헤로도토스는 페르시아 전쟁에 대한 책을 쓰면서 『역사(Historiai)』라는 제목을 붙였다. 이 제목의 어원이 되는 'histor'는 원래 '목격자', '증인'이라는 뜻의 법정 용어였다. 이처럼 어원상 '역사'는 본래 '목격자의 증언'을 뜻했지만, 헤로도토스의 『역사』가 나타난 이후 '진실의 탐구' 혹은 '탐구한 결과의 이야기'라는 의미로 바뀌었다.
> 헤로도토스 이전에는 사실과 허구가 뒤섞인 신화와 전설, 혹은 종교를 통해 과거에 대한 지식이 전수되었다. 특히 고대 그리스인들이 주로 과거에 대한 지식의 원천으로 삼은 것은 『일리아스』였다. 『일리아스』는 기원전 9세기의 시인 호메로스가 오래전부터 구전되어 온 트로이 전쟁에 대해 읊은 서사시이다. 이 서사시에서는 전쟁을 통해 신들, 특히 제우스 신의 뜻이 이루어진다고 보았다. 헤로도토스는 바로 이런 신화적 세계관에 입각한 서사시와 구별되는 새로운 이야기 양식을 만들어 내고자 했다. 즉, 헤로도토스는 가까운 과거에 일어난 사건의 중요성을 인식하고, 이를 직접 확인 · 탐구하여 인과적 형식으로 서술함으로써 역사라는 새로운 분야를 개척한 것이다.
> 『역사』가 등장한 이후, 사람들은 역사 서술의 효용성이 과거를 통해 미래를 예측하게 하여 후세인(後世人)에게 교훈을 주는 데 있다고 인식하게 되었다. 이러한 인식에는 한 번 일어났던 일이 마치 계절처럼 되풀이하여 다시 나타난다는 순환 사관이 바탕에 깔려 있다. 그리하여 오랫동안 역사는 사람을 올바르고 지혜롭게 가르치는 '삶의 학교'로 인식되었다. 이렇게 교훈을 주기 위해서는 과거에 대한 서술이 정확하고 객관적이어야 했다.
> 물론 모든 역사가가 정확성과 객관성을 역사 서술의 우선적 원칙으로 앞세운 것은 아니다. 오히려 헬레니즘과 로마 시대의 역사가들 중 상당수는 수사학적인 표현으로 독자의 마음을 움직이는 것을 목표로 하는 역사 서술에 몰두하였고, 이런 경향은 중세 시대에도 어느 정도 지속되었다. 이들은 이야기를 감동적이고 설득력 있게 쓰는 것이 사실을 객관적으로 기록하는 것보다 더 중요하다고 보

문제해결능력 ▶ 명제

2025년 적중

16 제시된 명제가 모두 참일 때, 빈칸에 들어갈 명제로 가장 적절한 것은?

> • 어휘력이 좋지 않으면 책을 많이 읽지 않은 것이다.
> • 글쓰기 능력이 좋지 않으면 어휘력이 좋지 않은 것이다.
> • ______________________________

① 글쓰기 능력이 좋으면 어휘력이 좋은 것이다.
② 책을 많이 읽지 않으면 어휘력이 좋지 않은 것이다.
③ 어휘력이 좋지 않으면 글쓰기 능력이 좋지 않은 것이다.
④ 글쓰기 능력이 좋지 않으면 책을 많이 읽지 않은 것이다.

수리능력 ▶ 거리 · 속력 · 시간

2025년 적중

32 일정한 속력으로 달리는 기차가 길이 480m인 터널을 완전히 통과하는 데 걸리는 시간이 36초이고 같은 속력으로 길이 600m인 철교를 완전히 통과하는 데 걸리는 시간이 44초일 때, 기차의 속력은?

① 15m/s ② 18m/s
③ 20m/s ④ 24m/s

STRUCTURES

도서 200% 활용하기

2025년 상반기 기출복원문제로 출제경향 파악

2025년 상반기 기출복원문제

※ 정답 및 해설은 기출복원문제 바로 뒤 p.022에 있습니다.

01 70문항 유형

01 다음 중 나머지 단어들과 유의 관계가 아닌 것은?

① 보강(補強) ② 보충(補充)
③ 강화(強化) ④ 보우(保佑)
⑤ 보완(補完)

※ 다음 제시된 단어의 대응 관계로 볼 때, 빈칸에

02

가뭄 : 관가

① 파리
③ 자연
⑤ 질병

03

저울 : 무게

① 지구
③ 항해
⑤ 자기장

02 60문항 유형

01 다음 글의 빈칸 ㉠～㉢에 들어갈 단어를 바르게 짝지은 것은?

• 최근 기성복에서 성별에 따른 ㉠ 이 사라지고 있다.
• 교통사고를 유형별로 ㉡ 한 결과가 잘못 발표됐다.
• 자본과 기술을 ㉢ 하여 이익을 극대화하는 방안을 모색했다.

	㉠	㉡	㉢
①	구분	분리	조합
②	구분	분류	결합
③	구별	분리	결합
④	구별	분류	결합

02 다음 중 밑줄 친 단어의 표기가 옳지 않은 것은?

① 널빤지로 궤짝을 짰다.
② 그는 쥐꼬리만 한 수입으로 근근이 살아간다.
③ 어짜피 죽을 바엔 밥이라도 배불리 먹고 싶다.
④ 우리는 오래전부터 가족들끼리도 익히 알고 지내는 사이이다.

03 다음 중 밑줄 친 단어의 표기가 옳은 것은?

① 이렇게 큰 상을 받게 되니 감사하면서도 겸연적다.
② 그 사람의 체면을 봐주다가 욕을 곱빼기로 얻어먹었다.
③ 주인공의 맛갈나는 연기가 시청자들의 눈길을 사로잡았다.
④ 차가운 바닥에 거적대기를 깔고 앉아 있는 모습이 안쓰러웠다.

▸ 2025년 4월 20일에 시행된 지역농협 6급 필기시험의 기출복원문제를 수록하였다.
▸ 70문항 유형과 60문항 유형으로 구분하여 유형별 최근 출제경향을 파악할 수 있도록 하였다.

대표기출유형&기출응용문제로 영역별 체계적 학습

대표기출유형

01 어법 · 맞춤법

| 유형분석 |

- 주어진 문장이나 지문에서 잘못 쓰인 단어 · 표현을 바르게 고칠 수 있는지 평가한다.
- 띄어쓰기, 동의어 · 유의어 · 다의어 또는 관용적 표현 등을 찾는 문제가 출제될 가능성이 있다.

다음 밑줄 친 단어 중 문맥상 쓰임이 옳지 않은 것은?

① 어려운 문제의 답을 맞혀야 높은 점수를 받을 수 있다.
② 공책에 선을 반듯이 긋고 그 선에 맞춰 글을 쓰
③ 생선을 간장에 10분 동안 졸이면 요리가 완성된
④ 미안하지만 지금은 바쁘니까 이따가 와서 얘기해
⑤ 그는 손가락으로 남쪽을 가리켰다.

정답 ③

'졸이다'는 '찌개를 졸이다.'와 같이 국물의 양을 적어지게 하는
따위를 국물에 넣고 바짝 끓여서 양념이 배어들게 하다.'의 의미
사용되어야 한다.

오답분석

① 맞히다 : 문제에 대한 답을 틀리지 않게 하다. / 맞추다 :
② 반듯이 : 비뚤어지거나 기울거나 굽지 않고 바르게 / 반드시
④ 이따 : 조금 지난 뒤에 / 있다 : 어느 곳에서 떠나거나 벗어
⑤ 가리키다 : 손가락 따위로 어떤 방향이나 대상을 집어서 보
가르치다 : 지식이나 기능, 이치 따위를 깨닫게 하거나 익히

유형풀이 Tip

- 일상생활 속에서 자주 틀리는 맞춤법을 자연스럽게 터득할
- 신문, 사설 등 독서 습관을 들여 맞춤법 및 올바른 표현에

4 • 지역농협 6급

대표기출유형 01 기출응용문제

01 다음 중 제시된 문장에서 사용되지 않는 단어는?

- 농산물 수입 개방으로 외국산 농산물이 국내 시장에 _____되었다.
- 행사를 위해 모든 차량의 _____을 막았다.
- 영세 자영업자들은 단기 자금 _____에 많은 어려움을 겪고 있다.
- ㅇㅇ고속도로의 _____은 지역 간 이동시간을 대폭 감소시키는 효과를 가져왔다.

① 소통 ② 개통
③ 융통 ④ 유통
⑤ 정통

PART 1

Easy

02 다음 중 밑줄 친 부분의 띄어쓰기가 옳은 것은?

① 철수가 떠난지가 한 달이 지났다.
② 드실 수 있는만큼만 가져가 주십시오.
③ 그녀가 사는 데는 회사에서 한참 멀다.
④ 비가 올 것 같은 데 우산을 챙겨가야지.
⑤ KTX를 타면 서울과 목포간에 3시간이 걸린다.

03 다음 중 밑줄 친 부분의 맞춤법이 옳지 않은 것은?

① 그는 입술을 지그시 깨물었다.
② 왠일로 선물까지 준비했는지 모르겠다.
③ 그는 목이 메어 한동안 말을 잇지 못했다.
④ 어제는 종일 아이를 치다꺼리하느라 잠시도 쉬지 못했다.
⑤ 노루가 나타난 것은 나무꾼이 도끼로 나무를 베고 있을 때였다.

CHAPTER 01 의사소통능력 • 5

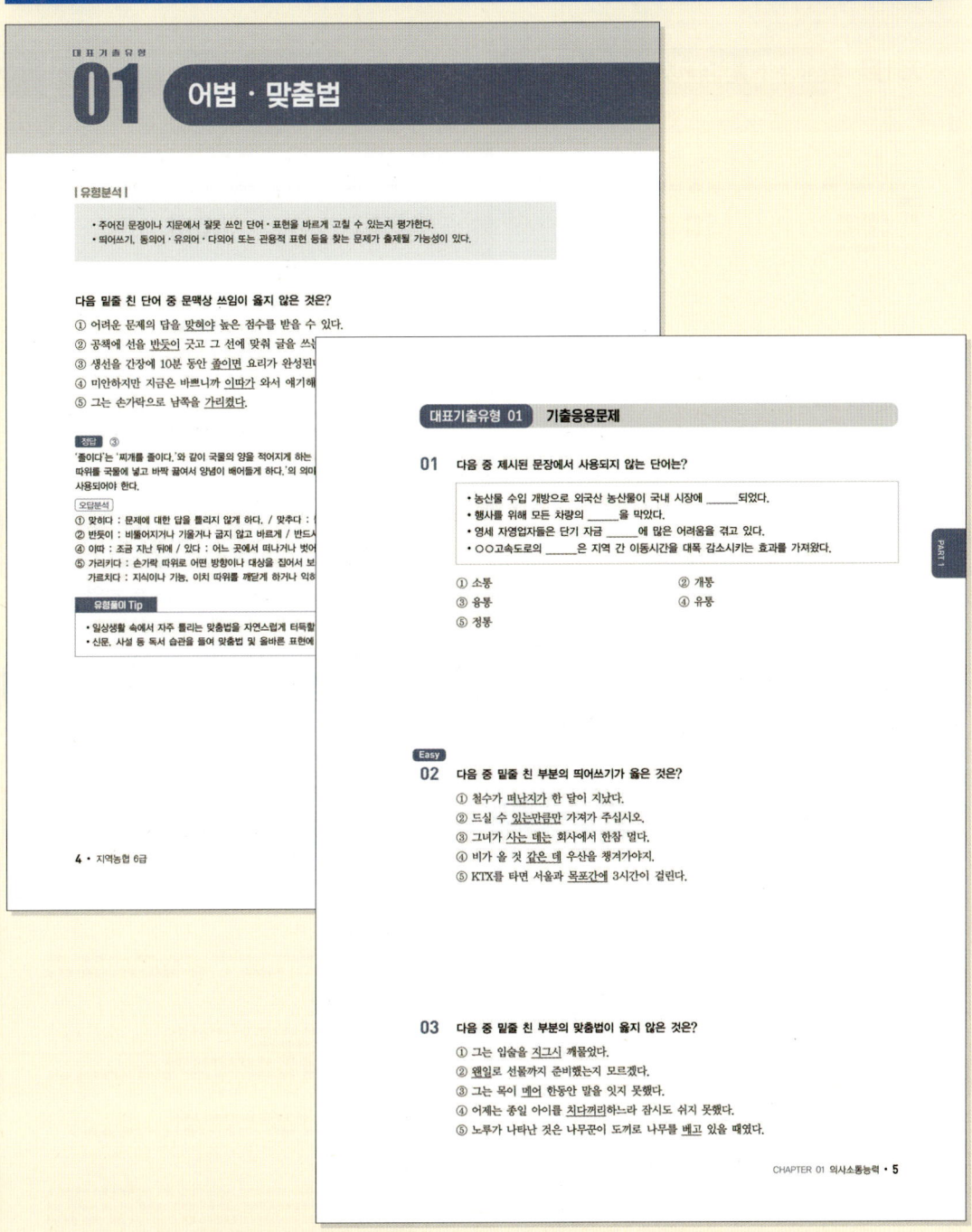

▶ '의사소통 · 수리 · 문제해결 · 자원관리 · 조직이해능력'의 대표기출유형과 기출응용문제를 수록하였다.

▶ 출제영역별 유형분석과 유형풀이 Tip을 통해 혼자서도 체계적인 학습이 가능하도록 하였다.

STRUCTURES

도서 200% 활용하기

최종점검 모의고사로 실전 연습

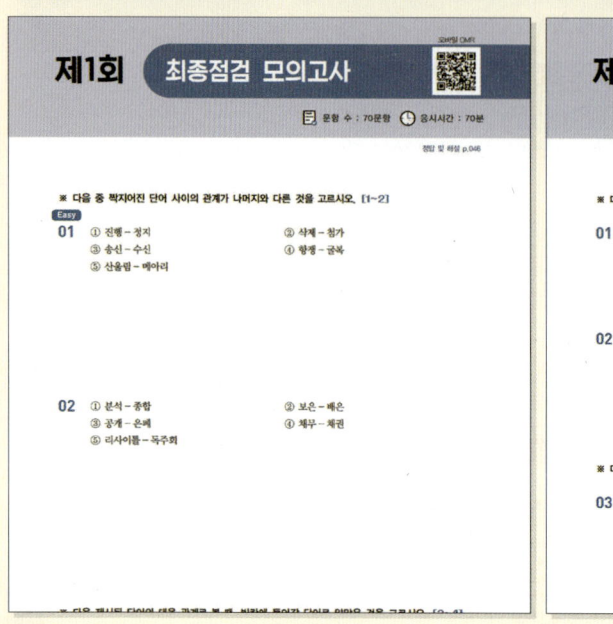

모바일 OMR

제1회 최종점검 모의고사

문항 수 : 70문항　응시시간 : 70분

정답 및 해설 p.046

※ 다음 중 짝지어진 단어 사이의 관계가 나머지와 다른 것을 고르시오. [1~2]

Easy

01 ① 진행 – 정지　② 삭제 – 첨가
③ 송신 – 수신　④ 항쟁 – 굴복
⑤ 산울림 – 메아리

02 ① 분석 – 종합　② 보은 – 배은
③ 공개 – 은폐　④ 채무 – 채권
⑤ 리사이틀 – 독주회

모바일 OMR

제3회 최종점검 모의고사

문항 수 : 70문항　응시시간 : 70분

정답 및 해설 p.076

※ 다음 짝지어진 단어 사이의 관계가 나머지와 다른 하나를 고르시오. [1~2]

01 ① 가새 – 가위　② 지슬 – 감자
③ 쇳대 – 열쇠　④ 채비 – 차비

02 ① 견사 – 비단　② 오디 – 뽕잎
③ 콩 – 두부　④ 포도 – 와인

※ 다음 제시된 단어의 대응 관계로 볼 때, 빈칸에 들어갈 단어로 알맞은 것을 고르시오. [3~4]

03 (　) : 뿌리 = 연필 : 연필심

① 줄기　② 토양
③ 공기　④ 나무

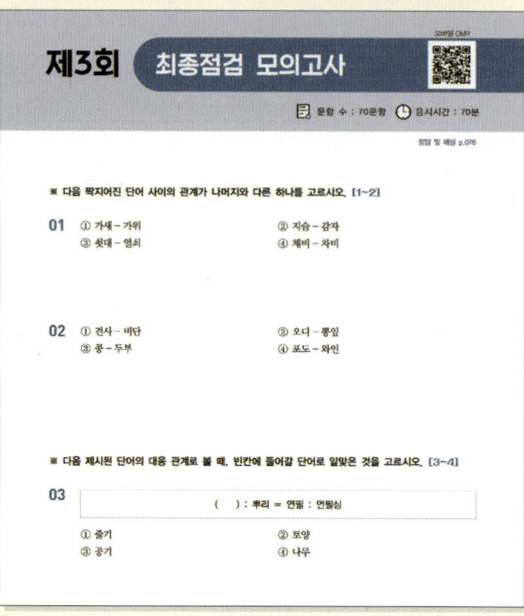

▸ 70문항 유형과 60문항 유형의 최종점검 모의고사로 실제 시험처럼 최종 마무리 연습을 할 수 있도록 하였다.

지역농협 기초 상식까지 완벽 준비

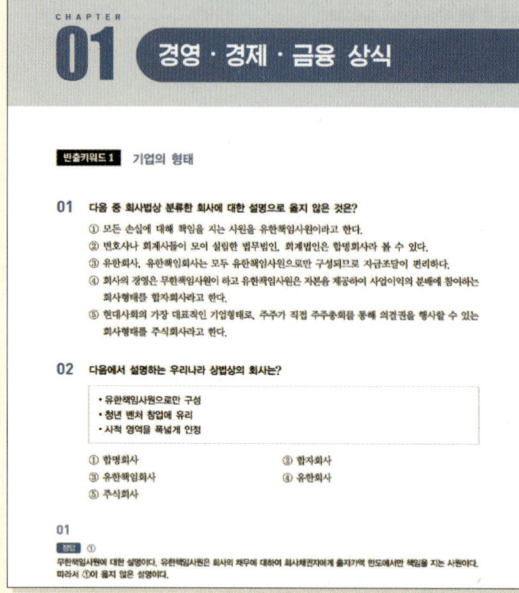

CHAPTER 01 **경영 · 경제 · 금융 상식**

빈출키워드 1　기업의 형태

01 다음 중 회사법상 분류한 회사에 대한 설명으로 옳지 않은 것은?
① 모든 손실에 대해 책임을 지는 사원을 유한책임사원이라고 한다.
② 변호사나 회계사들이 모여 설립한 법무법인, 회계법인은 합명회사라 볼 수 있다.
③ 유한회사, 유한책임회사는 모두 유한책임사원으로만 구성되므로 자금조달이 편리하다.
④ 회사의 경영은 무한책임사원이 하고 유한책임사원은 자본을 제공하여 사업이익의 분배에 참여하는 회사형태를 합자회사라고 한다.
⑤ 현대사회의 가장 대표적인 기업형태로, 주주가 직접 주주총회를 통해 의결권을 행사할 수 있는 회사형태를 주식회사라고 한다.

02 다음에서 설명하는 우리나라 상법상의 회사는?

• 유한책임사원으로만 구성
• 청년 벤처 창업에 유리
• 사적 영역을 폭넓게 인정

① 합명회사　② 합자회사
③ 유한책임회사　④ 유한회사
⑤ 주식회사

01
정답 ①
무한책임사원에 대한 설명이다. 유한책임사원은 회사의 채무에 대하여 회사채권자에게 출자가액 한도에서만 책임을 지는 사원이다. 따라서 ①이 옳지 않은 설명이다.

CHAPTER 02 **지역농협 상식**

01 협동조합

1. 협동조합의 개념

(1) **개념** : 국제협동조합연맹은 협동조합을 '공동으로 소유하고 민주적으로 운영되는 사업체를 통해 공동의 경제 · 사회 · 문화적 필요와 욕구를 충족시키고자 하는 사람들이 자발적으로 결성한 자율적인 인적 결합체'라고 정의한다.

(2) **원칙**
① 사업의 목적이 영리에 있지 않고 조합원 간의 상호부조에 있다.
② 조합원의 가입과 탈퇴가 자유로워야 한다.
③ 조합원은 출자액과 상관없이 1인 1표의 평등한 의결권을 갖는다.
④ 잉여금을 조합원에게 분배할 때에는 출자액의 크기와 상관없이 조합사업의 이용 분량에 따라 나눈다.

(3) **세계의 협동조합**
① 프랑스의 협동조합은 전 세계 협동조합 매출의 28%를 차지한다.
② 미국의 AP통신과 선키스트, 스페인의 축구클럽 FC바르셀로나 등이 대표적인 협동조합이다.

2. 협동조합의 역사

(1) **로치데일 협동조합** : 세계 최초의 협동조합으로 1844년에 설립되었다. 산업혁명과 함께 영국의 자본주의가 급속하게 발달하면서 자본가들의 횡포에 노동자들이 생활에 어려움을 겪자 이를 해결하기 위해 만들어진 협동조합이다. 공업도시인 로치데일 직물공장의 노동자 27명이 1년에 1파운드씩을 출자하여 생필품인 밀이나 버터 등을 공동으로 구입하기 위한 점포를 만들기 위해 설립되었다. 이들은 운영원칙도 만들었는데, 1인 1표제, 정치 및 종교상의 중립, 조합에 의한 교육, 이자의 제한 및 신용거래 금지, 구매액에 따른 배당, 시가 판매 등이었다. 현재는 4,500개의 도매점과 700만 명이 넘는 회원을 가진 세계 최대의 소비자협동조합이다.

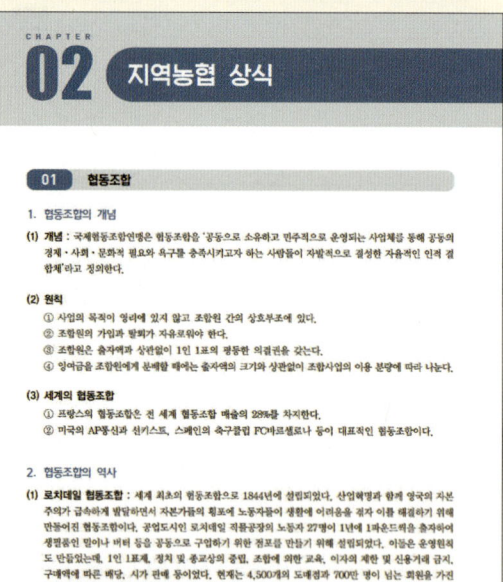

▸ 경영 · 경제 · 금융 상식/지역농협 상식/은행업무 일반 상식을 수록하여 필기시험을 완벽히 준비하도록 하였다.

Easy&Hard로 난이도별 시간 분배 연습

※ 다음 중 짝지어진 단어 사이의 관계가 나머지와 다른 것을 고르시오. [4~5]

04 ① 눈 – 홍채 – 각막 ② 나무 – 잎 – 뿌리
③ 귀 – 달팽이관 – 고막 ④ 자동차 – 핸들 – 바퀴
⑤ 에어컨 – 선풍기 – 부채

05 ① 강연 – 강의 – 연설 ② 실험 – 테스트 – 검사
③ 이파리 – 잎 – 잎사귀 ④ 태풍 – 엘니뇨 – 허리케인
⑤ 미풍 – 산들바람 – 연풍

Easy **06** 단어에서 공통으로 연상할 수 있는 단어로 가장 적절한 것을 고르시오. [6~7]

가을 화투 붉다

① 매화 ② 난초
③ 단풍 ④ 모란
⑤ 솔

Hard **39** N은행의 보험상품인 노란우산에 대한 자료이다. 빈칸 A, B, C에 들어갈 내용을 바르게 것은?

〈노란우산〉

• 상품설명
소기업·소상공인이 폐업이나 노령 등의 생계위협으로부터 생활의 안정을 기하고, 사업재기의 기회를 얻을 수 있도록 중소기업협동조합법 제115조에 따라 중소기업중앙회가 관리 운용하는 사업주의 퇴직금(목돈)마련을 위한 공제제도

• 상품혜택
– 연간 최대 500만 원 소득공제
– 납입부금에 대해 연간 최대 500만 원 소득공제 혜택을 부여하므로 세 부담 높은 사업자의 절세 전략으로 탁월

구분	사업(또는 근로) 소득금액	최대소득공제한도	예상세율	최대절세효과
개인·법인	4천만 원 이하	(A)	6.6 ~ 16.5	330,000원~825,000원
개인	4천만 원 초과 1억 원 이하	300만 원	16.5 ~ 38.5	(B)
법인	4천만 원 초과 5,675만 원 이하			
개인	1억 원 초과	200만 원	(C)	770,000 ~ 924,000원

※ 위 예시는 노란우산 소득공제만 받았을 경우의 예상 절세효과 금액임
※ 2018년 종합소득세율(지방소득세 포함) 적용 시 절세효과이며, 세법 제·개정에 따라 변경될 수 있음
※ 법인대표자는 총급여 약 7천만 원(근로소득금액 5,675만 원)초과 시 근로소득금액에서 소득공제를 받을 수 없음
※ 부동산임대업소득은 소득공제를 받을 수 없음

① A : 450만 원
② B : 495,000 ~ 1,135,000원
③ C : 37.5 ~ 43.2%
④ C : 38.5 ~ 46.2%

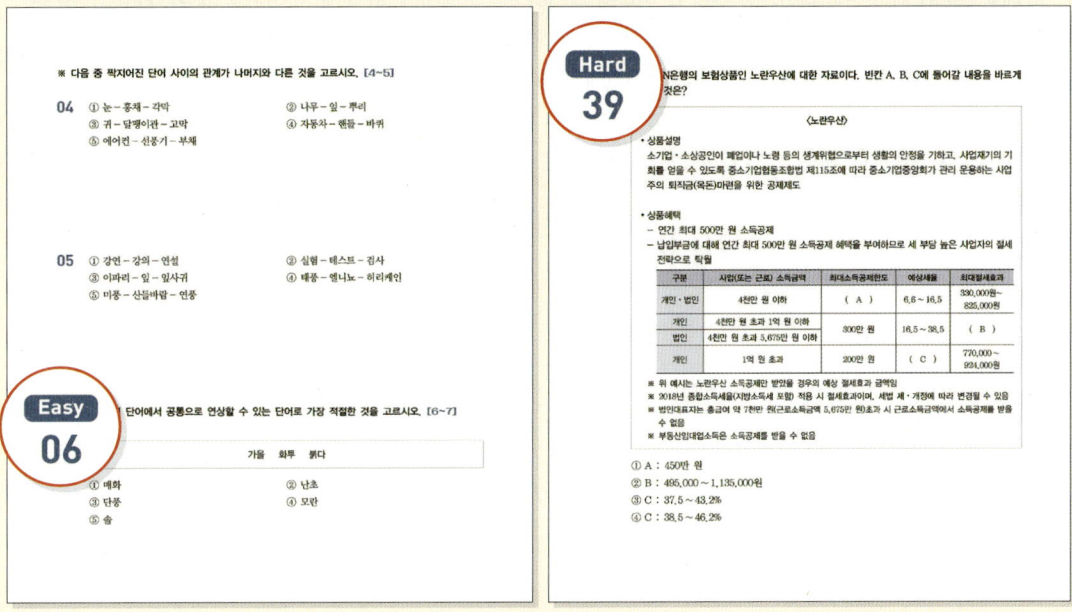

▸ Easy&Hard 표시로 문제별 난이도에 따라 시간을 적절하게 분배하여 풀이하는 연습이 가능하도록 하였다.

인·적성평가&면접까지 한 권으로 대비

PART 3 인·적성평가

01 개요

1. 인·적성평가의 의의

인·적성평가는 1943년 미국 미네소타 대학교의 임상심리학자 Hathaway 박사와 정신과 의사 Mckinley 박사가 제작한 MMPI(Minnesota Multiphasic Personality Inventory)를 원형으로 한 다면적 인·적성평가를 말한다.
다면적이라 불리는 것은 여러 가지 정신적인 증상들을 동시에 측정할 수 있도록 고안되어 있기 때문이다. 풀이하자면, 개인이 가지고 있는 다면적인 성격을 많은 문항 수의 질문을 통해 수치로 나타내는 것이다. 그렇다면 성격이란 무엇인가?
성격은 일반적으로 개인 내부에 있는 특징적인 행동과 생각을 결정해 주는 정신적·신체적 체제의 역동적 조직이라고 말할 수 있으며, 환경에 적응하게 하는 개인적인 여러 가지 특징과 행동양식의 잣대라고 정의할 수 있다.
다시 말하면, 성격이란 한 개인이 환경적 변화에 적응하는 특징적인 행동 및 사고유형이라고 할 수 있으며, 인·적성평가란 그 개인의 행동 및 사고유형을 서면을 통해 수치적·언어적으로 기술하거나 예언해 주는 도구라 할 수 있다.
신규채용 또는 평가에 활용하는 인·적성평가로 MMPI 원형을 그대로 사용하는 기업도 있지만, 대부분의 기업에서는 MMPI 원형을 기준으로 연구, 조사, 정보수집, 개정 등의 과정을 통해서 자체 개발한 유형을 사용하고 있다.
인·적성평가의 구성은 여러 가지 하위 척도로 구성되어 있는데, MMPI 다면적 인·적성평가의 척도를 살펴보면 기본 척도가 8개 문항으로 구성되어 있고, 2개의 임상 척도와 4개의 타당성 척도를 포함, 총 14개 척도로 구성되어 있다.
캘리포니아 심리검사(CPI: California Psychological Inventory)의 경우는 48개 문항, 18개의 척도로 구성되어 있다.

PART 4 면접

01 지역농협 6급 면접

지역농협 6급 면접은 블라인드로 진행되어 자신의 이름이나 출신학교, 스펙 등의 공개가 불가능하다. 다대다 면접으로 진행되며 조별로 나눠서 제비뽑기로 순서를 정한다. 크게 인성 면접, 주장 면접, 상식 면접으로 나눠서 진행된다.

1. 인성 면접

인성 면접은 4 ~ 5개의 질문을 지원자들에게 돌아가면서 질문한다. 관심이 가는 지원자에게 편중된 질문을 하기보다, 모든 지원자에게 골고루 질문을 하는 편이므로 기회를 잡을 수 있도록 노력한다. 최근에는 1분 자기소개나 지원 동기 등과 같은 일반화된 질문은 생략하는 추세에 있다.

2. 주장 면접

출제되는 여러 주제 중에 하나를 골라 이를 읽고 약 3분간 자신의 주장을 전개하는 면접이다. 이를 대비하기 위해서는 최근 농협이 추진하고 있는 사업에 대한 깊이 있는 이해가 필요하며 농민신문 등을 통해 최근 농촌 이슈에 대한 관심을 가지고 있어야 한다.

3. 상식 면접

농협관련 상식이나 은행 업무, 금융관련 상식에 대한 내용이 주로 출제된다. 또한, 경제나 금융, 농업과 관련된 용어의 정의를 물어보기도 하므로 이에 대한 철저한 준비가 필요하다.

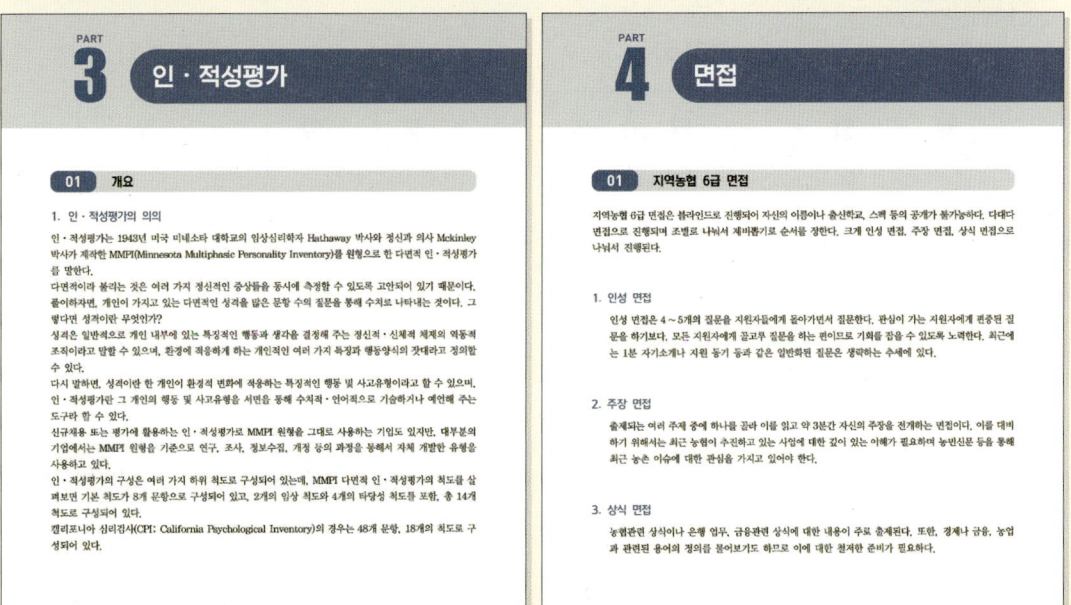

▸ 인·적성평가 모의연습과 지역농협 6급 면접 기출 질문을 통해 한 권으로 채용 전반에 대비하도록 하였다.

학습플랜

1주 완성 학습플랜

본서에 수록된 전 영역을 단기간에 끝낼 수 있도록 구성한 학습플랜이다. 한 번에 전 영역을 공부하지 않고, 한 영역을 집중적으로 공부할 수 있도록 하였다. 필기시험에 대한 기초 학습은 되어 있으나, 학습 계획 세우기에 자신이 없는 분들이나 미리 시험에 대비하지 못해 단시간에 많은 분량을 봐야 하는 수험생에게 추천한다.

ONE WEEK STUDY PLAN

Start!	1일 차 ☐	2일 차 ☐	3일 차 ☐
	____월 ____일	____월 ____일	____월 ____일

4일 차 ☐	5일 차 ☐	6일 차 ☐	7일 차 ☐
____월 ____일	____월 ____일	____월 ____일	____월 ____일

STUDY CHECK BOX

구분	1일 차	2일 차	3일 차	4일 차	5일 차	6일 차	7일 차
기출복원문제							
PART 1							
제1～2회 최종점검 모의고사							
제3～4회 최종점검 모의고사							
PART 5							
다회독							
오답분석							

스터디 체크박스 활용법

1주 완성 학습플랜에서 계획한 학습량을 어느 정도 실천하였는지 표시하여 자신의 학습량을 효율적으로 관리한다.

구분	1일 차	2일 차	3일 차	4일 차	5일 차	6일 차	7일 차
PART 1	의사소통 능력	×	×	완료			

CONTENTS

이 책의 차례

Add+

2025년 상반기 기출복원문제

※ 기출복원문제는 수험생들의 후기를 통해 시대에듀에서 복원한 문제로 실제 문제와 다소 차이가 있을 수 있으며, 본 저작물의 무단전재 및 복제를 금합니다.

2025년 상반기 기출복원문제

※ 정답 및 해설은 기출복원문제 바로 뒤 p.022에 있습니다.

01 70문항 유형

01 다음 중 나머지 단어들과 유의 관계가 아닌 것은?

① 보강(補強)
② 보충(補充)
③ 강화(強化)
④ 보우(保佑)
⑤ 보완(補完)

※ 다음 제시된 단어의 대응 관계로 볼 때, 빈칸에 들어갈 단어로 알맞은 것을 고르시오. [2~3]

02

가뭄 : 관개 = 해충 : ( )

① 파리
② 방제
③ 자연
④ 여름
⑤ 질병

03

저울 : 무게 = 나침반 : ( )

① 지구
② 방향
③ 항해
④ 회전
⑤ 자기장

※ 다음 제시된 단어에서 공통으로 연상할 수 있는 단어로 가장 적절한 것을 고르시오. [4~6]

04

초례상 함진아비 닭 폐백

① 친척
② 무속
③ 제사
④ 명절
⑤ 혼례

05

오징어 호박엿 명이나물

① 예산
② 속초
③ 강화도
④ 울릉도
⑤ 제주도

06

실로폰 징 소고

① 고수
② 타악기
③ 취주악
④ 사물놀이
⑤ 전통악기

07 다음 설명에 해당하는 단어로 가장 적절한 것은?

바람 없이 조용히 내리는 비

① 단비
② 보슬비
③ 여우비
④ 소슬비
⑤ 장대비

※ 다음 의미를 가진 한자성어로 옳은 것을 고르시오. [8~9]

08

흔들어도 꼼짝하지 아니함

① 요지부동(搖之不動)
② 괴력난신(怪力亂神)
③ 고진감래(苦盡甘來)
④ 새옹지마(塞翁之馬)
⑤ 우이독경(牛耳讀經)

09

성난 기운이 얼굴에 가득함

① 타산지석(他山之石)
② 풍전등화(風前燈火)
③ 근묵자흑(近墨者黑)
④ 노기등등(怒氣騰騰)
⑤ 대경실색(大驚失色)

10 다음에서 설명하는 '이 날'은?

> 조선시대의 4대 명절 중 하나인 이 날은 일 년 중 양기가 가장 왕성한 날로, 길일로 여겨져 여러 가지 풍속과 행사가 이어졌다. 대표적인 풍속으로 여자들은 창포 삶은 물로 머리를 감아 윤기를 더하고 창포뿌리로는 비녀를 만들어 꽂아 두통과 재액을 막았으며, 남자들은 창포뿌리를 허리에 차 귀신을 쫓았다. 이 날의 대표적인 놀이로 여자들은 그네뛰기를, 남자들은 씨름을 했다. 씨름은 두 사람이 도구를 사용하지 않고 오로지 맞잡은 힘과 기술만으로 먼저 상대를 넘어뜨리면 우승하는 경기로, 이 날 열린 씨름대회에서 도전자 모두를 이겨 더 이상 상대할 자가 없게 되면 우승하게 되어 상품으로 황소를 받았다.

① 설날
② 한식
③ 단오
④ 추석
⑤ 대보름

11 다음 글의 내용으로 적절하지 않은 것은?

> 금리상승과 환율의 큰 변동성, 대내외적으로 불확실한 정치 상황 등으로 인해 은행권의 관리 부담을 줄이기 위해 연기되었던 '스트레스 완충자본' 제도가 시행될 예정이다.
> 스트레스 완충자본이란 예외적이지만 발생할 수 있는 사건이나 금리, 환율, 성장률과 관련한 위기상황을 추정하여 금융시스템의 잠재적 취약성을 판단하는 위기상황분석(스트레스 테스트)을 거쳐 보통주자본비율 하락 수준에 따라 최대 2.5%p의 추가자본 적립의무를 부과하는 것이다.
> 만일 은행이 이를 준수하지 못한다면, 이익배당, 상여금 지급 등에 규제를 받게 된다. 다만, 독자적으로 자본을 보강하기 어렵거나 위기상황 시 정부의 손실보전 의무가 있는 산업은행과 수출입은행, 기업은행은 적용대상에서 배제되며, 새롭게 설립된 인터넷전문은행의 경우는 2년간의 유예기간을 거친 후 적용된다.
> 물론 이전에도 금융당국은 일정기간마다 은행에 스트레스 테스트를 시행해 손실흡수능력을 평가해 왔지만 그 결과가 미흡하더라도 해당 은행에 직접적인 조치를 취할 법적 근거가 없었다. 그러나 스트레스 완충자본 제도가 도입된다면 이제 법적 근거가 마련되는 셈이다.
> 이로써 은행은 예상치 못한 위기 상황이 발생하더라도 정상적인 기능을 지속할 수 있는 자본을 확충하게 되었다. 하지만 당장 은행 입장으로선 추가로 자본을 적립하여야 하는 부담을 지게 되어 원활한 자금 공급이 어려울 것으로 예측된다. 실제로 최근 경기 악화로 인해 중소기업을 시작으로 연체율이 증가해 은행권은 기업 대출 관리 중에 있어 해당 제도가 도입된다면 기업 대출의 문턱은 더 높아질 것으로 보인다.

① 스트레스 완충자본 제도는 모든 은행에 적용되지 않는다.
② 스트레스 완충자본 제도는 미래의 위기에 대응하는 대비책이다.
③ 스트레스 완충자본 제도는 은행에 당장의 자금 관리를 어렵게 한다.
④ 스트레스 완충자본 제도의 도입으로 은행의 손실흡수능력을 평가할 수 있게 되었다.
⑤ 스트레스 완충자본 제도가 시행된다면 은행의 중소기업 대출은 기존보다 어려워질 것이다.

12 **다음 제시된 글을 읽고, 이어질 문장을 논리적 순서대로 바르게 나열한 것은?**

> 농업생명자원에 생명공학기술을 도입하여 부가가치를 만들어 내는 신산업인 그린바이오산업은 농업, 종자, 미생물, 곤충, 천연물, 의약품 등 다양한 분야를 포함하는 신성장동력 산업으로 주목받고 있다.

> (가) 예를 들어 전통 식품 소재나 생물체에서 유래한 물질을 활용하여 새로운 물질을 만들어 내거나 친환경 바이오 소재를 개발하는 것도 그린바이오산업의 한 분야이다.
> (나) 우리나라 역시 2022년부터 그린바이오 사업의 일환으로 작물 재배와 품종 개량 연구를 통해 건강 기능성 성분 극대화 재배 매뉴얼을 개발 중에 있으며, 기존 품종보다 재배 가치가 높은 종자 지식 재산권을 확보해, 궁극적으로 누구나 쉽게 개인 건강에 필요한 맞춤 식물 재배가 가능한 환경을 만드는 것을 목표로 하고 있다.
> (다) 특히 현재 인류가 직면한 문제인 지구온난화로 인한 기후변화, 각종 전염병, 세계 인구 증가 추세 속에서 그린바이오산업을 통해 식량 생산성을 향상시켜 안정적인 식량 공급 체계를 구축할 수 있을 뿐만 아니라, 고령화 사회로 접어들면서 급증하는 의료비 부담을 줄이기 위한 헬스케어 서비스 역시 그린바이오산업을 통해 대응할 수 있을 것이라 기대되고 있다.

① (가) – (나) – (다)
② (가) – (다) – (나)
③ (나) – (가) – (다)
④ (다) – (가) – (나)
⑤ (다) – (나) – (가)

※ 일정한 규칙으로 수를 나열할 때, 빈칸에 들어갈 알맞은 수를 고르시오. [13~14]

13

> 1 3 9 19 ( )

① 24
② 28
③ 33
④ 46
⑤ 52

14

> 12 36 108 ( )

① 120
② 144
③ 214
④ 264
⑤ 324

15 다음 중 ○, △, □ 안에 들어갈 사칙연산 기호를 바르게 짝지은 것은?

$$3 \bigcirc 4 \triangle 5 \square 9=44$$

	○	△	□
①	+	−	×
②	×	÷	+
③	−	÷	×
④	−	+	×
⑤	−	×	+

16 어떤 일을 A가 혼자 하면 15일, B가 혼자 하면 10일, C가 혼자 하면 30일이 걸린다. A～C 3명이 함께 일하면 일을 끝내는 데 며칠이 걸리는가?

① 4일
② 5일
③ 6일
④ 7일
⑤ 8일

17 농도 40%의 소금물 150g과 농도 20%의 소금물 100g을 모두 섞은 후 가열하여 50g의 물을 증발시켰을 때, 최종 소금물의 농도는?

① 30%
② 35%
③ 40%
④ 45%
⑤ 50%

18 다음은 N국의 연도별 민간투자사업방식에 따른 사업 현황에 대한 자료이다. 이에 대한 설명으로 옳지 않은 것은?

〈수익형 민간투자사업(BTO) 현황〉

구분	사업 개수(개)	사업 투입 인원(천 명)	사업 비용(백만 원)	사업 평균수익률(%)
2017년	60	100	1,000	5
2018년	70	150	1,100	4
2019년	77	140	1,200	3
2020년	30	50	500	−4
2021년	45	55	700	1
2022년	70	120	1,000	7
2023년	60	60	600	6
2024년	85	180	900	2

〈임대형 민간투자사업(BTL) 현황〉

구분	사업 개수(개)	사업 투입 인원(천 명)	사업 비용(백만 원)	사업 평균수익률(%)
2017년	270	1,700	15,000	2
2018년	300	2,000	16,000	1
2019년	400	2,600	18,000	4
2020년	200	1,000	7,500	−2
2021년	270	1,300	10,000	−1
2022년	150	1,600	12,000	5
2023년	200	2,300	11,500	4
2024년	300	2,200	14,500	−3

① BTO 사업에서 사업 비용의 전년 대비 증가율이 가장 큰 해는 2024년이다.

② BTO 사업과 BTL 사업 모두 사업 개수의 전년 대비 증가율이 가장 큰 해는 2022년이다.

③ BTL 사업에서 사업 평균수익률이 가장 낮은 해의 전년 대비 사업 비용 증가율은 25% 이상이다.

④ BTL 사업에서 사업 개수당 사업 비용이 가장 큰 해의 사업 평균수익률은 흑자를 기록하였다.

⑤ BTO 사업에서 사업 개수당 사업 투입 인원이 가장 많은 해의 전년 대비 사업 비용 증가율은 10%이다.

19 다음은 연도별 OECD 주요국의 보건통계에 대한 자료이다. 이에 대한 설명으로 옳은 것은?(단, 제시된 자료들은 연도별로 같은 시점에 측정되었다)

〈연도별 국민 천 명당 임상 의사 수〉

(단위 : 명)

구분	대한민국	일본	미국	독일	칠레	뉴질랜드	OECD 평균
2020년	3.1	3.8	5.8	3.8	2.7	3.4	3.4
2021년	2.3	4.0	5.2	3.8	2.4	3.5	3.5
2022년	2.7	3.7	6.1	3.8	3.1	3.3	3.4
2023년	2.5	4.2	5.5	3.7	2.9	3.2	3.6
2024년	2.6	4.1	5.4	3.7	2.8	3.2	3.7

※ (국민 천 명당 임상 의사 수)=(국내 전체 임상 의사 수)÷(국민 천 명)

〈연도별 국민 천 명당 임상 간호사 수〉

(단위 : 명)

구분	대한민국	일본	미국	독일	칠레	뉴질랜드	OECD 평균
2020년	10.1	11.1	14.5	9.8	6.4	20.7	10.0
2021년	9.4	10.4	15.1	11.8	5.5	19.4	9.9
2022년	9.1	9.5	14.9	10.4	7.1	18.8	9.7
2023년	8.6	10.8	15.2	9.9	6.8	20.1	10.1
2024년	8.8	9.1	14.5	10.7	8.1	19.9	9.8

※ (국민 천 명당 임상 간호 인력 수)=(국내 전체 임상 간호사 수)÷(국민 천 명)

〈연도별 종합병원당 병상 수〉

(단위 : 명)

구분	대한민국	일본	미국	독일	칠레	뉴질랜드	OECD 평균
2020년	12.3	11.1	4.9	14.4	5.5	10.4	4.2
2021년	12.5	12.0	5.2	14.0	5.7	10.4	4.1
2022년	12.7	12.1	5.5	14.2	5.4	10.4	3.8
2023년	12.9	11.4	5.4	13.7	5.9	10.4	3.9
2024년	12.8	11.7	5.1	13.5	6.1	10.4	4.3

※ (종합병원당 병상 수)=(종합병원 전체 병상 수)÷(국내 종합병원 수)

① 2023년에 국내 전체 임상 의사 수가 가장 많은 국가는 국내 전체 임상 간호사 수도 가장 많았다.

② 2022년 독일의 전년 대비 종합병원당 병상 수의 증가율은 같은 해 대한민국의 전년 대비 종합병원당 병상 수의 증가율보다 높다.

③ 2021년 일본의 인구가 대한민국의 인구보다 2배 많다면 일본의 전체 임상 의사 수는 대한민국의 임상 의사 수보다 4배 이상 많다.

④ 2020년부터 2024년까지 뉴질랜드의 인구수가 변하지 않았다면 같은 기간 동안 뉴질랜드 종합병원 전체 병상 수도 동일하다.

⑤ 2022년 대한민국의 임상 의사 수 대비 간호사 수는 2021년 독일의 임상 의사 수 대비 간호사 수보다 많다.

20 다음은 8개국을 대상으로 조사한 국가별 자살률과 행복지수에 대한 자료이다. 이에 대한 설명으로 옳지 않은 것은?(단, 제시된 국가만을 대상으로 해석한다)

〈8개 국가별 자살률〉

(단위 : 명)

구분	북아메리카		아시아			유럽			
	미국	캐나다	대한민국	일본	중국	러시아	독일	영국	프랑스
2020년	7.4	5.1	26.9	14.5	17.8	10.5	8.4	9.4	5.5
2021년	7.1	5.0	25.7	13.7	17.2	11.1	8.1	9.1	5.6
2022년	7.2	4.8	26.0	14.8	22.1	12.3	8.5	9.5	5.1
2023년	7.0	5.2	25.2	14.2	22.0	11.5	7.6	9.4	5.3
2024년	7.3	5.5	27.3	15.5	21.9	15.7	7.7	9.3	5.8

※ 자살률 : 인구 10만 명당 자살한 사람의 수

〈8개 국가별 행복지수〉

(단위 : 점)

구분	북아메리카		아시아			유럽			
	미국	캐나다	대한민국	일본	중국	러시아	독일	영국	프랑스
2020년	7.4	7.5	6.7	7.5	5.3	5.2	6.1	7.1	5.5
2021년	7.7	8.1	7.4	7.7	4.8	4.5	5.4	7.5	5.7
2022년	8.1	7.8	7.2	6.5	5.1	4.1	5.7	7.3	6.1
2023년	7.8	7.7	7.3	7.4	5.5	3.9	6.8	7.4	5.9
2024년	7.4	7.2	7.5	7.4	5.4	4.3	6.4	7.8	6.3

※ 행복지수 : 개인이 자신의 삶에 대해 느끼는 주관적인 만족감이나 행복의 정도를 10점 만점으로 측정하는 지수

① 자살률의 연도별 증감 추이가 대한민국과 동일한 국가는 3곳이다.
② 2022년 아시아 국가의 평균 행복지수는 2023년 유럽 국가의 평균 행복지수보다 높다.
③ 2021년 캐나다와 프랑스의 자살한 사람의 수가 동일하다면 인구는 캐나다가 더 많다.
④ 2020 ~ 2024년 평균 행복지수가 가장 높은 국가와 2022 ~ 2024년 평균 자살률이 가장 낮은 국가는 동일하다.
⑤ 2020년 행복지수가 가장 낮은 국가의 2020 ~ 2024년 평균 자살률은 2023년 북아메리카 국가의 자살률의 합보다 크다.

21 N은행의 A ~ D 4개 부서는 내일 있을 부서별 회의에서 필요한 사항을 충족하도록 회의실을 예약하고자 한다. 회의실 현황과 부서별 회의 정보가 다음과 같을 때, 부서별로 예약할 회의실이 바르게 연결된 것은?

〈회의실 현황〉

구분	최대수용인원	화이트보드	빔 프로젝터	화상회의 시스템	이용가능시간
가	9명	×	○	×	09:00 ~ 16:00
나	6명	○	×	○	10:00 ~ 14:30
다	8명	○	×	×	10:00 ~ 17:00
라	8명	×	×	○	11:30 ~ 19:00
마	10명	×	○	×	08:30 ~ 12:00

〈부서별 회의 정보〉

- 각 부서는 서로 다른 회의실을 예약한다.
- A부서는 총 8명이며, 전원 회의에 참석할 예정이다. 빔 프로젝터를 이용할 예정이며, 오전과 오후로 세션을 나누어 동일한 회의실을 2시간씩 사용하고자 한다.
- B부서는 총 7명이며, 전원이 회의에 참석하여 오후 4시부터 2시간 동안 싱가폴 지부와 화상회의를 진행할 예정이다.
- C부서는 총 10명이며, 3명은 출장으로 인해 불참할 예정이다. 회의는 오전 11시부터 2시간 동안 진행될 예정이며, 회의 시 화이트보드를 사용하고자 한다.
- D부서는 총 4명이며, 전원이 회의에 참석하여 빔 프로젝터를 이용하여 오전 중 3시간 반 동안 신상품 사전협의 회의를 진행하고자 한다.

	부서	회의실
①	A	마
②	B	가
③	C	나
④	C	다
⑤	D	라

22 다음 글의 ㉠에 들어갈 명칭으로 옳은 것은?

___㉠___는 개인이 자신의 주민등록상 거주지를 제외한 다른 지방자치단체에 연간 일정 금액을 기부하면 기부자에게 세액공제와 답례품을 제공하는 제도이다. 금액은 최대 2,000만 원까지 가능하며 답례품은 기부금의 30% 이내로 제공된다. 기부금은 정부플랫폼을 활용하여 온라인으로 기부할 수 있으며 전국 농협 창구에서 오프라인으로도 가능하다.

① 고향납세
② 내고향기부제
③ 고향사랑기부제
④ 농협지역기부제
⑤ 고향기부답례제

23 다음 중 농협의 경제부문활동에 해당하지 않는 것은?

① 도매사업
② 농정홍보
③ 영농자재공급
④ 산지유통혁신
⑤ 농식품 공급 및 판매

24 흙의 날은 흙의 소중함과 보전의 필요성을 알리기 위해 제정된 법정기념일이다. 다음 중 흙의 날의 날짜로 옳은 것은?

① 3월 11일
② 3월 19일
③ 4월 11일
④ 4월 19일
⑤ 5월 6일

25 다음은 농협의 슬로건이다. 빈칸에 들어갈 단어를 〈보기〉에서 고른 것은?

________, ________ 농협이 만들어 갑니다.

보기

㉠ 희망농업
㉡ 농업진흥
㉢ 농촌혁신
㉣ 행복농촌

① ㉠, ㉡
② ㉠, ㉣
③ ㉡, ㉢
④ ㉡, ㉣
⑤ ㉢, ㉣

02 60문항 유형

01 **다음 글의 빈칸 ㉠~㉢에 들어갈 단어를 바르게 짝지은 것은?**

> • 최근 기성복에서 성별에 따른 ___㉠___이 사라지고 있다.
> • 교통사고를 유형별로 ___㉡___한 결과가 잘못 발표됐다.
> • 자본과 기술을 ___㉢___하여 이익을 극대화하는 방안을 모색했다.

	㉠	㉡	㉢
①	구분	분리	조합
②	구분	분류	결합
③	구별	분리	결합
④	구별	분류	결합

02 **다음 중 밑줄 친 단어의 표기가 옳지 않은 것은?**

① <u>널빤지</u>로 궤짝을 짰다.
② 그는 쥐꼬리만 한 수입으로 <u>근근이</u> 살아간다.
③ <u>어짜피</u> 죽을 바엔 밥이라도 배불리 먹고 싶다.
④ 우리는 오래전부터 가족들끼리도 <u>익히</u> 알고 지내는 사이이다.

03 **다음 중 밑줄 친 단어의 표기가 옳은 것은?**

① 이렇게 큰 상을 받게 되니 감사하면서도 <u>겸연적다</u>.
② 그 사람의 체면을 봐주다가 욕을 <u>곱빼기</u>로 얻어먹었다.
③ 주인공의 <u>맛갈</u>나는 연기가 시청자들의 눈길을 사로잡았다.
④ 차가운 바닥에 <u>거적대기</u>를 깔고 앉아 있는 모습이 안쓰러웠다.

※ 다음 의미를 가진 한자성어로 옳은 것을 고르시오. [4~5]

04

겉으로 드러나는 언행과 속으로 가지는 생각이 다름

① 가렴주구(苛斂誅求)　② 견물생심(見物生心)
③ 각주구검(刻舟求劍)　④ 표리부동(表裏不同)

05

말로는 친한 듯하나 속으로는 해칠 생각이 있음을 이르는 말

① 지록위마(指鹿爲馬)　② 구밀복검(口蜜腹劍)
③ 호가호위(狐假虎威)　④ 교각살우(矯角殺牛)

06 다음 글의 빈칸 ㉠~㉢에 들어갈 접속부사를 바르게 짝지은 것은?

> 농협중앙회는 베트남 현지에서의 K-푸드 소비 확대 및 한국 농식품 수출 확대를 위해 하노이 한인마트에서 K-푸드 홍보를 위한 행사를 개최하였다. 농협은 이번 행사를 통해 한국 쌀과 가공식품의 맛과 우수성을 설명할 기회를 가졌으며, ___㉠___ 한국 쌀을 사용하여 직접 주먹밥을 만드는 등의 요리 행사가 진행되어 소비자들의 큰 관심과 호응을 받았다. ___㉡___ 현지 소비자들의 한국 농식품에 대한 관심과 접근성을 높여 소비를 활성화시키기 위해 쌀로 만든 약과나 떡 등의 가공식품과 김치, 유자차 등 주요 품목들에 대한 할인행사도 진행하였다.
> ___㉢___ 농협은 K-푸드 동남아 시장 공략을 위한 전략 거점을 베트남으로 잡은 만큼 베트남 소비 트렌드와 고품질 현지화 방안에 대해 듣기 위해 하노이 주요 한인마트 및 농업 유관기관 대표들과 간담회를 가졌다. 또한 이를 통해 베트남 소비자들의 입맛에 맞는 상품개발뿐 아니라 현지 유통사들과 협력하여 유통망을 강화할 계획을 세웠다.

	㉠	㉡	㉢
①	특히	또한	한편
②	특히	또한	반면
③	게다가	또한	반면
④	게다가	그래서	반면

07 다음 글의 내용으로 적절하지 않은 것은?

ESG 경영이란 기업이 비재무적 가치인 환경 보호와 사회적 기여도를 고려하고 지배구조를 개선하여 이를 재무적 가치와 통합해 장기적인 성장을 이루고 리스크를 관리해 나가며 지속 가능한 경영을 추구하는 방식을 말한다.

환경적으로는 탄소 배출을 감축하거나 친환경 기술을 개발하는 등 환경오염과 기후변화에 대응할 수 있으며, 사회적으로는 장애인 등 사회적인 약자를 지원한다거나 지역사회에 공헌하는 등 사회적인 책임을 실천할 수 있다. 이는 투명하고 공정한 경영을 추구하고 주주의 권리를 보호하고, 윤리적인 의사결정 체계를 구축하는 등의 방식을 통해 지배구조를 개선하는 방식으로 이루어진다.

이러한 경영방식은 기업의 수익적인 측면을 우선하지 않기 때문에 기업의 이윤 창출에 단기적으로는 부정적인 영향을 미칠 수 있다. 하지만 ESG 경영으로 기업은 지속 가능한 성장과 리스크 감소로 수익률 향상을 기대할 수 있으며, 환경적 그리고 사회적으로 책임을 다하는 모습은 기업 이미지를 향상시킴으로써 소비자와 투자자 모두에게 신뢰를 쌓아 결과적으로 수익률 향상으로 이어질 수 있다. 이러한 기업환경 개선은 장기적인 이익뿐 아니라 단기적으로도 비용 절감, 내부 조직문화 개선 등 기업 발전에 큰 효용을 불러오고 있다.

예를 들어 친환경적인 가치를 가진 전기차의 배터리를 생산하는 기업인 L사는 자사 소유의 차량을 모두 친환경 차량으로 교체하는 것은 물론, 폐배터리 폐기 문제성을 인지하고 이에 대한 대응책으로 폐배터리 재활용 법인을 운영하기로 결정하였다. 또한 개발도상국의 배터리 주요 원자재를 생산하는 과정에서 아동 노동착취가 행해진 것을 인지하고 이를 직접 실사하며 후속 조치를 취하는 등 자사의 직접적인 잘못이 아님에도 불구하고 책임을 지는 모습을 보여 기업 이미지 강화에 성공하였다.

이처럼 ESG 경영은 이제 단순히 따르고 지켜야 할 가치 판단의 기준을 넘어서 기업의 생존과 직결된 핵심 전략으로 위치하고 있다.

① ESG 경영은 단기적으로 볼 때 기업의 발전을 저해한다.
② ESG 경영이란 기업의 비재무적인 요소를 개선해 나가는 경영방식을 말한다.
③ ESG 경영은 소비자와 투자자들이 기업을 판단하는 데 긍정적인 영향을 준다.
④ ESG 경영은 앞으로 선택사항이 아닌 필수사항으로 기업의 존립에 영향을 줄 것이다.

※ 다음 식을 계산한 값으로 옳은 것을 구하시오. [8~9]

08

$$(42+44+46+48)\times 2\times \frac{2}{4}+25$$

① 165
② 200
③ 205
④ 220

09

$$\sqrt{4.5+11.5}+\sqrt{22+23-4+(5\times 8)}$$

① 13
② 14
③ 15
④ 16

※ 일정한 규칙으로 수나 문자를 나열할 때, 빈칸에 들어갈 알맞은 것을 고르시오. [10~11]

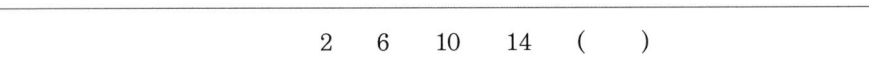

10

2　6　10　14　(　)

① 16
② 18
③ 20
④ 22

11

A　C　F　J　(　)

① N
② O
③ P
④ Q

12 A씨는 N은행의 만기일시지급식 예금에 가입하였다. 원금 100만 원을 3년간 단리로 예금하고 96,000의 이자를 받았다면, 해당 상품의 연 이율은?

① 3.0%
② 3.1%
③ 3.2%
④ 3.4%

13 1부터 10까지의 정수가 적힌 공 10개 중에서 첫 번째는 2의 배수, 두 번째는 3의 배수가 나오도록 공을 뽑을 확률은?(단, 뽑은 공은 다시 넣는다)

① $\frac{5}{18}$
② $\frac{3}{20}$
③ $\frac{1}{7}$
④ $\frac{5}{24}$

14 다음 그림에서 직사각형 내부의 색칠된 삼각형의 넓이는?

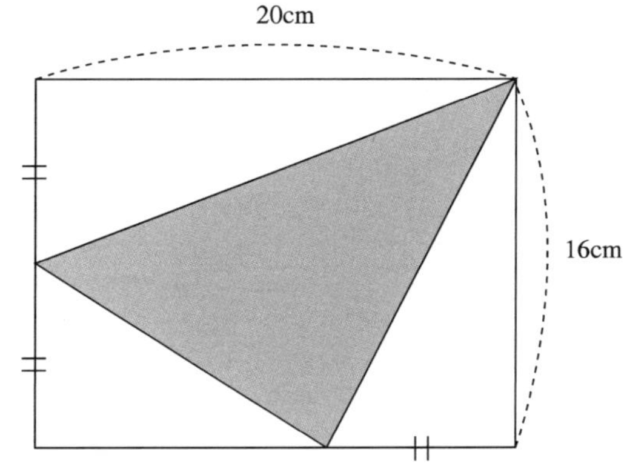

① $110cm^2$
② $114cm^2$
③ $126cm^2$
④ $128cm^2$

15 A사에서 근무하는 B과장은 30개월 전에 가입하였던 적금을 불가피한 사정으로 해지하려고 한다. 가입한 상품의 정보가 다음과 같을 때 B과장이 수령할 환급금은?

〈상품 정보〉

- 상품명 : N은행 함께 적금
- 가입기간 : 6년
- 가입금액 : 1,500만 원
- 이자지급방식 : 만기일시지급, 단리식
- 기본금리 : 연 2.5%
- 중도해지이율(연 %, 세전)
  - 12개월 미만 : 0.2
  - 18개월 미만 : 0.3
  - 24개월 미만 : (기본금리)×40%
  - 36개월 미만 : (기본금리)×60%

① 15,050,000원
② 15,562,500원
③ 15,737,500원
④ 15,975,000원

16 다음은 N국의 출산율과 이혼율에 대한 자료이다. 이에 대한 설명으로 옳지 않은 것은?

〈N국의 출산율과 이혼율〉

(단위 : 명, 건)

구분	출산율		이혼율	
		신생아 수		이혼 건수
2017년	1.17	460,000	2.1	100,000
2018년	1.05	400,000	2.2	110,000
2019년	0.98	380,000	2.3	115,000
2020년	0.92	370,000	2.1	100,000
2021년	0.84	365,000	2.0	90,000
2022년	0.81	360,000	1.95	90,000
2023년	0.78	350,000	1.75	85,000
2024년	0.72	340,000	1.85	90,000

※ 출산율 : 가임기 여성 1명이 평생 동안 낳을 것으로 예상되는 평균 신생아 수

※ 이혼율 : 인구 1,000명당 이혼 건수

① 2022년의 전체 인구는 전년 대비 증가하였다.

② 이혼율이 증가한 해에는 이혼 건수도 증가하였다.

③ 인구 1,000명당 신생아 수는 2018년이 2022년보다 적다.

④ 이혼 건수가 가장 많이 증가한 해에 신생아 수는 가장 많이 감소하였다.

17 **제시된 명제가 모두 참일 때, 다음 중 반드시 참인 것은?**

- 클래식을 좋아하는 사람은 고전을 좋아한다.
- 사진을 좋아하는 사람은 운동을 좋아한다.
- 고전을 좋아하지 않는 사람은 운동을 좋아하지 않는다.

① 사진을 좋아하는 사람은 고전을 좋아한다.
② 클래식을 좋아하지 않는 사람은 운동을 좋아한다.
③ 고전을 좋아하는 사람은 운동을 좋아하지 않는다.
④ 운동을 좋아하는 사람은 클래식을 좋아하지 않는다.

18 **호텔 라운지에 둔 화분이 투숙자 중 1명에 의해 깨지는 사건이 발생했다. 이 호텔에는 A ~ D 4명의 투숙자가 있었으며, 각 투숙자는 다음과 같이 각각 세 가지 사실을 진술하였다. 4명의 투숙자 중 3명은 진실을 말하고 1명이 거짓을 말하고 있다면, 화분을 깬 사람은?**

- A : 나는 깨지 않았다. B도 깨지 않았다. C가 깨뜨렸다.
- B : 나는 깨지 않았다. C도 깨지 않았다. D도 깨지 않았다.
- C : 나는 깨지 않았다. D도 깨지 않았다. A가 깨뜨렸다.
- D : 나는 깨지 않았다. B도 깨지 않았다. C도 깨지 않았다.

① A　② B
③ C　④ D

19 **A～G 7명은 주말 여행지를 고르기 위해 투표를 진행하였다. 다음 〈조건〉에 따라 투표를 진행하였을 때, 투표를 하지 않은 사람을 모두 고르면?**

> **조건**
> - D나 G 중 적어도 1명이 투표하지 않으면, F는 투표한다.
> - F가 투표하면, E는 투표하지 않는다.
> - B나 E 중 적어도 1명이 투표하지 않으면, A는 투표하지 않는다.
> - A를 포함하여 투표한 사람은 모두 5명이다.

① B, E
② B, F
③ C, F
④ D, G

20 **A～F 6명이 6층짜리 빌딩에 입주하려고 한다. 다음 〈조건〉을 만족할 때, 6명이 빌딩에 입주하는 방법의 경우의 수는?**

> **조건**
> - A와 C는 고소공포증이 있어서 3층 위에서는 살 수 없다.
> - B는 높은 경치를 좋아하기 때문에 6층에 살려고 한다.
> - F는 D보다, D는 E보다 높은 곳에 살려고 한다.
> - 각 층에는 1명씩만 거주한다.

① 2가지
② 4가지
③ 6가지
④ 8가지

2025년 상반기 기출복원문제 정답 및 해설

01 70문항 유형

01	02	03	04	05	06	07	08	09	10
④	②	②	⑤	④	②	②	①	④	③
11	12	13	14	15	16	17	18	19	20
④	②	③	⑤	④	②	③	②	⑤	④
21	22	23	24	25					
④	③	②	①	②					

01

정답 ④

'보우(保佑)'는 '보호하고 도와줌'을 의미한다.
나머지 단어는 결함이나 부족함을 메워서 더 좋게 만들거나 강하게 한다는 의미이다.

오답분석

① 보강(補強) : 보태거나 채워서 본디보다 더 튼튼하게 함
② 보충(補充) : 부족한 것을 보태어 채움
③ 강화(強化) : 세력이나 힘을 더 강하고 튼튼하게 함
⑤ 보완(補完) : 모자라거나 부족한 것을 보충하여 완전하게 함

02

정답 ②

제시된 단어는 문제 현상과 그에 대한 대책 관계이다.
'가뭄'의 대책은 '관개'이고, '해충'의 대책은 '방제'이다.

03

정답 ②

제시된 단어는 측정 도구와 측정 대상이다.
'저울'로 '무게'를 측정하고, '나침반'으로 '방향'을 측정한다.

04

정답 ⑤

제시된 단어를 통해 공통적으로 연상할 수 있는 단어는 '혼례'이다.

- 초례상 : 전통적으로 치르는 혼례식인 초례를 지낼 때 베풀어 놓는 큰상
- 함진아비 : 혼인 때에, 신랑집에서 신붓집에 보내는 함을 지고 가는 사람
- 닭 : 전통 혼례에서 수탉과 암탉을 푸른 천과 붉은 천에 싸 배치하여 악귀를 쫓고, 다산을 상징하였음
- 폐백 : 신부가 처음으로 시부모를 뵐 때 큰절을 하고 올리는 물건. 또는 그런 일

05

정답 ④

'오징어', '호박엿', '명이나물' 모두 '울릉도'의 대표적인 특산품이다.

06

정답 ②

'실로폰', '징', '소고' 모두 채로 악기를 쳐서 소리를 내는 '타악기'이다.

오답분석

① 고수 : 북이나 장구 따위를 치는 사람
③ 취주악 : 목관 악기, 금관 악기 따위의 관악기를 주체로 하고 타악기를 곁들인 합주 음악
④ 사물놀이 : 네 사람이 각기 꽹과리, 징, 장구, 북을 가지고 어우러져 치는 놀이
⑤ 전통악기 : 국악에 쓰는 기구를 통틀어 이르는 말로, '실로폰'은 이에 해당하지 않음

07

정답 ②

오답분석

① 단비 : 꼭 필요한 때 알맞게 내리는 비
③ 여우비 : 볕이 나 있는 날 잠깐 오다가 그치는 비
④ 소슬비 : 으스스하고 쓸쓸하게 오는 비
⑤ 장대비 : 장대처럼 굵고 거세게 좍좍 내리는 비

08
정답 ①

'요지부동(搖之不動)'은 '흔들어도 꼼짝하지 않는다.'는 뜻으로, 어떠한 자극에도 움직이지 않거나 태도의 변화가 없음을 이르는 말이다.

오답분석

② 괴력난신(怪力亂神) : '괴이와 용력과 패란과 귀신에 관한 일'이라는 뜻으로, 이성적으로 설명하기 어려운 불가사의한 존재나 현상을 이르는 말
③ 고진감래(苦盡甘來) : '쓴 것이 다하면 단 것이 온다.'는 뜻으로, 고생(苦生) 끝에 즐거움이 옴을 이르는 말
④ 새옹지마(塞翁之馬) : '변방 노인의 말'이라는 뜻으로, 인생의 길흉화복은 변화가 많아서 예측하기가 어려움을 이르는 말
⑤ 우이독경(牛耳讀經) : '쇠귀에 경 읽기'라는 뜻으로, 아무리 가르치고 일러 주어도 알아듣지 못함을 이르는 말

09
정답 ④

'노기등등(怒氣騰騰)'은 몹시 성이 치받쳐 화난 기운이 얼굴에 가득 참을 이르는 말이다.

오답분석

① 타산지석(他山之石) : '다른 산의 나쁜 돌이라도 자신의 산의 옥돌을 가는 데에 쓸 수 있다.'는 뜻으로, 본이 되지 않은 남의 말이나 행동도 자신의 지식과 인격을 수양하는 데에 도움이 될 수 있음을 비유적으로 이르는 말
② 풍전등화(風前燈火) : '바람 앞의 등불'이라는 뜻으로, 매우 위험한 상황이나 불안정한 상태를 이르는 말
③ 근묵자흑(近墨者黑) : '먹을 가까이하면 검어진다.'는 뜻으로, 나쁜 사람과 가까이 지내면 나쁜 습관에 물들기 쉬움을 이르는 말
⑤ 대경실색(大驚失色) : '크게 놀라 얼굴빛을 잃는다.'는 뜻으로, 낯빛이 하얗게 질릴 정도로 몹시 놀란 모습을 이르는 말

10
정답 ③

단오는 5월 5일로, 양의 수인 홀수로 이루어진 양기가 왕성한 날에 해당하여 큰 명절로 여겨졌기 때문에 여러 가지 풍속과 행사가 이어졌다. 대표적인 풍속으로는 '단오장'이라 하여 여자들은 창포물에 머리를 감고 창포뿌리로 비녀를 만들어 꽂았으며, 남자들은 창포뿌리를 허리에 두르고 다녔다. 또 대표적인 놀이로 여자들은 그네를 타며 하늘로 높이 솟아 일상을 벗어났고, 남자들은 사람과 사람이 직접 맞닿으며 힘을 겨루는 씨름을 했다.

11
정답 ④

스트레스 완충자본 제도의 도입 전에는 금융당국이 스트레스 테스트에서 취약성이 판단되는 은행에 직접적인 조치를 취할 법적 근거가 없었을 뿐, 이전에도 스트레스 테스트를 시행하여 손실흡수능력은 평가할 수 있었다.

오답분석

① 스트레스 완충자본 제도는 독자적인 자본 보강이 어렵거나 정부의 손실보전 의무가 있는 은행은 제외된다.
② 스트레스 완충자본 제도는 미래에 발생할 수도 있는 위기 상황에서 은행이 정상적인 기능을 지속할 수 있도록 현재에 미리 자본을 마련하는 제도이다.
③ 스트레스 완충자본 제도의 시행으로 은행은 미래의 위기에 대응한 추가적인 자본을 확충하여야 하므로 당장의 경제적 부담감이 발생할 수 있다.
⑤ 스트레스 완충자본 제도의 시행으로 은행 입장에서는 추가적인 자본의 확충이 필요하며, 경기 악화로 인해 중소기업을 시작으로 연체율이 증가하고 있어 해당 제도가 도입된다면 기업 대출의 문턱은 높아질 것이다.

12
정답 ②

제시된 글에서는 '그린바이오산업'이 무엇이고 어떠한 분야에 대한 것인지를 설명하고 있다. 그러므로 제시된 글에 이어질 문장으로 가장 적절한 것은 해당 분야에 대한 구체적인 예시를 제시한 (가)이다. (나)와 (다)를 살펴보면 (나)에서는 우리나라에서 그린바이오산업이 어떻게 이루어지고 있는지를 설명하고 있으며, (다)에서는 그린바이오산업이 세계적으로 주목받는 이유와 어떻게 진행되고 있는지에 대해 설명하고 있다. 이때 (나)가 '어떤 내용을 전제로 하여 그것과 유사하게'라는 의미를 가진 부사 '역시'로 시작하고 있으므로, (다) – (나) 순서로 이어져야 한다. 따라서 제시된 글에 이어 (가) – (다) – (나) 순으로 나열해야 한다.

13
정답 ③

앞의 항에 $+2$, $+6$, $+10$, …인 수열이다.
따라서 ( )$=19+14=33$이다.

14
정답 ⑤

앞의 항에 $\times 3$인 수열이다.
따라서 ( )$=108\times 3=324$이다.

15

정답 ④

$3-4+5\times9=44$

오답분석

① $3+4-5\times9=-38$
② $3\times4\div5+9=11.4$
③ $3-4\div5\times9=-4.2$
⑤ $3-4\times5+9=-8$

작은 수를 활용하여 큰 수인 44가 나왔으므로 사칙연산 중 곱셈이 쓰였음을 파악할 수 있다. 44에 가장 근접한 $5\times9=45$를 먼저 계산한 뒤, -1을 만들 수 있는지 살펴 보면 빠른 풀이가 가능하다.

16

정답 ②

A, B, C가 하루 동안 할 수 있는 일의 양은 각각 $\frac{1}{15}$, $\frac{1}{10}$, $\frac{1}{30}$이다. 전체 일의 양을 1이라고 하면 다음과 같은 식이 성립한다.

$\left(\frac{1}{15}+\frac{1}{10}+\frac{1}{30}\right)\times x=1$

$\rightarrow \frac{1}{5}x=1$

$\therefore x=5$

따라서 A～C 3명이 함께 일하면 5일 만에 일을 끝낼 수 있다.

17

정답 ③

각 소금물에 담긴 소금의 양을 구하면 다음과 같다.

- 농도 40%의 소금물 150g : $\frac{40}{100}\times150=60$g
- 농도 20%의 소금물 100g : $\frac{20}{100}\times100=20$g

그러므로 두 소금물을 섞었을 때, 소금의 양은 총 $60+20=80$g이다.

두 소금물을 모두 섞은 후 소금물의 양은 $150+100=250$g이고, 가열하여 물 50g을 증발시킨 소금물의 양은 $250-50=200$g이다. 이때 여기에 들어간 소금의 양은 변함이 없다.

따라서 최종 소금물의 농도는 $\frac{80}{200}\times100=40$%이다.

18

정답 ②

BTO 사업에서 사업 개수의 전년 대비 증가율은 각각 다음과 같다.

- 2018년 : $(70-60)\div60\times100≒16.67$%
- 2019년 : $(77-70)\div70\times100=10$%
- 2020년 : $(30-77)\div77\times100≒-61.04$%
- 2021년 : $(45-30)\div30\times100=50$%
- 2022년 : $(70-45)\div45\times100≒55.56$%(가장 높음)
- 2023년 : $(60-70)\div70\times100=-14.29$%
- 2024년 : $(85-60)\div60\times100≒41.67$%

BTL 사업에서 사업 개수의 전년 대비 증가율은 각각 다음과 같다.

- 2018년 : $(300-270)\div270\times100≒11.11$%
- 2019년 : $(400-300)\div300\times100≒33.33$%
- 2020년 : $(200-400)\div400\times100=-50$%
- 2021년 : $(270-200)\div200\times100=35$%
- 2022년 : $(150-270)\div270\times100≒-44.44$%
- 2023년 : $(200-150)\div150\times100≒33.33$%
- 2024년 : $(300-200)\div200\times100=50$%(가장 높음)

따라서 BTL 사업에서 전년 대비 사업 개수의 증가율이 가장 큰 해는 2024년이므로 옳지 않은 설명이다.

오답분석

① BTO 사업에서 사업 비용의 전년 대비 증가율은 각각 다음과 같다.
   - 2018년 : $(1,100-1,000)\div1,000\times100=10$%
   - 2019년 : $(1,200-1,100)\div1,100\times100≒9.09$%
   - 2020년 : $(500-1,200)\div1,200\times100≒-58.33$%
   - 2021년 : $(700-500)\div500\times100=40$%
   - 2022년 : $(1,000-700)\div700\times100≒42.86$%
   - 2023년 : $(600-1,000)\div1,000\times100=-40$%
   - 2024년 : $(900-600)\div600\times100=50$%

   따라서 BTO 사업에서 사업 비용의 전년 대비 증가율이 가장 큰 해는 2024년이다.
③ BTL 사업에서 사업 평균수익률이 가장 낮은 해는 2024년이며, 이때 사업 비용의 전년 대비 증가율은 $(14,500-11,500)\div11,500\times100=26.09$%로 25% 이상이다.
④ BTL 사업에서 사업 개수당 사업 비용은 각각 다음과 같다.
   - 2017년 : $15,000\div270≒55.56$백만 원
   - 2018년 : $16,000\div300≒53.33$백만 원
   - 2019년 : $18,000\div400=45$백만 원
   - 2020년 : $7,500\div200=37.5$백만 원
   - 2021년 : $10,000\div270≒37.04$백만 원
   - 2022년 : $12,000\div150=80$백만 원
   - 2023년 : $11,500\div200=57.5$백만 원
   - 2024년 : $14,500\div300≒48.33$백만 원

   따라서 BTL 사업에서 사업 개수당 사업 비용이 가장 큰 해는 2022년이며, 이때 사업 평균수익률은 5% 흑자를 기록하였다.
⑤ BTO 사업에서 사업 개수당 사업 투입 인원이 가장 많은 해는 2018년이며, 이때 사업 비용의 전년 대비 증가율은 $(1,100-1,000)\div1,000=10$%이다.

19

정답 ⑤

• 2022년 대한민국의 임상 의사 수 대비 간호사 수
: 9.1÷2.7≒3.37명
• 2021년 독일의 임상 의사 수 대비 간호사 수
: 11.8÷3.8≒3.11명

따라서 옳은 설명이다.

오답분석

① 국가별 전체 인구수를 알 수 없으므로 비교할 수 없다.
② 2022년 독일과 대한민국의 전년 대비 종합병원당 병상 수의 증가율은 각각 다음과 같다.
  • 독일 : $\frac{14.2-14.0}{14.0}\times100≒1.43\%$
  • 대한민국 : $\frac{12.7-12.5}{12.5}\times100=1.6\%$
  따라서 독일의 증가율이 더 낮다.
③ 2021년 일본의 국민 천 명당 임상 의사 수는 대한민국의 국민 천 명당 임상 의사 수의 4.0÷2.3≒1.74배이다. 일본의 인구가 대한민국의 인구보다 2배 많다면 전체 임상 의사 수는 약 1.74×2=3.48배 많다.
④ 종합병원 전체 병상 수는 인구수와 관련이 없다. 따라서 2020년부터 2024년까지 뉴질랜드의 인구수가 변하지 않았더라도 종합병원 전체 병상 수는 알 수 없다.

20

정답 ④

2020~2024년 국가별 평균 행복지수는 각각 다음과 같다.
• 미국 : (7.4+7.7+8.1+7.8+7.4)÷5=7.68점(가장 높음)
• 캐나다 : (7.5+8.1+7.8+7.7+7.2)÷5=7.66점
• 대한민국 : (6.7+7.4+7.2+7.3+7.5)÷5=7.22점
• 일본 : (7.5+7.7+6.5+7.4+7.4)÷5=7.3점
• 중국 : (5.3+4.8+5.1+5.5+5.4)÷5=5.22점
• 러시아 : (5.2+4.5+4.1+3.9+4.3)÷5=4.4점
• 독일 : (6.1+5.4+5.7+6.8+6.4)÷5=6.08점
• 영국 : (7.1+7.5+7.3+7.4+7.8)÷5=7.42점
• 프랑스 : (5.5+5.7+6.1+5.9+6.3)÷5=5.9점

2022~2024년 국가별 평균 자살률은 각각 다음과 같다.
• 미국 : (7.2+7.0+7.3)÷3≒7.17명
• 캐나다 : (4.8+5.2+5.5)÷3≒5.17명(가장 낮음)
• 대한민국 : (26.0+25.2+27.3)÷3≒26.17명
• 일본 : (14.8+14.2+15.5)÷3≒14.83명
• 중국 : (22.1+22.0+21.9)÷3=22명
• 러시아 : (12.3+11.5+15.7)÷3≒13.17명
• 독일 : (8.5+7.6+7.7)÷3≒7.93명
• 영국 : (9.5+9.4+9.3)÷3=9.4명
• 프랑스 : (5.1+5.3+5.8)÷3=5.4명

따라서 2020년부터 2024년까지 평균 행복지수가 가장 높은 국가는 미국이고, 2022년부터 2024년까지 평균 자살률이 가장 낮은 국가는 캐나다이므로 동일하지 않다.

오답분석

① 2021~2024년 대한민국 자살율의 연도별 증감 추이는 감소-증가-감소-증가이다. 이와 같은 증감 추이를 보이는 국가는 미국, 일본, 독일 3곳이다.
② 2022년 아시아 국가의 평균 행복지수와 2023년 유럽 국가의 평균 행복지수는 각각 다음과 같다.
  • 2022년 아시아 국가 : (7.2+6.5+5.1)÷3=6.27점
  • 2023년 유럽 국가 : (3.9+6.8+7.4+5.9)÷4=6점
  따라서 2022년 아시아 국가의 평균 행복지수가 더 높다.
③ 2021년 캐나다의 자살률은 5.0명이며, 프랑스의 자살률은 5.6명으로 캐나다의 자살률이 더 적다. 따라서 두 국가의 자살한 사람의 수가 동일하다면 캐나다의 인구가 더 많은 것이다.
⑤ 2020년 행복지수가 가장 낮은 국가는 러시아이며, 러시아의 2020~2024년 평균 자살률은 (10.5+11.1+12.3+11.5+15.7)÷5=12.22명이다. 2023년 북아메리카 국가의 자살률의 합은 7.0+5.2=12.2명이므로 옳은 설명이다.

21

정답 ④

C부서는 화이트보드가 있는 나, 다 회의실 중 총 7명을 수용할 수 있는 다 회의실을 사용한다.

오답분석

① A부서는 빔 프로젝터가 있는 가, 마 회의실 중 하나를 사용할 것이다. 그러나 마 회의실은 오후에 사용이 불가능하므로, A부서는 가 회의실을 사용한다.
② B부서는 화상회의 시스템을 갖춘 나, 라 회의실 중 7명 이상을 수용하고 오후 4시부터 6시까지 이용이 가능한 라 회의실을 사용한다.
⑤ D부서는 빔 프로젝터를 사용할 수 있고 오전 중 3시간 반 동안 사용이 가능한 회의실인 마 회의실을 사용한다.

22

정답 ③

고향사랑기부제는 개인이 주민등록상 거주지(기초+광역)를 제외한 다른 모든 지방자치단체에 연간 일정 금액을 기부할 수 있는 제도이다. 자신의 고향 지자체뿐만 아니라 마음에 들거나 개인적으로 응원하고 싶은 지역을 선택할 수 있으며, 2024년 이후 연간 최대 2,000만 원을 기부할 수 있다. 기부금에 대한 세액공제 혜택은 10만 원까지는 전액, 10만 원 초과 금액은 16.5%가 공제된다. 고향사랑기부 완료 시 해당 지자체 기부 포인트를 기부금의 최대 30%까지 제공하며 기부한 지역의 답례품을 구매할 수 있다.

23

정답 ②

농정홍보활동은 농업현장의 어려움과 개선사항을 정책에 적극 반영하기 위해 농정활동, 농업·농촌의 가치를 전 국민에게 알리기 위한 농협의 홍보활동으로 교육지원사업에 해당한다. 나머지는 농협의 경제부문활동 중 농업경제사업에 해당한다.

24

정답 ①

흙의 날은 흙의 소중함과 보전의 필요성을 널리 알리기 위해 제정된 법정기념일로 2015년 개정된 「친환경농어업 육성 및 유기식품 등의 관리·지원에 관한 법률(친환경농어업법)」 제5조의2(흙의 날)에 의해 매년 3월 11일이 흙의 날로 지정되었으며, 국가와 지방자치단체가 흙의 날에 적합한 행사 등 사업을 실시하도록 노력할 것을 규정하고 있다. 흙의 날은 1996년 농협중앙회의 '흙 살리기 운동'에서 시작되어 2016년에 첫 공식 기념식이 개최되었다. 날짜인 3월 11일에서 3은 하늘(天), 땅(地), 사람(人)의 3원과 농업, 농촌, 농민의 3농을 의미하며 11은 흙을 뜻하는 한자 土의 파자인 십(十), 일(一)에서 비롯되었다.

25

정답 ②

농협의 슬로건은 '희망농업, 행복농촌 농협이 만들어 갑니다.'이다.

02 60문항 유형

01	02	03	04	05	06	07	08	09	10
④	③	②	④	②	①	①	③	①	②
11	12	13	14	15	16	17	18	19	20
②	③	②	④	②	③	①	①	③	③

01

정답 ④

㉠ 구별(區別) : 성질이나 종류에 따라 차이가 남 또는 성질이나 종류에 따라 갈라놓음
㉡ 분류(分類) : 종류에 따라서 가름
㉢ 결합(結合) : 둘 이상의 사물이나 사람이 서로 관계를 맺어 하나가 됨

오답분석

- 구분(區分) : 일정한 기준에 따라 전체를 몇 개로 갈라 나눔
- 분리(分離) : 서로 나뉘어 떨어짐. 또는 그렇게 되게 함
- 조합(組合) : 여럿을 한데 모아 한 덩어리로 짬

02

정답 ③

'이렇게 하든지 저렇게 하든지'를 뜻하는 어휘는 '어차피'이다.

03

정답 ②

다른 형태소 뒤에서 [빼기]로 발음되는 경우, '빼기'로 적는다는 한글 맞춤법에 따라 '곱빼기'가 올바른 표기이다.

오답분석

① 겸연적다 → 겸연쩍다
③ 맛갈 → 맛깔
④ 거적대기 → 거적때기

04

정답 ④

'표리부동(表裏不同)'은 겉으로 드러나는 언행과 속으로 가지는 생각이 다름을 이르는 말이다.

오답분석

① 가렴주구(苛斂誅求) : 세금을 가혹하게 거두어들이고, 무리하게 재물을 빼앗음을 이르는 말
② 견물생심(見物生心) : 어떠한 실물을 보게 되면 그것을 가지고 싶은 욕심이 생김을 이르는 말
③ 각주구검(刻舟求劍) : 융통성 없이 현실에 맞지 않는 낡은 생각을 고집하는 어리석음을 이르는 말

05

정답 ②

'구밀복검(口蜜腹劍)'은 말로는 친한 듯하나 속으로는 해칠 생각이 있음을 이르는 말이다.

오답분석

① 지록위마(指鹿爲馬) : 윗사람을 농락하여 권세를 마음대로 함을 이르는 말
③ 호가호위(狐假虎威) : 남의 권세를 빌려 위세를 부림을 이르는 말
④ 교각살우(矯角殺牛) : 잘못된 점을 고치려다가 그 방법이나 정도가 지나쳐 오히려 일을 그르침을 이르는 말

06

정답 ①

㉠ 빈칸의 뒤에 오는 내용은 앞의 내용을 강조하고 있으므로 '특히'가 가장 적절하다.
㉡ 빈칸의 뒤에 오는 내용은 앞의 내용인 체험 행사와 함께 진행된 다른 활동을 제시하고 있으므로 정보의 추가를 의미하는 '또한'이 가장 적절하다.
㉢ 빈칸의 뒤에 오는 내용이 앞의 내용과 전혀 다른 내용이므로 맥락의 전환을 의미하는 '한편'이 가장 적절하다.

07

정답 ①

ESG 경영은 단기적으로는 기업의 이윤 창출에 부정적인 영향을 줄 수 있지만 이는 단기적 부담일 뿐, 기업의 발전을 저해한다고는 볼 수 없다. 오히려 비용 절감, 내부 조직문화 개선 등 단기적으로도 기업 발전에 큰 효용이 있다.

오답분석

② ESG 경영이란 기업의 비재무적인 요소에 해당하는 환경, 사회, 지배구조를 개선해 나가며 기업을 경영하는 방식을 말한다.
③ 세 번째 문단에 따르면 ESG 경영을 통해 향상된 기업 이미지는 소비자와 투자자 모두에게 신뢰를 쌓고 이것이 수익률 향상으로 직결될 수 있다고 하였다.
④ 마지막 문단에 따르면 ESG 경영은 단순히 따라야 할 가치판단의 기준을 넘어서 기업이 유지되느냐 아니냐를 결정하는 핵심 전략이 되었다고 하였다.

08

정답 ③

$(42+44+46+48)\times 2\times \frac{2}{4}+25$

$=180\times 2\times \frac{2}{4}+25$

$=180\times 1+25$

$=205$

09

정답 ①

$\sqrt{4.5+11.5}+\sqrt{22+23-4+(5\times 8)}$

$=\sqrt{16}+\sqrt{22+23-4+40}$

$=\sqrt{16}+\sqrt{81}$

$=4+9$

$=13$

10

정답 ②

앞의 항에 $+4$인 수열이다.

따라서 ($)=14+4=18$이다.

11

정답 ②

앞의 항에 $+2$, $+3$, $+4$, …인 수열이다

A	C	F	J	(O)
1	3	6	10	15

12

정답 ③

만기일시지급식 예금의 단리 이자 계산식은 (이자)=(원금)×(연 이율)×(기간)이다. 연 이율을 x%라 하고 나머지 항에 값을 대입하면 다음과 같다.

$96,000=1,000,000\times 0.01x\times 3$

$\rightarrow 96,000=30,000x$

$\rightarrow x=\frac{96,000}{30,000}$

$\therefore\ x=3.2$

따라서 해당 상품의 연 이율은 3.2%이다.

13

정답 ②

2의 배수와 3의 배수를 뽑는 경우의 수는 각각 다음과 같다.

- 2의 배수를 뽑는 경우의 수 : 5가지
- 3의 배수를 뽑는 경우의 수 : 3가지

뽑은 공은 다시 넣으므로 첫 번째에 2의 배수를 뽑을 확률은 $\frac{5}{10}=\frac{1}{2}$, 두 번째에 3의 배수를 뽑을 확률은 $\frac{3}{10}$이다.

따라서 구하고자 하는 확률은 $\frac{1}{2}\times\frac{3}{10}=\frac{3}{20}$이다.

14

정답 ④

색칠된 삼각형의 넓이는 배경이 되는 직사각형의 넓이에서 흰색 삼각형 3개의 넓이를 빼서 구할 수 있다. 등변 기호가 있는 변의 길이는 16cm의 절반인 8cm이므로 흰색 삼각형 각각의 넓이는 다음과 같다.

- 상단 삼각형 : $20\times8\div2=80cm^2$
- 좌하단 삼각형 : $(20-8)\times8\div2=48cm^2$
- 우하단 삼각형 : $8\times16\div2=64cm^2$

따라서 색칠된 삼각형의 넓이는 $(20\times16)-(80+48+64)=128cm^2$ 이다.

15

정답 ②

중도해지 시 받을 수 있는 중도해지 이율은 36개월 미만으로 $0.025\times0.6=0.015\%$이다.

따라서 중도해지 환급금은 $15,000,000\times\left(1+0.015\times\frac{30}{12}\right)$ $=15,562,500$원이다.

16

정답 ③

인구 1,000명당 신생아 수를 구하기 위해서는 먼저 전체 인구수를 구할 필요가 있다. 이혼율이 인구 1,000명당 이혼 건수를 의미하므로 전체 인구는 [(이혼 건수)÷(이혼율)]×1,000명이다. 인구 1,000명당 신생아 수는 [(신생아 수)÷(전체 인구)]×1,000명이므로 이를 정리하면 다음과 같다.

(인구 1,000명당 신생아 수)

$$=\frac{(\text{신생아 수})}{[(\text{이혼 건수})\div(\text{이혼율})]\times1,000}\times1,000$$

$$=\frac{(\text{신생아 수})}{(\text{이혼 건수})}\times(\text{이혼율})$$

정리한 식을 바탕으로 2018년과 2022년의 인구 1,000명당 신생아 수를 구하면 다음과 같다.

- 2018년 : $\frac{400,000}{110,000}\times2.2≒8.0$명
- 2022년 : $\frac{360,000}{90,000}\times1.95=7.8$명

따라서 인구 1,000명당 신생아 수는 2018년이 2022년보다 많다.

오답분석

① 2021년과 2022년 이혼 건수는 동일하나 이혼율은 감소하였다. 이에 따라 전체 인구는 증가하였다.
② 이혼율이 증가한 해는 2018년, 2019년, 2024년이다. 이 때의 이혼 건수는 모두 전년 대비 증가하였다.
④ 이혼 건수가 가장 많이 증가한 해는 전년 대비 10,000건이 증가한 2018년이며, 신생아 수 또한 2018년에 전년 대비 60,000명 감소하여 가장 많이 감소하였다.

17

정답 ①

마지막 명제의 대우는 '운동을 좋아하는 사람은 고전을 좋아한다.'이다. 따라서 두 번째 명제와 연결하면 '사진을 좋아하는 사람은 고전을 좋아한다.'는 반드시 참이다.

18

정답 ①

- A가 거짓을 말한다면 A가 깨뜨린 것이 된다.
- B가 거짓을 말한다면 1명은 C가 깼다고 말하고, 2명은 깨지 않았다고 말한 것이 되므로 모순이다.
- C가 거짓을 말한다면 1명은 C가 깼다고 말하고, 2명은 깨지 않았다고 말한 것이 되므로 모순이다.
- D가 거짓을 말한다면 1명은 C가 깼다고 말하고, 1명은 깨지 않았다고 말한 것이 되므로 모순이다.

따라서 거짓을 말한 A가 화분을 깨뜨렸다.

19

정답 ③

첫 번째 ~ 세 번째 조건과 그 대우를 논리 기호화하여 정리하면 다음과 같다.

- $\sim(D\vee G)\rightarrow F$ / $\sim F\rightarrow(D\wedge G)$
- $F\rightarrow\sim E$ / $E\rightarrow\sim F$
- $\sim(B\vee E)\rightarrow\sim A$ / $A\rightarrow(B\wedge E)$

마지막 조건에 따라 A가 투표를 하였으므로 세 번째 조건의 대우에 의해 B와 E 모두 투표를 하였다. 또한 E가 투표를 하였으므로 두 번째 조건의 대우에 따라 F는 투표하지 않았으며, F가 투표하지 않았으므로 첫 번째 조건의 대우에 따라 D와 G는 모두 투표하였다. A, B, D, E, G 5명이 모두 투표하였으므로 마지막 조건에 따라 C는 투표하지 않았다. 따라서 투표를 하지 않은 사람은 C와 F이다.

20

정답 ③

두 번째 조건에 의해 B는 6층에 입주해야 하고, 세 번째 조건에 의해 F-D-E 순으로 높은 층에 입주해야 한다.
A와 C는 1 ~ 3층에 거주해야 하므로 E는 3층부터, D는 4층부터 입주가 가능하다. 이를 정리하면 다음과 같다.

구분	1층	2층	3층	4층	5층	6층
A				×	×	×
B	×	×	×	×	×	○
C				×	×	×
D	×	×	×	○	×	×
E				×	×	×
F	×	×	×	×	○	×

6명이 빌딩에 입주하는 방법의 경우의 수는 A, C, E가 남은 층에 입주하는 방법의 경우의 수와 같다. 따라서 6명이 빌딩에 입주하는 방법의 경우의 수는 $3\times2\times1=6$가지이다.

PART 1

NCS 직무능력평가

CHAPTER 01 의사소통능력

합격 CHEAT KEY

의사소통능력을 평가하지 않는 금융권이 없을 만큼 필기시험에서 중요도가 높은 영역이다. 또한, 의사소통능력의 문제 출제 비중은 가장 높은 편이다. 이러한 점을 볼 때, 의사소통능력은 NCS를 준비하는 수험생이라면 반드시 정복해야 하는 과목이다.

국가직무능력표준에 따르면 의사소통능력의 세부 유형은 문서이해, 문서작성, 의사표현, 경청, 기초외국어로 나눌 수 있다. 문서이해·문서작성과 같은 제시문에 대한 주제 찾기, 내용일치 문제의 출제 비중이 높으며, 공문서·기획서·보고서·설명서 등 문서의 특성을 파악하는 문제도 출제되고 있다. 따라서 이러한 분석을 바탕으로 전략을 세우는 것이 매우 중요하다.

01 문제에서 요구하는 바를 먼저 파악하라!

의사소통능력에서 가장 중요한 것은 제한된 시간 안에 빠르고 정확하게 답을 찾아내는 것이다. 그러기 위해서는 우리가 의사소통능력을 공부하는 이유를 잊지 말아야 한다. 우리는 지식을 쌓기 위해 의사소통능력 지문을 보는 것이 아니다. 의사소통능력에서는 지문이 아니라 문제가 주인공이다! 지문을 보기 전에 문제를 먼저 파악해야 한다. 주제찾기 문제라면 첫 문장과 마지막 문장 또는 접속어를 주목하자! 내용일치 문제라면 지문과 문항의 일치 / 불일치 여부만 파악한 뒤 빠져나오자! 지문에 빠져드는 순간 소중한 시험 시간은 속절없이 흘러 버린다!

02 잠재되어 있는 언어능력을 발휘하라!

의사소통능력에는 끝이 없다! 의사소통의 방대함에 포기한 적이 있는가? 세상에 글은 많고 우리가 학습할 수 있는 시간은 한정적이다. 이를 극복할 수 있는 방법은 다양한 글을 접하는 것이다. 실제 시험장에서 어떤 내용의 지문이 나올지 아무도 예측할 수 없다. 따라서 평소에 신문, 소설, 보고서 등 여러 글을 접하는 것이 필요하다. 잠재되어 있는 글에 대한 안목이 시험장에서 빛을 발할 것이다.

03 상황을 가정하라!

업무 수행에 있어 상황에 따른 언어 표현은 중요하다. 같은 말이라도 상황에 따라 다르게 해석될 수 있기 때문이다. 그런 의미에서 자신의 의견을 효과적으로 전달할 수 있는 능력을 평가하는 것은 당연하다. 따라서 다양한 상황에서의 언어표현능력을 함양하기 위한 연습의 과정이 요구된다. 업무를 수행하면서 발생할 수 있는 여러 상황을 가정하고 그에 따른 올바른 언어표현을 정리하는 것이 필요하다. 의사표현 영역의 경우 출제 빈도가 높지는 않지만 상황에 따른 판단력을 평가하는 문항인 만큼 대비하는 것이 필요하다.

04 말하는 이의 입장에서 생각하라!

잘 듣는 것 또한 하나의 능력이다. 상대방의 이야기에 귀 기울이고 공감하는 태도는 업무를 수행하는 관계 속에서 필요한 요소이다. 그런 의미에서 다양한 상황에서의 듣는 능력을 평가하는 것이다. 말하는 이가 요구하는 듣는 이의 태도를 파악하고, 이에 따른 판단을 할 수 있도록 언제나 말하는 사람의 입장이 되는 연습이 필요하다.

05 반복만이 살길이다!

학창 시절 외국어를 공부하던 때를 떠올려 보자! 셀 수 없이 많은 표현들을 익히기 위해 얼마나 많은 반복의 과정을 거쳤는가? 의사소통능력 역시 그러하다. 하나의 문제 유형을 마스터하기 위해 가장 중요한 것은 바로 여러 번, 많이 풀어 보는 것이다.

01 어법 · 맞춤법

| 유형분석 |

- 주어진 문장이나 지문에서 잘못 쓰인 단어 · 표현을 바르게 고칠 수 있는지 평가한다.
- 띄어쓰기, 동의어 · 유의어 · 다의어 또는 관용적 표현 등을 찾는 문제가 출제될 가능성이 있다.

다음 밑줄 친 단어 중 문맥상 쓰임이 옳지 않은 것은?

① 어려운 문제의 답을 맞혀야 높은 점수를 받을 수 있다.

② 공책에 선을 반듯이 긋고 그 선에 맞춰 글을 쓰는 연습을 해.

③ 생선을 간장에 10분 동안 졸이면 요리가 완성된다.

④ 미안하지만 지금은 바쁘니까 이따가 와서 얘기해.

⑤ 그는 손가락으로 남쪽을 가리켰다.

정답 ③

'졸이다'는 '찌개를 졸이다.'와 같이 국물의 양을 적어지게 하는 것을 의미한다.
반면에 '조리다'는 '양념을 한 고기나 생선, 채소 따위를 국물에 넣고 바짝 끓여서 양념이 배어들게 하다.'의 의미를 지닌다.
따라서 ③의 경우 문맥상 '졸이다'가 아닌 '조리다'가 사용되어야 한다.

오답분석

① 맞히다 : 문제에 대한 답을 틀리지 않게 하다.
 맞추다 : 둘 이상의 일정한 대상들을 나란히 놓고 비교하여 살피다.

② 반듯이 : 비뚤어지거나 기울거나 굽지 않고 바르게
 반드시 : 틀림없이 꼭, 기필코

④ 이따 : 조금 지난 뒤에
 있다 : 어느 곳에서 떠나거나 벗어나지 않고 머물다. 또는 어떤 상태를 계속 유지하다.

⑤ 가리키다 : 손가락 따위로 어떤 방향이나 대상을 집어서 보이거나 말하거나 알리다.
 가르치다 : 지식이나 기능, 이치 따위를 깨닫게 하거나 익히게 하다.

유형풀이 Tip

- 일상생활 속에서 자주 틀리는 맞춤법을 자연스럽게 터득할 수 있도록 노력해야 한다.
- 신문, 사설 등 독서 습관을 들여 맞춤법 및 올바른 표현에 대해 숙지해 두어야 한다.

대표기출유형 01 기출응용문제

PART 1

01 다음 중 제시된 문장에서 사용되지 않는 단어는?

> • 농산물 수입 개방으로 외국산 농산물이 국내 시장에 ______되었다.
> • 행사를 위해 모든 차량의 ______을 막았다.
> • 영세 자영업자들은 단기 자금 ______에 많은 어려움을 겪고 있다.
> • ○○고속도로의 ______은 지역 간 이동시간을 대폭 감소시키는 효과를 가져왔다.

① 소통 ② 개통
③ 융통 ④ 유통
⑤ 정통

Easy

02 다음 중 밑줄 친 부분의 띄어쓰기가 옳은 것은?

① 철수가 떠난지가 한 달이 지났다.
② 드실 수 있는만큼만 가져가 주십시오.
③ 그녀가 사는 데는 회사에서 한참 멀다.
④ 비가 올 것 같은 데 우산을 챙겨가야지.
⑤ KTX를 타면 서울과 목포간에 3시간이 걸린다.

03 다음 중 밑줄 친 부분의 맞춤법이 옳지 않은 것은?

① 그는 입술을 지그시 깨물었다.
② 왠일로 선물까지 준비했는지 모르겠다.
③ 그는 목이 메어 한동안 말을 잇지 못했다.
④ 어제는 종일 아이를 치다꺼리하느라 잠시도 쉬지 못했다.
⑤ 노루가 나타난 것은 나무꾼이 도끼로 나무를 베고 있을 때였다.

대표기출유형

02 관계유추

| 유형분석 |

- 제시된 단어의 관계를 파악하여 빈칸에 들어갈 단어를 정확하게 유추해 낼 수 있는지 평가한다.
- 짝지어진 단어 사이의 관계가 나머지와 다른 것을 찾는 문제 유형이 빈번하게 출제된다.

다음 제시된 단어의 대응 관계로 볼 때, 빈칸에 들어갈 단어로 가장 적절한 것은?

능동 : 수동 = (　　) : 자유

① 자진　② 범죄
③ 속박　④ 권리
⑤ 자립

정답 ③

제시된 단어는 반의 관계이다.
'능동'은 스스로 움직이지 않고 다른 것의 작용을 받아 움직임을 뜻하는 '수동'의 반의어이고, '자유'는 어떤 행위나 권리의 행사를 자유로이 하지 못하도록 강압적으로 얽어매거나 제한함을 뜻하는 '속박'의 반의어이다.

유형풀이 Tip

어휘의 상관 관계
1) 동의 관계 : 두 개 이상의 어휘가 소리는 다르나 의미가 같은 경우
2) 유의 관계 : 두 개 이상의 어휘가 소리는 다르나 의미가 비슷한 경우
3) 반의 관계 : 두 개 이상의 어휘의 의미가 서로 대립하는 경우
4) 상하 관계 : 어휘의 의미적 계층 구조에서 한쪽이 의미상 다른 쪽을 포함하거나 다른 쪽에 포함되는 의미 관계
5) 부분 관계 : 한 어휘가 다른 어휘의 부분이 되는 관계
6) 인과 관계 : 원인과 결과의 관계
7) 순서 관계 : 위치의 상하 관계, 시간의 흐름 관계

대표기출유형 02 기출응용문제

01 다음 중 단어의 대응 관계가 나머지와 다른 하나는?

① 시종 – 수미
② 시비 – 선악
③ 추세 – 형편
④ 원고 – 피고
⑤ 구속 – 속박

PART 1

Hard

02 다음 제시된 단어에서 공통으로 연상할 수 있는 것은?

힘 제우스 사자

① 오디세우스
② 삼손
③ 페르세우스
④ 길가메시
⑤ 헤라클레스

03 다음 제시된 단어의 대응 관계로 볼 때, 빈칸에 들어갈 단어로 가장 적절한 것끼리 짝지어진 것은?

묘항현령 : (   ) = (   ) : 까마귀

① 방울, 학수고대
② 토끼, 견토지쟁
③ 고양이, 오비이락
④ 토사구팽, 토끼
⑤ 견원지간, 원숭이

대표기출유형

03 한자성어 · 속담

| 유형분석 |

- 실생활에서 활용되는 한자성어나 속담을 이해할 수 있는지 평가한다.
- 제시된 상황과 일치하는 사자성어 또는 속담을 고르거나 한자의 훈음·독음을 맞히는 등 다양한 유형이 출제된다.

다음 상황에 어울리는 한자성어로 가장 적절한 것은?

> A씨는 업무를 정리하다가 올해 초 진행한 프로젝트에 자신의 실수가 있었음을 알게 되었다. 하지만 자신의 실수를 드러내고 싶지 않았고, 그리 큰 문제라고 생각하지 않은 A씨는 이를 무시하였다. 이후 다른 프로젝트를 진행하면서 지난번 실수와 동일한 실수를 다시 저지르게 되었고, 프로젝트에 큰 피해를 입혔다.

① 유비무환(有備無患)
② 유유상종(類類相從)
③ 회자정리(會者定離)
④ 개과불린(改過不吝)
⑤ 개세지재(蓋世之才)

정답 ④

'개과불린(改過不吝)'은 '허물을 고침에 인색하지 말라.'라는 뜻으로, 잘못된 것이 있으면 고치는 데 주저하지 않고 빨리 바로잡아 반복하지 말라는 의미이다.

오답분석

① 유비무환(有備無患) : 준비가 있으면 근심이 없다.
② 유유상종(類類相從) : 같은 무리끼리 서로 사귄다.
③ 회자정리(會者定離) : 만남이 있으면 헤어짐도 있다.
⑤ 개세지재(蓋世之才) : 세상을 마음대로 다스릴 만한 뛰어난 재기(才氣) 또는 그러한 재기(才氣)를 가진 사람

유형풀이 Tip

- 한자성어나 속담 관련 문제의 경우 일정 수준 이상의 사전지식을 요구하므로, 지원 기업 관련 기사 및 이슈를 틈틈이 찾아보며 한자성어나 속담에 대입해보면 효과적으로 대처할 수 있다.
- 문제에 제시된 한자성어의 의미를 파악하기 어렵다면, 먼저 알고 있는 한자가 있는지 확인한 후 글의 문맥과 상황에 대입하며 선택지를 하나씩 소거해 나가는 것이 효율적이다.

대표기출유형 03 기출응용문제

Hard

01 다음 한자성어의 뜻과 관련 있는 한자어로 가장 적절한 것은?

千載一遇

① 機會
② 因緣
③ 努力
④ 時間
⑤ 條件

02 다음 글의 빈칸에 들어갈 한자성어로 가장 적절한 것은?

> 바람 잘 날 없는 (주)쾌속유통이 이번에는 '내홍(內訌)'으로 큰 곤란을 겪고 있다. (주)쾌속유통의 유쾌속 사장은 '수뢰설'로 일어난 내홍의 관련자 양쪽 모두를 해고하며 위기를 정면 돌파하려 하고 있다. 유쾌속 사장은 회사의 존망을 좌우하는 구조조정을 위해서는 회사 내부 단결이 가장 중요하다고 보고, ________의 결단을 내렸다. 뇌물을 주고받은 것으로 알려진 김 모 부장과 강 모 차장을 경질한 것은 물론, 이들의 비리를 알고도 묵인한 윤 모 전무를 보직 해임하며 기강 확립에 나섰다. 특히 윤 모 전무는 유사장의 최측근이며, 김 모 부장 또한 유사장의 '오른팔'로 잘 알려져 있다.

① 일패도지(一敗塗地)
② 읍참마속(泣斬馬謖)
③ 도청도설(道聽塗說)
④ 원교근공(遠交近攻)
⑤ 신상필벌(信賞必罰)

03 다음 글의 빈칸에 들어갈 속담으로 가장 적절한 것은?

> "계정회가 세간에 이름이 나서 회원들이 많이 불편해 하는 기색일세. 이러다가는 회 자체가 깨어지는 게 아닌지 모르겠네."
> "깨어지기야 하겠는가. ____________________ 나는 이번 일을 오히려 잘된 일루 생각허네."
>
> – 홍성원, 『먼동』

① 쫓아가서 벼락 맞는다고
② 곤장 메고 매품 팔러 간다고
③ 고기도 저 놀던 물이 좋다고
④ 마디가 있어야 새순이 난다고
⑤ 대추나무에 연 걸리듯 한다고

대표기출유형

04 기초영어

| 유형분석 |

- 기본적인 영어 어휘와 문법을 실무에 활용할 수 있는지 평가한다.
- 문법, 회화, 나열하기, 주제·제목찾기, 내용 일치/불일치 등 다양한 유형의 문제가 출제된다.

다음 글의 빈칸에 들어갈 내용으로 가장 적절한 것은?

A : Hello. I need to exchange some money.
B : Okay. What currency do you need?
A : I need to convert dollars into pounds. ______________________
B : We convert your currency back for free. Just bring your receipt with you.

① How much does this cost?
② How should I pay for that?
③ What's your buy-back policy?
④ Do you take credit cards?
⑤ Would you like to leave a message?

정답 ③

빈칸에 해당하는 A의 질문에 대해 B가 '다시 환전할 때는 비용이 없다.'고 대답하므로, 빈칸에는 통화를 되파는 것과 관련된 ③ '환매 정책은 어떻게 되죠?'가 들어가는 것이 가장 적절하다.

오답분석

① 비용이 얼마죠?
② 어떻게 지불하면 되나요?
④ 신용카드를 취급하시나요?
⑤ 메시지를 남기시겠습니까?

A : 안녕하세요. 돈을 환전하려고 합니다.
B : 예. 어떤 화폐로 해드릴까요?
A : 달러를 파운드로 바꿔야 합니다. 환매 정책은 어떻게 되죠?
B : 무료로 매입합니다. 영수증만 가져오시면 됩니다.

유형풀이 Tip

- 문제와 선택지를 먼저 읽은 후 글을 읽을 때 무엇을 중점적으로 파악해야 하는지 인지해 두어야 문제 풀이 시간을 단축할 수 있다.
- 기본적인 영어능력을 바탕으로 풀이할 수 있는 정도의 난이도로 출제되므로, 모르는 어법이 나오더라도 앞뒤 문맥을 통해 유추하여 답을 찾기 위해 노력해야 한다.

대표기출유형 04 기출응용문제

01 다음 글의 밑줄 친 'two basic things'가 가리키는 것은?

> Driving can be fun. However, most of drivers ignore <u>two basic things</u> when they drive : They forget to keep enough distance from the car in front, and they don't wear seat belts.

① 차선 지키기, 신호 지키기
② 안전거리 확보, 차선 지키기
③ 차선 지키기, 규정 속도 유지
④ 안전거리 확보, 좌석벨트 착용
⑤ 좌석벨트 착용, 규정 속도 유지

Easy

02 다음 글에 표현된 사람의 직업은?

> What I do is say, "hello" to the customers when they come up to my window. When they come up to me, I usually say to them, "Can I help you?" and then I transact their business which amounts to taking money from them and putting it in their account or giving them money out of their account.

① teller
② accountant
③ doorman
④ street cleaner
⑤ computer programmer

03 다음 글의 주제로 가장 적절한 것은?

> Man has built his world: he has built factories and houses, he produces cars and clothes, he grows grain and fruit, and so on. But he is not really the master any more of the world he has built; on the contrary, this manmade world has become his master, before whom he bows down, and whom he tries to please as best he can. The work of his own hands has become his master. He seems to be driven by self-interest, but in reality he has become an instrument for the purposes of the very machine his hands have built.

① 자신이 만든 생산물에 종속된 인간
② 인간의 탐욕이 사회에 미치는 영향
③ 물질 문명에 대한 인간의 무한한 욕구
④ 인간과 기계 문명의 상호 보완적 관계
⑤ 새로운 생산물에 대한 인간의 끊임없는 도전

대표기출유형

05 문장삽입

| 유형분석 |

- 논리적인 흐름에 따라 글을 이해할 수 있는지 평가한다.
- 한 문장뿐 아니라 여러 개의 문장이나 문단을 삽입하는 문제가 출제될 가능성이 있다.

다음 글에서 〈보기〉의 문장이 들어갈 위치로 가장 적절한 곳은?

밥상에 오르는 곡물이나 채소가 국내산이라고 하면 보통 그 종자도 우리나라의 것으로 생각하기 쉽다. (가) 하지만 실상은 벼, 보리, 배추 등을 제외한 많은 작물의 종자를 수입하고 있어 그 자급률이 매우 낮다고 한다. (나) 또한, 청양고추 종자는 우리나라에서 개발했음에도 현재는 외국 기업이 그 소유권을 가지고 있다. (다) 국내 채소 종자 시장의 경우 종자 매출액의 50%가량을 외국 기업이 차지하고 있다는 조사 결과도 있다. (라) 이런 상황이 지속될 경우, 우리 종자를 심고 키우기 어려워질 것이고 종자를 수입하거나 로열티를 지급하는 데 지금보다 훨씬 많은 비용이 들어가는 상황도 발생할 수 있다. 또한, 전문가들은 세계 인구의 지속적인 증가와 기상 이변 등으로 곡물 수급이 불안정하고, 국제 곡물 가격이 상승하는 상황을 고려할 때, 결국에는 종자 문제가 식량 안보에 위협 요인으로 작용할 수 있다고 지적한다. (마)

보기

양파, 토마토, 배 등의 종자 자급률은 약 16%, 포도는 약 1%에 불과하다.

① (가)　　② (나)
③ (다)　　④ (라)
⑤ (마)

정답 ②

보기의 문장은 우리나라 작물의 낮은 자급률을 보여주는 구체적인 수치이다. 따라서 우리나라 작물의 낮은 자급률을 이야기하는 '하지만 실상은 벼, 보리, 배추 등을 제외한 많은 작물의 종자를 수입하고 있어 그 자급률이 매우 낮다고 한다.'의 뒤인 (나)에 위치하는 것이 가장 적절하다.

유형풀이 Tip

- 보기를 먼저 읽고, 선택지로 주어진 빈칸의 앞·뒤 문장을 읽어 본다. 그리고 빈칸 부분에 보기를 넣었을 때 그 흐름이 어색하지 않은 위치를 찾는다.
- 보기 문장의 중심이 되는 단어가 빈칸의 앞뒤에 언급되어 있는지 확인하도록 한다.

※ 다음 글에서 〈보기〉의 내용이 들어갈 위치로 가장 적절한 곳을 고르시오. **[1~3]**

Easy

01

전국(戰國) 시대의 사상계가 양주(楊朱)와 묵적(墨翟)의 사상에 경도되어 유학의 영향력이 약화되고 있다고 판단한 맹자(孟子)는 유학의 수호자를 자임하면서 공자(孔子)의 사상을 계승하는 한편, 다른 학파의 사상적 도전에 맞서 유학 사상의 이론화 작업을 전개하였다. 그는 공자의 춘추(春秋) 시대에 비해 사회 혼란이 가중되는 시대적 환경 속에서 사회 안정을 위해 특히 '의(義)'의 중요성을 강조하였다.

맹자가 강조한 '의'는 공자가 제시한 '의'에 대한 견해를 강화한 것이었다. 공자는 사회 혼란을 치유하는 방법을 '인(仁)'의 실천에서 찾고, '인'의 실현에 필요한 객관 규범으로서 '의'를 제시하였다. 공자가 '인'을 강조한 이유는 자연스러운 도덕 감정인 '인'을 사회 전체로 확산했을 때 비로소 사회가 안정될 것이라고 보았기 때문이다. 이때 공자는 '의'를 '인'의 실천에 필요한 합리적 기준으로서 '정당함'을 의미한다고 보았다. (가)

맹자는 공자와 마찬가지로 혈연관계에서 자연스럽게 드러나는 도덕 감정인 '인'의 확산이 필요함을 강조하면서도, '의'의 의미를 확장해 '의'를 '인'과 대등한 지위로 격상했다. (나) 그는 부모에게 효도하는 것은 '인'이고, 형을 공경하는 것은 '의'라고 하여 '의'를 가족 성원 간에도 지켜야 할 규범이라고 규정하였다. 그리고 나의 형을 공경하는 것에서 시작하여 남의 어른을 공경하는 것으로 나아가는 유비적 확장을 통해 '의'를 사회 일반의 행위 규범으로 정립하였다. (다) 나아가 그는 '의'를 개인의 완성 및 개인과 사회의 조화를 위해 필수적인 행위 규범으로 설정하였고, 사회 구성원으로서 개인은 '의'를 실천하여 사회 질서 수립과 안정에 기여해야 한다고 주장하였다. (라)

또한 맹자는 '의'가 이익의 추구와 구분되어야 한다고 주장하였다. 이러한 입장에서 그는 사적인 욕망으로부터 비롯된 이익의 추구는 개인적으로는 '의'의 실천을 가로막고, 사회적으로는 혼란을 야기한다고 보았다. 특히 작은 이익이건 천하의 큰 이익이건 '의'에 앞서 이익을 내세우면 천하는 필연적으로 상하 질서의 문란이 초래될 것이라고 역설하였다. (마)

보기

그래서 그는 사회 안정을 위해 사적인 욕망과 결부된 이익의 추구는 '의(義)'에서 배제되어야 한다고 주장하였다.

① (가) ② (나)
③ (다) ④ (라)
⑤ (마)

02

제2차 세계 대전이 끝나고 나서 미국과 소련 및 그 동맹국들 사이에서 공공연하게 전개된 제한적 대결 상태를 냉전(冷戰)이라고 한다. 냉전의 기원에 관한 논의는 냉전이 시작된 직후부터 최근까지 계속 진행되었다. 이는 단순히 냉전의 발발 시기와 이유에 대한 논의만이 아니라 그 책임 소재를 묻는 것이기도 하다. 그 연구의 결과를 편의상 세 가지로 나누어 볼 수 있다.
가장 먼저 나타난 전통주의는 냉전을 유발한 근본적 책임이 소련의 팽창주의에 있다고 보았다. 소련은 세계를 공산화하기 위한 계획을 수립했고, 이 계획을 실행하기 위해 특히 동유럽 지역을 시작으로 적극적인 팽창 정책을 수행했다. 그리고 미국이 자유민주주의 세계를 지켜야 한다는 도덕적 책임감에 기초하여 그에 대한 봉쇄 정책을 추구하는 와중에 냉전이 발생했다고 보았다. (가) 미국의 봉쇄 정책이 성공적으로 수행된 결과 냉전이 종식되었다는 것이 이들의 입장이다.
여기에 비판을 가한 수정주의는 기본적으로 냉전의 책임이 미국 쪽에 있고, 미국의 정책은 경제적 동기에서 비롯했다고 주장했다. 즉, 미국은 전후 세계를 자신들이 주도해 나가야 한다고 생각했고, 전쟁 중에 급증한 생산력을 유지할 수 있는 시장을 얻기 위해 세계를 개방 경제 체제로 만들고자 했다. (나) 무엇보다 소련은 미국에 비해 국력이 미약했으므로 적극적 팽창 정책을 수행할 능력이 없었다는 것이 수정주의의 기본적 입장이었다. 오히려 미국이 유럽에서 공격적인 정책을 수행했고, 소련은 이에 대응했다는 것이다.
냉전의 기원에 관한 또 다른 주장인 탈수정주의는 위의 두 가지 주장에 대한 절충적 시도로서 냉전의 책임을 일방적으로 어느 한쪽에 부과해서는 안 된다고 보았다. 즉, 냉전은 양국이 추진한 정책의 '상호 작용'에 의해 발생했다는 것이다. (다) 또 경제를 중심으로만 냉전을 보아서는 안 되며 안보 문제 등도 같이 고려하여 파악해야 한다고 주장했다. (라) 소련의 목적은 주로 안보 면에서 제한적으로 추구되었는데, 미국은 소련의 행동에 과잉 반응했고 이것이 상황을 악화시켰다는 것이다. (마) 이로 인해 냉전 책임론은 크게 후퇴하고 구체적인 정책 형성에 대한 연구가 부각되었다.

보기

그러므로 미국 정책 수립의 기저에 깔린 것은 이념이 아니라는 것이다.

① (가)
② (나)
③ (다)
④ (라)
⑤ (마)

03

정보란 무엇인가? 이 점은 정보화 사회를 맞이하면서 우리가 가장 깊이 생각해 보아야 할 문제이다. 정보는 그냥 객관적으로 주어진 대상인가? 그래서 그것은 관련된 당사자들에게 항상 가치중립적이고 공정한 지식이 되는가? 결코 그렇지 않다. 똑같은 현상에 대해 정보를 만들어 내는 방식은 매우 다양할 수 있다. 정보라는 것은 인간에 의해 가공되는 것이고 그 배경에는 언제나 나름대로의 입장과 가치관이 깔려 있게 마련이다. (가)
정보화 사회가 되어 정보가 넘쳐나는 듯하지만 사실 우리 대부분은 그 소비자로 머물러 있을 뿐 적극적인 생산의 주체로 나서지 못하고 있다. 이런 상황에서는 우리의 생활을 질적으로 풍요롭게 해주는 정보를 확보하기가 대단히 어렵다. 사실 우리가 일상적으로 구매하고 소비하는 정보란 대부분이 일회적인 심심풀이용이 많다. (나)
또한 정보가 많을수록 좋은 것만은 아니다. 오히려 정보의 과잉은 무기력과 무관심을 낳는다. 네트워크와 각종 미디어 그리고 통신 기기의 회로들 속에서 정보가 기하급수적인 속도의 규모로 증식하고 있는 데 비해, 그것을 수용하고 처리할 수 있는 우리 두뇌의 용량은 진화하지 못하고 있다. 이 불균형은 일상의 스트레스 또는 사회적인 교란으로 표출된다. 정보 그 자체에 집착하는 태도에서 벗어나 무엇이 필요한지를 분별할 수 있는 능력이 배양되어야 한다. (다)
정보는 얼마든지 새롭게 창조될 수 있다. 컴퓨터의 기계적인 언어로 입력되기 전까지의 과정은 인간의 몫이다. 기계가 그것을 대신하기는 불가능하다. 따라서 정보화 시대의 중요한 관건은 컴퓨터에 대한 지식이나 컴퓨터를 다루는 방법이 아니라, 무엇을 담을 것인가에 대한 인간의 창조적 상상력이다. 그것은 마치 전자레인지가 아무리 좋아도 그 자체로 훌륭한 요리를 보장하지는 못하는 것과 마찬가지이다. (라)
정보와 지식은 그 자체로는 딱딱하게 굳어 있는 물건처럼 존재하는 듯 보인다. 그러나 그것은 커뮤니케이션 속에서 살아 움직이며 진화한다. 끊임없이 새로운 의미가 발생하고 또한 더 고급으로 갱신되어 간다. 따라서 한 사회의 정보화 수준은 그러한 소통의 능력과 직결된다. 정보의 순환 속에서 끊임없이 새로운 정보로 거듭나는 역동성이 없이는 아무리 방대한 데이터베이스라 해도 그 기능에 한계가 있기 때문이다. (마)

보기

한 가지 예를 들어 보자. 어떤 나라에서 발행하는 관광 안내 책자는 정보가 섬세하고 정확하다. 그러나 그 책을 구입해 관광을 간 소비자들은 종종 그 내용의 오류를 발견한다. 그리고 많은 이들이 그것을 그냥 넘기지 않고 수정 사항을 출판사에 보내 준다. 출판사는 일일이 현지에 직원을 파견하지 않고도 책자를 개정할 수 있다.

① (가)　　② (나)
③ (다)　　④ (라)
⑤ (마)

※ 다음 글에서 〈보기〉의 문장 ㉠, ㉡이 들어갈 위치로 가장 적절한 곳을 바르게 짝지은 것을 고르시오. [4~5]

04

문화가 발전하려면 저작자의 권리 보호와 저작물의 공정 이용이 균형을 이루어야 한다. 저작물의 공정 이용이란 저작권자의 권리를 일부 제한하여 저작권자의 허락이 없어도 저작물을 자유롭게 이용하는 것을 말한다. 비영리적인 사적 복제를 허용하는 것이 그 예이다. (가) 우리나라의 저작권법에서는 오래전부터 공정 이용으로 볼 수 있는 저작권 제한 규정을 두었다.
그런데 디지털 환경에서 저작물의 공정 이용은 여러 장애에 부딪혔다. 디지털 환경에서는 저작물을 원본과 동일하게 복제할 수 있고 용이하게 개작할 수 있다. (나) 그 결과 디지털화된 저작물의 이용 행위가 공정 이용의 범주에 드는 것인지 가늠하기가 더 어려워졌고 그에 따른 처벌 위험도 커졌다. (다)
이러한 문제를 해소하기 위한 시도의 하나로 포괄적으로 적용할 수 있는 '저작물의 공정한 이용' 규정이 저작권법에 별도로 신설되었다. 그리하여 저작권자의 동의가 없어도 저작물을 공정하게 이용할 수 있는 영역이 확장되었다. 그러나 공정 이용 여부에 대한 시비가 자율적으로 해소되지 않으면 예나 지금이나 법적인 절차를 밟아 갈등을 해소해야 한다. (라) 저작물 이용의 영리성과 비영리성, 목적과 종류, 비중, 시장 가치 등이 법적인 판단의 기준이 된다.
저작물 이용자들이 처벌에 대한 불안감을 여전히 느낀다는 점에서 저작물의 자유 이용 허락 제도와 같은 '저작물의 공유' 캠페인이 주목을 받고 있다. 이 캠페인은 저작권자들이 자신의 저작물에 일정한 이용 허락 조건을 표시해서 이용자들에게 무료로 개방하는 것을 말한다. 누구의 저작물이든 개별적인 저작권을 인정하지 않고 모두가 공동으로 소유하자고 주장하는 사람들과 달리, 이 캠페인을 펼치는 사람들은 기본적으로 자신과 타인의 저작권을 존중한다. 캠페인 참여자들은 저작권자와 이용자들의 자발적인 참여를 통해 자유롭게 활용할 수 있는 저작물의 양과 범위를 확대하려고 노력한다. (마) 그러나 캠페인에 참여한 저작물을 이용할 때 허용된 범위를 벗어난 경우 법적 책임을 질 수 있다.

보기

㉠ 따라서 저작물이 개작되더라도 그것이 원래 창작물인지 이차적 저작물인지 알기 어렵다.
㉡ 이들은 저작물의 공유가 확산되면 디지털 저작물의 이용이 활성화되고 그 결과 인터넷이 더욱 창의적이고 풍성한 정보 교류의 장(場)이 될 것이라고 본다.

	㉠	㉡
①	(가)	(나)
②	(가)	(마)
③	(나)	(다)
④	(나)	(라)
⑤	(나)	(마)

Hard

05

흔히 어떤 대상이 반드시 가져야만 하고 그것을 다른 대상과 구분해 주는 속성을 본질이라고 한다. X의 본질이 무엇인지 알고 싶으면 X에 대한 필요 충분한 속성을 찾으면 된다. 다시 말해서 모든 X에 대해 그리고 오직 X에 대해서만 해당되는 것을 찾으면 된다. 예컨대 모든 까투리가 그리고 오직 까투리만이 꿩이면서 동시에 암컷이므로, '암컷인 꿩'은 까투리의 본질이라고 생각된다. 그러나 암컷인 꿩은 애초부터 까투리의 정의라고 우리가 규정한 것이므로 그것을 본질이라고 말하기에는 허망하다. 다시 말해서 본질은 따로 존재하여 우리가 발견한 것이 아니라 까투리라는 낱말을 만들면서 사후적으로 구성된 것이다.

서로 다른 개체를 동일한 종류의 것이라고 판단하고 의사소통에 성공하기 위해서는 개체들이 공유하는 무엇인가가 필요하다. 본질주의는 그것이 우리와 무관하게 개체 내에 본질로서 존재한다고 주장한다. (가) 반면에 반(反)본질주의는 그런 본질이란 없으며, 인간이 정한 언어 약정이 본질주의에서 말하는 본질의 역할을 충분히 달성할 수 있다고 주장한다. (나)

'본질'이 존재론적 개념이라면 거기에 언어적으로 상관하는 것은 '정의'이다. 그런데 어떤 대상에 대해서 약정적이지 않으면서 완벽하고 정확한 정의를 내리기 어렵다는 사실은 반본질주의의 주장에 힘을 실어 준다. (다) 사람을 예로 들어 보자. '이성적 동물'은 사람에 대한 정의로 널리 알려져 있다. 그러면 이성적이지 않은 갓난아이를 사람의 본질에 대한 반례로 제시할 수 있다. 이번에는 '사람은 사회적 동물이다.'라고 정의를 제시할 수도 있다. 그러나 사회를 이루고 산다고 해서 모두 사람인 것은 아니다. 개미나 벌도 사회를 이루고 살지만 사람은 아니다.

서양의 철학사는 본질을 찾는 과정이라고 말할 수 있다. 본질주의는 사람뿐만 아니라 자유나 지식 등의 본질을 찾는 시도를 계속해 왔지만, 대부분의 경우 아직까지 본질적인 것을 명확히 찾는 데 성공하지 못했다. (라) 우리가 본질을 명확히 찾지 못하는 까닭은 우리의 무지 때문이 아니라 그런 본질이 있다는 잘못된 가정에서 출발했기 때문이라는 것이다. 사물의 본질이라는 것은 단지 인간의 가치가 투영된 것에 지나지 않는다는 것이 반본질주의의 주장이다.

보기

㉠ 이른바 본질은 우리가 관습적으로 부여하는 의미를 표현한 것에 불과하다는 것이다.
㉡ 그래서 숨겨진 본질을 밝히려는 철학적 탐구는 실제로는 부질없는 일이라고 반본질주의로부터 비판을 받는다.

	㉠	㉡
①	(가)	(나)
②	(가)	(다)
③	(나)	(다)
④	(나)	(라)
⑤	(다)	(라)

06 빈칸추론

| 유형분석 |

- 글의 전반적인 흐름을 파악하고 있는지 평가한다.
- 첫 문장, 마지막 문장 또는 글의 중간 등 다양한 위치에 빈칸이 주어질 수 있다.

다음 글의 빈칸에 들어갈 내용으로 가장 적절한 것은?

> 우리의 생각과 판단은 언어에 의해 결정되는가 아니면 경험에 의해 결정되는가? 언어결정론자들은 우리의 생각과 판단이 언어를 반영하고 있고 실제로 언어에 의해 결정된다고 주장한다. 언어결정론자들의 주장에 따르면 에스키모인들은 눈에 관한 다양한 언어 표현을 갖고 있어서 눈이 올 때 우리가 미처 파악하지 못한 미묘한 차이점들을 찾아낼 수 있다. 또 언어결정론자들은 '노랗다', '샛노랗다', '누르스름하다' 등 노랑에 대한 다양한 우리말 표현들이 있어서 노란색들의 미묘한 차이가 구분되고 그 덕분에 색에 관한 우리의 인지능력이 다른 언어 사용자들보다 뛰어나다고 본다. 이렇듯 언어결정론자들은 사용하는 언어에 의해서 우리의 사고능력이 결정된다고 본다.
>
> 정말 그럴까? 모든 색은 명도와 채도에 따라 구성된 스펙트럼 속에 놓이고, 각각의 색은 여러 언어로 표현될 수 있다. 이러한 사실에 비추어보면 우리말이 다른 언어에 비해 보다 풍부한 표현을 갖고 있다고 볼 수 없다. 나아가 ______________________ 따라서 우리의 생각과 판단은 언어가 아닌 경험에 의해 결정된다고 보는 쪽이 더 설득력 있다.

① 개개인의 언어습득능력과 속도는 모두 다르기 때문에 인지능력에 대한 언어의 영향도 제각기 다르다.
② 언어가 사고능력에 미치는 영향과 경험이 사고능력에 미치는 영향을 계량화하여 비교하기는 곤란한 일이다.
③ 어떤 것을 가리키는 단어가 있을 때에만 우리는 그 단어에 대하여 사고할 수 있다.
④ 더 풍부한 표현을 가진 언어를 사용함에도 불구하고 인지능력이 뛰어나지 못한 경우들도 있다.
⑤ 다양한 우리말 표현들은 다른 언어 사용자들보다 더 뛰어나며, 이는 우리의 생각과 판단에 영향을 미친다.

정답 ④

제시문은 앞부분에서 언어가 사고능력을 결정한다는 언어결정론자들의 주장을 소개하고, 이어지는 문단에서 이에 대하여 반박하면서 우리의 생각과 판단이 언어가 아닌 경험에 의해 결정된다고 결론짓고 있다. 그러므로 빈칸에 들어갈 문장은 언어결정론자들이 내놓은 근거를 반박하면서도 사고능력이 경험에 의해 결정된다는 주장에 위배되지 않는 내용이어야 한다. 따라서 빈칸에는 풍부한 표현을 가진 언어를 사용함에도 인지능력이 뛰어나지 못한 경우가 있다는 내용이 들어가는 것이 가장 적절하다.

유형풀이 Tip

- 글을 모두 읽고 풀기에는 시간이 부족하다. 따라서 빈칸의 앞·뒤 문장만을 통해 내용을 파악할 수 있어야 한다.
- 주어진 문장을 각각 빈칸에 넣었을 때 그 흐름이 어색하지 않은지 확인하도록 한다.

※ 다음 글의 빈칸에 들어갈 내용으로 가장 적절한 것을 고르시오. [1~5]

Easy

01

고대 희랍의 누드 조각, 르네상스의 누드화, 인상파, 로댕, 피카소 등에 이르기까지 서양의 에로티시즘은 생명을 새롭게 파악하여 현실의 여러 의미를 보여 준다. 발가벗은 인체를 예술의 소재로 삼는다는 것은 우리 인간의 생명의 비밀을 직시하려는 태도의 표명이며, 삶의 근원을 찾아내려는 모색의 과정이다. 또한 에로티시즘의 조형화(造型化)는 삶의 단순한 향유가 아니라 현실의 재확인이다. 그러므로 대중들이 즐기고 욕망하는 현실 감정이 가장 쉽게 그리고 직접적으로 누드에 반영된다.
우리의 미술사에서도 어느 정도 이러한 점을 확인할 수 있다. 성(性)을 경원시하고 남녀유별(男女有別)에 철저했던 유교적 도덕으로 무장한 조선의 풍토에서 혜원 신윤복의 존재는 무엇을 말해주는가? 왜 혜원의 「춘의도(春意圖)」가 그 시대 「산수도」보다 대중들에게 잘 수용되었던가? 그것은 그가 당대의 사회적 풍토로 인해 억압되어 있었던 ________________을 잘 드러냈기 때문이다.
그런데 근래의 우리 누드 화가들은 어떠한가? 누드를 통해 어떤 현실을 인식시키고 어떤 진실을 표현하려 하였던가? 가령 김승인의 「나부(裸婦)」를 놓고 보자. 이국적인 용모를 지닌 풍요한 여체가 옆면으로 등을 보이면서 소파 위에 앉아 있다. 주위의 실내 배경은 서구 스타일의 장식으로 간략히 정돈된 고전풍이다. 그에 따라 나부가 효과적으로 중심을 드러낸다. 기법은 인상주의 이전의 사실주의 수법으로 객관미를 표출하고 있다. 그럼에도 그의 누드는 우리에게 위화감을 불러일으킨다. 무엇 때문인가?
우리는 그의 누드 속 인물, 즉 이국적 호사 취미에 알맞은 장식적 인물에서 그 단서를 발견할 수 있다. 우리가 보아 온 누드 어디에 그같은 취향이 있었던가? 이 누드의 풍요성과 같은 안정된 현실을 어느 시대에서 향유할 수 있었단 말인가? 결국 그의 누드에 담긴 장식적 현실은 부르주아적 모방 취미가 아닐 수 없다. 그런 누드화는 부유층의 수요에 의하여 생산되는 사치품에 불과하다. 이처럼 근래의 우리 누드화는 민중의 현실 속으로 파고들지 못했다.

① 도덕적 불감증
② 전통적인 가치관
③ 지배층의 물질적 욕망
④ 보편적인 감정의 진실
⑤ 사회 체제에 대한 불만

02

> 사회가 변하면 사람들은 그때까지의 생활을 그대로 수긍하지 못한다. 새로운 생활에 맞는 새로운 언어를 필요로 하게 된다. 그 언어가 자연스럽게 육성되기를 기다릴 수도 있지만, 사람들은 외국으로부터 그러한 개념의 언어를 빌려오려고 한다. 돈이나 기술을 빌리는 것에 비하면 언어는 대가 없이 빌려 쓸 수 있으므로 대개는 제한 없이 외래어를 빌린다. 특히 ____________________ 광복 이후 우리 사회에서 외래어가 넘쳐나는 것은 그간 우리나라의 고도성장과 절대 무관하지 않다.

① 외래어의 증가는 사회의 팽창과 함께 진행된다.
② 새로운 언어는 사회의 변화를 선도하기도 한다.
③ 외래어가 증가하면 범람한다는 비판을 받게 된다.
④ 새로운 언어는 인간의 욕망을 적절히 표현해 준다.
⑤ 새로운 언어는 필연적으로 외국의 개념을 빌릴 수밖에 없다.

Hard

03

> 흔히들 과학적 이론이나 가설을 표현하는 엄밀한 물리학적 언어만을 과학의 언어라고 생각한다. 그러나 과학적 이론이나 가설을 검사하는 과정에는 이러한 물리학적 언어 외에 우리의 감각적 경험을 표현하는 일상적 언어도 사용될 수밖에 없다. 그런데 우리의 감각적 경험을 표현하는 일상적 언어에는 과학적 이론이나 가설을 표현하는 물리학적 언어와는 달리 매우 불명료하고 엄밀하게 정의될 수 없는 용어들이 포함되어 있다. 어떤 학자는 이러한 용어들을 '발룽엔'이라고 부른다.
>
> 이제 과학적 이론이나 가설을 검사하는 과정에 발룽엔이 개입된다고 해보자. 이 경우 우리는 증거와 가설 사이의 논리적 관계가 무엇인지 결정할 수 없게 될 것이다. 즉, 증거가 가설을 논리적으로 뒷받침하고 있는지 아니면 논리적으로 반박하고 있는지에 관해 미결정적일 수밖에 없다는 것이다. 그 이유는 증거를 표현할 때 포함될 수밖에 없는 발룽엔을 어떻게 해석할 것인지에 따라 증거와 가설 사이의 논리적 관계에 대한 다양한 해석이 나오게 될 것이기 때문이다. 발룽엔의 의미는 본질적으로 불명료할 수밖에 없다. 즉, 발룽엔을 아무리 상세하게 정의하더라도 그것의 의미를 정확하고 엄밀하게 규정할 수는 없다는 것이다.
>
> 논리실증주의자들이나 포퍼는 증거와 가설 사이의 관계를 논리적으로 정확하게 판단할 수 있고 이를 통해 가설을 정확히 검사할 수 있다고 생각했다. 그러나 증거와 가설이 상충하면 가설이 퇴출된다는 식의 생각은 너무 단순한 것이다. 증거와 가설의 논리적 관계에 대한 판단을 위해서는 증거가 의미하는 것이 무엇인지 파악하는 것이 선행되어야 하기 때문이다. 따라서 우리가 발룽엔의 존재를 염두에 둔다면, '____________________'라고 결론지을 수 있다.

① 증거가 의미하는 것이 무엇인지 정확히 파악해야 한다.
② 과학적 가설을 표현하는 데에도 발룽엔이 포함될 수밖에 없다.
③ 과학적 가설을 검사하기 위한 증거를 표현할 때 발룽엔을 사용해서는 안 된다.
④ 과학적 가설을 정확하게 검사하기 위해서는 우리의 감각적 경험을 배제해야 한다.
⑤ 과학적 가설과 증거의 논리적 관계를 정확하게 판단할 수 있다는 생각은 잘못된 것이다.

04

> 발전은 항상 변화를 내포하고 있다. 그러나 모든 형태의 변화가 전부 발전에 해당하는 것은 아니다. 이를테면 교통신호등이 빨간색에서 초록색으로, 초록색에서 빨간색으로 바뀌는 변화를 발전으로 생각할 수는 없다. 즉, ______________________ 좀 더 구체적으로 말해, 사태의 진전 과정에서 나중에 나타나는 것은 적어도 그 이전 단계에 내재적으로나마 존재했던 것의 전개에 해당한다는 것이다. 이렇게 볼 때, 발전은 선적(線的)인 특성이 있다. 순전한 반복의 과정으로 보이는 것을 발전이라고 규정하지 않는 이유는 그 때문이다. 반복 과정에서는 최후에 명백히 나타나는 것이 처음에 존재했던 것과 거의 다르지 않다. 그러나 또 한편으로 우리는 비록 반복의 경우라도 때때로 그 과정 중의 특정 단계를 따로 떼어서 그것을 발견이라고 생각하기도 한다. 즉, 전체 과정에서 어떤 종류의 질이 그 시기에 특정한 수준까지 진전한 경우를 말한다.

① 변화는 특정한 방향으로 발전하는 것을 의미한다.
② 발전은 불특정 방향으로 일어나는 변모라는 의미이다.
③ 발전은 어떤 특정한 반복으로 일어나는 변화라는 의미로 사용된다.
④ 변화는 어떤 특정한 방향으로 일어나는 발전이라는 의미로 사용된다.
⑤ 발전은 어떤 특정한 방향으로 일어나는 변화라는 의미를 내포하고 있다.

05

> 어느 시대든 사람들은 원인이 무엇인지 알고 있다고 믿었다. 사람들은 그런 앎을 어디서 얻는가? 원인을 안다고 믿는 사람들의 믿음은 어디서 생기는 것일까?
> 새로운 것, 체험되지 않은 것, 낯선 것은 원인이 될 수 없다. 알려지지 않은 것에서는 위험, 불안정, 걱정, 공포감이 뒤따르기 때문이다. 우리 마음의 불안한 상태를 없애고자 한다면, 우리는 알려지지 않은 것을 알려진 것으로 환원해야 한다. 이러한 환원은 우리 마음을 편하게 해주고 안심시키며 만족을 느끼게 한다. 이 때문에 우리는 이미 알려진 것, 체험된 것, 기억에 각인된 것을 원인으로 설정하게 된다. '왜?'라는 물음의 답으로 나온 것은 그것이 진짜 원인이기 때문에 우리에게 떠오른 것이 아니다. 그것이 우리에게 떠오른 것은 그것이 우리를 안정시켜주고 성가신 것을 없애주며 무겁고 불편한 마음을 가볍게 해주기 때문이다. 따라서 원인을 찾으려는 우리의 본능은 위험, 불안정, 걱정, 공포감 등에 의해 촉발되고 자극받는다.
> 우리는 '설명이 없는 것보다 설명이 있는 것이 언제나 더 낫다.'고 믿는다. 우리는 특별한 유형의 원인만을 써서 설명을 만들어 낸다. ______________________
> 그래서 특정 유형의 설명만이 점점 더 우세해지고, 그러한 설명들이 하나의 체계로 모아져 결국 그런 설명이 우리의 사고방식을 지배하게 된다. 기업인은 즉시 이윤을 생각하고, 기독교인은 즉시 원죄를 생각하며 소녀는 즉시 사랑을 생각한다.

① 이것은 우리의 호기심과 모험심을 자극한다.
② 이것은 인과관계에 대한 우리의 지식을 확장시킨다.
③ 이것은 우리가 왜 불안한 심리 상태에 있는지를 설명해 준다.
④ 이것은 낯설고 체험하지 않았다는 느낌을 가장 빠르고 가장 쉽게 제거해 버린다.
⑤ 이것은 새롭고 낯선 것에서 원인을 발견하려는 우리의 본래 태도를 점차 약화시키고 오히려 그 반대의 태도를 우리의 습관으로 굳어지게 한다.

07 내용일치

| 유형분석 |

- 짧은 시간 안에 글의 내용을 정확하게 이해할 수 있는지 평가한다.
- 은행 금융상품 관련 글을 읽고 이해하기, 고객 문의에 답변하기 등의 유형이 빈번하게 출제된다.

다음 글의 내용으로 적절하지 않은 것은?

사람의 눈이 원래 하나였다면 세계를 입체적으로 지각할 수 있었을까? 입체 지각은 대상까지의 거리를 인식하여 세계를 3차원으로 파악하는 과정을 말한다. 입체 지각은 눈으로 들어오는 시각 정보로부터 다양한 단서를 얻어 이루어지는데, 이를 양안 단서와 단안 단서로 구분할 수 있다.
양안 단서는 양쪽 눈이 함께 작용하여 얻어지는 것으로, 양쪽 눈에서 보내오는 시차(視差)가 있는 유사한 상이 대표적이다. 단안 단서는 한쪽 눈으로 얻을 수 있는 것인데, 사람은 단안 단서만으로도 이전의 경험으로부터 추론에 의하여 세계를 3차원으로 인식할 수 있다. 망막에 맺히는 상은 2차원이지만, 그 상들 사이의 깊이의 차이를 인식하게 해 주는 다양한 실마리들을 통해 입체 지각이 이루어진다.
동일한 물체의 크기가 다르게 시야에 들어오면 우리는 더 큰 시각(視角)을 가진 쪽이 더 가까이 있다고 인식한다. 이렇게 물체의 '상대적 크기'는 대표적인 단안 단서이다. 또 다른 단안 단서로는 '직선 원근'이 있다. 우리는 앞으로 뻗은 길이나 레일이 만들어 내는 평행선의 폭이 좁은 쪽이 넓은 쪽보다 멀리 있다고 인식한다. 또 하나의 단안 단서인 '결 기울기'는 같은 대상이 집단적으로 어떤 면에 분포할 때, 시야에 동시에 나타나는 대상들의 연속적인 크기 변화로 얻어진다.

① 세계를 입체적으로 지각하기 위해서는 단서가 되는 다양한 시각 정보가 필요하다.
② 단안 단서에는 물체의 상대적 크기, 직선 원근, 결 기울기 등이 있다.
③ 사고로 한쪽 눈의 시력을 잃은 사람은 입체 지각이 불가능하다.
④ 대상까지의 거리를 인식할 수 있어야 세계를 입체적으로 지각할 수 있다.
⑤ 들판에 만발한 꽃을 보면 앞쪽은 꽃이 크고 뒤로 가면서 작아지는 것처럼 보인다.

정답 ③

사람은 한쪽 눈으로 얻을 수 있는 단안 단서만으로도 이전의 경험으로부터 추론에 의하여 세계를 3차원으로 인식할 수 있다. 즉, 사고로 한쪽 눈의 시력을 잃어도 남은 한쪽 눈에 맺히는 2차원의 상들은 다양한 실마리를 통해 입체 지각이 가능하다.

오답분석

① 첫 번째 문단의 마지막 문장에 따르면, 입체 지각은 눈으로 들어오는 시각 정보로부터 다양한 단서를 얻어 이루어진다.
②·⑤ 마지막 문단에서 확인할 수 있다.
④ 첫 번째 문단의 두 번째 문장에 따르면, 입체 지각은 대상까지의 거리를 인식하여 세계를 3차원으로 파악하는 과정이다.

유형풀이 Tip

- 글을 읽기 전에 문제와 선택지를 먼저 읽어보고 글의 주제를 대략적으로 파악해야 한다.
- 선택지를 통해 글에서 찾아야 할 정보가 무엇인지 먼저 인지한 후 글을 읽어야 문제 풀이 시간을 단축할 수 있다.

Hard

01 다음은 국민연금법의 일부이다. 이에 대한 내용으로 가장 적절한 것은?

> 제3조(정의 등)
>
> ① 이 법에서 사용하는 용어의 뜻은 다음과 같다.
>
> 1. "근로자"란 직업의 종류가 무엇이든 사업장에서 노무를 제공하고 그 대가로 임금을 받아 생활하는 자(법인의 이사와 그 밖의 임원을 포함한다)를 말한다. 다만, 대통령령으로 정하는 자는 제외한다.
> 2. "사용자(使用者)"란 해당 근로자가 소속되어 있는 사업장의 사업주를 말한다.
> 3. "소득"이란 일정한 기간 근로를 제공하여 얻은 수입에서 대통령령으로 정하는 비과세소득을 제외한 금액 또는 사업 및 자산을 운영하여 얻는 수입에서 필요경비를 제외한 금액을 말한다.
> 4. "평균소득월액"이란 매년 사업장가입자 및 지역가입자 전원(全員)의 기준소득월액을 평균한 금액을 말한다.
> 5. "기준소득월액"이란 연금보험료와 급여를 산정하기 위하여 국민연금가입자(이하 "가입자"라 한다)의 소득월액을 기준으로 하여 정하는 금액을 말한다.
> 6. "사업장가입자"란 사업장에 고용된 근로자 및 사용자로서 국민연금에 가입된 자를 말한다.
> 7. "지역가입자"란 사업장가입자가 아닌 자로서 국민연금에 가입된 자를 말한다.
> 8. "임의가입자"란 사업장가입자 및 지역가입자 외의 자로서 국민연금에 가입된 자를 말한다.
> 9. "임의계속가입자"란 국민연금 가입자 또는 가입자였던 자가 제13조 제1항에 따라 가입자로 된 자를 말한다.
> 10. "연금보험료"란 국민연금사업에 필요한 비용으로서 사업장가입자의 경우에는 부담금 및 기여금의 합계액을, 지역가입자·임의가입자 및 임의계속가입자의 경우에는 본인이 내는 금액을 말한다.
> 11. "부담금"이란 사업장가입자의 사용자가 부담하는 금액을 말한다.
> 12. "기여금"이란 사업장가입자가 부담하는 금액을 말한다.
> 13. "사업장"이란 근로자를 사용하는 사업소 및 사무소를 말한다.
> 14. "수급권"이란 이 법에 따른 급여를 받을 권리를 말한다.
> 15. "수급권자"란 수급권을 가진 자를 말한다.
> 16. "수급자"란 이 법에 따른 급여를 받고 있는 자를 말한다.

① 부담금과 기여금은 사업장가입자의 사용자가 부담한다.

② 수급권자는 국민연금법에 따른 급여를 받고 있는 자를 말한다.

③ 소득은 일정한 기간 근로를 제공하여 얻거나 사업 및 자산을 운영하여 얻은 모든 수입을 말한다.

④ 사업장가입자란 근로자를 사용하는 사업소 및 사무소에 고용된 근로자 및 사용자로서 국민연금에 가입된 자를 말한다.

⑤ 근로자란 사업장에서 노무를 제공하고 그 대가로 임금을 받아 생활하는 자로 법인의 이사와 그 밖의 임원은 제외된다.

02 다음은 N은행에서 여신거래 시 활용하는 약관의 일부이다. 이를 적절하게 이해하지 못한 직원은?

> **제3조 이자 등과 지연배상금**
>
> ① 이자 · 보증료 · 수수료 등(이하 "이자 등"이라고 함)의 이율 · 계산방법 · 지급의 시기 및 방법에 관해, 은행은 법령이 허용하는 한도 내에서 정할 수 있으며 채무자가 해당사항을 계약 체결 전에 상품설명서 및 홈페이지 등에서 확인할 수 있도록 합니다.
>
> ② 이자 등의 율은 거래계약 시에 다음의 각 호 중 하나를 선택하여 적용할 수 있습니다.
>
> 1. 채무의 이행을 완료할 때까지 은행이 그 율을 변경할 수 없음을 원칙으로 하는 것
> 2. 채무의 이행을 완료할 때까지 은행이 그 율을 수시로 변경할 수 있는 것
>
> ③ 제2항 제1호를 선택한 경우에 채무이행 완료 전에 국가경제 · 금융사정의 급격한 변동 등으로 계약 당시에 예상할 수 없는 현저한 사정변경이 생긴 때에는 은행은 채무자에 대한 개별통지에 의하여 그 율을 인상 · 인하할 수 있기로 합니다. 이 경우 변경요인이 없어진 때에는 은행은 없어진 상황에 부합되도록 변경하여야 합니다.
>
> ④ 제2항 제2호를 선택한 경우에 이자 등의 율에 관한 은행의 인상 · 인하는 건전한 금융관행에 따라 합리적인 범위 내에서 이루어져야 합니다.
>
> ⑤ 채무자가 은행에 대한 채무의 이행을 지체한 경우에는, 곧 지급하여야 할 금액에 대하여 법령이 정하는 제한 내에서 은행이 정한 율로, 1년을 365일(윤년은 366일)로 보고 1일 단위로 계산한 지체일수에 해당하는 지연배상금을 지급하기로 하되, 금융사정의 변화, 그 밖의 상당한 사유로 인하여 법령에 의하여 허용되는 한도 내에서 율을 변경할 수 있습니다. 다만, 외국환거래에 있어서는 국제관례 · 상관습 등에 따릅니다.
>
> ⑥ 은행이 이자 등과 지연배상금의 계산방법 · 지급의 시기 및 방법을 변경하는 경우에, 그것이 법령에 의하여 허용되는 한도 내이고 금융사정 및 그 밖의 여신거래에 영향을 미치는 상황의 변화로 인하여 필요한 것일 때에는 변경 후 최초로 이자를 납입하여야 할 날부터 그 변경된 사항이 적용됩니다.
>
> ⑦ 제4항, 제5항 및 제6항에 따라 변경하는 경우 은행은 그 변경 기준일로부터 1개월간 모든 영업점 및 은행이 정하는 전자매체 등에 이를 게시하여야 합니다. 다만, 특정 채무자에 대하여 개별적으로 변경하는 경우에는 개별통지를 해야 합니다.
>
> … 생략 …

① A사원 : 은행에서 율을 변경할 수 없는 것을 원칙으로 하는 것은 고정금리를, 수시로 변경할 수 있다고 하는 것은 변동금리를 적용한다는 의미이네.

② B주임 : 은행이 율을 변경할 수 없는 조건으로 계약했다고 하더라도 국가경제가 급격하게 변화하면 율을 인상 · 인하할 수 있구나.

③ C대리 : 지연배상금이라 하면 보통 연체이자를 의미하는데, 1년을 365일로 보고 지체일수에 해당하는 만큼 은행에서 규정한 연체이자율에 의해 지급하도록 하고 있구나.

④ D주임 : 대출 취급 시 적용하는 이자 등과 지연배상금이 변경될 경우에는 변경 기준일로부터 40일간 모든 전자매체 등에 게시해야 하는구나.

⑤ E대리 : 은행이 이자 등을 변경한 경우에는 변경 후 최초로 이자를 납입하여야 하는 날부터 그 변경된 사항이 적용되는구나.

03 다음은 주택담보대출의 새로운 여신심사 가이드라인에 대한 신문기사이다. 기사의 내용을 적절하게 이해하지 못한 직원은?

> **○○일보**
>
> ○○일보 제1,358호 | ○○년 ○○월 ○○일 안내전화 02-000-0000 | www.sdxxx.com
>
> **거치기간 1년 못 넘기고, 초기부터 원금·이자 나눠 갚아야 …**
>
> 주택담보대출을 받을 때보다 깐깐한 소득심사를 하는 가계부채 관리대책이 수도권부터 전면 시행된다. 비수도권은 3개월 후부터 적용할 방침이다.
>
> 새 여신심사 가이드라인은 상환능력 범위에서 처음부터 나눠 갚도록 유도하는 내용이 그 골자이다. 지금까지는 돈 빌리는 사람이 금리를 '고정형 또는 변동형', 상환방식을 '거치형 또는 일시납입형' 등으로 고를 수 있었고, 이에 따라 대출금리가 결정됐다. 이 때문에 집값이 오를 줄 알고 주택을 담보로 돈을 빌린 뒤 이자만 내다가 만기에 원금을 한꺼번에 갚는 방식을 많이 택했다.
>
> 새 가이드라인은 집의 담보 가치나 소득에 비해 빌리는 돈이 많거나 소득 증빙을 제대로 못 한 경우에는 대출 후 1년 이내부터 빚을 나눠 갚도록 하는 내용을 담고 있다. 집을 사면서 그 집을 담보로 돈을 빌리는 사람도 초기부터 빚을 나눠 갚도록 하는 원칙이 적용된 것이다.
>
> 물론 명확한 대출 상환계획이 있는 등 일부 예외에 해당하면 거치식 대출을 받을 수 있다. 아파트 중도금 대출 등 집단대출도 이번 가이드라인 적용에서 예외로 인정된다.
>
> 또한 변동금리 제한도 많아진다. 상승가능금리(스트레스금리)를 추가로 고려했을 때 일정 한도를 넘어서는 대출은 고정금리로 유도하거나 아예 대출한도를 넘지 못하게 한다.
>
> 어떤 형태의 대출이 가능할지를 알아보려면 은행영업점 창구나 온라인에서 상담을 받으면 된다.
>
> 은행권에서는 무작정 대출받기가 어려워지는 것은 아니라고 설명한다. 은행 관계자는 "변동과 고정의 금리 차가 거의 없어 대출 시 다소 불편할지는 몰라도 못 받는 경우는 거의 없을 것"이라며 "실수요자들이 대출받기 어려워지는 부작용은 발생하지 않을 것"이라고 설명했다.
>
> 그럼에도 새 여신심사 가이드라인 시행을 앞두고 주택담보대출 증가세는 확연히 둔화한 것으로 나타났다.
>
> … 생략 …

① G과장 : 최근 저금리 기조로 인해서 가계부채가 상당히 많이 늘었다고 하던데, 새로운 여신심사 가이드라인을 적용하면 가계부채 감소에 도움이 되겠군요.

② K차장 : 말도 말게나. 주택담보대출을 받을 때 만기일시상환으로 설정하면 이자만 내면 되었는데 말이야.

③ Y과장 : 맞습니다. 담보 가치나 소득에 비해 많은 대출을 하거나 혹은 소득증빙을 제대로 못하면 대출 후 1년 이내부터 원금을 상환해야 하니 대출을 받으려는 사람도 줄어들 것 같습니다.

④ Q대리 : 네, 이제는 주택담보대출을 신청할 때 까다로운 심사기준으로 인해서 대출받기가 어려워진다니 실수요자들이 피해를 입을까 걱정됩니다.

⑤ C주임 : 그래도 대출 상환계획이 명확하거나 예외사항에 해당하면 새로운 여신심사 가이드라인 적용에서 제외된다고 하니 잘 알아봐야 하겠습니다.

04 다음 글의 내용으로 가장 적절한 것은?

조선 후기의 대표적인 관료 선발 제도 개혁론인 유형원의 공거제 구상은 능력주의적, 결과주의적 인재 선발의 약점을 극복하려는 의도와 함께 신분적 세습의 문제점도 의식한 것이었다. 중국에서는 17세기 무렵 관료 선발에서 세습과 같은 봉건적인 요소를 부분적으로 재도입하려는 개혁론이 등장했다. 고염무는 관료제의 상층에는 능력주의적 제도를 유지하되, 지방관인 지현들은 어느 정도의 검증 기간을 거친 이후 그 지위를 평생 유지해 주고 세습의 길까지 열어 놓는 방안을 제안했다. 황종희는 지방의 관료가 자체적으로 관리를 초빙해서 시험한 후에 추천하는 '벽소'와 같은 옛 제도를 되살리는 방법으로 과거제를 보완하자고 주장했다.

이러한 개혁론은 갑작스럽게 등장한 것이 아니었다. 과거제를 시행했던 국가들에서는 수백 년에 걸쳐 과거제를 개선하라는 압력이 있었다. 시험 방식이 가져오는 부작용들은 과거제의 중요한 문제였다. 치열한 경쟁은 학문에 대한 깊이 있는 학습이 아니라 합격만을 목적으로 하는 형식적 학습을 하게 만들었고, 많은 인재들이 수험 생활에 장기간 매달리면서 재능을 낭비하는 현상도 낳았다. 또한 학습 능력 이외의 인성이나 실무 능력을 평가할 수 없다는 이유로 시험의 익명성에 대한 회의도 있었다.

과거제의 부작용에 대한 인식은 과거제를 통해 임용된 관리들의 활동에 대한 비판적 시각으로 연결되었다. 능력주의적 태도는 시험뿐 아니라 관리의 업무에 대한 평가에도 적용되었다. 세습적이지 않으면서 몇 년의 임기마다 다른 지역으로 이동하는 관리들은 승진을 위해서 빨리 성과를 낼 필요가 있었기 때문에 지역 사회를 위해 장기적인 전망을 가지고 정책을 추진하기보다 가시적이고 단기적인 결과만을 중시하는 부작용을 가져왔다. 개인적 동기가 공공성과 상충되는 현상이 나타났던 것이다. 공동체 의식의 약화 역시 과거제의 부정적 결과로 인식되었다. 과거제 출신의 관리들이 공동체에 대한 소속감이 낮고 출세 지향적이기 때문에 세습엘리트나 지역에서 천거된 관리에 비해 공동체에 대한 충성심이 약했던 것이다.

① '벽소'는 과거제를 없애고자 등장한 새로운 제도이다.

② 과거제 출신의 관리들은 공동체에 대한 소속감이 낮고 출세 지향적이었다.

③ 과거제는 학습 능력 이외의 인성이나 실무 능력까지 정확하게 평가할 수 있는 제도였다.

④ 과거제를 통해 임용된 관리들은 지역 사회를 위해 장기적인 전망을 가지고 정책을 추진하였다.

⑤ 고염무는 관료제의 상층에는 세습제를 실시하고, 지방관에게는 능력주의적 제도를 실시하자는 방안을 제안했다.

Easy

05 다음 글의 내용으로 적절하지 않은 것은?

미술작품을 연구함에 있어 문헌사료의 중요성은 선사시대 미술연구의 한계를 통해서 절감할 수 있다. 울산의 천전리 암각화의 연구 성과를 예로 든다면 청동기 시대에 새겨졌다는 공통된 의견만 있을 뿐, 암각화의 제작 배경이나 작품의 내용에 대한 해석은 연구자의 주관적인 의견 제시에 그칠 수밖에 없다. 그러므로 고대 미술작품과 관련된 직·간접적인 기록이 존재하지 않는다면 그 작품은 감상의 범주를 벗어나기 어렵다.

미술사 연구의 시작은 작품의 제작시기를 파악하는 것에서부터 출발한다. 일반적으로 미술사에서는 양식사적 비교 편년에 의해 작품의 제작시기를 판단하는데, 이때 무엇보다도 중요한 것이 양식비교의 기준이 되는 작품이 존재해야 한다는 것이다. 비교 편년의 기준이 되는 작품을 흔히 '기준작'이라고 한다. 기준작은 전제조건이 제작시기가 작품에 명시되어 있거나 작품의 제작과 연관된 신뢰할 만한 기록을 보유한 작품이어야 한다는 점에서 기준작의 설정은 기록의 도움을 받을 수밖에 없다. 그러나 기준작의 설정을 전적으로 기록에만 의존하는 것도 곤란하다. 왜냐하면 물질자료와 달리 기록은 상황에 따라 왜곡되거나 윤색될 수도 있고, 후대에 가필되는 경우도 있기 때문이다. 따라서 작품에 명문이 있다 하더라도 기준작으로 삼기 위해서는 그것이 과연 신뢰할 만한 사료인가에 대한 엄정한 사료적 비판이 선행되어야 한다.

예를 들어, 일본 호류지 금당의 금동약사여래좌상 광배의 뒷면에는 스이코 천황과 쇼토쿠 태자가 요메이 천황의 유언에 따라 607년에 조성했다는 명문이 있다. 하지만 일본 학계에서는 이 불상을 7세기 초의 기준작으로 거론하지 않는다. 그 이유는 명문의 서체와 조각양식 및 제작기법 분석을 통해 이 불상이 670년 호류지가 화재로 소실된 이후 재건되면서 새롭게 조성되었다는 견해가 지배적이기 때문이다. 이러한 사례는 기준작의 선정을 위해서 작품과 관련기록에 대한 엄격한 사료의 비판이 전제되어야 한다는 것을 잘 보여준다.

한국 불교미술사에서는 석굴암이 8세기 중엽 신라 불교미술의 기준작으로 확고하게 정착되어 있다. 절대연대가 확인되지 않은 통일신라 시대 불교미술품은 석굴암을 기준으로 이전과 이후로 구분하여 제작시기를 파악하고 있으며, 석굴암이 8세기 중엽의 기준작으로 설정된 근본적인 원인은 13세기 말에 편찬된 『삼국유사』 제5권의 '불국사 창건기록'에 근거하고 있다.

① 미술작품을 연구함에 있어 문헌사료의 직·간접적인 기록이 중요하다.

② 전적으로 문헌사료의 기록에 의존해 기준작을 설정하는 것이 중요하다.

③ 석굴암은 8세기 중엽 신라 불교미술의 기준작으로 확고하게 정착되었다.

④ 금동약사여래좌상은 작품과 관련기록에 대한 비판이 전제되어야 함을 보여준다.

⑤ 미술작품의 기록이 존재하지 않는다면 연구자의 주관적인 의견에서 벗어나기 어렵다.

대표기출유형

08 나열하기

| 유형분석 |

- 글의 논리적인 전개 구조를 파악할 수 있는지 평가한다.
- 첫 문단(단락)이 제시되지 않은 문제가 출제될 가능성이 있다.

다음 제시된 문장을 논리적 순서대로 바르게 나열한 것은?

(가) 그렇기 때문에 남녀 고용 평등의 확대를 위해 채용 목표제를 강화할 필요가 있다.
(나) 우리나라 대졸 이상 여성의 고용 비율은 OECD 국가 중 최하위인데 이는 채용 과정에서 여성이 부당한 차별을 받는 경우가 많다는 것을 보여준다.
(다) 우리나라 남녀 전체의 평균 고용 비율 격차는 31.8%p로 남성에 비해 여성의 고용 비율이 현저히 낮다.
(라) 강화된 법규가 준수될 수 있도록 정부의 계도와 감독 기능을 강화해야 할 것이다.
(마) 고용 시 여성에게 일정 비율을 할애하는 것은 남성에 대한 역차별이라는 주장이 있기는 하지만, 남녀 고용 평등이 어느 정도 실현될 때까지 여성에 대한 배려는 불가피하다.

① (다) – (가) – (마) – (나) – (라)
② (다) – (나) – (라) – (가) – (마)
③ (라) – (나) – (마) – (다) – (가)
④ (라) – (다) – (가) – (나) – (마)
⑤ (라) – (다) – (마) – (나) – (가)

정답 ①

제시문은 우리나라 여성의 고용 비율이 남성보다 낮기 때문에 여성의 고용에 대한 배려가 필요하다는 내용이다. 따라서 '(다) 우리나라는 남성에 비해 여성의 고용 비율이 현저히 낮음 – (가) 남녀 고용 평등의 확대를 위한 채용 목표제의 강화 필요 – (마) 역차별이라는 주장과 현실적인 한계 – (나) 대졸 이상 여성의 고용 비율이 OECD 국가 중 최하위인 대한민국의 현실 – (라) 강화된 법규가 준수될 수 있도록 정부의 계도와 감독 기능이 강화'의 순서로 나열하는 것이 적절하다.

유형풀이 Tip

- 각 문단에 위치한 지시어와 접속어를 살펴본다. 문두에 접속어가 오거나 문장 중간에 지시어가 나오는 경우 글의 첫 번째 문단이 될 수 없다.
- 각 문단의 첫 문장과 마지막 문장에 집중하면서 글의 순서를 하나씩 맞춰 나간다.
- 선택지를 참고하여 문단의 순서를 생각해 보는 것도 시간을 단축하는 좋은 방법이 될 수 있다.

대표기출유형 08 기출응용문제

※ 다음 제시된 문단을 논리적 순서대로 바르게 나열한 것을 고르시오. [1~2]

01

(가) 글의 구조를 고려한 독서의 방법에는 요약하기와 조직자 활용하기 방법이 있다. 내용 요약하기는 문단의 중심 화제를 한두 문장으로 표현해 보는 일이다. 조직자란 내용을 조직하는 단위들이다. 이를 잘 찾아내면 글의 요점을 파악하기 쉽다.

(나) 한 편의 완성된 글은 구조를 갖고 있으며 그 속에는 글쓴이의 중심 생각은 물론 글쓰기 전략도 들어 있다. 이때 글을 쓰는 목적이 무엇이냐에 따라 글쓰기 전략이 달라진다.

(다) 정보를 전달하는 글은 정보를 쉽고 명료하게 조직하는 전략을 사용하고, 설득하는 글은 서론 – 본론 – 결론의 짜임을 취하며 주장을 설득력 있게 펼친다.

(라) 독자 입장에서는 글이 구조를 갖고 있다는 점을 염두에 두고 글쓴이가 글을 쓴 목적이나 의도를 추리하며 글을 읽어야 한다.

① (가) – (나) – (라) – (다)
② (가) – (다) – (나) – (라)
③ (가) – (라) – (나) – (다)
④ (나) – (다) – (라) – (가)
⑤ (나) – (라) – (가) – (다)

Easy

02

(가) 여기에 반해 동양에서는 보름달에 좋은 이미지를 부여한다. 예를 들어, 우리나라의 처녀귀신이나 도깨비는 달빛이 흐린 그믐 무렵에나 활동하는 것이다. 그런데 최근에는 동서양의 개념이 마구 뒤섞여 보름달을 배경으로 악마의 상징인 늑대가 우는 광경이 동양의 영화에 나오기도 한다.

(나) 동양에서 달은 '음(陰)'의 기운을, 해는 '양(陽)'의 기운을 상징한다는 통념이 자리를 잡았다. 그래서 달을 '태음', 해를 '태양'이라고 불렀다. 동양에서는 해와 달의 크기가 같은 덕에 음과 양도 동등한 자격을 갖춘다. 즉, 음과 양은 어느 하나가 좋고 다른 하나는 나쁜 것이 아니라 서로 보완하는 관계를 이루는 것이다.

(다) 옛날부터 형성된 이러한 동서양 간의 차이는 오늘날까지 영향을 끼치고 있다. 동양에서는 달이 밝으면 달맞이를 하는데, 서양에서는 달맞이를 자살 행위처럼 여기고 있다. 특히 보름달은 서양인들에게 거의 공포의 상징과 같은 존재이다. 예를 들어 13일의 금요일에 보름달이 뜨게 되면 사람들이 외출조차 꺼린다.

(라) 하지만 서양의 경우는 다르다. 서양에서 낮은 신이, 밤은 악마가 지배한다는 통념이 자리를 잡았다. 따라서 밤의 상징인 달에 좋지 않은 이미지를 부여하게 되었다. 이는 해와 달의 명칭을 보면 알 수 있다. 라틴어로 해를 'Sol', 달을 'Luna'라고 하는데 정신병을 뜻하는 단어 'Lunacy'의 어원이 바로 'Luna'이다.

① (가) – (나) – (라) – (다)
② (나) – (다) – (가) – (라)
③ (나) – (라) – (가) – (다)
④ (나) – (라) – (다) – (가)
⑤ (다) – (나) – (라) – (가)

※ 다음 제시된 글을 읽고, 이어질 문단을 논리적 순서대로 바르게 나열하시오. [3~4]

03

먼저 고전학파에서는 시장에서 임금이나 물가 등의 가격 변수가 완전히 탄력적으로 작용하기 때문에 경기적 실업을 자연스럽게 해소될 수 있는 일시적 현상으로 본다.

(가) 이렇게 실질임금이 상승하게 되면 경기적 실업으로 인해 실업 상태에 있던 노동자들은 노동 시장에서 일자리를 적극적으로 찾으려고 하고, 이로 인해 노동의 초과공급이 발생하게 된다. 그래서 노동자들은 노동 시장에서 경쟁하게 되고 이러한 경쟁으로 인해 명목임금은 탄력적으로 하락하게 된다. 명목임금의 하락은 실질임금의 하락으로 이어지게 되고 실질임금은 경기가 침체되기 이전과 동일한 수준으로 돌아간다.

(나) 이들에 의하면 노동자들이 받는 화폐의 액수를 의미하는 명목임금이 변하지 않은 상태에서 경기 침체로 인해 물가가 하락하게 되면 명목임금을 물가로 나눈 값, 즉 임금의 실제 가치를 의미하는 실질임금은 상승하게 된다. 예를 들어 물가가 10% 정도 하락하게 되면 명목임금으로 구매할 수 있는 재화의 양이 10% 정도 늘어날 수 있고, 이는 물가가 하락하기 전보다 실질임금이 10% 정도 상승했다는 의미이다.

(다) 결국 기업에서는 명목임금이 하락한 만큼 노동의 수요량을 늘릴 수 있게 되므로 노동의 초과공급은 사라지고 실업이 자연스럽게 해소된다. 따라서 고전학파에서는 인위적 개입을 통해 경기적 실업을 감소시키려는 정부의 역할에 반대한다.

① (가) – (나) – (다)
② (가) – (다) – (나)
③ (나) – (가) – (다)
④ (다) – (가) – (나)
⑤ (다) – (나) – (가)

Hard

04

휘슬블로어란 호루라기를 뜻하는 휘슬(Whistle)과 부는 사람을 뜻하는 블로어(Blower)가 합쳐진 말이다. 즉, 호루라기를 부는 사람이라는 뜻으로 자신이 속해 있거나 속해 있었던 집단의 부정부패를 고발하는 사람을 뜻하며, 흔히 '내부고발자'라고도 불린다. 부정부패는 고발당해야 마땅한 것인데 이렇게 '휘슬블로어'라는 용어가 따로 있는 것은 그만큼 자신이 속한 집단의 부정부패를 고발하는 것이 쉽지 않다는 뜻일 것이다.

(가) 또한 법의 울타리 밖에서 행해지는 것에 대해서도 휘슬블로어는 보호받지 못한다. 일단 기업이나 조직 속에서 배신자가 되었다는 낙인과 상급자들로부터 괘씸죄로 인해 받게 되는 업무 스트레스, 집단 따돌림 등으로 인해 고립되게 되기 때문이다. 뿐만 아니라 익명성이 철저히 보장되어야 하지만 조직에서는 휘슬블로어를 찾기 위해 혈안이 된 상급자의 집요한 색출로 인해 밝혀지는 경우가 많다. 그렇게 될 경우 휘슬블로어들은 권고사직을 통해 해고를 당하거나 괴롭힘을 당한 채 일할 수밖에 없다.

(나) 실제로 휘슬블로어의 절반은 제보 후 1년간 자살충동 등 정신 및 신체적 질환으로 고통을 받는다고 한다. 또한 73%에 해당되는 상당수의 휘슬블로어들은 동료로부터 집단적으로 따돌림을 당하거나 가정에서도 불화를 겪는다고 한다. 우리는 이들이 공정한 사회와 개인의 양심에 손을 얹고 중대한 결정을 한 사람이라는 것을 외면해서는 안 되며, 이러한 휘슬블로어들을 법적으로 보호할 필요가 있다.

(다) 내부고발이 어려운 큰 이유는 내부고발을 한 후에 맞게 되는 후폭풍 때문이다. 내부고발은 곧 기업의 이미지가 떨어지는 것부터 시작해 영업 정지와 같은 실질적 징벌로 이어지는 경우가 빈번하기 때문에 내부고발자들은 배신자로 취급되는 경우가 많다. 실제 양심에 따라 내부고발을 한 이후 닥쳐오는 후폭풍에 못 이겨 자신의 발로 회사를 나오는 경우도 많으며, 또한 기업과 동료로부터 배신자로 취급되거나 보복성 업무, 인사이동 등으로 불이익을 받는 경우도 많다.

(라) 현재 이러한 휘슬블로어를 보호하기 위한 법으로는 2011년 9월부터 시행되어 오고 있는 공익신고자 보호법이 있다. 하지만 이러한 법 제도만으로는 휘슬블로어들을 보호하는 데에 무리가 있다. 공익신고자 보호법은 181개 법률 위반행위에 대해서만 공익신고로 보호하고 있는데, 만일 공익신고자 보호법에서 규정하고 있는 법률 위반행위가 아닌 경우에는 보호를 받지 못하고 있는 것이다.

① (다) – (가) – (라) – (나)
② (다) – (나) – (라) – (가)
③ (라) – (가) – (다) – (나)
④ (라) – (나) – (가) – (다)
⑤ (라) – (다) – (가) – (나)

대표기출유형

09 주제 · 제목 찾기

| 유형분석 |

- 글의 목적이나 핵심 주장을 정확하게 구분할 수 있는지 평가한다.
- 문단별 주제 · 화제, 글쓴이의 주장 · 생각, 표제와 부제 등 다양한 유형으로 출제될 수 있다.

다음 글의 제목으로 가장 적절한 것은?

많은 경제학자는 제도의 발달이 경제 성장의 중요한 원인이라고 생각해 왔다. 예를 들어 재산권 제도가 발달하면 투자나 혁신에 대한 보상이 잘 이루어져 경제 성장에 도움이 된다는 것이다. 그러나 이를 입증하기는 쉽지 않다. 제도의 발달 수준과 소득 수준 사이에 상관관계가 있다 하더라도, 제도는 경제 성장에 영향을 줄 수 있지만 경제 성장으로부터 영향을 받을 수도 있으므로 그 인과관계를 판단하기 어렵기 때문이다.

① 경제 성장과 소득 수준
② 경제 성장과 제도 발달
③ 경제 성장과 투자 혁신
④ 소득 수준과 제도 발달
⑤ 소득 수준과 투자 수준

정답 ②

제시문은 재산권 제도의 발달에 따른 경제 성장을 예로 들어 제도의 발달과 경제 성장의 상관관계에 대해 설명하고 있다. 더불어 제도가 경제 성장에 영향을 줄 수는 있지만, 동시에 경제 성장으로부터 영향을 받을 수도 있다는 점에서 그 인과관계를 판단하기 어렵다는 한계점을 제시하고 있다. 따라서 제목으로 가장 적절한 것은 '경제 성장과 제도 발달'이다.

유형풀이 Tip

- 글의 중심이 되는 내용은 주로 글의 맨 앞이나 맨 뒤에 위치한다. 따라서 글의 첫 문단과 마지막 문단을 먼저 확인한다.
- 첫 문단과 마지막 문단에서 실마리가 잡히지 않은 경우 그 문단을 뒷받침해 주는 부분을 읽어가면서 제목이나 주제를 파악해 나간다.

대표기출유형 09 기출응용문제

01 다음 글의 제목으로 가장 적절한 것은?

> 현재 우리나라의 진료비 지불제도 중 가장 주도적으로 시행되는 지불제도는 행위별수가제이다. 행위별수가제는 의료기관에서 의료인이 제공한 의료서비스(행위, 약제, 치료 재료 등)에 대해 서비스별로 가격(수가)을 정하여 사용량과 가격에 의해 진료비를 지불하는 제도로, 의료보험 도입 당시부터 채택하고 있는 지불제도이다. 그러나 최근 관련 전문가들로부터 이러한 지불제도를 개선해야 한다는 목소리가 많이 나오고 있다.
>
> 조사에 의하면 우리나라의 국민의료비를 증대시키는 주요 원인은 고령화로 인한 진료비 증가와 행위별수가제로 인한 비용의 무한 증식이다. 현재 우리나라의 국민의료비는 OECD 회원국 중 최상위를 기록하고 있으며 앞으로 더욱 심화될 것으로 예측된다. 특히 행위별수가제는 의료행위를 할수록 지불되는 진료비가 증가하므로 CT, MRI 등 영상검사를 중심으로 의료 남용이나 과다 이용 문제가 발생하고 있고, 병원의 이익 증대를 위하여 환자에게는 의료비 부담을, 의사에게는 업무 부담을, 건강보험에는 재정 부담을 증대시키고 있다.
>
> 이러한 행위별수가제의 문제점을 개선하기 위해 일부 질병군에서는 환자가 입원해서 퇴원할 때까지 발생하는 진료에 대하여 질병마다 미리 정해진 금액을 내는 제도인 포괄수가제를 시행 중이며, 요양병원, 보건기관에서는 입원 환자의 질병, 기능 상태에 따라 입원 1일당 정액수가를 적용하는 정액수가제를 병행하여 실시하고 있지만 비용 산정의 경직성, 의사 비용과 병원 비용의 비분리 등 여러 가지 문제점이 있어 현실적으로 효과를 내지 못하고 있다는 지적이 나오고 있다.
>
> 기획재정부와 보건복지부는 시간이 지날수록 건강보험 적자가 계속 증대되어 머지않아 고갈될 위기에 있다고 발표하였다. 당장 행위별수가제를 전면적으로 폐지할 수는 없으므로 기존의 다른 수가제의 문제점을 개선하여 확대하는 등 의료비 지불방식의 다변화가 구조적으로 진행되어야 할 것이다.

① 신포괄수가제의 정의
② 건강보험의 재정 상황
③ 행위별수가제의 한계점
④ 의료비 지불제도의 역할
⑤ 다양한 의료비 지불제도 소개

※ 다음 글의 주제로 가장 적절한 것을 고르시오. [2~3]

Easy

02

> 쇼펜하우어에 따르면 우리가 살고 있는 세계의 진정한 본질은 의지이며 그 속에 있는 모든 존재는 맹목적인 삶에의 의지에 의해서 지배당하고 있다. 쇼펜하우어는 우리가 일상적으로 또는 학문적으로 접근하는 세계는 단지 표상의 세계일 뿐이라고 주장하는데, 인간의 이성은 단지 이러한 표상의 세계만을 파악할 수 있을 뿐이다. 그에 따르면 존재하는 세계의 모든 사물은 우선적으로 표상으로서 드러나게 된다. 시간과 공간 그리고 인과율에 의해서 파악되는 세계가 나의 표상인데, 이러한 표상의 세계는 오직 나에 의해서, 즉 인식하는 주관에 의해서만 파악되는 세계이다. 쇼펜하우어에 따르면 이러한 주관은 모든 현상의 세계, 즉 표상의 세계에서 주인의 역할을 하는 '나'이다.
>
> 이러한 주관을 이성이라고 부를 수도 있는데, 이성은 표상의 세계를 이끌어가는 주인공의 역할을 하는 것이다. 그러나 쇼펜하우어는 여기서 한발 더 나아가 표상의 세계에서 주인의 역할을 하는 주관 또는 이성은 의지의 지배를 받는다고 주장한다. 즉, 쇼펜하우어는 이성에 의해서 파악되는 세계의 뒤편에는 참된 본질적 세계인 의지의 세계가 있으므로 표상의 세계는 제한적이며 표면적인 세계일 뿐, 결코 이성에 의해서 또는 주관에 의해서 결코 파악될 수 없다고 주장한다. 오히려 그는 그동안 인간이 진리를 파악하는 데 최고의 도구로 칭송받던 이성이나 주관을 의지에 끌려 다니는 피지배자일 뿐이라고 비판한다.

① 세계의 본질로서 의지의 세계
② 표상 세계의 극복과 그 해결 방안
③ 세계의 주인으로서 주관의 표상 능력
④ 의지의 세계와 표상의 세계 간의 차이
⑤ 표상의 세계 안에서의 이성의 역할과 한계

03

> 일반적으로 소비자들은 합리적인 경제 행위를 추구하기 때문에 최소 비용으로 최대 효과를 얻으려 한다는 것이 소비의 기본 원칙이다. 그들은 '보이지 않는 손'이라고 일컬어지는 시장 원리 아래에서 생산자와 만난다. 그러나 이러한 일차적 의미의 합리적 소비가 언제나 유효한 것은 아니다. 생산보다는 소비가 화두가 된 소비 자본주의 시대에 소비는 단순히 필요한 재화, 그리고 경제학적으로 유리한 재화를 구매하는 행위에 머물지 않는다. 최대 효과 자체에 정서적이고 사회 심리학적인 요인이 개입하면서, 이제 소비는 개인이 세계와 만나는 다분히 심리적인 방법이 되어버린 것이다. 곧 인간의 기본적인 생존 욕구를 충족시켜 주는 합리적 소비 수준에 머물지 않고, 자신을 표현하는 상징적 행위가 된 것이다. 이처럼 오늘날의 소비문화는 물질적 소비 차원이 아닌 심리적 소비 형태를 띠게 된다.
> 소비 자본주의의 화두는 과소비가 아니라 '과시 소비'로 넘어간 것이다. 과시 소비의 중심에는 신분의 논리가 있다. 신분의 논리는 유용성의 논리, 나아가 시장의 논리로 설명되지 않는 것들을 설명해 준다. 혈통으로 이어지던 폐쇄적 계층 사회는 소비 행위에 대해 계급에 근거한 제한을 부여했다. 먼 옛날 부족 사회에서 수장들만이 걸칠 수 있었던 장신구에서부터, 제아무리 권문세가의 정승이라도 아흔아홉 칸을 넘을 수 없던 집이 좋은 예이다. 권력을 가진 자는 힘을 통해 자기의 취향을 주위 사람들과 분리시킴으로써 경외감을 강요하고, 그렇게 자기 취향을 과시함으로써 잠재적 경쟁자들을 통제한 것이다.
> 가시적 신분 제도가 사라진 현대 사회에서도 이러한 신분의 논리는 여전히 유효하다. 이제 개인은 소비를 통해 자신의 물질적 부를 표현함으로써 신분을 과시하려 한다.

① 계층별 소비 규제의 필요성
② 신분사회에서 의복 소비와 계층의 관계
③ 소비가 곧 신분이 되는 과시 소비의 원리
④ '보이지 않는 손'에 의한 합리적 소비의 필요성
⑤ 소득을 고려하지 않은 무분별한 과소비의 폐해

Hard

04 다음 글의 중심 내용으로 가장 적절한 것은?

물리학의 근본 법칙들은 실재 세계의 사실들을 정확하게 기술하는가? 이 질문에 확신을 가지고 그렇다고 대답할 사람은 많지 않을 것이다. 사실 다양한 물리 현상들을 설명하는 데 사용되는 물리학의 근본 법칙들은 모두 이상적인 상황만을 다루고 있는 것 같다. 정말로 물리학의 근본 법칙들이 이상적인 상황만을 다루고 있다면, 이 법칙들이 실재 세계의 사실들을 정확히 기술한다는 생각에는 문제가 있는 듯하다.
가령 중력의 법칙을 생각해 보자. 중력의 법칙은 "두 개의 물체가 그들 사이의 거리의 제곱에 반비례하고 그 둘의 질량의 곱에 비례하는 힘으로 서로 당긴다."는 것이다. 이 법칙은 두 물체의 운동을 정확하게 설명할 수 있는가? 그렇지 않다는 것은 분명하다. 만약 어떤 물체가 질량뿐만이 아니라 전하를 가지고 있다면 그 물체들 사이에 작용하는 힘은 중력의 법칙만으로 계산된 것과 다를 것이다. 즉, 위의 중력의 법칙은 전하를 가지고 있는 물체의 운동을 설명하지 못한다.
물론 사실을 정확하게 기술하는 형태로 중력의 법칙을 제시할 수 있다. 가령, 중력의 법칙은 "중력 이외의 다른 어떤 힘도 없다면, 두 개의 물체가 그들 사이의 거리의 제곱에 반비례하고 그 둘의 질량의 곱에 비례하는 힘으로 서로 당긴다."로 수정될 수 있다. 여기서 '중력 이외의 다른 어떤 힘도 없다면'이라는 구절이 추가된 것에 주목하자. 일단, 이렇게 바뀐 중력의 법칙이 참된 사실을 표현한다는 것은 분명해 보인다. 그러나 이렇게 바꾸면 한 가지 중요한 문제가 발생한다.
어떤 물리 법칙이 유용한 것은 물체에 작용하는 힘들을 통해 다양하고 복잡한 현상을 설명할 수 있기 때문이다. 물리 법칙은 어떤 특정한 방식으로 단순한 현상만을 설명하는 것을 목표로 하지 않는다. 중력의 법칙 역시 마찬가지다. 그것이 우리가 사는 세계를 지배하는 근본적인 법칙이라면 중력이 작용하는 다양한 현상들을 설명할 수 있어야 한다. 하지만 '중력 이외의 다른 어떤 힘도 없다면'이라는 구절이 삽입되었을 때, 중력의 법칙이 설명할 수 있는 영역은 무척 협소해진다. 즉, 그것은 오로지 중력만이 작용하는 아주 특수한 상황만을 설명할 수 있을 뿐이다. 결과적으로 참된 사실들을 진술하기 위해 삽입된 구절은 설명력을 현저히 감소시킨다. 이 문제는 거의 모든 물리학의 근본 법칙들이 가지고 있다.

① 물리학의 근본 법칙은 그 영역을 점점 확대하는 방식으로 발전해 왔다.
② 물리적 자연 현상이 점점 복잡하고 다양해짐에 따라 물리학의 근본 법칙도 점점 복잡해진다.
③ 더 많은 실재 세계의 사실들을 기술하는 물리학의 법칙이 그렇지 않은 법칙보다 뛰어난 설명력을 가진다.
④ 물리학의 근본 법칙들은 이상적인 상황을 다루고 있어 실재 세계의 사실들을 정확하게 기술하는 데 어려움이 없다.
⑤ 참된 사실을 정확하게 기술하려고 물리 법칙에 조건을 추가하면 설명 범위가 줄어 다양한 물리 현상을 설명하기 어려워진다.

05 다음 글의 제목으로 적절하지 않은 것은?

대・중소기업 간 동반성장을 위한 '상생'이 산업계의 화두로 조명받고 있다. 4차 산업혁명 시대 도래 등 글로벌 시장에서의 경쟁이 날로 치열해지는 상황에서 대기업과 중소기업이 힘을 합쳐야 살아남을 수 있다는 위기감이 상생의 중요성을 부각하고 있다고 분석된다. 재계 관계자는 "그동안 반도체, 자동차 등 제조업에서 세계적인 경쟁력을 갖출 수 있었던 배경에는 대기업과 협력업체 간 상생의 역할이 컸다."라며 "고속 성장기를 지나 지속 가능한 구조로 한 단계 더 도약하기 위해 상생경영이 중요하다."라고 강조했다.
우리 기업들은 협력사의 경쟁력 향상이 곧 기업의 성장으로 이어질 것으로 보고 2・3차 중소 협력업체들과의 상생경영에 힘쓰고 있다. 단순히 갑을 관계에서 대기업을 서포트해야 하는 존재가 아니라 상호 발전을 위한 동반자라는 인식이 자리 잡고 있다는 분석이다. 이에 따라 협력사들에 대한 지원도 거래대금 현금 지급 등 1차원적인 지원 방식에서 벗어나 경영 노하우 전수, 기술 이전 등을 통한 '상생 생태계' 구축에 도움을 주는 방향으로 초점이 맞춰지는 추세이다.
특히 최근에는 상생 협력이 대기업이 중소기업에 주는 일시적인 시혜 차원의 문제가 아니라 경쟁에서 살아남기 위한 생존 문제와 직결된다는 인식이 강하다. 협약을 통해 협력업체를 지원해 준 대기업이 업체의 기술력 향상으로 더 큰 이득으로 보상받고 이를 통해 우리 산업의 경쟁력이 강화될 것이라는 설명이다.
경제 전문가는 "대・중소기업 간의 상생 협력이 강제 수단이 아니라 문화적으로 자리 잡아야 할 시기"라며 "대기업, 특히 오너 중심의 대기업들도 단기적인 수익이 아닌 장기적인 시각에서 질적 평가를 통해 협력업체의 경쟁력을 키울 방안을 고민해야 한다."라고 강조했다.
이와 관련해 국내 주요 기업들은 대기업보다 연구개발(R&D) 인력과 관련 노하우가 부족한 협력사들을 위해 각종 노하우를 전수하는 프로그램을 운영 중이다. S전자는 협력사들에 기술 노하우를 전수하기 위해 경영・제조・개발・품질관리 등 해당 전문 분야에서 20년 이상 노하우를 가진 S전자 임원과 부장급 100여 명으로 '상생 컨설팅팀'을 구성했다. 지난해부터는 해외에 진출한 국내 협력사에도 노하우를 전수하고 있다.

① 상생경영, 함께 가야 멀리 간다.
② 동반성장을 위한 상생의 중요성
③ 시혜적 차원에서의 대기업 지원의 중요성
④ 지속 가능한 구조를 위한 상생 협력의 중요성
⑤ 대기업과 중소기업, 상호 발전을 위한 동반자로

10 비판 · 반박하기

| 유형분석 |

- 글의 주장과 논점을 파악하고, 이에 대립하는 내용을 판단할 수 있는지 평가한다.
- 서로 상반되는 주장 두 개를 제시하고, 하나의 관점에서 다른 하나를 비판 · 반박하는 문제 유형이 출제될 수 있다.

다음 글에서 도출한 결론을 반박하는 주장으로 가장 적절한 것은?

인터넷은 국경 없이 누구나 자유롭게 정보를 주고받을 수 있는 훌륭한 매체이다. 하지만 최근 급속도로 늘고 있는 성인 인터넷 방송처럼 오히려 청소년에게 해로운 매체가 될 수 있다는 사실은 선진국에서도 동감하고 있다. 그러므로 인터넷 등급제를 만들어 유해한 환경으로부터 청소년들을 보호하고, 이를 어긴 사업자는 엄격한 처벌로 다스려야만 한다.

① 인터넷 등급제를 만들어 규제를 하는 것도 완전한 방법은 아니기 때문에 유해한 인터넷 내용에는 원천적으로 접속할 수 없도록 조치를 취해야 한다.
② 인터넷 등급제는 정보에 대한 책임을 일방적으로 사업자에게만 지우는 조치로, 잘못하면 국민의 표현의 자유와 알 권리를 침해할 수 있다.
③ 청소년들 스스로가 정보의 유해를 가릴 수 있는 식견을 마련할 수 있도록 가능한 한 많은 정보를 접해야 한다. 그러므로 인터넷 등급제는 좋은 방법이 아니다.
④ 인터넷 등급제는 미니스커트나 장발 규제와 같은 구태의연한 조치이다.
⑤ 인터넷 등급제는 IT 강국으로서의 대한민국의 입지를 위축시킬 수 있으므로 실행하지 않는 것이 옳다.

정답 ②

언론매체에 대한 사전 검열은 항상 표현의 자유와 개인의 알 권리를 침해할 가능성을 배제할 수 없다는 논지로 반박을 전개하는 것이 적절하다.

유형풀이 Tip

- 대립하는 두 의견의 쟁점을 찾은 후, 제시문 또는 보기에서 양측 주장의 근거를 찾아 각 주장에 연결하며 답을 찾는다.
- 문제의 난도를 높이기 위해 글의 후반부에 주장을 뒷받침할 수 있는 근거를 제시하고 선택지에 그 근거에 대한 반박을 실어 놓는 경우도 있다. 하지만 주의할 점은 제시문의 '주장'에 대한 반박을 찾는 것이지, 이를 뒷받침하기 위해 제시된 '근거'에 대한 반박을 찾는 것이 아니라는 것이다.

01 다음 글에 대한 비판으로 가장 적절한 것은?

저작권은 저자의 권익을 보호함으로써 활발한 저작 활동을 촉진하여 인류의 문화 발전에 기여하기 위한 것이다. 그러나 이렇게 공적 이익을 추구하기 위한 저작권이 현실에서는 일반적으로 지나치게 사적 재산권을 행사하는 도구로 인식되고 있다. 저작물 이용자들의 권리를 보호하기 위해 마련한, 공익적 성격의 법조항도 법적 분쟁에서는 항상 사적 재산권의 논리에 밀려 왔다.
저작권 소유자 중심의 저작권 논리는 실제로 저작권이 담당해야 할 사회적 공유를 통한 문화 발전을 방해한다. 몇 해 전의 '애국가 저작권'에 대한 논란은 이러한 문제를 단적으로 보여준다. 저자 사후 50년 동안 적용되는 국내 저작권법에 따라 애국가가 포함된 〈한국 환상곡〉의 저작권이 작곡가 안익태의 유족들에게 2015년까지 주어진다는 사실이 언론을 통해 알려진 것이다. 누구나 자유롭게 이용할 수 있는 국가(國歌)마저 공공재가 아닌 개인 소유라는 사실에 많은 사람들이 놀랐다.
창작은 백지 상태에서 완전히 새로운 것을 만드는 것이 아니라 저작자와 인류가 쌓은 지식 간의 상호 작용을 통해 이루어진다. "내가 남들보다 조금 더 멀리 보고 있다면, 이는 내가 거인의 어깨 위에 올라서 있는 난쟁이이기 때문"이라는 뉴턴의 겸손은 바로 이를 말한다. 이렇듯 창작자의 저작물은 인류의 지적 자원에서 영감을 얻은 결과이다. 그러한 저작물을 다시 인류에게 되돌려 주는 데 저작권의 의의가 있다. 이러한 생각은 이미 1960년대 프랑스 철학자들에 의해 형성되었다. 예컨대 기호학자인 바르트는 '저자의 죽음'을 거론하면서 저자가 만들어 내는 텍스트는 단지 인용의 조합일 뿐 어디에도 '오리지널'은 존재하지 않는다고 단언한다.
전자 복제 기술의 발전과 디지털 혁명은 정보나 자료의 공유가 지니는 의의를 잘 보여주고 있다. 인터넷과 같은 매체 환경의 변화는 원본을 무한히 복제하고 자유롭게 이용함으로써 누구나 창작의 주체로서 새로운 문화 창조에 기여할 수 있도록 돕는다. 인터넷 환경에서 이용자는 저작물을 자유롭게 교환할 뿐 아니라 수많은 사람들과 생각을 나눔으로써 새로운 창작물을 생산하고 있다. 이러한 상황은 저작권을 사적 재산권의 측면에서보다는 공익적 측면에서 바라볼 필요가 있음을 보여준다.

① 저작권의 사회적 공유에 대해 일관성 없는 주장을 하고 있다.
② 저작물이 개인의 지적·정신적 창조물임을 과소평가하고 있다.
③ 저작권의 사적 보호가 초래한 사회적 문제의 사례가 적절하지 않다.
④ 인터넷이 저작권의 사회적 공유에 미치는 영향을 드러내지 못하고 있다.
⑤ 객관적인 사실을 제시하지 않고 추측에 근거하여 논리를 전개하고 있다.

Easy

02 다음 글에 대한 반박으로 가장 적절한 것은?

인간은 사회 속에서만 자신을 더 나은 존재로 느낄 수 있기 때문에 자신을 사회화하고자 한다. 인간은 사회 속에서만 자신의 자연적 소질을 실현할 수 있는 것이다. 그러나 인간은 자신을 개별화하거나 고립시키려는 성향도 강하다. 이는 자신의 의도에 따라서만 행동하려는 반사회적인 특성을 의미한다. 그리고 저항하려는 성향이 자신뿐만 아니라 다른 사람에게도 있다는 사실을 알기 때문에, 그 자신도 곳곳에서 저항에 부딪히게 되리라 예상한다.
이러한 저항을 통하여 인간은 모든 능력을 일깨우고, 나태해지려는 성향을 극복하며, 명예욕이나 지배욕, 소유욕 등에 따라 행동하게 된다. 그리하여 동시대인들 가운데에서 자신의 위치를 확보하게 된다. 이렇게 하여 인간은 야만의 상태에서 벗어나 문화를 이룩하기 위한 진정한 진보의 첫걸음을 내딛게 된다. 이때부터 모든 능력이 점차 계발되고 아름다움을 판정하는 능력도 형성된다. 나아가 자연적 소질에 의해 도덕성을 어렴풋하게 느끼기만 하던 상태에서 벗어나, 지속적인 계몽을 통하여 구체적인 실천 원리를 명료하게 인식할 수 있는 성숙한 단계로 접어든다. 그 결과 자연적인 감정을 기반으로 결합된 사회를 도덕적인 전체로 바꿀 수 있는 사유 방식이 확립된다.
인간에게 이러한 반사회성이 없다면, 인간의 모든 재능은 꽃피지 못하고 만족감과 사랑으로 가득 찬 목가적인 삶 속에서 영원히 묻혀 버리고 말 것이다. 그리고 양처럼 선량한 기질의 사람들은 가축 이상의 가치를 자신의 삶에 부여하기 힘들 것이다. 자연 상태에 머물지 않고 스스로의 목적을 성취하기 위해 자연적 소질을 계발하여 창조의 공백을 메울 때, 인간의 가치는 상승되기 때문이다.

① 인간의 자연적인 성질은 사회화를 방해한다.
② 반사회성만으로는 자신의 재능을 계발하기 어렵다.
③ 사회성만으로도 충분히 목가적 삶을 영위할 수 있다.
④ 인간은 타인과의 갈등을 통해서도 사회성을 기를 수 있다.
⑤ 인간은 사회성만 가지고도 자신의 재능을 키워나갈 수 있다.

03 다음 글에 대한 반론으로 적절하지 않은 것은?

> 쾌락주의는 모든 쾌락이 그 자체로서 가치가 있으며 쾌락의 증가와 고통의 감소를 통해 최대의 쾌락을 산출하는 행위를 올바른 것으로 간주하는 윤리설이다. 쾌락주의에 따르면 쾌락만이 내재적 가치를 지니며, 모든 것은 이러한 쾌락을 기준으로 가치 평가되어야 한다.
> 그런데 쾌락주의자는 단기적이고 말초적인 쾌락만을 추구함으로써 결국 고통에 빠지게 된다는 오해를 받기도 한다. 하지만 쾌락주의적 삶을 순간적이고 감각적인 쾌락만을 추구하는 방탕한 삶과 동일시하는 것은 옳지 않다. 쾌락주의는 일시적인 쾌락의 극대화가 아니라 장기적인 쾌락의 극대화를 목적으로 하므로 단기적·말초적 쾌락만을 추구하는 것은 아니다. 예를 들어 사회적 성취가 장기적으로 더 큰 쾌락을 가져다준다면 쾌락주의자는 단기적 쾌락보다는 사회적 성취를 우선으로 추구한다.
> 또한 쾌락주의는 쾌락 이외의 것은 모두 무가치한 것으로 본다는 오해를 받기도 한다. 하지만 쾌락주의가 쾌락만을 가치 있는 것으로 보는 것은 아니다. 세상에는 쾌락 말고도 가치 있는 것들이 있으며, 심지어 고통조차도 가치 있는 것으로 볼 수 있다. 발이 불구덩이에 빠져서 통증을 느껴 곧바로 발을 빼낸 상황을 생각해 보자. 이때의 고통은 분명히 좋은 것임에 틀림없다. 만약 고통을 느끼지 못했다면, 불구덩이에 빠진 발을 꺼낼 생각을 하지 못해서 큰 부상을 당했을 수도 있기 때문이다. 물론 이때 고통이 가치 있다는 것은 도구인 의미에서 그런 것이지 그 자체가 목적이라는 의미는 아니다.
> 쾌락주의는 고통을 도구가 아닌 목적으로 추구하는 것을 이해할 수 없다고 본다. 금욕주의자가 기꺼이 감내하는 고통조차도 종교적·도덕적 성취와 만족을 추구하기 위한 도구인 것이지 고통 그 자체가 목적인 것은 아니기 때문이다. 대부분의 세속적 금욕주의자들은 재화나 명예와 같은 사회적 성취를 위해 당장의 쾌락을 포기하며 종교적 금욕주의자들은 내세의 성취를 위해 현세의 쾌락을 포기하는데, 그것이 사회적 성취이든 내세적 성취이든지 간에 모두 광의의 쾌락을 추구하고 있는 것이다.

① 과연 쾌락이나 고통만으로 가치를 규정할 수 있는가?
② 쾌락의 원천은 다양한데, 서로 다른 쾌락을 같은 것으로 볼 수 있는가?
③ 쾌락의 질적 차이를 인정한다면 이질적인 쾌락을 어떻게 서로 비교할 수 있는가?
④ 순간적이고 감각적인 쾌락만을 추구하는 삶을 쾌락주의적 삶이라고 볼 수 있는가?
⑤ 식욕의 충족에서 비롯된 쾌락과 사회적 명예의 획득에서 비롯된 쾌락은 같은 것인가?

04 다음 글에 나타난 '와이츠 예술론'의 의의와 한계를 이해 · 비판한 것으로 적절하지 않은 것은?

> 예술이 무엇이냐는 질문에 우리는 레오나르도 다빈치의 「모나리자」나 베토벤의 교향곡이나 발레 「백조의 호수」 같은 것이라고 대답할지 모른다. 물론 이 대답은 틀리지 않았다. 하지만 질문이 이것들 모두를 예술 작품으로 특징짓는 속성, 곧 예술의 본질이 과연 무엇인지를 묻는 것이라면 그 대답은 무엇이 될까?
> 비트겐슈타인에 따르면 게임은 본질이 있어서가 아니라 게임이라 불리는 것들 사이의 유사성에 의해 성립되는 개념이다. 이러한 경우 발견되는 유사성을 '가족 유사성'이라 부르기로 하자. 가족의 구성원으로서 어머니와 나와 동생의 외양은 이런저런 면에서 서로 닮았다. 하지만 그렇다고 해서 셋이 공통적으로 닮은 한 가지 특징이 있다는 말인 것은 아니다. 비슷한 예로 실을 꼬아 만든 밧줄은 그 밧줄의 처음부터 끝까지를 관통하는 하나의 실이 있어서 만들어지는 것이 아니라 짧은 실들의 연속된 연계를 통해 구성된다. 그렇게 되면 심지어 전혀 만나지 않는 실들도 같은 밧줄 속의 실일 수 있다.
> 미학자 와이츠는 예술이라는 개념도 이와 마찬가지라고 주장한다. 그에게 예술은 가족 유사성만을 갖는 '열린 개념'이다. 열린 개념이란 주어진 대상이 이미 그 개념을 이루고 있는 구성원 일부와 닮았다면, 그 점을 근거로 하여 얼마든지 그 개념의 새로운 구성원이 될 수 있을 만큼 테두리가 열려 있는 개념을 말한다. 따라서 전통적인 예술론인 표현론이나 형식론은 있지도 않은 본질을 찾고 있는 오류를 범하고 있는 것이 된다. 와이츠는 표현이니 형식이니 하는 것은 예술의 본질이 아니라 차라리 좋은 예술의 기준으로 이해되어야 한다고 한다. 그는 열린 개념으로 예술을 보는 것이야말로 무한한 창조성이 보장되어야 하는 예술에 대한 가장 적절한 대접이라고 주장한다.

① 와이츠의 이론에 따르면 예술 개념은 아무런 근거 없이 확장되는 것이다. 결과적으로 예술이라는 개념 자체가 없어진다는 것을 주장하는 셈이다.

② 와이츠는 예술의 본질은 없다고 본다. 예술이 가족 유사성만 있는 열린 개념이라면 어떤 두 대상이 둘 다 예술일 때 서로 닮지 않을 수도 있다는 뜻이다.

③ 와이츠는 '무엇이 예술인가'와 '무엇이 좋은 예술인가'는 분리해서 생각해야 한다고 본다. 열린 개념이라고 해서 예술의 가치를 평가하는 기준까지도 포기한 것은 아니다.

④ 현대 예술은 독창성을 중시하고 예술의 한계에 도전함으로써 과거와는 달리 예술의 영역을 크게 넓힐 수 있게 되었다. 와이츠 이론은 이러한 상황에 잘 부합하는 예술론이다.

⑤ 영화나 컴퓨터가 그랬던 것처럼 새로운 매체가 등장하면 새로운 창작 활동이 가능해진다. 미래의 예술이 그런 것들도 포괄하게 될 때 와이츠 이론은 유용한 설명이 될 수 있다.

Hard

05 다음 글을 읽고 〈보기〉의 밑줄 친 주장에 대해 반박하려고 할 때, 그 논거로 적절하지 않은 것은?

기자 : 교수님, 영국에서 탄생한 복제 양과 우리의 복제 송아지의 차이점은 무엇이라고 생각하시는지요.

교수 : 두 가지 차원에서 이야기할 수 있습니다. 지금까지는 생명을 복제하기 위해서 반드시 생식 세포를 이용해야 한다는 것이 정설이었습니다. 그런데 복제 양은 생식 세포가 아닌 일반 체세포, 그중에서도 젖샘 세포를 이용했습니다. 이는 노화 등의 이유로 생식 세포가 죽은 개체들로 체세포를 통해 복제가 가능하다는 얘기가 됩니다. 체세포를 통한 복제는 기존 생물학적 개념을 완전히 바꾼 것입니다. 반면 산업적 측면에서는 문제가 있습니다. 동물 복제는 순수 발생학적 관심 못지않게 경제적으로도 중요합니다. 생산력이 뛰어난 가축을 적은 비용으로 복제 생산해야 한다는 것입니다. 이 점에서는 체세포를 통한 복제는 아직 한계가 있습니다. 경제적인 측면에서는 생식 세포를 이용한 복제가 훨씬 효과적입니다.

기자 : 이런 복제 기술들이 인간에게도 적용이 가능한가요?

교수 : 기술적으로는 그렇습니다. 그러나 인간에게 적용했을 때는 기존 인간관계의 근간을 파괴하는 사회 문제를 발생시킬 것입니다. 또 생명체 복제 기술의 적용 영역을 확대하다 보면, 자의로 또는 적용 과정에서 우연히 인체에 치명적이거나 통제 불능한 생물체가 만들어질 가능성도 있습니다. 이것을 생물 재해라고 합니다. 생명공학에 종사하는 학자들은 이 두 가지 문제들을 늘 염두에 두어야 합니다. 물론 아직까지는 이런 문제들이 발생하지 않았지만, 어느 국가 또는 특정 집단이 복제 기술을 악용할 위험성을 배제할 수는 없습니다.

보기

미국 위스콘신 생명 윤리 연구 센터의 아서더스 박사는 '인간에게 동물 복제 기술을 적용하면 왜 안 되는지에 대한 논리적 이유가 없다.'고 하면서 인간 복제를 규제한다 하더라도 대단한 재력가나 권력가는 이를 충분히 피해갈 것이라고 말했다.

① 범죄 집단에 악용될 위험이 있다.
② 사람들 사이의 신뢰가 무너질 수 있다.
③ 인구가 폭발적으로 증가할 염려가 있다.
④ 통제 불능한 인간을 만들어 낼 수 있다.
⑤ 치료법이 없는 바이러스가 만들어질 수도 있다.

11 추론하기

| 유형분석 |

- 문맥을 통해 글에 명시적으로 드러나 있지 않은 내용을 유추할 수 있는지 평가한다.
- 글 뒤에 이어질 내용 찾기, 글을 뒷받침할 수 있는 근거 찾기 등 다양한 유형으로 출제될 수 있다.

다음 글의 밑줄 친 ㉠의 사례로 적절하지 않은 것은?

㉠ <u>닻내림 효과</u>란 닻을 내린 배가 크게 움직이지 않듯 처음 접한 정보가 기준점이 돼 판단에 영향을 미치는 일종의 편향(왜곡) 현상을 말한다. 즉, 사람들이 어떤 판단을 하게 될 때 초기에 접한 정보에 집착해, 합리적 판단을 내리지 못하는 현상을 일컫는 행동경제학 용어이다. 대부분의 사람은 제시된 기준을 그대로 받아들이지 않고, 기준점을 토대로 약간의 조정과정을 거치기는 하나, 그런 조정과정이 불완전하므로 최초 기준점에 영향을 받는 경우가 많다.

① 연봉 협상 시 본인의 적정 기준보다 더 높은 금액을 제시한다.
② 원래 1만 원이던 상품에 2만 원의 가격표를 붙이고 50% 할인한 가격에 판매한다.
③ 명품 매장에서 최고가 상품들의 가격표를 보이게 진열하여 다른 상품들이 그다지 비싸지 않은 것처럼 느끼게 만든다.
④ 홈쇼핑에서 '이번 시즌 마지막 세일', '오늘 방송만을 위한 한정 구성' '매진 임박' 등의 표현을 사용하여 판매한다.
⑤ '온라인 정기구독 연간 $25'와 '온라인 및 오프라인 정기구독 연간 $125' 사이에 '오프라인 정기구독 연간 $125'의 항목을 넣어 판촉한다.

정답 ④

밴드왜건 효과(편승효과)의 사례이다. 밴드왜건 효과란 유행에 따라 상품을 구입하는 소비현상을 뜻하는 경제용어이다. 기업은 이러한 현상을 충동구매 유도 마케팅 전략으로 활용하고, 정치계에서는 특정 유력 후보를 위한 선전용으로 활용한다.

유형풀이 Tip

글에 명시적으로 드러나 있지 않은 부분을 추론하여 답을 도출해야 하는 유형이기 때문에 자신의 주관적인 판단보다는 제시된 글에 대한 이해를 기반으로 문제를 풀어야 한다.
추론하기 문제는 다음 두 가지 유형으로 구분할 수 있다.

1) 세부적인 내용을 추론하는 유형 : 주어진 선택지를 먼저 읽고 지문을 읽으면서 답이 아닌 선택지를 지워나가는 방법이 효율적이다.
2) 글쓴이의 주장 / 의도를 추론하는 유형 : 글에 나타난 주장 · 근거 · 논증 방식을 파악하는 유형으로, 주장의 타당성을 평가하여 글쓴이의 관점을 이해하며 읽는다.

01 다음 글을 읽고 〈보기〉를 이해한 내용으로 적절하지 않은 것은?

조선 전기에 물가 조절 정책을 시행하는 기관으로 상평창이 있었다. 상평창은 곡식의 가격이 하락하면 시가보다 비싸게 쌀을 구입하였다가 곡식의 가격이 상승하면 시가보다 싸게 방출하여 백성의 생활을 안정시키려고 설치한 물가 조절 기관이다. 이 기관에서 실시한 정책은 크게 채매(採買) 정책과 창저(倉儲) 정책으로 나눌 수 있다.
채매란 국가가 물가 조절에 필요한 상품을 시장으로부터 사들이는 것을 말한다. 이때에는 주로 당시에 실질적인 화폐의 역할을 하던 면포로 상품을 구입하였다. 연산군 8년, 지주제의 발전과 상품 경제의 발달에 따라 토지를 잃은 농민들이 일자리를 찾아 서울로 몰려들어 상공업 종사자의 수가 급격히 늘어나게 되어 서울의 쌀값이 지방에 비해 2배가 올랐다. 이에 따라 조정에서는 쌀값이 비교적 싼 전라도로부터 면포를 주고 구입한 쌀을 서울에 풀어 쌀값을 낮추는 채매 정책을 실시하였다. 이는 면포를 기준으로 하여 쌀값이 싼 지방에서 쌀을 긴급하게 구입하여 들이는 조치로, 공간적 가격차를 이용한 것이다.
창저란 쌀을 상평창에 저장하는 것을 말한다. 세종 27년에는 풍년이 들어 면포 1필의 값이 쌀 15두였으나, 성종 1년에는 흉년이 들어 면포 1필의 값이 쌀 4 ~ 5두가 되어 쌀값이 비싸졌다. 이에 조정에서는 세종 27년에 싼 값에 쌀을 구매하여 창고에 보관하였다가 성종 1년에 시장의 가격보다 싸게 팔아 높아진 쌀의 값을 낮추는 창저 정책을 실시하였다. 또한 수해 등 자연 재해를 대비하여 평소에 지역 내의 쌀을 수매·저장해두는 것도 여기에 해당하며, 이는 시간적 가격차를 이용한 것이다.
채매와 창저는 농사의 풍·흉년에 따라 당시 화폐의 역할을 하였던 면포를 거두어들이거나 유통하여 쌀값을 안정시키고자 하는 상평창의 기능을 잘 보여주고 있다.

보기

정부는 국내 물가의 상승과 이로 인한 자국의 화폐가치 급락을 우려하고 있다. 이에 정부는 외국의 값싼 생필품을 수입하고, 저장해 놓았던 곡물을 싼 값에 유통시켜 물가 상승을 억제하는 정책을 펴고 있다. 또한 중앙은행을 통해 기준금리를 높여 시중에 풀린 자본을 흡수하여 궁극적으로 물가 안정을 도모하고 있다.

① 상평창은 보기의 '중앙은행'과 유사한 역할을 하는군.
② 채매(採買) 정책은 보기에서 정부가 생필품을 수입하는 것에 해당하는군.
③ 창저(倉儲) 정책은 보기에서 기준금리를 높이는 것과 그 목적이 비슷하군.
④ 보기에서 저장해 둔 곡물을 유통시키는 것은 시간적 가격차를 이용한 것이군.
⑤ 풍년으로 인한 쌀값 하락과 보기의 물가 상승 모두 화폐가치를 떨어트리겠군.

Easy

02 **다음은 칸트의 미적 기준에 대한 글이다. 밑줄 친 ㉠에 대해 '미적 무관심성'을 보인 사람은?**

한 떨기 ㉠ 흰 장미가 우리 앞에 있다고 하자. 하나의 동일한 대상이지만 그것을 받아들이는 방식은 다양하다. 그것은 이윤을 창출하는 상품으로 보일 수도 있고, 식물학적 연구 대상으로 보일 수도 있다. 어떤 경우에는 나치에 항거하다 죽어 간 저항 조직 '백장미'의 젊은이들을 떠올리게 할 수도 있다. 그런데 이런 경우들과 달리 우리는 종종 그저 그 꽃잎의 모양과 순백의 색깔이 아름답다는 이유만으로 충분히 만족을 느끼기도 한다.

가끔씩 우리는 이렇게 평소와는 매우 다른 특별한 순간들을 맛본다. 평소에 중요하게 여겨지던 것들이 이 순간에는 철저히 관심 밖으로 밀려나고, 오직 대상의 내재적인 미적 형식만이 관심의 대상이 된다. 이러한 마음의 작동 방식을 가리키는 개념어가 '미적 무관심성'이다. 칸트가 이 개념의 대표적인 대변자인데, 그에 따르면 미적 무관심성이란 대상의 아름다움을 판정할 때 요구되는 순수하게 심미적인 심리 상태를 뜻한다. 즉, 'X는 아름답다.'라고 판단할 때 우리의 관심은 오로지 X의 형식적 측면이 우리의 감수성에 쾌·불쾌를 주는지를 가리는 데 있으므로 '무관심적 관심'이다. 그리고 무언가를 실질적으로 얻거나 알고자 하는 모든 관심으로부터 자유로운 X의 존재 가치는 '목적 없는 합목적성'에 있다. 대상의 개념이나 용도 및 현존으로부터의 완전한 거리 두기를 통해 도달할 수 있는 순수 미적인 차원에 대한 이러한 이론적 정당화는 쇼펜하우어에 이르러서는 예술미의 관조를 인간의 영적 구원의 한 가능성으로 평가하는 사상으로까지 발전하였다. 불교에 심취한 그는 칸트의 '미적 무관심성' 개념에서 더 나아가 '미적 무욕성'을 주장했다. 그에 따르면 이 세계는 '맹목적 의지'가 지배하는 곳으로, 거기에 사는 우리는 욕구와 결핍의 부단한 교차 속에서 고통받지만, 예술미에 도취하는 그 순간만큼은 해방을 맛본다. 즉, '의지의 폭정'에서 벗어나 잠정적인 열반에 도달한다.

미적 무관심성은 예술의 고유한 가치를 옹호하는 데 큰 역할을 하는 개념이다. 그러나 우리는 그것이 극단적으로 추구될 경우에 가해질 수 있는 비판 또한 존중하지 않을 수 없다. 왜냐하면 독립 선언이 곧 고립 선언은 아니기 때문이다. 예술의 고유한 가치는 진리나 선과 같은 가치 영역들과 유기적인 조화를 이룰 때 더욱 고양된다. 요컨대 예술은 다른 목적에 종속되는 한갓된 수단이 되어서도 안 되겠지만, 그것의 지적·실천적 역할이 완전히 도외시되어서도 안 된다.

① 도일 : 장미에서 흐르는 윤기와 단단한 줄기에서 아름다움이 느껴져.
② 지은 : 인위적으로 하얀색 장미를 만들어 내는 것은 논란의 여지가 있어.
③ 지원 : 장미의 향기를 맡고 있자니 이 세상에서 영혼이 해방된 느낌이 들어.
④ 예지 : 성년의 날에 장미를 대학교 앞에 가져가 팔면 많은 돈을 벌 수 있겠어.
⑤ 수림 : 빨간 장미와 달리 흰 장미가 흰색을 띄는 이유가 무엇인지 분석해 보고 싶어.

03 다음 글을 통해 답을 확인할 수 있는 질문으로 적절하지 않은 것은?

콩나물의 가격 변화에 따라 콩나물의 수요량이 변하는 것은 일반적인 현상이다. 그러나 콩나물 가격은 변하지 않는데도 콩나물의 수요량이 변할 수 있다. 시금치 가격이 상승하면 소비자들은 시금치를 콩나물로 대체한다. 그러면 콩나물 가격은 변하지 않는데도 시금치 가격의 상승으로 인해 콩나물의 수요량이 증가할 수 있다. 또는 콩나물이 몸에 좋다는 내용의 방송이 나가면 콩나물 가격은 변하지 않았음에도 불구하고 콩나물의 수요량이 급증한다. 이와 같이 특정한 상품의 가격은 변하지 않는데도 다른 요인으로 인하여 그 상품의 수요량이 변하는 현상을 수요의 변화라고 한다.
수요의 변화는 소비자의 소득 변화에 의해서도 발생한다. 예를 들어, 스마트폰 가격에 변동이 없음에도 불구하고 소득이 증가하면 스마트폰에 대한 수요량이 증가한다. 반대로 소득이 감소하면 수요량이 감소한다. 이처럼 소득의 증가에 따라 수요량이 증가하는 재화를 '정상재'라고 한다. 우리 주위에 있는 대부분의 재화들은 정상재이다. 그러나 소득이 증가하면 오히려 수요량이 감소하는 재화가 있는데 이를 '열등재'라고 한다. 예를 들어, 용돈을 받아 쓰던 학생 때는 버스를 이용하다가 취직한 후 소득이 증가하여 자가용을 타게 되면 버스에 대한 수요는 감소한다. 이 경우 버스는 열등재라고 할 수 있다.
정상재와 열등재는 수요의 소득탄력성으로도 설명할 수 있다. 수요의 소득탄력성이란 소득이 1% 변할 때 수요량이 변하는 정도를 말한다. 수요의 소득탄력성이 양수인 재화는 소득이 증가할 때 수요량도 증가하므로 정상재이다. 반대로 수요의 소득탄력성이 음수인 재화는 소득이 증가할 때 수요량이 감소하므로 열등재이다. 정상재이면서 소득탄력성이 1보다 큰, 즉 소득이 증가하는 것보다 수요량이 더 크게 증가하는 경우가 있다. 경제학에서는 이를 '사치재'라고 한다. 반면에 정상재이면서 소득탄력성이 1보다 작은 재화를 '필수재'라고 한다.
정상재와 열등재는 가격이나 선호도 등 다른 모든 조건이 변하지 않는 상태에서 소득만 변했을 때 재화의 수요가 어떻게 변했는지를 분석한 개념이다. 하지만 특정 재화를 명확하게 정상재나 열등재로 구별하기는 어렵다. 동일한 재화가 소득 수준이나 생활환경에 따라 열등재가 되기도 하고 정상재가 되기도 하기 때문이다. 패스트푸드점의 햄버거는 일반적으로 정상재로 볼 수 있지만 소득이 아주 높아져서 취향이 달라지면 햄버거에 대한 수요가 줄어들어 열등재가 될 수도 있다. 이처럼 재화의 수요 변화는 재화의 가격뿐만 아니라 그 재화를 대체하거나 보완하는 다른 재화의 가격, 소비자의 소득, 취향, 장래에 대한 예상 등의 여러 요인에 의하여 결정된다.

① 수요의 변화란 무엇인가?
② 정상재와 열등재의 차이점은 무엇인가?
③ 수요의 변화가 발생하는 이유는 무엇인가?
④ 사치재와 필수재의 예로는 어떤 것이 있는가?
⑤ 사치재는 수요의 소득탄력성으로 설명할 수 있는가?

PART 1

04 다음 글을 읽고 추론한 내용으로 가장 적절한 것은?

> 지식의 본성을 다루는 학문인 인식론은 흔히 지식의 유형을 나누는 데에서 이야기를 시작한다. 지식의 유형은 '안다'는 말의 다양한 용례들이 보여주는 의미 차이를 통해서 드러나기도 한다. 예컨대 '그는 자전거를 탈 줄 안다.'와 '그는 이 사과가 둥글다는 것을 안다.'에서 '안다'가 바로 그런 경우이다. 전자의 '안다'는 능력의 소유를 의미하는 것으로 '절차적 지식'이라 부르고, 후자의 '안다'는 정보의 소유를 의미하는 것으로 '표상적 지식'이라고 부른다.
> 어떤 사람이 자전거에 대해서 많은 정보를 갖고 있다고 해서 자전거를 탈 수 있게 되는 것은 아니며, 자전거를 탈 줄 알기 위해서 반드시 자전거에 대해서 많은 정보를 갖고 있어야 하는 것도 아니다. 아무 정보 없이 그저 넘어지거나 다치거나 하는 과정을 거쳐 자전거를 탈 줄 알게 될 수도 있다. 자전거 타기와 같은 절차적 지식을 갖기 위해서는 훈련을 통하여 몸과 마음을 특정한 방식으로 조직화해야 한다. 그러나 정보를 마음에 떠올릴 필요는 없다.
> 반면, '이 사과는 둥글다.'는 것을 알기 위해서는 둥근 사과의 이미지가 되었건 '이 사과는 둥글다.'는 명제가 되었건 어떤 정보를 마음속에 떠올려야 한다. '마음속에 떠올린 정보'를 표상이라고 할 수 있으므로, 이러한 지식을 표상적 지식이라고 부른다. 그런데 어떤 표상적 지식을 새로 얻게 됨으로써 이전에 할 수 없었던 어떤 것을 하게 될지는 분명하지 않다. 이런 점에서 표상적 지식은 절차적 지식과 달리 특정한 일을 수행하는 능력과 직접 연결되어 있지 않다.

① 절차적 지식은 정보가 없음에도 습득할 수 있다.
② 절차적 지식을 통해 표상적 지식을 얻는 것이 가능하다.
③ '이 사과는 둥글다.'라는 지식은 이미지 정보에만 해당한다.
④ 표상적 지식은 특정 능력의 습득에 전혀 도움을 주지 못한다.
⑤ 인식론은 머릿속에서 처리되는 정보의 유형만을 다루는 학문이다.

Hard

05 다음 글을 읽고 추론한 내용으로 적절하지 않은 것은?

언어는 배우는 아이들이 있어야 지속된다. 그러므로 성인들만 사용하는 언어가 있다면 그 언어의 운명은 어느 정도 정해진 셈이다. 언어학자들은 이런 방식으로 추리하여 인류 역사에 드리워진 비극에 대해 경고한다. 한 언어학자는 현존하는 북미 인디언 언어의 약 80%인 150개 정도가 빈사 상태에 있다고 추정한다. 알래스카와 시베리아 북부에서는 기존 언어의 90%인 40개 언어, 중앙아메리카와 남아메리카에서는 23%인 160개 언어, 오스트레일리아에서는 90%인 225개 언어, 그리고 전 세계적으로는 기존 언어의 50%인 3,000개의 언어들이 소멸해 가고 있다고 한다. 이 중 사용자 수가 10만 명을 넘는 약 600개의 언어들은 비교적 안전한 상태에 있지만, 그 밖의 언어는 21세기가 끝나기 전에 소멸할지도 모른다.

언어가 이처럼 대규모로 소멸하는 원인은 중첩적이다. 토착 언어 사용자들의 거주지가 파괴되고, 종족 말살과 동화(同化)교육이 이루어지며, 사용 인구가 급격히 감소하는 것 외에 '문화적 신경가스'라고 불리는 전자 매체가 확산되는 것도 그 원인이 된다. 물론 우리는 소멸을 강요하는 사회적, 정치적 움직임들을 중단시키는 한편, 토착어로 된 교육 자료나 문학작품, 텔레비전 프로그램 등을 개발함으로써 언어 소멸을 어느 정도 막을 수 있다. 나아가 소멸 위기에 처한 언어라도 20세기의 히브리어처럼 지속적으로 공식어로 사용할 의지만 있다면 그 언어를 부활시킬 수도 있다.

합리적으로 보자면 우리가 지구상의 모든 동물이나 식물종을 보존할 수 없는 것처럼 모든 언어를 보존할 수는 없으며, 어쩌면 그래서는 안 되는지도 모른다. 가령 어떤 언어 공동체가 경제적 발전을 보장해 주는 주류 언어로 돌아설 것을 선택할 때, 그 어떤 외부 집단이 이들에게 토착 언어를 유지하도록 강요할 수 있겠는가? 또한, 한 공동체 내에서 이질적인 언어가 사용되면 사람들 사이에 심각한 분열을 초래할 수도 있다. 그러나 이러한 문제가 있더라도 전 세계 언어의 50% 이상이 빈사 상태에 있다면 이를 보고만 있을 수는 없다.

① 소멸 위기에 있는 언어라도 사용자들의 의지에 따라 유지될 수 있다.

② 타의적 · 물리적 압력에 의해서만 언어 소멸이 이루어지는 것은 아니다.

③ 언어 소멸은 지구상의 동물이나 식물종 수의 감소와 같이 자연스럽고 필연적인 현상이다.

④ 소멸 위기 언어 사용자가 처한 현실적인 문제는 언어의 다양성을 보존하기 어렵게 만들 수 있다.

⑤ 현재 소멸해 가고 있는 전 세계 언어 중 약 2,400여 개의 언어는 사용자 수가 10만 명 이하이다.

CHAPTER 02

수리능력

합격 CHEAT KEY

수리능력은 사칙연산 · 통계 · 확률의 의미를 정확하게 이해하고 이를 업무에 적용하는 능력으로, 기초연산과 기초통계, 도표분석 및 작성의 문제 유형으로 출제된다. 수리능력 역시 채택하지 않는 금융권이 거의 없을 만큼 필기시험에서 중요도가 높은 영역이다.

수리능력은 NCS 기반 채용을 진행한 거의 모든 기업에서 다루었으며, 문항 수는 전체의 평균 16% 정도로 많이 출제되었다. 특히, 난이도가 높은 금융권의 시험에서는 도표분석, 즉 자료해석 유형의 문제가 많이 출제되고 있고, 응용수리 역시 꾸준히 출제하는 기업이 많기 때문에 기초연산과 기초통계에 대한 공식의 암기와 자료해석능력을 기를 수 있는 꾸준한 연습이 필요하다.

01 응용수리능력의 공식은 반드시 암기하라!

응용수리능력은 지문이 짧지만, 풀이 과정은 긴 문제도 자주 볼 수 있다. 그렇기 때문에 응용수리능력의 공식을 반드시 암기하여 문제의 상황에 맞는 공식을 적절하게 적용하여 답을 도출해야 한다. 따라서 문제에서 묻는 것을 정확하게 파악하여 그에 맞는 공식을 적절하게 적용하는 꾸준한 노력과 공식을 암기하는 연습이 필요하다.

02 통계에서의 사건이 동시에 발생하는지 개별적으로 발생하는지 구분하라!

통계에서는 사건이 개별적으로 발생했을 때, 경우의 수는 합의 법칙, 확률은 덧셈정리를 활용하여 계산하며, 사건이 동시에 발생했을 때, 경우의 수는 곱의 법칙, 확률은 곱셈정리를 활용하여 계산한다. 특히, 기초통계능력에서 출제되는 문제 중 순열과 조합의 계산 방법이 필요한 문제도 다수이므로 순열(순서대로 나열)과 조합(순서에 상관없이 나열)의 차이점을 숙지하는 것 또한 중요하다. 통계 문제에서의 사건 발생 여부만 잘 판단하여도 계산과 공식을 적용하기가 수월하므로 문제의 의도를 잘 파악하는 것이 중요하다.

03 자료의 해석은 자료에서 즉시 확인할 수 있는 지문부터 확인하라!

대부분의 수험생들이 어려워 하는 영역이 수리영역 중 도표분석, 즉 자료해석능력이다. 자료는 표 또는 그래프로 제시되고, 쉬운 지문은 증가 혹은 감소 추이, 간단한 사칙연산으로 풀이가 가능한 문제 등이 있고, 자료의 조사기간 동안 전년 대비 증가율 혹은 감소율이 가장 높은 기간을 찾는 문제들도 있다. 따라서 일단 증가·감소 추이와 같이 눈으로 확인이 가능한 지문을 먼저 확인한 후 복잡한 계산이 필요한 지문을 확인하는 방법으로 문제를 풀이한다면, 시간을 조금이라도 아낄 수 있다. 특히, 그래프와 같은 경우에는 그래프에 대한 특징을 알고 있다면, 그래프의 길이 혹은 높낮이 등으로 대강의 수치를 빠르게 확인이 가능하므로 이에 대한 숙지도 필요하다. 또한, 여러 가지 보기가 주어진 문제 역시 지문을 잘 확인하고 문제를 풀이한다면 불필요한 계산을 생략할 수 있으므로 항상 지문부터 확인하는 습관을 들이기를 바란다.

04 도표작성능력에서 지문에 작성된 도표의 제목을 반드시 확인하라!

도표작성은 하나의 자료 혹은 보고서와 같은 수치가 표현된 자료를 도표로 작성하는 형식으로 출제되는데, 대체로 표보다는 그래프를 작성하는 형태로 많이 출제된다. 지문을 살펴보면 각 지문에서 주어진 도표에도 소제목이 있는 경우가 대부분이다. 이때, 자료의 수치와 도표의 제목이 일치하지 않는 경우 함정이 존재하는 문제일 가능성이 높으므로 도표의 제목을 반드시 확인하는 것이 중요하다. 도표작성의 경우 대부분 비율 계산이 많이 출제되는데, 도표의 제목과는 다른 수치로 작성된 도표가 존재하는 경우가 있다. 그렇기 때문에 지문에서 작성된 도표의 소제목을 먼저 확인하는 연습을 하여 간단하지 않은 비율 계산을 두 번 하는 일이 없도록 해야 한다.

01 기초연산

| 유형분석 |

- 사칙연산을 활용하여 크고 복잡한 수를 정확하게 계산할 수 있는지 평가한다.
- 괄호연산을 올바른 순서대로 적용하여 주어진 식을 풀이할 수 있는지 평가한다.

다음 식을 계산한 값으로 옳은 것은?

$$27\times\frac{12}{9}\times\frac{1}{3}\times\frac{3}{2}$$

① 8　② 14
③ 18　④ 20
⑤ 21

정답 ③

$27\times\frac{12}{9}\times\frac{1}{3}\times\frac{3}{2}=3\times12\times\frac{1}{3}\times\frac{3}{2}=3\times6=18$

유형풀이 Tip

1) 사칙연산 : +, −, ×, ÷
왼쪽을 기준으로 순서대로 계산하되 ×와 ÷를 먼저 계산한 뒤 +와 −를 계산한다.
예 $1+2-3\times4\div2$
→ $1+2-12\div2$
→ $1+2-6$
→ $3-6=-3$

2) 괄호연산 : ( ), { }, [ ]
소괄호 ( ) → 중괄호 { } → 대괄호 [ ]의 순서대로 계산한다.
예 $[\{(1+2)\times3-4\}\div5]\times6=\{(3\times3-4)\div5\}\times6$
→ $\{(9-4)\div5\}\times6=(5\div5)\times6=1\times6=6$

3) 곱셈공식
다항식의 곱들을 공식화한 것으로, 중간 단계의 복잡한 계산을 생략하고 바로 답을 도출하기 위해 사용한다.
- $a^b\times a^c\div a^d=a^{b+c-d}$
- $ab\times cd=ac\times bd=ad\times bc$
- $a^2-b^2=(a+b)(a-b)$
- $(a+b)(a^2-ab+b^2)=a^3+b^3$
- $(a-b)(a^2+ab+b^2)=a^3-b^3$

대표기출유형 01 기출응용문제

※ 다음 식을 계산한 값으로 옳은 것을 고르시오. **[1~3]**

Easy

01

$$(59,378-36,824)\div 42$$

① 532
② 537
③ 582
④ 597
⑤ 602

02

$$(48+48+48+48)\times\frac{11}{6}\div\frac{16}{13}$$

① 286
② 289
③ 314
④ 332
⑤ 358

03

$$\sqrt{(3,000-1,992)\div\sqrt{16}}$$

① $3\sqrt{7}$
② $4\sqrt{7}$
③ $5\sqrt{7}$
④ $6\sqrt{7}$
⑤ $7\sqrt{7}$

02 수열추리

| 유형분석 |

- 나열된 수의 규칙을 찾아 해결하는 문제이다.
- 등차·등비수열 등 다양한 수열 규칙에 대한 사전 학습이 요구된다.

일정한 규칙으로 수를 나열할 때, 빈칸에 들어갈 알맞은 수는?

3　　5　　10　　17　　29　　48　　(　　)

① 55　　② 60
③ 71　　④ 79
⑤ 81

정답 ④

n을 자연수라 하면 $(n+1)$항의 값에 n항의 값을 더하고 $+2$를 한 값이 $(n+2)$인 수열이다.
따라서 (　　)$=48+29+2=79$이다.

유형풀이 Tip

- 수열을 풀이할 때는 다음과 같은 규칙이 적용되는지를 순차적으로 판단한다.
  1) 각 항에 일정한 수를 사칙연산(+, −, ×, ÷)하는 규칙
  2) 홀수 항, 짝수 항 규칙
  3) 피보나치수열과 같은 계차를 이용한 규칙
  4) 군수열을 활용한 규칙
  5) 항끼리 사칙연산을 하는 규칙

주요 수열 규칙

구분	내용
등차수열	앞의 항에 일정한 수를 더해 이루어지는 수열
등비수열	앞의 항에 일정한 수를 곱해 이루어지는 수열
피보나치수열	앞의 두 항의 합이 그 다음 항의 수가 되는 수열
건너뛰기 수열	두 개 이상의 수열 또는 규칙이 일정한 간격을 두고 번갈아가며 적용되는 수열
계차수열	앞의 항과 차가 일정하게 증가하는 수열
군수열	일정한 규칙성으로 몇 항씩 묶어 나눈 수열

※ 일정한 규칙으로 수를 나열할 때, 빈칸에 들어갈 알맞은 수를 고르시오. [1~3]

01

$\frac{2}{3}$ ( ) $\frac{36}{27}$ $\frac{53}{81}$ $\frac{70}{243}$ $\frac{87}{729}$

① $\frac{19}{9}$
② $\frac{22}{9}$
③ $\frac{25}{9}$
④ $\frac{28}{11}$
⑤ $\frac{31}{11}$

Easy

02

2 12 32 72 152 312 632 ( )

① 1,252
② 1,262
③ 1,264
④ 1,272
⑤ 1,281

03

5 2 1 $\frac{3}{2}$ $\frac{3}{2}$ 3 12 ( ) −1

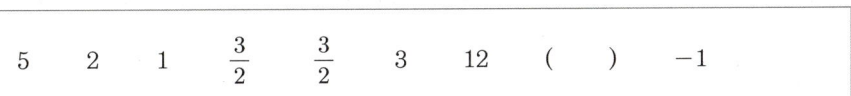

① $\frac{10}{3}$
② $\frac{11}{3}$
③ $\frac{13}{3}$
④ 3
⑤ 4

03 문자추리

| 유형분석 |

- 나열된 문자의 규칙을 찾아 해결하는 문제이다.
- 문자열에 해당하는 한글 자·모, 알파벳을 순서에 따라 맞춰 본 후 풀이하면 시간을 절약할 수 있다.

일정한 규칙으로 문자를 나열할 때, 빈칸에 들어갈 알맞은 문자는?

E　I　O　W　G　(　)

① J　② M
③ P　④ S
⑤ Z

정답 ④

앞의 항에 +4, +6, +8, +10, +12, …인 수열이다.

E	I	O	W	G	(S)
5	9	15	23	33(=26+7)	45(=26+19)

유형풀이 Tip

- 한글 자음, 한글 모음, 알파벳이 숫자로 제시되는 경우 각각의 주기를 갖는다. 이를 고려하여 풀이에 활용한다.
  - 한글 자음 : +14
  - 한글 모음 : +10 / +21(이중모음 포함 시)
  - 알파벳 : +26

한글 자음의 숫자 변환

ㄱ	ㄴ	ㄷ	ㄹ	ㅁ	ㅂ	ㅅ	ㅇ	ㅈ	ㅊ	ㅋ	ㅌ	ㅍ	ㅎ
1	2	3	4	5	6	7	8	9	10	11	12	13	14
ㄱ	ㄴ	ㄷ	ㄹ	ㅁ	ㅂ	ㅅ	ㅇ	ㅈ	ㅊ	ㅋ	ㅌ	ㅍ	ㅎ
15	16	17	18	19	20	21	22	23	24	25	26	27	28

알파벳의 숫자 변환

A	B	C	D	E	F	G	H	I	J	K	L	M
1	2	3	4	5	6	7	8	9	10	11	12	13
N	O	P	Q	R	S	T	U	V	W	X	Y	Z
14	15	16	17	18	19	20	21	22	23	24	25	26

대표기출유형 03 기출응용문제

※ 일정한 규칙으로 수나 문자를 나열할 때, 빈칸에 들어갈 알맞은 문자를 고르시오. **[1~3]**

01

10	ㅈ	11	ㅇ	12	ㅅ	13	( )

① ㄷ
② ㅂ
③ ㅋ
④ ㅍ
⑤ ㅎ

Easy

02

ㄹ	ㄷ	ㅁ	ㄴ	ㅂ	( )

① ㄱ
② ㄴ
③ ㄷ
④ ㄹ
⑤ ㅍ

03

S	ㅎ	十	G	ㅁ	( )

① 一
② 二
③ 三
④ 四
⑤ 五

대표기출유형

04 거리 · 속력 · 시간

| 유형분석 |

- (거리)=(속력)×(시간), (속력)=$\frac{(\text{거리})}{(\text{시간})}$, (시간)=$\frac{(\text{거리})}{(\text{속력})}$
- 기차와 터널의 길이, 물과 같이 속력이 있는 장소 등 추가적인 거리 · 속력 · 시간에 관한 조건과 결합하여 난도 높은 문제로 출제된다.

A사원은 회사 근처 카페에서 거래처와 미팅을 갖기로 했다. 처음에는 4km/h로 걸어가다가 약속 시간에 늦을 것 같아 10km/h로 뛰어서 24분 만에 미팅 장소에 도착했다. 회사에서 카페까지의 거리가 2.5km일 때, A사원이 뛴 거리는?

① 0.6km ② 0.9km
③ 1.2km ④ 1.5km
⑤ 1.7km

정답 ④

총거리와 총시간이 주어져 있으므로 걸은 거리와 뛴 거리 또는 걸은 시간과 뛴 시간을 미지수로 잡을 수 있다.
미지수를 잡기 전에 문제에서 묻는 것을 정확하게 파악해야 나중에 답을 구할 때 헷갈리지 않는다.
문제에서 A사원이 뛴 거리를 물어보았으므로 거리를 미지수로 놓는다.
A사원이 회사에서 카페까지 걸어간 거리를 $x$km, 뛴 거리를 $y$km라고 하면,
회사에서 카페까지의 거리는 2.5km이므로 걸어간 거리 $x$km와 뛴 거리 $y$km의 합은 2.5km이다.
$x+y=2.5$ ⋯ ㉠
A사원이 회사에서 카페까지 24분이 걸렸으므로 걸어간 시간$\left(\frac{x}{4}\text{시간}\right)$과 뛰어간 시간$\left(\frac{y}{10}\text{시간}\right)$을 합치면 24분이다.
이때 속력은 시간 단위이므로 '분'으로 바꾸어 계산한다.
$\frac{x}{4}\times60+\frac{y}{10}\times60=24 \rightarrow 5x+2y=8$ ⋯ ㉡
㉠과 ㉡을 연립하여 ㉡−(2×㉠)을 하면 $x=1$이고, 구한 x의 값을 ㉠에 대입하면 $y=1.5$이다.
따라서 A사원이 뛴 거리는 $y$km이므로 1.5km이다.

유형풀이 Tip

- 미지수를 정할 때에는 문제에서 묻는 것을 정확하게 파악해야 한다.
- 속력과 시간의 단위를 처음부터 정리하여 계산하면 실수 없이 풀이할 수 있다.
  예 1시간=60분=3,600초
  예 1km=1,000m=100,000cm

대표기출유형 04 기출응용문제

Easy

01 N은행에 근무하는 A씨는 오전 9시까지 출근해야 한다. A씨는 집에서 오전 8시 30분에 출발하여 60m/min의 속력으로 걷다가 늦을 것 같아 도중에 150m/min의 속력으로 달렸더니 늦지 않고 오전 9시 정각에 N은행에 도착하였다. A씨의 집과 N은행 사이의 거리가 2.1km일 때, A씨가 걸은 거리는?

① 1km
② 1.2km
③ 1.4km
④ 1.6km
⑤ 1.8km

02 일정한 속력으로 달리는 기차가 400m 길이의 터널을 완전히 통과하는 데 10초, 800m 길이의 터널을 완전히 통과하는 데 18초가 걸렸다. 이 기차의 속력은?

① 50m/s
② 55m/s
③ 60m/s
④ 75m/s
⑤ 100m/s

03 현민이와 형빈이가 둘레의 길이가 1.5km인 공원 산책길을 걷고자 한다. 같은 출발점에서 동시에 출발하여 서로 반대 방향으로 걷기 시작하였다. 현민이는 60m/min, 형빈이는 90m/min의 속력으로 걸을 때, 두 사람이 만나는 것은 출발한 지 몇 분 후인가?

① 4분 후
② 5분 후
③ 6분 후
④ 8분 후
⑤ 10분 후

대표기출유형

05 농도

| 유형분석 |

- (농도)$=\frac{\text{(용질의 양)}}{\text{(용액의 양)}}\times 100$
- (소금물의 양)=(물의 양)+(소금의 양)이라는 것에 유의하고, 더해지거나 없어진 것을 미지수로 두고 풀이한다.

소금물 500g이 있다. 이 소금물에 농도가 3%인 소금물 200g을 모두 섞었더니 소금물의 농도는 7%가 되었다. 소금물 500g에 녹아 있던 소금의 양은?

① 31g
② 37g
③ 43g
④ 49g
⑤ 55g

정답 ③

문제에서 구하고자 하는 500g의 소금물에 녹아 있던 소금의 양을 미지수로 놓는다.
500g의 소금물에 녹아 있던 소금의 양을 xg이라고 하면,
농도가 3%인 소금물 200g에 녹아 있던 소금의 양은 $\frac{3}{100}\times 200=6$g이다.
소금물 500g에 농도가 3%인 소금물 200g을 모두 섞었을 때 소금물의 농도가 주어졌으므로 농도에 대한 식을 세우면 다음과 같다.

$\frac{x+6}{500+200}\times 100=7$

→ $(x+6)\times 100=7\times(500+200)$

→ $(x+6)\times 100=4,900$

→ $x+6=49$

∴ $x=43$

따라서 소금물 500g에 녹아 있던 소금의 양은 43g이다.

유형풀이 Tip

- 숫자의 크기를 최대한 간소화해야 한다. 특히, 농도의 경우 분수와 정수가 같이 제시되고, 최근에는 비율을 활용한 문제가 많이 출제되고 있으므로 통분이나 약분을 통해 수를 간소화시켜 계산 실수를 줄일 수 있도록 한다.
- 항상 미지수를 구해서 그 값을 계산하여 풀이해야 하는 것은 아니다. 문제에서 원하는 값은 정확한 미지수를 구하지 않아도 풀이 과정에서 답이 제시되는 경우가 있으므로 문제에서 묻는 것을 명확히 해야 한다.

01 농도 4%의 소금물 ag과 농도 7.75%의 소금물 bg을 섞어 농도 6%의 소금물 600g을 만들었다. 이때 농도 4%의 소금물의 양은?

① 200g
② 240g
③ 280g
④ 320g
⑤ 360g

02 농도가 15%인 소금물을 5% 증발시킨 후 농도가 30%인 소금물 200g을 모두 섞어서 농도가 20%인 소금물을 만들었다. 증발 전 농도가 15%인 소금물의 양은?

① 350g
② 400g
③ 450g
④ 500g
⑤ 550g

Hard

03 농도가 9%인 A소금물 300g과 농도가 11.2%인 B소금물 250g을 합쳐서 C소금물을 만들었다. C소금물에서 20%를 덜어내고 10g의 소금을 추가했을 때의 소금물의 농도는?

① 12%
② 13%
③ 14%
④ 15%
⑤ 16%

대표기출유형

06 일의 양

| 유형분석 |

- $(\text{일률})=\dfrac{(\text{작업량})}{(\text{작업기간})}$, $(\text{작업기간})=\dfrac{(\text{작업량})}{(\text{일률})}$, $(\text{작업량})=(\text{일률})\times(\text{작업기간})$
- 전체 일의 양을 1로 두고 풀이하는 유형이다.
- 분이나 초 단위 계산이 가장 어려운 유형으로 출제되고 있다.

한 공장에서는 기계 2대를 운용하고 있다. 이 공장의 전체 작업을 수행할 때 A기계로는 12시간이 걸리며, B기계로는 18시간이 걸린다. 이미 절반의 작업이 수행된 상태에서 A기계로 4시간 동안 작업하다가 이후로는 A, B 두 기계를 모두 동원해 작업을 수행했다고 할 때 A, B 두 기계를 모두 동원해 남은 작업을 수행하는 데 소요된 시간은?

① 1시간
② 1시간 12분
③ 1시간 20분
④ 1시간 24분
⑤ 1시간 30분

정답 ②

전체 일의 양을 1이라고 하면, A기계가 1시간 동안 작업할 수 있는 일의 양은 $\frac{1}{12}$이고, B기계가 1시간 동안 작업할 수 있는 일의 양은 $\frac{1}{18}$이다. 이미 절반의 작업이 수행되었으므로 남은 일의 양은 $1-\frac{1}{2}=\frac{1}{2}$이다.

이 중 A기계로 4시간 동안 작업을 수행했으므로 A기계와 B기계가 함께 작업해야 하는 일의 양은 $\frac{1}{2}-\left(\frac{1}{12}\times4\right)=\frac{1}{6}$이다.

따라서 A, B 두 기계를 모두 동원해 남은 작업을 수행하는 데는 $\dfrac{\frac{1}{6}}{\left(\frac{1}{12}+\frac{1}{18}\right)}=\dfrac{\frac{1}{6}}{\frac{5}{36}}=\frac{6}{5}$시간, 즉 1시간 12분이 걸린다.

유형풀이 Tip

- 전체의 값을 모르는 상태에서 비율을 묻는 문제의 경우 전체를 1이라고 하면 쉽게 풀이할 수 있다.

  예 1개의 빵을 만드는 데 3시간이 걸린다. 1개의 빵을 만드는 일의 양을 1이라고 하면 한 시간에 $\frac{1}{3}$만큼의 빵을 만든다.
- 난도가 높은 일의 양 문제에 접근할 때 전체 일의 양을 막대 그림으로 표현하면서 풀이하면 한눈에 파악할 수 있다.

예

$\frac{1}{2}$ 수행됨	A기계로 4시간 동안 작업	A, B 두 기계를 모두 동원해 작업

01 마스크 필터를 생산하는 N공장의 A기계는 1분에 8개, B기계는 1분에 4개의 필터를 생산한다. 현재 A기계에서 90개, B기계에서 10개의 필터를 생산하였다면, A기계의 생산량이 B기계의 생산량의 3배가 될 때는 몇 분 후인가?

① 12분
② 15분
③ 18분
④ 21분
⑤ 24분

02 갑은 곰 인형 100개를 만드는 데 4시간, 을은 50개를 만드는 데 10시간이 걸린다. 이들이 함께 일을 하면 각각 원래 능력보다 20% 효율이 떨어진다. 이들이 함께 곰 인형 144개를 만드는 데 걸리는 시간은?

① 5시간
② 6시간
③ 7시간
④ 8시간
⑤ 9시간

Hard

03 어떤 물통을 채우는 데 A수도만 틀었을 때는 5시간, B수도만 틀었을 때는 2시간이 소요된다. 처음 1시간은 B수도가 고장나서 A수도만을 이용해 물을 채우고, 이후 A수도와 B수도를 모두 이용하여 물통을 가득 채웠을 때, 두 수도를 모두 이용한 시간은?

① 1시간
② $\frac{8}{7}$시간
③ $\frac{9}{7}$시간
④ $\frac{10}{7}$시간
⑤ $\frac{11}{7}$시간

대표기출유형

07 금액

| 유형분석 |

- (정가)=(원가)+(이익), (이익)=(정가)−(원가)

  (a원에서 b% 할인한 가격)$=a\times\left(1-\frac{b}{100}\right)$원
- 원가, 정가, 할인가, 판매가 등의 개념을 명확히 한다.
- 난이도가 어려운 편은 아니지만 비율을 활용한 계산 문제이기 때문에 실수하기 쉽다.

원가의 20%를 추가한 금액을 정가로 하는 제품을 15% 할인해서 50개를 판매한 금액이 127,500원일 때, 이 제품의 원가는?

① 1,500원
② 2,000원
③ 2,500원
④ 3,000원
⑤ 3,500원

정답 ③

제품의 원가를 x원이라고 하면 제품의 정가는 $(1+0.2)x=1.2x$원이고, 판매가는 $1.2x(1-0.15)=1.02x$원이다.
50개를 판매한 금액이 127,500원이므로 다음과 같은 식이 성립한다.

$1.02x\times50=127,500$

$\rightarrow 1.02x=2,550$

$\therefore x=2,500$

따라서 제품의 원가는 2,500원이다.

유형풀이 Tip

- 전체 금액을 구하는 것이 아니라 할인된 금액을 구하면 수의 크기도 작아지고, 풀이 과정을 단축시킬 수 있다.

01 세희네 가족의 올해 여름 휴가비용은 작년 대비 교통비는 15%, 숙박비는 24% 증가하여 전체 휴가비용이 20% 증가하였다. 작년 전체 휴가비용이 36만 원일 때, 올해 숙박비는?(전체 휴가비용은 교통비와 숙박비의 합이다)

① 160,000원 ② 184,000원
③ 200,000원 ④ 248,000원
⑤ 268,000원

02 X커피 300g은 A원두와 B원두의 양을 1 : 2 비율로 배합하여 만들고, Y커피 300g은 A원두와 B원두의 양을 2 : 1 비율로 배합하여 만든다. 두 커피 300g의 판매 가격이 각각 3,000원, 2,850원일 때, B원두의 100g당 원가는?(단, 판매 가격은 원두 원가의 합의 1.5배이다)

① 500원 ② 600원
③ 700원 ④ 800원
⑤ 1,000원

Hard

03 N씨는 가격이 250만 원인 컴퓨터를 이달 초에 먼저 50만 원을 지불하고 남은 금액은 12개월 할부로 구매하고자 한다. 이자는 월이율 0.5%로 1개월마다 복리로 적용할 때 남은 금액을 한 달 후부터 일정한 금액으로 갚는다면, 매달 얼마씩 갚아야 하는가?(단, $1.005^{12}=1.062$로 계산하고, 십 원 단위에서 반올림한다)

① 168,700원 ② 169,500원
③ 170,600원 ④ 171,300원
⑤ 172,200원

대표기출유형

08 날짜 · 요일

| 유형분석 |

- 1일=24시간=1,440(=24×60)분=86,400(=1,440×60)초
- 월별 일수 : 31일 – 1, 3, 5, 7, 8, 10, 12월
  30일 – 4, 6, 9, 11월
  28일 또는 29일(윤년, 4년에 1회) – 2월
- 날짜 · 요일 단위별 기준이 되는 숫자가 다르므로 실수하지 않도록 유의한다.

어느 해의 3월 2일이 금요일일 때, 한 달 후인 4월 2일은 무슨 요일인가?

① 월요일　　② 화요일
③ 수요일　　④ 목요일
⑤ 금요일

정답 ①

3월은 31일까지 있고 일주일은 7일이므로, 31÷7=4 ··· 3이다.
따라서 4월 2일은 금요일부터 3일이 지난 월요일이다.

유형풀이 Tip

- 일주일은 7일이므로, 전체 일수를 구한 뒤 7로 나누면 빠르게 해결할 수 있다.
- 날짜와 요일의 단위를 처음부터 정리하여 계산하면 실수 없이 풀이할 수 있다.

Easy

01 A～C 세 사람은 주기적으로 집 청소를 한다. A는 6일마다, B는 8일마다, C는 9일마다 청소할 때, 세 사람이 9월 10일에 모두 같이 청소를 했다면 그다음으로 세 사람이 같이 청소하는 날은?

① 11월 5일
② 11월 12일
③ 11월 16일
④ 11월 21일
⑤ 11월 27일

02 어느 마트에서는 A사 음료수를 12일마다, B사 과자를 14일마다 납품받으며, 각 납품 당일에는 재고 소진을 위해 할인 판매하는 행사를 진행한다고 한다. 4월 9일에 A사와 B사의 할인 행사를 동시에 진행했을 때, 할인 행사가 다시 동시에 진행되는 날은 며칠 후인가?(단 재고 소진 목적 외 할인 행사는 진행하지 않는다)

① 6월 30일
② 7월 1일
③ 7월 2일
④ 7월 3일
⑤ 7월 4일

Hard

03 N은행은 주 5일 평일에만 근무하는 것이 원칙이며, 재작년의 휴일 수는 105일이었다. 작년은 재작년과 같은 날만큼 쉬었으며 윤년이었다고 한다. 올해 N은행의 휴일 수는 총 며칠인가?(단, 휴일은 주말을 뜻한다)

① 103일
② 104일
③ 105일
④ 106일
⑤ 107일

대표기출유형

09 경우의 수

| 유형분석 |

- ${}_{n}\mathrm{P}_{m}=n\times(n-1)\times\cdots\times(n-m+1)$

  ${}_{n}\mathrm{C}_{m}=\frac{{}_{n}\mathrm{P}_{m}}{m!}=\frac{n\times(n-1)\times\cdots\times(n-m+1)}{m!}$
- 벤 다이어그램을 활용한 문제가 출제되기도 한다.

N은행은 토요일에 2명의 사원이 당직 근무를 하도록 사칙으로 규정하고 있다. N은행의 A팀에는 8명의 사원이 있다. A팀이 앞으로 3주 동안 토요일 당직 근무를 한다고 할 때, 가능한 모든 경우의 수는?(단, 모든 사원은 당직 근무를 2번 이상 하지 않는다)

① 1,520가지
② 2,520가지
③ 5,040가지
④ 10,080가지
⑤ 20,160가지

정답 ②

8명을 2명씩 3개의 그룹으로 나누는 경우의 수는 ${}_{8}\mathrm{C}_{2}\times{}_{6}\mathrm{C}_{2}\times{}_{4}\mathrm{C}_{2}\times\frac{1}{3!}=28\times15\times6\times\frac{1}{6}=420$가지이다.

3개의 그룹을 각각 A, B, C라 하면, 3주 동안 토요일에 근무자를 배치하는 경우의 수는 A, B, C를 일렬로 배열하는 방법의 수와 같으므로 3개의 그룹을 일렬로 나열하는 경우의 수는 $3\times2\times1=6$가지이다.

따라서 가능한 모든 경우의 수는 $420\times6=2,520$가지이다.

유형풀이 Tip

경우의 수의 합의 법칙과 곱의 법칙 등에 관해 명확히 한다.

1) 합의 법칙
   ① 두 사건 A, B가 동시에 일어나지 않을 때, A가 일어나는 경우의 수를 m, B가 일어나는 경우의 수를 n이라고 하면, 사건 A 또는 B가 일어나는 경우의 수는 $m+n$이다.
   ② '또는', '~이거나'라는 말이 나오면 합의 법칙을 사용한다.
2) 곱의 법칙
   ① A가 일어나는 경우의 수를 m, B가 일어나는 경우의 수를 n이라고 하면, 사건 A와 B가 동시에 일어나는 경우의 수는 $m\times n$이다.
   ② '그리고', '동시에'라는 말이 나오면 곱의 법칙을 사용한다.

대표기출유형 09 기출응용문제

Easy

01 서로 다른 주사위 3개를 동시에 던질 때, 적어도 주사위 1개가 홀수의 눈이 나오는 경우의 수는?

① 181가지
② 183가지
③ 185가지
④ 187가지
⑤ 189가지

02 N대학교 동아리에서 테니스 경기를 토너먼트 방식으로 진행하려고 한다. 총 16명의 참가자가 참여했을 때, 최종 우승자가 나올 때까지 진행되는 경기의 수는?(단, 동점자는 없다)

① 12번
② 13번
③ 14번
④ 15번
⑤ 16번

03 N중학교 2학년 A～F반 6개의 학급이 체육대회에서 줄다리기 경기를 다음과 같은 토너먼트로 진행하려고 한다. 이때, A반과 B반 모두 2번의 경기를 거쳐 결승에서 만나게 되는 경우의 수는?

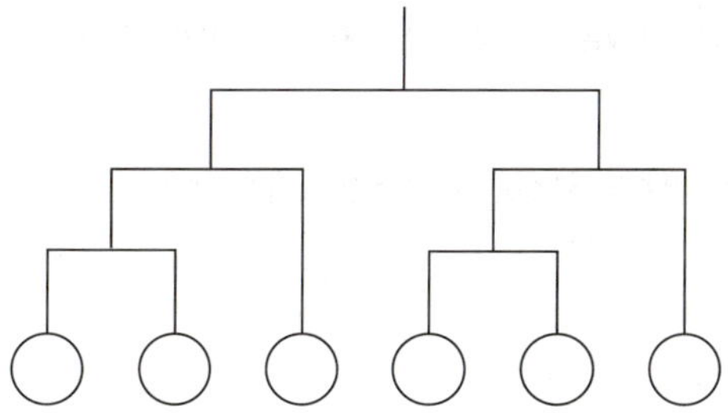

① 6가지
② 24가지
③ 120가지
④ 180가지
⑤ 720가지

10 확률

| 유형분석 |

- 순열(P)과 조합(C)을 활용한 문제이다.
- 조건부 확률 문제가 출제되기도 한다.

주머니에 1부터 10까지의 자연수가 적힌 카드 열 장이 들어있다. 주머니에서 카드를 세 번 뽑는다고 할 때, 1, 2, 3이 적힌 카드 중 하나 이상을 뽑을 확률은?(단, 꺼낸 카드는 다시 넣지 않는다)

① $\frac{7}{24}$ ② $\frac{5}{8}$

③ $\frac{17}{24}$ ④ $\frac{5}{6}$

⑤ $\frac{7}{8}$

정답 ③

(1, 2, 3이 적힌 카드 중 하나 이상을 뽑을 확률)=1−(세 번 모두 4~10이 적힌 카드를 뽑을 확률)

세 번 모두 4~10이 적힌 카드를 뽑을 확률은 $\frac{7}{10}\times\frac{6}{9}\times\frac{5}{8}=\frac{7}{24}$이다.

따라서 1, 2, 3이 적힌 카드 중 하나 이상을 뽑을 확률은 $1-\frac{7}{24}=\frac{17}{24}$이다.

유형풀이 Tip

1) 여사건의 확률
   ① 사건 A가 일어날 확률이 p일 때, 사건 A가 일어나지 않을 확률은 $(1-p)$이다.
   ② '적어도'라는 말이 나오면 주로 사용한다.
2) 확률의 덧셈
   두 사건 A, B가 동시에 일어나지 않을 때, A가 일어날 확률을 p, B가 일어날 확률을 q라고 하면, 사건 A 또는 B가 일어날 확률은 $p+q$이다.
3) 확률의 곱셈
   A가 일어날 확률을 p, B가 일어날 확률을 q라고 하면, 사건 A와 B가 동시에 일어날 확률은 $p\times q$이다.

대표기출유형 10 기출응용문제

01 N씨는 정육면체 주사위를 굴려 1이 나오면 당첨, 2, 3, 4가 나오면 꽝이고 5 이상인 경우는 가위바위보를 통해 이겼을 때 당첨이 되는 이벤트에 참여하였다. 가위바위보에 비겼을 때에는 가위바위보를 한 번 더 할 수 있는 재도전의 기회를 얻으며 재도전은 한 번만 할 수 있다. 이때 N씨가 당첨될 확률은?

① $\frac{5}{14}$ ② $\frac{7}{14}$

③ $\frac{17}{54}$ ④ $\frac{19}{54}$

⑤ $\frac{23}{54}$

02 N고등학교의 학생은 A과목과 B과목 중 한 과목만을 선택하여 수업을 받는다고 한다. A과목과 B과목을 선택한 학생의 비율이 각각 전체의 40%, 60%이고, A과목을 선택한 학생 중 여학생은 30%, B과목을 선택한 학생 중 여학생은 40%이다. 이 학교의 학생 중에서 임의로 뽑은 학생이 여학생일 때, 그 학생이 B과목을 선택한 학생일 확률은?

① $\frac{1}{3}$ ② $\frac{2}{3}$

③ $\frac{1}{4}$ ④ $\frac{3}{4}$

⑤ $\frac{2}{5}$

Hard

03 흰색 탁구공 7개와 노란색 탁구공 5개가 들어 있는 주머니에서 4개의 탁구공을 동시에 꺼낼 때, 흰색 탁구공이 노란색 탁구공보다 많을 확률은?

① $\frac{10}{33}$ ② $\frac{14}{33}$

③ $\frac{17}{33}$ ④ $\frac{20}{33}$

⑤ $\frac{23}{33}$

11 환율

| 유형분석 |

- $(\text{환율})=\dfrac{(\text{자국 화폐 가치})}{(\text{외국 화폐 가치})}$
- (자국 화폐 가치)=(환율)×(외국 화폐 가치)
- $(\text{외국 화폐 가치})=\dfrac{(\text{자국 화폐 가치})}{(\text{환율})}$

수인이는 베트남 여행을 위해 환전하기로 하였다. 다음은 N환전소의 환전 당일 환율 및 수수료를 나타낸 자료이다. 수인이가 한국 돈으로 베트남 현금 1,670만 동을 환전한다고 할 때, 수수료까지 포함하여 필요한 돈은 얼마인가?(단, 모든 계산 과정에서 구한 값의 십 원 단위 미만은 절사한다)

〈N환전소 환율 및 수수료〉

- 베트남 환율 : 483원/만 동
- 수수료 : 0.5%
- 우대사항 : 50만 원 이상 환전 시 70만 원까지 수수료 0.4%로 인하 적용
  100만 원 이상 환전 시 총금액 수수료 0.4%로 인하 적용

① 808,840원
② 808,940원
③ 809,840원
④ 809,940원
⑤ 810,040원

정답 ④

베트남 현금 1,670만 동을 환전하기 위해 필요한 한국 돈은 수수료를 제외하고 1,670만 동×483원/만 동=806,610원이다.
우대사항에 따르면 50만 원 이상 환전 시 70만 원까지 수수료가 0.4%로 낮아지므로 70만 원에는 수수료가 0.4% 적용되고, 나머지는 0.5%가 적용되므로 총수수료를 구하면 700,000×0.004+(806,610−700,000)×0.005=2,800+533.05≒3,330원(∵ 십 원 단위 미만 절사)이다.
따라서 수수료까지 포함하여 수인이가 원하는 금액을 환전하는 데 필요한 금액은 총 806,610+3,330=809,940원이다.

유형풀이 Tip

- 수수료나 우대사항 등 문제에서 요구하는 조건을 놓치지 않도록 주의한다.

대표기출유형 11 기출응용문제

※ 다음은 각 국가의 환율에 대한 자료이다. 이어지는 질문에 답하시오(단, 환전수수료는 고려하지 않는다). [1~3]

〈각 국가의 환율〉

구분	미국	프랑스	일본	호주
환율	1,313.13원/USD	1,444.44원/유로	9.13원/엔	881.53원/AUD

Easy

01 대한민국 원화 50만 원을 미국 달러(USD)로 환전하면 얼마인가?

① 약 250.93USD
② 약 380.77USD
③ 약 511.26USD
④ 약 623.84USD
⑤ 약 775.39USD

02 호주 달러 1,250AUD를 프랑스 유로로 환전하면 얼마인가?

① 약 508.78유로
② 약 594.14유로
③ 약 682.59유로
④ 약 762.86유로
⑤ 약 871.37유로

03 N씨는 일본으로 여행을 가기 전 은행에서 위의 환율에 따라 250만 원을 엔화로 환전하였다. 일본에서 150,000엔을 사용하고 귀국 후 엔화 환율이 10.4원/엔으로 변동되었을 때, 남은 엔화를 원화로 환전하면 얼마인가?(단, 소수점 둘째 자리에서 반올림한다)

① 1,287,755원
② 1,396,187원
③ 1,517,684원
④ 1,737,486원
⑤ 1,952,687원

대표기출유형

12 금융상품 활용

| 유형분석 |

- 금융상품을 정확하게 이해하고 문제에서 요구하는 답을 도출해낼 수 있는지 평가한다.
- 단리식, 복리식, 이율, 우대금리, 중도해지, 만기해지 등 조건에 유의해야 한다.

N은행은 '더 커지는 적금'을 새롭게 출시하였다. A씨는 이 적금의 모든 우대금리 조건을 만족하여 이번 달부터 이 상품에 가입하려고 한다. 만기 시 A씨가 받을 수 있는 이자는 얼마인가?$\left(\text{단, 이자 소득에 대한 세금은 고려하지 않으며, } 1.025^{\frac{1}{12}}=1.002\text{로 계산한다}\right)$

〈더 커지는 적금〉

- 가입기간 : 12개월
- 가입금액 : 매월 초 200,000원 납입
- 적용금리 : 기본금리(연 2.1%)+우대금리(최대 연 0.4%p)
- 저축방법 : 정기적립식
- 이자지급방식 : 만기일시지급, 연복리식
- 우대금리 조건
  - 당행 입출금통장 보유 시 : +0.1%p
  - 연 500만 원 이상의 당행 예금상품 보유 시 : +0.1%p
  - 급여통장 지정 시 : +0.1%p
  - 이체실적이 20만 원 이상 시 : +0.1%p

① 105,000원
② 107,000원
③ 108,000원
④ 111,000원
⑤ 113,000원

정답 ①

모든 우대금리 조건을 만족하므로 최대 연 0.4%p가 기본금리에 적용되어 2.1+0.4=2.5%가 된다.

n개월 후 연복리 이자는 (월납입금)$\times\dfrac{(1+r)^{\frac{1}{12}}\left\{(1+r)^{\frac{n}{12}}-1\right\}}{(1+r)^{\frac{1}{12}}-1}$ −(적립원금)이므로, 다음과 같은 식이 성립한다.

$$200{,}000\times\frac{1.025^{\frac{1}{12}}(1.025-1)}{\left(1.025^{\frac{1}{12}}-1\right)}-200{,}000\times12$$

$$=200{,}000\times1.002\times\frac{(1.025-1)}{0.002}-2{,}400{,}000$$

$$=2{,}505{,}000-2{,}400{,}000$$

$$=105{,}000\text{원}$$

유형풀이 Tip

1) 단리
   ① 개념 : 원금에만 이자가 발생
   ② 계산 : 이율이 r%인 상품에 원금 a를 총 n번 이자가 붙는 동안 예치한 경우 $a(1+nr)$
2) 복리
   ① 개념 : 원금과 이자에 모두 이자가 발생
   ② 계산 : 이율이 r%인 상품에 원금 a를 총 n번 이자가 붙는 동안 예치한 경우 $a(1+r)^n$
3) 이율과 기간
   ① (월이율)$=\dfrac{(\text{연이율})}{12}$
   ② n개월$=\dfrac{n}{12}$년
4) 예치금의 원리합계
   원금 a원, 연이율 r%, 예치기간 n개월일 때,
   - 단리 예금의 원리합계 : $a\left(1+\dfrac{r}{12}n\right)$
   - 월복리 예금의 원리합계 : $a\left(1+\dfrac{r}{12}\right)^n$
   - 연복리 예금의 원리합계 : $a(1+r)^{\frac{n}{12}}$
5) 적금의 원리합계
   월초 a원씩, 연이율 r%일 때, n개월 동안 납입한다면
   - 단리 적금의 n개월 후 원리합계 : $an+a\times\dfrac{n(n+1)}{2}\times\dfrac{r}{12}$
   - 월복리 적금의 n개월 후 원리합계 : $\dfrac{a\left(1+\dfrac{r}{12}\right)\left\{\left(1+\dfrac{r}{12}\right)^n-1\right\}}{\left(1+\dfrac{r}{12}\right)-1}$
   - 연복리 적금의 n개월 후 원리합계 : $\dfrac{a(1+r)^{\frac{1}{12}}\left\{(1+r)^{\frac{n}{12}}-1\right\}}{(1+r)^{\frac{1}{12}}-1}=\dfrac{a\left\{(1+r)^{\frac{n+1}{12}}-(1+r)^{\frac{1}{12}}\right\}}{(1+r)^{\frac{1}{12}}-1}$

대표기출유형 12 기출응용문제

01 2년 만기, 연이율 0.3%인 연복리 예금상품에 1,200만 원을 예치했을 때 만기 시 받는 금액과 2년 만기, 연이율 3.6%인 월복리 적금상품에 매월 초 50만 원을 납입할 때 만기 시 받는 금액의 차이는?(단, $1.003^2 = 1.006$, $1.003^{24} = 1.075$로 계산하고, 백 원 이하는 절사하며, 이자 소득에 대한 세금은 고려하지 않는다)

① 45.3만 원 ② 46.5만 원
③ 47.7만 원 ④ 48.9만 원
⑤ 50.1만 원

Easy

02 A씨는 N은행의 적금상품에 가입하려고 한다. 가입 가능한 상품의 정보가 다음과 같을 때, 스타 적금과 부자 적금의 만기환급금의 차이는?(단, 이자 소득에 대한 세금은 고려하지 않는다)

〈상품 정보〉

- 스타 적금
  - 가입기간 : 40개월
  - 가입금액 : 매월 초 400,000원 납입
  - 적용금리 : 연 3.0%
  - 이자지급방식 : 만기일시지급, 단리식

- 부자 적금
  - 가입기간 : 48개월
  - 가입금액 : 매월 초 300,000원 납입
  - 적용금리 : 연 3.0%
  - 이자지급방식 : 만기일시지급, 복리식

※ $1.03^{\frac{1}{12}} = 1.002$, $1.03^{\frac{49}{12}} = 1.128$로 계산함

① 2,080,000원 ② 2,100,000원
③ 2,162,000원 ④ 2,280,000원
⑤ 2,348,000원

03 N은행에서 근무하는 A사원은 고객 甲에게 적금 만기를 통보하고자 한다. 甲의 가입 상품 정보가 다음과 같을 때, A사원이 甲에게 안내할 만기 수령액은?(단, 이자 소득에 대한 세금은 고려하지 않는다)

〈N은행 희망적금〉

- 가입자 : 甲(본인)
- 가입기간 : 24개월
- 가입금액 : 매월 초 200,000원 납입
- 적용금리 : 연 2.0%
- 저축방법 : 정기적립식
- 이자지급방식 : 만기일시지급, 단리식

① 4,225,000원
② 4,500,000원
③ 4,725,000원
④ 4,900,000원
⑤ 4,925,000원

Hard

04 A씨는 다음과 같은 N은행의 직장인응원적금에 가입하고자 한다. 이자지급방식으로 우대금리 없이 기본금리로 단리식과 월복리식 두 가지를 적용할 때, 만기 시 A씨가 받을 수 있는 이자액을 바르게 짝지은 것은?$\left[\text{단, 이자 소득에 대한 세금은 고려하지 않으며, } \left(1+\frac{0.02}{12}\right)^{13}=1.022\text{로 계산한다}\right]$

〈직장인응원적금〉

- 가입자 : A(본인)
- 가입기간 : 12개월
- 가입금액 : 매월 초 100,000원 납입
- 적용금리 : 기본금리(연 2.0%)+우대금리(최대 연 1.2%p)
- 저축방법 : 정기적립식
- 이자지급방식 : 만기일시지급

	단리식	월복리식
①	13,000원	18,000원
②	13,000원	20,000원
③	14,200원	18,000원
④	14,200원	20,000원
⑤	15,000원	18,000원

13 자료계산

| 유형분석 |

- 제시된 자료를 통해 문제에서 주어진 특정한 값을 찾고, 자료의 변동량을 구할 수 있는지 평가하는 유형이다.
- 자료상에 주어진 공식을 활용하는 계산문제와 증감률, 비율, 합, 차 등을 활용한 문제가 출제된다.
- 많은 문제가 출제되지는 않지만, 숫자가 큰 경우가 많으므로 정확한 수치와 제시된 조건을 꼼꼼히 확인하여 실수하지 않는 것이 중요하다.

다음은 시 · 군지역의 성별 비경제활동 인구에 대한 자료이다. 빈칸 (가), (다)에 들어갈 수를 바르게 짝지은 것은?(단, 인구수는 백의 자리에서 반올림하고, 비중은 소수점 첫째 자리에서 반올림한다)

〈성별 비경제활동 인구〉

(단위 : 천 명, %)

구분	합계	남성		여성	
			비율		비율
시지역	7,800	2,574	(가)	5,226	(나)
군지역	1,149	(다)	33.5	(라)	66.5

	(가)	(다)
①	30	385
②	30	392
③	33	378
④	33	385
⑤	33	392

정답 ④

- (가) : $\frac{2,574}{7,800} \times 100 = 33\%$
- (다) : $1,149 \times 0.335 \fallingdotseq 385$천 명

유형풀이 Tip

- 빈칸이 여러 개인 경우 계산이 간단한 한두 개의 빈칸의 값을 먼저 찾고, 역으로 대입하여 풀이 시간을 단축한다.
- 금융권 NCS 수리능력의 경우 마지막 자리까지 정확하게 계산하는 것을 요구한다. 따라서 선택지에 주어진 값의 차이가 크지 않다면 어림값을 활용하는 것이 오히려 풀이 속도를 지연시킬 수 있으므로 주의해야 한다.

대표기출유형 13 기출응용문제

01 다음은 2022 ~ 2024년 N사의 데스크탑 PC와 노트북 판매량에 대한 자료이다. 데스크탑 PC와 노트북의 전년 대비 2024년 판매량 증감률을 바르게 짝지은 것은?

〈연도별 데스크탑 PC 및 노트북 판매량〉

(단위 : 천 대)

구분	2022년	2023년	2024년
데스크탑 PC	5,500	5,000	4,700
노트북	1,800	2,000	2,400

	데스크탑 PC	노트북
①	6%	20%
②	6%	10%
③	−6%	20%
④	−6%	10%
⑤	−6%	5%

Easy

02 다음은 N은행의 지역별 지점 수 증감에 대한 자료이다. 2021년에 지점 수가 두 번째로 많은 지역의 지점 수는?

〈지역별 지점 수 증감〉

(단위 : 개)

구분	2021년 대비 2022년 증감 수	2022년 대비 2023년 증감 수	2023년 대비 2024년 증감 수	2024년 지점 수
서울	2	2	−2	17
경기	2	1	−2	14
인천	−1	2	−5	10
부산	−2	−4	3	10

① 10개
② 12개
③ 14개
④ 16개
⑤ 18개

Hard

03 2025년 상반기 N은행 상품기획팀 입사자 수는 2024년 하반기 대비 20% 감소하였으며, 2025년 상반기 인사팀 입사자 수는 2024년 하반기 마케팅팀 입사자 수의 2배이고, 영업팀 입사자는 2024년 하반기보다 30명이 늘었다. 2025년 상반기 마케팅팀의 입사자 수는 2025년 상반기 인사팀의 입사자 수와 같다. 2025년 상반기 전체 입사자가 2024년 하반기 대비 25% 증가했을 때, 2024년 하반기 대비 2025년 상반기 인사팀 입사자 수의 증감률은?

〈N은행 입사자 수〉

(단위 : 명)

구분	마케팅	영업	상품기획	인사	합계
2024년 하반기 입사자 수	50		100		320

① －15%
② 0%
③ 15%
④ 25%
⑤ 30%

04 다음은 폐기물협회에서 제공하는 전국 폐기물 발생 현황에 대한 자료이다. 빈칸 (가), (나)에 들어갈 수를 바르게 짝지은 것은?(단, 소수점 둘째 자리에서 반올림한다)

〈전국 폐기물 발생 현황〉

(단위 : 톤/일, %)

구분		2019년	2020년	2021년	2022년	2023년	2024년
합계	발생량	359,296	357,861	365,154	373,312	382,009	382,081
	증감률	6.6	－0.4	2.0	2.2	2.3	0.02
의료 폐기물	발생량	52,072	50,906	49,159	48,934	48,990	48,728
	증감률	3.4	－2.2	－3.4	(가)	0.1	－0.5
사업장 배출시설계 폐기물	발생량	130,777	123,604	137,875	137,961	146,390	149,815
	증감률	13.9	(나)	11.5	0.1	6.1	2.3
건설 폐기물	발생량	176,447	183,351	178,120	186,417	186,629	183,538
	증감률	2.6	3.9	－2.9	4.7	0.1	－1.7

	(가)	(나)
①	－0.5	－5.5
②	－0.5	－4.5
③	－0.6	－5.5
④	－0.6	－4.5
⑤	－0.7	－5.5

※ 다음은 N카페의 커피 종류별 하루 평균 판매량 비율과 1잔당 가격에 대한 자료이다. 이어지는 질문에 답하시오. **[5~6]**

〈하루 평균 판매량 비율〉

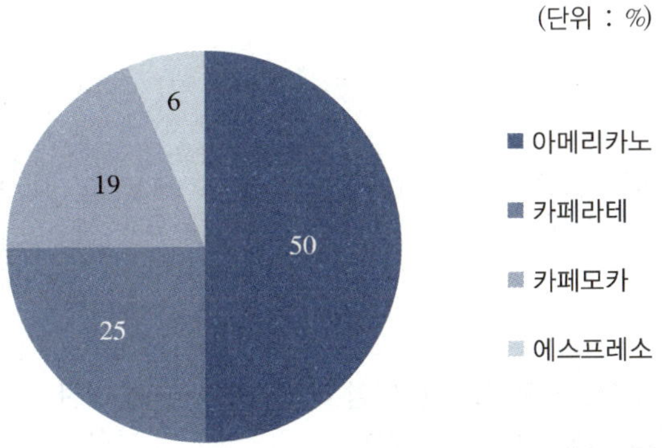

〈종류별 1잔당 가격〉

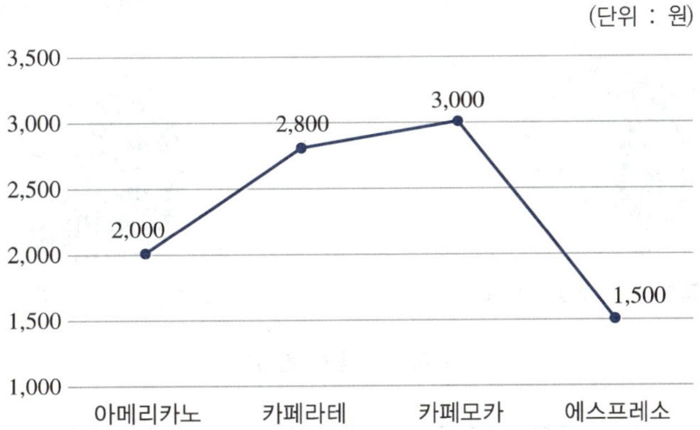

05

N카페가 하루 평균 200잔의 커피를 판매한다고 할 때, 카페라테는 에스프레소보다 하루에 몇 잔이 더 팔리는가?

① 38잔
② 40잔
③ 41잔
④ 42잔
⑤ 45잔

06

N카페에서 오늘 총 180잔을 팔았다고 할 때, 아메리카노의 오늘 매출은 얼마인가?(단, 매출량은 하루 평균 판매량 비율을 따른다)

① 150,000원
② 165,000원
③ 180,000원
④ 200,000원
⑤ 205,000원

자료추론

| 유형분석 |

- 문제에 주어진 상황과 정보를 적절하게 활용하여 잘못된 내용을 찾아낼 수 있는지 평가한다.
- 비율 · 증감폭 · 증감률 · 수익(손해)율 등의 계산을 요구하는 문제가 출제된다.

다음은 N은행 행원 250명을 대상으로 조사한 독감 예방접종 여부에 대한 자료이다. 이에 대한 설명으로 옳은 것은?(단, 소수점 첫째 자리에서 버림한다)

〈2023년 독감 예방접종 여부〉

(단위 : %)

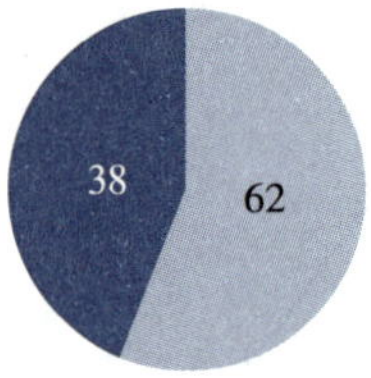

〈2024년 독감 예방접종 여부〉

(단위 : %)

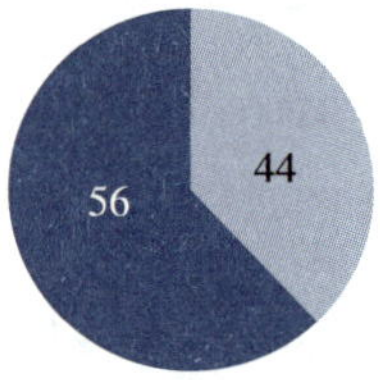

〈부서별 행원 현황〉

(단위 : %)

구분	총무부서	회계부서	영업부서	제조부서	합계
비율	16	12	28	44	100

※ 제시된 것 외의 부서는 없음

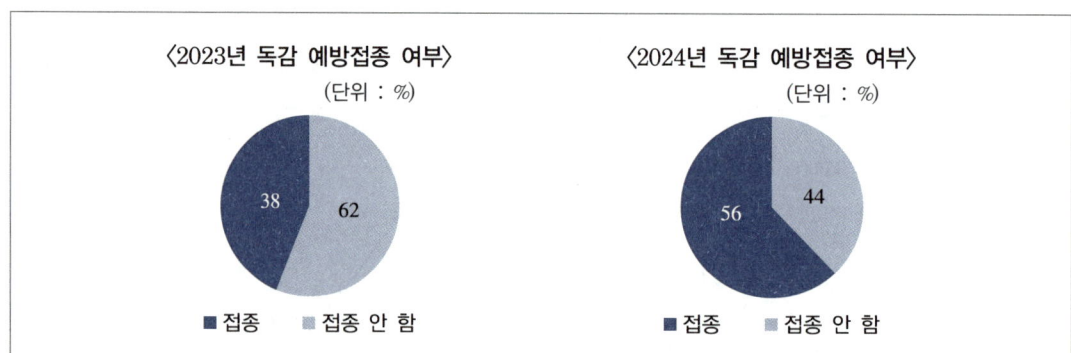

※ 2023년과 2024년 부서별 행원 현황은 변동이 없음

① 2023년의 독감 예방접종자가 모두 2024년에도 예방접종을 했다면, 2023년에는 예방접종을 하지 않았지만 2024년에 예방접종을 한 행원은 총 54명이다.

② 2023년 대비 2024년에 예방접종을 한 행원의 수는 49% 이상 증가했다.

③ 위의 2024년 독감 예방접종 여부 그래프가 2023년의 예방접종을 하지 않은 행원들을 대상으로 2024년의 독감 예방접종 여부를 조사한 자료라고 한다면, 2023년과 2024년 모두 예방접종을 하지 않은 행원은 총 65명이다.

④ 위의 2023년과 2024년 독감 예방접종 여부 그래프가 총무부서에 대한 자료라고 한다면, 총무부서 행원 중 예방접종을 한 행원은 2023년 대비 2024년에 7명 증가했다.

⑤ 제조부서를 제외한 모든 부서에서는 직원들이 모두 2024년에 예방접종을 했다고 할 때, 제조부서 직원 중 예방접종을 한 직원의 비율은 2%이다.

정답 ④

총무부서 행원은 총 250×0.16=40명이다. 2023년과 2024년의 독감 예방접종 여부 그래프가 총무부서에 대한 자료라고 한다면, 총무부서 행원 중 2023년과 2024년의 예방접종자 수의 비율 차는 56−38=18%p이다. 따라서 2023년 대비 2024년에 40×0.18 ≒7명 증가했다.

오답분석

① 2023년 독감 예방접종자 수는 250×0.38=95명, 2024년 독감 예방접종자 수는 250×0.56=140명이므로, 2023년에는 예방접종을 하지 않았지만, 2024년에는 예방접종을 한 행원은 총 140−95=45명이다.

② 2023년의 예방접종자 수는 95명이고, 2024년의 예방접종자 수는 140명이다. 따라서 $\frac{140-95}{95}\times100 \fallingdotseq 47\%$ 증가했다.

③ 2024년의 독감 예방접종 여부 그래프가 2023년의 예방접종을 하지 않은 행원들을 대상으로 2024년의 독감 예방접종 여부를 조사한 자료라고 한다면, 2023년과 2024년 모두 예방접종을 하지 않은 행원은 총 250×0.62×0.44≒68명이다.

⑤ 제조부서를 제외한 직원은 250×(1−0.44)=140명이고, 2024년에 예방접종을 한 직원은 250×0.56=140명이다. 따라서 제조부서 직원 중 예방접종을 한 직원은 없다.

PART 1

유형풀이 Tip

증감률(%) : $\frac{(\text{비교값})-(\text{기준값})}{(\text{기준값})}\times100$

예 N은행의 작년 신입사원 수는 500명이고, 올해는 700명이다. N은행의 전년 대비 올해 신입사원 수의 증가율은?

$\frac{700-500}{500}\times100=\frac{200}{500}\times100=40\%$ → 전년 대비 40% 증가하였다.

예 N은행의 올해 신입사원 수는 700명이고, 내년에는 350명을 채용할 예정이다. N은행의 올해 대비 내년 신입사원 수의 감소율은?

$\frac{350-700}{700}\times100=-\frac{350}{700}\times100=-50\%$ → 올해 대비 50% 감소할 것이다.

Hard

01 다음은 2020 ~ 2024년의 한부모 및 미혼모·부 가구 수에 대한 자료이다. 이에 대한 설명으로 옳지 않은 것은?

〈2020 ~ 2024년 한부모 및 미혼모·부 가구 수〉

(단위 : 천 가구)

구분		2020년	2021년	2022년	2023년	2024년
한부모 가구	모자가구	1,600	2,000	2,500	3,600	4,500
	부자가구	300	340	480	810	990
미혼모·부 가구	미혼모 가구	80	68	55	72	80
	미혼부 가구	28	17	22	27	30

① 2023년 미혼모 가구 수는 모자가구 수의 2%이다.
② 2021년 부자가구 수는 미혼부 가구 수의 20배이다.
③ 한부모 가구에서 부자가구 수가 모자가구 수의 20%를 초과한 해는 2023년과 2024년이다.
④ 한부모 가구 중 모자가구 수는 2021 ~ 2024년까지 2023년을 제외하고 매년 1.25배 증가한다.
⑤ 2021 ~ 2024년 전년 대비 미혼모 가구와 미혼부 가구 수의 증감 추이가 바뀌는 해는 동일하다.

02 다음은 세계 주요 터널 화재 사고 통계에 대한 자료이다. 이에 대한 설명으로 옳은 것은?

〈세계 주요 터널 화재 사고 통계〉

구분	터널 길이(km)	화재 규모(MW)	복구 비용(억 원)	복구 기간(개월)	사망자 수(명)
사고 A	50.5	350	4,200	6	1
사고 B	11.6	40	3,276	36	39
사고 C	6.4	120	72	3	12
사고 D	16.9	150	312	2	11
사고 E	0.2	100	570	10	192
사고 F	1.0	20	18	8	0

※ (사고 비용)=(복구 비용)+[(사망자 수)×5억 원]

① 터널 길이가 길수록 사망자 수가 많다.
② 화재 규모가 클수록 복구 기간이 길다.
③ 사망자가 가장 많은 사고 E는 사고 비용도 가장 크다.
④ 사고 A를 제외하면 복구 기간이 길수록 복구 비용이 크다.
⑤ 사망자가 30명 이상인 사고를 제외하면 화재 규모가 클수록 복구 비용이 크다.

03 다음은 N기업의 금융 구조조정 자금 총지원 현황에 대한 자료이다. 이에 대한 설명으로 옳은 것을 〈보기〉에서 모두 고르면?

〈금융 구조조정 자금 총지원 현황〉

(단위 : 억 원)

구분	은행	증권사	보험사	제2금융	저축은행	협동조합	합계
출자	222,039	99,769	159,198	26,931	1	0	507,938
출연	139,189	4,143	31,192	7,431	4,161	0	186,116
부실자산 매입	81,064	21,239	3,495	0	0	0	105,798
보험금 지급	0	113	0	182,718	72,892	47,402	303,125
대출	0	0	0	0	5,969	0	5,969
합계	442,292	125,264	193,885	217,080	83,023	47,402	1,108,946

보기

㉠ 출자 부문에서 은행이 지원받은 금융 구조조정 자금은 증권사가 지원받은 금융 구조조정 자금의 3배 이상이다.

㉡ 보험금 지급 부문에서 지원된 금융 구조조정 자금 중 저축은행이 지원받은 금액의 비중은 20% 이상이다.

㉢ 제2금융에서 지원받은 금융 구조조정 자금 중 보험금 지급 부문으로 지원받은 금액의 비중은 80% 이상이다.

㉣ 부실자산 매입 부문에서 지원된 금융 구조조정 자금 중 은행이 지급받은 금액의 비중은 보험사가 지급받은 금액의 비중의 20배 이상이다.

① ㉠
② ㉡, ㉣
③ ㉢, ㉣
④ ㉠, ㉡, ㉢
⑤ ㉡, ㉢, ㉣

PART 1

Easy

04 다음은 국민연금 수급자 급여실적에 대한 자료이다. 이에 대한 설명으로 옳은 것은?

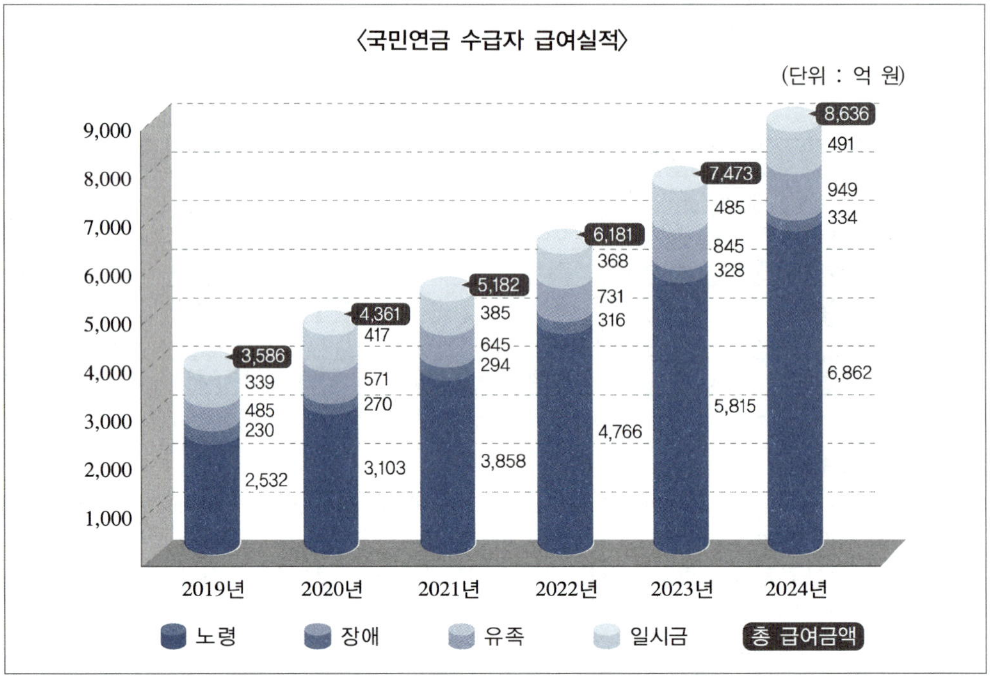

① 유족연금 지급액은 매년 가장 낮다.

② 노령연금 대비 유족연금 비율은 2019년이 2020년보다 높다.

③ 지급총액이 처음으로 2019년의 2배를 넘어선 해는 2021년이다.

④ 2019 ~ 2024년까지 모든 항목의 연금 지급액은 매년 증가하고 있다.

⑤ 2019년 대비 2024년 증가율이 가장 크게 상승한 분야는 유족연금이다.

05 다음은 청년층 고용동향에 대한 자료이다. 이에 대한 설명으로 옳지 않은 것은?

〈청년층(15 ~ 26세) 고용률 및 실업률〉

(단위 : %)

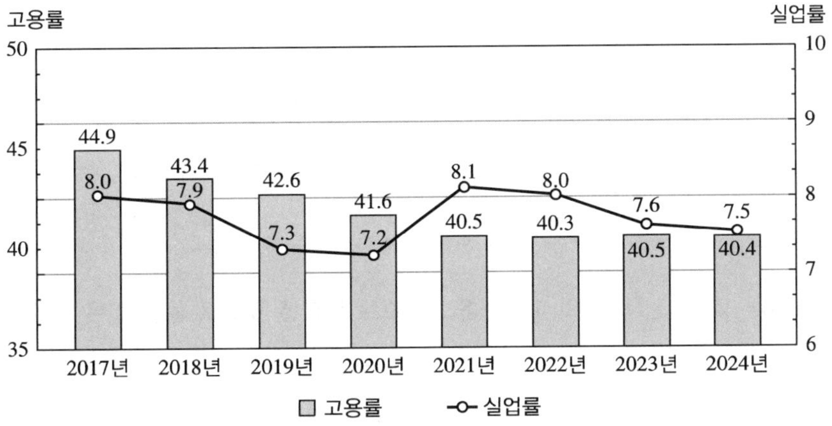

※ 실업률 : $\frac{(\text{실업자 수})}{(\text{경제활동인구})} \times 100$

※ 고용률 : $\frac{(\text{취업자 수})}{(\text{생산가능인구})} \times 100$

〈청년층(15 ~ 26세) 고용동향〉

(단위 : 천 명, %)

구분	2017년	2018년	2019년	2020년	2021년	2022년	2023년	2024년
생산가능인구	9,920	9,843	9,855	9,822	9,780	9,680	9,589	9,517
경제활동인구	4,836	4,634	4,530	4,398	4,304	4,254	4,199	4,156
경제활동참가율	48.8	47.1	46.0	44.8	44.0	43.9	43.8	43.7

※ 생산가능인구 : 만 15세 이상 인구

※ 경제활동인구 : 만 15세 이상 인구 중 취업자와 실업자

※ 경제활동참가율 : $\frac{(\text{경제활동인구})}{(\text{생산가능인구})} \times 100$

① 생산가능인구는 매년 감소하고 있다.

② 경제활동참가율은 매년 감소하고 있다.

③ 고용률 대비 실업률 비율이 가장 높았던 해는 2021년이다.

④ 전년과 비교했을 때 2018년에 경제활동인구가 가장 많이 감소했다.

⑤ 2018년부터 2020년까지 청년층 고용률과 실업률의 전년 대비 증감 추이는 동일하다.

15 자료변환

| 유형분석 |

- 그래프의 형태별 특징을 파악하고, 다양한 종류로 변환하여 표현할 수 있는지 평가한다.
- 수치를 일일이 확인하기보다 증감 추이를 먼저 판단한 후 그래프 모양이 크게 차이 나는 곳의 수치를 확인하는 것이 효율적이다.

다음 중 2020 ~ 2024년 N기업의 매출표를 그래프로 나타낸 것으로 옳은 것은?

〈N기업 매출표〉

(단위 : 억 원)

구분	2020년	2021년	2022년	2023년	2024년
매출액	1,485	1,630	1,410	1,860	2,055
매출원가	1,360	1,515	1,280	1,675	1,810
판관비	30	34	41	62	38

※ (영업이익)=(매출액)−[(매출원가)+(판관비)]

※ (영업이익률)=[(영업이익)÷(매출액)]×100

① 2020 ~ 2024년 영업이익

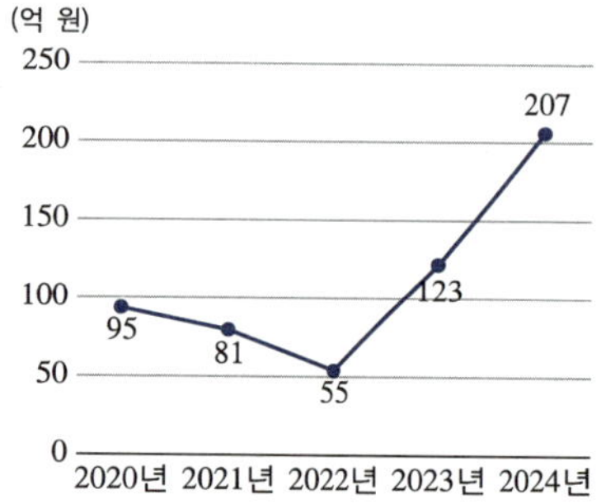

② 2020 ~ 2024년 영업이익

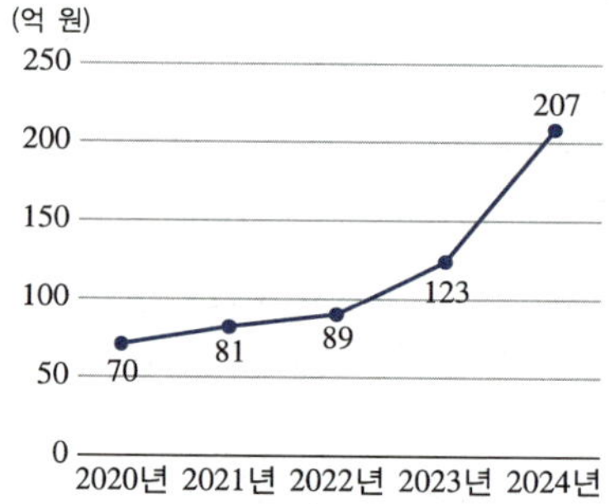

③ 2020 ~ 2024년 영업이익률

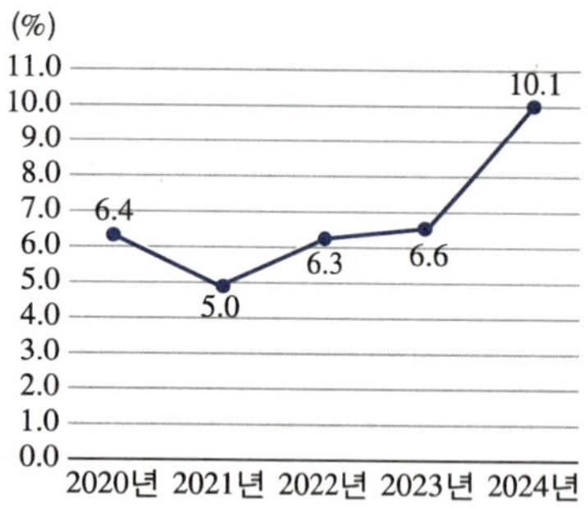

④ 2020 ~ 2024년 영업이익률

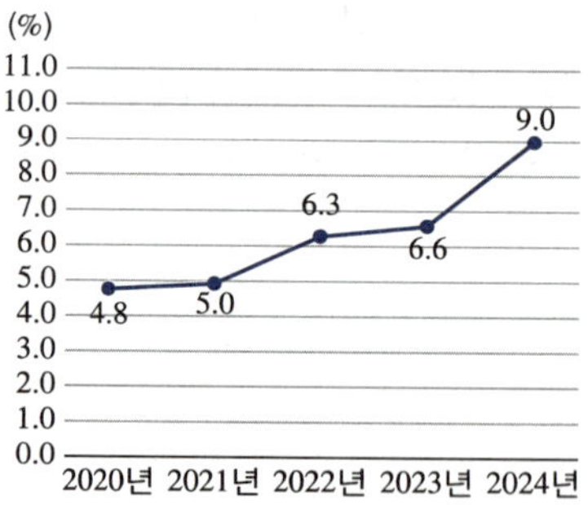

⑤ 2020 ~ 2024년 영업이익률

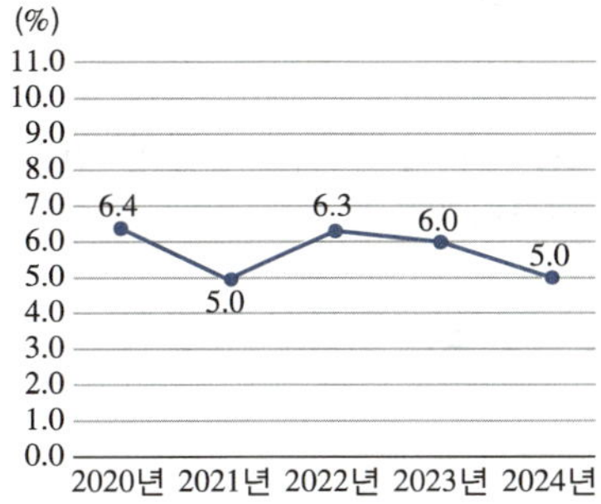

정답 ③

연도별 영업이익과 영업이익률은 각각 다음과 같다.

(단위 : 억 원)

구분	2020년	2021년	2022년	2023년	2024년
매출액	1,485	1,630	1,410	1,860	2,055
매출원가	1,360	1,515	1,280	1,675	1,810
판관비	30	34	41	62	38
영업이익	95	81	89	123	207
영업이익률	6.4%	5.0%	6.3%	6.6%	10.1%

유형풀이 Tip

그래프의 종류

종류	내용
선 그래프	시간적 추이(시계열 변화)를 표시하고자 할 때 적합 예 연도별 매출액 추이 변화
막대 그래프	수량 간의 대소관계를 비교하고자 할 때 적합 예 영업소별 매출액
원 그래프	내용의 구성비를 분할하여 나타내고자 할 때 적합 예 제품별 매출액 구성비
층별 그래프	합계와 각 부분의 크기를 백분율로 나타내고 시간적 변화를 보고자 할 때 적합 예 상품별 매출액 추이
점 그래프	지역분포를 비롯한 기업 등의 평가나 위치, 성격을 표시하고자 할 때 적합 예 광고비율과 이익률의 관계
방사형 그래프	다양한 요소를 비교하고자 할 때 적합 예 매출액의 계절변동

대표기출유형 15 기출응용문제

Easy

01 다음은 N국의 2024년 월별 영화 개봉편수 및 관객 수에 대한 자료이다. 이를 변환한 그래프로 옳은 것은?(단, 모든 그래프의 단위는 제시된 자료와 동일하다)

〈월별 국내·외 영화 개봉편수 및 관객 수〉

(단위 : 명, 편)

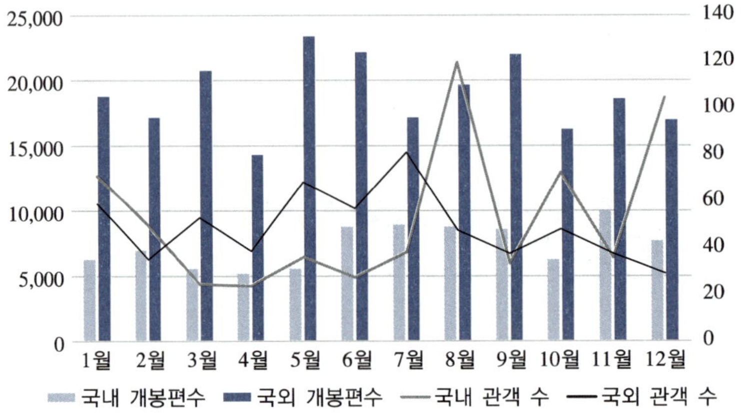

※ 관객 수는 왼쪽 축이며, 국내·외 개봉편수는 오른쪽 축에 해당함

①
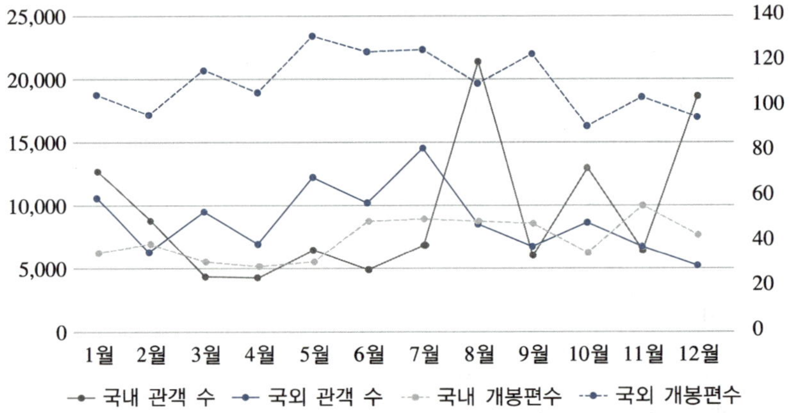

②
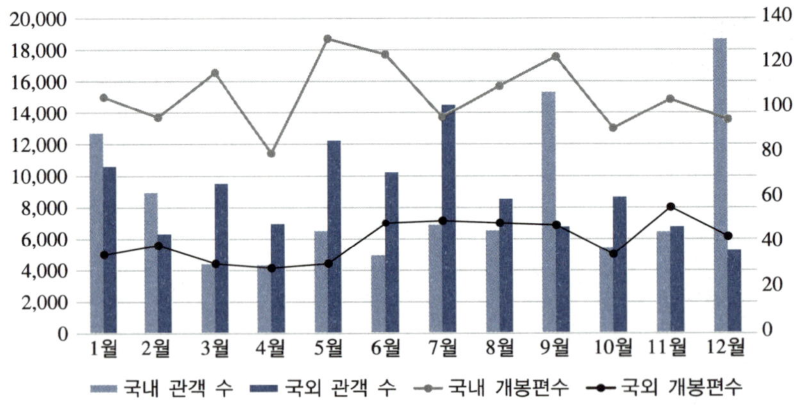

③
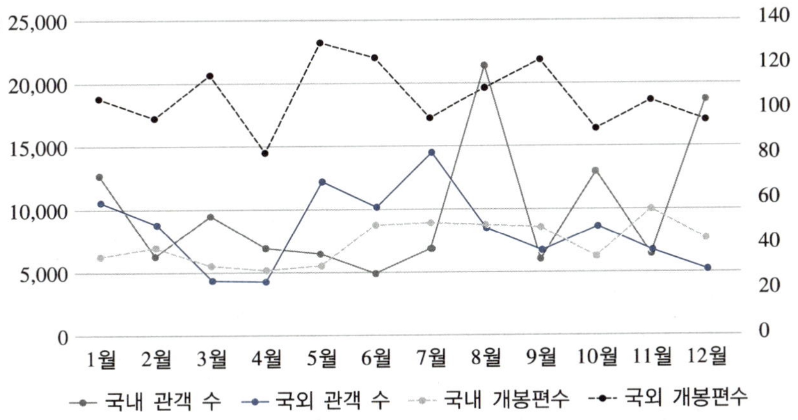
25,000
20,000
15,000
10,000
5,000
0
140
120
100
80
60
40
20
0
1월 2월 3월 4월 5월 6월 7월 8월 9월 10월 11월 12월
국내 관객 수
국외 관객 수
국내 개봉편수
국외 개봉편수

④
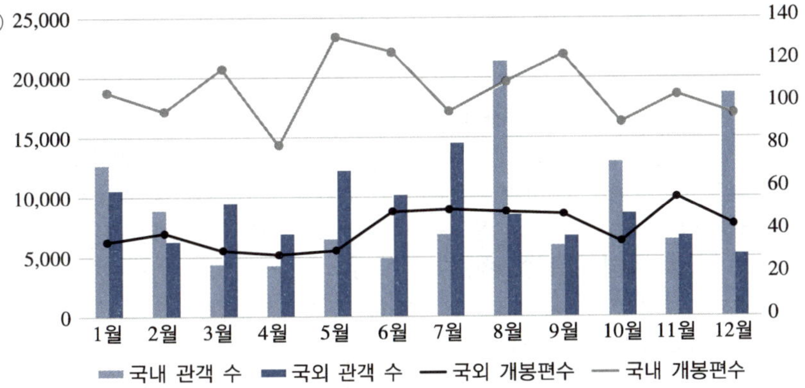
25,000
20,000
15,000
10,000
5,000
0
140
120
100
80
60
40
20
0
1월 2월 3월 4월 5월 6월 7월 8월 9월 10월 11월 12월
국내 관객 수
국외 관객 수
국외 개봉편수
국내 개봉편수

⑤
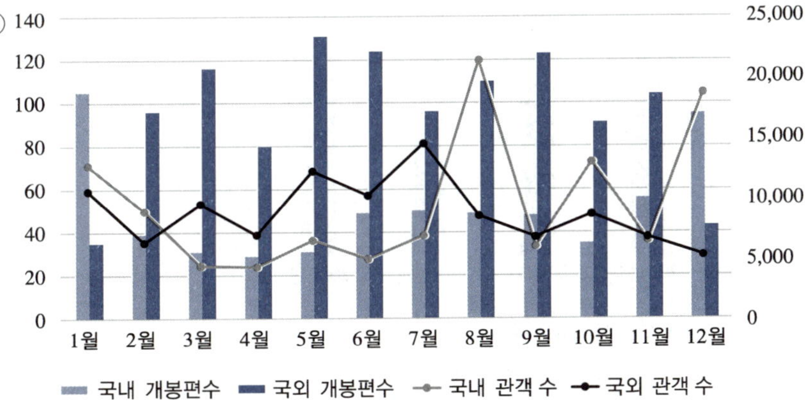
140
120
100
80
60
40
20
0
25,000
20,000
15,000
10,000
5,000
0
1월 2월 3월 4월 5월 6월 7월 8월 9월 10월 11월 12월
국내 개봉편수
국외 개봉편수
국내 관객 수
국외 관객 수

02 다음 보고서의 내용을 보고 작성한 그래프로 옳지 않은 것은?

〈보고서〉

국토교통부는 2020년부터 2024년까지 시도별 등록된 자동차의 제반 사항을 파악하여 교통행정의 기초자료로 쓰기 위해 매년 전국을 대상으로 자동차 등록 통계를 시행하고 있다. 자동차 종류는 승용차, 승합차, 화물차, 특수차이며, 등록할 때 사용 목적에 따라 자가용, 영업용, 관용차로 분류된다. 그중 관용차는 정부(중앙, 지방)기관이나 국립 공공기관 등에 소속되어 운행되는 자동차를 말한다.
자가용으로 등록한 자동차 종류 중에서 매년 승용차의 수가 가장 많았으며, 2020년 16.5백만 대, 2021년 17.1백만 대, 2022년 17.6백만 대, 2023년 18백만 대, 2024년 18.1백만 대로 2021년부터 전년 대비 증가하는 추세이다. 다음으로 화물차가 많았고, 승합차, 특수차 순으로 등록 수가 많았다. 가장 등록 수가 적은 특수차의 경우 2020년에 2만 대였고, 2022년까지 4천 대씩 증가했으며, 2023년 3만 대, 2024년에는 전년 대비 700대 증가했다.
관용차로 등록된 승용차 및 화물차 수는 각각 2021년부터 3만 대를 초과했으며, 승합차의 경우 2020년 20,260대, 2021년 21,556대, 2022년 22,540대, 2022년 23,014대, 2024년에 22,954대가 등록되었고, 특수차는 매년 2,500대 이상 등록되고 있는 현황이다.
특수차가 가장 많이 등록되는 영업용에서 특수차 수는 2020년 57,277대, 2021년 59,281대로 6만 대 미만이었지만, 2022년에는 60,902대, 2023년 62,554대, 2024년에 62,946대였으며, 승합차는 매년 약 12.5만 대를 유지하고 있다. 승용차와 화물차는 2021년부터 2023년까지 전년 대비 영업용으로 등록되는 자동차 수가 계속 증가하는 추세이다.

① 자가용으로 등록된 연도별 특수차 수

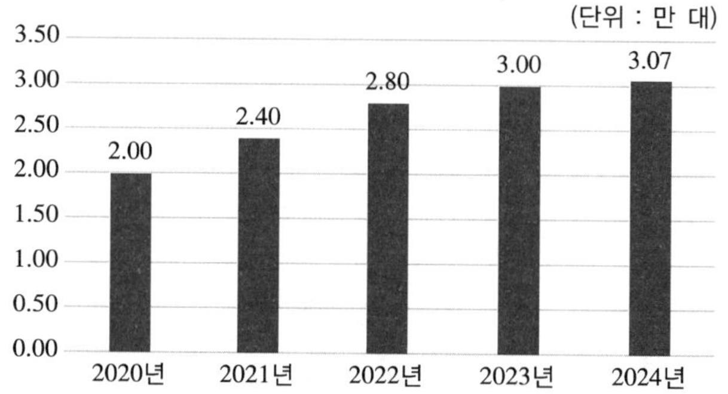

② 자가용으로 등록된 연도별 승용차 수

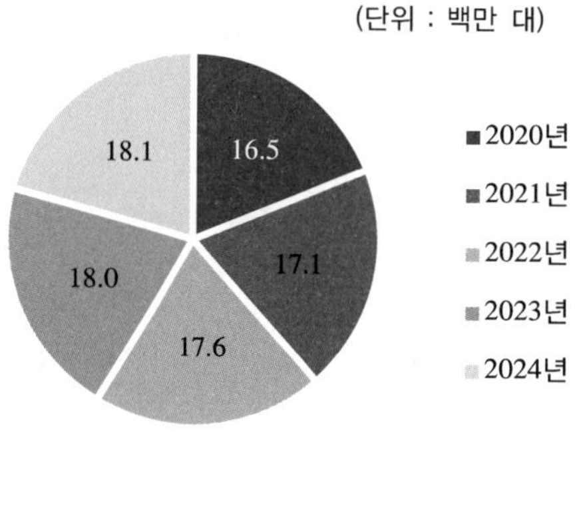

③ 영업용으로 등록된 연도별 특수차 수

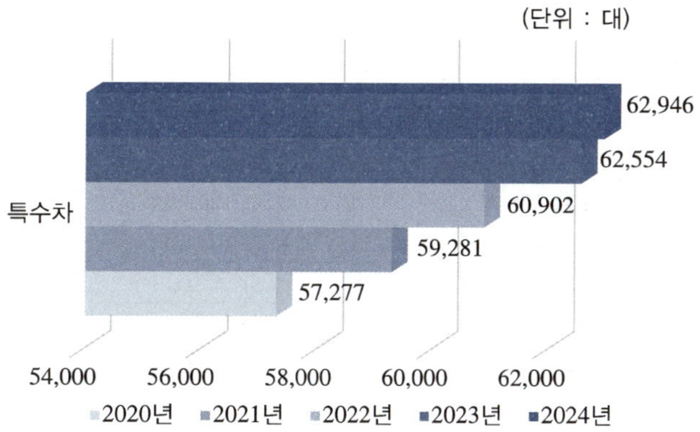

④ 2021～2024년 영업용으로 등록된 특수차의 전년 대비 증가량

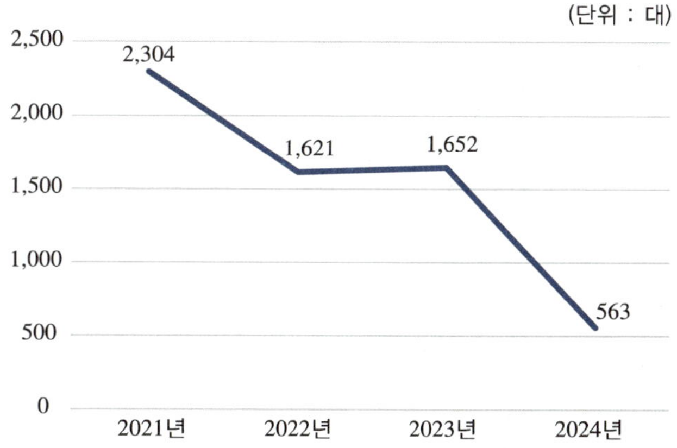

⑤ 관용차로 등록된 연도별 승합차 수

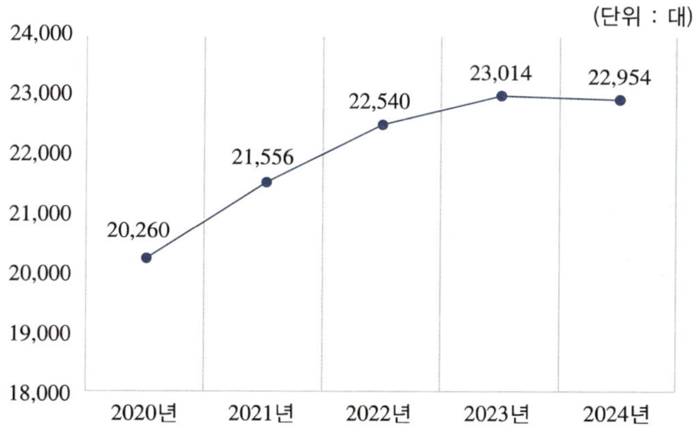

03 다음은 A지역의 연도별 아파트 분쟁신고 현황에 대한 자료이다. 이를 변환한 그래프로 옳은 것을 〈보기〉에서 모두 고르면?

〈연도별 아파트 분쟁신고 현황〉

(단위 : 건)

구분	2021년	2022년	2023년	2024년
관리비 회계 분쟁	220	280	340	350
입주자대표회의 운영 분쟁	40	60	100	120
정보공개 관련 분쟁	10	20	10	30
하자처리 분쟁	20	10	10	20
여름철 누수 분쟁	80	110	180	200
층간소음 분쟁	430	520	860	1,280

보기

㉠ 연도별 층간소음 분쟁 현황

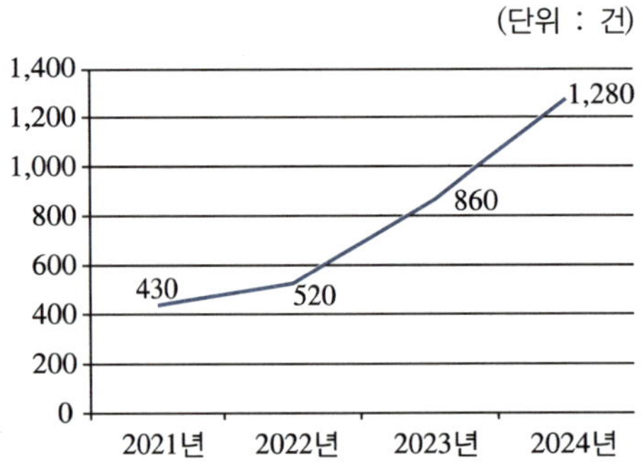

㉡ 2022년 아파트 분쟁신고 현황

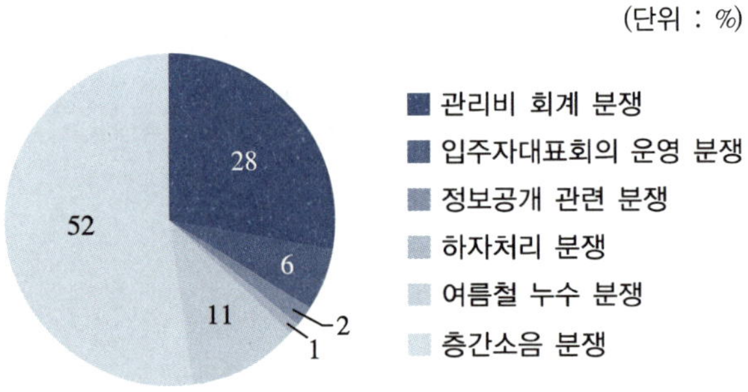

ⓒ 연도별 전년 대비 아파트 분쟁신고 증가율

(단위 : %)

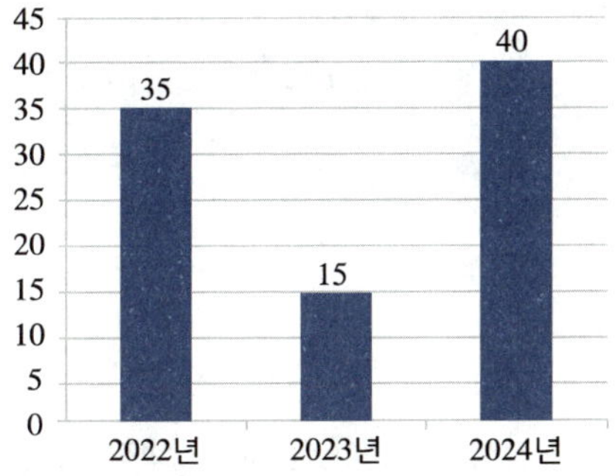

ⓓ 3개년 연도별 아파트 분쟁신고 현황

(단위 : 건)

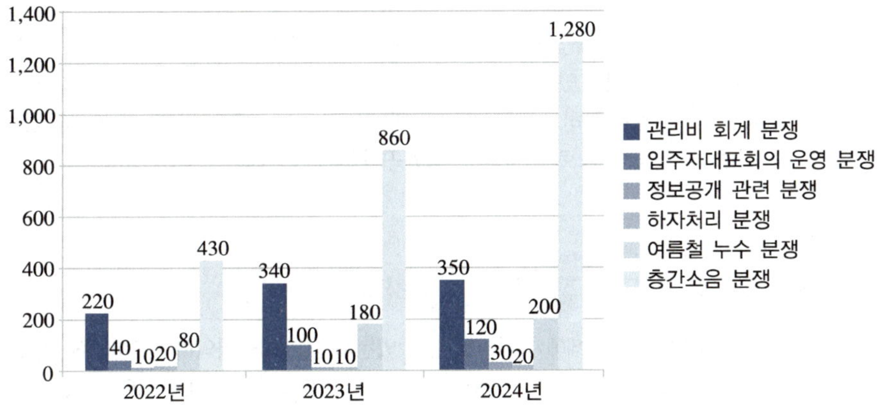

① ㉠, ㉡
② ㉠, ㉢
③ ㉡, ㉢
④ ㉡, ㉣
⑤ ㉢, ㉣

CHAPTER 03
문제해결능력

합격 CHEAT KEY

문제해결능력은 업무를 수행하면서 여러 가지 문제 상황이 발생하였을 때, 창의적이고 논리적인 사고를 통하여 이를 올바르게 인식하고 적절히 해결하는 능력을 말한다. 하위능력으로는 사고력과 문제처리능력이 있다.

문제해결능력은 NCS 기반 채용을 진행하는 대다수의 금융권에서 채택하고 있으며, 문항 수는 평균 24% 정도로 상당히 많이 출제되고 있다. 하지만 수험생들은 더 많이 출제되는 다른 영역에 몰입하고 문제해결능력에는 집중하지 않는 실수를 하고 있다. 다른 영역보다 더 많은 노력이 필요할 수는 있지만 그렇기에 차별화를 할 수 있는 득점 영역이므로 포기하지 말고 꾸준하게 노력해야 한다.

01 질문의 의도를 정확하게 파악하라!

문제해결능력은 문제에서 무엇을 묻고 있는지 정확하게 파악하여 먼저 풀이 방향을 설정하는 것이 가장 효율적인 방법이다. 특히, 조건이 주어지고 답을 찾는 창의적·분석적인 문제가 주로 출제되고 있기 때문에 처음에 정확한 풀이 방향이 설정되지 않는다면 시간만 허비하고 결국 문제도 풀지 못하게 되므로 첫 번째로 출제의도 파악에 집중해야 한다.

02 중요한 정보는 반드시 표시하라!

위에서 말한 출제의도를 정확히 파악하기 위해서는 문제의 중요한 정보는 반드시 표시나 메모를 하여 하나의 조건, 단서도 잊고 넘어가는 일이 없도록 해야 한다. 실제 시험에서는 시간의 압박과 긴장감으로 정보를 잘못 적용하거나 잊어버리는 실수가 많이 발생하므로 사전에 충분한 연습이 필요하다.
가령 명제 문제의 경우 주어진 명제와 그 명제의 대우를 본인이 한눈에 파악할 수 있도록 기호화, 도식화하여 메모하면 흐름을 이해하기가 더 수월하다. 이를 통해 자신만의 풀이 순서와 방향, 기준 또한 생길 것이다.

03 반복 풀이를 통해 취약 유형을 파악하라!

길지 않은 한정된 시간 동안 모든 문제를 다 푸는 것은 조금은 어려울 수도 있다. 따라서 고득점을 할 수 있는 효율적인 문제 풀이 방법을 찾아야 한다. 이때, 반복적인 문제 풀이를 통해 자신이 취약한 유형을 파악하는 것이 중요하다. 취약 유형 파악은 종료 시간이 임박했을 때 빛을 발할 것이다. 풀 수 있는 문제부터 빠르게 풀고 취약한 유형은 나중에 푸는 효율적인 문제 풀이를 통해 최대한의 고득점을 하는 것이 중요하다. 그러므로 본인의 취약 유형을 파악하기 위해서는 많은 문제를 풀어 봐야 한다.

04 타고나는 것이 아니므로 열심히 노력하라!

대부분의 수험생들이 문제해결능력은 공부해도 실력이 늘지 않는 영역이라고 생각한다. 하지만 그렇지 않다. 문제해결능력이야말로 노력을 통해 충분히 고득점이 가능한 영역이다. 정확한 질문 의도 파악, 취약한 유형의 반복적인 풀이, 빈출유형 파악 등의 방법으로 충분히 실력을 향상시킬 수 있다. 자신감을 갖고 공부하기 바란다.

대표기출유형

01 명제

| 유형분석 |

- 연역추론을 활용해 주어진 문장을 치환하여 성립하지 않는 내용을 찾는 문제이다.

제시된 명제가 모두 참일 때, 다음 중 반드시 참인 것은?

- 재현이가 춤을 추면 서현이나 지훈이가 춤을 춘다.
- 재현이가 춤을 추지 않으면 종열이가 춤을 춘다.
- 종열이가 춤을 추지 않으면 지훈이도 춤을 추지 않는다.
- 종열이는 춤을 추지 않았다.

① 재현이만 춤을 추었다.
② 서현이만 춤을 추었다.
③ 지훈이만 춤을 추었다.
④ 재현이와 서현이 모두 춤을 추었다.
⑤ 아무도 춤을 추지 않았다.

정답 ④

먼저 이름의 첫 글자만 이용하여 명제를 도식화한다. 재 ○ → 서 or 지 ○, 재 × → 종 ○, 종 × → 지 ×, 종 ×
세 번째, 네 번째 명제에 의해 종열이와 지훈이는 춤을 추지 않았다. 종 × → 지 ×
또한, 두 번째 명제의 대우(종 × → 재 ○)에 의해 재현이가 춤을 추었다.
마지막으로 첫 번째 명제에 따라 서현이가 춤을 추었다.
따라서 재현이와 서현이 모두 춤을 추었다.

유형풀이 Tip

- 명제 유형의 문제에서는 항상 '명제의 역은 성립하지 않지만, 대우는 항상 성립'한다.
- 단어의 첫 글자나 알파벳을 이용하여 명제를 도식화한 후 명제의 대우를 활용하여 각 명제를 연결하여 답을 찾는다.
  예 채식주의자라면 고기를 먹지 않을 것이다.
  → (역) 고기를 먹지 않으면 채식주의자이다.
  → (이) 채식주의자가 아니라면 고기를 먹을 것이다.
  → (대우) 고기를 먹는다면 채식주의자가 아닐 것이다.

명제의 역, 이, 대우

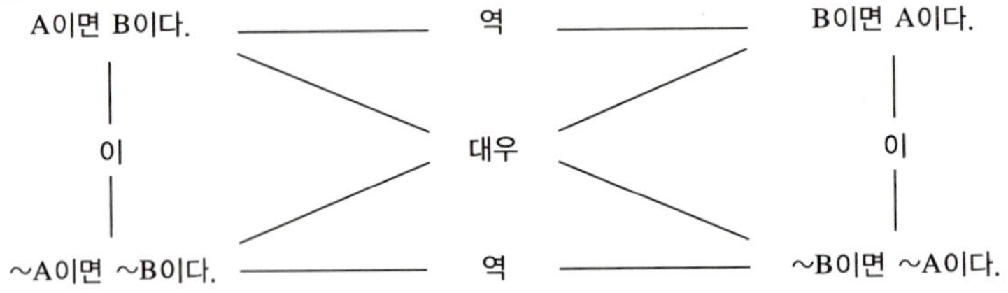

대표기출유형 01 기출응용문제

※ 제시된 명제가 모두 참일 때, 다음 중 빈칸에 들어갈 명제로 가장 적절한 것을 고르시오. [1~2]

PART 1

01

• 날씨가 좋으면 야외활동을 한다.
• 날씨가 좋지 않으면 행복하지 않다.
• ______________________________

① 날씨가 좋으면 행복한 것이다.
② 야외활동을 하면 날씨가 좋은 것이다.
③ 야외활동을 하지 않으면 행복하지 않다.
④ 행복하지 않으면 날씨가 좋지 않은 것이다.
⑤ 날씨가 좋지 않으면 야외활동을 하지 않는다.

02

• 어휘력이 좋지 않으면 책을 많이 읽지 않은 것이다.
• 글쓰기 능력이 좋지 않으면 어휘력이 좋지 않은 것이다.
• ______________________________

① 책을 많이 읽으면 어휘력이 좋은 것이다.
② 글쓰기 능력이 좋으면 어휘력이 좋은 것이다.
③ 책을 많이 읽지 않으면 어휘력이 좋지 않은 것이다.
④ 어휘력이 좋지 않으면 글쓰기 능력이 좋지 않은 것이다.
⑤ 글쓰기 능력이 좋지 않으면 책을 많이 읽지 않은 것이다.

※ 제시된 명제가 모두 참일 때, 다음 중 반드시 참인 것을 고르시오. [3~4]

Easy

03

- A가 외근을 나가면 B도 외근을 나간다.
- A가 외근을 나가면 D도 외근을 나간다.
- D가 외근을 나가면 E도 외근을 나간다.
- C가 외근을 나가지 않으면 B도 외근을 나가지 않는다.
- D가 외근을 나가지 않으면 C도 외근을 나가지 않는다.

① A가 외근을 나가면 E도 외근을 나간다.
② B가 외근을 나가면 A도 외근을 나간다.
③ D가 외근을 나가면 C도 외근을 나간다.
④ B가 외근을 나가지 않으면 D도 외근을 나가지 않는다.
⑤ C가 외근을 나가지 않으면 D도 외근을 나가지 않는다.

04

- 등산을 하는 사람은 심폐지구력이 좋다.
- 심폐지구력이 좋은 어떤 사람은 마라톤 대회에 출전한다.
- 자전거를 타는 사람은 심폐지구력이 좋다.
- 자전거를 타는 어떤 사람은 등산을 한다.

① 등산을 하는 어떤 사람은 마라톤 대회에 출전한다.
② 자전거를 타는 어떤 사람은 마라톤 대회에 출전한다.
③ 마라톤 대회에 출전하는 사람은 등산을 하지 않는다.
④ 심폐지구력이 좋은 어떤 사람은 등산을 하고 자전거도 탄다.
⑤ 심폐지구력이 좋은 사람 중 등산을 하고 자전거를 타고, 마라톤 대회에 출전하는 사람은 없다.

05 A부서는 회식 메뉴를 선정하려고 한다. 〈조건〉에 따라 주문할 메뉴를 선택한다고 할 때, 다음 중 반드시 주문할 메뉴를 모두 고르면?

조건

- 삼선짬뽕은 반드시 주문한다.
- 양장피와 탕수육 중 하나는 반드시 주문하여야 한다.
- 짜장면을 주문하는 경우, 탕수육은 주문하지 않는다.
- 짜장면을 주문하지 않는 경우에만 만두를 주문한다.
- 양장피를 주문하지 않으면, 팔보채를 주문하지 않는다.
- 팔보채를 주문하지 않으면, 삼선짬뽕을 주문하지 않는다.

① 삼선짬뽕, 탕수육, 만두
② 삼선짬뽕, 짜장면, 양장피
③ 삼선짬뽕, 탕수육, 양장피
④ 삼선짬뽕, 팔보채, 양장피
⑤ 삼선짬뽕, 탕수육, 양장피, 자장면

Hard

06 N은행의 부산 지점에서 근무 중인 A과장, B대리, C대리, D대리, E사원은 2명 또는 3명으로 팀을 이루어 세종특별자치시, 서울특별시, 광주광역시, 인천광역시 네 지역으로 출장을 가야 한다. 지역별로 출장을 가는 팀을 구성한 결과가 〈조건〉과 같을 때, 다음 중 반드시 참인 것은?(단, 모든 직원은 1회 이상 출장을 가며, 지역별 출장일은 서로 다르다)

조건

- A과장은 네 지역으로 모두 출장을 간다.
- B대리는 광역시가 아닌 모든 지역으로 출장을 간다.
- C대리와 D대리가 함께 출장을 가는 경우는 단 한 번뿐이다.
- 광주광역시에는 E사원을 포함한 2명의 직원이 출장을 간다.
- 한 지역으로만 출장을 가는 사람은 E사원뿐이다.

① B대리는 D대리와 함께 출장을 가지 않는다.
② B대리는 C대리와 함께 출장을 가지 않는다.
③ C대리는 서울특별시로 출장을 가지 않는다.
④ D대리는 세종특별자치시로 출장을 가지 않는다.
⑤ D대리는 E사원과 함께 출장을 가지 않는다.

02 참 · 거짓

| 유형분석 |

• 주어진 문장을 토대로 논리적으로 추론하여 참 또는 거짓을 구분하는 문제이다.

이번 학기에 4개의 강좌 A ~ D가 새로 개설되는데, 강사 갑 ~ 무 중 4명이 한 강좌씩 맡으려 한다. 배정 결과를 궁금해 하는 5명은 다음과 같이 예측했다. 배정 결과를 보니 5명의 예측 중 1명의 진술만이 거짓이고 나머지는 참임이 드러났을 때, 다음 중 반드시 참인 것은?

• 갑 : 을이 A강좌를 담당하고 병은 강좌를 담당하지 않을 것이다.
• 을 : 병이 B강좌를 담당할 것이다.
• 병 : 정은 D강좌가 아닌 다른 강좌를 담당할 것이다.
• 정 : 무가 D강좌를 담당할 것이다.
• 무 : 을의 말은 거짓일 것이다.

① 갑은 A강좌를 담당한다.
② 을은 C강좌를 담당한다.
③ 병은 강좌를 담당하지 않는다.
④ 정은 D강좌를 담당한다.
⑤ 무는 B강좌를 담당한다.

정답 ③

을과 무의 예측이 모순되므로 둘 중 1명은 참, 다른 1명은 거짓이다. 여기서 을의 예측이 참일 경우 갑의 예측도 거짓이 되어 2명이 거짓으로 예측한 것이 되므로 문제의 조건에 위배된다. 그러므로 을의 예측이 거짓, 무의 예측이 참이다.
따라서 A강좌는 을이, B와 C강좌는 각각 갑과 정 중 1명이, D강좌는 무가 담당하고, 병은 강좌를 담당하지 않는다.

유형풀이 Tip

참 · 거짓 유형의 90% 이상은 다음 두 가지 방법으로 풀 수 있다.
주어진 진술을 빠르게 훑으며 다음 두 가지 중 어떤 경우에 해당하는지 확인한 후 문제를 풀어나간다.
1) 2명 이상의 발언 중 한쪽이 진실이면 다른 한쪽이 거짓인 경우
  ① A가 진실이고 B가 거짓인 경우, B가 진실이고 A가 거짓인 경우 두 가지로 나눌 수 있다.
  ② 두 가지 경우에서 각 발언의 진위 여부를 판단한다.
  ③ 주어진 조건과 비교한다(범인의 숫자가 맞는지, 진실 또는 거짓을 말한 인원수가 조건과 맞는지 등).
2) 2명 이상의 발언 중 한쪽이 진실이면 다른 한쪽도 진실인 경우와 한쪽이 거짓이면 다른 한쪽도 거짓인 경우
  ① A와 B가 모두 진실인 경우, A와 B가 모두 거짓인 경우 두 가지로 나눌 수 있다.
  ② 두 가지 경우에서 각 발언의 진위 여부를 판단하여 범인을 찾는다.
  ③ 주어진 조건과 비교한다(범인의 숫자가 맞는지, 진실 또는 거짓을 말한 인원수가 조건과 맞는지 등).

01 A～E 5명 중 2명만 진실을 말하고 있다. 다음 중 진실을 말하는 사람을 모두 고르면?

- A : B는 거짓말을 하지 않아.
- B : C의 말은 거짓이야.
- C : D의 말은 진실이야.
- D : C는 진실을 말하고 있어.
- E : D는 거짓말을 하지 않아.

① A, B
② A, C
③ B, D
④ C, E
⑤ D, E

02 N사 직원들끼리 이번 달 성과급에 대해 이야기를 나누고 있다. 성과급은 반드시 늘거나 줄어들었고 직원 A～E 중 1명만 거짓말을 하고 있을 때, 다음 중 항상 참인 것은?

- 직원 A : 나는 이번에 성과급이 늘어났어. 그래도 B만큼은 오르지 않았네.
- 직원 B : 맞아 난 성과급이 좀 늘어났지. D보다 조금 더 늘었어.
- 직원 C : 좋겠다. 오～ E도 성과급이 늘어났네.
- 직원 D : 무슨 소리야! E는 C와 같이 성과급이 줄어들었는데.
- 직원 E : 그런 것보다 D가 A보다 성과급이 조금 올랐는데?

① 직원 A의 성과급이 오른 사람 중 가장 적다.
② 직원 B의 성과급이 가장 많이 올랐다.
③ 직원 C는 성과급이 줄어들었다.
④ 직원 D의 성과급이 가장 많이 올랐다.
⑤ 직원 E의 성과급 순위를 알 수 없다.

03 N사는 제품 하나를 생산하는 데 원료 분류, 제품 성형, 제품 색칠, 포장의 단계를 거친다. 어느 날 제품에 문제가 발생해 직원들을 불러 책임을 물었다. 직원 중 1명은 거짓을 말하고 3명은 진실을 말할 때, 거짓을 말한 직원과 실수가 발생한 단계를 바르게 짝지은 것은?(단, A는 원료 분류, B는 제품 성형, C는 제품 색칠, D는 포장 단계에서 일하며, 실수는 한 곳에서만 발생했다)

> • A : 나는 실수하지 않았다.
> • B : 포장 단계에서 실수가 일어났다.
> • C : 제품 색칠에서는 절대로 실수가 일어날 수 없다.
> • D : 원료 분류 과정에서 실수가 있었다.

① A – 원료 분류
② A – 포장
③ B – 포장
④ D – 원료 분류
⑤ D – 포장

Hard

04 A ~ D 4명은 한 판의 가위바위보를 한 후 그 결과에 대해 다음과 같이 각각 두 가지의 진술을 하였다. 두 가지의 진술 중 하나는 반드시 참이고, 하나는 반드시 거짓이라고 할 때, 항상 참인 것은?

> • A : C는 B를 이길 수 있는 것을 냈고, B는 가위를 냈다.
> • B : A는 C와 같은 것을 냈지만, A가 편 손가락의 수는 나보다 적었다.
> • C : B는 바위를 냈고, 그 누구도 같은 것을 내지 않았다.
> • D : A, B, C 모두 참 또는 거짓을 말한 순서가 동일하다. 이 판은 승자가 나온 판이었다.

① D는 혼자 가위를 냈다.
② 보를 낸 사람은 1명이다.
③ 바위를 낸 사람은 2명이다.
④ B와 같은 것을 낸 사람이 있다.
⑤ B가 기권했다면 가위를 낸 사람이 지는 판이다.

05 A～E사원 5명이 강남, 여의도, 상암, 잠실, 광화문 지역에 각각 출장을 간다. 다음 대화에서 1명은 거짓을, 나머지 4명은 진실을 말하고 있을 때, 항상 거짓인 것은?

> • A : B는 상암으로 출장을 가지 않는다.
> • B : D는 강남으로 출장을 간다.
> • C : B는 진실을 말하고 있다.
> • D : C는 거짓말을 하고 있다.
> • E : C는 여의도, A는 잠실로 출장을 간다.

① A는 광화문으로 출장을 가지 않는다.
② B는 여의도로 출장을 가지 않는다.
③ C는 강남으로 출장을 가지 않는다.
④ D는 잠실로 출장을 가지 않는다.
⑤ E는 상암으로 출장을 가지 않는다.

Hard

06 N기업은 해외지사에서 사용될 설비를 구축할 업체 2곳을 선정하려고 한다. 구축해야 할 설비는 중동, 미국, 서부, 유럽에 2개씩 총 8개이며, 경쟁업체는 A～C업체 3곳이다. 다음 정보가 참 또는 거짓이라고 할 때, 항상 참을 말하는 직원을 〈보기〉에서 모두 고르면?

> 〈정보〉
> • A업체는 최소한 3개의 설비를 구축할 예정이다.
> • B업체는 중동, 미국, 서부, 유럽에 설비를 하나씩 구축할 예정이다.
> • C업체는 중동지역 2개, 유럽지역 2개의 설비를 구축할 예정이다.

> 보기
> • 이사원 : A업체 정보가 참일 경우, B업체 정보는 거짓이 된다.
> • 김주임 : B업체 정보가 거짓일 경우, A업체 정보는 참이 된다.
> • 장대리 : C업체 정보가 참일 경우, A업체 정보도 참이 된다.

① 이사원
② 김주임
③ 장대리
④ 이사원, 김주임
⑤ 김주임, 장대리

대표기출유형

03 순서추론

| 유형분석 |

- 조건을 토대로 순서·위치 등을 추론하여 배열·배치하는 문제이다.
- 방·숙소 배정하기, 부서 찾기, 날짜 찾기, 테이블 위치 찾기 등 다양한 유형의 문제가 출제된다.

A ~ E 5명이 〈조건〉과 같이 일렬로 나란히 자리에 앉는다고 할 때, 다음 중 반드시 참인 것은?(단, 자리의 순서는 왼쪽을 기준으로 첫 번째 자리로 한다)

조건

- D는 A의 바로 왼쪽에 앉는다.
- B와 D 사이에 C가 있다.
- A는 마지막 자리가 아니다.
- A와 B 사이에 C가 있다.
- B는 E의 바로 오른쪽에 앉는다.

① C는 두 번째 자리에 앉을 수 있다.
② C는 A의 왼쪽에 앉을 수 있다.
③ D는 두 번째 자리에 앉을 수 있다.
④ C는 E의 오른쪽에 앉을 수 있다.
⑤ E는 네 번째 자리에 앉을 수 있다.

정답 ⑤

첫 번째 조건에서 D는 A의 바로 왼쪽에 앉으며, 마지막 조건에서 B는 E의 바로 오른쪽에 앉으므로 'D－A', 'E－B'를 각각 한 묶음으로 생각할 수 있다. 두 번째 조건에서 C는 세 번째 자리에 앉아야 하며, 세 번째 조건에 의해 'D－A'는 각각 첫 번째, 두 번째 자리에 앉아야 한다. 이를 표로 정리하면 다음과 같다.

첫 번째 자리	두 번째 자리	세 번째 자리	네 번째 자리	다섯 번째 자리
D	A	C	E	B

오답분석

① C는 세 번째 자리에 앉는다.
② C는 A의 바로 오른쪽에 앉는다.
③ D는 첫 번째 자리에 앉는다.
④ C는 E의 바로 왼쪽에 앉는다.

유형풀이 Tip

- 주어진 명제를 자신만의 방법으로 도식화하여 빠르게 문제를 해결한다.
- 경우의 수가 여러 개인 명제보다 1 ~ 2개인 명제를 먼저 도식화하면, 그만큼 경우의 수가 줄어들어 문제를 빠르게 해결할 수 있다.

01 N사 직원 성우, 희성, 지영, 유진, 혜인, 재호가 〈조건〉에 따라 근무할 때, 다음 중 반드시 참인 것은?

조건

- 성우, 희성, 지영, 유진, 혜인, 재호는 각자 다른 곳에서 근무하고 있다.
- 근무할 수 있는 곳은 감사팀, 대외협력부, 마케팅부, 비서실, 기획팀, 회계부이다.
- 성우가 비서실에서 근무하면, 희성이는 기획팀에서 근무하지 않는다.
- 유진이와 재호 중 1명은 감사팀에서 근무하고, 나머지 1명은 마케팅부에서 근무한다.
- 유진이가 감사팀에서 근무하지 않으면, 지영이는 대외협력부에서 근무하지 않는다.
- 혜인이가 회계부에서 근무하지 않을 때에만 재호는 마케팅부에서 근무한다.
- 지영이는 대외협력부에서 근무한다.

① 재호는 감사팀에서 근무한다.
② 희성이는 기획팀에서 근무한다.
③ 성우는 비서실에서 근무하지 않는다.
④ 혜인이는 회계부에서 근무하지 않는다.
⑤ 유진이는 감사팀에서 근무하지 않는다.

02 5층 건물에 A ~ E 5명이 〈조건〉에 따라 살고 있을 때, 다음 중 참이 아닌 것은?(단, 지하에는 사람이 살지 않는다)

조건

- 각 층에는 최대 2명이 살 수 있다.
- 어느 한 층에는 사람이 살고 있지 않다.
- 짝수 층에는 1명씩만 살고 있다.
- A는 짝수 층에 살고, B는 홀수 층에 살고 있다.
- D는 C 바로 위층에 살고 있다.
- E는 1층에 살고 있다.
- D는 5층에 살지 않는다.

① A가 2층에 산다면 B와 같은 층에 사는 사람이 있을 수 있다.
② B가 5층에 산다면 C는 어떤 층에서 혼자 살고 있다.
③ C가 2층에 산다면 B와 E는 같은 층에서 살 수 있다.
④ D가 4층에 산다면 B와 C는 같은 층에서 살 수 있다.
⑤ E가 1층에 혼자 산다면 B와 D는 같은 층에서 살 수 있다.

Hard

03 N사의 신사업기획부 A팀장, B대리, C대리, D주임, E주임, F주임, G사원, H사원은 기차를 이용해 부산으로 출장을 가려고 한다. 〈조건〉에 따라 직원들의 좌석이 배정될 때, 팀원들이 앉을 좌석에 대한 설명으로 옳지 않은 것을 〈보기〉에서 모두 고르면?(단, 이웃하여 앉는다는 것은 두 사람 사이에 복도를 두지 않고 양옆으로 붙어 앉는 것을 의미한다)

〈기차 좌석표〉

앞

창가	1 – 가	1 – 나	복도	1 – 다	1 – 라	창가
	2 – 가	2 – 나		2 – 다	2 – 라	

뒤

조건

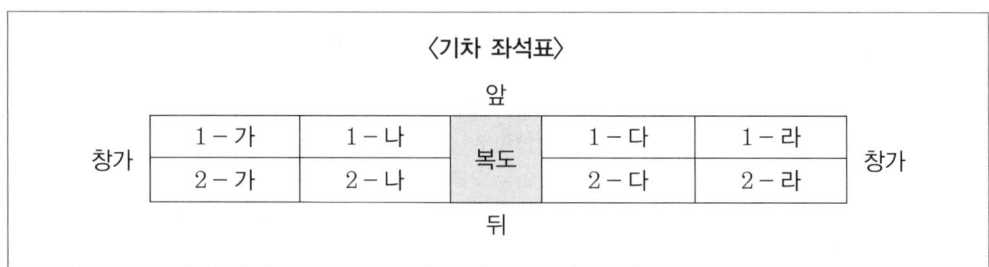

- 팀장은 반드시 두 번째 줄에 앉는다.
- D주임은 '2 – 다'석에 앉는다.
- 주임끼리는 이웃하여 앉지 않는다.
- 사원은 나열 혹은 다열에만 앉을 수 있다.
- 팀장은 대리와 이웃하여 앉는다.
- F주임은 업무상 지시를 위해 H사원과 이웃하여 앉아야 한다.
- B대리는 창가 쪽 자리에 앉는다.

보기

㉠ E주임은 '1 – 가'석에 앉는다.
㉡ C대리는 라열에 앉는다.
㉢ G사원은 E주임과 이웃하여 앉는다.
㉣ A팀장의 앞좌석에는 G사원 혹은 H사원이 앉는다.

① ㉠, ㉡, ㉢
② ㉠, ㉡, ㉣
③ ㉠, ㉢, ㉣
④ ㉡, ㉢, ㉣
⑤ ㉠, ㉡, ㉢, ㉣

04 N은행의 사내 체육대회에서 A ~ F 6명은 키가 큰 순서에 따라 2명씩 1팀, 2팀, 3팀으로 나뉘어 배치된다. 6명이 〈조건〉에 따라 배치된다고 할 때, 다음 중 키가 가장 큰 사람은?

조건

- A, B, C, D, E, F의 키는 서로 다르다.
- 2팀의 B는 A보다 키가 작다.
- D보다 키가 작은 사람은 4명이다.
- A는 1팀에 배치되지 않는다.
- E와 F는 한 팀에 배치된다.

① A
② C
③ D
④ E
⑤ F

05 N사의 회장실, 응접실, 탕비실과 재무회계팀, 홍보팀, 법무팀, 연구개발팀, 인사팀의 위치가 〈조건〉과 같을 때, 다음 중 인사팀이 위치한 곳은?

	A	B	C	D	회의실1
출입문	복도				
	E	F	G	H	회의실2

조건

- A ~ H에는 빈 곳 없이 회장실, 응접실, 탕비실, 모든 팀 중 하나가 위치해 있다.
- 회장실은 출입문과 가장 가까운 위치에 있다.
- 회장실 맞은편은 응접실이다.
- 재무회계팀은 회장실 옆에 있고, 응접실 옆에는 홍보팀이 있다.
- 법무팀은 항상 홍보팀 옆에 있다.
- 연구개발팀은 회의실2와 같은 줄에 있다.
- 탕비실은 법무팀 맞은편에 있다.

① B
② C
③ D
④ G
⑤ H

04 문제처리

| 유형분석 |

- 상황과 정보를 토대로 조건에 적절한 것을 찾는 문제이다.
- 자원관리능력 영역과 결합한 계산 문제가 출제될 가능성이 있다.

다음은 N은행에서 진행할 예정인 이벤트 포스터이다. 해당 이벤트를 고객에게 추천하기 위해 사전에 확인한 사항으로 적절하지 않은 것은?

〈N은행 가족사랑 패키지 출시 기념 이벤트〉

▲ 이벤트 기간 : 2026년 3월 2일(월) ~ 31일(화)

▲ 세부내용

구분	응모요건	경품
가족사랑 통장·적금·대출 신규 가입고객	① 가족사랑 통장 신규 ② 가족사랑 적금 신규 ③ 가족사랑 대출 신규	가입고객 모두에게 OTP 또는 보안카드 무료 발급
가족사랑 고객	가족사랑 통장 가입 후 다음 중 1가지 이상 충족 ① 급여이체 신규 ② 가맹점 결제대금 이체 신규 ③ 신용(체크)카드 결제금액 20만 원 이상 ④ 가족사랑 대출 신규(1천만 원 이상)	• 여행상품권(200만 원, 1명) • 최신 핸드폰(3명) • 한우세트(300명) • 연극 티켓 2매(전 고객)
국민행복카드 가입고객	국민행복카드 신규+당행 결제계좌 등록 (동 카드로 임신 출산 바우처 결제 1회 이상 사용)	어쩌다 엄마(도서, 500명)

▲ 당첨자 발표 : 2026년 4월 중순, 홈페이지 공지 및 영업점 통보

- 제세공과금은 N은행이 부담하며, 본 이벤트는 당행의 사정으로 변경 또는 중단될 수 있습니다.
- 당첨고객은 추첨일 현재 대상상품 유지고객에 한하며, 당첨자 명단은 추첨일 기준 금월 중 N은행 홈페이지에서 확인하실 수 있습니다.
- 기타 자세한 내용은 인터넷 홈페이지(www.Nbank.com)를 참고하시거나 가까운 영업점 또는 고객센터(0000-0000)에 문의하시기 바랍니다.

※ 유의사항 : 상기 이벤트 당첨자 중 핸드폰 등 연락처 불능, 수령 거절 등의 고객 사유로 1개월 이상 경품 미수령 시 당첨이 취소될 수 있습니다.

① 가족사랑 패키지 출시 기념 이벤트는 3월 한 달 동안 진행되는구나.
② 가족사랑 대출을 신규로 가입했을 경우에 OTP나 보안카드를 무료로 발급받을 수 있구나.
③ 가족사랑 통장을 신규로 가입한 후, 급여이체를 설정하면 OTP가 무료로 발급되고 연극 티켓도 받을 수 있구나.
④ 2026년 4월에 이벤트 당첨자를 발표하는데, 별도의 통보가 없으니 영업점을 방문하시라고 설명해야겠구나.
⑤ 경품 미수령 시 당첨이 취소될 수 있으므로 가족사랑 이벤트 관련 안내 시 연락처를 정확하게 기재하라고 안내해야겠구나.

정답 ④
당첨자 명단은 N은행 홈페이지에서 확인할 수 있다고 명시되어 있다.

오답분석
① '이벤트 기간'에서 확인할 수 있다.
② '세부내용' 내 '가족사랑 통장 · 적금 · 대출 신규 가입고객'의 '경품'란에서 확인할 수 있다.
③ '세부내용' 내 '가족사랑 고객'의 '응모요건'란에서 확인할 수 있다.
⑤ '유의사항'에서 확인할 수 있다.

유형풀이 Tip

- 문제에서 묻는 것을 파악한 후, 필요한 상황과 정보를 활용하여 문제를 풀어간다.
- 전체적으로 적용되는 공통 조건과 추가로 적용되는 조건이 동시에 제시될 수 있다. 따라서 공통 조건이 무엇인지 먼저 판단한 후 경우에 따라 추가 조건을 고려하여 풀이한다.
- 추가 조건은 표 하단에 작은 글자로 제시될 수 있으며, 문제를 해결하는 데 중요한 변수가 될 수 있으므로 유의한다.

※ 다음은 청년매입임대주택 사업에 대한 정보이다. 이어지는 질문에 답하시오. [1~2]

〈청년매입임대주택사업〉

- 입주대상 : 무주택 요건 및 소득·자산 기준을 충족하고 다음 어느 하나에 해당하는 미혼 청년
  - 만 19세 이상 만 39세 이하
  - 대학생(입학 및 복학 예정자 포함)
  - 취업준비생(고등학교·대학교 등을 졸업·중퇴 2년 이내인 미취업자)
- 입주순위

구분	자격 요건
1순위	생계·주거·의료급여 수급자 가구, 차상위계층 가구, 지원대상 한부모가족에 속하는 청년
2순위	본인과 부모의 월평균소득이 전년도 도시근로자 가구원수별 가구당 월평균소득 100% 이하인 자로서 국민임대 자산 기준을 충족하는 자
3순위	본인의 월평균소득이 전년도 도시근로자 1인 가구 월평균소득 100% 이하인 자로서 행복주택(청년) 자산 기준을 충족하는 자

- 소득·자산 기준

구분		1순위	2순위	3순위
소득	범위	해당 가구	본인과 부모	본인
	기준	자격 판단	100% 이하	100% 이하
자산	범위	-	본인과 부모	본인
	기준	검증 안 함	29,200만 원 이하	25,400만 원 이하
자동차가액	범위	-	본인과 부모	본인
	기준	검증 안 함	3,496만 원 이하	3,496만 원 이하
주택소유여부	범위	본인	본인	본인
	기준	무주택	무주택	무주택

- 임대조건
  - 1순위 : 보증금 100만 원, 임대료 시중시세 40%
  - 2, 3순위 : 보증금 200만 원, 임대료 시중시세 50%
- 거주기간 : 2년(입주자격 유지 시 재계약 2회 가능)

01 **다음 중 청년매입임대주택 사업에 대한 설명으로 옳지 않은 것은?**

① 청년매입임대주택 입주 시 최대 6년간 거주 가능하다.
② 고등학교에 재학 중인 만 18세의 학생은 입주대상에 해당하지 않는다.
③ 2순위 입주대상자는 3순위 입주대상자와 동일한 금액의 보증금을 적용받는다.
④ 1순위에 해당하지 않으면서 3,600만 원 가액의 일반 자동차를 본인 명의로 소유한 경우, 입주가 불가능하다.
⑤ 본인의 월평균소득이 전년도 도시근로자 1인 가구 월평균소득의 100%를 초과하는 경우, 2순위 입주대상이 될 수 없다.

PART 1

02 **다음과 같은 정보를 바탕으로 할 때, 청년매입임대주택 입주대상에 해당하지 않는 사람을 모두 고르면?(단, 주어진 정보 외의 자격 요건은 모두 충족하는 것으로 본다)**

- 민우 : 1인 가구 세대주로서 월평균소득이 도시근로자 1인 가구 월평균소득의 80%이며 2억 6천만 원의 현금을 보유
- 정아 : 만 28세이고 혼인한 지 1년이 경과하였으며 차상위계층 가구의 세대주
- 소현 : 월평균소득이 도시근로자 1인 가구 월평균소득의 90%이며 무주택자인 1인 가구 세대주
- 경범 : 월평균소득이 없는 대학생으로서 3인 가구의 세대원이며 부모의 월평균소득이 전년도 3인 가구 도시근로자 가구당 월평균소득의 80%에 해당

① 민우, 정아　② 민우, 소현
③ 정아, 소현　④ 정아, 경범
⑤ 소현, 경범

Easy

03 N은행에서 근무하는 A씨는 예금주 명의변경에 대한 문의를 받았다. 다음 약관을 바탕으로 고객의 문의에 답하려고 할 때, A씨의 답변으로 옳지 않은 것은?

> 1. **법인대표자 변경**
>   - (사고변경) 신고 및 재발급의뢰서
>   - 신대표자임 입증서류
>   - 법인 : 법인등기부등본과 사업자등록증 원본
>   - 임의단체 : 고유번호증 또는 납세번호증
>   - 관공서 : 감독기관 또는 소속관서장 임명증명서
>   - 대표자 신분증
>   - 통장, 도장
> 2. **개명에 의한 변경**
>
>   〈개인 개명〉
>   - (사고변경) 신고 및 재발급의뢰서
>   - 기본증명서 또는 주민등록초본(신명의와 구명의 확인 가능)
>   - 통장, 도장
>
>   〈법인명칭 변경〉
>   - (사고변경) 신고 및 재발급의뢰서
>   - 법인등기부등본과 사업자등록증 원본
>   - 임의단체 : 고유번호증 또는 납세번호증
>   - 관공서 : 감독기관 또는 소속관서장 임명증명서
>   - 대표자 신분증
>   - 통장, 도장
> 3. **사망에 의한 변경**
>   - 상속인 전원 연서한 (사고변경) 신고 및 재발급의뢰서
>   - 피상속인(예금주)의 가족관계 등록부(가족관계 증명서, 기본증명서) 및 제적등본
>   - 상속인 전원 인감증명서(다만, 본인 내점하는 경우 인감증명서 대신 실명확인증표 가능)
>   - 위임 있는 경우 인감증명서(또는 서명사실확인서) 첨부된 위임장
> 4. **대리인에 의한 명의변경**
>
>   〈개인 개명, 사망, 유증에 의한 변경〉
>   - 본인 위임장(인감도장 날인)
>   - 본인 인감증명서 또는 본인 서명사실확인서
>   - 대리인 신분증
>   - 주민등록초본 및 기본증명서(신명의와 구명의 확인 가능)
>   - 통장, 도장
> 5. **법인 상호변경, 대표자 변경에 의한 경우**
>   - 사업자등록증 또는 사업자등록증명원
>   - 임의단체 : 고유번호증 또는 납세번호증
>   - 관공서 : 감독기관 또는 소속관서장 임명증명서
>   - 법인등기부등본
>   - 대표자 위임장(법인인감 날인)

• 법인임감증명서
• 대리인 신분증
• 통장, 도장

6. **명의변경 제한 상품**
• 농어가목돈마련저축
• 세금우대(비과세)예금
• 비과세가계저축
• 근로자우대저축
• 장학적금
• 생계형비과세저축

7. **명의변경 수수료**
• 징수기준 : 고객으로부터 예금(신탁포함)계좌에 대한 명의변경 요청 시 징수
• 징수금액 : 건당 5,000원(단, 예금 명의변경에 따른 통장(증서) 재발급수수료는 면제 가능)

제목 : [예금] 예금주 명의변경 시 처리 절차
안녕하세요. 예금주 명의변경 처리 절차에 대한 문의가 있습니다. 이번에 개명을 하게 되어 통장 명의를 변경하고자 하는데 어떤 서류들이 필요하나요? 아, 참고로 개인 개명입니다. 또 명의변경을 할 경우 수수료가 따로 드나요? 그리고 이 통장이 근로자우대저축 통장인데 상관없는 거죠? 아, 만약에 제가 시간이 안 되면 다른 사람이 대신 가도 상관없나요? 그게 가능하다면 필요한 서류는 뭐가 있을까요? 빠른 답변 부탁드립니다.

답변 : 안녕하세요, 고객님 N은행입니다.
안녕하세요. N은행입니다. 우선 저희 은행에 많은 관심을 주셔서 감사드립니다.
예금주 명의변경과 관련한 문의에 대한 답변을 하나씩 드리겠습니다.

• **개인 개명에 의한 변경 시 필요한 서류**
① (사고변경) 신고 및 재발급의뢰서, 기본증명서 또는 주민등록초본, 통장, 도장이 필요합니다.

• **명의변경 수수료**
② 명의변경과 관련한 수수료는 따로 들지 않습니다.

• **근로자우대저축 통장의 명의변경 가능 여부**
③ 근로자우대저축은 명의변경에 제한되는 상품입니다.

• **대리인 명의변경 여부**
④ 개인 개명에 대한 명의변경도 대리인에 의해서 가능합니다.
⑤ 이때 필요한 서류는 본인 위임장(인감도장 날인), 본인 인감증명서 또는 본인 서명사실 확인서, 대리인 신분증, 주민등록초본 및 기본증명서, 통장, 도장입니다.

답변이 도움되었길 바라며 추가 문의가 있으면 언제든지 게시판에 문의해 주세요.
오늘도 즐거운 하루 보내세요. 감사합니다.

04 다음은 직장인 월복리적금에 대한 자료이다. 이 상품을 고객에게 설명한 내용으로 적절하지 않은 것은?

〈가입 현황〉

(단위 : %)

성별		연령대		신규금액		계약기간	
여성	63	20대	31	10 ~ 50만 원	36	1년 이하	60
		30대	28	50 ~ 100만 원	22	2 ~ 3년	17
남성	37	40대	20	5만 원 이하	21	1 ~ 2년	21
		기타	21	기타	21	기타	0

※ 현재 이 상품을 가입 중인 고객의 계좌 수 : 138,736개

〈상품 정보〉

상품특징	급여이체 및 교차거래 실적에 따라 우대금리를 제공하는 직장인재테크 월복리적금
가입대상	만 18세 이상 개인(단, 개인사업자 제외)
가입기간	1년 이상 3년 이내(월 단위)
가입금액	초입금 및 매회 입금 1만 원 이상 원 단위, 1인당 분기별 3백만 원 이내, 계약기간 3/4 경과 후 적립할 수 있는 금액은 이전 적립누계액의 1/2 이내
적립방법	자유적립식
금리안내	기본금리+우대금리 최대 0.8%p 기본금리 : 신규가입일 당시의 직장인 월복리 적금 고시금리
우대금리	가입기간 동안 1회 이상 당행에 건별 50만 원 이상 급여를 이체한 고객 중 • 가입기간 중 '3개월 이상' 급여이체 0.3%p • 당행의 주택청약종합저축(청약저축 포함) 또는 적립식펀드 중 '1개 이상' 가입 0.2%p • 당행 신용·체크카드의 결제실적이 100만 원 이상 0.2%p • 인터넷 또는 스마트 뱅킹으로 본 적금에 가입 시 0.1%p
이자지급방식	월복리식(단, 중도해지이율 및 만기 후 이율은 단리 계산)
가입 / 해지안내	비과세종합저축으로 가입가능
예금자보호	있음

① 기본금리는 가입한 시점에 따라 다를 수 있습니다.

② 아쉽게도 중도해지를 하시면 복리가 아닌 단리로 이율이 계산됩니다.

③ 고객님처럼 여성분이 가장 많이 가입하는 상품으로 주로 1년 단기로 가입합니다.

④ 기간 1년으로 가입한 고객님은 지금이 8개월째이기 때문에 이전 적립누계액의 반이 넘는 금액은 적립할 수 없습니다.

⑤ 인터넷 뱅킹이나 스마트 뱅킹으로 이 적금에 가입하신 후, 급여를 3개월 이상 이체하시면 0.4%p의 금리를 더 받으실 수 있어요.

Hard

05 N사는 창립 10주년을 맞이하여 전 직원 단합대회를 준비하고 있다. 이를 위해 A사장은 여행상품 한 가지를 선정할 계획을 갖고 있는데, 직원 투표 결과를 참고하여 결정하려고 한다. 직원 투표 결과와 여행상품별 1인당 경비는 다음과 같으며, 추가로 행사를 위한 부서별 고려사항을 참고하여 선택하고자 한다. 이에 대한 내용으로 옳은 것을 〈보기〉에서 모두 고르면?

〈직원 투표 결과〉

상품내용		투표 결과					
여행상품	1인당 경비(원)	총무팀	영업팀	개발팀	홍보팀	공장 1	공장 2
A	500,000	2	1	2	0	15	6
B	750,000	1	2	1	1	20	5
C	600,000	3	1	0	1	10	4
D	1,000,000	3	4	2	1	30	10
E	850,000	1	2	0	2	5	5

〈여행상품별 혜택 정리〉

여행상품	날짜	장소	식사 제공	차량 지원	편의시설	체험시설
A	5/10 ~ 5/11	해변	○	○	×	×
B	5/10 ~ 5/11	해변	○	○	○	×
C	6/7 ~ 6/8	호수	○	○	○	×
D	6/15 ~ 6/17	도심	○	×	○	○
E	7/10 ~ 7/13	해변	○	○	○	×

〈부서별 고려사항〉

- 총무팀 : 행사 시 차량 지원 가능함
- 영업팀 : 6월 초순에 해외 바이어와 가격 협상 회의 일정 있음
- 공장 1 : 3일 연속 공장 비가동 시 품질 저하 예상됨
- 공장 2 : 7월 중순 공장 이전 계획 있음

보기

㉠ 여행상품 비용은 총 1억 500만 원이 필요하다.
㉡ 가장 인기가 높은 여행상품은 B이다.
㉢ 공장 1은 여행상품 선택에 가장 큰 영향력을 발휘했다.

① ㉠
② ㉠, ㉡
③ ㉠, ㉢
④ ㉡, ㉢
⑤ ㉠, ㉡, ㉢

PART 1

05 환경분석

| 유형분석 |

- 상황에 대한 환경 분석을 통해 주요 과제 및 해결 방안을 도출하는 문제이다.
- SWOT 분석뿐 아니라 3C 분석을 활용하는 문제가 출제될 수 있으므로, 해당 분석 도구에 대한 사전 학습이 요구된다.

N금융그룹의 SWOT 분석 결과가 다음과 같을 때, 분석 결과에 대응하는 전략과 그 내용이 바르게 연결된 것은?

〈N금융그룹 SWOT 분석 결과〉

S(강점)	W(약점)
• 탄탄한 국내시장 지배력 • 뛰어난 위기관리 역량 • 우수한 자산건전성 지표 • 수준 높은 금융 서비스	• 은행과 이자수익에 편중된 수익구조 • 취약한 해외 비즈니스와 글로벌 경쟁력 • 낙하산식 경영진 교체와 관치금융 우려 • 외화 자금 조달 리스크
O(기회)	**T(위협)**
• 해외 금융시장 진출 확대 • 기술 발달에 따른 핀테크의 등장 • IT 인프라를 활용한 새로운 수익 창출 • 계열사 간 협업을 통한 금융 서비스	• 새로운 금융 서비스의 등장 • 은행의 영향력 약화 가속화 • 글로벌 금융사와의 경쟁 심화 • 비용 합리화에 따른 고객 신뢰 저하

① SO전략 – 해외 비즈니스TF팀 신설로 상반기 해외 금융시장 진출 대비
② ST전략 – 금융 서비스를 다방면으로 확대해 글로벌 금융사와의 경쟁에서 우위 차지
③ WO전략 – 국내의 탄탄한 시장점유율을 기반으로 핀테크 사업 진출
④ WT전략 – 국내 금융사의 우수한 자산건전성 지표를 홍보하여 고객 신뢰 회복
⑤ WT전략 – 해외 금융시장 진출을 확대하여 안정적인 외화 자금 조달을 통한 위기관리

정답 ②

수준 높은 금융 서비스를 통해 글로벌 금융사와의 경쟁에서 우위를 차지하는 것은 강점을 이용해 글로벌 금융사와의 경쟁 심화라는 위협을 극복하는 ST전략이다.

오답분석

① 해외 비즈니스TF팀을 신설해 해외 금융시장 진출을 확대하는 것은 글로벌 경쟁력이 낮다는 약점을 극복하고 해외 금융시장 진출 확대라는 기회를 활용하는 WO전략이다.
③ 탄탄한 국내 시장점유율이 국내 금융그룹의 핀테크 사업 진출의 기반이 되는 것은 강점을 통해 기회를 살리는 SO전략이다.
④ 우수한 자산건전성 지표를 홍보하여 고객 신뢰를 회복하는 것은 강점으로 위협을 극복하는 ST전략이다.
⑤ 외화 자금 조달 리스크가 약점이므로 기회를 통해 약점을 보완하는 WO전략이다.

유형풀이 Tip

SWOT 분석

기업의 내부 환경과 외부 환경을 분석하여 강점(Strength), 약점(Weakness), 기회(Opportunity), 위협(Threat) 요인을 규정하고 이를 토대로 경영전략을 수립하는 기법으로, 미국의 경영컨설턴트인 알버트 험프리(Albert Humphrey)에 의해 고안되었다. SWOT 분석의 가장 큰 장점은 기업의 내부·외부 환경 변화를 동시에 파악할 수 있다는 것이다. 기업의 내부 환경을 분석하여 강점과 약점을 찾아내며, 외부 환경 분석을 통해서는 기회와 위협을 찾아낸다. SWOT 분석은 외부로부터의 기회는 최대한 살리고 위협은 회피하는 방향으로 자신의 강점은 최대한 활용하고 약점은 보완한다는 논리에 기초를 두고 있다. SWOT 분석에 의한 경영전략은 다음과 같이 정리할 수 있다.

Strength 강점 기업 내부 환경에서의 강점	S	W	Weakness 약점 기업 내부 환경에서의 약점
Opportunity 기회 기업 외부 환경으로부터의 기회	O	T	Threat 위협 기업 외부 환경으로부터의 위협

3C 분석

고객(Customer)	경쟁사(Competitor)	자사(Company)
• 주 고객군은 누구인가? • 그들은 무엇에 열광하는가? • 그들의 정보 습득 / 교환은 어디에서 일어나는가?	• 경쟁사는 어떤 회사가 있는가? • 경쟁사의 핵심역량은 무엇인가? • 잠재적인 경쟁사는 어디인가?	• 자사의 핵심역량은 무엇인가? • 자사의 장단점은 무엇인가? • 자사의 다른 사업과 연계되는가?

대표기출유형 05 기출응용문제

01 컨설팅 회사에 근무 중인 A사원은 최근 컨설팅 의뢰를 받은 N사진관에 대해 SWOT 분석을 진행하기로 하였다. 밑줄 친 ㉠~㉤ 중 SWOT 분석에 들어갈 내용으로 적절하지 않은 것은?

〈N사진관 SWOT 분석 결과〉

강점(Strength)	• ㉠ 넓은 촬영 공간(야외 촬영장 보유) • 백화점 인근의 높은 접근성 • ㉡ 다양한 채널을 통한 홍보로 높은 인지도 확보
약점(Weakness)	• ㉢ 직원들의 높은 이직률 • 회원 관리 능력 부족 • 내부 회계 능력 부족
기회(Opportunity)	• 사진 시장의 규모 확대 • 오프라인 사진 인화 시장의 성장 • ㉣ 전문가용 카메라의 일반화
위협(Threat)	• 저가 전략 위주의 경쟁 업체 증가 • ㉤ 온라인 사진 저장 서비스에 대한 수요 증가

① ㉠
② ㉡
③ ㉢
④ ㉣
⑤ ㉤

02 귀하의 회사는 A제품을 개발하여 중국 시장에 진출하고자 한다. 귀하의 상사가 3C 분석 결과를 건네며 사업 계획에 반영하고 향후 해결해야 할 회사의 전략 과제가 무엇인지 정리하여 보고하라는 지시를 내렸다. 다음 중 회사에서 해결해야 할 전략 과제로 적절하지 않은 것은?

〈A제품 중국 시장 진출 3C 분석〉

Customer	Competitor	Company
• 전반적인 중국 시장은 매년 10% 성장 • 중국 시장 내 보조배터리 제품의 규모는 급성장 중임 • 20 ~ 30대 젊은 층이 중심 • 온라인 구매가 약 80% 이상 • 인간공학 지향	• 중국 기업들의 압도적인 시장점유 • 중국 기업들 간의 치열한 가격경쟁 • A/S 및 사후관리 취약 • 생산 및 유통망 노하우 보유	• 국내 시장 점유율 1위 • A/S 등 고객서비스 부문 우수 • 해외 판매망 취약 • 온라인 구매시스템 미흡(보안, 편의 등) • 높은 생산원가 구조 • 높은 기술개발력

① 고객서비스 부문 강화
② 원가 절감을 통한 가격경쟁력 강화
③ 온라인 구매시스템 강화
④ 인간공학을 기반으로 한 제품 개발 강화
⑤ 중국 시장의 판매유통망 구축

Hard

03 다음은 국내 여행업계 점유율 1위의 기업으로 평가받는 N사에 대한 SWOT 분석 결과이다. 이를 참고하여 세운 경영 전략 판단으로 적절하지 않은 것을 〈보기〉에서 모두 고르면?

〈N사 SWOT 분석 결과〉

구분	분석 결과
강점(Strength)	• 우월한 시장 점유율과 인지도를 바탕으로 한 규모의 경제로 가격 경쟁력에서 우위 • 높은 브랜드 가치를 바탕으로 한 안정화된 네트워크 조직과 자본 구조 • 국내 기업 중 최대 규모의 조직과 독보적인 브랜드 충성도 • 차별화된 개인 맞춤형 여행 패키지 상품 출시 등으로 상품 종류의 다양화를 이룸 • 본업인 여행·관광과 관련한 다양한 산업군에서 다각화된 사업 영위
약점(Weakness)	• 대리점과의 관계 유지 비용 • N사는 주로 패키지 여행 상품으로 수익을 창출하고 있는데, 시장에서 패키지 상품의 인기는 감소하는 반면 자유 여행(FIT) 상품은 상대적으로 약진함 • 코로나19로 타격을 입은 여행 산업이 아직은 완전히 회복하지는 못했음
기회(Opportunity)	• 주5일제의 확산으로 여가 시간의 증가 • 코로나19 팬데믹 종식으로 인바운드(외국인들의 국내여행), 아웃바운드(내국인들의 외국여행) 수요 증가로 여행업 회복세 • 차별화된 프리미엄 여행 수요 증가세 • 저가 항공사의 저변 확대
위협(Threat)	• 코로나19 이전 대비 낮은 성장률 • 중국·일본과의 갈등, 환율, 유가 등 외부의 정치적·경제적 변수의 영향에 민감함 • 불경기 지속으로 인한 소비 심리 위축 • 네이버, 쿠팡, 야놀자 등의 이종 기업들이 여행업 진출을 본격화함으로써 여행업의 경계가 모호해지고 경쟁은 심화됨

보기

㉠ 여가 시간의 증가로 자유를 즐기려는 소비자군을 대상으로 보다 세분화된 아웃바운드 상품을 출시해 선택지를 다양하게 하는 차별화 전략은 SO전략에 해당한다.

㉡ 수십 년 동안 구축해온 해외 네트워크, 직원들의 전문적인 역량, 견실한 자본 구조를 홍보해 고객 충성도를 높이는 전략은 SO전략에 해당한다.

㉢ 여행 시장 점유율 1위라는 기업 이미지를 활용해 동종 업체와의 경쟁을 극복함으로써 부동의 1위라는 위상을 더욱 공고히 하는 전략은 ST전략에 해당한다.

㉣ 코로나19 팬데믹이 종식되어 중국 시장이 리오프닝한 것을 활용해 중국 관광객들에게 인바운드 상품을 할인 판매함으로써 코로나19 사태 이전으로의 회복을 도모하는 전략은 WO전략에 해당한다.

㉤ 자유 여행 상품보다는 주로 패키지 여행 상품으로 수익을 창출하고 있는 N사가 패키지 상품 판매율을 높여 자유 상품 판매에서의 부진을 상쇄하려는 전략은 WT전략에 해당한다.

㉥ N사가 네이버 등 여행 시장에 등장한 신흥 강자와 제휴해 특화된 자유 여행 상품을 공동 출시해 판매함으로써 경쟁사와의 공존상생을 도모하는 전략은 WT전략에 해당한다.

① ㉠, ㉡, ㉣
② ㉡, ㉢, ㉤
③ ㉠, ㉡, ㉤, ㉥
④ ㉠, ㉢, ㉣, ㉥
⑤ ㉢, ㉣, ㉤, ㉥

PART 1

04 다음은 레저용 차량을 생산하는 N기업에 대한 SWOT 분석 결과이다. 이를 참고하여 세운 전략에 따른 대응으로 적절한 것을 〈보기〉에서 모두 고르면?

〈N기업 SWOT 분석 결과〉

강점(Strength)	약점(Weakness)
• 높은 브랜드 이미지 · 평판 • 훌륭한 서비스와 판매 후 보증수리 • 확실한 거래망, 딜러와의 우호적인 관계 • 막대한 R&D 역량 • 자동화된 공장 • 대부분의 차량 부품 자체 생산	• 한 가지 차종에만 집중 • 고도의 기술력에 대한 과도한 집중 • 생산설비에 막대한 투자 → 차량모델 변경의 어려움 • 한 곳의 생산 공장만 보유 • 전통적인 가족형 기업 운영
기회(Opportunity)	**위협(Threat)**
• 소형 레저용 차량에 대한 수요 증대 • 새로운 해외시장의 출현 • 저가형 레저용 차량에 대한 선호 급증	• 휘발유의 부족 및 가격의 급등 • 레저용 차량 전반에 대한 수요 침체 • 다른 회사들과의 경쟁 심화 • 차량 안전 기준의 강화

보기

㉠ ST전략 : 기술개발을 통하여 연비를 개선한다.
㉡ SO전략 : 대형 레저용 차량을 생산한다.
㉢ WO전략 : 규제강화에 대비하여 보다 안전한 레저용 차량을 생산한다.
㉣ WT전략 : 생산량 감축을 고려한다.
㉤ WO전략 : 국내 다른 지역이나 해외에 공장들을 분산 설립한다.
㉥ ST전략 : 경유용 레저 차량 생산을 고려한다.
㉦ SO전략 : 해외시장 진출보다는 내수 확대에 집중한다.

① ㉠, ㉡, ㉢, ㉤
② ㉠, ㉣, ㉤, ㉥
③ ㉠, ㉣, ㉤, ㉦
④ ㉡, ㉢, ㉣, ㉥
⑤ ㉡, ㉣, ㉥, ㉦

Easy

05 다음은 SWOT 분석에 대한 설명과 유전자 관련 업무를 수행 중인 N사의 SWOT 분석 결과이다. 이를 참고하여 빈칸 (가), (나)에 들어갈 내용으로 가장 적절한 것을 〈보기〉에서 골라 짝지은 것은?

SWOT 분석은 기업의 내부 환경과 외부 환경을 분석하여 강점(Strength), 약점(Weakness), 기회(Opportunity), 위협(Threat) 요인을 규정하고 이를 토대로 경영전략을 수립하는 기법으로, 미국의 경영컨설턴트인 알버트 험프리(Albert Humphrey)에 의해 고안되었다.

- 강점(Strength) : 내부 환경(자사 경영자원)의 강점
- 약점(Weakness) : 내부 환경(자사 경영자원)의 약점
- 기회(Opportunity) : 외부 환경(경쟁, 고객, 거시적 환경)에서 비롯된 기회
- 위협(Threat) : 외부 환경(경쟁, 고객, 거시적 환경)에서 비롯된 위협

〈N사 SWOT 분석 결과〉

강점(Strength)	약점(Weakness)
• 유전자 분야에 뛰어난 전문가로 구성 • ______(가)______	• 유전자 실험의 장기화
기회(Opportunity)	**위협(Threat)**
• 유전자 관련 업체 수가 적음 • ______(나)______	• 고객들의 실험 부작용에 대한 두려움 인식

보기

㉠ 투자 유치의 어려움
㉡ 특허를 통한 기술 독점 가능
㉢ 점점 증가하는 유전자 의뢰
㉣ 높은 실험 비용

	(가)	(나)
①	㉠	㉢
②	㉠	㉣
③	㉡	㉠
④	㉡	㉢
⑤	㉡	㉣

CHAPTER 04 자원관리능력

합격 CHEAT KEY

자원관리능력은 현재 NCS 기반 채용을 진행하는 많은 금융권에서 핵심영역으로 자리 잡아, 일부를 제외한 대부분의 시험에서 출제 영역으로 꼽히고 있다. 전체 문항의 10 ~ 15% 비중으로 출제되고 있고, 난이도가 상당히 높기 때문에 NCS를 치를 수험생이라면 반드시 준비해야 할 필수 과목이다.

실제 시험 기출 키워드를 살펴보면 비용 계산, 해외파견 지원금 계산, 주문 제작 단가 계산, 일정 조율, 일정 선정, 행사 대여 장소 선정, 최단거리 구하기, 시차 계산, 소요시간 구하기, 해외파견 근무 기준에 부합한 또는 부합하지 않는 직원 고르기 등 크게 자원계산, 자원관리 문제유형이 출제된다. 대표유형을 바탕으로 응용되는 방식의 문제가 출제되고 있기 때문에 비슷한 유형을 계속해서 풀어보면서 감을 익히는 것이 중요하다.

01 시차를 먼저 계산하자!

시간자원관리문제의 대표유형 중 시차를 계산하여 일정에 맞는 항공권을 구입하거나 회의시간을 구하는 문제에서는 각각의 나라 시간을 한국 시간으로 전부 바꾸어 계산하는 것이 편리하다. 조건에 맞는 나라들의 시간을 전부 한국 시간으로 바꾸고 한국 시간과의 시차만 더하거나 빼면 시간을 단축하여 풀 수 있다.

02 선택지를 활용하자!

예산자원관리문제의 대표유형에서는 계산을 해서 값을 요구하는 문제들이 있다. 이런 문제유형에서는 문제 선택지를 먼저 본 후 자리 수가 몇 단위로 끝나는지 확인한다. 예를 들어 412,300원, 426,700원, 434,100원, 453,800원인 선택지가 있다고 할 때, 이 선택지는 100원 단위로 끝나기 때문에 제시된 조건에서 100원 단위로 나올 수 있는 항목을 찾아 그 항목만 계산하여 시간을 단축시키는 방법이 있다.

또한, 일일이 계산하는 문제가 많다. 예를 들어 640,000원, 720,000원, 810,000원 등의 수를 이용해 푸는 문제가 있다고 할 때, 만 원 단위를 절사하고 계산하여 64, 72, 81처럼 요약하여 적는 것도 시간을 단축하는 방법이다.

03 최적의 값을 구하는 문제인지 파악하자!

물적자원관리문제의 대표유형에서는 제한된 자원 내에서 최대의 만족 또는 이익을 얻을 수 있는 방법을 강구하는 문제가 출제된다. 이때, 구하고자 하는 값을 x, y로 정하고 연립방정식을 이용해 x, y 값을 구한다. 최소 비용으로 목표생산량을 달성하기 위한 업무 및 인력 할당, 정해진 시간 내에 최대 이윤을 낼 수 있는 업체 선정, 정해진 인력으로 효율적 업무 배치 등을 구하는 문제에서 사용되는 방법이다.

04 각 평가항목을 비교해보자!

인적자원관리문제의 대표유형에서는 각 평가항목을 비교하여 기준에 적합한 인물을 고르거나, 저렴한 업체를 선정하거나, 총점이 높은 업체를 선정하는 문제가 출제된다. 이런 문제를 해결할 때는 평가항목에서 가격이나 점수 차이에 영향을 많이 미치는 항목을 찾아 지우면 $1 \sim 2$개의 선택지를 삭제하고 $3 \sim 4$개의 선택지만 계산하여 시간을 단축할 수 있다.

05 문제의 단서를 이용하자!

자원관리능력은 계산문제가 많기 때문에, 복잡한 계산은 딱 떨어지게끔 조건을 제시하는 경우가 많다. 단서를 보고 부합하지 않는 선택지를 $1 \sim 2$개 먼저 소거한 뒤 계산을 하는 것도 시간을 단축하는 방법이다.

01 시간계획

| 유형분석 |

- 시간 자원과 관련된 다양한 정보를 활용하여 풀어가는 문제이다.
- 대체로 교통편 정보나 국가별 시차 정보가 제공되며, 이를 근거로 '현지 도착시간 또는 약속된 시간 내에 도착하기 위한 방안'을 고르는 문제가 출제된다.

한국은 뉴욕보다 16시간 빠르고, 런던은 한국보다 8시간 느리다. 다음 중 비행기가 현지에 도착할 때의 시각(㉠, ㉡)을 바르게 짝지은 것은?

〈비행 시간표〉

구분	출발 일자	출발 시각	비행 시간	도착 시각
뉴욕행 비행기	6월 6일	22:20	13시간 40분	㉠
런던행 비행기	6월 13일	18:15	12시간 15분	㉡

	㉠	㉡
①	6월 6일 09시	6월 13일 09시 30분
②	6월 6일 20시	6월 13일 22시 30분
③	6월 7일 09시	6월 14일 09시 30분
④	6월 7일 13시	6월 14일 15시 30분
⑤	6월 7일 20시	6월 14일 20시 30분

정답 ②

㉠ 뉴욕행 비행기는 한국에서 6월 6일 22시 20분에 출발하고, 13시간 40분 동안 비행하기 때문에 6월 7일 12시에 도착한다. 한국 시간은 뉴욕보다 16시간 빠르므로 현지에 도착하는 시각은 6월 6일 20시가 된다.

㉡ 런던행 비행기는 한국에서 6월 13일 18시 15분에 출발하고, 12시간 15분 동안 비행하기 때문에 현지에 6월 14일 6시 30분에 도착한다. 한국 시간은 런던보다 8시간 빠르므로 현지에 도착하는 시각은 6월 13일 22시 30분이 된다.

유형풀이 Tip

- 문제에서 묻는 것을 정확히 파악한 후 제시된 상황과 정보를 활용하여 문제를 풀어간다.
- 추가 조건이나 제한사항은 문제를 해결하는 데 중요한 변수가 될 수 있으므로 유의한다.

대표기출유형 01 기출응용문제

01 세계 표준시는 본초 자오선인 0°를 기준으로 동서로 각각 180°, 360°로 나누어져 있으며 경도 15°마다 1시간의 시차가 생긴다. 동경 135°인 우리나라가 3월 14일 현재 오후 2시일 때, 동경 120°인 중국은 같은 날 오후 1시이고, 서경 75°인 뉴욕은 같은 날 자정이다. 우리나라가 4월 14일 오전 6시일 때, 서경 120°인 LA의 시각은?

① 4월 13일 오후 1시
② 4월 13일 오후 5시
③ 4월 13일 오후 9시
④ 4월 14일 오전 3시
⑤ 4월 14일 오전 5시

02 다음은 N제품의 생산계획에 대한 자료이다. 〈조건〉에 따라 공정이 진행될 때, 첫 번째 완제품이 생산되기 위한 최소 소요시간은?

〈N제품 생산계획〉

구분	선행공정	소요시간
A공정	없음	3시간
B공정	A공정	1시간
C공정	B, E공정	3시간
D공정	없음	2시간
E공정	D공정	1시간
F공정	C공정	2시간

조건

- 공정별로 1명의 작업 담당자가 공정을 수행한다.
- A공정과 D공정의 작업 시점은 같다.
- 공정 간 제품의 이동시간은 무시한다.

① 6시간
② 7시간
③ 8시간
④ 9시간
⑤ 10시간

Easy

03 다음은 N사 신제품 개발1팀의 하루 업무 스케줄에 대한 자료이다. 신입사원 A씨는 스케줄을 토대로 금일 회의 시간을 정하려고 한다. 1시간 동안 진행될 팀 회의의 가장 적절한 시간대는?

〈N사 신제품 개발1팀 스케줄〉

구분	직급별 스케줄				
	부장	차장	과장	대리	사원
09:00 ~ 10:00	업무회의				
10:00 ~ 11:00					비품요청
11:00 ~ 12:00			시장조사	시장조사	시장조사
12:00 ~ 13:00	점심식사				
13:00 ~ 14:00	개발전략수립		시장조사	시장조사	시장조사
14:00 ~ 15:00		샘플검수	제품구상	제품구상	제품구상
15:00 ~ 16:00			제품개발	제품개발	제품개발
16:00 ~ 17:00					
17:00 ~ 18:00			결과보고	결과보고	

① 09:00 ~ 10:00
② 10:00 ~ 11:00
③ 14:00 ~ 15:00
④ 16:00 ~ 17:00
⑤ 17:00 ~ 18:00

04 N은행 A지점은 M구의 신규 입주아파트 분양업자와 협약체결을 통하여 분양 중도금 관련 집단대출을 전담하게 되었다. A지점에 근무하는 귀하는 한 입주예정자로부터 평일에는 개인사정으로 인해 영업시간 내에 방문하지 못한다는 문의를 받아 근처 다른 지점에 방문하여 대출신청을 진행할 수 있도록 안내하였다. 다음 〈조건〉을 토대로 할 때, 입주예정자의 대출신청을 완료하는 데까지 걸리는 최소시간은?[단, 각 지점 간 숫자는 두 영업점 간의 거리(km)를 의미한다]

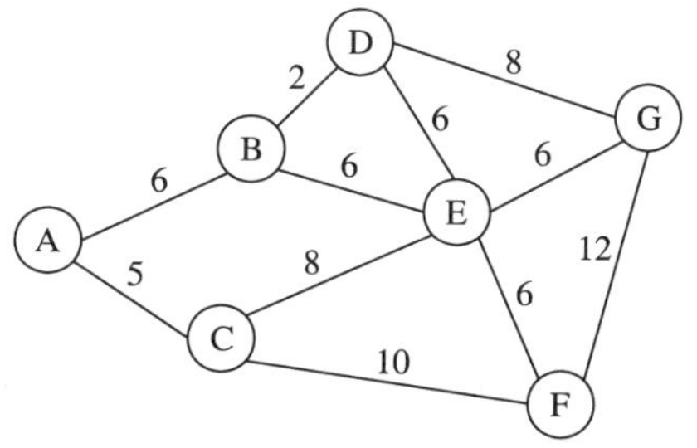

조건

- 입주예정자는 G지점 근처에서 거주하고 있어서 영업시간 내에 언제든지 방문 가능하다.
- 대출과 관련한 서류는 A지점에서 G지점까지 행낭을 통해 전달한다.
- 은행 영업점 간 행낭 배송은 시속 60km로 운행하며, 요청에 따라 배송지 순서는 변경(생략)할 수 있다(단, 연결된 구간으로만 운행 가능).
- 대출신청서 등 대출 관련 서류는 입주예정자 본인 또는 대리인(대리인증명서 필요)이 작성하여야 한다(작성하는 시간은 총 30분이 소요됨).
- 대출신청 완료는 A지점에 입주예정자가 작성한 신청 서류가 도착했을 때를 기준으로 한다.

① 46분
② 49분
③ 57분
④ 1시간 2분
⑤ 1시간 5분

02 비용계산

| 유형분석 |

- 예산 자원과 관련된 다양한 정보를 활용하여 풀어가는 문제이다.
- 대체로 한정된 예산 내에서 수행할 수 있는 업무 및 예산 가격을 묻는 문제가 출제된다.

A사원은 이번 출장을 위해 KTX표를 미리 40% 할인된 가격에 구매하였으나, 출장 일정이 바뀌는 바람에 하루 전날 표를 취소하였다. 다음 환불 규정에 따라 16,800원을 돌려받았을 때, 할인되지 않은 KTX표의 가격은?

〈KTX 환불 규정〉

출발 2일 전	출발 1일 전~열차 출발 전	열차 출발 후
100%	70%	50%

① 40,000원
② 48,000원
③ 56,000원
④ 67,200원
⑤ 70,000원

정답 ①

할인되지 않은 KTX표의 가격을 x원이라 하면, 표를 40% 할인된 가격으로 구매하였으므로 구매 가격은 $(1-0.4)x=0.6x$원이다.
환불 규정에 따르면 하루 전에 표를 취소하는 경우 70%의 금액을 돌려받을 수 있으므로 다음과 같은 식이 성립한다.

$0.6x \times 0.7=16,800$

$\rightarrow 0.42x=16,800$

$\therefore x=40,000$

따라서 할인되지 않은 KTX표의 가격은 40,000원이다.

유형풀이 Tip

- 제한사항인 예산을 고려하여, 문제에 제시된 정보에서 필요한 것을 선별해 문제를 풀어간다.

01 N사는 이번 주 토요일 워크숍을 열기로 하였다. 점심식사로 도시락을 주문하기로 하고 김사원이 도시락 주문을 담당하게 되었다. 총 7명의 팀원 중 대리는 개인 사정으로 뒤늦게 참여해 점심을 먹고 온다고 하였고, 차장은 고향에 내려가 참여하지 못한다고 하였다. 도시락 결제 금액이 총 30,000원이었다면, 김사원이 주문한 도시락을 바르게 짝지은 것은?

〈메뉴판〉

A도시락	B도시락	C도시락	D도시락	E도시락
6,000원	6,800원	7,500원	7,000원	7,500원

※ 모든 가격은 세트 기준이며, 단품은 위 가격에서 500원을 차감함

	인턴	사원	사원	과장	부장
①	A단품	A단품	A단품	A세트	E세트
②	A단품	A단품	A세트	B세트	D세트
③	A세트	A세트	B단품	B세트	C세트
④	A세트	D단품	A단품	C단품	C세트
⑤	A세트	D단품	B단품	C단품	C세트

Easy

02 서울에 사는 A씨는 결혼기념일을 맞이하여 가족과 함께 KTX를 타고 부산으로 여행을 다녀왔다. A씨의 가족이 이번 여행에서 지불한 교통비의 총합은?

- A씨 부부에게는 만 6세인 아들, 만 3세인 딸이 있다.
- 갈 때는 딸을 무릎에 앉혀 갔고, 돌아올 때는 좌석을 구입했다.
- A씨의 가족은 일반석을 이용하였다.

〈KTX 좌석별 요금〉

구분	일반석	특실
가격	59,800원	87,500원

※ 만 4세 이상 13세 미만 어린이는 운임의 50%를 할인함
※ 만 4세 미만의 유아는 보호자 1명당 2명까지 운임의 75%를 할인함(단, 유아의 좌석을 지정하지 않을 시 보호자 1명당 유아 1명의 운임을 받지 않음)

① 299,000원
② 301,050원
③ 307,000원
④ 313,850원
⑤ 313,950원

03 N기업은 연말 시상식을 개최하여 한 해 동안 모범이 되거나 훌륭한 성과를 낸 직원을 독려하고자 한다. 상별 수상인원 및 상품에 대한 정보가 다음과 같을 때, 상품 구입비의 총합은?

〈상별 수상인원 및 상품〉

구분	수상인원	상품
사내선행상	5명	인당 금 도금 상패 1개, 식기 1세트
사회기여상	1명	인당 은 도금 상패 1개, 신형 노트북 1대
연구공로상	2명	인당 금 도금 상패 1개, 안마의자 1개, 태블릿 PC 1대
성과공로상	4명	인당 은 도금 상패 1개, 만년필 2개, 태블릿 PC 1대
청렴모범상	2명	인당 동 상패 1개, 안마의자 1개

- 상패 제작비용
  - 금 도금 상패 : 개당 55,000원(5개 이상 주문 시 개당 가격 10% 할인)
  - 은 도금 상패 : 개당 42,000원(주문수량 4개당 1개 무료 제공)
  - 동 상패 : 개당 35,000원
- 물품 구입비용(개당)
  - 식기 세트 : 450,000원
  - 신형 노트북 : 1,500,000원
  - 태블릿 PC : 600,000원
  - 만년필 : 100,000원
  - 안마의자 : 1,700,000원

① 14,085,000원
② 15,050,000원
③ 15,534,500원
④ 16,805,000원
⑤ 17,200,000원

Hard

04 N기업은 직원들에게 매월 25일 월급을 지급하고 있다. A대리는 이번 달 급여명세서를 보고 자신의 월급이 잘못 나왔음을 알았다. 다음 〈조건〉을 참고하여, 다음 달 A대리가 상여금과 다른 수당들이 없고 기본급과 식대, 소급액만 받는다고 할 때, 소급된 금액과 함께 받을 월급의 총합은?(단, 4대 보험은 국민연금, 건강보험, 장기요양, 고용보험이다, 각 항목의 금액은 원 단위 이하는 절사한다)

〈급여명세서〉

(단위 : 원)

성명 : A	직급 : 대리	지급일 : 2025-05-25	
지급항목	지급액	공제항목	공제액
기본급	2,000,000	소득세	17,000
야근수당(2일)	80,000	주민세	1,950
휴일수당	–	고용보험	13,000
상여금	50,000	국민연금	90,000
기타	–	장기요양	4,360
식대	100,000	건강보험	67,400
교통비	–	연말정산	–
복지후생	–		
		공제합계	193,710
급여합계	2,230,000	차감수령액	2,036,290

조건

- 국민연금은 9만 원이고, 건강보험은 기본급의 6.24%이며 회사와 50%씩 부담한다.
- 장기요양은 건강보험 총금액의 7.0% 중 50%만 내고, 고용보험은 13,000원이다.
- 잘못 계산된 금액은 다음 달에 소급한다.
- 야근수당은 하루당 기본급의 2%이며, 상여금은 5%이다.
- 다른 항목들의 금액은 급여명세서에 명시된 것과 같으며, 매달 같은 조건이다.

① 1,865,290원　② 1,866,290원

③ 1,924,290원　④ 1,966,290원

⑤ 1,986,290원

03 품목확정

| 유형분석 |

- 물적 자원과 관련된 다양한 정보를 활용하여 풀어가는 문제이다.
- 주로 공정도·제품·시설 등에 대한 가격·특징·시간 정보가 제시되며, 이를 종합적으로 고려하는 문제가 출제된다.

최대리는 노트북을 사고자 N전자 홈페이지에 방문하였다. 노트북 A ~ E 5대를 최종 후보로 선정 후 〈조건〉에 따라 점수를 부여하여 점수가 가장 높은 제품을 고를 때, 최대리가 고를 노트북은?

〈N전자 노트북별 정보〉

구분	노트북 A	노트북 B	노트북 C	노트북 D	노트북 E
저장용량 / 저장매체	512GB / HDD	128GB / SSD	1,024GB / HDD	128GB / SSD	256GB / SSD
배터리 지속시간	최장 10시간	최장 14시간	최장 8시간	최장 13시간	최장 12시간
무게	2kg	1.2kg	2.3kg	1.5kg	1.8kg
가격	120만 원	70만 원	135만 원	90만 원	85만 원

조건

- 항목별로 순위를 정하여 5 ~ 1점을 순차적으로 부여한다(단, 동일한 성능일 경우 동일한 점수를 부여한다).
- 저장용량은 클수록, 배터리 지속시간은 길수록, 무게는 가벼울수록, 가격은 저렴할수록 높은 점수를 부여한다.
- 저장매체가 SSD일 경우 3점을 추가로 부여한다.

① 노트북 A
② 노트북 B
③ 노트북 C
④ 노트북 D
⑤ 노트북 E

정답 ②

조건에 따라 노트북별 점수를 계산하면 다음과 같다.

구분	노트북 A	노트북 B	노트북 C	노트북 D	노트북 E
저장용량	4점	2+3=5점	5점	2+3=5점	3+3=6점
배터리 지속시간	2점	5점	1점	4점	3점
무게	2점	5점	1점	4점	3점
가격	2점	5점	1점	3점	4점
합계	4+2+2+2=10점	5+5+5+5=20점	5+1+1+1=8점	5+4+4+3=16점	6+3+3+4=16점

따라서 최대리는 노트북 B를 고른다.

유형풀이 Tip

- 문제에서 제시한 물적 자원의 정보를 문제의 의도에 맞게 선별하면서 풀어간다.

대표기출유형 03 기출응용문제

01 N은행은 부서별 프린트기 배분을 위해 월평균 사용량을 조사하였고, 다음은 소유하고 있는 프린트 종류에 따른 기능을 정리한 자료이다. 이를 바탕으로 부서별 3개월간 사용량을 계산하여 프린트기를 나눠준다고 할 때, 제시된 상황을 고려하여 부서별로 사용할 프린트기를 연결한 것으로 적절하지 않은 것은?

〈부서별 월평균 용지 사용량〉

(단위 : 매)

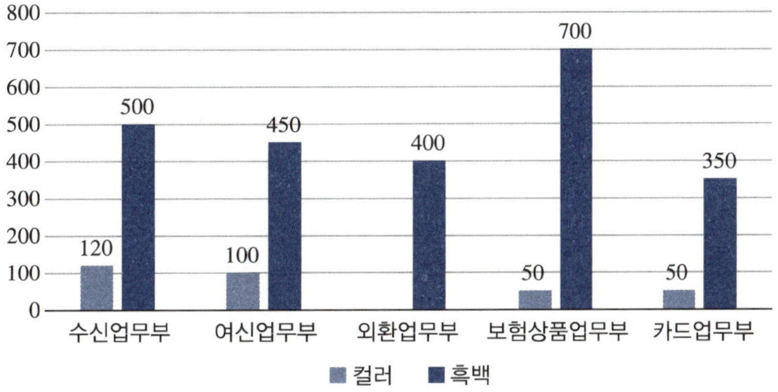

〈프린트기 종류별 세부사항〉

(단위 : 매)

구분	용지 매수		기타 기능
	컬러	흑백	
A프린트기	–	1,500	없음
B프린트기	500	2,000	팩스·복사·스캔
C프린트기	400	2,500	복사·스캔
D프린트기	360	1,700	스캔

〈상황〉

- 보험상품업무부와 카드업무부는 팩스 기능이 반드시 필요하다.
- 수신업무부와 여신업무부는 스캔 기능이 반드시 필요하다.
- 프린트기 1대당 2개의 부서까지 같이 사용할 수 있다.
- 하나의 부서만 2대의 프린트기를 사용하고, 용지가 떨어지면 프린트기는 사용할 수 없다.

① 수신업무부 – D프린트기
② 여신업무부 – C프린트기
③ 외환업무부 – A프린트기
④ 보험상품업무부 – B프린트기
⑤ 카드업무부 – D프린트기

02 N씨는 밤도깨비 야시장에서 푸드트럭을 운영할 계획을 하고 있다. 예상 매출 순이익이 가장 높은 메뉴 한 가지를 메인 메뉴로 선정하려고 할 때, N씨가 선정할 메뉴는?

〈푸드트럭 메뉴별 세부사항〉

(단위 : 개, 원)

구분	예상 월간 판매량	생산 단가	판매 가격
A	500	3,500	4,000
B	300	5,500	6,000
C	400	4,000	5,000
D	200	6,000	7,000
E	150	3,000	5,000

① A
② B
③ C
④ D
⑤ E

Hard

03 N은행에서 근무하는 A사원은 새로 개설되는 금융상품 관련 홍보자료를 만들어서 배포하려고 한다. 다음 중 가장 저렴한 비용으로 인쇄할 수 있는 업체는?

〈업체별 비용 견적〉

(단위 : 원)

구분	페이지당 비용	표지 가격		권당 제본 비용	할인
		유광	무광		
A인쇄소	50	500	400	1,500	−
B인쇄소	70	300	250	1,300	−
C인쇄소	70	500	450	1,000	100부 초과 시 초과 부수만 총비용에서 5% 할인
D인쇄소	60	300	200	1,000	−
E인쇄소	100	200	150	1,000	인쇄 총페이지 5,000페이지 초과 시 총비용에서 20% 할인

※ 홍보자료는 20개 지점에 배포하고, 지점마다 10부씩 배포함
※ 홍보자료는 30페이지 분량으로 제본하며, 표지는 유광표지로 함

① A인쇄소
② B인쇄소
③ C인쇄소
④ D인쇄소
⑤ E인쇄소

04 N사 마케팅 팀장은 팀원 50명에게 연말 선물을 하기 위해 물품을 구매하려고 한다. 아래는 업체별 품목 가격과 팀원들의 품목 선호도에 대한 자료이다. 다음 〈조건〉에 따라 팀장이 구매하는 물품과 업체를 순서대로 바르게 나열한 것은?

〈업체별 품목 가격〉

구분		한 벌당 가격(원)
A업체	티셔츠	6,000
	카라 티셔츠	8,000
B업체	티셔츠	7,000
	후드 집업	10,000
	맨투맨	9,000

〈팀원 품목 선호도〉

구분	품목
1위	카라 티셔츠
2위	티셔츠
3위	후드 집업
4위	맨투맨

조건

- 팀원의 선호도를 우선으로 품목을 선택한다.
- 총구매 금액이 30만 원 이상이면 총금액에서 5%를 할인받는다.
- 차순위 품목이 1순위 품목보다 총금액이 20% 이상 저렴하면 차순위를 선택한다.

① 티셔츠, A업체
② 카라 티셔츠, A업체
③ 티셔츠, B업체
④ 후드 집업, B업체
⑤ 맨투맨, B업체

PART 1

04 인원선발

| 유형분석 |

- 인적 자원과 관련된 다양한 정보를 활용하여 풀어가는 문제이다.
- 주로 근무명단, 휴무일, 업무할당 등의 주제로 다양한 정보를 활용하여 종합적으로 풀어가는 문제가 출제된다.

다음 글의 내용이 참일 때, N은행의 신입사원으로 채용될 수 있는 지원자들의 최대 인원은 몇 명인가?

금년도 신입사원 채용에서 N은행이 요구하는 자질은 이해능력, 의사소통능력, 대인관계능력, 실행능력이다. N은행은 이 4가지 자질 중 적어도 3가지 자질을 지닌 사람을 채용하고자 한다. 지원자는 갑, 을, 병, 정 4명이며, 이들이 지닌 자질을 평가한 결과 다음과 같은 정보가 주어졌다.
㉠ 갑이 지닌 자질과 정이 지닌 자질 중 적어도 2가지는 일치한다.
㉡ 대인관계능력은 병만 가진 자질이다.
㉢ 만약 지원자가 의사소통능력을 지녔다면 그는 대인관계능력의 자질도 지닌다.
㉣ 의사소통능력의 자질을 지닌 지원자는 1명뿐이다.
㉤ 갑, 병, 정은 이해능력이라는 자질을 지니고 있다.

① 1명
② 2명
③ 3명
④ 4명
⑤ 없음

정답 ①

㉡, ㉢, ㉣에 의해 의사소통능력과 대인관계능력을 지닌 사람은 오직 병뿐이라는 사실을 알 수 있다. 또한 ㉤에 의해 병이 이해능력도 가지고 있음을 알 수 있다. 이처럼 병은 4가지 자질 중에 3가지를 갖추고 있으므로 N은행의 신입사원으로 채용될 수 있다. 신입사원으로 채용되기 위해서는 적어도 3가지 자질이 필요한데, 4가지 자질 중 의사소통능력과 대인관계능력은 병만 지닌 자질임이 확인되었으므로 나머지 갑, 을, 정은 채용될 수 없다. 따라서 신입사원으로 채용될 수 있는 최대 인원은 병 1명이다.

유형풀이 Tip

- 주어진 규정 혹은 규칙을 근거로 하여 선택지를 하나씩 검토하며 소거해 나간다.

대표기출유형 04 기출응용문제

01 N은행은 여름방학을 맞이하여 대학생 서포터즈와 함께하는 농촌체험활동 행사를 진행했다. 총 다섯 팀이 행사에 참가하였으며, 각 팀은 활동을 바탕으로 홍보영상을 제작하였다. 다음과 같은 세 가지 평가 기준에 따라 우수팀을 선정하려고 할 때, 가장 높은 등급을 받는 팀은?

〈평가항목과 배점비율〉

(단위 : %)

평가항목	창의력	전달력	기술력	합계
배점비율	50	30	20	100

〈창의력〉

(단위 : 점)

구분	10 ~ 8점	7 ~ 5점	4 ~ 2점	1 ~ 0점
환산점수	100	80	70	40

〈전달력〉

(단위 : 점)

구분	10 ~ 7점	6 ~ 4점	3 ~ 2점	1 ~ 0점
환산점수	100	70	50	30

〈기술력〉

(단위 : 점)

구분	10 ~ 6점	5 ~ 4점	3 ~ 0점
환산점수	100	70	40

〈팀별 점수〉

(단위 : 점)

구분	창의력	전달력	기술력	총 환산점수	환산등급
A팀	7	4	6		
B팀	8	2	5		
C팀	3	8	2		
D팀	8	3	4		
E팀	8	8	6		

※ 총 환산점수는 각 평가항목을 비율별로 합한 것이고, 환산등급은 등급별로 A등급(100 ~ 91점), B등급(90 ~ 81점), C등급(80 ~ 71점), D등급(70 ~ 61점), E등급(60점 이하)임

① A팀
② B팀
③ C팀
④ D팀
⑤ E팀

※ N은행은 승진후보자 중 2025년 하반기 승진자를 선발하고자 한다. 다음은 승진자 선발 방식 및 승진후보자들에 대한 자료이다. 이어지는 질문에 답하시오. **[2~3]**

〈승진자 선발 방식〉

- 승진점수(100)는 실적평가점수(40), 동료평가점수(30), 혁신사례점수(30)에 교육 이수에 따른 가점을 합산하여 산정한다.
- 교육별 이수 여부에 따른 가점은 다음과 같다.

(단위 : 점)

구분	조직문화	전략적 관리	혁신역량	다자협력
가점	2	2	3	2

- 승진후보자 중 승진점수가 가장 높은 2인을 선발하여 승진시킨다.

〈승진후보자별 평가정보〉

(단위 : 점)

구분	실적평가점수	동료평가점수	혁신사례점수	이수교육
A	34	26	22	다자협력
B	36	25	18	혁신역량
C	39	26	24	–
D	37	21	23	조직문화, 혁신역량
E	36	29	21	–

Easy

02 승진자 선발 방식에 따라 승진후보자 A ~ E 5명 중 2명을 승진시키고자 한다. 동점자가 있는 경우 실적평가점수가 더 높은 후보자를 선발한다고 할 때, 승진할 2명은?

① A, B
② A, C
③ C, D
④ C, E
⑤ D, E

03 하반기 인사에 혁신의 반영률을 높이라는 내부 인사위원회의 권고에 따라 승진자 선발 방식이 다음과 같이 변경되었다. 변경된 승진자 선발 방식에 따라 승진자를 선발할 때, 승진할 2명은?

〈승진자 선발 방식 변경〉

〈변경 전〉

1. 승진점수(100) 총점 및 배점
   - 실적평가점수(40)
   - 동료평가점수(30)
   - 혁신사례점수(30)

2. 혁신역량 교육 가점

교육	혁신역량
가점	3점

〈변경 후〉

1. 승진점수(115) 총점 및 배점
   - 실적평가점수(40)
   - 동료평가점수(30)
   - 혁신사례점수(45)
     - 혁신사례점수에 50%의 가중치를 부여

2. 혁신역량 교육 가점

교육	혁신역량
가점	4점

① A, D
② B, C
③ B, E
④ C, D
⑤ C, E

CHAPTER 05
조직이해능력

합격 CHEAT KEY

조직이해능력은 업무를 원활하게 수행하기 위해 조직의 체제와 경영을 이해하고 국제적인 추세를 이해하는 능력이다. 현재 많은 금융권에서 출제 비중을 높이고 있는 영역이기 때문에 미리 대비하는 것이 중요하다. 실제 업무 능력에서 조직이해능력을 요구하기 때문에 중요도는 점점 높아질 것이다.

국가직무능력표준 홈페이지 자료에 따르면 조직이해능력의 세부 유형은 조직체제이해능력 · 경영이해능력 · 업무이해능력 · 국제감각으로 나눌 수 있다. 조직도를 제시하는 문제가 출제되거나 조직의 체계를 파악해 경영의 방향성을 예측하고, 업무의 우선순위를 파악하는 문제가 출제된다.

조직이해능력은 NCS 기반 채용을 진행한 금융권 중 30% 정도가 다뤘으며, 문항 수는 전체에서 평균 15% 정도로 상대적으로 적게 출제되었다.

01 문제 속에 정답이 있다!

경력이 없는 경우 조직에 대한 이해가 낮을 수밖에 없다. 그러나 문제 자체가 실무적인 내용을 담고 있어도 문제 안에는 해결의 단서가 주어진다. 부담을 갖지 않고 접근하는 것이 중요하다.

02 경영 · 경제학원론 정도의 수준은 갖추도록 하라!

지원한 직군마다 차이는 있을 수 있으나, 경영 · 경제이론을 접목시킨 문제가 꾸준히 출제되고 있다. 따라서 기본적인 경영 · 경제이론은 익혀 둘 필요가 있다.

03 지원하는 기업의 조직도를 파악하자!

출제되는 문제는 각 기업의 세부내용일 경우가 많기 때문에 지원하는 기업의 조직도를 파악해 두어야 한다. 조직이 운영되는 방법과 전략을 이해하고, 조직을 구성하는 체제를 파악하고 간다면 조직이해능력영역에서 조직도가 나올 때 단시간에 문제를 풀 수 있을 것이다.

04 실제 업무에서도 요구되므로 이론을 익혀두자!

각 기업의 직무 특성상 일부 영역에 필기시험의 중요도가 가중되는 경우가 있어서 많은 수험생들이 해당 영역에만 집중하는 경향이 있다. 그러나 실제 업무 능력에는 NCS 직업기초능력의 10개 영역이 골고루 요구되는 경우가 많으며, 필기시험에서 조직이해능력을 출제하는 기업의 비중이 늘어나고 있기 때문에 미리 이론을 익혀 둔다면 모듈형 문제에서 고득점을 노릴 수 있다.

대표기출유형

01 농협·농업 상식

| 유형분석 |

- 농협과 농업에 대한 상식을 묻는 문제이다.
- 주로 농협 홈페이지에서 찾아볼 수 있는 내용이 출제된다.

다음 중 농협 비전 2030의 핵심가치로 옳지 않은 것은?

① 농업인을 위한 농협
② 국민에게 사랑받는 농협
③ 경쟁력 있는 글로벌 농협
④ 지역 농축협과 함께하는 농협
⑤ 농업인에게 풍요로운 미래를, 고객에게는 최고의 가치를 제공하는 농협

정답 ⑤

'협동과 혁신으로 농업인에게 풍요로운 미래를, 고객에게는 최고의 가치를 제공하여 국가와 지역사회 발전에 공헌한다.'는 NH농협금융의 미션이다.

유형풀이 Tip

농협 비전 2030 핵심가치
1) 국민에게 사랑받는 농협 : 지역사회와 국가경제 발전에 공헌하여 온 국민에게 신뢰받고 사랑받는 농협을 구현
2) 농업인을 위한 농협 : 농업인의 행복과 발전을 위해 노력하고, 농업인의 경제적·사회적·문화적 지위 향상을 추구
3) 지역 농축협과 함께하는 농협 : 협동조합의 원칙과 정신에 의거, 협동과 상생으로 지역 농축협이 중심에 서는 농협을 구현
4) 경쟁력 있는 글로벌 농협 : 미래 지속 가능한 성장을 위하여 국내를 벗어나 세계 속에서도 경쟁력을 갖춘 농협으로 도약

대표기출유형 01 기출응용문제

Easy

01 다음 중 NH농협의 커뮤니케이션 브랜드인 'NH'가 상징하는 의미로 옳은 것은?

① New Horizon(새로운 지평)
② Next Hop(다음 단계로의 도약)
③ Natural Harmonic(자연과의 조화)
④ Never Hesitate(주저하지 않는 행동가)
⑤ Nature & Human(자연과 인간의 조화)

02 다음 중 '농협 비전 2030'에서 제시한 혁신전략으로 옳지 않은 것은?

① 정부와 함께 '농사같이(農四價值)운동' 전개
② '금융부문 혁신'과 '디지털 경쟁력'을 통해 농축협 성장 지원
③ '미래 경영'과 '조직문화 혁신'을 통해 새로운 농협으로 도약
④ 디지털 기반 '생산·유통 혁신'으로 미래 농산업 선도, 농업소득 향상
⑤ 중앙회 지배구조 혁신과 지원체계 고도화로 '농축협 중심'의 농협 구현

03 농협경제연구소는 2025년 주목해야 할 농업·농촌의 10대 이슈를 선정하고 이에 대해 발표하였다. 다음 중 이에 대한 내용으로 옳지 않은 것은?

① 온라인 도매시장 거래 활성화를 위한 규제 강화
② 쌀 가공식품 산업 활성화 및 K-Food 수출 확대 본격화
③ 고부가가치 농산업 생태계 형성을 위한 체계적 지원 본격화
④ 개별 농가의 규모화·기계화 한계를 극복한 공동영농에 주목
⑤ 농업인 피해 경감과 농산물 물가 안정 동시 달성에 대한 요구 증대

04 다음 중 농협이 하는 일로 옳지 않은 것은?

① 상호금융사업
② 농협금융지주
③ 농업경제사업
④ 수산경제사업
⑤ 교육지원사업

05 다음 중 농협에서 강조하는 윤리경영이 궁극적으로 필요한 이유로 옳은 것은?

① 사회적 책임 수행
② 지속적 기업경영 영위
③ 농민의 적극적인 지원
④ 국제적인 윤리경영 노력 강화
⑤ 가치를 추구하는 주주 고객의 요구에 대응

06 다음 중 협동조합과 일반 기업의 차이에 대한 설명으로 옳은 것은?

① 주식회사와 협동조합은 원칙적으로 출자한도를 제한하지 않는다.
② 협동조합과 주식회사는 사업과 투자의 규모에 따라 의결권이 주어진다.
③ 협동조합은 협동조합기본법에 근거를 두고, 주식회사는 상법에 근거를 두어 활동한다.
④ 수익이 발생했을 시 협동조합은 출자배당을 우선하고, 주식회사는 이용배당을 우선한다.
⑤ 주식회사는 경영자 소유이고, 협동조합은 조합장이 출자·소유하는 이용자 소유 기업이다.

07 **다음 중 농림축수산물 생산, 가공, 유통 단계에 정보 통신 기술(ICT)을 접목하여 생육환경을 적정하게 유지하고 관리하는 시스템인 스마트팜에 대한 설명으로 옳은 것은?**

① 노동시간 증가를 통해 농업환경을 개선하였다.
② 품질은 동일하지만, 농산물의 생산량을 증가시켰다.
③ 수확 시기는 예측 가능하지만, 수확량의 예측은 어렵다.
④ 시간과 공간의 제약 없이 원격으로 수동관리가 가능하다.
⑤ 정확한 데이터를 기반으로, 생산·관리의 결정은 사람이 한다.

PART 1

Hard

08 **조합원 의결권에 대한 설명으로 옳지 않은 것을 〈보기〉에서 모두 고르면?**

보기

㉠ 소수에 의해 전체적인 경영이 이루어진다.
㉡ 조합원은 출자금에 따라 의결권의 수를 차등적으로 부여받는다.
㉢ 어떠한 문제에 대한 결정에 있어 주식회사보다 신속한 결정이 가능하다.
㉣ 어떠한 결정을 내릴 때 조합은 주식회사보다 비교적 더 민주적 진행이 가능하다.

① ㉠, ㉢
② ㉡, ㉣
③ ㉠, ㉡, ㉢
④ ㉡, ㉢, ㉣
⑤ ㉠, ㉡, ㉢, ㉣

대표기출유형

02 경영전략

| 유형분석 |

• 경영전략에서 대표적으로 출제되는 문제는 마이클 포터(Michael Porter)의 본원적 경쟁전략이다.

다음 사례에서 나타난 마이클 포터의 본원적 경쟁전략으로 가장 적절한 것은?

전자제품 시장에서 경쟁회사가 가격을 낮추는 저가 전략을 사용하여 점유율을 높이려 하자, 이에 맞서 오히려 고급 기술을 적용한 고품질 프리미엄 제품을 선보이고 서비스를 강화해 시장의 점유율을 높였다.

① 차별화 전략
② 원가우위 전략
③ 집중화 전략
④ 비교우위 전략
⑤ 마케팅 전략

정답 ①

마이클 포터의 본원적 경쟁전략

• 차별화 전략 : 조직이 생산품이나 서비스를 차별화하여 고객에게 가치 있고 독특하게 인식되도록 하는 전략으로, 이를 활용하기 위해서는 연구개발이나 광고를 통하여 기술, 품질, 서비스, 브랜드 이미지를 개선할 필요가 있다.
• 원가우위 전략 : 원가절감을 통해 해당 산업에서 우위를 점하는 전략으로, 이를 위해서는 대량생산을 통해 단위 원가를 낮추거나 새로운 생산기술을 개발할 필요가 있다.
• 집중화 전략 : 특정 시장이나 고객에게 한정된 전략으로, 특정 산업을 대상으로 한다. 즉, 경쟁 조직들이 소홀히 하고 있는 한정된 시장을 원가우위나 차별화 전략을 써서 집중 공략하는 방법이다.

유형풀이 Tip

• 대부분의 기업들은 마이클 포터의 본원적 경쟁전략을 사용하고 있다. 각 전략에 해당하는 대표적인 기업을 연결하고, 그들의 경영전략을 상기하며 문제를 풀어보도록 한다.
• 본원적 경쟁전략의 기본적인 이해와 구조를 물어보는 문제가 자주 출제되므로, 전략별 특징 및 개념에 대한 이론 학습이 요구된다.

대표기출유형 02 기출응용문제

Easy

01 **다음 사례의 쟁점과 협상전략이 바르게 연결된 것은?**

> 대기업 영업부장인 N씨는 기존 재고를 처리할 목적으로 업체 A사와 협상 중이다. 그러나 A사는 자금 부족을 이유로 이를 거절하고 있다. 하지만 N씨는 자신의 회사에서 물품을 제공하지 않으면 A사가 매우 곤란한 지경에 빠진다는 사실을 알고 있다. 그래서 N씨는 앞으로 A사와 거래하지 않을 것이라는 엄포를 놓았다.

① 자금 부족 – 협력전략
② 재고 처리 – 갈등전략
③ 재고 처리 – 경쟁전략(강압전략)
④ 정보 부족 – 양보전략(유화전략)
⑤ 정보 부족 – 양보전략(강압전략)

02 **다음은 N가구(주)의 시장 조사 결과 보고서이다. 이를 참고하여 회사가 마련해야 할 마케팅 전략으로 적절한 것을 〈보기〉에서 모두 고르면?**

> • 조사 기간 : 2025.06.11. ~ 2025.06.21.
> • 조사 품목 : 돌침대
> • 조사 대상 : 주부 1,000명
> • 조사 결과
>   – 소비자의 건강에 대한 관심 증대
>   – 소비자는 가격보다 제품의 기능을 우선적으로 고려
>   – 취급 점포가 너무 많아서 점포 관리가 체계적이지 못함
>   – 자사 제품의 가격이 낮아서 품질도 떨어지는 것으로 인식됨

보기

㉠ 유통 경로를 늘린다.
㉡ 고급화 전략을 추진한다.
㉢ 박리다매 전략을 이용한다.
㉣ 전속적 또는 선택적 유통 전략을 도입한다.

① ㉠, ㉡
② ㉠, ㉢
③ ㉡, ㉢
④ ㉡, ㉣
⑤ ㉢, ㉣

03 **경영참가제도는 자본참가, 성과참가, 의사결정참가 유형으로 구분된다. 다음 중 '자본참가' 유형의 사례로 가장 적절한 것은?**

① 임직원들에게 저렴한 가격으로 일정 수량의 주식을 매입할 수 있게 권리를 부여한다.
② 위원회제도를 활용하여 근로자의 경영참여와 개선된 생산의 판매가치를 기초로 성과를 배분한다.
③ 노동자 또는 노동조합의 대표가 기업의 최고결정기관에 직접 참가해서 기업경영의 여러 문제를 노사 공동으로 결정한다.
④ 부가가치의 증대를 목표로 하여 이를 노사협력체제를 통해 달성하고, 이에 따라 증가된 생산성 향상분을 노사 간에 배분한다.
⑤ 천재지변의 대응, 생산성 하락, 경영성과 전달 등과 같이 단체교섭에서 결정되지 않은 사항에 대하여 노사가 서로 협력할 수 있도록 한다.

04 **다음 글의 N전자가 TV 시장에서 경쟁력을 잃게 된 주요 원인으로 가장 적절한 것은?**

> 평판 TV 시장에서 PDP TV가 주력이 되리라 판단한 N전자는 2007년에 세계 최대 규모의 PDP 생산설비를 건설하기 위해 3조 원 수준의 막대한 투자를 결정한다. 당시 L전자와 S전자는 LCD와 PDP 사업을 동시에 수행하면서도 성장성이 높은 LCD TV로 전략을 수정하는 상황이었지만, N전자는 익숙한 PDP 사업에 더욱 몰입한 것이다. 하지만 주요 기업들의 투자가 LCD에 집중되면서 새로운 PDP 공장이 본격 가동될 시점에 PDP의 경쟁력은 이미 LCD에 뒤처지게 됐다.
> 결국 활용가치가 현저하게 떨어진 PDP 생산설비는 조기에 상각함을 고민할 정도의 골칫거리로 전락했다. N전자는 2011년에만 11조 원의 적자를 기록했으며, 2012년에도 10조 원 수준의 적자가 발생되었다. 연이은 적자는 N전자의 신용등급을 투기등급으로 급락시켰고, N전자의 CEO는 '디지털 가전에서 패배자가 되었음'을 인정하며 고개를 숙였다. TV를 포함한 가전제품 사업에서 N전자가 경쟁력을 회복하기 어려워졌음은 말할 것도 없다.

① 기존 사업영역에 대한 강한 애착으로 신사업이나 신제품에 대해 낮은 몰입도를 보였다.
② 외부 환경이 어려워짐에 따라 잠재적 실패를 감내할 수 있는 자금을 확보하지 못하였다.
③ 사업 환경의 변화 속도가 너무나 빨라졌고, 변화의 속성도 예측이 어려워져 따라가지 못하였다.
④ 차별성을 지닌 새로운 제품을 기획하고 개발하는 것에 대한 성공 가능성이 낮아져 주저했다.
⑤ 실패가 두려워 새로운 도전보다 안정적이며 실패 확률이 낮은 제품을 위주로 미래를 준비하였다.

※ **다음은 포터의 산업구조분석기법(5 Force Model)에 대한 자료이다. 이어지는 질문에 답하시오. [5~6]**

포터의 산업구조분석기법에 따르면 특정 산업의 수익성 및 매력도는 산업의 구조적 특성에 의해 영향을 받으며, 이는 5가지 힘에 의해 결정된다고 보았다.

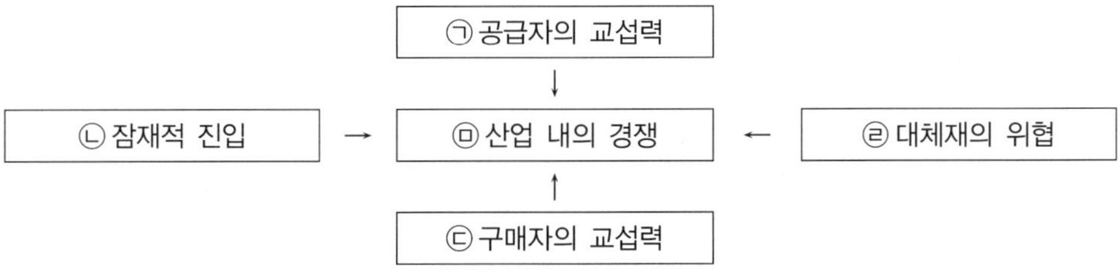

Hard

05 포터의 산업구조분석기법에 따라 반도체산업의 구조를 분석한다고 할 때, 다음 중 ㉠~㉤에 해당하는 사례로 적절하지 않은 것은?

① ㉠ : IT 시장의 지속적인 성장에 따라 반도체의 수요가 증가하면서 반도체산업의 수익률도 증가하고 있다.

② ㉡ : 생산설비 하나를 설치하는 데에도 막대한 비용이 발생하는 반도체산업에 투자할 수 있는 기업은 많지 않다.

③ ㉢ : 반도체산업에는 컴퓨터 제조업자와 같은 대형구매자가 존재한다.

④ ㉣ : 메모리형 반도체는 일상재로 품질과 디자인 면에서 어느 회사의 제품이든 별 차이가 없기 때문에 가격경쟁이 치열하다.

⑤ ㉤ : 비슷한 규모를 가진 세계적인 기업들의 치열한 경쟁이 반도체산업의 수익률을 저하시킨다.

06 다음 중 구매자의 교섭력이 높은 상황으로 가장 적절한 것은?

① 공급자의 제품 차별성이 높을 때

② 시장에 소수 기업의 제품만 존재할 때

③ 구매자가 직접 상품을 생산할 수 있을 때

④ 구매자의 구매량이 판매자의 규모보다 작을 때

⑤ 구매자가 공급자를 바꾸는 데 전환 비용이 발생할 때

대표기출유형

03 조직구조

| 유형분석 |

- 조직구조 유형에 대한 특징을 물어보는 문제가 자주 출제된다.
- 기계적 조직과 유기적 조직의 차이점과 사례 등을 숙지하고 있어야 한다.
- 조직구조 형태에 따라 기능적 조직, 사업별 조직으로 구분하여 출제되기도 한다.

다음 〈보기〉에서 조직구조에 대한 설명으로 옳지 않은 것을 모두 고르면?

보기

㉠ 기계적 조직은 구성원들의 업무분장이 명확하게 이루어져 있는 편이다.
㉡ 기계적 조직은 조직 내 의사소통이 비공식적 경로를 통해 활발히 이루어진다.
㉢ 유기적 조직은 의사결정 권한이 조직 하부 구성원들에게 많이 위임되어 있으며, 업무내용이 명확히 규정되어 있는 것이 특징이다.
㉣ 유기적 조직은 기계적 조직에 비해 조직의 형태가 가변적이다.

① ㉠, ㉡
② ㉠, ㉢
③ ㉡, ㉢
④ ㉡, ㉣
⑤ ㉢, ㉣

정답 ③

㉡ 기계적 조직 내 의사소통은 비공식적 경로가 아닌 공식적 경로를 통해 주로 이루어진다.
㉢ 유기적 조직은 의사결정 권한이 조직 하부 구성원들에게 많이 위임되어 있으나, 업무내용은 기계적 조직에 비해 가변적이다.

오답분석

㉠ 기계적 조직은 위계질서 및 규정, 업무분장이 모두 명확하게 확립되어 있는 조직이다.
㉣ 유기적 조직에서는 비공식적인 상호 의사소통이 원활히 이루어지며, 규제나 통제의 정도가 낮아 변화에 따라 쉽게 변할 수 있는 특징을 가진다.

유형풀이 Tip

조직구조는 유형에 따라 기계적 조직과 유기적 조직으로 나눌 수 있다. 기계적 조직과 유기적 조직은 서로 상반된 특징을 가지고 있으며, 기계적 조직이 관료제의 특징과 비슷하다는 것을 파악하고 있다면, 이와 상반된 유기적 조직의 특징도 수월하게 파악할 수 있다.

1) 기계적 조직 : 구성원들의 업무나 권한이 분명하게 정의된 조직
2) 유기적 조직 : 의사결정권이 하부 구성원들에게 많이 위임되고 업무가 고정적이지 않은 조직

대표기출유형 03 기출응용문제

※ 다음은 N공사 조직도의 일부이다. 이어지는 질문에 답하시오. [1~2]

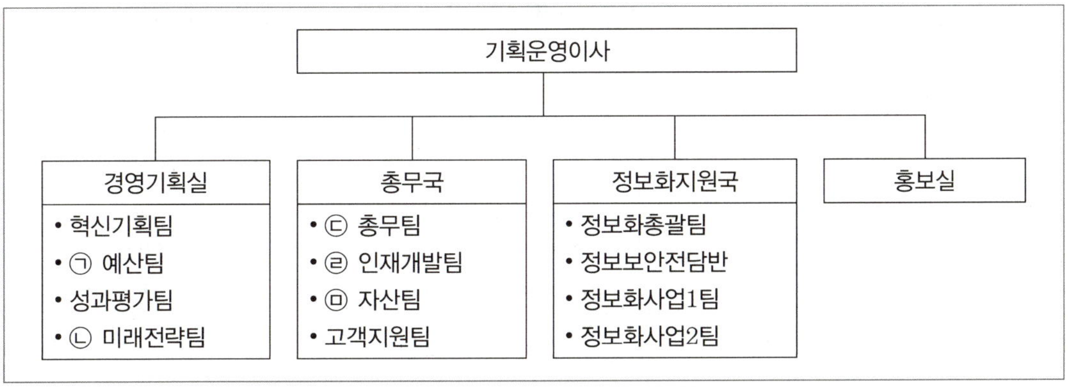

Easy

01 다음 중 각 부서와 업무 간의 연결이 적절하지 않은 것은?

① ㉠ : 수입 · 지출 예산 편성 및 배정 관리

② ㉡ : 사업 관련 연구과제 개발 및 추진

③ ㉢ : 복무관리 및 보건 · 복리 후생

④ ㉣ : 임직원 인사, 상훈, 징계

⑤ ㉤ : 예산집행 조정, 통제 및 결산 총괄

02 다음 중 정보보안전담반의 업무로 적절하지 않은 것은?

① 직원 개인정보보호 의식 향상 교육

② 정보보안 및 개인정보보호 계획수립

③ 개인정보종합관리시스템 구축 · 운영

④ 전문자격 출제정보시스템 구축 · 운영

⑤ 정보보안기본지침 및 개인정보보호지침 제 · 개정 관리

※ 다음은 N기업의 조직도이다. 이어지는 질문에 답하시오. **[3~5]**

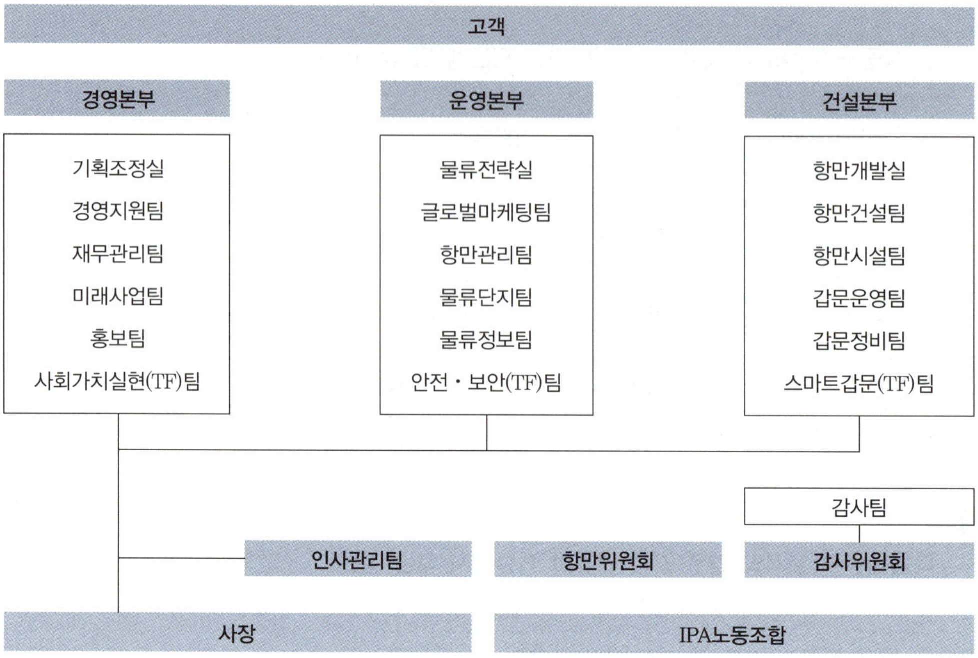

조직 개편 방향 및 기준
□ 기능 중심의 조직 개편 ○ 건설본부의 갑문운영팀과 갑문정비팀을 갑문운영팀으로 통합 ○ 인사관리팀을 경영본부로 이동 ○ 마케팅본부를 신설하여 글로벌마케팅팀을 이동 후 글로벌마케팅 1・2팀으로 분리 ○ 국내마케팅팀을 신설하여 마케팅본부에 추가 ○ 경영본부의 홍보팀을 마케팅본부로 이동 ○ 조직위원회를 신설하여 항만위원회, 감사위원회와 함께 독립적인 팀으로 개편

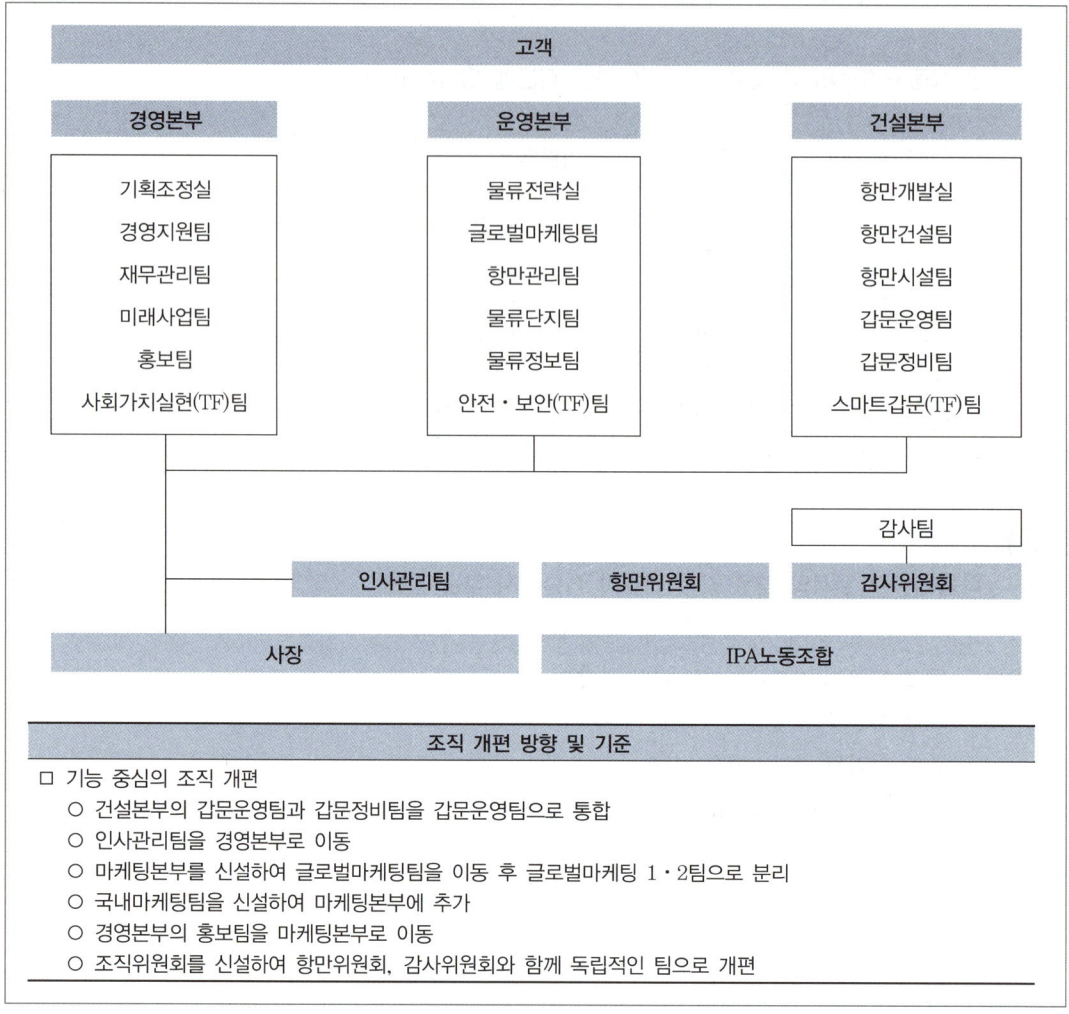

03 조직 개편 방향에 따라 조직을 개편하였다. 다음 중 새롭게 신설되는 본부로 가장 적절한 것은?

① 마케팅본부
② 행정본부
③ 갑문운영본부
④ 물류본부
⑤ 영업본부

04 다음 중 마케팅본부에 속하는 팀으로 적절하지 않은 것은?

① 글로벌마케팅 1팀
② 글로벌마케팅 2팀
③ 글로벌홍보팀
④ 국내마케팅팀
⑤ 홍보팀

05 다음 중 조직 개편 후 경영본부, 운영본부, 건설본부에 속한 팀의 개수가 바르게 짝지어진 것은?

	경영본부	운영본부	건설본부
①	5팀	5팀	5팀
②	6팀	5팀	5팀
③	6팀	6팀	6팀
④	7팀	5팀	5팀
⑤	7팀	6팀	6팀

06 조직 구조의 형태 중 사업별 조직 구조는 제품이나 고객별로 부서를 구분한다. 다음 중 사업별 조직 구조의 형태로 적절하지 않은 것은?

①
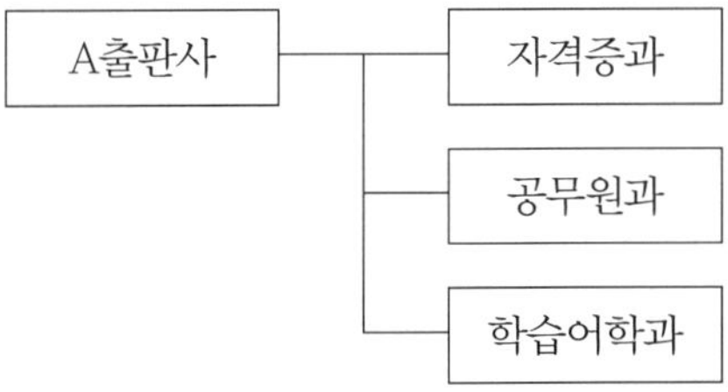

②
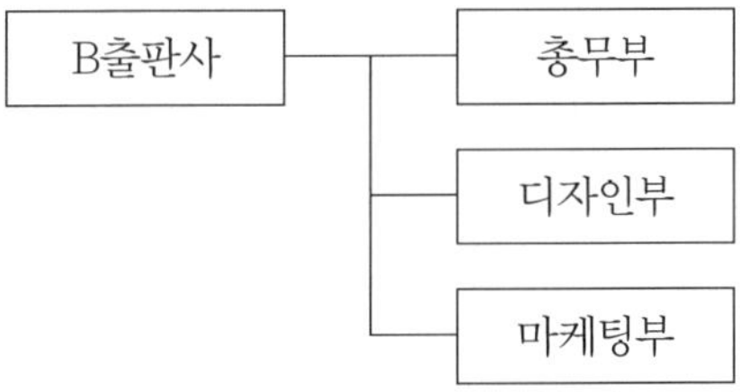

③
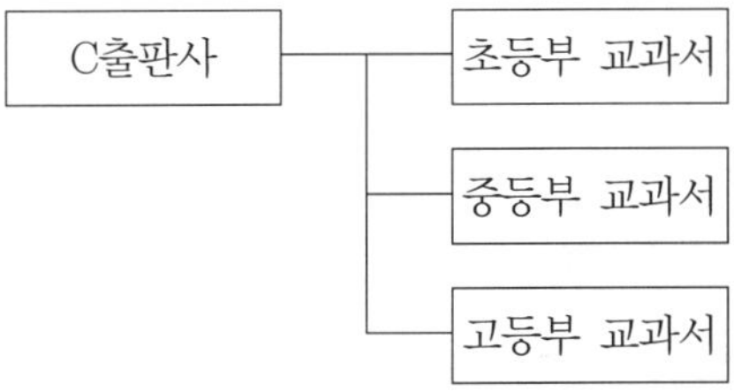

④
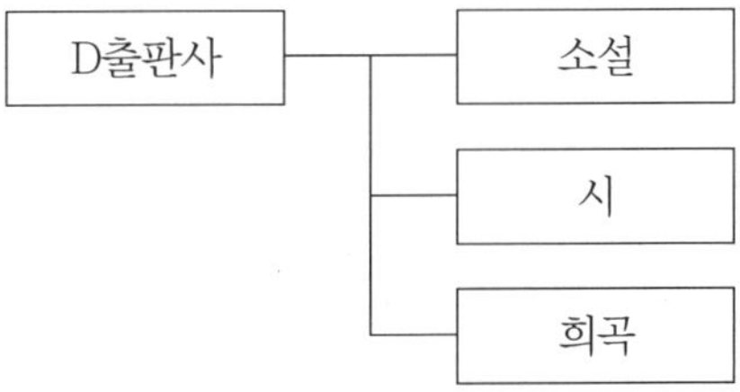

⑤
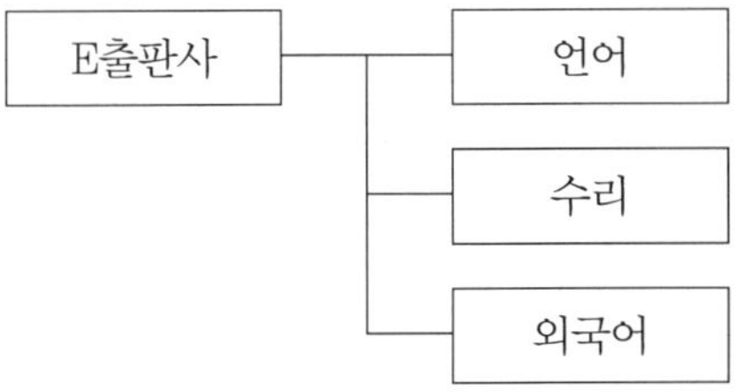

대표기출유형

04 업무이해

| 유형분석 |

• 부서별 주요 업무에 대해 묻는 문제이다.
• 부서별 특징과 담당 업무에 대한 이해가 필요하다.

다음은 기업의 각 부서에서 하는 일이다. 일반적인 상황에서 부서와 그 업무를 바르게 연결한 것은?

㉠ 의전 및 비서 업무	㉡ 업무분장 및 조정
㉢ 결산 관련 업무	㉣ 임금제도
㉤ 소모품의 구입 및 관리	㉥ 법인세, 부가가치세
㉦ 판매 예산 편성	㉧ 보험 가입 및 보상 업무
㉨ 견적 및 계약	㉩ 국내외 출장 업무 협조
㉪ 외상매출금 청구	㉫ 직원수급 계획 및 관리

① 총무부 : ㉠, ㉤, ㉦
② 영업부 : ㉦, ㉨, ㉪
③ 회계부 : ㉢, ㉧, ㉪
④ 인사부 : ㉠, ㉡, ㉣
⑤ 기획부 : ㉠, ㉡, ㉫

정답 ②

영업부의 업무로는 판매 계획, 판매 예산 편성(㉦), 견적 및 계약(㉨), 외상매출금 청구 및 회수(㉪), 시장조사, 판매 원가 및 판매 가격의 조사 검토 등이 있다.

오답분석

① 총무부 : ㉠, ㉤, ㉩
③ 회계부 : ㉢, ㉥, ㉧
④ 인사부 : ㉡, ㉣, ㉫
⑤ 기획부 : 경영 또는 전략 기획, 신규 투자 및 중장기 계획 수립 등

유형풀이 Tip

• 조직은 목적을 달성하기 위해 업무를 효과적으로 분배하고 처리할 수 있는 구조를 확립하고 있으며, 조직의 목적이나 규모에 따라 업무의 종류는 다양하다.
• 대부분의 조직에서는 총무, 인사, 기획, 회계, 영업으로 부서를 나누어 업무를 담당하고 있다. 따라서 5가지 업무 종류에 대해서는 미리 숙지해야 한다.

대표기출유형 04 기출응용문제

01 다음은 N사 디자인팀의 주간회의록이다. 이에 대한 설명으로 가장 적절한 것은?

<table>
<tr><th colspan="6">주간회의록</th></tr>
<tr><th>회의일시</th><td>2024-10-14(월)</td><th>부서</th><td>디자인팀</td><th>작성자</th><td>이사원</td></tr>
<tr><th>참석자</th><td colspan="5">김과장, 박주임, 최사원, 이사원</td></tr>
<tr><th>회의안건</th><td colspan="5">1. 개인 주간 스케줄 및 업무 점검
2. 2025년 회사 홍보 브로슈어 기획</td></tr>
<tr><th rowspan="3">회의내용</th><th colspan="3">내용</th><th colspan="2">비고</th></tr>
<tr><td colspan="3">1. 개인 주간 스케줄 및 업무 점검
• 김과장 : 브로슈어 기획 관련 홍보팀 미팅, 외부 디자이너 미팅
• 박주임 : 신제품 SNS 홍보 이미지 작업, 회사 영문 서브페이지 2차 리뉴얼 작업 진행
• 최사원 : 2025년도 홈페이지 개편 작업 진행
• 이사원 : 10월 사보 편집 작업</td><td colspan="2">• 10월 18일 AM 10:00 디자인팀 전시회 관람</td></tr>
<tr><td colspan="3">2. 2025년도 회사 홍보 브로슈어 기획
• 브로슈어 주제 : '신뢰'
– 창립 ○○주년을 맞아 고객의 신뢰로 회사가 성장했음을 강조
– 한결같은 모습으로 고객들의 지지를 받아왔음을 기업 이미지로 표현
• 20페이지 이내로 구성 예정</td><td colspan="2">• 10월 16일까지 홍보팀에서 2025년도 브로슈어 최종원고 전달 예정</td></tr>
<tr><th rowspan="3">결정사항</th><th colspan="2">내용</th><th colspan="2">작업자</th><th>진행일정</th></tr>
<tr><td colspan="2">브로슈어 표지 이미지 샘플 조사</td><td colspan="2">최사원, 이사원</td><td>2024-10-14 ~ 2024-10-15</td></tr>
<tr><td colspan="2">브로슈어 표지 시안 작업 및 제출</td><td colspan="2">박주임</td><td>2024-10-14 ~ 2024-10-18</td></tr>
<tr><th>특이사항</th><td colspan="5">다음 회의 일정 : 10월 21일
• 브로슈어 표지 결정, 내지 1차 시안 논의</td></tr>
</table>

① 이사원은 이번 주에 10월 사보 편집 작업만 하면 된다.

② 디자인팀은 이번 주 수요일에 전시회를 관람할 예정이다.

③ 김과장은 이번 주에 내부 미팅, 외부 미팅을 모두 할 예정이다.

④ N사는 외부 디자이너에게 브로슈어 표지 이미지 샘플을 요청하였다.

⑤ 최사원은 2025년도 홈페이지 개편 작업을 완료한 후 브로슈어 표지 시안을 제출할 예정이다.

02 다음은 어떤 기관에서 공지한 교육 홍보물의 내용 중 일부를 발췌한 것이다. 홍보물을 참고할 때, A사원이 속해 있을 부서의 업무로 적절하지 않은 것은?

… 상략 …

▶ 신청 자격 : 중소기업 재직자, 중소기업 관련 협회·단체 재직자
- 성공적인 기술 연구개발을 통해 기술 경쟁력을 강화하고자 하는 중소기업
- 정부의 중소기업 지원 정책을 파악하고 국가 연구개발 사업에 신청하고자 하는 중소기업

▶ 교육비용 : 100% 무료교육(교재 및 중식 제공)

▶ 교육일자 : 모든 교육과정은 2일 16시간 과정, 선착순 60명 마감

과정명	교육내용	교육일자	교육장소	접수마감
정규(일반)	연구개발의 성공을 보장하는 R&D 기획서 작성	5.15(목) ~ 16(금)	B대학교	5.14(수)
정규(종합)	R&D 기획서 작성 및 사업화 연계	5.24(토) ~ 25(일)	○○센터	5.19(월)

※ 선착순 모집으로 접수마감일 전 정원 초과 시 조기 마감될 수 있음

본 교육과 관련하여 보다 자세한 정보를 원하시면 A사원(123-4567)에게 문의하여 주시기 바랍니다.

① R&D 사업화 연계·지원 관리
② R&D 교육 관련 전문 강사진 관리
③ 중소기업 R&D 지원 사업 기획 및 평가·관리
④ R&D 관련 장비 활용 지원 사업 기획 및 평가·관리
⑤ 연구개발 기획 역량 개발 지원 사업 기획·평가·관리

03 다음은 최팀장이 김사원에게 남긴 음성메시지이다. 김사원이 가장 먼저 처리해야 할 일은?

지금 업무 때문에 밖에 나와 있는데, 전화를 안 받아서 음성메시지 남겨요. 내가 중요한 서류를 안 가져왔어요. 미안한데 점심시간에 서류 좀 갖다 줄 수 있어요? 아, 그리고 이팀장한테 퇴근 전에 전화 좀 달라고 해 줘요. 급한 건 아닌데 확인할 게 있어서 그래요. 나는 오늘 여기서 퇴근할 거니까 회사로 연락 오는 거 있으면 정리해서 오후에 알려 주고. 오전에 박과장이 문의사항이 있어서 방문하기로 했으니까 응대 잘 할 수 있도록 해요. 박과장이 문의한 사항은 관련 서류 정리해서 내 책상에 두었으니까 미리 읽어 보고 궁금한 사항 있으면 연락 주세요.

① 박과장 응대하기
② 최팀장에게 서류 갖다 주기
③ 이팀장에게 전화달라고 전하기
④ 최팀장 책상의 서류 읽어 보기
⑤ 회사로 온 연락 최팀장에게 알려 주기

PART 2

최종점검 모의고사

<table>
<tr><th colspan="5">지역농협 6급 필기시험</th></tr>
<tr><th>회차</th><th>영역</th><th>문항 수</th><th>응시시간</th><th>비고</th></tr>
<tr><td>1 ~ 2회
(70문항 유형)</td><td rowspan="2">의사소통능력
수리능력
문제해결능력
자원관리능력
조직이해능력</td><td>70문항</td><td>70분</td><td>5지선다</td></tr>
<tr><td>3 ~ 4회
(60문항 유형)</td><td>60문항</td><td>60분 / 70분</td><td>4지선다</td></tr>
</table>

※ 응시시간이 종료되고 OMR 답안카드에 마킹하거나 이전 영역의 시험지를 넘기는 행동은 부정행위로 간주한다.

제1회 최종점검 모의고사

모바일 OMR

문항 수 : 70문항 응시시간 : 70분

정답 및 해설 p.046

※ 다음 중 짝지어진 단어 사이의 관계가 나머지와 다른 것을 고르시오. [1~2]

Easy

01 ① 진행 – 정지 ② 삭제 – 첨가
③ 송신 – 수신 ④ 항쟁 – 굴복
⑤ 산울림 – 메아리

02 ① 분석 – 종합 ② 보은 – 배은
③ 공개 – 은폐 ④ 채무 – 채권
⑤ 리사이틀 – 독주회

※ 다음 제시된 단어의 대응 관계로 볼 때, 빈칸에 들어갈 단어로 알맞은 것을 고르시오. [3~4]

03

이단 : 전통 = 모방 : (　　)

① 사설 ② 종가
③ 모의 ④ 답습
⑤ 창안

04

후회 : 회한 = (　　) : 억지

① 패
② 떼
③ 집단
④ 논리
⑤ 원리

PART 2

※ 다음 제시된 단어에서 공통으로 연상할 수 있는 단어로 가장 적절한 것을 고르시오. [5~6]

Easy

05

수갑　검거　수사

① 군인
② 판사
③ 열쇠
④ 법원
⑤ 형사

06

언론　취재　신문

① 배우
② 여론
③ 기자
④ 구독
⑤ 조사

※ 다음 밑줄 친 어휘와 같은 의미로 쓰인 것을 고르시오. [7~8]

07

국가대표팀을 이끌었던 감독은 경기를 마친 뒤 선수들을 향한 애정을 드러내 눈길을 끌었다. 감독은 결승 경기 이후 진행된 인터뷰에서 "선수들이 여기까지 올라온 건 충분히 자긍심을 가질 만한 결과이다."라고 이야기했다. 이어 감독은 동고동락한 선수들과의 일을 떠올리다 감정이 벅차 말을 잇지 못하기도 했다. 한편 경기에서 최선을 다한 선수들을 향한 뜨거운 응원은 계속 이어지고 있다.

① 슬리퍼를 끌고 다니는 모습이 보기에 좋지 않다.
② 손님을 끌기 위해 수단과 방법을 가리지 않았다.
③ 어머니는 떼를 쓰는 아이의 팔을 끌고 집으로 갔다.
④ 고장 난 차량을 끌고 가기 위한 견인차가 도착하였다.
⑤ 대표팀은 승리를 굳히기 위해 시간을 끄는 모습을 보였다.

08

나이스비트가 우리에게 던진 보다 큰 충격은 우리가 수치스럽게만 생각했던 삼풍 사건 속에서 한국의 몰락이 아니라 오히려 아직도 한국에 남아 있는 소중한 정신적 가치를 발견하고 지키려 한 그의 지성이다. 더 직설적으로 말하면 나이스비트가 들을 수 있었던 것을 왜 우리는 들을 수 없었는가 하는 충격이다. 그의 눈에는 크게 보이는 것이 어째서 우리 눈에는 그처럼 하찮게 비쳤는가 하는 충격이다. 우리에게는 절망으로만 보이는 암흑이, 어떻게 해서 그에게는 전 세계를 점화하는 희망의 불꽃으로 보이는가 하는 충격이다.

① 그는 아무리 말해도 시키는 대로 하지 않았다.
② 그 사람을 좋게 말하지 않는 사람을 보지 못했다.
③ 그에게 여러 번 말해 보았지만 끝내 들어주지 않았어.
④ 그렇게 빙빙 돌리지 말고 좀 더 쉽고 분명하게 말해 줘.
⑤ 동생에게 남의 물건을 훔치지 말라고 아무리 말해도 듣지를 않는다.

09 다음 중 밑줄 친 부분의 맞춤법이 옳지 않은 것은?

① 너는 참 <u>개구쟁이</u> 같아.
② 지나친 음주는 <u>삼가해 주세요</u>.
③ 오늘 <u>스포츠난</u>의 기사를 읽어 보았니?
④ <u>남녀노소</u> 즐길 수 있는 축제를 기획해 보자.
⑤ 남부지방에 비가 올 <u>확률</u>이 60%나 된다더라.

PART 2

10 다음 중 ㉠~㉤의 맞춤법 수정 방안으로 옳지 않은 것은?

> 그쪽에서 물건 하나를 ㉠ <u>맞아</u> 주었으면 해요. 그건 우리 할머니의 ㉡ <u>유품이예요</u>. 저는 할머니의 ㉢ <u>유언</u>에 따라 당신에게 그것을 전해야 할 책임을 느껴요. 할머니께서는 본인의 생각을 저에게 누차 말씀하신 바 있기 때문이죠. 부디 당신이 할머니가 품었던 호의를 거절하지 않기를 ㉣ <u>바래요</u>. 아시다시피 할머니는 결코 말씀이 많으신 분은 아니었지요. 당신께서 생전에 표현하지 못했던 심정이 거기에 절실히 아로새겨져 있을 ㉤ <u>거예요</u>.

① ㉠은 문맥상 적절한 단어인 '맡아'로 수정해야 한다.
② ㉡은 잘못된 표기이므로 '유품이에요'로 수정해야 한다.
③ ㉢의 '유언'은 문맥상 비슷한 단어인 '유지(遺志)'로 바꾸어 쓸 수 있다.
④ ㉣의 기본형은 '바라다'이므로 '바라요'로 수정해야 한다.
⑤ ㉤은 의존명사 '것'에 '-에요'가 결합한 것이므로 '거에요'로 수정해야 한다.

11 다음 글의 빈칸 ㉠~㉢에 들어갈 단어를 바르게 짝지은 것은?

> • 풍경화, 인물화, 정물화라는 __㉠__이/가 이 전시회의 형식이나 내용으로 판별되던 때는 지났다.
> • 소유와 경영은 __㉡__되어야 한다.
> • 서정시와 서사시를 __㉢__하는 기준은 모호하다.

	㉠	㉡	㉢
①	분류	구분	분리
②	분별	분리	구분
③	분류	분리	구분
④	분리	분별	분류
⑤	구분	분리	분별

Hard

12 다음 제시된 단어와 반대되는 의미를 가진 것은?

손방

① 손바람
② 난든집
③ 잡을손
④ 매무시
⑤ 너울가지

13 다음 제시된 단어와 같거나 유사한 의미를 가진 것은?

이목

① 괄목
② 경계
③ 기습
④ 정도
⑤ 시선

14 다음 글에 어울리는 속담으로 가장 적절한 것은?

> 한국을 방문한 외국인들을 대상으로 한 설문조사에서 인상 깊은 한국의 '빨리빨리' 문화로 '자판기에 손 넣고 기다리기, 웹사이트가 3초 안에 안 나오면 창 닫기, 엘리베이터 닫힘 버튼 계속 누르기' 등이 뽑혔다. 외국인들에게 가장 큰 충격을 준 것은 바로 '가게 주인의 대리 서명'이었다. 외국인들은 가게 주인이 카드 모서리로 대충 사인을 하는 것을 보고 큰 충격을 받았다고 하였다. 외국에서는 서명을 대조하여 확인하기 때문에 대리 서명은 상상도 할 수 없다는 것이다.

① 가재는 게 편이다.
② 우물에 가 숭늉 찾는다.
③ 하나를 듣고 열을 안다.
④ 낙숫물이 댓돌을 뚫는다.
⑤ 봇짐 내어 주며 앉으라 한다.

15 다음 글에 어울리는 한자성어로 가장 적절한 것은?

서로 다른 산업 분야의 기업 간 협업이 그 어느 때보다 절실해진 상황에서 기업은 '협업'과 '소통'을 고민하지 않을 수 없다. 협업과 소통의 중요성은 기업의 경쟁력 강화를 위해 항상 강조되어 왔지만, 한 기업 내에서조차 성공적으로 운영하기가 쉽지 않았다. 그런데 이제는 서로 다른 산업 분야에서 기업 간의 원활한 협업과 소통까지 이뤄내야 하니, 기업의 고민은 깊어질 수밖에 없다.
협업과 소통의 문화·환경을 성공적으로 정착시키는 길은 결코 쉽게 갈 수 없다. 하지만 그 길을 가기 위해 첫걸음을 내디딜 수만 있다면 절반의 성공은 담보할 수 있다. 우선 직원 개인에게 '혼자서 큰일을 할 수 있는 시대는 끝이 났음'을 명확하게 인지시키고, 협업과 소통을 통한 실질적 성공 사례들을 탐구하여 그 가치를 직접 깨닫게 해야 한다.
그런 다음에는 협업과 소통을 위한 시스템을 갖추는 데 힘을 쏟아야 한다. 당장 협업 시스템을 전사 차원에서 적용하라는 것은 결코 아니다. 작은 변화를 통해 직원들 간 또는 협력업체 간, 고객들 간의 협업과 소통을 조금이나마 도울 수 있는 노력을 시작하라는 것이다. 동시에 시스템을 십분 활용할 수 있도록 독려하는 노력도 간과하지 말아야 한다.

① 장삼이사(張三李四)
② 하석상대(下石上臺)
③ 등고자비(登高自卑)
④ 주야장천(晝夜長川)
⑤ 내유외강(內柔外剛)

16 다음 글의 중심 내용으로 가장 적절한 것은?

Don't be surprised if you start hearing the term 'information literacy' a lot. The digital revolution means that sooner or later students and adults are going to need an entirely new set of skills : how to get information, where to find it, and how to use it. Becoming good at handling information is going to be one of the most important skills of the twenty-first century, not just in school but in the real world. Thus you are going to have to master these skills eventually anyway. So deal with them now.

① 컴퓨터 혁명으로 문맹을 퇴치할 수 있다.
② 컴퓨터의 성능과 정보처리속도는 비례한다.
③ 정보를 능숙하게 처리하는 기술을 익혀야 한다.
④ 미래에는 컴퓨터가 학교교육을 대체할 수 있다.
⑤ 다양한 정보 속에서 필요한 정보만을 잘 골라 활용해야 한다.

17 다음 제시된 문단을 논리적 순서대로 바르게 나열한 것은?

(가) 그렇다면 우리나라는 어떻게 신뢰를 확보할 수 있을까? 전문가들은 고위 공직자들이 솔선수범하여 스스로 부패를 없애는 일이야말로 신뢰를 쌓기 위한 첫 번째 조건이라고 말한다. 언론은 사실에 입각하여 객관적이고 공정한 보도를 하여야 독자들이 신뢰할 것이다. 가짜 뉴스는 걸러야 하고, 오보는 반드시 정정 보도를 내보내야 한다. 또한 법과 원칙이 사회를 지배해야 하며, 법은 누구에게나 정의롭고 공정해야 한다. 힘 있는 사람이 법망을 빠져나가고 거리마다 자기의 주장을 외쳐대는 행위는 신뢰를 크게 무너뜨린다. 마지막으로 아프리카의 보츠와나처럼 학생들에게 어릴 때부터 청렴 교육을 할 필요가 있다.

(나) 프랑스 혁명 당시 시민혁명군이 왕궁을 포위했을 때 국왕 루이 16세와 왕비를 마지막까지 지킨 것은 프랑스 군대가 아니었다. 모든 프랑스 수비대는 도망갔지만 스위스 용병 700여 명은 남의 나라 왕과 왕비를 위해 용맹스럽게 싸우다가 장렬하게 전사했다. 프랑스 시민혁명군이 퇴각할 기회를 주었는데도 스위스 용병들은 그 제의를 거절했다. 당시 전사한 한 용병이 가족에게 보내려던 편지에는 이렇게 쓰여 있었다. '우리가 신뢰를 잃으면 우리 후손들은 영원히 용병을 할 수 없을 것이다. 우리는 죽을 때까지 왕궁을 지키기로 했다.' 오늘날까지 스위스 용병이 로마 교황의 경비를 담당하는 것은 이러한 용병들의 신뢰성 덕분이다. 젊은 용병들이 목숨을 바치며 송금한 돈도 결코 헛되지 않았다. 스위스 은행은 용병들이 송금했던 핏값을 목숨을 걸고 지켜냈다. 그 결과 스위스 은행은 안전과 신뢰의 대명사가 되어 이자는커녕 돈 보관료를 받아 가면서 세계 부호들의 자금을 관리해주는 존재가 되었다.

(다) 신뢰(信賴)란 무엇인가? 신뢰에 대한 정의는 다양하지만 일반적으로 '타인의 미래 행동이 자신에게 호의적일 것이라는 기대와 믿음'을 말한다. 우리가 가족을 믿고 친구를 믿고 이웃을 믿는 것은 신뢰가 있기 때문이다. 로버트 퍼트넘은 신뢰란 한 사회를 유지하는 데 꼭 필요한 요소로 사회적 자본이라고 했다. 프랜시스 후쿠야마는 신뢰가 낮은 나라는 큰 사회적 비용이 발생한다고 지적했다.

(라) 한국의 신뢰지수는 아주 낮다. OECD 사회신뢰도에 의하면, 한국은 '믿을 사람이 없다.', '사법시스템도 못 믿겠다.', '정부도 못 믿겠다.'라는 질문에 모두 높은 순위를 기록했다. '미래에 대한 심각한 불안감을 가지고 있느냐.'는 질문에 대해 한국의 청년 응답자들은 무려 79.7%가 '그렇다.'고 답했다. 신뢰가 낮은 국가는 이해당사자 간에 발생하는 갈등을 사회적 대타협으로 해결하지 못한다. 일례로 한국에서 노사정 대타협이 성공했다는 소식을 들은 적이 없는 것 같다. 서로가 서로를 신뢰하지 못하기 때문이다.

(마) 스위스는 우리나라와 비슷한 점이 많다. 독일, 프랑스, 이탈리아, 오스트리아 등 주변국에 시달리며 비극적인 역사를 이어왔다. 국토의 넓이는 우리나라 경상도와 전라도를 합한 크기로 국토의 75%가 산이며, 자원이라곤 사람밖에 없다. 150년 전까지만 하여도 최빈국이었던 스위스가 지금은 1인당 GDP가 세계 2위(2016년)인 $78,000의 선진국이 되었다. 그 이유는 무엇일까? 가장 큰 이유는 신앙에 기초를 둔 '신뢰' 덕분이었다.

(바) 이제 우리나라는 자본, 노동과 같은 경제적 자본만으로는 성장의 한계에 도달했다. 이제 튼튼한 신뢰성이 산업계 전반으로 퍼져 나감으로써 신뢰와 같은 사회적 자본을 확충해 경제 성장을 도모해야 나라 경제가 부강해질 수 있을 것이다.

① (나) – (마) – (다) – (라) – (가) – (바)
② (나) – (바) – (다) – (가) – (라) – (마)
③ (다) – (라) – (가) – (나) – (마) – (바)
④ (다) – (라) – (바) – (마) – (나) – (가)
⑤ (라) – (마) – (나) – (다) – (가) – (바)

18 **다음 글을 읽고 추론한 내용으로 적절하지 않은 것은?**

'콘크리트'는 건축 재료로 다양하게 사용되고 있다. 일반적으로 콘크리트가 근대 기술의 산물로 알려져 있지만 콘크리트는 이미 고대 로마 시대에도 사용되었다. 로마 시대의 탁월한 건축미를 보여주는 판테온은 콘크리트 구조물인데, 반구형의 지붕인 돔은 오직 콘크리트로만 이루어져 있다. 로마인들은 콘크리트의 골재 배합을 달리하면서 돔의 상부로 갈수록 두께를 점점 줄여 지붕을 가볍게 할 수 있었다. 돔 지붕이 지름 45m 남짓의 넓은 원형 내부 공간과 이어지도록 하였고, 지붕의 중앙에는 지름 9m가 넘는 원형의 천창을 내어 빛이 내부 공간을 채울 수 있도록 하였다.
콘크리트는 시멘트에 모래와 자갈 등의 골재를 섞어 물로 반죽한 혼합물이다. 콘크리트에서 결합재 역할을 하는 시멘트가 물과 만나면 점성을 띠는 상태가 되며, 시간이 지남에 따라 수화 반응이 일어나 골재, 물, 시멘트가 결합하면서 굳어진다. 콘크리트의 수화 반응이 상온에서 일어나기 때문에 작업하기가 좋다. 반죽 상태의 콘크리트를 거푸집에 부어 경화시키면 다양한 형태와 크기의 구조물을 만들 수 있다. 콘크리트의 골재는 종류에 따라 강도와 밀도가 다양하므로 골재의 종류와 비율을 조절하여 콘크리트의 강도와 밀도를 다양하게 변화시킬 수 있다. 그리고 골재들 간의 접촉을 높여야 강도가 높아지기 때문에, 서로 다른 크기의 골재를 배합하는 것이 효과적이다.
콘크리트가 철근 콘크리트로 발전함에 따라 건축은 구조적으로 더욱 견고해지고, 형태 면에서는 더욱 다양하고 자유로운 표현이 가능해졌다. 일반적으로 콘크리트는 누르는 힘인 압축력에는 쉽게 부서지지 않지만 당기는 힘인 인장력에는 쉽게 부서진다. 압축력이나 인장력에 재료가 부서지지 않고 견딜 수 있는 단위 면적당 최대의 힘을 각각 압축 강도와 인장 강도라 한다. 콘크리트의 압축 강도는 인장 강도보다 10배 이상 높다.

① 수화 반응을 일으키기 위해서 콘크리트는 영하에서 제작한다.
② 고대 로마 시기에는 콘크리트를 이용해 건축물을 짓기도 했다.
③ 콘크리트를 만들기 위해서는 시멘트와 모래, 자갈 등이 필요하다.
④ 일반 콘크리트보다 철근 콘크리트가 더 자유로운 표현이 가능하다.
⑤ 콘크리트의 강도를 높이기 위해선 크기가 다른 골재들을 배합해야 한다.

※ 다음 글을 읽고 이어지는 질문에 답하시오. [19~21]

(가) 농협중앙회는 부회장을 비롯해 임원 및 집행간부, 주요 부서장 등 30여 명이 참석한 가운데 구제역, AI 등 가축전염병 예방을 위한 '범농협 비상방역 점검회의'를 개최하였다. 이날 회의에서 농협은 그간 발생한 구제역, 고병원성 AI 현황과 방역조치 추진사항을 돌아보며 상시방역에 대한 의지를 다졌다. 농협은 정부의 방역활동을 보조하는 가장 큰 민간방역조직으로서 소규모 농가 및 취약지역의 소독을 전담하는 공동방제단 540개 반을 운영하고 있으며, 축협의 동물병원 103개소를 통해 구제역 백신을 전담 공급하며, 권역별 방역용품 비축기지 22개소를 통해 가축질병 발생 시 신속한 초동 대응이 가능하도록 준비하고 있다. 또한 6,200명의 자체 방역 인력풀을 지정하고 만일의 사태에 인력지원이 가능하도록 ㉠ 만반의 대비를 하고 있다.

농협운 최근 인사철을 맞아 사무소장 교체와 담당직원 이동으로 인한 방역업무 ㉡ 공백을 미연에 방지하고, 유사시 대응능력을 극대화하기 위해 관련 업무를 모두 매뉴얼화하였고, 방역교육과 홍보를 정기적으로 실시하고 있다.

(나) 지난 1월 농협 축산경제 대표이사는 충북 음성 지역을 방문하여 관내 AI 방역실태를 사전 점검하고, 현장의 공동방제단 직원들과 간담회를 가졌다.

이번 동절기에는 아직까지 고병원성 검출이 확진되진 않았지만 1월 들어 철새 활동이 왕성하고(12월 기준, 전년 대비 22% 증가) 지속적으로 야생조류 AI 항원이 ㉢ 검출(49건)되고 있어 악성 가축질병 근절을 위해서는 가금농가 및 관계인들의 차단방역이 중요해지고 있다.

이날 방문한 음성지역에는 음성축협 공동방제단을 중심으로 방역활동이 이루어지고 있는데, 음성축협 공동방제단은 음성군청과 협력하여 미호천 등 관내 저수지 ㉣ 인근 가금농가에 소독활동을 펼치고 있다. 농협 축산경제 대표이사는 공동방제단 직원에게 방한용품을 전달하고 관련 임직원의 노고를 ㉤ 치하하고 현장 목소리를 경청하였으며, 간담회에서 "야생조류 고병원성 AI 항원이 언제든지 검출될 수 있으며, 차단방역은 밤낮이 따로 없다."고 강조하였으며 "올해가 구제역, AI가 발생하지 않는 원년의 해가 될 수 있도록 범농협적 관심과 노력이 필요하다."고 말했다.

19 다음 중 (가)를 읽고 보인 반응으로 적절하지 않은 것은?

① 가축전염병에는 구제역, 고병원성 AI 등이 있구나.
② 농협은 방역업무 관련 지침을 마련하여 유사시 대응능력을 높이고 있어.
③ 농협은 방제단 규모와 방역 인력 면에서 국내에서 가장 큰 방역조직이군.
④ 농협에서는 전국의 가축전염병 예방을 위해 다양한 노력을 기울이고 있네.
⑤ 농협이 개최한 범농협 비상방역 점검회의에 농협의 임직원 등 30여 명이 참석했어.

20 다음 중 ㉠~㉤의 의미로 적절하지 않은 것은?

① ㉠ 만반 – 마련할 수 있는 모든 것
② ㉡ 공백 – 어떤 일의 빈구석이나 빈틈
③ ㉢ 검출 – 시료 속에 화학종이나 미생물 따위의 존재 유무를 알아내는 일
④ ㉣ 인근 – 이웃한 가까운 곳
⑤ ㉤ 치하 – 따뜻한 말이나 행동으로 괴로움을 덜어 주거나 슬픔을 달래 줌

PART 2

21 다음 중 (가)와 (나)를 읽고 추론한 내용으로 가장 적절한 것은?

① 가축전염병 예방 및 근절을 위해서는 홍보 및 교육이 가장 중요하다.
② 공동방제단 직원들의 노고로 가축전염병 방역이 완벽하게 이루어지고 있다.
③ 농협에서는 가축전염병 중에서도 고병원성 AI 방역에 가장 큰 공을 들이고 있다.
④ 사람 전염을 예방하기 위해 공동방제단 운영, 권역별 방역용품 비축기지 운영 등이 이루어지고 있다.
⑤ 유사시 대응체계를 마련하고 차단방역에 힘쓰는 등 가축전염병 근절을 위해 범농협적 노력을 하고 있다.

Hard

22 다음 글의 빈칸에 들어갈 내용으로 가장 적절한 것은?

조선 왕조에서 최고의 지위를 갖고 있던 왕들의 모습은 현재의 거울처럼 더욱더 생생하게 다가오고 있다. 조선 왕들에 대한 관심은 서적이나 영화, 드라마 등을 통해서도 상당히 표출되었지만, 영화나 드라마보다 더 극적인 상황 전개가 이루어진 정치 현실과 맞물리면서 조선 시대 왕의 리더십에 대해서는 더욱 통찰력 있는 분석이 요구되고 있다.
조선 왕조는 500년 이상 장수한 왕조였고, 27명의 왕이 재위하였다. 각기 다른 개성을 가진 왕들은 체제의 정비가 요구되던 시기를 살기도 했고, 강력한 개혁이 요구되던 시기를 살기도 했다. 태종이나 세조처럼 자신의 집권 정당성을 위해서 강력한 왕권을 확립해야 했던 왕, 세종이나 성종처럼 체제와 문물의 정비에 총력을 쏟았던 왕이 있었고, 광해군이나 선조처럼 개혁이 시대적 요구가 되던 시대를 살아간 왕도 있었다. 선조와 같이 전란을 겪고 수습해야 했던 왕, 인조처럼 적장에게 항복할 수밖에 없었던 왕, 원인은 달랐지만 부왕의 복수와 명예 회복을 위해 살아간 효종과 정조도 있었다. 시대의 요구가 달랐고 각기 다른 배경 속에서 즉위한 조선의 왕이었지만, 이들은 모두 성리학 이념으로 무장한 신하들과 학자, 왕의 통치력을 믿고 따르는 백성들과 함께 국가를 합리적으로 이끌어갈 임무를 부여받았다. 왕들은 때로는 과감한 개혁 정책을 선보였고, 때로는 왕권에 맞서는 신권에 대응하기도 했으며 조정자의 역할도 하였다. 모두들 백성을 위한 정책을 추진한다고 했지만, 대동법과 균역법처럼 시대의 요청에 부응하는 것들도 있었던 반면, 무리한 토목 공사와 천도처럼 실패한 정책들도 있었다. 체제의 안정, 변화와 개혁의 중심에도 왕의 리더십이 있었고, 왕의 리더십은 국가의 성패를 가늠하는 주요한 기준이었기에 왕으로 산다는 것은 그렇게 쉬운 일이 아니었다. 역사는 현재를 비추는 거울이라고 한다. 왕조 시대가 끝나고 국민이 주인이 되는 민주사회가 도래했다고는 하지만, 적절한 정책의 추진, 여론의 존중, 도덕과 청렴성, 소통과 포용의 리더십, 언론의 존중 등 전통사회의 왕들에게 요구되었던 덕목들은 오늘날 여전히 유효하다. ______________________________
______________________________ 빛은 실험을 해보면 입자의 특성을 보이지만, 질량이 없고 물질을 투과하며 만져지지 않는다. 포논은 어떨까? 원자 사이의 용수철 진동을 양자화 한 것이므로 물질이 아니라 단순한 에너지의 진동으로서 파울리의 배타원리를 따르지 않는다. 즉, 포논은 광자와 마찬가지로 스핀이 0인 보존 입자다.

① 왕을 견제하는 세력을 두어 왕권과 신권의 적절한 조화가 중요하다.
② 조선의 왕들은 자신의 정치 역량을 최대한 발휘하는 위치에 서 있었다.
③ 조선의 왕은 고대나 고려의 왕들에 비해 절대적인 권력을 누리지는 못하였다.
④ 조선의 왕이 보인 리더십을 본받아 현재의 리더가 갖추어야 할 덕목들을 생각해 보아야 한다.
⑤ 조선 왕조는 국제 전쟁이나, 왕위 계승 등 역사적 전개 과정에서 크고 작은 변화를 경험했다.

※ 다음 식을 계산한 값으로 옳은 것을 구하시오. [23~25]

23

$$(49+63+35)\div 14-7\times 0.5$$

① 6
② 7
③ 8
④ 9
⑤ 10

24

$$(0.983-0.42\times 2)+0.169$$

① 0.311
② 0.312
③ 0.313
④ 0.314
⑤ 0.315

25

$$43\times 4-240\div 8-2^2\times 34$$

① 3
② 4
③ 5
④ 6
⑤ 7

PART 2

※ 일정한 규칙으로 수나 문자를 나열할 때, 빈칸에 들어갈 알맞은 것을 고르시오. [26~29]

26

2　2　6　30　(　)　1,890

① 150
② 180
③ 210
④ 240
⑤ 270

27

4　2　6　−2　14　−18　(　)

① −52
② −46
③ 22
④ 46
⑤ 52

28

ㄴ　D　ㅂ　H　ㅊ　L　ㅎ　(　)

① P
② ㄴ
③ S
④ ㅁ
⑤ Y

29

A　ㄴ　B　三　ㄷ　C　ⅳ　四　(　)　D

① ㄹ
② 7
③ ㅈ
④ 9
⑤ 六

30 농도 5%의 설탕물 600g을 1분 동안 가열하면 10g의 물이 증발한다. 이 설탕물을 10분 동안 가열한 후, 다시 설탕물 200g을 넣었더니 농도 10%의 설탕물 700g이 되었다. 이때 더 넣은 설탕물 200g의 농도는?(단, 용액의 농도와 관계없이 가열하는 시간과 증발하는 물의 양은 비례한다)

① 5%
② 10%
③ 15%
④ 20%
⑤ 25%

31 A와 B가 N코스를 자동차로 달려 먼저 도착하는 사람이 이기는 게임을 하였다. N코스는 30m씩 3개의 커브길과 총 180m인 직선 도로로 이루어져 있다. A는 커브길에서는 90m/min, 직선 도로에서 120m/min으로 달렸고, B는 직선 도로에서 180m/min으로 달렸다. 게임에서 A가 이겼다면, 커브길에서 B의 최대 속력은?(단, 이 게임에서는 속력을 정수로만 나타낸다)

① 58m/min
② 59m/min
③ 60m/min
④ 61m/min
⑤ 62m/min

32 N씨는 태국에서 신용카드로 1만 5천 바트의 기념품을 구매하였다. 카드사에서 적용하는 환율 및 수수료가 다음과 같을 때, N씨가 기념품 비용으로 내야 할 카드 금액은?(단, 환전 수수료는 고려하지 않는다)

〈적용 환율 및 수수료〉

- 태국 환율 : 38.1원/바트
- 해외서비스 수수료 : 0.2%

※ 십 원 미만은 절사

① 541,890원
② 558,110원
③ 566,230원
④ 572,640원
⑤ 584,720원

PART 2

33 선규와 승룡이가 함께 일하면 5일이 걸리는 일을 선규가 먼저 혼자서 4일을 일하고, 승룡이가 혼자서 7일을 일하면 끝낼 수 있다고 한다. 승룡이가 이 일을 혼자서 끝내는 데 걸리는 기간은?

① 11일
② 12일
③ 14일
④ 15일
⑤ 16일

34 올해 N기업의 신입사원 수는 작년에 비해 남자 신입사원은 8%, 여자 신입사원은 12% 증가하였고, 증가한 총인원은 32명이다. 작년 신입사원이 325명일 때, 올해 남자 신입사원의 수는?

① 150명
② 175명
③ 180명
④ 189명
⑤ 204명

35 놀이기구를 타기 위해 줄을 서 있는 사람들을 놀이기구에 5명씩 탑승시키면 12명이 남고, 6명씩 탑승시키면 놀이기구 하나에는 2명이 타게 되고 놀이기구 1개가 빈다고 한다. 이때 줄을 서 있는 사람의 수와 놀이기구의 개수의 합은?

① 145
② 144
③ 143
④ 142
⑤ 141

36 A ~ C 세 문제가 있다. 한 학생이 A, B, C 세 문제를 맞힐 확률이 각각 $\frac{5}{6}$, $\frac{1}{2}$, $\frac{1}{4}$이라면, 이 학생이 세 문제를 모두 풀어서 한 문제 이상 맞힐 확률은?

① $\frac{1}{24}$
② $\frac{5}{24}$
③ $\frac{7}{16}$
④ $\frac{13}{16}$
⑤ $\frac{15}{16}$

37 N기업에서 파견 근무를 나갈 10명을 뽑아 팀을 구성하려고 한다. 새로운 팀 내에서 팀장 1명과 회계 담당 2명을 뽑는 경우의 수는?

① 300가지
② 320가지
③ 348가지
④ 360가지
⑤ 396가지

PART 2

Hard

38 N기업에 다니는 김사원은 이번 달 영국에서 5일 동안 일을 마치고 한국에 돌아와 일주일 후 스페인으로 다시 4일간의 출장을 갔다 온다고 한다. 다음 자료를 참고하여 김사원이 영국과 스페인 출장 시 필요한 총비용을 A ~ C은행에서 환전할 때 필요한 원화의 최댓값과 최솟값의 차이는?(단, 출장비는 해외여비와 교통비의 합이며, 환전 수수료는 고려하지 않는다)

〈국가별 1일 여비〉

구분	영국	스페인
1일 해외여비	50파운드	60유로

〈국가별 교통비 및 추가 지급비용〉

구분	영국	스페인
교통비(비행시간)	380파운드(12시간)	870유로(14시간)
초과 시간당 추가 지급비용	20파운드	15유로

※ 교통비는 편도 항공권 비용이며, 비행시간도 편도에 해당함
※ 편도 비행시간이 10시간을 초과하면 시간당 추가 비용이 지급됨

〈은행별 환율 현황〉

구분	매매기준율(KRW)	
	원/파운드	원/유로
A은행	1,470	1,320
B은행	1,450	1,330
C은행	1,460	1,310

① 31,900원
② 32,700원
③ 33,500원
④ 34,800원
⑤ 35,200원

39 다음은 유명 전자브랜드인 2024년 A사와 B사의 전자제품별 매출액과 순이익 비교에 대한 자료이다. 이에 대한 설명으로 옳은 것은?

〈2024년 A사와 B사의 전자제품별 매출액 · 순이익 비교〉

(단위 : 억 원)

구분	A사		B사	
	매출액	순이익	매출액	순이익
TV	1,200	300	800	120
냉장고	55,200	15,456	76,000	19,000
에어컨	88,400	22,100	94,500	24,570
제습기	25,500	7,395	22,000	4,840
공기청정기	42,200	12,660	78,400	19,600

※ $(\text{순이익률})=\frac{(\text{순이익})}{(\text{매출액})}\times 100$

① A사 공기청정기의 순이익률은 30%이다.

② A사와 B사 전자제품의 매출액 순위는 동일하다.

③ B사 TV의 순이익률과 냉장고의 순이익률 차이는 15%p이다.

④ A사가 B사보다 매출액이 높은 전자제품은 2가지지만, 순이익이 높은 제품은 1가지이다.

⑤ A사와 B사가 에어컨을 각각 200만 대, 210만 대 팔았다면, 에어컨 1대의 단가는 A사가 더 높다.

40 다음은 5월 22일 당일을 기준으로 하여 5월 15일부터 일주일간 수박 1개의 판매가이다. 이에 대한 설명으로 옳지 않은 것은?

〈5월 15 ~ 22일 수박 판매가〉

(단위 : 원/개)

구분		5/15	5/16	5/17	5/18	5/19	5/22(당일)
평균		18,200	17,400	16,800	17,000	17,200	17,400
최고값		20,000	20,000	20,000	20,000	20,000	18,000
최저값		16,000	15,000	15,000	15,000	16,000	16,000
등락률		−4.4%	0%	3.6%	2.4%	1.2%	−
지역별	서울	16,000	15,000	15,000	15,000	17,000	18,000
	부산	18,000	17,000	16,000	16,000	16,000	16,000
	대구	19,000	19,000	18,000	18,000	18,000	18,000
	광주	18,000	16,000	15,000	16,000	17,000	18,000

① 5월 16 ~ 19일 나흘간 광주의 수박 평균 가격은 16,000원이다.
② 5월 17일부터 전체 수박의 평균 가격은 200원씩 일정하게 증가하고 있다.
③ 5월 15 ~ 19일 서울의 수박 평균 가격은 동기간 부산의 수박 평균 가격보다 낮다.
④ 5월 16일부터 증가한 서울의 수박 가격은 최근 높아진 기온의 영향을 받은 것이다.
⑤ 대구의 경우 5월 16일까지는 가격 변동이 없었지만, 5일 전인 5월 17일에 감소했다.

PART 2

※ N기업에서는 업무효율을 높이기 위해 직원들의 자기계발 현황에 대하여 논의하고자 한다. 인사업무를 담당하는 귀하는 필요한 자료를 제공하기 위해 전 직원의 자기계발 투자 시간, 투자 비용, 자기계발 분야 현황을 조사하였고, 다음 자료와 같은 결과를 얻었다. 이어지는 질문에 답하시오(단, 조사대상은 모두 500명으로 동일하다). **[41~42]**

〈자기계발 투자 시간/주〉

(단위 : %)

구분	비율
1시간 미만	15.2
1시간 이상 4시간 미만	48.4
4시간 이상 7시간 미만	16.6
7시간 이상	19.8

〈자기계발 투자 비용/월〉

(단위 : %)

구분	비율
5만 원 미만	8.4
5만 원 이상 10만 원 미만	40.0
10만 원 이상 20만 원 미만	36.6
20만 원 이상 30만 원 미만	11.4
30만 원 이상 50만 원 미만	3.6

〈자기계발 분야〉

(단위 : %)

구분	비율
외국어 학습	30.2
체력단련	15.6
해당직무 전문 분야	42.6
직무 외 분야	8.4
인문학 교양	3.2

41 다음 중 위 자료에 대한 설명으로 옳은 것은?

① 229명의 직원들이 외국어 학습 또는 체력단련으로 자기계발을 한다.

② 한 달에 5만 원 미만의 비용을 자기계발에 투자하는 직원의 수가 가장 적다.

③ N기업 직원의 반 이상은 일주일에 1시간 이상 4시간 미만의 자기계발 시간을 갖는다.

④ 자기계발 시간을 일주일에 4시간 이상 7시간 미만 투자하는 직원의 수는 7시간 이상 투자하는 직원보다 18명 적다.

⑤ 가장 많은 비율을 차지하는 자기계발 분야의 직원 수와 가장 적은 비율을 차지하는 자기계발 분야의 직원 수의 차는 177명이다.

Easy

42 귀하는 위 자료를 상사인 A부장에게 보고하였고, A부장은 귀하에게 다음과 같은 지시사항을 주었다. A부장의 지시사항을 토대로 귀하가 그래프를 그린다고 할 때, 옳지 않은 그래프는?

> A부장 : 우선 수고가 많았어요. 자료를 검토했는데 그래프를 추가로 그리면 좋을 것 같네요. 자기계발 투자 시간과 자기계발 투자 비용은 비율이 아니라 인원수로 나타내고, 인원의 수가 많고 적음을 한눈에 비교하기 쉬웠으면 좋겠어요. 그리고 자기계발 분야의 그래프는 그대로 비율로 나타내되, 차지하는 비율이 큰 분야에서 작은 분야 순서로 보기 쉽게 나타냈으면 좋을 것 같네요.

① 〈자기계발 분야〉

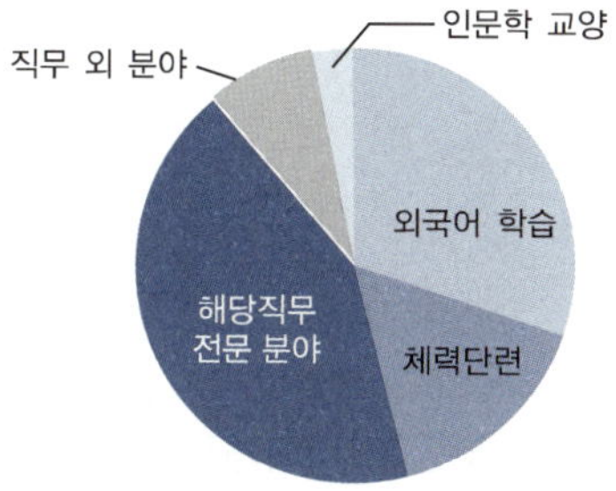

② 〈자기계발 투자 시간〉

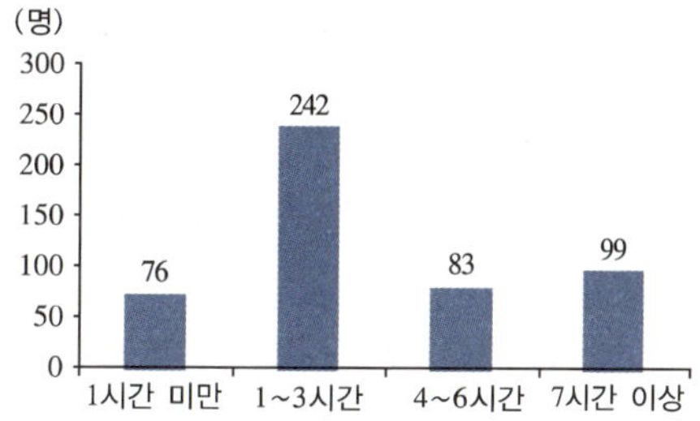

③ 〈자기계발 투자 비용〉

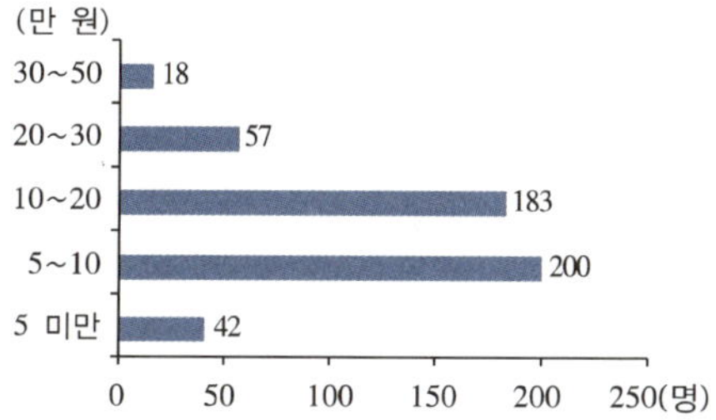

④ 〈자기계발 분야〉

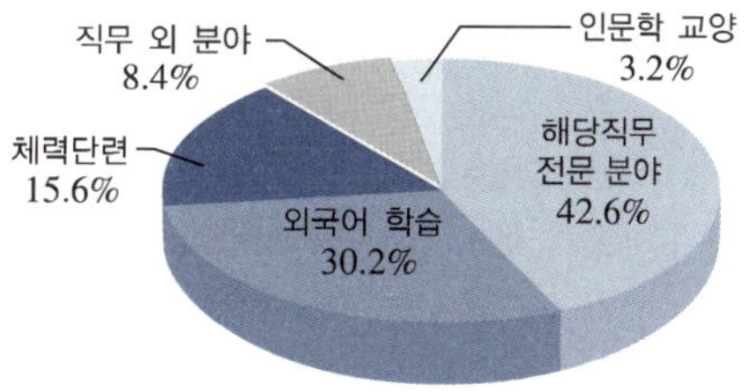

⑤ 〈자기계발 투자 비용〉

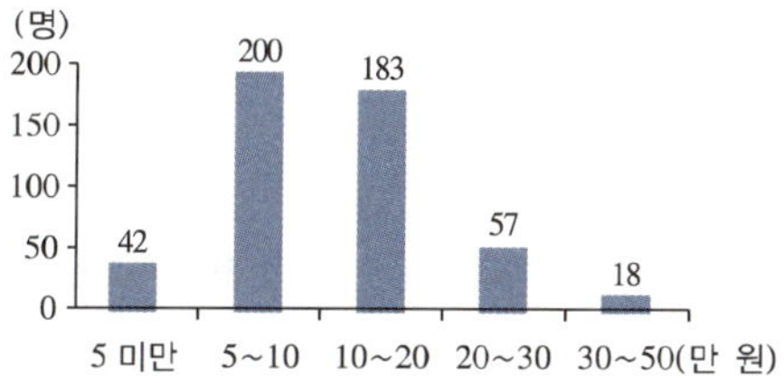

43 **제시된 명제가 모두 참일 때, 다음 중 빈칸에 들어갈 명제로 가장 적절한 것은?**

- 공부를 잘하는 사람은 모두 꼼꼼하다.
- ______________________________
- 꼼꼼한 사람 중 일부는 시간 관리를 잘한다.

① 꼼꼼한 사람은 시간 관리를 잘하지 못한다.
② 시간 관리를 잘하지 못하는 사람은 꼼꼼하다.
③ 공부를 잘하는 사람 중 일부는 꼼꼼하지 않다.
④ 공부를 잘하는 어떤 사람은 시간 관리를 잘한다.
⑤ 시간 관리를 잘하는 사람 중 일부는 꼼꼼하지 않다.

44 **N은행 기획처에 근무하는 A～E 5명 중 2명은 X카드를 사용하고 3명은 Y카드를 사용한다. X카드를 이용하는 사람만 모두 30대이고 Y카드를 사용하는 사람만 모두 자동차가 있다. 4명만 참을 말하고 있다고 할 때, 다음 중 거짓을 말하고 있는 사람은?**

- A : C의 나이는 30대야.
- B : 나는 자동차를 가지고 있어.
- C : A는 X카드를 사용하고 있어.
- D : E는 X카드를 사용하지 않아.
- E : C와 D는 서로 다른 카드를 사용하고 있어.

① A
② B
③ C
④ D
⑤ E

45 **A～E 5명은 5층 건물에서 각 층에 1명씩 살고 있다. 다음 중 반드시 참인 것은?**

- C와 D는 서로 인접한 층에 산다.
- A는 2층에 산다.
- B는 A보다 높은 층에 산다.

① C는 3층에 산다.
② D는 가장 높은 층에 산다.
③ D는 C보다 높은 층에 산다.
④ A는 E보다 높은 층에 산다.
⑤ E는 D보다 높은 층에 산다.

46 서울관광채용박람회의 해외채용관에는 8개의 부스가 마련되어 있다. A호텔, B호텔, C항공사, D항공사, E여행사, F여행사, G면세점, H면세점이 〈조건〉에 따라 8개의 부스에 각각 위치하고 있을 때, 다음 중 항상 참인 것은?

조건

- 같은 종류의 업체는 같은 라인에 위치할 수 없다.
- A호텔과 B호텔은 복도를 사이에 두고 마주 보고 있다.
- G면세점과 H면세점은 복도를 기준으로 양 끝에 위치하고 있다.
- E여행사 반대편에 위치한 H면세점은 F여행사와 나란히 위치하고 있다.
- C항공사는 제일 앞번호의 부스에 위치하고 있다.

〈부스 위치〉

1	2	3	4
복도			
5	6	7	8

① A호텔은 면세점 옆에 위치하고 있다.
② B호텔은 여행사 옆에 위치하고 있다.
③ C항공사는 여행사 옆에 위치하고 있다.
④ D항공사는 E여행사와 나란히 위치하고 있다.
⑤ G면세점은 B호텔과 나란히 위치하고 있다.

47 환경부의 인사실무 담당자는 환경정책과 관련된 특별위원회를 구성하면서 외부 환경 전문가를 위촉하려 한다. 현재 거론되고 있는 외부 환경 전문가는 A ~ F 6명이다. 이 6명의 외부 환경 전문가에 대해서 담당자는 다음의 〈조건〉을 충족하는 선택을 해야 한다. 만약 B가 위촉되지 않는다면, 몇 명이 위촉되는가?

조건

1. 만약 A가 위촉되면, B와 C도 위촉되어야 한다.
2. 만약 A가 위촉되지 않는다면, D가 위촉되어야 한다.
3. 만약 B가 위촉되지 않는다면, C나 E가 위촉되어야 한다.
4. 만약 C와 E가 위촉되면, D는 위촉되지 않는다.
5. 만약 D나 E가 위촉되면, F도 위촉되어야 한다.

① 1명
② 2명
③ 3명
④ 4명
⑤ 5명

※ 다음은 신혼부부 매입임대주택 Ⅰ에 대한 정보이다. 이어지는 질문에 답하시오. **[48~49]**

〈신혼부부 매입임대주택 Ⅰ〉

• 입주대상
무주택 요건 및 소득·자산 기준을 충족하고 다음 어느 하나에 해당하는 사람
- 신혼부부 : 혼인 기간이 7년 이내인 사람
- 예비신혼부부 : 혼인 예정으로 입주일 전일까지 혼인 신고를 하는 사람
- 한부모 가족 : 만 6세 이하 자녀가 있는 모자가족, 또는 부자가족
- 유자녀 혼인가구 : 만 6세 이하 자녀가 있는 혼인가구

• 우선순위
- 1순위 : 자녀가 있는 신혼부부 및 예비신혼부부, 한부모 가족(만 6세 이하 자녀)
- 2순위 : 자녀가 없는 신혼부부 및 예비신혼부부
- 3순위 : 유자녀 혼인가구(만 6세 이하 자녀)
※ 자녀는 태아를 포함한 민법상 미성년인 자녀에 한함

• 소득·자산 기준
- 소득 : 전년도 도시근로자 가구당 월평균소득 70%(배우자 소득이 있는 경우 90%) 이하인 자
- 자산 : 총자산 29,200만 원 이하, 자동차가액 3,496만 원 이하

• 임대비용
시중시세 30 ~ 40%

• 거주기간
2년(입주자격 유지 시에 한해 2년 단위로 재계약이 가능하며, 재계약은 최대 9회 가능)

48 다음 중 신혼부부 매입임대주택 Ⅰ에 대한 설명으로 옳지 않은 것은?

① 시중시세의 절반 이하의 조건으로 거주가 가능하다.
② 부부 중 한 사람이라도 주택을 보유하고 있는 경우 입주대상이 될 수 없다.
③ 외동인 자녀의 연령이 만 7세인 경우, 한부모 가족 유형의 입주자격을 갖출 수 없다.
④ 입주 후 상황 및 지위에 변동이 생겨 입주자격을 상실하는 경우, 재계약이 불가능하다.
⑤ 월 소득이 전년도 도시근로자 가구당 월평균소득의 70%를 초과하는 경우, 배우자의 소득과 무관하게 입주대상이 될 수 없다.

49 다음은 신혼부부 매입임대주택 I 을 신청하려는 A에 대한 정보이다. 이에 대한 설명으로 옳은 것을 〈보기〉에서 모두 고르면?

- A는 배우자 B와 혼인한 지 5년이 경과하였다.
- A는 4인 가구의 세대주이다.
- A는 총 2명의 자녀가 있으며, 자녀들의 연령은 만 4세, 만 5세이다.
- A의 소득은 전년도 도시근로자 4인 가구 월평균소득의 62% 수준이다.
- A의 세대원 전체는 자동차를 보유하고 있지 않으며, 28,500만 원 상당의 자동차 외 자산을 보유하고 있다.

보기

㉠ A는 1순위 입주대상에 해당한다.
㉡ A가 가액이 2,000만 원 상당인 자동차를 공고일 이전에 구입하더라도, A는 여전히 입주대상에 해당한다.
㉢ A가 입주하여 입주자격을 유지하는 경우, 최대 20년까지 거주가 가능하다.

① ㉠　　② ㉢
③ ㉠, ㉡　　④ ㉠, ㉢
⑤ ㉡, ㉢

50 N기업은 주요시설 및 보안구역의 시설물 안전관리를 위해 적외선 카메라 2대, 열선감지기 2대, 화재경보기 2대를 〈조건〉에 따라 수도권본부, 강원본부, 경북본부, 금강본부 4곳에 나누어 설치하려고 한다. 다음 중 반드시 참인 것은?

조건

- 모든 본부에 반드시 하나 이상의 기기를 설치해야 한다.
- 한 본부에 최대 2대의 기기까지 설치할 수 있다.
- 한 본부에 같은 종류의 기기 2대를 설치할 수는 없다.
- 수도권본부에는 적외선 카메라를 설치하였다.
- 강원본부에는 열선감지기를 설치하지 않았다.
- 경북본부에는 화재경보기를 설치하였다.
- 경북본부와 금강본부 중 한 곳에 적외선 카메라를 설치하였다.

① 수도권본부에는 적외선 카메라만 설치하였다.
② 강원본부에 화재경보기를 설치하였다.
③ 경북본부에 열선감지기를 설치하였다.
④ 금강본부에 화재경보기를 설치하였다.
⑤ 금강본부에 열선감지기를 설치하였다.

Easy

51 N동 주민센터에서는 임신한 주민에게 출산장려금을 지원하고자 한다. 출산장려금 지급 기준 및 N동에 거주하는 임산부에 대한 정보가 다음과 같을 때, 출산장려금을 가장 먼저 받을 수 있는 사람은?

〈N동 출산장려금 지급 기준〉

- 출산장려금 지급액은 모두 같으나, 지급 시기는 모두 다르다.
- 지급 순서 기준은 임신일, 자녀 수, 소득 수준 순서이다.
- 임신일이 길수록, 자녀가 많을수록, 소득 수준이 낮을수록 먼저 받는다(단, 자녀는 만 19세 미만의 아동 및 청소년으로 제한한다).
- 임신일, 자녀 수, 소득 수준이 모두 같으면 같은 날에 지급한다.

〈N동 거주 임산부 정보〉

구분	임신일	자녀	소득 수준
A임산부	150일	만 1세	하
B임산부	200일	만 3세	상
C임산부	100일	만 10세, 만 6세, 만 5세, 만 4세	상
D임산부	200일	만 7세, 만 5세, 만 3세	중
E임산부	200일	만 20세, 만 16세, 만 14세, 만 10세	상

① A임산부
② B임산부
③ C임산부
④ D임산부
⑤ E임산부

52 다음은 N은행 회의실 이용 안내사항이다. 이에 대한 내용으로 옳지 않은 것을 〈보기〉에서 모두 고르면?

〈회의실 이용 안내사항〉

- 회의실 위치 : 본관 5층
- 회의실 이용 제한 시간 : 90분
- 회의실 인원 제한 : 15명
- 기타 주의 사항
  - 음료수 외 취식 금지
  - 노트북 1대 연결용 외에 별도의 콘센트는 없음

보기

㉠ 회의실에서 커피 등의 식수는 반입이 허용된다.
㉡ 회의실을 이용하고자 할 때 예약하는 방법을 알 수 있다.
㉢ 회의실 내 노트북 지참 시 충전 용량이 충분한지 확인해야 한다.
㉣ 근무시간 외에도 회의실 이용이 가능한지 알 수 있다.

① ㉠, ㉢
② ㉠, ㉣
③ ㉡, ㉢
④ ㉡, ㉣
⑤ ㉢, ㉣

※ 다음은 N은행의 서민형 적금상품에 대한 자료이다. 이어지는 질문에 답하시오. **[53~54]**

〈서민형 적금상품〉

구분	내용
상품특징	서민 재산형성을 돕기 위한 적립식 장기저축상품
가입대상	일반 재형저축 가입 자격을 충족하고 다음 항목 중 하나에 해당하는 경우 1) 직전 과세기간 총급여액 2,500만 원 이하 거주자 2) 직전 과세기간 종합소득금액 1,600만 원 이하 거주자 3) 중소기업에 재직하는 청년으로 1), 2)에 해당하지 않는 거주자
가입기간	7년(연장 시 최대 10년)
금리	기본(고정)금리 연 3.1%
세제혜택안내	가입일로부터 의무가입기간(3년) 경과 후 해지 시 이자소득세(15%)를 비과세 처리(단, 이자소득세 감면에 따라 농어촌특별세(1.5%)가 과세, 만기일 이후 발생하는 이자에 대해서는 일반과세)
가입안내	[가입서류] – 서민형 재형저축(소득형) : 소득확인증명서 – 소득확인증명서는 세무서 또는 인터넷 홈텍스에서 발급 가능하며, 청년형 재형저축 가입요건 확인서는 재직회사에서 발급 ※ 서민형 재형저축(청년형) 가입은 영업점에서 가능(인터넷 뱅킹에서는 가입 불가)
특별중도해지	고객의 사망, 해외이주 또는 해지 전 6개월 이내에 다음 중 하나의 사유에 해당하여 계약기간(연장기간 포함) 만료 전에 해지하는 경우 이자소득세(15%) 면제 혜택 유지(농어촌특별세 1.5% 과세) – 천재·지변 – 저축자의 퇴직 – 사업장의 폐업, 저축자의 3개월 이상 입원치료 또는 요양을 요하는 상해·질병의 발생 – 저축취급기관의 영업정지, 영업인·허가 취소, 해산결의 또는 파산선고

Easy

53 A사원은 고객 안내를 위해 위 상품을 분석하고 다음과 같이 메모하였다. A사원의 메모 내용 중 서민형 적금상품과 가장 거리가 먼 것은?

① 예상소득이 2,500만 원 초과면 가입 불가
② 고정 확정 금리
③ 의무가입기간 있음
④ 일정기간 이상 연장 불가
⑤ 청년형은 영업점에서만 가입 가능

Hard

54 다음은 서민형 적금상품에 가입한 K고객과 L고객에 대한 정보이다. 해당 적금을 해지하는 K고객과 L고객에게 입금될 이자액(세후)이 바르게 연결된 것은?

〈정보〉

- K고객
  - 가입유지기간 : 5년
  - 이자(세전) : 400,000원
  - 구분 : 중도해지
  - 해지사유 : 타 적금상품 가입

- L고객
  - 가입유지기간 : 2년
  - 이자(세전) : 200,000원
  - 구분 : 중도해지
  - 해지사유 : 해지 1개월 전 교통사고로 인한 입원(전치 16주)

※ 단, 이자는 만기 또는 중도해지 시 일시 지급하며, 적용되는 세금 역시 만기 또는 중도해지 시 발생하는 이자 총금액에 적용함

	K고객	L고객		K고객	L고객
①	340,000원	170,000원	②	340,000원	197,000원
③	394,000원	170,000원	④	394,000원	197,000원
⑤	402,000원	170,000원			

55 N전자의 A대리, B사원, C사원, D사원, E대리 중 1명이 어제 출근하지 않았다. 이들 중 2명만 거짓말을 한다고 할 때, 다음 중 출근하지 않은 사람은?(단, 출근을 하였어도, 결근 사유를 듣지 못할 수도 있다)

- A대리 : 나는 출근했고, E대리도 출근했다. 누가 출근하지 않았는지는 알지 못한다.
- B사원 : C사원은 출근하였다. A대리님의 말은 모두 사실이다.
- C사원 : D사원은 출근하지 않았다.
- D사원 : B사원의 말은 모두 사실이다.
- E대리 : 출근하지 않은 사람은 D사원이다. D사원이 개인 사정으로 인해 출석하지 못한다고 A대리에게 전했다.

① A대리
② B사원
③ C사원
④ D사원
⑤ E대리

56 최근 라면시장이 3년 만에 마이너스 성장한 것으로 나타남에 따라 N라면회사에 근무하는 K대리는 신제품 개발 이전 라면 시장에 대한 환경 분석과 관련된 보고서를 제출하라는 과제를 받았다. 다음 K대리가 작성한 SWOT 분석 결과 중 기회 요인에 작성될 수 있는 내용으로 옳지 않은 것은?

〈SWOT 분석 결과〉

강점(Strength)	약점(Weakness)
• 식품그룹으로서의 시너지 효과 • 그룹 내 위상, 역할 강화 • A제품의 성공적인 개발 경험	• 유통업체의 영향력 확대 • 과도한 신제품 개발 • 신상품의 단명 • 유사상품의 영역침범 • 경쟁사의 공격적인 마케팅 대응 부족 • 원재료의 절대적 수입 비중
기회(Opportunity)	**위협(Threat)**
	• 저출산, 고령화로 취식인구 감소 • 소득증가 • 언론, 소비단체의 부정적인 이미지 이슈화 • 정보의 관리, 감독 강화

① 난공불락의 S사
② 1인 미디어 라면 먹방의 유행
③ 세계화로 인한 식품 시장의 확대
④ 1인 가구의 증대(간편식, 편의식)
⑤ 조미료에 대한 부정적인 인식 개선

57 다음은 N공장의 제품 생산과 관련된 3가지 공정 A ~ C에 대한 내용이다. 7월 24일(월)을 기준으로 제품 500개를 생산할 때, 제품 생산이 가장 빨리 완료되는 날은?

〈A ~ C공정 제품 생산〉

• A공정 제품 100개 만드는 데 2일, 7월 25일(화)부터 생산 가능
• B공정 제품 150개 만드는 데 3일, 7월 27일(목)부터 생산 가능
• C공정 제품 200개 만드는 데 2일, 7월 28일(금)부터 생산 가능
• 주말은 쉬므로, 공정은 주말을 제외하고 이어서 진행한다.
• 공정은 A → B → C 순서대로 작업되며, 공정별 동일한 제품이 생산된다.
• 같은 날 다른 공정을 동시에 진행할 수 있다.

① 7월 28일
② 7월 29일
③ 7월 30일
④ 7월 31일
⑤ 8월 1일

Hard

58 N은행에서 체육대회를 개최한다. 지점별로 출전선수를 선발하는데, P지점 직원들 A～J 10명은 각자 2종목씩 필수로 출전해야 한다. 다음 중 계주에 반드시 출전해야 하는 직원을 모두 고르면?

〈지점별 참가 인원〉

(단위 : 명)

훌라후프	계주	줄넘기	줄다리기	2인 3각
1	4	5	8	2

〈직원별 참가 가능 종목〉

(단위 : 명)

구분	훌라후프	계주	줄넘기	줄다리기	2인 3각
A	×	×	○	○	○
B	×	○	○	○	×
C	○	○	○	×	×
D	○	×	×	○	×
E	×	○	×	○	×
F	×	×	○	○	×
G	×	×	×	○	○
H	○	○	○	○	×
I	×	○	○	○	×
J	×	○	○	×	×

① B, C, J
② B, E, H
③ C, E, J
④ C, H, I
⑤ E, I, J

※ ○○농협은 올해 5가지의 프로젝트를 추진할 계획이다. 이어지는 질문에 답하시오. **[59~61]**

〈○○농협 프로젝트 계획〉

구분	소요예산	소요기간	소요인력	우선순위
농가소득 증대	8천만 원	12개월	20명	2
아름다운 마을 가꾸기	1억 2천만 원	3개월	40명	3
농산물 제 값 받기	5천만 원	3개월	30명	1
귀농귀촌 활성화	6천만 원	5개월	15명	4
스마트팜 확대	1억 5천만 원	2개월	10명	5

※ 프로젝트는 기간이 겹치더라도 동시에 진행할 수 있음
※ 투입 가능 예산은 총 3억 원, 투입 가능 인원은 한 달에 최대 50명임

59 ○○농협이 다른 조건(기간, 인력, 우선순위)은 고려하지 않고, 투입 가능 예산 범위 내에서 최대한 많은 프로젝트를 진행하려고 할 때, 다음 중 같이 진행할 수 있는 프로젝트의 조합은?

① 아름다운 마을 가꾸기, 귀농귀촌 활성화, 농가소득 증대
② 스마트팜 확대, 농산물 제 값 받기, 아름다운 마을 가꾸기
③ 귀농귀촌 활성화, 스마트팜 확대, 아름다운 마을 가꾸기, 농가소득 증대
④ 농산물 제 값 받기, 귀농귀촌 활성화, 농가소득 증대, 스마트팜 확대
⑤ 농가소득 증대, 귀농귀촌 활성화, 농산물 제 값 받기, 아름다운 마을 가꾸기

60 ○○농협이 다른 조건(예산, 기간, 우선순위)은 고려하지 않고, 투입 가능 인원 범위 내에서 동시에 프로젝트를 진행한다면 동시에 최대 몇 개까지 진행할 수 있겠는가?

① 1개
② 2개
③ 3개
④ 4개
⑤ 5개

Hard

61 모든 조건과 우선순위를 고려하여 1년 동안 가장 많은 프로젝트를 진행할 수 있는 경우는?

① 농산물 제 값 받기, 농가소득 증대
② 농산물 제 값 받기, 아름다운 마을 가꾸기
③ 농산물 제 값 받기, 농가소득 증대, 아름다운 마을 가꾸기
④ 농산물 제 값 받기, 농가소득 증대, 귀농귀촌 활성화
⑤ 농산물 제 값 받기, 귀농귀촌 활성화, 스마트팜 확대

※ ○○농협 직원들은 농번기를 맞아 지역농민 일손 돕기 봉사활동을 하려고 한다. 다음은 A ~ F농가의 현황을 정리한 자료이다. 자료와 〈조건〉을 보고 이어지는 질문에 답하시오. **[62~63]**

〈지역농가 목록(현재 2025.05.03.)〉

구분	입주일	농사규모(만 평)	소득수준(가구당)	조합원 여부
A농가	2021.03.01.	4	800만 원	○
B농가	2018.07.03.	10	1,200만 원	○
C농가	2016.10.11.	3	420만 원	○
D농가	2016.05.22.	2.6	180만 원	×
E농가	2020.02.26.	7	240만 원	×
F농가	2023.11.18.	8	330만 원	○

조건

- 지역농민 일손 돕기 봉사활동은 조합원 농가만을 대상으로 한다(단, 가구당 소득수준이 180만 원 이하인 경우에는 조합원 농가가 아니어도 봉사활동 대상으로 고려한다).
- 입주한 지 3년 이상 경과한 농가만을 대상으로 한다.
- 가구당 소득수준이 1,000만 원 미만인 농가만을 대상으로 한다.
- 지역농민 일손 돕기 봉사활동은 입주일이 빠를수록, 농사규모가 클수록, 소득수준이 적을수록 먼저 제공한다.
- 봉사활동 우선순위를 따질 때는 입주일, 농사규모, 소득수준 순서대로 고려한다.

62 다음 중 봉사활동 우선순위가 가장 높은 농가는?

① A농가
② B농가
③ C농가
④ D농가
⑤ F농가

63 봉사활동 대상 고려 〈조건〉이 다음과 같이 변경되었다. 다음 중 봉사활동 대상이 될 수 있는 농가를 모두 고르면?

조건

- 소득수준이 가구당 500만 원 이상인 경우 봉사활동 대상이 될 수 없다.
- 지역농민 일손 돕기 봉사활동은 조합원 농가만을 대상으로 한다.
- 2025년 5월 3일 현재 입주한 지 5년 이상 경과된 농가만을 대상으로 한다.
- 지역농민 일손 돕기 봉사활동은 입주시기가 빠를수록, 농사규모가 클수록, 소득수준이 적을수록 먼저 제공한다.
- 봉사활동 우선순위를 따질 때는 입주일, 농사규모, 소득수준 순서대로 고려한다.

① C농가
② C농가, D농가
③ C농가, F농가
④ D농가, F농가
⑤ D농가, E농가, F농가

※ 다음은 N회사의 국제 포럼과 관련하여 참석 가능한 인원에 대한 설명이다. 이어지는 질문에 답하시오. [64~66]

N회사 인사팀 김과장은 다음 주에 열리는 국제 포럼에 참석하기 위해 각 부서에 참석 가능 인원에 대한 명단을 받았다. 김과장은 '참석 가능 인원의 명단'과 '국제 포럼 일정'을 참고하여 국제 포럼 참석 가능 인원을 배정하였다.

〈N회사의 국제 포럼 참석 방법〉

- 월 ~ 금요일에 시간대별로 1명의 직원이 국제 포럼에 참석한다.
- 1명의 직원이 하루에 3개의 포럼 프로그램에 참석하지는 않는다.
- 직원의 행사 참석 가능 시간이 겹칠 경우 경력이 긴 직원이 먼저 참석한다.
- 전 직원이 포럼 프로그램에 참석해야 하는 것은 아니다.

〈N회사의 국제 포럼 참석 가능 인원〉

이름	경력	참석 가능 시간
김인영	10년	월 10:00 ~ 18:00, 금 17:00 ~ 20:00
나지환	7년	월 10:00 ~ 20:00 / 화, 목, 금 17:00 ~ 20:00
민도희	7년	화 10:00 ~ 20:00, 수 17:00 ~ 20:00, 목 10:00 ~ 18:00
구지엽	5년	월, 금 10:00 ~ 20:00
임영우	4년	목, 금 10:00 ~ 14:00
채연승	3년	수, 목 10:00 ~ 18:00

〈국제 포럼 일정〉

구분	시간	월	화	수	목	금
1타임	10:00 ~ 14:00	스마트팩토리 패러다임	직업윤리와 의사소통	스마트팩토리 패러다임	직업윤리와 의사소통	스마트팩토리 패러다임
2타임	14:00 ~ 17:00	나노 기술의 활용 사례	나노 기술의 활용 사례	나노 기술의 활용 사례	직장에 필요한 젠더감수성	직장에 필요한 젠더감수성
3타임	17:00 ~ 20:00	5G와 재택근무	인공지능과 딥러닝	인공지능과 딥러닝	5G와 재택근무	5G와 재택근무

64 **다음 중 한 주 동안 국제 포럼에 참석한 사람의 총 참석 시간으로 옳지 않은 것은?**

① 김인영, 10시간
② 나지환, 9시간
③ 구지엽, 14시간
④ 채연승, 7시간
⑤ 민도희, 17시간

PART 2

65 **다음 중 김과장이 '5G와 재택근무' 프로그램에 보낼 수 있는 직원과 요일은?**

① 나지환, 월요일
② 구지엽, 월요일
③ 임영우, 금요일
④ 채연승, 목요일
⑤ 민도희, 목요일

66 **다음 중 N회사의 국제 포럼 참석 인원에 대한 설명으로 옳은 것은?**

① '직업윤리와 의사소통'에 참석하게 되는 사람은 2명이다.
② 국제 포럼에 가장 많은 시간을 참석하는 사람은 민도희이다.
③ 국제 포럼 참석 가능 인원 6명은 모두 국제 포럼에 1번 이상은 참석한다.
④ 구지엽의 경력이 9년이라면 구지엽은 3타임 프로그램에 2번 이상 참석하게 된다.
⑤ 국제 포럼 참석자 중에서 같은 프로그램에 2번 이상 참석하게 된 사람은 나지환 1명이다.

※ 다음 'N기업의 경영전략'의 자료를 읽고 이어지는 질문에 답하시오. [67~68]

> 지난해 N기업은 총매출 기준으로 1조 2,490억 원을 달성했다. 이는 대한민국 인구 5,000만 명을 기준으로 했을 때, 인당 N기업 제품을 연간 약 20개씩 구입한 셈이다. 평균가 1,200원 제품을 기준으로 했을 때는 연간 총 약 10억 개가 팔린 수치이다. 하루 평균 약 273만 개, 시간당 약 11만 개, 분당 약 1,830개, 초당 약 30개가 팔린 것이다. 하루 N기업 매장을 이용하는 고객 수도 일일 60만 명에 이르고 있다. 요즘 SNS상에는 N기업이라는 이름보다 '다있소'라는 말이 더 많이 검색된다. "오늘 다있소에서 득템했어.", "다있소의 희귀템 추천합니다." 등은 없는 것이 없는 N기업을 지칭하는 말이다. 이같이 인식시킬 수 있었던 비결에는 N기업만의 차별화된 콘셉트와 마케팅 전략이 숨어 있기 때문이라고 회사는 설명한다. ㉠ 1,000원 상품 비중이 50% 이상, 국산 제품 비중이 50% 이상이어야 한다는 기본 경영철학하에 가격 고정이라는 카테고리 전략을 펼친 것이다. 이것에 승부를 걸어온 N기업은 전국 어디에서나 일상생활에 필요한 모든 상품을 공급한다는 차별화된 정책을 지속시키고 있다. 과거에는 불황시대의 산물로써 비춰진 적도 있었지만, 불황이나 호황에 구애받지 않는 것 또한 N기업만의 차별화된 행보이다. 매월 600여 개의 신제품을 쏟아내는 것 또한 N기업만의 차별화된 소싱 능력으로 꼽을 수 있다.

Easy

67 다음 중 윗글의 ㉠에 해당하는 N기업의 경영전략은?

① 혁신 전략
② 원가우위 전략
③ 차별화 전략
④ 비차별화 전략
⑤ 집중화 전략

68 경영전략은 전략 목표 설정, 전략 환경 분석, 경영전략 도출, 경영전략 실행, 전략 평가 및 피드백의 단계로 실행된다. 다음 경영전략의 5단계 추진 과정 중 윗글의 사례에 해당하는 것은?

① 경영전략 도출
② 경영전략 실행
③ 전략 목표 설정
④ 전략 환경 분석
⑤ 전략 평가 및 피드백

69 **농협하나로유통은 국산 품종 우수농산물을 상시판매하기 위해 전용코너를 운영하고 있다. 이에 대한 설명으로 옳지 않은 것은?**

① 매년 외국에 지불하는 종자 로열티를 줄이기 위해 기획한 사업이다.
② 국내에서 개발한 우리 품종 농산물의 판매활성화를 위해 시행 중이다.
③ 전국 대형 마트에 해당 코너를 통해 우리 품종 농산물을 구매할 수 있다.
④ 기존 과일, 채소, 양곡 등의 외국 품종을 대체한 다양한 우리 농산물을 판매 중이다.
⑤ 우리 품종 재배농가의 불안정한 판로문제로 인한 소득의 문제점을 해결하기 위함이다.

70 **다음은 농협의 윤리시스템에 따른 조직도이다. ㉠~㉤이 수행하는 업무로 옳지 않은 것은?**

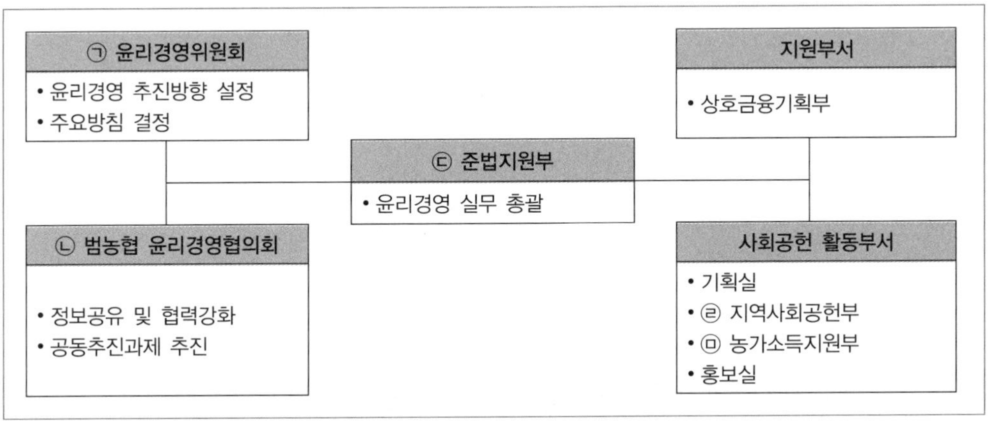

① ㉠ : 청렴·윤리의식 확산 및 정착 등 4가지 윤리경영 중점 추진과제를 수립한다.
② ㉡ : 윤리경영의 최근 소식이나 사례 등을 등록하고 이를 공유한다.
③ ㉢ : 청탁금지법 위반 여부의 상담과 법률자문 및 교육 등의 실무를 총괄한다.
④ ㉣ : 다양한 지역사회 공헌 활동을 통해 지역사회와 상생하는 동반자 역할을 한다.
⑤ ㉤ : 농협의 사회공헌 활동 행사에 대한 홍보물을 제작한다.

모바일 OMR

제2회 최종점검 모의고사

문항 수 : 70문항　응시시간 : 70분

정답 및 해설 p.060

※ 다음 제시된 단어의 대응 관계로 볼 때, 빈칸에 들어갈 알맞은 단어를 고르시오. **[1~2]**

01

냄비 : 조리 = 연필 : (　　)

① 필기　② 문방구
③ 용지　④ 지우개
⑤ 공책

02

준거 : 표준 = 자취 : (　　)

① 척도　② 흔적
③ 주관　④ 반영
⑤ 보증

03 다음 제시된 단어의 대응 관계로 볼 때, 빈칸에 들어갈 단어로 알맞은 것끼리 짝지어진 것은?

산세 : (　　) = 마감 : (　　)

① 수려하다, 끝마치다　② 빼어나다, 탈고하다
③ 웅장하다, 집필하다　④ 가파르다, 교정하다
⑤ 험준하다, 임박하다

※ 다음 중 짝지어진 단어 사이의 관계가 나머지와 다른 것을 고르시오. [4~5]

04
① 눈 – 홍채 – 각막
② 나무 – 잎 – 뿌리
③ 귀 – 달팽이관 – 고막
④ 자동차 – 핸들 – 바퀴
⑤ 에어컨 – 선풍기 – 부채

05
① 강연 – 강의 – 연설
② 실험 – 테스트 – 검사
③ 이파리 – 잎 – 잎사귀
④ 태풍 – 엘니뇨 – 허리케인
⑤ 미풍 – 산들바람 – 연풍

PART 2

※ 다음 제시된 단어에서 공통으로 연상할 수 있는 단어로 가장 적절한 것을 고르시오. [6~7]

Easy
06

가을 화투 붉다

① 매화
② 난초
③ 단풍
④ 모란
⑤ 솔

07

통일 청자 생각

① 중국
② 고려
③ 신라
④ 방송
⑤ 귀중품

08 다음 글의 빈칸 ㉠~㉢에 들어갈 단어를 바르게 짝지은 것은?

> • 회사 동료의 결혼식에 ___㉠___했다.
> • 디자인 공모전에 ___㉡___했다.
> • 회사 경영에 ___㉢___하고 있다.

	㉠	㉡	㉢
①	참석	참가	참여
②	참석	참여	참가
③	참여	참가	참석
④	참여	참석	참가
⑤	참가	참여	참석

09 다음 글의 ㉠~㉤ 중 어법상 옳지 않게 쓰인 것은?

> 여행의 재미 가운데 ㉠빼놓을 수 없는 것이 자신이 다녀온 곳에 대한 기억을 평생의 추억으로 바꿔주는 사진 찍기라고 할 수 있다. 그리고 사진을 찍을 때 가장 중요한 것은 어떤 카메라로 찍느냐보다는 ㉡어떻게 찍느냐 하는 것이다. 으리으리한 카메라 장비를 ㉢둘러메고 다니며 사진을 찍는 사람을 보면서 기가 죽을 필요는 없다. 아무리 ㉣변변찮은 카메라를 갖고 있더라도 약간의 방법만 익히면 무엇을 ㉤찍던지 생각 이상으로 멋진 작품을 만들 수 있다.

① ㉠
② ㉡
③ ㉢
④ ㉣
⑤ ㉤

10 **다음 중 밑줄 친 부분의 띄어쓰기가 옳지 않은 것은?**

① 감독은 처음부터 그 선수를 마음에 들어 했다.
② 지나가는 사람을 붙잡고 그를 보았는지 물어도 보았다.
③ 휴가철 비행기 값이 너무 비싼데 그냥 헤엄쳐 갈까 보다.
④ 모르는 것을 아는체하지 말고 아는 것에 만족해하지 마라.
⑤ 그 문제를 깊이 파고들어보면 다양한 조건들이 얽혀 있음을 알 수 있다.

PART 2

Easy

11 **다음 '데'의 쓰임에 대한 설명에 따른 활용이 잘못 연결된 것은?**

〈'데'의 쓰임〉

㉠ 과거 어느 때에 직접 경험하여 알게 된 사실을 현재의 말하는 장면에 그대로 옮겨 와서 말함을 나타내는 종결어미
㉡ 뒤 절에서 어떤 일을 설명하거나 묻거나 시키거나 제안하기 위하여 그 대상과 상관되는 상황을 미리 말할 때에 쓰는 연결어미
㉢ 일정한 대답을 요구하며 물어보는 뜻을 나타내는 종결어미

① ㉠ : 내가 어릴 때 살던 곳은 아직 그대로던데.
② ㉠ : 그 친구는 발표를 정말 잘하던데.
③ ㉡ : 그를 설득하는 데 며칠이 걸렸다.
④ ㉡ : 가게에 가는데 뭐 사다 줄까?
⑤ ㉢ : 저기 저 꽃의 이름은 뭔데?

Hard

12 다음 중 우리말 독음이 같은 한자끼리 짝지어진 것은?

① 數 – 走
② 萬 – 面
③ 牛 – 午
④ 賢 – 貝
⑤ 元 – 遠

13 다음 중 '외손뼉은 울릴 수 없다.'는 뜻으로, 혼자서는 일을 이루지 못하거나 맞서는 사람이 없으면 싸움이 되지 않음을 일컫는 한자성어는?

① 고식지계(姑息之計)
② 호사다마(好事多魔)
③ 이장폐천(以掌蔽天)
④ 고장난명(孤掌難鳴)
⑤ 곡학아세(曲學阿世)

14 다음 글에 어울리는 한자성어로 가장 적절한 것은?

이제 막 성인이 되어 직장생활을 시작한 철수는 학창시절 선생님의 농담 같았던 이야기들이 사회에서 꼭 필요한 것들이었음을 깨달았다.

① 오비이락(烏飛梨落)
② 중언부언(重言復言)
③ 탁상공론(卓上空論)
④ 희희낙락(喜喜樂樂)
⑤ 언중유골(言中有骨)

15 다음 글에 드러난 필자의 심경으로 가장 적절한 것은?

> There were some places of worship in the city, and the deep notes of their bells echoed over the town from morning until night. The sun was shining brightly and cheerily, and the air was warm. The streams were flowing with bubbling water, and the tender songs of birds came floating in from the fields beyond the city. The trees were already awake and embraced by the blue sky. Everything around the neighborhood, the trees, the sky and the sun, looked so young and intimate that they were reluctant to break the spell which might last forever.

① sad and gloomy
② calm and peaceful
③ busy and comic
④ scary and frightening
⑤ weird and threatening

16 다음 제시된 문장을 논리적 순서대로 바르게 나열한 것은?

> (가) 논리적 사고란 사물을 사리에 맞게 차근차근 따지고 앞뒤를 가려 모순 없이 여러 가지를 생각하는 것을 말한다.
> (나) 사물을 논리적으로 따져 생각할 수 있는 논리적 사고력은 일상생활과 과학 연구에 있어서 중요한 도구가 될 뿐만 아니라, 인류의 문화를 발전시키는 창조력의 원천이 된다.
> (다) 오늘날 인류가 이룩한 문명과 인류가 누리는 풍부하고 윤택한 생활도 논리적 사고력에 그 바탕을 두고 있다.
> (라) 예를 들면, 컴퓨터의 복잡한 원리도 인간의 이러한 능력을 체계적으로 탐구하는 논리학에서 온 것이다.
> (마) 오늘날에 있어서 논리의 역할은 많은 지식과 정보를 보다 신속하고 정확하게 다룰 수 있게 하는 데 있다고 할 수 있다.

① (가) – (나) – (다) – (라) – (마)
② (가) – (다) – (나) – (라) – (마)
③ (나) – (가) – (다) – (마) – (라)
④ (마) – (나) – (라) – (가) – (다)
⑤ (마) – (라) – (나) – (가) – (다)

17 다음 글에 대한 반론으로 가장 적절한 것은?

> 어떤 모델이든지 상품의 특성에 적합한 이미지를 갖는 인물이어야 광고 효과가 제대로 나타날 수 있다. 예를 들어, 자동차, 카메라, 공기 청정기, 치약과 같은 상품의 경우에는 자체의 성능이나 효능이 중요하므로 대체로 전문성과 신뢰성을 갖춘 모델이 적합하다. 이와 달리 상품이 주는 감성적인 느낌이 중요한 보석, 초콜릿, 여행 등과 같은 상품은 매력성과 친근성을 갖춘 모델이 잘 어울린다. 그런데 유명인이 그들의 이미지에 상관없이 여러 유형의 상품 광고에 출연하면 모델의 이미지와 상품의 특성이 어울리지 않는 경우가 많아 광고 효과가 나타나지 않을 수 있다.
>
> 유명인의 중복 출연이 소비자가 모델을 상품과 연결시켜 기억하기 어렵게 한다는 점도 광고 효과에 부정적인 영향을 미친다. 유명인의 이미지가 여러 상품으로 분산되면 광고 모델과 상품 간의 결합력이 약해질 것이다. 이는 유명인 광고 모델의 긍정적인 이미지를 광고 상품에 전이하여 얻을 수 있는 광고 효과를 기대하기 어렵게 만든다.
>
> 또한 유명인의 중복 출연 광고는 광고 메시지에 대한 신뢰를 얻기 힘들다. 유명인 광고 모델이 여러 광고에 중복하여 출연하면 그 모델은 경제적인 이익만을 추구한다는 이미지가 소비자에게 강하게 각인된다. 그러면 소비자들은 유명인 광고 모델의 진실성을 의심하게 되어 광고 메시지가 객관성을 결여하고 있다고 생각하게 될 것이다.
>
> 유명인 모델의 광고 효과를 높이기 위해서는 유명인이 자신과 잘 어울리는 한 상품의 광고에만 지속적으로 나오는 것이 좋다. 이렇게 할 경우 상품의 인지도가 높아지고 상품을 기억하기 쉬워지며 광고 메시지에 대한 신뢰도가 제고된다. 유명인의 유명세가 상품에 전이되고 소비자는 유명인이 진실하다고 믿게 되기 때문이다.

① 광고 효과를 높이기 위해서는 제품의 이미지와 맞는 모델을 골라야 한다.
② 유명인이 한 광고에만 지속적으로 나올 경우 긍정적인 효과를 기대할 수 있다.
③ 사람들은 특정 인물이 광고에 출연한 것만으로 브랜드를 선택하는 경향이 있다.
④ 연예인이 여러 광고의 모델일 경우 소비자들은 광고 브랜드에 대한 신뢰를 잃게 된다.
⑤ 한 연예인이 다양한 광고에 출연하게 되면 소비자들은 모델과 상품 간의 연관성을 찾지 못한다.

18 다음 글의 밑줄 친 부분과 가장 거리가 먼 내용은?

> 우리나라가 성평등의 사회로 접어들고 과거에 비해 여성의 지위가 많이 향상되고 경제활동에 참여하는 비율은 꾸준히 높아졌지만, 여전히 노동 현장에서 여성은 사회적으로 불평등을 받는 대상이 되고 있다.
> 여성 노동자가 노동 시장에서 남성에 비해 차별받는 원인은 갈등론적 측면에서 볼 때 남성 노동자들이 자신이 누리고 있던 자원의 독점과 기득권을 빼앗기지 않기 위해 여성에게 경제적 자원을 나누어 주지 않으려는 기존 기득권층의 횡포에 의한 것이라고 할 수 있다.
> 또한 여성 노동자에 대한 편견으로 인해서도 나타난다. 여성 노동자가 제대로 일하지 못한다거나 결혼과 출산, 임신을 한 여성 노동자는 조직 전체에 부정적인 영향을 준다고 인식하는 경향이 강한데 이러한 편견들이 여성 노동자에 대한 차별로 이어지게 된 것이다.
> 여성 노동자를 차별한 결과 여성들은 남성 노동자들보다 저임금을 받아야 하고 비교적 질이 좋지 않은 일자리에서 일해야 하며 고위직으로 올라가는 것 역시 힘들고 우선 임금 차별이 나타난다. 여성 노동자가 많이 근무하는 서비스업 등의 직업군의 경우 임금 자체가 상당히 낮게 책정되어 있어 남성에 비하여 많은 임금을 받지 못하는 구조로 되어 있는 것이다.
> 또한 여성 노동자들을 노동자 그 자체로 보기보다는 여성으로 바라보는 남성들의 잘못된 시선으로 인해 여성 노동자는 신성한 노동의 현장에서 성희롱을 당하고 있으며, 취업과 승진 등 모든 인적자원관리 측면에서 불이익을 경험하는 경우가 많다. 특히 임신과 출산을 경험하는 경우 따가운 시선을 감수해야 한다.
> 이와 같은 여성 노동자가 경험하는 차별 문제를 해결하기 위해서는 여성 노동자 역시 남성 노동자와 마찬가지의 권리를 가지고 있다는 점을 사회 전반에 인식할 수 있도록 해야 하고 여성이라는 이유만으로 취업과 승진 등에 불이익을 받지 않도록 인식과 정책을 개선해야 한다.

① 결혼과 출산, 임신과 같은 가족계획을 지지하는 환경을 만들어야 한다.
② 여성들이 종사하는 다양한 직업군에서 양질의 정규직 일자리를 만들어야 한다.
③ 여성 노동자가 주로 종사하는 직종의 임금 체계를 합리적으로 변화시켜야 한다.
④ 임신으로 인한 공백 문제 등이 발생하지 않도록 공백 기간을 법으로 개정·규제하여야 한다.
⑤ 여성 노동자들을 여성이 아닌 정당하게 노동력을 제공하고 그에 맞는 임금을 받을 권리를 가진 노동자로 바라보아야 한다.

PART 2

Hard

19 다음은 농협 농업협동조합법의 일부이다. 이에 대한 내용으로 가장 적절한 것은?

제3조(명칭)

① 지역조합은 지역명을 붙이거나 지역의 특성을 나타내는 농업협동조합 또는 축산업협동조합의 명칭을, 품목조합은 지역명과 품목명 또는 업종명을 붙인 협동조합의 명칭을, 중앙회는 농업협동조합중앙회의 명칭을 각각 사용하여야 한다.

② 이 법에 따라 설립된 조합과 중앙회가 아니면 제1항에 따른 명칭이나 이와 유사한 명칭을 사용하지 못한다. 다만, 다음 각 호의 어느 하나에 해당하는 법인이 조합 또는 중앙회의 정관으로 정하는 바에 따라 승인을 받은 경우에는 사용할 수 있다.

1. 조합 또는 중앙회가 출자하거나 출연한 법인
2. 그 밖에 중앙회가 필요하다고 인정하는 법인

제8조(부과금의 면제)

조합 등 중앙회 및 이 법에 따라 설립된 농협경제지주회사 · 농협금융지주회사 · 농협은행 · 농협생명보험 · 농협손해보험(이하 '농협경제지주회사 등'이라 한다)의 업무와 재산에 대하여는 국가와 지방자치단체의 조세 외의 부과금을 면제한다.

제34조(총회)

① 지역농협에 총회를 둔다.

② 총회는 조합원으로 구성한다.

③ 정기총회는 매년 1회 정관으로 정하는 시기에 소집하고, 임시총회는 필요할 때에 수시로 소집한다.

제36조(총회의 소집청구)

① 조합원은 조합원 300인이나 100분의 10 이상의 동의를 받아 소집의 목적과 이유를 서면에 적어 조합장에게 제출하고 총회의 소집을 청구할 수 있다.

② 조합장은 제1항에 따른 청구를 받으면 2주일 이내에 총회소집통지서를 발송하여야 한다.

③ 총회를 소집할 사람이 없거나 제2항에 따른 기간 이내에 정당한 사유 없이 조합장이 총회소집통지서를 발송하지 아니할 때에는 감사가 5일 이내에 총회소집통지서를 발송하여야 한다.

④ 감사가 제3항에 따른 기간 이내에 총회소집통지서를 발송하지 아니할 때에는 제1항에 따라 소집을 청구한 조합원의 대표가 총회를 소집한다. 이 경우 조합원이 의장의 직무를 수행한다.

제37조(조합원에 대한 통지와 최고)

① 지역농협이 조합원에게 통지나 최고를 할 때에는 조합원명부에 적힌 조합원의 주소나 거소로 하여야 한다.

② 총회를 소집하려면 총회 개회 7일 전까지 회의 목적 등을 적은 총회소집통지서를 조합원에게 발송하여야 한다. 다만, 같은 목적으로 총회를 다시 소집할 때에는 개회 전날까지 알린다.

제38조(총회의 개의와 의결)

① 총회는 이 법에 다른 규정이 있는 경우를 제외하고는 조합원 과반수의 출석으로 개의하고 출석조합원 과반수의 찬성으로 의결한다. 다만, 제35조 제1항 제1호부터 제3호까지의 사항은 조합원 과반수의 출석과 출석조합원 3분의 2 이상의 찬성으로 의결한다.

② 제1항 단서에도 불구하고 합병 후 존속하는 조합의 경우 그 합병으로 인한 정관 변경에 관한 의결은 조합원 과반수의 출석으로 개의하고, 출석조합원 과반수의 찬성으로 의결한다.

제39조(의결권의 제한 등)

① 총회에서는 제37조 제2항에 따라 통지한 사항에 대하여만 의결할 수 있다. 다만, 제35조 제1항 제1호부터 제5호까지의 사항을 제외한 긴급한 사항으로서 조합원 과반수의 출석과 출석조합원 3분의 2 이상의 찬성이 있을 때에는 그러하지 아니하다.

② 지역농협과 조합원의 이해가 상반되는 의사(議事)를 의결할 때에는 해당 조합원은 그 의결에 참여할 수 없다.

③ 조합원은 조합원 100인이나 100분의 3 이상의 동의를 받아 총회 개회 30일 전까지 조합장에게 서면으로 일정한 사항을 총회의 목적 사항으로 할 것을 제안(이하 '조합원제안'이라 한다)할 수 있다. 이 경우 조합원제안의 내용이 법령이나 정관을 위반하는 경우를 제외하고는 이를 총회의 목적 사항으로 하여야 하고, 조합원제안을 한 자가 청구하면 총회에서 그 제안을 설명할 기회를 주어야 한다.

① 농협생명보험의 재산은 조세 및 부과금을 면제받는다.

② 중앙회가 출자한 법인은 명칭에 지역명을 붙일 수 없다.

③ 지역조합은 반드시 업종명을 붙인 명칭을 사용하여야 한다.

④ 지역농협과 조합원의 이해가 상반되는 의사의 의결에 있어서는 해당 조합원이 참여할 수 없다.

⑤ 조합장이 총회소집청구를 받고 2주일 이내에 총회소집통지서를 발송하지 않는 경우, 총회소집을 청구한 조합원의 대표가 총회를 소집한다.

※ 다음 글을 읽고 이어지는 질문에 답하시오. [20~22]

(가) ㉠ 농촌체험관광객이 급증한 것은 지방자치단체와 협력을 강화했기 때문이다. 농협네트웍스는 최근 경남도・서울시 등 광역・기초 지자체 15곳과 농촌관광 활성화를 위한 업무협약(MOU)을 체결했다. 그 결과 지자체로부터 체험비용의 일부를 지원받아 농촌체험관광 비용을 1인당 평균 7만 원에서 3만 원으로 내릴 수 있었다.

㉡ 농협네트웍스가 올해 들어 지난달 말까지 농촌체험관광객 10만여 명을 유치하는 성과를 거뒀다. 이는 농가소득을 증대하는 데에도 크게 기여했다. 농협네트웍스가 11월 말 현재까지 유치한 농촌체험관광객은 10만 4,467명으로 집계됐다. 재작년부터 3년간 연도별 농촌체험관광객 유치실적은 1만 2,860명, 2만 5,500명, 6만 8,048명으로 늘었다.

㉢ 농협네트웍스 대표는 "농촌체험관광객을 크게 늘려 올해에만 농가가 53억 원에 달하는 소득을 추가로 올릴 수 있도록 했다."며 "내년에는 기업과의 협업을 강화해 농촌체험관광객을 더욱 많이 유치하겠다."고 밝혔다.

㉣ 농촌체험 여행 상품을 100여 개로 늘린 것도 농촌관광객 증가를 이끌었다. 먹거리나 6차 산업과 연계한 체험 상품, 학생들에게 농업의 미래비전을 제시하는 신교육 농촌체험 상품, 비행기를 타고 1박 2일간 장거리 농촌여행을 떠나는 상품 등이 도시민들로부터 큰 사랑을 받고 있다.

(나) 전국품목농협조합장협의회는 농협회장과 45명의 품목농협 조합장 등이 참석한 가운데 '전국 품목농협 경쟁력 강화 연찬회'를 열었다. 이날 행사에서는 '품목농협 계통 농약사업의 이해와 활성화 방안', '수급 강화를 통한 농산물 가격지지 추진방안'을 주제로 한 특강과 종합토론이 이어졌다. 특히 조합장들은 앞으로도 협동조합 정신을 실천해 농가소득을 높이는 데 앞장서겠다고 다짐했다.

이에 대하여 협의회장은 "올해는 각종 자연재해로 농민들이 힘든 한 해를 보냈지만, 농협이 협동조합 정신을 실천하여 재해 복구와 농가 지원에 적극적으로 동참해 슬기롭게 넘겼다."며 "앞으로도 품목농협은 최신 농업기술을 도입해 농산물의 생산성을 높이는 데 힘쓰겠다."고 말했다.

20 다음 중 (가)의 문단을 논리적 순서대로 바르게 나열한 것은?

① ㉠－㉢－㉡－㉣
② ㉡－㉠－㉣－㉢
③ ㉡－㉣－㉠－㉢
④ ㉢－㉡－㉣－㉠
⑤ ㉢－㉣－㉠－㉡

21 **다음 중 (나)의 연찬회에서 다룬 주요 내용으로 가장 적절한 것은?**

① 농민들의 소득과 삶의 질을 향상하자.
② 협동조합 정신으로 농가소득을 증진하자.
③ 품목농협의 경쟁력 강화가 농협의 미래이다.
④ 자연재해에 대한 재해 복구 대책을 마련하자.
⑤ 농업생산성 향상을 위해 최신 농업기술을 도입하자.

22 **다음 중 (가)와 (나)에서 공통적으로 추론한 내용으로 가장 적절한 것은?**

① 협동조합 정신으로 농가소득을 증대할 수 있다.
② 농촌관광 활성화는 품목농협의 과제이자 목표이다.
③ 농가 지원을 위해 지자체와 업무협약을 체결해야 한다.
④ 농가소득 증대는 농협에서 중요하게 생각하는 이슈이다.
⑤ 농가소득 증대를 위해서는 농촌 체험 여행 상품의 차별화가 필요하다.

※ 다음 식을 계산한 값으로 옳은 것을 구하시오. **[23~24]**

23

$$(423{,}475-178{,}475)\div 70\times 91$$

① 308,500
② 318,500
③ 328,500
④ 338,500
⑤ 348,500

Easy

24

$$32\times\frac{721}{7}-\frac{1}{2}\times\frac{12{,}600}{4.2}$$

① 896
② 1,196
③ 1,496
④ 1,796
⑤ 2,096

25 다음 중 ○ 안에 들어갈 사칙연산 기호로 옳은 것은?

3□8○2□3=18

① +
② −
③ ×
④ ÷
⑤ =

※ 일정한 규칙으로 수나 문자를 나열할 때, 빈칸에 들어갈 알맞은 것을 고르시오. **[26~29]**

26

−2　6　10　−30　−26　(　)

① 5
② −11
③ 24
④ −56
⑤ 78

27

3　−10　−4　−7　10　−1　(　)　8

① −18
② −12
③ 4
④ 8
⑤ 10

28

A　G　D　J　G　M　J　P　(　)

① D
② F
③ M
④ Q
⑤ Z

29

E　ㄹ　(　)　ㅇ　I　ㄴ

① A
② C
③ G
④ I
⑤ Y

30 농도가 8%인 600g의 소금물에서 일정량의 소금물을 퍼낸 후, 80g의 물을 붓고 소금을 20g 넣었다. 이때 소금물의 농도가 10%가 되었다면, 처음 퍼낸 소금물의 양은?

① 50g
② 100g
③ 150g
④ 200g
⑤ 250g

Easy

31 어머니와 아버지를 포함한 6명의 가족이 원형 식탁에 둘러앉아 식사를 할 때, 어머니와 아버지가 서로 마주 보고 앉는 경우의 수는?

① 20가지
② 22가지
③ 24가지
④ 28가지
⑤ 30가지

32 철수가 아르바이트를 한 후 그가 가지고 있는 돈은 기존에 가지고 있던 돈의 4배가 되었다. 그 후에 2만 원짜리 게임기를 사고 남은 돈의 70%를 저금하였는데, 그 저금한 돈이 14,000원이었다. 철수가 원래 가지고 있던 돈은?

① 6,000원
② 8,000원
③ 10,000원
④ 12,000원
⑤ 14,000원

33 N은행 공채에 지원한 홍은, 영훈, 성준이가 필기시험에 합격할 확률은 각각 $\frac{6}{7}$, $\frac{3}{5}$, $\frac{1}{2}$이다. 3명 중 2명이 합격할 확률을 $\frac{b}{a}$라 할 때, $a+b$의 값은?(단 a와 b는 서로소이다)

① 51
② 64
③ 77
④ 90
⑤ 103

34 회사에서 거래처까지 갈 때는 국도를 이용하여 속력 80km/h로, 거래처에서 회사로 돌아갈 때는 고속도로를 이용하여 속력 120km/h로 왔다. 1시간 이내로 왕복하려면 거래처는 회사에서 최대 몇 km 떨어진 곳에 위치해야 하는가?

① 44km
② 46km
③ 48km
④ 50km
⑤ 52km

PART 2

35 A연구원과 B연구원은 공동으로 연구를 끝내고 보고서를 제출하려 한다. 이 연구를 혼자 하면 A연구원은 8일이, B연구원은 14일이 걸린다. 처음 이틀은 같이 연구하고, 이후에는 B연구원 혼자 연구를 하다가 보고서 제출 이틀 전부터 다시 같이 연구하였다. 보고서를 제출할 때까지 총 며칠이 걸렸는가?

① 6일
② 7일
③ 8일
④ 9일
⑤ 10일

36 연봉 실수령액을 구하는 식이 다음과 같을 때, 연봉이 3,480만 원인 A씨의 연간 실수령액은?(단, 원 단위 이하는 절사한다)

- (연봉 실수령액)=(월 실수령액)×12
- (월 실수령액)=(월 급여)−[(국민연금)+(건강보험료)+(고용보험료)+(장기요양보험료)+(소득세)+(지방세)]
- (국민연금)=(월 급여)×4.5%
- (건강보험료)=(월 급여)×3.12%
- (고용보험료)=(월 급여)×0.65%
- (장기요양보험료)=(건강보험료)×7.38%
- (소득세)=68,000원
- (지방세)=(소득세)×10%

① 30,944,400원
② 31,078,000원
③ 31,203,200원
④ 32,150,800원
⑤ 32,210,000원

※ 다음은 A대리가 가입하고자 하는 N은행의 단리 적금상품인 별빛적금에 대한 정보이다. 이어지는 질문에 답하시오. **[37~38]**

〈별빛적금〉

• 가입대상
  실명의 개인
• 가입기간
  24개월, 36개월, 48개월 중 선택
• 적립방법 및 저축금액
  – 정액적립 : 매월 1만 원 이상 250만 원 이하
  – 추가적립 : 월 정액적립금액을 초과한 금액으로 최대 50만 원 이하
• 기본금리

가입기간	금리
24개월	연 1.20%
36개월	연 1.50%
48개월	연 2.00%

• 우대금리

우대사항	적용이율	내용
월급이체 우대	연 0.20%p	월급통장에서 해당 적금 계좌로 정기 이체할 경우
제휴통신사 우대	연 0.10%p 또는 연 0.15%p	– 해당 적금 가입일 현재 K통신사 고객이며, N은행 계좌에서 통신요금을 자동이체 중인 경우(연 0.10%p) – 해당 적금 가입일 현재 P통신사 고객이며, N은행 계좌에서 통신요금을 자동이체 중인 경우(연 0.15%p)
제휴보험사 보험상품 가입 우대	연 0.20%p	해당 적금 가입일 현재 T보험사의 자동차보험 또는 생명보험에 가입한 경우
우수거래 고객 우대	연 0.20%p	해당 적금 가입일 기준 예금주의 N은행 거래기간이 2년 이상인 경우(N은행 계좌 최초개설일을 거래기간의 기산점으로 함)

※ 우대금리는 최대 연 0.4%p까지 적용
※ 만기 전 해지 시 우대이율 미적용

Hard

37 A대리는 2024년 2월 1일에 별빛적금에 가입하고자 한다. A대리에 대한 정보가 다음과 같을 때, A대리의 만기수령액은?(단, 이자 소득에 대한 세금은 고려하지 않는다)

〈정보〉

- 가입기간을 36개월로 하여 본인 명의로 가입하고자 한다.
- 월급통장에서 별빛적금 계좌로 매월 1일 100만 원을 납입할 계획이다.
- K통신사 고객이며, 타 은행 계좌에서 통신요금을 자동이체 중이다.
- 2023년 8월부터 T보험사의 생명보험에 가입 중이다.
- 별빛적금 가입이 N은행과의 최초거래이다.

① 36,150,700원
② 36,940,200원
③ 37,054,500원
④ 37,505,000원
⑤ 37,605,200원

PART 2

38 A대리의 상황에 대한 정보가 다음과 같이 바뀌었다. A대리가 2024년 3월 1일에 별빛적금에 가입하고자 할 때, A대리에게 적용되는 금리와 만기 시 받을 수 있는 이자액이 바르게 연결된 것은?(단, 이자 소득에 대한 세금은 고려하지 않는다)

〈정보〉

- 가입기간을 24개월로 하여 본인 명의로 가입하고자 한다.
- 월급통장이 아닌 통장에서 매월 1일 150만 원을 납입할 계획이다.
- P통신사 고객이며, N은행 계좌에서 통신요금을 자동이체 중이다.
- 2023년 12월부터 Q보험사의 자동차보험에 가입 중이다.
- 2021년 1월에 N은행 계좌를 처음으로 개설하였다.

	적용금리	만기 수령 이자액
①	연 1.40%	525,000원
②	연 1.55%	581,250원
③	연 1.55%	637,500원
④	연 1.70%	581,250원
⑤	연 1.70%	637,500원

39 다음은 N예금상품에 대한 정보이다. 〈보기〉의 가입자 4명을 적용금리가 낮은 순서대로 나열한 것은?

〈N예금상품〉

<table>
<tr><td>가입대상</td><td colspan="3">실명의 개인 또는 개인사업자(1인 1계좌)</td><td>가입기간</td><td>1년</td></tr>
<tr><td>기본금리</td><td colspan="5">연 1.90%</td></tr>
<tr><td rowspan="4">우대금리</td><td colspan="5">최초 1년 구간에만 적용되며, 요건을 충족하는 경우 우대금리는 만기해지 시에 지급(최대 연 0.3%p)</td></tr>
<tr><td colspan="2">우대항목</td><td colspan="3">내용</td></tr>
<tr><td colspan="2">카드결제 우대
(연 0.2%p)</td><td colspan="3">이 예금 가입 후 3개월이 되는 달의 말일까지 본인 명의 N은행 계좌에서 A카드 결제실적이 있는 경우 연 0.2%p 우대</td></tr>
<tr><td colspan="2">비대면 신규 or 만 65세 이상 or 장애인 우대(연 0.1%p)</td><td colspan="3">비대면 채널을 통해 이 예금에 가입하거나, 가입시점에 만 65세 이상 또는 장애인 손님인 경우 연 0.1%p 우대</td></tr>
<tr><td rowspan="2">중도해지금리</td><td>구분</td><td>1개월 미만</td><td>1개월 이상 3개월 미만</td><td>3개월 이상 6개월 미만</td><td>6개월 이상</td></tr>
<tr><td>금리</td><td>연 0.1%</td><td>연 0.3%</td><td>연 0.5%</td><td>가입 당시 기본금리 1/2
(단, 연 0.5% 미만 시 연 0.5% 적용)</td></tr>
</table>

보기

㉠ 예금 가입 후 2주 뒤 본인 명의의 A카드 결제실적이 있는 만 35세인 갑
㉡ 비대면 채널을 통해 예금에 가입한 을
㉢ 예금 가입 후 8개월 차에 해지한 만 70세인 병
㉣ 비대면 채널을 통해 예금에 가입한 후 4개월 뒤에 해지한 정

① ㉠－㉡－㉢－㉣
② ㉠－㉢－㉡－㉣
③ ㉢－㉡－㉠－㉣
④ ㉣－㉡－㉢－㉠
⑤ ㉣－㉢－㉡－㉠

40 다음은 국가별 자동차 보유 대수에 대한 자료이다. 이에 대한 설명으로 옳은 것은?(단, 모든 비율은 소수점 둘째 자리에서 반올림한다)

〈국가별 자동차 보유 대수〉

(단위 : 천 대)

구분		합계	승용차	트럭·버스
유럽	네덜란드	3,585	3,230	355
	독일	18,481	17,356	1,125
	프랑스	17,434	15,100	2,334
	영국	15,864	13,948	1,916
	이탈리아	15,673	14,259	1,414
캐나다		10,029	7,823	2,206
호주		5,577	4,506	1,071
미국		129,943	104,898	25,045

① 캐나다와 프랑스는 승용차와 트럭·버스의 비율이 3 : 1로 거의 비슷하다.
② 자동차 보유 대수에서 승용차가 차지하는 비율이 가장 높은 국가는 프랑스이다.
③ 자동차 보유 대수에서 트럭·버스가 차지하는 비율이 가장 높은 국가는 미국이다.
④ 자동차 보유 대수에서 승용차가 차지하는 비율이 가장 낮은 국가는 호주지만, 그래도 90%를 넘는다.
⑤ 유럽 국가는 미국, 캐나다, 호주와 비교했을 때 자동차 보유 대수에서 승용차가 차지하는 비율이 높다.

PART 2

Hard

41 A씨는 미국에서 사업을 하고 있는 지인으로부터 투자 제의를 받았다. 투자성이 높다고 판단한 A씨는 5월 4일에 지인에게 1,000만 원을 달러로 환전하여 송금하였다. 이후 5월 22일에 지인으로부터 원금과 투자수익 10%를 달러로 돌려받고 당일 원화로 환전하였다. A씨는 원화기준으로 원금 대비 몇 %의 투자수익을 달성하였는가?(단, 매매기준율로 환전하고, 기타 수수료는 발생하지 않으며, 환전 시 원 단위 미만은 절사한다)

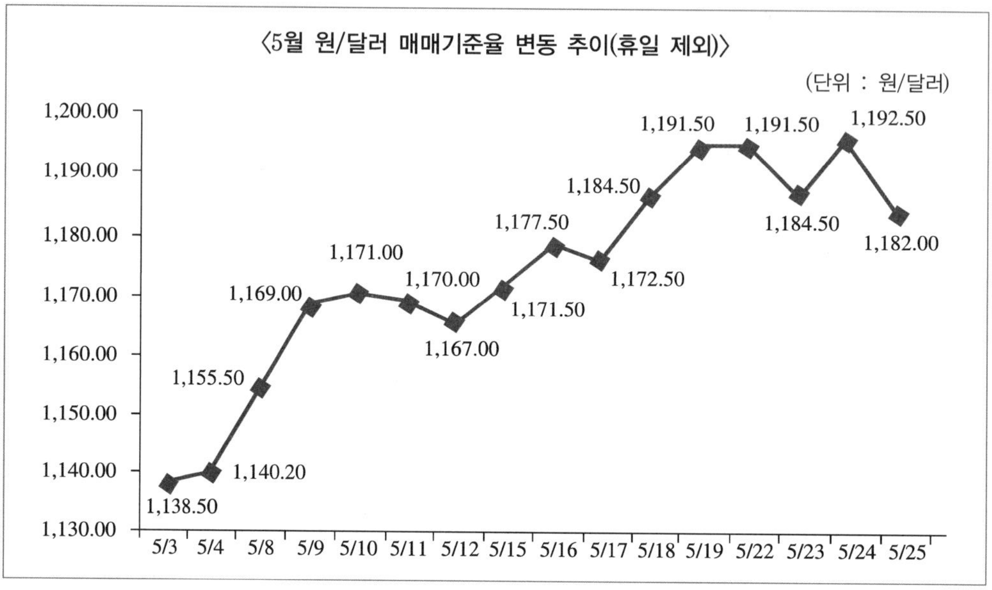

① 약 10%
② 약 13%
③ 약 15%
④ 약 18%
⑤ 약 20%

42 다음은 지난 10년간 우리나라 일부 품목의 소비자 물가지수에 대한 자료이다. 이에 대한 설명으로 옳지 않은 것은?

〈소비자 물가지수〉

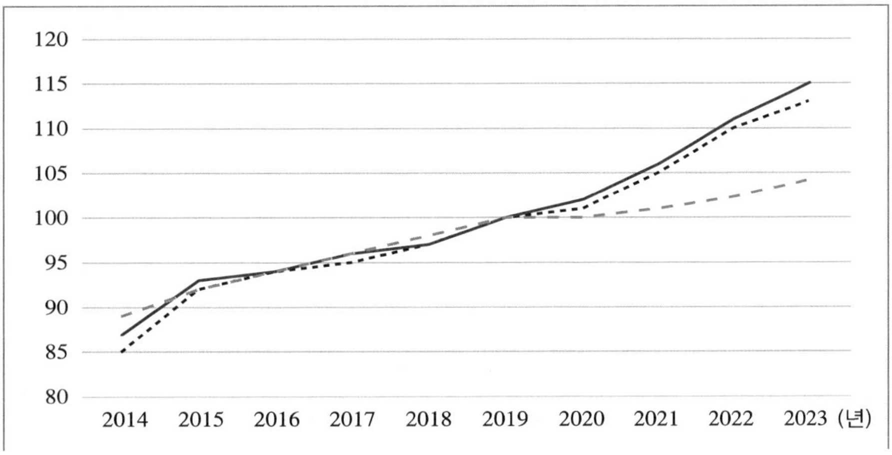

① 2024년 기준 가장 비싼 품목은 자장면이다.

② 자장면은 2020년 대비 최근까지 가격이 가장 많이 오른 음식이다.

③ 설렁탕은 2015년부터 2020년까지 가격이 가장 많이 오른 음식이다.

④ 2020년 대비 2024년은 '자장면, 설렁탕, 커피' 순으로 가격 상승률이 높았다.

⑤ 제시된 모든 품목의 소비자 물가지수는 2020년 물가를 100으로 하여 등락률을 산정했다.

43 다음은 양파와 마늘의 재배에 대한 자료이다. 이에 대한 설명으로 옳지 않은 것은?

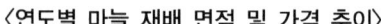

〈연도별 양파 재배 면적 조사 결과〉

(단위 : ha, %)

구분		2022년	2023년(A)	2024년(B)	증감(C=B−A)	증감률(C/A)	비중
양파		18,015	19,896	19,538	−358	−1.8	100.0
	조생종	2,013	2,990	2,796	−194	−6.5	14.3
	중만생종	16,002	16,906	16,742	−164	−1.0	85.7

〈연도별 마늘 재배 면적 및 가격 추이〉

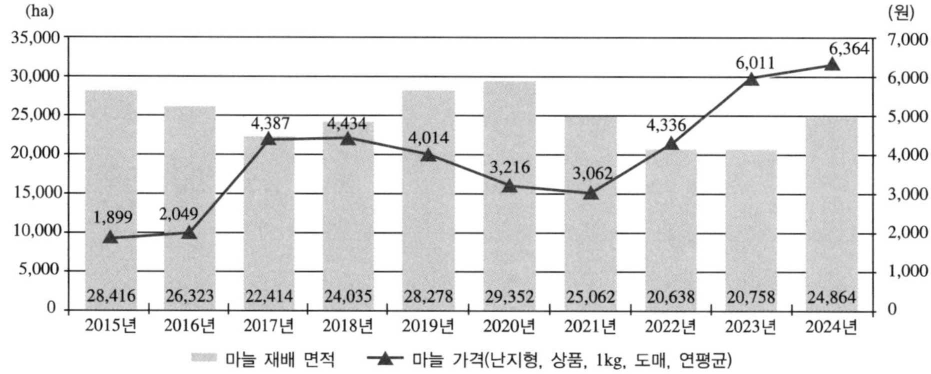

※ 마늘 가격은 연평균임(2020년은 1 ~ 4월까지의 평균)

① 마늘 재배 면적은 2020년이 가장 넓다.

② 마늘 가격은 마늘 재배 면적에 반비례한다.

③ 마늘 가격은 2021년 이래로 계속 증가하였다.

④ 전년 대비 2024년 재배 면적은 양파는 감소하였고, 마늘은 증가하였다.

⑤ 2024년 양파 재배 면적의 전년 대비 증감률은 조생종이 중만생종보다 크다.

44 다음은 청년가구를 대상으로 하는 주거지원 프로그램에 대한 자료이다. 이를 보고 응대한 내용으로 적절하지 않은 것은?

〈청년가구 대상 주거지원 프로그램〉

구분	프로그램	내용
신규공급	행복주택	• 일반형, 산업단지형 구분 • 일반형에서 대학생, 사회초년생, 신혼부부 물량을 80% 공급 • $45m^2$ 이하의 면적 • 시세의 60 ~ 80%
	행복기숙사	• 대학생 공공주거복지 실현 목적
	사회적 주택	• 쉐어하우스형 • 졸업 후 2년 이내 취준생 포함 5년 이내 사회초년생 대상 • 시세의 50% 이하
	신혼부부 특별공급	• 혼인기간 5년 이내 자녀출산 무주택 세대 • 공공임대 할당
기존주택 활용	집주인 리모델링임대	• 대학생에게 저렴한 임대주택 공급 • 시세의 80%
	청년 전세임대	• 타 시군 출신 대학생 및 졸업 2년 이내 취업준비생 주거 독립 지원
	신혼부부 전세임대	• 신혼부부 임대보증금 지원 • 지역별 차등 • 저리대출
자금대출	버팀목 대출	• 19세 이상 세대주 주택임차보증금 지원 • 지역별 차등
	주거안정 월세대출	• 주거급여 비대상 무주택자 중 취업준비생, 사회초년생 대상 • 월 최대 30만 원씩 2년 대출

① 행복주택은 일반형과 산업단지형을 구분하고 있으니 참고하시기 바랍니다.

② 사회적 주택은 쉐어하우스형으로 시세의 50% 이하 가격으로 이용할 수 있습니다.

③ 공공주거복지의 목적으로 행복기숙사 제도가 시행 중이며, 대학생은 누구나 이용할 수 있습니다.

④ 버팀목 대출로 주택임차보증금을 지원받을 수 있으며, 월 최대 30만 원씩 2년간 대출이 가능합니다.

⑤ 신혼부부들이 전세임대를 할 경우 보증금을 지원받을 수 있으며, 지원 금액은 지역별로 차등 지원되므로 해당 주민센터에 문의하시기 바랍니다.

PART 2

※ 다음은 A공사가 주관하는 뉴:홈 사업에 대한 정보이다. 이어지는 질문에 답하시오. **[45~46]**

〈뉴:홈 사업 정보〉

• 사업 개요

나눔 · 선택형 분양, 청년특별공급, 획기적 전용모기지로 청년, 서민의 내집 마련 부담을 덜어주는 새로운 솔루션을 제시하는 주택공급사업

• 뉴:홈 유형

나눔형(25만 호)	선택형(10만 호)	일반형(15만 호)
– 초기부터 분양 – 의무거주기간 이후 공공에 환매 – 처분손익 70%를 귀속	– 저렴한 임대료로 6년간 우선 거주 – 임대 종료 후 분양여부 자유롭게 선택 – 우선 거주 후 내집 마련 선택권 부여	– 기존 공공분양주택 대상 – 일반공급 물량확대(15% → 30%) – 모두에게 내집 마련 기회 확대

• 일반형 특별공급 자격요건

1. 신혼부부

– 입주자격 : 입주자저축(주택청약종합저축, 청약저축) 가입기간 6개월 이상, 납입횟수 6회 이상이면서 소득기준 130%(3인 가구 8,462천 원, 4인 가구 9,908천 원 등) 이하인 분

– 우선공급 : 신혼부부 특별공급 대상세대수의 70%를 소득 100%(맞벌이인 경우 120%) 이하인 분에게 아래의 입주자 선정순위에 따라 우선공급하며 동일 순위 내 경쟁 시 "신혼부부 특별공급 우선공급 가점표"에 따라 가점 다득점순으로 선정하고 동점 시 추첨으로 선정

구분	대상
1순위	① 혼인기간 중 자녀를 출산(임신, 입양 포함)하여 미성년자인 자녀가 있는 신혼부부 ② 6세 이하 자녀를 둔 한부모가족 ③ 민법 제 855조 제2항에 따라 혼인 중의 출생자로 인정되는 혼인외의 출생자가 있는 경우
2순위	① 예비신혼부부 ② 1순위에 해당하지 않는 신혼부부(기존 소유 주택을 처분하여 처분일로부터 공고일 현재까지 계속하여 무주택세대구성원을 유지하면서, 공고일 현재 무주택기간이 2년 이상인 신혼부부 포함)

2. 생애최초

– 입주자격 : 생애최초로 주택을 구입하는 무주택세대구성원(세대에 속한 모든 자가 과거 주택소유사실이 없을 것)으로서 다음의 자격을 갖춘 분

① 입주자저축 1순위인 분(입주자저축에 가입하여 1년이 지난 분으로서 매월 약정납입일에 월납입금을 12회 이상 납입한 분), 저축액이 선납금 포함 600만 원 이상인 분

② 혼인 중이거나 자녀(동일한 주민등록표등본상 미혼자녀에 한함)가 있는 분

③ 근로자 또는 자영업자로서 5년 이상 소득세를 납부한 분

④ 부동산 215,500천 원 이하, 자동차 차량가액이 36,830천 원 이하인 분

⑤ 소득기준 130%(3인 가구 8,462천 원, 4인 가구 9,908천 원 등) 이하인 분

– 우선공급 : 생애최초 특별공급 대상세대수의 70%를 소득 100% 이하인 분에게 추첨의 방법으로 우선공급

Easy

45 **다음 중 뉴:홈 사업에 대한 설명으로 옳지 않은 것은?**

① 나눔형의 경우, 의무거주기간이 존재한다.
② 예비신혼부부는 일반형 특별공급의 2순위 대상에 해당한다.
③ 사업 유형별 공급 호수는 나눔형, 일반형, 선택형 순으로 많다.
④ 선택형의 경우 입주시기로부터 6년 후에 소유 여부를 결정할 수 있다.
⑤ 일반형은 신축 주택에 대해 시행되는 유형으로, 최근 공급 호수가 확대되었다.

PART 2

46 **뉴:홈 사업의 일반형 특별공급 대상자가 될 수 없는 경우를 〈보기〉에서 모두 고르면?**

보기

㉠ 공고일 기준 무주택기간이 1년 4개월인 B와 내년에 혼인 예정이고 주택을 소유한 적이 없는 A는 신혼부부 특별공급을 신청하고자 한다.
㉡ 주택을 소유한 적이 없으며 공고일 기준 4년 전 보유주택을 모두 처분한 부모님과 함께 세대를 구성하고 있는 C는 생애최초 특별공급을 신청하고자 한다.
㉢ 공고일 기준 2년 전 혼인한 배우자와 2인 가구를 구성하고 있으며 소득기준이 부부 합산 소득이 소득기준 110%에 해당하는 D는 신혼부부 특별공급을 신청하고자 한다.

① ㉠
② ㉡
③ ㉠, ㉡
④ ㉡, ㉢
⑤ ㉠, ㉡, ㉢

47 다음은 건강생활실천지원금제에 대한 자료이다. 〈보기〉의 신청자 중 예방형과 관리형에 해당하는 사람을 바르게 분류한 것은?

〈건강생활실천지원금제〉

- 사업설명 : 참여자 스스로 실천한 건강생활 노력 및 건강개선 결과에 따라 지원금을 지급하는 제도
- 시범지역

지역	예방형	관리형
서울	노원구	중랑구
경기 · 인천	안산시, 부천시	인천 부평구, 남양주시, 고양일산(동구, 서구)
충청권	대전 대덕구, 충주시, 충남 청양군(부여군)	대전 동구
전라권	광주 광산구, 전남 완도군, 전주시(완주군)	광주 서구, 순천시
경상권	부산 중구, 대구 남구, 김해시, 대구 달성군	대구 동구, 부산 북구
강원 · 제주권	원주시, 제주시	원주시

- 참여대상 : 주민등록상 주소지가 시범지역에 해당되는 사람 중 아래에 해당하는 사람

구분	조건
예방형	만 20 ~ 64세인 건강보험 가입자(피부양자 포함) 중 국민건강보험공단에서 주관하는 일반건강검진 결과 건강관리가 필요한 사람*
관리형	고혈압 · 당뇨병 환자

*건강관리가 필요한 사람 : 다음에 모두 해당하거나 ①, ② 또는 ①, ③에 해당하는 사람

① 체질량지수(BMI) 25kg/m^2 이상
② 수축기 혈압 120mmHg 이상 또는 이완기 혈압 80mmHg 이상
③ 공복혈당 100mg/dL 이상

보기

신청자	주민등록상 주소지	체질량지수	수축기 혈압 / 이완기 혈압	공복혈당	기저질환
A	서울 강북구	22kg/m^2	117mmHg / 78mmHg	128mg/dL	−
B	서울 중랑구	28kg/m^2	125mmHg / 85mmHg	95mg/dL	−
C	경기 안산시	26kg/m^2	142mmHg / 92mmHg	99mg/dL	고혈압
D	인천 부평구	23kg/m^2	145mmHg / 95mmHg	107mg/dL	고혈압
E	광주 광산구	28kg/m^2	119mmHg / 78mmHg	135mg/dL	당뇨병
F	광주 북구	26kg/m^2	116mmHg / 89mmHg	144mg/dL	당뇨병
G	부산 북구	27kg/m^2	118mmHg / 75mmHg	132mg/dL	당뇨병
H	강원 철원군	28kg/m^2	143mmHg / 96mmHg	115mg/dL	고혈압
I	제주 제주시	24kg/m^2	129mmHg / 83mmHg	108mg/dL	−

※ 단, 모든 신청자는 만 20 ~ 64세이며, 건강보험에 가입하였음

	예방형	관리형
①	A, E	C, D
②	B, E	F, I
③	C, E	D, G
④	F, I	C, H
⑤	G, H	D, F

48 N은행의 건물에는 층당 4팀씩 근무하고 있으며 각 층의 사무실 배치는 모두 동일하고, N은행 건물의 층별 사무실 배치도와 5층 및 6층에 있는 부서는 다음과 같다. 감사팀에 서류를 전달하라는 상부의 지시를 받았을 때 가야 할 층과 사무실을 바르게 짝지은 것은?

〈층별 사무실 배치도〉

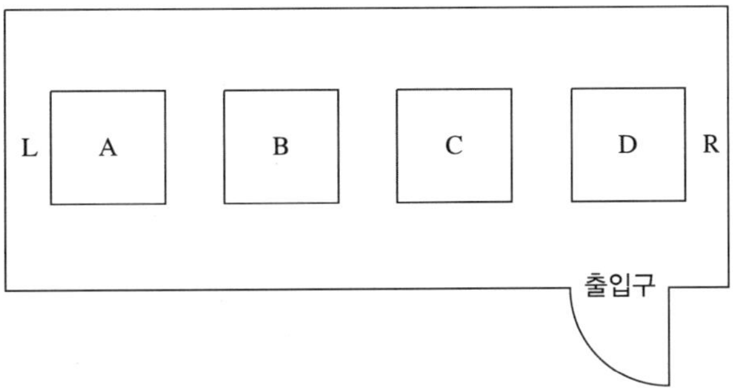

※ L과 R은 각각 왼쪽과 오른쪽을 의미함

- 재무팀은 5층의 C에 배치되어 있다.
- 경영전략팀은 5층에 배치되어 있다.
- 기획관리팀은 B에 배치되어 있다.
- 기획관리팀과 노무복지팀은 서로 다른 층에 배치되어 있다.
- 경영전략팀과 정보보안팀은 서로 다른 층의 같은 위치에 배치되어 있다.
- 감사팀은 총무팀 바로 왼쪽에 배치되어 있다.
- 인사팀은 노무복지팀보다 왼쪽에 배치되어 있으며 두 팀 사이에 1개의 팀이 배치되어 있다.

	층	사무실
①	5층	A
②	5층	B
③	6층	B
④	6층	C
⑤	6층	D

Easy

49 제시된 명제가 모두 참일 때, 다음 중 빈칸에 들어갈 명제로 가장 적절한 것은?

- 허리에 통증이 심하면 나쁜 자세로 공부했다는 것이다.
- 공부를 오래 하면 성적이 올라간다.
- ______________________________
- 그러므로 성적이 떨어졌다는 것은 나쁜 자세로 공부했다는 것이다.

① 허리에 통증이 약하면 공부를 오래 할 수 있다.
② 좋은 자세로 공부한다고 해도 공부를 오래 하긴 힘들다.
③ 좋은 자세로 공부한다고 해도 허리의 통증은 그대로이다.
④ 성적이 올라갔다는 것은 좋은 자세로 공부했다는 것이다.
⑤ 성적이 떨어졌다는 것은 공부를 별로 하지 않았다는 증거다.

50 제시된 명제가 모두 참일 때, 다음 중 반드시 참인 것은?

- 서로 다른 밝기 등급(1 ~ 5등급)을 가진 A ~ E별 5개의 밝기를 측정하였다.
- 1등급이 가장 밝은 밝기 등급이다.
- A별은 가장 밝지도 않고, 두 번째로 밝지도 않다.
- B별은 C별보다 밝고, E별보다 어둡다.
- C별은 D별보다 밝고, A별보다 어둡다.
- E별은 A별보다 밝다.

① A별의 밝기 등급은 4등급이다.
② A ~ E별 5개 중 B별이 가장 밝다.
③ 어느 별이 가장 밝은지 확인할 수 없다.
④ 어느 별이 가장 어두운지 확인할 수 없다.
⑤ 별의 밝기 등급에 따라 순서대로 나열하면 'E – B – A – C – D'이다.

51 A～E 5명은 한국사 시험에 함께 응시하였다. 시험 도중 다음과 같이 부정행위가 일어났다고 할 때, 부정행위를 한 사람을 모두 고르면?

- 2명이 부정행위를 저질렀다.
- B와 C는 같이 부정행위를 하거나 같이 부정행위를 하지 않았다.
- B나 E가 부정행위를 했다면, A도 부정행위를 했다.
- C가 부정행위를 했다면, D도 부정행위를 했다.
- E가 부정행위를 하지 않았으면, D도 부정행위를 하지 않았다.

① A, B
② A, E
③ B, C
④ C, D
⑤ D, E

PART 2

52 A～F 6명으로 구성된 부서에서 〈조건〉에 따라 주말 당직을 정하려고 한다. 다음 중 당직을 설 수 있는 사람을 모두 고르면?

조건

- A와 B가 당직을 서면 C도 당직을 선다.
- C와 D 중 1명이라도 당직을 서면 E도 당직을 선다.
- E가 당직을 서면 A와 F도 당직을 선다.
- F가 당직을 서면 E는 당직을 서지 않는다.
- A가 당직을 서면 E도 당직을 선다.

① A, B
② A, E
③ B, F
④ C, E
⑤ D, F

Hard

53 N은행 직원 A～F 6명은 연휴 전날 고객이 많을 것을 고려해 점심을 12시, 1시 두 팀으로 나눠 먹기로 하였다. 〈조건〉에 따라 점심 식사를 할 때, 다음 중 반드시 참인 것은?

> 조건
>
> • A는 B보다 늦게 가지는 않는다.
> • A와 C는 같은 시간에 먹는다.
> • C와 D는 다른 시간에 먹는다.
> • E는 F보다 먼저 먹는다.

① A와 B는 다른 시간에 먹는다.
② B와 C는 같은 시간에 먹는다.
③ D와 F는 같은 시간에 먹는다.
④ 12시와 1시에 식사하는 인원수는 다르다.
⑤ A가 1시에 먹는다면 1시 인원이 더 많다.

54 체육교사 N씨는 학생들을 키 순서에 따라 한 줄로 세우려고 한다. A～F 6명이 〈조건〉에 따라 줄을 섰을 때, 다음 중 참이 아닌 것은?(단, 같은 키의 학생은 없으며, 키가 작은 학생이 큰 학생보다 앞에 선다)

> 조건
>
> • C는 A보다 키가 크고, F보다는 키가 작다.
> • D는 E보다 키가 크지만 E 바로 뒤에 서지는 않다.
> • B는 D보다 키가 크다.
> • A는 맨 앞에 서지 않는다.
> • F는 D보다 키가 크지만 맨 끝에 서지 않는다.
> • E와 C는 1명을 사이에 두고 선다.

① E는 맨 앞에 선다.
② F는 B 바로 앞에 선다.
③ 키가 제일 큰 학생은 B이다.
④ C는 6명 중 세 번째로 키가 크다.
⑤ A와 D는 1명을 사이에 두고 선다.

55 연경, 효진, 다솜, 지민, 지현 5명 중에서 1명이 선생님의 책상에 있는 화병에 꽃을 꽂아 두었다. 이 가운데 2명의 진술은 모두 거짓이지만, 3명의 진술은 모두 참이라고 할 때, 다음 중 선생님 책상에 꽃을 꽂아둔 사람은?

- 연경 : 화병에 꽃을 꽂아두는 것을 나와 지현이만 보았다. 효진이의 말은 모두 맞다.
- 효진 : 화병에 꽃을 꽂아둔 사람은 지민이다. 지민이가 그러는 것을 지현이가 보았다.
- 다솜 : 지민이는 꽃을 꽂아두지 않았다. 지현이의 말은 모두 맞다.
- 지민 : 화병에 꽃을 꽂아두는 것을 3명이 보았다. 효진이는 꽃을 꽂아두지 않았다.
- 지현 : 나와 연경이는 꽃을 꽂아두지 않았다. 나는 누가 꽃을 꽂는지 보지 못했다.

① 연경　② 효진
③ 다솜　④ 지민
⑤ 지현

PART 2

56 N은행은 조직개편을 하면서 기획 1～8팀의 사무실 위치를 변경하려 한다. 사무실 위치를 〈조건〉에 따라 변경한다고 할 때, 다음 중 변경된 사무실 위치에 대한 설명으로 가장 적절한 것은?

창고	입구	계단
1호실	복도	5호실
2호실		6호실
3호실		7호실
4호실		8호실

조건

- 외근이 잦은 1팀과 7팀은 입구와 가장 가깝게 위치한다(단, 입구에서 가장 가까운 쪽은 1호실과 5호실 두 곳이다).
- 2팀과 5팀은 업무 특성상 복도를 끼지 않고 같은 라인에 인접해 나란히 위치한다.
- 3팀은 팀명과 동일한 호실에 위치한다.
- 8팀은 입구에서 가장 먼 쪽에 위치하며, 복도 맞은편에는 2팀이 위치한다(단, 입구에서 가장 먼 쪽은 4호실과 8호실 두 곳이다).
- 4팀은 1팀과 5팀 사이에 위치한다.

① 기획 1팀의 사무실은 창고 쪽 라인에 위치한다.
② 기획 2팀은 입구와 멀리 떨어진 4호실에 위치한다.
③ 기획 3팀은 기획 5팀과 앞뒤로 나란히 위치한다.
④ 기획 4팀과 기획 6팀은 복도를 사이에 두고 마주한다.
⑤ 기획 7팀과 기획 8팀은 계단 쪽 라인에 위치한다.

57 다음은 N공사에 근무하는 A대리가 정리한 국토정보 유지관리사업에 대한 SWOT 분석 결과이다. 이에 대한 경영전략에 따른 판단으로 적절하지 않은 것을 〈보기〉에서 모두 고르면?

〈국토정보 유지관리사업에 대한 SWOT 분석 결과〉

구분	분석 결과
강점(Strength)	• 도로명주소 서비스의 정확성 개선사업을 통한 국토정보 유지관리사업 추진 경험 • 위치기반 생활지원 서비스인 '랜디랑'의 성공적 구축
약점(Weakness)	• 국토정보 수집 관련 기기 및 설비 운용인력의 부족 • 공공수요에 편중된 국토정보 활용
기회(Opportunity)	• 국토정보체계 표준화에 성공한 해외 기관과의 지원협력 기회 마련
위협(Threat)	• 드론 조종사 양성을 위한 예산 확보 어려움

보기

㉠ 유지관리사업 추진 노하우를 해외 기관에 제공하고, 이를 더욱 개선하기 위해 국내에서 예산을 확보하는 것은 SO전략에 해당한다.
㉡ 랜디랑의 성공적 구축 사례를 활용해 드론 운용사업의 잠재성을 강조하여 드론 조종사 양성 예산을 확보해 내는 것은 ST전략에 해당한다.
㉢ 해외 기관과의 협력을 통해 국토정보 유지관리사업을 개선하는 것은 WO전략에 해당한다.
㉣ 드론 조종사 양성을 위한 예산을 확보하여 기기 운용인력을 확충하기 위해 노력하는 것은 WT전략에 해당한다.

① ㉠, ㉡
② ㉠, ㉢
③ ㉡, ㉢
④ ㉡, ㉣
⑤ ㉢, ㉣

Easy

58 N마트 △△점은 개점 10주년을 맞이하여 7월 28일부터 4일 동안 마트에서 구매하는 고객에게 소정의 사은품을 나누어 주는 행사를 진행하고자 한다. 올해 행사 기간 내 예상 방문 고객은 작년보다 20% 증가할 것으로 예측되며, 단가가 가장 낮은 품목부터 800개를 준비하여 100개 단위씩 줄여 준비하기로 하였다. 다음은 작년 행사 결과 보고서이며, 올해도 작년과 같은 상품을 준비하고자 한다. 이때 이번 행사의 경품 준비에 필요한 예상금액은?(단, 경품별 단가 외의 것은 고려하지 않는다)

〈N마트 △△점 9주년 행사 결과〉

- 행사명 : 9주년 특별 고객감사제
- 행사기간 : 2024년 6월 21일(금) ~ 24일(월)
- 참여대상 : 행사기간 내 상품구매고객
- 추첨방법 : 주머니에 담긴 공 뽑기를 하여 공 색상에 따라 경품을 지급함
- 참여인원 : 3,000명

〈공 색상별 경품〉

구분	빨강	주황	노랑	초록	파랑	남색	보라	검정
경품	갑 티슈	수건세트	우산	다도세트	식기건조대	보조배터리	상품권	전자레인지

※ 소진된 경품의 공을 선택했을 때는 공을 주머니에 다시 넣고 다른 색의 공이 나올 때까지 뽑을 수 있음

〈경품별 단가〉

(단위 : 원)

구분	갑 티슈	수건세트	우산	다도세트	전자레인지	식기건조대	보조배터리	상품권
단가	3,500	20,000	9,000	15,000	50,000	40,000	10,000	30,000

① 48,088,000원
② 49,038,000원
③ 50,080,000원
④ 52,600,000원
⑤ 54,208,000원

PART 2

Easy

59 다음은 이번 달 A사원의 초과 근무 기록이다. A사원의 연봉은 3,600만 원이고, 시급 산정 시 월평균 근무시간은 200시간이다. 이번 달 A사원이 받는 야근 · 특근 수당은 얼마인가?(단, 소득세는 고려하지 않는다)

〈이번 달 초과 근무 기록〉

일요일	월요일	화요일	수요일	목요일	금요일	토요일
			1	2 18:00 ~ 19:00	3	4
5 09:00 ~ 11:00	6	7 19:00 ~ 21:00	8	9	10	11
12	13	14	15 18:00 ~ 22:00	16	17	18 13:00 ~ 16:00
19	20 19:00 ~ 20:00	21	22	23	24	25
26	27	28	29 19:00 ~ 23:00	30 18:00 ~ 21:00	31	

〈초과 근무 수당 규정〉

- 평일 야근 수당은 시급에 1.2배를 한다.
- 주말 특근 수당은 시급에 1.5배를 한다.
- 식대는 10,000원을 지급하며(야근 · 특근 수당에 포함되지 않는다), 평일 야근 시 20시 이상 근무할 경우에 지급한다(주말 특근에는 지급하지 않는다).
- 야근시간은 19 ~ 22시이다(초과시간 수당 미지급).

① 265,500원
② 285,500원
③ 300,000원
④ 310,500원
⑤ 330,500원

※ 다음은 N은행에 입사할 신입직원의 희망부서 및 추천부서에 대한 자료이다. 이어지는 질문에 답하시오. [60~61]

〈희망부서 및 추천부서〉

구분	1지망	2지망	필기점수	면접점수	추천부서
A사원	개발부	사업부	70점	40점	홍보부
B사원	개발부	총무부	90점	80점	사업부
C사원	영업부	개발부	60점	70점	영업부
D사원	영업부	홍보무	100점	50점	개발부
E사원	홍보부	총부무	80점	90점	총무부
F사원	개발부	영업부	80점	100점	홍보부
G사원	영업부	사업부	50점	60점	사업부
H사원	총무부	사업부	60점	80점	영업부
I사원	홍보부	개발부	70점	70점	총무부
J사원	홍보부	영업부	90점	50점	총무부

※ 필기점수와 면접점수의 합이 높은 사람이 우선적으로 배정되며, 1지망 – 2지망 – 추천부서 순으로 진행됨
※ 동점자일 경우 면접점수가 높은 사원이 먼저 배정됨
※ 1지망을 우선 결정하고 남은 인원으로 2지망을 결정한 후, 남은 인원은 추천부서로 배정됨
※ 5개 부서에 2명씩 배정됨

60 다음 중 B사원이 배정되는 부서는?

① 개발부
② 홍보부
③ 영업부
④ 총무부
⑤ 사업부

61 다음 중 최종적으로 추천부서와 배정부서가 일치하는 사원을 모두 고르면?

① A사원, D사원, I사원
② B사원, F사원, J사원
③ C사원, G사원, J사원
④ D사원, H사원, I사원
⑤ H사원, I사원, J사원

Hard

62 인천공항에서 A ~ D비행기 4대가 이륙 준비를 하고 있다. 비행 정보와 〈조건〉이 다음과 같을 때, 다음 중 출발시각이 가장 빠른 비행기는?(단, 한국의 시차는 GMT+9이다)

〈비행 정보〉

구분	A비행기	B비행기	C비행기	D비행기
도착지	도하	나리타	로스앤젤레스	밴쿠버
GMT	+3	+9	−8	−8
비행시간	9시간	2시간 10분	13시간	11시간 15분

조건

- 각 비행기의 도착지는 도하, 나리타, 로스앤젤레스, 밴쿠버 중 하나이며, 모두 직항이다.
- C비행기는 A비행기와 도착 시 현지시각이 같다.
- B비행기는 C비행기보다 1시간 빨리 출발한다.
- D비행기는 C비행기보다 한국 시간으로 2시간 빨리 도착한다.

① A비행기
② B비행기
③ C비행기
④ D비행기
⑤ A, D비행기

63 N사의 마우스는 A ~ F부품 6가지 중 3가지 부품으로 구성된다. 다음은 부품 1개당 가격 및 조립 시 소요되는 시간과 필요개수에 대한 자료이다. 최대한 비용과 시간을 절약하여 〈조건〉에 따라 마우스를 완성할 때, 부품 구성으로 가장 적절한 것은?

〈부품 1개당 가격 및 소요시간〉

구분	가격	소요시간	필요개수	구분	가격	소요시간	필요개수
A부품	20원	6분	3개	D부품	50원	11분 30초	2개
B부품	35원	7분	5개	E부품	80원	8분 30초	1개
C부품	33원	5분 30초	2개	F부품	90원	10분	2개

※ 시간은 필요개수 모두를 사용한 시간임

조건

- 완제품을 만들 때 부품의 총가격이 가장 저렴해야 한다.
- 완제품을 만들 때 부품의 총개수는 상관없다.
- 완제품을 만들 때 총소요시간은 25분 미만으로 한다.
- 총가격 차액이 100원 미만일 경우 총소요시간이 가장 짧은 구성을 택한다.

① A, B, E부품
② A, C, D부품
③ B, C, E부품
④ B, D, F부품
⑤ C, E, F부품

64 N은행에서는 5월 한 달 동안 임직원을 대상으로 금연교육 4회, 부패방지교육 2회, 성희롱방지교육 1회를 〈조건〉에 따라 진행하려고 한다. 다음 중 교육 일정에 대한 설명으로 가장 적절한 것은?

〈5월 달력〉

일	월	화	수	목	금	토
			1	2	3	4
5	6	7	8	9	10	11
12	13	14	15	16	17	18
19	20	21	22	23	24	25
26	27	28	29	30	31	

조건

- 교육은 하루에 하나만 실시할 수 있고, 주말에는 교육을 실시할 수 없다.
- 매주 월요일은 부서회의로 인해 교육을 실시할 수 없다.
- 5월 1일부터 3일까지는 은행의 주요 행사 기간이므로 어떠한 교육도 실시할 수 없다.
- 금연교육은 정해진 같은 요일에 주 1회 실시한다.
- 부패방지교육은 20일 이전 수요일 또는 목요일에 시행하며, 이틀 연속 실시할 수 없다.
- 성희롱방지교육은 5월 31일에 실시한다.

① 성희롱방지교육은 목요일에 실시된다.

② 금연교육은 금요일에 실시될 수 있다.

③ 금연교육은 5월 첫째 주부터 실시된다.

④ 5월 넷째 주에는 금연교육만 실시된다.

⑤ 부패방지교육은 같은 요일에 실시되어야 한다.

Easy

65 **N은행에 근무 중인 A차장은 새로운 사업을 실행하기에 앞서 설문조사를 하려고 한다. 다음의 방법을 이용하려고 할 때, 설문조사 순서를 바르게 나열한 것은?**

> 델파이 기법은 전문가들의 의견을 종합하기 위해 고안된 기법으로, 불확실한 상황을 예측하고자 할 경우 사용하는 인문사회과학 분석기법 중 하나이다. 설문지로만 이루어지기 때문에 전문가들의 익명성이 보장되고, 반복적인 설문을 통해 얻은 반응을 수집·요약해 특정한 주제에 대한 전문가 집단의 합의를 도출하는 방식으로 진행된다.

① 설문지 제작 – 발송 – 회수 – 중간 분석 – 재발송 – 회수 – 합의 도출
② 설문지 제작 – 1차 대면 토론 – 중간 분석 – 2차 대면 토론 – 합의 도출
③ 설문지 제작 – 발송 – 회수 – 중간 분석 – 대면 토론 – 합의 도출
④ 설문지 제작 – 발송 – 새 설문지 제작 – 발송 – 회수 – 합의 도출
⑤ 설문지 제작 – 발송 – 회수 – 검토 후 결론 도출 – 결론 통보

66 **다음은 N사의 이팀장이 오전 10시에 강대리에게 남긴 음성메시지이다. 이팀장의 업무 지시에 따라 강대리가 가장 먼저 해야 할 일과 가장 나중에 해야 할 일을 순서대로 바르게 나열한 것은?**

> 강대리님, 저 이팀장입니다. 오늘 중요한 미팅 때문에 강대리님이 제 업무를 조금 도와주셔야 할 것 같습니다. 제가 미팅 후 회식을 가야 하는데 제가 회사 차를 가지고 왔습니다. 이따가 강대리님이 잠깐 들러 회사 차를 반납해 주세요. 아! 차 안에 A은행 김팀장에게 제출해야 할 서류가 있는데 회사 차를 반납하기 전에 그 서류를 대신 제출해 주시겠어요? A은행 김팀장은 4시에 퇴근하니까 3시까지는 A은행으로 가셔야 할 것 같습니다. 그리고 오늘 5시에 팀장 회의가 있는데 제 책상 위의 회의 자료를 영업팀 최팀장에게 전달해 주시겠어요? 최팀장이 오늘 오전 반차를 써서 아마 1시쯤에 출근할 것 같습니다. 급한 사안이니 최대한 빨리 전달 부탁드려요. 그런데 혹시 지금 대표님께서 출근하셨나요? 오전 중으로 대표님께 결재를 받아야 할 사항이 있는데 대신 결재 부탁드리겠습니다.

① 대표에게 결재 받기, 최팀장에게 회의 자료 전달
② 대표에게 결재 받기, 회사 차 반납
③ 최팀장에게 회의 자료 전달, 회사 차 반납
④ K은행 김팀장에게 서류 제출, 회사 차 반납
⑤ 최팀장에게 회의 자료 전달, A은행 김팀장에게 서류 제출

※ 다음 글을 읽고 이어지는 질문에 답하시오. [67~68]

최근 서울 강서구에 있는 L전자제품 유통채널인 'B샵'에 한 손님이 찾아왔다. 이 손님은 건물 1 ~ 2층에 위치한 고객 체험형 가전공간과 연계한 인테리어 숍인숍, 3층 서비스센터 등 매장 곳곳을 살펴봤다. 이 손님은 코로나 사태로 힘든 시기임에도 제품 판매와 A/S, 배송 등 서비스 제공을 위해 최선을 다하는 직원들에게 감사를 표하고 매장을 떠났다. 이 손님은 바로 L그룹 대표였다. 그는 직원들 업무에 지장을 주지 않도록 B샵 담당 임원과 책임급 실무자 3 ~ 4명과 함께 이 매장을 찾았다. 당시 매장에는 고객들이 적지 않았지만, L그룹 회장의 방문을 눈치챈 사람은 한 명도 없었던 것으로 알려졌다.
L그룹 대표는 불필요한 형식과 격식은 과감하게 없애고, 진심을 갖고 구성원과 이해관계자들을 대하면서 L그룹의 미래를 위한 새로운 변화를 이끌고 있다. L그룹 대표는 2018년 6월 29일 L그룹 대표이사 회장에 취임한 직후 임직원들에게 '회장'이 아닌 '대표'로 불러 달라 당부했다. 또 문자나 이메일 등으로 임직원과 격의 없이 소통한다. L그룹 내에는 대표의 문자를 받고 깜짝 놀랐다는 임원이 적지 않은 것으로 알려졌다. 또한 올해부터 아예 온라인 시무식으로 전환해 신년사를 담은 영상을 전 세계 25만 명의 임직원에게 이메일로 전달했다. 회의문화도 철저히 실용적으로 변화시켰다.

PART 2

67 다음 중 윗글을 읽고 유추할 수 있는 L그룹 대표의 경영전략으로 적절하지 않은 것은?

① 1등 전략을 통해 국내 선도기업을 목표로 하고 있다.
② 직원들과 격의 없이 소통하며 직원들을 동반자의 관계로 존중하고 있다.
③ 코로나 시대에 직원 간 소통을 비대면으로 하며 효과적으로 대응하고 있다.
④ 대표는 실용성과 진정성 이 두 가지 리더십을 가지고 회사를 경영하고 있다.
⑤ 회장이라는 직위보다는 지주회사 대표라는 직책이 갖는 의미를 강조하고 있다.

68 조직문화에 가장 많은 영향을 주는 사람은 CEO이다. 다음의 조직문화를 구성하는 7요소 중 윗글의 사례에 해당하는 것으로 가장 적절한 것은?

〈조직문화를 구성하는 7요소〉

공유가치(Shared Value), 전략(Strategy), 조직구조(Structure), 제도(System), 구성원(Staff), 관리기술(Skill), 리더십스타일(Style)

① 공유가치
② 구성원
③ 제도
④ 관리기술
⑤ 리더십스타일

Easy

69 다음 중 푸드플랜(Food Plan)에 대한 설명으로 옳지 않은 것은?

① 친환경적이 성격을 가지고 있다.
② 농업 소득의 안정화도 목표에 두고 있다.
③ 지역 농산물을 소비하도록 매장을 중심으로 운영되는 산업이다.
④ 농업에서 생산, 유통, 소비 등을 하나로 체제로 관리하는 종합관리이다.
⑤ 식품 생산자와 소비자 드리고 지역 환경 등에 미치는 영향을 모두 고려한다.

70 다음 중 농협의 경제부문업무에 대한 설명으로 옳지 않은 것은?

① 농가에 비료나 유류 등 농자재를 공급하지 않는다.
② 생산자 조직을 구축하는 등 산지유통의 혁신을 촉진한다.
③ '산지에서 소비지까지(Farm to Table)' 체계적인 농식품 관리와 교육을 실시한다.
④ 학교급식 사업, 군납 사업 등 여러 유통 채널을 통해 농산물을 소비자에게 공급한다.
⑤ 직영매장, 홈쇼핑, 인터넷 쇼핑몰 등의 유통망을 확충해 안정적인 판매 기반을 구축한다.

모바일 OMR

제3회 최종점검 모의고사

문항 수 : 60문항　응시시간 : 60 / 70분

정답 및 해설 p.076

※ 다음 짝지어진 단어 사이의 관계가 나머지와 다른 하나를 고르시오. [1~2]

01
① 가새 – 가위　② 지슬 – 감자
③ 쉿대 – 열쇠　④ 채비 – 차비

02
① 견사 – 비단　② 오디 – 뽕잎
③ 콩 – 두부　④ 포도 – 와인

※ 다음 제시된 단어의 대응 관계로 볼 때, 빈칸에 들어갈 단어로 알맞은 것을 고르시오. [3~4]

03

(　　) : 뿌리 = 연필 : 연필심

① 줄기　② 토양
③ 공기　④ 나무

Easy

04

막상막하 : 난형난제 = 사필귀정 : (　　)

① 과유불급　② 고장난명
③ 다기망양　④ 인과응보

※ 다음 제시된 단어에서 공통으로 연상할 수 있는 단어로 가장 적절한 것을 고르시오. [5~6]

05

독립　헬스클럽　선수

① 운동　② 기구
③ 개인　④ 1인

06

수갑　사이렌　참수리

① 수사　② 경찰
③ 사냥　④ 검거

07 다음 중 표준어끼리 연결된 것은?

① 초콜렛 – 악세사리　② 날으는 – 구렛나루
③ 깨끗이 – 사글세　④ 웬지 – 생각컨대

08 다음 중 밑줄 친 단어와 같은 의미로 쓰인 것은?

매일 아침 출근 버스에는 항상 사람이 가득 <u>차</u> 있다.

① 전속력을 다해 뛰었더니 숨이 턱에 <u>찼다</u>.
② 생선을 구웠더니 생선 냄새가 부엌에 가득 <u>찼다</u>.
③ 그는 거듭된 사업 실패로 인해 실의에 가득 <u>차</u> 있다.
④ 김교수의 강의는 정원이 이미 다 <u>차서</u> 더 이상 신청할 수 없다.

Easy

09 다음 중 밑줄 친 부분의 맞춤법이 옳지 않은 것은?

① 저녁노을이 참 곱다.
② 여기서 밥 먹게 돗자리 펴라.
③ 담배꽁초를 함부로 버리지 마라.
④ 영희는 자기 잇속만 챙기는 깍정이다.

PART 2

10 다음 중 밑줄 친 부분의 띄어쓰기가 모두 옳은 것은?

① 그를 만난지도 꽤 오래됐다. 대학 때 만났으니 올해로 3년 째다.
② 그녀는 공부 밖에 모르는 사람이지만 한 번 놀 때는 누구보다도 열심히 논다.
③ 편지글에 나타 난 선생님의 견해는 암기 위주의 공부 방법은 안된다는 것이다.
④ 이제 남은 것은 오직 배신뿐이라는 내 말에 그는 어찌할 바를 모르고 쩔쩔맸다.

11 다음 글의 ㉠~㉢에 들어갈 단어를 바르게 짝지은 것은?

• 그는 부인에게 자신의 친구를 ㉠ 소개시켰다 / 소개했다.
• 이 소설은 실제 있었던 일을 바탕으로 ㉡ 쓰인 / 쓰여진 것이다.
• 자전거가 마주 오던 자동차와 ㉢ 부딪혔다 / 부딪쳤다.

	㉠	㉡	㉢
①	소개시켰다	쓰인	부딪혔다
②	소개시켰다	쓰여진	부딪혔다
③	소개했다	쓰여진	부딪쳤다
④	소개했다	쓰인	부딪쳤다

Hard

12 다음 글에서 ㉠~㉣의 한자 표기로 적절하지 않은 것은?

서울문화 ㉠ 재단에서 ㉡ 시행하는 문화바우처 사업 역시 문화 ㉢ 소외 ㉣ 계층에게 문화 향유 기회를 폭넓게 지원하고 있다.

① ㉠ : 財團
② ㉡ : 施行
③ ㉢ : 消外
④ ㉣ : 階層

13 다음 뜻을 지닌 한자성어로 옳은 것은?

고생 끝에 낙이 온다.

① 순망치한(脣亡齒寒)
② 당구풍월(堂狗風月)
③ 고진감래(苦盡甘來)
④ 조삼모사(朝三暮四)

14 다음 글의 빈칸에 들어갈 단어로 가장 적절한 것은?

Magicians are honest deceivers. To investigate the secret used by magicians to fool their audiences, Jastrow worked with two great magicians. He invited these performers to his laboratory and had them participate in a range of tests measuring their speed of movement and accuracy of finger motion. But Jastrow's results revealed little out of the ordinary. He demonstrated magic has little to do with fast movements. Instead, magicians use a range of ____________ weapons to fool their audiences. The technique of suggestion, which captures people's minds, plays a key role in the process. In the same way that people can be made to believe that they once went on a non-existent trip in a hot-air balloon, so magicians have to be able to manipulate people's perception of performance.

① ethical
② political
③ physical
④ psychological

15 다음 제시된 문단을 논리적 순서대로 바르게 나열한 것은?

(가) 다만 각자에게 느껴지는 감각질이 뒤집혀 있을 뿐이고 경험을 할 때 겉으로 드러난 행동과 하는 말은 똑같다. 예컨대 그 사람은 신호등이 있는 건널목에서 똑같이 초록 불일 때 건너고 빨간 불일 때는 멈추며, 초록 불을 보고 똑같이 "초록 불이네."라고 말한다. 그러나 그는 자신의 감각질이 뒤집혀 있는지 전혀 모른다. 감각질은 순전히 사적이며 다른 사람의 감각질과 같은지를 확인할 수 있는 방법이 없기 때문이다.

(나) 그래서 어떤 입력이 들어올 때 어떤 출력을 내보낸다는 기능적・인과적 역할로 정신을 정의하는 기능론이 각광을 받게 되었다. 기능론에서는 정신이 물질에 의해 구현되므로 그 둘이 별개의 것은 아니라고 주장한다는 점에서 이원론과 다르면서도, 정신의 인과적 역할이 뇌의 신경세포에서든 로봇의 실리콘 칩에서든 어떤 물질에서도 구현될 수 있음을 보여 준다는 점에서 동일론의 문제점을 해결할 수 있기 때문이다.

(다) 심신 문제는 정신과 물질의 관계에 대해 묻는 오래된 철학적 문제이다. 정신 상태와 물질 상태는 별개의 것이라고 주장하는 이원론이 오랫동안 널리 받아들여졌으나, 신경 과학이 발달한 현대에는 그 둘은 동일하다는 동일론이 더 많은 지지를 받고 있다. 그러나 똑같은 정신 상태라고 하더라도 사람마다 그 물질 상태가 다를 수 있고, 인간과 정신 상태는 같지만 물질 상태는 다른 로봇이 등장한다면 동일론에서는 그것을 설명할 수 없다는 문제가 생긴다.

(라) 그래도 정신 상태가 물질 상태와 다른 무엇이 있다고 생각하는 이원론에서는 '나'가 어떤 주관적인 경험을 할 때 다른 사람에게 그 경험을 보여줄 수는 없지만 나는 분명히 경험하는 그 느낌에 주목한다. 잘 익은 토마토를 봤을 때의 빨간색의 느낌, 시디신 자두를 먹었을 때의 신 느낌, 꼬집힐 때의 아픈 느낌이 그런 예이다. 이런 질적이고 주관적인 감각 경험, 곧 현상적인 감각 경험을 철학자들은 '감각질'이라고 부른다. 이 감각질이 뒤집혔다고 가정하는 사고 실험을 통해 기능론에 대한 비판이 제기된다. 나에게 빨강으로 보이는 것이 어떤 사람에게는 초록으로 보이고 나에게 초록으로 보이는 것이 그에게는 빨강으로 보인다는 사고 실험이 그것이다.

① (가) – (나) – (다) – (라)
② (나) – (다) – (가) – (라)
③ (다) – (가) – (라) – (나)
④ (다) – (나) – (라) – (가)

PART 2

16 다음 글의 주장에 대한 반박으로 적절하지 않은 것은?

> 문화재 관리에서 중요한 개념이 복원과 보존이다. 복원은 훼손된 문화재를 원래대로 다시 만드는 것을, 보존은 더 이상 훼손되지 않도록 잘 간수하는 것을 의미한다. 이와 관련하여 훼손된 탑의 관리에 대한 논의가 한창이다.
> 나는 복원보다는 보존이 다음과 같은 근거에서 더 적절하다고 생각한다. 우선, 탑을 보존하면 탑에 담긴 역사적 의미를 온전하게 전달할 수 있어 진정한 역사 교육이 가능하다. 탑은 백성들의 평화로운 삶을 기원하기 위해 만들어졌고, 이후 역사의 흐름 속에서 전란을 겪으며 훼손된 흔적들이 더해져 지금 모습으로 남아 있다. 그런데 탑을 복원하면 이런 역사적 의미들이 사라져 그 의미를 온전하게 전달할 수 없다.
> 다음으로, 정확한 자료가 없이 탑을 복원하면 이는 결국 탑을 훼손하는 것이 될 수밖에 없다. 따라서 원래의 재료를 활용하지 못하고 과거의 건축 과정에 충실하게 탑을 복원하지 못하면 탑의 옛 모습을 온전하게 되살리는 것은 불가능하므로 탑을 보존하는 것이 더 바람직하다.
> 마지막으로, 탑을 보존하면 탑과 주변 공간의 조화가 유지된다. 전문가에 따르면 탑은 주변 산수는 물론 절 내부 건축물들과의 조화를 고려하여 세워졌다고 한다. 이런 점을 무시하고 탑을 복원한다면 탑과 기존 공간의 조화가 사라지기 때문에 보존하는 것이 적절하다.
> 따라서 탑은 보존하는 것이 복원하는 것보다 더 적절하다고 생각한다. 건축 문화재의 경우 복원보다는 보존을 중시하는 국제적인 흐름을 고려했을 때도, 탑이 더 훼손되지 않도록 지금의 모습을 유지하고 관리하는 것이 문화재로서의 가치를 지키고 계승할 수 있는 바람직한 방법이라고 생각한다.

① 탑을 복원하는 비용보다 보존하는 비용이 더 많이 든다.
② 탑을 복원하더라도 탑에 담긴 역사적 의미는 사라지지 않는다.
③ 탑 복원에 필요한 자료를 충분히 수집하여 탑을 복원하면 탑의 옛 모습을 되살릴 수 있다.
④ 탑을 복원하면 형태가 훼손된 탑에서는 느낄 수 없었던 탑의 형태적 아름다움을 느낄 수 있다.

※ 다음 기사를 읽고 이어지는 질문에 답하시오. [17~18]

지난 2월 7일, 범농협 계통사업장 일제 소독의 날을 맞이하여 농협 회장은 직접 파주연천축협 가축시장을 방문하여 방역상황을 점검하고, 소독을 실시하였다.
구제역은 1월 31일에 마지막으로 발생한 후 현재까지 추가적인 발생은 없으나, 14일간의 잠복기와 일제 접종(2월 3일) 완료 시점을 고려할 때, 향후 일주일간의 차단 방역이 구제역 근절의 최대 고비라고 판단되는 상황이다. 이에 농협 축산경제는 전국 일제 소독의 날에 맞춰 전 계통조직의 역량을 총동원하여 일제 소독을 실시하였다.
이날 농협은 전국의 축산농장 및 축산 관련 작업장 391개소에 대해서 공동방제단 540개 반, 광역살포기 129대, 방역인력풀 6,250명, 전국 소독약품 비축기지 22개소 등의 가용 자원을 총동원하여 동시에 일제 소독을 실시하였다.
파주연천축협 가축시장을 직접 방문한 농협 회장은 구제역 방역 종합상황을 보고 받았으며, 현장의 애로사항을 청취하고 구제역 확산방지를 위해 빈틈없는 차단 방역을 당부하였다. 또한 타 지역으로의 구제역 전파를 최대한 막기 위해 농협의 모든 자원을 총동원하여 대응해 나갈 것이며, 향후 방역 전산 고도화를 통해 가축 질병 상황에 선제적 대응이 가능토록 보완해 나갈 것임을 강조하였다.
한편, 농협은 연휴 직전인 2월 1 ~ 2일 양일간 정부에서 긴급방역대책으로 시행한 2단계 구제역백신 전국 일제 접종에 전국의 축산컨설턴트 및 소속 수의사 377명을 동원하여 4,201농가에 167천 두의 접종을 지원했으며, 연휴 기간에는 공동방제단 540개 반과 광역살포기 등 방역 차량 806대, 4,225명의 방역 인력을 투입하여 25,259농가에 직접 소독지원을 하였다. 또한 전국 지역 본부장과 시군지부장은 연휴 기간 중 비상근무를 실시했으며, 농협 회장을 비롯한 전 부문의 임원진은 일선 방역 현장을 방문하여 현장 직원을 격려하는 등 연휴 기간 내내 쉬지 않고 방역에 만전을 기하였다.

17 다음 중 위 기사의 내용으로 가장 적절한 것은?

① 범농협 계통사업장 일제 소독의 날은 1월 31일이다.
② 전국 시군지부장과 조합장은 연휴 기간 중 비상근무를 실시했다.
③ 농협은 연휴 기간에 25,259명의 방역 인력을 투입하여 농가에 소독지원을 하였다.
④ 농협은 전국의 축산농장 및 축산 관련 작업장 약 390개소에 대해 일제 소독을 실시하였다.

Easy

18 다음 중 위 기사의 제목과 부제로 가장 적절한 것은?

① 농협, 2단계 구제역백신 전국 일제 접종 지원
  – 방역 차량과 방역 인력 투입으로 전국 소독지원
② 설 연휴도 반납하고 계통사업장 방역 시설 운영 강화
  – 1월 31일 이후 구제역 추가 발생으로 바쁜 설 명절
③ 농협, 방역 전산 고도화를 통해 구제역 완벽 차단
  – 농협 회장, 가축 질병 상황에 대한 선제적 대응 강조
④ 구제역 근절 고비, 농협 전국 계통사업장 일제 소독 실시
  – 전국 축산농장 및 축산 관련 작업장 일제 소독 및 방역 시설 운영 강화

19 다음 식을 계산한 값으로 옳은 것은?

$$\frac{1}{9}+\frac{3}{27}+\frac{8}{3^2}+\frac{2^3}{9}$$

① 2 ② 3

③ 4 ④ 4

20 다음 중 빈칸에 들어갈 사칙연산 기호로 옳은 것은?

41－12□5×2=39

① ＋ ② －

③ × ④ ÷

21 $\sqrt{19+8\sqrt{3}}$ 의 정수 부분을 a, 소수 부분을 b라 할 때, $a\times b$의 값은?

① -4 ② $\sqrt{3}-2$

③ $5(\sqrt{3}-2)$ ④ $5(\sqrt{3}-1)$

※ 일정한 규칙으로 수나 문자를 나열할 때, 빈칸에 들어갈 알맞은 것을 고르시오. **[22~25]**

Easy

22

3　6　8　16　18　36　38　(　)

① 70　② 72
③ 74　④ 76

23

4　25　11　6　49　29　8　81　(　)

① 35　② 43
③ 47　④ 55

24

ㅍ　ㅋ　ㅈ　ㅅ　ㅁ　(　)

① ㅍ　② ㅈ
③ ㅂ　④ ㄷ

25

ㅈ　ㄷ　ㅅ　ㅁ　ㅁ　(　)

① ㄷ　② ㅁ
③ ㅅ　④ ㅊ

PART 2

26 농도를 알 수 없는 식염수 100g과 농도 20%의 식염수 400g을 섞었더니 농도 17%의 식염수가 되었다. 이때 식염수 100g의 농도는?

① 4%　　② 5%

③ 6%　　④ 7%

27 A와 B가 같이 일을 하면 12일이 걸리고, B와 C가 같이 일을 하면 6일, C와 A가 같이 일을 하면 18일이 걸리는 일이 있다. 만약 A ~ C 3명 모두 함께 72일 동안 일을 하면 기존에 했던 일의 몇 배의 일을 할 수 있는가?

① 9배　　② 10배

③ 11배　　④ 12배

28 고등학생 8명이 래프팅을 하러 여행을 떠났다. 보트는 3명, 5명 두 팀으로 나눠 타기로 했다. 이때 8명 중 반장, 부반장은 서로 다른 팀이 된다고 할 때, 가능한 경우의 수는?(단, 반장과 부반장은 각각 1명이다)

① 15가지　　② 18가지

③ 30가지　　④ 32가지

29 지원이는 집에서 4km 떨어진 학원까지 50m/min의 속력으로 걸어가다가 학교에 숙제한 것을 두고 온 것이 생각나서 학교에 잠시 들렀다. 그랬더니 수업에 늦을 것 같아서 학교 자전거를 빌려 타고 150m/min의 속력으로 학원에 갔다. 집에서 학원까지 도착하는 데 총 30분이 걸렸을 때, 지원이가 자전거를 탄 시간은?(단, 학교에서 지체한 시간은 고려하지 않으며, 집, 학교, 학원 순서로 일직선 위에 위치한다)

① 10분　　② 15분

③ 20분　　④ 25분

30 인식이는 과자와 아이스크림을 사려고 한다. 과자는 하나에 1,000원, 아이스크림은 하나에 600원일 때, 15,000원을 가지고 과자와 아이스크림을 총 17개 사려고 한다면 아이스크림은 최소 몇 개를 사야 하는가?

① 4개
② 5개
③ 6개
④ 7개

31 작년에 동아리에 가입한 학생 수는 총 90명이었다. 올해 동아리에 가입한 학생 수는 작년보다 남학생은 10% 감소하고 여학생은 12% 증가하여 작년보다 총 2명이 증가했다. 올해 동아리에 가입한 여학생의 수는?

① 40명
② 44명
③ 50명
④ 56명

32 어느 반죽 제품의 밀가루와 설탕의 비율이 A회사 제품은 5 : 4이고, B회사 제품은 2 : 1이다. 이 두 회사의 제품을 섞었을 때 밀가루와 설탕의 비율은 3 : 2가 된다. 섞은 설탕의 무게가 120kg일 때 A회사 제품의 무게는?

① 150kg
② 160kg
③ 170kg
④ 180kg

Hard

33 N씨는 퇴직하여 2009년부터 매년 말에 연금 2,000만 원을 받았다. 연금은 매년 8% 증가하여 나온다. N씨는 저축을 위해 매년 말에 받은 연금으로 그다음 해 연초에 연 3% 복리예금 비과세 상품 1개를 들었다. 2024년 말에 N씨가 모은 돈은 얼마인가? $\left(\text{단, 2024년에 받는 연금까지 합산하며, } \frac{1.08}{1.03}=1.05,\ 1.03^{15}=1.6,\ 1.08^{15}=1.6,\ 1.05^{16}=2.2\text{로 계산한다}\right)$

① 2억 3,600만 원
② 5억 2,700만 원
③ 6억 5,800만 원
④ 7억 6,800만 원

34 N은행의 A대리는 B고객에게 적금 만기 문자를 통보하려고 한다. 다음 정보를 토대로 B고객에게 안내할 만기수령액은?(단, 이자 소득에 대한 세금은 고려하지 않는다)

〈정보〉

- 상품명 : N은행 나라사랑적금
- 가입자 : 본인
- 가입기간 : 24개월(만기)
- 가입금액 : 매월 초 100,000원 납입
- 금리 : 기본금리(연 2.3%)+우대금리(최대 연 1.1%p)
- 저축방법 : 정기적립식
- 이자지급방식 : 만기일시지급, 단리식
- 우대금리
  - ⓐ 월 저축금액이 10만 원 이상 시 연 0.1%p
  - ⓑ 당행 나라사랑카드 소지 시 증빙서류 제출자에 한하여 연 0.6%p
  - ⓒ 급여이체 실적이 있을 시 연 0.4%p(단, 신규 상품 가입 시 상품 가입 전 최초 급여이체 후 최소 3일이 경과해야 우대 적용)
- 기타사항
  - ⓐ B고객은 급여이체가 들어온 당일 계좌를 개설하였음
  - ⓑ B고객은 N은행의 나라사랑카드를 소지하고 있으며, 증빙서류를 제출하여 은행에서 확인받음

① 2,400,000원 ② 2,460,000원
③ 2,472,500원 ④ 2,475,000원

35 다음은 환율 변동에 대한 자료이다. A ~ C시점에 대한 설명으로 옳은 것을 〈보기〉에서 모두 고르면?(단, 환율 이외의 사항은 고려하지 않는다)

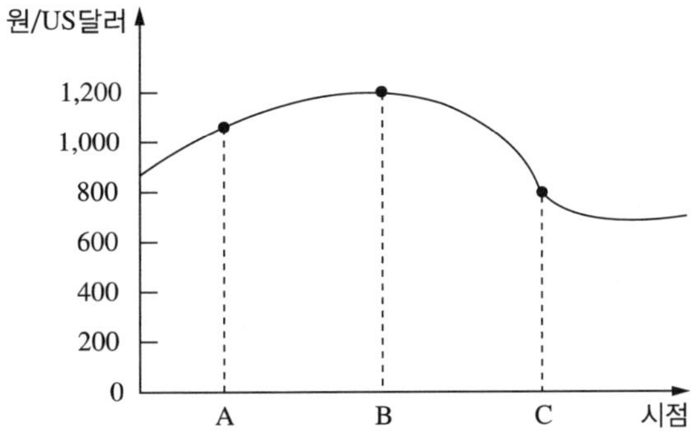

보기

㉠ A시점보다 B시점에 원화 가치가 높다.
㉡ A시점보다 B시점에 미국에 대한 외채 상환 부담이 크다.
㉢ B시점보다 C시점에 원화를 US달러로 환전하는 것이 유리하다.
㉣ A시점에 환전한 US달러를 C시점에 원화로 환전하는 경우 환차익이 발생한다.

① ㉠, ㉡ ② ㉡, ㉢
③ ㉡, ㉣ ④ ㉢, ㉣

36 다음은 어느 국가의 2011~2024년 알코올 관련 질환 사망자 수에 대한 자료이다. 이에 대한 설명으로 옳은 것은?

〈알코올 관련 질환 사망자 수〉

(단위 : 명)

구분	남성		여성		전체	
	사망자 수	인구 10만 명당 사망자 수	사망자 수	인구 10만 명당 사망자 수	사망자 수	인구 10만 명당 사망자 수
2011년	2,542	10.7	156	0.7	2,698	5.9
2012년	2,870	11.9	199	0.8	3,069	6.3
2013년	3,807	15.8	299	1.2	4,106	8.4
2014년	4,400	18.2	340	1.4	4,740	9.8
2015년	4,674	19.2	374	1.5	5,048	10.2
2016년	4,289	17.6	387	1.6	4,676	9.6
2017년	4,107	16.8	383	1.6	4,490	9.3
2018년	4,305	17.5	396	1.6	4,701	9.5
2019년	4,243	17.1	400	1.6	4,643	9.3
2020년	4,010	16.1	420	1.7	4,430	8.9
2021년	4,111	16.5	424	1.7	(　　)	9.1
2022년	3,996	15.9	497	2.0	4,493	9.0
2023년	4,075	16.2	474	1.9	(　　)	9.1
2024년	3,955	15.6	521	2.1	4,476	8.9

※ 인구 10만 명당 사망자 수는 소수점 이하 둘째 자리에서 반올림한 값임

① 2021년과 2023년의 전체 사망자 수는 같다.

② 전년 대비 전체 사망자 수의 증가율은 2012년이 2014년보다 높다.

③ 매년 남성 인구 10만 명당 사망자 수는 여성 인구 10만 명당 사망자 수의 8배 이상이다.

④ 남성 인구 10만 명당 사망자 수가 가장 많은 해의 전년 대비 남성 사망자 수 증가율은 5% 이상이다.

※ 다음은 서울특별시의 직종별 구인 · 구직 · 취업 현황에 대한 자료이다. 이어지는 질문에 답하시오. [37~38]

〈서울특별시 직종별 구인 · 구직 · 취업 현황〉

(단위 : 명)

직종	구인	구직	취업
관리직	993	2,951	614
경영 · 회계 · 사무 관련 전문직	6,283	14,350	3,400
금융보험 관련직	637	607	131
교육 및 자연과학 · 사회과학 연구 관련직	177	1,425	127
법률 · 경찰 · 소방 · 교도 관련직	37	226	59
보건 · 의료 관련직	688	2,061	497
사회복지 및 종교 관련직	371	1,680	292
문화 · 예술 · 디자인 · 방송 관련직	1,033	3,348	741
운전 및 운송 관련직	793	2,369	634
영업원 및 판매 관련직	2,886	3,083	733
경비 및 청소 관련직	3,574	9,752	1,798
미용 · 숙박 · 여행 · 오락 · 스포츠 관련직	259	1,283	289
음식서비스 관련직	1,696	2,936	458
건설 관련직	3,659	4,825	656
기계 관련직	742	1,110	345

PART 2

37 관리직의 구직 대비 구인률과 음식서비스 관련직의 구직 대비 취업률의 차이는?

① 약 9%p
② 약 12%p
③ 약 15%p
④ 약 18%p

38 다음 중 위 자료에 대한 설명으로 옳지 않은 것은?

① 취업자 수가 구인자 수를 초과한 직종도 있다.
② 구인자 수가 구직자 수를 초과한 직종은 한 곳이다.
③ 구직 대비 취업률이 가장 높은 직종은 기계 관련직이다.
④ 영업원 및 판매 관련직의 구직 대비 취업률은 25% 이상이다.

39 제시된 명제가 모두 참일 때, 다음 중 빈칸에 들어갈 명제로 가장 적절한 것은?

- 오존층이 파괴되지 않으면 프레온 가스가 나오지 않는다.
- ______________________________
- 지구 온난화가 진행되지 않으면 오존층이 파괴되지 않는다.
- 지구 온난화가 진행되지 않으면 에어컨을 과도하게 사용하지 않은 것이다.

① 오존층을 파괴하면 지구 온난화가 진행된다.

② 에어컨을 과도하게 쓰면 프레온 가스가 나온다.

③ 에어컨을 잘 쓰지 않으면 프레온 가스가 나오지 않는다.

④ 프레온 가스가 나온다고 해도 오존층은 파괴되지 않는다.

40 ○○농협은 다음 달 조합원의 날 행사를 위해 담당 역할을 배정하려고 한다. 행사를 위한 역할에는 '홍보', '구매', '기획', '섭외', '예산' 총 5가지가 있다. 다음 대화에서 1명만 거짓을 말하고 있을 때, 반드시 참인 것은?(단, 5명은 모두 참만을 말하거나 거짓만을 말한다)

- A : 저는 '홍보'를 담당하고 있고, C는 참을 말하고 있어요.
- B : 저는 숫자를 다뤄야 하는 '예산'과는 거리가 멀어서, 이 역할은 피해서 배정받았죠.
- C : 저는 친화력이 좋아서 '섭외'를 배정해 주셨어요.
- D : 저는 '구매'를 담당하고, C는 '기획'을 담당하고 있어요.
- E : 저는 '예산'을 담당하고 있어요.

① A는 홍보를 담당하고 있다.

② A는 거짓을 말하고 있다.

③ B는 예산을 담당하고 있다.

④ C는 섭외를 담당하지 않는다.

41 5층짜리 건물에 빅데이터운영실, 보험급여실, 경영지원실, 기획조정실, 급여관리실이 있다. 부서별 위치가 〈조건〉을 따를 때, 다음 중 5층에 있는 부서는?(단, 한 층에 한 부서씩 있다)

조건

- 기획조정실의 층수에서 경영지원실의 층수를 빼면 3이다.
- 보험급여실은 경영지원실 바로 위층에 있다.
- 급여관리실은 빅데이터운영실보다는 아래층에 있다.
- 빅데이터운영실과 보험급여실 사이에는 두 층이 있다.
- 경영지원실은 가장 아래층이다.

① 빅데이터운영실 ② 보험급여실
③ 기획조정실 ④ 급여관리실

PART 2

42 다음은 청년전세임대주택에 대한 정보이다. 이에 대한 내용으로 옳지 않은 것은?

〈청년전세임대주택〉

- 입주자격
 무주택요건 및 소득·자산기준을 충족하는 다음의 사람
 ① 본인이 무주택자이고 신청 해당연도 대학에 재학 중이거나 입학·복학예정인 만 19세 미만 또는 만 39세 초과 대학생
 ② 본인이 무주택자이고 대학 또는 고등·고등기술학교를 졸업하거나 중퇴한 후 2년 이내이며 직장에 재직 중이지 않은 만 19세 미만 또는 만 39세 초과 취업준비생
 ③ 본인이 무주택자이면서 만 19세 이상 39세 이하인 사람
- 임대조건
 - 임대보증금 : 1순위 100만 원, 2·3순위 200만 원
 - 월임대료 : 전세지원금 중 임대보증금을 제외한 금액에 대한 연 1 ~ 2% 이자 해당액
- 호당 전세금 지원한도액

구분		수도권	광역시
단독거주	1인 거주	1.2억 원	9천 5백만 원
공동거주 (셰어형)	2인 거주	1.5억 원	1.2억 원
	3인 거주	2.0억 원	1.5억 원

※ 지원한도액을 초과하는 전세주택은 초과하는 전세금액을 입주자가 부담할 경우 지원 가능. 단, 전세금 총액은 호당 지원한도액의 150% 이내로 제한(셰어형은 200% 이내)

① 호당 전세금 지원한도액은 수도권이 광역시보다 높다.
② 만 39세를 초과한 경우에도 입주자격을 갖출 수 있다.
③ 주택을 보유한 경우 어떠한 유형으로도 입주대상자에 해당하지 않는다.
④ 수도권에 위치한 3인 공동거주 형태의 경우, 최대 4.0억 원까지 지원받을 수 있다.

※ 다음은 ○○농협에서 제공하는 대출상품에 대한 설명이다. 이어지는 질문에 답하시오. [43~44]

〈대출상품별 세부사항〉

구분	상품내용	기본금리	우대금리	혜택	조건
든든대출	사회초년생(만 23 ~ 34세)을 대상으로 저금리에 대출해 주는 상품(방문고객 전용 상품)	2.8%	예금상품 동시 가입 시 0.2%p	2,000만 원 이상 대출 시 사은품으로 전자시계 제공	최근 3년 이내 대출 내역이 있을 시 대출 불가능
안심대출	일반 고객 대상으로 제공하는 기본 대출상품	3.6%	다자녀 가구(자녀 3명 이상) 0.3%p	–	–
일사천리대출	스마트폰을 사용하여 가입할 수 있어 빠르게 대출을 받을 수 있는 상품(스마트폰 어플 전용 상품)	3.3%	–	스마트폰 액세서리 상품권 1만 원권 제공	스마트폰으로만 가입 가능
이지대출	별다른 대출 조건이 없지만 단기대출만 가능한 상품(방문고객 전용 상품)	4.0%	–	–	3개월 이내에 대출 상환 약정
신뢰대출	자사 이용 고객에게 적은 금액을 낮은 이자에 대출해주는 상품	2.4%	자사 카드상품이 있는 경우 0.1%p	자사 예금상품이 있는 경우 200만 원 한도 무이자 대출 가능	자사 타 상품 이용 고객만 대출 가능

※ 별도의 사항이 명시되지 않은 상품은 방문 대출과 스마트폰 대출이 모두 가능함

43 다음 인터넷 게시판 고객문의를 보고 직원이 고객에게 추천해 줄 대출상품으로 가장 적절한 것은?

〈고객문의〉

안녕하세요? 저는 만 27세 사회초년생 직장인입니다. 제가 이번에 대출을 100만 원 정도 받으려고 하는데요. 어떤 상품이 좋을지 몰라서 추천을 받아보려고 해요. 현재 ○○농협에서 가입한 예금상품을 사용하고 있어요. 20세 때 학자금 대출을 받고 26세 때 모두 상환한 후에는 대출을 받아본 적은 없어요. 이자율은 3.0% 이하였으면 좋겠는데 어떤 대출상품이 좋을까요?

① 든든대출　　② 안심대출

③ 신뢰대출　　④ 이지대출

44 다음 대출문의 전화상담 내용을 보고 직원이 고객에게 추천해 줄 대출상품으로 가장 적절한 것은?

〈전화상담〉

직원 : 안녕하세요. 무엇을 도와드릴까요?
고객 : 안녕하세요. 대출을 받으려고 하는데요. 2년 동안 상환할 수 있는 상품으로요.
직원 : 아, 그러세요? 혹시 나이와 직업이 어떻게 되시나요?
고객 : 만 36세 주부입니다.
직원 : 혹시 가족 구성원이 어떻게 되시나요?
고객 : 아이 3명을 키우고 있고, 남편이랑 저 이렇게 5명이에요.
직원 : 소중한 개인정보 감사합니다. 혹시 ○○농협에 가입한 상품 있으신가요?
고객 : 아니요. 하나도 없어요.
직원 : 스마트폰 전용 대출상품은 어떠세요?
고객 : 스마트폰을 사용하지 않아서 어플로 가입할 수가 없어요.

① 든든대출
② 안심대출
③ 신뢰대출
④ 일사천리대출

Hard

45 다음은 N미용실에 관한 SWOT 분석 결과이다. 이에 따른 대응 전략과 그 내용이 바르게 연결된 것은?

〈N미용실 SWOT 분석 결과〉

S(강점)	W(약점)
• 뛰어난 실력으로 미용대회에서 여러 번 우승한 경험이 있다. • 인건비가 들지 않아 비교적 저렴한 가격에 서비스를 제공한다.	• 한 명이 운영하는 가게라 동시에 많은 손님을 받을 수 없다. • 홍보가 미흡하다.
O(기회)	**T(위협)**
• 바로 옆에 유명한 프랜차이즈 레스토랑이 생겼다. • 미용실을 위한 소셜 네트워크 예약 서비스가 등장했다.	• 소셜 커머스를 활용하여 주변 미용실들이 열띤 가격경쟁을 펼치고 있다. • 대규모 프랜차이즈 미용실들이 잇따라 등장하고 있다.

① ST전략 : 여러 번 대회에서 우승한 경험을 가지고 가맹점을 낸다.
② WT전략 : 여러 명의 직원을 고용해 오히려 가격을 올리는 고급화 전략을 펼친다.
③ SO전략 : 소셜 네트워크 예약 서비스를 이용해 방문한 사람들에게만 저렴한 가격에 서비스를 제공한다.
④ WO전략 : 유명한 프랜차이즈 레스토랑과 연계하여 홍보물을 비치한다.

※ 다음은 ○○농협 조합원 초청행사 안내 현수막 설치 시 참고사항에 대한 자료이다. 이어지는 질문에 답하시오. **[46~47]**

〈현수막 설치 시 참고사항〉

- 현수막 설치장소 후보 : 동사무소, ○○농협, 우체국, 주유소, 마트
- 현수막 설치일자 : 3월 29 ~ 31일

구분	동사무소	○○농협	우체국	주유소	마트
설치가능 일자	3월 31일	3월 29일	3월 30일	3월 31일	4월 2일
게시기간	3월 31일 ~4월 15일	3월 29일 ~4월 18일	3월 30일 ~4월 8일	3월 31일 ~4월 8일	4월 2일 ~4월 25일
하루 평균 유동인구	230명	300명	260명	270명	310명
설치비용	200만 원	300만 원	250만 원	200만 원	300만 원
게시비용	10만 원/일	8만 원/일	12만 원/일	12만 원/일	7만 원/일

※ 현수막은 유동인구가 가장 많은 2곳에 설치 예정

※ 유동인구가 하루 20명 이상 차이나지 않는 경우 게시기간이 긴 장소에 설치

※ 설치비용은 한 번만 지불

46 다음 중 현수막을 설치할 장소 2곳은?(단, 설치장소 선정에 설치 및 게시비용은 고려하지 않는다)

① 동사무소, ○○농협 ② ○○농협, 우체국

③ 주유소, ○○농협 ④ 주유소, 마트

47 조합장의 지시로 다른 조건은 모두 배제하고 설치 및 게시비용만 고려하여 가장 저렴한 1곳에 현수막을 설치하기로 하였다. 다음 중 현수막을 설치할 장소는?(단, 현수막은 장소마다 제시되어 있는 게시기간 동안 계속 게시한다)

① 동사무소 ② ○○농협

③ 우체국 ④ 주유소

48 ○○농협에서 비품구매를 담당하고 있는 N사원은 비품관리 매뉴얼과 비품현황을 고려하여 비품을 구매하려고 한다. 다음 중 N사원이 가장 먼저 구매해야 하는 비품은?

〈비품관리 매뉴얼〉

1. 비품을 재사용할 수 있는 경우에는 구매하지 않고 재사용하도록 한다.
2. 구매요청 부서가 많은 비품부터 순서대로 구매한다.
3. 비품은 빈번하게 사용하는 정도에 따라 등급을 매겨 구매가 필요한 경우 A, B, C 순서대로 구매한다.
4. 필요한 비품 개수가 많은 비품부터 순서대로 구매한다.

※ 매뉴얼에 언급된 순서대로 적용

〈비품현황〉

구분	필요 개수(개)	등급	재사용 가능 여부	구매요청 부서	구분	필요 개수(개)	등급	재사용 가능 여부	구매요청 부서
연필	5	B	×	인사팀 총무팀 연구팀	커피	10	A	×	인사팀 총무팀 생산팀
볼펜	10	A	×	생산팀	녹차	6	C	×	홍보팀
지우개	15	B	×	연구팀	A4 파일	12	A	×	홍보팀 총무팀 인사팀
메모지	4	A	×	홍보팀 총무팀	문서용 집게	4	B	○	인사팀 총무팀 생산팀 연구팀
수첩	3	C	×	홍보팀	클립	1	C	○	연구팀
종이컵	20	A	×	총무팀	테이프	0	B	×	총무팀

① A4 파일 ② 커피
③ 문서용 집게 ④ 연필

PART 2

※ 다음은 ○○농협이 개최한 스마트팜 공모전에 대한 자료이다. 이어지는 질문에 답하시오. **[49~50]**

〈○○농협 스마트팜 공모전〉

1. 기간 : 2025년 3월 5일 ~ 2025년 5월 10일

2. 지원자격 : △△지역에 1년 이상 거주하고 있는 개인 또는 2명 이상 10명 이하의 팀
(팀으로 지원하는 경우 팀원의 거주기간 평균이 1년 이상이어야 함)
※ 지원자격 미충족 시 본선에 진출할 수 없음

3. 내용 : △△지역의 스마트팜 활성화를 위한 아이디어
① 청년농 유입과 연계 시 가산점
② 창업농 육성과 연계 시 가산점
③ 유휴시설 활용과 연계 시 가산점

4. 본선 심사
① 본선 진출 시 모든 참가팀에 기본점수 부여
② 가산점을 부여하는 아이디어를 제시한 경우 가산점 10 ~ 15점 부여
③ 가산점을 부여하는 아이디어를 제시하지 않은 경우 최대 9점까지 제출일이 빠른 순서대로 높은 점수 부여

5. 상금 및 부상
• 대상(1팀) : 300만 원과 농촌사랑상품권 30만 원
• 최우수상(1팀) : 200만 원과 농촌사랑상품권 15만 원
• 우수상(2팀) : 팀당 100만 원과 농촌사랑상품권 10만 원
• 장려상(5팀) : 팀당 50만 원과 농촌사랑상품권 5만 원

6. 세부일정
① 지원서 제출 : 2025년 3월 5일 ~ 2025년 3월 31일
② 지원서 심사 및 본선 진출자 결정 : 2025년 4월 1일 ~ 2025년 4월 30일
③ 본선 진출 공고 : 2025년 5월 1일
④ 최종 시상 : 2025년 5월 10일

〈○○농협 스마트팜 공모전 지원자 목록〉

참가번호	팀원 수	평균 거주기간	아이디어	지원서 제출일
1	3	23년	창업농 육성 연계 아이디어	2025년 3월 8일
2	1	10년	–	2025년 3월 24일
3	5	1년 3개월	유휴시설 활용 연계 아이디어	2025년 3월 30일
4	6	5년	–	2025년 3월 13일
5	2	1년 8개월	–	2025년 3월 20일
6	8	12년	–	2025년 4월 1일
7	2	3년 2개월	유휴시설 활용 연계 아이디어	2025년 3월 11일
8	9	2년 10개월	–	2025년 3월 22일
9	3	1년	–	2025년 3월 10일
10	12	3년	창업농 육성 연계 아이디어	2025년 4월 18일
11	7	11개월	–	2025년 4월 3일
12	7	4년 7개월	–	2025년 3월 8일
13	1	6개월	–	2025년 3월 7일
14	7	13년	–	2025년 3월 30일
15	15	9년	청년농 유입 연계 아이디어	2025년 3월 29일
16	3	14년	–	2025년 3월 25일

49 다음 중 ○○농협 스마트팜 공모전의 상금 및 부상에 들어가는 총비용은?

① 5,400,000원
② 6,500,000원
③ 7,100,000원
④ 10,400,000원

Hard

50 다음 중 최종 시상에서 상금과 부상을 받을 수 있는 팀은?

① 참가번호 2번
② 참가번호 6번
③ 참가번호 10번
④ 참가번호 14번

51 다음은 올해 분기별 농산물 판매실적과 분기별 실적 조정점수에 대한 자료이다. A, B 두 농협의 농산물 판매실적 점수의 총합이 높은 2개의 분기에 농협중앙회에서 농산물 판매 지원금을 제공하려고 한다. 다음 중 농산물 판매 지원금을 받을 수 있는 분기를 바르게 짝지은 것은?

〈분기별 농산물 판매실적〉

(단위 : 만 원)

구분	A농협	B농협
1분기	43,000	89,000
2분기	18,000	45,000
3분기	78,000	132,000
4분기	42,000	60,000

〈분기별 실적 조정점수〉

(단위 : 점)

1분기	2분기	3분기	4분기
0.3	0.6	0.2	0.4

※ (농산물 판매실적 점수)=(농산물 판매실적)×(실적 조정점수)

① 1분기, 2분기
② 1분기, 3분기
③ 2분기, 4분기
④ 3분기, 4분기

52 ○○농협 임직원은 신입사원 입사를 맞아 워크숍을 가려고 한다. 총 13명의 임직원이 워크숍에 참여한다고 할 때, 다음 중 가장 저렴한 비용으로 이용할 수 있는 교통편의 조합은?

〈이용 가능한 교통편 현황〉

구분	탑승 인원	비용	주유비	비고
소형버스	10명	200,000원	0원	1일 대여 비용
대형버스	40명	500,000원	0원	
렌터카	5명	80,000원(대당)	50,000원	동일 기간 3대 이상 렌트 시 렌트 비용 5% 할인
택시	3명	120,000원(편도)	0원	–
대중교통	제한 없음	13,400원 (1인당, 편도)	0원	10명 이상 왕복티켓 구매 시 총금액에서 10% 할인

※ 워크숍은 아침에 갔다가 당일 저녁에 돌아옴

① 대형버스 1대
② 소형버스 1대+렌터카 1대
③ 대중교통 13명
④ 소형버스 1대+택시 1대

Hard

53 다음은 N기업 직원들의 이번 주 초과근무 계획표이다. 하루에 5명 이상 초과근무를 할 수 없고, 초과근무 시간은 각자 일주일에 10시간을 초과할 수 없다고 한다. 1명만 초과근무 일정을 수정할 수 있을 때, 규칙에 어긋난 요일과 그날 속한 사람 중 일정을 수정해야 할 직원을 바르게 짝지은 것은?(단, 주말은 1시간당 1.5시간으로 계산한다)

〈초과근무 계획표〉

성명	초과근무 일정	성명	초과근무 일정
김혜정	월요일 3시간, 금요일 3시간	김재건	수요일 1시간
이설희	토요일 6시간	신혜선	수요일 4시간, 목요일 3시간
임유진	토요일 3시간, 일요일 1시간	한예리	일요일 6시간
박주환	목요일 2시간	정지원	월요일 6시간, 목요일 3시간
이지호	화요일 4시간	최명진	화요일 5시간
김유미	금요일 6시간, 토요일 2시간	김우석	목요일 1시간
정해리	월요일 5시간	이상엽	목요일 6시간, 일요일 3시간

	요일	직원
①	월요일	김혜정
②	목요일	정지원
③	목요일	이상엽
④	토요일	임유진

PART 2

※ 다음 글을 읽고 이어지는 질문에 답하시오. [54~56]

> 과거에는 기업 자체적으로 기업 내부의 자원을 총동원하여 모든 문제를 해결하고 기업 혼자만의 기술과 능력으로 사업을 추진하는 것이 대세였다면 이제는 대부분의 기업과 스타트업들에 있어 __㉠__ 이/가 거부할 수 없는 필수요소가 되었습니다.
> 개방형 혁신 또는 열린 혁신으로 불리는 __㉠__ 은/는 일반적으로 기업들이 자체 연구개발 또는 사업화 과정에서 대학이나 타기업 및 연구소 등의 외부 기술과 지식을 접목하고 도입하거나 이를 활용하여 사업화함으로써 성과와 효율성을 극대화하려는 경영전략입니다. 기업에 필요한 기술과 아이디어를 외부에서 조달하는 한편 기업 내부의 자원을 외부와 공유하면서 혁신적인 새로운 제품이나 서비스를 만들어 내는 것을 __㉠__ (이)라고 할 수 있습니다. 기업의 사업 환경이 빠르게 변화하면서 신속하게 대응하는 기업들의 생존방식이라고도 볼 수 있습니다.
> __㉠__ 의 추진과정에서 __㉡__ 은/는 빼놓을 수 없는 필수요소입니다. __㉡__ (이)란 오스븐에 의해 처음 소개되었으며, 특정한 주제에 대해 두뇌에서 폭풍이 휘몰아치듯이 생각나는 아이디어를 가능한 한 모두 끌어내어 내놓는 것입니다. 짧은 시간에 많은 아이디어를 생성해 내는 것이 목적이고 주로 집단의 회의, 토의, 토론 등에서 사용할 수 있습니다. 업무의 추진과정에서 접하게 될 예측 가능한 모든 사안에 대하여 가능한 한 모든 원인을 찾아내는 데도 __㉡__ 처럼 유용한 것은 없습니다. 대부분의 다국적 기업들은 모든 문제 해결과 외부 자원을 활용하고자 할 때 __㉡__ 을/를 통해 성과를 내고 있기도 합니다.

Hard

54 다음 중 윗글의 ㉠에 들어갈 내용으로 가장 적절한 것은?

① 애자일(Agile)
② 데브옵스(DevOps)
③ 브레인 라이팅(Brain Writing)
④ 오픈 이노베이션(Open Innovation)

55 다음 중 윗글의 ㉠의 사례로 적절하지 않은 것은?

① 일본 A맥주는 수제맥주를 직접 만들고 싶은 소비자들을 웹사이트에서 모집해 직원들과 함께 컬래버 제품을 개발하고 있다. 이미 10종류의 맥주가 탄생했으며, A맥주는 이 중 일부를 연내 출시할 예정이다.
② 국내 B사는 직원과 외부인 5～6명으로 팀을 구성해 새로운 제품을 개발하고 있으며 크게 파트너십과 벤처, 액셀러레이터, 인수합병(M&A)의 네 가지 카테고리를 통해 전략을 운용하고 있다.
③ C사는 하드웨어 생산은 아웃소싱하지만 제품 개발은 철저히 비밀리에 내부적으로 진행하고 있다.
④ D사는 온라인 사이트를 통해 사용자의 디자인 평가와 새로운 아이디어를 공유, 신제품 개발에 활용하고 있다.

Easy

56 **다음 중 윗글의 ⓛ과 같은 형태의 회의에 대한 특징으로 적절하지 않은 것은?**

① 고정관념을 버린다.

② 자유로운 분위기를 조성한다.

③ 의사결정에 있어 양보다 질을 추구한다.

④ 여러 사람의 아이디어를 활용하여 더 좋은 대안을 도출한다.

PART 2

57 **K부장은 창고관리 실태를 파악하기 위하여 불시점검을 실시하였다. 그 결과 일부 물품은 훼손되어 있었고, 품목대장과 일치하지 않는 물품이 있거나, 있어야 할 물품이 없는 등 창고관리가 미흡하였다. K부장은 큰 실망을 하였으나, 단순히 꾸지람을 하는 것보다 근본적인 원인을 파악하여 앞으로 이와 같은 일이 재발하지 않도록 관리직원들과 함께 소소한 정담회를 하기로 하였다. 다음의 대화 내용을 토대로 할 때, K부장이 정리한 조치사항으로 적절하지 않은 것은?**

K부장 : 반갑습니다. 여러분의 노고 덕분에 원활하게 회사가 운영되고 있습니다. 그러나 이번 창고점검 결과를 보았을 때 많이 실망스러웠습니다. 이러한 결과가 있기까지 여러분들에게도 고충이 있었을 것이라 생각합니다. 이 자리에서 허심탄회하게 이야기하고 문제점을 해결할 수 있는 방안을 마련하였으면 합니다.

A사원 : 본사에서 구매한 물품은 창고에서 관리됩니다. 그런데 사전에 통보받지 못한 물품이 올 때가 있습니다. 그럴 경우 보관장소를 확보하지 못해 임시장소에 보관하게 되는데, 이 과정에서 일부 훼손되는 경우가 발생됩니다.

B사원 : 구매한 물품의 사용 용도가 뚜렷하지 않은 것이 있습니다. 구매한 부서에 확인요청을 해도 묵묵부답이거나 혹은 더 보관해 달라고 하는데, 그렇게 장기간 보관되는 물품으로 인해 창고관리에 어려움이 있습니다.

C사원 : 사용한 물품을 반납할 때에도 제자리에 두지 않는 경우가 많습니다. 또한 반납 시에 알려주지 않아 대장관리에도 어려움이 많습니다. 언제까지나 항상 재고위치 확인만을 하고 있을 수는 없기 때문입니다.

D사원 : 물품을 사용하면서 훼손했을 때 적절한 조치를 취하지 않고 반납하는 경우가 많습니다. 추후 정말 필요할 때 사용하지 못하게 되는 일이 있을 수 있는데 말이죠. 저희가 일일이 다 확인하기에는 어려움이 있습니다.

K부장 : 네, 여러분들의 의견을 잘 들었습니다. 이러한 문제가 재발하지 않도록 조치사항에 대해 정리해 보았습니다. 첫 번째로 ________________________

① 구매 예정인 물품에 대해서 미리 공유하도록 하겠습니다.

② 대여한 물품이 훼손될 경우 수리 또는 재구매를 진행하겠습니다.

③ 물품을 사용한 후 반납할 때 창고관리자에게 보고하도록 하겠습니다.

④ 물품의 특성에 따라 분류·보관할 수 있도록 창고를 보완하겠습니다.

58 다음은 N사의 직업능력개발 사업계획의 일부 내용이다. 〈보기〉를 참고하여 사업계획을 이해한 내용으로 적절하지 않은 것은?

〈직업능력개발 사업계획〉

전략 과제별 사업	2025년	
	목표	예산(백만 원)
사업주 직업능력개발훈련 참여 확대	2,102천 명	434,908
중소기업 훈련지원센터 관리	86,000명	
체계적 현장 훈련 지원	150기업	3,645
학습조직화 지원	150기업	
컨소시엄 훈련 지원	210,000명	108,256
청년취업아카데미 운영 관리	7,650명	3,262
내일이룸학교 운영 지원	240명	
직업방송 제작	2,160편	5,353

보기

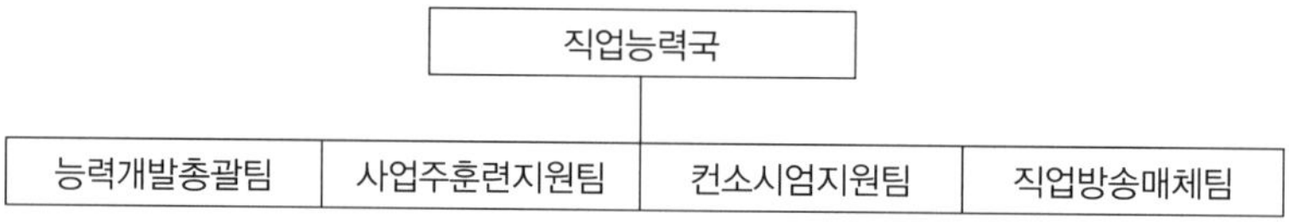

부서	분장업무
능력개발총괄팀	• 직업능력개발사업 장단기 발전계획 수립 • 직업능력개발사업 성과 분석, 제도개선 및 신규사업 개발 • 직업능력의 달 기념식 및 HRD컨퍼런스 개최
사업주훈련지원팀	• 사업주 직업능력개발훈련 지원 • 청년취업아카데미 심사, 선정, 성과 관리 등 운영 관리 • 내일이룸학교 운영 지원 • 중소기업 학습조직화 지원 • 기업맞춤형 현장훈련(S-OJT) 지원 • 중소기업 훈련지원센터 운영 관리
컨소시엄지원팀	• 국가 인적자원 개발컨소시엄 공동훈련센터(대중소상생형, 전략분야형) 지원 및 관리 • 국가 인적자원 개발컨소시엄 지원기관(허브사업단, 대중소상생인력양성협의회) 지원 및 관리 • 공동훈련센터(대중소상생형, 전략분야형), 지원기관 실적 및 성과 평가
직업방송매체팀	• 한국직업방송 프로그램 기획, 편성 및 모니터링 • 한국직업방송 위탁방송사 선정 및 관리·운영 • 한국직업방송 멀티플랫폼 관리·운영

① 직업능력개발 사업계획 수립은 능력개발총괄팀이 담당한다.
② 사업계획상 가장 적은 예산을 사용할 부서는 컨소시엄지원팀이다.
③ 계획된 사업 중 사업주훈련지원팀이 담당하는 사업의 수가 가장 많다.
④ 계획된 사업 중 컨소시엄지원팀과 직업방송매체팀이 담당하는 사업의 수는 같다.

59 다음은 N부장 개인의 시간관리 매트릭스를 표로 정리한 것이다. 이에 대한 설명으로 가장 적절한 것은?

〈N부장의 시간관리 매트릭스〉

긴급성 \ 중요성	하	중	상
하	인터넷서핑	–	자기계발
중	고객상담	프로젝트	–
상	–	–	문제해결

- 시간관리 매트릭스는 중요성과 긴급성을 두 가지 척도로 사용한다.
- 중요성과 긴급성은 각각 상, 중, 하로 구분하고 상은 3점, 중은 2점, 하는 1점을 부여한다.
- 중요성과 긴급성을 모두 고려한 결과는 각 점수의 합으로 나타낸다.
- N부장은 중요성과 긴급성을 모두 고려한 점수로 우선순위를 정하여 업무를 처리한다.

① N부장은 인터넷서핑을 낭비요소로 보는 것으로 추측할 수 있다.
② N부장은 프로젝트와 자기계발 중 프로젝트를 우선으로 처리한다.
③ N부장은 고객상담과 프로젝트 중 고객상담을 우선으로 처리한다.
④ N부장은 인터넷서핑을 하면서 동시에 고객상담을 진행할 수 있다.

60 다음은 농협의 윤리경영과 관련된 교육프로그램에 대한 정보이다. 이에 대한 설명으로 적절하지 않은 것은?

〈교육프로그램 정보〉

사무소명	과정명	교육대상	교육시간	교육방법	교육일정	강사	교육시기
사무소 자체교육	행동강령 월별테마	임직원	20분	강의식	매월	사무소장 / 준법감시 담당자	매월
전 사무소	윤리경영 자기진단	임직원	5분	사내통신망 / 화면교육	매월	본인진단	매월 초 (5일간)
교육원	연수원 직무교육	임직원	60 ~ 120분	강의식 / 토의식	교육 일정별	담당교수	–
인재개발원	사이버 통신교육	임직원	1주간	화면교육	–	사내강사	상반기, 하반기
사업부분별	업무보고	임직원	60분	강의식	수시	외부강사	–

① 업무보고와 관련된 교육은 외부강사에 의해 60분 동안 사업부분별로 수시로 진행된다.
② 농협의 임직원은 매월 사내강사로부터 행동강령에 관한 사무소 자체교육을 받아야 한다.
③ 전 사무소 농협의 임직원은 매월 초 사내통신망을 통한 윤리경영 자기진단을 실시해야 한다.
④ 농협의 교육원에서는 임직원을 대상으로 교육일정에 따른 직무교육을 강의식 또는 토의식으로 실시한다.

모바일 OMR

제4회 최종점검 모의고사

문항 수 : 60문항　응시시간 : 60 / 70분

정답 및 해설 p.088

※ 다음 짝지어진 단어 사이의 관계가 나머지와 다른 하나를 고르시오. [1~2]

01

① 귤 – 사과 – 파인애플
② 비행기 – 자동차 – 자전거
③ 안개꽃 – 장미꽃 – 해바라기
④ 탁구공 – 야구공 – 농구공

02

① 기자 – 취재 – 사건
② 가수 – 마이크 – 무대
③ 요리사 – 국자 – 주방
④ 형사 – 수갑 – 경찰서

※ 다음 제시된 단어의 대응 관계로 볼 때, 빈칸에 들어갈 단어로 알맞은 것을 고르시오. [3~4]

Easy

03

고속도로 : 이정표 = 바다 : ( )

① 해협
② 등대
③ 항구
④ 운하

04

음악 : 힙합 = ( ) : 소서

① 명절
② 연휴
③ 풍속
④ 절기

05 다음 중 밑줄 친 단어의 뜻풀이가 적절하지 않은 것은?

① 조명이 밝다. → 불빛 따위가 환하다.
② 귀와 눈이 밝다. → 감각이나 지각의 능력이 뛰어나다.
③ 전망이 밝다. → 예측되는 미래 상황이 긍정적이고 좋다.
④ 세상 물정에 밝다. → 생각이나 태도가 분명하고 바르다.

06 다음 중 밑줄 친 단어와 의미가 같은 것은?

> 긴 터널을 벗어난 기차가 다음 역을 향해 힘차게 달려간다.

① 대열에서 벗어나는 사람은 가만두지 않겠어.
② 취업준비생들이 시험장에서 벗어나 자유를 만끽했다.
③ 일본의 지배로부터 벗어나기 위해 끊임없이 투쟁하였다.
④ 이야기의 흐름이 요점에서 벗어나지 않도록 주의해야 한다.

07 다음 중 밑줄 친 ㉠과 ㉡의 관계와 다른 것은?

> 물을 이용한 신재생에너지 중 조력발전과 조류발전은 빼놓을 수 없는 아이템이다. 특히 조력발전은 한때 우리나라의 온실가스 감축 최고해법으로 꼽히기도 했던 기술이다. 조력발전이 하루 두 번 발생하는 밀물과 썰물을 이용한다는 점은 익히 잘 알려져 있다. 해안이나 연안에 둑을 건설해 ㉠ 밀물과 ㉡ 썰물 때 물을 가둬두고 조수간만의 차가 생기면 둑을 열어 물의 흐름으로 전기를 생산한다.

① 전진 – 후퇴　　② 연결 – 단절
③ 대소 – 방소　　④ 시상 – 수상

08 다음 〈보기〉에서 맞춤법 규정에 어긋난 문장을 모두 고르면?

> **보기**
> ㉠ 시간이 있으면 제 사무실에 들리세요.
> ㉡ 나무를 꺽으면 안 됩니다.
> ㉢ 사람은 누구나 옳바른 행동을 해야 한다.
> ㉣ 좋은 물건을 고르려면 이쪽에서 고르세요.

① ㉠, ㉡　　② ㉡, ㉣
③ ㉢, ㉣　　④ ㉠, ㉡, ㉢

09 다음 중 밑줄 친 부분의 띄어쓰기가 옳은 것은?

① 너는 정말 쓸데 없는 일만 하는구나.
② 여행을 다녀온 지 벌써 세 달이 지났어.
③ 이 일을 어떻게 처리해야 할 지 걱정이야.
④ 이번 회의에 참석하는데 많은 준비가 필요했다.

10 다음 문장의 밑줄 친 한자어의 음으로 옳은 것은?

프로야구 결승전이 열리는 경기장은 관람객들의 熱氣(으)로 가득 찼다.

① 함성
② 온기
③ 열기
④ 혈기

11 윤부장은 매주 직원들을 대상으로 사내교육을 진행하고 있다. 이번 주 교육 시간에는 한자성어에 대해 강의하기로 하고 자료를 수집하였다. 다음 윤부장이 정리한 자료 중 수정이 필요한 것은?

① 고진감래(苦盡甘來) : 힘들어도 참고 견디더니 잘 돼서 진짜 다행이야.
② 부화뇌동(附和雷同) : 겉과 속이 너무 다른 사람은 가까이 하지 말아야 해.
③ 지음(知音) : 자기의 속마음까지 알아주는 친구가 있다는 것은 정말 행복한 거야.
④ 여반장(如反掌) : 손바닥 뒤집듯이 말을 너무 쉽게 바꾸는 것은 매우 나쁜 습관이야.

12 다음 글의 필자가 주장하는 바로 가장 적절한 것은?

In the United States, some people maintain that TV media will create a distorted picture of a trial, while leading some judges to pass harsher sentences than they otherwise might. However, there are some benefits connected to the televising of trials. It will serve to educate the public about the court process. It will also provide full and accurate coverage of exactly what happens in any given case. Therefore, it is necessary to televise trials to increase the chance of a fair trial. And, if trials are televised, a huge audience will be made aware of the case, and crucial witnesses who would otherwise have been ignorant of the case may play their potential role in it.

① 범죄 예방을 위해 재판 과정을 공개해야 한다.
② 재판 중계권을 방송국별로 공정하게 배분해야 한다.
③ 재판의 공정성을 높이기 위해 재판 과정을 중계해야 한다.
④ 증인의 신변 보호를 위하여 법정 공개는 금지되어야 한다.

Easy

13 다음 글의 제목으로 가장 적절한 것은?

모르는 게 약이고 아는 게 병이라는 말은 언제 사용될까? 언제 몰라야 좋은 것이고, 알면 나쁜 것일까? 모든 것을 다 안다고 좋은 것은 아니다. 몰랐으면 아무 문제되지 않았을 텐데 알아서 문제가 발생하는 경우도 많다. 어떤 때는 정확히 알지 않고 어슴푸레한 지식으로 알고 있어서 고통스러운 경우도 있다. 예를 들어 우리가 모든 것을 알고 있으면 행복할까? 손바닥에 수많은 균이 있다는 것을 늘 인식하고 산다면 어떨까? 내가 먹는 음식의 성분들이나 위해성을 안다면 더 행복할까? 물건에서 균이 옮을까봐 다른 사람들이 쓰던 물건을 만지지 않는 사람도 있다. 이런 게 괜히 알아서 생긴 병이다. 예전에는 이런 경우를 흔히 노이로제라고 부르기도 했다.

① 아는 것이 힘이다, 노이로제
② 모르는 게 약이다, 노이로제
③ 선무당이 사람 잡는다, 노이로제
④ 돌다리도 두드려보고 건너라, 노이로제

14 다음 글이 비판하는 주장으로 가장 적절한 것은?

> '모래언덕'이나 '바람' 같은 개념은 매우 모호해 보인다. 작은 모래 무더기가 모래언덕이라고 불리려면 얼마나 높이 쌓여야 하는가? 바람이 되려면 공기는 얼마나 빨리 움직여야 하는가?
> 그러나 지질학자들이 관심이 있는 대부분의 문제 상황에서 이런 개념들은 아무 문제 없이 작동한다. 더 높은 수준의 세분화가 요구될 만한 맥락에서는 그때마다 '30m에서 40m 사이의 높이를 가진 모래언덕'이나 '시속 20km와 시속 40km 사이의 바람'처럼 수식어구가 달린 표현이 과학적 용어의 객관적인 사용을 뒷받침한다.
> 물리학 같은 정밀과학에서도 사정은 비슷하다. 물리학의 한 연구 분야인 저온물리학은 저온현상, 즉 초전도 현상을 비롯하여 절대온도 0도인 −273.16°C부근의 저온에서 나타나는 흥미로운 현상들을 연구한다. 그렇다면 정확히 몇 도부터 저온인가? 물리학자들은 이 문제를 놓고 다투지 않는다. 때로는 이 말이 헬륨의 끓는점(−268.6°C) 같은 극저온 근방을 가리키는가 하면, 질소의 끓는점(−195.8°C)이 기준이 되기도 한다.
> 과학자들은 모호한 것을 싫어한다. 모호성은 과학의 정밀성을 훼손할 뿐만 아니라 궁극적으로 과학의 객관성을 약화하기 때문이다. 그러나 모호성에 대응하는 길은 모든 측정의 오차를 0으로 만드는 데 있는 것이 아니라 대화를 통해 그 상황에 적절한 합의를 하는 데 있다.

① 과학의 정확성은 측정기술의 정확성에 달려 있다.
② 물리학 같은 정밀과학에서도 오차는 발생하기 마련이다.
③ 과학의 발달은 과학적 용어체계의 변화를 유발할 수 있다.
④ 과학적 언어의 객관성은 용어의 엄밀하고 보편적인 정의에 의해서만 보장된다.

15 다음 글의 빈칸에 들어갈 내용으로 가장 적절한 것은?

기분관리 이론은 사람들의 기분과 선택 행동의 관계에 대해 설명하기 위한 이론이다. 이 이론의 핵심은 사람들이 현재의 기분을 최적 상태로 유지하려고 한다는 것이다. 따라서 기분관리 이론은 흥분 수준이 최적 상태보다 높을 때는 사람들이 이를 낮출 수 있는 수단을 선택한다고 예측한다. 반면에 흥분 수준이 낮을 때는 이를 회복시킬 수 있는 수단을 선택한다고 예측한다. 예를 들어, 음악 선택의 상황에서 전자의 경우에는 차분한 음악을 선택하고 후자의 경우에는 흥겨운 음악을 선택한다는 것이다. 기분조정 이론은 기분관리 이론이 현재 시점에만 초점을 맞추고 있다는 점을 지적하고 이를 보완하고자 한다. 기분조정 이론을 음악 선택의 상황에 적용하면, ______________________ ______________________고 예측할 수 있다.

연구자 A는 음악 선택 상황을 통해 기분조정 이론을 검증하기 위한 실험을 했다. 그는 실험 참가자들을 두 집단으로 나누고 집단1에게는 한 시간 후 재미있는 놀이를 하게 된다고 말했고, 집단2에게는 한 시간 후 심각한 과제를 하게 된다고 말했다. 집단1은 최적 상태 수준에서 즐거워했고, 집단2는 최적 상태 수준을 벗어날 정도로 기분이 가라앉았다. 이때 연구자 A는 참가자들에게 기다리는 동안 음악을 선택하게 했다. 그랬더니 집단1은 다소 즐거운 음악을 선택한 반면, 집단2는 과도하게 흥겨운 음악을 선택했다. 그런데 30분이 지나고 각 집단이 기대하는 일을 하게 될 시간이 다가오자 두 집단 사이에는 뚜렷한 차이가 나타났다. 집단1의 선택에는 큰 변화가 없었으나, 집단2는 기분을 가라앉히는 차분한 음악을 선택하는 쪽으로 변하는 경향을 보인 것이다. 이러한 선택의 변화는 기분조정 이론을 뒷받침하는 것으로 간주되었다.

① 사람들은 현재의 기분을 지속하는 데 도움이 되는 음악을 선택한다.
② 사람들은 다음에 올 상황을 고려해 흥분을 유발할 수 있는 음악을 선택한다.
③ 사람들은 다음에 올 상황에 맞추어 현재의 기분을 조정하는 음악을 선택한다.
④ 사람들은 현재의 기분이 즐거운 경우에는 그것을 조정하기 위해 그와 반대되는 기분을 자아내는 음악을 선택한다.

※ 다음 글을 읽고 이어지는 질문에 답하시오. [16~17]

언택트란 접촉을 뜻하는 '콘택트(Contact)'에 부정을 뜻하는 '언(Un)'을 붙여 만든 신조어로서, 고객과 대면하지 않고 서비스나 상품을 판매하는 기술이 생활 속에서 확산되는 현상을 가리킨다. 쉽게 말해 키오스크(Kiosk), 드론, VR(가상현실) 쇼핑, 챗봇 등으로 대표되는 첨단기술을 통해 사람 간의 대면 없이 상품이나 서비스를 주고받을 수 있게 된 것을 두고 '언택트'라고 하는 것이다. 최근 많은 기업과 기관에서 언택트를 핵심으로 한 이른바 언택트 마케팅을 펼치고 있는데, 그 영역이 대면 접촉이 불가피했던 유통업계로까지 확장되면서 사람들의 관심을 모으고 있다.
어느새 우리 일상에 자리한 ㉠ 언택트 마케팅의 대표적인 예로 들 수 있는 것이 앞서 언급한 키오스크 무인 주문 시스템이다. 특히 패스트푸드 업계에서 키오스크가 대폭 확산 중인데, A업체는 2014년 처음 키오스크를 도입한 후 꾸준히 늘려가고 있고, B업체도 올해까지 전체 매장의 50% 이상인 250개 곳에 키오스크를 확대할 예정이다. 이러한 흐름은 패스트푸드점에만 국한되는 것이 아니며, 더 진화한 형태로 다양한 업계에서 나타나고 있다. 최근 커피전문점에서는 스마트폰 앱을 통해 주문과 결제를 완료한 후 매장에서 제품을 수령하기만 하면 되는 시스템을 구축해 나가고 있고, 마트나 백화점은 무인시스템 도입을 가속화하는 것에서 한발 더 나아가 일찌감치 '쇼핑 도우미 로봇' 경쟁을 펼치고 있다.
이처럼 언택트 마케팅의 봇물이 터지는 이유는 무엇일까? 소비자들이 더 간편하고 편리한 것을 추구하는 데 따른 결과이기도 하지만, 판매 직원의 과도한 관심에 불편을 느끼는 소비자들이 늘고 있는 것도 한 요인으로 볼 수 있다. 특히 젊은 층에서 대면 접촉에 부담을 느끼는 경향이 두드러지는데, 이를 반영하듯 '관계'와 '권태기'를 합성한 신조어인 '관태기' 그리고 모바일 기기에 길들여진 젊은 층이 메신저나 문자는 익숙한 반면 전화 통화를 두려워한다는 뜻의 '콜포비아'란 신조어가 화제가 되기도 했다. 언택트 마케팅의 확산을 주도한 또 다른 요인으로는 인공지능(AI)과 빅데이터, 사물인터넷(IoT) 등 이른바 '4차 산업혁명'을 상징하는 기술의 진화를 꼽을 수 있다. 하지만 우리는 기술의 진화보다 소비자들이 언택트 기술에 익숙해지고, 나아가 편안하게 느끼기 시작했다는 것에 더 주목할 필요가 있다. 언택트 마케팅을 이해하고 전망하는 데 있어 결코 간과해선 안 될 것이 언택트 기술을 더 이상 낯설게 여기지 않는 인식이라는 이야기이다.
언택트 기술의 보편화는 구매의 편의성을 높이고 소비자가 원하는 '조용한 소비'를 가능하게 한다는 점에서 긍정적으로도 볼 수 있으나, 일자리 감소와 같은 노동시장의 변화와 디지털 환경에 익숙하지 않은 고령층을 소외시키는 '언택트 디바이드(Untact Divide)'를 낳을 수 있다는 경고도 무시할 수 없다. 이와 관련해서 한 소비트렌드 분석센터는 '비대면 접촉도 궁극적으로는 인간이 중심이 되어야 한다.'며 굳이 인력이 필요하지 않은 곳은 기술로 대체하고, 보다 대면 접촉이 필요한 곳에는 인력을 재배치하는 기술과 방법이 병행되어야 하며, 그에 따라 그동안 무료로 인식됐던 인적 서비스가 프리미엄화되면서 차별화의 핵심 요소로 등장하게 될 것이라는 전망을 내놓고 있다.

16 다음 중 윗글의 내용으로 적절하지 않은 것은?

① 소비자들은 언택트 기술을 더 이상 낯설게 여기지 않는다.
② 언택트 기술은 소비자가 원하는 '조용한 소비'를 가능하게 한다.
③ 될 수 있는 한 인력을 언택트 기술로 대체하여 인력 낭비를 줄여야 한다.
④ 키오스크 무인주문 시스템은 다양한 업계에서 더 진화한 형태로 나타나고 있다.

Easy

17 **다음 중 윗글의 ㉠의 사례로 적절하지 않은 것은?**

① 무인 편의점의 지문을 통한 결제 시스템
② 화장품 매장의 '혼자 볼게요.' 쇼핑 바구니
③ 매장 내 상품의 정보를 알려주는 바코드 인식기
④ 24시간 상담원과 통화연결이 가능한 고객 상담 센터

18 **다음 제시된 글을 읽고, 이어질 문단을 논리적 순서대로 바르게 나열한 것은?**

> 연금 제도의 금융 논리와 관련하여 결정적으로 중요한 원리는 중세에서 비롯된 신탁 원리이다. 12세기 영국에서는 미성년 유족(遺族)에게 토지에 대한 권리를 합법적으로 이전할 수 없었다. 그럼에도 불구하고 영국인들은 유언을 통해 자식에게 토지 재산을 물려주고 싶어 했다.

> (가) 이런 상황에서 귀족들이 자신의 재산을 미성년 유족이 아닌 친구나 지인 등 제3자에게 맡기기 시작하면서 신탁 제도가 형성되기 시작했다. 여기서 재산을 맡긴 성인 귀족과 재산을 물려받은 미성년 유족 그리고 미성년 유족을 대신해 그 재산을 관리 · 운용하는 제3자로 구성되는 관계, 즉 위탁자와 수익자 그리고 수탁자로 구성되는 관계가 등장했다.
> (나) 연금 제도가 이 신탁 원리에 기초해 있는 이상 연금 가입자는 연기금 재산의 운용에 대해 영향력을 행사하기 어렵게 된다. 왜냐하면 신탁의 본질상 공 · 사 연금을 막론하고 신탁 원리에 기반을 둔 연금 제도에서는 수익자인 연금 가입자의 적극적인 권리 행사가 허용되지 않기 때문이다.
> (다) 이 관계에서 주목해야 할 것은 미성년 유족은 성인이 될 때까지 재산권을 온전히 인정받지는 못했다는 점이다. 즉, 신탁 원리하에서 수익자는 재산에 대한 운용 권리를 모두 수탁자인 제3자에게 맡기도록 되어 있었기 때문에 수익자의 지위는 불안정했다.
> (라) 결국 신탁 원리는 수익자의 연금 운용 권리를 현저히 약화시키는 것을 기본으로 한다. 그 대신 연금 운용을 수탁자에게 맡기면서 '수탁자 책임'이라는, 논란이 분분하고 불분명한 책임이 부과된다. 수탁자 책임 이행의 적절성을 어떻게 판단할 수 있는가에 대해 많은 논의가 있었지만 수탁자 책임의 내용에 대해서 실질적인 합의가 이루어지지는 못했다.

① (가) – (다) – (나) – (라)
② (가) – (라) – (나) – (다)
③ (나) – (가) – (다) – (라)
④ (나) – (라) – (가) – (다)

19 **다음은 은행연합회에서 국군병사들을 대상으로 한 적금상품 관련 질문과 답변을 정리한 자료이다. 이에 대한 내용으로 적절하지 않은 것은?**

> Q. 종전에 국군병사 적금상품 가입자도 새로운 적금상품에 가입할 수 있는지?
> – 종전 적금상품 가입자도 잔여 복무기간 중에는 새로운 적금상품에 추가로 가입할 수 있습니다. 다만, 종전 적금을 해지하고 신규 적금상품에 가입하려는 경우에는 종전 적금의 중도해지에 따른 불이익, 잔여 복무기간 등을 종합적으로 고려하여 판단할 필요가 있습니다(예 종전 적금의 적립기간이 긴 경우, 새로운 적금에 단기간 가입하기보다는 금리수준이 높은 종전 적금을 계속 유지하는 것이 유리할 수 있음).
>
> Q. 종전 국군병사 적금상품에 대해서는 재정・세제지원 등 추가 인센티브 제공이 불가한지?
> – 현행 국군병사 적금의 경우 국방부와 협약을 체결한 2개 은행이 자율적으로 운영하고 있는 상품으로서, 적립기간 산정방식 등 상품조건이 신규 상품과는 상이하며, 재정・세제지원을 위한 체계적인 관리도 현실적으로 어려운 상황입니다. 따라서 관리시스템이 구축될 신규 적금상품부터 법령개정을 거쳐 추가 인센티브 부여를 추진할 예정이며, 가입자의 혼란 방지 등을 위해 신규상품 출시 후 종전 국군병사 적금상품 신규 가입은 중단할 계획입니다(계속 적립은 허용).
>
> Q. 병사 개인당 최대 월적립한도가 40만 원인데, 은행 적금상품 월적립한도를 20만 원으로 다르게 한 이유는 무엇인지?
> – 국군병사 적금상품은 은행권이 금융의 사회적 책임 이행 등의 차원에서 참여하는 사업으로, 단기간 내 월적립한도 등을 급격히 조정하기에는 어려운 측면이 있습니다. 우선 금번 신규 상품 출시 단계에서는 은행별 월적립한도를 현행 10만 원에서 20만 원으로 2배 수준으로 늘리되, 향후 적금상품 운용 경과, 병사급여 인상 추이 등을 감안하여 월적립한도 상향 등을 단계적으로 협의해 나갈 계획입니다.
>
> Q. 적금가입 시 '가입자격 확인서'는 어떻게 발급받는 것인지?
> – 역종별로 국방부(현역병), 병무청(사회복무요원) 등 신원확인・관리 기관에서 가입자격 확인서를 발급할 예정입니다. 병사들의 가입 편의, 신원확인의 신뢰성 제고 등을 위해 가입확인서는 통일된 양식을 활용하고, 비대면 발급방식 등도 활성화할 계획입니다.
>
> Q. 적금상품 통합공시 사이트는 어떻게 조회하는지?
> – 통합공시 사이트는 현행 은행연합회 홈페이지의 '은행상품 비교공시' 메뉴 내에 구축될 예정입니다. 향후 상품 출시시기에 맞춰 은행연합회 팝업창, 참여은행 홈페이지 연계 등을 통해 적극 홍보할 계획입니다.

① 국군병사 적금상품의 월적립한도는 더 상향될 수 있다.
② 적금상품 통합공시 사이트는 상품 출시시기에 맞춰 적극 홍보될 예정이다.
③ 종전 적금상품을 해지하고 신규 적금상품에 가입하는 것은 효율적이지 않다.
④ 관리시스템이 구축될 신규 적금상품부터 추가 인센티브 부여를 추진할 예정이다.

※ 다음 식을 계산한 값으로 옳은 것을 구하시오. [20~21]

20

$17\times409\times23$

① 159,917
② 159,919
③ 159,927
④ 159,935

21

$2,170+1,430\times6$

① 10,750
② 10,751
③ 10,752
④ 10,753

22 다음 중 빈칸에 들어갈 사칙연산 기호로 옳은 것은?

114+95−27□2=155

① +
② −
③ ×
④ ÷

PART 2

※ 일정한 규칙으로 수나 문자를 나열할 때, 빈칸에 들어갈 알맞은 것을 고르시오. [23~26]

Easy

23

4　−1　8　16　−256　(　)

① 4,096　② −4,096

③ 8,192　④ −8,192

24

(　)　2　−1　9　−3　23　−6　44

① −3　② −2

③ 0　④ 1

25

ㄴ　ㄷ　ㅁ　ㅇ　ㅌ　ㄷ　(　)

① ㅂ　② ㅅ

③ ㅇ　④ ㅈ

26

A B A　L B W　D B (　)

① F　② G

③ H　④ I

27 A지역에서 B지역까지 80km/h의 속력으로 가서 120km/h의 속력으로 되돌아온다. 갈 때의 시간보다 올 때의 시간이 30분 덜 걸린다면, A지역과 B지역 사이의 거리는?

① 100km ② 110km
③ 120km ④ 130km

28 농도 8%의 소금물 500g이 들어 있는 컵을 방에 두고 자고 일어나서 보니 물이 증발하여 농도가 10%가 되었다. 증발한 물의 양은?(단, 물은 시간당 같은 양이 증발하였다)

① 100g ② 200g
③ 300g ④ 400g

29 N사는 신입사원을 대상으로 3개월 동안 의무적으로 강연을 듣게 하였다. 강연은 월요일과 수요일에는 매주 1회씩 열리고, 금요일에는 격주로 1회씩 열린다. 이때 8월 1일 월요일에 처음 강연을 들은 신입사원이 13번째 강연을 듣는 날은?(단, 첫 번째 주 금요일 강연은 열리지 않았다)

① 8월 31일 ② 9월 2일
③ 9월 5일 ④ 9월 7일

30 A는 6일 만에, B는 8일 만에 혼자 끝내는 일이 있다. 같은 일을 A 먼저 혼자 시작하여 1일을 하였고, 그다음 날부터 A와 B는 2일 동안 함께 일을 하였다. 나머지 일을 B 혼자 끝내려고 할 때, B 혼자 일한 기간은?

① 1일 ② 2일
③ 3일 ④ 4일

31 남학생 4명과 여학생 3명을 원형 탁자에 앉힐 때, 여학생 3명이 이웃해서 앉을 확률은?

① $\frac{1}{21}$
② $\frac{1}{15}$
③ $\frac{1}{7}$
④ $\frac{1}{5}$

32 상우는 사과와 감을 사려고 한다. 사과는 하나에 700원, 감은 400원일 때 10,000원을 가지고 과일을 총 20개 사려면 감은 최소 몇 개를 사야 하는가?

① 10개
② 12개
③ 14개
④ 16개

Hard

33 다음의 고객 정보를 참고할 때, 귀하가 해당 고객에게 안내해야 할 중도상환수수료 금액은?

〈고객 정보〉

■ **2023년 3월 초, 담보대출 실행**
- 대출원금 : 24,000,000원
- 대출이자 : 4%
- 대출기간 : 60개월
- 상환방식 : 원금균등(매월 말 상환)

■ **2024년 9월 초, 남은 대출원금 전액 중도상환**
- (중도상환수수료)=(중도상환원금)×(중도상환수수료율)×$\frac{\text{(3년)}-\text{(대출경과월수)}}{\text{(3년)}}$

※ 백 원 단위 미만 절사

- 중도상환수수료율

대출상환기간	3 ~ 12개월	13 ~ 24개월	25 ~ 36개월
수수료율(%)	3.5	2.5	2.0

※ 3년 이후 중도상환 시 면제

① 210,000원
② 220,000원
③ 230,000원
④ 240,000원

34 다음은 N은행의 'Magic적금' 상품에 대한 자료이다. 정주임의 상황이 다음과 같을 때, 정주임이 Magic적금 만기에 수령할 원리금은?(단, $1.022^{\frac{1}{12}}=1.0018$, $1.022^{\frac{13}{12}}=1.0239$로 계산하고, 백 원 단위 이하는 절상한다)

〈Magic적금〉

- 가입대상 : 실명의 개인(1인 1계좌)
- 가입기간 : 12개월
- 적립금액 : 50만 원 이하 지정하여 적립(정액적립식)
- 이자지급방식 : 만기일시지급, 연복리식
- 적용이율

구분	기간 및 금액	금리	비고
약정이율	12개월	연 1.7%	우대조건 충족 시 최대 연 3.5%p 우대
중도해지이율	중도해지이율	▶	신규일 당시 고시한 중도해지이율 적용

- 우대금리 : 최대 연 3.5%p 우대

구분	우대 조건	우대이율
특별우대금리 1	N카드사 기준 기존고객이며, 월 6백만 원 이상 N카드 사용	연 3.5%p
특별우대금리 2	N카드사 기준 신규고객이며, 가입 이후 1개월 이상 N카드로 자동이체 예정	연 0.5%p

- 세제혜택 : 가입자 본인의 한도 내에서 비과세종합저축으로 가입 가능

〈정주임의 상황〉

- 정주임은 Magic적금에 가입하였으며, 2025년 1월부터 매월 1일에 200,000원씩 정액을 적립한다.
- 정주임은 N카드를 사용한 적이 없는 신규고객이다.
- 정주임의 월 지출 총액은 4,500,000원이다.
- 정주임은 N카드를 만들고 통신비를 매월 N카드로 자동이체한다.

① 2,345,000원
② 2,456,000원
③ 2,567,000원
④ 2,678,000원

35 다음과 같은 조건으로 N은행 적금에 가입할 때, 만기 시 수령할 원리금은?(단, 이자 소득에 대한 세금은 고려하지 않는다)

- 상품명 : N은행 직장인적금
- 가입기간 : 36개월
- 가입금액 : 매월 초 400,000원 납입
- 적용금리 : 연 2.2%
- 이자지급방식 : 만기일시지급, 단리식

① 13,888,400원 ② 14,888,400원
③ 15,888,400원 ④ 16,888,400원

Hard

36 다음은 N은행 환율 현황에 대한 자료이다. 직장인 A씨는 12월 31일에 현찰 1,000달러를 N은행에 팔고 계좌에 입금한 다음, 2일 후 N은행에서 1,000달러를 지인에게 송금하려고 한다. A씨가 지인에게 송금할 때 추가로 필요한 금액은?(단, '전일 대비'란 매매기준율을 기준으로 한 값이며, 1월 1일은 공휴일이므로 전일 대비 산입일에 포함하지 않고, 환율은 소수점 이하에서 버림한다)

〈N은행 환율 현황〉

(단위 : 원/달러)

날짜	매매기준율	전일 대비	현찰		송금	
			살 때	팔 때	보낼 때	받을 때
12월 31일	(　　)	−1.2	1,236.0	1,106.0	1,226.0	1,116.0
1월 2일	1,222.5	+6.5	1,242.5	1,092.5	1,222.5	1,112.5

※ A씨는 환율우대로 50% 환전수수료 할인을 받음
※ 환율우대는 환전수수료에만 적용됨
※ 살 때의 환율은 매매기준율에 환전수수료를 더하는 반면, 팔 때의 환율은 그만큼 제함

① 61,000원 ② 62,000원
③ 71,000원 ④ 72,000원

Easy

37 다음은 은행별 신용등급에 따른 금리 현황에 대한 자료이다. 이에 대한 설명으로 옳지 않은 것은?

〈은행별 신용등급에 따른 금리 현황〉

(단위 : %)

구분		신용등급별 금리					
		1～2등급	3～4등급	5～6등급	7～8등급	9～10등급	평균금리
M은행	대출금리	3.44	4.18	4.93	6.62	8.13	4.59
	기준금리	1.94	1.98	1.95	1.95	1.97	1.97
	가산금리	1.50	2.20	2.98	4.67	6.16	2.62
P은행	대출금리	3.70	3.78	4.22	6.61	8.34	4.33
	기준금리	1.99	1.98	1.97	1.95	2.05	1.97
	가산금리	1.71	1.80	2.25	4.66	6.29	2.36
Q은행	대출금리	3.91	4.79	6.21	7.69	10.43	4.77
	기준금리	2.02	2.07	2.07	2.11	2.11	2.04
	가산금리	1.89	2.72	4.14	5.58	8.32	2.73
R은행	대출금리	4.09	4.93	6.64	8.65	9.50	4.59
	기준금리	2.01	2.01	2.03	2.02	2.00	2.01
	가산금리	2.08	2.92	4.61	6.63	7.50	2.58
S은행	대출금리	3.58	4.89	6.76	9.87	10.83	4.16
	기준금리	1.92	1.94	1.96	1.97	1.98	1.93
	가산금리	1.66	2.95	4.80	7.90	8.85	2.23
T은행	대출금리	4.38	4.64	6.65	9.99	9.82	6.83
	기준금리	2.10	2.13	2.12	2.10	2.08	2.11
	가산금리	2.28	2.51	4.53	7.89	7.74	4.72
U은행	대출금리	3.69	4.68	7.87	11.17	–	5.04
	기준금리	1.95	1.96	1.97	1.96	–	1.96
	가산금리	1.74	2.72	5.90	9.21	–	3.08

① Q은행의 경우 기준금리는 3～4등급과 5～6등급이 동일하다.

② 등급이 하락할수록 모든 종류의 금리는 증가하는 경향성을 띄고 있다.

③ 제시된 은행 중 1～2등급이 가장 저렴하게 이용할 수 있는 금리조건을 가진 은행은 M은행이다.

④ 5～6등급 가운데 가산금리만 비교해 보자면, 가장 적은 금리는 가장 많은 금리의 절반보다 적다.

PART 2

38 다음은 한 국제기구가 발표한 2024년 3월 ~ 2025년 3월의 식량 가격지수와 품목별 가격지수에 대한 자료이다. 이에 대한 설명으로 옳지 않은 것은?

〈식량 가격지수〉

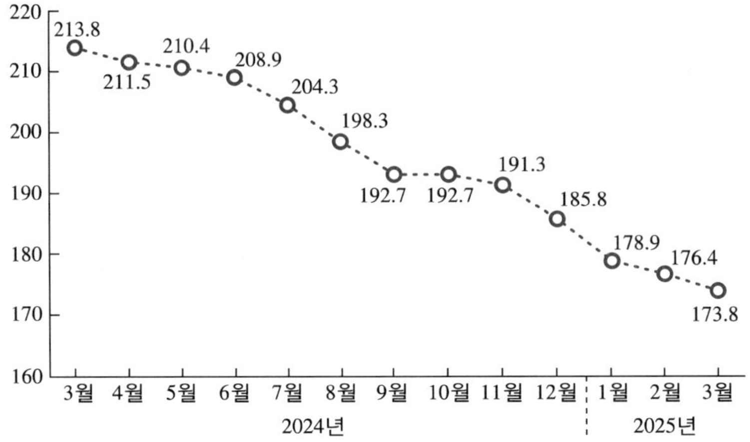

〈품목별 가격지수〉

구분	2024년										2025년		
	3월	4월	5월	6월	7월	8월	9월	10월	11월	12월	1월	2월	3월
육류	185.5	190.4	194.6	202.8	205.9	212.0	211.0	210.2	206.4	196.4	183.5	178.8	177.0
낙농품	268.5	251.5	238.9	236.5	226.1	200.8	187.8	184.3	178.1	174.0	173.8	181.8	184.9
곡물	208.9	209.2	207.0	196.1	185.2	182.5	178.2	178.3	183.2	183.9	177.4	171.7	169.8
유지류	204.8	199.0	195.3	188.8	181.1	166.6	162.0	163.7	164.9	160.7	156.0	156.6	151.7
설탕	254.0	249.9	259.3	258.0	259.1	244.3	228.1	237.6	229.7	217.5	217.7	207.1	187.9

※ 기준연도인 2010년의 가격지수는 100임

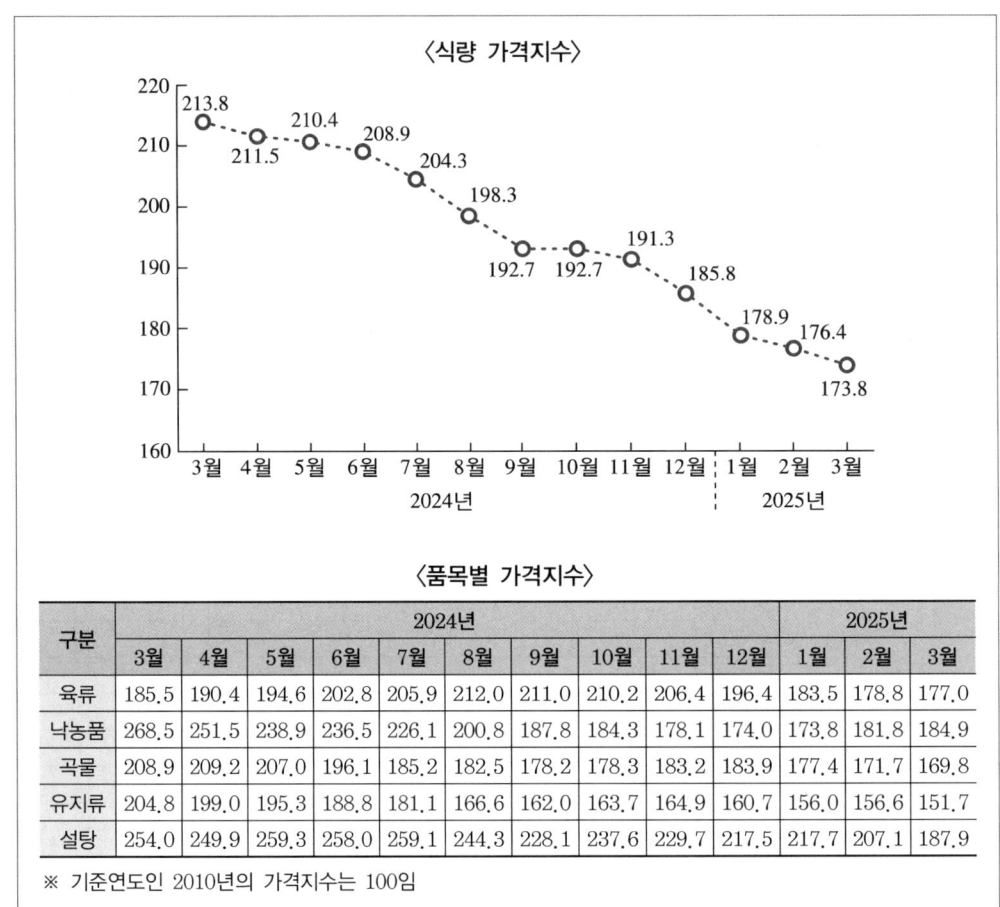

① 2024년 4월부터 2024년 9월까지 식량 가격지수는 매월 하락했다.

② 2025년 3월의 식량 가격지수는 2024년 3월보다 15% 이상 하락했다.

③ 2024년 3월보다 2025년 3월 가격지수가 가장 큰 폭으로 하락한 품목은 낙농품이다.

④ 2010년 가격지수 대비 2025년 3월 가격지수의 상승률이 가장 낮은 품목은 육류이다.

Hard

39 다음은 N은행의 보험상품인 노란우산에 대한 자료이다. 빈칸 A, B, C에 들어갈 내용을 바르게 짝지은 것은?

〈노란우산〉

• 상품설명

소기업 · 소상공인이 폐업이나 노령 등의 생계위협으로부터 생활의 안정을 기하고, 사업재기의 기회를 얻을 수 있도록 중소기업협동조합법 제115조에 따라 중소기업중앙회가 관리 운용하는 사업주의 퇴직금(목돈)마련을 위한 공제제도

• 상품혜택

– 연간 최대 500만 원 소득공제

– 납입부금에 대해 연간 최대 500만 원 소득공제 혜택을 부여하므로 세 부담 높은 사업자의 절세 전략으로 탁월

구분	사업(또는 근로) 소득금액	최대소득공제한도	예상세율	최대절세효과
개인 · 법인	4천만 원 이하	(A)	6.6 ~ 16.5%	330,000~825,000원
개인	4천만 원 초과 1억 원 이하	300만 원	16.5 ~ 8.5%	(B)
법인	4천만 원 초과 5,675만 원 이하			
개인	1억 원 초과	200만 원	(C)	770,000 ~ 924,000원

※ 위 예시는 노란우산 소득공제만 받았을 경우의 예상 절세효과 금액임

※ 2018년 종합소득세율(지방소득세 포함) 적용 시 절세효과이며, 세법 제 · 개정에 따라 변경될 수 있음

※ 법인대표자는 총급여 약 7천만 원(근로소득금액 5,675만 원)초과 시 근로소득금액에서 소득공제를 받을 수 없음

※ 부동산임대업소득은 소득공제를 받을 수 없음

① A : 450만 원

② B : 495,000 ~ 1,135,000원

③ C : 37.5 ~ 43.2%

④ C : 38.5 ~ 46.2%

PART 2

※ 다음은 甲의 생활부문별 월 지출 내역과 N은행의 카드별 혜택에 대한 자료이다. 이어지는 질문에 답하시오(단, 甲은 N은행의 계좌만을 이용한다). [40~41]

〈甲의 생활부문별 월 지출 내역〉

- 교통 : 대중교통 8만 원, 택시 2만 원
- 통신 : 6만 원(A통신사, 자동이체)
- 공과금 : 24만 원(자동이체)
- 보험료 : 14만 원(자동이체)
- 도서 : 4만 원
- 커피 : 7만 원
- 식비(커피 제외) : 42만 원

〈N은행 카드별 혜택〉

구분	혜택
청춘카드	• 대중교통요금 10% 청구 할인(택시 미포함) • 통신요금 자동이체 30% 청구 할인(A통신사) • 도서 구입비 30% 즉시 할인
희망카드	• 통신요금 자동이체 20% 청구 할인(B통신사) • N은행 계좌에서 공과금 자동이체 시 10% 청구 할인 • 커피 월 1만 원 즉시 할인
열정카드	• 대중교통요금 10% 청구 할인(택시 포함) • N은행 계좌에서 보험료 자동이체 시 20% 청구 할인 • 커피 10% 청구 할인

40 매월 총 할인금액 및 전월실적에 대한 조건이 없다고 할 때, 甲이 받는 할인혜택이 큰 순서대로 N은행 카드를 바르게 나열한 것은?

① 청춘카드 – 희망카드 – 열정카드
② 청춘카드 – 열정카드 – 희망카드
③ 희망카드 – 열정카드 – 청춘카드
④ 열정카드 – 청춘카드 – 희망카드

41 甲이 이동통신요금제를 B통신사의 8만 원짜리 요금제로 변경하고, 자동이체방식은 유지하였다. 또한 자기계발을 위해 도서 구입비를 2배로 늘리고, 커피에 대한 지출은 4만 원으로 줄였다. 이때 甲이 받는 할인혜택이 최대인 카드와 최소인 카드를 바르게 짝지은 것은?

	할인혜택이 최대인 카드	할인혜택이 최소인 카드
①	청춘카드	희망카드
②	희망카드	청춘카드
③	희망카드	열정카드
④	열정카드	청춘카드

※ 다음은 N은행의 금융상품별 정보에 대한 자료이다. 이어지는 질문에 답하시오. **[42~43]**

〈금융상품별 정보〉

구분	초입금액	이익률	안정성	만족도	가입률
A상품	100,000원	3.0%	최하	★	높음
B상품	30,000원	2.2%	중하	★★★	중간
C상품	20,000원	1.6%	상	★★	매우 높음
D상품	80,000원	1.8%	중상	★★★★★	매우 낮음

※ 초입금액은 낮을수록, 이익률 · 안정성 · 만족도 · 가입률은 높을수록 높은 점수를 부여함
※ 항목별로 순위를 매겨 4점부터 1점까지 정수로 점수를 부여함

42 총점이 가장 높은 상품을 선택할 때, 다음 중 가입할 상품으로 가장 적절한 것은?

① A상품 ② B상품
③ C상품 ④ D상품

43 다음과 같은 조건을 요구하는 고객에게 추천해 줄 수 있는 상품으로 가장 적절한 것은?

고객 : 초입금액이 높고 이익률과 안정성이 높은 상품에 가입하고 싶어요. 추천해 주시겠어요?

① A상품 ② B상품
③ C상품 ④ D상품

44 귀하는 N은행 영업점에서 수신업무를 담당하고 있다. 당행에 방문한 A고객은 귀하에게 신규 론칭한 주거래 정기적금상품에 대해 문의하고 있다. 다음 중 귀하의 답변으로 적절하지 않은 것은?

- 상품명 : 주거래 정기적금
- 가입대상 : 실명의 개인
- 계약기간 : 12개월 이상 36개월 이하(월 단위)
- 정액적립식 : 신규 약정 시 약정한 월 1만 원 이상의 저축금액을 매월 약정일에 동일하게 저축
- 이자지급방식 : 만기일시지급식, 단리식
- 기본금리

가입기간	12개월 이상 20개월 미만	20개월 이상 28개월 미만	28개월 이상 36개월 미만	36개월
기본금리	연 1.5%	연 1.8%	연 2.2%	연 2.4%

※ 만기 전 해지 시 연 1.2%의 금리가 적용됨

- 우대금리

우대사항	우대조건	우대금리
가족회원	2인 이상의 가족(주민등록등본상)이 N은행 계좌를 보유하고 있는 경우 (※ 주민등록등본상 본인 제외 2인 이상)	연 0.8%p
거래 우수	이 적금의 신규 가입 시에 예금주의 N은행 거래기간이 3년 이상인 경우	연 0.4%p
청약 보유	이 적금의 신규일로부터 3개월이 속한 달의 말일을 기준으로 주택청약종합저축을 보유한 경우	연 0.6%p

- 일부해지 : 만기해지 포함 총 3회까지 가능(최소가입금액 1백만 원 이상 유지, 중도해지금리 적용)
- 계약해지 : 영업점에서 해지 가능
- 세금우대 : 비과세종합저축
- 예금자보호 여부 : 해당상품은 예금자보호를 받을 수 있는 상품으로, 본 은행에 있는 모든 예금보호대상 금융상품의 원금과 소정의 이자를 합하여 1인당 '최고 5천만 원'을 보호받을 수 있고, 초과하는 금액은 보호하지 않습니다.

A고객 : 안녕하세요. 최근에 나온 적금상품이 있던데 안내 부탁드립니다.

귀　하 : 네, 이번에 신규 론칭한 주거래 정기적금에 대해서 안내해 드리겠습니다. 이번 상품은 다른 상품들과 달리 N은행과 주로 거래하시는 분께 큰 혜택을 드리고 있습니다. ① 기본적으로 1만 원 이상의 저축금액을 매월 약정일에 동일하게 저축하는 상품입니다. ② 기본금리는 기간에 따라 다르게 적용되는데, 최대 연 2.4%까지 적용됩니다. ③ 현재 고객님께서는 저희 은행과 2년째 거래 중이셔서 기본적으로 연 0.4%p의 우대이율이 적용되고, ④ 3인의 가족과 함께 거주 중이신 것으로 되어 있으셔서 가족분들 중 2인 이상이 당행의 계좌가 있으시면 연 0.8%p의 우대금리을 추가로 적용받을 수 있습니다. 또한, 주거래 정기적금을 가입하고 그 다음달부터 주택청약종합저축을 3개월 안에 가입하신다면 최대 연 4.2%의 이율을 적용받으실 수 있습니다. 마지막으로 해당 상품은 비과세종합저축으로 한도가 남아 있다면 이자에 대해서 과세하지 않습니다. 그리고 예금자보호대상 상품으로, 당행의 모든 예금자보호대상 금융상품의 원금과 이자를 합하여 최고 5천만 원까지 보호받으실 수 있습니다.

45 백화점에서 함께 쇼핑을 한 A ~ E 5명은 일정 금액 이상 구매 시 추첨을 통해 경품을 제공하는 백화점 이벤트에 응모하였다. 얼마 후 당첨자가 발표되었고, A ~ E 중 1명이 1등에 당첨되었다. 다음 대화에서 1명이 거짓을 말하고 있을 때, 1등 당첨자는?

- A : C는 1등이 아닌 3등에 당첨됐어.
- B : D가 1등에 당첨됐고, 나는 2등에 당첨됐어.
- C : A가 1등에 당첨됐어.
- D : C의 말은 거짓이야.
- E : 나는 5등에 당첨되었어.

① A ② B
③ C ④ D

Hard

46 K리그의 네 팀(서울, 울산, 전북, 제주)에 대한 정보를 참고할 때, 다음 중 참이 아닌 것은?

〈정보〉

- 경기는 하루에 한 경기만 열린다.
- 화요일에는 전북이 제주와 원정 경기를 하고, 토요일에는 서울이 전북과 홈경기를 한다.
- 원정 경기를 치른 다음날은 반드시 쉰다.
- 이틀 연속으로 홈경기를 하면 다음날은 반드시 쉰다.
- 각 팀은 모두 일주일에 세 번 각각 다른 팀과 경기를 한다.
- 각 팀은 적어도 한 번은 홈경기를 한다.

① 제주가 원정 경기를 할 수 있는 날은 모두 평일이다.
② 제주가 수요일에 경기를 한다면, 목요일에는 경기를 할 수 없다.
③ 서울이 주말에 모두 경기를 한다면, 월요일에는 경기를 할 수 없다.
④ 전북이 목요일에 경기를 한다면, 금요일의 경기는 서울과 제주의 경기이다.

47 ○○농협 직원들 A ~ G 7명은 일주일에 2명씩 돌아가며 당직을 선다. 〈조건〉에 따라 당직을 설 때, 다음 중 이번 주에 반드시 당직을 서는 직원은?

조건

- A가 당직을 서면 B와 F도 당직을 선다.
- C나 A가 당직을 서지 않으면 E는 당직을 선다.
- G가 당직을 서면 E와 D는 당직을 서지 않는다.
- F가 당직을 서면 G도 당직을 선다.
- D는 이번 주에 당직을 선다.

① A, D
② B, D
③ D, E
④ D, F

48 세미나에 참석한 A사원, B사원, C주임, D주임, E대리는 각자 숙소를 배정받았다. A사원, D주임은 여자이고, B사원, C주임, E대리는 남자이다. 〈조건〉에 따라 숙소가 배정되었을 때, 다음 중 참이 아닌 것은?

조건

- 숙소는 5층 건물이며, 각 층에 1명씩 배정한다.
- E대리의 숙소는 D주임의 숙소보다 위층이다.
- 1층에는 주임을 배정한다.
- 1층과 3층에는 남직원을 배정한다.
- 5층에는 사원을 배정한다.

① C주임은 1층에 배정된다.
② D주임은 2층에 배정된다.
③ 5층에 A사원이 배정되면 4층에 B사원이 배정된다.
④ 5층에 B사원이 배정되면 4층에 A사원이 배정된다.

49 다음은 대·중소기업 동반녹색성장 협력사업에 대한 자료이다. 이에 대한 설명으로 옳지 않은 것은?

〈대·중소기업 동반녹색성장〉

• 대·중소기업 동반녹색성장 협력사업(Green Growth Partnership)
  – 기술과 인력이 부족한 중소기업에 대기업의 선진 에너지 관리 기법을 공유하여 중소기업의 에너지 절약 기술 향상 및 기업 경쟁력 강화
• 사업대상
  – (대기업) 동반성장의지가 있으며, 유틸리티 등 우수 에너지 절약 기술을 보유한 에너지 다소비 사업장
  – (중소기업) 평소 에너지 절약 추진에 관심이 있거나 에너지 관리 기법 등에 대한 정보를 습득하고자 하는 중소 산업체
• 추진절차

구분	세부사항
참여기업 모집 공고	참여를 원하는 대·중소기업
사업 설명회 및 간담회	참여를 원하는 기업 의견 수렴
참여 대·중소기업 확정	참여기업 및 연간 추진일정 확정
대·중소기업 에너지 실무회의 운영	실무회의 연중 지속 운영
기술지도 실시	기업별 기술지원사업 실시
기술지도 공유를 위한 워크숍 개최	우수사례 및 에너지 분야 신기술 공유

① 중소기업의 에너지 절약 기술 향상 및 기업 경쟁력 강화를 위한 사업이다.
② 먼저 사업 공고를 통해 참여를 희망하는 대기업 또는 중소기업을 모집한다.
③ 참여기업이 확정되면 참여기업 간 의견을 공유하는 사업 설명회를 개최한다.
④ 참여기업은 워크숍을 통해 우수사례와 에너지 분야의 신기술을 서로 공유한다.

Easy

50 N인력공단은 ○○기능사 실기시험 일정을 5월 중에 3일간 진행하려고 한다. 해당 일정은 다른 기능사 실기시험일 또는 행사일에는 동시에 진행할 수 없으며, 필기시험일은 중복이 가능하다. 다음 중 ○○기능사 실기시험 날짜로 가장 적절한 것은?

〈5월 달력〉

일	월	화	수	목	금	토
			1	2	3 체육대회	4
5 어린이날	6	7	8	9 □□기능사 필기시험	10	11
12 석가탄신일	13	14 △△기능사 실기시험	15 △△기능사 실기시험	16 △△기능사 실기시험	17	18
19	20	21	22	23	24	25
26	27	28	29	30	31	

※ 실기시험은 월～토요일에 실시함
※ 24～29일에는 시험장 보수공사를 실시함

① 5월 3～4, 6일
② 5월 7～9일
③ 5월 13～15일
④ 5월 23～25일

Hard

51 육아휴직급여를 담당하는 인사부 N사원은 최근 신청인원 명단을 받아 휴직기간 동안 지급될 급여를 계산해 보고해야 한다. 육아휴직급여 지원이 다음과 같을 때, 세 사람이 받을 수 있는 급여액의 총합은?

〈육아휴직급여〉

근로자가 만 8세 이하 또는 초등학교 2학년 이하의 자녀를 양육하기 위하여 남녀고용평등과 일·가정 양립 지원에 관한 법률 제19조에 의한 육아휴직을 30일 이상 부여받은 경우 지급되는 급여입니다.

■ 해당조건 및 혜택

- 육아휴직 기간 : 1년 이내
- 육아휴직개시일 이전에 피보험단위기간이 180일 이상
- 육아휴직개시일 이후 1월부터 종료일 이후 12월 이내 신청
- 육아휴직 첫 3개월 동안은 월 통상임금의 100분의 80(상한액 : 월 150만 원, 하한액 : 월 70만 원), 나머지 기간에 대해서는 월 통상임금의 100분의 40(상한액 : 월 100만 원, 하한액 : 월 50만 원)을 지급함
- 아빠의 달 : 동일한 자녀에 대하여 부모가 순차적으로 휴직할 경우 두 번째 사용자의 첫 3개월 급여는 통상임금의 100%(최대 150만 원, 둘째 아이에 대해서는 200만 원)를 지원

〈신청인원〉

구분	성별	자녀	통상임금	육아휴직기간	비고
A씨	여	6살(첫째)	220만 원	8개월	-
B씨	남	3살(둘째)	300만 원	1년	아빠의 달
C씨	남	8살(첫째)	90만 원	6개월	-

① 2,580만 원　② 2,739만 원
③ 2,756만 원　④ 2,912만 원

PART 2

Hard

52 다음 주 당직 근무에 대한 일정표를 작성하고 있는데, 잘못된 점이 있어 수정을 하려 한다. 한 사람의 일정만 변경하여 일정표를 완성하려고 할 때, 다음 중 일정을 변경해야 하는 사람은?

〈당직 근무 규칙〉

- 낮에 2명, 야간에 2명은 항상 당직을 서야 하고, 더 많은 사람이 당직을 설 수도 있다.
- 낮과 야간을 합하여 하루에 최대 6명까지 당직을 설 수 있다.
- 같은 날에 낮과 야간 당직은 함께 설 수 없다.
- 낮과 야간 당직을 합하여 주에 3번 이상 5번 미만으로 당직을 서야 한다.
- 월요일부터 일요일까지 모두 당직을 선다.

〈당직 근무 일정〉

구분	낮	야간	구분	낮	야간
가	월요일	수요일, 목요일	바	금요일, 일요일	화요일, 수요일
나	월요일, 화요일	수요일, 금요일	사	토요일	수요일, 목요일
다	화요일, 수요일	금요일, 일요일	아	목요일	화요일, 금요일
라	토요일	월요일, 수요일	자	목요일, 금요일	화요일, 토요일
마	월요일, 수요일	화요일, 토요일	차	토요일	목요일, 일요일

① 라 ② 마
③ 바 ④ 사

53 다음은 어느 회사의 승진규정과 승진후보자에 대한 정보이다. 승진규정에 따를 때, 2025년 현재 직급이 대리인 사람은?

〈승진규정〉

- 2024년까지 근속연수가 3년 이상인 자를 대상으로 한다.
- 출산휴가 및 병가 기간은 근속연수에서 제외한다.
- 평가 연도 업무평가 점수가 80점 이상인 자를 대상으로 한다.
- 평가 연도 업무평가 점수는 직전연도 업무평가 점수에서 벌점을 차감한 점수이다.
- 벌점은 결근 1회당 −10점, 지각 1회당 −5점이다.

〈승진후보자 정보〉

구분	근무기간	작년 업무평가	근태현황		기타
			지각	결근	
A사원	1년 4개월	79점	1회	−	−
B주임	3년 1개월	86점	−	1회	출산휴가 35일
C대리	7년 1개월	89점	1회	1회	병가 10일
D과장	10년 3개월	82점	−	−	−

① A사원 ② B주임
③ C대리 ④ D과장

※ 다음은 ○○농협 팜스테이 지원사업에 대한 정보이다. 이어지는 질문에 답하시오. [54~55]

〈○○농협 팜스테이 지원사업 사업계획서〉

팜스테이란 농가에서 숙식하면서 농사, 생활, 문화체험과 마을 축제에 참여할 수 있는 농촌체험 관광 상품이다. 팜스테이는 농촌의 대표적인 6차 산업으로 농가소득 증대를 위한 방안으로 각광받고 있다.
○○농협에서는 다음과 같이 팜스테이 지원사업의 대상농가를 선정하여 지원할 예정이다.

- 입주일로부터 산정하여 ○○시 관내 거주기간 2년 이상인 농가를 대상으로 한다(2025.03.02.기준).
- 숙박 가능한 공간이 3개 이상 있어야 한다.
- 체험 활동은 3개 이상 있어야 하며, 농사체험 활동이 1개 이상 포함되어야 한다.
- 기준을 만족하는 농가 모두를 팜스테이 농가로 선정한다.
- ○○농협 팜스테이 지원사업 예산은 약 2억 원이다.

〈○○농협 팜스테이 지원사업 신청농가〉

구분	A	B	C	D	E
○○시 입주일	2022.12.18.	2019.04.24.	2024.07.05.	2016.10.07.	2021.03.11.
공간 구성 및 개수	공동주방 1개 숙박공간 3개 개별화장실 3개	공동거실 1개 공동주방 1개 숙박공간 2개 공동화장실 1개	숙박공간 4개 개별화장실 4개	거실 1개 숙박공간 1개 개별화장실 1개	숙박공간 5개 개별화장실 3개 공동화장실 1개
체험 활동	• 토마토 수확 체험 • 감자 심기 체험 • 전통놀이 체험	• 딸기 수확 체험 • 전통음식 만들기 • 짚신 만들기 체험	• 텃밭 가꾸기 체험 • 전통공예 체험 • 고추 수확 체험	• 전통음식 만들기 • 고구마 수확 체험	• 농작물 파종 체험 • 국궁 체험 • 텃밭 가꾸기 체험
사용자 평가	8점	8점	10점	6점	10점

54 다음 중 팜스테이 지원사업에 선정되는 농가로 바르게 짝지어진 것은?

① A, B농가
② A, E농가
③ B, C농가
④ C, D농가

55 위 자료를 작성할 때 팜스테이 지원사업 신청농가 중 아래의 F농가가 누락되었다고 한다. 예산이 부족하여 기존 계획과 달리 팜스테이 지원사업 대상농가 중 사용자 평가가 가장 높은 농가 하나를 선정해서 지원하기로 할 때, 다음 중 팜스테이 지원사업에 선정되는 농가는?

지원농가	○○시 입주일	공간 구성 및 개수	체험 활동	사용자 평가
F	2018.05.15.	숙박공간 5개 개별화장실 5개	• 차례상 차리기 체험 • 모내기 체험 • 전통약과 만들기 체험	9점

① A농가
② B농가
③ E농가
④ F농가

※ 다음 글을 읽고 이어지는 질문에 답하시오. [56~58]

오토바이용 헬멧 제조업체인 N사는 국내 시장의 한계를 느끼고 미국 시장에 진출해 안전과 가격, 디자인 면에서 호평을 받으며 시장의 최강자가 되었다. 외환위기와 키코사태*로 위기 상황에 놓인 적도 있었지만, 비상장 및 내실 있는 경영으로 은행에 출자 전환하도록 설득하여 오히려 기사회생하였다.
미국 시장 진출 시 OEM 방식을 활용할 수 있었지만, 자기 브랜드를 고집한 대표이사의 선택으로 해외에서 개별 도매상들을 상대로 직접 물건을 판매했다. 또한 평판이 좋은 중소규모 도매상을 선정해 유대관계를 강화했다. 한번 계약을 맺은 도매상과는 의리를 지켰고 그 결과 단단한 유통망을 갖출 수 있었다.
유럽 진출 시에는 미국과는 다른 소비자의 특성에 맞춰 고급스런 디자인의 고가 제품을 포지셔닝하여 모토그랑프리를 후원하고 우승자와 광고 전속 계약을 맺었다. 여기에 신제품인 스피드와 레저를 동시에 즐길 수 있는 실용적인 변신 헬멧으로 유럽 소비자들을 공략해 시장점유율을 높였다.

* 키코사태(KIKO; Knock In Knock Out)는 환율 변동으로 인한 위험을 줄이기 위해 만들어진 파생상품에 가입한 수출 중소기업들이 2008년 미국발 글로벌 금융위기 여파로 환율이 급등하자 막대한 손실을 보게 된 사건이다.

56 다음 중 N사가 미국 시장에 성공적으로 진출할 수 있었던 요인으로 적절하지 않은 것은?

① OEM 방식을 효율적으로 활용했다.
② 자사 브랜드를 알리는 데 주력했다.
③ 평판이 좋은 유통망을 찾아 계약을 맺었다.
④ 안전과 가격, 디자인 모두에 심혈을 기울였다.

57 다음 중 N사가 유럽 시장 진출에서 성공을 거둔 요인으로 적절하지 않은 것은?

① 중소규모 도매상과 유대관계 강화
② 하이브리드가 가능한 실용적 제품 개발
③ 소비자 특성에 맞춘 고가 제품 포지셔닝
④ 모토그랑프리 후원 등 전략적 마케팅 실행

58 N사가 해외 진출 시 분석을 위해 활용한 요소들을 〈보기〉에서 모두 고르면?

보기

㉠ 현지 시장의 경쟁상황
㉡ 경쟁업체
㉢ 시장점유율
㉣ 제품 가격 및 품질
㉤ 공급능력

① ㉠, ㉡, ㉢
② ㉢, ㉣, ㉤
③ ㉠, ㉡, ㉢, ㉣
④ ㉠, ㉡, ㉢, ㉣, ㉤

59 다음 중 경영자에 대한 설명으로 옳지 않은 것은?

① 수직적 체계에 따라 최고경영자, 중간경영자 및 하부경영자로 구분된다.

② 조직의 규모가 크더라도 한 명의 경영자가 조직의 모든 경영활동을 수행해야 한다.

③ 조직의 변화방향을 설정하는 리더이며, 조직구성원들이 조직의 목표에 부합된 활동을 할 수 있도록 이를 결합시키고 관리하는 관리자이다.

④ 조직의 전략·관리 및 운영활동을 주관하며, 조직구성원들과 의사결정을 통해 조직이 나아갈 바를 제시하고 조직의 유지와 발전에 대해 책임을 지는 사람이다.

PART 2

60 농협 비전 2030'이 제시한 새 패러다임으로 옳지 않은 것을 〈보기〉에서 모두 고르면?

보기

㉠ 농산업을 선도하는 농협경제
㉡ 변화와 혁신으로 도전하는 농협·人
㉢ 농축협이 중심에 서는 중앙회
㉣ K-food로 더욱 확장하는 농협경제
㉤ 지역발전에 앞장 서는 농축협
㉥ 국민의 자랑이 되는 세계 속의 농협
㉦ 조합원이 믿을 수 있는 중앙회
㉧ 영농세대를 중심으로 도약하는 농협
㉨ 농축협 성장을 지원하는 농협금융
㉩ 전통에 기반하여 미래를 도모하는 농축협

① ㉠, ㉢, ㉦, ㉩
② ㉡, ㉣, ㉦, ㉧
③ ㉣, ㉦, ㉧, ㉩
④ ㉤, ㉥, ㉦, ㉨

시대에듀

M E M O

PART 3

인 · 적성평가

PART

3 인 · 적성평가

01 개요

1. 인 · 적성평가의 의의

인 · 적성평가는 1943년 미국 미네소타 대학교의 임상심리학자 Hathaway 박사와 정신과 의사 Mckinley 박사가 제작한 MMPI(Minnesota Multiphasic Personality Inventory)를 원형으로 한 다면적 인 · 적성평가를 말한다.

다면적이라 불리는 것은 여러 가지 정신적인 증상들을 동시에 측정할 수 있도록 고안되어 있기 때문이다. 풀이하자면, 개인이 가지고 있는 다면적인 성격을 많은 문항 수의 질문을 통해 수치로 나타내는 것이다. 그렇다면 성격이란 무엇인가?

성격은 일반적으로 개인 내부에 있는 특징적인 행동과 생각을 결정해 주는 정신적 · 신체적 체제의 역동적 조직이라고 말할 수 있으며, 환경에 적응하게 하는 개인적인 여러 가지 특징과 행동양식의 잣대라고 정의할 수 있다.

다시 말하면, 성격이란 한 개인이 환경적 변화에 적응하는 특징적인 행동 및 사고유형이라고 할 수 있으며, 인 · 적성평가란 그 개인의 행동 및 사고유형을 서면을 통해 수치적 · 언어적으로 기술하거나 예언해 주는 도구라 할 수 있다.

신규채용 또는 평가에 활용하는 인 · 적성평가로 MMPI 원형을 그대로 사용하는 기업도 있지만, 대부분의 기업에서는 MMPI 원형을 기준으로 연구, 조사, 정보수집, 개정 등의 과정을 통해서 자체 개발한 유형을 사용하고 있다.

인 · 적성평가의 구성은 여러 가지 하위 척도로 구성되어 있는데, MMPI 다면적 인 · 적성평가의 척도를 살펴보면 기본 척도가 8개 문항으로 구성되어 있고, 2개의 임상 척도와 4개의 타당성 척도를 포함, 총 14개 척도로 구성되어 있다.

캘리포니아 심리검사(CPI; California Psychological Inventory)의 경우는 48개 문항, 18개의 척도로 구성되어 있다.

2. 인 · 적성평가의 해석단계

해석단계는 첫 번째, 각 타당성 및 임상 척도에 대한 피검사자의 점수를 검토하는 방법으로 각 척도마다 피검사자의 점수가 정해진 범위에 속하는지 여부를 검토하게 된다.
두 번째, 척도별 연관성에 대한 분석으로 각 척도에서의 점수범위가 의미하는 것과 그것들이 나타낼 가설들을 종합하고, 어느 특정 척도의 점수를 근거로 하여 다른 척도들에 대한 예측을 시도하게 된다.
세 번째, 척도 간의 응집 또는 분산을 찾아보고 그에 따른 해석적 가설을 형성하는 과정으로 두 개 척도 간의 관계만을 가지고 해석하게 된다.
네 번째, 매우 낮은 임상 척도에 대한 검토로서, 일부 척도에서 낮은 점수가 특별히 의미 있는 경우가 있기 때문에 신중히 다뤄지게 된다.
다섯 번째, 타당성 및 임상 척도에 대한 형태적 분석으로서, 타당성 척도들과 임상 척도들 전체의 형태적 분석이다. 주로 척도들의 상승도와 기울기 및 굴곡을 해석해서 피검사자에 대한 종합적이고 총체적인 추론적 해석을 하게 된다.

02 척도구성

1. MMPI 척도구성

(1) 타당성 척도

타당성 척도는 피검사자가 검사에 올바른 태도를 보였는지, 또 피검사자가 응답한 검사문항들의 결론이 신뢰할 수 있는 결론인가를 알아보는 라이스케일(허위척도)이라 할 수 있다. 타당성 4개 척도는 잘못된 검사태도를 탐지하게 할 뿐만 아니라, 임상 척도와 더불어 검사 이외의 행동에 대하여 유추할 수 있는 자료를 제공해 줌으로써, 의미있는 인성요인을 밝혀주기도 한다.

〈타당성 4개 척도구성〉

무응답 척도 (?)	무응답 척도는 피검사자가 응답하지 않은 문항과 '그렇다'와 '아니다'에 모두 답한 문항들의 총합이다. 척도점수의 크기는 다른 척도점수에 영향을 미치게 되므로, 빠뜨린 문항의 수를 최소로 줄이는 것이 중요하다.
허구 척도 (L)	L척도는 피검사자가 자신을 좋은 인상으로 나타내 보이기 위해 하는 고의적이고 부정직하며 세련되지 못한 시도를 측정하는 허구 척도이다. L척도의 문항들은 정직하지 못하거나 결점들을 고의적으로 감춰 자신을 좋게 보이려는 사람들의 장점마저도 부인하게 된다.
신뢰성 척도 (F)	F척도는 검사문항에 빗나간 방식의 답변을 응답하는 경향을 평가하기 위한 척도로 정상적인 집단의 10% 이하가 응답한 내용을 기준으로 일반 대중의 생각이나 경험과 다른 정도를 측정한다.
교정 척도 (K)	K척도는 분명한 정신적인 장애를 지니면서도 정상적인 프로파일을 보이는 사람들을 식별하기 위한 것이다. K척도는 L척도와 유사하게 거짓답안을 확인하지만 L척도보다 더 미세하고 효과적으로 측정한다.

(2) 임상 척도

임상 척도는 검사의 주된 내용으로써 비정상 행동의 종류를 측정하는 10가지 척도로 되어 있다. 임상 척도의 수치는 높은 것이 좋다고 해석하는 경우도 있지만, 개별 척도별로 해석을 참고하는 경우가 대부분이다.

건강염려증(Hs) Hypochondriasis	개인이 말하는 신체적 증상과 이러한 증상들이 다른 사람을 조정하는 데 사용되고 있지는 않은지 여부를 측정하는 척도로서, 측정내용은 신체의 기능에 대한 과도한 집착 및 이와 관련된 질환이나 비정상적인 상태에 대한 불안감 등이다.
우울증(D) Depression	개인의 비관 및 슬픔의 정도를 나타내는 기분상태의 척도로서, 자신에 대한 태도와 타인과의 관계에 대한 태도, 절망감, 희망의 상실, 무력감 등을 원인으로 나타나는 활동에 대한 흥미의 결여, 불면증과 같은 신체적 증상 및 과도한 민감성 등을 표현한다.
히스테리(Hy) Hysteria	현실에 직면한 어려움이나 갈등을 회피하는 방법인 부인기제를 사용하는 경향 정도를 진단하려는 것으로서 특정한 신체적 증상을 나타내는 문항들과 아무런 심리적·정서적 장애도 가지고 있지 않다고 주장하는 것을 나타내는 문항들의 두 가지 다른 유형으로 구성되어 있다.
반사회성(Pd) Psychopathic Deviate	가정이나 일반사회에 대한 불만, 자신 및 사회와의 격리, 권태 등을 주로 측정하는 것으로서 반사회적 성격, 비도덕적인 성격 경향 정도를 알아보기 위한 척도이다.
남성-여성특성(Mf) Masculinity-Femininity	직업에 관한 관심, 취미, 종교적 취향, 능동·수동성, 대인감수성 등의 내용을 담고 있으며, 흥미형태의 남성특성과 여성특성을 측정하고 진단하는 검사이다.
편집증(Pa) Paranoia	편집증을 평가하기 위한 것으로서 정신병적인 행동과 과대의심, 관계망상, 피해망상, 과대망상, 과민함, 비사교적 행동, 타인에 대한 불만감 같은 내용의 문항들로 구성되어 있다.
강박증(Pt) Psychasthenia	병적인 공포, 불안감, 과대근심, 강박관념, 자기 비판적 행동, 집중력 곤란, 죄책감 등을 검사하는 내용으로 구성되어 있으며, 주로 오랫동안 지속된 만성적인 불안을 측정한다.
정신분열증(Sc) Schizophrenia	정신적 혼란을 측정하는 척도로서 가장 많은 문항에 내포하고 있다. 이 척도는 별난 사고방식이나 행동양식을 지닌 사람을 판별하는 것으로서 사회적 고립, 가족관계의 문제, 성적 관심, 충동억제불능, 두려움, 불만족 등의 내용으로 구성되어 있다.
경조증(Ma) Hypomania	정신적 에너지를 측정하는 것으로서, 사고의 다양성과 과장성, 행동영역의 불안정성, 흥분성, 민감성 등을 나타낸다. 이 척도가 높으면 무엇인가를 하지 않고는 못 견디는 정력적인 사람이다.
내향성(Si) Social Introversion	피검사자의 내향성과 외향성을 측정하기 위한 척도로서, 개인의 사회적 접촉 회피, 대인관계의 기피, 비사회성 등의 인성요인을 측정한다. 이 척도의 내향성과 외향성은 어느 하나가 좋고 나쁨을 나타내는 것이 아니라, 피검사자가 어떤 성향의 사람인가를 알아내는 것이다.

2. CPI 척도구성

〈18 척도〉

지배성 척도 (Do)	강력하고 지배적이며, 리더십이 강하고 대인관계에서 주도권을 잡는 지배적인 사람을 변별하고자 하는 척도이다.
지위능력 척도 (Cs)	현재의 개인 자신의 지위를 측정하는 것이 아니라, 개인의 내부에 잠재되어 있어 어떤 지위에 도달하게끔 하는 자기 확신, 야심, 자신감 등을 평가하기 위한 척도이다.
사교성 척도 (Sy)	사교적이고 활달하며 참여기질이 좋은 사람과, 사회적으로 자신을 나타내기 싫어하고 참여기질이 좋지 않은 사람을 변별하고자 하는 척도이다.
사회적 태도 척도 (Sp)	사회생활에서의 안정감, 활력, 자발성, 자신감 등을 평가하기 위한 척도로서, 사교성과 밀접한 관계가 있다. 고득점자는 타인 앞에 나서기를 좋아하고, 타인의 방어기제를 공격하여 즐거움을 얻고자 하는 성격을 가지고 있다.
자기수용 척도 (Sa)	자신에 대한 믿음, 자신의 생각을 수용하는 자기확신감을 가지고 있는 사람을 변별하기 위한 척도이다.
행복감 척도 (Wb)	근본 목적은 행복감을 느끼는 사람과 그렇지 않은 사람을 변별해 내는 척도 검사이지만, 긍정적인 성격으로 가장하기 위해서 반응한 사람을 변별해 내는 타당성 척도로서의 목적도 가지고 있다.
책임감 척도 (Re)	법과 질서에 대해서 철저하고 양심적이며 책임감이 강해 신뢰할 수 있는 사람과 인생은 이성에 의해서 지배되어야 한다고 믿는 사람을 변별하기 위한 척도이다.
사회성 척도 (So)	사회생활에서 이탈된 행동이나 범죄의 가능성이 있는 사람을 변별하기 위한 척도로서 범죄자 유형의 사람은 정상인보다 매우 낮은 점수를 나타낸다.
자기통제 척도 (Sc)	자기통제의 유무, 충동, 자기중심에서 벗어날 수 있는 통제의 적절성, 규율과 규칙에 동의하는 정도를 측정하는 척도로서, 점수가 높은 사람은 지나치게 자신을 통제하려 하며, 낮은 사람은 자기 통제가 잘 안되므로 충동적이 된다.
관용성 척도 (To)	침묵을 지키고 어떤 사실에 대하여 성급하게 판단하기를 삼가고 다양한 관점을 수용하려는 사회적 신념과 태도를 재려는 척도이다.
좋은 인상 척도 (Gi)	타인이 자신에 대해 어떻게 반응하는가, 타인에게 좋은 인상을 주었는가에 흥미를 느끼는 사람을 변별하고, 자신을 긍정적으로 보이기 위해 솔직하지 못한 반응을 하는 사람을 찾아내기 위한 타당성 척도이다.
추종성 척도 (Cm)	사회에 대한 보수적인 태도와 생각을 측정하는 척도검사이다. 아무렇게나 적당히 반응한 피검사자를 찾아내는 타당성 척도로서의 목적도 있다.
순응을 위한 성취 척도 (Ac)	강한 성취욕구를 측정하기 위한 척도로서 학업성취에 관련된 동기요인과 성격요인을 측정하기 위해서 만들어졌다.
독립성을 통한 성취 척도 (Ai)	독립적인 사고, 창조력, 자기실현을 위한 성취능력의 정도를 측정하는 척도이다.
지적 능률 척도 (Ie)	지적 능률성을 측정하기 위한 척도이며, 지능과 의미 있는 상관관계를 가지고 있는 성격특성을 나타내는 항목을 제공한다.
심리적 예민성 척도 (Py)	동기, 내적 욕구, 타인의 경험에 공명하고 흥미를 느끼는 정도를 재는 척도이다.
유연성 척도 (Fx)	개인의 사고와 사회적 행동에 대한 유연성, 순응성 정도를 나타내는 척도이다.
여향성 척도 (Fe)	흥미의 남향성과 여향성을 측정하기 위한 척도이다.

03 인 · 적성평가 시 유의사항

(1) 충분한 휴식으로 불안을 없애고 정서적인 안정을 취한다. 심신이 안정되어야 자신의 마음을 표현할 수 있다.

(2) 생각나는 대로 솔직하게 응답한다. 자신을 너무 과대포장하지도, 너무 비하하지 않도록 한다. 답변을 꾸며서 하면 앞뒤가 맞지 않게끔 구성돼 있어 불리한 평가를 받게 되므로 솔직하게 답하도록 한다.

(3) 검사문항에 대해 지나치게 골똘히 생각해서는 안 된다. 지나치게 몰두하면 엉뚱한 답변이 나올 수 있으므로 불필요한 생각은 삼간다.

(4) 인 · 적성평가는 대개 문항 수가 많기에 자칫 건너뛰는 경우가 있는데, 가능한 모든 문항에 답해야 한다. 응답하지 않은 문항이 많을 경우 평가자가 정확한 평가를 내리지 못해 불리한 평가를 받을 수 있기 때문이다.

04 인 · 적성평가 모의연습

1. 1단계 검사

※ 다음 질문내용을 읽고 '예', '아니요' 중 본인에 해당되는 곳에 ○표 하시오. [1~140]

번호	질문	응답	
1	조심스러운 성격이라고 생각한다.	예	아니요
2	사물을 신중하게 생각하는 편이라고 생각한다.	예	아니요
3	동작이 기민한 편이다.	예	아니요
4	포기하지 않고 노력하는 것이 중요하다.	예	아니요
5	일주일의 예정을 만드는 것을 좋아한다.	예	아니요
6	노력의 여하보다 결과가 중요하다.	예	아니요
7	자기주장이 강하다.	예	아니요
8	장래의 일을 생각하면 불안해질 때가 있다.	예	아니요
9	소외감을 느낄 때가 있다.	예	아니요
10	훌쩍 여행을 떠나고 싶을 때가 자주 있다.	예	아니요
11	대인관계가 귀찮다고 느낄 때가 있다.	예	아니요
12	자신의 권리를 주장하는 편이다.	예	아니요
13	낙천가라고 생각한다.	예	아니요
14	싸움을 한 적이 없다.	예	아니요
15	자신의 의견을 상대에게 잘 주장하지 못한다.	예	아니요
16	좀처럼 결단하지 못하는 경우가 있다.	예	아니요
17	하나의 취미를 오래 지속하는 편이다.	예	아니요
18	한 번 시작한 일은 끝을 맺는다.	예	아니요

번호	질문	응답	
19	행동으로 옮기기까지 시간이 걸린다.	예	아니요
20	다른 사람들이 하지 못하는 일을 하고 싶다.	예	아니요
21	해야 할 일은 신속하게 처리한다.	예	아니요
22	병이 아닌지 걱정이 들 때가 있다.	예	아니요
23	다른 사람의 충고를 기분 좋게 듣는 편이다.	예	아니요
24	다른 사람에게 의존적이 될 때가 많다.	예	아니요
25	타인에게 간섭받는 것은 싫다.	예	아니요
26	의식 과잉이라는 생각이 들 때가 있다.	예	아니요
27	수다를 좋아한다.	예	아니요
28	잘못된 일을 한 적이 한 번도 없다.	예	아니요
29	모르는 사람과 이야기하는 것은 용기가 필요하다.	예	아니요
30	끙끙거리며 생각할 때가 있다.	예	아니요
31	다른 사람에게 항상 움직이고 있다는 말을 듣는다.	예	아니요
32	매사에 얽매인다.	예	아니요
33	잘하지 못하는 게임은 하지 않으려고 한다.	예	아니요
34	어떠한 일이 있어도 출세하고 싶다.	예	아니요
35	막무가내라는 말을 들을 때가 많다.	예	아니요
36	신경이 예민한 편이라고 생각한다.	예	아니요
37	쉽게 침울해한다.	예	아니요
38	쉽게 싫증을 내는 편이다.	예	아니요
39	옆에 사람이 있으면 싫다.	예	아니요
40	토론에서 이길 자신이 있다.	예	아니요
41	친구들과 남의 이야기를 하는 것을 좋아한다.	예	아니요
42	푸념을 한 적이 없다.	예	아니요
43	남과 친해지려면 용기가 필요하다.	예	아니요
44	통찰력이 있다고 생각한다.	예	아니요
45	집에서 가만히 있으면 기분이 우울해진다.	예	아니요
46	매사에 느긋하고 차분하게 매달린다.	예	아니요
47	좋은 생각이 떠올라도 실행하기 전에 여러모로 검토한다.	예	아니요
48	누구나 권력자를 동경하고 있다고 생각한다.	예	아니요
49	몸으로 부딪혀 도전하는 편이다.	예	아니요
50	당황하면 갑자기 땀이 나서 신경 쓰일 때가 있다.	예	아니요
51	친구들이 진지한 사람으로 생각하고 있다.	예	아니요
52	감정적으로 될 때가 많다.	예	아니요
53	다른 사람의 일에 관심이 없다.	예	아니요

번호	질문	응답	
54	다른 사람으로부터 지적받는 것은 싫다.	예	아니요
55	지루하면 마구 떠들고 싶어진다.	예	아니요
56	부모에게 불평을 한 적이 한 번도 없다.	예	아니요
57	내성적이라고 생각한다.	예	아니요
58	돌다리도 두들기고 건너는 타입이라고 생각한다.	예	아니요
59	굳이 말하자면 시원시원하다.	예	아니요
60	나는 끈기가 강하다.	예	아니요
61	전망을 세우고 행동할 때가 많다.	예	아니요
62	일에는 결과가 중요하다고 생각한다.	예	아니요
63	활력이 있다.	예	아니요
64	항상 천재지변을 당하지는 않을까 걱정하고 있다.	예	아니요
65	때로는 후회할 때도 있다.	예	아니요
66	다른 사람에게 위해를 가할 것 같은 기분이 든 때가 있다.	예	아니요
67	진정으로 마음을 허락할 수 있는 사람은 없다.	예	아니요
68	기다리는 것에 짜증내는 편이다.	예	아니요
69	친구들로부터 줏대 없는 사람이라는 말을 듣는다.	예	아니요
70	사물을 과장해서 말한 적은 없다.	예	아니요
71	인간관계가 폐쇄적이라는 말을 듣는다.	예	아니요
72	매사에 신중한 편이라고 생각한다.	예	아니요
73	눈을 뜨면 바로 일어난다.	예	아니요
74	난관에 봉착해도 포기하지 않고 열심히 해본다.	예	아니요
75	실행하기 전에 재확인할 때가 많다.	예	아니요
76	리더로서 인정을 받고 싶다.	예	아니요
77	어떤 일이 있어도 의욕을 가지고 열심히 하는 편이다.	예	아니요
78	다른 사람의 감정에 민감하다.	예	아니요
79	다른 사람들이 남을 배려하는 마음씨가 있다는 말을 한다.	예	아니요
80	사소한 일로 우는 일이 많다.	예	아니요
81	반대에 부딪혀도 자신의 의견을 바꾸는 일은 없다.	예	아니요
82	누구와도 편하게 이야기할 수 있다.	예	아니요
83	가만히 있지 못할 정도로 침착하지 못할 때가 있다.	예	아니요
84	다른 사람을 싫어한 적은 한 번도 없다.	예	아니요
85	그룹 내에서는 누군가의 주도하에 따라가는 경우가 많다.	예	아니요
86	차분하다는 말을 듣는다.	예	아니요
87	스포츠 선수가 되고 싶다고 생각한 적이 있다.	예	아니요
88	모두가 싫증을 내는 일에도 혼자서 열심히 한다.	예	아니요

번호	질문	응답	
89	휴일은 세부적인 예정을 세우고 보낸다.	예	아니요
90	완성된 것보다 미완성인 것에 흥미가 있다.	예	아니요
91	잘하지 못하는 것이라도 자진해서 한다.	예	아니요
92	가만히 있지 못할 정도로 불안해질 때가 많다.	예	아니요
93	자주 깊은 생각에 잠긴다.	예	아니요
94	이유도 없이 다른 사람과 부딪힐 때가 있다.	예	아니요
95	타인의 일에는 별로 관여하고 싶지 않다고 생각한다.	예	아니요
96	무슨 일이든 자신을 가지고 행동한다.	예	아니요
97	유명인과 서로 아는 사람이 되고 싶다.	예	아니요
98	지금까지 후회를 한 적이 없다.	예	아니요
99	의견이 다른 사람과는 어울리지 않는다.	예	아니요
100	무슨 일이든 생각해 보지 않으면 만족하지 못한다.	예	아니요
101	다소 무리를 하더라도 피로해지지 않는다.	예	아니요
102	굳이 말하자면 장거리 주자에 어울린다고 생각한다.	예	아니요
103	여행을 가기 전에는 세세한 계획을 세운다.	예	아니요
104	능력을 살릴 수 있는 일을 하고 싶다.	예	아니요
105	성격이 시원시원하다고 생각한다.	예	아니요
106	굳이 말하자면 자의식 과잉이다.	예	아니요
107	자신을 쓸모없는 인간이라고 생각할 때가 있다.	예	아니요
108	주위의 영향을 받기 쉽다.	예	아니요
109	지인을 발견해도 만나고 싶지 않을 때가 많다.	예	아니요
110	다수의 반대가 있더라도 자신의 생각대로 행동한다.	예	아니요
111	번화한 곳에 외출하는 것을 좋아한다.	예	아니요
112	지금까지 다른 사람의 마음에 상처준 일이 없다.	예	아니요
113	다른 사람에게 자신이 소개되는 것을 좋아한다.	예	아니요
114	실행하기 전에 재고하는 경우가 많다.	예	아니요
115	몸을 움직이는 것을 좋아한다.	예	아니요
116	나는 완고한 편이라고 생각한다.	예	아니요
117	신중하게 생각하는 편이다.	예	아니요
118	커다란 일을 해보고 싶다.	예	아니요
119	계획을 생각하기보다 빨리 실행하고 싶어한다.	예	아니요
120	작은 소리도 신경 쓰인다.	예	아니요
121	나는 자질구레한 걱정이 많다.	예	아니요
122	이유도 없이 화가 치밀 때가 있다.	예	아니요
123	융통성이 없는 편이다.	예	아니요

번호	질문	응답	
124	나는 다른 사람보다 기가 세다.	예	아니요
125	다른 사람보다 쉽게 우쭐해진다.	예	아니요
126	다른 사람을 의심한 적이 한 번도 없다.	예	아니요
127	어색해지면 입을 다무는 경우가 많다.	예	아니요
128	하루의 행동을 반성하는 경우가 많다.	예	아니요
129	격렬한 운동도 그다지 힘들어하지 않는다.	예	아니요
130	새로운 일에 처음 한 발을 좀처럼 떼지 못한다.	예	아니요
131	앞으로의 일을 생각하지 않으면 진정이 되지 않는다.	예	아니요
132	인생에서 중요한 것은 높은 목표를 갖는 것이다.	예	아니요
133	무슨 일이든 선수를 쳐야 이긴다고 생각한다.	예	아니요
134	다른 사람이 나를 어떻게 생각하는지 궁금할 때가 많다.	예	아니요
135	침울해지면서 아무 것도 손에 잡히지 않을 때가 있다.	예	아니요
136	어린 시절로 돌아가고 싶을 때가 있다.	예	아니요
137	아는 사람을 발견해도 피해버릴 때가 있다.	예	아니요
138	굳이 말하자면 기가 센 편이다.	예	아니요
139	성격이 밝다는 말을 듣는다.	예	아니요
140	다른 사람이 부럽다고 생각한 적이 한 번도 없다.	예	아니요

2. 2단계 검사

※ 다음 질문내용을 읽고 A, B 중 본인에 해당되는 곳에 ○표 하시오. [1~36]

번호	질문	응답	
1	A 사람들 앞에서 잘 이야기하지 못한다. B 사람들 앞에서 이야기하는 것을 좋아한다.	A	B
2	A 엉뚱한 생각을 잘한다. B 비현실적인 것을 싫어한다.	A	B
3	A 친절한 사람이라는 말을 듣고 싶다. B 냉정한 사람이라는 말을 듣고 싶다.	A	B
4	A 예정에 얽매이는 것을 싫어한다. B 예정이 없는 상태를 싫어한다.	A	B
5	A 혼자 생각하는 것을 좋아한다. B 다른 사람과 이야기하는 것을 좋아한다.	A	B
6	A 정해진 절차에 따르는 것을 싫어한다. B 정해진 절차가 바뀌는 것을 싫어한다.	A	B

번호	질문	응답	
7	A 친절한 사람 밑에서 일하고 싶다. B 이성적인 사람 밑에서 일하고 싶다.	A	B
8	A 그때그때의 기분으로 행동하는 경우가 많다. B 미리 행동을 정해두는 경우가 많다.	A	B
9	A 다른 사람과 만났을 때 화제로 고생한다. B 다른 사람과 만났을 때 화제에 부족함이 없다.	A	B
10	A 학구적이라는 인상을 주고 싶다. B 실무적이라는 인상을 주고 싶다.	A	B
11	A 친구가 돈을 빌려달라고 하면 거절하지 못한다. B 본인에게 도움이 되지 않는 차금은 거절한다.	A	B
12	A 조직 안에서는 독자적으로 움직이는 타입이라고 생각한다. B 조직 안에서는 우등생 타입이라고 생각한다.	A	B
13	A 문장을 쓰는 것을 좋아한다. B 이야기하는 것을 좋아한다.	A	B
14	A 직감으로 판단한다. B 경험으로 판단한다.	A	B
15	A 다른 사람이 어떻게 생각하는지 신경 쓰인다. B 다른 사람이 어떻게 생각하든 신경 쓰지 않는다.	A	B
16	A 틀에 박힌 일은 싫다. B 절차가 정해진 일을 좋아한다.	A	B
17	A 처음 사람을 만날 때는 노력이 필요하다. B 처음 사람을 만나는 것이 아무렇지도 않다.	A	B
18	A 꿈을 가진 사람에게 끌린다. B 현실적인 사람에게 끌린다.	A	B
19	A 어려움에 처한 사람을 보면 동정한다. B 어려움에 처한 사람을 보면 원인을 생각한다.	A	B
20	A 느긋한 편이다. B 시간을 정확히 지키는 편이다.	A	B
21	A 회합에서는 소개를 받는 편이다. B 회합에서는 소개를 하는 편이다.	A	B
22	A 굳이 말하자면 혁신적이라고 생각한다. B 굳이 말하자면 보수적이라고 생각한다.	A	B
23	A 지나치게 합리적으로 결론짓는 것은 좋지 않다. B 지나치게 온정을 표시하는 것은 좋지 않다.	A	B

번호	질문	응답	
24	A 융통성이 있다. B 자신의 페이스를 잃지 않는다.	A	B
25	A 사람들 앞에 잘 나서지 못한다. B 사람들 앞에 나서는 데 어려움이 없다.	A	B
26	A 상상력이 있다는 말을 듣는다. B 현실적이라는 이야기를 듣는다.	A	B
27	A 다른 사람의 의견에 귀를 기울인다. B 자신의 의견을 밀어붙인다.	A	B
28	A 틀에 박힌 일은 너무 딱딱해서 싫다. B 방법이 정해진 일은 안심할 수 있다.	A	B
29	A 튀는 것을 싫어한다. B 튀는 것을 좋아한다.	A	B
30	A 굳이 말하자면 이상주의자이다. B 굳이 말하자면 현실주의자이다.	A	B
31	A 일을 선택할 때에는 인간관계를 중시하고 싶다. B 일을 선택할 때에는 일의 보람을 중시하고 싶다.	A	B
32	A 임기응변에 능하다. B 계획적인 행동을 중요하게 여긴다.	A	B
33	A 혼자 꾸준히 하는 것을 좋아한다. B 변화가 있는 것을 좋아한다.	A	B
34	A 가능성에 눈을 돌린다. B 현실성에 눈을 돌린다.	A	B
35	A 매사에 감정적으로 생각한다. B 매사에 이론적으로 생각한다.	A	B
36	A 스케줄을 짜지 않고 행동하는 편이다. B 스케줄을 짜고 행동하는 편이다.	A	B

3. 답안지

(1) 1단계 검사

1	15	29	43	57	71	85	99	113	127
예 아니요	예 아니요	예 아니요	예 아니요	예 아니요	예 아니요	예 아니요	예 아니요	예 아니요	예 아니요
2	16	30	44	58	72	86	100	114	128
예 아니요	예 아니요	예 아니요	예 아니요	예 아니요	예 아니요	예 아니요	예 아니요	예 아니요	예 아니요
3	17	31	45	59	73	87	101	115	129
예 아니요	예 아니요	예 아니요	예 아니요	예 아니요	예 아니요	예 아니요	예 아니요	예 아니요	예 아니요
4	18	32	46	60	74	88	102	116	130
예 아니요	예 아니요	예 아니요	예 아니요	예 아니요	예 아니요	예 아니요	예 아니요	예 아니요	예 아니요
5	19	33	47	61	75	89	103	117	131
예 아니요	예 아니요	예 아니요	예 아니요	예 아니요	예 아니요	예 아니요	예 아니요	예 아니요	예 아니요
6	20	34	48	62	76	90	104	118	132
예 아니요	예 아니요	예 아니요	예 아니요	예 아니요	예 아니요	예 아니요	예 아니요	예 아니요	예 아니요
7	21	35	49	63	77	91	105	119	133
예 아니요	예 아니요	예 아니요	예 아니요	예 아니요	예 아니요	예 아니요	예 아니요	예 아니요	예 아니요
8	22	36	50	64	78	92	106	120	134
예 아니요	예 아니요	예 아니요	예 아니요	예 아니요	예 아니요	예 아니요	예 아니요	예 아니요	예 아니요
9	23	37	51	65	79	93	107	121	135
예 아니요	예 아니요	예 아니요	예 아니요	예 아니요	예 아니요	예 아니요	예 아니요	예 아니요	예 아니요
10	24	38	52	66	80	94	108	122	136
예 아니요	예 아니요	예 아니요	예 아니요	예 아니요	예 아니요	예 아니요	예 아니요	예 아니요	예 아니요
11	25	39	53	67	81	95	109	123	137
예 아니요	예 아니요	예 아니요	예 아니요	예 아니요	예 아니요	예 아니요	예 아니요	예 아니요	예 아니요
12	26	40	54	68	82	96	110	124	138
예 아니요	예 아니요	예 아니요	예 아니요	예 아니요	예 아니요	예 아니요	예 아니요	예 아니요	예 아니요
13	27	41	55	69	83	97	111	125	139
예 아니요	예 아니요	예 아니요	예 아니요	예 아니요	예 아니요	예 아니요	예 아니요	예 아니요	예 아니요
14	28	42	56	70	84	98	112	126	140
예 아니요	예 아니요	예 아니요	예 아니요	예 아니요	예 아니요	예 아니요	예 아니요	예 아니요	예 아니요

(2) 2단계 검사

1	5	9	13	17	21	25	29	33
A B	A B	A B	A B	A B	A B	A B	A B	A B
2	6	10	14	18	22	26	30	34
A B	A B	A B	A B	A B	A B	A B	A B	A B
3	7	11	15	19	23	27	31	35
A B	A B	A B	A B	A B	A B	A B	A B	A B
4	8	12	16	20	24	28	32	36
A B	A B	A B	A B	A B	A B	A B	A B	A B

4. 분석표

(1) 1단계 검사

합계 1

합계 2

합계 3

합계 4

합계 5

합계 6

합계 7

합계 8

합계 9

합계 10

합계 11

합계 12

합계 13

합계 14

척도		0	1	2	3	4	5	6	7	8	9	10
행동적 측면	사회적 내향성 (합계 1)											
	내성성 (합계 2)											
	신체활동성 (합계 3)											
	지속성 (합계 4)											
	신중성 (합계 5)											
의욕적 측면	달성의욕 (합계 6)											
	활동의욕 (합계 7)											
정서적 측면	민감성 (합계 8)											
	자책성 (합계 9)											
	기분성 (합계 10)											
	독자성 (합계 11)											
	자신감 (합계 12)											
	고양성 (합계 13)											
타당성	신뢰도 (합계 14)											

(2) 2단계 검사

합계 15

합계 16

합계 17

합계 18

척도		0	1	2	3	4	5	6	7	8	9	
성격 유형	흥미관심 방향 (합계 15)											외향
	사물에 대한 견해 (합계 16)											감각
	판단의 방법 (합계 17)											사고
	사회에 대한 접근 방법 (합계 18)											판단

5. 채점방식

(1) 1단계 검사

① 답안지에 '예', '아니요'를 체크한다.

② 답안지의 문제번호 줄 1, 15, 29, 43, 57, 71, 85, 99, 113, 127 중 '예'에 체크한 개수의 합계를 '합계 1'란에 숫자로 기입한다.

③ 위와 같이 문제번호 줄 2, 16, 30, 44, 58, 72, 86, 100, 114, 128 중 '예'에 체크한 개수의 합계를 '합계 2'란에 기입한다.

④ 마찬가지로 문제번호 줄 14까지 이렇게 '예'에 체크한 개수의 합계를 차례대로 '합계 14'란까지 숫자로 기입한다.

⑤ 집계는 각각 10문제씩 한다.

⑥ 집계가 끝나면 집계결과를 분석표에 옮겨 적는다.

(2) 2단계 검사

① 답안지의 문제번호 줄 1, 5, 9, 13, 17, 21, 25, 29, 33의 'B'에 ○표 체크한 개수의 합계를 '합계 15'란에 숫자로 기입한다.

② 마찬가지로 문제번호 줄 4까지 이렇게 'B'에 ○표 체크한 개수의 합계를 차례대로 '합계 18'란까지 숫자로 기입한다.

③ 집계는 각각 옆으로 9문제씩 한다.

④ 집계가 끝나면 집계결과를 분석표에 옮겨 적는다.

6. 결과 분석

(1) 1단계 검사

① '합계 1'에서부터 '합계 5'까지는 성격 특성을 나타내는 어떠한 행동적 특징이 있는지 나타낸다. 즉, 행동적 측면은 행동으로 나타내기 쉬운 경향을 나타내는 것이다. 행동적인 경향은 겉모습으로도 금방 알 수 있기 때문에 면접에서 다루어지기 쉬운 부분이다.

② '합계 6'과 '합계 7'은 의욕적인 측면을 나타낸다. 의욕적 측면은 의욕이나 활력을 나타내는 것이다. 인재를 채용하는 조직에 있어 의욕적인 사람은 열심히 일할 가능성이 높기 때문에 중요한 측면이라고 할 수 있다.

③ '합계 8'에서부터 '합계 13'까지는 정서적인 측면을 나타내는데, 이는 사회에서의 적응력이나 감정의 안정도를 나타내고 있다. 조직 내에서의 업무나 인간관계에 원활하게 적응할 수 있는지 등을 측정하는 것이다.

④ '합계 14'는 라이스케일, 즉 타당성 척도로서 허위성을 나타낸다. 업무상의 과실을 얼버무리거나 자신을 잘 보이게 하기 위해 거짓말을 하는 정도를 측정하는 것이다.

⑤ '합계 1'에서 '합계 13'까지는 평가치가 높을수록 측정된 특성 경향이 강하다는 것을 나타낸다. '합계 14'는 평가치가 높을수록 응답에 대한 신뢰성이 낮고, 평가치가 낮을수록 응답에 대한 신뢰성이 높다는 의미이다.

(2) 2단계 검사

① 2단계 검사는 성격유형에 관한 부분으로, 개인의 성향을 분류하기 위한 요소이다. 성격유형이 채용 여부에 직접 영향을 주는 일은 다소 적지만, 장래에 이동이나 승진 시 자료로 이용될 가능성이 있는 항목이다.

② 평가치는 높고 낮음을 나타내는 것이 아니라, 피검사자의 성향이 어느 방면에 치우쳐 있는가를 판단하는 것이다. 예를 들어, '흥미관심'의 평가치가 9인 경우 외향적인 경향이 강하고, 2인 경우에는 내향적인 경향이 강하다고 할 수 있다. 평가치가 4 또는 5일 경우에는 어느 한 성향으로 치우쳐 있지 않고 중립적인 성향을 가지고 있다고 볼 수 있다.

05 인성검사 결과로 알아보는 예상 면접 질문

인성검사는 특히 면접 질문과 관련성이 높은 부분이다. 면접관은 지원자의 인성검사 결과를 토대로 질문을 하게 된다. 그렇다고 해서 자신의 성격을 꾸미는 것은 바람직하지 않다. 실제 시험은 매우 복잡하여 전문가라 해도 일정 성격을 유지하면서 답변을 하는 것이 불가능하기 때문이다. 따라서 인성검사는 솔직하게 임하되 인성검사 모의연습으로 자신의 성향을 정확히 파악하고 아래 예상 면접질문을 참고하여, 자신의 단점은 보완하면서 강점은 어필할 수 있는 답변을 준비하도록 하자.

1. 사회적 내향성 척도

(1) 득점이 낮은 사람

- 자기가 선택한 직업에 대해 어떤 인상을 가지고 있습니까?
- 부모님을 객관적으로 봤을 때 어떻게 생각합니까?
- 당사의 사장님 성함을 알고 있습니까?

> 수다스럽기 때문에 내용이 없다는 인상을 주기 쉽다. 질문의 요지를 파악하여 논리적인 발언을 하도록 유의하자. 한 번에 많은 것을 이야기하려 하면 요점이 흐려지게 되므로 내용을 정리하여 간결하게 발언한다.

(2) 득점이 높은 사람

- 친구들에게 있어 당신은 어떤 사람입니까?
- 특별히 무언가 묻고 싶은 것이 있습니까?
- 친구들의 상담을 받는 쪽입니까?

높은 득점은 마이너스 요인이다. 면접에서 보완해야 하므로 자신감을 가지고 끝까지 또박또박 주위에도 들릴 정도의 큰 소리로 말하도록 하자. 절대 얼버무리거나 기어들어가는 목소리는 안 된다.

2. 내성성 척도

(1) 득점이 낮은 사람

- 학생시절에 후회되는 일은 없습니까?
- 학생과 사회인의 차이는 무엇이라고 생각합니까?
- 당신이 가장 흥미를 가지고 있는 것에 대해 이야기해 주십시오.

답변 내용을 떠나 일단 평소보다 천천히 말하자. 생각나는 대로 말해버리면 이야기가 두서없이 이곳저곳으로 빠져 부주의하고 경솔하다는 인식을 줄 수 있으므로 머릿속에서 내용을 정리하고 이야기하도록 유의하자. 응답은 가능한 간결하게 한다.

(2) 득점이 높은 사람

- 인생에는 무엇이 중요하다고 생각합니까?
- 좀 더 큰소리로 이야기해 주십시오.

과도하게 긴장할 경우 불필요한 생각을 하게 되어 반응이 늦어버리면 곤란하다. 특히 새로운 질문을 받았는데도 했던 대답을 재차 하거나 하면 전체 흐름을 저해하게 되므로 평소부터 이러한 습관을 의식하면서 적절한 타이밍의 대화를 하도록 하자.

3. 신체활동성 척도

(1) 득점이 낮은 사람

- 휴일은 어떻게 보냅니까?
- 학창시절에 무엇에 열중했습니까?

졸업논문이나 영어회화, 컴퓨터 등 학생다움이나 사회인으로서 도움이 되는 것에 관심을 가지고 있는 것을 적극 어필한다. 이미 면접담당자는 소극적이라고 생각하고 있기 때문에 말로 적극적이라고 말해도 성격프로필의 결과와 모순되므로 일부러 꾸며 말하지 않는다.

(2) 득점이 높은 사람

- 제대로 질문을 듣고 있습니까?
- 희망하는 직종으로 배속되지 않으면 어떻게 하겠습니까?

일부러 긴장시키고 반응을 살피는 경우가 있다. 활동적이지만 침착함이 없다는 인상을 줄 수 있으므로 머릿속에 생각을 정리하는 습관을 들이자. 행동할 때도 마찬가지로, 편하게 행동하는 것은 플러스 요인이지만, 반사적인 언동이 많으면 마이너스가 되므로 주의한다.

4. 지속성 척도

(1) 득점이 낮은 사람

- 일에 활용할 수 있을 만한 자격이나 특기, 취미는 있습니까?
- 오랫동안 배운 것에 대해 들려주십시오.

금방 싫증내서 오래 지속하지 못하는 것은 마이너스다. 쉽게 포기하고 내팽개치는 사람은 어느 곳에서도 필요로 하지 않는다는 것을 상기한다. 면접을 보는 동안과 마찬가지로, 대기 시간에도 주의하여 차분하지 못한 동작을 하지 않도록 한다.

(2) 득점이 높은 사람

- 이런 것도 모릅니까?
- 이 직업에 맞지 않는 것은 아닙니까?

짓궂은 질문을 받으면 감정적이 되거나 옹고집을 부릴 가능성이 있다. 냉정하고 침착하게 받아넘겨야 한다. 비슷한 경험을 쌓으면 차분하게 응답할 수 있게 되므로 모의면접 등의 기회를 활용한다.

5. 신중성 척도

(1) 득점이 낮은 사람

- 당신에게 부족한 것은 어떤 점입니까?
- 결점을 극복하기 위해 어떻게 노력하고 있습니까?

질문의 요지를 잘못 받아들이거나, 불필요한 이야기까지 하는 등 대답에 일관성이 없으면 마이너스다. 직감적인 언동을 하지 않도록 평소부터 논리적으로 생각하는 습관을 키우자.

(2) 득점이 높은 사람

- 주위 사람에게 욕을 들으면 어떻게 하겠습니까?
- 출세하고 싶습니까?

• 제 질문에 대한 답이 아닙니다.

예상외의 질문에 답이 궁해지거나 깊이 생각하게 되면 역시나 신중이 지나쳐 결단이 늦다는 인상을 주게 된다. 주위의 상황을 파악하고 발언하려는 나머지 반응이 늦어지고, 집단면접 등에서 시간이 걸리게 되면 행동이 느리다는 인식을 주게 되므로 주의한다.

6. 달성의욕 척도

(1) 득점이 낮은 사람

• 인생의 목표를 들려주십시오.
• 입사하면 무엇을 하고 싶습니까?
• 지금까지 목표를 향해 노력하여 달성한 적이 있습니까?

결과에 대한 책임감이 낮다, 지시에 따르기만 할 뿐 주체성이 없다는 인상을 준다면 매우 곤란하다. 목표의식이나 의욕의 유무, 주위 상황에 휩쓸리는 경향 등에 대해 물어오면 의욕이 낮다는 인식을 주지 않도록 목표를 향해 견실하게 노력하려는 자세를 강조하자.

(2) 득점이 높은 사람

• 도박을 좋아합니까?
• 다른 사람에게 지지 않는다고 말할 수 있는 것이 있습니까?

행동이 따르지 않고 말만 앞선다면 평가가 나빠진다. 목표나 이상을 바라보고 노력하지 않는 것은 한 번의 도박으로 일확천금을 노리는 것과 같다는 것을 명심하고 자신이 어떤 목표를 이루기 위해 노력한 경험이 있는지 미리 생각해서 행동적인 부분을 어필하는 답변을 하도록 하자.

7. 활동의욕 척도

(1) 득점이 낮은 사람

• 어떤 일을 할 때 주도적으로 이끄는 편입니까?
• 신념이나 신조에 대해 말해 주십시오.
• 질문의 답이 다른 사람과 똑같습니다.

의표를 찌르는 질문을 받더라도 당황하지 말고 수비에 강한 면을 어필하면서 무모한 공격을 하기보다는 신중하게 매진하는 성격이라는 점을 강조할 수 있는 답을 준비해 두자.

(2) 득점이 높은 사람

• 친구들로부터 어떤 성격이라는 이야기를 듣습니까?
• 협동성이 있다고 생각합니까?

사고과정을 전달하지 않으면 너무 막무가내이거나, 경박하고 생각 없이 발언한다는 인식을 줄 수 있으므로 갑자기 결론을 내리거나 단숨에 본인이 하고 싶은 말만 하는 것은 피하자.

8. 민감성 척도

(1) 득점이 낮은 사람

- 좌절한 경험에 대해 이야기해 주십시오.
- 당신이 약하다고 느낄 때는 어떤 때입니까?

구체적으로 대답하기 어려운 질문이나 의도를 알기 어려운 질문을 통해 감수성을 시험하게 된다. 냉정하게 자기분석을 하여 독선적이지 않은 응답을 하자.

(2) 득점이 높은 사람

- 지금까지 신경이 예민하다는 이야기를 들은 적이 있습니까?
- 채용되지 못하면 어떻게 하시겠습니까?
- 당신의 성격에서 고치고 싶은 부분이 있습니까?

예민한 성격이라는 부분을 마음에 두고 있으면 직접적인 질문을 받았을 때 당황하게 된다. 신경이 예민하다기보다 세세한 부분도 눈에 잘 들어오는 성격이라고 어필하자.

9. 자책성 척도

(1) 득점이 낮은 사람

- 학생시절을 통해 얻은 것은 무엇이라고 생각합니까?
- 자기 자신을 분석했을 때 좋아하는 면은 무엇입니까?

낙관적인 것은 면접관이 이미 알고 있으므로 솔직한 부분이나 신념을 가지고 의의가 있는 삶을 살고 있다는 점을 어필하자.

(2) 득점이 높은 사람

- 곤란한 상황에 어떻게 대처하겠습니까?
- 실수한 경험과 그 실수에서 얻은 교훈을 들려주십시오.

좋지 않은 쪽으로 생각해서 불필요하게 긴장하면 더욱 사태가 악화된다. 쉽게 비관하는 성격이므로, 면접을 받는 동안은 면접담당자의 눈을 보며 밝게 응답하고, 말끝을 흐리지 않고 또박또박 말하도록 유의하자. 또한 '할 수 없다.', '자신이 없다.' 등의 발언이 많으면 평가가 떨어지므로 평소부터 부정적인 말을 사용하지 않도록 긍정적으로 사고하는 습관을 들여야 한다.

PART 4

면접

PART

4 면접

01 지역농협 6급 면접

지역농협 6급 면접은 블라인드로 진행되어 자신의 이름이나 출신학교, 스펙 등의 공개가 불가능하다. 다대다 면접으로 진행되며 조별로 나눠서 제비뽑기로 순서를 정한다. 크게 인성 면접, 주장 면접, 상식 면접으로 나눠서 진행된다.

1. 인성 면접

인성 면접은 4 ~ 5개의 질문을 지원자들에게 돌아가면서 질문한다. 관심이 가는 지원자에게 편중된 질문을 하기보다, 모든 지원자에게 골고루 질문을 하는 편이므로 기회를 잡을 수 있도록 노력한다. 최근에는 1분 자기소개나 지원 동기 등과 같은 일반화된 질문은 생략하는 추세에 있다.

2. 주장 면접

출제되는 여러 주제 중에 하나를 골라 이를 읽고 약 3분간 자신의 주장을 전개하는 면접이다. 이를 대비하기 위해서는 최근 농협이 추진하고 있는 사업에 대한 깊이 있는 이해가 필요하며 농민신문 등을 통해 최근 농촌 이슈에 대한 관심을 가지고 있어야 한다.

3. 상식 면접

농협관련 상식이나 은행 업무, 금융관련 상식에 대한 내용이 주로 출제된다. 또한, 경제나 금융, 농업과 관련된 용어의 정의를 물어보기도 하므로 이에 대한 철저한 준비가 필요하다.

02 면접 기출 질문

1. 서울농협

(1) 상식 면접

- DTI란?
- 사모펀드의 장단점은?
- 미국의 금리 인상이 농협은행에 미치는 영향은?
- 지급유예제도란?
- 레임덕이란?
- 모태펀드란?
- 순이자수익이란?
- 임금피크제란?
- 퇴직연금이란?
- 옐로칩과 블루칩이란?

(2) 인성 면접

- 최근에 칭찬받은 경험이 있는가?
- 팀원을 설득해서 좋은 평가를 받아본 경험이 있는가?
- 편견을 가지고 상대방을 대해서 실수한 경험이 있는가?
- 국내 부동산 현황에 대해 어떻게 생각하는가?
- 본인의 매력 포인트는 무엇이라고 생각하는가?
- 최근 본 영화 중 인상 깊었던 것과 그 이유는?
- 생활신조는 무엇인가?
- 본인의 가치관에 대해 말해 보시오.
- 본인을 상품화한다면 어떨지 말해 보시오.
- 농협의 인재상은 무엇인가?
- 본인의 주량은 얼마인가?
- 감명 깊게 읽은 책은 무엇인가?
- 신용 직무가 아닌 유통에 배치될 수도 있는데, 어떻게 생각하는가?
- 연봉은 어느 정도 생각하는가? 얼마면 괜찮다고 생각하는가?
- 입사하면 어디까지 올라가고 싶은가?
- 수출을 위해서 해외농산물 수입이 바람직한가?
- 수도권 집중화 현상에 대해 말해 보시오.

- 농협의 사회적 위치에 대해 말해 보시오.
- 여행을 어디로 떠나고 싶은가?
- 애플의 스티브 잡스에 대해 어떻게 생각하는가?
- 삼성과 농협 두 곳에 합격하면 어디로 가겠는가?
- 평소 스트레스를 어떤 식으로 해소하는가?
- 갈등을 해결해본 경험이 있는가?
- 목표를 설정하고 달성하기 위해 노력했던 경험이 있는가?
- 농민에게 농협은 어떠한 이미지가 되어야 하는가?
- 주말에 농촌 봉사활동을 할 수도 있는데 괜찮은가?
- 최근 농협 CF를 보았는가? 누가 출연하는가? 출연자에 대해 어떻게 생각하는가?
- 농협에 대해서 아는 대로 말해 보시오.
- 농협에서 일할 때 가장 필요한 것이 무엇인지 말해 보시오.
- 팀 프로젝트를 했던 경험이 있다면 말해 보시오.

(3) 주장 면접

- 친환경 농산물의 소비 연령층을 넓힐 수 있는 방안
- 최저임금 인상에 대한 찬반
- 전자제품 수출과 농산물 수입에 대한 찬반
- 오디션 프로그램에 대한 찬반
- 자립형 사립고 폐지에 대한 의견
- 한·중 FTA에 대한 찬반
- 기초선거구 정당공천제 폐지에 대한 의견
- 식품 산업에서 농협의 역할에 대한 의견
- 저금리시대에 농협이 나아갈 방안
- 농협의 비대면 금융서비스 제안

2. 부산농협

(1) 상식 면접

- 구상권이란?
- 비교우위란?
- 토빈의 Q는 무엇인가?
- DTI와 LTV의 차이는?
- SSM이란?
- 잡셰어링이란?
- 공동화현상이란?

(2) 인성 면접

- 주위 사람들은 본인을 어떤 사람이라고 말하는가?
- 야근에 대해서 어떻게 생각하는가?
- TV를 볼 때 어떤 프로그램을 먼저 보는가?
- 신문을 읽을 때 순서는?
- 배우자를 선택하는 기준에 대해 말해 보시오.
- 로또 해봤는가? 당첨되면 직장을 그만둘 것인가?
- 농협은행을 놔두고 지역농협을 선택한 이유는 무엇인가?
- 입사 후 직장상사와 잘 지내기 위해 어떻게 할 것인가?
- 경험한 봉사활동 중 가장 기억에 남는 것과 느낀 점은?

(3) 주장 면접

- 협동조합기본법에 대해 설명하고, 농협과의 상관관계에 대한 의견을 말해 보시오.
- 밀양 송전탑에 대한 본인의 의견을 말해 보시오.
- 사람들이 도시보다 농촌에서 살기를 꺼리는 이유와 그 대책에 대한 본인의 의견을 말해 보시오.
- 농촌 인력난 문제 해결 방안을 말해 보시오.

3. 인천농협

(1) 상식 면접

- 기후변화에 어떻게 대응해야 할지 의견을 말해 보시오.
- 농협이 더 힘써야 할 분야는 무엇인지 의견을 말해 보시오.
- 농협이 다른 기업들과 비교해 더 성장할 수 있는 방향을 제시해 보시오.
- 쌀 직불금이란?
- 일사일촌운동이란? 이것이 미치는 영향에 관해 설명해 보시오.
- 경제위기의 원인과 해결방안은?

(2) 인성 면접

- 농협을 준비하면서 가장 도움이 되었던 것은 무엇인가?
- 평소 자신의 가치관은 무엇인가?
- 농협 입사 후 각오가 있다면 무엇인가?
- 최근 새롭게 공부하고 있는 것이 있다면 무엇인가?
- 편견을 가지고 봤는데 아니었던 경험이 있는가?
- 교양을 쌓는 자신만의 방법은 무엇인가?
- 인생의 가치관과 가치관대로 행동한 사례가 있다면?
- 지역농협에서 일할 때, 가장 중요하다고 생각하는 역량은?
- 최근 관심을 갖고 봤던 농업, 농촌에 관한 이슈가 있는가?
- 내가 주장하여 다른 이들을 설득했던 경험이 있는가?
- 직접 제안한 전략으로 성과를 낸 경험이 있는가?
- 본인이 생각하는 성실함이란?
- 상사가 부당한 것을 강요할 때 해결방안은?
- 도전적이거나 창의적으로 무엇을 이뤄낸 성과가 있는가?
- 농협지점에 방문해 본 적이 있는가? 직원들의 친절도는 타 은행에 비해 어떠하며, 개선할 점은 없는가?

(3) 주장 면접

- 농촌의 디지털화를 위한 금융기관의 역할에 대해 말해 보시오.
- 고령화 인구 대상 기능식품의 활성화가 갖는 의미를 설명하시오.
- 특정 지역을 선택 후 그 지역에서 나오는 특산품과 관광객을 유치하기 위한 전략을 설명하시오.
- 하나로 마트에서 수입 바나나를 판매하는 행위에 대한 찬반
- 초·중·고등학교 9시 등교에 대한 찬반

4. 경기농협

(1) 상식 면접

- 코픽스란?
- 매몰비용이란?
- 관세의 의미와 그 존재 이유는?
- 6차 산업이란?
- 평창 올림픽이 열리는 날짜는?
- 브렉시트란?
- 로하스란?
- 미소금융이란?
- 임금피크제란?
- 블랙스완이란?

(2) 인성 면접

- 농협에 지원하게 된 계기에 대해 말해 보시오.
- 농협의 경제사업부에서 어떤 일을 하고 싶은지 말해 보시오.
- 농협에 필요한 인재상에 대해 말해 보시오.
- 목표를 달성하는 데 겪은 어려움이나 목표 달성에서 중요하다고 생각하는 것을 말해 보시오.
- 농협 직원으로서 어떤 자세가 가장 중요한가?
- 농협에 입사한다면 어떤 업무를 맡고 싶은가?
- 농협의 장단점을 설명해 보시오.
- 농협에 입사한다면 언제까지 다니고 싶은가?
- 나만의 사회 현상을 바라보는 기준은?
- 일상 속에서 행복을 느끼는 것이 무엇인지?
- 농협에서 얼마나 일하고 싶으며 떨어지면 다시 지원할 것인가?
- 마을의 영농 발전 방행에 대해 설명해 보시오.
- 조직 내 첨예한 갈등이 생겼을 때가 언제이며, 그 상황에서 어떻게 해결했는가?
- 오늘 옆 지원자와 대화한 적이 있는가? 그렇다면 본인은 사교적이라고 생각하는가?
- 일하는 도중 술에 취한 사람이 들어온다면 어떻게 행동할 것인가?
- 농협에 입사하기 위해 준비한 역량에 대해 말해 보시오.

(3) 주장 면접

- 농촌지역 사막화 문제 해결방안에 대해 말해 보시오.
- 기후위기에 대응하기 위해 금융권에서 할 수 있는 일을 말해 보시오.
- 전통주를 활성화하기 위한 전략에 대해 말해 보시오.
- 워라밸에 대한 본인의 의견을 말해 보시오.
- K-푸드 수출 전략에 대해 본인의 의견을 말해 보시오.
- 스마트팜에 대해 설명해 보시오.
- 종자산업에 대해 말해 보시오.
- 생물의 다양성에 대해 설명해 보시오.
- 농산물 유통전략에 대한 생각을 이야기해 보시오.
- 지속가능한 농업에 대해 설명해 보시오.
- 핀테크로 인해 변화된 환경과 그에 대한 금융권(은행)의 방안을 말해 보시오.
- 우버택시에 대한 본인의 의견을 말해 보시오.
- 푸드트럭에 대한 본인의 의견을 말해 보시오.
- 초·중·고등학교 9시 등교에 대한 찬반
- 단통법에 대한 찬반
- 원전발전소 폐지에 대한 찬반
- 학교 체벌금지에 대한 찬반
- 아베노믹스에 대한 본인의 의견을 말해 보시오.
- 정년연장에 대한 본인의 의견을 말해 보시오.

5. 강원농협

(1) 상식 면접

- 그린메일이란?
- 콜금리란?
- 유리천장효과란?
- 베블런효과란?
- 뱅크런이란?
- 센카쿠 열도에 대해 말해 보시오.
- 대기업의 경영전략은 무엇인가?
- 워킹푸어란?
- 람사르협약이란?

(2) 인성 면접

- 본인의 인생관은 무엇인가?
- 상사가 부당한 업무지시를 한다면 어떻게 할 것인가?
- 본인이 편견을 가졌던 상황에 대해 말해 보시오.
- 최근 관심 있게 본 뉴스나 이슈에 대해 생각을 말해 보시오.
- 농협은 뭐라고 생각하는지 한 단어로 말해 보시오.
- 본인에게 지역농협의 이미지는 어떠한가?
- 본인의 인생관은 무엇인가?
- 상사가 부당한 업무지시를 한다면 어떻게 할 것인가?
- 본인이 편견을 가졌던 상황에 대해 말해 보시오.
- 최근 관심 있게 본 뉴스나 이슈에 대해 생각을 말해 보시오.
- 농협은 뭐라고 생각하는지 한 단어로 말해 보시오.

(3) 주장 면접

- 청소년의 식습관 개선에 대한 의견
- 농촌이 도시민에게 주는 영향에 대한 의견
- 범죄자 수사 시 휴대전화 감청에 대한 의견
- 공인인증서 폐지
- 원자력발전소 건립에 대한 찬반
- 개인회생제도에 대한 찬반
- 전·월세 상한제에 대한 의견

6. 대전농협

(1) 상식 면접

- 스미싱이란?
- 공무원 연금 개혁이란?
- FTA에 대한 자신의 의견은?
- 버핏세란?
- 6-시그마란?
- 사이드카란?

(2) 인성 면접

- 자기소개를 해 보시오.
- 제일 중요시하는 가치관은 무엇인가?
- 여러 업무 중 자신이 싫어하는 업무에 배정된다면 어떻게 할 것인가?
- 추곡수매 시기에 남자 사원은 나가서 일하고, 여자 사원은 사무실에서 책을 보는데, 진급은 같이 한다. 이를 어떻게 생각하는가?
- 취미생활은 무엇인가?
- 농협에 노동조합이 필요한가?

(3) 주장 면접

- 재배지 북상에 따른 농협의 대처 방안에 대한 본인의 의견을 말해 보시오.
- 범죄자 수사 시 휴대전화 감청에 대한 본인의 의견을 말해 보시오.
- 공인인증서 폐지에 대한 본인의 의견을 말해 보시오.
- 군 가산점에 대한 본인의 의견을 말해 보시오.
- 담뱃값 인상에 대한 본인의 의견을 말해 보시오.
- 원자력발전소 건립에 대한 찬반
- 무상보육과 무상급식에 대한 찬반
- 개인회생제도에 대한 찬반
- 전・월세 상한제에 대한 본인의 의견을 말해 보시오.

7. 충남농협

(1) 상식 면접

- 디마케팅이란?
- 8:2 법칙이란?
- 사물인터넷에 대해 말해 보시오.
- 헤지펀드에 대해 말해 보시오.
- 지역농협이 타 시중은행과 다른 점은?
- 추심이란 무엇인가?
- 체리피커란?

(2) 인성 면접

- 자신의 가치관에 대해 말해 보시오.
- 농협과 관련하여 알고 있는 것과 그에 대해 내가 할 수 있는 노력에 대해 말해 보시오.
- 코로나19가 농협 / 농업에 미치는 영향과 의견에 대해 말해 보시오.
- 설득한 경험이나, 설득했으나 거절당한 경험을 말해 보시오.
- 멘토가 누구고, 그 사람이 농협을 지원하는데 어떤 동기를 줬는지 말해 보시오.
- 사회생활을 하면서 필요한 매너와 지식 등을 어디서 얻었는가?
- 농협에 입사한다면 어떠한 태도로 임할 것인가?
- 자신이 친구에게 영향력을 끼친 경험은 무엇인가?
- 많이 알려진 사람 중에 자신과 성격이 유사한 사람을 소개해 보시오.
- 입사한 후에 어떤 업무를 맡고 싶은가?
- 존경하는 사람에 대해 말해 보시오.
- 집단이나 조직에서 갈등이 발생했을 때 어떻게 해야 하는가?
- 입사 후의 계획은?
- 농협, 농촌, 농업과 관련하여 쌓은 경험은?
- 본인의 장점을 어떻게 농협에 접목할 수 있는지 말해 보시오.

(3) 주장 면접

- 수입과일에 대한 국산과일의 경쟁력 제고방안에 대해 설명하시오.
- 농협이 청소년 금융교실을 운영하고 있다. 자신이라면 어떠한 전략으로 추진할 것인가?
- 요새 다양한 채널을 통해 홍보가 이루어지고 있는데, 자신이라면 어떠한 채널을 이용할 것인가?
- 현재 농식품의 트렌드는 무엇이고, 어떻게 홍보할 것인가?
- 추석 이후로 농가들의 실적이 나빠지고 있는데, 홈쇼핑에서 어떤 제품을 팔면 좋을지 말해 보시오.
- 도농교류의 일환으로 특성화 도시 조성과 여러 가지 사업을 펼치고 있는데, 정작 관광객들은 해외로 나간다. 이에 대한 대처 방안은?

8. 충북농협

(1) 상식 면접

- 한국은행에서 통화량 증가를 위해 사용하는 3가지 수단은 무엇인가?
- 엔저현상에 대한 우리나라의 대응책은 무엇인가?
- GCF(녹색기후기금)란?
- 워킹푸어란?
- PF(프로젝트 파이낸싱)란?

(2) 인성 면접

- 지금까지 자신의 견해를 지지받은 경험이 있는가?
- 자신의 주장이 좋은 평가를 받았던 경험을 말해 보시오.
- 본인의 장점을 말해 보시오.
- 맞벌이 부부의 역할분담은 어떻게 해야 하는가?
- 주말에 무엇을 할 것인지 말해 보시오.
- 농협의 사회적 공헌에 대해 말해 보시오.
- 대인관계에서 중요하게 생각하는 것은 무엇인가?
- 배춧값 폭락으로 농민이 배추를 들고 와 팔아 달라고 요구하면 어떻게 할 것인가?
- 남녀의 성차별에 대해 어떻게 생각하는가?
- 고객을 응대하는 본인만의 노하우는?
- 최근 본 영화는 무엇인가?
- 자기개발을 위해 무엇을 하는가?
- 원하는 배우자상에 대해 말해 보시오.

(3) 주장 면접

- 어린이보호구역 내 호텔설립에 대한 본인의 의견을 말해 보시오.
- 범죄자 수사 시 휴대전화 감청에 대한 본인의 의견을 말해 보시오.
- 공무원 개혁안에 대한 본인의 의견을 말해 보시오.
- 현 상황에서 우리나라는 성장이 우선인가, 복지가 우선인가?

9. 광주농협

(1) 상식 면접

- 농협과 시중은행을 비교할 때 무엇이 다른가?
- 알뜰주유소란?
- 한우와 국내산 쇠고기의 차이는?
- 잡셰어링이란?
- 지연인출제도란?

(2) 인성 면접

- 본인에게 농협 직원들의 의미는 무엇인가?
- 본인의 가치를 돈으로 평가한다면?
- 동료와 갈등이 생겼을 경우 어떻게 할 것인가?
- 입사하게 되면 본인이 오르고 싶은 최고 위치는?
- 공무원의 공금횡령을 보고 무슨 생각을 했는가?
- 본인이 생각하는 회식이란 무엇인가?
- 첫 월급을 받으면 어떻게 쓰고 싶은가?
- 뉴스에서 본 최근 이슈에 대한 본인의 생각을 말해 보시오.

(3) 주장 면접

- 양심적 병역거부에 대한 찬반
- 대형마트 주말 강제휴무에 대한 찬반
- 무상급식과 무상보육에 대한 찬반

10. 전남농협

(1) 상식 면접

- 채식주의가 사회에 끼치는 영향은?
- 규모의 경제란?
- 변액보험이란?
- 유동성의 함정이란?
- 노동협동조합법이란?
- 출구전략이란?
- 배드뱅크란?
- 콜금리란?
- 모라토리엄이란?

(2) 인성 면접

- 조직을 위해 헌신해서 이익을 가져온 경험이 있는가?
- 농협에서 개선해야 할 부분은 무엇인가?
- 성공한 삶이 무엇이라고 생각하는가?
- 농협의 인재상은 무엇이며 그중 전문가를 무엇이라고 생각하는가?
- 자신의 장단점은 무엇인가?
- 농업과 관련한 경험이 있는가?
- 인간관계가 잘 안되었을 때 해결했던 경험이 있는가?
- 상사와의 갈등을 어떻게 해결할 것인가?
- 본인과의 약속을 잘 지키는가?
- 동아리 활동을 해봤는가?
- 농협의 강점은 무엇이라고 생각하는가? 강점을 살리기 위해서 어떻게 해야 하는가?
- 고객이 불편사항을 토로한다면 어떻게 할 것인가?
- 자기 자신을 어느 정도 신뢰하는가?
- 별명이 무엇인가?
- 당신이 면접관이라면 지원자의 어떤 점을 중점적으로 평가할 것인가?
- 존경하는 인물과 그 이유는?
- 희망 연봉은 얼마인가?

(3) 주장 면접

- 친환경가공품의 활성화전략에 대해 말해 보시오.
- 농번기 온열질환의 해결방안에 대해 말해 보시오.
- 사회금융 활성화방안에 대해 말해 보시오.
- 탄소중립 실천방안에 대해 말해 보시오.
- 지역별 농산물 활성화방안에 대해 말해 보시오.
- 사내 유보금 과세 문제에 대한 자신의 의견을 말해 보시오.
- 선행학습금지 법안에 대한 자신의 의견을 말해 보시오.
- 광역버스 입석 금지에 대한 자신의 의견을 말해 보시오.
- 공무원 연금 개혁에 대한 자신의 의견을 말해 보시오.
- 안락사에 대한 자신의 의견을 말해 보시오.
- 대형마트의 골목상권 규제에 대한 자신의 의견을 말해 보시오.

11. 전북농협

(1) 상식 면접

- 프리터족이란?
- 미세플라스틱이 어떤 영향을 미치는가?
- 순환출자란?
- 쌀 직불금이란?
- 경제민주화란?
- 승자의 법칙이란?
- 유리천장 효과란?

(2) 인성 면접

- 최근에 가장 도움이 됐던 학습은 무엇인가?
- 농협에 입사한다면 어떤 자세로 근무할 것인가?
- 농협의 이미지는 어떠한가?
- 행복하기 위해 필요한 5가지는 무엇인가?
- 입사하게 되면 상사, 동료, 후배 집단이 생기게 되는데, 우선순위대로 나열하고 그 이유를 말해 보시오.
- 농협을 찾은 고객에게 어떻게 인사하겠는가? 한번 해 보시오.
- 농협에 입사해서 이루고 싶은 꿈은 무엇인가?

(3) 주장 면접

- 농촌 촌캉스 만족도 제고 방안
- 지하철 여성 전용칸에 대한 찬반
- 일본의 우경화에 대한 본인의 의견을 말해 보시오.
- 여성 군복무에 대한 본인의 의견을 말해 보시오.
- 원자력발전소 설치에 대한 찬반

12. 대구농협

(1) 상식 면접

- RFID란?
- 출구전략이란?
- 소고기 이력제란?

(2) 인성 면접

- 협동해서 했던 일 중 가장 큰 성과를 거뒀던 경험을 말해 보시오.
- 본인이 크게 성공했던 일에 대해 말해 보시오.
- 존경하는 인물은 누구인가?
- 어떤 책을 주로 읽는가?
- 본인의 어떤 장점으로 농협에 기여할 수 있겠는가?
- 노조에 가입하겠는가?
- 이 지역에서 생산되는 특산물이 무엇인가?
- 인생의 멘토가 있는가?

(3) 주장 면접

- 한의사의 현대 의료기기 사용에 대한 의견을 말해 보시오.
- 농업 커뮤니케이션을 활성화할 방법에 대해 말해 보시오.
- 고교 졸업생 취업에 대한 찬반
- 제주 해군기지 건설에 대한 찬반

13. 경북농협

(1) 상식 면접

- 노인보호구역에 대한 자신의 생각을 말해 보시오.
- 비대면 의료서비스의 장단점은 무엇인가?
- 농협의 핵심가치는 무엇인가?
- 구황작물이란?
- 치킨게임이란?
- GMO란?
- 지니계수란?
- 자동차나 반도체를 수출하고, 쌀을 수입하는 것에 대해 어떻게 생각하는가?

(2) 인성 면접

- 협동 경험에 대해 말해 보시오.
- 본인이 경험한 어려웠던 경험에 대해 말해 보시오.
- 본인의 인생관이 무엇이며, 이와 관련된 경험을 말해 보시오.
- 이전에 가졌던 편견에 대해서 말하고, 편견을 극복했던 경험을 말해 보시오.
- 타인을 설득했던 경험을 말해 보시오.
- 100년 농협에서 앞으로 농협이 나아가야 할 방향은?
- 직장생활 중 가장 필요한 것은 무엇이라고 생각하는가?
- 농협에 입사하여 농협의 비전에 맞게 어떻게 일할 것인가?
- 농협이 농산물을 수입하는 것에 대해 어떻게 생각하는가?
- 농협이 잘하는 일은 무엇이라고 생각하는가?
- 농협에 대해서 주변에서 비판하는 내용은?
- 뉴스에서 노인 폭행 사건이 있었다. 그 자리에 있었다면 어떻게 하겠는가?
- 힘든 일이 있을 수 있는데 할 수 있는가?
- 봉사활동 경험에서 무엇을 느꼈는가?
- 농협 입사 후의 각오에 대해 말해 보시오.

(3) 주장 면접

- 수입산 과일 수입 증가에 대한 의견을 말해 보시오.
- 외국인 계절 근로자 문제에 대한 해결방안을 말해 보시오.
- 6차 산업시대에 지역농협의 역할은?
- 앞으로 농민과 도시민이 함께 어울려 살기 위해 농협이 해야 할 일은 무엇인가?
- 블록체인을 농협이 어떻게 이용하면 좋은지 설명해보시오.
- 농촌과 도시의 가치가 함께 상승할 수 있는 방안에 대해 설명하시오.
- 관광 상품을 개발한다면 무엇을 할 것인가?
- 원자력발전소 증설에 대한 찬반
- 범죄자 신원 공개에 대한 의견을 말해 보시오.
- SNS 개인 신상정보 유출에 대한 의견을 말해 보시오.
- 아동 성폭력 문제에 대한 의견을 말해 보시오.
- 쌀값 목표제에 대한 의견을 말해 보시오.
- 농촌의 문제점과 해결책에 대한 생각을 말해 보시오.

14. 경남농협

(1) 상식 면접

- 은행이 지역사회를 위해 해야 할 일에 대해 말해 보시오.
- 확실성과 불확실성에 대한 본인의 생각을 말해 보시오.
- 빅플랫폼 규제에 대한 본인의 생각을 말해 보시오.
- 폭염 지속의 영향과 대책에 대해 말해 보시오.
- 농촌 빈집 활용방안에 대해 말해 보시오.
- 자유학기제에 대해 어떻게 생각하는가?
- 황의 법칙이란?
- 무의 법칙이란?
- 역모기지론이란?
- Safe Guard란?

(2) 인성 면접

- 농협 사업 중 개선할 점은?
- 농협의 인재상 중 더 발전시켜야 할 점은?
- 농협의 여러 가지 사업 중 본인이 어울린다고 생각하는 사업은?
- 본인의 인생에서 가장 중요하게 생각하는 가치는 무엇인가?
- 본인 성격의 강점은?
- 남을 위해서 희생한 경험을 말해 보시오.
- 직장생활을 하는 데 있어서 가장 중요한 덕목은?
- 본인보다 나이가 많은 분을 설득해본 경험이 있는가?
- 농협에 지원한 동기는?
- 해당 조합에 지원한 이유는?
- 유명인 중에 농협인의 인재상과 부합하는 사람을 말해 보시오.
- 공제 상품을 팔아야 하는데 누구한테 가장 먼저 팔 것인가?
- 지점 서비스에 대해 불만사항 대처방법에 대해 말해 보시오.
- 행복하기 위해 하루에 한 가지씩 행하는 것은?
- 본인의 성장과정에서 가장 큰 영향을 미친 사람과 그 이유는?
- 노조에 대한 본인의 생각은?
- 지역농협 고객이 금리가 높은 시중은행으로 예금을 옮기려고 하는데, 이를 어떻게 설득할 것인가?
- 협동조합 기본법에 대해 아는가?
- 고객이 터무니없는 요구를 한다면 어떻게 대응할 것인가?
- 최근에 읽은 책은 무엇인가?
- 보람찬 일을 한 경험을 말해 보시오.

(3) 주장 면접

- 부동산 양극화에 대한 해결방안을 말해 보시오.
- 쌀값 하락에 대한 해결방안을 말해 보시오.
- 쌀 소비량 부진의 주된 이유와 해결방안은?
- 농민 월급제에 대한 의견은?
- 농촌 고령화의 이유와 해결방안은?
- 국내외 박람회에 참가하여 우리 농산물의 우수성을 홍보해 보시오.
- 농민과 고객들의 소통의 장을 마련해 보시오.
- 농축산물위축방지법에 관해 설명하시오.
- 홈쇼핑에서 상품을 판매할 때 농산물 판매 촉진을 위한 방법을 말해 보시오.
- 설악산 케이블카 찬반
- 어린이집 CCTV 찬반
- 길고양이 급식소 찬반
- 국제중학교 폐지 찬반
- 편의점 새벽영업 금지 찬반
- 전자 건강보험증 찬반
- 내국인 카지노 허용 찬반

15. 제주농협

(1) 상식 면접

- 기저효과란?
- 더블딥이란?
- 시너지 효과란?
- 베블런 효과란?
- 다운계약서란?
- 애그플레이션이란?
- 순환출자란?
- 남북관계와 NLL이란?
- 저출산 문제 해결을 위해 기업이 해야 할 일은?

(2) 인성 면접

- 구독하는 신문은 있는가?
- 자신에게 점수를 준다면 몇 점을 주겠는가? 이유와 함께 말해 보시오.
- 자기소개를 해 보시오.
- 농협에 지원하게 된 동기를 말해 보시오.
- 외곽지역으로 발령 나면 어떻게 할 것인가?
- 농협에 들어오기 위해 준비한 것은 무엇인가?
- 농협에 합격한다면 무슨 일을 하고 싶은가?
- 마지막으로 하고 싶은 말을 해 보시오.

(3) 주장 면접

- 초・중・고등학교 9시 등교에 대한 찬반
- 단통법 폐지에 대한 찬반
- 영어권 국가의 조기유학에 대한 찬반
- 취업과 결혼을 위해서 성형을 하는 것에 대한 찬반
- 죄질이 좋지 않은 범죄자의 사형집행에 대한 찬반
- 대학생들의 무분별한 스펙 쌓기에 대한 찬반

PART 5

지역농협 기초 상식

CHAPTER 01

경영 · 경제 · 금융 상식

빈출키워드 1 기업의 형태

01 **다음 중 회사법상 분류한 회사에 대한 설명으로 옳지 않은 것은?**

① 모든 손실에 대해 책임을 지는 사원을 유한책임사원이라고 한다.
② 변호사나 회계사들이 모여 설립한 법무법인, 회계법인은 합명회사라 볼 수 있다.
③ 유한회사, 유한책임회사는 모두 유한책임사원으로만 구성되므로 자금조달이 편리하다.
④ 회사의 경영은 무한책임사원이 하고 유한책임사원은 자본을 제공하여 사업이익의 분배에 참여하는 회사형태를 합자회사라고 한다.
⑤ 현대사회의 가장 대표적인 기업형태로, 주주가 직접 주주총회를 통해 의결권을 행사할 수 있는 회사형태를 주식회사라고 한다.

02 **다음에서 설명하는 우리나라 상법상의 회사는?**

- 유한책임사원으로만 구성
- 청년 벤처 창업에 유리
- 사적 영역을 폭넓게 인정

① 합명회사 ② 합자회사
③ 유한책임회사 ④ 유한회사
⑤ 주식회사

01

정답 ①
무한책임사원에 대한 설명이다. 유한책임사원은 회사의 채무에 대하여 회사채권자에게 출자가액 한도에서만 책임을 지는 사원이다. 따라서 ①이 옳지 않은 설명이다.

02

정답 ③
유한책임회사는 2012년 개정된 상법에 도입된 회사의 형태이다. 내부관계에 대하여는 정관이나 상법에 다른 규정이 없으면 합명회사에 관한 규정을 준용한다. 신속하고 유연하며 탄력적인 지배구조를 가지고 있고, 출자자가 직접 경영에 참여할 수 있다. 또한 각 사원이 출자금액만을 한도로 책임지므로 초기 상용화에 어려움을 겪는 청년 벤처 창업에 적합하다.

이론 더하기

기업의 형태

① 개인기업

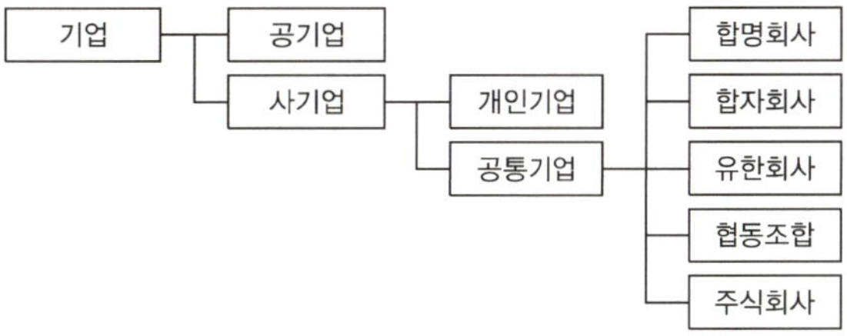

- 가장 간단한 기업 형태로서 개인이 출자하고 직접 경영하며 이를 무한책임지는 형태이다.
- 장점 : 설립 및 폐쇄가 쉽고 의사결정이 신속하며, 비밀유지에 용이하다.
- 단점 : 자본규모가 약소하며, 개인의 지배관리능력에 쉽게 영향을 받는다.

② 합명회사

- 2인 이상의 사원이 공동으로 출자해서 회사의 경영에 대해 무한책임을 지며, 직접 경영에 참여하는 방식이다.
- 무한책임 형태로 구성되어 있어서 출자자를 폭넓게 모집할 수 없다.
- 가족 내 혹은 친척 간, 또는 이해관계가 깊은 사람의 회사 설립이 많다.
- 지분 양도 시에는 사원총회의 승인을 받아야 한다.

③ 합자회사

- 무한책임사원 및 유한책임사원으로 구성되어 있다.
- 합명회사의 단점을 보완한 형태이다.
- 지분 양도 시에는 무한책임사원 전원의 동의를 필요로 한다.
- 무한책임사원의 경우에는 회사의 경영 및 채무에 대해서 무한책임을 지고, 유한책임사원의 경우에는 출자한 금액에 대해서만 책임을 지며 경영에는 참여하지 않는다.

④ 유한회사

- 유한책임사원들이 회사를 차려 경영하는 회사의 형태이다.
- 자본결합이 상당히 폐쇄적인 관계로 중소규모의 기업형태로 적절하다.
- 기관으로는 이사, 사원총회, 감사로 이루어져 있지만, 분리가 잘되어 있지 않고, 모든 사항을 공개해야 하는 의무도 지지 않는다.
- 유한회사는 인적회사 및 물적회사의 중간 형태를 지니는 회사이다.
- 사원의 수가 제한되어 있으며, 지분의 증권화가 불가능하다.

⑤ 주식회사

- 주주가 회사의 주인인 현대사회의 가장 대표적인 기업형태이다.
- 지분의 양도와 매입이 자유로우며 주주총회를 통해 의결권을 행사할 수 있다.
- 주식회사의 기관

주주총회	• 주식회사의 최고의사결정기관으로 주주로 이루어짐 • 회사 기업에서 영업활동의 신속성 및 업무내용의 복잡성으로 인해 그 결의사항을 법령 및 정관에서 정하는 사항만으로 제한하고 있음 • 주주의 결의권은 1주 1결의권을 원칙으로 하고 의결은 다수결에 의함 • 주주총회의 주요 결의사항으로는 자본의 증감, 정관의 변경, 이사·감사인 및 청산인 등의 선임·해임에 관한 사항, 영업의 양도·양수 및 합병 등에 관한 사항, 주식배당, 신주인수권 및 계산 서류의 승인에 관한 사항 등이 있음
감사	• 이사의 업무집행을 감시하게 되는 필요 상설기관 • 주주총회에서 선임되고, 이러한 선임결의는 보통 결의의 방법에 따름 • 이사회는 이사 전원으로 구성되는 합의체로 회사의 업무진행상 의사결정 기관 • 이사는 주주총회에서 선임되고, 그 수는 3인 이상이어야 하며, 임기는 3년을 초과할 수 없음 • 대표이사는 이사회의 결의사항을 집행하고 통상적인 업무에 대한 결정 및 집행을 맡음과 동시에 회사를 대표함 • 이사와 회사 간 거래의 승인, 채권의 발행 등이 있음
검사인	• 회사의 계산의 정부, 업무의 적법 여부 등을 조사하는 권한을 지니는 임시기관 • 법원에서 선임하거나 주주총회 및 창립총회에서 선임하기도 함 • 법정 검사인의 경우 임시로 선임됨

빈출키워드 2 **경영전략**

01 **다음 중 마이클 포터(Michael E. Porter)가 제시한 산업구조 분석의 요소로 옳지 않은 것은?**

① 가치사슬 활동
② 대체재의 위협
③ 공급자의 교섭력
④ 구매자의 교섭력
⑤ 기존기업 간 경쟁

02 **다음은 S사가 해당 사업에서 차지하고 있는 시장점유율 및 시장성장률에 대한 자료이다. 2024년 BCG 매트릭스상에서 S사의 사업이 속하는 영역은?**

구분	S사	K사	M사	H사	기타
시장점유율 (2024년 기준)	45%	20%	15%	10%	10%

구분	2018년	2019년	2020년	2021년	2022년
시장성장률	4%	3%	2%	2%	1%

① 별(Star) 영역
② 현금젖소(Cash Cow) 영역
③ 물음표(Question mark) 영역
④ 개(Dog) 영역
⑤ 없음

01

정답 ①

마이클 포터(Michael E. Porter)는 산업과 경쟁을 결정짓는 5 Forces Model을 제시하였다. 이는 궁극적으로 산업의 수익 잠재력에 영향을 주는 주요 경제·기술적 세력을 분석한 것으로 신규 진입자(잠재적 경쟁자)의 위협, 공급자의 교섭력, 구매자의 교섭력, 대체재의 위협 및 기존기업 간의 경쟁이다. 5가지 요소의 힘이 강할 때는 위협(Threat)이 되고, 약하면 기회(Opportunity)가 된다.

02

정답 ②

BCG 매트릭스는 1970년대 미국의 보스턴 전략컨설팅회사(Boston Consulting Group)에 의해 개발된 사업 / 제품 포트폴리오 분석 차트이다. 이는 크게 네 단계의 영역으로 나뉘는데 시장성장률이 높고 시장점유율이 높은 산업은 별 영역, 시장성장률이 높고 시장점유율이 낮은 산업은 물음표 영역, 시장성장률이 낮고 시장점유율이 높은 산업은 현금젖소 영역, 시장성장률이 낮고 시장점유율이 낮은 산업은 개 영역으로 분류된다.
따라서 제시된 S사의 경우는 시장점유율은 높으나 시장성장률이 높지 않으므로 현금젖소 영역인 것을 알 수 있다.

이론 더하기

SWOT 분석

기업의 내부환경과 외부환경을 분석하여 강점(Strength), 약점(Weakness), 기회(Opportunity), 위협(Threat) 요인을 규정하고 이를 토대로 경영전략을 수립하는 기법으로, 미국의 경영컨설턴트인 알버트 험프리(Albert Humphrey)가 고안하였다.

Strength 강점 기업 내부 환경에서의 강점	S	W	Weakness 약점 기업 내부 환경에서의 약점
Opportunity 기회 기업 외부 환경으로부터의 기회	O	T	Threat 위협 기업 외부 환경으로부터의 위협

VRIO 분석

기업이 보유한 유・무형 자산에 대해 네 가지 기준으로 평가하여 기업의 경쟁력을 분석하는 도구이다. 기업이 자원을 잘 활용할 수 있는가를 보여주는 것이 목적이다.

- 가치 있는(Valuable) : 경제적 가치가 있는가?
- 희소성 있는(Rarity) : 가지고 있는 자원이 희소성 있는가?
- 모방 가능성이 있는(Inimitability) : 모방의 가능성이 있는가?
- 조직이 있는(Organization) : 관련 조직이 있는가?

마이클 포터의 경쟁전략

① 경쟁세력모형 – 5 Force Model 분석

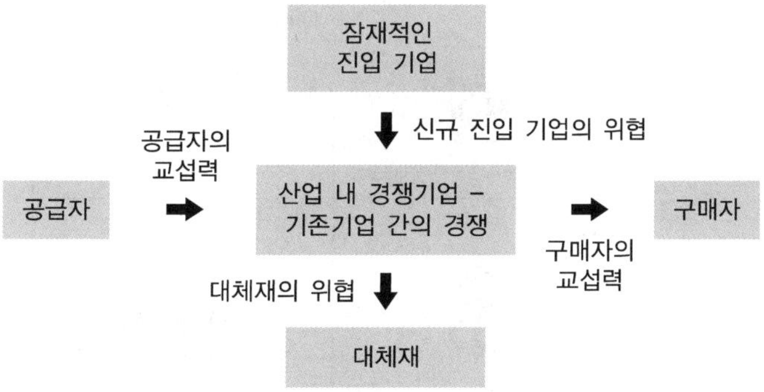

- 기존기업 간의 경쟁 : 해당 시장에서 기존기업 간의 경쟁이 얼마나 치열한가를 나타낸다.
- 공급자의 교섭력 : 공급자의 규모 및 숫자와 공급자 제품의 희소성을 나타낸다.
- 대체재의 위협 : 대체가 가능한 상품의 수와 구매자의 대체하려는 성향, 대체상품의 상대적 가격 등이 있다.
- 구매자의 교섭력 : 고객의 수, 각 고객의 주문수량, 가격의 민감도, 구매자의 정보 능력이 있다.
- 신규 진입 기업의 위협 : 진입장벽, 규모의 경제, 브랜드의 충성도 등이 있다.

② 경쟁우위 전략

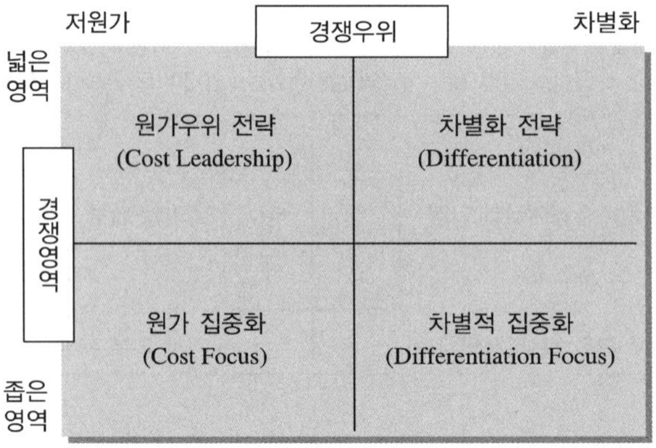

- 원가우위 전략 : 비용요소를 철저하게 통제하고, 기업조직의 가치사슬을 최대한 효율적으로 구사하는 전략
- 차별화 전략 : 소비자들이 가치가 있다고 판단하는 요소를 제품 및 서비스 등에 반영해서 경쟁사의 제품과 차별화한 후 소비자들의 충성도를 확보하고 이를 통해 매출증대를 꾀하는 전략
- 집중화 전략 : 메인 시작과는 다른 특성을 지니는 틈새시장을 대상으로 소비자들의 니즈를 원가우위 또는 차별화 전략을 통해 충족시켜 나가는 전략

BCG 매트릭스 모형

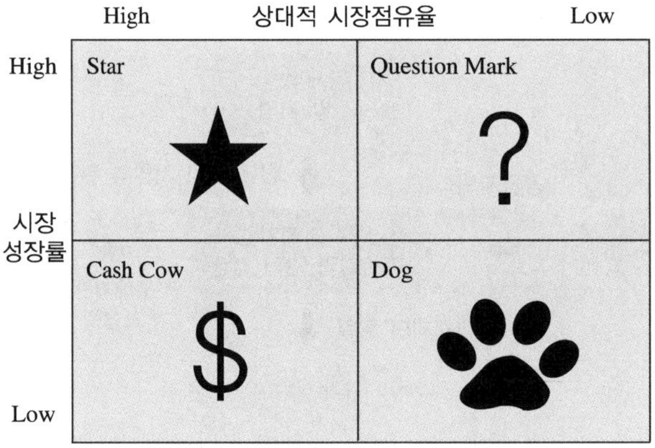

① 별(Star) 사업부
- 시장성장률도 높고 상대적 시장점유율도 높은 경우에 해당하는 사업이다.
- 이 사업부의 제품들은 제품수명주기상에서 성장기에 속한다.
- 선도기업의 지위를 유지하고 성장해가는 시장의 수용에 대처하고, 여러 경쟁기업들의 도전에 극복하기 위해 역시 자금의 투하가 필요하다.
- 별 사업부에 속한 기업들이 효율적으로 잘 운영된다면 이들은 향후 Cash Cow가 된다.

② 현금젖소(Cash Cow) 사업부
- 시장성장률은 낮지만 높은 상대적 시장점유율을 유지하고 있다. 이 사업부는 제품수명주기상에서 성숙기에 속하는 사업부이다.
- 이에 속한 사업은 많은 이익을 시장으로부터 창출해낸다. 그 이유는 시장의 성장률이 둔화되었기 때문에 그만큼 새로운 설비투자 등과 같은 신규 자금의 투입이 필요 없고, 시장 내에 선도기업에 해당하므로 규모의 경제와 높은 생산성을 누리기 때문이다.
- Cash Cow에서 산출되는 이익은 전체 기업의 차원에서 상대적으로 많은 현금을 필요로 하는 Star나 Question Mark, Dog 영역에 속한 사업으로 자원이 배분된다.

③ 물음표(Question Mark) 사업부
- '문제아'라고도 한다.
- 시장성장률은 높으나 상대적 시장점유율이 낮은 사업이다.
- 이 사업에 속한 제품들은 제품수명주기상에서 도입기에 속하는 사업부이다.
- 시장에 처음으로 제품을 출시한 기업 이외의 대부분의 사업부들이 출발하는 지점이 물음표이며, 신규로 시작하는 사업이기 때문에 기존의 선도 기업을 비롯한 여러 경쟁기업에 대항하기 위해 새로운 자금의 투하를 상당량 필요로 한다.
- 기업이 자금을 투입할 것인가 또는 사업부를 철수해야 할 것인가를 결정해야 하기 때문에 Question Mark라고 불리고 있다.
- 한 기업에게 물음표에 해당하는 사업부가 여러 개이면, 그에 해당되는 모든 사업부에 자금을 지원하는 것보다 전략적으로 소수의 사업부에 집중적인 투자를 하는 것이 효과적이라 할 수 있다.

④ 개(Dog) 사업부
- 시장성장률도 낮고 시장점유율도 낮은 사업부이다.
- 제품수명주기상에서 쇠퇴기에 속하는 사업이다.
- 낮은 시장성장률 때문에 그다지 많은 자금의 소요를 필요로 하지는 않지만, 사업활동에 있어서 얻는 이익도 매우 적은 사업이다.
- 이 사업에 속한 시장의 성장률이 향후 다시 고성장을 할 가능성이 있는지 또는 시장 내에서 자사의 지위나 점유율이 높아질 가능성은 없는지 검토해 보고 이 영역에 속한 사업들을 계속 유지할 것인가 아니면 축소 내지 철수할 것인가를 결정해야 한다.

PART 5

빈출키워드 3 동기부여

01 **다음 〈보기〉 중 허즈버그(F. Herzberg)의 2요인 이론에서 동기요인을 모두 고르면?**

보기

㉠ 상사와의 관계
㉡ 성취
㉢ 회사 정책 및 관리방침
㉣ 작업 조건
㉤ 인정

① ㉠, ㉡
② ㉠, ㉢
③ ㉡, ㉣
④ ㉡, ㉤
⑤ ㉣, ㉤

02 **다음 중 맥그리거(D. McGregor)의 X－Y이론에 대한 설명으로 옳은 것은?**

① 자기통제가 많은 것은 X이론이다.
② 쌍방향 의사결정은 X이론에서 주로 발생한다.
③ 조직의 감시, 감독 및 통제가 필요하다는 주장은 Y이론이다.
④ 개인의 목적과 조직의 목적이 부합하는 조직에서는 Y이론에 근거해서 운영된다.
⑤ 인간을 경제적 욕구보다 사회·심리적 영향을 더 많이 받는 존재로 보는 이론은 X이론이다.

01

정답 ④

허즈버그의 2요인 이론은 직원들의 직무만족도를 증감시키는 요인을 2가지로 구분한 것이다.

- 동기요인 : 성취, 인정, 책임소재, 업무의 질 등
- 위생요인 : 회사의 정책, 작업 조건, 동료직원과의 관계, 임금, 직위 등

02

정답 ④

오답분석

① 자기통제가 많은 것은 Y이론이다.
② 쌍방향 의사결정은 Y이론에서 주로 발생한다.
③ 조직의 감시, 감독 및 통제가 필요하다는 주장은 X이론이다.
⑤ 인간을 사회적인 존재로 바라보는 것은 Y이론이다.

이론 더하기

매슬로(Maslow)의 욕구단계이론

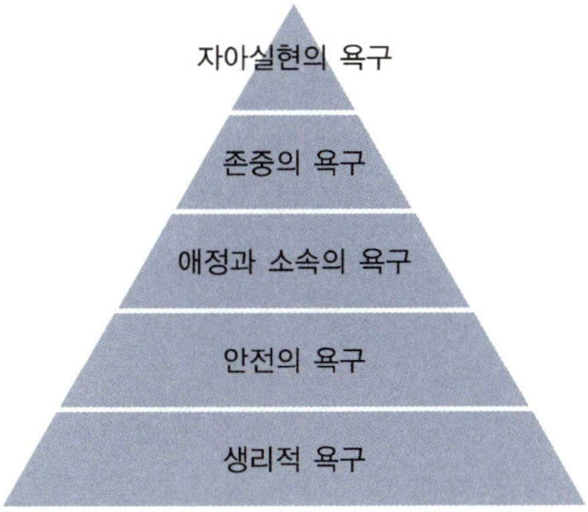

① 개념 : 인간의 요구는 위계적으로 조직되어 있으며 하위 단계의 욕구 충족이 상위 계층의 욕구 발현의 조건이라고 설명한다.

② 특징

- 생리적 욕구 : 가장 기본적이면서도 강력한 욕구로 음식, 물, 수면 등 인간의 생존에 가장 필요한 본능적인 욕구이다.
- 안전의 욕구 : 두려움이나 혼란스러움이 아닌 평상심과 질서를 유지하고자 하는 욕구이다.
- 애정과 소속의 욕구 : 사회적으로 조직을 이루고 그곳에 소속되려는 성향이다.
- 존중의 욕구 : 타인으로부터 수용되고, 가치 있는 존재가 되고자 하는 욕구이다.
- 자아실현의 욕구 : 개인의 타고난 능력 혹은 성장 잠재력을 실행하려는 욕구이다.

맥그리거(McGregor)의 X-Y이론

① 개념 : 인간본성에 대한 가정을 X, Y 2가지로 구분하여 특성에 따른 관리전략을 정리한 이론으로 X이론은 인간에 대한 부정적인 면을 설명하고, Y이론은 긍정적인 면을 설명한다.

② 특징

X이론 (전통적이고 전체적인 경영자의 인간관)	Y이론 (진취적이고 협동적인 인간관)
• 인간은 철저하게 이기적이고 자기중심적이다. • 인간은 천성적으로 게으르고 일을 싫어하기 때문에 엄격한 통제와 감독이 필요하다. • 조직 구성원이 원하는 수준의 임금체계가 확립되어야 하고, 엄격한 통제와 처벌이 필요하다.	• 인간의 행위는 경제적 욕구보다 사회·심리에 더 영향을 받는다. • 인간은 사회적인 존재이다. • 노동에서 휴식과 복지는 자연스러운 것이다. • 민주적 리더십의 확립과 분권, 권한의 위임이 중요하다.

허즈버그(Herzberg)의 동기 – 위생이론

① 개념 : 허즈버그가 2개의 요인(동기요인, 위생요인)으로 나눠 동기유발에 대해 정리한 이론으로 동기요인과 위생요인은 반대의 개념이 아닌 별개의 개념이다.

② 특징

동기요인(만족요인)	위생요인(불만족요인)
• 직무에 만족을 느끼게 하는 요인 • 충족되면 만족감을 느끼게 되지만, 불충족되는 경우에도 불만이 발생하지는 않음 • 동기요인 충족 → 높은 직무성과	• 직무에 대해 불만족을 느끼게 하는 요인 • 불충족 시에는 불만이 증가 • 충족 시에도 만족감이 증가하는 것은 아님

빈출키워드 4 조직구조

01 다음 중 매트릭스 조직구조의 장점으로 옳지 않은 것은?

① 의사결정의 책임소재를 명확히 할 수 있다.
② 조직의 인력을 신축적으로 활용할 수 있다.
③ 전문적 지식과 기술의 활용을 극대화할 수 있다.
④ 조직 내의 협력과 팀 활동을 촉진시킨다.
⑤ 조직 내 정보 단절 문제를 해결할 수 있다.

02 다음에서 설명하고 있는 조직구조는?

> • 수평적 분화에 중점을 두고 있다.
> • 각자의 전문분야에서 작업능률을 증대시킬 수 있다.
> • 생산, 회계, 인사, 영업, 총무 등의 기능을 나누고 각 기능을 담당할 부서단위로 조직된 구조이다.

① 기능 조직
② 사업부 조직
③ 매트릭스 조직
④ 수평적 조직
⑤ 네트워크 조직

01

정답 ①

매트릭스 조직구조는 명령일원화의 원칙이 적용되지 않으므로 의사결정의 책임소재가 불명확할 수도 있다.

02

정답 ①

기능 조직(Functional Structure)은 기능별 전문화의 원칙에 따라 공통의 전문지식과 기능을 지닌 부서단위로 묶는 조직구조를 의미한다.

이론 더하기

기능 조직

① 개념 : 관리자가 담당하는 일을 전문화해 업무내용이 유사하고 관련성이 있는 기능을 분류하여 업무를 전문적으로 진행할 수 있도록 하는 형태이다.

② 장점 및 단점
- 조직원의 전문적인 업무 발전이 가능하다.
- 조직의 내부 효율성이 증대된다.
- 조직 전체의 목표보다는 직능별 목표를 중시하고 성과에 대한 책임이 불분명하다.

사업부 조직

① 개념 : 사업체에서 여러 제품을 생산하는 경우에 제품에 따라 사업부를 구분하여 사업부마다 하위조직을 구성하는 형태이다.

② 장점 및 단점
- 사업부내 관리자와 종업원의 밀접한 상호작용이 가능하다.
- 사업부는 이익 및 책임 중심점이 되어 경영성과가 향상된다.
- 제품의 제조와 판매에 대한 전문화와 분업이 촉진된다.
- 특정 분야에 대한 지식과 능력의 전문화가 약화될 수 있다.

매트릭스 조직

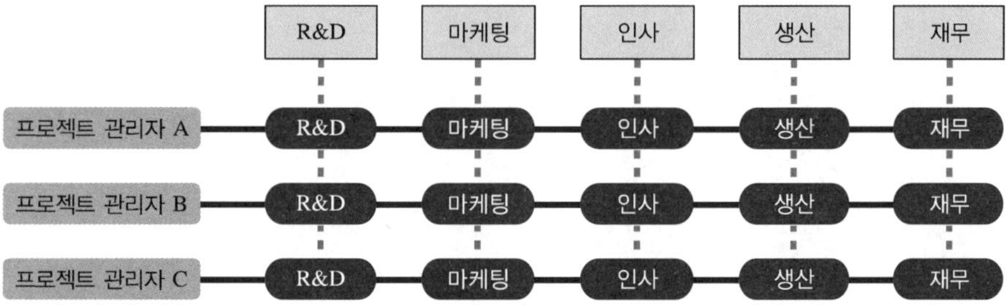

① 개념 : 조직구성원들이 원래 소속되어 있는 기능부서에도 배치되는 동시에 맡은 업무에 따라 나누어진 팀에도 배치되어 있어 두 개의 단위조직에 속하여 두 명의 상급자를 두고 있는 형태이다.

② 장점 및 단점
- 조직에서의 정보 단절 문제를 해결할 수 있다.
- 일을 유연하게 대처할 수 있다.
- 조직원의 역량을 좀 더 폭넓게 향상시킬 수 있다.
- 두 개의 조직에서 두 명의 상급자가 존재하기 때문에 성과에 대한 목표나 보고가 느릴 수 있다.

네트워크 조직

① 개념 : 독립된 각 사업 부서들이 자신의 고유 기능을 수행하면서 제품 생산이나 프로젝트의 수행을 위해서는 상호 협력적인 네트워크를 지닌 조직구조이다.

② 장점 및 단점
- 조직원 사이의 수평적인 의사소통이 가능하다.
- 조직 간의 정보교류가 활발하므로 조직 내 자산으로 축적 가능하다.
- 시장에 유연한 대응이 가능하다.
- 관리자가 직원을 관리하는 것이 쉽지 않다.
- 갈등이 발생하는 경우 해결에 오랜 시간이 필요하다.

빈출키워드 5 수요와 공급의 법칙, 탄력성

다음 중 수요의 탄력성에 대한 설명으로 옳은 것은?

① 수요곡선의 기울기가 −1인 직선일 경우 수요곡선상의 어느 점에서나 가격탄력성은 동일하다.

② 수요의 가격탄력성이 탄력적이라면 가격인하는 총수입을 증가시키는 좋은 전략이다.

③ 가격이 올랐을 때 시간이 경과될수록 적응이 되기 때문에 수요의 가격탄력성은 작아진다.

④ 수요의 소득탄력성이 비탄력적인 재화는 열등재이다.

⑤ X재의 가격이 5% 인상되자 Y재 수요가 10% 상승했다면 수요의 교차탄력성은 $\frac{1}{2}$이고, 두 재화는 보완재이다.

정답 ②

수요의 가격탄력성이 1보다 크다면 가격이 1% 하락할 때 판매량은 1%보다 크게 증가하므로 판매자의 총수입은 증가한다. 따라서 수요의 가격탄력성이 1보다 크다면 가격이 1% 하락하면 판매량이 1%보다 크게 증가하므로 판매자의 총수입은 증가한다. 그러므로 수요의 가격탄력성이 탄력적이라면 가격인하는 총수입을 증가시키는 좋은 전략이다.

오답분석

① 수요곡선이 우하향하는 직선이면 수요곡선상에서 우하방으로 이동할수록 수요의 가격탄력성이 점점 작아진다.

③ 장기가 될수록 대체재가 생겨날 가능성이 크기 때문에 수요의 가격탄력성이 커진다.

④ 열등재는 수요의 소득탄력성이 1보다 작은 재화가 아니라 수요의 소득탄력성이 음수(−)인 재화이다.

⑤ 두 재화 수요의 교차탄력성은 $\varepsilon_{XY}=\frac{\frac{\Delta Q_Y}{Q_Y}}{\frac{\Delta P_X}{P_X}}=\frac{10\%}{5\%}=2$이고, 두 재화는 대체재이다.

이론 더하기

수요의 법칙

수요의 법칙이란 가격이 상승하면 수요량이 감소하는 것을 말한다. 수요의 법칙이 성립하는 경우 수요곡선은 우하향한다. 단, 기펜재의 경우와 베블런 효과가 존재하는 경우는 성립하지 않는다.

수요량의 변화와 수요의 변화

① 수요량의 변화 : 당해 재화가격의 변화로 인한 수요곡선상의 이동을 의미한다.
② 수요의 변화 : 당해 재화가격 이외의 다른 요인의 변화로 수요곡선 자체가 이동하는 것을 의미한다. 수요가 증가하면 수요곡선이 우측으로 이동하고, 수요가 감소하면 수요곡선이 좌측으로 이동한다.

공급의 법칙

다른 조건이 일정할 때 가격이 상승하면 공급량이 증가하는 것을 말한다.

공급량의 변화와 공급의 변화

① 공급량의 변화 : 당해 재화가격의 변화로 인한 공급곡선상의 이동을 의미한다.
② 공급의 변화 : 당해 재화가격 이외의 다른 요인의 변화로 공급곡선 자체가 이동하는 것을 의미한다. 공급이 증가하면 공급곡선이 우측으로 이동하고, 공급이 감소하면 공급곡선이 좌측으로 이동한다.

수요의 가격탄력성

① 의의 : 수요량이 가격에 얼마나 민감하게 반응하는지를 나타낸다.
② 가격탄력성의 도출

$$\varepsilon_P = \frac{\text{수요량의 변화율}}{\text{가격의 변화율}} = \frac{\frac{\Delta Q}{Q}}{\frac{\Delta P}{P}} = \left(\frac{\Delta Q}{\Delta P}\right)\left(\frac{P}{Q}\right)$$ (단, △은 변화율, Q는 수요량, P는 가격)

③ 가격탄력성과 판매수입

구분	$\varepsilon_P > 1$ (탄력적)	$\varepsilon_P = 1$ (단위탄력적)	$0 < \varepsilon_P < 1$ (비탄력적)	$\varepsilon_P = 0$ (완전 비탄력적)
가격 상승	판매수입 감소	판매수입 변동 없음	판매수입 증가	판매수입 증가
가격 하락	판매수입 증가	판매수입 변동 없음	판매수입 감소	판매수입 감소

공급의 가격탄력성

① 의의 : 공급량이 가격에 얼마나 민감하게 반응하는지를 나타낸다.
② 가격탄력성의 도출

$$\varepsilon_P = \frac{\text{공급량의 변화율}}{\text{가격의 변화율}} = \frac{\frac{\Delta Q}{Q}}{\frac{\Delta P}{P}} = \left(\frac{\Delta Q}{\Delta P}\right)\left(\frac{P}{Q}\right)$$ (단, △은 변화율, Q는 공급량, P는 가격)

③ 공급의 가격탄력성 결정요인 : 생산량 증가에 따른 한계비용 상승이 완만할수록, 기술수준 향상이 빠를수록, 유휴설비가 많을수록, 측정시간이 길어질수록 공급의 가격탄력성은 커진다.

빈출키워드 6 기회비용

01 밀턴 프리드만은 '공짜 점심은 없다(There is no such thing as a free lunch).'라는 말을 즐겨했다고 한다. 이 말을 설명할 수 있는 경제 원리는?

① 규모의 경제
② 긍정적 외부성
③ 기회비용
④ 수요공급의 원리
⑤ 매몰비용

02 다음 글의 ㉠~㉢에 대한 설명으로 옳은 것을 〈보기〉에서 모두 고르면?

> 우리나라에 거주 중인 광성이는 ㉠ <u>여름휴가를 앞두고 휴가 동안 발리로 서핑을 갈지, 빈 필하모닉 오케스트라의 3년 만의 내한 협주를 들으러 갈지 고민</u>하다가 ㉡ <u>발리로 서핑</u>을 갔다. 그러나 화산폭발의 위험이 있어 안전의 위협을 느끼고 ㉢ <u>환불이 불가능한 숙박비를 포기한 채 우리나라로 돌아왔다.</u>

보기

가. ㉠의 고민은 광성이의 주관적 희소성 때문이다.
나. ㉠의 고민을 할 때는 기회비용을 고려한다.
다. ㉡의 기회비용은 빈 필하모닉 오케스트라 내한 협주이다.
라. ㉡은 경제재이다.
마. ㉢은 비합리적 선택 행위의 일면이다.

① 가, 나, 마
② 가, 다, 라
③ 나, 다, 마
④ 가, 나, 다, 라
⑤ 나, 다, 라, 마

01

정답 ③

'공짜 점심은 없다.'라는 의미는 무엇을 얻고자 하면 보통 그 대가로 무엇인가를 포기해야 한다는 뜻으로 해석할 수 있다. 즉, 어떠한 선택에는 반드시 포기하게 되는 다른 가치가 존재한다는 의미이다. 시간이나 자금의 사용은 다른 활동에의 시간 사용, 다른 서비스나 재화의 구매를 불가능하게 만들어 기회비용을 유발한다. 정부의 예산배정, 여러 투자상품 중 특정 상품의 선택, 경기활성화와 물가안정 사이의 상충관계 등이 기회비용의 사례가 될 수 있다.

02

정답 ④

오답분석

마. 환불 불가한 숙박비는 회수 불가능한 매몰비용이므로 선택 시 고려하지 않은 ㉢의 행위는 합리적 선택 행위의 일면이다.

이론 더하기

경제재와 자유재

경제재(Economic Goods)	자유재(Free Goods)
• 경제재란 희소성을 가지고 있는 자원으로, 합리적인 의사결정으로 선택을 해야 하는 재화를 말한다. • 우리가 일상생활에서 돈을 지불하고 구입하는 일련의 재화 또는 서비스를 모두 포함한다.	• 자유재란 희소성을 가지고 있지 않아 값을 지불하지 않고도 누구나 마음대로 쓸 수 있는 물건을 말한다. • 공기나 햇빛같이 우리의 욕구에 비해 자원의 양이 풍부해서 경제적 판단을 요구하지 않는 재화를 모두 포함한다.

기회비용(Opportunity Cost)

① 개념

- 여러 선택 대안들 중 한 가지를 선택함으로써 포기해야 하는 다른 선택 대안 중에서 가장 가치가 큰 것을 의미한다.
- 경제학에서 사용하는 비용은 전부 기회비용 개념이며, 합리적인 선택을 위해서는 항상 기회비용의 관점에서 의사결정을 내려야 한다.
- 기회비용은 객관적으로 나타난 비용(명시적 비용) 외에 포기한 대안 중 가장 큰 순이익(암묵적 비용)까지 포함한다.
- 편익(매출액)에서 기회비용을 차감한 이윤을 경제적 이윤이라고 하는데, 이는 기업 회계에서 일반적으로 말하는 회계적 이윤과 다르다. 즉, 회계적 이윤은 매출액에서 명시적 비용(회계적 비용)만 차감하고 암묵적 비용(잠재적 비용)은 차감하지 않는다.

경제적 비용 (기회비용)	명시적 비용 (회계적 비용)	기업이 생산을 위해 타인에게 실제적으로 지불한 비용 예 임금, 이자, 지대
	암묵적 비용 (잠재적 비용)	기업 자신의 생산 요소에 대한 기회비용 예 귀속 임금, 귀속 이자, 귀속 지대

② 경제적 이윤과 회계적 이윤

경제적 이윤	회계적 이윤
• 매출액에서 기회비용을 차감한 이윤을 말한다. • 사업주가 자원배분이 합리적인지 판단하기 위한 지표이다. • 경제적 이윤은 경제적 부가가치(EVA)로 나타내기도 한다. • 경제학에서 장기적으로 기업의 퇴출 여부 판단의 기준이 된다.	• 매출액에서 명시적 비용만 차감한 이윤을 말한다. • 사업주가 외부 이해관계자(채권자, 주주, 금융기관 등)에게 사업성과를 보여주기 위한 지표이다. • 회계적 이윤에는 객관적으로 측정 가능한 명시적 비용만을 반영한다.

매몰비용(Sunk Cost)

이미 투입된 비용으로, 사업을 중단하더라도 회수할 수 없는 비용이다. 사업을 중단하더라도 회수할 수 없기 때문에 사업 중단에 따른 기회비용은 0이다. 그러므로 합리적인 선택을 위해서는 이미 지출되었으나 회수가 불가능한 매몰비용은 고려하지 않는다.

빈출키워드 7 최고가격제 · 최저가격제

01 다음 〈보기〉에서 최고가격제에 대한 설명으로 옳은 것을 모두 고르면?

보기
㉠ 암시장을 출현시킬 가능성이 있다. ㉡ 초과수요를 야기한다. ㉢ 사회적 후생을 증대시킨다. ㉣ 최고가격은 시장의 균형가격보다 높은 수준에서 설정되어야 한다.

① ㉠, ㉡
② ㉠, ㉢
③ ㉡, ㉢
④ ㉡, ㉣
⑤ ㉢, ㉣

02 가격이 10% 상승할 때 수요량이 12% 감소하는 재화에 최저가격제가 적용되어 가격이 10% 상승하였다. 매출의 변화가 바르게 짝지어진 것은?

① 매출량 증가, 매출액 증가
② 매출량 증가, 매출액 감소
③ 매출량 감소, 매출액 증가
④ 매출량 감소, 매출액 감소
⑤ 매출량 불변, 매출액 불변

01

정답 ①

오답분석

㉢ 최고가격제가 실시되면 사회적 후생손실이 발생한다.
㉣ 최고가격은 시장의 균형가격보다 낮은 수준에서 설정되어야 한다.

02

정답 ④

수요의 가격탄력성은 가격의 변화율에 대한 수요량의 변화율이므로 1.2이다. 이는 탄력적이라는 것을 암시하며, 최저가격제는 가격의 상승을 가져오므로 매출량과 판매수입이 감소한다.

이론 더하기

최고가격제(가격상한제)

① 개념 : 물가를 안정시키고, 소비자를 보호하기 위해 시장가격보다 낮은 수준에서 최고가격을 설정하는 규제이다.

예 아파트 분양가격, 금리, 공공요금

② 특징

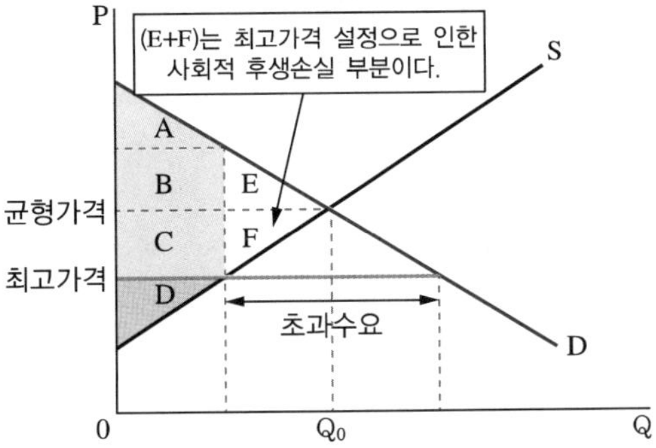

- 소비자들은 시장가격보다 낮은 가격으로 재화를 구입할 수 있다.
- 초과수요가 발생하기 때문에 암시장이 형성되어 균형가격보다 높은 가격으로 거래될 위험이 있다.
- 재화의 품질이 저하될 수 있다.
- 그래프에서 소비자 잉여는 A+B+C, 생산자 잉여는 D, 사회적 후생손실은 E+F만큼 발생한다.
- 공급의 가격탄력성이 탄력적일수록 사회적 후생손실이 커진다.

최저가격제(최저임금제)

① 개념 : 최저가격제란 공급자를 보호하기 위하여 시장가격보다 높은 수준에서 최저가격을 설정하는 규제를 말한다.

예 최저임금제

② 특징

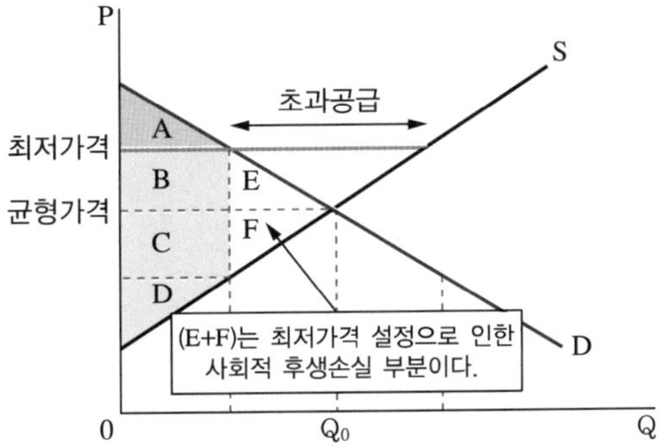

- 최저가격제를 실시하면 생산자는 균형가격보다 높은 가격을 받을 수 있다.
- 소비자의 지불가격이 높아져 소비자의 소비량을 감소시키기 때문에 초과공급이 발생하고, 실업, 재고 누적 등의 부작용이 발생한다.
- 그래프에서 소비자 잉여는 A, 생산자 잉여는 B+C+D, 사회적 후생손실은 E+F만큼 발생한다.
- 수요의 가격탄력성이 탄력적일수록 사회적 후생손실이 커진다.

무차별곡선

01 두 재화 X와 Y를 소비하여 효용을 극대화하는 소비자 A의 효용함수는 U=X+2Y이고, X재 가격이 2, Y재 가격이 1이다. 다음 중 X재 가격이 1로 하락할 때 소비량의 변화로 옳은 것은?

① X재, Y재 소비량 모두 불변
② X재, Y재 소비량 모두 증가
③ X재 소비량 감소, Y재 소비량 증가
④ X재 소비량 증가, Y재 소비량 감소
⑤ X재, Y재 소비량 모두 감소

02 다음 중 재화의 성질 및 무차별곡선에 대한 설명으로 옳지 않은 것은?

① 모든 기펜재(Giffen Goods)는 열등재이다.
② 두 재화가 대체재인 경우 두 재화 간 교차탄력성은 양(+)의 값을 가진다.
③ X축에는 홍수를, Y축에는 쌀을 나타내는 경우 무차별곡선은 우하향한다.
④ 두 재화가 완전보완재인 경우 무차별곡선은 L자 모형이다.
⑤ 두 재화가 완전대체재인 경우 두 재화의 한계대체율은 일정하다.

01

정답 ①

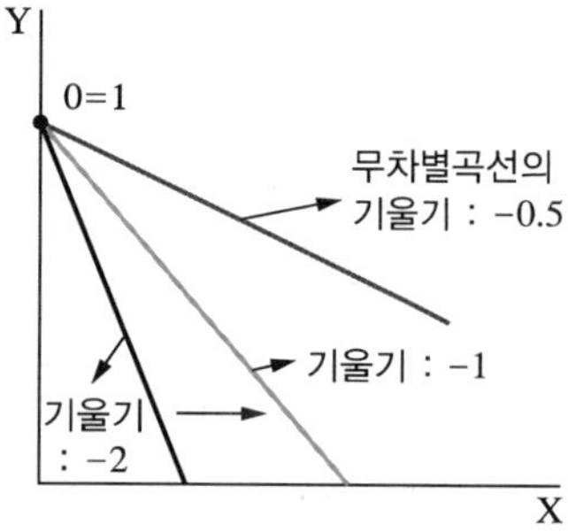

가격이 변하기 전 예산선의 기울기는 −2, 무차별곡선의 기울기는 −0.5이므로 소비자 A는 자신의 소득 전부를 Y재를 구매하는 데에 사용한다. 그런데 X재 가격이 1로 하락하더라도 예산선의 기울기는 −1이므로 여전히 Y재만을 소비하는 것이 효용을 극대화한다. 따라서 가격이 변하더라도 X재와 Y재의 소비량은 변화가 없다.

02

정답 ③

X재가 한계효용이 0보다 작은 비재화이고 Y재가 정상재인 경우 X재의 소비가 증가할 때 효용이 동일한 수준으로 유지되기 위해서는 Y재의 소비가 증가하여야 한다. 따라서 무차별곡선은 우상향의 형태로 도출된다.

이론 더하기

효용함수(Utility Function)

재화소비량과 효용 간의 관계를 함수형태로 나타낸 것을 의미한다.

무차별곡선(Indifference Curve)

① 개념 : 동일한 수준의 효용을 가져다주는 모든 상품의 묶음을 연결한 궤적을 말한다.

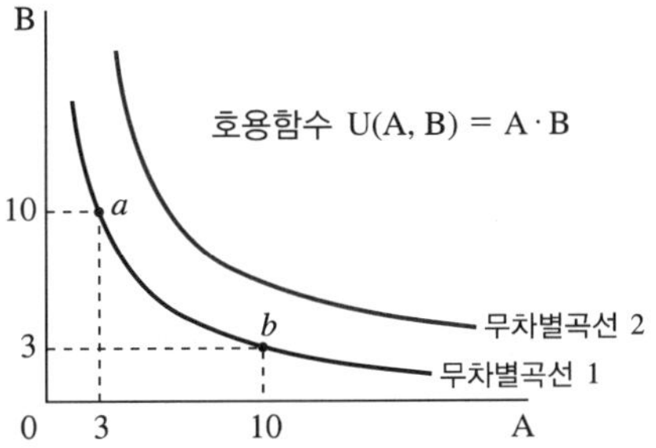

② 무차별곡선의 성질

- A재와 B재 모두 재화라면 무차별곡선은 우하향하는 모양을 갖는다(대체가능성).
- 원점에서 멀어질수록 높은 효용수준을 나타낸다(강단조성).
- 두 무차별곡선은 서로 교차하지 않는다(이행성).
- 모든 점은 그 점을 지나는 하나의 무차별곡선을 갖는다(완비성).
- 원점에 대하여 볼록하다(볼록성).

③ 예외적인 무차별곡선

구분	두 재화가 완전 대체재인 경우	두 재화가 완전 보완재인 경우	두 재화가 모두 비재화인 경우
그래프	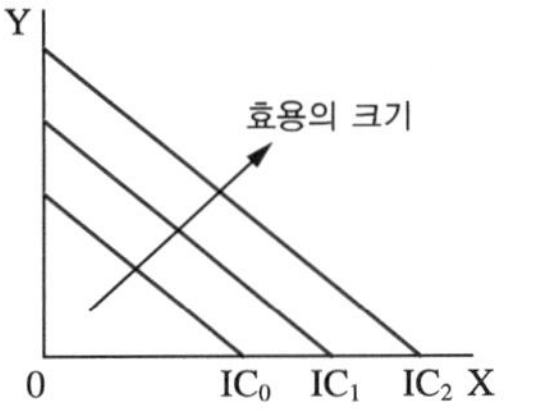	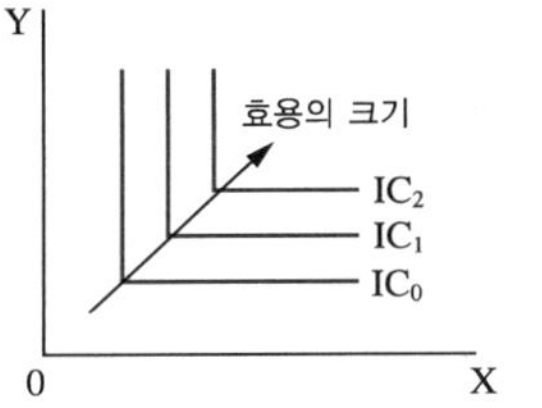	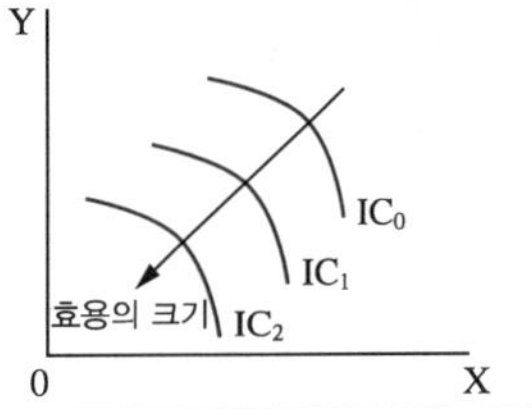
효용함수	$U(X, Y)=aX+bY$	$U(X, Y)=\min\left(\frac{X}{a}, \frac{Y}{b}\right)$	$U(X, Y)=\frac{1}{X^2+Y^2}$
특징	한계대체율(MRS)이 일정하다.	두 재화의 소비비율이 $\frac{b}{a}$로 일정하다.	X재와 Y재 모두 한계효용이 0보다 작다. ($MU_X<0$, $MU_Y<0$)
사례	(X, Y) =(10원짜리 동전, 50원짜리 동전)	(X, Y)=(왼쪽 양말, 오른쪽 양말)	(X, Y)=(매연, 소음)

소비자균형

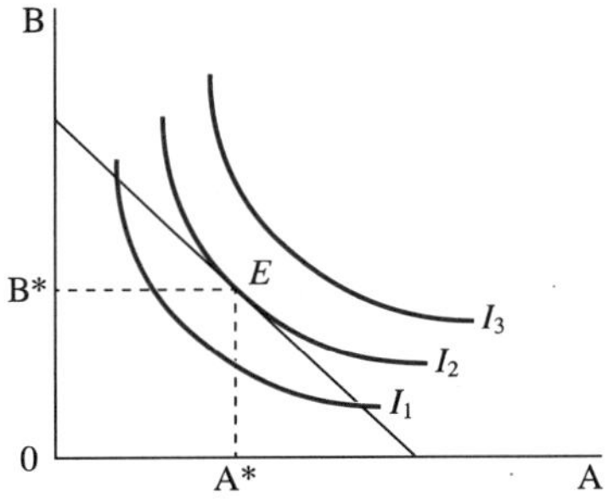

무차별곡선 기울기의 절댓값인 MRS_{AB}, 즉 소비자의 A재와 B재의 주관적인 교환비율과 시장에서 결정된 A재와 B재의 객관적인 교환비율인 상대가격 $\frac{P_A}{P_B}$가 일치하는 점에서 소비자균형이 달성된다(E).

빈출키워드 9 역선택과 도덕적 해이

다음 〈보기〉의 사례를 역선택(Adverse Selection)과 도덕적 해이(Moral Hazard)의 개념에 따라 바르게 구분한 것은?

보기

㉠ 자동차 보험 가입 후 더 난폭하게 운전한다.
㉡ 건강이 좋지 않은 사람이 민간 의료보험에 더 많이 가입한다.
㉢ 실업급여를 받게 되자 구직 활동을 성실히 하지 않는다.
㉣ 사망 확률이 낮은 건강한 사람이 주로 종신연금에 가입한다.
㉤ 의료보험제도가 실시된 이후 사람들의 의료수요가 현저하게 증가하였다.

	역선택	도덕적 해이
①	㉠, ㉡	㉢, ㉣, ㉤
②	㉡, ㉣	㉠, ㉢, ㉤
③	㉢, ㉤	㉠, ㉡, ㉣
④	㉡, ㉢, ㉣	㉠, ㉤
⑤	㉡, ㉢, ㉤	㉠, ㉣

정답 ②

역선택이란 감추어진 특성의 상황에서 정보 수준이 낮은 측이 사전적으로 바람직하지 않은 상대방을 만날 가능성이 높아지는 현상을 의미한다. 반면, 도덕적 해이는 감추어진 행동의 상황에서 어떤 거래 이후에 정보를 가진 측이 바람직하지 않은 행동을 하는 현상을 의미한다.

이론 더하기

역선택(Adverse Selection)

① 개념 : 거래 전에 감추어진 특정한 상황에서 정보가 부족한 구매자가 바람직하지 못한 상대방과 품질이 낮은 상품을 거래하게 되는 가격왜곡현상을 의미한다.

② 사례

- 중고차를 판매하는 사람은 그 차량의 결점에 대해 알지만 구매자는 잘 모르기 때문에 성능이 나쁜 중고차만 거래된다. 즉, 정보의 비대칭성으로 인해 비효율적인 자원 배분 현상이 나타나며, 이로 인해 사회적인 후생손실이 발생한다.
- 보험사에서 평균적인 사고확률을 근거로 보험료를 산정하면 사고 발생 확률이 높은 사람이 보험에 가입할 가능성이 큰 것을 의미한다. 이로 인해 평균적인 위험을 기초로 보험금과 보험료를 산정하는 보험회사는 손실을 보게 된다.

③ 해결 방안

- 선별(Screening) : 정보를 갖지 못한 사람이 상대방의 정보를 알기 위해 노력하는 것이다.
- 신호 발송(Signaling) : 정보를 가진 측에서 정보가 없는 상대방에게 자신을 알림으로써 정보의 비대칭을 해결하는 것이다.
- 정부의 역할 : 모든 당사자가 의무적으로 수행하게 하는 강제집행과 정보흐름을 촉진할 수 있는 정보정책 수립 등이 있다.

도덕적 해이(Moral Hazard)

① 개념 : 어떤 계약 거래 이후에 대리인의 감추어진 행동으로 인해 정보격차가 존재하여 상대방의 향후 행동을 예측할 수 없거나 본인이 최선을 다한다 해도 자신에게 돌아오는 혜택이 별로 없는 경우에 발생한다.

② 사례

- 화재보험에 가입하고 나면 화재예방노력에 따른 편익이 감소하므로 노력을 소홀히 하는 현상이 발생한다.
- 의료보험에 가입하면 병원 이용에 따른 한계비용이 낮아지므로 그 전보다 병원을 더 자주 찾는 현상이 발생한다.
- 금융기관에서 자금을 차입한 이후에 보다 위험이 높은 투자 상품에 투자하는 현상이 발생한다.

③ 해결 방안

- 보험회사가 보험자 손실의 일부만을 보상해 주는 공동보험제도를 채택한다.
- 금융기관이 기업의 행동을 주기적으로 감시한다(예 사회이사제도, 감사제도).
- 금융기관은 대출 시 담보를 설정하여 위험이 높은 투자를 자제하도록 한다.

역선택과 도덕적 해이 비교

구분	역선택	도덕적 해이
정보의 비대칭 발생시점	계약 이전	계약 이후
정보의 비대칭 유형	숨겨진 특성	숨겨진 행동
해결 방안	선별, 신호 발송, 신용할당, 효율성 임금, 평판, 표준화, 정보정책, 강제집행 등	유인설계(공동보험, 기초공제제도, 성과급 지급 등), 효율성 임금, 평판, 담보설정 등

PART 5

빈출키워드 10 공공재

다음 중 밑줄 친 ㉠, ㉡이 나타내는 용어가 바르게 연결된 것은?

> 국방은 한 국가가 현존하는 적국이나 가상의 적국 또는 내부의 침략에 대응하기 위하여 강구하는 다양한 방위활동을 말하는데, 이러한 국방은 ㉠ <u>많은 사람들이 누리더라도 다른 사람이 이용할 수 있는 몫이 줄어들지 않는다</u>. 또한 국방비에 대해 ㉡ <u>가격을 지급하지 않는 사람들이 이용하지 못하게 막기가 어렵다</u>. 따라서 국방은 정부가 담당하게 된다.

	㉠	㉡
①	공공재	외부효과
②	배제성	경합성
③	무임승차	비배제성
④	비경합성	비배제성
⑤	경합성	배제성

정답 ④

㉠ 경합성이란 재화나 용역을 한 사람이 사용하게 되면 다른 사람의 몫은 그만큼 줄어든다는 것으로 희소성의 가치에 의해 발생하는 경제적인 성격의 문제이다. 일반적으로 접하는 모든 재화나 용역이 경합성이 있으며, 반대로 한 사람이 재화나 용역을 소비해도 다른 사람의 소비를 방해하지 않는다면 비경합성에 해당한다.

㉡ 배제성이란 어떤 특정한 사람이 재화나 용역을 사용하는 것을 막을 수 있는 가능성을 말한다. 반대의 경우는 비배제성이 있다고 한다.

비경합성과 비배제성 모두 동시에 가지고 있는 재화나 용역은 제시문의 국방, 치안 등 공공재가 있다.

이론 더하기

재화의 종류

구분	배제성	비배제성
경합성	사유재 예 음식, 옷, 자동차	공유자원 예 산에서 나는 나물, 바닷속의 물고기
비경합성	클럽재(자연 독점 재화) 예 케이블 TV방송, 전력, 수도	공공재 예 국방, 치안

공공재

① 개념 : 모든 사람들이 공동으로 이용할 수 있는 재화 또는 서비스로 비경합성과 비배제성이라는 특징을 갖는다.

② 성격

- 비경합성 : 소비하는 사람의 수에 관계없이 모든 사람이 동일한 양을 소비한다. 비경합성에 기인하여 1인 추가 소비에 따른 한계비용은 0이다. 공공재의 경우 양의 가격을 매기는 것은 바람직하지 않음을 의미한다.
- 비배제성 : 재화 생산에 대한 기여 여부에 관계없이 소비가 가능한 특성을 의미한다.

③ 종류

- 순수 공공재 : 국방, 치안 서비스 등
- 비순수 공공재 : 불완전한 비경합성을 가진 클럽재(혼합재), 지방공공재

무임승차자 문제

① 공공재는 배제성이 없으므로 효율적인 자원 분배가 이루어지지 않는 현상이 발생할 수 있다. 이로 인해 시장실패가 발생하게 되는데 구체적으로 두 가지 문제를 야기시킨다.

- 무임승차자의 소비로 인한 공공재나 공공 서비스의 공급부족 현상
- 공유자원의 남용으로 인한 사회문제 발생으로 공공시설물 파괴, 환경 오염

② 기부금을 통해 공공재를 구입하거나, 공공재를 이용하는 사람에게 일정의 요금을 부담시키는 방법, 국가가 강제로 조세를 거두어 무상으로 공급하는 방법 등으로 해결 가능하다.

공유자원

① 개념 : 소유권이 어느 개인에게 있지 않고, 사회 전체에 속하는 자원이다.

② 종류

- 자연자본 : 공기, 하천, 국가 소유의 땅
- 사회간접자본 : 공공의 목적으로 축조된 항만, 도로

공유지의 비극(Tragedy of Commons)

경합성은 있지만 비배제성은 없는 공유자원의 경우, 공동체 구성원이 자신의 이익에만 따라 행동하여 결국 공동체 전체가 파국을 맞이하게 된다는 이론이다.

빈출키워드 11 GDP, GNP, GNI

01 **다음 〈보기〉에서 국내총생산(GDP)에 대한 설명으로 옳은 것을 모두 고르면?**

보기

㉠ 여가가 주는 만족은 삶의 질에 매우 중요한 영향을 미치므로 GDP에 반영된다.
㉡ 환경오염으로 파괴된 자연을 치유하기 위해 소요된 지출은 GDP에 포함된다.
㉢ 우리나라의 지하경제 규모는 엄청나기 때문에 한국은행은 이를 포함하여 GDP를 측정한다.
㉣ 가정주부의 가사노동은 GDP에 불포함되지만, 가사도우미의 가사노동은 GDP에 포함된다.

① ㉠, ㉢
② ㉠, ㉣
③ ㉡, ㉢
④ ㉡, ㉣
⑤ ㉢, ㉣

02 **다음 중 국민총소득(GNI), 국내총생산(GDP), 국민총생산(GNP)에 대한 설명으로 옳지 않은 것은?**

① GNI는 한 나라 국민이 국내외 생산활동에 참여한 대가로 받은 소득의 합계이다.
② 명목GNI는 명목GNP와 명목 국외순수취요소소득의 합이다.
③ 원화표시 GNI에 아무런 변동이 없더라도 환율변동에 따라 달러화표시 GNI는 변동될 수 있다.
④ 국외수취 요소소득이 국외지급 요소소득보다 크면 명목GNI가 명목GDP보다 크다.
⑤ 실질GDP는 생산활동의 수준을 측정하는 생산지표인 반면, 실질GNI는 생산활동을 통하여 획득한 소득의 실질 구매력을 나타내는 소득지표이다.

01

정답 ④

오답분석

㉠ 여가, 자원봉사 등의 활동은 생산활동이 아니므로 GDP에 포함되지 않는다.
㉢ GDP는 마약밀수 등의 지하경제를 반영하지 못한다는 한계점이 있다.

02

정답 ②

과거에는 국민총생산(GNP)이 소득지표로 사용되었으나 수출품과 수입품의 가격변화에 따른 실질소득의 변화를 제대로 반영하지 못했기 때문에 현재는 국민총소득(GNI)을 소득지표로 사용한다.
반면, 명목GNP는 명목GDP에 국외순수취요소소득을 더하여 계산하는데, 명목GDP는 당해 연도 생산량에 당해 연도의 가격을 곱하여 계산하므로 수출품과 수입품의 가격변화에 따른 실질소득 변화가 모두 반영된다. 즉, 명목으로 GDP를 집계하면 교역조건 변화에 따른 실질무역손익이 0이 된다. 따라서 명목GNP는 명목GNI와 동일하다.

이론 더하기

GDP(국내총생산)

① 정의 : GDP(국내총생산)란 일정 기간 한 나라의 국경 안에서 생산된 모든 최종 재화와 서비스의 시장가치를 시장가격으로 평가하여 합산한 것이다.

② GDP의 계산 : 가계소비(C)+기업투자(I)+정부지출(G)+순수출(NX)

※ 순수출(NX) : 수출－수입

③ 명목GDP와 실질GDP

명목GDP	• 당해의 생산량에 당해 연도 가격을 곱하여 계산한 GDP이다. • 명목GDP는 물가가 상승하면 상승한다. • 당해 연도의 경제활동 규모와 산업구조를 파악하는 데 유용하다.
실질GDP	• 당해의 생산량에 기준연도 가격을 곱하여 계산한 GDP이다. • 실질GDP는 물가의 영향을 받지 않는다. • 경제성장과 경기변동 등을 파악하는 데 유용하다.

④ GDP디플레이터 : $\frac{\text{명목GDP}}{\text{실질GDP}} \times 100$

⑤ 실재GDP와 잠재GDP

실재GDP	한 나라의 국경 안에서 실제로 생산된 모든 최종 생산물의 시장가치를 의미한다.
잠재GDP	• 한 나라에 존재하는 노동과 자본 등 모든 생산요소를 정상적으로 사용할 경우 달성할 수 있는 최대 GDP를 의미한다. • 잠재GDP=자연산출량=완전고용산출량

GNP(국민총생산)

① 개념 : GNP(국민총생산)란 일정기간 동안 한 나라의 국민이 소유하는 노동과 자본으로 생산된 모든 최종 생산물의 시장가치를 의미한다.

② GNP의 계산 : GDP+대외순수취요소소득=GDP+(대외수취요소소득－대외지급요소소득)

※ 대외수취요소소득 : 우리나라 기업이나 근로자가 외국에서 일한 대가

※ 대외지급요소소득 : 외국의 기업이나 근로자가 우리나라에서 일한 대가

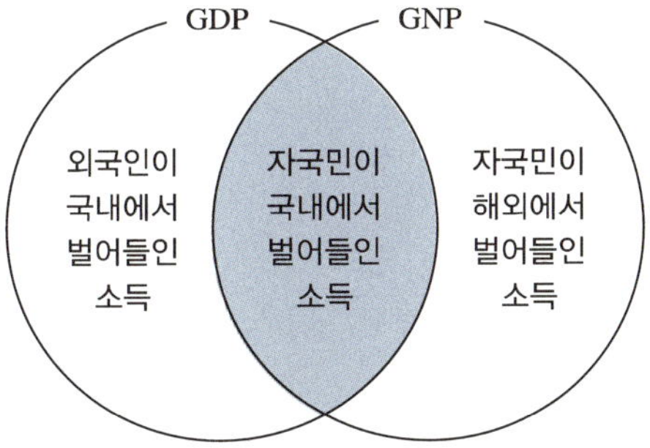

GNI(국민총소득)

① 개념 : 한 나라의 국민이 국내외 생산 활동에 참가하거나 생산에 필요한 자산을 제공한 대가로 받은 소득의 합계이다.

② GNI의 계산 : GDP+교역조건 변화에 따른 실질무역손익+대외순수취요소소득
=GDP+교역조건 변화에 따른 실질무역손익+(대외수취요소소득－대외지급요소소득)

빈출키워드 12 비교우위

다음은 A국과 B국의 2016년과 2024년 자동차와 TV 생산에 대한 생산가능곡선에 대한 자료이다. 이에 대한 설명으로 옳은 것은?

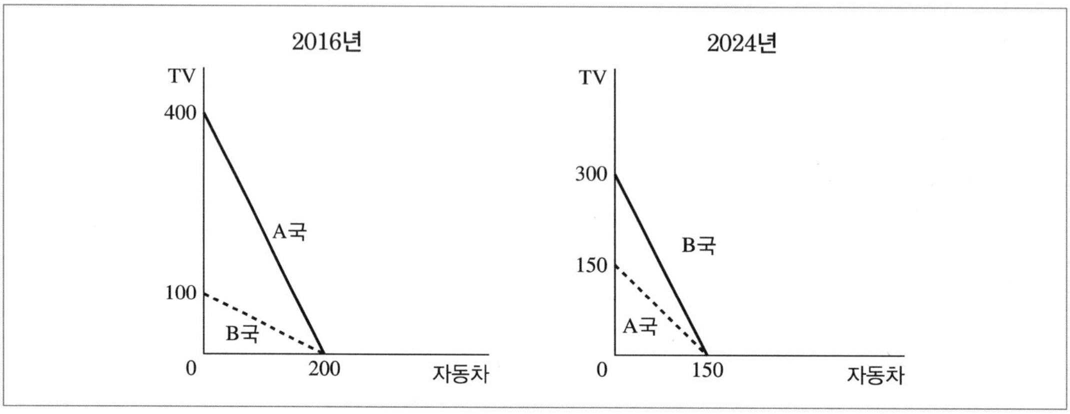

① 2016년 자동차 수출국은 A국이다.
② B국의 자동차 1대 생산 기회비용은 감소하였다.
③ 두 시점의 생산가능곡선 변화 원인은 생산성 향상 때문이다.
④ 2024년에 자동차 1대가 TV 2대와 교환된다면 무역의 이익은 B국만 갖게 된다.
⑤ 2016년에 A국이 생산 가능한 총생산량은 TV 400대와 자동차 200대이다.

정답 ③

오답분석

① 2016년에 A국이 자동차 1대를 생산하기 위한 기회비용은 TV 2대이며, B국이 자동차 1대를 생산하기 위한 기회비용은 TV $\frac{1}{2}$대이다. 따라서 상대적으로 자동차 생산에 대한 기회비용이 적은 B국에서 자동차를 수출해야 한다.

② 2016년 B국의 자동차 1대 생산에 대한 기회비용은 TV $\frac{1}{2}$대인 반면, 2024년 B국의 자동차 1대 생산에 대한 기회비용은 TV 2대이므로 기회비용은 증가하였다.

④ 2024년에 A국은 비교우위가 있는 자동차 생산에 특화되어 있고, B국은 비교우위가 있는 TV 생산에 특화되어 있어 교환한다. 이 경우 교환 비율이 자동차 1대당 TV 2대이면, B국은 아무런 무역이익을 가지지 못하고, A국만 무역의 이익을 갖는다.

⑤ 2016년에 A국의 생산 가능한 총생산량은 TV 400대 또는 자동차 200대이다.

이론 더하기

애덤스미스의 절대우위론

절대우위론이란 각국이 절대적으로 생산비가 낮은 재화생산에 특화하여 그 일부를 교환함으로써 상호이익을 얻을 수 있다는 이론이다.

리카도의 비교우위론

① 개념

- 비교우위란 교역 상대국보다 낮은 기회비용으로 생산할 수 있는 능력으로 정의된다.
- 비교우위론이란 한 나라가 두 재화생산에 있어서 모두 절대우위에 있더라도 양국이 상대적으로 생산비가 낮은 재화생산에 특화하여 무역을 할 경우 양국 모두 무역으로부터 이익을 얻을 수 있다는 이론을 말한다.
- 비교우위론은 절대우위론의 내용을 포함하고 있는 이론이다.

② 비교우위론의 사례

구분	A국	B국
X재	4명	5명
Y재	2명	5명

→ A국이 X재와 Y재 생산에서 모두 절대우위를 갖는다.

구분	A국	B국
X재 1단위 생산의 기회비용	Y재 2단위	Y재 1단위
Y재 1단위의 기회비용	X재 $\frac{1}{2}$ 단위	X재 1단위

→ A국은 Y재에, B국은 X재에 비교우위가 있다.

헥셔 – 오린 정리모형(Heckscher – Ohlin Model, H – O Model)

① 개념

- 각국의 생산함수가 동일하더라도 각 국가에서 상품 생산에 투입된 자본과 노동의 비율이 차이가 있으면 생산비의 차이가 발생하게 되고, 각국은 생산비가 적은 재화에 비교우위를 갖게 된다는 정리이다.
- 노동풍부국은 노동집약재, 자본풍부국은 자본집약재 생산에 비교우위가 있다.

② 내용

- A국은 B국에 비해 노동풍부국이고, X재는 Y재에 비해 노동집약재라고 가정할 때 A국과 B국의 생산가능곡선은 다음과 같이 도출된다.

A국의 생산가능곡선	B국의 생산가능곡선
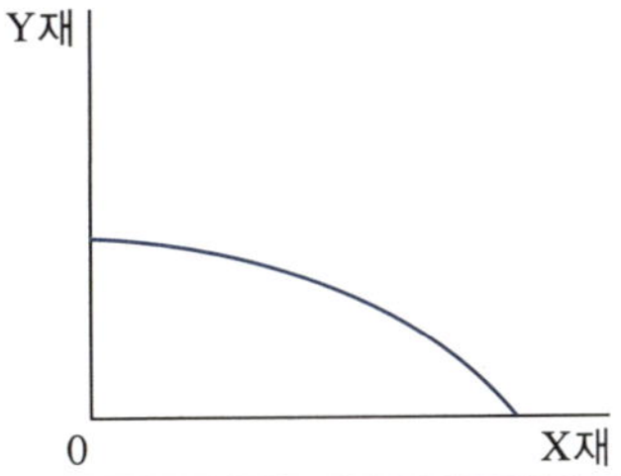	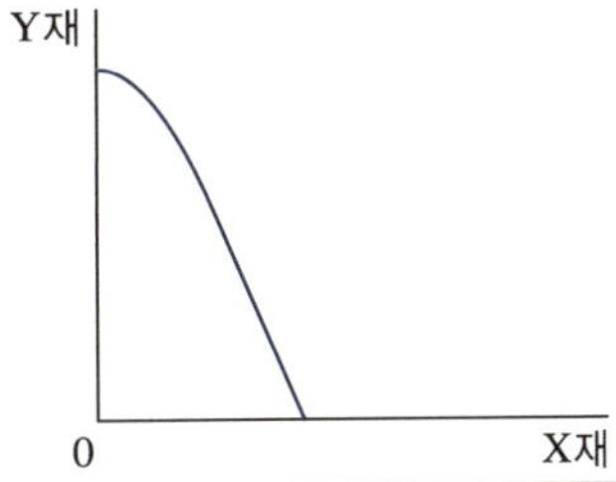

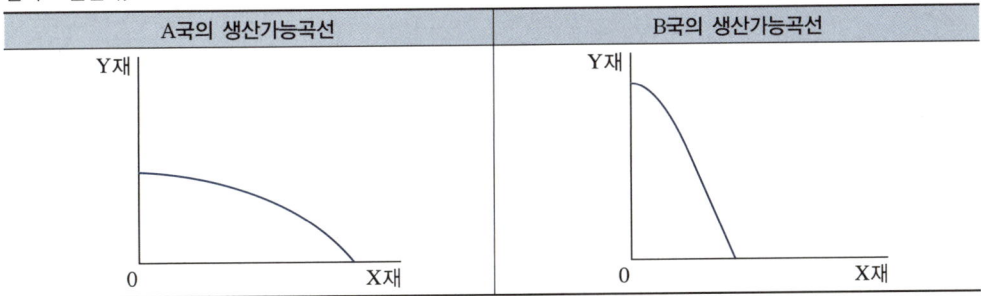

- 헥셔 – 오린 정리에 따르면 A국은 노동이 B국에 비해 상대적으로 풍부하기 때문에 노동집약재인 X재에 비교우위를 가지고 X재를 생산하여 B국에 수출하고 Y재를 수입한다.
- 마찬가지로 B국은 자본이 A국에 비해 상대적으로 풍부하기 때문에 자본집약재인 Y재에 비교우위를 가지고 Y재를 생산하여 A국에 수출하고 X재를 수입한다.

빈출키워드 13 로렌츠 곡선과 지니계수

01 다음 중 소득격차를 나타내는 지표가 아닌 것은?

① 십분위분배율
② 로렌츠 곡선
③ 지니계수
④ 엥겔지수
⑤ 앳킨슨지수

02 어느 나라 국민의 50%는 소득이 전혀 없고, 나머지 50%는 모두 소득 100을 균등하게 가지고 있다면 지니계수의 값은 얼마인가?

① 0
② 1
③ $\frac{1}{2}$
④ $\frac{1}{4}$
⑤ $\frac{1}{5}$

01

정답 ④

엥겔지수는 전체 소비지출 중에서 식료품비가 차지하는 비중을 표시하는 지표로, 특정 계층의 생활 수준만을 알 수 있다.

02

정답 ③

국민의 50%가 소득이 전혀 없고, 나머지 50%에 해당하는 사람들의 소득은 완전히 균등하게 100씩 가지고 있으므로 로렌츠 곡선은 아래 그림과 같다. 따라서 지니계수는 다음과 같이 계산한다.

지니계수$=\frac{A}{A+B}=\frac{1}{2}$

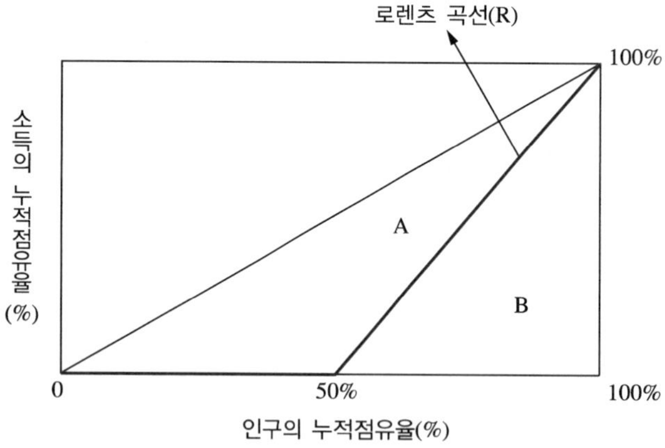

이론 더하기

로렌츠 곡선(Lorenz Curve)

① 개념 및 측정방법

- 인구의 누적점유율과 소득의 누적점유율 간의 관계를 나타내는 곡선이다.
- 로렌츠 곡선은 소득분배가 균등할수록 대각선에 가까워진다. 즉, 로렌츠 곡선이 대각선에 가까울수록 평등한 분배상태이며, 직각에 가까울수록 불평등한 분배상태이다.
- 로렌츠 곡선과 대각선 사이의 면적의 크기가 불평등도를 나타내는 지표가 된다.

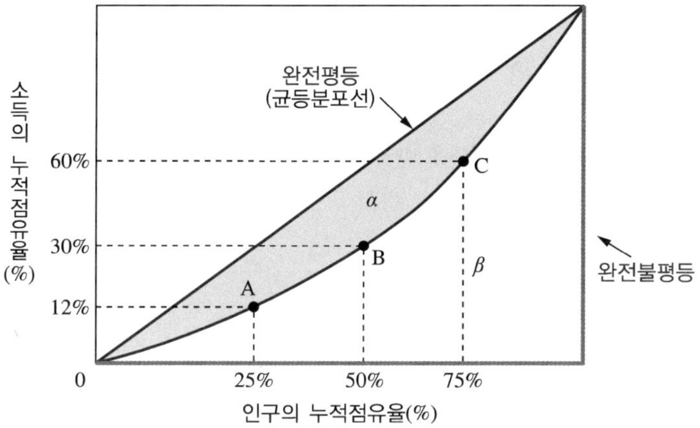

- 로렌츠 곡선 상의 점 A는 소득액 하위 25% 인구가 전체 소득의 12%를, 점 B는 소득액 하위 50% 인구가 전체 소득의 30%를, 점 C는 소득액 하위 75% 인구가 전체 소득의 60%를 점유하고 있음을 의미한다.

② 평가

- 로렌츠 곡선이 서로 교차하는 경우에는 소득분배상태를 비교할 수 없다.
- 소득별 분배상태를 한눈에 볼 수 있으나, 비교하고자 하는 수만큼 그려야 하는 단점이 있다.

지니계수

① 개념 및 측정방법

- 지니계수란 로렌츠 곡선이 나타내는 소득분배상태를 하나의 숫자로 나타낸 것을 말한다.
- 지니계수는 완전균등분포선과 로렌츠 곡선 사이에 해당하는 면적(α)을 완전균등분포선 아래의 삼각형 면적($\alpha+\beta$)으로 나눈 값이다.
- 지니계수는 $0\sim1$ 사이의 값을 나타내며, 그 값이 작을수록 소득분배가 균등함을 의미한다.
- 즉, 소득분배가 완전히 균등하면 $\alpha=0$이므로 지니계수는 0이 되고, 소득분배가 완전히 불균등하면 $\beta=0$이므로 지니계수는 1이 된다.

② 평가

- 지니계수는 전 계층의 소득분배를 하나의 숫자로 나타내므로 특정 소득계층의 소득분배상태를 나타내지 못한다는 한계가 있다.
- 또한 특정 두 국가의 지니계수가 동일하더라도 소득구간별 소득격차의 차이가 모두 동일한 것은 아니며, 전반적인 소득분배의 상황만을 짐작하게 하는 한계가 있다.

빈출키워드 14 파레토 효율성

상품시장을 가정할 때, 다음 중 완전경쟁시장의 균형점이 파레토 효율적인 이유로 옳지 않은 것은?

① 완전경쟁시장 균형점에서 가장 사회적 잉여가 크기 때문이다.
② 완전경쟁시장 균형점에서 사회적 형평성이 극대화되기 때문이다.
③ 완전경쟁시장 균형점에서 소비자는 효용 극대화, 생산자는 이윤 극대화를 달성하기 때문이다.
④ 완전경쟁시장 균형점에서 재화 한 단위 생산에 따른 사회적 한계편익과 사회적 한계비용이 같기 때문이다.
⑤ 시장 수요곡선의 높이는 사회적 한계편익을 반영하고, 시장 공급곡선의 높이는 사회적 한계비용을 완전하게 반영하기 때문이다.

정답 ②

파레토 효율성이란 하나의 자원배분상태에서 다른 사람에게 손해가 가지 않고서는 어떤 한 사람에게 이득이 되는 변화를 만들어 내는 것이 불가능한 배분상태를 의미한다. 즉, 파레토 효율성은 현재보다 더 효율적인 배분이 불가능한 상태를 의미한다. 완전경쟁시장의 균형점에서는 사회적 효율이 극대화되지만, 파레토 효율적이라고 하여 사회 구성원 간에 경제적 후생을 균등하게 분배하는 것은 아니기 때문에 사회적 형평성이 극대화되지는 않는다.

이론 더하기

파레토 효율성

파레토 효율(=파레토 최적)이란 하나의 자원배분상태에서 다른 어떤 사람에게 손해가 가도록 하지 않고서는 어떤 한 사람에게 이득이 되는 변화를 만들어 내는 것이 불가능한 상태, 즉 더 이상의 파레토 개선이 불가능한 자원배분상태를 말한다.

소비에서의 파레토 효율성

① 생산물시장이 완전경쟁시장이면 개별소비자들은 가격수용자이므로 두 소비자가 직면하는 예산선의 기울기$\left(-\frac{P_X}{P_Y}\right)$는 동일하다.
② 예산선의 기울기가 동일하므로 두 개인의 무차별곡선 기울기도 동일하다.
$MRS^A_{XY}=MRS^B_{XY}$
③ 그러므로 생산물시장이 완전경쟁이면 소비에서의 파레토 효율성 조건이 충족된다.
④ 계약곡선상의 모든 점에서 파레토 효율이 성립하고, 효용곡선 상의 모든 점에서 파레토 효율이 성립한다.

생산에서의 파레토 효율성

① 생산요소시장이 완전경쟁이면 개별생산자는 가격수용자이므로 두 재화가 직면하는 등비용선의 기울기$\left(-\frac{w}{r}\right)$가 동일하다.
② 등비용선의 기울기가 동일하므로 두 재화의 등량곡선의 기울기도 동일하다.
$MRS^X_{LK}=MRS^Y_{LK}$
③ 그러므로 생산요소시장이 완전경쟁이면 생산에서의 파레토 효율성 조건이 충족된다.
④ 생산가능곡선이란 계약곡선을 재화공간으로 옮겨 놓은 것으로 생산가능곡선상의 모든 점에서 파레토 효율이 이루어진다.
⑤ 한계변환율은 X재의 생산량을 1단위 증가시키기 위하여 감소시켜야 하는 Y재의 수량으로, 생산가능곡선 접선의 기울기이다.

종합적인 파레토 효율성

시장구조가 완전경쟁이면 소비자의 효용극대화와 생산자의 이윤극대화 원리에 의해 종합적인 파레토 효율성 조건이 성립한다.

$$MRS_{xy}=\frac{M_X}{M_Y}=\frac{P_X}{P_Y}=\frac{MC_X}{MC_Y}=MRT_{xy}$$

파레토 효율성의 한계

① 파레토 효율성 조건을 충족하는 점은 무수히 존재하기 때문에 그중 어떤 점이 사회적으로 가장 바람직한지 판단하기 어렵다.
② 파레토 효율성은 소득분배의 공평성에 대한 기준을 제시하지 못한다.

PART 5

빈출키워드 15 실업

01 다음 대화에서 밑줄 친 부분에 해당하는 사례로 가장 적절한 것은?

> 선생님 : 실업에는 어떤 종류가 있는지 한 번 말해볼까?
> 학 생 : 네, 선생님. 실업은 발생하는 원인에 따라 경기적 실업과 계절적 실업 그리고 구조적 실업과 마찰적 실업으로 분류할 수 있습니다.

① 총수요의 부족으로 발생하는 실업이 발생했다.
② 더 나은 직업을 탐색하기 위해 기존에 다니던 직장을 그만두었다.
③ 남해바다 해수욕장의 수영 강사들이 겨울에 일자리가 없어서 쉬고 있다.
④ 산업구조가 제조업에서 바이오기술산업으로 재편되면서 대량실업이 발생하였다.
⑤ 디지털 카메라의 대중화로 필름회사 직원들이 일자리를 잃었다.

02 다음 빈칸 ㉠~㉣에 들어갈 용어를 바르게 짝지은 것은?

> • ___㉠___ : 구직활동 과정에서 일시적으로 실업 상태에 놓이는 것을 의미한다.
> • ___㉡___ : 한 나라의 산출량과 실업 사이에서 관찰되는 안정적인 음(−)의 상관관계가 존재한다는 것을 의미한다.
> • ___㉢___ : 실업이 높은 수준으로 올라가고 나면 경기확장정책을 실시하더라도 다시 실업률이 감소하지 않는 경향을 의미한다.
> • ___㉣___ : 경기침체로 인한 총수요의 부족으로 발생하는 실업이다.

	㉠	㉡	㉢	㉣
①	마찰적 실업	오쿤의 법칙	이력현상	경기적 실업
②	마찰적 실업	경기적 실업	오쿤의 법칙	구조적 실업
③	구조적 실업	이력현상	경기적 실업	마찰적 실업
④	구조적 실업	이력현상	오쿤의 법칙	경기적 실업
⑤	경기적 실업	오쿤의 법칙	이력현상	구조적 실업

01

정답 ①

경기적 실업이란 경기침체로 인한 총수요의 부족으로 발생하는 실업이다. 따라서 경기적 실업을 감소시키기 위해서는 총수요를 확장시켜 경기를 활성화시키는 경제안정화정책이 필요하다.

오답분석

② 마찰적 실업
③ 계절적 실업
④·⑤ 구조적 실업

02

정답 ①

㉠ 마찰적 실업 : 직장을 옮기는 과정에서 일시적으로 실업 상태에 놓이는 것을 의미하며, 자발적 실업으로서 완전고용상태에서도 발생함
㉡ 오쿤의 법칙 : 한 나라의 산출량과 실업 간에 경험적으로 관찰되는 안정적인 음(−)의 상관관계가 존재한다는 법칙
㉢ 이력현상 : 경기침체로 인해 높아진 실업률이 일정 기간이 지난 이후에 경기가 회복되더라도 낮아지지 않고 계속 일정한 수준을 유지하는 현상
㉣ 경기적 실업 : 경기침체로 유효수요가 부족하여 발생하는 실업

이론 더하기

실업
① 실업이란 일할 의사와 능력을 가진 사람이 일자리를 갖지 못한 상태를 의미한다.
② 실업은 자발적 실업과 비자발적 실업으로 구분된다.
③ 자발적 실업에는 마찰적 실업이 포함되고, 비자발적 실업에는 구조적·경기적 실업이 포함된다.

마찰적 실업(Frictional Unemployment)
① 노동시장의 정보불완전성으로 노동자들이 구직하는 과정에서 발생하는 자발적 실업을 말한다.
② 마찰적 실업의 기간은 대체로 단기이므로 실업에 따르는 고통은 크지 않다.
③ 마찰적 실업을 감소시키기 위해서는 구인 및 구직 정보를 적은 비용으로 찾을 수 있는 제도적 장치를 마련하여 경제적·시간적 비용을 줄여주어야 한다.

구조적 실업(Structural Unemployment)
① 경제가 발전하면서 산업구조가 변화하고 이에 따라 노동수요 구조가 변함에 따라 발생하는 실업을 말한다.
② 기술발전과 지식정보화 사회 등에 의한 산업구조 재편이 수반되면서 넓은 지역에서 동시에 발생하는 실업이다.
③ 구조적 실업을 감소시키기 위해서는 직업훈련, 재취업교육 등 인력정책이 필요하다.

경기적 실업(Cyclical Unemployment)
① 경기침체로 인한 총수요의 부족으로 발생하는 실업이다.
② 경기적 실업을 감소시키기 위해서는 총수요를 확장시켜 경기를 활성화시키는 경제안정화정책이 필요하다.
③ 한편, 실업보험제도나 고용보험제도도 경기적 실업을 해소하기 위한 좋은 대책이다.

실업관련지표
① 경제활동참가율
- 생산가능인구 중에서 경제활동인구가 차지하는 비율을 나타낸다.
- 경제활동참가율 $= \frac{\text{경제활동인구}}{\text{생산가능인구}} \times 100 = \frac{\text{경제활동인구}}{\text{경제활동인구} + \text{비경제활동인구}} \times 100$

② 실업률
- 경제활동인구 중에서 실업자가 차지하는 비율을 나타낸다.
- 실업률 $= \frac{\text{실업자 수}}{\text{경제활동인구}} \times 100 = \frac{\text{실업자 수}}{\text{취업자 수} + \text{실업자 수}} \times 100$
- 정규직의 구분 없이 모두 취업자로 간주하므로 고용의 질을 반영하지 못한다.

③ 고용률
- 생산가능인구 중에서 취업자가 차지하는 비율로 한 경제의 실질적인 고용창출능력을 나타낸다.
- 고용률 $= \frac{\text{취업자 수}}{\text{생산가능인구}} \times 100 = \frac{\text{취업자 수}}{\text{경제활동인구} + \text{비경제활동인구}} \times 100$

빈출키워드 16 인플레이션

01 다음 중 인플레이션에 의해 나타날 수 있는 현상으로 보기 어려운 것은?

① 구두창비용의 발생
② 메뉴비용의 발생
③ 통화가치 하락
④ 단기적인 실업률 하락
⑤ 총요소생산성의 상승

02 다음과 같은 현상에 대한 설명으로 옳지 않은 것은?

> 베네수엘라의 중앙은행은 지난해 물가가 무려 9,586% 치솟았다고 발표했다. 그야말로 살인적인 물가 폭등이다. 베네수엘라는 한때 1위 산유국으로 부유했던 국가 중 하나였다. 이를 바탕으로 베네수엘라의 대통령이었던 니콜라스 마두로 대통령은 국민들에게 무상 혜택을 강화하겠다는 정책을 발표하고, 부족한 부분은 국가의 돈을 찍어 국민 생활의 많은 부분을 무상으로 전환했다. 그러나 2010년 원유의 가격이 바닥을 치면서 무상복지로 제공하던 것들을 유상으로 전환했고, 이에 따라 급격히 물가가 폭등하여 현재 돈의 가치가 없어지는 상황까지 왔다. 베네수엘라에서 1,000원짜리 커피를 한 잔 마시려면 150만 원을 지불해야 하며, 한 달 월급으로 계란 한 판을 사기 어려운 수준에 도달했다. 이를 견디지 못한 베네수엘라 국민들은 자신의 나라를 탈출하고 있으며, 정부는 화폐개혁을 예고했다.

① 상품의 퇴장 현상이 나타나며 경제는 물물교환에 의해 유지된다.
② 화폐 액면 단위를 변경시키는 디노미네이션으로 쉽게 해소된다.
③ 정부가 재정 확대 정책을 장기간 지속했을 때도 이런 현상이 나타난다.
④ 전쟁이나 혁명 등 사회가 크게 혼란한 상황에서 나타난다.
⑤ 물가상승이 통제를 벗어난 상태로 수백%의 인플레이션율을 기록하는 상황을 말한다.

01

정답 ⑤

인플레이션은 구두창비용, 메뉴비용, 자원배분의 왜곡, 조세왜곡 등의 사회적 비용을 발생시켜 경제에 비효율성을 초래한다. 특히 예상하지 못한 인플레이션은 소득의 자의적인 재분배를 가져와 채무자와 실물자산소유자가 채권자와 화폐자산소유자에 비해 유리하게 만든다. 인플레이션으로 인한 사회적 비용 중 구두창비용이란 인플레이션으로 인해 화폐가치가 하락한 상황에서 화폐보유의 기회비용이 상승하는 것을 나타내는 용어이다. 이는 사람들이 화폐보유를 줄이게 되면 금융기관을 자주 방문해야 하므로 거래비용이 증가하게 되는 것을 의미한다. 메뉴비용이란 물가가 상승할 때 물가 상승에 맞추어 기업들이 생산하는 재화나 서비스의 판매가격을 조정하는 데 지출되는 비용을 의미한다. 또한 예상하지 못한 인플레이션이 발생하면 기업들은 노동의 수요를 증가시키고, 노동의 수요가 증가하게 되면 일시적으로 생산량과 고용량이 증가하게 된다. 하지만 인플레이션으로 총요소생산성이 상승하는 것은 어려운 일이다.

02

정답 ②

제시문은 하이퍼인플레이션에 대한 설명이다. 하이퍼인플레이션은 대부분 전쟁이나 혁명 등 사회가 크게 혼란한 상황 또는 정부가 재정을 지나치게 방만하게 운용해 통화량을 대규모로 공급할 때 발생한다. 디노미네이션은 화폐의 가치를 유지하면서 액면 단위만 줄이는 화폐개혁의 방법으로, 화폐를 바꾸는 데 많은 비용이 소요되고 시스템이나 사람들이 적응하는 데 많은 시간이 필요하기 때문에 효과는 서서히 발생한다.

이론 더하기

물가지수

① 개념 : 물가의 움직임을 구체적으로 측정한 지표로서 일정 시점을 기준으로 그 이후의 물가변동을 백분율(%)로 표시한다.

② 물가지수의 계산 : $\frac{\text{비교시의 물가수준}}{\text{기준시의 물가수준}} \times 100$

③ 물가지수의 종류

- 소비자물가지수(CPI) : 가계의 소비생활에 필요한 재화와 서비스의 소매가격을 기준으로 환산한 물가지수로서 라스파이레스 방식으로 통계청에서 작성한다.
- 생산자물가지수(PPI) : 국내시장의 제1차 거래단계에서 기업 상호 간에 거래되는 모든 재화와 서비스의 평균적인 가격변동을 측정한 물가지수로서 라스파이레스 방식으로 한국은행에서 작성한다.
- GDP디플레이터 : 명목GNP를 실질가치로 환산할 때 사용하는 물가지수로서 GNP를 추계하는 과정에서 산출된다. 가장 포괄적인 물가지수로서 사후적으로 계산되며 파셰 방식으로 한국은행에서 작성한다.

인플레이션

① 개념 : 물가수준이 지속적으로 상승하여 화폐가치가 하락하는 현상을 말한다.

② 인플레이션의 발생원인

학파	수요견인 인플레이션	비용인상 인플레이션
고전학파	통화공급(M) 증가	통화주의는 물가수준에 대한 적응적 기대를 하는 과정에서 생긴 현상으로 파악
통화주의학파		
케인스학파	정부지출 증가, 투자 증가 등 유효수요 증가와 통화량 증가	임금인상 등의 부정적 공급충격

③ 인플레이션의 경제적 효과

- 예상치 못한 인플레이션은 채권자에서 채무자에게로 소득을 재분배하며, 고정소득자와 금융자산을 많이 보유한 사람에게 불리하게 작용한다.
- 인플레이션은 물가수준의 상승을 의미하므로 수출재의 가격이 상승하여 경상수지를 악화시킨다.
- 인플레이션은 실물자산에 대한 선호를 증가시켜 저축이 감소하여 자본축적을 저해하고 결국 경제의 장기적인 성장가능성을 저하시킨다.

④ 인플레이션의 종류

- 하이퍼인플레이션 : 인플레이션의 범위를 초과하여 경제학적 통제를 벗어난 인플레이션이다.
- 스태그플레이션 : 경기침체기에서의 인플레이션으로, 저성장 고물가의 상태이다.
- 애그플레이션 : 농산물 상품의 가격 급등으로 일반 물가도 덩달아 상승하는 현상이다.
- 보틀넥인플레이션 : 생산요소의 일부가 부족하여, 생산의 증가속도가 수요의 증가속도를 따르지 못해 발생하는 물가상승 현상이다.
- 디맨드풀인플레이션 : 초과수요로 인하여 일어나는 인플레이션이다.
- 디스인플레이션 : 인플레이션을 극복하기 위해 통화증발을 억제하고 재정·금융긴축을 주축으로 하는 경제조정정책이다.

PART 5

빈출키워드 17 게임이론

01 다음 중 게임이론에 대한 설명으로 옳지 않은 것은?

① 순수전략들로만 구성된 내쉬균형이 존재하지 않는 게임도 있다.
② 우월전략이란 상대 경기자들이 어떤 전략들을 사용하든지 상관없이 자신의 전략들 중에서 항상 가장 낮은 보수를 가져다주는 전략을 말한다.
③ 죄수의 딜레마 게임에서 두 용의자 모두가 자백하는 것은 우월전략균형이면서 동시에 내쉬균형이다.
④ 참여자 모두에게 상대방이 어떤 전략을 선택하는가에 관계없이 자신에게 더 유리한 결과를 주는 전략이 존재할 때 그 전략을 참여자 모두가 선택하면 내쉬균형이 달성된다.
⑤ 커플이 각자 선호하는 취미활동을 따로 하는 것보다 동일한 취미를 함께 할 때 더 큰 만족을 줄 수 있는 상황에서는 복수의 내쉬균형이 존재할 수 있다.

02 양씨네 가족은 주말에 여가 생활을 하기로 했다. 양씨 부부는 영화 관람을 원하고, 양씨 자녀들은 놀이동산에 가고 싶어 한다. 하지만 부부와 자녀들은 모두 따로 여가 생활을 하는 것보다는 함께 여가 생활을 하는 것을 더 선호한다. 다음 〈보기〉에서 내쉬균형이 달성되는 경우를 모두 고르면? (단, 내쉬전략이란 상대방의 전략이 정해져 있을 때 자신의 이익을 극대화시키는 전략을 말하며, 내쉬균형이란 어느 누구도 이러한 전략을 변경할 유인이 없는 상태를 말한다)

보기
㉠ 가족 모두 영화를 관람한다.
㉡ 가족 모두 놀이동산에 놀러간다.
㉢ 부부는 영화를 관람하고, 자녀들은 놀이동산에 놀러간다.
㉣ 부부는 놀이동산에 놀러가고, 자녀들은 영화를 관람한다.

① ㉠
② ㉢
③ ㉠, ㉡
④ ㉢, ㉣
⑤ ㉠, ㉡, ㉣

01

정답 ②

우월전략은 상대방의 전략에 관계없이 항상 자신의 보수가 가장 크게 되는 전략을 말한다.

02

정답 ③

부모가 영화를 관람한다고 가정할 때 자녀들이 놀이동산에 놀러가기로 결정하는 경우 따로 여가 생활을 해야 하므로 자녀들의 이익은 극대화되지 않는다. 마찬가지로 자녀들이 놀이동산에 놀러가기로 결정할 때 부부가 영화를 관람하기로 결정한다면 부부의 이익도 역시 극대화되지 않는다. 따라서 가족 모두가 영화를 관람하거나 놀이동산에 놀러갈 때 내쉬균형이 달성된다.

이론 더하기

게임이론

한 사람이 어떤 행동을 취하기 위해서 상대방이 그 행동에 어떻게 대응할지 미리 생각해야 하는 전략적인 상황(Strategic Situation)하에서 자기의 이익을 효과적으로 달성하는 의사결정과정을 분석하는 이론을 말한다.

우월전략균형

① 개념
- 우월전략이란 상대방의 전략에 상관없이 자신의 전략 중 자신의 보수를 극대화하는 전략이다.
- 우월전략균형은 경기자들의 우월전략의 배합을 말한다.
  예 A의 우월전략(자백), B의 우월전략(자백) → 우월전략균형(자백, 자백)

② 평가
- 각 경기자의 우월전략은 비협조전략이다.
- 각 경기자의 우월전략배합이 열위전략의 배합보다 파레토 열위상태이다.
- 자신만이 비협조전략(이기적인 전략)을 선택하는 경우 보수가 증가한다.
- 효율적 자원배분은 협조전략하에 나타난다.
- 각 경기자가 자신의 이익을 극대화하는 행동이 사회적으로 바람직한 자원배분을 실현하는 것은 아니다(개인적 합리성이 집단적 합리성을 보장하지 못한다).

내쉬균형(Nash Equilibrium)

① 개념 및 특징
- 내쉬균형이란 상대방의 전략을 주어진 것으로 보고 자신의 이익을 극대화하는 전략을 선택할 때 이 최적전략의 짝을 내쉬균형이라 한다. 내쉬균형은 존재하지 않을 수도, 복수로 존재할 수도 있다.
- '유한한 경기자'와 '유한한 전략'의 틀을 가진 게임에서 혼합전략을 허용할 때 최소한 하나 이상의 내쉬균형이 존재한다.
- 우월전략균형은 반드시 내쉬균형이나, 내쉬균형은 우월전략균형이 아닐 수 있다.

② 사례
- 내쉬균형이 존재하지 않는 경우

A \ B	T	H
T	3, 2	1, 3
H	1, 1	3, −1

- 내쉬균형이 1개 존재하는 경우(자백, 자백)

A \ B	자백	부인
자백	−5, −5	−1, −10
부인	−10, −1	−2, −2

- 내쉬균형이 2개 존재하는 경우(야구, 야구) (영화, 영화)

A \ B	야구	영화
야구	3, 2	1, 1
영화	1, 1	2, 3

③ 한계점
- 경기자 모두 소극적 추종자로 행동, 적극적으로 행동할 때의 균형을 설명하지 못한다.
- 순차게임을 설명하지 못한다.
- 협력의 가능성이 없으며 협력의 가능성이 있는 게임을 설명하지 못한다.

빈출키워드 18 통화정책

01 A국의 통화량은 현금통화 150, 예금통화 450이며, 지급준비금이 90이라고 할 때 통화승수는? (단, 현금통화비율과 지급준비율은 일정하다)

① 2.5
② 3
③ 4.5
④ 5
⑤ 5.5

02 다음 정책에 대한 설명으로 옳지 않은 것은?

중앙은행의 정책으로 금리 인하를 통한 경기부양 효과가 한계에 다다랐을 때 중앙은행이 국채매입 등을 통해 유동성을 시중에 직접 푸는 정책을 뜻한다.

① 경기후퇴를 막음으로써 시장의 자신감을 향상시킨다.
② 디플레이션을 초래할 수 있다.
③ 수출 증대의 효과가 있다.
④ 유동성을 무제한으로 공급하는 것이다.
⑤ 중앙은행은 이율을 낮추지 않고 돈의 흐름을 늘릴 수 있다.

01

정답 ①

현금통화비율(c), 지급준비율(γ), 본원통화(B), 통화량(M)

$$M=\frac{1}{c+\gamma(1-c)}B$$

여기서 $c=\frac{150}{600}=0.25$, $\gamma=\frac{90}{450}=0.2$이므로, 통화승수는 $\frac{1}{c+\gamma(1-c)}=\frac{1}{0.25+0.2(1-0.25)}=2.5$이다.

한편, (통화량)=(현금통화)+(예금통화)=150+450=600, (본원통화)=(현금통화)+(지급준비금)=150+90=240이다.

따라서 (통화승수)$=\frac{(\text{통화량})}{(\text{본원통화})}=\frac{600}{240}=2.5$이다.

02

정답 ②

양적완화

- 금리중시 통화정책을 시행하는 중앙은행이 정책금리가 0%에 근접하거나, 혹은 다른 이유로 시장경제의 흐름을 정책금리로 제어할 수 없는 이른바 유동성 저하 상황하에서 유동성을 충분히 공급함으로써 중앙은행의 거래량을 확대하는 정책이다.
- 수출 증대의 효과가 있는 반면, 인플레이션을 초래할 수도 있다.
- 자국의 경제에는 소기의 목적을 달성하더라도 타국의 경제에 영향을 미쳐 자산 가격을 급등시킬 수도 있다.

이론 더하기

중앙은행

① 중앙은행의 역할
- 화폐를 발행하는 발권은행으로서의 기능을 한다.
- 은행의 은행으로서의 기능을 한다.
- 통화가치의 안정과 국민경제의 발전을 위한 통화금융정책을 집행하는 기능을 한다.
- 국제수지 불균형의 조정, 환율의 안정을 위하여 외환관리업무를 한다.
- 국고금 관리 등의 업무를 수행하며 정부의 은행으로서의 기능을 한다.

② 중앙은행의 통화정책 운영체계

한국은행은 통화정책 운영체계로서 물가안정목표제(Inflation Targeting)를 채택하고 있다.

③ 물가안정목표제란 '통화량' 또는 '환율' 등 중간목표를 정하고 이에 영향을 미쳐 최종목표인 물가안정을 달성하는 것이 아니라, 최종목표인 '물가' 자체에 목표치를 정하고 중기적 시기에 이를 달성하려는 방식이다.

금융정책

정책수단		운용목표		중간목표		최종목표
공개시장조작 지급준비율	→	콜금리 본원통화 재할인율	→	통화량 이자율	→	완전고용 물가안정 국제수지균형

① 공개시장조작정책
- 중앙은행이 직접 채권시장에 참여하여 금융기관을 상대로 채권을 매입하거나 매각하여 통화량을 조절하는 통화정책수단을 의미한다.
- 중앙은행이 시중의 금융기관을 상대로 채권을 매입하는 경우 경제 전체의 통화량은 증가하게 되고, 이는 실질이자율을 낮춰 총수요를 증가시킨다.
- 중앙은행이 시중의 금융기관을 상대로 채권을 매각하는 경우 경제 전체의 통화량은 감소하게 되고, 이는 실질이자율을 상승과 투자의 감소로 이어져 총수요가 감소하게 된다.

② 지급준비율정책
- 법정지급준비율이란 중앙은행이 예금은행으로 하여금 예금자 예금인출요구에 대비하여 총예금액의 일정 비율 이상을 대출할 수 없도록 규정한 것을 말한다.
- 지급준비율정책이란 법정지급준비율을 변경시킴으로써 통화량을 조절하는 것을 말한다.
- 지급준비율이 인상되면 통화량이 감소하고 실질이자율을 높여 총수요를 억제한다.

③ 재할인율정책
- 재할인율정책이란 일반은행이 중앙은행으로부터 자금을 차입할 때 차입규모를 조절하여 통화량을 조절하는 통화정책수단을 말한다.
- 재할인율 상승은 실질이자율을 높여 경제 전체의 통화량을 줄이고자 할 때 사용하는 통화정책의 수단이다.
- 재할인율 인하는 실질이자율을 낮춰 경제 전체의 통화량을 늘리고자 할 때 사용하는 통화정책의 수단이다.

빈출키워드 19 금융지표(금리 · 환율 · 주가)

다음은 경제 지표의 추이에 대한 자료이다. 이와 같은 추이가 계속된다고 할 때, 나타날 수 있는 현상으로 옳은 것을 〈보기〉에서 모두 고르면?(단, 지표 외 다른 요인은 고려하지 않는다)

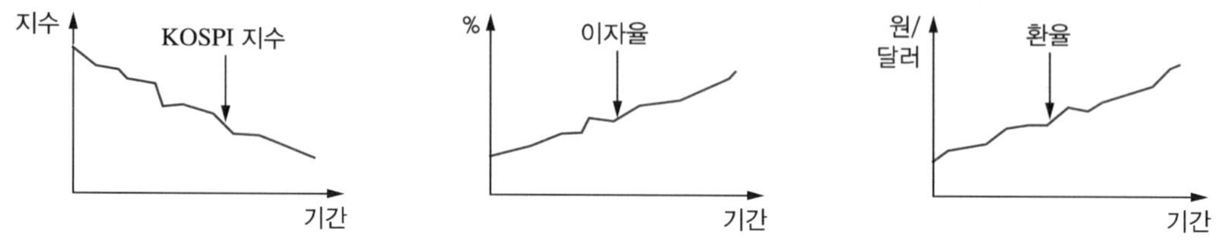

보기

㉠ KOSPI 지수 추이를 볼 때, 기업은 주식시장을 통한 자본 조달이 어려워질 것이다.
㉡ 이자율 추이를 볼 때, 은행을 통한 기업의 대출 수요가 증가할 것이다.
㉢ 환율 추이를 볼 때, 수출제품의 가격 경쟁력이 강화될 것이다.

① ㉠
② ㉡
③ ㉢
④ ㉠, ㉢
⑤ ㉡, ㉢

정답 ④

㉠ KOSPI 지수가 지속적으로 하락하고 있기 때문에 주식시장이 매우 침체되어 있다고 볼 수 있다. 이 경우 주식에 대한 수요와 증권시장의 약세 장세 때문에 주식 발행을 통한 자본 조달은 매우 어려워진다.
㉢ 원/달러 환율이 지속적으로 상승하게 되면 원화의 약세로 수출제품의 외국에서의 가격은 달러화에 비해 훨씬 저렴하게 된다. 따라서 상대적으로 외국제품에 비하여 가격 경쟁력이 강화되는 효과가 발생한다.

오답분석

㉡ 이자율이 지속적으로 상승하면 대출 금리도 따라 상승하게 되어 기업의 부담이 커지게 되고 이에 따라 기업의 대출 수요는 감소하게 된다.

이론 더하기

금리

① 개념 : 원금에 지급되는 이자를 비율로 나타낸 것으로 '이자율'이라는 표현을 사용하기도 한다.

② 특징

- 자금에 대한 수요와 공급이 변하면 금리가 변동한다. 즉, 자금의 수요가 증가하면 금리가 올라가고, 자금의 공급이 증가하면 금리는 하락한다.
- 중앙은행이 금리를 낮추겠다는 정책목표를 설정하면 금융시장의 국채를 매입하게 되고 금리에 영향을 준다.
- 가계 : 금리가 상승하면 소비보다는 저축이 증가하고, 금리가 하락하면 저축보다는 소비가 증가한다.
- 기업 : 금리가 상승하면 투자비용이 증가하므로 투자가 줄어들고, 금리가 하락하면 투자가 증가한다.
- 국가 간 자본의 이동 : 본국과 외국의 금리 차이를 보고 상대적으로 외국의 금리가 높다고 판단되면 자금은 해외로 이동하고, 그 반대의 경우 국내로 이동한다.

③ 금리의 종류

- 기준금리 : 중앙은행이 경제활동 상황을 판단하여 정책적으로 결정하는 금리로, 경제가 과열되거나 물가상승이 예상되면 기준금리를 올리고, 경제가 침체되고 있다고 판단되면 기준금리를 하락시킨다.
- 시장금리 : 개인의 신용도나 기간에 따라 달라지는 금리이다.

1년 미만 단기 금리	콜금리	영업활동 과정에서 남거나 모자라는 초단기자금(콜)에 대한 금리이다.
	환매조건부채권(RP)	일정 기간이 지난 후에 다시 매입하는 조건으로 채권을 매도함으로써 수요자가 단기자금을 조달하는 금융거래방식의 하나이다.
	양도성예금증서(CD)	은행이 발행하고 금융시장에서 자유로운 매매가 가능한 무기명의 정기예금증서이다.
1년 이상 장기 금리	국채, 회사채, 금융채	

환율

국가 간 화폐의 교환비율로, 우리나라에서 환율을 표시할 때에는 외국화폐 1단위당 원화의 금액으로 나타낸다.

예 1,193.80원/$, 170.76원/¥

주식과 주가

① 주식 : 주식회사의 자본을 이루는 단위로서 금액 및 이를 전제한 주주의 권리와 의무단위이다.

② 주가 : 주식의 시장가격으로, 주식시장의 수요와 공급에 의해 결정된다.

PART 5

빈출키워드 20 환율

01 **다음 중 변동환율제도에 대한 설명으로 옳지 않은 것은?**

① 원화 환율이 오르면 물가가 상승하기 쉽다.
② 원화 환율이 오르면 수출업자가 유리해진다.
③ 원화 환율이 오르면 외국인의 국내 여행이 많아진다.
④ 국가 간 자본거래가 활발하게 이루어진다면 독자적인 통화정책을 운용할 수 없다.
⑤ 환율의 변동이 심한 경우에는 통화 당국이 시장에 개입하기도 한다.

02 **다음 빈칸에 들어갈 경제 용어가 바르게 연결된 것은?**

> 구매력평가 이론(Purchasing Power Parity Theory)은 모든 나라의 통화 한 단위의 구매력이 같도록 환율이 결정되어야 한다는 것이다. 구매력평가 이론에 따르면 양국통화의 ___㉠___은 양국의 ___㉡___에 의해 결정되며, 구매력평가 이론이 성립하면 ___㉢___은 불변이다.

	㉠	㉡	㉢
①	실질환율	물가수준	명목환율
②	실질환율	자본수지	명목환율
③	실질환율	경상수지	명목환율
④	명목환율	물가수준	실질환율
⑤	명목환율	경상수지	실질환율

01

정답 ④

변동환율제도에서는 중앙은행이 외환시장에 개입하여 환율을 유지할 필요가 없고, 외환시장의 수급 상황이 국내 통화량에 영향을 미치지 않으므로 독자적인 통화정책의 운용이 가능하다.

02

정답 ④

일물일가의 법칙을 가정하는 구매력평가설에 따르면 두 나라에서 생산된 재화의 가격이 동일하므로 명목환율은 두 나라의 물가수준의 비율로 나타낼 수 있다. 한편, 구매력평가설이 성립하면 실질환율은 불변한다.

이론 더하기

환율

① 개념 : 국내화폐와 외국화폐가 교환되는 시장을 외환시장(Foreign Exchange Market)이라고 한다. 그리고 여기서 결정되는 두 나라 화폐의 교환비율을 환율이라고 한다. 즉, 환율이란 자국화폐단위로 표시한 외국화폐 1단위의 가격이다.

② 환율의 변화

환율의 상승을 환율 인상(Depreciation), 환율의 하락을 환율 인하(Appreciation)라고 한다. 환율이 인상되는 경우 자국화폐의 가치가 하락하는 것을 의미하며, 환율이 인하되는 경우는 자국화폐가치가 상승하는 것을 의미한다.

평가절상 (=환율 인하, 자국화폐가치 상승)	평가절하 (=환율 인상, 자국화폐가치 하락)
• 수출 감소 • 수입 증가 • 경상수지 악화 • 외채부담 감소	• 수출 증가 • 수입 감소 • 경상수지 개선 • 외채부담 증가

③ 환율제도

구분	고정환율제도	변동환율제도
국제수지 불균형의 조정	정부개입에 의한 해결(평가절하, 평가절상)과 역외국에 대해서는 독자관세 유지	시장에서 환율의 변화에 따라 자동적으로 조정
환위험	적음	환율의 변동성에 기인하여 환위험에 크게 노출되어 있음
환투기의 위험	적음	높음(이에 대해 프리드먼은 환투기는 환율을 오히려 안정시키는 효과가 존재한다고 주장)
해외교란요인의 파급 여부	국내로 쉽게 전파됨	환율의 변화가 해외교란요인의 전파를 차단(차단효과)
금융정책의 자율성 여부	자율성 상실(불가능성 정리)	자율성 유지
정책의 유효성	금융정책 무력	재정정책 무력

빈출키워드 21 주식과 주가지수

01 **다음 중 서킷 브레이커(Circuit Breakers)에 대한 설명으로 옳지 않은 것은?**

① 1단계 서킷 브레이커는 종합주가지수가 전 거래일보다 8% 이상 하락하여 1분 이상 지속되는 경우에 발동된다.
② 2단계 서킷 브레이커는 하루에 한 번 주식시장 개장 5분 후부터 장이 끝나기 40분 전까지 발동할 수 있다.
③ 거래를 중단한 지 20분이 지나면 10분간 호가를 접수해서 매매를 재개시킨다.
④ 주식시장에서 주가가 급등 또는 급락하는 경우 주식매매를 일시 정지하는 제도이다.
⑤ 1 ~ 3단계별로 하루에 두 번씩 발동할 수 있다.

02 **다음 중 주가가 떨어질 것을 예측해 주식을 빌려 파는 공매도를 했으나, 반등이 예상되면서 빌린 주식을 되갚자 주가가 오르는 현상은?**

① 사이드카
② 디노미네이션
③ 서킷브레이커
④ 숏커버링
⑤ 공매도

01

정답 ⑤

서킷 브레이커

- 원래 전기 회로에 과부하가 걸렸을 때 자동으로 회로를 차단하는 장치를 말하는데, 주식시장에서 주가가 급등 또는 급락하는 경우 주식매매를 일시 정지하는 제도이다. 서킷 브레이커가 발동되면 매매가 20분간 정지되고, 20분이 지나면 10분간 동시호가, 단일가매매 전환이 이루어진다.
- 서킷 브레이커 발동조건
  - 1단계 : 종합주가지수가 전 거래일보다 8% 이상 하락하여 1분 이상 지속되는 경우
  - 2단계 : 종합주가지수가 전 거래일보다 15% 이상 하락하여 1분 이상 지속되는 경우
  - 3단계 : 종합주가지수가 전 거래일보다 20% 이상 하락하여 1분 이상 지속되는 경우
- 서킷 브레이커 유의사항
  - 총 3단계로 이루어진 서킷 브레이커의 각 단계는 하루에 한 번만 발동할 수 있다.
  - 1 ~ 2단계는 주식시장 개장 5분 후부터 장 종료 40분 전까지만 발동한다. 단, 3단계 서킷 브레이커는 장 종료 40분 전 이후에도 발동될 수 있고, 3단계 서킷 브레이커가 발동하면 장이 종료된다.

02

정답 ④

없는 주식이나 채권을 판 후 보다 싼 값으로 주식이나 그 채권을 구해 매입자에게 넘기는데, 예상을 깨고 강세장이 되어 해당 주식이 오를 것 같으면 손해를 보기 전에 빌린 주식을 되갚게 된다. 이때 주가가 오르는 현상을 숏커버링이라 한다.

이론 더하기

주가지수

① 개념 : 주식가격의 상승과 하락을 판단하기 위한 지표(Index)가 필요하므로 특정 종목의 주식을 대상으로 평균적으로 가격이 상승했는지 하락했는지를 판단한다. 때문에 주가지수의 변동은 경제상황을 판단하게 해주는 지표가 될 수 있다.

② 주가지수 계산 : $\frac{\text{비교시점의 시가총액}}{\text{기준시점의 시가총액}} \times 100$

③ 주요국의 종합주가지수

국가	지수명	기준시점	기준지수
한국	코스피	1980년	100
	코스닥	1996년	1,000
미국	다우존스 산업평균지수	1896년	100
	나스닥	1971년	100
	S&P 500	1941년	10
일본	니케이 225	1949년	50
중국	상하이종합	1990년	100
홍콩	항셍지수	1964년	100
영국	FTSE 100지수	1984년	1,000
프랑스	CAC 40지수	1987년	1,000

주가와 경기 변동

① 주식의 가격은 장기적으로 기업의 가치에 따라 변동한다.
② 주가는 경제성장률이나 이자율, 통화량과 같은 경제변수에 영향을 받는다.
③ 통화공급의 증가와 이자율이 하락하면 소비와 투자가 늘어나서 기업의 이익이 커지므로 주가는 상승한다.

주식관련 용어

① 서킷브레이커(CB) : 주식시장에서 주가가 급등 또는 급락하는 경우 주식매매를 일시 정지하는 제도이다.
② 사이드카 : 선물가격이 전일 종가 대비 5%(코스피), 6%(코스닥) 이상 급등 또는 급락 상태가 1분간 지속될 경우 주식시장의 프로그램 매매 호가를 5분간 정지시키는 것을 의미한다.
③ 네 마녀의 날 : 주가지수 선물과 옵션, 개별 주식 선물과 옵션 등 네 가지 파생상품 만기일이 겹치는 날이다. '쿼드러플위칭데이'라고도 한다.
④ 레드칩 : 중국 정부와 국영기업이 최대주주로 참여해 홍콩에 설립한 우량 중국 기업들의 주식을 일컫는 말이다.
⑤ 블루칩 : 오랜 시간 동안 안정적인 이익을 창출하고 배당을 지급해 온 수익성과 재무구조가 건전한 기업의 주식으로 대형 우량주를 의미한다.
⑥ 숏커버링 : 외국인 등이 공매도한 주식을 되갚기 위해 시장에서 주식을 다시 사들이는 것으로, 주가 상승 요인으로 작용한다.
⑦ 공매도 : 주식을 가지고 있지 않은 상태에서 매도 주문을 내는 것이다. 3일 안에 해당 주식이나 채권을 구해 매입자에게 돌려주면 되기 때문에, 약세장이 예상되는 경우 시세차익을 노리는 투자자가 주로 활용한다.

빈출키워드 22 채권

다음 중 유로채와 외국채에 대한 설명으로 옳지 않은 것은?

① 유로채는 채권의 표시통화 국가에서 발행되는 채권이다.
② 유로채는 이자소득세를 내지 않는다.
③ 외국채는 감독 당국의 규제를 받는다.
④ 외국채는 신용 평가가 필요하다.
⑤ 아리랑본드는 외국채, 김치본드는 유로채이다.

정답 ①

외국채는 채권의 표시통화 국가에서 발행되는 채권이고, 유로채는 채권의 표시통화 국가 이외의 국가에서 발행되는 채권이다.

오답분석

② 외국채는 이자소득세를 내야 하지만, 유로채는 세금을 매기지 않는다.
③ 외국채는 감독 당국의 규제를 받지만, 유로채는 규제를 받지 않는다.
④ 외국채는 신용 평가가 필요하지만, 유로채는 필요하지 않다.
⑤ 한국에서 한국 원화로 발행된 채권은 아리랑본드이며, 한국에서 외화로 발행된 채권은 김치본드이다.

이론 더하기

채권

정부, 공공기관, 특수법인과 주식회사 형태를 갖춘 사기업이 일반 대중 투자자들로부터 비교적 장기의 자금을 조달하기 위해 발행하는 일종의 차용증서로, 채권을 발행한 기관은 채무자, 채권의 소유자는 채권자가 된다.

발행주체에 따른 채권의 분류

국채	• 국가가 발행하는 채권으로 세금과 함께 국가의 중요한 재원 중 하나이다. • 국고채, 국민주택채권, 국채관리기금채권, 외국환평형기금채권 등이 있다.
지방채	• 지방자치단체가 지방재정의 건전한 운영과 공공의 목적을 위해 재정상의 필요에 따라 발행하는 채권이다. • 지하철공채, 상수도공채, 도로공채 등이 있다.
특수채	• 공사와 같이 특별법에 따라 설립된 법인이 자금조달을 목적으로 발행하는 채권으로 공채와 사채의 성격을 모두 가지고 있다. • 예금보험공사 채권, 한국전력공사 채권, 리스회사의 무보증 리스채, 신용카드회사의 카드채 등이 있다.
금융채	• 금융회사가 발행하는 채권으로 발생은 특정한 금융회사의 중요한 자금조달수단 중 하나이다. • 산업금융채, 장기신용채, 중소기업금융채 등이 있다.
회사채	• 상법상의 주식회사가 발행하는 채권으로 채권자는 주주들의 배당에 우선하여 이자를 지급받게 되며 기업이 도산하는 경우에도 주주들을 우선하여 기업자산에 대한 청구권을 갖는다. • 전환사채(CB), 신주인수권부사채(BW), 교환사채(EB) 등이 있다.

이자지급방법에 따른 채권의 분류

이표채	액면가로 채권을 발행하고, 이자지급일이 되면 발행할 때 약정한 대로 이자를 지급하는 채권이다.
할인채	이자가 붙지는 않지만, 이자 상당액을 미리 액면가격에서 차감하여 발행가격이 상환가격보다 낮은 채권이다.
복리채(단리채)	정기적으로 이자가 지급되는 대신에 복리(단리) 이자로 재투자되어 만기상환 시에 원금과 이자를 지급하는 채권이다.
거치채	이자가 발생한 이후에 일정 기간이 지난 후부터 지급되는 채권이다.

상환기간에 따른 채권의 분류

단기채	통상적으로 상환기간이 1년 미만인 채권으로, 통화안정증권, 양곡기금증권 등이 있다.
중기채	상환기간이 1 ~ 5년인 채권으로 우리나라의 대부분의 회사채 및 금융채가 만기 3년으로 발행된다.
장기채	상환기간이 5년 초과인 채권으로 국채가 이에 해당한다.

특수한 형태의 채권

일반사채와 달리 계약 조건이 다양하게 변형된 특수한 형태의 채권으로 다양한 목적에 따라 발행된 채권이다.

전환사채 (CB; Convertible Bond)	발행을 할 때에는 순수한 회사채로 발행되지만, 일정 기간이 경과한 후에는 보유자의 청구에 의해 발행회사의 주식으로 전환될 수 있는 사채이다.
신주인수권부사채 (BW; Bond with Warrant)	발행 이후에 일정 기간 내에 미리 약정된 가격으로 발행회사에 일정한 금액에 해당하는 주식을 매입할 수 있는 권리가 부여된 사채이다.
교환사채 (EB; Exchangeable Bond)	투자자가 보유한 채권을 일정 기간이 지난 후 발행회사가 보유 중인 다른 회사 유가증권으로 교환할 수 있는 권리가 있는 사채이다.
옵션부사채	• 콜옵션과 풋옵션이 부여되는 사채이다. • 콜옵션은 발행회사가 만기 전 조기상환을 할 수 있는 권리이고, 풋옵션은 사채권자가 만기중도상환을 청구할 수 있는 권리이다.
변동금리부채권 (FRN; Floating Rate Note)	• 채권 지급 이자율이 변동되는 금리에 따라 달라지는 채권이다. • 변동금리부채권의 지급이자율은 기준금리에 가산금리를 합하여 산정한다.
자산유동화증권 (ABS; Asset Backed Security)	유동성이 없는 자산을 증권으로 전환하여 자본시장에서 현금화하는 일련의 행위를 자산유동화라고 하는데, 기업 등이 보유하고 있는 대출채권이나 매출채권, 부동산 자산을 담보로 발행하여 제3자에게 매각하는 증권이다.

빈출키워드 23 ELS / ELF / ELW

01 **다음 중 주가지수 상승률이 미리 정해놓은 수준에 단 한 번이라도 도달하면 만기 수익률이 미리 정한 수준으로 확정되는 ELS 상품은?**

① 녹아웃형(Knock-out)
② 불스프레드형(Bull-spread)
③ 리버스컨버터블형(Reverse Convertible)
④ 디지털형(Digital)
⑤ 데이터형(Data)

02 **주식이나 ELW를 매매할 때 보유시간을 통상적으로 2～3분 단위로 짧게 잡아 하루에 수십 번 또는 수백 번씩 거래를 하며 박리다매식으로 매매차익을 얻는 초단기매매자들이 있다. 이들을 가리키는 용어는?**

① 스캘퍼(Scalper)
② 데이트레이더(Day Trader)
③ 스윙트레이더(Swing Trader)
④ 포지션트레이더(Position Trader)
⑤ 나이트트레이더(Night Trader)

01

정답 ①

주가연계증권(ELS)의 유형

- 녹아웃형(Knock-out) : 주가지수 상승률이 미리 정해놓은 수준에 단 한 번이라도 도달하면 만기 수익률이 미리 정한 수준으로 확정되는 상품
- 불스프레드형(Bull-spread) : 만기 때 주가지수 상승률에 따라 수익률이 결정되는 상품
- 리버스컨버터블형(Reverse Convertible) : 미리 정해 놓은 하락폭 밑으로만 빠지지 않는다면 주가지수가 일정 부분 하락해도 약속한 수익률을 지급하는 상품
- 디지털형(Digital) : 만기일의 주가지수가 사전에 약정한 수준 이상 또는 이하에 도달하면 확정 수익을 지급하고 그렇지 못하면 원금만 지급하는 상품

02

정답 ①

스캘퍼(Scalper)는 ELW시장 등에서 거액의 자금을 갖고 몇 분 이내의 초단타 매매인 스캘핑(Scalping)을 구사하는 초단타 매매자를 말한다. 속칭 '슈퍼 메뚜기'로 불린다.

오답분석

② 데이트레이더 : 주가의 움직임만 보고 차익을 노리는 주식투자자
③ 스윙트레이더 : 선물시장에서 통상 2～3일 간격으로 매매 포지션을 바꾸는 투자자
④ 포지션트레이더 : 몇 주간 또는 몇 개월 동안 지속될 가격 변동에 관심을 갖고 거래하는 자로서 비회원거래자
⑤ 나이트트레이더 : 밤에 주식을 매매하기 위해 주문을 내는 주식투자자

이론 더하기

ELS(주가연계증권) / ELF(주가연계펀드)

① 개념 : 파생상품 펀드의 일종으로 국공채 등과 같은 안전자산에 투자하여 안전성을 추구하면서 확정금리 상품 대비 고수익을 추구하는 상품이다.

② 특징

ELS (주가연계증권)	• 개별 주식의 가격이나 주가지수에 연계되어 투자수익이 결정되는 유가증권이다. • 사전에 정한 2 ~ 3개 기초자산 가격이 만기 때까지 계약 시점보다 40 ~ 50% 가량 떨어지지 않으면 약속된 수익을 지급하는 형식이 일반적이다. • 다른 채권과 마찬가지로 증권사가 부도나거나 파산하면 투자자는 원금을 제대로 건질 수 없다. • 상품마다 상환조건이 다양하지만 만기 3년에 6개월마다 조기상환 기회가 있는 게 일반적이다. 수익이 발생해서 조기상환 또는 만기상환되거나, 손실을 본채로 만기상환된다. • 녹아웃형, 불스프레드형, 리버스컨버터블형, 디지털형 등이 있다.
ELF (주가연계펀드)	• 투자신탁회사들이 ELS 상품을 펀드에 편입하거나 자체적으로 원금보존 추구형 펀드를 구성해 판매하는 형태의 상품이다. • ELF는 펀드의 수익률이 주가나 주가지수 움직임에 의해 결정되는 구조화된 수익구조를 갖는다. • 베리어형, 디지털형, 조기상환형 등이 있다.

ELW(주식워런트증권)

① 개념 : 자산을 미리 정한 만기에 미리 정해진 가격에 사거나(콜) 팔 수 있는 권리(풋)를 나타내는 증권이다.

② 특징

- 주식워런트증권은 상품특성이 주식옵션과 유사하나 법적 구조, 시장구조, 발행주체와 발행조건 등에 차이가 있다.
- 주식처럼 거래가 이루어지며, 만기 시 최종보유자가 권리를 행사하게 된다.
- ELW 시장에서는 투자자의 환금성을 보장할 수 있도록 호가를 의무적으로 제시하는 유동성공급자(LP; Liquidity Provider) 제도가 운영된다.

CHAPTER

02 지역농협 상식

01 협동조합

1. 협동조합의 개념

(1) **개념** : 국제협동조합연맹은 협동조합을 '공동으로 소유하고 민주적으로 운영되는 사업체를 통해 공동의 경제·사회·문화적 필요와 욕구를 충족시키고자 하는 사람들이 자발적으로 결성한 자율적인 인적 결합체'라고 정의한다.

(2) **원칙**

① 사업의 목적이 영리에 있지 않고 조합원 간의 상호부조에 있다.
② 조합원의 가입과 탈퇴가 자유로워야 한다.
③ 조합원은 출자액과 상관없이 1인 1표의 평등한 의결권을 갖는다.
④ 잉여금을 조합원에게 분배할 때에는 출자액의 크기와 상관없이 조합사업의 이용 분량에 따라 나눈다.

(3) **세계의 협동조합**

① 프랑스의 협동조합은 전 세계 협동조합 매출의 28%를 차지한다.
② 미국의 AP통신과 선키스트, 스페인의 축구클럽 FC바르셀로나 등이 대표적인 협동조합이다.

2. 협동조합의 역사

(1) **로치데일 협동조합** : 세계 최초의 협동조합으로 1844년에 설립되었다. 산업혁명과 함께 영국의 자본주의가 급속하게 발달하면서 자본가들의 횡포에 노동자들이 생활에 어려움을 겪자 이를 해결하기 위해 만들어진 협동조합이다. 공업도시인 로치데일 직물공장의 노동자 27명이 1년에 1파운드씩을 출자하여 생필품인 밀이나 버터 등을 공동으로 구입하기 위한 점포를 만들기 위해 설립되었다. 이들은 운영원칙도 만들었는데, 1인 1표제, 정치 및 종교상의 중립, 조합에 의한 교육, 이자의 제한 및 신용거래 금지, 구매액에 따른 배당, 시가 판매 등이었다. 현재는 4,500개의 도매점과 700만 명이 넘는 회원을 가진 세계 최대의 소비자협동조합이다.

(2) **사회적 협동조합** : 1974년 이탈리아 볼로냐에서 처음 생긴 형태의 협동조합이다. 사회경제적 약자인 조합원들이 힘을 모아 공동의 이익을 추구하는 방향에서 사회경제적 약자들의 문제점을 해결해 나가는 공익을 추구하려는 방향으로 확대되었다. 이를 사회적 협동조합이라고 하는데, CADIAI는 최초의 사회적 협동조합이었다. 가사도우미나 병간호일을 하던 27명의 여성들의 비정규 노동 문제를 해결하기 위해 만들어진 CADIAI는, 이탈리아의 사회적협동조합법이 만들어지고 공적 기관과 계약을 체결하며 사업영역이 확대되었다.

(3) **새로운 협동조합** : 1945년 이후로 금융자본주의가 세계시장의 경제질서로 자리 잡으면서 작은 협동조합들은 합병을 통해 규모의 경제를 추구하기도 하고, 필요한 자본금을 확보하기 위해 자회사를 만들기도 했다. 이에 따라 신세대협동조합이나 생활협동조합 등의 새로운 협동조합이 생겨나고 있다.

3. 협동조합의 유형

(1) **소비자협동조합** : 주로 조합원이 직접 사용하거나 혹은 그들에게 재판매하기 위한 재화나 서비스를 구매하기 위하여 조직된 최종소비자 조합으로 영국의 로치데일 협동조합이 대표적이다.

(2) **신용협동조합** : 19세기 독일에서 농민의 고리채 자본을 해결하기 위해 시작한 라이파이젠 협동조합을 시초로 지역이나 종교 등의 상호유대를 가진 개인이나 단체 간의 협동조직을 기반으로 하여 자금의 조성과 이용을 도모하는 비영리 금융기관이다.

(3) **생산자협동조합(농업협동조합)** : 생산자들이 모여서 조직한 조합으로 농민이 자신의 권익을 위하여 조직한 농업협동조합(농협)이 대표적이다. 시장에서의 교섭력을 강화해, 상품의 제값을 받고 팔기 위해 노력하고, 각종 부자재의 공동구매를 통해 원재료의 단가와 마케팅 비용을 낮추기 위한 노력을 한다.

(4) **노동자협동조합** : 노동자가 주체가 되어 근로조건을 유지, 개선을 목적으로 하는 조직이다.

(5) **생활협동조합** : 생산자와 소비자의 직거래를 통해 중간마진을 없앤 것이 특징으로, 생활협동조합이 직접 생산자를 찾아 공급량과 가격을 사전에 결정하여 판매가격이 비교적 안정적이다.

(6) **사회적협동조합** : 정부 지원만으로 사회복지를 수행하는 데 한계를 느낀 비영리 단체들이 시장에서 경제활동을 병행하는 협동조합으로 사회적기업에 해당한다.

(7) **신세대협동조합** : 1970년 이후 미국에서 일어난 새로운 형태의 협동조합으로 1인 1표의 의결권 대신, 사업 이용 규모에 비례한 의결권을 부여하거나 출자증권의 부분적인 거래를 허용하는 등의 변화를 주도하는 운동이다. 이는 외부자본 조달의 어려움을 해소하고, 의사결정 과정의 왜곡을 해소하고자 하는 시도이다. 대표적으로 선키스트가 있다.

4. 국제협동조합연맹(ICA; International Cooperative Alliance)

(1) **개념** : 전 세계의 10억 명의 협동조합인들이 단합과 결속을 다지고 있는 세계 최대의 비정부기구(NGO)로 1895년 협동조합의 국제적 연합체로 발족하였다. ICA의 목적은 자본주의의 폐해를 극복하고 보다 나은 공동체 사회를 지향하는 데 있다.

(2) 특징

① 자본에 대응하여 상대적 약자인 조합원의 경제적·사회적 권익을 보호하고, 동종·이종·지역의 협동조합 간의 협력체계 구축, 협동조합 발전을 위한 국제적인 활동 등이 있다.

② 우리나라는 1963년에 농협중앙회가 가입했으며, 1972년에 정회원으로 승격되었다. 현재 신용협동조합, 새마을금고, 농협, 산림조합, 수산업협동조합, ICOOP생협이 회원으로 가입되어 있다.

5. 농업협동조합법

제19조(조합원의 자격)

① 조합원은 지역농협의 구역에 주소, 거소(居所)나 사업장이 있는 농업인이어야 하며, 둘 이상의 지역농협에 가입할 수 없다.

② 「농어업경영체 육성 및 지원에 관한 법률」에 따른 영농조합법인과 농업회사법인으로서 그 주된 사무소를 지역농협의 구역에 두고 농업을 경영하는 법인은 지역농협의 조합원이 될 수 있다.

③ 특별시 또는 광역시의 자치구를 구역의 전부 또는 일부로 하는 품목조합은 해당 자치구를 구역으로 하는 지역농협의 조합원이 될 수 있다.

④ 제1항에 따른 농업인의 범위는 대통령령으로 정한다.

⑤ 지역농협이 정관으로 구역을 변경하는 경우 기존의 조합원은 변경된 구역에 주소, 거소나 사업장, 주된 사무소가 없더라도 조합원의 자격을 계속하여 유지한다. 다만, 정관으로 구역을 변경하기 이전의 구역 외로 주소, 거소나 사업장, 주된 사무소가 이전된 경우에는 그러하지 아니하다.

제20조(준조합원)

① 지역농협은 정관으로 정하는 바에 따라 지역농협의 구역에 주소나 거소를 둔 자로서 그 지역농협의 사업을 이용함이 적당하다고 인정되는 자를 준조합원으로 할 수 있다.

② 지역농협은 준조합원에 대하여 정관으로 정하는 바에 따라 가입금과 경비를 부담하게 할 수 있다.

③ 준조합원은 정관으로 정하는 바에 따라 지역농협의 사업을 이용할 권리를 가진다.

④ 지역농협이 정관으로 구역을 변경하는 경우 기존의 준조합원은 변경된 구역에 주소나 거소가 없더라도 준조합원의 자격을 계속하여 유지한다. 다만, 정관으로 구역을 변경하기 이전의 구역 외로 주소나 거소가 이전된 경우에는 그러하지 아니하다.

제24조(조합원의 책임)

① 조합원의 책임은 그 출자액을 한도로 한다.

② 조합원은 지역농협의 운영과정에 성실히 참여하여야 하며, 생산한 농산물을 지역농협을 통하여 출하(出荷)하는 등 그 사업을 성실히 이용하여야 한다.

제28조(가입)

① 지역농협은 정당한 사유 없이 조합원 자격을 갖추고 있는 자의 가입을 거절하거나 다른 조합원보다 불리한 가입 조건을 달 수 없다. 다만, 제30조 제1항 각 호의 어느 하나에 해당되어 제명된 후 2년이 지나지 아니한 자에 대하여는 가입을 거절할 수 있다.

② 조합원은 해당 지역농협에 가입한 지 1년 6개월 이내에는 같은 구역에 설립된 다른 지역농협에 가입할 수 없다.

③ 새로 조합원이 되려는 자는 정관으로 정하는 바에 따라 출자하여야 한다.

④ 지역농협은 조합원 수를 제한할 수 없다.

⑤ 사망으로 인하여 탈퇴하게 된 조합원의 상속인(공동상속인 경우에는 공동상속인이 선정한 1명의 상속인을 말한다)이 조합원 자격이 있는 경우에는 피상속인의 출자를 승계하여 조합원이 될 수 있다.

⑥ 제5항에 따라 출자를 승계한 상속인에 관하여는 제1항을 준용한다.

6. 농지법 시행령

제3조(농업인의 범위)

"대통령령으로 정하는 자"란 다음 각 호의 어느 하나에 해당하는 자를 말한다.

1. 1,000m^2 이상의 농지에서 농작물 또는 다년생식물을 경작 또는 재배하거나 1년 중 90일 이상 농업에 종사하는 자
2. 농지에 330m^2 이상의 고정식온실 · 버섯재배사 · 비닐하우스, 그 밖의 농림축산식품부령으로 정하는 농업생산에 필요한 시설을 설치하여 농작물 또는 다년생식물을 경작 또는 재배하는 자
3. 대가축 2두, 중가축 10두, 소가축 100두, 가금(家禽, 집에서 기르는 날짐승) 1천 수 또는 꿀벌 10군 이상을 사육하거나 1년 중 120일 이상 축산업에 종사하는 자
4. 농업경영을 통한 농산물의 연간 판매액이 120만 원 이상인 자

02 나눔경영과 윤리경영

1. 나눔경영

(1) 소개 : '나누는 기쁨 행복한 동행'이라는 슬로건하에 농협은 1961년 창립 이후 농업인의 복지 증진과 지역사회 발전을 위해 '나눔경영'을 지속적으로 실천하고 있다.

(2) 내용

① 농협의 교육지원 사업은 농업인 복지 증진, 농촌 공동체 발전 등 '사회적 책임' 이행에 근간을 이루고 있으며, 농촌은 물론 지역사회를 위한 나눔경영활동을 한다.

② '농촌사랑운동'을 통해 도시와 농촌의 상생을 도모하고, '농협재단'을 설립하여 농업인과 지역주민이 피부로 느낄 수 있는 나눔경영활동을 전개하고 있고, 다문화 가정의 사회적응과 고충해결을 위해서도 노력하고 있다.

PART 5

2. 윤리경영

(1) 소개 : 기업윤리는 일반적으로 CEO나 임직원이 기업활동에서 갖추어야 할 윤리를 말하는 것으로 농협의 모든 이해관계자인 고객, 농민조합원, 협력업체, 지역농(축)협, 직원 등 모두가 함께 성장 발전하여 청렴한 농협, 투명한 농협, 깨끗한 농협을 구현하여 함께 성장하는 글로벌 협동조합을 만든다.

(2) 청렴계약제도

① 농협은 2002년 9월부터 '청렴계약제'를 도입하여, 협력업체와의 거래 시 각종 뇌물이나 선물, 향응 접대, 편의제공 등을 요구하거나, 받거나, 받기로 약속하거나 결탁하여 일방에게 유리한 또는 불리한 판단을 내리지 않도록 서약하는 제도를 시행하고 있다. 이는 거래 업무 계약 시, 협력업체와 거래 부서 간에 청렴한 거래를 할 것을 다짐하는 절차로서 입찰 전에 청렴계약제 안내문을 작성하여 충분히 이해할 수 있도록 공고하고, 계약담당자와 계약업체가 청렴계약이행각서를 각각 작성하여 계약서에 첨부해야 한다. 농협은 협력업체가 청렴계약을 위반한 경우, 입찰제한, 계약해지, 거래중단 등의 조치를 취하게 된다.

② '클린신고센터'를 운영함으로써 농협임직원이 업무와 관련하여 금품, 향응 등을 요구하거나 직위를 이용하여 부당한 이득을 얻거나 손실을 끼친 경우 신고할 수 있도록 하고 있다.

③ 농협은 계약사무 처리과정에서 계약상대방의 위법 · 부당 행위 발생 여부에 대하여 DM발송, 클린콜 등의 방법으로 주기적인 모니터링을 실시하고 있다.

03 농협의 사업

1. 안전한 농축산물

(1) 농산물우수관리인증제도(GAP; Good Agricultural Practices)

생산부터 수확 후 포장단계까지 농약·중금속·병원성미생물 등 농식품 위해 요소를 종합적으로 관리하는 제도로서 식품안전성 확보를 위한 관리체계 중 생산단계 관리가 GAP의 핵심이다. 우리나라는 2006년부터 GAP를 본격 시행(농산물품질관리법)하였고, 국립농산물품질관리원이 지정한 전문인증기관이 인증하는 체계이며, 농협중앙회는 2006년 3월 7일에 GAP인증기관 제1호로 지정되었다.

(2) 친환경농축산물 인증제도

① 친환경농축산물 인증제도

소비자에게 보다 안전한 친환경농축산물을 전문인증기관이 엄격한 기준으로 선별·검사하여 정부가 그 안전성을 인증해주는 제도이다.

② 친환경농축산물이란?

환경을 보전하고 소비자에게 보다 안전한 농축산물을 공급하기 위해 농약과 화학비료 및 사료첨가제 등 화학자재를 전혀 사용하지 아니하거나, 최소량만 사용하여 생산한 농축산물을 말한다. 친환경농축산물 관리 토양과 물은 물론 생육과 수확 등 생산 및 출하 단계에서 인증기준을 준수했는지의 엄격한 품질 검사와 시중 유통품에 대해서도 허위표시를 하거나 규정을 지키지 않는 인증품이 없도록 철저한 사후관리를 하고 있다.

③ 친환경농축산물의 종류 및 기준

- 친환경농산물 인증 종류(2종류) – 유기농산물, 무농약농산물
- 친환경축산물 인증 종류(2종류) – 유기축산물, 무항생제축산물

구분	기준
유기농산물 / 유기축산물	• 유기농산물 농업생태계를 건강하게 유지·보전하고 환경오염을 최소화하는 경작원칙을 적용하여 합성농약과 화학비료를 사용하지 않고, 작물 돌려짓기(윤작)등 유기재배 방법에 따라 생산한 농산물 • 유기축산물 가축이 자유롭게 활동할 수 있는 축사 조건과 축종별로 정해진 방목 조건을 준수 하고 유기사료를 급여하면서 동물용의약품에 의존하지 않고 면역기능을 증진하는 등 유기 사육방법에 따라 생산한 축산물 유기농산물　　유기축산물

무농약농산물 / 무항생제축산물	• 무농약농산물 농업생태계를 건강하게 유지 · 보전하고 환경오염을 최소화하는 경작원칙을 적용하여 합성농약을 사용하지 않고, 권장 성분량의 1/3 이하로 화학비료 사용을 최소화하는 등 무농약 재배방법에 따라 생산한 농산물 • 무항생제축산물 항생제, 합성항균제, 호르몬제가 첨가되지 않은 일반사료를 급여하면서 인증 기준을 지켜 생산한 축산물 무농약 (NON PESTICIDE) 농림축산식품부 / 무항생제 (NON ANTIBIOTIC) 농림축산식품부 무농약농산물 / 무항생제축산물

(3) 농산물이력추적관리제도

Traceability 이력추적 농림축산식품부

'농산물 이력추적관리'라 함은 농산물을 생산단계부터 판매단계까지 각 단계의 정보를 기록 · 관리하여 농산물의 안전성 등에 문제가 발생할 경우 해당 농산물을 추적하여 원인규명 및 필요한 조치를 할 수 있도록 관리하는 것을 말한다.

(4) 축산물위해요소중점관리제도(HACCP)

안전관리인증 HACCP 농림축산식품부 / 안전관리인증 HACCP 식품의약품안전처

HACCP(해썹)시스템은 위해 요소 중점관리기준으로 작업공정에 대한 체계적이고 과학적인 사전 예방적 위생관리기법이며, 소비자에게 위생적이고 안전한 축산물을 공급할 수 있는 기본적인 시스템이다. HACCP는 기존 위생관리체계와는 달리 위해를 사전 예방하고 전제품의 안전성을 확보하는 것을 목적으로 한다. 최종 제품뿐만 아니라 중요 관리점마다 위생 관리하며, 규정이 아닌 원인 분석에 따라 위해 요소를 관리하고 문제 발생 시 즉각적으로 조치한다.

2. 팜스테이(Farm Stay)

(1) 팜스테이 : 농가에서 숙식하면서 농사 · 생활 · 문화체험과 마을축제에 참여할 수 있는 농촌 · 문화 · 관광이 결합된 농촌체험 관광상품이다.

(2) 이용방법

팜스테이 마을 고르기 → 마을 예약하기 → 마을 찾아가기 → 마을 체험하기 → 계산하기

3. 농협 농촌인력중개센터

(1) 농협 농촌인력중개센터 안내

농촌에 유·무상인력을 종합하여 중개해 주는 제도이다. 농협 농촌인력중개세터는 일자리 참여자에게는 맞춤형 일자리를 공급하고, 농업인에게는 꼭 필요한 일손을 찾아서 제공한다.

(2) 참여 대상 및 혜택

일자리 참여자	자원봉사자	농가	일자리 참여자 혜택
농작업이 가능한 사람은 누구나 참여 가능	농촌봉사활동을 희망하는 개인 또는 단체(대학생, 기업 등)	일손이 필요한 농업인 (조합원이 아니어도 가능)	교통비, 숙박비, 단체 상해보험 가입 등업

4. 법률구조사업

(1) 법률구조 사업안내

농업인 무료법률구조사업은 농협과 대한법률구조공단이 공동으로 농업인의 법률적 피해에 대한 구조와 예방활동을 전개함으로써 농업인의 경제적·사회적 지위향상을 도모하는 농업인 무료법률복지사업이다.

(2) 법률구조 절차

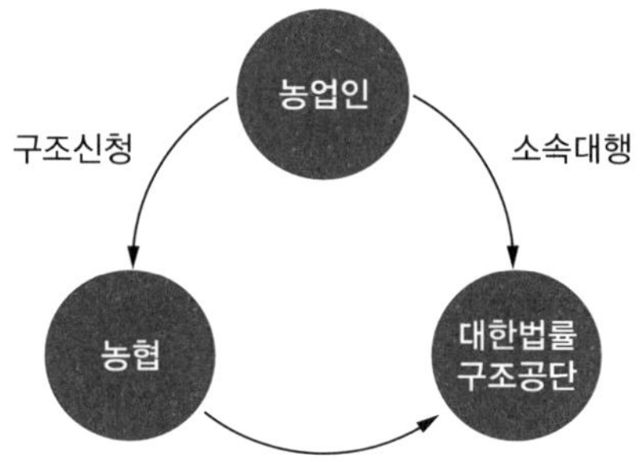

① **농협** : 소송에 필요한 비용을 대한법률구조공단에 출연 법률구조에 필요한 증거수집 등의 활동을 한다.

② **공단** : 법률상담 및 소송 등 법률구조 활동을 펼치며, 농협과 공동으로 농촌 현지 법률상담 등 피해예방 활동을 한다.

③ **농업인 무료법률구조 대상자** : 기준 중위소득 150% 이하인 농업인 및 별도의 소득이 없는 농업인의 배우자, 미성년 직계비속, 주민등록상 동일 세대를 구성하는 직계존속 및 성년의 직계비속

④ **신청방법**

- 직접신청 : 대한법률구조공단 앞으로 법률구조신청서를 제출한다.
- 대리신청 : 농협을 통해 법률구조신청서를 제출한다.
- 제출서류 : 법률구조신청서(공단양식), 신분증, 세대주 및 세대원이 포함된 주민등록표등본, 농업인임을 증명할 수 있는 서류(농협 조합원 증명서, 행정기관 발행증서 등), 건강보험자격(득실)확인서 또는 건강보험증, 중위소득 확인서류(건강보험료 납부확인서, 소득금액증명서 등)

※ 관련서식 : 대한법률구조공단 홈페이지 내 등재(https://www.klac.or.kr)

⑤ 구조내용

- 소송사건 대리 : 민사 · 가사사건, 행정심판사건, 행정소송사건, 헌법소원사건 등 형사사건을 제외한 사건
- 형사사건 변호 : 법률구조 신청사건 중 형사사건, 가정 · 소년 · 인신 등 각종 보호사건, 성폭력 · 아동학대 등 각종 피해자 변호사건

5. 외국인근로자 고용허가제도

(1) 고용허가제 개념

① 고용허가제도는 「외국인근로자의 고용 등에 관한 법률」에 따라 기업체가 외국인근로자를 고용할 수 있게 하는 제도이다.

② 사업주(농가)는 고용허가 절차를 직접 수행하거나 농협에 대행을 신청할 수 있다.

③ 농협은 정부가 지정한 고용허가제 대행기관으로서 농가가 편리하게 외국인근로자를 고용할 수 있도록 업무를 대행하고, 취업교육기관으로서 외국인근로자에 대한 취업교육을 실시한다.

구분(구간신설)	내용
젖소 900 ~ 1,400m^2 미만	고용허용인원 2명, 신규 고용한도는 1명 인정
한육우 1,500 ~ 3,000m^2 미만	고용허용인원 2명, 신규 고용한도는 1명 인정
시설원예, 특작 2,000 ~ 4,000m^2 미만	고용허용인원 및 신규 고용한도 모두 2명 인정

(2) 근거법령 : 외국인근로자 고용 등에 관한 법률, 출입국관리법. 노동관계법(근로기준법 등)

(3) 고용허가조건(외국인근로자 신청요건)

① 공통요건

- 14일 이상 내국인 구인노력을 하였음에도 구인 신청한 내국인근로자의 전부 또는 일부를 채용하지 못한 경우
- 내국인 신청일 전 2월부터 고용허가 신청일까지 고용조정으로 내국인근로자를 이직시키지 않은 경우
- 내국인 구인신청을 한 날 전 5월부터 고용허가 신청일까지 임금 체불사실이 없는 경우
- 고용보험 및 산재보험 가입 사업장(단, 미적용 사업장 제외)

② 농협 대행업무 개요

농가에 불편이 없도록 신청 대행 · 교육 · 관리 지원(업무 그룹별로 대행 신청하며 소정의 수수료 부담)

내국인 구인 노력		고용허가 신청		근로계약 체결
• 14일	→	• 고용지원센터에 신청 • 외국인 근로자 선정 • 고용허가서 발급	→	• 근로조건 합의 (한국산업인력공단)
				↓
인계 및 사후관리		**입국 및 취업교육**		**사증인정서 발급**
• 상담 • 편의 제공 • 출입국행정 대행 • 사용자 측 고용 · 체류 지원	←	• 입국심사 • 취업교육(농업 분야) • 건강검진 • 보험계약	←	• 출입국관리 사무소

04 농업정책

애그테크(Agtech)

① **개념** : '농업'을 뜻하는 'Agriculture'와 'Technology'의 조합어로, 생산성의 획기적인 향상을 위해 첨단 기술을 농업 현장에 적용하는 것을 뜻한다. 이를 위해 적용되고 있는 기술 분야로는 인공지능(AI), 사물인터넷(IoT), 빅데이터, 드론·로봇 등이 있다.

② **등장 배경** : 전 세계적으로 기후변화, 농촌 노동력 부족, 소비자 기호 변화 등과 같은 농업 환경 변화의 효과적 대응 수단으로 애그테크가 급부상하며 관련 애그테크 시장도 급성장 추세에 있다.

③ **지원 법률** : 농업과 첨단 정보통신기술 등의 융합을 통하여 농업의 자동화·정밀화·무인화 등을 촉진함으로써 농업인의 소득증대와 농업·농촌의 성장·발전에 이바지함을 목적으로 하는 〈스마트농업 육성 및 지원에 관한 법률(약칭 '스마트농업법')〉이 2023년 7월 25일 제정(2024년 7월 26일 시행)됨에 따라 체계적인 애그테크 산업 육성을 위한 법적 근거가 마련되었다. 한편 이에 앞서 농협은 2022년 10월에 애그테크 상생혁신펀드 출범식을 개최한 바 있다.

④ **정부의 대응** : 애그테크 시장의 급성장에 대응해 농림축산식품부는 2018년부터 스마트팜 확산을 위한 노력을 지속적으로 강화하고 있으며, 2022년 10월 발표한 "스마트농업 확산을 통한 농업혁신 방안"에서 '스마트농업 민간 혁신 주체 육성, 품목별 스마트농업 도입 확산, 스마트농업 성장 기반 강화' 등의 3대 추진 전략과 함께 농업 생산의 30% 스마트농업 전환, 유니콘 기업 5개 육성 등을 목표로 제시했다. 스마트농업 육성 대책에는 AI 예측, AI 온실관리, 온실용 로봇, 축산 IoT, AI 축사관리, 가변관수·관비기술(VRT), 자율주행, 노지수확 로봇 등과 같은 국내 애그테크 산업 경쟁력 강화 방안이 상당수 포함되어 있다.

농식품바우처

① **도입 배경** : 소득 불평등 심화, 고령화 등으로 경제적 취약계층이 확대되고, 영양 섭취 수준과 식습관 악화로 건강 위협이 심화됨에 따라 미래에 부담해야 하는 의료비 등 사회적 비용 감소를 위해 경제적 취약계층 대상 영양 보충 지원 정책의 일환으로 정부는 2017년에 농식품바우처 시범사업을 100대 국정과제로 지정했다. 이후 2020년 9월부터 시범사업을 시행하여 2025년 기준 본사업 실시 중이다. 주무기관은 농림축산식품부, 전담기관은 한국농수산식품유통공사(aT)이다.

② **지원 대상** : 생계급여(기준 중위소득 32% 이하) 수급가구 중 임산부 · 영유아 · 아동 포함가구(2025년 기준)

③ **지급액** : 가구원 수에 따라 가구 단위로 월 지원금액 차등 지원(이후 월말 자격검증 시 자격 유지할 경우 다음 달 1일에 충전)

가구원 수	1인	2인	3인	4인	5인
지급액	40,000원	65,000원	83,000원	100,000원	116,000원

가구원 수	6인	7인	8인	9인	10인 이상
지급액	131,000원	145,000원	159,000원	173,000원	187,000원

④ **지급 방식** : 전자바우처(카드방식) 및 온라인 주문, 꾸러미 배송

⑤ **지원 품목 결정 기준**

㉠ 취약계층의 부족한 영양소, 식품소비 패턴, 취약계층의 선호도, 국내산 공급 여력 등을 고려해 지원대상 품목의 적합성을 판단

㉡ 농산물 수요 · 공급조절 유지와 소비촉진 등 농업과의 연계를 강화할 수 있도록 지속 가능한 선순환 체계 구축 검토

⑥ **지원 품목 목록** : 국산 과일류, 채소류, 흰우유, 신선알류, 육류, 잡곡류, 두부류(이외 품목 구매 불가)

⑦ **대상 지역** : 전국 24곳의 시 · 군 · 구 지자체(2025년 5월 기준)

⑧ **신청 방법** : 방문 신청(농식품바우처 카드 신청 및 설문조사)

⑨ **사용 기간** : 매월 1일(3월은 2일)부터 카드금액이 재충전되어 당월 말일까지 사용 가능함. 단, 매월 3,000원 이상의 잔액은 이월 불가(3,000원 미만은 이월 가능)

⑩ **바우처 사용 가능처**

㉠ 오프라인 : 대상 지역인 지자체에 위치한 농협하나로마트, 로컬푸드직매장, GS편의점, GS더프레시 등

㉡ 온라인 : 농협몰, 두레생협 등

㉢ 꾸러미 신청 : 꾸러미 신청 가구에게 매월 지원금액별 꾸러미를 구성하여 배송 후 카드 결제(지자체별 꾸러미 운영 상이)

PART 5

종자산업 기술 혁신으로 고부가 종자 수출산업 육성(제3차 종자산업육성 5개년 계획)

농림축산식품부는 "제3차(2023 ~ 2027) 종자산업 육성 종합계획"을 발표하면서 종자산업 규모를 1.2조 원으로 키우고, 종자 수출액을 1.2억 달러까지 확대하기 위한 5대 전략을 제시했다. 이에 따라 농림축산식품부는 2023년부터 5년 동안 1조 9,410억 원을 투자할 계획이다.

① **전략 1(디지털 육종 등 신육종 기술 상용화)** : 작물별 디지털 육종 기술 개발 및 상용화, 신육종 기술 및 육종 소재 개발

② **전략 2(경쟁력 있는 핵심 종자 개발 집중)** : 세계 시장 겨냥 10대 종자 개발 강화, 국내 수요 맞춤형 우량 종자 개발

③ **전략 3(3대 핵심 기반 구축 강화)** : 육종 – 디지털 융합 전문인력 양성, 공공 육종데이터 민간 활용성 강화, '종자산업혁신단지(K-Seed Vally)' 구축 및 국내 채종 확대

④ **전략 4(기업 성장 · 발전에 맞춘 정책 지원)** : 정부 주도 연구개발(R&D) 방식에서 기업 주도로 개편, 기업 수요에 맞춘 장비 · 서비스 제공, 제도 개선 및 민 · 관 협력(거버넌스) 개편

⑤ **전략 5(식량종자 공급 개선 및 육묘산업 육성)** : 식량안보용 종자 생산 · 보급 체계 개선, 식량종자 · 무병묘 민간시장 활성화, 육묘업을 신성장 산업화

농민수당 지급 사업

① **개념** : 농업인의 소득안정을 도모함으로써 농업인의 삶의 질을 향상시키고 농업 · 농촌의 지속 가능한 발전, 공익적 기능 증진, 지역경제 활성화 등을 위해 농업인에게 지원하는 수당이다. 이는 농촌인구 감소 최소화 및 농가소득 보장이라는 취지에서 지자체마다 해당 지역의 농가에게 경영면적 등에 상관없이 일정 금액을 주는 제도로, 지자체의 인구 구조와 재정 여건 등을 감안해 지자체마다 자체적으로 추진하고 있다.

② **지급 대상** : 농민수당의 지급 대상은 각 지자체의 조례에 따라 다르기 때문에 해당 지자체 사업 공고를 확인하여야 한다. 2025년 경북 청송군 기준으로, 농민수당의 지급 대상은 신청연도의 1월 1일 전 1년 이상 도내 주소를 두고 1년 이상 계속해서 농업경영체에 등록한 경영주로, 실제 농 · 축산 · 임 · 어업에 종사하는 농업인이다(2025년 신청자는 2023년 12월 31일 기준 도내 주민등록 및 경영체 등록을 마친 자여야 함). 다만, 농업 외의 소득이 3,700만 원 이상인 자, 공무원이나 공공기관 근무자는 지급 대상에서 제외되며, 실제 거주를 같이 하는 한 세대인 부부가 세대를 분리하여 신청할 수 없다.

③ 농민수당 지급 사업은 각 지자체의 조례에 따라 시행되기 때문에 지급액(연간 30 ~ 120만 원), 지급방법(현금 / 지역화폐), 지급 대상 단위(개인 / 가구) 등이 지자체마다 다르다. 또한 보통 사업 연도 12월 31일까지 농민수당을 사용할 수 있으며, 기한 종료 후 잔액은 자동 소멸된다.

농업인 법률구조

① 농업인 무료법률구조사업은 농협과 대한법률구조공단이 공동으로 농업인의 법률적 피해에 대한 구조와 예방활동을 전개함으로써 농업인의 경제적·사회적 지위 향상을 도모하는 농업인 무료법률복지사업이다.

② 농협은 소송에 필요한 비용을 대한법률구조공단에 출연하여 법률구조에 필요한 증거 수집 등 중계활동을 진행하고, 공단은 법률 상담 및 소송 등 법률구조 활동을 농협과 공동으로 진행하여 농촌 현지 법률상담 등의 피해예방 활동을 한다.

③ 농업인 무료법률구조 대상자는 기준 중위소득 150% 이하인 농업인 및 별도의 소득이 없는 농업인의 배우자, 미성년 직계비속, 주민등록상 동일 세대를 구성하는 직계존속 및 성년의 직계비속으로 한다.

국가중요농업유산 지정 제도(NIAHS)

① 국가중요농업유산은 농업인이 오랜 기간 동안 농경행위로 형성·진화시켜 온 보전·유지 및 전승할 만한 가치가 있는 전통적 농업 활동과 시스템 및 그 결과로 나타난 농촌 경관 등 모든 산물을 말한다.

② 국제연합식량농업기구(FAO)는 2002년부터 세계 각지의 전통적 농업활동 등을 보전하고 계승하고자 하는 취지로 세계중요농업유산 제도를 실시하고 있다. 국가중요농업유산 지정 대상은 농업·농촌의 다원적 자원 중 100년 이상의 전통성을 가진 농업유산으로, 보전하고 전승할 만한 가치가 있는 것 또는 특별한 생물다양성 지역이다.

③ **지정 기준** : 역사성과 지속성, 생계 유지, 고유한 농업기술, 전통 농업문화, 특별한 경관, 생물다양성, 주민 참여로 7가지 기준이 있다.

청년 창업농 선발 및 영농정착 지원사업

① 기술·경영 교육과 컨설팅, 농지은행의 매입비축 농지 임대 및 농지 매매를 연계 지원하여 건실한 경영체로 성장을 유도하고, 이를 통해 젊고 유능한 인재의 농업 분야 진출을 촉진하는 선순환 체계 구축, 농가 경영주의 고령화 추세 완화 등 농업 인력 구조를 개선하기 위한 사업이다.

② 사업 시행년도 기준 만 18세 이상 만 40세 미만인 사람, 독립경력이 3년 이하, 사업 신청을 하는 시·군·광역시에 실제 거주하는 사람만 신청할 수 있다. 독립경영 1년 차에는 월 100만 원, 2년 차는 월 90만 원, 3년 차는 월 80만 원을 지원받을 수 있다.

농촌공동체 회사 우수사업 지원 제도(농촌자원복합산업화 지원)

① 농촌 지역주민이 주도하는 농촌공동체 회사 사업을 지원해 농가 소득 증대 및 일자리 창출, 농촌에 필요한 각종 서비스 제공 등 농촌 지역사회 활성화에 기여하기 위한 제도이다. 농촌공동체 회사 활성화에 필요한 기획·개발·마케팅·홍보·컨설팅 비용 및 인건비를 개소당 최대 5,000만 원 지원받을 수 있으며, 사업 유형에 따라 3～5년까지 지원받을 수 있다.

② 농촌 지역주민 5인 이상이 참여하여 자발적으로 결성한 조직으로, 구성원 중 지역주민 비율이 50% 이상이어야 하고, 〈민법〉상 법인·조합, 〈상법〉상 회사, 농업법인, 〈협동조합기본법〉상 협동조합 등 조직형태가 법인이거나 비영리민간인단체 등의 단체가 지원 대상이다.

저탄소 농축산물 인증제 사업

저탄소 농업기술을 적용하여 생산 전 과정에서 필요한 에너지 및 농자재 투입량을 줄이고 온실가스 배출을 감축한 농축산물에 저탄소 인증을 부여하는 제도로, 농업인의 온실가스 감축을 유도하고 소비자에게 윤리적 소비선택권을 제공하는 사업이다. 농업인을 대상으로 인증 교육, 온실가스 산정보고서 작성을 위한 컨설팅 및 인증취득 지원, 그린카드 연계 및 인증 농산물 유통지원 등의 사업을 진행한다.

도시농업 활성화

도시민과 농업인이 함께하는 행복한 삶을 구현하는 것을 목표로 하며, 융·복합 서비스 창출을 통한 도농상생 사업기반을 구축하고자 한다. 도시농업의 개념을 농작물 경작에서 수목, 화초, 곤충, 양봉까지 확장하고 환경, 문화, 복지 등과 접목한 융·복합 서비스를 창출한다.

농업경영체 등록제

농업 문제의 핵심인 구조 개선과 농가 소득 문제를 해결하기 위해서 마련된 제도로, 평준화된 지원정책에서 탈피하여 맞춤형 농정을 추진하기 위해 도입되었다. 농업경영체 등록제를 통해 경영체 단위의 개별 정보를 통합·관리하고 정책사업과 재정 집행의 효율성을 제고하게 되었다.

농촌현장 창업보육 사업

농산업 · 농식품 · 바이오기술(BT) 분야 예비창업자 및 창업 초기 기업을 대상으로 기술 · 경영 컨설팅을 통해 벤처기업으로의 성장을 지원하는 제도이다. 농업 · 식품 분야에 6개월 이내로 창업 가능한 예비창업자 및 5년 미만의 창업 초기 기업이 신청할 수 있으며, 지식재산권 출원, 디자인 개발, 시제품 제작, 전시회 참가 등을 지원받을 수 있다.

고향사랑기부제

지방재정 보완, 지역경제 활성화, 지방소멸 우려 완화, 국가 균형발전 도모 등을 위해 2021년 10월 제정된 〈고향사랑 기부금에 관한 법률(약칭 '고향사랑기부금법')〉에 의거해 2023년 1월부터 전격 시행된 제도로, 개인이 고향 또는 원하는 지방자치단체에 금전을 기부하면 지자체는 주민 복리 등에 사용하고 기부자에게는 세액 공제 등의 혜택과 기부액의 일정액을 답례품(지역 농특산품, 지역 상품권 등)으로 제공할 수 있다. 다만, 기부자는 자신의 주소지 관할 자치단체에는 기부가 불가능하다. 이는 해당 지자체와 주민 사이에 업무, 재산상의 권리와 이익 등의 이해관계 등으로 강제 모금이 이루어질 가능성을 막기 위한 조치이다. 기부 주체를 개인으로 한정한 것도 지자체가 개발 등에 따른 인허가권을 빌미로 기업에 모금을 강요하는 것을 방지하기 위함이다. 고향사랑 기부금은 정부가 운영하는 종합 정보 시스템(고향사랑e음)을 비롯해 전국 농 · 축협, 농협은행 등의 창구를 통해 납부할 수 있다.

농업직불제 개편

2025년 친환경 농업직불 단가가 인상되고 농가당 지급 상한 면적이 확대된다. 친환경농업을 실천한 농가에 주는 친환경 농업직불금은 논 1ha당 25만 원 인상하여 유기 논은 95만 원, 무농약 논은 75만 원이 된다. 또한 농가당 지급 상한 면적을 기존 5ha에서 30ha로 확대하고, 친환경 직불 신청을 위한 인증기간 요건이 완화된다. 새로 친환경 농업을 시작한 농가에서 수확한 벼는 일반 벼보다 5%p 높은 가격에 공공비축미로 매입할 예정이며, 농림축산식품부는 공공비축 물량을 군 급식이나 복지용 쌀로 공급해 시장교란 없이 친환경 농산물 공공 수요를 확대해 나갈 방침이다,

도농상생기금

도농상생기금은 도시와 농촌 간 균형 발전을 위해 2012년부터 도시 농 · 축협이 신용사업 수익의 일부를 출연하여 조성하는 기금으로, 조성된 기금을 농촌 지역 농 · 축협에 무이자로 지원하게 된다. 도농상생기금은 농축산물 수급 불안, 가격 등락 등에 따른 경제사업의 손실을 보전함으로써 농축산물 판매 · 유통사업을 활성화하고 경쟁력을 강화하는 것을 목표로 한다. 이와 함께 전국의 도시 농 · 축협은 도농 간 균형 발전을 위해 무이자 출하선급금을 산지농협에 지원해 안정적으로 농산물을 수매할 수 있도록 돕고 있으며, 매년 도농상생한마음 전달식을 통해 영농 자재를 지원하고 있다.

농 · 축협 RPA 확산모델

RPA(Robotic Process Automation)는 소프트웨어 로봇을 이용하여 반복적인 업무를 자동화하는 것을 의미한다. 농협은 2019년 중앙회 공통업무 적용을 시작으로 계열사로 적용 범위를 확대하고 있으며, 2022년 2월부터는 전국 1,115개 농 · 축협을 대상으로 업무 자동화 서비스를 제공하고 있다. 특히, 농협중앙회는 2022년 2월 농 · 축협 RPA포털을 오픈한 이후 44개 자동화 과제를 적용하고, 사용자 친화적인 인터페이스를 도입하여 현장의 업무 효율성을 높이고 있으며, RPA 서비스 개발 및 운영 거버넌스에 대하여 2022년 9월에 ISO9001 인증을 획득하는 등 디지털 혁신과 관련한 많은 성과를 거두고 있다.

'전기차 · 수소차 충전 사업' 승인 취득

2023년 1월 농협경제지주는 농림축산식품부로부터 전기차 · 수소차 충전소 사업 승인을 취득했으며, 이에 따라 본격적으로 농촌에 친환경차 충전 인프라를 확충할 계획이다. 이전에는 주유소 내 부대시설로만 충전소를 설치할 수 있었으나, 사업 승인을 취득함에 따라 독자적으로 '친환경 자동차 충전 시설과 수소연료 공급 시설 설치' 사업을 수행할 수 있게 된 것이다. 현재 전기차 보급의 증가로 인해 전기 화물차 · 농기계를 이용하는 농업인들이 증가하고 있으며, 농촌을 찾는 전기차 이용자들을 위한 인프라 확대가 절실한 상황이다. 농협경제지주에 따르면 20225년 농협은 전기차 충전소를 기존 55곳에서 80곳으로, 전기차 충전소를 기존 110기에서 160기로 확대한다. 또한 전기차와 더불어 수소차 충전소 부지 확보 방안을 모색하는 등 신재생 에너지 사업을 확대할 예정이다.

'한국형 농협체인본부' 구축 추진

농협이 유통 혁신의 핵심 추진 동력으로 제시한 '한국형 농협체인본부'는 경제 사업과 관련한 범농협 조직의 시설 · 조직 · 인력 운영을 효율화하여 농협 경제 사업의 경제적 · 농업적 가치를 극대화하는 밸류체인 시스템으로, 산지 중심의 생산 · 유통 인프라를 강화하는 한편 도소매 조직 간 유기적인 연계를 도모해 농업인에게는 농산물의 안정적인 판로를 보장하고, 소비자에게는 믿을 수 있는 먹거리를 공급하려는 계획이다. 이에 앞서 농협은 2020년부터 농축산물 유통 혁신을 100년 농협 구현을 위한 핵심 전략으로 삼고, 올바른 유통 구조 확립과 농업인 · 소비자 실익 증진에 매진한 결과 조직 통합(김치 가공공장 전국 단위 통합, 농산물 도매 조직 통합, 4개의 유통 자회사 통합), 스마트화(스마트 APC · RPC 구축, 보급형 스마트팜 개발 · 적용), 온라인 도소매 사업 추진(상품 소싱 오픈플랫폼 구축 및 온라인 지역센터 80개소 설치, 온라인 농산물거래소 · 식자재몰 사업 개시), 농업인 · 소비자 부담 완화[무기질 비료 가격 상승분의 80%(3,304억 원) 농가 지원, 살맛나는 가격 행사] 등을 이루었고, 더 나아가 '한국형 농협체인본부' 구축을 통해 산지와 소비자가 상생하는 유통 체계 구현이 가능할 것으로 기대하고 있다.

농업 일자리 활성화를 위한 범정부 협업

농업 인력 수요가 증가하는 추세이지만 농촌 지역 인구 감소와 고령화 등으로 인하여 농촌 일손이 충분하지 않은 상황이다. 통계청에 따르면 2022년 11월 기준 농림어업 분야의 65세 이상 고령자 비율은 52.9%로, 전 산업 평균 11.7%의 4.5배가 넘는다. 또한 농업 일자리 사업은 정부기관 간, 지자체 간 연계 없이 단절되어 시행됨에 따라 구인난 해결에 한계가 있었고, 농업 근무 여건·환경 등도 농촌 일손 부족 문제를 심화시켰다. 이에 2023년 1월 농림축산식품부와 고용노동부는 농업 일자리 활성화를 위한 범정부 사업 업무협약을 체결하였다. 부처별로 시행됐던 농업 일자리 사업을 연계해 '국가기관 간 협업, 도농 상생, 일자리 구조 개선'을 기본 체계로 하여 범정부 협업 사업을 시행하기로 한 것이다. 이를 위해 2023년에 농림축산식품부 34억 원, 고용노동부 40억 원, 경북·전북(지방비) 44억 원 등 모두 118억 원의 사업비가 투입된다(잠정). 또한 대상 지역도 경북·전북에서 향후 전국으로 확대할 방침이다. 정부는 농업 일자리가 활성화되어 농촌 인구가 증가하고 농촌이 발전하는 선순환의 구조가 만들어져 지역소멸 위기 극복에 이바지할 것으로 기대하고 있다.

〈농업 일자리 활성화를 위한 범정부 사업 개요〉

구분	내용
주체	농림축산식품부, 고용노동부, 지방자치단체 등 농업 일자리와 관련된 모든 국가기관이 '농업 일자리 지원 협의체'를 구성해 이를 중심으로 공동으로 사업 추진
운영	• 농촌에 더해 도시 지역까지 광범위하게 취업자를 발굴 • 도시 비경제활동인구를 집중적으로 구인, 이들의 노동시장 유입 또한 촉진 • 내국인의 농업 일자리 취업 및 농촌 정착도 확대될 것으로 기대
지원	• 취업자에게 교통 편의·숙박비·식비·작업교육 등 지원 • 취업자에게 안전교육, 상해보험료 및 보호 장비를 제공하여 안전관리 강화 • 전자근로계약서 서비스를 도입, 취업자 권익 보호 강화
관리	• 농업 일자리 온라인 시스템을 구축, 농작업, 구인·구직 정보 등을 공유 • 취업 알선 및 근로계약 체결 지원
지역	• 2023년 : 경상북도·전라북도를 대상으로 추진 • 2024년 이후 : 전국으로 확대 실시

※ 출처 : 2023년 1월, 관계부처합동 보도자료

PART 5

지방소멸대응기금

① **도입 배경** : 저출산·고령화로 인한 인구 구조 악화, 수도권·대도시로의 인구 집중 등으로 인해 지방소멸에 대한 위기감이 고조됨에 따라 2021년 정부(행정안전부)는 인구감소지역(89곳)을 지정하고 지방소멸대응기금을 투입하기로 결정했다.

② **목적** : 지역 주도의 지방소멸 대응 사업 추진을 위한 재정 지원

③ **운영 기본 방향**

㉠ 목적성 강화 : 지방소멸 대응이라는 목적 달성을 위한 사업 발굴(지역의 인구·재정 여건이 열악한 인구감소지역에 집중 지원)

㉡ 자율성 제고 : 지자체가 여건에 맞는 투자계획을 자율적으로 수립

㉢ 성과 지향 : 투자계획을 평가하여 우수한 지역에 과감하게 투자

④ **기간·규모** : 2022년부터 2031년까지 매년 1조 원씩 총 10조 원 투입(광역자치단체 25%, 기초자치단체 75%)

⑤ **지원 대상(지자체 122곳)**

㉠ 광역자치단체 : 서울시·세종시를 제외한 15곳

㉡ 기초자치단체 : 인구감소지역 89곳+관심지역 18곳=107곳

⑥ **배분 방법**

㉠ 광역자치단체 : 인구감소지수, 재정·인구 여건 등을 고려하여 배분

㉡ 기초자치단체 : 지자체가 제출한 투자계획을 기금관리조합의 투자계획 평가단이 평가한 결과에 따라 차등 배분

⑦ **운용 방법**

㉠ 기금관리조합(17개 시·도로 구성)이 관리·운용하되, 전문성 제고를 위해 한국지방재정공제회에 위탁하여 업무 수행

㉡ 기금 배분에 필요한 세부 사항은 행정안전부장관이 정해 고시함

〈지방소멸대응기금 운영 과정〉

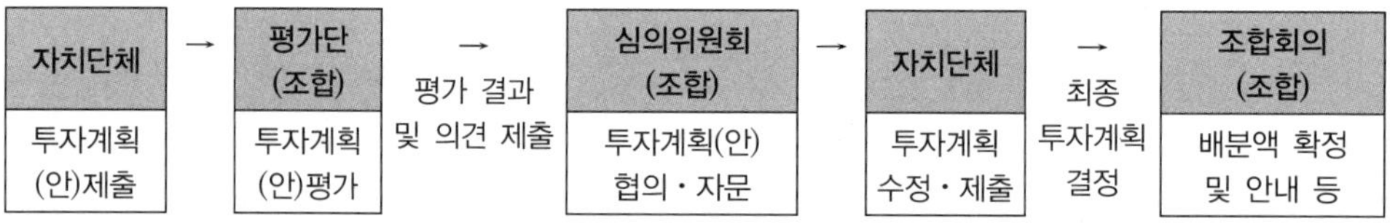

⑧ **지방소멸 위기에 대한 농협의 대응** : 농협중앙회는 농촌 소멸이라는 국가적 위기 해결에 동참하고 활기찬 농촌을 만들기 위한 농협 역할 강화 방안으로 '활기찬 농촌, 튼튼한 농업, 잘사는 농민, 신뢰받는 농협 구현' 등 4대 목표 실현을 위한 실천 과제를 수립해 2022년 7월에 발표했다. 이를 위해 농·축협과 기업 간 상호교류 사업인 도농사(社)랑운동, 고향사랑기부제 정착을 견인해 농산물 수요 확대에도 노력할 방침이다.

05 농업상식

GMO(유전자변형 농산물)

유전자 재조합기술(Biotechnology)로 생산된 농산물로 미국 몬산토사가 1995년 유전자변형 콩을 상품화하면서 대중에게 알려지기 시작했다. 공식적인 용어는 LGMO(Living Genetically Modified Organisms)이다. 유전자 변형은 작물에 없는 유전자를 인위적으로 결합시켜 새로운 특성의 품종을 개발하는 유전공학적 기술을 말한다. 어떤 생물의 유전자 중 추위, 병충해, 살충제, 제초제 등에 강한 성질 등 유용한 유전자만을 취하여 새로운 품종을 만드는 방식이다.

아프리카돼지열병(ASF)

동물 감염의 비율이 높고, 고병원성 바이러스에 전염될 경우 치사율이 거의 100%에 이르는 바이러스성 돼지 전염병으로 '돼지 흑사병'이라고도 불린다. 아프리카 지역에서 빈번하게 발생하여 아프리카돼지열병이라는 이름으로 불린다. 우리나라에서는 이 질병을 〈가축전염병 예방법〉상 제1종 가축전염병으로 지정하여 관리하고 있다.

주로 감염된 돼지의 분비물 등에 의해 직접 전파되며, 잠복 기간은 약 4 ~ 19일이다. 인체와 다른 동물에게는 영향을 주지 않으며, 오직 돼지과의 동물에만 감염된다. 이 병이 걸린 돼지는 보통 10일 이내에 폐사한다.

애그리비즈니스

농업과 관련된 전후방 산업을 일컫는다. 최근 생겨난 '농기업'이란 새로운 개념은 '농업'을 가축이나 농작물의 생산에 한정하는 것이 아니라 농산물 생산을 포함하여 생산된 농산물의 가공과 유통, 수출입은 물론 비료, 농약, 농기계, 사료, 종자 등 농자재산업까지 포함한 농업관련 산업(Agribusiness)으로 사업영역을 확장한다는 의미를 포함하고 있다.

스마트팜

ICT를 농업 기술에 접목하여 자동 원격으로 농작물 · 과일 · 가축 따위를 키울 수 있도록 조성한 농장을 말한다. 스마트폰이나 PC를 이용해 생육 조건에 부합하는 온습도, 일사량, 냉난방 따위를 조절하고 물을 공급한다.

국제연합식량농업기구(FAO)

국제연합 전문기구의 하나로 식량과 농산물의 생산 및 분배능률 증진, 농민의 생활수준 향상 등을 목적으로 한다. 1945년 10월 캐나다 퀘벡에서 개최된 제1회 식량농업회의에서 채택된 FAO헌장에 의거해 설립됐다. 농업 · 임업 · 수산업 분야의 유엔 기구 중 최대 규모다. 본부에 3,500명, 세계 각지에 2,000여 명의 직원이 있다. 세계식량계획(WFP)과 함께 식량원조와 긴급구호 활동을 전개하며 국제연합개발계획(UNDP)과 함께 기술원조를 확대하고 있다.

조류인플루엔자

닭이나 오리와 같은 가금류 또는 야생조류에서 생기는 바이러스의 하나로서, 일종의 동물전염병이다. 일반적으로 인플루엔자 바이러스는 A, B, C형으로 구분되는데, A형과 B형은 인체감염의 우려가 있으며, 그중 A형이 대유행을 일으킨다. 바이러스에 감염된 조류의 콧물, 호흡기 분비물, 대변에 접촉한 조류들이 다시 감염되는 형태로 전파되고, 특히 인플루엔자에 오염된 대변이 구강을 통해 감염을 일으키는 경우가 많다.

수경재배

흙을 사용하지 않고 물과 수용성 영양분으로 만든 배양액 속에서 식물을 키우는 방법을 일컫는 말로, 물재배 또는 물가꾸기라고 한다. 수경재배를 할 수 있는 식물은 대부분 수염뿌리로 되어 있는 외떡잎식물이다. 식물이 정상적으로 위를 향해 자라도록 지지해주거나 용액에 공기를 공급해주어야 하는 어려움 때문에 수경재배는 자갈재배로 대체되었는데, 이때 자갈은 물이 가득한 묘판에서 식물이 넘어지지 않도록 지지해준다.

수경재배는 뿌리의 상태와 성장 모습을 직접 관찰할 수 있고, 오염되지 않은 깨끗한 채소나 작물을 생산해낼 수 있으며 집안에서 손쉽게 재배가 가능하다는 장점이 있다.

친환경농업

지속 가능한 농업 또는 지속 농업(Sustainable Agriculture)으로 농업과 환경을 조화시켜 농업의 생산을 지속 가능하게 하는 농업형태로서 농업생산의 경제성 확보, 환경보존 및 농산물의 안전성을 동시 추구하는 농업이다. 유기합성농약과 화학비료를 일체 사용하지 않고 재배하거나 유기합성농약은 일체 사용하지 않고, 화학비료는 권장 시비량의 1/3 이내를 사용하거나, 화학비료는 권장시비량의 1/2 이내를 사용하고, 농약 살포 횟수는 '농약안전사용기준'의 1/2 이하를 사용해야 한다.

생산 농가가 희망하는 경우에 인증기준적합 여부를 심사하며, 인증 여부를 통보해 주고, 인증받은 농산물에 한해 인증표시 후 출하한다.

석회비료

칼슘을 주성분으로 하는 비료로 토양의 성질을 개선하여 작물에 대한 양분의 공급력을 높힌다. 직접적으로 양분의 역할을 하지는 못하기 때문에 '간접 비료'로 불린다.

윤작

돌려짓기라고도 하며, 같은 땅에서 일정한 순서에 따라 종류가 다른 작물을 재배하는 경작방식으로 형태에 따라 곡초식, 삼포식, 개량삼포식, 윤재식 등으로 나눈다. 식용작물을 재배하는 곳이면 어느 곳에서나 어떤 형태로든지 윤작이 행해지고 있으며, 윤작의 장점은 토지이용도를 높일 수 있고, 반복된 재배에도 균형 잡힌 토질을 유지할 수 있으며, 누적된 재배로 인한 특정질병재해를 사전에 방지할 수 있다는 것이다.

콜드체인 시스템

콜드체인(Cold Chain) 시스템이란 농산물을 수확한 후 선별포장하여 예냉하고 저온 저장하거나 냉장차로 저온수송하여 도매시장에서 저온상태로 경매되어 시장이나 슈퍼에서 냉장고에 보관하면서 판매하는 시스템이다. 전 유통 과정을 제품의 신선도 유지에 적합한 온도로 관리하여 농산물을 생산 또는 수확 직후의 신선한 상태 그대로 소비자에게 공급하는 유통체계로 신선도 유지, 출하 조절, 안전성 확보 등을 위해서 중요한 시스템이다.

유전자 변형 생물체(LMO; Living Modified Organisms)

생식과 번식을 할 수 있는 유전자 변형생물체를 지칭한다. 생산량 증대나 새로운 부가가치 창출, 유통 및 가공상의 편의를 위해 유전공학기술을 이용해 기존의 육종방법으로는 나타날 수 없는 형질이나 유전자를 지니도록 개발된 유기물을 일컫는다. 전세계적으로 인체에 대한 유해성 여부로 논란이 일고 있는 유전자변형 콩이나 옥수수 등이 여기에 포함된다. 이밖에 농산물 종자나 미생물 농약, 환경정화용 미생물 등 LMO의 활용 영역이 날로 넓어지고 있다. LMO의 안전성 논란이 커지자 국제기구, 선진국 정부기관, 민간단체 등에서는 LMO와 관련된 정보들을 수집 분석하여 일반인에게 공개하고 있으며, 나아가 세계 각국들은 2000년 1월 '바이오 안전성에 관한 카르타헤나 의정서(The Cartagena Protocol on Biosafety)'를 채택하고, 이에 따라 LMO의 국가 간 이동에 관련된 법률을 제정하여 LMO를 관리하고 있다.

스팁소비

상품이나 서비스를 공유하는 공유형(Sharing) 소비, 건강을 고려하는 웰빙형(Toward the Health) 소비, 기능성 상품을 선호하는 실속형(Cost－Effective) 소비, 직접 체험할 수 있는 경험형(Experience) 소비, 삶의 질을 높이는 현재형(Present) 소비의 앞 글자를 딴 신조어다.

이베리코

스페인의 돼지 품종으로, 스페인 이베리아 반도에서 생산된 돼지라는 뜻이다. 긴 머리와 긴 코, 길고 좁은 귀, 검은색 가죽과 검은색 발톱이 특징이다. 이베리코는 사육 기간과 방식, 먹이에 따라 최고 등급인 '베요타(Bellota)'부터 중간 등급인 '세보 데 캄포(Cebo de campo)', 하위 등급인 '세보(Cebo)'로 나뉜다. 이 중 베요타의 경우 '데헤사(Dehesa)'라 불리는 목초지에서 자연 방목으로 사육하는데, 방목 기간 동안 풀과 도토리 등 자연 산물을 먹여 키운다.

귀농인의 집

'귀농인의 집'은 귀농·귀촌 희망자의 안정적 농촌 정착을 위해 이뤄지고 있는 주거 공간 지원 사업으로, '농업·농촌 및 식품산업 기본법'을 근거로 한다. 이는 귀농·귀촌 희망자가 일정 기간 동안 영농기술을 배우고 농촌체험 후 귀농할 수 있도록 임시 거처인 '귀농인의 집'을 제공하는 것이다. 귀농인의 집 입지는 지역 내 제반 여건을 감안해 귀농인의 집 운영을 희망하는 마을과 시·군이 협의하여 자율 선정한다. 재원은 국고보조(농특회계) 50%와 지방비 50%로 구성되며, 세대당 3,000만 원 이내로 지원이 이뤄진다. 그리고 입주자는 월 10～20만 원 또는 일 1～2만 원의 임차비용을 지급하게 된다. 이용은 1년 범위 내, 이용을 원칙으로 하고, 추가 이용자가 없고 기존 귀농인이 희망하는 경우에는 1년 이용기간 종료 후 3개월 이내의 범위에서 추가 이용이 가능하다.

특산식물

고유식물이라고도 하며, 특정한 지역에서만 생육(生育)하는 고유한 식물을 말한다. 생육되는 환경에 스스로 적응하면서 다른 곳에서는 볼 수 없는 독특한 특징으로 진화하는 특산식물은, 결과적으로 해당 지역의 고유식물로 존재하게 된다. 그러므로 고유식물이 지니는 정보는 그 지역에 분포하는 해당 식물의 기원과 진화 과정을 밝히는 중요한 요인이 된다. 특산식물은 작은 환경 변화에도 민감하게 반응하며 세계적으로 가치 있고 희귀한 식물이 대부분이므로 적극적으로 보호하지 않으면 멸종되기 쉽다.

녹색혁명

녹색혁명은 20세기 후반, 전통적 농법이 아닌 새로운 기술인 품종개량, 수자원 공급시설 개발, 화학비료 및 살충제 사용 등의 새로운 기술을 적용하여 농업생산량이 크게 증대된 일련의 과정 및 그 결과를 의미한다. 녹색혁명의 핵심은 새로운 기술의 적용으로 생산성을 크게 증대시키는 것에 있기 때문에, 유전학, 분자생물학, 식물생리학 등의 과학기술 발전을 통해 작물의 생산성을 증대시키는 것을 2차 녹색혁명이라고도 부른다.

식물공장

최첨단 고효율 에너지 기술을 결합해 실내에서 다양한 고부가가치의 농산물을 대량 생산할 수 있는 농업 시스템이다. 식물공장은 빛, 온·습도, 이산화탄소 농도 및 배양액 등의 환경을 인위적으로 조절해 농작물을 계획 생산한다. 계절, 장소 등과 관계없이 자동화를 통한 공장식 생산이 가능하다. 식물공장은 주로 LED와 분무장치에 의한 실내 식물재배 시스템을 이용한 전형적인 저탄소 녹색 사업을 가능하게 하는 곳이다.

로컬푸드

로컬푸드 운동은 생산자와 소비자 사이의 이동거리를 단축시켜 식품의 신선도를 극대화시키자는 취지로 출발했다. 즉, 먹을거리에 대한 생산자와 소비자 사이의 이동거리를 최대한 줄임으로써 농민과 소비자에게 이익이 돌아가도록 하는 것이다. 예컨대 북미의 100마일 다이어트 운동, 일본의 지산지소(地産地消) 운동 등이 대표적인 예다. 국내의 경우 전북 완주군이 2008년 국내 최초로 로컬푸드 운동을 정책으로 도입한 바 있다.

로컬푸드지수

지역에서 이루어지고 있는 로컬푸드 소비체계 구축활동에 대한 노력과 성과를 평가하기 위한 지표이다. 2021년부터 본격적으로 시행되는 로컬푸드 평가기준으로, 미국의 '로커보어지수(Locavore Index)'에 필적할 만한 지수이다. 계량적 수치 위주의 로커보어지수와 달리 로컬푸드지수는 지역에 미치는 사회적·경제적 가치까지도 반영하고 있다.

농가소득

경상소득과 비경상소득을 합한 총액을 말한다. 농가의 경상소득은 농업소득, 농외소득, 이전소득을 합산한 총액을 말하며, 농가의 비경상소득은 정기적이지 않고 우발적인 사건에 의해 발생한 소득을 말한다.

할랄

과일·야채·곡류 등 모든 식물성 음식과 어류·어패류 등의 모든 해산물과 같이 이슬람 율법 아래에서 무슬림이 먹고 쓸 수 있도록 허용된 제품을 총칭하는 용어이다. 육류 중에서는 이슬람식 알라의 이름으로 도살된 고기(주로 염소고기, 닭고기, 쇠고기 등), 이를 원료로 한 화장품 등이 할랄 제품에 해당한다. 반면 술과 마약류처럼 정신을 흐리게 하는 것, 돼지·개·고양이 등의 동물, 자연사했거나 인간에 의해 도살된 짐승의 고기 등과 같이 무슬림에게 금지된 음식의 경우는 '하람(Haram)' 푸드라고 한다.

작목반

강원도 삼척 지역 농촌에서 작목별이나 지역별 공동 생산, 공동 출하로 소득을 높이기 위하여 조직한 농민단체로, 채소, 원예, 축산, 과일 등 작목에서 많이 운영된다. 작목반별로 다소 차이는 있지만 작목반 또는 조합 단위로 영농에 필요한 비료나 농약 시설 자재 등을 공동으로 저렴하게 구입하여 공급하는 영농 자재의 공동 구매, 작목반 단위의 영농 계획에 의한 공동 작업 실시로 작업 능률을 향상시키기 위한 공동 작업, 농산물의 등급별 선별을 통한 규격화와 표준화를 통한 상품성 제고 활동, 공동출하·공동이용시설의 설치와 운영, 공동 기금 조성 등의 활동을 한다. 대부분의 작목반은 지역의 단위농업협동조합과 연계되어 있다.

CHAPTER 03

은행업무 일반

01 예금거래

1. 예금계약의 이해

(1) 소비임치계약

예금은 금융회사가 개인이나 법인 등의 예금주(고객)가 위탁한 금전을 보관하거나 운용함으로써 발생하는 금융회사의 채무로, 예금주의 입장에서는 금융회사에 대한 청구권이라고 할 수 있으며, 법적으로는 금전으로 이루어지는 소비임치계약으로 본다.

(2) 낙성계약과 요물계약

예금계약을 낙성계약 또는 요물계약으로 보는 것은 명확하지 않다. 대법원의 판례와 예금계약 후 예금자의 이행강제를 할 수 없다는 점에서 요물계약으로 볼 수 있으나, 반드시 일정한 금액을 금융회사에 인도하지 않아도 계약신규가 가능한 점을 고려하면 낙성계약으로 볼 수 있다.

이론 더하기

- 낙성계약(諾成契約) : 계약 당사자 간의 합의만으로 성립하는 계약
- 요물계약(要物契約) : 계약 당사자 간의 합의 이외에 물건의 인도 등 기타 급부를 하여야만 성립되는 계약

(3) 무상(無償)계약

예금주는 예금계약이 이루어진 후 그 기간에 따른 대가를 지급하지 않고 오히려 상당 기간에 해당하는 이자를 받으므로 무상계약으로 본다.

(4) 편무(片務)계약

예금계약은 예금을 입금하는 것을 조건으로 금융회사가 일방적으로 원리금의 지급의무를 부담하므로 편무계약으로 본다.

2. 예금거래의 종류

(1) 수시입출식 예금 : 입금과 출금이 자유로운 예금

(2) 적립식 예금 : 일정한 기간 동안 정기적 또는 비정기적으로 금전을 적립하고 일정 기간 이후 만기금액과 이자를 지급받는 예금

(3) 거치식 예금 : 일정한 금액을 예치한 후 정해진 기간이 지난 뒤에 예치원금과 이자를 지급받는 예금

3. 예금거래의 대상

(1) 개인(개인사업자 포함) : 자연인이나 법인 모두 가능함(개인사업자의 경우 사업자등록증 소지 여부 등에 따라 결정됨)

(2) 법인 : 스스로 거래 행위를 할 수 없기 때문에 대표자 또는 대리인이 법인을 대신하여 예금 신규 거래가 가능함

(3) 미성년자 : 원칙적으로 법정대리인의 동의가 있거나 법정대리인이 대리하여 신규 거래가 가능함. 단, 신분증(주민등록등본 등)이 있는 만 14세 이상의 미성년자는 저축 관련 통장 개설이 단독으로 가능함

(4) 비거주자 : 예금거래에 제한이 있으며, 자금의 국내 사용을 목적으로 예치하는 '비거주자원화계정'과 대외 지급을 자유롭게 하기 위해 자금을 예치하는 '비거주자자유원계정'으로 함(국민인 비거주자 또는 외국인 비거주자 중 주한 외교관 등은 예금 종류에 제한이 없음)

(5) 공동명의 : 모든 명의인이 예금 신규 거래 자격을 갖추어야 함

PART 5

4. 금융실명제

(1) 실명확인의 원칙

① 신규 거래 시마다 실명확인증표 원본을 이용하여 실명확인
② 원장, 거래신청서, 계약서 등에 "실명확인필"을 표시하고 확인자가 날인 또는 서명
③ 전산인자로 실명거래의 확인자가 식별되는 경우에는 확인자 날인 또는 서명 생략 가능

(2) 실명확인 방법

① 성명과 주민등록번호, 실명확인증표에 첨부된 사진 등을 통해 거래신청자의 본인 여부를 확인
② 제시된 실명확인증표의 사진으로 본인 여부를 파악하기 어려운 경우에는 다른 실명확인증표를 보완적으로 사용 가능

(3) **실명확인자** : 실제로 고객의 실명을 확인한 직원으로 금융회사 본부의 영업부서를 포함한 영업점의 직원

(4) **실명확인증표(개인)**

구분	실명확인증표
일반인	주민등록증(주민등록증 발급신청확인서 포함), 운전면허증, 청소년증(청소년증 발급신청확인서 포함), 노인복지카드(경로우대증), 장애인복지카드(장애인등록증 포함), 여권, 선원수첩, 국가유공자증(유족 포함), 새터민임시신분증(여권번호와 같이 조립)
학생	학생증(사진과 주민등록번호가 있는 경우에 한함) ※ 주민등록번호가 없는 학생증은 주민등록등(초)본 또는 건강보험증 또는 가족관계증명서를 함께 제시
군인	군운전면허증
소년소녀가장	주민등록등본(세대주가 본인인 것), 학교장이 확인한 서류
외국인	외국인등록증, 여권, 여행증명서, 국내 발급 운전면허증
재외동포(재외국민, 외국 국적 동포)	재외국민(외국 국적 동포) 국내거소신고증, 여권
기타	국가기관 또는 지방자치단체가 발급한 신분증 및 자격증

※ 실명확인증표의 사본, 금융거래 시점에 유효하지 않은 실명확인증표, 사원증, 전역증, 휴가증, 상공회의소나 산업인력공단이 발급한 자격증 등은 실명확인을 위한 증표로 사용할 수 없다.

5. 예금신규 거래 절차

(1) 예금신규거래신청서 작성 방법을 안내하고 작성된 신청서를 받아 확인한다.

(2) 고객 유형을 파악하여 유형별 실명확인 방법에 따라 실명을 확인한다.

(3) 신규 거래 시 필요한 서류를 징구하여 확인한다.

(4) 고객정보를 전산에 등록하거나 이미 등록되어 있는 경우 변경 사항에 대해 등록한다.

(5) 신규 거래되는 예금의 통장이나 증서를 작성한다.

(6) 작성한 통장이나 증서에 고객의 인감 또는 서명날인을 받는다.

(7) 책임자의 결재를 받는다.

(8) 고객의 인감 또는 서명날인 부분과 책임자의 결재받은 부분이 덮히도록 스티커를 붙인다.

(9) 고객에게 신규발급된 통장을 전달한다.

(10) 거래신청서와 신규 관련 서류 일체를 정리하여 신규일로부터 영업일 3일 이내에 금고에 보관한다.

6. 예금해지 거래 절차

(1) 해지 신청인에게 예금통장을 징구한다.

※ 예금통장을 분실한 경우 제사고신고 절차에 따라 예금주 본인을 확인하고 계좌인감(서명)을 확인하여 사고신고 등록 처리 후 재발급 절차 없이 해지처리를 진행함

(2) 해지 신청인에게 예금청구서를 작성하도록 하며, 작성 완료된 청구서를 징구한다.

(3) 해지 신청인이 예금주 본인인지 확인한다.

① 예금청구서에 찍힌 인감이 이미 신고된 인감과 일치하는지 여부 확인
② 서명에 의한 거래인 경우 본인확인증표에 의해 본인을 확인한 후 처리
③ 예금주 본인이 의심스러울 경우 개설 서류가 보관된 개설점에서 개설 서류에 첨부된 실명증표를 받아 사진 및 필적을 대조하여 확인

(4) 통장 또는 증서의 위·변조 여부를 확인한다.

(5) 기타 사항을 다음과 같이 처리한다.

① 사고신고 또는 압류 등 법적 지급제한 유무의 여부를 확인
② 자동이체가 등록되어 있는 경우 그 내역을 고객에게 확인하고 고객의 의사를 확인하여 해제

PART 5

(6) 해지금액을 고객에게 확인시키고 수령할 방법을 확인한다.

(7) 해지 거래통장의 M / S(Magnetic Stripe)를 제거한 후 지급필(Paid)을 철인한다.

(8) 통장과 청구서를 책임자에게 인도하여 결재를 받는다.

(9) 해지 후 고객이 수령하는 금액을 확인하고, 해지된 예금통장과 지급한 금액에 대한 확인서를 고객에게 교부한다.

02 입출금거래

1. 입금거래

(1) 입금거래의 종류

① **창구입금** : 예금주가 금융회사에 금전을 전달함으로써 금전의 소유권을 금융회사에 이전하는 것으로 입금 완료 시기는 담당 직원이 고객이 인도한 금액을 수령하고 그 금액을 확인한 때이다.

② **현금자동입출금기에 의한 입금** : 고객이 현금자동입출금기에 현금을 넣고 기계 조작을 한 후, 현금자동입출금기가 나타낸 합계 금액에 대해 고객이 확인 버튼을 누른 때에 예금계약이 성립된 것으로 본다.

③ **계좌송금에 의한 입금** : 송금을 의뢰한 고객이 은행에 입금처리함으로써 계좌송금 및 계좌이체 계약이 종료되는데, 이는 예금주의 거래 은행이 이체금액을 확인하는 절차가 없기 때문에 고객이 송금하고 입금 기장을 마친 때에 입금계약이 성립한 것으로 본다.

(2) 고객주의의무제도(Know-Your-Customer)

① 금융사가 자신이 제공하는 금융 서비스가 자금세탁과 같은 불법적인 행위에 이용되지 않도록 하기 위해 금융 거래 시 고객의 신분, 계좌 및 거래의 성격 등에 대해 적절한 주의를 기울여야 하는 의무이다.

② 주요 내용

㉠ 고객이 계좌를 신규로 개설하거나 일정 금액 이상으로 일회성 금융 거래를 하는 경우 : 거래 당사자의 신원에 관한 사항으로서 실명확인을 하여야 한다.

㉡ 실제 거래 당사자 여부가 의심되는 경우 : 고객이 자금세탁 행위 등 실제 거래 당사자 여부가 의심되는 경우에는 본인 실명확인과 금융거래목적확인서를 징구하여 확인하여야 한다.

2. 출금거래

(1) 출금거래의 종류

① 기계에 의하지 않은 지급

㉠ 창구지급 : 창구의 지급 담당자(텔러)가 예금주로부터 통장(증서) 등과 지급청구서 또는 어음(수표)에 의한 청구를 받고 지급하는 방법

㉡ 교환지급 : 어음교환소를 통한 지급청구가 있을 때 이에 응하여 지급하는 것으로 당좌계정의 어음(수표)지급 방법

㉢ 대체지급 : 예금주에게 현금을 지급하고 그 현금을 다시 받아 별도의 예금계좌에 입금하거나 대출이자 등에 충당하는 대신, 현금의 지급과 다른 계좌로의 입금이라는 절차를 생략하고 금융회사의 내부 장부 조작만으로 계정을 이동시키는 지급 방법

② 기계에 의한 지급

㉠ 현금자동지급기(CD) 또는 현금자동입출금기(ATM)

㉡ 텔레뱅킹 또는 모바일(스마트)뱅킹

㉢ 인터넷뱅킹 또는 펌뱅킹

(2) 예금지급 시 주의사항

① 인감 및 비밀번호의 확인

② 통장이나 증서 또는 지급청구서의 위·변조 여부 확인

③ 사고신고 유무 확인

④ 각종 지급제한 유무 확인

(3) 예금지급 오류

① **예금의 과다지급**
직원이 예금의 과다지급을 하였다면 과다지급한 금액에 대해서 예금주에게 부당이득반환청구권을 행사하여 잘못 지급한 금액의 반환을 청구할 수 있다. 다만, 과다지급했다는 사실을 금융회사에서 입증해야 하므로 금액의 일치 여부를 항상 확인해야 한다.

② **예금의 과소지급**
과소지급한 그 차액에 대한 예금지급은 금융회사에서 이행한 것이 아니므로, 예금주의 예금채권은 그대로 존속하며 은행의 예금채무는 그대로 남게 된다. 예금의 과소지급에 대한 입증 책임은 예금주가 부담하게 된다.

③ **예금의 과오지급**
예금지급청구에 따라 은행이 예금을 지급할 때 권한이 없는 자에게 예금을 지급하는 경우로 예금지급을 청구하는 자에 대해 본인 여부와 대리인 여부를 철저하게 확인하여야 한다.

㉠ 금융회사의 면책이 인정되는 경우 : 권리자 확인을 위해 상당한 노력을 하였음에도 불구하고 무권리자임을 알 수 없어 예금을 지급했다면 금융회사는 과오지급에 대한 책임을 지지 않는다. 단, 진정한 예금주는 무권리자를 상대로 부당이득반환청구권 등을 행사하여 반환받을 수 있다.

㉡ 금융회사의 면책이 인정되지 않는 경우 : 무권리자에 대한 예금지급 책임이 금융회사에 있는 경우 진정한 예금주가 지급청구를 하면 금융회사는 이중으로 지급해야 한다. 이 경우 금융회사는 무권리자에 대해 부당이득반환청구권을 행사할 수 있다.

03 수표 발행 및 지급

1. 수표의 이해

(1) 수표의 정의

발행인이 증권상에 적혀 있는 지급을 받을 자(수취인) 또는 증권의 소지인에게 조건없이 일정한 금액을 지급할 것을 제3자(지급인)에게 위탁하는 유가증권이다.

(2) 수표의 법적 성격

① **요식증권성** : 수표법이 정하는 일정한 사항을 하나라도 구비하지 않으면 수표로서의 효과가 없다.

② **제시증권성** : 수표를 소지한 사람이 증권에 적힌 금액에 대항하는 권리를 행사하기 위해서는 해당 수표를 적법하게 제시하여야 한다.

③ **상환증권성** : 수표를 소지한 사람은 수표의 채무자에 대하여 당해 수표와 상환함으로써만 수표에 적힌 금액의 지급청구를 할 수 있다.

④ **채권증권** : 수표는 특정인이 다른 특정인에게 일정한 의무의 이행을 청구할 수 있는 권리로서 금전지급청구권을 표시하는 채권증권이다.

⑤ **지시증권** : 수표는 증권에 특정인이 권리자로 기재되어 있지만 그가 지시하는 자도 권리자가 되는 유가증권으로 증권상에 특정인만이 권리자로 기재되어 있을 뿐 그 특정인이 지정하는 자가 권리자로 기재되어 있지 않더라도 그 특정인이 지정하는 자도 법률상 당연히 권리자가 되는 법률상 당연한 지시증권이다.

⑥ **설권증권** : 증권의 작성이 있어야만 비로소 권리가 발생하는 유가증권으로, 수표가 작성되어야 비로소 권리가 생긴다는 점에서 설권증권의 성격을 지닌다.
⑦ **무인증권** : 수표는 매매나 금전소비대차 등이 처음부터 존재하지 않거나 무효 또는 취소, 기타의 사유로 인한 실효가 되더라도 그에 의하여 영향을 받지 않고 존재한다는 점에서 무인증권에 속한다.
⑧ **완전유가증권** : 수표는 권리의 발생과 이전 및 행사 모두에 증권을 소지할 것을 전제로 하는 완전유가증권이다.
⑨ **문언증권** : 수표상에 적혀 있는 문언에 따라 수표의 권리가 정해지므로 문언증권의 성격을 갖는다.

2. 수표의 종류

(1) **당좌수표** : 은행 이외의 자가 은행과 당좌계정 거래약정을 체결하고 은행에 있는 지급자금의 범위 내에서 은행을 지급인으로 하여 발행한 수표

(2) **자기앞수표** : 은행이 자신을 지급인으로 하여 발행한 수표

(3) **선일자수표** : 발행일자를 실제로 발행한 일자가 아닌 장래의 일자로 적어 발행한 수표

(4) **후일자수표** : 발행일자를 실제로 발행된 날 이전의 일자로 적은 수표

(5) **횡선수표** : 수표의 표면에 두줄을 그어 그 수표의 취득과 지급에 제한을 가한 수표

(6) **송금수표** : 송금의 목적으로 발행되는 수표

(7) **국고수표** : 국고금의 지출 원인 행위에 따라 지출관이 한국은행을 지급인으로 하여 발행한 수표

(8) **여행자수표** : 은행이 발행인이 되고 여행자를 수취인으로 하여 발행하는 수표

이론 더하기

• 당좌수표

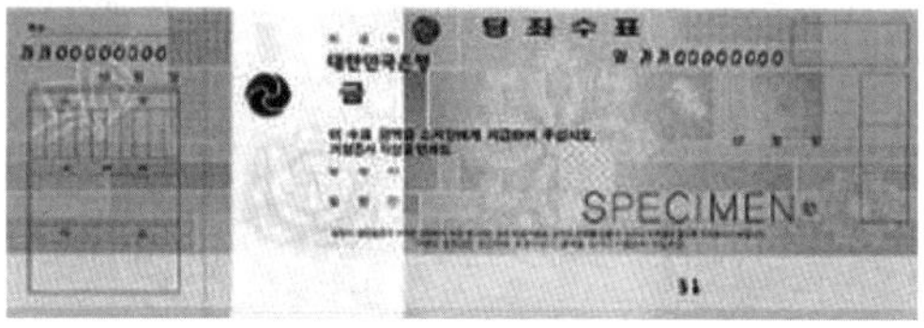

• 자기앞수표

3. 수표 발행의 요건(수표법 명시사항)

(1) 수표임을 표시하는 글자 : 국어로 수표임을 표시하는 글자를 적어야 한다.

(2) 조건 없이 일정한 금액을 지급할 것을 위탁하는 뜻 : 일반적으로 금액 아래에 “이 수표의 금액을 소지인에게 지급하여 주십시오.”라고 적는다.

(3) 지급인의 명칭 : 수표를 제시한 때에 발행인이 처분할 수 있는 자금이 있는 은행과 수표법의 적용에 있어서 은행과 동시되는 사람이나 시설을 적어야 한다.

(4) 수표에는 만기를 적을 수 없음 : 수표는 신용증권이 아니므로 특성상 만기가 없다.

(5) 지급지 : 수표금이 지급될 지역으로 독립한 최소 행정 구역(특별시, 광역시, 시, 읍・면 단위)으로 적는 것이 원칙이다.

(6) 발행일과 발행지 : 발행일은 수표를 발행한 날로 수표상에 적혀 있는 일자를 의미하고, 발행지는 수표를 발행한 장소로 수표상에 적혀 있는 장소를 의미한다.

PART 5

4. 수표 지급 거래 절차

(1) 수표를 받은 경우 다음과 같은 내용을 확인한다.

① 정당한 수표인지 여부를 확인한다.
② 수표를 지급할 때에는 절대적 요건이 빠짐없이 기재되어 있는지 확인해야 한다.

(2) 수표 뒷면에 배서 안내를 한다.

(3) 사고신고 또는 압류 등 법적 지급제한의 유무를 확인한다.

(4) 출납인 날인 및 책임자 결재를 받는다.

(5) 고객으로부터 현금, 계좌입금 요청 등 필요한 자원을 확인한다.

(6) 금액을 확인하고 지급 대전을 고객에게 교부한다.

(7) 타행 정액 자기앞수표의 지급은 절차에 따라 지급 거래를 수행한다.

04 시재관리

1. 출납업무

(1) 출납업무의 정의

통화 및 이와 동일시되는 수표·어음 등 모든 증권류의 수납 및 지급업무 그리고 이에 부수적으로 발생하는 현금의 정리 및 보관, 시재금 관리, 어음교환 등을 행하는 업무이다.

이론 더하기

- 시재금 : 출납업무를 수행하는 직원이 현재 보유하고 있는 통화의 합계를 말한다.
- 어음 : 발행하는 사람이 미래의 일정한 금액을 일정한 시기와 장소에서 무조건 지급할 것을 약속하거나(약속어음) 또는 제3자에게 그 지급을 위탁하는(환어음) 유가증권이다.

(2) 현금보관 및 검사

① 현금의 보관

현금보관은 현금을 보관할 수 있는 금고에 보관하여야 한다. 금고에는 통화를 권종별(예 1만 원권, 5만 원권)로 정리하여 보관하고, 다음 영업일에는 꼭 필요한 최소의 자금만을 출고하며 불필요한 통화는 금고에 보관하여야 한다. 또한 출납 담당자는 영업시간 중에도 수시로 통화를 인도받아 현금보관 시설인 금고에 보관하도록 하여야 한다.

② 통화의 보유한도

각 은행은 영업점별로 통화 보유한도를 기준으로 적정액을 보유하여야 하며, 배정된 통화 보유한도 이내로 유지되도록 관리하여야 한다. 이때 통화 보유한도는 본부에서 점포의 특성 및 특수 요인을 반영하여 직접 배정한다.

③ 업무 마감 및 현금검사

출납 담당 책임자는 매일, 부점장은 매월 1회 이상 불특정일에 현금을 검사하여 출납일계표상의 시재금명세표와 부합 여부(맞는지)를 확인한다. 시재금은 10원 단위까지만 부합 여부를 확인할 수 있다.

④ 현금의 과잉·부족 시 처리

구분	현금 과잉 시	현금 부족 시
처리 방법	• 원인을 파악하여 당일 내 정당한 고객을 찾아 입금 • 원인 파악이 불가능한 경우 : 가수금 출납과 입금 항목으로 입금처리 • 정당한 고객을 찾을 수 없을 때는 3개월 경과 후 해당월 말일에 전산으로 자동 이익금 처리 • 과잉금은 가수금 계정에 5년간 별도로 구분하여 입금하고, 5년이 경과하여도 원인을 규명하지 못한 경우에는 해당월 말일에 이익금 처리 • 이익금으로 처리한 후 원인이 규명되어 고객에게 돌려주어야 할 경우에는 그 고객이 정확한 소유자인지를 확인하고, 손실금으로 출금하여 고객에게 지급	• 당일 업무 마감 후 부족금이 발생한 원인을 찾아 정당 업무 처리 • 당일 중 찾는 것이 어려울 경우 직무전결 규정에 따라 가지급금 처리하고 원인을 조사 • 개월이 경과하여도 그 내용이 밝혀지지 않을 경우에는 취급자가 즉시 변상 조치 • 거액의 현금이 없어졌을 경우에는 취급자가 사건보고서를 검사부장에게 전산 보고하여 조사 • 출납사고가 발생되었다면 금액에 관계없이 각 은행의 「사고금 처리규정」에 따르며, 보고한 과부족금의 원인이 규명되거나 정리된 후에도 보고

2. 수납업무

(1) 수납업무의 정의

현금계정에 현금을 받는 업무이며, 수납할 수 있는 범위는 통화와 자(당)점권 및 어음교환이 가능한 은행에서 발행한 어음・수표・우편환증서이다.

(2) 수납업무의 절차

① 수납자금의 접수 및 확인

- 고객으로부터 수납금과 입금표를 접수하고 입금전표 등 관련 서류 확인
- 텔러는 반드시 고객이 보는 앞에서 수납금의 금액과 종류 및 위조지폐 또는 손상권(파손된 지폐)의 유무를 확인한 후 권종별로 분류하여 돈 보관함에 정돈・보관
- 자(당)점권이 자기앞수표인 경우에는 지급처리 절차를 취하고, 당좌수표나 약속어음은 담당자에게 인감, 사고신고 유무를 확인하고 지급처리하여 현금화한 후에 입금
- 타점권은 오른쪽 상단에 특정 횡선을 날인한다. 이때 특정 횡선이 인감 등 중요한 기재사항에 겹쳐 찍히지 않도록 주의
- 자(당)점권이나 타점권의 이면에는 입금계좌번호 기록
- 수납현금은 수시로 모출납 담당자(출납관리 최종 책임자)에게 인도
- 수납한 타점권은 어음교환 담당 직원에게 인도하고, 업무 마감 시 전산으로 어음교환 담당자에게 전산등록

② 단말기 조작

- 수납금은 통화, 자(당)점권, 타점권으로 구분하고 타점권은 그 종류별로 구분하여 입금처리
- 지급절차를 마친 자(당)점권은 현금 또는 대체로 입금

③ 취급자 및 책임자 날인

- 창구직원 전결사항인 경우에는 담당자가 날인. 다만, 전산으로 취급자를 확인할 수 있는 경우에는 날인 생략 가능
- 창구직원의 전결 범위를 초과하는 입금거래 시에는 담당책임자의 결재

3. 지급업무

(1) 지급업무의 정의

통화를 고객에게 지급하는 업무로서 대차대조표상으로는 채권(자산)의 발생, 채무(부채)의 소멸이 발생하는 업무라고 볼 수 있다. 지급업무는 정당한 고객에게 정당한 금액을 지급하는 것이다.

(2) 지급업무의 처리 절차

① 청구서의 접수 및 확인

㉠ 청구서, 수표, 증서, 기타 지급증표를 고객으로부터 접수하여 이상 유무를 확인

㉡ 실명확인이 필요한 경우에는 실명확인 절차를 취함

㉢ 사고신고 접수 여부 및 인감 또는 서명 일치 여부를 확인

② 단말기 조작 : 접수된 예금 및 수표 지급 시에는 유의 사항을 검토한 후 단말기를 조작하여 지급처리

③ 지급

㉠ 지급금액이 창구전결인 경우에는 창구직원 책임하에 지급하고, 창구직원 전결 범위를 초과하는 경우에는 책임자의 검인을 받아 지급

㉡ 해당 금액을 지급할 때는 지급전표의 정당 여부를 확인하고 지급하기 전에 반드시 수령인에게 금액을 물어 당해 전표의 금액과 일치하는가를 확인

④ 출납인, 취급자의 날인 : 지급전표에는 출납인과 출납원의 취급인을 날인

(3) 지급업무 처리 시 유의 사항

① 모텔러(텔러의 총책임자)는 영업 개시 전 당일 영업자금을 현금금고에서 출고하여 영업 준비를 하고, 현금 부족이 예상되는 경우에는 절차를 거쳐 현금을 청구한다.

② 자텔러(모텔러로부터 자금을 받아 처리하는 직원)는 영업 개시 전 모텔러로부터 영업에 필요한 자금을 인수받아 영업 준비를 갖추고, 고객의 지급전표 중 평소의 거래 상태에 비추어 청구금액이 과다한 경우에는 언어, 행동 등 기타 의심스러운 점이 없는지 확인한 후 지급업무 처리 절차에 따라 지급에 응해야 한다.

4. 금고시재 마감절차

(1) 시재금을 수수한다.

① 출납 담당자는 수시 현금 인수・인도를 통하여 최소한의 영업자금만 창구에 보유하도록 하고, 여타 현금은 금고실 내 현금금고에 보관한다.

② 출납 담당자 간의 자금 수수는 인도・인수자가 날인 또는 서명한 '통화인도인수표'를 사용하여 책임관계를 명확히 한다.

③ '통화인도인수표'는 영업점 계수 확정 시까지 보관한다.

(2) 시재금을 마감한다.

① 시재금은 영업 마감 후 권종별로 구분・정리하여야 한다. 다만, 현금자동입출금기(ATM 및 CD기 등)는 별도로 정한 바에 따른다.

② 텔러별 시재금 보유한도는 700만 원 이하로 하되, 지폐는 권종별로 100장 미만으로 보유하여야 한다.

(3) 현금을 검사한다.

출납 담당 책임자는 매일, 부점장은 매월 1회 이상 불특정일에 현금(마감 후 취급분 포함)을 검사하여 출납일계표상의 시재금명세표와 부합 여부를 확인 후 검인한다.

※ 시재금은 10원 단위까지만 부합 여부를 확인한다.

(4) 시재 박스를 보관한다.

① 각 텔러는 업무 종료 후 마감현금을 시재 박스(각 텔러가 당일 출납업무 수행 후 현금을 보관하는 시건장치가 있는 소형 금고)에 보관한다.

② 모텔러는 시재 박스를 금고실 내 현금금고에 보관한다.

5. 자동화기기 관리

(1) 자동화기기(CD / ATM)의 정의

고객이 금융회사 창구에 방문하지 않고도 카드, 통장 또는 핸드폰을 이용하여 현금입금, 출금, 계좌송금, 통장정리, 현금서비스, 대출금 납부, 지로·공과금 납부 등의 각종 금융 거래를 편리하게 이용할 수 있는 기기이다.

(2) 자동화기기(CD / ATM) 이용고객

① 은행 현금카드(IC 카드 포함) 및 통장 또는 제휴카드, 타행 카드를 소지한 고객
② 자동화기기를 사용할 수 있는 매체가 없는 경우 고객이 은행에 사용 신청 후 이용

(3) 자동화기기(CD / ATM) 제공 서비스

① 현금입출금

현금입출금업무는 고객이 은행의 자동화기기(CD / ATM)를 이용하여 예금잔액 범위 내에서 현금을 인출하거나 자신의 계좌에 입금하는 서비스이다. 현재 1회 인출한도(100만 원 이내) 및 1일 인출한도(600만 원 이내)는 금융위원회의 전자금융감독규정에서 정한 한도금액 내에서 예금계좌 개설 은행이 정하여 운영하고 있다. 다만, 자동화기기(CD / ATM)의 계좌이체 기능을 이용한 전화금융사기 사건의 증가로 인한 피해를 최소화하기 위하여 2009년 6월부터 1년 이상 자동화기기를 통한 계좌이체 실적이 없는 고객에 한하여 1일 및 1회 이체한도를 각각 70만 원으로 축소하였다.

② 현금서비스

현금서비스 업무는 고객이 자동화기기(CD / ATM)를 이용하여 신용카드 현금서비스를 받을 수 있는 제도로, 1993년 9월부터 서비스가 시작되었으며, 현금서비스 한도는 각 신용카드 발급사가 개별 고객의 신용도에 따라 정하고 있다.

③ 계좌이체

계좌이체는 이용 고객이 자동화기기(CD / ATM)를 이용하여 동일 은행 내 계좌이체를 하거나 다른 은행의 본인 또는 타인 계좌로 자금을 이체할 수 있는 서비스이다. 현재 1회 이체 가능 금액(600만 원 이내) 및 1일 이체 가능 금액(3,000만 원 이내)은 금융위원회의 전자금융감독규정에서 정한 한도금액 내에서 각 은행이 정하여 운영하고 있다. 다만, 보이스피싱 피해 방지를 위해 2012년 6월부터 수취 계좌 기준 1회 300만 원 이상 이체금액에 대해 자동화기기(CD / ATM)에서 인출 시 입금된 시점부터 10분 후 인출이 가능하도록 하는 지연인출제도가 시행되고 있다.

(4) 자동화기기(CD / ATM) 이용 수수료

자동화기기(CD / ATM) 이용 수수료는 금융결제원 전산위원회에서 참가 은행들이 공동으로 단일 수수료로 책정하였으나, 1994년 5월부터는 은행공동망 이용 서비스 수수료 자율화 조치에 따라 각 금융회사가 이를 자율적으로 책정하고 있다. 한편 다른 은행 자동화기기(CD / ATM)을 이용한 현금인출 및 계좌이체 업무에 있어서의 은행 간 수수료는 참가 은행 간 협의에 의해 결정되고 있다.

05 외국환거래

1. 외국환의 이해

(1) 외국환의 정의

외국환은 나라와 나라 사이의 거래에서 채권이나 채무 관계를 결제하고 자금이 이동되는 수단을 말한다.

(2) 외국환의 특징

① 외국환은 서로 다른 나라 사이의 거래에서 지급을 하는 수단이기 때문에 상이한 통화 수단 간의 교환이 이루어져 그 통화 수단 간 교환 비율인 환율이 존재한다. 또한 환율의 변동에 따른 환리스크가 존재하기 때문에 이에 대한 위험 관리가 필요하다.

② 서로 다른 나라 간의 거래는 시간상 차이가 발생하게 되므로 시간상 차이를 보상하기 위한 이자가 개입된다.

③ 외국환거래의 지급 절차는 각 나라의 은행 시스템에 따라 해당 국가의 환거래 은행을 거치게 되므로 결제의 절차가 일반 결제와 비교해 복잡하고 오래 걸릴 수 있다.

(3) 외국환의 형태

① 대외지급 수단, 외화증권, 외화채권으로 구분

대외지급 수단으로서의 외국환은 외국통화, 외국통화로 표시되었거나 외국에서 사용할 수 있는 정부지폐, 은행권, 주화, 우편환, 신용장, 환어음, 약속어음을 포함한다. 외화증권은 외국에서 지급받을 수 있도록 외화로 표시된 증권을 말하며, 외화채권은 외화증권과 마찬가지로 외국에서 지급받을 수 있도록 외화로 표시된 채권을 말한다.

② 거래의 형태에 따른 구분

구분	내용
송금환	자금을 외국으로 보내는 것
추심환	자금을 청구하는 것
당발환	환거래의 시발점이 되는 은행에서 발행하는 외국환
타발환	거래가 종결되는 은행의 입장에서 처리하게 되는 외국환
매도환	원화를 수납하거나 대금을 지급하기 위하여 외국환을 매각하는 것
매입환	은행의 입장에서 원화의 지급을 목적으로 외국환을 받아들이는 것
보통환	외국환의 결제가 우편으로 이루어지는 것
전신환	자금의 이동이 전신으로 이루어지는 것

(4) 외국환거래 규정

① 외국환의 매입 규정(외국환거래 규정 제2장 제1절, 제2 - 2조)

㉠ 외국환은행이 외국환을 매입하는 경우 매각하고자 하는 사람이 취득한 외국환이 신고 대상인지를 확인해야 한다.

㉡ 특별한 경우를 제외하고 동일한 사람이 같은 날 미화 1만 달러를 초과하여 외국환을 매각하게 되면 매입하는 외국환은행은 이를 월별로 다음 월 10일 이내에 이 사실을 국세청장 및 관세청장에게 통보해야 한다.

㉢ 외국환은행이 외국인거주자 또는 비거주자로부터 취득경위를 입증하는 서류를 제출하지 않는 대외지급수단을 매입하는 경우에는 대외지급수단매매신고서에 의하여 한국은행총재에게 신고해야 한다.

㉣ 외국환은행은 외국인거주자 또는 비거주자로부터 외국환을 매입하는 경우에는 1회에 한하여 외국환매입증명서, 영수증, 계산서 등 외국환의 매입을 증명할 수 있는 서류를 발행·교부해야 한다.

② 외국환의 매도 규정(외국환거래 규정 제2장 제1절, 제2－3조)

㉠ 외국환은행은 다음과 같이 규정에 정한 경우에 한하여 내국지급수단을 대가로 외국환을 매각할 수 있다.

- 거주자에 대한 매각
  외국환을 매입하고자 하는 자가 당해 외국환을 인정된 거래 또는 지급에 사용하기 위한 경우, 외국인거주자에게 매각하는 때에는 외국환의 매각금액이 최근 입국일 이후 미화 1만 달러 이내 또는 규정에 의한 금액 범위 이내인 경우, 외국인거주자를 제외한 거주자가 외국통화·여행자수표 및 여행자카드를 소지할 목적으로 매입하는 경우, 거주자계정 및 거주자외화신탁계정에 예치를 위하여 매각하는 경우, 다른 외국환은행으로 이체하기 위하여 외국환을 매각하는 경우. 다만 대외계정 및 비거주자외화신탁계정으로 이체하는 경우에는 인정된 거래에 한한다.
- 비거주자에 대한 매각
  비거주자가 최근 입국일 이후 당해 체류기간 중 외국환업무취급기관 또는 환전영업자에게 내국통화 및 원화표시여행자수표를 대가로 외국환을 매각한 실적 범위 내, 비거주자가 외국환은행 해외지점·현지법인금융기관 및 규정에서 정한 외국금융기관에 내국 통화 및 원화표시여행자수표를 대가로 외국환을 매각한 실적 범위 내, 외국에서 발행된 신용카드 또는 직불카드를 소지한 비거주자가 국내에서 원화현금서비스를 받거나 직불카드로 원화를 인출한 경우에는 그 금액 범위 내, 실적이 없는 경우에는 미화 1만 달러 이내, 인정된 거래에 따른 대외지급을 위한 경우에는 규정에서 정한 금액 내에 한한다.
- 별지의 서식 대외지급수단매매신고서에 의하여 한국은행에게 신고하는 경우 규정에 의한 국내원화예금·신탁계정 관련 원리금의 지급, 외국인거주자의 국내부동산 매각대금의 지급, 교포 등에 대한 여신과 관련하여 담보 제공 또는 보증에 따른 대지급을 제외하고 비거주자 간의 거래와 관련하여 비거주자가 담보·보증 제공 후 국내 재산처분 대금의 지급, 범위를 초과하여 내국지급수단을 대가로 지급하고자 하는 경우에 한한다.

㉡ 외국환은행의 장은 외국인거주자에게 미화 1만 달러 이내를 매각하는 경우 그 거래자의 여권에 매각금액을 표시해야 한다.

㉢ 외국환은행은 거주자 또는 비거주자에게 취득 또는 보유가 인정된 외국환을 대가로 다른 외국통화 표시 외국환을 매각할 수 있다.

㉣ 외국환은행은 국내 거주기간이 5년 미만인 외국인거주자 또는 비거주자에게 외국환을 매각하는 경우 매각 실적 등을 증빙하는 서류를 제출받아 당해 외국환의 매각일자, 금액, 기타 필요한 사항을 기재해야 한다.

㉤ 외국환은행은 거주자에게 동일자, 동일인 기준 미화 1만 달러를 초과하는 외국통화, 여행자카드 및 여행자수표를 매각한 경우에는 동 사실을 매월 익월 10일 이내에 국세청장 및 관세청장에게 통보해야 한다.

(5) 거주성 확인

① 거주자

거주자는 국민인 거주자, 외국인거주자, 법인·단체·기관으로 구분된다. 국민인 거주자는 국민인 비거주자가 입국하여 3개월 이상 체재하고 있거나 대한민국 재외공관에 근무할 목적으로 외국에 파견하여 체재하고 있는 자를 포함한다. 외국인거주자는 국내에서 영업활동에 종사하는 자와 6개월 이상 국내에 체재하고 있는 자를 말한다. 법인·단체·기관은 대한민국 재외공관과 국내에 주된 사무소가 있는 단체나 조직 및 기타 이에 준하는 조직체를 말한다.

② 비거주자

비거주자는 국민인 비거주자, 외국인 비거주자, 법인·단체·기관으로 구분된다. 국민인 비거주자는 외국에서 영업활동에 종사하고 있거나, 외국에 있는 국제기구에서 근무하고 있는 자, 2년 이상 외국에 체재하고 있는 자를 뜻한다. 외국인 비거주자는 국내에 있는 외국정부의 공관 또는 국제기구에서 근무할 목적으로 국내에 파견되어 체재하고 있는 외교관·영사 또는 그 수행원이나 사용인, 국내주둔 미합중국군대 등의 외국군인 및 군속 그리고 초청계약자와 동거가족, 외국 정부 또는 국제기구의 공무로 입국하는 자, 거주자였던 외국인으로서 출국하여 외국에서 3개월 이상 체재 중인 자를 뜻한다. 법인·단체·기관 중에서는 국내에 있는 외국정부의 공관과 국제기구, 대한민국과 아메리카합중국 간의 상호방위조약 제4조에 의한 시설과 구역 및 대한민국에서의 미합중국 군대의 지위에 관한 협정에 의한 미합중국 군대 및 이에 준하는 국제연합군, 미합중국군대 등의 비세출자금기관, 군사우편국 및 군용은행시설, 외국에 있는 영업소, 기타의 사무소, 외국에 주된 사무소가 있는 단체와 기관 및 기타 이에 준하는 조직체를 말한다.

2. 환율의 이해

(1) 환율

① 환율은 자국의 통화가치를 다른 나라의 통화가치로 나타내는 것으로 서로 다른 통화 간의 교환 비율(Exchange Rate)을 뜻한다.

② 환율의 표시는 자국통화표시방법과 외국통화표시방법이 있는데 우리나라의 금융기관에서는 주로 자국통화표시방법을 사용한다. 자국통화표시방법은 외국통화 1단위와 교환되는 자국통화의 가치를 나타내는 것으로, 예를 들면 1달러당 원화의 가치로 표시하는 것을 뜻한다(1USD=1,100KRW). 외국통화표시방법은 자국통화 1단위와 교환되는 외국통화의 가치를 나타내는 것으로, 예를 들면 1원당 달러의 가치로 표시하는 것을 뜻한다(1KRW=1/1,100USD).

③ 환율은 분류 방법에 따라 다양한 종류로 나뉜다. 각국의 통화에 대한 환율에서 기본이 되는 환율인지 혹은 간접적으로 산정된 환율인지에 따라 기준환율(재정환율, 기본이 되는 환율인 기준환율로 직접 산정)과 크로스환율(간접적으로 산정)로 나뉘고, 거래의 상대방에 따라 은행 간 환율(거래의 상대방이 외국환은행)과 대고객환율(거래의 상대방이 일반 고객)로 나뉘며, 외국환은행의 입장에서 매입하고자 하는 가격에 대한 환율인가 혹은 매도하고자 하는 희망가격에 대한 환율인가에 따라 매입환율과 매도환율로 나뉘기도 하며, 외국환의 인수도 시기가 현재(통상 매매계약 후 2영업일 이내)인가 혹은 특정 기일 이후인가에 따라 현물환율과 선물환율로 나뉜다.

이론 더하기

- 기준환율 : 환율의 기준이 되는 환율로 우리나라의 경우 한국은행기준율이 있음
- 크로스환율 : 기준환율을 중심으로 간접적인 방법에 의해서 결정되는 환율
- 은행 간 환율 : 외환시장에서 은행 간의 거래에 따라 형성되는 환율
- 대고객환율 : 은행간 환율을 기초로 고객을 대상으로 하는 거래에 적용하기 위한 환율
- 매입환율 : 거래 당사자의 입장에서 매입하고자 하는 통화의 가격에 대한 환율
- 매도환율 : 거래 당사자의 입장에서 매도하고자 하는 통화의 가격에 대한 환율
- 현물환율 : 외국환의 인수도 시기가 현재(계약 후 2영업일 이내)일 때 적용되는 환율
- 선물환율 : 외국환의 인수도 시기가 미래의 일정 시점(계약 후 2영업일 이후)일 때 적용되는 환율

(2) 우리나라 환율 구조

① 매매기준율

전날 외국환중개회사를 통해 거래된 외환의 거래량과 가격을 가중평균하여 산출한 시장평균환율로 익일에 공시된다. 한국은행기준율을 제외한 모든 환율 산정의 기준이 되는 환율이다.

② 재정환율

미화 이외의 통화와 미화와의 매매중간율을 시장평균환율로 재정한 환율을 말한다.

③ 대고객매매율

대고객매매율에는 전신환(T / T)매매율, 현찰매매율, 여행자수표(T / C) 매도율이 있다. 전신환매매율은 환의 결제를 전신으로 하는 경우 적용되며 전신환매입률[고객으로부터 전신환(외화)을 매입하고 원화를 지급]과 전신환매도율[고객으로부터 원화를 받고 외화(전신환)를 매도]이 있다. 외국환은행의 수수료와 환리스크에 대한 보험료 등의 요인으로 인하여 전신환매입율은 고시기준율보다 낮고 전신환매도율은 고시기준율보다 높다. 현찰을 매매할 때에는 현찰매매율이 적용되며 전신환매매율과 마찬가지로 현찰매입률(고객으로부터 외화현찰을 매입하고 원화를 지급)과 현찰매도율(고객으로부터 원화를 받고 외화현찰을 매도)이 있다. 여행자수표를 판매할 때에는 매입률은 별도로 없으며 여행자수표를 판매할 때 적용하는 여행자수표 매도율이 존재한다.

3. 외국통화 교부 절차

(1) 원칙적으로 적용되는 대고객매매율을 안내한다.

외국환을 현찰로 매도할 때 적용되는 원칙적인 환율은 전산상 매도시점의 외화현찰매도율임을 안내한다.

(2) 환율우대를 적용한다.

① 전산상에 수기로 우대환율을 입력하거나 우대율을 적용한다.

전산상 매도시점의 대고객 '외화현찰매도율'이 적용되므로, 환율우대 적용을 하는 경우 우대환율을 수기로 입력하거나 우대환율을 우대율(%) 개념으로 우대해 줄 수 있다.

② 환율우대율 입력 시 다음의 사항을 유의해야 한다.

㉠ 고시기준율(Middle Rate)과 현찰매도율(Cash Selling Rate)의 환율 차이에 대해 일정비율로 우대하고자 하는 경우 해당 우대율(%)을 입력한다.

㉡ 최소 외환매매이익률을 고려한다.

(3) 환율우대 내용에 대하여 기록한다.

고시율과 다르게 예외환율을 적용한 경우에는 해당 내용을 기록·유지하여야 하는데, 전산화면에서 우대환율을 적용한 건을 출력하여 영업점장의 일괄 승인을 득한 후 보관한다.

(4) 외국통화를 교부한다.

출력된 전표 내용에 따라 외국통화 매도대금을 고객으로부터 받고 책임자 검인을 받은 후 매도 신청한 외국통화와 계산서 및 여권 등을 고객에게 교부한다.

06 전자금융 서비스

1. 전자금융 거래의 개념

(1) 전자금융 거래

① 전자금융이란 금융업무에 정보통신기술(Information & Communication Technology)을 적용하여 금융업무과정의 자동화 및 전산화를 실현하는 것이다. 넓은 의미로는 전자기술을 이용한 금융회사의 기계화 및 컴퓨터화를 뜻하며, 좁게는 고객 자신이 개인의 정보통신기기를 직접 조작함으로써 이루어지는 금융회사와의 관계를 의미한다.

② 전자금융거래법의 정의에 따르면, '전자금융 거래'는 금융회사 또는 전자금융업자가 전자적 장치를 통하여 금융상품 및 서비스를 제공하고, 이용자가 금융회사 또는 전자금융업자의 종사자와 직접 대면하거나 의사소통을 하지 아니하고 자동화된 방식으로 이를 이용하는 거래를 말한다.

(2) 금융정보망

금융회사의 컴퓨터를 연결하여 금융업무를 전자적으로 처리하는 네트워크 시스템을 금융정보망이라고 한다. 금융정보망은 망구축 범위와 이용 주체에 따라 자체전산망, 공동전산망, 대고객전산망으로 구분된다.

자체전산망은 개별 금융회사가 자체 업무를 처리하기 위하여 구축·운영하는 전자 네트워크 시스템이다. 공동전산망은 금융회사 간의 공동 업무를 처리하기 위해 각 금융회사의 자체전산망을 상호 연결하여 구축·운영하는 전산망이다. 그리고 금융회사의 자체전산망 또는 공동전산망을 고객과 전자적인 방법으로 연결하여 전자금융 서비스를 제공하기 위해 구축된 네트워크를 대고객전산망이라고 한다. 이들 각 망은 상호 연결되어 포괄적인 네트워크 시스템으로 운영되기 때문에 이들 망 전체를 하나의 금융정보망으로 부르기도 한다.

2. 인터넷뱅킹

(1) 인터넷뱅킹의 효용

① 인터넷뱅킹이란 인터넷이 가능한 PC를 통해 은행 방문 없이 직접 인터넷에서 조회, 이체, 신규 가입 등 각종 금융업무를 처리할 수 있는 전자금융 서비스이다. 개인 및 개인사업자이면 누구나 이용이 가능하며, 만 14세 미만의 고객은 법정대리인의 동의를 얻어 인터넷뱅킹 서비스에 가입할 수 있다.

② 인터넷뱅킹은 지역적 · 시간적 제약을 받지 않고 금융 거래를 할 수 있으며, 금융 거래 비용이 절감된다는 장점이 있다. 또한 신규 · 해지, 공과금 납부, 금리우대 등 다양한 금융서비스와 맞춤형 상품정보 제공을 통해 서비스 품질의 질적 제고에 기여하고 있다.

(2) 인터넷뱅킹의 위험 요소

인터넷뱅킹은 개방형 네트워크를 이용하고 있기 때문에 시스템과 보안 측면에서 위험 요소가 존재한다. 외부 침입으로 인해 통신망 · 시스템 및 데이터베이스 등이 손상될 수 있는 보안위험(Security Risk)이 있으며, 구조적으로 시스템 운용상에 문제가 발생할 수도 있고, 잘못된 유지 · 보수 등으로 금융회사가 경제적 손실을 입을 수도 있다. 또한 개인정보 관리, 계좌번호 및 비밀번호 관리 부실로 인해 문제가 발생할 수도 있으며, 거래의 특성상 거래 당사자 간에 권리와 의무가 명확하게 구분되지 않는 경우의 위험도 존재한다.

(3) 인터넷뱅킹 서비스 내용

구분	서비스 내용
조회	• 예금계좌, 입출금 내역, 통장 미정리 내역, 상세거래내역, 이체내역 조회 • 잔액, 해지 예상 금액, 자동이체, 가상계좌조회 • 외화예금, 외화수표, 환율, 신탁상품 배당률 조회 • 계좌이체 결과 및 예약이체 결과 확인 조회 • 신용카드 결제대금, 이용한도, 청구내역, 이용대금 승인 내역 조회 • 연체금액, 세금우대한도, 보험 기본계약사항, 해약환급금 조회 • 대출금이자 및 원리금 조회, 외국환은행 지정 조회, 선물환 조회 • 자기앞수표 · 당좌수표 · 어음번호별 조회
자금이체	• 자행 및 타행 계좌이체, 신탁이체, 대량이체 • 자행 및 타행 예약이체 및 취소, 증권계좌로 이체, 자동이체, 급여이체 • 대출금이자 및 원리금 납부 • 수익증권 입금, CMS 계좌이체, 연계 계좌이체 • 적금 · 부금, 펀드, 신탁 등 납입
예금 · 신탁	• 적립식 · 거치식 예금신규, 신탁신규 • 계좌해지 환매, 예금상품 안내, 예금금리, 예금가이드, 수수료 안내 등
대출	• 대출원금상환, 이자 납부 • 예금담보대출, 신용대출, 카드론 신청 등
외환	• 환전, 외화송금, 외화예금 간 이체 • 외화예금 신규 · 해지 등
신용카드	• 카드 보유 현황, 결제내역 및 사용한도 등 조회 • 현금서비스, 현금카드 등록, 카드발급 신청, 선결제, 회원정보 변경 등
보험	• 연금보험, 저축성보험, 보장성보험 가입 등
공과금 납부	• 지로요금, 생활요금, 아파트관리비, 통합징수보험료 등 납부 • 국세, 지방세, 벌과금, 기금 및 기타 국고, 대학등록금 등 납부
사고신고	• 통장 및 인감, 직불카드, 현금카드, 신용카드 분실신고 • 자기앞수표, 보안카드 분실신고 등
사용자 관리	• 고객정보, 비밀번호, 이체한도, 출금 가능 계좌 변경 등
부가 서비스	• 상담, 고객불만사항 접수, 이메일, SMS 통지 서비스 • 무통장무카드출금, 연말정산증명서, 전자화폐업무, 영업점 안내 서비스 등

(4) 보안 관련 접근매체

① 보안카드

㉠ 계좌이체 시에 기존의 비밀번호 외에 보안용 비밀번호를 추가로 입력할 때 사용하는 카드이다.

㉡ 보안카드에는 30개 또는 50개의 코드번호와 해당 비밀번호가 수록되어 있어 이체할 때마다 무작위로 임의의 코드번호에 해당하는 비밀번호를 입력함으로써 사고를 예방한다.

② OTP(One Time Password)

㉠ 전자금융 거래의 인증을 위하여 이용 고객에게 제공되는 일회용 비밀번호 생성 보안매체이다.

㉡ OTP 발생기의 비밀번호 생성은 6자리 숫자가 1분 단위로 자동 변경되어 보여주며, 고객은 전자금융 이용 시 해당 숫자를 입력하도록 하는 서비스이다.

㉢ 고객이 보유하고 있는 OTP 1개로 「OTP통합인증센터」에 참여하고 있는 은행, 증권, 보험사 등 58개(25. 1. 기준) 금융회사의 전자금융 서비스 이용이 가능하며, 다른 금융회사가 발급한 범용 OTP를 소지한 고객은 인터넷뱅킹에서 추가 본인확인 절차를 수행한 후 직접 이용 등록할 수 있다.

③ IC칩이 부착된 보안카드

㉠ IC칩이 부착된 보안카드는 NFC(Near Field Communication : 10cm 이내의 가까운 거리에서 다양한 무선 데이터를 주고받는 통신) 제어기술 특허를 보유한 보안카드로 공인인증서나 보안카드 비밀번호가 유출되더라도 보안카드 실물 없이는 이체 등의 거래가 불가능하도록 설계되어 있다.

㉡ 거래 시에 카드를 스마트폰에 직접 접촉해야만 본인인증이 가능하도록 해 안전성이 향상되었다.

④ 공인인증서

㉠ 공인인증서는 정부에서 인정한 공인인증기관이 발행하는 인증서로, 전자서명법에 의하여 법적인 효력과 증거력을 갖추고 있어 인터넷에서 일어나는 각종 계약·신청 등에 사용하는 인증서이다. 즉, 공인인증서를 사용하면 거래 사실을 법적으로 증빙할 수 있으므로 인감을 날인한 것과 같은 효력이 생긴다.

㉡ 공인인증서의 종류와 용도

구분		대상	용도	수수료
개인 인증서	은행·보험용	개인, 개인사업자	인터넷뱅킹, 온라인 보험 거래, 전자민원 서비스, 온라인 신용카드 결제	무료
	전자거래범용		인증서가 필요한 모든 거래 • 인터넷뱅킹 • 온라인 주식 거래 • 전자상거래, 온라인 신용카드 결제 • 전자민원 서비스 등	4,400원/년
기업 인증서	은행·보험용	법인, 단체, 개인사업자	인터넷뱅킹, 온라인 보험 거래, 전자민원 서비스, 온라인 신용카드 결제	4,400원/년
	전자세금용		전자세금계선서 관련 업무 • 국세청 e세로 사이트 • 전자세금계산서 ASP 전체 사이트 • ERP 사이트 • 국세청 제공 민원업무(홈택스 등)	4,400원/년 (금융 거래 불가)
	전자거래범용		인증서가 필요한 모든 거래 • 인터넷뱅킹 • 온라인 주식 거래 • 전자상거래, 온라인 신용카드 결제 • 전자민원 서비스 등	11만 원/년

3. 모바일뱅킹

(1) 모바일뱅킹의 의의

① 모바일뱅킹은 무선 인터넷 접속이 가능한 휴대폰・PDA 등을 이용하여 시간과 장소에 구애받지 않고 인터넷뱅킹 시스템에 접속하여 각종 잔액조회, 거래내역 조회는 물론 당행・타행 간 계좌이체, 현금서비스 이체 등의 뱅킹 거래를 이용할 수 있는 서비스를 말한다.

② 모바일뱅킹 서비스는 이동성을 보장받고자 하는 고객의 수요와 이동통신사의 새로운 수익원 창출 노력이 결합되면서 제공되기 시작하였다. 또한 금융과 통신이 상호 보완의 기능을 하고, 전자상거래・모바일기기 보급률 증가 등 모바일뱅킹의 인프라와 새로운 비즈니스 모델을 마련할 수 있는 여건이 마련되면서 그 활용이 증가하고 있다.

(2) 모바일뱅킹 서비스 내용

구분	서비스 내용
조회	예금, 신탁, 펀드, 대출, 신용카드 거래 등 각종 계좌정보 및 거래 내역 조회, 금리, 환율, 수표 조회 등
이체	이체(당행・타행), 예약이체(당행・타행), 적금・부금, 펀드, 신탁 등 납입, 자동이체 등록・조회・해지 등
대출	조회, 이자 납입, 원리금상환 등
외환	환율조회, 해외송금, 해외송금, 외화예금 간 이체, 계좌 간 환전 등
신용카드	카드 보유 현황, 결제내역 및 사용한도 등 조회 등
공과금 납부	지로요금, 생활요금・부담금, 지방세, 국세, 관세, 벌과금 등
사용자 관리	고객정보, 비밀번호 변경 등
부가 서비스	SMS 통지 서비스, 사고・분실신고 등

(3) 핀테크의 이해

① 핀테크(Fintech)는 금융(Finance)과 기술(Technology)의 합성어로, 금융과 IT의 융합을 통한 금융 서비스 및 산업의 변화를 통칭한다. 금융 서비스 측면에서는 모바일, SNS, 빅데이터 등 새로운 IT 기술 등을 활용하여 기존 금융기법과 차별화된 금융 서비스를 제공하는 것을 말한다. 모바일 결제와 송금・앱카드가 대표적이며, 온라인 개인 자산관리, 크라우드 펀딩 등 전통적인 금융 서비스와 정보통신기술이 결합된 형태의 금융 서비스를 의미한다. 광범위하게 보급된 스마트폰 등 정보통신망을 이용하여 간편하고 다양한 형태의 금융기법 내지는 금융상품의 활용이 급증하고 있다.

② 오늘날 대부분의 금융업무가 인터넷 통신망을 기반으로 신속하게 이루어지기 때문에, 초기 투자비용이 적고 인건비 절감 등의 장점이 있어, 전통적인 금융회사가 아니더라도 다수의 기업이 이에 참여하고 있다. 비금융기업이 보유 기술을 활용하여 지급결제와 같은 금융 서비스를 이용자에게 직접 제공하고 있으며, 애플페이・알리페이・페이팔 등이 대표적이다. 애플페이와 삼성페이 같은 하드웨어 기반 모바일 간편결제 서비스부터 카카오페이와 라인페이 같은 앱 기반 간편결제 서비스까지 다양한 서비스가 제공되고 있다.

③ 핀테크산업을 주도하는 국내외의 운영 형태를 보면, 소액 지급결제는 물론 P2P(Peer to Peer) 대출 업무까지 확대되고, 인터넷 전문 은행이 설립될 가능성이 높아지고 있는 등 다양한 형태의 금융 서비스가 확산될 것으로 보인다.

4. 텔레뱅킹

(1) 텔레뱅킹의 이해

① 텔레뱅킹은 고객이 영업장을 방문하지 않고 전화를 이용하여 직접 각종 조회, 계좌이체, 사고신고, 자동이체 신고, 주택청약, 지로 및 공과금 납부, 신규계좌 개설, 상담 등의 은행업무를 처리하는 서비스를 말한다.

② 각종 조회, 분실신고는 거래 은행에 별도의 신청 절차 없이 비밀번호 입력만으로 이용이 가능하며, 자금이체 등은 이용신청서를 제출하고 이용 시 비밀번호를 입력하도록 하고 있다.

③ 모든 은행에서 ARS를 이용한 자행이체 수수료를 면제하고 있으며, 타행이체인 경우에는 수수료를 징수하되 고객의 등급에 따라 수수료 면제 서비스가 제공된다.

(2) 텔레뱅킹 서비스 내용

구분		서비스 내용
조회	예금	• 입금, 출금, 입출금명세 조회 • 예금잔액, 예금해지 예상 금액 조회 • 외화예금잔액, 신탁상품 배당률 조회 • 현금카드, 직불카드 통장번호 조회 • 계좌이체 및 예약이체 결과 확인 조회
	신용카드	• 결제대금, 사용한도, 사용내역, 현금서비스 거래명세, 결제 통장번호 등 조회 • 연체 금액, 거래정지 사유 조회
	기타	• 자기앞수표, 환율, 대출금이자 및 원리금 조회 • 사고신고 등 조회
자금이체	계좌이체	• 자행 및 타행 계좌이체, 자동이체 • 예약이체 및 취소, 증권계좌로 이체 • 대출금이자 및 원리금 납부 • 국세, 지방세, 지로대금 납부
	서비스이체	• 신용카드 현금서비스 이체
분실신고		• 통장 및 인감, 직불카드, 현금카드 신용카드, 자기앞수표
전화 및 팩스 통지 서비스		• 입금명세 전화 통지 및 전화 통지 서비스 취소 • 환율, 거래확인증, 신용카드 사용내역, 예금거래명세
텔레뱅킹 서비스 이용안내		• 이용 안내, 비밀번호 신규 등록, 비밀번호 변경, 서비스 일시 정지 및 부활, 텔레뱅킹 서비스 해지 등
대출 및 금융상품 상담		• 예금, 신용카드, 외환, 보험 상담

07 금융상품 세일즈

1. 예금상품

(1) 입출식예금

① 정의

예치기간을 따로 정하지 않고 자유롭게 입금과 출금을 할 수 있는 예금으로, 요구불예금이라고도 한다. 입금과 출금이 자유롭다는 특성이 있는 반면, 이자를 지급하지 않거나 매우 낮은 이율이 적용되어 수익성이 거의 없다는 특성이 있다. 이러한 특성 때문에 입출식예금은 자산증식의 목적보다는 일시적으로 투자자금을 보유하거나 송금・결제를 하기 위한 자금을 잠시 보유하는 수단으로 주로 이용되고 있다.

② 종류

구분	내용
보통예금	• 예치금액이나 예치기간을 따로 정하지 않고 입출금을 자유롭게 할 수 있는 대표적인 입출식예금 • 예치금액이 일정 금액 이하인 경우 이자를 지급하지 않거나, 매우 낮은 이율이 적용(연 0.1% 내외의 차등금리 적용)됨에 따라 현재는 보통예금의 거래가 많이 감소함
저축예금	• 입출금을 자유롭게 할 수 있는 예금 • 보통예금에 비해 높은 금리를 지급한다는 특성 때문에 현재 입출식예금 중 가장 많이 사용됨
기업자유예금	• 기업의 여유자금을 예치하기 위한 입출금이 자유로운 예금 • 가입대상은 사업자등록번호를 부여받은 자(국가, 지방자치단체, 법인, 개인사업자) 또는 고유번호를 부여받은 단체로, 보통예금보다는 높은 금리가 지급됨
시장금리부 수시입출금식예금 (MMDA)	• 시장실세 금리를 적용하여 입출금이 자유로우면서도 저축예금이나 기업자유예금에 비해 상대적으로 높은 금리를 제공하는 상품 • 매일의 최종 잔액에 따라 예치 금액별로 차등금리가 적용됨 • 결제를 위한 대기자금이나 사용 시기를 정확하게 예측할 수 없는 단기운용자금에 유리
당좌예금	• 은행과 당좌거래계약을 체결한 예금주 간의 지급위탁계약으로 이루어지는 상품
가계당좌예금	• 당좌예금의 경우와 동일한 특성을 갖고 있는 예금이지만 대상이 기업이 아니라 개인 또는 자영업자인 상품
별단예금	• 자기앞수표발행대금, 당좌거래개설보증금, 사고신고 담보금, 부도 제재금, 기타 일시예수금 등과 같이 다른 예금과목으로 처리하기 어려운 자금을 일시적으로 보유하는 예금

③ 예금의 만기일 산정

㉠ 월 또는 년으로 정하였을 때에는 그 기간의 마지막 달에 있는 예금한 날의 상당일을 만기일로 한다.

㉡ 마지막 달에 있어야 할 날이 없을 때에는 그 달의 말일을 만기일로 한다.

㉢ 일로써 예금기간을 정하였을 때에는 예금한 날의 다음날부터 기산하여 해당일을 만기일로 한다.

㉣ 만기일이 공휴일(토요일 포함)에 해당할 때에는 그 다음 첫 영업일에 지급하되 이 경우의 경과일수에 대하여는 가입 당시의 만기이율로 계산한 이자를 지급한다.

④ 이자계산방법

㉠ 예금의 부리기간(예금에 이자가 붙는 기간을 의미)은 예입일(예금액이 들어온 날)로부터 예금했던 돈을 지급한 전일까지로 한다. 다만, 자기앞수표와 가계수표는 예입일로부터 기산(일정한 때를 기점으로 계산을 시작함)한다.

㉡ 이자계산은 원금에 연이율과 예입일수를 곱하고 365로 나눈다.

$$(\text{원금}) \times (\text{연이율}) \times (\text{예입일수}) / 365$$

㉢ 산출한 이자금액의 원 미만은 절사한다.

㉣ 상품별(MMDA, 복리식예금 등) 또는 적용이율별(중도해지이율, 만기후이율)로 이자계산방법을 달리하여 운용할 수 있다.

⑤ 입출식예금 개설 절차

㉠ 예금거래신청서 작성 방법을 안내하고 작성된 신청서를 받아 확인한다.

㉡ 실명확인증표 원본에 의한 실명확인을 한다.

㉢ 예금거래기본약관, 입출금이 자유로운 예금약관 등을 설명한다.

㉣ 개인정보 수집 이용 제공동의서, 금융거래목적확인서 등 필요한 서류를 징구한다.

㉤ 실명확인증표 사본을 첨부한다.

㉥ 고객정보 등록 및 통장을 발행한다.

㉦ 책임자 결재를 한다.

㉧ 통장을 교부한다.

㉨ 서류를 보관하거나 발송한다.

(2) 적립식예금

① 정의

㉠ 최초 예금 신규 시 일정한 기간을 정하여 매월 일정금액을 매월 일정일에 납입하기로 약정하고 이를 만기까지 납입한 후에 만기일이 되면 납입한 원금과 사전 약정한 이자를 합하여 지급받는 형태의 예금을 말한다.

㉡ 적립식예금은 신규 시 계약금액을 정하게 되는데, 계약금액이란 만기 시 고객이 수령할 원금과 이자를 합산한 총액을 말하며, 고객이 매월 납부하여야 할 월부금 산출의 기준이 되는 금액이다.

② 종류

구분	내용
정기적금	매월 일정한 날짜에 일정한 금액을 입금하기로 약정하여 만기에 약정한 금액을 지급하기 위한 정기적립식 상품
자유적금	정기적금과 달리 가입자가 자금여유가 있을 때 금액이나 입금 횟수에 제한 없이 입금할 수 있는 적립식 상품
상호부금	예금주가 일정한 기간을 정하여 부금을 납입하면 금융회사는 예금주에게 사전에 약정한 금액을 급부하여 줄 것을 약정하는 상호 목적부 금융상품
신용부금	상호저축은행이 취급하는 은행의 상호부금과 유사한 적립식 금융상품
재형저축	2012년 8월 8일 정부의 세법 개정안에 따라 일정 소득금액 이하인 서민·중산층의 재산 형성을 지원하기 위하여 2013년 1월 1일부터 새로 도입된 장기 적립식 비과세 저축 상품
주택청약종합저축	아파트와 같은 공동주택을 청약하기 유리한 상품

③ 정기적금의 지급

㉠ 지급의 종류

• 만기해지

계약기간에 따른 모든 회차의 월저축금을 전부 납입하고 지급기일이 도래하여 적금을 해지하거나 월저축금의 납입연체가 있어 지연일수에 따라 계산한 일수만큼 지급기일 연장을 하여 연장된 지급기일에 적금을 해지하는 것을 말한다.

- 만기앞당김해지
  최종 회차 월저축금 납입기일로부터 1개월 후가 만기일이지만, 모든 회차의 월저축금을 차례로 납부한 고객이 만기일로부터 거슬러 올라가서 1개월 이내에 지급요청을 할 경우에는 앞당겨 지급할 수 있다. 다만, 계약금액에 대하여 만기를 앞당긴 일수만큼의 이자를 빼고 지급한다.
- 중도해지
  만기일이 지났든 지나지 않았든 월저축금을 다 내지 않고 해지하는 경우에는 납입된 월저축금에 대하여 실제 납입일로부터 해지 전일까지의 일수를 고려하여 중도해지이율로 중도해지 보전금(이자)을 지급한다.

㉡ 이자계산법
- (원금)+(세전이자)=(월저축금)×{계약기간(월)}+(세전이자)
- $(\text{세전이자})=(\text{월저축금})\times(\text{표면이율})\times\frac{\{\text{계약기간(월수)}\}\times\{(\text{계약기간})+1\}}{2}\times\frac{1}{12}$

④ 적립식예금 개설 절차
㉠ 예금거래신청서 작성방법을 안내하고 작성된 신청서를 받아 확인한다.
㉡ 실명확인증표 원본에 의한 실명확인을 한다.
㉢ 예금거래기본약관, 적립식예금약관 등을 설명한다.
㉣ 개인정보 수집 이용 제공동의서, 금융거래목적확인서 등 필요한 서류를 징구한다.
㉤ 실명확인증표 사본을 첨부한다.
㉥ 고객정보 등록 및 통장을 발행한다.
㉦ 책임자 결재를 한다.
㉧ 통장을 교부한다.
㉨ 서류를 보관하거나 발송한다.

(3) 거치식예금

① 정의
최초 예금 신규 시 일정한 금액을 기간을 약정하여 예치하고, 그 기한 만료일에 약정한 이자를 받는 기한부 예금이다. 발행 형식에 따라 증서식과 통장식으로 구분하며, 이자지급방식에 따라 월이자지급식과 만기지급식으로 구분한다.

② 종류

구분	내용
정기예금	예금주가 가입 당시 일정한 기간을 정하여 은행에 예치하고, 은행은 이에 대하여 일정한 이자를 지급할 것을 약정하고 증서 또는 통장을 교부하는 대표적인 거치식예금
특판정기예금	금융회사가 예수금을 증대할 필요가 있거나 신상품 출시 또는 특별한 이벤트 등 자신들의 내부적인 사유로 특별한 기간을 정하여 기본 정기예금(정기예탁금) 금리에 특별우대금리를 더하여 판매하는 상품
실세금리연동 정기예금	• 실세금리연동 정기예금은 가입 당시 예치기간과 회전기간을 정하여 회전기간별로 시장의 실세금리에 연동하여 정기예금의 금리가 변동되는 정기예금 • 회전기간은 통상 1개월, 2개월, 3개월, 6개월 등이 있으며 회전기간별로 복리로 운용
주가지수정기예금	• 정기예금과 주가지수옵션을 결합한 구조의 상품 • 원금의 일부 또는 정기예금에서 발생한 이자를 KOSPI200지수 등과 연계된 주가지수옵션에 투자하는 정기예금 • 원금보장 및 추가 수익을 추구할 수 있는 투자형 예금상품

(4) 예금자보호

① 개념

예금자보호법은 금융회사가 영업정지나 파산 등으로 예금주에게 예금을 지급할 수 없는 경우 정부(예금보험공사)가 해당 금융회사를 대신하여 예금자에게 일정 한도 내에서 예금 지급(외화예금의 경우 원화로 지급)을 보장함으로써 예금자들을 보호하고 금융제도의 안정성을 유지하기 위한 제도이다.

② 예금보험의 구조

㉠ 예금 지급 불능 사태를 방지할 수 있다.

㉡ 보험의 원리를 이용하여 예금자를 보호한다.

㉢ 법에 의해 운영되는 공적보험이다.

③ 보호대상 금융회사

㉠ 은행, 증권회사, 보험회사, 종합금융회사, 상호저축은행, 농협은행, 수협중앙회, 외국은행 국내지점, 자본시장법 시행에 따라 증권을 대상으로 투자매매업, 투자중개업 인가를 받은 금융투자업자(자산운용사, 중개회사, 선물회사, 증권금융사 중 인가를 받은 회사)

㉡ 농·수협 지역조합, 신용협동조합, 새마을금고, 우체국금융은 보호대상 금융회사가 아님. 다만, 지역조합별로 예금자보호를 위한 보험에 가입하여 자체적으로 예금자를 보호하고 있으며 보호대상 금융회사 수준으로 보호하고 있음

㉢ 외국은행 국내지점은 보호대상이나, 국내은행 해외지점은 보호대상이 아님(외화예금은 해외지점 예금도 보호)

④ 보호대상 상품

보호대상 금융회사가 취급하는 금융상품 중 예금(원화예금 및 외화예금), 적금, 원본 보전 금전신탁 등 원칙적으로 만기일에 원금 지급이 보장되는 금융상품만을 보호하며, 수익증권 등 금융상품은 운용 결과에 따른 이익 또는 손실이 투자자에게 귀속되는 상품은 보호대상에서 제외된다.

⑤ 예금자보호 한도

예금자보호 한도는 원금과 소정의 이자를 합하여 동일 금융회사 내에서 예금자 1인당 최고 5천만원이다.

⑥ 예금자보호제도에 의한 보험금이 지급되는 경우

보험사고	내용
예금이 지급 정지된 경우	금융회사의 재무상황 악화 등으로 금융감독 당국이 예금의 지급정지명령을 내린 경우에는 해당 금융회사에 대한 재산실사 등을 통해 경영 정상화 가능성을 판단하며, 정상화가 불가능하다고 판단될 경우에는 제3자 매각 등을 추진하게 되는데 매각 등의 절차도 실패하여 파산이 불가피해지면 예금보험공사가 보험금을 지급한다. 금융회사의 영업정지 후에 공사가 보험금 지급 결정을 하기까지는 통상 보험사고일로부터 2 ~ 3개월이 소요된다.
인가취소·해산·파산의 경우	금융회사의 인·허가취소, 해산, 파산의 경우 예금자의 청구에 의하여 예금보험공사가 보험금(예금대지급)을 지급한다.
계약이전의 경우	계약이전이란 감독 당국의 명령 또는 당사자 간의 합의에 따라 부실 금융회사의 자산과 부채를 다른 금융회사로 이전하는 것으로, 모든 자산과 부채가 반드시 포괄승계되는 것은 아니며, 구체적인 이전 계약내용에 따라 승계되는 자산과 부채의 범위가 달라진다. 계약이전 결과 부실 금융회사의 예금 중 일부가 다른 금융회사로 승계되지 않을 수 도 있는데, 이 경우 승계되지 않은 예금이 예금자보호법에 의한 보호대상예금이면 예금보험공사가 보험금을 지급한다.
합병의 경우	금융회사가 합병되는 경우에는 합병 전 금융회사의 모든 자산과 부채가 합병 후 금융회사로 포괄승계되므로 합병 전 금융회사와 거래하던 예금자는 종전과 마찬가지로 합병 후 금융회사와 정상적인 예금거래를 할 수 있다.

2. 대출상품

(1) 개인대출의 종류

① 담보유무에 따른 분류

㉠ 담보대출

금융회사가 요구하는 일정한 조건의 담보물을 제공하고 대출을 받는 것을 의미한다. 담보대출을 받기 위해서는 일정한 법적 절차(근저당 및 담보설정)를 거쳐야 하지만, 신용대출에 비해 담보물의 시장가치에 따라 빌릴 수 있는 금액이 크며, 금리가 2 ~ 3%포인트 정도 낮다는 장점이 있다. 담보의 종류로는 부동산(아파트 등 주택, 건물, 토지, 임야 등), 동산(예·적금, 채권, 주식 등 유가증권, 전세금, 자동차 등), 약관(보험 해약환급금) 등이 있다.

㉡ 신용대출

개인의 신용만을 근거로 대출을 받는 것으로, 신용카드, 현금서비스, 마이너스 통장 등이 대표적인 예이다. 신용대출은 담보대출에 비해 금리가 높고, 대출받을 수 있는 상한액이 낮다.

② 거래방식에 따른 분류

㉠ 개별거래

대출을 받기로 약정한 금액 범위 내에서 대출을 받은 후에 상환한 금액에 대하여 다시 대출을 받을 수 없는 특성을 갖는다. 따라서 대출이 필요할 때마다 대출계약을 다시 해야 한다.

㉡ 한도거래

고객의 신용에 따라 일정 규모의 신용한도(대출한도)를 정해놓고, 그 한도 내에서 고객이 필요할 때마다 대출을 자유롭게 사용하다가 대출기간 만료일에 대출받은 금액을 전액 상환하는 방식이다. 개별거래에 비해 별도 가산금리가 부과되어 금리가 약 0.5%포인트 높다.

(2) 자연인과의 거래

① 행위능력의 확인

㉠ 피한정후견인(심신이 박약하거나 재산의 낭비로 자기나 가족의 생활을 궁핍하게 할 염려가 있다는 청구에 의해 가정법원으로부터 후견개시 심판 확정을 받은 자) 또는 피성년후견인(자기행위의 결과를 합리적으로 판단할 능력, 즉 의사능력이 없는 상태에 있는 자로 청구에 의하여 가정법원으로부터 성년후견개시 심판 확정을 받은 자)과는 여신거래를 할 수 없다.

㉡ 거래하던 채무자가 한정후견 개시 또는 성년후견개시 심판 확정을 받은 사실을 알았을 때에는 즉시 거래를 중단한다.

(3) 개인대출 절차

업무 구분	주요 업무 내용	관련 규정
1. 융자상담	차주자격·적격 여부 확인 및 자금용도 확인, 소요자금 파악, BPR Pre-screen 활용	여신업무취급세칙
↓	↓	↓
2. 대출종류 선택	주택담보대출, 주택자금대출, 보금자리론, 신용대출, 담보대출 등	가계대출상품취급세칙, 보금자리론 취급기준
↓	↓	↓
3. 담보대출 한도 사정	주택담보대출 LTV, DTI 대상 여부 확인 후 한도사정, 상품별 대출한도 확인	
↓	↓	
4. 신용평가	개인신용평가표(CSS), 행동평가표(BSS) 등	
↓	↓	
5. 시가조사 등 담보평가	KB시세 및 실거래가액에 의한 시가조사, 탁상감정 대상 확인, 감정평가 및 감정서 심사	
↓	↓	
6. 여신금리 결정	적용대출금리 산출표 조회, 영업점장 금리 가산·감면권 적용 등	
↓	↓	여신업무취급세칙
7. 여신거래 약정	대출거래약정서(가계용) 약정 및 은행여신거래 기본약관 교부 등	
↓	↓	
8. 담보 취득	근저당권설정계약서(부동산), 근질권설정계약서(예금), 주택금융공사 보증서 등	
↓	↓	
9. 화재보험 가입	필요시 화재보험 가입, 공동주택(아파트, 연립주택 및 다세대주택)은 생략 가능	
↓	↓	
10. 연대보증인 입보	수탁보증 관련 연대보증인이 필요한 경우 관련 서류 징구	
↓	↓	↓
11. 대출 실행	가계일반자금대출, 주택자금대출, 가계당좌대출 등으로 실행하여 대체입금	가계대출상품취급세칙
↓	↓	↓
12. 사후관리	가계대출 연체관리, 기일예고통지, 기간연장, 신용위험고객 거래이탈, 조기경보시스템 적용	여신업무취급세칙, 가계대출상품취급세칙

3. 펀드상품

(1) 집합투자기구(펀드)의 개념

자본시장과 금융투자업에 관한 법률(이하 자본시장법) 제6조 제5항의 정의에 따르면, 집합투자기구(펀드)는 2인 이상에게 투자권유를 하여 모은 금전 등 또는 국가재정법 제81조의 규정에 따른 여유자금을 투자자 또는 각 기금 관리주체로부터 일상적인 운용지시를 받지 아니하면서 재산적 가치가 있는 투자대상자산을 취득, 처분, 그 밖의 방법으로 운영하고 그 결과를 투자자 또는 각 기금 관리주체에게 배분하여 귀속시키는 것을 말한다.

(2) 집합투자기구(펀드)의 구조

집합투자기구는 투자자로부터 증권 등의 투자에 운용할 목적으로 자금 등을 모은 집합투자업자(자산운용회사)가 그 재산을 수탁회사로 하여금 당해 집합투자업자의 지시에 따라 투자·운용하게 하고, 그에 따른 수익권을 분할하여 투자자에게 귀속시키는 구조로 이루어진다.

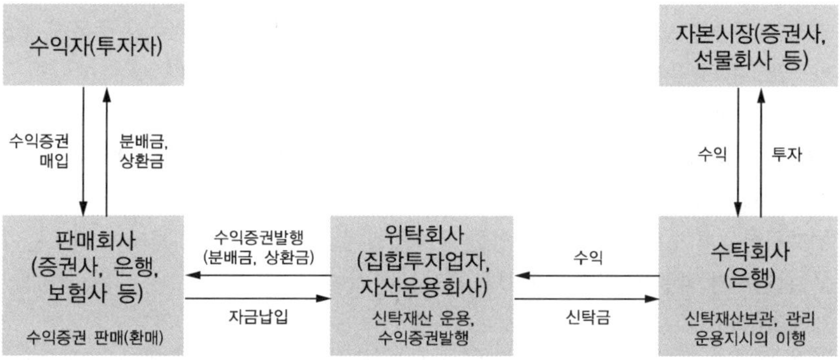

투자자(수익자)는 보유자산의 수익을 기대하고 투자하는 자를 말하며, 판매회사는 펀드의 판매(매수) 또는 환매업무를 담당하는 회사로, 은행·증권회사·보험회사 등이 포함된다. 자산운용회사(위탁회사)는 투자자로부터 자금을 주식·채권·부동산 등에 투자·운용하는 회사를 말한다. 수탁회사는 펀드재산을 보관·관리하고 자산운용회사의 펀드 운용을 감시하는 역할을 하는 회사로, 주로 은행과 증권회사가 이를 담당하고 있다.

(3) 집합투자기구(펀드)의 특징

① 집합 운영

펀드자산은 합동운용을 하기 때문에 소액 자금으로는 불가능한 영역의 투자를 가능하게 하고, 이를 통해 거래비용의 절감 효과를 얻을 수 있다.

② 펀드자산의 분리

집합투자자산은 집합투자업자(자산운용회사)의 고유자산이나 판매회사의 고유자산과 법적으로 엄격하게 분리되어 관리된다. 펀드자산은 신탁회사에 별도 신탁자산으로 보관·관리된다.

③ 실적배당의 원칙

펀드는 투자수단으로 투자에 따라 수익이 발생할 수도 손실이 발생할 수도 있으며, 이때 손실은 모두 투자자 본인에게 귀속된다. 펀드는 은행 예금과 달리 예금자보호법에 의해 보호되지는 않지만, 신탁자산은 집합투자업자(자산운용회사) 및 판매회사와 분리하여 신탁업자가 보관·관리하기 때문에 안전하게 보호된다.

④ **분산투자**

펀드는 운용수익을 높이고 투자위험을 줄이기 위해 분산투자를 한다. 또한 집합투자재산의 일정 비율 이상을 동일 종목 증권에 투자할 수 없도록 정하는 등 분산투자와 관련된 규제요건이 적용된다.

⑤ **투자자 평등의 원칙**

펀드의 수익자는 신탁원본의 상환 및 이익의 분배, 의결권 등에 관하여 수익증권의 좌수에 따라 균등한 권리를 갖는다.

⑥ **집합투자증권의 발행**

펀드는 집합투자재산을 기초로 집합투자증권(투자회사는 주식, 투자신탁은 수익증권)을 발행한다. 집합투자증권은 관련법에 따라 증권예탁원에 등록 방식으로 예탁된다.

(4) 집합투자기구(펀드)의 장단점

① **펀드투자의 장점**

㉠ 공동투자

소액의 자금을 모아 펀드를 구성하고 운용함으로써 우량한 주식 수십 종목에 분산투자하는 효과가 있으며, 효율적인 투자를 통해 거래비용을 최소화할 수 있다.

㉡ 전문성(대행투자)

풍부한 경험과 전문지식을 갖춘 전문투자자가 운용함으로써 전문성을 확보할 수 있다.

㉢ 상대적 안전성

투자위험을 최소화하기 위해 다양한 유가증권에 분산 투자하고, 투자에 따르는 위험을 체계적으로 관리하기 때문에 직접투자보다 안전성이 높다.

㉣ 세제 혜택

국내 주식에 투자하는 펀드에서 발생되는 주식의 매매 및 평가차익은 비과세이다. 그뿐만 아니라, 연금저축펀드, 재형펀드, 소득공제장기펀드, 분리과세 하이일드펀드 등 비과세 · 분리과세 · 분류과세 혜택을 받을 수 있는 펀드상품도 다양하다.

㉤ 거래의 편리성

추가매수 · 환매가 상대적으로 자유롭고, 특별한 상품을 제외하고는 만기가 없어 계속 운용이 가능하다는 편리함이 있다. 또 거래 형태(거치식, 적립식, 임의식 등), 투자대상(주식, 채권 해외자산 등), 투자목적(절세, 자산 관리 등), 투자기간, 투자성향 등에 따라 다양한 상품을 선택할 수 있다.

② **펀드투자의 단점**

㉠ 원금손실의 위험

펀드는 예금 등과 달리 원금 손실의 위험이 존재하며, 위험에 따른 책임은 전적으로 투자자 본인에게 있다.

㉡ 투자에 따른 비용 발생

투자기간 동안 집합투자업자 · 판매회사 · 신탁회사에 대한 보수를 부담해야 하는데, 보수는 펀드의 성과와 관계없이 투자기간 동안 계속해서 발생한다. 또한 선취 · 후취 판매수수료를 부담해야 하고, 증권거래비용 등을 부담해야하며 환매수수료가 발생할 수 있다. 대부분의 펀드가 환매수수료 징수기간을 정하고 있기 때문에 환매수수료를 부담하지 않으려면 펀드별로 정해진 최소 투자기간 이상 유지해야 한다.

㉢ 펀드 특성에 따른 단점

주식형 펀드의 경우 주가지수 변동률과 펀드수익률 간에 차이가 발생할 수 있고, 주식형 펀드 간에도 운용전략에 따라 다양한 위험수익구조를 이루기 때문에 성과의 편차가 발생할 수 있다. 해외펀드의 경우에는 투자위험 외에 환율변동이 손익에 영향을 미치며, 운용현황이나 보유자산에 대한 구체적인 정보를 파악하기 쉽지 않다는 단점이 있다.

(5) 펀드운용전략에 따른 분류

액티브 펀드(Active Fund)	패시브 펀드(Passive Fund)
시장초과수익률을 얻기 위해 좋은 종목, 좋은 매매시점을 적극적으로 찾아 움직이는 전략을 취하는 펀드 **성장형 펀드** • 현재의 수익성보다 미래의 성장성이 높은 종목에 주로 투자하는 펀드 • 향후 수익신장률이 높은 기업으로 주당순이익에 비해 높은 가격에 거래 **가치형 펀드** • 수익 및 자산 대비 저평가 종목에 주로 투자하는 펀드 • 경기에 민감하지 않음 **배당형 펀드** • 주식의 높은 배당수익과 시세차익을 동시에 추구하는 펀드 • 배당을 많이 하는 주식에 주로 투자	시장에 있는 종목을 복사해 투자하는 수동적 전략을 취하는 펀드 **인덱스펀드** • 특정 주가지수의 수익률과 동일 혹은 유사한 수익률 달성을 목표로 하는 펀드 **상장지수펀드(ETF)** • 거래소나 코스닥 시장에 상장되어 있어 주식처럼 사고팔 수 있는 펀드 • 거래 시간 : 거래소 영업 시간 중 자유로이 거래 가능 • 거래 방법 : 증권사에 직접 주문, HTS, 전화 → 인덱스펀드와 주식의 장점을 모두 갖춘 상품

(6) 펀드구조에 의한 분류

① 종류형 집합투자기구(Multi-class Fund)

한 펀드 내에서 투자자 그룹별로 기준가격이 다르거나 판매수수료가 다른 여러 종류의 집합투자증권을 발행하는 펀드로, 멀티클래스펀드라고 부른다. 하나의 펀드로 운용하되, 투자기간과 투자금액에 따라 판매보수와 수수료를 달리하는 펀드이다. ○○펀드 Class A, ○○펀드 Class B와 같은 형태로 표시하며, 펀드명 뒤에 붙은 영문자는 각기 다른 수수료 체계와 판매보수체계를 나타낸다.

하나의 펀드에서 판매보수, 수수료가 다양한 종류의 간접투자증권을 발행함으로써 투자자가 투자자금의 규모 및 투자기간에 따라 선택할 수 있는 폭이 넓다. 일반적으로 투자금액이 많을수록, 투자기간이 길수록 수수료가 낮아지기 때문에 연금 등을 목적으로 장기간 투자하는 고객들은 수수료 절감 효과를 거둘 수 있다. 자산운용사의 입장에서는 보수와 수수료 수준이 다른 소규모펀드를 한 펀드 내에 통합하여 운용할 수 있기 때문에 펀드의 대형화를 통해 운용의 효율성을 높일 수 있다.

② 전환형 집합투자기구(Umbrella Fund)

복수의 펀드 간에 전환이 가능한 권리를 투자자에게 부여하는 펀드이다. 마치 우산처럼 하나의 펀드 아래 운용성격이 다른 하위펀드를 구성하여 투자자가 자유롭게 수수료 없이 전환할 수 있도록 구성하였기 때문에 엄브렐라펀드라고도 한다. 전환 횟수에 제한은 없으며, 가입할 때 판매수수료는 선취한다. 전환형 펀드별로 하위구성 펀드가 다르기 때문에 자신의 투자성향에 맞는지 확인해야 하며, 전환 횟수 제한이나 수수료 방식도 다를 수 있으므로 투자조건을 사전에 검토해야 한다.

③ 모자형 집합투자기구(Family Fund)

많은 개별 펀드의 신탁재산을 한 개 또는 특성을 달리하는 여러 개의 모신탁(Mother Fund)에서 통합 운용하고, 자신탁(Baby Fund)에서는 펀드의 성격에 따라 모신탁의 수익증권을 편입해 투자자의 자금을 운용하는 것을 말한다. 소규모의 펀드가 많아지면 각각의 펀드를 운용·관리하기 위해 많은 비용이 발생하는데, 모자형 펀드를 운용하면 비용이 절감될 수 있고, 운용의 효율성과 전문성을 확보할 수 있다. 모펀드를 설정해서 모펀드를 운용하는 데에 집중하고, 여러 개 자펀드의 편입비율을 조정해 가면서 투자를 하는 것이다.

④ 재간접펀드(Fund of Funds)

펀드투자의 위험을 줄이기 위해 펀드 운용재산의 50% 이상을 다른 우수 펀드에 투자하는 펀드를 말한다. 법률상으로는 재간접투자기구라고 한다. 여러 펀드에 동시에 가입하는 효과를 볼 수 있다는 특징이 있으며, 실적이 뛰어난 펀드 위주로 투자되기 때문에 안전성과 수익률을 함께 기대할 수 있다. 해외의 특정 지역이나 섹터펀드와 헤지펀드 등 일반투자자가 접근하기 힘든 펀드에도 분산 투자가 가능하기 때문에 헤지펀드에 대한 일반 투자자들의 투자수단으로 등장했다.

⑤ 상장지수집합투자기구(ETF; Exchange Traded Fund)

시장수익률을 추구하는 펀드라는 면에서 인덱스펀드와 같지만 실시간으로 시장거래가 용이한 펀드이다. 인덱스펀드는 주가지수에 영향력이 큰 종목들 위주로 펀드에 편입해 펀드수익률이 주가지수를 따라가도록 운용하는 펀드를 말한다. 상장지수펀드는 소액의 자금으로도 지수상승률을 얻을 수 있어 개인투자자에게 유용한 투자수단이 되었다. 또 가입한도에 제한이 없고 자유롭게 매매가 가능하며 중도환매절차 없이 시장에서 수익을 즉시 실현할 수 있다.

(7) 투자권유 주요 원칙

투자권유란 특정 투자자를 상대로 금융투자상품의 매매 또는 투자자문계약·투자일임계약·신탁계약의 체결을 권유하는 것을 말한다. 자본시장법에서는 투자권유의 주요 원칙을 다음과 같이 정하고 있다.

① 적합성의 원칙

자본시장법 제46조에서는 금융투자업자가 일반투자자에게 투자권유를 하기 전에 면담·질문 등을 통하여 일반투자자의 투자목적·재산상황 및 투자경험 등의 정보를 파악하고, 일반투자자로부터 서명·기명날인·녹취, 그 밖에 대통령령으로 정하는 방법으로 확인을 받아 이를 유지·관리하여야 하며, 확인받은 내용을 투자자에게 지체 없이 제공해야 함을 정하고 있다. 또한 일반투자자의 투자목적·재산상황 및 투자경험 등에 비추어 그 일반투자자에게 적합하지 아니하다고 인정되는 투자권유를 해서는 안 된다.

② 설명의무

자본시장법 제47조에서는 금융투자업자가 일반투자자를 상대로 투자권유를 하는 경우, 금융투자상품의 내용, 투자에 따르는 위험, 그 밖에 대통령령으로 정하는 사항을 일반투자자가 이해할 수 있도록 설명해야 함을 정하고 있다.

금융투자업자는 설명한 내용을 일반투자자가 이해하였음을 서명·기명날인·녹취, 그 밖의 대통령령으로 정하는 방법 중 하나 이상의 방법으로 확인을 받아야 한다. 또한 투자자의 합리적인 투자판단 또는 해당 금융투자상품의 가치에 중대한 영향을 미칠 수 있는 중요사항을 거짓 또는 왜곡하여 설명하거나 중요사항을 누락해서는 안 된다.

③ 부당권유의 금지

자본시장법 제49조에서는 금융투자업자가 투자권유를 함에 있어 금지하는 내용을 정하고 있다. 즉, 거짓의 내용을 알리는 행위, 불확실한 사항에 대하여 단정적 판단을 제공하거나 확실하다고 오인하게 할 소지가 있는 내용을 알리는 행위, 투자자로부터 투자권유의 요청을 받지 않고 방문·전화 등 실시간 대화의 방법을 이용하는 행위, 투자권유를 받은 투자자가 이를 거부하는 취지의 의사를 표시하였음에도 불구하고 투자권유를 계속하는 행위 등은 법적으로 금지된다.

4. 보험상품

(1) 사망보험과 종신보험

피보험자가 보험기간 중 사망했을 때 보험금이 지급되는 사망보험은 정기보험과 종신보험으로 나눌 수 있다. 정기보험은 보험기간을 미리 정해놓고 피보험자가 그 기간 내에 사망했을 때 보험금이 지급되는 반면, 종신보험은 보험기간을 정하지 않고 피보험자가 일생을 통하여 언제든지 사망했을 때 보험금이 지급된다. 1997년 IMF 구제금융 사태 이후 대량 판매되었던 종신보험 시장이 포화됨에 따라 새롭게 CI보험(중대한 질병보험), 장기간병보험 등 다양한 질병 중심의 상품을 개발해 출시하는 경향이 나타나고 있다.

(2) 변액보험

생명보험의 일종으로, 보험회사가 보험계약자로부터 납입받은 보험료를 특별계정을 통해 기금을 조성한 후 주식, 채권 등에 투자해 발생한 이익을 보험금 또는 배당으로 지급하는 상품이다. 종류로는 변액종신보험, 변액연금보험, 변액유니버셜보험 등이 있다. 2001년 변액보험 제도가 도입된 이후 보험상품 또한 자산운용의 수단으로 인식되면서 변액보험의 비중이 상승하는 추세이다. 투자 수익률에 따라 받을 수 있는 보험금이나 환급금이 달라지는 등 수익성을 기대할 수 있으나, 투자 결과에 따라 원금이 손실되거나 원금 이상의 보험금을 내야 할 수도 있다. 한편 변액보험의 최저보증 제도는 변액보험 가입자들에게 만기 또는 연금 지급 개시 전까지 계약을 유지하면 이미 납입한 보험료의 최저 지급을 보장하는 것이다.

〈생명보험의 분류〉

구분	내용	
주된 보장 (사망 또는 생존)	• 사망보험(정기보험, 종신보험) • 생사혼합보험(양로보험)	• 생존보험
보험상품의 성격	• 저축성 보험 • 교육보험 • 양로보험	• 보장성 보험 • 연금보험(개인연금, 퇴직연금보험)
피보험자의 수	• 개인보험	• 단체보험
배당의 유무	• 유배당보험	• 무배당보험
가입 시 건강진단의 유무	• 유진단보험(건강진단보험)	• 무진단보험

(3) 보험료의 추정치 산출을 위한 수지상등의 원칙

① 수지상등의 원칙은 보험사는 보험가입자(위험집단)가 납입하는 보험료의 총액과 그 보험가입자에게 지급하는 보험금의 총액이 균형을 이루게 해야 한다는 것이다. 보험료를 산출할 때는 보험금, 보험료 등을 예측하는 것이 중요하다. 수지상등의 원칙을 위배해 보험료를 높게 책정하면 보험회사의 과다 이익으로 인해 보험 소비자들의 권익을 침해함으로써 가격저항을 초래할 수 있고, 반대로 보험료를 낮게 산정하면 보험회사의 수지 불균형으로 인해 사업의 안정적인 운영이 불가능해질 수 있다.

② 수지상등의 원칙은 (보험상품의 순보험료 총액)=[지급보험금 총액의 현가(現價)], (영업보험료의 총액)=(지급보험금 및 운영경비 총액의 현가), (기업의 총수입)=(총지출의 현가) 등의 3가지 조건을 충족해야 한다.

③ 사회보험은 운영비용의 전부 또는 일부를 국가가 부담하고 이윤을 목적으로 하지 않기 때문에 수지상등의 원칙으로부터 비교적 자유롭지만, 민간 보험사에서 운용하는 보험상품은 수지상등의 원칙에 따라 상품을 설계할 때 인건비 등의 운영비를 비용(지출)으로 간주한다.

(4) 〈상법〉에 따른 보험의 분류

① **손해보험(損害保險)** : 보험계약자(가입자)가 신체상 손해나 재물 손해가 났을 때 보험자(보험회사)가 그 손해를 배상하는 보험

㉠ 배상책임보험 : 보험계약자가 타인의 신체(대인보험)나 재물(대물보험)에 손해를 끼침으로써 법률상 책임을 졌을 때 그 손해를 보험자가 배상하는 보험

㉡ 재물보험 : 보험계약자(개인 혹은 법인) 소유의 건물, 건축물, 전자기기, 기계, 건설공사 등이 화재 등에 의해 직접 손해, 폭발 및 파열 손해 등이 발생했을 때 그 손해를 보험자가 배상하는 보험

② **인보험(人保險)** : 보험계약자의 생명이나 신체를 위협하는 사고가 발생한 경우 보험자가 일정한 금액 또는 기타의 급여를 지급하는 보험

㉠ 상해보험 : 보험계약자가 우발적 사고로 신체에 상해를 입은 경우 보험금액 및 기타의 급여를 지급하는 보험으로, 보험사고 발생으로 인한 상해의 정도에 따라 일정한 보험금을 지급하는 정액보험과 그렇지 않은 비정액보험이 있다.

㉡ 생명보험 : 보험계약자가 사망 또는 일정 연령까지 생존 시 약정한 보험금을 지급하는 보험으로, 노후의 생활비, 사망 후 유가족의 생활 보호를 위한 자금 등을 마련하기 위해 이용한다. 보험금 지급 사유에 따라 보험기간 중 계약자가 장해 또는 사망 시 보험금을 지급하는 사망보험, 계약자가 보험기간 종료일까지 생존하는 경우에만 지급하는 생존보험, 생존보험의 저축 기능과 사망보험의 보장 기능을 절충한 생사혼합보험으로 구분된다.

〈보험의 분류(상법)〉

구분	분류
손해보험 (상법 제4편 제2장)	• 배상책임보험(대인배상, 대물배상) • 재물보험
인보험 (상법 제4편 제3장)	• 상해보험 • 생명보험 : 사망보험, 생존보험, 생사혼합보험

(5) 적하보험

① **적하보험의 의미** : 해상보험의 일종인 적하보험은 배에 실은 짐이 없어지거나 헐거나 깨졌을 때에 생기는 재산상의 손해를 보충할 목적으로 가입한다. 적하(積荷)라고 볼 수 없는 저하(底荷)・연료・어구 등은 포함되지 않지만, 다만 반드시 상품에 한하는 것은 아니다. 화물 이외에 승객의 수하물, 소지품, 유가증권 등 양륙이 예정된 운송물이면 모두 포함된다.

② **대금결재의 수단** : 보험계약을 명시한 적하보험증권은 선적서류・선하증권・상업송장 등과 함께 대금결재의 수단이 된다. 담보되는 위험은 본선 또는 부속선의 침몰・좌초・화재・폭발로 인한 손해, 물 이외의 물체와의 충돌・접촉으로 인한 손해, 선적・하역・환적 중의 손해 등이다.

③ 〈상법〉상의 적하보험의 특징

㉠ 적하의 보험에 있어서는 선적한 때와 곳의 적하의 가액과 선적 및 보험에 관한 비용을 보험가액으로 한다(상법 제697조).

㉡ 적하의 도착으로 인하여 얻을 이익 또는 보수(=희망이익)의 보험에 있어서는 계약으로 보험가액을 정하지 아니한 때에는 보험금액을 보험가액으로 한 것으로 추정한다(상법 제698조).

㉢ 보험자는 선박 또는 운임을 보험에 붙인 경우에는 발항 당시 안전하게 항해를 하기에 필요한 준비를 하지 않거나 필요한 서류를 비치하지 아니함으로 인해 생긴 손해, 적하를 보험에 붙인 경우에는 용선자・송하인 또는 수하인의 고의 또는 중대한 과실로 인하여 생긴 손해를 보상할 책임이 없다. 또한 보험자는 도선료, 입항료, 등대료, 검역료, 기타 선박 또는 적하에 관한 항해 중의 통상비용을 보상할 책임도 없다(상법 제706조).

(6) 무배당보험과 유배당보험

① **배당보험의 구분** : 보험회사는 보험계약자가 납부한 보험료를 운용해 얻은 수익을 보험계약자에게 지급한다. 이때 보험은 배당의 유무에 따라 배당금을 지급하지 않는 대신 보험료가 상대적으로 낮은 무배당보험, 또는 배당금을 지급하는 대신 보험료가 상대적으로 높은 유배당보험으로 나눌 수 있다. 무배당보험이 보험료를 인하함으로써 이익이 발생하기 전에 이익을 지급하는 것이라면, 유배당보험은 이익이 발생한 후에 그 이익을 보험계약자에게 지급하는 셈이다.

② 무배당보험과 유배당보험의 차이점

㉠ 만기 시에 무배당보험은 보험회사에 이익이 발생해도 배당을 받지 못하고 약관에서 정한 환급금만을 보장받는다. 그러나 유배당보험은 환급금과 함께 이익을 배당금 형식으로 지급받을 수 있다.

㉡ 유배당보험은 금리가 상승하고 주식시장이 활황일 때 무배당보험보다 유리하고, 이와 반대로 무배당보험은 금리가 하락하고 주식시장이 불황일 때 유배당보험보다 유리하다.

③ 배당보험의 실제

㉠ 배당금은 보험회사가 얻은 수익에 따라 책정되기 때문에 유배당보험의 계약자에게 돌아가는 배당금이 적은 경우가 많다. 또한 이익이 아예 없거나 경영의 부진 등으로 인해 실제로는 배당이 반드시 발생한다고 보장할 수 없다.

㉡ 1990년대 초반까지 우리나라에서 판매되는 거의 대부분의 보험은 유배당보험이었다. 그러나 1992년 외국으로부터 무배당보험이 도입되었고, 1997년 IMF 사태 이후 저금리 시대가 도래하고 소비자들이 보험료가 저렴한 상품을 선호함에 따라 무배당보험이 생명보험 시장에서 지배적인 위치를 차지하게 되었다. 또한 보험회사의 이익 구조 면에서도 이익을 고객에게 지급하지 않고 기업 내부에 보유하는 것이 유리하기 때문에 무배당보험은 급증한 반면 유배당보험은 일부 연금 상품에만 남아 있을 뿐이며, 거의 사라지게 되었다.

시대에듀

M E M O

답안채점 • 성적분석 서비스

모바일 OMR

도서 내 모의고사 우측 상단에 위치한 QR코드 찍기 → 로그인 하기 → '시작하기' 클릭 → '응시하기' 클릭 → 나의 답안을 모바일 OMR 카드에 입력 → '성적분석 & 채점결과' 클릭 → 현재 내 실력 확인하기

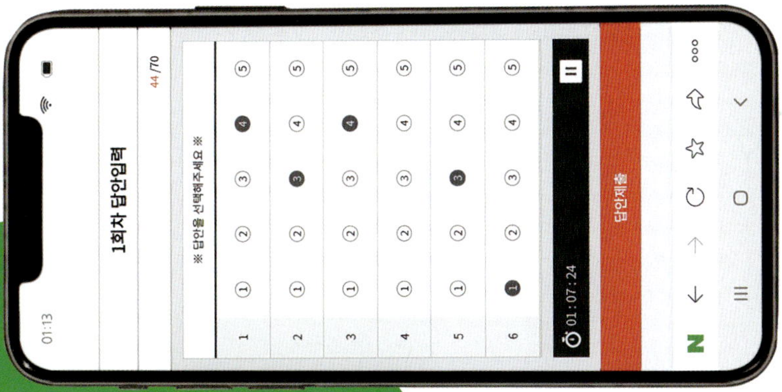

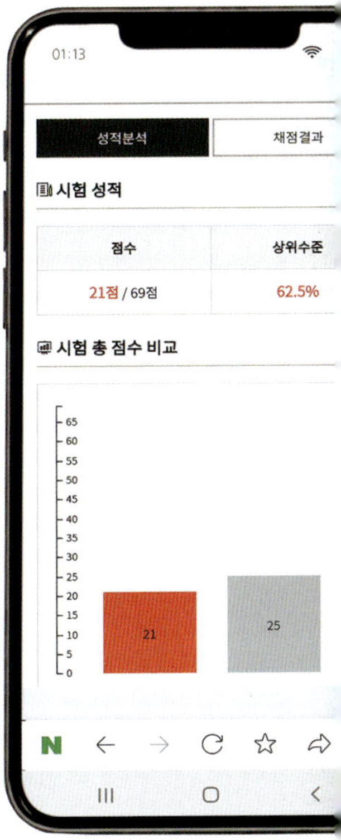

도서에 수록된 모의고사에 대한 객관적인 결과(정답률, 순위)를 종합적으로 분석하여 제공합니다.

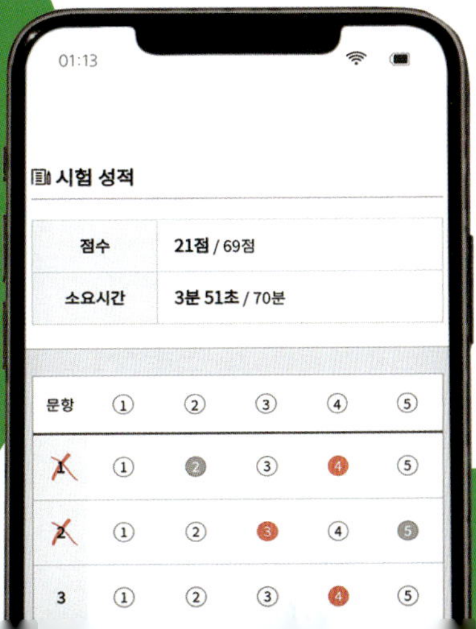

※OMR 답안채점 / 성적분석 서비스는 등록 후 30일간 사용 가능합니다.

2025 하반기 All-New

| 모바일 OMR 답안채점 / 성적분석 서비스 · NCS 핵심이론 및 대표유형 무료 PDF · 온라인 모의고사 무료쿠폰

통합기본서

지역농협 6급

지역농협 | 지역축협 | 품목농협 | 품목축협

정답 및 해설

편저 | SDC(Sidae Data Center)

SDC

SDC는 시대에듀 데이터 센터의 약자로 약 30만 개의 NCS · 적성 문제 데이터를 바탕으로 최신 출제경향을 반영하여 문제를 출제합니다.

최신기출유형 + 모의고사 7회 + 무료 NCS 특강

대표기출유형 및 기출응용문제로 필기시험 대비!

70문항 유형 / 60문항 유형 출제경향 완벽 반영!

시대에듀

PART 1

NCS 직무능력평가

CHAPTER 01

의사소통능력

대표기출유형 01 기출응용문제

01

정답 ⑤

- 농산물 수입 개방으로 외국산 농산물이 국내 시장에 <u>유통</u>되었다.
- 행사를 위해 모든 차량의 <u>소통</u>을 막았다.
- 영세 자영업자들은 단기 자금 <u>융통</u>에 많은 어려움을 겪고 있다.
- ○○고속도로의 <u>개통</u>은 지역 간 이동시간을 대폭 감소시키는 효과를 가져왔다.

'정통(精通)'은 '어떤 사물을 깊고 자세하게 앎'을 뜻하는 단어로, 제시된 문장에서 사용되지 않는다.

오답분석

① 소통(疏通) : 막히지 아니하고 잘 통함
② 개통(開通) : 길, 다리, 철로, 전화, 전신 따위를 완성하거나 이어 통하게 함
③ 융통(融通) : 금전, 물품 따위를 돌려씀
④ 유통(流通) : 화폐나 물품 따위가 세상에서 널리 쓰임

02

정답 ③

'데'는 '장소'를 의미하는 의존명사이므로 띄어 쓴다.

오답분석

① 떠난지가 → 떠난 지가 : '지'는 '어떤 일이 있었던 때로부터 지금까지의 동안'을 의미하는 의존명사이므로 띄어 쓴다.
② 있는만큼만 → 있는 만큼만 : '만큼'은 '정도'를 의미하는 의존명사이므로 띄어 쓴다.
④ 같은 데 → 같은데 : '데'가 연결형 어미일 때는 붙여 쓴다.
⑤ 목포간에 → 목포 간에 : '간'은 '한 대상에서 다른 대상까지의 사이'를 의미하는 의존명사이므로 띄어 쓴다.

03

정답 ②

'어찌 된'의 뜻을 나타내는 관형사는 '웬'이므로, '어찌 된 일로'라는 함의를 가진 '웬일'이 맞는 표기이다.

오답분석

① 지그시 : 슬며시 힘을 주는 모양
③ 메다 : 어떤 감정이 북받쳐 목소리가 잘 나지 않음
④ 치다꺼리 : 남의 자잘한 일을 보살펴서 도와줌
⑤ 베다 : 날이 있는 연장 따위로 무엇을 끊거나 자르거나 가름

대표기출유형 02 기출응용문제

01

정답 ④

'원고'는 '법원에 민사 소송을 제기한 사람'이라는 뜻이므로 '민사 소송에서 소송을 당한 측의 당사자'라는 뜻인 '피고'과 반의 관계이고, 나머지는 유의 관계이다.

오답분석

① • 시종 : 처음과 끝을 아울러 이르는 말
  • 수미 : 일의 시작과 끝
② • 시비 : 옳음과 그름
  • 선악 : 착한 것과 악한 것을 아울러 이르는 말
③ • 추세 : 어떤 형상이 일정한 방향으로 나아가는 경향
  • 형편 : 일이 되어 가는 상태나 경로 또는 결과
⑤ • 구속 : 행동이나 의사의 자유를 제한하거나 속박함
  • 속박 : 어떤 행위나 권리의 행사를 자유로이 하지 못하도록 강압적으로 얽어매거나 제한함

02

정답 ⑤

'제우스'의 아들인 '헤라클레스'는 그리스 신화에서 가장 '힘'이 센 인물로, '사자'를 물리친 후 사자 가죽을 몸에 걸친 모습으로 주로 표현된다. 따라서 제시된 단어에서 '헤라클레스'를 공통으로 연상할 수 있다.

03

정답 ③

'묘항현령'은 '고양이' 목에 방울을 단다는 의미이고, '오비이락'은 '까마귀' 날자 배가 떨어진다는 의미이다.

대표기출유형 03 기출응용문제

01

정답 ①

제시된 한자어는 '천 년에 한 번 만날 만한 기회'라는 뜻의 천재일우(千載一遇)이다. 따라서 이와 관련 있는 한자어는 '좀처럼 만나기 어려운 좋은 기회(機會)'이다.

오답분석

② 인연(因緣)
③ 노력(努力)
④ 시간(時間)
⑤ 조건(條件)

02

정답 ②

'읍참마속(泣斬馬謖)'은 '울면서 마속을 베다.'라는 뜻으로, 큰 목적을 위하여 자기가 아끼는 사람을 버림을 이르는 말이다. 중국 촉나라 제갈량이 군령을 어기어 전투에서 패한 마속을 눈물을 머금고 참형에 처하였다는 데서 유래하였다.

오답분석

① 일패도지(一敗塗地) : '싸움에 한 번 패하여 땅바닥에 떨어진다.'는 뜻으로, 여지없이 패하여 다시 일어날 수 없게 되는 지경에 이름을 이르는 말
③ 도청도설(道聽塗說) : '길에서 듣고 길에서 말한다.'는 뜻으로, 길거리에 퍼져 돌아다니는 뜬소문을 이르는 말
④ 원교근공(遠交近攻) : '먼 곳과 사귀고 가까운 곳을 때린다.'는 뜻으로, 먼 나라와 친교를 맺고 가까운 나라를 공격함을 이르는 말
⑤ 신상필벌(信賞必罰) : '상을 줄 만한 훈공이 있는 자에게 반드시 상을 주고, 벌할 죄가 있는 자에게는 반드시 벌을 준다.'는 뜻으로, 상벌(賞罰)을 공정(公正)·엄중(嚴重)히 하는 일을 이르는 말

03

정답 ④

'마디가 있어야 새순이 난다.'는 '나무의 마디는 새순이 나는 곳이다.'라는 뜻이다. 즉, 마디는 성장하기 위한 디딤돌이자 발판이 되므로, 어떤 일의 과정에서 생기는 역경이 오히려 일의 결과에 좋은 영향을 미침을 비유적으로 이르는 말이다.

오답분석

① 쫓아가서 벼락 맞는다 : 피해야 할 화를 괜히 나서서 당한다.
② 곤장 메고 매품 팔러 간다 : 공연한 일을 하여 스스로 화를 자초한다.
③ 고기도 저 놀던 물이 좋다 : 평소에 낯익은 제 고향이나 익숙한 환경이 좋다.
⑤ 대추나무에 연 걸리듯 하다 : 여기저기에 빚을 많이 지다.

대표기출유형 04 기출응용문제

01

정답 ④

'two basic things'가 가리키는 것은 뒤의 문장에 나와 있는 안전거리 확보와 좌석벨트(안전벨트) 착용이다.

- ignore : 무시하다
- wear seat belts : 좌석벨트(안전벨트)를 착용하다

> 운전은 재밌다. 그러나 대부분의 운전자들이 두 가지 기본적인 사항을 무시한다. 그들은 앞차와의 안전거리 확보를 잊어버리고, 또한 좌석벨트(안전벨트)를 착용하지 않는다.

02

정답 ①

transact(거래하다)와 account(계좌)를 통해 은행의 teller(창구 직원)임을 유추할 수 있다.

> 고객이 창구에 오면 "안녕하세요."라고 말하는 것이 내가 할 일이다. 그들이 나에게 올 때 나는 대개 "무엇을 도와드릴까요?"라고 묻고, 그들의 계좌에 입금하거나 출금하는 일을 한다.

03

정답 ①

제시문은 인간이 공장, 집을 짓고 차, 옷 등을 만들어 자신들의 세계를 건설했지만, 그 세계의 주인이 아니라 오히려 그 세계를 위한 도구로 전락하고 말았다는 내용이다. 따라서 글의 주제로 '자신이 만든 생산물에 종속된 인간'이 가장 적절하다.

> 인간은 자신의 세계를 건설했다. 즉, 공장과 집을 지었고, 차와 옷을 생산하며, 곡식과 과일, 기타 등등을 재배한다. 그러나 인간은 더 이상 자신들이 만든 세계의 진짜 주인이 아니다. 반대로, 이러한 인간이 만들어 낸 세계가 인간의 주인이 되었고, 그 앞에 인간은 머리를 조아리고, 최선을 다해서 그 세계를 만족시키려고 한다. 그의 손으로 만든 작품이 그의 주인이 된 것이다. 그는 이기심에 눈이 먼 듯 보이지만, 실제로는 자신의 손으로 만든 바로 그 기계를 위한 도구가 되었다.

대표기출유형 05 기출응용문제

01

정답 ⑤

보기는 이익의 추구는 의(義)에서 배제되어야 한다고 '그'가 주장했다는 내용이다. 이러한 내용은 의(義)가 이익의 추구와 구분되어야 한다고 맹자가 주장했다는 마지막 문단의 내용과 연결된다. 또한 보기는 앞의 내용이 뒤의 내용의 원인이나 근거가 될 때 쓰는 접속부사 '그래서'로 시작한다. 따라서 보기의 내용은 마지막 문단의 끝부분인 (마)에 위치하는 것이 가장 적절하다.

02

정답 ②

세 번째 문단에서 설명하는 수정주의는 미국이 시장을 얻기 위해 세계를 개방 경제 체제로 만들려는 과정에서 냉전이 비롯됐다며 냉전의 발생 원인을 미국의 경제적 동기에서 찾고 있다. 보기에서 언급한 것처럼 (정치적) 이념 때문이 아니라는 것이다. 따라서 보기의 내용은 (나)에 위치하는 것이 가장 적절하다.

03

정답 ⑤

(마)의 앞 문단에서는 정보와 지식이 커뮤니케이션 속에서 살아 움직이며 진화함을 말하고 있다. 그러므로 정보의 순환 속에서 새로운 정보로 거듭나는 역동성에 대한 설명의 사례로 보기의 내용이 이어질 수 있다. 한 나라의 관광 안내 책자 속 정보가 섬세하고 정확한 것은 소비자들에 의해 오류가 수정되고 개정되기 때문이고, 이는 정보와 지식이 커뮤니케이션 속에서 새로운 정보로 거듭나는 것을 잘 나타내고 있기 때문이다. 따라서 보기의 내용은 (마)에 위치하는 것이 가장 적절하다.

04

정답 ⑤

㉠ 두 번째 문단의 내용처럼 '디지털 환경에서는 저작물을 원본과 동일하게 복제할 수 있고 용이하게 개작'할 수 있기 때문에 ㉠과 같은 문제가 생겼다. 또한 이에 대한 결과로 (나) 바로 뒤의 내용처럼 '디지털화된 저작물의 이용 행위가 공정 이용의 범주에 드는 것인지 가늠하기가 더 어려워졌고 그에 따른 처벌 위험'도 커진 것이다. 따라서 ㉠의 위치는 (나)가 가장 적절하다.

㉡ ㉡에서 말하는 '이들'은 '저작물의 공유' 캠페인을 소개하는 마지막 문단에서 언급한 캠페인 참여자들을 가리킨다. 따라서 ㉡의 위치는 (마)가 가장 적절하다.

05

정답 ④

㉠ ㉠은 반본질주의자가 본질주의자를 비판하는 주장으로서, 두 번째 문단 마지막 문장의 '반(反)본질주의는 그런 본질이란 없으며, … 본질의 역할을 충분히 달성할 수 있다고 주장한다.'는 내용을 요약한 것이다. 따라서 ㉠의 위치는 (나)가 가장 적절하다.

㉡ ㉡에서 말하는 '비판'은 마지막 문단에서 지적한 '아직까지 본질적인 것을 명확히 찾는 데 성공하지 못했다.'는 본질주의가 받는 비판을 뜻한다. 이는 앞의 내용이 뒤의 내용의 원인이 될 때 쓰는 접속부사 '그래서'를 통해 알 수 있다. 따라서 ㉡의 위치는 (라)가 가장 적절하다.

대표기출유형 06 기출응용문제

01

정답 ④

첫 번째 문단에서 대중들이 욕망하는 현실 감정이 직접적으로 누드에 반영된다고 하였고, 마지막 문단에서 민중의 현실 속으로 파고들지 못하는 누드화는 위화감을 불러일으킨다고 하였다. 따라서 남녀 간의 애정이나 성적 욕망에 대해 경직되어 있었던 조선 사회에서 신윤복의 그림이 큰 호응을 얻을 수 있었던 이유는 '보편적인 감정의 진실'을 잘 드러내었기 때문이라고 할 수 있다.

02

정답 ①

빈칸의 다음 문장에서 '외래어가 넘쳐나는 것은 그간 우리나라의 고도성장과 절대 무관하지 않다.'라고 했다. 따라서 '사회의 성장과 외래어의 증가는 관계가 있다.'는 의미이므로, 이를 포함하는 일반적 진술이 빈칸에 들어가야 한다.

03

정답 ⑤

증거를 표현할 때 포함될 수밖에 없는 발룽엔의 의미는 본질적으로 불명료하기 때문에 그 의미를 정확하고 엄밀하게 규정할 수 없다. 한편, 증거와 가설의 논리적 관계를 판단하기 위해서는 증거의 의미 파악이 선행되어야 한다. 그러나 이미 발룽엔이 포함된 증거는 그 의미를 명확하게 규정하기 어렵다. 따라서 증거의 의미가 정확하게 파악되지 않는다면, 과학적 가설과 증거의 논리적 관계 역시 정확하게 판단할 수 없다.

오답분석

① 증거를 표현할 때 발룽엔이 포함되므로 증거가 의미하는 것이 무엇인지 정확히 파악할 수 없다.
② 과학적 가설을 표현하는 데에는 물리학적 언어가 사용되며, 발룽엔은 과학적 가설을 검사하는 과정에서 개입된다.
③ 과학적 이론이나 가설을 검사하는 과정에 사용되는 일상적 언어에는 발룽엔이 포함되므로 발룽엔은 증거를 표현할 때 포함될 수밖에 없다.
④ 과학적 이론이나 가설을 검사하는 과정에는 물리학적 언어 외에 감각적 경험을 표현하는 일상적 언어도 사용될 수밖에 없다.

04

정답 ⑤

제시문은 '발전'에 대한 개념을 설명하고 있다. 빈칸 앞에는 '발전'에 대해 '모든 형태의 변화가 전부 발전에 해당하는 것은 아니다.'라고 하면서 '교통신호등'을 예로 들고, 빈칸 뒤에는 '사태의 진전 과정에서 나중에 나타나는 것은 적어도 그 이전 단계에 내재적으로나마 존재했던 것의 전개에 해당한다는 것이다.'라고 상술하고 있다. 여기에 첫 번째 문장까지 고려한다면, ⑤의 내용이 빈칸에 들어가는 것이 가장 적절하다.

05

정답 ④

알려지지 않은 것에서는 위험, 불안정, 걱정, 공포감이 뒤따르기 때문에 우리 마음의 불안한 상태를 없애고자 한다면, 알려지지 않은 것을 알려진 것으로 환원해야 한다. 이러한 환원은 우리의 마음을 편하게 해주고 안심시키며 만족하게 한다. 이 때문에 우리는 이미 알려진 것, 체험된 것, 기억에 각인된 것을 원인으로 설정하게 되고, 낯설고 체험하지 않았다는 느낌을 빠르게 제거해 버려 특정 유형의 설명만이 남아 우리의 사고방식을 지배하게 만든다. 따라서 빈칸에는 '낯설고 체험하지 않았다는 느낌을 제거해 버린다.'는 내용이 들어가는 것이 가장 적절하다.

대표기출유형 07 기출응용문제

01

정답 ④

제6호와 제13호에 따르면 사업장가입자는 근로자를 사용하는 사업소 및 사무소인 사업장에 고용된 근로자 및 사용자로서 국민연금에 가입된 자를 말한다.

오답분석

① 제11호에 따르면 부담금은 사업장가입자의 사용자가 부담하는 금액이며, 제12호에 따르면 기여금은 사업장가입자가 부담하는 금액이다.
② 제15호에 따르면 수급권자는 국민연금법에 따른 급여를 받을 권리(수급권)를 가진 자를 말하고, 제16호에 따르면 급여를 받고 있는 자는 수급자이다. 국민연금법에 따라 급여를 받을 권리는 갖고 있지만, 현재 급여를 받고 있지 않다면 수급자가 아닌 수급권자에만 해당한다.
③ 제3호에 따르면 소득은 일정한 기간 근로를 제공하여 얻은 수입에서 대통령령으로 정하는 비과세소득을 제외한 금액 또는 사업 및 자산을 운영하여 얻는 수입에서 필요경비를 제외한 금액을 말한다.
⑤ 제1호에 따르면 근로자란 직업의 종류가 무엇이든 사업장에서 노무를 제공하고 그 대가로 임금을 받아 생활하는 자로 법인의 이사와 그 밖의 임원도 이에 포함된다.

02

정답 ④

약관의 제7항을 살펴보면 '변경 기준일로부터 1개월간'이라고 제시되어 있다.

03

정답 ④

새로운 여신심사 가이드라인으로 인해 대출심사가 까다로워진다는 것은 신문기사에서 확인할 수 있다. 그러나 '은행권에서는 무작정 대출받기가 어려워지는 것은 아니라고 설명'한다면서, '실수요자들이 대출받기 어려워지는 부작용은 발생하지 않을 것'이라는 부분을 참고했을 때 Q대리는 기사를 적절하게 이해했다고 볼 수 없다.

04

정답 ②

마지막 문단에서 과거제 출신의 관리들이 공동체에 대한 소속감이 낮고 출세 지향적이었다는 내용을 확인할 수 있다.

오답분석

① 첫 번째 문단에서 황종희가 '벽소'와 같은 옛 제도를 되살리는 방법으로 과거제를 보완하자고 주장했다는 내용을 확인할 수 있다. 따라서 벽소는 과거제를 없애고자 등장한 새로운 제도가 아니라 과거제를 보완하고자 되살린 옛 제도이므로 적절하지 않다.
③ 두 번째 문단에서 과거제는 학습 능력 이외의 인성이나 실무 능력을 평가할 수 없다는 이유로 시험의 익명성에 대한 회의도 있었다고 하였으므로 적절하지 않다.
④ 마지막 문단에서 과거제를 통해 임용된 관리들은 승진을 위해서 빨리 성과를 낼 필요가 있었기 때문에 지역 사회를 위해 장기적인 전망을 가지고 정책을 추진하기보다 가시적이고 단기적인 결과만을 중시하는 부작용을 가져왔다고 하였으므로 적절하지 않다.
⑤ 첫 번째 문단에서 고염무는 관료제의 상층에는 능력주의적 제도를 유지하되, 지방관인 지현들은 그 지위를 평생 유지해 주고 세습의 길까지 열어 놓는 방안을 제안했다고 하였으므로 적절하지 않다.

05

정답 ②

기준작의 설정을 전적으로 기록에만 의존하는 것도 곤란하다. 왜냐하면 물질자료와 달리 기록은 상황에 따라 왜곡되거나 윤색될 수도 있고, 후대에 가필되는 경우도 있기 때문이다. 따라서 작품에 명문이 있다 하더라도 기준작으로 삼기 위해서는 그것이 과연 신뢰할 만한 사료인가에 대한 엄정한 사료적 비판이 선행되어야 한다.

대표기출유형 08 기출응용문제

01

정답 ④

제시문은 글쓴이가 글을 쓸 때 전략이 있어야 함을 밝히며 구체적인 예를 들어 설명하고, 이에 따라 독자 역시 글을 읽을 때 글쓴이의 의도를 파악해야 함을 그 구체적인 예를 들어 설명하는 글이다. 따라서 (나) 글쓴이가 글을 쓰는 목적에 따라 달라지는 글쓰기 전략 – (다) 글을 쓰는 목적에 따른 글쓰기 전략의 예 – (라) 독자가 글을 읽는 방법 – (가) 독자가 글을 읽는 방법에 대한 구체적인 예시의 순서로 나열하는 것이 적절하다.

02

정답 ④

제시문은 동양과 서양에서 서로 다른 의미를 부여하고 있는 달에 대해 설명하는 글이다. 따라서 (나) 동양에서 나타나는 해와 달의 의미 – (라) 동양과는 다른 서양에서의 해와 달의 의미 – (다) 최근까지 지속되고 있는 서양에서의 달에 대한 부정적 의미 – (가) 동양에서의 변화된 달의 이미지의 순서로 나열하는 것이 적절하다.

03

정답 ③

제시된 글에서는 경기적 실업에 대한 고전학파의 입장을 설명하고 있으며, (나)의 '이들'은 바로 이 고전학파를 지시하고 있다. 따라서 (나) 실질임금의 상승 – (가) 실질임금의 상승이 미치는 영향 – (다) 정부의 역할에 반대하는 고전학파의 주장의 순서로 나열하는 것이 적절하다.

04

정답 ②

제시된 글에서는 휘슬블로어를 소개하며, 휘슬블로어가 집단의 부정부패를 고발하는 것이 쉽지 않다는 점을 언급하고 있으므로, 뒤이어 내부고발이 어려운 이유를 설명하는 문단이 와야 한다. 따라서 (다) 내부고발이 어려운 이유와 휘슬블로어가 겪는 여러 사례 – (나) 휘슬블로어의 실태와 법적인 보호의 필요성 제기 – (라) 휘슬블로어를 보호하기 위한 법의 실태 설명 – (가) 법 밖에서도 보호받지 못하는 휘슬블로어의 순서로 나열하는 것이 적절하다.

대표기출유형 09 기출응용문제

01

정답 ③

제시문은 행위별수가제에 대한 글로, 환자, 의사, 건강보험 재정 등 많은 곳에서 한계점이 있다고 설명하면서 건강보험 고갈을 막기 위해 다양한 지불방식을 도입하는 등 구조적인 개편이 필요함을 설명하고 있다. 따라서 글의 제목으로 ③이 가장 적절하다.

02

정답 ⑤

쇼펜하우어는 표상의 세계 안에서의 이성의 역할, 즉 시간과 공간, 인과율을 통해서 세계를 파악하는 주인의 역할을 함에도 불구하고 이 이성이 다시 의지에 종속됨으로써 제한적이며 표면적일 수밖에 없다는 한계를 지적하고 있다. 따라서 글의 주제로 ⑤가 가장 적절하다.

오답분석

① 세계의 본질은 의지의 세계라는 내용은 쇼펜하우어 주장의 핵심 내용이라는 점에서는 옳지만, 제시문의 주요 내용은 주관 또는 이성 인식으로 만들어내는 표상의 세계는 결국 한계를 가질 수밖에 없다는 것이다.
② 제시문에서는 표상 세계의 한계를 지적했을 뿐, 표상 세계의 극복과 그 해결 방안에 대한 내용은 없다.
③ 쇼펜하우어가 주관 또는 이성을 표상의 세계를 이끌어 가는 능력으로 주장하고 있다는 점에서 타당하나 글의 주제는 아니다.
④ 제시문에서 의지의 세계와 표상 세계는 의지가 표상을 지배하는 종속관계라는 차이를 파악할 수는 있으나, 글의 주제로는 적절하지 않다.

03

정답 ③

제시문은 현대 사회의 소비 패턴이 '보이지 않는 손' 아래의 합리적 소비에서 벗어나 과시 소비가 중심이 되었으며, 그 이면에는 소비를 통해 자신의 물질적 부를 표현함으로써 신분을 과시하려는 욕구가 있다고 설명하고 있다. 따라서 글의 주제로 ③이 가장 적절하다.

04

정답 ⑤

제시문은 물리학의 근본 법칙들이 사실을 정확하게 기술하기 위해 조건을 추가할 경우 오히려 일반적인 상황이 아닌 특수한 상황만을 설명하게 되는 문제점을 서술하고 있다. 따라서 글의 중심 내용으로 ⑤가 가장 적절하다.

05

정답 ③

제시문은 대기업과 중소기업 간의 상생경영의 중요성을 강조하고 있다. 기존에는 대기업이 시혜적 차원에서 중소기업에게 베푸는 느낌이 강했지만, 현재는 협력사의 경쟁력 향상이 곧 기업의 성장으로 이어질 것으로 보고, 상생경영의 중요성을 높이고 있다. 대기업이 지원해 준 업체의 기술력 향상으로 더 큰 이득을 보상받는 등 상생 협력이 대기업과 중소기업 모두에게 효과적임을 알 수 있다. 따라서 글의 제목으로 ③은 적절하지 않다.

대표기출유형 10 기출응용문제

01

정답 ②

제시문에서는 저작권 소유자 중심의 저작권 논리를 비판하며 저작권의 의의를 가지려면 저작물이 사회적으로 공유되어야 한다고 주장하고 있다. 따라서 글에 대한 비판으로 ②가 가장 적절하다.

02

정답 ⑤

제시문은 인간에게 사회성과 반사회성이 공존하고 있다고 설명하고 있으며, 이 중 반사회성이 없다면 재능을 꽃피울 수 없다고 하였다. 따라서 글에 대한 반박으로 사회성만으로도 자신의 재능을 키울 수 있다는 주장인 ⑤가 가장 적절하다.

오답분석

② 반사회성이 재능을 계발한다는 주장을 포함하는 동시에 반사회성을 포함한 다른 어떤 요소가 있어야 한다는 주장은 제시문에 대한 직접적인 반박은 될 수 없다.

03

정답 ④

제시문의 쾌락주의자들은 최대의 쾌락을 산출하는 행위를 올바른 것으로 간주하고, 쾌락을 기준으로 가치를 평가한다. 또한 이들은 장기적인 쾌락을 추구하며, 순간적이고 감각적인 쾌락만을 추구하는 삶은 쾌락주의적 삶으로 여기지 않는다. 따라서 ④는 이러한 쾌락주의자들의 주장에 대한 반론으로 적절하지 않다.

04

정답 ①

마지막 문단에 따르면 와이츠가 말하는 예술의 '열린 개념'은 '가족 유사성'에 의해 성립하며, 와이츠는 '열린 개념'이 무한한 창조성이 보장되어야 하는 예술에 적합한 개념이라고 주장한다. 따라서 ①에서처럼 '아무런 근거 없이 확장'된다는 것은 적절하지 않다.

오답분석

② 마지막 문단에 따르면 와이츠는 예술을 본질이 아닌 가족 유사성만을 갖는 '열린 개념'으로 보았다. 즉, 예술의 근거를 하나의 공통적 특성이 아닌 구성원 일부의 유사성으로 보았으므로 예술 내에서도 두 대상이 서로 닮지 않을 수 있다.

③ 마지막 문단에 따르면 와이츠는 전통적인 관점에서의 표현이나 형식은 예술의 본질이 아니라 좋은 예술의 기준으로 이해되어야 한다고 보았다.

④·⑤ 마지막 문단에 따르면 와이츠가 말하는 '열린 개념'은 '주어진 대상이 이미 그 개념을 이루고 있는 구성원 일부와 닮았다면, 그 점을 근거로 하여 얼마든지 그 개념의 새로운 구성원이 될 수 있을 만큼 테두리가 열려 있는 개념'이다. 따라서 와이츠의 이론은 현대와 미래의 예술의 새로운 변화를 유용하게 설명할 수 있다.

05

정답 ③

밑줄 친 부분을 반박하는 주장은 '인간에게 동물의 복제 기술을 적용해서는 안 된다.'이므로, 이를 뒷받침하는 근거이되 인터뷰의 내용과 부합하지 않는 것이 문제가 요구하는 답이다. 인터뷰에서 복제 기술을 인간에게 적용했을 때 발생할 수 있는 문제점으로 지적한 것은 '기존 인간관계의 근간을 파괴하는 사회 문제'와 '바이러스 등 통제 불능한 생물체가 만들어질 가능성', 그리고 '어느 국가 또는 특정 집단이 복제 기술을 악용할 위험성' 등이다. 그러나 ③의 내용은 인간에게 복제 기술을 적용했을 때 나타날 수 있는 부작용인지를 판단할 자료가 인터뷰에 제시되지 않았다. 또한 상식적인 수준에서도 생산되는 복제 인간의 수는 통제할 수 있으므로 밑줄 친 부분을 반박할 논거로는 적절하지 않다.

대표기출유형 11 기출응용문제

01

정답 ⑤

물가 상승으로 인해 화폐가치는 급락하지만, 풍년으로 인해 쌀값이 하락하면 오히려 화폐가치가 상승하는 결과를 낳는다.

02

정답 ①

도일은 오로지 형식적 측면에서 보고 있으므로 미적 무관심성을 보이고 있다.

오답분석

②·④·⑤ 대상 외의 가치가 들어간 예이다.
③ '미적 무관심성'에서 나아간 '미적 무욕성'의 관점에서 사물을 바라보고 있다.

03

정답 ④

제시문은 사치재와 필수재의 예에 대해서는 언급하고 있지 않다.

오답분석

① 첫 번째 문단에 제시되어 있다.
② 두 번째 문단에 제시되어 있다.
③ 마지막 문단에 제시되어 있다.
⑤ 세 번째 문단에 제시되어 있다.

04

정답 ①

두 번째 문단에서 '절차적 지식을 갖기 위해서는 … 정보를 마음에 떠올릴 필요는 없다.'고 하였다.

오답분석

② 절차적 지식을 통해 표상적 지식을 얻는다는 내용은 제시문에 나와 있지 않다.
③ 마지막 문단에 따르면 '이 사과는 둥글다.'라는 지식은 둥근 사과의 이미지일 수도, '이 사과는 둥글다.'는 명제일 수도 있다.
④ 마지막 문단에서 '표상적 지식은 절차적 지식과 달리 특정한 일을 수행하는 능력과 직접 연결되어 있지 않다.'고 하였으나, 특정 능력의 습득에 전혀 도움을 줄 수 있는지 아닌지는 제시문의 내용을 통해서는 알 수 없다.
⑤ 인식론에서 나눈 지식의 유형에는 능력의 소유를 의미하는 절차적 지식과 정보의 소유를 의미하는 표상적 지식이 모두 포함된다.

05

정답 ③

마지막 문단에 따르면, 모든 동물이나 식물종을 보존할 수 없는 것과 같이 언어 소멸 역시 막기 어려운 측면이 있으며, 그럼에도 불구하고 이를 그저 보고만 있을 수는 없다고 하였다. 즉, 언어 소멸 방지의 어려움을 동물이나 식물종을 완전히 보존하기 어려운 것에 비유한 것이지, 언어 소멸 자체가 자연스럽고 필연적인 현상인 것은 아니다.

오답분석

① 두 번째 문단의 마지막 문장을 통해 히브리어는 지속적으로 공식어로 사용할 의지에 따라 부활한 언어임을 알 수 있다.
② 두 번째 문단에서 '토착 언어 사용자들의 거주지가 파괴되고, 종족 말살과 동화(同化)교육이 이루어지며, 사용 인구가 급격히 감소하는 것' 이외에도 전자 매체의 확산이 언어 소멸의 원인이 된다고 하였다. 따라서 타의적·물리적 압력에 의해서만 언어 소멸이 이루어지는 것은 아님을 알 수 있다.
④ 마지막 문단 두 번째 문장의 '가령 어떤 ~ 초래할 수도 있다.'를 통해 알 수 있다.
⑤ 첫 번째 문단을 통해 전 세계적으로 3,000개의 언어가 소멸해 가고 있으며, 이 중에서 약 600개의 언어는 사용자 수가 10만 명을 넘으므로 비교적 안전한 상태임을 알 수 있다. 따라서 나머지 약 2,400개의 언어는 사용자 수가 10만 명이 넘지 않는다고 추측할 수 있다.

CHAPTER

02 수리능력

대표기출유형 01 기출응용문제

01

정답 ②

$(59,378-36,824)\div 42$

$=22,554\div 42$

$=537$

02

정답 ①

$(48+48+48+48)\times \frac{11}{6}\div \frac{16}{13}$

$=48\times 4\times \frac{11}{6}\times \frac{13}{16}$

$=2\times 11\times 13$

$=286$

03

정답 ④

$\sqrt{(3,000-1,992)\div \sqrt{16}}$

$=\sqrt{1,008\div 4}$

$=\sqrt{252}$

$=6\sqrt{7}$

대표기출유형 02 기출응용문제

01

정답 ①

분자는 +17, 분모는 ×3인 수열이다.

따라서 ( )$=\frac{2+17}{3\times3}=\frac{19}{9}$이다.

02

정답 ④

앞의 항에 $+2^0\times10$, $+2^1\times10$, $+2^2\times10$, $+2^3\times10$, $+2^4\times10$, $+2^5\times10$, …인 수열이다.

따라서 ( )$=632+2^6\times10=632+640=1{,}272$이다.

03

정답 ②

나열된 수를 각각 A, B, C라고 하면

$\underline{A\ B\ C} \rightarrow B=(A+C)\div3$

따라서 ( )$=(12-1)\div3=\frac{11}{3}$이다.

대표기출유형 03 기출응용문제

01

정답 ②

홀수 항은 +1, 짝수 항은 −1인 수열이다.

10	ㅈ	11	ㅇ	12	ㅅ	13	(ㅂ)
10	9	11	8	12	7	13	6

02

정답 ①

앞의 항에 −1, +2, −3, +4, −5, …인 수열이다.

ㄹ	ㄷ	ㅁ	ㄴ	ㅂ	(ㄱ)
4	3	5	2	6	1

03

정답 ④

대문자 알파벳 – 한글 자음 – 한자 순서로 나열되며, 앞의 항에 −5, −4, −3, −2, −1, …인 수열이다.

S	ㅎ	十	G	ㅁ	(四)
19	14	10	7	5	4

대표기출유형 04 기출응용문제

01

정답 ④

A씨의 집에서 N은행까지의 거리는 2.1km=2,100m이다.

걸은 거리를 xm라고 하면 뛰어간 거리는 $(2{,}100-x)$m이므로 다음과 같은 식이 성립한다.

$\frac{x}{60}+\frac{2{,}100-x}{150}=30$

→ $5x+4{,}200-2x=9{,}000$

→ $3x=4{,}800$

∴ $x=1{,}600$

따라서 A씨가 걸은 거리는 1,600m=1.6km이다.

02

정답 ①

기차의 길이를 xm, 기차의 속력을 ym/s라고 하면 다음과 같은 식이 성립한다.

$\frac{x+400}{y}=10$ → $x+400=10y$ → $10y-x=400$ … ㉠

$\frac{x+800}{y}=18$ → $x+800=18y$ → $18y-x=800$ … ㉡

㉠과 ㉡을 연립하면 $x=100$, $y=50$이다.

따라서 기차의 길이는 100m이고, 기차의 속력은 50m/s이다.

03

정답 ⑤

두 사람이 걸은 시간을 x분이라고 하면 두 사람이 만날 때 현민이가 걸은 거리와 형빈이가 걸은 거리의 합이 산책길의 둘레 길이와 같으므로 다음과 같은 식이 성립한다.

$60x+90x=1{,}500$

→ $150x=1{,}500$

∴ $x=10$

따라서 두 사람은 동시에 출발하여 10분 후에 만나게 된다.

대표기출유형 05 기출응용문제

01

정답 ③

섞은 소금물의 양과 소금의 양에 대해 다음과 같은 식이 성립한다.

$a+b=600$ → $b=600-a$ … ㉠

$\frac{4}{100}a+\frac{7.75}{100}b=\frac{6}{100}\times600=36$ … ㉡

㉡에 ㉠을 대입하여 정리하면 다음과 같은 식이 성립한다.

$4a+7.75\times(600-a)=3{,}600$

→ $3.75a=1{,}050$

∴ $a=280$

따라서 농도 4% 소금물의 양은 280g이다.

02

정답 ④

증발하기 전 농도가 15%인 소금물의 양을 xg이라고 하면 이 소금물의 소금의 양은 $0.15x$g이고, 5% 증발했으므로 증발한 후의 소금물의 양은 $0.95x$g이다. 또한, 농도가 30%인 소금물의 소금의 양은 200×0.3=60g이므로 다음과 같은 식이 성립한다.

$\frac{0.15x+60}{0.95x+200}\times100=20$

→ $0.15x+60=0.2(0.95x+200)$

→ $0.15x+60=0.19x+40$

→ $0.04x=20$

∴ $x=500$

따라서 증발 전 농도가 15%인 소금물의 양은 500g이다.

03

정답 ①

A소금물과 B소금물의 소금의 양을 구하면 각각 300×0.09=27g, 250×0.112=28g이다.

이에 따라 C소금물의 농도는 $\frac{27+28}{300+250}\times100=\frac{55}{550}\times100=10\%$이다.

소금물을 덜어내도 농도는 변하지 않으므로 소금물의 양은 550×0.8=440g이고, 소금의 양은 440×0.1=44g이다.

따라서 소금을 10g 더 추가했을 때의 소금물의 농도는 $\frac{44+10}{440+10}\times100=\frac{54}{450}\times100=12\%$이다.

대표기출유형 06 기출응용문제

01

정답 ②

x분 후 A기계의 마스크 필터 생산량은 $(90+8x)$개, B기계의 마스터 필터 생산량은 $(10+4x)$개이므로 다음과 같은 식이 성립한다.

$90+8x=3(10+4x)$

→ $4x=60$

∴ $x=15$

따라서 15분 후 A기계의 생산량이 B기계의 생산량의 3배가 된다.

02

정답 ②

갑과 을이 1시간 동안 만들 수 있는 곰 인형의 수는 각각 $\frac{100}{4}=25$개, $\frac{50}{10}=5$개이다.

함께 곰 인형 144개를 만드는 데 걸리는 시간을 x시간이라고 하면 다음과 같은 식이 성립한다.

$(25+5)\times0.8\times x=144$

→ $24x=144$

∴ $x=6$

따라서 함께 곰 인형 144개를 만드는 데는 6시간이 걸린다.

03

정답 ②

물통에 물이 가득 찼을 때의 양을 1이라고 하면, A수도로는 1시간에 $\frac{1}{5}$, B수도로는 1시간에 $\frac{1}{2}$만큼 채울 수 있다.

B수도가 1시간 동안 작동을 하지 않았고, A, B 두 수도를 모두 사용하여 물통에 물을 가득 채우는 데 걸리는 시간을 x시간이라고 하면 다음과 같은 식이 성립한다.

$\frac{1}{5}+\left(\frac{1}{5}+\frac{1}{2}\right)x=1$

$\rightarrow \frac{7}{10}x=\frac{4}{5}$

$\therefore x=\frac{8}{7}$

따라서 두 수도를 모두 이용한 시간은 $\frac{8}{7}$시간이다.

대표기출유형 07 기출응용문제

01

정답 ④

작년 교통비를 x만 원, 숙박비를 y만 원이라고 하면 다음과 같은 식이 성립한다.

$1.15x+1.24y=1.2(x+y)$ ⋯ ㉠

$x+y=36$ ⋯ ㉡

㉠과 ㉡을 연립하면 $x=16$, $y=20$이다.

따라서 올해 숙박비는 $20\times1.24=24.8$만 원이다.

02

정답 ③

A원두의 100g당 원가를 a원, B원두의 100g당 원가를 b원이라고 하면 다음과 같은 식이 성립한다.

$1.5(a+2b)=3,000$ ⋯ ㉠

$1.5(2a+b)=2,850$ ⋯ ㉡

위의 식을 정리하면 다음과 같은 식이 성립한다.

$a+2b=2,000$ ⋯ ㉠′

$2a+b=1,900$ ⋯ ㉡′

㉠′과 ㉡′을 더하면 다음과 같은 식이 성립한다.

$3a+3b=3,900 \rightarrow a+b=1,300$ ⋯ ㉢

㉠′과 ㉢을 연립하면 $a=600$, $b=700$이다.

따라서 B원두의 100g당 원가는 700원이다.

03

정답 ④

50만 원을 먼저 지불하였으므로 남은 금액은 $250-50=200$만 원이다.

매달 갚아야 할 금액을 a만 원이라고 하면, 매달 a만 원을 갚고 남은 금액은 다음과 같다.

- 1개월 후 : $(200\times1.005-a)$만 원
- 2개월 후 : $(200\times1.005^2-a\times1.005-a)$만 원
- 3개월 후 : $(200\times1.005^3-a\times1.005^2-a\times1.005-a)$만 원

⋮

- 12개월 후 : $(200\times1.005^{12}-a\times1.005^{11}-a\times1.005^{10}-\cdots-a)$만 원

12개월 후 갚아야 할 금액이 0원이므로 $200\times1.005^{12}-a\times1.005^{11}-a\times1.005^{10}-\cdots-a=0$이다.

따라서 $200\times1.005^{12}=a\times1.005^{11}+a\times1.005^{10}+\cdots+a=\frac{a(1.005^{12}-1)}{1.005-1}$이므로 다음과 같은 식이 성립한다.

$a=\frac{200\times0.005\times1.005^{12}}{1.005^{12}-1}=\frac{200\times0.005\times1.062}{1.062-1}\fallingdotseq17.13$

따라서 매달 갚아야 하는 금액은 171,300원이다.

대표기출유형 08 기출응용문제

01

정답 ④

A, B, C 세 사람에 해당하는 청소 주기 6, 8, 9일의 최소공배수는 $2^3\times3^2=72$이다.
9월은 30일, 10월은 31일까지 있으므로 9월 10일에 청소를 하고 72일 후인 11월 21일에 세 사람이 같이 청소한다.

02

정답 ③

12와 14의 최소공배수는 84이므로 할인 행사가 동시에 열리는 주기는 84일이다.
따라서 4월 9일에 할인 행사가 동시에 열렸다면 84일 후인 7월 2일에 다시 동시에 열릴 것이다.

03

정답 ②

365일은 52주+1일이므로 평년인 해에 1월 1일과 12월 31일은 같은 요일이다.
그러므로 평년인 해에 1월 1일이 월, 화, 수, 목, 금요일 중 하나라면 휴일 수는 $52\times2=104$일이고, 1월 1일이 토, 일요일 중 하나라면 휴일 수는 $52\times2+1=105$일이다.
재작년을 0년으로 두고 1월 1일이 토, 일요일인 경우로 조건을 나누어 살펴보면 다음과 같다.

• 1월 1일이 토요일인 경우

구분	1월 1일	12월 31일	휴일 수
0년(평년)	토	토	105일
1년(윤년)	일	월	105일
2년(평년)	화	화	104일

• 1월 1일이 일요일인 경우

구분	1월 1일	12월 31일	휴일 수
0년(평년)	일	일	105일
1년(윤년)	월	화	104일
2년(평년)	수	수	104일

따라서 올해 1월 1일은 평일이고, 휴일 수는 104일이다.

대표기출유형 09 기출응용문제

01

정답 ⑤

서로 다른 주사위 3개를 동시에 던질 때 나오는 눈의 모든 경우의 수는 $6\times6\times6=216$가지이고, 3개의 주사위 모두 짝수의 눈이 나오는 경우의 수는 $3\times3\times3=27$가지이다.

따라서 구하고자 하는 경우의 수는 $216-27=189$가지이다.

02

정답 ④

토너먼트 경기는 대진표에 따라 1번 진 사람은 탈락하고, 이긴 사람이 올라가서 우승자를 정하는 방식이다.

16명이 경기를 하면 처음에는 8번의 경기가 이루어지고, 다음은 4번, 2번, 1번의 경기가 차례로 진행된다.

따라서 총 $8+4+2+1=15$번의 경기가 진행된다.

03

정답 ②

A반과 B반 모두 2번의 경기를 거쳐 결승에서 만나는 경우는 다음과 같다.

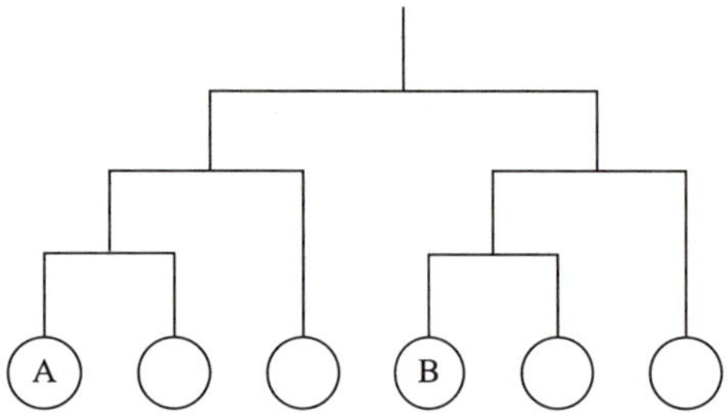

이때 남은 4개의 학급을 배치할 때마다 모두 다른 경기가 진행된다.

따라서 구하고자 하는 경우의 수는 $4!=24$가지이다.

대표기출유형 10 기출응용문제

01

정답 ③

이벤트에 당첨되는 경우는 처음 주사위에서 1이 나왔을 때, 주사위에서 5, 6이 나와 가위바위보를 이겼을 때, 5, 6이 나와 가위바위보에서 비기고 다시 가위바위보를 해서 이기는 경우로 모두 3가지이다. 각 경우의 확률은 다음과 같다.

- 주사위에서 1이 나왔을 경우 : $\frac{1}{6}$
- 주사위에서 5, 6이 나와 가위바위보를 이겼을 경우 : $\frac{2}{6}\times\frac{1}{3}=\frac{1}{9}$
- 주사위에서 5, 6이 나와 가위바위보를 비기고 다시 가위바위보를 하여 이겼을 경우 : $\frac{2}{6}\times\frac{1}{3}\times\frac{1}{3}=\frac{1}{27}$

따라서 구하고자 하는 확률은 $\frac{1}{6}+\frac{1}{9}+\frac{1}{27}=\frac{9+6+2}{54}=\frac{17}{54}$이다.

02

정답 ②

A과목과 B과목을 선택한 학생의 비율이 각각 전체의 40%, 60%이고, A과목을 선택한 학생 중 여학생은 30%, B과목을 선택한 학생 중 여학생은 40%이므로 A과목과 B과목을 선택한 여학생의 비율은 다음과 같다.

- A과목을 선택한 여학생의 비율 : $0.4\times0.3=0.12$
- B과목을 선택한 여학생의 비율 : $0.6\times0.4=0.24$

따라서 구하고자 하는 확률은 $\frac{0.24}{0.12+0.24}=\frac{2}{3}$이다.

03

정답 ②

탁구공 12개 중에서 4개를 꺼내는 경우의 수는 ${}_{12}C_4=\frac{12\times11\times10\times9}{4\times3\times2\times1}=495$가지이다.

흰색 탁구공이 노란색 탁구공보다 많은 경우는 흰색 탁구공 3개, 노란색 탁구공 1개 또는 흰색 탁구공 4개를 꺼내는 경우이다.

- 흰색 탁구공 3개, 노란색 탁구공 1개를 꺼내는 경우의 수 : ${}_7C_3\times{}_5C_1=35\times5=175$가지
- 흰색 탁구공 4개를 꺼내는 경우의 수 : ${}_7C_4=35$가지

따라서 구하고자 하는 확률은 $\frac{175+35}{495}=\frac{210}{495}=\frac{14}{33}$이다.

대표기출유형 11 기출응용문제

01

정답 ②

$500,000\text{원}\times\frac{1\text{USD}}{1,313.13\text{원}}=\frac{500,000}{1,313.13}\text{USD}\fallingdotseq380.77\text{USD}$

02

정답 ④

$1,250\text{AUD}\times\frac{881.53\text{원}}{1\text{AUD}}\times\frac{1\text{유로}}{1,444.44\text{원}}=\frac{1,250\times881.53}{1,444.44}\text{유로}\fallingdotseq762.86\text{유로}$

03

정답 ①

여행 전 2,500,000원을 엔화로 환전하면 $\frac{2,500,000}{9.13}\fallingdotseq273,822.6$엔이다.

일본에서 150,000엔을 사용했으므로 $273,822.6-150,000=123,822.6$엔이 남는다.

따라서 귀국 후 엔화 환율이 10.4원/엔이므로 남은 엔화는 원화로 $123,822.6\times10.4\fallingdotseq1,287,755$원이다.

대표기출유형 12 기출응용문제

01

정답 ②

2년 만기, 연이율 0.3%인 연복리 예금상품에 1,200만 원을 예치할 때 만기 시 받는 금액은 $1,200\times1.003^2=1,207.2$만 원이고, 2년 만기, 연이율 3.6%인 월복리 적금상품에 매월 50만 원을 납입할 때 만기 시 받는 금액은 다음과 같다.

$$\frac{50\times\left(1+\frac{0.036}{12}\right)\times\left\{\left(1+\frac{0.036}{12}\right)^{24}-1\right\}}{\frac{0.036}{12}}$$

$$=\frac{50\times1.003\times(1.003^{24}-1)}{0.003}=\frac{50\times1.003\times(1.075-1)}{0.003}$$

$\fallingdotseq 1,253.7$만원

따라서 받을 수 있는 금액의 차이는 $1,253.7-1,207.2=46.5$만 원이다.

02

정답 ①

스타 적금과 부자 적금의 만기환급금은 각각 다음과 같다.

- 스타 적금 : $40\times40+40\times\frac{40\times41}{2}\times\frac{0.03}{12}=1,682$만 원
- 부자 적금 : $30\times\frac{1.03^{\frac{49}{12}}-1.03^{\frac{1}{12}}}{1.03^{\frac{1}{12}}-1}=30\times\frac{1.128-1.002}{0.002}=1,890$만 원

따라서 스타 적금과 부자 적금의 만기환급금의 차이는 $1,890-1,682=208$만 원이다.

03

정답 ④

만기 시 수령하는 이자는 $200,000\times\frac{24\times25}{2}\times\frac{0.02}{12}=100,000$원이다.

따라서 만기 시 원리금 수령액은 $200,000\times24+100,000=4,900,000$원이다.

04

정답 ②

단리식인 경우 만기 시 수령할 이자는 $100,000\times\frac{12\times13}{2}\times\frac{0.02}{12}=13,000$원이다.

월복리식인 경우 만기 시 수령할 이자를 계산하면 다음과 같다.

$$100,000\times\left\{\frac{\left(1+\frac{0.02}{12}\right)^{13}-\left(1+\frac{0.02}{12}\right)}{\left(1+\frac{0.02}{12}\right)-1}\right\}-12\times100,000$$

$$=100,000\times\left\{\frac{1.022-\left(1+\frac{0.02}{12}\right)}{\frac{0.02}{12}}\right\}-12\times100,000=100,000\times\left(\frac{\frac{22}{1,000}-\frac{2}{1,200}}{\frac{2}{1,200}}\right)-12\times100,000$$

$$=100,000\times\frac{61}{5}-12\times100,000=1,220,000-1,200,000$$

$=20,000$원

따라서 만기 시 A씨가 받을 수 있는 이자액은 단리식 13,000원, 복리식 20,000원이다.

대표기출유형 13 기출응용문제

01

정답 ③

데스크탑 PC와 노트북의 전년 대비 2024년 판매량 증감률은 각각 다음과 같다.

• 데스크탑 PC : $\frac{4,700-5,000}{5,000}\times100=\frac{-300}{5,000}\times100=-6\%$

• 노트북 : $\frac{2,400-2,000}{2,000}\times100=\frac{400}{2,000}\times100=20\%$

따라서 데스크탑 PC와 노트북의 전년 대비 2024년 판매량 증감률은 각각 -6%, 20%이다.

02

정답 ③

제시된 자료를 바탕으로 지점 수를 정리하면 다음과 같다. 2024년 지점 수를 기준으로 증감표의 부호를 반대로 하여 계산하면 쉽게 파악할 수 있다.

(단위 : 개)

구분	2021년 지점 수	2022년 지점 수	2023년 지점 수	2024년 지점 수
서울	15	17	19	17
경기	13	15	16	14
인천	14	13	15	10
부산	13	11	7	10

따라서 2021년에 지점 수가 두 번째로 많은 지역은 인천이며, 지점 수는 14개이다.

03

정답 ④

N은행의 2024년 하반기와 2025년 상반기 입사자 수를 정리하면 다음과 같다.

(단위 : 명)

구분	2024년 하반기 입사자 수	2025년 상반기 입사자 수
마케팅	50	100
영업	a	$a+30$
상품기획	100	$100\times(1-0.2)=80$
인사	b	$50\times2=100$
합계	320	$320\times(1+0.25)=400$

• 2025년 상반기 입사자 수의 합 : $400=100+(a+30)+80+100 \rightarrow a=90$

• 2024년 하반기 입사자 수의 합 : $320=50+90+100+b \rightarrow b=80$

따라서 2024년 하반기 대비 2025년 상반기 인사팀 입사자 수의 증감률은 $\frac{100-80}{80}\times100=25\%$이다.

04

정답 ①

(가)와 (나)는 제시된 자료의 증감률을 활용하여 구할 수 있다.

• (가) : (2021년 대비 2022년 의료 폐기물의 증감률)$=\frac{48,934-49,159}{49,159}\times100\fallingdotseq-0.5\%$

• (나) : (2019년 대비 2020년 사업장 배출시설계 폐기물의 증감률)$=\frac{123,604-130,777}{130,777}\times100\fallingdotseq-5.5\%$

따라서 (가)는 -0.5, (나)는 -5.5이다.

05

정답 ①

하루 평균 총 200잔이 팔린다면, 카페라테는 전체 판매량의 25%, 에스프레소는 6%이므로 각각 50잔, 12잔이 판매된다. 따라서 카페라테는 에스프레소보다 50−12=38잔이 더 팔린다.

06

정답 ③

오늘 판매된 커피 180잔 중 아메리카노는 50%로 90잔이 판매되었고, 매출은 90×2,000=180,000원이다.

대표기출유형 14 기출응용문제

01

정답 ⑤

미혼모 가구 수는 2022년까지 감소하다가 2023년부터 증가하였고, 미혼부 가구 수는 2021년에 감소했다가 2022년부터 증가하였으므로 증감 추이가 바뀌는 해는 동일하지 않다.

오답분석

① 2023년 미혼모 가구 수는 모자가구 수의 $\frac{72}{3,600}\times100=2\%$이다.

② 2021년 부자가구 수는 미혼부 가구 수의 340÷17=20배이다.

③ 연도별 한부모 가구 중 모자가구 수의 20%는 각각 다음과 같다.

- 2020년 : 1,600×0.2=320천 가구
- 2021년 : 2,000×0.2=400천 가구
- 2022년 : 2,500×0.2=500천 가구
- 2023년 : 3,600×0.2=720천 가구
- 2024년 : 4,500×0.2=900천 가구

따라서 부자가구 수가 모자가구 수의 20%를 초과한 해는 2023년(810천 가구), 2024년(990천 가구)이다.

④ 연도별 한부모 가구 중 모자가구 수의 전년 대비 증가율은 각각 다음과 같다.

- 2021년 : 2,000÷1,600=1.25배
- 2022년 : 2,500÷2,000=1.25배
- 2023년 : 3,600÷2,500=1.44배
- 2024년 : 4,500÷3,600=1.25배

따라서 한부모 가구 중 모자가구 수는 2023년을 제외하고 매년 1.25배 증가하였다.

02

정답 ⑤

사망자가 30명 이상인 사고를 제외한 나머지 사고는 A, C, D, F이다. 사고 A, C, D, F를 화재 규모와 복구 비용이 큰 순서로 나열하면 각각 다음과 같다.

- 화재 규모 : A−D−C−F
- 복구 비용 : A−D−C−F

따라서 ⑤는 옳은 설명이다.

오답분석

① 사고를 터널 길이가 긴 순서와 사망자 수가 많은 순서로 나열하면 각각 다음과 같다.

- 터널 길이 : A−D−B−C−F−E
- 사망자 수 : E−B−C−D−A−F

따라서 터널 길이와 사망자 수는 관계가 없다.

② 사고를 화재 규모가 큰 순서와 복구 기간이 긴 순서로 나열하면 각각 다음과 같다.

- 화재 규모 : A−D−C−E−B−F
- 복구 기간 : B−E−F−A−C−D

따라서 화재 규모와 복구 기간은 관계가 없다.

③ 사고 A～F의 사고 비용은 각각 다음과 같다.

- 사고 A : 4,200+1×5=4,205억 원
- 사고 B : 3,276+39×5=3,471억 원
- 사고 C : 72+12×5=132억 원
- 사고 D : 312+11×5=367억 원
- 사고 E : 570+192×5=1,530억 원
- 사고 F : 18+0×5=18억 원

따라서 사고 A의 사고 비용이 가장 크다.

④ 사고 A를 제외한 나머지 사고를 복구 기간이 긴 순서와 복구 비용이 큰 순서로 나열하면 각각 다음과 같다.

- 복구 기간 : B－E－F－C－D
- 복구 비용 : B－E－D－C－F

따라서 사고 A를 제외한 나머지 사고 간에서 복구 기간과 복구 비용은 관계가 없다.

03

정답 ⑤

㉡ 보험금 지급 부문에서 지원된 금융 구조조정 자금 중 저축은행이 지원받은 금액의 비중은 $\frac{72,892}{303,125}\times100 \fallingdotseq 24.0\%$로, 20% 이상이다.

㉢ 제2금융에서 지원받은 금융 구조조정 자금 중 보험금 지급 부문으로 지원받은 금액의 비중은 $\frac{182,718}{217,080}\times100 \fallingdotseq 84.2\%$로, 80% 이상이다.

㉣ 부실자산 매입 부문에서 지원된 금융 구조조정 자금 중 은행이 지급받은 금액의 비중은 $\frac{81,064}{105,798}\times100 \fallingdotseq 76.6\%$로, 보험사가 지급받은 금액의 비중의 20배인 $\frac{3,495}{105,798}\times100\times20 \fallingdotseq 66.1\%$ 이상이다.

오답분석

㉠ 출자 부문에서 은행이 지원받은 금융 구조조정 자금은 222,039억 원으로, 증권사가 지원받은 금융 구조조정 자금의 3배인 99,769×3=299,307억 원보다 적다.

04

정답 ②

노령연금 대비 유족연금 비율은 2019년에 $\frac{485}{2,532}\times100 \fallingdotseq 19.2\%$, 2020년에 $\frac{571}{3,103}\times100 \fallingdotseq 18.4\%$이므로 2019년이 더 높다.

오답분석

① 매년 가장 낮은 것은 장애연금 지급액이다.
③ 2019년 지급총액의 2배는 3,586×2=7,172억 원이므로 2023년에 2배를 넘어섰다.
④ 일시금 지급액은 2021년과 2022년에 감소했다.
⑤ 유족연금의 경우에는 485 : 949로 2배가 되지 않지만, 노령연금의 경우에는 2,532 : 6,862로 2배가 넘는다.

05

정답 ①

2018년 대비 2019년에 생산가능인구는 12명 증가했다.

오답분석

② 제시된 자료를 통해 확인할 수 있다.
③ 분모가 작고 분자가 크면 비율이 높으므로, 고용률이 낮고 실업률이 높은 2021년과 2022년의 비율만 비교하면 된다.
고용률 대비 실업률의 비율은 2021년 $\frac{8.1}{40.5}\times100=20\%$, 2022년 $\frac{8.0}{40.3}\times100 \fallingdotseq 19.85\%$이므로 2021년이 더 높다.
④ 전년과 비교했을 때 2018년에 경제활동인구가 202명으로 가장 많이 감소했다.
⑤ 2018년부터 2020년까지 고용률의 전년 대비 증감 추이와 실업률의 전년 대비 증감 추이는 '감소－감소－감소'로 동일하다.

대표기출유형 15 기출응용문제

01

정답 ④

오답분석

① 4월과 7월의 국외 개봉편수가 자료와 다르다.
② 8 ~ 10월의 국내 관객 수가 자료와 다르다.
③ 2 ~ 4월의 국내 관객 수와 국외 관객 수가 바뀌었다.
⑤ 1월과 12월의 국내 개봉편수와 국외 개봉편수가 바뀌었다.

02

정답 ④

2021 ~ 2024년 영업용으로 등록된 특수차의 전년 대비 증가량은 각각 다음과 같다.

구분	2021년	2022년	2023년	2024년
증가량	59,281−57,277=2,004대	60,902−59,281=1,621대	62,554−60,902=1,652대	62,946−62,554=392대

따라서 마지막 문단에 제시된 영업용으로 등록된 특수차의 수에 따라 2021 ~ 2024년 전년 대비 증가량 중 2021년과 2024년의 전년 대비 증가량이 제시된 보고서보다 높다.

오답분석

① 자가용으로 등록된 연도별 특수차 수는 각각 다음과 같다.
- 2020년 : 2만 대
- 2021년 : 2.4만 대
- 2022년 : 2.8만 대
- 2023년 : 3만 대
- 2024년 : 3.07만 대

따라서 두 번째 문단에 제시된 자가용으로 등록된 연도별 특수차 수와 일치한다.
② 두 번째 문단에 제시된 자가용으로 등록된 연도별 승용차 수와 일치한다.
③ 마지막 문단에 제시된 영업용으로 등록된 연도별 특수차 수와 일치한다.
⑤ 세 번째 문단에 제시된 관용차로 등록된 연도별 승합차 수와 일치한다.

03

정답 ①

㉠ 연도별 층간소음 분쟁은 2021년 430건, 2022년 520건, 2023년 860건, 2024년 1,280건이다.
㉡ 2022년 전체 분쟁신고에서 항목별 차지하는 비중은 각각 다음과 같다.
- 2022년 전체 분쟁신고 건수 : 280+60+20+10+110+520=1,000건
- 관리비 회계 분쟁 : $\frac{280}{1,000}\times100=28\%$
- 입주자대표회의 운영 분쟁 : $\frac{60}{1,000}\times100=6\%$
- 정보공개 관련 분쟁 : $\frac{20}{1,000}\times100=2\%$
- 하자처리 분쟁 : $\frac{10}{1,000}\times100=1\%$
- 여름철 누수 분쟁 : $\frac{110}{1,000}\times100=11\%$
- 층간소음 분쟁 : $\frac{520}{1,000}\times100=52\%$

오답분석

㉢ 연도별 분쟁신고 건수는 각각 다음과 같다.
- 2021년 : 220+40+10+20+80+430=800건
- 2022년 : 280+60+20+10+110+520=1,000건
- 2023년 : 340+100+10+10+180+860=1,500건
- 2024년 : 350+120+30+20+200+1,280=2,000건

연도별 전년 대비 아파트 분쟁신고 증가율은 각각 다음과 같다.
- 2022년 : $\frac{1,000-800}{800}\times100=25\%$
- 2023년 : $\frac{1,500-1,000}{1,000}\times100=50\%$
- 2024년 : $\frac{2,000-1,500}{1,500}\times100 \fallingdotseq 33\%$

㉣ 2022년 아파트 분쟁신고 건수가 2021년 값으로 잘못 입력되어 있다.

CHAPTER

03 문제해결능력

대표기출유형 01 기출응용문제

01

정답 ③

'날씨가 좋음'을 p, '야외활동을 함'을 q, '행복함'을 r이라고 하면, 제시된 명제는 순서대로 $p \to q$, $\sim p \to \sim r$이다. 두 명제를 연결하면 $r \to p \to q$이므로 $r \to q$, $\sim q \to \sim r$이 성립한다. 따라서 빈칸에 들어갈 명제는 ③이다.

02

정답 ⑤

'어휘력이 좋음'을 p, '책을 많이 읽음'을 q, '글쓰기 능력이 좋음'을 r이라고 하면, 제시된 명제는 순서대로 $\sim p \to \sim q$, $\sim r \to \sim p$이다. 두 명제를 연결하면 $\sim r \to \sim p \to \sim q$이므로 $\sim r \to \sim q$가 성립한다. 따라서 빈칸에 들어갈 명제는 ⑤이다.

03

정답 ①

'A가 외근을 나감'을 a, 'B가 외근을 나감'을 b, 'C가 외근을 나감'을 c, 'D가 외근을 나감'을 d, 'E가 외근을 나감'을 e라고 하면, 네 번째 명제의 대우와 마지막 명제의 대우인 $b \to c$, $c \to d$에 따라 $a \to b \to c \to d \to e$가 성립한다.
따라서 반드시 참인 명제는 'A가 외근을 나가면 E도 외근을 나간다.'의 ①이다.

04

정답 ④

'등산을 하는 사람'을 A, '심폐지구력이 좋은 사람'을 B, '마라톤 대회에 출전하는 사람'을 C, '자전거를 타는 사람'을 D라고 하면, 첫 번째 명제와 세 번째 명제, 마지막 명제는 다음과 같은 벤 다이어그램으로 나타낼 수 있다.

i) 첫 번째 명제

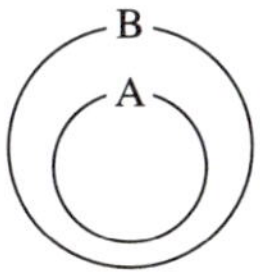

ii) 세 번째 명제

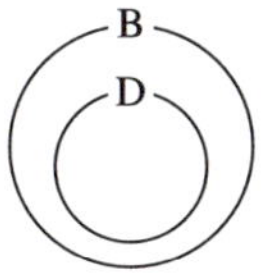

iii) 마지막 명제

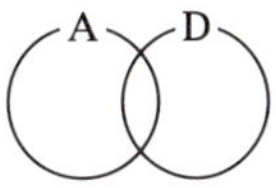

이를 정리하면 다음과 같은 벤 다이어그램이 성립한다.

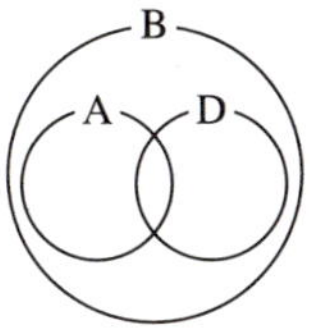

따라서 반드시 참인 명제는 '심폐지구력이 좋은 어떤 사람은 등산을 하고 자전거도 탄다.'의 ④이다.

오답분석

두 번째 명제를 벤 다이어그램으로 나타내면 다음과 같으며, C와 A · D가 공통되는 부분이 있는지 여부에 따라 반례를 찾아 답을 지워나가야 한다.

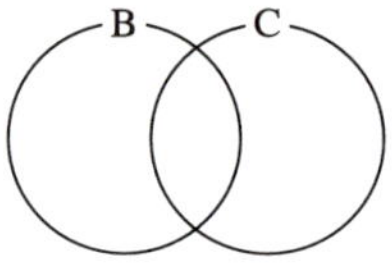

① C와 A가 공통되는 부분이 없는 다음과 같은 경우 성립하지 않는다.

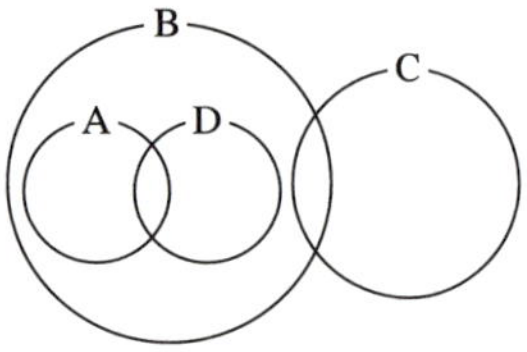

,
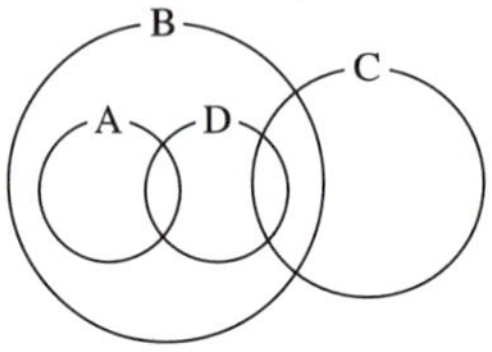

② C와 D가 공통되는 부분이 없는 다음과 같은 경우 성립하지 않는다.

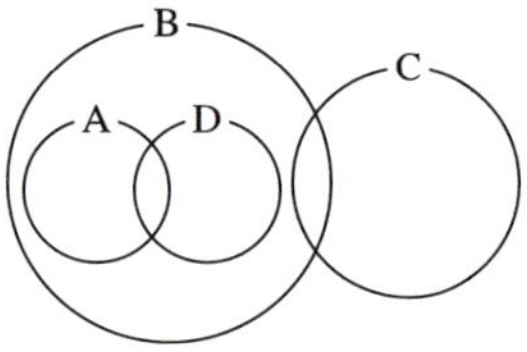

,
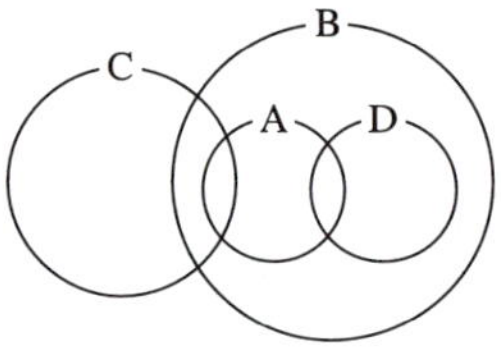

③ 다음과 같은 경우 성립하지 않는다.

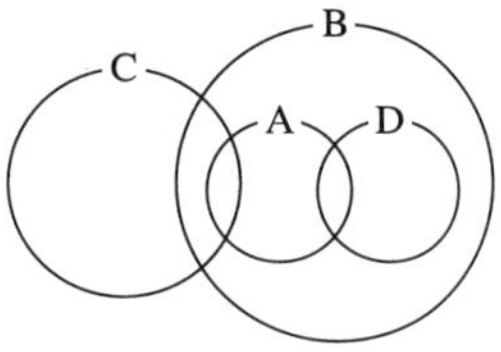

⑤ 다음과 같은 경우 성립하지 않는다.

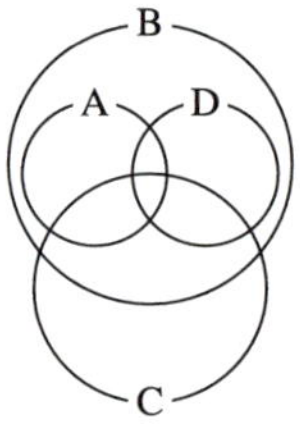

05

정답 ④

제시된 조건을 논리 기호화하여 정리하면 다음과 같다.

• 첫 번째 조건 : 삼선짬뽕
• 마지막 조건의 대우 : 삼선짬뽕 → 팔보채
• 다섯 번째 조건의 대우 : 팔보채 → 양장피

세 번째, 네 번째 조건의 경우 짜장면에 대한 단서가 없으므로 전건 및 후건의 참과 거짓을 판단할 수 없다. 그러므로 탕수육과 만두도 주문 여부를 알 수 없다. 따라서 반드시 주문할 메뉴는 삼선짬뽕, 팔보채, 양장피이다.

06

정답 ⑤

먼저 첫 번째 조건에 따라 A과장은 네 지역으로 모두 출장을 가므로 E사원과 함께 광주광역시로 출장을 가는 직원은 A과장임을 알 수 있다. 다음으로 두 번째 조건에 따라 광역시가 아닌 세종특별자치시와 서울특별시에는 A과장과 B대리가 출장을 가므로 C대리와 D대리는 세종특별자치시와 서울특별시로 함께 출장을 갈 수 없다. 결국 세 번째 조건에서의 C대리와 D대리가 함께 출장을 가는 지역은 인천광역시임을 알 수 있다. 또한 마지막 조건에 따라 한 지역으로만 출장을 가는 사람은 E사원뿐이므로 C대리와 D대리는 세종특별자치시 또는 서울특별시 중 한 곳으로 더 출장을 가야 한다. 출장 지역에 따른 팀원을 정리하면 다음과 같다.

구분	세종특별자치시	서울특별시	광주광역시	인천광역시
경우 1	A과장, B대리, C대리	A과장, B대리, D대리	A과장, E사원	A과장, C대리, D대리
경우 2	A과장, B대리, D대리	A과장, B대리, C대리	A과장, E사원	A과장, C대리, D대리

따라서 반드시 참인 것은 'D대리는 E사원과 함께 출장을 가지 않는다.'의 ⑤이다.

대표기출유형 02 기출응용문제

01

정답 ①

C, D, E의 진술이 연관되어 있고 2명만 진실을 말하고 있다고 하였으므로 C, D, E의 진술은 거짓이고 A, B의 진술이 참이다.

오답분석

②·③·④·⑤ 서로 진실을 말하고 있다는 C와 D의 진술은 동시에 참이 되거나 거짓이 되어야 한다.

02

정답 ⑤

직원 A～E 중 직원 C는 직원 E의 성과급이 늘었다고 하였고, 직원 D는 직원 E의 성과급이 줄었다고 하였으므로 직원 C와 D 중 1명은 거짓말을 하고 있다.

i) 직원 C가 거짓말을 하고 있는 경우
   직원 B－A －D 순으로 성과급이 늘었고, 직원 E와 C는 성과급이 줄어들었지만, 순위는 알 수 없다.

ii) 직원 D가 거짓말을 하고 있는 경우
   직원 B－ A－ D 순으로 성과급이 늘었고, 직원 C와 E도 성과급이 늘었지만, 순위는 알 수 없다.

따라서 어떤 경우이든 직원 E의 성과급 순위는 알 수 없다.

03

정답 ⑤

i) A의 말이 거짓인 경우

구분	A(원료 분류)	B(제품 성형)	C(제품 색칠)	D(포장)
실수	○		×	○

B와 D 두 사람 말이 모두 진실일 때 모순이 발생하므로 A의 말은 진실이다.

ii) B의 말이 거짓인 경우

구분	A(원료 분류)	B(제품 성형)	C(제품 색칠)	D(포장)
실수	×/○		×	×

A와 D 두 사람 말이 모두 진실일 때 모순이 발생하므로 B의 말은 진실이다.

iii) C의 말이 거짓인 경우

구분	A(원료 분류)	B(제품 성형)	C(제품 색칠)	D(포장)
실수	×/○		○	○

A와 D 두 사람 말이 모두 진실일 때 모순이 발생하며 실수는 한 곳에서만 발생했으므로 C의 말은 진실이다.

iv) D의 말이 거짓인 경우

구분	A(원료 분류)	B(제품 성형)	C(제품 색칠)	D(포장)
실수	×		×	○

D가 거짓을 말했을 때 조건이 성립한다.
따라서 거짓을 말한 직원은 D이며, 실수가 발생한 단계는 포장 단계이다.

04

정답 ①

A～D 4명의 진술을 정리하면 다음과 같다.

구분	진술 1	진술 2
A	C는 B를 이길 수 있는 것을 냈다.	B는 가위를 냈다.
B	A는 C와 같은 것을 냈다.	A가 편 손가락의 수는 B보다 적다.
C	B는 바위를 냈다.	A～D는 같은 것을 내지 않았다.
D	A, B, C 모두 참 또는 거짓을 말한 순서가 동일하다.	이 판은 승자가 나온 판이었다.

먼저 A～D는 반드시 가위, 바위, 보 세 가지 중 하나를 내야 하므로 그 누구도 같은 것을 내지 않았다는 C의 진술 2는 거짓이 된다. 따라서 C의 진술 중 진술 1은 참이 되므로 B가 바위를 냈다는 것을 알 수 있다. 이때, B가 가위를 냈다는 A의 진술 2는 참인 C의 진술 1과 모순되므로 A의 진술 중 진술 2가 거짓이 되는 것을 알 수 있다. 결국 A의 진술 중 진술 1이 참이 되므로 C는 바위를 낸 B를 이길 수 있는 보를 냈다는 것을 알 수 있다.
한편, 바위를 낸 B는 손가락을 펴지 않으므로 A가 편 손가락의 수가 자신보다 적었다는 B의 진술 2는 거짓이 된다. 따라서 B의 진술 중 진술 1이 참이 되므로 A는 C와 같은 보를 냈다는 것을 알 수 있다. 이를 바탕으로 A～C의 진술에 대한 참, 거짓 여부와 가위바위보를 정리하면 다음과 같다.

구분	진술 1	진술 2	가위바위보
A	참	거짓	보
B	참	거짓	바위
C	참	거짓	보

따라서 참 또는 거짓에 대한 A～C의 진술 순서가 동일하므로 D의 진술 1은 참이 되고, 진술 2는 거짓이 되어야 한다. 이때, 승자가 나오지 않으려면 D는 반드시 A～C와 다른 것을 내야 하므로 가위를 낸 것을 알 수 있다.

오답분석

② 보를 낸 사람은 2명이다.
③ 바위를 낸 사람은 1명이다.
④ B와 같은 것을 낸 사람은 없다.
⑤ B가 기권했다면 가위를 낸 D가 이기게 된다.

05

정답 ⑤

5명 중 단 1명만이 거짓말을 하고 있으므로 C와 D 중 1명은 반드시 거짓을 말하고 있다.
i) C의 진술이 거짓일 경우
B와 C의 말이 모두 거짓이 되므로 1명만 거짓말을 하고 있다는 조건이 성립하지 않는다.
ii) D의 진술이 거짓일 경우

구분	A	B	C	D	E
출장지역	잠실		여의도	강남	

이때, B는 상암으로 출장을 가지 않는다는 A의 진술에 따라 상암으로 출장을 가는 사람은 E임을 알 수 있다.
따라서 ⑤는 항상 거짓이다.

06

정답 ③

C업체 정보가 참일 경우 나머지 미국과 서부지역 설비를 다른 업체가 맡아야 한다. 이때, 두 번째 정보에서 B업체의 설비 구축지역은 거짓이 되고, 첫 번째 정보와 같이 A업체가 맡게 되면 4개의 설비를 구축해야 하므로 A업체의 설비 구축계획은 참이 된다. 따라서 '장대리'의 말은 참이 됨을 알 수 있다.

오답분석

- 이사원 : A업체 정보가 참일 경우에 A업체가 설비를 3개만 맡는다고 하면, B나 C업체가 5개의 설비를 맡아야 하므로 나머지 정보는 거짓이 된다. 하지만 A업체가 B업체와 같은 곳의 설비 4개를 맡는다고 할 때, B업체 정보는 참이 될 수 있어 옳지 않다.
- 김주임 : B업체 정보가 거짓일 경우에 만약 6개의 설비를 맡는다고 하면, A업체는 나머지 2개를 맡게 되므로 거짓이 될 수 있다. 또한 B업체 정보가 참일 경우 똑같은 곳의 설비 하나씩 4개를 A업체가 구축해야 하므로 참이 된다.

PART 1

대표기출유형 03 기출응용문제

01

정답 ④

마지막 조건에 따라 지영이는 대외협력부에서 근무하고, 다섯 번째 조건의 대우에 따라 유진이는 감사팀에서 근무한다. 그러므로 네 번째 조건에 따라 재호는 마케팅부에서 근무하며, 여섯 번째 조건에 따라 혜인이는 회계부에서 근무를 할 수 없다.
세 번째 조건에 따라 성우가 비서실에서 근무하게 되면 희성이는 회계부에서 근무하고, 혜인이는 기획팀에서 근무하게 된다.
세 번째 조건의 대우에 따라 희성이가 기획팀에서 근무하면, 성우는 회계부에서 근무하고, 혜인이는 비서실에서 근무하게 된다.
이를 정리하면 다음과 같다.

감사팀	대외협력부	마케팅부	비서실	기획팀	회계부
유진	지영	재호	성우	혜인	희성
			혜인	희성	성우

따라서 반드시 참인 것은 '혜인이는 회계부에서 근무하지 않는다.'이다.

오답분석

① 재호는 마케팅부에서 근무한다.
② 희성이는 회계부에서 근무할 수도 있다.
③ 성우는 비서실에서 근무할 수도 있다.
⑤ 유진이는 감사팀에서 근무한다.

02

정답 ②

여섯 번째 조건에 의해 E는 1층에서 살고, C가 살 수 있는 층에 따른 A ~ D의 위치는 다음과 같다.

i) C가 1층에 살 때
첫 번째 조건에 의해 C와 E가 같은 층에 살 수 있으며, 다섯 번째 조건에 의해 D는 2층에 산다. 세 번째, 네 번째 조건에 의해 A는 4층에 살고, B는 3층 또는 5층에 산다. 이때, 빈 층은 홀수 층이므로 두 번째 조건을 만족한다.

ii) C가 2층에 살 때
다섯 번째 조건에 의해 D는 3층에 살고, 세 번째, 네 번째 조건에 의해 A는 4층에 산다. B는 두 번째 조건에 의해 5층에 살 수 없고, 첫 번째 조건에 의해 B는 1층 또는 3층에 산다.

iii) C가 3층에 살 때
다섯 번째 조건에 의해 D는 4층에 살고, 세 번째, 네 번째 조건에 의해 A는 2층에 산다. B는 두 번째 조건에 의해 5층에 살 수 없고, 첫 번째 조건에 의해 B는 1층 또는 3층에 산다.

iv) C가 4층에 살 때
마지막 조건에 의해 D는 5층에 살 수 없으므로 불가능하다.

따라서 B가 5층에 산다면 C는 E와 1층에 같이 산다.

오답분석

① A가 2층에 산다면 B는 E와 1층에 같이 살 수 있다.
③ C가 2층에 산다면 B와 E는 1층에 같이 살 수 있다.
④ D가 4층에 산다면 B와 C는 3층에 같이 살 수 있다.
⑤ E가 1층에 혼자 산다면 C가 2층에 살 때, 3층에 B와 D가 같이 살 수 있다.

03

정답 ②

D주임은 좌석이 '2 – 다'석으로 정해져 있다. 그리고 팀장은 두 번째 줄에서 대리와 이웃하여 앉아야 하므로, A팀장의 자리는 '2 – 가'석 혹은 '2 – 나'석임을 알 수 있다. 즉, A팀장의 옆자리에 앉을 사람은 B대리 혹은 C대리이며, 마지막 조건에 의해 B대리는 창가 쪽 자리에 앉아야 한다.

세 번째 조건에서 주임끼리는 이웃하여 앉을 수 없으므로, D주임을 제외한 E주임과 F주임은 첫 번째 줄 중 사원의 자리를 제외한 '1 – 가'석 혹은 '1 – 라'석에 앉아야 한다. 따라서 B대리가 앉을 자리는 창가 쪽 자리인 '2 – 가'석 혹은 '2 – 라'석이다.

또한 H사원과 F주임은 함께 앉아야 하므로 이들이 첫 번째 줄 ('1 – 나'석, '1 – 가'석)에 앉거나, ('1 – 다'석, '1 – 라'석)에 앉는 경우가 가능하다.

이를 모두 고려하면 다음의 네 가지 경우만 가능하다.

i) 경우 1

E주임	G사원	복도	H사원	F주임
A팀장	C대리		D주임	B대리

ii) 경우 2

E주임	G사원	복도	H사원	F주임
B(C)대리	A팀장		D주임	C(B)대리

iii) 경우 3

F주임	H사원	복도	G사원	E주임
A팀장	C대리		D주임	B대리

iv) 경우 4

F주임	H사원	복도	G사원	E주임
B(C)대리	A팀장		D주임	C(B)대리

㉠ 경우 3, 4에서 E주임은 '1 – 라'석에 앉는다.
㉡ 경우 2, 3과 같이 C대리가 A팀장과 이웃하여 앉으면, 라열에 앉지 않는다.
㉣ 경우 1에서 A팀장의 앞좌석에는 E주임이, 경우 3에서 A팀장의 앞좌석에는 F주임이 앉는다.

오답분석

㉢ 조건을 모두 고려하면 '1 – 나'석과 '1 – 다'석에는 G사원 혹은 H사원만 앉을 수 있고, '1 – 가'석, '1 – 라'석에는 E주임과 F주임이 앉아야 한다. 그런데 F주임과 H사원은 이웃하여 앉아야 하므로, G사원과 E주임은 어떤 경우에도 이웃하게 앉는다.

04

정답 ②

세 번째 조건에 따라 D는 6명 중 두 번째로 키가 크므로 1팀에 배치되는 것을 알 수 있다. 또한 두 번째 조건에 따라 B는 2팀에 배치되므로 한 팀에 배치되어야 하는 E와 F는 아무도 배치되지 않은 3팀에 배치되는 것을 알 수 있다. 마지막으로 네 번째 조건에 따라 B보다 키가 큰 A는 2팀에 배치되므로 결국 A, B, C, D, E, F는 다음과 같이 배치된다.

1팀	2팀	3팀
C > D	A > B	E, F

따라서 키가 가장 큰 사람은 C이다.

05

정답 ③

두 번째 조건에 따라 회장실의 위치를 기준으로 각 팀의 위치를 정리하면 다음과 같다.

i) A에 회장실이 있을 때
세 번째 조건에 의해 회장실 맞은편인 E는 응접실이다. 네 번째 조건에 의해 B는 재무회계팀이고, F는 홍보팀이다. 다섯 번째 조건에 의해 G는 법무팀이고 마지막 조건에 의해 C는 탕비실이다. 여섯 번째 조건에 의해 H는 연구개발팀이므로 남은 D가 인사팀이다.

ii) E에 회장실이 있을 때
세 번째 조건에 의해 회장실 맞은편인 A는 응접실이다. 네 번째 조건에 의해 F는 재무회계팀이고, B는 홍보팀이다. 다섯 번째 조건에 의해 C는 법무팀이고 마지막 조건에 의해 G는 탕비실이다. 여섯 번째 조건에 의해 H는 연구개발팀이므로 남은 D가 인사팀이다.

따라서 인사팀의 위치는 항상 D이다.

01

정답 ⑤

본인의 월평균소득이 전년도 도시근로자 1인 가구 월평균소득의 100%를 초과하더라도, 2순위 자격요건은 본인과 부모의 월평균소득의 합산한 금액을 기준으로 하므로 입주대상이 될 수 있다.

오답분석

① 최초 계약을 포함하여 2년 단위로 총 3회 계약이 가능하므로 최대 6년간 거주 가능하다.
② 고등학교를 졸업 혹은 중퇴한 지 2년 이내인 경우에만 입주대상에 해당한다.
③ 2순위와 3순위 입주대상자 모두 보증금 200만 원을 납부하게 된다.
④ 자동차가액이 3,496만 원을 초과하여 2 ~ 3순위의 자동차가액 기준 자산 요건을 모두 불충족하므로, 입주대상에 해당하지 않는다.

02

정답 ①

- 민우 : 3순위 자격 요건을 충족하고 있으나 자산 요건 기준인 25,400만 원을 초과한 현금자산을 보유하고 있으므로, 입주대상에 해당하지 않는다.
- 정아 : 청년매입임대주택은 미혼 청년을 입주대상으로 하고 있으므로, 차상위계층 가구에 해당하더라도 본 사업의 대상이 될 수 없다.

오답분석

- 소현 : 3순위 입주대상에 해당한다.
- 경범 : 2순위 입주대상에 해당한다.

03

정답 ②

예금 명의변경에 따른 통장(증서) 재발급수수료를 제외한 명의변경 수수료는 건당 5,000원이 징수된다.

04

정답 ④

'계약기간 3/4 경과 후 적립할 수 있는 금액은 이전 적립누계액의 1/2 이내'라고 했기 때문에 12개월의 3/4이 경과하지 않은 8개월째에는 조건에 해당하지 않는다.

05

정답 ③

여행상품	1인당 비용(원)	총무팀	영업팀	개발팀	홍보팀	공장 1	공장 2	합계
A	500,000	2	1	2	0	15	6	26
B	750,000	1	2	1	1	20	5	30
C	600,000	3	1	0	1	10	4	19
D	1,000,000	3	4	2	1	30	10	50
E	850,000	1	2	0	2	5	5	15
합계		10	10	5	5	80	30	140

㉠ 가장 인기가 높은 상품은 D이다. 그러나 공장 1의 고려사항은 회사에 손해를 줄 수 있으므로, 2박 3일 상품이 아닌 1박 2일 상품 중 가장 인기 있는 B가 선택된다. 따라서 여행상품 비용은 총 750,000×140=105,000,000원이므로 옳다.
㉢ B를 고른 30명의 2/3인 20명이 공장 1 직원이다. 따라서 절대다수를 차지하고 있으므로 옳다.

오답분석

㉡ 가장 인기가 높은 여행상품은 D이므로 옳지 않다.

대표기출유형 05 기출응용문제

01

정답 ④

전문가용 카메라가 일반화됨에 따라 사람들은 사진관을 이용하지 않고도 고화질의 사진을 촬영할 수 있게 되었다. 따라서 전문가용 카메라의 일반화는 사진관을 위협하는 외부환경에 해당한다.

02

정답 ①

해결해야 할 전략 과제란 취약한 부분에 대해 보완해야 할 과제를 말한다. 따라서 이미 우수한 고객서비스 부문을 강화한다는 것은 전략 과제로 삼기에 적절하지 않다.

오답분석

② 보조배터리 제품에 대해 중국기업들 간의 가격 경쟁이 치열하다는 것은 제품의 가격이 내려가고 있다는 의미인데, 자사는 생산원가가 높다는 약점이 있다. 그러므로 원가 절감을 통한 가격경쟁력 강화 전략 과제는 적절하다.
③ 중국 시장에서 보조배터리 제품의 구매 방식이 대부분 온라인으로 이루어지는 데 반해, 자사의 온라인 구매시스템은 미흡하기 때문에 온라인 구매시스템을 강화한다는 전략 과제는 적절하다.
④ 중국 시장에서 인간공학이 적용된 제품을 지향하고 있으므로 인간공학을 기반으로 한 제품 개발을 강화하는 전략 과제는 적절하다.
⑤ 해외 판매망이 취약하다고 분석되었으므로 중국 시장의 판매유통망을 구축하는 전략 과제는 적절하다.

03

정답 ②

ⓛ N사가 이미 갖추고 있는 네트워크, 인력, 자본 구조라는 강점을 활용해 고객 충성도라는 또 다른 강점을 더욱 강화하는 전략이다. 그러나 외부의 기회를 활용할 수 있는 내용은 아니므로 SO전략이라 할 수 없다.
ⓒ 시장 점유율 1위라는 강점을 활용해 경쟁에서 승리함으로써 부동의 1위라는 기업 위상을 더욱 공고히 하는 전략은 내부의 강점을 더욱 강화할 수 있지만, 위협을 최소화 또는 극복하는 내용은 포함하지 않으므로 ST전략이라 할 수 없다.
ⓜ N사는 자유 여행 상품보다는 패키지 여행 상품으로 수익을 창출하고 있으므로 패키지 상품의 인기 감소와 자유 상품의 상대적 약진은 극복해야 할 약점으로 작용할 수 있다. 그런데 패키지 상품 판매를 촉진해 얻은 추가 수익으로 자유 상품 판매에서의 부진을 메우려고 하는 것은 약점을 보완할 수는 있지만 위협에 대응할 수 있는 내용은 아니므로 WT전략이라 할 수 없다. 또한, 자유 여행 상품의 상대적 약진은 여행업을 영위하는 N사의 입장에서는 새로운 기회가 될 수 있으므로 위협으로 간주할 수 없다.

오답분석

ⓣ 국내 소비자들의 여가 시간이 늘어난 것을 기회로 삼아 이들을 타깃으로 하여 보다 세분화된 해외여행 상품을 선보이는 것은 차별화된 개인 맞춤형 여행 패키지 상품 출시로 상품 종류의 다양화라는 N사의 강점을 더욱 강화할 수 있는 SO전략에 해당한다.
ⓡ 코로나19 종식으로 인한 중국 시장의 리오프닝을 기회로 삼아 중국 관광객들에게 할인 상품을 제공해 국내 여행 산업을 코로나19 사태 이전으로 회복시키려는 것은 외부의 기회를 활용하며 내부의 약점을 보완하는 WO전략에 해당한다.
ⓑ N사가 네이버 등의 신흥 경쟁사와 제휴해 자유 여행 상품을 공동 출시하는 것은 자유 여행 상품의 약진이라는 N사의 약점을 보완하고 공존상생으로서 경쟁사의 위협을 극복할 수 있으므로 WT전략에 해당한다.

04

정답 ②

㉠ 기술개발을 통해 연비를 개선하는 것은 막대한 R&D 역량이라는 강점으로 휘발유의 부족 및 가격의 급등이라는 위협을 회피하거나 최소화하는 전략에 해당하므로 적절하다.
㉣ 생산설비에 막대한 투자를 했기 때문에 차량모델 변경의 어려움이라는 약점이 있는데, 레저용 차량 전반에 대한 수요 침체 및 다른 회사들과의 경쟁이 심화되고 있으므로 생산량 감축을 고려할 수 있다.
㉤ 생산 공장을 한 곳만 가지고 있다는 약점이 있지만, 새로운 해외시장이 출현하고 있는 기회를 살려서 국내 다른 지역이나 해외에 공장들을 분산 설립할 수 있을 것이다.
㉥ 막대한 R&D 역량이라는 강점을 이용하여 휘발유의 부족 및 가격의 급등이라는 위협을 회피하거나 최소화하기 위해 경유용 레저 차량 생산을 고려할 수 있다.

오답분석

㉡ 소형 레저용 차량에 대한 수요 증대라는 기회 상황에서 대형 레저용 차량을 생산하는 것은 적절하지 않은 전략이다.
㉢ 차량모델 변경의 어려움이라는 약점을 보완하는 전략도 아니고, 소형 또는 저가형 레저용 차량에 대한 선호가 증가하는 기회에 대응하는 전략도 아니다. 또한, 차량 안전 기준의 강화 같은 규제 강화는 기회 요인이 아니라 위협 요인이다.
㉦ 기회는 새로운 해외시장의 출현인데 내수 확대에 집중하는 것은 기회를 살리는 전략이 아니다.

05

정답 ④

㉡ 특허를 통한 기술 독점은 기업의 내부 환경으로 볼 수 있다. 따라서 내부 환경의 강점(Strength) 사례이다.
㉢ 점점 증가하는 유전자 의뢰는 기업의 외부 환경(고객)으로 볼 수 있다. 따라서 외부 환경에서 비롯된 기회(Opportunity) 사례이다.

오답분석

㉠ 투자 유치의 어려움은 기업의 외부 환경(거시적 환경)으로 볼 수 있다. 따라서 외부 환경에서 비롯된 위협(Threat) 사례이다.
㉣ 높은 실험 비용은 기업의 내부 환경으로 볼 수 있다. 따라서 내부 환경의 약점(Weakness) 사례이다.

CHAPTER

04 자원관리능력

대표기출유형 01 기출응용문제

PART 1

01

정답 ①

경도를 이용하여 시간을 구하는 법은 다음과 같다.

- 같은 동경 혹은 서경에 위치했을 때 : [(큰 경도)−(작은 경도)]÷15°
- 동경과 서경에 각각 위치했을 때 : [(동경)+(서경)]÷15°

이에 따라 우리나라와 LA의 시차는 (135+120)÷15=17시간이다.

4월 14일 오전 6시
− 17시간
―――――――
4월 13일 오후 1시

따라서 한국이 4월 14일 오전 6시일 때 LA의 시각은 4월 13일 오후 1시이다.

02

정답 ④

공정별 순서는 A → B ↘, D → E ↗ C → F이며, C공정을 시작하기 전에 B공정과 E공정이 선행되어야 하는데 B공정까지 끝나려면 4시간이 소요되고, E공정까지 끝나려면 3시간이 소요된다. 선행작업이 완료되어야 이후 작업을 할 수 있으므로 C공정을 진행하기 위해서는 최소 4시간이 걸린다. 따라서 완제품은 F공정이 완료된 후 생산되므로 첫 번째 완제품 생산의 최소 소요시간은 9시간이다.

03

정답 ④

모든 팀원의 스케줄이 비어 있는 시간대인 16:00～17:00가 가장 적절하다.

04

정답 ④

행낭 배송 운행속도는 시속 60km로 일정하므로 A지점에서 G지점까지의 최단거리를 구한 뒤 소요 시간을 구하면 된다. 우선 배송 요청에 따라 지점 간의 순서 변경과 생략을 할 수 있으므로 거치는 지점을 최소화하여야 한다. 이를 고려하여 최단거리를 구하면 다음과 같다.

A → B → D → G ⇒ 6+2+8=16 ⇒ 16분(∵ 60km/h=1km/min)

따라서 대출신청 서류가 A지점에 다시 도착하는 데 걸리는 최소시간은 16분(A → G)+30분(서류작성)+16분(G → A)=62분=1시간 2분이다.

대표기출유형 02 기출응용문제

01

정답 ①

5,500+5,500+5,500+6,000+7,500=30,000원

오답분석

② 5,500+5,500+6,000+6,800+7,000=30,800원
③ 6,000+6,000+6,300+6,800+7,500=32,600원
④ 6,000+6,500+5,500+7,000+7,500=32,500원
⑤ 6,000+6,500+6,300+7,000+7,500=33,300원

02

정답 ⑤

A씨 가족의 KTX 왕복 비용을 구하면 다음과 같다.

- A씨 부부의 왕복 비용 : (59,800×2)×2=239,200원
- 만 6세 아들의 왕복 비용 : (59,800×0.5)×2=59,800원
- 만 3세 딸의 왕복 비용 : 59,800×0.25=14,950원

따라서 A씨 가족이 이번 여행에서 지불한 교통비는 총 239,200+59,800+14,950=313,950원이다.

03

정답 ③

상별로 수상인원을 고려하여 상패 및 물품별 총수량과 비용을 계산하면 다음과 같다.

(단위 : 원)

상패 / 물품	총수량(개)	개당 가격	총비용
금 도금 상패	7	49,500(∵ 10% 할인)	7×49,500=346,500
은 도금 상패	5	42,000	42,000×4(∵ 1개 무료)=168,000
동 상패	2	35,000	35,000×2=70,000
식기 세트	5	450,000	5×450,000=2,250,000
신형 노트북	1	1,500,000	1×1,500,000=1,500,000
태블릿 PC	6	600,000	6×600,000=3,600,000
만년필	8	100,000	8×100,000=800,000
안마의자	4	1,700,000	4×1,700,000=6,800,000
합계	-	-	15,534,500

따라서 상품 구입비는 총 15,534,500원이다.

04

정답 ④

먼저 조건과 급여명세서가 알맞게 표시되어 있는지 확인해 보면 국민연금과 고용보험은 조건의 금액과 일치한다. 4대 보험 중 건강보험과 장기요양을 계산하면 건강보험은 기본급의 6.24%로 회사와 50%씩 부담한다고 하여 2,000,000×0.0624×0.5=624,000원이지만 급여명세서에는 67,400−62,400=5,000원이 더 공제되어 다음 달에 5,000원을 돌려받게 된다. 또한 장기요양은 건강보험료의 7.0% 중 50%로 2,000,000×0.0624×0.07×0.5=4,368원이며, 약 4,360원이므로 맞게 지급되었다.

네 번째 조건에서 야근수당은 기본급의 2%로 2,000,000×0.02=40,000원이며, 이틀 동안 야근하여 80,000원을 받고, 상여금은 5%로 2,000,000×0.05=100,000원을 받아야 하지만 급여명세서에는 50,000원으로 명시되어 있다.

A대리가 다음 달에 받게 될 소급액은 덜 받은 상여금과 더 공제된 건강보험료로 50,000+5,000=55,000원이다.

소급액을 반영한 다음 달 급여명세서는 다음과 같다.

〈급여명세서〉

(단위 : 원)

성명 : A	직급 : 대리	지급일 : 2025-05-25	
지급항목	지급액	공제항목	공제액
기본급	2,000,000	소득세	17,000
상여금	–	주민세	1,950
기타	–	고용보험	13,000
식대	100,000	국민연금	90,000
교통비	–	장기요양	4,360
복지후생	–	건강보험	62,400
소급액	55,000	연말정산	–
		공제합계	188,710
급여합계	2,155,000	차감수령액	1,966,290

따라서 A대리가 받게 될 다음 달 수령액은 총 1,966,290원이다.

대표기출유형 03 기출응용문제

01

정답 ⑤

5개 부서가 3개월간 사용하는 용지 매수와 꼭 필요한 기능은 각각 다음과 같다.

(단위 : 매)

구분	컬러	흑백	필요 기능	사용 가능한 프린트기
수신업무부	120×3=360	500×3=1,500	스캔	B, C, D
여신업무부	100×3=300	450×3=1,350	스캔	B, C, D
외환업무부	–	400×3=1,200	–	A, B, C, D
보험상품업무부	50×3=150	700×3=2,100	팩스	B
카드업무부	50×3=150	350×3=1,050	팩스	B

보험상품업무부와 카드업무부는 팩스 기능을 반드시 사용해야 하므로 이 기능을 가지고 있는 B프린트기를 반드시 사용해야 한다. 두 부서의 컬러 프린트 사용량은 150+150=300매이므로 B프린트기 1대로 모두 사용 가능하다. 그러나 흑백 프린트의 경우 2,100+1,050=3,150매를 사용할 수 있어야 하므로 두 부서 중 한 부서는 다른 프린트기를 활용해야 한다. 이 중 보험상품업무부는 B프린트기 한 대로 최대 흑백 프린트 부수인 2,000매를 감당할 수 없다. 즉, 카드업무부가 B프린트기만 사용한다. 이 경우 B프린트기로 카드업무부가 인쇄할 수 있는 최대 매수는 2,000−1,050=950매이고, 보험상품업무부가 더 인쇄해야 하는 부수는 2,100−950=1,150매이다.

다음으로 여신업무부와 수신업무부는 스캔 기능을 반드시 사용해야 하는데, B프린트기는 이미 사용할 수 없으므로 C나 D프린트기 중 하나의 프린트기를 선택해야 하고, 이에 따라 A프린트기는 외환업무부만 사용할 수 있다. 외환업무부가 A프린트기를 이용하여 1,200매를 프린트하면 더 프린트할 수 있는 양은 300매이므로 보험상품업무부와 프린트기를 공유할 수 없다. 남은 C와 D프린트기를 바탕으로 보험상품업무부의 남은 프린트매수인 1,150매를 함께 프린트 할 수 있는 경우는 수신업무부가 D프린트기를 사용하고, 보험상품업무부(1,150매)와 여신업무부(1,350매)가 함께 C프린트기를 사용하는 경우이다.

따라서 A프린트기는 외환업무부, B프린트기는 보험상품업무부와 카드업무부, C프린트기는 보험상품업무부와 여신업무부, D프린트기는 수신업무부가 사용한다.

02

정답 ③

예상 매출 순이익은 [(판매 가격)−(생산 단가)]×(예상 월간 판매량)이므로 메뉴별 예상 매출 순이익은 각각 다음과 같다.

(단위 : 개, 원)

구분	예상 월간 판매량	생산 단가	판매 가격	예상 매출 순이익
A	500	3,500	4,000	250,000{=(4,000−3,500)×500}
B	300	5,500	6,000	150,000{=(6,000−5,500)×300}
C	400	4,000	5,000	400,000{=(5,000−4,000)×400}
D	200	6,000	7,000	200,000{=(7,000−6,000)×200}
E	150	3,000	5,000	300,000{=(5,000−3,000)×150}

따라서 예상 매출 순이익이 가장 높은 C를 메인 메뉴로 선정하는 것이 가장 적절하다.

03

정답 ④

20×10=200부이며, 200×30=6,000페이지이다. 그러므로 업체별 인쇄비용은 각각 다음과 같다.

구분	페이지 인쇄 비용	유광표지 비용	제본 비용	할인을 적용한 총비용
A	6,000×50=30만 원	200×500=10만 원	200×1,500=30만 원	30+10+30=70만 원
B	6,000×70=42만 원	200×300=6만 원	200×1,300=26만 원	42+6+26=74만 원
C	6,000×70=42만 원	200×500=10만 원	200×1,000=20만 원	42+10+20=72만 원 → 200부 중 100부 5% 할인 → (할인 안 한 100부 비용)+(할인한 100부 비용) =36+(36×0.95)=70만 2천 원
D	6,000×60=36만 원	200×300=6만 원	200×1,000=20만 원	36+6+20=62만 원
E	6,000×100=60만 원	200×200=4만 원	200×1,000=20만 원	60+4+20=84만 원 → 총비용 20% 할인 84×0.8=67만 2천 원

따라서 가장 저렴한 비용으로 인쇄할 수 있는 업체는 D인쇄소이다.

04

정답 ①

두 번째 조건에서 총구매 금액이 30만 원 이상이면 총금액에서 5%를 할인받으므로 한 벌당 가격이 300,000÷50=6,000원 이상인 품목은 할인 적용이 들어간다. 업체별 품목 가격을 보면 모든 품목이 6,000원 이상이므로 5% 할인 적용 대상이다. 그러므로 모든 품목에 할인이 적용되어 정가로 비교가 가능하다.

마지막 조건에서 차순위 품목이 1순위 품목보다 총금액이 20% 이상 저렴한 경우 차순위를 선택한다고 했으므로 한 벌당 가격으로 계산하면 1순위인 카라 티셔츠의 20% 할인된 가격은 8,000×0.8=6,400원이다. 정가가 6,400원 이하인 품목은 A업체의 티셔츠이고, 이는 선호도 2위 품목이다.

따라서 팀장은 A업체의 티셔츠를 구매할 것이다.

대표기출유형 04 기출응용문제

01

정답 ⑤

팀별로 총 환산점수와 환산등급을 정리하면 다음과 같다.

(단위 : 점)

구분	창의력	전달력	기술력
A팀	7(80)	4(70)	6(100)
B팀	8(100)	2(50)	5(70)
C팀	3(70)	8(100)	2(40)
D팀	8(100)	3(50)	4(70)
E팀	8(100)	8(100)	6(100)

- A팀 : $\left(80\times\frac{50}{100}\right)+\left(70\times\frac{30}{100}\right)+\left(100\times\frac{20}{100}\right)=81$점 → B등급
- B팀 : $\left(100\times\frac{50}{100}\right)+\left(50\times\frac{30}{100}\right)+\left(70\times\frac{20}{100}\right)=79$점 → C등급
- C팀 : $\left(70\times\frac{50}{100}\right)+\left(100\times\frac{30}{100}\right)+\left(40\times\frac{20}{100}\right)=73$점 → C등급
- D팀 : $\left(100\times\frac{50}{100}\right)+\left(50\times\frac{30}{100}\right)+\left(70\times\frac{20}{100}\right)=79$점 → C등급
- E팀 : $\left(100\times\frac{50}{100}\right)+\left(100\times\frac{30}{100}\right)+\left(100\times\frac{20}{100}\right)=100$점 → A등급

따라서 가장 높은 등급을 받은 팀은 A등급인 E팀이다.

02

정답 ③

승진후보자별 승진점수를 계산하면 다음과 같다.

(단위 : 점)

구분	실적평가점수	동료평가점수	혁신사례점수	이수교육	총점
A	34	26	22	다자협력	82+2=84
B	36	25	18	혁신역량	79+3=82
C	39	26	24	–	89
D	37	21	23	조직문화, 혁신역량	81+2+3=86
E	36	29	21	–	86

1순위는 C이고, 2순위로 동점인 D와 E 중에 실적평가점수가 더 높은 D가 선발된다. 따라서 승진할 2명은 C와 D이다.

03

정답 ④

변경된 승진자 선발 방식에 따라 승진후보자별 승진점수를 계산하면 다음과 같다.

(단위 : 점)

구분	실적평가점수	동료평가점수	혁신사례점수	이수교육	총점
A	34	26	33	다자협력	93+2=95
B	36	25	27	혁신역량	88+4=92
C	39	26	36	–	101
D	37	21	34.5	조직문화, 혁신역량	92.5+2+4=98.5
E	36	29	31.5	–	96.5

따라서 승진점수가 가장 높은 2명 C와 D가 승진한다.

CHAPTER 05

조직이해능력

대표기출유형 01 기출응용문제

01

정답 ⑤

'NH'는 고객과의 커뮤니케이션을 위해 농협의 이름과는 별도로 사용되는 영문 브랜드로, 미래지향적이고 글로벌한 농협의 이미지를 표현한다. 농협 영문자(Nong Hyup)의 머리글자이면서 Nature & Human, New Hope, New Happiness, 즉 자연과 인간의 조화, 새로운 희망과 행복을 상징적으로 나타낸다.

02

정답 ①

'농협 비전 2030'은 정부가 아닌 농업인·국민과 함께 농사같이(農四價値)운동을 전개할 것을 혁신전략으로 제시하였다.

농협 비전 2030의 혁신전략
- 농업인·국민과 함께 '농사같이(農四價値)운동' 전개
- 중앙회 지배구조 혁신과 지원체계 고도화로 '농축협 중심'의 농협 구현
- 디지털 기반 '생산·유통 혁신'으로 미래 농산업 선도, 농업소득 향상
- '금융부문 혁신'과 '디지털 경쟁력'을 통해 농축협 성장 지원
- '미래 경영'과 '조직문화 혁신'을 통해 새로운 농협으로 도약

03

정답 ①

도매유통 경로를 다양화하기 위한 전략으로 온라인 도매시장 활성화를 위한 규제 완화 및 지원 강화가 지속될 것으로 예상된다. 온라인 도매시장은 일정한 요건을 갖춘 다양한 판매자와 구매자가 인터넷과 모바일을 기반으로 시·공간 제약 없이 상(商)·물(物) 분리 거래를 추진할 수 있는 전국 단위 시장이다. 2023년 11월 30일 세계 최초로 공식 출범했으며, 2024년 11월 15일 4천억 원의 거래 실적을 돌파하는 등 빠르게 시장 규모가 성장하고 있다.

04

정답 ④

농협이 하는 일은 다음과 같다.
- 교육지원부문 : 교육지원사업
- 경제부문 : 농업경제사업, 축산경제사업
- 금융부문 : 상호금융사업, 농협금융지주

05

정답 ②

농협은 윤리경영의 필요 이유는 사회적 책임 수행 요구, 가치를 추구하는 주주 고객 등장, 국제적인 윤리경영 노력 강화, 기업신뢰도 및 국가신인도 향상 등을 이유로 들 수 있으나 궁극적으로 기업가치를 향상시켜 지속적으로 기업경영을 영위하기 위함이다.

06

정답 ③

협동조합은 협동조합기본법에 근거를 두고, 주식회사(상장회사)는 상법에 근거를 둔다.

오답분석

① 주식회사는 원칙적으로 출자한도를 제한하지 않으며, 협동조합은 개인의 출자한도를 제한한다.
② 협동조합은 조합원 모두에게 1인 1표의 의결권이 주어지며, 주식회사는 1주 1표의 의결권이 주어진다.
④ 수익이 발생했을 시 협동조합은 이용배당을 우선하고, 주식회사는 출자배당을 우선한다.
⑤ 주식회사는 투자자 소유이고, 협동조합은 조합원들이 출자·소유하는 이용자 소유 기업이다.

07

정답 ⑤

스마트팜은 농림축수산물 생산에 빅데이터 기술을 결합해 최적화된 생산·관리의 의사결정을 사람이 가능하게 하였다.

오답분석

① 노동력과 에너지를 효율적으로 관리함으로써 노동시간 감소를 통해 농업환경을 획기적으로 개선하였다.
② 스마트팜 기술은 환경정보 및 생육정보에 대한 정확한 데이터를 기반으로 수확량과 품질을 모두 향상시켰다.
③ 스마트팜을 통해 최적화된 생육환경을 제공함으로써 수확 시기와 수확량을 예측 가능하게 하였다.
④ 시간과 공간의 제약 없이 PC와 스마트폰 등으로 원격 자동관리가 가능하게 되었다.

08

정답 ③

㉠ 주식회사는 1주에 1표씩의 의결권이 부여되는 만큼 소수 대주주에 의해 전체적인 경영이 이루어지지만, 조합은 모든 조합원이 동등하게 1인 1표씩의 의결권이 부여되기 때문에 다수에 의한 평등한 경영이 이루어진다.
㉡ 주식회사가 1주에 1표를 인정받는다면, 조합은 출자금에 관계없이 모두 균등하게 1인 1표를 인정받는다.
㉢ 주식회사는 1주당 1표씩이 부여되므로 지분의 51% 이상이 주도하는 대로 신속하게 의사결정을 할 수 있지만, 지분에 관계없이 균등하게 1표씩 분배받는 조합의 경우 조합원들끼리 의견이 상이하다면 문제 해결까지의 시간이 길어질 수 있다.

오답분석

㉣ 주식회사에서는 지분의 소유 규모에 따라 회사의 경영이 이루어지게 되지만, 조합의 경우 출자금의 상관없이 동일하게 1인 1표를 행사할 수 있으므로 보다 더 민주적인 진행이 가능해진다.

대표기출유형 02 기출응용문제

01

정답 ③

제시된 사례의 쟁점은 재고 처리이며, 여기서 N씨는 A사에 대하여 경쟁전략(강압전략)을 사용하고 있다. 강압전략은 'Win-Lose' 전략이다. 즉, 내가 승리하기 위해서 당신은 희생되어야 한다는 전략인 'I Win, You Lose' 전략이다. 명시적 또는 묵시적으로 강압적 위협이나 강압적 설득, 처벌 등의 방법으로 상대방을 굴복시키거나 순응시킨다. 자신의 주장을 확실하게 상대방에게 제시하고 상대방에게 이를 수용하지 않으면 보복이 있을 것이며 협상이 결렬될 것이라는 등의 위협을 가하는 것이다. 즉, 강압전략은 일방적인 의사소통으로 일방적인 양보를 받아내려는 것이다.

02

정답 ④

제시된 시장 조사 결과 보고서를 보면 소비자의 건강에 대한 관심이 커지고 있으며 가격보다는 제품의 기능을 중시해야 하고, 취급 점포를 체계적으로 관리하며 상품의 가격을 조절해야 할 필요성이 나타나고 있다. 따라서 '고급화 전략을 추진한다.'와 '전속적 또는 선택적 유통 전략을 도입한다.'라는 마케팅 전략을 구사하는 것이 적절하다.

03

정답 ①

스톡옵션제도에 대한 설명으로, 자본참가 유형에 해당한다.

오답분석

② 스캔론 플랜에 대한 설명으로 성과참가 유형에 해당한다.
③ 노사공동결정제도에 대한 설명으로 의사결정참가 유형에 해당한다.
④ 럭커 플랜에 대한 설명으로 성과참가 유형에 해당한다.
⑤ 노사협의제도에 대한 설명으로 의사결정참가 유형에 해당한다.

04

정답 ①

제시문의 내용을 살펴 보면 N전자는 성장성이 높은 LCD 사업 대신에 익숙한 PDP 사업에 더욱 몰입하였으나, 점차 LCD의 경쟁력이 높아짐으로써 PDP는 무용지물이 되었다는 것을 알 수 있다. 따라서 N전자는 LCD 시장으로의 사업전략을 수정할 수 있었지만 보다 익숙한 PDP 사업을 선택하고 집중함으로써 시장에서 경쟁력을 잃는 결과를 얻게 되었다.

05

정답 ④

④는 제품차별화에 대한 설명으로, 반도체의 이러한 특성은 반도체산업 내의 경쟁을 심화시키고, 신규기업의 진입 장벽을 낮추기도 한다. 또한 낮은 차별성으로 인한 치열한 가격경쟁은 구매자의 교섭력을 높이는 반면, 공급자의 교섭력은 낮아지게 한다. 따라서 ④는 ㉣을 제외한 ㉠·㉡·㉢·㉤에 해당하는 사례이다.

㉣은 반도체를 대체할 수 있는 다른 제품의 여부에 관한 것으로, 대체재의 상대가격, 대체재에 대한 구매자의 성향이 이에 해당한다.

〈포터의 산업구조분석기법〉

공급자의 교섭력
공급자의 교섭력 결정요인은 구매자의 교섭력 결정요인과 동일

↓

잠재적 진입
1. 자본소요량
2. 규모의 경제
3. 절대비용우위
4. 제품차별화
5. 유통채널

→

산업 내의 경쟁
1. 산업의 집중도
2. 제품차별화
3. 초과설비
4. 퇴거장벽
5. 비용구조

←

대체재의 위협
1. 대체재에 대한 구매자의 성향
2. 대체재의 상대 가격

↑

구매자의 교섭력
1. 구매자가 갖고 있는 정보력
2. 전환비용
3. 수직적 통합

06

정답 ③

구매자의 교섭력은 소수의 구매자만 존재하거나 구매자의 구매량이 판매자의 규모에 비해 클 때, 시장에 다수 기업의 제품이 존재할 때, 구매자가 직접 상품을 생산할 수 있을 때, 공급자의 제품 차별성이 낮을 때, 구매자가 공급자를 바꾸는 데 전환 비용이 거의 발생하지 않을 때 높아진다.

대표기출유형 03 기출응용문제

01

정답 ⑤

예산집행 조정, 통제 및 결산 총괄 등 예산과 관련된 업무는 ⓜ '자산팀'이 아닌 ㉠ '예산팀'이 담당하는 업무이다. 자산팀은 물품 구매와 장비 · 시설물 관리 등의 업무를 담당한다.

02

정답 ④

전문자격 시험의 출제정보를 관리하는 시스템의 구축 · 운영 업무는 정보화사업팀이 담당하는 업무로, 개인정보보안과 관련된 업무를 담당하는 정보보안전담반의 업무로는 적절하지 않다.

03

정답 ①

조직 개편 방향에 따르면 마케팅본부를 신설한다고 하였다.

04

정답 ③

마케팅본부는 글로벌마케팅 1 · 2팀, 국내마케팅팀, 홍보팀으로 조직된다.

05

정답 ②

- 경영본부 : 기획조정실, 경영지원팀, 재무관리팀, 미래사업팀, 사회가치실현(TF팀), 인사관리팀 → 6팀
- 운영본부 : 물류전략실, 항만관리팀, 물류단지팀, 물류정보팀, 안전 · 보안(TF)팀 → 5팀
- 건설본부 : 항만개발실, 항만건설팀, 항만시설팀, 갑문운영팀, 스마트갑문(TF)팀 → 5팀

06

정답 ②

업무의 내용이 유사하고 관련성이 있는 업무들을 결합해서 구분한 것으로, 기능식 조직 구조의 형태로 볼 수 있다.

대표기출유형 04 기출응용문제

01

정답 ③

김과장의 개인 주간 스케줄 및 업무 점검을 보면 홍보팀, 외부 디자이너와의 미팅이 기재되어 있다. 따라서 김과장은 이번 주에 내부 미팅, 외부 미팅을 모두 할 예정이다.

02

정답 ④

교육 홍보물의 교육내용은 '연구개발의 성공을 보장하는 R&D 기획서 작성'과 'R&D 기획서 작성 및 사업화 연계'이므로 A사원이 속한 부서의 업무는 R&D 연구 기획과 사업 연계이다. 따라서 장비 활용 지원은 부서의 수행업무로 적절하지 않다.

03

정답 ④

최팀장 책상의 서류 읽어 보기(박과장 방문 전) → 박과장 응대하기(오전) → 최팀장에게 서류 갖다 주기(점심시간) → 회사로 온 연락 최팀장에게 알려 주기(오후) → 이팀장에게 전화달라고 전하기(퇴근 전)

PART 2

최종점검 모의고사

제1회 최종점검 모의고사(70문항 유형)

제2회 최종점검 모의고사(70문항 유형)

제3회 최종점검 모의고사(60문항 유형)

제4회 최종점검 모의고사(60문항 유형)

제1회 최종점검 모의고사

01	02	03	04	05	06	07	08	09	10	11	12	13	14	15	16	17	18	19	20
⑤	⑤	⑤	②	⑤	③	②	④	②	⑤	③	②	⑤	②	③	③	①	①	③	⑤
21	22	23	24	25	26	27	28	29	30	31	32	33	34	35	36	37	38	39	40
⑤	④	②	②	④	③	④	①	①	④	②	④	④	④	②	⑤	④	①	①	④
41	42	43	44	45	46	47	48	49	50	51	52	53	54	55	56	57	58	59	60
①	①	④	①	④	④	③	⑤	④	②	④	④	①	④	②	①	④	③	①	③
61	62	63	64	65	66	67	68	69	70										
④	④	①	③	①	②	②	⑤	③	⑤										

01

정답 ⑤

제시된 단어는 유의 관계이다.
'산울림'은 '땅속의 변화로 산이 울리는 일. 또는 그런 소리'를 뜻하고, '메아리'는 '울려 퍼져 가던 소리가 산이나 절벽 같은 데에 부딪쳐 되울려오는 소리'를 뜻한다.

오답분석

① • 진행 : 앞으로 향하여 나아감
• 정지 : 움직이고 있던 것이 멎거나 그침
② • 삭제 : 깎아 없애거나 지워 버림
• 첨가 : 이미 있는 것에 덧붙이거나 보탬
③ • 송신 : 주로 전기적 수단을 이용하여 전신이나 전화, 라디오, 텔레비전 방송 따위의 신호를 보냄. 또는 그런 일
• 수신 : 전신이나 전화, 라디오, 텔레비전 방송 따위의 신호를 받음. 또는 그런 일
④ • 항쟁 : 맞서 싸움
• 굴복 : 힘이 모자라서 복종함

02

정답 ⑤

제시된 단어는 유의 관계이다.
'리사이틀'은 '한 사람이 독창하거나 독주하는 음악회'를 뜻하고, '독주회'는 '한 사람이 연주하는 음악회'를 뜻한다.

오답분석

① • 분석 : 얽혀 있거나 복잡한 것을 풀어서 개별적인 요소나 성질로 나눔
• 종합 : 여러 가지를 한데 모아서 합함
② • 보은 : 은혜를 갚음
• 배은 : 은혜를 저버림
③ • 공개 : 어떤 사실이나 사물, 내용 따위를 여러 사람에게 널리 터놓음
• 은폐 : 덮어 감추거나 가리어 숨김
④ • 채무 : 재산권의 하나로, 특정인이 다른 특정인에게 어떤 행위를 하여야 할 의무
• 채권 : 재산권의 하나로, 특정인이 다른 특정인에게 어떤 행위를 청구할 수 있는 권리

03

정답 ⑤

제시된 단어는 반의 관계이다.
'이단'은 '전통이나 권위에 반항하는 주장이나 이론'을 뜻하고, '전통'은 '바른 계통'을 뜻한다. 따라서 '다른 것을 본뜨거나 본받음'의 뜻인 '모방'과 반의 관계인 단어는 '어떤 방안, 물건 따위를 처음으로 생각하여 냄'의 뜻인 '창안'이다.

오답분석

① 사설 : 신문이나 잡지에 글쓴이의 주장이나 의견을 써내는 논설
② 종가 : 족보로 보아 한 문중에서 맏이로만 이어 온 큰집
③ 모의 : 실제의 것을 흉내내어 그대로 해 봄
④ 답습 : 예로부터 해 오던 방식이나 수법을 좇아 그대로 행함

04

정답 ②

제시된 단어는 유의 관계이다.
'후회'는 '이전의 잘못을 깨치고 뉘우침'을 뜻하고, '회한'은 '뉘우치고 한탄함'을 뜻한다. 따라서 '잘 안될 일을 무리하게 기어이 해내려는 고집'의 뜻인 '억지'와 유의 관계인 단어는 '부당한 요구나 청을 들어 달라고 고집하는 것'의 뜻인 '떼'이다.

오답분석

① 패 : 어떤 일을 실패함. 또는 싸움이나 승부를 가리는 경기 등에서 짐
③ 집단 : 여럿이 모여 이룬 모임
④ 논리 : 말이나 글에서 사고나 추리 따위를 이치에 맞게 이끌어 가는 과정이나 원리
⑤ 원리 : 사물의 근본이 되는 이치

05

정답 ⑤

'형사'는 사건을 '수사'하여 범인의 손에 '수갑'을 채워 '검거'하므로 '형사'를 연상할 수 있다.

06

정답 ③

'기자'는 '신문', 잡지, 방송 따위에 실을 기사를 '취재'하여 '언론' 보도를 하는 사람이므로 '기자'를 연상할 수 있다.

07

정답 ②

제시문의 '끌다'는 '남의 관심 따위를 쏠리게 하다.'의 의미로 쓰였으며, 이와 같은 의미로 사용된 것은 ②이다.

오답분석

① 바닥에 댄 채로 잡아당기다.
③ 목적하는 곳으로 바로 가도록 같이 가면서 따라오게 하다.
④ 바퀴 달린 것을 움직이게 하다.
⑤ 시간이나 일을 늦추거나 미루다.

08

정답 ④

제시문의 '말하다'는 '무엇에 대해 자신의 생각과 느낌을 표현하다.'의 의미로 쓰였으며, 이와 같은 의미로 사용된 것은 ④이다.

오답분석

① 설득하다.
② 평가하다.
③ 부탁하다.
⑤ 타이르거나 꾸짖다.

09

정답 ②

‘삼가다’가 올바른 표현이므로 ‘삼가해 주세요.’는 잘못된 표기이다. 따라서 ‘삼가 주세요.’로 표기해야 한다.

10

정답 ⑤

‘거예요’는 의존명사 ‘것’에 종결 어미 ‘-이에요’의 준말인 ‘-예요’가 결합한 것으로 올바른 표기이다.

11

정답 ③

㉠ 분류 : 종류에 따라서 가름
㉡ 분리 : 서로 나뉘어 떨어짐. 또는 그렇게 되게 함
㉢ 구분 : 일정한 기준에 따라 전체를 몇 개로 갈라 나눔

오답분석

• 분별 : 서로 다른 일이나 사물을 구별하여 가름

12

정답 ②

• 손방 : 아주 할 줄 모르는 솜씨
• 난든집 : 손에 익어서 생긴 재주

오답분석

① 손바람 : 손을 흔들어서 내는 바람. 또는 일을 치러 내는 솜씨나 힘
③ 잡을손 : 일을 다잡아 해내는 솜씨
④ 매무시 : 옷을 입을 때 매고 여미는 따위의 뒷단속
⑤ 너울가지 : 남과 잘 사귀는 솜씨

13

정답 ⑤

• 이목 : 주의나 관심
• 시선 : 주의 또는 관심을 비유적으로 이르는 말

오답분석

① 괄목 : 눈을 비비고 볼 정도로 매우 놀람
② 경계 : 사물이 어떠한 기준에 의하여 분간되는 한계
③ 기습 : 적이 생각지 않았던 때에 갑자기 들이쳐 공격함
④ 정도 : 알맞은 한도

14

정답 ②

제시문은 모든 일에는 지켜야 할 질서와 차례가 있음에도 불구하고 이를 무시한 채 무엇이든지 빠르게 처리하려는 한국의 ‘빨리빨리’ 문화에 대한 글이다. 따라서 제시문과 어울리는 속담으로 일의 순서도 모르고 성급하게 덤빔을 비유적으로 이르는 말인 ‘우물에 가 숭늉 찾는다.’가 가장 적절하다.

오답분석

① 가재는 게 편이다 : 모양이나 형편이 서로 비슷하고 인연이 있는 것끼리 서로 잘 어울리고, 사정을 보아주며 감싸주기 쉬움을 비유적으로 이르는 말
③ 하나를 듣고 열을 안다 : 한마디 말을 듣고도 여러 가지 사실을 미루어 알아낼 정도로 매우 총기가 있음을 이르는 말
④ 낙숫물이 댓돌을 뚫는다 : 작은 힘이라도 꾸준히 계속하면 큰일을 이룰 수 있음을 비유적으로 이르는 말
⑤ 봇짐 내어 주며 앉으라 한다 : ‘속으로는 가기를 원하면서 겉으로는 만류하는 체한다.’는 뜻으로, 속생각은 전혀 다르면서도 말로만 그럴듯하게 인사치레함을 비유적으로 이르는 말

15

정답 ③

제시문은 협업과 소통의 문화가 기업에 성공적으로 정착하려면 기업의 작은 변화부터 필요하다고 주장한다. 따라서 제시문과 어울리는 한자성어로 '높은 곳에 오르려면 낮은 곳에서부터 오른다.'는 뜻의 '일을 순서대로 하여야 함'을 의미하는 '등고자비(登高自卑)'가 가장 적절하다.

오답분석

① 장삼이사(張三李四) : '장 씨의 셋째 아들과 이 씨의 넷째 아들'이라는 뜻으로, 이름이나 신분이 특별하지 아니한 평범한 사람들을 이르는 말
② 하석상대(下石上臺) : '아랫돌 빼서 윗돌 괴고 윗돌 빼서 아랫돌 괸다.'라는 뜻으로, 임시변통으로 이리저리 둘러맞춤을 이르는 말
④ 주야장천(晝夜長川) : '밤낮으로 쉬지 아니하고 연달아 흐르는 시냇물'이라는 뜻으로, 쉬지 않고 언제나, 늘을 비유적으로 이르는 말
⑤ 내유외강(內柔外剛) : 속은 부드럽고, 겉으로는 굳셈을 이르는 말

PART 2

16

정답 ③

제시문은 정보를 얻고, 활용하는 방법 등을 익혀야 한다고 주장한다.

- literacy : 글을 읽고 쓸 줄 아는 능력
- deal with : ~을 다루다, 처리하다

'정보처리능력'이라는 용어가 자주 들리기 시작한다고 해서 놀라지 마라. 디지털 혁명은 조만간에 학생들과 성인들이 완전히 새로운 기능을 익힐 필요가 있다는 것을 의미한다. 즉, 정보를 얻는 방법, 정보를 얻는 장소, 또 정보를 사용하는 방법을 익혀야 할 것이다. 정보를 잘 다루게 된다는 것은, 학교에서뿐만 아니라 현실 사회에서도, 21세기의 가장 중요한 기능 중 하나가 될 것이다. 따라서 여러분은 결국 이 기능들을 숙달시킬 수밖에 없을 것이다. 그러니 지금 그 기능들을 익히도록 하라.

17

정답 ①

제시문은 신뢰의 중요성에 대해 설명하는 글이다. 우선 신뢰에 대한 정의가 나오기 전에 신뢰의 사례로 스위스를 제시하고 있는 (나) 문단이 가장 먼저 오는 것이 적절하다. 다음으로 스위스는 우리나라와 비슷한 점이 많다고 제시하는 (마) 문단이 뒤에 와야 한다. 그리고 (마) 문단의 마지막 문장에서 글의 핵심 주제인 신뢰를 제시하고 있기 때문에 이어서 신뢰의 의미를 설명하는 (다) 문단이 와야 하며, (다) 문단의 프랜시스 후쿠야마가 말한 신뢰가 낮은 나라의 사례인 (라) 문단이 뒤에 오는 것이 적절하다. 다음으로 우리나라의 신뢰를 확보할 수 있는 대안을 설명하는 (가) 문단이 오고, 마지막은 (바) 문단으로 신뢰의 중요성을 강조함이 적절하다.

18

정답 ①

두 번째 문단에 따르면 수화 반응은 상온에서 일어나기 때문에 콘크리트 역시 상온에서 제작함을 추론할 수 있다.

오답분석

② 첫 번째 문단에 따르면 로마 시기에 만들어진 판테온은 콘크리트를 이용해 만들어진 구조물임을 알 수 있다.
③ 두 번째 문단에 따르면 콘크리트는 시멘트에 모래와 자갈 등의 골재를 섞어 만드는 것을 알 수 있다.
④ 마지막 문단에 따르면 콘크리트가 철근 콘크리트로 발전함에 따라 더욱 다양하고 자유로운 표현이 가능해졌음을 알 수 있다.
⑤ 두 번째 문단에 따르면 콘크리트는 골재들 간의 접촉을 높여야 강도가 높아지기 때문에 서로 다른 크기의 골재를 배합하여 만드는 것이 효과적임을 알 수 있다.

19

정답 ③

농협은 국내에서 가장 큰 방역조직이 아니라 정부의 방역활동을 보조하는 가장 큰 '민간방역조직'이다.

20

정답 ⑤

제시문은 관련 임직원의 노고에 대해 고마움과 칭찬을 표했다는 의미로 사용하고 있으므로 '따뜻한 말이나 행동으로 괴로움을 덜어 주거나 슬픔을 달래 줌'은 '위로'를 의미한다. 반면, '치하'는 남이 한 일에 대하여 고마움이나 칭찬의 뜻을 표시함을 의미한다.

21

정답 ⑤

(가)에서는 농협에서 '범농협 비상방역 점검회의'를 개최하여 구제역, AI 등 가축전염병 예방 및 발생 시 대책 등에 대하여 점검하였으며, (나)에서는 농협 축산경제 대표이사가 음성 지역 AI 방역현장 점검 및 간담회에 참석하여 방역실태를 점검하고, 차단방역 중요성을 강조하였다. 따라서 이를 통해 가축전염병 근절을 위해 범농협적 노력이 이루어지고 있다는 것을 추론할 수 있다.

22

정답 ④

제시문은 조선의 왕들의 모습을 제시하고 있다. 그리고 각기 다른 시대 배경 속에서 백성들과 함께 국가를 이끌어나갈 임무를 부여받았던 전통 사회의 왕들에게 필요한 덕목들은 오늘날에도 여전히 유효하다고 설명한다. 따라서 빈칸에 들어갈 내용으로 ④가 가장 적절하다.

23

정답 ②

$(49+63+35)\div 14-7\times 0.5$
$=147\div 14-3.5$
$=10.5-3.5$
$=7$

24

정답 ②

$(0.983-0.42\times 2)+0.169$
$=(0.983-0.84)+0.169$
$=0.143+0.169$
$=0.312$

25

정답 ④

$43\times 4-240\div 8-2^2\times 34$
$=172-30-4\times 34$
$=142-136$
$=6$

26

정답 ③

앞의 항에 $\times 1$, $\times 3$, $\times 5$, $\times 7$, …인 수열이다.
따라서 ($)=30\times 7=210$이다.

27

정답 ④

앞의 항에 -2^1, $+2^2$, -2^3, $+2^4$, -2^5, …인 수열이다.
따라서 ($)=(-18)+2^6=(-18)+64=46$이다.

28

정답 ①

한글 자음과 알파벳을 번갈아 나열하며, 앞의 항에 +2인 수열이다.

ㄴ	D	ㅂ	H	ㅊ	L	ㅎ	(P)
2	4	6	8	10	12	14	16

29

정답 ①

1, 2, 2, 3, 3, 3, 4, 4, 4, 4, …인 수열이다.

A	ㄴ	B	三	ㄷ	C	ⅳ	四	(ㄹ)	D
1	2	2	3	3	3	4	4	4	4

30

정답 ④

설탕과 설탕물의 양 그리고 설탕물의 농도는 각각 다음과 같다.

- 농도 5% 설탕물 600g에 들어 있는 설탕의 양 : $\frac{5}{100}\times600=30$g
- 10분 동안 가열한 후 남은 설탕물의 양 : $600-(10\times10)=500$g
- 가열 후 남은 설탕물의 농도 : $\frac{30}{500}\times100=6$%

여기에 더 넣은 설탕물 200g의 농도를 x%라고 하면 다음과 같은 식이 성립한다.

$\frac{6}{100}\times500+\frac{x}{100}\times200=\frac{10}{100}\times700$

→ $2x+30=70$

∴ $x=20$

따라서 더 넣은 설탕물 200g의 농도는 20%이다.

31

정답 ②

커브길은 총 $30\times3=90$m이고, 직선 도로는 총 180m이다.

이때 A가 달린 시간은 $\left(\frac{90}{90}+\frac{180}{120}\right)$분이므로 커브길에서 B의 속력을 xm/min이라고 하면 B가 달린 시간은 $\left(\frac{90}{x}+\frac{180}{180}\right)$분이다.

게임에서 A가 이겼다고 하였으므로 A는 B보다 달린 시간이 짧다. 이에 따라 다음과 같은 식이 성립한다.

$\frac{90}{90}+\frac{180}{120}<\frac{90}{x}+\frac{180}{180}$

→ $\frac{2}{3}>\frac{x}{90}$

∴ $x<60$

따라서 속력은 정수로만 나타낸다고 했으므로 커브길에서 B의 최대 속력은 59m/min이다.

32

정답 ④

N씨가 태국에서 구매한 기념품 금액은 환율과 해외서비스 수수료까지 적용하여 구하면 $15{,}000\times38.1\times1.002=572{,}643$원이다. 따라서 N씨가 기념품 비용으로 내야 할 카드 금액은 십 원 미만을 절사한 572,640원이다.

33

정답 ④

전체 일의 양을 1이라고 하자. 선규가 혼자 일을 끝내는 데 걸리는 기간을 x일, 승룡이가 혼자 일을 끝내는 데 걸리는 기간을 y일이라고 하면 다음과 같은 식이 성립한다.

$\left(\frac{1}{x}+\frac{1}{y}\right)\times 5=1 \cdots$ ㉠

$\frac{4}{x}+\frac{7}{y}=1 \cdots$ ㉡

㉠과 ㉡을 연립하면 $x=7.5$, $y=15$이다.

따라서 승룡이 혼자서 일을 끝내려면 15일이 걸린다.

34

정답 ④

작년 남자 신입사원 수를 a명이라고 하면 여자 신입사원은 $(325-a)$명이므로 다음과 같은 식이 성립한다.

$a\times 0.08+(325-a)\times 0.12=32$

→ $8a+12\times 325-12a=3,200$

→ $3,900-3,200=4a$

$\therefore a=175$

따라서 올해 남자 신입사원 수는 작년보다 8% 증가했으므로 $175\times 1.08=189$명이다.

35

정답 ②

놀이기구의 개수를 x개라고 하면 다음과 같은 식이 성립한다.

$5x+12=6(x-2)+2$

$\therefore x=22$

즉, 놀이기구는 22개이고, 줄을 서 있는 사람은 $5\times 22+12=122$명이다.

따라서 이때 줄을 서 있는 사람의 수와 놀이기구의 개수의 합은 $122+22=144$이다.

36

정답 ⑤

(한 문제 이상 맞힐 확률)=1−(세 문제 모두 틀릴 확률)이다.

따라서 이 학생이 세 문제를 모두 풀 때 한 문제 이상 맞힐 확률은 $1-\left(\frac{1}{6}\times\frac{1}{2}\times\frac{3}{4}\right)=1-\frac{1}{16}=\frac{15}{16}$이다.

37

정답 ④

10명 중 팀장 1명을 뽑는 경우의 수와 회계 담당 2명을 뽑는 경우의 수는 각각 다음과 같다.

- 팀장 1명을 뽑는 경우의 수 : ${}_{10}C_1=10$가지
- 회계 담당 2명을 뽑는 경우의 수 : ${}_{9}C_2=\frac{9\times 8}{2\times 1}=36$가지

따라서 구하고자 하는 경우의 수는 $10\times 36=360$가지이다.

38

정답 ①

김사원이 영국 출장 중에 받는 해외여비는 50×5=250파운드이고, 스페인은 60×4=240유로이다. 항공권은 편도 금액이므로 왕복으로 계산하면 영국은 380×2=760파운드, 스페인 870×2=1,740유로이며, 영국과 스페인의 비행시간 추가비용은 각각 20×(12−10)×2=80파운드, 15×(14−10)×2=120유로이다. 그러므로 영국 출장 시 드는 비용은 250+760+80=1,090파운드, 스페인 출장 시 드는 비용은 240+1,740+120=2,100유로이다. 은행별 환율을 이용하여 출장비를 원화로 계산하면 다음과 같다.

(단위 : 원)

구분	영국	스페인	총비용
A은행	1,090×1,470=1,602,300	2,100×1,320=2,772,000	4,374,300
B은행	1,090×1,450=1,580,500	2,100×1,330=2,793,000	4,373,500
C은행	1,090×1,460=1,591,400	2,100×1,310=2,751,000	4,342,400

즉, A은행의 총비용이 가장 많고, C은행의 총비용이 가장 적다. 따라서 두 은행의 총비용 차이는 4,374,300−4,342,400=31,900원이다.

39

정답 ①

A사 공기청정기의 순이익률은 $\frac{12,660}{42,200}\times100=30\%$이다.

오답분석

② A사와 B사 전자제품의 매출액 순위는 각각 다음과 같다.

- A사 : 에어컨 – 냉장고 – 공기청정기 – 제습기 – TV
- B사 : 에어컨 – 공기청정기 – 냉장고 – 제습기 – TV

따라서 A사와 B사 전자제품의 매출액 순위는 동일하지 않다.

③ B사 TV와 냉장고의 순이익률은 각각 다음과 같다.

- TV : $\frac{120}{800}\times100=15\%$
- 냉장고 : $\frac{19,000}{76,000}\times100=25\%$

따라서 B사 TV와 냉장고의 순이익률의 차이는 25−15=10%p이다.

④ A사가 B사보다 매출액이 높은 전자제품은 TV(1,200억 원)와 제습기(25,500억 원)이고, 순이익 역시 TV(300억 원)와 제습기(7,395억 원)가 높다.

⑤ A사와 B사가 에어컨을 각각 200만 대, 210만 대 팔았다면, A사와 B사의 에어컨 1대의 단가는 각각 다음과 같다.

- A사 : $\frac{88,400\text{억 원}}{200\text{만 대}}=442\text{만 원}$
- B사 : $\frac{94,500\text{억 원}}{210\text{만 대}}=450\text{만 원}$

따라서 에어컨 1대의 단가는 B사가 더 높다.

40

정답 ④

서울의 수박 가격은 5월 16일에 감소했다가 5월 19일부터 다시 증가하고 있으며, 수박 가격 증가의 원인이 높은 기온 때문인지는 제시된 자료만으로는 알 수 없다.

오답분석

① 5월 16 ~ 19일 나흘간 광주의 수박 평균 가격은 $\frac{16,000+15,000+16,000+17,000}{4}=16,000$원이다.

② 자료를 통해 확인할 수 있다.

③ 5월 15 ~ 19일 서울의 수박 평균 가격은 15,600원으로 부산의 수박 평균 가격인 16,600원보다 낮다.

⑤ 5월 16일까지는 19,000원으로 가격 변동이 없었지만, 5월 17일에 18,000원으로 감소했다.

41

정답 ①

외국어 학습을 하는 직원의 수와 체력단련을 하는 직원의 수는 각각 다음과 같다.

- 외국어 학습 : 500×0.302=151명
- 체력단련 : 500×0.156=78명

따라서 외국어 학습 또는 체력단련을 하는 직원의 수는 151+78=229명이다.

오답분석

② 자기계발에 30만 원 이상 50만 원 미만을 투자하는 직원의 수가 가장 적다.

③ 일주일에 1시간 이상 4시간 미만의 자기계발 시간을 갖는 직원의 비율은 48.4%이므로 전체 직원의 반이 넘지 않는다.

④ 자기계발에 4시간 이상 7시간 미만 투자하는 직원의 수와 7시간 이상 투자하는 직원의 수는 각각 다음과 같다.

- 4시간 이상 7시간 미만 : 500×0.166=83명
- 7시간 이상 : 500×0.198=99명

따라서 4시간 이상 7시간 미만 투자하는 직원은 7시간 이상 투자하는 직원보다 99−83=16명 적다.

⑤ 가장 많은 비율을 차지하는 자기계발 분야는 해당직무 전문 분야이고, 가장 적은 비율을 차지하는 자기계발 분야는 인문학 교양 분야이다. 두 분야로 자기계발을 하는 직원의 수는 각각 다음과 같다.

- 해당직무 전문 분야 : 500×0.426=213명
- 인문학 교양 분야 : 500×0.032=16명

따라서 두 분야의 직원 수의 차는 213−16=197명이다.

42

정답 ①

원 그래프는 부분과 부분, 부분과 전체 사이의 비율을 쉽게 알아볼 수 있는 특징을 가지고 있다. 따라서 비율의 크기가 큰 순서로 배열하지 않았고, 비율 표시도 하지 않은 ①의 그래프가 옳지 않다.

43

정답 ④

'공부를 잘하는 사람은 모두 꼼꼼하다.'라는 첫 번째 명제를 통해 '꼼꼼한 사람 중 일부는 시간 관리를 잘한다.'라는 마지막 명제가 나오기 위해서는 '공부를 잘한다.'와 '시간 관리를 잘한다.' 사이에 어떤 관계가 성립되어야 한다. 그런데 마지막 명제에서 그 범위를 '모두'가 아닌 '일부'로 한정하였으므로 빈칸에 들어갈 명제는 '공부를 잘하는 어떤 사람은 시간 관리를 잘한다.'이다.

44

정답 ①

B, C, D 중 1명의 진술을 거짓으로 보면 E의 진술에 따라 모순이 생기고, E의 진술이 거짓이라고 하면 B, C, D의 진술에 따라 모순이 생긴다. 따라서 A의 진술이 거짓이어야 모순이 생기지 않고 A, B, C, D, E가 사용하는 카드가 정해진다.

45

정답 ④

제시된 조건을 정리하면 다음과 같다.

구분	경우 1	경우 2	경우 3	경우 4
5층	B	B	C	D
4층	D	C	D	C
3층	C	D	B	B
2층	A	A	A	A
1층	E	E	E	E

따라서 어느 경우에라도 A는 E보다 높은 층에 산다.

46

정답 ④

다섯 번째 조건에 따라 C항공사는 제일 앞번호인 1번 부스에 위치하며, 세 번째 조건에 따라 G면세점과 H면세점은 양 끝에 위치한다. 이때 네 번째 조건에서 H면세점 반대편에는 E여행사가 위치한다고 하였으므로 5번 부스에는 H면세점이 올 수 없다. 그러므로 5번 부스에는 G면세점이 위치한다.

또한 첫 번째 조건에 따라 같은 종류의 업체는 같은 라인에 위치할 수 없으므로 H면세점은 G면세점과 다른 라인인 4번 부스에 위치하고, 4번 부스 반대편인 8번 부스에는 E여행사가, 4번 부스 바로 옆인 3번 부스에는 F여행사가 위치한다. 나머지 조건에 따라 부스의 위치를 정리하면 다음과 같다.

i) 경우 1

C항공사	A호텔	F여행사	H면세점
복도			
G면세점	B호텔	D항공사	E여행사

ii) 경우 2

C항공사	B호텔	F여행사	H면세점
복도			
G면세점	A호텔	D항공사	E여행사

따라서 항상 참이 되는 것은 ④이다.

47

정답 ③

B가 위촉되지 않는다면 조건 1의 대우에 따라 A는 위촉되지 않는다. A가 위촉되지 않으므로 조건 2에 따라 D가 위촉된다. D가 위촉되므로 조건 5에 따라 F도 위촉된다. 조건 3과 조건 4의 대우에 따라 C나 E 중 1명이 위촉된다.
따라서 위촉되는 사람은 모두 3명이다.

48

정답 ⑤

배우자의 소득이 있는 경우 전년도 도시근로자 가구당 월평균소득의 90%까지를 소득 기준으로 하고 있으므로, 배우자와의 합산 소득이 해당 기준을 충족하는 경우에는 입주대상이 될 수 있다.

49

정답 ④

㉠ A는 소득 및 자산 기준을 충족하며, 만 6세 이하인 자녀가 있고 혼인 기간이 7년 이내이기 때문에 자녀가 있는 신혼부부 유형에 해당하므로 1순위 입주대상이다.
㉢ 2년 단위로 재계약을 9회 할 수 있으므로 최대 20년까지 거주가 가능하다.

오답분석

㉡ 자산 기준 중 자동차가액 기준은 충족하지만, 총자산은 30,500만 원이 되어 기준인 29,200만 원을 초과하므로 입주대상에서 제외된다.

50

정답 ②

2대의 적외선 카메라 중 하나는 수도권본부에 설치하였고, 나머지 하나는 경북본부와 금강본부 중 한 곳에 설치하였으므로 강원본부에는 적외선 카메라를 설치할 수 없다. 또한 강원본부에는 열선감지기를 설치하지 않았으므로 반드시 하나 이상의 기기를 설치해야 한다는 첫 번째 조건에 따라 강원본부에는 화재경보기를 설치하였을 것이다.

오답분석

①·③·⑤ 제시된 조건만으로는 어느 본부에 열선감지기를 설치하였는지 정확히 알 수 없다.
④ 화재경보기는 경북본부와 강원본부에 설치하였다.

51

정답 ④

출산장려금 지급 시기의 가장 우선순위인 임신일이 제일 긴 임산부는 B, D, E임산부이다. 이 중에서 만 19세 미만인 자녀 수가 많은 임산부는 D, E임산부이고, 소득 수준이 더 낮은 임산부는 D임산부이다. 따라서 D임산부가 가장 먼저 출산장려금을 받을 수 있다.

52

정답 ④

㉡·㉣ 제시된 안내 사항에서 회의실 예약 방법 및 이용 가능 시간에 대한 정보를 확인할 수 없다.

오답분석

㉠ '기타 주의 사항'에 따르면 회의실 내부에서 음료수 외 취식을 금지하고 있으므로 커피, 식수 등의 음료수는 반입이 허용됨을 알 수 있다.

㉢ '기타 주의 사항'에 따르면 회의실 내 콘센트가 마련되어 있지 않으므로 노트북 지참 시 충전 용량이 충분한지 확인해야 함을 알 수 있다.

53

정답 ①

가입대상은 예상소득이 아니라 직전 과세기간 총급여액 또는 종합소득금액을 따지게 되며, 직전 과세기간 총급여액 또는 종합소득금액이 일정수준 이상이라 하더라도 중소기업에 재직하는 청년은 가입이 가능하다.

54

정답 ④

- K고객은 의무가입기간 이상 적금에 가입했기 때문에 이자소득세(15%)가 면제되고 대신 농어촌특별세(1.5%)가 과세된다. 따라서 400,000×(1−0.015)=394,000원이 이자(세후)로 입금된다.
- L고객은 의무가입기간 이상 적금에 가입하지 않았지만, 해지 1개월 전 3개월 이상의 입원치료를 요하는 상해를 당했기 때문에 특별중도해지 사유에 해당하므로 이자소득세(15%)가 면제되고, 농어촌특별세(1.5%)만 과세된다. 따라서 200,000×(1−0.015)=197,000원이 이자(세후)로 입금된다.

55

정답 ②

A대리와 E대리의 진술이 서로 모순이므로, 2명 중 1명은 거짓을 말하고 있다.

i) A대리의 진술이 거짓인 경우
A대리의 말이 거짓이라면 B사원의 말도 거짓이 되고, D사원의 말도 거짓이 되므로 모순이다.

ii) A대리의 진술이 진실인 경우
A대리, B사원, D사원의 말이 진실이 되고, C사원과 E대리의 말이 거짓이 된다.

〈진실〉

- A대리 : A대리·E대리 출근, 결근 사유 모름
- B사원 : C사원 출근, A대리 진술은 진실
- D사원 : B사원 진술은 진실

〈거짓〉

- C사원 : D사원 결근 거짓 → D사원 출근
- E대리 : D사원 결근, D사원이 A대리한테 결근 사유 전함 거짓 → D사원 출근, A대리는 결근 사유 듣지 못함

따라서 출근하지 않은 사람은 B사원이다.

56

정답 ①

기회는 외부환경 요인 분석에 속하므로 회사 내부를 제외한 외부의 긍정적인 면으로 작용하는 것을 말한다. 반면 ①은 외부의 부정적인 면으로 위협 요인에 해당된다.

오답분석

②·③·④·⑤ 외부환경의 긍정적인 요인으로 볼 수 있으므로 기회 요인에 속한다.

57

정답 ④

공정이 진행되는 순서는 다음과 같다.

7월							8월
		B	B			B	
25일(화)	26일(수)	27일(목)	28일(금)	29일(토)	30일(일)	31일(월)	1일(화)
A	A	A	C, A	주말휴식	주말휴식	C	

- 25 ~ 26일 : A공정에 의해 100개 생산
- 27 ~ 28일 : A공정에 의해 100개 생산
- 27 ~ 31일 : B공정에 의해 150개 생산
- 28 ~ 31일 : C공정에 의해 200개 생산

따라서 7월 31일이 되어서야 550개의 제품이 생산되므로 7월 31일에 생산이 끝난다.

58

정답 ③

먼저 참가 가능 종목이 2개인 사람부터 종목을 확정한다. D는 훌라후프와 줄다리기, E는 계주와 줄다리기, F는 줄넘기와 줄다리기, G는 줄다리기와 2인 3각, J는 계주와 줄넘기이다. 여기에서 E와 J는 계주 참가가 확정되고, 참가 인원이 1명인 훌라후프 참가자가 D로 확정되었으므로 나머지는 훌라후프에 참가할 수 없다. 그러므로 C는 계주와 줄넘기에 참가한다.
다음으로 종목별 참가 가능 인원이 지점별 참가 인원과 동일한 경우 참가를 확정시키면, 줄다리기와 2인 3각 참여 인원이 확정된다.
A는 줄다리기와 2인 3각에 참가하고, B, H, I 중 1명이 계주에 참가하게 되며 나머지 2명이 줄넘기에 참가한다.
따라서 계주에 반드시 출전해야 하는 직원은 C, E, J이다.

59

정답 ①

소요예산이 드는 순서대로 프로젝트들을 골랐을 때 4개 이상이 되면 3억이 초과되므로 최대 3개의 프로젝트가 가능하며, 3개 프로젝트가 나와 있는 ①과 ②만 비교한다.
①의 소요비용은 1억 2천만 원+6천만 원+8천만 원=2억 6천만 원으로 예산 범위 내이다.
따라서 선택지 중 같이 진행할 수 있는 프로젝트의 조합은 ①이다.

오답분석

② 1억 5천만 원+5천만 원+1억 2천만 원=3억 2천만 원
③ 6천만 원+1억 5천만 원+1억 2천만 원+8천만 원=4억 1천만 원
④ 5천만 원+6천만 원+8천만 원+1억 5천만 원=3억 4천만 원
⑤ 8천만 원+6천만 원+5천만 원+1억 2천만 원=3억 1천만 원

60

정답 ③

가장 적은 소요인력의 프로젝트부터 차례대로 더하면 스마트팜 확대 10명, 귀농귀촌 활성화 15명, 농가소득 증대 20명까지 45명이고 최대 투입 가능 인원 50명보다 적다. 나머지 프로젝트는 소요인력이 30명, 40명이므로 동시에 진행하면 50명을 초과한다.
따라서 프로젝트는 최대 3개까지 가능하다.

61

정답 ④

다음과 같이 우선순위 순서대로 하나씩 진행을 고려해 본다.

구분	소요예산	소요기간	소요인력	우선순위	진행가능 여부
농산물 제 값 받기	5천만 원	3개월	30명	1	○
농가소득 증대	8천만 원	12개월	20명	2	○
아름다운 마을 가꾸기	1억 2천만 원	3개월	40명	3	×(동시 진행 인원이 50명을 넘어간다)
귀농귀촌 활성화	6천만 원	5개월	15명	4	○
스마트팜 확대	1억 5천만 원	2개월	10명	5	×(예산 3억 원을 넘어간다)

우선순위를 먼저 고려하여 농산물 제 값 받기와 농가소득 증대를 같이 시작하고, 농산물 제 값 받기가 끝나면 아름다운 마을 가꾸기를 3순위로 추진해야 하지만, 농가소득 증대 프로젝트와 함께 진행하려면 20+40=60명으로 투입가능 인원 50명을 넘어간다. 따라서 최대 30명까지 가능하므로 4순위인 귀농귀촌 활성화 프로젝트와 1년 안에 끝낼 수 있다.

62

정답 ④

E농가는 조합원 농가가 아니고 가구당 소득수준이 180만 원이 넘으므로 대상에서 제외되고, 입주한 지 3년 이상 경과하지 않은 F농가도 대상에서 제외된다. 가구당 소득수준이 1,000만 원 이상인 B농가도 대상에서 제외된다. 봉사활동 대상농가가 될 수 있는 A, C, D의 우선순위를 따져야 한다. 따라서 입주일이 가장 빠른 D농가가 가장 높은 우선순위를 갖게 된다.

63

정답 ①

A농가와 B농가는 소득수준이 가구당 500만 원 이상이므로 대상에서 제외된다. D농가와 E농가는 조합원 농가가 아니므로 대상에서 제외된다. F농가는 입주한 지 5년 이상 경과되지 않았으므로 대상에서 제외된다.
따라서 C농가만이 봉사활동 대상이 된다.

64

정답 ③

한 주 동안 국제 포럼 참석자 일정은 다음과 같다.

구분	시간	월	화	수	목	금
1타임	10:00 ~ 14:00 (4시간)	스마트팩토리 패러다임 (김인영)	직업윤리와 의사소통 (민도희)	스마트팩토리 패러다임 (채연승)	직업윤리와 의사소통 (민도희)	스마트팩토리 패러다임 (구지엽)
2타임	14:00 ~ 17:00 (3시간)	나노 기술의 활용 사례 (김인영)	나노 기술의 활용 사례 (민도희)	나노 기술의 활용 사례 (채연승)	직장에 필요한 젠더감수성 (민도희)	직장에 필요한 젠더감수성 (구지엽)
3타임	17:00 ~ 20:00 (3시간)	5G와 재택근무 (나지환)	인공지능과 딥러닝 (나지환)	인공지능과 딥러닝 (민도희)	5G와 재택근무 (나지환)	5G와 재택근무 (김인영)

따라서 국제 포럼에 참석한 사람의 총 참석 시간은 김인영(10시간), 나지환(9시간), 구지엽(7시간), 채연승(7시간), 민도희(17시간)이다.

65

정답 ①

64번 해설에 따라 '5G와 재택근무' 프로그램에 참석 가능한 사람은 김인영 – 금요일, 나지환 – 월요일/목요일이다. 이 중 선택지에 '나지환, 월요일'만이 있으므로 ①이 답이다.

66

정답 ②

민도희가 국제 포럼에 참석하는 시간은 총 17시간으로, 모든 참석 가능 인원 중에 가장 많다.

오답분석

① '직업윤리와 의사소통'에 참석하게 되는 사람은 민도희 1명이다.
③ 임영우는 국제 포럼에 참석하지 못한다.
④ 구지엽의 경력이 9년이라면 나지환보다 경력이 앞서게 되어 3타임 프로그램 중에서는 월요일에 열리는 '5G와 재택근무'에 참석하게 된다.
⑤ 국제 포럼 참석자 중에서 같은 프로그램에 2번 이상 참석하게 된 사람은 나지환과 민도희 2명이다.

67

정답 ②

N기업은 원가우위 전략에 속하는 가격 고정이라는 카테고리 전략을 실행하였다.

오답분석

① 혁신 전략 : 기존의 제품을 간단하게 외형만 바꾸지 않고, 의미 있고 독특한 변화를 통해 혁신을 추구하는 전략
③ 차별화 전략 : 둘 이상의 세분시장들을 표적시장으로 선정하여, 각 세분시장에 적합한 마케팅 믹스 프로그램을 제공하는 전략
④ 비차별화 전략 : 시장을 세분화하지 않고, 전체 시장에 대응하는 마케팅 활동
⑤ 집중화 전략 : 기업이 전체 시장을 대상으로 하지 않고, 시장의 일부에만 집중적으로 마케팅 활동을 하거나 작은 하위시장을 독점 상태로 유도하는 마케팅 전략

68

정답 ⑤

전략 평가 및 피드백은 기업 실적을 객관적으로 분석하여 결과에 대한 근본 원인을 도출하는 단계로 N기업의 원가우위 전략과 차별화된 정책이 근본 원인이라고 도출하고 있다.

오답분석

① 경영전략 도출 : 경쟁우위 전략을 도출하여 기업성장과 효율성 극대화라는 목표를 달성할 수 있도록 지원
② 경영전략 실행 : 목표와 미션을 이해하고 조직 역량을 분석하며 세부 실행 계획을 수립하여 업무를 실행
③ 전략 목표 설정 : 전략 목표란 조직의 임무를 수행하기 위하여 중장기적으로 계획하여 추진하고자 하는 중점사업방향을 의미하며 조직의 임무를 좀 더 가시화한 목표. 3～5개 정도로 설정함이 적정하고 표현형식은 구체적이고 명확하게 서술되어야 함
④ 전략 환경 분석 : 내・외부 환경을 분석하는 것으로 시장, 경쟁사, 기술 등을 분석하여 경쟁에서 성공요인을 도출

69

정답 ③

해당 사업은 농협 하나로유통이 국내에서 개발한 우리 품종 농산물의 판매활성화를 위해 '100% 우리 씨앗! 우리 농산물!'이라는 슬로건으로 6월부터 동탄유통센터를 시범으로 운영 중인 사업이며, 전국 농협 매장으로 확대할 계획은 있으나 대형 마트에서 구입할 수 있는 것은 아니다.

70

정답 ⑤

사회공헌과 관련된 행사의 홍보물 제작은 농가소득지원부가 아닌 홍보실의 업무이다. 농가소득지원부는 지역사회와 관련된 사회공헌 활동을 수행하는 지역사회공헌부와 같이 농가소득과 관련된 사회공헌 활동을 수행한다. 따라서 농가소득지원부의 업무로는 영농철 농촌의 일손 중개 활동이나 외국인 근로자 교육 등의 공헌 활동 수행이 있다.

제2회 최종점검 모의고사

01	02	03	04	05	06	07	08	09	10	11	12	13	14	15	16	17	18	19	20
①	②	⑤	⑤	④	③	②	①	⑤	⑤	③	⑤	④	⑤	②	①	③	④	④	②
21	22	23	24	25	26	27	28	29	30	31	32	33	34	35	36	37	38	39	40
②	④	②	④	②	⑤	①	③	③	②	③	③	⑤	③	②	①	③	②	⑤	⑤
41	42	43	44	45	46	47	48	49	50	51	52	53	54	55	56	57	58	59	60
③	①	②	④	⑤	②	③	④	①	⑤	②	③	⑤	④	③	④	②	④	④	①
61	62	63	64	65	66	67	68	69	70										
③	①	③	④	①	②	①	⑤	③	①										

01

정답 ①

제시된 단어는 용도 관계이다.
'냄비'는 '조리'가 목적이고, '연필'은 '필기'가 목적이다.

02

정답 ②

제시된 단어는 유의 관계이다.
'준거'와 '표준'은 '사물의 정도나 성격 따위를 알기 위한 근거나 기준'을 뜻한다. 따라서 '어떤 것이 남긴 표시나 자리'의 뜻을 가진 '자취'와 유의 관계인 단어는 '어떤 현상이나 실체가 없어졌거나 지나간 뒤에 남은 자국이나 자취'를 뜻하는 '흔적'이다.

오답분석

① 척도 : 가하거나 측정할 때 의거할 기준
③ 주관 : 어떤 일을 책임을 지고 맡아 관리함
④ 반영 : 다른 것에 영향을 받아 어떤 현상이 나타남
⑤ 보증 : 어떤 사물이나 사람에 대하여 책임지고 틀림이 없음을 증명함

03

정답 ⑤

제시된 단어는 주어와 서술어의 관계이다.
'산세'는 '험준하다'는 표현을 쓸 수 있고, '마감'은 '임박하다'는 표현을 쓸 수 있다.

04

정답 ⑤

더위를 식혀주는 도구들로, 대등 관계이다.

오답분석

①·②·③·④ 뒤의 두 단어가 첫 번째 단어를 구성하는 전체와 부분의 관계이다.

05
정답 ④

여러 기상 현상들로, 대등 관계이다.

오답분석

①·②·③·⑤ 유의 관계이다.

06
정답 ③

'가을'에 나뭇잎의 빛깔이 '붉거나' 누런색으로 변하는 단풍 현상과 '단풍'이 그려진 화투장을 통해 '단풍'을 연상할 수 있다.

07
정답 ②

후삼국의 '통일', '고려청자', '생각'하고 헤아려 본다는 뜻의 고려(考慮)를 통해 '고려'를 연상할 수 있다.

PART 2

08
정답 ①

'참석'은 비교적 작은 규모의 모임이나 행사, 회의 등에 단순히 출석하는 것을 뜻한다.
반면, '참가'와 '참여'는 단순한 출석 이상으로 그 일에 관계하여 개입한다는 의미가 있다. 둘 모두 행사나 모임 등이 이루어지도록 하는 일에 적극적으로 관여한다는 것을 뜻하지만, '참여'는 주로 '참가'보다 관여 대상이 다소 추상적이고 규모가 클 때 사용한다.

㉠ 참석(參席) : 모임이나 회의 따위의 자리에 참여함
㉡ 참가(參加) : 모임이나 단체 또는 일에 관계하여 들어감
㉢ 참여(參與) : 어떤 일에 끼어들어 관계함

09
정답 ⑤

• 찍던지 → 찍든지

'-던지 / -든지' 구분
• -던지 : 막연한 의문이 있는 채로 그것을 뒤 절의 사실이나 판단과 관련시키는 데 쓰는 연결어미
예 얼마나 춥던지 손이 곱아 펴지지 않았다.
• -든지 : 나열된 동작이나 상태로, 대상들 중에서 어느 것이든 선택될 수 있음을 나타내는 연결어미
예 사과든지 배든지 다 좋다.

10
정답 ⑤

한글 맞춤법에 따르면 앞 단어가 합성 용언인 경우 보조 용언을 앞말에 붙여 쓰지 않는다. 따라서 '파고들다'는 합성어이므로 '파고들어 보면'과 같이 띄어 써야 한다.

오답분석

① '-어 하다'가 '마음에 들다'라는 구에 결합하는 경우 '-어 하다'는 띄어 쓴다.
② 앞말에 조사 '도'가 붙는 경우 보조 용언 '보다'는 앞말에 붙여 쓰지 않는다.
③ 보조 용언 '보다' 앞에 '-ㄹ까'의 종결 어미가 있는 경우 '보다'는 앞말에 붙여 쓸 수 없다.
④ '아는 체하다'와 같이 띄어 쓰는 것이 원칙이나, '아는체하다'와 같이 붙여 쓰는 것도 허용된다.

11
정답 ③

③의 '데'는 아닌 '일'이나 '것'의 뜻을 나타내는 의존명사로 사용되었다.

12

정답 ⑤

으뜸 원(元) – 멀 원(遠)

오답분석

① 셈 수(數) – 달릴 주(走)
② 일만 만(萬) – 얼굴 면(面)
③ 소 우(牛) – 낮 오(午)
④ 어질 현(賢) – 조개 패(貝)

13

정답 ④

고장난명(孤掌難鳴)은 '외손뼉만으로는 소리가 울리지 아니한다.'는 뜻으로, 혼자의 힘만으로 어떤 일을 이루기 어려움을 이르는 말이다.

오답분석

① 고식지계(姑息之計) : '부녀자나 어린아이가 꾸미는 계책 또는 잠시 모면하는 일시적인 계책'이라는 뜻으로, 당장의 편한 것만을 택하는 일시적이며 임시변통의 계책을 이르는 말
② 호사다마(好事多魔) : '좋은 일에는 탈이 많다.'는 뜻으로, 좋은 일에는 방해가 많이 따름을 이르는 말
③ 이장폐천(以掌蔽天) : '손바닥으로 하늘을 가린다.'는 뜻으로, 얕은 수로 잘못을 숨기려고 해도 숨길 수 없음을 이르는 말
⑤ 곡학아세(曲學阿世) : '학문을 굽혀 세상 사람들에게 아첨한다.'는 뜻으로, 자신의 뜻을 굽혀가면서 세상에 아부하여 출세하려는 태도나 행동을 이르는 말

14

정답 ⑤

언중유골(言中有骨)은 '말 속에 뼈가 있다.'는 뜻으로, 예사로운 말 속에 단단한 속뜻이 들어 있음을 이르는 말이다.

오답분석

① 오비이락(烏飛梨落) : '까마귀 날자 배 떨어진다.'는 뜻으로, 아무 관계도 없이 한 일이 공교롭게도 때가 같아 억울하게 의심을 받거나 난처한 위치에 서게 됨을 이르는 말
② 중언부언(重言復言) : '말을 거듭하고 다시 한다.'는 뜻으로, 이미 한 말을 쓸데없이 반복하는 경우를 이르는 말
③ 탁상공론(卓上空論) : '책상 위에만 있는 내실 없는 말'이라는 뜻으로, 현실성이 없는 허황한 이론이나 논의를 이르는 말
④ 희희낙락(喜喜樂樂) : '기쁨과 즐거움'이라는 뜻으로, 매우 기뻐하고 즐거워함을 이르는 말

15

정답 ②

제시문에는 예배당의 종소리와 새들이 감미롭게 지저귀는 소리가 울려 퍼지는 평화로운 주변 분위기가 잘 드러나 있으므로 'calm and peaceful(차분하고 평화로운)'이 적절하다.

그 도시에는 예배 장소들이 몇 개 있었고, 그들의 낮은 종소리가 아침부터 저녁까지 마을에 울려 퍼졌다. 태양은 밝고 기분 좋게 빛났고 공기는 따뜻했다. 시냇물이 물거품을 내며 흘렀고 새들의 감미로운 노래가 도시 저편 들판에서 울려 퍼졌다. 나무들은 이미 잠에서 깨어났고 푸른 하늘이 그들을 감싸고 있었다. 이웃 주변의 모든 것, 나무들, 하늘 그리고 태양은 너무도 젊고 친밀해 보여서 영원히 지속될 마법을 깨뜨리려 하지 않았다.

16

정답 ①

(다)는 '~ 생활도'로 보아 그 앞에 유사한 내용, 즉 (나)의 논리적 사고력이 인류의 문화를 발전시킨다는 내용이 와야 한다. (마)의 '지식과 정보를 보다 신속하고 정확하게'는 (라)의 컴퓨터와 밀접하며, 또 컴퓨터는 (다)의 '인류가 누리는 풍부하고 윤택한 생활'과 밀접하다. 따라서 (가) – (나) – (다) – (라) – (마) 순으로 나열하는 것이 적절하다.

17

정답 ③

제시문은 유명인의 중복 광고 출연으로 인한 부정적인 효과를 설명하고 있다. 따라서 사람들이 항상 유명인과 브랜드 이미지를 연관 짓는 것은 아니며, 오히려 유명인의 출연 자체가 광고 효과를 일으킬 수 있다는 주장을 반박으로 내세울 수 있다.

오답분석

①・② 제시문의 내용과 일치하는 주장이다.

④・⑤ 유명인의 중복 출연으로 인한 부정적인 효과를 말하고 있다.

18

정답 ④

다섯 번째 문단의 '특히 임신과 출산을 경험하는 경우 따가운 시선을 감수해야 한다.'라는 내용으로 볼 때, 임신으로 인한 공백 문제 등이 발생하지 않도록 법적으로 공백 기간을 규제하는 것이 아닌 적절한 공백 기간을 제공하는 것은 물론, 해당 직원이 임신과 출산으로 인해 퇴직하는 등 경력이 단절되지 않도록 규제하여야 한다.

오답분석

① 세 번째 문단의 '결혼과 출산, 임신을 한 여성 노동자는 조직 전체에 부정적인 영향을 준다고 인식하는 경향이 강한데'라는 내용으로 볼 때, 결혼과 출산, 임신과 같은 가족계획을 지지하는 환경으로 만들어 여성 노동자에 대한 인식을 개선해야 한다.

② 네 번째 문단의 '여성 노동자를 차별한 결과 여성들은 남성 노동자들보다 저임금을 받아야 하고 비교적 질이 좋지 않은 일자리에서 일해야 하며 고위직으로 올라가는 것 역시 힘들고 우선 임금 차별이 나타난다.'라는 내용으로 볼 때, 여성들 또한 남성과 마찬가지의 권리를 가질 수 있도록 양질의 정규직 일자리를 만들어야 한다.

③ 네 번째 문단의 '여성 노동자가 많이 근무하는 서비스업 등의 직업군의 경우 임금 자체가 상당히 낮게 책정되어 있어 남성에 비하여 많은 임금을 받지 못하는 구조'라는 내용으로 볼 때, 여성 노동자가 주로 종사하는 직종의 임금 체계를 합리적으로 변화시켜야 한다.

⑤ 다섯 번째 문단의 '여성 노동자들을 노동자 그 자체로 보기보다는 여성으로 바라보는 남성들의 잘못된 시선으로 인해 여성 노동자는 신성한 노동의 현장에서 성희롱을 당하고 있으며,'라는 내용으로 볼 때, 남성이 여성을 대하는 인식을 개선해야 한다.

19

정답 ④

제39조 제2항 '지역농협과 조합원의 이해가 상반되는 의사를 의결할 때에는 해당 조합원은 그 의결에 참여할 수 없다.'에 의해 적절한 내용이다.

오답분석

① 제8조에 따르면 조합 등 중앙회, 농협경제지주회사 등의 재산은 부과금은 면제받으나 조세는 면제받지 않는다.

② 제3조 제2항 제1호에 따르면 중앙회가 출자한 법인은 중앙회의 정관으로 정하는 바에 따라 승인받은 경우 사용 가능하다.

③ 제3조 제1항에 따르면 지역조합은 업종명이 아니라 지역명 또는 지역의 특성을 나타내는 명칭을 사용해야 한다.

⑤ 제36조 제3항에 따르면 조합장이 총회소집청구를 받고 2주일 이내에 총회소집통지서를 발송하지 않는 경우, 총회소집을 청구한 조합원의 대표에 우선하여 감사가 총회를 소집한다.

20

정답 ②

㉡ 농촌체험관광객 10만여 명 유치 – ㉠ 성공요인 1 : 지자체 협력 강화 – ㉣ 성공요인 2 : 여행 상품 증가 – ㉢ 앞으로의 방향 순서로 나열하는 것이 적절하다.

21

정답 ②

내년에도 협동조합 정신을 실천해 농가소득을 높이는 데 앞장서겠다는 내용과, 품목농협이 올해 재해 복구, 농가 지원 등에 힘썼으며 앞으로 최신 농업기술 도입으로 생산성 증진에 힘쓸 것이라는 내용을 통해 협동조합 정신으로 농가소득을 증진시키자는 이야기를 주요하게 다뤘다는 것을 알 수 있다.

22

정답 ④

(가)와 (나)에서 공통적으로 언급하고 있는 주제는 농가소득 증대이다. (가)에서는 농촌체험관광이 농가소득 증대에 크게 기여했다고 언급하고 있으며, (나)에서는 협동조합 정신으로 농가소득 증대를 이루어야 한다고 언급하고 있다. 따라서 농가소득 증대가 농협에서 중요하게 생각하는 이슈라는 것을 알 수 있다.

23

정답 ②

$(423,475-178,475)\div70\times91$
$=245,000\div70\times91$
$=3,500\times91$
$=318,500$

24

정답 ④

$32\times\frac{721}{7}-\frac{1}{2}\times\frac{12,600}{4.2}$
$=32\times103-\frac{1}{2}\times3,000$
$=3,296-1,500$
$=1,796$

25

정답 ②

$3\times8-2\times3=18$
따라서 ○ 안에 들어갈 사칙연산 기호는 $-$이다.

26

정답 ⑤

앞의 항에 $\times(-3)$, $+4$가 반복되는 수열이다.
따라서 ( )$=(-26)\times(-3)=78$이다.

27

정답 ①

홀수 항은 $\times(-2)+2$, 짝수 항은 $+3$, $+6$, $+9$, …인 수열이다.
따라서 ( )$=10\times(-2)+2=-18$이다.

28

정답 ③

앞의 항에 $+6$, -3이 반복되는 수열이다.

A	G	D	J	G	M	J	P	(M)
1	7	4	10	7	13	10	16	13

29

정답 ③

홀수 항은 +2, 짝수 항은 ×2인 수열이다.

E	ㄹ	(G)	ㅇ	I	ㄴ
5	4	7	8	9	16(=14+2)

30

정답 ②

처음 퍼낸 소금물의 양을 xg이라고 하면 소금 20g과 물 80g을 섞은 소금물의 농도에 대해 다음과 같은 식이 성립한다.

$$\frac{\frac{8}{100}\times(600-x)+20}{600-x+80+20}\times100=10$$

→ $\{0.08\times(600-x)+20\}\times100=10\times(600-x+80+20)$

→ $8\times(600-x)+2,000=7,000-10x$

→ $6,800-8x=7,000-10x$

→ $2x=200$

∴ $x=100$

따라서 처음 퍼낸 소금물은 100g이다.

31

정답 ③

아버지의 자리가 결정되면 그 맞은편은 어머니 자리로 고정된다. 어머니와 아버지의 자리가 고정되므로 아버지의 자리를 고정 후 남은 4자리는 어떻게 앉아도 같아지는 경우가 생기지 않는다.

따라서 어머니와 아버지가 서로 마주 보고 앉는 경우의 수는 $4!=24$가지이다.

32

정답 ③

원래 가지고 있던 돈을 x원이라고 하면, 아르바이트를 한 뒤에 철수가 가지고 있는 돈은 $4x$원이므로 다음과 같은 식이 성립한다.

$(4x-20,000)\times0.7=14,000$

∴ $x=10,000$

따라서 철수가 원래 가지고 있던 돈은 10,000원이다.

33

정답 ⑤

3명 중 2명이 합격할 확률을 구해야 하므로 홍은, 영훈, 성준이만 탈락할 확률을 나누어 살펴보면 각각 다음과 같다.

- 영훈 · 성준이는 합격, 홍은이는 탈락할 확률 : $\left(1-\frac{6}{7}\right)\times\frac{3}{5}\times\frac{1}{2}=\frac{1}{7}\times\frac{3}{5}\times\frac{1}{2}=\frac{3}{70}$
- 홍은 · 성준이는 합격, 영훈이는 탈락할 확률 : $\frac{6}{7}\times\left(1-\frac{3}{5}\right)\times\frac{1}{2}=\frac{6}{7}\times\frac{2}{5}\times\frac{1}{2}=\frac{12}{70}$
- 홍은 · 영훈이는 합격, 성준이는 탈락할 확률 : $\frac{6}{7}\times\frac{3}{5}\times\left(1-\frac{1}{2}\right)=\frac{6}{7}\times\frac{3}{5}\times\frac{1}{2}=\frac{18}{70}$

이에 따라 다음과 같은 식이 성립한다.

$\frac{b}{a}=\frac{3}{70}+\frac{12}{70}+\frac{18}{70}=\frac{33}{70}$

∴ $a=70$, $b=33$

따라서 $a+b=103$이다.

34

정답 ③

회사에서 거래처까지의 거리를 $x$km라고 하자.

거래처까지 가는 데 걸린 시간은 $\frac{x}{80}$시간이고, 거래처에서 돌아오는 데 걸린 시간은 $\frac{x}{120}$시간이다.

1시간 이내로 왕복해야 한다고 하였으므로 다음과 같은 식이 성립한다.

$\frac{x}{80}+\frac{x}{120}\le 1$

→ $5x\le 240$

∴ $x\le 48$

따라서 1시간 이내로 왕복하려면 거래처는 회사에서 최대 48km 떨어진 곳에 위치해야 한다.

35

정답 ②

전체 일의 양을 1이라고 하면, A연구원과 B연구원이 각각 하루 동안 할 수 있는 일의 양은 $\frac{1}{8}$, $\frac{1}{14}$이다.

처음 이틀과 보고서 제출 전 이틀 총 나흘은 같이 연구하고, 나머지는 B연구원 혼자 연구하였다.
B연구원 혼자 연구한 기간을 x일이라고 하면 다음과 같은 식이 성립한다.

$4\times\left(\frac{1}{8}+\frac{1}{14}\right)+\frac{x}{14}=1$

→ $\frac{1}{2}+\frac{2}{7}+\frac{x}{14}=1$

→ $7+4+x=14$

∴ $x=3$

따라서 B연구원이 혼자 3일 동안 연구하였으므로 보고서를 제출할 때까지 총 3+4=7일이 걸렸다.

36

정답 ①

A씨의 월 급여는 $\frac{3,480}{12}=290$만 원이다.

국민연금, 건강보험료, 고용보험료를 제외한 금액을 계산하면 다음과 같다.

2,900,000−[2,900,000×(0.045+0.0312+0.0065)]
=2,900,000−(2,900,000×0.0827)
=2,900,000−239,830=2,660,170원

- 장기요양보험료 : (2,900,000×0.0312)×0.0738≒6,670원(∵ 원 단위 이하 절사)
- 지방세 : 68,000×0.1=6,800원

따라서 A씨의 월 실수령액은 2,660,170−(6,670+68,000+6,800)=2,578,700원이고,
연 실수령액은 2,578,700×12=30,944,400원이다.

37

정답 ③

A대리는 가입기간에 따른 기본금리 연 1.5%에 월급이체 우대 연 0.2%p, 제휴보험사 보험상품 가입 우대 연 0.2%p 우대금리를 적용받아 총 연 1.5+0.2+0.2=1.9%를 적용받는다.

A대리의 정보에 따라 별빛적금에 가입하였을 때, 만기 시 받을 수 있는 이자액을 계산하면 다음과 같다.

$1{,}000{,}000\times\frac{36\times 37}{2}\times\frac{0.019}{12}=1{,}054{,}500$원

A대리가 가입기간 동안 납입할 원금을 계산하면 다음과 같다.

1,000,000×36=36,000,000원

따라서 A대리의 만기 수령액은 1,054,500+36,000,000=37,054,500원이다.

38

정답 ②

A대리는 가입기간에 따른 기본금리 연 1.2%에 제휴통신사 우대 연 0.15%p, 우수거래 고객 우대 연 0.2%p 우대금리를 적용받아 총 연 1.2+0.15+0.2=1.55%를 적용받는다.

A대리의 정보에 따라 별빛적금에 가입하였을 때, 만기 시 받을 수 있는 이자액을 계산하면 다음과 같다.

$1,500,000\times\frac{24\times25}{2}\times\frac{0.0155}{12}=581,250$원

따라서 A대리가 만기 시 받을 수 있는 이자액은 581,250원이다.

39

정답 ⑤

㉠ 예금 가입 후 2주 뒤 본인 명의의 A카드 결제실적이 있는 만 35세인 갑은 기본금리 1.9%+우대금리 0.2%p=2.1%의 금리 적용

㉡ 비대면 채널을 통해 예금에 가입한 을은 기본금리 1.9%+우대금리 0.1%p=2.0%의 금리 적용

㉢ 예금 가입 후 8개월 차에 해지한 만 70세인 병은 기본금리의 1/2인 0.95%의 금리 적용

㉣ 비대면 채널을 통해 예금에 가입한 후 4개월 뒤에 해지한 정은 0.5%의 금리 적용

따라서 적용금리가 낮은 순서대로 나열하면 ㉣－㉢－㉡－㉠이다.

40

정답 ⑤

국가별 자동차 보유 대수에서 승용차가 차지하는 비율은 각각 다음과 같다.

- 네덜란드 : $\frac{3,230}{3,585}\times100\fallingdotseq90.1\%$
- 독일 : $\frac{17,356}{18,481}\times100\fallingdotseq93.9\%$
- 프랑스 : $\frac{15,100}{17,434}\times100\fallingdotseq86.6\%$
- 영국 : $\frac{13,948}{15,864}\times100\fallingdotseq87.9\%$
- 이탈리아 : $\frac{14,259}{15,673}\times100\fallingdotseq91.0\%$
- 캐나다 : $\frac{7,823}{10,029}\times100\fallingdotseq78.0\%$
- 호주 : $\frac{4,506}{5,577}\times100\fallingdotseq80.8\%$
- 미국 : $\frac{104,898}{129,943}\times100\fallingdotseq80.7\%$

따라서 유럽 국가는 미국, 캐나다, 호주보다 자동차 보유 대수에서 승용차가 차지하는 비율이 높다.

오답분석

① 프랑스의 승용차와 트럭・버스의 비율은 15,100 : 2,334 ≒ 6.5 : 1이다.

② 자동차 보유 대수에서 승용차가 차지하는 비율이 가장 높은 국가는 독일이다.

③ 자동차 보유 대수에서 트럭・버스가 차지하는 비율은 100%에서 승용차 보유 대수 비율을 뺀 것과 같다. 즉, 승용차가 차지하는 비율이 가장 낮은 국가가 트럭・버스가 차지하는 비율이 가장 높다. 따라서 트럭・버스가 차지하는 비율이 가장 높은 국가는 캐나다이다.

④ 승용차가 차지하는 비율이 가장 낮은 국가는 78%인 캐나다이다.

41

정답 ③

- 5월 4일 지인에게 1,000만 원을 달러로 송금
  : 10,000,000÷1,140.2≒8,770달러(∵ 원 단위 미만 절사, 기타 수수료 없음)
- 5월 22일 지인으로부터 투자수익 10%와 원금을 받음
  : 8,770×(1+0.1)=9,647달러
- 5월 22일 환전
  : 9,647×1,191.5≒11,494,400원(∵ 원 단위 미만 절사, 기타 수수료 없음)

따라서 투자수익률은 $\frac{11,494,400-10,000,000}{10,000,000}\times100\fallingdotseq15\%$이다.

42

정답 ①

제시된 자료는 상품의 가격 변동을 수치화한 것으로, 각 상품의 가격은 알 수 없다.

오답분석

② 자장면 물가지수의 2020년 대비 2024년 증가지수는 115－100＝15로 가장 가격이 많이 오른 음식이다.
③ 설렁탕은 2015년에 물가지수가 가장 낮은 품목이며, 2020년 세 품목의 물가지수는 100으로 동일하다. 따라서 설렁탕이 2015년부터 2020년까지 가격이 가장 많이 오른 음식이다.
④ 세 품목의 2020년 물가지수 100이 기준이기 때문에 2024년에 물가지수가 높은 순서대로 가격 상승률이 높았다. 따라서 2020년 대비 2024년은 '자장면, 설렁탕, 커피' 순으로 가격 상승률이 높았다.
⑤ 제시된 자료를 보면 세 품목이 모두 2020년에 물가지수 100을 나타낸다. 따라서 제시된 모든 품목의 소비자 물가지수는 2020년 물가를 100으로 하여 등락률을 산정했다.

43

정답 ②

연도별 마늘 재배 면적 및 가격 추이를 살펴보면 재배 면적이 넓어질 때 가격이 상승하는 경우도 있다는 것을 알 수 있다.

오답분석

① 마늘 재배 면적은 2020년이 29,352ha로 가장 넓다.
③ 마늘 가격은 2021년 이래로 계속 증가하여 2024년에는 6,364원이 되었다.
④ 전년 대비 2024년 양파 재배 면적은 19,896ha → 19,538ha로 감소하였고, 마늘 재배 면적은 20,758ha → 24,864ha로 증가하였다.
⑤ 조생종 재배 면적의 전년 대비 2024년 증감률은 －6.5%이고, 중만생종 재배 면적의 전년 대비 2024년 증감률은 －1.0%이다.

44

정답 ④

버팀목 대출은 지역별 차등 지원이므로 지역별 문의가 필요하고, 월 최대 30만 원씩 2년간 대출이 가능한 것은 주거안정 월세대출이다.

45

정답 ⑤

일반형은 기존의 공공분양주택을 대상으로 하는 것으로, 신축 주택에 대해 시행되는 유형이 아니다.

46

정답 ②

동일세대원인 부모님이 주택을 소유한 기록이 있으므로 생애최초 특별공급 대상에 해당되지 않는다.

오답분석

㉠ 예비신혼부부에 해당되므로 다른 자격요건을 충족한다면 신혼부부 2순위 특별공급 대상자가 될 수 있다.
㉢ 부부가 맞벌이인 경우 소득기준 120%까지 특별공급 대상에 해당하므로 일반형 신혼부부 특별공급 대상자가 될 수 있다.

47

정답 ③

건강생활실천지원금제 신청자 목록에 따라 신청자별로 확인하면 다음과 같다.

- A : 주민등록상 주소지는 시범지역에 속하지 않는다.
- B : 주민등록상 주소지는 관리형에 속하지만, 고혈압 또는 당뇨병 진단을 받지 않았다.
- C : 주민등록상 주소지는 예방형에 속하고, 체질량지수와 혈압이 건강관리가 필요한 사람이므로 예방형이다.
- D : 주민등록상 주소지는 관리형에 속하고, 고혈압 진단을 받았으므로 관리형이다.
- E : 주민등록상 주소지는 예방형에 속하고, 체질량지수와 공복혈당 건강관리가 필요한 사람이므로 예방형이다.
- F : 주민등록상 주소지는 시범지역에 속하지 않는다.
- G : 주민등록상 주소지는 관리형에 속하고, 당뇨병 진단을 받았으므로 관리형이다.

• H : 주민등록상 주소지는 시범지역에 속하지 않는다.
• I : 주민등록상 주소지는 예방형에 속하지만, 필수조건인 체질량지수가 정상이므로 건강관리가 필요한 사람에 해당하지 않는다.
따라서 예방형 신청이 가능한 사람은 C, E이고, 관리형 신청이 가능한 사람은 D, G이다.

48

정답 ④

첫 번째 조건에 의해 재무팀은 5층 C에 배치되어 있다. 마지막 조건에 의해 인사팀과 노무복지팀의 위치를 각각 6층의 A와 C, 6층의 B와 D, 5층의 B와 D의 경우로 나누어 생각해 본다. 인사팀과 노무복지팀의 위치가 6층의 A와 C, 6층의 B와 D일 경우 나머지 조건들을 고려하면 감사팀은 총무팀 바로 왼쪽에 배치되어 있어야 된다는 여섯 번째 조건에 모순된다. 그러므로 인사팀과 노무복지팀의 위치는 5층의 B와 D이고 이를 토대로 나머지 조건들을 고려하면 다음의 배치도를 얻을 수 있다.

〈5층 사무실 배치도〉

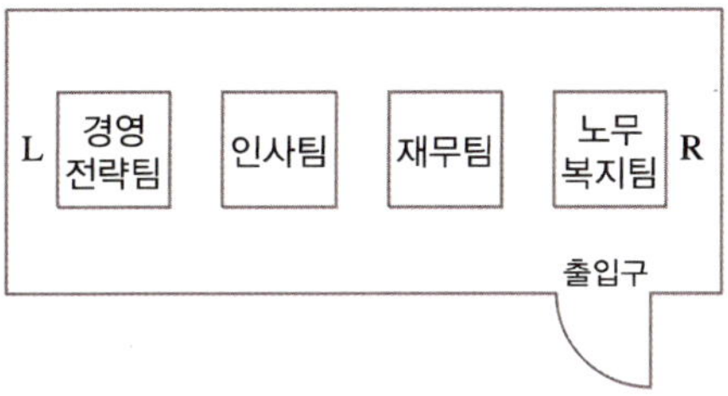

〈6층 사무실 배치도〉

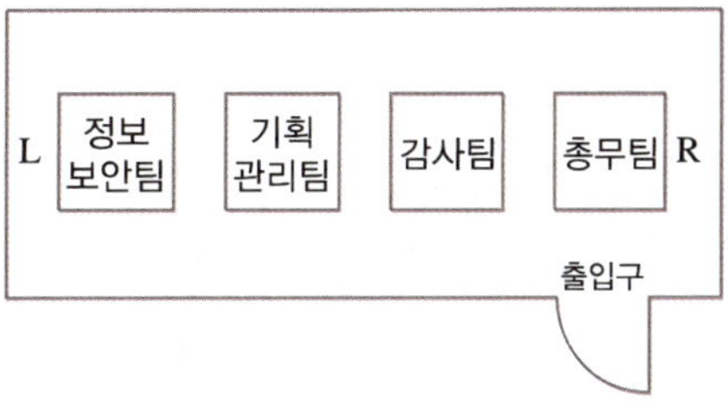

따라서 감사팀에 서류를 전달하기 위해서는 6층의 C사무실로 가야 한다.

49

정답 ①

'좋은 자세로 공부하다.'를 A, '허리의 통증이 약하다.'를 B, '공부를 오래 하다.'를 C, '성적이 올라가다.'를 D라고 하면, 첫 번째 명제는 ~B → ~A, 두 번째 명제는 C → D, 마지막 명제는 ~D → ~A이다. 이때 마지막 명제가 성립하기 위해서는 세 번째 명제에 ~C → ~B가 필요하다. 따라서 빈칸에 들어갈 명제는 그 대우 명제인 ①이다.

50

정답 ⑤

A별의 밝기 등급은 3등급 이하이며, C별의 경우 A, B, E별보다 어둡고 D별보다는 밝으므로 C별의 밝기 등급은 4등급이다. 이에 따라 A별의 밝기 등급은 3등급이며, D별은 5등급, 나머지 E별과 B별은 각각 1등급, 2등급이 된다. 따라서 별의 밝기 등급에 따라 순서대로 나열하면 'E – B – A – C – D'의 순이 된다.

51

정답 ②

B가 부정행위를 했을 경우 두 번째 명제에 따라 C도 함께 부정행위를 하게 된다. 이때 네 번째 명제에 따라 D도 함께 부정행위를 하게 되는데, 이는 첫 번째 명제에 부합하지 않으므로 B, C, D는 부정행위를 하지 않았다.
E가 부정행위를 했을 경우 세 번째 명제에 따라 A도 부정행위를 하게 되고, 이는 다른 명제들과 모순되지 않는다.
따라서 부정행위를 한 사람은 A, E이다.

52

정답 ③

E가 당직을 서면 세 번째, 네 번째 조건이 모순이다. 그러므로 E는 당직을 서지 않는다. E가 당직을 서지 않으므로 두 번째와 마지막 조건에 의해 A, C, D는 당직을 서지 않는다. 따라서 당직을 설 수 있는 사람은 B, F이다.

53

정답 ⑤

첫 번째 조건에서 A는 B보다 먼저 먹거나 A와 B는 같이 먹는 두 가지 경우가 가능하다.

i) A가 B보다 먼저 먹는 경우

C와 D는 세 번째 명제에 따라 각각 12시, 1시 팀이 되고, 마지막 명제에서 E는 F보다 먼저 먹으므로 E와 F도 각각 12시, 1시 팀이 될 것이다. 그러므로 12시 팀은 A, C, E이고, 1시 팀은 B, D, F이다.

ii) A와 B가 같이 먹는 경우

- A와 B가 12시에 먹는 경우

  C와 D는 각각 12시, 1시 팀이 되고, E와 F도 각각 12시, 1시 팀이 된다. 그러므로 12시 팀은 A, B, C, E이고, 1시 팀은 D, F이다.

- A와 B가 1시에 먹는 경우

  두 번째 명제에서 C는 A와 같은 시간에 먹으므로 C는 1시 팀, D는 12시 팀이 되고, E와 F는 각각 12시, 1시 팀이 된다. 그러므로 12시 팀은 D, E이고, 1시 팀은 A, B, C, F이다.

따라서 반드시 참인 것은 ⑤이다.

오답분석

① A와 B는 같은 시간에 먹을 수도 있다.
② i)의 경우, B와 C는 다른 시간에 먹는다.
③ ii)의 경우, A와 B가 1시에 먹는 경우 D와 F는 다른 시간에 먹는다.
④ i)의 경우, 12시 팀과 1시 팀의 인원수는 같다.

54

정답 ④

제시된 조건을 정리하면 다음과 같다.

- A<C<F
- D<B
- D<F<□
- E<□<D
- □<A
- E<□<C, C<□<E

이에 따라 학생들의 키 순서를 정리하면 다음과 같다.

앞	E	A	C	D	F	B	뒤

따라서 C는 6명 중 네 번째로 키가 큰 것을 알 수 있다.

55

정답 ③

i) 연경이의 진술이 참이라면, 효진이의 진술도 참이다. 그런데 효진이의 진술이 참이라면 지현이의 진술은 거짓이 된다.

ii) 지현이의 진술이 거짓이라면, '나와 연경이는 꽃을 꽂아두지 않았다.'는 진술 역시 거짓이 되어 연경이와 지현이 중 적어도 1명은 꽃을 꽂아두었다고 봐야 한다. 그런데 효진이의 진술은 지민이를 가리키고 있으므로 역시 모순이다.

따라서 연경이와 효진이의 진술이 거짓이므로 다솜, 지민, 지현이의 진술이 참이 되며, 이들이 언급하지 않은 다솜이가 꽃을 꽂아두었다.

56

정답 ④

먼저 세 번째 조건에 따라 3팀은 3호실에 위치하고, 네 번째 조건에 따라 8팀과 2팀은 4호실 또는 8호실에 각각 위치한다. 이때, 두 번째 조건에 따라 2팀과 5팀은 앞뒤로 나란히 위치해야 하므로 결국 2팀과 5팀이 각각 8호실과 7호실에 나란히 위치하고, 8팀은 4호실에 위치한다. 또한 첫 번째 조건에 따라 1팀과 7팀은 1호실 또는 5호실에 각각 위치하는데, 마지막 조건에서 4팀은 1팀과 5팀 사이에 위치한다고 하였으므로 4팀이 5팀 바로 앞인 6호실에 위치하고, 1팀은 5호실에 위치한다. 그러므로 7팀은 1호실에는 위치하고, 6팀은 그 바로 뒤 2호실에 위치한다.

이를 종합하여 기획 1 ~ 8팀의 사무실을 배치하면 다음과 같다.

창고	입구	계단
기획 7팀	복도	기획 1팀
기획 6팀		기획 4팀
기획 3팀		기획 5팀
기획 8팀		기획 2팀

따라서 기획 4팀과 기획 6팀은 복도를 사이에 두고 마주하는 것을 알 수 있다.

오답분석

① 창고 뒤에는 기획 7팀의 사무실이 위치하며, 기획 1팀의 사무실은 계단 쪽 라인에 위치한다.
② 기획 2팀의 사무실은 8호실에 위치한다.
③ 기획 3팀과 5팀은 복도를 사이에 두고 마주한다.
⑤ 기획 7팀과 8팀은 창고 쪽 라인에 위치한다.

57

정답 ②

㉠ 유지관리사업 추진 경험을 강점으로 활용하여 예산 확보가 어렵다는 위협요소를 제거해 나가는 전략으로서 ST전략에 해당한다.
㉢ 국토정보 유지관리사업은 이미 강점에 해당하므로 약점을 보완하여야 하는 WO전략으로 적절하지 않다.

58

정답 ④

단가가 가장 낮은 품목부터 800개를 준비하여 100개 단위씩 줄여 준비한다고 하였으므로 이에 따라 필요 금액을 계산하면 다음과 같다. 이때 작년보다 예상 방문 고객이 20% 증가한다는 것은 문제를 푸는 것과는 관련이 없는 서술이므로 주의한다.

구분	당첨고객 수	단가	총액
갑 티슈	800명	3,500원	800×3,500=2,800,000원
우산	700명	9,000원	700×9,000=6,300,000원
보조배터리	600명	10,000원	600×10,000=6,000,000원
다도세트	500명	15,000원	500×15,000=7,500,000원
수건세트	400명	20,000원	400×20,000=8,000,000원
상품권	300명	30,000원	300×30,000=9,000,000원
식기건조대	200명	40,000원	200×40,000=8,000,000원
전자레인지	100명	50,000원	100×50,000=5,000,000원
합계	3,600명	-	52,600,000원

따라서 올해 행사의 경품 준비에 필요한 예상금액은 52,600,000원이다.

59

정답 ④

i) 시급
연봉 3,600만 원인 A사원의 월수령액은 36,000,000÷12=3,000,000원이다.
월평균 근무시간은 200시간이므로 시급은 3,000,000÷200=15,000원/시간이다.

ii) 야근 수당
A사원이 평일에 야근한 시간은 2+3+1+3+2=11시간이므로 야근 수당은 15,000×11×1.2=198,000원이다.

iii) 특근 수당
A사원이 주말에 특근한 시간은 2+3=5시간이므로 특근 수당은 15,000×5×1.5=112,500원이다.

식대는 야근·특근 수당에 포함되지 않는다고 하였다. 따라서 A사원의 이번 달 야근·특근 수당은 총 198,000+112,500=310,500원이다.

60

정답 ①

필기점수와 면접점수의 합을 바탕으로 순위를 구하면 다음과 같다. 이때, 동점자일 경우 면접점수가 높은 사원이 먼저 배정된다.

구분	필기점수	면접점수	합계	순위
A사원	70점	40점	110	10
B사원	90점	80점	170	3
C사원	60점	70점	130	8
D사원	100점	50점	150	4
E사원	80점	90점	170	2
F사원	80점	100점	180	1
G사원	50점	60점	110	9
H사원	60점	80점	140	5
I사원	70점	70점	140	6
J사원	90점	50점	140	7

5개 부서에 2명씩 배정되므로, 순위를 바탕으로 1지망을 배정하면 다음과 같다.

구분	1지망	2지망	추천부서	배정부서
F사원	개발부	영업부	홍보부	개발부
E사원	홍보부	총부무	총무부	홍보부
B사원	개발부	총무부	사업부	개발부
D사원	영업부	홍보무	개발부	영업부
H사원	총무부	사업부	영업부	총무부
I사원	홍보부	개발부	총무부	홍보부
J사원	홍보부	영업부	총무부	–
C사원	영업부	개발부	영업부	영업부
G사원	영업부	사업부	사업부	–
A사원	개발부	사업부	홍보부	–

1지망에 배정된 인원을 제외하고 2지망에 배정하면 다음과 같다.

구분	1지망	2지망	추천부서	배정부서
J사원	홍보부	영업부	총무부	–
G사원	영업부	사업부	사업부	사업부
A사원	개발부	사업부	홍보부	사업부

마지막으로 J사원은 추천부서인 총무부에 배정이 된다.
따라서 B사원이 배정되는 부서는 개발부이다.

61

정답 ③

사원별 추천부서와 배정부서를 정리하면 다음과 같다.

구분	추천부서	배정부서
A사원	홍보부	사업부
B사원	사업부	개발부
C사원	영업부	영업부
D사원	개발부	영업부
E사원	총무부	홍보부
F사원	홍보부	개발부
G사원	사업부	사업부
H사원	영업부	총무부
I사원	총무부	홍보부
J사원	총무부	총무부

따라서 추천부서와 배정부서가 일치하는 사원은 C사원, G사원, J사원이다.

62

정답 ①

비행기별 시차와 비행시간 그리고 현지 도착시각을 정리하면 다음과 같다.

구분	A비행기	B비행기	C비행기	D비행기
한국과의 시차	3−9=−6	0	−8−9=−17	−8−9=−17
비행시간	9시간	2시간 10분	13시간	11시간 15분
출발시각 기준 현지 도착시각	+3시간	+2시간 10분	−4시간	−5시간 45분

C비행기와 A비행기는 출발시각 기준으로 현지 도착시각이 7시간 차이가 난다. 그러나 두 번째 조건에서 두 비행기가 도착 시 현지시각이 같다고 했으므로, A비행기는 C비행기보다 7시간 빨리 출발한다.
또한 세 번째 조건에 의해서 B비행기는 A비행기보다 6시간 늦게 출발한다.
마지막 조건에 의해서 D비행기는 C비행기보다 15분 빨리 출발한다. 즉, A비행기보다 6시간 45분 늦게 출발한다.
따라서 비행기는 A−B−D−C 순서로 출발한다.

63

정답 ③

우선 다른 부품에 비해 가격이 월등히 높은 E, F부품이 모두 포함된 ⑤는 제외한다.
선택지별 부품 구성에 따른 총가격 및 총소요시간을 계산하면 다음과 같으며, 총소요시간에서 30초는 0.5분으로 환산한다.

구분	부품	총가격	총소요시간
①	A, B, E	(20×3)+(35×5)+(80×1)=315원	6+7+8.5=21.5분
②	A, C, D	(20×3)+(33×2)+(50×2)=226원	6+5.5+11.5=23분
③	B, C, E	(35×5)+(33×2)+(80×1)=321원	7+5.5+8.5=21분
④	B, D, F	(35×5)+(50×2)+(90×2)=455원	7+11.5+10=28.5분

세 번째 조건에 따라 ④의 부품 구성은 총소요시간이 25분 이상이므로 제외된다. 마지막 조건에 따라 ①, ②, ③의 부품 구성의 총가격 차액이 서로 100원 미만 차이가 나므로 총소요시간이 가장 짧은 것을 택한다.
따라서 총소요시간이 21분으로 가장 짧은 B, C, E부품으로 마우스를 조립하는 것이 가장 적절하다.

64

정답 ④

부패방지교육은 넷째 주 월요일인 20일 이전에 모두 끝나고, 성희롱방지교육은 마지막 주 금요일에 실시되므로 5월 넷째 주에는 금연교육만 실시된다.

오답분석

① 성희롱방지교육은 5월 31일 금요일에 실시된다.
② 마지막 주 금요일에는 성희롱방지교육이 실시되므로 금연교육은 금요일에 실시될 수 없다.
③ 5월 첫째 주는 은행의 주요 행사 기간이므로 어떠한 교육도 실시할 수 없다.
⑤ 부패방지교육은 수요일과 목요일(8, 16일) 또는 목요일과 수요일(9, 15일)에 실시될 수 있다.

65

정답 ①

델파이 기법은 반복적인 설문조사를 통해 의견 차이를 좁혀 합의를 도출하는 방식으로 이를 순서대로 나열한 것은 ①이다.

66

정답 ②

이팀장의 지시 사항에 따라 강대리가 해야 할 일은 회사 차 반납, A은행 김팀장에게 서류 제출, 최팀장에게 회의 자료 전달, 대표 결재이다. 이 중 대표의 결재를 오전 중으로 받아야 하므로 강대리는 가장 먼저 대표에게 결재를 받아야 한다. 이후 1시에 출근하는 최팀장에게 회의 자료를 전달하고, 이팀장에게 들러 회사 차를 찾아 차 안의 서류를 A은행 김팀장에게 제출한 뒤 회사 차를 반납해야 한다. 즉, 강대리가 해야 할 일의 순서를 정리하면 '대표에게 결재 받기 → 최팀장에게 회의 자료 전달 → A은행 김팀장에게 서류 제출 → 회사 차 반납'의 순이 된다.

67

정답 ①

제시문 내 L그룹의 경영전략으로 1등 전략과 관련된 내용이 없다.
1등 전략은 시장점유율의 유지를 위해 혁신적인 신제품 발매, 가격경쟁 전략이나 판매촉진 강화 전략 등을 행함으로써 경쟁회사의 진입장벽을 높이는 방법이다.

68

정답 ⑤

조직문화를 구성하는 7S 중 리더십스타일은 구성원들을 이끌어 나가는 경영관리자들의 관리스타일로서, 구성원들의 동기부여와 상호작용, 조직분위기와 나아가서는 실무성과에 직접적인 영향을 준다.

오답분석

① 공유가치 : 기업 구성원들이 함께 하는 가치관으로서 다른 조직문화의 구성요소에 영향을 주는 핵심요소
② 구성원 : 기업의 인력구성, 구성원들의 능력 및 전문성, 신념, 욕구와 동기, 지각과 태도, 행동 등
③ 제도 : 기업경영의 의사결정, 보상제도와 인센티브, 경영정보와 의사결정시스템, 경영계획과 목적설정시스템, 결과 측정과 조정 및 통제 등 경영 각 분야의 관리제도와 절차
④ 관리기술 : 기업의 각종 물리적 하드웨어 기술과 이에 탑재된 소프트웨어 기술, 경영기술과 기법 등

69

정답 ③

장거리 운송이 없는 지역 농산물을 소비하도록 매장을 중심으로 운영되는 산업은 로컬푸드(Local Food)이다.

70

정답 ①

농협은 대량구매한 비료, 농약, 농기계, 유류(면세유) 등의 영농에 필요한 농자재를 농가에 저렴하고 안정적으로 공급함으로써 농업경영비 절감과 농업인 소득 증대 및 생활 안정에 기여한다.

오답분석

② 농협은 생산자 조직 구축과 연합사업 활성화를 통해 산지유통의 혁신을 도모하는 한편, 미곡종합처리장과 농산물 산지유통센터의 규모화・전문화로 상품성 제고에 기여한다.

③ 농협은 '산지에서 소비지까지(Farm to Table)' 체계적인 농식품 관리와 교육을 통해 안전하고 우수한 국산 농식품을 공급한다.

④ 농협은 홈쇼핑 사업, 학교급식 사업, 군납 사업 등 다양한 유통 경로를 통해 우수하고 안전한 국산 농산물을 소비자에게 공급하며, 온라인 소비시장 확대 추세에 맞춰 다양한 홈쇼핑 전용 상품을 개발한다.

⑤ 농협은 하나로클럽・하나로마트 등의 농협 직영매장, 인터넷 쇼핑몰과 홈쇼핑 등 도시민을 대상으로 한 소비지 유통망을 확충함으로써 농산물의 안정적인 판매 기반을 구축한다.

제3회 최종점검 모의고사

01	02	03	04	05	06	07	08	09	10	11	12	13	14	15	16	17	18	19	20
④	②	④	④	①	②	③	②	④	④	④	③	③	④	④	①	④	④	①	①
21	22	23	24	25	26	27	28	29	30	31	32	33	34	35	36	37	38	39	40
④	④	④	④	③	②	③	③	④	②	④	④	④	④	②	④	④	④	②	①
41	42	43	44	45	46	47	48	49	50	51	52	53	54	55	56	57	58	59	60
①	④	③	②	④	②	④	①	④	①	④	③	③	④	③	③	④	②	①	②

01

정답 ④

'차비'는 '채비'의 원말로, 두 단어 모두 표준어이다.

오답분석

①·②·③ 방언과 표준어의 관계이다.

02

정답 ②

'오디'는 뽕나무의 열매이고, '뽕잎'은 뽕나무의 잎이다.

오답분석

①·③·④ 앞의 단어가 뒤의 단어의 재료가 된다. 즉, 재료와 가공품의 관계이다.
• 견사(絹絲) : 깁이나 비단을 짜는 명주실

03

정답 ④

제시문은 전체와 부분 관계이다.
'연필심'은 '연필'의 부분이고, '뿌리'는 '나무'의 부분이다.

04

정답 ④

제시문은 유의 관계이다.
'막상막하(莫上莫下)'의 유의어는 '난형난제(難兄難弟)'이고, '사필귀정(事必歸正)'의 유의어는 '인과응보(因果應報)'이다.

오답분석

① 과유불급(過猶不及) : '정도를 지나침은 미치지 못함과 같다.'는 뜻으로, 중용(中庸)이 중요함을 이르는 말
② 고장난명(孤掌難鳴) : '외손뼉만으로는 소리가 울리지 아니한다.'는 뜻으로, 혼자의 힘만으로 어떤 일을 이루기 어려움을 이르는 말
③ 다기망양(多岐亡羊) : '여러 갈래 길에서 양을 잃는다.'는 뜻으로, 두루 섭렵하기만 하고 전공하는 바가 없어 끝내 성취하지 못함을 이르는 말

05

정답 ①

'독립' 운동, 운동하는 시설의 '헬스클럽', 운동 '선수'를 통해 '운동'을 연상할 수 있다.

06

정답 ②

경찰이 사용하는 '수갑'과 경찰차에 부착된 '사이렌', 경찰마크의 '참수리'를 통해 '경찰'을 연상할 수 있다.

07

정답 ③

깨끗이(○) / 깨끗히(×) – 사글세(○) / 삭월세(×)

오답분석

① 초콜렛(×) / 초콜릿(○) – 악세사리(×) / 액세서리(○)
② 날으는(×) / 나는(○) – 구렛나루(×) / 구레나룻(○)
④ 웬지(×) / 왠지(○) – 생각컨대(×) / 생각건대(○)

PART 2

08

정답 ②

제시된 문장과 ②의 '차다'는 '일정한 공간에 사람, 사물, 냄새 따위가 더 들어갈 수 없이 가득하게 되다.'의 의미로 사용되었다.

오답분석

① 어떤 높이나 한도에 이르는 상태가 되다.
③ 감정이나 기운 따위가 가득하게 되다.
④ 정한 수량, 나이, 기간 따위가 다 되다.

09

정답 ④

깍정이는 깍쟁이의 잘못된 표현으로, '이기적이고 인색한 사람, 아주 약빠른 사람'을 일컫는 말은 '깍정이'가 아니라 '깍쟁이'이다.

10

정답 ④

- 뿐 : '그것만이고 더는 없음'을 의미하는 보조사이므로 붙여 쓴다.
- 바 : '방법, 일'을 의미하는 의존명사이므로 띄어 쓴다.

오답분석

① 만난지도 → 만난 지도 / 3년 째다 → 3년째다
  - 지 : '어떤 일이 있었던 때로부터 지금까지의 동안'을 의미하는 의존명사이므로 띄어 쓴다.
  - 째 : '계속된 그동안'을 의미하는 접미사이므로 붙여 쓴다.

② 공부 밖에 → 공부밖에 / 한 번 → 한번
  - 밖 : '그것 말고는'을 의미하는 조사이므로 붙여 쓴다.
  - 한번 : '기회 있는 어떤 때'를 의미하는 명사이므로 붙여 쓴다.

③ 나타 난 → 나타난 / 안된다는 → 안 된다는
  - 나다 : 명사나 명사성 어근 뒤에 붙어 그런 성질이 있음을 더하고 형용사를 만드는 접미사처럼 사용될 때는 붙여 쓴다.
  - 안 : 부정의 뜻인 '아니 되다'로 쓸 때에는 띄어 쓴다.

11

정답 ④

㉠ '소개하다'는 '서로 모르는 사람들 사이에서 양편이 알고 지내도록 관계를 맺어 주다.'의 의미로 단어 자체가 사동의 의미를 지니고 있으므로 '소개시켰다'가 아닌 '소개했다'로 써야 한다.
㉡ '쓰여지다'는 피동 접사 '-이-'와 '-어지다'가 결합한 이중 피동 표현이므로 '쓰여진'이 아닌 '쓰인'으로 써야 한다.
㉢ '부딪치다'는 '무엇과 무엇이 힘 있게 마주 닿거나 마주 대다.'의 의미인 '부딪다'를 강조하여 이르는 말이고, '부딪히다'는 '부딪다'의 피동사이다. 따라서 ㉢에는 의미상 '부딪치다'가 들어가야 하므로, '부딪쳤다'로 써야 한다.

12

정답 ③

소외(疏外 : 소통할 소, 바깥 외)

오답분석

① 재단(財團 : 재물 재, 둥글 단)
② 시행(施行 : 베풀 시, 다닐 행)
④ 계층(階層 : 섬돌 계, 층 층)

13

정답 ③

고진감래(苦盡甘來)는 '쓴 것이 다하면 단 것이 온다.'는 뜻으로, 고생 끝에 즐거움이 옴을 이르는 말이다.

오답분석

① 순망치한(脣亡齒寒) : '입술이 없으면 이가 시리다.'는 뜻으로, 서로 의지하고 있어서 한쪽이 사라지면 다른 한쪽도 온전하기 어려움을 이르는 말
② 당구풍월(堂狗風月) : '서당개 삼 년이면 풍월을 읊는다.'는 뜻으로, 그 분야에 전문성이 없는 사람도 오래 있으면 지식과 경험을 얻음을 이르는 말
④ 조삼모사(朝三暮四) : '아침에는 세 개, 저녁에는 네 개.'라는 뜻으로, 간사한 꾀로 남을 속임을 이르는 말

14

정답 ④

사람들의 마음을 사로잡는 암시의 기법을 사용하고, 사람들의 지각 작용을 조작한다는 빈칸 뒷부분의 내용으로 보아 마술사들이 '심리적인' 무기를 사용한다는 것을 유추할 수 있다.

- deceiver : 속이는 사람
- illusionist : 마술사
- accuracy : 정확성
- hot-air balloon : 열기구
- perception : 지각 (작용)
- investigate : 조사하다
- participate in : ~에 참여하다
- suggestion : 암시, 제시
- manipulate : 조작하다

마술사들은 정직하게 속이는 사람들이다. 마술사들이 그들의 관객을 속이기 위해 사용하는 비밀을 연구하기 위해, Jastrow는 두 명의 뛰어난 마술사와 함께 작업을 했다. 그는 이 공연자들을 그의 실험실로 초대해 그들이 동작 속도와 손가락 움직임의 정확성을 측정하는 일련의 실험에 참여하도록 했다. 그러나 Jastrow의 결과는 일반적인 것을 넘어서는 것이 거의 없다고 드러났다. 그는 마술이란 빠른 움직임과는 거의 관계가 없다고 설명했다. 대신에, 마술사들은 관객들을 속이기 위한 일련의 심리적인 무기들을 이용한다. 사람들의 마음을 사로잡는 암시의 기법은 그 과정에서 중요한 역할을 한다. 사람들이 이전에 열기구 안에서 존재하지도 않는 여행을 계속했다고 믿도록 만들 수 있는 것과 마찬가지로, 마술사들은 공연에 대한 사람들의 지각 작용을 조작할 수 있어야만 한다.

15

정답 ④

제시문은 정신과 물질의 관계에 대한 이원론과 동일론 그리고 기능론과 이원론 입장에서 바라보는 사고 실험에 대해 설명하고 있다. 따라서 (다) 현대에 이원론보다 각광받는 동일론이 가진 문제점 – (나) 동일론의 문제점을 해결할 수 있는 기능론 – (라) 기능론을 비판하는 이원론의 입장에서 설명하는 감각질과 관련한 사고 실험 – (가) 감각질이 뒤집혀도 겉으로 드러난 행동과 말이 똑같은 이유 순으로 나열하는 것이 적절하다.

16

정답 ①

제시문은 탑을 복원할 경우 탑에 담긴 역사적 의미와 함께 탑과 주변 공간의 조화가 사라지고, 정확한 자료 없이 탑을 복원한다면 탑을 온전하게 되살릴 수 없다는 점을 들어 탑을 복원하기보다는 보존해야 한다고 주장한다. 따라서 이러한 근거들과 관련이 없는 ①은 주장에 대한 반박으로 적절하지 않다.

17

정답 ④

세 번째 문단에 따르면 농협은 2월 7일 일제 소독의 날, 전국의 축산농장 및 축산 관련 작업장 391개소에 대해 가용 자원을 총동원하여 일제 소독을 실시하였다.

오답분석

① 범농협 계통사업장 일제 소독의 날은 2월 7일이다.
② 전국 지역 본부장과 시군지부장이 연휴 기간 중 비상근무를 실시했다.
③ 농협은 연휴 기간 4,225명의 방역 인력을 투입하여 25,259농가에 직접 소독지원을 하였다.

18

정답 ④

제시된 기사의 주요 보도 내용은 농협이 일제 소독의 날을 맞이하여 구제역 근절을 위한 일제 소독을 실시하였다는 것이다. 즉, 기사의 제목은 농협의 일제 소독 실시와 관련되어야 하며, 부제는 이러한 기사 내용을 요약하여 전달해 주어야 한다.
따라서 기사 전체의 내용을 잘 드러내주는 ④가 기사의 제목과 부제로 가장 적절하다.

오답분석

① 기사 내용의 일부분만 언급하고 있으므로 기사 전체 내용의 제목으로 적절하지 않다.
② 두 번째 문단에 따르면 구제역은 1월 31일에 마지막으로 발생 후 현재까지 추가적으로 발생하지 않았다. 따라서 구제역 추가 발생 및 추가 확산은 기사 내용과 일치하지 않는다.
③ 농협 회장은 향후 방역 전산 고도화를 통해 가축 질병 상황에 선제적 대응이 가능하도록 보완해 나갈 것임을 강조하였다. 따라서 현재 농협은 방역 전산 고도화를 이루지 못했으므로 적절하지 않다.

19

정답 ①

$\frac{1}{9}+\frac{3}{27}+\frac{8}{3^2}+\frac{2^3}{9}$

$=\frac{1}{9}+\frac{1}{9}+\frac{8}{9}+\frac{8}{9}$

$=1+1$

$=2$

20

정답 ①

$41-12□5\times2=39$

→ $-12□5\times2=39-41$

→ $-12□5\times2=-2$

□가 × 또는 ÷라고 할 때, 순차적으로 계산하면 −2가 나올 수 없으므로 □에는 −나 +가 들어가야 한다.

−나 +보다는 ×를 먼저 계산해야 하므로 $-12□10=-2$가 성립한다.

따라서 빈칸에 들어갈 사칙연산 기호는 +이다.

21

정답 ④

$\sqrt{19+8\sqrt{3}}=\sqrt{19+2\sqrt{48}}=\sqrt{16}+\sqrt{3}=4+\sqrt{3}$

$1<\sqrt{3}<2$이므로 $5<4+\sqrt{3}<6$이다.

$\sqrt{19+8\sqrt{3}}=5.\cdots$이므로 $a=5$, $b=(4+\sqrt{3})-5=\sqrt{3}-1$이다.

따라서 $a\times b=5(\sqrt{3}-1)$이다.

22

정답 ④

앞의 항에 ×2, +2가 반복되는 수열이다.

따라서 ( )$=38\times2=76$이다.

23

정답 ④

나열된 수를 각각 A, B, C라고 하면

$\underline{A\ B\ C}$ → $A^2-\sqrt{B}=C$

따라서 ( )$=8^2-\sqrt{81}=55$이다.

24

정답 ④

앞의 항에 −2인 수열이다.

ㅍ	ㅋ	ㅈ	ㅅ	ㅁ	(ㄷ)
13	11	9	7	5	3

25

정답 ③

홀수 항은 −2, 짝수 항은 +2인 수열이다.

ㅈ	ㄷ	ㅅ	ㅁ	ㅁ	(ㅅ)
9	3	7	5	5	7

26

정답 ②

식염수 100g의 농도를 x%라고 하면 다음과 같은 식이 성립한다.

$\frac{x}{100} \times 100 + \frac{20}{100} \times 400 = \frac{17}{100} \times (100+400)$

→ $x+80=85$

∴ $x=5$

따라서 식염수 100g의 농도는 5%이다.

27

정답 ③

전체 일의 양을 1이라고 하고, A, B, C가 하루에 할 수 있는 일의 양을 각각 $\frac{1}{a}$, $\frac{1}{b}$, $\frac{1}{c}$라고 하자.

$\frac{1}{a}+\frac{1}{b}=\frac{1}{12}$ …㉠

$\frac{1}{b}+\frac{1}{c}=\frac{1}{6}$ …㉡

$\frac{1}{c}+\frac{1}{a}=\frac{1}{18}$ …㉢

㉠, ㉡, ㉢을 모두 더한 다음 2로 나누면 3명이 하루 동안 할 수 있는 일의 양을 구할 수 있다.

$\frac{1}{a}+\frac{1}{b}+\frac{1}{c}=\frac{1}{2}\left(\frac{1}{12}+\frac{1}{6}+\frac{1}{18}\right)=\frac{1}{2}\left(\frac{3+6+2}{36}\right)=\frac{11}{72}$

따라서 72일 동안 3명이 끝낼 수 있는 일의 양은 $\frac{11}{72} \times 72 = 11$이므로 전체 일의 양의 11배를 할 수 있다.

28

정답 ③

반장과 부반장을 서로 다른 팀에 배치하는 경우는 2가지이다. 2명을 제외한 인원을 2명, 4명으로 나누는 경우는 먼저 6명 중 2명을 뽑는 방법과 같으므로 ${}_6C_2=\frac{6\times5}{2}=15$가지이다.

따라서 래프팅을 두 팀으로 나눠 타는 경우의 수는 $2\times15=30$가지이다.

29

정답 ④

지원이가 자전거를 탄 시간을 x분이라고 하면 걸어간 시간은 $(30-x)$분이므로 다음과 같은 식이 성립한다.

$50(30-x)+150x=4,000$

→ $100x=2,500$

∴ $x=25$

따라서 지원이가 자전거를 탄 시간은 25분이다.

30

정답 ②

아이스크림을 x개 산다면 과자는 $(17-x)$개를 사야 하므로 다음과 같은 식이 성립한다.

$600x+1,000(17-x) \le 15,000$

→ $400x \ge 2,000$

∴ $x \ge 5$

따라서 아이스크림은 최소 5개 사야 한다.

31

정답 ④

작년 동아리에 가입한 남학생의 수를 x명, 여학생의 수를 y명이라고 하면 다음과 같은 식이 성립한다.

$x+y=90$ … ㉠

$0.9x+1.12y=92$ … ㉡

㉠과 ㉡을 연립하면 $x=40$, $y=50$이다.

따라서 올해 동아리에 가입한 여학생의 수는 $1.12\times50=56$명이다.

32

정답 ④

A회사의 밀가루 무게를 $5x$kg이라고 하면, 설탕의 무게는 $4x$kg이다.

B회사의 밀가루 무게를 $2y$kg이라고 하면, 설탕의 무게는 $y$kg이다.

두 제품을 섞었을 때 밀가루와 설탕의 비율이 3 : 2이므로 $3(4x+y)=2(5x+2y)$ … ㉠

설탕의 무게가 120kg이므로 $4x+y=120$ … ㉡

㉠과 ㉡을 연립하면 $x=20$, $y=40$이다.

따라서 A회사 제품의 무게는 $5\times20+4\times20=180$kg이다.

33

정답 ④

2009년에 받은 2,000만 원을 2010년 초부터 저축한다고 하였기 때문에 기산년도는 2010년으로 한다.

문제가 다소 복잡하기에 간편한 수식을 위하여 2,000만 원을 x만 원이라고 하자. 또한 2010년 연초부터 실제 돈을 넣는 것이지만 문제에서 물어보는 것은 연말임을 주의한다.

연금은 매년 8% 증가하므로 해가 거듭될수록 1.08이 곱해지고, 2010년부터 가입한 복리예금상품 만기금액은 다음과 같다.

(단위 : 만 원)

2010년 초	2010년 말	2011년 말	2012년 말	…	2024년 말
x	$x(1.03)$	$x(1.03)^2$	$x(1.03)^3$	…	$x(1.03)^{15}$
	$x(1.08)$	$x(1.08)\times(1.03)$	$x(1.08)\times(1.03)^2$	…	$x(1.08)\times(1.03)^{14}$
		$x(1.08)^2$	$x(1.08)^2\times(1.03)$	…	$x(1.08)^2\times(1.03)^{13}$
				…	…
				…	$x(1.08)^{15}$

2024년 말에 N씨가 모은 돈은 2024년 말의 항을 모두 더한 값인 S와 같다.

총항의 개수는 16개이며, 등비수열 합 공식 $S=\frac{a(r^n-1)}{r-1}$에서 초항(a)은 $x(1.03)^{15}$, 공비(r)는 $\frac{1.08}{1.03}=1.05$, 항의 개수(n)는 16으로 하여 계산하면 다음과 같은 식이 성립한다.

$$S=\frac{a(r^n-1)}{r-1}=\frac{x(1.03)^{15}(1.05^{16}-1)}{1.05-1}=\frac{x\times1.6\times(2.2-1)}{0.05}=38.4\times x$$

따라서 $x=2,000$이므로 2024년 말에 N씨가 모은 돈은 $38.4\times2,000=76,800$만 원이다.

34

정답 ④

- 우대금리 : ⓐ+ⓑ=0.7%p
- 만기 시 적용되는 금리 : 2.3+0.7=3.0%
- 만기 시 이자액(단리) : $100,000\times\frac{24\times25}{2}\times\frac{0.03}{12}=75,000$원

따라서 A대리가 B고객에게 안내할 만기 수령액은 $100,000\times24+75,000=2,475,000$원이다.

35

정답 ②

㉡ 환율 인상 시 원화 가치가 하락하며, 외채 상환 부담이 커지므로 A시점보다 B시점에 미국에 대한 외채 상환 부담이 크다.
㉢ 환율 하락 시 원화를 US달러로 환전하는 것이 유리하므로 B시점보다 C시점에 원화를 US달러로 환전하는 것이 유리하다.

오답분석

㉠ A시점보다 B시점의 환율이 높으므로 A시점보다 B시점의 원화 가치는 낮다.
㉣ A시점에 1달러를 사기 위해서는 1,000원을 주어야 하는데, C시점에 1달러를 팔면 800원만 받을 수 있으므로 환차손이 발생한다.

36

정답 ④

남성 인구 10만 명당 사망자 수가 가장 많은 해는 2015년이다.

전년 대비 2015년 남성 사망자 수 증가율은 $\frac{4,674-4,400}{4,400}\times 100 ≒ 6.2\%$이다.

오답분석

① • 2021년 전체 사망자 수 : 4,111+424=4,535명
 • 2023년 전체 사망자 수 : 4,075+474=4,549명
 따라서 2021년과 2023년의 전체 사망자 수는 같지 않다.

② • 전년 대비 2012년 전체 사망자 수의 증가율 : $\frac{3,069-2,698}{2,698}\times 100 ≒ 13.8\%$
 • 전년 대비 2014년 전체 사망자 수의 증가율 : $\frac{4,740-4,106}{4,106}\times 100 ≒ 15.4\%$
 따라서 전년 대비 전체 사망자 수의 증가율은 2014년이 2012년보다 높다.

③ 2022년, 2024년 남성 인구 10만 명당 사망자 수는 각각 15.9명, 15.6명이고, 여성 인구 10만 명당 사망자 수는 각각 2.0명, 2.1명이다. $15.9<2\times 8=16$, $15.6<2.1\times 8=16.8$이므로 옳지 않은 설명이다.

37

정답 ④

• 관리직의 구직 대비 구인률 : $\frac{993}{2,951}\times 100 ≒ 34\%$

• 음식서비스 관련직의 구직 대비 취업률 : $\frac{458}{2,936}\times 100 ≒ 16\%$

따라서 둘의 차이는 34−16=18%p이다.

38

정답 ④

영업원 및 판매 관련직의 구직 대비 취업률은 $\frac{733}{3,083}\times 100 ≒ 24\%$이다.

오답분석

① 법률・경찰・소방・교도 관련직과 미용・숙박・여행・오락・스포츠 관련직은 취업자 수가 구인자 수를 초과하였다.
② 구인자 수가 구직자 수를 초과한 직종은 금융보험 관련직으로 한 곳이다.
③ 기계 관련직의 구직 대비 취업률이 약 31%로 가장 높다.

39

정답 ②

'에어컨을 과도하게 쓴다.'를 A, '프레온 가스가 나온다.'를 B, '오존층이 파괴된다.'를 C, '지구 온난화가 진행된다.'를 D라고 하면 첫 번째 명제는 ~C → ~B, 세 번째 명제는 ~D → ~C이다. 마지막 명제 ~D → ~A가 성립하기 위해서는 빈칸에 ~B → ~A가 필요하다. 따라서 빈칸에는 그 대우 명제인 ②가 들어가는 것이 가장 적절하다.

40

정답 ①

대화에서 C와 D가 모순되는 진술을 하고 있으며, 둘 중 1명이 거짓을 말하고 나머지 1명이 참을 말하는 것을 알 수 있다. 이때, A의 말이 참이므로 C의 말도 참이 되어 D의 말이 거짓이 된다.
따라서 A는 '홍보', C는 '섭외', E는 '예산'을 담당하고 있다. D의 말은 거짓이므로 '구매' 담당은 B가 되며, D는 '기획'을 맡는다.

41

정답 ①

경영지원실이 가장 아래층이므로 1층이며, 보험급여실은 경영지원실 바로 위층에 있으니 2층이다.
빅데이터운영실과 보험급여실 사이에는 두 층이 있으므로 빅데이터운영실이 5층이 된다.
나머지 3, 4층은 기획조정실의 층수에서 경영지원실의 층수를 빼면 3이 되므로, 기획조정실이 4층이 되고 3층은 급여관리실이 된다.
따라서 1층부터 순서대로 '경영지원실 – 보험급여실 – 급여관리실 – 기획조정실 – 빅데이터운영실'이다.

42

정답 ④

전세금 총액은 지원한도액인 2.0억 원의 200%인 4.0억 원까지 가능하며, 지원한도액은 최대 2.0억 원이다.

43

정답 ③

든든대출은 사회초년생을 대상으로 하고 있지만 2,000만 원 이상 대출 시 사은품 제공, 예금상품 동시 가입 시 우대금리를 제공한다. 신뢰대출의 혜택은 자사 예금상품이 있는 경우 200만 원 한도로 무이자 대출을 제공한다. 고객의 문의 내용을 보았을 때, 해당 고객은 100만 원 정도 대출하기를 원하고, ○○농협 예금상품을 사용하고 있으므로 신뢰대출을 통한 무이자 대출이 가능하다. 따라서 고객에게 추천해 줄 대출상품으로 가장 적절한 것은 신뢰대출이다.

44

정답 ②

해당 고객은 2년 동안 상환할 수 있는 상품을 원하고 있으므로 3개월 이내 상환해야 하는 이지대출은 이용할 수 없다. 또한 만 36세 주부이므로 사회초년생 대상 대출인 든든대출도 가입할 수 없고, 자사 상품 가입 내용이 없어 신뢰대출도 받을 수 없다. 일사천리대출은 스마트폰 전용 상품으로 고객이 스마트폰 사용을 하지 않아 가입할 수 없다. 따라서 고객에게 추천해 줄 대출상품으로 가장 적절한 것은 적절한 것은 일반 고객 대상으로 제공하고, 다자녀 우대금리를 적용받을 수 있는 안심대출이다.

45

정답 ④

WO전략은 약점을 극복함으로써 기회를 활용할 수 있도록 내부 약점을 보완해 좀 더 효과적으로 시장 기회를 추구한다. 따라서 바로 옆에 유명한 프랜차이즈 레스토랑이 생겼다는 사실을 이용하여 홍보가 미흡한 점을 보완할 수 있도록 레스토랑과 제휴하여 레스토랑 내에 홍보물을 비치하는 방법이므로 적절하다.

46

정답 ②

유동인구가 가장 많은 마트 앞에는 설치가능 일자가 일치하지 않아 설치할 수 없고, 나머지 장소는 설치가 가능하다. 유동인구가 많은 순서대로 살펴보면 ○○농협, 주유소, 우체국, 동사무소 순서이지만, 주유소는 우체국과 유동인구가 20명 이상 차이가 나지 않으므로 게시기간이 긴 우체국에 설치한다. 따라서 현수막을 설치할 2곳은 ○○농협과 우체국이다.

47

정답 ④

장소별로 설치비용과 게시비용의 합은 각각 다음과 같다.

(단위 : 만 원, 일)

구분	동사무소	○○농협	우체국	주유소	마트
설치비용	200	300	250	200	300
하루 게시비용	10	8	12	12	7
게시기간	16	21	10	9	24
합계비용	200+(10×16) =360	300+(8×21) =468	250+(12×10) =370	200+(12×9) =308	300+(7×24) =468

따라서 현수막을 설치할 곳은 설치비용과 게시비용의 합이 308만 원으로 가장 저렴한 주유소이다.

48

정답 ①

문서용 집게는 재사용이 가능하므로 구매하지 않고 재사용한다. 메모지는 구매요청 부서가 2곳이므로 3곳인 비품에 비해 우선순위가 높지 않다. 연필은 B등급이므로 A등급에 비해 우선순위가 높지 않다. 마지막으로 커피의 필요 개수가 A4 파일보다 적으므로 우선순위에서 밀려난다. 따라서 N사원이 가장 먼저 구매해야 하는 비품은 A4 파일이다.

49

정답 ④

공모전에 상금 및 부상에 들어가는 비용은 (300+30)+(200+15)+(100+10)×2+(50+5)×5=1,040만 원이다.

50

정답 ①

상금과 부상을 받을 수 있는 팀은 총 9팀이므로, 본선에 진출하지 못한 5팀(참가번호 6번, 10번, 11번, 13번, 15번)을 제외하고 나머지 11개 팀 중 9개 팀이 상금과 부상을 받을 수 있다. 가산점을 부여하는 아이디어를 제시한 팀(1번, 3번, 7번)들은 상금과 부상을 받을 수 있고, 나머지 팀 중 제출일이 빠른 순서는 12번, 9번, 4번, 5번, 8번, 2번, 16번, 14번이다. 따라서 상금과 부상을 받을 수 있는 팀들은 참가번호 1번, 3번, 7번, 12번, 9번, 4번, 5번, 8번, 2번이다.

오답분석

② 참가번호 6번은 지원서 제출 기한이 지나 지원서를 제출해 본선에 진출하지 못한다.
③ 참가번호 10번은 팀원 수가 10명을 초과하고, 지원서 제출 기한이 지나 지원서를 제출해 본선에 진출하지 못한다.
④ 참가번호 14번은 가산점을 부여하는 아이디어를 제시하지 않았고, 지원서 제출일이 느리므로 최종 시상을 받을 수 없다.

51

정답 ④

분기별 판매실적 점수는 각각 다음과 같다.

- 1분기 : (43,000+89,000)×0.3=39,600점
- 2분기 : (18,000+45,000)×0.6=37,800점
- 3분기 : (78,000+132,000)×0.2=42,000점
- 4분기 : (42,000+60,000)×0.4=40,800점

따라서 농산물 판매 지원금을 받을 수 있는 분기는 농산물 판매실적 점수가 가장 높은 3분기와 4분기이다.

52

정답 ③

선택지별 교통편의 비용은 각각 다음과 같다.

① 대형버스 1대 : 500,000원

② 소형버스 1대+렌터카 1대 : 200,000+130,000=330,000원

③ 대중교통 13명 : 13,400×13×2×0.9=313,560원

④ 소형버스 1대+택시 1대 : 200,000+(120,000×2)=440,000원

따라서 제시된 교통편 조합 중 가장 저렴한 방법은 13명이 대중교통을 이용하는 것이다.

53

정답 ③

직원들을 요일별로 초과근무 일정을 정리하면 목요일 초과근무자가 5명임을 알 수 있다.

월	화	수	목	금	토	일
김혜정 정해리 정지원	이지호 최명진	김재건 신혜선	박주환 신혜선 정지원 김우석 이상엽	김혜정 김유미	이설희 임유진 김유미	임유진 한예리 이상엽

목요일 초과근무자 중 단 1명만 초과근무 일정을 수정해야 한다면 목요일 6시간과 일요일 3시간 일정으로 6+3×1.5=10.5시간을 근무하는 이상엽 직원의 일정을 수정해야 한다. 따라서 목요일에 초과근무 예정인 이상엽 직원의 초과근무 일정을 수정해야 한다.

54

정답 ④

㉠은 오픈 이노베이션(Open Innovation, 개방형 혁신)이다. 오픈 이노베이션은 기업이 필요로 하는 기술과 아이디어 등을 외부에서 받고, 이를 내부 자원과 공유하여 새로운 제품이나 서비스를 만들어내는 것을 말한다.

오답분석

① 애자일(Agile) : 급변하는 시장 환경 속에서 다양한 수요에 유연하고 민첩하게 대응하기 위한 경영방식으로, 부서 간 경계를 허물고 필요에 맞게 소규모팀을 구성해 업무를 수행하는 것

② 데브옵스(DevOps) : 소프트웨어의 개발(Development)과 운영(Operations)의 합성어로서, 소프트웨어 개발자와 정보기술 전문가 간의 소통, 협업 및 통합을 강조하는 개발 환경이나 문화

③ 브레인 라이팅(Brain Writing) : 포스트잇 같은 메모지에 의견을 적은 다음 메모된 글을 차례대로 공유하는 방법

55

정답 ③

폐쇄형 R&D에 대한 설명으로, 공정 혁신이나 연구개발(R&D)의 대부분을 자체적으로 해결하는 형태이다.

오답분석

①·②·④ 오픈 이노베이션과 개방형 R&D : 소비자의 아이디어나 대학, 외부회사의 의견을 받아들여 신제품을 개발하거나 고객의 참여를 통해 더 많은 가치를 창출하는 사례

56

정답 ③

㉡은 브레인스토밍(Brainstorming)이다. 브레인스토밍은 여러 명이 한 가지의 문제를 놓고 아이디어를 비판 없이 제시하여 그중에서 최선책을 찾아내는 방법으로, 아이디어의 질보다 양을 추구하며 모든 아이디어들이 제안되고 나면 이를 결합하여 해결책을 마련한다.

57

정답 ④

물론 물품의 특성에 따라 분류하고 보관하는 것 역시 창고관리 측면에서 보면 효과적인 방법이지만, A～D사원이 언급한 내용과는 거리가 멀다.

58

정답 ②

직업방송매체팀은 계획된 사업 중 직업방송 제작 사업을 담당하며, 해당 사업의 예산은 5,353백만 원으로 다른 부서에 비해 가장 적은 예산을 사용한다. 컨소시엄지원팀이 담당하는 컨소시엄 훈련 지원 사업의 예산은 108,256백만 원으로 두 번째로 많은 예산을 사용한다.

오답분석

① 보기의 분장업무에 따르면 능력개발총괄팀은 직업능력개발사업 장단기 발전계획 수립 업무 등을 담당한다.
③ 사업주훈련지원팀은 사업주 직업능력개발훈련 참여 확대, 중소기업 훈련지원센터 관리, 체계적 현장 훈련 지원, 학습조직화 지원, 청년취업아카데미 운영 관리, 내일이룸학교 운영 지원의 총 6개 사업을 담당한다.
④ 컨소시엄지원팀은 컨소시엄 훈련 지원을, 직업방송매체팀은 직업방송 제작을 담당하므로 담당 사업의 수는 같다.

59

정답 ①

중요성과 긴급성을 모두 고려한 결과를 점수들의 합으로 표시하면 다음과 같다.

긴급성 \ 중요성	하(1점)	중(2점)	상(3점)
하(1점)	인터넷서핑(2점)	–	자기계발(4점)
중(2점)	고객상담(3점)	프로젝트(4점)	–
상(3점)	–	–	문제해결(6점)

인터넷서핑(2점)은 긴급성과 중요성 모두 가장 낮은 것으로, 시간관리 매트릭스에서 낭비의 장 또는 도피의 장으로 분류될 수 있으므로 낭비요소로 본다는 ①은 옳다.

오답분석

② 프로젝트(4점)와 자기개발(4점)은 동일한 점수이므로 어느 것을 우선으로 할지 제시된 내용으로는 알 수 없다.
③ 고객상담(3점)과 프로젝트(4점) 중 프로젝트를 우선으로 처리한다.
④ 두 가지를 동시에 진행하는 조건은 제시문에 없으므로 우선순위가 높은 고객상담을 먼저 처리한다.

60

정답 ②

행동강령에 관한 교육은 사무소 자체교육으로, 매월 사무소장 또는 준법감시담당자가 진행한다.

제4회 최종점검 모의고사

01	02	03	04	05	06	07	08	09	10	11	12	13	14	15	16	17	18	19	20
②	①	②	④	④	②	③	④	②	③	②	③	②	④	③	③	④	①	③	②
21	22	23	24	25	26	27	28	29	30	31	32	33	34	35	36	37	38	39	40
①	③	③	③	④	②	③	①	③	②	④	③	①	②	②	①	②	④	④	④
41	42	43	44	45	46	47	48	49	50	51	52	53	54	55	56	57	58	59	60
②	③	①	③	④	①	③	③	③	②	③	④	③	②	③	①	①	④	②	③

01

정답 ②

크기가 작아지는 순서로 나열되어 있다.

오답분석

①·③·④ 크기가 커지는 순서로 나열되어 있다.

02

정답 ①

직업 – 업무 – 업무 대상의 관계이다.

오답분석

②·③·④ 직업 – 사용하는 도구 – 근무하는 장소의 관계이다.

03

정답 ②

제시된 단어는 도구와 역할 관계이다.
'이정표'는 '고속도로'에서 방향과 위치를 알려주고, '등대'는 '바다'에서 방향과 위치를 알려준다.

04

정답 ④

제시된 단어는 상하 관계이다.
'힙합'은 '음악'의 하위어이고, '소서'는 '절기'의 하위어이다.

05

정답 ④

'세상 물정에 밝다.'의 '밝다'는 '어떤 일에 대하여 잘 알아 막히는 데가 없다.'의 의미로 쓰인 것이므로 뜻풀이가 적절하지 않다.
'생각이나 태도가 분명하고 바르다.'의 의미의 '밝다'는 '사리가 밝다.' 또는 '예의가 밝다.'와 같이 활용된다.

06

정답 ②

제시문의 '벗어나다'는 '공간적 범위나 경계 밖으로 빠져나오다.'의 의미로 쓰였으며, 이와 같은 의미로 사용된 것은 ②이다.

오답분석

① 동아리나 어떤 집단에서 빠져나오다.
③ 어려운 일이나 처지에서 헤어나다.
④ 이야기의 흐름이 빗나가다.

07

정답 ③

'밀물'과 '썰물'은 반의 관계이지만, '대소'와 '방소'는 '크게 웃는다.'는 뜻의 유의 관계이다.

08

정답 ④

㉠ 들리세요 → 들르세요
㉡ 꺽으면 → 꺾으면
㉢ 옳바른 → 올바른

09

정답 ②

'지'는 경과한 시간을 나타내는 의존명사이므로 한글 맞춤법에 따라 앞의 말과 띄어 써야 한다.

오답분석

① '쓸데없다'는 하나로 굳어진 단어이므로 붙여 써야 한다.
③ '-ㄹ지'는 하나의 연결어미이므로 '처리해야 할지'가 올바른 표기이다.
④ '데'가 '일'이나 '것'의 뜻을 나타내는 의존명사로 쓰였으므로 '참석하는 데'로 띄어 써야 한다.

10

정답 ③

열기(熱氣 : 더울 열, 기운 기)

오답분석

① 함성(喊聲 : 소리칠 함, 소리 성)
② 온기(溫氣 : 따뜻할 온, 기운 기)
④ 혈기(血氣 : 피 혈, 기운 기)

11

정답 ②

'겉과 속이 다르다.'의 뜻을 가진 한자성어는 '부화뇌동(附和雷同)'이 아니라 '표리부동(表裏不同)'이다. '부화뇌동(附和雷同)'의 뜻은 '줏대 없이 남의 말을 따르다.'이다.

12

정답 ③

다섯 번째 문장의 'Therefore' 이하가 필자의 주장에 해당하는 내용이다. 'it is necessary to televise trials to increase the chance of a fair trial'을 통해 필자는 재판의 공정성을 높이기 위해 재판 과정을 중계해야 한다고 주장하고 있음을 알 수 있다.

- distorted : 비뚤어진, 왜곡된
- trial : 재판
- coverage : 보도 (범위), 취재 (범위)
- crucial : 결정적인, 중대한
- sentence : 판결, 선고, 처벌
- televise : TV 중계하다
- aware of : 깨닫는
- potential : 잠재적인

미국에서 어떤 사람들은 TV 매체가 일부 재판관들로 하여금 그들이 다른 상황에서 내렸을 판결보다 더 엄한 처벌을 선고하도록 이끌면서, 왜곡된 재판 상황을 만들어 낼 것이라고 주장한다. 그러나 재판을 TV로 중계하는 것과 관련된 몇 가지 이점들이 있다. 그것은 재판 과정을 대중들에게 교육시키는 역할을 할 것이다. 그것은 또한 어떤 주어진 사건에서 정확히 어떤 일이 벌어지는지에 대해 완전하고 정확한 보도를 해 줄 것이다. 그렇기 때문에, 공정한 재판의 가능성을 증진시키기 위해 재판을 TV로 중계할 필요가 있다. 그리고 만약 재판이 중계된다면, 많은 청중들이 그 사건에 대해 알게 될 것이고, 방송이 되지 않았다면 그 사건을 몰랐을 중요한 목격자가 그 사건에서 잠재적인 역할을 할 수도 있다.

13

정답 ②

제시문은 몰랐으면 아무 문제되지 않았을 텐데 알아서 문제가 발생하는 경우도 있음을 말하며 노이로제에 대해 설명하고 있다. 따라서 글의 제목으로 가장 적절한 것은 ②이다.

14

정답 ④

제시문의 중심 내용은 '과학적 용어'이다. 필자는 '모래언덕'의 높이, '바람'의 세기, '저온'의 온도를 사례로 들어 과학자들은 모호한 것은 싫어하지만 '대화를 통해 그 상황에 적절한 합의'를 도출하는 것으로 문제화하지 않는다고 한다. 따라서 제시문은 과학적 용어가 엄밀하고 보편적인 정의에 의해 객관성이 보장된다는 ④의 주장에 대한 비판적 논거이다.

15

정답 ③

기분조정 이론은 현재 시점에만 초점을 맞추고 있는 기분관리 이론을 보완한 이론으로, 기분조정 이론을 검증하기 위한 실험에서 피실험자들은 한 시간 후의 상황을 생각하며 미리 다른 음악을 선택하였다. 즉, 기분조정 이론은 사람들이 현재 시점뿐만 아니라 다음에 올 상황을 고려하여 현재의 기분을 조정한다는 것이다. 따라서 빈칸에 들어갈 내용으로 ③이 가장 적절하다.

오답분석

①·④ 현재의 기분에 초점을 맞추고 있는 진술이므로 적절하지 않다.

② 기분조정 이론에 따르면 사람들은 다음에 올 상황을 고려하여 흥분을 유발하는 음악 또는 흥분을 가라앉히는 음악을 선택하여 기분을 조정한다. 따라서 흥분을 유발할 수 있는 음악을 선택한다는 진술은 적절하지 않다.

16

정답 ③

언택트 기술이 낳을 수 있는 문제에 대응하기 위해서는 인간 중심의 비대면 접촉이 이루어져야 한다. 인력이 불필요한 곳은 기술로 대체해야 하지만, 보다 대면 접촉이 필요한 곳에는 인력을 재배치해야 한다는 것이다. 따라서 될 수 있는 한 인력을 언택트 기술로 대체해야 한다는 ③은 제시문의 내용으로 적절하지 않다.

17

정답 ④

언택트 마케팅은 대면 접촉이나 전화 통화에 부담을 느끼는 사람들이 증가함에 따라 확산되고 있다. 따라서 24시간 상담원과의 통화연결은 언택트 마케팅의 사례로 보기 어렵다. 오히려 채팅앱이나 메신저를 통한 24시간 상담 등이 언택트 마케팅의 사례로 적절하다.

오답분석

①·②·③ 언택트 마케팅의 대표적인 사례이다.

18

정답 ①

제시된 문단은 신탁 원리의 탄생 배경인 12세기 영국의 상황에 대해 이야기하고 있다. 따라서 이어지는 문단은 (가) 신탁 제도의 형성과 위탁자, 수익자, 수탁자의 관계 등장 – (다) 불안정한 지위의 수익자 – (나) 적극적인 권리 행사가 허용되지 않는 연금 제도에 기반한 신탁 원리 – (라) 연금 운용 권리를 현저히 약화시키는 신탁 원리와 그 대신 부여된 수탁자 책임의 문제점 순으로 나열하는 것이 적절하다.

19

정답 ③

종전 적금의 중도해지에 따른 불이익, 잔여 복무기간 등을 종합적으로 고려하여 판단할 필요는 있으나 효율적이지 않다고 단언할 수는 없다.

오답분석

① 향후 적금상품 운용 경과, 병사급여 인상 추이 등을 감안하여 월적립한도 상향 등을 단계적으로 협의해 나갈 계획이다.
② 향후 상품 출시시기에 맞춰 은행연합회 팝업창, 참여은행 홈페이지 연계 등을 통해 적극 홍보할 계획이다.
④ 관리시스템이 구축될 신규 적금상품부터 법령개정을 거쳐 추가 인센티브 부여를 추진할 예정이다.

20

정답 ②

$17\times409\times23$
$=159,919$

21

정답 ①

$2,170+(1,430\times6)$
$=2,170+8,580$
$=10,750$

22

정답 ③

$114+95-27\square2=155$
→ $209-27\square2=155$
→ $27\square2=54$
따라서 빈칸에 들어갈 사칙연산 기호는 $\times$이다.

23

정답 ③

(앞의 항)×(뒤의 항)×(−2)=(다음 항)인 수열이다.
따라서 (   )$=16\times(-256)\times(-2)=8,192$이다.

24

정답 ③

홀수 항은 -1, -2, -3, …, 짝수 항은 $+7$, $+14$, $+21$, …인 수열이다.
따라서 (　)$=-1-(-1)=0$이다.

25

정답 ④

앞의 항에 $+1$, $+2$, $+3$, …인 수열이다.

ㄴ	ㄷ	ㅁ	ㅇ	ㅌ	ㄷ	(ㅈ)
2	3	5	8	12	17 (=14+3)	23 (=14+9)

26

정답 ②

나열된 수를 각각 A, B, C라고 하면
$\underline{A\ B\ C} \rightarrow A\times B-1=C$

A	B	A	L	B	W	D	B	(G)
1	2	1	12	2	23	4	2	7

27

정답 ③

A지역과 B지역 사이의 거리를 $x$km라고 하자. 갈 때의 시간보다 올 때의 시간이 30분 덜 걸린다고 하였으므로 다음과 같은 식이 성립한다.

$\frac{x}{80}=\frac{x}{120}+\frac{1}{2}$

$\rightarrow 3x=2x+120$

$\therefore\ x=120$

따라서 A지역과 B지역 사이의 거리는 120km이다.

28

정답 ①

물이 증발하여도 소금물에 들어 있는 소금의 양은 같다. 증발한 물의 양을 xg이라고 하면 다음과 같은 식이 성립한다.

$\frac{8}{100}\times500=\frac{10}{100}\times(500-x)$

$\rightarrow 4{,}000=5{,}000-10x$

$\therefore\ x=100$

따라서 증발한 물의 양은 100g이다.

29

정답 ③

2주 동안 듣는 강연은 총 5회이다. 그러므로 금요일 강연이 없는 주의 월요일에 첫 강연을 들었다면 5주 차 월요일 강연을 듣기 전까지 10개의 강연을 듣게 된다. 5주 차 월요일, 수요일 강연을 듣고 6주 차 월요일의 강연이 13번째 강연이 된다.
따라서 6주 차 월요일이 13번째 강연을 듣는 날이므로 8월 1일 월요일을 기준으로 35일 후가 된다.
이때 8월은 31일까지 있으므로 13번째 강연을 듣는 날은 9월 5일이 된다.

30

정답 ②

전체 일의 양을 1이라고 하면, A는 하루에 $\frac{1}{6}$, B는 하루에 $\frac{1}{8}$만큼 일을 한다. B가 혼자 일한 기간을 x일이라고 하면 다음과 같은 식이 성립한다.

$\frac{1}{6}+\left(\frac{1}{6}+\frac{1}{8}\right)\times 2+\frac{1}{8}x=1$

$\rightarrow \frac{1}{6}+\frac{7}{12}+\frac{x}{8}=1$

$\rightarrow \frac{4+14+3x}{24}=1$

$\therefore x=2$

따라서 B가 혼자 일한 기간은 2일이다.

PART 2

31

정답 ④

- 7명의 학생이 원형 탁자에 앉는 경우의 수 : $(7-1)!=6!$가지
- 7명의 학생 중 여학생 3명이 원형 탁자에 이웃해서 앉는 경우의 수 : $(5-1)!\times 3!$가지

따라서 7명의 학생 중 여학생 3명이 원형 탁자에 이웃해서 앉을 확률은 $\frac{4!\times 3!}{6!}=\frac{1}{5}$이다.

32

정답 ③

감을 x개 산다고 하면 사과는 $(20-x)$개를 사야 하므로 다음과 같은 식이 성립한다.

$400x+700\times(20-x)\leq 10,000$

$\rightarrow 14,000-300x\leq 10,000$

$\therefore x\geq \frac{40}{3}=13.333\cdots$

따라서 감은 최소 14개를 사야 한다.

33

정답 ①

우선 중도상환하는 금액이 얼마인지를 알아야 한다. 남은 대출원금을 전액 중도상환하는 것이므로, 대출원금에서 지금까지 상환한 금액을 빼면 중도상환하는 금액을 알 수 있다.

- (중도상환원금)=(대출원금)−(월상환액)×(상환월수)$=24,000,000-\left(\frac{24,000,000}{60}\times 18\right)=16,800,000$원
- (중도상환수수료)$=16,800,000\times 0.025\times\frac{36-18}{36}=210,000$원

따라서 해당 고객에게 안내해야 할 중도상환수수는 210,000원이다.

34

정답 ②

정주임은 N카드사 신규고객이며, 특별우대금리 2를 적용받아 총 연 1.7+0.5=2.2%의 금리를 적용받을 수 있다.

$200,000\times\frac{1.022^{\frac{13}{12}}-1.022^{\frac{1}{12}}}{1.022^{\frac{1}{12}}-1}=200,000\times\frac{1.0239-1.0018}{0.0018}\fallingdotseq 2,455,555\fallingdotseq 2,456,000$원

따라서 정주임이 만기에 수령할 원리금은 2,456,000원이다.

35

정답 ②

단리 적금이므로 만기 시 수령할 이자와 납입 원금은 각각 다음과 같다.

• 이자 : $400,000 \times \frac{36 \times 37}{2} \times \frac{0.022}{12} = 488,400$원

• 납입 원금 : $400,000 \times 36 = 14,400,000$원

따라서 만기 시 수령할 원리금은 $14,400,000 + 488,400 = 14,888,400$원이다.

36

정답 ①

현찰을 팔 때의 환율은 (매매기준율)−(환전수수료)이고, 송금을 할 때의 환율은 (매매기준율)+(환전수수료)이다.
이를 적용하여 계산하면 다음과 같다.

1) 12월 31일 N은행에서 현찰을 팔 때
   • 매매기준율 : 1월 2일의 매매기준율은 전일 대비 6.5원/달러 증가했으므로 12월 31일의 매매기준율은 $1,222.5 - 6.5 = 1,216.0$원/달러이다.
   • 환전수수료 : $1,216.0 - 1,106.0 = 110$원이고, A씨의 경우 50% 할인을 받으므로 $110 \times 0.5 = 55$원/달러가 적용된다.
   그러므로 $1,216.0 - 55 = 1,161.0$원/달러의 판매 환율이 적용되어 A씨는 $1,000 \times 1,161.0 = 1,161,000$원을 받았다.
2) 1월 2일 N은행에서 송금할 때
   • 매매기준율 : 1,222.50원/달러
   • 환전수수료 : 매매기준율과 송금 환율이 동일하므로 환전수수료는 0원이다.
   그러므로 A씨가 1,000달러를 보낼 때는 1,222원/달러(∵ 소수점 이하에서 버림)의 송금 환율이 적용되어 $1,000 \times 1,222 = 1,222,000$원의 금액이 필요하다.

따라서 1)과 2)에 따라 A씨가 지인에게 송금할 때 추가로 필요한 금액은 $1,222,000 - 1,161,000 = 61,000$원이다.

37

정답 ②

M은행, P은행, T은행의 기준금리는 5 ~ 6등급이 3 ~ 4등급보다 낮고, R은행, U은행의 기준금리 또한 7 ~ 8등급이 5 ~ 6등급보다 낮으므로 옳지 않은 내용이다.

오답분석

① Q은행 3 ~ 4등급과 5 ~ 6등급의 기준금리는 2.07%로 동일하다.
③ M은행이 대출금리 기준 3.44%로 가장 저렴하다.
④ U은행이 5.9%로 가장 높은 가산금리인데 이의 절반은 약 3%이다. P은행이 2.25%로 이보다 적다.

38

정답 ④

제시된 자료에 따르면 2010년 모든 품목의 가격지수는 100이다. 품목별 2010년 가격지수 대비 2025년 3월 가격지수의 상승률은 각각 다음과 같다.

• 육류 : $\frac{177.0 - 100}{100} \times 100 = 77\%$

• 낙농품 : $\frac{184.9 - 100}{100} \times 100 = 84.9\%$

• 곡물 : $\frac{169.8 - 100}{100} \times 100 = 69.8\%$

• 유지류 : $\frac{151.7 - 100}{100} \times 100 = 51.7\%$

• 설탕 : $\frac{187.9 - 100}{100} \times 100 = 87.9\%$

따라서 2010년 가격지수 대비 2025년 3월 가격지수의 상승률이 가장 낮은 품목은 유지류이다.

오답분석

① 식량 가격지수 자료를 통해 확인할 수 있다.

② 2025년 3월의 전년 동월 대비 식량 가격지수 하락률은 $\frac{213.8-173.8}{213.8}\times 100 \fallingdotseq 18.71\%$이다.

③ 품목별 2025년 3월 가격지수의 전년 동월 대비 하락폭은 각각 다음과 같다.

- 육류 : 185.5−177.0=8.5
- 낙농품 : 268.5−184.9=83.6
- 곡물 : 208.9−169.8=39.1
- 유지류 : 204.8−151.7=53.1
- 설탕 : 254.0−187.9=66.1

따라서 2025년 3월 가격지수가 전년 동월 대비 가장 큰 폭으로 하락한 품목은 낙농품이다.

39

정답 ④

제시된 자료의 '상품혜택'에 빈칸에 해당하는 요소들을 관계식으로 나타내면 (최대소득공제한도)×(예상세율)=(최대절세효과)이며, 이에 따라 빈칸 A, B, C에 들어갈 내용을 관계식에 대입하면 다음과 같다.

- A
  - $A\times 0.066=330,000 \rightarrow A=\frac{330,000}{0.066}=5,000,000$원
  - $A\times 0.165=825,000 \rightarrow A=\frac{825,000}{0.165}=5,000,000$원
- B : 3,000,000×0.165=495,000원 ~ 3,000,000×0.385=1,155,000원
- C : $\frac{770,000}{2,000,000}\times 100=38.5\% \sim \frac{924,000}{2,000,000}\times 100=46.2\%$

따라서 빈칸에 들어갈 알맞은 내용은 A는 500만 원, B는 495,000 ~ 1,155,000원, C는 38.5 ~ 46.2%이다.

40

정답 ④

甲의 생활부문별 월 지출 내역에서 카드별 혜택에 따라 甲이 받는 할인혜택을 정리하면 다음과 같다.

청춘카드	• 대중교통요금 : 0.8만 원 • 통신요금 : 1.8만 원 • 도서 : 1.2만 원	총 3.8만 원
희망카드	• 통신요금 : 할인 적용 없음 • 공과금 : 2.4만 원 • 커피 : 1만 원	총 3.4만 원
열정카드	• 교통요금 : 1만 원 • 보험료 : 2.8만 원 • 커피 : 0.7만 원	총 4.5만 원

따라서 할인혜택이 큰 순서대로 N은행 카드를 나열하면 '열정카드 – 청춘카드 – 희망카드'이다.

41

정답 ②

甲의 달라진 지출에 따라 甲이 받는 할인혜택을 정리하면 다음과 같다.

청춘카드	• 대중교통요금 : 0.8만 원 • 통신요금 : 적용 할인 없음 • 도서 : 2.4만 원	총 3.2만 원
희망카드	• 통신요금 : 1.6만 원 • 공과금 : 2.4만 원 • 커피 : 1만 원	총 5만 원
열정카드	• 교통요금 : 1만 원 • 보험료 : 2.8만 원 • 커피 : 0.4만 원	총 4.2만 원

따라서 할인혜택이 최대인 카드는 '희망카드'이며, 최소인 카드는 '청춘카드'이다.

42

정답 ③

초입금액은 낮을수록 높은 점수를 부여한다는 것에 유의하면서 금융상품별 순위와 점수를 정리하면 다음과 같다.

(단위 : 위, 점)

구분	초입금액		이익률		안정성		만족도		가입률	
	순위	점수	순위	점수	순위	점수	순위	점수	순위	점수
A상품	4	1	1	4	4	1	4	1	2	3
B상품	2	3	2	3	3	2	2	3	3	2
C상품	1	4	4	1	1	4	3	2	1	4
D상품	3	2	3	2	2	3	1	4	4	1

• A상품 : 1+4+1+1+3=10점
• B상품 : 3+3+2+3+2=13점
• C상품 : 4+1+4+2+4=15점
• D상품 : 2+2+3+4+1=12점

따라서 가입할 상품으로 가장 적절한 것은 총점이 15점으로 가장 높은 C상품이다.

43

정답 ①

고객의 요구사항에 따라 초입금액, 이익률, 안정성만 고려하여 점수를 합산하면 다음과 같다. 이때 초입금액이 높을수록 낮은 점수를 부여한다는 것에 유의한다.

• A상품 : 4+4+1=9점
• B상품 : 2+3+2=7점
• C상품 : 1+1+4=6점
• D상품 : 3+2+3=8점

따라서 고객에게 추천해 줄 상품으로 가장 적절한 것은 A상품이다.

44

정답 ③

거래 우수 고객으로 우대금리를 받으려면, 이 적금 신규 가입 시에 예금주의 N은행 거래기간이 3년 이상이어야 하므로 거래 우수 우대금리는 받을 수 없다.

45

정답 ④

단 1명이 거짓말을 하고 있으므로 C와 D 중 1명은 반드시 거짓을 말하고 있다. 즉, C의 말이 거짓일 경우 D의 말은 참이 되며, D의 말이 참일 경우 C의 말은 거짓이 된다.

i) D의 말이 거짓일 경우 : C와 B의 진술에 따라 A와 D가 모두 1등이 되므로 모순이다.

ii) C의 말이 거짓일 경우 : A는 1등 당첨자가 되지 않으며, 나머지 진술에 따라 D가 1등 당첨자가 된다.

따라서 거짓을 말하는 사람은 C이며, 1등 당첨자는 D이다.

46

정답 ①

제주는 수·목·금요일과 일요일에 원정 경기를 할 수 있다.

오답분석

② 제주가 수요일에 홈경기가 있든 원정 경기가 있든 화요일이 홈경기이기 때문에 목요일은 반드시 쉬어야 한다.

③ ②와 마찬가지로 토요일에 서울이 홈경기를 하기 때문에 일요일에 경기를 한다면 월요일은 반드시 쉬어야 한다.

④ 전북이 목요일에 경기를 한다면 울산과 홈경기를 하고, 울산은 원정 경기이므로 금요일에 쉬게 된다. 따라서 금요일에 경기가 있다면 서울과 제주의 경기가 된다.

47

정답 ③

i) 'D는 이번 주에 당직을 선다.'는 마지막 조건에 따라 D를 언급한 세 번째 조건을 먼저 살펴 보면, 세 번째 조건의 대우는 'E나 D가 당직을 서면 G는 당직을 서지 않는다.'이다. 그러므로 G는 당직을 서지 않는다.

ii) 네 번째 조건의 대우는 'G가 당직을 서지 않으면 F는 당직을 서지 않는다.'이다. 그러므로 F도 당직을 서지 않는다.

iii) 첫 번째 조건의 대우는 'B나 F가 당직을 서지 않으면 A도 당직을 서지 않는다.'이다. 그러므로 A도 당직을 서지 않는다.

iv) 두 번째 조건에서 'A가 당직을 서지 않으면 E는 당직을 선다.'가 도출된다. 그러므로 D, E가 당직을 서게 된다.

따라서 이번 주에 반드시 당직을 서는 직원은 D, E이다.

48

정답 ③

제시된 조건에 따르면 1층에는 남자인 주임을 배정해야 하므로 C주임이 배정된다. 따라서 3층에 배정 가능한 직원은 남자인 B사원 또는 E대리이다.

먼저 3층에 B사원을 배정하는 경우, 5층에는 A사원이 배정된다. 그리고 D주임은 2층에, E대리는 이보다 위층인 4층에 배정된다.

다음으로 3층에 E대리를 배정하는 경우, 5층에 A사원이 배정되면 4층에 B사원이 배정되고, 5층에 B사원이 배정되면 4층에 A사원이 배정된다. 그리고 D주임은 항상 E대리보다 아래층인 2층에 배정된다. 이를 정리하면 다음과 같다.

경우 1	
층수	직원
5층	A
4층	E
3층	B
2층	D
1층	C

경우 2	
층수	직원
5층	A
4층	B
3층	E
2층	D
1층	C

경우 3	
층수	직원
5층	B
4층	A
3층	E
2층	D
1층	C

따라서 5층에 A사원이 배정되더라도, 4층에는 B사원이 아닌 E대리가 배정될 수도 있다.

오답분석

① C주임은 항상 1층에 배정된다.

② D주임은 항상 2층에 배정된다.

④ 5층에 B사원이 배정되면 3층에는 E대리, 4층에는 A사원이 배정된다.

49

정답 ③

대·중소기업 동반녹색성장의 추진절차에 따르면 사업 설명회는 참여기업이 확정되기 전에 개최된다. 즉, 사업 설명회를 통해 참여를 원하는 기업의 의견을 수렴한 뒤 참여기업을 확정한다.

50

정답 ②

9일은 ㅁㅁ기능사 필기시험일이지만, 중복이 가능하므로 ㅇㅇ기능사 실기시험 날짜로 가장 적절한 것은 5월 7 ~ 9일이다.

오답분석

① 3일에는 공단 체육대회가 있다.
③ 14 ~ 16일에는 △△기능사 실기시험이 있다.
④ 24 ~ 29일에는 시험장 보수공사로 불가능하다.

51

정답 ③

i) A씨(8개월)
- 처음 3개월 : 220×0.8=176만 원 → 150만 원(∵ 상한액)
  → 150×3=450만 원
- 나머지 기간 : 220×0.4=88만 원
  → 88×5=440만 원

∴ 450+440=890만 원

ii) B씨(1년, 아빠의 달+둘째)
- 처음 3개월 : 300×1.0=300만 원 → 200만 원(∵ 상한액)
  → 200×3=600만 원
- 나머지 기간 : 300×0.4=120만 원 → 100만 원(∵ 상한액)
  → 100×9=900만 원

∴ 600+900=1,500만 원

iii) C씨(6개월)
- 처음 3개월 : 90×0.8=72만 원
  → 72×3=216만 원
- 나머지 기간 : 90×0.4=36만 원 → 50만 원(∵ 하한액)
  → 50×3=150만 원

∴ 216+150=366만 원

따라서 세 사람이 받을 수 있는 육아휴직급여 총액은 890+1,500+366=2,756만 원이다.

52

정답 ④

제시된 당직 근무 일정에 따라 요일별 당직 직원을 정리하면 다음과 같다.

구분	월요일	화요일	수요일	목요일	금요일	토요일	일요일
낮	가, 나, 마	나, 다	다, 마	아, 자	바, 자	라, 사, 차	바
야간	라	마, 바, 아, 자	가, 나, 라, 바, 사	가, 사, 차	나, 다, 아	마, 자	다, 차

일정표를 보면 일요일 낮에 1명, 월요일 야간에 1명이 필요하고, 수요일 야간에 1명이 빠져야 한다. 따라서 가, 나, 라, 바, 사 중 1명이 옮겨야 한다. 이때 세 번째 당직 근무 규칙에 따라 같은 날에 낮과 야간 당직 근무는 함께 설 수 없으므로 월요일에 근무하는 '가, 나, 라, 마'와 일요일에 근무하는 '다, 바, 차'는 제외된다. 따라서 '사'의 당직 근무 일정을 변경하여 일요일 낮과 월요일 야간에 당직 근무를 해야 한다.

53

정답 ③

C대리의 업무평가 점수는 직전연도 업무평가 점수인 89점에서 지각 1회에 따른 5점, 결근 1회에 따른 10점을 제한 74점이다. 따라서 C대리는 승진대상에 포함되지 못하므로, 그대로 대리일 것이다.

오답분석

① A사원은 근속연수가 3년 미만이므로 승진대상이 아니다.
② B주임은 출산휴가 35일을 제외하면 근속년수가 3년 미만이므로 승진대상이 아니다.
④ 제시된 자료는 승진대상에 대한 자료이다.

54

정답 ②

B농가는 숙박공간이 2개뿐이고, C농가는 관내 거주기간이 2년 미만이며, D농가는 숙박공간이 1개뿐인 데다가 체험 활동도 3개 미만이다. 따라서 선정되는 농가는 모든 조건을 만족하는 A, E농가이다.

55

정답 ③

54번 문제에서 A, E농가를 선정할 수 있었고, 누락되었던 F농가 역시 모든 선정조건을 만족한다. 따라서 이 중 사용자 평가가 10점으로 가장 높은 E농가가 팜스테이 지원사업 대상농가로 선정된다.

56

정답 ①

N사가 안전과 가격, 디자인 면에서 호평을 받으며 미국 시장의 최강자가 될 수 있었던 요인은 OEM 방식을 활용할 수도 있었지만, 내실 경영 및 자기 브랜드를 고집한 대표이사의 선택으로 개별 도매상들을 상대로 직접 물건을 판매하고 평판 좋은 도매상들과 유대관계를 강화하는 등 단단한 유통망을 갖추었기 때문이다.

57

정답 ①

N사가 평판이 좋은 중소규모 도매상을 선정해 유대관계를 강화한 곳은 미국 시장이었다.

오답분석

②·③·④ N사가 유럽 시장에서 성공을 거둔 요인으로는 소비자의 특성에 맞춘 고급스런 디자인의 고가 제품 포지셔닝, 모토그랑프리 후원 등 전략적 마케팅, 실용적인 신제품 개발 등을 들 수 있다.

58

정답 ④

N사는 해외 진출 시 분석을 위해 공급능력 확보를 위한 방안, 현지 시장의 경쟁상황이나 경쟁업체에 대한 차별화 전략을 위한 제품 가격 및 품질 향상, 시장점유율 등을 활용하였다.

59

정답 ②

조직의 규모가 커지게 되면 한 명의 경영자가 조직의 모든 경영활동을 수행하는 데 한계가 있다.

60

정답 ③

농협 비전 2030 새 패러다임

- 농축협이 중심에 서는 중앙회
- 국민의 자랑이 되는 세계 속의 농협
- 농축협 성장을 지원하는 농협금융
- 지역발전에 앞장 서는 농축협
- 농산업을 선도하는 농협경제
- 변화와 혁신으로 도전하는 농협·人

지역농협 6급 OMR 답안카드(70문항 유형)

성 명

지원 분야

문제지 형별기재란	
(　　　)형	Ⓐ Ⓑ

수 험 번 호						
⓪	⓪	⓪	⓪	⓪	⓪	⓪
①	①	①	①	①	①	①
②	②	②	②	②	②	②
③	③	③	③	③	③	③
④	④	④	④	④	④	④
⑤	⑤	⑤	⑤	⑤	⑤	⑤
⑥	⑥	⑥	⑥	⑥	⑥	⑥
⑦	⑦	⑦	⑦	⑦	⑦	⑦
⑧	⑧	⑧	⑧	⑧	⑧	⑧
⑨	⑨	⑨	⑨	⑨	⑨	⑨

감독위원 확인
인

1	① ② ③ ④ ⑤	21	① ② ③ ④ ⑤	41	① ② ③ ④ ⑤	61	① ② ③ ④ ⑤
2	① ② ③ ④ ⑤	22	① ② ③ ④ ⑤	42	① ② ③ ④ ⑤	62	① ② ③ ④ ⑤
3	① ② ③ ④ ⑤	23	① ② ③ ④ ⑤	43	① ② ③ ④ ⑤	63	① ② ③ ④ ⑤
4	① ② ③ ④ ⑤	24	① ② ③ ④ ⑤	44	① ② ③ ④ ⑤	64	① ② ③ ④ ⑤
5	① ② ③ ④ ⑤	25	① ② ③ ④ ⑤	45	① ② ③ ④ ⑤	65	① ② ③ ④ ⑤
6	① ② ③ ④ ⑤	26	① ② ③ ④ ⑤	46	① ② ③ ④ ⑤	66	① ② ③ ④ ⑤
7	① ② ③ ④ ⑤	27	① ② ③ ④ ⑤	47	① ② ③ ④ ⑤	67	① ② ③ ④ ⑤
8	① ② ③ ④ ⑤	28	① ② ③ ④ ⑤	48	① ② ③ ④ ⑤	68	① ② ③ ④ ⑤
9	① ② ③ ④ ⑤	29	① ② ③ ④ ⑤	49	① ② ③ ④ ⑤	69	① ② ③ ④ ⑤
10	① ② ③ ④ ⑤	30	① ② ③ ④ ⑤	50	① ② ③ ④ ⑤	70	① ② ③ ④ ⑤
11	① ② ③ ④ ⑤	31	① ② ③ ④ ⑤	51	① ② ③ ④ ⑤		
12	① ② ③ ④ ⑤	32	① ② ③ ④ ⑤	52	① ② ③ ④ ⑤		
13	① ② ③ ④ ⑤	33	① ② ③ ④ ⑤	53	① ② ③ ④ ⑤		
14	① ② ③ ④ ⑤	34	① ② ③ ④ ⑤	54	① ② ③ ④ ⑤		
15	① ② ③ ④ ⑤	35	① ② ③ ④ ⑤	55	① ② ③ ④ ⑤		
16	① ② ③ ④ ⑤	36	① ② ③ ④ ⑤	56	① ② ③ ④ ⑤		
17	① ② ③ ④ ⑤	37	① ② ③ ④ ⑤	57	① ② ③ ④ ⑤		
18	① ② ③ ④ ⑤	38	① ② ③ ④ ⑤	58	① ② ③ ④ ⑤		
19	① ② ③ ④ ⑤	39	① ② ③ ④ ⑤	59	① ② ③ ④ ⑤		
20	① ② ③ ④ ⑤	40	① ② ③ ④ ⑤	60	① ② ③ ④ ⑤		

※ 본 답안카드는 마킹연습용 모의 답안카드입니다.

〈절취선〉

지역농협 6급 OMR 답안카드(70문항 유형)

성 명

지원 분야

문제지 형별기재란	
(　　　)형	Ⓐ Ⓑ

수 험 번 호						
⓪	⓪	⓪	⓪	⓪	⓪	⓪
①	①	①	①	①	①	①
②	②	②	②	②	②	②
③	③	③	③	③	③	③
④	④	④	④	④	④	④
⑤	⑤	⑤	⑤	⑤	⑤	⑤
⑥	⑥	⑥	⑥	⑥	⑥	⑥
⑦	⑦	⑦	⑦	⑦	⑦	⑦
⑧	⑧	⑧	⑧	⑧	⑧	⑧
⑨	⑨	⑨	⑨	⑨	⑨	⑨

감독위원 확인
㊞ 인

1	① ② ③ ④ ⑤	21	① ② ③ ④ ⑤	41	① ② ③ ④ ⑤	61	① ② ③ ④ ⑤
2	① ② ③ ④ ⑤	22	① ② ③ ④ ⑤	42	① ② ③ ④ ⑤	62	① ② ③ ④ ⑤
3	① ② ③ ④ ⑤	23	① ② ③ ④ ⑤	43	① ② ③ ④ ⑤	63	① ② ③ ④ ⑤
4	① ② ③ ④ ⑤	24	① ② ③ ④ ⑤	44	① ② ③ ④ ⑤	64	① ② ③ ④ ⑤
5	① ② ③ ④ ⑤	25	① ② ③ ④ ⑤	45	① ② ③ ④ ⑤	65	① ② ③ ④ ⑤
6	① ② ③ ④ ⑤	26	① ② ③ ④ ⑤	46	① ② ③ ④ ⑤	66	① ② ③ ④ ⑤
7	① ② ③ ④ ⑤	27	① ② ③ ④ ⑤	47	① ② ③ ④ ⑤	67	① ② ③ ④ ⑤
8	① ② ③ ④ ⑤	28	① ② ③ ④ ⑤	48	① ② ③ ④ ⑤	68	① ② ③ ④ ⑤
9	① ② ③ ④ ⑤	29	① ② ③ ④ ⑤	49	① ② ③ ④ ⑤	69	① ② ③ ④ ⑤
10	① ② ③ ④ ⑤	30	① ② ③ ④ ⑤	50	① ② ③ ④ ⑤	70	① ② ③ ④ ⑤
11	① ② ③ ④ ⑤	31	① ② ③ ④ ⑤	51	① ② ③ ④ ⑤		
12	① ② ③ ④ ⑤	32	① ② ③ ④ ⑤	52	① ② ③ ④ ⑤		
13	① ② ③ ④ ⑤	33	① ② ③ ④ ⑤	53	① ② ③ ④ ⑤		
14	① ② ③ ④ ⑤	34	① ② ③ ④ ⑤	54	① ② ③ ④ ⑤		
15	① ② ③ ④ ⑤	35	① ② ③ ④ ⑤	55	① ② ③ ④ ⑤		
16	① ② ③ ④ ⑤	36	① ② ③ ④ ⑤	56	① ② ③ ④ ⑤		
17	① ② ③ ④ ⑤	37	① ② ③ ④ ⑤	57	① ② ③ ④ ⑤		
18	① ② ③ ④ ⑤	38	① ② ③ ④ ⑤	58	① ② ③ ④ ⑤		
19	① ② ③ ④ ⑤	39	① ② ③ ④ ⑤	59	① ② ③ ④ ⑤		
20	① ② ③ ④ ⑤	40	① ② ③ ④ ⑤	60	① ② ③ ④ ⑤		

※ 본 답안카드는 마킹연습용 모의 답안카드입니다.

지역농협 6급 OMR 답안카드(60문항 유형)

성 명

지원 분야

문제지 형별기재란	
(　　　)형	Ⓐ Ⓑ

수 험 번 호						
⓪	⓪	⓪	⓪	⓪	⓪	⓪
①	①	①	①	①	①	①
②	②	②	②	②	②	②
③	③	③	③	③	③	③
④	④	④	④	④	④	④
⑤	⑤	⑤	⑤	⑤	⑤	⑤
⑥	⑥	⑥	⑥	⑥	⑥	⑥
⑦	⑦	⑦	⑦	⑦	⑦	⑦
⑧	⑧	⑧	⑧	⑧	⑧	⑧
⑨	⑨	⑨	⑨	⑨	⑨	⑨

감독위원 확인
㉧ 인

1	①	②	③	④	21	①	②	③	④	41	①	②	③	④
2	①	②	③	④	22	①	②	③	④	42	①	②	③	④
3	①	②	③	④	23	①	②	③	④	43	①	②	③	④
4	①	②	③	④	24	①	②	③	④	44	①	②	③	④
5	①	②	③	④	25	①	②	③	④	45	①	②	③	④
6	①	②	③	④	26	①	②	③	④	46	①	②	③	④
7	①	②	③	④	27	①	②	③	④	47	①	②	③	④
8	①	②	③	④	28	①	②	③	④	48	①	②	③	④
9	①	②	③	④	29	①	②	③	④	49	①	②	③	④
10	①	②	③	④	30	①	②	③	④	50	①	②	③	④
11	①	②	③	④	31	①	②	③	④	51	①	②	③	④
12	①	②	③	④	32	①	②	③	④	52	①	②	③	④
13	①	②	③	④	33	①	②	③	④	53	①	②	③	④
14	①	②	③	④	34	①	②	③	④	54	①	②	③	④
15	①	②	③	④	35	①	②	③	④	55	①	②	③	④
16	①	②	③	④	36	①	②	③	④	56	①	②	③	④
17	①	②	③	④	37	①	②	③	④	57	①	②	③	④
18	①	②	③	④	38	①	②	③	④	58	①	②	③	④
19	①	②	③	④	39	①	②	③	④	59	①	②	③	④
20	①	②	③	④	40	①	②	③	④	60	①	②	③	④

※ 본 답안카드는 마킹연습용 모의 답안카드입니다.

〈절취선〉

성 명

지원 분야

문제지 형별기재란	
( )형	Ⓐ Ⓑ

수 험 번 호						
⓪	⓪	⓪	⓪	⓪	⓪	⓪
①	①	①	①	①	①	①
②	②	②	②	②	②	②
③	③	③	③	③	③	③
④	④	④	④	④	④	④
⑤	⑤	⑤	⑤	⑤	⑤	⑤
⑥	⑥	⑥	⑥	⑥	⑥	⑥
⑦	⑦	⑦	⑦	⑦	⑦	⑦
⑧	⑧	⑧	⑧	⑧	⑧	⑧
⑨	⑨	⑨	⑨	⑨	⑨	⑨

감독위원 확인
인

지역농협 6급 OMR 답안카드(60문항 유형)

1	①	②	③	④	21	①	②	③	④	41	①	②	③	④
2	①	②	③	④	22	①	②	③	④	42	①	②	③	④
3	①	②	③	④	23	①	②	③	④	43	①	②	③	④
4	①	②	③	④	24	①	②	③	④	44	①	②	③	④
5	①	②	③	④	25	①	②	③	④	45	①	②	③	④
6	①	②	③	④	26	①	②	③	④	46	①	②	③	④
7	①	②	③	④	27	①	②	③	④	47	①	②	③	④
8	①	②	③	④	28	①	②	③	④	48	①	②	③	④
9	①	②	③	④	29	①	②	③	④	49	①	②	③	④
10	①	②	③	④	30	①	②	③	④	50	①	②	③	④
11	①	②	③	④	31	①	②	③	④	51	①	②	③	④
12	①	②	③	④	32	①	②	③	④	52	①	②	③	④
13	①	②	③	④	33	①	②	③	④	53	①	②	③	④
14	①	②	③	④	34	①	②	③	④	54	①	②	③	④
15	①	②	③	④	35	①	②	③	④	55	①	②	③	④
16	①	②	③	④	36	①	②	③	④	56	①	②	③	④
17	①	②	③	④	37	①	②	③	④	57	①	②	③	④
18	①	②	③	④	38	①	②	③	④	58	①	②	③	④
19	①	②	③	④	39	①	②	③	④	59	①	②	③	④
20	①	②	③	④	40	①	②	③	④	60	①	②	③	④

※ 본 답안카드는 마킹연습용 모의 답안카드입니다.

M E M O

2025 하반기 시대에듀 All-New
NCS 지역농협 6급 필기시험 통합기본서

개정30판1쇄 발행	2025년 08월 20일 (인쇄 2025년 07월 22일)
초 판 발 행	2006년 10월 20일 (인쇄 2006년 09월 22일)
발 행 인	박영일
책 임 편 집	이해욱
편 저	SDC(Sidae Data Center)
편 집 진 행	안희선 · 김내원
표지디자인	김지수
편집디자인	유가영 · 장성복
발 행 처	(주)시대고시기획
출 판 등 록	제10-1521호
주 소	서울시 마포구 큰우물로 75 [도화동 538 성지 B/D] 9F
전 화	1600-3600
팩 스	02-701-8823
홈 페 이 지	www.sdedu.co.kr
I S B N	979-11-383-9668-4 (13320)
정 가	26,000원

통합기본서

지역농협 6급

정답 및 해설

금융권 필기시험 "기본서" 시리즈

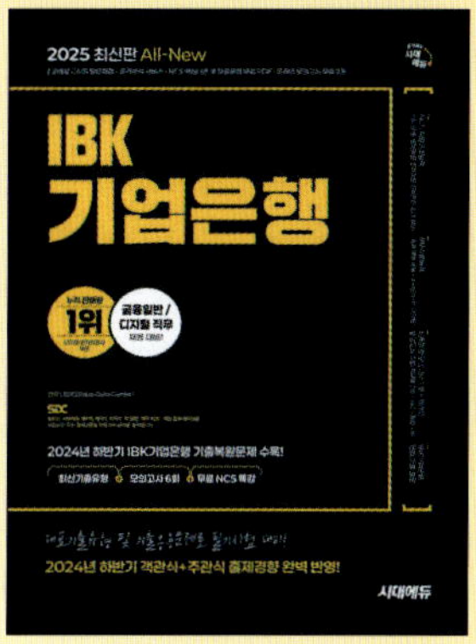

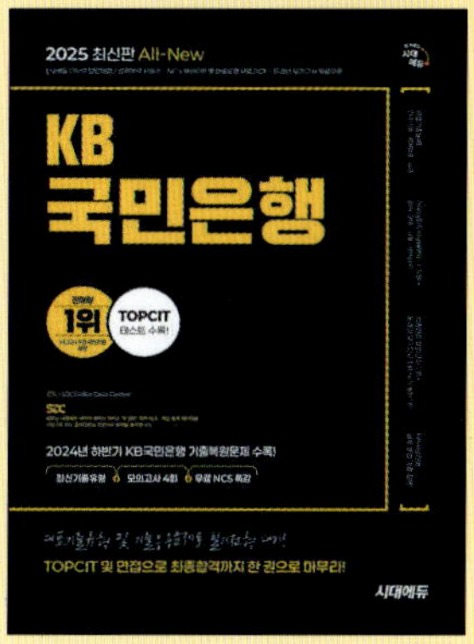

최신 기출유형을 반영한 NCS와 직무상식을 한 권에! 합격을 위한

Only Way!

금융권 필기시험 "봉투모의고사" 시리즈

실제 시험과 동일하게 구성된 모의고사로 마무리! 합격으로 가는

Last Spurt!

NEXT STEP
시대에듀가 합격을 준비하는
당신에게 제안합니다.
성공의 기회
시대에듀를 잡으십시오.
시대에듀
기회란 포착되어 활용되기 전에는 기회인지조차 알 수 없는 것이다.
– 마크 트웨인 –